國家社科基金重大招標項目"中外《史記》文學研究資料整理與研究"結項成果
陝西師範大學中國語言文學"世界一流學科建設"成果
陝西師範大學優秀著作出版基金資助項目

《史記》詩詞曲通覽

（上）

編著　趙望秦　王　璐

陝西師範大學出版總社　西安

圖書代號　WX24N2502

圖書在版編目(CIP)數據

《史記》詩詞曲通覽：上、中、下 / 趙望秦，王璐編著. -- 西安：陝西師範大學出版總社有限公司，2025.1. -- ISBN 978-7-5695-4916-4

Ⅰ．K204.2

中國國家版本館CIP數據核字第2024RV2328號

《史記》詩詞曲通覽（上中下）
《SHIJI》SHI CI QU TONGLAN (SHANG ZHONG XIA)

趙望秦　王　璐　編著

出版統籌	雷永利
責任編輯	馮新宏
責任校對	張俊勝
封面設計	李淵博
出版發行	陝西師範大學出版總社
	（西安市長安南路199號　郵編710062）
網　　址	http://www.snupg.com
印　　刷	西安報業傳媒集團（西安日報社）
開　　本	787 mm×1092 mm　1/16
印　　張	125
插　　頁	6
字　　數	2800千
版　　次	2025年1月第1版
印　　次	2025年1月第1次印刷
書　　號	ISBN 978-7-5695-4916-4
定　　價	880.00圓

讀者購書、書店添貨若發現印刷裝訂問題，請與本社高等教育出版中心聯繫。
電　話：(029)85307826　85303622(傳真)

前　言

　　古代中國是一個非常重視歷史的國度,豐富而深厚的歷史内容和歷史經驗,依靠不斷進步的各種載體——口傳、書籍、遺跡等繼承流傳而聯綿不息,産生而發展着別具特色、影響深遠、具有廣泛意義的古代史官文化。其中,最明顯地體現這種史官文化的,就是利用不斷發展進步的書寫工具和方式而産生的形式多樣、品類各異的歷史典籍。於是,人們進而使用其中記載的歷史知識來探索和掌握人類社會發展的規律,以史爲鑒,借古知今,古爲今用,推陳出新,總結成功經驗、汲取失敗教訓,更好地促進社會的發展進步。

　　作爲中國歷史上第一部紀傳體通史,《史記》出自西漢偉大的史學家、文學家和思想家司馬遷的手筆,是史學與文學完美結合的經典之作,自然也就成爲詠史創作取材的重要淵藪之一。

　　融文、史於一身的《史記》,其史學成就自不必說,而其文學成就及寫作範式自唐人韓愈、柳宗元宣導"古文運動"以來,也已得到世人的高度認可和推崇。司馬遷以其擅長的文學創作技能,真實而形象地再現了歷史重大事件,塑造出衆多感人肺腑的藝術典範。《史記》所具有的濃厚詩性,加上故事情節、人物形象而形成的創作母題及其原型,成爲歷代詠史作品及歷史小説、戲曲等作品的取之不竭的源泉。《史記》所塑造的大批人物和敘寫的大量故事,成爲歷代詩人或直接或間接地吟詠和描寫的對象,由此而産生的詠史作品即是他們接受《史記》的結晶。詩人在接受《史記》時,既能使作品在閱讀過程中不斷得到豐富、完善,還能由此衍生、創造出更多的新作品,《史記》也因此被不斷賦予新的内涵與意義。而接受《史記》的創作成果,已成爲《史記》不可或缺的有機組成部分,從而使《史記》成爲一部真正意義上的經典。而在接受《史記》的同時,創作出大量的集敘事、抒情、議論於一體的具有形象性、藝術性、故事性、趣味性的詠史之作。擁有上層人士身份的高等讀者和下層普通人身份的一般讀者,通過詠史作品初步了解到《史記》所記的人和事,這樣就對《史記》的傳播産生更好的效果,擴展到更大的範圍。

　　自東漢史學家、文學家班固取材於《史記·扁鵲倉公列傳》而創作《詠史》一詩之後,創作詠史作品的文人墨客對《史記》的接受歷經三國、兩晉、南北朝、隋、唐、兩宋、遼、金、元、明、清，或專詠一人一事，或合詠數人，與司馬遷產生共鳴，有和司馬遷觀點一致者，有深化司馬遷觀點者，也有不贊成其觀點而另發高論者。後代詩人對《史記》的接受不僅表現在對《史記》本身的接受這一個方面，還表現在對其接受成果的再接受方面，使得接受的鏈條線索不斷延長和豐富，這既反映了詩人對《史記》的認知和接受的水平與態度，也折射出時代的審美取向和風尚趣味，對更好更深入地發掘《史記》與詠史作品的文化內涵具有極大的意義。同時，詩人所創作的詠史作品極大地影響着廣大讀者，這無疑使他們扮演着《史記》傳播者的特殊角色。

當然，隨着社會時代的發展，創作詠史作品的詩人們之所以能越來越多地承擔起《史記》的接受者與傳播者角色，除過喜歡閱讀《史記》，自願學習《史記》的主觀因素外，與《史記》在社會生活中日益增強的傳播力度、日益擴大的傳播範圍的客觀條件也有着密切的關係，這些客觀條件使得詩人們更方便地看到《史記》，更容易地感知《史記》。

又隨着韻文形式、詩歌體裁的愈益多樣化，詩人們以《史記》為對象書寫的內容和形式也愈益多樣化，從各個層面、各個角度吟詠《史記》人事的詠史作品日趨繁多而豐富，且愈加深邃而精彩。

《史記》一書在司馬遷生前只有謄抄的兩部：一是呈上朝廷，一是存于家中。但有其中的單篇開始傳播於西漢京城長安地區，直至漢宣帝時，才由司馬遷的外孫楊惲將全書公之於世，《史記》也逐漸為世人所閱讀接受。從《漢書》與《隋書》的相關記載來看，則似詩人們對《史記》的接受，幾乎與史學研究者的接受是同步的，甚或略早，這就是班固直接取材於《史記·扁鵲倉公列傳》之"緹縈救父"史事而創作的題名為"詠史"的五言古體詠史詩。這首詩不僅在詠史創作史上開創了傳體或曰正體詠史之先河，而且在詩歌史乃至文學史上都有着極重要的影響，在《史記》接受史上的地位則更為突出。全詩以鋪陳史事為主，詳細地描寫了緹縈救父的整個過程，即太倉公因罪被押送至京城長安，緹縈傷心其父說生女兒大不如生兒子，一遇事故就用不上。於是，就一路跟隨入京，上書請旨，願以己身代父，接受懲罰。漢文帝被緹縈的孝勇精神所感動，便下令廢除了肉刑。末兩句抒發感慨，讚頌緹縈救父之舉遠勝男兒。班固將司馬遷用二百字敘述的事件始末，以詩歌的形式縮簡而凝練為僅八十字，不但寫出全部史實，且於結尾抒情而寓議論於其中。這首詩中表達出和司馬遷一致的情感傾向，即不滿殘酷刑法及對至孝者的讚美，也繼承了司馬遷"善序事理"的敘事方法，尤其是繼承了直筆"實錄"的著史精神，堪謂之難能可貴。

自漢末至魏晉南北朝，詩人們比以往任何時期都更關注個體生命的存在，重視自我的價值，故而忠臣勇士便成為詠史創作的主要題材之一，如春秋時秦之三良，戰國時趙之藺相如、燕之荊軻,漢之張良、霍去病等,重點在於抒發個人對歷史的反思,從中生發出對現實的感慨。其中的代表作有阮瑀《詠史詩二首》、王粲《詠史詩》《詩(荊軻爲燕使)》、曹植《三良詩》、左思《詠史八首》之六、虞羲《詠霍將軍北伐》、盧諶《覽古》、謝瞻《張子房詩》、陶淵明《詠三良》《詠荊軻》、劉駿《詠史詩》等,最能體現出這一主題思想。不以成敗論英雄,是司馬遷的顯明識力所在,荊軻既是勇士、俠士,又是義士、烈士,雖敗猶榮,理應"名垂後世"。這些詩從不同角度向世人展示了一個俠肝義膽的悲劇英雄形象,與司馬遷的思想意識、感情傾向是一致的。

魏晉時期,戰亂頻仍,社會動蕩不安,"獨尊儒術"的思想有所下降,逐漸被玄學、佛教、道教和儒學並存的多元文化所取代。這一時期《史記》的傳播形式和途徑也大爲改觀,且被廣大的詩人和學者所接受,並在社會上廣爲傳播,而《史記》所載各式人物、各種事件成爲詠史創作的素材庫。其中,左思《詠史》八首雖不全是吟詠《史記》中的人事,但在內容和情感兩個方面受《史記》的影響卻很明顯,吟詠對象多爲《史記》中精心敘寫的人物,或專詠一人,或合詠數人。通過所吟詠的《史記》人物如馮唐、主父偃、司馬相如等人,將議論和抒情有機地結合在一起,抒發個人處在門閥森嚴時代而才華不能得到施展的痛苦和憤懣。其《詠史(其六)》一詩,特意不寫燕太子丹如何禮遇荊軻、荊軻刺秦王等人們早已熟知的隆重熱烈、驚險刺激的場面,而是描寫小到不爲人們關注的細節:"荊軻飲燕市,酒酣氣益震。哀歌和漸離,謂若傍無人。雖無壯士節,與世亦殊倫。高眄邈四海,豪右何足陳。貴者雖自貴,視之若埃塵。賤者雖自賤,重之若千鈞。"顯然寄寓着個人情感,名爲詠荊軻,實爲自我寫照,透露着一股不屈的精神。此組《詠史》詩開創了"名爲詠史,實爲詠懷"的變體或曰論體詠史詩,而詠史創作的兩種主要體式自此而正式確立。

陶淵明更是這一時期接受《史記》的典型。他的《讀史述九章》雖是一組"史述",但每首四字爲句,二句爲韻,可視爲一種特殊的四言詩。小序稱:"余讀《史記》,有所感而述之。"《史記》中衆多人物的不同身世際遇,深深地影響和感染着陶淵明,於是採用史讚爲內容,詩歌爲形式,或專詠一人,如箕子的亡國悲愴,韓非的以文召禍;或合詠二人,如伯夷、叔齊的堅貞,管仲、鮑叔的相知,程嬰、公孫杵臼的仗義,屈原、賈誼的正直,魯國二儒的耿介;亦或泛詠多人,如孔子的七十二弟子。其中,都貫穿着陶淵明的主體意識,寄寓良深。而他的《詠荊軻》一詩則詳盡地敘述了荊軻刺秦事件,末云:"其人雖已沒,千載有餘情。"對其視死如歸的豪俠之氣給予高度讚揚,突顯出的是不同於那些隱居和飲酒爲主題的詩風而體現出陶詩"豪放"的一面。另外,在他寫讀《山海經》組詩時,卻聯想到楚國那被放逐的忠臣屈原、被蒙蔽的昏君懷王。"放士"多矣,偏偏想起了屈原,可見陶淵明熟讀《史記》的程度。

南北朝時期，政權對立，於是，統治者重視以史爲鑒，希圖從中找出戰勝對方而統一天下的策略，史學和史書受到進一步的重視，以南朝宋人裴駰《史記集解》爲代表的一批《史記》研究文獻的湧現，使《史記》的傳播和受衆範圍在很大程度上得以擴展。社會上層人物對《史記》的喜好，在客觀上也起了帶動接受和傳播《史記》的積極作用，典型代表就是梁元帝。他從小到大，自王子至皇帝，不但親手抄寫《史記》，而且，還令臣下抄寫《史記》等書，並放置於"巾箱中"，隨身方便攜帶，隨時隨地可取讀。而詩人們對《史記》的接受也因時代政治、思想、學術等方面的影響，較漢魏兩晉呈現出新的特點。南北朝時代政權更替頻繁，長年的戰亂，使得詩人們渴望明主賢將再現以拯救世人，同時也期望征戰殺敵，建立功業，以實現自我的人生價值。詠史作品中描寫秦末漢初人事的較之前代明顯增多，既有客觀上原因，即漢朝已成爲過去久遠的時代，頗能產生出歷史的蒼桑感；又有主觀上的原因，即秦末、漢初也是政權疊立，戰亂四起，天下動蕩，民不聊生，與南北朝有許多相似之處，其中的失敗和成功也有許多可總結的經驗、可吸取的教訓、可感歎的人、可痛惜的事。漢高祖劉邦是《史記》所描寫的生動豐滿的形象之一，從《高祖本紀》和《項羽本紀》《呂太后本紀》《留侯世家》《蕭相國世家》《淮陰侯列傳》等傳記的敘述，可清晰地看到劉邦性格的多面性，既有雄才大略、知人善用、寬容大度、積極進取的一面，也有猜忌功臣、好色自私的一面，甚至爲了奪取政權而不擇手段，以致在言行上顯得大耍流氓、無賴。范泰《詠漢高祖詩》曰："嘯吒英豪萃，指揮五岳分。乘彼道消勢，遂廓宇宙氛。重瞳豈不偉，奮臂騰群雄。壯力拔高山，猛氣烈迅風。恃勇終必撓，道勝業自隆。"先從正面描寫劉邦的雄才大略，後以一代霸主項羽的失敗，即"恃勇"是不順應"道"的行爲，必然失敗，來反襯劉邦因順應"道"而行，便取得了最終的勝利。而皇帝吟詠與《史記》有關的人物，臣下皆有和作，也是促進《史記》的接受與傳播的另一種方式。如梁簡文帝寫《漢高廟賽神詩》一詩，於是，群臣唱和，僅流傳至今的就有劉遵、劉孝儀、庾肩吾、王臺卿等人和作，或對劉邦人生簡單回顧，或僅寫神廟，而少有自我情感的抒發、自主意識的滲透，與後來衆多或探究其奪取天下之原因、或批判其誅殺功臣之殘暴、或嘲諷其虛僞狡詐之行徑的詠史作品相較而言，可說是對劉邦形象的藝術塑造和認識尚處于初階而略顯得蒼白無力。

《史記》所記敘的一系列漢朝文臣武將如張良、韓信、霍去病等，是此時期詠史作品所選取素材和原型。其中，又以"王者師"的張良和"匈奴未滅，何以爲家"的霍去病成爲詩人吟詠的重點人物。謝瞻《經張子房廟詩》、鄭鮮之《行經張子房廟詩》和謝靈運《詩（韓亡子房奮）》等詩，跨越歷史，追緬前賢，對張良佐劉邦成就大漢基業，予以高度頌揚，也寄託着詩人自己的無限嚮往和企望。而謝瞻的《詠史詩》除頌揚了張良的智謀和功績外，還有另一層的深意。當時,南北對立,南方政權蔑稱北方爲"索虜",北方政權則蔑稱南方爲"島夷"。東晉末年,後秦新立君主,致使關中地區大亂,劉裕即後來篡晉稱宋的武帝乘機率晉軍北伐,行軍經過項城,順便遊覽張良廟,且命僚佐們賦詩唱和。謝瞻詩便於此時作成,且被稱爲冠于一時。其實,此詩在當時之所以被稱道,與詩的後半所寫有着密切的關係:"神武睦三正,裁成被八荒。明兩燭河陰,慶霄薄汾陽。鑾旆歷頹寢,飾像薦嘉嘗。聖心豈徒甄,惟德在無忘。逝者如可作,揆子慕周行。濟濟屬車士,粲粲翰墨場。瞽夫違盛觀,竦踦企一方。四達雖平直,蹇步愧無良。餐和忘微遠,延首詠太康。"神武、明兩、慶霄、周行皆喻指劉裕,而逝者指張良,屬車士、瞽夫、微遠則皆自指。只要知道這首詩的寫作背景,即明白了創作主旨:借古頌今。全詩借歌頌張良其人其事,以頌揚眼前之人的所作所爲,用張良比喻劉裕而頌上,同時,也不無以張良爲自我期許的典範。此時期的選官任職,依舊沿襲魏晉的門閥制度,世族勢力還很龐大,寒門士子除了建立軍功,幾乎再無出路。所以,征戰沙場、屢立戰功而取得高官厚祿的霍去病就成爲他們的偶像。霍去病被漢武帝賞識,在抗擊匈奴的戰爭中立下不朽功績,被封爲冠軍侯。而此時期賦寫霍去病的詠史作品就主要是描寫他的戰無不勝、攻無不克的英雄氣概。如虞羲《詠霍將軍北伐》:"擁旄爲漢將,汗馬出長城。長城地勢險,萬里與雲平。涼秋八九月,虜騎入幽、并。飛狐白日晚,瀚海愁雲生。羽書時斷絕,刁斗晝夜驚。乘墉揮寶劍,蔽日引高旍。雲屯七萃士,魚麗六郡兵。胡笳關下思,羌笛隴頭鳴。骨都先自讋,日逐次亡精。玉門罷斥候,甲第始修營。位登萬庾積,功立百行成。天長地自久,人道有虧盈。未窮激楚樂,已見高臺傾。當令麟閣上,千載有雄名!"細緻描寫了霍去病帶兵驅馬前往塞外的陣容、戰場地勢之險、戰事之急,以及指揮若定而迅猛反擊、勝利班師回朝的一系列場景,突出刻畫出一位青年將領的傑出才干。全詩僅用一百四十字,便淋漓盡致地再現了《史記》中的戰役全貌,且洋溢着雄壯慷慨之氣,爲此後邊塞詩的創作奠定了基調。而在漢人創作的《琴曲歌辭》中,有一首傳爲霍去病自作的《霍將軍歌》高唱道:"四夷既獲諸夏康兮,國家安寧樂無央兮。載戢干戈弓矢藏兮,麒麟來臻鳳皇翔兮。與天相保永無疆兮,親親百年各延長兮。"主旨雖是歌頌霍去病所立赫赫戰功給大漢王朝帶來的和平安康,反映的都是穿越歷史時空而至南北朝時人們的心聲。

同時,詩人們對《史記》中的聖君賢相,能臣勇士,如夏禹、伍子胥、孟嘗君、魯仲連等多有吟詠讚歎,也是出于對歷史英雄再現當代的急切呼喚和熱切期望。

北朝的詩人則多以《史記》中的人物自喻、自托、自哀、自憐、自傷。北魏詩人常景"淹滯門下積歲,不至顯官,以蜀司馬相如、王褒、嚴君平、揚子雲等四賢,皆有高才而無重位,乃托意以贊之。其贊司馬相如曰:'長卿有艷才,直致不群性。……清貞非我事,窮達委天命。'其贊王子淵曰：'王子挺秀質，逸氣幹青雲。……空枉碧雞命，徒獻金馬文。'"與其說是讚揚前賢，不如說是以司馬相如、王褒自喻，而抒發長期沉淪下僚的抑鬱和憤懣之情。此前，鮮有詩人寫及《史記·滑稽列傳》中的人物，而庾信本是梁朝臣子，後出使西魏被羈留不歸，於是詩風大變，寫下關心現實民生的《西門豹廟》一詩："君子爲利博，達人樹德深。蘋藻由斯薦，樵蘇幸未侵。恭聞正臣祀，良識佩韋心。容范雖年代，徽猷若可尋。……"而據《史記》本傳載，西門豹任鄴縣令，詢問民間疾苦，於是，知道當地的利弊，禁斷害人的淫祀，興修水利，灌溉民田，"名聞天下，澤流後世"。可見，庾信此詩表面上是緬懷前賢，實質上是寄寓着以古諷今、以史爲鑒的深意，希望當世多多出現像西門豹一樣的良吏，爲民謀利。

隋文帝楊堅統一天下，結束了西晉滅亡以來近三百年南北對峙的歷史局面。而詩人多是來自北齊、北周及梁、陳的文人學士，隋朝的最高統治者將他們納爲己用，促進了南北思想、文化的融合。但隋王朝國運短促，而緊隨其興起的唐王朝卻全面地承襲了隋朝曾開創的輝煌局面，且又有所發揚而光大之，變得更加強盛。就隋、唐時期的《史記》傳播、接受而言，由於已進入全面使用紙這一新興的書寫材料的時代，與此同時，楷書、行書等書寫字體也廣泛被應用，於是人們可用較好抄寫又易于辨認的書體在較輕薄又容易得到的紙上較快捷地進行文字記錄，有利於加長加大《史記》的傳播鏈和接受面。而隋、唐時期的《史記》傳播廣泛、接受眾多，即與這一客觀條件的改善、進步密不可分，直接促使着《史記》在社會活動層面上的普及化、經典化，從而成爲"《史記》學"發展史上的一個高峰，《史記索隱》與《史記正義》的問世就是這一高峰最明顯標誌與有力證據。而從主觀上講，隋、唐詩人們對《史記》的接受也達到了新的高度，司馬遷的精神得以被更深刻地表現。詩人們大量地創作詠史作品，又促進了《史記》的傳播，形成了相輔相成的良性互動。究其原因，一方面是與當時統治者對《史記》的高度重視以及《史記》成爲科舉考試中的科目有關，另一方面，也是和隋、唐詩人的審美情趣、鑒賞能力、期待視野、創作方式等因素有着密切的關係。同時，隋、唐詩歌創作的日趨繁盛，在一定程度上也影響着詠史詩的進一步發展。

一代權臣楊素既是隋之開國功臣，又是著名詩人。他寫的《行經漢高陵詩》，惜只殘存一聯。詩人們評價張良的論調主要是贊其智謀之多、頌其佐漢之功。但隋詩人盧思道發出了異調："少小期黃石，晚年遊赤松。應成羽人去，何忽掩高封。……遂令懷古客，揮淚獨無蹤。"對一生好老、莊的張良理應羽化登仙，卻最終"掩高封"之舉發出疑問。而隋代的"雜曲歌辭"中有一首《項王歌》，唱出了對英雄末路的悲哀之調。可顯出民間對《史記》的接受。

唐代詩人閱讀和研習《史記》的熱情空前高漲,大都有描寫《史記》中人物史事的詠史作品問世。這些詩人不僅對《史記》人物、事件有表層接受,而且對司馬遷人品、思想、史傳主題等也有深層接受,如"初唐四傑"、宋之問、陳子昂、李白、杜甫、岑參、高適、韋應物、劉長卿、"大曆十才子"、劉禹錫、白居易、元稹、柳宗元、杜牧、李商隱、趙嘏、羅隱,等等。中晚唐時期,還出現了一批較爲特殊的創作群體,即是被稱爲"專職詠史詩人"的胡曾、周曇、汪遵、孫玄晏等。他們創作的詠史組詩大部分取材於《史記》,應看作是接受《史記》的創新性成果。

唐朝的初、盛時期國力強盛、政治開明、風氣自由,詩人的政治熱情高,都渴望建功立業,期遇明主,這就使得此時期大多數詩人有着強烈的入世精神。加之以史爲鑒、重視歷史典籍的風氣已經形成,《史記》中的大批明君、賢臣、勇將、謀士就成爲吟詠的重要對象,如漢高祖、燕昭王、張良、韓信、四皓、李廣、霍去病,等等。不過,初唐人寫的《史記》詩卻大都在體式上沿襲着傳統作法,敘多于詠,事大于贊。

在初唐的前期,有一批身居高位的政治家,雖不是寫詩的高手,偶有所作,藝術性也不強,但他們寫出的詠史詩,卻具有着頗合其身份的意蘊——以詠史而議政,目的是知古鑒今,隱喻現實政治,魏徵和王珪可爲代表。唐貞觀五年,魏徵隨太宗到了洛陽。一天,太宗帶上群臣在西苑的積翠池泛舟遊玩,且大開宴會,奏樂侑酒。當飲到酣暢時,太宗自選一題作詩,又命群臣自選詩題唱和。太宗以《賦尚書》爲題吟詠:"……夏康既逸豫,商辛亦流湎。縱情昏主多,克己明君鮮。……"主題是批判夏、商朝的昏君不理政務而沉湎于酒色。但這首詠史之作的主旨卻與寫作背景很不協調,顯得言行不一:眼下又是在遊船上玩得不亦樂乎,又是在宴席上盡情暢飲,這與"逸豫"的夏康王、"沉湎"的商紂王何異?此時,魏徵卻有針對性地選取《賦西漢》爲題唱和,主要寫了秦末漢初時與漢帝有關的幾件事:漢高祖受秦朝之降後于鴻門宴上爭雄,漢文帝至細柳營巡視爲防禦匈奴而屯駐的漢軍,漢武帝早上出遊杜原而晚上宴會柏谷。末聯則又回寫漢高祖之事:終究借助了大儒叔孫通的知識,這才明白做皇帝尊嚴。這首詠史詩借古喻今,有深層的暗示用意,即在提醒當朝皇帝注意酒能使人亂性,馬上可爭天下而治天下必須在馬下,創業難而守業更不易。同時的大臣王珪《詠漢高祖》曰:"漢祖起豐沛,乘運以躍鱗。手奮三尺劍,西滅無道秦。十月五星聚,七年四海賓。高抗威宇宙,貴有天下人。憶昔與項王,契闊時未伸。鴻門既薄蝕,滎陽亦蒙塵。蠛虱生介冑,將卒多苦辛。爪牙驅信、越,腹心謀張、陳。赫赫西楚國,化爲丘與榛。"全詩以傳體式詠史將漢高祖一生重大經歷濃縮入詩中,以創業之艱難烘托其建立西漢王朝的偉大功績。而末尾的"赫赫西楚國,化爲丘與榛",以批判的眼光總結朝代興廢,感慨之情噴薄而出,以此告誡統治者要以前朝爲鑒,這明顯有現實指向性。他的《詠淮陰侯》一詩則顯然是《史記·淮陰侯列傳》的讀後感,也用傳體式詠史敘寫韓信輔佐漢高祖取得天下之豐功偉績。全詩用鋪陳的筆墨敘述韓信一生的全貌:生於戰亂之中,先是跟隨項羽,未被任用,後又跟隨劉邦,得以"名位彰",接下來是帶着漢軍南征北戰,爲漢高祖打下了江山,結果卻是吉凶難預,慘遭毒手:"吉凶成糾纏,倚伏難預詳。弓藏狡兔盡,慷慨念心傷。"詩中既有對韓信建立豐功偉績的贊歎和羨慕,也有對韓信終遭悲劇的同情和惋惜!這兩首詠史詩都有以古諷今而告誡當今皇帝和功臣們的現實意味。

打出"復歸風雅"旗號的詩人陳子昂對唐詩發展有着重大的影響,提倡"興寄""風骨",主張發揚風雅比興美刺的傳統。這也體現在以詠史創作間接地表達其干預現實的目的,故多以論體爲主,從而豐富了詠史詩的表現力。陳子昂有經綸天下之志,在詩歌創作上表現出昂揚向上、奮發有爲的時代精神。然其理想卻因與當政者的政治策略有所衝突而無法實現,只能以高才之軀沉淪下僚,故其詠史內容多爲壯志難酬之感和渴望逢時之願。如《燕昭王》:"南登碣石坂,遙望黃金臺。丘陵盡喬木,昭王安在哉?霸圖悵已矣,驅馬復歸來。"這是組詩《薊丘覽古贈盧居士藏用七首》中的第六首。燕昭王築黃金臺招賢納士的主題,歷來受到詩人的關注。司馬遷《史記》中記載了當年燕昭王禮賢下士,重用郭隗,築臺招攬了一批賢能之士爲燕國效力,使得燕國再次強大起來。而陳子昂行經此臺遺址,不勝感慨,在時光流逝中無限感歎當年能重用賢才的燕昭王的不復存在。後兩句由古及今,隱寓着難以實現人生抱負的失意和無奈之情感。第七首《郭隗》一詩用古喻今,希望自己也能像郭隗一樣幸運:"逢時獨爲貴,歷代非無才。隗君亦何幸,遂起黃金臺。"不是因爲古人有蓋世的才能,也不是因爲自己無絲毫的才能,而是時代使然,其中蘊含着"時勢造英雄"的思想觀念。這代表着初唐詩人的共同心聲,也穿過時空而與千年前的司馬遷發生着共鳴。

李白和杜甫的詩歌代表着盛唐氣象,同時,他二人也是唐朝由盛轉衰的見證人。李白的個性張揚,相應的詩風爲汪洋恣肆,杜甫的個性內斂,相應的詩風爲沉鬱頓挫。這詩風雖異,卻都具有盛唐時期昂揚奮發的共性。這也體現在他們的詠史創作當中。李白的人生理想和政治抱負是做"帝王師",功成身退,瀟灑自在,而這一類歷史人物的典型代表就是《史記》中的張良、四皓等。如《送張秀才謁高中丞》詩序所謂的"余時繫潯陽獄中,正讀《留侯傳》……余嘉子房之風……",詩中有句曰:"秦帝淪玉鏡,留侯降氛氳。感激黃石老,經過滄海君。壯士揮金槌,報讎六國聞。智勇冠終古,蕭、陳難與群。兩龍爭鬥時,天地動風雲。酒酣舞長劍,倉卒解漢紛。宇宙初倒懸,鴻溝勢將分。英謀信奇絕,夫子揚清氛。"再如《商山四皓》:"白髮四老人,昂藏南山側。偃蹇松雪間,冥翳不可識。雲窗拂青靄,石壁橫翠色。龍虎方戰爭,於焉自休息。秦人失金鏡,漢祖昇紫極。陰虹濁太陽,前星遂淪匿。一行佐明兩,欻起生羽翼。功成身不居,舒卷在胸臆。窅冥合元化,茫昧信難測。飛聲塞天衢,萬古仰遺則。"其他如《山人勸酒》《過四皓墓》《經下邳圯橋懷張子房》等詠史詩作都有所表現。還有《古詩五十九首》中的吟唱秦始皇、燕昭王、三代、七國等詠史詩。杜甫的人生理想和政治抱負是"致君堯舜上,再使風俗淳""鞠躬盡瘁,死而後已"。杜甫雖寫與《史記》有關的詩不多,僅有《琴臺》、《禹廟》、《詠懷古跡五首》之二、《湘夫人祠》等,但在其他題材的詠史作品中有所集中表現,如《蜀相》、《武侯廟》、《八陣圖》、《詠懷古跡五首》之五、《諸葛廟》等。這既是李、杜二人的期許,也代表着盛唐時大多數文人士子的心聲。

盛唐空前絕後的繁華輝煌,已隨着安史之亂而煙消雲散,藩鎮割據、宦官專權、朋黨之爭一幕幕地上演,致使天下動蕩不安、朝政日益混亂、社會矛盾日趨尖鋭。王朝命運和個人榮辱總是緊緊聯繫在一起的,面對盛世轉衰,江山殘破,詩人們一面慨歎大唐盛世的不再,一面試圖於歷史往事中尋找社會盛衰治亂的根源,詠史作品也因此成爲時代的最強音,有着深刻的歷史反思性和強烈的現實指向性。詩人們多借評價《史記》中的人和事以表達其與前人不同的史識和史觀,期冀爲日漸衰落的唐王朝尋找到"中興"的良方。同時,也借吟詠《史記》中的人和事以隱指影射當代的人和事,抒發個人的憤懣與不平。其中,柳宗元取材于《史記》而創作的詠史詩作顯示出新穎的見解、獨特的史識,既有對歷史往事的思考,也有情感的主體意識。如《詠三良》:"束帶值明后,顧盼流輝光。一心在陳力,鼎列誇四方。款款效忠信,恩義皎如霜。生時亮同體,死没寧分張?壯軀閉幽隧,猛志填黃腸。殉死禮所非,況乃用其良?霸基弊不振,晉、楚更張皇。疾病命固亂,魏氏言有章。從邪陷厥父,吾欲討彼狂。"敘寫子車氏三子奄息、仲行、鍼虎爲秦穆公殉葬而死。此前的陶淵明《詠三良》、曹植《三良詩》都歌頌三良爲君赴死,同時又指責秦穆公用忠臣殉葬的殘酷。柳宗元卻一反傳統,認爲三良是良臣,穆公是明君,生前君臣同德,不會有此愚蠢舉動。而讓三良殉葬的乃其子秦康公,末聯指斥康公爲不肖子。這裡用一"吾"字,強烈的憤懣之情直透紙背。再結合柳宗元描寫樂毅、晏子等人事跡的《詠史》一詩,都明顯地有所寄寓,即以古諷今,隱晦地敘寫當世順宗、憲宗和"二王八司馬"之間關係和遭遇。而《詠荊軻》一詩也與傳統論調不一致,不但沒有讚揚荊軻,還指出刺秦不可取,結果失敗後更導致了燕國的快速滅亡。柳宗元的詠史詩可謂是晚唐乃至宋代翻案之風的先導者,頗具影響力,如詩人劉叉的《嘲荊軻》、李遠的《讀田光傳》、許渾的《韓信廟》、杜牧的《題桃花夫人廟》《題烏江亭》《題商山四皓廟一絕》、李商隱的《四皓廟》、溫庭筠的《四皓》、羅隱的《西施》等,均與傳統異調,發前人所未及,或多或少地都否定了司馬遷及此前詩人的觀點或定論，形成翻案文字的一時之風。

唐代皇帝追諡孔子爲"文宣王"，天下遍置孔廟，規定于每年春、秋二季的二月及八月皆開展祭祀活動，而官方學校也往往與孔廟或合而爲一，或毗鄰而建。劉禹錫創作詠史詩，每每針對社會現實而發，有一首與《史記》相關的詩——《和李六侍御文宣王廟釋奠作》，明白表達出不以虛禮爲然之主旨："……土田封後胤，冕服飾虛儀。鐘鼓膠庠薦，牲牢郡邑祠。聞君喟然歎，偏在上丁時。"（按，每月上旬丁日謂之上丁）認爲以無用的禮儀祭祀孔子，是一種白白費力費財費時間的活動，而並非孔子的本意。在當時有這種的非議，可謂是正直敢言者。他的另一首《韓信廟》詠史詩，其指向性就更明白而強烈："將略兵機命世雄，蒼黃鐘室歎良弓。遂令後代登壇者，每一尋思怕立功。"韓信一生的事跡甚夥，偏偏都不寫，只寫其下場的悲慘。採用這種抓小放大的藝術描寫手法，不能不說是在借助詠歎古人而喻指今人，即明顯針對當時名相裴度的人生結局而發。而《詠史二首》以《史記》人物隱指順宗時的欲削奪宦官權力的"二王"，後在宦官的操弄下，憲宗即位，貶謫"二王"。而劉禹錫等"八司馬"也貶官。於是，爲之鳴不平。

中唐詩人寫作唱和詩篇數最多而篇幅最長的莫過於元稹和白居易這對摯友，同一題材用同一體裁彼唱此和，觀念也基本趨同，可謂詩壇佳話。但二人在仕隱觀上卻截然不同，這在他們借《史記》人物"四皓"而創作托古言志的唱和詩中就表達得最明顯不過了。元稹先有原唱，對"四皓"的前隱後仕之行爲做了批判，最後結爲"出處貴明白，故吾今有云"。白居易隨之有和唱，對元稹的認識與觀點一一進行了反駁，認爲天下有道則仕，天下無道則隱，"四皓"遵循孔子之言而行動，無可厚非。最後歸結爲"先生道甚明，夫子猶或非。願子辨其惑，爲予吟此詩。"終其一生，二人都按照自己的仕隱觀行事。

至晚唐時期，出現了以七絕爲主要創作形式的詠史詩人，而且一寫就是百十篇之多，如胡曾、周曇、孫玄晏、汪遵、羅隱等，以短短的四言二十八字詠史論史，再現了一幅幅生動的《史記》畫卷，角度、觀點都不乏新意。尤其是胡曾、周曇、汪遵等人的詠史絕句對後世的說話藝術及講史話本、通俗章回等歷史小說影響很大，後世涉及與《史記》所記載的相關題材的小說，每每講到故事情節關鍵的時候，就完整地或略改詩句而插引他們的詠史絕句。這又間接地傳播了《史記》，而那些引用詠史詩的說話藝人及講史話本、通俗歷史小說的作者，既直接地接受了《史記》，又間接地接受了詠史詩人在作品中表達的有關《史記》的內容及認識。同時，還進一步促使《史記》在民間廣泛傳播。

唐代詠史創作超越前代的還有一個明顯的標誌，即廣義詩歌的另一體——詞，在中晚唐產生而逐漸成熟。儘管新興的詞體被視作表現閒情的豔科，但還是有人以詞詠史，這在詠史體裁上，自然是一種創舉。在唐代衆多的詞作中，很少有文人以歷史人事及遺跡爲題材而創作詠史詞,倒是在民間曲子詞中有着其先鞭、開其先河者。如在敦煌遺書中發現的唐代曲子詞〔定風波〕,即以《史記》中的張良和項羽作爲一正一反的吟詠對象。此詞爲前後兩首,是一問一答的組詞。前首句末:"問儒士,誰人敢去定風波?"後首即舉史事爲答:"征戰儢？未足多,儒士儢儸轉更加。三策張良非惡弱,謀略,漢興楚滅本由他。項羽翹據無路,酒後難消一曲歌。霸王虞姬皆自刎,當本,便知儒士定風波。"全詞高度概括地表現了決定楚、漢戰爭勝負成敗的關鍵是有智謀的儒士張良,而不是逞匹夫之勇的武夫項羽。藝術概括力較強,雖沒有細節上的描寫,卻能突出人物形象。唐五代有一首佚名氏的〔虞美人〕,乃"就曲志其事者"之詞。虞美人本是一種花草名,詞人借指虞姬,一語雙關。以花草之美麗喻虞姬,以虞姬之貞潔喻花草,名爲詠物,實爲詠史。此詞的影響深遠,可謂開後世此類作品的先河。全詞描寫楚霸王與虞姬依依不捨的生離死別之史事,情調低沉淒苦,令人唏噓不已。由此亦可知《史記》在當時的廣泛傳播及影響力已及于民間,而受衆面也漸至普通百姓。

宋代社會承前啟後,在雕版印刷技術日趨成熟的同時,又發明了影響近代世界出版業的活字印刷術,這無疑會促進和推動《史記》更廣泛地傳播與接受。在這一時期數量衆多的《史記》文獻中,僅是刻印整部《史記》而至今還能看到的或全或殘的版本就有十多種。另外,宋代的教育事業也有長足的發展,每個縣都有官辦的學校,除教授儒家經典外,包括《史記》在內的史書也是必修課程。可見,宋人對《史記》表現出空前的熱情。因此,《史記》於宋代詩人筆下又煥發出新的生命力,其接受《史記》而創作的詠史作品多式多樣,可謂是空前。然而,宋代學術背景和詩學理論的好議論、好說理之風盛行,體現在接受《史記》的詠史創作中,則呈現出與宋前截然不同而與時代風氣一致的格調,即重才學和議論,偏愛翻案,對《史記》中的人和事做出新的評判,表達創作者與前人不同的歷史認識。

有宋一代,崇尚文化的風氣盛行,文人學士獲得了更多踏上仕途的機會。上自皇帝大臣,下至一般讀書人在閱讀歷史典籍時,都更加關注往昔社會盛衰變遷的規律,並力圖探究其成因,用古鑒今,以期當朝不再重蹈前代的覆轍,這與司馬遷"究天人之際,通古今之變"的撰史目的是一致的。以皇帝之尊而自覺創作詠史作品,與臣下唱和的,始於宋朝。北宋第三位皇帝真宗就有賦寫《祥符讀十一經詩》《讀十九代史詩》,或贊頌明君賢相、忠臣義士,或評判及反思成敗得失。其中,就有《讀〈史記〉詩》三首。真宗還使親王、宰相及館閣臣僚等人也隨之唱和,至今留傳在世的有當時的名臣夏竦奉和詩作。而詠《史記》的有唐堯詩,齊、魯二國詩,漢武帝封禪詩。可謂借用詠史之體來頌聖,並切合宋真宗的性格喜好及熱衷封禪之事。雖說內容上乏善可陳,但以帝王及其大臣身份而言,客觀上也推動了《史記》的接受與傳播。

宋代詠史創作者的身份不一,有文學家、史學家、政治家、思想家、理學家等,甚至有方外人士如僧道,還有一人兼具多重身份者,而其所吟詠的人物涉及帝王、諸侯、文臣、武將、高士、隱士、策士等不同類型,加之不同的審美取向、期待視野,使之創作出形式多樣、內容豐富、觀點相異乃至恰恰相反的詠史作品。

宋代詩人吟詠《史記》中的人和事,有集中於某個細節者,以其爲媒介,在褒貶評價上多和司馬遷相一致,敘事、議論及情感等未能越出舊有的範圍,可視爲對《史記》的表層接受。有專注于論史者,將《史記》中的人物、事件有所放大,點出其在當世的借鑒意義和對後代的影響,或跳出《史記》所論定的以表達不同的認識與評價,或挖掘《史記》所賦予歷史人事的深層意蘊,可視爲對《史記》的深層接受。在具體的寫法上,宋人想翻越唐詩這座高峰而有所突破,只能另闢蹊徑,創作的主旨、技巧、題材、體裁等等方面,都要求有新的變化。宋詩論家用"以文字爲詩,以才學爲詩,以議論爲詩"來概括宋詩的整體風格。

王禹偁以《史記》中的人和事爲内容的詩有《滎陽懷古》《讀〈漢文紀〉》《四皓廟二首》《問四皓》《遊四皓廟》《過鴻溝》《讀〈史記〉列傳》《伍子胥廟》《吳王墓》《題響屧廊壁》等,都是有爲而作,有感而發。其中,《讀〈史記〉列傳》說:"西山薇蕨蜀山銅,可見夷齊與鄧通。佞幸聖賢俱餓死,若無史筆等頭空。"又《讀〈漢文紀〉》說:"西漢十二帝,孝文最稱賢。百金惜人力,露臺草芊眠。千里卻駿骨,鸞旗影遷延。上林慎夫人,衣短無花鈿。細柳周將軍,不拜容橐鞬。霸業固以盛,帝道或未全。賈生多謫宦,鄧通終鑄錢。謾道膝前席,不如衣後穿。使我千古下,覽之一泫然。賴有《佞幸傳》,賢哉司馬遷。"前一首絕句總括《伯夷列傳》和《佞倖列傳》,將古來公認的賢者伯夷、叔齊與佞臣鄧通相對比而詠之。同樣是餓死結局,意義卻大不相同,這正賴司馬遷的"史筆"才彰顯出來。後一首五古,吟詠《史記·孝文本紀》,既肯定漢文帝的賢明,也指摘其寵信佞臣和不重用賢臣的失誤與不足,是對漢文帝歷史形象的藝術再現,與《史記》之文相映成輝,而又各顯特色。末句"賢哉司馬遷",足顯出千載之後的詩人對司馬遷的敬仰之情。《滎陽懷古》一詩:"紀信生降爲沛公,草荒孤壘想英風。漢家青史緣何事,卻道蕭何第一功?"則獨出機杼,否定蕭何爲第一功臣的傳統定論,發前人之未發,道前人之未道,認爲漢高祖當年在滎陽被圍時,紀信捨身假扮,才使其得以逃走,最終成就漢王朝之大業,這才稱得上"第一功"。試想,若没有紀信在關鍵時刻的壯烈犧牲,漢高祖早已成爲項羽的階下囚,也不可能有後來的大漢王朝。

梅堯臣取材於《史記》而以傳體吟詠的《淮陰侯廟》一詩,以小見大,僅用一件典型史事,就揭示出它的巨大深意。敘寫韓信由落魄到輝煌的全過程。此詩雖概括力強,但終未脫前人窠臼，倒是另外兩首同樣吟詠韓信《淮陰侯》《淮陰》，頗現己見。前詩的首聯、頷聯直奔主題，毫不掩飾異於那些久已形成的定論，而直接提出個人見解："功既高天下，身何不自防。已能成漢業，無復假齊王。"在對韓信的深深同情之中，又直白地表示了諷刺之意：功勞已達至偉，即應自我防備功高震主而帶來的隱憂，既然能夠成就大漢基業，又何必暫攝小小的齊王之位以顯示自己的成功，不無殺身之禍乃自招之意。後一首詩則具有現實指向性，即世無伯樂，使自身空懷大才："天下滔滔久厭秦，英雄蛇鼠竄荊榛。少年豪橫知多少，不及沙頭一婦人。"秦末正是多少豪傑紛紛揭竿而起之時，但誰人慧眼識珠，認得真正的英雄，唯有漂母對韓信的一飯之恩，使他能夠輔助劉邦建立大漢。這三首詩以不同的視角吟詠韓信，各有側重，合觀之爲一篇較完整的傳記，與司馬遷在爲重要人物立傳時所使用的"互見"手法有異曲同工之妙。《項羽》一詩雖爲寫實之作，識見較高，先敘述了項羽在三年内成就霸業，後敘寫項羽終至失敗的原因。平淡的語言顯現強大的說服力，在詠史中都能表現出梅堯臣詩的風格。另外，《季子廟》《夫子冡》二詩寫春秋時的季札："信如季子賢，自昔知能幾""嗟爾後之人，萬言書不顯"。乃基於現實生活現象而托之於古人事行。

　　張方平以《史記》爲吟詠對象的詩較多，表現主旨雖多未超過前賢已有之意，但白描手法之高，諷刺力度之大，則迥異于前人："落托劉郎作帝歸，樽前感慨《大風》詩。淮陰反接英彭族，更欲求猛士爲？"開頭就用直白的"落托"二字，反襯後面的"作帝"二字。這樣的人竟然做了皇帝，而且，還大張旗鼓地衣錦還鄉了，活脫脫一副暴發戶的模樣，嘲諷不涉議論而在文字中自然顯露。前代詩人論及《大風》詩時，要麼認爲劉邦是居安思危而欲求猛士以狩天下，要麼認爲劉邦此時後悔殺害韓信等人而想求得更多猛士爲己所用。張方平卻一反尋常之見，認爲既然容不下韓信、彭越、英布這樣的猛士，即使求得再多的猛士，也只會繼續予以殘害。而《題中陽里高祖廟》一詩的諷刺就更加深刻了："縱酒疏狂不治生，中陽有土倚兄耕。晚遭亂世成功業，更向公前與仲爭。"前兩句道出了劉邦年輕時的遊手好閑、不事生產，靠着兄長辛苦種田而過活的懶惰行爲。後兩句描繪了劉邦在取得天下後，當着父親的面問兄長到底是誰的產業多的無賴嘴臉。都是從小處着手，抓住一小點放大，就表現出人的氣質優劣。另外，《劇孟》《讀齊世家》《東方朔》等詠史之作，則以精巧地剪裁史料、高超地提煉素材手法見長。

　　在歷代的詠史創作中，《史記》中的人物及事件僅成爲一些詩人表達己見、抒發今昔盛衰感慨的媒介工具；另外一些詩人則是嚴格依照《史記》的記載，在詠史作品中再現其人其事。詠史高手王安石則能將二者融合得恰到好處，不着痕跡，使歷史人事和現實政治緊密聯繫，以古鑒今，用古喻今，巧妙而藝術地爲當下的政治服務。在王安石的約一百一十首詠史作品中,有四十多首取材於《史記》,且多以《史記》中的人物直接爲題。不僅以數量多見長,更以質量高爲勝,除過那些詠史專集外,是名副其實的詠史創作能手。戰國時秦國的改革家商鞅是王安石極爲推崇的前賢,在《商鞅》一詩中爲其正名:"自古驅民在誠信,一言爲重百金輕。今人未可非商鞅,商鞅能令政必行。"司馬遷對商鞅的總體評價不算高,但對其變法則頗爲欣賞,詳細記載了爲變法的成功而取信於民的事件。詩中既熱情地贊頌商鞅變法富國之舉的偉大,又指出刻薄寡恩是推行變法時不可避免的代價,世人不該僅就此點而"非商鞅",具有強烈的現實指向性。王安石借論商鞅事以回應當時政壇一些頑固守舊勢力對改革政令及其措施所持懷疑甚至責難的態度,也表明個人對變法的毅力和決心。王安石還將孟子引爲同調,在《孟子》一詩說:"沉魄浮魂不可招,遺編一讀想風標。何妨舉世嫌迂闊,古人斯人慰寂寥。"孟子的政治見解頗爲深刻,當權者、執政者都認爲是不合時宜的"迂濶"之見,得不到理解和採納。王安石借孟子之事道出自己的心聲,即使世人不理解和嫌棄自己推行變法之舉,千載之前不合當時胃口的孟子就能"慰寂寥"的心,以此向人們表明要將變法進行到底的決心。王安石推行新法而遭衆人非議,並未以個人的榮辱爲念,認爲只要新法能夠推行而使國富民強,便是實現了自己的政治抱負,這在詠《賈生》一詩有明確表示:"一時謀議略施行,誰道君王薄賈生。爵位自高言盡廢,古來何嘗萬公卿。"歷來人們都以賈誼爲懷才不遇的代表,譴責漢文帝不能任用賢能,對賈誼的遭遇深表同情。但王安石對此事的認識高人一等、超出一籌,不僅僅局限於同情的尋常層面。漢文帝雖未將高官厚祿給予賈誼,卻採納了他的建議,並能夠實施,這才是對他的最高的信任,從客觀效果上講,並非"君王"真正地"薄賈生",而賈誼起到的作用,比起那些"爵位自高言盡廢"的人要好得多。王安石站在新的高度,審視古人古事,見解深刻而獨到,充分體現出作爲一個政治家應有的胸懷。另外,王安石的詠史詩作不僅多有針對《史記》所載之人之事的翻案,而且,還有針對前人對《史記》所論定人事的翻案。如晚唐詩人杜牧那首著名的《烏江亭》認爲勝敗乃兵家常事,只要楚霸王能夠"包羞忍恥",仍然可以捲土重來而爭奪天下。王安石卻在《烏江亭》一詩中針鋒相對地說:楚軍征戰疲勞而在垓下一敗塗地,即使還有殘餘的江東子弟,也未必會追隨他而試圖東山再起。這種以理性來判斷當時天下大勢的認知,比起以感情用事而臆斷得出的論調要高出不啻一籌。還有《漢武》《韓信》《范增二首》《謝安》《宰嚭》《郭解》《讀〈漢功臣表〉》等詠史絕句,俱是匠心獨運、自出機杼的佳篇。

宋人也有非聖之論的詠史詩。如周武王是司馬遷着力敘寫的聖君,其形象早已深入人心,可大詩人蘇軾就公開挑戰傳統的定論,便寫了《武王論》的文章。中心思想是圍繞着"武王非聖人也"命題展開的。而宋代的方外詩僧甚多,不僅在詩歌創作上受宋代方內詩人好議論的影響,而且,與唐代詩僧有着明顯不同的一點,即唐詩僧很少吟及歷史上的俗人俗事,宋詩僧則多吟詠歷史上人物事件。如宋初詩僧智圓便創作了不少的詠史作品,其中,就有涉及《史記》的詩作:《讀史》《雪西施》《吴山廟詩》《讀〈項羽傳〉二首》《讀〈秦始皇本紀〉》《夷齊廟》《漢武帝》《禹廟》等,多有翻案,別具風味。更有甚者,還有非聖之作,如詩僧德洪就寫了《補東坡遺三首題〈武王非聖人論〉後》的詠史詩,與蘇軾一唱一和。爲了支持"武王非聖人"的論調,還扯上孔子。其詩説:"青燈照華髮,掩卷成嗟咨。事有世共見,而意複難知。殺父子受封,殆非人所爲。孟津觀兵者,非天尚誰欺。孔子蓋周人,而爲殷宗枝。欲辨則不敢,亟口稱夷齊。使彼果聖乎,古今無異詞。則其罪武王,明甚無可疑。呶呶與世辨,氾濫驚群兒。惜不經柳子,爲一剖擊之。知誰千載下,擊節讀吾詩。"認爲孔聖人早已知道周武王不是聖君,但又不敢直白地分辨,於是以連連稱頌伯夷、叔齊的方法,隱晦曲折地表明了觀點。這裡似乎有潛台詞在説:蘇軾與自己比孔聖人還大膽勇敢!

宋代學術界掀起一股疑古之風,這種風潮也在宋代詩歌創作中有所反映。如那位天生才華橫溢而又英年早逝的詩人王令就是其中的一位。他寫的詠史之作中,有不少取材于《史記》,如《魯仲連辭趙歌》《孟子》《讀〈孟子〉》《讀〈西漢〉》《讀〈商君傳〉》《叔孫通》《過伍子胥廟》《泰伯廟》等,或質疑,或反駁,或同意中又有異議,都是態度鮮明,不趨世俗。在這些詩中,也不無在所吟詠的人物身上托喻着他個人遭遇的因素。

號稱"蘇門四學士"之一的張耒似對《史記》一書情有獨鐘,十分偏好,取材於其中的詠史詩多達三十七首,且與蘇軾的精神一脈相承,在詩作中多表達與傳統論調或定論不同的己見,質疑非議之意疊出其間。如詠董仲舒:"參差世事足嗟歎,我笑群兒較目前。可能董子之榮辱,乃在封侯得失間。"又如詠荆軻:"嗟爾有心雖苦拙,區區兩死一無成。"再如詠范增:"畢竟亡秦安用楚,區區猶勸立懷王。"還有詠東方朔:"漢庭誅死皆卿相,猶説才能勝滑稽。"尤其是直接賦寫韓信的詩多至三首,其中兩首還寫了長長詩序,可謂爲韓信謀反辯誣而不遺餘力。張耒在淮陰出生長大,可視其爲淮陰人。所以,張耒帶着十分敬仰尊崇的情感歌頌韓信的豐功偉業,譴責劉邦的幫兇吕后殘害忠良,精妙之處在於對"成也蕭何""敗蕭何"的兩面行徑頗有微詞,卻又不直接説破,而是以反諷的手法出之。一唱三歎,餘意不盡,給讀者留下回味及想象的空間。

在宋代詩歌創作者隊伍中,有不少人身兼詩人與理學家,對一切事物,都會用理學的眼光和認知來審視,所以,自然會以理學的角度切入詩歌主題。著名理學家邵雍就是其中之一,其詠史詩作即體現出理學觀念。如小型組詩《題淮陰侯廟十首》,雖題爲"淮陰侯",卻在詩中每每與蕭何、劉邦對舉,而出人意料的是寫韓信固然有功有罪,而蕭何、劉邦也功過各半:"生身既得逢真主,立事何須作假王。誰謂禍階從此始,不宜迴首怨高皇。"(之三)"一時韓信爲良犬,千古蕭何作霸臣。彼此並干名教罪,罪猶不逮謂斯人。"(之四)"韓信事劉元不叛,蕭何感漢竟生疑。"(之五)"若非韓信難除項,不得蕭何莫制韓。天下須知無一手,苟非高祖用蕭難。"(之七)"著履暴榮須暴辱,既經多喜必多憂。"(之十)都以臣君關係的儒家名教爲視角來表述各人的功罪是非,充滿了理學的思辨色彩。再如《題四皓廟四首》之一:"強秦失御血橫流,天下求君君不有";之二:"徐云天命自有歸,不若追蹤巢與許";之三:"漢皇傲物終難屈,太子卑辭方肯出";之四:"能使四人成美節,始知高祖是真王。"以平淡的語言敘寫了四皓在秦漢之際的行藏,卻又不似元積和白居易那樣通過四皓的仕與隱之舉,以涇渭分明的態度來表示肯定或否定。同時也不忘做臣子的本分,依托古人古事以頌揚當今聖上。而在《過宜陽城二首》之一中發出了在秦逐漸滅亡關東六國的過程中"豈是關東沒一人"的質問,不言自喻,自問自答,韓國有一大才張良尚且不得任用,遑論他國。不是沒有人才,而是用不用爾。邵雍涉及《史記》的詠史詩約有十六首,多充斥着理學色彩。

　　史學家司馬光在史學上取得了非凡的成就,在詩歌創作上也自有其特色,尤其在吟詠歷代人物的詩作中,以托物寄寓見長,而議論較多。寫作目的也和他的史學觀念一致,貫穿着借古警今以史爲鑒及道德評判的主旨,或似韻語史評,或似讀史雜感。如《五哀詩》最是顯證。詩前有小序,明白道出寫這組詩的主旨:"孔子惡利口之覆邦家者。甚矣,讒之爲害,不可一二數也。楚之屈原……皆負不世之才,竭忠於上,然卒困於讒,不能自脫,……國隨以丘墟,此甚可大哀者……且以警後世云。"其中,論及《史記》人物的有三首,其一《屈平》有句曰:"窮羞事令尹,疏不忘懷王,冤骨銷寒渚,忠魂失舊鄉";其二《李牧》有句曰:"椎牛饗壯士,拔距養奇材,虜帳方驚避,秦金已闇來""部曲依稀在,猶能話郭開";其三《晁大夫》有句曰:"人主恩猶盛,讒夫弄舌端,旋開就斧質,不得解衣冠"。其他涉及《史記》人物史事的尚有十九首之多,且各式各樣的人物史事均有,可見有宋一代成就斐然的史學家司馬光對一部史學經典的熟悉程度,無怪乎其取材史事之廣泛,塑造人物之深邃。

　　南宋朝廷偏安一隅,內憂外患使得詩人們懷古傷今,借助於《史記》人事在詠史作品中強烈地表達對最高統治者妥協退讓、苟且求安的猛烈抨擊,對頑強不屈、勇敢抗敵民族英雄的高度歌頌。

　　南宋偏安皇帝中的第一位是宋高宗趙構,雖說是位軟骨頭皇帝,但對當時的文化建設倒是有所重視。他本人身體力行,據有關記載:"上(高宗)早年謂輔臣曰:'朕居宮中,自有日課,早閱章疏,午後讀《春秋》《史記》,夜讀《尚書》,率以二鼓罷。'……又悉書《六經》,刻石置首善閣下。"除此外,他又對書籍的收藏與刊刻很重視。如:"高宗始渡江,書籍散佚。紹興初,有言賀方回子孫鬻其故書於道者,上(高宗)命有司悉市之。……因取之以實三館。……十三年,初建祕閣,又命即紹興府借故直祕閣陸寘家書繕藏之。……至是數十年,祕府所藏益充牣。"又如:"(紹興)九年九月,張彥實待制爲尚書郎,始請下諸道州學,取舊監本書籍,鏤板分頒行。從之。……上謂秦益公曰:'監中其它闕書,亦令次第鏤版,雖重有所費,蓋不惜也。'繇是經籍復全。"因此,短短數十年間,相關的《史記》也刻印了十多種,有官刻,有私刻,有全本,有選本,有一家注本到二家注本,再到三家注本。這無疑對《史記》傳播和接受是空前的,宣傳面與受衆面更廣了,而高宗就有與《史記》有關的詠史之作,如《文宣王及弟子贊》,小序言:"朕自睦鄰息兵,首開學校,教養多士,以遂忠良。繼幸太學,延見諸生,濟濟在亭,意甚嘉之,因作《文宣王贊》。機政餘閒,歷取顏回而下七十二人,亦爲製贊。用廣列聖崇儒右文之聲,復知師弟子間纓弁森森,覃精繹思之訓。其於治道,心庶幾焉。"還有一首題爲《中和堂》的詠史詩,反映了他既有偏安于半壁江山之心,又有些許不心甘情願之意。小序言:"孟夏壬戌,來登斯堂。遠矚稽山,思夏后之功;附瞰濤江,懷子胥之烈。賦古詩一首。"按,"壬戌",是紹興十二年。在此的前一年,以秦檜爲首的議和派迎合高宗的心意,剛剛用"莫須有"的罪名誣陷並殺害了抗金名將岳飛,而抗金名臣李綱等人也紛紛被罷免,就此奠定偏安局面。而詩的前四句就道出了甘心偏安,但接着六句又以夏禹王之神功寄寓欲恢復中原之願,最後六句所寫,乃口是心非、言不由衷的矛盾心理。說自身希望能作爲群臣的表率,同越王勾踐一樣臥薪嘗膽,志在雪恨;又說爲聖賢要能屈能伸,不圖短時之功,從長計議才好;還說留意像范蠡、文種那樣謀略出衆的文士,緬懷像伍子胥那樣勇猛忠烈的武士。高宗的所作所爲,與口頭上所表示的,完全相悖。可見,此詩乃其做出虧心事後,再強詞奪理地自我辯解的一篇告白書。

　　李綱是抗金主戰派的主要代表人物,其凜然正氣和愛國熱情,爲後世讚歎不絕。《史記》中那些遭貶謫的忠臣謀士自然成爲其個人心聲的代言人,如《五哀詩》小序所說的:"湖湘間多古騷人逐客才士之所居,故其景物淒凉,氣韻感慨,有古之遺風。余來武昌,慨然懷古,作五詩以哀之。"明白地道出寫作緣由,是要在緬懷屈原、賈誼等人的詠史之作中寄寓深厚的愛國情懷。其一《楚三閭大夫屈原》有句:"楚懷聽秦詒,身作咸陽鬼。當時屈原爭,坐困椒蘭毀。襄王復不悟,遠作江南徙。……眷眷不忘君,一篇三致意。……千秋身後名,芬馥同茝芷。夫豈椒蘭徒,據勢長不死。"將屈原生平活動的主要事行,藝術而形象地加以高度概括,事簡而情深,一唱而三嘆,極贊其可與"日月爭光"的家國情結,雖死猶生而流芳百世。更多的則是通過對屈原的贊美和同情,以突出對楚王及小人的諷刺與

-17-

譴責。李綱也是因被當今皇帝的奸臣陷害而貶至荊湘,與那位行吟於沅湘以至形槁憔悴卻依舊"眷眷不忘君"的愛國之士,自然是有同感,反復強調屈原的忠貞,認爲其人一切的悲劇發生,根源都在於楚王的偏聽偏信。"忠臣會遇難,千古共一軌",千載之前屈原的身影,就有千載之後自己的影子,明顯地在影射當朝統治者的昏聵。其二《漢梁王太傅賈誼》對賈誼的才華橫溢而不得志的境遇深表同情。與此同時,指出他一切的悲劇就在於世無伯樂,而統治者更不識英才。這同樣是借古喻今,不無自身的影子。《四皓》一詩:"皓髮龐眉四老翁,商山采盡紫芝叢。安劉畢竟成何事,空墮留侯巧計中。"歷代以來,吟詠四皓的詩作極多,這四人羽翼太子的是與非爲議論的焦點,雖見仁見智,但肯定四皓的安劉之功則是主調,如杜甫、白居易等人的詩作。也有從積極用世的角度出發,譴責四皓於秦末亂世而棄天下隱逸的行爲不可取,如元稹等人的詩作。還有的認爲四皓的所謂安劉存惠帝,實際上是害了大漢王朝,如杜牧、元好問等人的詩作。李綱拋開傳統窠臼,既沒有大肆讚揚四皓的功業,也沒有將呂氏之亂遷怒於四皓,而是認爲四皓離開隱居的商山,廁身朝堂之上,實是"留侯巧計"。談不上是他們護翼保全太子,而是張良借助四皓在"安劉"。這層深意,結合另外兩首以《子房》《讀留侯傳有感》爲題的詠史之作,對張良在秦末漢初的作爲極度稱道,甚至不惜夸大而過其實,即明白不過了。其他的如《讀楚元王傳》《垓下》《高祖》《題邵平種瓜圖》《投金瀨有感》《章華臺》等作,無不有感慨寄寓。

陸游在宋人中詩歌最多,創作的詠史詩亦爲不少,其中與《史記》相涉的有二十餘首。他的詠史之作,都爲時時刻刻不忘收復中原故土的主旨,以抗金殺敵、志在恢復及歌頌忠臣義士的愛國情結爲主題。如《哀郢》其一:"遠接商周祚最長,北盟齊晉勢爭強。章華歌舞終蕭瑟,雲夢風煙舊莽蒼。草合故宮惟雁起,盜穿荒冢有狐藏。《離騷》未盡靈均恨,志士千秋淚滿裳。"以古傷今,以楚都郢城的"故宮"遺墟喻指棄爲廢墟的北宋都城汴梁,而千年之前屈原之恨,同樣也是千年之後的詩人之恨,千載共一恨,遺恨無已時。寫"哀郢"實爲哀傷現今的汴京,憤恨當今的朝廷不思進取恢復故都,弦外之音,言外之意,至爲明顯。又如《屈原廟》有句曰:"恨公無壽如金石,不見秦嬰繫頸時。"這與陸游的絕筆詩句"王師北定中原日,家祭無忘告乃翁"異辭而同旨,都以不見最終的勝利爲主題。再如《丙午十月十三夜夢,過一大塚傍,人爲余言,此荊軻墓也。按地志,荊軻墓,蓋在關中,感歎賦詩》:"……悲歌易水寒,千古見精爽。國讎久不復,驚覺泚吾顙。何時真過茲,薄酹神所饗。"將"國讎"的憤懣,托之于夢中那位同爲報讎的荊軻,千古同憤,令人潸然淚下,欷歔不已。

《史記》中那些爲後人津津樂道的名世篇章,都程度不同地有司馬遷本人的情感融入,或是悲憤,或是譏諷,或是感奮,或是欽慕,等等。宋人在詠《史記》人物的創作中,也往往將其個體的情感體驗融入。如劉克莊《萇弘》:"宗周危可憫,萇叔死非難。臣血三年碧,臣心一寸丹。"又《柳下惠》:"不怨窮并佚,能安小與卑。何須立奇節,展季即吾師。"一歌頌忠貞死難的臣子,一頌揚道德楷模的正人,都飽含着強烈的崇敬、欽佩的感情。聯繫劉克莊所處南宋末國勢衰弱而岌岌可危的局面,以及他賦《落梅》詩而被權奸排擠出京的遭遇,不難理解在古人身上有個人情感的清晰投影。如《徐偃王廟》:"仁暴由來各異施,秦、徐至竟孰雄雌。君看驪岫今無墓,得似柯山尚有祠。"巧妙地用"無墓"和"有祠"以辨別施暴政和施仁政的最終結局,即爲後世所紀念或遺忘。劉克莊題爲《雜詠》的五言詠史絕句一百首,又有零篇單章的詠史詩二百一十九首,合計三百十一十九首。且眾體兼具,數量上超過詠史大家王安石,可謂詠史名手。其中,詠及《史記》的有一百五十首之多,幾達一半,又可謂空前多矣,無不寄托着個人的情感。

宋代詠史創作也傳承了《史記》以類相從的合傳寫法,將類似命運而不同時的歷史人物合詠在一詩中,如林同《管仲》:"戰敗不羞走,誰爲知我深。叔知我有母,亮我走時心。"題註曰:"吾嘗三戰三走,鮑叔不以我爲怯,知我有老母也。"又《穎考叔》:"茅焦甘伏質,考叔請留羹。大隧如初樂,咸陽虛左迎。"題下註曰:"'留羹',感鄭莊公母子如初,見《左傳》。焦茅諫始皇,即'虛左'迎母,見《史記》。"管仲與鮑叔合詠,茅焦、始皇與考叔、莊公合詠。觀此註文,主題與手法甚明晰矣。在短短的二十字中,容納了大量信息,不感侷促,可見剪裁史料、安排布局之精妙。再如周密《題三友圖》:"冰霜交潔玉橫陳,誰主群芳歲晚盟。賈傅吊平皮悼賈,三君千古一家清。"詩題序曰:"屈平見讒於楚而吟《騷》,賈生獲擯於漢而吊屈,日休不用於唐而悼賈。嗚呼!三子異世而一清也……。"觀此序言,意旨與技法亦甚明矣。

宋代詠史詩人在各方面接受《史記》的廣泛程度,由此可見一斑。

女性詩人創作涉及《史記》的作品,也有表現愛國情懷的詠史詩,如李清照的《烏江》就是膾炙人口的千古名作,語短意長,言淺情深:"生當作人傑,死亦爲鬼雄。至今思項羽,不肯過江東。"不以成敗論英雄,盛贊項羽的寧死不折。再結合南宋政局的現實而解讀,不能不說是針對當朝統治者而噴出的慨歎,以項羽誓死不逃過江東的堅毅態度,來襯托和諷喻當權者苟且偷安的軟骨頭醜態,是指向性非常明確的一首小詩。再如朱淑真吟詠項羽的其一:"自古興亡本自天,豈容人力預其間。非憑天與憑騅逝,騅不前兮戰已閑。""蓋世英雄力拔山,豈知天意在西關。范增可用非能用,徒歎身亡頃刻間。"似乎從天命觀的角度看待項羽的失敗,正像項羽臨死前所發出的怨言"天亡我",是人力不可預測、不能改變的,實是持可悲可憐的態度,意謂不能順應天下、正視天命而迎合民意,這與司馬遷所評:"尚不覺悟而不自責,過矣。乃引'天亡我,非用兵之罪也',豈不謬哉!"內含上正復相同，只是一爲韻文詩歌，藝術性地表述而含蓄委婉；一爲史傳散文，實錄型地敘寫而直接明白。所以，緊接着又認爲不能重用人才也是導致項羽失敗的重要原因。另外，還有《韓信》《張良》《賈生》《董生》《晁錯》等詩，也寫出了女詩人對《史記》人物的認識。由此可見，宋人對《史記》接受的廣度和深度。

　　文天祥的詠史之作，蘊含着強烈的愛國情感，加之對身世之悲及歷史興亡的感慨，使其在題材上呈現出多忠臣義士之特點，或表達對忠臣義士的敬仰緬懷，或借古人古事表達不畏艱難的抗戰決心，或自誓盡忠死節。語言質樸、感情奔放，氣勢磅礴。吟詠《史記》人物的詩可謂宋人的壓軸之作。如組詩《題蘇武忠節圖》三首，并有長篇詩序。其一："忽報《忠圖》紀歲華，東風吹淚落天涯。蘇卿更有歸時國，老相兼無去後家。烈士喪元心不易，達人知命事何嗟。生平愛覽《忠臣傳》，不爲吾身亦陷車。"其二："獨伴羝羊海上遊，相逢血淚向天流。忠真已向生前定，老節須從死後休。不死未論生可喜，雖生何恨死堪憂。甘心賣國人何處，曾識蘇公義膽不。"圍繞"忠"字而發，充分展現出蘇武堅貞不屈的愛國忠臣形象。兩個"淚"字將文天祥對蘇武的同情之心與自我的無奈之境同時展現，縣見是借他人之酒杯，澆自己之塊壘。另有《端午即事》《端午》《端午感興》組詩三首等，痛悼因忠遭讒的詩人屈原，頗得《史記·屈原賈生列傳》的神韻。

　　宋代在繼承唐五代詞創作的基礎上，又有大的發展，成爲古代詞創作的鼎盛時期，尤其是突破了詞爲艷科的傳統觀念，使詞的創作題材和表現內容大爲擴展，日益豐富。這也同步地體現在詠史詞的創作上，無論是質量，還是數量都遠超唐五代。

　　兩宋詞人詠及《史記》中的人與事頗多，而程玼則是其中唯一以《史記》爲題而創作詠史詞的詞人，其詞調爲〔沁園春〕，其詞題爲《讀〈史記〉有感》。描寫的人物有秦越人、宋元王、衛平、唐舉、孔子、孟子、屈原、孫叔敖、優孟，以及《史記》的撰者司馬遷本人。這些人物在《史記》中並不佔據特別的位置，甚至有一筆帶過者。或許在詞人看來，他們的生平事跡具有某種社會普遍性、代表性，故選取爲創作素材而加以吟詠。其人或懷神技，或能預卜，或傳正道，或抱忠貞，或爲清廉，但最終的命運卻是有幸有不幸，全不能由個人掌握。而在這幸與不幸之間，既無公平可言，也無道理可講，是非混淆，黑白顛倒。這顯然是程玼借《史記》這部發奮之作，針對現實人生以抒牢騷之情，以發不平之氣。

　　劉潛〔六州歌頭〕、汪宗臣〔酹江月〕與黎庭瑞〔大江東去〕三首詠史詞，俱以《項羽廟》爲題，內容主旨雖和歷來吟詠項羽的各類作品一樣，即成功一世、失敗一時，感慨末路英雄的悲哀。但在情感色彩上卻與寄寓着很大同情的傳統不一樣，在字裡行間並未傾注同情之意。這在項羽的藝術形象演進史上是一種不小的變化。董穎以〔薄媚〕十段，詳細敷衍在吳越爭鬥時，越王勾踐把傳說中的美女西施作爲實施政治陰謀的工具，利用她的美貌迷惑吳王夫差沉湎酒色,不理國事,並離間其君臣,最終達到復讎的目的。全詞以政治犧牲品西施作爲敘事、抒情的主人公,將吳、越爭鬥的基本史實有機地串連起來,遵循史事以呈現敘事的真實性,增飾細節以增強抒情的感染力,充分地展示出詠史詞的藝術功能和魅力。而卓田〔眼兒媚〕《題蘇小樓》詞:"丈夫隻手把吳鉤。能斷萬人頭。如何鐵石,打作心肺,卻爲花柔。嘗觀項籍並劉季,一怒世人愁。只因撞着,虞姬、戚氏,豪傑都休。"雖屬女色禍國的陳詞濫調,不外是英雄難過美人關。但在這首詠史詞,又深了一層,即不僅是失意的英雄難過情色關,而且是得志的英雄也難過情色關,則略顯新意。這首詞在古代文學創作史上的影響實爲不小,《新刻金瓶梅詞話》卷一第一回即引爲開篇詞,也可視作湯顯祖《牡丹亭》題詞的先導。時隔數百年之後,清代詞人李馨亦有類似聲氣之作,以《虞美人》爲題而譜以〔念奴嬌〕調,並撰長篇詞序,其中有云:"項王兵敗,揮淚對虞姬而作《垓下歌》,漢王易太子不遂,亦對戚姬悲歌泣下。劉、項興亡不同,當無可奈何之際,皆未免兒女情長,英雄氣短。昔人謂'天上無無情神仙,人間無無情豪傑',信然。"亦當受卓詞的影響而又加詳,可視作卓詞的注腳。

　　李綱分別以〔水龍吟〕〔念奴嬌〕〔喜遷鶯〕〔雨霖鈴〕詞調吟詠漢高祖、漢光武帝、漢武帝、西晉謝安、唐太宗、唐憲宗、唐玄宗、宋真宗等在其各自的人生中最具有大轉折意義的足可讓後人觸目驚心、使後世汲取教訓的經歷和事件。如《漢高□鴻門》,描寫漢高祖機智脫離鴻門宴險境而由此奠定帝業;又如《漢武巡朔方》,敘寫漢武帝強勢巡視邊境而以此顯示威懾,無不有以史諷世、借古鑒今的深刻意蘊。

　　詞人辛棄疾矢志抗金而力圖恢復中原,但終其一生,壯志難酬,這在其各樣題材的詞作中都有所反映,而詠史一體的作品,也不例外。當時朝廷由妥協派大臣掌權,抗戰派人士多受排擠而賦閑於野,辛棄疾就是其中的一員。於是,在詠史詞創作中常引歷史上那些無用武之地的英雄人物以自喻,借以抒發悲憤之情、抑郁之氣。這在"夜讀《李廣傳》不能寐"而作〔八聲甘州〕中有最鮮明的呈現:"故將軍飲罷夜歸來,長亭解雕鞍。恨灞陵醉尉,匆匆未識,桃李無言。射虎山橫一騎,裂石響驚弦。落魄封侯事,歲晚田園。誰向桑麻杜曲,要短衣匹馬,移住南山。看風流慷慨,談笑過殘年。漢開邊、功名萬里,甚當時、健者也曾閑。紗窗外、斜風細雨,一陣輕寒。"使匈奴聞風喪膽的"飛將軍"李廣被朝廷罷職賦閑後,在一次夜飲歸家時發生的生活小插曲躍然紙上。此詞擷取李廣生活中這個小片段,敷衍成篇,借古人觀照如今的自己,從抵禦匈奴的"飛將軍"李廣的身上,看到了個人欲抗金收復故土而不能夠的影子。"故將軍"當年的遭遇"當時健者也曾閑",正是現實生活中的自己。與其說是詠古人、說往事,不如說是寫今人、歎現世,古事今情,融合無痕,最好地呈現了論體詠史創作的藝術魅力。

中國歷史上有一種現象,即凡由那些少數民族建立的或割據某一地域、或擁有半壁江山、或統一全國的政權,在其治理的初期,無不"借才異代",蓋莫能外。而遼、金、元三朝也一樣,初崛起之時,馬上取得天下,文化卻比較落後,但不妨"借才異代",即重用異地及前朝那些文化程度較高的士大夫知識分子,發揮他們在新建政權的文化建設中的積極作用。這說明其時本民族的文化雖然落後,但對中原文化卻能認真接受、積極吸收以豐富本民族的固有文化。所以,當最高統治者接受中原傳統文化日深的時候,就逐漸意識到以史爲鑒的重要性,作爲正史之首的《史記》自然會備受關注,如王若虛《史記辨惑》十一卷,蕭貢作《注〈史記〉》一百卷,女真人徒單鎰將《史記》全書譯爲女真文等史學活動,乃至史院監修官李汾當着同仁的面大聲朗讀《史記》,就充分證明了這一點。那麽,遼、金、元時期的詩人接受《史記》而創作詠史作品也不例外。

契丹女詩人蕭瑟瑟見國事日危、朝政衰敗,創作楚辭體《詠史》,用嘲諷奸臣趙高的擅政專權的古事以行勸諫:"丞相來朝兮劍佩鳴,千官側目兮寂無聲。養成外患兮嗟何及!禍盡忠臣兮罰不明。親戚並居兮藩屏位,私門潛畜兮爪牙兵。可憐往代兮秦天子,猶向宫中兮望太平。"開門見山地勾勒出《史記·秦始皇本紀》所載趙高飛揚跋扈的醜惡嘴臉及行徑,緊接着深刻剖析秦朝滅亡的原因,其實暗含着真實的用意,即對當朝權臣蕭奉先及爪牙們的譏諷。末兩句以古喻今,告誡當今皇上應該遠離奸佞,莫要走昔日秦二世的老路,具有強烈的時政憂患意識。蕭貢不僅從史學角度接受與傳播了《史記》:注《史記》,評古人成敗得失;而且,還從文學角度接受與傳播了史記:有《漢歌》《楚歌》和《悲長平》等詠史之作。如《悲長平》:"秦兵伏甲武安西,趙將非材戰士攜。千里陣雲沉曉日,萬家屋瓦震秋鼙。哀纏朽骨天應泣,怨入空山鳥不棲。百戰區區竟何得,阿房煙草亦淒迷。"再現了長平之戰的悲慘場面。主持此次戰役的趙國主將趙括本是此詩主要敍寫的主人翁,但是,詩中始終未見趙括的身影,而是直接化用《廉頗藺相如列傳》中的"秦軍軍武安西,秦軍鼓噪勒兵,武安屋瓦盡振……趙奢縱兵擊之,大破秦軍"等記述,先寫趙括之父趙奢在昔日的赫赫戰功,以襯托後來長平戰役的慘敗,也暗寓着趙王任用的"趙將非材"之深意。"哀""怨"二句使得全詩籠罩着淒苦悲痛的氛圍,切合詩題之"悲"。末兩句將一般戰爭之悲升華至歷史滄桑之悲的高度,取得勝利的秦國終究也是灰飛煙滅了,既顯出史識,又富于哲理。王寂吟詠《史記》史事而創作的詠史作品頗爲不少,涉及人物有微子、季札、莊子、伍子胥、藺相如、范蠡、孟嘗君、平原君、信陵君、楚靈王、秦始皇、韓信、四皓等。其所敍寫的帝王多是功過極爲分明者,而描寫的臣子多爲名臣賢相,常於詩中抒發議論。如《題季札掛劍圖》有句曰:"季札貴公子,軒軒氣凌雲。平生會心少,四海一徐君。……言還訪舊隱,路人指新墳。干將掛高木,以示初意勤。知已九泉下,冥漠聞不聞。今人交勢利，輕薄徒紛紛。豈惟此道絕，反是爲虛文。伯夷微仲尼，萬古埋清芬。"名爲題畫詩，毫不寫畫面人物呈現的畫技如何，而是就畫面所涉及的季札及其掛劍史事，細緻描寫，還有大段的議論。描寫是爲高度讚頌季札的重義守信，議論則爲作今夕比照，以抨擊當今世態的"輕薄"。又如《微子廟》："比干忠諫死如歸，箕子佯狂脫禍機。君厭殷辛高謝去，三仁誰是定誰非。"構思巧妙新穎，在如此短小的絕句中，卻包含了頗多信息，囊括了數位人物：雖只以"微子"爲題，忠諫致死的比干、佯狂全身的箕子、殘暴弗忍的殷紂王和遠離亂邦的微子。小題大作，以小見大，和盤托出所提出的歷史問題，仕與隱是亘古難定的議題，這裡以具體的人物爲例而展現給世人，如何抉擇留給後人和讀者去做深入的思考，見仁見智，沒有明確的答案。此詩又採用《史記》合傳的寫法，概括而藝術地再現了三人的形象。

李俊民和元好問是金、元易代之際創作詠史作品的代表詩人。李俊民所吟詠的重心與王寂不同，以秦漢易代時期的人物爲多，如項羽、劉邦、樊噲、蕭何、四皓、紀信、范增、酈食其等。如《讀項羽傳》："鴻溝時暫割山河，楚國山河一半多。欲去故鄉誇富貴，不知沛有《大風歌》。"再如：《四皓弈棋圖》詩展示出了李俊民的仕隱觀："坐看咸陽王氣收，豈無人傑自安劉。都緣鴻鵠心猶在，一局閑棋不到頭。"言簡意賅地指責四皓當仕而不仕，當隱而不隱，以新穎而尖銳的眼光一針見血地指出四皓出山的真正緣由在于"鴻鵠心猶在"。又如《鄷城》："誰是興劉第一功，我侯只合最先封。當時獵犬猶爭甚，得鹿權都在指蹤。"以犀利的筆鋒、敏銳的判斷、深刻的見識，斬釘截鐵，辨明是非，確切指出蕭何真該是大漢的第一功臣，諷刺他人不能理解真正的原因而徒然做着無謂爭功的可笑之舉。關於蕭何是否算得上漢朝第一功臣，一直爭論不休，迄無定論。而李俊民接受《史記·高祖本紀》及《蕭相國世家》的相關記述，使用《史記》上的比喻、隱寓等藝術手法，就更加形象地將蕭何之所以會被封爲第一功臣的原因再次展示出來，堪稱二十八字史論，將劉邦對大臣們說的功臣功狗的大段言論濃縮殆盡，足顯出其剪裁史料而塑造形象的文史功底。李汾"喜讀史書，覽古今成敗治亂"，又"爲人尚氣，跌宕不羈"，而"觸之輒怒，以是多爲人所惡""《中州集》載李汾《感寓》《述史》《雜詩》五十首"。性格過於直率，加之仕途不順，國破家亡，故其詠史詩多感憤之作，如《避亂陳倉南山，回望三秦，追懷淮陰侯信，漫賦長句》一詩，前六句大力渲染國破而戰火瀰漫的慘狀，悲哀之感充溢字裡行間。末二句又以韓信自許，抒發時不我遇的感憤之情。又有《韓淮陰信》："仗劍淮陰去復還，舉頭西望識龍顏。堂堂竟握真王印，未害男兒辱胯間。"韓信能屈能伸，有勇有謀，得遇真主，盡情施展，功成名就，衣錦還鄉，當年的胯下之辱，又算得了什麼。而李汾回看自己的一生，即使有建立功業之心，卻未能遇上真主，難以施展開來。文字上是讚美韓信的功業，實爲個人的憂憤而發。

元好問歷經金、元兩個政權,時代的變遷和個體的痛苦交織在一起,使得涉及《史記》的詠史之作更顯深沉和無奈,以至於有些許的歷史虛無思想的表露。如《楚漢戰處》:"虎擲龍拿不兩存,當年曾此賭乾坤。一時豪傑皆行陣,萬古山河自壁門。原野猶應厭膏血,風雲長遣動心魂。成名豎子知誰謂,擬喚狂生與細論。"以楚漢戰爭之事表達感時傷今之情,無論誰是這場豪賭的輸家贏家,都難改變成名者是"豎子",失意者也是"豎子"的歷史事實,而興亡成敗,是歷史上的一筆筆糊塗賬。然而能充分展現元好問獨到見解的則是那些優秀的詠史絕句,如《戚夫人》:"鴻鵠冥冥四海飛,戚夫人舞淚霑衣。無端恨殺商山老,剛出山來管是非。"人們往往把司馬遷筆下的戚夫人簡單地看作美麗的弱女子而成爲後宮爭鬥的受害者,因她才貌出衆,極受漢高祖寵愛,最終卻落得個求生不得求死不能的"人彘"下場,故人們大都深表同情,並譴責呂后的狠毒與殘忍。元好問也未能跳出這一窠臼,但是,從揣摩戚夫人的心理,以模擬其口吻來責怪四皓,認爲戚姬的悲劇是因出山的四皓亂管別人家的是非造成的,頗有金山和尚亂管白娘子是非的德性。雖未必全合乎史實,不無借此以寄寓着對四皓在天下動亂時不負責地逃避進山做隱士而不管大是大非,天下安寧時出山插手別人的家庭矛盾而管起小是小非,既隱喻着對四皓爲假隱士的諷刺之意,也對包括元好問自己在內的身世遭遇不幸者悲劇人生的同傷與同情之意。又如《外黃道中楚王廟,荊公有"誰合軍中稱亞父,卻須推讓外黃兒"之句,因爲范增解嘲》絕句,乃針對翻案之作的又翻案,嘲諷之作的又嘲諷。詩題較長,已表明主旨,而四句詩再次強調了主旨。此首絕句的題目與詩句提及、吟詠的人物多,有外黃縣舍人的兒子、項羽、王安石、范增等,可謂是熔鑄史事爲一爐、融合材料而無痕的佳作。"軍中老子關何事,付與兒曹調沐猴",是爲范增解嘲,抑或調侃王安石,還是自嘲呢?其中的意趣旨味,含蓄深邃,雋永無窮。再如《許由擲瓢圖》:"不知黃屋不知堯,喧寂何心計一瓢。我是許由初不爾,只將盛酒杖頭挑。"司馬遷認爲許由"義至高",乃"孔子序列古之仁賢人",把他與吳太伯、伯夷、叔齊等人並列,評價甚高。歷代詩人也以孔子和司馬遷的觀點爲是非,對許由多表達由衷的欽慕。而元好問則從細節入手,對許由的舉動不以爲然,表現出對隱士內涵更深層次的理解,即真正的隱士釋放的是心靈,而不是外在的言行舉止。

元代發明了木活字印刷方法,明代發明了銅活字印刷方法。而元代開始有了同一版書印出黑紅兩色的圖書,稱爲朱墨套印本,至明代後期大爲盛行,并發展出三色、四色乃至五色的套印本。這一時期的圖書版式還有在板框內分作兩欄乃至三欄的,稱爲兩截版和三截版,上欄和中欄或是圖畫,或是標題,或是評語,下欄則是正文。在印書用紙方面,除先前使用的麻紙外,又多了以棉花和竹子爲主要原料製造的棉紙和竹紙。技術上的進步和工藝上的完善,單單在當時刻印的《史記》文獻上就有所呈現,遑論其他典籍。在刻印數量上,明代的《史記》版本之多,在古代是空前絕後的,僅就傳世的《史記》版本而言,大約占了古代刻本的一半。至於明代的評點本《史記》就更多了,而且在評語方式和圈點符號上也是樣樣俱全。凡此種種,足以證明《史記》在元、明兩代的傳播又超越了前代,爲元、明人普遍接受《史記》又創造了良好的客觀條件。元、明兩代的教育除元初期外,比宋代更邁上了一個台階,尤其表現在基層教育方面,受教育而願意接受文化學習的人數大幅增加,識字率更高,而教育機構也更加多元化,使得《史記》的接受有了良好的主觀條件。

元人以文學創作的形式對《史記》的接受超越了前人,除過傳統的詩詞文外,又有以抒情爲主的散曲,以敘事爲主的小說、戲曲,尤其體現在歷史劇和歷史小說的創作上。歷史劇和歷史小說除過以《史記》爲創作題材外,更具新意的是在歷史劇和歷史通俗小說的作品中插引前人詠《史記》人物的詩詞這種現象,既可視爲對前代涉及《史記》的詩詞的接受,亦可看作是對《史記》的再接受和再創作。

元初,讀書人大多不得志,往往會通過再現《史記》中的人事來傾訴不滿,表達理想。元代的題畫詩特別發達,就是這一社會現象的突出表現之一,在詩、史、畫融爲一體的創作中,尋找靈魂的出路,聊以自慰。其中,具有詠史實質的題畫詩超越前人,成爲當時詩壇上的一支奇葩。把《史記》中的一些內容用畫和詩兩種藝術形式統一表現出來,既在繪畫題材發展史上有一席之地,又在詠史創作發展史上佔有特殊位置。在爲以隱士形象呈現於畫面的四皓所作的題畫詩中,或贊揚四皓安劉之功,或批判四皓出山之舉。如胡祇遹《題舍館壁四皓圖》一詩極力贊揚四皓有安劉巨功:"百歲高年四海名,漢廷風起紫芝馨。到今盛德令人慕,不動聲容帝業寧。"頌其盛德,慕其盛名。《題四皓圖》組詞的第三首和第四首,又從理學的視角對四皓及劉邦的所作所爲重新進行審視,認爲只要具有"服人"的"名節",連足智多謀的張良、陳平解決不了的"廢嫡"問題,由於四皓的"名節服人深",一出山就使"漢庭儲嗣定","何煩口舌扶"。由於四皓有"名節",是"真儒",所以連喜歡嬉罵儒生的劉邦也改變了態度:"驚喜再三調護語,高皇元不罵真儒。"《題四皓圖》五言古詩中認爲劉邦並不是真的輕視讀書人,而是沒有遇到真儒:"漢高或罵儒,所遇非英偉。前星一蕩搖,良輩不能止。邂逅園綺徒,羽翼已成矣。始知高皇心,未嘗不重士。紛紛瑣屑材,一罵已汙齒……"胡祇遹對《史記》的接受廣泛、解讀深刻,吟詠《史記》中的人物多達數十個,如汲黯、衛青、劉邦、四皓、賈誼、霍去病、張良、陳平、范雎、蔡澤、蘇秦、趙括、漢文帝、漢武帝、張騫、老子、莊子及孔子的諸弟子,且多賦予理學色彩。又如王惲有四皓題畫詠史詩《四皓圖》二首、《四皓圖》三首、《四皓圖》一首、《四皓圖》三首。同樣是爲四皓圖畫題詩,同樣是吟詠的重點不在四皓,而胡祗遹的描寫側重于雄才大度的劉邦,王惲的描寫則側重于足智多謀的張良,都是離開畫面的中心人物四皓,各人寫各自認爲當寫的畫面外而屬畫面故事內的人物。王惲所有詠四皓的詩,首首都有張良形象的描繪:"高皇英睿商顏節,俱墮留侯計畫中""商山邂逅招園綺,出自留侯畏呂強""後人只說安劉重,不道留侯策更奇""苦被留侯容不得,須教人歱事相汙""人欲橫流不易攻,留侯真是帝師雄""閑雲終作從龍雨,唯有留侯識此心"。迄至元代,王惲是繼王安石之後,單篇零章的詠史作品數量最多者,多達二百餘首。雖少有王安石的見解深邃,但也有些見識獨到的作品,如《過宋義墓》,詩前小序說:"予往年東走魏,過楚上將軍宋義墓,欲作詩爲吊而未暇。今日與諸生講讀,至義之本末,前後諸儒略不見論說。因賦此篇,以發前賢之所未發者。"詩曰:"秦兵西來勢莫當,群雄假義尊懷王。我雖三戶秦可滅,彼蝨可搏微者或莫傷將軍乘勢思一掃,當時籌策誠難量。項家父子本強暴,以謀制勝非渠長。義雖去暴失之易,一死竟墮貪如狼。重瞳子,何倡狂,只知帳中奇兵化青血,不悟巨鹿之戰開天亡。風雲慘澹蛇作龍,安得即遇隆准翁。使我目亂狐裘茸,高陽酒徒號狂客。醉中兩眼何其瞳,攀鱗掉舌纔數語,兩女輒洗來趨風,英雄有時利不利,俯首何限甘長終。楚王店頭土一丘,至今草棘荒煙愁。我來吊古還一嘅,西風黃鳥聲啾啾。"當秦末紛紛起事以反抗暴政之初,其中,楚地的群雄假借宋義之名,也擁戴原楚王的後裔爲楚懷王,並以宋義爲上將軍,率領楚軍取得了抗秦的初步勝利。這時,宋義則功不可沒。但對此事,歷千餘年而無人論及,唯獨王惲寫詩爲之鳴不平,充分肯定宋義在起義時的作用和戰功,嚴厲譴責項羽的"強暴""猖狂"和剛愎自用。而在另一首《過楚卿子冠軍宋義墓》的詩序中,就更顯得憤憤不平,爲之抱屈噴射而出:"……噫!義,奇士也。……義之力居多。……義可謂深知兵矣。……誠上將之略。惜不使差肩三傑,北面以事高祖,反區區委質天久厭之楚與羽,並驅爭先,西向以舉虎狼之秦,何其不幸者哉。……嗚呼!義何不幸也哉!義何不遇也哉!因作詩以吊,因作詩以吊,並著予之感云。"此二詩能避熟就生而寫前人之所未寫,發前人之所未發,可謂見識見解俱佳之作。而前首詩的創作也可證明一個問題,即詠史詩和懷古詩本可視作一體,不可涇渭分明地劃界而陷于勉強。試看這首詩的寫作過程,即可明了。經過宋義的故墓,所謂的見歷史遺跡後所賦寫的詩,則稱之懷古,但是"欲作詩爲吊而未暇"。後來"與諸生講讀"《史記》而進一步了解宋義的一生,所謂的閱歷史古籍後所賦寫的詩,則稱之爲詠史。則此作可強界定爲詠史詩乎,抑或懷古詩乎?

朱思本的《盜發亞父冢》一詩,接受《史記》是一方面,更重要的是對《史記》的相關記載有補失之功。詩中說:"戲馬臺前范增塚,英風千載行人悚。塚中寶氣騰光芒,識寶賈胡心爲動。築室潛謀二十年,一朝鑿井穿其壟。畚鍤才深四丈餘,乃有石盤青巃嵸。四旁牂牁大十圍,各施九木森環拱。石穿棺槨更分明,漆光可鑒剛而鞏。斲之不用揮金椎,白骨儼然全頂踵。寶劍未化橫蒼虯,金玉輝煌氣交擁。賈胡致富須臾間,棄骨溝中寧愧恐。平原無色鼓角悲,山鬼夜號川澤湧。太守陳公英俊才,慨歎奸偷吾所統。亟呼五伯取群盜,械置狴犴見仁勇。傷哉亞父天下奇,鴻門高會真危機。火龍飛起實天意,拔劍起舞空爾爲。風雲變化失隆准,玉斗一碎山河非。如公明義古亦少,發憤乃作彭城歸。六合茫茫漢疆土,厚葬何人誠可嗤。君不見驪山牧豎遺爐酷,不如王孫裸葬良亦足。"按,"亞父"即范增的尊稱,爲西楚霸王項羽的軍師,常隨項羽身邊,參謀劃策,故項羽尊敬如同父親一般。後項羽逐漸不聽從范增的意見,又中了陳平所施的反間計,於是,項羽對范增起了疑心並奪其權力,范增一氣之下,離開項羽,在回彭城的路上就"疽發背而死"。范增的一生,《史記》僅記至此處,絕不及范增死後的任何消息。從這首詠史詩可知,盜墓賊謀劃準備了二十年時間才掘開,墓葬規模之宏大、墓穴之堅固、葬品之奢華堪比諸侯王的陵墓規格了。不難想見,如此耗財耗力的工程,在當時非項羽下令修建,誰人能夠辦到?由此可見,項羽對范增的死,不知是出于自心的愧疚,還是出于自心的情義,在厚葬風氣的影響下,又人爲地逾禮儀而超規格地特予厚葬,以求對死者靈魂的安慰及活者心靈的自慰。朱思本在詩的最後,由此及彼,由一人之厚葬及于天下厚葬之風氣,提出了質疑及非議。可見,朱思本的創作超出了對《史記》的一般接受,能從個別具體的事件當中看到普遍抽象的社會問題,予以理性的批判,既有歷史借鑒意義,又有社會現實意義,實爲難能可貴。

元代的詠史詩、詞創作在整體上雖沒有什麼突出的特色,大都平平,但是因廣義詩的另一體——曲的產生和成熟,以及創作實踐日益豐富,在詠史創作體裁中增添了一個品種,異軍突起,從而使元代詠史創作在某一方面又大大超越前代。

歷代以來,以酒、色、財、氣爲主題的文學作品不在少數,也已成一種傳統題材,但大都是分散來寫,而至元曲家手裡,則開始作爲一種主題而予以集中表現。其中,有以"酒色財氣"爲題而分寫古人古事的詠史組曲,如范康的〔仙呂·寄生草〕、湯式的〔雙調·慶東原〕等,分別以屈原、陶淵明、李白等人爲代表寫"酒",以楚懷王、陳後主等人爲代表寫"色",以石崇等人爲代表寫"財",以項羽、劉邦等人爲代表寫"氣",且多爲《史記》中的典型人物,並使用白描手法,並以散曲這一創作文體所特有的俚語、時語而通俗地揭示酒色財氣在歷史上對社會造成的破壞,對個體產生的傷害,批評、諷刺現實社會中的酒色財氣現象,意在取得警戒世人的藝術效果。如范康《酒色財氣》組曲的"酒"與"氣":"不達時皆笑屈原非,但知音盡說陶潛是""一壁廂淡煙衰草霸王城,一壁廂西風落日高皇廟"。這無論是描寫《史記》中的個體,還是描寫《史記》中的群體,都似乎黑白不分,是非顛倒,實則借古人古事以投射其對現實社會的反諷心理,以致顛覆了千餘年來人物形象,由正面走向反面,如屈原變成"不醉"而不識時務者形象。項羽、劉邦等人"兩下裏爭戰圖前鬧",勝者、敗者,都爲了使氣斗氣而已,實則借古人古事來調侃、諷刺現實社會中的勾心鬥角亂象。鐘嗣成的〔雙調・清江引〕組曲十首,雖没有標明"酒色財氣"的題目,但在內容上借《史記》人物吟詠了酒色財氣,每首曲子的末句都總結爲"早尋個穩便處閑坐地"。以《史記》人物的或正面或反面舉止爲喻,高潔之士伯夷、叔齊爲"爭閑氣"而餓死首陽山,這種"高潔之士"的名頭不要也罷;"接輿歌鳳兮"用來諷刺孔子周遊列國、兜售個人觀點的不合時宜,處處碰壁,這種"鳳兮"的名頭不要也罷;韓信的戰功,陳平的智計,最終都成了"閑是非",這"功"和"智"的名頭不要也罷;廉頗與藺相如、張耳與陳餘始爲生死不渝的"刎頸之交",到頭來,還不是爭名爭利,成何友誼?這"刎頸之交"的名頭不要也罷。而范蠡的功成身退、避世遠禍,老子的心似死灰、絶意酒色,才是認識的"穩便處"。這種異於古代讀書人的普遍思想是特殊時代、畸形社會造成的特殊認識和畸形心理,即元代讀書人理想已成泡影,抱負難以實現的一種看空一切的反映。以盧摯、張養浩等爲典型代表所創作的詠史曲滲透着灰色的藝術基調,充分反映出他們雙重性格、兩面人生的特征。如盧摯以〔雙調・蟾宫曲〕爲吟唱調式,以歷史上的女性人物和歷史上的名勝遺跡爲吟詠內容,一氣呵成,創作了二十餘首詠史曲。縱觀散曲創作發展史,從歷時性來看,罕有能比擬者,而從共時性來看,亦鮮有能媲美者,既有真人真事,也有從虛構而逐漸演化爲看似實有的傳説人物,如西施、巫娥、商女等。其中,涉及《史記》人物事跡的有吴越、梁園、阿房宫、吕不韋、屈原、宋玉等,敘事頗簡,抒情特濃,而議論則寓於敘事、抒情之中,借古人古事抒發情懷,而放縱山林、遠禍養生則爲主旋律。吴王夫差、周幽王、秦始皇都是貪女色、崇奢侈、逆忠言、惹禍端而落得國破身亡,豈有范蠡的遠見卓識、功成身退、泛遊五湖、徜徉山林來得自由、安全。在《潁川懷古》一曲中唱出其心曲,至爲明顯:"笑邯鄲奇貨難居。似帷幄功成,身退誰歟。潁水東流,嵩嶽西去,臨眺躊躇。記遊宦三川故都,盡龍門風物何如。吾愛吾廬,欲倩林泉,納下樵漁。"吕不韋和張良對照,同樣是功成,一個貪圖權利,不識禍機;一個淡視權利,早識禍機,而二人的結局大不相同。這一類散曲作品,尤其以張養浩的創作可作爲典範,如〔雙調・慶東原〕曲中所唱道的:"海來闊風波內,山般高塵土中,整做了三個十年夢。"張養浩一生都在踐行儒家兼濟天下的可貴精神,可是創作的詠史曲,盡是借古人以自喻自誡。如〔雙調・沽美酒兼太平令〕:"在官時只說閑,得閑也又思官,直到教人做樣看。從前的試觀,那一個不遇災難,楚大夫行吟澤畔,伍將軍血污衣冠,烏江岸消磨了好漢,咸陽市幹休了丞相。這幾個百般,要安,不安,怎如俺五柳莊逍遙散誕。"一連舉出《史記》中的有名人物屈原、伍子胥、項羽、李斯,"那一個不遇災難",表明在官場上求得自身安全,反倒是不安全,若要得到自身的安全,只有學陶淵明的樣子,辭官歸隱,"逍遙散誕"。表現了張養浩在做官與隱退、兼濟與獨善之間徘徊的矛盾心理。〔雙調·折桂令〕組曲之三:"功名百尺竿頭,自古及今,有幾個幹休?"此下即舉了《史記》中的六位顯赫一時的悲劇人物伍子胥、屈原、韓信、蕭何、晁錯、李廣後唱嘆:"仔細尋思,都不如一葉扁舟。"像范蠡似的功成身退,駕一葉扁舟,泛遊五湖,無需留戀功名,方得善終。〔中呂·山坡羊〕是《澠池懷古》二首中的以《史記·廉頗藺相如列傳》所載藺相如一生中兩大壯舉之一的"完璧歸趙"爲素材而創作成的。張養浩一反從司馬遷以來即大加頌揚藺相如在澠池會上因大無畏舉動而使得趙王免受秦王侮辱的傳統論調,卻認爲其所作所爲是可笑的,是粗疏、不自量力的,是儘"憑血氣"的一時衝動,完全不顧及這種行爲會給趙王及其趙國帶來十分嚴重的後果,即不僅會丟了自家性命,在"座間誅謬汝",而且,更會使國君送死,百姓亡家,"君,干送了;民,干送了","欲憑血氣爲伊、呂",借着取得像殷商時伊尹、西周時呂望一樣的功臣名譽的一己私心,怎麼負擔得起國破家亡的重大責任?如此大膽直率的翻案之論,即使與喜歡在詠史作品中進行翻案的杜牧、王安石等人相比,也是有過之而無不及。

　　薛昂夫有涉及《史記》的詠史曲十一首之多,這些曲子借古抒懷,散發着濃厚的看透世事、與世無爭、明哲保身的隱退思想。在〔雙調·湘妃怨〕曲調中寫假王韓信"氣昂"一時,"專權"一國,既忘了"跨下羞"和"漂母曾相餉",又"不思保全,不防未然",終究在未央宮中的"法場"上了結一生的可悲命運。筆致尖刻,喻意深婉,在寄寓着莫大同情的歎息聲中蘊含着不無咎由自取的一絲嘲諷。

　　張可久的詠史曲創作大約有40首,有獨到的藝術特色,主要吟詠古時一人一事的作品甚少,大都是泛詠跨越歷史朝代的多人多事,上下千年,相互勾連,對比觀照,一氣呵成。張可久詠史曲的抒情意味多于敘事成分,濃于議論,不黏着于具體史事,用濃墨重彩抒發情感。如〔雙調·水仙子〕《懷古》一曲:"秋風遠塞皂雕旗,明月高臺金鳳杯。紅妝肯爲蒼生計,女妖嬈能有幾?兩蛾眉千古光輝:漢和番昭君去,越吞吳西子歸。戰馬空肥。"筆致平淡而寄寓深情。養戰馬是爲了戰鬥,爲了保家衛國,可是"戰馬空肥",閑置不用,徒然長膘。"戰馬空肥"這四個字,不罵而罵,罵盡那些平時貪食厚祿,有事則毫無作爲、膽小怯戰的將相大臣,哪有"爲蒼生計"的兩位女子犧牲個人、成全百姓的寬闊胸懷和勇敢行爲。既對作爲政治犧牲品的婦女命運表示同情,又對婦女的愛國情懷表示崇敬,唱出了可歌可泣的最強音。更難能可貴的是在〔中呂·賣花聲〕《懷古》之二中,將古人的命運結局、百姓的悲慘生活和個人的仰天長歎有機地融入一曲:"美人自刎烏江岸,戰火曾燒赤壁山,將軍空老玉門關。傷心秦漢,生民塗炭,讀書人一聲長歎。"歎息個人的世運不濟,生活在"讀書人"無用的時代,看着百姓受苦而只能表示同情而已。這兩支曲子的藝術特色:于史事在大處着筆而不黏着,于抒情則濃墨重彩而不憤激,于議論卻輕描淡寫而用意深遠。

　　在元人詠史曲中,也有以《史記》人事爲題材創作而發思古之幽情的作品,爲展現個人的才情而描寫古人古事,如王伯成的〔般涉調·哨遍〕《項羽自刎》套數由 13 支曲子組成,自垓下圍困而開始,中經四面楚歌、虞姬慘死、殺退五侯、誤入陰陵、烏江自刎而結束,激戰場面詳細鋪排,情節多有敷演,細節多有虛構,但在符合《史記》記事的前提下,依循事件發生的必然脈絡,聯想當日言行的必然趨勢,一層層地增飾合情合理、具體入微的情節、細節,更突出了一位英雄叱咤一世、喪氣一時的又悲憤又悲壯的形象,讀來令人唏噓不已。這套套數,除過直接接受《史記·項羽本紀》而塑造悲劇人物形象外,還接受了唐代詩人胡曾吟詠項羽的七言絕句,巧妙化入,融合無痕。"爭帝圖王勢已傾。軍逐,因尋江路,誤入陰陵""喪八千子弟無蹤影。羞歸西楚親求救,恥向東吳再起兵"。胡曾依據《史記·項羽本紀》創作了《烏江》一詩:"爭帝圖王勢已傾,八千兵散楚歌聲。烏江不是無船渡,恥向東吳再起兵。"王伯成巧妙化用胡曾之詩,這是對《史記》的間接性接受。楊維楨創作的〔雙調·夜行船〕《吊古》套數也是發思古之幽情,感歎物是人非,當年的爭王爭霸到頭來一場空,唯餘遺跡供後人憑吊。這支套曲以《史記·吳太伯世家》中的吳王夫差、《越王勾踐世家》中的越王勾踐及歷史傳説的由虛到實的人物西施爲主要描寫對象,旁及奸臣伯嚭、忠臣伍子胥和功成身退的范蠡等人物,從越王復讎寫到吳國覆亡。首曲使用移花接木的藝術手法,突出吳王夫差在復讎成功後,便因中了越國的美人計而沉溺女色,爲之"奢侈""遊戲",忘記復讎過程的艱辛,最終導致吳國的敗亡。次曲則以簡煉的語言、緊湊的筆法、凝縮的史事描寫了勾踐報讎的過程。感慨越王勾踐乘吳王夫差"沉溺在翠紅鄉"的機會,又使出金錢收買的"奸計",離間了吳國的君臣,使得吳王"忠諫不聽",導致吳國敗亡之後,吳王向越王"稱臣",想要活命以苟且偷生,而未獲允許,落得個國破身亡的可悲下場。接下來用四支曲子就這件事直抒感慨、發表議論:"堪悲,身國俱亡""問銅溝明白,美人何處""動情的,只見綠樹黃鸝,寂寂怨誰無語""空遺舊跡,走狗鬥雞。想當年禴祭,望郊臺淒涼雲樹""黍離故墟,過客傷悲"。反復唱歎,感人至深。想當年,吳王取得霸主地位,超越身份舉行了天子才能舉行的祭禮,何等輝煌!轉眼間把親手取得的又親手毁掉,祭天的"郊台"猶在,唯餘"淒涼雲樹",使人欷歔!然而,越王勾踐雖爭得最終的勝利,這又能怎樣?還不是僅僅剩下供後人憑吊的荒涼遺跡。最後一支曲子吟唱道:"越王百計吞吳地,歸去層臺高起,只今亦是鷓鴣飛處。"化用乃至徑用李白《越中覽古》中的詩句："越王勾踐破吳歸，義士還家盡錦衣。宮女如花滿春殿，只今惟有鷓鴣飛。"由此可見，元曲家不僅直接接受《史記》以創作詠史曲，而且還間接接受前人以《史記》爲描寫對象而創作的藝術作品，接受其中的思想觀點，這是《史記》接受史上的一種特殊形式。

有明一代，新出的各具特色的不同版本《史記》多達四十餘種，同時，還湧現出一批《史記》評點家，從語言、寫作手法、思想主旨到人物塑造等方面對《史記》進行全方位的評説，從而將名家才人對《史記》的接受以點評的形式呈現於世，促進了《史記》的進一步傳播。明代生產力水準顯著提高，社會經濟迅猛發展，爲詩人們得以遊歷四方提供了較好的物質條件，因此，這一時期因身臨歷史遺跡而創作的詠史懷古之作較之前代也頗有增加。觀覽古跡，追思古人，多與《史記》人物有關，故以舜廟、越王臺、掛劍臺、豫讓橋、歌風臺、霸王廟、范增墓、淮陰祠等等爲題旨的詠史之作，在明人詩集中頻繁出現。而承襲元代題畫詠史詩的創作，明人對與《史記》故事有關的畫作，依舊表現出濃厚興趣，《夷齊圖》《太公釣渭圖》《烏江圖》《高祖斬蛇圖》《四皓圖》《李陵泣別圖》等等畫作也頻繁地爲詩人們所題詠。這些又使得明代詩人接受《史記》的客觀條件比宋元時期又有所優化，更加地多樣化、便利化。

唐寅詩名向被畫名所掩，其實，與他的名畫相得益彰的題畫詠史詩也頗爲可觀，如《相如滌器圖》一詩的後兩句："狗監猶能薦才子，當時宰相是閒人。"除將司馬相如形之於彩筆下，繪之於素帛上，還將心聲寓之於詩中，詩畫並行，借古以諷今，表達懷才不遇的憤慨與不滿，感歎當世連"狗監"一類的伯樂都沒有。所謂"當時宰相"，實寓"今時宰相"，斥責當今的宰相連"狗監"都不如。徐渭自出手眼，擺脫傳統的庸俗之見，以新的觀點評價《史記》中的人、事，議論和翻案格外有生氣。如《淮陰侯祠》一詩，開篇一個"荒"字，歷史滄桑感立現，令人感慨。緊接着寥寥數筆，便勾勒出韓信一生起落，構思新穎，盡得司馬遷敘事手法的真傳。徐渭一生極爲坎坷，最能感受命運之無常，所以，對於韓信一生的遭遇，深有主體意識的浸透。一個"只"字，一語中的，點出其思想情感的強烈變化。徐渭於詩中更是爲司馬遷所記韓信與陳豨謀反事辯誣，並進一步反思歷史。而在《伍公祠》一詩中，頗有翻案之筆："吳山東畔伍公祠，野史評多無定時，舉族何辜同刈草，後人卻苦論鞭屍。退耕始覺投吳早，雪恨終嫌入郢遲。事到此公真不幸，鐲鏤依舊遇夫差。"歷來詩人多從君臣關係的角度來譴責伍子胥鞭抽楚王的尸體，而徐渭則爲其鳴不平，認爲有原因，才有結果，因果必須分明。因爲伍子胥的家人像割草似的都被殺害了，所以，不但應鞭屍，還應早入郢都，直接捉住殺害家人的禍首楚平王殺之而後快。尾聯的"不幸"二字，盡寓對伍子胥的同情與哀歎。徐渭以換位思考來評價人事，探尋緣由，設身處地爲伍子胥鳴不平,并由此道出對當代的不滿,與司馬遷因遭酷刑而發憤的精神高度一致。李贄從主體情感出發,將目光聚焦在司馬遷筆下那些忠義之士的身上,如魯仲連、季札、侯嬴、荆軻等。《聊城懷古二首》之一傾注了對魯仲連的敬仰與欽慕:"十萬聊城一歲餘,魯生唯往數行書。誰言勝卻百夫長,我道萬夫終不如。"極力誇贊其卻秦救魯之功,語淺意深,形象生動。《詠史三首》之一:"荆卿原不識燕丹,只爲田光一死難。慷慨悲歌唯擊築,蕭蕭易水至今寒。"先揚荆軻之士爲知己者死的難能可貴,再渲染荆軻刺秦王之悲壯,高度概括和再現了《史記》所敘寫的情景,充分突顯出李贄對重情重義的荆軻之無限敬仰之情。

明代詩人還將其在夢中與《史記》人物的互動賦爲詩歌,形成特殊的紀夢詠史詩。從創作題材的角度來講,可説是明人詠史作品的一大亮點。沈明臣《夢中與諸客賦詩分題得漢武帝》、朱察卿《夢謁劇孟平原君墓覺後有感》、支大綸《夜夢伍相柱顧言忠楚報吳甚悉頷聯乃夢中句也》等,皆是别具一格的詠史詩,在夢醒時分不能實現的個人抱負及理想,則在夢境一一兑現,雖只是曇花一現,可也求得短暫的喜悦。如王寅《詠要離》一詩,吟詠春秋時期吳國要離的英勇事迹,詩有小序:"予弱歲讀《要離傳》,大壯其節,爲從古稀,有復思讀之而忘所在矣。晝寢夢一人,呼予曰:君不讀《吳越春秋》久矣,何不再讀。驚起,開篋披而讀之,則要離前席予矣。噫!是固予之,精思自發而英雄之靈,其尚未滅而相感耶。"可知引發詩興者,除閱讀史書之外,還有夜間的夢寐,可謂别開生面。

若從創作體裁的角度來講,興盛一時的樂府體詠史創作可作爲明代詠史創作的另一大亮點,且多爲組詩,又篇幅較大,如李東陽有《擬古樂府》詠史二卷,馮蘭有《雪湖詠史錄》二卷或四卷,胡纘宗有《擬涯翁擬古樂府》詠史二卷或四卷,王三陽有《擬古閩聲樂府》詠史二卷,黃淳耀有《擬古樂府》詠史二十八首等,其他單篇零章的詠史樂府則爲數更多,尚且有已遺的狄沖《擬李東陽樂府》詠史一〇二首、顧不盈《擬古樂府》詠史一〇一首、何荆玉《擬古樂府》詠史等。這些組詩都是以通代的歷史人物和事件爲吟詠內容,其中又以寫《史記》中的有關內容爲多。

明代的詠史詞和詠史曲中吟詠《史記》中人物、描寫《史記》中事件的也頗多。

李汎的〔酹江月〕(漢王陵)一詞,高度概括了劉邦的一生,這種傳體詠史的寫法,在詠史詩中是常用的,但在詠史詞中是很少用的,與詠史創作祖師班固的《詠史》似相仿佛,曲終奏雅,在大量敘事之末略表感慨之情。

在古代詩、詞、曲的創作中,有一種比較特殊的作品,就其題材類型而言屬於詠物,然就其具體內容而言則屬於詠史,即詠物中有詠史,詠史中有詠物,用古人古事比擬物形物態,兼融無間,合而爲一。此類作品最常見的是以西施菊、虞美人花、太真菊、楊妃山茶等爲題。虞美人即指虞姬,西施菊即指西施,太真、楊妃即指楊貴妃。其中,尤以詠虞美人花的爲多。卓人月以〔虞美人〕和〔虞美人影〕二調賦寫的兩組詞,在此類作品中顯得比較突出。此類題材的創作,歷來多爲單篇作品,而卓人月的這兩組詞,不僅是聯章組詞,而且是每組都多達十首。其中,詠及的古人古事多出自《史記》,主角當然是虞姬和項羽,其他還有劉邦、呂后、范蠡、萇弘、田橫、伯夷叔齊、魯兩生,乃至將舜帝與娥皇、女英也拉進來以比擬虞美人花的形態姿影等。毛瑩以〔臨江仙〕爲調,以《詠史》爲題,上下片各聚焦在一把火上。上片寫秦之亡乃因秦始皇對千年古書付之"一炬"而"無遺",下片寫楚之亡乃因項羽對咸陽城也放一把"火"而"三月"不熄。"秦項同歸",就是秦始皇與項羽所作所爲雖殊途而最終同歸於滅亡。

前七子之一的王九思是散曲創作的名家,以〔北雙調清江引〕一組十首分詠西周至北宋時期的歷史人物,其中,前四首所寫的分別是伯夷叔齊、魯仲連、四皓、張良,都是《史記》中的著名人物。所用曲調雖爲比較短小的小令,僅僅二十九字,近似七言絕句,但能緊緊抓住各人一生中比較突出的一種行爲而予以適當的個性化放大,使得人物的形象仍然具有鮮明性、豐滿度和藝術張力。

茅溱的《金臺懷古》套數櫽栝了《史記》中的《燕世家》《樂毅列傳》《田單列傳》《刺客列傳》及《秦始皇本紀》中的有關史實,將戰國時期在時間、空間上都懸隔甚遠的樂毅伐齊和荊軻刺秦這樣兩件大事及涉事人物縮合於一曲中,而予以概括描寫,故事情節的敘寫生動,人物形象的勾勒鮮明,又增溢合乎生活邏輯情理的細節修飾,從而使全曲具有了很大的藝術表現張力和很強的藝術感染力。

清代刻本《史記》的品種雖數量不及明代多,但自有特色,質量遠超前代,因爲主要爲官刻本,如武英殿本、金陵書局本等,都經過了著名學者的認真校勘而成,所以,在清代又有許多的翻刻本。再加上至清末時新式印刷技術由國外傳輸進來後,出版《史記》等古籍的成本更低,速度更快,數量更大,使得《史記》的普及程度又超過了前代。

清朝是古代文學發展的集大成時期,而涉及《史記》的詠史創作也不例外。清朝的詠史創作堪稱歷史之最,而同步發展的以《史記》人、事爲吟詠對象的詩作也達到了頂峰。

清代涉及《史記》的詠史之作規模龐大,體式衆多,在集前代之大成的同時,亦有所拓展創新,出現了專門吟詠《史記》的詠史之作,或爲專集單行,或在別集中獨自成卷,而更多的是在詠通史的專集專卷中有涉及《史記》的詠史詩數十首之多。如蔣棓《天涯詩鈔・讀史》、徐公修《史記百詠》、邱上峰《籙村詩全集》卷四一《讀史六十首》、殷如梅《綠滿山房集》丙二《讀〈史記〉偶書》《讀〈史記〉戲書》《詠史》等、盛大士《蘊愫閣詩集》卷第二《讀〈史記〉作》等、王昊《碩國詩稿》卷二二《讀史百詠》、呂星垣《白雲草堂史鈔》卷三《讀史五古二百三十首》、王廷紹《澹香齋詩草》卷二《詠史詩二百二十三首》、吴名鳳《竹庵詩鈔》卷五《詠史百篇》、康發祥《小海山房詩集・仿唐人詠史排律》、秦焕《見虹居詩集》卷下《詠史》、孫國楨《愚軒詩鈔》卷下《詠史》、譚宗浚《荔村草堂詩鈔》卷四《讀〈史記〉〈漢書〉〈後漢書〉小樂府一百首》、陳邇聲《畸園第三次手定詩稿》第一册《幼學集・讀〈史記〉三十二首》、皮錫瑞《師伏堂詠史》、羅惇衍《集義軒詠史詩鈔》六十卷等。

蔣棨《天涯詩鈔・讀史》爲選集一卷，始於司馬貞所補《三皇本紀》，終於《孝景本紀》，共有二十三題六十五首。每題之下，或單篇或聯章，少的僅有一首，多的有十餘首，其中吟詠劉邦的九首，吟詠項羽的十三首。蔣棨將個人對司馬遷筆下人物的崇敬與熱愛在詩中逐一表現，如《項羽本紀第七》諸詩，不以成敗論英雄，反復吟詠其心中的項羽："尋常書劍成何用，豪傑天開自有神。""成敗由來轉眼空，羞將俗眼看英雄。"將失敗的英雄人物項羽以新的形象展現給讀者。蔣棨不止在此處專詠《史記》中的人、事，而在《天涯詩鈔》的其他部分亦反復吟詠之，如《李廣》《季布》《題淮陰侯祠》《初謁漂母祠》等，或評價其人功高，或讚揚其守信重諾，或感慨其慧眼識人。徐公修的《史記百詠》更是明確地按照《史記》來選擇吟詠對象，以人物爲詩題，以七律爲形式，一人一詠，始於黃帝有熊氏，終於秦始皇。以敘寫人物生平爲主而於末尾加以品評，發表獨到見解。如《範蠡》一詩："豔色吳王嗜好投，苧蘿村內美人求。居陶業振工牟利，霸越功高早退休。兩國甘心抛相印，五湖浪跡泛扁舟。鑄金故主空摩象，鳳舉鴻冥不可留。"以言簡意賅的文字，提綱挈領的筆法爲讀者再現了功成身退的智者範蠡形象。前三聯將歷史真實人物和歷史傳說人物融合敘寫，把《吳太伯世家》《越王勾踐世家》《貨殖列傳》等篇目中有關主人公範蠡的史料融合彙聚，勾勒其一生事跡，尾聯則是對範蠡五湖泛舟的讚賞與傾慕。除恪守《史記》文本外，還以《集解》《索隱》《正義》等三家注內容入詩，即除過直接接受《史記》正文之外，還通過三家注來間接地接受《史記》。

在歷代眾多的以〔虞美人〕爲調，"虞美人草"或"虞美人花"爲題而名爲詠物、實爲詠史的詞作中，清初詞人吳景旭創作的一組十首〔虞美人〕詞，題爲"戲爲虞美人草自述，亦本意之遺"。全詞圍繞題旨描寫，逐次展開，分層深入，頗顯獨特之色。似爲戲筆，又不似戲筆，似以詠物寓詠史，又似以詠史喻詠物，用物態引史事，用史事譬物態，詠物與詠史，盡在似與不似之間，彼此融合，渾然一體。首以虞美人草的"根由"引出秦始皇南巡燒山并賜死太子扶蘇而"拔本"，語意雙關，從而"惹得木竿爭起劉項來"。次以項羽與劉邦的所作所爲譬喻虞美人草的生性、姿態、色彩、形影，并賦予人的情感，在或草或人的交互遞進的吟唱詠歎中，貫穿着楚漢戰爭的始終。最後以"有盆弗載扁舟裏，膽向烏江碎，有根弗許入春挑，生怕一時移動卯金刀"收束，一唱三歎，意味深長。而何采的一首《詠虞美人草》亦特可品味:"歡呼壁上悲垓下。一似花開謝。要從何處識英雄。博得美人心死楚歌中。馬遷不記虞兮死。芳草爲青史。聞歌起舞學腰身。誰道漢宮曾舞戚夫人。"按,司馬遷在《史記·項羽本紀》中對虞姬僅有附帶的寥寥數語:"夜聞漢軍四面皆楚歌,項王乃大惊曰:'漢皆已得楚乎？是何楚人之多也!'項王則夜起,飲帳中。有美人名虞,常幸從；駿馬名騅,常騎之。於是項王乃悲歌慷慨,自爲詩曰:'力拔山兮氣蓋世,時不利兮騅不逝。騅不逝兮可奈何,虞兮虞兮奈若何!'歌數闋,美人和之。"虞姬的最終結局究竟如何,并無明確記載,而《漢書·項籍傳》亦然。然歷代文人墨客或依據《史記正義》所引《楚漢春秋》而想當然,或依據民間傳說而附會之,都說是虞姬當着項羽的面而殉了情,確實是夠悲壯,也夠感人,但又奈史實何也！何采閱讀《史記》頗爲不苟,注意到了史事中的這一細節:"馬遷不記虞兮死。"既然史家沒有記載虞姬殉情而死,自然不能流芳青史。但這并不妨以"芳草爲青史"填補史籍上的缺憾,由年復一年生生不息的虞美人花草承載留名千古的使命,使人們一看到虞美人花草的眼前嬌姿,就立即緬懷虞姬的生前芳容,年年花謝花開,代代傳頌追憶。全詞以虞美人花草的清香優美貞潔不群的身影烘托映襯虞姬柔情似水、純情不渝的形象,從而昇華出"何處識英雄,博得美人心死楚歌中"的主題思想。曹貞吉先以〔百字令〕詞調創作五首《詠史》詞,再以〔風流子〕詞調創作《京口懷古》《金陵懷古》《姑蘇懷古》《錢塘懷古》四首懷古詞。而後就有另一詞人黃垍分別以同樣的詞調創作《易水懷古》《鴻門懷古》《汨羅懷古》《博浪沙懷古》《銅雀臺懷古》《馬嵬驛懷古》六首懷古詞和六首《詠史》詞,與曹貞吉之作相唱和。用單篇詞或一組詞進行唱和,這在詞史上是一種常見的創作活動。但同時用一組詠史詞和一組懷古詞進行唱和,則是罕見的。黃垍以六首《詠史》詞和曹貞吉的五首《詠史》詞,又以六首懷古詞和曹真吉的四首懷古詞,不僅數量上比原作多,吟詠對象也與原作不盡相同,這顯然有以詞爭勝的意味。但所用史事素材,却較相似,多取自《史記》,曹作有四首,黃作有八首,反映出清代詞人接受《史記》的普遍程度。後人對失敗的英雄項羽多持同情的態度,雖至宋代已有詞人轉變了態度,不怎麽同情了,但尚未徹底否定。清初詞人顧彩在以〔賀新郎〕爲調、以《烏江吊古》爲題的詞作中,却完全改變了這種歷時千餘年的評價定式,對項羽不僅不同情,還予以嚴厲的批判,徹底否定了其一生的所作所爲。词曰:"酹酒烏江渡。問重瞳、英雄如此,天亡何故。有一范增不能用,何況當年信布。敵手者、漢家高祖。四百年來基業在,有斬蛇、神劍爲呵護。玉斗碎,竟何補。亡秦應識須三戶。把懷王、江心擊殺,失其根據。縞素興師名甚正,從此目無全楚。真難向、江東回顧。縱使渡人兼渡馬,料重興、霸業非朝暮。堪洒淚,吊千古。"周廷諤〔蝶戀花〕其六《戚夫人》一詞,不僅不同情戚夫人,而且一針見血地指出從陰謀奪嫡到變成人彘的前因後果是:"作計不成反墮計,非關而主娥姁忌。"至於孔傳鐸用一首〔戚氏〕長調慢詞詠劉邦寵姬戚夫人,以傳體詠史的創作手法,高度概括了劉邦、吕后及戚夫人在建立漢王朝時所经歷的人生情感糾葛,清清楚楚地呈現了當年缘私情以至於爱屋及烏而導致陰謀奪嫡的先因後果。詞曰:"舊新豐。泗上亭長是英雄。劍斬白蛇,黄昏鬼母泣途窮。吕氏正相從。芒碭雲起識真龍。重瞳又開霸業,兩雄相厄苦交鋒。室家離散,倉皇作質,杯羹幾及而翁。幸鴻溝分據,妻孥歸趙,散楚成功。深宫兒女情鍾。薄姬管趙,豔冶競爲容。總不似、戚姬年少,擅寵房櫳。正歡濃。母愛子抱,趙王圖嫡,吕氏悲恫。巧計留侯,邀來園綺,陰謀一旦成空。羽翼儲皇定,數行淚下,慷慨歌風。隆準原來英主,把柔情、枕簟總銷鎔。他年龍去鼎湖,權歸野雉,愛子先遭酖,永巷裹、去眼還燻耳,如花貌、衣赭春殘圜中。人彘啼紅。便殘香、揉碎了無蹤。至今空想,玉疆纖指,照夜玲瓏。"此詞則以數百字詳細鋪排,原原本本地再現了當年此椿公案的始末,不着議論,由讀者從吟詠後的感受中去體味那些是是非非,呈現出騄梏史事的傳體詠史特點。

汪懋麟有以〔滿江紅〕爲調,《讀〈貨殖傳〉戲作》爲題之作:"咄咄龍門,編《貨殖》、文章游戲。商賈業、鹽鹽牛馬,錙銖皆備。寡婦牧兒多貴顯,販脂窖粟留名字。笑世人、穰穰與熙熙,無非利。范蠡法,今須試。猗頓術,傳宜秘。便從今打點,執鞭之事。掘塚椎埋誠得策,舞文弄法皆良計。笑嚴居、奇士苦長貧,譚仁義。"歷代寫"《史記》詩詞曲"的作品甚夥,雖吟遍《史記》中的人物事件,但專門以《貨殖列傳》作爲吟詠對象而賦作詩、詞、曲者則甚鮮見。由此詞可見清代文學家不僅喜讀《史記》,且閱之頗細,吟詠赞歎,感慨良多,遍及《史記》的各個篇目。但同時也由此詞可以看到清代大部分文人的思想保守、意識落後的一面,只知空"譚仁義",不知經營生產、商業活動是推動人類社會向前發展的最重要基礎,反倒不如數千年前司馬遷對經濟有比較正確而清醒的認識。中國古代社會到了清代而日見衰弱、滯礙不前,良有以也。

接受《史記》而創作的詠史詩詞曲,實質上是《史記》研究成果的一種特殊形式,對後人研究《史記》有着重要的文獻價值。同時,這些廣義的詩歌作品作爲《史記》的接受性成果,對研究詠史詩詞曲與史學的關係有着重要的學術價值。與此同時,詠史詩詞曲作家們接受《史記》的創作成果,也成爲《史記》不可或缺的組成部分,《史記》也因此被不斷賦予新的内涵並使之成爲一部真正意義上的經典。

叙　　例

　　一、本書稱名《〈史記〉詩詞曲通覽》，所收錄的詩詞曲作品皆以《史記》中的人物事件爲吟詠對象，敘寫内容和抒發情感的詠史詩、詠史詞、詠史曲，以及將那些與《史記》中的人物事件緊密相關的歷史遺跡作爲吟詠對象、敘寫内容和抒發情感的懷古詩、懷古詞、懷古曲。爲求稱名上的簡明直觀，省去"詠史""懷古"等字樣，并借鑒"《史記》學"之術語，分稱則爲"《史記》詩""《史記》詞""《史記》曲"，合稱則爲"《史記》詩詞曲"。

　　二、《史記》是古代第一部紀傳體通史，是對漢武帝以前幾千年的社會面貌、生活經驗、民族智慧的綜合性記錄，不僅爲後人瞭解、認識和研究這一段歷史提供了可靠的史料，也爲詩家、詞家、曲家緬懷往事、追慕前賢、評議得失、褒貶善惡而進行詠史詩詞曲創作提供了豐富的素材。除過這種以書本爲載體、以文字爲符號的歷史記錄形式外，還有一種是以產生於那一歷史時空而又有幸留存於世的城鎮、園林、器具、廟宇、陵墓、運河及戰場等文物遺跡爲載體的歷史記錄形態，不僅爲後人瞭解、認識和研究這一段歷史提供了實物資料，也爲詩家、詞家、曲家以古鑒今、借古抒懷而進行懷古詩詞曲創作提供了詩思媒介。閱讀《史記》之後有所感想，吟詠於口，賦爲韻語，就是與《史記》有關的詠史詩、詞、曲。而觀覽古跡之時有所感觸，吟歎於口，所作韻文自然也是與《史記》有關的懷古詩、詞、曲。因爲觀覽古跡之詩人，當其在觀覽之前，對那些與古跡相關的歷史人物事件必有所瞭解，而那些相關的歷史知識即獲取於史書。也就是説，詩家、詞家、曲家是通過閱讀史書而先取得一定的見識，方能在面對古代遺跡時，知道其爲何種文物。如秦始皇陵只是一處象徵着秦始皇性命終結的古跡，並不全面反映秦始皇的生命歷程和生活過程。但是，在吟詠秦始皇陵的懷古詩、詞、曲作品中，往往涉及秦始皇的生平事蹟或生活片段，而其生平事蹟或生活片段主要記載於《史記·秦始皇本紀》，顯然是詩家、詞家、曲家先讀過本紀而知其事，這才能在所寫的懷古詩、詞、曲作品中表現出來。那麼，凡以秦始皇陵爲詠歎對象的懷古詩、詞、曲，可以説是一種間接閱讀《秦始皇本紀》之後的創作結晶,這與直接閱讀《秦始皇本紀》之後的創作結晶——詠史詩詞曲,在本質上並無二致,只有在詠史、懷古的細枝末節上略顯不同。以此類推,擴而大之,凡是詠及《史記》所載範圍內的歷史遺跡的懷古詩、詞、曲,均可視作一種與《史記》相關的詠史詩、詞、曲,故將二者合爲一體而徑直簡稱"《史記》詩詞曲",便是本書稱名的另一緣故了。

三、本書所收的一些詠史懷古詩詞曲,從題目上看,或是題畫詩,或是題畫詞,或是題畫曲,若一認真考察、審視,可以發現許多繪畫作品的題材乃取自《史記》,畫面上的人物事件正是《史記》所載,而題畫詩、詞、曲所表現的內容,卻又往往超出了畫面所描繪的。這顯然是因詩家、詞家、曲家讀過《史記》,對畫面上的人物事件比較瞭解所致。因此,對這一類詩、詞、曲,也可視爲一種間接閱覽《史記》之後的詠史作品。又,《漢書》作爲第一部紀傳體斷代史,其中從漢朝建立至武帝之間的記載,《資治通鑒》作爲編年體通史,其中從三家分晉至武帝之間的記載,史料均主要來自《史記》,前者只是對篇目有所調整和對文字有所整飭,而後者僅僅將紀傳體改編爲編年體,並對文字略有修飾。所以,本書也收入賦詠《漢書》《資治通鑒》所載這一時段人物事件的詠史詩、詞、曲。這仍是建立在視此類詠史詩、詞、曲爲間接讀《史記》之後創作結果的認識上。

四、《史記》的體裁分爲本紀、表、書、世家、列傳,凡一百三十篇,今稱一百三十卷。在衆多與《史記》有關的詠史詩、詞、曲作品中,僅有少數是針對《史記》一書寫的,而大量的則是針對《史記》中的某篇或某篇中的人物、事件寫的。本書仍以《史記》原有體裁和篇卷爲序,而凡與《史記》相關的詠史詩、詞、曲均先歸於各體各篇之中,再依作者所處的時代爲序,以詩、詞、曲所屬的體式爲類,進行單元分列。凡收入的作品,每首都標明作者的姓名、時代以及所出典籍的名稱、卷次、冊數、頁碼。

五、《史記》雖分體記載史事,但限於史料繁簡之故,司馬遷在同一體的敘寫上靈活多變,不拘一格。如同爲本紀之體的《殷本紀》《周本紀》等,在一篇之中就記載了各朝的所有君王,而《高祖本紀》等,在一篇之中只記載了一代帝王。又如同爲世家之體,有的記載了世代相傳的所有君主,有的僅記載了一二代君主。再如同爲列傳之體,有記載一人的專傳,有記載二人的合傳,有記載多人而其事蹟有相似性的類傳。還有一種附傳,即其人其事雖不足以獨立爲傳,但又有足可記述者,司馬遷即附帶敘述其人其事於相關的某朝某王之本紀中,或某國某君之世家中,或某類人物之列傳中。因此,相關的詠史之作,同樣也是五花八門,有專詠一人的,有合詠二人乃至多人的,有針對某王朝或某諸侯國吟詠的,有針對某帝王或某國君吟詠的。諸如此類,在本書的編排上,亦以相應靈活的方法處理，即分爲詠某王朝某諸侯國附某人、詠某朝某國之君附某人、詠某朝某國之臣附某人等門類。

六、《史記》所記載的重大事件，往往是有許多重要的人物涉及其中。司馬遷則以互見之法、簡潔之筆予以記述，或此詳彼略，或彼詳此略。而詩家、詞家、曲家吟詠其事件，多爲綜合性的，也會涉及其中的多人。如對於那些同是描寫鴻門宴、商山四皓、長平之戰的有關人物或遺跡等詠史詩、詞、曲，即據《史記》所載其事在各處之詳或略加以編排。如《項羽本紀》敘述鴻門宴較詳，項羽爲事主，即將詠鴻門宴的詩、詞、曲列於項羽名下。又如《留侯世家》附記商山四皓，敘述高祖欲廢太子而四皓護衛太子之事較詳，四皓爲事主，即將詠四皓的詩、詞、曲列於《留侯世家》中的四皓名下。再如《廉頗藺相如列傳》附寫趙括，所敘長平之戰的前因後果較詳，趙括爲事主，即將詠長之平戰的詩、詞、曲列於趙括名下。其他均以此類推。《史記》所載的人物事件直至司馬遷生前的當代，其中一些人物的活動和事件的發生，與司馬遷同時或略晚，故在某一"本紀"中，或在某一"表"中，或在某一"世家"中，或在某一"列傳"中，僅有寥寥數筆的記述。後人創作的詠史詩、詞、曲作品對這些人物事件有所涉及，本書將其視爲從屬，也一并附入，惟在讀者鑒察了。

七、《史記》原本中的一些篇章早在西漢時就已散失，今傳《史記》各本中的這些篇章乃西漢末褚少孫等人所補。還有今傳《史記》各本中的一些人物事件，其活動和發生的時間都在司馬遷過世之後，這些是被他人所綴述入《史記》中的。後人創作的詠史詩、詞、曲作品對這些人物事件有所涉及，本書以其爲附贅，也一并錄入，惟在讀者鑒察了。

八、有少許的詠史詩、詞、曲作品，在一些典籍記載中，分屬于兩位作者名下，其中還不乏是兩位著名的作者。本書凡遇此類作品，姑且兩收、俟後待考，以探求其孰是孰非。

九、凡錄入本書的詠史詩、詞、曲之所從出者皆爲古代總集、別集、叢書等典籍。有些典籍原有缺字而以方框（□）代替者，今一仍其舊。有的影印本頗多字跡漫漶者，凡遇此情況，亦以方框（□）代替，一字一框，不逞臆妄補。

目　錄

五帝本紀

詩

詠《五帝本紀》 …………………… 1
　五帝本紀 …………………………… 1
　奉和魯望讀《陰符經》見寄 …… 1
　觀五帝吟 …………………………… 2
　唐虞 ………………………………… 2
　雜興六首(其二) …………………… 2
　感興二十一首(其八) ……………… 2
　詠史十二首(其一、二、三) …… 2
　擬古九首(其一) …………………… 3
　帝王世紀 …………………………… 3
　羲皇廟,偶得"年"字 …………… 6
　謁軒轅廟 …………………………… 6
　燕臺懷古雜詠,方水部鐵船同作·涿鹿 …………………………………… 6
　詠古雜詩(其一) …………………… 6
　《五帝本紀》第一·帝舜有虞氏 … 6
　顓頊高陽氏 ………………………… 7
　顓頊高陽氏 ………………………… 7
　帝嚳高辛氏 ………………………… 7
　帝嚳高辛氏 ………………………… 7

　讀《竹書紀年》 …………………… 8
詠黃帝 附蚩尤 ……………………… 9
　黃帝贊 ……………………………… 9
　薊丘覽古贈盧居士藏用七首并序·軒轅臺 ………………………………… 9
　苦篁調嘯引 ………………………… 9
　題縉雲山鼎池二首(其一) ………… 9
　橋山懷古 …………………………… 9
　過鑄鼎原 …………………………… 10
　涿鹿 ………………………………… 10
　洞庭 ………………………………… 10
　書高辛氏廟 ………………………… 10
　黃帝 ………………………………… 10
　戰蚩尤 ……………………………… 11
　登蚩尤臺 …………………………… 11
　軒轅臺 ……………………………… 11
　雜興(其一) ………………………… 11
　涿州 ………………………………… 11
　黃老 ………………………………… 12
　鼎湖 ………………………………… 12
　漫興六首(其四) …………………… 12
　炎陵 ………………………………… 12
　蒙城驛謁黃帝廟 …………………… 12

登黃帝鼎原	13	詠史五首·陶唐氏	19
謁軒轅廟	13	堯廟	19
詠史一百首(其四)	13	九誦·堯祠	19
鼎湖有感	13	唐堯	20
朝發涿鹿霧	13	堯廟	20
過軒轅廟	14	詠史二十二首(其一)	20
鼎湖原二首(其一)	14	堯	20
咏古(其一)	14	堯帝廟	20
《五帝本紀》第一·黃帝軒轅氏	14	編年歌括·唐、虞	21
		過唐山望禱帝堯祠	21
逐鹿始战	14	堯	21
讀《史記·三皇五帝本紀》·帝舜有虞氏	14	過唐水望堯山	21
		《堯民圖》三首	21
黃帝	15	《堯民圖》	21
都門咏古十二首·軒轅臺	15	題《堯民圖》	22
倉頡	15	詠史十二首(其四)	22
黃帝有熊氏	15	謁堯山祠	22
黃帝有熊氏	15	平陽謁堯廟	22
炎帝神農氏	16	琴操·箕山操	22
炎帝神農氏	17	唐堯帝	23
歷代聖母圖贊·嫘祖	17	堯陵	23
詠少昊	18	《五帝本紀》第一·帝堯陶唐氏	23
謁少昊墓	18		
少昊金天氏	18	唐堯	23
少昊金天氏	18	唐堯帝	23
詠堯帝	19	慶都謁帝堯祠	23
六言詩十章(其一、二)	19	堯廟	24
唐堯	19	堯	24
續古二十九首(其一)	19	帝堯陶唐氏	24

帝堯陶唐氏 …………………… 24	舜廟 …………………………… 30

詠塗山氏 ………………………… 25

濠州七絕·塗山 ………………… 25
和子瞻濠州七絕·塗山 ………… 25
塗山 …………………………… 25
歷代聖母圖贊·堯母 …………… 25

詠舜帝 ……………………………… 26

桂州黃潭舜祠 ………………… 26
邵陵作 ………………………… 26
題舜廟 ………………………… 26
舜井 …………………………… 26
舜城懷古 ……………………… 26
湘川吊舜 ……………………… 27
蒼梧 …………………………… 27
題歷山舜祠 …………………… 27
虞舜 …………………………… 27
永州舜廟詩 …………………… 27
詠史五首·有虞氏 ……………… 27
虞帝 …………………………… 28
九誦·舜祠 ……………………… 28
舜祠 …………………………… 28
謁虞帝祠 ……………………… 28
舜廟懷古 ……………………… 28
舜廟 …………………………… 28
題舜帝廟 ……………………… 29
舜禹 …………………………… 29
題虞帝廟 ……………………… 29
舜 ……………………………… 29
舜廟 …………………………… 29

有虞氏 ………………………… 30
舜帝廟 ………………………… 30
河中八詠·舜井 ………………… 30
讀《舜廟碑》 …………………… 30
舜井 …………………………… 31
和虞帝廟吊古 ………………… 31
舜 ……………………………… 31
虞帝廟 ………………………… 31
虞帝廟 ………………………… 31
詠史十二首(其五) ……………… 31
韶州謁虞帝廟 ………………… 32
大舜 …………………………… 32
過舜祠 ………………………… 32
虞帝廟 ………………………… 32
讀《虞書》 ……………………… 32
上虞百官渡九龍寺 …………… 33
登九成臺 ……………………… 33
舜廟詩,次韻牛士良 …………… 33
帝舜廟 ………………………… 33
題舜廟 ………………………… 33
懷古三首(其一) ………………… 33
題虞帝廟廣孝泉亭 …………… 34
代祀帝舜禮成 ………………… 34
大舜贊 ………………………… 34
舜廟 …………………………… 34
舜井頌,廟後爲觀內宮,宮有兩井,各亭覆之 …………………………… 34
過舜井 ………………………… 35

舜彈琴處二首 ……………… 35	湘妃怨 ……………………… 41
虞舜帝 …………………………… 35	湘妃竹 ……………………… 41
歷山 ……………………………… 35	湘妃怨 ……………………… 41
讀史有感八首(其一) …………… 36	詠古四首(其一) …………… 41
歷山躬耕 ………………………… 36	黃陵廟 ……………………… 42
虞舜 ……………………………… 36	湘妃曲 ……………………… 42
舜祠翠華亭 ……………………… 36	湘妃竹 ……………………… 42
唐舜帝 …………………………… 36	湘妃詞 ……………………… 42
詠史十首(其十) ………………… 36	斑竹簫歌 …………………… 42
舜 ………………………………… 37	湘神 ………………………… 43
帝舜有虞氏 ……………………… 37	帝子祠下 …………………… 43
帝舜有虞氏 ……………………… 37	君山二妃寺 ………………… 43

詠娥皇、女英 …………………… 38

二妃廟 …………………………… 38	香草閒吟·湘妃 …………… 43
續感興二十五首(其九) ………… 38	咏古·娥皇、女英 ………… 43
書龔彥釗畫《舜二妃圖》後 …… 38	湘妃怨 ……………………… 43
湘妃箋 …………………………… 38	娥皇、女英 ………………… 43
瀟湘詩 …………………………… 39	湘妃 ………………………… 44
湘妃怨 …………………………… 39	湘江懷古 …………………… 44

雜詩三十六首(其二十五) …… 39	**詠舜臣** …………………………… 45
黃陵廟 …………………………… 39	過皋陶廟 …………………… 45
湘陰舜妃廟 ……………………… 39	慶陽岐伯 …………………… 45
湘妃泣竹 ………………………… 40	皋陶祠 ……………………… 45
湘妃 ……………………………… 40	皋陶墓 ……………………… 45

詞

湘妃怨 …………………………… 40	浣溪沙·黃帝鑄鼎原(之二) …… 46
湘靈鼓瑟 ………………………… 40	贊浦子·黃帝見廣成子 ………… 46
《湘妃泣竹圖》 ………………… 40	前調(贊浦子)·《堯登壇受圖》……
湘妃怨二首 ……………………… 41	………………………………… 46
湘妃竹 …………………………… 41	慶千秋·帝堯頌 ……………… 46

| 念奴嬌·南嶽懷古 …………… 47
| 前調(臨江仙)·黃陵二妃廟 …… 47
| 臺城路·上虞百官江口舜廟 …… 47
| 前調(贊浦子)·舜舞干戚 …… 47
| 前調(慶千秋)·帝舜頌 …… 47
| 瀟湘雨 …………………… 48

曲

〔北仙呂一半兒〕上虞百官江口舜
廟 ……………………… 49

夏本紀

詩

詠《夏本紀》………………… 50
 夏本紀 …………………… 50
 歷代詩·夏 ……………… 50
 讀史 …………………… 50
 編年歌括·夏 ……………… 51
 夏商 …………………… 51
 夏 ……………………… 51
 韓吉父座上觀《漢陽大別山禹柏圖》
 ………………………… 51
 望會稽山 ………………… 52
 洺汭 …………………… 52
 詠史一百首(其五) ………… 52

詠夏王附妺喜
 亂後,經夏禹廟詩 …………… 53
 謁禹廟 …………………… 53
 禹廟 …………………… 53
 謁禹廟 …………………… 54

陪皇甫大夫謁禹廟 …………… 54
新樓詩二十首·禹廟 ………… 54
嶓冢 …………………… 54
塗山 …………………… 54
夏禹 …………………… 55
再吟 …………………… 55
禹廟 …………………… 55
題禹廟 ………………… 55
詠史五首·夏后氏 …………… 55
題禹廟 ………………… 55
謁三門禹祠 …………… 56
題禹廟 ………………… 56
禹廟一首 ……………… 56
夏禹 …………………… 56
禹廟歌 ………………… 56
禹廟 …………………… 57
禹穴 …………………… 57
禹祠 …………………… 57
禹祠 …………………… 57
晚秋雜興十二首(其九) ……… 57
禹寺 …………………… 58
禹帝祠有序 …………… 58
題大禹廟 ……………… 58
禹穴一首并序 ………… 58
禹廟一首 ……………… 58
禹陵一首 ……………… 59
題禹廟二首 …………… 59
八月十五日,遊禹祠告成觀察 … 59
詠史二十二首(其三) ………… 59

· 5 ·

禹柏行 …… 59	禹陵 …… 65
禹 …… 60	禹穴 …… 65
題禹廟 …… 60	禹廟 …… 65
禹廟 …… 60	禹穴 …… 65
題禹廟壁 …… 60	謁禹陵有感 …… 66
窆石禹陵 …… 60	謁禹陵 …… 66
梅梁禹廟 …… 61	游禹門 …… 66
謁禹王廟 …… 61	大別山禹廟 …… 66
《大禹泣辜圖》 …… 61	謁大禹陵 …… 66
禹廟 …… 61	尋禹穴 …… 67
題禹廟 …… 61	禹陵 …… 67
禹廟 …… 61	謁大禹陵二十韻 …… 67
謁禹廟 …… 62	五丁峽 …… 68
禹廟 …… 62	忠州謁禹廟 …… 68
大禹祠 …… 62	禹陵 …… 68
禹鼎 …… 62	謁禹廟 …… 68
《神禹治水圖》 …… 63	禹廟 …… 69
詠史十二首(其六) …… 63	《夏本紀》第二·大禹 …… 69
舟次塗山,拜禹王廟 …… 63	父子治水 …… 69
禹廟 …… 63	謁大禹廟 …… 69
會稽大禹廟 …… 64	禹陵 …… 69
禹廟 …… 64	塗山禹廟 …… 69
謁夏王廟有感 …… 64	禹廟 …… 70
禹期山 …… 64	夏禹 …… 71
禹穴 …… 64	禹陵 …… 71
禹廟 …… 64	會稽山謁大禹陵 …… 71
題蘄州高大夫鳳山別墅八首·禹廟 …… 65	禹陵詩 …… 71
	禹廟 …… 72
夏禹王 …… 65	夏禹王 …… 72

禹陵 …………………………… 72
恭和御製《謁大禹廟恭依皇祖元韻》
　　…………………………… 73
禹廟 …………………………… 73
賦得禹耳三漏得"三"字 ……… 73
禹 ……………………………… 73
讀史雜感·禹廟 ……………… 73
禹陵 …………………………… 74
次書湖弟過禹門作韻 ………… 74
神禹碑 ………………………… 74
大禹 …………………………… 74
大禹 …………………………… 75
啟 ……………………………… 75
遊嵩山十三首·啟母石 ……… 75
啟王 …………………………… 75
夏啟 …………………………… 76
王啟 …………………………… 76
王啟 …………………………… 76
太康 …………………………… 76
太康 …………………………… 76
太康 …………………………… 76
太康 …………………………… 77
仲康 …………………………… 77
仲康 …………………………… 77
王相 …………………………… 77
王相 …………………………… 77
少康 …………………………… 78
少康 …………………………… 78
《夏本紀》第二·少康 ……… 78

少康 …………………………… 78
登太行山 ……………………… 78
少康 …………………………… 78
少康 …………………………… 79
王廑 …………………………… 79
王廑 …………………………… 79
王發 …………………………… 79
王發 …………………………… 79
桀 ……………………………… 80
詠史十二首(其七) …………… 80
桀王 …………………………… 80
《夏本紀》第二·桀 ………… 80
桀 ……………………………… 80
履癸 …………………………… 80
履癸 …………………………… 81
古宮五詠·妹喜 ……………… 81

詠夏臣

過皋陶廟,偶感范滂事題壁 … 82
皋陶 …………………………… 82
皋陶祠 ………………………… 82
后羿 …………………………… 82
丹水詠古 ……………………… 82

詞

齊天樂·與馮深居登禹陵 …… 83
八聲甘州·禹陵 ……………… 83
水龍吟·禹廟 ………………… 83
念奴嬌·禹陵 ………………… 84
醉蓬萊·禹廟 ………………… 84
前調(贊浦子)·禹渡江 ……… 84

新念別·黃陵大禹廟 …………… 84

曲

〔北仙呂一半兒〕浮山禹廟和嶰谷
………………………… 85

〔南中呂駐馬聽〕浮山禹廟 …… 85

殷本紀

詩

詠《殷本紀》 ………………… 86
　殷本紀 ………………………… 86
　詠史五首·商人 ……………… 86
　歷代詩·商 …………………… 86
　編年歌括·商 ………………… 87
　朝歌行 ………………………… 87
　過朝歌 ………………………… 87
　商 ……………………………… 87
　詠史十二首(其八) …………… 87
　古風十四首(其六) …………… 87
　過牧野 ………………………… 88
　殷墟 …………………………… 88
　著雍攝提格·農潤商鼎歌 …… 88
　總述三宗 ……………………… 89
　雜言三十首(其十八) ………… 89

詠商王附妲己 …………………… 90
　商郊 …………………………… 90
　傅岩 …………………………… 90
　契 ……………………………… 90
　成湯 …………………………… 90
　詠史二十二首(其四) ………… 90

　湯 ……………………………… 90
　商湯王 ………………………… 91
　湯 ……………………………… 91
　殷湯 …………………………… 91
　《殷本紀》第三·成湯 ……… 91
　湯武征誅 ……………………… 91
　商湯 …………………………… 91
　成湯 …………………………… 92
　成湯 …………………………… 92
　太甲 …………………………… 92
　太甲 …………………………… 92
　太甲 …………………………… 93
　雍己 …………………………… 93
　雍己 …………………………… 93
　太戊 …………………………… 93
　殷太戊 ………………………… 93
　太戊 …………………………… 94
　太戊 …………………………… 94
　太戊 …………………………… 94
　祖乙 …………………………… 94
　祖乙 …………………………… 94
　陽甲 …………………………… 95
　陽甲 …………………………… 95
　殷盤庚 ………………………… 95
　盤庚 …………………………… 95
　盤庚 …………………………… 95
　小乙 …………………………… 95
　小乙 …………………………… 96

· 8 ·

高宗 …………………… 96	詠商臣 …………………… 102
高宗 …………………… 96	關龍逢墓 …………………… 102
題畫·《高宗得傳說》 …………………… 96	鄉賢十詠·關龍逢 …………………… 102
殷高宗 …………………… 96	伊尹 …………………… 102
武丁 …………………… 97	伊尹墓 …………………… 102
武丁 …………………… 97	伊周 …………………… 102
武丁 …………………… 97	題《伊尹耕莘圖》 …………………… 103
祖甲 …………………… 97	題白描人物四幀·又《伊尹》 … 103
殷祖甲 …………………… 97	題畫·《成湯聘伊尹》 …………………… 103
庚丁 …………………… 98	伊尹負鼎 …………………… 103
庚丁 …………………… 98	傅岩操 …………………… 103
武乙 …………………… 98	《版築求賢圖》 …………………… 103
武乙 …………………… 98	雜題二首(其一) …………………… 104
帝乙 …………………… 98	謁傅岩廟 …………………… 104
帝乙 …………………… 98	傅說築岩 …………………… 104
商武乙 …………………… 99	雜詩十四首(其九) …………………… 104
紂 …………………… 99	傅說 …………………… 104
淇州 …………………… 99	過阿衡墓 …………………… 104
詠史十二首(其九) …………………… 99	比干墓 …………………… 105
紂王 …………………… 99	吊比干墓 …………………… 105
古宮五詠·妲己 …………………… 99	比干墓 …………………… 105
過蘄脛河 …………………… 100	過比干墓 …………………… 105
王良二首(其二) …………………… 100	《比干傳》 …………………… 106
《殷本紀》第三·紂 …………………… 100	比干臺 …………………… 106
紂 …………………… 100	比干 …………………… 106
商受斯涉 …………………… 100	比干墓 …………………… 106
受辛 …………………… 101	比干墓 …………………… 106
受辛 …………………… 101	陪總管陳公肇祀商少師比干廟 ……
香草閒吟·妲己 …………………… 101	…………………… 107

比干廟	107
比干墓	107
比干墓	107
比干墓	108
殷大師比干墓下	108
比干墓	108
汲縣,謁比干墓	108
比干墓	108
三仁贊三首·箕子	109
三仁贊三首·比干	109
經牧野,吊比干墓	109
謁比干祠	109
殷少師比干墓	109
謁比干墓	109
比干墓下作并序	110
比干墓	110
殷三仁祠	110
伊尹	110
表商閭	111
惡來多力	111

詞

浪淘沙令	112
醉蓬萊·北田述事三首(之一)	112
天門謠·汲縣道中作	112
滿江紅·謁比干墓	112
前調(贊浦子)·湯解祝網	113
前調(贊浦子)·武丁迎傅說	113

周本紀

詩

詠《周本紀》	114
周本紀	114
詠史五首·周人	114
讀《周本紀》	114
雜興(其一)	114
歷代詩·西周	115
歷代詩·東周	115
編年歌括·周	115
結襪子二首并序(其一)	115
周	116
周	116
《豳風圖》三首	116
感古漫成	116
讀《周書》有感	116
論詩呈雙魚(其二、三、四)	117
讀史(其三)	117
同仲木后稷祠	117
扶風詠懷古蹟	117
經漆村,覽有邰古迹	118
經漆村,覽有邰古迹	118
雜詩十四首(其十)	118
恩賜勝覽錄	118
讀《豳風》	119
歷代聖母圖贊·姜嫄	119
歷代聖母圖贊·太姜	119
歷代聖母圖贊·太任	119

歷代聖母圖贊·太姒 ………… 119
郯城懷古二十二韻 ………… 120
初冬,程名世宅觀《豳風圖》 …… 120
詠古雜詩(其二) ………… 120
靈王出髭 ………… 120
讀史樂府·八駿馳 ………… 121
讀史樂府·周轍東 ………… 121
詠史(其十) ………… 121

詠周先王 ………… 122

后稷 ………… 122
后稷 ………… 122
謁后稷祠 ………… 122
懷古三首(其二) ………… 122
后稷廟 ………… 122
謁后稷祠 ………… 123
謁后稷祠 ………… 123
武功春日,謁后稷祠 ………… 123
稷 ………… 123
周太王 ………… 123
文王 ………… 123
周文王 ………… 124
羑里城 ………… 124
文王廟 ………… 124
文王廟 ………… 124
文王 ………… 124
題羑里文王廟 ………… 124
書羑里祠 ………… 125
羑里歌 ………… 125
羑里 ………… 125

詠史十二首(其十) ………… 125
羑里祠 ………… 125
羑里 ………… 126
謁文王演《易》所 ………… 126
周文王 ………… 126
恩賜勝覽錄 ………… 126
羑里 ………… 127
謁羑里祠 ………… 127
周文王 ………… 127
周文王 ………… 127
文王 ………… 127
文王 ………… 127
文王 ………… 128

詠周王 ………… 129

鉅橋 ………… 129
孟津 ………… 129
武王 ………… 129
武王 ………… 129
武王 ………… 129
《武王扇喝圖》 ………… 129
渡孟津 ………… 130
雜言四十九首(其五) ………… 130
孟津 ………… 130
歸途覽詠古蹟,並追記白泉遊事(其五) ………… 130
牧野 ………… 130
武王 ………… 130
周武王 ………… 131
武王 ………… 131

牧野	131	共王	137
武王	131	懿王	137
武王	131	懿王	137
武王	132	孝王	138
成王	133	孝王	138
成王	133	夷王	138
成王	133	夷王	138
成王	133	厲王、幽王	138
成王	133	厲王	139
康王	134	厲王	139
周康王	134	宣王	139

同國子司業王士能、監丞滕仲禮謁南城文廟,觀周宣王石鼓,各模數本以歸 …… 139

康王	134	宣王	140
康王	134	周宣王	140

病居遣興六十二首(其五十三) …… 135

		宣王	140

題龍別駕靖川諸障子八首·昭王營 …… 135

		宣王	140
昭王	135	宣王	140
昭王	135	幽王	141
續古二十九首(其十)	135	幽王	141
古風十四首(其三)	135	詠史十二首(其十一)	141
穆天子	136	幽王	142
觀《周穆王八駿圖》	136	幽王	142
穆王	136	幽王	142
詠史(其六)	136	平王	142
穆王	136	宜臼	143
穆王	136		
周穆王	137		
共王	137		

向讀《三秦記》,聞周平王東遷,見白鹿於此原,以是得名,予自輞川經此,

漫思往事,而姑識之以詩 ……… 143	思王 …………………………… 159
平王 …………………………… 143	思王 …………………………… 159
平王 …………………………… 143	考王 …………………………… 159
桓王 …………………………… 143	考王 …………………………… 159
桓王 …………………………… 143	威烈王 ………………………… 160
莊王 …………………………… 144	威烈王 ………………………… 160
莊王 …………………………… 144	安王 …………………………… 161
釐王 …………………………… 145	安王 …………………………… 161
釐王 …………………………… 145	烈王 …………………………… 161
惠王 …………………………… 145	烈王 …………………………… 161
惠王 …………………………… 146	顯王 …………………………… 162
襄王 …………………………… 146	顯王 …………………………… 162
襄王 …………………………… 147	赧王 …………………………… 166
匡王 …………………………… 148	赧王 …………………………… 167
匡王 …………………………… 148	八臺詩辛卯·避債臺 ………… 176
定王 …………………………… 149	**詠周王后** …………………… 177
定王 …………………………… 149	褒城 …………………………… 177
簡王 …………………………… 151	驪山懷古 ……………………… 177
簡王 …………………………… 151	驪山 …………………………… 177
靈王 …………………………… 151	烽燧曲 ………………………… 177
靈王 …………………………… 152	烽火臺 ………………………… 177
景王 …………………………… 152	褒姒不笑 ……………………… 177
景王 …………………………… 153	古宮五詠·褒姒 ……………… 178
敬王 …………………………… 155	驪山 …………………………… 178
敬王 …………………………… 155	恩賜勝覽錄 …………………… 178
元王 …………………………… 157	讀史雜詠·周褒姒 …………… 178
元王 …………………………… 157	詠史(其九) …………………… 178
貞定王 ………………………… 158	香草閒吟·太姒 ……………… 178
貞定王 ………………………… 159	香草閒吟·褒姒 ……………… 179
	咏古·褒姒 …………………… 179

詠周臣 ················ 180

　鄉賢十詠·周八士 ········ 180

　讀史二首(其一) ········· 180

　萇弘 ················ 180

　萇宏(弘) ············· 180

詞

　金人捧露盤·驪山懷古 ····· 181

　前調(贊浦子)·成王刻桐葉封虞
　　　 ················ 181

　前調(贊浦子)·文王見呂尚 ··· 181

　品令·公劉廟 ··········· 181

曲

　〔北仙呂遊四門〕資陽過萇弘故里
　　　 ················ 182

秦本紀

詩

詠《秦本紀》 ············ 183

　秦本紀 ··············· 183

　讀《秦本紀》 ············ 183

　編年歌括·秦 ··········· 183

　秦 ·················· 184

　論詩呈雙魚·丙午五月端五遊海珠，
　　次日呈此(其五) ········ 184

　讀《秦記》 ············· 184

　秦 ·················· 184

　祀雞臺 ··············· 184

　《秦本紀》第五 ·········· 184

　都門咏古十二首·石鼓 ······ 185

　函谷關 ··············· 185

　讀史樂府·歸三帥 ········· 185

　列國宮詞·秦 ··········· 185

　詠史(其八、十二) ········ 185

　阿房 ················· 185

　詠古雜詩(其四) ········· 186

　蜚廉善走 ·············· 186

　秦大鳥 ··············· 186

　大費 ················· 186

詠秦君 ················ 187

　詠史詩 ··············· 187

　詠史詩二首(其一) ········ 187

　秦文公 ··············· 187

　秦文公 ··············· 187

　夢別秦穆公 ············ 187

　秦穆公 ··············· 188

　登門寶臺 ············· 188

　秦穆公墓 ············· 188

　秦穆公 ··············· 188

　嘲秦穆 ··············· 188

　穆公墓 ··············· 188

　穆公墓(其一) ··········· 189

　經秦莊襄王墓 ·········· 189

詠徐偃王 ·············· 190

　徐偃王廟 ············· 190

　徐偃王廟 ············· 190

　偃王祠 ··············· 190

詠秦臣 ················ 191

　三良詩 ··············· 191

詠三良詩 …… 191	咸陽 …… 198
詠三良 …… 191	咸陽懷古 …… 198
哀三良詩并序 …… 191	《秦紀》 …… 198
和《詠三良》 …… 192	咸陽 …… 198
哀三良 …… 192	咸陽懷古 …… 198
哀三良 …… 192	咸陽懷古 …… 198
三良詩 …… 193	讀《秦始本紀》 …… 199
詠三良 …… 193	觀嬴秦吟 …… 199
三良塚 …… 193	讀秦、漢間事 …… 199
哀三良,同周伯寧賦 …… 193	讀《秦碑》 …… 199
詠史一百首(其十二) …… 193	《六經》(其二) …… 199
百里奚歌 …… 194	歷代詩·秦 …… 200
百里奚妻 …… 194	讀《秦紀》七絕 …… 200
述古 …… 194	《秦紀》 …… 200
鳳翔公孫枝 …… 194	讀《秦紀》 …… 200
犾廖操 …… 194	閱《秦紀》二首 …… 200
百里奚飯牛 …… 194	讀《秦紀》 …… 201
百里奚 …… 195	漆城謠 …… 201
百里奚 …… 195	太平頂讀《秦碑》 …… 201

詞

前調(采桑子)·秦宮 …… 196	始皇 …… 201
前調(念奴嬌)·殽陵懷古 …… 196	秦碑 …… 201
	讀《秦紀》 …… 202

秦始皇本紀

詩

	讀《秦紀》 …… 202
	《阿房宮圖》 …… 202
詠《秦始皇本紀》 …… 197	讀《秦皇紀》 …… 202
秦始皇本紀 …… 197	秦 …… 202
咸陽覽古 …… 197	咸陽懷古 …… 202
秦人謠 …… 197	讀《秦始皇紀》 …… 203
	厭氣臺 …… 203

讀《秦記》 ················ 203

　　咸陽懷古 ················ 203

　　燕臺懷古雜詠，方水部鐵船同作·卯
　　兮城 ·················· 203

　　著雝攝提格·灤州扶蘇泉 ······ 203

　　雜詠史四十二首(十四) ········ 204

　　詠古雜詩(其六、七) ·········· 204

　　將閭仰天 ················ 204

　　平灤詠古十首(其三) ········· 204

　　擬高青邱(丘)十宮詞·秦宮 ···· 204

　　咸陽懷古 ················ 205

　　始皇 ··················· 205

　　讀史雜詠(其六) ············ 205

　　祖龍死 ·················· 205

　　書《祖龍本紀》後 ··········· 205

詠秦始皇 ···················· 206

　　幸秦始皇陵 ··············· 206

　　和黄門盧監望秦始皇陵 ······· 206

　　北使長城 ················ 206

　　過秦皇墓 ················ 206

　　君山懷古 ················ 207

　　白虎行 ·················· 207

　　經秦皇墓 ················ 207

　　長城 ··················· 207

　　祖龍行 ·················· 207

　　長城 ··················· 208

　　途經秦始皇墓 ············· 208

　　始皇陵下作 ··············· 208

　　長城 ··················· 208

　　長城 ··················· 208

　　長城 ··················· 208

　　沙丘 ··················· 209

　　軹道 ··················· 209

　　始皇陵 ·················· 209

　　焚書坑 ·················· 209

　　焚書坑 ·················· 209

　　長城 ··················· 209

　　續古二十九首(其十三) ······· 209

　　金陵覽古·秦淮 ············ 210

　　咸陽懷古 ················ 210

　　始皇 ··················· 210

　　始皇 ··················· 210

　　始皇 ··················· 210

　　秦始皇馳道 ··············· 210

　　始皇吟 ·················· 211

　　經秦皇墓 ················ 211

　　和彥猷在華亭賦十題依韻·秦始皇
　　馳道 ··················· 211

　　秦始皇 ·················· 211

　　潜儒坑 ·················· 211

　　驪山 ··················· 211

　　馳道 ··················· 212

　　秦望山 ·················· 212

　　秦望山 ·················· 212

　　咸陽 ··················· 212

　　秦始皇 ·················· 212

　　詠史二十二首(其五) ········ 213

　　秦皇廟 ·················· 213

長城 …………………… 213	秦王城 …………………… 218
秦皇二首 ………………… 213	臘嘉平 …………………… 218
阿房宮故基 ……………… 213	大佛寺問秦皇繫纜石 …… 218
始皇 ……………………… 213	阿房宮 …………………… 218
沙丘 ……………………… 214	有感 ……………………… 219
古長城 …………………… 214	感興二十一首(其七) …… 219
長城 ……………………… 214	四明車廄驛，世傳為秦皇求仙巡遊駐
阿房宮 …………………… 214	蹕之所 ………………… 219
汾、睢懷古三首(其三) … 214	雜言四十九首(其八) …… 219
沙丘懷古 ………………… 214	詠史·秦皇 ……………… 219
沙丘懷古 ………………… 215	關中懷古(其一) ………… 220
坑儒四百六十餘人 ……… 215	讀史四首(其一) ………… 220
坑儒 ……………………… 215	祖龍歌行 ………………… 220
始皇 ……………………… 215	登秦駐山 ………………… 220
觀兼山黃公《地理圖》·長城 … 215	秦皇廟 …………………… 220
題何澄界畫三首·阿房宮 … 216	過茌平，望嶧山 ………… 220
沙丘懷古 ………………… 216	過秦門 …………………… 221
秦長城 …………………… 216	阿房宮 …………………… 221
海上自之罘至成山，覽秦皇、漢武遺	雜體五十首(其五) ……… 221
跡 ……………………… 216	書所感 …………………… 221
詠史(其一) ……………… 217	詠史(其一) ……………… 221
過長城 …………………… 217	長安雜詩十首(其二) …… 221
始皇 ……………………… 217	秦淮詠古 ………………… 222
追和唐詢《華亭十詠》·秦皇馳道 …	十宮詞·秦宮 …………… 222
………………………… 217	秦始皇祠二首 …………… 222
長城 ……………………… 217	築城怨 …………………… 222
追和唐詢《華亭十詠》·秦皇馳道 …	五大夫松 ………………… 222
………………………… 218	泰山十四詠·秦松 ……… 223

· 17 ·

東昏臺 …………………… 223
五大夫松 …………………… 223
詠古四首(其二) …………………… 223
秦始皇 …………………… 223
感懷十六首(其十二) …………………… 223
讀史(其一) …………………… 224
泰山二首·無字碑 …………………… 224
望嶧山 …………………… 224
秦皇無字碑 …………………… 224
泰山阿觀五大夫松 …………………… 224
咸陽古堞 …………………… 224
咸陽懷古 …………………… 225
經始皇墓 …………………… 225
五言古詩(其十六) …………………… 225
詠史一百首(其二十四) …………………… 225
始皇堤 …………………… 226
焚書坑 …………………… 226
菖蒲磵 …………………… 226
始皇冢 …………………… 226
過戲河有作 …………………… 226
予既祀華山,將之藍田之溫泉,復取道驪山。從者告予曰:"此焚書坑也。"予嘆虐政之狂,轟斯之惡,為之彈指者久之。於乎始皇,其坑儒耶?儒其坑始皇耶?後人必有能辯之者。雖然,《六經》之道,炳如日星,而阿房之宮,驪山之墓,蓋已付楚人之一炬,牧豎之遺矣。太息之不足,因作長歌以哀之 …………………… 227

咸陽懷古 …………………… 227
秦阿房宮 …………………… 227
金人捧劍篇 …………………… 227
秦始皇冢 …………………… 228
秦望山 …………………… 228
《秦始皇本紀》第六 …………………… 228
讀古雜詩十首·秦皇 …………………… 228
秦皇行 …………………… 229
王良二首(其一) …………………… 229
秦宮 …………………… 229
咸陽懷古 …………………… 229
秦始皇 …………………… 229
秦皇 …………………… 229
祖龍引 …………………… 230
長城 …………………… 230
咸陽懷古 …………………… 230
咸陽懷古 …………………… 230
秦始皇塚 …………………… 230
登秦駐山 …………………… 231
阿房故址 …………………… 231
秦皇廟 …………………… 231
秦駐山歌 …………………… 231
阿房 …………………… 232
秦始皇 …………………… 232
始皇塚 …………………… 232
秦始皇 …………………… 232
咸陽 …………………… 233
渭橋懷古 …………………… 233
阿房故基感懷 …………………… 233

秦始皇陵 …………………… 233
雜題(其三) ………………… 234
秦二世以后宮殉葬始皇於驪山,事見
《史記》,夜讀杜牧之《阿房宮賦》,偶
作一詩 ……………………… 234
登秦望山 …………………… 234
題《阿房宮圖》 ……………… 234
秦始皇 ……………………… 235
秦始皇 ……………………… 235
題始皇廟壁 ………………… 235
秦永受瓦研歌 ……………… 235
錢塘詠懷古跡八首(其二) … 236
秦皇 ………………………… 236
雜詩六首(其四) …………… 236
新安坑 ……………………… 236
讀《始皇本紀》 ……………… 237
咸陽(二首) ………………… 237
讀史雜詠·秦始皇二首 …… 237
秦始皇 ……………………… 237
始皇冢 ……………………… 237
秦溝粉黛甋硯歌 …………… 238
秦始皇 ……………………… 238
詠史(其一) ………………… 238
秦始皇 ……………………… 239
始皇帝 ……………………… 239
始皇帝 ……………………… 240
登萬里長城 ………………… 244

詠秦二世胡亥 ……………… 245
古意二首(其一) …………… 245

胡亥 ………………………… 245
再吟 ………………………… 245
二世 ………………………… 245
二世 ………………………… 245
秦二世 ……………………… 245
秦鹿行 ……………………… 246
望夷宮 ……………………… 246
題秦二世琅邪臺石刻 ……… 246
二世皇帝 …………………… 247
二世皇帝 …………………… 248

詠秦臣 ……………………… 253
扶蘇 ………………………… 253
太子灘 ……………………… 253
茅焦 ………………………… 253
茅焦 ………………………… 253
聽客話熊野山徐市廟 ……… 253
題雜畫(其七) ……………… 254
大阪懷徐福 ………………… 254
嫪毐 ………………………… 254
趙高 ………………………… 254
詠史 ………………………… 254
趙高 ………………………… 255
趙高 ………………………… 255
讀史二首(其二) …………… 255
家姬奉主 …………………… 255
趙高 ………………………… 255
秦皇美人廟 ………………… 256
讀《史記》四首·千童縣 …… 256

詞
又(水調歌頭)·咸陽懷古 … 257

又(滿江紅)·咸陽懷古 …… 257
過秦樓·上秦始皇陵 …… 257
小秦王·阿房 …… 257
前調(滿江紅)·阿房懷古 …… 258
前調(百字令)·詠史 …… 258
憶帝京·登秦望山 …… 258
望海潮·秦望山 …… 258
浪淘沙·嶧山懷古 …… 259
賣花聲·長城懷古 …… 259
前調(采桑子)·秦宮 …… 259
南浦·秦望山 …… 259
柳梢青·銘秦坑 …… 259
減字木蘭花·驪山晚眺 …… 260
解連環·秦皇帝 …… 260
念奴嬌·長城懷古 …… 260
波羅門引·泰山古松 …… 260

曲

〔北雙調水仙子〕指鹿為馬 … 261

項羽本紀

詩

詠《項羽本紀》 …… 262
項羽本紀 …… 262
項亭懷古 …… 262
讀《項羽傳》二首 …… 262
項羽 …… 263
廣武山懷古 …… 263
讀《項羽傳》 …… 263
讀《項羽傳》 …… 263

讀史 …… 263
讀《項羽本紀》 …… 263
廣武山 …… 264
魯公墓 …… 264
燕臺懷古雜詠,方水部鐵船同作·鉅鹿 …… 264
補禹門兩漢詠史小詩(其五、六) …… 264
雜詠史四十二首(其十) …… 265
讀《史記》作(其二、三) …… 265
詠史小樂府三十首己未(其二、四) …… 265
讀《項羽本紀》 …… 265
讀史雜詠(其三、四、五) …… 265
倚裝對雪讀《項羽本紀》偶書 … 266

詠項羽 …… 267
詠項羽 …… 267
過鴻溝 …… 267
和令狐侍郎、郭郎中《題項羽廟》 …… 267
公莫舞歌并序 …… 267
鴻溝 …… 267
鴻溝 …… 268
題烏江亭 …… 268
鴻溝 …… 268
烏江 …… 268
垓城 …… 268
項亭 …… 269

烏江 …… 269	項王 …… 273
項羽廟 …… 269	項羽 …… 274
烏江 …… 269	項王祠 …… 274
垓下 …… 269	秋晚雜興十二首(其十) …… 274
鴻溝 …… 269	湖山九首(其一) …… 274
鴻門 …… 269	鴻門宴 …… 274
項籍 …… 270	戲馬臺 …… 275
題楚廟 …… 270	霸王廟 …… 275
垓下懷古 …… 270	戲馬臺 …… 275
鴻溝,和呂聖功韻 …… 270	項羽 …… 275
過鴻溝 …… 270	霸王廟 …… 275
陰陵 …… 270	項羽 …… 275
烏江廟 …… 271	烏江項羽廟 …… 276
過項羽廟 …… 271	鴻門舞劍歌 …… 276
鴻溝 …… 271	鴻門燕,同皋羽作 …… 276
垓下 …… 271	項羽廟 …… 276
垓下 …… 271	項羽里 …… 276
戲下曲 …… 271	項羽 …… 277
烏江亭 …… 272	烏江 …… 277
過鴻溝 …… 272	鴻門宴 …… 277
項王廟 …… 272	項羽廟 …… 277
詠項籍廟二首 …… 272	過陰陵懷古 …… 277
彭城三詠·戲馬臺歌 …… 272	陰陵佚句 …… 278
項羽 …… 273	尚書陳公韡求題項王像贊 …… 278
項羽廟 …… 273	鴻溝 …… 278
霸王城 …… 273	題項王墓 …… 278
詠史并序 …… 273	鉅鹿懷古 …… 278
項羽二首 …… 273	項羽 …… 279
鴻溝 …… 273	公莫舞 …… 279

項羽 …… 279	徐州霸王廟 …… 284
項籍 …… 279	戲馬臺 …… 285
項羽 …… 279	鴻溝 …… 285
徐州懷古四首(其一、二) …… 279	十臺懷古·戲馬臺 …… 285
鴻門宴 …… 280	鴻門宴 …… 285
項王 …… 280	雜詩三十六首(其八) …… 285
徐州 …… 280	雜言四十九首(其二十) …… 286
項羽臺 …… 280	戲馬臺 …… 286
公莫舞 …… 280	題項羽廟 …… 286
項羽 …… 281	徐州 …… 286
楚歌 …… 281	鴻門舞劍歌 …… 286
君莫舞 …… 281	詠史·項羽 …… 287
古宿遷 …… 281	戲馬臺 …… 287
戲馬臺 …… 281	霸王城 …… 287
登徐州項王戲馬臺 …… 282	過河陰,觀楚、漢遺壘 …… 287
戲馬臺 …… 282	途中懷古述事,再用前韻 …… 288
鴻門宴 …… 282	鴻門 …… 288
彭城行 …… 282	鴻門會 …… 288
賦烏江山廟 …… 282	垓下歌 …… 288
十臺懷古並序·戲馬臺 …… 283	和吳正傳五臺懷古韻·戲馬臺 …… 288
余觀近時詩人往往有以前代臺名為賦者,輒用效顰,以銷餘暇·戲馬臺 …… 283	戲馬臺懷古 …… 289
項羽 …… 283	鴻溝 …… 289
題烏江廟 …… 283	項羽廟 …… 289
感古(其二) …… 284	戲馬臺 …… 289
鴻門歌 …… 284	下相歌 …… 289
鴻門會 …… 284	霸王營 …… 290
彭城懷古 …… 284	鴻溝 …… 290
	項羽廟 …… 290

霸王丘,和楊廉夫 …… 290
彭城懷古 …… 290
過濉水 …… 291
彭城懷古 …… 291
同莊鶴師登戲馬臺 …… 291
題《烏江圖》 …… 291
戲馬臺 …… 291
過烏江項羽廟 …… 291
彭城吊古 …… 292
戲馬臺 …… 292
賦得戲馬臺,送屠田叔使君之京 …… 292
彭城懷古 …… 292
戲馬臺 …… 292
彭城懷古 …… 293
彭城 …… 293
讀史一首 …… 293
烏江懷古 …… 293
菰城十首(其二) …… 293
宋瀛渚民部招遊戲馬臺 …… 293
垓下歌 …… 294
鴻門宴,擬謝皋羽 …… 294
鴻門高 …… 294
鴻門宴 …… 294
公莫舞 …… 295
鴻門會 …… 295
公莫舞 …… 295
鴻門宴 …… 295
鴻門宴 …… 295

項王城 …… 296
徐州戲馬臺 …… 296
詠古四首(其四) …… 296
彭城歌 …… 296
戲馬臺 …… 297
彭城 …… 297
讀史十首·鴻門宴 …… 297
遊戲馬臺,因投劉州牧 …… 297
秋日,劉州牧招集戲馬臺 …… 297
彭城吊古 …… 297
項里,西楚霸王廟 …… 298
壯士篇 …… 298
項羽廟 …… 298
烏江 …… 298
過項羽故宮 …… 298
過彭城,吊西楚霸王 …… 299
鴻門行 …… 299
垓下行 …… 299
書項王廟壁 …… 299
宿遷 …… 300
鴻門歌 …… 300
經烏江 …… 300
登戲馬臺 …… 300
《項羽泣別圖》 …… 300
恩賜勝覽録 …… 300
過鴻溝 …… 301
鴻門行 …… 301
昔有二首(其二) …… 301
《項羽本紀》第七 …… 301

鴻門雙絕 …… 302	烏江吊項羽 …… 307
讀古雜詩十首・項王 …… 302	東阿項羽墓 …… 307
西楚霸王廟 …… 302	烏江項王廟 …… 308
烏江謁西楚霸王廟 …… 302	東阿謁西楚霸王墓 …… 308
項王廟 …… 302	烏江謁項王祠 …… 308
下相懷古 …… 302	詠史篇 …… 308
項王廟 …… 303	詠史十首(其一) …… 308
項梁掩口 …… 303	詠史十首(其九) …… 308
烏江懷古 …… 303	烏江項王廟 …… 309
項羽 …… 303	過項王廟 …… 309
項王祠 …… 303	烏江項王廟作歌 …… 309
項羽 …… 304	下相懷古 …… 309
項王 …… 304	莪洲以《陝中游草》見示,和其五首・鴻門 …… 310
項王廟 …… 304	登戲馬臺 …… 310
烏江懷古 …… 304	戲馬臺 …… 310
項王祠 …… 304	鴻門 …… 310
謁項王廟 …… 304	項羽 …… 310
項里 …… 305	舊縣西楚霸王墓 …… 311
楚王廟碑 …… 305	重題項王墓 …… 311
烏江 …… 305	歷陽懷古四首・楚霸王廟 …… 311
項王 …… 306	項王 …… 311
過鴻門阪 …… 306	項羽 …… 311
詠史 …… 306	徐州渡河 …… 312
楚霸王墓 …… 306	彭門懷古八首(其一、二) …… 312
烏江 …… 306	廢邱(丘)關 …… 312
讀《項羽紀》 …… 306	讀史 …… 312
鉅鹿之戰 …… 307	八臺詩辛卯・戲馬臺 …… 312
項羽 …… 307	詠古詩六十首,同樊山作・西楚霸王 …… 312
詠史(其二) …… 307	

戲下(其一)	313	擬范增碎玉斗歌	319
項羽	313	擬虞美人歌	319
詠古雜詩(其十三)	313	虞美人草詞	319
楚霸王	313	虞美人行	319
漢臺詠史·項羽	313	虞美人行,贈邵倅	320
項羽	313	虞姬怨	320
垓下歌	314	虞美人歌 并序	320
鴻門宴	314	虞姬伏劍	321
讀《項羽傳》	314	虞姬請劍	321
項王墓	314	虞美人	321
讀史(其二)	315	過虞美人墓	321
徐州	315	虞姬	321
戲馬臺	315	虞姬	321

詠虞姬 ………… 316

虞姬怨	316	詠虞姬	322
項羽別虞姬	316	虞美人	322
虞姬別項羽	316	虞美人曲	322
濠州七絕·虞姬墓	317	虞美人花	322
和子瞻濠州七絕·虞姬墓	317	讀史十首·虞姬	322
虞姬墓	317	虞美人	322
虞美人	317	過靈璧,題虞姬墓	322
過虞美人墓	317	虞姬草	323
虞姬墓	317	虞美人	323
虞姬墓	318	虞美人花	323
虞美人	318	虞美人花為風雨所敗,仍用前韻 … 324	
虞美人	318	虞美人歌	324
虞美人草詞	318	虞姬	324
虞美人手卷,次韻	318	虞美人	324
詠史四首(其一)	319	戲題士女圖十二首·虞兮	324

吊虞姬,時家祿勳同縉紳先生各有詠,余恥巾幗餘習,詩以壯之,用原韻二首 …… 324

虞姬 …… 325

虞美人 …… 325

虞姬 …… 325

過虞姬墓 …… 325

虞姬祠 …… 325

和東坡《虞姬墓》 …… 326

項王墓下吊美人虞 …… 326

虞美人詞 …… 326

虞姬 …… 326

虞美人 …… 326

香草閒吟·虞姬 …… 326

咏古·虞姬 …… 327

詠古詩六十首,同樊山作·虞姬 …… 327

虞姬 …… 327

虞美人 …… 327

和吳梅邨十美圖 …… 327

虞美人 …… 327

詠虞姬 …… 328

咏虞美人 …… 328

虞美人花 …… 328

虞美人 …… 328

虞美人 …… 328

詠虞姬 …… 328

虞姬 …… 328

虞美人花歌 …… 329

虞姬 …… 329

靈壁觀虞姬石碣 …… 329

虞美人花 …… 329

詠義帝 …… 330

郴縣 …… 330

柳州謁義帝陵廟 …… 330

義帝祠歌 …… 330

義帝陵 …… 330

詠楚臣 …… 331

范增 …… 331

范增墓 …… 331

范增二首 …… 331

范增 …… 331

范增 …… 331

玉斗歌 …… 331

亞夫墓 …… 332

玉斗 …… 332

外黃道中楚王廟,荆公有"誰合軍中稱亞父,却須推讓外黃兒"之句,因為范增解嘲 …… 332

歷陽侯 …… 332

題范亞父增墓 …… 332

范增 …… 333

范增 …… 333

范增墓二首 …… 333

范增墓 …… 333

盜發亞父塚 …… 333

盜發亞父塚 …… 334

讀史(其三) …… 334

范增墓 …………………… 334
觀杜牧之《題烏江廟》詩,有感於謝迭山之評,因次韻見意 …………………… 334
彭城 …………………… 334
范增 …………………… 335
范增墓 …………………… 335
亞父塚 …………………… 335
讀史二十二首·范增 …………………… 335
亞父墓 …………………… 335
漢傑士(其四) …………………… 335
鴻門碎玉斗 …………………… 336
亞夫墓 …………………… 336
彭城寒食,吊范增墓 …………………… 336
寄張晉陽侯戶部彭城 …………………… 336
亞夫塚 …………………… 336
鴻門 …………………… 336
亞父塚 …………………… 336
范增 …………………… 337
鴻門 …………………… 337
亞父墓 …………………… 337
過亞父塚作 …………………… 337
范增 …………………… 337
范增 …………………… 337
詠史·范增 …………………… 338
漢臺詠史·范增 …………………… 338
范增 …………………… 338
讀《漢書》小樂府·撞玉斗 …………………… 338
撞玉斗 …………………… 338
項莊舞 …………………… 339

過宋義墓 …………………… 339
過楚卿子冠軍宋義墓并序 …………………… 339
項伯 …………………… 340
詠史·項伯 …………………… 340
項莊 …………………… 340
詠史詩(其六) …………………… 340
三老董公 …………………… 340
三老董公 …………………… 340
三老董公 …………………… 341

詞

六州歌頭·項羽廟 …………………… 342
眼兒媚·題蘇小樓 …………………… 342
酹江月·題烏江項羽廟 …………………… 342
大江東去·題項羽廟 …………………… 342
木蘭花慢·彭城懷古 …………………… 343
如夢令(之一) …………………… 343
金縷衣·戲馬臺 …………………… 343
前調(滿江紅)·彭城懷古 …………………… 343
前調(臨江仙)·詠史 …………………… 344
驀山溪·烏江渡 …………………… 344
前調(相見歡)·吳興 …………………… 344
前調(清平樂)·覽古(其四) …………………… 344
高陽臺·書《項羽本紀》後 …………………… 344
法曲獻仙音·詠走馬燈 …………………… 345
前調(柳梢青)·項羽廟 …………………… 345
念奴嬌·烏江懷古 …………………… 345
前調(虞美人)·詠騅(之一、二) …………………… 345
前調(虞美人)·合詠虞騅(之一、二) …………………… 346

孤鸞·吊項王廟 …………… 346
念奴嬌·讀《項王本紀》,和宋人題壁韻 …………… 346
水調歌頭·項王 …………… 346
前調(風流子)·鴻門懷古 …… 347
前調(百字令)·詠史 ………… 347
玉蝴蝶·烏江 ………………… 347
賀新郎·烏江吊古 …………… 347
蝶戀花·虞姬(之四) ………… 348
金縷曲·詠史(之一) ………… 348
醉垂鞭·項王走馬埒 ………… 348
金縷曲·讀史 ………………… 348
雙聲子·吊魯公墓 …………… 349
雙聲子·魯公項羽頭墓 ……… 349
點絳唇·滎陽雜詠楚漢間事(之一、三) …………… 349
西河·戲馬臺 ………………… 349
沁園春·題烏江項羽廟 ……… 350
金縷曲·讀《項羽傳》,用迦陵詞韻 …………… 350
滿江紅·詠史(之三) ………… 350
百字令·垓下恨 ……………… 350
齊天樂·彭城懷古十二首·項王廟 …………… 351
前調(金縷曲)·讀《項羽本紀》,用前韻 …………… 351
賀新涼·謁項王廟 …………… 351
百字令·西楚霸王祠題壁 …… 351
虞美人 ………………………… 352

虞美人 ………………………… 352
虞美人 ………………………… 352
又(浪淘沙)·賦虞美人草 …… 352
虞美人·賦虞美人草 ………… 352
虞美人 ………………………… 352
念奴嬌 ………………………… 353
虞美人·和魏子一《詠虞美人花》 …………… 353
前調(虞美人)·詠虞美人花 … 354
虞美人·本意 ………………… 354
虞美人·戲為虞美人草自述,亦本意之遺 …………… 354
前調(虞美人)·虞美人花 …… 355
東風齊著力·虞美人花 ……… 355
前調(虞美人)·過虞姬墓 …… 355
虞美人·虞美人花 …………… 356
前調(河傳)·虞美人花 ……… 356
前調(虞美人)·靈璧縣虞姬墓下作 …………… 356
十六字令·虞兮 ……………… 356
虞美人·詠虞美人草 ………… 356
虞美人 ………………………… 356
虞美人·和淩欲上(之一、二、三) …………… 357
醉紅妝·虞美人 ……………… 357
水調歌頭·過虞姬墓 ………… 357
虞美人·虞美人花 …………… 357
前調(離亭燕)·虞美人 ……… 358
虞美人·題畫水墨虞美人草 … 358

虞美人·詠虞美人花 …………… 358
前調(虞美人)·虞美人花 …… 358
虞美人·題李蕭刋斷腸集虞姬圖 …
　　…………………………… 358
前調(虞美人)·詠虞美人花 … 359
前調(虞美人)·詠虞美人花 … 359
前調(滿江紅)·楚王宮 ……… 359
夜遊宮·虞美人花 …………… 359
虞美人·賞虞美人花 ………… 359
念奴嬌·詠虞美人花 ………… 359
虞美人·虞姬墓(之一、二) …… 360
虞美人·虞美人花 …………… 360
虞美人·虞美人花 …………… 360
驀山溪·詠虞美人 …………… 360
虞美人(之一、二) …………… 361
前調(虞美人)·詠虞美人花 … 361
前調(虞美人)·詠虞美人花 … 361
鵲橋仙·虞美人 ……………… 361
浪淘沙·虞美人草 …………… 361
感皇恩·虞美人花 …………… 362
虞美人 ………………………… 362
虞美人·戲詠虞美人花 ……… 362
念奴嬌·虞美人草 …………… 362
鵲橋仙·虞美人 ……………… 363
滿江紅·虞姬墓下作 ………… 363
解語花·虞美人 ……………… 363
解佩令·虞美人 ……………… 363
金縷曲·虞姬 ………………… 363
虞美人·虞美人花 …………… 364

錦帳春·虞美人花 …………… 364
訴衷情近·虞美人花 ………… 364
前調(古調笑)·虞兮 ………… 364
醉江月·亞父墓 ……………… 364
齊天樂·彭城懷古十二首·亞父墓
　　…………………………… 365

曲

〔雙調〕慶東原·歎世(之一) ……
　　…………………………… 366
〔般涉調〕哨遍·項羽自刎 … 366
〔正宮〕塞鴻秋·凌歊臺懷古 ……
　　…………………………… 367
〔越調〕柳營曲·楚漢遺事 … 367
〔黃鐘〕出隊子·酒色財氣四首(之一) …………………………… 367
〔北雙調水仙子〕閱古 ……… 368
〔北雙調撥不斷〕雜詠 ……… 368
〔北黃鐘白鶴子〕葉縣詠古 … 368
〔雙調〕慶東原·歎世(之二) ……
　　…………………………… 368
〔南商調黃鶯兒〕虞兮 ……… 368

高祖本紀

詩

詠《高祖本紀》 ………………… 369
高祖本紀 ……………………… 369
西漢賦 ………………………… 369
過漢故城 ……………………… 369

登廣武古戰場懷古 …… 370	咸陽懷古 …… 375
讀《漢紀》 …… 370	燕臺懷古雜詠,方水部鐵船同作·紀信臺 …… 375
讀《西漢》 …… 370	
彭城三詠·斬蛇澤歌 …… 370	燕臺懷古雜詠,方水部鐵船同作·柏人城 …… 376
彭城三詠·歌風臺詞 …… 371	
讀史 …… 371	補禹門兩漢詠史小詩(其一、二) …… 376
楚、漢戰處 …… 371	
襄陽詠史·漢高廟 …… 371	雜詠史四十二首(其六、七、十七) …… 376
編年歌括·西漢 …… 371	
鐵埭行 …… 372	讀《史記》作(其一、四、五) …… 377
漢 …… 372	讀史雜感(其三) …… 377
讀《高祖傳》有感 …… 372	讀《漢書》列傳雜詩 …… 377
漢 …… 372	讀《漢書》(其一、二) …… 377
詠史 …… 372	漢高帝 …… 378
漢未央宮椽題硯 …… 373	董公 …… 378
雜詩三十六首(其三十六) …… 373	讀史雜詠·漢高祖 …… 378
讀《漢史·高帝紀》有感 …… 373	詠古雜詩(其九) …… 378
關中懷古(其三) …… 373	讀史隨作·《漢書》 …… 378
兩漢故都 …… 373	讀史雜詠(其一) …… 379
漢京篇 …… 373	詠史小樂府三十首己未(其五) …… 379
五陵 …… 374	讀《史記》戲書(其一、二) …… 379
讀《漢高紀》 …… 374	詠史(其二十七) …… 379
漢家 …… 374	沛中懷古 …… 379
五言古詩(其十五) …… 374	讀史雜詠(其六) …… 379
戊寅元日,偶讀《史記》,戲書紙尾(其四) …… 374	讀史雜詠(其四) …… 379
	詠漢高祖附太公、劉媼 …… 380
詠史詩(其七) …… 375	經漢高廟詩 …… 380
《漢高祖本紀》第八 …… 375	詠漢高祖 …… 380
詠史(其一) …… 375	失題 …… 380

宋中十首(其二) …… 380	沛歌 …… 385
沛中懷古 …… 380	歌風臺 …… 385
題漢祖廟 …… 381	《漢高祖將韓信圖》 …… 386
過新豐 …… 381	漢高帝 …… 386
秦原覽古 …… 381	歌風臺 …… 386
沛宮 …… 381	讀史七首(其三、四、五) …… 386
大澤 …… 381	高帝 …… 387
新豐 …… 381	聞畸人話芒碭山事 …… 387
高祖 …… 382	望歌風臺 …… 387
再吟 …… 382	歌風臺 …… 387
過豐 …… 382	漢高祖 …… 387
過沛,題歌風臺 …… 382	漢高祖 …… 388
題中陽里高祖廟 …… 382	歌風臺 …… 388
次正夫《登沛中歌風臺》 …… 382	沛宮 …… 388
高祖 …… 383	歌風臺 …… 388
歌風臺 …… 383	讀《漢高帝紀》 …… 388
漢高帝 …… 383	歌風臺 …… 388
寓懷四首(其四) …… 383	歌風臺懷古 …… 389
高祖二首 …… 383	歌風臺 …… 389
高祖廟 …… 383	沛、豐懷古,寄程雪樓御史 …… 389
詠史 …… 384	沛縣歌風臺 …… 389
詠史(其一) …… 384	未央宮 …… 389
詠史二十二首(其七) …… 384	歌風臺 …… 389
劉、項祠 …… 384	歌風臺 …… 390
沛中歌 …… 384	詠史四首(其二) …… 390
高帝 …… 384	歌風臺 …… 390
讀史六首·高祖 …… 384	歌風臺二首 …… 390
漢高祖歌風臺 …… 385	詠史(其二) …… 391
徐州道中 …… 385	歌風臺 …… 391

歌風臺 …… 391	過沛歌風亭 …… 396
讀史吟 …… 391	古詩 …… 396
過沛縣高祖廟 …… 391	過歌風臺 …… 396
歌風臺,和李提舉韻 …… 391	歌風臺 …… 396
詠史 …… 392	沛縣 …… 396
歌風臺 …… 392	沛公亭 …… 397
歌風臺 …… 392	十臺懷古·歌風臺 …… 397
沛縣 …… 392	感興二十一首(其五) …… 397
雞鳴臺 …… 392	歌風臺 …… 397
登歌風臺 …… 392	漢高帝 …… 397
歌風臺 …… 393	雜言四十九首(其十八) …… 398
漢祖 …… 393	過歌風臺 …… 398
十臺懷古并序·歌風臺 …… 393	歌風臺 …… 398
歌風臺 …… 394	擬古(其二) …… 398
余觀近時詩人,往往有以前代臺名為賦者,輒用效顰,以銷餘暇·歌風臺 …… 394	歌風臺 …… 398
	歌風台次韻 …… 399
	歌風臺 …… 399
歌風臺 …… 394	己卯,至沛縣 …… 399
登歌風臺 …… 394	古風三首(其一) …… 399
和蕭秀才歌風臺 …… 394	大風起 …… 399
沛中 …… 394	歌風臺 …… 400
沛縣 …… 395	新豐歌 …… 400
杯羹辭 …… 395	斬白蛇劍 …… 400
讀史(其二、五) …… 395	漢祖廟 …… 400
鴻溝 …… 395	歌風臺 …… 400
寓興(其十三) …… 395	歌風臺 …… 401
讀《漢史》,高祖用魯公禮葬項羽,而命其舊臣名"籍",二者俱失,愚因論之 …… 395	廣武山 …… 401
	鴻門 …… 401
	歌風臺 …… 401

公莫舞 …… 401	汾陰祠 …… 407
感懷二首(其一) …… 402	過滕有感 …… 407
漢丁公 …… 402	讀史十首·沛公 …… 407
題《漢高祖斬蛇圖》 …… 402	漢高廟 …… 408
歌風臺 …… 402	讀史六首(其一) …… 408
歌風臺 …… 402	歌風臺 …… 408
沛縣歌風臺 …… 403	望廣武山 …… 408
歌風臺 …… 403	高皇廟 …… 408
沛縣 …… 403	歌風臺 …… 408
漢高祖臺 …… 403	斬蛇劍 …… 409
大風歌 …… 404	歌風臺 …… 409
歌風臺 …… 404	歌風臺 …… 409
徐州懷古 …… 404	泗亭驛 …… 410
過漢高皇廟 …… 404	歌風臺 …… 410
詠史 …… 404	述古(其九) …… 410
高帝斬蛇劍 …… 405	歌風臺 …… 410
舟阻沽頭閘,陸行二十餘里,到沛縣 …… 405	沛縣歌風臺 …… 410
	經沛縣懷古 …… 411
沛縣 …… 405	題《漢宮圖》 …… 411
歌風臺 …… 405	歌風臺 …… 411
感懷十六首(其五) …… 406	新豐行 …… 411
漢王臺 …… 406	歌風臺送李舍人 …… 411
高帝斬蛇劍 …… 406	歌風臺 …… 412
彭城懷古 …… 406	沛縣懷古 …… 412
歌風臺 …… 406	歌風臺 …… 412
白登行 …… 406	歌風臺 …… 412
白登 …… 407	題自畫《高祖斬蛇》卷 …… 412
歌風臺 …… 407	沛中二首 …… 412
白登 …… 407	入沛 …… 413

| 長陵 …………………… 413
| 漢高祖 ………………… 413
| 未央宮 ………………… 413
| 大風歌 ………………… 413
| 歌風臺(其一、三、四) …… 414
| 登歌風臺 ……………… 414
| 讀史二首(其一) ………… 414
| 歌風臺 ………………… 415
| 沛縣登歌風臺,吊漢高祖 … 415
| 歌風臺 ………………… 415
| 五言古詩(其十四) ……… 415
| 泗上懷古 ……………… 416
| 漢高皇廟 ……………… 416
| 平城苦 ………………… 416
| 彭城懷古 ……………… 416
| 沛縣懷古二首 ………… 416
| 沛縣懷古 ……………… 417
| 春日游未央二首 ……… 417
| 送竹谷登未央一首 …… 417
| 漢城懷古二首 ………… 417
| 白登山歌 ……………… 418
| 漢臺春望 ……………… 418
| 將壇晚眺 ……………… 418
| 途次望漢城甚邇,作未央宮懷古 …………………… 418
| 詠史 …………………… 418
| 歌風臺 ………………… 419
| 新豐 …………………… 419
| 漢三君詩·高祖 ………… 419

漢高 …………………… 419
雪後,登歌風臺 ………… 419
詠史詩和李咸齋有序(其七) …… 420
烹翁索羹 ……………… 420
和陳樹滋《徐州懷古》 …… 420
登歌風臺懷古 ………… 420
廣武 …………………… 420
歌風臺 ………………… 420
車中雜憶古人,作五六七言詩沛公(其一) …………… 421
歌風臺懷古 …………… 421
讀史 …………………… 421
與周西陳孝廉分賦漢陵,得長陵、茂陵二首(其一) …… 421
金陵寓齋偶然作六首(其二) …… 421
讀史六十四首(其十二) … 422
歌風臺 ………………… 422
高帝 …………………… 422
詠古詩十四首·漢高帝 …… 422
八臺詩辛卯·歌風臺 …… 423
詠古詩六十首,同樊山作·漢高祖 …………………… 423
咏古七首(其二) ………… 423
讀史(其一) …………… 423
詠史(其三) …………… 423
渡黃河,之滎澤懷古 …… 424
詠古二首·歌風臺 ……… 424
詠古 …………………… 424
斬蛇劍 ………………… 424
讀史(其三) …………… 424

鴻門坂懷古 …………… 425
轅門戟 ………………… 425
漢故鄉 ………………… 425
古漢臺 ………………… 425
漢祖龍顏 ……………… 425
詠史·漢高帝 ………… 425
斬蛇劍 ………………… 426
鴻門宴 ………………… 426
讀《漢書》小樂府·白帝子 …… 426
讀《漢書》小樂府·一杯羹 …… 426
讀《漢書》小樂府·鴻門宴 …… 426
斬白蛇 ………………… 427
烹而翁 ………………… 427
大風歌 ………………… 427
奉錢三 ………………… 427
羹頡侯 ………………… 428
皇帝貴 ………………… 428
歌風臺 ………………… 428
太祖高皇帝 …………… 428
太祖高皇帝 …………… 430

詠太公 …………………… 435
太公 …………………… 435
俎上翁 ………………… 435
恩賜勝覽錄 …………… 435
新豐 …………………… 435
詠史小樂府三十首(其十四) …… 435
劉媼 …………………… 436

詠漢臣 附王陵母 ………… 437
廢丘山 ………………… 437

侯生 …………………… 437
侯公 …………………… 437
仲山 …………………… 437
周苛、紀信 …………… 437
滎陽 …………………… 437
滎陽懷古 ……………… 438
題紀太尉廟 …………… 438
題紀信廟 ……………… 438
寄題紀信廟 …………… 438
讀《紀信傳》 ………… 438
紀信 …………………… 438
詠史 …………………… 439
紀信歎 ………………… 439
寄題紀信廟 …………… 439
讀《紀信將軍傳》 …… 439
《紀信詐降圖》 ……… 439
滎陽行 ………………… 440
滎陽懷古 ……………… 440
詠史一百首(其三十六) …… 440
紀將軍祠 ……………… 440
自河南入關,所經皆秦、漢舊跡,車中無事,因仿香山新樂府體,率成十章·
滎陽城 ………………… 440
紀信 …………………… 441
紀信祠 ………………… 441
南充詠古三首·紀信 …… 441
紀信詐帝 ……………… 441
詠史小樂府三十首(其九) …… 441
紀信 …………………… 442

王陵 …………………………… 442

王陵 …………………………… 442

王陵 …………………………… 442

補禹門兩漢詠史小詩(其九) …… 442

王陵爭 ………………………… 443

《陵母伏劍圖》 ……………… 443

題《陵母伏劍圖》 …………… 443

陵母墓 ………………………… 443

《王陵母伏劍圖》 …………… 443

陵母墓 ………………………… 443

陵母伏劍 ……………………… 444

饒郡十詠·番君廟 …………… 444

雍齒先侯 ……………………… 444

梅鋗 …………………………… 444

詞

水調歌頭·擬饒州法曹掾作 … 445

何滿子·弔古戰場 …………… 445

喜遷鶯·長安吊古 …………… 445

金人捧露盤·咸陽懷古 ……… 445

金人捧露盤·詠漢史 ………… 446

前調(西江月)·詠史 ………… 446

前調(采桑子)·漢宮 ………… 446

前調(踏莎行)·閱史有懷(之一) … …………………………… 446

滿江紅·咸陽懷古 …………… 446

滿江紅·邯鄲 ………………… 447

酹江月·漢王陵 ……………… 447

如夢令·詠忍(之二) ………… 447

前調(滿江紅)·詠古·斬蛇劍 …… …………………………… 447

前調(點絳唇)·沛上懷古 …… 447

滿江紅·白登懷古 …………… 448

蘇幕遮 ………………………… 448

前調(滿江紅)·汴京懷古十首·廣武山 …………………………… 448

采桑子·徐州懷古 …………… 448

前調(虞美人)·臨城道中 …… 448

百字令·彭城經漢高祖廟作 … 449

漢宮春·漢高祖 ……………… 449

點絳唇·滎陽雜詠楚漢間事(之二) …………………………… 449

前調(踏莎行)·讀《漢高祖記》…… …………………………… 449

沁園春 ………………………… 449

壺中天·泗上亭懷古 ………… 450

前調(贊浦子)·漢高祖置酒沛宮 … …………………………… 450

如此江山·歌風臺懷古 ……… 450

齊天樂·彭城懷古十二首·歌風亭 …………………………… 450

江神子·題紀將軍廟 ………… 451

點絳唇·滎陽雜詠楚、漢間事(之四) …………………………… 451

沁園春·與滎澤諸子夜遊廣武山,仍用前韻,各賦一闋 ……… 451

洞仙歌 ………………………… 451

曲

〔中呂〕山坡羊·未央懷古 … 452

〔雙調〕壽陽曲·懷古 ……… 452

〔中呂〕朝天曲 …………… 452

　　〔南越調浪淘沙〕慨世 ……… 452

　　〔北中呂朝天子〕述古人 …… 452

　　〔南中呂駐雲飛〕(之五) …… 453

呂太后本紀

詩

詠《呂太后本紀》 …………… 454

　　呂太后本紀 ………………… 454

　　補禹門兩漢詠史小詩(其三、四、十七)
　　………………………………… 454

　　續補禹門兩漢詠史小詩四十章(其一)
　　………………………………… 454

　　鐘室 ………………………… 455

　　觀人彘 ……………………… 455

　　一姬亡 ……………………… 455

　　孝惠皇帝 …………………… 455

　　孝惠皇帝 …………………… 455

詠呂后 ………………………… 456

　　呂后 ………………………… 456

　　呂后 ………………………… 456

　　呂氏 ………………………… 456

　　女刑 ………………………… 456

　　呂后 ………………………… 456

　　《呂后本紀》第九 ………… 457

　　呂后 ………………………… 457

　　詠古雜詩(其十一、十二) … 457

　　呂后 ………………………… 457

　　詠史小樂府三十首(其八) … 457

　　高鳥盡 ……………………… 457

　　高皇后呂氏 ………………… 458

　　高皇后呂氏 ………………… 458

　　讀史三首(其二) …………… 458

詠戚夫人 ……………………… 459

　　賦戚夫人楚舞歌 …………… 459

　　戚夫人 ……………………… 459

　　感戚夫人事 ………………… 459

　　戚夫人 ……………………… 459

　　戚姬臨池 …………………… 460

　　戚夫人 ……………………… 460

　　汝為我楚舞 ………………… 460

　　詠古十首·戚姬 …………… 460

　　戚夫人 ……………………… 461

　　秦漢樂府·觀人彘 ………… 461

　　戚夫人 ……………………… 461

　　戚夫人 ……………………… 461

詠周昌 ………………………… 462

　　周昌 ………………………… 462

　　周昌 ………………………… 462

　　周昌 ………………………… 462

詞

　　蝶戀花·十調同徐大川賦□ … 463

　　戚氏 ………………………… 463

孝文本紀

詩

詠《孝文本紀》 ……………… 464

　　孝文本紀 …………………… 464

讀《漢文紀》 …………………… 464

讀《漢文帝紀》 ………………… 464

補禹門兩漢詠史小詩(其十八、十九、二十) …………………… 465

雜詠史四十二首(其十八) ……… 465

漢文帝 …………………………… 465

續詠史雜詩(其三) ……………… 465

《孝文本紀》第十 ……………… 465

詠漢文帝 附宋昌

漢文帝 …………………………… 466

文帝 ……………………………… 466

文帝 ……………………………… 466

漢文帝 …………………………… 466

文帝 ……………………………… 466

代王城 …………………………… 467

朝鮮 ……………………………… 467

漢文帝 …………………………… 467

漢文帝 …………………………… 467

覽古四十二首(其八) …………… 468

雜言四十九首(其二十一) ……… 468

讀史十首·文帝 ………………… 468

灞陵懷古 ………………………… 468

文帝 ……………………………… 468

《漢文帝幸代圖》 ……………… 468

漢文帝 …………………………… 469

灞橋 ……………………………… 469

文帝 ……………………………… 469

讀史絕句二十一首·漢文帝 …… 469

詠古詩十四首·文帝 …………… 469

詠古詩六十首,同樊山作·漢文帝 …………………… 469

文帝陵 …………………………… 470

露臺 ……………………………… 470

詠史·孝文帝 …………………… 470

太宗孝文皇帝 …………………… 470

太宗孝文皇帝 …………………… 470

宋昌 ……………………………… 472

詠史·宋昌 ……………………… 472

孝景本紀

詩

詠《孝景本紀》 ………………… 473

孝景本紀 ………………………… 473

《漢景帝紀》 …………………… 473

補禹門兩漢詠史小詩(其二十九、三十) …………………… 473

雜詠史四十二首(其十九) ……… 474

《孝景本紀》第十一 …………… 474

詠漢景帝

景帝 ……………………………… 475

景帝 ……………………………… 475

漢景帝 …………………………… 475

漢景帝廟 ………………………… 475

孝景皇帝 ………………………… 475

孝景皇帝 ………………………… 476

栗太子 …………………………… 478

讀《漢書》列傳雜詩·景十三王 …………………… 478

孝武本紀

詩

詠《孝武本紀》 …………………… 479
　　孝武本紀 ………………………… 479
　　讀《武紀》 ……………………… 479
　　讀《漢武帝紀》 ………………… 479
　　讀《漢武帝傳》 ………………… 480
　　詠史 ……………………………… 480
　　雜言四十九首(其二十二、二十五) …
　　………………………………… 480
　　舟中讀《漢武帝紀》 …………… 480
　　《武帝傳》 ……………………… 480
　　讀《漢武紀》 …………………… 480
　　讀《武紀》 ……………………… 481
　　讀《武帝紀》有感 ……………… 481
　　恩賜勝覽錄 ……………………… 481
　　詠史(其二) ……………………… 481
　　五言絕句八首·讀《漢武帝紀》……
　　………………………………… 481
　　讀《漢武本紀》 ………………… 482
　　讀《漢武帝紀》 ………………… 482
　　讀史雜感(其二) ………………… 482
　　漢武帝 …………………………… 482
　　論詩絕句(其三) ………………… 482
　　《漢武本紀》二首 ……………… 482
　　讀《史記》戲書(其三) ………… 483
　　思退齋詠古詩(其十二) ………… 483
　　詠史(其三十四) ………………… 483

　　望兒湖 …………………………… 483
　　通天台 …………………………… 483
　　擬高青邱(丘)十宮詞·漢宮 … 483
　　漢武 ……………………………… 484
　　瓠子歌 …………………………… 484
　　三神山 …………………………… 484
　　思子宮 …………………………… 484

詠漢武帝 ……………………………… 485
　　汾陰后土祠作 …………………… 485
　　漢武帝雜歌三首 ………………… 485
　　馬詩二十三首(其二十三) ……… 486
　　築臺詞 …………………………… 486
　　過茂陵 …………………………… 486
　　望思臺 …………………………… 486
　　漢武 ……………………………… 486
　　漢武 ……………………………… 486
　　漢武 ……………………………… 487
　　漢武 ……………………………… 487
　　漢武 ……………………………… 487
　　漢武 ……………………………… 487
　　漢武 ……………………………… 487
　　漢武帝 …………………………… 487
　　讀史二首 ………………………… 488
　　漢武 ……………………………… 488
　　嘲漢武 …………………………… 488
　　漢武帝二首 ……………………… 488
　　武皇 ……………………………… 488
　　望思臺 …………………………… 489
　　過望思臺 ………………………… 489

武帝 …………………………… 489	嵩陽宮栢 ………………………… 495
漢武帝 ………………………… 489	夢中與諸客賦詩,分題得"漢武帝"
武帝 …………………………… 489	………………………………… 495
夢中和漢武帝《秋風辭》 ……… 490	茂陵 ……………………………… 495
雜著四首(其一) ……………… 490	漢武出獵 ………………………… 496
汾、睢懷古三首(其二) ………… 490	武帝 ……………………………… 496
讀《漢武帝外回事》詩 ………… 490	天馬來 …………………………… 496
武帝 …………………………… 490	金天馬詞 ………………………… 496
武帝 …………………………… 491	關西雜詠 ………………………… 496
題何澄界畫三首·昆明池 …… 491	登漢武帝玄都壇 ………………… 496
漢宮 …………………………… 491	漢室 ……………………………… 497
讀《茂陵遺事》 ………………… 491	誦陸厥《李夫人歌》,效其體 …… 497
武帝 …………………………… 492	茂陵 ……………………………… 497
武帝 …………………………… 492	漢武帝 …………………………… 497
詠史 …………………………… 492	觀史 ……………………………… 497
趙敬叔所藏漢天馬蒲萄鏡 … 492	五言古詩(其十七、二十) ……… 498
武皇仙露曲 …………………… 492	恩賜勝覽錄 ……………………… 498
茂陵 …………………………… 493	漢武帝 …………………………… 498
茂陵 …………………………… 493	漢武宮詞 ………………………… 498
甘泉故宮 ……………………… 493	漢武帝 …………………………… 498
趙仲穆《天馬圖》 ……………… 493	銅人原 …………………………… 499
金銅仙人辭漢歌 ……………… 493	漢武帝通天臺 …………………… 499
八憤詩(其三) ………………… 494	茂陵 ……………………………… 499
茂陵 …………………………… 494	茂陵懷古 ………………………… 499
漢宮 …………………………… 494	重題茂陵 ………………………… 499
建章宮 ………………………… 494	詠史(其一) ……………………… 499
漢武詞 ………………………… 494	讀史有感(其二) ………………… 500
乳母回顧 ……………………… 494	詠史(其一) ……………………… 500
重謁茂陵,用前韻 ……………… 495	

與周西陳孝廉分賦漢陵,得長陵、茂陵二首(其一) …………… 500
漢武帝 …………… 500
漢通天臺金銅仙人歌 …………… 500
武帝 …………… 501
罷黜百家 …………… 501
詠古七首(其四) …………… 501
詠古二首(其一) …………… 501
武皇 …………… 501
詠史(其四) …………… 502
漢武 …………… 502
沒字碑歌 …………… 502
詠古詩十四首‧漢武帝 …………… 502
梁山三詠 …………… 502
八臺詩辛卯‧望思臺 …………… 503
詠古詩六十首,同樊山作‧漢武帝 …………… 503
擬漢武宮後庭秋千戲 …………… 503
詠史‧孝武帝 …………… 503
秦漢樂府‧方士尚公主 …………… 504
後詠史四十首‧漢武帝 …………… 504
讀史樂府‧天馬來 …………… 504
世宗孝武皇帝 …………… 504
世宗孝武皇帝 …………… 505
補禹門兩漢詠史小詩(其三十一、三十二、三十五) …………… 508

詠劉劇
望思臺 …………… 509
望思臺 …………… 509
十臺懷古并序‧望思臺 …………… 509
余觀近時詩人,往往有以前代臺名為賦者,輒用效顰,以銷餘暇‧望思臺 …………… 509
漢武帝望思臺 …………… 510
望思臺 …………… 510
巫蠱使 …………… 510
過武帝望思臺 …………… 510
湖城二首 …………… 510
戾太子 …………… 511
秦漢樂府‧歸來望思臺 …………… 511
汉通天臺銅人歌 …………… 511
尹、邢二夫人 …………… 511
鉤弋夫人 …………… 512
武帝 …………… 512

詞
念奴嬌‧漢武巡朔方 …………… 513
又(滿江紅)(之三) …………… 513
蝶戀花‧漢武帝茂陵 …………… 513
金人捧露盤‧懷古 …………… 513
前調(贊浦子)‧漢武帝聚書 …… 514
高陽臺‧漢茂陵 …………… 514
菩薩蠻(之一) …………… 514

三代年表

詩
詠《三代年表》 …………… 515
三代年表 …………… 515

十二諸侯年表

詩

詠《十二諸侯年表》 …………… 516

　十二諸侯年表 …………… 516

　春秋世紀 …………… 516

　東西周紀 …………… 517

　詠史一首 …………… 519

六國年表

詩

詠《六國年表》 …………… 520

　六國年表 …………… 520

　列國世紀 …………… 520

　讀史外紀六首(其六) …………… 522

　涿州 …………… 522

秦楚之際月表

詩

詠《秦楚之際月表》 …………… 523

　秦楚之際月表 …………… 523

　秦世紀 …………… 523

　春日同閻憲使、何中丞、嵇山人遊未央宮 …………… 525

　東陽懷古 …………… 525

　宿遷作 …………… 525

漢興已來諸侯王年表

詩

詠《漢興已來諸侯王年表》 …………… 526

　漢興已來諸侯王年表 …………… 526

　西漢紀 …………… 526

高祖功臣侯者年表

詩

詠《高祖功臣侯者年表》 …………… 529

　高祖功臣侯者年表 …………… 529

　讀《漢功臣表》 …………… 529

惠景間侯者年表

詩

詠《惠景間侯者年表》 …………… 530

　惠景間侯者年表 …………… 530

　吳芮 …………… 530

建元以來侯者年表

詩

詠《建元以來侯者年表》 …………… 531

　建元以來侯者年表 …………… 531

詠丙吉 …………… 532

　丙吉 …………… 532

　《丙吉問牛圖》 …………… 532

　《丙吉問牛喘》 …………… 532

　丙吉問牛 …………… 532

　詠史·丙吉 …………… 533

《題丙吉問喘圖》 ………… 533

《四牛圖》·丙吉問牛 ……… 533

丙吉 …………………………… 533

蔡義 …………………………… 533

建元以來王子侯者年表

詩

詠《建元以來王子侯者年表》 ……… 534

 建元以來王子侯者年表 ……… 534

漢興已來將相名臣年表

詩

詠《漢興已來將相名臣年表》 ……… 535

 漢興已來將相名臣年表 ……… 535

 張安世 ………………………… 535

 杜延年 ………………………… 535

 韋賢 …………………………… 536

 魏相 …………………………… 536

 黃霸 …………………………… 536

 蕭望之 ………………………… 536

 韋元(玄)成 …………………… 537

 匡衡 …………………………… 537

 讀《漢書》有感·張安世 張延壽 …
  ……………………………… 537

禮書

詩

詠《禮書》 ……………………… 538

 禮書 …………………………… 538

樂書

詩

詠《樂書》 ……………………… 539

 樂書 …………………………… 539

 師曠歌二首 …………………… 539

律書

詩

詠《律書》 ……………………… 540

 律書 …………………………… 540

曆書

詩

詠《曆書》 ……………………… 541

 曆書 …………………………… 541

天官書

詩

詠《天官書》 …………………… 542

 天官書 ………………………… 542

封禪書

詩

詠《封禪書》 …………………… 543

 封禪書 ………………………… 543

 泰山十四詠·漢柏 …………… 543

 賦得西秦名勝十二事為梁公壽·右
 西崑金母 ……………………… 543

漢封三柏 …………… 543
合詠漢柏、秦槐 …………… 544
鼎湖原二首(其二) …………… 544
秦漢樂府·三呼萬歲 …………… 544
安期生 …………… 544
欒大 …………… 544
神君 …………… 545
館陶公主 …………… 545

詞

念奴嬌·登蓬萊閣 …………… 546
前調(漁家傲)·讀漢史 …………… 546

河渠書

詩

詠《河渠書》 …………… 547
河渠書 …………… 547
瓠子 …………… 547
擬左太沖《詠史》,用其韻(其七)…… …………… 547
讀史(其一) …………… 548
遊灌口都江堰二首 …………… 548

平準書

詩

詠《平準書》 …………… 549
平準書 …………… 549
卜式 …………… 549
覽《平準書》 …………… 549
朱宮傳石君師出使示讀史詩,分詠《漢書》三十七首·卜式 …………… 550
補禹門兩漢詠史小詩(其三十八) …… …………… 550
讀史(其二) …………… 550
讀《漢書》列傳雜詩·卜式 …… 550
詠史·卜式 …………… 550
詠史小樂府三十首(其二十四) … 551
漢臺詠史·桑宏(弘)羊 …………… 551
讀《漢書》有感·卜式 …………… 551
烹宏(弘)羊 …………… 551

吳太伯世家

詩

詠《吳太伯世家》 …………… 552
吳太伯系(世)家 …………… 552
季札 …………… 552
論詩絕句(其一) …………… 553
擬高青邱(丘)十宮詞·吳宮 … 553
姑蘇懷古 …………… 553
吳爭先 …………… 553
詠吳君 …………… 554
泰伯井 …………… 554
泰伯廟 …………… 554
和襲美《泰伯廟》 …………… 554
高士詠·太伯延陵 …………… 554
太伯廟 …………… 554
蘇州十詠·泰伯廟 …………… 554
泰伯廟 …………… 555

太伯 …… 555	泰伯、仲雍 …… 560
謁泰伯廟 …… 555	登闔閭古城 …… 560
泰伯 …… 555	吴中書事 …… 560
泰伯 …… 555	經闔閭城 …… 560
泰伯墓 …… 555	吴王闔閭墓 …… 561
問吴臺辭 …… 556	劍池 …… 561
吴中太伯廟 …… 556	虎丘劍池相傳深不可測,舊志載秦皇發闔閭墓,鑿山求劍,其鑿處遂成深澗,王禹稱作《劍池銘》,嘗辨其非,正德辛未冬,水涸池空得石,闕中空不知其際,余往觀之,賦詩貽同遊者 …… 561
泰伯廟 …… 556	
過泰伯廟 …… 556	
吴泰伯祠 …… 556	
至德廟 …… 557	
雜言四十九首(其六) …… 557	
賦得泰伯廟,送倪元鎮 …… 557	吴王試劍石 …… 561
姑蘇懷古 …… 557	虎丘懷古 …… 561
泰伯城 …… 557	吴王試劍石 …… 562
太伯廟 …… 558	虎丘 …… 562
吴中懷古六首·吴太伯 …… 558	虎丘十詠,寄崑崙山人王叔承·劍池 …… 562
吴門懷古 …… 558	
太伯廟 …… 558	虎丘十詠,寄崑崙山人王叔承·闔閭墓 …… 562
由吴入越,舟中無營,偶思吴中名人,信筆為頌,為泰伯、季札、伍員、要離、梁鴻(其一) …… 558	虎丘十詠,寄崑崙山人王叔承·試劍石 …… 562
仲雍墓 …… 559	吴門感賦 …… 562
仲雍廟 …… 559	吴中懷古六首·吴王闔閭 …… 563
仲雍墓 …… 559	闔閭城懷古 …… 563
吴中懷古六首·吴仲雍 …… 559	劍池 …… 563
姑蘇懷古(其一) …… 559	蘇臺懷古 …… 563
謁泰伯廟四十韻 …… 559	闔廬墓 …… 563
吴泰伯 …… 560	吴闔廬 …… 563

虎丘 …………………………… 564
闔閭墓 ………………………… 564
蘇臺覽古 ……………………… 564
吳城覽古 ……………………… 564
姑蘇臺懷古 …………………… 564
雜興三首(其三) ……………… 564
姑蘇臺雜句 …………………… 565
吳宮 …………………………… 565

詠吳王夫差、西施 …………… 566

館娃宮 ………………………… 566
吳宮詞二首 …………………… 566
姑蘇懷古 ……………………… 566
吳宮 …………………………… 566
吳宮 …………………………… 566
經館娃宮 ……………………… 567
館娃宮懷古 …………………… 567
館娃宮懷古五絕(其三、五) … 567
奉和襲美《館娃宮懷古》次韻 … 567
和襲美《館娃宮懷古》五絕(其一) …
 ………………………………… 567
吳宮懷古 ……………………… 567
姑蘇臺 ………………………… 568
姑蘇臺 ………………………… 568
吳宮 …………………………… 568
夫差 …………………………… 568
姑蘇懷古 ……………………… 568
姑蘇行 ………………………… 568
經吳宮 ………………………… 569
夫差廟 ………………………… 569

吳王墓 ………………………… 569
姑蘇臺 ………………………… 569
吳、越吟二首 ………………… 569
和彥猷在華亭賦十題依韻·吳王獵場 …………………………… 569
吳王夫差 ……………………… 570
題夫差廟 ……………………… 570
姑蘇臺五首 …………………… 570
吳王古苑 ……………………… 570
登姑蘇臺懷古 ………………… 570
虎丘 …………………………… 571
吳王廟 ………………………… 571
姑蘇臺 ………………………… 571
題何澄界畫三首·姑蘇臺 …… 571
姑蘇臺 ………………………… 571
題姑蘇臺一首 ………………… 572
姑蘇臺 ………………………… 572
越來溪 ………………………… 572
姑蘇懷古 ……………………… 572
姑蘇臺 ………………………… 572
余觀近時詩人，往往有以前代臺名為賦者，輒用效顰，以銷餘暇·姑蘇臺 ………………………………… 573
姑蘇臺 ………………………… 573
吳王廟 ………………………… 573
《吳王納涼圖》 ……………… 573
姑蘇臺 ………………………… 573
姑蘇臺 ………………………… 574
過吳門 ………………………… 574

十臺懷古并序·姑蘇臺 …………… 574
泊舟姑蘇臺下 ………………… 574
泊舟姑蘇臺下 ………………… 574
姑蘇臺 …………………………… 575
姑蘇臺,和權一齋用李太白韻 ……
　　　　　　　　………………… 575
姑蘇臺 …………………………… 575
蘇臺懷古 ………………………… 575
吳門懷古 ………………………… 575
次韻《姑蘇錢塘懷古》六首(其一) …
　　　　　　　　………………… 575
東吳十詠·登姑胥山 …………… 576
題《越國進西施圖》 …………… 576
姑蘇臺 …………………………… 576
十臺懷古·姑蘇臺 ……………… 576
響屧廊 …………………………… 577
賦吳王城 ………………………… 577
東吳十詠·登姑胥山 …………… 577
登越城故基 ……………………… 577
和吳正傳五臺懷古韻·姑蘇臺 ……
　　　　　　　　………………… 577
蘇臺懷古 ………………………… 578
《越國進西施圖》 ……………… 578
詠史二十一首(其二十一) ……… 578
姑蘇臺 …………………………… 578
姑蘇懷古 ………………………… 578
蘇臺曲五首(其四) ……………… 578
靈巖懷古 ………………………… 579
越來溪懷古 ……………………… 579

遊治平寺,登吳王郊臺 ………… 579
次韻郡守胡公閱城登姑蘇臺 … 579
拜郊臺 …………………………… 579
姑蘇臺 …………………………… 580
梧桐園 …………………………… 580
酒城 ……………………………… 580
苦酒城 …………………………… 580
走狗塘 …………………………… 580
吳門懷古 ………………………… 580
姑蘇臺 …………………………… 581
姑蘇臺 …………………………… 581
十宮詞·吳宮 …………………… 581
姑蘇懷古 ………………………… 581
和陳惟寅先生《姑蘇懷錢塘古》韻 …
　　　　　　　　………………… 582
賦得姑蘇臺 ……………………… 582
姑蘇、錢塘懷古詩,次韻六首(其一)
　　　　　　　　………………… 582
虎丘 ……………………………… 582
芋蘿山 …………………………… 582
琴臺 ……………………………… 583
蘇臺懷古 ………………………… 583
登檇李城懷古 …………………… 583
姑蘇臺 …………………………… 583
蘇臺覽古 ………………………… 583
試劍石歌 ………………………… 584
古蹟三首,爲岳給事賦有序·黃池 …
　　　　　　　　………………… 584
西施詠 …………………………… 584

姑蘇臺感懷 …… 584	西施 …… 590
姑蘇臺 …… 584	詠菊花詩有序 …… 590
姑蘇懷古三首 …… 585	弔西子次家昆季韻 …… 590
姑蘇懷古 …… 585	西施山懷古 …… 591
姑蘇 …… 585	蘇臺懷古 …… 591
蘇臺懷古 …… 585	西施曲 …… 591
蘇臺懷古 …… 586	西施 …… 591
游靈巖雜詠六首(其一、二) …… 586	蘇隄懷古 …… 591
游姑蘇臺,臺之左一僧廬焉 …… 586	西施遊湖 …… 591
咏古八首(其一) …… 586	**詠吳臣** …… 592
吳王故臺 …… 586	行經季子廟詩 …… 592
館娃宮 …… 587	季札 …… 592
響屧廊 …… 587	季子掛劍歌 …… 592
吳王井 …… 587	季子廟 …… 592
吳山懷古 …… 587	延陵季子廟 …… 592
姑蘇懷古 …… 587	季子廟 …… 593
姑蘇懷古 …… 588	季子廟 …… 593
吊吳宮二首(其一) …… 588	掛劍臺 …… 593
西施曲 …… 588	題《掛劍圖》 …… 593
八臺詩·姑蘇臺 …… 588	季子廟 …… 593
讀史樂府·吳宮樂 …… 588	吳季子墓闕 …… 593
思退齋詠古詩(其一) …… 589	季札 …… 594
詠史(其十五) …… 589	題《季札掛劍圖》 …… 594
蘇臺懷古 …… 589	過徐君墓 …… 594
登靈巖山 …… 589	季札廟 …… 594
登吳山絕頂 …… 589	吳季子墓 …… 594
吳王夫差 …… 589	季子廟 …… 595
香草閒吟·西施 …… 590	兵後過季子祠 …… 595
西子 …… 590	延陵道 …… 595

季札墓 …………………… 596
掛劍臺行 ………………… 596
吳季子琴操一首,聘魯作 … 596
過延陵 …………………… 596
掛劍臺 …………………… 596
季子掛劍冢,和黃子雍韻 … 597
掛劍歌 …………………… 597
《季札掛劍圖》 …………… 597
九日,過吳季子祠、徐君墓 … 597
延陵季子祠 ……………… 597
吳中懷古六首·延陵季子 … 598
過掛劍臺 ………………… 598
掛劍臺 …………………… 598
掛劍臺 …………………… 598
掛劍臺 …………………… 598
賦季子祠 ………………… 599
掛劍曲 …………………… 599
掛劍臺,和黃子邕 ………… 599
徐君冢 …………………… 599
由吳入越,舟中無營,偶思吳中名人,信筆為頌,為泰伯、季札、伍員、要離、梁鴻(其二) ………… 599
詠史一百首(其十四) …… 600
掛劍臺 …………………… 600
延陵墓 …………………… 600
古意二首(其二) ………… 600
季子祠懷古 ……………… 600
挂劍臺 …………………… 601
恭和御製《姑蘇覽古雜興》元韻(其一)
…………………………… 601

吳季子掛劍處 …………… 601
吳季子廟下作 …………… 601
丹陽十字碑 ……………… 601
季札掛劍處 ……………… 602
題延陵季子廟碑後 ……… 602
掛劍臺 …………………… 602
徐君墓 …………………… 602
和宋鬗若先生《橐餘集》中律體十八首·掛劍臺 ………… 603
季札 ……………………… 603
季札 ……………………… 603
嘄古吟八首,與陳太初修撰為連日談史而作(其四) …… 603
重過挂劍臺 ……………… 603
五百名賢祠宴集,分題得吳季子 …
…………………………… 603
季札掛劍 ………………… 604
掛劍行 …………………… 604
季扎 ……………………… 604
季札 ……………………… 604
宰嚭 ……………………… 604
太宰嚭 …………………… 604

詞

浣溪沙 …………………… 605
楊柳枝(之二) …………… 605
雙聲子 …………………… 605
薄媚·西子詞 …………… 605
又(沁園春)·吳門懷古 … 607
又(醉江月)·姑蘇臺懷古 … 607

· 49 ·

眉嫵·夫差女瓊姬墓 …………… 607
水龍吟·登姑蘇臺 ……………… 608
金人捧露盤 ……………………… 608
柳梢青·詠西施,次趙忠定韻 ……
　　………………………………… 608
前調(望海潮)·吳門懷古 …… 608
真珠簾·吳中懷古 ……………… 609
前調(念奴嬌)·懷古 ………… 609
前調(虞美人)·吳宮懷古 …… 609
似孃兒·吳宮漫興,同程梓園侍御賦
　　………………………………… 609
百字令·詠史 …………………… 609
前調(風流子)·姑蘇懷古 …… 610
前調(賀新郎)·謁泰伯廟 …… 610
謁金門·虎丘試劍石 …………… 610
陽臺夢·姑蘇臺 ………………… 610
虞美人·館娃宮 ………………… 611
杏花天·走狗塘 ………………… 611
金明池·虎丘覽古 ……………… 611
沁園春·青山懷古 ……………… 611
前調(清平樂)·覽古(之二)…… 612
真珠簾·吳中懷古 ……………… 612
桂枝香·姑蘇懷古 ……………… 612
望江南·吳宮漫興十首(之一、二)…
　　………………………………… 612
采桑子·梧宮詠古 ……………… 612
滿宮花·登靈岩山,訪館娃宮地址
　　………………………………… 613
前調(百字令)·詠史 ………… 613

浪淘沙·姑蘇懷古 ……………… 613
采桑子·吳宮 …………………… 613
滿江紅·姑蘇懷古 ……………… 613
浣溪沙·閶門夜泊 ……………… 614
臨江仙·姑蘇懷古 ……………… 614
念奴嬌·吳門懷古 ……………… 614
氐州第一 ………………………… 614
桃源憶故人·遊姑蘇臺 ………… 615
又(滿江紅)·姑蘇懷古 ……… 615
念奴嬌·姑蘇 …………………… 615
媚嫵·望延陵季子墓 …………… 615
喜遷鶯·延陵掛劍臺 …………… 615
祝英臺近·掛劍臺 ……………… 616
望江南 …………………………… 616
望遠行·詠延陵季子劍 ………… 616

曲

〔雙調〕蟾宮曲·吳門懷古 … 617
〔雙調〕折桂令·登姑蘇臺 … 617
〔黃鐘〕人月圓·會稽懷古 … 617
〔黃鐘〕人月圓·吳門懷古 … 617
〔雙調〕折桂令·姑蘇懷古 … 617
〔雙調〕蟾宮曲·姑蘇臺 …… 618
〔雙調〕夜行船·吊古 ……… 618
〔雙調〕沉醉東風·姑蘇懷古 …
　　………………………………… 618
〔南仙呂入雙調玉抱肚〕吳宮詞 …
　　………………………………… 619
〔南南呂三學士〕吊古 ……… 619
蘇臺懷古 ………………………… 619

〔北仙吕憶王孫〕吴中吊古(之一、二) …………………………… 619

齊太公世家

詩

詠《齊太公世家》 …………… 620

齊太公系(世)家 …………… 620

讀周《太公傳》 ……………… 620

讀《齊世家》 ………………… 620

《齊世家》 …………………… 620

望齊山 ………………………… 621

阿上 …………………………… 621

列國宮詞·齊 ………………… 621

平灤詠古十首(其二) ………… 621

如夫人 ………………………… 621

君似鼠 ………………………… 621

固聞之 ………………………… 622

君之憂 ………………………… 622

詠齊君附君王后 ……………… 623

渭水 …………………………… 623

詠古 …………………………… 623

太公廟 ………………………… 623

太公 …………………………… 623

再吟 …………………………… 623

又吟 …………………………… 624

磻溪 …………………………… 624

釣魚臺 ………………………… 624

太公 …………………………… 624

《呂望垂釣圖》 ……………… 624

道友邀遊磻溪太公廟,以詩辭之 …………………………… 624

磻溪廟覓駝馬 ………………… 625

寄題磻溪太公廟 ……………… 625

菊齋橫坡十二詠·太公釣周 … 625

《太公遇文王圖》 …………… 625

《磻溪釣圖》二首 …………… 625

題《磻溪圖》 ………………… 625

題張淑厚畫三首·太公望 …… 626

《子牙垂釣圖》 ……………… 626

磻溪釣臺 ……………………… 626

渭濱操 ………………………… 626

題《太公釣渭圖》 …………… 626

《呂望釣魚圖》 ……………… 626

呂望釣魚 ……………………… 627

題畫·《太公遇文王》 ……… 627

《太公釣渭圖》 ……………… 627

五言古詩(其五) ……………… 627

太公 …………………………… 627

子牙畫 ………………………… 627

題《太公釣渭圖》 …………… 627

姜太公石室 …………………… 628

《太公釣魚圖》 ……………… 628

子牙祠二首 …………………… 628

題《太公釣渭圖》 …………… 628

恩賜勝覽錄 …………………… 628

齊祭器行 ……………………… 629

渭濱垂釣 ……………………… 629

磻溪二首(其一) ……………… 629

| 題《太公釣渭圖》 ……… 629
| 齊太公 ………………… 629
| 磻溪 …………………… 630
| 磻溪 …………………… 630
| 呂望非熊 ……………… 630
| 齊景駟千 ……………… 630
| 齊襄王 ………………… 630
| 齊頃公 ………………… 631
| 詠史二十一首(其九) … 631
| 齊桓公 ………………… 631
| 齊威(桓)公 …………… 631
| 齊桓公二首 …………… 631
| 述古(其七、八) ……… 631
| 雜言四十九首(其二十三) … 632
| 齊桓公 ………………… 632
| 郭氏墟 ………………… 632
| 桓簡公廟 ……………… 632
| 齊桓公 ………………… 632
| 齊襄公 ………………… 633
| 齊莊公 ………………… 633
| 王后 …………………… 633
| 齊后破環 ……………… 633
| 無鹽如漆 ……………… 633

詠齊臣 …………………… 634
| 《寧戚叩角圖》 ………… 634
| 《寧戚叩角圖》 ………… 634
| 跋《寧戚扣角圖》 ……… 634
| 甯戚城 ………………… 634
| 甯戚叩角 ……………… 634

| 題《寧戚叩角圖》 ……… 634
| 齊太史贊 ……………… 635
| 讀《史記》四首·稷下生 … 635
| 易牙淄、澠 …………… 635
| 王蠋 …………………… 635
| 王蠋 …………………… 635
| 王蠋吟 ………………… 636
| 思退齋詠古詩(其五) … 636

詞
| 又(木蘭花慢)·漁父詞 … 637
| 漁父·磻溪 ……………… 637

曲
| 〔正宮〕鸚鵡曲·磻溪故事 … 638
| 〔中呂〕朝天曲 ………… 638
| 〔雙調〕蟾宮曲·懷古 … 638
| 〔雙調〕折桂令·讀史有感 … 638
| 〔北中呂朝天子〕述古人 … 638

魯周公世家

詩

詠《魯周公世家》 ……………… 639
| 魯周公系(世)家 ……… 639
| 《魯世家》 ……………… 639
| 望魯城 ………………… 639
| 列國宮詞·魯 …………… 640

詠魯君 …………………… 641
| 怨歌行 ………………… 641
| 寓言三首(其一) ……… 641
| 周公 …………………… 641

周公 …… 641	莊公 …… 646
九誦·周公 …… 641	閔公 …… 647
周公 …… 642	僖公 …… 647
周公 …… 642	文公 …… 647
曲阜懷古·周廟 …… 642	宣公 …… 647
拜奠魯文憲王廟二十八韻 …… 642	成公 …… 647
謁周公廟 …… 643	襄公 …… 647
感興二十一首(其十) …… 643	昭公 …… 647
周公 …… 643	定公 …… 648
周公廟 …… 643	哀公 …… 648
周公廟 …… 643	讀史雜詠(其二) …… 648
周公廟古楸行 …… 644	哀姜至 …… 648
越裳操 …… 644	慶父材 …… 648
讀《金縢》 …… 644	夏父弗忌 …… 648
珠江別意,送趙瀊陽太史東歸 …… 644	蛇異 …… 649
	聲伯 …… 649

詞

岐山謁周公廟 …… 645	東風齊着力·秋杪謁周公廟 … 650
謁周公廟 …… 645	雪梅香·望父臺懷古 …… 650
吐哺握髮 …… 645	雪梅香·登魯侯望父臺 …… 650
岐山謁周公廟 …… 645	雪梅香·望父臺懷古 …… 650
讀史雜詠,呈藥地大師·周公 …… 645	雪梅香·望父臺懷古 …… 651

燕召公世家

周公旦 …… 645	
周公 …… 646	
周公提髮 …… 646	### 詩
周公 …… 646	詠《燕召公世家》 …… 652
隱公 …… 646	燕召公系(世)家 …… 652
魯隱公 …… 646	讀《召公世家》 …… 652
桓公 …… 646	燕歌 …… 652

甘棠 ……………………………… 653

燕臺懷古雜詠，方水部鐵船同作·碣石宮 ……………………………… 653

燕臺懷古雜詠，方水部鐵船同作·易水 ……………………………… 653

讀史雜詠(其三) ………………… 653

詠燕君 …………………………… 654

　　至分陝 ……………………… 654

　　召公 ………………………… 654

　　召公奭 ……………………… 654

　　薊丘覽古贈盧居士藏用七首并序·燕昭王 ……………………… 654

　　行路難三首(其二) ………… 654

　　燕臺 ………………………… 655

　　燕臺二首 …………………… 655

　　黃金臺 ……………………… 655

　　燕昭王墓 …………………… 655

　　燕臺歌 ……………………… 655

　　古燕感懷 …………………… 655

　　入燕行 ……………………… 656

　　賢臺行 ……………………… 656

　　望黃金臺有感 ……………… 656

　　望黃金臺歌 ………………… 657

　　燕昭王 ……………………… 657

　　金臺 ………………………… 657

　　黃金臺 ……………………… 657

　　黃金臺 ……………………… 657

　　十臺懷古並序·黃金臺 …… 658

　　余觀近時詩人，往往有以前代臺名為賦者，輒用效顰，以銷餘暇·黃金臺 ……………………………… 658

　　金臺篇 ……………………… 658

　　十臺懷古·黃金臺 ………… 658

　　感興二十一首(其十五) …… 659

　　南城詠古十六首有序·黃金臺 ……………………………… 659

　　黃金臺 ……………………… 659

　　詠史三首(其一) …………… 659

　　黃金臺 ……………………… 660

　　和吳正傳五臺懷古韻·黃金臺 ……………………………… 660

　　詠史二十一首(其六) ……… 660

　　金臺秋興 …………………… 660

　　黃金臺 ……………………… 660

　　燕臺懷古 …………………… 661

　　金臺 ………………………… 661

　　黃金臺 ……………………… 661

　　賦得黃金臺送李郡丞 ……… 661

　　金臺行 ……………………… 662

　　旅甸懷古八首(其三) ……… 662

　　黃金臺 ……………………… 662

　　感懷十六首(其八) ………… 663

　　黃金臺一首 ………………… 663

　　黃金臺歌，寄大兄北試，兼懷孟以賢 ……………………………… 663

　　黃金臺懷古 ………………… 663

　　金臺行 ……………………… 663

　　黃金臺行 …………………… 664

　　昭王墓 ……………………… 664

易水上候劉刺史,良久未至,懷古感今,漫賦六絕(其二) …… 664
黃金臺 …… 664
黃金臺 …… 664
賦得黃金臺 …… 665
金臺 …… 665
燕臺懷古 …… 665
燕臺歌 …… 665
登燕昭故臺騁望一首 …… 666
讀古雜詩十首·燕昭王 …… 666
燕臺懷古二首(其一) …… 666
過燕昭王墓 …… 666
黃金臺 …… 666
燕昭王墓 …… 666
黃金臺 …… 667
黃金臺 …… 667
黃金臺 …… 667
黃金臺歌 …… 667
黃金臺 …… 668
燕臺懷古雜詠,方水部鐵船同作·黃金臺 …… 668
金臺驛 …… 668
讀史雜詠·燕昭王 …… 668
詠史(其十八) …… 668
黃金臺 …… 668
燕臺懷古 …… 669
詠黃金臺 …… 669
別長安十首(其四) …… 669
都門咏古十二首·黃金臺 …… 669

黃金臺行 …… 669
恭和御製《燕昭王故城》元韻 …… 669
燕昭築臺 …… 670
黃金臺懷古 …… 670

詠燕臣 …… 671

薊丘覽古贈盧居士藏用七首 并序·郭隗 …… 671
登郭隗臺 …… 671
郭隗 …… 671
隗臺 …… 671
遊黃金臺有感 …… 671
郭隗故里 …… 671
古意(其二) …… 672
郭隗里 …… 672
郭隗 …… 672

詞

金山捧露盤·黃金臺懷古 …… 673
桂枝香·黃金臺懷古 …… 673
雙聲子·燕臺懷古 …… 673
滿江紅·黃金臺 …… 673
點絳唇·黃金臺 …… 674
沁園春·燕臺懷古 …… 674
朝中措·黃金臺 …… 674
帝臺春·黃金臺懷古 …… 674

曲

金臺懷古 …… 675

管蔡世家

詩

詠《管蔡世家》 …… 677
管蔡系(世)家 …… 677

列國宮詞・蔡 …………………… 677
詠管、蔡君 …………………………… 678
　　管、蔡 ………………………………… 678
　　東征管、蔡 …………………………… 678
　　曹伯陽 ………………………………… 678

陳杞世家

詩

詠《陳杞世家》 ……………………… 679
　　陳杞系(世)家 ………………………… 679
　　列國宮詞・陳 ………………………… 679
詠陳君 ………………………………… 680
　　陳、蔡君 ……………………………… 680
　　陳靈公 ………………………………… 680

衛康叔世家

詩

詠《衛康叔世家》 …………………… 681
　　衛康叔系(世)家 ……………………… 681
　　列國宮詞・衛 ………………………… 681
　　香草閒吟・莊姜 ……………………… 681
　　香草閒吟・夏姬 ……………………… 682
　　二子哀 ………………………………… 682
　　戰使鶴 ………………………………… 682
詠衛君 ………………………………… 683
　　衛靈公 ………………………………… 683
　　歸途覽詠古蹟,並追記白泉遊事(其六) …………………………………… 683
　　河上 …………………………………… 683
　　前旌操 ………………………………… 683
　　衛武公 ………………………………… 684
詠衛臣 ………………………………… 685
　　石碏 …………………………………… 685
　　史魚黜殯 ……………………………… 685
　　渾良夫 ………………………………… 685

宋微子世家

詩

詠《宋微子世家》 …………………… 686
　　宋微子系(世)家 ……………………… 686
　　讀《微子篇》 ………………………… 686
　　列國宮詞・宋 ………………………… 686
　　食指動 ………………………………… 686
詠宋君 ………………………………… 687
　　微子廟 ………………………………… 687
　　微子廟 ………………………………… 687
　　九誦・微子 …………………………… 687
　　微子 …………………………………… 687
　　微子廟 ………………………………… 688
　　謁微子祠 ……………………………… 688
　　三仁贊三首・微子 …………………… 688
　　微子 …………………………………… 688
　　微子嶺 ………………………………… 688
　　宋襄公 ………………………………… 689
　　宋中詩 ………………………………… 689
　　宋襄公 ………………………………… 689
詠宋臣 ………………………………… 690
　　讀史述九章・箕子 …………………… 690

箕子 …… 690	聽於神 …… 695
九誦·箕子 …… 690	討趙氏 …… 696
箕子廟 …… 690	牛償豚 …… 696
《箕子操》 …… 691	晉殺秦諜 …… 696
箕子臺 …… 691	**詠晉君**附驪姬 …… 697
謁箕子廟 …… 691	文公 …… 697
箕子 …… 691	晉文公 …… 697
華元 …… 691	《公子重耳出奔圖》 …… 697
華元 …… 692	謁晉文公祠 …… 697
孔父 …… 692	陪州尹杜公謁晉公祠 …… 697
仇牧 …… 692	謁晉文公祠 …… 698
宋芮司徒女 …… 692	晉文公廟 …… 698

晉世家

詩

	太原懷古 …… 698
	剪桐行 …… 698
	退避三舍 …… 698
詠《晉世家》 …… 693	晉文公 …… 698
晉唐叔系(世)家 …… 693	晉文公 …… 699
三晉 …… 693	晉文公 …… 699
晉陽 …… 693	景公 …… 699
上黨雜詩 …… 694	晉景公 …… 699
靈輒扶輪 …… 694	晉獻公 …… 699
列國宮詞·晉 …… 694	驪姬墓下作 …… 699
詠史(其十一) …… 694	讀史雜詠·晉驪姬 …… 700
助曲沃 …… 694	申生 …… 700
桓莊族 …… 694	讀史樂府·申生怨 …… 700
請假道 …… 695	**詠晉臣** …… 701
出狄師 …… 695	靈輒 …… 701
殺叔武 …… 695	叔向 …… 701
無公族 …… 695	智伯 …… 701

再吟 ……………………… 701
荀息 ……………………… 701
師曠墓 …………………… 701
唐叔虞廟 ………………… 702
師曠廟 …………………… 702
過祁縣,感祁奚事 ………… 702
師曠廟二首 ……………… 702
祁大夫 …………………… 702
師曠 ……………………… 703
師曠聰耳 ………………… 703
趙衰 ……………………… 703
寒食 ……………………… 703
寒食 ……………………… 703
綿山 ……………………… 703
題介公廟并序 …………… 704
介子推 …………………… 704
寒食,懷介推遺事三首 …… 704
清明吊古,懷介子推 ……… 704
綿山 ……………………… 704
綿山吊介之推二首 ……… 705
介子祠 …………………… 705
《介山操》 ………………… 705
鄉賢十詠·介之推 ……… 705
綿山懷古 ………………… 706
介子推祠 ………………… 706
綿上 ……………………… 706
讀史三首(其一) ………… 706
介山懷古 ………………… 706
介之推 …………………… 707

緜田 ……………………… 707
蘧伯玉 …………………… 707
介之推 …………………… 707
介子推 …………………… 707
綿山怨 …………………… 708
綿上田 …………………… 708
銅鞮伯華 ………………… 708
魏顆 ……………………… 708
魏絳 ……………………… 708

詞

前調(念奴嬌)·寒食吊介推 … 709
前調(清平樂)·翌日寒食重賦 ……
…………………………… 709

楚世家

詩

詠《楚世家》 ……………… 710
楚系(世)家 ……………… 710
《楚世家》 ………………… 710
楚國史 …………………… 710
讀《楚世家》 ……………… 710
哀郢二首 ………………… 711
楚宮行 …………………… 711
楚宮 ……………………… 711
雜詩六首(其四) ………… 711
列國宮詞·楚 …………… 711
擬高青邱(丘)十宮詞·楚宮 … 712
楚中懷古 ………………… 712

詠楚君 附鄧侯 ………………… 713
   楚莊王 ………………… 713
   楚莊王 ………………… 713
   古意二首(其二) ………………… 713
   細腰宮 ………………… 713
   章華臺 ………………… 713
   細腰宮 ………………… 713
   章華臺 ………………… 714
   楚靈王 ………………… 714
   細腰宮 ………………… 714
   章華臺 ………………… 714
   十臺懷古並序·章華臺 ………………… 714
   十臺懷古·章華臺 ………………… 715
   和吳正傳五臺懷古韻·章華臺 …………
   ………………………………………… 715
   十宮詞·楚宮 ………………… 715
   乾溪 ………………… 715
   渚宮 ………………… 715
   細腰宮 ………………… 716
   八臺詩·章華臺 ………………… 716
   登高唐觀 ………………… 716
   神女廟 ………………… 716
   渡汝水,戲作襄城君曲 ………………… 716
   楚莊絕纓 ………………… 716
   題楚昭王廟 ………………… 717
   楚歌十首(其三) ………………… 717
   漢江 ………………… 717
   襄陽懷古·楚昭王廟 ………………… 717
   《楚昭王圖》 ………………… 717

   楚昭萍寶 ………………… 717
   過懷王墓 ………………… 718
   楚懷王 ………………… 718
   過楚懷王廟 ………………… 718
   楚懷王 ………………… 718
   楚懷王 ………………… 718
   巫山高 ………………… 719
   楚妃歎 ………………… 719
   讀史有感 ………………… 719
   楚懷王 ………………… 719
   楚懷王墓 ………………… 720
   楚懷王墓二首 ………………… 720
   神女行雲 ………………… 720
   武關 ………………… 720
   陽臺 ………………… 720

詠息夫人 ………………… 721
   息夫人 ………………… 721
   息夫人 ………………… 721
   經桃花夫人廟 ………………… 721
   題桃花夫人廟 ………………… 721
   息夫人廟 ………………… 721
   息夫人 ………………… 722
   楚宮詞五首(其五) ………………… 722
   詠古十首·息夫人 ………………… 722
   題桃花夫人廟 ………………… 722
   題息夫人廟 ………………… 722
   息夫人 ………………… 723
   息媯 ………………… 723
   息夫人 ………………… 723

讀史雜詠・楚息媯 …………… 723

　　香草閒吟・息嬀 …………… 723

　　咏古・息夫人 …………… 723

　　王維《息夫人》 …………… 724

　　漸臺別 …………………… 724

詠楚臣 …………………… 725

　　楚歌十首(其六) …………… 725

　　秦庭 ……………………… 725

　　懷古二首(其一) …………… 725

　　詠史十絕・伍員覆楚,申包胥存楚

　　　 ……………………………… 725

　　臨平謁申包胥廟 …………… 725

　　申包胥 …………………… 726

　　申包胥 …………………… 726

　　申包胥 …………………… 726

　　雜詩六首(其六) …………… 726

　　申包胥 …………………… 726

　　申包胥 …………………… 726

　　葉公祠 …………………… 727

　　卞和泣玉 ………………… 727

　　子囊城郢 ………………… 727

　　沈諸梁 …………………… 727

　　養由基 …………………… 727

　　成得臣 …………………… 727

詞

　　巫山一段雲 ……………… 728

　　陽臺夢 …………………… 728

　　前調(瀟湘逢故人慢) ……… 728

　　書《高唐賦》後 …………… 728

　　高山流水・過楚宮感舊 ……… 729

　　前調(采桑子)・楚宮 ……… 729

　　前調(一萼紅)・桃花夫人廟 … 729

　　一斛珠・息夫人 …………… 729

　　滿江紅・武昌懷古・桃花夫人廟 …

　　　 ……………………………… 730

　　金縷曲・讀汪劍潭助教息媯廟詞,愛

　　　其用韻甚精,次而和之 …… 730

　　永遇樂・桃花夫人廟 ……… 730

曲

　　〔雙調〕蟾宮曲・巫娥 ……… 731

　　〔南呂〕四塊玉・巫山廟 …… 731

　　〔中呂〕朝天曲 …………… 731

越王勾踐世家

詩

詠《越王勾踐世家》 ………… 732

　　越勾踐系(世)家 …………… 732

　　讀《勾踐傳》 ……………… 732

　　越王 ……………………… 732

　　詠史(其二) ……………… 733

　　越滅吳 …………………… 733

詠越君 …………………… 734

　　越中覽古 ………………… 734

　　越王勾踐 ………………… 734

　　勾踐 ……………………… 734

　　越王勾踐墓 ……………… 734

　　越王臺 …………………… 734

　　越城橋 …………………… 735

于越 ……………………………… 735
越王臺 …………………………… 735
清明日,晚自東城門外歸,道經越王
　墓,慨然感懷 ………………… 735
題越王廟 ………………………… 735
湖上懷古 ………………………… 735
懷古六詩,謹次韻錄上汝言呈(其一)
　………………………………… 736
越王臺(其一) …………………… 736
有感七首(其三) ………………… 736
越來溪 …………………………… 736
登越王臺 ………………………… 736
越城懷古 ………………………… 736
越州懷古 ………………………… 737
檇李 ……………………………… 737
越王臺 …………………………… 737
越王廟 …………………………… 737
稽山古意 ………………………… 737
越崢 ……………………………… 737
越王臺懷古 ……………………… 738
過越王臺 ………………………… 738
過越王故苑 ……………………… 738
復仇四首(其二) ………………… 738
登越王城懷古 …………………… 738
固陵懷古 ………………………… 738
臥薪嘗膽 ………………………… 739
越勾踐 …………………………… 739
勾踐投膠 ………………………… 739
越州 ……………………………… 739

越城歌 …………………………… 739
越臺吊古 ………………………… 739
詠越臣 …………………………… 740
五湖 ……………………………… 740
范蠡 ……………………………… 740
五湖 ……………………………… 740
經范蠡舊居 ……………………… 740
范蠡 ……………………………… 740
續古二十九首(其十五) ………… 740
覽古十四首(其五) ……………… 741
嘲范蠡 …………………………… 741
三高祠詠古(其一) ……………… 741
陶朱公廟 ………………………… 741
范蠡塚 …………………………… 741
謁陶朱公廟 ……………………… 742
題會蠡亭 ………………………… 742
覽夢得所藏李伯時畫《吳中三賢》像,
　因各書絕句·范蠡 …………… 742
范蠡 ……………………………… 742
題《范蠡五湖圖》 ……………… 742
范蠡祠二首 ……………………… 743
范蠡 ……………………………… 743
《范蠡扁舟圖》 ………………… 743
越大夫贊 ………………………… 743
《范蠡遊五湖圖》贊 …………… 743
詠五湖 …………………………… 743
跋《范蠡歸湖圖》 ……………… 744
《巢父洗耳》《范蠡歸湖圖》 … 744
《范蠡歸湖圖》 ………………… 744

| 題《范蠡五湖》《杜陵浣花》二首(其一) …… 744
| 范蠡 …… 744
| 范蠡 …… 744
| 范蠡 …… 744
| 范蠡五湖 …… 745
| 《范蠡圖》 …… 745
| 題《扁舟五湖圖》 …… 745
| 范蠡宅 …… 745
| 范蠡雲舟 …… 745
| 越山懷古 …… 745
| 題《范蠡圖》 …… 746
| 古風三首(其二) …… 746
| 范蠡廟 …… 746
| 過越王臺(其四) …… 746
| 范蠡 …… 746
| 題白描人物四幀·又《范蠡》 … 746
| 蠡石 …… 746
| 越相范少伯祠 …… 747
| 又題范少伯塑像 …… 747
| 三高祠三首·范蠡 …… 747
| 《范蠡載西施之五湖圖》 …… 747
| 謁范蠡祠 …… 747
| 題《范蠡歸湖圖》 …… 747
| 《范蠡歸湖圖》 …… 748
| 題《范蠡歸湖圖》 …… 748
| 懷古,和陳惟寅韻三首(其一、二) … …… 748
| 《范蠡圖》,醉中題 …… 748

陶山懷古 …… 749
讀古雜詩十首·范蠡 …… 749
謁范少伯祠 …… 749
古詩二十首(其七) …… 749
古懷人詩五首·越大夫蠡 …… 749
月夜出西太湖作 …… 750
范蠡 …… 750
范大夫祠 …… 750
詠史 …… 750
范蠡 …… 750
范蠡 …… 751
蘇臺覽古 …… 751
范蠡 …… 751
詠史(其十六) …… 751
范蠡 …… 751
范蠡 …… 751
范蠡泛湖 …… 752
詠史詩·范蠡 …… 752
文種墓 …… 752
大夫種 …… 752
種山 …… 752
同陳櫪壽登臥龍山望海亭,却觀賈相故宅,或云越大夫種墓在山上 …… 752
文種墓 …… 753
文種 …… 753

詞

水調歌頭 …… 754
水調歌頭 …… 754

又（高陽臺）·過種山 …… 754
臨江仙·范大夫廟 …… 754
內家嬌 …… 755
望江南（其三） …… 755
石湖仙·金明寺范大夫祠 …… 755
東風第一枝·越王岬懷古 …… 755
念奴嬌·五湖懷古 …… 756
漁父·越中懷古 …… 756
浣溪沙·越來溪 …… 756
滿江紅·吳江懷古 …… 756
采桑子·吳中詠古 …… 756
踏莎行·越臺懷古 …… 757
摸魚兒·九日從學灘顧夫子登快風閣 …… 757
臺城路·春晚登越王臺 …… 757

曲

〔南呂〕四塊玉·洞庭湖 …… 758
〔雙調〕折桂令·丙子遊越懷古 …… 758
〔雙調〕清江引（之三） …… 758
〔越調〕柳營曲·范蠡 …… 758
〔雙調〕一錠銀（之七） …… 758
越王臺吊古 …… 759
〔北中呂朝天子〕述古人 …… 759
〔南商調梧桐樹〕一阿 …… 760
〔北雙調枳兒郎〕越城 …… 760

鄭世家

詩

詠《鄭世家》 …… 761
鄭系（世）家 …… 761

詠鄭君 …… 762
  鄭莊公 …… 762
  鄭莊公 …… 762
  鄭莊公墓 …… 762
  過鄭詩 …… 763
  詠史·賦大隧 …… 763
  鄭莊公 …… 763

詠鄭臣 …… 764
  祭足 …… 764
  再吟 …… 764
  子產 …… 764
  鄭子產廟 …… 764
  子產廟 …… 764
  題子產廟 …… 764
  子產墓 …… 765
  惠人津 …… 765
  新鄭謁子產祠 …… 765
  鄭子產祠 …… 765
  子產 …… 765
  潁考叔 …… 766
  潁考叔 …… 766
  潁谷封人廟 …… 766
  潁封人廟 …… 766
  潁考叔廟 …… 766
  大隧賦 …… 766
  臨潁 …… 767
  潁考叔墓 …… 767
  潁考叔 …… 767
  潁考叔故里 …… 767

颍考叔 …………………… 767

趙世家

詩

詠《趙世家》 ………………… 768

 趙系(世)家 ……………… 768
 趙 ………………………… 768
 過邯鄲四絕(其一、二) …… 768
 詠史三首(其二、三) ……… 769
 晉水 ……………………… 769
 邯鄲行 …………………… 769
 中山行 …………………… 769
 燕臺懷古雜詠,方水部鐵船同作·沙邱(丘)宮 …………… 770
 叢臺 ……………………… 770
 思退齋詠古詩(其二) …… 770
 詠史(其十三、十四) ……… 770

詠趙君 …………………… 771

 趙簡子 …………………… 771
 再吟 ……………………… 771
 趙簡子渡河處 …………… 771
 趙宣子 …………………… 771
 詠史詩和李咸齋有序(其二) … 771
 詠史詩(其二) …………… 771
 房陵 ……………………… 772
 沙丘行 …………………… 772
 鎮州懷古 ………………… 772
 沙丘宮 …………………… 772
 趙武靈王 ………………… 772

 邯鄲懷古 ………………… 773
 趙武靈王 ………………… 773
 武靈王 …………………… 773
 趙主父 …………………… 773

詠代王夫人 ……………… 774

 摩笄山 …………………… 774
 摩笄怨 …………………… 774
 燕臺懷古雜詠,方水部鐵船同作·摩笄山 …………………… 774

詠趙臣 …………………… 775

 智伯頭飲器歌 …………… 775
 程嬰墓 …………………… 775
 嬰臼 ……………………… 775
 嬰臼 ……………………… 775
 左師觸龍 ………………… 775
 鄉賢十詠·公孫杵臼、程嬰 … 776
 九友詠·韓厥于趙盾 …… 776
 藏孤山 …………………… 776
 程嬰 ……………………… 776
 董安于 …………………… 777
 尹鐸 ……………………… 777
 周舍 ……………………… 777
 周舍諤諤 ………………… 777
 鉏麑觸槐 ………………… 777

詞

東風齊着刀·邯鄲懷古 …… 778
前調(柳梢青)·趙武靈王墓 … 778
前調(沁園春)·經邯鄲縣叢臺懷古 …………………………… 778

· 64 ·

前調(臨江仙)·叢臺 ………… 778

解連環(之二)·趙王遷 ……… 779

魏世家

詩

詠《魏世家》 ………………… 780
 魏系(世)家 ………………… 780
 讀《魏世家》 ………………… 780
 思退齋詠古詩(其三) ……… 780

詠魏君 …………………………… 781
 魏文侯 ……………………… 781
 魏文侯城 …………………… 781
 魏文侯 ……………………… 781
 中山 ………………………… 781
 魏惠王 ……………………… 781

詠魏臣 …………………………… 782
 西城三絕句·段干木廟 …… 782
 段干木 ……………………… 782
 鄉賢十詠·段干木 ………… 782
 段干木 ……………………… 782
 干木富義 …………………… 782
 田子方 ……………………… 783
 田子方 ……………………… 783
 田子方 ……………………… 783
 讀《尉繚子》,寄陶山明府 …… 783
 魏絳 ………………………… 783
 魏顆結草 …………………… 784
 翟璜直言 …………………… 784
 田方簡傲 …………………… 784

 趙倉唐 ……………………… 784
 樂羊 ………………………… 784
 李克 ………………………… 784
 范痤 ………………………… 785
 唐雎 ………………………… 785

韓世家

詩

詠《韓世家》 ………………… 786
 韓系(世)家 ………………… 786

詠韓君 …………………………… 787
 韓惠王 ……………………… 787
 韓昭侯 ……………………… 787
 韓昭侯 ……………………… 787

田敬仲完世家

詩

詠《田敬仲完世家》 …………… 788
 田敬叔系(世)家 …………… 788
 詠史(其二十三) …………… 788
 雜詠史四十二首(其一) …… 788

詠齊君附王后 …………………… 789
 齊威王 ……………………… 789
 詠史·齊威王 ……………… 789
 詠史 ………………………… 789
 懷古(其一) ………………… 789
 齊宣王 ……………………… 789
 題自畫《齊后》卷 …………… 790
 齊女破環 …………………… 790

孔子世家

詩

詠《孔子世家》 …………………… 791
 孔子系(世)家 …………………… 791
 題尊信齋 ………………………… 791
 聖門 ……………………………… 792
 九誦·孔子 ……………………… 792
 拜奠宣聖林墓 …………………… 792
 感興二十一首(其一) …………… 793
 《尚書》 ………………………… 793
 憶陳、蔡 ………………………… 793

詠孔子附長沮、桀溺、子思等 …… 794
 和謁孔子廟詩 …………………… 794
 經鄒、魯祭孔子而歎之 ………… 794
 奉和聖製經孔子舊宅 …………… 794
 感遇詩三十八首(其三十八) …… 794
 奉和聖製經鄒、魯祭孔子應制
  …………………………………… 794
 懷魯 ……………………………… 795
 池州夫子廟麟臺 ………………… 795
 懷古 ……………………………… 795
 經曲阜城 ………………………… 795
 謁文宣王廟 ……………………… 795
 代文宣王答 ……………………… 796
 詠史二首(其一) ………………… 796
 悲哉孔子沒 ……………………… 796
 孔子 ……………………………… 796
 孔子泣顏回 ……………………… 796

 孔子泣麟歌 ……………………… 796
 文宣王及其弟子贊·孔丘 ……… 797
 六經(其一) ……………………… 797
 孔子舊宅 ………………………… 797
 孔子 ……………………………… 797
 感古十首(其二) ………………… 797
 孔子 ……………………………… 797
 孔子 ……………………………… 798
 孔子贊 …………………………… 798
 孔子寺 …………………………… 798
 謁孔林一首 ……………………… 798
 謁廟 ……………………………… 798
 賈非熊修夫子廟疏 ……………… 798
 敬謁孔廟 ………………………… 799
 庚子歲七月上旬,益津高訒敬謁聖師
  祠下,謹題二絕句,以志其來 … 799
 拜謁至聖文宣王廟留題 ………… 799
 寓興(其六) ……………………… 799
 曲阜懷古·孔林 ………………… 799
 曲阜懷古·杏壇 ………………… 800
 曲阜懷古·奎文閣 ……………… 800
 手植檜孔子像 …………………… 800
 次楊紫陽謁聖廟韻 ……………… 801
 太公、孔子 ……………………… 801
 經西狩獲麟故址有感 …………… 801
 謁聖廟 …………………………… 801
 《周、孔傳道圖》 ……………… 801
 宣尼吟 …………………………… 801
 謁聖林 …………………………… 802

《獲麟圖》 …………………… 802
古風十首(其一) …………… 802
偶書(其二) ………………… 802
聞韶 ………………………… 802
《孔子泣麟圖》 …………… 802
題《泣麟圖》 ……………… 803
宣聖墓 ……………………… 803
《夫子去魯圖》 …………… 803
雜言四十九首(其四十七) … 803
謁聖廟 ……………………… 803
孔子琴操四首 ……………… 804
過曲阜 ……………………… 804
懷古三首(其三) …………… 804
猗蘭操 ……………………… 804
《孔子泣麟圖》 …………… 805
謁文廟 ……………………… 805
獲麟古渡 …………………… 805
奉命分祀孔廟作 …………… 805
彭地官邀餞於厄臺,遂拜先師孔子,感而有作三首 … 805
夢孔子 ……………………… 806
宣聖闕里 …………………… 806
謁闕里廟 …………………… 806
古意,贈客謁孔林 ………… 807
曲阜謁孔廟 ………………… 807
孔林謁墓二首 ……………… 807
過葉懷古 …………………… 807
過兖州瞻仰孔林 …………… 808
經孔子廟 …………………… 808

孔子贊 ……………………… 808
孔廟 ………………………… 808
孔林 ………………………… 808
闕里謁先聖廟庭 …………… 809
杏壇 ………………………… 809
古泮宮 ……………………… 809
孔林行 ……………………… 809
先聖學堂 …………………… 809
孔登巖 ……………………… 810
《泣麟圖》 ………………… 810
恭謁闕里 …………………… 810
過魯歎 ……………………… 810
沂水 ………………………… 810
曲阜 ………………………… 811
謁聖廟 ……………………… 811
訪宣聖中都講堂 …………… 811
《問禮圖》 ………………… 811
孺悲欲見孔子 ……………… 811
孔子辭以疾 ………………… 812
子路從而後 ………………… 812
謁先聖祠,瞻壁間石刻畫像 … 812
讀書偶作二首(其一) ……… 812
謁夫子廟 …………………… 812
陳、蔡之厄 ………………… 813
孔子 ………………………… 813
曲阜 ………………………… 813
過文廟 ……………………… 813
自兖州過曲阜聖廟孔林四首(其二、三) ………………… 813

· 67 ·

子思	814
子思	814
接輿狂歌	814
曲阜懷古·子思墓	814
讀諸子·《孔叢子》	814
漢陰丈人	814
偶詠沮、溺	815
過長沮、桀溺耦耕處	815
子思縕袍	815
柳下惠	815
柳下直道	815
陸通	815
孔鮒	816
過柳下季墓	816
有朋自遠方來	816
賢賢易色	816
思無邪	816
《關雎》樂而不淫,哀而不傷	817
曾子曰唯	817
子路聞之喜	817
歸與,歸與	817
子華使於齊	817
回也,不改其樂	817
子見南子	818
久矣,吾不復夢見周公	818
子釣而不綱,弋不射宿	818
子與人歌而善,必使反之而後和之	818
可以託六尺之孤	818
有婦人焉	818
歲寒,然後知松柏之後凋也	819
吉月,必朝服而朝	819
鄉人飲酒	819
從我於陳、蔡者,皆不及門也	819
子樂	819
浴乎沂,風乎舞雩	820
樊遲請學稼	820
久要,不忘平生之言	820
行夏之時,乘殷之輅,服周之冕,樂則韶舞	820
伯夷、叔齊餓於首陽之下	820
聞弦歌之聲	820
予欲無言	821
長沮、桀溺耦而耕	821
止子路宿,殺雞爲黍而食之,見其二子焉	821
太師摯適齊,亞飯干適楚,三飯繚適蔡,四飯缺適秦,鼓方叔入於河,播鼗武入於漢,少師陽、擊磬襄入於海	821
郯子來朝	821

詞

沁園春·恭謁闕里	822

曲

〔雙調〕清江引(之四)	823
〔南中呂駐雲飛〕(之五十)	823
〔北黃鍾白鶴子〕葉縣詠古	823

孔子在陳 ………………………… 823

陳涉世家

詩

詠《陳涉世家》 ………………… 825
 陳涉系(世)家 ………………… 825
 詠史小樂府三十首己未(其一) ……
  …………………………… 825
詠陳涉、吳廣 …………………… 826
 陳涉 …………………………… 826
 陳勝 …………………………… 826
 過蘄澤 ………………………… 826
 陳勝 …………………………… 826
 陳勝、吳廣 …………………… 826
 陳勝 …………………………… 826
 詠史·陳涉 …………………… 827
 勝廣 …………………………… 827
 詠史二十一首(其三) ………… 827
 讀《陳勝傳》 ………………… 827
 篝火狐鳴 ……………………… 827
 陳涉 …………………………… 827
 陳勝 …………………………… 828
 秦漢樂府·大澤鄉 …………… 828
 六月王 ………………………… 828
 詠史·楚王陳涉 ……………… 828
 陳涉 …………………………… 828
 甯(寧)越 ……………………… 829

外戚世家

詩

詠《外戚世家》 ………………… 830
 外戚系(世)家 ………………… 830
 續補兩漢詠史小詩四十章(其二、三、
 四、五、六、七、八、九、十) ……… 830
 雜詠史四十二首(其二十) …… 831
 竇廣國 ………………………… 831
詠薄后 …………………………… 832
 薄后廟 ………………………… 832
 漢薄后 ………………………… 832
詠邢、尹 ………………………… 833
 《漢武故事》 ………………… 833
 香草閒吟·邢夫人 …………… 833
詠竇后 ……………………………
 燕臺懷古雜詠,方水部鐵船同作·竇
 氏青山 ………………………… 834
 主人翁 ………………………… 834
詠阿嬌 …………………………… 835
 詠古二首,有所寄(其一) …… 835
 長門怨 ………………………… 835
 長門怨 ………………………… 835
 漫賦 …………………………… 835
 阿嬌怨 ………………………… 835
 長門怨 ………………………… 836
 阿嬌金屋 ……………………… 836
 長門怨 ………………………… 836
 長門怨,和劉長卿 …………… 836

長門怨 ············· 837

　　長門怨 ············· 837

　　秦漢樂府·長門賦 ········ 837

　　阿嬌 ·············· 837

　　香草閒吟·陳后 ········· 837

詠李夫人 ············· 838

　　李夫人 ············· 838

　　李夫人墓 ············ 838

　　題金城縣漢李夫人墓 ······ 838

　　李夫人 ············· 838

　　女史詠十八首·李夫人 ····· 839

　　李夫人歌 ············ 839

　　武帝悼李夫人 ········· 839

　　李夫人歌 ············ 839

　　李夫人歌 ············ 839

　　李夫人冢 ············ 839

　　李夫人 ············· 840

　　李夫人 ············· 840

　　李夫人 ············· 840

　　李夫人 ············· 840

　　香草閒吟·李夫人 ······· 840

　　咏古·李夫人 ········· 840

詠鈎弋夫人 ············ 841

　　鈎弋夫人 ············ 841

　　女史詠十八首·鈎弋夫人 ··· 841

　　趙姬藏鈎 ············ 841

　　和沈石田鈎弋夫人歌 ······ 841

　　香草閒吟·鈎弋夫人 ······ 842

　　咏古·鈎弋夫人 ········ 842

　　死鈎弋 ············· 842

詞

　　念奴嬌·長門怨 ········ 843

楚元王世家

詩

詠《楚元王世家》 ········· 844

　　楚元王系(世)家 ········ 844

詠楚元王 ············· 845

　　楚元王交 ············ 845

　　楚元置醴 ············ 845

荆燕世家

詩

詠《荆燕世家》 ·········· 846

　　荆燕系(世)家 ········· 846

齊悼惠王世家

詩

詠《齊悼惠王世家》 ········ 847

　　齊悼惠系(世)家 ········ 847

　　秦漢樂府·軍法行酒 ······ 847

　　詠史(其三十) ········· 847

　　魏勃 ·············· 848

　　魏勃掃門 ············ 848

詠朱虛侯 ············· 849

　　朱虛侯贊 ············ 849

　　朱虛 ·············· 849

　　朱虛侯行酒歌 ········· 849

朱虛侯章 ……… 849	漢傑士(其二) ……… 855
	蕭何 ……… 855
	蕭何 ……… 855

蕭相國世家

詩

詠《蕭相國世家》 ……… 850
 蕭相國系(世)家 ……… 850
 讀《蕭何傳》有感 ……… 850
 挾書律 ……… 850
 讀《蕭相國世家》 ……… 851

詠蕭何 ……… 852
 閒居覽史 ……… 852
 鄼侯 ……… 852
 何、蕭二族 ……… 852
 蕭何 ……… 852
 蕭何 ……… 852
 題蕭相國廟 ……… 852
 蕭、張二首(其一) ……… 853
 蕭何 ……… 853
 襄陽詠史·鄼城 ……… 853
 蕭相國廟 ……… 853
 蕭相國廟 ……… 853
 蕭何 ……… 853
 蕭何 ……… 853
 發蹤 ……… 854
 蕭何 ……… 854
 題三傑·蕭何二首 ……… 854
 蕭相國 ……… 854
 詠史·蕭何 ……… 854
 蕭何冢 ……… 855

 詠古詩十四首·蕭何 ……… 855
 韓溝曉月 ……… 856
 過未央宮 ……… 856
 買田宅 ……… 856
 漢臺詠史·蕭相國 ……… 856
 蕭何 ……… 856
 蕭何 ……… 857
 補禹門兩漢詠史小詩(其七) ……… 857
 蕭何 ……… 857
 蕭何 ……… 857
 蕭何定律 ……… 857
 詠史詩·蕭何 ……… 857
 詠史·蕭何 ……… 858
 讀《漢書》小樂府·未央宮 ……… 858

詠召平 ……… 859
 詠懷八十二首(其六) ……… 859
 青門 ……… 859
 邵平 ……… 859
 讀《蕭相國傳》,嘉召平出處之合義,作召平詩 ……… 859
 詠古二章(其一) ……… 859
 古蹟三首,爲岳給事賦 有序·青陵臺 ……… 860
 讀《漢書》小樂府·東陵瓜 ……… 860
 東陵瓜 ……… 860
 召平 ……… 860

詞

桃源憶故人·題人物畫·蕭何 ……
　　……………………………… 861

蝶戀花·邵平種瓜 ………… 861

曲

〔中呂〕朝天曲 …………… 862

〔北黃鍾白鶴子〕邵平店 …… 862

曹相國世家

詩

詠《曹相國世家》 ………… 863

　曹相國系(世)家 ………… 863

　蓋公 …………………… 863

　讀《漢書》小樂府·飲醇酒 …… 863

詠曹參 ………………… 864

　曹參 …………………… 864

　曹參祠 ………………… 864

　曹參 …………………… 864

　曹相國 ………………… 864

　曹參 …………………… 864

　曹參 …………………… 865

讀史雜詩四首(其三) …… 865

　曹參 …………………… 865

　曹參 …………………… 865

補禹門兩漢詠史小詩(其八、一六) …
　　……………………………… 865

　曹參 …………………… 866

　曹參趣裝 ……………… 866

　詠史·曹參 …………… 866

留侯世家

詩

詠《留侯世家》 ………… 867

　留侯系(世)家 ………… 867

　讀《留侯傳》 …………… 867

　讀《張子房傳》吟 ……… 867

　讀《子房傳》 …………… 868

　讀史 …………………… 868

　讀《張子房傳》 ………… 868

　和《讀〈張子房傳〉》 …… 868

　讀《張良傳》 …………… 868

　博浪椎 ………………… 868

詠張良 ………………… 869

　經張子房廟詩 ………… 869

　行經張子房廟詩 ……… 869

　詩 ……………………… 869

　春夕,經行留侯墓詩 …… 869

　經下邳圯橋,懷張子房 …… 870

　詠史 …………………… 870

　簡同志 ………………… 870

　漢嗣 …………………… 870

　圯橋 …………………… 870

　博浪沙 ………………… 870

　擬古(其十五) …………… 871

　留侯廟下作 …………… 871

　讀《素書》 ……………… 871

　題留侯廟 ……………… 871

　子房廟 ………………… 871

· 72 ·

留城子房廟 …… 872	題留城留侯廟 …… 877
留侯 …… 872	圯上行 …… 877
張良 …… 872	讀史五首(其四) …… 878
張良 …… 872	下邳永豐橋,舟過其下有感 …… 878
留侯廟 …… 872	張良 …… 878
讀史六首(其一) …… 873	張子房 …… 878
次正夫《宿留侯廟》韻 …… 873	下邳有感詩 …… 878
歲暮福昌懷古四首·張子房 …… 873	題留侯廟 …… 879
讀《留侯傳》有感 …… 873	圯橋 …… 879
張良 …… 874	圯橋 …… 879
留侯 …… 874	留侯廟 …… 879
過留侯廟 …… 874	博浪沙 …… 879
張良 …… 874	子房 …… 879
張子房 …… 874	詠史四首(其三) …… 880
留侯廟 …… 874	留城子房廟 …… 880
留侯廟 …… 875	子房 …… 880
博浪壯士 …… 875	進履橋 …… 880
留侯 …… 875	留侯 …… 880
博浪沙 …… 875	張良 …… 880
張子房 …… 875	圯橋 …… 881
留侯 …… 875	再過圯下懷子房 …… 881
圯上行并序 …… 876	赤松詞并序 …… 881
子房二首 …… 876	讀史(其四、六、七) …… 881
《張子房黃石公圖》 …… 876	題三傑·張良 …… 881
張良四首 …… 876	擬古十首,次劉聞廷韻(其五) …… 882
子房 …… 877	下邳懷留侯 …… 882
張良 …… 877	張子房詩 …… 882
張子房 …… 877	詠史·張良 …… 882
留侯 …… 877	

· 73 ·

题《张子房归隐图》…… 882
沧海君 …… 883
《圯桥进履图》 …… 883
黄石矶 …… 883
张良咏 …… 883
题留侯小像 …… 883
张子房诗 …… 884
圯上 …… 884
圯上有怀张子房 …… 884
张良铁椎歌 …… 884
《子房进履图》 …… 885
咏史二十一首(其四) …… 885
题白描人物四帧·《子房》 …… 885
题《张良还山图》 …… 885
子房墓 …… 885
留城道中有张良祠 …… 886
张良 …… 886
圯桥 …… 886
过穀城 …… 886
邳州怀古 …… 886
经圯上 …… 886
读史二十二首·张子房 …… 887
张子房 …… 887
博浪沙 …… 887
汉杰士(其三) …… 887
徐州,同朱进士登子房山 …… 887
留城 …… 887
读史十首·子房 …… 888
新丰过留侯、舞阳侯祠 …… 888

吊张子房 …… 888
张子房墓二首 …… 888
读史·张良 …… 888
经下邳圯上受书处有序 …… 889
咏史十五首并序·张留侯(其一) ……
…… 889
读史述·张良 …… 889
张良 …… 889
《圯桥进履图》 …… 889
赤松子桥 …… 890
题《圯桥进履图》 …… 890
圯上 …… 890
经下邳作 …… 890
留侯墓 …… 890
谒黄石子房祠 …… 891
咏史四首(其三) …… 891
谒留侯墓 …… 891
穀城 …… 891
过留侯祠 …… 891
穀城山 …… 891
题张子房墓 …… 892
子房祠三首 …… 892
圯桥 …… 892
留侯 …… 892
舞阳、留侯庙二首 …… 892
留侯庙和韵 …… 892
分题圯桥,送张公宝参议 …… 893
题《张良进履图》 …… 893
谒留侯祠 …… 893

再迭前韻,詠張良 …………… 893
詠古七首(其二) …………… 893
留侯墓 ……………………… 894
過留侯墓 …………………… 894
留侯祠 ……………………… 894
題《張良歸山圖》 …………… 894
博浪沙歌 …………………… 895
讀史二首(其一) …………… 895
圯橋 ………………………… 895
詠史一百首(其三十二) …… 895
下邳山上有黃石公廟 ……… 895
望下邳作 …………………… 896
過黃石祠,懷留侯 ………… 896
《進履圖》 …………………… 896
恩賜勝覽錄 ………………… 896
留城懷古 …………………… 896
張良 ………………………… 897
力士椎 ……………………… 897
子房山 ……………………… 897
博浪椎秦 …………………… 897
讀史詩 ……………………… 897
留侯祠 ……………………… 898
讀《張良傳》三首 …………… 898
讀史雜詠,呈藥地大師·張留侯 …
 ……………………………… 898
留侯祠 ……………………… 898
紫柏山下,謁留侯祠 ……… 899
彭、越道中詠古二首(其二) …… 899
題畫五首,同吳賓賢、汪舟次作·《張

良進履》 …………………… 899
題《張良進履圖》 …………… 899
子房山 ……………………… 899
張子房祠 …………………… 899
和夫子《讀〈留侯傳〉》作 …… 900
下邳懷古 …………………… 900
穀城山詠留侯 ……………… 900
博浪城 ……………………… 900
詠史(其四) ………………… 900
張子房祠 …………………… 901
汪生彥和出元人畫二十幅,分賦其五
·《留侯歸漢圖》 …………… 901
雜興八首(其二) …………… 901
紫柏山謁留侯祠 …………… 901
穀城山懷古 ………………… 902
古懷人詩五首·漢留侯良 …… 902
留侯里詠古 ………………… 902
留侯廟 ……………………… 902
子房 ………………………… 902
張良 ………………………… 903
張良 ………………………… 903
遊紫柏山留侯祠 …………… 903
詠古詩十四首·張良 ……… 903
徐州子房山 ………………… 903
詠史(其二) ………………… 904
詠史 ………………………… 904
穀城山 ……………………… 904
詠古詩六十首·同樊山作·張良 …
 ……………………………… 904

詠史(其七) …………… 904	題黃公洞 …………… 910
辟穀歎 …………… 905	黃石公墓 …………… 910
漢臺詠史·張子房 …………… 905	黃石山 …………… 910
張良 …………… 905	黃石宮二首(其一) …………… 911
張良 …………… 905	

詠四皓 …………… 912

| 補禹門兩漢詠史小詩(其十三、二十二) …………… 905 | 商洛山行懷古 …………… 912 |
| 贈崔公 …………… 912 |
讀《史記》作(其六) …………… 906	詠史十一首(其五) …………… 912
張良 …………… 906	商山四皓 …………… 912
張良 …………… 906	商山祠堂即事 …………… 913
詠古雜詩(其八) …………… 906	四皓廟 …………… 913
子房取履 …………… 906	和答詩十首并序·答四皓廟 …… 913
張良燒棧 …………… 907	題四皓廟 …………… 914
張留侯 …………… 907	詠史 …………… 914
詠史·張良 …………… 907	題商山四皓廟一絕 …………… 914
讀《漢書》小樂府·博浪椎 …… 907	四皓廟 …………… 915
雜詩六首(其五) …………… 907	四皓廟 …………… 915
讀古(其一) …………… 907	題四皓廟 …………… 915
留侯 …………… 908	題四老廟二首 …………… 915
詠懷(其二) …………… 908	四皓 …………… 915
讀史三首(其一) …………… 908	題四皓廟 …………… 915
	四皓廟 …………… 916

詠黃石公 …………… 909

| 黃公廟 …………… 909 | 漫書五首(其五) …………… 916 |
| 陽穀道中有懷黃石公事,寄呈敬齋姚公 …………… 909 | 四老廟 …………… 916 |
| 四皓廟 …………… 916 |
黃石公祠雜詩 …………… 909	《四皓圖》 …………… 916
黃石公廟 …………… 910	高士詠·商山四皓 …………… 916
過黃石公祠 …………… 910	四皓廟 …………… 916
題《圯橋老人圖》 …………… 910	遊四皓廟 …………… 917

問四皓 …… 917	題舍館壁《四皓圖》 …… 922
四皓二首 …… 917	題《四皓圖》 …… 922
四皓 …… 917	《四皓圖》 …… 922
四皓吟 …… 918	劉叔端所收何局長澄《四皓圖》……
題馬遠作《四皓弈棋圖》橫卷 … 918	…… 923
四皓 …… 918	題《四皓圖》 …… 923
遣興五首(其一) …… 918	四皓圍棋 …… 923
讀《四皓傳》 …… 918	四皓 …… 923
四皓 …… 918	題《四皓圖》 …… 923
四皓 …… 919	四皓二首 …… 923
四皓像 …… 919	《四皓圖》 …… 924
四皓 …… 919	題四畫·《四皓》 …… 924
四皓 …… 919	題《四皓對弈》《瀹茶圖》各一絕……
《四皓圖》 …… 919	…… 924
四皓 …… 919	四皓 …… 924
商山廟 …… 920	四皓廟 …… 924
《四皓圖》 …… 920	題《商山四皓圖》 …… 924
四皓 …… 920	題屏風畫《商山四老人》 …… 925
《四皓圖》 …… 920	題《四皓圖》 …… 925
《四皓弈棋圖》 …… 920	《四皓圍棋圖》 …… 925
四皓廟 …… 920	《四皓圖》 …… 925
題《商山四皓圖》 …… 921	題《四皓圖》二首 …… 925
題《商山四皓圖》 …… 921	題《四皓圖》 …… 925
《四皓圖》 …… 921	《商山四皓圖》 …… 926
《四皓圖》 …… 921	題馬遠《四皓圖》 …… 926
《四皓圖》 …… 921	菊齋橫坡十二詠·四皓歸漢 … 926
《四皓圖》 …… 921	題《四皓商山圖》 …… 926
題《四皓圖》 …… 922	題《商山圖》 …… 926
題《四皓閒適圖》 …… 922	四皓 …… 927

《四皓圖》 …………………… 927

紫芝曲 …………………… 927

題宋馬遠《四皓圖》 …………… 927

題馬遠畫《商山四皓圖》 ……… 928

《四皓出輔太子圖》 …………… 928

題馬遠《四皓弈棋圖》 ………… 928

《四皓圖》 …………………… 928

題《商山觀弈圖》 ……………… 928

題馬遠《四皓弈棋圖》橫卷 …… 928

《四皓圖》歌 ………………… 929

題《劉商觀弈圖》 ……………… 929

題馬遠《四皓弈棋圖》 ………… 929

題宋馬遠《四皓圖》 …………… 929

山居雜詠二十首(其二) ………… 930

《四皓圖》 …………………… 930

《四皓弈圖》 ………………… 930

題馬遠《四皓圖》 ……………… 930

題《商山對弈圖》 ……………… 930

商山辭 …………………… 930

擬古九首(其七) ……………… 930

《四皓對弈圖》 ……………… 931

題《四皓圖》 ………………… 931

題《四皓圖》,凡二首 ………… 931

《四皓圖》 …………………… 931

題《商皓圖》 ………………… 931

詠史 …………………… 932

題宋馬遠《四皓圖》卷 ………… 932

《四皓對弈圖》 ……………… 932

《四皓圖》 …………………… 932

題馬待詔《四皓弈棋圖》并序 …… 932

商山 …………………… 933

題馬遠作《四皓弈棋圖》 ……… 933

題馬遠作《四皓弈棋圖》 ……… 933

題宋馬遠《四皓圖》 …………… 933

題宋馬遠《四皓圖》 …………… 933

題馬遠《四皓弈棋圖》 ………… 934

題《四皓圖》 ………………… 934

詠史二十一首(其八) …………… 934

有感七首(其二) ……………… 934

四皓 …………………… 934

甪里先生谷 …………………… 935

頭 …………………… 935

題《四皓弈棋圖》 ……………… 935

題《四皓圖》 ………………… 935

題《四皓圖》 ………………… 935

《四皓圖》 …………………… 935

《四皓圖》 …………………… 936

《四皓圍棋圖》 ……………… 936

四皓 …………………… 936

四皓 …………………… 936

甪里村 …………………… 936

四老 …………………… 937

漫興六首(其五) ……………… 937

題《四皓圖》 ………………… 937

題《采芝圖》 ………………… 937

《商山圖》 …………………… 937

《四皓圍棋圖》 ……………… 937

四皓圍棋便面 ………………… 938

四皓 …………………………… 938

過商山,謁四皓廟四首 ……… 938

再過商山 ……………………… 938

四皓廟 ………………………… 938

賦得西秦名勝十二事,為梁公壽 …
　…………………………………… 939

題《四皓圖》 ………………… 939

商山行 ………………………… 939

詠史四首(其一) ……………… 939

題《商山四皓》 ……………… 939

四皓 …………………………… 939

題《四皓圖》 ………………… 940

商州四皓 ……………………… 940

四皓 …………………………… 940

四皓 …………………………… 940

題《商山四皓》 ……………… 940

四皓 …………………………… 940

題《商山四皓圖》 …………… 941

四皓 …………………………… 941

題四皓 ………………………… 941

詠四皓 ………………………… 941

題《四皓圖》 ………………… 941

題《四皓圖》,為黃山人全之壽 ……
　…………………………………… 942

題《四皓圖》 ………………… 942

題《四皓圖》 ………………… 942

詠史一百首(其三十八) ……… 942

四皓廟 ………………………… 942

詠史八首(其五) ……………… 943

詠逸民六首(其三) …………… 943

四皓墓 ………………………… 943

《四皓圖》 …………………… 943

《四皓圖》歌 ………………… 943

紀夢 …………………………… 944

咏四皓 ………………………… 944

讀史(其三) …………………… 944

四皓 …………………………… 944

雜詩八首(其一) ……………… 944

《商山圖》 …………………… 945

四皓墓 ………………………… 945

商山四皓墓 …………………… 945

詠史(其二) …………………… 945

商山四皓 ……………………… 945

四皓墓 ………………………… 946

漢臺詠史·商山四皓 ………… 946

四皓墓 ………………………… 946

羽翼成 ………………………… 946

詠史·商山四皓 ……………… 946

詠史小樂府三十首(其十六) … 947

四皓 …………………………… 947

詞

定風波 ………………………… 948

桃源憶故人·題人物畫·張良 ……
　…………………………………… 948

前调(滿江紅)·咏古·博浪椎 ……
　…………………………………… 948

東風第一枝·途經圯橋偶作 … 948

生查子·咏史(之二) ………… 949

水調歌頭·詠史 …………… 949
前調(滿江紅)·汴京懷古十首·博浪城 …………… 949
水龍吟·謁張子房祠 …………… 949
前調(風流子)·博浪沙懷古 … 949
滿江紅·謁黃石公祠 …………… 950
洞天春·黃石公洞 …………… 950
南乡子·博浪沙 …………… 950
漢宮春·《圯橋進履圖》 …………… 950
念奴嬌·楊武道中過博浪沙 … 951
齊天樂·彭城懷古十二首·圯上 …………… 951
將進酒·小梅花二首(之一) …… 951
鳳凰臺上憶吹簫·商山四皓 … 951
一絡索·甪里邨 …………… 952
八歸·白雲山 …………… 952

曲

〔正宮〕鸚鵡曲·四皓屏 … 953
〔雙調〕一錠銀(之六) … 953
〔雙調清江引〕再次前韻詠古 …………… 953
〔北雙調沉醉東風〕詠張良 … 953
〔南商調黃鶯兒〕題張良 … 953
〔北中呂朝天子〕述古人 …… 954
〔北中呂四邊靜〕廟臺子留侯辟穀處 …………… 954
〔雙調清江引〕再次前韻詠古 …………… 954

陳丞相世家

詩

詠《陳丞相世家》 …………… 955
 陳丞相系(世)家 …………… 955
 讀《陳平傳》 …………… 955
 讀《漢書》小樂府·分社肉 … 955
詠陳平 …………… 956
 曲逆侯 …………… 956
 擬古(其六) …………… 956
 和之美諷古(其一) …………… 956
 陳平 …………… 956
 陳平 …………… 956
 登完州城樓,州是古北平,又曰永平,即漢曲逆縣地故城,在今州東廿五里,即高祖云:"余行天下,見戶口夥繁,獨此縣與洛陽爾。"故城西南有大垠,土俗相傳為陳平墓 …………… 957
 陳平 …………… 957
 陳平 …………… 957
 陳平 …………… 957
 陳平 …………… 957
 古意二首(其一) …………… 957
 詠史·陳平 …………… 958
 漢傑士(其六) …………… 958
 臣不知 …………… 958
 左袒行 …………… 958
 詠史四首(其二) …………… 958
 曲逆詠古 …………… 958

陳平 …………………………… 959	周勃 …………………………… 965
陳平 …………………………… 959	周勃 …………………………… 965
曲逆行 ………………………… 959	周勃 …………………………… 965
萬黃金 ………………………… 959	周勃 …………………………… 965
陳平 …………………………… 959	周勃 …………………………… 966
陳平 …………………………… 960	登陽和樓 ……………………… 966
補禹門兩漢詠史小詩(其十、十一) … ……………………………… 960	秦漢樂府·眞將軍 …………… 966
	獄吏貴 ………………………… 966
雜詠史四十二首(其十三) …… 960	讀《漢書》列傳雜詩·周勃 …… 967
讀《漢書》(其三) ……………… 960	周勃織薄 ……………………… 967
陳平 …………………………… 960	詠史詩·周勃 ………………… 967
陳平多轍 ……………………… 961	詠周亞夫 ……………………………… 968
詠史·陳平 …………………… 961	細柳驛 ………………………… 968

詞

臺城路·過曲逆侯故里 ……… 962

絳侯周勃世家

詩

詠《絳侯周勃世家》 ………………… 963
 絳侯系(世)家 ………………… 963
 讀《周勃傳》 …………………… 963
 燕臺懷古雜詠,方水部_{鐵船}同作·細柳營 ……………………………… 963
 補禹門兩漢詠史小詩(其十二) …… ……………………………… 964
 雜詠史四十二首(其十二) …… 964
 反地下 ………………………… 964
詠周勃 …………………………………… 965
 漢丞相條侯廟 ………………… 965

 細柳營 ………………………… 968
 條侯 …………………………… 968
 《周亞夫細柳營圖》 …………… 968
 周亞夫 ………………………… 968
 周亞夫 ………………………… 968
 周亞夫廟 ……………………… 969
 細柳營 ………………………… 969
 詠史二十一首(其七) ………… 969
 細柳 …………………………… 969
 恩賜勝覽錄 …………………… 969
 周亞夫祠二首 ………………… 970
 周亞夫墓 ……………………… 970
 周亞夫 ………………………… 970
 景州篠侯廟 …………………… 970
 漢臺詠史·周條侯 …………… 970
 周亞夫 ………………………… 970

詠史(其三十、三十一) …… 971

周亞夫 …… 971

細柳營 …… 971

細柳軍 …… 971

讀《漢書》列傳雜詩·周亞夫 …… 971

周亞夫 …… 971

詠史·周亞夫 …… 972

梁孝王世家

詩

詠《梁孝王世家》 …… 973

梁孝王系(世)家 …… 973

詠梁王 …… 974

題梁王舊園 …… 974

梁王吹臺 …… 974

梁王春宴 …… 974

梁園懷古 …… 974

梁苑歌三首(其一、二) …… 974

汴梁二首(其二) …… 975

詠史 …… 975

讀《漢書》列傳雜詩·梁孝王 …… 975

梁孝牛禍 …… 975

梁孝王 …… 975

詞

柳梢青·梁苑懷古 …… 976

惜餘春慢·梁苑 …… 976

曲

〔雙調〕蟾宮曲·夷門懷古·汴梁 …… 977

五宗世家

詩

詠《五宗世家》 …… 978

五宗系(世)家 …… 978

河間獻王德 …… 978

河間懷古三首·河間獻王 …… 978

燕臺懷古雜詠，方水部鐵船同作·日華宮 …… 979

朱宮傳石君師出使示讀史詩，分詠《漢書》三十七首·河間獻王德 …… 979

獻縣謁河間獻王墓 …… 979

河間獻王德 …… 980

中山靖王勝 …… 980

臨江王榮 …… 980

江都易王建 …… 980

三王世家

詩

詠《三王世家》 …… 981

三王系(世)家 …… 981

伯夷列傳

詩

詠《伯夷列傳》 …… 982

伯夷列傳 …… 982

詠逸民六首(其一) …… 982

《伯夷傳》 …… 982

燕臺懷古雜詠，方水部鐵船同作·孤

竹城 …… 983

著雝攝提格·孤竹三家歌 …… 983

詠夷、齊附巢父、許由 …… 984

讀史述九章·夷、齊 …… 984

登首陽山謁夷、齊廟 …… 984

題伯夷廟 …… 984

首陽山 …… 984

夷、齊 …… 984

高士詠·伯夷、叔齊 …… 985

夷、齊廟 …… 985

首陽 …… 985

夷、齊 …… 985

伯夷詩 …… 985

伯夷 …… 985

夷、齊詠 …… 986

伯夷 …… 986

伯夷 …… 986

伯夷 …… 986

《夷、齊西山圖》 …… 986

首陽山伯夷、叔齊墓 …… 986

河中八詠·夷、齊墓 …… 987

弔夷、齊詩 …… 987

題二賢祠 …… 987

夷、齊墓 …… 987

夷、齊 …… 987

詠夷、齊二首 …… 987

《采薇圖》 …… 988

夷、齊 …… 988

題《夷、齊圖》 …… 988

夷、皓 …… 988

題范文正公書《伯夷頌》後 …… 988

《夷、齊首陽圖》 …… 988

題范文正公書《伯夷頌》 …… 989

《伯夷頌》 …… 989

謾述(其八) …… 989

夷、齊 …… 989

夷、齊 …… 989

《首陽山圖》 …… 990

首陽 …… 990

題《夷、齊采薇圖》 …… 990

擬古十首,次劉聞廷韻(其四) …… 990

感興二十一首(其二) …… 990

雜興(其三) …… 990

雜詩四十七首(其四十三) …… 991

夷、齊 …… 991

擬古九首(其二) …… 991

奉謁伯夷廟 …… 991

首陽山 …… 991

謁夷、齊廟 …… 992

夷、齊墓 …… 992

《夷、齊扣馬圖》 …… 992

題《夷、齊圖》 …… 992

夷、齊吟 …… 993

經夷、齊墓 …… 993

謁夷、齊廟二首 …… 993

謁夷、齊廟 …… 993

· 83 ·

過孤竹城,謁夷、齊廟 ………… 994

詠史 ……………………………… 994

鄉賢十詠·夷、齊 …………… 994

首陽山 …………………………… 994

離支國 …………………………… 994

謁夷、齊廟,得"寒"字,同陳維揚錫太史賦 ……………………………… 995

謁夷、齊祠 ……………………… 995

過首陽 …………………………… 995

過首陽 …………………………… 995

入塞,謁夷、齊祠 ……………… 995

詠史,雜成口號(其四) ………… 995

謁夷、齊祠 ……………………… 996

首陽山 …………………………… 996

謁夷、齊廟 ……………………… 996

首陽餓殍 ………………………… 996

詠史詩和李咸齋有序(其三) … 996

謁夷、齊廟,效易渭遠先生作 … 997

望夷、齊廟 ……………………… 997

伯夷 ……………………………… 997

古風(其五) ……………………… 997

登孤竹城,拜伯夷、叔齊祠堂 … 997

詠史(其五) ……………………… 998

平灤詠古十首(其一) ………… 998

《許由洗耳圖》 ………………… 998

夢入許、巢廟有感 ……………… 998

《棄瓢圖》 ……………………… 998

題《許由圖》 …………………… 999

望箕山,懷許由 ………………… 999

棄瓢池 …………………………… 999

詠巢、許 ………………………… 999

許由一瓢 ………………………… 999

詞

前調(清平樂)·覽古 ………… 1000

賀新涼·清明日吊伯夷、叔齊,用尤展成重九韻 …………………… 1000

前調(慶千秋)·擬巢、許辭位表 …………………………………… 1000

滿江紅·首陽懷古 …………… 1000

曲

〔雙調〕清江引(之一) ……… 1001

〔雙調清江引〕再次前韻詠古 …………………………………… 1001

〔北中呂朝天子〕述古人 …… 1001

〔北中呂朝天子〕《夷、齊圖》 …………………………………… 1001

管晏列傳

詩

詠《管晏列傳》 …………………… 1002

管晏列傳 ……………………… 1002

讀《管晏列傳》 ………………… 1002

詠管、鮑 ……………………………… 1003

讀史述九章·管、鮑 ………… 1003

何當行 ………………………… 1003

管仲 …………………………… 1003

再吟 …………………… 1003
　　鮑叔 …………………… 1003
　　和之美諷古（其二）…… 1003
　　管仲 …………………… 1004
　　管仲二首 ……………… 1004
　　管仲 …………………… 1004
　　管、鮑 ………………… 1004
　　管仲井 ………………… 1004
　　讀諸子·《管子》……… 1004
　　題《管、鮑分金》……… 1005
　　題《管、鮑論交圖》…… 1005
　　詠管、鮑 ……………… 1005
　　詠史十絕·管仲與鮑叔分財，利多自
　　　與 …………………… 1005
　　射鈎為相 ……………… 1005
　　管、鮑之交 …………… 1005
　　五賢詠·管仲 ………… 1006
　　管仲 …………………… 1006
　　管仲 …………………… 1006
　　管仲隨馬 ……………… 1006
　　鮑叔祠 ………………… 1006
詠晏子 ………………………… 1007
　　晏嬰 …………………… 1007
　　再吟 …………………… 1007
　　又吟 …………………… 1007
　　晏子 …………………… 1007
　　題晏子廟 ……………… 1007
　　晏子 …………………… 1008
　　蕩陰里 ………………… 1008
　　讀史二十二首·晏嬰 … 1008
　　詠史·晏嬰 …………… 1008
　　宿晏城作 ……………… 1008
　　晏嬰 …………………… 1009
　　晏嬰脫粟 ……………… 1009
　　晏御揚揚 ……………… 1009
　　　　　　詞
　　哨遍 …………………… 1010
　　　　　　曲
　　〔南北越調合套〕鮑叔悲 …… 1011

老子韓非列傳

　　　　　　詩
詠《老子韓非列傳》……………… 1012
　　老子韓非列傳 ………… 1012
詠老子 ………………………… 1013
　　至老子廟應詔詩 ……… 1013
　　過老子廟 ……………… 1013
　　登玄元廟 ……………… 1013
　　讀《老子》……………… 1013
　　讀《道德經》…………… 1013
　　讀《老》《莊》………… 1014
　　流沙 …………………… 1014
　　覽古十四首（其十三）… 1014
　　老子畫像 ……………… 1014
　　讀《老子傳》…………… 1014
　　讀《老子》……………… 1015
　　讀《老子》……………… 1015
　　讀《老子》，次前韻 …… 1015

秋思十首(其十) …… 1015

讀《老子》有感 …… 1015

老子像 …… 1016

《老子度關圖》 …… 1016

老子 …… 1016

樓觀 …… 1016

再生柏 …… 1016

留題樓觀 …… 1016

玄帝贊 …… 1017

樓觀留題 …… 1017

留題樓觀 …… 1017

《老子過關圖》 …… 1017

題老子廟 …… 1017

寓興(其八) …… 1017

《老子過關圖》 …… 1018

題《老子出關》像 …… 1018

老子 …… 1018

《老子送西遊圖》 …… 1018

老子像 …… 1018

讀諸子·《老子》 …… 1018

老子渡關 …… 1019

《老子度關圖》 …… 1019

《老子騎青牛》像 …… 1019

雜體五十首(其三十四) …… 1019

題老君洞 …… 1019

題老君洞 …… 1020

老子 …… 1020

題老君廢廟 …… 1020

函關 …… 1020

《老子出函谷圖》,友人索題,壽其所好 …… 1020

《老子騎牛度關圖》 …… 1021

《老子出關圖》 …… 1021

總題《老子出關圖》 …… 1021

登老子閣 …… 1021

恩賜勝覽錄 …… 1021

送王道士游說經臺 …… 1022

老子故宅 …… 1022

老子 …… 1022

老聃 …… 1022

李聃 …… 1022

夏日讀《老氏書》 …… 1023

漢臺詠史·李耳 …… 1023

詠尹喜 …… 1024

讀《關尹子》 …… 1024

讀《關尹子》 …… 1024

題《關尹問道圖》 …… 1024

賦得西秦名勝十二事,為梁公壽 …… 1024

尹喜 …… 1024

詠老萊子 …… 1025

老萊子 …… 1025

老萊子 …… 1025

老萊子 …… 1025

《老萊子圖》 …… 1025

老萊子 …… 1025

老萊斑衣 …… 1026

河上公 …… 1026

河上公 …………………………… 1026
田駢天口 ………………………… 1026
伯成辭耕 ………………………… 1026
邾子投火 ………………………… 1026

詠韓非子 ……………………………… 1027
读史述九章·韓非 ……………… 1027
讀《韓非傳》 …………………… 1027
讀《韓非子》 …………………… 1027
韓非 ……………………………… 1027
讀諸子·《韓非子》 …………… 1027
韓非囚秦 ………………………… 1028
韓非 ……………………………… 1028
韓子《孤憤》 …………………… 1028

詠莊子 ………………………………… 1029
詠莊子 …………………………… 1029
宋中十首(其七) ………………… 1029
讀《莊子》 ……………………… 1029
讀《莊子》 ……………………… 1029
池上寓興二絕(其一) …………… 1029
狂題十八首(其四) ……………… 1029
讀《莊子》三首 ………………… 1030
觀魚臺 …………………………… 1030
讀《莊子》 ……………………… 1030
幾復讀《莊子》戲贈 …………… 1030
過莊子祠堂 ……………………… 1031
讀《莊子》 ……………………… 1031
讀《莊子·人間世》 …………… 1031
讀《莊子·內篇》 ……………… 1031
讀《莊子》六絕句 ……………… 1031

至日,讀《莊子》 ……………… 1032
次韻萬先之《讀〈莊子〉》 …… 1032
讀《莊子》 ……………………… 1032
夜讀《莊子》,呈高紫微 ……… 1032
莊子 ……………………………… 1032
《莊子夢蝴蝶圖》 ……………… 1033
題莊子祠堂 ……………………… 1033
讀《莊子》 ……………………… 1033
莊子 ……………………………… 1033
讀《莊子》 ……………………… 1033
《莊子觀泉圖》 ………………… 1033
讀諸子·《莊子》 ……………… 1034
《莊子觀泉圖》 ………………… 1034
宿濠梁 …………………………… 1034
題《莊子觀泉圖》 ……………… 1034
濠梁 ……………………………… 1034
題《莊子觀泉》 ………………… 1034
讀《莊子》 ……………………… 1035
古意二十首(其九) ……………… 1035
題郡城附州縣圖十一首·東明 ……
………………………………… 1035
月夜與□子談《莊子》(其一、二) ……
………………………………… 1035
濠上 ……………………………… 1035
睢陽,禮莊子墓 ………………… 1035
濠梁登南華樓 …………………… 1036
南華翁 …………………………… 1036
濠上 ……………………………… 1036
讀《莊子》 ……………………… 1036

畫莊周 …………………… 1036
淡雲溪明府《漆園詠蝶圖》…… 1037
讀《莊子·內篇》八首 ………… 1037
曹南渡河,望南華山 ………… 1038
莊周 ………………………… 1038
莊周 ………………………… 1038
莊周 ………………………… 1038
莊周畏犧 …………………… 1038
姑射若冰 …………………… 1038
讀《莊子》 …………………… 1039
曹南先賢詠·莊周 …………… 1039
列禦寇 ……………………… 1039

詠申不害 …………………… 1040
申不害 ……………………… 1040
三千牘 ……………………… 1040
申不害 ……………………… 1040

詞

又(沁園春)(之十一) ………… 1041
洞仙歌·函關獨步 …………… 1041
絳都春·丙申正月回至成都,游青羊宮 …………………………… 1041
唐多令·函關吊古,題猶龍閣上 …………………………… 1041
水調歌頭·濠州觀魚臺作 …… 1042
千秋歲·漆園 ………………… 1042
行香子·讀《南華經》有感 …… 1042

曲

題鄭雨香少府《函關吏隱圖》 … 1043
莊子歎骷髏 ………………… 1043

〔南中呂駐雲飛〕(之二十二) … 1045

司馬穰苴列傳

詩

詠《司馬穰苴列傳》 …………… 1046
司馬穰苴列傳 ……………… 1046
詠司馬穰苴 ………………… 1047
穰苴 ………………………… 1047
田穰苴 ……………………… 1047
《司馬兵法》 ………………… 1047

孫子吳起列傳

詩

詠《孫子吳起列傳》 …………… 1048
孫子吳起列傳 ……………… 1048
馬陵嘆 ……………………… 1048
《十三篇》 …………………… 1048
燕臺懷古雜詠,方水部鐵船同作·馬陵道 ………………………… 1049
詠孫武附孫臏、龐涓 ……………… 1050
吳宮教美人戰 ……………… 1050
呈宮教戰 …………………… 1050
孫武 ………………………… 1050
讀《孫子》二首 ……………… 1050
孫武篇 ……………………… 1050
感古(其一) ………………… 1051
讀諸子·《孫子》 ……………… 1051
孫武廟 ……………………… 1051
孫武墓 ……………………… 1051

| 孫武 …………………………… 1051
| 孫武 …………………………… 1051
| 孫武 …………………………… 1052
| 孫武子墓 ……………………… 1052
| 孫武 …………………………… 1052
| 馬陵 …………………………… 1052
| 孫臏 …………………………… 1053
| 讀《戰國史》 ………………… 1053
| 孫臏 …………………………… 1053
| 過馬陵 ………………………… 1053
| 馬陵行 ………………………… 1053
| 孫臏 …………………………… 1053
| 城東八詠·孫、龐山 ………… 1054
| 馬陵道懷古 …………………… 1054
| 孫臏刖足 ……………………… 1054
| 孫臏 …………………………… 1054
| 龐涓 …………………………… 1054
| 過馬陵關,龐涓墓下作 ……… 1055
| 龐涓井 ………………………… 1055

詠吳起 ………………………… 1056
| 公叔 …………………………… 1056
| 吳起 …………………………… 1056
| 讀諸子·《吳子》 …………… 1056
| 吳起 …………………………… 1056
| 吳起 …………………………… 1056
| 吳起 …………………………… 1057

伍子胥列傳

詩

詠《伍子胥列傳》 …………… 1058
| 伍員列傳 ……………………… 1058

| 讀伍子胥史事 ………………… 1058
| 題《伍子胥傳》後 …………… 1058
| 讀史雜詠(其一、二) ……… 1058

詠伍子胥附伍尚 ……………… 1059
| 祠伍員廟詩 …………………… 1059
| 伍子胥 ………………………… 1059
| 祀伍相廟詩 …………………… 1059
| 夜渡吳松江懷古 ……………… 1059
| 題伍員廟 ……………………… 1059
| 吳江 …………………………… 1060
| 柏舉 …………………………… 1060
| 青山廟 ………………………… 1060
| 伍子胥廟 ……………………… 1060
| 蘇州十詠·伍相廟 …………… 1060
| 伍員廟 ………………………… 1060
| 題英烈王廟 …………………… 1061
| 題吳山伍子胥祠 ……………… 1061
| 過伍子胥廟 …………………… 1061
| 伍子胥廟 ……………………… 1061
| 投金瀨有感 …………………… 1061
| 伍員祠 ………………………… 1062
| 詠史 …………………………… 1062
| 謁伍大夫廟 …………………… 1062
| 題子胥廟 ……………………… 1062
| 伍相公廟,丁亥被毀 ………… 1062
| 伍子胥廟 ……………………… 1062
| 題伍員廟 ……………………… 1063
| 胥山 …………………………… 1063
| 沛城北有伍員廟碑,露立荒郊,有感
　　……………………………… 1063

子胥廟 …… 1063	再詠四首 …… 1069
越來溪 …… 1063	子胥廟 …… 1069
伍王廟 …… 1063	胥山子胥廟 …… 1069
覽古 …… 1064	胥門 …… 1069
城門曲 …… 1064	題伍子胥廟壁 …… 1070
蘆中人 …… 1064	伍行人祠偶題 …… 1070
子胥廟 …… 1064	伍公祠 …… 1070
《楚漁父渡伍胥辭劍圖》歌 …… 1065	夜夢伍相枉顧，言忠楚報吳甚悉，頷聯乃夢中句也 …… 1070
胥山 …… 1065	詠史雜成口號(其一) …… 1070
子胥謝漁父 …… 1065	讀史述·伍員 …… 1071
伍大夫祠官祭作 …… 1065	伍相祠 …… 1071
伍員廟 …… 1065	由吳入越，舟中無營，偶思吳中名人，信筆為頌，為泰伯、季札、伍員、要離、梁鴻(其三) …… 1071
登子胥廟，因觀錢塘江潮 …… 1065	
伍子胥 …… 1066	
題伍牙山子胥廟 …… 1066	
感懷三十一首(二十九) …… 1066	十哀詩，挽王中丞叔文·伍大夫員 …… 1071
子胥門 …… 1066	
胥溪 …… 1066	伍相祠 …… 1071
子胥廟 …… 1066	伍子胥 …… 1071
伍子胥廟 …… 1067	伍員 …… 1072
吊伍子胥辭 …… 1067	伍相國祠 …… 1072
謁伍相祠 …… 1067	胥王廟 …… 1072
蘇臺懷古 …… 1067	伍員 …… 1072
胥山 …… 1068	謁伍相國祠 …… 1072
蘇臺懷古 …… 1068	伍員墓 …… 1072
子胥廟 …… 1068	胥門懷古 …… 1073
子胥廟 …… 1068	真州詠懷古跡詩十二首·胥浦 …… 1073
射潮引 …… 1068	
次韻石田《登姑蘇臺》 …… 1068	伍員 …… 1073

伍員 …………………………… 1073

投金瀨 ………………………… 1073

伍子胥 ………………………… 1073

胥江懷古 ……………………… 1074

姑蘇懷古(其二) ……………… 1074

伍子胥吹簫 …………………… 1074

伍員 …………………………… 1074

伍員 …………………………… 1074

伍員 …………………………… 1074

伍子胥 ………………………… 1075

讀史雜詠·伍相國 …………… 1075

詠古 …………………………… 1075

伍相國祠 ……………………… 1075

詠懷(其五) …………………… 1075

舟膠新河中,乞潮伍相國 …… 1076

過伍相國祠 …………………… 1076

弔伍相國 ……………………… 1076

伍尚 …………………………… 1076

伍尚 …………………………… 1076

詞

酒泉子(之八) ………………… 1077

滿江紅·姑蘇懷古 …………… 1077

前調(滿江紅)·咏古·蘆中枏……
　　………………………………… 1077

望海潮·吳山伍公廟作 ……… 1077

解連環 ………………………… 1078

青門引 ………………………… 1078

桂枝香·胥江懷古 …………… 1078

桂枝香·胥江懷古 …………… 1078

前調(浣溪沙)·投金瀨懷古………
　　………………………………… 1079

前調(西江月)·過投金瀨懷古……
　　………………………………… 1079

前調(望海潮)·胥門城樓,即伍相國
祠,春日同雲臣展謁有作 …… 1079

滿江紅·過昭關懷古 ………… 1079

望江南·吳宮漫興十首(其六)……
　　………………………………… 1079

前調(浣溪紗)·望夫椒山 …… 1080

驀山溪·登吳山弔伍子胥,和芝麓先
生韻 …………………………… 1080

漢宮春·胥王廟 ……………… 1080

前調(賀新郎)·胥門懷古 …… 1080

滿江紅·題伍相祠,次鄂王韻……
　　………………………………… 1080

前調(滿江紅)·再題伍公廟………
　　………………………………… 1081

蘭陵王·吳山伍公祠 ………… 1081

水調歌頭·江上弔古 ………… 1081

醉落魄·謁伍公廟 …………… 1081

臨江仙·胥山 ………………… 1082

滿庭芳·過伍相祠 …………… 1082

烏夜啼·弔子胥 ……………… 1082

南柯子·伍廟 ………………… 1082

水龍吟·春日胥江懷古 ……… 1082

滿江紅·吳山伍相國祠 ……… 1083

水龍吟·弔浣紗女祠,在真州城西白
沙江上 ………………………… 1083

金縷曲·登吳山第一峰 …… 1083
水龍吟·伍相國祠 …………… 1083
浪淘沙·胥山懷古 …………… 1084
滿庭芳·吊伍員 ……………… 1084
臨江仙·錢塘觀潮 …………… 1084

曲

〔正宮〕鸚鵡曲·四皓屏 …… 1085
〔中呂〕朝天曲 ……………… 1085
〔南中呂駐馬聽〕吳山拜伍相廟…
　　　　　……………………… 1085
〔北仙呂一半兒〕吳山伍公廟……
　　　　　……………………… 1085

仲尼弟子列傳

詩

詠《仲尼弟子列傳》 …………… 1086
　仲尼弟子列傳 ……………… 1086
　訓兒童八首·弟子 ………… 1086
　雜詩四十七首(其三十七) … 1086
　雜詩三十六首(其十一) …… 1086
　擬古九首(其四) …………… 1087
　詠古 ………………………… 1087
　七十二弟子 ………………… 1087
　子罕辭寶 …………………… 1087
詠顏回 ………………………… 1088
　欺魯二首(其二) …………… 1088
　顏回 ………………………… 1088
　顏子 ………………………… 1088
　文宣王及其弟子贊·顏回 … 1088

書《顏子傳》後 ……………… 1088
訓兒童八首·顏子 …………… 1089
顏子 …………………………… 1089
曲阜懷古·顏巷 ……………… 1089
詠貧士七首(其一) …………… 1089
無題(其十一) ………………… 1089
致敬顏子廟 …………………… 1089
謁顏廟詩 ……………………… 1090
洗心亭 ………………………… 1090
顏子琴操一首,居陋巷作 …… 1090
陋巷操 ………………………… 1090
謁顏廟 ………………………… 1090
謁顏子廟 ……………………… 1091
禮顏廟,觀陋巷井 …………… 1091
詠逸民六首(其四) …………… 1091
顏回 …………………………… 1091
顏回簞瓢 ……………………… 1091
陋巷 …………………………… 1092
詠閔損 ………………………… 1093
文宣王及其弟子贊·閔損 …… 1093
閔子 …………………………… 1093
閔子墓 ………………………… 1093
題閔子祠碑陰 ………………… 1093
烏總管重修閔子廟 …………… 1093
閔損 …………………………… 1094
望閔子廟 ……………………… 1094
謁費公祠 ……………………… 1094
過閔子墓 ……………………… 1094
過夾溝閔子鄉 ………………… 1094

禮閔子墳 …………………… 1094

　　閔損 ………………………… 1095

　　閔損衣單 …………………… 1095

　　曹南先賢詠・閔子 ………… 1095

詠冉求 ………………………………… 1096

　　文宣王及其弟子贊・冉求 … 1096

　　冉子祠 ……………………… 1096

　　冉子祠 ……………………… 1096

　　冉求 ………………………… 1096

　　曹南先賢詠・冉子伯牛 …… 1096

詠仲由 ………………………………… 1098

　　文宣王及其弟子贊・仲由 … 1098

　　子路 ………………………… 1098

　　《子路問津圖》 …………… 1098

　　題《子路問津圖》 ………… 1098

　　開州衛國公墓 ……………… 1098

　　題《子路負米》扇景 ……… 1099

　　題郡城附州縣圖十一首・長垣
　　　　……………………………… 1099

　　仲由 ………………………… 1099

　　子路負米 …………………… 1099

　　曹南先賢詠・仲子 ………… 1099

詠言偃 ………………………………… 1100

　　文宣王及其弟子贊・言偃 … 1100

　　子遊 ………………………… 1100

　　子遊遺趾 …………………… 1100

　　子遊舊宅 …………………… 1100

　　子遊井 ……………………… 1100

　　子遊廟 ……………………… 1101

　　子遊墓 ……………………… 1101

　　子遊宅 ……………………… 1101

　　子遊巷 ……………………… 1101

　　拜子遊墓 …………………… 1101

　　子遊巷 ……………………… 1101

　　謁子遊子祠 ………………… 1102

　　言偃 ………………………… 1102

詠宰予 ………………………………… 1103

　　文宣王及其弟子贊・宰予 … 1103

詠子夏 ………………………………… 1104

　　子夏山 ……………………… 1104

　　文宣王及其弟子贊・卜商 … 1104

　　子夏 ………………………… 1104

　　卜子夏 ……………………… 1104

　　謁子夏祠 …………………… 1104

　　卜商 ………………………… 1105

　　曹南先賢詠・卜子 ………… 1105

詠曾點 ………………………………… 1106

　　曾點 ………………………… 1106

　　文宣王及其弟子贊・曾點 … 1106

　　曾點扇頭二首 ……………… 1106

詠曾參 ………………………………… 1107

　　文宣王及其弟子贊・曾參 … 1107

　　三省二首 …………………… 1107

　　曾子 ………………………… 1107

　　曾子 ………………………… 1107

　　曾參 ………………………… 1107

　　殘形操 ……………………… 1108

　　曾參 ………………………… 1108

曾子避席 …………………… 1108

詠子貢 ………………………… 1109

子貢 ……………………………… 1109

再吟 ……………………………… 1109

子貢 ……………………………… 1109

賜也 ……………………………… 1109

文宣王及其弟子贊·端木賜 ………
　　………………………………… 1109

子貢 ……………………………… 1109

襄陽詠史·漢陰臺 ……………… 1110

子貢廬墓處 …………………… 1110

端木賜 ………………………… 1110

端木辭金 ……………………… 1110

曹南先賢詠·端木子 …………… 1110

詠原憲 ………………………… 1111

六言詩十章(其十) ……………… 1111

高士詠·原憲 …………………… 1111

文宣王及其弟子贊·原憲 ……… 1111

古意二十首(其八) ……………… 1111

原憲桑樞 ……………………… 1111

詠其他弟子 …………………… 1112

文宣王及其弟子贊·冉耕 ……… 1112

文宣王及其弟子贊·冉雍 ……… 1112

文宣王及其弟子贊·澹臺滅明 ……
　　………………………………… 1112

澹臺滅明墓 …………………… 1112

澹臺湖 ………………………… 1112

謁澹臺子羽墓 ………………… 1113

著雝攝提格·故城澹臺故居 ………
　　………………………………… 1113

澹臺毀璧 ……………………… 1113

文宣王及其弟子贊·公冶長 ………
　　………………………………… 1113

文宣王及其弟子贊·公西蒧 ………
　　………………………………… 1113

文宣王及其弟子贊·有若 …… 1113

文宣王及其弟子贊·巫馬施 ………
　　………………………………… 1114

曹南先賢詠·巫馬子 ………… 1114

文宣王及其弟子贊·公皙哀 ………
　　………………………………… 1114

文宣王及其弟子贊·顓孫師 ………
　　………………………………… 1114

文宣王及其弟子贊·高柴 …… 1114

文宣王及其弟子贊·顏無繇 ………
　　………………………………… 1115

文宣王及其弟子贊·南宮括 ………
　　………………………………… 1115

南宮括 ………………………… 1115

文宣王及其弟子贊·商瞿 …… 1115

文宣王及其弟子贊·司馬耕 ………
　　………………………………… 1115

文宣王及其弟子贊·公西赤 ………
　　………………………………… 1115

文宣王及其弟子贊·公伯僚 ………
　　………………………………… 1116

文宣王及其弟子贊·漆雕開 ………
　　………………………………… 1116

文宣王及其弟子贊·宓不齊 ………
　　………………………………… 1116

單父琴臺 …………………… 1116

　　登鳴琴堂故基 ……………… 1116

　　曹南先賢詠·宓子 ………… 1117

　　沈諸梁 ……………………… 1117

　　宓賤彈琴 …………………… 1117

　　曹南先賢詠·冉子仲弓 …… 1117

　　曹南先賢詠·冉子子有 …… 1117

　　曹南先賢詠·左邱(丘)子 … 1118

　　曹南先賢詠·蘧子 ………… 1118

　　曹南先賢詠·甯武子 ……… 1118

　　曹南先賢詠·史魚 ………… 1118

　　曹南先賢詠·曹公子子臧 … 1119

　　莊蹻 ………………………… 1119

詞

　　前調(金菊對芙蓉)·訪單縣琴臺…
　　　　………………………… 1120

　　玉樓春·謁顏子廟感賦 …… 1120

商君列傳

詩

詠《商君列傳》 …………………… 1121

　　商君列傳 …………………… 1121

　　讀《商君傳》 ……………… 1121

　　讀《商君傳》二首 ………… 1121

詠商鞅 …………………………… 1122

　　商君吟 ……………………… 1122

　　商鞅 ………………………… 1122

　　感古十首(其六) …………… 1122

　　商鞅 ………………………… 1122

　　衛鞅 ………………………… 1122

　　大良造 ……………………… 1122

　　讀諸子·《商子》 …………… 1123

　　古意二十首(其十六) ……… 1123

　　讀史 ………………………… 1123

　　讀史二十二首·商鞅 ……… 1123

　　讀史四首(其四) …………… 1123

　　詠史·商鞅 ………………… 1124

　　五言古詩(其十) …………… 1124

　　詠史一百首(其十九) ……… 1124

　　商鞅變法 …………………… 1124

　　商鞅 ………………………… 1124

　　商鞅 ………………………… 1124

　　思退齋詠古詩(其四) ……… 1125

　　漢臺詠史·商鞅、呂不韋 … 1125

　　詠史詩·商鞅 ……………… 1125

曲

　　〔南中呂駐雲飛〕(之八十) … 1126

蘇秦列傳

詩

詠《蘇秦列傳》 …………………… 1127

　　蘇秦列傳 …………………… 1127

　　讀《范、蘇二子傳》(其二) … 1127

　　白頭吟 ……………………… 1127

　　讀《国策》 ………………… 1128

　　讀史雜詠(其五) …………… 1128

詠蘇秦 …………………………… 1129

　　縱橫篇 ……………………… 1129

讀史五首(其五) …………… 1129
經蘇秦墓 ………………… 1129
蘇秦 ……………………… 1129
蘇秦 ……………………… 1129
天門引 …………………… 1129
蘇客卿秦 ………………… 1130
蘇秦 ……………………… 1130
古風三十一首(其十一) … 1130
題《蘇秦佩六國相印》手卷 … 1130
題《蘇季子妻嫂歡迎圖》 … 1130
詠史 ……………………… 1130
雜體五十首(其三十二) … 1131
感懷三十一首(其九) …… 1131
八客詠·說客 …………… 1131
詠史(其一) ……………… 1131
蘇秦 ……………………… 1131
蘇秦 ……………………… 1132
武安雜詩(其三) ………… 1132
詠史 ……………………… 1132
蘇秦 ……………………… 1132
蘇秦 ……………………… 1132
蘇秦 ……………………… 1132

詠鬼谷子 …………………… 1133
鬼谷子 …………………… 1133
鬼谷子 …………………… 1133
城東八詠·鬼谷觀 ……… 1133
鬼谷子 …………………… 1133
鬼谷子祠 ………………… 1133
蘇代 ……………………… 1134

犀首 ……………………… 1134

詞

前調(沁園春)·席上看演蘇秦,座客有太息者,戲為賦之 ………… 1135
西江月·過蘇秦故里 …… 1135
前調(一斛珠)·讀史 …… 1135

曲

〔南中呂駐雲飛〕(之六) …… 1136

張儀列傳

詩

詠《張儀列傳》 …………… 1137
張儀列傳 ………………… 1137
讀《儀、秦傳》 …………… 1137
讀史二十二首·儀、秦 … 1137
讀史·儀、秦 …………… 1138
雜覽三首(其一) ………… 1138

詠張儀 ……………………… 1139
張儀樓 …………………… 1139
張儀 ……………………… 1139
張儀 ……………………… 1139
感興二十一首(其四) …… 1139
雜言二首(其二) ………… 1139
張儀 ……………………… 1139
張儀 ……………………… 1140
張儀 ……………………… 1140
張儀 ……………………… 1140

詠陳軫 ……………………… 1141
陳軫 ……………………… 1141

司馬錯 ·················· 1141

樗里子甘茂列傳

詩

詠《樗里子甘茂列傳》 ·········· 1142

 樗里子甘茂列傳 ·········· 1142

詠樗里子 ·················· 1143

 中臺五題·樗里子墓 ·········· 1143

 樗里子 ·················· 1143

 樗里疾 ·················· 1143

 詠史 ·················· 1143

 樗里智囊 ·················· 1143

詠甘茂附甘羅 ·················· 1144

 甘茂 ·················· 1144

 甘茂 ·················· 1144

 甘羅 ·················· 1144

 甘羅廟 ·················· 1144

 甘羅 ·················· 1144

 淮上詠古·甘羅 ·········· 1145

 甘羅 ·················· 1145

穰侯列傳

詩

詠《穰侯列傳》 ·········· 1146

 穰侯列傳 ·················· 1146

詠穰侯 ·················· 1147

 感遇詩三十八首(其二十一) ······ 1147

 穰侯 ·················· 1147

 穰侯 ·················· 1147

 五言古詩(其七) ·········· 1147

 魏冉 ·················· 1147

 魏冉 ·················· 1148

白起王翦列傳

詩

詠《白起王翦列傳》 ·········· 1149

 白起王翦列傳 ·········· 1149

詠白起 ·················· 1150

 過白起墓 ·················· 1150

 故宜城 ·················· 1150

 杜郵 ·················· 1150

 白起 ·················· 1150

 襄陽詠史·武安君廟 ·········· 1150

 白起 ·················· 1150

 武安行 ·················· 1151

 武安君廟 ·················· 1151

 長平戈頭歌,答烏繼善知縣 ··· 1151

 長平戈ˉ ·················· 1151

 長平戈頭歌 ·················· 1151

 長平戈頭歎 ·················· 1152

 過長平有感 ·················· 1152

 長平箭頭歌 ·················· 1152

 梁父吟(其四) ·········· 1152

 經武安祠 ·················· 1153

 謁武安君廟 ·················· 1153

 長平行 ·················· 1153

 長平 ·················· 1153

 白起 ·················· 1153

· 97 ·

詠史(其一)	1154	詠史	1160
武安雜詩(其二)	1154	感興二十一首(其十七)	1160
白起墓	1154	謁孟子廟二首	1160
杜郵亭	1154	過鄒，肅謁孟廟	1160
白起坑降	1154	《斷機圖》	1160
杜郵劍	1154	謁孟廟	1161
武安怨	1155	鄒嶧	1161
詠王翦	**1156**	謁孟廟二首	1161
王翦	1156	謁孟廟	1161
王翦	1156	由滕入鄒	1162
王翦	1156	敬謁孟母廟	1162
頻陽公主宅	1156	孟廟	1162

孟子荀卿列傳

詩

		謁孟廟	1162
詠《孟子荀卿列傳》	**1157**	謁孟母林，並求孟母故宅	1163
孟子荀卿列傳	1157	禮孟子所自鐫像	1163
讀《孟子》	1157	雪宮	1163
讀《孟子》	1157	鄒縣謁孟子廟	1163
讀《孟子》	1158	謁孟夫子祠	1163
讀《孟子》	1158	謁孟廟	1164
傷《孟篇》	1158	鄒縣謁孟子廟二首	1164
詠孟子	**1159**	謁孟子廟	1164
孟子	1159	孟廟	1164
孟子	1159	謁孟廟	1164
孟子	1159	謁孟廟	1165
拜謁亞聖兗國公留題	1159	孟軻	1165
孟軻	1159	重謁孟廟	1165
鄒縣	1159	孟某養素	1165
		孟親斷機	1165

詠三鄒子 附楊朱、離婁、墨翟 ……… 1166
 三鄒子 有序 ……………………… 1166
 鄒衍霜降 …………………………… 1166
 騶衍 ………………………………… 1166
 騶忌 ………………………………… 1166
 楊朱泣歧 …………………………… 1167
 楊朱 ………………………………… 1167
 楊朱 ………………………………… 1167
 離婁明目 …………………………… 1167
 墨翟 ………………………………… 1167
 墨翟 ………………………………… 1167
 田駢 ………………………………… 1168
 慎到 ………………………………… 1168

詠荀子 …………………………………… 1169
 荀卿 ………………………………… 1169
 二十四大儒贊 并序·荀卿 ……… 1169
 荀卿 ………………………………… 1169
 荀子 ………………………………… 1169
 讀諸子·《荀子》 ………………… 1170
 感興二十一首(其十四) ………… 1170
 荀卿 ………………………………… 1170
 荀卿 ………………………………… 1170
 荀況 ………………………………… 1170

詞
 朝中措·鄒嶧山 …………………… 1171

孟嘗君列傳

詩
詠《孟嘗君列傳》 ……………………… 1172
 孟嘗君列傳 ………………………… 1172

 讀《孟嘗君傳》 …………………… 1172
 四君詠·右孟嘗君 ………………… 1172
 孟嘗君 ……………………………… 1173
 雜詠史四十二首(其三) ………… 1173

詠孟嘗君 附馮諼 ……………………… 1174
 遊俠篇 ……………………………… 1174
 聘齊,經孟嘗君墓詩 ……………… 1174
 過函谷關 …………………………… 1174
 函谷關 ……………………………… 1174
 函谷關 ……………………………… 1174
 田文 ………………………………… 1175
 再吟 ………………………………… 1175
 關下 ………………………………… 1175
 過田文墓 …………………………… 1175
 孟嘗君歌 …………………………… 1175
 孟嘗 ………………………………… 1175
 詠史 ………………………………… 1175
 孟嘗君 ……………………………… 1176
 諸侯客 ……………………………… 1176
 《孟嘗君度關圖》 ………………… 1176
 函谷關 ……………………………… 1176
 題青州孟嘗君故宅 ………………… 1176
 新市民家壁間畫·《孟嘗》 …… 1176
 孟嘗君 ……………………………… 1176
 過孟常君養士處 …………………… 1177
 雜覽三首(其二) ………………… 1177
 題孟嘗君養士處 …………………… 1177
 臨城驛,碣題孟嘗養士處 ……… 1177
 過孟嘗君食客處 …………………… 1177

過孟嘗君墓 …………… 1177	四君詠·右平原君 …………… 1183
經薛故城 …………… 1178	《平原君傳》書後 …………… 1183
古薛城,吊孟嘗君 …………… 1178	**詠平原君** …………… 1184
鳴狗盜 …………… 1178	邯鄲 …………… 1184
孟嘗君 …………… 1178	雜詩三首(其一) …………… 1184
田文 …………… 1178	平原君 …………… 1184
過函關,為薛君解嘲 …………… 1178	新市民家壁間畫·《平原》 …… 1184
孟嘗君 …………… 1179	平原君 …………… 1184
孟嘗君 …………… 1179	讀史二十二首·平原君 …………… 1184
田文比飯 …………… 1179	詠史四首(其二) …………… 1185
五日吊古 …………… 1179	恩縣 …………… 1185
詠史 …………… 1179	趙州 …………… 1185
馮諼 …………… 1179	平原君 …………… 1185
狡兔窟 …………… 1180	平原 …………… 1185
詠史一百首(其十六) …………… 1180	古意(其一) …………… 1186
八客詠·食客 …………… 1180	平原君祠 …………… 1186
過古薛城 …………… 1180	平原君 …………… 1186
詠史(其一) …………… 1180	趙勝 …………… 1186
馮驩 …………… 1180	趙勝謝躄 …………… 1186
馮驩折券 …………… 1181	漢臺詠史·平原君 …………… 1186
詞	平原君 …………… 1187
齊天樂·彭城懷古十二首·雍門邨 …………… 1182	平原君 …………… 1187
減字木蘭花·讀史 …………… 1182	詠古 …………… 1187
	詠毛遂 …………… 1188
平原君虞卿列傳	毛遂 …………… 1188
詩	再吟 …………… 1188
詠《平原君虞卿列傳》 …………… 1183	毛遂 …………… 1188
平原君虞卿列傳 …………… 1183	《毛遂脫穎圖》 …………… 1188
	毛遂 …………… 1188

毛遂 …………………………… 1188
　　題《毛遂執劍圖》 …………… 1189
　　毛遂墓 ………………………… 1189
　　後秋興八首·寄毛遂 ………… 1189
　　毛先生 ………………………… 1189
　　平原行 ………………………… 1189
詠虞卿 ………………………………… 1190
　　虞卿 …………………………… 1190
　　潘孟陽上書不報,歸里作五詠(其四)
　　　　　………………………… 1190
　　讀史三首(其二) ……………… 1190
　　虞卿 …………………………… 1190
　　詠史十首(其七) ……………… 1190
　　虞卿 …………………………… 1191
　　虞卿 …………………………… 1191
　　虞卿擔簦 ……………………… 1191
　　虞卿 …………………………… 1191

詞

　　又(水龍吟)·登邯鄲叢臺 …… 1192
　　前調(清平樂)·讀史 ………… 1192
　　滿庭芳·叢臺 ………………… 1192

魏公子列傳

詩

詠《魏公子列傳》 …………………… 1193
　　魏公子列傳 …………………… 1193
　　讀《信陵傳》 ………………… 1193
　　信陵行 ………………………… 1193
　　五言古詩(其八) ……………… 1194

　　四君詠·右信陵君 …………… 1194
　　信陵公子行 …………………… 1194
詠魏無忌 ……………………………… 1195
　　偶詩五首(其三) ……………… 1195
　　公子無忌 ……………………… 1195
　　再吟 …………………………… 1195
　　大梁行 ………………………… 1195
　　古信陵行 ……………………… 1195
　　信陵君 ………………………… 1196
　　新市民家壁間畫·《信陵》 …… 1196
　　信陵君 ………………………… 1196
　　涼夜讀史,擬古數語,錄呈勝伯先生
　　知己裁正 ……………………… 1196
　　結襪子 ………………………… 1196
　　雜詩四十一首(其二十一) …… 1196
　　信陵亭懷古 …………………… 1197
　　過邯鄲縣 ……………………… 1197
　　大梁懷古 ……………………… 1197
　　梁園懷古 ……………………… 1197
　　雜懷五十首(其二十五) ……… 1197
　　十詠·信陵君飲酒近婦人 …… 1198
　　詠史一百首(其十七) ………… 1198
　　寓言三首(其二) ……………… 1198
　　竊符救趙 ……………………… 1198
　　詠史二十七首(其七) ………… 1198
　　謁信陵君祠 …………………… 1199
　　詠史詩(其十一) ……………… 1199
　　和大司馬梁玉立《趙郡風物雜詠》·
　　信陵君祠 ……………………… 1199

後秋興八首·祀信陵 …………… 1199

邯鄲 …………………………… 1199

詠史八首(其四) ……………… 1199

大梁吊信陵君 ………………… 1200

古懷人詩五首·魏公子無忌 ……
　………………………………… 1200

夷門懷古 ……………………… 1200

大梁城東南,吊信陵君墓 …… 1200

詠古(其一) …………………… 1201

信陵君 ………………………… 1201

魏無忌 ………………………… 1201

讀《信陵君傳》 ……………… 1201

讀史樂府·夷門行 …………… 1201

漢臺詠史·信陵君 …………… 1202

信陵君 ………………………… 1202

信陵君 ………………………… 1202

信陵君 ………………………… 1202

詠侯嬴、朱亥 …………………… 1203

夷門歌 ………………………… 1203

夷門 …………………………… 1203

夷門 …………………………… 1203

侯嬴、朱亥 …………………… 1203

再吟 …………………………… 1203

侯、荊 ………………………… 1203

侯嬴 …………………………… 1204

侯嬴 …………………………… 1204

夷門 …………………………… 1204

續《夷門歌》 ………………… 1204

夷門子 ………………………… 1205

刺客四詠·椎 ………………… 1205

俠客 …………………………… 1205

侯生 …………………………… 1205

大梁二首(其二) ……………… 1205

夷門行二首 …………………… 1206

讀史述·侯生 ………………… 1206

和楊禮曹刺客三詠·錐 ……… 1206

詠史三首(其二、三) ………… 1206

夷門行 ………………………… 1207

俠客吟 ………………………… 1207

侯嬴 …………………………… 1207

夷門行 ………………………… 1207

讀史偶感 ……………………… 1207

侯嬴 …………………………… 1208

絕句五十五首(其二十三) …… 1208

侯嬴 …………………………… 1208

侯嬴 …………………………… 1208

侯嬴 …………………………… 1208

廣王右丞《夷門歌》 ………… 1208

夷門歌 ………………………… 1209

城南五題·朱亥墓 …………… 1209

朱亥墓 ………………………… 1209

過朱亥墓 ……………………… 1209

朱亥墓 ………………………… 1209

屠隱行 ………………………… 1210

如姬 …………………………… 1210

詞

臨江仙·夷門懷古 …………… 1211

西江月·汴秋懷古二首 ……… 1211

前調(滿江紅)·秋日經信陵君祠 …… 1211

琵琶仙·題汴京大相國寺(其二) …… 1211

望江南(其三) …………………… 1212

前調(散天花)·過信陵君祠 …… 1212

望海潮·懷古十首·大梁 ……… 1212

沁園春·邯鄲道上 ……………… 1212

滿江紅·大梁吊古十三首·信陵君祠 …… 1212

滿江紅·信陵君 ………………… 1213

酷相思·過相國寺,寺為信陵君宅 …… 1213

大酺·大梁懷古 ………………… 1213

前調(滿江紅)·汴京懷古十首·夷門 …… 1213

望江南(其八) ………………… 1214

滿江紅·大梁吊古十三首·夷門 … 1214

滿江紅·大梁吊古十三首·屠市 …… 1214

春申君列傳

詩

詠《春申君列傳》 ……………… 1215

春申君列傳 ……………………… 1215

詠古雜詩 ………………………… 1215

四君詠·右春申君 ……………… 1215

春申歎 …………………………… 1215

詠春申君 ……………………… 1217

春申君祠 ………………………… 1217

感春申君 ………………………… 1217

春申君 …………………………… 1217

夷陵 ……………………………… 1217

黃歇 ……………………………… 1217

君山 ……………………………… 1217

春申君 …………………………… 1218

詠春申君二首 …………………… 1218

春申君 …………………………… 1218

楚黃相廟 ………………………… 1218

春申君 …………………………… 1218

春申君廟 ………………………… 1219

次韻龔子敬先生《題春申君廟》 …… 1219

春申君 …………………………… 1219

春申君廟 ………………………… 1219

賦春申君廟 ……………………… 1219

黃歇 ……………………………… 1219

春申君 …………………………… 1220

春申堂 …………………………… 1220

古意三首(其三) ……………… 1220

春申君廟 ………………………… 1220

春日,過邢溪春申君祠 ………… 1220

下菰城 …………………………… 1220

詠史一百首(其二十五) ……… 1221

春申君墓 ………………………… 1221

題春申碣 ………………………… 1221

春申硯上 …………………… 1221

春申君 ……………………… 1221

黃歇 ………………………… 1222

春申君 ……………………… 1222

春申君 ……………………… 1222

春申珠履 …………………… 1222

詞

念奴嬌・春申澗懷古 ……… 1223

前調(長相思)・登君山懷古 ……

………………………………… 1223

前調(念奴嬌)・春申澗懷古 ……

………………………………… 1223

瀟湘逢故人慢・君山 ……… 1223

惜餘春慢・登春申墓 ……… 1224

念奴嬌・春申澗懷古 ……… 1224

百字令・春申澗懷古 ……… 1224

百字令・春申君墓下作 …… 1224

范雎蔡澤列傳

詩

詠《范雎蔡澤列傳》 ………… 1225

范雎蔡澤列傳 ……………… 1225

范雎、蔡澤 ………………… 1225

讀《范、蘇二子傳》(其一) …… 1225

詠范雎 …………………………… 1226

詠史 ………………………… 1226

范雎 ………………………… 1226

范雎 ………………………… 1226

范雎 ………………………… 1226

范雎 ………………………… 1226

須賈 ………………………… 1226

讀史二十二首・范雎 ……… 1227

綈袍吟 ……………………… 1227

讀高常侍《詠史》 …………… 1227

讀史 ………………………… 1227

詠史一百首(其十八) ……… 1227

范雎 ………………………… 1227

范雎 ………………………… 1228

范雎 ………………………… 1228

范雎 ………………………… 1228

范雎 ………………………… 1228

詠須賈 …………………………… 1229

須賈擢髮 …………………… 1229

范叔 ………………………… 1229

詠蔡澤 …………………………… 1230

蔡澤廟 ……………………… 1230

蔡澤 ………………………… 1230

樂毅列傳

詩

詠《樂毅列傳》 ……………… 1231

樂毅列傳 …………………… 1231

詠史 ………………………… 1231

雜詠史四十二首(其二) …… 1231

詠樂毅 …………………………… 1232

薊丘覽古贈盧居士藏用七首・樂生

………………………………… 1232

樂毅吟 ……………………… 1232

樂毅 …………………………… 1232
樂毅 …………………………… 1232
樂毅 …………………………… 1232
昔燕昭王築黃金臺以招賢,得樂毅,
破齊有功,後以讒去,因覽地志,感而
賦此 …………………………… 1233
昌國君 ………………………… 1233
燕中懷古三首·黃金臺 ……… 1233
詠史一百首(其二十五) ……… 1233
過昌國 ………………………… 1233
詠史詩十首·樂毅 …………… 1233
和大司馬梁玉立《趙郡風物雜詠》·
望諸君墓 ……………………… 1234
樂毅 …………………………… 1234
樂毅 …………………………… 1234
漢臺詠史·昌國君 …………… 1234
樂毅 …………………………… 1234
樂毅 …………………………… 1234

詞

前調(滿江紅)·金臺懷古 …… 1235
清平樂·過樂毅故里 ………… 1235

廉頗藺相如列傳

詩

詠《廉頗藺相如列傳》 ………… 1236
　廉頗藺相如列傳 …………… 1236
　廉頗、藺相如 ……………… 1236
　讀《藺相如傳》,贈李甥師藺 … 1236
　兩虎鬬 ……………………… 1236

詠史(其十九) ………………… 1237
詠廉頗附郭開 ………………… 1238
　廉頗 ………………………… 1238
　廉將軍廟二首 ……………… 1238
　廉頗 ………………………… 1238
　題雜畫(其二) ……………… 1238
　廉頗塚 ……………………… 1238
　廉頗 ………………………… 1238
　廉頗 ………………………… 1239
　廉頗 ………………………… 1239
　廉頗 ………………………… 1239
　廉頗 ………………………… 1239
　廉頗負荊 …………………… 1239
　郭開 ………………………… 1239
詠藺相如 …………………… 1240
　覽古詩 ……………………… 1240
　澠池 ………………………… 1240
　澠池 ………………………… 1240
　過澠池書事 ………………… 1240
　藺相如墓 …………………… 1240
　感古十首(其四) …………… 1241
　題藺相如廟 ………………… 1241
　澠池行 ……………………… 1241
　藺相如 ……………………… 1241
　澠池 ………………………… 1241
　後讀史(其五、六、七) ……… 1242
　刺客四詠·劍 ……………… 1242
　讀史二十二首·藺相如 …… 1242
　藺相如歌,上楊水田太守 …… 1242

渑池會盟臺 …… 1243
藺相如 …… 1243
讀史述·藺相如 …… 1243
澠池會盟臺 …… 1243
澠池道中(二首) …… 1243
吊藺相如 …… 1243
藺相如 …… 1244
完璧歸趙 …… 1244
藺相如墓 …… 1244
和大司馬梁玉立《趙郡風物雜詠》·
　藺相如 …… 1244
藺相如 …… 1244
藺相如墓 …… 1244
會盟臺二首 …… 1245
藺相如 …… 1245
藺相如 …… 1245
藺相如 …… 1245
藺相如墓 …… 1245
漢臺詠史·藺相如 …… 1245
藺相如 …… 1246

詠趙奢、趙括 …… 1247
趙奢 …… 1247
趙奢 …… 1247
長平 …… 1247
長平 …… 1247
長平懷古 …… 1247
長平懷古 …… 1248
長平 …… 1248

長平懷古 …… 1248
趙括 …… 1248
長平 …… 1248
長平戈頭歌 …… 1248
屠兵來 …… 1249
長平坑歌 …… 1249
坑趙降卒 …… 1249
過長平驛,感坑卒事有作 …… 1249
長平箭頭行 …… 1249
讀《史記》四首·長平坑 …… 1250
名使括 …… 1250

詠李牧 …… 1251
五哀詩·李牧 …… 1251
李牧 …… 1251
李牧 …… 1251
雁門關,吊李牧祠 …… 1251
李牧 …… 1251
武安雜詩(其一) …… 1252

詞

水調歌頭·過藺相如故里 …… 1253
法曲獻仙音·白璧山 …… 1253
漁家傲·娑婆苦(其十一) …… 1253
生查子·詠史 …… 1253
河滿子·李牧祠 …… 1254

曲

〔中呂〕山坡羊·渑池懷古 ………
　…… 1255
〔北雙調落梅風〕過澠池 …… 1255

田單列傳

詩

詠《田單列傳》……………… 1256
　田單列傳 ……………… 1256
詠田單 …………………………… 1257
　聊城 …………………………… 1257
　即墨 …………………………… 1257
　田單 …………………………… 1257
　田單 …………………………… 1257
　田單 …………………………… 1257
　詠田單 ………………………… 1257
　次莒州,望即墨,感樂毅、田單作 …
　　………………………………… 1258
　田單 …………………………… 1258
　聊城 …………………………… 1258
　讀史二首(其二) ……………… 1258
　詠史一百首(其三十) ………… 1258
　田單 …………………………… 1259
　田單 …………………………… 1259
　田單 …………………………… 1259
　田單 …………………………… 1259
　田單火牛 ……………………… 1259
　王蠋 …………………………… 1259
　王蠋 …………………………… 1260

魯仲連鄒陽列傳

詩

詠《魯仲連鄒陽列傳》 ………… 1261
　魯仲連鄒陽列傳 ……………… 1261
　讀《漢書》有感·鄒陽 ………… 1261
詠魯仲連 ………………………… 1262
　詠魯仲連詩 …………………… 1262
　古風五十九首(其十) ………… 1262
　別魯頌 ………………………… 1262
　嘲魯連子 ……………………… 1262
　詠史二首(其一) ……………… 1262
　魯仲連 ………………………… 1263
　高士詠·魯仲連 ……………… 1263
　魯仲連辭趙歌并序 …………… 1263
　魯仲連 ………………………… 1263
　魯連不受賞 …………………… 1263
　讀史五首(其二) ……………… 1264
　魯仲連 ………………………… 1264
　聊城魯仲連廟懷古 …………… 1264
　聊城縣 ………………………… 1264
　潘孟陽上書不報,歸里作五詠(其五)
　　………………………………… 1264
　雜詩四十七首(其十八) ……… 1264
　天下士(有序) ………………… 1265
　詠逸民六首(其二) …………… 1265
　古意二十首(其七) …………… 1265
　東海 …………………………… 1265
　雜詩十一首(其九) …………… 1266
　魯仲連 ………………………… 1266
　讀史三首(其三) ……………… 1266
　詠古四首(其三) ……………… 1266
　王季木告魯仲連墳所,因謔之 ……
　　………………………………… 1266

經聊城，魯連射書處 …… 1266

讀史述·魯仲連 …… 1267

聊城懷古 …… 1267

詠史一百首(其十五) …… 1267

魯連臺懷古 …… 1267

東郡懷古二首(其一) …… 1267

感懷 …… 1268

魯仲連 …… 1268

懷古詩三篇·魯仲連陂 …… 1268

魯連陂 …… 1268

茌平懷古四首·魯仲連 …… 1268

魯先生祠 …… 1269

魯連臺 …… 1269

聊城懷魯仲連 …… 1269

魯連村 …… 1269

魯仲連 …… 1269

詠史四絕句，和曉滄·魯仲連 …… 1269

魯仲連 …… 1270

邯鄲雜詩(其一) …… 1270

魯連村 …… 1270

思退齋詠古詩(其六) …… 1270

漢臺詠史·魯仲連 …… 1270

魯仲連 …… 1270

魯仲連 …… 1271

魯仲連 …… 1271

仲連蹈海 …… 1271

魯連 …… 1271

詠要離 …… 1272

要離墓 …… 1272

詠要離 …… 1272

要離墓 …… 1272

吊要離墓 …… 1272

詠鄒陽附枚乘 …… 1273

鄒陽 …… 1273

鄒陽長裾 …… 1273

讀《漢書》列傳雜詩·枚乘、枚皋 ……

…… 1273

枚乘 …… 1273

枚乘蒲輪 …… 1273

讀《漢書》有感·枚乘 …… 1274

詞

又(太常引)·魯仲連 …… 1275

點絳唇·聊城 …… 1275

減字木蘭花·茌平魯仲連故里 ……

…… 1275

洞仙歌·登要離臺 …… 1275

歸自謠·要離塚 …… 1275

曲

〔雙調清江引〕再次前韻詠古 ……

…… 1277

屈原賈生列傳

詩

詠《屈原賈生列傳》 …… 1278

屈原賈生列傳 …… 1278

五哀詩并序 …… 1278

| 讀《屈原傳》 …………… 1279
| 讀《賈誼傳》 …………… 1279
| 讀《賈誼傳》 …………… 1279
| 屈、賈二大夫祠 ………… 1279
| 屈、賈祠 ………………… 1279
| 書《屈、賈列傳》 ……… 1280
| 荊州懷古 ………………… 1280

詠屈原 附漁父 …………… 1281

| 讀史述九章·屈原 ……… 1281
| 謁三閭廟 ………………… 1281
| 過三閭廟 ………………… 1281
| 旅次湘、沅,有懷靈均 … 1281
| 吊靈均 …………………… 1282
| 浙西李尚書奏毀淫昏廟 … 1282
| 汨羅 ……………………… 1282
| 三閭大夫 ………………… 1282
| 競渡,時在湖外,偶為成章 … 1282
| 《離騷》 ………………… 1282
| 三閭廟 …………………… 1283
| 招屈亭 …………………… 1283
| 屈祠 ……………………… 1283
| 汨羅 ……………………… 1283
| 屈原廟 …………………… 1283
| 屈原 ……………………… 1283
| 靈均 ……………………… 1283
| 題屈原祠 ………………… 1284
| 吊靈均詞 ………………… 1284
| 吊屈原 …………………… 1284
| 屈原 ……………………… 1284

| 屈原祠 …………………… 1284
| 屈原 ……………………… 1284
| 讀《離騷經》 …………… 1285
| 五哀詩·屈平 …………… 1285
| 吊屈平 并序 ……………… 1285
| 屈平 ……………………… 1285
| 屈平 ……………………… 1285
| 題屈原 …………………… 1285
| 屈原 ……………………… 1286
| 吊屈原 …………………… 1286
| 題屈原廟 ………………… 1286
| 夔路十賢·屈大夫 ……… 1286
| 屈平廟 …………………… 1286
| 楚城 ……………………… 1286
| 汨羅 ……………………… 1286
| 過湘,吊屈 ……………… 1287
| 屈原 ……………………… 1287
| 三閭大夫贊 ……………… 1287
| 和《夜讀〈離騷〉》 …… 1287
| 屈原《九歌》 …………… 1287
| 屈原 ……………………… 1287
| 屈大夫詩 ………………… 1288
| 吊屈原 …………………… 1288
| 襄陽詠史·滄浪歌 ……… 1288
| 襄陽詠史·競渡 ………… 1288
| 《屈原卜居圖》 ………… 1288
| 《〈離騷〉〈九歌〉圖》 … 1288
| 屈原 ……………………… 1289
| 招屈亭 …………………… 1289

吊屈原 …………………… 1289	讀《離騷》 …………………… 1294
讀《楚詞》 ………………… 1289	屈原廟 ………………………… 1295
讀《離騷》 ………………… 1289	過招屈祠 ……………………… 1295
約《離騷》 ………………… 1290	謁三閭祠 ……………………… 1295
《九歌圖》 ………………… 1290	屈原廟 ………………………… 1295
屈原 ………………………… 1290	屈平 …………………………… 1295
過湘陰,酹屈平祠 ………… 1290	屈原 …………………………… 1295
汨羅水 ……………………… 1291	屈原、漁父問答 ……………… 1295
題《九歌圖》 ……………… 1291	舟過湘江,吊屈大夫 ………… 1296
題《〈離騷〉〈九歌〉圖》 … 1291	三閭大夫墓 …………………… 1296
讀《騷》 …………………… 1291	屈原廟 ………………………… 1296
題《屈原、漁父圖》 ……… 1291	十哀詩,挽王中丞叔文・屈大夫平
《九歌圖》 ………………… 1291	……………………………… 1296
端午日懷古 ………………… 1292	題龍別駕靖川諸障子八首・沅江 …
重五日吊古 ………………… 1292	……………………………… 1296
誦《離騷經》 ……………… 1292	九述・投汨 …………………… 1296
擬古九首(其五) …………… 1292	梁父吟(其二) ………………… 1297
雜詩十首(其五) …………… 1292	詠古七首(其四) ……………… 1297
經汨羅廟 …………………… 1292	汨羅潭吊屈原 ………………… 1297
《屈原圖》 ………………… 1293	讀《離騷經》 ………………… 1298
《屈平圖》 ………………… 1293	《屈原圖》 …………………… 1298
過屈原祠,用黎內翰淳韻 … 1293	讀史述・屈平 ………………… 1298
三閭祠 ……………………… 1293	詠史八首(其三) ……………… 1298
汨羅江 ……………………… 1293	午日懷古 ……………………… 1298
過汨羅,吊三閭廟 ………… 1293	端午吊古 ……………………… 1299
題雜畫(其一) ……………… 1294	和程奕先《長沙懷古》三首(其一) …
屈原 ………………………… 1294	……………………………… 1299
漁父亭 ……………………… 1294	五更山行之屈沱,謁三閭大夫廟 …
端陽有感 …………………… 1294	……………………………… 1299

題三閭大夫廟四首 …… 1299	詠史(其十七) …… 1305
詠史 …… 1299	屈原 …… 1305
汨羅懷沙 …… 1300	屈原 …… 1305
汨羅怨 …… 1300	屈平 …… 1305
三閭祠 …… 1300	論詩絕句(其二) …… 1305
澤畔吟,吊屈左徒 …… 1300	屈原澤畔 …… 1306
題三閭大夫《離騷》後 …… 1300	讀《離騷》 …… 1306
讀《騷》 …… 1301	汨羅哀 …… 1306
三閭大夫廟 …… 1301	競渡 …… 1306
三閭祠 …… 1301	午日,吊屈原 …… 1306
詠史詩·屈原 …… 1301	讀《離騷》書後 …… 1306
屈原 …… 1301	端陽感賦 …… 1306
讀《騷》 …… 1302	屈子 …… 1307
吊三閭大夫 …… 1302	汨羅 …… 1307
己巳五日,哭屈子 …… 1302	獨醒亭 …… 1307
甲子端陽日,哭屈子 …… 1302	灌纓橋 …… 1307
壬申五日,新遷漢上哭屈子 … 1302	五月,吊三閭大夫 …… 1307
五日,哭屈子 …… 1303	漁父 …… 1307
長沙吊屈子 …… 1303	漁父江濱 …… 1307
屈原 …… 1303	**詠宋玉** …… 1308
屈平 …… 1303	蘭臺宮 …… 1308
七思並序·屈大夫原 …… 1303	宋玉 …… 1308
詠懷湖北古跡九首·屈大夫祠 ……	有感 …… 1308
…… 1304	宋玉宅 …… 1308
吊屈原 …… 1304	宋玉 …… 1308
湘中詠懷(其二) …… 1304	宋玉 …… 1309
續寓臺詠懷六首(其六) …… 1304	宋玉 …… 1309
漢臺詠史·三閭大夫 …… 1304	宋玉 …… 1309
屈平 …… 1305	宋玉 …… 1309

襄陽詠史·宋玉宅 …………… 1309

才子 …………………………… 1309

宋玉墓 ………………………… 1309

病居遣興六十二首(其四十) … 1310

宋玉宅 ………………………… 1310

宋玉 …………………………… 1310

和宋藹若先生《橐餘集》中律體十八
首·宋玉塚 ………………… 1310

宋玉 …………………………… 1310

咏古八首(其二) ……………… 1311

古五君詠·楚宋玉 …………… 1311

宋玉 …………………………… 1311

詠賈誼 …………………………… 1312

吊賈誼詩 ……………………… 1312

長沙過賈誼宅 ………………… 1312

過賈誼宅 ……………………… 1312

過賈誼舊居 …………………… 1312

詠史二首(其二) ……………… 1312

感諷五首(其二) ……………… 1313

讀史五首(其一) ……………… 1313

賈生 …………………………… 1313

長沙 …………………………… 1313

讀賈誼《新書》 ………………… 1313

宣室 …………………………… 1313

賈生 …………………………… 1314

賈生 …………………………… 1314

賈誼 …………………………… 1314

賈太傅廟 ……………………… 1314

賈誼 …………………………… 1314

賈生 …………………………… 1314

賈誼 …………………………… 1314

文帝議以賈誼任公卿,絳、灌、馮敬等
害之,乃毀誼曰洛陽少年擅權,於是
天子疏之,以誼為長沙王太傅 ……
………………………………… 1315

賈誼 …………………………… 1315

題長沙鋪 ……………………… 1315

賈誼 …………………………… 1315

賈生二首 ……………………… 1315

賈、董 ………………………… 1315

無題(其七) …………………… 1316

讀史有感 ……………………… 1316

賈誼 …………………………… 1316

《過秦》 ………………………… 1316

賈誼 …………………………… 1316

潘孟陽上書不報,歸里作五詠(其一)
………………………………… 1317

賈傅祠堂二首 ………………… 1317

謁賈傅廟 ……………………… 1317

雜言四十九首(其二十四) …… 1317

讀《賈誼》《王粲傳》 …………… 1317

讀史二十二首·賈誼 ………… 1317

詠史四首(其四) ……………… 1318

過長沙,吊賈太傅 …………… 1318

過賈誼故宅,用劉文房韻 …… 1318

賈傅祠 ………………………… 1318

出京口號十首(其三) ………… 1318

過賈誼宅 ……………………… 1319

擬過長沙賈誼宅 …………… 1319

長沙歎 ………………………… 1319

宣室 …………………………… 1319

梁父吟(其五) ………………… 1319

詠史一百首(其四十一)……… 1320

賈誼廟,次李憲副韻 ………… 1320

賈誼宅 ………………………… 1320

賈傅故宅 ……………………… 1320

和程奕先《長沙懷古》三首(其二) …
………………………………… 1320

賈誼 …………………………… 1320

長沙吊賈誼宅 ………………… 1321

夜半前席 ……………………… 1321

賈誼 …………………………… 1321

讀《賈誼傳》 ………………… 1321

賈太傅祠 ……………………… 1321

賈太傅宅 ……………………… 1321

賈誼 …………………………… 1322

長沙謁賈誼祠 ………………… 1322

再題賈太傅祠 ………………… 1322

賈太傅 ………………………… 1322

賈太傅祠 ……………………… 1322

賈太傅祠 ……………………… 1323

自河南入關,所經皆秦、漢舊跡,車中無事,因傚香山新樂府體,率成十章·賈誼墓 …………………………… 1323

汪生彥和出元人畫二十幅,分賦其五·《賈誼上書圖》 ………………… 1323

賈誼 …………………………… 1323

賈誼 …………………………… 1323

賈誼 …………………………… 1324

讀史絕句二十一首·賈誼 …… 1324

詠古詩十四首·賈誼 ………… 1324

七思并序·賈太傅誼 ………… 1324

讀史(其五) ………………… 1325

擬左太沖《詠史》,用其韻(其四)……
………………………………… 1325

讀《漢書》二詠·賈生 ……… 1325

續寓臺詠懷六首(其三) ……… 1325

詠古詩六十首,同樊山作·賈誼 …
………………………………… 1325

謁屈三閭、賈太傅祠 ………… 1326

秦漢樂府·宣室問 …………… 1326

後詠史四十首·賈長沙 ……… 1326

漢臺詠史·賈太傅 …………… 1326

賈誼 …………………………… 1326

賈誼 …………………………… 1327

朱宮傅石君師出使示讀史詩,分詠《漢書》三十七首·賈誼 ………… 1327

賈誼 …………………………… 1327

賈誼 …………………………… 1327

賈誼 …………………………… 1327

讀《漢魏六朝人文集詩》一百首·賈長沙 …………………………… 1328

賈誼忌鵬 ……………………… 1328

賈生 …………………………… 1328

詠史·賈誼 …………………… 1328

雜詩六首(其二) ……………… 1328

· 113 ·

賈太傅祠 …………………… 1328
讀《漢書》有感·賈誼 ………… 1329
讀《賈誼傳》 ………………… 1329
賈傅祠 ……………………… 1329

詞

又(念奴嬌)(之二) ………… 1330
水調歌頭·隱括《楚詞》答朱實甫 …
 …………………………… 1330
水龍吟·胥江競渡 …………… 1330
滿庭芳·午日感述 …………… 1330
漁家傲·漁父 ………………… 1331
三臺·五日,吊屈大夫 ………… 1331
望湘人·戊子五日,吊三閭 …… 1331
前調(踏莎行)·飲酒讀《騷圖》……
 …………………………… 1331
前調(清平樂)·覽古(之三) … 1332
前調(萬年歡)·五日,讀《離騷》 …
 …………………………… 1332
小重山·端午 ………………… 1332
前調(風流子)·汨羅江懷古 ……
 …………………………… 1332
齊天樂·端午雨 ……………… 1332
賀新郎·端午 ………………… 1333
倦尋芳·讀《離騷》有感 ……… 1333
念奴嬌·吊屈原,用東坡"大江東去"
韻 ………………………… 1333
湘春夜月·吊三閭 …………… 1333
滿江紅·詠史(之二) ………… 1334
滿江紅·端午前二日,郡城外觀競渡
 …………………………… 1334

前調(金縷曲)·觀競渡吊屈,再用前
韻 ………………………… 1334
女冠子·端午 ………………… 1334
前調(沁園春)·《離騷經》跋 ……
 …………………………… 1335
前調(鷓鴣天)·讀《離騷》有感 …
 …………………………… 1335
散天花·湘陰吊三閭大夫 …… 1335
酹江月·括《漁父》 …………… 1335
摸魚子·至元六年二月望日,登安陸
白雲樓,樓今為分憲公廨。城中有楚
大夫宋玉故宅與池,其井名琉璃,井
有蘭臺故基 ………………… 1336
巫山一段雲·宋玉 …………… 1336
春風嫋娜·讀宋玉賦 ………… 1336
卜算子·秋晚集杜句,吊賈傅 ……
 …………………………… 1336
滿江紅·賈誼故宅 …………… 1337

曲

〔雙調〕殿前歡(之二) ……… 1338
過湘江吊屈大夫 …………… 1338
〔南商調黃鶯兒〕懷古 ……… 1338
〔北中呂朝天子〕述古人 …… 1339
〔南中呂駐雲飛〕(之二十三) ……
 …………………………… 1339
〔雙調〕蟾宮曲·江陵懷古 ………
 …………………………… 1339
〔雙調〕蟾宮曲·長沙懷古 ………
 …………………………… 1339

〔北中呂朝天子〕述古人 …… 1339

呂不韋列傳

詩

詠《呂不韋列傳》 …………… 1340

 呂不韋列傳 …………… 1340

詠呂不韋 ………………… 1341

 讀史 …………………… 1341

 呂不韋 ………………… 1341

 呂不韋 ………………… 1341

 呂不韋 ………………… 1341

 文信侯 ………………… 1341

 邯鄲賈 ………………… 1342

 讀史六十四首(其十三) …… 1342

 讀《史記》四首·居奇貨 …… 1342

 呂不韋 ………………… 1342

 邯鄲雜詩(其二) ………… 1342

 陽翟賈 ………………… 1343

曲

〔雙調〕蟾宮曲·潁川懷古·潁州
……………………………… 1344

刺客列傳

詩

詠《刺客列傳》 …………… 1345

 刺客列傳 ……………… 1345

 結襪子 ………………… 1345

 刺客 …………………… 1345

 八客詠·刺客 ………… 1345

 詠史一百首(其二十九) …… 1346

 刺客四詠·筑 ………… 1346

 和楊禮曹刺客三詠·筑 … 1346

 刺客四詠·匕首 ……… 1346

 和楊禮曹刺客三詠·匕首 … 1346

 詠史詩(其三) ………… 1346

 讀史六十四首(其十) …… 1347

 詠史詩十二首(其四) …… 1347

 讀《史記·刺客傳》 …… 1347

詠豫讓 …………………… 1348

 預(豫)讓橋 …………… 1348

 豫讓 …………………… 1348

 豫讓 …………………… 1348

 豫子 …………………… 1348

 感古十首(其三) ……… 1348

 豫讓四首 ……………… 1348

 題豫讓橋 ……………… 1349

 《豫讓邀襄子圖》 ……… 1349

 豫讓 …………………… 1349

 豫讓 …………………… 1349

 豫讓橋 ………………… 1349

 豫讓橋 ………………… 1349

 雜詩十首(其七) ……… 1350

 豫讓橋 ………………… 1350

 過豫橋 ………………… 1350

 豫讓橋懷古 …………… 1350

 國士行 ………………… 1351

 過豫讓橋 ……………… 1351

 豫讓橋 ………………… 1351

鄉賢十詠·豫讓 …………… 1351
豫讓橋 …………………… 1351
豫讓 ……………………… 1351
豫國士 …………………… 1352
十二快·趙襄子殺智伯,漆其頭為酒器 ………………………… 1352
詠史一百首(其二十一) …… 1352
雜詩十四首(其七) ………… 1352
國士橋 …………………… 1352
豫讓橋 …………………… 1352
豫讓橋 …………………… 1353
豫讓橋 …………………… 1353
國士橋 …………………… 1353
過豫讓橋 ………………… 1353
豫讓橋 …………………… 1353
豫讓橋 …………………… 1354
豫讓 ……………………… 1354
豫讓 ……………………… 1354
國士橋 …………………… 1354
豫讓 ……………………… 1354
預讓橋 …………………… 1354
國士橋 …………………… 1355
古義士橋 ………………… 1355
詠史(其三) ……………… 1355
豫讓吞炭 ………………… 1355

詠聶政 ……………………… 1356
聶政 ……………………… 1356
聶政篇 …………………… 1356
聶政 ……………………… 1356

聶政墓 …………………… 1356
聶政墓 …………………… 1356
聶政 ……………………… 1357
聶政 ……………………… 1357
聶政 ……………………… 1357
聶政 ……………………… 1357

詠荊軻附燕太子、田光、樊於期、秦武陽、高漸離
………………………… 1358
詠史詩二首(其二) ………… 1358
詩 ………………………… 1358
詠荊軻詩 ………………… 1358
賦得荊軻詩 ……………… 1358
賦得荊軻詩 ……………… 1358
于易水送人 ……………… 1359
雜興 ……………………… 1359
贈友人三首(其二) ………… 1359
詠荊軻 …………………… 1359
嘲荊卿 …………………… 1359
易水懷古 ………………… 1360
壯士吟 …………………… 1360
易水 ……………………… 1360
易水 ……………………… 1360
荊軻 ……………………… 1360
再吟 ……………………… 1360
荊軻 ……………………… 1360
補《易水歌》 ……………… 1361
和陶詠荊軻 ……………… 1361
過荊軻塚四絕句 ………… 1361
丙午十月十三夜,夢過一大冢,傍人

為余言,此荊軻墓也。按地志,荊軻墓,蓋在關中,感嘆賦詩 ……… 1361

易河 …………………………… 1362

讀《荊軻傳》 …………………… 1362

讀《史記·荊軻列傳》 ………… 1362

荊軻 …………………………… 1362

易水辭 ………………………… 1362

讀《荊軻傳》 …………………… 1362

渡易水 ………………………… 1363

詠荊軻 ………………………… 1363

荊軻 …………………………… 1363

讀《荊軻傳》 …………………… 1363

和《詠荊軻》 …………………… 1363

登荊軻山 ……………………… 1364

易水懷古 ……………………… 1364

易州 …………………………… 1364

補《易水歌》,效郭青山 ……… 1364

荊軻 …………………………… 1365

荊軻 …………………………… 1365

易水 …………………………… 1365

易水歌并引 …………………… 1365

後讀史(其二) ………………… 1366

讀《荊軻傳》 …………………… 1366

易水渡 ………………………… 1366

擬賦荊軻館 …………………… 1366

雜詩十首(其六) ……………… 1367

荊卿歎 ………………………… 1367

荊軻詞 ………………………… 1367

易水行 ………………………… 1367

古行路難 ……………………… 1368

過易水 ………………………… 1368

易水吟 ………………………… 1368

易水歌 ………………………… 1368

詠荊軻 ………………………… 1368

夢中咏荊卿 …………………… 1369

易水行 ………………………… 1369

旅甸懷古八首(其四) ………… 1369

易水 …………………………… 1369

督亢亭 ………………………… 1369

詠荊軻 ………………………… 1370

渡易水 ………………………… 1370

入燕三首(其二) ……………… 1370

易水歌 ………………………… 1370

過涿,望督亢陂 ………………… 1370

過涿州華陽亭 ………………… 1371

懷古(其四) …………………… 1371

渡易水歌 ……………………… 1371

渡易水 ………………………… 1371

十詠·荊卿所待客不至 ……… 1371

九詠·荊卿所待客不至 ……… 1372

荊軻山歌 ……………………… 1372

易水歌 ………………………… 1372

易水行 ………………………… 1372

題雜畫(其六) ………………… 1372

詠荊軻 ………………………… 1373

燕臺懷古 ……………………… 1373

詠史三首(其一) ……………… 1373

荊軻 …………………………… 1373

易水上候劉刺史,良久未至,懷古感今,漫賦六絕(其四) …… 1373
和《詠荊軻》 …… 1373
易水行 …… 1374
詠史 …… 1374
燕歌行 …… 1374
荊軻 …… 1374
讀史述·荊軻 …… 1375
燕中懷古三首·易水 …… 1375
過督亢 …… 1375
易水 …… 1375
荊軻詩 …… 1375
易水行 …… 1375
讀史 …… 1376
易水懷古 …… 1376
易水歌 …… 1376
督亢 …… 1376
渡易水 …… 1376
易水歌 …… 1377
荊卿歌 …… 1377
咏荊軻 …… 1377
渡易水 …… 1377
過荊軻故里 …… 1378
新城道中懷古 …… 1378
咸陽懷古 …… 1378
荊軻 …… 1378
督亢 …… 1378
詠史詩和李咸齋有序(其一) …… 1378
詠史詩(其一) …… 1379

易水送別 …… 1379
易水懷古 …… 1379
詠史(其一) …… 1379
燕臺懷古二首(其二) …… 1379
詠史(其二) …… 1380
荊卿故里 …… 1380
易水行 …… 1380
易水歌 …… 1380
荊卿墓 …… 1380
題荊軻山 …… 1381
詠史 …… 1381
金臺懷古 …… 1381
荊卿故里 …… 1381
督亢行 …… 1381
晚過易水,吊荊軻 …… 1382
渡易水懷古 …… 1382
詠古三首,和陶·荊軻 …… 1382
易水 …… 1382
易水懷古 …… 1383
荊軻里 …… 1383
督亢陂 …… 1383
荊軻里 …… 1383
荊軻 …… 1383
荊軻故里 …… 1384
督亢陂雜詠 …… 1384
荊軻里 …… 1384
讀史六十四首(其九) …… 1384
荊卿 …… 1384
荊軻 …… 1385

| 荆軻 …………………………… 1385
| 讀史樂府·易水行 …………… 1385
| 詠史(其六) …………………… 1385
| 漢臺詠史·荆卿 ……………… 1385
| 詠史(其二十二) ……………… 1385
| 荆軻墓 ………………………… 1386
| 督亢坡懷古 …………………… 1386
| 易水歌 ………………………… 1386
| 易水行 ………………………… 1386
| 荆軻 …………………………… 1387
| 讀史(其一) …………………… 1387
| 讀史三首(其三) ……………… 1387
| 薊丘覽古贈盧居士藏用七首并序·燕
| 　太子 ………………………… 1387
| 燕太子 ………………………… 1387
| 燕丹 …………………………… 1387
| 書無題後凡三首,偶感燕太子丹事
| 　……………………………… 1388
| 薊丘覽古贈盧居士藏用七首并序·田
| 　光先生 ……………………… 1388
| 讀《田光傳》 …………………… 1388
| 田光 …………………………… 1388
| 田光墓 ………………………… 1388
| 田先生 ………………………… 1389
| 樊將軍并引 …………………… 1389
| 秦武陽 ………………………… 1389
| 高漸離擊筑歌 ………………… 1389
| 高漸離 ………………………… 1389

詞

前調(滿江紅)·咏古·高漸離筑…
　……………………………… 1390
感恩多·專諸巷 ……………… 1390
前調(望江怨)·豫讓橋 ……… 1390
感恩多·豫讓橋 ……………… 1390
滿江紅·過國士橋 …………… 1391
西江月·易水 ………………… 1391
惜黃花慢·易水吊古 ………… 1391
滿江紅·燕臺懷古 …………… 1391
前調(綺羅香)·燕臺懷古 …… 1391
沁園春·荆卿 ………………… 1392
憶秦娥·上谷懷古 …………… 1392
滿江紅·易水吊古 …………… 1392
南鄉子·邢州道上作 ………… 1392
白苧·過荆軻故居 …………… 1392
百字令·詠史(其二) ………… 1393
風流子·易水懷古 …………… 1393
六州歌頭·易水懷古 ………… 1393
浣溪沙·易水懷古 …………… 1393
前調(清平樂)·易水懷古 …… 1394
滿江紅·詠史(其一) ………… 1394
滿江紅·過易水,步張杏村韻
　……………………………… 1394
柳梢青·易水懷古 …………… 1394
望海潮·涿州懷古 …………… 1394
過秦樓·懷柔道中 …………… 1395
西河·金臺懷古 ……………… 1395
又(滿江紅)·燕中懷古 ……… 1395

曲

〔南越調浪淘沙〕慨世 ……… 1396

李斯列傳

詩

詠《李斯列傳》 …………… 1397

 李斯列傳 ………… 1397

 題《李斯傳》 ………… 1397

 讀《李斯傳》 ………… 1397

 讀《李斯傳》 ………… 1397

 讀《李斯傳》 ………… 1398

詠李斯 …………………… 1399

 上蔡 ………………… 1399

 李斯 ………………… 1399

 李斯 ………………… 1399

 李斯 ………………… 1399

 李斯 ………………… 1399

 讀史六首(其一) ……… 1400

 上蔡縣驛(其一) ……… 1400

 李斯、趙高 …………… 1400

 厠中鼠并序 …………… 1400

 觀秦丞相斯鄒嶧山刻石墨本碑 ……

  ………………… 1401

 古意二十首(其十) …… 1401

 泰山十四詠·丞相碑 …… 1401

 詠史一百首(其三十) … 1401

 焚書坑 ………………… 1402

 有歎二首(其一) ……… 1402

 李斯泰山石刻題後 …… 1402

 雜感十一首(其九) …… 1402

 李斯 …………………… 1402

 李斯 …………………… 1403

 李斯 …………………… 1403

 放歌五首(其三) ……… 1403

 秦漢樂府·牽黃犬 …… 1403

 漢臺詠史·李斯 ……… 1404

 雜詠史四十二首(其四) … 1404

詞

 華表鶴·詠史 ………… 1405

蒙恬列傳

詩

詠《蒙恬列傳》 …………… 1406

 蒙恬列傳 ……………… 1406

詠蒙恬附扶蘇 …………… 1407

 蒙恬 …………………… 1407

 長城行 ………………… 1407

 蒙恬 …………………… 1407

 蒙恬製筆 ……………… 1407

 蒙恬 …………………… 1407

 蒙恬 …………………… 1408

 經殺子谷 ……………… 1408

 殺子谷 ………………… 1408

 扶蘇 …………………… 1408

 扶蘇 …………………… 1408

詞

前調(慶千秋)·補秦皇帝封毛穎為

管城子制 …………………… 1409

張耳陳餘列傳

詩

詠《張耳陳餘列傳》 …………… 1410

 張耳陳餘列傳 …………… 1410

 關中 …………………………… 1410

 刎頸交 ………………………… 1410

 張耳 …………………………… 1411

 井陘關,題成安君祠壁 ……… 1411

 陳餘 …………………………… 1411

 咏古七首(其三) ……………… 1411

 行路難四首(其四) …………… 1411

 詠史(其八) …………………… 1412

 王不反 ………………………… 1412

 詠史小樂府三十首(其三) …… 1412

 刎頸交 ………………………… 1412

詞

 又(沁園春)(之八) …………… 1413

 前調(念奴嬌)·鉅鹿道中作 ………
  ………………………………… 1413

魏豹彭越列傳

詩

詠《魏豹彭越列傳》 …………… 1414

 魏豹彭越列傳 ………………… 1414

詠魏豹 ……………………………… 1415

 魏豹故城 ……………………… 1415

 魏豹城 ………………………… 1415

詠彭越 ……………………………… 1416

 長安 …………………………… 1416

 彭越 …………………………… 1416

 呂梁洪彭越廟 ………………… 1416

 彭越 …………………………… 1416

 詠古雜詩(其十) ……………… 1416

 醢彭越 ………………………… 1417

黥布列傳

詩

詠《黥布列傳》 …………………… 1418

 黥布列傳 ……………………… 1418

詠英布 ……………………………… 1419

 饒郡十詠·英布城 …………… 1419

 英布墓 ………………………… 1419

 英布 …………………………… 1419

 黥布開關 ……………………… 1419

 詠史小樂府三十首(其十一) … 1419

淮陰侯列傳

詩

詠《淮陰侯列傳》 ………………… 1420

 淮陰侯列傳 …………………… 1420

 書《淮陰侯傳》 ……………… 1420

 讀《淮陰傳》 ………………… 1420

 讀《淮陰侯傳》 ……………… 1421

 讀《韓信傳》 ………………… 1421

 讀《韓信傳》 ………………… 1421

 書《淮陰傳》後 ……………… 1421

· 121 ·

读《淮阴传》 …………… 1421
读《韩信传》 …………… 1421
读《韩信传》 …………… 1422
读《淮阴侯传》 ………… 1422
读《淮阴侯列传》 ……… 1422
读《淮阴侯传》 ………… 1422

咏韩信 …………………… 1423

赋得韩信诗 ……………… 1423
咏淮阴侯 ………………… 1423
赠新平少年 ……………… 1423
穷兵黩武而书简之 ……… 1423
韩信庙 …………………… 1423
却过淮阴,吊韩信庙 …… 1424
韩信庙 …………………… 1424
韩信庙 …………………… 1424
淮阴 ……………………… 1424
汉中 ……………………… 1424
泜水 ……………………… 1424
云梦 ……………………… 1424
韩信庙 …………………… 1425
题淮阴侯庙 ……………… 1425
题孤云绝顶淮阴祠 ……… 1425
题淮阴侯庙 ……………… 1425
淮阴 ……………………… 1425
淮阴侯庙 ………………… 1425
淮阴侯 …………………… 1426
题韩溪诗四章 …………… 1426
题淮阴侯庙十首 ………… 1426
韩信坛 …………………… 1426

题淮阴侯庙 ……………… 1427
韩信 ……………………… 1427
韩信 ……………………… 1427
题淮阴侯庙 ……………… 1427
题淮阴侯庙 ……………… 1427
淮阴侯庙 ………………… 1427
登淮阴古城 并序 ………… 1428
淮阴千金亭 ……………… 1428
韩信 ……………………… 1428
淮阴侯 …………………… 1428
韩信 ……………………… 1429
韩信祠 有序 ……………… 1429
题淮阴侯庙 有序 ………… 1429
题韩溪 …………………… 1430
韩信庙 …………………… 1430
韩信 ……………………… 1430
韩信 ……………………… 1430
张文潜作淮阴侯诗,有"平生萧相真
知己,何事还同女子谋"句,因为萧相
代答一首 ………………… 1430
淮阴庙 …………………… 1430
韩信 ……………………… 1431
过淮阴县,题韩信庙,前用唐律,后用
进退格 …………………… 1431
题淮阴祠 ………………… 1431
读史 ……………………… 1431
淮阴县 …………………… 1431
韩侯钓台 ………………… 1431

和陸成父司户《過淮陰縣》韻三首 …… 1432

詠史(其二) …… 1432

讀史六首·韓信 …… 1432

淮陰侯廟三首 …… 1432

韓信 …… 1432

題淮陰廟 …… 1433

井陘韓信廟 …… 1433

謁淮陰廟 …… 1433

過井陘 …… 1433

韓淮陰信 …… 1433

讀史五首(其三) …… 1434

井陘淮陰侯廟二首 …… 1434

井陘淮陰侯廟 …… 1434

淮陰廟 …… 1434

讀史三首(其一) …… 1434

淮陰古城 …… 1435

詠史四首(其四) …… 1435

淮陰縣 …… 1435

金進士趙德新過淮陰侯廟詩 …… 1435

秦、漢 …… 1435

吊淮陰故城 …… 1436

淮陰侯 …… 1436

題淮陰侯廟 …… 1436

井陘 …… 1436

韓信 …… 1436

題三傑·韓信 …… 1436

垓下歌 …… 1437

韓淮陰廟 …… 1437

故樂府十四首并序·淮陰詞(其十四) …… 1437

淮陰侯廟 …… 1437

詠史·韓信 …… 1438

詠史詩十五首并序·淮陰侯 …… 1438

淮陰侯祠 …… 1438

淮海懷古 …… 1438

韓信城 …… 1438

淮陰侯 …… 1439

漢傑士 …… 1439

淮陰祠 …… 1439

韓信 …… 1439

韓侯祠 …… 1439

讀史十首·淮陰 …… 1440

過拜將臺懷古 …… 1440

淮上吊淮陰侯 …… 1440

韓信城 …… 1440

過韓信塚 …… 1440

古意(其十) …… 1440

淮陰歎 …… 1441

漢中拜將臺 …… 1441

題淮陰廟 …… 1441

賡張蘭軒次《韓魏公吊淮陰》詩韻 …… 1441

淮陰懷古三首 …… 1441

淮陰行,贈朱封君 …… 1442

淮陰侯廟 …… 1442

北河雜詠十二首·淮陰廟 …… 1442	過井陘淮陰侯祠 ………… 1447
集淮陰侯廟,分"朝字" ……… 1442	過淮陰侯廟,用壁韻 ……… 1447
過淮陰 …………………… 1443	寓言三首(其三) ………… 1448
過拜將臺懷古,和肩吾 …… 1443	過淮陰祠 ………………… 1448
淮陰 …………………… 1443	過淮陰祠 ………………… 1448
謁淮陰侯墓 ……………… 1443	自獲鹿至井陘道中雜咏四首(其二)
謁淮陰侯墓祠 …………… 1443	………………………… 1448
題韓信廟 ………………… 1443	韓侯嶺題壁 ……………… 1448
過韓信嶺 ………………… 1444	戊子,典試山西,獲鹿道中過漢淮陰
韓信廟 …………………… 1444	侯祠四首 ………………… 1449
淮陰祠二首 ……………… 1444	韓信 ……………………… 1449
淮陰侯祠 ………………… 1444	韓信城 …………………… 1449
淮陰侯祠 ………………… 1444	淮陰市 …………………… 1449
淮陰侯祠 ………………… 1445	胯下橋 …………………… 1449
淮安懷古 ………………… 1445	淮陰侯廟下作 …………… 1450
過韓廟 …………………… 1445	復過井陘口淮陰侯廟 …… 1450
淮陰 ……………………… 1445	韓侯釣臺 ………………… 1450
淮陰祠 …………………… 1445	題韓王故里 ……………… 1450
韓信廟 …………………… 1446	韓信釣臺 ………………… 1450
弔淮陰侯 ………………… 1446	淮陰侯廟 ………………… 1450
淮陰侯廟 ………………… 1446	韓侯嶺 …………………… 1451
十哀詩挽王中丞叔文·韓淮陰信 …	淮陰釣臺歌 ……………… 1451
………………………… 1446	山陽城下吊淮陰侯 ……… 1451
淮陰侯 …………………… 1446	淮陰城下作 ……………… 1451
五言古詩(其十二) ……… 1446	題淮陰侯廟 ……………… 1451
淮陰侯祠 ………………… 1447	韓淮陰侯釣臺二首 ……… 1452
淮陰 ……………………… 1447	過韓侯釣臺三首 ………… 1452
經淮陰,有懷韓王 ………… 1447	題淮陰侯祠 ……………… 1452
韓侯釣臺 ………………… 1447	韓侯釣臺歌 ……………… 1452

雪泊韓侯臺下 …………… 1453	邗溝淮陰道中詠懷古跡四首(其四)
漢臺 …………………… 1453	…………………… 1458
韓淮陰祠 ……………… 1453	淮陰侯墓 ……………… 1458
淮陰侯 ………………… 1453	過淮陰故里書感 ……… 1458
詠古(其二) …………… 1453	淮陰侯 ………………… 1458
濰水吊韓淮陰 ………… 1454	淮陰侯釣臺 …………… 1459
淮陰侯二首 …………… 1454	吊韓淮陰 ……………… 1459
淮陰侯釣臺 …………… 1454	鐘室冤 ………………… 1459
淮陰釣臺 ……………… 1454	韓信嶺 ………………… 1459
淮陰侯 ………………… 1454	韓侯祠 ………………… 1460
韓信 …………………… 1454	井陘行 ………………… 1460
淮陰釣臺 ……………… 1455	未央宮朱草 …………… 1460
淮陰釣臺 ……………… 1455	韓信塚 ………………… 1460
淮陰釣臺 ……………… 1455	拜將臺 ………………… 1460
題淮陰釣臺二首 ……… 1455	過陳倉道次韻吊韓淮陰 … 1461
淮陰侯釣臺 …………… 1456	淮陰歎 ………………… 1461
車中雜憶古人,作五六七言詩·韓信	思退齋詠古詩(其七) …… 1461
…………………… 1456	漢臺詠史·韓淮陰侯 …… 1461
淮陰釣臺 ……………… 1456	韓信 …………………… 1461
淮陰釣臺懷古 ………… 1456	韓信 …………………… 1462
詠古 …………………… 1456	將臺 …………………… 1462
韓侯 …………………… 1457	燕臺懷古雜詠,方水部鐵船同作·泜
淮陰釣臺 ……………… 1457	水 …………………… 1462
詠史(其一) …………… 1457	雜詠史四十二首(其十一) …… 1462
韓信 …………………… 1457	韓信 …………………… 1462
淮陰釣下作 …………… 1457	韓信升壇 ……………… 1463
韓信 …………………… 1457	淮陰侯 ………………… 1463
詠古詩十四首·韓信 …… 1458	詠史·韓信 …………… 1463
韓侯釣臺詠古 ………… 1458	詠史小樂府三十首(其六) …… 1463

讀《漢書》小樂府·哀王孫 …… 1463

讀史雜詠(其七) ………… 1463

讀史六言絕句,效梅村體(其一) ……
　　　………… 1463

過韓侯祠 ………… 1464

韓侯釣臺 ………… 1464

淮陰侯釣臺 ………… 1464

邗上紀游(其十一、十三) ……… 1464

詠蒯通 ………… 1465

蒯通 ………… 1465

蒯通 ………… 1465

蒯通 ………… 1465

著雝攝提格·蒯通墓 ……… 1465

讀《漢書》列傳雜詩·蒯通 …… 1466

詠史小樂府三十首(其十七) … 1466

廣武君李左車墓 ………… 1466

詠史四首(其一) ………… 1466

李左車 ………… 1466

詠漂母 ………… 1467

經漂母墓 ………… 1467

漂母塚 ………… 1467

千金答漂母行 ………… 1467

漂母祠 ………… 1467

讀唐子西《漂母傳》 ………… 1467

漂母墓二首 ………… 1467

漂母墓 ………… 1468

淮陰漂母墓 ………… 1468

漂母塚 ………… 1468

題《漂母飯信圖》 ………… 1468

淮陰漂母墓 ………… 1468

漂母墓 ………… 1468

《漂母圖》 ………… 1469

漂母吟 ………… 1469

過漂母墓 ………… 1469

登韓信城,望漂母墓 ……… 1469

漂母廟 ………… 1469

漂母祠 ………… 1469

漂母祠二絕 ………… 1470

《韓信遺金漂母圖》 ………… 1470

漂母祠 ………… 1470

漂母祠 ………… 1470

漂母祠,病夢中為詩鬼所索 … 1470

漂母 ………… 1470

漂母祠 ………… 1471

漂母祠 ………… 1471

謁漂母祠 ………… 1471

舟泊漂母祠 ………… 1471

漂母祠 ………… 1471

漂母祠二首 ………… 1471

漂母祠 ………… 1472

漂母祠 ………… 1472

漂母祠 ………… 1472

經漂母廟 ………… 1472

漂母祠 ………… 1472

經漂母墓 ………… 1472

韓信報金漂母 ………… 1473

漂母非能知人,特一時能施於人耳,觀其對信數語可見,而古今論者胥失之。予過其祠,感而賦此 …… 1473

北河雜詠十二首·漂母墓 …… 1473

讀史十首·漂母 …………… 1473

漂母祠 ………………………… 1473

漂母祠 ………………………… 1473

經漂母祠三首 ……………… 1474

漂母祠 ………………………… 1474

漂母祠 ………………………… 1474

漂母墓 ………………………… 1474

漂母祠二首 ………………… 1474

漂母祠 ………………………… 1475

漂母祠 ………………………… 1475

詠古十首·漂母 …………… 1475

漂母祠,寄葉外兄 ………… 1475

漂母祠 ………………………… 1475

淮上詠古·漂母 …………… 1475

漂母廟 ………………………… 1476

漂母祠二首 ………………… 1476

過漂母祠 …………………… 1476

漂母祠 ………………………… 1476

漂母 …………………………… 1476

漂母祠 ………………………… 1476

漂母祠 ………………………… 1477

漂母祠 ………………………… 1477

《漂母祠》和韻 …………… 1477

漂母祠 ………………………… 1477

漂母祠 ………………………… 1477

漂母祠 ………………………… 1478

漂母祠 ………………………… 1478

漂母祠 ………………………… 1478

漂母祠 ………………………… 1478

漂母祠 ………………………… 1478

漂母祠 ………………………… 1478

漂母祠 ………………………… 1479

謁漂母祠 …………………… 1479

漂母祠 ………………………… 1479

漂母墓 ………………………… 1479

思退齋詠古詩(其八) ……… 1479

漂母進食 …………………… 1480

詠史小樂府三十首(其七) …… 1480

漂母行 ………………………… 1480

題《漂母圖》 ………………… 1480

漂母祠 ………………………… 1480

詞

又(酹江月)·過淮陰 ………… 1481

踏莎行·韓信廟 …………… 1481

浣溪沙·釣臺 ………………… 1481

踏莎行·過太原拜韓侯祠,和韓苑洛作 ………………………… 1481

踏莎行·韓侯釣臺 …………… 1482

大江西上曲·淮陰釣臺 …… 1482

定風波·淮陰侯釣臺有感 …… 1482

女冠子 ………………………… 1482

花發沁園春·井陘道中,同于扶九、程蒼孚、夏宛來 ………… 1483

賀新郎·淮陰詞 …………… 1483
滿江紅·井陘 ……………… 1483
街街行·淮陰侯祠吊古 …… 1483
滿江紅·井陘懷古 ………… 1484
金人捧玉盤·荆壁鋪,為漢淮陰侯講
兵處 ……………………… 1484
踏莎行·韓侯祠 …………… 1484
烏夜啼·題薩天錫《淮陰釣臺圖》…
………………………… 1484
賀新郎·淮陰懷古 ………… 1484
瑞鶴仙·過韓侯嶺 ………… 1485
念奴嬌·淮陰侯釣臺,用東坡《赤壁
懷古》韵 ………………… 1485
釣船笛·韓侯釣臺下作 …… 1485
唐多令·淮陰懷古 ………… 1485
水龍吟·淮陰釣臺 ………… 1485
沁園春·韓侯釣臺 ………… 1486
八聲甘州·淮陰釣台 ……… 1486
滿江紅·淮陰釣台 ………… 1486
天門謠·井陘關 …………… 1486
前調(滿江紅)·淮陰釣台 …… 1486
永遇樂·商調·過韓侯釣臺 ………
………………………… 1487
臺城路·淮陰城吊古,同宫秀機作
………………………… 1487
滿江紅·淮陰侯釣臺 ……… 1487
前調(酷相思)·淮陰侯廟 …… 1487
百字令·淮陰侯廟 ………… 1488
水龍吟·漂母祠 …………… 1488

霜葉飛·漂母祠 …………… 1488
臨江仙·淮上漂母墓 ……… 1489
前調(賀新郎)·過淮陰侯釣魚臺,兼
謁漂母祠 ………………… 1488
前調(采桑子)·泊舟淮陰城下 ……
………………………… 1489
望海潮·漂母祠,同嚴再彭、張虞山
分賦 ……………………… 1489
(蝶戀花)其五·漂母 ……… 1489
釵頭鳳·漂母祠吊古 ……… 1489
木蘭花令·漂母祠 ………… 1490
河瀆神·淮上謁漂母祠 …… 1490
減蘭(減字木蘭花)·漂母祠 ………
………………………… 1490

曲

〔中呂〕朝天曲 …………… 1491
〔雙調〕慶東原·韓信 ……… 1491
〔北雙調蟾宫曲〕淮陰十詠·韓信
荒城 ……………………… 1491
〔南商調黃鶯兒〕吊韓信 …… 1491
〔北仙呂寄生草〕勸世 ……… 1491
〔北黃鍾白鶴子〕韓信將台下作 …
………………………… 1492
〔北仙呂一半兒〕淮陰、漂母祠 …
………………………… 1492

田儋列傳

詩

詠《田儋列傳》……………… 1493
田儋列傳 ………………… 1493

詠田橫 ·················· 1494

 田橫墓 ·················· 1494

 田橫墓 ·················· 1494

 過田橫墓二首 ············ 1494

 田橫 ···················· 1494

 田橫 ···················· 1494

 田橫墓歌辭 ·············· 1494

 詠田橫二首 ·············· 1495

 田橫 ···················· 1495

 田橫客 ·················· 1495

 田橫墓 ·················· 1495

 田橫砦 ·················· 1495

 田橫固歌 ················ 1496

 過田橫墓 ················ 1496

 詠史二十一首(其十) ······ 1496

 田橫墓 ·················· 1496

 過田橫墓 ················ 1497

 田橫客墓 ················ 1497

 田橫寨詠古 ·············· 1497

 田橫 ···················· 1497

 田橫島 ·················· 1497

 五百人墓 ················ 1498

 田橫島 ·················· 1498

 詠史四絕句,和曉滄·田橫 ··· 1498

 讀史述懷,三疊前韻二首,束魯川先生(其一) ··· 1498

 寓臺詠懷六首(其二) ······· 1498

 秦漢樂府·田橫島 ·········· 1498

 田橫感歌 ················ 1499

 詠史·齊王田橫 ············ 1499

 田橫島 ·················· 1499

 田橫 ···················· 1499

詞

 前調(百字令)·詠史 ········ 1500

韓信盧綰列傳

詩

詠《韓信盧綰列傳》 ········· 1501

 韓信盧綰列傳 ············ 1501

樊酈滕灌列傳

詩

詠《樊酈滕灌列傳》 ········· 1502

 樊酈滕灌列傳 ············ 1502

詠樊噲 ·················· 1503

 樊將軍廟 ················ 1503

 題樊將軍廟 ·············· 1503

 樊噲戲石 ················ 1503

 題舞陽侯廟 ·············· 1503

 樊噲 ···················· 1503

 徐州寫望 ················ 1504

 十二快·樊將軍噲擁盾入鴻門,拔劍切啖生彘肩 ········ 1504

 鴻門 ···················· 1504

 予自草堂將歸,過古之樊川,亦有所感,而不能已於言也 ··· 1504

 樊噲墓 ·················· 1504

 樊噲 ···················· 1505

樊噲 …………………………… 1505
　　樊噲 …………………………… 1505
　　樊噲 …………………………… 1505
　　補禹門兩漢詠史小詩(十四) … 1505
　　讀《漢書》列傳雜詩·樊噲 …… 1506
　　樊噲 …………………………… 1506
　　樊噲排闥 ……………………… 1506
　　詠史詩·樊噲 ………………… 1506
　　詠史·樊噲 …………………… 1506
　　詠史小樂府三十首(其十) …… 1506
詠酈寄 ………………………… 1507
　　酈寄 …………………………… 1507
　　酈寄賣友 ……………………… 1507
詠夏侯嬰 ……………………… 1508
　　滕公 …………………………… 1508
　　夏侯嬰 ………………………… 1508
　　夏侯嬰 ………………………… 1508
　　滕公佳城 ……………………… 1508
詠灌嬰 ………………………… 1509
　　潁陰侯 ………………………… 1509
　　灌瓦研詩,為李少卿作 ……… 1509
　　灌嬰 …………………………… 1509
　　灌嬰販繒 ……………………… 1509

張丞相列傳

詩

詠《張丞相列傳》 …………… 1510
　　張丞相列傳 …………………… 1510

詠張蒼附車千秋、魏相、邴吉、黃霸、韋玄成 …
　　　　　　　　　　　　　　　… 1511
　　殿上戲 ………………………… 1511
　　陽武詠懷陳平、張蒼,遂及博浪之事
　　　　　　　　　　　　　　　… 1511
　　汪生彥和出元人畫二十幅,分賦其五
　　·《張蒼治曆圖》 …………… 1511
　　張蒼 …………………………… 1511
　　讀《漢書》列傳雜詩·張蒼 … 1512
　　車千秋 ………………………… 1512
　　朱宮傅石君師出使示讀史詩,分詠《漢
　　書》三十七首·車千秋 ……… 1512
　　朱宮傅石君師出使示讀史詩,分詠《漢
　　書》三十七首·韋賢玄成 …… 1512
　　朱宮傅石君師出使示讀史詩,分詠《漢
　　書》三十七首·魏相 ………… 1513
　　朱宮傅石君師出使示讀史詩,分詠《漢
　　書》三十七首·丙吉 ………… 1513
　　補禹門兩漢詠史小詩(其十五、二十一)
　　　　　　　　　　　　　　　… 1513
　　讀《漢書》列傳雜詩·周昌 … 1513
　　讀《漢書》列傳雜詩·田千秋 ……
　　　　　　　　　　　　　　　… 1513
　　讀《漢書》列傳雜詩·魏相 … 1514
　　秦漢樂府·獄門閉 …………… 1514
　　後詠史四十首·丙吉 ………… 1514
　　漢臺詠史·吉丞相 …………… 1514
　　讀《漢書》列傳雜詩·丙吉 … 1514

丙吉 …………………………………… 1514

丙吉牛喘 ……………………………… 1515

漢臺詠史·黃潁川 ……………………… 1515

黃霸 …………………………………… 1515

黃霸 …………………………………… 1515

黃霸 …………………………………… 1515

黃霸 …………………………………… 1516

黃霸政殊 ……………………………… 1516

詠史·魏相 ……………………………… 1516

詠史·丙吉 ……………………………… 1516

補遺·黃霸 ……………………………… 1516

曹南先賢詠·魏相 ……………………… 1516

讀《漢書》有感·車千秋 ……………… 1517

過匡衡墓 ……………………………… 1517

詠申屠嘉 …………………………… 1518

申屠嘉 ………………………………… 1518

讀史雜詠,呈藥地大師·申屠子龍
…………………………………… 1518

申屠嘉 ………………………………… 1518

讀《漢書》列傳雜詩·申屠嘉 ………
…………………………………… 1518

申嘉私謁 ……………………………… 1518

詠史·申屠嘉 …………………………… 1519

曹南先賢詠·申屠嘉 …………………… 1519

酈生陸賈列傳

詩

詠《酈生陸賈列傳》 ………………… 1520

酈生陸賈列傳 ………………………… 1520

讀《酈生傳》 …………………………… 1520

雜詠史四十二首(其五) ……………… 1520

讀史雜感(其一) ……………………… 1521

讀《陸賈傳》 …………………………… 1521

詠酈食其 ……………………………… 1522

高陽 …………………………………… 1522

覽古十四首(其八) …………………… 1522

酈生長揖 ……………………………… 1522

《酈生長揖圖》 ………………………… 1522

酈食其 ………………………………… 1522

《沛公洗足見酈生圖》 ………………… 1523

酈食其 ………………………………… 1523

高陽酒徒 ……………………………… 1523

題《濯足圖》 …………………………… 1523

詠史·酈食其 …………………………… 1523

《酈生長揖圖》二首 …………………… 1524

《酈生長揖圖》 ………………………… 1524

酈食其 ………………………………… 1524

酈生長揖 ……………………………… 1524

詠陸賈 ………………………………… 1525

陸賈 …………………………………… 1525

題陸賈大夫廟 ………………………… 1525

陸賈二首 ……………………………… 1525

陸賈 …………………………………… 1525

陸賈 …………………………………… 1526

陸大中(并序) ………………………… 1526

陸賈祠 ………………………………… 1526

詠史·陸賈 ……………………………… 1526

古意二十首(其十七) ………………… 1526

陸賈 …………………………… 1526
九詠·陸賈不欲數過諸子 …… 1527
十詠·陸賈不欲數過諸子 …… 1527
讀史偶述四十首(其十三) …… 1527
陸賈 …………………………… 1527
七頌·陸賈 …………………… 1527
詠史 …………………………… 1527
陸賈 …………………………… 1528
陸賈 …………………………… 1528
讀史絕句二十一首·陸賈 …… 1528
詠古詩十四首·陸賈 ………… 1528
陸賈 …………………………… 1528
陸賈 …………………………… 1528
橐中裝 ………………………… 1529
陸賈 …………………………… 1529
陸賈分橐 ……………………… 1529
詠史·陸賈 …………………… 1529
詠史小樂府三十首(其十八) … 1529
陸賈 …………………………… 1529

詞

看花回·濟南懷古 …………… 1530
高陽臺·酈食其 ……………… 1530
滿江紅·題酈生祠 …………… 1530
惜餘春慢·羊城懷古 ………… 1530
卜算子·陸賈 ………………… 1531

曲

〔北雙調撥不斷〕雜詠 ……… 1532

傅靳蒯成列傳

詩

詠《傅靳蒯成列傳》 ……………… 1533
傅靳蒯成列傳 ………………… 1533

劉敬叔孫通列傳

詩

詠《劉敬叔孫通列傳》 …………… 1534
劉敬叔孫通列傳 ……………… 1534
詠史(其二十七) ……………… 1534
雜詠史四十二首(其九) ……… 1534
讀《漢書》列傳雜詩·婁(劉)敬……
………………………………… 1535
讀《漢書》列傳雜詩·叔孫通……
………………………………… 1535

詠劉敬 …………………………… 1536
婁(劉)敬洞 …………………… 1536
婁(劉)敬 ……………………… 1536
劉敬 …………………………… 1536
詠史一百首(其四十) ………… 1536
詠古詩十四首·劉敬 ………… 1536
婁(劉)敬 ……………………… 1537
婁(劉)敬和親 ………………… 1537
詠史小樂府三十首(其十五) … 1537

詠叔孫通附魯兩生 ……………… 1538
詠叔孫通 ……………………… 1538
叔孫通 ………………………… 1538
嘲叔孫通 ……………………… 1538

叔孫通 …………………… 1538
叔孫通 …………………… 1538
叔孫奉常通 ………………… 1538
叔孫通 …………………… 1539
詠史·叔孫通 ……………… 1539
漢傑士(其五) …………… 1539
叔孫通演禮處 ……………… 1539
雜懷五十首(其三十五)…… 1539
詠史一百首(其三十九)…… 1539
叔孫通 …………………… 1540
叔孫通 …………………… 1540
叔孫通 …………………… 1540
讀史絕句二十一首·叔孫通 ………
　………………………… 1540
叔孫制禮 ………………… 1540
詠史小樂府三十首(其十二、十三)…
　………………………… 1541
魯二儒 …………………… 1541
兩生 ……………………… 1541
魯兩生 …………………… 1541
魯兩生 …………………… 1541
魯二生 …………………… 1541

曲

〔中呂〕朝天曲 ……………… 1542

季布欒布列傳

詩

詠《季布欒布列傳》……………… 1543
季布欒布列傳 …………… 1543
讀《季布欒布列傳》………… 1543
詠季布 ……………………… 1544
詠史四首(其一) …………… 1544
季布 ……………………… 1544
詠史·季布 ………………… 1544
季布 ……………………… 1544
汪生彥和出元人畫二十幅,分賦其五
·《季布任俠圖》…………… 1544
季布 ……………………… 1545
讀《漢書》列傳雜詩·季布 …… 1545
季布一諾 ………………… 1545
詠史·季布 ………………… 1545
詠欒布附丁公 ……………… 1546
欒布 ……………………… 1546
詠史(其三) ……………… 1546
丁公 ……………………… 1546
詠史詩和李咸齋有序(其六)…… 1546
丁公遽戮 ………………… 1546

袁盎晁錯列傳

詩

詠《袁盎晁錯列傳》……………… 1547
袁盎朝錯列傳 …………… 1547
讀《晁錯傳》 ……………… 1547
補禹門兩漢詠史小詩(其二十四、二十五) ………………………… 1547
讀《漢書》列傳雜詩·爰(袁)盎……
　………………………… 1548
讀《漢書》列傳雜詩·晁錯 …… 1548

晁錯 …………………… 1548
詠袁盎 …………………… 1549
　　高陵袁盎 …………………… 1549
　　爰(袁)盎 …………………… 1549
　　爰(袁)盎 …………………… 1549
　　袁盎却座 …………………… 1549
　　讀《漢書》有感·袁盎 ………… 1549
詠晁錯 …………………… 1550
　　覽古十四首(其九) ………… 1550
　　過晁大夫廟 …………………… 1550
　　五哀詩·晁大夫 …………… 1550
　　晁錯 …………………… 1550
　　晁錯 …………………… 1550
　　晁錯 …………………… 1551
　　題《晁錯授經圖》 …………… 1551
　　晁錯 …………………… 1551
　　晁錯 …………………… 1551
　　詠古詩十四首·晁錯 ……… 1551
　　晁氏危 …………………… 1552
　　思退齋詠古詩(其九) ……… 1552
　　晁錯 …………………… 1552
　　晁錯 …………………… 1552
　　晁錯 …………………… 1552
　　晁錯峭直 …………………… 1552
　　東市冤 …………………… 1553
　　讀《漢書》有感·晁錯 ……… 1553
　　續詠史雜詩(其二) ………… 1553

張釋之馮唐列傳

詩

詠《張釋之馮唐列傳》 ………… 1554
　　張釋之馮唐列傳 …………… 1554
詠張釋之 ………………… 1555
　　文帝登龍虎圈,問尉禽獸簿,不能對,虎圈嗇夫對甚悉,上拜嗇夫上林令。張釋之曰:今以口辨超遷,天下爭口辨無實,遂不拜 …………… 1555
　　張釋之三首 ………………… 1555
　　張釋之 …………………… 1555
　　張釋之 …………………… 1555
　　司馬門 …………………… 1556
　　讀《漢書》列傳雜詩·張釋之 ………
　　　　　　………………… 1556
　　釋之結韈 …………………… 1556
　　讀《漢書》有感·張釋之 ……… 1556
詠馮唐 …………………… 1557
　　題梨嶺馮唐廟 ……………… 1557
　　馮唐廟 …………………… 1557
　　題馮唐中郎廟 ……………… 1557
　　馮唐 …………………… 1557
　　馮唐墓 …………………… 1557
　　中丘謁馮唐、郭巨祠 ………… 1557
　　馮唐故里 …………………… 1558
　　馮唐墓 …………………… 1558
　　馮唐墓 …………………… 1558
　　馮唐墓 …………………… 1558

馮唐 …………………………… 1558

　　馮唐 …………………………… 1558

　　馮唐 …………………………… 1559

　　讀《漢書》有感·馮唐 ………… 1559

詞

　　前調(西江月)·過馮唐故里 ………
　　　　…………………………… 1560

　　清平樂·過馮唐故里有感 …… 1560

　　前調(卜算子)·過馮唐墓 …… 1560

萬石張叔列傳

詩

詠《萬石張叔列傳》 ……………… 1561

　　萬石張叔列傳 ………………… 1561

　　朱宮傳石君師出使示讀史詩,分詠《漢書》三十七首·萬石君 ……… 1561

　　石奮 …………………………… 1561

　　萬石君 ………………………… 1562

　　衛綰 …………………………… 1562

　　讀《漢書》列傳雜詩·衛綰 …… 1562

　　不疑誣金 ……………………… 1562

　　石慶 …………………………… 1562

　　石慶數馬 ……………………… 1563

田叔列傳

詩

詠《田叔列傳》 …………………… 1564

　　田叔列傳 ……………………… 1564

　　田叔 …………………………… 1564

　　秦漢樂府·燒獄辭 …………… 1564

扁鵲倉公列傳

詩

詠《扁鵲倉公列傳》 ……………… 1565

　　詠史 …………………………… 1565

　　扁鵲倉公列傳 ………………… 1565

　　讀《西漢書》 …………………… 1565

詠扁鵲 …………………………… 1566

　　扁鵲墓 ………………………… 1566

　　扁鵲 …………………………… 1566

　　扁鵲墓 ………………………… 1566

　　扁鵲 …………………………… 1566

　　雜言四十九首(其三十一) …… 1566

　　過扁鵲墓 ……………………… 1567

　　扁鵲墓 ………………………… 1567

　　鄭州扁鵲故里 ………………… 1567

　　扁鵲墓 ………………………… 1567

　　扁鵲 …………………………… 1567

　　行路難十三首(其六) ………… 1567

　　扁鵲 …………………………… 1568

　　扁鵲 …………………………… 1568

　　著離攞提格·任邱(丘)扁鵲故宅 …
　　　　…………………………… 1568

　　扁鵲起虢 ……………………… 1568

詠淳于意附緹縈 …………………… 1569

　　太倉公 ………………………… 1569

　　詠史一百首(其四十三) ……… 1569

　　秦漢樂府·孝女緹縈 ………… 1569

續詠史二十首·淳于女緹縈 ……… 1569

　　緹縈 …………………………… 1569

吳王濞列傳

詩

詠《吳王濞列傳》 …………… 1570

　　吳王濞列傳 …………………… 1570

詠吳王濞 ……………………… 1571

　　悲吳王 ………………………… 1571

魏其武安侯列傳

詩

詠《魏其武安侯列傳》 ……… 1572

　　魏其武安侯列傳 ……………… 1572

　　讀《魏其侯傳》 ……………… 1572

　　詠史五首(其一) ……………… 1572

　　读史有感(其一) ……………… 1573

　　詠史·讀《史記》偶書 ……… 1573

　　朱宮傳石君師出使示讀史詩,分詠《漢書》三十七首·竇嬰、田蚡 …… 1573

　　讀《漢書》列傳雜詩·竇嬰 … 1573

　　讀《漢書》列傳雜詩·田蚡 … 1573

　　讀《漢書》列傳雜詩·灌夫 … 1573

　　讀《漢書》有感·竇嬰 ……… 1574

　　讀《漢書》有感·田蚡 ……… 1574

　　讀《漢書》有感·灌夫 ……… 1574

詠竇嬰 ………………………… 1575

　　冰山火突詞 …………………… 1575

　　五言古詩(其十九) …………… 1575

　　竇嬰 …………………………… 1575

詠田蚡 ………………………… 1576

　　武安侯 ………………………… 1576

　　武安雜詩(其四) ……………… 1576

　　田蚡 …………………………… 1576

詠灌夫 ………………………… 1577

　　讀《灌夫傳》,呈傅初庵學士 … 1577

　　灌夫 …………………………… 1577

　　潁水濁 ………………………… 1577

　　灌夫使酒 ……………………… 1577

　　十二快·灌將軍罵坐,坐客去魏其,事武安者,盡為失色 …………… 1578

　　冬日,偶然作八首(其六) …… 1578

　　灌夫 …………………………… 1578

　　灌夫 …………………………… 1578

　　救灌夫 ………………………… 1578

曲

　　〔南越調浪淘沙〕慨世 ……… 1579

韓長儒列傳

詩

詠《韓長儒列傳》 …………… 1580

　　韓長孺列傳 …………………… 1580

　　讀《韓長孺傳》 ……………… 1580

　　詠史小樂府三十首(其二十二) ……

　　……………………………………… 1580

讀《漢書》有感·韓安國 ……… 1580

首鼠行 ……………………… 1581

韓安國 ……………………… 1581

讀《漢書》列傳雜詩·韓安國 ………
　　…………………………… 1581

詠史·韓安國 ……………… 1581

壺臧 ………………………… 1581

李將軍列傳

詩

詠《李將軍列傳》 …………… 1582

　李將軍列傳 ……………… 1582

　題《李將軍傳》 …………… 1582

　讀《李廣傳》 ……………… 1582

　閱《李廣傳》三首 ………… 1582

　平灤詠古十首(其四) ……… 1583

　讀《漢書》有感·李廣 …… 1583

　晨起讀《李廣傳》 ………… 1583

　《李北平射虎圖》 ………… 1583

詠李廣 ……………………… 1584

　灞橋待李將軍 …………… 1584

　霸陵 ………………………… 1584

　李廣 ………………………… 1584

　李廣 ………………………… 1584

　飛將 ………………………… 1584

　李廣 ………………………… 1584

　《李廣射虎圖》 …………… 1585

　李廣、李陵二首 ………… 1585

　題《李廣犯夜圖》 ………… 1585

李將軍行 …………………… 1585

李將軍歌 …………………… 1585

後讀史(其一) ……………… 1586

題《李將軍關山圖》 ……… 1586

李將軍歌 …………………… 1586

李將軍歌 …………………… 1586

詠史四首(其四) …………… 1586

李廣 ………………………… 1587

詠史一百首(其四十五) …… 1587

詠史十首·李廣 …………… 1587

李廣 ………………………… 1587

李將軍射虎行 ……………… 1587

車中雜憶古人作五六七言詩·李廣
　…………………………… 1588

感興十首(其十) …………… 1588

詠史(其二) ………………… 1588

李廣 ………………………… 1588

李廣 ………………………… 1588

詠古詩十四首·李廣 ……… 1589

老將行 ……………………… 1589

李廣射虎 …………………… 1589

詠史(其十三) ……………… 1589

霸陵尉 ……………………… 1589

漢臺詠史·李將軍 ………… 1589

李廣 ………………………… 1590

李廣 ………………………… 1590

燕臺懷古雜詠,方水部鐵船同作·射
虎石 ………………………… 1590

朱宮傳石君師出使示讀史詩,分詠《漢

書》三十七首·李廣 ………… 1590

讀《漢書》列傳雜詩·李廣 …… 1590

李廣 ……………………… 1591

李廣成蹊 ………………… 1591

李將軍 …………………… 1591

詠史·李廣 ………………… 1591

詠史小樂府三十首(其二十一) ……
……………………………… 1591

灞陵尉 …………………… 1591

詠李陵 …………………… 1592

李陵詠 …………………… 1592

李陵臺 …………………… 1592

李陵 ……………………… 1592

《蘇、李泣別圖》 ……………… 1592

題《蘇李泣別圖》二首 ………… 1592

詠史·李陵 ………………… 1593

題《蘇、李泣別圖》 …………… 1593

《蘇、李相別圖》 ……………… 1593

李陵臺懷古 ……………… 1593

李陵臺 …………………… 1593

李陵臺,約應奉馮昂霄同賦 … 1594

題黨久誠《李陵別蘇武圖》…… 1594

李陵臺 …………………… 1594

李陵臺 …………………… 1594

李陵臺,次韻李彥方應奉 …… 1594

題《李陵宴蘇武圖》二首 ……… 1595

宿李陵臺 ………………… 1595

李陵臺 …………………… 1595

李陵臺,次韻暢學士 ………… 1595

李陵臺懷古 ……………… 1595

望李陵臺 ………………… 1596

《李陵懸軍遇敵圖》,為秦孝先題 …
……………………………… 1596

上京道中雜詩·李陵臺 ……… 1596

《蘇、李泣別圖》 ……………… 1596

再賦李陵臺 ……………… 1596

李陵臺 …………………… 1597

《蘇、李祖別圖》 ……………… 1597

李陵臺二首 ……………… 1597

過李陵墓 ………………… 1597

過李陵臺 ………………… 1597

題《蘇、李泣別圖》,和謝敬德韻二首
……………………………… 1598

李陵臺 …………………… 1598

讀史,擬蘇、李(其二、四、五、六、七) …
……………………………… 1598

李陵臺 …………………… 1599

《蘇武、李陵泣別圖》 ………… 1599

題《李陵、蘇武泣別圖》 ……… 1599

《蘇、李泣別圖》 ……………… 1599

題《李陵泣別圖》 …………… 1600

《李陵泣別圖》 ……………… 1600

題《李陵泣別圖》 …………… 1600

題《李陵泣別圖》 …………… 1600

題《李陵見蘇武圖》 ………… 1600

題《蘇、李泣別圖》 …………… 1600

題《蘇、李泣別圖》 …………… 1601

詠古七首(其三) …………… 1601

· 138 ·

題《蘇武、李陵泣別圖》 …… 1601

題《蘇、李泣別圖》 …… 1601

李陵 …… 1601

十哀詩,挽王中丞叔文·李都尉少卿
　　…… 1602

詠史五首(其一) …… 1602

讀史述·李陵 …… 1602

集蘇武、李陵二首 …… 1602

涼州詞 …… 1602

邊望懷古三首(其一) …… 1602

李陵 …… 1603

詠史詩和李咸齋有序(其九) …… 1603

詠史詩(其九) …… 1603

李少卿 …… 1603

李陵 …… 1603

詠史詩十首·李陵 …… 1604

李陵 …… 1604

李陵 …… 1604

《蘇、李泣別圖》 …… 1604

讀《漢書》列傳雜詩·李陵 …… 1604

論詩絕句(其五) …… 1604

李陵別詩 …… 1605

詠史詩·李陵 …… 1605

李少卿 …… 1605

詠史小樂府三十首(其二十五) ……
　　…… 1605

讀《漢書》有感·李陵 …… 1605

詞

八聲甘州 …… 1606

又(卜算子)(之八) …… 1606

漁家傲·娑婆苦(之十) …… 1606

前調(沁園春)·北平過李將軍射虎
石 …… 1606

百字令·詠史(其三) …… 1607

沁園春·讀《李廣將軍傳》 …… 1607

滿江紅·詠史(之四) …… 1607

金縷曲·李將軍廣射虎處 …… 1607

賀新郎·讀《李陵傳》 …… 1608

前調(賀新郎)·塞外尋李陵碑未得,
因讀《漢書》本傳有感 …… 1608

蘇武慢·本意,和詠史韻(其三) ……
　　…… 1608

解連環·讀《恨賦》,分詠六闋,和家
恒齋·李陵 …… 1608

曲

〔南中呂駐雲飛〕(之二十七) ……
　　…… 1609

匈奴列傳

詩

詠《匈奴列傳》 …… 1610

匈奴列傳 …… 1610

《匈奴傳》 …… 1610

讀《匈奴傳》 …… 1610

讀《漢書》有感·蘇武 …… 1611

讀《漢書》雜詠 …… 1611

詠蘇武附郭吉 …… 1612

跋《蘇武持節圖》 …… 1612

讀《蘇武傳》……………… 1612
詠史·蘇武 ………………… 1612
《子卿歸漢圖》 …………… 1612
《蘇武牧羊抱雛圖》 ……… 1613
《蘇武持節圖》 …………… 1613
題《蘇武牧羊圖》 ………… 1613
和丁志道題蘇武廟 ………… 1613
詠史·蘇武 ………………… 1613
《蘇、李會合圖》 ………… 1613
牧羝行 ……………………… 1614
觀《蘇子卿牧羊圖》有感 … 1614
《子卿持節圖》 …………… 1614
《蘇武牧羊圖》 …………… 1614
謾成(其四) ……………… 1614
讀史,擬蘇、李(其一、三) …… 1614
錢舜舉所作《蘇武牧羊圖》二首 ……
……………………………… 1615
題《蘇武牧羊圖》 ………… 1615
詠史·蘇武 ………………… 1615
題《子卿牧羊圖》 ………… 1615
蘇武羝雪北海守節 ………… 1616
蘇、李泣別 ………………… 1616
題《蘇武牧羊圖》 ………… 1616
題《蘇武還鄉圖》 ………… 1616
《牧羊圖》 ………………… 1616
《子卿牧羊圖》 …………… 1617
《牧羝圖》 ………………… 1617
《子卿泣別圖》 …………… 1617

題雜畫(其十四) ………… 1617
題《蘇武圖》 ……………… 1617
《蘇武牧羝圖》 …………… 1617
題《蘇武牧羝圖》 ………… 1618
邊望懷古三首(其三) …… 1618
蘇武 ………………………… 1618
秦漢樂府·羝乳歸 ………… 1618
节旄落 ……………………… 1618
漢臺詠史·蘇屬國 ………… 1619
蘇武 ………………………… 1619
詠史(其三十五) ………… 1619
蘇武 ………………………… 1619
蘇武祠 ……………………… 1619
蘇武節 ……………………… 1619
朱宫傳石君師出使示讀史詩,分詠《漢書》三十七首·蘇武 ………… 1620
讀《漢書》列傳雜詩·蘇武 …… 1620
蘇武 ………………………… 1620
蘇武 ………………………… 1620
題《蘇武牧羊圖》 ………… 1621
蘇武 ………………………… 1621
郭吉 ………………………… 1621

詞

前調(滿江紅)·咏古·蘇子卿節 …
……………………………… 1622
前調(滿江紅)·詠雪叠韻八首·塞外 ……………………………… 1622
蘇武慢·本意,和詠史韻(之一、二)
……………………………… 1622

衛將軍驃騎列傳

詩

詠《衛將軍驃騎列傳》 ············ 1623
 衛將軍驃騎列傳 ············ 1623
 讀《衛青傳》 ············ 1623
 詠史小樂府三十首(其十九) ··· 1623
 讀《漢書》有感·衛青 ············ 1623
 讀《漢書》有感·霍去病 ············ 1624

詠衛青附長平公主、公孫賀 ············ 1625
 衛青 ············ 1625
 衛青 ············ 1625
 無題(其六) ············ 1625
 衛青玉印 ············ 1625
 衛將軍歌,聞有得漢衛青玉印者賦之
 ············ 1625
 衛將軍玉印歌 ············ 1626
 咏史 ············ 1626
 平陽懷古戲作 ············ 1626
 衛青 ············ 1626
 衛青 ············ 1626
 秦漢樂府·走千羊 ············ 1627
 漢臺詠史·衛大將軍 ············ 1627
 衛青 ············ 1627
 衛青 ············ 1627
 補禹門兩漢詠史小詩(其三十四、三十五) ············ 1627
 讀《漢書》列傳雜詩·衛青 ······ 1627
 衛青 ············ 1628

 衛青拜幕 ············ 1628
 長平公主歌 ············ 1628
 詠史·公孫賀 ············ 1628
 讀《漢書》有感·公孫賀 公孫敬聲
 ············ 1628
 讀《漢書》列傳雜詩·公孫賀 ········
 ············ 1628

詠霍去病 ············ 1629
 賦得霍將軍辭第 ············ 1629
 霍去病 ············ 1629
 後讀史(其三、四) ············ 1629
 狼居胥山 ············ 1629
 霍去病 ············ 1630
 讀《漢書》列傳雜詩·霍去病 ········
 ············ 1630
 去病辭第 ············ 1630
 霍去病 ············ 1630

平津侯主父列傳

詩

詠《平津侯主父列傳》 ············ 1631
 平津侯主父列傳 ············ 1631
 讀《公孫弘傳》 ············ 1631
 讀《公孫弘傳》 ············ 1631
 燕臺懷古雜詠,方水部鐵船同作·平津鄉 ············ 1631
 朱宮傅石君師出使示讀史詩,分詠《漢書》三十七首·徐樂 ············ 1632
 補禹門兩漢詠史小詩(其三十七) ···
 ············ 1632

雜詠史四十二首(其十五) …… 1632

漢平津侯公孫宏(弘)印歌 …… 1632

讀《漢書》有感·主父偃 …… 1633

讀《漢書》有感·公孫宏(弘)……

　　…………………………… 1633

平津閣 ………………………… 1633

讀《公孫弘傳》 ……………… 1633

詠公孫弘 ………………………… 1634

平津侯 ………………………… 1634

平津侯 ………………………… 1634

平津一首 ……………………… 1634

讀《公孫弘、卜式、兒寬傳》…… 1634

公孫弘 ………………………… 1634

詠史(其七) …………………… 1635

讀史·公孫弘 ………………… 1635

長安道 ………………………… 1635

詠史(其四) …………………… 1635

公孫弘 ………………………… 1635

公孫宏(弘) …………………… 1635

詠史二首(其一) ……………… 1636

詠史(其三十三) ……………… 1636

讀《漢書》列傳雜詩·公孫宏(弘)…

　　…………………………… 1636

漢相東閣 ……………………… 1636

詠史·公孫宏(弘) …………… 1636

詠主父偃 ………………………… 1637

詠史 …………………………… 1637

高廟災,董仲舒推說其意,稿未上,主

父偃候仲舒私見嫉之,竊其書而奏
焉,上召視諸儒,呂步舒以為大愚,下
仲舒吏,當死,詔赦之 ………… 1637

主父偃 ………………………… 1637

讀史有感(其三) ……………… 1637

詠史·主父偃 ………………… 1637

主父偃 ………………………… 1638

讀《漢書》列傳雜詩·主父偃 ………

　　…………………………… 1638

徐樂 …………………………… 1638

枚皋宅 ………………………… 1638

南越列傳

詩

詠《南越列傳》 ………………… 1639

南越列傳 ……………………… 1639

出關 …………………………… 1639

終軍 …………………………… 1639

讀《漢書》列傳雜詩·終軍 …… 1640

終軍棄繻 ……………………… 1640

讀《漢書》有感·終軍 ………… 1640

讀《漢書》雜詠 ……………… 1640

呂嘉 …………………………… 1640

詠南越王 ………………………… 1641

朝漢臺 ………………………… 1641

朝漢臺,寄呈蔣帥待制 ……… 1641

趙佗疑塚 ……………………… 1641

越臺 …………………………… 1641

越王臺 …………………………… 1641

越王臺 …………………………… 1642

越王臺 …………………………… 1642

粵王墓 …………………………… 1642

越王臺 …………………………… 1642

登越臺 …………………………… 1642

登粵王臺 ………………………… 1643

登粵王臺 ………………………… 1643

粵王臺懷古 ……………………… 1643

越王臺 …………………………… 1643

吊越王臺 ………………………… 1643

過清遠縣,愛其山水,追賦趙佗、劉漢
墓 ………………………………… 1644

粵王墓 …………………………… 1644

粵中懷古 ………………………… 1644

越王臺 …………………………… 1644

南越王墓 ………………………… 1644

趙陀先塚 ………………………… 1644

三君祠·尉佗 …………………… 1645

南粵王 …………………………… 1645

真定南粵王佗故里 ……………… 1645

詠史四絕句,和曉滄·趙佗 …… 1645

題粵中遺跡畫四首·越王臺 … 1645

秦漢樂府·故越吏 ……………… 1646

白璧雙 …………………………… 1646

任將軍廟 ………………………… 1646

粵臺殘瓦 ………………………… 1646

詞

番禺調笑·朝漢臺 ……………… 1647

滿江紅·蒼梧懷古 ……………… 1647

雨中花慢·越王臺懷古 ………… 1647

前調(雨中花慢)·越王臺懷古,桐
君、翁山、學裴、又康同賦 …… 1647

西河·粵秀山感興 ……………… 1648

望海潮·懷古十首並序·嶺南 ……
………………………………… 1648

南鄉子·粵王臺 ………………… 1648

東越列傳

詩

詠《東越列傳》 ………………… 1649

  閩越列傳 ……………………… 1649

  東甌王廟 ……………………… 1649

  讀《漢書》雜詠 ……………… 1649

朝鮮列傳

詩

詠《朝鮮列傳》 ………………… 1650

  朝鮮列傳 ……………………… 1650

  讀《漢書》雜詠 ……………… 1650

西南夷列傳

詩

詠《西南夷列傳》 ……………… 1651

  西南夷列傳 …………………… 1651

  讀《漢書》雜詠 ……………… 1651

司馬相如列傳

詩

詠《司馬相如列傳》 …………… 1652

    司馬相如列傳 ………… 1652

    讀《司馬相如傳》 ……… 1652

    讀《相如傳》 …………… 1652

    讀《司馬相如傳》 ……… 1652

    讀《司馬相如傳》 ……… 1653

    又題《相如傳》三首 …… 1653

    讀《長卿傳》有感 ……… 1653

詠司馬相如 ……………………… 1654

    贊四君詩四首·司馬相如 …… 1654

    賦得司馬相如詩 ………… 1654

    相如琴臺 ………………… 1654

    司馬相如琴臺 …………… 1654

    升仙橋 …………………… 1654

    琴臺 ……………………… 1654

    司馬長卿 ………………… 1655

    長卿 ……………………… 1655

    司馬相如琴臺 …………… 1655

    讀《子虛賦》 …………… 1655

    題司馬長卿畫像 ………… 1655

    相如 ……………………… 1655

    題司馬相如琴臺 ………… 1656

    相如二首 ………………… 1656

    琴臺 ……………………… 1656

    讀史六首·司馬相如 …… 1656

    《司馬相如題柱圖》 …… 1656

    題琴臺 …………………… 1656

    白頭吟 …………………… 1657

    司馬相如 ………………… 1657

    古風十首(其三) ………… 1657

    長卿 ……………………… 1657

    閑題 ……………………… 1657

    相如題橋 ………………… 1657

    相如滌器 ………………… 1657

    戲題一首 ………………… 1658

    感懷詩五十八首(其三十七) …… 1658

    相如二首 ………………… 1658

    長卿 ……………………… 1658

    司馬相如 ………………… 1658

    題自畫《相如滌器圖》 … 1659

    臨卬市 …………………… 1659

    懷古 ……………………… 1659

    錢宮聲編修示司馬相如小玉印 ……

    ………………………………… 1659

    成都懷古四首·司馬相如琴臺 ……

    ………………………………… 1659

    詠古(其二) ……………… 1660

    司馬相如 ………………… 1660

    泰安道中絕句(其一) …… 1660

    和宋嘉若先生《橐餘集》中律體十八首·司馬長卿故里 ………… 1660

    詠史(其二) ……………… 1660

    詠史 ……………………… 1660

    司馬相如 ………………… 1661

    司馬相如 ………………… 1661

詠史(其三) ……………… 1661

司馬相如 ……………… 1661

讀史絕句二十一首·司馬相如 ……

　　　　　　　　　……………… 1661

詠古詩十四首·司馬相如 …… 1661

司馬相如 ……………… 1662

行路難四首(其三) ……………… 1662

古五君詠·漢司馬相如 …… 1662

詠史二首(其二) ……………… 1662

別長安十首(其五) ……………… 1662

讀《漢書》二詠·司馬長卿 …… 1663

過駟馬橋題詩 ……………… 1663

司馬相如 ……………… 1663

絕句五十五首(其二十一) …… 1663

詠史 ……………… 1663

思退齋詠古詩(其十四) …… 1664

司馬相如 ……………… 1664

司馬相如 ……………… 1664

朱宮傳石君師出使示讀史詩,分詠《漢書》三十七首·司馬相如 …… 1664

讀《漢書》列傳雜詩·司馬相如 ……

　　　　　　　　　……………… 1664

司馬相如 ……………… 1664

讀《漢魏六朝人文集詩》一百首·司馬文園 ……………… 1665

相如題柱 ……………… 1665

詠史詩·司馬相如 ……………… 1665

詠史·司馬相如 ……………… 1665

詠史小樂府三十首(其二十) … 1665

讀《漢書》有感·司馬相如 …… 1665

司馬長卿 ……………… 1666

讀史(其三) ……………… 1666

詠懷古跡·駟馬橋 ……………… 1666

司馬相如 ……………… 1666

詠卓文君 ……………… 1667

卓女怨 ……………… 1667

臨邛怨 ……………… 1667

卓文君 ……………… 1667

卓文君 ……………… 1667

文君 ……………… 1667

卓文君 ……………… 1668

文君當鑪 ……………… 1668

詠美人八首·文君琴心 …… 1668

漫興三首(其三) ……………… 1668

成都 ……………… 1668

卓文君 ……………… 1668

當鑪曲 ……………… 1668

詠古十首·卓文君 ……………… 1669

讀史有感八首(其四) …… 1669

戲題《士女圖》十二首·當鑪 ……

　　　　　　　　　……………… 1669

題《卓文君當鑪圖》 …… 1669

題畫五首,同吳賓賢、汪舟次作·《卓文君當鑪》 ……………… 1669

文君 ……………… 1669

卓文君 ……………… 1669

文君當壚 …………………… 1670

香草閒吟·文君 …………… 1670

咏古·卓文君 ……………… 1670

和吳梅邨十美圖·當壚 …… 1670

詠菊花詩有序 ……………… 1670

題仇十洲《文君聽琴圖》 …… 1671

詠卓文君 …………………… 1671

文君怨 ……………………… 1671

反《白頭吟》并序 …………… 1671

詞

水調歌頭并序 ……………… 1672

滿江紅·相如馴馬橋 ……… 1672

玉樓春·臨邛 ……………… 1672

瑞鶴仙·司马相如私印 …… 1672

調笑轉踏(之三) …………… 1673

調笑集句·文君 …………… 1673

唐多令 ……………………… 1673

蝶戀花·書《相如傳》後 …… 1673

十六字令·題《仕女圖》,同吳梅村院長一舸·當壚 ………… 1673

前調(調笑令)·卓文君 …… 1674

前調(調笑令)·卓文君 …… 1674

薄幸·白頭吟 ……………… 1674

高阳臺·卓文君小印 ……… 1674

前調(玉樓春)·題畫冊十二首·文君 ……………………… 1675

曲

〔南呂〕四塊玉·臨邛市 …… 1676

〔南仙呂解三酲〕當壚 …… 1676

淮南衡山列傳

詩

詠《淮南衡山列傳》 ……… 1677

 淮南衡山王列傳 ………… 1677

詠淮南王 …………………… 1678

 淮南王 …………………… 1678

 默記淮南王事 …………… 1678

 淮南王 …………………… 1678

 題淮南王安廟 …………… 1678

 讀諸子·《淮南子》 ……… 1679

 淮南王曲 ………………… 1679

 淮南王 …………………… 1679

 淮南 ……………………… 1679

 淮南王篇 ………………… 1679

 登八公山 ………………… 1679

 淮南王 …………………… 1680

 淮南王安 ………………… 1680

 淮南王 …………………… 1680

 伍被 ……………………… 1680

詞

 雲仙引·淮南王篇 ……… 1681

循吏列傳

詩

詠《循吏列傳》 …………… 1682

 循吏列傳 ………………… 1682

詠循吏 ……………………… 1683

 詠古五首(其四) ………… 1683

· 146 ·

孫叔敖祠 …………………… 1683
孫叔敖 ……………………… 1683
孫叔敖 ……………………… 1683
叔敖陰德 …………………… 1683
子產 ………………………… 1684
公儀休 ……………………… 1684
公儀休 ……………………… 1684

曲

〔南中呂駐雲飛〕（之二十一）……
 …………………………… 1685

汲鄭列傳

詩

詠《汲鄭列傳》 ……………… 1686
汲鄭列傳 …………………… 1686
讀《汲黯傳》 ………………… 1686
讀《汲黯》《衛青傳》有感而作………
 …………………………… 1686

詠汲黯附司馬安 ……………… 1687
汲黯 ………………………… 1687
汲黯 ………………………… 1687
詠史・汲黯 ………………… 1687
讀《漢書》 …………………… 1687
汲黯 ………………………… 1687
汲黯 ………………………… 1687
汲黯 ………………………… 1688
秦漢樂府・汲黯戇 ………… 1688
後詠史四十首・汲長孺 …… 1688
思退齋詠古詩(其十一) ……… 1688

汲黯 ………………………… 1688
汲黯 ………………………… 1689
朱宮傳石君師出使示讀史詩，分詠《漢書》三十七首・汲黯 ……… 1689
汲黯 ………………………… 1689
汲黯開倉 …………………… 1689
詠史詩・汲黯 ……………… 1689
詠史・汲黯 ………………… 1690
曹南先賢詠・汲黯 ………… 1690
讀《漢書》有感・汲黯 ……… 1690
馬安四至 …………………… 1690

詠鄭當時 ……………………… 1691
轅下駒 ……………………… 1691
鄭當時 ……………………… 1691
讀《漢書》列傳雜詩・鄭當時………
 …………………………… 1691
鄭莊置驛 …………………… 1691
讀《漢書》有感・鄭當時 …… 1691
渭南翟公 …………………… 1691

詞

前調(賀新郎)・汲長孺墓 …… 1692

儒林列傳

詩

詠《儒林列傳》 ……………… 1693
儒林列傳 …………………… 1693
讀《書》 ……………………… 1693
長安雜詩十首(其七) ………… 1693
懷古(其三) …………………… 1694
讀史(其四) …………………… 1694

雜詠史四十二首(其十六) …… 1694

詠史(其十一) ………………… 1694

詠伏生 …………………………… 1695

伏生 ………………………… 1695

《伏生授書圖》……………… 1695

二十四大儒贊并序·伏勝 …… 1695

《伏生授書圖》……………… 1695

《伏生授書圖》……………… 1696

題《伏生授書圖》…………… 1696

題《伏生授書圖》有跋 ……… 1696

題《伏生授書圖》…………… 1696

題趙仲遠《伏生授書圖》…… 1696

題《伏生授書圖》…………… 1697

《伏生授經圖》……………… 1697

《伏生授經圖》……………… 1697

雜言四十九首(其四十五)…… 1697

謁伏生祠 …………………… 1697

至濟寧州 …………………… 1698

歷下先生 …………………… 1698

伏生墓 ……………………… 1698

伏生祠 ……………………… 1698

伏生墓 ……………………… 1698

伏生 ………………………… 1699

《伏生授經圖》……………… 1699

伏生女 ……………………… 1699

詠轅固 …………………………… 1700

轅固 ………………………… 1700

詠董仲舒 ………………………… 1701

董仲舒 ……………………… 1701

窺園 ………………………… 1701

董生 ………………………… 1701

董仲舒 ……………………… 1701

《董仲舒不窺園圖》………… 1701

董大夫廟 …………………… 1701

董仲舒 ……………………… 1702

董仲舒 ……………………… 1702

廣川大夫廟 ………………… 1702

董子廟 ……………………… 1702

讀史二十二首·董仲舒 ……… 1702

董子讀書臺 ………………… 1703

董子祠 ……………………… 1703

江都謁董子祠 ……………… 1703

過景州敬仰董子 …………… 1703

暇覽丘生贈詩,詶次其韻,且期其來三首(其三) ……………… 1703

懷古(其二) ………………… 1703

董公祠 ……………………… 1704

詠史五首(其三) …………… 1704

謁董子祠墓 ………………… 1704

董公祠 ……………………… 1704

董仲舒 ……………………… 1704

董公祠 ……………………… 1705

過廣川,吊董子 …………… 1705

董子故里 …………………… 1705

董江都祠,和冰持前輩韻二首 …… 1705

董子祠 ……………………… 1705

董仲舒 ……………………… 1706

讀《董仲舒傳》…… 1706
詠史詩十首·董仲舒 …… 1706
董子故里 …… 1706
董子讀書臺 …… 1706
董子祠 …… 1706
董仲舒 …… 1707
董仲舒 …… 1707
仲舒故里 …… 1707
思退齋詠古詩(其十) …… 1707
董仲舒 …… 1707
董仲舒 …… 1708
燕臺懷古雜詠,方水部鐵船同作·董家里 …… 1708
朱宫傅石君師出使示讀史詩,分詠《漢書》三十七首·董仲舒 …… 1708
董仲舒 …… 1708
董仲舒 …… 1708
董廣川 …… 1709
董仲舒 …… 1709
讀《漢魏六朝人文集詩》一百首·董膠西 …… 1709
詠史詩·董仲舒 …… 1709
詠史·董江都 …… 1709
詠史小樂府三十首(其二十三) …… 1709
讀《漢書》有感·董仲舒 …… 1710
詠夏侯勝 …… 1711
　　夏侯勝 …… 1711
　　補遺·夏侯勝 …… 1711

詠韓嬰 …… 1712
　　鄉先生漢韓太傅嬰墓 …… 1712
　　河間懷古三首·韓太傅嬰 …… 1712
詠其他儒生 …… 1713
　　二十四大儒贊并序 …… 1713
　　孔安國 …… 1714
　　申公 …… 1714
　　詠史·申公 …… 1714
　　兒寬 …… 1714
　　朱宫傅石君師出使示讀史詩,分詠《漢書》三十七首·兒寬 …… 1715
　　讀《漢書》列傳雜詩·兒寬 …… 1715
　　讀《漢書》有感·兒寬 …… 1715
　　河間懷古三首·毛博士萇 …… 1715
　　丁寬《易》東 …… 1715

詞
　　八聲甘州·過鄒平謁伏生祠 …… 1716
　　桃花水·董井 …… 1716
　　念奴嬌·董子讀書臺 …… 1716
　　滿江紅·董子祠 …… 1716

曲
　　〔南中呂駐雲飛〕(其五十三) …… 1717

酷吏列傳

詩
詠《酷吏列傳》 …… 1718
　　酷吏列傳 …… 1718
　　讀《酷吏傳》 …… 1718

讀《漢書》(其六) ………… 1718
　　郅都蒼鷹 ……………… 1719
　　甯成乳虎 ……………… 1719
　　杜周深刻 ……………… 1719
　　義縱攻剽 ……………… 1719
　　周陽暴虐 ……………… 1719
　　趙禹廉倨 ……………… 1719
　　讀《漢書》有感・徐樂、嚴安 … 1719
　　張湯巧詆 ……………… 1720
　　殊鼠獄 ………………… 1720
詠郅都 ……………………… 1721
　　雁門太守行 …………… 1721
詠張湯 ……………………… 1722
　　張湯治獄,皆窮根本,上欲釋嚴助、伍
　　被,湯曰:弗誅,後不可治。巧排大
　　臣,益見尊任,後以懷詐面欺,上使使
　　簿責湯,湯為書謝,遂自殺 …… 1722
　　張湯、公孫弘(四首) ……… 1722
　　詠史舊題(其一) ……… 1722
　　結襪子 ………………… 1722
　　車中雜憶古人,作五六七言詩・張湯
　　　………………………… 1723
　　張湯 …………………… 1723
　　張湯 …………………… 1723
　　讀《漢書》列傳雜詩・張湯 …… 1723
　　讀《漢書》有感・張湯 ……… 1723
詠朱買臣 …………………… 1724
　　覽朱買臣卷 …………… 1724
　　羞墓詩 ………………… 1724

　　懷古 …………………… 1724
　　朱買臣廟 ……………… 1724
　　羞墓 …………………… 1724
　　朱買臣 ………………… 1725
　　詠朱買臣、嚴子陵(其一) …… 1725
　　《買臣讀書圖》 …………… 1725
　　題《朱買臣負薪讀書圖》 …… 1725
　　《買臣負薪圖》 …………… 1725
　　題《買臣負薪圖》 ………… 1726
　　《買臣負薪圖》 …………… 1726
　　詠朱買臣 ……………… 1726
　　《買臣負薪圖》 …………… 1726
　　死亭灣 ………………… 1726
　　吳中懷古六首・漢朱買臣 …… 1727
　　題雜畫(其十三) ………… 1727
　　買臣負薪 ……………… 1727
　　《負薪圖》 ……………… 1727
　　又(題畫) ……………… 1727
　　會稽 …………………… 1727
　　朱買臣墓 ……………… 1728
　　過朱買臣墓 …………… 1728
　　題畫五首,同吳賓賢汪舟次作・《朱
　　買臣負薪》 ……………… 1728
　　朱買臣 ………………… 1728
　　朱翁子藏書廟并序 ………… 1728
　　朱買臣 ………………… 1729
　　朱買臣 ………………… 1729
　　朱買臣 ………………… 1729
　　負薪歌 ………………… 1729

讀《漢書》列傳雜詩·朱買臣 ……… 1729

朱買臣 ……… 1729

買妻恥醮 ……… 1730

朱買臣 ……… 1730

讀《漢書》有感·朱買臣 ……… 1730

會稽二太守 ……… 1730

詠嚴助 ……… 1731

嚴助 ……… 1731

讀《漢書》列傳雜詩·嚴助 …… 1731

讀《漢書》有感·嚴助 ……… 1731

讀史六言絕句,效梅村體(其二) …… ……… 1731

詞

前調(瑞鶴仙)·和赤豹吊朱買臣,墓在福城寺中 ……… 1732

曲

〔正宮〕鸚鵡曲·《買臣負薪》手卷 ……… 1733

〔北中呂朝天子〕《買臣圖》 ……… 1733

大宛列傳

詩

詠《大宛列傳》 ……… 1734

大宛列傳 ……… 1734

天馬 ……… 1734

大宛馬 ……… 1734

讀《漢書》有感·張騫 ……… 1735

讀《漢書》有感·李廣利 ……… 1735

詠張騫 ……… 1736

入關 ……… 1736

覽《張騫傳》 ……… 1736

博望侯墓 ……… 1736

張騫冢祠 ……… 1736

張騫 ……… 1736

題《張騫乘槎圖》 ……… 1737

《張騫乘槎圖》 ……… 1737

張騫乘槎 ……… 1737

題《張騫乘槎圖》 ……… 1737

《張騫乘槎圖》 ……… 1737

《張騫出使圖》 ……… 1737

題白描人物四幀·又《張騫》 … 1738

題《太乙張騫圖》 ……… 1738

城固張騫 ……… 1738

《張騫乘槎圖》 ……… 1738

題《泛槎圖》 ……… 1738

題雜畫(其八) ……… 1738

讀《張騫傳》 ……… 1738

張騫 ……… 1739

張騫 ……… 1739

張騫 ……… 1739

張騫 ……… 1739

張騫 ……… 1739

博望尋河 ……… 1739

詠李廣利 ……… 1740

題《李廣利伐宛圖》 ……… 1740

李廣利 ……… 1740

詞

漁家傲・詠古 …………… 1741

八聲甘州・博望驛 ………… 1741

遊俠列傳

詩

詠《遊俠列傳》………… 1742
 遊俠列傳 …………… 1742
 俠客 ………………… 1742
 八客詠・俠客有序 ……… 1742
 懷俠行 ……………… 1743
 咏古七首(其六) ……… 1743

詠劇孟 ………………… 1744
 逢俠者 ……………… 1744
 劇孟 ………………… 1744
 劇孟 ………………… 1744
 夢謁劇孟、平原君墓,覺後有感 ……
 …………………… 1744
 手抄《西漢・十九傳》,示子登・劇孟
 …………………… 1744
 詠史八首(其六) ……… 1744
 劇孟 ………………… 1745
 劇孟一敵 …………… 1745

詠郭解 ………………… 1746
 郭解 ………………… 1746
 覽古四十二首(其十一) ……… 1746
 手抄《西漢・十九傳》示子登・郭解
 …………………… 1746
 郭解 ………………… 1746

 郭解借交 …………… 1746

詠朱家 ………………… 1747
 魯朱家行 …………… 1747
 手抄《西漢・十九傳》示子登・朱家
 …………………… 1747
 朱家脫急 …………… 1747

曲

〔南中呂駐雲飛〕(之二十八) ……
…………………… 1748

佞幸列傳

詩

詠《佞幸列傳》………… 1749
 佞倖列傳 …………… 1749

詠鄧通 ………………… 1750
 鄧通銅山 …………… 1750
 讀史樂府・鄧通錢 ……… 1750
 殿上戲 ……………… 1750
 斬鄧通 ……………… 1750

詠李延年 ……………… 1751
 李延年 ……………… 1751

詠韓嫣 ………………… 1752
 韓嫣 ………………… 1752

滑稽列傳

詩

詠《滑稽列傳》………… 1753
 滑稽列傳 …………… 1753
 讀《東方朔傳》………… 1753

读《滑稽传》二首 …………… 1753

优旃滑稽 …………………… 1754

读《汉书》有感·东方朔 …… 1754

咏淳于髡 ……………………… 1755

题淳于髡墓 ………………… 1755

淳于髡 ……………………… 1755

再吟 ………………………… 1755

再吟 ………………………… 1755

襄阳咏史·善谑驿 ………… 1755

望淳于髡墓 ………………… 1755

临淄咏古六首·淳于墓 …… 1756

茌平怀古四首·淳于髡 …… 1756

湻(淳)于髡 ………………… 1756

淳于髡 ……………………… 1756

淳于髡 ……………………… 1756

湻(淳)于炙輠 ……………… 1756

咏西门豹 ……………………… 1757

西门豹祠 …………………… 1757

七爱诗,赠程乡令赵君·右魏鄴令西
门豹 ……………………… 1757

西门豹 ……………………… 1757

西门豹 ……………………… 1757

西门投巫 …………………… 1757

咏东方朔 ……………………… 1758

东方朔 ……………………… 1758

东方曼倩 …………………… 1758

读史六首·东方朔 ………… 1758

过东方朔庙 ………………… 1758

汉铜马式 …………………… 1758

东方朔祠 …………………… 1758

题《醉曼倩图》 ……………… 1759

东方朔 ……………………… 1759

《东方朔偷桃图》 …………… 1759

《方朔偷桃图》 ……………… 1759

漫兴三首(其二) …………… 1759

题《东方朔偷桃图》长歌 …… 1759

东方朔故里 ………………… 1760

题《东方朔图》 ……………… 1760

杂怀五十首(其四十四) …… 1760

东方曼倩行 ………………… 1760

题方朔像 …………………… 1761

咏史五首(其二) …………… 1761

咏史 ………………………… 1761

咏史一百首(其三十七) …… 1761

咏史乐府十二章·辟戟诤 …… 1761

咏史十绝·东方朔索米长安 ………
…………………………… 1762

东方曼倩 …………………… 1762

咏史(其一) ………………… 1762

咏史诗十首·东方朔 ……… 1762

东方曼倩故里 ……………… 1762

东方朔大中祠三首 ………… 1762

东方朔 ……………………… 1763

读史绝句二十一首·东方朔 ………
…………………………… 1763

咏古诗六十首,同樊山作·东方朔
…………………………… 1763

东方朔 ……………………… 1763

· 153 ·

東方朔 …………………… 1763

朱宮傳石君師出使示讀史詩,分詠《漢書》三十七首·東方朔 ……… 1763

東方朔 …………………… 1764

东方朔 …………………… 1764

讀《漢魏六朝人文集詩》一百首·東方大中 …………………… 1764

曼倩三冬 ………………… 1764

日者列傳

詩

詠《日者列傳》……………… 1765

　日者列傳 ………………… 1765

詠司馬季主 ………………… 1766

　詠史(其一) ……………… 1766

　司馬季主 ………………… 1766

　詠史·讀《史記》偶書(其三) … 1766

龜策列傳

詩

詠《龜策列傳》……………… 1767

　龜策列傳 ………………… 1767

　龜策 ……………………… 1767

貨殖列傳

詩

詠《貨殖列傳》……………… 1768

　貨殖列傳 ………………… 1768

　八客詠·估客 ……………… 1768

　猗氏 ……………………… 1768

　咏古七首(其五) ………… 1769

　宏(弘)羊心計 …………… 1769

　計倪 ……………………… 1769

　白圭 ……………………… 1769

詠陶朱公 …………………… 1770

詩人詠鴟夷、西子之事多矣。按,越敗於魯哀公元年,想鴟夷五餌之策,必其時也。至哀公二十二年,越滅吳,西子復歸,計其年亦老矣。豈鴟夷如洛陽賈人,不能忘情於舊約耶 …………………… 1770

　鴟夷子行 ………………… 1770

詠巴清 ……………………… 1771

　懷清臺 …………………… 1771

詞

滿江紅·讀《貨殖傳》戲作 …… 1772

曲

〔南中呂駐雲飛〕(之三十九) …………………… 1773

太史公自序

詩

詠《太史公自序》……………… 1774

　太史公自序傳 …………… 1774

詠《史記》…………………… 1775

　讀《史記》列傳 …………… 1775

　讀史 ……………………… 1775

　奉和御製讀《史記》詩 …… 1775

詠史 …………………………… 1775

讀《史記》 ……………………… 1776

讀《漢史》 ……………………… 1776

懷古六首(其一、二、六) ……… 1776

夜坐評史·《史記》 ……………… 1776

雨坐讀《史記》,憶子中兄茅堂已開北
渠,賦此奉呈(其二) ……… 1777

歷代史贊·司馬遷《史記贊》二首…
………………………………… 1777

哀哉 …………………………… 1777

失題 …………………………… 1778

詠史·讀《史記》偶書(其一) … 1778

補禹門兩漢詠史小詩(其四十一、四十
二) …………………………… 1778

雜詠史四十二首(其二十三) …… 1778

讀史隨作·《史記》 …………… 1778

咏史 …………………………… 1778

詠司馬遷 …………………… 1779

讀史五首(其二) ……………… 1779

司馬遷墓 ……………………… 1779

狂題十八首(其三) …………… 1779

讀史 …………………………… 1779

司馬遷 ………………………… 1779

司馬太史廟 …………………… 1780

司馬遷 ………………………… 1780

司馬遷 ………………………… 1780

感興七首(其六) ……………… 1780

司馬遷 ………………………… 1780

司馬子長 ……………………… 1781

雜體五十首(其二十六) ……… 1781

病居遣興六十二首(其五十六) ……
………………………………… 1781

過司馬子長墓 ………………… 1781

述古(其四) …………………… 1781

詠史一百首(其四十六) ……… 1782

史遷受刑 ……………………… 1782

讀《史》二首(其一) …………… 1782

太史公墓 ……………………… 1782

冬日,偶然作八首(其四) …… 1782

司馬遷 ………………………… 1782

讀史(其一) …………………… 1783

讀《史記》 ……………………… 1783

太史公墓 ……………………… 1783

詠古詩十四首·司馬遷 ……… 1783

司馬遷 ………………………… 1783

絕句四首(其三) ……………… 1784

七思并序·司馬太史遷 ……… 1784

司馬遷 ………………………… 1784

朱宮傳石君師出使示讀史詩,分詠《漢
書》三十七首·司馬遷 ……… 1784

司馬遷 ………………………… 1785

司馬遷 ………………………… 1785

讀《漢書》有感·太史公 ……… 1785

讀《漢書》有感·司馬遷 ……… 1785

詠古·司馬子長 ……………… 1785

詞

又(沁園春)·讀《史記》有感………
………………………………… 1786

· 155 ·

踏莎行·盟臺 …………… 1786
前調(滿江紅)·讀史 ………… 1786
前調(滿江紅)·感舊 ………… 1786
水龍吟·過函關 …………… 1787
前調(水龍吟)·秦溪吊古 … 1787
蘇武慢·讀史 ……………… 1787
望海潮·鎮陽懷古 ………… 1787
卜算子·讀史感興,用稼秆韻 ……
　　…………………… 1788
六州歌頭·詠史 …………… 1788

曲

〔雙調〕蟾宮曲·歎世(之二) ……
　　…………………… 1789
〔中呂〕山坡羊·驪山懷古 ………
　　…………………… 1789
〔仙呂〕寄生草·酒色財氣(之四) …
　　…………………… 1789
〔南呂〕四塊玉(之二) ……… 1789
〔雙調〕沉醉東風·會稽懷古 ……
　　…………………… 1789
〔仙呂〕寄生草·感歎 ……… 1790
〔雙調〕清江引(之七) ……… 1790
〔中呂〕紅繡鞋六首(之十四、十五、十六) ………………… 1790

〔雙調〕胡十八 …………… 1790
〔北越調綿答絮〕咸陽懷古 ………
　　…………………… 1790
〔北中呂朱履曲〕子房從赤松子遊,托也 …………… 1791
楚狂歌 …………………… 1791
〔北雙調水仙子〕閱古 …… 1792
〔南中呂駐雲飛〕吊古 …… 1792
〔南商調山坡羊〕吊古 …… 1792
〔北雙調水仙子〕成敗 …… 1792
〔南商調黃鶯兒〕懷古 …… 1793
山林慨古 ………………… 1793
小十面凱歌 ……………… 1794
〔北中呂朱履曲〕讀史 …… 1795
〔北中呂快活三帶過朝天子〕論世
　　…………………… 1795
〔北雙調沉醉東風〕悼古 … 1795
〔南仙呂入雙調淘金令〕行孝四首(之一、二) ………… 1796
檃括古事·宮怨二 ………… 1796
〔北正宮叨叨令〕漁鼓詞 … 1797
〔南中呂駐雲飛〕(之四十九) ……
　　…………………… 1797
〔北中呂朝天子〕別長安 …… 1797

五帝本紀

詩

詠《五帝本紀》

五帝本紀
（唐）司馬貞

帝出少典，居於軒丘。既代炎歷，遂禽蚩尤。高陽嗣位，靜深有謀。大小遠近，莫不懷柔。爰洎帝嚳，列聖同休。帝摯之弟，其名放勳。就之如日，望之如雲。鬱夷東作，昧穀西曛。明別側陋，玄德升聞。能讓天下，賢哉二君！

《史記索隱》卷二九，456頁

奉和魯望讀《陰符經》見寄
（唐）皮日休

三百八十言，出自伊祁氏。上以生神仙，次云立仁義。玄機一以發，五賊紛然起。結為日月精，融作天地髓。不測似陰陽，難名若神鬼。得之升高天，失之沈厚地。具茨雲木老，大塊煙霞委。自顓頊以降，賊為聖人軌。堯乃一庶人，得之賊帝摯。摯見其德尊，脫身授其位。舜唯一鰥民，冗冗作什器。得之賊帝堯，白丁作天子。禹本刑人後，以功繼其嗣。得之賊帝舜，用以平浲水。自禹及文武，天機悁然弛。姬公樹其綱，賊之為聖智。聲詩川競大，禮樂山爭峙。爰從幽厲餘，宸極若孩稚。九伯真犬彘，諸侯實虎兕。五星合其耀，白日下闌里。由是聖人生，於焉當亂紀。黃帝之五賊，拾之若青紫。高揮《春秋》筆，不可刊一字。賊子虐甚斯，奸臣痛於棰。至今千餘年，蚩蚩受其賜。時代更復改，刑政崩且陊。予將賊其道，所動多訾毀。叔孫與臧倉，賢聖多如此。如何黃帝機，吾得多坎躓。

縱失生前祿,亦多身後利。我欲賊其名,垂之千萬祀。

《全唐詩》卷六〇九,18冊,7031頁

觀五帝吟 （宋）邵 雍

進退肯將天下讓,着何言語狀雍容。衣裳垂處威儀盛,玉帛修時意思恭。物物盡能循至理,人人自願立殊功。當時何故得如此,只被聲明類日中。

《全宋詩》卷三七五,7冊,4609頁

唐　　虞 （宋）陸 游

唐虞雖遠愈巍巍,孔氏如天孰得違。大道豈容私學裂,專門常怪世儒非。少林尚忌隨人轉,老氏亦尊知我稀。能盡此心方有得,勿持糟粕議精微。

《全宋詩》卷二二一八,40冊,25420頁

雜興六首(其二) （宋）陸 游

羲和分職授人時,斷自唐虞意可知。獸舞鳳來餘事耳,西成東作要熙熙。

《全宋詩》卷二二〇三,40冊,25197頁

感興二十一首(其八) （元）葉 懋

庖犧古聖皇,畫卦發天秘。神農始教耕,民生臻大利。大哉帝軒轅,作律明歲紀。垂衣坐彤庭,禮樂由此始。皇風扇六合,帝德深九地。胡為崆峒山,問道廣成子。遂令秦漢後,戀慕心不已。飛龍杳難攀,千秋鼎湖水。

《全元詩》第47冊,187頁

詠史十二首(其一、二、三) （元）胡 布

儀象出心易,開天肇人文。厚生烹飪具,禮以儷皮昏。二十五弦瑟,聲諧時晏溫。庶物皞康哉,嶷嶷德無尊。一畫以統萬,幽探萬化原。先天天不違,推策蓍龜言。

牛首起烈山,赭鞭鞭草木。嗇事師有恆,維時播百穀。品藥別味性,利誨保生育。食天子庶民,重卦演成蓄。昭蘇遂出息,區萌達時燠。惠我萬世仁,澹然化隆俗。

宛朐得寶鼎,五種藝成功。治氣安民生,教用利不窮。聖德美狗齊,夢臣俱景從。五

行起消息，星曆尚推崇。瑞應玉英見，垂髯迎異龍。與虛合不死，弓劍綴遺蹤。瑄玉與嘉牲，薦饗登奮庸。昌哉備制禮，奕世澤休風。

《全元詩》第 50 冊，349 頁

擬古九首（其一） （元）鄧　雅

龍馬負河圖，鳳鳥鳴岐山。羲文有聖德，祥瑞出世間。自從衰周來，古道日凋殘。是以魯中叟，已矣發長歎。

《全元詩》第 54 冊，212 頁

帝王世紀 增 （明）趙南星　（清）仲弘道

循蜚邈矣，粟陸杳然。按《春秋》，元命苞十紀，有循蜚、疏仡等號，又十紀有粟陸、無懷等名。**三皇系遷，五帝名懸，事鹹荒略，罔敢述旃。**世謂天皇、地皇、人皇，其前有盤古氏、渾敦氏統謂三皇，以伏羲、神農、黃帝、少昊、顓頊、帝嚳，其前有巢氏、燧人氏統謂五帝。系遷名殊，無敢多述。**伏羲畫卦，文字資先，結為綱略，以漁以佃。**伏羲風姓，生於成紀，稱為太昊，因龍馬負圖，畫八卦，命倉頡作字，以造書契，教民佃漁，以贍民食。**嫁娶伊始，荒樂兆端。**制儷皮為聘，以訂婚嫁，斷桐為琴，繩系為弦，始作荒樂。**神農嘗藥，列市為廛，教民耕稼，手足胝胼。**神農姜姓，生於姜水，為炎帝，嘗百草之味，以作方書；列廛於國，日中為市，教民稼穡，令之耕耨。**黃帝衣裳，冕設絃綖。**黃帝號軒轅，姬姓，有熊國之子，號有熊氏，作袞冕衣裳。**內經律呂，斲木陶甄。**命岐伯作《內經》，命伶倫造律呂，命寧封為陶正，備器用，命赤將為木正，制舟車等。**榆罔侵淩，戰於阪泉。**榆罔，炎帝之後。阪泉，地名也。**少昊青陽，以鳥紀官。**名摯，姓已，黃帝之子，邑於青陽，為青陽氏，又號金天氏，鳳鳥適至，遂以鳥紀官。**高陽顓頊，絕地通天。**姬姓，黃帝後。國於高陽，命南遷重司入北正黎司地。絕地通天，人神不雜也。**帝嚳四妃，稷、契、肇、源。**姬姓，名夋，少昊之孫。帝有四妃，姜嫄生稷，度都生堯。簡狄生契，常儀生摯，摯與少昊同名，堯兄也。**唐堯代摯，文思安安，廷生蕢莢，曆閏命研。**帝堯，陶唐氏，姓祈，帝嚳之子，代兄有天下。文思安安，言帝德之自然也。時生蕢莢，以示晦朔，命羲和氏敬授人時，以詳曆閏。**觀刑溈汭，越席不緣。**帝降娥皇、女英二女於溈汭之居，以觀舜刑於之化，富而不驕，蒲草為席，面無緣飾。**虞舜慎徽，五瑞輯頒。**帝舜，有虞氏，姓姚，黃帝八世孫，以孝升聞，在位甚徽。五典，教民五常之道。五瑞，五等諸侯之瑞玉也。徽，美；輯，斂也。**樂奏簫韶，政察璣璿。**命夔典樂，作簫韶九成之樂。七政，日月五星也，璿，玉為之，以窺天體，璣珠為之，以測星辰。**危微精一，千聖心傳。**"人心惟危，道心惟微，惟精雅一，允執厥中"所謂十六字心傳也。**於昭經傳，道統攸**

3

綿。先儒以太昊、炎帝、黃帝為三皇,少昊、顓頊、帝嚳、堯、舜為五帝,見於《易傳》、《詩》、《書》、《禮記》,道統所由助也,於嘆詞,昭明也。**夏禹勤勞,十載隨刊。**禹,黃帝之後,姓姒氏,鯀之子,堯命治水,隨山刊木,十三載,告成功。**玄圭錫命,世及蟬聯。**帝錫玄圭,代舜而有天下,國號夏,後傳子啟。蟬聯,繼續也。**建寅歲正,貢賦惟頹。**夏正建寅為歲首,以土地之宜,定九州之賦,而作禹貢。**懸器待告,罪人泣憐。**懸鞀設鐸以求直言,見罪囚,乃下車泣之。**天下歸啟,作誓征蠻,太康荒逸,拒河廢捐。**天下不歸益而歸啟,於是啟征有扈氏,作甘誓。子太康荒於田獵,后羿拒於河,廢之而立弟仲康,在位十三歲,傳位於相。**有窮后羿,竊國擅權。**有窮國名羿,其國君也,時專夏政,逐帝相於商丘。**寒浞殺羿,國命再奸。**羿既篡夏,羿臣寒浞殺羿,因弒帝相而專國,凡四十年。**少康奔虞,一旅一田,有靡□灌,複夏光前。**相子少康,出奔於虞,有田一成,有眾一旅,以收夏眾,有舊臣靡收斟、灌二國遺民,複夏中興。**杼槐芒泄,不降扃沿。**帝杼,少康子;帝槐,杼子;帝芒,槐子;帝泄,芒子;帝不降,泄子;帝扃,不降弟。**廑傳孔甲,豢龍蜿蜒。**帝廑,扃子;帝孔甲,不降子,使劉累豢龍為戲。蜿蜒,小皃蜿曲貌。**帝皋帝發,享國如磐,逮傳履癸,酒池運船。**皋,孔甲子;發,皋子;履癸,發子。在位五十二歲,是為桀,為酒池肉林可運船。**妹喜蠱惑,龍降九原。**寵有施氏之女妹喜,關龍逄切諫,桀殺之。**夏臺不忍,夏祀忽焉。**桀囚湯於夏臺,後湯伐桀,放於南巢,乃曰吾悔不忍於夏臺,合夏十七君,共四百三十二歲。**商湯契后,世德昭宣,求賢莘野,三聘而褰。**成湯名履,姓子氏,帝嚳子。契在唐虞司五教,封於商,傳至湯,乃三聘伊尹為相,以代夏教民,國號商。**德及禽獸,解綱於畋。**初湯為諸侯見畋者,張羅四面乃去其三,諸侯聞而歸之。**救民伐夏,仲虺解慚。**湯有天下,自以為有慙德,仲虺乃作誥解之,仲虺乃萊朱。**桑林自責,莊山鑄錢。**旱七年,湯禱於桑林,以六事自責,發莊山之銀鑄錢救荒。**太丁早卒,太甲未冠,桐宮暫放,伊尹忠肝。**湯崩,次子外丙二年,仲壬四年,次及太丁之子太甲,不明厥德,伊尹放之於桐。**三年遷處,引用咎單。**放桐三年,迎歸修德,任用賢臣咎單,以貽其子,諸侯鹹歸朝,號太宗。**沃丁繼美,伊陟連翩。**沃丁,太甲子;伊陟,伊尹子,連相太戊。**太庚小甲,雍巳一線,太戊朝桑,委政巫鹹。**太庚,沃丁弟;小甲,太庚子;雍巳,小甲弟;太戊,雍巳弟,桑生於朝,一□大祺,修德用賢,桑不為妖,廟號中宗。巫鹹,賢臣。**丁壬亶甲,祖乙三遷。**仲丁,太戊子,遷嚻河。亶甲,外壬弟,遷相。壬子祖乙遷耿。**四朝安土,暫息勞肩,盤庚歸亳,改號更絃。**祖乙,河亶甲子,傳子祖辛,辛傳弟沃甲,甲傳弟祖丁,丁傳弟南庚,庚傳弟陽甲,為四世。盤庚,陽甲之弟,又因河□,複遷於亳,改國號曰殷。**小辛小乙,殷道迤邅,武丁恭默,夢弼求賢。**小辛,盤庚弟;小乙,小辛弟,殷道複衰。武丁,小乙子,用其盤為相,恭默思質,□良弼,得傳說於胥靡。**雉雊伐國,重譯鹹歡。**祭湯,有雉升鼎而雊,武丁修德,伐鬼方而克之,重譯來朝數十國,在位五十九,祀廟號高宗,謂之三宗。**庚甲廩辛,庚丁治平。**祖庚,高宗子;祖甲,祖庚弟;廩辛,祖甲子;庚丁,廩辛弟。

武乙雷震,太丁立旋,帝乙伐戎,賜瓚及埏。武乙,庚丁子,為革囊射天,獵於河渭,暴雷震死。太丁,武乙子;帝乙,太丁子,使周季曆征徒翳之戎,賜圭瓚益地為牧伯。一傳受辛,怙惡不悛。紂名受辛,帝乙子,寵妲己,恣為暴虐。囚昌羑裏,演易二篇。文王名昌,紂囚之羑裏,乃作《易》上下二篇。微箕奴去,剖心比干。注詳《論語》。陳師牧野,鹿臺自燔。武王伐紂,陳師牧野,紂師皆倒戈,以自向紂,登鹿臺衣錦自燔死。夷齊叩馬,大義如燀。夷齊叩馬而諫太公曰:"此義士也",扶而去之。曰存商祀,封箕朝鮮。周封箕子於朝鮮,以存殷祀,合商二十八君,共六百二十九祀。周先后稷,曆世仁寬,豈惟外理,內治乾乾。周之先后稷,在唐虞時,教民稼穡,封於有邰,別姓姬氏,傳太王王季,生文王,有聖德,生武王發,乃有天下內治,謂季曆,母太姜,文王母太任,武王母邑姜,諸賢紀也。武王克商,武成命箋。武王十有三年克商,作武成之書,大誥天下。制禮作樂,公旦勳殫。武王未受命,制禮作樂,厥准周公旦。營雒定鼎,蔔世蔔年。王使周公營雒邑,定九鼎於郟□,蔔世三十,蔔年八百。成王幼沖,負扆朝班,流言管蔡,破斧東遷。成王名誦,年十三,周公負扆而朝諸侯,迨管蔡流言,公乃居東避位,後克□叔,詩有破斧缺斨之什,乃東遷。分陝左右,化□二南。周公左,召公右,分陝而治,二南詳《詩》。康王刑措,嗣嫩繼妍。康王名釗,成王子,天下太平刑措□十餘年。昭王狩楚,舟以膠粘。昭王名瑕,康王子,出狩於楚漢江人□□膠舟中流而沒。穆王周遊,造父禦驪。穆王滿,昭王子,□□駿馬使□□□□。徐□竊據,南國自專,兵征財匱,呂作□□。徐□□□據徐州,□王穆王歸而伐之,國用不足,使□□作贖刑。恭懿既衰,□□□編,孝囚□□,寵秦渭汧。恭王,穆王子;懿王,恭王子。王室既衰,□□□詩刺之。孝王,懿王弟,以飛廉後□□,嬴姓,善牧馬,乃封之汧渭為秦。夷□覲禮,□□□□,□王專利,監謗防川。夷王,懿王子,下堂以見諸侯。厲王,夷王子,□□□公專利,國人謗王,乃使□□□謗者,如防川然。出奔於彘,共和力延。國人叛厲王,奔於彘,賴周公召,公同舊臣,共伯□□政,太子居召公虎之家,凡十四年,名曰共和。宣王中興,振旅闐闐。宣王,厲王子,命尹吉甫伐戎,命方叔伐荊蠻,召虎伐淮夷,兵以鼓進,故曰闐闐。樊侯山甫,補袞益謙。仲山甫封於樊,吉甫美之曰,維袞有闕,維仲□□補□。民憂雲漢,不籍畝千。王懼災旱,民作雲漢之詩,後不□籍田千畝,虢公諫之。脫簪永巷,令業得全。王怠於政,姜屈脫簪珥,待罪永巷,王乃□過。幽王不道,岐裂川填。幽王,宣王子,無道,廢申後,□宜曰岐山崩,三川竭。檿弧箕服,一笑烽煙。幽王寵褒姒,無故而舉烽火,以博褒姒笑,逮後犬戎入寇,舉烽,固有應者。檿,桑也;弧,弓也;箕,草類,姒之父業,蓋為弓服者也,乃童謠雲。申侯召亂,荒服兵連。申侯反召犬戎,弒幽王。平王複國,秦鄭桓桓,東遷洛邑,西周迺屠。平王,名宣臼,幽王子,鄭衛秦救周,平戎而立之,謂犬戎之偪,遷都於洛邑,西周之地,竟為秦有。秦楚漸大,魯郊自便。王室既微晉、楚、齊、秦強大,魯惠公請用郊祀於朝,王弗許,乃自用之。

《增定二十一史韻》卷一，《四庫全書存目叢書》史部292冊，570頁

羲皇廟，偶得"年"字　　　　　　　　　　　　（明）王誦

太古乾坤列，于今陵谷遷。羲皇沒世遠，遺廟此山前。徑仄松楸入，臺孤鳧嶂連。春泉滴乳竇，雲樹散晴川。直想結繩日，難聞畫卦年。人心猶樸野，吾道尚幽玄。五帝微茫昧，三王遂簡編。源唯作者聖，委迤傳之賢。重感無言妙，塵心一灑然。

《王彭衙詩》五，《陝西古代文獻集成》第7輯，第645頁

謁軒轅廟　　　　　　　　　　　　（明）王誦

懸崖路入逢人少，古廟頹垣駐節遙。鶴迹松陰翻此日，蟲書壁畫自前朝。空山雲覆無菁草，幽壑春深長藥苗。尚想鼎湖龍去後，攀號弓劍轉蕭條。

《王彭衙詩》八，《陝西古代文獻集成》第7輯，第703頁

燕臺懷古雜詠，方水部鐵船同作·涿鹿　　　　　　（清）蔣詩

保安州有涿鹿山，延慶州有蚩尤城。蚩尤昔與黃帝戰，此山此城治五兵。我聞應劭言，蚩尤古天子，讚引孔子《三朝記》，蚩尤庶人貧者耳。遷謂最暴莫能伐，涿鹿之戰記之史。涿鹿地古在上谷，上谷沿革已屢更。遐考之公孫邃古蹟，畿南口北紛相爭。軒轅修德征不廷，蚩尤人語獸其形。頭銅額鐵造刀戟，同產八十一弟兄。殺之青邱獲寶鼎，邑于涿鹿帝治泯。惟帝合符釜山無常處，師兵往來為衛營。豈獨數邑有遺蹟，上園下矩皆分呈。壽張赤氣蚩尤旗，天上彗孛蚩尤星。鉅野關卿分立冢，荒唐傳會尤不經。

《榆西僊館初槀》卷二八，《清代詩文匯編》488冊，445頁

詠古雜詩（其一）　　　　　　　　　　　　（清）彭湘

訪求巢、許倦勤初，天下需賢獨隱居。責讓緣知非禪讓，試參光武、子陵書。

《適盦詩集》卷一三，《清代詩文匯編》621冊，580頁

《五帝本紀》第一·帝舜有虞氏　　　　　　　（清）蔣梧

黼黻初瞻天子尊，古來大孝立乾坤。窮蟬未得承顓頊，受禪還逢六代孫。簫韶已歇鳳遲留，文命新承十二州。終古蒼梧山下竹，湘波宛轉淚花秋。

《讀史》,《天涯詩鈔》,影印《四庫未收書輯刊》捌輯 23 冊,575 頁

顓頊高陽氏

(清)葛 震

帝昌意子,黃帝之孫。疏通知事,謀慮深淵。養材任地,載時象天。鬼神劑義,氣化之先。交阯風聲,幽陵光燭。荒荒流沙,鬱鬱蟠木。東西朔南,莫不砥屬。民師五官,音會八風。浮金効珍,絕地天通。寅建履端,是為曆宗。

《詩史》卷一,《四庫全書存目叢書》史部 291 冊,603 頁

顓頊高陽氏

(清)葛 震 曹 荃

姬姓。祖曰黃帝,父曰昌意。昌意降居若水為諸侯,娶蜀山氏之女曰昌僕,是為女樞,感瑤光貫月,生帝于若水。首戴干戈而有德文,年十歲佐少昊,年二十即帝位,以水德王。初,國高陽,故號高陽氏。都帝丘,在位七十八年。崩,壽九十一,葬濮陽。○顓頊冢,在東郡濮陽頓丘城門外廣陽里中。

帝昌意子,黃帝之孫。苟緣切。疏通知事,謀慮深淵。養材任地,載時象天。鬼神劑義,氣化之先。交阯風聲,幽陵光燭。荒荒流沙,《括地志》:"居延海南,甘州張掖縣東北千六十四里。"鬱鬱蟠木。《海外經》:"東海中有山,名度索,上有大桃樹,屈蟠三千里。東北有門,萬鬼所聚,天帝使神人守之,一名鬱壘,有害人之鬼,縛以葦索,射以桃弧,投虎食之。"東西朔南,莫不砥屬。民師五官,少昊四子重、該、修、熙。帝乃俾重為木正曰勾芒,該為金正曰蓐收,修、熙相代為水正曰玄冥,又以炎帝之子勾龍為土正,而帝之孫為火正曰祝融,是為五官。音會八風。東北曰條風,東曰明庶風,東南維曰清明風,南曰景風,西南曰涼風,西曰閶闔風,西北曰不周風,北曰廣莫風。浮金効珍,絕地天通。寅建履端,是為曆宗。

《四言史徵》卷一,《四庫全書存目叢書》史部 291 冊,743 頁

帝嚳高辛氏

(清)葛 震

帝嚳執中,郁郁嶷嶷。動時服土,佐以四妃。姜源慶都,簡狄常儀。稷堯契摯,自天申之。契為商祖,稷開周基。

《詩史》卷一,《四庫全書存目叢書》史部 291 冊,603 頁

帝嚳高辛氏

(清)葛 震 曹 荃

姓姬,名夋,黃帝曾孫。祖曰少昊,父曰蟜極。生而神靈,自言其名,年十五佐顓頊,受封于辛,年三

十八代高陽氏為天子。以其肇迹於辛,故號高辛氏,以木德王。都亳,在位七十年。崩,壽一百五歲,葬頓丘。○亳,今河南府偃師縣。頓丘,山名,在大名府清豐縣。

帝嚳執中,郁郁巍巍。動時服士,佐以四妃。姜源慶都,簡狄常儀。稷堯契摯,自天申之。契為商祖,稷開周基。帝四妃:元妃,有邰氏女,曰姜嫄,生稷。次妃,陳鋒氏女,曰慶都,生堯。三妃,有娀氏女,曰簡狄,生契。四妃,娵訾氏女,曰常儀,生摯。摯、堯,皆當世而有天下。契、稷,至湯、武而有天下也。

《四言史徵》卷一,《四庫全書存目叢書》史部291册,744頁

讀《竹書紀年》丙申

(近代)陳去病

大撓作甲子,歲月始堪推。滾滾千萬禩,事故何紛歧。述者既憚煩,閱者亦神疲。安得枕秘中,上下騁瑰詞。大以提其綱,小以繫其維。正言發妙理,偏語雜嘲譏。樽酒日相對 悠然興遐思。是書頗簡略,記載多新奇。斷自軒轅世,下逮梁赫時。依稀七八朝,治亂亦易知。咄哉空桑子,放君圖自爲。桐宮礪乃刃,潛出竟殺之。俗儒不察意,貿然肆訾謷。詎知作者世,昏亂正不治。巍巍齊、晉君,倏忽等與厮。陪臣務篡弒,要謂志學伊。可憐茌弱君,伸討終無期。憤懷不能釋,大筆恣劃劌。明知聖不掩,聊復甚其欺。先著命卿士,後特表奉祠。本意自昭昭,讀者何猜疑。季歷既翦商,塞庫禍亦罹。微旨原一貫,事實非支離。吾聞拘墟者,不可以說詩。能以意逆志,厥義乃可窺。又聞《春秋》例,辭志多深微。懿歟此《竹書》,詩、史兼設施。奈何束皙輩,測海徒一蠡。師云:"胸有權衡,始可觀史。"

《浩歌堂詩鈔》卷一,10頁

詠黃帝 附蚩尤

黃帝贊　　　　　　　　　　　　　　　　　　（三國魏）曹　植

少典之孫,神明聖哲。土德承火,赤帝是滅。服牛乘馬,衣裳是制。雲氏名官,功冠五帝。

《曹植集校注》卷一,72頁

薊丘覽古贈盧居士藏用七首并序·軒轅臺　　　　（唐）陳子昂

丁酉歲,吾北征,出自薊門,歷觀燕之舊都。其城池霸業,跡已蕪沒矣。乃慨然仰歎,憶昔樂生、鄒子,群賢之遊盛矣。因登薊丘,作七詩以志之。寄終南盧居士,亦有軒轅之遺跡也。

北登薊丘望,求古軒轅臺。應龍已不見,牧馬空黃埃。尚想廣成子,遺跡白雲隈。

《全唐詩》卷八三,3冊,896頁

苦篁調嘯引　　　　　　　　　　　　　　　　　（唐）李　賀

請說軒轅在時事,伶倫採竹二十四。伶倫採之自崑丘,軒轅詔遣中分作十二。伶倫以之正音律,軒轅以之調元氣。當時黃帝上天時,二十三管咸相隨。唯留一管人間吹,無德不能得此管,此管沉埋虞舜祠。

《全唐詩》卷三九三,12冊,4426頁

題縉雲山鼎池二首（其一）　　　　　　　　　　（唐）徐　凝

黃帝旌旗去不回,空餘片石碧崔嵬。有時風卷鼎湖浪,散作晴天雨點來。

《全唐詩》卷四七四,14冊,5384頁

橋山懷古　　　　　　　　　　　　　　　　　　（唐）舒元輿

軒轅厭代千萬秋,淥波浩蕩東南流。今來古往無不死,獨有天地長悠悠。我乘驛騎到中部,古聞此地為渠搜。橋山突兀在其左,荒榛交鎖寒風愁。神仙天下亦如此,況我感

9

促同蜉遊。誰言衣冠葬其下,不見弓劍何人收。哀喧叫笑牧童戲,陰天月落狐狸遊。却思皇墳立人極,車輪馬跡無不周。洞庭張樂降玄鶴,涿鹿大戰摧蚩尤。知勇神天不自大,風后力牧輸長籌。襄城迷路問童子,帝鄉歸去無人留。崆峒求道失遺跡,荊山鑄鼎餘荒丘。君不見黃龍飛去山下路,斷髥成草風颼颼。

《全唐詩》卷四八九,15 冊,5547 頁

過鑄鼎原　　　　　　　　　　（唐）劉　滄

黃帝修真萬國朝,鼎成龍駕上丹霄。天風乍起鶴聲遠,海霧漸深龍節遙。仙界日長青鳥度,御衣香散紫霞飄。唯留古跡寒原在,碧水蒼蒼空寂寥。

《全唐詩》卷五八六,18 冊,6789 頁

涿　鹿　　　　　　　　　　　（唐）胡　曾

涿鹿茫茫白草秋,軒轅曾此破蚩尤。丹霞遙映祠前水,疑是成川血尚流。

《全唐詩》,卷六四九,19 冊,7431 頁

洞　庭　　　　　　　　　　　（唐）胡　曾

五月扁舟過洞庭,魚龍吹浪水雲腥。軒轅黃帝今何在,回首巴山蘆葉青。

《全唐詩》,卷六四九,19 冊,7431 頁

書高辛氏廟　　　　　　　　　（宋）祖無擇

平昔敘星辰,元功祀事分。因人列官紀,行道亞皇墳。高躅追顓頊,徽聲壓放勳。淳風今不競,帝典世無聞。陵古森喬木,祠新際遠氛。樵蘇當季運,血食屬明君。舊壤資麻蔭,遺黎薦苾芬。春秋奏簫鼓,疑是六英文。

《全宋詩》卷三五八,7 冊,4406 頁

黃　帝　　　　　　　　　　　（宋）王十朋

百年功就蛻乾坤,鼎冷湖空跡尚存。別有慶源流不盡,皇朝葉葉是神孫。

《全宋詩》卷二○二四,36 冊,22679 頁

戰蚩尤

（宋）文天祥

我瞻涿鹿郡，古來戰蚩尤。黃帝立此級，玉帛朝諸侯。歷歷關河雁，隨風鳴寒秋。邇來三千年，王氣行幽州。

《全宋詩》卷三五九八，68 冊，43046 頁

登蚩尤臺

（元）王 旭

蚩尤臺上獨來時，落日臨風動遠思。獨鶴不須爭燕雀，山林元自有閑枝。北極風寒日影微，梧桐吹折鳳凰枝。詩成一笑無人會，小院黃昏雀滿籬。

《全元詩》第 13 冊，111 頁

軒轅臺

（元）釋梵琦

軒轅未免伐蚩尤，百尺荒臺萬古留。玉葉金枝雲作蓋，青山白水地名幽。人間且說騎龍去，天上須為跨鳳遊。弓劍久埋陵穀變，角聲長繞夕陽樓。

《全元詩》第 38 冊，302 頁

雜 興（其一）

（元）陳 肅

黃帝作弓箭，一戰擒蚩尤。張樂洞庭野，煉玉昆侖丘。白日乘紫雲，飄飄謝諸侯。如何橋山下，高塚悲千秋。

《全元詩》第 49 冊，277 頁

涿 州

（元）劉 紹

抱介恥儇媚，離尤滋慨慷。扣閽道無由，惻惻辭帝鄉。寒冬百卉腓，驅馬踐嚴霜。晨過涿鹿城，驚飆恍沙場。息徒用稅駕，遐眺臨空荒。群山從西來，千里橫青蒼。倚劍事悲吒，令人憶軒皇。蚩尤今則亡，戰伐何茫茫。落日箛鼓發，連營旌斾揚。吾行竟何之，流止嗟殊方。

《全元詩》第 50 冊，544 頁

黃　老
（明）陶　安

神哉變化機，黃帝、堯、舜氏。垂衣民自化，制作初盛美。皇風與帝德，軒轅會終始。上衍羲、農業，下肇唐、虞理。斯文昌聖統，大法建人紀。末世怪誕流，放蕩言僻詭。膝行崆峒山，問道廣成子。鼎湖晝升天，冉冉乘龍起。群臣攀鬚墮，抱弓葬冠履。乃為方士祖，繼者獨耼耳。秦、漢稱黃、老，清靜遂倣此。聖人亦人類，有生必有死。安得臂為翰，腐尸青冥裏。宣尼贊《周易》，三聖同一軌。躋老儕諸黃，無乃傷鄙俚。或云黃石公，倒置尤非是。鄉使鄒、孟出，排闢豈得已。醫家祠有熊，貶與方伎齒。我久厭俗談，一刷萬古恥。

《全元詩》第 56 冊，337 頁

鼎　湖
（明）錢子義

鼎湖在括蒼仙都山下，黃帝結鼎於此。鼎成，有龍垂胡髯下迎帝，乃騎龍上天，羣臣後宮從者七十餘人。

山繞仙都水遶厓，晚涼風剪浪花開。鼎成龍去無消息，時有飛雲送雨來。

《續詠史詩集》上，《種菊庵集》一，《三華集》卷七，影印文淵閣《四庫全書》1372 冊，81 頁

漫興六首（其四）
（明）李夢陽

黃帝清遊化國，虞皇穆拱玄宮。殷主爰消雊雉，文王載夢非熊。

《李夢陽集校箋》卷三七，第四冊，1377 頁

炎　陵
（明）張　治

衡嶽南峰回碧嶂，湘流千里接通川。冥冥宮闕翳山木，細細秋風吹野田。無為八方順帝則，粒食萬方開民天。剪蘿下馬讀殘碣，縹緲江漢昏寒煙。

《龍湖文集》卷一三，219 頁

蒙城驛謁黃帝廟
（明）文翔鳳

橋山冠劍非中部，野廟丹青是有熊。涿鹿用師雲結蟻，湖龍蟠鼎髯垂弓。旗搴天上蚩尤墜，夢入他鄉化國通。問道有人千二百，順風而拜向空桐。

《皇極篇》卷一,《四庫禁毀書叢刊》集部49冊,250頁

登黃帝鼎原 （明）文翔鳳

首山非無銅,雙湖非無水。無方煉丹砂,飛龍寧在此。

《皇極篇》卷一,《四庫禁毀書叢刊》集部49冊,255頁

謁軒轅廟 （明）何東序

鼎湖千載泣遞顔,遺祀橋陵尚此山。荆地墮虩龍幻化,栢林帶甲鶴飛還。廟有栢枝,輳類甲釘痕,相傳秦王掛甲處。坊州路邈三川險,造父風追八駿閑。周穆王南征,朔野徑絕羅道,即北地。無限登臨懷古意,一環沮水日潺湲。中部城陰一里許,有橋山,萬栢成林,望之百里外,青翠蔚蔥若流。《史記》黃帝塟衣冠處,勝跡顯赫,殆與天壤,同垂不朽,蓋堯、舜、禹、湯諸陵所無也。按《封禪書》志帝采首山銅,鑄鼎荆山下。鼎成,有龍垂胡髯,下迎帝既上,小臣悉持龍髯拔墮弓,乃抱其弓與胡髯,號似涉幻語,豈與此異與。

《九愚山房詩集》卷五,《四庫全書存目叢書》集部126冊,666頁

詠史一百首（其四） （明）謝肇淛

鯀竊帝息壤,洪水患乃滋。禹股無完胈,寸陰惜孳孳。綠文既授簡,延喜斯呈規。九河悉歸海,龍蛇不為菑。要荒皆成賦,帝乃錫玄圭。美哉明德遠,神功非思惟。武皇無長策,沈璧塵嗟咨。徒下淇園竹,空歌瓠子詞。至今建瓴流,沮洳無回期。君看龜山足,猶鎖無支祁。

《小草齋詩集》卷六,《小草齋集》上冊,705頁

鼎湖有感 （明）謝肇淛

鼎成龍去水雲孤,此地猶傳舊鼎湖。今日龍髯攀不逮,松林風雨夜啼烏。

《小草齋詩集續集》卷一,《小草齋集》下冊,1390頁

朝發涿鹿霧 （明）陳子龍

斧山秋色盡滄洲,亂後蕭條滿薊丘。黃帝雲旗三十萬,不曾消霧有蚩尤。

《陳子龍詩集》卷一七,下冊,577頁

過軒轅廟　　　　　　　　　　　　　（明）楊　爵

初古混沌裏，開天有至人。衣裳成世道，兵刃蕩妖淫。能去群臣泣，功臨下土尊。唐虞享大化，聖聖與神神。

《楊忠介公集》卷八，《陝西古代文獻集成》第 27 輯，339 頁

鼎湖原二首（其一）　　　　　　　　（清）王士禛

軒轅鑄鼎此荆山，弓墮龍髯不可攀。多事橋陵一抔土，伴他鴻冢在人間。

《蠶尾續詩集》卷四，《王士禛全集》第二册，1275 頁

咏　古（其一）　　　　　　　　　　（清）陈确

唐世庸四凶，有虞尽诛之。尧仁固难循，舜断岂易为！所杀或非罪，后悔何能追。

《诗集》卷二，《陈确集》，654 頁

《五帝本紀》第一·黄帝軒轅氏　　　（清）蔣楛

天意難寬暴虐誅，故教玄女授兵符。商君何必懷慚德，虧失由來窮獨夫。
千古龍髯浩盪中，鼎湖語見泣遺弓。遥遥三代同華胄，一體推尊大祭同。

《讀史》，《天涯詩鈔》，影印《四庫未收書輯刊》捌輯 23 册，575 頁

逐鹿始戰　　　　　　　　　　　　　（清）褐夫

逐鹿迷茫逐鹿争，指南車破雾縱横。人間災禍從兹始，竟作新奇甲與兵。

《古史詩針》，《戴名世集》附錄二，435 頁

讀《史記·三皇五帝本紀》·帝舜有虞氏　　（清）仁宗顒琰

惟聖能識聖，升聞畎畝通。重華協于帝，上日遂受終。溫恭益睿哲，明目兼達聰。四罪天下服，敷言試以功，奮庸諧治理，亮采咨百工。精一括典要，執兩而用中。愧承大寶命，兢業凜淵躬。言述心敬慕，景仰五帝隆。

《晚晴簃詩匯》卷三，第一册，18 頁

黃　帝
（清）徐公修

徇齊敦敏邁恒流，日角龍顏毓壽丘。國本有熊承少典，軍圍涿鹿殲蚩尤。夢求風後三公貴，官號雲師百職脩。一笂元妃嫘祖淚，橋山遺冢至今留。

《史記百咏》卷一，《读史千咏》，《史記研究文獻輯刊》13 册，415 頁

都門咏古十二首·軒轅臺
（清）尤　侗

軒后乘六龍，崆峒順風請。龍髯飛上天，地下遺丹鼎。我欲往從之，空山雷雨冥。

《于京集》卷二，《尤侗集》中册，711 頁

倉　頡
（清）吳　鎮

結繩遠，文字成。夜哭鬼，太俗生。

《松花庵韻史》，《四庫未收書輯刊》拾輯 24 册，255 頁

黃帝有熊氏
（清）葛　震

帝鴻有熊，齊聖廣淵。蚩尤作霧，車示指南。戰於涿鹿，陣法始傳。揮弓夷矢，鐃吹凱旋。靈鞞神鉦，馬上聞聞。倉頡沮誦，左史右編。六相分治，稽與太山。風后力牧，大鴻常先。畫野分州，立井治田。大撓甲子，容成蓋天。伶倫斷竹，律呂氣先。隸首算數，奧蔍星躔。陶正甯封，木正赤將。共化舟楫，濟海通江。邑夷作車，以行四方。行有屨履，澤有橋梁。杵曰釜甑，烹炰醴漿。榮猨鑄鐘，嫘祖教蠶。岐伯內經，藥石鍼砭。死有棺槨，尸不露捐。幣制國用，金刀貨泉。城闕宮室，由漸而全。咸池播音，樂奏大淵。袞冕章服，文明爛然。鳳巢阿閣，麟遊於田。黃龍地螾，以雲紀官。鼎成百歲，葬於橋山。

《詩史》卷一，《四庫全書存目叢書》史部 291 册，603 頁

黃帝有熊氏
（清）葛　震　曹　荃

初，神農氏母弟世嗣少典為諸侯，少典之妃曰附寶。之祁野，見大電繞北斗樞星，感而懷孕，二十四月而生帝于軒轅之丘，因名軒轅，姓公孫。國于有熊，故號有熊氏。長於姬水，故又以"姬"為姓。以土德王，故號黃帝。又曰縉雲氏，又曰帝鴻氏，亦曰帝軒氏。在位百年。崩，年百十有一歲，葬橋山。

帝鴻有熊，齊聖廣淵。蚩尤作霧，車示指南。戰於涿鹿，陣法始傳。黃帝攝政，有蚩尤作

五兵,暴虐天下。黃帝以仁義不能禁止,仰天而歎。天遣玄女下,授黃帝兵符伏蚩尤。**倉頡沮頌,左史右編**。頡、頌,二臣名。倉帝四目,又號史皇氏,生而能書。登陽虛山,臨玄扈洛水之汭,靈龜負書丹甲青文受之,遂窮天地之變。仰觀奎星圜曲之勢,俯觀龜文鳥羽山川掌指而創文字,天雨粟,鬼夜哭。**六相分治,稽與泰山。風后力牧,大鴻常先。畫野分州,立井制田。大撓甲子**,撓,音高,人名。帝命占斗柄初昏所指月建,而以十天干配十二地支,作六十甲子。**容成蓋天**。容成,人名。蓋天,即渾天儀也。**伶倫斷竹,律呂氣先**。伶倫,人名。黃帝命造律,陽六為律,陰六為呂,總之十二律,以配十二月。黃鍾、太簇、姑洗、蕤賓、夷則、無射,陽聲也。大呂、夾鍾、仲呂、林鍾、南呂、應鍾,陰聲也。**隸首算數,臾萇星躔**。隸首,人名。臾萇,鬼臾萇也。**陶正甯封,木正赤將**。甯封、赤將,二人名。陶,陶瓦器。木,木匠。正,官名。**共化舟楫,濟海通江**。共鼓、化狐,二人名。**邑夷作車,以行四方**。邑夷,人名。**行有屨履,澤有橋梁。杵臼釜甑,烹炮醴漿。榮猨鑄鐘**,榮猨,人名。**嫘祖教蠶**。帝四妃。元妃,西陵氏之女,曰嫘祖,生玄囂、昌意。二妃,方累氏女,曰節,生休及清。三妃,彤魚氏女,生揮及夷彭。四妃,曰嫫母,貌惡德充,生蒼林、禺陽。眾妾之子十六人,總四妃之子為二十有五,其得姓者十四人,為十二姓。**岐伯內經,藥石鍼砭**。岐伯、雷公,察明堂,究脉息。巫彭、桐君,處方餌而人得以盡年。**死有棺槨,尸不露捐。幣資國用,金刀貨泉。城闕宮室,制度已全。咸池播音,樂奏大淵。袞冕章服,文明爛然。鳳巢阿閣,麟遊於田。黃龍地螾,以雲紀官**。春官為青雲,夏官為縉雲,秋官為白雲,冬官為黑雲,中官為黃雲。**鼎成百歲,葬於橋山**。

程蔚窠曰:"肇判三才,以降作君,統民一切。養生淑性之道,莫不因時推明。建立三五之際,惟帝鴻氏。制度大備,功德喧赫,如日方中,迺知聖人在位,不徒此巍巍垂拱已也。其於事物,一不得理少室,斯民生養之機必取而運平。神明之域,爰有制度,納諸軌則。是居聖人之位,明聖人之道,以位傳統,大之以功,以道傳統,尊之以德,惟尊大之可以一人化成天下。至仁率性,至義充理,一貫萬條,昭布廣運,是民是心,穀率乎此。自然時治,雍熙世隆,至治後起,帝王惟有潤色,可無創舉,第於本事,視其植德厚薄,徵其歷年修短之數,如持左券然。"

《四言史徵》卷一,《四庫全書存目叢書》史部291冊,742頁

炎帝神農氏

(清)葛 震

神農氏作,教稼興農。嘗草作藥,味滋異同。君臣佐使,寒暑折衷。毒化七十,方書始通。民無夭札,俗不忿爭。治麻為布,互市日中。赭鞭草木,作蜡報功。德因火王,官以火名。

《詩史》卷一,《四庫全書存目叢書》史部291冊,602頁

炎帝神農氏

(清)葛 震 曹 荃

少典之君娶於有蟜氏之女,曰安登,感神龍而生帝,名曰石年。人身牛首。長於姜水,故以"姜"為姓。以火德代伏羲氏治天下,故曰"炎帝"。本起烈山,故號烈山氏,亦曰厲山氏。初,國伊,繼國耆,合而稱之,故又號伊耆氏。都于陳,遷曲阜,在位一百四十年,崩于長沙之茶鄉。傳八世,凡五百三十年。○姜水,今鳳翔府寶雞縣南。烈山,在德安府隨州。陳,今開封府陳州。曲阜,魯邑名,屬山東兗州府。茶鄉,今長沙府茶陵州。

神農氏作,教稼興農。嘗草作藥,方書始通。治麻為布,互市日中。赭鞭草木,作蜡報功。蜡之為言,索也,歲十二月合聚萬物,而索享之以報功也。夏曰清祀,殷曰嘉平,周曰大蜡,秦曰臘,始皇復更曰嘉平。民無夭札,俗不忿爭。德因火王,官以火名。春官為大火,夏官為鶉火,秋官為西火,冬官為北火,中官為中火。

《四言史徵》卷一,《四庫全書存目叢書》史部291冊,742頁

歷代聖母圖贊·嫘祖

(清)沈德潛

黃帝元妃,西陵氏女。性通意桑,成繭抽緒。以供衣服,三冬可無。往時窮民,草衣露處。皺嫁中膚,盼望炎暑。教民育意,衣被九宇。豈惟九宇,暖垂萬古。後世薦馨,報功嫘祖。

《歸愚詩鈔餘集》卷五,《沈德潛詩文集》第二冊,503頁

詠少昊

謁少昊墓 　　　　　　　　　　　　　　　　　　（明）李東陽

古稱少昊氏，云是五帝先。册典既茫昧，氏名僅流傳。建都魯城東，遺址有軒轅。至今高原上，陵樹鬱成阡。豐碑不刻字，遺恨宣和年。宋徽宗造碑甚巨，值金亂，不果立。國朝重明祀，香帛隨纁玄。時制每三年一祭。我來訪舊跡，幸未迷榛菅。四顧林莽間，野意但蒼然。停車問父老，相對兩無言。

《東祀錄（詩）》，《李東陽集》第一卷，688 頁

少昊金天氏 　　　　　　　　　　　　　　　　　　（清）葛　震

金天御世，鳳鳥來臨。山川通氣，用諧人神。

《詩史》卷一，《四庫全書存目叢書》史部 291 册，603 頁

少昊金天氏 　　　　　　　　　　　　　　　　　（清）葛　震　曹　荃

名摯，姓已，黃帝之子玄囂也。母曰嫘祖，大星如虹，下臨華渚，感而生帝。黃帝之世，降居江水，邑于窮桑，故號窮桑氏，國于青陽，因號青陽氏。以金德王天下，遂號金天氏。能修太昊之法，故曰少昊。都曲阜，在位四十八年。崩，壽百歲，葬雲陽山。〇江水，在四川。窮桑，地名，在兗州府魯城北。青陽，地名，屬池州府。雲陽山，在曲阜縣東北二里。

金天御世，鳳鳥來臨。山川通氣，用諧人神。少昊之立也，鳳鳥適至，因以鳥紀官。鳳鳥氏，歷正也。玄鳥氏，司分者也。伯趙氏，司至者也。青鳥氏，司啟者也。丹鳳氏，司閉者也。祝鳩氏，司徒也。雎鳩氏，司馬也。鳴鳩氏，司空也。爽鳩氏，司寇也。鶻鳩氏，司事也。五鳩，鳩民者也。五雉為九工，正利器，用正度量夷民者也。九扈為九農正，扈民無淫者也。

《四言史徵》卷一，《四庫全書存目叢書》史部 291 册，743 頁

詠堯帝

六言詩十章(其一、二)   (三國魏)嵇 康

惟上古堯、舜,二人功德齊均,不以天下私親。高尚簡樸慈順,寧濟四海蒸民。

唐、虞世道治,萬國穆親無事,賢愚各自得志。晏然逸豫内忘,佳哉爾時可憙。

《魏詩》卷九,《先秦漢魏晉南北朝詩》上册,490 頁

唐 堯   (唐)周 曇

妖氛不起瑞煙輕,端拱垂衣日月明。傳事四方無外役,茅茨深處土階平。

《全唐詩》卷七二八,21 册,8337 頁

續古二十九首(其一)   (唐)陳 陶

大堯登寶位,麟鳳焕宸居。海曲沾恩澤,還生比目魚。

《全唐詩》卷七四六,21 册,8485 頁

詠史五首·陶唐氏   (宋)范仲淹

純衣黄冕曆星辰,白馬彤車一百春。莫道茅茨無復見,古今時有致堯人。

《全宋詩》卷一六六,3 册,1879 頁

堯 廟   (宋)范仲淹

千古如天日,巍巍與善功。禹終平浣水,舜亦致熏風。江海生靈外,乾坤揖讓中。鄉人不知此,簫鼓謝年豐。

《全宋詩》卷一六六,3 册,1881 頁

九誦·堯祠   (宋)鮮于侁

車轔轔兮廟壖,鼓坎坎兮祠下。竽琴兮並奏,潔時修兮虔祠事。瑤華為饌兮沆瀣為

漿,象籩玉豆兮金鼎輝煌。海珍野蔌兮雜錯而致誠。神之來兮風雨蕭蕭,前驅於畢兮上有招搖。羽林為衛兮虹霓為旗,鳳凰左右兮擾伏蛟螭。神之降兮金輿,靈欣欣兮肸蠁。德難名兮覆燾,千萬年兮不忘。

《全宋詩》卷五一三,9 冊,6228 頁

唐 堯 　（宋）王十朋

仁德如天帝業隆,四凶不去付重瞳。當是黃屋如傳子,千古哪知楫遜風。

《全宋詩》卷二二四,36 冊,22679 頁

堯 廟 　（宋）張 栻

明祀崇千載,荒山拱萬靈。插天巉絕壁,飛瀑下空庭。繪事存淳古,真風寄杳冥。蘋繁何以薦,帝德日惟馨。

《全宋詩》卷二四一八,45 冊,27913 頁

詠史二十二首（其一） 　（宋）趙 戣

聖德光天下,歲功成閏餘。百篇推帝典,一半是農書。

《全宋詩》卷三〇八七,59 冊,36825 頁

堯 　（宋）林 同

道原自天出,堯以是相傳。曰孝悌而已,人人具此天。

《全宋詩》卷三四一八,65 冊,40604 頁

堯帝廟 　（元）王 盤

上古元氣淳以腴,群聖既出如傳臚。高辛登天帝摯瘏,爰有真人起參墟。黃收純衣握帝符,馬如白練彤雲車。璿璣玉衡擬天樞,七政循軌萬物舒。耕田鑿井人自娛,帝力於我何有諸。千秋萬古仰範模,皎如白日臨天衢。川流山峙雨露濡,聖人德澤何時枯。胡南漢北聲教俱,矧茲河汾其故都。邦人誇耀榮鄉閭,遺廟世守無代無。遷新去故奠神居,道人精誠與神乎。觚棱金碧凌空虛,采椽土階與古殊。歲時香火喧笙竽,神兮歸來駐鑾輿,佑我聖祚窺皇圖。

《全元詩》第 3 冊,5 頁

編年歌括·唐、虞 （元）許　衡

唐堯一百載,虞舜五十年。禪讓官天下,有子不相傳。

《全元詩》第 3 冊,66 頁

過唐山望禱帝堯祠 （元）王　惲

光宅宮庭歲祀新,壤歌猶是昔時民。遙祈一勺龍弘水,痛與山前洗旱塵。

《全元詩》第 5 冊,575 頁

堯 （元）侯克中

文思欽明四美全,龍飛九五應純乾。民懷帝德終千古,聖筆虞書第一篇。隨物生成惟體道,與民休戚更同天。執中豈是丹朱任,只許重華得正傳。

《全元詩》第 9 冊,8 頁

過唐水望堯山 （元）劉　因

神化大無外,名山能幾峰。威顏渾咫尺,天日尚雍容。蒲阪堪饑死,重華有舊蹤。三謨讀未老,於此卜巢、松。

《全元詩》第 15 冊,76 頁

《堯民圖》三首 （元）劉　因

分得堯天一握多,百年安樂邵家窩。情知弄月吟風手,不扣南山白石歌。

風氣初開理漸融,畫圖猶見帝無功。意長世短成何事,誰及乾坤再日中。

平生喜作許東鄰,百過摩挲畫本昏。聞說詩人多感慨,且休持送鄭監門。

《全元詩》第 15 冊,151 頁

《堯民圖》 （元）劉　因

皋夔遺像凜猶存,更比凌煙意氣真。但使尊前有如此,不慚只作許東鄰。

《全元詩》第 15 冊,164 頁

題《堯民圖》 （元）蒲道源

賁桴土鼓與窪尊，翁媼嬉遊不出村。秦漢以還風俗薄，卷中別是一乾坤。

《全元詩》第 19 冊，323 頁

詠史十二首（其四） （元）胡 布

純衣冠黃收，惟德則天大。飯啜土形塯，茅茨椽不采。善旌謗有木，天下服四罪。順則安耕鑿，帝力何有在。禾箽脯生廚，鳳儀綿十瑞。偉歟揖讓化，萬世休光逮。蕩蕩無能名，執中大無外。

《全元詩》第 50 冊，350 頁

謁堯山祠 （明）程正誼

行行望遠岫，堯山何崔嵬。攬衣登其巔，萬里蠻煙開。俯瞰九疑山，遠眺軒轅臺。二女英皇墓，隱隱君山隈。吊古問往事，拂拂清風來。章服留遺像，荒祠依草萊。高松巢野鶴，舊碣蝕蒼苔。曦日自光曜，慶雲空往回。康衢歌已矣，神堯安在哉？世事總悠悠，萬古一塵埃。沉吟瞻拜餘，日落猿聲哀。

《程正誼集》卷一，5 頁

平陽謁堯廟 （明）文翔鳳

帝御中央六氣遊，垂襟赤縣寄參眸。三墳未許虵身冠，五典誰將鳳曆求。得舜日輪真合璧，贊尼天體正懸旄。兼搜禮運瞻光被，獨戴長春幷大秋。

《皇極篇》卷一，《四庫禁毀書叢刊》集部 49 冊，250 頁

琴操·箕山操 （明）王 達

堯讓天下於巢父，巢父曰："君之牧天下猶予之牧犢，吾無用天下為。"《莊子》：有樊仲父牽牛飲水，見巢父洗耳，驅牛而還，恥乎牛飲其下流也。

堯之心兮固，堯之德兮固。堯遜余以天下兮余何庸，余之樂兮人靡同。歷山有人睅目良萊，天命歸兮眾所崇，被牽牛之士兮吾其從。

《翰林學士耐軒王先生天遊雜稿》卷一，《四庫全書存目叢書》集部 27 冊，106 頁

唐堯帝　　　　　　　　　　　　　　　　（明）孫承恩

帝莫陶唐盛，巍巍冠百王。德於天並運，道合地無疆。聖學傳千古，欽明照萬方。有生窮宇宙，孰不戴休光。

帝德雖難狀，帝心亦可言。愛民常罪已，敬德儼臨淵。大化由身始，神功格上玄。於維千載下，白日看高懸。

《鑒古韻語》，《文簡集》卷二，影印文淵閣《四庫全書》1271冊，65頁

堯　陵　　　　　　　　　　　　　　　　（明）楊巍

寒雲漠漠樹蒼蒼，晉國山河幾夕陽。獨有荒陵平水上，行人猶解拜陶唐。

《存家詩稿》卷七，影印文淵閣《四庫全書》1285冊，533頁

《五帝本紀》第一·帝堯陶唐氏　　　　　（清）蔣楛

天邊雲日想垂裳，清問明廷側陋揚。未必九男皆不肖，其如嬀汭有英皇。

《讀史》，《天涯詩鈔》，影印《四庫未收書輯刊》捌輯23冊，575頁

唐　堯　　　　　　　　　　　　　　　　（清）高宗弘曆

三皇五帝，其辨紛總，序書始堯，自我聖孔，帝學心學，牖世惛懵，天道以成，羲和分用。地道以平，四岳咨共。不識不知，擊壤歌動。於變時雍，奚資威董。

《全韵詩》，《御制詩四集》卷四九，影印文淵閣《四庫全書》1308冊，142頁

唐堯帝　　　　　　　　　　　　　　　　（清）徐公修

就之如月望如云，荡荡巍巍颂放勋。元恺多才九族睦，羲和定历四时分。传贤奇局开禅让，听政耄期告倦勤。凭吊陶唐旧都邑，平阳一路黯斜曛。

《史記百詠》卷一，《讀史千詠》，《史記研究文獻輯刊》13冊，415頁

慶都謁帝堯祠　　　　　　　　　　　　　（清）尤侗

繫馬荒村讀古碑，陶唐千載尚茆茨。巍巍雲日貌如在，弈弈山龍衣自垂。綠瓦光凝寒寢殿，蒼松森立閃靈旗。君臣歲月常相會，風雨重瞳來九疑。

《西堂小草》,《尤侗集》中册,528 頁

堯　廟　　　　　　　　　　　　（清）王　軒

日迥茅茨合,雲高松棟寒。姑山仍輦路,平水自衣冠。濟眾聖猶病,知人帝亦難。年年庭下草,寂寞向誰看。

《耨經廬詩集》卷八,《續尤西堂擬明史樂府》(外二種),225 頁

堯　　　　　　　　　　　　　　（清）秦　焕

未聞閶闔啟丹墀,階土茨茅德可思。不是聖心精一至,何知三祝是危辭。

《劍虹居詩集》卷下,《清代詩文集匯編》675 册,195 頁

帝堯陶唐氏　　　　　　　　　　（清）葛　震

唐堯為君,則天無名。神聖文武,以本為精。欽天治曆,四時以行。萬邦協和,百姓昭明。茅茨不剪,去其驕盈。耕田鑿井,帝力何稱。華封三祝,如不能勝。鯀治洪水,九載弗成。爰咨四岳,舉舜登庸。

《詩史》卷一,《四庫全書存目叢書》史部 291 册,604 頁

帝堯陶唐氏　　　　　　　　　（清）葛　震　曹　荃

帝嚳子,母陳鋒氏女,曰慶都。感赤龍之祥,孕十有四月,而生帝於丹陵。育于母家伊侯之國,後徙耆,故曰伊。初,氏封于陶,改國于唐,故又號陶唐氏。受摯禪,即天子位,以火德王,色尚白。都平陽,在位九十八載。崩于陽城,壽百一十七歲。○堯陵,在濮陽雷澤縣西三里。

唐堯為君,則天無名。神聖文武,道一心精。欽天治曆,四時以行。萬邦協和,百姓昭明。茅茨土階,越席大羹。黃收純衣,貴不驕盈。民歌帝力,三祝華封。帝觀于華,華封人祝曰:"使聖人壽富多男子。"堯曰:"辭!多男子則多懼,富則多事,壽則多辱。"封人曰:"天生蒸民,必授之職,多男子而授之職,何懼之有?富而使人分之,何事之有？天下有道,與物皆昌;天下無道,修德就閒。千秋厭世,去而上仙,乘彼白雲,至于帝鄉,何辱之有?"鯀治洪水,九載無功。爰咨四嶽,舉舜登庸。

《四言史徵》卷一,《四庫全書存目叢書》史部 291 册,744 頁

詠塗山氏

濠州七絕·塗山　　　　　　　　　　　　　　（宋）蘇　軾

下有鯀廟，山前有禹會村。

川鎖支祁水尚渾，地理汪罔骨應存。樵蘇已入黃能廟，烏鵲猶朝禹會村。

《全宋詩》卷七八九，4冊，9144頁

和子瞻濠州七絕·塗山　　　　　　　　　　　（宋）蘇　轍

娶婦山中不肯留，會朝山下萬諸侯。古人辛苦今誰信，只見清淮入海流。

《全宋詩》卷八五一，5冊，9857頁

塗　山　　　　　　　　　　　　　　　　　　（明）鄭善夫

洚水東行滄海廻，衣冠玉帛萬方來。後期獨有防風氏，君看塗山戮將臺。

《少谷集》卷八，影印文淵閣《四庫全書》1269冊，136頁

歷代聖母圖贊·堯母　　　　　　　　　　　　（清）沈德潛

大哉帝堯，是名放勳。母曰慶都，嬪于高辛。孕十四月，誕生聖人。長育母家，為侯為君。天人雲日，文武聖神。歸本母教，懿德維坤。漢代鉤代，亦久任身。十四月生弗陵。妄思比方，堯母之門。

《歸愚詩鈔餘集》卷五，《沈德潛詩文集》第二冊，503頁

詠舜帝

桂州黃潭舜祠　　　　　　　　　　　　（唐）宋之問

虞世巡百越，相傳葬九疑。精靈遊此地，祠樹日光輝。禋祭忽群望，丹青圖二妃。神來獸率舞，仙去鳳還飛。日暝山氣落，江空潭靄微。帝鄉三萬里，乘彼白雲歸。

《全唐詩》卷五，2冊，651頁

邵陵作　　　　　　　　　　　　　　　（唐）張謂

嘗聞虞帝苦憂人，只為蒼生不為身。已道一朝辭北闕，何須五月更南巡。昔時文武皆銷鑠，今日精靈常寂寞。斑竹年來筍自生，白蘋春盡花空落。遙望零陵見舊丘，蒼梧雲起至今愁。惟餘帝子千行淚，添作瀟湘萬里流。

《全唐詩》卷一九七，6冊，2016頁

題舜廟　　　　　　　　　　　　　　　（唐）張濯

古都遺廟出河濆，萬代千秋仰聖君。蒲阪城邊長逝水，蒼梧野外不歸雲。寥寥象設魂應在，寂寂虞篇德已聞。向晚風吹庭下柏，猶疑琴曲韻南熏。

《全唐詩》卷二六二，8冊，2910頁

舜　井　　　　　　　　　　　　　　　（唐）朱慶餘

碧甃磷磷不記年，青蘿鎖在小山巔。向來下視千山水，疑是蒼梧萬里天。

《全唐詩》卷五一五，15冊，5892頁

舜城懷古　　　　　　　　　　　　　　（唐）項斯

禪禹遜堯聰，巍巍盛此中。四隅咸啟聖，萬古賴成功。道德去彌遠，山河勢不窮。停車一再拜，帝業即今同。

《全唐詩》卷五五四，17冊，6416頁

湘川吊舜　　　　　　　　　　　　　　　　　　（唐）馬　戴

伊予生好古，吊舜蒼梧間。白日坐將沒，遊波凝不還。九疑雲動影，曠野竹成班。雁集兼葭渚，猿啼霧露山。南風吹早恨，瑤瑟怨長閑。元化誰能問，天門恨久關。

《全唐詩》卷五五五，17 冊，6436 頁

蒼　梧　　　　　　　　　　　　　　　　　　　（唐）胡　曾

有虞龍駕不西還，空委簫韶洞壑間。無計得知陵寢處，愁雲長滿九疑山。

《全唐詩》卷六四七，19 冊，7421 頁

題歷山舜祠　　　　　　　　　　　　　　　　　（唐）杜荀鶴

<small>山有廟，呼爲帝二子，多變妖異，爲時所敬。</small>

昔舜曾耕地，遺風日寂寥。世人那肯祭，大聖不興妖。殿宇秋霖壞，杉松野火燒。時訛競淫祀，絲竹醉山魈。

《全唐詩》卷六九一，20 冊，7947 頁

虞　舜　　　　　　　　　　　　　　　　　　　（唐）周　曇

進善懲奸立帝功，功成揖讓益溫恭。滿朝卿士多元凱，為黜兜苗與四凶。

《全唐詩》卷七二八，21 冊，8337 頁

永州舜廟詩　　　　　　　　　　　　　　　　　（唐）無名氏

遊湘有餘怨，豈是聖人心。行路猿啼古，祠宮夢草深。素風傳舊俗，異跡閉荒林。巡狩去不返，煙雲愁至今。九嶷天一半，山盡海沉沉。

《全唐詩》卷七八六，22 冊，8868 頁

詠史五首·有虞氏　　　　　　　　　　　　　　（宋）范仲淹

成都成邑即天開，終踐堯基詠起哉。但得四門元凱至，九韶何必鳳皇來。

《全宋詩》卷一六六，3 冊，1879 頁

虞　帝　　　　　　　　　　　　　　　　（宋）司馬光

虞帝老倦勤,薦禹為天子。豈有復南巡,迢迢渡湘水。至德遠無象,異論紛紛起。意疑大聖人,奸憸亦如已。乃知中下士,何由逃謗毀。

《全宋詩》卷四九九,9 册,6044 頁

九誦·舜祠　　　　　　　　　　　　　（宋）鮮于侁

道歷山兮逶蛇,思古人兮感欷。並儲胥兮蕭止,仰曾雲兮晻曖。獸何鳴兮林中,鳥何悲兮山上。木何為兮不剪,草何為兮茂暢。帝之神兮在天,帝之德兮在人。物具兮四海,心精兮一純。采秀實兮山間,摘其毛兮澗底。玉醴湛兮瓊茅,希修雜兮蘭茝。樂備兮九奏,鳳舞兮儀韶。人駿奔兮如在,君卒享兮神交。

《全宋詩》卷五一三,9 册,6228 頁

舜　祠　　　　　　　　　　　　　　　（宋）唐　庚

謳歌率土性之也,號泣旻天孝矣乎。何惜扁舟系韶石,憶曾萬里叫蒼梧。

《全宋詩》卷一三二一,23 册,15006 頁

謁虞帝祠　　　　　　　　　　　　　　（宋）胡　宏

有姚心妙贊乾坤,堯禹興亡賴兩存。蒲阪舊都西望遠,蒼梧陳跡事難論。九官效職羣英聚,二女宜家聖德尊。萬代君王模範表,籲嗟一廟破荒村。

《全宋詩》卷一九七二,35 册,22103 頁

舜廟懷古　　　　　　　　　　　　　　（宋）陸　游

雲斷蒼梧竟不歸,江邊古廟鎖朱扉。山川不為興亡改,風月應憐感慨非。孤枕有時鶯喚夢,斜風無賴客添衣。千年回首消磨盡,輸與漁舟送落暉。

《全宋詩》卷二一五四,39 册,24274 頁

舜　廟　　　　　　　　　　　　　　　（宋）劉克莊

粵俗安知帝,遺祠亦至今。青山人寂寂,朱戶柏森森。雨打荒碑缺,苔封古洞深。曾

聞張侍講，來此想韶音。

《全宋詩》卷三〇八一，58冊，36209頁

題舜帝廟　　　　　　　　（宋）趙汝普

蒼梧雲斷帝升遐，奇石江邊自古誇。莫道熏弦無逸響，雞鳴寸念亦重華。

《全宋詩》卷三一六二，60冊，37933頁

舜　禹　　　　　　　　　（宋）孫　因

帝舜生於姚丘兮，地近夷而居東。母握登感天瑞兮，漾祥光於大虹。歷山其所耕稼兮，陶漁皆有遺跡。二女降於媯汭兮，百官備而景從。大禹巡於酺山兮，會羣臣而計功。執玉帛者萬國兮，戮後至之防風。托菲飲以名泉兮，鑿了溪而宅土。發金簡于石匱兮，藏秘圖於山中。望邑名夫虞姚兮，山靈護夫禹穴。儼廟貌於千古兮，遺化被於無窮。繫帝王之所在兮，宜風俗之近古。習孝悌與勤儉兮，亦好遜而上忠。客曰於戲大哉兮，又何可以比隆。然有為者亦若是兮，豈無與舜、禹之事同。

《全宋詩》卷三一六二，60冊，37945頁

題虞帝廟　　　　　　　　（宋）陳宗禮

南國熏風入帝歌，至今遺廟只嵯峨。一天曉色懷明哲，四野春光想太和。存古尚瞻虞袞冕，撫時幾換禹山河。海濱樂可忘天下，解寫靈明是老軻。

《全宋詩》卷三二八八，62冊，39200頁

舜　　　　　　　　　　　（宋）林　同

孩提知所愛，妻子具而衰。大孝終身慕，予於舜見之。

《全宋詩》卷三四一八，65冊，40604頁

舜　廟　　　　　　　　　（宋）郭　鳳

雲封舜塚杳難尋，徒取簡韶索九陰。學講執中憑古籍，道傳精一抱遺心。五臣山拱如班瑞，二女峰和似鼓琴。英爽不磨天地老，萬年悲淚植篁琳。

《全宋詩》卷三四六六，66冊，41286頁

舜　　廟　　　　　　　　　　　　　　（宋）林景熙

在會稽東南一百里。

聲斷薰弦萬壑幽,三千年事水空流。袞衣剝落星辰古,野廟淒涼鹿豕秋。孝友風微惟故井,神明胄冷尚荒州。九疑回首孤雲遠,老淚斑斑楚竹愁。

《全宋詩》卷三六三一,69冊,43476頁

有虞氏　　　　　　　　　　　　　　（宋）陳　普

天生瞽瞍非無意,帝降娥皇更有心。萬點歷山煙雨淚,後來化作幾曾參。

《全宋詩》卷三六五〇,69冊,43790頁

舜帝廟　　　　　　　　　　　　　　（宋）徐天祐

袗衣何意起耕漁,帝治巍巍在典謨。儀鳳不來干羽遠,斷雲殘照隔蒼梧。

《全宋詩輯補》第6冊,2628頁

河中八詠·舜井　　　　　　　　　　（金）趙秉文

一水獨泠然,浮雲幾變遷。心知思舜處,時見井中天。

《金詩》,《全遼金詩》中冊,1294頁

讀《舜廟碑》　　　　　　　　　　　（元）王　惲

至元廿年二月七日,同劉節使景融由西園過舜祠,入真陽庵,觀唐貞元間顏魯公子頵所書《幽州節度使韋稔重修舜祠碑》。書畫端莊,殊有父風。

劉君邀予閑散適,行過西園感疇昔。來遊長憶至元初,隱隱故牆猶竹色。半陂春水浸遺臺,歲與都人作寒食。綠波乾後燕無泥,野粉飄香土華碧。相將步入野人廬,求訪貞元虞廟跡。我欲遠叫蒼梧雲,重華一去寧復得。殘碑不逐劫灰空,扶持信有神明力。道人拱手說向予,拂拭顏書三歎息。

《全元詩》第5冊,118頁

舜　井　　　　　　　　　　　　　　　　　　（元）王　惲

廣孝銘遺井，千秋仰有虞。側微多在困，捐浚失之誣。喬木非三代，雲煙接兩都。依依風樹感，不待露霜濡。

《全元詩》第 5 冊，180 頁

和虞帝廟吊古　　　　　　　　　　　　　　（元）王　惲

分開幽野自虞分，山海雄沉載厚坤。玄德共瞻天北極，殿基空對苑西門。蒼梧雲駕無從叫，翠琰顏書固可尊。聞說興陵堪比德，東風啼損杜鵑魂。

《全元詩》第 5 冊，263 頁

舜　　　　　　　　　　　　　　　　　　　　（元）侯克中

歷山雷澤復河濱，非舜誰能處此身。孝瞽慈均全父子，事堯讓禹盡君臣。四門既闢群凶去，五教惟寬百姓親。莫怪古今疑未信，聖人所以異常人。

《全元詩》第 9 冊，8 頁

虞帝廟　　　　　　　　　　　　　　　　　　（元）劉　因

淫祀偏區宇，空山餘帝宮。皇靈有天在，像設與人同。身世千年後，塵埃百感中。清泉分一酌，毛骨潤南風。

《全元詩》第 15 冊，71 頁

虞帝廟　　　　　　　　　　　　　　　　　　（元）劉　因

四顧莽何際，威靈儼若臨。山川尚淳樸，天地自高深。鳳鳥千年歎，簫韶三月音。玄功久無復，徒抱致君心。

《全元詩》第 15 冊，84 頁

詠史十二首（其五）　　　　　　　　　　　　（元）胡　布

陶器不苦窳，竹器成壽丘。至德讓不懌，皇天鰥下求。二女正閫綱，頑嚚致和柔。五十慕父母，反傲誠亦周。敬敷承五教，藎臣格天休。授受恢聖謨，我人沐嘉猷。

《全元詩》第 50 冊，350 頁

韶州謁虞帝廟　　（元）林 弼

快雪過青澗，初霞隱丹岡。登臺望韶石，乃在江之陽。薄言薦蘋藻，再拜瞻宮牆。當寧儼遺像，巍巍垂衮裳。二女肅覯內，四臣森侍傍。緬邈懷明德，伊昔勤省方。熏弦播淳音，遐服被餘光。儀鳳已高逝，神虯尚深藏。濯纓虞泉清，振衣越山蒼。千載過化地，詠歸矢無忘。

《全元詩》第 63 册，11 頁

大　　舜　　（元）郭居敬

隊隊耕春象，紛紛耘草禽。嗣堯登寶位，孝感動天心。

大舜至孝，父頑母嚚，弟象傲。舜耕於曆山，有象為之耕，鳥為之耘。其孝感如此。堯聞之，妻之二女，讓以天下。

《全元詩》第 24 册，71 頁

過舜祠　時年十七　　（元）張養浩

太古淳風叫不還，荒祠每過為愁顏。蒼生有感歌謠外，黃屋無心揖讓間。一井尚存當日水，九嶷空憶舊時山。能令子孝師千古，瞽叟元來不是頑。

《全元詩》第 25 册，39 頁

虞帝廟　　（元）黃鎮成

嘗聞帝舜起東夷，此地流傳更奉祠。虞縣有如成聚日，歷山猶似往田時。悲風老樹啼鼪狖，落日荒村走虎狸。欲聽簫韶何處問，數聲羌管向人吹。

《全元詩》第 35 册，122 頁

讀《虞書》　　（元）朱可與

憶昔唐、虞聖，仁義遜其國。巍蕩天門開，咸能配天德。時寧風雨順，德正紀綱立。垂拱天下平，生民躋壽域。千載讀遺書，臨風看無極。

《全元詩》第 41 册，331 頁

上虞百官渡九龍寺　　　　　　　　　　（元）劉仁本

原注：寺有舜廟井，吳越王錢鏐題，以為舜親於此浚井，遂賦解嘲。其墨蹟存於寺中。

疏鑿功成萬國朝，遂尊虞像鎮分茅。蒼茫海氣斗牛下，盤礴江流吳越交。一曲山村龍九顧，千年廟樹鵲雙巢。人言浚井多遺謬，敬為重華一解嘲。

《全元詩》第 49 冊，231 頁

登九成臺　　　　　　　　　　（元）烏斯道

在韶州，帝舜南巡，彈琴於上。

重華不見獨登臺，臺倚孤城日月開。似聽簫韶千載上，虛疑鳳鳥九霄來。亂山北起迷煙樹，雙澗南流浸綠苔。回首蒼梧天咫尺，南巡曾帶蹕塵回。

《全元詩》第 60 冊，274 頁

舜廟詩，次韻牛士良　　　　　　　　　　（元）張以寧

蒼梧落日百靈悲，韶石清風萬代思。洪水一從咨禹後，深山幾見避秦時。鳥耘歷歷傳遺跡，雞卜紛紛異俗祠。白髮舜弦峰下路，老儒獨詠《卿雲》詩。

《全元詩》第 42 冊，246 頁

帝舜廟　　　　　　　　　　（元）張以寧

姚江禹穴會稽東，少日登臨一夢中。白髮南來身萬里，欲登韶石和薰風。

《全元詩》第 42 冊，269 頁

題舜廟　　　　　　　　　　（明）藍　智

虞帝傳聞葬九疑，蒼梧遠在桂江湄。空山黼黻瞻龍御，落日簫韶想鳳儀。墓本曾經巡狩地，風雲誰見陟方時。空遺二女瀟湘曲，明月滄波萬里思。

《藍澗集》卷五，影印文淵閣《四庫全書》1229 冊，871 頁

懷古三首（其一）　　　　　　　　　　（明）宣宗朱瞻基

重華紹堯治，恭己乃無為。賢俊皆登庸，在野罔或遺。欽哉亮天工，庶績靡有隳。景

星何煌煌,卿雲紛陸離。坐揮五弦琴,高詠《南風》詩。萬方樂熙皞,恩澤洽群黎。至今千載下,仰慕明盛時。

《大明宣宗皇帝御製集》卷一七,《四庫全書存目叢書》集部 24 冊,190 頁

題虞帝廟廣孝泉亭　　　（明）馬　理

趣裝西過首陽路,繫馬東看廣孝泉。虞帝廟西有一巷,表曰"首陽正路",蓋即詣首陽山夷、齊祠之路也,廣孝泉在虞帝廟中。泉上有亭,人傳即舜所浚井也。身是離親赴闕客,一心雙感淚潸然。

《谿田文集》卷一〇,《陝西古代文獻集成》第 17 輯,539 頁

代祀帝舜禮成　　　（明）尹　襄

終古人文仰帝功,九疑山色鬱龍嵷。苾芬祀禮還昭代,陟降精禋本上衷。秋氣蕭條含暮雨,翠華髣髴禦靈風。要知工祝承釐處,只在危微授受中。

《巽峰集》卷五,《四庫全書存目叢書》集部 67 冊,186 頁

大舜贊　　　（明）李夢陽

聖狂天淵,一念則分。孟欽大孝,孔贊克君。袗衣鼓琴,今如見之。我猶鄉人,雞鳴孳孳。

《李夢陽集校箋》卷六〇,第五冊,1876 頁

舜　廟　　　（明）范　欽

不謂重華廟,還留灉水陰。草荒迷輦道,洞古發韶音。洞名。千載悲思地,當時出狩心。蒼梧望不極,雲日晚沉沉。

《天一閣集》卷五,《范欽集》上冊,50 頁

舜井頌,廟後爲觀內宮,宮有兩井,各亭覆之　　　（明）文翔鳳

休誇思邈龍穿洞,莫比仇池穴有天。湧地空聞出大士,通天眞見送梯仙。

《皇極篇》卷一,《四庫禁毀書叢刊》集部 49 冊,251 頁

過舜井　　（明）徐石麟

歷山山下井花香，朱綆青罌百尺床。徒倚謾論謨蓋事，遺編強半要商量。

<small>按井在歷山下，余見綠床朱綆，婦子牽挽，數十武不止也。問淺深於父老，云十有五丈。因念瞍、象殺機既動，倉卒捁蓋，安得報命竣事？而重華呼吸生死，跟蹌求逸，安得遽咸厥功？是以為謨，蓋辯誣者證，聊詩以報之。</small>

《可經堂集》卷五，《四庫禁毀書叢刊》集部 72 冊，156 頁

舜彈琴處二首　　（明）何東序

<small>蘊鹽池右級下，拍之輒應清商。又《羅含記》衡山、九疑皆有舜廟，太守致祭如弦歌之聲。</small>

蕩蕩南風化，芊芊池草敷。五弦留錦石，千載見皇虞。

風動薰盈閣，河清妙入弦。張生才表夢，石上已流泉。<small>張生至蒲關，夢舜拊琴而歌，豈即就此與？</small>

《九愚山房詩集》卷一一，《四庫全書存目叢書》集部 126 冊，724 頁

虞舜帝　　（明）孫承恩

克盡為君道，無如帝有虞。執中遵聖軌，大智秉謙虛。端拱雍容日，時巡治理餘。典謨煥千古，彷彿見都俞。

明德身為範，人文日與開。韶鳴靈鳥至，幹舞遠人來。龍袞輝宸極，南熏愜聖懷。泰和千載遇，稽首詠康哉。

《鑒古韻語》，《文簡集》卷二，影印文淵閣《四庫全書》1271 冊，65 頁

歷　山　　（明）錢子義

<small>舜田于歷山，象耕鳥耘。堯以九男事之，二女妻之，百官牛羊倉廩備，謂之曰"都君"。帝館甥於貳室，亦飧舜，送為賓主，乃禪以天下。</small>

野象能耕鳥解耘，歸來甥館享都君。三千年後尋遺跡，唯見青山吐白雲。

《續詠史詩》上，《種菊菴集》一，《三華集》卷七，影印文淵閣《四庫全書》1372 冊，87 頁

讀史有感八首(其一)　　　　　　　　　(清)吳偉業

彈罷熏弦便《薤歌》,南巡翻似為湘娥。當時早命雲中駕,誰哭蒼梧淚點多?

《詩後集》十二,《吳梅村全集》卷二〇,中冊,514頁

歷山躬耕　　　　　　　　　(清)褐　夫

躬耕胼胝三年苦,不比鋤犁示意輕。縱息歷山爭畔事,大波時起小波平。

《古史詩針》,《戴名世集》附錄二,436頁

虞　舜　　　　　　　　　(清)高宗弘曆

居深山中荷天寵,依石厗顏木擁腫。聞善若決江河湧,沛然莫之能御壅。升聞元德投艱重,危微心傳開道統。舉八元愷光堯踵,五刑七政修以並。南風解阜時幾奉,九韶正律來儀鳳。青宮重華額斗拱,高山仰止心翹竦。

《全韻詩》,《御製詩四集》卷四九,影印文淵閣《四庫全書》1308冊,142頁

舜祠翠華亭　　　　　　　　　(清)王士禛

髣髴南巡蹟,重華事有無。雨痕上斑竹,雲氣接蒼梧。儀鳳何年逝,啼鵑歲又徂。不勝懷古意,江色日荒蕪。

《蠶尾續詩集》卷二,《王士禛全集》第二冊,1201頁

唐舜帝　　　　　　　　　(清)徐公修

姚墟誕降抱龍顏,側陋明揚起有鰥。二女觀型襄內政,四凶投畀屏神姦。鳳儀獻瑞聆韶樂,象代親耕記歷山。南狩蒼梧驚不返,湘妃淚灑竹痕斑。

《史記百詠》卷一,《讀史千詠》,《史記研究文獻輯刊》13冊,415頁

詠史十首(其十)　　　　　　　　　(清)洪亮吉

顓頊出上代,伊尹生殷商。巍巍龍蹲聖,誕降征奇祥。讀書憮然疑,史說恐未詳。如何三聖人,類皆出空桑。

《附鮚軒詩》卷六,《洪亮吉集》第五冊,2011頁

舜

(清)秦 焕

堯階岳牧本同寅,小草偏能指佞臣。倘使史官工忌諱,早聞徽號上頑嚚。

《劍虹居詩集》卷下,《清代詩文集匯編》675 冊,195 頁

帝舜有虞氏

(清)葛 震

舜受堯禪,玄德覆冒。父頑母嚚,克諧以孝。親愛不釋,潛消象傲。璿璣玉衡,以齊天道。升元進愷,凶投邊徼。二十二人,爛然星陳。日月光華,弘於一人。五絃九韶,風動南薰。二妃哭野,蒼梧崩雲。

《詩史》卷一,《四庫全書存目叢書》史部 291 冊,604 頁

帝舜有虞氏

(清)葛 震 曹 荃

姓姚氏,黃帝八代孫也。父瞽瞍,母曰握登,見大虹,意感而生帝于姚墟,故以姚為姓。年二十以孝聞,三十堯舉之,年五十攝行天子事,堯崩乃踐帝位,以土德王。都蒲坂,在位四十八載。南巡狩,崩於蒼梧之野,葬九疑山,是為零陵。壽一百有十歲。〇《括地志》:"姚墟,在濮州雷澤縣東十三里。蒲坂,今平陽府蒲州。蒼梧,山名,亦曰九疑,在今道州甯遠縣東南十五里。"

舜受堯禪,玄德覆冒。在下有矜,古鰥字。舉以大孝。帝父瞽瞍頑,後母嚚,後母弟象傲。能和以孝,蒸蒸,乂不至奸。釐女試使,類帝禋廟。七政五禮,作璿璣、玉衡以齊七政,觀天道順成也。修吉、凶、賓、軍、嘉五禮,親邦國萬民也。四巡歸告。天子五載一巡狩,徧東西朔南之地。歸,格于藝祖,用特。才進元凱,凶投邊徼。高陽氏有才子八人,曰蒼舒、隤敱、檮戭、大臨、龍降、庭堅、仲容、叔達,齊聖廣淵,明允篤誠,謂之"八愷"。高辛氏有才子八人,曰伯奮、仲堪、叔獻、季仲、伯虎、仲熊、叔豹、季貍,忠肅恭懿,宣慈惠和,謂之"八元"。此十六族也。世濟其美,不隕其名,堯未及舉,至舜乃舉,用之。帝鴻氏有不才子曰渾沌,少昊氏有不才子曰窮奇,顓頊氏有不才子曰檮杌,縉雲氏有不才子曰饕餮,謂之"四凶",堯未能去,舜皆投於四裔。二十二人,四嶽九官十二牧也。爛然星陳。日月光華,弘於一人。五絃九韶,風動南薰。二妃哭野,蒼梧乘雲。

《四言史徵》卷一,《四庫全書存目叢書》史部 291 冊,744 頁

詠娥皇、女英

二妃廟　　　　　　　　　　　　　　　（宋）李邦彥

湘江如鑒山如圍，有祠如翼臨清漪。虞妃懿節儼如在，翠瑶數尺鏡英祠。蒼梧杳靄迷逗遛，晚雲愁人修眉綠。薰風不動五弦空，清血斑斑在山竹。丹心如日神敢欺，摳衣下拜安所祈。潯江不及潮陽好，此行請效黃陵禱。

《全宋詩輯補》第四冊，1592頁

續感興二十五首（其九）　　　　　　　（元）方 夔

二女灑竹淚，盡是心中血。精誠著於物，千載猶不滅。當時從南巡，豈少稷與契。奈何比孤累，匍匐陽城謁。皇英獨何人，風泉共幽咽。可憐女子心，慷慨男兒烈。湘水流不斷，誰道恩情絕。何時見歸來，續君遠離別。

《全元詩》第14冊，77頁

書龔彥釗畫《舜二妃圖》後　　　　　　（元）馬 臻

伊大舜之鰥下兮，玉蘊櫝而藏諸。堯側陋以巽位兮，師錫帝而曰俞。試諸難而孝恭兮，惟戀嘉績。降二女於媯汭兮，乃嬪於虞。鰥治家以及區宇兮，始克觀於婦道。咨百辟而設居方兮，胡陟南而雲徂。恐夙夜之弗逮兮，服盛德而靡失。何昊天之不弔兮，灑泣涕而漣如。委重華而莫餘申兮，寧逐湘流之浩淼。貽天命而隕厥躬兮，籌能撫事而躊躇。悲湘筠以淒風雨兮，膠淚漬而莫除。蕩恨骨而誰為依兮，空馳靈於故都。昔四嶽以明頑嚚昏傲兮，猶丞丞而善治。君今雖死而無憾兮，生厥父而厥夫。懷哉若人而不復見兮，終混興而罔極。孰謂九京而不可作兮，美彥釗之為圖。爾有斯謀斯猷兮，亦孔昭於永世。我歌既成曷從而吊之兮，望雲氣於蒼梧。

《全元詩》第17冊，52頁

湘妃箋　　　　　　　　　　　　　　　（元）吾 衍

湘水一萬頃，九疑共茫然。南巡歎重華，影落蒼梧煙。娥皇與女英，淚灑泣野泉。竹冷濕幽翠,鸞飛望寥天。淒涼水雲飄,魂斷五十弦。曲盡人不忘,才子遺妙篇。觀此拂空素,南風起樓前。

《全元詩》第 22 冊,195 頁

瀟湘詩　　　　　　　　　　　　　　　　（元）郭士元

娥眉對湘水,遙哭蒼梧山。至今楚山上,猶有淚痕斑。

《全元詩》第 41 冊,224 頁

湘妃怨　　　　　　　　　　　　　　　　（元）舒　頔

湘江清,湘月明。月明不照湘妃心,水清翻汙湘妃鬋。九嶷雲深蒼梧死,萬古千秋只如此。含雙淚,竹上彈,至今湘竹留斑斑,空令後世人長歎。

《全元詩》第 43 冊,273 頁

雜詩三十六首（其二十五）　　　　　　　　（元）胡　布

茫茫蒼梧雲,羃歷九疑樹。二妃泣重華,竹上淚如雨。千秋恨不返,坏土空丘墓。如何天下尊,至今無知處。

《全元詩》第 50 冊,344 頁

黃陵廟　　　　　　　　　　　　　　　　（元）胡天遊

黃陵祠邊春草齊,黃陵廟下春波肥。鷓鴣飛飛宮樹綠,日落未落湘雲低。祠中帝子重華妃,明妝窈窕以芙蕖。哀弦五十淚如雨,此恨只有江山知。飛龍之車無定棲,乘風倏忽蒼梧西。吹簫酹酒心自苦,雲屏霞帳歸何時。茜裙嬌小誰家兒,未識人間生別離。輕舟相呼采蓮女,來看祠前班竹枝。

《全元詩》第 54 冊,339 頁

湘陰舜妃廟　　　　　　　　　　　　　　（明）藍　智

虞帝南巡日,英皇北望時。翠華春不返,碧草暮相思。萬里重湖水,空山二女祠。沉珠真自惜,埋玉竟誰知。斑竹留雙淚,蒼梧隔九疑。天涯龍馭遠,鏡裏鳳情悲。巫雨淒殘夢,湘雲藹暝姿。渚芳迎褋佩,波影動靈旗。慘澹恩韶舞,淒涼詠楚辭。空餘清夜瑟,幽怨托哀絲。

《藍澗集》卷六,影印文淵閣《四庫全書》1229冊,883頁

湘妃泣竹　　　　　　　　　　　　　　（明）胡　奎

湘竹斑斑楚水流,湘娥夜泣楚雲秋。直教積淚成江水,一滴春痕一滴愁。

《胡奎詩集》卷五,343頁

湘　妃　　　　　　　　　　　　　　　（明）胡　奎

竹上斑斑淚,重華去不還。鳴條何處是,腸斷九嶷山。

《胡奎詩集》卷六,425頁

湘妃怨　　　　　　　　　　　　　　　（明）商　輅

采蘭湘北沚,搴木澧南潯。淥水含瑤彩,微風托玉音。雲起蒼梧夕,日落洞庭陰。不知篁竹苦,惟見淚斑深。

《商輅集》卷一九,下冊,363頁

湘靈鼓瑟　　　　　　　　　　　　　　（明）瞿　佑

商芸《小說》:錢起寓宿驛舍,聞有人詠曰:曲終人不見,江上數峰青。詠者再四。怪之。及殿試《湘靈鼓瑟》詩,落句不屬,遂以此聊足之。中選。

苦竹叢深淚雨啼,蒼梧日落暮雲低。曲終人去如山舊,付與才郎入品題。

《博物志》:舜南巡不返,葬於蒼梧。娥皇、女英追之至洞庭,淚下,染竹即斑,死為湘水神。

《香臺集》卷上,《瞿佑全集校注》上冊,16頁

《湘妃泣竹圖》　　　　　　　　　　　（明）倪宗正

君心為天下,憶君二妃心。南巡不復返,望斷蒼梧陰。鳳凰候翠華,薰風想鳴琴。雲重不可見,駐輦湘水潯。日暮思無極,淚下溼羅襟。飄灑沾江竹,闇闇淚痕深。幾度經風雨,末代難消沉。至誠動天地,可貫石與金。況復聖過化,古跡寒蕭森。

《倪小野先生全集》卷三,《四庫全書存目叢書》集部58冊,531頁

湘妃怨二首　　　　　　　　　　　　　　　　　　（明）范　欽

雲去蒼梧遠，水流湘浦長。難將雙淚眼，終日倚斜陽。

君王不可見，輦路伴秋風。賴有承懽地，依微到夢中。

《天一閣集》卷二，《范欽集》上冊，7頁

湘妃竹　　　　　　　　　　　　　　　　　　（明）范　欽

蒼梧雲影隔三湘，日暮啼猿急斷腸。淚灑竹痕收不盡，又隨流水下潯陽。

《天一閣集》卷一七，《范欽集》下冊，296頁

湘妃怨　　　　　　　　　　　　　　　　　　（明）李夢陽

采蘭湘北沚，搴木澧南潯。淥水含瑤彩，微風托玉音。雲起蒼梧夕，日落洞庭陰。不知篁竹苦，惟見淚斑深。

《李夢陽集校箋》卷一七，第二冊，437頁

湘妃竹　　　　　　　　　　　　　　　　　　（明）沈明臣

湘江煙雨竹枝青，萬古春雲帝子靈。遙憶淚花飛五色，六銖輕濕雨娉婷。

《豐對樓詩選》卷一，《四庫存目叢書》集部144冊，157頁

湘妃怨　　　　　　　　　　　　　　　　　　（明）梁辰魚

常聞九疑山，諸峰縹緲羅翠鬟。煙嵐巖壑儼相似，君王一去留其間。青溪兮芳蓀，蒼松兮白雲。山鬼據篠兮晝出，哀猿啼樹兮秋聞。洞庭南，蒼梧尾，日夕幽魂渡湘水。翠竹斑斑留淚痕，虞帝之妃唐堯子。

《鹿城詩集》卷四，《梁辰魚集》，85頁

詠古四首（其一）　　　　　　　　　　　　　　　　　　（明）梁辰魚

虞帝昔巡狩，二女投江濱。珥節降北渚，叢珮何繽紛。是時洞庭波，湘水止氤氳。秋風下木葉，獨有蘭蕊馨。娟娟青竹根，時見血淚痕。茲事幾千載，遺跡今猶存。帝子不可見，日夕蒼梧雲。

《鹿城詩集》卷五,《梁辰魚集》,91頁

黃陵廟　　　　　　　　　　　　　　　　　（明）梁辰魚

黃陵廟祀舜二妃,在湘陰北四十里。

翠華一去蒼梧野,千載蛾眉綠水邊。蕙帳鶴歸翻玉珮,土花烏集碎金鈿。村旗獵獵猶陳社,岸草青青半覆船。賈客每來江上過,祇將斑竹說當年。

《鹿城詩集》卷一九,《梁辰魚集》,238頁

湘妃曲　　　　　　　　　　　　　　　　　（明）陳薦夫

九疑雲斷水溶溶,湘浦秋風樹萬重。但得相逢江水上,為君騫珮采芙蓉。

《水明樓集》卷八,《四庫存目叢書》集部176冊,403頁

湘妃竹　　　　　　　　　　　　　　　　　（明）茅元儀

讓帝翻憐作竄臣古逸史云:舜之南巡,為禹所放。湘君千載淚痕新。霧鬢雲臉難重憶,鶴髮雞皮百歲人。舜三十而堯下嫁二女,舜年百有二十歲,二女亦應近百。

《石民江村集》卷九,《四庫禁毀書叢刊》集部70冊,441頁

湘妃詞　　　　　　　　　　　　　　　　　（明）張鳳翔

虞帝南征不復歸,湘君日暮啼青衣。秋風娜娜湘水冷,愁魂化作清霜飛。霜飛着草草欲死,着竹竹黃印斑紫。蒼桐雲色癡不流,夫君渺渺雲上頭。曼聲浣月正愁絕,何處雌皇聲不歇,蟠龍起舞潭水波,幽吟咽咽生盤渦。癡雲作雨老天泣,竹中奈此雙愁娥。

《張伎陵集》卷一,《陝西古代文獻集成》第7輯,16頁

斑竹簫歌　　　　　　　　　　　　　　　　（明）李廷訓

舜皇南征於蒼梧,嗟仙奧之不反。聲哀哀兮動地,撫孤篠兮雙媛。抱節兮貞簳,冒雪兮霜根。淚紅兮珠迸,竹紫兮斑痕。截琅玕兮鳳語,披蒼筤兮龍噴。湘山碧兮寂寂,湘水如黛兮溪溪。聽月下洞庭之北,有清響于湘水之沅。噫嘻！秦庭之女偕蕭史於鸑鷟,乘雲霞兮不返,至今遺韻之安存。

《醴雞吟》卷六,《陝西古代文獻集成》第10輯,393頁

湘　　神　　　　　　　　　　　　　　　　　　　　（明）朱誠泳

淚染竹成斑，重華去不還。蒼梧雲一片，隔斷九疑山。

《小鳴稿》卷六，《陝西古代文獻集成》第 17 輯，174 頁

帝子祠下　　　　　　　　　　　　　　　　　　　（清）易順鼎

蒼梧雲接阮俞陰，韶石無聲竹不吟。軒二子和堯二女，靈簫吹斷鳳凰心。

《琴志樓詩集》卷一五，第三冊，1107 頁

君山二妃寺　　　　　　　　　　　　　　　　　　（清）鄭　珍

山竹斑斑淚已枯，寺門猶自向蒼梧。老僧話能當年事，龍鳥歸來風滿湖。

《巢經巢詩鈔》前集卷一，《巢經巢詩文集》，2 頁

香草閒吟·湘妃　　　　　　　　　　　　　　　　（清）方玉潤

九疑愁鎖暮煙孤，花落黃陵泣鼎湖。環佩已歸龍馭遠，湘絃猶自吊蒼梧。

《鴻濛室詩鈔》卷四，《清代詩文集匯編》644 冊，356 頁

咏古·娥皇、女英　　　　　　　　　　　　　　　（清）潘永芳

琅玕皎匕遍荒村，疑是誰人水潑渾。可嘆二妃相念帝，而今空賸淚雙痕。

《藏春園初集》卷下，《清代詩文集匯編》732 冊，728 頁

湘妃怨　　　　　　　　　　　　　　　　　　　　（清）程德曜

鑾輅迢遙不可尋，二妃南渡九江深。青楓蕭颯巴陵道，斑竹嬋娟帝子心。何處揚靈聞太息，有時鼓瑟發哀音。蒼梧遺恨無人識，湘水滔滔自古今。

《國朝閨秀詩柳絮集校補》卷三一，第三冊，第 1414 頁

娥皇、女英　　　　　　　　　　　　　　　　　　（清）萬啟篹

水滿湘江恨不休，蕭蕭黃竹淚痕留。千秋瘞玉蒼梧地，風雨常含帝子愁。

《國朝閨秀詩柳絮集校補》卷四四，第四冊，第 2083 頁

湘　妃　　　　　　　　　　　　　　　　　　　（清）吳　鎮

蒼梧淚，竹成斑。風騷祖，在湘山。

《松花庵韻史》，《四庫未收書輯刊》拾輯 24 册，255 頁

湘江懷古　　　　　　　　　　　　　　　　　（清）劉　暉

悠悠空見大江橫，妙曲何年帝子情。按柱幾番青嶂合，歌喉一動白雲平。蘆花水畔秋乃放，月影波間夜自明。終是瀟湘流不已，悄然無復環珮聲。

《湘雲别業詩草》，《采山樓藏稀見清人别集叢刊》第二册，34 頁

詠舜臣

過皋陶廟　　　　　　　　　　　　　　　　　　　（明）于　謙

明刑弼教佐雍熙，千載嘉謨仰士師。故里淒涼遺舊塚，穹碑剝落倚荒祠。虞廷法立人無犯，後世民生偽益滋。廟貌倖存神未泯，賡歌猶得想當時。

《忠肅集》卷一一，影印文淵閣《四庫全書》1244 冊，359 頁

慶陽岐伯　　　　　　　　　　　　　　　　　　　（明）李廷訓

黃帝烏號遺鼎湖，先開《素問》著《靈樞》。至今扁鵲倉公巧，長按當年《岐伯圖》。

《醴雞吟》卷一一，《陝西古代文獻集成》第 10 輯，443 頁

皋陶祠　　　　　　　　　　　　　　　　　　　　（清）沈　育

虞廷推執法，才子產高陽。主德寬三宥，臣心慎五章。訏謨同禹、益，奸宄服蠻荒。遺廟楊侯國，青松近北邙。

《清詩別裁集》卷一八，下冊，317 頁

皋陶墓　　　　　　　　　　　　　　　　　　　　（清）彭　湘

群盜如毛縱劫灰，公琴終古皖江隈。賡歌百代風騷祖，弼教中天聽斷才。尚有冤禽銜木石，試攀宰樹出蒿萊。明禋想見衣冠肅，智淺無為六、蓼哀。

《適龕詩集》卷一三，《清代詩文集彙編》621 冊，580 頁

詞

浣溪沙·黃帝鑄鼎原(之二) （元）李齊賢

見說軒皇此鍊丹。乘龍一去杳難攀。鼎湖流水自清閒。　空把遺弓號地上,不蒙留藥在人間。古今無計駐朱顏。

《全金元詞》下冊,1025頁

贊浦子·黃帝見廣成子 （清）張塤

无上崆峒贵,潛通紫府玄。鼎以云霞合,龙因风雨还。　自在万灵劲召,消摇百福骈蕃。独受长生秘,而为天下先。

《全清詞》雍乾卷第九冊,4838頁

前调(贊浦子)·《堯登壇受圖》 （清）張塤

袞服山河影,璇图日月明。五岳浮金字,千官拱玉绳。　蕙荚迟司畫漏,杏花蚕时春耕。景觊高黄屋,荣光集紫庭。

《全清詞》雍乾卷第九冊,4838頁

慶千秋·帝堯頌 （清）張錦

稽古帝堯,文思安安,光被四表。本俊德克明,以親九族,平章百姓,萬國囂囂。乃命羲和,定時授事,昧谷幽都鳥獸毛。熙庶績,允百工釐正,日午天高。　還憂洪水滔滔。向四岳、咨詢側陋豪。彼舜何人也,父頑弟傲,平生耕稼,半世漁陶。我其試哉,刑于觀厥,釐降英皇二女嬌。巽帝位,俾重華繼治,德大難謠。

《全清詞》雍乾卷第一〇冊,5777頁

念奴嬌·南嶽懷古　　　　　　　　　　　　　　　（清）王夫之

井絡西來,曆坤維、萬迭丹邱戰壘。萬折千回留不住,夭嬝龍驤鳳起。雲海無涯,嵐光孤峙,綰住瀟湘水。何人能問,問天塊磊何似？　　南望虞帝峰前,綠雲寄恨,只為多情死！雁字不酬湘竹淚,何況衡陽聲止。山鬼迷離,東皇縹渺,煙鎖藤花紫。雲傲無據,翠屏萬片空倚。

《全清詞》順康卷第三冊,1629 頁

前調（臨江仙）·黃陵二妃廟　　　　　　　　　　（清）查　容

春盡鳥啼斑竹裏,殿前殿後綿蠻。翠華去去綠雲間。九疑相見,第一請回鑾。　湖上月如眉已畫,湖中十二煙鬟。鏡奩長對水晶盤。尋常百姓,慣得等閒看。

《全清詞》順康卷第一二冊,6715 頁

臺城路·上虞百官江口舜廟　　　　　　　　　　　（清）厲　鶚

重華不見蒼梧遠,西風忽吹人世。苦竹荒濱,冷葵眢井,那有窮蟬苗裔。翠峰相倚。恍二女明妝,含顰長是。日暮神歸,村簫聲歇陣鴉起。　江東客心悽絕,渺餘情飄入,湘月湘水。鳳琯雲迷,龍裳雨壞,後五百年何事。欲行且止。漫拂拭殘碑,古香難洗。紅染楓天,灑空千載淚。

《全清詞》雍乾卷第一冊,277 頁

前調（贊浦子）·舜舞干戚　　　　　　　　　　　（清）張　塤

白戚光華正,朱干聖武恢。有德麋如雨,無私運若雷。　已使有田貢服,漫容大麓驚摧。一曲南薰殿,三星帝子媒。

《全清詞》雍乾卷第九冊,4839 頁

前調（慶千秋）·帝舜頌　　　　　　　　　　　　（清）張　錦

舜曰重華,濬哲文明,允塞柔嘉。克五典順從,百揆時敘,納於大麓,風雨憑加。詢事考言,乃言底績,善與人同大一家。佐堯治,似旻天有缺,石補女媧。　受終文祖憂奢。每肅穆乾乾對六珈。在璿璣玉衡,以齊七政,量衡不爽,律度岡差。封濬山川,眚災肆赦,琴譜薰風布德遐,高千古,最和聲依永,韶樂無瑕。

《全清詞》雍乾卷第一○冊,5778 頁

瀟湘雨

(清)陳榮昌

傷心誰第一,算來合在瀟湘浦。莫問屈靈均,英皇二女,別離尤古。天子南巡常典耳,竟相傳、野餐成何語。除疑古籍荒唐,那知魏晉,都師舜禹。此則不嫌,直寫以詠古也。

奇苦。重華長已矣,媵妃匹、淒涼酸楚。倘有子象賢,先君雖喪,器當能主。錦繡河山依舊在,坐付人、母後真難處。憐他一慟沈泉,至今斑竹,嘯煙泣雨。二妃為舜沈湘,似用情太過,故予作如是解,亦無聊之極思也。

《虛齋詞》,《清詞珍本叢刊》第一八冊,965 頁

曲

〔北仙呂一半兒〕上虞百官江口舜廟 （清）厲　鶚

重瞳此地有遺苗，野廟空江玉座銷，無復百官趨早朝。話漁樵，一半兒龍工一半兒鳥。

《全清散曲》上册，778 頁

夏本紀

詩

詠《夏本紀》

夏本紀　　　　　　　　　　　　　　　　（唐）司馬貞

堯遭鴻水，黎人阻饑。禹勤溝洫，手足胼胝。言乘四載，勳履四時。娶妻有日，過門不私。九土既理，玄珪錫茲。帝啟嗣立，有扈違命。五子作歌，太康失政。羿浞侵侮，夏室不競。降於孔甲，擾龍乖性。嗟彼鳴條，其終不令！

《史記索隱》卷二九，456 頁

歷代詩·夏　　　　　　　　　　　　　　（宋）楊　簡

堯、舜天位傳禹王，禹之子啟傳太康。仲康、王相少康後，王寧、王槐及王芒。王泄不降王扃立，王廑、孔甲何淫荒。王皋之後有王發，桀放南巢夏始亡。十七君餘四百歲，夏之天下遂為商。

《全宋詩》卷二五八九，48 冊，30099 頁

讀　史　　　　　　　　　　　　　　　　（金）蔡　珪

夏氏不無釁，作孽生妖龍。蒼姬丁衰期，玄黿遊後宮。天心未悔禍，墜此文武功。屨弧漏天網，哲婦鴟梟同。狂童一何愚，巧言惟爾從。殷鑒不云遠，覆車還蹈蹤。坐令《周南》詩，悲入《黍離》風。君看《後庭》曲，曾笑驪山烽。

《金詩》,《全遼金詩》上冊,535頁

編年歌括·夏 　　　　　　　　　　　　　　(元)許　衡

姒夏繼有虞,一十有七世。得年通幾何,四百三十二。

《全元詩》第3冊,66頁

夏　商 　　　　　　　　　　　　　　(元)方　回

牛下悲哀甯戚謳,捐湯置禹此何由。父初傳子風差薄,臣至干君德轉輶。歸啟舊家猶幾在,升陑眾旅已相讎。何人得似彭鏗壽,見夏為殷復見周。

《全元詩》第6冊,40頁

夏 　　　　　　　　　　　　　　(元)侯克中

君讓臣辭悉至公,此身雖異此心同。民憂洪水巢林表,天錫神龜自洛中。但以啟賢承大統,豈知桀虐廢前功。祖宗創業多艱苦,未見兒孫克有終。

《全元詩》第9冊,8頁

韓吉父座上觀《漢陽大別山禹柏圖》 　　　　(元)吳　萊

大別名山如伏黿,大別古柏如立猱。舊聞夏后手所植,直軋南國無蓬蒿。洪水曾當洊洞極,聖躬乃此胼胝勞。乘舟荊衡地可盡,作貢雲夢天爭高。一時栽樹托所歷,千載摩撫繫其遭。本根盤挐屹員嶧,枝葉挺拔森旌旄。礙日吟風聳楚阻,欺霜傲雪麗秦饕。夜行夏首影弄月,曉艤鄂渚聲吹濤。信哉冥靈欲等壽,材比柟榦終稱豪。屏除榴罻虎豹泣,鎮斷夔魖蛟龍逃。匠石徘徊却喪斧,篙工睥睨寧維舠。吾知嘉木辨《爾雅》,但惜芳草遺《離騷》。平生轘轍苦未到,幸此畫筆何從操。豈非神明護正直,使在方漢雄城壕。樓桑出牆尚久特,巨櫟蔽社猶堅牢。惟茲所重有聖德,坐見餘物真秋毫。自來劉李富宮室,命下荊蜀刮土毛。一榮一枯驗世道,勿翦勿伐臨江皋。穆滿蒼茫黃竹詠,重華慘澹蒼梧號。邈然萬古萬萬古,西望歎息同霯袍。

《全元詩》第40冊,36頁

望會稽山　　　　　　　　　　　　　　（元）吳萊

自我行至越,因之成越吟。會稽乃巨鎮,雄拔天東南。東南誰開闢,大禹世所欽。外夷島嶼接,支子祧廟臨。磬韶或聲諫,欚檋惟力任。收功黃能化,盡道應龍深。衣冠千年窆,玉帛萬國沉。荒煙專車骨,落日望狩心。盛德蔑以過,遺祠尚茲歆。渤澥斂餘漲,蒼梧分遠陰。前迎蓮花渚,後擁竹箭林。猶回剡曲棹,肯鼓玉門琴。秦皇舊時輦,散亂何可尋。欲去不忍去,追遊更來今。

《全元詩》第40冊,62頁

洛　汭　　　　　　　　　　　　　　（明）文翔鳳

伯禹受書處,太康外作荒。覆舟卽是水,善射亦堪王。五子歌空好,十旬獵可亡。臂修連九日,誰正羲和狂。

《皇極篇》卷二,《四庫禁毀書叢刊》集部49冊,260頁

詠史一百首(其五)　　　　　　　　　　（明）謝肇淛

虞苗格干羽,夏啟戰于甘。始知帝道降,微覺王功慚。文德際垂拱,武力興戎勘。陵夷澆與浞,枕席生戈錟。皇運在兢業,天步墜荒湛。殷鑒固不遠,帝車有指南。

《小草齋詩集》卷六,《小草齋集》上冊,706頁

詠夏王 附妹喜

亂後,經夏禹廟詩　　　　　　　　　　（南朝梁）庾肩吾

　　金簡泥初發,龍門鑿始通。配天不失舊,為魚微此功。林堂上偃蹇,山殿下穹隆。侵雲似天闕,照水類河宮。神來導赤豹,仙女擁飛鴻。松龕撤暮俎,棗遂落寒叢。仙舟還入鏡,玉軸更乘空。去國嗟行邁,離居泣轉蓬。月起吾山北,星臨天漢中。申胥猶有志,荀息本懷忠。待見攙槍滅,歸來松柏桐。

　　　　　　　　　　　　　　　　　　《梁詩》卷二三,《先秦漢魏晉南北朝詩》下冊,1989頁

謁禹廟　　　　　　　　　　　　　　　　（唐）宋之問

　　夏王乘四載,茲地發金符。峻命終不易,報功疇敢渝。先驅總昌會,後至伏靈誅。玉帛空天下,衣冠照海隅。旋聞厭黃屋,更道出蒼梧。林表祠轉茂,山阿井詎枯。舟遷龍負壑,田變鳥芸蕪。舊物森如在,天威肅未殊。玄夷屈瑤席,玉女侍清都。奕奕扃闈邃,軒軒仗衛趨。氣清連曙海,雲白洗春湖。猿嘯有時答,禽言常自呼。靈歆異蒸糈,至樂匪笙竽。茅殿今文襲,梅梁古製無。運遙日崇麗,業盛答昭蘇。伊昔力云盡,而今功尚敷。揆材非美箭,精享愧生芻。郡職昧為理,拜空寧自誣。下車霰已積,攝事露行濡。人隱冀多祐,曷唯沾薄軀。

　　　　　　　　　　　　　　　　　　　　　　　《全唐詩》卷五三,2冊,653頁

禹　廟　　　　　　　　　　　　　　　　（唐）杜　甫

此忠州臨江縣禹祠也。

　　禹廟空山裏,秋風落日斜。荒庭垂橘柚,古屋畫龍蛇。雲氣生虛壁,江聲走白沙。早知乘四載,去聲。即乘輴等"乘"字義。疏鑿控三巴。

　　　　　　　　　　　　　　　　　　　　《全唐詩》卷二二九,7冊,2489頁

謁禹廟

(唐)徐 浩

畎澮敷四海,川源滌九州。既膺九命錫,乃建《洪範》疇。鼎革固天啟,運興匪人謀。肇開宅土業,永庇昏墊憂。山足靈廟在,門前清鏡流。象筵陳玉帛,容衛儼戈矛。探穴圖書朽,卑宮堂殿修。梅梁今不壞,松祐古仍留。負責故鄉近,謁來申俎羞。為魚知造化,歎鳳仰徽猷。不復聞夏樂,唯餘奏楚幽。婆娑非舞羽,鏗鞳異鳴球。盛德吾無間,高功誰與儔。災淫破凶慝,祚聖擁神休。出谷鶯初語,空山猿獨愁。春暉生草樹,柳色暖汀州。恩貸題輿重,榮殊衣錦遊。宦情同械繫,生理任桴浮。地極臨滄海,天遙過斗牛。精誠如可諒,他日寄冥搜。

《全唐詩》卷二一五,6冊,2247頁

陪皇甫大夫謁禹廟

(唐)嚴 維

竹使羞殷薦,松龕拜夏祠。為魚歌德後,舞羽降神時。文衛瞻如在,精靈信有期。夕陽陪醉止,塘上鳥咸遲。

《全唐詩》卷二六三,8冊,2921頁

新樓詩二十首·禹廟

(唐)李 紳

削平水土窮滄海,畚鍤東南盡會稽。山擁翠屏朝玉帛,穴通金闕架雲霓。秘文鏤石藏青壁,寶檢封雲化紫泥。清廟萬年長血食,始知明德與天齊。

《全唐詩》卷四八一,15冊,5477頁

嶓冢

(唐)胡 曾

夏禹崩來一萬秋,水從嶓冢至今流。當時若訴胼胝苦,更使何人別九州。

《全唐詩》卷六四七,19冊,7432頁

塗山

(唐)胡 曾

大禹塗山御座開,諸侯玉帛走如雷。防風謾有專車骨,何事茲晨最後來。

《全唐詩》卷六四七,19冊,7432頁

夏　禹　　　　　　　　　　　　　　（唐）周　曇

堯違天孽賴詢謨,頓免洪波浸碧虛。海內生靈微伯禹,盡應隨浪化為魚。

《全唐詩》卷七二八,21 冊,8338 頁

再　吟　　　　　　　　　　　　　　（唐）周　曇

萬古龍門一旦開,無成甘死作黃能。司空定有匡堯術,九載之前何處來。

《全唐詩》卷七二八,21 冊,8338 頁

禹　廟　　　　　　　　　　　　　　（宋）釋智圓

洪水不為害,黎元受賜多。道尊由揖讓,功大匪干戈。任上諸侯貢,貽謀《五子歌》。稽山千古在,宮闕倚嵯峨。

《全宋詩》卷一四〇,3 冊,1564 頁

題禹廟　　　　　　　　　　　　　　（宋）齊　唐

削斷龍門劍力間,遺祠終古鑒湖邊。昆墟到海曾窮地,石穴藏書不記年。春色門牆花滴雨,曉光臺殿水浮煙。塗山萬國梯航集,告禪錄壇豈偶然。

《全宋詩》卷一六三,3 冊,1853 頁

詠史五首·夏后氏　　　　　　　　　（宋）范仲淹

景命還將伯益傳,九川功大若為遷。謳歌終在吾君子,豈是當時不讓賢。

《全宋詩》卷一六六,3 冊,1879 頁

題禹廟　　　　　　　　　　　　　　（宋）張伯玉

寶穴千峰下,嚴祠一水傍。夜聲滄海近,秋勢越山長。薄葬超前古,貽謀啟後王。萬靈何以報,終古詠懷襄。

《全宋詩》卷三八三,7 冊,4740 頁

謁三門禹祠

(宋)司馬光

信矣禹功美,獨兼人鬼謀。長山忽中斷,巨浸失橫流。跡與天地久,民無魚鱉憂。誰能報盛德,空爾薦膠羞。

《全宋詩》卷五〇七,9冊,6164頁

題禹廟

(宋)蔣 白

大禹歸天後,南惟此廟存。屋腥龍掛影,岩墨電燒痕。夜祭雲間火,春鼙浪裏門。到今疏鑿水,敢不向東奔。

《全宋詩》卷一二二三,21冊,13828頁

禹廟一首

(宋)劉一止

苗山風馭日翩翩,人道桐棺葬此嶺。今事獨聞鴉種麥,故村不見鳥耘田。遠憂邊塞清無日,更望倉箱屢有年。收攬封疆歸《禹貢》,忍看兵氣汗山川。

《全宋詩》卷一四四八,25冊,16698頁

夏 禹

(宋)王十朋

洪流浩浩浸寰區,民雜蛇龍鳥獸居。長歎當時微帝力,蒼生今日盡為魚。

《全宋詩》卷二〇二六,36冊,22705頁

禹廟歌

(宋)王十朋

君不見蜂目英雄吞四海,血祀初期千萬載。稽山木像棄長江,逆泝波濤鬼無餒。鳥喙辛勤十九年,平吳霸越世稱賢。故國無人念遺烈,山間廟貌何淒然。馬守開湖利源迥,歲沃黃雲九千頃。年來遺跡半湮蕪,廟鎖湖邊篆煙冷。吳越國王三節還,盡將錦繡裹江山。自從王氣熄牛斗,廟比昭王屋一間。乃知流光由德厚,祀典誰能如夏后。九年洪水滔天流,下民昏墊堯心憂。帝懼萬國生魚頭,錫禹《洪範》定九州。功成執玉朝冕旒,奔走訟獄歸歌謳。南巡會稽觀諸侯,書藏魃穴千丈幽。蟬脫塵寰不肯留,千古靈廟依松楸。吾皇盛德與禹侔,菲食卑宮惡衣裘。思禹舊績祀事修,小臣效職躬薦羞。仰瞻黻冕懷遠猷,退惜分陰慚惰偷。嗟乎越山高兮可夷而丘,鑒湖深兮可堙而疇。惟有《禹貢》聲名長

不朽,告成世祀無時休。

《全宋詩》卷二〇二六,36册,22705頁

禹　　廟　（宋）王十朋

越國遺民念帝功,稽山廟貌勝卑宮。少陵莫歎丹青落,紙上丹青自不窮。

《全宋詩》卷二〇二七,36册,22719頁

禹　　穴　（宋）王十朋

好古貪奇司馬遷,胸中《史記》越山川。如今禹穴無尋處,洞鎖陽明石一拳。_{自注:禹穴,道家謂之陽湖洞天。}

《全宋詩》卷二〇二七,36册,22719頁

禹　　祠　（宋）陸　游

我昔下三峽,南賓繫歸艫。渡江謁神禹,拜手薦俎壺。壽藤枝如虯,巨柏腹若刳。門庭雖日荒,殿寢猶枝梧。巴俗喜禱祠,解牛舞群巫。巍巍黻冕古,食與夷鬼俱。聖度固兼容,臣憤獨不攄。還鄉瞻廟貌,嬴政久已除。嶽牧儼如生,想像聞都俞。廓清雖可喜,欲退復躊躇。念昔平水土,棋布畫九區。豈知千歲後,戎羯居中都。老虜失大刑,今復傳其雛。直令挽天河,未濯腥羶汙。夷鬼細事耳,披攘直須臾。填下讎不復,大耻何時袪。蚩蚩謂固然,此責在吾徒。揮涕灑庭草,誰憐小臣愚。

《全宋詩》卷二一七五,39册,24737頁

禹　　祠　（宋）陸　游

祠宇嵯峨接寶坊,扁舟又繫畫橋傍。豉添滿筯蓴絲紫,蜜漬堆盤粉餌香。團扇賣時春漸晚,夾衣換後日初長。故人零落今何在,空吊頽垣墨數行。

《全宋詩》卷二二二三,41册,25497頁

晚秋雜興十二首（其九）　（宋）陸　游

禹巡吾國三千歲,陳迹銷沉渺莽中。豈獨江山無定主,苔磯知換幾漁翁。_{自注:禹廟。}

《全宋詩》卷二二二四,41册,25524頁

禹　寺　　　　　　　　　　　　　　　　　　（宋）陸　游

禹寺荒殘鐘鼓在，我來又見物華新。紹興年上曾題壁，觀者多疑是古人。

《全宋詩》卷二二二八，41 冊，25575 頁

禹帝祠 有序　　　　　　　　　　　　　　　（宋）喻良能

余往來越中廿五年，未嘗不致疑於禹陵。以龍瑞之禹穴為是耶，則其大曾不盈咫；以告成之空石為是耶，則自昔以為葬衣冠，皆非陵也。淳熙戊戌四月十一日，齋宿祠下，同孫簽判次裏、夏察判蹈中自空石登山。披榛荊至絕頂，見其地正平，中起大塚，前對群峰，下瞰空石，巍然儼然，真前代王者之陵寢也。於是前日之疑始釋，因相與再拜喜而賦詩云。

幾歲欽文命，今朝拜禹陵。稽山新雨霽，鑒水暮雲凝。更覘玄圭錫，懸知四載乘。川靈泊河伯，千古獲依憑。

《全宋詩》卷二三四七，43 冊，26966 頁

題大禹廟　　　　　　　　　　　　　　　　（宋）王　炎

夏后南巡地，登臨一慨然。卑宮今造寺，菲飲孰名泉。古道知難復，人情信誤傳。不隨時俗改，惟有舊山川。

《全宋詩》卷二五六六，48 冊，29803 頁

禹穴一首 并序　　　　　　　　　　　　　　（宋）王　阮

昔鯀治水，汩陳五行。至禹反之，天錫九疇，得於龜負，儒者紀述詳矣。至《遁甲開山圖》，乃謂宛委之神奏玉匱之書十二卷，禹未及持，其四入泉，其四上天，餘乃圖也，用以治水已，乃緘之洞穴。而道家者流謂為《靈寶玉札符經》，就使有之。按黃帝玄女兵法載，黃帝有負圖之勝，六甲陰陽之遁，藏之會稽之山，坎深千尺，鎮以磐石，又似非禹緘之。抑禹之緘者，又非此書邪？

綠字煌煌錫禹疇，厥初龜負即天休。轉為玉札符經論，果有書藏此穴不。

《全宋詩》卷二六五六，50 冊，31128 頁

禹廟一首　　　　　　　　　　　　　　　　（宋）王　阮

萬世衣裳脫介鱗，一祠寧足報恩深。長教天下江河順，始慰胼胝手足心。

《全宋詩》卷二六五六，50 冊，31128 頁

禹陵一首　　　　　　　　　　　　　　　　　　　　　（宋）王　阮

禹駕黃龍入九霄，空山陰有百神朝。翠微不用熊羆守，乞與遺民共採樵。

《全宋詩》卷二六五六，50 冊，31128 頁

題禹廟二首　　　　　　　　　　　　　　　　　　　　（宋）張　鎡

從來大智特閑閑，手足胼胝意不艱。千古夏王崇廟祀，濬川功用只隨山。

為人心切屢忘家，力量方知有等差。莫信空山葬冠劍，且吟古屋畫龍蛇。

《全宋詩》卷二六八七，50 冊，31640 頁

八月十五日，遊禹祠告成觀察　　　　　　　　　　　　（宋）蘇　泂

度密穿青且意行，窮居誰識萬人英。山當鑿處終須好，水到平時自不鳴。夏德真應參太始，禹功哪復告其成。登臨遺廟秋風裏，不盡今來古往情。

《全宋詩》卷二八四八，54 冊，33935 頁

詠史二十二首（其三）　　　　　　　　　　　　　　　（宋）趙　戣

地已還三壤，彝方次九疇。基圖天與子，典則我貽謀。

《全宋詩》卷三○八七，59 冊，36825 頁

禹柏行　　　　　　　　　　　　　　　　　　　　　　（宋）高斯得

往年上會稽，凌空禹穴曾得窺。今年浮沅湘，又見禹柏蹲山陂。茫茫禹跡遍天下，獨此二物稱神奇。凌雲意氣銷鑠盡，根心就化空存皮。樛柯入地枯不死，反更上擢青銅枝。被以九龍名，流傳自何時。得非木宿蒼龍精，儲英萃異成雄奇。頭角崔嵬訝撐拄，牙須磔裂相紛披。孔明廟柏信稱古，上距何翅千年奇。杜陵品藻一何陋，遺落鼻祖收孫枝。諉云此地不身到，何由得集衡湘詩。嗚呼，衡之山巍巍，湘之水瀰瀰。地氣何太偏，獨於草木乎鍾之。柏兮手植自神禹，竹也種傳由舜妃。誰能為天分此畀人物，庶幾可使悍俗甌風籟。

《全宋詩》卷三二○，61 冊，38566 頁

禹

(宋)林 同

傷心九載績,焦思八年中。啟亦呱呱泣,惟思度土功。

《全宋詩》卷三四一八,65 冊,40604 頁

題禹廟

(宋)劉 黻

雲癡雨妬不相干,古廟深山萬木寒。水土平治今幾載,猶聽父老說艱難。

《全宋詩》卷三四二四,65 冊,40728 頁

禹 廟

(宋)林景熙

在會稽東南十二里。

萬國曾朝會,群山尚鬱盤。嚴祠鎮玄璧,故代守黃冠。窆入雲根古,梁歸雨氣寒。年年送春事,來拂蘚碑看。

《全宋詩》卷三六三三,69 冊,43511 頁

題禹廟壁

(宋)劉 彞

皇祐二年秋,予自閩由太末登天臺,川陸間行至郡凡數千里。觀山澤之可樹植者,或荒薉焉;田畝之可濬者,或漫滅焉。自剡而西,遇雨數日,農田甚豐垂獲而遭霖潦之害,春夏斯民飢莩瘵瘠未起者,重困是水,予心哀焉。嗚呼,宜樹植而荒薉,凍餒之源也;宜畎澮而漫滅,水旱之道也。天地非不生且育,然而吾民重罹飢困,贊乎化育之道未至焉耳。夜過鑑湖,人指南山而高予曰:禹廟也。予具冠帶瞻望,內起恭肅,不覺感者泣下。既而欲志其事,厥明次於會稽之門,遂寫屋壁。其歌曰:

地生財兮天生時,聖賢之贊育兮,或失其宜。畎澮距川兮川距海,水旱罔至兮,民無凍飢。畝田是起兮,帝載以兮,帝載以熙。萬世永賴兮,胡不踐履而行之?嗚呼禹乎,誰知予心之增悲!

《全宋詩輯補》第六冊,757 頁

窆石禹陵

(宋)徐天祐

龍輴無計返靈遊,回首山河昔九州。欲問帝陵何處是?數千年後一荒邱。

《全宋詩輯補》第六冊,2628 頁

梅　　梁 禹廟　　　　　　　　　　　　　　　（宋）徐天祐

殿角枯梁水月身，象龍誰信解其真？休將金鎖空縈絆，靈物飛騰自有神。

《全宋詩輯補》第六册，2629頁

謁禹王廟　　　　　　　　　　　　　　　（金）梁　襄

波涵九域民為魚，帝奮忠勤親決除。水涸茫茫盡桑稼，萬世永賴功誰如。功高受享宜宏久，廟貌方方無不有。砥柱神靈最偉奇，會稽血食尤隆厚。火山所建在空山，庫殿短廊才數間。題碣人多題字鬧，祭祀禮少犧牲閑。欽惟帝道崇勤儉，此郡民繁地磽嶮。辛苦耕耘衣食粗，孚佑乞遍無令歉。

《全金詩》，《全遼金詩》上册，754頁

《大禹泣辜圖》　　　　　　　　　　　　　（元）王　惲

真淳氣散不復古，科條漸似秋荼深。道逢胥靡漣洏泣，灼見當時罪己心。

《全元詩》第5册，480頁

禹　　廟　　　　　　　　　　　　　　　（元）王　惲

大地河山繡錯明，野煙孤廟枕荒城。杜鵑饒舌知何事，血灑東風怨未平。

《全元詩》第5册，417頁

題禹廟　　　　　　　　　　　　　　　　（元）陸文圭

來尋禹穴何容易，却上龍門得許勞。擬借梅梁浮海去，坐登三級浪頭高

《全元詩》第16册，105頁

禹　　廟　　　　　　　　　　　　　　　（元）胡　助

陵廟丹青樹篆文，梅梁窆石昔人言。千年嶽瀆神功在，三代衣冠古塚存。日落鏡湖春水遠，雨來秦望野雲昏。憑高一覽桑田闊，空翠山霏滿寺門。

《全元詩》第29册，81頁

謁禹廟

(元)張之翰

萬壑千岩費應酬,不逢佳處未能休。禹王廟上題詩了,才是東南第一遊。

《全元詩》第 11 冊,179 頁

禹　廟

(元)張伯淳

像設森嚴冠百王,高陵草木自蒼蒼。身扶天地山川運,祠列君臣父子綱。遺跡到今存空石,神功何事托梅梁。悠悠往古為誰問,冷落殘碑依夕陽。

《全元詩》第 11 冊,255 頁

大禹祠

(元)宋　无

力平水土勢回天,功業三千五百年。四海九州皆禹跡,獨留陵寢越山邊。

《全元詩》第 19 冊,398 頁

禹　鼎

(元)宋　无

列國皆貪禹鼎神,周衰三代寶先淪。不知璽奉高皇日,曾問當時果在秦。

贊寧《要言》曰:鑄鼎象物,而知天下之美惡,禹鑄九鼎是也。夏亡,成湯即天子位,還遷九鼎於亳。殷亡,鼎遷於洛。夏都平陽及安邑,夏桀亡,鼎遷來亳,乃隔河也。夏殷凡幾遷都,鼎遷多不明白,惟周遷商鼎,見乎《書》。或問鼎之大小,曰:昔周微弱,秦武王興兵臨周,以求九鼎。王患之,顏率說齊求救,及秦兵退,顏率謂齊曰:夏桀亡,鼎歸商。商滅歸周。其數九,一鼎九萬人挽之,九九八十一萬人也。鼎來齊,必經魏,魏豈不愛鼎耶?繇是觀之,鼎大可知矣。或問曰:周武王遷商鼎,鼎在今汲郡,如何渡河耶?曰:如顏率言,一鼎用九萬人,士卒、師徒、器械備具詳於時。造舟為梁,越孟津而至洛必矣。雖遷至河南,而安置未得其所。故成王定鼎於郟鄏。或問秦取九鼎,曰:《帝王世紀》中,秦昭襄王自稱西帝,攻周,廢報王,取九鼎。事頗蒙昧。或問曰:漢桓平何言鼎沒泗水耶?曰:《秦本紀》亦云:二十八年,使千人沒泗水求周鼎,不獲而已。舒子《史纂》曰:周威烈王二十三年,九鼎震,命韓魏趙為諸侯。九鼎之震,此三晉為諸侯之兆也。三晉之為諸侯,周將不得有其鼎矣。此鼎之所以震也。鼎淪泗水,震者,淪之兆也。金震,水動之也。周室衰微,號令不從。鼎,宗廟之寶也。宗廟將廢,寶鼎將遷,故震動也。是歲,晉三卿簒晉君而分其地,威烈王命為諸侯。天子不恤同姓而爵其賊臣,天下不附。後三世,周致胙於秦。其後,秦遂滅周。鼎,神物也。禹聚九牧之金,鑄之以象神物。三代傳寶,成王定之於洛邑,寶之重,尊之奠之至矣。周衰,諸國皆欲得鼎,畏秦不敢取,非秦不足以有之。神怪不常,前既能震動,則沒入水,理也。宋太丘社亡,亡者自亡也。社能自亡,則鼎能自沒,無足疑也。鼎誠入秦,則始皇必不使人入水而求也。按《始皇紀》曰:始皇刻石琅琊,還,過彭城,齋戒祠禱,欲出周鼎泗水,使千人沒水求之,弗得。鼎誠在秦,則子嬰降漢,必以此藉手矣。終不聞劉項有得之者,亦不聞有毀之者。秦所鑄金人十二,靈爽少矣,漢欲徙之洛陽,則重而不行。董卓欲毀,則潸然泣下。況神禹之鼎乎?神劍猶能躍入平津之水,鼎不為秦用明矣。使鼎在秦,漢不寶周之鼎而寶秦之璽乎?鼎誠入泗水明矣。然則史何以書鼎入秦也?鼎,三代寶也。秦有取天下,繼正統之心,鼎不入秦,秦之恥也。並周而取其寶器,不得鼎,無以取重於天下。鼎之入秦,秦之托言也,欲以一天下之心以示得大統也。故事有若實而妄者,秦得周鼎也。事有若誣而實者,鼎入泗水也。理之所無而事之必有,君子不棄也。

《全元詩》第 19 册,406 頁

《神禹治水圖》 (元)王沂(字師魯)

昔年將旨祀河東,曾過龍門歎禹功。誰築宣房歌瓠子,汾陰簫鼓又秋風。

《全元詩》第 33 册,131 頁

詠史十二首(其六) (元)胡布

續業疾先非,胼胝役心骨。仁美德不違,身度聲為律。汋穆乃綱紀,權衡稱以出。開道決山澤,給餘均食物。職貢各有常,三壤賦成實。孜孜在黎庶,泣罪刑既恤。大功訖四海,九德甫寧一。天與子啓賢,重命用休匹。

《全元詩》第 50 册,350 頁

舟次塗山,拜禹王廟 (元)汪廣洋

堯、舜深嗟洚水流,禹王專任八年憂。力排漢、泗歸溟壑,威逐龍、蛇出海陬。胼胝竟能安萬國,衣裳端合會諸侯。小臣再拜塗山下,瞻望餘光在上頭。

《全元詩》第 56 册,190 頁

禹 廟 (元)魯淵

茫茫禹跡亙堪輿,遺廟衣冠尚儼如。萬國會朝新玉帛,九州經理舊車書。亭空窆石隋碑在,鎖斷梅梁漢殿餘。近說河流入淮、泗,誰乘四載奠民居。

《全元詩》第 62 册,260 頁

會稽大禹廟　　　　　　　　　　　　（元）謝　肅

每上會稽何所作,長懷帝禹此巡遊。山橫玉笥藏弓劍,殿繞梅龍護冕旒。天地平成功有在,春秋饗祀禮仍修。願逢海內敷文治,重考龜書布九疇。

《全元詩》第63冊,438頁

禹　廟　　　　　　　　　　　　　　（明）瞿　佑

清淮無波,古廟有樹。歸心悠悠,與水東注。

《樂全詩集》、《樂全稿》,《瞿佑全集校注》上冊,178頁

謁夏王廟有感　　　　　　　　　　　（明）劉　基

一片宮垣粉臘新,前王陵廟在松筠。玉書金簡歸天地,貝葉曇花詫鬼神。滄海波濤紆職貢,山川草木望時巡。苗頑未狎虞階舞,空使忠良淚滿巾。

《劉基集》卷二三,478頁

禹期山　　　　　　　　　　　　　　（明）王　賓

太湖中。大禹來治水,朝會諸侯焉。

堯時神禹會山巔,洪水滔滔勢接天。今日三州租賦地,秋風禾稻自年年。

《吳中古跡詩》,《四庫全書存目叢書》集部28冊,235頁

禹　穴　　　　　　　　　　　　　　（明）李東陽

江南禹穴奇天下,司馬文章實似之。頗憶江山有神助,滿窗風雨坐題詩。

《詩前稿》卷一九,《李東陽集》第一卷,432頁

禹　廟　　　　　　　　　　　　　　（明）沈明臣

龍門碣石盡東馳,玉簡金書問宛委。萬古中原開氣色,九州滄海奠革夷。平成自肯留神穴,魚鱉於今拜聖儀。我輩風流皆太史,不妨秋日重探奇。

《豐對樓詩選》卷三八,《四庫全書存目叢書》集部144冊,484頁

題蘄州高大夫鳳山別墅八首·禹廟   (明)梁辰魚

神禹治水,千秋奉祀。叢林高閣,遺靈儼然。

古城深處構龍宮,傑閣喬林廟貌崇。山勢疏通瞻帝力,江聲浩蕩憶神功。八年身世波濤外,萬歲勳名揖讓中。築室今來儼遺像,端居長欲挹清風。

《鹿城詩集》卷一九,《梁辰魚集》,244 頁

夏禹王   (明)孫承恩

大禹為君日,勤勞恤萬民。鐘韜求善切,典則貽謀真。飲酒疏儀狄,當車泣罪人。龜疇敘常道,三聖實同倫。

《鑒古韻語》,《文簡集》卷二,影印文淵閣《四庫全書》1271 冊,65 頁

禹 陵   (明)徐 渭

年來只讀景純書,此日登臨似啟予。葬罷桓碑猶豎卵,封完玉字不通魚。楊梅樹下人誰解,菡萏須中氣所居。即遣子長重到此,不過探勝立須臾。

《徐文長三集》卷七,《徐渭集》第一冊,246 頁

禹 穴   (明)徐 渭

師是馬遷才,探奇禹穴來。重臨江水闊,好灌豫章才。

《徐文長逸稿》卷七,《徐渭集》第三冊,833 頁

禹 廟   (明)朱察卿

崒律群峰並九嶷,空祠寂寂冕旒垂。萬方玉帛諸侯會,四海車書一統時。空石秋高天共老,梅梁日暮雨來遲。懸知司馬遙采日,雙鬢逢人亦未絲。

《朱邦憲集》卷四,《四庫全書存目叢書》集部 145 冊,631 頁

禹 穴   (明)周汝登

廟貌千秋古,瞻依尚儼然。檢動思令德,風入女中賢。

《周海門先生文錄》卷一二,《四庫存目叢書》集部 165 冊,404 頁

謁禹陵有感 （明）姚孫棐

廟有梅梁，相傳化龍飛去。

陵廟香消草沒臺，正衣再拜意徘徊。梁飛神物惟餘尾，石秘奇文盡是苔。玉帛當年朝萬國，雲山吊古付深杯。凝眸更睇松楸路，日暮寒風向欲哀。亭中有巨石，云景邁藏金書玉簡處。

《亦園全集》卷一，《四庫禁毀書叢刊》集部 86 冊，476 頁

謁禹陵 （明）陳子龍

夏王南狩日，會計此山陽。玉帛朝群后，旌雄擁大荒。防風膏斧鉞，蒼水貢文章。九鼎山河奠，雙珪日月光。橋陵遺劍碧，梧野出雲黃。廟貌垂千祀，神功啟百王。煙霞籹石壁，雷雨暗梅梁。白鶴留陰雨，丹楓落曉霜。銀池墳不起，金簡穴能藏。湍道鉦音發，風簷鈴語揚。冕疏瞻律度，圭璧侍班行。鳥鼠遊神座，龍蛇靜帝鄉。庚辰來上佐，癸甲授元良。玄女精靈盡，黃熊哀慕長。《夏書》存渾渾，《越絕》紀茫茫。萬古終河洛，其咨永不忘。

《陳子龍詩集》卷一六，下冊，553 頁

游禹門 （明）馬自強

一山橫斷晉秦邊，滾滾雄流勢若穿，鑿石留痕元叵測，鉤崖進艇亦堪憐。蛟龍有窟雲常掩，虎豹當關風故偏。四載神功此第一，登樓凝眺不知還。

《馬文莊公文集選》卷一四，《陝西古代文獻集成》第 27 輯，684 頁

大別山禹廟 （明）許宗魯

青山大別阜，玉殿禹王宮。丽貌瞻龍袞，江流識駿功。廣庭陰夏木，虛棟起長風。益稷臣隣德，千秋報祀同。

《少華山人前集》卷七《宦游稿》，《陝西古代文獻集成》第 28 輯，319 頁

謁大禹陵 （清）陳確

夏王遺廟柏森森，草莽書生肅拜心。萬國衣裳留斷碣，六陵風雨共悲吟。峰回南鎮

雲相護,水出東江澤正深。太息勤勞吾輩事,誓從衰老惜分陰。

《詩集》卷二,《陳確集》,654 頁

尋禹穴

(清)黃宗羲

　　昔者太史公,萬里探禹穴。余為會稽人,至老遊尚缺。久息風塵慕,何故違清轍?茫茫問禹跡,居人且未決。多言岣嶁是,更無他曲折。又言三百里,不為一隅說。稽古按唐碑,陽明洞為核。吾友董無休,門人施勝吉,共坐黑箸蓬,十里如電滅。稍憩宗鏡庵,放步迷煙霓。攀蘿遲遙響,不顧行縢裂。窺刊崩石下,恍然玉堂設。題名唐宋年,被彼怪藤齧。摩挲手眼勞,方讀忽又輟。幸哉一字通,勝拾古環玦。聞昔有洞門,今已遭闌截。金簡玉字文,護持有鬼蘗。惟有人間書,聊為太史竊。我來三歎息,欲撞錮門鐵。洞中風颼颼,天空飛絳雪。

《南雷詩曆》卷三,《黃宗羲全集》第一一冊,298 頁

禹　陵

(清)顧炎武

　　大禹巡南守,相傳此地崩。禮同虞帝陟,神契鼎湖升。岣嶁形模古,墟宮世代仍。探奇疑是穴,考典或言陵。玉帛千年會,山河一氣憑。御香來敕使,主守付髡僧。樹暗巖雲積,苔深墊雨蒸。鶺鴒呼塚柏,蝙蝠下祠燈。餘烈猶於越,分封並杞、鄫。國治明德胙,人有霸圖稱。往者三光墜,江干一障乘。投戈降北固,授子守西興。沖主常虛己,謀臣動自矜。普天皆晉祿,無地使賢能。合戰山回霧,窮追海踐冰。蠡城迷白草,鏡沼爛紅綾。樵采岡陵徧,弓刀塢壁增。遺文留仆碣,仄徑長荒藤。望古頻搔首,嗟今更撫膺。會稽山色好,淒惻獨攀登。

《顧亭林詩集匯注》卷四,下冊,747 頁

謁大禹陵二十韻

(清)朱彝尊

　　夏後巡遊地,茅峰會計時。雙圭開日月,四載集輴樏。國有防風戮,書仍宛委披。貢金三品入,執帛萬方隨。相古洪流割,欽承帝曰咨。寸陰輕尺璧,昆命有玄龜。自授庚辰籍,寧論癸甲期。清都留玉女,惡浪鑱支祁。荒度功攸賴,平成理自宜。神奸魑魅屏,典則子孫貽。明德由來遠,升遐亦在茲。丘林無改列,弓劍只同悲。回首辭群后,傷心隔九疑。鳥耘千畝遍,龍負一舟移。斷草山阿井,空亭嶽麓碑。芒芒懷舊跡,肅肅禮荒祠。黃

屋神如在,桐棺記有之。筵誰包橘柚,隊或守熊羆。共訝梅梁失,因探窆石遺。竭來憑吊處,拜手獨陳辭。

《曝書亭集》卷三,上冊,28頁

五丁峽 （清）王士禛

南窮石牛道,嵓嵓下雲棧。三日招我魂,足踔目猶眩。豈知東蒼州,耳目益奇變。始過金牛驛,槮嵒已凌亂。漾水從北來,劣足泛鳧雁。舉頭嶓冢山,峩冠倚天半。大哉神禹功,從此導江漢。漸入五丁峽,譎詭駭聞見。斗壁何獰狰,十萬磨大劍。攢羅列交戟,茫昧通一線。亂水殷峽中,鮫蜃喜瀾汗。仰眺絕圭景,俯聆競雷抃。九鼎鑄神姦,到此百憂患。東方牧犢兒,竟使蠱叢判。我行忽萬里,風土異鄉縣。身落大荒西,終賴皇天眷。呫呫復何言,艱虞一身賤。

《漁洋續詩集》卷四,《王士禛全集》第二冊,756頁

忠州謁禹廟 （清）王士禛

空山神禹廟,終古對巴臺。玉座秋苔長,江雲暮雨來。八蠻通道路,九鼎沒蒿萊。黑水梁州地,茫茫問劫灰。

《漁洋續詩集》卷五,《王士禛全集》第二冊,791頁

禹　　陵 （清）宋征輿

大禹東巡竟不還,萬年祠廟鎖空山。陵前江海朝宗地,殿側皋夔侍從班。溪水自流青嶂口,亂峰遙拱白雲間。喬松翠柏風蕭瑟,猶拜冠裳識聖顏。

《雲間三子新詩合稿》卷七,137頁

謁禹廟 （清）李　漁

少讀箕疇頌禹功,及瞻陵廟已成翁。尋碑一半皆無字,探穴微茫僅可通。禽語似聞韶後樂,松濤渾挹夏時風。遨遊未得山川助,載筆深慚太史公。

《笠翁詩集》卷二,《李漁全集》第一冊,226頁

禹　　廟　　　　　　　　　　　　　　　　（清）毛奇齡

夏王四載告成功,別禪苗山起閟宮。玉帛千秋新祼薦,衣冠萬國舊來同。金書瘞井封泥紫,窆石懸花映篆紅。一自百川歸海後,長留風雨在江東。

《清詩別裁集》卷一一,上冊,190 頁

《夏本紀》第二·大禹　　　　　　　　　　（清）蔣　楛

平成還憶冀州初,八載刊隨始奠居。屈指中原多事後,人生何必不為魚。

《讀史》,《天涯詩鈔》,影印《四庫未收書輯刊》捌輯 23 冊,575 頁

父子治水　　　　　　　　　　　　　　　　（清）褐　夫

治水殊途意向同,父遭殺戮子為雄。因堙疏鑿堤防便,功罪難容雙手蒙。

《古史詩針》,《戴名世集》附錄二,436 頁

謁大禹廟　　　　　　　　　　　　　　　（清）聖祖玄燁

古廟青山下,登臨曉靄中。梅梁存舊跡,金簡紀神功。九載隨刊力,千年統緒崇。茲來薦蘩藻,瞻對率群工。

《晚晴簃詩匯》卷一,第一冊,5 頁

禹　　陵　　　　　　　　　　　　　　　　（清）蔣平階

撬輦逢堯祀,垂裳拜舜年。剖圭開日月,瘞玉鎮山川。南幸游方豫,東巡駕不還。衣冠辭兵牧,劍舄步神仙。寢廟春常閉,宮車夜自懸。千秋明德遠,萬眾寸心虔。海闊滄江外,星臨斗柄前。金莖留曉露,碧殿瑣青煙。罔兩猶留鼎,蛟龍想負船。秦碑荒草合,漢時白雲連。蒼水書難得,元(玄)狐篆可傳。按圖通百粵,淚盡九疑天。

《晚晴簃詩匯》卷五一,第二冊,13 頁

塗山禹廟　　　　　　　　　　　　　　　（清）黃景仁

鐵花已繡支祈膠,閃尸罔象逃鞭鞘。文命治水河精教,玉斗熨胸星冠顁。夢中飲河不用猋,庚辰亥豎供趭趫。奚仲挾策驅輴輮,趨風白水躬曲ㄅ。玄圭乃得天睍佼,娶塗舊

國山峣峣。日暮失嗣心孔恢,祥狐候立風尾捎。南音歌始正不咬,出門那顧兒啼嗷。臺桑莽莽雲氣窏,斷山出脈水納胯。蠙珠吐孕璞剖胞,精燄浮爍波蒸炰。作貢用逐橘柚包,日月拱璧霓垂旓。典瑞輯玉爭來趠,樂作言產兼沂巢。趨風振佩斂衽悄,峨峨冠冕參間爻。更攝荒邈來圻郊,貫胸長肱目或包。操蛇衣卉顏塗虓,兜離僸侏聲咬咬。宊窳首龍雕題鮫,或乘飛黃髮垂髾。或乘騶吾駕神蛟,千詭萬狀竆撮抄。各望聲教奔如麃,有不用命遭擊掊。汪罔骨軸專車拋,相柳血漉穀不苞。省方用代重瞳庖,威爽萬劫留巖坳。越三載會山登茅,記傳兩地爭譊譊。《編年塚竹》差不淆,辛壬癸甲史筆譙。兩日生子後所嘲,眾論概勿深推敲。黃熊怒氣餘咆哮,鼇軀鹿足騶銀泡。女媧化石立地膠,風蕩日暈微晴宵。宮殿相望同豁序,承塵玉座垂蠨蛸。松耶柏耶虯龍梢,歲時雜沓神巫跑。羅列百戲喧鐘鐃,肥羊滿牷牛折庖。至今熊白忌薦肴,餘愴尚與人心交。靈旗肅肅風颾颾,送迎曲短神無聲。

《兩當軒集》卷七,186 頁

禹　　廟

（清）洪亮吉

禹都安邑今有墟,亦越五載來省徐。南巡重瞳兆權輿,衡嶽闊遠非人居。塗山作國淮所豬,會水為澳戴石岨。乾坤赫焉集衣裾,帛纁黃元玉璠璵。四岳九牧行衙衙,我稽職方及州閭。九千六百數已餘,要荒朒爽感化湑。亦職玉帛同趡趎,來同翩翩合萬旟。曄若朝日輝瓊琚,明德遠矣眾所懅。《夏小正》刊月後余,實集萬國太史書。予嘉乃功有獎譽,享以嚴衛以周廬。誰何牧豎矜智譽,掘強溝壑同螽螽。終涔其邦作扈虛,汪芒大人跡迂俱。天軒地闔行步趡,帝資其血成川渠。崇崇者陵骨難舁,尼山讀書樂只且。千年能詳骨專車,博物詎止知夔魖。峨峨鼎成誰敢舉,惶惑百怪行人吁。《夷堅志》之亦歔欷,白日屏息冀子夢。佟哉黃熊三足拏。好事河伯煩吹噓。稍恥刻畫來鯨呿。男丁女壬生剋除。頺然空山夢其初,一首九尾勞卷舒。服妖德聖顏則好,留之三日非躊躇。呱呱者生實國儲,狐鳴涉波牽子祛。後此一紀能歸予,白魚身長倩懊懊。傴行而前若蓬篨,晝畀白壁夜揭櫫。三來鬩家俗都袪,太室即立神人胥。民巢於巢下則漁,予口悴痡手拮据。熺熺赫赫天地爐,十日照野枯櫟樗。滔滔者流其涸諸,黿輸其首難始紓。龍軒其頞不足屠,神知逃誅值孟涂。女媧華星綴衣袽,束縛烏腳羈蟾蜍。佐子木德相誅鋤。淮流湯湯水瀦淤。臺桑猬積而崎嶇。豐年厭惟黍與舉。登高曠瞻懷古據,大水作瀆小水墟。快如挈瓶注泥洳。酬功欲陳水土苴,大哉非禹吾其魚!

《附鮚軒詩》卷四,《洪亮吉集》第五冊,1982 頁

夏　禹
（清）高宗弘曆

山川州澤各分九,暨稷播種興耕耩。弁冕端委臨諸侯,微禹其魚劉子講。貢金象物鑄以鼎,惡旨疏狄絕諸杯。東序養老別尊卑,下車泣罪息訟呰。不於無間識本源,何異望海航斷港。

《全韻詩》,《御制詩四集》卷四九,影印文淵閣《四庫全書》1308 冊,142 頁

禹　陵
（清）舒　位

首出神明數在躬,山分南北水朝東。靈承四海敷文命,蠢伐三苗紀武功。先甲痛心占幹蠱,後期揮手戮防風。萬重玉帛思《王會》,一卷金書鑿鬼工。傳子謳歌羞益避,配天俎豆與堯同。陳疇早協元龜卜,鑄鼎能教怪相窮。別有荒唐開九尾,須知付託閉重瞳。放巢慚德原稱變,霸越陰謀也自雄。野史幾時殘《紀竹》,谷神此地儉留桐。佳城鬱鬱瞻雲氣,片石乾坤共始終。

《瓶水齋詩集》卷一五,下冊,645 頁

會稽山謁大禹陵
（清）阮　元

會稽巨鎮東南雄,宛委巒嶂摩青空。文命之陵據呂、墨,朝衣九拜揚春風。典謨有字遷有紀,豈假弱筆陳豐功。惟思禹德在於儉,無閒再歎世折衷。山川主石遍天下,此山不載《禹貢》中。揚州域廣漸海表,刊定未紀夷與戎。東教躬勞遂道死,參耕壟畝封葛桐。陵者葬陵澤葬澤,蒼梧之野將毋同。豈如後人詭且侈,沙邱（丘）還至咸陽宮。子元（玄）誕妄太白陋,亂引《汲竹》疑重瞳。夏家天下子亦聖,曷為薄葬於越東。試以吾言問二子,無稽之說將立窮。我拜既畢題空石,白雲滿穴春陽紅。帝之瑞應氣郁郁,神所出入光熊熊。重黎受命地天絕,惟有陵鎮猶相通。

《四集詩》卷二,《揅經室集》下冊,780 頁

禹陵詩
（清）高炳麟

維年癸丑春二月,我來會稽探禹穴。乍看廟貌極巍峨,松柏森然動魂魄。陰崖疑有鬼神護,深澤或恐龍蛇出。八年自昔集輻輳,萬國於茲朝玉帛。生前宮室制不崇,葬後山

林無改列。鳥耘後世不可知,三寸桐棺此遺跡。俗儒小生好傅會,往往神奇騁其說。金簡綠字競侈陳,童律庚辰矜創獲。不感明德誇異聞,罔識當年疏瀹策。遂令四載隨刊功,徒為神仙飾鴻烈。豈知《禹貢》紀方略,不用《山經》紛詭譎。往者洪流遍中國,下民昏墊何由釋。帝咨岳牧驚懷襄,天顧蒸氓生聖哲。北安冀、兗載壺口,南治荊、揚過震澤。九河其瀹九州同,四海分流四隩宅。迺因土地定征賦,竟奠山川免巢窟。貢金鑄鼎罔兩避,班師舞羽苗民格。身成績用蠱終幹,民盡謳歌世難絕。東巡會稽事如昨,祀典煌煌重於越。遐思終古此區宇,經歲聖神為計畫。盤皇辟地媧補天,載筆荒唐賢者斥。羲、農、軒、嚳遞相嬗,禮、樂、兵、刑漸增設。佃用耒耨漁網罟,陸居棟宇水舟楫。唐、虞考績先五臣,百姓昭明萬邦協。當時禹亦共虁龍,獨錫元圭登北闕。後來湯、武及周、孔,征誅筆削嚴斧鉞。是皆功與姒王並,天壤紛紛留墓碣。我生好古先此覽,不覺涕零霑空石。井渫山阿永自深,碑存亭畔猶無缺。荒祠拜手獨歸去,夕陽西下波聲咽。

《晚晴簃詩匯》卷一六〇,第四冊,141頁

禹　廟　　　　　　　　　　（清）劉體仁

在塗山。

玉帛昔何地,空山禹廟留。畫漒尋癸甲,樹乳失春秋。濤白黿鼉出,風清鸛鶴浮。金堤沉璧馬,辛苦望安流。

《七頌堂集》卷四,78頁

夏禹王　　　　　　　　　　（清）徐公修

流星貫昴誕生初,崇伯佳兒負令譽。八載離家勤幹蠱,九州治水免其魚。皇威遠震要荒服,物產修明貢賦書。帝錫玄圭告天下,成功奇偉奠民居。

《史記百詠》卷一,《讀史千詠》,《史記研究文獻輯刊》13冊,416頁

禹　陵　　　　　　　　　　（清）沈德潛

於越當年朝玉帛,苗山終古禁樵蘇。平成得所還天地,功德相兼合典謨。龍槨不須歸夏邑,寢園自合並蒼梧。漫因空石滋浮議,博辨由來是陋儒。

《歸愚詩鈔》卷一八,《沈德潛詩文集》第一冊,364頁

恭和御製《謁大禹廟恭依皇祖元韻》 （清）沈德潛

祖德尊前聖，由來執大中。平成萬古事，勤儉一王功。窆石神靈閟，稽山展謁崇。後先其揆一，兢業代天工。

《矢音集》卷三，《沈德潛詩文集》第二册，1017頁

禹　廟 （清）張四科

玉帛時巡溯浙東，祠官曠代此邦同。神姦恍惚猶塵壁，冠劍森嚴盡水工。片石蒼蒼蒸夜雨，長淮浩浩卷秋風。舟航未改通渠跡，苓楗空思注海功。

《寶閑堂集》卷五，《陝西古代文獻集成》第20輯，195頁

賦得禹耳三漏 得"三"字 （清）馬　魯

夏禹鐘靈秀，生初耳漏三。和琴調癸甲，巨浪靜東南。敬聽中為命，聞言善可參。諫從懸鐸入，德以叩鐘函。八彩儀曾式，重瞳理近探。亶聰無壅滯，薄海事全諳。

《南苑一知》卷二，《陝西古代文獻集成》第20輯，348頁

禹 （清）秦　焕

九州既奠一家春，禹甸原無負屈民。若是下車真墮淚，聖人我笑婦人仁。

《劍虹居詩集》卷下，《清代詩文集彙編》675册，195頁

讀史雜感·禹廟 （清）譚宗浚

明德千秋溯，奇功八載昭。隨刊資伯益，協贊比神堯。綠甲靈符授，黃麾遠道招。休祥徵刻檢，辛苦為乘橇。遂啟元夷籙，全平柳谷妖。鑄金群牧萃，執玉萬邦遙。祕典龍威貯，奇文鳥篆雕。羽淵彌宿憾，越紐衍餘苗。肸蠁明禋肅，崇祠舊榜標。紅鸞開寶幄，丹鳳降雲韶。章服仍絺繡，詞歌奏管簫。提攜童稚拜，颯爽鬼神朝。栝柏參天鬱，鼉鼈跋浪驕。風雲猶北路，波浪自南條。祀格仍終古，英靈儻九霄。江防今日要，悵望意蕭寥。

《荔村草堂詩鈔》卷一《入塾集》，《清代詩文集彙編》763册，3頁

禹　陵

（清）王　慧

明德彌蒼昊，神功邁大庭。懷襄方盡力，胼胝極勞形。草木開蒙昧，龍虵滌穢腥。鑄金九土貢，誌怪八方經。蒼水先呈簡，防風後至刑。相傳弓劍棄，此地隧泉扃。三古遺祠廟，千秋共薦馨。璧牲前代典，碑版列朝銘。深殿從群后，空山走百靈。舊聞雲罕駐，今見翠華停。心法傳河洛，天章煥日星。殊恩沾後裔，異數出明廷。肅穆瞻新像，登臨泊小舲。城垣辭鏤琢，户牖炯丹青。莫覓藏書穴，徒看空石亭。蘿長鼯鼪跡，松老鶴修翎。眾水環襟帶，諸峰列嶂屏。橋山同故事，寂寞對秋坰。

《國朝閨秀詩柳絮集校補》卷二三，第四冊，第1021頁

次書湖弟過禹門作韻

（清）馬士琪

蒼然莫色欲何之，遙拜河東大禹祠。風雨會須騰赤鯉，鴻荒誰與問元夷。怒平赴壑無聲處，志快揚帆破浪時。三歎神工非斧鑿，當年行水只如斯。

《國朝閨秀詩柳絮集校補》卷三九，第四冊，第1858頁

神禹碑

（清）宋盛慎

岣嶁峯峨峨，萬仞出雲霧。禹碑在其巔，攀陟疑無路。千古篆文垂，八年心迹著。山徑積苔蘚，埋没匪朝暮。不有樵者知，空對蒼蒼樹。憶昔隨刊初，昏垫民無措。四載履艱阻，豈無神天助。石赤字復青，風雨長呵護。我讀《今文書》，伏女傳無誤。我驚此碑文，先後爭釋註。已非蝌蚪書，況殊典謨句。如何元圭錫，別有奇文附。明德懷終古，下拜心悚懼。

《國朝閨秀詩柳絮集校補》卷四二，第四冊，第1983頁

大　禹

（清）葛　震

帝舜咨禹，人惟汝賢。代父治水，四乘八年。手足胼胝，相度山川。過門不入，克蓋前愆。聲律身度，勤儉為先。寅建歲首，疏儀絕甘。下車泣罪，懸器招言。四隩既宅，作貢賦田。金鑄九鼎，《易》作《連山》。聲教四訖，玄圭告天。生寄死歸，龍迓蜿蜒。嗚乎神禹，吾無間然。

《詩史》卷一，《四庫全書存目叢書》史部291冊，604頁

大　禹　　　　　　　　　　　　　　　　　　　（清）葛　震　曹　荃

　　姓姒氏,崇伯鯀之子,黃帝玄孫也。母有莘氏女曰志,是為修己,見流星貫昴,夢接意感而孕,歲有二月生禹於僰道之石紐鄉。又云吞神珠薏苡,胸坼而生,長九尺二寸。堯時洪水滔天,父鯀治水無功,殛死。舜攝位,舉禹續父業,居外十三年,勞身焦思,水害皆息。乃受舜禪踐天子位,以金德王。都安邑,國號夏,仍有虞以建寅月為歲首,色尚黑,改載為歲。在位二十七歲。南巡狩,崩於會稽。壽百歲,葬會稽山陰縣之南。〇安邑,今山西平陽府。會稽,今屬浙江紹興府。

　　帝舜咨禹,人惟汝賢。代父治水,四乘八年。《尚書蔡傳》:"水乘舟,陸乘車,泥乘輴,山乘樏。"輴,《史記》作"橇",《漢書》作"毳",以板為之,其狀如箕,擿行泥上。樏,《史記》作"橋",《漢書》作"梮","以鐵為之,其形如錐,長半寸,施之履下,以上山不蹉跌也。手足胼胝,相度山川。過門不入,克蓋前愆。聲律身度,勤儉為先。寅建歲首,疏儀絕甘。儀狄作酒,禹飲而甘之,曰"後世必有以酒亡其國者",遂疏儀狄而絕旨酒。下車泣罪,懸器招言。禹以五音聽治,揭鼓、鐘、磬、鐸、鞀,以待四方之士,為銘於簨、虡,曰:"導以道者擊鼓,喻以義者擊鐘,告以事者振鐸,語以憂者擊磬,有獄訟者揮鞀。"四隩既宅,作貢賦田。金鑄九鼎,禹收九牧之金,鑄九鼎,象九州,贊寧要言。詳禹鼎不止圖山川猛鷙之物,又每州民戶暨地里寬狹,皆可知也。古之鍾鼎,猶今之碑碣,皆所以載事也,為其圖籍,所以歷代寶之輿!《易》作《連山》。聲教四訖,玄圭告天。生寄死歸,龍逝蜿蜒。禹濟江,黃龍負舟,禹歎曰:"夫生寄也,死歸也。"視龍猶蝘蜓,須臾而逝。

　　　　　　　　　　　　　　　　　　《四言史徵》卷一,《四庫全書存目叢書》史部291冊,745頁

啓　　　　　　　　　　　　　　　　　　　　　　　　　　（宋）王十朋

　　堯舜與賢真可法,夏王傳子若堪疑。謳歌自屬吾君子,不是當時禹德衰。

　　　　　　　　　　　　　　　　　　　　　　　　《全宋詩》卷二〇二四,36冊,22679頁

遊嵩山十三首·啓母石　　　　　　　　　　　　　　　　（元）楊　奐

　　頑石本在世,啓母人亦知。可憐宋太后,死罵寧馨兒。

　　　　　　　　　　　　　　　　　　　　　　　　　　　《全元詩》第1冊,97頁

啓　王　　　　　　　　　　　　　　　　　　　　　　　（明）孫承恩

　　繼世家天下,承傳啟有為。恭行知聖學,伐叛凜皇威。不有仁賢譽,其誰遠邇歸。鈞臺朝玉帛,編簡有光輝。

《鑒古韻語》,《文簡集》卷二,影印文淵閣《四庫全書》,1271 冊,66 頁

夏　啓　　　　　　　　　　　　　（清）高宗弘曆

神禹度土功,呱呱泣弗子。塗山明訓教,化德敬承是。伯益既就國,諸侯畢歸只。利民大與深,昌黎言實旨。孟子舉天與,從而為辭耳。每讀雜著篇,惟覺理盈紙。

《全韻詩》,《御制詩四集》卷四九,影印文淵閣《四庫全書》,1308 冊,143 頁

王　啓　　　　　　　　　　　　　（清）葛　震

夏家天下,啓能敬承。有扈無道,王用徂征。

《詩史》卷一,《四庫全書存目叢書》史部 291 冊,604 頁

王　啓　　　　　　　　　　　　（清）葛　震　曹　荃

禹子,塗山氏所生也。繼世以有天下,在位九載。

夏家天下,啓能敬承。有扈無道,王用徂征。

《四言史徵》卷一,《四庫全書存目叢書》史部 291 冊,745 頁

太　康　　　　　　　　　　　　　（唐）周　曇

師保何人為琢磨,安知父祖苦辛多。酒酣禽色方為樂,詎肯閑聽《五子歌》。

《全唐詩》卷七二八,21 冊,8338 頁

太　康　　　　　　　　　　　　　（明）孫承恩

禹業中嘗替,浸微有太康。忽違忘祖訓,逸豫恣禽荒。洛表留旬月,民離失萬方。怨歌勤五子,今古有餘傷。

《鑒古韻語》,《文簡集》卷二,影印文淵閣《四庫全書》1271 冊,66 頁

太　康　　　　　　　　　　　　　（清）葛　震

太康游畋,羿拒於河。徯於洛汭,五子作歌。

《詩史》卷一,《四庫全書存目叢書》史部 291 冊,604 頁

太　康　　　　　　　　　　　　（清）葛　震　曹　荃

啟子。盤于遊田，不恤民事，為羿所逐，不得反國。在位二十九歲。

太康游畋，羿拒於河。有窮氏之君后羿也。徯於洛汭，五子作歌。

《四言史徵》卷一，《四庫全書存目叢書》史部291册，745頁

仲　康　　　　　　　　　　　　（清）葛　震

仲康肇位，官師相規。羲和湎淫，亂日廢時。王命胤侯，六師移之。

《詩史》卷一，《四庫全書存目叢書》史部291册，604頁

仲　康　　　　　　　　　　　　（清）葛　震　曹　荃

太康弟，在位十三年。

仲康肇位，官師相規。羲和湎淫，亂日廢時。王命徂侯，六師移之。

《四言史徵》卷一，《四庫全書存目叢書》史部291册，745頁

王　相　　　　　　　　　　　　（清）葛　震

王相嗣仲，大位羿侵。徙依商丘，斟灌斟鄩。寒浞殺羿，復弒相王。后奔有仍，娠生少康。

《詩史》卷一，《四庫全書存目叢書》史部291册，604頁

王　相　　　　　　　　　　　　（清）葛　震　曹　荃

仲康子。為羿所逐，徙居商丘，復為寒浞所弒。在位二十七歲。

王相嗣仲，大位羿侵。徙依商丘，斟灌斟鄩。灌、鄩，二國名，夏同姓諸侯也。寒浞殺羿，復弒相王。后奔有仍，娠生少康。寒，國名。浞，人名。寒浞，伯明氏之讒子。伯明以讒棄之，而羿收以為己相。浞內媚外施，殺羿於桃梧，而烹之以食其子，其子不忍食，死於窮門。浞遂纂夏代立為帝，仍襲有窮之號，因羿之室。生澆及豷，澆多力，能陸行舟，使帥師滅斟灌、斟鄩，弒夏后相。后緡方娠，逃出自竇，歸於有仍，生少康。斟灌，故城，在青州府壽光縣東五十四里。斟鄩，故城，今青州北海縣。

《四言史徵》卷一，《四庫全書存目叢書》史部291册，745頁

少　　康
(宋)王十朋

虞仍靡艾共輸忠,一旅中興復禹功。較德宜優漢高帝,知音惟有貴鄉公。

《全宋詩》卷二〇二四,36 冊,22680 頁

少　　康
(明)孫承恩

夏有少康帝,崎嶇離亂間。振衰能自競,布德更親賢。踐土光前業,明禋配彼天。遂令垂絕緒,複見中興年。

《鑒古韻語》,《文簡集》卷二,影印文淵閣《四庫全書》1271 冊,66 頁

《夏本紀》第二·少康
(清)蔣楛

夏王宗社忽馮陵,天意猶然在有仍。方恃長弓能射日,一成誰信少康與。

《讀史》,《天涯詩鈔》,影印《四庫未收書輯刊》捌輯 23 冊,575 頁

少　　康
(清)徐公修

姒姓傳家嫡派承,強藩羿浞迭相乘。宗臣舊輔掛尋氏,母后新歸國有仍。一旅行軍張撻伐,卅年下野復中興。過戈昇獿終殲滅,九鼎重還大寶登。

《史記百詠》卷一,《讀史千詠》,《史記研究文獻輯刊》13 冊,418 頁

登太行山
(清)鐘令嘉

絕磴馬蕭蕭,群峰氣力驕。蒼雲橫上黨,寒色滿中條。返轍當河涘,攔車指驛騷。龍門劃諸水,真覺禹功勞。

《國朝閨秀詩柳絮集校補》卷一,第一冊,第 24 頁

少　　康
(清)葛震

康為牧正,奔於有虞。一成一旅,能布區區。臣靡討浞,澆豷伏誅。祀夏配天,復禹故都。

《詩史》卷一,《四庫全書存目叢書》史部 291 冊,604 頁

少 康 (清)葛 震 曹 荃

相子誅寒浞,滅澆、豷,復歸故都,夏道復興。在位二十二歲。

康為牧正,奔於有虞。一成一旅,能布區區。少康為仍牧正,澆使椒求之,逃奔有虞,為庖正,虞思妻之二姚而邑諸綸,有田一成,有眾一旅,能布其德而兆其謀以收夏眾,撫其官職。臣靡討浞,澆豷伏誅。祀夏配天,復禹故都。遺臣曰:"靡事羿,羿死,逃於有鬲氏,收斟鄩二國餘燼,殺寒浞,立少康,滅澆於過,后杼滅豷於戈,有窮遂亡。"

《四言史徵》卷一,《四庫全書存目叢書》史部291册,746頁

王 廑 (清)葛 震

杼能師禹,傳槐及芒。泄與不降,六夷賓從。王扃王廑,相繼而王。

《詩史》卷一,《四庫全書存目叢書》史部291册,605頁

王 廑 (清)葛 震 曹 荃

扃子,在位二十一歲。

杼能師禹,傳槐及芒。泄與不降,六夷賓從。王扃王廑,相繼而王。

《四言史徵》卷一,《四庫全書存目叢書》史部291册,746頁

王 發 (清)葛 震

王孔甲立,好方鬼神。天降龍二,劉累能馴。龍一雌死,醢食出奔。王皋王發,日即於昏。

《詩史》卷一,《四庫全書存目叢書》史部291册,605頁

王 發 (清)葛 震 曹 荃

皋子,在位一十九歲。

王孔甲立,好方鬼神。天降龍二,劉累能馴。龍一雌死,醢食出奔。王皋王發,日即於昏。

《四言史徵》卷一,《四庫全書存目叢書》史部291册,746頁

桀

(宋)王十朋

大禹辛勤造夏邦,子孫何苦事滛荒。國亡不悟生平罪,翻悔當時不殺湯。

《全宋詩》卷二〇二四,36 冊,22680 頁

詠史十二首(其七)

(元)胡 布

夏亡伊洛竭,天棄不渝紀。蛟妾告吉凶,矜驕事專質。暴民昧大難,為國徇奸軌。萬姓乃不堪,匹夫無嗛志。唯昔走三嵏,石泣泰山起。喋血毒庶蕃,禍淫由怨始。

《全元詩》第 50 冊,350 頁

桀 王

(明)孫承恩

帝桀窮兇惡,貪殘虐萬民。矯誣空自托,怨毒苐招嗔。天豈培凶德,民應屬至仁。南巢奔竄日,民怨爾時伸。

《鑒古韻語》,《文簡集》卷二,影印文淵閣《四庫全書》1271 冊,66 頁

《夏本紀》第二·桀

(清)蔣梧

玄鳥初開景命新,鳴條寂寞夏臺春。而今聖古猶堪憶,瓊室瑤床一俊人。

《讀史》,《天涯詩鈔》,影印《四庫未收書輯刊》捌輯 23 冊,575 頁

桀

(清)徐公修

瓊室奢華又象廊,鳴條一戰苦難當。忠臣慘把龍逢戮,嬖后終因妹喜亡。安邑痛看遷夏社,鈞臺悔不殺商王。餘生卒受南巢放,殷土茫茫黯夕陽。

《史記百詠》卷一,《讀史千詠》,《史記研究文獻輯刊》13 冊,418 頁

履 癸

(清)葛 震

履癸亂政,是為桀王。申鐵鈎索,頑狠淫荒。武傷百姓,教自趙梁。寵嬖妹喜,瓊宮象廊。肉山酒池,十里相望。牛飲三千,樂以為常。龍逢諫死,終古奔商。群臣持歌,伊尹就湯。鳴條攻造,夏祀遂亡。曆過四百,一十七王。

《詩史》卷一,《四庫全書存目叢書》史部 291 冊,605 頁

履　癸

(清) 葛　震　曹　荃

發子，是為桀。暴虐無道，湯伐之，放於南巢，三年死於亭山。在位五十二歲。○廬州樂縣有巢湖，即南巢也。

履癸亂政，是為桀王。申鐵鉤索，頑很淫荒。寵嬖妹喜，桀伐有施氏，獻其女，桀嬖之。瓊宮象廊。肉山酒池，十里相望。牛飲裸游，縱樂無方。龍逢諫死，桀棄義聽讒，諸侯危其位，關龍逢進諫，不聽，殺之。終古奔商。太史終古執其圖法，泣諫不聽，遂奔。群臣持歌，伊尹就湯。群臣歌曰："江水沛兮，舟楫敗兮，我王廢兮，趣歸薄兮，薄亦大兮。"鳴條造攻，夏祀遂亡。蒲州安邑縣北三十里南坂口，即古鳴條陌也。曆過四百，一十七王。王相被篡，歷羿、浞二世四十年，從禹至桀，十七君十四世，有王與無王用歲四百七十一。

《四言史徵》卷一，《四庫全書存目叢書》史部291冊，746頁

古宮五詠・妹喜

(明) 茅元儀

苕華此日占新枝，牛飲初干墜膝時。莫怪輕身私敵國，一千年後有西施。《竹書紀年》云：桀得岷山氏二女琬、琰，雋其名於苕華，棄妹喜於洛，因與伊尹交，遂以亡夏。

《石民江村集》卷八，《四庫禁毀書叢刊》集部70冊，433頁

詠夏臣

過皋陶廟，偶感范滂事題壁 （清）王士禛

汝南范孟博，高義薄雲霄。未遂澄清志，先逢黨錮朝。大名齊李杜，幽憤祭皋陶。南北甘陵部，千秋恨不消。

《蠶尾續詩集》卷四，《王士禛全集》第二冊，1245頁

皋　　陶 （清）徐公修

生本高陽誕降神，女華作配亦良因。五刑有服能明允，八愷多才早絕倫。作士中天官大理，稱皇後代啟嬴秦。佳兒伯益成功偉，濟美虞廷列五臣。

《史記百詠》卷一，《讀史千詠》，《史記研究文獻輯刊》13冊，417頁

皋陶祠 （清）王　軒

萬代詩文祖，陳謨歌載颺。明禮忽蓼六，故里辨高陽。屈軼非無草，觟觿亦有羊。苗頑訖丕敘，流放即刑祥。

《耨經廬詩集》卷八，《續尤西堂擬明史樂府》（外二種），224頁

后　　羿 （清）徐公修

建國當年號有窮，神威射日播英風。分茅寒浞淩皇極，竊藥嫦娥出後宮。故主忍教戕帝相，叛徒爭奈遇逢蒙。桃梧卒受烹身禍，大憝安能獲令終。

《史記百詠》卷一，《讀史千詠》，《史記研究文獻輯刊》13冊，417頁

丹水詠古 十三日 （清）易順鼎

《虞書》斥丹朱，罔水思行舟。古誼頗茫昧，今乃知其由。丹朱所封邑，即是此丹水。河廣不容舠，水淺纔濡軌。因思丹朱意，殆欲開河渠。好大而喜功，毋乃類鯀歟。聖子既殄世，聖父亦圮族。當時遭讒彈，千載蒙謗詬。古書缺有間，古事杳無徵。我欲問青山，青山應不應。

《琴志樓詩集》卷一二，第三冊，871頁

詞

齊天樂・與馮深居登禹陵　　　　（宋）吳文英

黃鐘宮，俗名正宮。

三千年事殘鴉外，無言倦憑秋樹。逝水移川，高陵變谷，那識當時神禹。幽雲怪雨。翠萍濕空梁，夜深飛去。雁起青天，數行書似舊藏處。　　寂寥西窗久坐，故人慳會遇，同翦燈語。積蘚殘碑，零圭斷璧，重拂人間塵土。霜紅罷舞。漫山色青青，霧朝煙暮。岸鎖春船，畫旗喧賽鼓。

《全宋詞》第四冊，2883頁

八聲甘州・禹陵　　　　（清）宋　俊

望嵯峨宛委有當年，窆石倚荒丘。看玉書金簡，赤文綠字，何處追求。夾到蒼松千尺，風雨鎖清秋。萬疊青山外，一帶寒流。　　我欲探奇搜異，正白雲縹緲，紅樹颼飀。問塗山輦路，芳草沒孤洲。歎梅梁、幾時飛去，只成羣、仙鼠竄龍樓。倩誰向、三江憑吊，百二神州。

《全清詞》順康卷第一〇冊，5968頁

水龍吟・禹廟　　　　（清）姜　垚

會稽山色飛來，四千年是斜陽暮。金書玉簡，日移星換，依然王土。萬國衣冠，九州筐篚，共稱神禹。到如今、賸有，香車畫舫，遺鈿釵、餘歌舞。　　勝事何堪說與，任苔痕、綠生風雨。荒階草掩，秦碑字沒，梅梁非故。鐵騎猶嘶，金戈乍散，夢迷前浦。看殿庭、斫盡松杉，杜宇欲啼何處。

《全清詞》順康卷第一一冊，6141頁

念奴嬌·禹陵

(清)吳棠楨

夏王南狩,到會稽、夢斷五雲宮闕。天半翠華人去遠,禁籥千官空列。龍氣飛松,雲香入殿,右壁江聲咽。雙圭何處,星辰常護瑤碣。　當日執簡臣堯,垂裳拜舜,蒼水開功業。萬代山川兵火後,尚識明堙禹穴。花鎖玉衣,泥封金簡,九鼎光明滅。精靈來往,鷓鴣呼起山月。

《全清詞》順康卷第一一冊,6160頁

醉蓬萊·禹廟

(清)陳至言

自南巡百粵,多少滄桑,山川如故。位正中峰,恰星當牛女。翠柏蟠天,虯松伏地,歷千秋風雨。寢殿蒼涼,鐵輪垂獸,銅梁竄鼠。　僥仰當時,九州來享,玉簡金書,衣冠歌舞。幹尺梅籠,是何年飛去。草沒秦碑,蘇封窆石,紀神功萬古。民到於今,普天之下,莫非王上。

《全清詞》順康卷第一八冊,10321頁

前調(贊浦子)·禹渡江

(清)張塤

饑溺回人命,魚龍答聖慈。吟嘯風波定,憂勞天地知。　篤錫去圭有慶,乘流黃蓋無私。聖德能馴者,他時一禦之。

《全清詞》雍乾卷第九冊,4839頁

新念別·黃陵大禹廟

(清)朱青長

舟過黃陵五次。龍蛇畫壁神王死。白石青瑯供玉簋。莊嚴靈,看群山,千里跪。燈火漁樵市。紅樹蒼、松薊祥只。霧蔡雲夢俱□似。大旨綠,兼鬱塊,盡生□。

《朱青長詞集》,《清詞珍本叢刊》第一九冊,455頁

曲

〔北仙呂一半兒〕浮山禹廟和嶰谷　　　（清）厲　鶚

雲根不出廟庭隅，神怪當年豈盡誣？塑壁尚存山海圖。看模糊，一半兒蝸涎一半兒雨。

《全清散曲》上冊，778 頁

〔南中呂駐馬聽〕浮山禹廟　　　（清）吳錫麒

雲氣模糊，恍見羣靈左右趨。蛟龍洞閟，橘柚天圍，山海圖摹。飛芻絡繹路通吳，傳巴縹緲歌沿楚。民不其魚，狂瀾永砥，功哉微禹！

《全清散曲》中冊，1146 頁

殷本紀

詩

詠《殷本紀》

殷本紀　　　　　　　　　　　　　　（唐）司馬貞

簡狄吞乙,是爲殷祖。玄王啓商,伊尹負俎。上開三面,下獻九主。旋師秦卷,繼相臣扈。遷囂圮耿,不常厥土。武乙無道,禍因射天。帝辛淫亂,拒諫賊賢。九侯見醢,炮烙興焉。黃鉞斯仗,白旗是懸。哀哉瓊室,殷祀用遷!

《史記索隱》卷二九,457頁

詠史五首·商人　　　　　　　　　　（宋）范仲淹

履癸昆吾禍莫移,應天重造帝王基。子孫何事爲炮烙,不念嘻吁祝綱時。

《全宋詩》卷一六六,3冊,1879頁

歷代詩·商　　　　　　　　　　　　（宋）楊簡

商湯興時民戴后,外丙、仲壬繼其後。太甲、沃丁及太庚,小甲、雍己及太戊。仲丁、外壬河亶甲,祖乙、祖辛傳沃甲。祖丁相繼有南庚,陽甲之後是盤庚。盤庚能復興商邑,不幸小辛、小乙立。武丁有德號高宗,祖庚、祖甲又無功。廩辛、庚丁逢武乙,太丁、帝乙衰王室。末有紂辛名曰受,民心遂歸周武后。六百餘年三十主,周得天下商遂亡。

《全宋詩》卷二五八九,48冊,30098頁

編年歌括・商　　　　　　　　　　　　　　　　　　　　　　（元）許　衡

有商子姓三十世，十日為名無癸字。六百二十有九年，天下歸周契不祀。

《全元詩》第3冊，66頁

朝歌行　　　　　　　　　　　　　　　　　　　　　　　　　（元）郝　經

壯哉茲城冠河山，老玉回抱青孱顏。建邦立極古有制，何乃獨在河朔間。獨夫智力制天下，瞰視中原強王霸。誰知天與六州王，八百諸侯已從化。摘星樓頭醉未醒，酒池一夜蜚血驚。成湯高宗遂不祀，珠宮瑤臺為土平。我來感歎重延佇，驅車不入朝歌路。陰風莽蒼吹短衣，落日投文比干墓。

《全元詩》第4冊，266頁

過朝歌　　　　　　　　　　　　　　　　　　　　　　　　　（元）王　惲

山勢西來擁廢宮，荒煙回首接南墉。緬懷藝祖初經野，忍見狂童到覆宗。野水作聲知客恨，幽花含露為誰容。千年快意商郊戰，流謗爭教有二凶。

《全元詩》第5冊，216頁

商　　　　　　　　　　　　　　　　　　　　　　　　　　（元）侯克中

成湯放桀尚包羞，豈料商辛在後頭。方訝雉飛升祭鼎，俄聞魚躍入王舟。九重自謂為君長，四海皆如疾寇讎。不是武王容不得，三分天下二分周。

《全元詩》第9冊，8頁

詠史十二首（其八）　　　　　　　　　　　　　　　　　　　（元）胡　布

祝網既歸仁，視民知治道。阿衡正天下，復亳申帝誥。有眾率怠惰，嗷嗷不自保。上帝錫湯征，把鉞嚴天討。德威定海內，甚武崇王號。四瀆亦已修，民居仰宏造。

《全元詩》第50冊，350頁

古風十四首（其六）　　　　　　　　　　　　　　　　　　　（元）李　曄

夏后承四載，胼胝事洪流。龜文自天錫，大法列九疇。皇極居其中，錫福為民休。商辛既不極,姬政日以修。殷懃訪箕子,彞倫為咨諏。至哉君子心,傳道非臣周。

《全元詩》第 56 冊,2 頁

過牧野

（明）王 教

王受豈不聖,飛廉故相違。恨爾一黨成,墮此九廟威。如林倒前戈,同心肆長□。伸鉤雲自恃,焉救往者非。忠蓋愧頑民,藏慢發盜機。呂鷹奮雙翮,商輅空六飛。佯狂欲為道,抱器明見幾。卓哉西山夫,忍餓尋蕨薇。荒城亂古樹,草店留斜暉。靡靡聲可聞,濮上還依俙。

《中川遺稿》卷四,《四庫全書存目叢書》集部 84 冊,454 頁

殷　　墟

（明）王 格

淇上山河美,殷都昔此移。雉升彤日鼎,牛飲酒宮池。總為一夫紂,能令七廟夷。道傍有墟郭,愁見黍離離。

《少泉詩集》卷五下,《四庫全書存目叢書》集部 89 冊,227 頁

著雝攝提格 · 農潤商鼎歌

（清）蔣 詩

明宏(弘)治間,土中掘得重五百觔三足。

成湯七年旱太酷,煎沙焗石竭川谷。仁器象物金銅精,禱祀山川鼎三足。辭未及已天忽雨,民疾政節都合祝。父乙鼎銘三十字,子庚癸銘一字獨。其他瞿父召父鼎,二字八字文可讀。或為象形鏤饕餮,或為寶鼎號素服。立戈橫戈洎魚臺,咸載博古宣和牘。有商鼎形但按圖,夔隱雲雷體素樸。豈潤置縣自金始,殷時其地傍孤竹。固宜出土是商鼎,採薇扣馬皆遺躅。此鼎何年入土中,神物棄置竟潛伏。爵攀埋土三千年,一朝騰見寶光復。顧厚體重五百斤,腹深形直三足䪉。成周九鼎沉泗水,宣王獵碣置太学。韓蘇好古我更後,商鼎要与周鼓較。我聞焦山有古鼎,分宜嫁禍恭貪黷。勢敗遂置集心寺,法物皆入水山錄。但云古鼎究何代,詳考特世无專屬。此鼎宏治年出土,土人告我言重復。斷為商代確無疑,志乘載之信尤篤。

《榆西僊館初橐》卷三九,《清代詩文集彙編》488 冊,507 頁

總述三宗　　　　　　　　　　　　　　　　（明）孫承恩

君道先無逸,由來萬善門。豈惟治之本,實乃壽之原。斂則神常固,操之氣自存。卓哉三令主,應不媿湯孫。

《鑒古韻語》,《文簡集》卷二,影印文淵閣《四庫全書》1271 册,67 頁

雜言三十首（其十八）　　　　　　　　　　（清）易順鼎

犬吠則凶,忘其爲忠,世有湯、武、龍、比難容。鵲語則令,忘其爲佞,古有舜、堯、驩、共不幸。

《琴志樓詩集》卷二,第一册,116 頁

詠商王 附妲己

商 郊　　　　　　　　　　　　　　（唐）胡　曾

鶯轉商郊百草新,殷湯遺跡在荒榛。誰知繼桀為天子,便是當初祝網人。

《全唐詩》卷六四七,19 冊,7432 頁

傅 岩　　　　　　　　　　　　　　（唐）胡　曾

岩前版築不求伸,方寸那希據要津。自是武丁安寢夜,一宵宮裏夢賢人。

《全唐詩》卷六四七,19 冊,7432 頁

契　　　　　　　　　　　　　　　（清）徐公修

卵吞鳦鳥降生商,簡狄郊禖始發祥。一脈宗祧本黃帝,千秋恒撥頌玄王。司徒敷教官箴肅,上洛榮封國祚長。傳到文孫十四世,征誅奇局並成湯。

《史記百詠》卷一,《讀史千詠》,《史記研究文獻輯刊》13 冊,417 頁

成 湯　　　　　　　　　　　　　　（宋）王十朋

大乙興仁獸網中,鳴條一戰遂成功。歸來猶自懷慚德,事與唐虞已不同。

《全宋詩》卷二〇二四,36 冊,22680 頁

詠史二十二首（其四）　　　　　　　（宋）趙　戣

罪己桑林六,仁心祝網三。只應寬代虐,何事德懷慚。

《全宋詩》卷三〇八七,59 冊,36825 頁

湯　　　　　　　　　　　　　　　（宋）林　同

奉先思孝也,不祀豈其情。以至使亳眾,而甘為葛耕。

《全宋詩》卷三四一八,65 冊,40604 頁

商湯王　　　　　　　　　　　　　　　　（明）孫承恩

勇智由天錫，寬仁實性成。執中不偏倚，樂善絕驕矜。改過風雷厲，澄源玉雪清。日新傳聖學，萬古誦盤銘。

《鑒古韻語》，《文簡集》卷二，影印文淵閣《四庫全書》1271 冊，67 頁

湯　　　　　　　　　　　　　　　　　　（清）秦　焕

返躬責己一心虔，大旱無難挽七年。幻說犧牲人代畜，不惟誣聖且誣天。

《劍虹居詩集》卷下，《清代詩文集彙編》675 冊，195 頁

殷　湯　　　　　　　　　　　　　　　　（清）高宗弘曆

桀以日亡，湯則天與。紂有自燔之嫌，武無慚德之語。是湯武之甲乙定於斯矣。況乎一曾薦尹，一未進呂，雖然以爭而得天下者，實自茲始焉。是湯之不幸也，乃適逢其時之所處。

《全韻詩》，《御制詩四集》卷四九，影印文淵閣《四庫全書》1308 冊，143 頁

《殷本紀》第三·成湯　　　　　　　　　　（清）蔣　棨

玄鳥生商契實先，會隨文命共成天。南巢放後殷湯立，上帝分明復與賢。

《讀史》，《天涯詩鈔》，影印《四庫未收書輯刊》捌輯 23 冊，575 頁

湯武征誅　　　　　　　　　　　　　　　（清）褐　夫

湯武征誅說為民，血流漂杵豈誣人。夏臺羑里仇家怨，集結南巢與孟津。

《古史詩針》，《戴名世集》附錄二，436 頁

商　湯　　　　　　　　　　　　　　　　（清）徐公修

嶄新世局啟征誅，定鼎中原在亳都。鄰國逞兇懲葛伯，強藩作亂伐昆吾。求賢莘野殷三聘，放主巢湖置一隅。翦爪桑林虔禱雨，七年大旱慰來蘇。

《史記百詠》卷一，《讀史千詠》，《史記研究文獻輯刊》13 冊，419 頁

成　湯

(清)葛　震

成湯伐桀,放於南巢。歸有慚德,口實懼招。仲虺作誥,伊尹起莘。汝鳩汝房,遇之北門。刑儆有位,三風十愆。咎單明居,典寶名篇。三面去網,六事格天。銘盤惕己,日新乾乾。惜也放君,自湯始焉。

《史詩》卷一,《四庫全書存目叢書》史部291冊,605頁

成　湯

(清)葛　震　曹　荃

姓子氏,名履,一名天乙,主癸之子,契之後也。母曰扶都,見白氣貫月,意感而生天乙,是為成湯。成湯為夏方伯,得專征伐。桀無道,放之于南巢,遂踐天子位。都亳,以水德王,國號曰商,改歲曰祀,以斗杓建丑冬十二月為歲首,行甲寅曆。在位十三祀。崩,壽一百歲,葬偃師。○《括地志》:"宋州穀熟縣西南三十五里南,亳故城,即南亳,湯都也。宋州北五十里大盟城為景亳,河南偃師縣為西亳,帝嚳及湯所都,盤庚復遷於此。洛州偃師縣東六里有湯冢,近桐宮。"

成湯伐桀,放於南巢。把鉞俘寶,維武孔昭。仲虺作誥,伊尹阿衡。汝鳩汝房,遇之北門。虺,湯左相,《史記》作"中㕚"。尹,名摯,耕於有莘之野,湯三聘之為相,號阿衡。鳩、房二人,湯之賢臣。刑儆有位,三風十愆。咎單明居,典寶名篇。巫風、淫風、亂風,三風之目。單,湯司空。明居,民之事。義伯、仲伯作《典寶》一篇,言國之常寶也。三面去網,六事格天。湯大旱七年,以身禱於桑林之野,祝曰:"無以予一人之不敏傷民之命。"以六事自責,曰:"政不節與,民失職與,宮室崇與,女謁盛與,苞苴行與,讒夫昌與?"言未已,大雨方數千里。銘盤惕己,日新乾乾。以臣放君,自湯始焉。

《四言史徵》卷一,《四庫全書存目叢書》史部291冊,746頁

太　甲

(明)孫承恩

縱欲皇儀喪,風愆祖訓真。猶多不遠復,幸不竟沉淪。佑啟惟天眷,匡扶亦老臣。處仁遷義美,萬古仰如新。

《鑒古韻語》,《文簡集》卷二,影印文淵閣《四庫全書》1271冊,67頁

太　甲

(清)葛　震

太丁早卒,丙壬方沖。太甲既立,顛覆典刑。伊尹攝政,放之桐宮。密邇先王,三年

悔萌。迎歸復立,允德克終。繼湯而治,褒稱太宗。當是之時,臣處君移。鼎高其足,龍蟠於泥。非常之事,天地發機。太甲不怨,伊尹不疑。咸有一德,阿衡美兮。生享百壽,死葬偃師。誣甲誅尹,汲冢無稽。負鼎干湯,好事為之。

《詩史》卷一,《四庫全書存目叢書》史部291冊,605頁

太　甲　　　　　　　　　（清）葛震 曹荃

湯嫡孫,太丁子,在位三十三祀。

太丁早卒,丙壬方沖。太丁子,外丙二年,仲壬四年,皆以幼未立。太甲既立,顛覆典刑。伊尹攝政,放之桐宮。桐宮,湯葬地也。俾思祖猷,三年悔萌。迎歸授政,允德克終。繼湯而治,褒稱太宗。當是之時,臣處君移。鼎高其足,龍蟠於泥。非常之事,天地發機。太甲不怨,伊尹不疑。咸有一德,聖任是宜。生享百壽,死葬偃師。沃丁以天子禮葬伊尹於洛州偃師縣。

《四言史徵》卷一,《四庫全書存目叢書》史部291冊,747頁

雍　己　　　　　　　　　　　（清）葛震

沃丁嗣甲,統傳太庚。小甲雍己,諸侯弗庭。

《詩史》卷一,《四庫全書存目叢書》史部291冊,605頁

雍　己　　　　　　　　　（清）葛震 曹荃

小甲弟,在位五十二祀。商道衰,諸侯弗至。

沃丁嗣甲,統傳太庚。小甲雍己,諸侯弗庭。

《四言史徵》卷一,《四庫全書存目叢書》史部291冊,747頁

太　戊　　　　　　　　　　　（明）孫承恩

太戊屍君位,嚴恭以自居。天人原脗合,敬畏靡差殊。德政修無闕,祥桑正爾虛。永年膺寶曆,端拱治平餘。

《鑒古韻語》,《文簡集》卷二,影印文淵閣《四庫全書》1271冊,67頁

殷太戊　　　　　　　　　　　（清）高宗弘曆

兄終弟及始乎商,太戊惟質德允樹。《無逸》作訓稱古帝,昔在殷王實首舉。天命自

度戒荒寧,享國之年七十五。克修湯政慕遠方,重譯而至羣心虞。究其致盛所由夾,嚴恭寅畏斯為主。

《全韻詩》,《御制詩四集》卷四九,影印文淵閣《四庫全書》1308 冊,143 頁

太 戊　　　　　　　　　　　　（清）徐公修

祥桑與榖共生朝,修德回天便就雕。伊陟承先居宰相,巫咸輔主作臣僚。復興殷室斯為美,重集諸侯不待招。七十五年長享國,中宗廟號《尚書》標。

《史記百詠》卷一,《讀史千詠》,《史記研究文獻輯刊》13 冊,419 頁

太 戊　　　　　　　　　　　　（清）葛 震

太戊作君,伊陟為相。臣扈巫咸,時則天降。桑榖祥生,暮拱而共。君也能懼,臣也善諷。德卒勝妖,復興商統。

《詩史》卷一,《四庫全書存目叢書》史部 291 冊,605 頁

太 戊　　　　　　　　　　　　（清）葛 震 曹 荃

雍己弟,太庚子。伊陟為相,巫咸乂王家。殷復興,諸侯歸之,號稱中宗,在位七十五祀。

太戊作君,伊陟為相。伊陟,伊尹子。臣扈巫咸,時則天降。桑榖祥生,朝駢暮拱。桑、榖,二木,祥妖怪也。兩手搯之曰拱。君也能懼,臣也善諷。德卒勝妖,復得商統。亳有祥,桑、榖共生於朝,一暮大拱。太戊懼,伊陟曰:"臣聞妖不勝德,帝之政其有闕與?"太戊從之,祥桑枯死。

《四言史徵》卷一,《四庫全書存目叢書》史部 291 冊,747 頁

祖 乙　　　　　　　　　　　　（清）葛 震

仲丁外壬,亶甲祖乙。囂相耿邢,地屢遷徙。

《詩史》卷一,《四庫全書存目叢書》史部 291 冊,606 頁

祖 乙　　　　　　　　　　　　（清）葛 震 曹 荃

河亶甲子,在位十九祀。相都有河害,遷於耿。

仲丁外壬,亶甲祖乙。囂相耿邢,避河遷邑。囂,《史記》作"隞",今河南隞倉是也,在孟州河陰。耿在河中府龍門縣,邢在邢州龍岡縣。

《四言史徵》卷一,《四庫全書存目叢書》史部291冊,747頁

陽　甲
（清）葛　震

祖辛沃甲,祖丁南庚。陽甲自仲,子弟相爭。比亂九世,傳之盤庚。

《詩史》卷一,《四庫全書存目叢書》史部291冊,606頁

陽　甲
（清）葛　震　曹　荃

祖丁子,在位七祀。自仲丁以來,子弟爭立者九世,商復衰矣。

祖辛沃甲,祖丁南庚。陽甲自仲,子弟相爭。比亂九世,傳之盤庚。

《四言史徵》卷一,《四庫全書存目叢書》史部291冊,747頁

殷盤庚
（清）高宗弘曆

徙邢歷六代,墊隘民居底。弗可行政化,遷都為民耳。乃胥動浮言,安土致然矣。盤庚著三篇,實得誥諭體。上示乃在位,中話民弗率。下則既奠居,叮嚀簡相爾。然予更有言,害不視亶父。避狄遷於岐,民從者若市。誰謂荼之苦,其甘亦如薺。是知得民心,那費言佑啟。

《全韻詩》,《御制詩四集》卷四九,影印文淵閣《四庫全書》1308冊,144頁

盤　庚
（清）葛　震

盤庚遷亳,改號曰殷。作書三誥,為商賢君。

《詩史》卷一,《四庫全書存目叢書》史部291冊,606頁

盤　庚
（清）葛　震　曹　荃

陽甲弟,在位二十八祀。耿都又有河決之害,復遷於亳,改商曰殷。行湯之政,商道復興。

盤庚遷亳,改號曰殷。作書三誥,為商賢君。

《四言史徵》卷一,《四庫全書存目叢書》史部291冊,747頁

小　乙
（清）葛　震

小辛小乙,兄終弟及。殷澤漸衰,王風日息。古公亶父,自豳遷岐。改號曰周,肇迹

王基。

《詩史》卷一,《四庫全書存目叢書》史部 291 冊,606 頁

小 乙　　　　(清)葛 震 曹 荃

小辛弟,在位二十八祀。

小辛小乙,兄終弟及。殷澤漸衰,王風日息。古公亶父,自幽遷岐。時為有周,肇迹王基。

《四言史徵》卷一,《四庫全書存目叢書》史部 291 冊,748 頁

高 宗　　　　(宋)王十朋

須信精誠可動天,高宗一夢得真賢。濟川不賴良舟楫,安得中興五千年。

《全宋詩》卷二〇二四,36 冊,22680 頁

高 宗　　　　(明)孫承恩

亦有高宗帝,真稱繼世賢。居崇知稼穡,肇跡自幽潛。恭默逾三祀,雍和遍八埏。試披三命讀,聖學見淵源。

《鑒古韻語》,《文簡集》卷二,影印文淵閣《四庫全書》1271 冊,67 頁

題畫·《高宗得傅說》　　　　(明)楊 溥

恭默之餘,天賚良輔。以夢得之,大旱霖雨。

《楊文定公詩集》卷一,《續修四庫全書》集部 1326 冊,464 頁

殷高宗　　　　(清)高宗弘曆

考圖相傅說,設教契神解。空前絕後為,可一不可再。今讀《三篇》言,誠為百世楷。至於伐鬼方,注家無定在。不出楚、蜀、黔、夷、羌、苗之輩,祠卜其雄雞,銅珍其殼蟹。詎能禮義教,惟恃干戈駴。三年乃克之,憸矣未克等。五載定金川,掃穴犁庭罷。此後諸西羌,安眠迨驚駭。作詩非耀武,今古跡殊躓。

《全韻詩》,《御制詩四集》卷四九,影印文淵閣《四庫全書》1308 冊,144 頁

武 丁 (清)徐公修

甘盤舊學為師傅,三載居憂口用緘。祖己贊襄陳訓摯,鬼方采入用兵嚴。中興聖主光殷道,應夢賢人起傅岩。敬讀《高宗肜日》紀,兢兢顧畏在民喦。

《史記百詠》卷一,《讀史千詠》,《史記研究文獻輯刊》13 册,420 頁

武 丁 (清)葛 震

武丁作起,思道彌親。神與天通,夢得聖人。時說胥靡,築於傅巖。舉以為相,不疑不嫌。鹽梅舟楫,說命三篇。殷道復興,聖學以傳。撻伐鬼方,風人美焉。稱曰高宗,夫豈徒然。

《詩史》卷一,《四庫全書存目叢書》史部 291 册,606 頁

武 丁 (清)葛 震 曹 荃

小乙子,在位五十九祀,稱曰高宗。

武丁作君,恭默思道。夢天賚弼,旁求圖肖。時說胥靡,築於傅巖。傅巖在虞、虢界,所經有澗水壞道,常使胥靡刑人築護此道。說賢而隱,代胥靡築之以供食也。舉以為相,不疑不嫌。高宗憑一夕之夢,既授說以重任而不疑。說以草野一匹夫,一旦應高宗之求,幡然居相位而不嫌。鹽梅舟楫,說命三篇。殷道復興,聖學以傳。雉呴肜鼎,祖己作訓。撻伐鬼方,風人著詠。

《四言史徵》卷一,《四庫全書存目叢書》史部 291 册,748 頁

祖 甲 (明)孫承恩

祖甲沖年日,幽潛田里間。亦知諳稼事,應自悉民艱。惠欲周黎庶,心存逮寡鰥。未能儕二祖,合與困知班。

《鑒古韻語》,《文簡集》卷二,影印文淵閣《四庫全書》,1271 册,67 頁

殷祖甲 (清)高宗弘曆

祖甲逃王位,太伯同藥采。田間用知依,保惠庶民愛。興商類盤庚,敬民袪好貤。史記及《孔傳》,訛傳失魯亥。

《全韻詩》,《御制詩四集》卷四九,影印文淵閣《四庫全書》,1308 册,144 頁

庚　丁

（清）葛　震

祖庚七祀，祖甲繼庚。嫡後嗣續，廩辛庚丁。

《詩史》卷一，《四庫全書存目叢書》史部291冊，606頁

庚　丁

（清）葛　震　曹　荃

祖甲子，在位二十一祀。

祖庚七祀，祖甲繼庚。嫡後嗣續，廩辛庚丁。

《四言史徵》卷一，《四庫全書存目叢書》史部291冊，748頁

武　乙

（清）葛　震

武乙無道，為木偶人。與之相博，僇辱天神。革囊盛血，仰而射天。獵於河渭，雷震死焉。

《詩史》卷一，《四庫全書存目叢書》史部291冊，606頁

武　乙

（清）葛　震　曹　荃

庚丁子。復去亳，徙河北朝歌，在位四祀。

武乙無道，為木偶人。與之相博，僇辱天神。革囊盛血，仰而射天。獵於河渭，雷震死焉。

《四言史徵》卷一，《四庫全書存目叢書》史部291冊，748頁

帝　乙

（清）葛　震

太丁不永，三祀而崩。帝乙元祀，季歷伐戎。圭瓚秬鬯，錫之專征。始為侯伯，號曰周公。

《詩史》卷一，《四庫全書存目叢書》史部291冊，606頁

帝　乙

（清）葛　震　曹　荃

太丁子，在位三十七祀。

太丁不永，三祀而崩。帝乙元祀，季歷伐戎。圭瓚秬鬯，錫之專征。始為侯伯，號曰

周公。

《四言史徵》卷一,《四庫全書存目叢書》史部 291 冊,748 頁

商武乙 （清）吳　鎮

革囊血,仰射天。殷其雷,已填填。

《松花庵韻史》,《四庫未收書輯刊》拾輯 24 冊,255 頁

紂 （宋）王十朋

釀酒為池肉作林,深宮長夜恣荒淫。何如早散橋倉粟,結取臣民億萬心。

《全宋詩》卷二〇二四,36 冊,22680 頁

淇　州 （元）傅若金

湯陰縣前秋氣悲,路人為說紂亡時。比干死諫猶存墓,西伯拘幽尚有祠。草沒廢城牛牧遠,樹侵官道烏飛遲。西風落葉成多感,行過朝歌却賦詩。

《全元詩》第 45 冊,91 頁

詠史十二首（其九） （元）胡　布

獨夫亂天事,毀信崇惡機。詭智足拒諫,巧言能飾非。天下奉一己,凶奰日孜孜。烋烋斂眾怨,委棄鹿台資。七竅哀忠良,斮脛虐無遺。萬民塗肝腦,嗛嗛中顧私。龜毛兔亦角,河竭兆其危。寶玉衣自焚,聰明致愚嗤。

《全元詩》第 50 冊,350 頁

紂　王 （明）孫承恩

紂惡仍浮桀,驕誇妄自賢。漫云生有命,不道罪彌天。殺戮忠良遠,奇淫妾婦憐。倒戈躬衣玉,牧野看當年。

《鑒古韻語》,《文簡集》卷二,影印文淵閣《四庫全書》1271 冊,68 頁

古宮五詠·妲己 （明）茅元儀

流湯握炭,紂之士,如此者十八。人盡成灰,太白前誰澆一杯。祭器任人歸勝國,獨懷奇

技自徘徊。

《石民江村集》卷八,《四庫禁毀書叢刊》集部70冊,433頁

過斫脛河 　　　　　　　　　　　　　　　　　　（明）袁宏道

北風浩浩吹酒池,萬娥夜舞糟丘堤。飛廉手把火旗麾,少師局尺不敢啼。是時獨夫眼方纈,古鼎排庭瀝豹血。妲己頳紅倚曲欄,野人霜下踏冰裂。須臾縛致軒墀前,皴肌凜凜顛垂雪。斫脛傳視血淋漓,仰天大笑纓珠絕。已見愚臣心孔多,又見耄叟骨如鐵。殿外執圭聲唯唯,聖人如天鑒似水。西方罪臣老更尫,口銜枯草談陰陽。朝披雨雪夜眠霜,哀嫈癃朽目汪汪,何異爝火仰三光。

《袁宏道集箋校》卷五〇,下冊,1442頁

王良二首（其二） 　　　　　　　　　　　　　　　　（清）顧炎武

商紂為黎蒐,遂起東夷叛。楚靈一會申,遂召乾溪患。甲兵豈不多,人人欲從亂。惟民國所依,疾乃盈其貫。皇矣監四方,得民天所贊。

《顧亭林詩集匯注》卷五,下冊,1078頁

《殷本紀》第三·紂 　　　　　　　　　　　　　　　（清）蔣楛

報丁以後迄商辛,不是天干不命名。甲子豈關虛王理,却乘大雨急行兵。
天錫聰明僅餻非,鹿臺回首歎無歸。美人已散新聲絕,殉國惟餘寶玉衣。

《讀史》,《天涯詩鈔》,影印《四庫未收書輯刊》捌輯23冊,575頁

紂 　　　　　　　　　　　　　　　　　　　　　　（清）徐公修

飾非拒諫自矜才,牟利宮中九市開。象箸奢華供膳飲,鹿臺聚斂貯貲財。荒淫妲己偏耽色,昵比崇侯卒招災。七十萬人齊叛爾,陳師牧野倒戈來。

《史記百詠》卷一,《讀史千詠》,《史記研究文獻輯刊》13冊,422頁

商受斫涉《書》 　　　　　　　　　　　　　　　　（清）田依渠

斫脛亦何罪,冤哉傷復傷,他時人涉水,莫更遇商王。

《茹古山房讀史餘吟》卷四,《清代詩文集彙編》639冊,660頁

100

受　辛　　　　　　　　　　　　　　　　　　　（清）葛　震

帝乙有子,異母三人。微啟仲衍,季曰受辛。啟為妾子,紂始承基。資辯捷疾,拒諫餙非。玉杯象箸,無所不為。伐有蘇氏,妲己以歸。膏塗銅柱,炮烙肆威。宮中作市,長夜肉飛。鹿臺鉅橋,民瘦己肥。淫悅婦人,寧知天違。比干諫死,微子去之。二十八君,棲棲何依。六百餘祀,忽焉沒兮。箕子過殷,觸物皆非。麥秀漸漸,恫焉心悲。

《詩史》卷一,《四庫全書存目叢書》史部 291 册,606 頁

受　辛　　　　　　　　　　　　　　　　　　（清）葛　震　曹　荃

帝乙子,是為紂。淫亂暴虐,武王伐之,自焚死。在位三十三祀。

帝乙有子,同母三人。微啟仲衍,季曰受辛。太史囿禮,紂以嫡承。資辯捷疾,拒諫餙非。玉杯象箸,奢著於微。伐有蘇氏,妲己以歸。荒酒淫色,新聲靡靡。鳥獸充仞,宮室華侈。鹿臺鉅橋,瘦民肥己。銅柱炮烙,剖孕斮髓。比干諫死,微子去之。二十八君,棲棲何依。六百餘祀,忽焉沒兮。箕子名胥餘。過殷,觸物皆非。麥秀漸漸,恫焉心悲。箕子朝周,過殷故墟,傷宮室毀壞,生禾黍,乃作《麥秀之歌》,曰:"麥秀漸漸兮,禾黍油油兮。彼狡童兮,不與我好兮。"殷人聞之,皆流涕。

《四言史徵》卷一,《四庫全書存目叢書》史部 291 册,748 頁

香草閒吟·妲己　　　　　　　　　　　　　　　（清）方玉潤

省識聰明七竅心,比干千古有知音。緣何愛我還戕我,兩樣情懷一樣深。

《鴻濛室詩鈔》卷四《俯仰集》四,《清代詩文集彙編》644 册,356 頁

詠商臣

關龍逄墓　　　　　　　　　　　　　　　　（元）李齊賢

英名萬古感人心,泰華山高河水深。杜口圖生應不億,誰將齒髮到如今。

《全元詩》第 33 冊,345 頁

鄉賢十詠·關龍逄　　　　　　　　　　　　（明）何東序

豈無憂世心,蒿然見眉睫。睨刑上瑤臺,一笑忘威刦。危石何可冠,春水何可涉。冠石頭上糜,涉水踵旋跲。亭毒勞我生,炮烙形應竭。日亡名可亡,千載胡曄曄。獨憐畫衣朝,不怒人威慴。

《九愚山房詩集》卷二,《四庫全書存目叢書》集部 126 冊,634 頁

伊　尹　　　　　　　　　　　　　　　　　（宋）王十朋

窮居樂道自躬耕,那肯要君用割烹。湯后不加三聘禮,未應改志為蒼生。

《全宋詩》卷二〇二四,36 冊,22686 頁

伊尹墓　　　　　　　　　　　　　　　　　（宋）范成大

在空桑北一里,有磚堠,刻云"湯相伊公之墓"。相傳墓左右生棘,皆直如矢。

三尺黃壚直棘邊,此心終古享皇天。《汲書》猥述流傳妄,剖擊嗟無咎單篇。

《全宋詩》卷二二五三,41 冊,25848 頁

伊　周　　　　　　　　　　　　　　　　　（宋）衛宗武

誓征黜夏命,武成有商邑。惟王弗率祖,沖人初嗣歷。既放奉歸亳,已攝復明辟。前此所未聞,浮言曾罔恤。二公德動天,民亦歸其德。忠誠靡有他,上下素孚格。遂以直道行,觀聽自無惑。吁嗟人不古,後世幾新室。

《全宋詩》卷三三一〇,63 冊,39417 頁

題《伊尹耕莘圖》　　　　　　　　　　　　（元）貢師泰

碧海晝沸白日淪,禹鼎欲徙湯網仁。長繩短箠行蹩躠,驅牛獨耕莘野雪。有時仰面一長吁,青天漫漫風烈烈。身居畎畝堯、舜心,忍看民生墮昏沉。乾坤闔闢係出處,幡然起作商家霖。先農有《詩》亦有《譜》,後世南陽詠《梁父》。

《全元詩》第 40 冊,251 頁

題白描人物四幀·又《伊尹》　　　　　　　（明）張　適

莘野有處士,素樂《堯》《舜書》。幡然為民出,四海歌唐、虞。

《江行集》卷五,《四庫全書存目叢書》集部 25 冊,第 336 頁

題畫·《成湯聘伊尹》　　　　　　　　　　（明）楊　溥

莘野耕夫,有商先正。垂祀六百,本之三聘。

《楊文定公詩集》卷一,《續修四庫全書》集部 1326 冊,464 頁

伊尹負鼎《史記》　　　　　　　　　　　　（清）田依渠

世豈有伊尹,甘為負鼎臣。要湯誰見得,竟乃侮賢人。

《茹古山房讀史餘吟》卷三,《清代詩文集彙編》639 冊,654 頁

傅岩操　　　　　　　　　　　　　　　　　（明）袁　凱

日之將出兮,余趨乎築之所。杵丁丁而不息兮,汗淫淫之如雨。日既入而始休兮,飯麤糲而不飽。於乎其命兮,余何辭乎此苦！

《袁凱集編年校注》編年詩,92 頁

《版築求賢圖》　　　　　　　　　　　　　（明）唐　寅

聖主求賢撫畫圖,頓將天秩界胥徒。精神不是能玄會,顏色安知非濫竽。

《唐伯虎全集》補輯卷四,440 頁

雜題二首(其一) （明）周思兼

傅說隱巖下,此志甘沈淪。一朝感帝夢,千古稱良臣。從來草澤間,豈無賢達人。所貴在相遇,夢寐何足論。

《周叔夜先生集》卷一,《四庫全書存目叢書》集部 114 冊,351 頁

謁傅巖廟 （明）何東序

聖水潺湲接芮涯,百年懷古一登祠。蒼生未屬商霖望,巖野先投帝夢奇。版築荒苔行處覓,丹青遺像古來垂。欣逢嘉靖中興日,四海旁求慰默思。

《九愚山房詩集》卷四,《四庫全書存目叢書》集部 126 冊,653 頁

傅說築岩 （明）童軒

傅岩山下作胥靡,板築躬操世未知。忽肖畫圖天上夢,看施霖雨濟瘡痍。

《清風亭稿》卷八,影印文淵閣《四庫全書》1247 冊,175 頁

雜詩十四首(其九) （明）王九思

傅說感商宗,乃在版築間。恭默洞幽微,夢寐覿芳顏。旁求肖厥像,置諸青雲端。對揚樹鴻猷,匹美阿衡班。嘉靖興殷邦,萬祀名不刊。軌云蹈遐軌,繆妄起哀歎。

《渼陂集 渼陂續集》卷二,《陝西古代文獻集成》第 9 輯,第 67 頁

傅說 （清）徐公修

夢入深宮面目真,天緣介紹趾離神。傭工不礙充胥靡,作相方知是聖人。築版生前隱岩穴,騎箕死後應星辰。《三篇說命》文章在,典學名言拜手陳。

《史記百詠》卷一,《讀史千詠》,《史記研究文獻輯刊》13 冊,420 頁

過阿衡墓 （明）來復

夏癸造不祥,僭侈羅陰殃。有施餌妖冶,窮極滋民瘝。責責五就仁,曾不微省識。夏臺果誰氏,妄意肆徽纆。淵魚避駁逐,畔者八百國。巍巍命世輔,撥亂清日月。乾坤再朗廓,赫爗耀殷德。淑志契虞唐,稷、卨詎匹敵。至今荒塚上,雲氣浩無極。尚憶皷冕日,秩

穆千官式。即寡《金縢》疑,師保允安陞。休哉格天功,千禩何能克。

《來陽伯詩集》卷三,《陝西古代文獻集成》第 19 輯,91 頁

比干墓　　　　　　　　　　　　　　　　　　（唐）徐彥伯

大位天下寶,維賢國之鎮。殷道微而在,受辛纂頹胤。山鳴鬼又哭,地裂川亦震。媒孽皆佞諛,虔劉盡英雋。孤卿帝叔父,特進貞而順。玉床逾皓潔,銅柱方歊焮。奉國歷三朝,觀竅明一瞬。季代倡狂主,蓄怒提白刃。之子彌忠讜,憤然更勇進。撫膺誓隕越,知死故不吝。已矣竟剖心,哲婦亦同殉。驪龍暴雙骨,太嶽摧孤仞。周發次商郊,冤骸悲莫殫。鋒劍剿遺孽,報復一何迅。駐罕歌淑靈,命徒封旅櫬。自爾銜幽酷,於嗟流景駿。丘墳被宿莽,壇阯緣飛磷。貞觀戒北征,維皇念忠信。荒墳護草木,刻桷吹煨燼。代遠恩更崇,身頹名益振。帝詞書樂石,國饌羅芳饗。偉哉烈士圖,奇英千古徇。

《全唐詩》卷七六,3 冊,822 頁

吊比干墓　　　　　　　　　　　　　　　　　　（唐）孟　郊

殷辛帝天下,厭為天下尊。干綱既一斷,賢愚無二門。佞是福身本,忠是喪己源。餓虎不食子,人無骨肉恩。日影不入地,下埋冤死魂。有骨不為土,應作直木根。今來過此鄉,下馬吊此墳。靜念君臣間,有道誰敢論。

《全唐詩》三八一,12 冊,4269 頁

比干墓　　　　　　　　　　　　　　　　　　（唐）汪　遵

國亂時危道不行,忠賢諫死勝謀生。一沉冤骨千年後,壟水雖平恨未平。

《全唐詩》卷六〇二,18 冊,6958 頁

過比干墓　　　　　　　　　　　　　　　　　　（唐）聶夷中

殷辛帝天下,厭為天下尊。幹綱既一斷,賢愚無二門。佞是福身本,忠作喪己源。餓虎不食子,人無骨肉恩。日影不入地,下埋冤死魂。腐骨不為土,應作石木根。余來過此鄉,下馬吊此墳。靜念君臣間,有道誰敢論。

《全唐詩》卷六三六,19 冊,7298 頁

《比干傳》

（唐）貫　休

昏王亡國豈堪陳，只見明誠不見身。想得先生也知自，欲將留與後來人。

《全唐詩》卷八三七，23 册，9433 頁

比干臺

（宋）趙　瞻

九閽大壞一木支，勢知不可誠不欺。商之三仁異所歸，死諫不欲狂囚為。賢哉萬世忠臣師，比干而已前其誰。諫不當顯何所持，忠必愛君無拂辭。帝舜載賡歌康隳，風雅比興陳盛衰。君賢臣聖流《書》《詩》，光華榮輝同葳蕤。扶起不欲憂顛危，剖心血頸鼎鑊糜。此意不獨在一進，死者一傳星日垂。猶有佞人乘其機，順正逢惡稱諷規。甘言好語解人頤，如鼷食角寢不觜。聰明蔽密蔀莫知，微干之節世亦疑。章華非不窮峨巍，姑蘇一同宗社移。名與土滅掃無遺，但為世鑒那中譏。茲臺巍巍存遺基，尚覺清風灑肝脾。妖狐狡兔不敢依，飛沙落日予心悲。

《全宋詩》卷五一四，9 册，6245 頁

比　　干

（宋）王十朋

諫君不聽盍亡身，豈忍求生却害仁。不向天庭剖心死，安知心異世間人。

《全宋詩》卷二〇二四，36 册，22686 頁

比干墓

（宋）汪元量

衛州三十里，荒墩草無數。忽聽路人言，此葬比干處。下馬拊石碑，三歎不能去。斐然成歌章，聊書墓頭樹。我吊比干心，不吊比干墓。世間賢與愚，同盡成黃土。斯人亦人爾，千千萬萬古。

《全宋詩》卷三六六六，70 册，44020 頁

比干墓

（元）郝　經

斫脛河南比干墓，崔嵬尚是武王土。一丘直欲壓太行，一死能令重千古。國亡突兀見真純，龍逄與君冠夏殷。無人語與魏鄭公，良臣不幸為忠臣。已醢九侯紂猶怒，箕子佯狂微子去。三仁一仁獨殺身，剖心庶使王心悟。王終不悟國遂亡，朝歌無人至今荒。行

人只拜比干墓,有殷賢臣獨不亡。

《全元詩》第 4 冊,266 頁

陪總管陳公肇祀商少師比干廟   (元)王 惲

元化形萬彙,浩浩無時無。云何忠貞氣,大畀先生軀。念昔有殷季,天步篚獨夫。淫酗蕩祀典,下民為毒痛。所崇盡奸回,啟遜箕子奴。師保乃云爾,餘敢編其鬚。炎炎鹿臺火,已兆明珠襦。先生豈不知,蔓草不可圖。顧親叔父尊,以位仍三孤。強諫誠我任,剖心不為瘉。自靖暨殺身,要之宗社扶。所以宣父筆,三仁同一途。繄公存亡間,所係重有殊。堂堂柱天手,能縶火德烏。當時戡黎兵,所侵良及膚。周雖彼蒼眷,加翼十亂謨。天其諫少行,終鄙西人居。稱師止觀政,安取商郊車。一朝歎云亡,宗國隨之墟。丹誠皎白日,餘烈光八區。準爾來代臣,大節知所趨。嗚呼介士歟,萬萬狂童且。今來二千載,殷周兩榛蕪。巍然一丘土,高與西山俱。清霜九月節,肇祀陪干旟。肅拜列階下,精爽動佩裾。世道有淪喪,一忠千萬誃。商歌振林樾,日下悲風徂。

《全元詩》第 5 冊,3 頁

比干廟   (元)王 惲

玉骨琅琅盡古丘,凜然英氣尚橫秋。朱遊訕訐何為者,敢辱先生地下遊。

《全元詩》第 5 冊,385 頁

比干墓   (元)歐陽玄

獨夫臺上醉紅裙,七竅丹心豈忍聞。白日已隨流水沒,青山猶護太師墳。忠肝一片埋秋草,直氣千年起暮雲。我也停驂薦萍藻,太行落木正紛紛。

《全元詩》第 31 冊,228 頁

比干墓   (元)李齊賢

墓在衛州北十許裏,蓋周武王所封。而唐太宗貞觀中,道過其地,自為文以祭,其石刻剝落,亦可識一二焉。夫二君之眷眷於異代之臣者,豈非哀其忠、潛其死乎?而武王忽伯夷於勝殷之後,太宗疑魏征於征遼之日者,何耶?因作此詩,亦《春秋》責備賢者之義也。

周王封墓禮殷臣,為惜忠言見殺身。何事華陽歸馬後,蒲輪不謝采薇人。

從來忿欲蔽良知,日暮令人有逆施。咢矣親祠比干墓,胡然却仆魏征碑。

《全元詩》第 33 册,329 頁

比干墓 （元）周伯琦

殺身非為欲成仁,忍見殷宗入鎬函。蕭杇裸將憐大雅,墓田華表媿諛臣。

《全元詩》第 40 册,380 頁

殷大師比干墓下 （元）劉 紹

層城帶河流,坑坎延邐迤。城門一凝望,突兀孤墳峙。故老向我言,曾聞比干死。商辛昔昏戾,社稷見傾圮。直諫有斯人,龍逄事堪擬。想當批逆鱗,誠惻吐臧否。改過冀君情,捐生非為己。先王我同出,去此吾焉止。顛覆忍見之,含凄向泉裏。我來屬多難,感激在千禩。靖獻人自謀,忠仁孰能企。摩挲仲尼書,朗詠道傍誄。玄陰黯中陵,莽蒼寒吹起。他日牧野師,誰憐商鼎徙。

《全元詩》第 50 册,546 頁

比干墓 （明）吳廷翰

逆耳若能成大計,剖心今已付長吟。國亡身死空祠墓,落日牛羊哀怨深!

《詩集》卷下,《吳廷翰集》,446 頁

汲縣,謁比干墓 （明）唐順之

下馬登丘壠,蓁林曲隧通。碑因元魏樹,地是有周封。酒散荒池上,人行秀麥中。故宫無可問,徒此對松風。

《唐順之集》卷一,上册,14 頁

比干墓 （明）王 教

凍雲壓遠障,朔氣生平林。剔蘚誦殘碑,睠懷賢聖心。七竅豈不具,一忠難自沉。所以甯子愚,耿耿傳至今。狗身計宗社,抗諫攄悃忱。天傾勢何支,山仰人自欽。鼓鐘薦嘗禮,俎豆期致歆。因之憶龍逄,灑淚霑塞襟。

《中川遺稿》卷四,《四庫全書存目叢書》集部 84 册,454 頁

三仁贊三首·箕子 (明)李夢陽

于維哲人,知微知彰。譬如滔天,涓涓是防。象箸道奢,瓊宮兆亡。鼓琴自悲,過衢二師。三諫遂行,允哉睿思!

《李夢陽集校箋》卷六〇,第五册,1878 頁

三仁贊三首·比干 (明)李夢陽

箕啓存祀,干以殺身。殷稱七竅,孔贊三仁。烈烈太師,實惟國楨。人之云亡,邦是用傾。鹿臺玉焚,麥秀吞聲。

《李夢陽集校箋》卷六〇,第五册,1878 頁

經牧野,吊比干墓 (明)郭諫臣

牧野荒荒落日低,愁雲深鎖比干祠。寧將血濺商家土,忍見頭懸太白旗。麥秀春郊麋鹿走,花殘夜月杜鵑悲。古來忠直多磨滅,千載令人淚滿頤。

《鯤溟詩集》卷三,影印文淵閣《四庫全書》1288 册,171 頁

謁比干祠 (明)楊　爵

人心天意轉岐幽,夫子安能不殺身。一死祇將殷祀絶,空教千古吊三仁。

《楊忠介公集》卷一二,《陝西古代文獻集成》第 27 輯,372 頁

殷少師比干墓 (清)沈德潛

少師遺墓氣森沈,屹立豐碑蘚不侵。日月朗懸尼父筆,墓碑六字相傳孔子書。兒童争識聖人心。死同孤竹分先後,諫並龍逢照古今。明水欲陳無可奠,聊抒忱悃託微吟。

《歸愚詩鈔》卷一六,《沈德潛詩文集》第一册,343 頁

謁比干墓 (清)鄭　珍

墓禽知敬久無音,樵採含悽遠不侵。氣共微箕存祖社,魂傷姬孔表岡林。千秋死諫無公酷,半日句留望古深。壟畔請攜卷石去,案間時見昔年心。一石奥心絕肖,持以歸。

《巢經巢詩鈔》前集卷三,《巢經巢詩文集》,42 頁

比干墓下作 并序

（清）鄭 珍

王子於受辛爲叔父，當日必有類伊、周所爲者，獨夫至剖其心，其不悟而痛衡之可想矣。周武立殷後，見《書》傳尚十餘氏，於王子僅封其墓，覆巢之下，殆無完卵乎？

王子骨肉閒，力欲醒天夢。封墓不及後，孥戮知已縱。公旦豈異人，三笞得賢誦。同聖不同福，千載有餘痛。

《巢經巢詩鈔》前集卷四，《巢經巢詩文集》，70 頁

比干墓

（清）朱方增

松柏何鬱鬱，中有王子墳。傷哉剖心事，涕泗不忍聞。或云是才子，或稱為賢人。論定經至聖，卓然稱其仁。乍謁三仁祠，黯澹愁風雲。下馬此憑吊，草木慘不春。古今茹深痛，豈徒魏孝文。

《求聞過齋詩集》卷二，《清代詩文集彙編》531 冊，22 頁

殷三仁祠

（清）舒 位

微子作客箕子奴，比干心血紅模糊。三人行事不相類，令我曠世長嗟吁。殷王鑿谷飲長夜，遂賜天下三日酺。孟津諸侯乘醉入，鹿臺散財償酒逋。畢榮望奭功佐命，飛廉善走殺海隅。三仁斯時奈何許，或生或死風景殊。微子懷中抱祭器，箕子口內談洛書。比干墓木拱馬鬣，雖欲傷心心已無。東山祿父初發難，實惟管叔相覬覦。頑民不隨九鼎徙，義士況使三軍扶。當年心跡信無異，後世口實繁有徒。朝鮮一舸自縹緲，旄夏一舞空支吾。荒祠儽然傍故土，寧知故土為殷墟。老臣不願見此事，回車去式商容閭。

《瓶水齋詩集》卷六，上冊，216 頁

伊 尹

（清）徐公修

異人產本在空桑，就桀難容卒就湯。莘野耕夫終拜相，桐宮放主輔成王。千秋任聖功勳懋，一代阿衡姓氏香。至竟要君堯、舜道，萊朱夾輔啟殷商。

《史記百詠》卷一，《讀史千詠》，《史記研究文獻輯刊》13 冊，419 頁

表商閭 (清)李　柏

商容識周王,聰明自非常。舊臣而新君,禮賢羅四方。死者封其墓,生者表其鄉。獨有扣馬進諫人,白骨秋風淒榛莽。此義士也,去之何方?薇不採兮水不飲,空使民到於今傷。公望公望,侯於齊疆。

《太白山人槲葉集》卷五,《陝西古代文獻集成》第 30 輯,238 頁

惡來多力 《史記》 (清)田依渠

商臣名惡來,固是蜚廉子。多力亦徒然,實先君父死。

《茹古山房讀史餘吟》卷四,《清代詩文集彙編》639 册,659 頁

詞

浪淘沙令　　　　　　　　　　　　　　　　　　（宋）王安石

伊、呂兩衰翁。歷遍窮通。一為釣叟一耕傭。若使當時身不遇,老了英雄。　湯武偶相逢。風虎雲龍。興王只在笑談中。直至如今千載後,誰與爭功。

《全宋詞》第一冊,207 頁

醉蓬萊·北田述事三首(之一)　　　　　　　　　（明）王材

看古今賢聖,此道之行,何曾有幾。喜起明良,說唐虞之際。耕野興伊,築巖起傅,呂也來磻水。便握機衡,便攄忠力,便成經世。　碌碌階資,紛紛讒珍,揚子解嘲,孟堅賓戲。百計僥踰,枉尋思直㔊。小小匡維,區區補塞,畢竟成何事。性裏乾坤,眼前風月,醉鄉深矣。

《全明詞補編》上冊,403 頁

天門謠·汲縣道中作　　　　　　　　　　　　　（清）陳維崧

已過鞦韆節。看汲塚、苔錢鋪纈。淇流咽。說古今興滅。　比干廟年啼百舌。月與銅盤都缺。愁恨織。花落處、棠梨成血。

《全清詞》順康卷第七冊,3894 頁

滿江紅·謁比干墓　　　　　　　　　　　　　　（清）姜垚

一片丹心,千秋已化朝歌石。任姓氏、幾番變更,墓封猶碧。麥隴春寒鶯燕舞,松枝夜繞龍蛇泣。望太行、多少白雲來,浮山色。　銅盤語,大道直。豐碑影,荒臺側。想當年矢志。何須七尺。聖主若留天地量,老臣已竭夔龍力。最苦是、華表鶴空歸,傷行客。

《全清詞》順康卷第一一冊,6136 頁

前調(贊浦子)·湯解祝網　　　　　　（清）張 塤

庶族皆聾瞽,先知獨感籲。觸處天心見,悠然物命蘇。　不殺根予仁政,求生擇汝夷途。首握菩提鏡,長明暗室珠。

《全清詞》雍乾卷第九册,4839 頁

前調(贊浦子)·武丁迎傅說　　　　　　（清）張 塤

版築驚疑日,阿衡輔弱年。資格非三代,騰騫上九天。　筮得建侯之卦,春於巖谷之間。佐命應難得,勞生亦可憐。

《全清詞》雍乾卷第九册,4839 頁

周本紀

詩

詠《周本紀》

周本紀

（唐）司馬貞

后稷居邰，太王作周。丹開雀錄，火降烏流。三分既有，八百不謀。蒼兕誓衆，白魚入舟。太師抱樂，箕子拘囚。成康之日，政簡刑措。南巡不還，西服莫附。共和之後，王室多故。檿弧興謠，龍漦作蠹。頹帶茌禍，實傾周祚。

《史記索隱》卷二九，457頁

詠史五首·周人
（宋）范仲淹

斧鉞為藩忍內侵，商人塗炭奈何深。不煩魚火明天意，自有諸侯八百心。

《全宋詩》卷一六六，3冊，1880頁

讀《周本紀》
（宋）張耒

周公七百年禮樂，箕服檿弧紛破除。空使遺臣經故國，徘徊禾黍歎丘墟。

《全宋詩》卷一一七八，20冊，13295頁

雜興（其一）
（宋）陸游

秦漢區區了目前，周家風化遂無傳。君看八百年基業，盡在東山七月篇。

《全宋詩》卷二二〇三，40冊，25197頁

歷代詩·西周

(宋)楊 簡

后稷、文王世幾傳，武王方得天下全。成、康、昭、穆及共、懿、孝、夷之後厲兼宣。幽王見殺平王立，以上凡經四百年。

《全宋詩》卷二五八九，48冊，30098頁

歷代詩·東周

(宋)楊 簡

平王避難遷洛陽，桓、莊、僖、惠、襄、頃、匡。定、簡、靈、景兼悼、敬，二百餘年春秋王。春秋之後周之晚，元王、貞定相承纂。哀、考、威、烈遂傳安，夷烈顯聖慎靚、赧。三十七主始為秦，八百餘年誰謂短。

《全宋詩》卷二五八九，48冊，30098頁

編年歌括·周

(元)許 衡

姬周三十有七王，歷年八百六十七。西都三百五十二，武、成、康、昭、穆、共、懿。孝、夷之下厲、宣、幽，十有二朝居鎬邑。東都二十五相傳，五百一十五元日。平、桓、莊、釐惠與襄，頃、匡、定簡、靈、景繼。悼、敬、元并貞、定、哀，思、考、威烈安夷烈。顯與慎靚及赧王，厥後秦人併王室。

《全元詩》第3冊，67頁

結襪子二首并序(其一)

(元)耶律鑄

《帝王世紀》曰：文王伐崇侯虎，至五鳳墟。襪系解，顧左右無可使者，乃俯而結之。武王至商郊牧野誓眾，左仗黃鉞，右秉白旄，王襪解，莫肯與王結，王乃釋旄鉞，俯而結之。《漢書》王生襪解，張釋之跪而結之。唐李白《結襪子辭》大抵言感恩之重，而以命相許也。郭茂倩編次《樂府詩集》所序如此。燕南壯士吳門豪，築中置鉛魚隱刀。感君恩重許君命，泰山一擲輕鴻毛。太白《結襪子辭》也，可謂絕唱。然則高漸離、專諸之任，君子不取。詳味題意，紬繹史氏，感恩許命，則太公其人也。太公八十《孔叢子》太公八十而遇文王，諸書所載皆不同。而遇文王，武王十三年，《史記》作十一年。牧野之戰，太公年近九十，時諸侯兵會者車四千乘，紂之兵七十萬。太公與百夫致師，武王馳之，紂眾崩畔，是其感恩許命之效也，故作《前結襪子》。壬子歲夏，聖上在潛，僕受再生之恩，自上即真，西北諸藩弄兵不已，因作《後結襪子》以寫愚懇。非敢傳諸作者，庶可示之子侄而已。

前結襪子

五鳳聲騰白日光,牧野昏荒慘無色。精誠一作風雲。感激致師人,叱咤雷霆覺天窄。

《全元詩》第 4 冊,14 頁

周 (元)方　回

七月陳王致太平,轉頭已聽黍離聲。陪臣僭上三歸備,霸國邀君九鼎輕。釋氏談空端有理,詞人賦恨豈無情。燠年寒歲頻更換,未抵黃河一度清。

《全元詩》第 6 冊,40 頁

周 (元)侯克中

巨橋積粟鹿臺金,散向人間德澤深。倒載干戈銷未耜,立收牛馬放山林。範疇自合詢箕子,禮樂何須賜伯禽。八百餘年文武業,可憐終快虎狼心。

《全元詩》第 9 冊,8 頁

《豳風圖》三首 (元)劉　因

畫裏春風在眼前,詩中雅意若為傳。憑誰更譜弦歌了,細味周家八百年。
惟願將身入畫中,野人何敢夢周公。一區共買橫渠上,盡有新詩續正風。
采風千古自觀風,十室誰言九室空。寄語當年長樂老,回頭無忘囂夷中。

《全元詩》第 15 冊,151 頁

感古漫成 (明)楊　溥

文王十子孫百計,宣聖一子而一孫。武王周公稱大聖,管蔡霍叔言無根。伯魚不幸先父卒,子思中庸千古存。子孫賢德多固好,多而不肖足何云。世稱堯舜人倫至,丹朱商均殄厥世。敬姜不哭文伯死,惡其為人多曠禮。夫子慟淵勝伯魚,非薄其子厚其徒。此道存亡淵與俱,人生賢德世所貴。子夏喪明恩義蔽,嗚呼延陵嬴、博情交儗。

《楊文定公詩集》卷三,《續修四庫全書》集部 1326 冊,489 頁

讀《周書》有感 (明)楊　溥

帝王致治與天通,千載經綸一緒同。文武謨謀循古道,成康繼述有全功。六卿分職

公孤後,九牧旬宣禮教中。却憶當時周召輩,載歌天寶慶時雍。

《楊文定公詩集》卷五,《續修四庫全書》集部 1326 册,514 頁

論詩呈雙魚(其二、三、四)　　　(明)霍與瑕

丙午五月端五,遊海珠,次日呈此。

《小雅》多言政,《大雅》多言德。古人信知言,昭昭存簡策。傷哉周德衰,變雅一何多。徒寫君子憂,喪亂可奈何。

《王風》雅之亡,《鄘》《衛風》之變。變雅多隱憂,變風多哀怨。離亂亡國音,萬世良足鑒。豈無君子人,幽懷空永歎。更有棲衡門,又如歌簡簡。輕世肆其志,高尚不自亂。惓惓尼山叟,鳳衰遊不倦。磬寫當年心,滔滔竟不反。晚歸正《詩》歌,百代垂明憲。

《國風》雖離亂,時聞平淡音。降及《離騷》作,哀思不可任。馳騁不可御,縱橫更莫倫。遂為詞賦祖,精華世所歆。嗟哉鐵石腸,徒寄此琤琳。

《霍勉齋集》卷四,《霍勉齋集》第一册,155 頁

讀　史(其三)　　　(明)郭子章

放牛桃林野,歸馬華山麓。既散鹿臺財,復發巨橋穀。人說周家仁,寧知商家粟。秦民湯武起,嬴氏失其鹿。咸陽三月火,阿房變陵谷。重瞳暴如虎,實乃祖龍築,嗟彼聚歛人,何其愚且黷。

《蠙衣生黔草》卷一五,《四庫全書存目叢書》集部 155 册,472 頁

同仲木后稷祠　　　(明)康　海

凌晨並遍謁,履和想延休。徂勳超鼻代,功績啓成周。道厚往自迥,本盛芳故流。秉文羨清頌,遍德欽雅謳。遐景詎有邁,鳴烈曾未劉。遺封藹餘化,閟殿錯端旒。報享既敦穆,瞻仰益虔修。食德乃不淑,涕言愧兹疇。

《康對山先生集》卷四,59 頁

扶風詠懷古蹟　　　(明)康　海

周靈既靡赫,秦謬日以狂。吞噬抵窮海,兼併況要荒。昌德茂不作,詐力遂縱橫。幸來旦奭少,事去根蒂亡。本乏建國理,安用傳緒長。迢迢茂陵道,習習谷風凉。川原慨往

迹,堞址愴遺疆。拒胡豈勞遠,覆宗良在強。磷磷太白石,歷歷頌聲揚。再傳已莫守,世萬誠可傷。

《康對山先生集》卷四,61 頁

經漆村,覽有邰古迹 　　　　　　（明）康 海

我聞昔人言,此即漢漆縣。其東故有邰,草木殊葱蒨。終南當面朝,清渭過如練。直北倚黃山,逶迤控周甸。前望松檜場,知是何王殿。王蹟日以微,氣色或隱見。西南慶善宮,鬱當漆村面。勝地遷變多,往躅審彌眩。繄自虞夏來,百祥具茲奠。地靈昔所庇,諦此竊中羨。

《康對山先生集》卷七,119 頁

經漆村,覽有邰古迹 　　　　　　（明）王九思

芳村煙火稠,堪信古為縣。綿亘見沃野,平林鬱蒼蒨。君本有邰人,地志頗諳練。挾客西南來,指點舊郊甸。不審後稷居,或恐他朝殿。殘甓與斷礎,往往草中見。或為牟麥墟,或為霖潦淀。陵谷竟難窮,遲迴目欲眩。惟彼終南山,繄自鴻濛奠。渭川經其北,勝概良足羨。

《渼陂集　渼陂續集》卷二,《陝西古代文獻集成》第 9 輯,63 頁

雜詩十四首(其十) 　　　　　　（明）王九思

周公扶王室,管、蔡有流言。云胡骨肉親,萌茲釁蘖端。跖、惠出同胞,聖愚梟與鸞。桓魋戕仲尼,瀚海揚波湍。賢哉司馬牛,憂傷涕汍瀾。乃知崑岡坳,玉石固錯盤。斯道無古今,哲士宜自安。

《渼陂集　渼陂續集》卷二,《陝西古代文獻集成》第 9 輯,67 頁

恩賜勝覽錄 　　　　　　（明）朱誠泳

予嘗慕周人王業,蓋肇迹于公劉,漸盛于古公,而成功于文武。今之鳳翔,寔古之成周也。予入其境,緬想遺風,而高山景行,意自不能已焉。因詩以紀之

成周當日舊提封,王業艱難自古公。太白終南山勢迥,皋門冢土地形雄。東來曉崍

秦關險，西上舟車蜀道通。滿眼桑麻民俗厚，路人爭說是豳風。

《小鳴稿》卷一〇，《陝西古代文獻集成》第 17 輯，235 頁

讀《豳風》　　　　　　　　　　　　　（明）楊　爵

碩膚一遜德愈光，嘆自束人樂繡裳。不有風雲雷雨動，鴟鴞豈易悟周王。

《楊忠介公集》卷一三，《陝西古代文獻集成》第 27 輯，382 頁

歷代聖母圖贊·姜嫄　　　　　　　　　　（清）沈德潛

有邰姜嫄，作嬪帝嚳。祈子郊禖，履武虔肅。履帝武，謂從帝嚳行也。天鑒其誠，聖嗣生育。生育過易，棄之勿鞠。神靈默祐，收歸似續。匍匐樹藝，能播百穀。粒食生民，萬祀蒙福。漢重讖緯，史遷著書。履巨人跡，聖母受誣。以幻為祥，龍麋同符。掃而空之，毋為古愚。

《歸愚詩鈔餘集》卷五，《沈德潛詩文集》第二冊，504 頁

歷代聖母圖贊·太姜　　　　　　　　　　（清）沈德潛

邠遷于岐，實維太王。尊生避狄，轉禍降祥。走馬並轡，爰及太姜。循沮漆水，言之歧陽。相視土宇，厥妃匡襄。乃作廟社，乃定紀疆。天立厥配，受命孔長。先妣後瓜，子孫其昌。

《歸愚詩鈔餘集》卷五，《沈德潛詩文集》第二冊，504 頁

歷代聖母圖贊·太任　　　　　　　　　　（清）沈德潛

摯國任氏，殷之諸侯。生有仲女，來嫁于周。作王季配，德行聿脩。有身胎教，中正和柔。誕育聖子，在母不憂。在母不憂，靈異畣識。太王愛孫，欲傳季歷。伯仲鐕行，季也得國。揆厥所由，母教在昔。思媚周姜，後先同德。

《歸愚詩鈔餘集》卷五，《沈德潛詩文集》第二冊，504 頁

歷代聖母圖贊·太姒　　　　　　　　　　（清）沈德潛

《關雎》次章，求得聖配。莘女維行，親迎洽渭。擀衣克儉，治葛克勤。不妬多男，振振繩繩。俗美風清，化行南國。脩齊之教，始于宮掖。代有聖母，德福綿延。天命興周，

垂八百年。

《歸愚詩鈔餘集》卷五，《沈德潛詩文集》第二冊，504 頁

郯城懷古二十二韻　　（清）易順鼎

小縣空如巷，新春冷似秋。一年王正月，百里古諸侯。桃紙都初貼，蘆簾半未鈎。駕逢青帝返，跡溯素王游。雪後河聲壓，霞邊岱色浮。日華升海甸，煙點散齊州。尚憶疲環轍，寧知肅冕旒。袍沾麟也泣，與接鳳兮謳。率野頻悲兕，臨川復悼羵。困難逃宋難，類虎致匡讐。獨有茲邦蹢，聊堪後代搜。亭因傾蓋著，邑以問官留。郯子逢宗國，程生話道周。子華書可讀，少昊裔曾諏。想像停車地，流連贈帛陬。乾坤皆逆旅，今古幾同儔。自恨生何晚，兼慚德不修。執鞭徒有慕，負劍竟無由。典昧雲龍鳥，蹤遥風馬牛。寒郊行惻惻，古意抱悠悠。身豈蜉蝣寄，詩聊燕雀啾。因思四夷學，今昔不相侔。

《琴志樓詩集》卷四，第一冊，205 頁

初冬，程_{名世}宅觀《豳風圖》　　（清）張四科

寒氣方總至，賴此朋酒樂。循觀《七月圖》，淳風洵於鑠。臚臚原隰平，熙熙寒燠若。紅女勉蠶桑，丁男勤播穫。腰斧既鑿冰，臂弓復于貉。蟲魚何瑣碎，果蔬亦磊落。物候紛錯陳，篇義無闕略。睠言歲功成，公堂相獻酢。坎坎擊土鼓，烏烏龡葦籥。因歌王業艱，庶革氓俗薄。妙繪失標題，斯人實綜博。古趣溢毫素，遠繼謝_稚陸_{探微}作。我生豈不幸，白首安耕鑿。愧彼采蘩人，祁祁傷有託。

《寶閒堂集》卷五，《陝西古代文獻集成》第 20 輯，204 頁

詠古雜詩（其二）　　（清）彭　湘

美女殷勤飾有莘，竟從羑里釋羑臣。大傷服事天王意，不算功臣實罪人。

《適龕詩集》卷一三，《清代詩文集彙編》621 冊，580 頁

靈王出髭《左傳》　　（清）田依渠

一代周天子，生來便有髭。諸侯亦無惡，神聖記當時。

《茹古山房讀史餘吟》卷一，《清代詩文集彙編》639 冊，641 頁

讀史樂府·八駿馳　　　　　　　　　（清）趙紹祖

徐偃如不作天子,王心不為祈招止。車轍馬跡遍天涯,快哉西狩可忘死。可憐楚澤膠涇舟,昭王魂隨漢水流。不問水濱問蒼漢,八駿馳向崑崙邱。瑤池王母留賓客,為王作謠聲啾啾。未聞手贈不死藥,秦皇漢武何多求。

《琴士詩鈔》卷一,《清代詩文集彙編》432 冊,644 頁

讀史樂府·周轍東　　　　　　　　　（清）趙紹祖

姜后待罪永巷中,宣王致此中興功。檿弧箕服亡周國,得媳不與阿姑同。裂繒不肯笑,夜半傳舉烽。美人粲然啟玉齒,犬戎已至驪山宮。宜臼大仇忘不報,惜哉周轍自此東。岐豐千里棄如屣,秦與齊、晉來爭雄。一敗便至售田宅,百世而下慨歎失策有蘇公。

《琴士詩鈔》卷一,《清代詩文集彙編》432 冊,644 頁

詠　　史（其十）　　　　　　　　　（清）宋　樆

遺老方深亡國悲,東遷亦動故宮思。殷、周異轍還同感,《麥秀》歌殘又《黍離》。

《雞膓百二稟》卷五,《清代詩文集彙編》475 冊,40 頁

詠周先王

后　稷　　　　　　　　　　（唐）周　曇

人惟邦本本由農，曠古誰高后稷功。百穀且繁三曜在，牲牢郊祀信無窮。

《全唐詩》卷七二八，21 冊，8338 頁

后　稷　　　　　　　　　　（宋）王十朋

洪水橫流四海饑，教民稼穡務三時。後王欲識艱難業，讀取《豳風·七月》詩。

《全宋詩》卷二〇二四，36 冊，22686 頁

謁后稷祠　　　　　　　　　（明）王　教

穀餐肇炎帝，種播承先農。食德總忘報，匹天宜大功。興周諒有自，生商將無同。雅重原生民，頌佖崇閟宮。陋巷湮難識，寒水今已融。肅恭拜端梳，仿佛聞靈通。水荇蒂翻綠，山桃花墮紅。宛變□廻廊，陳詞對春風。

《中川遺稿》卷四，《四庫全書存目叢書》集部 84 冊，454 頁

懷古三首（其二）　　　　　　（明）宣宗朱瞻基

后稷教播種，公劉躬稼穡。王業由此興，豳、岐肇其跡。姬文即田功，暨武重民食。後來《無逸》書，亹亹存戒飭。成、康致刑措，宣奮中興績。源深流乃長，國祚綿八百。

《大明宣宗皇帝御制集》卷一七，《四庫全書存目叢書》集部 24 冊，191 頁

后稷廟　　　　　　　　　　（明）康　海

閟殿疑千仞，崔嵬當半原。蒸民皆爾粒，萬古復誰尊。碧瓦連朱廈，蒼松偃應門。遺封伏嚴臘，鍾鼓日喧喧。

《康對山先生集》卷一〇，172 頁

謁后稷祠　　　　　　　　　　　　　　　　（明）康　海

翠栢籠香殿,蒼雲蔭石苔。春深迷古砌,日夕暗層臺。文德通時夏,蒸嘗尚有邰。萬年瞻廟貌,茅土亦悠哉。

《康對山先生集》卷一四,263頁

謁后稷祠　　　　　　　　　　　　　　　　（明）王九思

稼穡功難報,無能起夜臺。共來尋古廟,遠上碧雲崖。統緒垂文、武,封疆即有邰。生民遺雅在,萬世仰欽哉。

《渼陂集　渼陂續集》卷四,《陝西古代文獻集成》第9輯,91頁

武功春日,謁后稷祠　　　　　　　　　　　（清）許孫荃

當時教稼無先聖,萬世黎民定阻饑。詞客古今瞻廟貌,村農伏臘走軒墀。邰封麥秀垂垂遍,禹甸岷歌處處隨。文德配天真不忝,獨從含哺有餘思。

《清詩別裁集》卷九,上冊,169頁

稷　　　　　　　　　　　　　　　　　　　（清）徐公修

誰拯黎民免阻饑,姜嫄履武降祥奇。司農百世尊皇祖,隘巷千秋拾棄兒。虞代庶艱蒙賜食,周家穡事重開基。寒冰鳥覆牛羊字,早有天心暗護持。

《史記百詠》卷一,《讀史千詠》,《史記研究文獻輯刊》13冊,416頁

周太王　　　　　　　　　　　　　　　　　（清）徐公修

上承后稷與公劉,豳室而今始號周。事狄珍奇傾國奉,遷岐民眾大家留。太姜好合賢妃配,季歷傳家牧伯儔。避難來朝歌走馬,文孫聖德早詒謀。

《史記百詠》卷一,《讀史千詠》,《史記研究文獻輯刊》13冊,422頁

文　王　　　　　　　　　　　　　　　　　（唐）周　曇

昭然明德報天休,禴祭惟馨勝殺牛。二老、五侯何所詐,不歸商受盡歸周。

《全唐詩》卷七二八,21冊,8338頁

周文王　　　　　　　　　　　　　　　（宋）王十朋

民疾商辛若寇仇,三分天下二歸周。文王終世全臣節,不念前時羑里囚。

《全宋詩》卷二〇二四,36 冊,22680 頁

羑里城　　　　　　　　　　　　　　　（宋）范成大

在羑河上,四垣儼然。

陵谷遷移尚故墟,天盈商罪未蠲除。古今行客同嗟罵,何止三篇《泰誓》書。

《全宋詩》卷二二五三,41 冊,25850 頁

文王廟　　　　　　　　　　　　　　　（宋）范成大

在羑里城南。

堂堂十亂欲興周,肯使君王死作囚。巧笑入宮天亦笑,可憐元不費深謀。

《全宋詩》卷二二五三,41 冊,25850 頁

文王廟　　　　　　　　　　　　　　　（宋）許及之

聖賢多難古來同,《易》數身更羑里中。甲子既周屯既復,不應天數竟終窮。

《全宋詩》卷二四五九,46 冊,28442 頁

文　　王　　　　　　　　　　　　　　（宋）林　同

問安寢門外,旦旦俟雞鳴。以至日中昃,居常盡此誠。

《全宋詩》卷三四一八,65 冊,40604 頁

題羑里文王廟　　　　　　　　　　　　（元）王　盤

羑水淺且清,羑里餘荒城。文王德如日,曾此晦其明。陝樹憩召伯,箕山棲許生。後人起敬愛,木石含芳榮。嗟爾一抔土,耕犁木全平。千春不磨洗,永被囚聖名。我行蕩陰道,過之為停征。念昔有殷季,虐主方狂酲。鈇鋒戮賢聖,苦刈寸草莖。左啖鄂侯脯,右啜鬼侯羹。茲時無羑里,何以紓淫刑。羑里深杳杳,羑城高亭亭。君王在縲紲,不異南面廳。淑氣發神慮,淳和助心靈。演開伏羲畫,剖出天地精。一時雖冥昧,萬古垂日星。若

無羑里拘，《易經》何由成。《易經》在所重，羑里那可輕。

《全元詩》第 3 冊，5 頁

書羑里祠   （元）郝　經

周德奕世修，殷道屬不競。陋哉一抔土，欲以厄大聖。人眾方勝天，故使俟天定。聖乃先天作，靜幹造化柄。六畫出象數，萬世立龜鏡。終亦有天下，羑里安足病。後來借偽者，視此驚盱瞠。為王以不死，瞰鼎窮恣橫。隨得亦隨失，肉薄還骨併。何如會茲理，在德不在命。

《全元詩》第 4 冊，176 頁

羑里歌   （元）陳　孚

若有人兮羑里，玄端兮玉几。昔炮烙兮將纍以死，今閟宮兮百世紀。望糟丘兮朝歌，彼岡有梭兮奈何。橫流涕兮滂沱，河有龍兮洛有龜，藐余繇兮明夷。人弗問兮上帝臨之，帝獨立兮漳之渚，水曾波兮神靈雨。已矣乎，文不在茲兮，使我心苦。

《全元詩》第 18 冊，369 頁

羑　里   （元）周伯琦

消息盈虛久已知，三分天下肯輕為。偶因《彖易》傳心學，千古清祠表永思。

《全元詩》第 40 冊，380 頁

詠史十二首（其十）   （元）胡　布

崇虎譖既息，羑里脫樊籠。蕭祿懋承天，駿命畀至公。漢汝遠被化，虞芮質成功。期頤歸善養，貊矣德音洪。寰區三有二，服事禮彌恭。大善德不形，典則嗣惟崇。藝王積有素，錫利載周封。至治穆烝哉，拳拳夢飛熊。

《全元詩》第 50 冊，350 頁

羑里祠   （元）劉　紹

陳跡使人感，天秋一登臨。高堂肅遺像，孰識千古心。伊昔植昏暴，披猖肆邪淫。宮鄰縱金虎，大聖逢幽禁。縲絏豈我罪，天行敢無欽。鞠躬待王誅，苦節明斷金。遐想狌狂艱,圜扉鬱森沈。天昏慘無人,殺氣吹冥陰。怨慕曰罪己,明夷以沈吟。至今臣道難,帝命惟棐忱。明祀仰萬古,我行適幽尋。蘋蘩愧無奠,肅拜偕朋簪。白日照殷旬,霜風疑遙岑。高歌昌黎詞,感嘅征在今。

《全元詩》第 50 冊,545 頁

羑　里　　　　　　　　　　　　　　　　　　　　　　　　（明）王　格

紂聽崇,拜俟虎,王囚羑里城。六州孔通望,八卦瀆天成。豈失包爪素,空傷卷耳情。聖人有天命,弓矢復專征。

《少泉詩集》卷五下,《四庫全書存目叢書》集部 89 冊,227 頁

謁文王演《易》所　　　　　　　　　　　　　　　　　　　（明）王　瑛

萬年姜水隔秋潯,一廟仍標演《易》林。蒙難倘非純聖德,抱經誰見伏羲心。鶴岑雲護孤僧住,榆徑天留片石陰。獨立乾坤瞻敬止,西風落日欲沾襟。

《王侍御集》,《四庫全書存目叢書》集部 99 冊,269 頁

周文王　　　　　　　　　　　　　　　　　　　　　　　　（明）孫承恩

穆穆文王聖,詩稱敬止功。謙卑靡侈泰,徽懿見柔恭。求道心何切,仁民意莫窮。勛華卓相望,異代儼同風。

《鑒古韻語》,《文簡集》卷二,影印文淵閣《四庫全書》1271 冊,68 頁

恩賜勝覽錄　　　　　　　　　　　　　　　　　　　　　　（明）朱誠泳

靈囿,蓋文王蕃育鳥獸之所也。予道經于茲,而遠想白鳥麀鹿之盛,遂口占一詩云

闊野微茫入望迷,年年芳草一萋萋。可憐麀鹿搜尋盡,惟見斜陽白鳥飛。

予聞文王之作靈臺,蓋以望氛祲、察災祥也。且其倏然而成,若神靈之所為者,故以得名。詩不云乎:"彼美人兮,西方之人兮"。因經臺下,謾成一絕,以寓景行之意云

搖搖小輦過靈臺,為憶周文一愴懷。盛代不勞閒望氣,朝陽時有鳳凰來。

《小鳴稿》卷一〇,《陝西古代文獻集成》第 17 輯,239 頁

羑　里　　　　　　　　　　　　　　　　　（明）南憲仲

西伯胡羈此，艱貞事獨夫。三分屬周鼎，六畫演羲圖。風偃潛龜草，雲垂集鳳梧。荒臺連野色，駐馬獨躊躇。

《周雅續》卷一四，《陝西古代文獻集成》第 25 輯，478 頁

謁羑里祠　　　　　　　　　　　　　　　（明）楊　爵

後天剖破見精深，都是周王至德心。拜罷遺容思往事，直教客淚滿裳襟。

《楊忠介公集》卷一二，《陝西古代文獻集成》第 27 輯，372 頁

周文王　　　　　　　　　　　　　　　（清）高宗弘曆

古公云興當在昌，小心翼翼昭事允。至於為政首惠鮮，鰥寡孤獨懷先軫。敬天仁民君道該，三分服事德備盡。究其所以云在何，於穆不已天地準。

《全韻詩》，《御制詩四集》卷四九，影印文淵閣《四庫全書》1308 冊，144 頁

周文王　　　　　　　　　　　　　　　　（清）徐公修

滅崇破密靖強梁，鈇鉞專征殺伐張。演《易》三年囚羑里，質成二國入周疆。飛熊渭水虔占夢，鳴鳳岐山早發祥。難得百男兼百歲，無憂萬古讓文王。

《史記百詠》卷一，《讀史千詠》，《史記研究文獻輯刊》13 冊，423 頁

文　王　　　　　　　　　　　　　　　　（清）秦　焕

帝謂三聲寓意深，殷咨七歎後人吟。天王明聖臣當罪，止有昌黎識聖心。

《劍虹居詩集》卷下，《清代詩文集彙編》675 冊，195 頁

文　王　　　　　　　　　　　　　　　　（清）葛　震

惟周受命，文王纘承。緝熙敬止，穆穆其容。始囚羑里，憂思於中。臣罪當誅，天王聖明。演《易》作象，理盡物情。精微廣大，鬼神以通。莘女文馬，獻自宜生。弓矢鈇鉞，得賜專征。出獵渭水，卜得非熊。後車同載，望尊太公。澤及枯骨，諸侯來庭。朝野揖讓，虞芮質成。三分有二，守之以貞。大節終始，至德難名。

《詩史》卷一,《四庫全書存目叢書》史部291册,606頁

文 王

(清)葛 震 曹 荃

姓姬,名昌,后稷棄之後也。生有聖瑞,嗣西伯。當紂之時,三分天下有其二以服事殷。自岐徙都於豐,在位五十年。薨,壽九十七,葬于畢。

惟周受命,文王纘承。緝熙敬止,丕顯維新。始囚羑里,秉義履屯。演《易》作象,理盡物情。精微廣大,通於鬼神。謀獻釋難,閎宜諸臣。弓矢鈇鉞,得賜專征。紂囚西伯,散宜生之徒患之,乃求有莘氏美女、驪戎之文馬、有熊之九駟及他奇怪物,因紂嬖臣費仲而獻之,乃赦西伯,賜之弓矢鈇鉞,使專征伐。出獵渭水,卜得飛熊。後車同載,望尊太公。西伯將出獵,卜之,曰:"非龍非彲,非熊非羆,非虎非貔,所獲霸王之輔。"果遇呂尚于渭水之陽,與語,大悅,號之曰太公望。載與俱歸,立為師,謂之師尚父。澤及枯骨,諸侯來庭。朝野揖讓,虞芮質成。虞、芮之君相與爭田,久而不平,曰:"西伯仁人,盍往質焉?"乃相與朝周,見耕者讓畔,乃相謂曰:"我等小人不可履君子之庭。"乃讓所爭地以為閑原。三分有二,守之以貞。大節終始,至德難名。

《四言史徵》卷一,《四庫全書存目叢書》史部291册,748頁

詠周王

鉅　橋　　　　　　　　　　　　　　　　（唐）胡　曾

積粟成塵竟不開,誰知拒諫剖賢才。武王兵起無人敵,遂作商郊一聚灰。

《全唐詩》卷六四七,19 冊,7432 頁

孟　津　　　　　　　　　　　　　　　　（唐）胡　曾

秋風颯颯孟津頭,立馬沙邊看水流。見說武王東渡日,戎衣曾此叱陽侯。

《全唐詩》卷六四七,19 冊,7432 頁

武　王　　　　　　　　　　　　　　　　（唐）周　曇

文王寢膳武王隨,內豎言安色始怡。七載豈堪囚羑里,一夫為報亦何疑。

《全唐詩》卷七二八,21 冊,8338 頁

武　王　　　　　　　　　　　　　　　　（宋）王十朋

八百諸侯會孟津,民心天意總歸仁。須知不食干戈粟,自有登山采蕨人。

《全宋詩》卷二〇二四,36 冊,22680 頁

武　王　　　　　　　　　　　　　　　　（宋）林　同

《經》言事父孝,所以事天明。疾間加再飯,夢中與九齡。

《全宋詩》卷三四一八,65 冊,40604 頁

《武王扇暍圖》　　　　　　　　　　　　（元）王　旭

小惠私恩聖所譏,武王扇暍事堪疑。茫茫萬里周天下,生死無邊可盡知。
炮烙乾坤雨露來,鹿臺財散鉅橋開。君王扇底清涼少,別有仁風遍九垓。

《全元詩》第 13 冊,103 頁

渡孟津

(元)李齊賢

旄鉞空煩叱逆流,山河曾未屬西周。陽侯不愧夷、齊義,莫比黃龍負禹舟。

《全元詩》第33冊,329頁

雜言四十九首(其五)

(元)張 達

桀、紂棄成憲,炰烋恣淫威。有邦起仁人,大旱興雲霓。惟彼湯與武,征誅適逢時。南巢放獨夫,盟津鑠王師。扶義匪貪位,奉天恤民痍。猶聞夷、叔議,叩馬以陳辭。

《全元詩》第50冊,521頁

孟 津

(元)劉 紹

飲馬臨盟津,濟河俟橫舟。天空浪濤急,歲晏風雲愁。懷古睇平皋,神州浩悠悠。憶昔誓白旄,師征遏虔劉。軒裳不期來,飛斾迷層丘。伐暴奉天吏,來蘇慰民憂。至今川嶽輝,尚識鷹揚秋。桓、武頌日遠,興亡嘅殷、周。干戈未偃息,洶洶悲洪流。

《全元詩》第50冊,547頁

歸途覽詠古蹟,並追記白泉遊事(其五)

(明)李夢陽

昔日武王東閱師,龍爭虎鬬至今悲。漂血化為商地水,白雲翻作孟津旗。

《李夢陽集校箋》卷三七,第四冊,1351頁

牧 野

(明)王 格

牧野天何屆,殷王罪已深。歸人崩若角,會旅矢如林。太白終懸音,忠臣昔剖心。遙知甲子旦,四海共謳吟。

《少泉詩集》卷五下,《四庫全書存目叢書》集部89冊,227頁

武 王

(明)孫承恩

赫赫維周武,巍巍稱大君。慎官崇激勸,厚俗正彝倫。仁德躬行盛,謙虛訪道親。皇風動遐裔,五位澹凝神。

《鑒古韻語》,《文簡集》卷二,影印文淵閣《四庫全書》1271冊,68頁

周武王 (清)高宗弘曆

聞誅一夫紂,可以息口吻。方諸服事殷,自弗如文謹。《洪範》彝倫敘,丹書敬義廑。因之作諸銘,質語攄道蘊。劉向傳《五行》,分配失飾粉。《蔡注》袪穿鑿,足破群疑紊。夫惟一戎衣,垂拱治猶敏。乃有夷、齊者,避向首陽隱。

《全韻詩》,《御制詩四集》卷四九,影印文淵閣《四庫全書》1308 冊,144 頁

武 王 (清)徐公修

效法商、湯重革命,恭行天罰動干戈。赤烏獻瑞先流屋,蒼兕驪呼迅渡河。牧野三千軍士奮,盟津八百列侯多。鎬京定鼎開王業,大武功成作樂歌。

《史記百詠》卷一,《讀史千詠》,《史記研究文獻輯刊》13 冊,423 頁

牧 野 (清)王 軒

牧野群師集,河陽列陣成。元戎周召虎,盟主晉荀罃。左右疇能以,遷延亦有名。未知青史上,眼見亦虛聲。

《耨經廬詩集》卷七,《續尤西堂擬明史樂府》(外二種),207 頁

武 王 (清)秦 焕

莫駭東坡著論新,當年叩馬兩商民。式閭封墓文俱備,忘却西山餓死人。

《劍虹居詩集》卷下,《清代詩文集彙編》675 冊,195 頁

武 王 (清)葛 震

武王戊午,師會孟津。流烏聲魄,赤命維新。有商既克,自夜不寐。釋囚封墓,間旌賢人。散財發粟,四海歡欣。褒封聖裔,土裂功臣。作分殷器,班賜宗親。道訪箕子,《洪範》推陳。丹書儆戒,各為箴銘。皇風遠暢,王路迢遙。肅慎貢矢,西旅致獒。○夷齊餓死,抱道守真。叩馬而諫,求仁得仁。

《詩史》卷一,《四庫全書存目叢書》史部 291 冊,607 頁

武　王

(清)葛　震　曹　荃

名發，文王子。伐商而有天下，遷都於鎬。以十一月建子之月為歲首，以夜半為朔，改祀曰年。以火德王，牲用騂色，尚赤。在位七年。崩，壽九十三歲，葬於畢。

武王伐紂，觀兵孟津。烏流魚躍，甲子師陳。紂焚妲殪，武王渡河，中流白魚躍入王舟中，武王俯取以祭。既渡，有火自上復於下，至於王屋，流為烏，其聲魄。**赤命維新。有商既克，自夜不寐。**叶于尋切。**釋囚封墓，問旌賢人。**釋箕子囚，封比干墓，表商容之閭。**散財發粟，**散鹿臺之財，發鉅橋之粟。**四海歡欣。襃封聖裔，土裂功臣。作分殷器，班賜宗親。**襃封神農之後於焦，黃帝之後於祝，帝堯之後於冀，帝舜之後於陳，大禹之後於杞。封尚父於營丘曰齊，封弟周公旦於曲阜曰魯，封召公於燕，封弟叔鮮於管，叔度於蔡，叔振鐸於陶丘曰曹，叔武於郕，叔處於霍，康叔封聃，季、載皆少未封。兼制天下，立七十一國，兄弟之國十五人，姬姓之國四十人。又求太伯、仲雍之後，得叔達二子周章、虞仲，周章已為吳君，別封叔達於虞。封文王弟虢叔於制，即東虢也。封虢仲於弘農，即西虢也，今陝西之寶雞縣，後遷上陽，又為南虢。封堯四嶽伯夷之苗裔文叔於許，封少昊之後子輿期於莒，封陸終第五子玄晏之苗裔於邾，又封黃帝之後奚仲於薛，封禹之苗裔少康之庶子無餘於越。**道訪箕子，《洪範》推陳。丹書儆戒，各為箴銘。**武王踐阼三月，問道於師尚父。師尚父曰："黃帝、顓頊之道在丹書，曰：敬勝怠者吉，怠勝敬者滅，義勝欲者從，欲勝義者凶。"王聞書之言，惕然恐懼，退而為戒，書于席之四端為銘焉。於几，於鑑，於盥盤，於楹，於杖，於帶，於履屨，於觴豆，於戶，於牖，於劍，於弓，於矛為銘焉。席前左端之銘曰："安樂必敬。"前右端之銘曰："無行可悔。"後左端之銘曰："一反一側。"後右端之銘曰："所監不遠。"視爾所代几之銘曰："皇皇惟敬。"口生垢、口戕、口鑑之銘曰："見爾前慮爾後。"盥盤之銘曰："與其溺於人也，寧溺于淵。溺于淵，猶可游也；溺于人，不可救也。"楹之銘曰："毋曰胡殘，其禍將然；毋曰胡害，其禍將大；毋曰胡傷，其禍將長。"杖之銘曰："惡乎！危於忿疐。惡乎！失道於嗜欲。惡乎！相忘於富貴。"帶之銘曰："火滅，修容慎，戒必恭，恭則壽。"履屨之銘曰："慎之勞，勞則富。"觴豆之銘曰："食自杖食自杖，戒之憍憍則迷。"戶之銘曰："夫名，難得而易失。無懃弗至而曰我知之乎，無懃弗及而曰我杖之乎。擾阻以泥之，若風之將至必先搖搖，雖有聖人不能為謀也。"牖之銘曰："隨天之時，以地之則，敬祀皇天，敬以先時。"劍之銘曰："帶之以為服，動必行德，行德則興，背德則崩。"弓之銘曰："屈伸之義，廢興之行，無忘自過。"矛之銘曰："造矛造矛，少閒弗忍，終身之羞，予一人所聞，以戒後世子孫。"**皇風遠暢，王路迢遙。肅慎貢矢，西旅致獒。夷齊餓死，抱道守真。叩馬而諫，求仁得仁。**伯夷、叔齊，姓墨，夷名允，字公信，齊名志，字公達。武王克商，夷、齊恥食周粟，隱於首陽山，作歌曰："登彼西山兮，采其薇矣。以暴易暴兮，不知其非矣。神農虞夏忽焉沒兮，我安適歸矣。"遂餓死首陽山。在今蒲州東南三十里，即禹貢雷首山。

《四言史徵》卷一,《四庫全書存目叢書》史部291册,749頁

成 王　　(唐)周 曇

成王有過伯禽笞,聖惠能新日自奇。王道既成何所感,越裳呈瑞鳳來儀。

《全唐詩》卷七二八,21册,8339頁

成 王　　(宋)王十朋

姬旦推誠相幼沖,流言交亂出居東。誰云王是中才主,一啟《金滕》即悟公。

《全宋詩》卷二〇二四,36册,22680頁

成 王　　(明)孫承恩

令哲遵先業,師臣禮數隆。天威嚴敬忌,明德罔昏侗。禮樂昭文治,征誅振武功。守成稱令主,萬代仰高風。

《鑒古韻語》,《文簡集》卷二,影印文淵閣《四庫全書》1271册,69頁

成 王　　(清)葛 震

成王沖幼,政攝周公。四聖維之,聽政於中。六卿分職,論道三公。三叔流言,王室漂風。罪人斯得,王命東征。誅管流蔡,爰滅武庚。土錫晉衛,蠻作楚邦。殷啟封宋,用賓於王。鼎定郟鄏,成周洛陽。卜年卜世,既壽永昌。海不揚波,雉獻越裳。

《詩史》卷一,《四庫全書存目叢書》史部291册,607頁

成 王　　(清)葛 震 曹 荃

名誦,武王子。在位三十七年。

成王沖幼,政攝周公。四聖維之,聽政於中。賈傳《新書》:"明堂之位,篤仁而好學,多聞而敬慎。"天子疑則問應而不窮者,謂之道。道者,導天子以道者也。常立於前,是周公也。誠立而敢斷、輔善而相義者,謂之輔。輔者,輔天子之意者也。常立於左,是太公也。潔廉而切直、匡過而諫邪者,謂之拂。拂者,拂天子之過者也。常立於右,是召公也。博聞強記、捷給而善對者,謂之承。承者,承天子之遺忘者也。常立於後,是史佚也。故成王中立聽政,而四聖維之,是以慮無失計,寧無過事。六卿分職,論道三公。六卿,冢宰、司徒、宗伯、司馬、司寇、司空。三公,太師、太傅、太保也。三叔流言,管

叔鮮、蔡叔度、霍叔處。王室漂風。罪人斯得,王命東征。誅管流蔡,爰滅武庚。土錫晉衛,蠻作楚邦。殷啟封宋,用賓于王。成王母弟唐叔虞初邑。姜方娠,有吉,夢生子有文在手,曰虞。成王滅唐,剪桐為戲,封叔虞於唐,居太原,亦曰晉陽,在河汾之東北,地方百里。唐叔虞子燮父為晉侯。季連之苗裔,曰鬻熊,為周文、武師。成王舉文、武勤勞之後嗣,得鬻熊曾孫熊繹於荊蠻,胙以子男之田,姓羋氏,國於楚。武王滅殷國,為邶、鄘、衛三監,尹之武庚作亂,周公滅之,徙三監之民於成周,頗收其餘眾。封康叔為衛侯,即今衛州是也,以微子啟代殷後,國于宋。鼎定郟鄏,成周洛陽。卜年卜世,既壽永昌。傳世三十卜,年七百,其後傳世三十七,歷年八百餘,又云周過其曆。海不揚波,雉獻越裳。

《四言史徵》卷一,《四庫全書存目叢書》史部291册,750頁

康　王　　　(明)孫承恩

祖業遵無怠,神人儼敬恭。保釐介東土,匡翼望臣工。德教寰區洽,囹圄越世空。唐虞隔千載,亘古兩時雍。

《鑒古韻語》,《文簡集》卷二,影印文淵閣《四庫全書》1271册,69頁

周康王　　　(清)高宗弘曆

史記成康世承平,事異雲霓民望旱。曰休曰息百姓安,以張以弛四裔款。東郊保釐父師命,西方聽斷太保宣。天威敬忌勵初服,用致刑措囹圄罕。

《全韻詩》《御制詩四集》卷四九,影印文淵閣《四庫全書》1308册,145頁

康　王　　　(清)葛　震

王被冕服,顧命煌煌。保奭夾輔,刑措康王。太和元氣,瀰漫汪洋。守成令主,世號成康。

《詩史》卷一,《四庫全書存目叢書》史部291册,607頁

康　王　　　(清)葛　震　曹　荃

名釗,成王子。在位二十五年。

王成王。被冕服,顧命煌煌。保奭夾輔,保奭,太保召公奭也。刑措康王。太和元氣,瀰漫汪洋。守成令主,世號成康。

《四言史徵》卷一,《四庫全書存目叢書》史部291冊,750頁

病居遣興六十二首(其五十三) （明）王　格

嘗昔周昭王,南遊荊楚間。膠舟液中流,萬乘遂不還。我惟天王出,旌旆搖江山。安有韓濱人,謾爾奊其奸。嗣者穆天子,當時何閑閑。

《少泉詩集》卷一下,《四庫全書存目叢書》集部89冊,180頁

題龍別駕靖川諸障子八首·昭王營 （明）梁辰魚

此地昭王昔駐師,陣雲猶自識魚麗。秋來月冷陰風起,午夜還聞鐵馬馳。

《鹿城詩集》卷二八,《梁辰魚集》,330頁

昭　王 （清）葛　震

潰弒魯侯,王不討求。汎汎漢水,溺於膠舟。

《詩史》卷一,《四庫全書存目叢書》史部291冊,607頁

昭　王 （清）葛　震　曹　荃

名瑕,康王子。南征,濟漢至中流,膠液船解,王及祭公俱沒於水。在位五十一年。
潰弒魯侯,王不討求。汎汎漢水,溺於膠舟。　弒其君,幽公自立,是為魏公。

《四言史徵》卷一,《四庫全書存目叢書》史部291冊,750頁

續古二十九首(其十) （唐）陳　陶

周穆恣遊幸,橫天驅八龍。寧知泰山下,日日望登封。

《全唐詩》卷七四六,21冊,8485頁

古風十四首(其三) （元）李　曄

穆王瑤池宴,八駿爭先之。渠黃既電邁,騄耳亦風馳。舉觴勸王母,回鞭自西陲。造父策其勳,聲價傳當時。顧謂駑駘輩,道坦爾其來。日暮路且遙,倒行方逆施。

《全元詩》第56冊,2頁

穆天子　　　　　　　　　　　　　　（明）范　欽

白雲塞天地，八駿行遊間。日暮瑤池上，天風吹珮環。

《天一閣集》卷一五，《范欽集》下冊，281頁

觀《周穆王八駿圖》　　　　　　　（明）梁辰魚

《黃竹》歌留阿母圖，千秋青鳥信音孤。瑤池歲歲長開宴，只是人間八駿無。

《鹿城詩集》卷二七，《梁辰魚集》，317頁

穆　王　　　　　　　　　　　　　（清）徐公修

《呂刑》立法補氂荒，伯冏、君牙輔佐良。八駿神威巡絕域，四狼玩物得遐方。《祈招》詩諷祭謀父，僭號兵驅徐偃王。獲沒祇宮天子福，春秋百有五年長。

《史記百詠》卷一，《讀史千詠》，《史記研究文獻輯刊》13冊，425頁

詠　史（其六）　　　　　　　　　（清）宋　梬

穆天子正樂西巡，倡亂徐夷豈愛民。一怒赫然殄小醜，可知愚世假稱仁。

《雞膔百二棗》卷五，《清代詩文集彙編》475冊，40頁

穆　王　　　　　　　　　　　　　（清）葛　震

穆王肆志，八駿遨遊。觸彼西崑，白雲油油。樂而忘返，徐偃僭周。造父封趙，後為諸侯。爰征犬戎，侈心觀兵。四白狼鹿，荒服不庭。民窮財盡，耄荒詰刑。祈招諫止，沒於祇宮。

《詩史》卷一，《四庫全書存目叢書》史部291冊，607頁

穆　王　　　　　　　　　　　　（清）葛　震　曹　荃

名滿，昭王子。在位五十五年。崩，壽一百五歲。

穆王肆志，八駿遨遊。觸彼西崑，白雲油油。樂而忘返，徐偃僭周。造父封趙，後為諸侯。徐子，東方諸侯，嬴姓。地方五百里，行仁義，得朱弓矢，自以為天瑞，乃稱偃王，陸地而朝者，三十六國。王西征，聞徐子僭號，乃命造父為御而歸，以救偃王之亂。乃以趙城封造父，其族由此為趙氏。

爰征犬戎,佚心觀兵。僅獲狼鹿,荒服不庭。民窮財盡,耄荒誥刑。祈招諫止,祇宮上賓。

王得八駿馬:一驊騮,二騄駬,三赤驥,四白兔,五驍渠,六黃騟,七黑驪,八山子。造父善御,王欲肆其心周行天下,將必有車轍馬跡焉,祭公、謀父作《祈招》之詩以止,王心王是以獲沒於祇宮。

《四言史徵》卷一,《四庫全書存目叢書》史部 291 冊,750 頁

周穆王 (清)吳 鎮

騎八駿,赴瑤池。白鵠血,進一卮。"白鵠血"出《列子》。

《松花庵韻史》,《四庫未收書輯刊》拾輯 24 冊,255 頁

共 王 (清)葛 震

共王繄扈,常游於涇。當時從者,曰密康公。三女來奔,匿不獻王。女三為粲,母曰不祥。小醜備物,國滅家亡。

《詩史》卷一,《四庫全書存目叢書》史部 291 冊,607 頁

共 王 (清)葛 震 曹 荃

名繄扈,穆王子。在位十二年。

共王繄扈,常游於涇。當時從者,曰密康公。三女來奔,匿不獻王。女三為粲,母曰不祥。小醜備物,國滅家亡。共王游於涇上,密康公從,有三女奔之,其母曰:"必致之王。夫獸三為群,人三為眾,女三為粲。夫粲,美之物也,小醜備物,終必亡。"不聽。一年共王滅密。

《四言史徵》卷一,《四庫全書存目叢書》史部 291 冊,750 頁

懿 王 (清)葛 震

懿王囏立,王室不振。徙都犬丘,刺作詩人。

《詩史》卷一,《四庫全書存目叢書》史部 291 冊,607 頁

懿 王 (清)葛 震 曹 荃

名囏,共王子。在位二十五年。

懿王囏立,王室不振。徙都犬丘,刺作詩人。懿王自鎬徙都犬丘,一曰廢丘,今槐里。時王室衰,始作詩也。

《四言史徵》卷一,《四庫全書存目叢書》史部 291 冊,751 頁

孝　王　　（清）葛　震

孝王辟方,自剪我疆。嬴非主馬,邑作秦邦。牛馬凍死,雨雹災殃。

《詩史》卷一,《四庫全書存目叢書》史部 291 冊,607 頁

孝　王　　（清）葛　震　曹　荃

名辟方,懿王弟。在位一十五年。

孝王辟方,自剪我疆。嬴非主馬,邑作秦邦。非子,惡來之裔孫,大駱之子。好馬,善養息。王命主馬汧渭之間,馬大蕃息,王封為附庸之君,邑於秦,使續伯益後,賜姓嬴氏。秦,邑名,今秦州,屬鞏昌府。牛馬凍死,雨雹災殃。是時大雹,牛馬死,江、漢俱凍。始封,暴秦之徵也。

《四言史徵》卷一,《四庫全書存目叢書》史部 291 冊,751 頁

夷　王　　（清）葛　震

懿王之子,是為夷王。始覲諸侯,禮加下堂。熊渠尾大,伐庸侵揚。僭立三子,各稱為王。江漢日廣,荊楚始強。兼廓并邘,制壞頃公。陵遲解紐,二事不懲。

《詩史》卷一,《四庫全書存目叢書》史部 291 冊,608 頁

夷　王　　（清）葛　震　曹　荃

名燮,懿王子。在位十六年。

懿王之子,是為夷王。始覲諸侯,禮加下堂。熊渠尾大,伐庸侵揚。僭立三子,各稱為王。長子康為句亶王,中子紅為鄂王,少子執疵為越章王。江漢日廣,荊楚始強。兼廓并邘,制壞頃公。叶姑黃切。○衛康公七世孫。陵遲解紐,二事不懲。持良切。

《四言史徵》卷一,《四庫全書存目叢書》史部 291 冊,751 頁

厲王、幽王　　（明）孫承恩

赫赫宗周盛,人謀還自傾。力行窮暴戾,滅德肆驕矜。嬖寵彝倫斁,征勞怨刺興。桑柔瞻卬什,千古鑒分明。

《鑒古韻語》,《文簡集》卷二,影印文淵閣《四庫全書》1271 冊,69 頁

厲　王　　　　　　　　　　（清）葛　震

厲王專利，卿用榮公。變雅始作，漸降為風。衛巫監謗，人莫敢言。川壅而潰，王卒出奔。

《詩史》卷一，《四庫全書存目叢書》史部 291 冊，608 頁

厲　王　　　　　　　　　　（清）葛　震　曹　荃

名胡，夷王子。在位五十一年。

厲王專利，卿用榮公。榮夷公。變雅始作，漸降為風。衛巫監謗，人莫敢言。衛國之巫，王使監謗，以告，則殺之，人莫敢言。川壅而潰，王卒出奔。召公諫曰："防民之口甚於防川，川壅而潰，傷人必多。"王不聽。民畔，襲王。王出奔於彘。彘，邑名，今霍州。

《四言史徵》卷一，《四庫全書存目叢書》史部 291 冊，751 頁

宣　王　　　　　　　　　　（宋）王十朋

北伐南征萬國臣，中興周室賴賢人。崧高千古英靈在，何獨當時降甫申。

《全宋詩》卷二○二四，36 冊，22680 頁

同國子司業王士能、監丞滕仲禮謁南城文廟，觀周宣王石鼓，各模數本以歸　　（元）陳　孚

退之昔為石鼓歌，子瞻亦嘗詠石鼓。我從江右遊京師，眼見石鼓心欲舞。周室中興流彘餘，盡復蒼姬舊疆土。大蒐岐下選車徒，虎賁三千健於虎。想當刻石紀勳時，載命臣籀臣吉甫。豈惟猗那清廟詩，要紀豐功繼下武。兌戈和弓無復存，此獨不磨耀千古。鯉鰓貫柳字斑斑，勢如雷文斲天斧。由漢訖唐棄草菅，大觀輦致圖書府。黃金填畫失之奢，金輪已整黃河櫓。燕山潭潭素王宮，太史夜奏神光吐。誰知至寶在人間，乃是鳳篆龍章祖。我皇御天開三雍，石渠金馬列李、杜。鼓昔有十今存七，搜剔崖藪尚可補。小儒更有筆如椽，作元一經配鄒、魯。

《全元詩》第 18 冊，397 頁

宣　王
(明)孫承恩

周室中微日,宣王勵志年。謙虛資德教,玉帛起遺賢。旱魃為時虐,憂勤契上天。載歌江漢什,武烈亦巍然。

《鑒古韻語》,《文簡集》卷二,影印文淵閣《四庫全書》1271冊,69頁

周宣王
(清)高宗弘曆

始勤終怠,戒垂編簡。宣王於斯,能無面赧。初政勵精,有志撥亂。北伐南征,常武詩撰。雲漢憂民,肫如涕潸。周道復興,炫乎史版。及其末年,晏起既倦。千畝不藉,魯適廢舛。料民太原,卒以拒諫。杜伯非罪,殺之弗懋。而貪天禍,幽厲平亞。殷鑒在茲,慎哉擇揀。

《全韻詩》,《御制詩四集》卷四九,影印文淵閣《四庫全書》1308冊,146頁

宣　王
(清)徐公修

共和二相輔前星,周室中興照汗青。姜后脫簪居永巷,樊侯補袞輔明廷。荊蠻不靖南征定,玁狁橫侵北伐寧。大會東都勤講武,車攻吉日炳王靈。

《史記百詠》卷一,《讀史千詠》,《史記研究文獻輯刊》13冊,426頁

宣　王
(清)葛震

宣王初政,周召共和。山甫張仲,理無偏頗。北伐西討,膚公孔多。虎拜稽首,淮夷歸化。方叔出師,荊蠻倒戈。江漢采芑,被之詩歌。后出永巷,王昵深宮。靡不有初,鮮克有終。不籍千畝,安問粢盛。料民太原,天所惡盈。廢魯嫡子,瀆神亂宗。馬化為人,兔舞于京。無罪殺伯,左儒死爭。二十二年,鄭友初封。後徙鄶、虢,南保漢中。

《詩史》卷一,《四庫全書存目叢書》史部291冊,608頁

宣　王
(清)葛震 曹荃

名靖,厲王子。在位四十六年。

宣王初政,周召共和。周,周公旦之後;召,召公奭之後。山甫張仲,仲山甫。理無偏頗。北伐西討,膚公孔多。虎召虎。拜稽首,淮夷歸化。呼戈切。方叔出師,荊蠻倒戈。江漢采

芑,被之詩歌。元年,命秦仲為大夫討西戎,命尹吉甫北伐玁狁,詩人作《六月》詩以美之。二年,命方叔征荊蠻,詩賦《采芑》,命召虎征淮夷,詩人作《江漢》、《常武之什》。后出永巷,王昵深宮。姜后賢而有德。宣王嘗晏起,后乃脫簪、珥,待罪於永巷,使其傅母通言于王,曰:"妾不才,至使君王失禮而晏朝,以見君王之樂色而忘德也。窮樂者,亂之所由生也,原亂之興從婢子起,敢請罪。"王復勤於政事,繼文、武之迹,興周室,成中興,為周世宗。從諫勤政,惜不克終。千畝不籍,太原料民。籍千畝,修親耕禮也;檢料民,數備姜戎也。廢魯適子,亂宗瀆神。魯武公以二子括與戲。見王立戲,樊侯仲山甫諫曰:"不可立也。不順必犯,犯王命必誅,故出令不可不順也。夫下事上,少事長,所以為順也。今天子立諸侯而建其少,是教逆也。魯從而諸侯效之,王命將有所壅;若不從而誅之,是自誅王命也,是事也誅,亦失不誅,亦失天子,其圖之。"王卒立之。馬化為人,兔舞於京。三十年,有馬化為人,有兔舞於鎬京。無罪殺伯,左儒死爭。王將殺杜伯而非其罪,伯之友左儒爭之於王,九復之而王不許,怒曰:"易爾言則生,不易則死。"儒曰:"士不枉義以從死,不易言以求生。臣能明君之過,以正杜伯之無罪。殺杜伯,左儒死之。"二十二年,鄭友初封。鄭桓公友周厲王少子,宣王之庶弟也。初封於鄭。後徙鄶虢,南保漢中。鄭,本西周畿內采邑,其後東國於鄶、虢之間為鄭。又其遺民南保漢中為南鄭。

《四言史徵》卷一,《四庫全書存目叢書》史部291冊,751頁

幽　　王　　　　　　　　　　　　　　（唐）周　曇

狼煙篝火為邊塵,烽候那郇宜悅婦人。厚德未聞聞厚色,不亡家國幸亡身。

《全唐詩》卷七二八,21冊,8339頁

幽　　王　　　　　　　　　　　　　　（宋）王十朋

文武基圖未易量,可憐中葉壞幽王。神龍流沫生尤物,赫赫宗週一笑亡。

《全宋詩》卷二〇二四,36冊,22680頁

詠史十二首(其十一)　　　　　　　　　（元）胡　布

芮諫卒不從,榮公終得祿。衛巫善監謗,道路行以目。佻傲日專利,發器黎出櫝。流毒產褒棄,荒淫軌前躅。川竭岐山崩,檿弧驗箕服。連燧奉一笑,遂至驪山麓。失德緒已微,東西既無續。

《全元詩》第50冊,351頁

幽　王　　　　　　　　　　　　　　　（清）徐公修

檿弧箕服童謠應，川竭山崩世變愁。禍水入宮嬖褒姒，后家故國出申侯。裂繒博喜情無厭，舉火徵兵效不收。彼黍離離王室毀，岐陽痛史盡西周。

《史記百詠》卷一，《讀史千詠》，《史記研究文獻輯刊》13 册，426 頁

幽　王　　　　　　　　　　　　　　　（清）葛　震

幽王初服，川竭山崩。笑悅褒姒，舉火裂繒。廢后黜子，自我徵兵。西周淪亡，平王遷東。

《詩史》卷一，《四庫全書存目叢書》史部 291 册，608 頁

幽　王　　　　　　　　　　　　　　（清）葛　震　曹　荃

名宮湦，宣王子。在位十一年，為犬戎所弒。

幽王初服，川竭山崩。幽王二年，西州三川皆震，涇、渭、洛水竭，岐山崩。笑悅褒姒，舉火裂繒。廢后出子，致申召戎。西周淪亡，平王遷東。昔，自夏后氏之衰也，有二神龍止于夏帝庭，而言曰："余，褒之二君。"夏帝卜，請其漦而藏之櫝。夏亡，傳此器殷；殷亡，又傳此器周。厲王發而觀之，漦流於庭，化為玄黿。入王後宮，童妾遭之而孕，無夫生子，懼而棄之。宣王之時，謠曰："檿弧箕服，實亡周國。"有夫婦賣是器者，宣王使執而戮之。逃於道，見鄉者後宮童妾所棄妖子，哀而收之，夫婦遂亡犇於褒。褒人有罪，請入棄女子於王以贖罪，是為褒姒。當幽王之三年，王之後宮見而愛之，生子伯服，竟廢申后及太子，以褒姒為后。褒姒不好笑，幽王欲其笑，萬方故不笑。幽王為熢燧，大鼓有寇至，則舉熢火，諸侯悉至，至而無寇，褒姒乃大笑。幽王說之，為數舉熢火，其後不信，諸侯益亦不至。幽王廢申后去太子也，申侯怒，與繒、西夷、犬戎攻幽王。王舉熢火徵兵，兵莫至，遂殺幽王驪山下，虜褒姒，盡取周賂而去。諸侯乃即申侯，而共立故幽王太子宜臼，是為平王，以奉周祀。平王立，東遷於雒邑，西周乃亡。

《四言史徵》卷一，《四庫全書存目叢書》史部 291 册，752 頁

平　王　　　　　　　　　　　　　　　（唐）周　曇

犬戎西集殺幽王，邦土何由不便亡。宜臼東來年更遠，川流難絕信源長。

《全唐詩》卷七二八，21 册，8339 頁

宜 臼　　　　　　　　　　　　　　　　　　　　（宋）劉克莊

莫親於父子，天性有時乖。竟以婦為厲，空令傅作詩。

《全宋詩》卷三〇四六，58 册，36324 頁

向讀《三秦記》，聞周平王東遷，見白鹿於此原，以是得名，予自輞川經此，漫思往事，而姑識之以詩　　（明）朱誠泳

周轍東遷嘆《黍離》，巍然王業遽陵遲。千年白鹿空原外，爭似呦呦在囿時。

《小鳴稿》卷一〇，《陝西古代文獻集成》第 17 輯，244 頁

平 王　　　　　　　　　　　　　　　　　　　　（清）葛震

申侯弑王，德其立己。逆理忘親，春秋托始。

《詩史》卷一，《四庫全書存目叢書》史部 291 册，608 頁

平 王　　　　　　　　　　　　　　　　　　（清）葛震 曹荃

名宜臼，幽王子。避戎寇，東遷洛邑。王室微弱，政由方伯。在位五十一年。

申侯王舅，德其立己。逆理忘親，春秋托始。平王四十九年，魯惠公薨，子息姑立，是為隱公。孔子修魯史《春秋》，始於魯隱公元年，蓋寓褒貶於賞罰，以正一王之法也。

《四言史徵》卷一，《四庫全書存目叢書》史部 291 册，752 頁

桓 王　　　　　　　　　　　　　　　　　　　　（清）葛震

鄭武鄭莊，卿佐平王。王貳於虢，忠信兩亡。周鄭交惡，鄭不朝焉。桓王伐鄭，鄭射王肩。〇魯隱攝國，見弑於桓。菟裘未營，遂及黃泉。亂靡有定，式月斯生。〇當是之時，宋有孔嘉。妻美而豔，道路以嗟。冶容誨淫，卒以亡家。

《詩史》卷一，《四庫全書存目叢書》史部 291 册，608 頁

桓 王　　　　　　　　　　　　　　　　　　（清）葛震 曹荃

名林，平王孫，太子洩父之子。在位二十三年。

鄭武鄭莊，卿佐平王。武、莊父子為平王卿士。王貳於虢，虢，西虢，平王欲分政於虢公，不專任鄭伯也。忠信兩亡，周鄭交惡，鄭不朝焉。桓王伐鄭，鄭射王肩。鄭大夫祝聃射王，中肩。魯隱攝國，見弒於桓。魯桓公也。菟裘未營，遂及黃泉。菟裘，魯邑名。《左傳》："羽父請殺桓公以求太宰。公曰：'為其少也，吾將授之矣。速營菟裘，吾將老焉。'羽父懼，反譖公於桓公而請弒之。"亂靡有定，式月斯生。叶。當是之時，宋有孔嘉。妻美而艷，道路以嗟。冶容誨淫，卒以亡家。宋大夫孔父嘉妻美，華父督見於路，目逆而送之，曰："美而艷。"遂殺孔父而取其妻，因以弒其君殤公，君子以為有無君之心，而後動於惡也。

《四言史徵》卷一，《四庫全書存目叢書》史部291冊，752頁

莊　　王 　　　　　　　　　　　　　　　（清）葛　震

桓崩陀立，是為莊王。兩政耦國，位幾靡常。黑肩被戮，子儀出亡。○當時諸侯，東有齊襄。淫乎其妹，禽獸之行。文姜如齊，魯桓罹凶。政令不常，亂無處所。管召奉糾，小白奔莒。小白入齊，魯殺子糾。舉用管仲，死赦射鈎。

《詩史》卷一，《四庫全書存目叢書》史部291冊，608頁

莊　　王 　　　　　　　　　　　　　（清）葛　震　曹　荃

名陀，桓王子。在位十五年。

桓崩陀立，是為莊王。兩政耦國，位幾靡常。黑肩被戮，子儀出亡。周公名黑肩。子儀，莊王弟，桓王子也。《左傳》："初，子儀有寵于桓王，桓王屬諸周公。辛伯諫王：'並后、匹嫡、兩政、耦國，亂之本也。'周公不從，故及。"當時諸侯，東有齊襄。淫乎其妹，鳥獸之行。文姜如齊，魯桓罹凶。虛汪切。○魯桓公十八年，公將有行，遂與姜氏如齊。申繻諫曰："女有家，男有室，無相瀆也，謂之有禮。易此，必敗。"公會齊侯於濼，遂及文姜如齊，齊侯通焉，公謫之以告。夏四月丙子，享公使公子彭生乘公，公薨于車。政令不常，亂無處所。管召奉糾，小白奔莒。襄公立，無常。鮑叔牙曰："君使民慢，亂將作矣。"奉公子小白奔莒。亂作，管仲、召忽奉公子糾奔魯。小白入齊，魯殺子糾。舉用管仲，死赦射音石。鈎。鈎，鈎帶也。桓公自莒反于齊，使鮑叔為宰，鮑辭曰："君加惠於臣，使不凍餒，君之賜也。若必治國家，其管夷吾乎！臣所不如管夷吾者五：寬惠柔民，弗若也；治國家弗失其柄，弗若也；忠信可結於百姓，弗若也；制禮義可法於四方，弗若也；執枹鼓立於軍門，使百姓加勇焉，弗若也。"公曰："管夷吾射寡人，中鈎，是以濱於死。"對曰："夫為其君，動也。若宥而用之，夫猶是也。"桓公於是請於魯，魯乃殺子糾於生竇，召忽死，管仲請囚。施伯曰："管子，天下之才也，所在之國必得志於天下，殺而以其屍授之。"莊公弗聽，使束縛以予齊使。比至，三釁、三浴之，桓公親逆之於郊，用以為相。

《四言史徵》卷一,《四庫全書存目叢書》史部 291 冊,752 頁

釐　王　　（清）葛　震

釐王之世,王風不譜。龍化為魚,鼠變為虎。○當是之時,齊桓始霸。北杏葵丘,盟主中夏。九合諸侯,一匡天下。管仲為相,權衡重輕。內政既作,軍令以行。官山煮海,富國強兵。俗同好惡,令下不停。因禍為福,轉敗為功。五侯九伯,輔桓專征。衣裳會九,四為兵車。天下之才,其仲也夫。始嘗貧困,何非仲與。分財自多,亦何貪與。謀事更困,亦何愚與。三戰三走,亦何怯與。三仕三逐,何不肖與。幽囚受辱,何無恥與。使非鮑叔,終囚徒耳。生我父母,知我鮑子。人不多仲,而多鮑子。古道不作,而今已矣。黃金不盡,交道不死。○陳完奔齊,得育於姜。改田為姓,五世其昌。八世之後,政歸田常。田和繼之,為諸侯王。

《詩史》卷一,《四庫全書存目叢書》史部 291 冊,608 頁

釐　王　　（清）葛　震　曹　荃

名胡,齊莊王子。在位五年。

釐王之世,王風不譜。《王風之什》絕筆於莊王,而釐王之立、齊桓之霸皆在是年,此王霸興衰之機也。龍化為魚,鼠化為虎。君失臣兮龍為魚,權歸臣兮鼠變虎。當是之時,齊桓始霸。北杏葵丘,盟主中夏。九合諸侯,一匡天下。管仲為相,權衡重輕。內政既作,軍令以行。官山煮海,富國強兵。衣裳會九,四為兵車。天下之才,其仲也夫。始嘗貧困,何非仲與。分財自多,亦何貪與。謀事更困,亦何愚與。三戰三走,亦何怯與。三仕三逐,何不肖與。幽囚受辱,何無恥與。使非鮑叔,終囚徒耳。生我父母,知我鮑子。人不多仲,而多鮑子。古道不作,而今已矣。黃金不盡,交道不死。陳完奔齊,得育於姜。改田為姓,五世其昌。八世之後,政歸田常。田和繼之,為諸侯王。陳厲公生子完,字敬仲。及宣公有嬖姬生子款,欲立之,乃殺其太子禦寇。禦寇素愛厲公之子完,完懼禍及,於是奔齊。桓公使為工正。

《四言史徵》卷一,《四庫全書存目叢書》史部 291 冊,753 頁

惠　王　　（清）葛　震

惠王二年,取酆於蔿。田奪詹父,子禽祝跪。五人作亂,天位以徙。鄭伯虢公,胥命於弭。殺頹誅叛,王室不毀。○二十三年,晉殺申生。夷吾重耳,出亡外奔。任好得志,

始霸於秦。

《詩史》卷一，《四庫全書存目叢書》史部291冊，609頁

惠　王
（清）葛　震　曹　荃

名閬，釐王子。在位二十五年。

惠王二年，取圃於蒍。羽委切。田奪詹父，子禽祝跪。五人作亂，天位以徙。鄭伯虢公，鄭厲公突，虢公林父。胥命於弭。殺頹誅叛，王室不毀。初，莊王嬖姬姚生子頹，有寵。惠王即位，奪其大臣圉以為囿，故大夫邊伯等五人作亂，謀召燕、衛，帥伐惠王。王奔溫，已居鄭之櫟。立釐王弟頹為王，樂及徧舞。鄭、虢君怒，伐殺王頹，復入惠王。《左傳》："五人：蒍國、邊伯、詹父、子禽、祝跪也。"二十二年，晉殺申生。桑倫切。夷吾重耳，懼而出奔。逋鈞切。○初，獻公娶賈姬，無子。烝於齊姜，生秦穆夫人及太子申生。又娶二女於戎，大戎狐姬生重耳，小戎生夷吾。晉伐驪戎，以驪姬歸，生奚齊，其娣生卓子。驪姬嬖欲立其子，賂外嬖梁五與東關嬖五，使言於公曰："曲沃，君之宗也，蒲與屈，君之疆也，不可以無主。宗邑無主則民不威，疆場無主則啟戎心。若使太子主曲沃，重耳、夷吾主蒲與屈，則可以威民而懼戎。"晉侯說，使太子居屈沃，重耳居蒲，夷吾居屈。群公子皆鄙，惟二姬之子在絳。二五卒與驪姬譖群公子而立奚齊，殺太子申生，重耳奔狄，夷吾奔梁。夷吾入晉，是為惠公。重耳入晉，為文公也。任好得志，始霸於秦。任好，秦穆公名。

《四言史徵》卷一，《四庫全書存目叢書》史部291冊，753頁

襄　王
（清）葛　震

襄王初立，國家始靖。叔帶召戎，王居於鄭。晉侯納王，大寶再定。○是時宋襄，立於元年。六鷁退飛，星實於天。會盟爭霸，十有四年。○齊侯小白，卒於東藩。五子爭立，不殯不棺。六十七日，蟲出於門。○重耳奔狄，妻納季隗。二十五年，嫁我不來。過宋乞食。受塊於野，入齊不行。從謀桑下，嬖妾告姜。殺其聞者，懷安敗名。醉而遣駕，及其反國。繼桓而霸，召王河陽，乃心譎假。駢脅執曹，三舍避楚。五蛇一龍，介推不與。死而賜田，生難與處。蓋棺論定，樞聲如牛。悠悠霸業，卒歸一丘。○秦穆初立，惠十七年。當襄之世，拓地開邊。益國十二，千里幅員。東服強晉，西霸戎夷。賜之金鼓，為諸侯師。潛師襲鄭，蹇叔之憂。二陵風雨，三帥同囚。孟明再將，濟河焚舟。封殽望哭，國殤啾啾。《秦誓》一篇，悔過之由。死而殉葬，子車三良。奄息鍼虎，次曰仲行。為賦《黃鳥》，秦人哀傷。○介國葛盧，聲識牛鳴。常生三子，皆為犧牲。

《詩史》卷一，《四庫全書存目叢書》史部291冊，609頁

襄　王

(清)葛震　曹荃

名鄭,惠王子。在位三十三年。

襄王初立,國家始靖。叔帶召戎,王居於鄭。襄王母早死,後母曰:"惠后生叔帶,有寵於惠王。"襄王畏之。三年,叔帶與戎翟謀伐襄王,襄王欲誅叔帶,叔帶奔齊。十二年,叔帶後歸于周,通於翟后,王紐翟后,叔帶以翟入寇。王出,居於鄭,處於氾。叔帶立為王,取襄王所紐翟后,與居溫。十七年,晉文公納王而誅叔帶。**晉侯納王,大寶再定**。是時宋襄,立於元年。**六鷁退飛**,視之則六,察之則鷁,徐視之則退飛。**星霣於天**。左氏曰:"隕石于宋五,隕星也。"**會盟爭霸,十有四年**。襄十三年及楚戰於泓,敗績傷股。國人咎公,公曰:"君子不重傷,不禽二毛,不鼓不成列。"世以為宋襄之仁。**齊桓晚耄,立嗣昏瞀。及其卒也,五子爭祚。兵結宮虛,尸虫出戶**。周襄王九年十二月,齊侯小白卒,在位四十三年,主中國盟几三十九年。左氏云:齊侯之夫人三:王姬、徐嬴、蔡姬,皆無子。齊侯好內,多內寵、內嬖,如夫人者六人:長衛姬生武孟,少衛姬生惠公,鄭姬生孝公,葛嬴生昭公,密姬生懿公,宋華子生公子雍。公與管仲屬孝公於宋襄公以為太子,雍巫有寵於衛共姬,因寺人貂以薦羞於公,亦有寵,公許之,立武孟。桓公卒,五公子各樹黨爭立,遂相攻。以故宮中空莫敢棺,尸在牀上六十七日,尸虫出于戶。易牙與寺人貂因內寵以殺群吏而立武孟,孝公出奔宋,武孟無虧也。惠公,公子元也。孝公,公子昭也。昭公,公子潘也。懿公,公子商人也。**重耳奔狄,期隈去齊。受塊魏野,反璧負羈。姜殺饁妾,秦納圉妻**。初,公子重耳之及於難也,出奔狄,從者狐偃、趙衰、顛頡、魏武子、司空季子。狄人伐廧咎如,獲其二女叔隗、季隗,納諸公子。公子納季,生伯儵、叔劉。以叔隗妻趙衰,生盾。將適齊,謂季隗曰:"待我二十五年,不來而後嫁。"對曰:"我二十五年矣,又如是而嫁,則就木焉,請待子。"處狄十二年而行。過衛,衛文公不禮焉。出於五鹿,乞食於野人,野人與之塊,公子怒,欲鞭之,子犯曰:"天賜也。"稽首受而載之。及齊,齊桓公妻之,有馬二十乘,公子安之,從者以為不可,謀於桑下。蠶妾在其上以告姜氏,姜氏殺之,謂公子曰:"子有四方之志,其聞之者吾殺之矣。"公子曰:"無之。"姜曰:"行也。懷與安實敗名,公子不可。"姜與子犯謀,醉而遣之。及曹,曹共公聞其駢脅,欲觀其裸浴,薄而觀之。僖負羈之妻曰:"吾觀晉公子之從者皆足以相國,反晉必得志于諸侯而誅無禮。曹,其首也。子盍早自貳焉?"乃饋盤飧置璧焉,公子受飧反璧。**及其反國,繼桓而霸。召王河陽,避楚三舍**。及楚,楚子享之,曰:"公子若反晉國,則何以報不穀?"對曰:"子女玉帛則君有之,羽毛齒革則君地生焉,其波及晉國者君之餘也。其何以報君?"曰:"雖然,何以報我?"曰:"若以君之靈得反晉國,晉、楚治兵,遇於中原,其避君三舍。若不獲,命其左執鞭弭,右屬櫜鞬,以與君周旋。"子玉請殺之,楚子曰:"晉公子廣而儉,文而有禮,其從者肅而寬,忠而能力。天將興之,誰能廢之?"**五蛇一龍,介推不與。死而賜田,生難與處**。子推與母偕隱,至死不復見,子推從者憐之,乃懸書公門曰:"龍欲上天,五蛇為輔,龍已升雲,四蛇各入其宇。一蛇獨怨，終不見其處所。"文公見其書，曰："此介子推也。吾方憂王室，未圖其功。"使人召之，則亡，遂求所在。聞其入綿上山中，於是文公環綿上山而封之，以為介推田，號曰介山。**蓋棺論定，樞聲如牛。悠悠霸業，卒歸一丘。**晉文公，周襄王十六年立，二十六年卒，得國在位凡九年。**秦穆初立，惠十七年。**惠，周惠王。**當襄之世，**襄，周襄王。**千里開邊。東服強晉，西霸戎夷。賜之金鼓，為諸侯師。潛師襲鄭，蹇叔之憂。二陵風雨，三帥同囚。**三帥：百里孟明視、西乞術、白乙丙也。杞子自鄭使告於秦，曰："鄭人使我掌北門之管，若潛師以來，國可得也。"穆公訪諸蹇叔，蹇叔不可，公辭焉。召孟明、西乞、白乙，使出師。蹇叔之子與師哭而送之，曰："晉人禦師必於殽，殽有二陵焉。其南陵，夏后皋之墓也；其北陵，文王之所避風雨也。必死是間，余收爾骨焉。"秦師遂東，晉敗之於殽，獲百里、孟明、視西乞術、白乙丙以歸。**孟明再將，濟河焚舟。封殽望哭，國殤啾啾。《秦誓》一篇，悔過之由。死而殉葬，子車三良。奄息鍼虎，次曰仲行。為賦《黃鳥》，秦人哀傷。**穆公，周惠王十七年立，二十二年始霸。襄王二十八年賜金鼓，命為西方諸侯伯。三十年卒。凡三十八年。○予讀史至秦穆公之卒，從死百七十七人，以子車氏三人為殉，曰傷哉！孟子云："仲尼曰：'始作俑者，其無後乎！'為其象人而用之也。"象人，聖人猶且絕之，而況於人乎！秦穆生無遺德垂法，死奪其良臣而殉，此聖人之所絕也。而乃有子四十人，傳至始皇，蠶食六國，滅周而有天下，是遵何道哉？夫盜跖日殺不辜，肝人之肉，暴戾恣睢，竟以壽終。伯夷、叔齊積仁潔行，而餓死于首陽，子孫無稱焉。儻所謂天道是耶？非耶？**介國葛盧，聲識牛鳴。是生三子，皆為犧牲。**介葛盧朝魯，聞牛鳴曰："是牛生三子，皆為犧牲。"詢之信然。

《四言史徵》卷一，《四庫全書存目叢書》史部291冊，753頁

匡　王　　　　　　　　　　　　　　　　（清）葛　震

頃王五年，旅嗣商臣。匡王六年，趙盾弒君。

《詩史》卷一，《四庫全書存目叢書》史部291冊，609頁

匡　王　　　　　　　　　　　　　　　（清）葛　震　曹　荃

名班，頃王子，在位六年。

　　頃王五年，旅嗣商臣。旅，楚莊王名。商臣，楚穆王名。初，成王將以商臣為太子，訪于令尹子上，子上曰："君之齒未也，而又多愛楚國之舉，恒在少者，黜乃亂也，且是人也，蠭目而豺聲，忍人也，不可立也。"弗聽。既又欲立子職而黜商臣，商臣聞之，以宮甲圍成王，縊穆王。商臣立。穆王死，子莊王旅立。按莊王立於是年。**匡王六年，書盾弒君。**盾，趙衰子。晉靈公不君，厚斂以雕牆，從臺上彈人，宰夫熊蹯不熟，殺之置諸畚，使婦人載以過朝。宣子驟諫，公患之，使鉏麑賊之。晨往，寢門闢矣，盛

服將朝,尚早,坐而假寐,麑退歎而言曰:"不忘恭敬,民之主也。賊民之主,不忠;棄君之命,不義。有一於此,不如死也。"觸槐而死。晉侯飲趙盾酒,伏甲將攻之,其右提彌明知之,趨登曰:"臣侍君宴過三爵,非禮也。"遂扶以下,公嗾夫獒焉,明搏而殺之。鬭且出,提彌明死之。靈輒與為公介倒戟以禦公,徒而免之,遂自亡也。趙穿攻靈公於桃園,宣子未出山,而復太史書曰"趙盾弒其君"以示於朝。宣子曰:"不然。"對曰:"子為正卿,亡不越境,反不討賊,非子而誰?"宣子曰:"嗚呼!我之懷矣。自詒伊慼,其我之謂矣。"○太史董狐也。

《四言史徵》卷一,《四庫全書存目叢書》史部291冊,755頁

定　王　　　　　　　　　　　　（清）葛　震

定王元年,楚子益強。戎伐陸渾,兵觀周疆。問鼎輕重,目無天王。縣陳圍鄭,宋人夜降。舒邪蓼邪,并見滅亡。蠻夷猾夏,中國不張。夏姬鄭女,淫而不祥。殺夫戮子,弒及陳公。楚子君臣,一見若狂。巫臣兩諫,其口如簧。乃自竊去,犇於晉陽。請使於吳,教之戰方。楚七奔命,吳始強梁。○程嬰杵臼,義立趙孤。白石可爛,生死不渝。我思古人,輾轉長吁。

《詩史》卷一,《四庫全書存目叢書》史部291冊,609頁

定　王　　　　　　　　　　　　（清）葛　震　曹　荃

名瑜,匡王弟,在位二十一年。

定王元年,楚子楚莊王也。益強。戎伐陸渾,兵觀周疆。問鼎輕重,目無天王。楚子伐陸渾之戎,遂至於雒,觀兵周疆。定王使王孫滿勞之,楚子問鼎之大小輕重焉,對曰:"在德不在鼎。昔夏之方有德也,遠方圖物貢金,九牧鑄鼎象物,百物而為之備,使民知神姦。故民入川澤山林,不逢不若,螭魅罔兩,莫能逢之,用能協於上下,以承天休。桀有昏德,鼎遷于商,載祀六百,商紂暴虐,鼎遷于周。德之休明,雖小,重也;其姦回昏亂,雖大,輕也。天祚明德有所底止,成王定鼎於郟、鄏,卜世三十,卜年七百,天所命也。周德雖衰,天命未改,鼎之輕重,未可問也。"○陸渾,邑名,今河南之陸渾縣。圍鄭與平,君能下人。圍宋告病,華元夜臨。威舒威蓼,許著於經。楚子圍鄭旬有七日,國人大臨,楚子退師,鄭人修城。進,復圍之,三月克之。入自皇門,至於逵路,鄭伯肉袒牽羊以逆,曰:"孤不天,不能事君,使君懷怒以及鄙邑,孤之罪也。敢不唯命是聽?若惠顧前好,徼福於厲、宣、桓、武,不泯其社稷,使改事君,夷於九縣,君之惠也,孤之願也。非所敢望也,敢布腹心,君實圖之。"左右曰:"不可許也,得國無赦。"楚莊曰:"其君能下人,必能信用其民矣,庸可幾乎?"退三十里而許之平。○屈子使申舟聘於齊,曰:"無假道於宋。"及宋,宋人止之,華元曰:"過我而不假道,鄙我也。鄙我,亡也。殺其使者必

伐我,伐我亦亡也。亡,一也。"乃殺之。楚子聞之,投袂而起,屨及於窒皇,劍及於寢門之外,車及於蒲胥之市,圍宋。宋懼,使華元夜入楚師,登子反之床,起之,曰:"寡君使元以病告曰教邑易子而食,析骸以爨,雖然城下之盟,有以國斃,不能從也。去我三十里,惟命是聽。"子反懼,與之盟而告王,退三十里,宋及楚平。○舒、蓼,二國名。**夏姬鄭女,聚亂君臣。殺夫戮子,弒逆相因。吁嗟淫妖,胡不以懲**。夏姬,鄭穆公女,陳大夫夏御叔妻,徵舒之母也。陳靈公與其大夫孔寧、儀行父通焉,皆衷其衵服以戲於朝,竊殺洩冶。公與孔寧、儀行父飲於夏氏,公謂行父曰:"徵舒似汝。"對曰:"亦似君。"徵舒病之,公出自其廄,射而殺之。○楚子為陳夏氏亂討於少西氏,遂入陳,殺夏徵舒,因縣陳。申叔時使於齊,反曰:"徵舒弒君,其罪大矣,討而戮之,君之義也。抑人有言曰:'牽牛以蹊人之田而奪之牛,牽牛以蹊者信有罪矣,而奪之牛,罰已重矣。'諸侯之從曰'討有罪也'。今縣陳,貪其富也。以討召諸侯,而以貪歸之,毋乃不可乎?"楚子曰:"善哉。吾未之聞也。反之,可乎?"對曰:"吾儕小人所謂取諸其懷而與之也。"乃復封陳。**楚人討夏,欲納不祥。巫臣兩諫,自取出亡。楚七奔命,吳始強梁**。楚之討陳夏氏也。楚莊欲納夏姬,申公巫臣諫曰:"不可,君召諸侯以討罪也。今納夏姬,貪其色也。貪色為淫,淫為大罰。"乃止。子反欲取之,巫臣曰:"是不祥人也。"子反乃止。楚子遣夏姬歸,巫臣聘諸鄭,鄭伯許之。楚共王即位,使屈巫聘于齊,巫臣盡室以行,及鄭,使介反璧,而以夏姬行,遂奔晉。子重、子反殺巫臣之族,而分其室,巫臣自晉遺二子書,曰:"爾以讒慝貪惏事君,而多殺不辜,余必使爾疲於奔命以死。"巫臣請使於吳,晉侯許之。吳子壽夢說之,乃通吳於晉,以兩之一卒適吳舍,偏兩之一焉。與其射御,教吳乘車,教之戰陳,教之叛楚,置其子狐庸焉。使為行人於吳,吳始伐楚、伐巢、伐徐,子重奔命。馬陵之會,吳入州來,子重自鄭奔命。子重、子反,一歲七奔命,蠻夷屬於楚者,吳盡取之,是以始大,通於上國。**程嬰杵臼,義立趙孤。白石可爛,生死不渝。我思古人,輾轉長吁**。晉景公時,趙盾卒,子朔嗣,朔娶成公姊莊姬。景公三年,屠岸賈為司寇,治靈公之賊,徧告諸將曰:"盾雖不知,猶為賊首,以臣弒君,子孫在朝,何以懲罪?"賈擅,與諸將攻趙氏於下宮,殺趙朔。朔妻有遺腹,走公宮匿。朔客公孫杵臼謂朔友程嬰曰:"胡不死?"嬰曰:"朔之妻有遺腹,幸而男,吾奉之,即女也,吾徐死耳。"無何而朔婦生男,賈聞之,索於宮中。夫人置兒袴中,祝曰:"趙宗滅乎若號,即不滅乎若無聞。"及索兒,竟無聲。已脫,嬰謂杵臼曰:"今一索不得,後必且復索之,奈何?"杵臼曰:"立孤與死孰難?"嬰曰:"死易,立孤難耳。"杵臼曰:"趙氏先君遇子厚,子強為其難者,吾為其易者,請先死。"二人乃謀取他人嬰兒,負之,衣以文葆,匿山中。程嬰出謬,謂諸將曰:"誰能與我千金,吾告趙氏孤處。"諸將許之,隨攻杵臼,杵臼謬曰:"小人程嬰,昔下宮之難不能死,與我謀匿趙孤,今又賣之乎!"諸將遂殺杵臼與孤兒,以為趙氏孤兒已死,然趙氏真孤乃在程嬰,卒與之俱匿山中十五年。韓厥具以實告景公,於是召武,嬰徧拜諸將,遂反與程嬰、趙武攻屠岸賈,滅其族,復與武田邑如故。及趙武冠成人,程嬰乃辭諸大夫,謂趙武曰:"昔下宮之難皆從死,我非不能死,思立趙氏之後。今武既立成人,復故位,我將下報宣孟與公孫杵臼。"武泣,頓首固請,曰:"我願苦筋骨以報子至死。"程嬰不可,遂自殺。武服齊衰三年,為之祭邑,春秋祀之,世勿絕。

《四言史徵》卷一,《四庫全書存目叢書》史部 291 册,755 頁

簡　　王　　　　　　　　　（清）葛　震

簡王元年,壽夢來朝。深問禮樂,怡然神交。盟會上國,勢浸桀驁。伐郯侵楚,遂入州來。天下之變,怒焉憂懷。○曹宣公子,讓國出亡。吳有季札,曹有子臧。

《詩史》卷一,《四庫全書存目叢書》史部 291 册,609 頁

簡　　王　　　　　　　　（清）葛　震　曹　荃

名夷,定王子,在位十四年。

簡王元年,壽夢來朝。深問禮樂,怡然神交。吳壽夢朝周,適楚,觀諸侯禮樂。魯成公會於鍾離,深問周公禮樂,成公悉為陳前王之禮樂,因為詠歌三代之風。壽夢曰:"孤在蠻夷,徒以椎髻為俗,豈有斯之服哉?"因歎而去曰:"嗚呼哉!禮也。"盟會上國,勢浸桀驁。伐郯侵楚,遂入州來。天下之變,怒焉憂懷。按《春秋》"吳入州來",州來,楚邑也,而不繫之楚,此天下之變也。州來,今淮蔡之地。入州來,非獨楚之憂,諸夏之憂亦自是始矣。書"吳伐郯"、"吳入州來"以為此,皆諸夏之憂也。言春秋者謂春秋有天下之辭,有一國之辭。天下之辭,此類是也。嗟此叔世,誰甘讓國。曹公子臧,吳季子札。曹宣公卒,成公負芻,殺世子而自立。諸侯會于戚討成公,執而歸諸京師,將見子臧於王而立之。子臧辭曰:"聖達節,次守節,下失節,為君非吾節也,雖不能聖,敢失守乎?"遂逃奔宋。○壽夢有四子,長曰諸樊,次曰余祭,次曰餘昧,次曰季札。季札賢,壽夢欲立之,札讓不可,棄室而耕,於是立諸樊。諸樊卒,弟余祭立,余祭弒,弟夷昧立。

《四言史徵》卷一,《四庫全書存目叢書》史部 291 册,756 頁

靈　　王　　　　　　　　　（清）葛　震

簡王之子,是為靈王。生而有髭,又稱髭王。歲在庚戌,二十一正。冬十一月,魯孔子生。○二十四年,崔杼弒君。太史大書,死者三人。晏嬰門啟,枕股哭尸。三踊而出,崔子舍之。相齊三世,名顯諸侯。豚肩在豆,終身一裘。七十餘家,舉火待周。越石父賢,解驂贖囚。其御抑損,薦為大夫。執鞭欣欣,吾亦所求。

《詩史》卷一,《四庫全書存目叢書》史部 291 册,610 頁

靈　王

(清)葛　震　曹　荃

名泄心,簡王子,在位二十七年。○《皇覽》云:"靈王冢在河南城西南柏亭西周山上。"蓋以靈王生而有髭而神,故諡靈王。其冢,民祀之不絕。又按汲冢《周書》稱爲髭王。

簡王之子,是爲靈王。生而有髭,又稱髭王。歲在庚戌,二十一正。冬十一月,魯孔子生。孔子,名丘,字仲尼,其先宋人,父叔梁紇,母顏氏。是年十一月庚子,生孔子於魯昌平鄉陬邑。生而圩頂,因名曰丘。爲兒嬉戲,常陳俎豆,設禮容。《唐記》云:"先聖誕生之夕有二龍繞室,五老降庭,顏氏之房聞鈞天之樂。先聖長九尺六寸,腰大十圍,凡四十九表。"二十四年,崔杼弑君。太史大書,死者三人。晏嬰門啟,枕股哭尸。三踊而出,崔子舍之。齊棠公死,崔杼吊焉,見其妻棠姜美而取之。莊公通焉,驟如崔氏。以崔子之冠賜人,崔子因是稱疾,不視事。公問崔子,遂從姜氏,姜入於室,與崔子自側戶出,公拊楹而歌,賈舉止眾從者而入,閉門。甲興,遂弑之,賈舉等八人皆死。祝陀父祭于高唐,至復命,不脫弁而死于崔氏。申蒯侍漁者與其宰皆死。晏嬰立於崔氏之門外,其人曰:"死乎?"曰:"獨吾君也乎哉!吾死也。"曰:"行乎?"曰:"吾罪也乎哉!吾亡也。"曰:"歸乎?"曰:"君死安歸?君民者豈以陵民,社稷是主;臣君者豈爲其口實,社稷是養。故爲社稷死則死之,爲社稷亡則亡之,若爲己死而爲己亡,非其私暱,誰敢任之?且人有君而弑之,吾焉得死之,而焉得亡之?將庸何歸?"門啟而入,枕尸股而哭。興,三踊而出。人謂崔子:"必殺之。"崔子曰:"民之望也!舍之,得民。"嬰相三世,靈公、莊公、景公。名顯諸侯。豚不掩豆,豚肩不掩豆。終身一裘。一狐裘三十年。七十餘家,舉火待周。齊國之士待以舉火者七十餘家。越石父賢,解驂贖囚。其御抑損,薦爲大夫。房尤切。執鞭欣欣,吾亦所求。越石父賢,在縲紲中,晏子出,遭之途,解左驂贖之,載歸,弗謝入閨。久之,越石父請絕,晏子懼然,攝衣冠謝曰:"嬰雖不仁,免子於厄,何子求絕之速也?"石父曰:"不然,吾聞君子詘於不知己而信於知己者。吾方在縲紲中,彼不知我也。夫子既知感悟而贖我,是知己,知己而無禮,固不如在縲紲之中。"晏子於是延入爲上客。晏子爲相出,其御之,妻從門間而闚其夫,其夫爲相御,擁大蓋,策駟馬,意氣揚揚,甚自得也。既而歸,其妻請去,夫問其故,妻曰:"晏子長不滿六尺身,相齊國,名顯諸侯。今者,妾觀其出,志念深矣,常有以自下者。今子長八尺,乃爲人僕御,然子之意自以爲足。妾是以求去也。"其後夫自抑損,晏子怪而問之,御以實對,晏子薦以爲大夫。太史公贊云:"假令晏子而在,余雖爲之執鞭,所忻慕焉。"

《四言史徵》卷一,《四庫全書存目叢書》史部291册,757頁

景　王

(清)葛　震

景王享國,二十五年。重幣絕資,始作大錢。鐘鑄無射,鈞石過偏。單公兩諫,王不

納焉。○初吳壽夢，有子四人。季札最賢，不義為君。聘魯觀樂，辨德於聲。解劍懸冢，死見交請。○子產論政，寬猛權衡。火烈水濡，水死火生。善惡吾師，使人擇能。公孫子羽，善為辭令。裨諶謀野，太叔授行。維參與商，辨核杳冥。博物君子，叔向所稱。刑書丘賦，國人謗之。苟利社稷，死生以之。古之遺愛，誰其嗣之。

《詩史》卷一，《四庫全書存目叢書》史部 291 册，610 頁

景　王

(清)葛震曹荃

名貴，靈王子，在位二十五年。

　　景王享國，二十五年。重幣絕資，始作大錢。鍾鑄無射，鈞石過偏。單公兩諫，王不納焉。二十一年鑄大錢，二十四年鑄無射。單公，單穆公也。季札歷聘，說其賢臣。請觀周樂，辨德於聲。徐君好劍，欲贈未能。死猶挂樹，不違初心。札聘於魯，遂歷聘於齊、鄭、衛、晉，其見叔孫穆子說之，曰："子其不得死乎，好善而不能擇人。吾聞君子務在擇人，吾子為魯宗卿，而任其大政，不慎舉，何以堪之，禍必及子，請觀於周樂。"使工為之歌《周南》、《召南》，曰："美哉！始基之矣，猶未也，然勤而不怨矣。"為之歌《邶》、《鄘》、《衛》，曰："美哉！淵乎，憂而不困者也。吾聞衛康叔武公之德如是，是其衛風乎！"為之歌《王》，曰："美哉！思而不懼，其周之東乎！"為之歌《鄭》，曰："美哉！其細已甚，民弗堪也，是其先亡乎！"為之歌《齊》，曰："美哉！泱泱乎，大風也哉。表東海者，其太公乎？國未可量也。"為之歌《豳》，曰："美哉！蕩乎，樂而不淫，其周公之東乎！"為之歌《秦》，曰："此之謂夏聲。夫能夏則大，大之至也，其周之舊乎！"為之歌《魏》，曰："美哉！渢渢乎，大而婉，儉而易，行以德輔，此則明主也。"為之歌《唐》，曰："思深哉！其有陶唐氏之遺民乎？不然何憂之遠也，非令德之後，誰能若是？"為之歌《陳》，曰："國無主，其能久乎？"自《鄶》以下，無譏焉。為之歌《小雅》，曰："美哉！思而不貳，怨而不言，其周德之衰乎？猶有先王之遺民焉。"為之歌《大雅》，曰："廣哉！熙熙乎，曲而有直體，其文王之德乎？"為之歌《頌》，曰："至矣哉！直而不倨，曲而不屈，邇而不偪，遠而不攜，遷而不淫，復而不厭，哀而不愁，樂而不荒，周而不匱，廣而不宣，施而不費，取而不貪，處而不底，行而不流。五聲和，八風平，節有度，守有序，盛德之所同也。"見舞象箾南籥者，曰："美哉！猶有憾。"見舞《大武》者，曰："美哉！周之盛也，其若此乎！"見舞《韶濩》者，曰："聖人之弘也，而猶有慚德，聖人之難也。"見舞《大夏》者，曰："美哉！勤而不德，非禹其誰能修之？"見舞《韶箾》者，曰："德至矣哉！大矣，如天之無不幬也，如地之無不載也，雖甚盛德，其蔑以加於此矣。觀止矣，若有他樂，吾不敢請也。"去魯，聘於齊。說晏平仲，謂之曰："子速納邑與政，無邑與政，乃免與難。齊國之政將有所歸，未獲所歸，難未歇也。"故晏子因陳桓子以納政與邑，是以免於欒高之難。聘於鄭，見子產，如舊相識，與之縞帶，子產獻紵衣焉。謂子產曰："鄭之執政侈，難將至矣，政必及子。子為政，慎之以禮，不然，鄭國將敗。"適衛，說蘧瑗、史狗、史鰌、公子荆、公子朝，曰：

"衛多君子,未有患也。"自衛如晉,將宿於戚,聞鐘聲焉,曰:"異哉,吾聞之也,辯而不德,必加於戮。夫子獲罪於君以至此,懼人不足,而又何樂?夫子之在此也,猶燕巢於幕上,君又在殯,而可以樂乎?"遂去之,文子聞之,終身不聽琴瑟。適晉,說趙文子、韓宣子、魏獻子,曰:"晉國其萃於三族乎?"說叔向,將行,謂之曰:"吾子勉之,君侈而多良,大夫皆富,政將在家,吾子好直,必思自免於難。初使北,過徐君,徐君好季札劍,口弗敢言,季札心知之,為使上國,未獻。還至徐,徐君已死,於是乃解其寶劍,繫之徐君冢樹而去。從者曰:"徐君已死,尚誰予乎?"季札曰:"不然。始吾心已許之,豈以死倍吾心哉!"**子產論政**,鄭大夫公孫僑。**寬猛權衡。火烈水濡,水死火生。**子產有疾,謂子太叔曰:"我死,子必為政,惟有德者能以寬服民,其次莫如猛。夫火烈,民望而畏之,故鮮死焉。水濡弱,民狎而翫之,則多死焉。故寬難。"**善惡吾師,使人擇能。公孫子羽**,子羽,公孫揮字。**善為辭令。叶平聲。裨諶謀野**,裨諶,鄭大夫。**太叔授行。**子產之從政也,擇能而使之。馮簡子能斷大事,子太叔美秀而文,公孫揮能知四國之為,辨於其大夫之族姓、班位、貴賤、能否,而又善為辭令,裨諶能謀,謀於野則獲,謀於邑則否。鄭國將有諸侯之事,子產乃問四國之事於子羽,且使多為辭令。與裨諶乘以適野,使謀可否。而告馮簡子,使斷之。事成,乃授子太叔行之,以應對賓客。是以鮮有敗事。**維參與商,辯核杳冥。博物君子,叔向所稱。**鄭使子產問平公疾。平公曰:"卜而曰實沉、臺駘為祟,史官莫知,敢問?"對曰:"高辛氏有二子,長曰閼伯,季曰實沉,居曠林,不相能也,日操干戈以相征伐。后帝弗臧,遷閼伯於商丘,主辰,商人是因,故辰為商星。遷實沉於大夏,主參,唐人是因,服事夏、商,其季世曰唐叔虞。當武王邑姜方妊太叔,夢帝謂己:'余命而子曰虞,乃與之唐,屬之參而蕃育其子孫。'及生,有文在其掌曰'虞',遂以命之。及成王滅唐而國太叔焉。故參為晉星。繇是觀之,則實沉,參星也。昔金天氏有裔子曰昧,為玄冥師,生允格、臺駘。臺駘能業其官,宣汾、洮,障大澤,以處太原。帝用嘉之,國之汾川。沈、姒、蓐、黃實守其祀。今晉主汾川而滅之。繇是觀之,則臺駘,汾、洮神也。然是二者不害君身。山川之神,則水旱之菑禜之;日月星辰之神,則雪霜風雷不時禜之;若君疾,飲食哀樂女色所生也。"平公及叔向曰:"善,博物君子也!"厚為之禮於子產。**刑書丘賦,國人謗之。苟利社稷,死生以之。古之遺愛,誰其嗣之。**子產作《丘賦》,國人謗之,曰:"其父死于路,己為蠆尾,以令於國,國將若之何?"子寬以告。子產曰:"何害?苟利社稷,死生以之。且吾聞為善者不改其度,故能有濟,民不可逞,度不可改。《詩》曰:'禮義不愆,何恤乎人言。'吾不遷矣。"又云子產請其田里,三年而復之,反其田里及其入焉。從政一年,輿人誦之,曰:"取我衣冠而褚之,取我田疇而伍之,孰殺子產,吾其與之。"及三年,又誦之,曰:"我有子弟,子產誨之;我有田疇,子產殖之。子產而死,誰其嗣之?"及卒,仲尼聞之,出涕曰:"古之遺愛也。"

《四言史徵》卷一,《四庫全書存目叢書》史部 291 冊,757 頁

敬　王

(清)葛　震

景王太子，沖齡早殤。猛立未久，諡曰悼王。悼王母弟，立為敬王。子朝自立，龍戰玄黃。四年始克，乃入洛陽。○吳弒君僚，國立姬光。伍員覆楚，尸鞭平王。申胥入秦，立依庭牆。哭不絕聲，口不入漿。為賦《無衣》，秦兵出疆。○孔子大聖，抱德懷道。母曰徵在，孕於祈禱。室繞二龍，星降五老。天樂聞空，四十九表。腰不及禹，其顙似堯。肩類子產，項類皋陶。明王不興，列國周遭。司寇相魯，會齊夾谷。文事武備，預為部曲。犁彌劫盟，屹然不屈。齊侯謝過，汶陽以歸。墮都誅卯，豈伊人為。塗別男女，道不拾遺。章甫袞衣，惠我無私。美女康樂，奈龜山何。序書刪詩，被之絃歌。說卦文言，韋編三絕。記禮正樂，春秋斧鉞。德衰歌鳳，筆絕獲麟。兩楹入夢，沒為殷人。不慭遺老，縈縈在疚。哀哉尼父，誄也何謬。○田常弒君，厭觀之否。安平琅邪，割封於己。女長七尺，選入宮裏。有狐綏綏，不問臥起。七十餘男，誰氏之子。

《詩史》卷一，《四庫全書存目叢書》史部291冊，610頁

敬　王

(清)葛　震　曹　荃

名匀,悼王母弟,在位四十四年。

景王太子，未幾而殤。猛立被殺，諡曰悼王。太子聖早卒，景王愛子朝，欲立之。會崩，子丐之黨與爭立，國人立長子猛為王，子朝攻殺猛，是為悼王。晉人攻子朝而立丐，是為敬王。**悼王母弟，立為敬王。子朝自立，龍戰玄黃。四年始克，乃入洛陽。**敬王立，居於狄泉，謂之東王；子朝入於王城，謂之西王。四年，晉師及單子、劉子之師進，攻子朝，克之，子朝出奔楚，敬王入於王城。○單子，單穆公。劉子，劉獻公之庶子。伯蚠，劉定公也，一名卷。**吳弒君僚，國立姬光。**僚王，餘昧子。餘昧卒，季札逃去，國人立王餘昧之子僚為王。光，王諸樊之子也，常以為吾父兄弟四人當傳至季子，季子即不受國，光當立，告專諸曰："不索何獲！我真王嗣，當立，我欲求之。"專諸曰："王僚可弒也。母老子弱，而兩公子將兵攻楚，楚絕其路。方今吳外困於楚，而內室無骨鯁之臣，是無奈我何。"光伏甲士於窟室，而謁王僚飲。王僚使兵陳於道，自王宮至光之家，門階戶席，皆王僚之親也，人夾持鈹。公子光佯為足疾，入於窟室，使專諸置匕首於炙魚之中以進食，手匕首刺王僚，鈹交於匈，遂弒王僚。公子光竟代立為王，是為吳王闔閭。**伍員覆楚，尸鞭平王。**景王二十三年，楚平王信讒臣費無極，殺伍奢及其子尚。員奔吳，為吳行人以謀楚。敬王十四年冬十一月，吳入郢，壞宗廟，徙陳器，撻平王之墓。君居其君之寢，而妻其君之妻，大夫居其大夫之寢，而妻其大夫之妻，蓋有欲妻君之母者。《列女傳》云："楚平伯嬴，昭王之母也。吳入郢，昭王已亡，吳王闔閭盡妻其後宮，次至伯嬴，伯嬴持刃曰：'妾聞天子者，天下之表

也;公侯者,一國之儀也。天子失制,則天下亂;諸侯失制,則其國危。夫婦之道,固人倫之始,王教之端,是以明王之制,使男女不親授,坐不同席,食不共器,殊楎椸,異巾櫛,所以絕之也。若諸侯外淫者絕,卿大夫外淫者放,士大夫外淫者宫割。夫然者以為仁失可復以義,義失可復以禮。男女之失,亂亡興焉。夫造亂亡之端,公侯之所絕,天子之所誅也。今君王棄儀表之行,縱亂亡之欲,犯誅絕之事,何以行令訓民?且聞生而辱者,不如死而榮。"於是吳王慚,遂退,舍伯嬴,與其保阿閉永巷之門,皆不釋兵,三旬秦救至,乃復。**申胥入秦,立依庭牆。哭不絕聲,口不入漿。為賦《無衣》,秦兵出疆。**初,伍員與申包胥友。其亡也,謂包胥曰:"我必覆楚國。"包胥曰:"子能覆之,我必能興之。"及昭王在隨,包胥如秦乞師,曰:"吳為封豕、長蛇,以薦食上國,虐始於楚。寡君失守社稷,越在草莽。使下臣告急,曰:'夷德無厭,若鄰于君,疆場之患也。逮吳之未定,君其取分焉。若楚之遂亡,君之土也。若以君靈撫之,世以事君。'"秦伯使辭焉,曰:"寡人聞命矣。子姑就館,將圖而告。"對曰:"寡君越在草莽,未獲所伏。下臣何敢即安?"立,依於庭牆而哭,日夜不絕聲,勺飲不入口七日。秦哀公為之賦《無衣》,九頓首而坐,秦師乃出。申包胥以秦師至,吳師大敗,吳子乃還。**孔子大聖,抱德懷道。睿知絕學,神明異表。腰不及禹,其顙似堯。肩類子產,項類皋陶。司寇相魯,會齊夾谷。**孔子由司寇攝行相事,相定公,會齊侯、景公於夾穀。**文事武備,預為部曲。**定公會齊侯以乘車好往,孔子曰:"有文事者必有武備,古者諸侯出疆,必具官以從,請具左右司馬。"**犁彌劫盟,屹然不屈。**犁彌,齊大夫,言於齊侯曰:"孔丘知禮而無勇,若使萊人以兵劫,魯侯必得志焉。"齊侯從之。旗旄劍戟,鼓譟而至,孔子以公退,曰:"士兵之兩君合好,而裔夷之俘以兵亂之,非齊君所以命諸侯也。裔不謀夏,夷不亂華,俘不干盟,兵不偪好,於神為不祥,於德為愆義,於人為失禮,君必不然。"齊侯聞之,遽避而去。**齊侯謝過,汶陽以歸。**景公歸,謫其群臣曰:"魯以君子之道輔其君,而子獨以夷狄之道教寡人。"於是歸所侵地以謝過。**墮都誅卯**,三都,季氏私邑。少正卯,魯聞人。**杜漸防微。塗別男女,道不拾遺。民誦章甫,惠我無私。**孔子初攝相事,人謗之曰:"麛裘而韠,投之無戾,韠之麛裘,投之無郵。"三月化,行民誦之曰:"袞衣章甫,實獲我所。章甫袞衣,惠我無私。"**美女康樂,奈龜山何。席不暇暖,還車衛河。道大莫容,列國空過。序書刪詩,**刪古詩三千為三百五篇。**萬世垂則。說卦文言,韋編三絕。**韋,熟皮也。編,貫也。古者以竹為簡,以熟皮貫而成策。所貫皮至於三次斷絕也。**記禮正樂,春秋斧鉞。七十二君,迄無一遇。七十二徒,藝通名著。德衰歌鳳,筆絕獲麟。**敬王三十九年,魯叔孫氏之子車鉏商獲麟。見其麕而角,以為不祥,以賜虞人。仲尼觀之,曰:"麟也。孰為來哉!孰為來哉!"反袂拭面,涕沾袍,曰:"吾道窮矣。"所作《春秋》自隱至哀十二公,絕筆於獲麟焉。筆則筆,削則削,一字之褒榮於華袞,一字之貶嚴於斧鉞,游、夏之徒不能贊一辭。**兩楹入夢,沒為殷人。不愁遺老,煢煢在疚。哀哉尼父,公誄何謬。**孔子蚤作,負手曳杖,逍遙於門,歌曰:"泰山其頹乎?梁木其壞乎?哲人其萎乎?"既歌而入,當戶而坐,子貢聞之,曰:"泰山其頹,則吾將安仰;梁木其壞,則吾將安仗；哲人其萎,則吾將安放？夫子殆將病也。"遂趨而入。夫子曰："爾來何遲也？夏后氏殯於東階之上,則猶在阼也；殷人殯於兩楹之間,則與賓主夾之也；周人殯於西階之上,則猶賓之也。而丘也,殷人也。予疇昔之夜,夢坐於兩楹之間。夫明王不興,天下其孰能宗予？予殆將死也。"蓋寢疾七日而沒。周敬王四十一年壬戌夏四月己丑孔子卒。魯哀公誄之曰："旻天不弔,不憖遺一老。俾屏予一人以在位,煢煢予在疚。嗚呼哀哉！尼父,無自律。"子貢曰："君其不沒于魯乎！夫子之言曰：'禮失則昏,名失則愆。'失志為昏,失所為愆。生不能用,死而誄之,非禮也。稱一人,非名也。君兩失之。"○憖,銀,去聲。周敬王四十一年,魯哀公十六年。田常弒君,厭觀之否。初,陳厲公使卜陳完,卦得觀之否,曰：五世其昌。自完至田常五世,而田常弒簡公,齊政皆歸田常,故太史公以為遵厭兆祥,以應卦辭也。安平琅邪,割封於己。女長七尺,選入宮裏。有狐綏綏,不問臥起。七十餘男,誰氏之子。田完割齊,自安平以東至琅邪,自為封邑。乃選女子長七尺以上為後宮,後宮以百數,而使賓客、舍人出入後宮者不禁,及田常卒,有子七十餘男。

《四言史徵》卷一,《四庫全書存目叢書》史部291冊,759頁

元　王　　　　　　　　　　　　　　（清）葛　震

元王三年,勾踐滅吳。歸宋侵地,意氣豁如。北會齊晉,號令諸侯。天王命伯,血盟朝周。號稱霸王,江淮橫流。范蠡去之,文種見屠。長頸烏喙,知幾無餘。患難可共,安樂難居。○泰伯之胤,國封周章。傳至壽夢,始通上邦。闔閭夫差,兩世爭彊。吳越仇讐,平於夷光。窮兵黷武,國乃滅亡。館娃宮外,秋色茫茫。鹿遊姑蘇,漁泛滄浪。禮先一飯,使我心傷。伍員怒濤,風長錢唐。

《詩史》卷一,《四庫全書存目叢書》史部291冊,610頁

元　王　　　　　　　　　　　　（清）葛　震　曹　荃

名仁,敬王子,在位六年。

元王三年,勾踐滅吳。勾踐,一名菼執,越語猶華言德云。歸宋侵地,意氣豁如。北會齊晉,勾踐已平吳,乃以兵北渡淮,與齊晉諸侯會于徐州。號令諸侯。勾踐乃使使號令齊、楚、秦、晉皆輔周室,血盟而去。秦不如命,勾踐選吳越將士,西渡河以攻秦,軍士苦之,會秦怖懼,逆自引咎,越乃還軍。天王命伯,血盟朝周。越子致貢,王使人賜勾踐胙,命為伯。號稱霸王,江淮橫流。勾踐已會,渡淮而南,以淮上地與楚,又與魯泗東方百里,歸吳所侵宋地與宋。越兵橫行于江淮東,諸侯畢賀,號稱霸王。范蠡去之,文種見屠。長頸烏喙,知幾無虞。患難可共,安樂難居。二十六年丁未,吳王夫差敗越於夫椒,報欈李也。遂入越。越子以甲楯五千,保於會稽。使大夫種因吳太宰嚭以行成,

吴子將許之。伍員曰："不可。臣聞之：樹德莫如滋，去疾莫若盡。昔夏少康有田一成，有眾一旅，能布其德，而兆其謀，遂滅過、戈，復禹之績。今吳不如過，而越大於少康，或將豐之，不亦難乎？勾踐能親而務施，施不失人，親不棄勞。與我同壤而世為仇讐，於是克而弗取，將又存之，違天而長寇讐，後雖悔之，不可食也。姬之衰也，日可俟也。介在蠻夷，而長寇讐，以是求伯，必不行矣。"弗聽。退而告人曰："越十年生聚，十年教訓，二十年之外，吳其為沼乎！"越及吳平。初，吳將伐齊，越子率其眾以朝焉，吳子及列士皆有餽賂。吳人皆喜，惟子胥懼，曰："是豢吳也夫！"諫曰："越在我心腹之疾也。壤地同，而有欲於我。夫其柔服，求濟其欲也，不如早從事焉。得志于齊，猶獲石田也，無所用之。越不為沼，吳其泯矣，使醫除疾，而曰：'必遺類焉'者，未之有也。"弗聽，使於齊，屬其子於鮑氏，為王孫氏。反役，王聞之，使賜之屬鏤以死，將死，曰："樹吾墓檟，檟可材也。吳其亡乎！三年，其始弱矣。盈必毀，天之道也。"元王三年戊辰冬十一月，越師入吳。夫差率其賢良，與其重祿，以上姑蘇。使王孫雄行成於越，曰："昔者上天降禍於吳，得罪於會稽。今君王其圖不穀，不穀請復會稽之和。"勾踐弗忍，欲許之。范蠡諫曰："聖人之功，時為之用。得時弗成，天有還形。天節不遠，五年復反，小凶則近，大凶則遠。今君王不斷，其忘會稽之事乎？"乃不許。使者往復來，辭愈卑，禮愈尊，勾踐又欲許之。蠡諫曰："孰使我早朝而晏罷者，非吳乎？與我爭三江、五湖之利者，非吳邪？十年謀之，一日棄之，其可乎？王姑勿許。"勾踐曰："吾欲勿許，難對其使者，子其對之。"蠡乃左提鼓，右抱枹，以應使者，曰："昔天以越賜吳，而吳不受。今天以吳賜越，敢不聽天命，而聽君之令乎？"乃不許成。因使人告夫差曰："天以吳賜越，孤不敢不受。以民生之不長，王其無死。民生於地上，寓也，其與幾何？寡人其達王於甬句東，夫婦三百，惟王所安，以沒王年。"夫差辭曰："寡人禮先一飯。君若不忘周室而為弊邑宸宇，亦寡人之願也。君若曰：'吾將殘汝社稷，滅汝宗廟'，寡人請死！吾何面目以視於天下乎？"夫差將死，曰："使死者無知則已，若其有知，吾何面目以見員也！"乃縊。越人以歸。太伯之亂，國封周章。傳至壽夢，始通上邦。闔廬夫差，兩世爭強。吳越仇讐，平於夷光。西施名。窮兵黷武，國乃滅亡。館娃宮外，秋色茫茫。吳謠："吳宮秋，吳王愁。"鹿遊姑蘇，漁泛滄浪。禮先一飯，使我心傷。伍員怒濤，風激錢唐。自太伯至夫差，凡二十五世。今日本亦云吳太伯之後，蓋吳亡，其支庶入海也。甬句東，地名，越海中洲也。

《四言史徵》卷一，《四庫全書存目叢書》史部291冊，761頁

貞定王

（清）葛　震

貞定二年，越炎執卒。楚滅蔡杞，其祀不續。

《詩史》卷一，《四庫全書存目叢書》史部291冊，611頁

貞定王 （清）葛震　曹荃

名介,元王子,在位二十八年。○《史記》作"定王",司馬貞作"貞王",皇甫謐作"貞定王"。

貞定二年,越茇執卒。勾踐也。周敬王二十三年立,是年卒。**楚滅蔡杞,其祀不續。**貞定王二十三年,楚惠王滅蔡,蔡侯齊出亡。武王克商,封叔度於蔡監殷。自叔度至齊,凡二十六世,歷六百七十六年。周武王克商,求夏后禹苗裔,得東樓公,封於杞,以奉禹祀,凡二十一世,歷六百七十八年。○蔡,今蔡州上蔡縣。杞,今開封府雍丘縣。俱屬河南地。

《四言史徵》卷一,《四庫全書存目叢書》史部291冊,761頁

思　王　（清）葛震

哀席未暖,見弒於叔。嵬復弒思,二主幽獨。同根並生,相煎何速。

《詩史》卷一,《四庫全書存目叢書》史部291冊,611頁

思　王　（清）葛震　曹荃

名叔,貞定王次子,弒哀,立五月,弟嵬弒之。

哀席未暖,見弒於叔。叔,思王名。**嵬亦弒思,**嵬,考王名。**彼往此復。同根並生,相煎何速。**

《四言史徵》卷一,《四庫全書存目叢書》史部291冊,762頁

考　王　（清）葛震

考王自立,弟封周公。滅莒者誰,楚之簡王。

《詩史》卷一,《四庫全書存目叢書》史部291冊,611頁

考　王　（清）葛震　曹荃

名嵬,貞定王少子。弒思自立,在位十五年。

考王自立,弟封周公。姑光切。○考王元年,封其弟揭於河南,以續周公之職。《大事記》："敬王時,王子朝之亂,其餘黨多在王城,敬王畏之,徙都成周。至是考王以王城故地封其弟桓公焉。"《稽古錄》謂桓公為東周桓公,非也。平王東遷之後,所謂西周者,豐鎬也;所謂東周者,東都也。威烈王之後,所謂西周者,河南也;所謂東周者,洛陽也。河南桓公之時,雖未有東西之名,推本而言之,謂西周桓公則可矣,何以稱河南為西周？自洛陽下都而視王城在西也,何以稱洛陽為東周？自河南王城視下都則在東

也。君陳畢公尹殷民，蓋在下都地，今書皆謂之東郊，則下都在王城之東明矣。**滅莒者誰，楚之簡王**。莒，嬴姓，子爵，出自少昊之後。武王克商，封茲輿期於莒，今城陽莒縣是也。《世本》自紀公以下為己姓，不知誰賜之姓也。自輿期傳十一世，而茲㔻公始見於《春秋》，共公庚輿以下微弱不復見矣，後四世至是為楚簡王所滅。

《四言史徵》卷一，《四庫全書存目叢書》史部291册，762頁

威烈王　　　　　　　　　　（清）葛　震

威烈初服，惠為西周。少子封鞏，襲號東周。○越子滅郯，秦甥妻河。河伯娶婦，自秦之囮。西門豹兮，其人孔多。○三卿分晉，命為諸侯。繁纓不惜，名器維羞。絳沃二邑，晉尚淹留。安王紀年，二十六周。至是廢之，土地全收。君為家人，齊民等儔。唐叔不祀，河汾皆秋。

《詩史》卷一，《四庫全書存目叢書》史部291册，611頁

威烈王　　　　　　　　（清）葛　震　曹　荃

名午，考王子，在位二十四年。

威烈初服，惠為西周。少子封鞏，襲號東周。考王封其弟於河南為桓公。卒，子威公立。卒，子惠公立。長子曰西周公，又封少子於鞏，仍襲父號曰東周，惠公於是有東、西二周也。《大事紀》云："此東、西周分之始也。"《地理志》云："鞏，東周所居。"非也。東周指威烈王所居之洛陽也。鞏，班之采邑也。《世本》云："東周惠公名班，居洛陽。"是班秉政於洛陽，而采邑則在鞏，安得遂指鞏為東周乎？當是時，東、西周雖未分治，然河南惠公既號奉王者為東周，亦必自號為西周矣。**越子滅郯**，越子朱句也，勾踐曾孫。**秦甥妻河。河伯娶婦，自秦之囮。西門鄴令，悉巫投波**。秦城塹河瀕，秦初以君主妻河君，主猶公主也，妻河謂嫁之河伯。魏文侯使西門豹為鄴令，鄴民苦為河伯取婦，豹始禁之，正與同時。魏，其秦鄰意者，染秦俗與？**三卿分晉，命為諸侯。繁纓不惜，名器維羞**。威烈王二十三年，初命晉魏斯、趙籍、韓虔為諸侯。成公二年，衛孫桓子與齊師戰，將敗，新築大夫仲叔于奚救桓子，是以免。既衛，賞之以邑，辭，請繁纓以朝，許之。孔子聞之，曰："惜也。惟名與器不可假人。"**絳沃二邑，晉尚淹留**。晉侯僅有絳、曲沃之地，餘皆屬三晉。**安王紀年，二十六周。至是廢之，土地全收。君為俱酒，家人等儔。唐叔不祀，河汾悲秋**。安王二十六年，三晉共廢其君俱酒為家人，而分其地。俱酒，靖公名。家人，庶人之家，無官職也。○唐叔虞者，周武王子，成王弟也，成王封叔虞于唐。唐在河汾之東，方百里，故曰唐叔虞。叔虞子燮，是為晉侯，傳十六世，至哀侯弟緡而曲沃武公入為晉君。武公傳十九世，至靖公俱酒而三家廢為家人，晉絕不祀，共傳三十五世。自唐叔至靖侯，五世無年

數,靖侯已來三十世,歷四百九十三年。

《四言史徵》卷一,《四庫全書存目叢書》史部 291 冊,762 頁

安　　王　　　　　　　　　　　　　　（清）葛　震

安王東藩,齊君贅疣。寄食一城,海上優游。田和盟會,王命可求。十有六年,初為諸侯。非熊去夢,鳳鳴高樓。牛山灑淚,濕彼營丘。

《詩史》卷一,《四庫全書存目叢書》史部 291 冊,611 頁

安　　王　　　　　　　　　　　　　（清）葛　震　曹　荃

名驕,威烈王子,在位二十六年。

安王東藩,齊君贅疣。寄食一城,海上優游。安王十一年,齊田和遷其君貸於海上,食一城。田和,田恒之曾孫也。田和盟會,王命可求。十三年,田和會魏侯、楚人、衛人於濁澤,求為諸侯。濁,水名,出齊郡廣縣厲嬀山。十有六年,初為諸侯。十六年初,命田和為諸侯。非熊不嗣,卜鳳是庥。陳完者,陳厲公陀之子也。完生,周太史過陳,陳厲公使卜完,卦得觀之《否》:"是為觀國之光,利用賓於王。此其代陳有國乎?不在此而在異國乎?非此其身也,在其子孫。若在異國,必姜姓。姜姓,四嶽之後。物莫能兩大,陳衰,此其昌乎?"完奔齊,齊桓公使為工正。齊懿仲欲妻完,卜之,占曰:"是為鳳凰於飛,和鳴鏘鏘,有嬀之後,將育於姜,五世其昌,並於正卿,八世之後,莫之與京。"牛山灑淚,涇彼營丘。齊,姜姓,出自炎帝裔孫伯益,佐禹有功,賜姓曰姜氏。曰呂太公佐周武王定天下,封營丘,為齊侯。傳二十九世,至康公貸,田和遷之海上。卒,呂氏絕祀,田氏有齊國。

《四言史徵》卷一,《四庫全書存目叢書》史部 291 冊,762 頁

烈　　王　　　　　　　　　　　　　　（清）葛　震

烈王元年,韓哀滅鄭。周之子孫,日見凋零。六年辛亥,齊侯來朝。封墨烹阿,亦足以豪。

《四言史徵》卷一,《四庫全書存目叢書》史部 291 冊,611 頁

烈　　王　　　　　　　　　　　　　（清）葛　震　曹　荃

名喜,安王子,在位七年。

烈王元年,韓哀滅鄭。周之子孫,日見凋零。鄭,姬姓,伯爵,出自周厲王少子友,宣王母弟

也。宣王二十二年,封友於鄭,在滎陽宛陵西南,其地今開封府新鄭縣是也,傳二十一世至鄭君乙,韓哀侯滅之,並其國。**六年辛亥,齊侯來朝。封墨烹阿,亦足以豪。**齊侯,田齊威王也。王召即墨大夫,語之曰:"自子之居即墨也,毀言日至,吾使人視即墨,田野闢,人民給,官無事,東方以寧,是子不事吾左右以求助也。"封之萬家。召阿大夫語之曰:"自子守阿,譽言日至,吾使人視阿,田野不闢,人民貧餒。趙攻鄄,子不救;衛取薛陵,子不知。是子厚幣事吾左右以求譽也。"是日烹阿大夫及左右嘗譽者。○即墨,在今登州膠水縣南六十里。阿,濟北東阿,是本齊之柯邑,今為祝阿,故城在今東阿縣西南。

《四言史徵》卷一,《四庫全書存目叢書》史部291冊,763頁

顯　王

(清)葛　震

顯王守位,四十八年。七國縱橫,禍結兵連。當時之士,遊說無端。刑名法家,三駟爭先。人異其師,學異其傳。爭售所能,何不憚煩。朝三暮四,暮四朝三。車不停軌,馬不輟鞭。馬隤車折,舌敝口乾。○西方出彗,秦用商鞅。天資刻薄,人如背芒。步不六尺,灰不道傍。二男不耦,居分異房。阡陌始開,井田遂亡。陵轢公族,百姓殘傷。為法之敝,車裂咸陽。○韓相申子,學本黃老。執術不煩,四郊無擾。昭侯敝袴,比之嚬笑。嚬有為嚬,笑有為笑。○衛侯貶號,君言臣同。譬彼飛鳥,誰知雌雄。○孫臏龐涓,兵法俱能。臏為涓刖,涓殺馬陵。學道害道,爭名死名。○蘇秦張儀,同學鬼谷。秦數困歸,閉戶不出。簡練揣摩,刺血流足。三卷捭闔,六國逐逐。錦繡千純,車馬僕僕。天王除道,觀者側目。印綬纍纍,相君嶽嶽。前倨後恭,昆弟齲齲。位高金多,妻嫂蒲伏。豈常貧賤,親戚不屬。苟得富貴,適足炫俗。夜氣來作,雞聲三哭。儀也多術,渡未通津。始辱於楚,繼激於秦。問妻舌在,乃西入秦。蘇君之時,夫何敢言。致身為相,連衡六軍。欺楚誑魏,所謂婦人。○鄒人孟軻,母曰仉氏。私淑孔子,知言養氣。邪闢楊墨,陳說仁義。聖王不作,諸侯放恣。梁惠齊宣,自暴自棄。著書七篇,稱王述帝。堯舜以來,道統攸繫。○勾踐霸越,六傳無疆。圖王爭霸,敗績楚王。西喪吳地,東至浙江。支庶濱海,越於是亡。

《詩史》卷一,《四庫全書存目叢書》史部291冊,611頁

顯　王

(清)葛　震　曹　荃

名扁,烈王弟,在位四十八年。

顯王守位,四十八年。七國縱橫,秦、楚、齊、燕、趙、韓、魏。禍結兵連。當是之時,遊說

無端。**刑名法家，三駟爭先。**齊將田忌數與齊諸公子馳逐重射，孫臏見其馬足不甚相遠，馬有上、中、下輩。於是臏謂田忌曰："君第重射，臣能令君勝。"田忌信然之，與王及諸公子逐射千金。及臨質，孫子曰："今以君之下駟與彼上駟，取君上駟與彼中駟，取君中駟與彼下駟。"既馳三輩而田忌一不勝而再勝，卒得王千金。於是田忌進孫子於威王，威王問兵法，遂以為師。**人異其師，學異其傳。爭售所能，何不憚煩。西方出彗，**顯王八年，彗星見西方。**秦用商鞅。天資刻薄，人如背芒。步不六尺，灰不道傍。**步過六尺者，罰；棄灰於道者，被刑。**二男不耦，分居異房。阡陌始開，井田遂亡。陵轢公族，**太子犯法，衛鞅曰："法之不行，自上犯之。太子，君嗣，不可刑，刑其傅。"公子虔黥其師公孫賈。**百姓殘傷。為法之弊，車裂咸陽。**秦孝公卒，太子立，為孝文王。公子虔之徒告商君欲反，發吏捕之。商君出亡，欲止客舍，舍人曰："商君之法，舍人無驗者坐之。"商君歎曰："為法之弊，一至此哉！"去之魏，魏人不受，內之秦。秦人攻殺之，車裂以徇，盡滅其家。"**韓相申子，**申不害。**學本黃老。執術不煩，四郊無擾。**申不害者，鄭之賤臣也，學黃老而主刑名，以術干昭侯，昭侯用為相，內修政教，外應諸侯，十五年終。申子之身，無侵韓者。**昭侯敝袴，比之嚬笑。藏待有功，恩無濫好。**昭侯有敝袴，命藏之，侍者曰："君亦不仁者矣，不賜左右而藏之。"昭侯曰："吾聞明主愛一嚬一笑，今袴豈特嚬笑哉，吾必待有功者。"**衛侯貶號，君言臣同。譬彼飛烏，誰知雌雄。**子思言于衛侯，曰："君之國事將日非矣！"公曰："何故？"子思曰："有由然焉，君出言自以為是，而卿大夫莫敢矯其非；卿大夫出言亦自以為是，而士庶人莫敢矯其非。君臣既自賢矣，而群下同聲賢之，賢之則順而有福，矯之則逆而有禍，如此則善安從生！《詩》曰：'具曰予聖，誰知烏之雌雄？'抑亦似君之君臣乎！"**孫臏龐涓，兵法俱能。臏為涓刖，涓殺馬陵。學道害道，爭名死名。**孫臏常與龐涓俱學兵法。龐涓既事魏，惠王得為將軍，而自以為能不及孫臏，乃陰使召孫臏。臏至，涓恐其賢於己，疾之，則以刑罰斷其兩足而黥之，欲使終身廢棄。齊使者如梁，孫臏以刑徒陰見，說齊使。齊使以為奇，竊載以歸。田忌客之，進之威王，威王問兵法，遂以為師。其後魏伐趙，趙急，請救於齊。齊威王以田忌為將，孫子為師，居輜車中，坐為計謀。田忌欲引兵之趙，孫子曰："夫解雜亂紛糾者不控捲，救鬭者不搏撠，批亢擣虛，形格勢禁，則自為解耳。今趙梁相攻，輕兵銳卒必竭於外，老弱罷於內。君不若引兵急走大梁，據其街路，衝其方虛，彼必釋趙而自救。是我一舉解趙之圍而收弊于魏也。"田忌從之，魏果去邯鄲，與齊戰於桂陵，大破梁軍。後十五年，魏與趙攻韓，韓告急于齊。齊威王召大臣而謀之，成侯鄒忌曰："不如勿救。"田忌曰："不救則韓且折，而入於魏矣，不如早救之。"孫臏曰："夫韓魏之兵未弊而救之，是吾代韓受魏之兵，顧反聽命於韓也。且魏有破國之志，韓見亡，必東面而愬於齊。吾因深結韓之親而晚承魏之弊，則可以受重利而得尊名也。"王曰："善。"乃陰許韓，韓恃齊師，五戰不勝而東委國於齊。齊因起兵以救韓，直走魏都。龐涓聞之，去韓而歸。孫子曰："彼三晉之兵素悍勇而輕齊，齊號為怯，善戰者因其勢而利道之。兵法，百里而趣利者蹶上將，五十里而趣利者軍半至。乃使齊師入魏地為十萬竈，明日為五萬竈，又明日為三萬竈。"

龐涓行三日,大喜,曰:"吾固知齊軍怯,入吾地三日,士卒亡者過半矣。"乃棄其步軍,率輕銳倍日併逐之。孫子度其暮當至馬陵。馬陵道狹,而傍多阻隘,可伏兵,乃斫大樹白而書之曰:"龐涓死此樹下。"令萬弩夾道而伏,期日暮見火舉而俱發。涓果夜至,見白書,以火燭之。讀未畢,萬弩俱發,魏師大亂。涓乃自剄,曰:"遂成豎子之名!"**蘇秦張儀,同學鬼谷。秦數困歸,閉戶不出。**張玉切。**簡練揣摩,刺血流足。三卷捭闔,六國逐逐。錦繡千純,**徒孫切,音屯,纏也,包束也。**車馬僕僕。天王除道,觀者側目。印綬縈縈,相君嶽嶽。**虞欲切。**前倨後恭,昆弟齰齗。位高金多,妻嫂蒲服。豈常貧賤,親戚不屬。苟得富貴,適足炫俗。夜氣來作,鷄聲三哭。**秦,東周雒陽人。東事師于齊,而習之于鬼谷先生。出游數歲,大困而歸。兄弟嫂妹妻妾竊皆笑之,曰:"周人之俗,治產業,力工商,逐什二以為務。今子釋本而務口舌,困,不亦宜乎!"蘇秦聞之而慙,自傷,乃閉室不出,出其書徧觀之。曰:"夫士業已屈首受書,而不能以取尊榮,雖多亦奚以為!"於是得周書陰符,伏而讀之。期年,已出揣摩,曰:"此可以說當世之君矣。"求說周顯王。顯王左右素習知蘇秦,皆少之,弗信。乃西至秦,說秦惠王,弗用。乃東之趙,趙肅侯弟成為相,號奉陽君,弗說之。去游燕,歲餘而後得見燕文侯,文侯資蘇秦車馬金帛以至趙。而奉陽君已死,說趙肅侯。侯飾車百乘,黃金千鎰,白璧百雙,錦繡千純,以約諸侯。於是說韓宣惠王、魏襄王、東齊宣王、西南楚威王。楚王曰:"秦,虎狼之國,不可親也。寡人臥不安席,食不甘味,心搖搖然如懸旌而無所終薄。今主君欲一天下,收諸侯,存危國,寡人謹奉社稷以從。"於是六國從合而並力焉。蘇為從約長,並相六國。北報趙王,乃行過雒陽,車騎輜重,諸侯各發使送之甚眾,擬於王者。周顯王聞之恐懼,除道,使人郊勞。蘇秦之昆弟妻嫂側目不敢仰視,俯伏侍取食。蘇秦笑謂其嫂曰:"何前倨而後恭也?"嫂委蛇蒲服,以面掩地而謝曰:"見季子位高金多也。"蘇秦喟然歎曰:"此一人之身,富貴則親戚畏懼之,貧賤則輕易之,況眾人乎!且使我有雒陽負郭田二頃,吾豈能佩六國相印乎!"又《戰國策》:"秦發書陳篋數十,得太公陰符之謀,伏而誦之,簡練以為揣摩。讀書欲睡,引錐自刺其股,血流至踵,曰:'安有說人主不能出其金玉錦繡取卿相之尊者乎!'"期年揣摩,成注,鬼谷子有《揣摹篇》也。**儀也多術,渡未通津。始辱於楚,繼激於秦。秦謂蘇秦也。問妻舌在,乃西入秦。蘇君之時,夫何敢言。致身為相,連衡六軍。欺楚誑魏,所謂婦人。**張儀者,魏人也。始嘗與蘇秦俱事鬼谷先生,蘇秦自以不及張儀。張儀已學而游說諸侯。嘗從楚相飲,已而楚相亡璧,門下意張儀,曰:"儀貧無行,必此盜相君之璧。"共執張儀,掠笞數百,不服,釋之。其妻曰:"嘻!子無讀書游說,安得此辱乎?"張儀謂其妻曰:"視吾舌尚在不?"其妻笑曰:"舌在也。"儀曰:"足矣。"蘇秦已說趙王而得相約從親,然恐秦之攻諸侯,敗約後負,念莫可使用于秦者,乃使人微感張儀曰:"子始與蘇秦善,今秦已當路,子何不往游,以求通子之願?"張儀於是之趙,上謁求見蘇秦。蘇秦乃誡門下人不為通,又使不得去者數日。已而見之,坐之堂下,賜僕妾之食。因而數讓之曰:"以子之材能,乃自令困辱至此。吾寧不能言而富貴子,子不足收也。"謝去之。張儀之來也,自以為故人,求益,反見辱,怒,念諸侯莫可事,獨秦能苦趙,乃遂入秦。蘇秦已而告其舍人曰:"張儀,天下賢士,吾殆弗如也。今吾幸先用,而能用秦柄者，獨張儀可耳。然貧，無因以進。吾恐其樂小利而不遂，故召辱之，以激其意。子為我陰奉之。"乃言趙王，發金幣車馬，使人微隨張儀，與同宿舍，稍稍近就之，奉以車馬金錢所欲用為取給而弗告。張儀遂得以見秦惠王，惠王以為客卿，與謀伐諸侯。蘇秦之舍人乃辭去，張儀曰："賴子得顯，方且報德，何故去也？"舍人曰："臣非知君，知君乃蘇君。蘇君憂秦伐趙敗從約，以為非君莫能得秦柄，故感怒君，使臣陰奉給君資，盡蘇君之計謀。今君已用，請歸報。"張儀曰："嗟乎！此吾在術中而不悟，吾不及蘇君明矣！吾又新用，安能謀趙乎？為吾謝蘇君，蘇君之時，儀何敢言。且蘇君在，儀渠能乎！"張儀既相秦，為文檄告楚相曰："始吾從若飲，我不盜而璧，若笞我。若善守汝國，我顧且盜而城！"秦欲伐齊，齊楚從親，張儀往相楚，說楚王曰："大王誠能聽臣，閉關絕約於齊，臣請獻商於之地六百里，使秦女得為大王箕帚之婦，秦楚取婦嫁女，長為兄弟之國。計無便於此者。"楚王大說而許之，乃以相印授張儀，厚賂之。於是遂閉關絕約于齊，使一將軍隨張儀。張儀至秦，佯失綏墮車，不朝三月。楚王聞之，曰："儀以寡人絕齊未甚邪？"乃使勇士至宋，借宋之符，北罵齊王。齊王大怒，折節而下秦。秦齊之交合，張儀乃朝，謂楚使者曰："臣有奉邑六里，願以獻大王左右。"楚使者曰："臣受令于王，以商於之地六百里，不聞六里。"秦以公子繇質於魏，儀因說魏王曰："秦王之遇魏甚厚，魏不可以無禮。"魏因入上郡少梁謝秦惠王，秦更少梁曰夏陽。○按蘇秦死，張儀復說六國割地事秦，連衡之勢成而六國之合從解矣。鬼谷先生，周時高士，姓名不聞，以其所隱地名自號焉。蘇、張師之，授以捭闔，分其書為三卷。《一統志》云："鬼谷先生，春秋晉平公時人，姓王名詡。常入雲氣山採藥，得道，顏如少童，居清溪之鬼谷。"《索隱》云："鬼谷，地名。扶風池陽穎川陽城並有鬼谷墟。"鄒人孟軻，母曰仉氏。私淑孔子，知言養氣。邪闢楊墨，陳說仁義。聖王不作，諸侯放恣。梁惠齊宣，自暴自棄。著書七篇，稱王述帝。堯舜以來，道統攸繫。孟軻，鄒人也。受業子思之門人。道既通，游事齊宣王，宣王不用。適梁，梁惠王不果所言，則見以迂遠而闊於事情。而孟軻乃述唐、虞、三代之德，是以所如者不合。退而與萬章之徒序詩書，述仲尼之意，作《孟子》七篇。勾踐霸越，六傳無彊。圖王爭霸，績敗楚王。西喪吳地，東至浙江。支庶濱海，越於是亡。越王勾踐，其先禹之苗裔，而夏后帝少康之庶子也。封於會稽，以奉守禹之祀。文身斷髮，披草萊而邑焉。後二十餘世，至允常。允常卒，子勾踐立。勾踐滅吳，霸諸侯，在位三十一年。卒，子王鼫與立。卒，子王不壽立。卒，子王翁立。卒，子王翳立。卒，子之侯立。卒，子王無彊立。王無彊時，當楚威王之時，越北伐齊，齊威王使人說越王曰："越不伐楚，大不王，小不伯。臣聞之，圖王不王，其敝可以伯。然而不伯者，王道失也。故願大王之轉攻楚也。"於是越遂釋齊而伐楚。楚威王興兵而伐之，大敗越，殺王無彊，盡取故吳地至浙江。而越以此散，諸族子爭立，或為王，或為君，濱于江南海上，服朝于楚。○按：鼫與，《紀年》作"鹿郢"，不壽作"盲姑"，翁作"朱句"。

《四言史徵》卷一，《四庫全書存目叢書》史部 291 冊，763 頁

赧　王

(清) 葛　震

　　慎靚六年,繼立赧王。分崩離析,諸侯皆王。○楚懷如秦,秦武執之。三年不返,卒死於西。方城漢水,魂兮夜歸。不恤予言,屈平憂思。離騷忠愛,念我獨兮。○宋桀稱王,四十七年。當時災異,有雀生□。小而能巨,吉從史占。滅滕敗楚,齊魏失邊。焚滅社稷,笞地射天。室呼萬歲,門外聲喧。齊人夜來,宋火不然。遙遙帝冑,泯泯紛紛。○齊湣戾虐,千乘冥冥。雨血沾衣,地坼深阬。人哭當闕,霧焉無形。求之不得,去則聞聲。樂毅為將,四國徵兵。纛幡東指,王走莒城。淖齒擢筋,齊以分崩。田單神師,群鳥飛翻。龍文五彩,牛尾夜然。樂毅奔趙,騎劫死燕。七十餘城,失而復全。兵以正合,勝以奇取。始如處女,適入開戶。後如脫兔,適不及距。安平田單,斯可以語。君王有后,王母其賢。法章反國,與有力焉。○趙氏和璧,秦王欲之。連城不償,相如以歸。兩君好會,西河澠池。鼓瑟擊缶,不為秦欺。肉袒負荊,廉頗釋私。○趙奢子括,易言而妄。父不能難,人莫相尚。膠柱鼓瑟,握兵出將。即罪勿坐,賢哉母諒。四十萬人,一朝而喪。至今長平,猶聞鬼唱。○齊楚趙魏,時有四君。信陵無忌,孟嘗田文。平原趙勝,黃歇春申。當塗據勢,珠履盈門。談天雕龍,炙輠過髠。○無忌魏氏,昭王少子。履富蹈貴,不敢驕士。名動諸侯,大梁所恃。侯嬴朱亥,執轡恭禮。符盜如姬,兵奪晉鄙。却秦留趙,封城自負。毛公薛公,說為魏起。醇酒婦人,卒死於此。美名不及,嚄唶何已。○田嬰有子,四十餘人。五月五日,賤妾生文。勿舉竊舉,使高其門。卒代父立,號孟嘗君。座客數千,貸錢於薛。食兮無魚,歸來彈鋏。逃秦出關,夜不敢行。板橋茅店,狗盜雞鳴。一劍鋗鋷,獨得馮生。○趙勝翩翩,濁世公子。絲繡平原,卒何得此。白馬非馬,閎辯殊類。論臧三耳,幾令人睡。客十九人,錄錄無最。脫穎而出,晚得毛遂。○維楚有材,歇客無稱。卒死李園,不聽朱英。當斷不斷,反受其亂。故城宮室,臨風一歎。○范睢僇辱,折脅摺齒。賓客醉溺,廁中佯死。張祿入秦,魏齊亡魏。蔡澤來燕,應侯去位。日不再中,月滿則退。○蔡澤不相,曷鼻隆然。攣膝蹙齃,巨肩魋顏。口若懸河,辯何便便。入秦代相,如取如探。懷金結紫,揖讓朝端。持梁作飯,刺齒肥甘。躍馬疾驅,四十三年。行矣范叔,淒淒其寒。○虞卿揣情,料事至當。躡蹻擔簦,三見為相。人未易知,知亦難量。不忍魏齊,捐爵間亡。急士之窮,慷慨悲涼。窮愁著書,卒困大梁。○天下高士,魯連先生。奇偉俶儻,亮節弘崢。不肯帝秦,箭射聊城。功成辭爵,遁海逃名。貧賤肆志,富貴何營。○禽父封國,爰肇於魯。三十四傳,撲滅於楚。周之禮樂,從茲弗覩。○秦人入寇,王入秦邦。

獻其土地,西周遂亡。年逾八百,三十七王。

《詩史》卷一,《四庫全書存目叢書》史部291冊,612頁

赧　王　　　(清)葛震曹荃

名延,慎靚王子,在位五十九年。

慎靚六年,周立赧王。分崩離析,諸侯皆王。楚懷如秦,秦武執之。三年不返,卒死於西。方城漢水,魂猶夜歸。赧王十六年,秦昭王遺楚懷王書,約會武關。楚王欲往,恐見欺,不往,恐秦怒。昭睢屈平曰:"毋行,而發兵自守耳。"主稚子子蘭勸王行,王乃如秦。秦王令一將軍詐為王伏兵武關,劫之與西至咸陽,朝章臺,如藩臣禮,要以割巫、黔中郡。楚王怒,不許,遂留之。十九年,王卒於秦,秦人歸其喪,楚人憐之,如悲親戚。不恤予言,屈平憂思。離騷忠愛,念我獨兮。初,屈平為楚懷王左徒,志潔行廉,明於治體,王甚任之。後以讒見疏,而惓顧不忘,作《離騷》之辭,以自怨尚冀王之一寤,而王終不寤也。其後子蘭又譖之于頃襄王,王怒,遷之于江南,原遂懷石自投汨羅以死。宋桀稱王,四十七年。天災地姎,有雀生□。小而能巨,吉從史占。滅滕敗楚,齊魏失邊。焚滅社稷,笞地射天。室呼萬歲,門外聲喧。齊人夜來,宋火不然。遙遙帝胄,泯泯紛紛。叶孚焉切。○顯王四十年,宋公弟偃逐其君剔成自立。至赧王二十九年,宋有雀生□,史占之曰:"吉,小而生巨,必霸天下。"康王喜起兵,滅滕,敗齊、楚、魏,取地數百里,乃愈自信其霸。欲霸之亟成,射天笞地,斬社稷而焚滅之,為長夜之飲於室中,室中人呼萬歲,則堂上之人應之,門外之人又應之,至於國中無敢不呼者,天下謂之桀宋。齊湣王與魏、楚伐宋,殺王偃,遂滅宋,而三分其地。○宋,子姓,公爵,出自商王帝乙之長庶子啟,食采於微,謂之微子。成王誅三監中,分其地,封微子為宋公,以奉湯祀,禮樂車服悉如商舊,作賓王家。其地,今河南歸德府是也。傳三十二世,自啟至偃,七世無年數。偃公已來,歷年五百六十四年。齊湣戾虐,千乘冥冥。千乘,邑名,屬青州樂安郡。樂安,今棣州,是故城俱在。雨血沾衣,地圻深阭。嬴博地圻及泉。人哭當闕,霧焉無形。求之不得,去則聞聲。樂毅為將,四國徵兵。秦、魏、韓、趙。纛旛東指,王走莒城。淖齒擢筋,齊以分崩。楚使淖齒將兵救齊。因為齊相,齒欲與燕分齊地,乃執湣王,遂擢王筋,懸之廟梁,宿昔而死。田單神師,群鳥飛翻。龍文五彩,牛尾夜然。樂毅奔趙,騎劫死燕。七十餘城,失而復全。單,齊諸田疏屬也。湣王時,單為臨淄市掾,不見知。樂毅伐破齊,湣王走莒城。燕師長驅平齊,而田單走安平,令其宗人盡斷其車軸末而傳鐵籠。已而燕軍攻安平,城壞,齊人走,爭塗,以轊折車敗,為燕所虜,唯田單宗人以鐵籠故得免,東保即墨。時齊地皆以屬燕,唯獨莒、即墨不下。燕引兵東圍即墨,即墨大夫戰死。城中相與推田單,曰:"安平之戰,田單宗人以鐵籠得全,習兵。"立以為將軍,以拒燕。頃之,燕昭王卒,惠王立,與樂毅有隙。田單聞之,乃縱反間于燕,宣言曰:"齊王已死,城之不拔者一二耳。樂毅實欲連兵南面王齊,故且緩攻

即墨以待其事。齊人所懼,惟恐他將之來,即墨殘矣。"燕王以為然,使騎劫代樂毅。毅歸趙,田單乃令城中人食必祭其先祖於庭,飛鳥悉翔舞城中下食。燕人怪之。田單因宣言曰:"神來下教我。"乃令城中人曰:"當有神人為我師。"有一卒曰:"臣可以為師乎?"因反走。田單乃起,引還,東鄉坐,師事之。卒曰:"臣欺君,誠無能也。"田單曰:"子勿言也!"因師之。每出約束,必稱神師。乃宣言曰:"吾惟懼燕軍之劓所得齊卒,置之前行,與我戰,即墨敗矣。"燕人聞之,如其言。城中人見齊諸降者盡劓,皆怒,堅守,唯恐見得。單又縱反間曰:"吾懼燕人掘吾城外冢墓,僇先人,可為寒心。"燕軍盡掘壟墓,燒死人。即墨人從城上望見,皆涕泣,欲戰,怒自十倍。田單知士卒之可用,乃身操版插,與士卒分功,妻妾編于行伍之間,盡散飲食饗士。令甲卒皆伏,使老弱女子乘城,遣使約降于燕,燕軍皆呼萬歲。田單又收民金,得千鎰,令即墨富豪遺燕將,曰:"即墨即降,願無虜掠吾族家妻妾,令安堵如故。"燕將大喜,許之。燕軍由此益懈。田單乃收城中得千餘牛,為絳繒衣,畫以五彩龍文,束兵刃於其角,而灌脂束葦於尾,燒其端。鑿城數十穴,夜縱牛,壯士五千人隨其後。牛尾熱,怒而奔燕軍,燕軍夜大驚。牛尾炬火光明炫耀,燕軍視之皆龍文,所觸盡死傷。五千人因銜枚擊之,而城中鼓譟從之,老弱皆擊銅器為聲,聲動天地。燕軍大駭,敗走。齊人遂夷殺其將騎劫。燕軍擾亂奔走,齊人追亡逐北,所過城邑皆畔燕而歸田單,兵日益多,乘勝,燕日敗亡,卒至河上,而齊七十餘城皆復為齊。田單封安平君。**兵以正合,勝以奇取。安平田單,斯可以語。君王有后,王母其賢。法章反國,與有力焉**。初,淖齒之殺湣王也,莒人求湣王子法章,得之太史敫家。初,為灌園。敫女憐而善遇之。法章私以情告女,女遂與通。及莒共立法章為齊王,以莒距燕,而太史氏女遂為后,所謂"君王后"也。太史氏名敫。○《綱目》:"湣王從者王孫賈失王處而歸,其母曰:'汝朝出而晚來,則吾倚門而望;汝暮出而不還,則吾倚閭而望。汝今事王,王走,汝不知其處,汝尚何歸焉?'賈乃入市呼曰:'淖齒亂齊國,殺湣王,欲與我誅之者袒右。'市人從者四百人,與攻淖齒,殺之。於是齊亡臣相與求湣王子法章立之。"**趙氏和璧,秦王欲之。連城不償,相如以歸。兩君好會,西河澠池。鼓瑟擊缶,不為秦欺。肉袒負荊,廉頗釋私**。藺相如者,趙人也,為趙宦者令繆賢舍人。趙惠王時,得楚和氏璧。秦昭王聞之,願以十五城請易一璧。趙王與大將軍廉頗諸大臣謀,欲予秦,秦城恐不可得,徒見欺;欲勿予,即患秦兵之來。計未定,求人可使報秦者,未得。繆賢曰:"臣舍人藺相如可使。"於是王召見,問曰:"秦王以十五城請易寡人之璧,可予不?"相如曰:"秦強而趙弱,不可不許。"王曰:"取吾璧,不予我城,奈何?"相如曰:"秦以城求璧而趙不許,曲在趙。趙予璧而秦不予趙城,曲在秦。均之二策,寧許以負秦曲。"王曰:"誰可使者?"相如曰:"王必無人,臣願奉璧往使。城入趙而璧留秦;城不入,臣請完璧歸趙。"趙王於是遂遣相如奉璧西入秦。秦王坐章臺,相如奉璧。秦王大喜,傳以示美人及左右,左右皆呼萬歲。相如視秦王無意償城,乃前曰:"璧有瑕,請指示王。"王授璧,相如因持璧卻立,倚柱,怒髮上衝冠,謂秦王曰:"大王欲得璧,使人發書至趙王,趙王悉召群臣議,皆曰'秦貪,負其疆,以空言求璧,償城恐不可得'。議不欲予秦璧。臣以為布衣之交尚不相欺,況大國乎!且以一璧逆強秦之驩,不可。於是趙王乃齋戒五日,使臣奉璧,拜送書於庭。何者?嚴大國之威以修敬也。今臣至,大王見臣列觀,禮節甚倨;得璧,傳之美人,以戲弄臣。臣觀大王無意償趙王城,故臣復取璧。大王必欲急臣,臣頭與璧俱碎於柱矣!"秦王恐其破璧,乃辭謝固請,召有司案圖,指從此以往十五都予趙。相如度秦王特以詐佯為予趙城,實不可得,乃謂秦王曰:"和氏璧,天下所共傳寶也,趙王送璧時,齋戒五日,今大王亦宜齋戒五日,設九賓於廷,臣乃敢上璧。"秦王度之,終不可強,遂許齋五日。相如乃使其從者衣褐,懷其璧,從徑道亡,歸璧于趙。秦王禮而歸之,趙王拜相如為上大夫。○秦王與趙王會于澠池。秦王酒酣,曰:"寡人竊聞趙王好音,請奏瑟。"趙王鼓瑟。秦御史前書曰"某年月日,秦王與趙王會飲,令趙王鼓瑟"。藺相如前曰:"趙王竊聞秦王善為秦聲,請奏盆缶秦王,以相娛樂。"秦王怒,不許。相如前進缶,跪請奏,王不肯擊缶。相如曰:"五步之內,相如請得以頸血濺大王矣!"左右欲刃相如,相如張目叱之,左右皆靡。於是秦王不懌,為一擊缶。相如顧召趙御史書曰"某年月日,秦王為趙王擊缶"。竟酒,秦終不能加勝於趙。既罷歸國,以相如功大,拜為上卿,位在廉頗之右。廉頗曰:"我為趙將,有攻城野戰之大功,而藺相如徒以口舌為勞,而位居我上,且相如素賤人,吾羞不忍為之下。"宣言曰:"我見相如,必辱之。"相如聞,不肯與會。每朝,常稱病,不欲與廉頗爭列。已而相如出,望見廉頗,相如引車避匿。於是舍人相與諫,相如曰:"公之視廉將軍孰與秦王?"曰:"不若也。"相如曰:"夫以秦王之威,而相如庭叱之,辱其群臣,相如雖駑,獨畏廉將軍哉?顧吾念之,強秦之所以不敢加兵于趙者,以吾兩人在也。今兩虎共鬭,其勢不俱生。吾所以為此者,以先國家之急而後私讎也。"廉頗聞之,肉袒負荊,因賓客至藺相如門謝罪,曰:"鄙賤之人不知將軍寬之至此也。"卒相與驩,遂為刎頸之交。

趙奢子括,易言而妄。父不能難,人莫相尚。膠柱鼓瑟,握兵出將。四十萬人,一朝而喪。至今長平,猶聞鬼唱。趙奢者,趙之田部吏也。平原君以為賢,言之于王,王用之治國賦,賦大平,民富而府庫實。秦伐韓,軍於閼與。王召廉頗而問曰:"可救不?"對曰:"道遠險狹,難救。"又召樂乘而問焉,樂乘對如廉頗言。又召問趙奢,奢對曰:"其道遠險狹,譬之猶兩鼠鬭於穴中,將勇者勝。"王乃令趙奢將兵救之。兵去邯鄲三十里,而令軍中曰:"有以軍事諫者死。"秦軍軍武安西,秦軍鼓譟勒兵,武安屋瓦盡振。軍中候有一人言急救武安,趙奢立斬之。堅壁,留二十八日不行,復益增壘。秦間來入,趙奢善食而遣之。間以報秦將,秦將大喜曰:"夫去國三十里而軍不行,乃增壘,閼與非趙地也。"趙奢既已遣秦間,乃卷甲而趨之,二日一夜至,令善射者去閼五十里而軍。軍壘成,秦人聞之,悉甲而至。軍士許歷請以軍事諫,趙奢曰:"內之。"許歷曰:"秦人不意趙師至此,其來氣盛,將軍必厚集其陣以待之。不然,必敗。"趙奢曰:"謹受令。"許歷曰:"請就鈇質之誅。"趙奢曰:"胥後令。"許歷復請諫,曰:"先據北山上者勝,後至者敗。"趙奢許諾,即發萬人趨之。秦兵後至,爭山不得上,趙奢縱兵擊之,大破秦軍,遂解閼與之圍。趙惠文王賜奢號為馬服君。惠文王卒,孝成王立。秦與趙兵相距長平,時趙奢已死,秦數敗趙軍,趙軍固壁不戰。秦數挑戰,廉頗不肯。秦間言曰:"秦之所惡,獨畏馬服君之子趙括為將耳。"趙王因以括為代廉頗。藺相如曰:"王以名使括,若膠柱而鼓瑟耳。括徒能讀其父書傳,不知合變也。"不聽。趙括自少時學兵法,言兵事,以天下莫能當。嘗與其父奢言兵事,奢不能難,然不謂善。括母問奢其故,奢曰："兵,死地也,而括易言之。使趙不將括即已,若必將之,破趙軍者必括也。"及括將行,其母上書言于王曰："括不可使將。"王曰："何以?"對曰："始妾事其父,時為將,身所奉飯飲而進食者以十數,所友者以百數,大王及宗室所賞賜者盡以予軍吏士大夫,受命之日不問家事。今括一旦為將,東向而朝,軍吏無敢仰視之者,王所賜金帛歸藏於家,而日視便利田宅可買者買之。王以為何如其父?父子異心,願王無遣。"王曰："毋置之,吾已決矣。"括母因曰："王終遣之,即有如不稱,妾得無隨坐乎?"王許諾。趙括既代廉頗,悉更約束,易置軍吏。秦將白起聞之,縱奇兵,佯敗走,而絕其糧道,分斷其軍為二,士卒離心。四十餘日,軍餓,趙括出銳卒自搏戰,秦軍射殺趙括。括軍敗,數十萬之眾遂降秦,秦悉阬之。趙前後所亡凡四十五萬。趙王亦以括母先言,竟不誅也。**齊楚趙魏,時有四君。信陵無忌,孟嘗田文。平原趙勝,黃歇春申。當塗據勢,珠履盈門。**趙平原君使人于楚。趙使欲夸楚,為瑇瑁簪,刀劍室以珠玉飾之,請命。春申君客三千餘人,皆躡珠履見趙使,趙使大慙之。**談天雕龍,炙輠過髡。**劉向《別錄》云:騶衍五德終始,天地廣大,盡言天事,故曰:談天騶奭修衍之文,飾若雕鏤龍文,故曰雕龍過一作輠。輠者,車之盛膏器也,炙之雖盡,猶有餘流者言淳于髡智不盡如炙輠也。**無忌魏氏,昭王少子。履富蹈貴,不敢驕士。名動諸侯,大梁所恃。侯嬴朱亥,執轡恭禮。符盜如姬,兵奪晉鄙。却秦留趙,封城自負。**叶,薄猥切。**毛公薛公,說為魏起。醇酒婦人,卒死於此。美名不及,嗟喑何已。**魏公子無忌,魏昭王少子,安釐王異母弟也。安釐王即位,封公子為信陵君。公子為人仁而下士,士無賢不肖皆謙而禮交之,不敢以其富貴驕士。士爭歸之,致食客三千人。魏有隱士侯嬴,年七十,家貧,為大梁夷門監者。公子聞之,往請,厚遺之,不肯受,公子於是乃置酒大會賓客。坐定,公子從車騎,虛左,自迎侯生。侯生攝敝衣冠,直上載,公子上坐,不讓,欲以觀公子,公子執轡愈恭。侯生又謂公子曰:"臣有客在市屠中,願枉車騎過之。"公子引車入市,侯生下見其客朱亥,俾倪,故久立與其客語,微察公子,公子顏色愈和。當是時,魏將相宗室賓客滿堂,待公子舉酒。市人皆觀公子執轡,從騎皆竊罵侯生。侯生視公子色終不變,乃謝客就車。至家,公子引侯生坐上坐,徧贊賓客,賓客皆驚。酒酣,公子起,為壽侯生前。侯生因謂公子曰:"今日嬴之為公子亦足矣。嬴乃夷門抱關者也,而公子親往車騎,自迎嬴於眾人廣坐之中。然嬴欲就公子之名,故久立公子車騎市中,過客以觀公子,公子愈恭。市人皆以嬴為小人,而以公子為長者能下士也。"侯生遂為上客。侯生謂公子曰:"臣所過屠者朱亥,此子賢者,世莫能知,故隱屠間耳。"公子往數請之,朱亥故不復謝,公子怪之。秦圍邯鄲,公子妹為趙惠王弟平原君夫人,數請救于魏,魏王遣將軍晉鄙將十萬眾救趙,持兩端。公子患之,數請魏王。魏王畏秦,終不聽公子。公子自度終不能得之于王,乃請賓客,約車騎百餘乘,赴秦軍。過夷門,見侯生,侯生笑曰:"今有難,無他端而欲赴秦軍,若以肉投餒虎,何功之有?"公子再拜,固問。侯生乃屏人閒語,曰:"嬴聞晉鄙兵符常在王臥內,而如姬最幸,力能竊之。嬴聞如姬父為人所殺,公子使客斬其仇頭,進姬。姬欲為公子死,無所辭,顧未有路耳。公子誠一開口,則得虎符奪晉鄙軍,北救趙而西卻秦,此五霸之伐也。"公子從其計,果得晉鄙兵符與公子。公子行,侯生曰:"公子即合兵符,而晉鄙不授公子兵而復請之,事必危矣。

臣客屠者朱亥可與俱,此人力士。晉鄙不聽,可使擊之。"公子泣,侯生曰:"何泣也?"公子曰:"晉鄙嚄唶宿將,往恐不聽,必當殺之,是以泣耳。"於是公子請朱亥,與俱過謝侯生。侯生曰:"臣老不能從。請以公子至晉鄙軍之日,北鄉自剄,以送公子。"公子遂行。至鄴,晉鄙不聽,朱亥袖四十斤鐵椎,椎殺晉鄙。進兵擊秦,秦軍解去。侯生自剄。而魏王怒公子盜兵符,殺晉鄙也。公子使將將軍歸魏,獨與客留趙。趙欲封五城,公子聞之,意驕矜而有自功之色。後以客諫,立自責,若似無所容者。公子聞趙有處士毛公藏於博徒,薛公藏於賣漿家,公子欲見此兩人,兩人自匿不見公子。公子間步從兩人游,甚歡。留趙十年不歸。秦伐魏,魏使使請公子,公子不敢歸。毛公、薛公兩人往見公子曰:"公子所以重于趙,名聞諸侯者,徒以有魏也。今秦攻魏,魏急而公子不恤,使秦破大梁而夷先王之宗廟,公子當何面目立天下乎?"語未及卒,公子立變色,告車趣駕歸救魏,率五國之兵破秦軍河外。後以毀廢,乃謝病不朝,與賓客為長夜飲,飲醇酒,多近婦人。四歲,竟以酒卒。田嬰有子,四十餘人。五月五日,賤妾生文。勿舉竊舉,使高其門。卒代父立,號孟嘗君。座客數千,馮生彈鋏。食魚出輿,市義於薛。逃秦出關,夜不敢行。板橋茅店,狗盜雞鳴。田文父曰靖郭君田嬰。田嬰者,齊威王少子而齊宣王庶弟也。田嬰自威王時任職用事,威王卒,宣王立,田嬰相。齊宣王卒,湣王立而封嬰于薛。有子四十餘人。其賤妾有子名文,文以五月五日生,嬰告其母曰:"勿舉也。"其母竊舉生之。及長,其母因兄弟而見其子于田嬰。田嬰怒其母曰:"吾令若去此子,而敢生之,何也?"文頓首,因曰:"君所以不舉五月子者,何故?"嬰曰:"五月子者,長與戶齊,將不利其父母。"文曰:"人生受命於天乎?將受命於戶耶?"嬰默然。文曰:"必受命於天,君何憂焉。必受命於戶,則可高其戶耳!"嬰曰:"子休矣。"久之,文承間問其父嬰曰:"子之子為何?"曰:"為孫。""孫之孫為何?"曰:"玄孫。""玄孫之孫為何?"曰:"不能知也。"文曰:"君用事相齊,至今三王矣,齊不加廣而君私家富累萬金,門下不見一賢者。文聞將門必有將,相門必有相。今君後宮蹈綺縠而士不得裋褐,僕妾餘梁肉而士不厭糠糟。今君又尚厚積餘藏,欲以遺所不知何人,而忘公家之事日損,文竊怪之。"於是嬰乃禮文,使主家待賓客。賓客日進,名聲聞于諸侯。諸侯皆使人請田嬰以文為太子,嬰許之。嬰卒,文代立,是為孟嘗君。孟嘗君在薛,招致諸侯賓客及亡人有罪者,皆歸孟嘗君。孟嘗君舍業厚遇之,以故傾天下之士。食客數千人,無貴賤一與文等。孟嘗君曾待客夜食,有一人蔽火光。客怒,以飯不等,輟食辭去。孟嘗君起,自持其飯比之。客慚,自剄。孟嘗君入秦,秦昭王即以為相。後囚孟嘗君,謀欲殺之。孟嘗君使人抵昭王幸姬求解,姬願得孟嘗君狐白裘,狐白裘已獻之昭王,孟嘗君患之。客最下坐有能為狗盜者,乃夜為狗,入秦宮藏中,取所獻昭王狐白裘,獻幸姬。孟嘗君得出,即馳,至函谷關,昭王悔,使人馳傳逐之。孟嘗君至關,關法雞鳴出客,客之居下坐者有能為雞鳴,而雞盡鳴,遂發傳出關。襄王立,卒諡孟嘗君。初,馮驩聞孟嘗君好客,躡屩而見之。孟嘗君置之傳舍十日,孟嘗君問傳舍長曰:"客何所為?"答曰:"馮先生甚貧,猶有一劍耳,又蒯緱,彈其劍而歌曰'長鋏歸來乎,食無魚'。"孟嘗遷之幸舍,食有魚矣。五日,又問傳舍長,答曰:"客復彈鋏而歌曰'長鋏歸來乎,出無輿'。"孟嘗君遷之代舍,出入乘輿車矣。五日,復問傳舍長,答曰:"先生又嘗彈劍而歌曰'長鋏歸來乎,無以為家'。"孟嘗不悅。居期年,馮驩無所言。孟嘗君時相齊,封萬戶于薛。食客三千人,邑入不足以奉客,孟嘗君憂之,問左右:"誰可使收債于薛者?"傳舍長曰:"代舍客馮公形容狀貌甚辯長者,無他伎能,宜可令收債。"孟嘗君乃進馮驩而請之,驩曰:"諾。"辭行,至薛,召取孟嘗君錢者皆會,為會,日置酒殺牛。持券合之,不能與息者,持其券而燒之。孟嘗君聞之,怒,馮驩曰:"焚無用虛債之券,捐不可得之虛計,令薛民親君而彰君之善聲也。"孟嘗君廢,客皆去。馮驩憑軾結靷西說秦王,復說齊王,孟嘗君復相。孟嘗君太息歎曰:"文常好客,遇客無所敢失,食客三千有餘人,先生所知。客見文一日廢,皆背文而去,莫顧文者。今賴先生得復其位,客亦有何面目復見文乎?如復見文者,必唾其面而大辱之。"馮驩曰:"夫物有必至,事有固然。生者必有死,物之必至也;富貴多士,貧賤寡友,事之固然也。君獨不見朝趨市者乎?明旦,側肩爭門而入;日暮之後,過市朝者掉臂而不顧矣。非好朝而惡暮,所期物忘其中也。"孟嘗君再拜曰:"敬奉教矣。"**趙勝翩翩,濁世公子。絲繡平原,慨慕何已。白馬非馬,閎辯殊類。論臧三耳,幾令人睡。**趙客有公孫龍者,善為堅白同異之論。孔子之玄孫穿自魯適趙,與龍論臧三耳,龍甚辯析,穿弗應。平原君問之,穿曰:"幾能令臧三耳矣。然謂三耳甚難,而實非也。謂兩耳甚易,而實是也。不知君將從易而是者乎,其亦從難而非者乎?"平原君謂龍曰:"公無復與孔子高辯事也,其人理勝於辭,公辭勝於理,終必詘。"**客十九人,錄錄無最。脫穎而出,晚得毛遂。**趙勝,趙之諸公子也。諸子中勝最賢,喜賓客,賓客蓋至者數千人。平原君相趙惠文王及孝成王,三去相,三復位。秦圍邯鄲,趙使平原君求救,合從于楚,欲得二十人偕,索取于食客門下,得十九人,餘無可取者,無以滿二十人。門下有毛遂者前,自贊于平原君曰:"遂聞君將合從于楚,約與食客門下二十人偕,不外索。今少一人,願君即以遂備員而行矣。"平原君曰:"先生處勝之門下幾年于此矣?"毛遂曰:"三年於此矣。"平原君曰:"夫賢士之處世也,譬若錐之處囊中,其末立見。今先生處勝之門下三年於此矣,左右無有所稱誦,勝未有所聞,是先生無所有也。先生不能,先生留。"毛遂曰:"臣乃今日請處囊中耳。使遂早得處囊中,乃脫穎而出,非特其末見而已。"平原君竟與毛遂偕。十九人相與目笑之。毛遂比至楚,與十九人論議,十九人皆服。平原君與楚合從,言其利害,日出而言之,日中不決。十九人謂毛遂曰:"先生上。"毛遂按劍歷階而上,謂平原君曰:"從之利害,兩言而決耳。今日出而言從,日中不決,何也?"楚王謂平原君曰:"客何為者也?"平原君曰:"是勝之舍人也。"楚王叱曰:"胡不下!吾乃與而君言,汝何為者也!"毛遂按劍而前曰:"王之所以叱遂者,以楚國之眾也。今十步之內,王不得恃楚國之眾也,王之命懸於遂手。吾君在前,叱者何也?且遂聞湯以七十里之地王天下,文王以百里之壤而臣諸侯,豈其士卒眾多哉,誠能據其勢而奮其威。今楚地方五千里,持戟百萬,此霸王之資也。以楚之強,天下弗能當。白起,小豎子耳,率數萬之眾,興師伐楚,一戰而舉鄢、郢,再戰而燒夷陵,三戰而辱王之先人。此百世之怨而趙之所羞,而王弗知惡焉。合從者為楚,非為趙也。吾君在前,叱者何也?"楚王:"唯唯,誠若先生之言,謹奉社稷以從。"毛遂曰:"從定乎?"楚王曰:"定矣。"毛遂謂楚王之左右曰:"取雞馬狗之血來。"毛遂奉銅盤而跪進之楚王曰:"王當歃血而定從,次者吾君,次者遂。"遂定從於殿上。毛遂左手持盤血而右手招十九人曰:"公相與歃此血於堂下。公等錄錄,所謂因人成事者也。"平原君已定從而歸,歸至於趙,曰:"毛先生一至楚,而使趙重于九鼎大呂。先生以三寸之舌,彊于百萬之師。勝不敢復相士矣。"遂以為上客。**維楚有材,歇客無稱。卒死李園,不聽朱英。當斷不斷,反受其亂。故城宮室,臨風一歎。**春申君,楚人也,名歇,姓黃氏。游學博聞,事楚頃襄王。頃襄王卒,太子完立,是為考烈王。考烈王以黃歇為相,封春申君,賜淮地十二縣。黃歇言之考烈王曰:"淮北地邊齊,其事急,請以為郡便。"因並獻淮北十二縣。請封于江東。考烈王許之。春申君因城故吳墟,以自為都邑。春申君既相楚,客三千餘人,其上客皆躡珠履。考烈王無子,春申君患之,求婦人之宜子者進之,甚眾,卒無子。趙人李園持其女弟,欲進之考烈王,聞其不宜子,恐久無寵。李園求事春申君為舍人,已而謁歸,故失期。還謁,春申君問之狀,對曰:"齊王使使求臣之女弟,與其使者飲,故失期。"春申君曰:"娉入乎?"曰:"未也。"春申君曰:"可得見乎?"曰:"可。"於是李園乃進其女弟,即幸于春申君。知其有身,李園乃與其女弟謀。園女弟承間以說春申君曰:"楚王之貴幸君,雖兄弟不如也。今君相楚二十餘年,而王無子,即百歲後將更立兄弟,則楚更立君後,亦各貴其故所親,君又安得長有寵乎?非徒然也,君貴用事久,多失禮于王兄弟,兄弟誠立,禍且及身,何以保相印江東之封乎?今妾自知有身矣,而人莫知。妾幸君未久,誠以君之重而進妾于楚王,楚王必幸妾;妾賴天有子男,則是君之子為王也,楚王盡可得,孰與身臨不測之罪乎?"春申君大然之,乃出李園女弟,謹舍而言之楚王。楚王召入幸之,遂生子男,立為太子,以李園女弟為皇后。楚王貴李園,園用事。李園既入其女弟,立為王后,子為太子,恐春申君語泄而益驕,陰養死士,欲殺春申君以滅口,而國人頗有知之者。考烈王病。朱英謂春申君曰:"世有毋望之福,又有毋望之禍。今君處毋望之世,事毋望之主,安可以無毋望之人乎?"春申君:"何謂毋望之福?"曰:"君相楚二十餘年矣,雖名相國,實楚王也。今楚王病,旦暮且卒,而君相少主,因而代立當國,如伊尹、周公,王長而反政,不即遂南面稱孤而有楚國?此所謂毋望之福也。"曰:"何謂毋望之禍?"曰:"李園不治國而君之仇也,不為兵而養死士之日久矣,楚王卒,李園必先入據權而殺君以滅口。此所謂毋望之禍也。"曰:"何謂毋望之人?"對曰:"君置臣郎中,楚王卒,李園必先入,臣為君殺李園。此謂毋望之人也。"春申君曰:"足下置之,李園,弱人也,僕又善之,且又何至此!"朱英知言不用,恐禍及身,乃亡去。後十七日,考烈王卒,李園果先入,伏死士於棘門之內。春申君入園,死士夾刺春申君,斬其頭,投之棘門外。於是使吏盡滅春申君之家,而李園女弟初幸春申君有身而入之王所生子者遂立,是為楚幽王。**范雎僇辱,折脅摺齒。賓客醉溺,廁中佯死。張祿入秦,魏齊亡魏。蔡澤來燕,應侯去位。日不再中,月滿則退。**范雎者,魏人也,字叔,事中大夫須賈。賈為魏昭王使于齊,范雎從。齊襄王聞雎辯口,賜之金。賈以為雎持魏國陰事告齊,歸,告魏相。魏相,魏之諸公子,曰魏齊。魏齊大怒,笞擊雎,折脅摺齒。卷簀,置廁中。賓客醉,溺雎,佯死出。魏人鄭安平持雎亡匿,更姓名曰張祿。秦謁者王稽使魏,載與俱歸,薦之昭王。昭王以雎為客卿。日益親,用事,乃拜為相,封以應,號為應侯。范雎既相秦,號曰張祿,而魏不知,以為范雎已死久矣。魏使須賈于秦。范雎聞之,為微行,敝衣閒步之邸,見須賈。須賈見之而驚曰:"范叔固無恙乎!"范睢曰:"然。"須賈笑曰:"范叔有說于秦耶?"曰:"不也。睢前日得過於魏相,故亡逃至此,安敢說乎!"須賈曰:"今叔何事?"范睢曰:"臣為人庸賃。"須賈意哀之,留與坐飲食,曰:"范叔一寒如此哉!"乃取其一綈袍以賜之。因問曰:"秦相張君,公知之乎?"范睢曰:"主人翁習知之。睢亦得謁,請為君見於張君。"須賈曰:"吾馬病,車軸折,非大車駟馬,吾不出。"范睢歸取大車駟馬,為須賈御之,入秦相府。府中望見,有識者皆避匿,須賈怪之。至相舍門,謂須賈曰:"待我,我為君先入通於相君。"良久,問門下曰:"范叔不出,何也?"門下曰:"無范叔。鄉者乃吾相張君也。"須賈大驚,自知見賣,乃肉袒膝行,入謝罪。范睢盛帷帳,侍者甚眾,須賈頓首言死罪,曰:"賈不意君能自致于青雲之上,賈有湯鑊之罪,請自屏于胡貉之地,唯君死生之!"睢曰:"汝罪有三。然公之所以得無死者,以綈袍戀戀,尚有故人之意。為我告魏王,急持魏齊頭來!不然者,我且屠大梁。"須賈歸,以告魏齊。魏齊恐,亡走趙,匿平原君所。秦昭王欲為范睢報仇,乃詳為好書以遺平原君曰:"寡人聞君之高義,願與君為布衣之交,幸過寡人,寡人願與君為十日之飲。"平原君畏秦,且以為然,入秦見昭王。昭王與平原君飲數日,謂平原君曰:"范君之仇在君之家,願使人歸取其頭來;不然,吾不出君于關。"平原君曰:"貴而為友者,為賤也;富而為友者,為貧也。夫魏齊者,勝之友也,在,固不出也,今又不在臣所。"昭王遺書趙王,趙孝成王發卒圍平原君家,急,魏齊夜亡,見趙相虞卿。虞卿度趙王終不可說,乃解其相印,與魏齊亡,間行,念諸侯莫可急抵者,乃復走大梁,欲因信陵君以走楚。信陵君畏秦,猶豫未肯見,曰:"虞卿何如人也?"侯嬴曰:"人固未易知,知人亦未易也。夫虞卿躡屩擔簦,一見趙王,賜白璧一雙,黃金百鎰;再見,拜為上卿;三見,卒受相印,封萬戶侯。當此之時,天下爭知之。夫魏齊窮困過虞卿,虞卿不敢重爵祿之尊,解相印,捐萬戶侯而間行。急士之窮而歸公子,公子曰'何如人'。人固不易知,知人亦未易也!"信陵君大慙,駕如野迎之。魏齊聞信陵之初難見之,怒而自剄。蔡澤不相,曷"曷"一作"仰"。鼻隆然。攣膝魋齃,巨肩魋顏。口若懸河,辯何便便。入秦代相,如取如探。懷結金紫,持刺肥甘。躍馬疾驅,四十三年。行矣范叔,淒淒其寒。蔡澤者,燕人也。游學干諸侯小大甚眾,不遇。而從唐舉相,曰:"吾嘗聞先生相李兌,曰'百日之內持國秉政',有之乎?"曰:"有之。"曰:"若臣者何如?"唐舉熟視而笑曰:"先生曷鼻,巨肩,魋顏,蹙齃,膝攣。吾聞聖人不相,殆先生乎?"蔡澤知唐舉戲之,乃曰:"富貴吾所自有,吾所不知者壽也,願聞之。"唐舉曰:"先生之壽,從此已往者四十三歲。"蔡澤笑謝而去,謂其御者曰:"吾持梁刺齒肥,躍馬疾驅,懷黃金之印,結紫綬於要,揖讓人主之前,食肉富貴,四十三年足矣。"去之趙,見逐。之韓、魏,遇奪釜鬲於塗。入秦,使人宣言以感怒應侯曰:"燕客蔡澤,天下雄俊弘辯智士也。彼一見秦王,必困君而奪君之位。"應侯聞之,使人召蔡澤。蔡澤入,則揖應侯。應侯固不快,及見之,又倨,因讓之曰:"子常宣言欲代我相秦,寧有之乎?"對曰:"然。"應侯曰:"請聞其說。"蔡澤曰:"吁,君何見之晚也!夫四時之序,成功者去。語曰'日中則移,月滿則虧'。物盛則衰,天地之常數也。進退盈縮,與時變化,聖人之常道也。《易》曰'亢龍有悔',此言上而不能下,信而不能詘,往而不能自返者也。"應侯曰:"善。吾聞'欲而不知止,失其所以欲;有而不知足,失其所以有'。先生幸教,睢敬受命。"於是乃延入坐,為上客。後數日,入朝,言于秦昭王曰:"客新有從山東來者曰蔡澤,其人辯士,明于三王之事、五伯之業、世俗之變,足以寄秦國之政。臣之見人甚眾,莫及,臣不如也。"昭王召見,與語,大說,拜為客卿。應侯因謝病請歸相印,遂稱病篤。免相,蔡澤為相,東收周室。相秦數月,人或惡之,懼誅,乃謝病歸相印,號綱成君。居秦十餘年,事昭王、孝文王、莊襄王。卒事始皇帝。○荀卿云:"梁有唐舉。"《爾雅》:"欸足者謂之鬲。"郭璞云:"鼎,曲腳也。"**虞卿揣情,料事至當。蹋蹋擔簦**,蹋,履也。簦,長柄笠,笠有柄者謂之簦。**三見為相。人未易知,知易難量。不忍魏齊,捐爵間亡。急士之窮,慷慨悲涼。窮愁著書,卒困大梁。**太史公贊曰:"虞卿料事揣情,為趙畫策,何其工也!及不忍魏齊,卒困于大梁,庸夫且知其不可,況賢人乎?然虞卿非窮愁,亦不能著書以見於後世云。"**天下高士,魯連先生。奇偉俶儻,亮節弘崢。不肯秦帝,箭射聊城。功成辭爵,遁海逃名。貧賤肆志,富貴何營。**魯仲連者,齊人也。好奇偉俶儻之畫策,而不肯仕官任職,好持高節。趙孝成王時,秦王使白起破長平之軍前後四十餘萬,遂東圍邯鄲。趙王恐,諸侯之救兵莫敢擊秦軍。魏安釐王使客將軍新垣衍間入邯鄲,因平原君謂趙王尊秦昭王為帝。此時魯仲連適遊趙,聞之,乃見平原君曰:"事將奈何?"平原君曰:"勝也何敢言事!前亡四十萬之眾於外,今又內圍邯鄲而不去。魏王使客將軍新垣衍令趙帝秦,今其人在是。勝也何敢言事!"魯仲連曰:"吾始以君為天下之賢公子也,吾乃今然後知君非天下之賢公子也。新垣衍安在?吾為君責而歸之。"魯仲連見新垣衍而無言。新垣衍曰:"吾視居此圍城之中者,皆有求于平原君者也;今吾觀先生之玉貌,非有求于平原君者也,曷為久居此圍城之中而不去?"魯仲連曰:"世以鮑焦為無從頌而死者,皆非也。眾人不知,則為一身。彼秦者,棄禮義而上首功之國也。彼即肆然而為帝,則連有蹈東海而死耳,吾不忍為之民也。梁未睹秦稱帝之害故耳。"新垣衍曰:"秦稱帝之害何如?"魯仲連曰:"昔者齊威王常為仁義也,率天下諸侯而朝周。周貧且微,諸侯莫朝,而齊獨朝之。居歲餘,周烈王崩,齊後往,周怒,赴于齊曰:'天崩地坼,天子下席。東藩之臣因齊後至,則斬。'齊威王勃然怒曰:'叱嗟,而母婢也!'卒為天下笑。故生則朝周,死則叱之,誠不忍其求也。彼天子固然,其無足怪。齊湣王將之魯,夷維子為執策而從,謂魯人曰:'子將何以待吾君?'魯人曰:'吾將以十大牢待子之君。'夷維子曰:'子安取禮而待吾君?彼吾君者,天子也。天子巡狩,諸侯避舍,納筦籥,攝衽抱機,視膳於堂下,天子已食,乃退而聽朝也。'魯人投其籥,不果納。不得入于魯,將之薛,假途于鄒。當是時,鄒君死,湣王欲入吊,夷維子謂鄒之孤曰:'天子吊,主人必將倍殯棺,設北面於南方,然後天子南面吊也。'鄒之群臣曰:'必若此,吾將伏劍而死。'固不敢入于鄒。鄒、魯之臣,生則不得事養,死則不得賻襚,然且欲行天子之禮于鄒、魯,鄒、魯之臣不果納。今秦萬乘之國也,梁亦萬乘之國也。俱據萬乘之國,各有稱王之名,睹其一戰而勝,欲從而帝之,是使三晉之大臣不如鄒、魯之僕妾也。且秦無已而帝,則且變易諸侯之大臣。彼將奪其所不肖而與其所賢,奪其所憎而與其所愛。彼又將使其子女讒妾為諸侯妃姬處梁之宮。梁王安得晏然而已乎?而將軍又何以得故寵乎?"於是新垣衍起,再拜謝曰:"始以先生為庸人,吾乃今日知先生為天下之士也。吾請出,不敢復言帝秦。"秦將聞之,為卻軍五十里。適會魏公子無忌奪晉鄙軍以救趙,擊秦軍,秦軍遂引而去。平原君欲封魯連,魯連辭讓使者三,終不肯受。平原君乃置酒,酒酣起前,以千金為魯連壽。魯連笑曰:"所謂貴於天下之士者,為人排患釋難解紛亂而無取也。"遂辭平原君而去,終身不復見。其後二十餘年,燕將攻下聊城,聊城人讒之,燕將懼誅,不敢歸。田單攻聊城歲餘,士卒多死而聊城不下。魯連乃為書,約之矢以射城中,遺燕將。書曰:吾聞之,智者不倍時而棄利,勇士不怯死而滅名,忠臣不先身而後君。今公行一朝之忿,不顧燕王之無臣,非忠也;殺身亡聊城,而威不信於齊,非勇也;功敗名滅,後世無稱焉,非智也。三者世主不臣,說士不載。今公以敝聊之民距全齊之兵,是墨翟之守也。食人炊骨,士無反外之心,是孫臏之兵也。能見於天下。雖然,為公計者,不如全車甲以報於燕。車甲全而歸燕,燕王必喜;身全而歸於國,士民如見父母,交遊攘臂而議於世。上輔孤主以制群臣,下養百姓以資說士,矯國更俗,功名可立也。亡意亦捐燕棄世,東遊于齊乎?裂地定封,富比乎陶、衛,世世稱孤,與齊久存,又一計也。此兩計者,顯名厚實也,願公詳計而審處一焉。燕將見魯連書,泣三日,乃自殺。田單歸而言魯連,欲爵之。魯連逃隱於海上,曰:"吾與富貴而詘于人,寧貧賤而輕世肆志焉。"禽父封國,爰肇於魯。三十四傳,撲滅於楚。周之禮樂,從今弗覯。魯,姬姓,侯爵。姬公旦佐文、武、成王有大勳勞,食邑扶風雍縣,號宰。周公留相,天子封長子伯禽于曲阜為魯公,地方七百里,傳三十四世。至頃公讐,楚考烈王遷為家人,共歷七百四十二年,魯亡。秦人入寇,王入秦邦。獻其土地,西周遂亡。年逾八百,三十七王。報王五十九年,秦使將軍樛攻西周。報王入秦,頓首受罪,盡獻其邑三十六口三萬,秦受其獻而歸報王于周,是歲卒。

《四言史徵》卷一,《四庫全書存目叢書》史部291冊,766頁

八臺詩_{辛卯}・避債臺

(清)易順鼎

憚孤遷後又陽人,何處荒臺洛水春。天子竟成牛馬走,地圖全入虎狼秦。無財亦復難為帝,有國誰云不患貧。麥秀黍離同一轍,責言從古是西鄰。

《琴志樓詩集》卷九,第二冊,497頁

詠周王后

褒　城　　　　　　　　　　　　　　（唐）胡　曾

恃寵嬌多得自由，驪山舉火戲諸侯。只知一笑傾人國，不覺胡塵滿玉樓。

《全唐詩》卷六四七，19 冊，7431 頁

驪山懷古　　　　　　　　　　　　（元）商　挺

女色迷人禍更長，千年烽火化溫湯。無情一片驪山月，照罷周家又到唐。

《全元詩》第 3 冊，46 頁

驪　山　　　　　　　　　　　　　（元）趙期頤

周時山上烽火明，開元山下溫泉清。人妖自是能傾國，誰道回頭百媚生。

《全元詩》第 40 冊，428 頁

烽燧曲　　　　　　　　　　　　　（元）楊維楨

聞道驪山下，西戎已結兵。美人方一笑，烽火不須驚。

《全元詩》第 39 冊，69 頁

烽火臺　　　　　　　　　　　　　（宋）楊　備

一帶東流當復闕，築臺相望水雲間。麗華應不如褒姒，幾許狼煙得破顏。

《全宋詩》卷一二三，3 冊，1437 頁

褒姒不笑　　　　　　　　　　　　（明）瞿　佑

《史記》：周幽王嬖褒姒，褒姒不好笑，多方不得，乃為烽燧大鼓，諸侯悉至，無寇，褒姒大笑。後廢申后及太子宜臼，申侯與犬戎共攻宗周。幽王舉烽伐鼓徵兵，諸侯莫至。遂殺幽王驪山下，虜褒姒。

萬國山河一笑中，鼓鼙聲裡火光紅。君王號令多顛倒，不召諸侯召犬戎。

胡曾詩:"恃寵嬌多得自由,驪山舉火戲諸侯。豈知一笑傾人國,不覺胡塵滿玉樓。"

《香臺集》卷上,《瞿佑全集校注》上冊,39 頁

古宮五詠·褒姒　　（明）茅元儀

驪山此日不須哀,留與秦唐又兩回。分付諸侯俱按甲,妾傳烽火到泉臺。

《石民江村集》卷八,《四庫禁毀書叢刊》集部 70 冊,433 頁

驪　　山　　（明）張　原

烽火空餘百尺臺,華清宮殿已成灰。兩家失國由妃子,落日行人謾自哀。

《玉坡張先生黃花集》卷六,《陝西古代文獻集成》第 7 輯,第 399 頁

恩賜勝覽錄　　（明）朱誠泳

驪山懷古,悼周幽也

不見山頭再舉烽,斷霞遙映夕陽紅。申亡已兆東遷禍,奚啻妖姬一笑中!

《小鳴稿》卷一〇,《陝西古代文獻集成》第 17 輯,240 頁

讀史雜詠·周褒姒　　（清）唐廷詔

龍漦胡為育深宮,妖孽翻承寵眷隆。烽火驪山看一笑,西京由此轉周東。

《飲月軒詩鈔》卷二,《清代詩文集彙編》592 冊,134 頁

詠　　史(其九)　　（清）宋　梄

檿弧箕服竟如何,無故舉烽計大訛。底用美人輕一笑,那知一笑破山河。

《雞膻百二稾》卷五,《清代詩文集彙編》475 冊,40 頁

香草閒吟·太姒　　（清）方玉潤

到底新詩讓女兒,好述人是帝王師。可憐百代騷壇祖,却在宮闈宴寢時。

《鴻濛室詩鈔》卷四《俯仰集》四,《清代詩文集彙編》644 冊,356 頁

香草閒吟·褒姒

(清)方玉潤

驪山烽火夜連天,列辟驚看馬不前。萬里河山供一笑,果然天半降瓊仙。

《鴻濛室詩鈔》卷四《俯仰集》四,《清代詩文集彙編》644 册,356 頁

咏古·褒姒

(清)潘永芳

幽王多計費疑猜,褒姒櫻梳合不開。欲博美人聊莞爾,竟騰烽火惹兵來。

《藏春園初集》卷下,《清代詩文集彙編》732 册,729 頁

詠周臣

鄉賢十詠·周八士　　　（明）何東序

塚在猗南景村。隆慶初，崖崩石出，僅辨"八士"數字，偏傍模刻，俟陽冰考焉。

絕域不產聖，沉不毓賢。千里得一士，奕世號北肩。唐虞中天立，熙洽歷成宣。大河遞白赤，中條互靄嵐。元氣為物母，萌起太初前。孿生由祖甲，囂良特地傳。一室苞四乳，八士奠兩間。自出河山秘，還霑雨露偏。五德興王者，縈隆葉帝年。人文偶昌運，邃古更無班。憶昔媧皇世，摶土別息堅。女修吞鳥卵，大業更杳然。君子不測暗，語怪跡尤愆。獨有孩菱子，玄白日推遷。

《九愚山房詩集》卷二，《四庫全書存目叢書》集部126冊，635頁

讀史二首（其一）　　　（明）陳伯康

周公躬吐哺，四海心歸仁。三叔乃流言，豈非骨肉親。仁人視天下，萬物猶一身。不仁身奚有，況復思弟昆。《棠棣》興孔懷，《鴟鴞》念恩勤。聖人之所為，口實徒亂真。

《明詩初集》三二，《石倉歷代詩選》卷三一二，影印文淵閣《四庫全書》1391冊，375頁

萇　弘　　　（宋）劉克莊

宗周危可憫，萇叔死非難。臣血三年碧，臣心一寸丹。

《全宋詩》卷三〇四六，58冊，36324頁

萇宏（弘）　　　（清）羅惇衍

字叔，周大夫。晉趙鞅逐荀寅、范吉射，而劉氏、范氏世為婚姻。宏（弘）善劉文公，故周與范氏、趙鞅以為討周人，殺之。

龍興虎視判秦川，天畀純忠振洛遷。獨揭丹心周九鼎，竟藏碧血蜀三年。涖盟能悅佗爭長，論樂同嗟武失傳。劍閣暮雲何處望，太沖遺賦感淒然。

《集義軒詠史詩鈔校證》卷一，第一冊，3頁

詞

金人捧露盤·驪山懷古　　（清）董元愷

遍驪山,雲杳杳,路漫漫。恨古今、成敗無端。周原烽火,還留禍水響潺湲。西風落葉,驚回首、一炬烟寒。　　幾何時,英雄淚,楓葉染,曉霜丹。總蕭條、繡嶺花殘。五陵無樹,依然明月照秦關。還試問,金釵玉笛,天上人間。

《全清詞》順康卷第六冊,3299 頁

前調（贊浦子）·成王刻桐葉封虞　　（清）張 塤

勖汝唐侯地,嘉哉史佚辭。漫有封桐辨,何如煮豆詩。　　玉帛布昭典命,功勳崇兆丕基。弟遠汾河雁,秋深霜夜圭。

《全清詞》雍乾卷第九冊,4839 頁

前調（贊浦子）·文王見呂尚　　（清）張 塤

二老開周室,斯人遇渭陽。旌旆何瀟灑,溪山並渺茫。　　維吾太公望子,而其俾壽而臧。受餌風雲會,遺鉤歲月荒。

《全清詞》雍乾卷第九冊,4839 頁

品令·公劉廟　　（清）沈振鷺

澗幽谿冷。問誰構、孤祠林迴。山半寂寂危簷影。雅歌芮鞫,遙溯西戎境。　　瑤玉塵空神莫定。賽邨氓難證。古風綿邈雲荒徑。一城秋亘,飛雉川原暝。

《全清詞》雍乾卷第一〇冊,5683 頁

曲

〔北仙呂遊四門〕資陽過萇弘故里　　（近代）盧前

非關石鏡媚君王,知晉勢何強。孤忠那顧時人謗,流碧染垂楊。芳,終古繞資陽。

《全清散曲》下册,2286 頁

秦本紀

一 詩

詠《秦本紀》

秦本紀 （唐）司馬貞

栢翳佐舜，皂斿是旌。蜚廉事紂，石槨斯營。造父善馭，封之趙城。非子息馬，厥號秦嬴。禮樂射禦，西垂有聲。襄公救周，始命列國。金祠白帝，龍祚水德。祥應陳寶，妖除豐特。裏奚致霸，衛鞅任刻。厥後吞併，卒成凶慝。

《史記索隱》卷二九，457 頁

讀《秦本紀》 （宋）洪适

應侯一語幽、宣後，長信蒙辜徙黃陽。秦室無親類梟獍，借箕訴語亦其常。

《全宋詩》卷二〇七五，37 冊，23419 頁

編年歌括·秦 （元）許衡

秦人滅周自昭襄，孝文後曰莊襄王。三傳九載嬴秦亡，呂政繼主號始皇。胡亥、子嬰俱不昌，三世都經四十霜。

《全元詩》第 3 冊，67 頁

秦 　　　　　　　　　　　　　　　　　　　　　　　　（明）孫承恩

土苴輕仁義，凶殘法令崇。詐愚非德化，力刼豈心從。多士泥塗裏，遺經烈焰中。千年狂暴跡，遺穢永無窮。

《鑒古韻語》，《文簡集》卷二，影印文淵閣《四庫全書》1271 冊，69 頁

論詩呈雙魚·丙午五月端五遊海珠，次日呈此（其五） （明）霍與瑕

秦居列國中，其聲獨渾雄。霸圖雖烈烈，夏、商亦遺風。矧據關河勝，地厚氣亦鍾。所以春秋末，居然併七雄。

《霍勉齋集》卷四，影印《霍勉齋集》第一冊，155 頁

讀《秦記》 　　　　　　　　　　　　　　　　　　　（清）陳恭尹

謗聲易彌怨難除，秦法雖嚴亦甚疏。夜半橋邊呼孺子，人間猶有未燒書。

《清詩別裁集》卷八，上冊，138 頁

秦 　　　　　　　　　　　　　　　　　　　　　　　　（清）吳　殳

質子妖姬貨可居，六王未畢已邱（丘）墟。鞭橋東去無靈藥，轜乘西歸有鮑魚。黃犬淚中慚廢立，白蛇醉裏報驅除。當時早為秦非計，牧地為封事有餘。

《清詩別裁集》卷八，上冊，148 頁

祀雞臺 　　　　　　　　　　　　　　　　　　　　　（清）王士禛

寶雞縣三首

東周久已換西秦，陳寶何須辨偽真。猶有漢家使持節，益州遠祀碧雞神。

《蠶尾續詩集》卷四，《王士禛全集》第二冊，1258 頁

《秦本紀》第五 　　　　　　　　　　　　　　　　　（清）蔣 棨

吞卵由來產異人，禹功初贊皁斿新。如何玄鳥多靈異，已見生商又肇秦。
長驅初獲趙城封，申駱重婚邑附庸。不遇東遷多難後，敢隨蒲穀共朝宗。
世保西陲國未貧，舊為周室虎狼臣。邯鄲呂政飛騰人，不是與秦是滅秦。

《讀史》,《天涯詩鈔》,影印《四庫未收書輯刊》捌輯 23 冊,575 頁

都門詠古十二首·石鼓　　　　　　（清）尤　侗

石鼓何逢逢？千年不聞響。惟留太史文,斑剝青苔上。讀之不能終,望古獨遐想。

《于京集》卷二,《尤侗集》中冊,711 頁

函谷關 五言絕　　　　　　　　　　（清）李　柏

函谷,秦國其腹,山東國六,其魚其肉。胡爲乎劉、項西逐,而奄有鹿？

《太白山人檞葉集·南遊詩草》,《陝西古代文獻集成》第 30 輯,265 頁

讀史樂府·歸三帥　　　　　　　　（清）趙紹祖

前年戰殽去年戰彭衙,今年復自王官濟。實由三帥歸秦家,武夫力諸原,婦人免諸室。墮軍長寇亡無日。秦強固有端,晉亡非此失,失在強臣非敵國。君不見函谷關開,三晉臣妾,蠶食非復舊桐葉。

元兄一曰"失在強臣非敵國"一語,轉換有力。

《琴士詩鈔》卷一,《清代詩文集彙編》432 冊,644 頁

列國宮詞·秦　　　　　　　　　　（清）殷如梅

北園遊展印莓苔,賓至宮門次第開。莫以寺人誇創見,須愁景監、趙高來。
置薪却訝登臺請,長寇旋將敗帥援。始信古稱秦、晉匹,一般都聽婦人言。

《綠滿山房集》丙二,《清代詩文集彙編》438 冊,698 頁

詠　　史（其八、十二）　　　　　（清）宋　楏

非子原爲惡來裔,受封時忽兆冰霜。君王莫喜馬蕃息,只恐秦嬴變虎狼。
怨將德報語非夸,秦穆矜民意足嘉。莫怪它年成帝業,此時輸粟暗萌芽。

《雞膔百二稟》卷五,《清代詩文集彙編》475 冊,40 頁

阿　　房　　　　　　　　　　　　（清）張　琛

數行青史幾回看,富過秦皇竟不難。莫道阿房三百里,上林嫌小又開寬。

《日鋤齋詩集・缶音》,《清代詩文集彙編》483 册,658 頁

詠古雜詩(其四) （清）彭　湘

約敗縱親謊楚荆,又貪趙璧意相輕。誰知六百商於地,故智難售十五城。

《適龕詩集》卷一三,《清代詩文集彙編》621 册,580 頁

蜚廉善走《史記》 （清）田依渠

善走有蜚廉,當偕禽獸伍。驅誅滄海隅,不得污中土。

《茹古山房讀史餘吟》卷四,《清代詩文集彙編》639 册,659 頁

秦大鳥 （清）皮錫瑞

虎狼秦,變大鳥。飛食肉,翼兼爪。白起力,飢鷹慓。張儀舌,鸚鵡巧。一擊韓魏驚,再搏鄢郢擾。生擄懷王入武關,連雞誰能健羽翰。弱弓微繳將射鳥,柰彼嬉堂椒與蘭。嗚呼,五千里乃爲仇人役,胡不效越會稽燕碣石。

《師伏堂詠史》,《清代詩文集彙編》772 册,308 頁

大　費 （清）吳　鎮

烈山澤,平水土。鳥獸馴,賜玉女。即伯益也。見《秦本紀》。

《松花庵韻史》,《四庫未收書輯刊》拾輯 24 册,255 頁

詠秦君

詠史詩 (三國魏)王　粲

自古無殉死,達人所共知。秦穆殺三良,惜哉空爾為。結髮事明君,受恩良不訾。臨沒要之死,焉得不相隨？妻子當門泣,兄弟哭路垂。臨穴呼蒼天,涕下如緪縻。人生各有志,終不為此移。同知埋身劇,心亦有所施。生為百夫雄,死為壯士規。《黃鳥》作悲詩,至今聲不虧。

《魏詩》卷二,《先秦漢魏晉南北朝詩》上冊,363頁

詠史詩二首(其一) (三國魏)阮　瑀

誤哉秦穆公,身沒從三良。忠臣不違命,隨軀就死亡。低頭窺壙戶,仰視日月光。誰謂此可處,恩義不可忘。路人為流涕。黃鳥鳴高桑。

《魏詩》卷三,《先秦漢魏晉南北朝詩》上冊,378頁

秦文公 (清)徐公修

岐西拓地遂恢恢,上纘襄公令緒來。鄜畤夢蛇封禪應,陳倉得雉霸圖開。嚴刑三族蒼生罪,虔祀諸神白帝陪。怪底青牛祠怒特,南山大梓受飛災。

《史記百詠》卷一,《讀史千詠》,《史記研究文獻輯刊》13冊,427頁

秦文公 (清)吳　鎮

青牛祠,黃蛇畤。寶夫人,乃雌雉。

《松花庵韻史》,《四庫未收書輯刊》拾輯24冊,255頁

夢別秦穆公 (唐)沈亞之

擊髆舞,恨滿煙光無處所。淚如雨,欲擬著辭不成語。金鳳銜紅舊繡衣,幾度宮中同看舞。人間春日正歡樂,日暮東風何處去。

《全唐詩》卷四九三,15 冊,5582 頁

秦穆公

(宋)王十朋

秦穆平生善用兵,孟明三敗始功成。後人不識兵家勢,異議紛從勝負生。

《全宋詩》卷二〇二四,36 冊,22687 頁

登門寶臺

(明)朱誠泳

肩輿隱隱陟崔嵬,笑問秦人門寶臺。勝負千年同一夢,東風惟有野花開。

《小鳴稿》卷七,《陝西古代文獻集成》第 17 輯,184 頁

秦穆公墓

(清)王士禎

雨霽陳倉曉日紅,杖藜來訪橐泉宮。千年斷碣荒煙裏,一片殘春秀麥中。黃鳥哀時良士盡,碧雞飛去霸圖空。子車遺冢猶鄰近,長與坑儒恨不窮。

《蠶尾續詩集》卷四,《王士禎全集》第二冊,1255 頁

秦穆公

(清)徐公修

同澤同袍尚武聞,茅津河曲自行軍。乘龍快婿招簫史,贈馬周親禮晉文。蹇叔老臣終受諫,孟明敗將卒銘勳。西戎創霸威名震,爭奈三良死殉君。

《史記百詠》卷一,《讀史千詠》,《史記研究文獻輯刊》13 冊,429 頁

嘲秦穆

(清)李 柏

人道穆公非,我道穆公是。死而棄良人,終非真好士。五帝與三王,何曾計及此。所以秦穆公,好士直至死。

《太白山人槲葉集》卷四上《南遊草》,《陝西古代文獻集成》第 30 輯,164 頁

穆公墓

(清)李 柏

秦穆居西陲,奚蹇為之傅。能起非子疆,式廓大駱步。國計富且強,西征復東渡。救荊一何烈,置晉復其祚。河山既百二,重以虎狼戍。開關噴欷唾,諸侯皆西顧。雄風吹落日,遺命多錯誤。不復為盟主,以殉三良故。哀哉秦之人,徒為《黃鳥》賦。千載隴山下,

浮雲空布濩。霸業一片石,書曰"穆公墓"。

《太白山人槲葉集》卷四上《南遊草》,《陝西古代文獻集成》第 30 輯,167 頁

穆公墓(其一)　　　　　　　　　　　（清）李　柏

鳳凰城下草萋萋,秋山秋水接隴西。三良遺恨知何處,木落棘門鳥自啼。

《太白山人槲葉集》卷四上《南遊草》,《陝西古代文獻集成》第 30 輯,202 頁

經秦莊襄王墓　　　　　　　　　　　（明）康　海

碧草秦王塚,青蕭吏部莊。霸圖潛易呂,水德竟終襄。松閣春吟好,花闌晝倚長。古今同一盡,遮莫負年芳。

《康對山先生集》卷一三,248 頁

詠徐偃王

徐偃王廟　　　　　　　　　　　　　　　　　（宋）胡　宿

天下慢朝周,君王瑤水流。一朝規問鼎,千里御還騶。故國無歸日,叢祠幾換秋。詵詵耳孫慶,惟烈在仁柔。自注:邑人率多姓徐,云其苗裔。

《全宋詩》卷一八一,4 册,2076 頁

徐偃王廟　　　　　　　　　　　　　　　　　（宋）劉克莊

仁暴由來各異施,秦徐至竟孰雄雌。君看驪岫今無墓,得似柯山尚有祠。

《全宋詩》卷三〇四〇,58 册,36283 頁

偃王祠　　　　　　　　　　　　　　　　　　（明）沈明臣

偃王祠下泊孤舟,太末春雲滿地浮。聞說昔曾沉玉研,至今江水縠紋流。

《豐對樓詩選》卷四一,《四庫存目叢書》集部 144 册,671 頁

詠秦臣

三良詩 　　　　　　　　　　　　　　　　　　　　（三國魏）曹　植

功名不可為,忠義我所安。秦穆先下世,三臣皆自殘。生時等榮樂,既沒同憂患。誰言捐軀易?殺身誠獨難!攬涕登君墓,臨穴仰天歎。長夜何冥冥。一往不復還。黃鳥為悲鳴,哀哉傷肺肝。

《魏詩》卷七,《先秦漢魏晉南北朝詩》上冊,455 頁

詠三良詩 　　　　　　　　　　　　　　　　　　　　（晉）陶淵明

彈冠乘通津,但懼時我遺。服勤盡歲月,常恐功愈微。忠情謬獲露,遂為君所私。出則陪文輿,入必侍丹帷。箴規向已從,計議初無虧。一朝長逝後,願言同此歸。厚恩固難忘,君命安可違?臨穴罔惟疑,投義志攸希。荊棘籠高墳,黃鳥聲正悲。良人不可贖。泫然沾我衣。

《晉詩》卷一六,《先秦漢魏晉南北朝詩》中冊,984 頁

詠三良 　　　　　　　　　　　　　　　　　　　　（唐）柳宗元

束帶值明后,顧盼流輝光。一心在陳力,鼎列夸四方。款款效忠信,恩義皎如霜。生時亮同體,死沒寧分張。壯軀閉幽隧,猛志填黃腸。殉死禮所非,況乃用其良?霸基弊不振,晉楚更張皇。疾病命固亂,魏氏言有章。從邪陷厥父,吾欲討彼狂!

《全唐詩》卷三五三,11 冊,3958 頁

哀三良詩 并序 　　　　　　　　　　　　　　　　　　（宋）劉　敞

《秦風》有哀三良詩,刺穆公以人從死。後王粲作《哀三良》者,興曹公以己事殺賢良也。陳思王亦作之者,怨己不及死者也。吾以哀三良仍有餘意,猶可賦詩,故復作焉。當有能知者。

士為知已死,女為悅已容。咄嗟彼三良,殺身徇穆公。丹青懷信誓,夙昔哀樂同。人命要有訖,奈何愛厥躬。國人悲且歌,《黃鳥》存古風。死復不食言,生寧廢其忠。存為百

夫防,逝為萬鬼雄。豈與小丈夫,事君謬始終。

《全宋詩》卷四六九,9冊,5681頁

和《詠三良》
(元)劉　因

江山錯如繡,死與弊屣遺。安用親愛人,共此丘土微。秦人多尚氣,宜無兒女私。乃亦如當塗,區區戀衣帷。因傷秦政惡,三歎王綱虧。殉人已可誅,而況收良歸。坐令百夫特,含恨與世違。祇應墓前柏,直幹千年希。遙知作俑戒,為感詩人悲。重吟《黃鳥》章,淚下沾人衣。

《全元詩》第15冊,39頁

哀三良
(元)王　沂(字師魯)

三良昔殉葬,死有千載名。康公徇戎俗,迫以亂命行。作俑且無後,傷生焉得仁。翹翹子車氏,卓卓秦之英。如何同日逝,兄弟無一人。殉死不殉道,亢宗義為輕。所以仰天歎,悲哉黃鳥鳴。曹公狎忠義,王子失權衡。自餘效顰者,瑣瑣不足陳。先賢有名訓,忠則良可珍。

《全元詩》第33冊,12頁

哀三良
(元)王　沂(字子與)

癸丑閏十一月十三夜,同友人鄒興山讀曹子建、王仲宣《哀三良》詩,曰"秦穆下世,三臣自殘",其意固有在矣。然曰"忠義我所安",是與三臣以身殉道乎?抑以道殉身乎?王之詩曰"自古無殉死",蓋得之矣。又曰"死為壯士規",則三臣之死,視古人臣死國之義,是耶?非耶?身既失道,可複規壯士耶?毋乃閔其殺身慷慨,姑矢醉以吊之耶?是未可知。夫秦穆之要殉,亂命也。康公從之,陷親於不義也。三臣之死,死傷勇也。君臣父子胥失其道,或者乃有取焉。爰摭成言,補二賢之缺,亦因以袪吾二人者之惑。作《哀三良》。

三良昔殉葬,死有千載名。康公徇戎俗,迫以亂命行。作俑且無後,傷生焉得仁。翹翹子車氏,卓卓秦之英。如何同日逝,兄弟無一人。殉死不殉道,亢宗義為輕。所以仰天歎,悲哉黃鳥鳴。曹公狎忠義,王子失權衡。自餘效矉者,瑣瑣不足陳。先賢有明訓,忠則良可珍。

《全元詩》第58冊,167頁

三良詩 (明)張昱

百歲誰免死,貴足留其名。三良殉秦穆,慷慨平生情。一諾奉明主,千秋共哀榮。從容就長夜,斯人豈偏生。所以《黃鳥》詩,至今頌遺聲。

《可閒老人集》卷一,影印文淵閣《四庫全書》1222冊,504頁

詠三良 (明)高啟

殉葬古所禁,秦國固戎風。穆公臨棄朝,要此三臣從。三臣百夫良,不與親昵同。一旦使俱斃,無人國將空。捐生豈不難,忠義感素衷。長恐先朝露,無由奉君終。遺命凜在耳,焉能惜微躬。但懼嗣主孤,誰當共成功。高墳荊棘間,玄雲閉幽宮。壯魄同此歸,冥冥路安通。國人痛莫贖,灑淚呼彼穹。傷哉《黃鳥》詩,流哀竟無窮。

《高青丘集》卷四,上冊,165頁

三良塚 (明)張銓

捐生原是為綱常,《黃鳥》何須怨彼蒼。若不從君歸地下。祇今誰複識三良。

《張忠烈公存集》卷八,《四庫禁毀書叢刊》集部77冊,396頁

哀三良,同周伯寧賦 (明)劉炳春

為臣既委質,一死詎所辭。況茲三良賢,捐軀視如歸。傷哉秦氏惑,殉葬非聖儀。維時百職事,讜議無良規。死者百世義,生者千載悲。

《春雨軒集》二,《鄱陽五家集》卷一三,影印文淵閣《四庫全書》1476冊,448頁

詠史一百首(其十二) (明)謝肇淛

殉死非古禮,亂命安可從?嗟彼秦三良,殺身殉穆公。片言既已諾,一死何從容?妻子臨穴惴,路人呼蒼穹。撫劍即長夜,松柏生悲風。生為百夫特,死為萬鬼雄。古來明良契,王臣匪有躬。三讀《黃鳥》篇,哀淚滴丘封。

《小草齋詩集》卷六,《小草齋集》上冊,707頁

百里奚歌　　　　　　　　　　　　　(南朝梁) 高允生

羈旅入秦庭,始得收顯曜。釋褐出輜車,卓為千乘導。豔色進華容,繁弦發徵調。居貴易素心,翻然忘久要。裝金五羊皮,寫情陳所告。豈徒望自傷,念君無定操。

《梁詩》卷二八,《先秦漢魏晉南北朝詩》下册,2113 頁

百里奚妻　　　　　　　　　　　　　(元) 洪希文

閑關二國鬢成絲,別去齊眉豈復知。飯犢已登軒冕貴,烹雌誰憶扊扅炊。淒涼空作孤鸞操,惆悵多忘五羖皮。寄語諸公求利達,幸毋遺訓及妻兒。

《全元詩》第 31 册,171 頁

述　　古　　　　　　　　　　　　　(元) 張　雨

虞人百里奚,所鬻五羊皮。有得其說者,乃是公孫枝。獻諸秦繆公,四境不足治。賢者倘不遇,後世誰當知？

《全元詩》第 31 册,287 頁

鳳翔公孫枝　　　　　　　　　　　　(明) 李廷訓

王官一戰霸秦侯,千里西戎兵亦休。不是子桑推轂善,真成三敗老縶囚。

《醴雞吟》卷一一,《陝西古代文獻集成》第 10 輯,441 頁

扊扅操　　　　　　　　　　　　　　(明) 王　達

《風俗通》:百里奚為秦相,堂上樂作所賀。澣婦自言知音,因援琴而歌。問之,乃其故妻也。遂又為夫婦。

百里奚,貴莫擬,堂下樂鳴堂上喜。中有澣婦貧且綏,援琴而歌淚如雨。當年扊扅曾共毀,搵被伏雌烹黃黍。今富貴兮吾所恥,筵中哀哀與君語。

《翰林學士耐軒王先生天遊雜稿》卷一,《四庫全書存目叢書》集部 27 册,106 頁

百里奚飯牛　　　　　　　　　　　　(明) 童　軒

當年自粥五羊皮,飯得牛肥辱不辭。卻笑有官居鼎鼐,都忘臨別為烹雌。

《清風亭稿》卷八，影印文淵閣《四庫全書》1247 冊，175 頁

百里奚　　　　　　　　　　　　　　　　　　　（清）羅惇衍

<small>虞人，後為秦穆公相。</small>

雙雉羽翔侲之人切。子貴，五羊皮販媵臣微。舂藜竟使秦興霸，輸粟兼能晉救饑。手拔賢才將鴈賀，心輕爵祿憶牛肥。詢茲黃髮怨何有，終致西戎八國歸。

《集義軒詠史詩鈔校證》卷一，第一冊，8 頁

百里奚　　　　　　　　　　　　　　　　　　　（清）徐公修

勳望巍巍相業躋，大夫五羖出身低。養牲牛食寧干主，居賤雞烹苦憶妻。去晉數千行道遠，媵秦七十晚年齊。孟明繼美為明將，佳話流傳百里奚。

《史記百詠》卷一，《讀史千詠》，《史記研究文獻輯刊》13 冊，430 頁

詞

前調（采桑子）·秦宮　　　　　　　　　　（清）孔傳誌

阿房窈窕千門戶，六國精英。金屋銀屏。曉鏡開時列曙星。　　君王老向驪山去，粉黛飄零。宮榭頹傾，難與重瞳一炬爭。

《全清詞》順康卷補編第四冊，2131頁

前調（念奴嬌）·殽陵懷古　　　　　　　　（清）紀邁宜

瀟瀟風雨，記投止、老屋荒岡旅店。曉起峰巒都不辨，攪作濃雲一片。今日重過，微風暖日，紅葉秋山遍。天公難料，世間倚伏何限。　　遙想哭送秦師，讜言既不用，聊為諷諫。爾眊何知，墓木拱忽，棄老成良算。殽下輿尸，晉人背好，歷歷渾如見。穆能悔過，桓文並霸無忝。

《全清詞》順康卷補編第四冊，2478頁

秦始皇本紀

詩

詠《秦始皇本紀》

秦始皇本紀　　　　　　　　　　　　　（唐）司馬貞

六國陵替，二周淪亡。並一天下，號爲始皇。阿房雲構，金狄成行。南遊勒石，東瞰浮梁。滴池見遺，沙丘告喪。二世矯制，趙高是與。詐因指鹿，災生噬虎。子嬰見推，思報君父。下乏忠佐，上乃庸主。欲振頹綱，云誰克補。

《史記索隱》卷二九，457 頁

咸陽覽古　　　　　　　　　　　　　　（唐）沈佺期

咸陽秦帝居，千載坐盈虛。版築林光盡，壇場溜聽虛。野橋疑望日，山火類焚書。唯有驪峰在，空聞厚葬餘。

《全唐詩》卷二，4 册，1039 頁

秦人謠　　　　　　　　　　　　　　　（唐）古之奇

微生祖龍代，卻思堯舜道。何人仕帝庭，拔殺指佞草。奸臣弄民柄，天子恣衷抱。上下一相蒙，馬鹿遂顛倒。中國既板蕩，骨肉安可保。人生貴年壽，吾恨死不早。

《全唐詩》卷二六二，8 册，2913 頁

咸　　陽　　　　　　　　　　　　　　（唐）李商隱

咸陽宮闕鬱嵯峨，六國樓臺豔綺羅。自是當時天帝醉，不關秦地有山河。

《全唐詩》卷五三九，16 册，6150 頁

咸陽懷古　　　　　　　　　　　　　（唐）劉　滄

經過此地無窮事，一望淒然感廢興。渭水故都秦二世，咸原秋草漢諸陵。天空絕塞聞邊雁，葉盡孤村見夜燈。風景蒼蒼多少恨，寒山半出白雲層。

《全唐詩》卷五八六，18 册，6803 頁

《秦紀》　　　　　　　　　　　　　（唐）羅　隱

長策東鞭及海隅，鼉黿奔走鬼神趨。憐君未到沙丘日，肯信人間有死無？

《全唐詩》卷六五七，19 册，7554 頁

咸　　陽　　　　　　　　　　　　　（唐）胡　曾

一朝閶闔統群凶，二世朝廷掃地空。唯有渭川流不盡，至今猶繞望夷宮。

《全唐詩》卷六四七，19 册，7435 頁

咸陽懷古　　　　　　　　　　　　　（唐）韋　莊

城邊人倚夕陽樓，城上雲凝萬古愁。山色不知秦苑廢，水聲空傍漢宮流。李斯不向倉中悟，徐福應無物外遊。莫怪楚吟偏斷骨，野煙蹤跡似東周。

《全唐詩》卷七〇〇，20 册，8048 頁

咸陽懷古　　　　　　　　　　　　　（宋）劉　兼

高秋咸鎬起霜風，秦漢荒陵樹葉紅。七國鬥雞方賈勇，中原逐鹿更爭雄。南山漠漠雲常在，渭水悠悠事旋空。立馬舉鞭遙望處，阿房遺址夕陽東。

《全宋詩》卷一六，1 册，236 頁

讀《秦始本紀》

(宋)釋智圓

縱欲勞民殊未已,阿房、望夷相次起。後來風俗昧其由,妄說秦皇能役鬼。

《全宋詩》卷一三七,3冊,1541頁

觀嬴秦吟

(宋)邵 雍

轟轟七國正爭籌,利害相磨未便休。比至一雄心底定,其如四海血橫流。三千賓客方成夢,百二山河又變秋。謾說罷侯能置守,趙高元不是封侯。

《全宋詩》卷三七五,7冊,4610頁

讀秦、漢間事

(宋)王安石

秦徵天下材,入作阿房宮。宮成非一木,山谷為窮空。子羽一炬火,驪山三月紅。能令掃地盡,豈但焚人功。

《全宋詩》卷五四一,10冊,6502頁

讀《秦碑》

(宋)呂本中

秦人跨九州,欲以傳萬世。立石名山傍,往往章得意。至今見遺刻,字體甚雄異。壯哉蒼蘚文,未改回屈勢。風雨所侵蝕,中有千丈氣。嚴如虬龍蟠,深若鐵石利。餘威到山鬼,謹守敢失墜。漢、魏能書人,亦豈可睥睨。未能識藩籬,何止趁姿媚。初無一日雅,但有三舍避。文章又奇古,遷、雄蓋苗裔。觀其所稱述,肯為尊者諱。巧言未大失,末乃為俗累。嗚呼結繩前,此又誰與記。君臣俱無為,垂拱天下治。《春秋》紀日月,大《易》垂《彖》《繫》。嬴氏厭休息,動以衡石計。斯翁變古文,程邈分篆隸。自此更滋蔓,日以趨簡易。馳驅千百年,漫有紙墨費。誰能罷煩文,盡掃著天外。此書雖見存,或以少為貴。持此槁木枝,我亦無甚愧。

《全宋詩》卷一六一二,28冊,18105頁

《六經》(其二)

(宋)陸 游

秦人燔《六經》,非與經為仇。方其勇決時,亦為子孫謀。斂金鑄巨人,豈復畏鉏耰。千載惡名在,尚與黃河流。

《全宋詩》卷二一九四,40冊,25046頁

歷代詩·秦　　　　　　　　　　　　(宋)楊　簡

始皇繼周稱皇帝,傳子胡亥為二世。子嬰灞上降漢王,四十餘年非久計。

《全宋詩》卷二五八九,48冊,30098頁

讀《秦紀》七絕　　　　　　　　　　(宋)劉克莊

黔首死於城者眾,杞梁身直一微塵。不知當日征人婦,親送寒衣有幾人。
匈奴驅向長城外,當日蒙恬計未非。欲被築城夫冷笑,輼涼車載鮑魚歸。
秦賤儒冠貴鞅斯,士生此際命如絲。可憐聚議驪山下,駢首趨坑尚未知。
人所難言敢納忠,祖龍雖暴却英雄。同時見者皆齏粉,肯活茅焦沸鼎中。
怒發君山俄見赤,威驅海石亦遭鞭。儒生曰山東無盜,方士云海中有仙。
逐客古人先後相,絕它柏翳皆蘭陵。況書舊德優諸子,《呂覽》今編入《六經》。
通國無人敢挾書,嶧山碑自篆蟲魚。至今覽者賞奇古,先漢文章已不如。

《全宋詩》卷三〇七一,58冊,36648頁

《秦紀》　　　　　　　　　　　　　(宋)劉克莊

土廣曾吞九雲夢,民勞因起一阿房。人皆憐楚三戶在,天獨知秦二世亡。

《全宋詩》卷三〇七九,58冊,36739頁

讀《秦紀》　　　　　　　　　　　　(宋)胡仲參

萬雉雲邊萬馬屯,築來直欲障胡塵。誰知斬木為干者,只是長城裏面人。

《全宋詩》卷三三三七,63冊,39851頁

閱《秦紀》二首　　　　　　　　　　(宋)孫　嵩

初逃揕未亡,又遇撲無傷。如何博浪禍,更使副車當。
泰嶽聊逃雨,湘山偶阻風。伐樹仍封樹,元無罪與功。

《全宋詩》卷三六〇三,68冊,43158頁

讀《秦紀》　　　　　　　　　　　　（宋）林景熙

琅邪臺上晚雲平,虎視眈眈隘八纮。萬里不知人半死,三山空覓草長生。兆來鬼璧沙丘近,威動神鞭海石驚。書外有書焚不盡,一編圯上漢功名。

《全宋詩》卷三六三二,69 册,43495 頁

漆城謡　　　　　　　　　　　　（元）耶律鑄

漆城光蕩蕩,寇來不得上。一朝變起望夷宮,不及思旂曾技癢。

《全元詩》第 4 册,24 頁

太平頂讀《秦碑》　　　　　　　　　　　　（元）郝　經

岱宗太平頂,磨崖與天齊。左列則天頌,右刻張說辭。文采與書法,不離近代規。漢封宛在周觀東,秦壇复出絶頂西。壇前圓平值中峰,突兀上有始皇碑。年深雨漬百裂餘,析作兩峰蹲半規。面陽數字仍可辨,隙縫重銜苔蘚皮。中間隱約見制可,完好可辨惟臣斯。拳如釵股直如筯,屈鐵碾玉秀且奇。千年瘦勁益飛動,回視諸家肥更癡。當時風雨有餘怒,豈容誇石獨在茲。祇應神明愛九物,不肯轟擊常護持。昔年韓文公,曾賦岣嶁詩。字青石赤皆傳聞,漫為咨嗟涕漣洏。何如親登泰山日觀峰,光怪特見絳氣纏金虹。摩挲細讀秦相《碑》,天門高詠來清風。乃知山靈不相負,夜宿天邊不忍去,醉倚雲窗重回顧。

《全元詩》第 4 册,287 頁

始　皇　　　　　　　　　　　　（元）徐　鈞

三山有藥身旋死,萬世無期祚竟亡。速死趨亡皆自取,鮑魚才歇火咸陽。

《全元詩》第 7 册,281 頁

秦　碑　　　　　　　　　　　　（元）王　旭

周亡六國歸秦嬴,祖龍肆欲窮蒼生。禱祠求仙遍天下,翠華萬里長征行。登封直上泰山頂,刊頌功德垂休聲。侈心未極天命去,西歸不到咸陽城。驪山之藏肉未冷,函谷已納諸侯兵。可憐區區亥與嬰,乞死不得為編氓。廢興悠悠二千載,閱世只有山無情。日

觀峰頭蒼石屏,我來摩拂叩山英。莓苔風雨字殘缺,彷彿認得臣斯名。前王失道致顛覆,後王鑒之宜改更。漢、唐以來凡幾君,誇大欲與秦爭衡。泥金檢玉竟何事,太平粉飾初非誠。唐崖紀號空自衒,我心感憤終難平。天門回首一長嘯,落日萬壑松風鳴。

《全元詩》第 13 冊,29 頁

讀《秦紀》　　　　　　　（元）馬　臻

六國爭雄事已空,南遊勒石紀成功。早知三月咸陽火,不買魚燈照夜宮。

《全元詩》第 17 冊,109 頁

讀《秦紀》　　　　　　　（元）黃　庚

併吞六國獨稱雄,經籍灰飛烈焰中。書外有書焚不盡,一編圯上漢成功。

《全元詩》第 19 冊,117 頁

《阿房宮圖》　　　　　　（元）宋　无

千門萬戶蠹青冥,六國脂膏四海兵。豈但此中非帝業,當時猶更有儒坑。

《全元詩》第 19 冊,401 頁

讀《秦皇紀》　　　　　　（元）汪　濟

毒妻胎禍入秦庭,黔首熬熬屬鼎烹。三戶尚存猶有楚,六雄未並已亡嬴。趙高尚不容胡亥,項羽何當赦子嬰。唯有鮑魚懷舊德,千年猶記祖龍崩。

《全元詩》第 20 冊,158 頁

秦　　　　　　　　　　　（元）侯克中

力掃群雄廢赧王,轉頭呂政代莊襄。宮中自笑鹿為馬,天下誰憐狼牧羊。方羨豐碑磨碣石,不知劫火到阿房。百年枉作千年計,萬世何期二世亡。

《全元詩》第 9 冊,9 頁

咸陽懷古　　　　　　　　（元）李　庭

連雞勢盡霸圖新,兀兀宮牆壓渭濱。指鹿只能欺二世,沐猴那解定三秦。倚天樓觀餘焦土,落日河山幾戰塵。今古悠悠同一轍,不須作賦吊前人。

《全元詩》第 2 冊,402 頁

讀《秦始皇紀》　　　　　　　　　　　(元)葉　顒

衡石稽程了萬幾,日斜猶未下丹墀。巡南築北關防盡,禍起蕭牆卻不知。

《全元詩》第 42 冊,133 頁

厭氣臺　　　　　　　　　　　(元)楚惟善

自古冥頑是始皇,不施仁義愛矜張。混魚臭已遺千古,逐鹿塵還起四方。厭氣無功消異氣,焚書有焰及阿房。漢年四百皆天定,人意何容得抑揚。

《全元詩》第 50 冊,289 頁

讀《秦記》　　　　　　　　　　　(明)張　昱

登高望遠海,中有三神山。秦皇惑方士,采藥駐容顏。如求不死藥,何必波濤間。玄牝氣孔神,日夜相迴圈。若人善保之,入聖而超凡。所以廣成子,度世安泥丸。

《可閑老人集》卷一,影印文淵閣《四庫全書》1222 冊,502 頁

咸陽懷古　　　　　　　　　　　(明)劉　炳

勢踞崤函百二雄,阿房樓閣鎮當中。坑儒硎谷灰纔黑,繫頸咸陽火已紅。蛇斷血腥空大澤,龍成寶氣紀新豐。秦功漢業今何處,落日沉西渭水東。

《劉彥昺集》卷六,影印文淵閣《四庫全書》1229 冊,749 頁

燕臺懷古雜詠,方水部鐵船同作·夘兮城　　　(清)蔣　詩

蓬萊不死藜易得,童女童男驅盡力。婉宴已集夘兮城,連弩待射鮫魚黑。方士欺詐烏逃誅,夢戰海神憂莫釋。博士何知但妄占,水神要索蛟龍宅。自操強弩射巨魚,荣成勿見之罕獲。轆射一魚病且死,沙邱平菫天已殛。嗚呼呂政邯鄲兒,三十七年黔首卮。

《榆西僊館初槀》二八,《清代詩文集彙編》488 冊,446 頁

著雝攝提格·灤州扶蘇泉　　　　　　　(清)蔣　詩

蒙恬將兵三十萬,扶蘇監軍至上郡。塹山堙谷通直道,長城万里民塗炭。病櫨山川

毅復去,輼涼車載祖龍櫬。少子胡亥平臺從,趙高賤寺陰謀進。三者逆德亥喟歡,區國之言斯泣信。高遂立亥矯璽書,恬毅扶蘇骿就刃。秦皇不怒阬懦諫,長子不遣乘無釁。嗚呼!願為點首亦麾兵,稱病不行心已震。誅高楚已破秦軍,焚屠咸湯書灰燼。灤州泉獨管興亡,千秋常抱扶蘇恨。

《榆西僊館初棄》三九,《清代詩文集彙編》488 冊,507 頁

雜詠史四十二首(十四)　　　　　(清)梁運昌

盟津侯八百,春秋無一存。周姬國五十,六王非文孫。秦政一四海,郡縣極中原。尺土不封建,曷用培本根。丞相本謬學,古制非所援。何以賈《過秦》,此事亦未論。漢初荊若代,瞬息為亡魂。盛疆几杖錫,削弱符命奔。豈有盤互勢,足衛京師尊。迺知秦易滅,不在無外藩。

《秋竹齋詩存》卷五,《清代詩文集彙編》499 冊,35 頁

詠古雜詩(其六、七)　　　　　(清)彭　湘

販豎偏知重文士,千金一字氣豪雄。祖龍轉訝非遺體,下令燔書少父風。
方士纔乘入海船,驪山秘器錮三泉。輸他毛女從西華,未見蓬萊已得仙。

《適盦詩集》卷一三,《清代詩文集彙編》621 冊,580 頁

將閭仰天《史記》　　　　　(清)田依渠

秦廷用趙高,謀殺諸公子。拔劍自呼天,茫茫竟如此。

《茹古山房讀史餘吟》卷六,《清代詩文集彙編》639 冊,668 頁

平灤詠古十首(其三)　　　　　(清)史夢蘭

碣石荒涼輦路虛,祖龍曾此駐鑾輿。東來蓬閬無仙藥,西去輼輬有鮑魚。入海雲迷徐福島,封山碑記李斯書。扶蘇死後長城壞,空筑邊墻萬里餘。

《爾爾書屋詩草》卷四,《清代詩文集彙編》654 冊,373 頁

擬高青邱(丘)十宮詞·秦宮　　　　　(清)譚宗浚

群山能赭海能鞭,鮑臭輬車亦可憐。安用祖洲求大藥,宮中毛女却成僊。

《荔村草堂詩鈔》卷一《入塾集》,《清代詩文集彙編》763 冊,5 頁

咸陽懷古　　　　　　　　　　　　（清）譚宗浚

六國群雄一戰摧,長材利觜亦奇哉。闕前銅狄銷鋒去,山上銀繩勒石來。靈藥苦求空自切,轀車歸載定誰哀。却留圖籍遺蕭相,不與《詩》《書》共劫灰。

《荔村草堂詩鈔》卷四《過庭集》下,《清代詩文集彙編》763 冊,20 頁

始　　皇　　　　　　　　　　　　（清）吳翊寅

六合為家版宇恢,長城萬里築崔嵬。神鞭赭石橋空駕,魄錮驪山墓已開。豈識異人潛草莽,徒勞方士覬蓬萊。咸陽火比焚書酷,一炬阿房付劫灰。

《曼陀羅花室詩》卷二,《清代詩文集彙編》776 冊,628 頁

讀史雜詠（其六）　　　　　　　　（清）張寶森

何待重瞳鹹子嬰,李斯早已族嬴秦。扶蘇死後將閭殺,駢首同時十七人。

《悔庵詩存》卷上,《清代詩文集彙編》768 冊,639 頁

祖龍死　　　　　　　　　　　　　（清）皮錫瑞

轀輬車中鮑臭惡,祖龍死矣威自若。滈池君璧亡秦書,都是求來不死藥。魚膏燭天海水環,神山不到到驪山。三十六年不得見,翻從地下識龍顏。沙邱死龍化白蛇,赤帝拔劍光如霞。當年養馬得天下,後世子孫迷鹿馬。指鹿方迷逐鹿紛,仙人不救阿房焚。咸陽宮殿生秋草,上林又起蓬萊島。

《師伏堂詠史》,《清代詩文集彙編》772 冊,309 頁

書《祖龍本紀》後　　　　　　　　（清）林昌彝

祖龍亂天紀,焚書亦徒勞。顛倒我衣裳,難向沙丘逃。鮑魚亂屍臭,一死如鴻毛。秦鏡能照膽,何不照趙高?

《林昌彝詩文集》卷三,64 頁

詠秦始皇

幸秦始皇陵 （唐）中宗李顯

眷言君失德,驪邑想秦餘。政煩方改篆,愚俗乃焚書。阿房久已滅,閣道遂成墟。欲厭東南氣,翻傷掩鮑車。

《全唐詩》卷二,1册,24頁

和黃門盧監望秦始皇陵 （唐）張九齡

秦帝始求仙,驪山何遽卜。中年既無效,茲地所宜復。徒役如雷奔,珍怪亦雲蓄。黔首無寄命,赭衣相追逐。人怨神亦怒,身死宗遂覆。土崩失天下,龍鬥入函谷。國為項籍屠,君同華元戮。始掘既由楚,終焚乃因牧。上宰議揚賢,中阿感桓速。一聞《過秦論》,載懷空杼軸。

《全唐詩》卷四七,2册,565頁

北使長城 （唐）王無競

秦世築長城,長城無極已。暴兵四十萬,興工九千里。死人如亂麻,白骨相撐委。殫弊未雲悟,窮毒豈知止。胡塵未北滅,楚兵遽東起。六國復囂囂,兩龍鬥觺觺。卯金竟握讖,反璧俄淪祀。仁義寢邦國,狙暴行終始。一旦咸陽宮,翻為漢朝市。

《全唐詩》卷六七,3册,761頁

過秦皇墓 時年十五 （唐）王 維

古墓成蒼嶺,幽宮象紫臺。星辰七曜隔,河漢九泉開。有海人寧渡,無春雁不回。更聞松韻切,疑是大夫哀。

《全唐詩》卷一二六,4册,1282頁

君山懷古

(唐)劉禹錫

屬車八十一,此地阻長風。千載威靈盡,赭山寒水中。

《全唐詩》卷三六四,11冊,4104頁

白虎行

(唐)李 賀

火烏日暗崩騰雲,秦皇虎視蒼生群。燒書滅國無暇日,鑄劍佩玦惟將軍。玉壇設醮思沖天,一世二世當萬年。燒丹未得不死藥,拿舟海上尋神仙。鯨魚張鬣海波沸,耕人半作征人鬼。雄豪氣猛如焰烟,無人為決天河水。誰最苦兮誰最苦?報人義士深相許。漸離擊築荊卿歌,荊卿把酒燕丹語。劍如霜兮膽如鐵,出燕城兮望秦月。天授秦封祚未移,袞龍衣點荊卿血。朱旗卓地白虎死,漢皇知是真天子。

《全唐詩》卷三九四,12冊,4439頁

經秦皇墓

(唐)鮑 溶

左崗青虯盤,右阪白虎踞。誰識此中陵,祖龍藏身處。別為一天地,下入三泉路。珠華翔青鳥,玉影耀白兔。山河一易姓,萬事隨人去。白晝盜開陵,玄冬火焚樹。哀哉送死厚,乃為棄身具。死者不復知,回看漢文墓。

《全唐詩》卷四八五,15冊,5505頁

長 城

(唐)鮑 溶

蒙公虜生人,北築秦氏冤。禍興蕭牆內,萬里防禍根。城成六國亡,宮闕啟千門。生人半為土,何用空中原。奈何家天下,骨肉尚無恩。投沙擁海水,安得久不翻。乘高慘人魂,寒日易黃昏。枯骨貫朽鐵,砂中如有言。萬古驪山下,徒悲野火燔。

《全唐詩》卷四八五,15冊,5506頁

祖龍行

(唐)常楚老

黑雲兵氣射天裂,壯士朝眠夢冤結。祖龍一夜死沙丘,胡亥空隨鮑魚轍。腐肉偷生三千里,偽書先賜扶蘇死。墓接驪山土未乾,瑞光已向芒碭起。陳勝城中鼓三下,秦家天地如崩瓦。龍蛇撩亂入咸陽,少帝空隨漢家馬。

《全唐詩》卷五〇八,15冊,5777頁

長　　城　　　　　　　　　　（唐）朱慶餘

秦帝防胡虜,關心倍可嗟。一人如有德,四海盡為家。往事乾坤在,荒基草木遮。至今徒者骨,猶自哭風沙。

《全唐詩》卷五一五,15冊,5891頁

途經秦始皇墓　　　　　　　　（唐）許　渾

龍盤虎踞樹層層,勢入浮雲亦是崩。一種青山秋草裏,路人唯拜漢文陵。

《全唐詩》卷五三八,16冊,6139頁

始皇陵下作　　　　　　　　　（唐）曹　鄴

千金買魚燈,泉下照狐兔。行人上陵過,却吊扶蘇墓。累累壙中物,多於養生具。若使山可移,應將秦國去。舜歿雖在前,今猶未封樹。

《全唐詩》卷五九三,18冊,6877頁

長　　城　　　　　　　　　　（唐）于　濆

秦皇豈無德,蒙氏非不武。豈將版築功,萬里遮胡虜。團沙世所難,作壘明知苦。死者倍堪傷,僵屍猶抱杵。十年居上郡,四海誰為主。縱使骨為塵,冤名不入土。

《全唐詩》卷五九九,18冊,6927頁

長　　城　　　　　　　　　　（唐）汪　遵

秦築長城比鐵牢,蕃戎不敢過臨洮。雖然萬里連雲際,爭及堯階三尺高。

《全唐詩》卷六〇二,18冊,6961頁

長　　城　　　　　　　　　　（唐）胡　曾

祖舜宗堯自太平,秦皇何事苦蒼生。不知禍起蕭牆內,虛築防胡萬里城。

《全唐詩》卷六四七,19冊,7429頁

沙 丘 （唐）胡　曾

年年遊覽不曾停，天下山川欲遍經。堪笑沙丘才過處，鑾輿風過鮑魚腥。

《全唐詩》卷六四七，19 冊，7435 頁

軹　道 （唐）胡　曾

漢祖西來秉白旄，子嬰宗廟委波濤。誰憐君有翻身術，解向秦宮殺趙高。

《全唐詩》卷六四七，19 冊，7424 頁

始皇陵 （唐）羅　隱

荒堆無草樹無枝，懶向行人問昔時。六國英雄漫多事，到頭徐福是男兒。

《全唐詩》卷六五五，19 冊，7435 頁

焚書坑 （唐）羅　隱

千載遺蹤一窖塵，路傍耕者亦傷神。祖龍算事渾乖角，將謂詩書活得人。

《全唐詩》卷六五五，19 冊，7535 頁

焚書坑 （唐）章　碣

竹帛煙銷帝業虛，關河空鎖祖龍居。坑灰未冷山東亂，劉項原來不讀書。

《全唐詩》卷六六九，20 冊，7654 頁

長　城 （唐）蘇　拯

嬴氏設防胡，烝沙築冤壘。蒙公取勳名，豈算生民死。運畚力不禁，碎身砂磧裏。黔黎欲半空，長城春未已。皇天潛鼓怒，力化一女子。遂使萬雉崩，不盡數行淚。自古進身者，本非陷物致。當時文德修，不到三世地。

《全唐詩》卷七一八，21 冊，8249 頁

續古二十九首（其十三） （唐）陳　陶

秦作東海橋，中州鬼辛苦。縱得跨蓬萊，群仙亦飛去。

《全唐詩》卷七四六,21 冊,8486 頁

金陵覽古·秦淮   (宋)朱 存

一氣東南王斗牛,祖龍潛為子孫憂。金陵地脈何曾斷,不覺真人已姓劉。

《全宋詩》卷一,1 冊,3 頁

咸陽懷古   (宋)劉 兼

高秋咸鎬起霜風,秦漢荒陵樹葉紅。七國鬥雞方賈勇,中原逐鹿更爭雄。南山漠漠雲常在,渭水悠悠事旋空。立馬舉鞭遙望處,阿房遺址夕陽東。

《全宋詩》卷一六,1 冊,235 頁

始 皇   (宋)劉 筠

利嘴由來得擅場,盡遷豪富入咸陽。屬車夜出迷雲雨,峻令朝行劇虎狼。前殿建旗淩紫極,東門立石見扶桑。從臣嘉頌徒虛美,不奈盧生譏國亡。

《全宋詩》卷一一,2 冊,1727 頁

始 皇   (宋)錢惟演

天極周環百二都,六王鍾鐻接劉蘇。金椎漫築甘泉道,匕首還隨督亢圖。已覺副車驚博浪,更攜連弩望蓬壺。不將寸土封諸子,劉項由來是匹夫。

《全宋詩》卷九四,2 冊,1062 頁

始 皇   (宋)楊 億

衡石量書夜漏深,咸陽宮闕杳沉沉。滄波沃日虛鞭石,白刃凝霜枉鑄金。萬里長城穿地脈,八方馳道聽車音。儒坑未冷驪山火,三月青煙繞翠岑。

《全宋詩》卷一二〇,3 冊,1406 頁

秦始皇馳道   (宋)梅堯臣

在昆山南四里,有大□。

秦帝觀滄海,勞人何得修。石橋虹霓斷,馳道鹿麋遊。車轍久已沒,馬迹亦無留,驪

山寶衣盡，萬古空冢丘。

《全宋詩》卷二五六，5 冊，3137 頁

始皇吟 （宋）邵　雍

併吞天下九千日，一統寰中十五年。坑血未乾高祖至，驪山丘壟已蕭然。

《全宋詩》卷三七三，7 冊，4591 頁

經秦皇墓 （宋）魯　交

祖龍何事苦東巡，仙駕歸來塚草新。項籍已飛三月火，子嬰猶醉六宮春。元來滄海殊無藥，却是芒碭暗有人。自古乾坤屬真主，驪山山下好沾巾。

《全宋詩》卷三九九，7 冊，4892 頁

和彥猷在華亭賦十題依韻·秦始皇馳道 （宋）韓　維

秦王騁奇觀，不憚阻且修。萬里走轍跡，八荒開囿遊。勞歌久已息，遺築今尚留。千載威神盡，驪山空古丘。

《全宋詩》卷四二九，8 冊，5160 頁

秦始皇 （宋）王安石

天方獵中原，狐兔在所憎。傷哉六孱王，當此鷙鳥膺。搏取已掃地，翰飛尚憑淩。遊將跨蓬萊，以海為丘陵。勒石頌功德，群臣助驕矜。舉世不讀易，但以刑名稱。蚩蚩彼少子，何用辨堅冰。

《全宋詩》卷五四六，10 冊，6534 頁

滑儒坑 （宋）王安石

智力區區不為身，欲將何物助強秦。只應埋沒千秋後，更足詩書發冢人。

《全宋詩》卷五六九，10 冊，6721 頁

驪　山 （宋）王安石

六籍燃除士不磨，驪山如此盜兵何。五陵珠玉歸人世，却為詩書發冢多。

《全宋詩》卷五七〇,10 册,6734 頁

馳　道　　　　　　　　　　(宋)劉攽

秦皇侈心極,登眺窮阻修。言從峽中度,復欲滄海遊。車轍去不反,馳道缺每留。君看鼎湖人,尚畏軒轅邱(丘)。

《全宋詩》卷六一五,11 册,7105 頁

秦望山　　　　　　　　　　(宋)袁默

海上仙山與凡絕,迢迢弱水不可涉。鷲膺蜂准豈不知,長生不死心未滅。雄伯關中亦一時,併吞六國猶指揮。白矜功德愚黔黎,驅山塞海疑有之。吾聞盧生言,辟惡真人至。又聞徐市言,蓬萊藥可致。願捕巨魚連弩射,史遷記此不及彼,古老相傳恐真是。岷峨一夜失崔嵬,峨耳山從蜀道來。嗟乎六丁汝狂斐,區區為役長城鬼。

《全宋詩》卷七二五,12 册,8390 頁

秦望山　　　　　　　　　　(宋)華鎮

秦始皇東巡,登高歷覽,刻石紀功,故曰秦望。

秦人兩世盡東遊,輦路曾臨到上頭。睫在眼前終不見,不知登望竟何求。

《全宋詩》卷一〇九〇,18 册,12366 頁

咸　陽　　　　　　　　　　(宋)劉棐

父老壺漿迓義旗,亡秦誰復為秦悲。不曾被虐曾蒙德,十二金人各淚垂。
玉殿珠樓二世中,楚人一炬逐煙空。却緣火是秦人火,只與焚書一樣紅。

《全宋詩》卷一九一一,34 册,21331 頁

秦始皇　　　　　　　　　　(宋)王十朋

鯨吞六國帝人寰,遣使遙尋海上山。仙藥未來身已死,鑾輿空載鮑魚還。

《全宋詩》卷二〇二四,36 册,22681 頁

詠史二十二首（其五） （宋）趙戣

萬世家為國，長城山作圍。試憑驪岫望，秦鹿幾年肥。

《全宋詩》卷三〇八七，59 冊，36825 頁

秦皇廟 （宋）常棠

古廟三間矮棘叢，帝魂枉自氣凌空。早知今日容身窄，前此阿房不作宮。

《全宋詩》卷三一〇五，59 冊，37052 頁

長城 （宋）柴望

漠漠沙場萬里遙，千夫一日起臨洮。若無道德為幹櫓，更是秦人築欠高。

《全宋詩》卷三三四〇，64 冊，39913 頁

秦皇二首 （宋）陳普

閣道飛鞏拂若枝，東門看日浴咸陽。生前有力簁天地，死後無人予席帷。
江神返璧事何新，海若湘君亦伐秦。一炬東來燒不了，更勞墓上牧羊人。

《全宋詩》卷三六五〇，69 冊，43794 頁

阿房宮故基 （宋）汪元量

祖龍築長城，雄關百二所。阿房高接天，六國收歌女。跨海覓仙方，蓬萊眇何許。欲為不死人，萬代秦宮主。風吹鮑魚腥，茲事竟虛語。乾坤反掌間，山河淚如雨。誰憐素車兒，奉璽納季父。楚人斬關來，一炬成焦土。空餘此餘基，千秋泣禾黍。

《全宋詩》卷三六六六，70 冊，44013 頁

始皇 （宋）于石

萬世綱常具六經，天應未遽喪斯文。焚書欲滅先王道，道在人心不可焚。

《全宋詩》卷三六七七，70 冊，44152 頁

沙　丘　　　　　　　　　　　　　　　　　　（金）王　寂

白璧沉江夜鬼呼，明年當是祖龍殂。海中童子無消息，坐待長生豈不迂。

《金詩》，《全遼金詩》上冊，588 頁

古長城　　　　　　　　　　　　　　　　　　（金）李　愈

秦築萬里城，保祚迄蟠際。阿房赤炬炎，亡秦維一世。勿謂約椓愚，千秋資控制。

《金詩》，《全遼金詩》上冊，751 頁

長　城　　　　　　　　　　　　　　　　　　（金）高　憲

秦人一鍛連雞翼，六國蕭條九州一。祖龍跋扈侈心開，牛豕生民付碪礩。《詩》《書》簡册一炬空，欲與三五爭相雄。阿房未了蜀山上，石梁擬駕滄溟東。生人膏血俱枯竭，更築長城限裘褐。臥龍隱隱半天下，首出天山尾遼碣。豈知亡秦非外胡，宮中指鹿皆庸奴。驪原宿草猶未變，咸陽三月為丘墟。黃沙白草彌秋塞，惟有坡陁故基中。短衣匹馬獨歸時，千古興亡成一慨。

《金詩》，《全遼金詩》中冊，1631 頁

阿房宮　　　　　　　　　　　　　　　　　　（元）李　庭

六國平來志益驕，擬將宮闕壓前朝。力營肯恤秦民苦，勢盡還遭楚火燒。月照荒城秋悄悄，風摧落木曉蕭蕭。土階三尺平生了，長使人心憶帝堯。

《全元詩》第 2 冊，421 頁

汾、睢懷古三首（其三）　　　　　　　　　　（元）王　惲

東封泰岱西汾陰，始自嬴劉好侈心。只為一非無所格，盡令方士出妖淫。

《全元詩》第 5 冊，405 頁

沙丘懷古　　　　　　　　　　　　　　　　　（元）王　惲

一從奇貨落羣機，秦自莊襄統已非。大寶前依王命論，牛當馬後一何微。

滴璧投來讖已真,沙丘台下泣宮臣。事機說到還元處,造物於中太戲人。

《全元詩》第 5 冊,573 頁

沙丘懷古　　　（元）王　惲

六國平夷甚虎狼,擬從一世到無疆。誰期五十餘年後,生處元來是死鄉。
擬就靈仙不死期,翠華拂面事皆非。須知一把亡羊火,望望驪山待汝歸。
萬靈訶護駭東巡,一死沙丘等棄焚。不直鮑車曾具惡,莧陽宮事盡腥聞。

《全元詩》第 5 冊,574 頁

坑儒四百六十餘人　　（元）徐　鈞

焚坑相距一年間,何事遲遲未出關。萬里冥鴻羅網外,料應禍不到商山。

《全元詩》第 7 冊,282 頁

坑　儒　　　（元）蔣民瞻

六籍咸陽烈焰紅,諸生方士一丘同。後來猶有高陽客,笑著儒冠揖沛公。

《全元詩》第 8 冊,172 頁

始　皇　　　（元）尹廷高

秦皇吞六國,制度卑先王。復道象天極,長城互朔方。盧生偏饒舌,衣冠竟離殃。刀筆握八極,《詩》《書》終壁藏。赤子遭夭閼,一己思壽康。神仙在何許,鼓枻凌茫茫。湘山雖可赭,弱水終難航。修短自有定,早為山鬼量。六合正焦槁,雲氣生芒碭。

《全元詩》第 14 冊,49 頁

觀兼山黃公《地理圖》·長城　　（元）方　夔

秦人築長城,欲作萬世利。此事雖不終,吾固壯其志。未幾有劉郎,歲出朔方騎。未能抉種族,亦斷匈奴臂。後來何足道,頭足真倒植。子女充室家,筐筐供修贄。九州揚波濤,無復施一簀。《小雅》久矣廢,高歌洒哀淚。

《全元詩》第 14 冊,153 頁

題何澄界畫三首·阿房宮　　（元）程鉅夫

智力有窮天不老,秦帝山河跡如掃。參差忽落畫圖間,白髮朝臣驚欲倒。咸陽初起阿房宮,六籍已焚兵已鎔。渭水函關萬年固,終南泰華五雲中。復閣重樓鬱相望,翠戶金鋪九天上。上容萬人常有餘,下建大旗知幾丈。霞騫霧翼天日迷,山童地赭民睽睽。窮奢極麗猶未愜,謂海可梁天可梯。蓬萊何處樓船遠,上蔡東門歎黃犬。六國池臺春草長,千門歌舞斜陽轉。遊觀未畢化埃塵,宮樹淒涼野鹿馴。至今世上丹青手,留與千年作諍臣。

《全元詩》第 15 冊,194 頁

沙丘懷古　　（元）馬臻

憑高懷古重依依,秦駐山頭正落暉。遼鶴信沉徐福去,鮑魚風起祖龍歸。固知倚伏存天道,肯信強梁即禍機。雲海微茫波浪惡,一雙沙鳥傍船飛。

《全元詩》第 17 冊,26 頁

秦長城　　（元）陳孚

馳車出長城,飲馬長城窟。朝雲黃浩浩,萬里見秋鶻。白骨渺何處,腥風卷寒沙。蒙恬劍下血,化作川上花。祖龍一何愚,社稷付征杵。長城土未乾,秦宮已焦土。千載不可問,但聞鬼夜哭。矯首武陵源,紅霞滿川谷。

《全元詩》第 18 冊,410 頁

海上自之罘至成山,覽秦皇、漢武遺跡　　（元）宋无

霧氣沉坤極,濤聲撼北溟。雲霞五色水,丹碧萬重屏。脈絡華夷秀,併吞宇宙青。石梁橫地戶,洞構壓風霆。砰磕紛鳴鼓,潚潚疾建瓴。提封思霸主,巡狩陟遐坰。黔首何多難,皇居不少寧。山驅麟避藪,海塞蜃遷庭。鹵簿周荒服,鱗蟲畏典刑。天吳驚象駕,精衛泣鑾鈴。浪激秦嬴怒,崒崩漢武靈。空悲祖龍死,但覺鮑魚腥。採藥終驕妄,求仙竟杳冥。惟聞傳二世,無復享千齡。古昔飛騰客,能存變化形。解交烏兔髓,定翳鳳凰翎。玉檢微藏旨,金丹別有經。東華司筭曆,南嶽考功銘。億劫開玄閟,三宮護紫扃。睿仁斯可

冀,淫暴詎堪聽。謾致安期鳥,虛邀阿母軿。昆池波鼎沸,阿閣土花零。夜雨虵升樹,春潮蛤上汀。茂陵迷亂草,禁苑暗流螢。奢侈如飄電,危亡若炳星。明君當至治,方士或來停。火宅休生棘,情河易轉萍。願逢清靜化,昌運幾時丁。

《全元詩》第 19 冊,383 頁

詠 史(其一) （元）吾 衍

殽函恃險竟何如,虎視乾坤歸六虛。空向人間焚典籍,宮中尚有不韋書。

《全元詩》第 22 冊,197 頁

過長城 （元）柳 貫

道德藩墉億萬年,長城謾與朔雲連。秦人骨肉皆為土,漢地封疆已罷邊。飲馬窟深泉動脈,牧羝沙晚草生煙。神京近在玄溟北,九域開荒際幅員。

《全元詩》第 25 冊,215 頁

始 皇 （元）胡 助

祖龍才略亦雄哉,六合為家席捲來。函谷出師從約散,驪山築苑後人哀。可憐萬世帝王業,祇換一坑儒士灰。環柱中車幾不免,沙丘同載鮑魚回。

《全元詩》第 29 冊,78 頁

追和唐詢《華亭十詠》·秦皇馳道 （元）王 艮

秦皇混六合,荒誕殄厥修。求仙望蓬萊,驅車乃東遊。道斃雜鮑魚,腥風夕彌留。徐福竟不還,何處營丹丘。

《全元詩》第 29 冊,260 頁

長 城 （元）周 權

長城峨峨起洮水,盤踞蜿蜒九千里。朔雲浩浩天茫茫,悲笳落日腥風起。猶傳鬼神風雨夕,知是當時苦苛役。征人白骨掩寒沙,化作年年春草碧。祖龍為謀真過計,自成限域非天意。力窮城杵怨聲沉,禍起蕭牆險難恃。豈知一朝貔虎來關東,咸陽宮殿三月紅。

《全元詩》第 30 冊,92 頁

追和唐詢《華亭十詠》·秦皇馳道   (元)段天佑

嬴政大狂惑,輪蹄無阻修。馳道彌六合,此身能幾遊。何曾悔心起,祇有惡名留。長城一千里,不解障沙丘。

《全元詩》第 37 冊,382 頁

秦王城   (元)釋梵琦

掘地埋金無不能,東南王氣日騰騰。扶蘇賜死知秦滅,胡亥從遊識漢興。在道已遭山鬼哭,還家方信鮑魚乘。杞梁白骨沉黃土,妻淚滴城城自崩。

《全元詩》第 38 冊,302 頁

臘嘉平   (元)楊維楨

臘嘉平,誰誤我,茅初成。盧生入海,歸告圖讖築長城。徐生苦鮫魚,君王親為射海鯨。慎避惡鬼,惡鬼相欺淩。東黔非惡鬼,七字刻墮星。為我告滈君,更報茅初成。輼中祖龍吹鮑腥。

《全元詩》第 39 冊,164 頁

大佛寺問秦皇繫纜石   (元)吳萊

手撫一片石,昔為滄海湄。始皇或繫纜,萬里浩無津。世間本妖妄,何處有仙真。蓬萊不可到,弱水空飆輪。徐生忽以去,方士先避秦。童男繼童女,五穀雜貨珍。島嶼止不返,蛟龍化其民。非惟長年藥,永隔戰馬塵。人君却未悟,望望轉東巡。山鬼覺將死,海魚祠作神。侯生奉圖籙,譏諫極所陳。驪山閟鳧雁,金椁竟沈淪。惜茲鑒不遠,遺跡留千春。經營大屋覆,刻斲青蓮身。漢唐幾英主,覆轍猶爾遵。我恐石有語,神仙多誤人。

《全元詩》第 40 冊,49 頁

阿房宮   (元)倪瓚

阿房遺址碧山垠,涵醖生民又幾秦。積恨不消秋草綠,行人指點話悲辛。

《全元詩》第 43 冊,193 頁

有　　感　　　　　　　　　　　　　　　　（元）鄭 榩

暴嬴吞六合，自謂功無前。罷侯立郡邑，開陌廢井田。《詩》《書》付烈焰，法律為真筌。一旦成瓦裂，貽笑今猶傳。於今踵其轍，泥淖故忘旋。諱名不諱實，赤子誠可憐。

《全元詩》第 45 冊，318 頁

感興二十一首（其七）　　　　　　　　　　（元）葉 懋

秦帝掃六合，漢武開邊疆。雷霆肅號令，日月昭輝光。搏桑海日出，駕石驅橋樑。徐市去不返，溟波浩茫茫。嵩高一登覽，山呼撼穹蒼。漢史豈足紀，誕言有荒唐。蓬萊何時到，白骨歸山岡。惜哉英雄主，弱弄非剛強。

《全元詩》第 47 冊，187 頁

四明車厩驛，世傳為秦皇求仙巡遊駐蹕之所　　（元）劉仁本

秦皇詐術愚天下，好誕反為人所愚。萬乘既尊天子位，九重即是神仙居。茫茫采藥馳男女，歷歷祈神《封禪書》。海上蓬萊果何處，山河回首成丘墟。後來漢家第五葉，露盤通天亦可呼。祈天永命別有道，長年當效唐與虞。

《全元詩》第 49 冊，193 頁

雜言四十九首（其八）　　　　　　　　　　（元）張 達

力政弊強秦，商斯廢王道。焚坑事誣天，失鹿宜不保。所悲炎劉興，製作徒草草。當時去古近，遺意尚可考。云何事苟簡，亂政乃循蹈。遂令三王跡，泯沒如電掃。安得起兩生，從之展懷抱。

《全元詩》第 50 冊，521 頁

詠史·始皇 戊戌前作　　　　　　　　　　　（元）李 曄

六國雄吞似建瓴，阜斿從此任嚴刑。南巡禹穴功雖刻，東渡蓬萊術不靈。持璧先知祖龍死，載車難掩鮑魚腥。驪山草木同衰朽，萬古依然自《六經》。

《全元詩》第 56 冊，57 頁

關中懷古(其一)　　　　　　　　　　　(元)汪廣洋

繚繞阿房觀闕崇,旌旗五丈建當中。萬人曾和千人唱,一世焉知二世終。水落石鯨埋碧草,露寒金狄泣秋風。酒池炙樹皆塵土,無復離宮復道通。

《全元詩》第56冊,181頁

讀史四首(其一)　　　　　　　　　　　(元)郭　鈺

六月中深機,三山使未歸。輼輬車上夢,受用鮑魚肥。

《全元詩》第57冊,475頁

祖龍歌行　　　　　　　　　　　(元)釋宗泐

祖龍乃好長生者,沉璧徒來華山下。目斷樓船海氣昏,鮑車亂臭沙丘野。驪山下錮三泉開,泉頭宮殿仍崔嵬。當時輸作方亹亹,函谷無關小龍死。百尺降旗軹道傍,十二金人淚如水。

《全元詩》第58冊,375頁

登秦駐山　　　　　　　　　　　(元)方　行

此地曾經駐蹕來,秦皇遺跡尚崔嵬。采窮滄海無靈藥,歸到驪山有劫灰。萬里黑風迷鬼國,一杯弱水隔蓬萊。詩人吊古應多思,落日高丘首重回。

《全元詩》第62冊,477頁

秦皇廟　　　　　　　　　　　(元)林　弼

往事悠悠逐海波,荒祠寂寂寄岩阿。三神山下仙舟遠,萬里城邊戰骨多。東魯尚存周禮樂,西秦空壯漢山河。早知二世能移祚,嶧石書功不用磨。

《全元詩》第63冊,50頁

過茌平,望嶧山　　　　　　　　　　　(元)孫　蕡

邑弊天寒草殢青,授經誰吊伏生靈。巉巖石刻雖奇古,終慊沙丘混鮑鯹。

《全元詩》第63冊,360頁

過秦門　　　（元）謝　肅

在海州。

秦帝何多欲,勞民不暫閒。開關吞六國,臨海望三山。仙舸將風解,延輿載鮑還。空令胸石闕,相對愧蒼顏。

《全元詩》第 63 册,414 頁

阿房宮　　　（元）劉　純

驪山西折三百里,五丈旗連廣樂天。復道行空華蓋外,勾陳拱極紫微前。岩廊已狀秦陵火,雲閣空騰楚塞煙。不道劫灰方冷日,未央長樂是興年。

《全元詩》第 66 册,393 頁

雜體五十首（其五）　　　（明）宋　濂

秦火雖云烈,祇焚天下書。藏在博士官,篇帙尚無虞。云何刀筆吏,僅取《峨寒圖》。致令三月火,灰燼無復餘。秋蟲號座隅,終夕助嗟呼。

《蘿山詩集》二,《宋濂全集》卷一〇〇,第四册,2363 頁

書所感　　　（明）宋　濂

蟠螭吐火五枝開,十二銅人奏樂來。不料焚書遺燼在,咸陽宮殿摠成灰。

《蘿山詩集》四,《宋濂全集》卷一〇二,第四册,2396 頁

詠　史（其一）　　　（明）劉　基

六雄糜沸擾天綱,天下嗷嗷望禹、湯。多事秦皇能一統,却教人憶楚懷王。

《劉基集》卷二四,512 頁

長安雜詩十首（其二）　　　（明）王　禕

秦王並六國,漢武開西方。兵威如雷電,滅戮皆暴強。功成無所欲,但欲年壽長。樓舡往東海,仙劑求扶桑。金盤出雲表,沉瀣承大漿。盼睞蓬萊藥,啖胡瑤池觴。終然乖所

覬,日夕徒遑遑。欲火既已熾,反使情内傷。神仙不可得,壽齡亦尋常。我聞古神聖,與天同運行。服食享太和,呼吸調陰陽。躋世為壽域,斯民咸樂康。優遊道為體,凋落後三光。曾是弗能效,安得命無疆。坡陁驪山下,零落茂陵旁。至今行路者,佇立為徬徨。

《王忠文集》卷二,影印文淵閣《四庫全書》1226冊,36頁

秦淮詠古 （明）陳謨

不曉秦淮水,秦人苦浚之。亂來波浪作,猶似祖龍時。

《海桑集》卷二,影印文淵閣《四庫全書》1232冊,560頁

十宮詞·秦宮 （明）高啟

宮閉驪山靜管弦,翠華巡狩去經年。掖庭無用恩難報,願上蓬萊采藥船。

《高青丘集》卷一七,728頁

秦始皇祠二首 （明）陳恂

玉座荒遺廟,金輿遠翠微。神仙無處所,海水自羣飛。巫子朝馳道,鮫人暮卷衣。寂寥風雨夜,應悔易儲非。

轍跡空山裏,登臨隘九州。椎方驚博浪,氣已盡沙丘。帝醉膺鶉首,祠荒對蜃樓。長懸滄海日,不見翠華留。

《檇李詩繫》卷二二,影印文淵閣《四庫全書》1475冊,510頁

築城怨 （明）李東陽

築城苦,築城苦,城上丁夫死城下,長號一聲天為怒,長城忽崩複為土。長城崩,婦休哭,丁夫往日勞寸築。

《擬古樂府》卷之一,《詩前稿》,《李東陽集》第一卷,15頁

五大夫松 （明）范欽

五松五大夫,云是秦皇署。歲久結精靈,空山自來去。

《天一閣集》卷一五,《范欽集》下冊,282頁

泰山十四詠·秦松　　　　　　　　　　　　（明）吳　節

曾與秦皇托舊恩，昂霄聳壑露盤根。可憐二世空塵土，不及寒松有子孫。

《吳竹坡先生詩集》卷二五，《四庫全書存目叢書》集部 23 冊，575 頁

束昏臺　　　　　　　　　　　　　　　　（明）孫　瑴

在蘭陽，始皇所築。

東遊何似莫坑焚，天命人心自此分。謾築高臺厭氛祲，不知茫碭起祥雲。

《歲寒集》卷下，《四庫全書存目叢書》集部 31 冊，61 頁

五大夫松　　　　　　　　　　　　　　　（明）沈明臣

封禪七十二，金書白玉函。至今青松樹，尚帶秦官銜。

《豐對樓詩選》卷二，《四庫全書存目叢書》集部 144 冊，170 頁

詠古四首（其二）　　　　　　　　　　　（明）梁辰魚

秦王登會稽，並海至琅琊。還見三神山，宮闕高嵯峨。一朝欲輕舉，飛身躡紫霞。遂求不死藥，樓船駕滄波。滄波乘長風，漂蕩仙人家。歸來欲鑄鼎，軒轅不足多。中原已逐鹿，金丹更如何？

《鹿城詩集》卷五，《梁辰魚集》，91 頁

秦始皇　　　　　　　　　　　　　　　　（明）梁辰魚

西來王氣暗咸關，一去沙丘竟不還。始悔樓船駕滄海，人間亦自有商山。

《鹿城詩集》卷二七，《梁辰魚集》，314 頁

感懷十六首（其十二）　　　　　　　　　（明）王　格

秦帝狹函關，併吞六強國。銷兵咸陽中，築城沙塞北。功成還自侈，傳世期萬億。豈知攻守殊，鉏耰亂其域。白馬繫靷傍，立錐不可得。由來神器重，天命歸有德。

《少泉詩集》卷一上，《四庫全書存目叢書》集部 89 冊，171 頁

讀　史(其一)　　　　　　　　　　　　　　（明）郭子章

秦皇與漢武,於赫稱雄材。備胡築長城,却夷渡龍堆。鞭笞流沙外,未能庇其孩。戾園弄父兵,扶蘇竟自裁。高充何為者,狺狺本多情。而翁不自悟,彗也以為臺。刑餘那可近,博望為誰開。惆悵沙丘事,歔欷思子臺。斂壬間肉骨,千古令人哀。

《蠙衣生黔草》卷一五,《四庫全書存目叢書》集部 155 册,472 頁

泰山二首·無字碑　　　　　　　　　　　（明）于若瀛

驅石人已邈,有字亦何必。試看磨厓碑,半為風雨蝕。

《弗告堂集》卷一七,《四庫禁毀書叢刊》集部 46 册,112 頁

望嶧山　　　　　　　　　　　　　　　　（明）董嗣成

立馬平原暮,層巖入望深。霞光通鳥道,霜氣蕭楓林。雲抱秦封古,山回魯甸陰。孤桐眇難托,余欲附知音。

《青棠集》卷四,《四庫全書存目叢書》集部 169 册,203 頁

秦皇無字碑　　　　　　　　　　　　　　（明）文翔鳳

邈篆斯籀不敢銘,天功地德待文星。彩毫玉女濡煙獻,月脇留題仰太青。

《南極篇》卷四,《四庫禁毀書叢刊》子部 11 册,427 頁

泰山阿觀五大夫松　　　　　　　　　　　（明）文翔鳳

一家天下車書同,我快秦皇虎視雄。用事介丘臨緣海,特官虯叟號蒼公。兩師汎灑原清道,木長絲綸本壽翁。虛壑槁槐何足賦,龍門琴摯斫蒼桐。

《南極篇》卷四,《四庫禁毀書叢刊》子部 11 册,427 頁

咸陽古堞　　　　　　　　　　　　　　　（明）謝　貞

咸陽古帝宅,雄堞何崔嵬。積石隱雪色,金銀雲中開。咸陽昔日稱百二,函谷雞鳴客如霧。秦王按劍叱風雷,天下諸侯盡西顧。三戶蕭條易水空,齊歌趙舞入秦宮。龍旂五

丈金樓下,鳳吹千門馳道中。璿霄閣道通天極,仙掌芙蓉正相直。月過文窗寶扇篍,星臨繡戶妝奩密。繡戶文窗拂采霞,黃山翠繞繞宮斜。王孫挾彈影臺樹,遊女回舟綠岸花。岸花蘼繡連阡陌,十萬朱門色相射。玉檢登封覬嶽靈,金爐鑄冶銷鋒鏑。風馳萬國秦威聲,四夷惕息敢橫行。金湯千里扶王業,猶遣將軍北築城。可惜繁華不知極,三十六年如一日。樓船童女望蓬萊,玉琢軒窗五雲色。童女成仙去不歸,咸陽古堞空崔嵬。黃雲卷雪城頭路,城下行人歎落暉。

《列朝詩集》乙集卷八,第五冊,2696 頁

咸陽懷古

(明)徐　震

阿房宮殿對南山,閣道縈回霄漢間。伯業終隨烽火盡,遊魂俄載屬車還。三千童女空浮海,十萬貔貅已入關。留得當年遺恨在,長城血淚土猶斑。

《列朝詩集》乙集卷七,第五冊,2566 頁

經始皇墓

(明)喬士寧

雄圖不可見,墟墓亦無憑。寶藏應先發,泉宮侈□稱。只餘雙嶺月,長作萬年燈。山下東原道,人人說霸陵。

《列朝詩集》丁集卷二,第七冊,4056 頁

五言古詩(其十六)

(明)王世貞

秦始脩封禪,白骨尸撐連。漢武脩封禪,宇內盡騷然。開元脩封禪,妖女蘗其間。文彩塗人目,萬眸自瞷瞷。隋帝既平陳,能為長者言。虛言誣上帝,薄德報名山。

《弇州續稿》卷四,《弇州四部稿》第四冊,影印《明人文集叢刊》,44 頁

詠史一百首(其二十四)

(明)謝肇淛

嬴氏踞天府,鷹揚掠四陲。哀哉東諸侯,如丸日西馳。武功既不競,圖存良有規。合從非長策,連衡坐鋪糜。蚩蚩儀與秦,營營空爾為。掉舌事恐愒,捭闔爭雄雌。無救豺虎亂,空為鷸蚌持。苟然竊富貴,歸詫嫂與妻。浮榮不可久,身亡名乃隳。皇天有深意,王翦徒歔欷。

《小草齋詩集》卷六,《小草齋集》上册,709 頁

始皇堤   (明)謝肇淛

穹虹亘神皋,哀湍齧其足。百怪互簸騰,崇墉維坤軸。南流匯汶泗,西走延鄢濮。屹若金石鞏,神功駭盱矚。云是嬴政時,東巡納大麓。馳道象天闕,奮鍤周四瀆。玉輦春復秋,千里遙相屬。既登之罘封,復窮蓬萊躅。東海何茫茫?引領望徐福。那知滈池君,竟秘沙丘櫝。霸業久煙沉,遺址猶雲矗。輦路無行人,春風草空綠。怒瀾既東回,迢遞黃龍舳。誰念作者勞?千載為陵谷。懷古更惆悵,鴉啼寒城曲。

《小草齋詩集》卷七,《小草齋集》下册,728 頁

焚書坑   (明)謝肇淛

驪山渭水起秋波,山下坑灰白骨多。諸子百家都禁却,却留圖籍與蕭何。

《小草齋詩集》卷二八,《小草齋集》下册,1284 頁

菖蒲磵   (明)錢子義

廣州有菖蒲磵,生九節菖蒲,安期生嘗採餌,秦始皇見之,與語三日,夜賜金璧萬數,不受而去,留赤舄一雨為報。

欲訪安期問始皇,神仙蹤跡竟荒唐。淙淙雲磵青山下,依舊菖蒲九節香。

《續詠史詩》上,《種菊菴集》一,《三華集》卷七,影印文淵閣《四庫全書》1372 册,90 頁

始皇冢   (明)張 原

遠計將為萬世圖,既吞六國復平胡。不知身死纔何許,抔土依然保得無?

《玉坡張先生黃花集》卷六,《陝西古代文獻集成》第 7 輯,第 399 頁

過戲河有作   (明)朱誠泳

流水無聲伯業空,人言列國此爭雄。至今春雨桃花落,還似當年戰血紅。

《小鳴稿》卷一〇,《陝西古代文獻集成》第 17 輯,241 頁

予既祀華山，將之藍田之溫泉，復取道驪山。從者告予曰："此焚書坑也。"予嘆虐政之狂，姦斯之惡，為之彈指者久之。於乎始皇，其坑儒耶？儒其坑始皇耶？後人必有能辯之者。雖然，《六經》之道，炳如日星，而阿房之宮，驪山之墓，蓋已付楚人之一炬，牧豎之遺矣。太息之不足，因作長歌以哀之　　　　　　　　　　（明）朱誠泳

我來刮目驪山下，為愛驪山一駐馬。從臣指我焚書坑，不覺風前清淚灑。却憶當年秦始皇，魚肉六國真豺狼。姦斯阿附助兇豻，困敝黔首如牛羊。虐政翻嫌人腹議，偶語《詩》《書》者棄市。秦人乃以死為安，爭敢編青作私史。《六經》諸子盡輸官，章縫無復儒衣冠。萬卷千編歸一炬，守尉誰敢留餘殘？詎識《詩》《書》如日月，日月遭秦真暫蝕。孔壁還藏科斗文，至今日月同無息。祖龍死去楚人來，秦宮三月飛烟埃。空有驪山山下墓，珠襦玉匣俱成灰。遠恨狂秦還一笑，驅車又上藍田道。斜陽荊棘滿荒陵，行人惟吊旌儒廟。

《小鳴稿》卷一〇，《陝西古代文獻集成》第 17 輯，243 頁

咸陽懷古　　　　　　　　　　（明）溫　儀

一片孤城清渭傍，長安大道古咸陽。三橋久徹邊塵靜，百艘騈馳驛路長。烟滅阿房秦苑冷，草埋翁仲漢陵荒。溯洄却望蒹葭裏，何處伊人水一方。

《紀堂遺稿》七言律詩，《陝西古代文獻集成》第 20 輯，51 頁

秦阿房宮　　　　　　　　　　（明）胡　侍

六王纔畢鮑魚回，赤帝兵從軹道來。雲閣曲連三百里，野風吹作楚人灰。

《周雅續》卷八，《陝西古代文獻集成》第 25 輯，299 頁

金人捧劍篇　　　　　　　　　　（明）王　圖

函谷古稱百二雄，秦王指顧生英風。漫從修禊臨曲水，照眼桃花夾岸紅。駸驔羽騎人如市，流觴初泛曲江裏。青荇綠萍次第開，忽驚神物波心起。手持尺劍獻筵前，白日蒼

芒電光紫。莫邪飛來神鬼號,延津化去原不死。冰刃細騰陸離文,霜鋒寒照流水濱。風胡薛燭坐嘆息,秦王從此長雄心。匣中時作蛟龍吼,燕趙披靡荊人走。長平健兒夜流赤,夷陵一炬成焦土。吁嗟此物踪迹胡太奇,惜哉天心眷秦秦不知。祖龍既亡素靈泣,精光埋沒復幾時。方今遼左急援桴,雄兵十萬壯擊胡。安得此物再向水心見,携得夫容贊廟謨。

《周雅續》卷一四,《陝西古代文獻集成》第 25 輯,492 頁

秦始皇冢　　　　（清）王士禎

下錮二泉銀作池,一朝禍發牧羊兒。誰知地底運機弩,不射周章百萬師。

《蠶尾續詩集》卷四,《王士禎全集》第二冊,1249 頁

秦望山　　　　（清）沈德潛

富貴無窮願,惟求不死方。高峰望瀛海,仙藥想遐荒。山鬼貽嘲笑,真人竟渺茫。只餘徐福市,開國近榑桑。

《歸愚詩鈔》卷一四,《沈德潛詩文集》第一冊,285 頁

《秦始皇本紀》第六　　　　（清）蔣楛

甘泉重入老來秋,不見山陽長信侯。忽聽車聲何處發,桐輪此跡却關愁。
世服成周小子男,併吞未久失殽函。不緣天下輕歸一,未必秦中忽變三。
火烈簡編厭有恨,山高封禪石無慚。問誰同向沙丘去,却送蒙恬到幕南。
渭南前殿構阿房,五丈旌旗內自張。換得沖霄三月火,人魚只恐已無光。
華陰道上夜氤氲,使者相逢語白雲。應怪祖龍偏諱死,故將璧告滴池君。
矯詔相蒙壞霸圖,李斯已滅趙高誅。素車白馬長安道,不及山中五大夫。

《讀史》,《天涯詩鈔》,影印《四庫未收書輯刊》捌輯 23 冊,577 頁

讀古雜詩十首·秦皇　　　　（清）吳歷

驪山宮閉管絃閑,採藥空勞髯自斑。若使求仙身不死,必然吞併閬蓬還。

《三餘集》,《吳漁山集箋注》卷三,284 頁

秦皇行 （清）顧炎武

秦肉六國啖神州,六國之士皆秦讎。劍一發,亡荊軻。筑再舉,誅漸離。博浪沙中中副車,倉海神人無奈何！自言王者定不死,豈知天意亡秦却在此！隕石化,山鬼言,天意茫茫安可論？扶蘇未出監上郡,始皇不死讎人刃。

《顧亭林詩集匯注》卷一,上冊,148 頁

王良二首（其一） （清）顧炎武

王良既策馬,天弧亦直狼。中夜視北辰,九野何茫茫。秦政滅六國,自謂過帝皇。豈知漁陽卒,狐鳴叢祠旁。誰為刑名家,至今怨商鞅！

《顧亭林詩集匯注》卷五,下冊,1078 頁

秦　宮 （清）馬世傑

阿房周閣百里環,美女充庭盡日閑。頻望翠華終杳渺,亦如天子望三山。

《清詩別裁集》卷一四,上冊,247 頁

咸陽懷古 （清）嚴虞惇

六王畢後霸圖空,三百離宮一炬中。八水淒清秋色早,九嵕巘景夕陽紅。車回博浪沙中客,舟引蓬萊海上風。自料驪山萬年計,豈知遺恨在樵童。

《清詩別裁集》卷一八,下冊,318 頁

秦始皇 （清）汪　繹

方丈、瀛洲杳莫攀,金銀宮闕湧煙鬟。桃源自是人間世,却遣童男問海山。

《清詩別裁集》卷一八,下冊,327 頁

秦　皇 （清）陳玉齊

離宮環極起周廬,萬里滄波侯大魚。入海雲迷徐福島,封山雨濕李斯書。華陰道上逢沉璧,陽武沙中失副車。王翦用兵真老謀,尚留三戶未驅除。

《清詩別裁集》卷二五,下册,443頁

祖龍引　　　　　　　　　　　　（清）朱瑄

徐市樓船竟不還,祖龍旋已葬驪山。瓊田倘致長生草,眼見諸侯盡入關。

《清詩別裁集》卷二九,下册,533頁

長　城　　　　　　　　　　　　（清）楊鸞

秦皇築長城,乃為萬世利。連山絕谷勢蜿蜒,雄圖自足制中外。當時重設險,已有趙與魏。何以後世人,獨罪始皇帝。虐用其民,虜使其吏。仁義不施,方欲帝萬世。豈知李斯能亡秦,璽書一發長城隳。吁嗟！秦皇乃為萬世戒。

《晚晴簃詩匯》卷七五,第二册,385頁

咸陽懷古　　　　　　　　　　　（清）祝德麟

金虎宮鄰事已遙,雄圖想像祖龍驕。辟開萬古官家局,夢斷三山海水潮。白璧尚疑天帝醉,黃泉猶認八州招。誰知即借燒書炬,燒得阿房土盡焦。

《晚晴簃詩匯》卷九一,第二册,623頁

咸陽懷古　　　　　　　　　　　（清）吳栻

祖龍遺事久荒唐,今日青門草又芳。渭水東流通砥柱,驪山西折走咸陽。龍爭久識由三戶,蠶食空教畢六王。一慟沙邱(丘)成往事,後人猶自賦《阿房》。

《晚晴簃詩匯》卷一〇〇,第二册,773頁

秦始皇塚　　　　　　　　　　　（清）管世銘

平生每讀《秦本紀》,頗怪始皇脫三死。一不死,荆卿匕,把袖袖絕王得起。再不死,漸離筑,實筑以鉛仇不復。最後險絕博浪椎,副車一擊聲如雷。祖龍豈亦有天幸,三十六年獲終令。奈何甫葬驪山隈,戍卒夜叫函關開。《詩》《書》餘燼未銷歇,反風遂使阿房灰。乃知扶蘇未北輼輬返,嬴祚不應若是短。嗣王足蓋前人愆,雖百趙高几上臠。殺秦一君乃有君,子房幾作秦功臣。豈如假手少子亥,毋俾育種屠黥黥。亡秦者胡又必楚,始

皇身存籍如許。蒼璧直獻鎬池君，誹謗之刑空偶語。水銀江海黃金鳧，朽骨安知殉鮑魚。西來重瞳怒一掘，遂令萬代陵寢生艱虞。歌莫哀，君勿恐，功德在人終不泯。樵采毋侵柳下壟，陳涉何人但"夥頤"，異代猶為置守塚。

《晚晴簃詩匯》卷一〇一，第三册，6 頁

登秦駐山 （清）朱蘭馨

秦皇飛劍抉浮雲，望海東來駐六軍。蓬島未回童女楫，桑田已起美人墳。山有始皇葬美人墓。祇今報賽隆千載，當日巡遊遍八垠。極目遙天秋色老，波濤滾滾夕陽曛。

《晚晴簃詩匯》卷一〇四，第三册，55 頁

阿房故址 （清）唐仲冕

秦人土木楚人火，化作飛塵向空墮。漢武不惜柏梁災，更起建章連馺娑。熨斗潛移廢赤符，漸臺一炬無青瑣。長樂牛飲面首開，華清象舞腰支嚲。從來奢麗極荒淫，必以兵戈蕩堆垜。秦王倒海鞭山才，一宮未成三户夥。金銀珠玉錮驪山，焚林又被牧童禍。生不得居璇宮，死不得葬蓬顆。昔時可建百丈旗，今日惟見酒幟飄颻柳陰坐。昔時可宴千人帳，今日惟見繡壤平鋪麥浪妥。頗訝夷陵報劫灰，但餘德水流澶沱。行人休抱牧之哀，大風乍起揚堀壈。

《晚晴簃詩匯》卷一〇八，第三册，138 頁

秦皇廟 （清）蔣湘培

虎視當年亦壯哉，千秋遺廟枕岩隈。依然王氣東南盛，不見仙人海嶠來。事去雄猜終束手，運窮付托況非才。如何倒海回山力，不救驪山土一坏。

《晚晴簃詩匯》卷一〇九，第三册，149 頁

秦駐山歌 （清）鍾㭏

留侯椎折秦副車，惜哉此行不擊計議疏。博浪車行疾如駛，那比斯山巑岏巘岉皇駐輿。駐輿意不樂，海山仙人排雲落。鞭石驅海戴六鼇，蛟龍潛窟不敢攫。我聞茲遊事在三十有六年，鮑魚遺臭踵不旋。胡為運終夢戰爭，海神震懾巨魚驚。又聞阿房起宮殿，東

南財賦搜括遍。斯山斬伐詎有遺木魅,睒睗喋血疑從輂前濺。嗚呼祖龍計亦拙,咸陽此來成永訣。重瞳之炬大海愁,急湍拍岸聲聲含嗚咽。君不見山之絕頂鷹為窠,鷹瞵閃爍如催梭。電光一瞥千里外,雙眸炯炯為皇東向調豐、沛。

《晚晴簃詩匯》卷一五二,第四冊,23 頁

阿 房　　　　　　　　（清）丁堯臣

百里驪山一炬焦,劫灰何處認前朝。《詩》《書》焚後今猶在,到底阿房不耐燒。

《晚晴簃詩匯》卷一六七,第四冊,253 頁

秦始皇　　　　　　　　（清）李含章

金虎宮鄰事可憐,漫疑鶉首賜鈞天。終令六國還三戶,空使諸生笑九泉。車載輼輬山有鬼,舟行縹緲海無仙。傷心萬里長城在,依舊扶蘇伏劍年。

《晚晴簃詩匯》卷一八五,第四冊,593 頁

始皇塚　　　　　　　　（清）錢孟鈿

驪山高復高,落日靄荒臺。西風吹白道,下見幽宮開。秦政昔亂紀,刑殺如霆雷。鯨吞六國盡,聲色非仙才。童女不復還,龍戰飆輪摧。寄言鎬池君,英武安在哉？千人競謳唱,運石清渭隈。築之崇三墳,下錮泉水來。黃金作天地,日月為樽罍。銀海停不流,人膏燦無灰。飛蠹三十箔,一一紅玫瑰。知埋幾皓齒,何論萬匠哀。可憐閉衰草,虎視斂寸坏。雖令地成市,難買青陽回。足使天下傾,何待長城摧。楚炬與牧火,雨赭無遺煨。寶玉不在土,死增骸骨災。徒聞古丈夫,霞舉登蓬萊。

《晚晴簃詩匯》卷一八五,第四冊,603 頁

秦始皇　　　　　　　　（清）高宗弘曆

奮六代之餘業,吞二周而王八。表執捶拊,以臨天下,如雄風之振孤篠。銷兵器,徙豪傑,燔詩書,坑諸生,恣意所為而無不了然。其分郡縣,去封建,後世從之,則安違之亦擾。於是遊海上,求神仙乎杳渺。豈知一夫作難,二世而亡,為天下笑。賈誼所謂仁義,不施攻守,勢異非惟。括嬴秦興亡之運,即萬世治亂之機,亦於是乎可曉。

《全韻詩》,《御制詩四集》卷四九,影印文淵閣《四庫全書》1308 冊,147 頁

咸　陽　　　　　　　　　　　（清）王士禛

故國臨中渭,名山見九嵏。綠台未央瓦,黃土阿房宮。王霸成何事,興亡自昔同。蕭條北原上,陵樹各悲風。

《漁洋續詩集》卷三,《王士禛全集》第一冊,739 頁

渭橋懷古　　　　　　　　　　（清）王士禛

秦川夕澄霽,灃水明如練。西上中渭橋,颯然秋氣變。嬴政昔構造,作此象天漢。美人與鐘鼓,流連恣荒晏。徐市期不來,山鬼璧已獻。我昨驪山行,徘徊吊中羨。荊榛蔽銀海,樵牧羅金鴈。麒麟折其股,冷落青梧觀。後代復何王,繡嶺明珠殿。唯有終南山,興亡幾回見。

《漁洋續詩集》卷三,《王士禛全集》第一冊,739 頁

阿房故基感懷　　　　　　　　（清）王　庭

禾黍高低隴畝荒,行人猶說舊阿房。繁華一代同銷歇,不見於今有未央。
咸陽一炬不勝愁,寂寞荒基渭水流。盡解驕淫看覆轍,不知何代又迷樓。

《檇李詩繫》卷二五,影印文淵閣《四庫全書》1475 冊,587 頁

秦始皇陵　　　　　　　　　　（清）袁　枚

生則張良之椎荊軻刀,死則黃巢掘之項羽燒。居然一掊尚在臨潼郊,隆然黃土浮而高。祖龍邯鄲兒,奇貨居大賈。鳶目而豺聲,橫絕萬萬古。既滅周家八百年,更掃三皇五帝如灰土。長城一帶中華牆,金人閃爍青銅光。虎視六合內,自非天崩地拆何所妨!只恐悠悠白日沉扶桑。高登泰岱山,大呼海船來。童男童女三千人,尋花采藥金銀臺。赭山鞭石黿鼉走,惟有蓬萊宮闕無人開。歸來不作神仙遊,轉身翻為白骨愁。上象三山,下錮三泉,鑿之空空如下天。百夫運石千夫舂,魚膏蜃炭楩樹封。美人如花埋白日,黃泉再起阿房宮。水銀為海卷身瀉,依然鮑魚之臭吹腥風。驪山之徒一火焚,犁鈀楩杆來紛紛。珠襦玉匣取已盡,至今空臥牛羊羣。乾隆壬申歲五月,詔遣牲牢祀百王。大官騎馬踏塚

過,不擲天家一炷香。

《小倉山房詩集》卷八,《小倉山房詩文集》第一冊,169 頁

雜　　題(其三)　　(清)趙　翼

秦皇築長城,萬里恢邊牆。西起臨洮郡,東致遼海旁。隋帝發兵夫,開渠自汴梁。抵淮達揚子,由江達餘杭。當其興大役,天下皆瘈瘡。以之召禍亂,不旋踵滅亡。豈知易代後,功及萬世長。周防羣區夏,利涉通舟航。作者雖大愚,貽休實無疆。如何千載下,徒知詈驕荒。

《甌北集》卷二三,上冊,486 頁

秦二世以后宮殉葬始皇於驪山,事見《史記》,夜讀杜牧之《阿房宮賦》,偶作一詩　(清)舒　位

咸陽宮殿卷衣裳,寶鏡曾開六國妝。萬里山河鶉首醉,二陵風雨鮑魚香。翠華有路巡東海,黃土無情近北邙。三十六年不得見,翻從地下識君王。

《瓶水齋詩集》卷四,上冊,127 頁

登秦望山　　(清)黃景仁

揭曉達秦望,奮身窮躋攀。舉頭瞥見半崖赤,回首旭日扶桑邊。昔年沙丘一堆骨,千軍擁上茲山巔。天吳海若勃然怒,鼓作巨浪聲喧闐。驅之使行不敢息,心目怳怳神遷延。吁嗟祖龍爾何物?乃欲至此求神仙。汝尚徘徊不得去,三百童女何辜焉?上蔡獵師善承旨,誦以秋望援遺編。一出硬筆走光怪,巨碣遂有蝌蚪躔。驚雷蟄龍擾不得,風雨屹立東南天。我生好奇徇耳食,慣鑿荒僻尋奧詮。填胸古意上茲嶺,欲拂苔蘚披連蜷。猿啼鶴唳杳無有,惟見海鶻盤荒煙。君不見人事推遷尚如此,何況蓬萊縹緲空流傳。蠢夫俗子各延領,汝雖慟哭何人憐?愀然日暮亦歸去,今古一望誰後先?

《兩當軒集》卷二二,511 頁

題《阿房宮圖》　　(清)洪亮吉

一百萬卒長城中,四十萬卒新安東。咸陽閭左已盡發,餘者內築阿房宮。小刑鞭笞

大刑族,趣就咸陽萬間屋。連城跨渭百里餘,日月光窮許然燭。秦家築城非一隅,秦家築宮連百區。雄心一世至萬世,束縛黔首常安居。可憐絹粉今淒瑟,焦土星星野螢出。版屋祠荒賽百蟲,阿房賦冷吟殘蝨。噫吁嚱!愍儒鄉,火一日。咸陽宮,火三月。君不見,楚人灰紅秦燼黑,漢家龍興由火德。

《附鮚軒詩》卷一,《洪亮吉集》第五冊,1916 頁

秦始皇 （清）謝啟昆

函谷關開瞰六王,天留一局待更張。惡名莫漫歸秦始,良法安能泥古皇。十二金人鑄銅狄,三千粉黛貯阿房。誰蒙萬世無窮利,星墮疆分刻石旁。

《樹經堂詠史詩》卷一,影印《續修四庫全書》1458 冊,495 頁

秦始皇 （清）徐公修

東巡刻石詡文章,統一寰宇滅六王。收鐵還留椎博浪,焚書已種火阿房。求仙山覓三神遠,禦狄城營萬里長。玉璽枉誇天受命,沙邱秘發祖龍喪。

《史記百詠》卷一,《讀史千詠》,《史記研究文獻輯刊》13 冊,454 頁

題始皇廟壁 （清）吳騫

振衣直上碧巑岏,輦道真從鳥道援。天外薄雷銷蜃市,浙東飛雨過蛟門。春風不解生民怨,山鬼能欺死帝魂。至竟神丹何日到,年年村社費雞豚。

《拜經樓詩集》卷一〇,《續修四庫全書》集部 1454 冊,93 頁

秦永受瓦研歌 （清）吳騫

予得古瓦當一,缺其左半,右半有"永受"二字。據江氏德量、程氏敦《秦漢瓦圖》,左半乃"嘉福"二字,蓋秦瓦也。海鹽張君芑堂、吳君侃叔並有題識。吳君謂篆法絕似秦璽文及比干銅槃銘,定為秦瓦無疑。予細觀其質堅緻,貯水經旬不縮,迥非漢瓦所及。有人琢以為硯,形若新月,亦可供文房清玩。漫係長歌,聊附吉人甘泉瓦研之後,冀同志者屬而和之。

秦家離宮三百所,土木窮奢極九字。六王滅跡靡不仿,百二關河天獨予。蜀山既厄阿房出,瓊室瑤臺難竝述。魏闕高來近斗牛,陶人尚取儒坑血。樓下招搖五丈旗,雷霆輦宮車馳。內家脂水雖橫棄,不救咸陽烈焰時。楚人競逐原頭鹿,劉蹶嬴顛幾翻覆。死灰

千載不復然,狠籍落痕上堦綠。伊誰拾此一片瓦,細洗蟲魚如洗馬。得非覓自望夷間,李斯小篆趙高寫。"永受嘉福"雲鸞翔,蒼璧忽判而為璜。季重題名茂先跋,後先鑒別審且詳。迎風曲解何草草,燕說那知鄢書好。倘準吉光片羽例,此瓦翻因不全寶。辛苦良工琢眉研,匣裏蟾光裁露半。却似長城始築時,團欒不許人間看。憶昔周宣中興初,岐陽獵碣修攻車。甗包鼉致貢太學,韓、蘇椽筆追那與。卽今嶧山刻石疇,復問銅爵香姜同一瞬。幸是挾書之律久已除,不妨伴我閑鈔《過秦論》。

《拜經樓詩集》卷一一,《續修四庫全書》集部 1454 册,108 頁

錢塘詠懷古跡八首(其二) （清）沈德潛

走海鞭山者,紆回到會稽。雄心驚惡水,侈頌比玄圭。山鬼璧曾獻,真人藥轉迷。惟餘繫纜石,聞在浙江西。

《歸愚詩鈔》卷一三,《沈德潛詩文集》第一册,259 頁

秦　　皇 （清）沈德潛

蠶食終教并六王,美人鐘鼓實咸陽。太山壇祭迷風雨,博浪車行駭虎狼。萬里築城天漠漠,三壺求藥海茫茫。燒書乍歇驪山火,地下誰能禁牧羊?

《歸愚詩鈔》卷一五,《沈德潛詩文集》第一册,302 頁

雜詩六首(其四) （清）易順鼎

秦皇築城北防胡,西起臨洮東臨渝。寡人之妻孤人子,母哭其兒妻哭夫。國中又起阿房宮,咸陽萬世爲秦都。六國死灰直可溺,況乃銷兵復焚書。豈知驪山戍徒揭竿起,能亡人國勝匈奴。古來衆見乃非患,請君卑思約旨進良圖。

《琴志樓詩集》卷九,第二册,499 頁

新安坑 （清）易順鼎

驪山儒,長平兵,一君一臣俱善坑。甫長平,又新安,前嬴後項何凶殘。秦君臣可誅,秦降卒何辜。二十萬骨同時枯,此語我疑前史誣。天生億萬人,使一二人殺,不然閶、獻無此辣,我欲問天天不答。

《琴志樓詩集》卷一二，第三冊，724 頁

讀《始皇本紀》　　　　　　　　　　（清）鄭　珍

嬴政信橫絕，惡極福有餘。蘭池盜空窘，投筑身轉誅。荊卿好匕首，引椹偏絕裾。惜哉博浪椎，又誤傷副車。匪獨人力窮，神亦難劃除。英娥鼓怒颷，不能溺獨夫。轉令湘山樹，見赭千刑徒。此中有天意，掩卷徒長吁。

《巢經巢詩鈔》前集卷一，《巢經巢詩文集》，2 頁

咸陽（二首）　　　　　　　　　　　（清）李　柏

山河仍是古關西，彩鳳樓空野鳥棲。燕客咸陽悲馬角，齊人函谷學鳴雞。阿房一日生燎火，曉鏡群星墜土泥。惆悵祖龍成底事，驪山風雨夜淒淒。

皇帝空期萬世長，蜀山木盡建阿房。三千男女浮滄海，百二河山聚虎狼。金鐵鋒銷鹿上殿，《詩》《書》火冷狐稱王。子嬰軹道為禽僕，爭似關東六國亡。

《太白山人槲葉集》卷五，《陝西古代文獻集成》第 30 輯，206 頁

讀史雜詠·秦始皇二首　　　　　　　（清）唐廷詔

金人十二像巍然，自謂銷兵萬萬年。那曉高材能逐鹿，蓬瀛東望覓神仙。

參差舞殿與歌臺，嬙媵嬪妃共輦來。三十六年同夢寐，後人徒鑒後人哀。

《飲月軒詩鈔》卷二，《清代詩文集彙編》592 冊，133 頁

秦始皇　　　　　　　　　　　　　　（清）秦　煥

坑儒獨諫嗣君賢，獲咎批鱗始謫邊。留得扶蘇誅李趙，長城以內少烽煙。

《劍虹居詩集》卷下，《清代詩文集彙編》675 冊，195 頁

始皇冢　　　　　　　　　　　　　　（清）錢孟鈿

驪山高復高，落日霾荒臺。西風吹白道，下見幽宮開。秦政昔亂紀，刑殺如霆雷。鯨吞六國盡，聲色非仙才。童女不復還，龍戰飆輪摧。寄言鎬池君，英武安在哉。千人競謳唱，運石清渭隈。築之崇三填，下錮泉水來。黃金作天地，日月為樽罍。銀海停不流，人

膏燦無灰。飛鬣三十箔,一一紅玫瑰。知埋幾皓齒,何論萬匠哀。可憐閟衰草,虎視斂寸坯。雖令地成市,難買青陽回。坐使天下傾,何待長城摧。楚炬與牧火,兩赭無遺煨。寶玉不在土,死增骸骨災。徒聞古丈夫,霞舉登蓬萊。

《國朝閨秀詩柳絮集校補》卷一五,第二冊,第636頁

秦溝粉黛甋硯歌　　（清）汪　端

泾邑某氏藏古硯,澄泥也。紅白青翠,斑剝錯落若珠璣,上有建業文房印。余忠宣銘注,以爲秦阿房宮溝宮人傾粉澤脂水所成,洵異物也。紀之以詩。

南唐硯山不可見,人間猶膌南唐硯。香姜銅雀久銷沈,幻出秦宮雲一片。六國蛾眉競曉妝,歌臺舞殿起阿房。星熒明鏡驪山遠,漲膩凝脂渭水香。四圍錯落珠璣細,粉暈斑斑黛痕翠。臨波想見卷衣人,玉姜豔逸文馨麗。深鎖長門卅六年,魚膏銀海悶重泉。御溝空照秦時月,春水流花冷暮煙。楚人一炬悲焦土,留得殘磚碧苔古。建業文房好護持,鍾山小隱風流主。金縷應填絕妙詞,新聲曾譜恨來遲。紅羅亭榭瑤光殿,知付娥皇付保儀。一行題跋忠宣筆,昆刀細劃龍山雪。早春獨殿賦梅花,不礙廣平心似鐵。何處香花識舊墩,百年流轉到清門。松煙寒滴蟾蜍淚,蘭篆紅銷蜥蜴魂。秦臺未到吹簫處,秦山尚有宮人墓。澄心堂紙玉管毫,夜燈還寫《阿房賦》。

《國朝閨秀詩柳絮集校補》卷二九,第三冊,第1349頁

秦始皇　　（清）李含章

金虎宮幃事可憐,漫疑鶉首賜鈞天。終令六國還三户,空使諸生笑九泉。車載轀輬山有鬼,舟行縹緲海無仙。傷心萬里長城在,依舊扶蘇伏劍年。

《國朝閨秀詩柳絮集校補》卷三七,第三冊,第1713頁

詠　史（其一）　　（清）顧之瓊

秦王一豎兒,長策馭海宇。連雞鬬六王,天闕守豺虎。任好既已沒,豈曰盡賢主。獨有一彈丸,謂莫予敢侮。咄哉君王后,切玉如泥土。膽落雌能劍,碎環不得語。

《國朝閨秀詩柳絮集校補》卷四二,第四冊,第2007頁

秦始皇

（清）吳　鎮

三神山，海漫漫。僊真詩，入歌絃。

《松花庵韻史》，《四庫未收書輯刊》拾輯 24 冊，256 頁

始皇帝

（清）葛　震

滅周氏者，秦昭襄王。昭襄王薨，立孝文王。三日即世，楚為莊襄。莊襄之際，東周君亡。莊襄不祿，政代秦王。秦政即位，生十三年。蜂準長目，鷙膺突前。豺聲少恩，虎狼為心。戰鬭不休，積歲連年。內史氏騰，率兵攻韓。韓安獻地，郡置潁川。王翦圍趙，城破邯鄲。廝養卒婦，淚灑紅顏。王賁灌魏，大梁成川。河伯來遊，望洋而反。李信伐楚，敗績奔還。王翦代將，數請美田。六十萬人，乞貸自堅。王虞負芻，將殺項燕。茵籧青青，流水涓涓。三戶無人，鳥啼花闌。馬飲塞下，師渡桑乾。風寒易水，首斬燕丹。黃金臺上，荊棘生煙。齊不修戰，秦兵卒加。民莫敢格，棄甲則那。住建於共，無以為家。齊人歌之，松邪栢邪？二十六年，皇帝作始。作制明法，萬物之紀。自稱曰朕，令詔命制。太古之初，有號無諡。除其諡法，子臣不議。分布天下，皆為郡縣。三十六郡，置守尉監。東暨朝鮮，西至羌中。南戶北嚮，北據遼東。德水代周，從所不勝。色皆尚黑，數以六用。兵聚咸陽，鑄以為鐘。金人十二，翁仲其稱。東封泰山，立石頌功。入海求仙，船交大風。童男童女，莫知所終。黃河陰山，朔州北塞。東至遼東，築城為界。杵聲不息，十年於外。黤黤黃沙，白骨不蓋。春閨夢裏，猶作佳會。隱宮徒刑，七十餘萬。初營阿房，先作前殿。旗建五丈，人可坐萬。渡渭連闕，紆迴汗漫。象法天極，閣道絕漢。勞民苦神，積愁積怨。五帝不襲，三王各治。黑白別一，刑禁威勢。史藏秦記，醫藥卜筮。詩書煨燼，百家灰飛。偶語棄市，族誅心非。法令習吏，古學失師。諸生犯禁，同歸於阬。扶蘇入諫，使監恬兵。東郡隕石，石墜為星。璧遺滈池，山鬼精靈。沙丘臺上，祖龍上升。秦史紀年，三十七正。陵治驪山，內作宮觀。三泉下錮，而致石棺。位次百官，藏滿奇珍。機作弩矢，近者射人。江河大海，灌輸水銀。下具地理，上列天文。魚膏為燭，添燈晝然。後宮無子，綺羅蕃鮮。藏閉中羨，下外羨門。皆令從死，無復出焉。○呂不韋者，陽翟大賈。販賤賣貴，往來趙土。奇貨可居，說立子楚。楚為秦王，不韋為輔。封文信侯，食十萬戶。政立為王，號稱仲父。門客著書，春秋名呂。懸之國門，使人共睹。增損一字，千金是予。坐連嫪毐，家

屬徙處。蜀山尖尖,行路始難。

《詩史》卷二,《四庫全書存目叢書》史部291册,613頁

始皇帝

(清)葛　震　曹　荃

　　姓嬴,名政,秦莊襄王子。莊襄王為秦質子于趙,見呂不韋姬,悅而取之,以秦昭王四十八年正月生始皇於邯鄲。及生,名政,姓趙氏。年十三歲,莊襄王死,政代立為王。二十六年並天下,稱皇帝。三十七年東巡狩至沙丘,崩,壽五十一,葬驪山。

　　滅周祀者,秦昭襄王。昭襄王薨,立五十六年卒。**立孝文王。三日即世,楚為莊襄**。異人改名曰楚,立二年卒,謚曰莊襄。**莊襄之際,東周君亡。莊襄不祿,政代秦王**。秦政即位,生十三年。**蜂準長目,鷙膺突前。豺聲少恩,虎狼為心**。叶,息廉切。**戰鬭不休,積歲累年。內史氏騰**,內史,官名;騰,人名。**率兵攻韓。韓安**安,韓王名。**獻地,郡置潁川**。韓之先與周同姓,其後裔事晉,得封于韓,原曰韓武子。後三世有韓厥,晉作六卿,韓厥為卿,號獻子。傳八世而至景侯,景侯以後十一世而至王安,計歷一百六十三年,滅于秦王政十七年。**王翦圍趙,城破邯鄲**。趙之先與秦同祖,至中衍為帝太戊御,其後世蜚廉有子二人,而命其一子曰惡來,事紂,為周所殺,其後為秦。惡來弟曰季勝,其後為趙。季勝生孟增。孟增幸于周成王,是為宅皋狼。皋狼生衡父,衡父生造父。造父取驥之乘匹,與桃林盜驪、驊騮、綠耳,獻之穆王。穆王使造父御,西巡狩,見西王母,樂之忘歸。而徐偃王反,穆王日馳千里馬,攻徐偃王,破之。乃賜造父以趙城,由此為趙氏。自造父以下六世至奄父,奄父生叔帶。時周幽王無道,去周如晉,事晉文侯,始建趙氏于晉國。自叔帶以下,五世而生趙夙,事晉獻公。獻公時,為將伐霍、魏、耿,獻公賜趙夙耿。傳二世而至趙衰,晉文公反國,衰為原大夫。衰卒,子盾代。屠岸賈殺盾子朔,滅其族。朔妻,成公姊,有遺腹,走公宮,匿生趙武。韓厥告于景公,復趙武田邑如故,卒謚文子。文子四世而至獻侯,獻侯以下十世而至幽繆王遷,歷二百一十八年,滅于秦王政十九年。**王賁灌魏,大梁成川**。魏之先,畢公高之後也。畢公高與周同姓。武王伐紂,而高封于畢,是為畢姓。其後絕封,為庶人。其苗裔曰畢萬,事晉獻公。趙夙為御,畢萬為右,以伐霍、耿、魏,滅之。以魏封畢萬,為大夫,從其國名為魏氏。生武子。武子從重耳出亡。十九年,重耳反國,為晉文公,武子列為大夫,治于魏。七傳而至文侯,文侯以下八世至王假,歷二百年,滅于秦王政二十二年。**李信伐楚,敗績犇還。王翦代將,數請美田。六十萬人,乞貸自堅。王虜負芻**,負芻,楚王名。**將殺項燕。茵籜青青,流水涓涓。三戶無人,鳥啼花閒**。初,秦伐楚,王問將軍李信曰:"吾欲取荊,度用幾何人而足?"信曰:"二十萬。"問王翦,翦曰:"非六十萬人不可。"王曰:"將軍老矣,何怯也!"遂使李信伐楚,楚人大敗李信,李信犇還。王怒,自至頻陽,謝王翦,彊起之。翦曰:"老臣罷病悖亂,大王必不得已用

臣,非六十萬人不可。"王許之,自送至霸上。翦請美田宅甚眾。王曰:"將軍行矣,何憂貧?"翦曰:"為大王將,有功終不得封侯,故及大王之鄉臣,請田宅為子孫業耳。"王大笑。既行,又數使使者歸請之。或曰:"將軍之乞貸亦已甚矣。"翦曰:"王怚中而不信人。今空國而委我,不有以自堅,顧令王坐而疑我矣。"至蘄南,殺其將軍項燕,虜王負芻,遂滅楚,置楚郡。○楚之先出自帝顓頊高陽氏。高陽生稱,稱生卷章,卷章生重黎。重黎為帝嚳高辛居火正,命曰祝融。共工氏作亂,帝使重黎誅之不盡。帝以庚寅日誅重黎,而以其弟吳回為重黎後,復居火正,為祝融。吳回生陸終。陸終生子六人,坼剖而產焉。一曰昆吾,二曰參胡,三曰彭祖,四曰會人,五曰曹姓,六曰季連,芈姓,楚其後也。季連生附沮,附沮生穴熊。其後中微,弗能紀其世。周文王時,季連之苗裔曰鬻熊。鬻熊子事文王,蚤卒。其子曰熊麗。熊麗生熊狂,熊狂生熊繹。當周成王之時,舉文、武勤勞之後嗣,而封熊繹于楚蠻,封以子男之田,姓芈氏,居丹陽。十世而至熊勇,熊勇以下三十二世至王負芻,歷六百年,滅于秦王政二十四年。**馬飲塞下,師渡桑乾。風寒易水,首斬燕丹。**召公奭與周同姓,武王伐紂,封召公于北燕。召公已下九世至惠侯,惠侯已下三十三世至王喜,歷五百八十一年,滅于秦王政二十五年。**齊不修戰,秦兵卒加。**叶,居何切。**民莫敢格,棄甲則那。住建於共,**建,齊王名;共,齊地名。**無以為家。**叶,居何切。**齊人歌之,松耶柏耶?**耶,徐磋切。○田氏十世而至田和,田和遷其君貸於海上,列為諸侯。傳六世至王建,歷一百二十年,滅于秦王政二十六年。二十六年,皇帝作始。新其法度,宏其綱紀。自稱曰朕,令詔命制。更令為詔,更命為制。除其諡法,子臣不議。分布天下,皆為郡縣。三十六郡,置守尉監。三十六郡:三川、河東、南陽、南郡、九江、鄣郡、會稽、潁川、碭郡、泗水、薛郡、東郡、琅邪、齊郡、上谷、漁陽、右北平、遼西、遼東、代郡、鉅鹿、邯鄲、上黨、太原、雲中、九原、雁門、上郡、隴西、北地、漢中、巴郡、蜀郡、黔中、長沙,凡三十五,與內史為三十六郡以監縣。《漢書‧百官表》云:"秦郡守,掌治其郡。有丞尉,掌佐守,典武職甲卒。監御史,掌監郡。**東暨朝鮮,**國名,居東方日出之地,故曰朝鮮。**西至羌中。南戶北嚮,**《吳都賦》:"開北戶以向日。"劉逵曰:"日南之北戶,猶曰北之南戶也。"**北據遼東。水德代周,從所不勝。色皆尚黑,數以六用。**始皇推終始五德之傳,以為周得火德,秦代周德,從所不勝。方今水德之始,改年始,朝賀皆自十月朔。衣冠旄旌節旗皆尚黑。數以六為紀,符、法冠皆六寸,而輿六尺,六尺為步,乘六馬。更名河曰德水。○鼃蛇曰:"旗鳥隼曰旟,析羽曰旌,交龍曰旂。旄,建旄於旂之首也。旆,曲柄也。斾,旌尾也。**兵聚咸陽,鑄以為鐘。金人十二,翁仲其稱。**二十六年,有大人長五丈,足履六尺,皆服翟服,凡十二人,見於臨洮。故銷兵器,鑄而象之。翁仲,其名也。**東封泰山,立石頌功。偶庇風雨,五大夫松。**二十八年,東行郡縣,上鄒嶧山。立石,與魯諸儒議,刻石頌秦德,議封禪望祭山川之事。乃遂上泰山,立石,封祠祀。下,風雨暴至,休於樹下,因封其樹為五大夫。禪梁父,刻所立石,其辭曰:"皇帝臨位,作制明法,臣下修飭。二十有六年,初並天下,罔不賓服。

親巡遠方黎民，登茲泰山，周覽東極。從臣思迹，本原事業，祇誦功德。治道運行，諸產得宜，皆有法式。大義休明，垂於後世，順承勿革。皇帝躬聖，既平天下，不懈於治。夙興夜寐，建設長利，專隆教誨。訓經宣達，遠近畢理，咸承聖志。貴賤分明，男女禮順，慎尊職事。昭隔內外，靡不清淨，施於後嗣。化及無窮，遵奉遺詔，永承重戒。"於是乃並勃海以東，過黃、腄而去。南登琅邪，大樂之，留三月。作琅邪臺，立石刻，頌秦德，明德意。曰："維二十六年，皇帝作始。端平法度，萬物之紀。以明人事，合同父子。聖智仁義，顯白道理。東撫東土，以省卒士。事已大畢，乃臨於海。皇帝之功，勤勞本事。上農除末，黔首是富。普天之下，摶心揖志。器械一量，同書文字。日月所照，舟輿所載。皆終其命，莫不得意。應時動事，是惟皇帝。匡飭異俗，陵水經地。憂恤黔首，朝夕不懈。除疑定法，咸知所辟。方伯分職，諸治經易。舉錯必當，莫不如畫。皇帝之明，臨察四方。尊卑貴賤，不踰次行。姦邪不容，皆務貞良。細大盡力，莫敢怠荒。遠邇隱辟，專務肅莊。端直敦忠，事業有常。皇帝之德，存定四極。誅亂除害，興利致福。節事以時，諸產繁殖。黔首安寧，不用兵革。六親相保，終無寇賊。驩欣奉教，盡知法式。六合之內，皇帝之土。西涉流沙，南盡北戶。東有東海，北過大夏。人迹所至，無不臣者。功蓋五帝，澤及牛馬。莫不受德，各安其宇。維秦王兼有天下，立名為皇帝，乃撫東土，至於琅邪。"二十九年登之罘，刻石，其辭曰："維二十九年，時在中春，陽和方起。皇帝東游，巡登之罘，臨照於海。從臣嘉觀，用念休烈，追誦本始。大聖作制，建定法度，顯著綱紀。外教諸侯，光施文惠，明以義理。六國回辟，貪戾無厭，虐殺不已。皇帝哀眾，遂發討師，奮揚武德。義誅信行，威燀旁達，莫不賓服。烹滅彊暴，振救黔首，周定四極。普施明法，經緯天下，永為儀則。大矣哉！宇縣之中，承順聖意。群臣誦功，請刻于石，表垂于常式。其東觀曰：維二十九年，皇帝春游，覽省遠方。逮於海隅，遂登之罘，昭臨朝陽。觀望廣麗，從臣咸念，原道至明。聖法初興，清理疆內，外誅暴彊。武威旁暢，振動四極，禽滅六王。闡並天下，甾害絕息，永偃戎兵。皇帝明德，經理宇內，視聽不怠。作立大義，昭設備器，咸有章旗。職臣遵分，各知所行，事無嫌疑。黔首改化，遠邇同度，臨古絕尤。常職既定，後嗣循業，長承聖治。群臣嘉德，祇誦聖烈，請刻之罘。"三十二年，始皇之碣石，刻碣石門。壞城郭，決通隄防。其辭曰："遂興師旅，誅戮無道，為逆滅息。武殄暴逆，文復無罪，庶心咸服。惠論功勞，賞及牛馬，恩肥土域。皇帝奮威，德並諸侯，初一泰平。墮壞城郭，決通川防，夷去險阻。地勢既定，黎庶無繇，天下咸撫。男樂其疇，女修其業，事各有序。惠被諸產，久並來田，莫不安所。群臣誦烈，請刻此石，垂著儀矩。"三十七年，始皇出游。行至雲夢，望祀虞舜於九疑山。浮江下，觀籍柯，渡海渚。過丹陽，至錢塘。臨浙江，上會稽，祭大禹，望於南海，而立石刻頌秦德。其文曰："皇帝休烈，平一宇內，德惠修長。維三十有七年，親巡天下，周覽遠方。遂登會稽，宣省習俗，黔首齋莊。群臣頌功，本原事迹，追守高明。秦聖臨國，始定刑名，顯陳舊章。初平法式，審別職任，以立恒常。六王專倍，貪戾慠猛，率眾自彊。暴虐恣行，負力而驕，數動甲兵。陰通間使，以事合從，行為辟方。內飾詐謀，外來侵邊，遂起禍殃。義威誅之，殄熄暴悖，亂賊滅亡。聖德廣密，六合之中，被澤無疆。皇帝並宇，兼聽萬事,遠近畢清。運理群物,考驗事實,各載其名。貴賤並通,善否陳前,靡有隱情。飾省宣義,有子而嫁,倍死不貞。防隔內外,禁止淫佚,男女潔誠。夫為寄豭,殺之無罪,男秉義程。妻為逃嫁,子不得母,咸化廉清。大治濯俗,天下承風,蒙被休經。皆遵度規,和安敦勉,莫不順令。黔首修潔,人樂同則,嘉保太平。後敬奉法,常治無極,輿舟無傾。從臣誦烈,請刻此石,光垂休銘。"○《索隱》曰:"搏,古專字,《左傳》云:'如琴瑟之搏壹。'揖,音集。"**入海求仙,船交大風。童男童女,莫知所終。**齊人徐市等上書言海中有三神山,名曰:蓬萊、方丈、瀛洲,仙人居之,請得齋戒與童男女求之。於是遣徐市發童男女數千人入海求仙人。**黃河陰山,朔州北塞。迤邐遼東,築城為界。**長城自塞起,塞謂銀、夏、勝等州之北。黃河陰山,在朔州北塞外,從河傍陰山,東至遼東,延袤萬里。**杵聲不息,十年於役。黯黯黃沙,茫茫白骨。初營阿房,先作前殿。旗建五丈,人可坐萬。渡渭連闕,紆廻汗漫。象法天極,閣道絕漢。勞神勞民,積愁積怨。**戎王聞秦繆公賢,使由余往觀之,繆公示以宮室積聚,由余曰:"使鬼為之則勞神矣,使人為之亦勞民矣。"**丞相李斯,上書下議。五帝不襲,三王各治。黑白別一,刑禁威勢。史藏秦紀,醫藥卜筮。詩書煨燼,偶語棄市。古學禁絕,法令習吏。**博士齊人淳于越曰:"臣聞殷周之王千餘歲,封子弟功臣,自為枝輔。今陛下有海內,而子弟為匹夫,卒有田常、六卿之患臣,無輔扶,何以相救哉?事不師古而能長久者,非所聞也。"始皇下其議。丞相李斯曰:"五帝不相襲,三王各以治,非其相反,時變異也。今陛下創大業,建萬世之功,固非愚儒所知。且越言乃三代之事,何足法也?今天下已定,法令出一,百姓當家則力農工,士則學習法令辟禁。今諸生不師今而學古,以非當世,惑亂黔首。如此弗禁,則主勢降乎上,黨與成乎下。臣請史官非秦紀皆燒之。非博士官所職,天下敢有藏詩、書、百家語者,悉詣守、尉雜燒之。有敢偶語詩書者棄市,以古非今者族,吏見知不舉者與同罪。令下三十日不燒,黥為城旦。所不去者,醫藥種樹之書。若有欲學法令,以吏為師。"制曰:"可。"**諸生犯禁,同歸於阬。**侯生、盧生相與亡去,始皇怒,使御史悉案問諸生,諸生傳相告引,乃自除。犯禁者四百六十餘人,皆阬之。**扶蘇入諫,使監恬兵。**始皇長子扶蘇諫曰:"天下初定,遠方黔首未集,諸生皆誦法孔子,今上皆重法繩之,臣恐天下不安。"始皇怒,使扶蘇北監蒙恬兵於上郡。**星隕東郡,化石刻銘。璧遺滈池,山鬼播靈。沙丘臺上,祖龍上升。秦史紀年,三十七正。**三十六年,有墜星下東郡,至地為石,黔首或刻其石曰"始皇帝死而地分"。始皇聞之,盡取石旁居人誅之,而燔銷其石。又使者從關東夜過華陰平舒道,有人持璧遮使者曰:"為吾遺滈池君。"因言曰:"今年祖龍死。"使者問其故,因忽不見,置其璧去。使者奉璧具以聞。始皇默然良久,曰:"山鬼固不過知一歲事也。"退言曰:"祖龍者,人之先也。"使御府視璧,乃二十八年行渡江所沉璧也。三十七年七月丙寅,始皇崩於沙丘平臺。○按:徐廣云:"趙有沙丘,宮在鉅鹿。"**陵治驪山,內作宮觀。三泉下銅,**一作錮。錮,鑄塞也。**深致石棺。百官位次,藏滿奇珍。機作弩矢,近則射人。江河大海,灌輸水銀。**

下具地理,上列天文。魚膏為燭,添燈晝然。宮人工匠,皆令死焉。墳高五十餘丈,周迴五里餘,在驪山。泉本北流,障使東西流,取大石于渭諸山。呂不韋者,陽翟大賈。販賤賣貴,往來趙土。奇貨可居,說立子楚。楚為秦王,不韋為輔。封文信侯,食十萬戶。政立為王,號稱仲父。門客著書,春秋名呂。懸之國門,使人共睹。增損一字,千金是予。坐連嫪毐,家屬徙處。蜀山尖尖,行路始難。

《四言史徵》卷二,《四庫全書存目叢書》史部 291 册,775 頁

登萬里長城

(清)康有為

秦時樓堞漢家營,匹馬高秋撫舊城。鞭石千峰上雲漢,連天萬里壓幽、并。東窮碧海群山立,西帶黃河落日明。且勿却胡論功績,英雄造事令人驚。

《汗漫舫詩集》,《康南海先生詩集》卷二,158 頁

詠秦二世胡亥

古意二首（其一） （唐）賀蘭進明

秦庭初指鹿,群盜滿山東。忤意皆誅死,所言誰肯忠。武關猶未啟,兵入望夷宮。為祟非涇水,人君道自窮。

《全唐詩》卷一五八,5 冊,1612 頁

胡　亥 （唐）周　曇

鹿馬何難辨是非,寧勞卜筮問安危。權臣為亂多如此,亡國時君不自知。

《全唐詩》卷七二九,21 冊,8352 頁

再　吟 （唐）周　曇

盜賊縱橫主惡聞,遂為流矢犯君軒。怪言何不早言者,若使早言還不存。

《全唐詩》卷七二九,21 冊,8352 頁

二　世 （宋）王十朋

始皇一怒逐扶蘇,天欲亡秦果在胡。翻被四方黔首笑,不分鹿馬是誰愚。

《全宋詩》卷二〇二四,36 冊,22681 頁

二　世 （宋）劉克莊

土廣曾吞九雲夢,民勞因起一阿房。人皆憐楚三戶在,天獨知秦二世亡。

《全宋詩》卷三〇七九,58 冊,36738 頁

秦二世 （元）呂　浦

望夷宮中馬生角,驪山未畢阿房作。一宵白虎齧左驂,渭水咸陽竟非昨。

《全元詩》第 49 冊,288 頁

秦鹿行

(元)張　憲

望夷宮中養秦鹿,百二山河春草綠。穿花尚作呦呦鳴,寧識外人須爾肉。李斯父子牽黃犬,上蔡東門志何淺。血污雲陽腰領紅,狡兔縱肥能幾臠。閹高貌軟心跡露,稱馬獻君君不悟。群臣相視莫敢非,只恐出言丞相怒。丞相怒,秦祚移。函谷不守秦鹿馳,高材疾足爭逐之。項王叱吒起,烏騅日千里。逐之不得不肯止,人疲馬困烏江死。沛公隱芒碭,手劍三尺長,網羅一舉圍咸陽。扼其角,刳其腸,食肉寢皮傳後王。秦鹿死,走狗烹。後人不用悲韓、彭,帝王神器匪力爭。炎炎火德多洪福,前有高皇后文叔。回首平、靈、莽、卓生,漢業亦同蕉下鹿。

《全元詩》第57冊,3頁

望夷宮

(明)錢子義

趙高擅國政,恐人不從,獻鹿於二世,云"馬"。二世曰:"丞相誤矣,鹿也,非馬也。"百官阿其旨者以為馬,或云鹿者則必陰黜之,致天下大亂。漢高祖因之起,至灞上而有天下。

經典遺灰掃地空,山東豪傑起如蜂。宮中野鹿原非馬,灞上池魚解化龍。

《續詠史詩》上,《種菊菴集》一,《三華集》卷七,影印文淵閣《四庫全書》1372冊,90頁

題秦二世琅邪臺石刻

(清)阮　元

我求秦石刻,若秦之求仙。求仙不可得,石刻終難湮。岱石經火毀,嶧石徒再鐫。之罘墜入海,海水潘為淵。夐哉琅邪臺,椎築何殷填。黔首三萬戶,金石三千年。石高丈五尺,怪鐵鏈精堅。剝落盡三面,小篆留西偏。披蘿復剔蘚,拓紙鳴槌氈。我來讀詔頌,載籍合馬遷。臣斯、臣去疾,樛、德名並傳。筆力如石理,玉柱勁且圓。點畫說偏旁,益知叔重賢。所惜頌與詩,變化隨雲煙。倫父磨粗沙,俗字鐫長天。餘此十三行,斯甓誠可憐。特立石鼓後,屹峙五鳳先。海風吹不倒,流徙悲斤權。蘇公頗好事,模刻城臺前。亦惟八十字,文欹本末全。每見宋、元碣,殘暴如廢磚。乃以嬴氏物,存者猶巋然。豈有鬼神護,而免列缺鞭。誠因麻石性,余所見秦及西漢碑,皆麻粗石,故久。歲月無磨研。得此足以豪,神發忘食眠。更思寄同好,南北翁、孫、錢。謂覃溪閣學、淵如比部、辛楣宮詹。

《四集詩》卷一,《揅經室集》下冊,760頁

二世皇帝

(清)葛　震

　　始皇厭世,斯高矯詔。賜殺扶蘇,胡亥襲號。元年大赦,追尊始廟。誅殺大臣,罪連逮少。公主矺死,公子無告。關東盜起,督責恐惶。趙高行弒,求為侯王。黔首不許,乃自殺傷。六驪過隙,三年秦亡。二世被弒,子嬰為王。四十六日,奉璽出降。〇楚人李斯,嘗入廁中。人賢不肖,譬鼠於倉。禽鹿視肉,人面彊行。西乘瑕釁,尊用三公。阿順苟合,非聖滅經。卒被五刑,論斬咸陽。黃犬逐兔,始自悲愴。斯年少時,學於荀卿。卿最老師,嫉世溷蒙。營於巫祝,自信機祥。鄙儒小拘,莊又荒唐。儒墨道德,築室毀牆。斯不善學,遂此流殃。〇宦者趙高,殺斯代相。指鹿為馬,非法無上。子嬰誅之,可不謂壯。時不可為,不救淪喪。〇當二世時,黌卷偷囊。元年七月,戍發漁陽。魚書狐鳴,篝火祠旁。陽城陳涉,自立為王。鴻鵠高飛,燕雀低行。一夫作難,四海披昌。〇是年九月,兵起劉邦。龍顏隆準,狀貌異常。雲成五色,為龍為光。名飛帝籙,祥發中陽。蕭曹左右,樊噲戎行。肇始於沛,乃立為公。神祠黃帝,旗祭蚩尤。釁鼓赤幟,是為炎劉。〇項梁項籍,同起會稽。兵收下相,渡江而西。籍二十四,長八尺餘。學萬人敵,去劍與書。力能扛鼎,才器天除。守殺殷通,為梁前驅。〇田儋王齊,韓廣燕王。魏公子咎,立為魏王。武臣弒死,歇為趙王。〇張耳陳餘,名籍大梁。餘妻公乘,耳壻外黃。賓客廝役,莫非俊英。千金五百,秦購出亡。躡餘受笞,不為吏戕。然信以免,相慕何誠。據國爭權,後遂不終。〇六人英布,聚眾江洋。番君吳芮,得心湖湘。東陽殺令,兵應項梁。令史陳嬰,欲立為王。母謂大名,暴得不祥。屬得封侯,敗亦易亡。〇鄹人范增,奇計說梁。三戶亡秦,述楚南公。懷王孫心,立為懷王。〇章邯殺梁,籍殺宋義。渡河救趙,千軍辟易。鉅鹿九戰,虜離破銳。諸侯壁觀,聲動天地。轅門膝行,不敢仰視。稱上將軍,人人恐惴。〇入關先王,楚遣劉邦。邦至灞上,嬰奉璽降。除秦苛法,約法三章。吏民安堵,咸願為王。〇籍破函谷,屠殺子嬰。掘始皇塚,大掠而東。陽尊義帝,自為霸王。建都彭城,分王諸王。沛公王漢,章邯雍王。欣與董翳,塞王翟王。西徙魏豹,趙歇代王。申陽河南,卬為殷王。張耳常山,黥布九江。吳芮衡山,共敖臨江。韓廣遼東,臧荼燕王。徙齊王市,為膠東王。田都王齊,安濟北王。

《詩史》卷二,《四庫全書存目叢書》史部291冊,614頁

二世皇帝

(清)葛　震　曹　荃

名胡亥，始皇少子，在位三年，趙高弒于望夷宮，壽二十四。

　　始皇厭世，斯高李斯、趙高。**矯詔**。**賜殺扶蘇**，始皇長子。**胡亥襲號**。元年大赦，追尊始廟。尊始皇廟為帝者祖廟。**誅殺大臣**，右丞相馮去疾、將軍蒙恬、馮劫。罪連逮少。**公主矺死**，十公主矺死于杜。矺與磔通，謂裂其支體而殺之也。杜，扶風杜縣。**公子無告**。六公子戮死于杜。公子將閭昆弟三人囚于内宫，二世使使令將閭曰："公子不臣，罪當死。"將閭曰："闕廷之禮，吾未嘗敢不從賓贊也；廟廊之位，吾未嘗敢失節也；受命應對，吾未嘗敢失辭也。何謂不臣？願聞罪而死。"使者曰："奉書從事。"將閭乃仰天大呼天者，三曰："天乎！吾無罪。"昆弟三人皆流涕，拔劍自殺。**關東盜起，趙高恐惶。謀弒兵逼，求為侯王。黔首不許，乃至自戕。**趙高前數言"關東盜無能為"，及沛公攻屠武關，二世使責讓高。高懼，乃與其壻咸陽令閻樂謀，詐為有大賊，召吏發卒，使樂將之至望夷宮殿門，縛衛令僕射，曰："賊入此，何不止？"遂殺之，射郎宦者，或走或格，格者輒死。入，射上幄坐幃。二世怒，召左右，皆惶擾不鬭。旁有宦者一人，侍不去。二世謂曰："公何不早告我？乃至於此！"對曰："使臣早言，皆已誅，安得至今？"樂前數二世曰："足下驕恣，誅殺無道，天下共畔足下，足下其自為計。"二世曰："丞相可得見否？"樂曰："不可。"二世曰："吾願得一郡為王。"弗許。又曰："願為萬戶侯。"弗許。曰："願與妻子為黔首，比諸公子。"樂曰："臣受命于丞相，為天下誅足下，足下雖多言，臣不敢報。"麾其兵進，二世自殺。**六驥過隙，三年秦亡**。二世謂趙高曰："人生世間譬猶騁六驥過決隙也。"**二世被弒，子嬰為王。四十六日，奉璽出降**。子嬰，扶蘇子。二世既被弒，趙高曰："秦故王國，始皇君天下，故稱帝。今六國復立，秦地益小，以空名為帝，不可。宜為王如故，便。"乃立子嬰為秦王。凡四十六日，沛公至霸上，子嬰素車白馬，繫頸以組，奉皇帝璽符，節降軹道旁。諸將請誅之，沛公曰："始懷王遣我固以能寬容，且人已降，殺之不祥。"乃以屬吏。自秦嬴至始皇並天下，有國三十四世，凡六百二十四年。有天下二世，凡十五年。秦王共六百三十九年。**楚人李斯，見鼠廁中**。叶。陟良切。**人賢不肖，譬鼠於倉。禽鹿視肉，人面彊行**。叶。寒岡切。**西乘瑕釁，尊用三公**。叶。姑黄切。**阿順苟合，非聖滅經**。叶。居良切。**卒被五刑，論斬咸陽。黄犬逐兔，始自悲愴。斯年少時，學於荀卿**。叶。墟羊切。**卿最老師，嫉世濁蒙**。叶。莫江切。**營於巫祝，自信機祥。鄙儒小拘，莊又荒唐。儒墨道德，築室毀牆。斯不善學，遂此流殃**。斯，楚上蔡人也。年少時，為郡小吏，見吏舍廁中鼠食不潔，近人犬，數驚恐之。斯入倉，觀倉中鼠，食積粟，居大廡之下，不見人犬之憂。於是李斯乃歎曰："人之賢不肖譬如鼠矣，在所自處耳！"乃從荀卿學帝王之術。學已成，欲西入秦。辭于荀卿曰："今秦王欲吞天下，稱帝而治，此布衣馳騖之時而游說者之秋也。處卑賤之位而計不為此者，此禽鹿視肉，人面而能彊行者耳。"至秦，為秦相呂不韋舍人。秦王拜為長史、客卿，遷廷尉，佐秦王并天下。尊主為皇帝，帝以斯為丞相,收去詩書百家之語以愚百姓,使天下無以古非今,明法度,定律令,皆以始王起。同文書。斯長男由為三川守,諸男皆尚秦公主,女悉嫁秦諸公子。三川守李由告歸咸陽,李斯置酒於家,百官長皆前為壽,門庭車馬以千數。李斯喟然而歎曰:"嗟乎!吾聞之荀卿曰'物禁太盛'。夫斯乃上蔡布衣,閭巷之黔首,上不知其駑下,遂擢至此。當今人臣之位無居臣上者,可謂富貴極矣。物極則衰,吾未知所稅駕也!"始皇帝崩,斯聽趙高賜殺扶蘇,立二世。二世立,趙高誣斯與子由謀反,收捕宗族、賓客,具斯五刑,論腰斬咸陽市。斯出獄,與其中子俱執,顧謂其中子曰:"吾欲與若牽黃犬俱出上蔡東門,逐狡兔,豈可得乎!"遂父子相哭而夷三族。宦者趙高,殺斯代相。指鹿為馬,非法無上。子嬰誅之,可不謂壯。時不可為,不救淪喪。當二世時,籥卷倫囊。元年七月,戍發漁陽。漁陽,郡名,今薊州是。魚書狐鳴,眾以鬼倡。陽城陳涉,自立為王。一夫作難,四海披昌。陳勝者,陽城人也,字涉。少時,常與人傭耕,輟耕之壟上,悵恨久之,曰:"苟富貴,勿相忘。"傭者笑而應曰:"若為傭耕,何富貴也?"涉太息曰:"嗟乎,燕雀安知鴻鵠之志哉!"二世元年七月,發閭左適戍漁陽,九百人屯大澤鄉。陳勝、吳廣皆次當行,為屯長。會天大雨,道不通,度已失期。失期,法皆斬。陳勝、吳廣乃謀曰:"今亡亦死,舉大計亦死,死國可乎?"陳勝曰:"天下苦秦久矣。吾聞二世少子也,不當立,當立者公子扶蘇。扶蘇使外將兵。今或聞無罪,二世殺之。百姓多聞其賢,未知其死也。項燕為楚將,數有功,愛士卒,楚人憐之。或以為死,或以為亡。今誠以吾眾詐自稱公子扶蘇、項燕,宜多應者。"吳廣以為然。乃行卜,卜者知其指意,曰:"足下事皆成,有功。然足下卜之鬼乎!"陳勝、吳廣喜,念鬼,曰:"此教我先威眾耳。"乃丹書帛曰"陳勝王",置人所罾魚腹中。卒買魚烹食,得魚腹中書,固已怪之矣。又間令吳廣之次近所旁叢祠中,夜篝火,狐鳴呼曰"大楚興,陳勝王"。卒皆夜驚恐。旦日,卒中往往語,皆指目陳勝。吳廣素愛士,卒多為用者。將尉醉,廣故數言欲亡,忿恚尉,令辱之,以激怒其眾。尉果笞廣。尉劍挺,廣起,奪而殺尉。陳勝佐之,並殺兩尉。召令徒屬曰:"諸公等遇雨,皆已失期,失期當斬。藉第令毋斬,而戍死者固十六七。且壯士不死即已,死即舉大名耳,王侯將相甯有種乎!"徒屬皆曰:"敬受命。"乃詐稱公子扶蘇、項燕,從民望也。袒右,稱大楚。為壇而盟,祭以尉首。陳勝自立為將軍,吳廣為都尉。據陳。數日,號令召三老、豪傑與皆來會計事。三老、豪傑皆曰:"將軍身披堅執銳,伐無道,誅暴秦,復立楚國之社稷,功宜為王。"乃立為王,號為張楚。陳涉王凡六月。已為王,王陳。其故人常與傭耕者聞之,之陳,扣宮門曰:"吾欲見涉。"宮門令欲縛之。自辯數,乃置,不肯為通。陳王出,遮道而呼涉,陳王聞之,乃召見,載與俱歸。入宮,見殿屋帷帳,客曰:"夥頤!涉之為王沈沈者!"楚人謂多為夥,故天下傳之,夥涉為王,由陳涉始。客出入愈益發舒,言陳王故情。或說陳王曰:"客愚無知,顓妄言,輕威。"陳王斬之。諸陳王故人皆自引去。陳王以朱防為中正,胡武為司過,主事群臣。以苛察為忠。諸將多不親附,秦益遣兵擊之,陳王至下城父,其御莊賈殺之以降。勝故涓人呂臣為蒼頭軍,起攻陳,殺賈,復以陳為楚,葬勝於碭,諡隱王。陳勝雖已死,其所置遣侯王將相竟。亡秦,由涉首事也。高祖時,置守冢三十家碭,至今血食。是年九月,兵起劉邦。龍顏隆準,準音拙。狀貌異常。雲成五色,祥發中陽。蕭曹左右,樊噲戎行。肇始於沛,乃立為公。叶。姑黃切。神祠黃帝,旗祭蚩尤。鼛鼓赤幟,是為炎劉。漢以火德王。項梁項籍,同起會稽。兵收下相,渡江而西。籍二十四,長八尺餘。學萬人敵,去劍與書。力能扛鼎,才器天除。守殺殷通,為梁前驅。田儋王齊,故齊王族也,自立為齊王。韓廣燕王。魏公子咎,咎,名。立為魏王。武臣弒死,趙將李良弒其君武臣。歇歇,名。為趙王。張耳、陳餘收散兵,得數萬,擊李良。良敗走,客有說之者曰:"兩君羇旅,難可獨立。立趙後,輔以誼,可就功。"乃求得歇,立之,居信都。張耳陳餘,名籍大梁。餘妻公乘,耳壻外黃。賓客廝役,莫非俊英。叶。於良切。千金五百,秦購出亡。躡餘受笞,忍為吏戕。叶。辰良切。據國爭權,後遂不終。叶。諸良切。○張耳者,大梁人也。少時,及魏公子無忌為客。耳嘗亡命遊外黃。外黃富人女甚美,嫁庸奴,亡其夫,去抵父客。父客素知張耳,乃謂女曰:"必欲求賢夫,從張耳。"女聽,乃卒為請決,嫁之張耳。耳是時脫身遊,女家厚奉給,以故致千里客。乃宦為外黃令,名由此益賢。○陳餘者,亦大梁人也,好儒術,數遊趙苦陘。富人公乘氏以其女妻之,亦知陳餘非庸人也。餘年少,父事張耳,兩人相與為刎頸交。秦之滅大梁也,張耳家外黃。高祖為布衣時,常數從耳遊,客數月。秦滅魏數歲,已聞此兩人賢,購求有得張耳者千金,陳餘五百金。張耳、陳餘乃變名姓,俱之陳,為里監門以自食。里吏常以過笞陳餘,餘起,欲毆吏。耳躡之,使受笞。吏去,乃引餘之桑下而數之曰:"始吾與公言何如?今見小辱而欲死一吏乎?"陳餘然之。陳涉起蘄,張耳、陳餘上謁陳涉。涉及左右生平素聞張耳、陳餘賢,未嘗見,見即大喜。陳中豪傑父老說陳涉立為楚王,陳涉問此兩人,對曰:"夫秦為無道,破人國家,滅人社稷,絕人後世,罷百姓之力,盡百姓之財。將軍瞋目張膽,出萬死不顧一生之計,為天下除殘也。今始至陳而王之,示天下私。願將軍毋王,急引兵而西,遣人立六國後,自為樹黨,為秦益敵也。敵多則力分,與眾則兵強。如此野無交兵,縣無守城,誅暴秦,據咸陽以令諸侯。諸侯亡而得立,以德服之,如此則帝業成矣。今獨王陳,恐天下解也。"陳涉不聽,遂立為王。陳餘乃復說陳王曰:"大王舉梁、楚而西,務在入關,未及收河北也。臣常遊趙,知其豪傑及地形,願請奇兵略趙地。"於是陳王以故所善陳人武臣為將軍,邵騷為護軍,以張耳、陳餘為左右校尉,予卒三千人,北略趙地。趙地聞之,不戰以下三十餘城。至邯鄲,張耳、陳餘聞周章軍入關,至戲卻;又聞諸將為陳王徇地,多以讒毀得罪誅,怨陳王不用其策不以為將而以為校尉。乃說武臣曰:"陳王起蘄,至陳而王,非必立六國後。將軍今以三千人下趙數十城,獨介居河北,不王無以填之。且陳王聽讒,還報,恐不脫於禍。又不如立其兄弟;不,即立趙後。將軍勿失時,時間不容息。"武臣乃聽之,遂立為趙王。以陳餘為大將軍,張耳為右丞相。北略地燕界。趙王間出,為燕將所得,求之,欲與分趙地半,乃歸王。使者往,燕輒殺之,張耳、陳餘患之。有廝養卒謝其舍中曰:"吾為公說燕,與趙王載歸。"舍中皆笑曰:"使者往十餘輩,輒死,若何以能得王?"乃走燕壁。燕將見之,問燕將曰:"知臣何欲?"燕將曰:"若欲得趙王耳。"曰:"君知張耳、陳餘何如人也?"燕將曰:"賢人也。"曰:"知其志何欲?"曰:"欲得其王耳。"卒乃笑曰:"君未知此兩人所欲也。夫武臣、張耳、陳餘杖馬箠下趙數十城,此亦各欲南面而王,豈欲為卿相終己耶?夫臣與主豈可同日而道哉,顧其勢初定,未敢三分而王,且以少長先立武臣,以持趙心。今趙地已服,此兩人亦欲分趙而王,時未可耳。今君乃囚趙王,此兩人名為求趙王,實欲燕殺之,兩人分趙自立。夫以一趙尚易燕,況以兩賢王左提右挈,而責殺王之罪,滅燕易矣。"燕將以為然,乃歸趙王,養卒為御而歸。趙將李良已殺趙王,趙人多為張耳、陳餘耳目者,得脫出。收其兵數萬人。乃求得趙歇,立為趙王,居信都。章邯引兵至邯鄲,夷其城郭。張耳與趙王歇走入鉅鹿城,王離圍之。陳餘北收兵,得數萬人,軍鉅鹿北。章邯軍鉅鹿南。王離兵食多,急攻鉅鹿。鉅鹿城中食盡兵少,張耳數使人前召陳餘,餘自度兵少,不敵秦,不敢前。耳大怒,怨陳餘,使張黶、陳澤往讓餘曰:"始吾與公為刎頸交,今王與耳旦暮且死,而公擁兵數萬,不肯相救,安在其相為死!苟必信,胡不赴秦軍俱死?且十有一二相全。"陳餘曰:"吾度前終不能救趙,徒盡亡軍。且餘所以不俱死,欲為趙王、張君報秦。今必俱死,如以肉委餓虎,何益?"張黶、陳澤曰:"事已急,要以俱死立信,安知後慮!"陳餘曰:"吾死顧以為無益。必如公言。"乃使五千人令張黶、陳澤先嘗秦軍,至皆沒。當是時,燕、齊、楚聞趙急,皆來救。皆壁餘旁,未敢擊秦。項羽兵數絕章邯甬道,王離軍乏食,項羽悉引兵渡河,遂破章邯。兵解,諸侯軍乃敢擊圍鉅鹿秦軍,遂虜王離。涉間自殺。於是趙王歇、張耳乃得出鉅鹿,謝諸侯。張耳與陳餘相見,責讓餘不肯救趙,及問張黶、陳澤所在。陳餘怒曰:"張黶、陳澤以必死責臣,臣使將五千人先嘗秦軍,皆沒不出。"張耳不信,以為殺之,數問餘。怒曰:"不意君之望臣深也!豈以臣為重去將哉?"乃脫解印綬,推予張耳。耳亦愕不受。陳餘起如廁,客有說張耳曰:"臣聞'天與不取,反受其咎'。今陳將軍與君印,君不受,反天不祥。急取之!"張耳乃佩其印,而收其麾下。陳餘還,亦望張耳不讓,獨與麾下所善數百人之河上澤中漁獵。由此耳、餘遂有卻。張耳從項羽入關。項羽分趙立張耳為常山王,治信都。陳餘不從入關,聞其在南皮,即以南皮旁三縣封之,而徙趙王歇王代。張耳之國,陳餘因悉三縣兵襲張耳。張耳敗走,謁漢王,漢王厚遇之。漢二年,東擊楚,使使告趙,欲與俱。陳餘曰:"漢殺張耳乃從。"於是漢王求人類張耳者斬之,持其頭遺陳餘。陳餘乃遣兵助漢。漢之敗于彭城西,陳餘亦復覺張耳不死,即背漢。漢三年,韓信已定魏地,遣張耳與韓信擊破趙井陘,斬陳餘泜水上。**六人英布,聚眾江洋。番君吳芮,得心湖湘。東陽**東陽,秦縣名,故城在鳳陽府盱眙縣東七十五里。**殺令,兵應項梁。令史陳嬰,欲立為王。母謂大名,暴得不祥。屬得封侯,敗亦易亡。鄹人范增,奇計說梁。**居鄹人范增,年七十,素居家,好奇計,往說梁曰:"秦滅六國,楚最無罪。自懷王入秦不返,楚人憐之至今,故楚南公曰'楚雖三戶,亡秦必楚'。陳勝首事,不立楚後而自立,其勢不長。今君起江東,楚蠭起之將皆爭附君者,以君世世楚將,為能復立楚之後也。"梁然其言,乃求得懷王孫心于民間,為人牧養,立以為楚懷王,從民望也。○鄹音勤,絕之勤,然今皆單用巢字讀為鉏交反。《地里志》:"廬江有居巢縣。"注:"本春秋居巢國。"今無為州巢縣是。**三戶亡秦,述楚南公。**叶。姑黃切。○南公,楚人善言陰陽預識興廢之數,故范增稱述其言。○韋昭曰:"三戶,楚三大姓昭、屈、景也。言楚人怨秦,雖三戶猶足以亡秦。"服虔曰:"三戶,漳水津也,在相州滏陽縣界。南公識興廢之數,知秦亡必於三戶,故出言後項羽果渡三戶津破章邯軍,邯降羽,秦遂亡,是南公之善識。今按:三戶有二說,以為地名恐是,但於雖字文勢不順,豈南公本指其地,不欲顯言,故為疑似之語耶?**懷王孫心**,心,名,楚懷王槐之孫。**立為懷王。章邯殺梁,籍殺宋義。渡河救趙,千軍辟易。鉅鹿九戰,虜離破銳。**王離,秦王翦孫。**諸侯壁觀,聲動天地。轅門膝行,不敢仰視。稱上將軍,人人恐憺。入關先王,**楚遣劉邦。初,懷王與諸將約先入定關中者王之,是時秦兵尚強,諸將莫利先入關,獨項羽怨秦,奮勢願與沛公西,諸老將曰:"羽慓悍猾賊,所過無不殘滅,不可遣。獨沛公素寬大長者,可遣。"王乃遣沛公收陳王、項梁散卒以伐秦。**邦至灞上,嬰奉璽降。**秦王子嬰。**除秦苛法,約法三章。**三章:殺人者死,傷人及盜抵罪。**吏民安堵,咸願為王。籍破函谷,屠殺子嬰。掘始皇冢,大掠而東。**羽引兵西屠咸陽,殺秦降王子嬰,燒宮室,火三月不滅,掘始皇帝塚,收貨寶婦女而東,秦民大失望。**陽尊義帝,**羽既入關,使人致命懷王。王曰:"如約。"羽怒曰:"懷王者,吾家所立耳,非有功伐,何以得專立約!天下初發難時,假立諸侯後以伐秦,然被堅執銳,暴露三年,滅秦定天下者皆將相諸君與籍力也。懷王雖無功,固當分地而王之,乃陽尊懷王為義帝。"又曰:"古之帝者地方千里,必居上游。"乃徙義帝於江南,都郴。**自為霸王。**羽自立為西楚霸王。**建都彭城,**王梁楚地九郡,都彭城,今徐州。**分王諸王。沛公王漢,**項羽、范增疑沛公之有天下,業已講解,又惡負約,以巴蜀道險,秦之遷人居之,乃曰巴蜀亦關中地也。立沛公為漢王,王巴、蜀、漢中,都南鄭,而三分關中,王秦降將以距塞漢路。**章邯雍王。**王咸陽以西,都廢丘,今西安府興平縣。**欣與董翳,塞王翟王。**長史欣故為櫟陽獄掾,嘗有德于項梁,故立司馬欣為塞王,王咸陽以東至河,都櫟陽。都尉董翳本勸章邯降楚,故立翳為翟王,王上郡,都高奴。**西徙魏豹,**徙魏王豹為西魏王,王河東,都平陽。**趙歇代王。**居代,今山西大同府蔚州。**申陽河南,**瑕丘申陽,張耳嬖臣也,先下河南迎楚,故立申陽為河南王,都洛陽。**卬為殷王。**趙將司馬卬定河內,數有功,故立卬為殷王,王河內,都朝歌,今衛輝府淇縣。**張耳常山,**趙相張耳素賢,又從入關,故立耳為常山王,王趙地,都襄國,今順德府。**黥布九江。**當陽君黥布為楚將,常冠軍,故立布為九江王,都六。○九江,今淮東滁和真濠壽州是。○六,古國名,故城在廬州府。**吳芮衡山,**鄱君吳芮率百粵,佐諸侯,從入關,故立芮為衡山王,都邾。○邾屬江夏郡。**共敖臨江。**義帝柱國共敖將兵擊南郡,功多,因立敖為臨江王,都江陵,今屬荊州府。**韓廣遼東,**徙燕王廣為遼東王,都無終,今薊州玉田縣。**臧荼燕王。**燕將臧荼從楚救趙,入關,故立荼為燕王,都薊,今屬順天府。**徙齊王市,為膠東王。**都即墨,齊邑名,漢置為膠東,屬萊州府。**田都王齊,**齊將田都從楚、趙入關,故立都為齊王,都臨淄,今屬青州府。**安濟北王。**田安,故秦所滅齊王建孫也。下濟北引兵降楚,故立安為濟北王,都博陽。濟水北,即穀城,屬汝南。

《四言史徵》卷二,《四庫全書存目叢書》史部291册,778頁

詠秦臣

扶　蘇　　　　　　　　　　　　　　（宋）劉克莊

詔自沙丘至,如何便釋兵。君王令賜死,公子不求生。

《全宋詩》卷三〇四六,58 册,36326 頁

太子灘　　　　　　　　　　　　　　（清）王　軒

見底石仍白,彌天草未青。灘名監國正,營號撫軍形。澮水長流惡,巫皋忽假靈。扶蘇亦人子,殺谷忍重經。

《耨經廬詩集》卷八,《續尤西堂擬明史樂府》(外二種),225 頁

茅　焦　　　　　　　　　　　　　　（元）張養浩

積屍闕下欲成邱(丘),殺氣纏雲尚未收。齊客膝行惟數語,誰知狼虎却回頭。

《全元詩》第 25 册,74 頁

茅　焦　　　　　　　　　　　　　　（清）羅惇衍

齊人。因諫秦始皇遷太后,立為仲父,爵之上卿。

列宿何徒廿七人,星臺強欲補亡秦。虎牙劘得原能辯,蜂準攖來竟不瞋。六國聞風憂瓦解,九霄見日導輿親。極論利害還矜膽,坡老惟嘉潁叔真。

《集義軒詠史詩鈔校證》卷五,第一册,133 頁

聽客話熊野山徐市廟　　　　　　　　（元）吳萊

大瀛海岸古紀州,山石萬仞插海流。徐市求仙乃得死,紫芝老盡令人愁。就中滿載童男女,南面稱王自民伍。蒼劍淩天化曉雲,鐵舡赴壑沉秋雨。琅琊臺上望欲空,日出未出扶桑紅。魂漂三神入夢幻,淚灑萬鬼爭英雄。真人獨見阜鄉舄,奉使遙傳鎬池璧。桃源草樹同一香,紵嶼蛟龍散無跡。古往今來亦可憐,世間何處有神仙。文成、五利猶騰

說,不惜秦年惜漢年。

《全元詩》第40冊,91頁

題雜畫(其七) （明）鄭文康

題古今雜畫詩頗多,悉棄弗錄,獨於史事用己意寓勸懲者存之,得十八首。

弱水蓬山幾萬重,仙宮未必勝秦宮。君王輕聽齊人語,空駕樓船入海中。

《平橋稿》卷三,影印文淵閣《四庫全書》1246冊,545頁

大阪懷徐福 （近代）陳去病

朝辭宮闕出函關,夕向扶桑去不還。莫道中原無俊傑,避秦先已闢三山。
異術長生洵可求,三千男女幾征舟。扶餘也有虬髯客,儘拓雄圖王一洲。
員嶠蓬壺覓地新,繩繩繼繼殖黃民。由來不少哥侖布,茲是神州第一人。
龍門山畔藥苗肥,熊野峰高墓木稀。難得英雄終解脫,只留璽鏡未全歸。事定功成,得而弗有,踵神堯之禪讓,效子房之辟穀,理或然歟?

《浩歌堂詩鈔》卷二,20頁

嫪毐 （元）徐鈞

詐腐為閹幾十春,朝歡暮狎寵無倫。休分長信并文信,假父如今又象真。

《全元詩》第7冊,282頁

趙高 （唐）周曇

趙高胡亥速天誅,率土興兵怨毒痡。豐、沛見機群小吏,功成兒戲亦何殊。

《全唐詩》卷七二九,19冊,8352頁

詠史 （遼）蕭瑟瑟

丞相來朝兮劍佩鳴,千官側目兮寂無聲。養成外患兮嗟何及!禍盡忠臣兮罰不明。
親戚並居兮藩屏位,私門潛畜兮爪牙兵。可憐往代兮秦天子,猶向宮中兮望太平。

《遼詩》,《全遼金詩》上冊,72頁

趙　　高　　　　　　　　　　　　　　（宋）劉克莊

歸自沙丘後，因專定策功。國由中府令，帝在望夷宮。

《全宋詩》卷三〇四七，58 冊，36342 頁

趙　　高　　　　　　　　　　　　　　（元）徐　鈞

閹奴久矣擅秦權，鹿馬欺君亦勢然。輒向望夷行弒逆，此身不殺是無天。

《全元詩》，第 7 冊，282 頁

讀史二首（其二）　　　　　　　　　　（明）陳伯康

趙高利少主，矯制誅扶蘇。一念誤國人，三說感李斯。望夷眩鹿馬，赤族誠天誅。吾聞金日磾，出身本降俘。霍光受遺詔，共負成王圖。大哉社稷臣，戒之用小夫。

《明詩初集》三二，《石倉歷代詩選》卷三一二，影印文淵閣《四庫全書》1391 冊，376 頁

家姬奉主　　　　　　　　　　　　　　（明）瞿　佑

《史記·秦紀》：秦太子之子異人，質於趙。陽翟大賈呂不韋見之，曰："此奇貨可居。"遂與定交。買邯鄲姬絕美者為妾，有娠。宜人見而欲之，不韋佯怒，尋歸之。後歸國，姬生子名政，是為秦始皇。政立，尊姬為太后，封不韋為文信君，號假父。太后仍與之通，不韋恐事泄，乃進舍人毒嫪（嫪毒）於太后，生二子。

奇貨來居價未償，更陪利息奉君王。不韋欲買秦天子，豈是偏多熱肺腸。

《史記》：趙左師觸龍，入見太后曰：臣有息子，願得供奉太后。臣老，願以托。太后笑曰：丈夫亦愛少子乎？對曰：尤甚。

《香臺集》卷中，《瞿佑全集校注》上冊，57 頁

趙　　高　　　　　　　　　　　　　　（清）羅惇衍

以宦官位至中丞相，殺二世，子嬰誅之。

假手雲陽報復奇，長平坑後爾生時。滅秦功竟先劉季，助項謀曾殺李斯。從此閹人能覆國，況因律令得乘師。野蒲變脯成何事，蓄險藏奸早可危。

《集義軒詠史詩鈔校證》卷五，第一冊，137 頁

秦皇美人廟　　　　　　　　　　　　　　　　　（清）談　遷

秦皇美人從遊,死葬海鹽秦駐山。

驪山高築舊龍艐,海上寥寥瘞落紅。遠駕年深消怨魄,荒煙天外帶孤鴻。南遊萬乘投江璧,北道千山返梓宮。多少香魂歸未得,後車遺臭鮑魚同。

《詩》卷一,《談遷詩文集》,58 頁

讀《史記》四首·千童縣　　　　　　　　　　　（清）洪亮吉

避秦人,居桃源,不若求仙徐福住海船。童男女,一千生息何綿綿!桃源無名茲有姓,童女童男亦何幸。居船居島樂有餘,島上至今皆姓徐。桃源中,不知漢,海外亦先忘理亂。有時苗裔來中原,各以東溟作鄉貫。君不見,渤海郡,千童縣。

《更生齋詩續集》卷五,《洪亮吉集》第四冊,1649 頁

詞

又（水調歌頭）·咸陽懷古　　　　　　　　　　　　（元）白樸

復用前韻。

鞭石下滄海，海內漸成空。君王日夜為樂，高枕望夷宮。方歡東門逐兔，又慨中原失鹿，草昧起英雄。不待素靈哭，已識斬蛇翁。　　笑重瞳，徒叱吒，凜生風。阿房三月焦土，有罪與秦同。秦固亡人六國，楚復絕秦三世，萬世果誰終。我欲問天道，政在不言中。

《全金元詞》下冊，626 頁

又（滿江紅）·咸陽懷古　　　　　　　　　　　　　（清）包榮翰

代北燕南，問楚漢、英雄何在。見一片，霜林醉舞，秋雲如蓋。仙藥未違龍鳳杳，長城築罷山河壞。聽斜陽，廢館唱銅鞮，蟲牢外。　　秦鹿失，嬴皇敗。楚猴死，周苛賣。欺八千子弟，已成菹醢。垓下軍前花似血，郃陽城外山如黛。笑斬蛇，豎子竟成名，應長嘅。

《倚盾鼻詞草》，《清詞珍本叢刊》第二〇冊，149 頁

過秦樓·上秦始皇陵　　　　　　　　　　　　　　（清）董元愷

五丈墳平，三泉水涸，跨馬驪山山畔。神仙難致，神女虛勞，一旦沙丘魂斷。試問王氣咸陽，萬世雄圖，輼輬車幔。歎魚池何在，巨魚未捕，鮑魚方亂。　　想當日、黃土美人，羨門工匠，地下百官宮觀。重瞳一入，機弩空張，牧火勢延天半。縱是鋒鏑金人，季龍銅柱，都無成算。望西郊新塚，纍纍共此，白楊荒岸。

《全清詞》順康卷第六冊，3361 頁

小秦王·阿房　　　　　　　　　　　　　　　　　（清）王倩

雍州多少帝王家。故府猶存秦辟邪。三十六宮紅守臂，卻從海上問丹砂。

《全清詞》順康卷第六冊，3513 頁

前調(滿江紅)·阿房懷古　　(清)黃垍

萬戶千門,建五丈、旌旗蔽月。跨渭水、橫空閣道,驪山西折。粉膩脂香赤子淚,朱甍碧瓦蒼生血。看歌臺、舞殿起春風,飄檀屑。　　數百里,歌鐘徹。三十郡,脂膏竭,更明星光耀,綠雲重疊。壯麗不殊金虎氣,濃香定與沙邱別。最堪憐、一炬楚烽高,終秦劫。

《全清詞》順康卷第一三冊,7455 頁

前調(百字令)·詠史　　(清)黃垍

天公多事,斷六鰲、重立三山基業。留得彭瀛仙址在,漢武秦皇心折。鞭石神人,蜚廉桂觀,所事都奇絕。望中如覯,白雲鳥獸宮闕。　　人世幻想何窮,官山府海,更欲求丹訣。高誓羨門難再遇,方士從來饒舌。漢時荒涼,秦橋寂寞,煙鎖滄洲月。禁方祀竈,空教千載傳說。

《全清詞》順康卷第一三冊,7470 頁

憶帝京·登秦望山　　(清)方桑者

山勢巍巍碧天邊。峭峻嶒、似人瘦。忽覺地天寬,放眼界、窺宇宙。借取九霄風,玉華前、金殿後。　　喚白雲、貯盈羅袖。秦皇東望長生訣,十萬樓船空去走。紅塵飛,電閃蛟龍爭鬥。霖雨播荒丘。正值薑苗時候。

《全清詞》順康卷第一九冊,10792 頁

望海潮·秦望山　　(清)吳綺

去城南十二裏,高一百六十丈。秦始皇東遊江渚,欲渡會稽,登山而望,故名。後吳越王於此建上清宮,巨石二十餘株,自然成行,名曰金門洞。祖龍以驪桀之勞,並六爲一,乃欲騁遊觀之勝,極山海之娛,可爲雄矣。而鮑魚腥穢,厭祚弗長,固由天命,良亦人事耶。作《望海潮》以識焉。

天分吳繳,山連越嶂,東南獨占繁華。見說呂龍,曾驅趙馬,雄心四海爲家。橫目放蛟沙。安鞭驅海石,帆到天涯。雙璧重還,神人應早厭豪奢。　　徒知禹會雖佳。笑親藏金簡,埋沒山花。轉眼千年,回眸百代,猶驚唾面神娃。萬弩發雕牙。又霸圖頻換,往事空賒。老樹金門憑誰,問取舊根芽。

《全清詞》順康卷補編第一冊,465 頁

浪淘沙·嶧山懷古

(清)秦 濟

孤嶂碧梧荒。觸景增傷。五華頂上接穹蒼。但見浮雲連海岱,魯殿淒涼。　昔事想秦皇。登眺何妨。祖龍魂散幾滄桑。祇有殘碑依舊在,留對斜陽。

《全清詞》順康卷補編第三冊,1452 頁

賣花聲·長城懷古

(清)秦 濟

長城在臨洮城北三十里。

秋色遍洮陽。望去增傷,閒來不必數豪強。萬里長城從此始,四海匆忙。　對景益淒涼。遙憶秦皇。笑他鞭石任倡狂。欲要子孫傳億禩,二世云亡。

《全清詞》順康卷補編第三冊,1473 頁

前調(采桑子)·秦宮

(清)孔傳誌

阿房窈窕千門戶,六國精英。金屋銀屏。曉鏡開時列曙星。　君王老向驪山去,粉黛飄零。宮榭頹傾,難與重瞳一炬爭。

《全清詞》順康卷補編第四冊,2131 頁

南浦·秦望山

(清)陶元藻

萬乘蹕崇岡,望崤函、雲似行人無數。歷歷指神州,誰爭勝、百二雄關天府。六王已畢,乘風好覓西歸路。世世阿房,高枕臥、遑計楚雖三戶。　衡陽神禹曾經,四千年岣嶁,依然如故。底事祖龍亡,一片石、試問荊榛何處。迷離煙雨。大夫松影同消沮。想是咸陽灰燼日,此亦六丁下取。

《全清詞》雍乾卷第二冊,846 頁

柳梢青·銘秦坑

(清)張塤

曰秦之帝。乃坑儒者,以儒為厲。為厲有諸,亦坑其國,亦坑其子。　坑儒者又焚書,曰書在、儒其不死。坑者重蘇,而不蘇者,曰秦之帝。

《全清詞》雍乾卷第九冊,4844 頁

減字木蘭花·驪山晚眺

(清)趙懷玉

家仰原太守以崑山王某《隨時行樂圖》屬題,凡十二幅,余未識其人也。重違其意,分題三闋。

阿房火歇。又見華清宮殿出。多事驪山。閱盡滄桑不肯閒。　搆西折北。指點蒼茫空暮色。殘照秋風。付與詞場畫譜中。

《全清詞》雍乾卷第一二冊,6784頁

解連環·秦皇帝

(清)史　蟠

讀《恨賦》,分詠六闋,和家恒齋。

惜哉鉛築。又滈池遺璧,識成卅六。笑乘風、何處蓬萊,早墓道驪山,金椎暗築。三月咸陽,差賽過、人膏燈燭。擁河山百二,纔到皇孫,纓組銜玉。　誰把金城碎觸。有扶蘇死作,彌天冤獄。戍卒耳、那解亡秦,爲輂後攜魚,宮中指鹿。惹起狐鳴,白帝子、虵邊夜哭。賸荒涼、陳寶祠西,渭川愁綠。

《全清詞》雍乾卷第一五冊,8483頁

念奴嬌·長城懷古

(清)吳法乾

憑高眺遠,被何人都把,山腰橫截。昔日祖龍勞控馭,萬里邊牆如鐵。關隘遙連,戍樓相望,霸氣偏雄絕。中原六國,一時束手豪傑。　今日何代荒陵,何年廢壘,往事憑誰說。木葉一城秋自落,空掛當時明月。撲地飛沙,叫雲征雁,極目傷情切。不殊風景,興亡多少更迭。

《全清詞》雍乾卷第一六冊,8732頁

波羅門引·泰山古松

(近代)呂碧城

即大夫松。

根蟠泰岱,二千年後尚凌雲。滄桑閱盡閒身。天外孤擎寒翠,清籟動城闉。莫乘濤龍化,夜雨愁人。　荒厓古春,倚瘦石、傲嶙峋。惟許蒼筠比節,丹薜攀鄰。文移山北,問貞木、何曾甘帝秦。題雋墨,待勒珉青。

《呂碧城詞》卷三,《呂碧城集》上冊,202頁

曲

〔北雙調水仙子〕指鹿為馬

（明）薛論道

大奸天地膽包籠。敢把當朝口盡封。片言詭遇干戈動。把人君社稷傾。望夷宮神鬼難容。弒九重乾坤暗。滅三族宇宙紅。都只為一念不忠。

《全明散曲》第三册，2750 頁

項羽本紀

一　詩

詠《項羽本紀》

項羽本紀　　　　　　　　　　　　　（唐）司馬貞

亡秦鹿走,僞楚狐鳴。雲欝沛谷,劍挺吳城。勳開魯甸,勢合碭兵。卿子無罪,亞父推誠。始救趙歇,終誅子嬰。違約王漢,背關懷楚。常遷上游,臣迫故主。靈壁大振,成皋久拒。戰非無功,天實不與。嗟彼蓋代,卒爲凶豎。

《史記索隱》卷二九,458頁

項亭懷古　　　　　　　　　　　　　（唐）竇　常

力取誠多難,天亡路亦窮。有心裁帳下,無面到江東。命厄留騅處,年銷逐鹿中。漢家神器在,須廢拔山功。

《全唐詩》卷二七一,8冊,3031頁

讀《項羽傳》二首　　　　　　　　　（宋）釋智圓

頻年戰勝恃雄强,歷數分明在彼蒼。堪笑范增無異識,不能令主事高皇。
發歡虞姬拋已窮,烏江此夕喪英雄。當時若也知天命,佐漢應居第一功。

《全宋詩》卷一三七,3冊,1540頁

項 羽

(宋)梅堯臣

羽以匹夫勇,起於隴畝中。遂將五諸侯,三年成霸功。天下欲滅秦,無不慕強雄,秦滅責以德,豁達歸沛公。自矜奮私智,奔亡竟無終。

《全宋詩》卷二五九,5 冊,3263 頁

廣武山懷古

(宋)劉季孫

楚漢兵相接,乾坤晝亦暝。虎爭千里震,龍戰四郊腥。故壘從誰問,嚴祠自昔靈。北風吹敗木,落葉任飄零。

《全宋詩》卷七二三,12 冊,8366 頁

讀《項羽傳》

(金)李俊民

鴻溝時暫割山河,楚國山河一半多。欲去故鄉誇富貴,不知沛有《大風歌》。

《金詩》,《全遼金詩》中冊,1969 頁

讀《項羽傳》

(元)汪 珍

逐鹿中原志未酬,息兵暫擬割鴻溝。重瞳似舜終何益,三戶亡嬴讖亦休。江左豈無秦父老,關中已屬漢諸侯。萬人一劍都無用,怕見虞姬地下羞。

《全元詩》第 20 冊,323 頁

讀 史

(元)貢性之

自緣天運不尋常,勝敗兵家豈易量。三戶滅秦皆楚語,重瞳不渡殆天亡。怒來我亦坑降卒,事定人能殺假王。寄與英雄須入慮,莫教辜負魯連狂。

《全元詩》第 58 冊,274 頁

讀《項羽本紀》十四歲作

(明)宋 濂

垓下何人爲解圍,八千兵散意何如。帳前灑盡英雄淚,似悔當年不讀書。

《蘿山詩集》五,《宋濂全集》卷一〇三,第四冊,2438 頁

廣武山

（清）王士禛

朝登廣武山，四望古戰場。黃河泱溁流，寒日無晶光。孤獸索其羣，驚鳥亂無行。平沙轉飛藿，白骨堆嚴霜。昔者英雄人，於此分霸王。強弱理無恒，得失爭敖倉。名雖蹶陰陵，萬乘入咸陽。東指芒碭雲，五色成龍章。大風沛上來，遊子悲故鄉。

《漁洋續詩集》卷七，《王士禛全集》第二冊，816 頁

魯公墓

（清）王 軒

八千子弟來江東，喑噁一怒咸陽紅。手裂河山宰茅土，匹夫權與天王同。拔山力盡騅不逝，半壁金甌脫手棄。秦鹿終傷志士神，楚猴歘雪美人涕。轉戰倉皇陷大澤，田夫亭長皆強敵。好奇坐失追連敖，故主竟被降虜策。王頭千金侯萬戶，九尺徘徊無去所。七十二戰終他人，生王十八死侯五。曲阜城門朝不啓，重瞳訖向重泉閉。當時秉禮聞魯人，胡不發喪先義帝？君不見千秋成敗付天亡，戰攻戰罪等茫茫。學書學劍知何是，收涕江邊酹憤王。

《橘經廬詩集》卷六，《續尤西堂擬明史樂府》（外二種），192 頁

燕臺懷古雜詠，方水部_{鐵船}同作·鉅鹿

（清）蔣 詩

力拔山兮氣蓋世，自矜功代雍私智。喑叱咤廢千人，起隴畝无尺寸勢。鉅鹿之戰尤莫當，引兵渡河三日糧。沉船破釜示必死，涉間自焚離角亡。遂見諸侯召將吏，呼聲動天人怖悸。紛紛卻行入軒門，蒲將軍勝章邯涕。沛公入關軍鴻門，左尹項伯仇私恩。空使亞父碎玉斗，滎陽中計疑謀臣。彭城疽發范增死，不足與謀有如此。綠衣何必輕夜行，楚人沐猴而冠耳。公不如義殺宋義，陰令江中擊義帝。聲罪垓下楚歌哀，誰致天王皆自斃。

《榆西僊館初稾》卷二八，《清代詩文集彙編》488 冊，446 頁

補禹門兩漢詠史小詩（其五、六）

（清）梁運昌

即使返江東，未見重捲土。英雄死亦快，誰肯傍門戶。

立楚弒義帝，一由彼所教。歷陽計何奇，前後徒自撓。

《秋竹齋詩存》卷二，《清代詩文集彙編》499 冊，13 頁

雜詠史四十二首(其十) （清）梁運昌

誰謂歷陽侯，年老多奇計。吾嘗覆其眞，名實迺相戾。佐項才未高，立懷肘徒掔。關中淪天險，成皋失地勢。善地奪故王，上游放義帝。好殺坐失人，不平難宰世。此皆增之陰謀，不然，亦坐不能救正。東坡責先幾，殺慶爾當逝。安知非陰謀，翼虎教狂噬。史言諸將共立羽，非增為之首耶。任將雙斗撞，莫取一劍厲。識略謝良、平，終難望開濟。羽雖聽增，終亦必敗，其識略不及良、平也。

《秋竹齋詩存》卷五，《清代詩文集彙編》499冊，35頁

讀《史記》作(其二、三) （清）盛大士

鴻門饗軍士，精銳不可當。沛公一來見，怒氣旋消亡。直言構讒者，司馬曹無傷。甲帳開華筵，巵酒斟金觴。三爵舉未釂，寶劍飛其旁。君王自歡讌，公等休倉皇。不肯殺沛公，度量真帝王。可憐如廁者，疾走心驚惶。

美人不忍離，駿馬不忍棄。慷慨《垓下歌》，左右同下淚。一片真性情，人人服其義。所以魯父兄，守死不肯二。王本封魯公，葬之於魯地。漢王為發哀，同於哭義帝。

《薀愫閣詩集》卷二，《清代詩文集彙編》501冊，17頁

詠史小樂府三十首己未(其二、四) （清）沈家本

絕唱虞兮和，聲聲恨逝騅。芳魂化芳草，還為斂蛾眉。

外黃免屠滅，首肯十三兒。白髮居鄭老，曾無諷諫詞。

《枕碧樓偶存稿》卷七，《清代詩文集彙編》745冊，486頁

讀《項羽本紀》 （清）殷如梅

喑嗚叱咤震江東，秦漢之間綴此公。百二山河一炬後，八千子弟五年中。錦衣歸去終何益，象輅封來漫自雄。今日還同觀壁上，腐遷筆墨挾英風。

《緣滿山房集》丙二，《清代詩文集彙編》438冊，695頁

讀史雜詠(其三、四、五) （清）張寶森

江中義帝雖遭禍，名分終懸日月新。何物牧羊兒有幸，重瞳、隆準亦稱臣。

三户亡秦是楚功,莫將成敗論英雄。蘭臺作紀先高祖,始信龍門史筆公。

頭購千金恨若何,憤王祠下石嵯峨。漢家陵寢無人識,不及烏江吊客多。

《悔庵詩存》卷上,《清代詩文集彙編》768 册,624 頁

倚裝對雪讀《項羽本紀》偶書 （清）張寶森

項王雖自刎,王號終未降。誰令龍準人,但以魯公葬。酣戰鉅鹿時,諸侯膝相向。帥師屯鴻門,南面孰與抗。胡乃貶其爵,至今且怊悵。夫差死稱孤,千秋氣同壯。

《悔庵詩存》卷上,《清代詩文集彙編》768 册,644 頁

詠項羽

詠項羽 （唐）于季子

北伐雖全趙,東歸不王秦。空歌拔山力,羞作渡江人。

《全唐詩》卷八〇,3 冊,872 頁

過鴻溝 （唐）韓　愈

龍疲虎困割川原,億萬蒼生性命存。誰勸君王回馬首,真成一擲賭乾坤?

《全唐詩》卷三四四,10 冊,3855 頁

和令狐侍郎、郭郎中《題項羽廟》 （唐）孟　郊

碧草凌古廟,清塵鎖秋窗。當時獨宰割,猛志誰能降!鼓氣雷作敵,劍光電為雙。新悲徒自起,舊恨空浮江。

《全唐詩》卷三八〇,12 冊,4261 頁

公莫舞歌 并序 （唐）李　賀

《公莫舞歌》者,詠項伯翼蔽劉沛公也。會中壯士,灼灼於人,故無復書;且南北樂府率有歌引。賀陋諸家,今重作《公莫舞歌》雲。

方花古礎排九楹,刺豹淋血盛銀罌。華筵鼓吹無桐竹。長刀直立割鳴箏。橫楣粗錦生紅緯,日炙錦嫣王未醉。腰下三看寶玦光,項莊掉箭攔前起。材官小臣公莫舞,座上真人赤龍子。芒碭雲瑞抱天回,咸陽王氣清如水。鐵樞鐵楗重束關,大旗五丈撞雙鐶。漢王今日頒秦印,絕臏刳腸臣不論。

《全唐詩》卷三九一,12 冊,4409 頁

鴻　溝 （唐）張　碧

毒龍銜日天地昏,八紘靉霴生愁雲。秦園走鹿無藏處,紛紛爭處蜂成群。四溟波立

鯨相吞,蕩搖五丘崩山根。魚蝦舞浪狂鰍鯤,龍蛇膽戰登鴻門。星旗羽鏃強者尊,黑風白雨東西屯。山河欲拆人煙分,壯士鼓勇君王存。項莊憤氣吐不得,亞父斜聲天上聞。玉光墮地驚崑崙,留侯氣魄吞太華。舌頭一寸生陽春,神農女媧愁不言。蛇枯老媼啼淚痕,星曹定秤秤王孫。項籍骨輕迷精魂,沛公仰面爭乾坤。須臾垓下賊星起,歌聲繚繞悽人耳。吳娃捧酒橫秋波,霜天月照空城壘。力拔山兮忽到此,雛嘶懶渡烏江水。新豐瑞色生樓臺,西楚寒蒿哭愁鬼。三尺霜鳴金匣裏,神光一掉八千里。漢皇驟馬意氣生,西南掃地迎天子。

《全唐詩》卷四六九,14 冊,5338 頁

鴻　溝　　　（唐）張　祜

龍蛇百戰爭天下,各制雄心指此溝。寧似九州分國土,地圖初割海中流。

《全唐詩》卷五一一,15 冊,5850 頁

題烏江亭　　　（唐）杜　牧

勝敗兵家事不期,包羞忍恥是男兒。江東子弟多才俊,捲土重來未可知!

《全唐詩》卷五二三,16 冊,5982 頁

鴻　溝　　　（唐）許　渾

相持未定各為君,秦政山河此地分。力盡烏江千載後,古溝芳草起寒雲。

《全唐詩》卷五三八,16 冊,6139 頁

烏　江　　　（唐）孟　遲

中分豈是無遺策,百戰空勞不逝騅。大業固非人事及,烏江亭長又何知。

《全唐詩》卷五五七,17 冊,6460 頁

垓　城　　　（唐）儲嗣宗

百戰未言非,孤軍驚夜圍。山河意氣盡,淚濕美人衣。

《全唐詩》卷五九四,18 冊,6882 頁

項　亭　　　　　　　　　　　　　　（唐）汪　遵

不修仁德合文明，天道如何擬力爭。隔岸故鄉歸不得，十年空負拔山名。

《全唐詩》卷六〇二，18 冊，6959 頁

烏　江　　　　　　　　　　　　　　（唐）汪　遵

兵散弓殘挫虎威，單槍匹馬突重圍。英雄去盡羞容在，看却江東不得歸。

《全唐詩》卷六〇二，18 冊，6959 頁

項羽廟　　　　　　　　　　　　　　（唐）李山甫

為虜為王盡偶然，有何羞見漢江船。停分天下猶嫌少，可要行人贈紙錢。

《全唐詩》卷六四三，19 冊，7370 頁

烏　江　　　　　　　　　　　　　　（唐）胡　曾

爭帝圖王勢已傾，八千兵散楚歌聲。烏江不是無船渡，恥向東吳再起兵。

《全唐詩》卷六七四，19 冊，7419 頁

垓　下　　　　　　　　　　　　　　（唐）胡　曾

拔山力盡霸圖隳，倚劍空歌不逝騅。明月滿營天似水，那堪回首別虞姬。

《全唐詩》卷六四七，19 冊，7423 頁

鴻　溝　　　　　　　　　　　　　　（唐）胡　曾

虎倦龍疲白刃秋，兩分天下指鴻溝。項王不覺英雄挫，欲向彭門醉玉樓。

《全唐詩》卷六四七，19 冊，7431 頁

鴻　門　　　　　　　　　　　　　　（唐）胡　曾

項籍鷹揚六合晨，鴻門開宴賀亡秦。樽前若取謀臣計，豈作陰陵失路人。

《全唐詩》卷六四七，19 冊，7435 頁

項　籍
（唐）周　曇

九垓垂定棄謀臣,一陣無功便殺身。壯士誠知輕性命,不思辜負八千人。

《全唐詩》卷七二九,21 冊,8353 頁

題楚廟
（唐）歸　仁

羞容難更返江東,誰問從來百戰功。天地有心歸道德,山河無力為英雄。蘆花尚認霜戈白,海日猶思火陣紅。也是男兒成敗事,不須惆悵對西風。

《全唐詩》卷八二五,23 冊,9294 頁

垓下懷古
（唐）棲　一

緬想咸陽事可嗟,楚歌哀怨思無涯。八千子弟歸何處,萬里鴻溝屬漢家。弓指陣前爭日月,血流垓下定龍蛇。拔山力盡烏江水,今古悠悠空浪花。

《全唐詩》卷八四九,24 冊,9613 頁

鴻溝,和呂聖功韻
（宋）曾　璉

王霸興亡劫幾塵,鴻溝依舊鎖寒雲。不將帝業追三代,只把河山割半分。故壘已隨流水盡,歸鴉空帶夕陽曛。西風立馬頻回首,那忍猿聲隔岸聞。

《全宋詩》卷四七,1 冊,517 頁

過鴻溝
（宋）王禹偁

侯公緩頰太公歸,項籍何曾會戰機。只見鴻溝分兩處,不知垓下有重圍。危橋帶雨無人過,敗葉隨風傍馬飛。半日垂鞭念前事,露莎霜樹映斜暉。

《全宋詩》卷六四,2 冊,707 頁

陰　陵
（宋）梅　詢

龍虎相驅逐,干戈事戰爭。千重漢圍合,一夜楚歌聲。淒涼七十戰,散漫八千兵。失道欺田父,窮途遇灌嬰。天亡終不悟,覽古亦傷情。

《全宋詩》卷九九,2 冊,1120 頁

烏江廟

（宋）齊　唐

天意降時雨,山川潛出雲。鋤秦將授漢,此力半因君。

《全宋詩》卷一六三,3 冊,1852 頁

過項羽廟

（宋）陳　洎

八千子弟已投戈,夜帳猶聞怨楚歌。學敵萬人成底事,不思一個范增多。

《全宋詩》卷二二六,4 冊,2644 頁

鴻　溝

（宋）蘇　敖

置俎均牢毚,峨冠信沐猴。方矜幾上肉,已墮幄中籌。海嶽歸三尺,衣冠閟一丘。路人猶指似,山下是鴻溝。

《全宋詩》卷二七二,5 冊,3457 頁

垓　下

（宋）陳　薦

九里山南楚、漢爭,風波翻覆走長鯨。霸圖欲斷中宵失,帝業時來一戰成。懶渡滄江慚父老,更無勍敵壓韓、彭。農人不識當時意,祇得春霖事耦耕。

《全宋詩》卷四〇八,8 冊,5023 頁

垓　下

（宋）曾　鞏

三傑同歸漢道興,拔山餘力爾徒矜。泫然垓下真兒女,不悟當從一范增。

《全宋詩》卷四六〇,8 冊,5590 頁

戲下曲

（宋）司馬光

項王初破函關兵,氣壓山河風火明。旌旗金鼓四十萬,夜泊鴻門期曉戰。關東席捲五諸侯,沛公君臣相視愁。幸因項伯謝前過,進謁不敢須臾留。椎牛高會召諸將,寶劍泠泠舞席上。咸陽灰燼義帝遷,分裂九州如指掌。功高意滿思東歸,韓生受誅不復疑。區區蜀漢遷謫地,縱使倒戈何足為。

《全宋詩》卷四九八,9 冊,6008 頁

烏江亭　　　　　　　　　　　　　　　　（宋）王安石

百戰疲勞壯士哀,中原一敗勢難回。江東子弟今雖在,肯與君王卷土來？

《全宋詩》卷五七〇,10 冊,6732 頁

過鴻溝　　　　　　　　　　　　　　　　（宋）楊　傑

楚漢區區別土疆,誰知盛德勝兵強。乾坤混一歸真主,郡國平分亦假王。地底泉源通汜水。道旁碑石屬滎陽。如今四海都無外,農入春田失戰場。

《全宋詩》卷六七五,12 冊,7867 頁

項王廟　　　　　　　　　　　　　　　　（宋）華　鎮

劉氏功名未足多,謾將帶礪指山河。楚宮一夜雖虛壘,漢殿百年還藝禾。今日祠堂皆寂寞,當時江水自逶迤。有靈若憶生前事,應悔初為《蓋世歌》。

《全宋詩》卷一〇八六,18 冊,12341 頁

詠項籍廟二首　　　　　　　　　　　　　（宋）許彥國

曾被秦人笑沐猴,錦衣東去更何求。可憐瞭瞭重瞳子,不見山河繞雍州。
千古興亡莫浪愁,漢家功業亦荒丘。空餘原上虞姬草,舞盡春風未肯休。

《全宋詩》卷一〇九三,18 冊,12401 頁

彭城三詠·戲馬臺歌　　　　　　　　　　（宋）賀　鑄

元豐甲子,余與彭城張仲連謀父、東萊寇昌朝元弼、彭城陳師仲傳道、臨城王適子立、宋城王玨文舉,采徐方陳迹分咏之。余得戲馬臺、斬蛇澤、歌風臺三題,即賦焉。戲馬臺在郡城之南,斬蛇澤在豐縣西二十里,歌風臺在沛縣郭中。

秦蛇已中斷,劉、項方龍戰。叱吒沮風雲,睢盱走霆電。鴻溝一畫天地開,楚王洗劍東歸來。新都形勝控淮泗,籠山絡谷營高臺。重瞳登覽何為者？不知招賢知戲馬。上如激矢下投丸,蘭筋霜腕便自注:平。回盤。半夜悲歌雖不逝,明日陰陵行路難。駃牡三千歸漢閑,粟豆尤聞蠹縣官。君不見華山之陽古坰牧,春風吹草年年綠。

《全宋詩》卷一一〇二,19 冊,12498 頁

項 羽

(宋)張 耒

沛公百萬保咸陽,自古柔仁伏暴強。慷慨悲歌君勿恨,拔山蓋世故應亡。

《全宋詩》卷一一七三,20 冊,13245 頁

項羽廟

(宋)李 新

空使秦人笑沐猴,錦衣東去更何求。可憐了了重瞳子,不見山河繞雍州。

《全宋詩》卷一二六二,21 冊,14231 頁

霸王城

(宋)饒 節

百年父老不知兵,楚漢相持尚有營。日暮牛羊歸虎落,野雞飛過霸王城。

《全宋詩》卷一二八七,22 冊,14570 頁

詠 史 并序

(宋)李 光

項羽不聽韓生之謀,背關懷楚,亡征已見。漢王卒用張良計,致齊王信等會垓下。

入關不守舊山河,漢用張良作網羅。垓下不知兵已合,夜深方訝楚人多。

《全宋詩》卷一四二六,25 冊,16446 頁

項羽二首

(宋)朱淑真

自古興亡本是天,豈容人力預其間。非憑天與憑騅逝,雖不前兮戰已閑。

蓋世英雄力拔山,豈知天意在西關。范增可用非能用,徒歎身亡頃刻間。

《全宋詩》卷一五九八,28 冊,17994 頁

鴻 溝

(宋)鄭剛中

天下共知歸漢德,東西那可限鴻溝。雖令羽割大河水,分得人心兩處不。

《全宋詩》卷一六九九,30 冊,19154 頁

項 王

(宋)胡 宏

快戰焉知霸術疏,烏江亭上獨欷歔。萬人三尺俱無用,可惜當年不讀書。

《全宋詩》卷一九七二,35 冊,22106 頁

項　羽　　　　　　　　　　　　　（宋）陸　游

八尺將軍千里騅,拔山扛鼎不妨奇。范增力盡無施處,路到烏江君自知。

《全宋詩》卷二一九二,40 冊,25028 頁

項王祠　　　　　　　　　　　　　（宋）陸　游

項里溪水聲潺湲,溪上青山峨髻鬟。烟村人語虛市合,石橋日落漁樵還。堂上君王凜八尺,大冠如箕熊豹顏。築祠不知始何代,典祀千載誰敢刪。肅清亭障息剽奪,掃蕩螟螣囚神奸。范增玉斗久已碎,虞姬粧面留餘潸。小人平生仰遺烈,近廟欲結茅三間。時時長歌《拔山曲》,醉倒聊慰窮途艱。

《全宋詩》卷二二〇八,40 冊,25273 頁

秋晚雜興十二首（其十）　　　　　　（宋）陸　游

江東誰復識重瞳,遺廟欹斜草棘中。若比咿嚶念如意,烏江戰死尚英雄。自注：項羽廟。

《全宋詩》卷二二二四,41 冊,25524 頁

湖山九首（其一）　　　　　　　　　（宋）陸　游

逐鹿心雖壯,乘騅勢已窮。終全蓋世氣,絕意走江東。自注：項羽廟。

《全宋詩》卷二二三三,41 冊,25645 頁

鴻門宴　　　　　　　　　　　　　（宋）劉　翰

江東遙遙八千騎,大戰小戰七十二。劉郎曉鞭天馬來,踧踏長安開帝里。子嬰已降隆準公,君王置酒鴻門東。張良已去玉斗碎,三月火照咸陽紅。繡衣歸來日將夜,可惜雄心天不借。當時已失范增謀,尚引長戈到垓下。刁斗乍急營壘驚,夜深旗尾秋風橫。玉帳佳人不成夢,月明四面聞歌聲。拔劍相看淚如雨,我作楚歌君楚舞。明朝寶馬一聲嘶,江北江東皆漢土。

《全宋詩》卷二四一二,45 冊,27843 頁

戲馬臺　　　　　　　　　　　　　　　　（宋）趙公豫

戲馬臺邊風色寒，黃河晝夜水彌漫。椎心每恨英雄盡，放眼還知天地寬。宴設鴻門王氣在，煙銷秦闕霸圖殘。知幾亞父身先死，不見陰陵行路難。

《全宋詩》卷二五〇二，46冊，28949頁

霸王廟　　　　　　　　　　　　　　　　（宋）袁說友

志大無遺策，天亡有愧心。威稜空炯炯，祠殿獨陰陰。木秀千年古，溪流萬折深。江東父老意，羯鼓奏新音。

《全宋詩》卷二五七六，48冊，29921頁

戲馬臺　　　　　　　　　　　　　　　　（宋）呂　定

據鞍揮指八千兵，昔日中原幾戰爭。追鹿已無秦社稷，逝騅方歎楚歌聲。英雄事往人何在，寂寞臺空草自生。回首雲山青蠹蠹，黃流依舊遶彭城。

《全宋詩》卷二六五二，50冊，31076頁

項　羽　　　　　　　　　　　　　　　　（宋）劉克莊

頓無英霸氣，尚有婦兒仁。聞漢購吾首，持將贈故人。

《全宋詩》卷三〇四七，58冊，36336頁

霸王廟　　　　　　　　　　　　　　　　（宋）胡仲弓

慄悍攻城大不仁，拔山力盡誤終身。當初不學古兵法，到了翻成霸罪人。未造漢時知有漢，豈堪秦後又生秦。咄嗟氣象今何在，千古空留土木神。

《全宋詩》卷三三三四，63冊，39792頁

項　羽　　　　　　　　　　　　　　　　（宋）錢舜選

項羽天資自不仁，那堪亞父作謀臣。鴻門若遂樽前計，又一商君又一秦。

《全宋詩》卷三五一九，67冊，42026頁

烏江項羽廟　　　　　　　　　　　（宋）吳龍翰

蓋世英雄只恁休，千年遺恨大江流。漢提義帝作張本，當日君輸第一籌。

《全宋詩》卷三五八九，68 冊，42890 頁

鴻門舞劍歌　　　　　　　　　　　（宋）汪宗臣

黑雲壓壘雛嘶風，荊軻聶政粗豪同。舞筵閃動青蛇影，焉知火帝生真龍。一劍剡剡匹夫勇，一劍翼翼隨西東。壯士長戈氣胃虹，掃開霾曀曦光融。尊前張膽不為屈，生龕嚳割吞群凶。子房笑語指顧頃，奚啻脫車深淖中。平陽帝譜炎精動，玉螮蝀夜當其鋒。秦關恍服湯武出，赤幟彌張天下雄。金刀赫靈漢劍奮，烏江落日楚劍空。美人沒草雛沒水，項莊何處鳴秋蛩。

《全宋詩》卷三六一三，69 冊，43266 頁

鴻門燕，同皋羽作　　　　　　　　　（宋）方　鳳

項王重瞳氣蓋世，叱吒喑啞萬夫廢。交割河山杯酒中，弱肉眈眈恣虎視。帳列爪士吞鯨黿，神鋒技擊光蕩摩。中有一人亦拔劍，是楚是漢舞婆娑。須臾壯夫擁盾入，怒目而語眥盡裂。項王煦嘔無一言，楚國孤臣淚流血。玉玦何勞再三舉，拂衣竟作彭城死。沐猴而冠何足云，君看五采成龍文。

《全宋詩》卷三六一八，69 冊，43335 頁

項羽廟　　　　　　　　　　　　　（宋）林景熙

在山陰縣南十五里。

夜半追兵入楚營，鴻門玉碎夘金興。江東父老猶羞見，地下如何見范增。

《全宋詩》卷三六三一，69 冊，43484 頁

項羽里　　　　　　　　　　　　　（宋）林景熙

在山陰縣南十五里，有廟在焉。

英雄蓋世竟何為，故里淒涼越水涯。百二勢傾爭逐鹿，八千兵散獨乘騅。計疏白璧孤臣去，淚落烏江後騎追。遺廟荒林人酹酒，至今春草舞虞姬。

《全宋詩》卷三六三二,69 冊,43495 頁

項 羽　　　　　　　　　　　　　　（宋）陳　普

齊王元在籍軍中,萬馬朱幟照海紅。垓下相逢揕掩袂,更何面目見江東。
試手襄城意未怡,赤城稍覺味如飴。必亡定死終無救,斷自朱殷海岱時。
牧羊義帝實妨賢,猶有三綱共畏天。樹楚擊秦宜奮發,惡名何事苦爭先。
倚強恃力却誣天,一樣人心萬萬年。廣武十條逃得過,烏江政自不須船。
梟性狼心亦有常,青齊乃復似咸陽。遺黎到處無遺類,欲為何人作霸王。

《全宋詩》卷三六五〇,69 冊,43796 頁

烏 江　　　　　　　　　　　　　　（宋）汪元量

平生英烈世無雙,漢騎飛來肯受降。早與虞姬帳下死,不教戰血到烏江。

《全宋詩》卷三六六七,70 冊,44022 頁

鴻門宴　　　　　　　　　　　　　　（宋)謝　翱

天雲屬地汗流宇,杯影龍蛇分漢、楚。楚人起舞本為楚,中有楚人為漢舞。鸚鵡淬光雌不語,楚國孤臣泣俘虜。他年疽背怒發此,碻磝雲歸作風雨。君看楚舞如楚何,楚舞未終聞楚歌。

《全宋詩》卷三六九〇,70 冊,44307 頁

項羽廟　　　　　　　　　　　　　　（宋)艾性夫

容心絕少忌心多,背楚疑增自倒戈。羞渡烏江依故老,竟乘烏騅泣嬌娥。一生負氣止如此,大義虧人爭奈何。莫唱送迎山下曲,恐渠驚是漢軍歌。

《全宋詩》卷三七〇一,70 冊,44428 頁

過陰陵懷古　　　　　　　　　　　　（宋)梅　詢

霸王西失利,東來向此行。迷却長安道,枉爾重瞳睛。高皇奮天鉞,烏騅具郊牲。楚歌聲徹夜,溪月色將明。始聞若猶豫,再聞乃大驚。縱有拔山力,無奈虞姬情。帳中流涕別,眼前屬階成。攘臂斬關出,冒矢突圍征。天亡非力弊,漢興以蹶生。自此天下定,無

復二龍爭。

《全宋詩輯補》第一冊,368 頁

陰陵佚句

(宋)梅　詢

空竭烏騅力,速成白馬盟。《陰陵》爲五排六韻,《全宋詩》已收五韻,佚此第三韻。

《全宋詩輯補》第一冊,第 373 頁

尚書陳公犨求題項王像贊

(宋)釋道沖

拔山非力,蓋世非氣。八千子弟,同謀共濟。人皆謂天下大器,不可以力爭,必先仁義。殊不知天假其手,以誅暴秦,然後使寬仁愛人者之爲帝。吁,其亦有補於斯世。

《全宋詩輯補》第五冊,2268 頁

鴻　溝

(金)趙秉文

山川依舊霸圖空,楚漢分溝一峽中。金翅鳥王分海立,却應莞爾笑英雄。

《金詩》,《全遼金詩》中冊,1412 頁

題項王墓

(元)郝　經

黃公廟西穀城北,突兀一丘埋項籍。誰知道傍幾抔土,却解銷沈拔山力。天下苦秦又一秦,天資好殺不好仁。古來鬪將皆莫及,當時帝王自有真。江東子弟亦良苦,本自亡秦却云楚。不渡烏江亦天意,免使東南為漢虜。時不利兮可奈何,可憐壯士亦悲歌。臨亡焉用幾行淚,倉皇灑向漢山河。魯人仗節付一死,葬王故用魯公禮。規模往往近三代,天命宜歸赤帝子。往年聞有沙丘土,搥牛致祭重流涕。墓前作文哀項籍,不知所哀竟何事。漢王入關無項王,不王諸侯不殺降。約法開關各罷兵,一伐大定武與湯。漢王纔入項王來,天下盡為狼與豺。嗚呼遺民端可哀,項王宜怨不宜哀。

《全元詩》第 4 冊,277 頁

鉅鹿懷古

(元)王　惲

《寰宇記》:平鄉,秦鉅鹿也。項王解趙圍於此。

鐵鎖秦圍一戰開,群雄稽顙拜平臺。君王邂逅東城敗,驕氣須知自此來。

趙圍纔解已亡秦,六合風雲霸業新。逆取不思須順守,嘔嘔空抱婦人仁。

《全元詩》第 5 冊,573 頁

項　　羽　　　　　　　　　　　　　　　（元）徐　鈞

猴冠不肯王關中,衣錦思歸意氣雄。一曲虞歌數行淚,懸知無面見江東。

《全元詩》第 7 冊,282 頁

公莫舞　　　　　　　　　　　　　　　（元）張九思

鴻門壯士髮植蒲,玉帳酒熱聲喑嗚。六合殺氣鬱結甚,長槍大幟懸於菟。張筵賓戲稱大夫,泗上亭長不敢醉。黃金爍爍劍交飛,裂眥嗔人齒生齼。公莫舞,收莫邪,不聞夜澤縱長蛇。神龍變化不可豢,徒勞殺戮人如麻。起來三吁碎玉斗,一軍西望長咨嗟。

《全元詩》第 8 冊,388 頁

項　　羽　　　　　　　　　　　　　　　（元）侯克中

破釜沈舟北渡河,英雄到此頓消磨。入關不解除秦法,失路徒勞怨楚歌。敵國豈專韓信勇,謀臣惟一范增多。子嬰見殺懷王死,却歎虞兮奈若何。

《全元詩》第 9 冊,14 頁

項　　籍　　　　　　　　　　　　　　　（元）連文鳳

蓋世英雄冠古今,干戈未定日相尋。帳中一夕悲歌處,霸氣難降兒女心。

《全元詩》第 13 冊,424 頁

項　　羽　　　　　　　　　　　　　　　（元）尹廷高

多疑難逞拔山雄,失道陰陵計已窮。更恐艤舟人見紿,不緣無面見江東。

《全元詩》第 14 冊,5 頁

徐州懷古四首（其一、二）　　　　　　　（元）吳　澄

四山屏幃環,二水襟帶遶。郡枕齊楚交,千載幾擾擾。英雄化黃壤,文士聲杳杳。城南戲馬臺,蒙茸春草小。

籍也楚世將,江東八千兵。傴僂脆肌骨,上國足橫行。乘憤西入秦,晝錦歸彭城。喑嗚千人廢,諸侯莫敢爭。竟坐勇力亡,漢以寬仁興。

《全元詩》第 14 冊,330 頁

鴻門宴　　　　　　　　　　　(元)韓信同

花膺繡膊帕抹額,勇士如門森劍戟。沛公對酒顏如灰,主人重瞳光照席。重瞳座上身如寄,巵酒未吞心已醉。醉酣不辨真天人,百萬貔貅眼中睡。春融玉帳香風開,嗚嗚帳下箏琶哀。目前等作萬口計,軍聲四面歡如雷。沛公唯喏非無意,袖中暗挈秦天地。此時可想聽得異,四面軍聲皆漢騎。

《全元詩》第 16 冊,165 頁

項　王　　　　　　　　　　　(元)馬　臻

叱咤猶傳數里驚,陰陵失道已沾巾。江東父老羞相見,忍可捐軀遺故人。

《全元詩》第 17 冊,11 頁

徐　州　　　　　　　　　　　(元)陳　孚

項王熊豹姿,氣欲吞天下。大呼渡河來,山嶽如崩瓦。當其火秦宮,血湧渭水赭。瞋目叱諸侯,膽落毛髮灑。誰知陰陵路,浩歌淚如瀉。惟徐乃故都,昔此奠宗社。尚想岩臺上,鐵槊擁萬馬。酒酣笳鼓鳴,旌旗蔽原野。及今亦何有,荒棘秋滿把。皇天祚真主,神器不可假。豈有時雨師,刘人如土苴。天亡君勿悲,為君奠疊笮。

《全元詩》第 18 冊,357 頁

項羽臺　　　　　　　　　　　(元)黃　庚

失計鴻門恨未消,一生霸業亦徒勞。當時謾築臺千尺,爭似歌風地步高。

《全元詩》第 19 冊,116 頁

公莫舞　　　　　　　　　　　(元)宋　无

公莫舞,公莫舞,鴻門王氣歸真主。何人睚眦赤龍子?手循玉玦目相語。令公莫舞公楚舞,劍光射日白虹吐。人發殺機天不與,撞斗帳中咳亞父,霸業明朝棄如土。

項　羽　　　　　　　　　　　　　　（元）宋　无

一笑天亡霸業休，忍仁猶學婦人柔。漢家聞購吾頭急，聊贈中郎與五侯。

《全元詩》第 19 册，416 頁

楚　歌　　　　　　　　　　　　　　（元）宋　无

羽為虞姬泣帳中，季因戚氏怨深宮。二歌要且皆名楚，不那風情挫兩雄。

《全元詩》第 19 册，416 頁

君莫舞　　　　　　　　　　　　　　（元）王士熙

獸環魚鑰開九門，長刀閃月如雲屯。軍中置酒毛髮立，楚漢瞋目爭乾坤。楯上切肉衫血涴，白璧入手玉斗破。悲風烈日吹秦聲，赤龍將飛沐猴臥。項莊項莊君莫舞，以力取人天不與。明珠美女棄若遺，誰譴驪山作焦土。戰旗高高日向曛，天空雲散猶待君。漢王夜走灞上路，紀信成灰范增去。

《全元詩》第 21 册，4 頁

古宿遷　　　　　　　　　　　　　　（元）王煉師

西楚霸王遺故里，英雄勳業竟蹉跎。當年事往虎狼逝，今日城荒麋鹿過。清渭橫陳冷風月，鴻溝中割偃干戈。經過此地空懷古，如此笛聲哀怨何。

《全元詩》第 24 册，86 頁

戲馬臺　　　　　　　　　　　　　　（元）林彥華

白蛇夜斷飛赤龍，長驅疾走平關中。鴻門玉碎亞夫死，彭城霸氣隨飄風。沐猴馭馬方成戲，調伏群駑棄天驥。一雛豈解遍九州，事去空歌時不利。宋公不復登此丘，吊古有客悲黃樓。

《全元詩》第 24 册，286 頁

登徐州項王戲馬臺　　（元）張養浩

咄彼重瞳太計疏,欲憑扛鼎帝堪輿。鴻門老叟無奇策,烏岸漁人有遠圖。佇目河山空錦繡,傷心劉、項總丘墟。經過莫笑書生懦,我亦毫端敵萬夫。

《全元詩》第 25 冊,48 頁

戲馬臺　　（元）馬祖常

將軍一叱靡千人,未可掀髯便笑秦。枉築高臺閑戲馬,漢王將地擬功臣。

《全元詩》第 29 冊,364 頁

鴻門宴　　（元）周　權

項王高宴鴻門北,風雲奔走天為黑。椎牛刺豹酒三行,談笑戈矛生頃刻。豈知天命非人謀,玉玦三提事何益。興亡楚漢兩干將,開闢乾坤雙白璧。喑嗚漫說萬人敵,龍準天人竟誰識。玉斗聲中霸業空,烏江江水還流東。

《全元詩》第 30 冊,40 頁

彭城行　　（元）周　權

項羽焚咸陽,歸來都此邦。大河匯其左,呂梁屹其衝。形勢豈不固,威武非不張。奈何舍仁義,霸業何由昌。喑嗚復叱吒,化作湍聲長。我登戲馬臺,荒草空斜陽。寄奴漢高裔,暮年亦兇狂。

《全元詩》第 30 冊,81 頁

賦烏江山廟　　（元）吳師道

鉅鹿一呼坤軸折,咸陽宮殿紅三月。鴻門壯士斗聲飛,寶帳佳人劍光裂。芒碭雲氣騰真龍,縞素三宣明至公。八千子弟風雨散,拔山扛鼎成何功。天亡戰罪徒云爾,欲問英雄呼不起。荒祠古木擁蒼煙,夕陽長照烏江水。

《全元詩》第 32 冊,27 頁

十臺懷古 并序·戲馬臺　　　　　　　　　　　（元）吳師道

友人自杭來,示及濟南王君《十臺懷古》詩,讀之感慨不已。夫江山故宮,歌舞遺跡,千載之上,英雄游焉;千載之下,狐兔行焉。俛仰廢興,孰能無情。而詩人尤甚。發爲詠歌,詞雖不同,而意總合。若物之鳴,以類而應。余安得忘言哉!余生好游,嘗聞司馬子長、杜拾遺,覽觀四方山川之勝,以壯其文,心竊慕之。異時浮江淮,泝湘沅,上巴峽,過秦、漢故都,歷燕、趙、齊、魯之場,所見如十臺尚多,訪遺老,詢故實,足以發一時之興,快宿昔之願。歸而讀馬、杜之詩文,以證其所得焉耳。

項王戰馬從東來,意氣蹴踏全秦摧。入關不並沛公轡,還鄉却上彭城臺。重瞳按劍風雲靡,萬匹騰空煙霧起。淒涼垓下泣名騅,零落江濱餘數騎。寄奴千載心爭雄,登高把酒臨秋風。詐移晉鼎非男子,君看百戰東城死。

《全元詩》第 32 冊,25 頁

余觀近時詩人往往有以前代臺名為賦者,輒用效顰,以銷餘暇·戲馬臺　　　（元）岑安卿

彭城負險河為障,南屹崇臺勢雄壯。重瞳奮跡入秦回,諸侯攬轡皆東向。酒酣蹴馬升崔嵬,鬢翻鬣振雲煙開。倚鞭回顧示無敵,指揮貔虎心雄哉。黃金間行亞父去,帳下茫然失謀主。楚歌聲合潰重圍,昔日名騅空故步。千年積恨氣未消,繞臺泗水撞飛濤。

《全元詩》第 33 冊,216 頁

項　　羽　　　　　　　　　　　　　　　　（元）李齊賢

書劍應難敵萬人,須知大勇在安民。韓生奪得東歸志,天意寧終假一秦。

《全元詩》第 33 冊,365 頁

題烏江廟　　　　　　　　　　　　　　　　（元）黃鎮成

昔人評項羽,謂"恥向東吳再起兵"者,項王之徒勇也。謂"捲土重來未可知"者,亞父之迷復也。烏足以論楚、漢之分哉!

五色龍文應漢王,項家徒用力爭強。不知麾下無人傑,捲土重來亦是亡。

《全元詩》第 35 冊,90 頁

感　古(其二)　　　　　　　　　　　　　　　　　　(元)周霆震

因讀《春秋傳》戎事不邇女器,有感吳楚之亡,後之人以武略自負者,可不鑒哉。

鉅鹿諸侯偉戰功,咸陽宮殿轉頭空。如何蓋世稱無敵,也為虞兮泣帳中。

《全元詩》第 37 冊,49 頁

鴻門歌　　　　　　　　　　　　　　　　　　　　(元)夏　溥

大風揚兮赤雲屯,楚人望氣皆龍文。當時吾甚笑亞父,幸至彭城疽背死。誰云沐猴竟遭烹,汝乃盛怒唉孺子。嗟哉拔山之力不可得,扶義而西取天下者以三尺。君看項王重瞳舜重瞳,天命乃在隆準公。

《全元詩》第 37 冊,338 頁

鴻門會　　　　　　　　　　　　　　　　　　　　(元)楊維楨

天迷關,地迷戶,東龍白日西龍雨。撞鐘飲酒愁海翻,碧火吹巢雙猰貐。照天萬古無二烏,殘星破月開天餘。座中有客天子氣,左股七十二子連明珠。軍聲十萬振屋瓦,拔劍當人面如赭。將軍下馬力拔山,氣卷黃河酒中瀉。劍光上天寒彗殘,明朝畫地分河山。將軍呼龍將客走,石破青天撞玉斗。

《全元詩》第 39 冊,7 頁

彭城懷古　　　　　　　　　　　　　　　　　　　(元)貢師泰

戲馬臺前擁旆旌,三齊纔破到彭城。項王帳底猶虞舞,漢祖軍中盡楚聲。百二山河功自棄,八千弟子勢都傾。月明閑却烏江渡,長使英雄恨不平。

《全元詩》第 40 冊,294 頁

徐州霸王廟　　　　　　　　　　　　　　　　　　(元)張以寧

長洪聲動楚山虛,太息彭城霸國餘。父老更堪秦暴虐,英雄空為漢驅除。苔移玉帳蛛絲暗,栁繞黃樓鴈影踈。獨有春風虞氏草,魂歸為汝一沾裾。

《全元詩》第 42 冊,240 頁

戲馬臺

(元)張以寧

項王築,劉裕登。

當時衣錦去關中,天地移歸隆準公。空使秦人悲故舊,更憐劉裕愧英雄。荒臺落日蛩鴻沒,春草連雲戲馬空。太息重瞳千載少,艤舟不肯過江東。

《全元詩》第 42 冊,240 頁

鴻　溝

(元)張　昱

天命何曾分楚漢,自將南北限鴻溝。當時應恨烏江水,不與君王照白頭。

《全元詩》第 44 冊,74 頁

十臺懷古·戲馬臺

(元)葉　懋

項王崛起窺王圖,岩壑猛嘯千人菟。秦家天下相血視,長鎗大劍還相屠。當年戲馬高台下,萬騎如雲蹴原野。關中赤爐氣成虹,帳下悲歌淚盈把。烏江波瀾秋聲悲,彭城草樹秋無輝。漢祖長歌歸沛邑,吾寧鬥智不鬥力。

《全元詩》第 47 冊,180 頁

鴻門宴

(元)葉　懋

項王力戰如貔貅,喑嗚叱吒千人愁。范增意氣亦雄猛,風壑怒捲鯨鼉秋。鴻門設宴軍容整,赤龍氣懾青蛇影。酒酣數目電光搖,楚、漢存亡一俄頃。君不見周家種德開王基,秦王虎視誇雄威。項王殘酷已如此,范公好殺將何為。天摧地磔貔虎死,赤龍自是真天子。

《全元詩》,第 47 冊,183 頁

雜詩三十六首(其八)

(元)胡　布

楚項恃重瞳,驕恣洿漁獵。假力削暴橫,資漢闢丕業。范增不老死,寧與天命乖。眾口徒喧紛,呂翁豈凡材。驅掃如流電,平良實膏煤。陳跡遵往軌,朗鑒循昭回。但諗天下愿,古先莫能裁。

《全元詩》第 50 冊,342 頁

雜言四十九首(其二十)　　　　　　　　　　(元)張　達

詐力有時盡,戰爭自遺患。佳兵誠不祥,其事乃好還。秦人昔虎視,項氏初入關。猛氣耆六國,雄風拔河山。屠毒慘未已,燎原恣兇殘。不戢竟自焚,哀哀誰與憐。

《全元詩》第50冊,523頁

戲馬臺　　　　　　　　　　　　　　　　　(元)遊　莊

戲馬臺前落日遲,英雄曾此駐旌旗。分王西楚功何盛,失守三秦事已危。垓下悲歌慚亞父,帳中起舞泣虞姬。落花芳草空基畔,逝水東流不盡悲。

《全元詩》第52冊,317頁

題項羽廟　　　　　　　　　　　　　　　　(元)盧　琦

長城骸骨丘山積,群雄操戈爭奮擊。將軍手提三尺劍,長呼渡江天地坼。馬上叱吒風雷生,千人萬人俱辟易。新安坑平士卒怨,咸陽火烈宮殿厄。衣錦得志歸故鄉,詎知縞素起相責。陳平談笑捐黃金,一朝君臣坐離隔。事幾盡逐亞父去,帷幄空虛竟無策。吁嗟垓下兵盡折,慷慨歌聲繞營壁。八千子弟在者誰,獨擁虞姬帳中泣。倉皇不上亭長舟,膏血甘濡漢人戟。回首英雄安在哉,古廟虛涼尚陳跡。愁予泚筆一長吟,簫瑟江風暮潮急。

《全元詩》第55冊,113頁

徐　州　　　　　　　　　　　　　　　　　(元)陳　基

日上彭城獨倚樓,關河迢遞水空流。不因躍馬江東去,安得歌風沛上游。草帶虞姬亡日淚,山餘亞父病時愁。如何舞罷鴻門劍,不向咸陽一少留。

《全元詩》第55冊,254頁

鴻門舞劍歌　　　　　　　　　　　　　　　(元)李　曄

鴻門大將輝重瞳,虎視六合無英雄。當時灞上隆準公,摧眉俛首趨下風。青蛇光寒射尊俎,酒酣拔劍為誰舞。一舞范增身若雲,再舞張良面如土。神鋒慄魄可奈何,喚取楚人歌漢歌。當筵對舞張羽翼,紅煙紫電相盪摩。須臾舞罷沐猴悅,亞父翻成背流血。玉玦不靈玉斗裂,楚、漢雌雄從此決。

《全元詩》第 56 冊,24 頁

詠史・項羽

(元)李 曄

過人才氣更重瞳,慣與神騅立戰功。三戶亡秦知氣數,諸侯朝楚屬英雄。孤忠亞父頭空白,扶義懷王血尚紅。俛仰君臣多愧色,豈唯無面見江東。

《全元詩》第 56 冊,58 頁

戲馬臺

(元)汪廣洋

咸陽宮中驚走鹿,海內豪強起爭逐。高才疾足誰得之,楚霸垂涎几上肉。彭城南面高高臺,吐氣揚眉躍馬來。攬轡翻疑迸星電,據鞍了不動塵埃。行人側目高臺路,底信君王戲馳騖。寧知酷意事鞭箠,要取乾坤歸獨步。憶昨馳向鴻門中,張樂左邀隆準翁。凡馬誰令俱辟易,真龍天實啟英雄。項莊拔劍當筵喜,百二山河酒杯裏。焉知旁有樊將軍,怒髮衝冠壯心起。翩然得勢騰蒼鷹,坐使鷃鶉笑不膺。手中玉斗碎如雪,帳底貔貅冷若冰。事機一去竟莫舉,蓋世拔山皆謬語。虞姬痛別難再逢,烏騅欲逝從何許。老我平生懷古心,觸目興嗟愛遠臨。西遊七澤雲夢水,東踐三齊泰華岑。北來獨立高臺上,范增之墳屹相向。黃河到海不復清,此意令人絕悲愴。

《全元詩》第 56 冊,141 頁

霸王城

(元)汪廣洋

重瞳往昔矜無敵,故壘於今只有名。大抵喑嗚非帝德,由來寬厚合民情。皇風已蕩妖氛氣,陰雨猶聞鬼哭聲。念此膏腴淮楚地,幾時田畯勸農畊。

《全元詩》第 56 冊,191 頁

過河陰,觀楚、漢遺壘

(元)汪廣洋

<small>鴻溝在縣南,接汜水,東有楚城,西有漢城。</small>

廣武山前望虎牢,淡煙衰草沒城皋。鴻溝豈限長江險,楚壘何如漢壁高。此日登臨悲鳥道,當時南北混鯨濤。河陰老樹森幢蓋,猶似鑾輿駐白旄。

《全元詩》第 56 冊,195 頁

途中懷古述事，再用前韻 （元）陶 安

太風掃空垓下歌，昔年分爭纔隔河。鴻門酒酣赤帝子，回首四海流恩波。臺荒戲馬春草綠，美人一去傷如何。匹夫豈是萬人敵，事業不競空蹉跎。山川靈傑千古在，石洪奇險勞經過。半天危樓兩蘇跡，蒼煙粉堞猶巍峩。輕舟卸帆傍堤泊，老劍出匣臨流磨。長篙蘸碧接淮浦，驚喜江南鄉景多。杯餘吟嘯無旅況，筆戲萬象光森羅。英雄過眼俱寂寞，幸際斯世休干戈。同行佳友得豪儁，俯視餘子當殊科。咳唾隨風粲珠玉，冠蓋有日鏘環珂。立身志節當自許，紛紛富貴皆從它。譬如野雀匪凡鳥，翅輸入雲高巘摩。喜君氣岸亦孤峻，厭見小妾桃顏酡。我歸拜舞為親壽，萱花香裏春暉和。

《全元詩》第 56 冊，351 頁

鴻 門 （元）陶 安

寒侵玉帳酒闌珊，鐵甲重圍意度閑。真命未應遭虎口，至親猶解護龍顏。一雙白璧雖歸楚，萬丈朱光已滿關。亞父不知仁義主，至今遺恨在人間。

《全元詩》第 56 冊，423 頁

鴻門會 （元）張 憲

雲成龍，氣成虎，椎鼓撞鐘宴真主。披帷壯士髮指冠，側盾當筵請公舞。白髮老臣心獨苦，玉玦三看君不語。五星東井夜聯珠，天狗欃槍落如雨。鴻溝咫尺接鴻門，千里神騅一夜奔。君不見龍泉影裏重瞳瞥，玉斗聲中五體分。

《全元詩》第 57 冊，4 頁

垓下歌 （元）張 憲

力拔山兮，舉世稱雄。頤指諸侯兮，孰與君王。一戰不遂兮，胡為自傷。江東雖小兮，勝負何常。努力君王兮，亟渡江。賤妾請死兮，先就劍芒。

《全元詩》第 57 冊，4 頁

和吳正傳五臺懷古韻·戲馬臺 （元）金 涓

將軍逐馬關中來，神威掠地風雲摧。鴻門舞劍成敵國，彭城衣錦登空臺。馳下漢軍

何披靡,垓下楚歌相應起。山河百二幾諸侯,子弟八千無一騎。古來天下誰英雄,荒臺老樹悲秋風。符命合歸赤帝子,項伯不忠范增死。

《全元詩》第 60 冊,297 頁

戲馬臺懷古 （元）許 恕

崇臺何巍巍,直上望四海。項王戲馬日,意氣今何在。緬懷彭城公,倚劍一慷慨。登高眷佳節,所歡不我待。遺跡隱荒榛,青山澹浮靄。日夕眾鳥下,風秋群物改。豈無盈觴酒,幽花復采采。悵望一灑淚,悲風振千載。

《全元詩》第 62 冊,148 頁

鴻 溝 （元）熊 鼎

百二秦關棄若遺,一溝何足繫安危。要知劉、項興王跡,只在鴻門劍舞時。

《全元詩》第 62 冊,230 頁

項羽廟 （元）孫 蕡

武安城郭水光中,云是前王畫繡宮。秦、漢寂寥悲霸業,煙霞叱咤想重瞳。金興已歿三秋草,鐵馬猶嘶午夜風。惆悵夕陽芳草路,一天愁思滿江東。

《全元詩》第 63 冊,336 頁

戲馬臺 （元）孫 蕡

蓋世英雄亦壯哉,古河三面對荒臺。漢家陵闕迷春雨,嬴國江山起暮埃。雄劍昔年金鏤鍬,龍媒此日錦韜韉。鄉雲一笑山花動,疑是君王衣繡來。

《全元詩》第 63 冊,336 頁

下相歌 （元）謝 肅

下相城,淮水陽。烈風吹大樹,原陸何茫茫。人言此地生項羽,有力拔山如猛虎。橫行天下八千兵,三載成功霸西楚。是時豈無豪傑來,一聞叱咤肝膽摧。漢王拱手聽約束,秦社卷地成煙灰。混一山河歸有道,鴻溝中分何草草。悲歌帳下戀佳人,羞面江東看父老。胡不思坑降卒,殺子嬰,沉懷王。人心離楚已屬漢,寬仁必興殘暴亡。所以萬人敵,竟為五侯得。空餘垓下帳中歌,千古令人感慨多。

《全元詩》第 63 冊,403 頁

霸王營　　　　　　　　　　（元）謝　肅

將軍追鹿擁強兵,叱吒諸侯盡膝行。義帝弒來臣節失,楚人歌動霸心驚。乾坤故壘餘形勝,鄉里遺風尚戰爭。青草白波淮、泗遠,為誰擊劍烈風生。

《全元詩》第 63 冊,421 頁

鴻　溝　　　　　　　　　　（元）殷　奎

在滎陽、汜水之間,兩縣分界之處。西去汜水二十里,有界首鋪。

廣武滎陽戰未休,故將局面變鴻溝。憑誰說與重瞳子,未是天亡肯信不。廣武山在汜水縣北。汜水在虎牢關下。六十年前,縣為大水所涔,移今治,在舊治南十里。

《全元詩》第 64 冊,120 頁

項羽廟　　　　　　　　　　（元）施　鈞

當日滎陽可滅劉,卻緣不聽范增謀。徒勞百戰爭秦鹿,贏得千年笑楚猴。父老江東能王我,故人垓下忍為侯。雖兮不逝虞兮別,淚灑西風一劍愁。

《全元詩》第 65 冊,277 頁

霸王丘,和楊廉夫　　　　　　（明）楊　基

朝上亞父塚,暮上霸王丘。君臣兩丘土,千古同悠悠。谷城西來,河水瀏瀏,葬以魯公,其禮已優。王勿悲,王自仇,於乎天意非移劉。

《眉庵詩集》卷五,113 頁

彭城懷古　　　　　　　　　　（明）瞿　佑

富貴還鄉晝錦遊,鴻門宴罷割鴻溝。沐猴竟致諸生謗,佩玦終違亞父謀。敵國已成垓下計,家姬莫解帳中愁。經過為弔興亡事,醉倚西風燕子樓。

《樂全詩集》、《樂全稿》、《瞿佑全集校注》上冊,174 頁

過灘水　　　　　　　　　　　　　　　　（明）瞿　佑

今灘寧縣。

劉項交爭後,經今幾戰場。詩翁獨無事,假道老還鄉。

《樂全詩集》,《樂全稿》,《瞿佑全集校注》上冊,175 頁

彭城懷古　　　　　　　　　　　　　　　（明）張　琦

沙場人去鳥成群,南北原頭此路分。莫問蒯通爭鹿事,大風吹散霸王雲。

《白齋先生詩集》卷三,《四庫全書存目叢書》集部 52 冊,42 頁

同莊鶴師登戲馬臺　　　　　　　　　　　（明）徐　問

霸氣何年歇,秋山萬壑哀。龍堆盤宿草,鳥篆隱荒苔。割據終非策,蒼茫但舉杯。吾師富江海,今日漫追陪。

《山堂萃稿》卷三,《四庫全書存目叢書》集部 54 冊,198 頁

題《烏江圖》　　　　　　　　　　　　　（明）錢子正

周鼎逃秦、漢已移,拔山威力竟何施。皇天歷(曆)數俱前定,不在陰陵失道時。

《綠苔軒集》卷三,《三華集》卷三,影印文淵閣《四庫全書》1372 冊,55 頁

戲馬臺　　　　　　　　　　　　　　　　（明）錢子義

宋武帝在彭城,九日,登項羽戲馬臺。謝宣明賦詩云云。

二雄事業總消沉,蔓草寒烟感慨深。留得謝公吟詠處,我來攜酒一登臨。

《續詠史詩》上,《種菊菴集》一,《三華集》卷七,影印文淵閣《四庫全書》1372 冊,90 頁

過烏江項羽廟　　　　　　　　　　　　　（明）何東序

天生白帝亦稱旌,逐鹿中原恨未窮。死去遺形猶斷石,孤魂原不向江東。

《九愚山房詩集》卷一二,《四庫全書存目叢書》集部 126 冊,728 頁

彭城弔古　　　　　　　　　　　　　　（明）姚舜牧

楚、漢興亡土一丘，雲山空繞水空流。試於戲馬城頭望，多少英雄類未收。

《樂陶吟草》卷二，《四庫全書存目叢書》集部 158 冊，350 頁

戲馬臺　　　　　　　　　　　　　　　（明）李維楨

八千人自將，七十戰誰當。楚士歌群奏，虞姬泣數行。江東非地小，垓下是天亡。盤馬猶遺俗，離兮逝已長。

《大泌山房集》卷二，《四庫全書存目叢書》集部 150 冊，348 頁

賦得戲馬臺，送屠田叔使君之京　　　　（明）陳薦夫

呂梁洪下黃河曲，河水茫茫山簇簇。驚濤濁浪捲彭城，煙火蕭條幾家屋。河上層臺土半傾，離離秋草接雲平。沐猴人去無消息，逐鹿場空只戰爭。當年霸氣紛馳騖，此是都門盤馬處。磴道疏龍柱自高，何曾極目邁西顧。銀鞍玉勒錦纓緊，驅出天閑影欲驎。帳下美人嬌一笑，千群汗血盡承恩。炎炬西來雲棧絕，臺上經年久離別。名駒鏉騎逐戎行，不到臺前重簡閱。軍中夜半楚歌聲，吹散雄心作怨情。此日黑騅猶是戲，驕嘶欲逝不成行。往來陳跡成今古，幾百年來經宋武。九日離筵倒綠尊，千秋霸業餘黃土。黃土無情暈碧花，臺前駐馬久咨嗟。空悲歲月隨河水，不見山川屬漢家。河流瀧瀧風雲散，此去知君腸欲斷。懷古偏當客路中，思鄉併在荒臺畔。使君名宦自無媒，却恨鯫生因草萊。若過當年曾戲處，定收駿骨上金臺。

《水明樓集》卷二，《四庫全書存目叢書》集部 176 冊，336 頁

彭城懷古　　　　　　　　　　　　　　（明）陳薦夫

雲龍山色碧崔嵬，曾見河清幾度來。西楚沐猴空有國，東徐戲馬已無臺。原頭血濺虞姬草，塚上雲封亞父苔。魂斷烏江歸不得，錦衣終是夜深回。

《水明樓集》卷五，《四庫全書存目叢書》集部 176 冊，371 頁

戲馬臺　　　　　　　　　　　　　　　（明）陳薦夫

高臺百尺枕黃河，臺上曾經翠輦過。縱使當年堪戲馬，無如不逝玉騅何。

《水明樓集》卷八,《四庫全書存目叢書》集部 176 冊,407 頁

彭城懷古
(明)董嗣成

萬里長河控驛樓,中原霸氣已全收。斬蛇劍去雲空白,戲馬臺荒水亂流。暴骨尚餘秦戰地,青山常似漢時秋。當年高會今搖落,回首孤鴻咽暮愁。

《青棠集》卷五,《四庫全書存目叢書》集部 169 冊,216 頁

彭　城
(明)王　衡

百里流澌擁雪來,亂山千點對啣杯。村中醉拳枌榆鼓,寂寂花飛戲馬臺。

《緱山先生集》卷三,《四庫全書存目叢書》集部 178 冊,634 頁

讀史一首
(明)李騰芳

貪如羖,猛如虎,一夫叱咤不敢忤。悲哉宋義空相距,高會醉飲如醉蜅。帳中有頭不得努,趙敝秦強理固然。歲饑民貧言亦煦,渡河九戰入轅門。諸侯十壁行皆頹,羽也此舉粗為武。胡為乎,蘇子以去勸亞父。

《李宮保湘洲先生集》卷五,《四庫全書存目叢書》集部 173 冊,158 頁

烏江懷古
(明)姚孫棐

深林古碣水淙淙,廟食千秋為由雙。敝屣王岡歸赤帝,拔山勝概擁烏江。從來面目憐難受,始信英雄憤不降。慚幾恓恓疎仰止,驅車空吠路邊龐。

《亦園全集》卷一,《四庫禁毀書叢刊》集部 86 冊,476 頁

菰城十首(其二)
(明)茅元儀

項羽雄心終枉,梁公草檄偶然。不見霸王門上,英英今又千年。

《石民又峴集》卷一,《四庫禁毀書叢刊》集部 110 冊,151 頁

宋瀛渚民部招遊戲馬臺
(明)文翔鳳

亞夫有魂哀戲馬,□□山為范增墓。烏騅不逝罷登臺。學書說劍難為敵,蓋世拔山未是才。電作重瞳星上將,龍成五彩帝中臺。興圖抵掌堪思武,白下北門鎖鑰開。《選

詩》:徐州為金陵北門。

《南極篇》卷三,《四庫禁毀書叢刊》子部 11 册,420 頁

垓下歌 故冀驛登霸王城作　　　　　　　　(明)文翔鳳

聊上霸王城,更望虞姬墓。一劍秋霜帶,月魂九曲陰。陵盤腸路乘,雖為爾目眥。裂決絕烏江,不可渡不見。八龍逐日穆,天子牛渾洗。足直到赤陽,津歸來失志。盛淑人徐偃,雖誅不償瞋。瑤池淒斷別,王母白雲謠。罷未霑巾大,王不得天下。猶能得此女,生見香骨裹。紅土恨平亦,足垂千古八。千人化風雨,重瞳子醉起。舞誰當田橫,五百人和歌。垓下天搥鼓,文天祥文天。祥雖乏鬚眉,氣神武白日。雙懸孰敢侮,道是楚歌歡。楚舞苦黃鵠,翼成真爾主,大王爾時氣如虎。

《南極篇》卷七,《四庫禁毀書叢刊》子部 11 册,471 頁

鴻門宴,擬謝皋羽　　　　　　　　(明)林光宇

翳雲埋空日色黃,一龍一蛇間相將。指天有約公莫舞,後入者臣先者王。此日鴻門判生死,戰場咫尺華筵裏。漢王若失我為禽,寶玦無光玉劍起。覆巵壯士怒酒曛,芒碭山北愁歸雲。一雙玉斗正飛屑,漢王間道馳至軍。

《列朝詩集》丁集卷一六,第一一册,6038 頁

鴻門高　　　　　　　　(明)李東陽

鴻門高,高屹屹。日光蕩,雲霧塞。雙霧劍,三示玦。壯士入,目眥折。謀臣怒,玉斗裂。網彌天,龍有翼。龍一去,難再得。

《詩前稿》,《擬古樂府》卷一,《李東陽集》第一卷,16 頁

鴻門宴　　　　　　　　(明)陳顥

兩雄秋色與南山,決計鴻門一會間。醍醐徒能澆虎士,干將那得犯龍顏。雪飛雙鬥尊前失,天護單車灞上還。明日咸陽風物改,有人衣繡憶鄉關。

《明詩初集》六一,《石倉歷代詩選》卷三四一,影印文淵閣《四庫全書》1391 册,655 頁

公莫舞
(明)李 賢

公莫舞,公竟舞,龍泉三尺虹光吐,鴻門宴上殺氣高,勇士相看勢如虎。赤帝龍顏不可傷,何用屑屑揚雙珥。英雄獨學萬人敵,豈知曆數歸真王。筵前舞罷將軍醉,玉斗聲中霸圖碎。不須約誓界鴻溝,江東父老難重會。

《古穰集》卷二一,影印文淵閣《四庫全書》1244冊,704頁

鴻門會
(明)沈 愚

天柱崩摧地維裂,日月無光烏兔缺。撞鐘擊鼓海揚塵,刺豹搖牛飲生血。磨牙猰㺄爭雌雄,橫眉炙錦眩重瞳。芒碭雲瑞不改色,座中有客乘飛龍。舞劍當筵勢揮霍,老增有言君不諾。將軍怒髮沖危冠,目光射入肝膽落。倒傾卮酒擘彘肩,呼龍歸去龍騰淵。百二山河付真主,玉斗聲中淚如雨。

《列朝詩集》乙集卷七,第五冊,2547頁

公莫舞
(明)戴 銑

公莫舞,公莫舞,劍光飛,觀如堵。亞父誠有見,沛公不擊吾屬虜。豈知帝王自有真,誰能陰謀肆輕侮。君不見三章易秦法,何如一炬成焦土!爾謀非不精,爾黨自相拒。壯士擁盾入,怒髮沖青天。立飲盡卮酒,生啖盡彘肩。須臾間行去霸上,鴻門玉斗徒紛然。

《列朝詩集》丙集卷一六,第七冊,3906頁

鴻門宴
(明)沈 周

莊劍擊,伯劍翼,一家兩人自相賊,天當與賢勝人力。劍生豈是屠龍客,忙忙勞人三舉玦。座上謀臣面無色,謀臣計失失敵國。敵縣虎口虎不食,杯酒之間天解厄。此機老增亦何識,徒為豎兒滋歎息。豎兒豎兒策不長,富貴先思歸故鄉。兇暴為德兇暴亡,至死不知仁義王。

《石田詩選》卷五,影印文淵閣《四庫全書》1249冊,614頁

鴻門宴
(明)陳伯康

鮑魚吹腥秦失鹿,大蛇中斷神嫗哭。函谷泥丸一旦開,軹道降人帝車覆。江東子弟

空八千,入關有約如王言。三章約法慰父老,鴻門一宴聊殷勤。項莊酒酣拔劍舞,屠狗壯士怒裂眥。腰間寶玦空三回,君王不忍徒為爾。夜遊霸上杯不勝,幾踏虎尾行春冰。孰知大運終四百,事有天定非人能。咸陽宮殿火三月,玉斗無聲楚歌歇。霸業蕭條王業成,楚、漢興亡兩分轍。

《明詩初集》三二,《石倉歷代詩選》卷三一二,影印文淵閣《四庫全書》1387冊,377頁

項王城 (明)唐之淳

泗州城北項王城,千古令人數未平。韓信歸劉知有主,范增辭楚計無成。江淮不洗英雄恨,魚鳥猶疑叱咤聲。欲喚春醪英遺跡,風帆催客赴修程。

《唐愚士詩》卷一,影印文淵閣《四庫全書》1236冊,522頁

徐州戲馬臺 (明)于 謙

落日遙登戲馬臺,懷鄉吊古獨徘徊。關河千里雁頻斷,風雨一天愁不開。霸業盡銷人已去,山形依舊我重來。何須細問興亡事,自是當初少用才。

《忠肅集》卷一一,影印文淵閣《四庫全書》1244冊,375頁

詠古四首(其四) (明)梁辰魚

西楚起江東,英烈出世傑。入關即忘秦,已見收帝業。詎意三月火,霸圖遂消滅。轉戰走垓下,兵盡力已竭。燈前舞未央,帳下歌複咽。誰云蓋世氣,泣與兒女別。至今陰陵道,悲風起騷屑。

《鹿城詩集》卷五,《梁辰魚集》,91頁

彭城歌 (明)方逢時

祖龍鹿走阿房宮,烏騅颯還來江東。三秦兵甲散如雨,烈火照耀函關中。鴻門宴罷孫心死,裂土分王諸將士。錦衣忽憶故鄉遊,却向彭城披玉几。玉几朱衣照暮春,虞姬歌舞幾回新。漢旄已出褒斜谷,齊甲仍趨滄海濱。間關百戰勢轉亞,垓下風雲蔽天黑。哀歌聲斷楚天空,壯士燈前淚橫臆。虎鬥龍爭世運移,故宮禾黍日離離。地下遊魂千古恨,江頭父老幾人悲。客來遠過雍門道,秋色淒淒滿穹昊。叱咤英風不可招,戲馬臺高翳衰草。逝水空山眺望分,乾坤興廢故棼棼。金馬銅駝人去盡,高塚荒涼對夕曛。

《大隱樓集》卷三,《四庫未收書輯刊》伍輯 19 册,692 頁

戲馬臺　　　　　　　　　　(明)方逢時

千年餘霸業,戲馬亦荒臺。合匝群峰回,蒼茫秋色來。舞憐芳草盡,歌憶拔山哀。泱漭中原地,英雄幾劫灰。

《大隱樓集》卷四,《四庫未收書輯刊》伍輯 19 册,696 頁

彭　城　　　　　　　　　　(明)方逢時

飛閣崇墉俯楚皋,洪河東注漲春濤。臺城戲馬蒼煙合,山擁雲龍紫氣高。興廢乾坤原有數,英雄割據漫多勞。雍門琴曲誰能聽,長嘯天風吹二毛。

《大隱樓集》卷五,《四庫未收書輯刊》伍輯 19 册,705 頁

讀史十首·鴻門宴　　　　　　(明)支大綸

玉玦屢翹機尚淺,當筵舞劍術尤疏。縱教如廁能潛遁,何不先批灞上虛。

《支華平先生集》卷四,《四庫全書存目叢書》集部 162 册,75 頁

遊戲馬臺,因投劉州牧　　　　　(明)莫是龍

感慨千秋事,英雄跡未磨。名騅曾不逝,遊騎此曾過。亂樹迷荒戍,高城引大河。祇今州五馬,猶戲并兒歌。

《石秀齋集》卷六,《四庫全書存目叢書》集部 188 册,448 頁

秋日,劉州牧招集戲馬臺　　　　(明)莫是龍

楚帳龍騅去不迴,陣雲猶似鎖荒臺。當年氣色俱塵土,我輩登臨復酒杯。坐入翠微千嶂合,歌成白雲九秋來。使君自戀高陽侶,可奈鄉心落木催。

《石秀齋集》卷八,《四庫全書存目叢書》集部 188 册,466 頁

彭城吊古　　　　　　　　　　(明)莫是龍

廻岡復嶺氣蒼蒼,平野中開古戰場。戲馬歌風何處盡,至今灘水恨斜眼。

《石秀齋集》卷一〇,《四庫全書存目叢書》集部 188 册,509 頁

項里,西楚霸王廟　　　　　　　　　(明)沈啟原

符命通神契,天心屈霸圖。風雲空叱咤,陵廟且榛蕪。悔失師中范,徒憐帳下虞。江東餘父老,伏臘走村巫。

《明詩綜》卷四四,第四冊,2197 頁

壯士篇　　　　　　　　　　　　　(明)張 璨

腰懷七尺劍,思欲從沛公。項籍婦人仁,不足與成功。乾坤動殺機,慘澹鬭蛇龍。縱觀天下勢,形勝惟關中。據險臨諸侯,孰敢當吾鋒。古來豪傑士,不識刀與弓。良平真壯夫,籌畫在心胸。樊、灌鷹犬勞,蕭何為發蹤。君看帷幄裏,實有萬夫雄。

《列朝詩集》乙集卷八,第五冊,2654 頁

項羽廟　　　　　　　　　　　　　(明)尹 耕

四方爭逐鹿,三戶可亡秦。何事新安卒,同成馬足塵。捐金行反間,撞斗失謀臣。今日留抔圖,應慚負劍人。

《列朝詩集》丁集卷二,第七冊,4051 頁

烏　江　　　　　　　　　　　　　(明)馮惟敏

鐵騎凋殘草木多,江東已屬漢山河。楚人只有虞姬在,泣聽君王垓下歌。
家世談兵絕等倫,向來百戰總紅塵。東城引劍甘心處,何不縱橫敵萬人。
匹馬行吟吊楚魂,謀臣憤死主南奔。千金購首無難色,刻印如何便少恩。

《馮惟敏全集》,126 頁

過項羽故宮　　　　　　　　　　　(明)徐 渭

黃樓西畔徐州治,西楚當時作都處。尚餘一半長荊榛,今作州倉積官米。伯圖已自足奢豪,正好將金貯阿嬌。如何拓土為宮室,不及咸陽一夕燒。豈是鑒秦等殷、夏,或因爭戰無閒暇。一朝淚盡帳中人,千古波沉臺上瓦。獨破秦師無一人,親將隆準放鴻門。英雄絕世無等倫,牧羊之子一豎耳。誰遣黃袍擁在身?一為放弒蒙惡名,總有奇勳不可

贖。黃鬚判吏持大獄,噫,嗟嗟! 每當讀史為三覆。

《徐文長逸稿》卷二,《徐渭集》第三冊,719 頁

過彭城,吊西楚霸王

(明)袁宏道

一雛渡江東,猛氣不可觸。只手挈河山,英王盡奴伏。鴻門放亭長,肝腸何煜煜。猛虎快吞唊,終不噬伏肉。劉、項敵道棋,一先成隕覆。亞夫真聖眼,西楚亦王局。

《袁宏道集箋校》卷一三,中冊,574 頁

鴻門行

(明)謝肇淛

逐鹿雌雄猶未分,玄黃血戰風塵昏。楚軍一夜破函谷,沛公平旦來鴻門。喑啞沖冠忽成好,尊俎魚肉寧自保? 轅門寂寂無人聲,殺氣如霜壓百草。腰間寶玦光陸離,三舉示君君不知。壯士對起作劍舞,電光閃爍驚蛟螭。魚腸飛空繞座側,五采龍文失顏色。季父翼蔽輸血腔,老臣怒氣填胸臆。驂乘眥血濺匕首,生唊彘肩覆卮酒。瞬息龍蛇此地分,手裂虞羅脫虎口。楚囚俘虜泣沾衣,玉斗碎作冰花飛。君王醉起咸陽火,諸侯兵罷錦衣歸。君不見彭城星殞楚歌臺,鴻門舞罷鴻溝割。英雄千古恨難平,灞水蕭蕭烏啼月。

《小草齋詩集》卷八,《小草齋集》下冊,756 頁

垓下行

(明)謝肇淛

愁雲黯黯連平楚,暮烏啼霜月欲曙。漢軍西面楚歌聲,美人帳中淚如雨。君王慷慨起悲歌,逐鹿雄心竟何苦? 百年意氣一朝盡,蓋世英雄空逝波。烏江沉沉風淒切,寶劍寒星光欲裂。千里烏騅不肯行,八尺重瞳化成血。西望咸陽火尚紅,羞將面目向江東。却憐亞夫無奇計,日夜徒思殺沛公。

《小草齋詩集》卷八,《小草齋集》下冊,757 頁

書項王廟壁

(明)王象春

三章既沛秦川雨,入關又縱阿房炬。漢王真龍項王虎,玉玦三提王不語。鼎上杯羹棄翁姥,項王真龍漢王鼠。垓下美人泣楚歌,定陶美人泣楚舞。真龍亦鼠虎亦鼠。

《明詩別裁集》卷一〇,112 頁

宿　　遷　　　　　　　　　　　　（明）陳子龍

寂寞鐘吾國,荆榛項籍臺。霸圖三楚盡,王氣九天開,坼地黃河出,經漕白羽催。朝宗今不改,空憶濟川才。

《陳子龍詩集》卷一二,下册,365 頁

鴻門歌　　　　　　　　　　　　（明）張煌言

項王怒,漢王畏,鴻門宴罷鴻溝潰。漢人喜,楚人恚,玉玦謀空玉斗碎。重瞳隆準兩英雄,天意有興必有廢。成豈噲也一巵肩,敗或亞父疽在背。不殺沛公豈云誤,此事却有霸王度。當時長者號漢王,俎上老翁不相顧。既無父子況君臣,三軍縞素為何人！

《張蒼水集》第二編,76 頁

經烏江　　　　　　　　　　　　（明）張煌言

楚歌聲裏霸圖空,匹馬歸來勢自雄。四百年餘炎火斷,誰知隆準一重瞳。旌旗垓下亦堪翻,戰士其如憶故園。縱向江東收燼去,應無子弟到中原。

《張蒼水集》第二編,143 頁

登戲馬臺　　　　　　　　　　　（明）冷士嵋

無端竟作枌榆客,秋日還登戲馬臺。慷慨重悲桓武淚,淒涼空老仲宣才。五陵關闕臨河險,三晉雲山直魏來。漢、楚消沉同一望,《大風歌》發使人哀。

《江泠閣詩集》卷六,《四庫全書存目叢書》集部 236 册,390 頁

《項羽泣別圖》　　　　　　　　　（明）朱誠泳

手拂千金劍,燈前慷慨歌。虞兮雖不逝,泣下復如何？

《小鳴稿》卷六,《陝西古代文獻集成》第 17 輯,174 頁

恩賜勝覽録　　　　　　　　　　（明）朱誠泳

鴻門之會,劉項之雌雄實決於此矣。予過其地,而想其《大風》之雄,
帳下之悲,同一大夢也。感而有作

漢、楚争雄此割疆,貔貅對壘劇豺狼。裂眥有勇稱樊噲,舞劍何人敵項莊？

醉脫金卮歸太急,怒撞玉斗恨偏長。經過不用論群策,蔓草寒烟幾夕陽。

《小鳴稿》卷一〇,《陝西古代文獻集成》第 17 輯,240 頁

過鴻溝 (明)朱誠泳

龍爭虎戰欲相吞,百二河山一劍分。楚、漢興亡均是夢,兩抔寒土鎖秋雲。

《小鳴稿》卷一〇,《陝西古代文獻集成》第 17 輯,241 頁

鴻門行 (明)來 復

山空日落風滿河,崤函道上衰柳多。青蕪被野樵者歌,昔日戰場今荒沙。荒沙漫漫迷晴潊,感慨經過淚如雨。霜氣空瞻天上雲,英雄久赴北邙土。當時割據重胙封,四塞群稱制馭雄。時移運改桑海變,江山萬里禾黍中。禾黍風正悲,江山終古在。早知爭戰事全非,座上舉玦應須悔。

《來陽伯詩集》卷五,《陝西古代文獻集成》第 19 輯,132 頁

昔有二首(其二) (清)顧炎武

昔有楚項羽,宰割封侯王。徙帝都上游,殺之於南方。大權既分裂,海內爭雄強。何況咫尺間,嬴秦尚未亡。時會互反覆,壯盛豈有常?感事再三歎,令我一彷徨。

《顧亭林詩集匯注》卷二,上冊,384 頁

《項羽本紀》第七 (清)蔣 楷

叱咤猶將廢萬人,不資三戶易亡秦。尋常書劍成何用,豪傑天開自有神。
賓主堂前語未休,座中不見一人頭。平生勇決皆如此,何事鴻門費獻酬。
九戰臨漳膽氣酣,孤軍獨自破章邯。盡歸上將諸侯入,匍匐轅門敢正參。
新安城下水淙淙,舊是重瞳殺已降。四十萬人同日盡,便知天意屬劉邦。
宰國何人敢亢衡,獨分九郡霸彭城。可憐義帝原如贅,一擊江中受惡名。
彭城已失範居剿,獨立誰同捍四郊。坐待漢王根本固,空將餘勇助咆哮。
一割鴻溝便引東,與人慷慨最豪雄。良平計畫雖興漢,千古還應愧魯公。
失時何地更論兵,亭長當年特好名。不為敗亡羞父老,江東若渡失生平。
江上扁舟自不群,定知亭長出塵氛。先時看罷英雄事,依舊輕帆入水雲。

成敗由來轉眼空,羞將俗眼看英雄。項王豈向空桑得,《史記》曾無項太公。
流落西陲鬼八千,江頭只見一人還。孤舟此日逢亭長,氣盡長空白浪邊。
獨有山東禮義邦,尚稱西楚不知降。孤城此日偏生色,應認扁舟已渡江。

《讀史》,《天涯詩鈔》,影印《四庫未收書輯刊》捌輯 23 冊,577 頁

鴻門雙絕　　　　　　　　　　（清）褐　夫

百餘騎敢赴鴻門,到口肥鮮竟不吞。劉偽項真雙絕代,後來成敗莫須論。

《古史詩針》,《戴名世集》附錄二,440 頁

讀古雜詩十首・項王　　　　　　（清）吳　歷

伯業夭亡路已窮,夕陽羞見隔江東。殘山力拔今何用?不拔留騅地一弓。

《三餘集》,《吳漁山集箋注》卷三,285 頁

西楚霸王廟　　　　　　　　　　（清）王　庭

雄圖驟逝竟何支,蓋世餘名尚系思。視玦無成非失計,艤舟不渡自知時。曾聞客淚沾遺像,豈有姬魂伴野祠。欲吊一卮愁日暮,荒原草短細磷吹。

《檇李詩繫》卷二五,影印文淵閣《四庫全書》1475 冊,586 頁

烏江謁西楚霸王廟　　　　　　　（清）朱彝尊

山前松柏憤王宮,遺恨當年尚不窮。忽見諸軍盡垓下,愁聽父老說江東。美人罷舞餘春草,駿馬悲鳴自朔風。萬歲來遊還此地,千秋霸業有誰同。

《曝書亭集》卷四,上冊,43 頁

項王廟　　　　　　　　　　　　（清）吳偉業

戲馬臺前拜魯公,興亡何必定關中?故人子弟多豪傑,弗及封侯呂馬童。

《詩前集》一,《吳梅村全集》卷八,上冊,201 頁

下相懷古　　　　　　　　　　　（清）吳偉業

驅車馬陵山,落日見下相。憶昔楚項王,拔山氣何壯。太息取祖龍,大言竟非妄。破

釜救邯鄲,功居入關上。殺降復父讎,不比諸侯將。杯酒釋沛公,殊有君人量。胡為去咸陽,遭人扼其吭。亞夫無諍言,奇計非所望。重瞳顧柔仁,隆準至暴抗。脫之掌握中,骨肉俱無恙。所以哭魯兄,仍具威儀葬。古來名與色,英雄不能忘。力戰兼悲歌,西風起酸愴。廢朝枕荒岡,虞兮侍帷帳。烏騅伏坐傍,踣地哀鳴狀。我來訪遺跡,登高見芒碭。長陵竟坏土,萬事同惆悵。

《詩後集》一,《吳梅村全集》卷九,上冊,218 頁

項王廟　　　　　　　　　　（清）吳偉業

在宿遷。項王下相人,即其地也。

救趙非無算,坑秦亦有名。情深存魯沛,氣盛失韓、彭。垓下騅難逝,江東劍不成。淒涼思晝錦,遺恨在彭城。

《詩後集》四,《吳梅村全集》卷一二,上冊,317 頁

項梁掩口　　　　　　　　　　（清）褐　夫

偶語《詩》《書》還棄市,未豐毛羽出狂言。空拳取代逢豪主,一掩差遮失口冤。

《古史詩針》,《戴名世集》附錄二,440 頁

烏江懷古　　　　　　　　　　（清）龔鼎孳

夢裏興亡咽杜鵑,年年廟食里予天。英雄百戰無遺恨,竟忍鴻門碎玉拳。
意氣相看瘞玉坡,天亡不耐美人何。猶憐隆準輸人彘,楚舞銷魂復楚歌。
蕭蕭碧樹隱紅牆,古廟春沙客斷腸。真霸假王誰勝負?淮陰高塚亦斜陽。
一增不用豈天亡,傾國何當罪豔妝。試看八千齊解甲,虞兮曾不負君王。

《定山堂詩集》卷三六,15 冊,10 頁

項　　羽　　　　　　　　　　（清）黃鵬揚

南公曾說亡秦者,三戶江東眾八千。消盡函關當日恨,烏江不用罪皇天。

《讀史吟評》,後集一,7 頁

項王祠　　　　　　　　　　（清）徐　倬

莫問鴻溝事若何,獨留祠宇枕黃河。故鄉香火情何限,三戶英雄氣已多。零落繡衣

生土蘚,欹斜駿馬絡藤蘿。到今吞岸濤生壯,嗚咽如聞《垓下歌》。

《清詩別裁集》卷一〇,上冊,178頁

項 羽
(清)汪 繹

一炬咸陽火未殘,楚人真是沐猴冠。英雄豈學書生算,也作還鄉畫錦看。

《清詩別裁集》卷一八,下冊,327頁

項 王
(清)汪紹焻

騅馬虞兮可奈何,漢軍四面楚人歌。烏江恥學鴻門遁,亭長無勞勸渡河。

《清詩別裁集》卷二六,下冊,473頁

項王廟
(清)潘 果

威望居然壓沛公,指揮一誤霸圖空。縱留子弟八千在,早失關河百二雄。遺廟可堪鄰泗上,英靈只合返江東。所嗟銳氣真無敵,不出淮陰數語中。

《清詩別裁集》卷二八,下冊,482頁

烏江懷古
(清)呂守曾

荒壘蕭蕭觸目驚,烏江東注恨難平。千金急購英雄首,八載空勞子弟兵。古渡蒼茫通利口,亂山合沓隔彭城。鳥啼似識興亡意,猶自淒涼學楚聲。

《清詩別裁集》卷二七,下冊,486頁

項王祠
(清)李 鍇

白蛇斷,烏騅窮,海內莫敵隆準公。百二小兒歌沛中,霸氣汩沒三戶空。眼中成敗勢即判,大王叱咤終英雄。楚雲沉沉壓祠宮,千秋伏臘猶鼓鐘。黿龍叫嘯寶劍血,草木慘澹雲旗風。乾坤失意丈夫淚,大江日落寒濤東。

《清詩別裁集》卷三〇,下冊,544頁

謁項王廟
(清)張玉書

項王祠枕長江水,拔山氣沸驚濤起。陰森白晝啼魑魎,蕭瑟西風黯菰米。座傍烏騅伏不鳴。餘怒猶欲承雲騰,想像悲歌出垓下。可憐遺恨迷陰陵,英雄坎壈識天意。失路東歸亦何濟,萬戶輕身贈故人。一死何顏見義帝,往事東流逝不回。雌雄壁壘空塵埃。君不見下相城頭望豐、沛,樵歌暮上歌風臺。

《晚晴簃詩匯》卷三一,第一冊,385頁

項　　里　　　　　　　　　　　　　（清）陶元藻

烏騅一去里門空,子弟相隨不復東。作史到今尊本紀,爭功何必據關中。稽山碑失秦無頌,《垓下歌》成楚有風。未許生擒歸亦恥,項王畢竟是英雄。

《晚晴簃詩匯》卷七八,第二冊,426頁

楚王廟碑　　　　　　　　　　　　（清）趙希璜

氣蓋世,力拔山,叱咤風雲變色間。狠如羊,猛如虎,逐鹿中原三戶楚。淋淋手提上將頭,宋義不死忘秦仇。重瞳九戰絕甬道,百萬空壁觀諸侯。萋萋宮殿咸陽火,置俎杯羹幸分我。鴻溝已畫歸彭城,跳梁畢竟成幺麼。時不利,騅不逝,烏江自刎虞兮淚。漢歌四面楚人多,漢室惟知尊義帝。頹垣敗壁搖秋風,何曾陌上遺民逢。秦毀淫祠我董事,豐碑貽誚檄梁公。

《晚晴簃詩匯》卷一〇一,第三冊,14頁

烏　　江　　　　　　　　　　　　　（清）王　蘇

楚歌四面天茫茫,數行泣掩重瞳光。君王豈特萬人敵,淮陰自將十萬當。東城僅存廿八騎,猶能斬將誇身強。大澤掀泥走辟易,神騅難踏波汪洋。泗上亭長逼兄弟,烏江亭長須君王。江東雖小尚足王,一語氣已吞蕭張。曷不用之作舟楫,漢兵後至無帆檣。貨寶婦女委棄盡,縱不富貴宜還鄉。胡為刎頸贈故舊,實乃自暴非天亡。至今遺廟向江涘,塵土滿目春風涼。階前舞草何旖旎,貞魂不屑為鴛鴦。思將白鐵鑄項伯,舁而跽之兩玼旁。男兒失節美人死,實令相對知慚惶。惜哉亭長計不售,姓名鄉里遺子長。八千子弟無一返,孤兒泣血心慨慷。鍾離昧存季布在,呼使將此恢咸陽。事功不成死未晚,仆者復起誠難量。鴻門一誤烏江再,杜默何緣涕泗滂。

《晚晴簃詩匯》卷一〇七,第三冊,121頁

項　王　　　　　　　　　　　(清)蔣湘城

江東亦是龍興地，一跌歸來霸業荒。虛遣郎中留戲下，豈知王氣在咸陽。孤軍不令收全楚，衣繡何曾到故鄉。地下英雄應一笑，偶然成敗詎天亡。

《晚晴簃詩匯》卷一一三，第三冊，211頁

過鴻門阪　　　　　　　　　(清)吳仰賢

軍門開，鼓如雷，兩雄高讌謀臣陪。手提佩玦睨不語，鵾鵝對舞鋒交摧。居巢老翁不解事，真龍出入無死地。但勸項王殺劉季，不諫項王殺義帝。九鼎終歸大度人，亞父何曾有奇計。

《晚晴簃詩匯》卷一五三，第四冊，38頁

詠　史　　　　　　　　　　(清)張人鑒

鴻門宴罷約鴻溝，成敗機關誤項劉。百二河山秦苑火，八千子弟楚人羞。干戈赤縣驅亡鹿，冠蓋烏江葬沐猴。聞到拔山歌一曲，淒淒垓下水東流。

《晚晴簃詩匯》卷一六九，第四冊，287頁

楚霸王墓　　　　　　　　　(清)史恩培

休將神聖例英雄，抔土殘碑已不同。埋伏拚當韓十面，寬仁宜似舜重瞳。何傷刓印封諸將，不悔分羹釋太公。遷、固漢臣多曲筆，豈真紀錄盡由衷。

《晚晴簃詩匯》卷一七六，第四冊，413頁

烏　江　　　　　　　　　　(清)王鳴盛

亭長殷勤檥一艘，勸王東去造新邦。天憐黔首宜蘇息，不遣重瞳再渡江。

《西沚居士集》卷二二，《嘉定王鳴盛全集》第一一冊，336頁

讀《項羽紀》　　　　　　　(清)高宗弘曆

鹿走荒郊壯士追，蛙聲紫色總男兒。拔山扛鼎興何暴，齧劍辭雛志不移。天下不聞歌楚些，帳中唯見歎虞兮。故鄉三戶終何在？千載烏江不洗悲。

《御制樂善堂全集定本》卷二五,影印文淵閣《四庫全書》,1300 册,490 頁

鉅鹿之戰

（清）鄭　燮

懷王入關自聾瞽,楚人太拙秦人虎。殺人八萬取漢中,江邊鬼哭酸風雨。項羽提戈來救趙,暴雷驚電連天掃。臣報君仇子報父,殺盡秦兵如殺草。戰酣氣盛聲喧呼,諸侯壁上驚魂逋。項王何必為天子,只此快戰千古無。千奸萬黠藏凶戾,曹操、朱溫盡稱帝。何似英雄駿馬與美人,烏江過者皆流涕！

《詩鈔》,《鄭板橋集》二,26 頁

項　羽

（清）鄭　燮

已破章邯勢莫當,八千子弟赴咸陽。新安何苦坑秦卒,壩上焉能殺漢王！玉帳深宵悲駿馬,楚歌四面促紅妝。烏江水冷秋風急,寂寞野花開戰場。

《詩鈔》,《鄭板橋集》二,35 頁

詠　史(其二)

（清）鄭　燮

已背齊盟強自雄,便應割據守關中。如何宴罷鴻門去,却覓彭城小附庸？

《詩鈔》,《鄭板橋集》二,102 頁

烏江吊項羽

（清）黃景仁

憤王遺像黯承塵,已事空悲五裂身。百二山河銷赤炬,八千子弟走青磷。好尋鬼母揮餘淚,自有獅兒作替人。王氣東南來尚早,不須亭長在江濱。

《兩當軒集》卷八,194 頁

東阿項羽墓

（清）黃景仁

將軍之身分五體,將軍之頭走千里。擲將贈友歡平生,漢王得之下魯城。可憐即以魯公瘞,想見重瞳炯難閉。至今磷火光青熒,猶是將軍不平氣。昔奠絮酒烏江頭,知君毅魄羞江流。懷古復過彭城陌,知君英靈愁故國。兩地招魂不見君,却從此處吊孤墳。美人駿馬應同恨,多少英雄末路人！

《兩當軒集》卷一一,284 頁

烏江項王廟　　　　　　　　　　　　　　（清）黃景仁

美人駿馬甫沾襟，遽使江東阻壯心。子弟重來無一騎，頭顱將去值千金。誰言劉季真君敵，畢竟諸侯負汝深。莫向寒潮作悲怒，歌風臺址久消沉。

《兩當軒集》卷二二，528 頁

東阿謁西楚霸王墓　　　　　　　　　　（清）洪亮吉

松柏曾無半畝宮，蒿萊時起憤王風。學書我亦慚無就，刎劍君應恨未窮。十載通侯酬項伯，千秋大義戮丁公。猶餘一事逃清議，賣友誰誅呂馬童？

《卷施閣詩》卷一，《洪亮吉集》第二冊，470 頁

烏江謁項王祠　　　　　　　　　　　　（清）洪亮吉

尚有荒祠在，門開江水東。死猶分五體，生已負重瞳。無力除英布，何心殺沛公。怒濤三百尺，時起憤王風。

《更生齋詩續集》卷九，《洪亮吉集》第五冊，1838 頁

詠史篇　　　　　　　　　　　　　　　（清）洪亮吉

運去矣，籍若何，八千人散漢一歌。時至矣，勝亦武，百二關亡楚三戶。噫籲嘻！秦明月，漢大風，恨有豎子無英雄。

《附鮚軒詩》卷一，《洪亮吉集》第五冊，1911 頁

詠史十首（其一）　　　　　　　　　　（清）洪亮吉

項羽欲入關，沛公無如何。神明所都會，日復尋干戈。咸陽宮殿中，流血遂成河。哀哉青門瓜，乃比人頭多。

《附鮚軒詩》卷六，《洪亮吉集》第五冊，2010 頁

詠史十首（其九）　　　　　　　　　　（清）洪亮吉

我思蓋世豪，實惟楚重瞳。其事雖不成，氣已吞域中。男兒頭可斷，不惜歸江東。始知孫伯符，未足稱英雄。

《附鮚軒詩》卷六,《洪亮吉集》第五冊,2011 頁

烏江項王廟　　　　　　　　　　（清）蔣士銓

暗嗚獨滅虎狼秦,絕世英雄自有真。俎上肯貽天下笑,座中維覺沛公親。等閒割地分強敵,慷慨將頭贈故人。如此殺身猶灑落,憐他功狗與功臣。

《忠雅堂詩集》卷三,《忠雅堂集校箋》第一冊,304 頁

過項王廟　　　　　　　　　　　（清）姚　範

中原逐鹿竟歸劉,霸業從教一戰休。龍虎早成天子氣,侯王尚待故人頭。河山有地封屠狗,子弟無鄉望沐猴。日暮江東何處是,滿天風雨不勝愁。

《晚晴簃詩匯》卷七七,第二冊,400 頁

烏江項王廟作歌　　　　　　　　（清）劉大櫆

古來不道無秦比,天教草昧英雄起。功成未得居皇王,魂魄至今長不死。憶昔嬴政殲成周,併吞六國烹王侯。二世威刑更刻深,人人自危多異心。前有勝與廣,後有梁與籍。楚人三戶能亡秦,況乃重瞳拔山力。項王引兵西渡河,瞋目救趙揮長戈。戰士無不一當十,呼聲殷與雲漢摩。一炬咸陽宮室爐,美人珍寶何堪問。殽函千里名金城,奮臂驅除即日平。沛公先入天相授,項羽無終命所令。即今相去幾經年,廟貌經過猶懍然。紅樹秋山慘夕照,烏江古渡空寒煙。客子飄零無所事,蕭然襆被孤舟次。却憶長身八尺扛鼎何崔嵬,八千子弟渡江來。將援水火袵席上,盡卷霾雲天日開。殷湯放桀作典寶,周武征商散鹿臺。獨立江頭三歎息,如何更百千年無此才?

《劉大櫆集》卷一二,423 頁

下相懷古　　　　　　　　　　　（清）趙　翼

客行馬陵道,訪古下相里。一片川原接芒碭,傳是項王舊桑梓。當日漢帝過沛宮,空縣父老迎歌《風》。淮陰徙對王楚地,千金赤報漂母誼。丈夫富貴歸故鄉,輒有佳話垂聲光。滅秦衣繡東還日,此地想應多故實。舊交入座歎夥頤,宿怨到門懼行膝。胡為遷《史》無一字,得非身敗事亦軼。要之成敗何足論,劉、項曲直公道自在人。鴻門宴,縱其身;鴻溝約,歸其親。大恩乃反以仇報,平心試問誰不仁? 不仁者興仁者滅,三代變局從

此新。一事還堪傲漢王,虞兮能死帳前舞。笑他萬乘一戚姬,留作廁中人甚苦。何況漢社久已墟,重瞳英風尚千古。然則漢未為得楚未失,魂魄不須悲故土。

《甌北集》卷三,上冊,56 頁

茮洲以《陝中游草》見示,和其五首·鴻門　　(清)趙　翼

風急牙旗颭將壇,殺機危處托交歡。一杯酒竟將疑釋,千載人猶代膽寒。目眥光浮屠狗楯,背疽病為沐猴冠。重瞳終是君人量,成敗論人恐未安。

《甌北集》卷三一,下冊,713 頁

登戲馬臺　　(清)陳　燮

衣錦何年戲馬回,龍嵸怪石擁荒臺。重陽風雨思高會,西楚山川出霸才。浩蕩秋原看鹿走,蒼茫戰壘見花開。阮生一掬英雄淚,廣武吟成迥自哀。

《晚晴簃詩匯》卷一一三,第三冊,208 頁

戲馬臺　　(清)何　栻

百戰功名爭一勝,兩戒河山爭一姓。登場戲士互輸贏,得馬失馬誰能定。烏騅游戲彭城下,報主一心堅不舍。氣數催人各上臺,臣民易主渾如馬。項王戲馬忽見顛,宋王戲馬騎登天。魚龍曼衍天猶戲,安石爭墩癡可憐。

《晚晴簃詩匯》卷一四四,第三冊,739 頁

鴻　門　　(清)張問陶

繼舜重瞳貌自殊,少年書劍恥為儒。背關遂帝規模小,縱火坑降事業粗。潦草風雲誇百戰,尋常宴飲失黃圖。美人名馬英雄豔,只此豐神絕代無。

《出山小草》,《船山詩草》卷四,上冊,87 頁

項　羽　　(清)謝啟昆

不階尺寸滅秦嬴,宴起鴻門劍又聲。壯士軍前賜卮酒,太公俎上佚杯羹。中分欲擅東西帝,高義終全父子情。解甲將歸楚歌起,千秋背約怨陳平。

《樹經堂詠史詩》卷一,影印《續修四庫全書》1458 冊,497 頁

舊縣西楚霸王墓　　　　　　　　　　（清）舒　位

風聲夜起將軍樹,四面山河圍不住。美人楚舞君楚歌,烏騅不逝烏江波。可憐當日鴻門會,地戶天關玉斗碎。五色誰占天子氣,一江已注英雄淚。故鄉雖好無時還,沐猴而冠殊等閒。捲土重來惜揮手,渡江再見良羞顏。穀城山前望行路,斷碣猶題楚王墓。是耶非耶丘壟平,荒煙蔓草愁人情。君不見驪山魂斷宮車出,泉下魚燈照枯骨。又不見漢家陵闕莽蕭蕭,西風落日鼯鼪號。紛紛蛇鹿同淒絕,匿魄收魂古離別。知誰土壟與王頭,雨打秋墳野花血。

《瓶水齋詩集》卷二,上册,42 頁

重題項王墓　　　　　　　　　　　　（清）舒　位

玉斗淒涼鐵騎摧,陰陵月黑走烏騅。美人一劍花初落,亭長孤舟夜未開。回首入關當百戰,傷心卷土不重來。依然樵牧謳吟處,白草茫茫正可哀。

《瓶水齋詩集》卷四,上册,152 頁

歷陽懷古四首‧楚霸王廟　　　　　　（清）孫枝蔚

叱咤重瞳亦枉然,荒亭遺像動人憐。題詩不少秦中客,約法猶思漢主賢。泥馬蘚生陰雨後,水禽啼亂廟門前。將軍多恐英靈盡,萬古長江有戰船。王阮亭曰:故是秦人語。

《溉堂前集》卷八,影印《溉堂集》上册,385 頁

項　　王　　　　　　　　　　　　　（清）樊增祥

叱咤風雷宇宙驚,諸侯俯首受齊盟。眼看灞上君臣去,手挈江東子弟行。尺組繫來秦孺子,哀絃泣遍魯諸生。重華苗裔分明是,千載虞兮姓未更。

《二家詠古詩》,《樊樊山詩集》下册,1569 頁

項　　羽　　　　　　　　　　　　　（清）羅惇衍

名籍,下相人,仕楚,封魯公,復自立為西楚霸王。兵敗,自殺,年三十二。

幾人稱帝復稱皇,自以威名號霸王。湯、武吊民翻易暴,桓、文摟伐敢爭強。興圖慷慨分新界,富貴躊躇念故鄉。一事赤龍應駭服,不貪秦寶火阿房。

《集義軒詠史詩鈔校證》卷五,第一册,138 頁

徐州渡河　　　　　　　　　　　　　　　　　　　　　（清）王士禛

楚漢興亡後，雌雄幾戰爭。《大風》過泗上，落日照彭城。玉斗空遺恨，銀刀久厭兵。登艫一長嘯，冰雪太崢嶸。

《蠶尾續詩集》卷二，《王士禛全集》第二冊，1177頁

彭門懷古八首（其一、二）　　　　　　　　　　　　　　（清）王士禛

城上黃樓天四垂，捲簾坐盡楚山姿。羽衣吹笛人千古，樓下猶懸五丈旗。

中原豪傑競亡秦，楚、漢烟銷泗水濱。放鶴亭中一杯酒，楚山鬱鬱水鱗鱗。

《蠶尾續詩集》卷二，《王士禛全集》第二冊，1177頁

廢邱（丘）關　　　　　　　　　　　　　　　　　　　（清）曾國藩

項王西入關，叱吒何雄哉！鼻息撼山嶽，號令如轟雷。分茅割大地，駕馭英雄才。六王既立後，三將還西來。降臣剖符竹，洪度方洞開。廢邱（丘）亦善地，百里辟蒿萊。桓桓章將軍，仡仡貔虎材。奸豎主帷幄，大將終疑猜。望夷不足惜，此類良可哀。行人一長歎，萬壑悲風回。

《曾國藩詩集》，《曾國藩詩文集》卷二，39頁

讀　史　　　　　　　　　　　　　　　　　　　　　（清）張裕釗

摧秦首事獨重瞳，未讓龍髯仗狗功。遺廟千秋偏見毀，可憐成敗論英雄。

《濂亭遺詩》卷一，《張裕釗詩文集》，318頁

八臺詩辛卯·戲馬臺　　　　　　　　　　　　　　　　（清）易順鼎

彭城傑構倚岩嶤，二謝詩情象外超。百戰河山自西楚，九秋風雨又南朝。鳴鑾虎步登臨壯，衣錦猴冠割據遙。獨有鴻冥輸孔令，宋臺初建已雲霄。

《琴志樓詩集》卷九，第二冊，497頁

詠古詩六十首，同樊山作·西楚霸王　　　　　　　　　（清）易順鼎

蓋世英雄氣不磨，學書學劍壯心多。早知秦可取而代，晚嘆虞兮奈若何。霸業祖龍

分本紀,詩才妾馬入悲歌。竟教亭長成名去,遺恨烏江咽逝波。

《琴志樓詩集》卷一二,第三册,756 頁

戲　下（其一）　　　　　　　　　（清）王　軒

戲下兵全罷,心孤耐歲時。銅缾消息渺,鐵網道塗疑。未信來無日,終留夢可期。拔心從不死,淚罷幾時垂。

《耨經廬詩集》續編卷一三,《續尤西堂擬明史樂府》(外二種),389 頁

項　羽　　　　　　　　　　　　（清）張　澍

都君不作此重瞳,蓋世威名伏眾雄。都使諸侯觀壁上,未教劉季王關中。鴻溝割後烏江逼,子弟亡時父老逢。相對虞兮空飲泣,悲歌四面起秋風。

《養素堂詩集》卷二五,《清代詩文集彙編》536 册,270 頁

詠古雜詩（其十三）　　　　　　　　（清）彭　湘

《拔山》唱罷《大風》來,音節千秋樂府開。下馬作歌都敵手,漫論逐鹿兩雄才。

《適龕詩集》卷一三,《清代詩文集彙編》621 册,581 頁

楚霸王　　　　　　　　　　　　（清）秦　煥

當年非楚莫亡秦,降卒曾坑廿萬人。攻破函關天下定,項王原是漢功臣。

《劍虹居詩集》卷下,《清代詩文集彙編》675 册,196 頁

漢臺詠史·項羽　　　　　　　　　（清）嚴如熤

扛鼎人真蓋世雄,肯將書劍學求通。八千子弟傾秦社,百二河山奉沛公。兵氣動天觀壁上,霸圖無地王江東。名姬駿馬都消歇,天子還鄉歌《大風》。

《樂園詩稿》卷三,《清代詩文集彙編》455 册,163 頁

項　羽　　　　　　　　　　　　（清）鮑桂星

駿馬奚慚左纛車,反秦興楚較何如。偶窺舞帳非狃色,不溺儒冠為學書。亞父乞骸寧謾罵,太公登俎尚躊躇。項王事事平勝劉季,偏與強嬴作閏餘。

《覺生詠史詩鈔》卷一，《清代詩文集彙編》476 冊，469 頁

垓下歌

（清）皮錫瑞

楚歌一聲戰血紫，千古雄才乃至此。鴻門已誤又鴻溝，指日沐猴無穴死。學書不成能作歌，重圍四面楚人多。撼漢軍難拔山易，蓋世之氣將如何。帳中夜飲別離酒，不是沛公雙玉斗。戲馬臺荒戰騎空，烏騅骯髒形如狗。忼慨悲歌泣數行，英雄氣短情何長。范增已死周殷叛，只有虞兮為楚亡。生平喑嗚千人殞，一夜大王意氣盡。何妨負約奪關中，何事棄秦歸山東。不用韓彭失黥布，憤憤欲抉雙重瞳。七十餘戰戰不敗，百二關河自撞壞。失人豈獨違天亡，大澤乃為田父賣。丈夫殺敵死有名，故人迫我何無情。八千子弟無一在，不及五百從田橫。大風不捲睢陽瓦，讓爾亭長得天下。豈徒無面見江東，死愧郴江牧羊者，贈爾千金萬戶侯。淋漓一顆生王頭，三戶亡秦志已畢，千年鉅鹿聲啾啾。

《師伏堂詠史》，《清代詩文集彙編》772 冊，309 頁

鴻門宴

（清）皮錫瑞

漢龍楚虎逐秦鹿，風雲從之奔捷足。鑿齒磨牙猲㺊死，大宴鴻門爭鹿肉。虎王分肉宰天下，刀俎未忍烹龍鮓。傅翼老狼不解事，睥睨龍氣碎雙斝。神龍變化能屈伸，不如猛虎專殺人。龍文虎氣鬥雙劍，虎穴有人助龍戰。元黃血灑星如珠，巵酒虌肩啗虎餘。屠狗譙虎虎心怖，走狗搏虎如搏兔。虎不負隅虎化猴，分肉未畢分鴻溝。

《師伏堂詠史》，《清代詩文集彙編》772 冊，310 頁

讀《項羽傳》

（清）張　淑

鬥智鬥謀如鼠竊，襟懷坦易始英雄。相看祇有虞姬壻，杯酒鴻門釋沛公。

《國朝閨秀詩柳絮集校補》卷二一，第二冊，第 933 頁

項王墓

（清）劉琴宰

垓下何須恨失秦，長陵茂草不成春。未央一夢雞聲歇，徧地花開虞美人。

《國朝閨秀詩柳絮集校補》卷三二，第三冊，第 1469 頁

讀　　史(其二) 　　　　　　　　　　　　　(清)戴　珊

鴻門無計困英雄，垓下方知百戰空。名馬美人都喪盡，惟餘舞草泣春風。

《國朝閨秀詩柳絮集校補》卷四三，第四冊，第 2059 頁

徐　　州　　　　　　　　　　　　　　　　(清)余　笛

鼓角聲中雜怒濤，徐州風景太牢騷。沙飛白日天俱慘，詩到黃河氣亦豪。臺上英雄誇戲馬，尊前感慨欲持螯。城西門外青青草，猶似當年舊戰袍。

《北游草》，《采山樓藏稀見清人別集叢刊》第一冊，521 頁

戲馬臺　　　　　　　　　　　　　　　　(清)余　笛

項王氣概雄蓋世，項王馬亦有奇氣。高臺虎距旁無人，戲馬將爲逐鹿計。當年楚軍與漢持，其勢如虎如熊羆。滎陽已破成皋拔，奇功皆自馬得之。楚歌四起大王咤，無可奈何淚欲瀉。一杯濁酒澆胸中，絕代美人死劍下。子弟曾去馬獨留，馬不負王王負馬。策馬臨江不渡東，英雄豈忍偏安終。欲見父老無面目，到此人窮馬亦窮。吁嗟乎，項王戲馬聊小試，眼底事事當兒戲。天下何大馬何細，幾若一例可控制。鴻門豈真示仁義，直以沛公無足畏。戰士謀臣去相繼，亦復恬然不介意。彼所恃者力與勢，那知成事談何易。君不見漢王頻年在馬上，其心未嘗偶輕項。又不見項王馭馬能使馴，不如漢王善馭人。

《北游草》，《采山樓藏稀見清人別集叢刊》第一冊，521 頁

詠虞姬

虞姬怨

(唐)馮待徵

妾本江南采蓮女,君是江東學劍人。逢君遊俠英雄日,值妾年華桃李春。年華灼灼豔桃李,結髮簪花配君子。行逢楚漢正相持,辭家上馬從君起。歲歲年年事征戰,侍君帷幕損紅顏。不惜羅衣沾馬汗,不辭紅粉著刀環。相期相許定關中,鳴鑾鳴佩入秦宮。誰誤四面楚歌起,果知五星漢道雄。天時人事有興滅,智窮計屈心摧折。澤中馬力先戰疲,帳下蛾眉□□□。君王是日無神彩,賤妾此時容貌改。拔山意氣都已無,渡江面目今何在。終天隔地與君辭,恨似流波無息時。使妾本來不相識,豈見中途懷苦悲。

《全唐詩》卷七七三,22 冊,8766 頁

項羽別虞姬

(宋)徐 積

垓下將軍夜枕戈,半夜忽然聞楚歌。詞酸調苦不可聽,拔山力盡無如何。將軍夜起帳中舞,八百兒郎淚如雨。此時上馬復何言,虞兮虞兮奈何汝。

《全宋詩》卷六三五,11 冊,7570 頁

虞姬別項羽

(宋)徐 積

妾向道,向道將軍施恩義,將軍一心靳財利。妾向道,向道將軍莫要為人患,坑却降兵二十萬。懷王、子嬰皆被誅,天地神人咸憤怨。妾向道,向道將軍莫如任賢能,却信奸言疑范增。當時若用范增者,將軍早已安天下。天下成敗在一人,將軍左右多奸臣。受却漢王金四萬,賣却君身與妾身。妾向道,向道將軍不肯聽,將軍雖把漢王輕,漢王聰明有大度,天下英雄能駕御。將軍唯恃力拔山,到此悲歌猶不悟。將軍不悟兮空悲歌,將軍雖悟兮其奈何。賤妾須臾為君死,將軍努力渡江波。

《全宋詩》卷六三五,11 冊,7570 頁

濠州七絕·虞姬墓　　　　　　　　　　（宋）蘇　軾

帳下佳人拭淚痕,門前壯士氣如雲。倉黃不負君王意,只有虞姬與鄭君。

《全宋詩》卷七八九,14 冊,9145 頁

和子瞻濠州七絕·虞姬墓　　　　　　（宋）蘇　轍

布叛增亡國已空,摧殘羽翮自令窮。艱難獨與虞姬共,誰使西來敵沛公。

《全宋詩》卷八五一,15 冊,9857 頁

虞姬墓　　　　　　　　　　　　　　（宋）饒　節

風悲月黑楚歌聞,泣下虞兮夜未分。千騎星飛向前死,不知誰為閉荒墳。

《全宋詩》卷一二八七,22 冊,14570 頁

虞美人　　　　　　　　　　　　　　（宋）方　耒

生犀百萬環帳立,漏聲未殘楚聲急。拔山男子心轉柔,夜倚芙蓉秋露泣。帳中別酒苦如荼,不是嬋娟害霸圖。剗人憤死愁雲氣,呂氏田頭見老夫。漢宮三萬六千日,得意蛾眉亦陳跡。至今一曲唱虞姬,恨草搖搖向春碧。

《全宋詩》卷二〇〇五,35 冊,22456 頁

過虞美人墓　　　　　　　　　　　　（宋）潘　檉

樽前一曲奈何歌,千古英雄恨不磨。女子在軍今莫問,君王愎諫向來多。最憐秋雨添狐穴,誰與春醪酹棘寞。一朽何須論異域,寄聲青塚太嬙婀。

《全宋詩》卷二一五〇,38 冊,24224 頁

虞姬墓　　　　　　　　　　　　　　（宋）范成大

在虹縣下馬鋪北三十七里。

劉項家人總可憐,英雄無策庇嬋娟。戚姬葬處君知否,不及虞兮有墓田。

《全宋詩》卷二二五三,41 冊,25847 頁

虞姬墓

（元）王 惲

在靈壁縣東三十里，虹縣道南，陰陵山北，舊有廟在山上，今廢。

重瞳鮮情人，鍾愛獨虞美。五年有天下，寵倖想無比。一朝走陰陵，楚歌聞四起。君王大事去，飲訣共欷歔。感君伉儷恩，死不為漢鬼。一丘鳳陽東，粉黛見石紀。空餘山頭草，纔歌葉披靡。定應月下魂，長繞烏江水。

《全元詩》第 5 冊，45 頁

虞美人

（元）徐 鈞

帳下悲歌勢已孤，美人忠憤慨捐軀。山河莫道全歸漢，墓草青青尚姓虞。

《全元詩》第 7 冊，283 頁

虞美人

（元）連文鳳

帳中對飲復高歌，飲罷歌殘淚雨多。自是天將亡楚國，不因紅粉失山河。

《全元詩》第 13 冊，421 頁

虞美人草詞

（元）謝 翱

髑髏起語鴟叫嘯，山精夜啼楚王廟。渡淮風雨八千人，叱咤向天成白道。身經百戰轉危亡，狼籍悲歌出漢堡。夜帳天寒抱玉泣，血變草青煙曉濕。他年辟仇春草生，吳中草死無妾名。自從為草生西楚，得到吳中猶楚舞。

《全元詩》第 14 冊，345 頁

虞美人手卷，次韻

（元）胡初翁

阿房烈炬灰成雪，秦隴不乾百戰血。重瞳鐵驄騰九州，妖鋒所至遭殘滅。帝命先入關者王，郴江賊義寧不亡。婦人軍中古所忌，玉帳何至攜紅粧。垓下重圍夜顛倒，仰視飛星楚天老。千金不救顏如花，一劍俄驚身作草。妾心長寄青青枝，妾死不恨因娥眉。但恨君王太倉卒，不從亭長挐舟時。烏江流水鳴千古，多謝後人詩卷土。寧知天意開炎精，當時笑殺鴻門舞。

《全元詩》第 19 冊，189 頁

詠史四首(其一)   （元）袁 桷

青青虞美人,欲舞不解前。漫漫劉寄奴,醫國真茫然。風回下相里,寒沙起蒼煙。徘徊古彭城,亦復多流泉。二者骨已朽,胡為事春妍。人生要垂芳,豈托小草傳。丈夫與女子,籍籍同悲憐。

《全元詩》第 21 冊,124 頁

擬范增碎玉斗歌   （元）陳 泰

鴻門醉兮幕張,黑雲壓兮芒碭。臣令莊兮起舞,伯何為兮誤莊。重瞳兮日光,高準兮龍章。風塵頃洞兮,誰虜誰王。臣所惜兮惟玉之玦,斗可碎兮首亦可裂。嗚呼！爾為漢佐兮為忠臣,千秋萬歲兮爾楚無人。

《全元詩》第 28 冊,26 頁

擬虞美人歌   （元）陳 泰

項羽堅壁垓下,夜燕悲歌,美人虞氏和之,予因廣之云:王倍漢力,王輪漢時。漢購王首,王出安之。莫愛匪妾,莫馭匪騅。雖不能言,妾哀致辭。辭曰:

星熒熒兮隕空,淚灑灑兮營中。妾生誤王兮死無終,楚猶競兮天回風。王乘騅兮去為龍,妾歸骨兮江東。

《全元詩》第 28 冊,26 頁

虞美人草詞   （元）陳 樵

美人不願顏如花,願為霜草逢春華。漢壁楚歌連夜起,騅不逝兮奈爾何。鴻門劍戟帳下舞,美人忍淚聽楚歌。楚歌入漢美人死,不見宮中有人彘。

《全元詩》第 28 冊,326 頁

虞美人行   （元）楊維楨

拔山將軍氣如虎,神騅如龍踢天下。叶戶。將軍戰敗歌楚歌,美人一死能自許。蒼皇伏劍答危主,不為野雉隨仇虜。江邊碧血吹青雨,化作春芳悲漢土。

《全元詩》第 39 冊,12 頁

虞美人行，贈邵倅

(元)王　逢

大王氣蓋世、力拔山，七十餘戰龍蛇間。得人為霸失人虜，有妾如花無死所。夜寒蒼蒼星月高，不惜傾身帳中舞。大王恩深淺東海，青血熒熒春草在。當時早化劍雙飛，四面楚歌那慷慨。芒碭山開五色雲，雌雉竟與雄鷥群。嗚呼後世亂紛紛，非君擇臣臣亦當擇君。

《全元詩》第59冊，26頁

虞姬怨

(元)林　弼

君王萬人敵，賤妾萬人憐。昔有絲蘿托，願言金石堅。云胡竟失勢，恩情不終全。騅馬驕不逝，楚歌聲四喧。君心為妾苦，妾身為君捐。嗟君氣如虹，創業未八埏。恨妾命如葉，事主無百年。遊魂遂驚塵，怨血濺流泉。妾死亦已矣，君行當勉旃。江東地雖小，星火亦可燃。願身化孤燕，隨渡烏江船。

《全元詩》第63冊，4頁

虞美人歌 并序

(元)謝　肅

余嘗讀史，至西楚霸王項羽所作垓下帳中歌，知其深愛虞美人及騅馬，故騅馬尚不忍殺，況美人乎！而世言羽敗垓下，美人恐為漢軍得，以劍自刎死。然此事，馬、班皆弗載，豈偶遺之，亦難明矣。曩余從戎定遠，過美人墓。父老為余言，美人從羽自垓下潰圍渡淮，漢軍且追及，美人乃自刎死，此其處也。是則美人詎乏古烈婦風哉！及過宿遷，美人鄉也，以其有徇主之節而祠焉。已而徵父老之言，益信。蓋事固常有不幸者如美人，徒以羽殘暴失國，人惡道之，亦使美人之節，不白於天下。余甚悲之！故作是詩，于以詠歌美人之遺事云。

美人已為英雄死，鄉里猶綿歲時祀。娟然珠翠照羅帷，兩兩女巫歌舞起。短簫咽鼓相喧啾，回風吹入楚雲愁。楚雲為雨幾千里，似洗重瞳垓下羞。山河百戰雄圖喪，顧妾何勞悲玉帳。寶劍臨危妾自裁，素心不貳君應諒。願從躍馬出重圍，艱難又渡淮西涯。終將血染原上土，空餘碧草春離離。我憶從軍經此地，南公慷慨言遺事。香魂一斷招不來，今日荒祠堪重哀。

《全元詩》第63冊，404頁

虞姬伏劍　　　　　　　　　　（明）胡　奎

當時玉斗碎鴻門，碧血空沾楚劍痕。滿地落花皆漢土，不知何處著春魂。

《胡奎詩集》卷五，344頁

虞姬請劍　　　　　　　　　　（明）瞿　佑

《史記》：漢兵困項羽於垓下。美人虞姬常幸，善馬名騅常騎。夜起，聞四面皆楚歌，羽乃慷慨自謂詞曰："力拔山兮氣蓋世，時不利兮騅不逝，騅不逝兮可奈何，虞兮虞兮奈若何。"泣下數行，虞姬乃請劍自剖（刎）而死。

烏騅嘶斷戰旗風，四面歌聲目滿空。此別君王宜努力，婦人不合在軍中。

兵書：軍中不宜置婦人。

杜詩："婦人在軍中，軍氣恐不揚"。

《香臺集》卷中，《瞿佑全集校注》上冊，41頁

虞美人　　　　　　　　　　　（明）瞿　佑

劍血多年尚有神，楚歌聲裏弄殘春。迎風似舞腰肢細，帶雨如含淚眼顰。江畔烏騅空踟躕，宮中人彘可悲辛。青青只有明妃塚，長恨飄零作虜塵。

《詠物詩》，《瞿佑全集校注》上冊，130頁

過虞美人墓　　　　　　　　　（明）越友同

聽罷悲歌血淚凝，舞衣零落帳前燈。千年荒塚埋遺恨，不勸君王用范增。

《列朝詩集》乙集卷七，第五冊，2618頁

虞　姬　　　　　　　　　　　（明）周玉簫

先刎謝重瞳，差強隆準公。應為松與柏，豈化草芃芃。

《列朝詩集》閏集卷四，第一二冊，6520頁

虞　姬　　　　　　　　　　　（明）朱靜庵

力盡重瞳霸氣消，楚歌聲裏恨迢迢。貞魂化作原頭草，不逐東風入漢郊。

《列朝詩集》閏集卷四,第一二册,6535 頁

詠虞姬
(明)邱(丘)濬

垓下當年戰勝還,虞姬飲憾戚姬歡。後來人彘遭奇禍,欲乞悲歌一曲難。

《重編瓊臺稿》卷四,影印文淵閣《四庫全書》1248 册,74 頁

虞美人
(明)李東陽

按劍孤營落日昏,楚歌聲裏漢兵屯。當時國士無存者,獨有虞姬不負恩。

《詩前稿》卷一九,《李東陽集》第一卷,434 頁

虞美人曲
(明)何東序

馬童原德羽,漁唱已歸劉。舊壘龍蛇暗,長江霧雨愁。帳下娥眉燦,歌闋兵已散。四向較比鴻門多,楚邪漢邪奈虞何。

《九愚山房詩集》卷一,《四庫全書存目叢書》集部 126 册,613 頁

虞美人花
(明)吴廷翰

美人玉骨埋幽恨,化作名花逞艷姿。為是傷春閃泣雨,含情猶似帳中時。

《詩集》卷下,《吴廷翰集》,470 頁

讀史十首·虞姬
(明)支大綸

鏖戰睢陽水不流,三千女色銳全收。可憐亘古英雄淚,祇為虞兮灑髑髏。

《支華平先生集》卷四,《四庫全書存目叢書》集部 162 册,75 頁

虞美人
(明)姚舜牧

虞兮虞兮奈若何,烏江渡頭遭轗軻。精魂不隨英雄去,却向人前舞翠娥。

《樂陶吟草》卷四,《四庫全書存目叢書》集部 158 册,402 頁

過靈璧,題虞姬墓
(明)茅元儀

義氣烏江欲盡時,香魂何處逝波知。漢皇終是多情者,歸葬中原慰戚姬。

《石民賞心集》卷七,《四庫禁毀書叢刊》集部 110 冊,343 頁

虞姬草

(明)文翔鳳

禮虞姬墓寒草一莖。

清婦心精成煙墅,剖為玉鏡五百年。何況貞姬中固結,金剛舍利不能殘。我拜虞姬一抔土,恰見虞心是琅玕。定有魁然之夫氣超越,毛骨分明鑒水月。黛蛾共將雙顧影,水晶簾幌霜生襪。一解。吁嗟玉龍知已甘如飴,大王陰陵騅不馳。白璧可鐫誰能貌,北斗量金想鑄伊。王因巫咸語劉季,卿雖臣妾天下,不償娥姁失厥妃。二解。我告天下吏,但拜虞姬墓,絕勝折腰法冠嫵。彼雖有髭却無肝,驅車隴上汗如注。三解。虞姬魂作朱草生,烽樹為枝茜是莖。玉真馬嵬空出粉,明妃□漢浪搖青。四解。美人春草產益州,兩兩葉對好匹仇。但詠美人曲一疊,舞如拍掌即相酬。應拍中節神所附,不聽他曲並別嘔。五解。塚草未試還能舞,回風夜帳仍驚舉。倘移此草向猗蘭,朝登屈軼四凶寒。六解。

《南極篇》卷三,《四庫禁毀書叢刊》子部 11 冊,419 頁

虞美人

(明)張鳳翔

帳下擊築聽高歌,漢兵四壁如網羅。平生學得萬人敵,天乎至此成蹉跎。瞋眸虎視怒欲烈,咆哮震宇翻江波。虛擔瓦木欲飛動,斷虹裂石搖山河。烏騅却立水花暗,白日無色愁雲多。寶房腰下出長劍,喑嗚叱咤陰山阿。毒涎腥吐芒碭畔,先時掃蕩回天和。蛇骨未朽項王死,江中水滿旋綠渦。江中水滿旋綠渦,秋眶血淚凋雙蛾。新安冤氣尚蟠結,義帝精爽仍婆娑。世間報復有定理,虞兮虞兮奈若何!

《張伎陵集》卷一,《陝西古代文獻集成》第 7 輯,第 17 頁

虞美人花

(明)溫　儀

鴻門高宴神龍走,乾坤無復君王有。英雄空負氣如山,難保紅顏同白首。颯颯陰風殺氣昏,燭影低摧劍光吼。此時美人心獨苦,血淚闌干溢尊酒。羞隨雙璧入漢宮,願碎香魂同玉斗。精誠不泯種他生,土花化碧千年後。低徊楚舞抱丹心,獨背東風垂素手。豈因耳目作人玩,要使芳名成不朽。漢王陵廟付荒烟,啼朱啼粉蛾眉久。

《紀堂遺稿》七言古詩,《陝西古代文獻集成》第 20 輯,30 頁

虞美人花為風雨所敗,仍用前韻　　　　　　　　　　(明)溫　儀

雲中電掣金蛇走,雨如箭簇風如吼。一夜轟雷動地來,嚴城鼛鼓圍前後。倉皇驚斷美人魂,不整啼妝淚盈斗。狼藉殘紅滿地春,想像君前撲碎首。可憐薄命又他生,剩粉殘香非所有。丹心碧血總成空,共歎遭逢良不偶。主人惆悵若為情,臨風和淚澆春酒。君不見堂堂呂雉坐稱尊,燕啄皇孫遭毒手。蘭摧玉折古今同,蕭艾敷榮何足久。

《紀堂遺稿》七言古詩,《陝西古代文獻集成》第20輯,31頁

虞美人歌　　　　　　　　　　(清)談　遷

東城咫尺烏江渡,昨日楚疆今漢土。珠淚輕彈蠟炬流,娥眉宛轉君前舞。君前舞,如飛煙;飄長袂,墮金鈿。重瞳瞋目私所憐,月明如水光矛鋋。軍中有酒不得醉,莫怨英雄誤少年。

《詩》卷一,《談遷詩文集》,19頁

虞　姬　　　　　　　　　　(清)黃鵬揚

四面聞歌顧影顰,紅顏不惜委飛塵。江東從渡知多少,拔劍殉君一美人。

《讀史吟評》,《說鈴》後集一,8頁

虞美人　　　　　　　　　　(清)吳偉業

咸陽宮闕早成塵,莫聽歌聲涕淚頻。若遇戚姬悲薄命,幸無如意勝夫人。

《詩前集》一,《吳梅村全集》卷一,上冊,201頁

戲題士女圖十二首·虞兮　　　　　　　　　　(清)吳偉業

千夫辟易楚重瞳,仁謹居然百戰中。博得美人心肯死,項王此處是英雄。

《詩後集》十二,《吳梅村全集》卷二〇,中冊,520頁

吊虞姬,時家祿勳同縉紳先生各有詠,
　余恥巾幗餘習,詩以壯之,用原韻二首　　　　　　　　　　(清)李　因

十年磨得劍猶腥,一日酬知天欲瞑。俠骨不教塵土掩,時時風雨泣冬青。

舞袖宮腰逐戰塵,君恩如舊淚痕新。貞魂願化鴛鴦塚,芳草猶傳虞美人。

《竹笑軒吟草》,12 頁

虞　　姬　　　　　　　　　　　（清)吳永和

大王真英雄,姬亦奇女子。惜哉太史公,不紀美人死。

《清詩別裁集》卷三一,下冊,568 頁

虞美人　　　　　　　　　　　（清)何　溥

遺恨江東應未消,芳魂零落任風飄。八千子弟同歸漢,不負君恩是楚腰。
伏劍當年事幾更,春風吹草得芳名。時人莫羨朱顏好,箇是千秋碧血成。

《晚晴簃詩匯》卷六一,第二冊,166 頁

虞　　姬　　　　　　　　　　　（清)邊汝元

大王之所愛,賤妾與騅馬。時違騅不逝,妾生胡為者。伏劍君馬前,待君黃泉下。持此報君恩,別淚不須灑。

《晚晴簃詩匯》卷六四,第二冊,203 頁

過虞姬墓　　　　　　　　　　（清)姚　範

帳下歌殘萎玉枝,紅顏何計戀烏騅。君王事去惟憐妾,豎子名成欲向誰。夜雨江空神女夢,春蘭香歇杜鵑悲。淒涼一種芳魂草,猶傍嬋娟學舞時。

《晚晴簃詩匯》卷七七,第二冊,400 頁

虞姬祠　　　　　　　　　　　（清)朱　黼

高樓飛閣開雲霞,明璫翠羽顏如花。夫君霸業在本紀,獨少外戚留世家。英雄青史不堪說,美人黃土猶爭惜。何曾垓下葬芳魂,空有霜鋒污頸血。兵戈轉戰生死同,美人即是真英雄。咄哉孺子劉沛公,戚姬乃以人彘終。傳聞飛電從空起,靈爽猶能衛桑梓。可惜重瞳下相來,喑嗚叱咤徒為耳。

《晚晴簃詩匯》卷九二,第二冊,641 頁

和束坡《虞姬墓》　　　　　　　　　　　　　　　　　（清）王宗燿

如此鴻溝負約何，美人留得楚山河。讀書名姓真粗記，一喚虞兮便不磨。

《晚晴簃詩匯》卷一五二，第四冊，22頁

項王墓下吊美人虞　　　　　　　　　　　　　　　　　（清）舒　位

亂山埋骨隔青春，曾封宮娥淚滿巾。昨日玉魚難祔葬，當年鐵騎憶橫陳。大江終古惟流水，香草前身是美人。誰遣龍門成謗史，不將彤管紀歌塵。

《瓶水齋詩集》卷二，上冊，43頁

虞美人詞　　　　　　　　　　　　　　　　　　　　　（清）全祖望

鴻溝既割歸太公，旋復背之非英雄。美人臨死何從容，有此差足慰重瞳。英布、周殷媿入地，蒙面何以見江東。芳魂至今舞春風，其與項莊拔劍之意將無同？啼鵑集之血淚紅。吁嗟乎，野雞雖復位宮闈，生玷辟陽死赤眉，劉季楚歌空自悲。美人泉下目未瞑，為告憤王應齒冷，青燐婆娑助清影。

《鮚埼亭詩集》卷二，《全祖望集匯校集注》下冊，2064頁

虞　姬　　　　　　　　　　　　　　　　　　　　　　（清）謝啟昆

八千子弟失江東，止有虞兮效始終。死共烏騅埋駿骨，生憐紅粉是英雄。花間名字留芳豔，帳下悲歌泣曉風。若使當年成帝業，寧同呂雉禍深宮？

《樹經堂詠史詩》卷一，影印《續修四庫全書》1458冊，497頁

虞美人　　　　　　　　　　　　　　　　　　　　　　（清）汪　賡

離離原上草，楚客猶悲歌。二月春風發，其奈虞兮何？

《寸璧堂詩集》卷一，《附錄》八，《汪琬全集箋校》第五冊，2607頁

香草閒吟·虞姬　　　　　　　　　　　　　　　　　　（清）方玉潤

奈何聲斷酒初乾，淚灑烏江劍影寒。千古殉君皆一死，霸王畢竟有心肝。

《鴻濛室詩鈔》卷四《俯仰集》四，《清代詩文集彙編》644冊，357頁

咏古·虞姬 (清)潘永芳

女中豪傑擅英奇,垓下聞歌亦覺悲。烈婦從來能有幾,千秋不朽獨虞姬。

《藏春園初集》卷下,《清代詩文集彙編》732 册,727 頁

詠古詩六十首,同樊山作·虞姬 (清)易順鼎

玉帳淒涼對酒時,楚歌四面竟何之。死憐斑竹湘妃廟,生笑桃花息國祠。良史他年如作傳,美人當日定能詩。貞魂化作霞千朵,不茁東風漢苑枝。

《琴志樓詩集》卷一二,第 3 册,756 頁

虞 姬 (清)鮑桂星

伯也甘心貳沛公,虞兮何意死重瞳。生來妙舞能迴雪,化作名花不畏風。草沒荒墳春二月,兵殘楚帳曲三終。烏騅共載乘雲去,未許歌聲入漢宮。

《覺生詠史詩鈔》卷一,《清代詩文集彙編》476 册,469 頁

虞美人 (清)皮錫瑞

英雄末路賴有此,蛾眉甘爲重瞳死。壞雲壓壘臙脂紅,珠淚涓涓流帳中。圍中白刃帳中酒,外歌內歌相和久。俘婦羞同野雉囚,從王難效烏騅走。婦人在軍兵不揚,願王兒女情毋長。虞兮虞兮好頭頸,秋波忍覰烏江亡。劍鋒一揮哀絃裂,美人花摧杜鵑血。花魂紅上珊瑚枝,莫教生近桃花祠。

《師伏堂詠史》,《清代詩文集彙編》772 册,309 頁

和吳梅邨十美圖 (清)江峰青

虞 兮

天將烈女匹英雄,意氣想從見始終。子弟八千同日死,香魂肯復過江東?

《國朝閨秀詩柳絮集校補》卷一,第一册,第 33 頁

虞美人 (清)徐應坤

君王意氣盡江東,賤妾何堪入漢宮。碧血化爲江上草,花開更比杜鵑紅。

《國朝閨秀詩柳絮集校補》卷三,第一册,第 118 頁

詠虞姬
(清)朱德蓉

歌罷傷心淚幾行,江山旋逐楚聲亡。貞心甘向秋霜劍,不欲含情學漢妝。

《國朝閨秀詩柳絮集校補》卷五,第一册,第 178 頁

咏虞美人
(清)潘煥榮

垓下捐身報楚王,芳魂附草尚生香。年年春日凝紅淚,莫認風前舞態狂。

《國朝閨秀詩柳絮集校補》卷一四,第二册,第 600 頁

虞美人花
(清)羅金淑

漢軍一勝楚先亡,無復江東是故鄉。惟有美人占餘地,千秋花帶姓名香。

《國朝閨秀詩柳絮集校補》卷一七,第二册,第 751 頁

虞美人
(清)王 玥

霸圖銷歇大江東,此日誰憐百戰雄。祇有美人名尚在,年年和露泣春風。

《國朝閨秀詩柳絮集校補》卷二三,第二册,第 1045 頁

虞美人
(清)商景蘭

旌旗影拂五雲車,錦帳傳杯玉漏斜。此夜美人歌舞處,遙看白水漫江沙。
劍鋒氣折萬人雄,馬首棲遲不向東。江上愁魂何處老,可憐人甈漢宮中。

《國朝閨秀詩柳絮集校補》卷二九,第三册,第 1312 頁

詠虞姬
(清)周 琛

羞見江東自喪身,酬恩解劍最淒神。可憐亘古傷心事,不在英雄在美人。

《國朝閨秀詩柳絮集校補》卷三三,第三册,第 1508 頁

虞 姬
(清)萬啟箕

垓下歌聲淚共吞,蛾眉豈忍一身存。孤墳有草含餘態,不復長留劍血痕。

《國朝閨秀詩柳絮集校補》卷四四,第四冊,第 2083 頁

虞美人花歌 (清)陸 珍

亞父空碎鴻門玦,鴻門劍斫神龍脱。神龍掉尾楚山崩,紅粉英雄盡流血。鐙光閃閃殺氣昏,願碎香魂劍三尺。情根不斷種佗生,化作千年土花碧。芳名不改昔虞兮,丹心猶向重瞳泣。漢家陵寢近如何,恨紫愁紅滿南國。

《國朝閨秀詩柳絮集校補》卷四六,第四冊,第 2197 頁

虞　姬 (清)郭潤玉

鹿逐中原誓破秦,英雄氣盡楚歌新。八千子弟都無恙,不負君恩僅美人。

《國朝閨秀詩柳絮集校補》卷四八,第四冊,第 2270 頁

靈壁觀虞姬石碣 (清)葉眉娘

剪落霓裳別樣糚,青驄有分斷河梁。文章漫説誇機女,羞見虞姬舞袖長。

《國朝閨秀詩柳絮集校補》卷四九,第四冊,第 2322 頁。

虞美人花 (清)無名氏

虞兮歌罷恨難沈,草化菁英直至今。風動未能忘楚舞,露零猶似泣垓心。根憐赤帝炎威逼,花濺烏江劍血深。縱使重瞳愁盡釋,也應開不到淮陰。

《國朝閨秀詩柳絮集校補》卷五〇,第四冊,第 2346 頁

詠義帝

郴　　縣　　　　　　　　　　　　　　　　（唐）胡　曾

義帝南遷路入郴,國亡身死亂山深。不知埋恨窮泉後,幾度西陵片月沉。

《全唐詩》卷六四七,19 冊,7423 頁

柳州謁義帝陵廟　　　　　　　　　　　　（宋）呂本中

淅淅寒聲未落霜,滿庭殘葉不勝黃。牆頭雨帶煙悲冢,爐冷風飄塵帶香。修墓尚應懷楚德,入關猶想快秦王。追思往事空垂淚,無限傷心對夕陽。

《全宋詩》卷一六二五,28 冊,18236 頁

義帝祠歌　　　　　　　　　　　　　　　（清）張九鐔

南公傷心武關客,三戶人煙悲欲咽。阿孫亦號楚懷王,居巢老人定奇策。牧羊立後原無功,卿子冠軍非英雄。渡河九戰鉅鹿震,入關一炬咸陽紅。將軍自王等閒耳,徙帝上游嗟已矣。誰令擊殺臨江中,縞素翻憐漢天子。由來反掌成兒嬉,君家世將甯如此。艤船下馬呼天亡,咫尺江東非故鄉。亡秦必楚楚事畢,嶺雲郢樹同蒼涼。君不見郴州城西一抔土,碧血斑爛雪花舞。寒銷白虎墓門空,更聽明年啼杜宇。

《晚晴簃詩匯》卷一〇一,第三冊,4 頁

義帝陵　　　　　　　　　　　　　　　　（清）祁寯藻

居鄾一言三戶起,新城一言重瞳死。可憐二老真英雄,提挈項、劉如孺子。漢誠天授楚天亡,大義所存世莫當。不然縞素三軍眾,未必烏騅百戰強。楚人自古懷忠信,涕泣君臣同一爐。角黍蛟龍湘水深,荒陵風雨郴山峻。茅屋蕭槮石虎悲,攀登猶有牧羊兒。但聞東海田橫島,不見江南義帝碑。

《晚晴簃詩匯》卷一二六,第三冊,413 頁

詠楚臣

范　增
（唐）周　曇

智士寧為暗主謨，范公曾不讀兵書。平生心力為誰盡，一事無成空背疽。

《全唐詩》卷七二九，21冊，8352頁

范增墓
（宋）陳　薦

藏名羞立虎狼朝，乘鶴東依項籍豪。憤失壯圖撞玉斗，不知天命與金刀。還家落日埋英氣，回首浮雲委舊勞。百步西連陵母塚，峨峨先識泰山高。

《全宋詩》卷四〇八，8冊，5024頁

范增二首
（宋）王安石

中原秦鹿待新羈，力戰紛紛此一時。有道弔民天即助，不知何用牧羊兒。
鄹人七十漫多奇，為漢驅民了不知。誰合軍中稱亞父，直須推讓外黃兒。

《全宋詩》卷五六九，10冊，6725頁

范　增
（宋）張　耒

君王不解據南陽，亞父徒誇計策長。畢竟亡秦安用楚，區區猶勸立懷王。

《全宋詩》卷一一七三，20冊，13245頁

范　增
（宋）周紫芝

西楚興王亦有人，半扶炎祚作謀臣。老生不解歸明主，事去方知是失身。

《全宋詩》卷一五二五，26冊，17337頁

玉斗歌
（宋）劉　翰

漢兵咸陽未休舍，楚王長歌到戲下。項伯夜入張良營，沛公倉皇出城謝。自言戮力

共攻秦,不意入關成此勳。閉關籍民備他盜,盡封府庫待將軍。項莊拔劍項伯起,漢、楚興亡在今爾。鴻門壯士斬關來,慷慨一扈誰懼死。君不見,秦亡鹿走驪山傾,四方盡起諸侯兵,龍顏隆準泗上長,天之所授誰能爭。英雄肯落他人手,獨遣謀臣談辯口。君王間道却歸來,滿地秋聲鳴玉斗。

《全宋詩》卷二四一二,45冊,27843頁

亞夫墓 （宋）趙公豫

鴻門不用業成灰,碧血孤忠蓄夜臺。落日兔狐眠宿土,新秋猿鶴叫餘哀。虹光閃爍淩雲漢,鼠竊卑污沒草萊。傳道英靈能顯晦,登臨紀異愧無才。

《全宋詩》卷二五〇二,46冊,28941頁

玉　斗 （宋）蘇　洞

玉斗撞來事已殊,豈知天命有乘除。秦人自愛三章法,枉却先生膽氣粗。

《全宋詩》卷二八四八,54冊,33953頁

外黃道中楚王廟,荊公有"誰合軍中稱亞父,却須推讓外黃兒"之句,因為范增解嘲 （金）元好問

一怒屠城一說留,書生剛為范增羞。軍中老子關何事,付與兒曹調沐猴。

《金詩》,《全遼金詩》下冊,2670頁

歷陽侯范亞父 （金）李俊民

韓生去世冠軍廢,獨望楚強心亦勞。謾向鴻門撞玉斗,豈知鹿死在金刀。

《金詩》,《全遼金詩》中冊,1999頁

題范亞父增墓 （元）王　惲

在徐州城南臺頭寺下大塚。

劍舞鴻門失此機,重瞳成敗可前知。猜嫌只待捐金後,決意東歸去已遲。

《全元詩》第5冊,519頁

范　　增　　　　　　　　　　　　（元）徐　鈞

項王暴不減強秦，一語箴規總未聞。白首尚嫌君不忍，料知增更忍於君。

《全元詩》第 7 冊，283 頁

范　　增　　　　　　　　　　　　（元）尹廷高

畢竟知人愧鄧侯，數公仗劍自歸劉。腹心牙爪皆資敵，一老如何佐沐猴。

《全元詩》第 14 冊，5 頁

范增墓二首　　　　　　　　　　　（元）尹廷高

攻漢亡秦計謾奇，君王於汝奈何疑。可能少緩須臾死，親見烏江觅馬時。

身作重瞳骨鯁臣，塚間荒草幾經春。殘骸不朽寧多少，曾費黃金四萬斤。

《全元詩》第 14 冊，9 頁

范增墓　　　　　　　　　　　　　（元）陳　孚

七十衰翁兩鬢霜，西來一笑火咸陽。平生奇計無他事，只勸鴻門殺漢王。

《全元詩》第 18 冊，358 頁

盜發亞父塚　　　　　　　　　　　（元）朱思本

戲馬臺前范增塚，英風千載行人悚。塚中寶氣騰光芒，識寶賈胡心為動。築室潛謀二十年，一朝鑿井穿其壟。畚鍤才深四丈餘，乃有石盤青巃嵷。四旁牂枑大十圍，各施九木森環拱。石穿棺槨更分明，漆光可鑒剛而鞏。斲之不用揮金椎，白骨儼然全頂踵。寶劍未化橫蒼虯，金玉輝煌氣交擁。賈胡致富須臾間，棄骨溝中寧愧恐。平原無色鼓角悲，山鬼夜號川澤湧。太守陳公英俊才，慨歎奸偷吾所統。嗚呼五伯取群盜，械置桎梏見仁勇。傷哉亞父天下奇，鴻門高會真危機。火龍飛起實天意，拔劍起舞空爾為。風雲變化失隆準，玉斗一碎山河非。如公明義古亦少，發憤乃作彭城歸。六合茫茫漢疆土，厚葬何人誠可嗤。君不見驪山牧豎遺燼酷，不如王孫裸葬良亦足。

《全元詩》第 27 冊，47 頁

盜發亞父塚

(元)吳萊

楚王昔尊楚亞父,楚人今發亞父墓。南山鑿石下懸棺,寶氣燭天知劍處。當年奉劍重瞳光,左右膝走諸侯王。劍鋒掃秦柄奪漢,梁楚辟作馳兵場。起撞玉斗唉豎子,戰肉烏鳶骨螻蟻。烏江得死不得葬,憤膽冤腸終不死。東陵老盜曾膽肝,丞相摸金仍置官。大儒揮椎小儒唱,奇寶拔空蛟龍寒。君不見秦皇一死驪山改,亞父猶能數千載。我今豈識亞父誰,鳬雁秋風散銀海。

《全元詩》第40冊,43頁

讀 史(其三)

(元)吳當

受命趨關定約時,鄭翁多算竟何為。可憐空碎鴻門玉,天下雄雌亦易知。

《全元詩》第40冊,177頁

范增墓

(元)張以寧

為盜所發。

鴻門已失秦天下,千載彭城恨滿襟。亭長空驚撞白璧,中郎還解摸黃金。乾坤不庇英雄骨,霜露誰為怵惕心。獨有彷徉塵垢外,轂城飛去白雲深。

《全元詩》第42冊,561頁

觀杜牧之《題烏江廟》詩,有感於謝迭山之評,因次韻見意

(元)宋禧

人事興衰定可期,范增豈勝外黃兒。江東豪俊誰為用,不道王陵母已知。

《全元詩》第53冊,462頁

彭 城

(元)陳基

關山歲晚日陰陰,獨上彭城思不禁。河水東來非禹跡,民風南去雜淮陰。英雄已墮陳平計,志士長憐亞父心。自古人臣難去就,悲歌一曲倚欽崟。

《全元詩》第55冊,259頁

范　增

(元) 金　涓

舞劍鴻門計不成，咸陽歸路楚愁生。子房玉斗空撞碎，奈有陳平四萬金。

《全元詩》第 60 冊，323 頁

范增墓

(元) 孫　蕡

舊識荊州老將名，秋風此日過佳城。群雄逐鹿留遺跡，稚子求羊入廢塋。玉斗有聲松雪落，蒼精無影石麟橫。可憐牢落祥雲氣，又向芒碭谷口生。

《全元詩》第 63 冊，336 頁

亞父塚

(元) 謝　肅

在彭城。

漢楚知誰與國謀，中原爭鹿幾時休。成功竟屬三人傑，遺恨空餘一土丘。寶匣龍泉還見發，鴻門玉斗不須留。繫舟歎息英雄事，戲馬臺前大樹秋。

《全元詩》第 63 冊，444 頁

讀史二十二首·范增

(明) 高　啟

不識興王自有真，尊前示玦謾勞神。當時誰道翁多智，不及王家老婦人。

《高青丘集》卷一七，下冊，749 頁

亞父墓

(明) 阮自華

君自入關將，如何身不王。笑談秦失鹿，去住楚亡羊。白璧誰先碎，黃河空復長。當時絕甬道，老大畏鷹揚。

《列朝詩集》丁集卷一六，11 冊，5873 頁

漢傑士(其四)

(明) 楊　基

范增亦人傑，不去羽不亡。漢非赤帝靈，增固不可當。紛紛與楚爭，可畏惟漢王。危哉鴻門宴，拔劍舞項莊。示玦羽不決，致令漢道昌。成敗非失策，天命固有常。

《眉庵詩集》卷一，4 頁

鴻門碎玉斗　　　　　　　　　　　　　　（明）范　欽

鴻門高宴罷,忿發搥玉斗。草暗咸陽原,祇見秦鹿走。

《天一閣集》卷一五,《范欽集》下冊,282 頁

亞夫墓　　　　　　　　　　　　　　（明）王　寅

彭城城南縱閑步,八尺殘碑亞夫墓。墓傍荊榛萬鬼鄰,墓前車馬行人路。清明杏花生寒煙,惟君寂寞無紙錢。英雄獨為不食鬼,一壺酹酒呼重泉。舞劍當筵早不密,秦鹿入彀翻令失。玉斗之獻亦可嗤,謀臣何不留侯羈。從來成敗豈足論,自是炎劉天授時。

《十岳山人詩集》卷二,《四庫全書存目叢書》集部 79 冊,185 頁

彭城寒食,吊范增墓　　　　　　　　　　（明）王　寅

留侯祠前遊人多,亞夫塚上牛羊過。世情往事尚冷暖,笑殺眼前將奈何。

《十岳山人詩集》卷四,《四庫全書存目叢書》集部 79 冊,287 頁

寄張晉陽侯戶部彭城　　　　　　　　　　（明）王　寅

曾吊彭城亞夫墳,荒涼好為立碑文。英雄地下魂猶在,定識懷恩報使君。

《十岳山人詩集》卷四,《四庫全書存目叢書》集部 79 冊,288 頁

亞夫塚　　　　　　　　　　　　　　（明）謝肇淛

事定何須恨沐猴,乞歸骸骨亦奇謀。鳥藏弓盡韓彭醢,不及彭城土一丘。

《小草齋詩集》卷二九,《小草齋集》下冊,1307 頁

鴻　門　　　　　　　　　　　　　　（明）殷士儋

玉戟雕戈列碧幢,鴻門天遠隔烏江。真人已博金甌一,謀客空椎玉斗雙。

《金輿山房稿》卷二,《四庫全書存目叢書》集部 115 冊,671 頁

亞父塚　　　　　　　　　　　　　　（明）陳薦夫

玉斗紛紛碎作塵,空將遺恨續亡秦。當時已幸君先死,猶有荒丘可葬身。

《水明樓集》卷八,《四庫全書存目叢書》集部176冊,407頁

范　增　　　　　　　　　　　　　　　（明）夏原吉

委身項籍竟何成,不過區區亞父稱。若使當時身入漢,良平之次定書名。

《忠靖集》卷六,影印文淵閣《四庫全書》1240冊,532頁

鴻　門　　　　　　　　　　　　　　　（明）沈一貫

鉅鹿全軍勢若雷,鴻門單騎亦危哉。玉光三動秋風急,劍氣中分昨夜來。壯士何人猶解飲,英雄誰說不勝杯。蛟龍五彩天方授,虎豹九關空自開。

《列朝詩集》丁集卷一一,第九冊,5188頁

亞父墓　　　　　　　　　　　　　　　（明）徐　渭

墓在巢縣,此亦虛傳也。

王者從來云不死,共疑隆準與重瞳。已占龍氣成天子,却幸鴻門敗乃公。一牧乳羊遮墓白,幾株寒棗覆碑紅。憐儂疽發不欲活,豈為人間少鄧通？

《徐文長三集》卷七,《徐渭集》第一冊,257頁

過亞父塚作　　　　　　　　　　　　　（清）孫枝蔚

亞父存亡總抱慚,君臣情分久難堪。謂不堪義帝之死。蓋范增實義帝之臣,非項羽臣也。年雖七十成何事,不及舍人兒十三。

《溉堂前集》卷九,影印《溉堂集》上冊,448頁

范　增　　　　　　　　　　　　　　　（清）羅惇衍

居鄳人,項羽尊為亞父。諫羽,不聽,歸行至彭城,疽發背死,年七十餘。

衣繡君王計已東,咸陽三月火猶紅。若教亞父侯關內,爭得高皇出棧中。斗碎山河拼一擲,鼎扛事業惜重瞳。獨憐國有無雙士,留與蕭何薦沛公。

《集義軒詠史詩鈔》卷五,第一冊,139頁

范　增　　　　　　　　　　　　　　　（清）張　澍

乞來骸骨徑東歸,負劍悲歌霸業正。應悔不先防項伯,僅教他日陷重圍。鋒推玉斗

唉聲咽,泉響居巢旅夢連。可憐平生好奇計,不知蛇死赤龍飛。

《養素堂詩集》卷二五,《清代詩文集彙編》536 冊,270 頁

詠史·范增 （清）孫國楨

立楚懷王計未奇,畫蛇添足大支離。漢王自逞兼并計,翻使興兵得執詞。增勸立楚後,亦止為項氏計耳。欲除沛公,其意可見,而未免滋擾矣。

《愚軒詩鈔》卷下,《清代詩文集彙編》741 冊,356 頁

漢臺詠史·范增 （清）嚴如熤

牧豎王孫立楚宮,山東鋒起屬重瞳。竟成三戶亡秦讖,都憎孤軍救趙功。信布豪雄歸漢上,華河形勝棄關中。興王大計多疎闊,舉玦殷勤殺沛公。

《樂園詩稿》卷三,《清代詩文集彙編》455 冊,163 頁

范　增 （清）鮑桂星

縱教雲氣冷芒碭,未必天心屬楚王。豎子已知難畫策,老臣何事不褰裳。劍鋒撞去山河碎,衣繡歸來道路長。他日陰陵愁駐馬,鴻門廻首但蒼涼。

《覺生詠史詩鈔》卷一,《清代詩文集彙編》476 冊,469 頁

讀《漢書》小樂府·撞玉斗 （清）張寶森

白璧獻大王,大王受之威顏喜。玉斗獻將軍,將軍見之按劍起。吾屬今為若虜矣,不足與謀真豎子。七十二戰徒勞耳,疽發彭城幸早死,忍見烏江嗚咽水。咄哉項伯爾何人,鴻門之會為功臣。

《悔庵詩存》卷上,《清代詩文集彙編》768 冊,630 頁

撞玉斗 （清）皮錫瑞

阿房寶玉灰湮滅,鴻門銀罍豹淋血。瑽琤一聲玉斗撞,探懷更有白璧雙。項王愛璧非虞公,寬仁乃有王者風。用雙白璧市漢中,龍蠖蟄屈真英雄。公莫舞,公不見坐中有客氣龍虎,玉玦空看老亞父。

《師伏堂詠史》,《清代詩文集彙編》772冊,309頁

項莊舞
(清)吳名鳳

項莊拔劍舞,意常在沛公。范增舉玦示,意難喻重瞳。人為刀俎我魚肉,鴻門危如履虎凶。沛公在山東,貪財好色何凡庸。沛公入關中,珍物婦女情欲空。望氣皆成五色龍,急擊勿失機難逢。不念入關人有功,吁嗟乎鴻門坐上皆英雄。范增智士非純忠,誰坑秦卒燔秦宮。誰弒義帝殺子嬰,如此殘暴天豈容。何不批鱗銷窮兇,玉斗撞碎徒興戎。

《竹庵詩鈔》卷五,《清代詩文集彙編》487冊,111頁

過宋義墓
(元)王惲

予往年東走魏,過楚上將軍宋義墓,欲作詩為吊而未暇。今日與諸生講讀,至義之本末,前後諸儒略不見論說。因賦此篇,以發前賢之所未發者。

秦兵西來勢莫當,群雄假義尊懷王。我雖三戶秦可滅,彼蠱可搏微者或莫傷。將軍乘勢思一掃,當時籌策誠難量。項家父子本強暴,以謀制勝非渠長。義維去暴失之易,一死竟墮貪如狼。重瞳子,何倡狂,只知帳中奇兵化青血,不悟鉅鹿之戰開天亡。風雲慘澹蛇作龍,安得即遇隆準翁,使我目亂狐裘茸。高陽酒徒號狂客。醉中兩眼何其瞳,攀鱗掉舌纔數語,兩女輒洗來趨風,英雄有時利不利,俯首何限甘長終。楚王店頭土一丘,至今草棘荒煙愁。我來吊古還一嘅,西風黃鳥聲啾啾。

《全元詩》第5冊,133頁

過楚卿子冠軍宋義墓 并序
(元)王惲

乙卯春三月,予東如大名,道出內黃鎮,有廟在民居之南,曰項王廟。廟之址即卿子冠軍宋義墓也,且以往昔墟墓間恍惚事來告,予甚鄙焉,獨於義之死有所感焉者。噫!義,奇士也。初武君舉兵渡淮而西,城攻野戰,勢若破竹,義之力居多。及師次定陶,再戰而再勝也。見梁志滿氣驕,識其奪魄,後值崩潰,果不踰素,義可謂深知兵矣。至羽請師捄趙,執以不可,觀其籌畫號令,攻取先後之方,誠上將之略。惜不使差肩三傑,北面以事高祖,反區區委質天久厭之楚與羽,並驅爭先,西向以舉虎狼之秦,何其不幸者哉。雖然,方秦之失鹿也,群雄蜩起,以蛇為龍者不可勝計,布衣皇皇之士能明目識帝王之真而歸之者蓋有之矣,誠未易一二數也。至若淮陰韓信、陽武陳平,一旦起而盡為楚用,初且不知天命集漢,而後卒歸于漢,功業如此幸也。嗚呼!俾天假義年,脫身項氏,策杖以歸真主,其功名當代,縱不能廁三傑之列,未至與噲等伍耳。嗚呼!義何不幸也哉!義何不遇也哉!因作詩以吊,並著予之感云。

老項捐軍勢已孤,搗秦遺趙見雄圖。奇才惜不遭龍準,赤手爭教捋虎須。日月不為荊楚計,干戈空為漢家驅。因君重起無依歎,羨煞中林得止烏。

《全元詩》第 5 冊,215 頁

項　　伯　　　　　　　　　　　　　(元)徐　　鈞

霸上孤軍勢莫支,鴻門一劍事尤危。射陽不與留侯舊,楚漢興亡未可知。

《全元詩》,第 7 冊,284 頁

詠史·項伯　　　　　　　　　　　(元)李　　曄

馳車霸上語張良,舞劍鴻門却項莊。交友恩深雖可報,君臣義重忍相忘。楚歌自此聞垓下,漢將徒能得射陽。若識五文龍虎氣,丁公遭戮獨堪傷。

《全元詩》第 56 冊,58 頁

項　　莊　　　　　　　　　　　　　(清)羅惇衍

下鄉人,羽從弟。

一劍飛揚四座驚,三提玉玦不聞聲。舞回戈甲身誰翼,擊碎山河計未成。龍虎有雲興芒母朗切。碭,大浪切。駿騅無地返彭城。素車軹道存亡判,祇許凶鋒殺子嬰。

《集義軒詠史詩鈔》卷五,第一冊,141 頁

詠史詩(其六)　　　　　　　　　　(清)李咸齋

項伯何為者?反來翼沛公。寇仇用心腹,當眼蔽重瞳。哀爾曹無傷,不及膺楚封。

《附咸齋詩》,《魏叔子詩集》卷四,《魏叔子文集》下册, 1266 頁

三老董公　　　　　　　　　　　　(清)黃鵬揚

洛陽遮說相逢巧,縞服關中大義明。獨出一奇興漢室,風高著姓不留名。

《讀史吟評》,後集一,5 頁

三老董公　　　　　　　　　　　　(清)王龍文

識得解紛第一機,好將劉項決雄雌。片言磊落安天下,愧殺良、平了不知。

《平養堂詩存》卷下,《清代詩文集彙編》790 冊,360 頁

三老董公

(清)羅惇衍

新城人。三老,官名。秦法十里一亭,十亭一鄉,鄉置三老一人,掌教化。

一老平陰啟漢高,外黃孰與小兒豪。龍飛洛下伸名義,鶴壽亭中隱羽毛。善辯何須誇范蔡,良謀直欲壓蕭、曹。三軍縞素歸心始,破楚功成頌建橐。

《集義軒詠史詩鈔校證》卷五,第一冊,146 頁

詞

六州歌頭·項羽廟

(宋)劉　潛

秦亡草昧,劉項起吞併。驅龍虎。鞭寰宇。斬長鯨。掃欃槍。血染彭門戰。視餘耳,皆鷹犬。平禍亂。歸炎漢。勢奔傾。兵散月明。風急旌旗亂,刁門三更。命虞姬相對,泣聽楚歌聲。玉帳魂驚。　淚盈盈。恨花無主。凝愁緒。揮雪刃,掩泉扃。時不利。騅不逝。困陰陵。叱追兵。暗嗚摧天地,望歸路,忍偷生。功蓋世。成閑紀。建遺靈。江靜水寒煙冷,波紋細、古木凋零。遣行人到此,追念痛傷情。勝負難憑。

《全宋詞》第一冊,113頁

眼兒媚·題蘇小樓

(宋)卓　田

丈夫只手把吳鉤。能斷萬人頭。如何鐵石,打作心肺,却為花柔。　嘗觀項籍並劉季,一怒世人愁。只因撞著,虞姬戚氏,豪傑都休。

《全宋詞》第四冊,2481頁

酹江月·題烏江項羽廟

(宋)汪宗臣

白蛇宵斷,逐鹿人、交趁罾魚群起。赤幟雄張軍縞素,龍種天生大器。堪鄙猴冠,自為狼藉,楚帳多塵壘。膽寒垓下,一鞭東竄休矣。　亭長空艤扁舟,范增群輩,盡塗脂流髓。望斷秦關無限恨,羞面江東山水。購首千金,若為名利,黯黯斜陽裏。石爐灰冷,美人魂落煙翠。

《全宋詞》第五冊,3331頁

大江東去·題項羽廟

(宋)黎廷瑞

鮑魚腥斷,楚將軍、鞭虎驅龍而起。空費咸陽三月火,鑄就金刀神器。垓下兵稀,陰陵道隘,月黑雲如壘。楚歌發,山川都姓劉矣。　悲泣呼醒虞姬,和伊死別,雪刃飛花髓。霸業休休難不逝,英氣烏江流水。古廟頹垣,斜陽老樹,遺恨鴉聲裏。興亡休問,高陵秋草空翠。

《全宋詞》第五冊,3385 頁

木蘭花慢·彭城懷古　　　　　(元)薩都剌

古徐州形勝,消磨盡、幾英雄。想鐵甲重瞳,烏騅汗血,玉帳連空。楚歌八千兵散,料夢魂、應不到江東。空有黃河如帶,亂山起伏如龍。　漢家陵闕動秋風。禾黍滿關中。更戲馬臺荒,畫眉人遠,燕子樓空。人生百年如寄,且開懷、一飲盡千鐘。回首荒城斜日,倚闌目送飛鴻。

《全金元詞》下冊,1092 頁

如夢令(之一)　　　　　(明)李　汎

詠忍,忍有三義,故疊其詞以發之。

劉項雌雄何處。正在忍之一字。不忍渡江東,斷送拔山蓋世。有知。有知。卻忍漢中不媿。

《全明詞》第二冊,584 頁

金縷衣·戲馬臺　　　　　(明)吳　易

九曲黃河瀉。似重瞳、風流豪宕,美人駿馬。鏖注坡三十萬,蓋世暗嗚叱吒。目斷處、高邱浩野。成敗難平廣武歎,俀紛紛豎子王和霸。君莫笑,拔山者。　卵金龍種堪無價。下梢頭、使君匕箸,寄奴田舍。玉帳茱萸歌吹滿,舊楚樓船臺榭。對寂寞、山川圖畫。鬥虎英雄爭鹿地,付烏騅赤兔漁樵話。藉草坐,淚盈把。

《全明詞》第六冊,2917 頁

前調(滿江紅)·彭城懷古　　　　　(明)吳　易

霸業銷沉,還留下、連山巨浪。想當日、金戈鐵騎,風驅雷盪。戲馬臺平神駿去,斬蛇溝冷蛟龍葬。算古今、形勝說彭城,空悲壯。　荒原草,虞歌唱。新春燕,更蕭疏野老,閒庭鶴放。黃石遺祠臨古岸,東坡斷碣懸青嶂。歎成名,豎子共英雄,乾坤愴。

《全明詞》第六冊,2919 頁

前調（臨江仙）·詠史　　　（明）毛瑩

書契千年非細故，祖龍一炬無遺。鮑魚亂臭未為奇。阿房窮侈麗，不久亦灰飛。誰舉咸陽三月火，須知秦項同歸。天亡何用泣虞兮。請看簹雷水，點滴不差移。

《全明詞》第六冊，3105 頁

驀山溪·烏江渡　　　（清）曹溶

秦灰一掃，不稱將軍意。名馬壯年時，大陳兵、重瞳小枝。真人未決，力戰幾千場，婦人語、故鄉思，點點英雄淚。　　讀書擊劍，沒個青雲器。只手易侯王，霸西楚、縱橫如意。興闌神盡，何必諱天亡，江東小，髑髏寒，劉季多猜忌。

《全清詞》順康卷第二冊，854 頁

前調（相見歡）·吳興　　　（清）吳綺

西風落日登臺。眼重開。無數繞城山色，送青來。　　今古事。吳越地。幾雄才。一片項王馬埒，亂雲堆。

《全清詞》順康卷第三冊，1699 頁

前調（清平樂）·覽古（其四）　　　（清）毛先舒

八千弟子。飛渡烏江水。不待祖龍真箇死。彼可取而代耳。　　豁達大度重瞳。鴻門不殺沛公。成敗論人可笑，腐儒那識英雄。

《全清詞》順康卷第四冊，2174 頁

高陽臺·書《項羽本紀》後　　　（清）毛蕃

鉅鹿風高，咸陽火烈，重瞳霸業初分。劍舞成空，已傳酒罷鴻門。笑英雄膽寒樊噲，更興他、縞素芳名。問今朝、分王諸侯，幾日稱尊。　　纔捐四萬黃金。嘆固陵追騎，盡會彭城。駿馬虞兮，看來總是傷心。竟忘那新城降卒，卻只羞、子弟無存。到江邊、田父相欺，壯士銷魂。

《全清詞》順康卷第四冊，2532 頁

法曲獻仙音·詠走馬燈

（清）魏學渠

燈剪綵繒為人馬，作十面埋伏劉項戰鬥之狀，燒蠟則四圍環走如生。

翠羽紅綃，寸人豆馬，一炬中間連串。喑啞重瞳，名雖馳驟，只少虞姬生面。楚歌來，烏江血，垓下風雲，戰光如電。　算英雄，可能不散。胯下子、千古弓藏，留恨漁父艤扁舟，只爭差、鴻門高宴。玉漏聽殘，擲金卮、燈微風扇。只剩得、秦時明月，教遊人見。

《全清詞》順康卷第五冊，2593 頁

前調（柳梢青）·項羽廟

（清）馮雲驤

廟在黃河岸。

野岸欹斜。項王遺廟，風響蒹葭。氣盡英雄，泥神彈淚，石虎眠沙。　鬼燈遙對江花，漁唱起、孤舟遠槎。想像精靈，荒雲黑月，幾陣驚鴉。

《全清詞》順康卷第五冊，2763 頁

念奴嬌·烏江懷古

（清）董元愷

用東坡《赤壁》韻。

長天浩渺，看年年如此、江山風物。奪卻會稽頭與印，已定江東半壁。九郡稱雄，五侯臣服，一劍飛寒雪。入關以後，東歸詎是人傑。　賴有駿馬悲號，美人宛轉，叱吒英風發。試問漢家今孰主，都向暮煙沉滅。百戰難亡，千金可購，遺恨衝冠發。陰陵道上，亂鴉叫醒殘月。

《全清詞》順康卷第六冊，3337 頁

前調（虞美人）·詠騅(之一、二)

（清）何　采

抑庵云：詠虞美人草，當並詠騅。遂填二闋。

古今原自多名馬。未有如騅者。秦皇七騎太踉蹌。便是穆王八駿也荒唐。　美人拔劍酬知己。獨有騅焉耳。五年成敗一心同。怎肯相隨亭長過江東。

亞夫撞碎鴻門斗。輕向彭城走。不如此馬一聲嘶。嘶斷帳中四面楚歌悲。　短兵相接船空艤。氣盡烏江水。曉風淒咽暮潮吞。洗出祠前石上趺蹄痕。項祠石上有馬蹄跡。

《全清詞》順康卷第八冊,4644頁

前調(虞美人)·合詠虞騅(之一、二)　　(清)何　采

燕臺圖畫陽臺賦。髣髴全無據。至今惆悵不勝情。何況美人駿馬實留名。　霜蹄給陷雲鬟碎。死氣皆生氣。沛公馬上縱成功。可憶微時妃質楚軍中。

蕭蕭鳴共潸潸淚。解轡還揮袂。紅顏赤汗一時傾。唱罷奈何重疊奈何聲。　若教霸業終張楚。憑吊今何許。細腰人餓楚王宮。又見楚王葬馬火光中。

《全清詞》順康卷第八冊,4644頁

孤鸞·吊項王廟　　(清)姜　垚

霸圖何在,笑淮水東流,黃河岸圮。垓下陰陵,力盡英雄兒戲,當時美人帳下,泣虞兮、烏騅空逝。占廟塵生鼠穴。冷落荒苔砌。　憶古來人物因人耳。如煉石修天,斷鼇浮地。比這江東去,有幾多奇異。杜鵑不知春盡,但悲啼、暮煙凝紫。試看長陵宿草,有狐狸酣睡。

《全清詞》順康卷第一一冊,6139頁

念奴嬌·讀《項王本紀》,和宋人題壁韻　　(清)岳宏譽

亡秦必楚,有重瞳叱吒、避仇兵起。斬首吳中群懾伏,扛鼎英雄才器。鉅鹿功高,呼聲動地,辟易諸侯壘。入關衣繡,沐猴公且歸矣。　空嘆失著鴻門,間行雙璧,玉斗能無碎。亭長艤船思亞父,霸業消如流水。飲劍虞姬,歸劉項伯,長恨烏江裏。千秋荒廟,青山兩岸凝翠。

《全清詞》順康卷第一一冊,6325頁

水調歌頭·項王　　(清)周斯盛

人魚燭未滅,騅馬渡江來。金人信手推到,百二豁然開。分天下如割肉,坐據彭城一巒,衣錦故鄉回。歌舞付杯酒,兒女戀雄才。　百千年,鴻門事,痛人懷。自是推心置腹,莫把婦人猜。多少成成敗敗,何事書生鄙陋,開口恣詼諧。不見重瞳歿,湘水也悲哀。

《全清詞》順康卷第一二冊,6952頁

前調(風流子)·鴻門懷古

(清)黃埙

鴻門張宴處,旌旗捲、落日陣雲黃。嘆鐵馬金戈,英風蓋世,豚肩鬥酒,烈士心傷。對樽俎,挺身攖虎豹,裂眥視侯王。舞劍徒勞,龍還灞水,噬臍不遠,禍兆吳江。　重瞳真豎子,軍前示玉玦,空自彷徨。轉眼楚歌四起,夜帳悲涼。看新豐猛士,雲集垓下,江東子弟,血濺沙場。父老至今猶說,楚漢興亡。

《全清詞》順康卷第一三冊,7447 頁

前調(百字令)·詠史

(清)黃埙

分羹一語,使千秋展卷、人人驚愕。總使當時稱大度,此際還當斟酌。留質君前,加諸鼎上,眼底風波惡。海濱竊負忍,將茲語忘却。　誰云叱咤風雷,沐猴而冠,凡事皆酷削。留得漢家根本在,可奈沛公罔覺。四面楚歌,三千鐵騎,漢德殊涼薄。拔山力盡,何曾頃刻留著。

《全清詞》順康卷第一三冊,7471 頁

玉蝴蝶·烏江

(清)顧彩

望去淡煙衰草,一灣渡口,舊日烏江。人怨騅嘶,猶動滿目悲涼。困彭城、雖沉霸氣,還江左、尚足為王。淚淋浪。英雄到此,謾說天亡。　堪傷。江東父老,八千何在。三戶都荒。只有郵亭,舊江山、擺滿斜陽。憶霸王、煙波欲泣,吊虞兮、花草猶香。駐孤航。閑評楚漢,一例茫茫。

《全清詞》順康卷第一五冊,9033 頁

賀新郎·烏江吊古

(清)顧彩

酹酒烏江渡。問重瞳、英雄如此,天亡何故。有一範增不能用,何況當年信布。敵手者、漢家高祖。四百年來基業在,有斬蛇、神劍為呵護。玉斗碎,竟何補。　亡秦應讖須三戶。把懷王、江心擊殺,失其根據。縞素興師名甚正,從此目無全楚。真難向、江東回顧。縱使渡人兼渡馬,料重興、霸業非朝暮。堪灑淚,吊千古。

《全清詞》順康卷第一五冊,9039 頁

蝶戀花·虞姬(之四) （清）周廷諤

一霎楚歌四面徹。縱有八幹，沒個虞兮決。叱吒笑他山可拔。料應此際添嗚咽。半壁河山同一發。兒女算來，何必腸如割。劍鍔空教輕濺血。當初悔失範增塊。

《全清詞》順康卷第二〇冊，11624 頁

金縷曲·詠史(之一)乙酉 （清）周廷諤

雨打秋窗下。啟琅函、興亡滿眼，淚珠輕泄。錦繡河山誰破碎，籍籍論王說伯。盡受用、美人駿馬。宴設鴻門爭豎幟，下梢頭、身首憐分剮。休取笑，拔山者。　從來龍種須乘化。霎時間、王孫路泣，寄奴田舍。禾黍高低原野闊，舊是楚樓秦榭。空幻出、煙雲圖畫。成敗昏明緣底事，付夕陽、江上漁樵話。拚一醉，酒還賈。

《全清詞》順康卷第二〇冊，11635 頁

醉垂鞭·項王走馬塆 （清）吳綺

在卞山上。按郡志雲：項羽起兵江東，於此得所騎烏騅馬。不知何據。然項羽喑啞叱吒，千餘年後，乃爲蒼山卞山神。相傳梁蕭敬獻守此，常入羽廟中，與神對飲，輒有醉色。後爲狗兒所圍，見神往救，豈信然歟。夫羽雄視一時，而不能卒有天下。夜起帳中，悲歌雖逝，亦可傷矣。爲作《醉垂鞭》以寄慨云。

金塆倚雲窩。秋山半。斜陽亂。拔尖起高歌。雖兮奈若何。　美人垓下死。幾人知。望煙蘿。落日滿山河。英雄涕淚多。

《全清詞》順康卷補編第一冊，476 頁

金縷曲·讀史 （清）張夏

強弱無常勢。是何人、發皇三戶，摧枯二世。世將威名歸羽父，破釜沉船意氣。過鉅鹿、咸陽危矣。掘塚燒宮拚太莽，爲先王、報雪春秋義。恁年少，驚天地。　渡江到此三年耳。笑當年、四君五國，叩關而已。置酒鴻門雙劍舞，還保魯兄沛弟。號霸王、彭城真帝。垓下天亡非戰罪，剩美人、駿馬英雄淚。破成敗，史遷紀。

《全清詞》順康卷補編第一冊，516 頁

雙聲子·吊魯公墓

(清)孔傳鐸

白楊衰草，臥牛壞土，不見霸氣崢嶸。重瞳初起，章邯新破，王業曾此經營。而今寂寞，荒塚上、野鳥悲鳴。蜀王一樣魂化，欠他杜宇聲聲。　想漢軍、當日全得楚，殘山剩水陰陵。誰懷舊主，嬰城不下，還仗我魯儒生。信絃歌遺教，勝喑嗚、叱吒雄兵。寒雲暮靄淒涼，秖今憑吊傷情。

《全清詞》順康卷補編第四冊，1919 頁

雙聲子·魯公項羽頭墓

(清)孔傳誌

寒雲敗棘，一壞荒土，自古曾葬重瞳。陰陵道失，鴻溝計左，夢想不到江東。斬蛇帝子，得秦鹿、歸宴新豐。範增玉玦無驗，翻令泗上成功。　憶往日，空身經百戰，烏騅蹴踏嘶風。楚歌四面，虞兮起舞，至今野草猶紅。嘆百城俱下，仗我魯、父老孤忠。千秋遺恨茫茫，使人憑吊無窮。

《全清詞》順康卷補編第四冊，2135 頁

點絳唇·滎陽雜詠楚漢間事(之一、三)

(清)紀邁宜

壁上驚觀，拔山蓋世心何妝。隆準雄姿，詎出重瞳上。　京索滎陽，戰地渾無恙。增惆悵。覆顛相望。不記烏江樣。

傷腹堪虞，漢王捫足佯為語。百敗何妨，一忍能亡楚。　約割鴻溝，氣餒軍心沮。歸何許。虞兮千古。不愧英雄侶。

《全清詞》順康卷補編第四冊，2481 頁

西河·戲馬臺

(清)田同之

彭門外，雲龍往跡堪記。縱橫楚漢判興亡，濫觴濉水。沐猴戲馬尚遺蹤，一臺遙峙於此。汴泗岸，仍自倚，望中煙草無際。蕭蕭簌簌雜商飆，霧迷戰壘。可堪王地讓他人，鴻溝分割何意。　眾心失望了不忌。笑重瞳、都此為戲。野鳥罔知人世。傍臺邊、弄影翩翩，猶學楚語淒涼，聲聲裏

《全清詞》雍乾卷第一冊，99 頁

沁園春·題烏江項羽廟

(清)陶元藻

古屋陰森,靈其在耶,孰奠杯羹。惜如許王孫,聽歸劉季,可憐亞父,趣死彭城。不識英雄,自戕羽翼,枉受重瞳炯炯明。鴻門會,本屠龍甚易,脫兔何輕。　　淒涼帳下歌聲。衹相對虞兮淚共傾,念壁上觀來,旌旗猶赫,江東歸去,面目誰憎。可代秦皇,偏輸亭長,終古寒濤恨不平。楚天外,剩一聲雁叫,幾點雲橫。

《全清詞》雍乾卷第二冊,831 頁

金縷曲·讀《項羽傳》,用迦陵詞韻

(清)錢孫鐘

血迸金槍鏬。記重瞳、鏖兵鉅鹿,殺人如鮓。一炬秦宮三百里,吒叱英風弩射。奈一夕、楚歌垓下。不是君王心不忍,想鴻門、玉玦真堪怕。劉季首,定高掛。　　燈前綠酒如澠瀉。歎英雄、烏江末路,供人描畫。千載淒涼傳舊曲,滿眼美人駿馬。總付與、霜欺雪打。漫道天亡非我罪,問江心、義帝誰為者。青史在,口難藉。

《全清詞》雍乾卷第三冊,1269 頁

滿江紅·詠史(之三)

(清)黃立世

夜飲軍中,不道得、山河都碎。頗自信、生平敢戰,伊誰之罪。果是人心思楚國,如何天意歸劉季。可曾記、刀俎乞餘生,鴻門會。　　坑秦卒,成何事。走垓下,終無濟。早江東羞煞,八千子弟。對酒長深兒女戀,橫刀盡折英雄氣。喚美人、洗耳聽歌聲,猶蓋世。

《全清詞》雍乾卷第四冊,1898 頁

百字令·垓下恨

(清)汪仁溥

霸圖灰矣,歎美人帳底,空流情血。慷慨曾經七十戰,不道今番挫折。呂氏仍歸,若翁已去,錯把鴻溝割。楚歌聲裏,英雄銷盡風骨。　　猶憶玉玦鴻門,幾番虛示,悔不當筵滅。一曲悲歌無限恨,長謝龍媒愛妾。鉅鹿催秦,滎陽潰漢,轉盼堪嗚咽。八千人散,東歸有路羞說。

《全清詞》雍乾卷第五冊,2751 頁

齊天樂・彭城懷古十二首・項王廟　　（清）陳㷆

學書學劍尋常耳，英雄自留真樣。卿子冠軍，蒼頭特起，應讓重瞳儔儻。諸侯壁上。看破釜沉舟，風雲旗仗。三戶亡秦，一生功業此無兩。　　江東八千子弟，更虞兮駿馬，終古悽愴。渭水都空，咸陽草綠，說甚彭門下相。遺歌慷慨，藉一曲神絃，與靈來往。叱吒暗噁，大風終夜響。

《全清詞》雍乾卷第一一冊，6012頁

前調（金縷曲）・讀《項羽本紀》，用前韻　　（清）楊瑛昶

廢壘寒雲罅。歎當日、八千子弟，醢雞甕鮓。讀罷唾壺敲欲碎，思挽鵰翎激射。笑何信、為人中下。扛鼎拔山誰匹敵，蘊孤軍、戰死他何怕。起草昧，名長掛。　　烏江盡日哀湍瀉。羨諸軍、觀從壁上，神光如畫。天意若教衰漢祚，說甚沛公兵馬。恐三輔、只今潮打。我過咸陽尋戰績，望中原、誰是英雄者。淚盈把，蘚花籍。

《全清詞》雍乾卷第一三冊，7286頁

賀新涼・謁項王廟　　（清）許肇封

項王下相人，即今宿邊地。廟在城南門外泮宮之旁，像塑帝王冠服，白麵長髯，一女像並坐，即虞姬也。破屋三楹，烏騅馬已無存矣。登舟剪燭，感賦此詞。

廟枕黃河野。想重瞳、拔山扛鼎，音容叱吒。鉅鹿諸侯誰仰視，一戰秦軍而霸。吊芒碭、斜陽獨乍。楚漢興旺今已矣，論英雄、成敗真聾啞。知此乃，天亡也。　　項莊舞劍休驚怕。釋沛公、酒問數語，鴻門宴罷。分而杯羹成底事，戲置若翁聊且。歎不逝、烏騅名馬。賸有美人心肯死，只數行、泣為虞兮下。是千古，多情者。

《全清詞》雍乾卷第一三冊，7561頁

百字令・西楚霸王祠題壁　　（清）史蟠

五諸侯將，入關回、一夕酒酣慷慨。七十餘番鏖戰了，子弟八千安在。平信逃亡，黥彭離叛，叱吒人空廢。騅兮不逝，讓他龍虎成采。　　我道帝擊江中，公分俎上，髮指同千載。睢水風沙天幸耳，信爾亡非戰罪。虞美人歌，戚夫人舞，事莫論成敗。烏江滾雪，怒濤今古澎湃。

《全清詞》雍乾卷第一五冊,8485 頁

虞美人
（唐）無名氏

帳中草草軍情變,月下旌旗亂。褪衣推枕愴離情,遠風吹下楚歌聲,正三更。　　撫騅欲下重相顧,豔態花無主。手中蓮鍔凜秋霜,九泉歸去是仙鄉,恨茫茫。

《全唐五代詞》卷八,無名氏詞,968 頁

虞美人
（五代）文　珏

歌脣乍起塵飛處,翠葉輕輕舉。似通舞態逞妖容。嫩條纖麗玉玲瓏。怯秋風。虞姬珠碎兵戈裏。莫認埋魂地。只應遺恨寄芳叢。露和清淚濕輕紅。古今同。

《全唐五代詞》卷六,五代詞,788 頁

虞美人
（宋）黃大輿

世間離恨何時了。不為英雄少。楚歌聲起霸圖休。玉帳佳人血淚、滿東流。　　葛荒葵老蕪城暮。玉貌知何處。至今芳草解婆娑。只有當時魂魄、未消磨。

《全宋詞》第二冊,1033 頁

又（浪淘沙）·賦虞美人草
（宋）辛棄疾

不肯過江東。玉帳匆匆。至今草木憶英雄。唱著虞兮當日曲,便舞春風。　　兒女此情同。往事朦朧。湘娥竹上淚痕濃。舜蓋重瞳堪痛恨,羽又重瞳。

《全宋詞》第三冊,1906 頁

虞美人·賦虞美人草
（宋）辛棄疾

當年得意如芳草。日日春風好。拔山力盡忽悲歌。飲罷虞兮從此、奈君何。　　人間不識精誠苦。貪看青青舞。蓦然斂袂卻亭亭。怕是曲中猶帶、楚歌聲。

《全宋詞》第三冊,1906 頁

虞美人
（宋）顧　卞

帳前草草軍情變。月下旗旌亂。褪衣推枕惜離情。遠風吹下楚歌聲。正三更。

撫鞍欲上重相顧。豔態花無主。手中蓮萼凜秋霜。九泉歸路是仙鄉。恨茫茫。

《全宋詞》第四冊，3021 頁

念奴嬌 （明）鄭婉娥

離離禾黍。歎江山似舊，英雄塵土。石馬銅駝荊棘裏，閱遍幾番寒暑。劍戟灰飛，旌旗鳥散，底處尋樓櫓。喑嗚叱吒，只今猶說西楚。　　憔悴玉帳虞兮，燈前掩淚，雙臉流紅雨。鳳輦羊車行不返，九曲愁腸漫苦。梅瓣凝妝，楊花翻雪，回首成終古。翠螺青黛，絳仙慵畫眉嫵。

《全明詞》第一冊，224 頁

虞美人·和魏子一《詠虞美人花》 （明）卓仁月

或雲舞草能隨曲。婉轉褒斜穀。或雲應向雅州求。不道生於蜀漢竟忘仇。　　茲花是也還非是。孰渡卿來至。英雄何不共扁舟。也學陶朱夫婦五湖遊。

其二

怪來楚楚娟娟個。薄命紅顏那。君王意氣泰山崩。不是天王是妾福難勝。　　輸他呂叟奇哉女。帳下曾為虜。野雞冠也買風流。惹得匈奴願比辟陽侯。

其四

姑搖山上多瑤草。瑤女精魂繞。服之可以媚於人，還讓眾心玉映此花身。　　魯公有魯雖堅守。無奈天心走。兩生若采首陽薇。妾願糜身粉骨療君肌饑。

其六

雖兮可贈姬難贈。姬死君方瞑。遠勞杜默哭荒祠。姬與昭君墳上有誰啼。　　兩鬢青態兼紅意。地上愁權寄。憶君二十四興兵。二十四風姬也發其英。

其九

田橫島客何其盛。項則虞兮僅。半千精爽落誰邊。何似香魂一縷化為千。　　千年恨血紛紜色。不但萇弘碧。金枝玉葉盡蒙羞。漢獨安能賜妾姓從劉。

其十

大王絕世之英勇。才子而情種。悲歌數闋羽聲高。那得紅顏不殞尚須刀。　　史遷更不書姬死。賸與評花史。要之虞也幾曾亡。試看情條意蕊萬年香。

《全明詞》第六冊，2910 頁

前調（虞美人）·詠虞美人花

(清)陳之遴

深紅淺紫枝枝好。露泣春亭曉。倚風無語獨低垂。卻似兵殘楚帳別離時。年年依舊柔香嫋。不與佳人杳。勸君折取及芳菲。正是彭城歌管擁虞兮。

《全清詞》順康卷第一冊，425 頁

虞美人·本意

(清)黃周星

英雄千古應無二。項籍當年事。美人前代孰知名。只有虞姬歌舞冠彭城。奈何兵散悲垓下。成敗皆天也。紅顏一劍酷傷心。化作嬌花開落到如今。

《全清詞》順康卷第二冊，701 頁

虞美人·戲為虞美人草自述，亦本意之遺

(清)吳景旭

從前寸草心如結。要把根由說。最傷竹策盡飛煙。幸種樹書無恙至今傳。大夫封罷叨恩謝。忽又湘山赭。扶蘇一拔本先乖。惹得木竿爭起項劉來。

其二

參差背水猶心動。偏是囊沙種。一莖千瓣豔還嬌。恰似縱觀諸壁戰方鏖。秋時下子春時發。專怕炎威奪。紅酣不音爛如雪。驚立漢家新幟正傳餐。

其三

道旁帝子為何涉。巧扯成枝節。妾名無意慕陳公。豈是裔苗難斷遇重瞳。此身一擲輕紅粉。草草同朝槿。乃公慣欲溺儒冠。竟使故家喬木罵無端。

其四

入關不近如花貌。其志全非小。誅鋤若少拔山雄。草竊便將滋蔓鬥春風。責成義帝今安在。別是薰蕕派。置翁高俎勢將烹。怎說兩家瓜葛待分羹。

其五

鴻門召客初彈鋏。大命輕於葉。教伊示玦略爭差。管取拉枯芟朽早除芽。帝遊偽了王封借。一味虛葩話。商山非有采芝人。驀地接花移睿別生根。

其六

夜聞雛逝朝何處。不道鳥翔樹。忽逢驟雨打荷新。認作怒聲暗吒廢千人。身經七十餘爭戰。敗落空嗟怨。妾尚二十四番風。此亦天之亡我亂飄紅。

其七

上林請苑猶遭械。給粟切難貸。無雙國士更休誇。我自甘心為伍米囊花。_{罌粟,一名米囊。} 逢人說項徒酸哽。滿地臙脂冷。大王意氣奈虞何。贏得月寒人靜歔聲多。

其八

欄杆作勢弓腰腑。幻出回風舞。待我長袖吸花絲。莫是夜行虛繡被人嗤。 雅州曾愛知音曲。應拍旋相逐。錯傳四面起歌聲。到此羞將狼藉拾殘英。

其九

蘭閨那識亡王恨。采采添鴉鬢。輕舒玉腕到芳陰。戲指美人常幸最宜簪。 梁園護惜菁華隊。分植雕欄內。得離醜地見多情。只苦鴻溝中割敢紛更。

其十

有莖弗雜疇禾處。非種鋤而去。有魂弗與赤松遊。省識女人圖貌正封留。 有盆弗載扁舟裏。膽向烏江碎。有根弗許入春挑。生怕一時移動卯金刀。

《全清詞》順康卷第二冊,710 頁

前調(虞美人)・虞美人花 (清)尤侗

重華昔向蒼梧死。羽亦重瞳子。至今舞草號虞兮。可似黃陵斑竹泣湘妃。 君王莫恨江東小。暖日花光好。開時常對杜鵑紅。一樣暗傷亡國月明中。

《全清詞》順康卷第三冊,1532 頁

東風齊著力・虞美人花 (清)吳騏

西楚重瞳,雄心蓋世,也解情癡。虞兮歌罷,紅粉竟長辭。最是多情芳草,傳遺照、寫出嬌姿。幽蘭畔,亭亭裊裊,無限相思。 往事祇堪悲。難回首、江東霸業差池。妝臺夢斷,一死報君知。千古貞魂如在,鶯花地、綠繞紅滋。新詞寫,寄美人聽取,應展顰眉。

《全清詞》順康卷第四冊,1972 頁

前調(虞美人)・過虞姬墓 (清)董元愷

孤墳遙枕荒祠右。過客頻回首。帳中夜舞不勝情。化作千年舞草、尚如生。 八千祇有虞兮在。兒女英雄槩。劉郎宮寢付寒煙。留取美人黃土、大王前。

《全清詞》順康卷第六冊,3271 頁

虞美人·虞美人花　　　　　　　　　　（清）楊在浦

花身原是胭脂傑。有淚應成血。夜魂猶繞帳歌時。舞逐烏江劍氣不勝悲。　拔山蓋世相憐好。願作英雄草。紅杜宇魄同飛。魄卻偷生野雉軍中歸。

《全清詞》順康卷第六冊，3562 頁

前調（河傳）·虞美人花　　　　　　　（清）陳維崧

楚歌四面。戰旗一片。歲歲江東。此花漬透，還是垓下重瞳。舊啼紅。　劉郎原廟空千古。咸陽樹。銀雁飛何處。英雄兒女。誰憐總付東流。野花愁。

《全清詞》順康卷第七冊，3927 頁

前調（虞美人）·靈璧縣虞姬墓下作　　（清）陳維崧

八千子弟來江左。單剩暗嗚我。誰歟歌者楚聲高。還是吾家舊日典連敖。　美人駿馬英雄概，一死千秋在。荒祠莫恨枕寒田。賤妾孤墳長在大王前。

《全清詞》順康卷第七冊，3938 頁

十六字令·虞兮　　　　　　　　　　　（清）何　采

歌，奈得雕兮奈若何。纖纖草，屢舞尚饎。

《全清詞》順康卷第八冊，4604 頁

虞美人·詠虞美人草　　　　　　　　　（清）何　采

歡呼壁上悲垓下。一似花開謝。要從何處識英雄。博得美人心死楚歌中。　馬遷不記虞兮死。芳草爲青史。聞歌起舞學腰身。誰道漢宮曾舞戚夫人。

《全清詞》順康卷第八冊，4643 頁

虞美人　　　　　　　　　　　　　　　（清）屈大均

無風亦向朱欄舞。情爲君王苦。烏江不渡爲紅顏。忍使香魂無主獨東還。　春含古血看猶暖。巧作紅深淺。花前休唱楚人歌，恐惹英雄又喚奈虞何。

《全清詞》順康卷第一〇冊，5679 頁

虞美人·和淩欲上（之一、二、三） （清）方　炳

有小序，載專刻中。

羣雄歸漢興亡決。信布偕彭越。大王氣盡楚歌中。惟有虞兮不忍負重瞳。　咸陽一炬今猶快。何必論成敗。野雞司曉戚姬髡。試看乃公末路更難言。

若耶溪畔雲門路。廟祀猶如故。至今野老爲儂言。道是虞姬生長在前村。　堪憐定遠與靈壁。埋血千年碧。遊魂帶淚渡江東。幻作紅紅紫紫舞春風。

芳洲杜若尋香草。誰似尊前好。亦知身占美人名。可是當年垓下舊娉婷。　臙脂著雨春風面。朵朵嬌如顫。依稀歌舞帳中時。啼向君王紅淚暈蛾眉。

《全清詞》順康卷第一〇冊，5795 頁

醉紅妝·虞美人 （清）賀　巽

霸業蕭條垓下空。盡埋沒，舊英雄。如何兒女情偏在，剩花朵，舞輕風。　陸離五色燦園中。倚醉態，逞嬌容。相對絕無亡國恨，卻夢斷，往時宮。

《全清詞》順康卷第一一冊，6272 頁

水調歌頭·過虞姬墓 （清）毛際可

日暮漢兵合，決絕意如何。借龍泉劍三尺，頸血濺春羅。莫道拔山力盡，尚有閨中俠氣，凜凜未消磨。明日烏江渡，爭似此時麼。　一抔土，千古在，我重過。斜陽影裏，欲尋殘碣更摩抄。不比長陵妖後，追逐重瞳軍內，爲質歲時多。原上英靈草，起舞爲誰歌。有虞美人草，聞歌聲無風自舞。

《全清詞》順康卷第一一冊，6396 頁

虞美人·虞美人花 （清）曹亮武

八千子弟今何在。一霎興亡改。虞兮一劍報重瞳。化作春花開向舊江東。　紅顏昔日嬌如此。值得英雄死。臨風無力倍嫣然。猶似悲歌婉轉大王前。

《全清詞》順康卷第一二冊，7167 頁

前調(離亭燕)・虞美人　　　(清)陳玉瑍

誰道佳人已死。千載紅顏如此。雨細風輕腸斷處,離恨何從說起。血淚染茫茫,滴盡楚歌聲裏。　蝶亂鶯啼千裏。父老江東誰是。花謝花開桃李外,銷歇漢宮春矣。明月照英靈,駿馬依然來耳。

《全清詞》順康卷第一三冊,7787頁

虞美人・題畫水墨虞美人草　　　(清)呂履恒

虞兮魂化原頭草。遺恨知多少。絳英和露彈東風,恰似夜深紅淚楚軍中。　丹青欲寫春風面。不忍傳哀怨。故將雲水擬仙姿。莫使漢宮粉黛妒蛾眉。

《全清詞》順康卷第一六冊,9197頁

虞美人・詠虞美人花　　　(清)葉宏緗

角悲楚帳聞殘曲。劍鍔浸寒玉。前身已逐曉煙空。剩此幽姿逸韻、漾春風。　無聊笑向花枝說。處處鵑啼雪。好花須傍好亭臺。休映滎陽垓下、戰場開。

《全清詞》順康卷第一七冊,10184頁

前調(虞美人)・虞美人花　　　(清)王一元

日夕頻開謝。愛天然、娟娟楚楚,墻根隋罅。體態可憐嬌更怯,芳蕊累累倒掛。漸擎起、紫嫣紅姹。姊妹只餘鶯粟在,趁春殘、同向東風嫁。是千載,貞魂化。　依稀觸起當年話。淚漣漣、浥他微露,至今盈把。愁絕奈何何處喚,曾記劍光凝射。更隱隱、悲歌垓下。此日聞歌猶起舞,顫翩躚、如憶烏騅馬。還仿佛,帳中夜。

《全清詞》順康卷第一八冊,10217頁

虞美人・題李蕭伋斷腸集虞姬圖　　　(清)趙熊詔

縱橫楚漢爭秦鹿。成敗誰先蔔。佳人有眼識英雄。願為翠裾長鈇侍軍中。　重瞳本是虞苗裔。垓下天亡耳。妾身薄命不如騅。早試樽前一劍、謝君懸。

《全清詞》順康卷第一九冊,11093頁

前調(虞美人)·詠虞美人花

(清)陳祥裔

年年解向東風舞。出興亡譜。花開花謝總成愁。留得血痕滿地倩誰收美人不改花顏色。依舊名如昨。任他零落委階前。也勝漢宮楊柳日三眠。

《全清詞》順康卷第一九冊,11323 頁

前調(虞美人)·詠虞美人花

(清)陳祥裔

美人多少成黃土。幽恨埋千古。虞兮化作馬蹄塵。留得一腔熱血付花神。年年開向東風裏。點綴春如綺。等閒兒女是英雄。兒女情長於此識重瞳。

《全清詞》順康卷第一九冊,11324 頁

前調(滿江紅)·楚王宮

(清)陳祥裔

霸業成灰,空剩下、舊時宮闕。輕煙殘照,一望堪悲切。粉蝶翻翻舞袖冷,黃鶯喔喔歌喉歇。見枝枝、交影鎖紗窗,銀燈滅。　　珠樓毀,銅梁折。畫闌欹,雕牆裂。盡青苔蛛網,蟻封狐穴。白日可憐蕭索雨,黃昏不耐淒涼月。小階前、只有美人花,虞兮血。

《全清詞》順康卷第一九冊,11368 頁

夜遊宮·虞美人花

(清)歸淑芬

獨重綱常殉節。斷魂俠骨真奇絕。化入芬菲竟並列。美人名,任呼年年不歇。窈窕猶堪惜。傷心懶向秦時月。露泣頻嗟懷楚國。更憐春盡空妍,嬌瘦弱。

《全清詞》順康卷補編第一冊,59 頁

虞美人·賞虞美人花

(清)錢爾復

古來國色誰堪比。肯爲君王死。吳宮曾説寵西施。畢竟千絲網住、不如伊。　　憑欄今日重懷古。裊娜花千朵。歌聲已斷彩雲間。不惜空留艷舞、與人看。

《全清詞》順康卷補編第一冊,365 頁

念奴嬌·詠虞美人花

(清)宗元鼎

曾悲望帝,失江山、化做春深杜宇。烈性虞姬也還作,花似莊周蝶舞。漾粉搖紅,臨

風衣繡,可有重瞳顧。千年博得,酒澆簾下芳土。　馬嵬亦自傷心,野花閒草,不見精靈聚。懸揣種生金穀徑,感動樓頭戀主。西子先羞,王嬙後愧,對此應無語。年年四月,花開花落南楚。

《全清詞》順康卷補編第一冊,558頁

虞美人·虞姬墓(之一、二)　　（清）黃　永

馬嵬坡下昭君塞。幾件傷心外。虞姬墓上不須悲。猶與項王白首、兩同歸。垓心一劍香魂渺,變作風前草。我今折得草歸來,欲與斷腸秋色、一齊栽。

英雄自古推劉季,差有強人意。一生辟易呂家狐。願與食其審老、大家夫。　一姬死後難相顧。枉自歌聲楚。項王聞此目狰獰,應與虞姬長笑、幾千聲。

《全清詞》順康卷補編第一冊,589頁

虞美人·虞美人花　　（清）董炳文

胭脂臉上啼痕在。未了相思債。今朝若遇舊情人。一曲虞兮忍痛、再愁君。　重瞳底處輕拋撇。惟有當年月。當年月照奈情何。紅袖風翻悲咽、不成歌。

《全清詞》順康卷補編第二冊,631頁

虞美人·虞美人花　　（清）張鴻逑

可憐霸業成虛度。垓下空煙霧。貞魂一見感恩深。髣髴花枝遺恨、表香心。　丰姿婀娜仍餘態。回想朱顏在。子規啼處淚痕重。豈忍還一作"偏"。矜歌舞、此名舞草。信嬌容。

《全清詞》順康卷補編第二冊,992頁

驀山溪·詠虞美人　　（清）唐之鳳

亭亭裊裊,密葉柔條美。豔色並虞姬,冠楚宮、容顏總麗。臨風搖曳,彷彿舞霓裳,嬌無比。心先醉。何必尋桃李。　閒翻青簡,項羽超劉季。垓下發悲歌,別佳人、英雄短氣。中原淪喪,羞再到江東,紅袖淚。成花蕊。千載獨憔悴。

《全清詞》順康卷補編第二冊,1236頁

虞美人(之一、二) （清）高景芳

漢兵四面歌聲沸。人在干戈裏。君王此日霸圖銷。慷慨不知情淚、濕征袍。　妾身分作溝中瘠。拔劍飛腥血。至今花瓣染深紅。猶是當年翠袖、戀重瞳。

春風吹綠庭中草。纖細腰肢裊。茜紅單瓣最堪憐。料得芳魂長在、楚宮前。　人生自古皆如夢。況是君恩重。一枝獨立自亭亭。留取虞兮二字、簡編青。

《全清詞》順康卷補編第三冊，1617 頁

前調（虞美人）·詠虞美人花 （清）姚之駰

困煙酣雨低無力。還爲重瞳泣。苗條嬌態柳絲如。莖柔花重壓香枒。索人扶。　三千宮女憑闌立。鬭盡春衫色。靈芸昨夜製衣慵。誤裁碎錦落芳叢。蕩東風。

《全清詞》順康卷補編第三冊，1760 頁

前調（虞美人）·詠虞美人花 （清）姚 炳

闌珊花事春逾半。故向枝頭顫。綺羅碎翦漾輕風。似聽虞歌婉轉、舞從容。　嬌姿不語含愁思。博得英雄淚。二分春去惱人腸。搓粉匀脂別樣、鬭新妝。

《全清詞》順康卷補編第三冊，1791 頁

鵲橋仙·虞美人 （清）孔傳誌

淡妝輕裏，素衫微襯，嬝娜嬌憨如此。扇頭纔識楚宮腰，料想是、重瞳妃子。　含風背雨，斷煙殘照，羞見江東天氣。縱無蜂蝶也消魂，問舊恨、新愁解未。

《全清詞》順康卷補編第四冊，2074 頁

浪淘沙·虞美人草 （清）孔傳誌

一劍答君恩。槁葬紅裙。空餘碧草伴黃昏。意氣都隨風雨盡，何況行雲。　瓣瓣是愁痕。柔態如顰。年年開向楚江濱。無限漢宮芳草色，不忍爲群。

《全清詞》順康卷補編第四冊，2100 頁

感皇恩·虞美人花

（清）黃之雋

小綠媚苔痕，軟綃初揭。露染春腮印紅纈。麗人妝罷，莫倚鮮花爭折。看來濃濕處，虞兮血。　前生如夢，楚歌遙歇。淚影絲絲舞裙裂。晚庭風起，應惹重瞳愁絕，落紅吹未散，同尋月。

《全清詞》雍乾卷第一冊，4 頁

虞美人

（清）陳 沆

東風拂檻腰肢顫。碧血虞子濺。裂殘垓下舞衣塵。占取年年春色、駐芳魂。　重瞳伯業雄西楚。瞥眼花頭露。美人生氣幻鉛華。猶旁如虹劍影、吐靈葩。

《全清詞》雍乾卷第二冊，625 頁

虞美人·戲詠虞美人花

（清）方成培

弱枝如舞嬌如頰。血刃飛花結。解驂不渡太匆匆。莫笑芳魂何事、過江東。　美人未肯為黃土。粉黛春常聚。英雄難庇我偏憐。欲作楚歌不忍、在花前。

《全清詞》雍乾卷第三冊，1758 頁

念奴嬌·虞美人草

（清）李 馨

草狀如雞冠，花葉相對，唱《虞美人》曲，能按拍而舞。宋黃載萬詞云："世間離恨何時了。不爲英雄少。楚歌聲起霸圖休。野葛荒葵老，只有當時魂魄、未銷磨。"餘向評之曰："'不爲英雄少'，妙妙。項王兵敗，揮淚對虞姬而作《垓下歌》，漢王易太子不遂，亦對戚姬悲歌泣下。劉項興亡不同，當無可奈何之際，皆未免兒女情長，英雄氣短。昔人謂'天上無無情神仙，人間無無情豪傑'，信然。"戊申冬，客印潭，山樓獨坐，笥中偶攜《詞品》一卷，時一展讀，忽睹舊詞舊評，如逢故人，慨然於中。索筆漫填，非敢與前人較工拙也。

軍情夜變，嘆霸圖頃刻，不知誰主。雖與虞兮還戀戀，真是英雄兒女。帳外旌旗，手中劍鍔，豔質隨風雨。紅心滿地，尚流碧血千古。　不須恨殺東風，人生如夢，只有情堪據。成敗從來無足道，試問長陵抔土。荒薺秋生，野棠春發，未解傷心處。何如此草，聽歌猶自能舞。

《全清詞》雍乾卷第五冊，2974 頁

鵲橋仙·虞美人

（清）顧奎光

吾為卿歌,卿為吾舞,感慨興哀之際。虞兮虞兮奈若何,便消盡、大王意氣。　楚宮何處,漢宮何處,留得花枝旖旎。美人端不負重瞳,知勝他、野雞人彘。

《全清詞》雍乾卷第七册,3891頁

滿江紅·虞姬墓下作

（清）張九鉞

子弟八千,抵不了、江東一女。承恩後、劍鋒三尺,紅顏報主。大事君王終讓漢,微軀賤妾猶依楚。便帳中、一曲別離歌,堪千古。　英雄淚,銷風雨。美人血,飄塵土。剩墓門斜日,夭桃花樹。戲馬舊臺埋玉近,烏江廟食隨魂聚。嘆幾莖、弱草碧蕭蕭,憑誰舞。

《全清詞》雍乾卷第七册,4070頁

解語花·虞美人

（清）陳　濤

褒斜穀口,慣舞春風,宜作煙花帥。夜深花睡。零珠露、更見楚宮嬌媚。雲梢鐃吹。想玉帳、曉妝殘醉。重寄生、如問前身,兒女英雄淚。　無數殷紅浩翠。是同仇歸伴,嬉笑分隊。四筵聯袂。香魂返、夜月聞歌憔悴。雄風未墜。嘆豎子、成名無愧。逢數奇、千載猶生,青塚應相對。

《全清詞》雍乾卷第八册,4753頁

解佩令·虞美人

（清）李　澧

虞兮安在,千年垓下,化香魂、小草還留姓。好夢初圓,被一曲、楚歌催醒。可憐顰、戰場紅粉。　宮衣舞罷,蝶兒扶倦,帶斜陽、石廊移影。卻怪天工,偏春與、美人無分。幾曾經、江東風信。

《全清詞》雍乾卷第一一册,6474頁

金縷曲·虞姬

（清）張雲璈

不信天亡汝,怪千秋、英雄末路,未離兒女。此際虞兮無可奈,雪涕中宵如雨。恨一霎,嬋娟誰主,子弟八千無一在,況當年、帳下聞歌舞。留蓋世,氣如虎。　漢家也復空眉嫵。算而今、定陶垓下,共成黃土。一樣尊前翻楚調,鴻鵠聲聲偏苦。只疑事、重教懷古。駿馬已隨亭長去,問美人、畢竟歸何所。此意在,倩誰補。

《全清詞》雍乾卷第一二冊,6841 頁

虞美人·虞美人花 （清）殷如梅

已歸黃土誰能見。花畔頻留戀。脂脂粉粉獨婆娑。今日江東開遍、奈愁何。　當筵欲試纖腰舞。一闋悲千古。不須更作楚歌聲。便是新翻吳曲、也關情。

《全清詞》雍乾卷第一三冊,7472 頁

錦帳春·虞美人花 （清）管　亶

艷質空留,春風誰主。當年一劍堪千古。憶紅妝,歌楚帳,頸血飛淨土。今猶能舞。真是情根,嘗含愁緒。芳魂寄託終悽楚。拂晨風,迎暮雨。那冀金屋貯。重瞳何處。

《全清詞》雍乾卷第一五冊,8217 頁

訴衷情近·虞美人花 （清）李方湛

楚歌四起,玉帳匆匆楚舞,英雄自古情多,佳麗由來命薄。紅淚未銷芳恨,灑地成花,怕聽歌聲惡。　欄杆角。翠袖回風綽約。漢宮明月,忍作菱花握。愁無著。拔山氣盡,重瞳望斷,此情如昨。弱骨將誰托。

《全清詞》雍乾卷第一五冊,8356 頁

前調（古調笑）·虞兮 （清）沈光裕

楚歌四面聲淒其,拔山氣盡愁難支。虞兮如花捨不得,還來帳底歌虞兮。千呼萬喚聲嗚咽,拔鞘分明露寒鐵。須臾絕脰三尺間,生憐錦鎧飛紅血。

紅血。心決裂。報謝君王憐賤妾。天亡旋見江東滅。敢向兵間偷活。香魂變作花如靨。似別重瞳愁絕。

《全清詞》雍乾卷第一六冊,8805 頁

酹江月·亞父墓 （清）盛　楓

群山萬壑,阻渾河難挽、逝波東注。七十老翁偏好事,未肯忘情三戶。戲下侯王,江東子弟,虎踞雄西楚。沐猴耳冠,將軍徒自勞苦。　平生奇計何如。中分天下,付與君王自主。可惜滎陽幾上肉,一旦猜疑惡具。抑氣填膺,悲歌雪涕,忍見陰陵路。不如歸去。一抔先覆黃土。

《全清詞》順康卷第一九冊,10934 頁

齊天樂·彭城懷古十二首·亞夫墓　　（清）陳燮

彭城城外餘抔土,中藏歷陽侯骨。亂石如羊,荒臺戲馬,一種殘碑斷碣。山丘特兀。怪杖策從軍,蹉跎湮沒。回首居鄭,半生心事向誰說。　　嗟君奇計乃爾,歎鴻門宴罷,空舉玉玦,鹿走狐鳴,龍飛虎變,東井星聊之月。蕭蕭華髮。問廣武英雄,豈關人力。七十何求,此翁良可惜。

《全清詞》雍乾卷第一一冊,6013 頁

曲

〔雙調〕慶東原·歎世（之一）　　　　　　　　（元）馬致遠

拔山力。舉鼎威。暗鳴叱吒千人廢。陰陵道北。烏江岸西。休了衣錦東歸。不如醉還醒。醒而醉。

《全元散曲》上冊，250頁

〔般涉調〕哨遍·項羽自刎　　　　　　　　（元）王伯成

虎視鯨吞相並。滅強秦已換炎劉姓。數年逐鹿走中原。創圖基祚隆興。各馳騁。布衣學劍。隴畝興師。霸業特昌盛。今日悉皆掃蕩。上合天統。下應民情。睢河岸外勇難施。廣武山前血猶腥。恨錯放高皇。懊失追韓信。悔不從范增。

【幺】行走行迎。故然怒激剛強性。迤逗向垓心。預埋伏掩映山形。猛圍定。澗溪溝壑。列介冑寒光瑩。晝夜攻催劫掠。爪牙脫落。羽翼雕零。一個向五雲鄉里賀升平。一個向八卦圖中競殘生。更那堪時月嚴凝。

【麻婆子】漢祖勝乘威勢。上蒼助顯號令。四野布層陰重。六花飛萬片輕。不添和氣報豐年。特呈凶兆害生靈。手拘束難施展。足滑擦豈暫停。

【幺】自清曉徹終日。從黃昏睡五更。趁水澤身難到。奪樵路力不能。旋消冰雪潤枯腸。凍燒器械焰荒荊。馬無草人無飯。立不安坐不寧。

【牆頭花】軍收雪霽。起凜冽嚴風勁。汗濕征衣背似冰。戰欣欣火滅煙消。幹剝剝天寒地冷。

【幺】征夫楚寐清。深夜疆場靜。四面悲歌忍淚聽。便不思敗國亡家。皆子想離鄉背井。

【急曲子】帳周回立故壁。陣東南破去程。眾兒郎已杳然。總安眠睡未驚。忽聞嘶困乏征馬宛。猛喚回淒涼夢境。

【耍孩兒】唯除個植夢懷忠政。錯認做奸人暗等。誤截一臂不任疼。猛魂飄已赴幽冥。碧澄澄萬里天如水。明朗朗十分月滿宮。馬首立虞姬エ。翠蛾低斂。粉淚雙擎。

【幺】絕疑的寶劍揮圓頸。不二色的剛腸痛。怎教暴露在郊墟。惜香肌難入山陵。望碧雲芳草封高塚。對黃土寒沙赴淺坑。傷情興。須臾天曉。仿佛平明。

【三煞】衡路九條。山垓九層。區區縱塹奔荒徑。開基創業時皆盡。爭帝圖王勢已傾。軍逐。因尋江路。誤入陰陵。

【二】付能歸船路開。卻懶將踏板登。喪八千子弟無蹤影。羞歸西楚親求救。恥向東吳再起兵。辭了槍騎。伏霜鋒閃爍。從二足奔騰。

【一】殺五侯雖懼怯。奈隻身枉戰爭。自知此地絕天命。壯懷已喪英雄氣。巨口全無叱吒聲。尋思到一場長歎。百戰衰形。

【尾】解委頷把頓項推。舉太阿將咽頸稱。子見紅飄飄光的的絳纓先偏側了金盔頂。碜可哥濕浸浸鮮血早淋漓了戰袍領。

《全元散曲》上冊,325 頁

〔正宮〕塞鴻秋·凌歊臺懷古　　(元)薛昂夫

凌歊臺畔黃山鋪。是三千歌舞亡家處。望夫山下烏江渡。是八千子弟思鄉去。江東日暮雲。渭北春天樹。青山太白墳如故。

《全元散曲》上冊,704 頁

〔越調〕柳營曲·楚漢遺事　　(元)馬謙齋

楚霸王。漢高皇。龍爭虎鬥幾戰場。爭弱爭強。天喪天亡。成敗豈尋常。一個福相催先到咸陽。一個命將衰自刎烏江。江山空寂寞。宮殿久荒涼。君試詳。都一枕夢黃粱。

《全元散曲》上冊,704 頁

〔黃鐘〕出隊子·酒色財氣四首(之一)　　(元)湯　式

圖王爭帝。半乾坤心未已。鴻門會上失兵機。直殺得血濺陰陵後悔遲。氣。則為你斷送了英雄楚項籍。

《全元散曲》下冊,1605 頁

〔北雙調水仙子〕閱古　　　　　　　　(明) 張　鍊

鴻門會上一張席。九裏山前十面圍。烏江岸側三番氣。看他們使見識。到如今那個便宜。誰不羨留侯智。誰不悲霸王威。又誰知漢業成灰。

《全明散曲》第二册，1654 頁

〔北雙調撥不斷〕雜詠　　　　　　　　(明) 王克篤

讀史有感

美虞姬。駿烏騅。風流叱吒千人廢。垓下兵稀伯業微。拔山舉鼎成何濟。不如沉醉。

《全明散曲》第二册，2640 頁

〔北黃鍾白鶴子〕葉縣詠古　　　　　　(近代) 盧　前

暗鳴灑水上，曾築霸王城。勝敗數歸天，戰豈為王病。

《全清散曲》下册，2281 頁

〔雙調〕慶東原·歎世(之二)　　　　　　(元) 馬致遠

明月閑旌旆。秋風助鼓鼙。帳前滴盡英雄淚。楚歌四起。烏騅漫嘶。虞美人兮。不如醉還醒。醒而醉。

《全元散曲》上册，251 頁

〔南商調黃鶯兒〕虞兮　　　　　　　　(清) 吳錫麒

萬帳楚歌俱，對青蛾意氣沮，罷鴻門走了烏江路。歌《公莫舞》，唱《公無渡》，酬知饑肯頭顱付？濺春蕪，名花千古，留當美人呼。

《全清散曲》中册，1134 頁

高祖本紀

詩

詠《高祖本紀》

高祖本紀 （唐）司馬貞

高祖初起，始自徒中。言從泗上，即號沛公。嘯命豪傑，奮發材雄。彤雲鬱碭，素靈告豐。龍變星聚，虵分徑空。項氏主命，負約棄功。王我巴蜀，實憤於衷。三秦既北，五兵遂東。氾水即位，咸陽築宮。威加四海，還歌大風。

《史記索隱》卷二九，458 頁

西漢賦 （唐）魏 徵

本傳云：太宗幸洛陽，燕群臣積翠池，酒酣，命各賦一事。徵賦《西漢》，卒云："終藉叔孫禮，方知皇帝尊。"帝曰："徵言未嘗不約我以禮。"

受降臨軹道，爭長趣鴻門。驅傳渭橋上，觀兵細柳屯。夜宴經柏谷，朝遊出杜原。終藉叔孫禮，方知皇帝尊。

《全唐詩》卷三一，2 冊，441 頁

過漢故城 （唐）王 績

大漢昔未定，強秦猶擅場。中原逐鹿罷，高祖鬱龍驤。經始謀帝坐，茲焉壯未央。規模窮棟宇，表裏浚城隍。群後崇長樂，中朝增建章。鉤陳被蘭錡，樂府奏芝房。翡翠明珠帳,鴛鴦白玉堂。清晨寶鼎食,閒夜鬱金香。天馬來東道,佳人傾北方。何其赫隆盛,自謂保靈長。曆數有時盡,哀、平嗟不昌。冰堅成巨猾,火德遂頹綱。奧位匪虛校,貪天竟速亡。魂神吁社稷,豺虎鬥岩廊。金狄移灞岸,銅盤向洛陽。君王無處所,年代幾荒涼。宮闕誰家域,蓁蕪冒我裳。井田唯有草,海水變為桑。在昔高門內,於今歧路傍。餘基不可識,古墓列成行。狐兔驚魍魎,鴟鴞嚇猺狂。空城寒日晚,平野暮雲黃。烈烈焚青棘,蕭蕭吹白楊。千秋并萬歲,空使詠歌傷。

《全唐詩》卷三七,2冊,485頁

登廣武古戰場懷古　　（唐）李　白

秦鹿奔野草,逐之若飛蓬。項王氣蓋世,紫電明雙瞳。呼吸八千人,橫行起江東。赤精斬白帝,叱咤入關中。兩龍不并躍,五緯與天同。楚滅無英圖,漢興有成功。按劍清八極,歸酣歌《大風》。伊昔臨廣武,連兵決雌雄。分我一杯羹,太皇乃汝翁。戰爭有古跡,壁壘頹層穹。猛虎嘯洞壑,饑鷹鳴秋空。翔雲列曉陣,殺氣赫長虹。撥亂屬豪聖,俗儒安可通？沉湎呼豎子,狂言非至公。撫掌黃河曲,嗤嗤阮嗣宗。

《全唐詩》卷一八〇,6冊,1840頁

讀《漢紀》　　（唐）徐　夤

布衣空手取中原,勁卒雄師不足論。楚國八千秦百萬,豁開胸臆一時吞。

《全唐詩》卷七一一,21冊,8187頁

讀《西漢》　　（宋）王　令

漢得孤秦萬弊時,當年丞相要無為。洛陽年少空流涕,誰謂書生果有知？

《全宋詩》卷七〇六,12冊,8179頁

彭城三詠·斬蛇澤歌　　（宋）賀　鑄

元豐甲子,余與彭城張仲連謀父、東萊寇昌朝元弼、彭城陳師仲傳道、臨城王適子立、宋城王玨文舉,采徐方陳迹分詠之。余得戲馬臺、斬蛇澤、歌風臺三題,即賦焉。戲馬臺在郡城之南,斬蛇澤在豐縣西二十里,歌風臺在沛縣郭中。

君不聞泗濱亭長送徒如咸陽,徒夫懷歸多道亡。澤中置酒飲相訣,吾亦從此奔芒碭。

陰風蕭蕭導者懼,前有修蛇怒橫路。酒酣拔劍肯留行,劃斷蜿蜒不回頭。河明月出人踵來,彼媼何冤號且哀。謂遭赤帝屠吾子,語竟莫知安在哉。真人聞此自心許,茫茫四海吾其主。虎變龍飛十二年,鹹項梟英蓋狐鼠。半夜雄鋐飛上天,幾見長陵一抔土。

《全宋詩》卷一一〇二,19 冊,12499 頁

彭城三詠·歌風臺詞　　　　（宋）賀　鑄

元豐甲子,余與彭城張仲連謀父、東萊寇昌朝元弼、彭城陳師仲傳道、臨城王適子立、宋城王玨文舉,采徐方陳迹分詠之。余得戲馬臺、斬蛇澤、歌風臺三題,即賦焉。戲馬臺在郡城之南,斬蛇澤在豐縣西二十里,歌風臺在沛縣郭中。

漢祖高風百尺臺,千年客土生蒿萊。何窮人事水東去,如故地形山四來。江淮猶沸鯨鯢血,八十一車枉歸轍。白叟逢迎皆故人,牢酒歡呼惜將別。崤澠迢遙非我鄉,死生此地何能忘。酒闌鳴筑動雲物,青衿兒曹隨抑揚。爾時可無股肱良,端思猛士守四方。君不聞淮陰就縛何慨慷,自注:平。解道鳥盡良弓藏。

《全宋詩》卷一一〇二,19 冊,12499 頁

讀　　史　　　　（宋）汪元量

餓死首陽二子,偷生商嶺四翁。劉、項稱王稱霸,關、張無命無功。

《全宋詩》卷三六六四,70 冊,43993 頁

楚、漢戰處　　　　（金）元好問

虎擲龍拿不兩存,當年曾此賭乾坤。一時豪傑皆行陣,萬古山河自壁門。原野猶應厭膏血,風雲長遣動心魂。成名豎子知誰謂,擬喚狂生與細論。

《金詩》,《全遼金詩》下冊,2559 頁

襄陽詠史·漢高廟　　　　（金）李俊民

垓下未聞歌散楚,澤中已見哭亡秦。乾坤到底歸真主,愁殺鴻門碎斗人。

《金詩》,《全遼金詩》中冊,2013 頁

編年歌括·西漢　　　　（元）許　衡

西漢十有二帝,二百一十四齡。高、惠傳家未久,呂氏僭起闈庭。文、景、武、昭而下,

宣、元、成、哀、平、嬰。

《全元詩》第 3 冊,67 頁

鐵堠行 （元）郝 經

漢家窮兵漠南無,王庭解甲百萬標北庭。高摩斗、尾似陰山,冰埋雪漬生鐵腥。殺氣昏昏無白晝,行人不識呼鐵堠。北去和林又數千,衛、霍過此猶窮門。中原無人益蕭條,僅得呼韓一再朝。子卿不來王嬙去,平城冒頓仍自驕。長城蹴踏誰遮截,千年費盡九州鐵。道傍白骨皆人堠,井田廢後無長策。

《全元詩》第 4 冊,257 頁

漢 （元）方 回

燈前閑覆孟堅《書》,瞬息炎劉四百餘。五聚井星才屬爾,一抔陵土竟何如。早誇發縱輕烹狗,終藉吞舟失漏魚。若使高皇為晉獻,可須莽、卓始坵墟。

《全元詩》第 6 冊,40 頁

讀《高祖傳》有感 （元）胡祗遹

呂政餘毒不可除,天開赤帝定神區。皇圖不有衣冠力,如意紛爭起祿蝚。

《全元詩》第 7 冊,4 頁

漢 （元）侯克中

入關約法得人情,素服興師欲正名。代邸歸來生意溥,茂陵老去悔心萌。中興事業推文叔,末造艱難賴孔明。霸自有餘王不足,區區魏、晉敢爭衡。

《全元詩》第 9 冊,9 頁

詠 史 （元）王 結

漢庭富衣冠,流風重周旋。君看往還人,名位相後先。憲府領舉劾,中臺執機權。門闌隘輪蹄,交口稱才賢。亦有同門友,窮居守太玄。過門不一顧,寧望相薦延。富貴易交驩,貧賤相棄捐。翕翕誇毗子,區區亦堪憐。

《全元詩》第 28 冊,57 頁

漢未央宮櫋題硯　　　　　　　　　（元）張　昱

雕牆峻宇幾浮雲,金石雖堅亦鮮存。秦宮三月已灰爐,漢瓦千年猶隸文。改用尚能為硯器,得名何異在君門。咸陽土盡英雄骨,誰似櫋題記主恩。

《全元詩》第 44 册,107 頁

雜詩三十六首（其三十六）　　　　（元）胡　布

祿帛砥石器,厲世磨鈍民。漢高用賢才,天下歸吾仁。曆禩垂四百,旋踵登異人。大德嘉永年,文武開祚君。後來多雄才,樹本亦已勤。積寸以遺尺,何由化風淳。

《全元詩》第 50 册,346 頁

讀《漢史·高帝紀》有感　　　　　（元）顧　戚

漢高功業與天高,首事尼山用太牢。博士未興書有律,不能無意責蕭曹。

《全元詩》第 51 册,228 頁

關中懷古（其三）　　　　　　　　（元）汪廣洋

未央宮殿七年成,武庫宏開列繡楹。高祖不忘嘗苦戰,鄧侯終欲厭群情。平籠鳳闕當秦嶺,覆壓鯨波撼渭城。後世莫加難逆料,建章纔就又承明。

《全元詩》第 56 册,181 頁

兩漢故都　　　　　　　　　　　　（元）施　鈞

漢室龍興四百秋,西風依舊水東流。當年金馬知何在,此日銅仙泣未休。三國山河分霸業,兩都煙雨變荒丘。曹瞞不軌心何忍,忘却平陽是列侯。

《全元詩》第 65 册,276 頁

漢京篇　　　　　　　　　　　　　（明）李夢陽

漢京臨帝極,複道衆星羅。煙花開甸服,錦繡列山河。山河自古稱佳麗,城中半是王侯第。峻閣重樓夾道懸,雲房霧殿森虧蔽。牧豚賣珠登要津,樊侯亦是鼓刀人。時來叱咤生風雨,奄見吹嘘走鬼神。平津結兄蓋侯弟,杯酒相看何意氣。執鞭盡是虎賁郎,守門不說長安尉。長安烽火入邊城,挺劍辭君萬里行。去日千官遮馬餞,歸來天子降階迎。朱弓尚抱流沙月,寶鋏常飛翰海星。不分燕然先勒石,直教麟閣後標名。豈知盛滿多仇忌,可惜榮華如夢寐!地宅田園奪與人,丹書鐵券成何事?霍氏門牆狐夜號,魏其池館長蓬蒿。三千劍客今誰在?十二珠樓空復高。後車不戒前車覆,又破黃金買金谷。洛陽亭榭與山齊,北邙車馬如雲逐。陰郭豪華真可憐,雲台將相珥貂連。當時却怪桐江叟,獨着羊裘伴帝眠。

《李夢陽集校箋》卷一八,第二冊,459 頁

五　　陵　　　　　　　　　　(明)唐　寅

五陵昔日繁華地,今日漫天草蔓青。蔓草不除陵寢廢,當時一寸與人爭。

《唐伯虎全集》卷三,104 頁

讀《漢高紀》　　　　　　　　(明)沈　周

書燒禮樂隨之熄,長者還生傲慢風。四海未嫌驕仲氏,一羹還欲共而翁。獨輸留、皓鴻矰外,莫怪韓、彭狗鼎中。天統特推三尺定,敢於嬴、項說英雄。

《石田詩選》卷五,影印文淵閣《四庫全書》1249 冊,616 頁

漢　　家　　　　　　　　　　(明)沈明臣

漢家長策倚龍城,邊吏年年但請兵。誰謂越農堪北戍,却勞天使向東行。玉關不閉春關夢,青海長飛夜笛聲。國計是非須自定,賢王歁塞不渝盟。

《豐對樓詩選》卷三七,《四庫全書存目叢書》集部 144 冊,474 頁

五言古詩(其十五)　　　　　　(明)王世貞

韓、彭既已族,蕭相請室歸。留侯始長歎,赤松將見依。受劫建成侯,於事亦已危。幸辭高皇網,復受呂后羈。百穀土地腥,既辟復食之。商山自有人,四皓了不知。

《弇州續稿》卷四,《弇州四部稿》第四冊,影印《明人文集叢刊》,44 頁

戊寅元日,偶讀《史記》,戲書紙尾(其四)　　(清)錢謙益

漢家爭道孝文明,左右臨朝問亦輕。絳、灌但知讒賈誼,可思流汗愧陳平?

《初學集》卷一三,《錢牧齋全集》第一冊,456 頁

詠史詩(其七) （清）李咸齋

漢家有三傑,一虎而一龍。虎既遭急縛,龍乃遊赤松。相國善為蛇,委蛇隆準公。黥、彭真走狗,兔死固當烹。

《附咸齋詩》,《魏叔子詩集》卷四,《魏叔子文集》下冊,1266 頁

《漢高祖本紀》第八 （清）蔣梧

田家耕饁慣相從,此日翻尋老婦蹤。雷電滿陂方入夢,休將冷眼妒交龍。
親老無成不顧家,乾坤何物是生涯。未央前殿如淮酒,共倚天顏笑語嘩。
咸陽宮闕負青天,流水遊龍警畢傳。入眼尋常何足慕,丈夫七尺豈徒然。
負媼壚頭不用酤,常留醉臥見龍雛。雄心自在雲霄際,酒色何能誤丈夫。
相逢忽與約婚姻,隆準何曾信故人。不是呂公偏好相,大言誰勳滿堂賓。
慷慨中宵解送徒,斬蛇開徑醉長驅。哭兒老媼誰人見,應似陳勝卜鬼乎。
亡匿無過芒碭間,每依雲氣輒尋還。始皇正向東南望,欲脫還須早入關。
天下何人為發喪,獨先縞素哭懷王。一言已奪重瞳鬼,從此中原鹿未亡。
故舊相逢酒一杯,築聲初起和歌來,白雲飛盡秋風暮,煙景猶然繫夜臺。

《讀史》,《天涯詩鈔》,影印《四庫未收書輯刊》捌輯 23 冊,577 頁

詠　　史(其一) （清）鄭　燮

雲裏關門六扇開,天邊太華鳥飛回。漢家安受秦家業,項羽東歸只廢才。

《詩鈔》,《鄭板橋集》二,181 頁

咸陽懷古 （清）張問陶

鄠杜鶯花負好春,武皇遺跡已成陳。通天臺館連雲起,莫指阿房獨過秦。

《戊巳集》,《船山詩草》卷三,上冊,57 頁

燕臺懷古雜詠,方水部鐵船同作·紀信臺 （清）蔣　詩

反間計行亞父死,楚攻滎陽國不弛。沛公間道出西門,項王燒殺紀將軍。將軍代主

忠心炳,誑楚計自臣信請。城東空作萬歲呼,錯認黃屋左纛車。嗚呼!守國樅、周狗國記,漢王安在已去矣。千秋賴有此臺留,孟堅失傳非良史。

《榆西僊館初槀》卷二八,《清代詩文匯編》488 冊,446 頁

燕臺懷古雜詠,方水部_{鐵船}同作·柏人城　　（清）蔣　詩

鴻門驪山步至軍,榮陽間道出西門。艱難險阻身備歷,千古帝王自有真。仰瞻芒碭山澤間,劉季所居上有雲。醉臥尚斬白帝子,廁中之人何足云。胡為箕踞但慢罵,柏人城恐迫于人。貫高效忠義不辱,不宿而去如有神。

《榆西僊館初槀》卷二八,《清代詩文匯編》488 冊,446 頁

補禹門兩漢詠史小詩（其一、二）　　（清）梁運昌

論相及身後,漢祖無此智。先不識鄮侯,何能識其次。
舜有天下時,瞽瞍不擁帚。家令妄語言,得賞何其厚。

《秋竹齋詩存》卷二,《清代诗文汇编》499 冊,13 頁

雜詠史四十二首（其六、七、十七）　　（清）梁運昌

沛公布衣時,無賴一年少。貪財復好色,大言不顧笑。及其在車中,儒冠每遭溺。載思騎項時,桀紂無比肖。徒因後嗣弱,猛士勿遭噍。乃欲易趙王,此意誰得料。平生假借人,攫之如鷹鷂。頌揚四百年,大度稱高廟。石勒北面甘,讀書真耳剽。莫信太白言,反貽阮公誚。

高皇身後規,正坐未必智。論相識反王,傅會成故事。獨惡呂氏權,定作劉宗祟。本搖久自疑,翼成遂難制。_{黃鵠之歌,託言太子,實為呂后也。}正慮女后尊,何庸主母畏。_{蘇明允說。}未忍雲陽譴,不比茂陵驁。韓彭匪故舊,獨可託如意。藐孤不終辱,多辯復深忌。卒用長舌讒,竟同短手斃。反復無定圖,謬從江邑計。

漢祖混六合,未省侯樅公。蜀客刺君叔,弗列雲臺功。韓、彭竟葅醢,帶礪誓徒空。伏波終藁葬,草索連門宗。或奪將軍符,韜鈴授狂童。或斬節使賞,奔走馳厥躬。嗟此功名士,捨身冀從龍。臨陣弗深入,策勳焉得崇。偶為矢刃傷,肝腦塗蒿蓬。誰知什邡侯,別亦事計對。

《秋竹齋詩存》卷五,《清代詩文集彙編》499 冊,34 頁、36 頁

讀《史記》作(其一、四、五) （清）盛大士

嬴氏失其政,楚、漢爭逐鹿。漢祖先入關,收功乃神速。義帝若久存,漢豈甘臣僕。項王先殺之,漢王發兵哭。漢能用陰謀,弄楚於掌握。哀哉楚重瞳,烏江勢窮蹙。不肯王江東,英雄真面目。

太公爾何辜,身與魚肉似。若無項伯言,難免刀俎死。漢王視乃公,直一義帝耳。萬一竟見殺,縞素兵又起。縞素兵即起,追悔無及矣。豈有老父身,而反殉厥子。

高祖晚年來,兒女情何濃。愛子不得立,泣下歌飛鴻。此曲淒以悲,大有垓下風。音節雖稍變,哀戚頗相同。彌留床第間,到此智計窮。畢竟楚重瞳,大王氣自雄。

《蘊愫閣詩集》卷二,《清代詩文集彙編》501 冊,17 頁

讀史雜感(其三) （清）盛大士

漢祖過豐、沛,光武巡南陽。雖賜父老租,每恐農時妨。陽春霈閭澤,宴酺懽八方。青旗蔭郊甸,千里騰龍驤。詞臣富文藻,獻賦誇長楊。誰陳諫獵書,好樂遊無荒。耿耿忠愛心,帝閽翹首望。出門際雲漢,永夜星垂芒。塞鴻路寥廓,瑤水雲蒼茫。

《蘊愫閣詩集》卷九,《清代詩文集彙編》501 冊,74 頁

讀《漢書》列傳雜詩 （清）梁章鉅

高王五

何論燕建與梁恢,已分長安覆壽杯。誰識疏苗去非種,朱虛要是不凡才。

王陵

非關任氣好廷爭,喑血難忘白馬盟。莫漫杜門謝朝請,終緣少戇佐陳平。

《退菴詩存》卷四,《清代詩文集彙編》515 冊,57 頁

讀《漢書》(其一、二) （清）吳存楷

韓生邪,楚所刑。酈生邪,齊所烹。求烹不得惟蒯生,三寸之舌全其身。奇哉一死五百人,田橫島上無哭聲。

陳平善宰來關中,俎上之肉置太公。軍中留質不得死,咄哉項羽真英雄。聖王以孝治天下,一語盃羹罪難謝。坐令王陵視母亡,功名適足扶權詐。羹頡侯,爾勿恥,爾不見

亭长歸來作天子,宮中擁彗眞羞死。

《硯壽堂詩鈔》卷二,《清代詩文集彙編》516 冊,647 頁

漢高帝　　　　　　　　　　　　　　（清）孫 珩

醉酣大澤斬蛇餘,氣壓中原逐鹿初。一世英雄歸駕馭,三秦父老望旌旗。太牢過魯獨先祀,苛政入關能首除。可惜蕭何眞計吏,只收圖籍不收書。

《歸田藁》卷一,《清代詩文集彙編》534 冊,455 頁

董公 漢　　　　　　　　　　　　　　（清）孫 珩

馬上功名氣尚粗,六經之道久榛蕪。啁啾破響岡鳴鳳,晦昧開明海出珠。更似神龍纔一瞥,人從黄石銜眞符。兩言四百鴻基定,秦火能燔得到無。

秦燔詩書,以愚黔首。然理義根人心者,不能廢也。詩書載心者也。心以天動,是詩書之本始。董公仁義之說,其得詩書乎。不僅得諸詩書乎。噫！以儀、秦、斯、鞅之禍之酷,而前有魯仲連,後有董公,皆暗室一炬也。然飄然不可屈折。

《歸田藁》卷二,《清代詩文集彙編》534 冊,470 頁

讀史雜詠·漢高祖　　　　　　　　　　（清）唐廷詔

兔獲狗烹事不倫,未央宮裏醢功臣。如何馬上爲天子,生殺大權歸婦人。

《飲月軒詩鈔》卷二,《清代詩文集彙編》592 冊,133 頁

詠古雜詩(其九)　　　　　　　　　　（清）彭 湘

鴻鵠歌殘永巷嗟,廁中飄墮漢宮花。却嫌人彘名非稱,爭及婁豬有艾豭。

《適盦詩集》卷一三,《清代詩文集彙編》621 冊,580 頁

讀史隨作·《漢書》　　　　　　　　　（清）何盛斯

四百河山一劍起,赤帝握符白蛇死。天人應合開西京,宅中圖大繁生齒。子孫世世宜君王,窮富極貴樂未央。漢胄中微權旁落,五陵寒食煙蒼茫。牝雞晨鳴亂黄屋,動搖九鼎張威福。朱輪流水聊椒房,後有譚、根前產、祿。當時王氏尤強橫,黄鐘沉響來擁聲。長安健兒屠巨蟒,漸臺落日秋風生。

《柳汁吟舫詩草》卷一,《清代詩文集彙編》621 冊,598 頁

讀史雜詠(其一) （清）顧我愚

滎陽以死脫君生，豈是功名足重輕。他日封侯諸將士，幾人勳業似韓、彭。

《愧齋遺稿》卷一，《清代詩文集彙編》733冊，506頁

詠史小樂府三十首己未(其五) （清）沈家本

縞素六師東，昌言自董公。休嗟名字沒，茅土已酬功。

《枕碧樓偶存稿》卷七，《清代詩文集彙編》745冊，486頁

讀《史記》戲書(其一、二) （清）殷如梅

楚、漢爭雄百戰場，成皋、垓下各蒼黃。墮車不惜拋兒女，何以虞兮泣數行。
兵入滎陽勢已窮，紀生死後漢成功。如何黃屋空灰燼，獨斬丁公欲勸忠。

《綠滿山房集》丙二，《清代詩文集彙編》438冊，696頁

詠　　史(其二十七) （清）宋　㮣

拔山舉鼎重瞳子，嫚罵溲冠隆準公。千載豎儒憑臆見，都將成敗論英雄。

《雞肋百二棄》卷五，《清代詩文集彙編》475冊，41頁

沛中懷古 （清）譚宗浚

故鄉何幸敞行宮，擊筑酣歌笑語同。舊日龍蛇藏大澤，他時雞犬徙新豐。鄰居尚憶偕盧綰，識鑒還爭羨呂公。一樣英雄偏不幸，匆匆衣錦笑重瞳。

《荔村草堂詩鈔》卷四《過庭集下》，《清代詩文集彙編》763冊，42頁

讀史雜詠(其六) （清）張寶森

劍提三尺刈蒿萊，枕臥黃門亦憊哉。家法流傳孫子遠，鄧通死後董賢來。

《悔庵詩存》卷上，《清代詩文集彙編》768冊，625頁

讀史雜詠(其四) （清）張寶森

姬、漢相承治統延，嬴秦閏位暫乘權。芒碭山下生亭長，正是周王祚盡年。

《悔庵詩存》卷上，《清代詩文集彙編》768冊，639頁

詠漢高祖 附太公、劉媼

經漢高廟詩　　　　　　　　　　　　　　　（南朝宋）范　泰

嘯咤英豪萃,指揮五嶽分。乘彼道消勢,遂廓宇宙氛。重瞳豈不偉,奮臂騰群雄。壯力拔高山,猛氣烈迅風。恃勇終必撓,道勝業自隆。

《宋詩》卷一,《先秦漢魏晉南北朝詩》中冊,1143頁

詠漢高祖　　　　　　　　　　　　　　　　　　（唐）王　珪

漢祖起豐沛,乘運以躍鱗。手奮三尺劍,西滅無道秦。十月五星聚,七年四海賓。高抗威宇宙,貴有天下人。憶昔與項王,契闊時未伸。鴻門既薄蝕,滎陽亦蒙塵。蠛虱生介胄,將卒多苦辛。爪牙驅信、越,腹心謀張、陳。赫赫西楚國,化為丘與榛。

《全唐詩》卷三〇,2冊,429頁

失　題　　　　　　　　　　　　　　　　　　　（唐）孫處玄

漢家輕壯士,無狀殺彭王。一遇風塵起,令誰守四方。

《全唐詩》卷一一四,4冊,1165頁

宋中十首（其二）　　　　　　　　　　　　　　（唐）高　適

朝臨孟諸上,忽見芒碭間。赤帝終已矣,白雲長不還。時清更何有?禾黍遍空山。

《全唐詩》卷二一二,6冊,2210頁

沛中懷古　　　　　　　　　　　　　　　　　　（唐）鮑　溶

煙蕪歌風臺,此是赤帝鄉。赤帝今已矣,《大風》邈淒涼。惟昔仗孤劍,十年朝八荒。人言生處樂,萬乘巡東方。高臺何巍巍,行殿起中央。興言萬代事,四坐沾衣裳。我為異代臣,酌水祀先王。撫事復懷昔,臨風獨彷徨。

《全唐詩》卷四八六,15冊,5522頁

題漢祖廟　　　　　　　　　　　　　　　　　　（唐）李商隱

乘運應須宅八荒,男兒安在戀池隍？君王自起新豐後,項羽何曾在故鄉！

《全唐詩》卷五四〇,16 冊,6183 頁

過新豐　　　　　　　　　　　　　　　　　　（唐）溫庭筠

一劍乘時帝業成,沛中鄉里到咸京。寰區已作皇居貴,風月猶含白社情。泗水舊亭秋草遍,千門遺瓦古苔生。至今留得離家恨,雞犬相聞落照明。

《全唐詩》卷五八二,17 冊,6748 頁

秦原覽古　　　　　　　　　　　　　　　　　　（唐）于 濆

耕者戮力地,龍虎曾角逐。火德道將亨,夜逢蛇母哭。昔日望夷宮,是處尋桑穀。漢祖竟為龍,趙高徒指鹿。當時行路人,已合傷心目。漢祚又千年,秦原草還綠。

《全唐詩》卷五九九,18 冊,6926 頁

沛　宮　　　　　　　　　　　　　　　　　　（唐）胡　曾

漢高辛苦事干戈,帝業興隆俊傑多。猶恨四方無壯士,還鄉悲唱《大風歌》。

《全唐詩》卷六四七,19 冊,7420 頁

大　澤　　　　　　　　　　　　　　　　　　（唐）胡　曾

白蛇初斷路人通,漢祖龍泉血刃紅。不是咸陽將瓦解,素靈那哭月明中。

《全唐詩》卷六四七,19 冊,7429 頁

新　豐　　　　　　　　　　　　　　　　　　（唐）唐彥謙

沛中歌舞百餘人,帝業功成里巷新。半夜素靈先哭楚,一星遺火下燒秦。貔貅掃盡無三戶,雞犬歸來識四鄰。惆悵故園前事遠,曉風長路起埃塵。

《全唐詩》卷六七一,20 冊,7670 頁

高　祖
（唐）周　曇

愛子從烹報主時，安知強啜不含悲。太公懸命臨刀几，忍取杯羹欲為誰。

《全唐詩》卷七二九，21 冊，8353 頁

再　吟
（唐）周　曇

北伐匈奴事可悲，當時將相是其誰。君臣束手平城裏，三十萬兵能忍饑。

《全唐詩》卷七二九，21 冊，8353 頁

過　豐
（宋）張方平

劉季當年在古豐，芒碭王氣已連空。天機先露由啼嫗，人意冥符自董公。曆數有歸徒勝負，風雲相會盡英雄。不然樊、酈、蕭、曹輩，盡老屠商掾吏中。

《全宋詩》卷三〇六，6 冊，3837 頁

過沛，題歌風臺
（宋）張方平

落托劉郎作帝歸，樽前感慨《大風》詩。淮陰反接英彭、族，更欲多求猛士為。

《全宋詩》卷三〇六，6 冊，3838 頁

題中陽里高祖廟
（宋）張方平

縱酒疏狂不治生，中陽有土倚兄耕。晚遭亂世成功業，更向公前與仲爭。

《全宋詩》卷三〇六，6 冊，3838 頁

次正夫《登沛中歌風臺》
（宋）彭汝礪

屹屹泗上城，隆隆沛中基。登臺不見人，秖見山崔嵬。高祖湯、武資，神明天所開。潛龍已飛躍，乘馬寧遭回。倒戈與天旋，萬國俱子來。西楚殪封豕，東齊蕩纖埃。任使雖故人，蕭、曹亦賢哉。功成思猛士，樂極自成哀。如何古之人，懿德乃所懷。

《全宋詩》卷九三〇，16 冊，10464 頁

高　　祖　　　　　　　　　　　　（宋）李　綱

落魄劉郎仗眾謀，無心將將却成憂。誰言大度能容物？舊怨還封羹頡侯。

《全宋詩》卷一五五〇，27 冊，17607 頁

歌風臺　　　　　　　　　　　　（宋）胡　仔

碑存溪石高嵯峨，漢字漫滅新鐫訛，臺非舊築行人過。赤帝當年布衣起，老嫗悲啼白龍死，芒碭生雲凝夜紫。一朝花發咸陽春，老劍磨血消京塵，歸來故里天上人。千古斜陽愁色裏，草沒荒城狐掉尾，不信英雄化為鬼。

《全宋詩》卷二〇〇八，36 冊，22529 頁

漢高帝　　　　　　　　　　　　（宋）王十朋

百戰功成漢業新，咸陽置酒問群臣。區區高起王陵輩，豈識龍顏善用人。
仗劍崎嶇起沛、豐，只將謾罵馭英雄。雖然能用三人傑，已失商山四老翁。

《全宋詩》卷二〇二四，36 冊，22681 頁

寓懷四首（其四）　　　　　　　（宋）陸　游

鮑魚載沙丘，鹿馬獻阿房。泗上老亭長，仿佯起東方。干戈暗寓縣，黥徒化侯王。富貴誠可慕，菹醢亦足當。青門獨無恙，種瓜亦何傷。後有阮嗣宗，絕識未易量。楚、漢真豎子，孰謂斯人狂。

《全宋詩》卷二一七五，39 冊，24735 頁

高祖二首　　　　　　　　　　　（宋）陳　造

未推壯邑賞平津，已采先知赦奉春。齊越淮南皆斧鑕，狂胡遽指漢無人。
坐鍼關東扛鼎雄，指呼奴隸走王公。只緣奪嫡中心慊，反畏商山鶴髮翁。

《全宋詩》卷二四三八，45 冊，28203 頁

高祖廟　　　　　　　　　　　　（宋）趙公豫

尺土無階起沛、豐，《大風》一曲壓群雄。秦關約法成王業，楚國掄材衛帝宮。遠引留

侯悲鳥兔,矜功韓信困牢籠。堪憐戚氏終人彘,智略何曾事事工。

《全宋詩》卷二五〇二,46 冊,28941 頁

詠　　史　　　　　　　　　　（宋）馮必大

亭長何曾識帝王,入關便解約三章。只消一勺清泠水,冷却秦鍋百沸湯。

《全宋詩》卷二九一九,55 冊,34810 頁

詠　　史（其一）　　　　　　　（宋）陳耆卿

沛公家業本無能,休責渠曹不治生。看取帝王他日事,方知俗眼未分明。

《全宋詩》卷二九五四,56 冊,35201 頁

詠史二十二首（其七）　　　　　（宋）趙　戣

真主乘昌運,假王恢雋功。如何亡賴子,失笑未央宮。

《全宋詩》卷三〇八七,59 冊,36825 頁

劉、項祠　　　　　　　　　　（宋）胡仲弓

二祠相望幾春秋,祀了龍顏祀沐猴。章戴溪南梨嶺北,不知何處是鴻溝。

《全宋詩》卷三三三五,63 冊,39808 頁

沛中歌　　　　　　　　　　　（宋）柴　望

秦時日月漢山河,家計今誰與仲多。天子不知天下貴,酒中惟唱《沛中歌》。

《全宋詩》卷三三四〇,64 冊,39913 頁

高　　帝　　　　　　　　　　（宋）真山民

未央前殿養親時,想記當年俎上危。借問杯羹何等語,如今安用玉卮為。

《全宋詩》卷三四三四,65 冊,40886 頁

讀史六首・高祖　　　　　　　（宋）樂雷發

逝騅走鹿各消磨,劍外功臣剩幾多。四皓兩生元不聽,故鄉枉費《大風歌》。

《全宋詩》卷三四七二,66 冊,41329 頁

漢高祖歌風臺 　　　　　　　　　（宋）汪夢

擊築長歌意始真,斬蛇元是感鄉人。《大風》不起人非昔,台下滔滔泗水春。

《全宋詩》卷三五四二,67 冊,42362 頁

徐州道中 　　　　　　　　　（宋）文天祥

初七日。

彭城古官道,日中十馬馳。咫尺不見人,撲面黃塵飛。白頭漢王縞素師,美人燕罷項羽啼。一時混戰四十萬,天昏地黑睢水湄。乃知大風揚沙失白晝,自是地利非天時。漢王倉皇問道西,一兒一女嘻其危。太公、呂后去不歸,俎上寧有生還時。未央稱壽太上皇,巍然女媧帝中闈。終然富貴自有命,造物顛倒真小兒。

《全宋詩》卷三五九八,68 冊,43039 頁

沛　歌 　　　　　　　　　（宋）文天祥

山東藤山沛縣,初十日。

秦世失其鹿,豐、沛發龍顏。王侯與將相,不出徐、濟間。當時數公起,四海王氣閑。至今尚想見,虹光照人寰。我來千載下,吊古淚如潸。白雲落荒草,隱隱芒碭山。黃河天下雄,南去不復還。乃知盈虛故,天道如循環。盧王舊封地,今日殽函關。

《全宋詩》卷三五九八,68 冊,43040 頁

歌風臺 　　　　　　　　　（宋）文天祥

長陵有神氣,萬歲光如虹。有時風雪變,魂魄來沛宮。壯哉遊子鄉,一覽萬宇空。擊筑戒復隍,帝業慎所終。重瞳愛梁父,此情豈不同。錦衣絢行晝,丈夫何淺中。緬懷首丘意,自足分雌雄。尚惜霸心存,慷慨懷勇功。不見往來事,烹狗與藏弓。早知致兩生,禮樂三代隆。匹夫事已往,安用責乃翁。我來湯沐邑,白楊吹悲風。永言三侯章,隱隱聞兒童。葉落皆歸根,飄零獨秋蓬。登臺共淒惻,目送南飛鴻。

《全宋詩》卷三五九八,68 冊,43040 頁

《漢高祖將韓信圖》 （宋）鄭思肖

先入關中得計多，彭城未是漢山河。不操擒縱英雄手，韓信何由肯倒戈。

《全宋詩》卷三六二四，69冊，43390頁

漢高帝 （宋）陳 普

氣力才勝野外儀，情懷頗樂漢中兒。兩生禮樂留侯箸，此事而翁却自知。
詩、書、禮、樂敢忘欽，自是而翁力不任。莫把溺冠輕議論，要觀過魯太牢心。
煨燼三王不復收，子孫大辱辟陽侯。無邊智力皆騎虎，高絕還能四百秋。
金創可愈不能醫，應念丁公相忘時。不賴西風送楚卒，千龍萬虎亦何為。
羽未禽時膽屢寒，羽禽不得一朝閑。卯金四百年天下，却在雙娥一笑間。
扶創裹血過家鄉，四顧何人守四方。梁、楚、淮南殘一國，山河爭屬將狼羊。
一帶陰山浪引弓，運移婚媾一朝通。英雄白首消磨盡，甘於梟雛作婦翁。

《全宋詩》卷三六五〇，69冊，43795頁

歌風臺 （宋）汪元量

百尺荒臺禾黍悲，沈思往事似輪飛。洛中車駕秦皇去，沛上風雲漢帝歸。鷹入塞榆沖雁陣，鶻穿城樹破鴉圍。東徐多少英雄恨，留與行人歌是非。

《全宋詩》卷三六三五，70冊，44002頁

讀史七首(其三、四、五) （宋）于 石

秦亡四海角群雄，三尺胡然起沛豐。首錄鄭侯忘紀信，不誅項伯戮丁公。親而寡助寧非叛，國爾忘身始是忠。賞罰於斯庸未當，終然擊柱或爭功。

漢楚興亡事已休，至今堪歎亦堪羞。鄭君不肯更名籍，項伯胡為賜姓劉。寡助固知親亦叛，孤忠忍以主為仇。人臣貴在明大義，勿為身謀為國謀。

今來古往一封疆，虎鬥龍爭幾帝王。百二山河秦地險，八千子弟楚天亡。朝廷有道自多助，仁義行師豈恃強。往事廢興何處問，寒煙衰草滿斜陽。

《全宋詩》卷三六七六，70冊，44146頁

高　帝

(宋)于　石

呂氏強梁劉氏危,宮中枕臥復誰知。釀成外戚中官禍,興漢已開亡漢基。

《全宋詩》卷三六七七,70 冊,44153 頁

聞畸人話芒碭山事

(元)王　惲

芒碭山遠鬱蒼蒼,斷口雲連十里長。兩段素蛇今化石,至今神異說高皇。

《全元詩》第 5 冊,503 頁

望歌風臺

(元)王　惲

西風殘照舊山河,故國遺臺憶獨過。四百威靈歸寂寞,斷碑猶記《大風歌》。

漢家豐、沛有周邰,四百炎輝自此開。舉目不瞻龍虎氣,寒鴉翻日上荒臺。

奉春一說即西行,百二江山敝帝京。不似楚人無遠略,錦衣東帝詫韓生。

《全元詩》第 5 冊,519 頁

歌風臺

(元)胡祗遹

呂政毒四海,吊伐良有人。斯、高蠱胡亥,匹夫可亡秦。咸思出湯火,誰能舍寬仁。所幸遇項籍,恃勇私一身。三傑屈群策,五星聚昌辰。人天苦兵亂,一劍淨風塵。歸來過故家,冠蓋雜鄉鄰。酒酣唱高歌,天日為一新。除兇信英偉,惜哉多因循。猛士守四方,以是了經綸。挾書豈佳律,速去誰汝嗔。覆車宜改轍,嬴政胡可遵。直紹夏商周,建極明人倫。長陵土未乾,子死牝雞晨。苟非天祚漢,國步卒艱辛。不循湯、武軌,不新唐、虞民。自是一再降,晉武與隋文。受命創業主,處心當憂勤。上以答天眷,下以翼子孫。勿謂功苟就,佚豫撫嚴宸。

《全元詩》第 7 冊,20 頁

漢高祖

(元)徐　鈞

商后誓師因亳眾,周王致業述豳風。不階尺土一人柄,誰似皮冠一沛公。

《全元詩》第 7 冊,283 頁

漢高祖
(元)侯克中

芟夷暴楚滅強秦,約法猶能暫假仁。信、越有功終見殺,綺、園無自肯稱臣。每因納諫稱明主,幾為分羹作罪人。無黨無偏王者事,只除湯、武得丘民。

《全元詩》第 9 冊,11 頁

歌風臺
(元)王　旭

沛水橋邊土一堆,行人云是漢王臺。悲歌一旦風雲斷,往事千年老父哀。富貴不忘生處樂,英靈猶想夢中來。若知猛士真難得,蓋世韓、彭安在哉。

《全元詩》第 13 冊,95 頁

沛　宮
(元)王　旭

置酒重臨舊沛宮,風雲歌舞到兒童。當時不遇秦無道,也一山東田舍翁。
九五龍飛返故鄉,劉郎非復舊劉郎。淮陰夷滅彭、英死,却恨無人守四方。

《全元詩》第 13 冊,107 頁

歌風臺
(元)吳　澄

黃屋巍巍萬乘尊,千秋遊子故鄉魂。韓、彭自取夷三族,平、勃那堪托後昆。湛露迄今王跡熄,《大風》終古霸心存。當時盡自規模遠,誰起河汾與細論。

《全元詩》第 14 冊,262 頁

讀《漢高帝紀》
(元)劉　因

禮樂經秦掃地空,遺民洗眼續王風。規模自襲挾書律,舉措惟推約法功。魯國兩生心獨遠,新城三老義誰同。只知才到蕭、曹盡,可信高皇是沛公。

《全元詩》第 15 冊,98 頁

歌風臺
(元)李　鳳

一劍西提與楚爭,風雲慘澹五年兵。歸來四海成家日,猶自悲歌氣未平。

《全元詩》第 16 冊,329 頁

歌風臺懷古　　　　　　　　　　　　　　（元）馬　臻

西郊蛇斷此登臺，千古風雲入壯懷。海闊波濤吞楚越，秋高鷹隼掠江淮。倚天劍化人何在，揭日碑殘土半埋。空恨英雄留不得，咸原煙草正枯荄。

《全元詩》第 17 冊，55 頁

歌風臺　　　　　　　　　　　　　　　　（元）陳義高

高祖去已久，歸如魂魄何。俗傳西漢事，碑刻《大風歌》。山遠分滕壤，冰開響沛河。荒臺兩間屋，衰草夕陽多。

《全元詩》第 18 冊，54 頁

沛、豐懷古，寄程雪樓御史　　　　　　　（元）陳義高

大蛇中斷戰旗紅，一旦興亡起沛豐。三月灰飛秦事業，四方雲合漢英雄。張良雖有運籌力，項伯當全舞劍功。帝業如今何處是，歌臺荒草自春風。

《全元詩》第 18 冊，59 頁

沛縣歌風臺　　　　　　　　　　　　　　（元）陳　孚

沛上風雲志未酬，彭城先有錦衣遊。同為富貴歸鄉者，只是龍顏異沐猴。
原廟衣冠久已灰，斷碑無首臥蒼苔。至今風起雲飛夜，猶想帝魂思沛來。
沛宮一曲《大風歌》，誰識尊前感慨多。拔木揚沙灘水上，《大風》中有漢山河。

《全元詩》第 18 冊，359 頁

未央宮　　　　　　　　　　　　　　　　（元）宋　无

置酒今朝樂未央，以臣無賴大人常。而翁當日杯羹語，莫不親聞太上皇。

《全元詩》第 19 冊，415 頁

歌風臺　　　　　　　　　　　　　　　　（元）何　中

神魚騖遠海，雄鵠陵高玄。區區一亭長，帝業何赫然。光芒三尺劍，群雄讓鋒先。嬴項屹山嶽，掃滅如飛煙。故鄉偶一歸，父老相周旋。百感忽中起，深情何由宣。往時同功

人,今乃不一全。害能亦寧忍,遠計有未便。竛竮視孤影,三侯發尊前。丈夫英雄氣,兒女淚迸泉。縱觀能幾時,憂虞浩無邊。西風吹古臺,老屋欹河壖。低徊一長嘯,乾坤多材賢。

《全元詩》第 20 册,233 頁

歌風臺 （元）袁桷

長安葅醢恣倡狂,頭白翻思守四方。不悟宮中由呂氏,却憂身後有吳王。老翁後嗣真癡弱,遊子故鄉空慨慷。千古英雄多此意,荒臺清淺水微茫。

《全元詩》第 21 册,231 頁

詠史四首（其二） （元）袁桷

寰宇設天險,圖書已周知。鴻溝定疆理,屈意陳卑辭。永觀沛公豪,豈無懷土思。群雄亦鄉黨,輕家乃相隨。時來各忍性,不復兒女悲。它年過沛宮,父老垂涕洟。井邑圖新豐,雞犬猶前時。論功食湯沐,故里俱無遺。成敗論昔人,興懷重嗟咨。

《全元詩》第 21 册,124 頁

歌風臺 （元）韓性

武帳如星連鉅鹿,重瞳誰敢相馳逐。劉郎深閉函谷關,坐聽城南新鬼哭。赤鱗半月天無光,陰陵匹馬虛彷徨。百二山河笑譚取,殿前上壽稱明良。榆社歸來故廬在,山川不改風光改。酒酣自作《三侯章》,兒童拍手聲翻海。君不見帳中悲歌愁美人,樂府千載傳授新。英雄吐氣天為窄,便肯變滅隨飛塵。高臺古碑字盈尺,神呵鬼護蛟龍石。四顧銅雀歎淒涼,墮瓦無聲土花碧。遠山橫空暮煙起,行客徘徊殊不已。當年遺事尚可尋,斷雲飛度香城水。

《全元詩》第 21 册,73 頁

歌風臺二首 （元）洪焱祖

可是歌《風》念故鄉,匹夫萬乘豈尋常。不知身後閨門禍,只道無人守四方。

暮年鴻鵠發悲歌,不似歌《風》慷慨多。霸氣雄心加海內,却從衽席暗消磨。

《全元詩》第 22 册,101 頁

詠　　史（其二）　　　　　　　　　　　　　　　　（元）吾　衍

歌風臺上懍英雄,玉斗鴻門事已空。何事封侯先雍齒,可憐紀信竟無功。

《全元詩》第 22 冊,197 頁

歌風臺　　　　　　　　　　　　　　　　　　　　（元）王煉師

威加海內氣方雄,沛、泗河山一顧中。英族韓烹何繫獄,《大風》吹裏起悲風。

《全元詩》第 24 冊,90 頁

歌風臺　　　　　　　　　　　　　　　　　　　　（元）林彥華

芒碭雲起高崔嵬,關東噫氣聲如雷。睢陽拔木真細事,天遣吹暖秦坑灰。沛中小兒強解事,擊筑高歌攪鄉思。《周南》正始風化行,可惜歌中無此意。霸心之存良可知,五葉變作《秋風辭》。

《全元詩》第 24 冊,285 頁

讀史吟　　　　　　　　　　　　　　　　　　　　（元）吳壽昌

椎埋屠狗是何人,一一都教作漢臣。莫道英雄獨劉季,白蛇當道意無秦。萬事由天不可知,旺衰氣數作安危。崖山颶覆滹沱凍,一局興亡着定棋。

《全元詩》第 24 冊,390 頁

過沛縣高祖廟　　　　　　　　　　　　　　　　　（元）張養浩

天厭秦苛欲世蘇,赤龍從此入西都。五年諸國破迎刃,四海一朝安覆盂。山峙尚疑神劍在,雲飛猶與大風俱。不知萬歲千秋後,魂魄端能到此無。

《全元詩》第 25 冊,47 頁

歌風臺,和李提舉韻　　　　　　　　　　　　　　（元）揭傒斯

萬乘東歸火德開,漢皇曾此宴高臺。沛中父老謳歌入,海內英雄倒載回。湯沐空餘清泗在,風雲長似翠華來。穹碑立斷滄江上,靜閱人間幾劫灰。

《全元詩》第 27 冊,204 頁

詠　史

(元) 王　結

漢祖握乾符,銳意除暴秦。求賢冠台鼎,蕭、曹唯故人。叔孫亦世儒,坐見禮樂新。紛紛刀筆吏,濟濟俱簪紳。兩生抱遺學,獨與世殊倫。躬耕汶水曲,索寞誰相親。

《全元詩》第 28 冊,57 頁

歌風臺

(元) 王　艮

淮南不軌天威及,清蹕西還過沛中。樂作酒酣鄉思激,雲飛風起霸心雄。龍光已逐寒煙散,鳥篆空餘碧蘚蒙。極目荒臺增感慨,冥鴻矯矯入秋空。

《全元詩》第 29 冊,258 頁

歌風臺

(元) 馬祖常

祖龍無廟托孤魂,羽泣妖姬死更奔。獨有沛中隆準客,歌風臺上望鄉村。

《全元詩》第 29 冊,364 頁

沛　縣

(元) 周　權

天連荒草入青原,古縣殘橋擁一塵。千載硨磲銷王氣,斜陽流水落寒煙。

《全元詩》第 30 冊,82 頁

雞鳴臺

(元) 周　權

橫空陣氣長雲黑,戈鋋照耀旌旗色。龍跳虎躍神鬼愁,楚、漢存亡一絲隔。相持兩地皆雄據,楚力疑非漢能拒。瑞啟炎圖芒碭雲,悲歌霸業烏江路。空遺故壘傳遺跡,離合山河幾勍敵。戰塵吹盡水東流,落日沙場春草碧。

《全元詩》第 30 冊,82 頁

登歌風臺

(元) 薩都剌

歌風臺下河水黃,歌風臺前春草碧。長河之水日夜流,碧草年年自春色。當時漢祖為帝王,龍泉三尺飛秋霜。五年馬上得天下,富貴樂在歸故鄉。里中父老爭拜跪,布襪麻鞋見天子。龍顏自喜還自傷,一半雖龍半為鬼。翻思向目亭長時,一身傳檄日夜馳。只今宇宙極四海，一榻之外難撐持。却思猛士衛神宇，安得常年在鄉土。可憐創業垂統君，却使乾機付諸呂。淮陰少年韓將軍，金戈鐵馬立戰勳。藏弓烹狗太急迫，解衣推食何殷勤。致令英傑遭婦手，血濺紅裙急追首。蕭何下獄子房歸，左右功臣皆掣肘。還鄉却賦《大風歌》，向來老將今無多。咸陽宮闕眼親見，今見荊棘埋銅駝。臺前老人淚如雨，為言不獨漢高祖。古來此事無不然，稍稍昇平忘險阻。荒涼臺，前人已矣今人哀，悲歌感慨下臺去，斷碑春雨生苺苔。

《全元詩》第 30 冊，216 頁

歌風臺　　　　　　　　　　　　　　（元）吳元德

沛公提劍入咸陽，夢寐英雄守四方。才割鴻溝誅霸主，又懸黑索縛黥王。豪華一代空亡國，魂魄千秋在故鄉。獨倚歌風臺上望，碭山雲氣暮蒼茫。

《全元詩》第 30 冊，380 頁

漢　祖　　　　　　　　　　　　　　（元）張　雨

漢祖得秦鹿，天與非力爭。群雄入罝中，四海廓以清。《大風》思壯士，豈無一田橫。綿蕞興禮樂，豈無魯兩生。奈何衡石書，相國取為經。三代自茲遠，遺恨卒難平。

《全元詩》第 31 冊，285 頁

十臺懷古 并序·歌風臺　　　　　　　（元）吳師道

友人自杭來，示及濟南王君《十臺懷古》詩，讀之感慨不已。夫江山故宮，歌舞遺跡，千載之上，英雄游焉；千載之下，狐兔行焉。俛仰廢興，孰能無情。而詩人尤甚。發為咏歌，詞雖不同，而意總合。若物之鳴，以類而應。余安得忘言哉！余生好游，嘗聞司馬子長、杜拾遺，覽觀四方山川之勝，以壯其文，心竊慕之。異時浮江淮，泝湘沅，上巴峽，過秦漢故都，歷燕趙齊魯之場，所見如十臺尚多，訪遺老，詢故實，足以發一時之興，快宿昔之願。歸而讀馬、杜之詩文，以證其所得焉耳。

沛宮置酒君王歸，酒酣思慘風雲飛。兒童環臺和擊筑，父老滿坐同沾衣。一歌豐、沛白日動，再歌淮、楚長波湧。龍髯氣拂半空寒，虎士心馳四方勇。河山蕭瑟長陵荒，野中怒響猶飛揚。高臺未傾風未息，故鄉之恨那有極！

《全元詩》第 32 冊，26 頁

歌風臺　　　　　　　　　　　　　　　　　　　　　　（元）于　欽

素靈夜哭赤旗開，鴻鵠高飛楚舞回。猛氣消沉人易老，白雲千載遶荒臺。

《全元詩》第 32 冊，140 頁

余觀近時詩人，往往有以前代臺名為賦者，輒用效顰，以銷餘暇·歌風臺　　（元）岑安卿

嬴秦北築城萬里，芒碭無人識雲氣。鴻門斗碎驪山焚，漢楚殘民半為鬼。重瞳失道身首分，沛宮酒敘還鄉恩。風雲飛動白日永，歌聲激烈悲勳親。四方備禦思虎士，進取守成良不易。長陵崇奉四百春，歌臺遺築今荊杞。壯哉一曲《大風》辭，千古英雄盡懷愧。

《全元詩》第 33 冊，215 頁

歌風臺　　　　　　　　　　　　　　　　　　　　　（元）楊敬悳

布衣千古一英雄，五載乾坤入手中。遙想帝魂垂浩劫，舜弦天上和《南風》。

《全元詩》第 33 冊，378 頁

登歌風臺　　　　　　　　　　　　　　　　　　　　（元）張　翥

君王逝已久，遺構在彭城。空闊青、徐拆，蒼茫楚、漢爭。荒山尚雲氣，喬木有風聲。無限登臨意，長歌忼慨生。

《全元詩》第 34 冊，29 頁

和蕭秀才歌風臺　　　　　　　　　　　　　　　　　（元）陳　旅

歌風臺前野水長，王媼賣酒茅屋涼。酒邊老父說劉季，頭戴竹冠還故鄉。山河霸氣已銷歇，颯颯老柳吹斜陽。臺前小兒更擊筑，筑聲更似《三侯章》。

《全元詩》第 35 冊，41 頁

沛　中　　　　　　　　　　　　　　　　　　　　　（元）宋　褧

未央宮闕錦輝煌，隆準何心戀故鄉。直到中興守家法，年年供頓幸南陽。

《全元詩》第 37 冊，284 頁

沛　縣　　　　　　　　　　　　　　　　　　（元）釋梵琦

大風臺上客登臨,誰識高歌壯士心。韓信去時曾有語,陳平行處可無金。自從西北開圍出,獨向東南注意深。四百年間一回首,綠槐滿地暮蟬吟。

《全元詩》第 38 冊,288 頁

杯羹辭　　　　　　　　　　　　　　　　　　（元）楊維楨

阿邦兒,斬蛇當大逵。下相八尺子,擁劍相驅馳。阿邦不顧父,烹父呼阿兒。阿兒忍吐舌,食父真獿兒。於乎,舜棄天下負父走,阿邦阿邦何急天下為?

《全元詩》第 39 冊,165 頁

讀　史（其二、五）　　　　　　　　　　　　　（元）吳　當

牛酒爭迎暴已除,沛中屠販漫高車。鴻溝更舉真籌策,圯上功成一卷書。
四海為家辨本支,大封同姓奠邦基。留侯漫使儲君固,遺毒無端及愛兒。

《全元詩》第 40 冊,177 頁

鴻　溝　　　　　　　　　　　　　　　　　　（元）周伯琦

鴻溝一線界滎陽,京索相望古戰場。水德久歸三尺劍,子房未必解興王。

《全元詩》第 40 冊,382 頁

寓　興（其十三）　　　　　　　　　　　　　　（元）郝　經

中原二十世,迥無一漢祖。關中無一民,沛下無尺土。寬仁代暴虐,麟鳳消豺虎。所欠惟學術,不得同湯、武,擾擾草竊盜,紛紛孺兒女。局促無遠略,屈強何足數。獨有唐文皇,僅得為英主。

《全元詩》第 41 冊,167 頁

讀《漢史》,高祖用魯公禮葬項羽, 而命其舊臣名"籍",二者俱失,愚因論之　（元）葉　顒

用公禮葬虧王制,以"籍"名臣失舊恩。二者後先皆錯亂,漢高無法示兒孫。

《全元詩》第 42 冊,84 頁

過沛歌風亭　　　　　（元）張以寧

蒼梧帝逝薰弦絕,千古《三侯》慷慨歌。豐、沛故鄉宜有感,韓、彭猛士惜無多。英雄老去臺空在,魂魄來歸意若何。楚舞尊前鴻鵠起,大風幾動漢山河。

《全元詩》第 42 冊,239 頁

古　　詩　　　　　（元）張　昱

壯哉沛中歌,命世之雄者。帝王有大度,不在論《風》《雅》。綿蕞禮、樂修,采詩固無暇。蘇、李離別辭,亦自關教化。文章與政通,斯豈雜王霸。

《全元詩》第 44 冊,4 頁

過歌風臺　　　　　（元）張　昱

世間快意寧有此,亭長還鄉作天子。沛宮不樂復何為,諸母父兄知舊事。酒酣起舞和兒歌,眼中盡是漢山河。韓、彭受誅黥布戮,且喜壯士今無多。縱酒極歡留十日,感慨傷懷涕沾臆。萬乘旌旗不自尊,魂魄猶為故鄉惜。從來樂極自生哀,泗水東流不再回。萬歲千秋誰不念,古之帝王安在哉。莓苔石刻今如許,幾度秋風灞陵雨。漢家社稷四百年,荒臺猶是開基處。

《全元詩》第 44 冊,32 頁

歌風臺　　　　　（元）傅若金

黔首厭秦暴,龍德奮炎劉。英雄乘天誅,拔劍起相仇。天風隮陵谷,飛雲揚九州。天下事既定,懷土未遑休。置酒宴高臺,中廚進庶羞。悲歌落林木,父老皆涕流。功臣日葅醢,壯士從何求。至今豐、沛間,長顧使人愁。故鄉帝所愛,零落遺舊丘。大運各有終,聖賢誰能留。焉知萬歲後,魂魄復來遊。

《全元詩》第 45 冊,15 頁

沛　　縣　　　　　（元）傅若金

縣路迷青草,行人蔭綠楊。時逢沛父老,能說漢君王。芒碭來秋氣,彭城送夕陽。憑高發慷慨,遠色正蒼蒼。

《全元詩》第 45 册,66 頁

沛公亭 　　　　　　　　　　　　（元）傅若金

遙山寂寂對危亭,壞礎欹沙柳自青。四海久非劉社稷,千秋猶有漢精靈。豐西水散煙沈浦,碭北雲來雨入庭。坐想酒酣思猛士,歌風台下晚冥冥。

《全元詩》第 45 册,79 頁

十臺懷古·歌風臺　　　　　　　（元）葉　懋

漢祖長歌起豐、沛,手握龍阿舞天籟。風雲龍虎正橫戈,淮海波濤共澎湃。火旗拂日天地赤,白虎無聲素蛇泣。山河已拱帝王居,魂魄猶思湯沐邑。楚王垓下獨堪哀,楚歌四合悲風來。千古興亡一長慨,五陵松柏飛蒼埃。

《全元詩》第 47 册,180 頁

感興二十一首（其五）　　　　　　（元）葉　懋

漢祖起豐、沛,寬仁伐強嬴。仗劍出大澤,卓然炎運興。鄒軻述孔道,遺言炳如星。虞舜竊父逝,天下鴻毛輕。太公陷鼎鑊,炭炭逃餘生。沐猴果何人,乃欲分杯羹。吾賢重瞳子,獨匪人中英。

《全元詩》第 47 册,186 頁

歌風臺　　　　　　　　　　　　（元）鄭　潛

砰砢高臺沛水涯,英雄千載故鄉思。雲飛風起歌聲斷,落日蕭蕭草樹悲。

《全元詩》第 48 册,482 頁

漢高帝　　　　　　　　　　　　（元）呂　浦

閱盡千辛與萬艱,不如長戴竹皮冠。誰知四百年天下,縮首甘心送阿瞞。

《全元詩》第 49 册,288 頁

雜言四十九首(其十八)

(元)張 達

祖龍遊沙丘,秦鹿特競獲。尉佗入南夷,陳勝呼楚澤。中原竟糜爛,黔首罹鋒鏑。世無隆準人,誰與拯沈溺。芒碭雲氣起,長劍誠不忒。扶義振三綱,休光並四百。云何千載下,尚力不尚德。

《全元詩》第 50 冊,522 頁

過歌風臺

(元)劉原俊

六國無人祖龍死,布衣提劍山東起。八年置酒未央宮,千載猶思復田里。風飛雷厲來咸陽,錦衣其如歸故鄉。登臺作歌醉眼白,俯視四海諸侯王。寂莫河邊一邱土,煙樹蒼茫接齊、魯。行人何必重傷心,世事回顧今亦古。

《全元詩》第 51 冊,184 頁

歌風臺

(元)劉 廉

擊筑酣歌倚《大風》,高臺良宴故人同。江東兵甲銷沉後,天下河山指顧中。萬乘襟期開宇宙,千年形勝傲英雄。霓旌立斷蒼煙上,還有神靈托沛、豐。

《全元詩》第 52 冊,308 頁

擬 古(其二)

(元)俞 鎬

漢祖雲夢遊,當時曷為意。執信繫之歸,封以淮陰地。一為陳豨謀,功業已違志。悴焉煩聖憂,忠良勿宜廢。

《全元詩》第 51 冊,186 頁

歌風臺

(元)遊 莊

豐、沛鳴鸞萬乘歸,酣歌遊子故鄉思。勳勞自信推三傑,宴樂寧忘守四夷。日月尚隨丹鳳輦,風雲長繞赤龍旗。荒臺遺址今猶在,蔓草寒煙鎖斷碑。

《全元詩》第 52 冊,317 頁

歌風台次韻　　　　　　　　　　　　　　　　　　（元）陳顯曾

建議初辭灞上亭，指揮豪傑破名城。高臺置酒傳天語，故國蒙恩罷歲征。王氣鬱葱關樹曉，霸圖蕭瑟楚雲晴。良弓走狗知何補，空歎韓、彭意未平。

《全元詩》第 54 冊，153 頁

歌風臺　　　　　　　　　　　　　　　　　　　（元）沈夢麟

孤舟入沛夜如何，況復登臺感慨多。龍虎已銷天子氣，山河元入《大風歌》。九霄霜露凋黃葉，五夜星辰下白波。獨有當時三尺劍，至今光怪未全磨。

《全元詩》第 55 冊，33 頁

己卯，至沛縣　　　　　　　　　　　　　　　　（元）朱　善

漢祖還鄉日，惟牛錫宴同。扣舷思擊筑，倚棹想歌《風》。野岸秋花白，河洲曉日紅。至今遺父老，猶說販繒翁。

《全元詩》第 55 冊，336 頁

古風三首（其一）　　　　　　　　　　　　　　（元）李　曄

秦坑灰未寒，紛紛逐其鹿。胡為隆準公，高大更疾足。信、越為干櫓，良、平乃心腹。誅嬴既滅項，浩歌《大風》曲。鳥盡良弓藏，兔死走狗戮。偉哉赤松遊，所志非辟穀。

《全元詩》第 56 冊，112 頁

大風起　　　　　　　　　　　　　　　　　　　（元）陶　安

大風起，大風起，掃蕩煙塵淨如洗。火龍吹焰成赤雲，鼓鑄乾坤又一新。鸞旗豹車過沛里，父老子弟爭迎喜。向年離家纔庶民，今日還鄉是天子。酒酣情濃思故舊，慷慨悲嗟舞長袖。復除戶戶動歡聲，千秋萬歲君王壽。壯哉親唱《大風歌》，金石鏗轟奈樂何。君不見拔山蓋世骨先朽，何在威加詫雄糾。又不見深室懸鍾烹走狗，何用猛士為之守。"大風起兮雲飛揚"，不如膏雨流滂滂。"威加海內歸故鄉"，不如帝德天下光。"安得猛士守四方"，不如王佐之才登廟堂。所以漢道不克承三王。

《全元詩》第 56 冊，496 頁

歌風臺

(元)練　魯

沛宮秋風起,遊子傷所思。故人侍高宴,故鄉亦在茲。酣歌自起舞,忼慨有餘悲。秦鹿方犄角,英雄並驅馳。帝業亦有在,真氣匹夫知。天下且歸己,功臣何自危。九江自取爾,會稽徒爾為。俯仰數行泣,何以安四陲。天地驅日月,出入六馬馳。上瞻芒碭雲,下顧泗水湄。荒臺忽千載,煙蕪夕霏霏。

《全元詩》第 58 冊,16 頁

新豐歌

(元)釋來復

乾雞官庸費無數,驪山工徒泣滿路。隆準奮戈虎狼仆,營中紛紛獻牛脯。敖倉成皋策已獲,幾年喧豗困京索。鼎上之翁夾新宅,雞犬聲中鄉夢夕。沛碭悠悠千里地,五色難移天子氣。《大風》歌罷兩行淚,千秋萬歲精魄至。文叔柔道始終存,酒酣諸母歡且論。父老願蠲租十年,南頓春陵同聖恩。

《全元詩》第 60 冊,222 頁

斬白蛇劍

(元)許　恕

君不見天人手中三尺冰,乃翁授之赤帝精。白蛇斫斷天亦驚,川原流血野草腥。天荒地老泣素靈,炎劉帝業一掃成。歸來歌《風》八極清,吳鉤巨闕皆虛名。流傳典午氣未平,精光徹天奮如霆。鬱攸扇妖武庫傾,化為霹靂凌紫冥。壯士感時涕淚零,劍兮劍兮何由得汝跨海斬長鯨。

《全元詩》第 62 冊,91 頁

漢祖廟

(元)孫　蕡

長陵見說石麟荒,遺廟丹春野水傍。古劍星光時出沒,《大風》雲氣尚飛揚。三秦寶鼎垂鴻業,萬歲英魂戀故鄉。莫怪憑高重回首,楚臺煙樹鬱青蒼。

《全元詩》第 63 冊,336 頁

歌風臺

(元)孫　蕡

漢陵秋樹起蒼煙,故里高臺夕照邊。逐鹿洪圖今已矣,歌《風》遺跡尚依然。赤松人去封留侯,夢澤雲寒狩楚年。可是君王思猛士,青峰和雪暗胡天。

《全元詩》第 63 冊,336 頁

歌風臺 （元）謝　肅

在沛縣。

秉鉞歸來士若林,登臺何故泣沾襟。應緣信布成梟首,可但風雲感伯心。天入碭間佳氣盡,亭臨泗上碧流深。《三侯章》在誰歌得,擊筑兒童振楚音。

《全元詩》第 63 冊,444 頁

廣武山 （元）謝　肅

青山鉤帶連螯鄙,想像倉中米粟盈。汴水尚通高帝甬,河瀾空激霸王城。萬年南北橫天險,今日封疆屬帝京。海內英雄都駕馭,不教豎子得成名。

《全元詩》第 63 冊,449 頁

鴻　門 （元）殷　奎

數家煙火新豐市,一望蒿萊戲水河。漢祖空憐功業在,而今與仲不爭多。

《全元詩》第 64 冊,117 頁

歌風臺 （元）楊祖恕

怒濤突千騎,上有崢嶸臺。六合一望間,萬里天風來。疇昔龍虎氣,芒碭深雲堆。煌煌赤幟立,赫赫炎運開。皇靈固有屬,亞父徒驚咍。得志家海內,故鄉重徘徊。寢寐猛士守,宿將胡嫌猜。矧茲霸心存,呲被後乘駘。朗詠《三侯章》,擊節嗟雄哉。

《全元詩》第 65 冊,253 頁

公莫舞 （明）梁　寅

即鴻門舞劍曲。

東兵西來入秦闕,薄天雄氣摧南山。秦民夾道觀隆準,降王俛首戈塵間。戈如林士如虎,黃河倒流沃焦土。秦宮白晝千門開,關兵夜嚴勢連堵。月落千騎驚,蕭蕭聞楚兵。鳴鏑交馳天狗墜,重瞳怒叱天柱傾。平明駐關中,旌旗耀日舒長虹。置酒交驩誰,其雌雄胡為拔劍以決起,使一夫睥睨而相攻。劍光燦兮秋霜橫,袖展翻兮陰風生。孤犢咋虎不自量,徒以意氣相憑陵。相憑陵,一何愚,空中奇氣成五采,但見雲龍矯矯行天衢。

《新喻梁石門先生集》卷四,691 頁

感懷二首(其一)　　　　(明)劉　基

昊天厭秦德,瑞氣生芒碭。入關封府庫,約法唯三章。英雄不世出,智勇安可當?叔孫一豎儒,綿蕞興朝綱。遂令漢禮樂,遠愧周與商。逝者如飄風,盛時安得常!寤寐增永歎,感慨心內傷。

《劉基集》卷二〇,321 頁

漢丁公　　　　(明)錢子正

兩賢當日不回戈,隆準無因脫網羅。若使受刑知國體,合將項伯罪同科。

《綠苔軒集》三,《三華集》卷三,影印文淵閣《四庫全書》1372 冊,53 頁

題《漢高祖斬蛇圖》　　　　(明)宣宗朱瞻基

沛公本天人,隆準生非常。其初草澤間,隱跡韜輝光。已看茫碭雲,五彩龍文彰。何哉白帝子,偃蹇當道傍。長劍試一揮,秦社靡不亡。天命之所在,爾媼徒自傷。

《大明宣宗皇帝御製集》卷一七,《四庫全書存目叢書》集部 24 冊,194 頁

歌風臺　　　　(明)王　鏊

鑾輿翠蓋始東巡,隆準依然泗上身。父老已非豐、沛舊,塵埃誰識帝王真?八千子弟空歌楚,百二河山竟去秦。莫道四方須猛士,商山閒殺采芝人。

《震澤先生集》卷五,《王鏊集》,97 頁

歌風臺　　　　(明)陳伯康

高臺秋日草荒涼,故老猶能說漢皇。歌罷《三侯》悲擊筑,身居萬乘更思鄉。長陵魂魄風雲往,原廟丹青歲月長。往事徒勞增感慨,寒城幾度立斜陽。

《明詩初集》三二，《石倉歷代詩選》卷三一二，影印文淵閣《四庫全書》1391冊，379頁

沛縣歌風臺　　　　　　　　　（明）唐之淳

河流西來復東注，我方乘舟北河去。長塗短服春已深，小邑孤城日將暮。河傍穹碑倚春樹，停橈一讀知其故。不見高臺號《大風》，空餘草屋連荒戌。當時漢祖居沛中，時有雲氣隨飛龍。道間未斬白帝子，圯下已逢黃石公。子嬰首落重瞳手，百二山河卯金有。陰陵失路豈人為，鴻門不死真天授。殘忍者滅仁義王，威加四海歸故鄉。攑冠巍峨筑聲壯，日月照耀旌旗揚。身中袞裳未衣繡，酒酣歌舞爭为壽。父老人人被寵恩，租庸世世蒙觸宥。云胡伯心猶未忘，意氣激烈非虞、唐。不歌艱難創王業，却思壯士守邊疆。臺前風烟起天末，臺下寒流動毛髮。黃昏不敢問前途，駐目更青芒碣月。

《唐愚士詩》卷一，影印文淵閣《四庫全書》1236冊，524頁

歌風臺　　　　　　　　　　　（明）鄭善夫

陸賈詩書叔孫禮，猶能潤色漢乾坤。爾曹未是真王佐，威鳳文鵷未得馴。
《大風》之計在四方，豈意牝晨禍蕭牆。身後貙虎盡食邑，左袒危乎仗彼蒼。

《少谷集》卷八，影印文淵閣《四庫全書》1269冊，137頁

沛　縣　　　　　　　　　　　（明）吳節

海內群雄入彀中，駕還豐、沛喜從容。五年戰伐勞神策，一統山河顯帝功。羅列薦旗光裏閱，拜謁龍準走耆童。從來王業非容易，留取歌臺唱《大風》。

《吳竹坡先生詩集》卷一八，《四庫全書存目叢書》集部23冊，550頁

漢高祖臺　　　　　　　　　　（明）孫瑀

在上蔡。

赤幟曾經汝水邊，此臺高築自當年。屯兵豈是亡秦後，誓將多應擊楚先。茫碭閒雲消王氣，長陵衰草鎖寒煙。登臨尚想雄圖在，悵望歌《風》思惘然。

《歲寒集》卷下，《四庫全書存目叢書》集部31冊，49頁

大風歌

(明)汪循

漢高《大風歌》,其視垓下度越相去遠矣。然卒曰:"安得猛士兮守四方"。真謂漢家以馬上得天下,必欲以馬上守之,其治不可復古也。余為足其意,誠有不在於□名。

大風起兮雲飛揚,威加海內兮歸故鄉。牧牛放馬兮華山之陽,安得俊傑兮圍範四方。制禮作樂兮上繼百王。

《汪仁峰先生文集》卷二五,《四庫全書存目叢書》集部 47 冊,499 頁

歌風臺

(明)倪宗正

沛宮四顧皆山河,罇前起舞風雲歌。沛中父老來相見,上堂重認真龍而。沛中子弟拜堂下,私言不怕人侮我。貴極不忘故,腳踏茅茨路。樂極反成哀,涕淚沾罇疊。三尺出去六龍還,至情乃在鄉間閑。歌《風》台下今荊棘,依依草樹風雲色。

《倪小野先生全集》卷三,《四庫全書存目叢書》集部 58 冊,510 頁

徐州懷古

(明)吳廷翰

楚城盡向漢宮開,戲馬、歌風並有臺。亞父奇謀遺恨骨,留侯仙跡閟蒼苔。千秋龍虎丘中歇,兩國風雲水上來。獨感微吟消永歎,黃樓日暮幾人回。

《詩集》卷下,《吳廷翰集》,409 頁

過漢高皇廟

(明)吳廷翰

故鄉魂魄歸來久,異代君臣禮數同。五載功名成馬上,一時基業定關中。碭山雲氣消殘雨,泗水歌聲起《大風》。可惜四方思猛士,有人千古泣藏弓!

《詩集》卷下,《吳廷翰集》,409 頁

詠 史

(明)范欽

誰道漢天子,渾忘草昧功。鼎烹歸上將,械繫及三公。往事淒涼後,何人涕淚中?雲霄橫萬里,流目送冥鴻。

《天一閣集》卷五,《范欽集》上冊,49 頁

高帝斬蛇劍

（明）范　欽

爭傳赤帝斬蛇符，揮霍當年膽氣麁。武庫忽飛神母杳，蒼涼澤逈血糢糊。

《天一閣集》卷一七，《范欽集》下册，296 頁

舟阻沽頭閘，陸行二十餘里，到沛縣

（明）歸有光

上沽下沽頭，有如百里隔。曲河見舟檣，相去只咫尺。舍舟遵平途，馬蹄生羽翮。麥穗垂和風，披拂盈廣陌。吾聞江北人，終年饑無食。吾來江北地，每喜見秀麥。行行野樹合，已到古沛驛。漢帝遺原廟，屋瓦殘青碧。龍化已千秋，雞犬如昨昔。欲尋歌《風》處，閭里亂遺跡。今人泗水上，猶樹歌《風》石。

《別集》卷一〇，《震川先生集》下册，942 頁

沛　　縣

（明）歸有光

泗水抱城煙，東去日潾潾。豐、沛至今存，漢事已千春。嗟我亦何為，獨歎往來頻。封侯不可期，白日坐沉淪。每見沛父老，旅行泗水濱。雞犬如昨日，此亦非昔民。空傳泗水亭，井邑疑未真。城外綠楊柳，高簾懸風塵。猶有賣酒家，王媼幾世親？高廟神靈在，英雄却笑人。

《別集》卷一〇，《震川先生集》下册，943 頁

歌風臺

（明）唐順之

我來擬上歌風臺，豈意臺空只平地。琉璃古井亦崩塌，斷碑無字苔蘚蘙。當年此地說豪華，富貴歸鄉多意氣。枌榆社裏列黃麾，泗水亭前張赤幟。里中父老競來窺，昔日劉郎今作帝。共談疇昔帝一噓，季固大言少成事。椎牛張宴里閈空，進錢今日幾萬計。坐中只帶竹皮冠，眾裡長呼武媜字。酒酣擊節帝起舞，樂極歌殘更流涕。遊子誰不悲故鄉，萬歲吾魂猶樂沛。賜名此朕湯沐邑，世世田疇免租稅。風起雲飛又一時，往事蕭條復誰記。樵人不識斬蛇藪，行客還歸貰酒市。臺下黃河盡日流，瞬息人間幾興廢。

《唐順之集》卷一，上册，26 頁

感懷十六首(其五)

(明) 王 格

漢卒定天下,約法祇三章。蕭何采秦令,民偽乃滋長。咄哉後世吏,操割非其良。赭衣滿道路,死者橫相望。釋之顯當世,于公後代昌。天道苟如此,何為自滅戕。

《少泉詩集》卷一上,《四庫全書存目叢書》集部 89 冊,170 頁

漢王臺

(明) 張九一

在唐縣西十里。

層層飛甓掛孤臺,地古風悲候雁哀。想得當時天子氣,鬱蔥長袍白河來。

《綠波樓詩集》卷一二,《四庫全書存目叢書》集部 128 冊,676 頁

高帝斬蛇劍

(明) 沈明臣

夜醉橫分大澤蛇,芙蓉血冷漸妖花。秋深亡碭無雲氣,七尺龍魂泣漢家。

《豐對樓詩選》卷一,《四庫全書存目叢書》集部 144 冊,157 頁

彭城懷古

(明) 沈明臣

天津橋畔晚棲鴉,回首彭城憶帝家。千里客沽樊巷酒,萬年春發沛宮花。斬蛇溝斷黃雲合,戲馬臺空白日斜。泗水東隨淮水去,一天秋雨濕蒹葭。

《豐對樓詩選》卷三六,《四庫全書存目叢書》集部 144 冊,455 頁

歌風臺

(明) 沈明臣

漢帝初平四海回,《大風歌》激楚聲哀。彭城王氣千年足,芒碭寒雲萬里開。父老只知亭長去,山河都屬沛公來。故鄉驪飲無多日,泗水依然遶舊臺。

《豐對樓詩選》卷三六,《四庫全書存目叢書》集部 144 冊,462 頁

白登行

(明) 方逢時

秦壐降軹道,楚歌散魯城。遂乘百戰威,遠襲單于庭。大略氣漸驕,忠言拂眾情。危哉白登圍,月暈感至精。奇計世所秘,脫身豺虎營。婁生建大策,邊郡暫息寧。西京二百基,由此一蹶成。寄言謀國者,慎勿遠動兵。

《大隱樓集》卷二,《四庫未收書輯刊》伍輯 19 冊,681 頁

白　登　　　　　　　　　　　　　　　（明）方逢時

廢壘依青嶂,荒臺紀白登。漢宮俱泯滅,胡騎尚憑淩。慘懷悲風度,崢嶸朔氣凝。尊前畫奇計,今古說參乘。

《大隱樓集》卷四,《四庫未收書輯刊》伍輯 19 冊,698 頁

歌風臺　　　　　　　　　　　　　　　（明）方逢時

東南王氣幾消沉,猶自高臺野水潯。雲滿山河龍戰後,風回草樹鳥啼深。英雄已遂四方志,歌舞空懸萬歲心。回首秦中佳麗地,不堪搖落動哀吟。

《大隱樓集》卷五,《四庫未收書輯刊》伍輯 19 冊,705 頁

白　登　　　　　　　　　　　　　　　（明）方逢時

漠漠平原塞草滋,行人駐馬意遲遲。龍泉欲掃天驕日,虎帳驚看月暈時。終古遺民根廢壘,於今強虜樹降旗。風前鳴鋏高歌發,六出無勞更問奇。

《大隱樓集》卷六,《四庫未收書輯刊》伍輯 19 冊,711 頁

汾陰祠　　　　　　　　　　　　　　　（明）張佳胤

亭上秋風萬壑哀,武皇天翰有遺臺。泰圻神鼎黃雲盡,輦道遊龍碧殿摧。松檜古壇虛歲月,漢、唐殘碣護莓苔。祠官自憶方丘事,搖落河東獻賦才。

《居來先生集》卷一三,《四庫存目補編》第 51 冊,207 頁

過滕有感　　　　　　　　　　　　　　（明）姚舜牧

戰國東齊勢最橫,比鄰弱小盡思併。後來雄勝旋銷滅,唯有滕存世子名。

《樂陶吟草》卷五,《四庫全書存目叢書》集部 158 冊,422 頁

讀史十首·沛公　　　　　　　　　　　（明）支大綸

火爐咸陽勢已傾,併齊收趙更誰爭。可憐夜半陰陵道,無復鴻溝兄弟情。

《支華平先生集》卷四,《四庫全書存目叢書》集部 162 冊,76 頁

漢高廟　　　　　　　　　　　　　　　　　　（明）王　衡

千古猶原廟，空山白日寒。神旗中夜出，誰識漢衣冠。

《緱山先生集》卷二，《四庫全書存目叢書》集部178冊，611頁

讀史六首（其一）　　　　　　　　　　　　　　（明）呂　時

老憊力不加，悶目撿故策。中天星者黃，大澤蛇者白。人定未敢窺，天定龍容易。□□□□□，獲寸友失尺。妄知海淺深，□□探□□。□□□□□，□貨豈再得。欝欝墻之東，遽馬天地隔。

《甬東山人稿》卷一，《四庫全書存目叢書》集部187冊，511頁

歌風臺　　　　　　　　　　　　　　　　　　（明）呂　時

臺上風汛□，台下水□□。□□□□烏，漢王湯沐邑。

《甬東山人稿》卷三，《四庫全書存目叢書》集部187冊，522頁

望廣武山　　　　　　　　　　　　　　　　　（明）文翔鳳

<small>上為古戰場，李華所弔者。</small>

仗劍山東隆準帝，經營八極將真王。拔山力盡重瞳遜，汁井星團五緯光。安有兩龍爭耀日，豈堪遺虎便分□。威加海內成名去，更弔李華古戰場。

《南極篇》卷七，《四庫禁毀書叢刊》子部11冊，468頁

高皇廟　　　　　　　　　　　　　　　　　　（明）李之世

芒碭氣何在，遺祠尚儼然。空留今俎豆，猶想舊山川。村社□牛酒，山農產廟田。松間老鶴語，疑說歌《風》年。

《鶴汀詩集》卷三，《四庫禁毀書叢刊》集部80冊，91頁

歌風臺　　　　　　　　　　　　　　　　　　（明）朱　樸

酒闌歌徹《大風》詞，不是鴻門舞劍時。萬里中原皆漢土，高王猶有故鄉思。

《西村詩集》卷上，影印文淵閣《四庫全書》1273冊，403頁

斬蛇劍

（明）林　鴻

秦氛熾天地，大澤蟠蜿蜒。潛龍厄初九，鹿跡方茫然。千里送徒人，三杯拂龍泉。紫劍混赤精，紅光吐青蓮。壯哉三尺鋒，可以摧金天。粉首明月中，飲血秋風前。青靈何嗷嗷，老淚翻蛟涎。芒碭起風雲，咸陽若浮煙。揮淚六合清，提挈神氣完。始知百煉鋼，永與金刀堅。

《列朝詩集》甲集卷二〇，第四冊，2011 頁

歌風臺

（明）汪廣洋

古臺秋風吹野蒿，大江直下奔驚濤。塊然崛起不數仞，意氣尚欲憑雲高。在昔六王戰爭已，鮑魚風腥祖龍死。崤函以西群虎生，豐沛之間一人起。手提三尺風塵中，敢與楚霸分雌雄。入關先遂父老願，屈身反比臣妾同。楚霸炙手勢已極，漢高虛心未安席。喑嗚豈是興王謀，寬厚却有回天力。烏江合戰由一麾，韓、彭之功實在茲。後來處置稍失序，毋乃大醇而小疵。故鄉故鄉歸去來，椎牛釃酒臨高臺。鄉中故老見天子，慨想昔遊今壯哉。酒酣拔劍《大風》里，自舞自歌隆準起。願以猛士守四方，山川草木從風靡。惜哉漢高之慮在目前，於變時雍恐未然。此風徑開四百載，那似周家八百年。江湖小臣牛馬走，落日登臺重回首。悵望長陵塵壒間，還酹彭城一杯酒。

《鳳池吟稿》卷二，影印文淵閣《四庫全書》1225 冊，504 頁

歌風臺

（明）方孝孺

歌風臺下春水黃，歌風臺上春草碧。黃河之水日夜流，碧草年年自春色。漢祖當時為帝王，龍泉三尺飛秋霜。五年馬上得天下，富貴樂在歸故鄉。臺前老人爭拜跪，柱杖麻衣見天子。龍顏自喜還自傷，一半隨龍半隨鬼。翻思昔日亭長時，一心捧檄日夜馳。即今宇宙過四海，一榻之外誰撐持。卻令猛士鎮寰宇，安得長年在鄉里。可憐創業垂統君，後使乾機付諸呂。淮陰少年韓將軍，金戈鐵馬立戰勳。藏弓烹狗太逼迫，解衣推食何殷勤。致令英雄遭婦手，血濺紅裙當斬首。蕭何下獄子房歸，左右功臣皆掣肘。還鄉悲唱《大風歌》，向來老將今無多。咸陽宮闕親眼見，不忍荊棘埋銅駝。臺前老人淚如雨，為言不獨漢高祖。古來世事無不然，稍稍功成忘險阻。荒祠古廟名歌臺，前人已盡今人哀。感激悲歌下臺去，斷碑春雨生莓苔。

《遜志齋集》卷二四,影印文淵閣《四庫全書》1235 冊,689 頁

泗亭驛 　　　　　　　　　　（明）瞿　佑

亭長當年志不群,勇志撥亂建奇勳。從龍賴有糟糠婦,能識山頭五色雲。

《樂全詩集》,《樂全稿》,《瞿佑全集校注》上冊,173 頁

歌風臺 　　　　　　　　　　（明）祝允明

掉臂長安市,遙從日邊來。因過芒碭下,步上歌風臺。沛公善任使,猛士亡其骸。帝業袖手成,慷慨襟抱開。大風飛雲亦壯哉！韓、彭英、盧相繼死。寄命寺人髀股間,未央志氣拉颯摧。相望千年餘,安能為之哀。明朝放舟淮浦去,項王、韓侯祠下亦徘徊。

《祝氏集略》卷五,《祝允明集》上冊,84 頁

述　古（其九） 　　　　　　　　　（明）胡　儼

鴻門宴高張,虎奮龍委蛇。拂劍光淩亂,雪花芙蓉姿。起舞為君壽,誰知伏危機。欻然坐中人,宛轉來相隨。天意應有在,人心徒嶮巇。酒酣日將暮,壯士直披帷。一怒千人廢,何為踞陳詞。以彼蓋世雄,未易向客卑。武成二三策,多聞須闕疑。

《頤庵文選》卷下,影印文淵閣《四庫全書》1237 冊,620 頁

歌風臺 　　　　　　　　　　（明）王　洪

炎精自天啟,黃屋淩空開。富貴歸故鄉,遂築歌風臺。佳人弄瑤瑟,故老持金罍。酒酣自擊缶,浩歌何雄哉。颯爽龍虎姿,曠蕩風雲懷。顧謂萬歲後,英魂尚歸來。回首望彭城,孤臺亦崔嵬。百戰功不成,千載令人哀。

《毅齋集》卷三,影印文淵閣《四庫全書》1237 冊,447 頁

沛縣歌風臺 　　　　　　　　　（明）于　謙

荒臺遺址尚嵯峨,過客經遊感慨多。逐鹿未傾秦社稷,斬蛇先定漢山河。功臣累見收封爵。猛士誰能為執戈,父老尚知千古事,豈宜重問《大風歌》。

《忠肅集》卷一一,影印文淵閣《四庫全書》1244 冊,375 頁

經沛縣懷古 （明）童　軒

縣有歌風臺。

芒碭山前起白雲,龍飛猶憶漢時君。高臺蕪沒西風急,彷彿歌聲入耳聞。

《清風亭稿》卷八,影印文淵閣《四庫全書》,1247冊,171頁

題《漢宮圖》 （明）羅　倫

白蛇中斷赤旗開,四百年中夢兩回。惟有終南舊山色,雨餘猶自送青來。

《列朝詩集》丙集卷四,6冊,2928頁

歌風臺 （明）程敏政

風雲無限故鄉情,酒半登臺奏楚聲。富貴一般遊子意,錦衣何似袞衣榮。

《篁墩文集》卷六八,影印文淵閣《四庫全書》1253冊,474頁

新豐行 （明）李東陽

長安風土殊不惡,太公但念東歸樂。漢皇真有縮地功,能使新豐為故豐。人民不異山川同,杜子美詩:"我行山川異,但逢新人民。"公不思歸樂關中。漢家四海一太公,俎上之對何匆匆,當時幸不烹若翁。

《擬古樂府》,《詩前稿》卷一,《李東陽集》第一卷,17頁

歌風臺送李舍人 （明）李東陽

芒碭龍氣去復來,長風萬里黃雲開。手提三尺視六合,酒酣獨上歌風臺。《大風》之歌何壯哉,樽前淚灑數行下,當時聽者翻悲哀。沛中小兒解擊鼓,不見干戈見歌舞。三戶丘墟已滅秦,兩生製作空逃魯。君王自信才且武,衣冠士人棄如土,《大風》之歌竟何補。李侯自是江東儒,壯年挾策事明主。平生慷慨心好古,亦欲南遊吊徐楚。是時朝多賢俊臣,坐令四海無兵塵。禮樂成俗忠孝敦,君亦還家懷老親。君歸試問荊與榛,豈無儒碩遭沉淪。丈夫勳業共努力,君今豈是江湖人。

《詩前稿》卷七,《李東陽集》第一卷,180頁

歌風臺

(明)李東陽

風急高城湧暮波,舊時臺榭此山河。鹿當秦楚黃塵合,龍出芒碭紫氣多。海內英雄休戰伐,里中耆舊得經過。功成坐失蕭牆計,遺恨當年猛士歌。

《南行稿》,《李東陽集》第一卷,624 頁

沛縣懷古

(明)李東陽

小縣蕭條野水濱,當時遺迹尚風塵。山中白帝先降漢,天下黔黎正苦秦。五載衣冠朝北面,三章號令憶西巡。南畿亦是今豐、沛,莫作淒涼吊古人。

《北上錄》,《李東陽集》第一卷,664 頁

歌風臺

(明)吳世忠

君王晝遊日,壯士俱錦衣。猶憐沛公父,爭睹漢旌旗。湯沐開新邑,風雲懾舊威。祇應千歲後,魂繞故鄉飛。

《列朝詩集》丁集卷八,第九卷,4813 頁

歌風臺

(明)錢 琦

蔓草迷殘碣,荒臺走白波。英雄起亭長,父老說蕭何。廢井寒泉少,空庭落木多。當年懷猛士,撫劍此高歌。

《檇李詩繫》卷一一,影印文淵閣《四庫全書》1475 冊,257 頁

題自畫《高祖斬蛇》卷

(明)唐 寅

真人受命整乾樞,失鹿狂秦不足誅。四海橫行無立草,妖蛇那得阻前驅。

《唐伯虎全集》卷三,122 頁

沛中二首

(明)徐禎卿

侮賢善罵氣真雄,今日何人悼沛公?千載腐儒騎瘦馬,夕陽閑過古城中。

布衣崛起信英雄,指顧山河一劍功。故國縱存王業去,只留雞犬吊新豐。

《徐禎卿全集編年校注》卷一編年詩,92 頁

入　沛　　　　　　　　　　　　　　　　　　（明）徐禎卿

落日遍草色,遊子入沛鄉。如何緬茲土,能令心慨慷。道逢守津吏,問客來何方。一為陳風俗,三歎久徬徨。前者貳尹家,會客具酒漿。遣吏出市物,吏私入己囊。尹訊卑以紓,吏言伉以張。回身赴入河,尹懾親扶將。矯矯鷙悍氣,重忿復輕亡。由來英雄氣,黨蕩出芒碭。予聽此言立,側想《大風》章。撫劍一為歌,春宇無精光。原野厲長飆,飛鳥不遑翔。瞿瞿蟋蟀歎,淒惻感陶唐。

《徐禎卿全集編年校注》卷二編年詩,283 頁

長　陵　　　　　　　　　　　　　　　　　　（明）張　治

日月開燕城,乾坤起帝圖。丕承周武烈,燕翼漢文謨。古道熊羆立,空山點宇孤。松楸瞻望地,清露滴寒蕪。

《龍湖文集》卷一二,208 頁

漢高祖　　　　　　　　　　　　　　　　　　（明）孫承恩

一劍興王業,三章易暴秦。寬仁多偉度,明達更殊倫。好善若在已,聽言如轉輪。魯邦經一祀,國脈倍精神。

《鑒古韻語》,《文簡集》卷二,影印文淵閣《四庫全書》1271 冊,70 頁

未央宮　　　　　　　　　　　　　　　　　　（明）錢子義

漢高祖既稱帝,尊太公為太上皇帝,置酒未央前殿,奉玉卮為太皇壽,群臣皆呼萬歲。初,項羽圍高祖於滎陽,為高俎,置太公於其上,告漢王曰:"今不急下,吾烹太公。"漢王:"吾與若約為兄弟,吾翁即若翁。若欲烹乃翁,幸分吾一杯羹。"

灞上歸來一布衣,手提三尺啟鴻基。奉親前殿開樽日,可話分羹置俎時。

《續詠史詩》上,《種菊菴集》一,《三華集》卷七,影印文淵閣《四庫全書》1372 冊,90 頁

大風歌　　　　　　　　　　　　　　　　　　（明）李攀龍

大風沸兮雲薄天,驅萬乘兮紛來旋。紛來旋兮沛之宮,士桓桓兮福攸同。

《滄溟先生集》卷一,3 頁

歌風臺(其一、三、四)

(明)徐　渭

時漢高將夷英、彭諸猛,又知猛者守必背,故曰"安得"。和葛鄂州作。

碎媼酒,臥媼壚,武家壚畔鼾呼呼。豐沛中,群酒徒,噱季鼻大糟所都,誰喚隆準而公乎?十二年,左纛還。着紅衫,應午炎。七尺所臨萬馬環,諸王列侯敢不虔。獵徒酒伴隘巷看,獨召故老金爵乾。惜青春,赭朱顏。乃思猛士得將安,歸問野雞還我韓。

英、彭不雌,季心所猜。今布、越耳,終當為豨。終當為豨,不如我先之。舊所得猛士,十當一無遺,十既一無遺,安得不歌以思。

騅渡江,八千從,非父老是使,彼安識籍與梁。巴蜀公,縞新城,奉三老教發帝喪,義兵若河日以東。乃知王者師,上親長禮教下首功。蜀公親歷效驗明。乃知猛士,難四方守易戰攻,誰兼不蹄買踱驄。擊太牢,祀鄡鄉。聽叔孫通,征魯諸生。驚禮四公,遠來于商。

《徐文長三集》卷二,《徐渭集》第一冊,50 頁

登歌風臺

(明)梁辰魚

昔聞漢始祖,來此歌《大風》。尺劍宰六合,意氣何豪雄。鴻門宴罷走赤帝,西楚已覺無重瞳。沛宮置酒晝起舞,擊筑高歌猛如虎。誰餘几上肉一臠?却認新豐作故土。朝俎韓,暮醢彭,猛士四散如流星,三十萬兵盡束手。當年誰解白登城,四望咸陽莫回首。宮中不能制一婦,邯鄲未保六尺孤,威加海內亦何有?至今碭山鬱不開,浮雲飛揚安在哉!萬古興亡只如此,落日瀟瀟登古臺。

《鹿城詩集》卷一〇,《梁辰魚集》,133 頁

讀史二首(其一)

(明)康　海

鴻雁不老越,蛟龍不潛岡。平生志嘉遯,佐儲抑何狂。因嘆務光輩,惻惻令心傷。傳記尚溢美,其言或荒唐。嗟彼高帝業,赫赫繼三王。孺子安所見,胡為遽辭商。契會視豪傑,出處聖所詳。感嘆擲其策,願為史臣倀。

《康對山先生集》卷五,71 頁

歌風臺 　　　　　　　　　　　　　　　　　　　　　（明）李　贄

歌風萬古臺，猛士起蒿萊。四紀為天子，又思猛士來。欲飛無羽翼，特地令心哀。子房學辟穀，四皓出商洛。今日歌《大風》，明朝歌《鴻鵠》。為語戚夫人，高皇是假哭。

《續焚書》卷五，《李贄文集》第一冊，101頁

沛縣登歌風臺，吊漢高祖 　　　　　　　　　　　　（明）屠　隆

彭城沛邑漢帝宮，山川峭拔風土雄。三月驅車猶烈風，高天卷沙白日蒙。牛羊散野城郭空，我來不見隆準公，但見平原草綠寒花紅。隆準公，英雄哉！亭長去，帝王來。去時蕭蕭提一劍，來時千騎萬乘驅雲雷。椎牛置酒燕湯沐，黃屋左纛虹霓開。前殿歌《風》氣逾猛，後宮擊筑聲復哀。百官歡呼父老醉，酒酣日落登高臺。當時王氣收，豪傑霍然起。他人裂土握重兵，公也倉皇奔迫不得止。須臾劍光奮，義旗指，函谷一破子嬰死。鴻門不能驚，巴蜀不能喜。黃石為之用，白帝當之靡，韓、彭如狙項如豕。往來大業五載耳，世上英雄有如此。吁嗟乎！咸陽宮殿空蒼煙，彭城故都無墓田。神州赤縣掌上懸，公也歸來奏管弦。管弦歡娛歡不足，急雨飄風一何速。沛上山河已非漢，邑中父老死相續。故宮曾無片瓦覆，藤蘿倒掛野人屋，歌《風》之碑煙霜磨滅不可讀。遙望芒碭，鬱乎高丘，青天不動黃河流。大雪垂垂幕其上，龍蛇虎豹紛蚩尤。千秋萬歲後，魂氣當來遊。

《列朝詩集》丁集卷六，第八冊，4517頁

歌風臺 　　　　　　　　　　　　　　　　　　　　　（明）葉向高

泗水亭邊御輦過，祇今人說漢山河。風雲獨護興王地，父老爭傳擊筑歌。酒散夕陽宮樹冷，臺臨春岸野花多。最憐楚舞情愁絕，遺恨千秋尚不磨。

《列朝詩集》丁集卷一一，第九冊，5193頁

五言古詩(其十四) 　　　　　　　　　　　　　　　（明）王世貞

漢祖提一劍，西行取天下。所過降名城，疇非背主者。兩賢豈相阨，丁公悔其舍。刑賞在須臾，乃復為名假。不然賣國兒，項伯開茅社。寧如我高皇，福壽獨褒借。

《弇州續稿》卷四，《弇州四部稿》第四冊，影印《明人文集叢刊》，44頁

泗上懷古

(明)謝肇淛

孤城淮甸北,客棹楚江東。野戍留殘日,歌臺憶《大風》。亭虛流水咽,人去霸圖空。天地三章後,山河百戰中。枌榆非故國,雞犬尚新豐。芒碭愁雲合,函關王氣終。夜蛩啼敗館,秋卉落寒叢。千古英雄淚,長天掛斷虹。

《小草齋詩集》卷一六,《小草齋集》下冊,1026 頁

漢高皇廟

(明)阮大鋮

芒碭雲飛去不遠,荒祠今古寄山巔。悠悠驅馬問野渡,漠漠閑禽過水田。草昧龍蛇寒食雨,蕭條弓劍大河煙。可憐鐵馬臺相望,一樣春風開杜鵑。

《詠懷堂詩外集》乙部,《詠懷堂詩集》,288 頁

平城苦

(明)黃淳耀

平城苦,平城苦,七日不食能彀弩。圍開一角幸有神,女嫁蠻中不猶愈。錦車千乘送蛾眉。玉顏羞殺輿中姬,姬雖已羞漢未足,烏孫又聽歌《黃鵠》。

《擬古樂府》,《陶庵全集》卷九,影印文淵閣《四庫全書》1297 冊,752 頁

彭城懷古

(明)冷士嵋

孤城臨眺迥,秣馬到徐方。地控河流險,天包海岱長。土田彭井國,都制楚封疆。驛樹平分宋,津帆遠帶楊。斬蛇遺澤在,戲馬故臺荒。王氣消碻磝,神功見呂梁。感時悲父老,悵跡俯金湯。遙想《大風》會,雄哉歌漢皇。

《江泠閣詩集》卷九,《四庫全書存目叢書》集部 236 冊,410 頁

沛縣懷古二首

(明)王謳

秦鹿昔云逝,嗷嗷宇內荒。沛公固天授,漢祚廓炎光。劍指三千旅,龍當五百昌。衣冠今寂寞,臺榭久淒涼。事已非前日,魂應返故鄉。經過空感激,浮世憶行藏。

落日鬱孤臺,西風客自來。懸弧猶帝里,望氣入氛埃。往事隨流水,雄圖散落梅。墟煙秋寂歷,雲鳥意徘徊。畫棟摧殘礫,穹碑剝古苔。獨留歌曲在,讀罷首重迴。

《王彭衙詩》三《庚辰集》下,《陝西古代文獻集成》第 7 輯,574 頁

沛縣懷古

(明)王謳

千載空城王氣收，東行秋盡此淹留。山河落莫逢今日，草樹微茫見古丘。啼鳥似知亡國恨，繁花不解野人愁。當時三尺埋何處，惆望靈光射斗牛。

《王彭衙詩》三《庚辰集》下，《陝西古代文獻集成》第7輯，583頁

春日游未央二首

(明)王謳

攜酒出北門，花明見春早。偶入未央游，歷歷生青草。漢祖昔風雲，倏如振枯槁。紫殿馳金根，玉階擁羽葆。一旦歸山陵，身後誰能保？寂寞已千年，今日徒爲好。流水剝荒城，浮雲變長島。朝坐暮不歸，輕寒襲魯縞。黃鳥鳴關關，聽之煩憂抱。何如樂芳年，幽緬恣遐討。不見古時人，但見古時道。陵谷自高深，悲矣南山老。

春日已堪悦，遨游登古臺。祇應攜酒醉，況對繁花開。無復風雲感，真看麋鹿來。燐紅非漢火，土黑似秦灰。人世虛舟泛，功名草露哀。古今一轉瞬，荒野蔽氛埃。

《王彭衙詩》六《癸未集》，《陝西古代文獻集成》第7輯，665頁

送竹谷登未央一首

(明)王謳

君懷曠古度，撫劍生長風。擊節在登覽，毋寧苦路窮。行歌還慷慨，磊落自胸中。散目出秦甸，望春臨漢宮。漢宮久寂寞，草碧林花紅。落日有歸鳥，紆迻沉斷蓬。淒涼眼前事，達士笑英雄。戎馬乾坤並，名塵宇宙空。南山對荒時，渭水下新豐。百二雖天府，龍蛇世已終。墟烟朝暮積，無復往時同。嘆息不能寐，傷哉白髮翁。

《王彭衙詩》六《癸未集》，《陝西古代文獻集成》第7輯，665頁

漢城懷古二首

(明)王謳

黃圖昔壯麗，今日定何如。野殿千門盡，雲城百雉餘。草暗多新冢，花明認故墟，秦灰一灑淚，瞻望更躊躇。

神見祖龍死，蛇亡赤帝歸。入關惟一劍，都洛已中微。宮殿生春草，河山對落暉。古今一反掌，田父自忘機。

《王彭衙詩》六《癸未集》，《陝西古代文獻集成》第7輯，667頁

白登山歌

(明)馬汝驥

漢王昔日百戰餘,山東諸侯匹馬無。冒頓精兵四十萬,南逾勾注窺天都。九重按劍風雷動,羽檄軍書罷傳送。自云破竹不可支,豈料伏機翻自重。白登之圍亦誠苦,七日不食不控駕。士卒墮指雨雪寒,胡奴被裘氣如虎。四方馬色誇雄威,雕逐翮翮鳴鏑飛。青笳四面奏謠曲,閼氏獻賂貢卑微。奇謀祕計世不識,神靈暫解風塵色。歸來半道曲逆封,公主和親行塞北。長安城闕雲霄中,龍駕夾衛蛟龍宮。白龍魚服遭人侮,却向沛兒歌《大風》。繫頸單于功未就,誰使後來還擊門。祭天金人何處歸,上谷造陽終莫救。君不見白登之山今若此,不見烽烟見流水。

《西玄集》卷二,《陝西古代文獻集成》第9輯,418頁

漢臺春望

(明)朱誠泳

炎漢興王地,千年尚有臺。江山猶似昨,人事重堪哀。鳥向離宮没,花從舊苑開。不知東向日,誰塞漢中來?

《小鳴稿》卷四,《陝西古代文獻集成》第17輯,126頁

將壇晚眺

(明)朱誠泳

上將壇猶在,荒涼帶夕暉。興劉功不賞,滅項事成非。徹說真難奪,豨謀可獨歸。自王疑莫解,況復與期違。

《小鳴稿》卷四,《陝西古代文獻集成》第17輯,126頁

途次望漢城甚邇,作未央宮懷古

(明)朱誠泳

手提一劍竟成功,定鼎長安此建宮。作則已非神禹戒,貽謀翻笑宰臣工。鳳麟殿閣成塵久,雞犬鄉村有路通。鐘室不知緣底事,令人千古惜英雄。

《小鳴稿》卷一〇,《陝西古代文獻集成》第17輯,233頁

詠　史

(明)劉紹基

項羽軍鴻門,沛公來謝時。玉玦示者三,羽意終不移。項莊拔劍舞,良出語噲知。擁盾入軍門,交戟盡僕攲。披帷西向立,眥裂髮如支。問客何為者,參乘漢有司。賜之生彘

肩,切而立啗之。壯士能飲乎,與酒一斗卮。臣死且不辟,卮酒安足辭。秦有虎狼心,天下皆叛離。沛公入咸陽,秋毫無所私。遣將守關者,懼有他盜馳。大王聽細說,功高乃見疑。亡秦之續耳,竊為大王嗤。言已俱如廁,沛公去獨騎。向微屠狗人,天命詎可期。

《周雅續》卷一五,《陝西古代文獻集成》第 25 輯,526 頁

歌風臺　　　　　　　　　　　　　（明）許宗魯

亂水疑無地,荒城但有臺。風煙沉王氣,歌咏想雄才。世遠川原變,春深草木哀。登臨招猛士,芒碭暮雲來。

《少華山人前集》卷九《宦游稿》,《陝西古代文獻集成》第 28 輯,349 頁

新　　豐　　　　　　　　　　　　（清）王士禛

漢代枌榆社,遺墟極望平。空提三尺劍,忍啜一杯羹。細雨新豐樹,寒蕪小苑城。惟餘舞陽廟,漠漠土花生。

《蠶尾續詩集》卷四,《王士禛全集》第二冊,1249 頁

漢三君詩·高祖　　　　　　　　　（清）顧炎武

父老苦秦法,願見除殘凶。三章布國門,企踵咸樂從。雖非三王仁,寬大亦與同。傳祚歷四百,令名垂無窮。

《顧亭林詩集匯注》卷五,下冊,1116 頁

漢　　高　　　　　　　　　　　　（清）孫枝蔚

聖祖貽謀萬代長,枕誰同臥拒侯王。可知四百年天下,畢竟能因宦者亡。

《溉堂前集》卷八,影印《溉堂集》上冊,408 頁

雪後,登歌風臺　　　　　　　　　（清）顧大申

一劍收秦鹿,秋風萬里心。悲歌誰掩泣,壯士已成禽。井邑新豐舊,龍蛇大澤深。殘碑埋野戍,雪後此登臨。

《晚晴簃詩匯》卷二五,第一冊,298 頁

詠史詩和李咸齋有序（其七） （清）魏禧

李子咸齋作《詠史詩》，余讀而悅之，書置座間，以當九九礪礪。諷詠既多，意有各出也。

作意殺功臣，漢高實罪首。韓、彭如悍馬，羈勒不去手。忠誠蕭相國，乃亦鷹擊杻。宋祖萬世法，大禍消杯酒。

《魏叔子詩集》卷四，《魏叔子文集》下冊，1264頁

烹翁索羹 （清）褐夫

心腸不硬事難成，人欲烹翁尚索羹。所斬白蛇曾附母，原來隆準是龍生。

《古史詩針》，《戴名世集》附錄二，440頁

和陳樹滋《徐州懷古》 （清）沈德潛

沛、豐千里莽縱橫，楚、漢紛紜此鬬爭。將相侯王寧有種，英雄豎子孰成名？山連芒碭雲常合，水繞彭門浪不平。戲馬、歌風總消歇，荒原煙雨遍春耕。

《歸愚詩鈔》卷一六，《沈德潛詩文集》第一冊，315頁

登歌風臺懷古 （清）邵長蘅

芒碭真人乘赤龍，故鄉行幸有遺宮。壁埋蝌蚪荒碑在，木落牛羊寢殿空。湯沐百年歡父老，衣冠十日擁兒童。淮陰已族黥彭醢，慷慨何須悲《大風》。

《清詩別裁集》卷一五，上冊，262頁

廣武 （清）潘耒

蓋世英雄項與劉，曹奸馬譎實堪羞。阮生一掬西風淚，不為前朝楚、漢流。

《清詩別裁集》卷一二，上冊，214頁

歌風臺 （清）袁枚

高臺擊筑憶英雄，馬上歸來句亦工。一代君民酣飲後，千年魂魄故鄉中。青天弓箭無留影，落日河山有《大風》。百二十人飄散盡，滿村牧笛是歌童。

泣下龍顏氣概粗，子孫世世免全租。有情果是真天子，無賴依然舊酒徒。父老尚知

皇帝貴，水流如聽筑聲孤。千秋萬歲風雲在，似此還鄉信丈夫！

《小倉山房詩集》卷一，《小倉山房詩文集》第一冊，153頁

車中雜憶古人，作五六七言詩沛公(其一) （清）袁　枚

大度如劉季，難忘嫂戛羹。偶將雍齒賞，終逐鄭君行。

《小倉山房詩集》卷八，《小倉山房詩文集》第一冊，179頁

歌風臺懷古 （清）趙　翼

匹夫成帝十年功，萬乘還鄉宴此中。雲起真符天子氣，風來故是大王雄。兒童歌舞三侯徧，父老追攀一縣空。頗怪生平稱大度，如何宿怨獨衙豐？

置酒空興猛士嗟，韓、彭被殺已如麻。負心事竟烹狗功，出手威原斬路蛇。百敗河山終造國，千秋魂魄尚思家。榮歸翻下英雄淚，此處勝他畫繡誇。

《甌北集》卷一三，上冊，248頁

讀　　史 （清）趙　翼

漢王父置俎，倘竟遭慘烹。後雖成大業，終負不孝名。葛王妻被名，倘竟受定情。後雖正宸極，難雪此醜聲。兩皆有天幸，一死而一生。妻不污鈿盒，父亦脫杯羹。乃知有道昌，天默與玉成。

《甌北集》卷四四，下冊，1121頁

與周西陳孝廉分賦漢陵，

得長陵、茂陵二首(其一) （清）錢大昕

金刀天啟入咸京，扶義居然長者名。三尺獨提遊子劍，一杯險啜若翁羹。芒山雲起蛇先斷，垓下歌殘狗已烹。道誰英雄多嫚易，也能輒洗謝狂生。

《潛研堂詩集》卷三，《嘉定錢大昕全集》第一〇冊，44頁

金陵寓齋偶然作六首(其二) （清）錢大昕

劉、項昔未爭，同時奉義帝。入關已如約，兵端自漢始。若翁且分羹，何有一旅贅！

縱然垓下成,焉肯北面事？縞素誓三軍,偶用董公說。藉劫五諸侯,以遂吞噬計。陋儒無具眼,妄謂明大義。仗順利執言,是以分成敗。請看濠梁興,亦承龍鳳制。南征溺膠舟,便是重瞳列。

《潛研堂詩續集》卷四,《嘉定錢大昕全集》第一〇冊,59頁

讀史六十四首(其十二) （清）洪亮吉

緣知隆準是真龍,白帝先愁試劍鋒。功狗已烹高鳥盡,祇留一雉雛深宮。

《更生齋詩》卷八,《洪亮吉集》第三冊,1395頁

歌風臺 （清）舒 位

楚也猴,秦也鹿,鹿逐猴乃沐。信也狗,藉也兔,兔顧狗不悟。妻也雉,妾也豕,豕死雉啄夫。父也真龍,子也鴻鵠。鴻鵠高飛,真龍失矰繳。星聚於井,天下乃靖。《風》歌於臺,天子乃來。天子乃來,故人一杯。天下乃靖,大將五鼎。君不見夜斬大蛇作天子,晨聽牝雞殺猛士。天子萬歲猛士死,大風蕭蕭吹不止。西望長安四千里,亭長還家偶然耳。離別故鄉從此始,魂魄雖歸竟誰是。酒亦不能飲,淚亦不能已。種悠悠之枌榆,別茫茫之桑梓。彼可取而代也,吾亦從此逝矣。擊筑慷慨聲齒齒,乃使爾父老子弟,泣數行下而皆莫能仰視。吁嗟乎,世間失意有如此！

《瓶水齋詩集》卷一三,下冊,515頁

高 帝 （清）謝啟昆

治生比仲孰為強,雲氣東南隱碭芒。囊乏一錢驚呂父,手提三尺入咸陽。斬蛇未必成真帝,烹狗終難恕假王。孔、費將軍竟何在？空歌猛士大風揚。

《樹經堂詠史詩》卷一,影印《續修四庫全書》1458冊,498頁

詠古詩十四首·漢高帝 （清）張之洞

身經百敗事尋常,頑鈍終能定四方。芒碭風雲鐘佐命,鴻門神鬼護真王。英雄那解治生產？富貴何須反故鄉。莫唱西風殘照曲,長陵煙樹鬱蒼蒼。

《詩文補遺》,《張之洞詩文集》卷九,326頁

八臺詩辛卯·歌風臺　　　　　　　　　（清）易順鼎

五年提劍定皇居,辛苦還鄉血戰餘。大澤龍蛇秦草莽,新豐雞犬漢枌榆。公然亭長能爲帝,奇絕詩人不讀書。何用悲歌思猛士,江山轉眼到黄初。

《琴志樓詩集》卷九,第二册,497 頁

詠古詩六十首,同樊山作·漢高祖　　　　（清）易順鼎

已將勝廣備驅除,更把韓彭付醢葅。縣蕝威儀三代後,筍冠富貴五年餘。公然亭長能爲帝,奇絕英雄不讀書。抔土長陵終寂寞,未知比仲究何如。

《琴志樓詩集》卷一二,第三册,756 頁

咏古七首（其二）　　　　　　　　　　　（清）汪　琬

商君任督責,李相乃其倫。身族既湛滅,禍亦延嬴秦。驪山土未乾,百二俱荊榛。空然阬諸儒,首難在編民。始知長國家,所貴德與仁。祖龍蓋前車,覆轍寧當循。

《鈍翁前後類稿》卷二,《汪琬全集箋校》第一册,43 頁

讀　史（其一）　　　　　　　　　　　　（清）汪　膺

太真倜儻士,所志在功名。胡然絕裾去,蹉跎奉母行。失足千古恨,口碑遂縱横。因嗤隆準兒,侈口分杯羹。餘生幾擁篲,倖脱五鼎烹。英雄語欺人,被謗乃獨輕。

《寸璧堂詩集》卷一,附錄八,《汪琬全集箋校》附錄八,第五册,2636 頁

詠　史（其三）　　　　　　　　　　　　（清）沈德潛

漢兵敗沮水,俎上置而翁。向非侯公言,已入鼎烹中。天子幸有父,此實誰之功？區區蕭與曹,何足比勳庸。置酒未央日,奈何忘侯公？功大不見酬,爵賞真懵懵。嗟哉紀信死,歿世無褒封。

《歸愚詩鈔》卷四,《沈德潛詩文集》第一册,66 頁

渡黃河,之滎澤懷古 （清）沈德潛

銀潢從天來,萬古河流黃。無風浪自涌,入耳警雷硠。一舳峨峨下,破空馳帆檣。截流徑飛渡,雲山指滎陽。昔時角兩雄,廣武古戰場。險要據成皋,勝敗爭敖倉。豎子竟成名,英雄許誰當？嗣宗雖狂論,其氣慨以慷。王霸今安存,濁流但湯湯。前期駐陝城,日晚煙蒼茫。

《歸愚詩鈔》卷六,《沈德潛詩文集》第一册,117頁

詠古二首·歌風臺 （清）沈德潛

登臺歌《大風》,亭長作天子。韓、彭安在哉？徒勞思猛士。

《歸愚詩鈔》卷一九,《沈德潛詩文集》第一册,380頁

詠　古 （清）沈德潛

從來有父子,然後有君臣。幸分一杯羹,斯語胡不仁！生我且不顧,功狗安足論！所以張子房,辟穀全其身。

《竹嘯軒詩鈔》卷一五,《沈德潛詩文集》第二册,838頁

斬蛇劍 （清）尤　侗

望夷宮中争逐鹿,驪山道上白蛇伏。豐、沛少年醉遇之,袖出青蛇相奔觸。霜花怒落錦鱗飛,一夜風雷妖母哭。徒中壯士却顧走,咄哉神物真希有。指秦百二血流城,麾楚八子千人白首。項王學劍又不成,如何不死赤帝手？赤帝亡何亦已死,單父野鷄殺龍子。不聞三尺吼悲聲,沉埋玉匣疑老矣。

《西堂剩稿》卷上,《尤侗集》中册,453頁

讀　史(其三) （清）王　軒

草澤倡奸民,狐鳴恣威假。帝王本天授,奚事嫗哭夜。芒碭雲氣開,五年看龍化。致荒後嗣意,射海黿鼉駕。作史昧別裁,矜奇禍宗社。臨洮出長人,何似巨無霸。金匱遂改玉,還歸赤伏藉。東陽志符瑞,猥瑣識愈下。

《檽經廬詩集》卷一,《續尤西堂擬明史樂府》(外二種),89頁

鴻門坂懷古　　（清）馬　魯

好會群瞻蓋世雄,緣何背約據關中。當年空說將軍勇,此日還稱壯士功。間道風塵埋灞岸,鴻門煙雨鎖新豐。夕陽樓外朝雲合,欲化龍泉翼沛公。_{氣象渾似老杜。袁雪齋先生}

《南苑一知》卷二,《陝西古代文獻集成》第 20 輯,329 頁

轅門戟　　（清）李　柏

為天下者不顧家,漢高分羹事可嗟。為天下者不顧友,坐上之客亦可醜。不記轅門射戟時,哀怨悲壯氣冲斗。我讀《漢書》心不平,縛虎不言促其生。擠井下石心何忍?令人欲廢月旦評。

《太白山人槲葉集》卷四中,《陝西古代文獻集成》第 30 輯,189 頁

漢故鄉　　（清）李　柏

楚炬秦房焦土傳,鳳城鵲觀更蕭然。終南山上雲霞氣,散作漢宮日暮煙。

《太白山人槲葉集》卷四下,《陝西古代文獻集成》第 30 輯,193 頁

古漢臺　　（清）李　柏

紫臺絳闕太薇連,漢業先開四百年。王氣光吞秦日月,龍文雲捲楚山川。地隣西蜀安劉鼎,水繞南陽啓貨泉。帝里皇居星聚處,風華遙帶五陵煙。

《太白山人槲葉集》卷五上,《陝西古代文獻集成》第 30 輯,214 頁

漢祖龍顔《史記》　　（清）田依渠

四百年天下,先從亭長開。龍顔誰得似,不數霸王才。

《茹古山房讀史餘吟》卷一,《清代詩文集彙編》639 册,642 頁

詠史·漢高帝　　（清）孫國楨

三章約法定關中,簡易猶存上古風。自起朝儀天子貴,奇功難沒叔孫通。

《愚軒詩鈔》卷下,《清代詩文集彙編》741 册,356 頁

斬蛇劍 《前漢書》　　　　　　　　　　　（清）陳啟疇

高祖以亭長爲縣送徒驪山，行到豐西澤中，亭止飲，解縱所送徒，曰："公等皆去，吾亦從此逝矣。"夜徑澤中，行者云："前有大蛇當道。"高祖曰："壯士行，何畏！"乃拔劍斬之。

亭長醉忽起，公等宜去矣。吾將手提三尺劍，橫行千里與萬里。中途壯士不敢前，云有大蛇當道邊。赤帝一呼白蛇走，匣中閃閃血盈斗。老嫗夜至風怒號，白雲掃蕩紅雲高，寄奴亦是真英豪。

《詠史擬古樂府》卷上，《清代詩文集彙編》450 册，153 頁

鴻門宴 《前漢書》　　　　　　　　　　　（清）陳啟疇

高祖聞項羽怒其欲王關中，獨有秦府庫珍寶。至鴻門謝羽，羽與飲，范增欲羽害高祖，未遂而得脫。

鴻門日高事不集，亞父背筵暗嗚咽，寶玦欲向腰間鳴，項王不語漢王急。從龍壯士排闥來，叱咤英風何有哉。手提三尺白帝死，乃翁馬上作天子。

《詠史擬古樂府》卷上，《清代詩文集彙編》450 册，153 頁

讀《漢書》小樂府·白帝子　　　　　　　（清）張寶森

秋風怒號鬼夜哭，大澤斬蛇腥草木。手提三尺劍花明，從此中原逐秦鹿。白帝子死赤帝喜，亭長他年作天子。卯金應運驅妖邪，寄奴又斬新洲蛇。

《悔庵詩存》卷上，《清代詩文集彙編》768 册，630 頁

讀《漢書》小樂府·一杯羹　　　　　　　（清）張寶森

一杯羹，成底語。吾翁若翁徒誑楚，太公悔作天子父。兒在軍中父在俎，重瞳不殺何其賢。烏江之敗亡由天，英布江中殺義帝，疑案至今千百年。家法流傳到文叔，朱鮪不爲伯升戮。

《悔庵詩存》卷上，《清代詩文集彙編》768 册，630 頁

讀《漢書》小樂府·鴻門宴　　　　　　　（清）張寶森

鴻溝未分鴻門宴，兩賢相厄又相見。項伯未誅可奈何，空使項莊來舞劍。玉玦三提默無語，楚、漢興亡在此舉。吁嗟乎！匹夫之勇婦人仁，垓下誰憐七尺身。

《悔庵詩存》卷上,《清代詩文集彙編》768 冊,630 頁

斬白蛇

(清)皮錫瑞

白帝未死赤帝起,劍光三尺寒如水。長劍一揮蛇中分,動衆豈但芒碭雲。素靈哭,誰聞之?神母號,何人知?魚腹狐鳴等神怪,乃以眞假論成敗。王者不死劉寄奴,祖孫神怪偏同符。

《師伏堂詠史》,《清代詩文集彙編》772 冊,309 頁

烹而翁

(清)皮錫瑞

俎上肉,杯中羹,吾翁卽若翁,如何雲可烹。欲烹而翁倘雲可,一杯之羹幸分我。君不見趙苞與徐庶,兩全忠孝難。不顧私親圖大事,皇帝雖貴嗟何顏。舜視天下猶敝屣,啜羹忍效樂羊子。當時憾不烹野雉,猶免雉啄皇孫死。

《師伏堂詠史》,《清代詩文集彙編》772 冊,309 頁

大風歌

(清)皮錫瑞

大風蕭蕭吹不止,眞龍老去功狗死。去年彭越前年韓,却向歌中求猛士。擊賊歸來過沛宮,威加海内眞英雄,極歡十日且爲樂,不似鴻門刀俎中。山東酒徒得天下,故鄉猶是枌榆社。父兄零落異兒時,可惜光陰如走馬。乃公擊筑群兒歌,比之垓下歡如何?富貴還鄉先後耳,笑爾重瞳失計多。芒碭雲氣斬蛇手,舊事故人猶憶否?白頭重覩太平年,盡此筵上一杯酒。萬歲魂魄思沛城,更不諱死求長生。茂陵望仙東海上,首邱何乃無人情。世世長爲湯沐邑,樂極哀來更垂泣。上皇不樂樂屠沽,舊豐別去新豐立。

《師伏堂詠史》,《清代詩文集彙編》772 冊,310 頁

奉錢三

(清)皮錫瑞

高皇早控咸陽騑,吏皆走送奉錢三。蕭何慷慨獨以五,二百錢增三千戶。送鬵贏二氣已豪,豈必黃標與紫標。第一功宜倍封邑,倍封終得錢神力。君不見蔓蕪潯沱酬厚意,一笥餌得河東尉。英雄失路感人易,不持一錢有劉季。

《師伏堂詠史》,《清代詩文集彙編》772 冊,310 頁

羹頡侯
（清）皮錫瑞

漂母一飯千金酬，邱嫂櫟釜羹頡侯，沛公寬仁名大度。家庭小隙不忘故，如此恩怨太分明。豈忘俎上分杯羹，分羹不記夏羹記，封號猶用當時事，嫂不爲炊畏富貴，試將蘇季比劉季，陰安一侯何時封，蛇行匍匐定後恭。《文帝紀》：羣臣表請即首列陰安侯。《史記》注，蘇林曰："高祖兄伯妻，羹頡侯信母，邱嫂也。"次項王后，徐廣曰："代項王劉仲之妻。"是陰安侯、項王后爲二人。如淳謂"項王后封陰安侯"，非是。師古引如淳，不引蘇林，亦非也。《王子侯表》有"羹頡侯"，無"陰安侯"，不知封於何時。

《師伏堂詠史》，《清代詩文集彙編》772 册，310 頁

皇帝貴
（清）皮錫瑞

乃公馬上作天子，安知皇帝貴至此。今日帝貴因朝儀，胡乃溲溺儒冠爲。拔劍妄呼，風飛雲揚，龍蛇同行，安有紀網。未央宮中置法酒，皇帝陛下千萬壽。腐儒能使皇帝尊，昔日腐儒今聖人，公非腐儒幾劉盆。

《師伏堂詠史》，《清代詩文集彙編》772 册，310 頁

歌風臺
（清）余 笛

漢家將相列群英，每到功成走狗烹。知道四方須猛士，當年何苦殺韓、彭。

天下原從爭戰得，拚加謾罵到儒臣。此歌頗有詩書氣，不似當年馬上人。

《北游草》，《采山樓藏稀見清人別集叢刊》，第一册，525 頁

太祖高皇帝
（清）葛 震

漢用巴蜀，還定三秦。三老遮說，大義以申。兵皆縞素，為帝發喪。收三河士，發關中兵。擊殺帝者，從諸侯王。建立太子，國本以張。宗廟社稷，大典煌煌。淮南王布，彭越大梁。布撓楚後，越斷楚糧。會軍垓下，追困項王。四面楚歌，夜聞彷徨。雖兮虞兮，悲歌慷慨。不肯東渡，自引天亡。十有二月，自刎烏江。六年二月，疏上侯王。勸漢為帝，即位汜陽。詔兵歸籍，西都洛陽。置酒南宮，較論興亡。運籌決勝，爰有子房。蕭何鎮撫，餉不絕糧。戰勝攻取，韓信最長。漢有三傑，國乃以昌。范增不用，楚所以亡。帝曰橫來，小侯大王。二客從之，同到尸鄉。義士五百，涕泗沾裳。亦皆自殺，海水湯湯。

丁公徇斬,季布為郎。姓賜婁敬,都遷秦邦。功臣何首,土列侯王。始尊太公,為太上皇。群臣誼譁,議起朝房。綿蕞習野,禮異三王。傷生哀死,兩生不行。魯祀孔子,遊悲故鄉。酒酣擊筑,泣下數行。威加海內,風起雲揚。念猛士兮,蹈舞慨傷。十二年崩,返彼帝鄉。帝性敏達,不事文章。蕭律韓法,程定張蒼。叔孫通禮,尊卑有行。日雖未給,規模裔皇。惜也少恩,功臣摧藏。誅信醢越,戮淮南王。蕭何下獄,病謝張良。暮年易子,國勢倉皇。分羹忍父,孝子心傷。輕士嫚罵,四皓匿亡。以詐以力,治雜霸王。○蕭相國何,素善沛公。以文無害,掾主沛豐。為刀筆吏,奇節無稱。光依日月,飛攀赤龍。推轂韓信,足食足兵。收秦圖書,填撫關中。左宗右社,規畫崇隆。事不及奏,便宜施行。家私佐軍,言納召平。垣屋不治,宅不擇通。賢師吾儉,廣大高明。諸將功狗,何得人功。劍履上殿,佩玉簪纓。淮南黥布,靡克有終。勳名絢爛,聲施無窮。閎夭宜生,烈與同爭。卒於酇侯,諡曰文終。○張良家韓,五世相公。為韓報讎,爰擊祖龍。募士如留,始遇沛公。知為天授,遂與之從。貌如好女,磊落多風。履納圯下,書授黃公。窮神觀化,測微探情。鬼無隱謀,物無遁形。武關擊解,鴻門以寧。躡足封信,策定東宮。功成身退,氣象從容。辟穀辭漢,歸從赤松。卒於留侯,諡曰文成。○淮陰韓信,食憐漂母。俛出胯下,人笑不武。旁置萬家,葬母高墅。干羽不用,歸漢棄楚。國士無雙,絳灌非伍。壇拜大將,風雲聖主。木罌渡軍,魏豹見虜。背水列陣,遂拔趙土。平燕定齊,追項滅楚。赫赫偉伐,克成漢緒。尉用少年,金報漂母。惜未學道,謙讓弗覩。兔死狗烹,終詿兒女。○陽武陳平,好學家貧。割肉俎上,意已不群。棄楚都尉,典漢護軍。游精杳漠,神跡是尊。重玄匪奧,九地匪深。伐謀於始,擠響於音。六出奇計,解難釋紛,安劉誅呂。功與勃分,號稱賢相。爛矣其勳,善終善始。豈非知人。○平陽侯參。起於獄掾,遭逢漢興。隨戡秦亂,攻城略地。諸軍之冠,身創七十。功豈一旦,代何為相。守而勿失,載其清寧。民以畫一。○周勃木彊。微時鄙朴,吹簫給喪。業織蠶薄,材官引彊。遭逢聖作,每當馳道。所在克獲,戶食八千。封絳賜爵,厚重少文。大事可託,卒平漢難。謝相歸國。○王陵少戇。矯矯虎臣,陵有賢母。幾先識明,仗劍死楚。成子漢名。○酈生食其。家貧落魄。儒冠揖帝,大言不怍。自稱長者,意氣磅礴。東規白馬,北距蜚狐。粟即敖倉,險據三塗。陳留既下,復說齊城。蒯通發難,卒為韓烹。○陸生曰賈,兩使南越。千金買裝,五子分得。酒食極欲,十日而更。安車駟馬,歌舞相從。○樊噲屠狗,灌嬰販繒。賣交酈寄,夏侯氏嬰。聖賢影響,龍變雲蒸。俱遭附驥,垂名漢庭。德流孫子,奕葉有聲。

《詩史》卷二,《四庫全書存目叢書》史部 291 冊,615 頁

太祖高皇帝

(清)葛　震　曹　荃

　　姓劉,名邦,字季,沛豐邑中陽里人。父太公,母劉媼。媼嘗息於大澤之陂,夢與神交。是時雷電晦冥,太公往視,則見蛟龍於其上。已而有身,遂產高祖。高祖為人,隆準而龍顏,美鬚髯,左股有七十二黑子。常有大度,不事家人生產作業。及壯,試為吏,為泗水亭長。二世元年九月起兵於沛,破秦滅楚,平定天下,由漢王即皇帝位,國號曰漢,都長安,在位十二年。崩,壽五十二,葬長陵。

　　漢用巴蜀,還定三秦。初,漢王以項羽負約,怒,欲攻之。蕭何曰:"雖王漢中之惡,不猶愈於死乎!"王曰:"何也?"何曰:"今眾不如百戰百敗,不死何為?夫能詘於一人之下,而信于萬乘之上者,湯武是也。臣願大王王漢中,養其民,以致賢人,收用巴蜀,還定三秦,天下可圖也。"王曰:"善!"乃就國,以韓信為大將,遂部署諸將八月從故道出。章邯迎戰,敗走廢丘,王至咸陽,欣、翳皆降。**三老遮說,大義以申。兵皆縞素,為帝發喪。收三河士,發關中兵**。叶。博旁切,音邦。**擊殺帝者,從諸侯王**。項羽使人趣義帝行,其大臣稍稍叛之,密使吳芮、黥布共敖擊殺之江中。漢王南渡平陰津,至洛陽,新城三老董公遮說曰:"'順德者昌,逆德者亡','兵出無名,事故不成'。故曰:'明其為賊,敵乃可服。'項羽無道,放殺其主,天下之賊也。夫仁不以勇,義不以力,大王宜率三軍為之素服,以告諸侯而伐之,則四海之內莫不仰德。此三王之舉也。"於是漢王發喪,哀臨三日。告諸侯曰:"天下共立義帝,北面事之。今項羽弑之,大逆無道。寡人親為發喪,兵皆縞素。悉發關中兵,收三河士,南浮江、漢以下,願從諸侯王擊楚之殺義帝者。**建立太子,國本以張**。漢王還櫟陽,立子盈為太子。**宗廟社稷,大典煌煌**。漢王如滎陽,命蕭何守關中,立宗廟社稷。**淮南王布,彭越大梁。布撓楚後,越斷楚糧**。初,項羽擊齊,徵兵九江,黥布稱疾。及漢入彭城,布又不佐楚,羽猶是怨之。至是漢王西過梁地,問群臣曰:"吾欲捐關以東等棄之,誰可與共功者?"張良曰:"九江與楚有隙,彭越與齊反梁地,此兩人可急使。"王謂左右曰:"孰能為我使九江,令倍楚,留項王數日,我取天下可以百全。"謁者隨何請使,王遣之。至九江說布歸漢,立為淮南王,與擊項羽。○魏相國彭越將兵略定梁地,漢王敗彭城,解而西也。彭越皆復亡其所下城,獨將其兵北居河上,常往來為漢游兵擊楚,絕其後糧于梁地。**會軍垓下,追困項王。四面楚歌,夜聞徬徨。騅兮虞兮,悲歌慨慷。不肯東渡,自引天亡。十有二月,自刎烏江**。己亥五年十月,漢王追項羽至固陵,齊王韓信、魏相國彭越皆引兵來。十二月,羽至垓下,兵少食盡,信等以大軍乘之,羽敗,入壁,漢及諸侯兵圍之數重。羽聞漢軍四面皆楚歌,乃大驚曰:"漢皆已得楚乎?是何楚人之多也!"夜起,飲帳中。有美人名虞,常幸從;駿馬名騅,常騎之。於是羽乃悲歌忼慨,自為詩曰:"力拔山兮氣蓋世,時不利兮騅不逝。騅不逝兮可奈何,虞兮虞兮奈若何!"歌數闋,美人和之。泣數行下,左右皆泣,莫能仰視。於是羽乃上馬騎,從八百餘人,直夜潰圍南出,馳走。渡淮,至陰陵,迷失道,問一田父,田父紿曰"左"。左,乃陷大澤中。漢騎將灌嬰追及之。至東城,乃有二十八騎。漢追者數千人。羽引騎依四潰山為陳，謂其騎曰："吾起兵八歲，七十餘戰，未嘗敗北，遂霸天下。今卒困此，此天亡我，非戰之罪也。今日固決死，願為諸君快戰，必潰圍，斬將，令諸君知之。"乃分其騎為四隊，四鄉。漢軍圍之數重。羽令四面騎馳下，期山東為三處。於是大呼馳下，斬漢一將，與其騎會為三處。漢軍不知羽所在，乃分軍為三，復圍之。羽復馳，斬漢一都尉，殺數十百人，復聚其騎，亡其兩騎耳。謂其騎曰："何如？"皆曰："如大王言。"於是羽欲東渡烏江。亭長艤船待，曰："江東雖小，地方千里，眾數十萬，亦足王也。今臣獨有船，願大王急渡。"羽笑曰："籍與江東子弟八千人渡江而西，今無一人還，縱江東父老憐而王我，我獨不愧於心乎？"乃自刎而死。楚地悉定。固陵，地名，在開封府陳州城西北三十里。垓下，堤名，在鳳陽府虹縣西五十里。陰陵，山名，在和州城北八十里。東城，在鳳陽府定遠縣東南五十里。四潰山，在應天府江浦縣西南七十里。烏江，浦名，在和州城北，故烏江縣四里。**六年二月，疏上侯王。勸漢為帝，即位汜陽。**諸侯王皆請尊漢王為皇帝，二月甲午即位于汜水之陽。〇汜水，在山東曹州西南三十里。**詔兵歸籍，**夏五月，兵罷歸家。**西都洛陽。置酒南宮，**南宮，在洛州洛陽縣東北一十六里。**較論興亡。運籌決勝，爰有子房。蕭何鎮撫，餉不絕糧。戰勝攻取，韓信最長。漢有三傑，國乃以昌。范增不用，楚所以亡。**帝置酒洛陽南宮。上曰："徹侯諸將毋敢隱朕，皆言其情。吾所以有天下者何？項氏之所以失天下者何？"高起、王陵對曰："陛下嫚而侮人，項羽仁而愛人。然陛下使人攻城掠地，因以與之，與天下同其利。項羽不然，有功者害之，賢者疑之，戰勝而不予人功，得地而不予人利，此其所以失天下也。"上曰："公知其一，未知其二。夫運籌帷幄之中，決勝千里之外，吾不如子房。填國家，撫百姓，給餉饋，不絕糧道，吾不如蕭何。連百萬之眾，戰必勝，攻必取，吾不如韓信。三者皆人傑，吾能用之，此吾所以取天下者也。項羽有一范增而不能用，此所以為我禽也。"群臣悅服。**帝曰橫來，小侯大王。二客從之，同到尸鄉。義士五百，涕泗沾裳。海島自殺，今有耿光。**田橫者，齊王榮子廣之弟也。廣死，橫自立為齊王。及項羽已滅，田橫懼誅，與其徒屬五百餘人入海，居島中。帝恐其為亂，赦橫罪召之，曰："橫來，大者王，小者乃侯耳；不來，且舉兵加誅焉。"橫乃與其客二人乘傳詣洛陽。至尸鄉廄置，謂其客曰："橫始與漢王俱南面稱孤，今漢王為天子，而橫乃為亡虜，北面事之，其恥固已甚矣。且吾烹人之兄，與其弟併肩而事主，縱彼不動我，獨不愧於心乎？"遂自到，令客奉其頭，從使者馳奏之帝。為流涕，以王禮葬之。二客自到，餘五百人在島中者聞之，亦皆自殺。唐韓愈如東京，道出田橫墓下，感橫義高能得士，因取酒以祭，為文而吊之，其辭曰："事有曠百世而相感者，予不自知其何心，非今世之所希，孰為使余歔欷而不可禁。予既博觀乎天下，曷有庶幾乎？夫子之所為死者不復生，嗟子去此其從誰？當秦氏之敗亂，得一士而可王，何五百人之擾擾而不能脫？夫子于劍鋩，抑所寶之非賢，亦天命之有常。昔闕里之多士，孔聖亦云其遑遑，苟子行之不迷，雖顛沛其何傷！自古死者非一，夫子至今有耿光。跽陳辭而薦酒，魂彷彿而來享。"〇尸鄉，在河南府偃師縣西南五里亳阪之北。島中，在萊州府即墨縣東北一百里，四面環海，去岸二十五里，田橫五百餘人死於此，今名為田橫島。**丁公徇斬，季布為郎。**布，楚人也，為氣任俠有名。于楚，項籍使將兵，數窘漢王。及項羽滅，高祖購求布千金,敢有舍匿,罪及三族。季布匿濮陽周氏,周氏曰:"漢購將軍急,跡且至臣家,將軍能聽臣,臣敢獻計;如不能,願先自剄。"季布許之。迺髡季布,衣褐衣,置廣柳車中,並與其家僮數十人,之魯朱家賣之。朱家心知是季布,迺買而置之田,誡其子曰:"田事聽此奴,必與同食。"朱家乃乘軺車之洛陽見汝陰侯滕公,滕公留朱家飲數日,因謂滕公曰:"季布何大罪?而上求之急也。"滕公曰:"布數為項羽窘上,上怨之,故必欲得之。"朱家曰:"君視季布,何如人也?"曰:"賢者也。"朱家曰:"臣各為其主用,季布為項籍用,職耳。項氏臣可盡誅耶?今上始得天下,獨以己之私怨求一人,何示天下之不廣也?且以季布之賢,而漢求之急如此,此不北走胡,即南走越耳。夫忌壯士以資敵國,此伍子胥所以鞭平王之墓也。君何不從容為上言耶?"汝陰侯滕公心知朱家大俠,意季布匿其所,迺許曰諾。待間,果言如朱家指。上乃赦季布。召見,拜為郎中。季布弟季心以勇,布以諾著聞關中。季布母弟丁公,為楚將,為項羽逐窘高祖彭城西。短兵接,高祖急,顧丁公曰:"兩賢豈相厄哉!"丁公乃還,漢王遂解去。及項王滅,丁公謁見高祖,高祖以丁公徇軍中,曰:"丁公為項王臣不忠,使項王失天下者迺丁公也。"遂斬之,曰:"使後世為人臣者無效丁公也!"齊人婁敬戍隴西,過洛陽,脫輓輅,衣羊裘,因虞將軍見上,曰:"陛下都洛陽,豈欲與周室比隆哉?"上曰:"然。"敬曰:"洛邑,天下之中。有德則易以王,無德則易以亡。夫秦地披山帶河,四塞以為固,卒然有急,百萬之眾可立具也。夫與人鬥,不搤其亢,拊其背,未能全其勝也。今陛下按秦之故地,此亦搤天下之亢而拊其背也。"帝問群臣,群臣皆山東人,爭言:"周王數百年,秦二世即亡。洛陽東有成皋,西有殽、澠,倍河,鄉洛,其固亦足恃也。"上問張良,良曰:"洛陽雖有此固,其中小不過數百里,田地薄,四面受敵,非用武之國也。關中左殽、函,右隴、蜀,沃野千里。南有巴、蜀之饒,北有胡苑之利。阻三面而守,獨以一面東制諸侯,此所謂金城千里,天府之國。敬說是也。"上即日西都關中。拜敬郎中,號奉春君,賜姓劉氏。**功臣何首,土列諸王。**詔定元功位次。皆曰:"曹參,功最多,宜第一。"鄂千秋進曰:"參雖有野戰略地之功,此特一時之事耳。上與楚相距五歲,失軍亡眾,跳身遁者數矣,蕭何常從關中遣軍補其處。又軍無見糧,何轉漕關中,給食不乏。陛下雖數亡山東,何常全關中以待陛下。此萬世之功也。今奈何以一旦之功而加萬世之功哉!何第一,參次之。"上曰:"善!"於是乃賜何帶履上殿,入朝不趨。上曰:"吾聞進賢受上賞。"封千秋為安平侯。○按:元功十八侯位次:酇侯蕭何、平陽侯曹參、宣平侯張敖、絳侯周勃、舞陽侯樊噲、曲陽侯酈商、魯侯奚涓、汝陰侯夏侯嬰、潁陰侯灌嬰、陽陵侯傅寬、武信侯靳歙、安國侯王陵、棘津侯陳武、清河侯王汲、廣平侯薛歐、汾陰侯周昌、陽郡侯丁復、曲成侯蠱達。**始尊太公,為太上皇。**上五日一朝太公,太公家令說曰:"皇帝雖子,人主也;太公雖父,人臣也。奈何令人主拜人臣,而使威重不行乎後。"上朝太公,擁篲迎門,卻行。上大驚,下扶太公,太公曰:"帝,人主,奈何以我亂天下法。"上乃詔尊太公為太上皇,賜家令金五百斤。**群臣諠譁,議起朝房。綿蕞習野,禮異三王。傷生哀死,兩生不行。**帝悉去秦苛儀法,為簡易。群臣飲酒爭功,醉或妄呼,拔劍擊柱,帝益厭之。叔孫通說上曰:"夫儒者難與進取,可與守成。臣願徵魯諸生,共起朝儀。"帝曰:"得無難乎?"通曰:"五帝異樂,三王不同禮。禮者,因時世人情為之節文者也。臣願采古禮與秦儀雜就之。"上曰："可試為之，令易知，度吾所能行者為之。"於是通使徵魯諸生。有兩生不肯行，曰："公所事者且十王，皆面諛以得親貴。今死者未葬，傷者未起，又欲起禮樂。禮樂所由起，積德百年而後可興也。吾不忍為公所為。公去矣，無汙我！"通笑曰："若真鄙儒，不知時變。"遂與所徵及上左右與其弟子百餘人為綿蕞野外。習之月餘，言於上曰："可試觀矣。"上使行禮，曰："吾能為此。"乃使群臣習肄。○綿蕞，徐廣曰："表位標準也。"如淳曰："綿謂置設綿索為習肄處，蕞謂以茅剪植地為纂位，尊卑之次。"韋昭曰："引繩為綿，立表為蕞。"○蕞，音茲會反。魯祀孔子，十二年十二月，過魯，以太牢祀孔子。遊悲故鄉。酒酣擊筑，泣下數行。威加海內，風起雲揚。念猛士兮，蹈舞慨傷。上還過沛，留置酒沛宮，悉召故人父老諸母子弟佐酒，道故舊為笑樂。酒酣，上擊筑自歌曰："大風起兮雲飛揚，威加海內兮歸故鄉，安得猛士兮守四方！"於是起舞，慷慨傷懷，泣數行下，謂沛父兄曰："遊子悲故鄉。吾雖都關中，千秋萬歲後吾魂魄猶思沛。且朕自沛公以誅暴逆，遂有天下，其以沛為朕湯沐邑，復其民，世世無有所與。"○筑，樂器，似琴而大頭，以竹擊之，故名筑。顏師古曰："今筑形似瑟而小細項。"十二年崩，返彼帝鄉。帝性敏達，不事文章。蕭律，蕭何次律令。韓法，韓信申行軍法。程定張蒼，張蒼定章程。叔孫通禮，尊卑有行。日雖未給，規模喬皇。惜也少恩，功臣摧戕。誅信醢越，韓信、彭越。戮淮南王，英布。蕭何下獄，病謝張良。暮年易子，太子盈為人仁弱，帝以為不類己，常欲廢之，立戚姬子如意為太子。國勢倉皇。分羹忍父，孝子心傷。輕士嫚罵，四皓匿亡。四皓：東園公唐秉，字宣明，居園中，因號焉；綺里季朱暉，字文季；夏黃公崔廓，字少通，又名廣，齊人，隱居夏里，因號焉；甪里先生周術，字元道，河內軹人，泰伯之後，號曰霸上先生，一曰甪里先生。以詐以力，治雜霸王。蕭相國何，素善沛公。以文無害，掾主沛豐。為刀筆吏，奇節無稱。光依日月，飛攀赤龍。推轂韓信，足食足兵。收秦圖書，填撫關中。左宗右社，左宗廟，右社稷。規畫崇隆。事不及奏，便宜施行。家私佐軍，言納召平。諸將功狗，何得人功。劍履上殿，佩玉簪纓。勳名絢爛，聲施無窮。卒於酇侯，謚曰文終。酇，秦之縣名，故城在襄陽府光化縣東北漢江上。張良韓人，五世相公。為韓報讎，爰擊祖龍。亡匿下邳，步游從容。履納圯下，書授黃公。聚士往留，道遇沛公。知為天授，遂相屬從。說楚立韓，助沛下宛。嗃利擊懈，謀如環轉。還壩謝鴻，燒棧掎楚。銷印籍箸，封雍耦語。婁敬比議，百二定都。呂澤劫謀，四皓定儲。黃石葆祠，赤松託游。謚曰文成，封終於留。留，秦縣名，故城在徐州沛縣東南二十里。淮陰韓信，食憐漂母。俛出胯下，人笑不武。干羽不用，歸漢棄楚。國士無雙，絳灌羞伍。壇拜大將，風雲聖主。木罌渡軍，魏豹見虜。背水列陣，遂拔趙土。平燕定齊，追項滅楚。赫赫偉伐，克成漢緒。尉用少年，金報漂母。惜不謙讓，挾威震主。兔死狗烹，終詐兒女。今淮安府西有韓信釣臺及漂母祠。陽武陳平，好學家貧。割肉俎上，意己不群。棄走都尉，典漢護軍。六出奇計，捐金行反間，惡草具進楚使，夜出女子解滎陽圍，躡足封韓信，偽遊雲夢，解白登圍。

解難釋紛。安劉誅呂,功與勃分。號稱賢相,爛矣其勳。善終善始,豈非知人。平陽侯參,起於獄掾。遭逢漢興,隨戡秦亂。攻城略地,諸軍之冠。身創七十,功豈一旦。代何為相,守而勿失。載其清寧,民以畫一。周勃木彊,去聲。微時鄙朴。吹簫給喪,吹簫以樂喪,猶今挽歌類也。業織蠶薄。薄,一名曲,月令曰"具曲植",謂勃本以織蠶薄為生業也。材官引彊,能引彊弓官,如今挽彊司馬也。遭逢聖作。每當馳道,當高祖所行之道,即御前之比也。所在克獲。戶食八千,封絳賜爵。厚重少文,大事可託。卒平漢難,謝相歸國。王陵少戇,矯矯虎臣。陵有賢母,幾先識明。仗劍死楚,成子漢名。酈生食其,酈食其,音曆異基。家貧落魄。落魄,志行衰惡之貌,又失業無次也。○魄音託,又音薄。落薄、落託義同。儒冠揖帝,大言不怍。自稱長者,意義磅礴。東規白馬,北距蜚狐。粟即敖倉,險據三塗。項羽破彭越,還,拔滎陽,漢王欲捐成皋以東,而屯鞏、洛以距楚。酈生曰:"王者以民為天,而民以食為天。夫敖倉,天下轉輸久矣,聞其下藏粟甚多。楚拔滎陽,不堅守敖倉,乃引而東,此天所以資漢也。願急進兵,收取滎陽,據敖倉之粟,塞成皋之險,杜太行之道,距飛狐之口,守白馬之津,以示諸侯形制之勢,則天下知所歸矣。"○白馬津,在大名府濬縣西二里黎陽故城之東,又名黎陽津。蜚狐,古地名,今廣昌縣,屬大同府敖倉,在開封府河陰縣北二十里。敖本山名,秦初敖氏築倉於上,因以名山,厥後始皇置太倉於此,故名敖倉。陳留既下,復說齊城。蒯通發難,卒為韓烹。陸生曰賈,兩使南越。千金買裝,五子分得。酒食極欲,十日而更。安車駟馬,歌舞相從。陸賈者,楚人也。以客從高祖定天下,名為有口辯士,居左右,常使諸侯。賜尉陀印為南越王,拜為太中大夫。陸生時時前稱說詩書,高帝罵之曰:"迺公居馬上得之,安事詩書!"陸生曰:"居馬上得之,寧可居馬上治之乎?湯武逆取而順守,文武並用,長久之術也。鄉使秦已並天下,行仁義,法先聖,陛下安得而有之?"帝不懌而有慚色,謂陸生曰:"試為我著秦所以失天下,吾所以得之者何,及古成敗之國。"陸生乃粗述存亡之徵,凡奏十二篇。每奏一篇,帝未嘗不稱善,號其書曰"新語"。孝惠帝時,呂太后用事,畏大臣有口者,陸生自度不能爭之,迺病免家居。以好畤田地善,可以家焉。有五男,迺出所使越得橐中裝賣千金,分其子,子二百金,令為生產。陸生常安車駟馬,從歌舞鼓瑟琴侍者十人,寶劍直百金,謂其子曰:"與汝約:過汝,汝給吾人馬酒食,極欲,十日而更。所死家,得寶劍車騎侍從者。一歲中往來過他客,率不過再三過,數見不鮮,無久慁公為也。"樊噲屠狗,灌嬰販繒。賣交酈況,及夏侯嬰。聖賢影響,龍變雲蒸。俱遭附驥,垂名漢庭。德流子孫,奕葉有聲。況密諸呂紿,呂祿歸北軍,天下謂況賣交。

《四言史徵》卷二,《四庫全書存目叢書》史部291冊,783頁

詠太公

太　公　　　　　　　　　　　　　　　　　（宋）陳　普

山河如許但淒涼，恰似新豐太上皇。千古漢高真磊落，片言脫口幸咸陽。

《全宋詩》卷三六五〇，69冊，43797頁

俎上翁　　　　　　　　　　　　　　　　　（明）陸　粲

廣武城邊列旗鼓，重瞳拔山氣如虎，手提老翁坐高俎，漢王嫚語項王怒，俎上老翁心獨苦。心獨苦，兒不聞，兒言但索杯中羹。兒自生，翁自死。三軍縞素為何人，幸有君臣無父子。君不見當日陰山沙磧中，胡兒鳴鏑親射翁。

《列朝詩集》丁集卷三，第八冊，4019頁

恩賜勝覽錄　　　　　　　　　　　　　　　（明）朱誠泳

新豐，蓋象豐也。漢高斯舉，其亦孝矣。予經是地，而聞雞鳴犬吠之聲，儼有太平氣象，第未知太公當日果不思豐否？亦不知新豐市上，猶有斗酒濯足者乎？因成一詩，以寫興云

人從生處偏為樂，莫怪他鄉惱太公。眼底江山雖是漢，夢中桑梓尚憐豐。亭臺風景元無異，雞犬人家也自同。却笑狂夫雙足垢，瓦盆盛酒氣如虹。

《小鳴稿》卷一〇，《陝西古代文獻集成》第17輯，240頁

新　豐　　　　　　　　　　　　　　　　　（清）王士禛

寒煙漠漠新豐樹，渭水東流西日暮。枌榆舊社土花平，今古行人自來去。

《漁洋續詩集》卷三，《王士禛全集》第一冊，738頁

詠史小樂府三十首己未(其十四)　　　　　　（清）沈家本

太上加尊號，何煩擁篲迎。雙甫加令錫，愧殺漢公卿。

《枕碧樓偶存稿》卷七,《清代詩文集彙編》745冊,486頁

劉 媼

(元)宋 无

媼感蛟龍遂有娠,信知物怪產真人。帝王徵應雖然異,生季元繇大澤神。

《史記》,高帝父無名,曰太公,母曰劉媼。《高祖本紀》:其諱邦,字季。媼嘗息大澤之陂,夢與神遇,雷電晦冥。父太公往視,則見蛟龍於其上,已而有身,遂產高祖。班固不敘字季,亦不書父太公、母劉媼,直云"母媼嘗息大澤之陂,夢與神遇,父太公往視之,則見交龍於上"。此班固刊正之也,且刪去劉字,直曰母媼,恐疑於同姓也。《史記》曰"母劉媼",繫夫姓而言也。舒子曰:"信如斯言,則媼感神物而生季,季非太公之子也明矣。太史公欲神異王者之生,乃辱之也,陶唐之裔至此失其統矣。"

《全元詩》第19冊,414頁

詠漢臣 附王陵母

廢丘山　　　　　　　　　　　　　　　（唐）胡　曾

此水雖非禹鑿開，廢丘山下重縈迴。莫言只解東流去，曾使章邯自殺來。

《全唐詩》卷六四七，19冊，7435頁

侯　生　　　　　　　　　　　　　　　（宋）洪　适

淮陰束手九江閑，誰信功成頰舌間。不惜鴻溝分二國，太公今日得生還。

《全宋詩》卷二〇八六，37冊，23419頁

侯　公　　　　　　　　　　　　　　　（清）王龍文

歸得上皇敵騎中，當年平國屬侯公。此行原不為封賞，省却分羹烹若翁。

《平養詩存》卷下，《清代詩文集彙編》790冊，357頁

仲　山　　　　　　　　　　　　　　　（唐）唐彥謙

高祖兄仲隱居之所。

千載遺蹤寄薜蘿，沛中鄉里舊山河。長陵亦是閑丘隴，異日誰知與仲多。

《全唐詩》卷六七二，20冊，7684頁

周苛、紀信　　　　　　　　　　　　　（唐）周　曇

為主堅能不顧身，赴湯蹈火見忠臣。後來邦國論心義，誰是君王出熱人。

《全唐詩》卷七二九，21冊，8353頁

滎　陽　　　　　　　　　　　　　　　（唐）胡　曾

漢祖東征屈未伸，滎陽失律紀生焚。當時天下方龍戰，誰為將軍作誄文。

《全唐詩》卷六四七，19冊，7429頁

滎陽懷古 　　　　　　　　　　　（宋）王禹偁

紀信生降為沛公，草荒孤壘想英風。漢家青史緣何事，却道蕭何第一功。

《全宋詩》卷六四，2冊，707頁

題紀太尉廟 　　　　　　　　　　　（宋）文彥博

死節古來雖有矣，大都死節少如公。惟圖救主重圍內，不憚焚身烈焰中。龍準有因方脫禍，猴冠無計復爭雄。如何置酒咸陽會，只說蕭何第一功。

《全宋詩》卷二七四，6冊，3501頁

題紀信廟 　　　　　　　　　　　（宋）祖無擇

漢祖臨危日，將軍獨奪功。一身雖是詐，萬古盡言忠。樹老風聲澀，天寒景色空。我來觀廟貌，無語對村翁。

《全宋詩》卷三五七，7冊，4422頁

寄題紀信廟 　　　　　　　　　　（宋）吳則禮

晉州有塚。

貌齊隆準伏危機，辦為君王解急圍。楚炬無情燎黃屋，晉城有土瘞遺衣。功名不與山河誓，義烈終同日月輝。新廟落成牲醴盛，千年魂魄想依依。

《全宋詩》卷一二六九，21冊，14312頁

讀《紀信傳》 　　　　　　　　　　（金）段繼昌

鹿走中原兩虎爭，滎陽圍解事堪驚。當時拔劍論功者，矢口何人說紀生。

《全金詩》，《全遼金詩》上冊，753頁

紀　信 　　　　　　　　　　　　（元）徐　鈞

誑楚言降樂受烹，重圍得脫漢基成。論封無爵死無傳，幸有唐碑為發明。

《全元詩》第7冊，284頁

詠　史　　　　　　　　　　　　　（元）趙孟頫

酒酣斫劍氣如雲，屠狗吹簫盡策勳。漢室功臣誰第一，黃金合鑄紀將軍。

《全元詩》第 17 冊，247 頁

紀信歎　　　　　　　　　　　　（元）周　權

沛中龍奮芒碭雲，咸陽楚炬三月焚。兩雄角起鹿在野，三戶有楚無強秦。貔貅百萬紛如雪，戈矛盡染英雄血。旗旄曉蔽天河雲，兵塵夜暗中原月。滎陽數載戰不休，重圍食盡漢亦憂。將軍詐帝出降楚，脫帝虎口真良籌。無何諸將已平楚，事定論功裂茅土。獨無旌美到將軍，不得褒名紀盟府。男兒死節志已酬，瞑目地下夫何求。籲嗟功怨俱悠悠，漢廷雍齒還封侯。

《全元詩》第 30 冊，40 頁

寄題紀信廟　　　　　　　　　　（元）吳師道

貌齊隆準伏危機，辦為君王解急圍。楚炬無情燎黃屋，晉城有土瘞遺衣。功名不與山河誓，義烈終同日月輝。新廟落成牲醴盛，千年魂魄想依依。

《全元詩》第 32 冊，92 頁

讀《紀信將軍傳》　　　　　　　（元）張　庸

落日黃，長庚白，將軍虎嘯風格格。不分赤龍子，翻被沐猴阨。身作降王竟東往，已覺三垂非楚壤。沐猴豈解識天機，赤龍孰肯投人網。空把英雄骨，灼爍飛炎埃。寧知煙燼中，丹心幾曾灰。嗚呼！將軍之忠冠千古，生不封侯那足數。一編青史後人看，蕪沒韓彭舊茅土。

《全元詩》第 54 冊，85 頁

《紀信詐降圖》　　　　　　　　（明）錢子正

萬里山河漢業隆，滎陽失勢計將窮。黃金空付陳平用，鑄印誰鐫紀信功。

《綠苔軒集》三，《三華集》卷三，影印文淵閣《四庫全書》1372 冊，56 頁

滎陽行　　（明）唐順之

滎陽軍壘高嵯峨，楚、漢之戰何其多。已向廒倉奪芻粟，還臨鴻水割山河。大小一百一十戰，組練崢嶸如閃電。存亡呼吸那可知，主客縱橫忽然變。英姿烈烈紀將軍，志不可奪身可焚。城西夜半赤帝走，獨載黃屋開東門。漢家社稷蕭曹力，殺身衛主誰能識。君不見丹書白馬勒元功，吹簫屠狗俱開國。

《唐順之集》卷一，上冊，24 頁

滎陽懷古　　（明）李昌祺

廣武城邊古戰場，漢高曾此割封疆。若無紀信乘黃屋，縱有蕭韓事叵量。

《運甓漫稿》卷六，影印文淵閣《四庫全書》1242 冊，508 頁

詠史一百首（其三十六）　　（明）謝肇淛

劉項逐秦鹿，雌雄猶未分。黑雲壓滎陽，四面皆楚氛。帷幄失計士，蹶張徒紛紛。何人乘黃屋？東城誑敵軍。黃塵蔽白日，驚失蛟龍群。帝子出虎穴，微軀待烹焚。七尺捐報主，明廷寧論勳？徹侯及雍齒，野鬼啼秋雲。

《小草齋詩集》卷六，《小草齋集》上冊，711 頁

紀將軍祠滎陽　　（清）王士禛

東門黃屋競傳呼，從此咸陽入地圖。若遣封侯身不死，也須鐘室避娥姁。

《蠶尾續詩集》卷四，《王士禛全集》第二冊，1281 頁

自河南入關，所經皆秦、漢舊跡，車中無事，因仿香山新樂府體，率成十章·滎陽城　　（清）洪亮吉

滎陽城，高百尺，因阜築城如鐵色。漢王夜出城西門，滎陽以東屬楚人。惜哉一鹿抵死爭，食肉不足思分羹！當時若翁幸不烹，乃火紀信燔周生。嗟嗟兩烈士，殉主亦殉名！我行天下歷州七，奇險無若滎陽城。君不見，滎陽城，值太平；排百雉，無一兵。司關午臥門掩扇，百戰古城今下縣。

《卷施閣詩》卷二，《洪亮吉集》第二冊，502 頁

紀　信　　　　　　　　　　　　　　　　　　　　（清）羅惇衍

蜀人。官將軍，滎陽圍急，僞為高祖降楚，項羽燒殺之。

未能騅馬蹶烏江，黃屋先乘誑漢降。豈特殉劉心不二，應同蹙項士無雙。太公終踐刀環約，亞父空矜斗劍撞。異代韓成齊廟祀，鄱陽湖水倍淙淙。

《集義軒詠史詩鈔校證》卷六，第一册，150頁

纪信祠　　　　　　　　　　　　　　　　　　　　（清）王　軒

鮑魚臭閉蛇流血，兩虎鴻溝事未決。伏弩飛陷赤帝胸，炎劉鼎基幾再蹶。天下紛紛吾兩人，斗智斗力雌雄分。若翁危作碪上肉，丕子險成釜底薪。滎陽夜半歡聲震，左纛黃屋親輿櫬。肯將脱厄酬丁公，判使誑軍殉紀信。未央擊柱爭論功，焦頭爛額皆英雄。奇節寧殊何第一，大名直并韓無雙。舊國荒祠換歌舞，冕旒蕭颯靈衣舉。忠魂不共阿房灰，應化長陵一抔土。

《槖經廬詩集》卷四，《續尤西堂擬明史樂府》（外二種），139頁

南充詠古三首·紀信　　　　　　　　　　　　　　（清）易順鼎

漢家《列侯表》，蜀國《耆舊傳》。斯人竟無徵，佚史應有間。忠名自難没，萬古傳愚賤。後死謝韓、彭，封王祇爲患。

《琴志樓詩集》卷六，第二册，295頁

紀信詐帝《史記》　　　　　　　　　　　　　　　（清）田依渠

高帝困滎陽，誰能誑楚王，呼降甘效死，紀信是忠良。

《茹古山房讀史餘吟》卷四，《清代詩文集彙編》639册，660頁

詠史小樂府三十首己未（其九）　　　　　　　　　（清）沈家本

帶礪功臣誓，偏遺紀信名。中山留片土，猶識漢時城。《史記·高祖功臣侯者年表》高梁侯酈疥，食其子；高景侯周成，苛子；襄平侯紀通，成子，並以父死事封，而紀信獨末聞，蓋無子故也。《定州志》有紀信城，在州南五十里，云是漢高帝築以封紀信者。豈如綿上之田，以旌善人邪？書闕有間，僅見於一邑志乘，恐古事之類是者，其湮没多矣。《靈壽縣志》：紀信臺在縣東十里，高五六丈，有紀信廟。

《枕碧樓偶存稿》卷七，《清代詩文集彙編》745 冊，486 頁

紀　　信　　　　　　　　　　　　（清）王龍文

誰知潛騎入成皋，黃屋翩翩纛羽旄。漢主自生臣自死，權將太岱易鴻毛。

《平養堂詩存》卷下，《清代詩文集彙編》790 冊，358 頁

王　　陵　　　　　　　　　　　　（元）李齊賢

當時王呂議難勝，他日安劉力可能。慈母一言今在耳，不因存沒負長陵。

《全元詩》第 33 冊，366 頁

王　　陵　　　　　　　　　　　　（明）宣宗朱瞻基

嬴祚既以終，干戈擾中土。王陵沛之豪，少與高祖故。聚黨居南陽，初亦未相附。從容乃來歸，遂結金石固。項籍徒見招，終不事兩主。當時識長者，況復有賢母。功成封安國，伉直行有素。後來牝雞晨，而欲王諸呂。斯人獨持正，義氣激環宇。同朝孰同心，卒以危言迕。太傅歸杜門，忿切不得語。安劉亦徼幸，平勃未足數。吾惟重斯人，松栢凌寒暑。

《大明宣宗皇帝御制集》卷一八，《四庫全書存目叢書》集部 24 冊，195 頁

王　　陵　　　　　　　　　　　　（清）羅惇衍

沛人。高祖時，封為安國侯。惠帝時，官右丞相。後呂后遷為太傅，謝病免官。十年而卒，諡曰"懿"。

同相宜爭異姓王，盟刑白馬永毋忘。縱曾侯晚封安國，不改交深有什邡。賢母知興明正統，大臣好懿振頹綱。莫嘲任氣言多直，自古朝廷戒括囊。

《集義軒詠史詩鈔校證》卷六，第一冊，176 頁

補禹門兩漢詠史小詩(其九)　　　　（清）梁運昌

莫道王陵憨，無人心與齊。廷爭俱若此，猶足憚晨雞。

《秋竹齋詩存》卷二，《清代诗文汇编》499 册，13 頁

王陵爭

(清)皮錫瑞

非劉氏不王,非有功不侯。高帝喋血盟,諸君曾在不?諸君背約欲阿意,地下何面見高帝。當時盡若王陵爭,安劉何用勃與平。諸劉削弱諸呂王,慷慨獨有朱虛章。龍子作事真非常,淮南乃能誅辟陽。

《師伏堂詠史》,《清代詩文集彙編》772 冊,311 頁

《陵母伏劍圖》

(元)張伯淳

陵母不顧身,勉子為臣忠。嫡壯子母行,顧以令名終。漢家四百載,節義將毋同。全身辱名嗜,媿死丈夫雄。

《全元詩》第 11 冊,204 頁

題《陵母伏劍圖》

(元)張伯淳

忠臣孝子本同門,沙漠茫茫自靖身。可恨投鞍忘大義,安知伏劍是何人。

《全元詩》第 11 冊,215 頁

陵母墓

(元)陳孚

太傅勳名半紙殘,百年人子痛如山。緣何方寸非徐庶,忍死慈親一劍間。

《全元詩》第 18 冊,359 頁

《王陵母伏劍圖》

(元)胡助

寬仁必起暴終傾,多少英雄見不明。一死翻成男子事,千年生氣尚崢嶸。

《全元詩》第 29 冊,126 頁

陵母墓

(明)陳薦夫

草昧誰人識廢興,劍光如雪氣憑陵。可憐一帝青山裏,寂莫荒墳愧范增。

《水明樓集》卷八,《四庫全書存目叢書》集部 176 冊,407 頁

陵母伏劍 《史記》　　　　　　　　　　　　　　　（清）田依渠

教兒事漢王,毋以我為念。但不知王陵,曾否方寸亂。

《茹古山房讀史餘吟》卷二,《清代詩文集彙編》639 冊,646 頁

饒郡十詠·番君廟　　　　　　　　　　　　　　（明）孫　瑀

德被番陽幾歲華,因時鼎沸建高牙。景從關陝二千旅,保障江湖百萬家。去國民思秦令尹,分茅王□漢長沙。至今廟祀梅侯配,麾下論功墭亦佳。

《歲寒集》卷下,《四庫全書存目叢書》集部 31 冊,48 頁

雍齒先侯 《史記》　　　　　　　　　　　　　　　（清）田依渠

涉中不復語,相賀群臣喜。雍齒且封侯,吾當無患矣。

《茹古山房讀史餘吟》卷二,《清代詩文集彙編》639 冊,645 頁

梅　鋗　　　　　　　　　　　　　　　　　　　（清）羅惇衍

其先越王勾踐後,避楚,走丹陽皋鄉,更姓梅氏。秦時,鋗徙居南海,為長沙王吳芮將。高祖封為臺侯。

嶺梅圍遍故侯家,欲訪侯門姓即花。守將衆曾留大庾,封王身又佐長沙。英風遠代聞薪膽,昔日興朝念爪牙。萬樹寒香開不斷,枝南枝北影橫斜。

《集義軒詠史詩鈔校證》卷六,第一冊,164 頁

詞

水調歌頭·擬饒州法曹掾作　　　（宋）毛滂

金馬空故事,方朔漫多端。三千牘在,玉殿何日賜清閒。難戀長安鐘漏,誰借青雲咳唾,拂袖且東還。笑殺長纓使,復轉出秦關。　吾道在,雖不遇,面何慚。雒陽年少,高論難與絳侯談。富貴暫饒先手,唏盡草頭秋露,掩鼻出東山。且飽鯨魚膾,風月過江南。

《全宋詞》第二冊,674 頁

何滿子·弔古戰場　　　（清）汪價

金鎖甲拋苦雨,綠沉鎗臥蒼苔。廣武山頭枯骨滿,敖倉粟米空堆。枉說鴻溝曾割,只今阨塞誰開。　楚漢英雄如夢,韓彭功業成灰。虞戚兩姬妾安在哉。千古興亡遺恨,結成怨霧愁霾。

《全清詞》順康卷第一冊,490 頁

喜遷鶯·長安弔古　　　（清）張綱孫

秦關何處,看衰草飛煙,古今難滅。斑鬢蕭蕭,高歌擊築。千載羽聲悲切。堪嘆咸陽一火,灰了祖龍帝業。怎忍見、那渭城灞水,漢家明月。　淒絕。回首處、舊日園陵,蒼老棠梨結。池畔留裙,坡邊遺襪,舊事有誰能說。為問館槐宮柳,經過幾番霜雪。清淚灑,聽西風蕭颯,寒蟬嗚咽。

《全清詞》順康卷第三冊,1585 頁

金人捧露盤·咸陽懷古　　　（清）褚偉

據秦州,抱隴塞,扼函關。幾英豪、雄視人寰。阿房一炬,紫煙經月爐驪山。漢家事業,葳蕤著、史馬書班。　玉杯覆,雲亭杳,金屋冷,曉鐘殘。仙莖露、空滿銅盤。五陵無樹,實簾飛燕出人間。秋風裏,浩歌驢背,回首長安。

《全清詞》順康卷第六冊,3407 頁

金人捧露盤 · 詠漢史　　（清）陳維崧

憶金莖，仙人掌，柏梁臺。見茂陵、秋水啣杯。樓船畫鼓，浩歌商曲帝王才。昆明池上，話全盛、織女徘徊。　　到如今，唯明月，秋聲遠，渭聲來。奈年年、風色相催。盤中玉瀣，和成珠淚爲君開。蕭條伊洛，亦誰在、古道崔嵬。

《全清詞》順康卷第七冊，4292 頁

前調（西江月）· 詠史　　（清）王士禎

漢武史稱大略，隴西家世名流。次公已作岸頭侯，飛將數奇不偶。　　昔日人奴笞罵，長安甲第雲浮。龍鱗鶴尾鐵兜鍪。笑謂鉗徒有口。

《全清詞》順康卷第一一冊，6557 頁

前調（采桑子）· 漢宮　　（清）孔傳誌

帳中舞罷延年妹，帶斷流蘇。香老薇蕪。夢室更衣喚子夫。　　他年燕啄王孫後，宮樹凋枯。別換新都。留取昭君出塞圖。

《全清詞》順康卷補編第四冊，2131 頁

前調（踏莎行）· 閱史有懷（之一）　　（清）姚大禎

自古名山，能留隱士。赤松仙老留侯致。避秦原是爲桃源，秦家失鹿何人制。　　呂后陰謀，慘傷人彘。宮中奇亂還多事。犯座客星一釣翁，雲臺不及湘江水。

《全清詞》順康卷補編第四冊，2430 頁

滿江紅 · 咸陽懷古　　（清）左紹佐

去矣銅仙，回首地、可憐歌舞。誰更問，人間金椀，漢家陵墓。韋曲園亭都不見，章臺楊柳無尋處。聽幾聲，夕鳥下平蕪，斜陽墓。　　成與敗，鴻門怒。恩與怨，長門妒。儘茫茫，青史一抔之土。渭水東流兼涕淚，陽關西出懷親故。算南山、堆起萬重愁，朝天訴。

《竹勿齋詞鈔》，《清詞珍本叢刊》第一八冊，111 頁

滿江紅·邯鄲

(清)膚道人

十載緇塵,已老我、頭顱如許。閒駐馬,荒祠憑眺,奇愁萬古。湘水有情悲屈賈,故人無命哀稽呂。縱黃金,可就藥能成,終何補。　瑤池宴,悲王母。輪臺悔,懷漢武。勸先生休矣,神仙何處。紫府翻成鯨浪窟,丹霄無限蠶蝥阻。算不如,稽首禮空王,栖淨土。

《石琴集》,《清詞珍本叢刊》第二一冊,141 頁

酹江月·漢王陵

(明)李汛

祖龍客死,秦二世鹿走中原無主。泗上真人提尺劍,馬上江山盡取。崛起匹夫,貴為天子,四海歸雄武。詩書安用,罵殺儒生迂腐。　群臣北面如狼,爭功拔劍,擊碎彤庭柱。當時不是叔孫禮,怎得朝綱濟楚。往事悠悠,世更物換,只有長陵土。離離衰草,一例仲山煙雨。

《全明詞》第二冊,578 頁

如夢令·詠忍(之二)

(明)李汛

忍有三義,故疊其詞以發之。

劉項雌雄何處。正在忍之一字。不忍苦秦苛,約法三章而已。無計。無計。卻忍咸陽火熾。

《全明詞》第二冊,584 頁

前調(滿江紅)·詠古·斬蛇劍

(清)徐籀

吳鐵雙飛,威神動、山川摧裂。頻戰鬥、生靈草菅,孰如秦末。漫擬書焚鉗萬口,不禁三楚興豪傑。致蒼穹、厭亂待驅除,生陳涉。　咸陽火,連三月。長城土,空千疊。聽澤中宵哭,漫成悲咽。夜飲鴻門眥盡裂,夾溝塵起鋒相接。究收功、蜀漢巧居ㄓ,成王業。

《全清詞》順康卷第一冊,198 頁

前調(點絳唇)·沛上懷古

(清)曹爾堪

禾黍風清,亂山高下共憑吊。龍吟虎嘯。絳灌由屠釣。　轉眼興亡,陵闕餘殘燒。誰能料。漢家遺廟。明月依然照。

《全清詞》順康卷第三冊,1297 頁

滿江紅·白登懷古

(清)馮雲驤

倚劍登臺,凝眸處、蒼然懷古。想昔日、英威漢帝馳驅寰宇。紫塞飛沙黃屋震,黑山嘶馬紅旗怒。剩斷戈、空壘吊斜陽,銷塵土。　柳凋落,長城路。楓蕭瑟,兵爭處。惟殘鴉朝噪,野狐夜語。華表鶴歸城郭改,鼎湖龍老風雲去。望南郊、秋色鎖孤墩,咽如縷。

《全清詞》順康卷第五冊,2765頁

蘇幕遮

(清)楊在浦

臨城鵓鴿井,漢高被項羽騎追逃處,以鴿集得免。井址尚存,爲賦古懷。

黃埃漫,青草苾。枯井荒甃,傳有鴿棲匹。五色龍文度劫日。禽鳥多情,還護奔追躋。　芒碭雲,顯靈軼。赤帝天生,原多神鬼隰。叱咤射鴻箭空失。毛羽飛飛,共笑重瞳率。

《全清詞》順康卷第六冊,3590頁

前調(滿江紅)·汴京懷古十首·廣武山

(清)陳維崧

洩汜水敖倉,是楚漢、提戈邊界。想昔日、名姬駿馬,英雄梗概。滎澤波痕寒疊雪,成皋山色愁凝黛。歎從來、豎子易成名,今安在。　俎上肉,何無賴。鴻門鬥,真難耐。算野花斷鏃,幾更年代。秦鹿詎爲劉季死,楚猴甘受周苛賣。笑紛紛、青史論都訛,因成敗。

《全清詞》順康卷第七冊,4023頁

采桑子·徐州懷古

(清)趙吉士

彭城自古興王地,臺紀歌風。遺恨無窮。今日何人吊沛公。　荒沙落日河聲壯,芒碭山空。何處新豐。衰草寒煙是故宮。

《全清詞》順康卷第九冊,5049頁

前調(虞美人)·臨城道中

(清)趙吉士

殘秋作意催歸客。落木聲蕭瑟。孤城橫鎖太行山。百折千蟠直接,井陘關。　我來此地衝寒過。一片西風大。井旁鵓鴿舊留蹤。遙指漢高原廟,夕陽中。臨城有鵓鴿井,即漢高祖避難處，旁有高祖廟。

《全清詞》順康卷第九冊，5066 頁

百字令·彭城經漢高祖廟作 （清）朱彝尊

歌風亭長，剩三楹遺廟，斷垣摧棟。芒碭雲霾銷已盡，惟見馬頭山擁。逐鹿人亡，斬蛇溝冷，一片閒丘隴。綵幡斜掛，綠楊絲裏飄動。　贏得割據羣雄，六朝五季，各自誇龍種。魂魄千秋還此地，人彘野雞誰共。社古枌榆，村遙巫覡，孰管神迎送。行人憑吊，看來終勝劉仲。

《全清詞》順康卷第九冊，5285 頁

漢宮春·漢高祖 （清）周斯盛

碭頂雲浮，正秦庭鹿誤，沛澤蛇開。多少羣雄羣力，爲乃公來。咸陽火熄，金刀利、騅馬屼驢。歌一曲，大風遊子，故鄉富貴雄哉。　說甚野中綿蕞，把一朝儀注，草草安排。卻教新豐老子，擁篲相陪。腐儒不出，早參透、禮樂難裁。真豁達，看頡羹壞恨，更與仲較家財。

《全清詞》順康卷第一二冊，6951 頁

點絳唇·滎陽雜詠楚漢間事（之二） （清）紀邁宜

鼎上分羹，當年効策誰為此。忍棄天倫，業就顏多泚。　曷若卑辭，亟遣祈迎使。翁歸矣。整師重起。勝築新豐裏。

《全清詞》順康卷補編第四冊，2481 頁

前調（踏莎行）·讀《漢高祖記》 （清）張玉轂

秦鹿得來，楚猴亡去。真人天使乘龍御。所嫌分我一杯羹，有乖竊負而逃語。仗劍心雄，藏弓才妬。大風歌罷應知誤。三章約法卻寬仁，能開四百炎劉祚。

《全清詞》雍乾卷第七冊，4028 頁

沁園春 （清）張九鉞

汜水城內有高臺，俗號祖師廟。考《班史》，即漢高祖所築成皋臺，召幸薄太后處。

血戰方殷,底事成皋,匆匆築臺。想敖倉已據,登臨指顧,太行未塞,遙望徘徊。龍種將成,蛾眉不妒,應有蒼龍據腹來。炎精振,是天生隆準,那用郊禖。　　孤標直聳城隈。裹薜荔斜陽古翠堆。眺黃河洶湧,風雲猶壯,武牢娟秀,粉黛如開。鐵鼎霏香,丹宮洗雨,漢帝祠名署也該。稽班史,笑荒唐神號,長瘱塵埃。

《全清詞》雍乾卷第七冊,4124 頁

壺中天‧泗上亭懷古　　（清）陳　朗

案《括地誌》,舊有漢高祖廟,今無之。

村謳漁笛,望平蕪葅豆,湮於風雨。萬歲千秋祠宇泯,魂魄應思鄉土。芒碭山高,枌榆社冷,渺渺秋原路。沛宮何處,夕陽衰草如許。　　遙想白帝中分,烏江頭斷,一掃無秦楚。天錫望持三尺劍,不使生民無主。會甄還留,高歌置酒,意氣真千古。雄圖休矣,交龍雲盡飛去。

《全清詞》雍乾卷第八冊,4332 頁

前調(贊浦子)‧漢高祖置酒沛宮　　（清）張　塤

垂老功臣別,當歌曲燕逢。今日招諸父,高臺正大風。　　三尺劍橫天下,百年人憶新豐。遊子多鄉思,天涯繞故宮。

《全清詞》雍乾卷第九冊,4840 頁

如此江山‧歌風臺懷古　　（清）江　立

故鄉留得新豐市,舊時翠華曾駐。父老歡呼,英雄零落,只剩歌兒舞女。飛雲來去。盡長嘯悲歌,氣吞秦楚。轉首銷磨,荒臺埋沒斷垣路。　　因思興廢幻夢,任嬴顛項蹶,總無憑據。青繞芒山,黃通淮水,空惹征人弔古。登臨四顧。但下馬跼蹐,亂鴉催暮。忽起秋風,一聲聲在樹。

《全清詞》雍乾卷第九冊,5041 頁

齊天樂‧彭城懷古十二首‧歌風亭　　（清）陳　燮

酒酣繫築歌聲起,依稀昔時亭長。道舊驪然,傷懷泣下,萬歲千秋無恙。天風駘宕。問虎嘯何年,龍興何狀。習俗兒童,只今留得遏雲響。　　天生猛士有幾,歎韓彭族矣,轉增疑謗。鹿走中原,狗烹末路,陛下真能將將。孫曾頇頏。有驃騎旌旗,樓船波浪。瓠子秋風,放懷同俛仰。

《全清詞》雍乾卷第一一冊,6012頁

江神子·題紀將軍廟　　（清）孫致彌

靈風蕭颯古祠幽。倚荒丘。枕寒流。曾記滎陽,黃屋早安劉。綰綈黥彭誰不死,君一死,獨千秋。　　楚歌聲斷楚江頭。地全收。恨才休。何事高皇,恩薄未相酬。須信英雄拚報國,原不為,覓封侯。

《全清詞》順康卷第一四冊,第8147頁

點絳唇·滎陽雜詠楚、漢間事（之四）　　（清）紀邁宜

兵虮城瑕,詐降黃屋東門出。爭看傳呼,乘間君王逸。　　漢祚能綿,功自先平勃。傳四百。臣心已畢。一死真相直。

《全清詞》順康卷補編第四冊,2481頁

沁園春·與滎澤諸子夜遊廣武山, 仍用前韻,各賦一闋　　（清）王汝璧

送將歸兮,臨水登山,未為不然。與二三子者,縱觀古壘,百千年下,憑吊荒原。兩腋風生,一鞭電掣,不覺生衣馬上單。迴頭望,正酒旗低掛,老柳西邊。　　平生蠟屐情牽。笑一諾山靈未了緣。看長河似帶,高雲漭沆,遠峰如髻,小玉嬋娟。月冷敖倉,沙沉鴻塹,赤帝當年此入關。森然拜,是紀公遺廟,碧火蒼煙。

《全清詞》雍乾卷第四冊,2290頁

洞仙歌　　（清）王汝璧

滎陽舊城西有漢紀信墓碑,唐盧藏用八分書。予跡得之,亟揭數本,文字雄奇,完整可愛。碑陰載耕者得古石,螭首龍文,髣佛生動,非世工所為,遂刊勒斯頌云云,餘漫漶不可讀。紀公漢無封恤,殆不可曉,疑班、馬闕略云。

桓桓偉烈,論奇勳誰似。天下英雄一人耳。看蚪文鬥篆、嶽色雷聲,怳惚見,黃屋當年帝子。　　酬庸寧弗及,火伏龍飛,詎比蛇亡介山死。史闕久傳疑、天遣雙螭,撼一片、河山英氣。若不是、精魂永維持,甚獵獵員員、黝然如此。

《全清詞》雍乾卷第四冊,2291頁

曲

〔中呂〕山坡羊·未央懷古

(元)張養浩

三傑當日。俱曾此地。殷勤納諫論興廢。見遺基。怎不傷悲。山河猶帶英雄氣。試上最高處閑坐地。東。也在圖畫裏。西。也在圖畫裏。

《全元散曲》上冊,438頁

〔雙調〕壽陽曲·懷古

(元)李愛山

項羽爭雄霸。劉邦起戰伐。白奪成四百年漢朝天下。世衰也漢家屬了晉家。則落的漁樵人一場閒話。

《全元散曲》下冊,1186頁

〔中呂〕朝天曲

(元)薛昂夫

沛公。大風。也得文章用。卻教猛士歎良弓。多了遊雲夢。駕馭英雄。能擒能縱。無人出彀中。後宮。外宗。險把炎劉並。

《全元散曲》上冊,704頁

〔南越調浪淘沙〕慨世

(明)王問

劉項割鴻溝。用盡機謀。將臺高築拜韓侯。雲夢偽遊烹走狗。著什麼來由。

《全明散曲》第二冊,1739頁

〔北中呂朝天子〕述古人

(明)無名氏

楚王。漢王。祖龍死煙塵蕩。鴻門會上那一場。得用也英雄將。先到咸陽。為君為相。斬白蛇應上蒼。韓侯。智量。子房共蕭丞相。

《全明散曲》第四冊,4779頁

〔南中呂駐雲飛〕（之五） （清）俞　越

隆準重瞳，虎鬥龍爭一代中。掘透驪山洞，劃斷鴻溝縫。嗏，豎子與英雄，都歸春夢。廣武登臨，空惹窮途慟，君不見楚、漢雌雄總是空。

《全清散曲》中冊，1599 頁

呂太后本紀

一 詩

呂太后本紀　　　　　　　　　　（唐）司馬貞

高祖猶微，呂氏作妃。及正軒掖，尚私食其。志懷安忍，情挾猜疑。置鴆齊悼，殘戮戚姬。孝惠崩殂，其哭不悲。諸呂用事，天下示私。大臣葅醢，支孽芟夷。禍盈斯驗，蒼狗爲災。

《史記索隱》卷二九，458頁

補禹門兩漢詠史小詩（其三、四、十七）　　　（清）梁運昌

可憐族韓、彭，毒手出呂雉。吾知呂嬃讒，必曰立如意。

哭子自可哀，何故泣不下。向來戮功臣，到此未免怕。

明言惠後宮，殺母名其子。將相用陰謀，一切謂非是。

《秋竹齋詩存》卷二，《清代詩文集彙編》499冊，13頁、14頁

續補禹門兩漢詠史小詩四十章（其一）　　　（清）梁運昌

漢王壯盛時，憐妾能楚舞。無事日夜啼，誰知春是苦。

《秋竹齋詩存》卷二，《清代詩文集彙編》499冊，15頁

鐘　　室　　　　　　　　　　　　（清）張　琛

鐘室斑斑血點心，牝雞咿喔竟司晨。不能少緩淮陰死，深恐安劉更有人。

《日鋤齋詩集·缶音》，《清代詩文集彙編》483冊，660頁

觀人彘　　　　　　　　　　　　（清）皮錫瑞

子鴻鵠，母也雉。子蒼狗，母也彘。雉與鴻鵠方高翔，彘與蒼狗能無殃？淑妃蕭世爲貓，昭儀武世爲鼠，唐宮貓不如漢宮狗。狗也能衝雉之肘，《關雎》不作多妒婦，曹家驚鴻糠塞口。

《師伏堂詠史》，《清代詩文集彙編》772冊，311頁

一姬亡　　　　　　　　　　　　（清）皮錫瑞

一姬亡復一姬進，持兵救姬臣所吝。倢伃上殿能當熊，何虞野彘入廁中。賈姬亡固不足惜，未若引却夫人席。野彘之患猶區區，陛下不見人彘乎？

《師伏堂詠史》，《清代詩文集彙編》772冊，311頁

孝惠皇帝　　　　　　　　　　　　（清）葛　震

惠帝仁弱，呂后日凶。酖趙如意，人彘廁中。帝悲廢事，七年而崩。

《詩史》卷二，《四庫全書存目叢書》史部291冊，617頁

孝惠皇帝　　　　　　　　　　　（清）葛　震　曹　荃

名盈，高帝太子，在位七年。崩，壽二十四，葬安陵。

惠帝仁弱，呂后日凶。酖趙如意，趙王如意，戚姬子。○酖與鴆同，毒鳥，大如鴞，食蝮蛇，以毛瀝酒，飲則殺人。**人彘廁中。帝觀廢事，七年而崩。**太后令永巷囚戚夫人，髡鉗，衣赭衣，令舂。召趙王來，帝自迎入宮，扶與起居飲食。太后欲殺之，不得。間，帝晨出射。趙王少，不能早起，太后使人持酖飲之。遂斷戚夫人手足，去眼，煇耳，飲瘖藥，使居廁中，命曰"人彘"。召帝觀，帝驚，大哭，因病，歲餘不能起。使人請太后曰："此非人所爲。臣爲太后子，終不能治天下。"遂日飲爲淫樂，不聽政。○班固贊曰：孝惠內修親親，外禮宰相，優寵齊悼、趙隱，恩敬篤矣。聞叔孫通之諫則瞿然，納曹相國之對而心悅，可謂寬仁之主。遭呂太后虧損至德，悲夫！

《四言史徵》卷二，《四庫全書存目叢書》史部291冊，787頁

詠呂后

呂　　后　　　　　　　　　　　　　　（宋）陳　普

酖鴆樽前氣似虹,朱虛酒令却相容。王陵、平、勃渾無策,安漢當年一觸龍。

《全宋詩》卷三六五〇,69冊,43796頁

呂　　后　　　　　　　　　　　　　　（元）徐　鈞

父識英雄婿沛公,家因驕橫血兵鋒。始知善相元非善,不是興宗是覆宗。

《全元詩》第7冊,283頁

呂　　氏　　　　　　　　　　　　　　（元）宋　无

漢禍方深未定儲,韓彭何事已先誅。高皇大度容諸呂,身後留將勃掃除。

高帝殺韓信,殺彭越,皆呂氏為之耳,非高帝意也。高帝固畏之,曰"安劉氏者必勃也"。其畏呂氏憂之至矣。

《全元詩》第19冊,416頁

女　　刑　　　　　　　　　　　　　　（元）宋　无

女子論刑白粲微,顧山伐木更恩施。漢初呂后能行此,仁政還應到戚姬。

《漢·惠帝紀》白粲,婦人刑也,婦人不豫外徭,但舂鑿米使白,三歲刑也。元始元年,天下女徒已論歸家,顧山錢月三百。《注》曰:"當於山伐木,聽使人錢顧工直,故謂之顧山。"謂女徒論罪已定,並令歸家,不親役之,但一月出錢三百以顧人也。為此恩者,所以行太皇太后之德,施惠政於婦人。女子既不為鬼薪,故使之為白粲,但令出錢顧人伐木也。

《全元詩》第19冊,417頁

呂　　后　　　　　　　　　　　　　　（元）張養浩

婦人陰類狠淫俱,故德元勳半坐誅。鉤弋后來非命死,茂陵剛斷古今無。

《全元詩》第 25 册,75 頁

《呂后本紀》第九　　　　　　（清）蔣 橁

長樂宮中骨未寒,忍將人彘逼兒看。威加四海猶遺恨,妒婦由來欲制難。
天子猶然不姓劉,何妨諸呂擅王侯。一軍左袒真天意,六乘爭迎九月秋。
軍居南北勢縱橫,此日深謀仗老成。誰道門楣幾化國,呂公不愧相人名。

《讀史》,《天涯詩鈔》,影印《四庫未收書輯刊》捌輯 23 册,577 頁

呂　后　　　　　　（清）謝啟昆

稱制居然設九賓,編年猶是漢家春。酒筵竟許行軍法,鐘室親能縛將臣。軹道犬傷高帝子,廁中彘痛戚夫人。絳侯縱守丹書約,諸呂難逃喋血頻。

《樹經堂詠史詩》卷一,影印《續修四庫全書》1458 册,498 頁

詠古雜詩（其十一、十二）　　　　　　（清）彭 湘

暮氣猶爭被不祥,韓、彭功狗盡夷傷。突然撥掞成蒼犬,莫信人言是趙王。
佼佼能誅審食其,拚教肉袒較嫌遲。野雞早化乾陵土,不見椎飛出袖時。

《適龕詩集》卷一三,《清代詩文集彙編》621 册,581 頁

呂　后　　　　　　（清）秦 焕

大風歌後四方安,異姓封王勢本難。雉不畏人翻畏狗,蕭何無恙殺彭、韓。

《劍虹居詩集》卷下,《清代詩文集彙編》675 册,198 頁

詠史小樂府三十首己未（其八）　　　　　　（清）沈家本

南昌悲落魄,蓐食誤晨雞。邱（丘）嫂猶䑕釜,休嗔亭長妻。

《枕碧樓偶存稿》卷七,《清代詩文集彙編》745 册,486 頁

高鳥盡　　　　　　（清）皮錫瑞

高鳥盡,良弓藏,宫中有雉飛鵭鵲,雉也飛來啄齊王。雄則王,雌則霸,陳寶稱夫人,野雞母天下。良弓射鳥不射雉,雉也橫絕四海矣,鴻鵠安能舉千里。

《師伏堂詠史》,《清代詩文集彙編》772冊,310頁

高皇后呂氏 （清）葛　震

太后稱制,牝雞索劉。諸呂立王,女弟封侯。鋤非種者,朱虛侯章。平勃交驩,乃迎代王。

《詩史》卷二,《四庫全書存目叢書》史部291冊,617頁

高皇后呂氏 （清）葛　震　曹　荃

名雉,父曰呂公,單父人,好相人,見高帝狀貌,因以雉妻之。及高帝破秦滅項而有天下,立為后。惠帝崩,無嗣。臨朝稱制八年。崩,壽六十二,附葬長陵。

太后稱制,牝雞索劉。《書》:"牝雞無晨。牝雞之晨,惟家之索。"**諸呂立王,**呂台為呂王,呂產為梁王,呂祿為趙王,呂通為燕王。**女弟封侯。**女弟呂嬃也,樊噲妻,封臨光侯。**鋤非種者,朱虛侯章。**太后封齊王弟章為朱虛侯。是時諸呂擅權用事,章年二十,有氣力,忿劉氏不得職。嘗入侍燕飲,太后令為酒吏。章自請曰:"臣,將種也,請得以軍法行酒。"太后許之。酒酣,章為耕田,歌曰:"深耕穊種,立苗欲疏;非其種者,鋤而去之。"太后默然。頃之,諸呂有一人醉,亡酒,章追,斬之還報,左右皆大驚。業已許其軍法,無以罪也。自是諸呂憚之。**平勃交驩,**陳平、周勃。**乃迎代王。**

《四言史徵》卷二,《四庫全書存目叢書》史部291冊,787頁

讀史三首（其二） （近代）陳去病

何來老婢子,生性倖妖狐。外戚極隆寵,兼之奄與巫。呂雉爲作俑,唐鸝踵其車。憂患不足懷,游觀且樂娛。靈魂亦何貴,挾之臨天衢。將作日多事,少夜徙空虛。教惠徒自戕,盧陵疑有無。遂令慷慨士,橫刀增悲吁。朱虛起宮掖,敬業來田間。家居自完好,非種終誅鋤。可憐淫昏婦,掩袂歸黃墟。當時曰禍水,千載譏下愚。

《浩歌堂詩補鈔》,《浩歌堂詩鈔》,257頁

詠戚夫人

賦戚夫人楚舞歌
（唐）李　昂

定陶城中是妾家，妾年二八顏如花。閨中歌舞未終曲，天下死人如亂麻。漢王此地因征戰，未出簾櫳人已薦。風花菡萏落轅門，雲雨裴回入行殿。日夕悠悠非舊鄉，飄飄處處逐君王。閨門向裏通歸夢，銀燭迎來在戰場。相從顧恩不雇己，何異浮萍寄深水。逐戰曾迷只輪下，隨君幾陷重圍裏。此時平楚復平齊，咸陽宮闕到關西。珠簾夕殿聞鐘磬，白日秋天憶鼓鼙。君王縱恣翻成誤，呂后由來有深妒。不奈君王容鬢衰，相存相顧能幾時。黃泉白骨不可報，雀釵翠羽從此辭。君楚歌兮妾楚舞，脈脈相看兩心苦。曲未終兮袂更揚，君流涕兮妾斷腸。已見儲君歸惠帝，徒留愛子付周昌。

《全唐詩》卷一二〇，4冊，1209頁

戚夫人
（宋）李　覯

百子池頭一曲春，君恩和淚落埃塵。當時應恨秦皇帝，不殺南山皓首人。

《全宋詩》卷三四九，7冊，4332頁

感戚夫人事
（宋）姜特立

女以色而死，士以才而亡。處才不才間，此語最深長。我昔恩自信，遭逐方悲傷。投跡歸山林，為樂特未央。失馬反為福，始悟得不償。向來尤其人，今乃佩恩光。忮心成美意，陷穽為康莊。寄語斯、軼輩，善刀宜早藏。

《全宋詩》卷二一四七，38冊，24195頁

戚夫人
（金）元好問

鴻鵠冥冥四海飛，戚夫人舞淚沾衣。無端恨殺商山老，剛出山來管是非。

《金詩》，《全遼金詩》下冊，2656頁

戚姬臨池

（明）瞿　佑

《史記》：定陶戚姬，高帝寵之，特與之同臨宮中百子池。

《鴻鵠》歌殘事已危，輕將趙國付"期期"。主張一子猶無策，底事重臨百子池。

《前漢書》：戚姬生趙王如意，帝以其類己，欲廢太子立之。叔孫通為太傅，諫不聽。呂氏邀張良謀之，乃厚幣（幣）商山四皓，（至，同太子入朝，帝見其鬚眉皓）白，衣冠甚偉。問之，各通姓名。大驚曰："吾求諸公久矣，公卒不至。今乃從吾兒遊幸（乎）？"卒輔之。四皓從太子出。帝召戚姬指示之曰："我欲廢，彼四人者輔之。羽翼已成，難動矣。"姬涕泣，上曰："為我楚舞，吾為若楚歌。曰：鴻鵠高飛，一舉千里。羽翼已就，橫絕四海，又可奈何？雖有矰繳，尚安所施？"歌闋罷酒，竟不易太子。

同上：帝欲易太子，御史大夫周昌強諫。昌口吃，又盛怒，曰："陛下欲廢太子，臣期期不奉詔。"帝大笑。以其強梗，乃命輔趙王之國。帝崩，呂后欲廢趙王，遣使召之，昌不與，曰："高祖以趙王屬臣。"后怒，先召昌至，然後召趙王，鴆而殺之。

《香臺集》卷上，《瞿佑全集校注》上冊，33 頁

戚夫人

（明）湯顯祖

寶劍決雲氣，零蔓亦何常。不見沛亭長，一朝為漢皇。昔從呂公女，今奏後宮倡。中有戚夫人，時時陪曲房。折腰步夭裊，翹袖頓飛揚。出塞復入塞，望歸心自傷。後宮齊高唱，哀響入雲翔。終日不能言，倚瑟涕何長。心知萬歲後，誰能憐趙王。千秋銅雀臺，婉變為分香。

《詩文》卷二〇，《湯顯祖全集》第二冊，865 頁

汝為我楚舞

（明）李夢陽

汝為我楚舞，吾為若楚歌，黃鵠翼成將奈何。黃鵠一舉橫四海，君王豈有四海羅？君無四海之羅安用此，殃君美人毒君子。

《李夢陽集校箋》卷五，第一冊，108 頁

詠古十首·戚姬

（清）朱鶴齡

楚舞悲歌淚滿巾，娥姁而主切辛酸。呂后字娥姁，見《史記》。可憐三尺夷秦、項，身後難存一婦人。

《愚庵小集》卷六，影印《愚庵小集》，259 頁

戚夫人

(清)謝啟昆

魚藻深宮保護艱,上靈曲和《大風》寒。金環照骨分鳴玉,翠袖招腰擁佩蘭。太子已隨黃綺遠,官奴旋捧綠囊看。安劉無計安椒闥,連愛空教彩縷團。

《樹經堂詠史詩》卷一,影印《續修四庫全書》1458冊,499頁

秦漢樂府·觀人彘

(清)張 誠

呂太后,竊稱制,長陵一壞土未乾,戚夫人已作人彘。吾獨哀惠帝,從此亦病發。周昌期期不奉詔,今日何不救如意。昔年殺淮陰,高皇未即世。帝在擅敢戮大臣,履霜何怪堅冰至。后莫喜,天道邇,請看衹還軹道旁,蒼犬擻掖遂中傷。

《嬰山小圜詩集》卷一五,《清代詩文集彙編》425冊,106頁

戚夫人

(清)鮑桂星

子析桐圭母赭衣,深宮冤痛古來稀。奈何人更呼為彘,從此妃真喚作豨。殿上娥妳方肆虐,天邊鴻鵠竟高飛。當時尚有周昌在,忍見屠王仰藥歸。

《覺生詠史詩鈔》卷一,《清代詩文集彙編》476冊,469頁

戚夫人

(清)張 琛

羽翼新成太子尊,忍教手足妾無存。君王若念生前寵,四皓追他地下魂。

《日鋤齋詩集·缶音》,《清代詩文集彙編》483冊,660頁

詠周昌

周　　昌　　　　　　　　　　　　（元）徐　鈞

廷爭廢嫡見操持,故仗剛強托愛兒。三召歸來竟無語,此時何不更期期。

《全元詩》第 7 册,285 頁

周　　昌　　　　　　　　　　　　（清）袁　枚

遺孤共殉聞荀息,越境能逃有正常。何事黃纚負如意,但聞強相病朝堂?

《小倉山房詩集》卷一四,《小倉山房詩文集》第一册,306 頁

周　　昌　　　　　　　　　　　（清）羅惇衍

沛人,高祖時官御史大夫,封汾陰侯,後為趙相。高后徵入長安,趙王被鴆,謝病不朝。三年,薨,謚曰"悼"。

桀、紂相方度坦然,君臣灑落憶當年。志安少海纔前諍,身護親潢又左遷。兩字"期期"成婞直,一腔耿耿冠班聯。莫輕刀筆無英傑,秩晉西臺許比肩。

《集義軒詠史詩鈔校證》卷六,第一册,170 頁

詞

蝶戀花·十調同徐大川賦□ (清)周廷諤

其六 戚夫人

腸斷自憐人似彘。悔殺當初,建立儲還未。作計不成反墮計。非關而上娥炯忌。滅項夷秦真蓋世。身後堪悲,一婦難蒙庇。幸得漢家留帶礪。論功端合歸園季。

《全清詞》順康卷第二〇冊,11624頁

戚 氏 (清)孔傳鐸

舊新豐。泗上亭長是英雄。劍斬白蛇,黃昏鬼母泣途窮。呂氏正相從。芒碭雲起識真龍。重瞳又開霸業,兩雄相厄苦交鋒。室家離散,倉皇作質,杯羹幾及而翁。幸鴻溝分據,妻孥歸趙,散楚成功。　深宮兒女情鍾。薄姬管趙,豔冶競為容。總不似、戚姬年少,擅寵房櫳。正歡濃。母愛子抱,趙王圖嫡,呂氏悲恫。巧計留侯,邀來園綺,陰謀一旦成空。　羽翼儲皇定,數行淚下,慷慨歌風。隆準原來英主,把柔情、枕簟總銷鎔。他年龍去鼎湖,權歸野雉,愛子先遭酖,永巷裏、去眼還燻耳,如花貌、衣赭春殘圊中。人彘啼紅。便殘香、揉碎了無蹤。至今空想,玉弸纖指,照夜玲瓏。

《全清詞》順康卷補編第四冊,2026頁

孝文本紀

詩

詠《孝文本紀》

孝文本紀

(唐)司馬貞

孝文在代,兆遇大橫。宋昌建冊,絳侯奉迎。南面而讓,天下歸誠。務農先籍,布德偃兵。除帑削謗,政簡刑清。綈衣率俗,露臺罷營。法寬張武,獄恤緹縈。霸陵如故,千年頌聲。

《史記索隱》卷二九,459頁

讀《漢文紀》

(宋)王禹偁

西漢十二帝,孝文最稱賢。百金惜人力,露臺草芊眠。千里却駿骨,鸞旗影遷延。上林慎夫人,衣短無花鈿。細柳周將軍,不拜容囊鞬。霸業固以盛,帝道或未全。賈生多謫宦,鄧通終鑄錢。謾道膝前席,不如衣後穿。使我千古下,覽之一泫然。賴有《佞幸傳》,賢哉司馬遷。

《全宋詩》卷七一,2冊,658頁

讀《漢文帝紀》

(元)王 旭

漢家綱紀出秦餘,正要王風痛掃除。宣室鬼神安足問,賈生才略未全疏。可憐當代農桑詔,不到先王禮樂書。志士悠悠千載下,撫心流涕欲何如。

《全元詩》第 13 冊,69 頁

補禹門兩漢詠史小詩(其十八、十九、二十) （清）梁運昌

文初擬制作,賈生議公卿。中夏謝不敏,恭儉為守成。
縱濫幸臣恩,能尊丞相體。盡消先朝慢,遂隆後代禮。
將軍不遇時,才子又坎坷。不盡用讒言,帝心自謂過。

《秋竹齋詩存》卷二,《清代詩文集彙編》499 冊,14 頁

雜詠史四十二首(其十八) （清）梁運昌

漢文恭儉主,教子先刑名。晁錯作家令,王傅疏賈生。景惟刻薄姿,顧反喜樸誠。戲車傅太子,逼近憚九卿。孝宣斥儒柔,道雜王霸并。銅丸擿隤鼓,藝事幾代兄。光武勤吏事,察察重永平。屏後助詰吏,少小馳能聲。諭教不擇術,迺徒求英明。景、武傷元氣,闇弱終元、成。

《秋竹齋詩存》卷五,《清代詩文集彙編》499 冊,36 頁

漢文帝 （清）孫 珩

一朝囹圄竟空虛,三尺從知氣象粗。惟有柔情能制事,是真儉德解蠲租。聲靈已盡包蠻粵,禮樂猶遲飾典謨。三代而還推令主,雄才休笑乃公愚。

以文帝而尚有鄧通,然大中大夫丞相能辱之,知帝之不以一倖臣廢國法也。慎夫人縱與皇后抗禮,而能賜諫臣金,彼尚有人彘之事乎?

《歸田藁》卷二,《清代詩文集彙編》534 冊,468 頁

續詠史雜詩(其三) （清）張寶森

罷築露臺緣惜費,百金不忍耗司農。君王鄭重中人產,却把銅山賜鄧通。

《悔庵詩存》卷上,《清代詩文集彙編》768 冊,642 頁

《孝文本紀》第十 （清）蔣 楛

六乘龍飛過渭橋,群臣鵠立聽鸞鑣。漢家始見中興主,二十餘年雨露遙。

《讀史》,《天涯詩鈔》,影印《四庫未收書輯刊》捌輯 23 冊,577 頁

詠漢文帝 附宋昌

漢文帝　　　　　　　　　　　　　　　　（宋）王安石

輕刑死人眾,喪短生者偷。仁者自此薄,哀哉不能謀。露臺惜百金,灞陵無高丘。淺恩施一時,長患被九州。

《全宋詩》卷五四六,10冊,6534頁

文　帝　　　　　　　　　　　　　　　　（宋）王十朋

文帝興王自代來,百金不費亦仁哉。後人不務師恭儉,萬戶千門幾露臺。

《全宋詩》卷二〇二四,36冊,22681頁

文　帝　　　　　　　　　　　　　　　　（宋）陳造

君王儉德本天然,蕭相鳩營已造天。不見千門並萬戶,露臺雖罷未為賢。

《全宋詩》卷二四三八,45冊,28204頁

漢文帝　　　　　　　　　　　　　　　　（宋）衛宗武

愷悌而愛人,恭儉以持己。府庫有餘財,勿忍為己費。田租奉公上,屢至為民賜。不肯私嬖臣,以存大臣體。不敢私貴戚,以貽天下議。澹乎無嗜好,絕不尚功利。斷刑歲數百,煙火綿萬里。禮樂雖未遑,亦足為善治。洪惟慶曆君,盛德概相類。爰立俱名臣,後元則無是。

《全宋詩》卷三三一〇,63冊,39417頁

文　帝　　　　　　　　　　　　　　　　（宋）陳普

二兒並轡入公門,博局紛紛啟禍源。不及賈生何處是,弗將禮法教兒孫。
性習由來係正邪,古今誰不道蓬麻。無人說與吹簫相,竇、薄、淮劉本一家。
鄧氏銅錢張武金,至公終淺愛終深。東西兩子皆稱蹕,未饜憐兒老嫗心。

睢陽東苑三百里，中山後宮三百人。漢家制度無窮極，僅有寬仁不是秦。
文杏沙棠代代殃，露臺不作作阿房。古來堯、禹卑宮室，不為丹朱與太康。

《全宋詩》卷三六五〇，69 冊，43800 頁

代王城　　　　　　　　　　　　（元）李溥光

一脈金波喚作泉，孤城小小帶疏煙。從容三讓登車後，黼黻炎劉四百年。

《全元詩》第 12 冊，425 頁

朝　鮮　　　　　　　　　　　　（元）宋　无

將軍建議討朝鮮，上意憂民在息肩。吠狗鳴雞連萬里，人間斗粟十餘錢。

漢孝文即位，將軍陳武等議曰："南越、朝鮮自全秦時內屬為臣子，後且擁兵阻阨，逡巡觀望。高祖時天下新定，人民小安，未可復興兵。今陛下仁惠，撫百姓，恩澤加海內，宜及士民，樂用征討逆黨以一封疆。"孝文曰："朕能任衣冠，念不到此。會呂氏之亂，功臣宗室共不羞恥，誤居正位，戰戰慄栗，恐事之不終。且兵凶器，雖充所願，動亦耗焉。先帝知勞民不可煩，故不為意，朕豈自謂能？今匈奴內侵，軍吏無功，邊民父子荷兵日久，朕嘗為動心傷痛，無日忘之。今未能銷距願，且堅邊設候，結和通使，休寧北陲，為功多矣。且無議軍。"故文帝在位二十三年，百姓無內外之徭，得息肩於田畝，天下殷富，粟斗十餘錢。是以海內富庶，興於禮義，斷獄數百，幾致刑措。烏呼仁哉！

《全元詩》第 19 冊，418 頁

漢文帝　　　　　　　　　　　　（元）宋　无

倉粟都錢朽腐盈，文皇為治致升平。山東羸老扶聽詔，願假須臾德化成。

《全元詩》第 19 冊，418 頁

漢文帝　　　　　　　　　　　　（元）郭居敬

仁孝臨天下，巍巍冠百王。漢廷事賢母，湯藥必親嘗。

前漢文帝，高祖之子，母薄太后。帝侍養無怠湯藥，藥見嘗而後進母，乃為仁孝之賢君也。

《全元詩》第 24 冊，71 頁

覽古四十二首(其八)　　　　　　　　　　　(元)楊維楨

恭儉漢天子,取士忌少年。未應絳、灌徒,廷中肯訪賢。徒為宣室召,復有長沙遷。不見馮都尉,唐。龐眉竟誰憐。

《全元詩》第 39 冊,65 頁

雜言四十九首(其二十一)　　　　　　　　　(元)張　達

立國本忠厚,推恩王者心。文、景有遺愛,休光到如今。吾聞當時詔,惻隱由中忱。豈但足勝殘,田間免呻吟。斯意何寂寞,民勞汔誰任。

《全元詩》第 50 冊,523 頁

讀史十首·文帝　　　　　　　　　　　　　(明)支大綸

浪傳絳、灌忌才華,不道文章忌當家。宣室夜分前席罷,少年應是老長沙。

《支華平先生集》卷四,《四庫全書存目叢書》集部 162 冊,76 頁

灞陵懷古　　　　　　　　　　　　　　　　(明)王庭譔

長安望不遠,灞、滻曲相連。漢苑秋風裏,秦宮落照邊。東流思往事,王氣憶當年。欲作《西征賦》,抽毫愧昔賢。

《松門稿》卷七,《陝西古代文獻集成》第 10 輯,198 頁

文　帝　　　　　　　　　　　　　　　　　(明)孫承恩

漢帝躬玄默,依稀有古風。率先敦儉樸,聽納事謙沖。祇有仁民意,都無振世功。耄齯歌至德,三十九年中。

《鑒古韻語》,《文簡集》卷二,影印文淵閣《四庫全書》1271 冊,70 頁

《漢文帝幸代圖》　　　　　　　　　　　　(清)馮　溥

漢帝當年歌《大風》,歡留父老樂融融。誰知將相和調後,更有君王賞宴同。每飯未嘗忘鉅鹿,故居猶是念新豐。旌旗十萬雲中駕,休擬登臺出塞雄。

《清詩別裁集》卷二,上冊,34 頁

漢文帝

(清)高宗弘曆

卓識愛吟杜牧詩，不是安劉嗤四皓。天與人歸適逢時，庚庚大橫符吉兆。西鄉南鄉讓再三，是謂有禮仁為寶。妝孥相坐在首除，詔定振窮及養老。卑辭爰賜趙佗書，亦得稱臣罷兵討。止輦常受從官言，勸農蠲賦頻可考。其間善政不勝書，繼世之君誠最好。史臣總論吾所疑，輯覽已評弗重道。

《全韻詩》《御制詩四集》卷四九，影印文淵閣《四庫全書》1308 冊，146 頁

灞　橋

(清)王士禎

自古銷魂地，茫茫喚奈何！行人灞陵渡，疏雨櫟陽過。楊柳籠煙薄，桃花夾岸多。邯鄲東北望，流恨滿雲和。即漢文帝令慎夫人鼓琴處。

《蠶尾續詩集》卷四，《王士禎全集》第二冊，1249 頁

文　帝

(清)謝啟昆

大橫占兆得庚庚，三讓風高尚樸誠。產惜中人宮室儉，馬無千里屬車輕。玉杯闕下奸難售，金鼎汾陰祀未成。二十餘年致刑措，休將孝景比昇平。

《樹經堂詠史詩》卷一，影印《續修四庫全書》1458 冊，499 頁

讀史絕句二十一首·漢文帝

(清)張之洞

救時黃、老愧純王，款敵和親計不臧。北宋昭陵知此意，書生何用苦雌黃。

《張之洞詩文集》卷四，186 頁

詠古詩十四首·文帝

(清)張之洞

屬車藹藹引鸞旗，安用君王騁六騑。海外淫威揚翠羽，宮中元化表綈衣。捄時黃、老書微雜，禦寇和親計恐非。畢竟大醇難掩沒，天仁貞觀或依稀。

《張之洞詩文集》卷九，328 頁

詠古詩六十首，同樊山作·漢文帝

(清)易順鼎

功推絳、灌與朱虛，迎到天王代邸車。宣室客來湘水外，露臺金出鄧山餘。紅陳海內

無窮粟,黃、老人間有用書。惆悵寢園秋雨裏,他年贏得臥相如。

《琴志樓詩集》卷一二,第 3 冊,756 頁

文帝陵　　　　　　　　　　　（清）李　柏

鳳集高崗儀九京,溪毛澗止野人情。儒言黃、老難為用,文帝熙熙致太平。

《太白山人槲葉集》卷四下《南遊草》,《陝西古代文獻集成》第 30 輯,193 頁

露　臺　　　　　　　　　　　（清）張　琛

漢文儉約已成風,却指銅山賜鄧通。若使鑄錢充內府,露臺十座亦成功。

《日鋤齋詩集·缶音》,《清代詩文集彙編》483 冊,660 頁

詠史·孝文帝　　　　　　　　　（清）孫國楨

蠲租却貢戒窮兵,恭儉非徒博令名。史冊遍觀二千載,敢推第一愛蒼生。

《愚軒詩鈔》卷下,《清代詩文集彙編》741 冊,357 頁

太宗孝文皇帝　　　　　　　　　（清）葛　震

帝初即位,謙讓弗遑。軍領南北,夜拜宋昌。却千里馬,賑貸危亡。賜書趙佗,去帝稱王。詔除誹謗,續監秦亡。慎夫人幸,席與后侔。袁盎却坐,嘉賜千金。半兩榆莢,輕重不倫。更造四銖,以便於民。禍自怨起,福由德興。除秦秘祝,過由朕躬。二十三年,鼎成上升。帝尚黃老,恭儉莊臨。止輦受諫,江海日深。露臺不作,費惜百金。霸陵瓦器,因山不墳。賜吳几杖,賞武愧心。家給人足,聖德浸淫。敦朴謙退,足為後箴。詔遺短喪,遂至而今。○洛陽賈誼,奇才扶疏。過秦作論,治安上書。宣室詔問,帝席前虛。兩為王傅,憂死命夫。○淳于少女,名曰緹縈。上書訟父,齊稱廉平。刑不復屬,死不復生。身沒官婢,願贖父刑。帝憐其意,為除肉刑。○檄責鄧通,申屠嘉相。細柳將軍,周亞夫將。

《詩史》卷二,《四庫全書存目叢書》史部 291 冊,617 頁

太宗孝文皇帝　　　　　　　　　（清）葛　震　曹　荃

名恒,高帝中子,薄姬所生也。初,封代王。高后崩,大臣平、勃等誅諸呂迎而立之,在位二十三年。

崩,壽四十六,葬霸陵。始建元,稱元年、後元。

帝初即位,謙讓弗遑。軍令南北,夜拜宋昌。却千里馬,賑貸危亡。賜書趙佗,去帝稱王。初,隆慮侯竈擊南越。會暑濕,大疫,不能隃嶺。趙佗因此以兵威財物賂遺閩越、西甌、駱,役屬焉。東西萬餘里,乘黃屋左纛,稱制與中國侔。帝乃為佗親冢在真定者置守邑,歲時奉祀;召其昆弟,厚賜之。復使陸賈使南越,賜佗書曰:"朕,高皇帝側室之子也,棄外,奉北藩於代。道里遼遠,壅蔽樸愚,未嘗致書。高皇帝棄群臣,孝惠皇帝即世;高后自臨事,不幸有疾,日進不衰,以故詿亂乎治。諸呂為變,故亂法不能獨制,廼取他姓子為孝惠皇帝嗣,賴宗廟之靈、功臣之力,誅之已畢,朕以王、侯、吏不釋之故,不得不立。今即位,乃者聞王遺隆慮侯書,求親昆弟,請罷長沙兩將軍。朕以王書罷將軍博陽侯;親昆弟在真定者,已遣人存問,修治先人冢。前日聞王發兵于邊,為災寇不止。當時,長沙苦之,南郡尤甚。雖王之國,庸獨利乎!必多殺士卒,傷良將吏,寡人之妻,孤人之子,獨人父母,得一亡十,朕不忍為也。朕欲定地犬牙相入者,以問吏,吏曰:'高皇帝所以介長沙土也。'朕不能擅變焉。吏曰:'得王之地,不足以為大;得王之財,不足以為富。服領以南,王自治之。雖然,王之號為帝。兩帝並立,亡一乘之使以通其道,是爭也;爭而不讓,仁者不為也。願與王分棄前惡,終今以來通使如故。故使賈馳諭告王朕意,王亦受之,毋為寇災矣。"賈至南越,佗恐,頓首謝罪,願奉明詔,長為藩臣,奉貢職。下令國中曰:"兩雄不俱立,兩賢不並世。漢皇帝,賢天子。令去帝制、黃屋、左纛。"因為書,稱:"蠻夷大長老夫臣佗昧死再拜上書皇帝陛下:老夫,故越吏也,高皇帝幸賜臣佗璽,以為南越王。孝惠皇帝義不忍絕,所賜老夫者甚厚。高后用事,別異蠻夷,出令曰:'毋與蠻夷越金、鐵、田器、馬、牛、羊。即予,予牡,毋予牝。'老夫處僻,馬、牛、羊齒已長。自以祭祀不修,有死罪,使內史藩、中尉高、御史平凡三輩上書謝過,皆不反。又風聞父母墳墓已壞削,兄弟宗族已誅論。吏相與議曰:'今內不得振於漢,外亡以自高異。'故更號為帝,自帝其國,非敢有害於天下。高皇后聞之,大怒,削去南越之籍,使使不通。老夫竊疑長沙王讒臣,故發兵以伐其邊。老夫處越四十九年,於今抱孫焉。然夙興夜寐,寢不安席,食不甘味,目不視靡曼之色,耳不聽鐘鼓之音者,以不得事漢也。今陛下幸憐,復故號,通使漢如故;老夫死,骨不腐。故號,不敢為帝矣!"詔除誹謗,續監秦亡。慎夫人幸,席與后侔。袁盎却坐,嘉賁賜金。半兩榆莢,輕重不倫。更造四銖,以便於民。初,秦用半兩錢,高祖嫌其重,更鑄莢錢,於是物價騰踊,米石萬錢。至是更造四銖錢,除盜鑄錢令。○莢錢,即五分錢,民間名曰榆莢錢,言如榆莢之薄。四銖錢,其文為半兩,十黍為絫,十絫為銖。禍自怨起,福自德興。除秦秘祝,過由朕躬。二十三年,鼎成上升。帝尚黃老,恭儉莊臨。止輦受諫,江海日深。露臺不作,費惜百金。霸陵瓦器,因山不墳。賜吳吳王濞。几杖,賞武張武。愧心。家給人足,聖德浸淫。詔遺短喪,遂至而今。洛陽賈誼,年二十餘。過秦作論,治安上書。宣室詔問,帝席前虛。兩為王傅,憂死命夫。淳于少女,名曰緹縈。上書訟父,齊稱廉平。刑不復屬,死不復生。身沒官婢,願贖父刑。帝憐其意,為除肉刑。檄責鄧通,申屠嘉相。細柳將軍,周亞夫將。絳侯勃子。

《四言史徵》卷二,《四庫全書存目叢書》史部 291 册,788 頁

宋　昌　　　　　　　　　　　（清）羅惇衍

史失其地。初,官代王中尉。文帝即位,拜為衛將軍,鎮撫南北軍,封壯武侯。

庚庚佳兆景雲蒸,三讓風高帝籙膺。天為盛朝成駿業,人從潛邸佐龍興。廟謨磐固先除暴,神器盂安慶得朋。王者無私中外服,渭橋一折化驕矜。

《集義軒詠史詩鈔校證》卷六,第一册,174 頁

詠史·宋昌　　　　　　　　　（清）孫國楨

代邸龍飛入漢宫,決疑勸駕策元功。封侯不預參朝政,足為千秋示大公。

《愚軒詩鈔》卷下,《清代詩文集彙編》741 册,357 頁

國家社科基金重大招標項目"中外《史記》文學研究資料整理與研究"結項成果
陝西師範大學中國語言文學"世界一流學科建設"成果
陝西師範大學優秀著作出版基金資助項目

《史記》詩詞曲通覽

（中）

編著　趙望秦　王　璐

陝西師範大學出版總社　西安

孝景本紀

詩

詠《孝景本紀》

孝景本紀　　　　　　　　　　　　　　　　　（唐）司馬貞

景帝即位,因脩靜默。勉人於農,率下以德。制度斯創,禮法可則。一朝吳、楚,乍起凶慝。提局成釁,拒輪致惑。晁錯雖誅,梁城未克。條侯出將,追奔逐北。坐見梟剠,立翦牟賊。如何太尉,後卒下獄。惜哉明君,斯功不錄!

《史記索隱》卷二九,459 頁

《漢景帝紀》　　　　　　　　　　　　　　　　（元）馬　臻

道存恭儉接前王,民自熙熙物自康。已見竇嬰申漢約,長星不用出光芒。

《全元詩》第 17 冊,91 頁

補禹門兩漢詠史小詩(其二十九、三十)　　　　　（清）梁運昌

慮非少主臣,強坐以怏怏。大戮釁先挑,何俟買器葬。
為之不以漸,身為世大誅。反者豈可謝,景薄而且愚。

《秋竹齋詩存》卷二,《清代詩文集彙編》499 冊,14 頁

雜詠史四十二首(其十九)　　　　　　　　　（清）梁運昌

前有戚夫人,後有陰麗華。母愛者子抱,祖孫出一途。黃鵠終一舉,青蒲感重敷。景開涼薄端,武適倉卒俱。及夫東海廢,非有變故殊。愛憎即改易,亦不緣賢愚。鸕圍不忍見,鶴禁元無辜。可惜英雄主,末路志荒蕪。清河及濟陰,變置咸須臾。悼心建武事,燕翼非良圖。

《秋竹齋詩存》卷五,《清代詩文集彙編》499 册,36 頁

《孝景本紀》第十一　　　　　　　　　　　　（清）蔣　楛

孝文支庶視淮南,中子由來入繼堪。況是天心在田實,枉教前後有三男。

漢家文景此周初,景帝三元恐不如。十六年來天地變,休祥不入史臣書。

同時七國起戈鋋,吳、楚、膠、菑趙、濟南。博得魏其侯印大,智囊東市付空談。

役裪初分止馬春,伐當馳道樹林空。蘭池究竟填何益,徒隸紛紛布七移。

霸陵不改舊山川,募徒陽陵廿萬錢。陵廟當身相繼作,德陽宮置大蝗年。

《讀史》,《天涯詩鈔》,影印《四庫未收書輯刊》捌輯 23 册,578 頁

詠漢景帝

景　　帝　　　　　　　　　　　　　　　　（宋）陳　普

宗廟誰開內使門，臨江依樣又穿垣。愛妻嬌子如泥土，晁錯何知獨恃恩。
賜帛寬租責未休，四方緩急有條侯。餘威不賴刉蛇劍，倉卒誰梟老濞頭。

《全宋詩》卷三六五〇，69冊，43801頁

景　　帝　　　　　　　　　　　　　　　　（明）孫承恩

儉樸遵先業，謙恭亦靡遑。寬刑極仁愛，薄稅減經常。坐致民生厚，平將漢道昌。守文能不媿，千古繼成、康。

《鑒古韻語》，《文簡集》卷二，影印文淵閣《四庫全書》1271冊，70頁

漢景帝　　　　　　　　　　　　　　　　（清）高宗弘曆

周曰成、康漢文、景，與民休息政去瑣。勸農桑禁采珠玉，惸獨亦哀富亦哿。聽晁錯議削七國，反則誅之實未妥。既而又悔識甚卑，苟非亞夫延巨禍。田叔復善處骨肉，帝何為者隨否可。

《全韻詩》，《御制詩四集》卷四九，影印文淵閣《四庫全書》1308冊，147頁

漢景帝廟　　　　　　　　　　　　　　　　（清）王士禛

昭烈奉木主至此。

陽陵何處是？遺廟此中洲。落日西陵渡，寒江楚塞樓。天心紛割據，鼎足失炎劉。太息英雄遠，樓船下益州。

《漁洋續詩集》卷六，《王士禛全集》第二冊，804頁

孝景皇帝　　　　　　　　　　　　　　　　（清）葛　震

景承文緒，三十稅糧。雕文刻鏤，農事以傷。錦繡纂祖，女紅以亡。禁采金玉，敕勸

農桑。守成不墮,世比成康。然性刻薄,任數為長。無寵廢后,夫婦不終。更易太子,父子不容。輕許傳位,釁啟梁王。殺周亞夫,君臣道亡。獨有節儉,克遵前光。○盜嫂償金,不疑為郎。郅都嚴酷,鷹號曰蒼。○鼂錯峭刻,號曰智囊。更定法令,門穿壖牆。剝削七國,劉安鼂危。父言不用,違計然眉。朝衣給斬,死又何悲。○袁盎鼂錯,未嘗同堂。錯坐盎去,盎坐錯亡。互相傾害,終焉同傷。○孝王好士,客致四方。枚乘嚴忌,相如鄒陽。羊勝孫詭,釀禍於梁。○穆生白生,禮重元王。醴酒不設,穆也先亡。白生不去,卒羅於殃。

《詩史》卷二,《四庫全書存目叢書》史部 291 冊,617 頁

孝景皇帝

(清)葛　震　曹　荃

名啟,文帝太子,母皇后竇氏,在位十六年。崩,壽四十八,葬陽陵。改元元年、中元、後元。

景承文緒,三十稅糧。禁采金玉,敕勸農桑。守成不墮,世比成康。然性刻薄,任數為長。無寵廢后,廢皇后薄氏。**夫婦不終。**叶樁。**更易太子,**廢太子榮為臨江王。**父子不容。**叶央。**輕許傳位,釁啟梁王。**梁孝王武以至親有功得賜天子旌旗,出蹕入警。栗太子廢,太后欲以梁王為嗣,嘗因置酒謂帝曰:"宮車晏駕,用梁王為繼。"帝跪曰:"諾。"袁盎等曰:"昔宋宣公不立子而立弟,以生禍亂,五世不絕,小不忍害大義,故《春秋》大居正。"由是太后議革,梁王由此怨盎。**殺周亞夫,君臣道亡。**初,上廢栗太子,周亞夫固爭之,不得;而梁王每與太后言亞夫短,亞夫因謝病,免。後帝召亞夫,賜食,獨置大胾無切肉,又不置箸。亞夫心不平,顧謂上席,取箸。上視而笑曰:"此非不足君所乎?"亞夫免冠謝上,因趣出,上目送之曰:"此鞅鞅非少主臣也。"居無何,亞夫子為父買工官尚方甲楯可葬者為人所告,事連污亞夫,召請廷尉,不食五日,歐血而死。**獨有節儉,克遵前光。**班固贊曰:孔子稱"斯民也,三代之所以直道而行也",信哉!周、秦之弊,罔密文峻,而奸軌不勝。漢興,掃除煩苛,與民休息。至於孝文,加之以恭儉,孝景遵業,五六十載之間,及至于移風易俗,黎民醇厚。周云成、康,漢言文、景,美矣!**不疑長者,為郎償金。**直不疑,南陽人。為郎,事文帝。其同舍有告歸,誤持同舍郎金去。金主覺,妄意不疑,不疑謝有之,買金償。後告歸者來而歸其金,亡金郎大慚,以此稱為長者。稍遷至大中大夫,或毀曰:"不疑狀貌甚美,然獨無行,奈其善盜嫂何也!"不疑聞,曰:"我乃無兄。"然終不自明也。**郅都嚴酷,號曰蒼鷹。**郅都始為中郎將,敢直諫。及為中尉,尤嚴酷,行法不避貴戚,列侯宗室見都側目而視,號曰"蒼鷹"。**鼂錯智囊,峭刻天資。侵削七國,**吳王濞、膠西王卬、膠東王雄渠、菑川王賢、濟南王辟光、楚王戊、趙王遂。**劉安鼂危。父言不悟,禍起然眉。朝衣給斬,死又何悲。**錯,穎川人。學申商刑名于軹張恢先所,以文學為太常掌故。錯為人陗直刻深。孝文帝時,天下無治《尚書》者,獨聞濟南伏生故秦博士,治《尚書》,年九十餘,老不可徵,乃詔太常使人往受之。太常遣

錯受《尚書》伏生所。還，因上便宜事，以書稱說。詔以為太子舍人、門大夫、家令。以其辯得幸太子，太子家號曰"智囊"。數上書孝文時，言削諸侯事，及法可更定者。書數十上，孝文不聽，然奇其才，遷為中大夫。是時，太子善錯計策，袁盎諸大功臣多不好錯。景帝即位，以錯為內史，寵幸傾九卿，法令多所更定。丞相申屠嘉心弗便，力未有以傷。內史府居太上廟壖中，門東出，不便，錯乃穿兩門南出，鑿廟壖垣。丞相嘉聞，大怒，欲因此過為奏請誅錯。錯聞之，即夜請間，具為上言之。丞相嘉奏事，因言錯擅鑿廟垣為門，請下廷尉誅。上曰："此非廟垣，乃壖中垣，不致於法。"丞相謝。罷朝，怒謂長史曰："吾當先斬以聞，乃先請，為兒所賣，固誤。"丞相遂發病死。錯以此愈貴。遷御史大夫，請諸侯之罪過，削其地，收其枝郡。奏上，上令公卿列侯宗室集議，莫敢難，獨竇嬰爭之，由此與錯有卻。錯所更令三十章，諸侯皆諠譁疾錯。錯父聞之，從潁川來，謂錯曰："上初即位，公為政用事，侵削諸侯，別疏人骨肉，人口議多怨公者，何也？"鼂錯曰："固也。不如此，天子不尊，宗廟不安。"錯父曰："劉氏安矣，而鼂氏危，吾去公歸矣！"遂飲藥死，曰："吾不忍見禍及吾身。"死十餘日，吳楚七國果反，以誅錯為名。及竇嬰、袁盎進說，上使中尉召錯，紿載行市，錯衣朝衣斬東市。**袁盎鼂錯，未嘗同堂。錯坐盎去，盎坐錯亡。互相傾害，終焉同傷。**盎，楚人，字絲。父故為群盜，徙處安陵。高后時，盎嘗為呂祿舍人。孝文帝即位，盎兄噲任盎為中郎。袁盎常引大體慷慨，亦以數直諫，不得久居中，調為隴西都尉。遷齊相。徙為吳相，告歸。盎不好鼂錯，鼂錯所居坐，盎去；盎坐，錯亦引去：兩人未嘗同堂語。袁盎為楚相，嘗上書有所言，不用。袁盎病免居家，與閭里浮沉，相隨行，鬥雞走狗。洛陽劇孟嘗過袁盎，盎善待之。安陵富人有謂盎曰："吾聞劇孟博徒，將軍何自通之？"盎曰："劇孟雖博徒，然母死，客送葬車千餘乘，此亦有過人者。且緩急人所有。夫一旦有急叩門，不以親為解，不以存亡為辭，天下所望者，獨季心、劇孟耳。今公常從數騎，一旦有緩急，寧足恃乎！"罵富人，弗與通。諸公聞之，皆多袁盎。梁孝王欲為嗣，袁盎進說，其後語塞。梁王以此怨袁盎，曾使人刺盎。刺者至關中，問袁盎，諸君譽之皆不容口。乃見袁盎曰："臣受梁王金來刺君，君長者，不忍刺君。然後刺君者十餘曹，備之！"袁盎心不樂，家又多怪，乃之棓生所問占。還，梁刺客後曹輩果遮刺殺盎安陵東郭門外。**孝王好士，客致四方。枚乘嚴忌，相如司馬相如。鄒陽。羊勝孫詭，**公孫詭。**釀禍於梁。穆生白生，禮重元王。醴酒不設，穆也先亡。白生不去，卒罹於殃。**初，楚元王好詩，與魯申公、穆生、白生俱受詩于浮丘伯。及王楚，以三人為中大夫。穆生不嗜酒，元王每為設醴。及孫戊即位，常設。後忘設焉，穆生退曰："可以逝矣。醴酒不設，王之意怠。不去楚，人將鉗我於市。"遂稱疾臥。申公、白生彊起之，曰："獨不念先王之德與？今王一旦失小禮，何足至此。"穆生曰："君子見幾而作，不俟終日。先王之所禮吾三人者，為道存也。今而忽之，是忘道也。忘道之人，胡可與久處，豈為區區之禮哉？"遂謝病去。戊稍淫暴，太傅韋孟作詩諷諫，不聽，亦去。戊坐，削地，事遂與吳通謀。申公、白生諫戊，戊胥靡之，衣之赭衣，使操舂於市。○元王，名交，高帝同父少弟也。

《四言史徵》卷二，《四庫全書存目叢書》史部291冊，789頁

栗太子　　　　　　　　　　　　　　　　　　　　（明）李夢陽

燕燕，汝今銜泥向何縣？遮天蔽日過長安，堆泥作塚高如山。飛來未央宮，銜取梁上土。黃口見母來，啞啞張吻索蟲哺。

《李夢陽集校箋》卷五，第一冊，111 頁

讀《漢書》列傳雜詩·景十三王　　　　　　　（清）梁章鉅

誰使藍田燕子飛，東藩不覺涕頻揮。何如雅樂三雍對，千古儒林被德暉。

《退菴詩存》卷四，《清代詩文集彙編》515 冊，59 頁

孝武本紀

詩

詠《孝武本紀》

孝武本紀 （唐）司馬貞

孝武纂極，四海承平。志尚奢麗，尤敬神明。壇開八道，接通五城。朝親五利，夕拜文成。祭非祀典，巡乖卜征。登嵩勒岱，望景傳聲。迎年祀日，改曆定正。疲耗中土，事彼邊兵。日不暇給，人無聊生。俯觀嬴政，幾欲齊衡。

《史記索隱》卷二九，459頁

讀《武紀》 （宋）文　同

嗟哉徹之有天下，甘心神仙希羽化。五十餘丈起樓觀，萬八千里走車駕。安期羨門竟何在，五利文成終死詐。若非留意尚文學，嬴政且賢非爾亞。

《全宋詩》卷四三三，8冊，5307頁

讀《漢武帝紀》 （宋）司馬光

方士陳仙術，飄飄意不疑。雲浮仲山鼎，風降壽宮祠。上藥行當就，殊庭庶可期。蓬萊何日返，五利不吾欺。

《全宋詩》卷五〇二，9冊，6080頁

讀《漢武帝傳》　　　　　　　　　　　　　　　　　　　　（元）胡祇遹

丹砂百煮作黃金，萬里風波弱水深。五穀棄捐如糞土，受謾方士益甘心。

《全元詩》第 7 册，166 頁

詠　　史　　　　　　　　　　　　　　　　　　　　　　（元）貢　奎

伊昔聞漢武，英風彌八區。拓邊開諍路，謇謇群臣趨。正色折平津，分符居海隅。談諧侍清宴，從容保全軀。手招王母來，環佩鏗瓊琚。寂寂茂陵草，千載令人吁。

《全元詩》第 23 册，101 頁

雜言四十九首（其二十二、二十五）　　　　　　　　　　　（元）張　達

分土古來有，哲王務安邊。虛內以事外，經邦道非然。周雅詠薄伐，漢兵出祁連。天威豈不伸，彼土終棄捐。卓爾金城略，屯師丐留田。持重實遠計，武功信由全。

漢武喜開邊，雄心事爭逐。鑿空探河源，因勢縻近屬。大宛獻神馬，獫狁潛北谷。弘矣衛霍功，天山繼遐躅。中原竟凋弊，省己乃多欲。不有《輪臺》音，民奚去荼毒。

《全元詩》第 50 册，523 頁

舟中讀《漢武帝紀》　　　　　　　　　　　　　　　　　（元）陳　基

高皇馬上爭天下，丞相養民方致賢。帝業不曾階尺土，兒孫何以筭緡錢。長生始誤神仙術，巫蠱終虧父子天。可惜《春秋》二三策，獨留龜鑑後人傳。

《全元詩》第 55 册，223 頁

《武帝傳》　　　　　　　　　　　　　　　　　　　　　（明）祝允明

柞宮憑几畫成王，淚落銅仙月似霜。王母不來方朔死，茂陵松柏自斜陽。

《祝氏集略》卷七，《祝允明集》上册，132 頁

讀《漢武紀》　　　　　　　　　　　　　　　　　　　　（明）楊　溥

恭儉無爲愧孝文，保全鴻業在知人。當時禁闥能留黶，千古同稱社稷臣。

《楊文定公詩集》卷七，《續修四庫全書》集部 1326 册，524 頁

讀《武紀》 　　　　　　　　　　　　　　　（明）陳子龍

山嶽嵯峨倚漢京，武皇別苑下霓旌。明珠南至逾炎海，天馬西來閉宛城。穆滿沙蟲傳駿足，軒轅虎豹有軍營。渭橋鐘鼓何年事？遺恨單于未解兵。

漢家宮殿啟朱扉，夜醮香風動翠閨。銅雀一鳴雲闕曉，飛廉百丈曙光微。座分靈馭頒瓊笈，壇照明星弄羽衣。不識劉郎原自貴，偏思攜手拜真妃。

《陳子龍詩集》卷一四，下冊，452頁

讀《武帝紀》有感 　　　　　　　　　　　　（明）張　原

海陸珍藏盡入朝，閭閻杼軸已蕭條。當時造得黃金屋，只向深宮貯阿嬌。

《玉坡張先生黃花集》卷二，《陝西古代文獻集成》第7輯，第278頁

恩賜勝覽錄 　　　　　　　　　　　　　　　（明）朱誠泳

予讀《漢史》暨《武帝內傳》，每嘆其雄才大略，而乃惑神仙，且窮兵於遠。俾末年，不下《輪臺》一詔，則漢事未可知也。矧聞茂陵侈葬，可為於邑，予行經駐視，不無千古之感，因占一詩，以寄懷云

天馬不來人已去，茂陵老樹轉斜陽。東方西母言何誕，玉露金桃壽可長。賣武爵真成短計，上書諫本為元良。當年不下《輪臺詔》，豈獨亡秦事可傷！

《小鳴稿》卷一〇，《陝西古代文獻集成》第17輯，234頁

詠　史（其二） 　　　　　　　　　　　　　（清）李　雯

漢帝遊武垣，望氣得鉤弋。萬乘一朝顧，紅顏生羽翼。蒼龍成抱中，翠鳳去君側。宛轉求一言，叱呵不能得。棄置勿復陳，歇絕自夙昔。

《雲間三子新詩合稿》卷二，44頁

五言絕句八首·讀《漢武帝紀》 　　　　　　（清）吳偉業

岱觀東迎日，河源西問天。晚來雄略盡，巫蠱是神仙。

《詩後集》十，《吳梅村全集》卷一八，上冊，488頁

讀《漢武本紀》

（清）徐　爽

羽檄頻年出鳳臺，邊雲漠漠戰魂哀。可憐拋盡沙場骨，不換單于寸土來。

《晚晴簃詩匯》卷六四，第二冊，216頁

讀《漢武帝紀》

（清）陳　義

茝廉桂觀鬱崔嵬，四面珠懸甲帳開。青鳥不來仙露冷，秋風獨上望思臺。

《晚晴簃詩匯》卷一五四，第四冊，46頁

讀史雜感（其二）

（清）盛大士

南軍利行水，使船如使馬。北軍利行陸，屯戍集平野。崤函古神皋，建瓴高屋下。武皇席鴻圖，開邊震函夏。教戰昆明池，旌旗五花墮。精兵重訓練，奚諭多與寡。水陸審地勢，強弱測亦叵。在德不在險，邈焉緬古者。三王以文治，五霸以力假。

《蘊愫閣詩集》卷九，《清代詩文集彙編》501冊，73頁

漢武帝

（清）孫　珩

《輪台》一詔罷屯田，如此英雄爭覓仙。迹襲嬴秦偏重學，治承文、景忽開邊。金莖捧露臨無地，赤汗嘶風直到天。自古君王能萬歲，皇圖那得漢家傳。

自高、惠至文、景，幾致刑措，而武帝以雄才大略繼之，又有大儒為之用，此千載一時也。故晦庵、象山皆於武帝致惓惓，而猶不能不為邪說所移。然則成、康後，必不可興禮樂歟！漢治之不能進於古，武帝為之也。

《歸田藁》卷二，《清代詩文集彙編》534冊，468頁

論詩絕句（其三）

（清）梅植之

天馬蒲梢樂府開，果然漢武是仙才。雲門昭夏鏗鐘鼓，不獨新詩詠柏臺。

《嵇庵詩集》卷二，《清代詩文集彙編》585冊，725頁

《漢武本紀》二首

（清）殷如梅

南粵朝鮮次第收，雄心當日未全酬。兵殘方得貳師馬，親絕忽同九世讎。博望鑿空

那可問,王恢仔釁已堪憂。劇憐力竭兼財盡,不獨山東二百州。

安期巨棗事茫茫,垂死猶傳卻老方。玉印羽衣爭艷羨,龍髯人跡總荒唐。徒令入海求蓬島,無復登臺賦《栢梁》。此日蕭條茂陵路,秋風何處吊劉郎。

《緣滿山房集》丙二,《清代詩文集彙編》438 冊,695 頁

讀《史記》戲書(其三)   (清)殷如梅

翠蓋親從緱氏回,神仙豈有妄言哉。可憐一代英雄主,不及淮南雞犬來。

《緣滿山房集》丙二,《清代詩文集彙編》438 冊,696 頁

思退齋詠古詩(其十二)   (清)釋清恒

纔通閩粵又單于,車騎材官卅萬餘。更禮八神祠五時,仙人樓閣總淩虛。

《借菴詩鈔》卷一〇,《清代詩文集彙編》452 冊,105 頁

詠 史(其三十四)   (清)宋 楣

禮登中嶽聽嵩呼,海上求仙事有無。巫蠱獄成空自悔,早將脫屣視妻孥。

《雞膧百二稟》卷五,《清代詩文集彙編》475 冊,41 頁

望兒湖   (清)張 琛

魂兮歸來竟不歸,思兒湖上暮煙微。如何悔過恩猶薄,鉤弋雛成母又飛。

《日鋤齋詩集·缶音》,《清代詩文集彙編》483 冊,661 頁

通天台   (清)張 琛

金莖矗矗豎當空,一掌擎杯雲漢中。此露只應天上有,人間赤地正乾封。

《日鋤齋詩集·缶音》,《清代詩文集彙編》483 冊,661 頁

擬高青邱(丘)十宮詞·漢宮   (清)譚宗浚

金屋空勞貯阿嬌,長門深鎖夜迢迢。自知恩愛長捐棄,不及詞臣賦洞簫。

《荔村草堂詩鈔》卷一《入塾集》,《清代詩文集彙編》763 冊,5 頁

漢　武

（清）吳翊寅

承露盤高擢九霄，陵雲逸氣負飄飄。瑤池此日觴王母，金屋當年貯阿嬌。方朔桃曾偷月殿，張騫槎更傍星橋。馬肝便諱文成死，尚恨開邊釁未銷。

《曼陀羅花室詩》卷二，《清代詩文集彙編》776 冊，628 頁

瓠子歌

（清）皮錫瑞

莫誦《柏梁詩》，僞作徒傳和。四時莫詠《秋風辭》，樓船簫鼓空水嬉。武帝喜功好興作，《瓠子》一歌切民瘼。吾山鉅野浩縱橫，馮蠵切和安得平。高歌擊節聲半苦，素波飛動魚龍舞。公卿以下皆負薪，乾封乃活梁、楚民。燒薪蕭條有林竹，宣房不是仙人築。瓠子決兮將奈何？何不使爕大塞黃河。

《師伏堂詠史》，《清代詩文集彙編》772 冊，312 頁

三神山

（清）皮錫瑞

岱輿員嶠沈西海，海中惟有三山在。蓬瀛方丈三神山，山在虛無縹緲間。金銀臺觀禽獸白，中有駕鶴驂鸞客。徐福樓船去不回，文成、五利治裝來。大風引舟舟褰裹，斯世豈有神仙哉。不如泰液周漸臺，神山峨峨仙境開。青雀西飛報王母，阿環再拜蟠桃酒，何必海中苦奔走。

《師伏堂詠史》，《清代詩文集彙編》772 冊，313 頁

思子宮

（清）皮錫瑞

鬼風習習霞衣舉，天子帷中共鬼語。上林神君夷越巫，欲求神仙得巫蠱。木人數千入深宮，長安城中血流紅。蚩尤竟天生太子，太子乃與兵終始。子盜父兵罪當笞，何乃紛紛誅捕爲。白頭老翁教臣語，泉鳩事往不可追。思子宮成子已死，窮兵不已兵愛子。思子思子將奈何，余殺人子亦已多。

《師伏堂詠史》，《清代詩文集彙編》772 冊，313 頁

詠漢武帝

汾陰后土祠作

(唐)李　適

昔予讀舊史,遍睹漢世君。武皇實稽古,建茲百代勳。號令垂懋典,舊經備闕文。西巡歷九嶷,舳艫被江濱。勒兵十八萬,旌旗何紛紛。竭來茂陵下,英聲不復聞。我行歲方晏,極望山河分。神光終冥漠,鼎氣獨氛氳。攬涕步豄上,登高見彼汾。雄圖今安在,飛飛有白雲。

《全唐詩》卷七〇,3冊,775頁

漢武帝雜歌三首

(唐)韋應物

漢武好神仙,黃金作臺與天近。王母摘桃海上還,感之西過聊問訊。欲來不來夜未央,殿前青鳥先迴翔。綠鬢縈雲裾曳霧,雙節飄颻下仙步。白日分明到世間,碧空何處來時路。玉盤捧桃將獻君,踟躕未去留彩雲。海水桑田幾翻覆,中間此桃四五熟。可憐穆滿瑤池燕,正值花開不得薦。花開子熟安可期,邂逅能當漢武時。顏如芳華潔如玉,心念我皇多嗜欲。雖留桃核桃有靈,人間糞土種不生。由來在道豈在藥,徒勞方士海上行。掩扇一言相謝去,如煙非煙不知處。

金莖孤峙兮凌紫煙,漢宮美人望杳然。通天臺上月初出,承露盤中珠正圓。珠可飲,壽可永,武皇南面曙欲分。從空下來玉杯冷。世間彩翠亦作囊,八月一日仙人方。仙方稱上藥,靜者服之常綽約。柏梁沉飲自傷神,猶聞駐顏七十春。乃知甘醴皆是腐腸物,獨有淡泊之水能益人。千載金盤竟何處,當時鑄金恐不固。蔓草生來春復秋,碧天何言空墜露。

漢天子,觀風自南國。浮舟大江屹不前,蛟龍索鬥風波黑。春秋方壯雄武才,彎弧叱浪連山開。愕然觀者千萬眾,舉麾齊呼一矢中。死蛟浮出不復靈,舳艫千里江水清。鼓鼙餘響數日在,天吳深入魚鱉驚。左有伣飛落霜翮,右有弧兒貫犀革。何為臨深親射蛟,示威以奪諸侯魄?威可畏,皇可尊,平田校獵書猶陳,此日從臣何不言。獨有威聲振千古,君不見後嗣尊為武。

《全唐詩》卷一九五,6 冊,2006 頁

馬詩二十三首(其二十三)　　　　　　(唐)李　賀

武帝愛神仙,燒金得紫煙。廄中皆肉馬,不解上青天。

《全唐詩》卷三九一,12 冊,4404 頁

築臺詞　　　　　　(唐)劉　駕

漢武築通天臺,役者苦之。

前杵與後杵,築城聲不住。我願築更高,得見秦皇墓。

《全唐詩》卷五八五,17 冊,6779 頁

過茂陵　　　　　　(唐)韓　偓

不悲霜露但傷春,孝理何因感兆民。景帝龍髯消息斷,異香空見李夫人。

《全唐詩》卷六八二,20 冊,7826 頁

望思臺　　　　　　(宋)李九齡

漢武年高慢帝圖,任人曾不問賢愚。直饒四老依前出,消得江充寵佞無?

《全宋詩》卷一八,1 冊,266 頁

漢　武　　　　　　(宋)刁　衎

高宴柏梁詞可仰,橫汾簫鼓樂難窮。已教丞相開東閣,猶使將軍誤北戎。灑淚甘泉還有恨,祈年仙館惜成空。誰知辛苦回中道,共盡千齡五柞宮。

《全宋詩》卷四七,1 冊,510 頁

漢　武　　　　　　(宋)劉　騭

高挹方諸薦水倉,醮壇時見燭神光。日邊甲帳雖虛設,汾上樓船不可忘。盤概碧霄甘露白,鼎遷幽壤瑞雲黃。東巡岱嶽探金策,倒指寧聞壽數長。

《全宋詩》卷七三,2 冊,832 頁

漢　武　　　　　　　　　　　　　　　　　　　　（宋）錢惟演

一曲橫汾鼓吹迴，侍臣高會柏梁臺。金芝燁煜淩晨見，青雀軒翔白晝來。立候東溟邀鶴駕，窮兵西極待龍媒。甘泉祭罷神光滅，更遣人間識玉杯。

《全宋詩》卷九四，2冊，1057頁

漢　武　　　　　　　　　　　　　　　　　　　　（宋）任　隨

殊庭深恨隔仙曹，桂館蜚廉事轉勞。銀闕尚沈滄海闊，井幹空拂絳河高。蕡陽弋獵侵多稼，朔塞旌旗照不毛。苦信憑虛王母說，東方三度竊蟠桃。

《全宋詩》卷九六，2冊，1076頁

漢　武　　　　　　　　　　　　　　　　　　　　（宋）李宗諤

建章宮闕鬱岧嶢，露掌脩莖倚沉寥。平樂館中觀角抵，單于臺上懾天驕。蓬萊望氣滄波闊，太一祈年紫府遙。西母不來東朔去，茂陵松柏冷蕭蕭。

《全宋詩》卷一〇〇，2冊，1138頁

漢　武　　　　　　　　　　　　　　　　　　　　（宋）劉　筠

漢武高臺切絳河，半涵非霧鬱嵯峨。桑田欲看他年變，瓠子先成此日歌。夏鼎幾遷空象物，秦橋未就已沉波。相如作賦徒能諷，却助飄飄逸氣多。

《全宋詩》卷一一〇，2冊，1266頁

漢　武　　　　　　　　　　　　　　　　　　　　（宋）楊　億

蓬萊銀闕浪漫漫，弱水回風欲到難。光照竹宮勞夜拜，露漙金掌費朝餐。力通青海求龍種，死諱文成食馬肝。待詔先生齒編貝，那教索米向長安。

《全宋詩》卷一二一，3冊，1401頁

漢武帝　　　　　　　　　　　　　　　　　　　　（宋）釋智圓

酷矣秦皇滅，荒哉漢武還。將軍封五利，神藥訪三山。重色為金屋，窮兵過玉關。豈知堯、舜道，千古在人間。

《全宋詩》卷一三八,3 冊,1549 頁

讀史二首　　　　　　　　　　（宋）宋　庠

孝武威靈動百蠻,將軍辛苦到闐顏。儒生未必無長策,枉使匈奴害狄山。

賈傅感傷論表餌,董生推本對《春秋》。蹶張抵幾能為相,誰序儒家冠九流。

《全宋詩》卷二〇一,4 冊,2293 頁

漢　武　　　　　　　　　　（宋）王安石

壯士悲歌出寒頻,中原蕭瑟半無人。君王不負長陵約,直欲功成賞漢臣。

《全宋詩》卷五七〇,10 冊,6732 頁

嘲漢武　　　　　　　　　　（宋）李　覯

甲帳居神本妄言,露盤猶在國東遷。欲知千載金人淚,為恥君王不得仙。

《全宋詩》卷三四九,7 冊,4332 頁

漢武帝二首　　　　　　　　　　（宋）劉　敞

武帝固英雄,總摰皆軼材。南並桂林地,北守單于臺。軍費累萬金,馬跡窮九垓。時獨蔔大夫,規規輸其財。忠義豈不然,告緡自此開。茫茫文、景後,田野卒汙萊。孰謂將相謀,竟貽黔首哀。晚悟富民侯,後時信悠哉。

洪波漏金堤,河伯獨不仁。不有封禪行,安知愁吾民。翩翩海濱子,自以通鬼神。黃金成虛言,鴻飛邈無因。武安玩天時,獨秉萬國鈞。愴似宣房詩,郎吏終負薪。寂寞千載間,真偽共沉淪。何乃忘謗書,世固無直言。

《全宋詩》卷四六九,9 冊,5683 頁

武　皇　　　　　　　　　　（宋）劉　敞

武皇英氣古無儔,解道平城遺朕憂。汗血龍媒十八萬,單于台下獵清秋。

《全宋詩》卷四八九,9 冊,5932 頁

望思臺

（宋）強　至

一朝木偶發深宮，父子恩隳晻曖中。不見戾園埋恨處，至今草木有悲風。

《全宋詩》卷五九八，10 冊，7058 頁

過望思臺

（宋）徐　積

昔日奸邪事可哀，如今空築望思臺。冥冥恨魄何之去，唯有南山暮雨來。

《全宋詩》卷六五四，11 冊，7695 頁

武　帝

（宋）王十朋

武帝英雄類始皇，甘心黷武國幾亡。晚年賴有知人術，解把嬰兒付霍光。

《全宋詩》卷二〇二四，36 冊，145 頁

漢武帝

（宋）葉紹翁

殿號長秋花寂寂，臺名思子草茫茫。尚無人世團圞樂，枉認蓬萊作帝鄉。

《全宋詩》卷二九四九，56 冊，35140 頁

武　帝

（宋）陳　普

二十嫖姚風火飛，鑾輿夜夜過焉支。茂陵不費淩雲氣，解見蟠桃着子時。
鼎食諸公盡鼎烹，閭閻豪傑劍縱橫。帝王自擊南山豕，慚愧端非聽董生。
生子曾知置齊魯，自身却愛受何羅。六鼇不戴林光瑟，覆轍相尋似火蛾。
商車不足算緡來，桑、孔咸陽悉茂材。一撮茂陵無覓處，建章門戶至今開。
先帝齋宮內弄兒，阿嬌金屋篡歌姬。披香博士真才子，劉氏家傳有未知。
幾多愛子出蕭關，山積胡沙骨未還。好把望思臺上淚，隨風北去洒陰山。
文帝端能殺少翁，景皇不解斬常融。正心數語深加意，位在三皇、五帝中。
起上林苑賞方朔，發會稽兵惜虎符。君側此時三四輩，盡易東海換江都。
狄山不能居一障，公孫請專事朔方。尊榮衛霍家山岳，冷淡申轅頭雪霜。
五十餘年四海波，建元三載盡征和。中央寸土才無血，沃日澆天瓠子河。

《全宋詩》卷三六五〇，69 冊，43802 頁

夢中和漢武帝《秋風辭》　　　　　　　　（宋）俞　琰

秋風颯颯兮雁南飛,客遊別鄉兮胡不歸?桂花爛開兮芙蓉芳,吟懷雖倦兮情未忘。大火西流兮傾銀河,灝氣浮空兮漾金波。起舞弄影兮自狂歌,人生會少兮離別多。獨坐無侶兮,如此良夜何!

《全宋詩輯補》第八冊,3626 頁

雜著四首(其一)　　　　　　　　　　　（元）元好問

白髮劉郎老更癡,人間那有後天期。茂陵石馬專相待,種下蟠桃屬阿誰。

《金詩》,《全遼金詩》下冊,2660 頁

汾、睢懷古三首(其二)　　　　　　　　　（元）王　惲

武皇誇大喜雄奇,鼎出汾陰恐事為。更著壽王相嫵媚,守經深見漢儒卑。

《全元詩》第 5 冊,405 頁

讀《漢武帝外回事》詩　　　　　　　　　（元）王　惲

汾水西風岱頂柴,侈辭稱自馬遷開。誰知留謗千年後,還向班生筆底來。
瀟颯神飆下寢園,玉衣晨舉馬嘶煙。不容夢語加明譴,應是千金漢相賢。
白髮劉郎一帝巫,老方服食悟前圖。首言要格君心妄,萬古鄒卿一大儒。
太一蓬仙杳不聞,龍輿三駕海東雲。明知求訪終無驗,才悟文成又少君。
嬴傑而顛徹黷兵,較來遺跡不多爭。戾園甘分秋風裏,流血爭教到市氓。
鷁艦龍旗照水開,昆明都試想雄材。眼中不惜肌膏盡,博得西南枸醬來。
晝獵南山夜不歸,白龍幾中豫且危。論功正有高皇約,不為諸孫濟所私。

《全元詩》第 5 冊,565 頁

武　帝　　　　　　　　　　　　　　　（元）徐　鈞

一曲秋風已悔心,此機開導竟無人。後來不下《輪臺詔》,黷武求仙又一秦。

《全元詩》第 7 冊,283 頁

武　　帝　　　　　　　　　　　　　　（元）侯克中

不向江都起仲舒，却從狗監召相如。十洲三島非常道，萬戶千門豈廣居。海上謾勞求馬使，宮中徒隱飯牛書。老來肯下《輪臺詔》，猶勝秦皇載鮑車。

《全元詩》第 9 册，11 頁

題何澄界畫三首·昆明池　　　　　　（元）程鉅夫

蒲萄苜蓿筇竹枝，萬里來自西南夷。瀾翻浪潃四十里，上林更鑿西滇池。牽牛左蹲右織女，朝暮日月相吞吐。魚龍萬變世莫聞，蔓延百尋人豈覩。樓船笛鳴角抵張，千官劍佩鳴鏘鏘。身毒蕞爾猶阻絕，四表何以昭天光。君王好武古莫當，海宇如此仍開疆。金堤楊柳秋風起，落日輪臺遺恨長。憶昔世祖規南國，刳木為舟神莫測。江漢功成指顧間，中天垂裳開八極。老臣撫卷重太息，可惜畫工描不得。

臣待罪秘書日，秘書監扎馬剌丁出示中統年間習水戰船樣，長尺有咫，竟平江南，一天下。世祖規模宏遠矣。因並記之。

右昭文館大學士、中奉大夫何澄年九十所進畫卷。澄之畫得自天性，世祖時已有名，被徵待詔掖垣。至大初，興聖宮成，皇太后旨總繪事，遷太中大夫，秘書監致仕。今進此卷，上大異之，超賜官職，詔臣某為之詩，將藏之秘閣，示天下後世，工緻妙巧，古人不得專美於前。臣竊謂：自古以翰墨見知當世不為無人，澄獨以《姑蘇臺》、《阿房宮》、《昆明池》托物寓意，其庶幾執藝以諫者歟！臣既喜為之詩，復識卷末以附不朽云。皇慶元年二月□日，具官臣某拜手稽首謹跋。

《全元詩》第 15 册，194 頁

漢　　宮　　　　　　　　　　　　　　（元）宋　无

武帝昇霞玉殿空，金人夜泣月明中。三千嬪御無行幸，猶費丹砂飼守宮。

《全元詩》第 19 册，371 頁

讀《茂陵遺事》　　　　　　　　　　（元）韓　性

鼎湖望斷白雲仙，何處人間有墓田。歸向茂陵休奏事，淚痕已盡牧羊天。

《全元詩》第 21 册，62 頁

武　帝
（元）徐秋雲

萬戶千門禁漏遲,建章花發錦成幃。瑤池有信青鸞至,金屋無人白燕飛。風起輪臺春寂寂,露零仙掌月輝輝。樓船簫鼓繁華夢,汾上年年只雁歸。

《全元詩》第 24 冊,417 頁

武　帝
（元）張養浩

內興土木外禽荒,北伐東征事擾攘。自已欲多渾忘盡,却評淖子不宜王。
漢武公卿動滅夷,殺心如此豈君宜。他時坐蠱宮中禍,子共孫亡實自貽。

《全元詩》第 25 冊,75 頁

詠　史
（元）虞　集

軒後邈已遠,漢武亦雄哉。荒忽九州外,百年過煙埃。變化庶長久,臨海築層臺。黃金靡鏤飾,喬林摧斷裁。樂通竟先死,孫卿殊未回。不知作者意,空令來者哀。奉盤泫繁露,馳道殷奔雷。志氣昔所在,風雲恒往來。

《全元詩》第 26 冊,22 頁

趙敬叔所藏漢天馬蒲萄鏡
（元）胡　助

武皇求仙仍黷武,不顧赤子顛崖苦。金莖露滴秋風起,天馬西來渥窪水。魑魅百怪無逃容,神工獻技煉青銅。鑄成明月飛當空,千年精魄淪土中。識者望氣如埋劍,取之持入閩王殿。南國衣冠光閃電,茂陵尤物人間見。蛟龍盤挐吐雲雨,照君肝膽萬萬古。

《全元詩》第 29 冊,35 頁

武皇仙露曲
（元）李　序

甘泉照月如鈞天,千門萬戶生碧煙。碧天無雲露盤出,明河夜拂金童仙。棲鴉起啼曲城曉,大官步進青龍道。崑山玉盡武皇老,茂陵春風吹綠草。魏人車馬東方來,一朝秋燐飛空臺。天荒地老骨亦摧,三川白日聞春雷。蕙花蘭葉參差起,微月斜明光泥泥,仙人之淚猶泚泚。

《全元詩》第 29 冊,266 頁

茂　陵　　　　　　　　　　（元）王沂（字師魯）

玉階苔生履聲絕，桂苑芳銷宮漏咽。君王起望集仙臺，方士靈香海上來。九華帳深蘭燭冷，是邪非邪影非影。含毫抽思賦難工，坐聽梧桐落金井。茂陵松柏陰連空，蕭蕭石馬寒嘶風。青禽消息天上斷，玉輦歡遊泉下同。春草淒淒秋復歇，金鳧影沉銀沼竭。空餘海燕蒲萄鏡，夜夜神光射明月。

《全元詩》第 33 冊，35 頁

茂　陵　　　　　　　　　　（元）王沂（字師魯）

仙姿淑態夢依稀，方士瀛州采藥歸。桂館煙消九華帳，劉郎還道是邪非。

《全元詩》第 33 冊，117 頁

甘泉故宮　　　　　　　　　　（元）朱德潤

漢郊五時答鴻禧，草木甘泉夜色移。昨日長安道旁過，故宮無奈黍離離。

《全元詩》第 37 冊，179 頁

趙仲穆《天馬圖》　　　　　　　　（元）錢　宰

漢馬三萬疋，西馳玉門關。歸來得宛駒，不計漢馬還。茂陵何雄哉，奈此民力殫。悠悠千載下，披圖起長歎。

《全元詩》第 41 冊，185 頁

金銅仙人辭漢歌　　　　　　　　（元）葉　懋

秦王遣使登蓬萊，海山不見樓船回。漢王自吸九霄露，凌空為築仙人臺。仙人獨立霄漢頂，俯視人間沸如鼎。武皇欲火正薰天，一滴何曾酌清冷。昆池既鑿魚龍開，滇國自獻真龍媒。偷桃小兒誠戲謔，青鳥未必瑤池來。茂林草樹秋蕭索，火井冰寒厚三尺。仙人辭漢出宮門，清淚如澌愁不得。

《全元詩》第 47 冊，184 頁

八憤詩 存四首（其三） （元）胡 戩

漢皇築祠汾水西,夜遣祠臣親祝釐。願受軒轅九鼎訣,靈輝迢迢神氣接。通天臺北金為莖,玉杯沉瀣求長生。方士侯封縻厚祿,歲晚蟠蟠悔何足。當年懷核空裴回,茂陵不見蟠桃開。其六。

《全元詩》第50冊,292頁

茂 陵 （元）殷 奎

欲修封禪覓蓬萊,武節巡邊萬里回。祠灶有方能却老,茂陵還近習仙臺。

《全元詩》第64冊,83頁

漢 宮 （元）李清溪

溫泉流入漢離宮,宮樹行行浴殿空。武帝時人今欲盡,青山空閉御牆中。

《全元詩》第66冊,160頁

建章宮 （明）錢子義

栢梁煨燼建章成,萬戶千門壓鳳城。天馬不來青鳥去,幾番涼露濕金莖。

《續詠史詩集》上,《種菊庵集》一,《三華集》卷七,影印文淵閣《四庫全書》1372冊,91頁

漢武詞 （明）胡 奎

通天樓閣排雲開,仙掌露寒金作臺。八月一日王母降,七龍九鳳相裴回。手持玉桃獻天子,此桃結實三千歲。東方小兒窗間笑,此兒三偷入瑤島。帝欲種核留人間,服之可使長朱顏。茂陵秋草今何在,回首雲霞渺瀛海。

《胡奎詩集》卷四,229頁

乳母回顧 （明）瞿 佑

《漢武外傳》:郭舍人發言陳辭,能令人主和悅。帝少時乳母,東武侯母也。母家暴橫長安間,不忍致之法,有司奏請徙邊。母當入辭,先見郭舍人,為泣下。舍人曰:"即入辭去,緩步數回顧。"母如其言。舍人罵曰:"咄!老女子,何不疾行?陛下已壯矣,寧須汝乳而活耶!尚何還顧為?"於是帝憐焉,詔止

勿徙。

　　緞褓恩深遽改圖，懷中寧記泣呱呱。漢王自有金莖露，不似胡兒戀塞酥。

　　《尚書》：禹治水，過門不入。啟呱呱而泣。《武帝紀》：帝信方士言，於苑中植金莖。上置承露盤，號仙人掌，接雲表清露飲之，云可長生。

　　《楊妃外傳》：妃子卯酒，衣褪微露乳。帝捫之曰："溫柔新剝雞頭肉。"祿山在傍對曰："滑膩如凝塞上酥。"帝笑曰："信是胡兒只識酥。"

《香臺集》卷中，《瞿佑全集校注》上冊，52頁

重謁茂陵，用前韻　　　　　　　（明）李東陽

　　寢樹寒聲起夜颸，載聞清廟有歌辭。鼎湖已逐群龍化，周馭空傳八駿騎。千古山川神陟地，三年祥禫禮成時。微臣亦抱劬勞恨，萬事傷心忍賦詩。

《詩前稿》卷一七，《李東陽集》第一卷，384頁

嵩陽宮柏　　　　　　　　（明）唐順之

乃漢武帝所封將軍柏。

　　嘉樹植崆峒，年長勢更雄。已無秦帝幸，尚有漢皇封。榦比孤生竹，根猶半死桐。靈泉玉女灌，甘雨嶽神通。葉密鶯難度，枝樛葛易蒙。垂陰九華帳，弄影五雲宮。色掩重巖翠，聲含眾竅風。賓來虬蓋偃，仙去鶴巢空。非因不材壽，春秋自無窮。

《唐順之集》卷一，上冊，18頁

夢中與諸客賦詩，分題得"漢武帝"　　（明）沈明臣

　　大略雄才廓九州，玄菟直接日南陬。將軍已斷匈奴臂，使者還封博望侯。金殿秋分王母席，玉樓春御吉光裘。不因封禪巡行出，築得宣房瓠子不。

《豐對樓詩選》卷三七，《四庫全書存目叢書》集部144冊，469頁

茂　陵　　　　　　　　（明）王　格

　　旭日暉暉照錦□，東風塵起茂陵墟。關門舊是長卿帝，野老誰藏《封禪書》。雲裏川原邊隱映，路傍榆柳幾瀟疏。行人空擬《上林賦》，烏有先生對子虛。

《少泉詩集》卷七，《四庫全書存目叢書》集部89冊，256頁

漢武出獵

(明)瞿如稷

讀唐人此詩,至"且貪原獸輕黃屋,寧畏漁人犯白龍",意殊病其律而寡致,試寫賦此。

行獵初傳五柞中,鳴鑾忽度上林東。雲開霜仗千巖白,日照霞旌萬壑紅。豈藉風雷輕猛獸,欲從畋獵識非熊。却憐衛、霍孤英主,鳳紀徒聞出塞功。

《瞿冏卿集》卷四,《四庫全書存目叢書》集部187冊,145頁

武 帝

(明)孫承恩

盛氣臨區宇,雄才陋昔人。不勝多欲累,無補制紛紜。威武行殊俗,舟車起箠緡。表章功則有,六籍麗高旻。

《鑒古韻語》,《文簡集》卷二,影印文淵閣《四庫全書》1271冊,70頁

天馬來

(明)邵 寶

讀《史記》作。俞憲曰:"此記正德時事。"

天馬來,來何方?《易》有占,乃爾荒。先烏孫,後大宛。馬是非,天近遠。使端廣,民怨多。天不聞,如馬何。

《列朝詩集》丙集卷五,第六冊,2983頁

金天馬詞

(明)王 寵

萬里嚴風敝鐵衣,貳師初釋大宛圍。漢家空卻千群馬,始得流沙一騎歸。

《列朝詩集》丙集卷一〇,第六冊,3462頁

關西雜詠

(明)程 誥

千年回磴絕鳴鑾,太乙祈靈有漢壇。一夜悲風銅柱折,仙人垂淚下金盤。

《列朝詩集》丙集卷一一,第七冊,3541頁

登漢武帝玄都壇

(明)胡 侍

曲磴回溪數百里,漢皇行幸有遺蹤。海西不復來三鳥,巖畔虛傳駐六龍。碧露暗滋金洞草,紫雲常護石壇松。便應別著登山屐,策杖高尋玉檢封。

《列朝詩集》丙集卷一六,第七冊,3895 頁

漢　　室　　　　　　　　(明)祝允明

漢室咸陽建,山河百二開。甘泉芝草出,天馬大宛來。宣室宵衣問,長楊獻賦回。寧知天禄閣,不用子雲才。

《祝氏集略》卷六,《祝允明集》上冊,109 頁

誦陸厥《李夫人歌》,效其體　　(明)徐禎卿

郁金臂上香,龍燭帳中光。昔時愁夜短,今時怨夜長。長夜怨,徹旦思。情漠漠,魂離離。新宮夜雨生香草,故苑秋風銷桂枝。

《徐禎卿全集編年校注》卷三編年詩,534 頁

茂　　陵　　　　　　　　(明)趙　崡

黃山歷盡見孤城,城上樓高眼倍明。芳樹寢園今北望,暮雲宮闕舊西京。芙蓉晝冷仙翁露,苜蓿春閑宛馬聲。回首長楊卷獵地,何人得似子雲名?

《列朝詩集》丁集卷一〇,第九冊,5093 頁

漢武帝　　　　　　　　　(明)梁辰魚

秋風汾水雁南翔,詞客當年宴柏梁。絳節殿前桃獻實,金莖雲外露凝香。阿嬌初貯黃金屋,曼倩新居白玉堂。誰信而今茂陵樹,夜臺煙鎖路荒涼。

《鹿城詩集》卷一九,《梁辰魚集》,2341 頁

觀　　史　　　　　　　　(明)康　海

漢武負才略,天厩育駕駓。俳視東方朔,却築望海臺。士抱千里姿,不得凌九垓。仙人王方平,往往笑其騃。讀書窮巷中,志閉履難諧。不如屠沽子,乘時際風雷。丈夫各有遇,胡爲卑艸菜。君看吳王門,亦能老鄒、枚。

《康對山先生集》卷四,47 頁

五言古詩（其十七、二十） （明）王世貞

孝武驅三方,快若風掃翳。及乎遇匈奴,往往不得志。長平既雄武,冠軍復慓銳。橫穿單于幕,直奪金人祭。拓地城五原,雪仇光九世。是時李飛將,子長所深寄。天幸與數奇,片語成軒輊。竟令撻伐威,寥寥無可記。

漢武鞭九有,所寄三腹心。公孫為丞相,脫粟一布衾。張湯為大夫,家不滿千金。弘羊為搜粟,鉤較窮飛沈。橫賞五十年,民力猶可任。即論守與才,隱然亦國琛。古人不足古,今人良愧今。

《弇州續稿》卷四,《弇州四部稿》第四冊,影印《明人文集叢刊》,45頁

恩賜勝覽錄 （明）朱誠泳

昆明池,即老杜所謂"昆明",漢武舊時功者也。予經其地,蓋已墟矣。

因作一律,以寓慨嘆之意云

萬里昆明未即功,方池鑿象練兵戎。女牛跨漢東西隔,旗鼓連營遠近同。巨艦初移雲作陣,石鯨如動水生風。可憐無限桑麻地,都付征人事遠攻。

《小鳴稿》卷一〇,《陝西古代文獻集成》第17輯,239頁

漢武帝 （清）孫枝蔚

自上甘泉看寫真,芳魂一去杳難親。白樂天《李夫人》詩:"甘泉殿裏令寫真。"多情尚不如周穆,天下曾添姓痛人。穆王盛姬死,哀痛不已,遂改其族,謂之痛氏。

《溉堂前集》卷八,影印《溉堂集》上冊,408頁

漢武宮詞 （清）吳兆騫

戲罷魚龍幸柏臺,期門十對翠華開。甘泉宮裏傳銀燭,聞道君王夜獵回。

《秋笳集》卷五,163頁

漢武帝 （清）高宗弘曆

秦皇漢武恒並稱,吾謂其言未當也。秦皇坑儒武重儒,一端足以定高下。求仙封禪勤土木,黷武之類過弗寡。然其大過在鉤弋,理無因數殺其母。禍防呂雉特忍殘,投鼠忌

器喻寧假。表章六經黜百家,則其得在興俊雅。瑕瑜不掩斯可耳,漢史摘失其得舍。入於蠶室懷恨深。載筆紀事由司馬。

《全韻詩》,《御制詩四集》卷四九,影印文淵閣《四庫全書》1308 册,147 頁

銅人原　　　　　　　　　　（清）王士禛

宫門漢月渭川波,天本無情奈若何？今日荒原逢薊子,愁將銅狄更摩挲。

《漁洋續詩集》卷三,《王士禛全集》第一册,738 頁

漢武帝通天臺　　　　　　　　（清）王士禛

通天臺畔望咸京,秋入秦川雨半晴。御宿不來仙掌散,宫車已往露盤傾。神光遥指虚無影,渭水長流日夜聲。此去西風茂陵路,秖應腸斷沈初明。

《漁洋續詩集》卷三,《王士禛全集》第一册,740 頁

茂　陵　　　　　　　　　　（清）王士禛

武帝乘龍久上昇,集靈臺古幾人登。晴川森森通槐里,秋草萋萋入茂陵。《天馬歌》成愁出塞,泉鳩事去涕霑膺。誰知一代孫弘閣,唯有東方諫獵能。

《漁洋續詩集》卷三,《王士禛全集》第一册,740 頁

茂陵懷古　　　　　　　　　　（清）王士禛

頻年祠太乙,晚歲罷輪臺。緱氏仙何往,瑶池信不迴。紅顔鈎弋盡,白首子卿哀。失勢秋風客,昆明又劫灰。

《蠶尾續詩集》卷四,《王士禛全集》第二册,1253 頁

重題茂陵　　　　　　　　　　（清）王士禛

絡繹甘泉豹尾催,君王夜幸柏梁臺。當時譎諫稱方朔,也嬖長陵宛若來。

《蠶尾續詩集》卷四,《王士禛全集》第二册,1273 頁

詠　史（其一）　　　　　　　（清）袁　枚

武帝英雄主,叱咤動八荒。旌旗十八萬,遺恥雪高皇。馬來大宛國,頭懸南越王。

《秋風》歌一曲,援筆能文章。汲黯老匹夫,山東一木強。作令便為恥,積薪語更剛。動請先斬臣,批鱗相抵當。當時竟殺汝,如鼠投沸湯。不冠而見之,於帝更何傷。帝終不出此,容黯老淮陽。吾嘗掩書卷,此處長思量。

《小倉山詩集》卷五,《小倉山房詩文集》第一册,80 頁

讀史有感(其二)   (清)袁 枚

長門賦罷主心移,天意終難人力支。空與醫錢九千萬,阿嬌金屋竟無兒!

《小倉山詩集》卷三四,《小倉山房詩文集》第二册,967 頁

詠 史(其一)   (清)趙 翼

漢武擅雄略,雙手運九垓。汲黯董仲舒,雖賢不鼎臺。所用衛霍輩,不過奴僕才。驅之即成功,地拓寇敵摧。乃知主英斷,但需群策材。朝有名臣見,已是衰運來。

《甌北集》卷三〇,下册,679 頁

與周西陳孝廉分賦漢陵, 得長陵、茂陵二首(其一)   (清)錢大昕

寶帳珠簾甲乙陳,樓居縹緲切星辰。浪傳阿母來青鳥,却喜奇童對白麐。鑿空遍通旁國節,舞文幾積後來薪。長門枉買相如賦,不記當時金屋人。

《潛研堂詩集》卷三,《嘉定錢大昕全集》第一〇册,44 頁

漢武帝   (清)德宗載湉

富庶承文景,雄才奮武皇。右文興學校,威還服氐羌。可惜居明盛,無能戒怠荒。仙蹤虛海上,戰骨暴沙場。佞喜江充用,忠難汲黯匡。窮奢財用匱,雖悔亦何償。

《晚晴簃詩匯》卷三,第一册,25 頁

漢通天臺金銅仙人歌   (清)管世銘

文成已誅欒大死,武皇長生心未已。黃金仙藥兩無成,猶進銅盤一杯水。茂陵一閉高臺空,突兀仙掌摩蒼穹。日精月華歷四百,遂有靈氣通鴻濛。赤眉含血不敢喋,董卓焚燒亦未及。牽車西來乃魏官,欲輦銅人洛陽入。青龍元年秋正半,萬眾拆盤盤忽斷。天

傾地塌華山鳴,數十里中雞犬亂。銅人既下觀者多,汪然淚作流滂沱。長安父老盡掩泣,物尚戀主人如何。萬牛之力終莫致,倔強中途聞且置。居然不辱魏宮前,神鼎依稀沒清泗。新故之間不可居,夏璜秦璽恨何如。華歆王朗盡名士,及見銅人辭漢無?

《晚晴簃詩匯》卷一〇一,第三册,6頁

武　　帝　　　　　　　　　(清)謝啟昆

學仙妄意鼎湖攀,雄略軍容動八寰。玉檢封中呼萬歲,金童海上引三山。鹽叢遠自牂柯闢,龍種新從渥水還。獨幸直臣容汲黯,時聞讜論一開顏。

《樹經堂詠史詩》卷一,影印《續修四庫全書》1458册,500頁

罷黜百家　　　　　　　　　(清)褐　夫

百家罷黜一家尊,欲鎖千秋萬氏魂。惟幸絕無還僅有,未將全祖化猢猻。

《古史詩針》,《戴名世集》附錄二,440頁

咏古七首(其四)　　　　　　(清)汪　琬

武皇雅愛才,任使非一倫。張、趙刀筆吏,卜、倪耕牧人。偶與時勢會,遽登要路津。駕馭雖有術,揣摩豈無因。遂令淮陽守,喟然傷積薪。

《鈍翁前後類稿》卷二,《汪琬全集箋校》第一册,43頁

咏古二首(其一)　　　　　　(清)汪　琬

羽林千騎蹋輕塵,狐兔初肥苑草春。試問茂陵移病後,車前諫獵復何人?仗劍探丸意氣生,五侯賓客太從橫。不知猶有張公子,日暮人閒借姓名。

《鈍翁前後類稿》卷二,《汪琬全集箋校》第一册,74頁

武　　皇　　　　　　　　　(清)汪　膺

承露盤空霄漢高,飛瓊虛奏碧雲璈。祇應青鳥頻來往,留得千年阿母桃。

《寸璧堂詩集》卷一一,《附錄》八,《汪琬全集箋校》第五册,2596頁

詠　史（其四）　　　　　　　　　　　　　（清）沈德潛

風林無靜羽,急湍多躁鱗。漢武用酷吏,欲以禁奸民。蒼鷹與乳虎,擊斷稱能臣。禁奸奸日起,草竊晝夜聞。君看龔渤海,治民貴拊循。盜賊化良善,千古頌深仁。

《歸愚詩鈔》卷四,《沈德潛詩文集》第一册,66 頁

漢　武　　　　　　　　　　　　　（清）沈德潛

鼓吹橫汾樂未央,算商搜粟許為郎。鑿空使者通西域,傾國佳人出北方。天馬遠徠兵力困,金盤高挖露華涼。劇憐螯扆仙遊後,乙帳虛懸明月光。

《歸愚詩鈔》卷一五,《沈德潛詩文集》第一册,305 頁

没字碑歌　　　　　　　　　　　　　（清）王　軒

茂陵雄才意不止,親臨決河塞瓠子。東封更躡泰山雲,直窮天盡射海水。二月陽春草未生,山頭御路連雲平。巨表撐天卓天半,屹然萬古寒崝嶸。古壁千年立枯鐵,深山伐石蒼崖裂。千椎夜擊玄蝯啼,萬絚朝牽赤蛇掣。谷深蹊轉乾坤動,十步九回萬鈞重。斷危絕峭騰山椒,作勢齊呼谷雲涌。至今高崎人天界,雨剝風摧刧難壞。空餘老祝知歲年,聞說深宵出光怪。豈是功高邈無尚,刪除諛頌消誹謗。獨留百代巍峨觀,一掃百家文字障。天門萬里來長風,蒼龍下攫飛秋空。日出光寒碧落外,潮平影落滄溟東。玉牒微茫宮禁秘,千古何人見丹泰。當時誰上《封禪書》,不向峰頭灑橡筆。

《耨經廬詩集》卷五,《續尤西堂擬明史樂府》(外二種),166 頁

詠古詩十四首·漢武帝　　　　　　　　　（清）張之洞

平津經術張湯律,厭次談諧卜式錢。一代公卿齊掃地,四方珍怪盡朝天。書沉青鳥西飛日,淚灑金人入洛年。第一奇功刊不得,將軍斥地過祁連。

《張之洞詩文集》卷九,329 頁

梁山三詠　　　　　　　　　　　　　（清）易順鼎

《夷堅志》:梁山漢武帝祠,祭時往往有一二百胡蝶降祠所,食諸祭品,俗謂是武帝侍從云。余按《華陽國志》:晉時王濬毀益州神祠,以其松柏爲舟,獨禹祠及漢武帝祠不毀,是梁山有武帝祠無足怪也。作

《胡蝶詠》。

　　茂陵劉郎不歸國,秋風來作巴山客。相如消渴曼倩飢,憔悴當年侍臣色。金狄銅盤感陸沉,荒祠蝶粉亂山深。愁心欲奏初明表,古木啼鵑無處尋。

《琴志樓詩集》卷六,第二册,290 頁

八臺詩_{辛卯}·望思臺　　　（清）易順鼎

　　高原古木鬱嵯峨,滿眼秋雲送逝波。富貴天家全福少,英雄末路悔心多。求仙自作妖巫俑,黷武還操父子戈。他日橫汾增感慨,豪情不似《大風歌》。

《琴志樓詩集》卷九,第二册,498 頁

詠古詩六十首,同樊山作·漢武帝　　　（清）易順鼎

　　崑崙蓬島峙雙峰,欲繼秦皇往日蹤。異代尚悲汾水雁,當年空慕鼎湖龍。封侯李廣何如蔡,歸國蘇卿祇見松。莫奏通天臺上表,初明淚比露華濃。

《琴志樓詩集》卷一二,第三册,756 頁

擬漢武宮後庭秋千戲_{古詩}　　　（清）馬　魯

　　清明新火出禁中,新柳御溝裊東風。上苑百花閒顏色,倚紅偎翠武帝宮。此日宮中罷歌舞,祝君千秋作戲賭。綵架高並承露盤,綵索雙繫紅絲縷。蛬廉桂觀通天臺,建章明光一時開。粉黛六宮多嬌艷,鉤弋夫人隨駕來。火棗交梨賽蓬閬,方朔乃作滑稽狀。玉椀滿斟效嵩呼,醽醁仙酒來海上。醉里都吟《柏梁詩》,長春莫負景泰時。離地神仙雲霄里,黃山俯視失嶮巘。散春愁,行樂事,欹欹飛飛,王母青鸞交呈瑞。漢苑閣道踏青來,萬古留作秋千戲。

《南苑一知》卷二,《陝西古代文獻集成》第 20 輯,323 頁

詠史·孝武帝　　　（清）孫國楨

　　內尊酷吏外窮兵,列辟酎金何太輕。底是雄才過秦政,貌崇輕術重儒生。

《愚軒詩鈔》卷下,《清代詩文集彙編》741 册,358 頁

秦漢樂府·方士尚公主

(清)張　誠

李少君,公孫卿,文成、五利兩將軍。仙人弟子何紛紛,惟有五利尊而親。臣向蓬瀛往來久,安期羨門相師友。神仙愛結椒房戚,公主嫁作方士婦。方士坐以妖罔誅,公主寡居帝何如。帝謂皇帝真不死,騎龍登天心竊喜。視妻子,如脫屣,何況區區一女耳。

《嬰山小園詩集》卷一五,《清代詩文集彙編》425冊,108頁

後詠史四十首·漢武帝

(清)師　範

一朝心力盡開邊,枚、馬何如衛、霍賢。身不逢時悲李廣,語多鑾空笑張騫。射蛟歌鼎精神壯,浮海填河意氣全。尚有長生求未得,金鑾曉露泣銅仙。

《泛舟吟摘鈔》上卷,《清代詩文集彙編》429冊,609頁

讀史樂府·天馬來

(清)趙紹祖

天子欲為椒房謀,將侯姬兄未有由。軍功可建侯可致,不見衛、霍皆從馬上得封侯。貳師將軍出宛野,萬里去求汗血馬。數十疋駿歸彤庭,六七萬人死邊下。天馬來,西夷服,天子賞功廣利侯。一家歡笑萬家哭,中原馬少人頗多。人能易馬快如何,蒲梢蹋石自是天家瑞,詞人拜手稽首弭筆共上《天馬歌》。

《琴士詩鈔》卷一,《清代詩文集彙編》432冊,645頁

世宗孝武皇帝

(清)葛　震

孝武皇帝,景帝之儲。建元元年,策問良儒。天人三策,得董仲舒。○申公八十,迎以安車。治不多言,力行何如。○被服儒素,河間獻王。獻樂對策,指事詳明。○買臣莊助,連翩而來。相如辭賦,朔皋詼諧。○爰啟我宇,拓乃封疆。東置蒼海,北築朔方。遼東界洱,衛滿傳孫。戮破浿水,朝鮮內藩。臨屯樂浪,玄菟真番。牂牁越巂,武都汶山。沉黎五郡,開置百蠻。地闢南海,蒼梧鬱林。珠厓合浦,儋耳九真。日南交阯,兩粵稱臣。西域通道,郡達祁連。敦煌張掖,武威酒泉。○渾邪來降,二萬車迎。庇葉傷枝,置五國城。○買爵贖罪,卜式助邊。孔僅監鐵,弘羊緡錢。張騫鑿空,欒大求仙。○蘇武出使,李陵北征。滅跡掃塵,足履王庭。轉戰千里,矢盡道窮。馬遷論救,身下腐刑。○帝疾大漸,圖畫周公。霍光受詔,鼎湖乘龍。○惟帝天錫,雄才大略。稽古禮文,殫心制作。表

章六經,罷黜異說。臨軒策士,興立太學。曆定太初,用夏正朔。舉修郊祀,歌詩協樂。昭姓考瑞,文章光灼。改元建號,創始之作。好大喜功,海內虛耗。江充蠱獄,母子無告。立子殺母,是又何道。窮奢極欲,秦續幾蹈。悔心之萌,輪臺之詔。○司馬子長,單名曰遷。父太史公,世掌天官。奇才天縱,倜儻孤騫。以救李陵,身腐於宮。鬱結發憤,師古聖賢。乃作《史記》,百三十篇。善敘事理,質有其文。變通今古,際究天人。大海揚波,成一家言。藏之名山,傳之其人。劉向揚雄,良史稱焉。○東方曼倩,以仕代農。依隱玩世,詭時不逢。孤貴失和,於道相從。首陽為拙,柳惠為工。○丞相封侯,公孫弘始。曲學阿世,濟之以詭。餂詐釣名,寢衣布被。○主父親幸,受金大橫。生五鼎食,死五鼎烹。○張湯廷尉,起刀筆吏。深文小苛,懷詐舞智。不寒而栗,人如芒刺。○汲黯之戆,社稷之臣。矯詔發廩,賑河南貧。性倨少禮,過不容人。不冠不見,揖大將軍。○大將軍青,父曰鄭季。衛媼與通,生冒衛氏。少時牧羊,壯為侯騎。子夫入宮,日益親貴。凡七出邊,斬殺無計。二萬千戶,益封不次。賢士無稱,和柔自媚。○青姊少兒,去病之母。父霍仲孺,給事侯府。輕騎從軍,深入斬捕。軍有天幸,首功無數。司馬冠軍,貴與青伍。○李廣不識,俱有將名。李不刁斗,程正行營。廣飛將軍,足智多謀。猿臂善射,才氣前矛。生而數奇,老不封侯。失道自殺,命也何尤。

《詩史》卷二,《四庫全書存目叢書》史部 291 冊,618 頁

世宗孝武皇帝

(清)葛 震 曹 荃

名徹,景帝中子,母皇后王氏。初封膠東王,廢太子榮而立之,在位五十四年。崩,壽七十一,葬茂陵。改元建元、元光、元朔、元狩、元鼎、元封、太初、天漢、太始、征和、後元。

孝武皇帝,景帝之儲。建元元年,策問良儒。天人三對,得董仲舒。仲舒,廣川人。申公八十,迎以安車。治不多言,力行何如。被服儒素,河間獻王。河間王德,景帝子,卒諡曰獻。獻樂對策,指事詳明。叶,謨郎切,音茫。買臣朱買臣。莊助,連翩而來。相如辭賦,朔東方朔。皋枚皋。詼諧。爰啟我宇,拓乃封疆。東置蒼海,東夷薉君南閭等二十八萬人降為蒼海郡。○"薉"與"濊"通,音穢,即古濊貊國,本朝鮮地,漢武置蒼海郡。北築朔方。匈奴入上谷、漁陽,遣衛青、李息擊走之,遂取河南地,立朔方郡。○朔方,今寧夏衛,隸陝西都司。遼東界浿,音派。衛滿傳孫。戇破浿水,朝鮮內藩。臨屯樂浪,玄菟真番。初,全燕之世嘗略屬真番、朝鮮,為置吏,築障塞。秦滅燕,屬遼東外徼。漢興,為其遠難守,復修遼東故塞,至浿水為界。燕人衛滿亡命,聚黨東走,渡浿水,居秦故空地,役屬真番、朝鮮蠻夷及燕亡命者王之,都王險。孝惠、高后時,遼東太守約滿為

外臣,保塞外蠻夷。傳子至孫右渠,所誘漢亡人滋多。帝使涉何譙諭右渠,終不肯奉詔。乃遣楊僕、荀彘將兵伐之,朝鮮人殺王右渠以降,置樂浪、臨屯、玄菟、真番四郡。○浿水,在朝鮮國平壤城東,一名大通。江中有朝天石,唐蘇定方破兵于浿水即此。**牂牁越嶲,武都文山。沉黎五郡,開置百蠻。**馳義侯發,南蠻兵且蘭君反,殺使者,漢乃發巴蜀罪人當擊南越者擊之,誅且蘭及邛君、莋侯,遂平蠻夷,為牂牁郡。夜郎侯入朝,上以為夜郎王,西夷、冉駹之屬皆振恐,請臣置吏。乃以邛都為越嶲郡,莋都為沈黎郡,冉駹為汶山郡,廣漢西、白馬為武都郡。○牂牁,本西南夷且蘭國也,今為播州宣慰使司,隸四川道。越嶲,本西南夷邛都國地,今為建昌路,隸四川道。武都,本戰國白馬氏所居地,今陝西鞏昌府階州。文山,古冉駹國地,今四川成都府茂州。沈黎,古莋都國地,今為黎州安撫司,隸四川道。**地闢南海,蒼梧鬱林。珠厓合浦,儋耳九真。日南交阯,兩粵稱臣。**遣將軍路博德等將兵擊南越,獲建德、呂嘉,遂以其地為南海、蒼梧、鬱林、合浦、交阯、九真、日南、珠厓、儋耳郡。○南海,秦故郡也,今廣州是。蒼梧,今廣西梧州府是。鬱林,秦象郡地,今潯州府是。珠厓,在大海中厓岸之邊,出珠,因以名郡,今瓊州府是。合浦,秦象郡地,今廉州府是。儋耳,地在大海中,其種大耳,渠師自謂王者,耳尤緩下肩三寸,漢置郡因名儋耳,今屬瓊州府。九真,本水名,因以名郡。日南,秦象郡地也,地在日之南,所謂北開戶以向日者也。交阯,古南交之地,秦屬象郡,今安南國是。**西域通道,郡達祁連。敦煌張掖,武威酒泉。**遣博望侯張騫使西域,置酒泉、武威等郡。○祁連山,在陝西行都司城西南一百里,其山甚峻廣,本名天山,匈奴呼天為祁連,因名。山上草木茂美,冬溫夏涼,宜牧放,後失此山,歌曰:奪我祁連山,使我六畜不蕃息。○敦煌,本瓜州,在肅州衛城西五百二十五里。張掖,今之甘州衛是。武威,今涼州衛是。酒泉,今肅州衛是。**渾邪來降,二萬車迎。庀葉傷枝,置五國城。**匈奴渾邪王降,置五屬國以處其眾。○五屬國並是故塞外地,謂隴西、北地、上郡、朔方、雲中也。**買爵贖罪,卜式助邊。孔僅監鐵,弘羊緡錢。張騫鑿空,欒大求仙。蘇武出使,李陵北征。滅跡掃塵,足履王廷。轉戰千里,矢盡道窮。子長司馬遷字。論救,身下腐刑。帝疾大漸,圖畫周公。霍光受詔,鼎湖乘龍。惟帝天錫,雄才大略。稽古禮文,殫心制作。表章六經,罷黜異說。臨軒策士,興立太學。曆定太初,用夏正朔。舉修郊祀,歌詩協樂。昭姓考瑞,文章光灼。改元建號,創始之作。好大喜功,海內虛耗。江充蠱獄,骨肉不保。**帝嘗晝寢,夢木人數千持杖欲擊上,上驚寤,因是體不平。江充自以與太子及皇后有隙,因奏上疾祟在巫蠱。上以充為使者,治巫蠱獄。充云於太子宮得木人尤多,太子懼,不知所出,從少傅石德計,收捕充等斬之。時上在甘泉,詔丞相劉屈氂發三輔近縣兵捕太子,太子乃引兵,敺四市人數萬,至長樂西闕下,逢丞相軍,合戰五日,死者數萬人。太子兵敗,南奔覆盎。詔收皇后璽綬,后自殺。太子亡,東至湖,匿泉鳩里。事覺,吏圍捕,太子乃自經,皇孫二人皆並遇害。**立子殺母,是又何道。**鉤弋夫人趙氏生子弗陵,年七歲,形體壯大,多知,上奇之,心欲立焉。以其年稚母少,猶豫久之。後數日,帝譴責鉤弋夫人,送掖庭獄,卒賜死。乃立弗陵為太子。**窮奢極欲,**

秦續幾蹈。悔心之萌,輪臺之詔。先是桑弘羊言輪臺東有溉田五千頃以上,可遣屯田卒,置校尉募民壯健敢徙者詣田所,墾田築亭,以威西國。上乃下詔,深陳既往之悔曰:"前有司奏欲益民賦三十,助邊用,是重困老弱孤獨也。今又請遣卒田輪臺。輪臺西于車師千餘里,前擊車師,雖降其王,以遼遠乏食,道死者尚數千人,況益西乎!匈奴常言'漢極大,然不耐饑渴,失一狼,走千羊。'乃者貳師敗,軍士死略離散,悲痛常在朕心。今又請遠田輪臺,欲起亭隧,是擾勞天下,非所以優民也,朕不忍聞!當今務在禁苛暴,止擅賦,力本農,修馬復令,以補缺,毋乏武備而已。"自是不復出軍,而封田千秋為富民侯,以明休息,思富養民也。○輪臺,西域地名,在車師西北千里。司馬子長,其名曰遷。父太史公,世掌天官。叶,居員切。奇才天縱,倜儻孤騫。以救李陵,身腐於宮。叶,居員切。鬱結發憤,師古聖賢。乃作《史記》,百三十篇。善敘事理,質有其文。叶,無沿切。變通今古,際究天人。叶,如延切。大海揚波,成一家言。藏之名山,傳之其人。叶。劉向楊雄,文贍經通。東方曼倩,名朔。以仕代農。依隱玩世,詭時不逢。孤貴失和,於道相從。首陽為拙,柳惠為工。丞相封侯,公孫弘始。封平津侯。曲學阿世,濟之以詭。餂詐釣名,脫粟布被。主父親幸,主父復姓,名偃。受金大橫。生五鼎食,死五鼎烹。偃上書言事,拜為郎中,尤親幸,一歲中凡四遷,為中大夫,大臣畏其口,賂遺累千金。或謂偃曰:"大橫矣。"偃曰:"吾生不五鼎食,死則五鼎烹矣。"張湯廷尉,起刀筆吏。深文小苛,懷詐舞智。不寒而慄,人如芒刺。汲黯之戇,社稷之臣。矯詔發廩,賑河南貧。性倨少禮,過不容人。不冠不見,丞相弘燕見帝,時或不冠。至如汲黯見上,不冠不見也。揖大將軍。衛青為大將軍,尊寵與群臣無二,公卿以下皆卑奉之,獨汲黯與亢禮。人或說黯曰:"大將軍尊重,君不可以不拜。"黯曰:"以大將軍有揖,客不反重耶?"大將軍青,衛青。父曰鄭季。衛媼與通,生冒衛氏。少時牧羊,壯為侯騎。子夫入宮,日益親貴。凡七出邊,斬殺無計。二萬千戶,益封不次。賢士無稱,和柔自媚。大將軍衛青者,平陽人也。其父鄭季,為吏,給事平陽侯家,與侯妾衛媼通,生青,故冒姓衛氏。青為侯家人,少時歸其父,其父使牧羊。先母之子皆奴畜之,不以為兄弟數。青嘗從入至甘泉居室,有一鉗徒相青曰:"貴人也,官至封侯。"青笑曰:"人奴之生,得勿笞罵即足矣,安得封侯事乎!"青壯,為侯家騎,從平陽主。有同母姊子夫得入宮幸上,乃召青為建章監侍中,子夫為夫人,青為太中大夫。衛夫人有男,立為皇后。青為車騎將軍,封長平侯。元朔五年,將三萬騎,出高闕擊匈奴,逐數百里,引兵而還。至塞,天子使使者持大將軍印,即軍中拜車騎將軍青為大將軍,諸將皆以兵屬焉。凡七出擊匈奴,斬捕虜首五萬餘級。一與單于戰,收河南地,遂置朔方郡。再益封,凡萬一千八百戶。青為人仁善退讓,以和柔自媚於上,然天下未有稱也。青姊少兒,去病之母。姓霍氏。父霍仲孺,給事侯府。輕騎從軍,深入斬捕。軍有天幸,首功無數。司馬冠軍,貴與青伍。青姊子霍去病,年十八,善騎射,為票姚校尉,再從大將軍,與輕勇騎八百直棄大軍數百里赴利,斬捕首虜過當,封為冠軍侯。元狩二年,為票騎將軍,將萬騎出隴西擊匈奴,轉戰六日,過焉支山千餘里,斬首虜獲甚眾,益封五千戶。是時諸宿將士馬兵亦不如票騎,票騎所將常選,然亦敢深入,常與壯騎先其大將軍,軍亦有天幸,未嘗困絕也。然而諸宿將常坐留落不遇。由此票騎日以親貴比大將軍。四年,出伐右北平二千餘里,絕大幕,直左方兵,獲王、將、相等八十餘人,封狼居胥山,禪于姑衍,登臨瀚海,斬七萬級。乃益置大司馬位,大將軍、票騎將軍皆為大司馬。定令,令票騎將軍秩祿與大將軍等,自是之後大將軍青日退而票騎日益貴矣。**李廣不識**,程不識。**俱有將名。李不刁斗,程正行營。**廣與不識俱以將兵有名當時。廣行無部伍行陳,就善水草,舍止,人人自便,不擊刁斗自衛,莫府省約文書,然亦遠斥候,未嘗遇害。不識正部曲行伍營陳,擊刁斗,治軍簿至明,軍不得休息,亦未嘗遇害。然匈奴畏李廣之略,士卒亦多樂從廣而苦程不識。○刁斗,孟康曰:"古者軍行以銅為鐎器,受一斗,晝炊飲食,夜擊持行,名曰刁斗。"《索隱》曰:"如宮中傳夜鈴。"蘇林曰:"形如銷,無樣,可受一斗,故名焉。鐎即鈴也。"埤蒼曰:"鐎,斗,溫器也,三足有柄。"鐎音焦。銷,呼玄反。**廣飛將軍,足智多謀。猿臂善射,才勁氣遒。生而數奇,老不封侯。失道自殺,我思悠悠。**

《四言史徵》卷二,《四庫全書存目叢書》史部291冊,790頁

補禹門兩漢詠史小詩(其三十一、三十二、三十五) （清）梁運昌

雖有英武號,故自未免癡。生平最絕倒,五利一場欺。

無論親子姓,出外即疏忌。入衛亦常理,何遽斬來使。

年年大出師,入夏已返師。秋高馬健肥,匈奴仍入塞。

《秋竹齋詩存》卷二,《清代詩文集彙編》499冊,14頁

詠劉劇

望思臺 （唐）羅　隱

芳草臺邊魂不歸，野煙喬木弄殘暉。可憐高祖清平業，留與閒人作是非。

《全唐詩》卷六六四，19 冊，7608 頁

望思臺 （元）林彥華

春宮桐木埋禍本，鶴駕無言蘊孤憤。震雷東起馳殺聲，湖上前星已先賈。茂陵劉郎真少恩，眇視骨肉猶纖塵。隸臣赤族竟何補，望思日暮空傷神。天人相勝一反復，神光已照長安獄。

《全元詩》第 24 冊，286 頁

十臺懷古 并序・望思臺 （元）吳師道

友人自杭來，示及濟南王君《十臺懷古》詩，讀之感慨不已。夫江山故宮，歌舞遺跡，千載之上，英雄游焉；千載之下，狐兔行焉。俛仰廢興，孰能無情。而詩人尤甚。發為詠歌，詞雖不同，而意總合。若物之鳴，以類而應。余安得忘言哉！余生好游，嘗聞司馬子長、杜拾遺，覽觀四方山川之勝，以壯其文，心竊慕之。異時浮江淮，泝湘沅，上巴峽，過秦漢故都，歷燕、趙、齊、魯之場，所見如十臺尚多，訪遺老，詢故實，足以發一時之興，快宿昔之願。歸而讀馬、杜之詩文，以證其所得焉耳。

桐人氣迫前星黯，思子宮成翠華晚。高臺有恨碧草新，大野無蹤金犢遠。一朝弄兵兒罪輕，百年鍾愛天倫深。戾園魂魄夜寂寂，湖城風雨秋陰陰。漢宮樓觀連天起，方士薰香召仙鬼。望思望思終不歸，茂陵老淚如傾水。

《全元詩》第 32 冊，126 頁

余觀近時詩人，往往有以前代臺名為賦者，輒用效顰，以銷餘暇・望思臺 （元）岑安卿

金莖擎露空崔嵬，湖臺築恨心猶哀。剖桐殯土事曖昧，禍機元自長生來。壽踰大耋

世已稀,趙國憸人心險巘。盜兵誅佞兩非是,屈氂督戰猶驚疑。銜冤竟隕泉鳩里,壺關三老言非遲。向無少卿護病已,上林僵柳何緣起。空餘老淚滴紋甃,斑斑相間苔花紫。

《全元詩》第 33 冊,216 頁

漢武帝望思臺 　　　　　　　(元)李齊賢

漢皇好奇士,江充來犬臺。舌端寄毒螫,肚裏藏禍胎。狺狺吠舊主,全趙飛驚灰。茂陵自英武,將相多賢才。胡為不絜矩,利祿崇奸回。天倫化豺虎,戾園空草萊。

《全元詩》第 33 冊,345 頁

望思臺 　　　　　　　(元)葉懋

漢武求仙惑山鬼,仙人不來巫蠱起。繡衣直指向人間,思子宮成淚如水。秋風慷慨歌樓船,輪台下詔猶淒然。省躬罪已恨不已,窮兵黷武誇當年。奸臣併誅方士息,戾園秋草淒淒碧。功名獨羨富民侯,高廟微言感胸臆。

《全元詩》第 47 冊,181 頁

巫蠱使 　　　　　　　(元)張憲

襌襹步搖冠,曲裾紗縠衣。偉哉燕趙士,借問此為誰。謁帝登大堂,利口興禍階。能令親父子,恩愛一朝乖。血濺長安城,屍橫泉鳩里。雖族佞臣家,不益儲君死。望思思不歸,至今天下悲。請聽三老議,兒罪只當笞。

《全元詩》第 57 冊,5 頁

過武帝望思臺 　　　　　　　(元)朱自牧

寒骨千年飲恨埋,余哀空寄望思臺。縱令曲沃精魂見,寧與商山羽翼來。趙□典刑何足正,周公畫像可憐開。忍心本自窮心起,巫蠱焉能作禍胎。

《全元詩》第 66 冊,106 頁

湖城二首 　　　　　　　(清)王士禛

今閿鄉。

泉鳩里畔動悲風,回首秦山隔萬重。仙意已窮巫蠱起,茂陵遺恨犬臺宮。

趙鹵誰教近至尊，漢庭不照覆盆冤。如何病已爲天子，惡諡重蒙又戾園？

《蠶尾續詩集》卷四，《王士禎全集》第二冊，1275 頁

戾太子 （清）謝啟昆

高禖立祀祝深宫，賓客誰教博望通。走犬臺前繯翻動，泉鳩里畔鳳雛空。湖邊不返築思子，夢裏無辜說老翁。良娣綿綿留一線，戾園寢薦泣秋風。

《樹經堂詠史詩》卷一，影印《續修四庫全書》1458 冊，501 頁

秦漢樂府·歸來望思臺 （清）張　誠

傷太子兮無辜，築高臺兮於湖。不見兮九泉，思鬱悒兮躊躇。魂歸來兮何日，涕潺湲兮霑裾。漢家庶事兮草創，加四夷兮驕亢。征不庭兮有年，待守文兮德讓。謂神器兮攸歸，與天下兮休養。何皇天兮不佑，忽惡夢兮白晝。巫蠱起兮宫中，小人讒汝兮詛咒。壺關茂兮忠良，上書兮迴遑。余不察兮中情，曷甘泉兮自明。奈倉卒兮賓客沸，遂矯節兮發兵。獨冤結兮無告，廼惶恐兮輕生。峩峩博望兮如故，汝今母子兮何處。焚蘇文兮橫橋，悔當日兮不悟。族江充兮慰汝，汝有知兮幸毋怒。白頭翁兮何人，想高廟兮神靈。幸千秋兮詔我，感余心兮靡寧。魂庶幾兮歸來，毋遠逝兮杳冥。

《嬰山小園詩集》卷一五，《清代詩文集彙編》425 冊，108 頁

汉通天臺銅人歌 （清）錢孟鈿

武皇歲起雲陽宫，高臺屹與銀漢通。欲求真訣煉颜色，紫瓊之露飛濛濛。青霄不下兩皇子，十二仙人一夜死。文成五利不及一少翁，能使香魂望如水。淒淒茂陵月，玉盌埋苔碧。難聞舍人壺，空羨方朔戟。當途代漢逾百年，銅人之淚流作鉛。移經灞水亦傷別，迴頭立盡東關煙。君不見，古今興廢皆塵跡，金石有情悲過客，化爲銅駝卧荆棘。

《國朝閨秀詩柳絮集校補》卷一五，第二冊，第 637 頁

尹、邢二夫人 （清）吳　鎮

慧婕妤，望婞娥。低頭泣，揖橫波。

《松花庵韻史》，《四庫未收書輯刊》拾輯 24 冊，256 頁

鈎弋夫人

(清)吳　鎮

手藏鈎,棺藏履。通靈臺,青鳥至。

《松花庵韻史》,《四庫未收書輯刊》拾輯 24 册,256 頁

武　帝

(清)吳　鎮

既聞喜,又獲嘉。兩縣名,合自誇。

《松花庵韻史》,《四庫未收書輯刊》拾輯 24 册,257 頁

詞

念奴嬌·漢武巡朔方 （宋）李　綱

茂陵仙客,算真是、天與雄才宏略。獵取天驕馳衛霍,如使鷹鸇驅雀。鏖戰皋蘭,犁庭龍磧,飲至行勳爵。中華疆盛,坐令夷狄衰弱。　　追想當日巡行,勒兵十萬騎,橫臨邊朔。親總貔貅談笑看,點虜心驚膽落。寄語單于,兩君相見,何苦逃沙漠。英風如在,卓然千古高著。

《全宋詞》第二冊,900 頁

又（滿江紅）（之三） （宋）劉將孫

五日風雨,蕭然獨坐,偶檢康輿之伯可《順庵詞》,見其中隱括《金銅仙人醉漢歌》,自謂縛虎手,殊不佳。因改此調,雖不能如賀方回諸作,然稍覺平妥。長日無所用心,非欲求加昔人也。

千里酸風,茂陵客、咸陽古道。宮門夜、馬嘶無跡,東關雲曉。牽上魏車將漢月,憶君清淚知多少。悵土花、三十六宮牆,秋風嫋。　　浥露蘭,啼痕繞。畫闌桂,雕香早。便天還知道,和天也老。獨出攜盤誰送客,劉郎陵上煙迷草。悄渭城、已遠月荒涼,波聲小。

《全宋詞》第五冊,3526 頁

蝶戀花·漢武帝茂陵 （元）李齊賢

石室天壇封禪了。青鳥含書,細報長生道。寶鼎光沈仙掌倒。茂陵斜日空秋草。百歲真同昏與曉。羽化何人,一見蓬萊島。海上安期今亦老。從教喫盡如瓜棗。

《全金元詞》下冊,1026 頁

金人捧露盤·懷古 （清）孔傳鐸

樹金莖,承露掌,矗中天。柏梁高、煙裊雲鬟。一杯靈液,望仙樓外騎飛傳。茂陵依舊草萋萋,說甚延年。　　魏官來,仙掌拆,銅人載,淚潸然。縱無情、去國猶憐。長門深閉,玉車何日幸甘泉。傷心年號,改黃初、故物催殘。

《全清詞》順康卷補編第四册,1908 頁

前調(贊浦子)·漢武帝聚書　　　　　　　　(清)張 塤

關下蘭臺令,中朝博士階。束帛徵遺獻,飛灰出異才。　鐘鼓聲聞藏室,文書山積奎臺。甲觀圍神聖,金泥印草萊。

《全清詞》雍乾卷第九册,4840 頁

高陽臺·漢茂陵　　　　　　　　(清)周之琦

宛馬吟愁,粵雞啼恨,流虹休問猗蘭。丹鼎龍歸,一邱空指蒼烟。蒲輪正好賢良聚,奈褰裳、海上仙山。甚蓬萊、誤了阿房,重誤甘泉。　神君帳裏知何語,但返魂香燼,枉賦哀蟬。五柞鵑聲,負他桃熟千年。誰論朱鳥窗中事,剩初明、淚灑通天。最難禁、玉椀淒涼,宛在人間。

《全清詞鈔》卷一七,上册,811 頁

菩薩蠻(之一)　　　　　　　　(清)龔元凱

茂陵風起青禽寂,露臺月冷銅仙泣。海色蕩瀛愁,波聲搖九州。　廣寒宮殿窄,送老鼇蟾魄。辛苦照河山,留它千歲間。

《全清詞鈔》卷三七,下册,1942 頁

三代年表

一 詩

詠《三代年表》

三代年表

(唐)司馬貞

高辛之胤,大啓禎祥。脩己吞薏,石紐興王。天命玄鳥,簡夷生商。姜嫄履跡,祚流歧昌。俱膺曆運,互有興亡。風餘周、召,刑措成、康。出巇之後,諸侯日彊。

《史記索隱》卷二九,460頁

十二諸侯年表

詩

詠《十二諸侯年表》

十二諸侯年表　　　　　　　　　　　（唐）司馬貞

太史表次，抑有條理。起自共和，終於孔子。《十二諸侯》，各編年紀。興亡繼及，盛衰臧否。惡不掩過，善必揚美。絕筆獲麟，義取同恥。

《史記索隱》卷二九，460頁

春秋世紀_增　　　　　　　　　　（明）趙南星　（清）仲弘道

隱公正月，春秋始編。平王四十九年，魯隱西元年也，魯春秋始於正月。宰咺錫賵，鄭莊克鄢，書法昉此，禮儀是詮。平王以天子之尊而錫魯惠公仲子之賵，鄭莊公以兄弟之戚而設心克段於鄢，皆非禮也。此春秋所由始□。桓莊釐惠，五霸駢連。桓王，平王孫；莊王，桓王子；釐王，莊王子；惠王，釐王子，王室卑微，□同列國五霸迭新，更相主盟。夷吾齊相，先軫晉員。原，官也。管仲相桓公，一匡九合。先軫勸文公，取威定霸。齊桓伐楚，問王不旋。惠王時，齊帥諸侯伐楚，責問昭王南征不復。葵丘之會，咫尺惟虔。襄王元年，使宰孔致胙於齊，命無下拜，桓公曰大威不違顏咫尺。晉文嗣起，誅帶扶顛。惠王少子叔帶，以狄犯王，晉文公率諸侯誅帶定王。河陽踐土，召王而前。襄王二十年，文公召王於踐土，諸侯畢至。宋襄仁義，伐皷薛薛。襄王時，宋襄公學為仁義，與楚戰，不皷不成列。城濮之戰，賴晉舒悁。楚、鄭陷宋，告急於晉，文公帥師戰於城濮，楚人敗績。悁，忿也。秦奪西陲，作誓悔愆。襄王時，秦穆公師敗於殽，□□□□□，作誓以□責。王賜金皷，息虎長眠。

秦穆公益國十二，襄王賜以金鼓，逮死，殉葬用一百七十七，八子車氏奄息仲行，鍼虎與焉。**楚莊伐戎，鄭晉倒鋌。**定王元年，楚伐陸渾之戎，克之，伐鄭，敗晉師於郊。鋌，戈屬。**觀兵問鼎，無乃太儇。**觀兵於周疆，問鼎之輕重、大小焉。儇，薄也。**襄頃匡定，守府自便。**襄王，惠王子；頃王，襄王子；匡王，頃王子；定王，匡王弟，五霸始於莊王十二年，終於定王十六年，共九十五年，天子僅亦守府而已。**簡王中冀，吳晉相牽。**簡王，定王子。楚巫臣奔晉，為晉使吳，教吳車戰，以牽楚師。**程嬰杵臼，高義層巘。**初，晉屠岸賈，殺趙朔於下宮，朔客程嬰、公孫杵臼謀存趙孤，杵臼先被殺，嬰待趙武成立，復自殺。**靈王未造，篤生文宣。**靈王，簡王子。二十一年十一月，孔子生，宋微子之後。**麟書吐瑞，萄娶於開。**生時有□□吐，王書，及長，娶於宋開官氏而生伯魚。**景王三歲，孔仕乘田。**景王，靈王子。三年，孔子為委吏乘田。**群賢景從，上應星躔。**孔子自周返魯，弟子益進，其時五星聚奎。**仲言端木，冉閔曾顏。**仲由、言偃、端木賜、冉求、冉耕、閔損、曾參、顏回等。**季札曆聘，六代官懸。**吳公子，剗曆聘列國至魯，請觀六代之樂。**齊嬰鄭僑，晉盼高搴。**晏子名嬰，子產名僑，叔向名盼，俱一時名卿。**史魚節直，伯玉德圓。**史魚死以屍諫，蘧伯玉寡過未能，□多君子，二人其無著矣。**敬元之世，吳越糾纏。**敬王，景王子；元王，敬王子。吳伐越，越報吳，糾纏不解。**吳人入郢，子胥奪鞭。**敬王時，楚殺伍奢及子伍尚，伍員奔吳佐闔閭，伐楚入郢，乃鞭平王屍。**包胥復楚，七日不饘。**申包胥亦楚臣，乞救於秦庭，哭七日死，勺水不食，秦兵出複楚。**仲崔殉節，忠孝相沿。**仲子崔為父子路報仇，問於孔子，曰："行矣。"遂與狐黶戰而死。**孔為司寇，恢齊幅□。**孔子為司寇相魯君，會齊侯於夾穀，齊乃歸魯，鄆汶陽龜陰之□。幅員，疆域也。**相魯三月，齊餽嬋娟。**為司寇□行相事，三月而魯國大治，齊人餽女樂以阻之。**轍環列國，筆削如椽。**孔子因魯史作《春秋》，起隱公，終哀公，紀十二公之事。如椽，大筆也。**口誅亂賊，獲麟如漣。**敬王三十九年，魯西狩獲麟，孔子出涕曰："我道窮矣。"遂絕筆。**顏曾見知，斯道拳拳。**敬王四十一年四月，孔子卒，時弟子三千，身通六藝者，七十有二人，顏、曾為首。**夫差勝越，黃池爭筵。**敬王三十七年，吳與晉侯相會於黃池，爭長，晉讓夫差先。**勾踐沼吳，奏捉朝端。**元王三年，越滅吳，遂與齊晉諸侯會於徐，致貢於天王，乃使人致胙，賜為伯。**申包范蠡，榮蛻如仙。**申包胥復楚，逃賞而去，范蠡霸越，乃泛五湖。**伍員文種，功立身捐。**伍員佐吳，賜劍自殺，文種相越，亦複自殺。**威烈以往，綱目紀元。**

《增訂二十一史韻》卷一，《四庫全書存目叢書》史部292冊，574頁

東西周紀 增

（明）趙南星　（清）仲弘道

敬王未造，宣尼不祿。敬王四十年，孔子卒，魯哀公誄之，葬泗上。**都徙成周，王城草鞠。**先是敬王四年，子朝作，周餘黨在王城，乃徙都成周，而洛城之都廢。**元傳貞定，六卿逐鹿。**貞定王，元

王子。晉有智氏、趙、韓、魏氏、范氏、中行氏，號為六卿，智伯和韓、魏、趙共滅范氏、中行氏而分其地，晉侯告於齊、魯，欲伐四卿，不勝，反朝之。**陳完奔齊，更姓改錄**。齊桓公時，陳公子完得罪於陳而奔齊，桓公以為工正，後更姓田氏，子孫遂竊齊國。**魯討三桓，遜邾可惡**。魯哀公欲越討三桓，遂出遜於邾。**考王弟揭，於焉分族**。考王，貞定王子。初貞定王崩，立太子去疾為哀王，弟殺去疾而自立為思王，弟又殺思王而立為考王，封其弟揭於王城，為桓公，故東有王，西有公。**惠封少子，鞏為東服**。桓公生威公、威公生惠公、惠公少子班別封於鞏，為東周公。**尚稱二公，周猶鬱鬱**。是時西有公，東有公，王無恙。**逮至威烈，尊卑始潰，浚明為侯，大書綱目**。威烈王，考王子，在位二十四年，初命晉大夫魏斯、趙籍、韓虔為諸侯。**智伯覆宗，豫讓報復**。三家滅智氏，其臣豫讓伏於橋下，欲殺趙襄子以報。**魏信虞人，師友田下**。魏文侯與虞人約，不敢失信，師事田子方、蔔子夏。**吮疽母哀，屠腸姊哭**。吳起為魏將，與士卒同甘苦，曾為卒吮疽，母聞而哭之。聶政刺韓相俠累，屠腸自盡，其姊聞而哭之。**田氏厚施，遷君海屋**。田和厚施於民，遷其君於海上，自求為侯。**安王寵逆，賜和齊續**。安王，威烈王子。田和逐君，請為諸侯，安王許之。**衛棄千城，子思反斁**。**道傳孟軻，是為私淑**。子思言苟變於衛君不用，歎曰："奈何以二卵棄千城之將。"遂去之，後孟子授學於子思。**烈王即位，齊威薰沐**。烈王，安王子，齊威王來朝，天下賢之。**顯王賜服，王綱不儆**。顯王，烈王弟。秦敗三晉之師于石門，王賜秦黼黻之服。**韓趙分疆，王封愈蹙**。顯王二年，韓趙分周地為二，使二周公治之，王直寄焉。**衛鞅入秦，賞行徙木**。**不害相韓，法施整遬**。顯王十年，衛公孫鞅說秦，定變法之令，恐民不信，乃立木，令民從者予五十金，輒予之，以信其令，秦以富強，十八年，申不害相韓，以刑名法術之學，韓昭侯亦興。**子輿至梁，仁義是告**。顯王二十三年，孟子至梁。**他日之齊，去猶三宿**。注見《孟子》。**蘇秦約縱，張儀反覆**。蘇秦為縱說以絕秦，張儀說連橫以帝秦。**慎靚虛名，七國相逐**。慎靚王，顯王子。時惟七國相攻。**五國攻秦，開關函榖**。三年，韓、魏、燕、趙之師同伐秦，秦開關迎之，五國俱敗走。**赧王初年，都遷西陝**。赧王，慎靚王子。自敬王遷都，慎靚王以上俱在東。赧王立，始遷西周，即王城舊都也。**處士橫議，楊墨充陸，孟正人心，別人於畜**。著書七篇，萬右傳讀。赧王元年，孟子去齊，乃著書訓世。**昭王複國，臺以金築**。燕國亂，齊襲取之，太子平立國，築黃金臺以禮士。**楚懷信讒，屈平沉髑**。屈平事懷王，以讒見疏，乃作《離騷》，自沉於汨羅江。**逃封魯連，死節王蠋**。齊欲封魯仲連乃逃去，燕欲得王蠋，乃自經死。**四君養士，衣絲食肉**。齊田文為孟嘗君，趙勝為平原君，魏無忌為信陵君，楚黃歇為春申君，各養士數千人，天下名曰四君。**二國稱帝，去號亦速**。二十七年，秦稱西帝，立齊為東帝，已而皆去之。**齊借周糧，蘇代止輅**。十七年，齊、韓、魏敗秦於函穀，孟嘗君欲借食於周，蘇代說止之。**楚謀寇周，計遣王叔**。三十三年，楚謀寇周，王使東周武公，喻止楚令尹昭子，楚謀不行。**燕師乘勝，即墨未屬，秦趙相盟，澠池會肅**。燕樂毅乘勝下齊七十餘城，惟即墨未下，秦趙會澠池，秦王請趙王鼓瑟，趙藺相如從，亦請趙王鼓缶。**孫龐妬能，凶終可鞫，藺廉為國，寵歸戚睦。**孫臏、龐涓，同師鬼穀子，後涓用於魏，召孫臏刖之，及臏為齊用，龐卒死於臏手，趙廉頗與藺相如爭功，相如每虛已下之，卒至親睦，為刎頸交。**秦相范雎，四貴蹐跢，蔡澤代之，脫然戮辱。**魏范雎入秦，昭王封為應侯，退太后，逐穰侯斥華陽君、涇陽君專政，及蔡澤代雎相，雎得合終。**坑卒長平，白起不福。**五十三年，秦白起敗趙於長平，降卒四十萬，俱坑之。**毛遂自薦，合縱定局。**趙公子勝，如楚乞師，目中不決，勝客毛遂按劍曆階，數言遂定。**異人質趙，不韋謀譎，楚完質秦，歇隨孕腹。**二十一年，秦華陽夫人無子，夏姬子異人，質於趙，呂不韋出資以說，華陽夫人立異人為嗣，潛娶邯鄲姬有娠，獻異人。楚太子完質於秦，黃歇計令逃歸，娶李園之妹，有娠，亦獻於完。**宋被齊驅，魯為楚劇，衛最後亡，附庸魏牧。**二十九年，宋公偃驕恣，齊閔王率師伐之，偃走死，東周君時，楚滅魯，遷頃公於卞邑，衛貶號稱君，附庸朝魏，直至二世元年，滅於秦。**西周天子，數終百六。**五十九年，秦昭王使將軍樛攻西周，赧王如秦獻地，周亡。**東周七年，聊延史祝。**秦莊襄王時，東周公謀伐秦，秦使呂不韋帥師滅之。**憚狐陽人，降為臣僕。**秦遷西周公憚狐聚，後又七年，遷東周君於陽人聚。聚，秦之地名也。

《增訂二十一史韻》卷一，《四庫全書存目叢書》史部292冊，576頁

詠史一首

（近代）陳去病

三軍懼未遑，《左傳》：夫子有三軍之懼，而又有桑中之喜，是將竊妻以逃者也。**奚事竊妻忙。**竟有桑中喜，能無垓下亡。新縑休比素，故劍詎銷芒。古詩："新人工織縑，故人工織素。織縑日一匹，織素五丈余。將縑來比素，新人不如故。"尚學鴟夷子，扁舟遠遁荒。

《浩歌堂詩補鈔》，《浩歌堂詩鈔》，311頁

六國年表

一 詩

詠《六國年表》

六國年表　　　　　　　　　　　　　　　　（唐）司馬貞

春秋之後，王室益卑。楚強南服，秦霸西垂。三卿分晉，八代興媯。遞主盟會，互爲雄雌。二周前滅，六國後隳。壯哉嬴氏，吞併若斯。

《史記索隱》卷二九，460頁

列國世紀 增　　　　　　　（明）趙南星　（清）仲弘道

古燕建國，昉於召公。召公奭之後，國於薊州。易王之世，齊逞大風。文公卒，易王立，齊因喪伐燕大風者，言齊大風之國也。子噲讓組，子之受琮，五旬而舉，捷如發鸛。易王卒，子噲立，國事決於子之，噲反為臣，齊伐燕殺之。組，組綬；琮，瑞玉。鸛，酒麴也。五旬詳《孟子》。昭王復國，禮幣重重。齊襲破燕，國人共立太子平，是為昭王，王卑禮厚幣，以招賢者。郭隗師事，毅衍辛逢。築宮師事，郭隗、樂毅、鄒衍、劇辛俱往，士爭赴燕。秦楚三晉，併力齊攻。燕以樂毅為上將攻，齊湣王出走。克齊致勝，惠王如懵，騎劫代毅，所向冰融。昭王卒，子惠王立，疑毅，使騎劫代為上將攻齊田單，悉共所失七十餘城。喜任栗腹，宗社怨惘。惠王卒，武成王立；武成王卒，孝王立，今王喜使栗腹伐趙，大敗於鄗，逐之五百里。丹用荊軻，環柱不中。太子丹，怨秦王政，使荊軻以匕首刺之，王環柱而走，不能中。王翦拔薊，祚喪遼東。秦使王翦伐燕，拔薊州，燕徙居遼東，斬丹以獻，秦拔遼東，燕亡。　以上燕。田齊舜後，敬仲始封。舜後陳敬仲奔齊，遂執齊政。陳恒弑簡，孫和紹蹤。

陳恒弒簡公,恒之孫田和遂篡齊。**威王朝周,臣節頗恭**。周烈王六年,齊威王朝於周,是時諸侯莫朝,故《綱目》稱爵以嘉之。**辟疆破魏,三晉朝宮**。威王卒,宣王辟疆立,使田忌、田嬰將,以孫臏為師,敗魏於馬陵,其後三晉之王,皆朝齊於博望。**淳于鄒衍,稷下聚龍**。宣王喜文學之士,鄒衍、淳于髡、田駢、慎到之徒,複盛於稷下,聚矑,如鼓矑而聽之也。**雞鳴狗盜,田文即戎**。孟嘗君困於秦,客有能為雞鳴狗盜者得脫,後合韓、魏伐秦,敗齊軍於函穀。**湣王稱帝,臨淄頓空**。宣王卒,湣王地立,自為東帝,燕將樂毅遂入臨淄,楚使淖齒佯救齊,殺湣王。**法章振起,王孫盡忠**。湣王子法章,變姓名,為莒太史家傭,王孫賈奉母訓攻淖齒,殺之,立法章以保莒。**誰其誠拔,後漸維聰**。法章為太史敫家灌園,自隱諱,敫女奇其貌,竊衣食之,後為君王后。**田單興復,捷與燕同**。田單以即墨起,縱火牛敗燕軍,複齊七十餘城,與燕昭王復國事相類。**王建謹信,不受刀弓**。襄王子建,事秦,謹與諸侯信四十餘年,不受兵革。**遷置共所,松柏成業**。齊不修戰具,秦兵卒至,民莫敢格者,王建遂降,遷於共地,處之松柏間,乃餓而死。　以上齊。**魏畢公後,畢萬奪庸**。畢公高,佐武王封於畢,其後畢萬事晉獻公,滅魏以封畢萬,子孫以國為氏。**魏斯篡晉,韓趙交通,文侯子擊,浮河汎汎**。擊與武侯浮西河,與吳起論山河之美。**安釐敗衂,割地彌縫**。數傳至安釐王,秦破魏、趙,走魏將芒卯,段幹子請割地以和。**孔斌不用,燕雀難翀**。斌,孔子六世孫,嘗謂魏為燕雀,處堂而卒不能用。**信陵歸國,五國欽崇**。時信陵君在趙,秦使蒙驁伐魏,毛公勸信陵君歸魏,帥五國之師,敗蒙驁於河外。**景湣王立,暴秦肆凶**。安釐王卒,景湣王立,秦肆侵伐。**王假被擒,梁社其芃**。景湣王卒,子假立,秦灌大梁虜假以歸。　以上魏。**趙夙子衰,世晉亮工**。趙夙子衰,有功於晉,子孫世為大夫。**鞅傳無卹,訓辭受翁**。趙簡子鞅,有子伯魯、無卹,不知所立,書訓辭於柬,授之,三年問之,伯魯失去,無卹出袖中,遂立之。**襄子被灌,幾喪厥躬**。智伯攻趙,水不侵者三版,襄子約韓、魏為內應,始滅智氏。**烈侯分晉,邯鄲立埠**。無卹傳子籍,是為烈侯,周烈王時,都於邯鄲。**武靈騎射,擴地無窮**。四傳至武靈王,遂變服騎射,攻中山,略地燕代,北至於無窮。無窮,地名。**內禪惠文,主父雍雍**。靈王傳位少子何,是為惠文王,武靈自號主父。**安陽倡亂,遂斷殞饗**。長子章封安陽王,與田不禮等作亂,閉主父宮,遂餓而死。**完璧擊缶,惠重萃嵩**。惠文王時,秦昭王欲得和氏璧,給以十五城,藺相如見秦無意償城,乃懷璧歸趙,擊缶泜前。**孝成受地,括悞折衝**。孝成王受韓氏上黨之地,秦怒攻長平,趙使趙括代廉頗,大敗。**長平喪卒,楚魏協衷**。秦攻邯鄲急,平原君請救於楚,楚使春申君救之,魏使晉鄙救趙,已而止鄴壁鄴。**信陵竊符,朱亥奮捴**。信陵君聽侯嬴計,令如姬竊虎符,矯奪鄙軍,晉鄙疑之,朱亥乃推殺鄙,率師救趙。**魯連仗義,不帝西戎**。辛垣衍說趙王,欲共尊秦帝,魯仲連不可,乃止。**邯鄲大勝,奪秦之豐**。魏無忌大敗秦於邯鄲下,《綱目》書之。**雁門李牧,仗鉞秉彞**。李牧居代雁門,單于不敢近趙邊。**趙蔥代之,一傳而終**。孝成王卒,悼襄王立,秦使王翦伐趙,趙使李牧禦之，旋以趙蔥代牧，至幽繆王降秦，國乃亡。以上趙。**韓先姬姓，興於鎬豐。**韓與周同姓，其後事晉，封於韓原。**武子輔晉，韓虔乃雄。**韓武子為晉大夫，至韓虔，其分晉地。**蘇秦遊說，昭侯聽從。**昭侯聽蘇秦說，合縱拒秦。**宣惠具甲，陳軫發蒙。**數傳至宣惠王，秦伐嘉魚，王欲賂秦，具甲南伐楚，楚臣陳軫，令楚揚言救韓，以緩秦韓之交，秦果伐韓，楚救不至。發蒙，乃發其蒙蔽也。**襄王傳咎，趙魏如洶。**宣王卒，襄王立；襄王卒，太子咎立，是為釐王。趙魏攻華陽，韓告急於秦，秦穰侯發兵救之。**白起再舉，割地磨礲。**釐王卒，子桓惠王立，秦擊太行，上黨郡守以上黨降趙，逾年秦拔之，韓又割地以和。磨礲，日就消也。**勢衰兵替，朝秦如侗。**桓惠王入朝於秦。侗，未成人也。**安王請藩，說難忽忽。**韓非善名法，說韓不用，至是桓惠王卒，安王立，請藩於秦，使韓非說之。**內史兵至，入地牢籠。**始皇十五年，秦內史勝，滅韓，虜安王，盡入其地。以上韓。**楚顓頊後，熊繹載鴻。**載，始鴻，大也。楚芈姓，顓頊之後，周成王封熊繹於楚，後稱王。**莊王致霸，懷王約縱。**春秋時，莊王致霸，傳至懷王，因蘇秦約縱，是為縱長。**商於被賺，武關失龍。**張儀說楚絕齊，許商於地六百里，乃卒不與，秦昭王又與懷王訂盟武關，至則閉關留之。**頃襄即立，國有嗣塚。**懷王在秦，大臣相謀，乃立頃襄王。**考烈無子，園妹夢熊，歇殞非命，罪大莫容。**趙人李園進妹黃歇，有娠，乃進考烈王，生子悍，固貴，刺歇死。**荀卿為令，著書達胸。**楚以荀卿為蘭陵令，不能大用，著書數十篇，寫胸中之蘊。**遷都壽春，畏秦勢隆。**春申君聽朱英計，遷都避秦。**幽王悍卒，哀王遇凶。**考烈王卒，幽王悍立，傳弟哀王，庶兄負芻，徒襲殺之，而立負芻。**王翦破楚，項燕挫鋒。**王翦以兵六千萬敗楚，乃殺其將項燕。**負芻組擊，芈祀不供。**組擊，就擒也。以上楚。

《增訂二十一史韻》卷一，《四庫全書存目叢書》史部292冊，579頁

讀史外紀六首（其六）

（明）朱誠泳

伊耆蓻五穀，有熊占斗綱。人文一以著，堯、舜垂衣裳。夏忠商尚質，周文郁有光。繩繩隆治道，國祚綿且昌。春秋互征伐，七雄爭暴強。嬴秦竊神器，再傳二世亡。仁義棄不施，吁嗟良可傷。

《小鳴稿》卷二，《陝西古代文獻集成》第17輯，89頁

涿　州

（清）易順鼎

七國雄圖失督亢，三分王氣泠樓桑。狗屠市在秦先滅，龍種村留漢後亡。習俗悲歌尚燕、趙，英雄無命感關、張。紛紛興廢何須弔，日落軒轅古戰場。

《琴志樓詩集》卷四，第一冊，232頁

秦楚之際月表

詩

詠《秦楚之際月表》

秦楚之際月表　　　　　　　　　　　　　　（唐）司馬貞

秦失其鹿，群雄競逐。狐鳴楚祠，龍興沛谷。武臣自王，魏豹必復。田儋據齊，英布居六。項王主命，義帝見戮。以月繫年，道悠運速。洶洶天下，瞻烏誰屋？真人霸上，卒享天祿。

《史記索隱》卷二九，461 頁

秦世紀 增　　　　　　　　　　　　（明）趙南星　（清）仲弘道

非子封秦，天災雹雨。秦先伯益之後，周孝王封於汧渭之間，時天雨雹，牛馬死。秦仲驅戎，莊公繼緒。宣王時，秦仲誅犬戎，戰死，王命子莊公繼之為西垂大夫。周室東遷，襄公捍禦。犬戎侵周，襄公救周甚力，平王東遷，襄公將兵送之。賜之雍岐，聘享始與。始賜雍岐之南，為諸侯，與中國通聘。傳至穆公，拔用奚餘，並國十二，西戎乃巨。秦穆公用百里奚、由餘，乃霸西戎。獻捷天朝，黼黻是予。注詳周顯王事。孝用商鞅，農戰修舉，伐魏誘卬，西河是取。鞅伐魏，誘執其公子卬，魏獻西河之地。並包巴蜀，富強益愈。巴蜀相攻，司馬錯帥兵取蜀，秦益富強。武王初立，散衛合倡。武王不悅張儀，五國聞之，復畔衛而合縱。賈勇爭雄，舉鼎絕臏。武王好□，任鄙、烏獲，俱為人官，舉鼎絕臏死。昭襄繼兄，大恢疆宇。用應侯之策，遠交齊、楚，近攻韓、魏，秦益強大。削韓侵魏，取及負黍。時伐趙取陽城、負黍，伐韓取之十餘縣。天子命討，滅其共王。赧王約諸侯伐秦，昭襄滅之，時天子無權，名曰共王。**孝文既立，前星方曙，大賈陰謀，政生內署。**昭襄薨，孝文王立，以異人更名楚為太子平，不韋所詔疑，果生子政。前星，謂太子也。**柱立三日，子楚臨御，是為莊襄，文信寵遇。**孝文名柱，立三日，既薨，莊襄王楚立，尊華陽夫人為太君，封不韋為文信侯。**又滅東周，政遂當寧。**莊襄滅東周，立三年，薨，始皇名政，年十三即位，初政決於不韋，在位三十七年。**自號始皇，諡法除去。**除去，諡法，自號始皇帝。**嫪毐伏誅，風清禁籞。**呂不韋與太后通，恐事泄，進舍人嫪毐，生二子，始皇誅之，遷太后於雍。**文信歸國，書成懸市。**不韋令門下作《呂氏春秋》，懸之國門，莫敢更一字，後令歸國，遂自殺。**李斯上書，客卿與處。**秦下逐客令，楚人李斯上書，始皇以為客卿用事。**海宇混一，地分郡府。**始皇二十六年，盡滅六國，以六國之地，分為三十六郡。**阡陌連疆，守令分部。**廢井田以開阡陌，廢封建之制，設守令、丞尉等官，以治黔首。**兵鑄金人，儒坑鄒魯。**鑄兵器以為金人十二，坑諸儒誦讀者四百六十人。**戶徙豪強，書焚縉組。**遷毫戶以實咸陽，焚詩書以為無益。**上封泰山，下禪梁父。**東巡至泰山，以封其項父禪梁父山立石。**咸陽阿房，驪山殿廡。**作上林苑，起阿房宮、驪山作甘泉殿。**求仙蓬萊，采藥島塢。**使徐市人海求神仙，至蓬萊三島，求不死藥。**博浪副車，鎚於陽武。**二十九年，始皇至陽武，張良為韓報仇，使壯士持鐵錘，擊於博浪沙中，誤中副車。**李斯著令，族今引古，蒙恬築城，萬里皆堵。**秦法以古非今者族，使蒙恬比築長城萬里。**晏駕沙丘，趙高鼓舞。**始皇至沙丘崩，秘不發喪，李斯與趙高矯詔，賜長子扶蘇死。**二世矯立，鹿馬混覩。**二世名胡亥，始皇幼子，在位三年，時高欲專權，恐諸臣不聽，指鹿為馬，以試廷臣。**安意肆志，盡鋤親故。**二世欲肆志寵樂，趙高勸殺故臣。**督責時行，民咸救過。**二世患盜，李斯勸行督責之術。**陳勝吳廣，奮興原膴。**勝，陽城人；廣，陽夏人，皆起於傭耕。**斬木揭竿，陳王楚祖。**勝，自為陳王，國號楚。**項梁起兵，項籍是撫。**梁項，燕子，項籍則梁之兄子，同在吳中，起兵於會稽郡。**叱咤風雷，勇力如虎。**籍，字羽，力敵萬人。叱咤，怒聲；風雷，猛也。**武臣析珪，田儋佩珇。**楚陳涉以陳人武臣為武信君，因使略趙地，武自立為趙王。齊王之族田儋，自立為齊王。**韓廣王燕，歇承趙譜。**韓廣自立為燕王，武臣為燕所得，張耳、陳餘因立趙王之後名歇以承之譜牒也。**楚立孫心，豹來魏土。**范增說項梁立楚懷王之孫名心為王，起於牧羊，後尊為義帝，周市立魏公子咎為魏王，更名豹。**子房說梁，韓成即補。**張良仕韓，說項梁立韓公子名成為韓王。**入關者王，沛公當午。**懷王與諸侯約，先入關者王之。沛公乃先入關，當午，目中天也。**羽克秦軍，沉舟破釜。**秦攻趙急，懷王乃遣宋義救之義，不行，羽即斬宋義，引軍渡河，沉舟破釜，擄王離，九戰皆克。**關東履叛，閻樂奮弩。**時關東盜賊紛起，趙高畏其勢，懼誅，使其婿閻樂行弒。**弒亥望夷，奸臣跋扈。**弒胡亥於望夷宮，高為丞相。跋扈，猶跳梁也。**子嬰族高，萬古泄怒。**子嬰，扶蘇子，即位刺殺趙高，夷三族。**禦漢嶢關，敗降軹所。**沛公西入秦，子嬰拒之嶢關，大敗，子嬰奉皇帝璽，降軹道旁。**羽屠咸陽，阿房一火。**

沛公遷灞上，項羽入咸陽，屠之，並焚宮殿。仍殺子嬰，報秦毒痛。嬰降漢，沛公以為屬吏，羽至，仍殺之，乃大之所以報秦毒也。

《增訂二十一史韻》卷一，《四庫全書存目叢書》史部292冊，583頁

春日同閻憲使、何中丞、嵇山人遊未央宮 （明）許宗魯

渭橋東下未央宮，與客來登感慨同。世遠規模還壯觀，春深草木自青蔥。城迴北斗星辰上，闕峙南山紫翠中。故跡依然朝市改，黍離千載怨王风。

《少華山人續集》第五《歸田稿》，《陝西古代文獻集成》第28輯，591頁

東陽懷古 （清）王士禛

何來父老説陳嬰，傳是東陽舊日城。白水一塘看燕掠，春泥三寸叱牛耕。事成竟有通侯貴，運往空留豎子名。回首淮陵多戰壘，閒思楚、漢一霑纓。

《漁洋詩集》卷一九，《王士禛全集》第一冊，437頁

宿遷作 （清）王士禛

郯子城南沙草白，遠山茫茫日沉夕。行人四月淮陰來，南風直指鍾吾驛。邳徐下相古戰場，此地況復重瞳鄉，漢陵寂寞楚歌散，千載躊躇空斷腸。

《漁洋集外詩》卷三，《王士禛全集》第一冊，595頁

漢興已來諸侯王年表

詩

詠《漢興已來諸侯王年表》

漢興已來諸侯王年表　　　　　　　　　　　　　　　　（唐）司馬貞

漢有天下，爰鑒興亡。始誓河嶽，言峻寵章。淮陰就楚，彭越封梁。荆燕懿戚，齊趙棣棠。犬牙相制，麟趾有光。降及文、景，代有英王。魯恭、梁孝、濟北、城陽。仁賢足紀，忠烈斯彰。

《史記索隱》卷二九，461 頁

西漢紀　　　　　　　　　　　　　　　　　　　（明）趙南星　（清）仲弘道

嬴秦滅周，敢為大惡。秦之先柏翳佐舜，治木有功，賜姓嬴氏，後至昭襄王代周。大惡，謂滅周也。呂政為君，桀紂非虐。秦始皇名政，實呂不韋子，任法吏為師，酷虐過於桀紂。復有二世，殊可駭愕。二世名胡亥，行督責術，用法益苛焉。黔首將盡，漢高乃作。秦稱百姓為黔首，言黑髮也。呂后於歸，方冠竹籜。高祖姓劉，名邦，字季，沛人也。為泗上亭長，以竹皮為冠，及貴，常冠之，單父人呂公，好相，見曰："相人多矣，無如季相，吾有息女，願為箕帚妾。"即呂后也。以布衣起兵，破秦弒楚而成帝業，在位十二年。赤幟破秦，瘵民踴躍。陳勝作難，季因起兵於沛，以應諸侯，旗幟皆赤，破秦入關，悉去秦苛法，秦民大喜。項羽雖強，如鸇驅雀。楚人項梁起兵於吳，見子籍，字羽，以強勇過人，號楚爭雄，卒為漢滅。韓信登壇，蕭何見卓。韓信，淮陰人，蕭何薦為上將，一軍皆驚。亡卒同載，不信眾誅。陳平自是歸漢，因魏無知而見漢王，王以為都尉，使參乘與護軍，諸將謹曰："一日得楚亡卒,即與同載。"王聞之,益幸平。**刻印旋銷,從善忽霆**。楚數侵漢之食、鄰食,其謀立六國,後,以擾楚權,即趣刻印,張良錯著為籌發八難,王吐哺罵曰:"豎儒幾敗,乃公事!"令趣銷印。**捐金開楚,直言盡薄**。楚圍漢王於滎陽,陳平曰:"項王骨鯁之臣亞父革數人耳,王與平四萬金。"平多縱反間,羽果疑亞父及鐘離昧等。**羽斃烏江,階天不怍**。王追羽至固陵,克之,羽自刎烏江,漢王即位於汜水之陽,踐天位而不愧怍也。**敬請都秦,即日去洛**。上至洛陽,群臣皆由東入,爭言洛陽之固足恃,婁敬曰:"秦地,被山帶河,四塞以為固。"上問張良,良曰:"敬說是也。"即日車駕都長安。**功成良退,赤松是托,信夷三族,功臣悉剷**。子房克楚請從赤松子遊,韓信夷三族,彭越、欒布亦被誅。**寬仁愛人,漢簡未確**。史稱漢高寬仁愛人,未為確也。**欲易太子,忘後之駁**。戚姬有寵,生趙王如意,呂后見疏,帝以太子仁弱、如意類我,欲立之,而忘呂后之惡也。**四皓成翼,厝火待灼**。四皓者,東園公、夏黃公、綺裏季、用里先生四人。帝不能致,張良致,侍太子,帝曰:"羽翼已成。"遂不易太子,然呂后不制,猶厝火於積薪之下耳。**新語稱善,終緣未學**。陸賈著書奏之,名《新語》,帝稱善。**彘戚鴆王,惠病不藥**。高祖崩,太子名盈,是為惠帝,元年呂后鴆殺趙王如意,斷戚夫人手足,名曰人彘,召帝觀之,帝大哭,因病不能起。**高后專制,廢立紛錯**。后名雉,初封所名惠帝子五人為侯,立少帝為帝,七年帝崩,繼又廢之,複立所名子,俱不改元,太后專制八年。**欲王諸呂,王陵蹇諤,平勃交歡,諸呂乃弱**。太后以呂產、呂祿為王,王陵諫不聽,陳平患之,燕居深念,陸賈曰:"天下安,注意相;天下危,注意將。將相調和,則士豫附,君何不交驩太尉?"平從之,乃結好周勃,呂氏謀益衰。**文自代來,仁孝懿爍**。文帝名恒,高帝中子,初封代王,惠帝無嗣,大臣迎立,在位二十三年。**春和賑貸,養老甚渥**。二月召議賑貸,不時存問長老,盡除收孥相坐律。渥,厚也。**止輦受言,聞過為樂**。賈山借秦為喻,勸帝納諫,帝悅,即從宮上疏,未嘗不止輦受之。**周勃受誣,持節復爵**。人有告勃謀反,薄太后白之,帝使使持節複其爵。**海內庶富,吏循民愨,廟稱太宗,聖德犖犖**。帝躬修玄默務在寬厚,吏安其官,民樂其業,至子斷獄四百,有刑措之風,諡太宗。**誼言教儲,知景弗若**。景帝名啟,文帝太子,在位十六年,初洛陽賈誼上疏陳政事,中所誡皆刑人、殺人之事,蓋窺見景帝之刻薄也。**七國之反,起於爭博**。孝文時,吳王濞子侍太子飲博,爭道不恭皇太子飲博局提殺之,濞稱疾不朝,及帝即位,遂議削地,吳王約膠東、淄州、濟南七國同反。**亞夫克戡,誣死於埆**。周亞夫,勃子,為將軍,悉平七國反者,后為相,以廢栗太子等諫忤旨,入廷尉獄,不食而死。**大節多虧,取其儉約**。大節,曰廢正后、太子,愛梁王、輕語傳位,信讒戮晁錯、周亞夫等事,去文帝遠矣,但其儉約可風也。**武著年號,用意寥廓**。武帝名徹,景帝太子,在位四十五年,自古帝王未有年號,有之自武帝始。**雅尚儒術,群英釋屩**。建元元年,詔舉賢良方正,直言極諫之士,帝親策之,又置五經博士。**仲舒之策,帝王矩矱**。自漢以來,專尚黃老,董仲舒所言興太學、章六經、黜百家、舉孝廉,皆帝王之規模也。**所好文詞,申公言樸**。安車駟馬,迎申公至,言為治不在多言,顧力薦何如薦默然。**相如諸子,咸被賞擢**。司馬相如特以辭賦得幸,莊助、朱買臣、東方朔、枚乘等並在左右。**能容汲黯,出人億度**。時上方召文學儒者,曰吾欲云云,黯對曰:"陛下內多慾而外施仁義,奈何欲效唐虞之治乎?"上曰:"甚矣。"汲黯之戇也,優容不罪。**命將四征,克贊雄略,平城雪恥,封疆遠拓**。帝謂高帝,平城之變,思如齊桓複九世之仇,令將軍衛青、霍去病、路博德、李廣利等,四征皆克,兩越西南夷,悉為郡將,封疆大辟。**求仙黷祀,方士俱膊**。祀五畤,獲一獸五蹄,以天珰紀年,齊人少翁,以方術夜致鬼,乃拜少翁文成將軍,築臺致天神,其後事敗伏誅。**欒大尚主,為世喟噱**。欒,亦方士,拜五利將軍,尚公主。**費出無輕,海內竭涸**。造皮幣白金,置鹽鐵官,算緡錢,稅商車。**利臣蚊嘬,酷吏毒虐**。利臣孔廑、桑弘羊等吸民膏血,酷吏張湯、郅都、寧成等,毒害生靈也。**輪臺自悔,元氣已索**。桑弘羊請遣卒田、輪臺以威西域,帝不用,因下詔,深陳既往之悔。**巫蠱獄起,太子亦斫**。初,神巫教美人度尼,每屋輒埋木人祭之,武帝晝寢,夢木人數千,執仗擊之,驚寤遂病,帝使江充治巫蠱獄,掘太子據宮,得木人甚多,太子懼,使客斬沖,太子亡,至湖口自經死。**歸來望思,心焉切剝,魂不可招,徒勤籌絡**。籌絡招魂之具,後有田千秋,言子並父罪不過笞,上悟,族江充,作歸來望思之臺於湖。**昭七歲孤,付之金霍**。昭帝名弗陵,武帝少子,甫七歲遺詔使霍光、金日磾同輔政,在位十三年。**輕徭薄賦,克救民瘼**。元年,舉賢良,問民疾苦,遣使賑貸除租。**霍光被誣,乃能先覺**。上官桀之子安,欲納其女於宮,光以其幼,不聽,安乃令人詐為燕王旦上書,欲共執退光,上曰:"將軍冠,鄭知是書詐也。將軍調校尉未十日,燕王何以知之。"是時,帝年十四,左右皆驚,上書者果亡。**昭諡稱情,蚤年殂落**。壽二十二歲。

《增訂二十一史韻》卷一,《四庫全書存目叢書》史部292冊,586頁

高祖功臣侯者年表

詩

詠《高祖功臣侯者年表》

高祖功臣侯者年表　　　　　　　　　（唐）司馬貞

聖賢影響，風雲潛契。高祖膺籙，功臣命世。起沛入秦，憑謀仗計。紀勳書爵，河盟山誓。蕭曹輕重，絳灌權勢。咸就封國，或盟罪戾。仁賢者祀，昏虐者替。永監前修，良慚固蔕。

《史記索隱》卷二九，461 頁

讀《漢功臣表》　　　　　　　　　　（宋）王安石

漢家分土建忠良，鐵卷丹書、信誓長。本待山河如帶礪，何緣菹醢賜侯王。

《全宋詩》卷五七，10 冊，6741 頁

惠景間侯者年表

一 詩

詠《惠景間侯者年表》

惠景間侯者年表　　　　　　　　　　　　　　　（唐）司馬貞

　　惠景之際，天下已平。諸呂構禍，吳、楚連兵。條侯出封，壯武奉迎。薄、竇恩澤，張、趙忠貞。本枝分蔭，肺腑歸誠。新市死事，建陵勳榮。或開青杜，俱受丹旌。旋窺甲令，吳芮有聲。

《史記索隱》卷二九，462 頁

吳　芮　　　　　　　　　　　　　　　　　　　（清）羅惇衍

<small>秦番陽令。項籍立為衡山王。高祖徙封長沙王。卒，諡曰"文"。</small>

　　神靈漢代開基主，功業番<small>顏師古曰："音蒲何反。"</small>君異姓王。爵並八人惟爾在，麟振五世與孫長。江湖久尹民皆悅，析、酈<small>師古曰："二縣名。"</small>偕攻將亦良。可惜乘龍黥布滅，吳憑忠信宅臨湘。

《集義軒詠史詩鈔校證》卷六，第一冊，159 頁

建元以來侯者年表

詩

詠《建元以來侯者年表》

建元以來侯者年表 （唐）司馬貞

孝武之代,天下多虞。南討甌越,北擊單于。長平鞠旅,冠軍前驅。術陽銜璧,臨蔡破禺。博陸上宰,平津巨儒。金章且佩,紫綬行紆。昭帝已後,勳寵不殊。惜哉絕筆,褚氏補諸。

《史記索隱》卷二九,462頁

詠丙吉

丙　吉　　　　　　　　　　　　　　　　　　　　　　（宋）陳　普

污茵馭吏習邊方，阿保宮人畏霍光。丞相馬前人踝血，病牛何足累陰陽。

自注：漢初，徙天下豪傑於關中，故京師之俗，世世為豪俠惡少年所苦。白日殺人，橫屍滿道，宰相不以無教化自慚，猥問牛喘，以為己職，此豈所以調和陰陽者邪？徒知燮理陰陽，而不知論道經邦，猶理髮而不以櫛，鮮牛而不以刃也。漢家宰相，豈足以知此。

《全宋詩》卷三六五〇，第 69 冊，43807 頁

《丙吉問牛圖》　　　　　　　　　　　　　　　　　（元）阮始平

休驚宣父才難歉，兩漢調元見是公。後世幾人能辦此，捄時纔得一姚崇。

《全元詩》第 5 冊，549 頁

《丙吉問牛喘》　　　　　　　　　　　　　　　　　（元）胡祗遹

天時人事密相符，失序乖和理不誣。　闒冗下材那解此，幾回抵掌笑公迂。
下宜萬物上承天，凜凜長憂覆餗愆。　肯作區區救時相，米鹽細務過年年。
襟靈重厚智深遠，漢業中興責莫逃。　豈爲一牛勞致問，鬭爭雜訟漫呼號。
雞晨犬戶各爭能，百職那宜分重輕。　不是孝宣知此理，賤人貴畜向誰明。
見微知著懼天災，憂國真誠宰相材。　坐受乾封誑君語，何人清夜望三臺。

《全元詩》第 7 冊，158 頁

丙吉問牛　　　　　　　　　　　　　　　　　　　　（元）趙孟頫

博陽陰德澤堂廊，民物周流鬢髮蒼。尚謂吳犍駐車問，諸公但飽大官羊。

《全元詩》第 17 冊，302 頁

詠史·丙吉　　　　　　　　　　　　　　（元）張養浩

瑞氣天成五色文,長安獄邸閉皇孫。護持高廟神靈在,相國應宜不有恩。

《全元詩》第 25 冊,76 頁

《題丙吉問喘圖》　　　　　　　　　　（明）宣宗朱瞻基

為相憂民世已稀,陰陽燮理幾人知。只今側席求良輔,會有仁賢慰所思。

《大明宣宗皇帝御制集》卷四二,《四庫全書存目叢書》集部 24 冊,257 頁

《四牛圖》·丙吉問牛　　　　　　　　　（明）李東陽

不問僵屍問喘牛,春來多少廊廟憂。燮調知是三公職,只許當年曲逆侯。

《詩後稿》卷一〇,《李東陽集》第一卷,606 頁

丙　吉　　　　　　　　　　　　　　　（清）羅惇衍

字少卿,魯國人。武帝末,為廷尉監。昭帝時,歷官光祿大夫。宣帝即位,屢遷至丞相,封博陽侯。卒,謚曰"定"。

亡辜不死況公孫,佳氣蔥蔥護獄門。說大將軍神器屬,容丞相吏坦懷存。問牛獨切田疇事,巫蠱深韜郡邸恩。三十二年封國續,信符陰德夏侯言。

《集義軒詠史詩鈔校證》卷九,第一冊,258 頁

蔡　義　　　　　　　　　　　　　　　（清）羅惇衍

河內溫人。武帝末,由城門候擢為光祿大夫給事中。昭帝時,拜少府,遷御史大夫,進丞相,封陽平侯。卒,年九十,謚曰"節"。

將軍權重相才虛,耄矣頹齡八十餘。尚喜授經稱帝傅,還能定策奠皇居。閣中未足襄龍袞,門下曾聞買犢車。當日賢材張、杜在,何為揆席不遷除。

《集義軒詠史詩鈔校證》卷九,第一冊,249 頁

建元以來王子侯者年表

詩

詠《建元以來王子侯者年表》

建元以來王子侯者年表 （唐）司馬貞

漢氏之初,矯枉過正。欲大本枝,先封同姓。建元已後,蕃翰克盛。主父上言,推恩下令。長沙、濟北,中山趙敬。分邑廣封。振振在詠。扞城禦侮,曄曄輝映。百足不僵,一人有慶。

《史記索隱》卷二九,462 頁

漢興已來將相名臣年表

詩

詠《漢興已來將相名臣年表》

漢興已來將相名臣年表 （唐）司馬貞

高祖初起，嘯命群雄。天下未定，王我漢中。三傑既得，六奇獻功。章邯已破，蕭何築宮。周勃厚重，朱虛至忠。陳平作相，條侯摠戎。邴、魏立志，湯、堯飾躬。天漢之後，表述非工。

《史記索隱》卷二九，463 頁

張安世 （清）羅惇衍

字子孺，杜陵人，湯子。武帝擢為尚書令，遷光祿大夫。昭帝即位，累拜右將軍，封富平侯。宣帝初，加大將軍，旋進大司馬、衛將軍。卒，諡曰"敬"。

駼角崚嶒挺異姿，昭宣擁立共扶危。十三年已躬修謹，七百僮皆手技持。遠勢顏容驚瘦懼，愛才言論隱瑕疵。貂蟬奕葉齊金氏，忠信方堪幹蠱期。

《集義軒詠史詩鈔校證》卷九，第一冊，256 頁

杜延年 （清）羅惇衍

字幼公，南陽杜衍人，周子。昭帝時，為諫大夫，封建平侯，擢太僕。宣帝時，歷官御史大夫，以老致仕。卒，諡曰"敬"。

飛章告變突摧凶,楊敞應愁顯爵封。富國經猷身儉約,承家法律量寬容。選良北地居官靜,接武西臺易坐恭。一馬貧增貲巨萬,可無三族澤沾濃。

《集義軒詠史詩鈔校證》卷九,第一冊,257 頁

韋 賢 （清）羅惇衍

字長孺,魯國鄒人。武帝時,徵為博士、給事中。歷事昭、宣兩帝,累官丞相,封扶陽侯。乞骸,罷歸。卒,年八十二,諡曰"節"。

相臣致仕由君始,義合懸車髮齒矜。先帝受經明下說,公孫援策得中興。兼通不墜淵源學,少欲無慙質樸稱。奕事豕韋華胄溯,已傳五世足雲礽。

《集義軒詠史詩鈔校證》卷九,第一冊,262 頁

魏 相 （清）羅惇衍

字弱翁,定陶人,徙平陵。昭帝時,歷官河南太守。宣帝即位,累遷至丞相,封高平侯。卒,諡曰"憲"。

漢相高平德望尊,果符名實贊調元。中興繼樹蕭曹法,故事頻條賈董言。災異君前懲逸志,積儲天下溥仁恩。副封白去功尤卓,納諫須清壅閉源。

《集義軒詠史詩鈔校證》卷一〇,第一冊,267 頁

黃 霸 （清）羅惇衍

字次公,淮陽陽夏人。武帝末,以入錢穀補官,察廉為河南太守。宣帝時,擢潁川太守,累遷至丞相,封建成侯。卒,諡曰"定"。

終資學術致三公,親受尚書詔獄中。女聘巫家非等瞶,丞留廉吏不妨聾。鶡飛相府稱祥誤,烏攫郵亭刺事工。莫誚台衡聲譽損,正君豈與理民同。

《集義軒詠史詩鈔校證》卷一〇,第一冊,276 頁

蕭望之 （清）羅惇衍

字長倩,東海蘭陵人。宣帝時,歷官太子太傅。受遺詔輔元帝,進前將軍,後賜爵關內侯。為宏(弘)恭、石顯所害,飲藥卒,年六十餘。

富生貧死異蒙辜,量粟爭言義利殊。不許烏孫迎少主,終令龍頷恤匈奴。<small>韓增封龍頷侯。</small>同心中壘陳經術,切齒權門握政樞。賢傅淪亡徒一慟,尚留姦孽靳天誅。

《集義軒詠史詩鈔校證》卷一〇,第 1 冊,284 頁

韋元(玄)成

(清)羅惇衍

字少翁,魯國鄒人,賢少子。宣帝時,歷官淮陽中尉。元帝即位,累遷至丞相,封扶陽侯。卒,諡曰"共"。

漢廷經術贊綸扉,前數公孫後數韋。承父不將清德忝,讓兄終憾素心違。祀釐郡國羣儒繼,學紹風詩故爵歸。遠勝金籯遺愛子,能知此義世應稀。

《集義軒詠史詩鈔校證》卷一〇,第一冊,286 頁

匡　衡

(清)羅惇衍

字稚圭,東海承人。元帝至成帝時,歷官光祿勳、御史大夫,遷丞相,封樂安侯。後坐子昌殺人,免為庶人。

時政紛哤經學闕,上言匡救兩朝中。說《詩》東魯名流重,正禮南郊祀典崇。默等寒蟬虧國體,靳來封爵墮邊功。寺人章斵難頤解,孔馬同譏節不充。

《集義軒詠史詩鈔校證》卷一〇,第一冊,292 頁

讀《漢書》有感·張安世 張延壽

(清)吳翊寅

亡書三篋識無遺,職典中樞慎密宜。纔信霍光眞不學,披猖貽悔已難追。

《曼陀羅花室詩》卷三,《清代詩文集彙編》776 冊,645 頁

禮 書

詩

詠《禮書》

禮　書
(唐)司馬貞

禮因人心,非從天下。合誠飾貌,救弊興雅。以制黎甿,以事宗社。情文可重,豐殺難假。仲尼坐樹,孫通蕝野。聖人作教,罔不由者。

《史記索隱》卷二九,463頁

樂　書

詩

詠《樂書》

樂　書　　　　　　　　　　　　　　　（唐）司馬貞

樂之所興，在乎防慾。陶心暢志，舞手蹈足。舜曰簫韶，融稱屬續。審音知政，觀風變俗。端如貫珠，清同叩玉。洋洋盈耳，咸英餘曲。

《史記索隱》卷二九，463 頁

師曠歌二首 詳見《樂書》　　　　　　　（明）李夢陽

玄鶴歌

宮筵肆兮哀弦拊，玄鶴降兮鳴且舞。呼煙侶兮嘯雲友，誰能爲此師曠子？

白雲歌

招白雲兮會天鬼，雨冥冥兮風不止。君好音兮徒自苦，民悲嗟兮離棄女。

《李夢陽集校箋》卷八，第一冊，172 頁

律 書

詩

詠《律書》

律　書　　　　　　　　　　　　　　　　　　　　　　　（唐）司馬貞

自昔軒後，爰命伶倫。雄雌是聽，厚薄伊均。以調氣候，以軌星辰。軍容取節，樂器斯因。自微至著，測化窮神。大哉虛受，含養生人。

《史記索隱》卷二九，464 頁

曆　書

詩

詠《曆書》

曆　書　　　　　　　　　　　　　　　　（唐）司馬貞

　　曆數之興,其來尚矣。重黎是司,容成斯紀。推步天象,消息母子。五勝輪環,三正互起。孟陬貞歲,疇人順軌。敬授之方,履端爲美。

《史記索隱》卷二九,464 頁

天官書

詩

詠《天官書》

天官書
(唐)司馬貞

在天成象,有同影響。觀天察變,其來自往。天官既書,太史攸掌。雲物必記,星辰可仰。盈縮匪㦖,應驗無爽。至哉玄監,云誰欲謁!

《史記索隱》卷二九,464 頁

封禪書

詩

詠《封禪書》

封禪書 　　　　　　　　　　　　　　　　　　　　　　　(唐)司馬貞

禮載"升中"，書稱"肆類"。古今盛典，皇王能事。登封報天，降禪除地。飛英騰實，金泥石記。漢承遺緒，斯道不墜。仙閭蕭然，揚休勒誌。

《史記索隱》卷二九，464 頁

泰山十四詠·漢栢 　　　　　　　　　　　　　　　　　(明)吳　節

怪雨柱颮歲幾囘，根株猶是漢時栽。果枝不掃東封跡，還望當年武帝來。

《吳竹坡先生詩集》卷二五，《四庫全書存目叢書》集部 23 册，575 頁

賦得西秦名勝十二事為梁公壽·右西崑金母 　　　　　(明)李維楨

三青鳥使遠傳書，阿母時時問咨居。却笑漢庭空望幸，凌雲意氣為相如。

《大泌山房集》卷六，《四庫全書存目叢書》集部 150 册，427 頁

漢封三栢 　　　　　　　　　　　　　　　　　　　　(明)文翔鳳

武帝封三將軍。

三索佳兒征嶽降，老翁皛白鴈行斜。壽野矑分當角亢，喬氛霏結住雲霞。鬖局髩惟

膏雨霖,輪困腹自皺霜華。幷懸夜立白茅印,細柳還應擅開牙。壽星,嵩山分野。

《皇極篇》卷四,《四庫禁毀書叢刊》集部 49 冊,280 頁

合詠漢柏、秦槐 　　　　　　　　　　（明）文翔鳳

莫辨十年陳栢寢,生嫌群玉樹槐眉。甘泉蚤訊青蔥斷,蜀廟新聞翠黛垂。嚴守齊庭勞酒禁,屢遷股社吊霜皮。獨瞻闕里參天檜,西漢先秦是小兒。

《皇極篇》卷四,《四庫禁毀書叢刊》集部 49 冊,281 頁

鼎湖原二首(其二) 　　　　　　　　　　（清）王士禛

素女爲師態萬方,如聞天老教軒皇。馬肝已諱文成死,又見神君祀栢梁。

《蠶尾續詩集》卷四,《王士禛全集》第二冊,1275 頁

秦漢樂府·三呼萬歲 　　　　　　　　　　（清）張　誠

通天臺,天門開,承露盤,露華溥,渥洼水中神馬出,甘泉房中芝莖苗。祠后土,寶鼎得,幸東海,赤雁獲,帝時符瑞何獨多,羣臣方進昇平歌。嵩山山神知帝意,太室少室皆朝帝。一時巖谷同聲呼,萬歲萬歲萬萬歲。

《嬰山小園詩集》卷一五,《清代詩文集彙編》425 冊,108 頁

安期生 　　　　　　　　　　（清）羅惇衍

琅琊人。優游不仕,莫知其年歲,世與彭祖並稱。

何須金璧賜重重,玉舄亭中報祖龍。藥市幾時滄海晏,蓬山十載白雲封。留書世豈羈仙跡,受學人曾識道宗。劓徹肯教同事項,逃將爵賞謝塵容。

《集義軒詠史詩鈔校證》卷五,第一冊,136 頁

欒　大 　　　　　　　　　　（清）羅惇衍

膠東人。以方士拜五利將軍,封樂通侯,尚公主。後伏誅。

柏梁銅柱望悠然,承露修莖百仞巔。鶴氅相當迎遣使,馬肝深諱泥求仙。泰山終與三山隔,侯印還兼六印全。寡主一言由曼倩,玉桃偷得自延年。

《集義軒詠史詩鈔校證》卷九,第一冊,242 頁

神　君　　　　　　　　　　　　　　　　（清）吴　鎮

神君下,風肅然。霍將軍,正少年。

《松花庵韻史》,《四庫未收書輯刊》拾輯 24 册,256 頁

館陶公主　　　　　　　　　　　　　　　（清）吴　鎮

賣珠兒,穿綠幘。主人翁,何避客。

《松花庵韻史》,《四庫未收書輯刊》拾輯 24 册,257 頁

詞

念奴嬌·登蓬萊閣

(清)李 蕃

蓬萊閣上,問潮聲、幾時是歇。引多少游人登此,便欲乘槎泛月。安期羨門,鶴飛何處,惟留壁上帖。勞生紛擾,營營無限根節。　還憶驅石秦皇,求仙漢武,枉造男女孽。圓嶠方壺盡森茫,誰見銀宮珠闕。任他奔忙,由我瀟灑,自成御風客。相告詞壇,詩翁依我分說。

《全清詞》順康卷第六冊,3221 頁

前調(漁家傲)·讀漢史

(清)曹貞吉

縹緲雲中赤虯子。求仙遠隔蓬萊水。鉅棗安期曾餉未。真奇事。馬肝一片文成死。　天下神仙皆妄耳。茂陵行馬秋風裏。金椀玉魚紛出市。渾無味。如鉛早下銅人淚。

《全清詞》順康卷第一一冊,6482 頁

河渠書

詩

詠《河渠書》

河渠書
（唐）司馬貞

水之利害，自古而然。禹疏溝洫，隨山濬川。爰泊後世，非無聖賢。鴻溝既劃，龍骨斯穿。填淤攸墾，黎蒸有年。宣房在詠，梁、楚獲全。

《史記索隱》卷二九，464 頁

瓠 子
（明）李夢陽

沈璧餘瓠子，橫汾懷帝歌。波濤滿眼送，城郭沒年多。虎戰仍三晉，龍游失九河。宋人饒事跡，今望亦滂沱。

《李夢陽集校箋》卷二三，第二冊，665 頁

擬左太沖《詠史》，用其韻（其七）
（清）莫友芝

武皇急邊釁，暇計金隄薄。漢家並河州，幾歲有安宅。那堪決瓠子，漂蕩連城郭。宣防遲未就，鉅野溢已廓。讓策豈不良，譚議空按籍。軍儲乏支度，矧乃無底壑。何當循禹功，北播究古昔。旦晚殺橫流，哀鴻息中澤。

《郘亭遺詩》卷三，《莫友芝詩文集》上冊，309 頁

讀　　史（其一）　　　　　　　　　　（清）盛大士

漢初築金隄，東郡災屢告。浸淫元、光間，衍溢失四隩。橫流吾山平，奔注鉅野繞。汲、鄭皆名臣，穿渠少成效。張湯不曉事，徵發肆行暴。力小任則重，智短性尤躁。欲通漢中穀，先令泉府耗。褒斜五百里，水湍不得漕。田蚡本庸材，議事昧體要。奉邑雖苟安，天事那能料。湯湯齧桑浮，蛟龍怒騰踔。臨流緬禹功，積石孰與導。

《蘊愫閣詩續集》卷四，《清代詩文集彙編》501冊，151頁

遊灌口都江堰二首　　　　　　　　（清）楊念昔

灌口群山闢，江濤滾滾來。導經神禹績，兮見李公才。公諱冰，秦時蜀郡太守。都堰洪流判，千鄉水利開。巍巍崇廟祀，長倚鬥雞臺。

蜀守佳公子，秦時李二郎。象賢高著績，食廟並封王。李公至我朝，敕封敷澤通佑王，子二郎封廣惠顯英王。鑿石離堆斷，離堆當大江之北二郎鑿之以開水道，而水始分乃于下流作堰焉。伏龍水孽藏。相傳孽龍為患，堰弗成，二郎伏而鎖之。水中至今鐵椿猶現上流。遺碑傳六字，"深淘灘低作堰"六字石勒猶存，為千秋治堰真訣。萬古利農桑。

《金滸詩草》，《采山樓藏稀見清人別集叢刊》第一冊，185頁

平準書

詩

詠《平準書》

平準書　　　　　　　　　　　　　　　　　　（唐）司馬貞

平準之立，通貨天下。既入縣官，或振華夏。其名刀布，其文龍馬。增算告緡，哀多益寡。弘羊心計，卜式長者。都內克殷，取贍郊野。

《史記索隱》卷二九，465 頁

卜　式　　　　　　　　　　　　　　　　　　（清）羅惇衍

河南人。武帝時，輸財助邊，由緱氏令歷官御史大夫，賜爵關內侯。後貶太子太傅。以壽終。

賢宜效死富輸財，一半家貲佐敵摧。績等牧羊良吏奏，釁教戎馬遠方開。非情終愧人臣節，不學難登御史臺。惟有烹桑天乃雨，片言無負救時才。

《集義軒詠史詩鈔校證》卷八，第一冊，227 頁

覽《平準書》　　　　　　　　　　　　　　　　（清）沈德潛

平準功名世共沿，紛紛體國各爭先。銅山料得君家有，可向天公買少年。

《歸愚詩鈔餘集》卷七，《沈德潛詩文集》第二冊，555 頁

朱宮傅石君師出使示讀史詩，分詠《漢書》三十七首·卜式　　（清）蔣　詩

卜式牧羊兒，今之愚也許。願輸家財半，助邊事可訝。家既無冤言，願亦仕宦謝。不軌非人情，不可以為化。河南助貧民，名又達法座。拜郎牧上林，肥息會上過。牧民亦猶是，竟餌糇令作。願與子男行，出財軍是佐。賜爵關內侯，上殊受弄簸。倘更習文章，封禪亦不罷。

《榆西僊館初稟》卷三一，《清代詩文集彙編》488 冊，461 頁

補禹門兩漢詠史小詩（其三十八）　　（清）梁運昌

卜式論權算，乃欲收人情。既工盜爵位，又工盜聲名。

《秋竹齋詩存》卷二，《清代詩文集彙編》499 冊，14 頁

讀　史（其二）　　（清）盛大士

文、景尚節儉，海內多盍藏。武皇始開邊，供億竭萬方。通貨置均輸，入穀補吏郎。誰為大農丞，鄙哉桑宏羊。當其全盛時，積粟億萬箱。何爲元成間，歲歲無餘糧。二東困杼柚，三輔憂輸將。瓠子一再決，轉餉徒倉皇。倉皇將奈何，河廣誰能杭。我有一奇策，不用呼艅艎。木牛與流馬，水面浮虹梁。願謁丞相祠，尺寸問短長。

《蘊愫閣詩續集》卷四，《清代詩文集彙編》501 冊，151 頁

讀《漢書》列傳雜詩·卜式　　（清）梁章鉅

臨菑弩與博昌船，此外誰當郡縣先。不習交章薄鹽鐵，左遷終竟負名賢。

《退菴詩存》卷四，《清代詩文集彙編》515 冊，59 頁

詠史·卜式　　（清）孫國楨

耕牧頻躋亞相榮，多財善賈太奇贏。非君晚節能昭諫，那道桑羊合就烹。

《愚軒詩鈔》卷下，《清代詩文集彙編》741 冊，358 頁

詠史小樂府三十首 己未（其二十四） （清）沈家本

願納家財半，奇哉卜大夫，酎金失侯者，齷齪守錢奴。

《枕碧樓偶存稿》卷七，《清代詩文集彙編》745 冊，487 頁

漢臺詠史·桑宏（弘）羊 （清）嚴如熤

十三心計重君王，山海財源竭豎商。未必閭閻師卜式，終須法令佐張湯。蜚廉桂殿仙人館，瀚海交河戰鬥場。晚歲富民悲往事，托孤何意及宏羊。

《樂園詩稿》卷三，《清代詩文集彙編》455 冊，164 頁

讀《漢書》有感·卜式 （清）吳翊寅

輸財竟許助邊城，頻歲祁連正用兵。還恐匈奴更輕漢，一時牧豎總公卿。

《曼陀羅花室詩》卷三，《清代詩文集彙編》776 冊，645 頁

烹宏（弘）羊 （清）皮錫瑞

販物不已天旱蝗，牧羊人請烹宏羊。食租衣稅縣官事，安用錙銖賈人計。均輸不均，平準不平。生五鼎食，死五鼎烹。韓、彭大功若烹狗，區區烹羊復何有？

《師伏堂詠史》，《清代詩文集彙編》772 冊，313 頁

吳太伯世家

詩

詠《吳太伯世家》

吳太伯系（世）家　　　　　　　　　　　（唐）司馬貞

太伯作吳，高讓雄圖。周章受國，別封於虞。壽夢初霸，始用兵車。三子遞立，延陵不居。光既篡位，是稱闔閭。王僚見殺，賊由專諸。夫差輕越，取敗姑蘇。甬東之恥，空慚伍胥。

《史記索隱》卷二九，465頁

季　札 春秋　　　　　　　　　　　　　　（清）孫珩

滿腹珠璣誰共參，獨來上國遍停驂。春秋公子原無兩，泰伯流風又讓三。治亂安危窺列聖，聲名文物啟江南。荒煙宿草酬肝膽，應使當年牛耳慚。

讓國原來有意存，康侯何故苦深論。魚腸能脫專諸劍，燕幕旋回林父轅。有眼欲交天下士，多情猶慰故人魂。救陳見說還專將，屈指疑為百歲身。

上下千年具眼光，因何無術救吳亡。藏身豈學虞臣智，披髮寧希箕子狂。疑共仙人騎白鶴，難回國運劫紅羊。試看抉目西門者，終夜長江泣革囊。

《歸田藁》卷一，《清代詩文集彙編》534冊，460頁

論詩絕句(其一) （清）梅植之

人籟端從天籟生,伶倫吹律協中聲。延陵觀後尼山正,述作由來本聖明。

《嵇庵詩集》卷二,《清代詩文集彙編》585 冊,724 頁

擬高青邱(丘)十宮詞·吳宮 （清）譚宗浚

越甲西來茂苑蕪,荒臺走鹿闕嘄烏。夷光果逐鴟夷去,親見胥濤吼怒無。

《荔村草堂詩鈔》卷一《入塾集》,《清代詩文集彙編》763 冊,5 頁

姑蘇懷古 （清）譚宗浚

烏喙行成越祚危,君王何事不酣嬉。絕憐步屧鳴廊日,即是湛盧去國時。歌舞千年遺館在,興亡一局怒潮知。平吳畢竟蛾眉力,多事黃金別鑄蠡。

《荔村草堂詩鈔》卷四《過庭集》下,《清代詩文集彙編》763 冊,42 頁

吳爭先 （清）皮錫瑞

赤者赤,黑者黑。王旗白,王面墨,如荼如火眞軍容。子胥、孫武之遺風,三軍讙聲動地軸,惜哉烏喙入其腹。

《師伏堂詠史》,《清代詩文集彙編》772 冊,307 頁

詠吳君

泰伯井 （唐）李　紳

至德今何在,平墟井有泉。梁鴻重浚後,又歷幾千年。

《全唐詩補編》上册,404 頁

泰伯廟 （唐）皮日休

一廟爭祠兩讓君,幾千年後轉清芬。當時盡解稱高義,誰敢教他莽卓聞?

《全唐詩》卷六一五,18 册,7095 頁

和襲美《泰伯廟》 （唐）陸龜蒙

故國城荒德未荒,年年椒奠濕中堂。邇來父子爭天下,不信人間有讓王。

《全唐詩》卷六二八,18 册,7210 頁

高士詠·太伯延陵 （唐）吳　筠

太伯全至讓,遠投蠻夷間。延陵嗣高風,去國不復反。尊榮比蟬翼,道義侔崇山。元規與峻節,歷世無能攀。

《全唐詩》卷八五三,24 册,9656 頁

太伯廟 （宋）蔣　堂

太伯何為者,不以身為身。遜避天下位,奔走勾吳濱。隱德照來世,遺祀傳斯民。籲此廉讓國,合生廉讓民。

《全宋詩》卷一五一,3 册,1712 頁

蘇州十詠·泰伯廟 （宋）范仲淹

至德本無名,宣尼一此評。能將天下讓,知有聖人生。南國奔方遠,西山道始亨。英

靈豈不在，千古碧江橫。

《全宋詩》卷一六七，3 冊，1894 頁

泰伯廟 （宋）王　令

古廟鬱崔嵬，朱門儻道開。今人不為讓，間或乞靈來。

《全宋詩》卷七〇六，12 冊，8181 頁

太　伯 （宋）王十朋

太伯高風不可追，雁行接羽共南蜚。莫言斷髮便無用，猶有荊蠻慕義歸。

《全宋詩》卷二〇二〇，36 冊，22686 頁

謁泰伯廟 （宋）楊　簡

三以天下讓，先聖謂至德。某也拜廟下，太息復太息。三辭不難知，泰伯無人識。胡為無得稱，萬象妙無極。

《全宋詩》卷二五八九，48 冊，30096 頁

泰　伯 （宋）林　同

為憐季有子，逆探父傳賢。斷髮文身事，誣哉司馬遷。

《全宋詩》卷三四一八，65 冊，40606 頁

泰　伯 （宋）陳　普

斷髮雕肌費一軀，岐陽萬國布黃朱。仲雍不解兄深意，季歷攜昌亦到吳。

《全宋詩》卷三六五〇，69 冊，43790 頁

泰伯墓 （元）許　衡

默承先志入荊蠻，至德無稱意自閑。八百開基綿世澤，萬年遺教在人間。巍峨廟貌新梅里，蝌蚪龜文煥玉山。每遇春秋霜露降，却思瞻拜啟雲關。

《全元詩》第 3 冊，71 頁

問吳臺辭

(元)王 惲

吳王宮殿尋無跡,只見山蒼湖水碧。步上高臺散客愁,十月江南看春色。晚風吹雨濕闌干,簪花泫露宮娃泣。欲撼愁煙問故臺,愁煙無語空蕭瑟。是邪非邪不必辨,且為興亡求亂隙。夜半娃宮作戰場,總罪君王以色荒。《春秋》責備大法在,不道延陵退耕吳已亡。聖賢處變貴達節,審勢不得同曹臧。當年泰伯終三讓,明見丕承有聖昌。

《全元詩》第 5 冊,142 頁

吳中太伯廟

(元)馬 臻

茫茫天地裏,元氣是貞魂。至德推三讓,無稱見獨尊。古今時自變,尸祝禮常存。再拜爐煙晚,長歌出廟門。

《全元詩》第 17 冊,38 頁

泰伯廟

(元)宋 无

古者吾夫子,曾稱三讓名。後來秦失鹿,劉、項死相爭。

《全元詩》第 19 冊,367 頁

過泰伯廟

(元)袁 易

孤城下白日,晟景射枌梓。與客上河梁,河水寒瀰瀰。巋然吳泰伯,靈瑣闚其趾。升堂闃無人,白雲在廉陛。淳風暨南服,妾婦知敬止。禋祀何寂寥,廟食不餕簋。至德貴辭讓,千乘猶敝屣。豈伊常人情,□食形慍喜。吾嘗閔僚、光,同室操劍匕。神孫且淪薄,流俗重已矣。伯也諒有靈,願言振頹靡。玄蹤企龍德,懿化慕麟趾。

《全元詩》第 20 冊,74 頁

吳泰伯祠

(元)釋善住

遺廟荒城裏,開扉對碧流。寂寥千古上,豈獨數巢、由。

《全元詩》第 29 冊,224 頁

至德廟

(元)周　南

勾吳始封君,實周之長宗。三以天下讓,去國何從容。君親義兩全,讓國德愈崇。荆夷東海隅,黎庶咸來從。遂令千載下,至德歌遺風。周祚亦云竭,廟食終無窮。

《全元詩》第42冊,164頁

雜言四十九首(其六)

(元)張　達

泰伯恥翦商,泯蹤去宗國。文王有天命,終不失臣職。小心日寅畏,羑里聞演《易》。惟彼至德稱,宣尼誠感激。

《全元詩》第50冊,521頁

賦得泰伯廟,送倪元鎮

(明)袁　凱

翦商肇基跡,傳季思逮聖。兄弟逃荆蠻,謀德一何盛。千家聿來從,勾吳始開境。遙遙至閶闔,國大心逾騁。深宮貯妖麗,高臺瞰遐迥。既拒伍胥忠,復甘太宰佞。隣邦樹讎怨,上國肆爭競。社稷終變遷,軒窗獨完整。相傳在閭里,灑掃致嚴淨。歲時具牲醴,歌舞頻送迎。楚鬼久無食,越魄誰將縈?強暴有湮晦,聖哲無終竟。於焉送將歸,舟櫓得依並。是時春氣和,氤氳滿芳徑。渚花動幽彩,汀蒲發深艷。江水去不息,煙霞日將暝。斂衣拜階下,懷哉起孤詠。

《袁凱集編年校注》編年詩,151頁

姑蘇懷古

(明)藍　智

故國城池豈闔廬,西風臺榭尚姑蘇。歌催越女酣春宴,兵散吳江失伯圖。輦路草生空走鹿,女墻月落更啼烏。可憐猶自矜紅粉,十里荷花邊太湖。

《藍澗集》卷五,影印文淵閣《四庫全書》1229冊,871頁

泰伯城

(明)王　賓

望亭西北,吳錫梅里,周三里二百步。太伯至吳時,人義而從之,始為以衛其人焉。
岐下逃來又路遐,許多人附便為家。後頭夫子稱三讓,驗此方知不是誇。

《吳中古跡詩》,《四庫全書存目叢書》集部28冊,232頁

太伯廟

（明）王　賓

閶門內，舊在門外，東漢郡守麋豹始建也。在門內，吳越錢鏐始移也，宋元祐中號"至德廟"，府君黃履始奏也。

翦商從父最為難，有弟承家此意安。逃在荊蠻讓天下，荒祠今是一僧看。

《吳中古跡詩》，《四庫全書存目叢書》集部 28 冊，236 頁

吳中懷古六首·吳太伯

（明）宋儀望

大道久蕪塞，小智徒紜紜。偉哉至人心，達觀寡世紛。周德日已盛，中心詎能云。荊蠻非我鄉，情至固所忻。仲尼發深衷，三讓諒斯聞。天意在南土，萬古開人文。

《華陽館詩集》卷二，《四庫全書存目叢書》集部 116 冊，508 頁

吳門懷古

（明）陳薦夫

香徑春風碧草萋，東門雙抉淚痕啼。千秋故國平歸越，百里高城只望齊。紅粉不如臺上鹿，錦衣曾破水邊犀。兩上翠色年年在，猶自含顰震澤西。

《水明樓集》卷六，《四庫全書存目叢書》集部 176 冊，390 頁

太伯廟

（明）邵　寶

泰伯新祠古讓鄉，老梅根畔水流長。十年夢寐三間屋，萬古綱常一瓣香。扁榜大書原自孔，衣冠遺制尚存商。向來曾擬荊蠻曲，許作迎神第幾章。

《容春堂前集》卷六，影印文淵閣《四庫全書》1258 冊，53 頁

由吳入越，舟中無營，偶思吳中名人，信筆為頌，為泰伯、季札、伍員、要離、梁鴻（其一）

（明）袁中道

古公貪天下，泰伯乃出奔。寂寞文身地，隱逸自生存。今古惟勢利，安知父子恩。聖賢已如此，流俗何足論。

《珂雪齋集》卷一，上冊，34 頁

仲雍墓

（元）鄭 東

野鼠穿黃穴，遺封百草深。死無歸國夢，人識逸民心。巒樹冬逾碧，江猿夜亦吟。海虞山上月，梅里共沈沈。

《全元詩》第 46 冊，209 頁

仲雍廟

（明）王 賓

即閶門泰伯廟，與太伯同祠。

當時與兄讓國同，廟祠從兄禮並除。此讓豈私成大志，武王來克果年豐。

《吳中古跡詩》，《四庫全書存目叢書》集部 28 冊，236 頁

仲雍墓

（明）王 賓

常熟海虞山上。

斷髮文身正穩時，清高裏面有權宜。空山葬處唯荒草，到處人來必拜之。

《吳中古跡詩》，《四庫全書存目叢書》集部 28 冊，238 頁

吳中懷古六首·吳仲雍

（明）宋儀望

仲雍亦矯世，末俗寡所諧。天命竟何云，王風日以乖。本支豈不念，大義將何裁。鳳德在寡舉，去去凌九陔。伯氏荊蠻行，寧不與之偕。千載延俎豆，達哉此深懷。

《華陽館詩集》卷二，《四庫全書存目叢書》集部 116 冊，508 頁

姑蘇懷古（其一）

（清）易順鼎

水天居處與龍鄰，采藥人來始見春。爭讓兩開吳霸局，興亡都付楚逃臣。《十三篇》在雄才杳，五百賢多舊俗醇。一片金閶亭下月，照他人世幾回新。

《琴志樓詩集》卷五，第一冊，248 頁

謁泰伯廟四十韻

（清）朱彝尊

沮漆尋源合，江蠻相土弘。古公遺哲嗣，《內傳》有明征。肇跡貽謀遠，先幾脫屣能。帝心惟季度，祖武得昌繩。句曲誅茅始，衡山采藥曾。屈伸等龍蠖，遊息喻鷦鵬。三讓聲

何冞,群黎愛莫懲。稻田占樂歲,_{泰伯圍田城内。}瓜瓞啟新塍。洌井深堪汲,高墉近可乘。謳歌頓洋溢,獄訟省侵陵。化被仁風厚,經傳至德稱。玉輿初弗顧,黃屋詎難勝。_{陸雲碑:獄訟載歸,謳歌屢請,能舍玉輿之貴,永襲皮冠之跡。}自鎬宗盟重,維南庶績凝。命圭還作伯,端委豈無朋。節埶千秋並,名將萬代矜。

《曝書亭集》卷二一,上冊,269 頁

吳泰伯　　　　　　　　　（清）徐公修

亶父遷岐毓長兒,翦商王業早開基。辭家同氣攜虞仲,讓國高風啟伯夷。吳會分茅傳後嗣,荊蠻采藥抱遐思。文身斷髮移澆俗,千載長留至德祠。

《史記百詠》卷一,《讀史千詠》,《史記研究文獻輯刊》13 冊,423 頁

泰伯、仲雍　　　　　　　（近代）陳去病

采藥相偕策短筇,飄然攜手向江東。民無讓國能名德,伯有開吳絕大功。斷髮文身徇習俗,通權達變總英雄。文明初祖今何在,西望鄉關願鑄銅。

《浩歌堂詩鈔》卷二,23 頁

登闔閭古城　　　　　　　（唐）武元衡

登高望遠自傷情,柳發花開映古城。全盛已隨流水去,黃鶴空轉舊春聲。

《全唐詩》卷三一七,10 冊,3573 頁

吳中書事　　　　　　　　（唐）楊　乘

十萬人家天塹東,管弦臺榭滿春風。名歸范蠡五湖上,國破西施一笑中。香逕自生蘭葉小,響廊深映月華空。尊前多暇但懷古,盡日愁吟誰與同。

《全唐詩》卷五一七,15 冊,5908 頁

經闔閭城　　　　　　　　（唐）杜　牧

遺蹤委衰草,行客思悠悠。昔日人何處,終年水自流。孤煙邨戍遠,亂雨海門秋。吟罷獨歸去,煙雲盡慘愁。

《全唐詩》卷五二五,16 冊,6011 頁

吳王闔閭墓 （元）周　南

穿土鑿山骨，積壤崇林丘。黃腸錮銅槨，玉鳧浮汞溝。金精來踞虎，瑞兆符眠牛。生維寶莫邪，於焉殉純鉤。池空因劍名，寒碧澄陰湫。高深胡足恃，曷用智力求。

《全元詩》第 42 冊，174 頁

劍　池 （明）徐　賁

在虎丘。

闔閭試劍處，靈泉湛澄靜。苔花漬餘血，石色帶古礦。空山秋氣寒，幽林夜光冷。月明樹交壁，人靜霜折綆。古懷且當置，清景庶足領。

《北郭集》卷一，影印文淵閣《四庫全書》1230 冊，561 頁

虎丘劍池相傳深不可測，舊志載秦皇發闔閭墓，鑿山求劍，其鑿處遂成深澗，王禹稱作《劍池銘》，嘗辨其非，正德辛未冬，水涸池空得石，闕中空不知其際，余往觀之，賦詩貽同遊者 （明）文徵明

吳王埋玉幾千年，水落池空得墓磚。地下誰曾求寶劍？眼中吾已見桑田。金鳧寂寞隨塵劫，石闕分明有洞天。安得元之論往事，滿山寒日散蒼煙。

《甫田集》卷三，56 頁

吳王試劍石 （明）范　欽

吳王寶劍欝成虹，砆石爭看霸氣雄。何物鐲鏤成賜後，冷霜荒草滿空宮。

《天一閣集》卷一七，《范欽集》下冊，296 頁

虎丘懷古 （明）徐　問

虎丘山塔倚天開，吳苑離宮遍草萊。舊日繁華何處是，孫云：有感有剌。松風長寫後人哀。

《山堂萃稿》卷六，《四庫全書存目叢書》集部 54 冊，220 頁

吴王试剑石 （明）沈明臣

青山片石劃然開，傳是吴王試劍來。借問西施更何物，姑蘇劈破九層臺。

《豐對樓詩選》卷一，《四庫全書存目叢書》集部 144 册，157 頁

虎　　丘 （明）沈明臣

霸氣銷吴花，叢林起晉時。平丘宮殿鎖，陡磵石梁垂。虎幻金銀氣，妖為粉黛姿。山靈不夜語，千古秘難知。

《豐對樓詩選》卷一三，《四庫全書存目叢書》集部 144 册，307 頁

虎丘十詠，寄崑侖山人王叔承·劍池 （明）梁辰魚

繡壁高入雲，千秋水花紫。劍氣雖沉冥，精靈應不死。

《鹿城詩集》卷二五，《梁辰魚集》，307 頁

虎丘十詠，寄崑侖山人王叔承·閶閭墓 （明）梁辰魚

寶劍已成虎，霸圖安在哉！夜堂寂無人，時見山僧來。

《鹿城詩集》卷二五，《梁辰魚集》，307 頁

虎丘十詠，寄崑侖山人王叔承·試劍石 （明）梁辰魚

俠氣淩重霄，自負豈劍術？世有不平事，聊試山中石。

《鹿城詩集》卷二五，《梁辰魚集》，307 頁

吴門感賦 （明）方逢時

時寇亂之後。

閶閶舊國俯長洲，彈鋏高歌憶昔遊。徑掩蘭苔春漠漠，臺荒麋鹿晚呦呦，戰餘樓櫓悲風度。亂後郊原落日愁，欲借扁舟同范蠡，五湖煙浪渺難求。

《大隱樓集》卷五，《四庫未收書輯刊》伍輯 19 册，705 頁

吳中懷古六首·吳王闔閭　　　　　　（明）宋儀望

步出西郭門，望望見虎丘。闔閭葬其下，枯骨已千秋。雄圖竟安在，神劍光已休。胥臺豈不崇，一去寧復遊。至今臺上鳥，來去聲啾啾。更有吳門水，日夜東西流。

《華陽館詩集》卷二，《四庫全書存目叢書》集部 116 冊，508 頁

闔閭城懷古　　　　　　（明）孫七政

落日吳王國，西風范蠡舟。不見浣紗子，煙波空自愁。

《孫齊之先生松韻堂集》卷八，《四庫全書存目叢書》集部 142 冊，551 頁

劍　　池_{故吳王墓}　　　　　　（明）鍾羽正

古池銷劍氣，秋潤一泓清。漱齒寒巖下，天風雨腋生。少年狹斜客，匹馬過吳城。岱觀何人望，遙遙一練明。

《崇雅堂集》卷七，《四庫全書存目叢書》集部 167 冊，750 頁

蘇臺懷古　　　　　　（明）錢復亨

闔閭楊柳幾春風，山遠臺高望眼空。麋鹿不來人亦去，鷓鴣啼處是吳宮。

《列朝詩集》乙集卷七，第五冊，2619 頁

闔廬墓　　　　　　（清）王士禛

劍池春水日清虛，石壁臨風吊闔廬。於越行成誰狡獪，夫椒往事重欷歔。飄零王氣傳金虎，寂寞空山葬玉魚。太息恩讎竟何在，荒臺青草認姑胥。

《漁洋詩集》卷九，《王士禛全集》第一冊，283 頁

吳闔廬　　　　　　（清）徐公修

任用勳臣倚伍員，都城茂苑喜新遷。霸吳季札賢終讓，破楚平王死尚鞭。先取六、潛旁邑蔚，脅從唐、蔡大功全。可憐檇李難當越，享國稱雄十九年。

《史記百詠》卷一，《讀史千詠》，《史記研究文獻輯刊》13 冊，441 頁

虎　丘
（清）易順鼎

湛盧飛去魚腸死,金氣秋寒化爲水。鐵花綠繡苔花青,時見山禽來浴翎。欲覓吳王一坏土,落葉蕭蕭似紅雨。吳宮花草吳江波,天王霸業今如何。多情還吊真孃墓,紫玉成煙更何處。惟有生公説法臺,夜寒孤月聽經來。侯王兒女骨皆朽,萬古誰如頑石壽。有客攜筇吳會間,登臨吊古空愁顔。況感名都久蕭瑟,園林白晝鼯狉出。一聲清磬秋山空,寂寞游人都不逢。吳天日落浮圖紫,自寫愁心問山鬼。清遠道士幽獨君,我賦此詩聞不聞。

《琴志樓詩集》卷五,第一册,249頁

闔閭墓
（清）陳　毅

玉帛爭雄志未酬,一聲鐘梵夕陽秋。鐵花半落春猶豔,磡鶴孤飛水不流。虎穴終看埋霸業,魚腸應自悔深謀。黄金神木黄絲布,長使空山王氣收。

《國朝閨秀詩柳絮集校補》卷一○,第二册,427頁

蘇臺覽古
（唐）李　白

舊苑荒臺楊柳新,菱歌清唱不勝春。只今惟有西江月,曾照吳王宮裏人。

《全唐詩》卷一八一,6册,1844頁

吳城覽古
（唐）陳　羽

吳王舊國水煙空,香徑無人蘭葉紅。春色似憐歌舞地,年年先發館娃宮。

《全唐詩》卷三四八,11册,3892頁

姑蘇臺懷古
（唐）陳　羽

憶昔吳王爭霸日,歌鐘滿地上高臺。三千宮女看花處,人盡臺崩花自開。

《全唐詩》卷三四八,11册,3894頁

雜興三首（其三）
（唐）白居易

吳王心日侈,服玩盡奇瑰。身臥翠羽帳,手持紅玉杯。冠垂明月珠,帶束通天犀。行

動自矜顧,數步一徘徊。小人知所好,懷寶四方來。奸邪得藉手,從此倖門開。古稱國之寶,穀米與賢才。今看君王眼,視之如塵灰。伍員諫已死,浮屍去不回。姑蘇台下草,麋鹿暗生麑。

《全唐詩》卷四二四,13 冊,4658 頁

姑蘇臺雜句　　　(唐)李　紳

臺今遺迹平蕪,連接靈巖寺,採香徑、響屧廊皆在寺內。《越書》稱越王黃獻吳王黃金樓楣,吳王因造姑蘇臺。因獻楣,遂以黃金盡飾樓,以破其國。

越王巧破夫差國,來獻黃金重雕刻。西施醉舞花䰐傾,妒月嬌娥恣妖惑。姑蘇百尺曉鋪開,樓楣盡化黃金臺。歌清管咽歡未極,越師戈甲浮江來。伍胥抉目看吳滅,范蠡全身霸西越。寂寞千年皆古墟,蕭條兩地皆明月。靈岩香徑掩禪扉,秋草荒涼遍落暉。江浦回看鷗鳥沒,碧峰斜見鷺鶿飛。如今白髮星星滿,却作閑官不閑散。野寺經過懼悔尤,公程迫蹙悲秋館。吳鄉越國舊淹留,草樹煙霞昔遍遊。雲木夢回多感歎,不惟惆悵至長洲。

《全唐詩》卷四八二,15 冊,5483 頁

吳　　宮　　　(唐)殷堯藩

吳王愛歌舞,夜夜醉嬋娟。見日吹紅燭,和塵掃翠鈿。徒令勾踐霸,不信子胥賢。莫問長洲草,荒涼無限年。

《全唐詩》卷四九二,15 冊,5563 頁

詠吳王夫差、西施

館娃宮　　　　　　　　　　　　　　　　　　（唐）殷堯藩

宮女三千去不回，真珠翠羽是塵埃。夫差舊國久破碎，紅燕自歸花自開。

《全唐詩》卷四九二，15 冊，5575 頁

吳宮詞二首　　　　　　　　　　　　　　　　（唐）杜　牧

越兵驅綺羅，越女唱吳歌。宮爐花聲少，臺荒麋跡多。茱萸垂曉露，菡萏落秋波。無遣君王醉，滿城嚬翠蛾！

香徑繞吳宮，千帆落照中。鶴鳴山苦雨，魚躍水多風。城帶晚莎綠，池連秋蓼紅。當年國門外，誰信伍員忠？

《全唐詩》卷五二七，16 冊，6033 頁

姑蘇懷古　　　　　　　　　　　　　　　　　（唐）許　渾

宮館餘基輟棹過，黍苗無限獨悲歌。荒臺麋鹿爭新草，空苑鳧鷖占淺莎。吳岫雨來虛檻冷，楚江風急遠帆多。可憐國破忠臣死，日日東流生白波。

《全唐詩》卷五三三，16 冊，6084 頁

吳　宮　　　　　　　　　　　　　　　　　　（唐）李商隱

龍檻沉沉水殿清，禁門深掩斷人聲。吳王宴罷滿宮醉，日暮水漂花出城。

《全唐詩》卷五四〇，16 冊，6197 頁

吳　宮　　　　　　　　　　　　　　　　　　（唐）儲嗣宗

荒臺荊棘多，忠諫竟如何。細草迷宮巷，閑花誤綺羅。前溪徒自綠，子夜不聞歌。悵望清江暮，悠悠東去波。

《全唐詩》卷五九四，18 冊，6887 頁

經館娃宮　　　　　　　　　　　　　　（唐）于濆

館娃宮畔顧，國變生嬌妒。勾踐膽未嘗，夫差心已誤。吳亡甘已矣，越勝今何處。當時二國君，一種江邊墓。

《全唐詩》卷五九九，18 冊，6929 頁

館娃宮懷古　　　　　　　　　　　　　（唐）皮日休

豔骨已成蘭麝土，宮牆依舊壓層崖。弩臺雨壞逢金鏃，香徑泥銷露玉釵。硯沼只留溪鳥浴，屟廊空信野花埋。姑蘇麋鹿真閑事，須為當時一愴懷。

《全唐詩》卷六一三，18 冊，7075 頁

館娃宮懷古五絕（其三、五）　　　　　（唐）皮日休

半夜娃宮作戰場，血腥猶雜宴時香。西施不及燒殘蠟，猶為君王泣數行。
素襪雖遮未掩羞，越兵猶怕伍員頭。吳王恨魄今如在，只合西施瀨上游。

《全唐詩》卷六一五，18 冊，7096 頁

奉和襲美《館娃宮懷古》次韻　　　　　（唐）陸龜蒙

鏤楣消落濯春雨，蒼翠無言空斷崖。草碧未能忘帝女，燕輕猶自識宮釵。江山只有愁容在，劍珮應和愧色埋。賴有伍員騷思少，吳王才免似荊懷。

《全唐詩》卷六二五，18 冊，7180 頁

和襲美《館娃宮懷古》五絕（其一）　　（唐）陸龜蒙

三千雖衣水犀珠，半夜夫差國暗屠。猶有八人皆二八，獨教西子占亡吳。

《全唐詩》卷六二八，18 冊，7212 頁

吳宮懷古　　　　　　　　　　　　　　（唐）陸龜蒙

香徑長洲盡棘叢，奢雲豔雨只悲風。吳王事事須亡國，未必西施勝六宮。

《全唐詩》卷六二九，18 冊，7219 頁

姑蘇臺 （唐）羅　隱

讓高泰伯開基日，賢見延陵復命時。未會子孫因底事，解崇臺榭為西施。

《全唐詩》卷六五八，19 冊，134 頁

姑蘇臺 （唐）胡　曾

吳王恃霸棄雄才，貪向姑蘇醉醁醅。不覺錢塘江上月，一宵西送越兵來。

《全唐詩》卷六四七，19 冊，7430 頁

吳　宮 （唐）胡　曾

草長黃池千里餘，歸來宗廟已丘墟。出師不聽忠臣諫，徒恥窮泉見子胥。

《全唐詩》卷六四七，19 冊，7433 頁

夫　差 （唐）周　曇

信聽讒言疾不除，忠臣須殺竟何如。會稽既雪夫差死，泉下胡顏見子胥。

《全唐詩》卷七二八，21 冊，8344 頁

姑蘇懷古 （唐）李　中

闔閭興霸日，繁盛復風流。歌舞一場夢，煙波千古愁。樵人歸野徑，漁笛起扁舟。觸目牽傷感，將行又留住。

蘇臺蹤跡在，曠野向江濱。往事誰堪問，連空草自春。花疑西子臉，濤想伍胥神。吟盡情難盡，斜陽照路塵。

《全唐詩》卷七四七，21 冊，8498 頁

姑蘇行 （唐）皎　然

古臺不見秋草衰，却憶吳王全盛時。千年月照秋草上，吳王在時幾回望。至今月出君不還，世人空對姑蘇山。山中精靈安可睹，轍跡人蹤麋鹿聚。嬋娟西子傾國容，化作寒陵一堆土。

《全唐詩》卷八二一，23 冊，9265 頁

經吳宮　　　　　　　　　　　　　　　　（唐）貫　休

夫差昏暗霸圖傾，千古淒涼地不靈。妖豔恩餘宮露濁，忠臣心苦海山青。蕭條陵隴侵寒水，仿佛樓臺出杳冥。此是前車況非遠，六朝何更不惺惺。

《全唐詩》卷八三七，23 冊，9434 頁

夫差廟　　　　　　　　　　　　　　　　（宋）張　詠

由來邪正是安危，不信忠廊任伯嚭。自古家家有容冶，何須亡國殢西施。

《全宋詩》卷五一，1 冊，545 頁

吳王墓　　　　　　　　　　　　　　　　（宋）王禹偁

惜哉吳王墓，秦帝嘗開破。應笑埋金玉，千年賈餘禍。不待虎跡銷，已聞鮑車過。又是驪山頭，炎炎三月火。

《全宋詩》卷六四，2 冊，707 頁

姑蘇臺　　　　　　　　　　　　　　　　（宋）楊　備

山花野草一荒丘，雲裏驕奢舊跡留。珠翠管弦人不見，上頭麋鹿至今遊。

《全宋詩》卷一二三，3 冊，1424 頁

吳、越吟二首　　　　　　　　　　　　　（宋）邵　雍

乙未闔廬凌楚歲，戊辰勾踐破吳時。正如當日乘虛事，三十四年人不知。
夫差丁未曾囚越，勾踐戊辰還滅吳。二十二年時反復，一如當日却乘虛。

《全宋詩》卷三七五，7 冊，4615 頁

和彥猷在華亭賦十題依韻·吳王獵場　　　（宋）韓　維

吳王昔用武，所樂惟干戈。安知聖人意，祝網解其羅。朝行數田獲，暮返論戰多。千載亦何有，柔柔陰滿坡。

《全宋詩》卷四二九，8 冊，5159 頁

吳王夫差   （宋）王十朋

西施未必解亡吳,只為讒臣害霸圖。早使夫差誅宰嚭,不應麋鹿到姑蘇。

《全宋詩》卷二○二四,36 冊,22690 頁

題夫差廟   （宋）范成大

縱敵稽山禍已胎,垂涎上國更荒哉。不知養虎自遺患,只道求魚無後災。夢見梧桐生後圃,眼看麋鹿上高臺。千齡只有忠臣恨,化作濤江雪浪堆。

《全宋詩》卷二二六九,41 冊,26012 頁

姑蘇臺五首   （宋）蕭立之

金楣玉幾翠雲裘,那識春風半點愁。麋鹿也疑知正色,不應還上此臺遊。

間關薪膽有誰知,正是蘇臺歌舞時。可惜不如陳後主,吳宮無井號臙脂。

當年忠死亦堪冤,千古遺編為斷魂。此恨老天疑未了,長教明月照胥門。

娃館繁華事幾年,墮鈿遺珥尚依然。流香膩粉歸何處,都入春風小硏箋。

荒荒灌木長煙苔,人道吳王此築臺。一望等閒三百里,未應無見越兵來。

《全宋詩》卷三二八六,62 冊,39167 頁

吳王古苑   （元）釋盤谷

蓮塘、香徑、琴臺、硯池、西施洞、館娃宮皆古跡。

日落危欄獨自憑,蓮塘香徑總傷神。硯池風浣琴臺月,石洞雲堆館娃春。湖水已湔嘗膽苦,山峰猶解捧心顰。長年來往知多少,誰是登臨弔古人。

《全元詩》第 8 冊,344 頁

登姑蘇臺懷古   （元）顧　逢

高臺登眺處,涼思爽衰顏。只此闌干外,不知多少山。龍收殘雨去,鶴帶斷雲還。一片興亡恨,越來溪上間。

《全元詩》第 10 冊,99 頁

虎　丘

(元)周　馳

茫茫句吳墟,異阜崪然起。諸天作藩屏,樹立空翠裏。人言開闢初,湧出自海底。至今羅宮室,意與芝闕比。夫差暴齊、晉,繼霸執牛耳。金銀固九泉,爐國用奢侈。投身甬東地,委棄孰憐己。因思人間世,踴躍徒為爾。蒼茫一長望,萬古邈如此。日暮鐘磬聞,且欲談至理。

《全元詩》第 12 冊,314 頁

吳王廟

(元)釋圓至

吳王廟近水邊山,壁上雕青鬼臂蠻。白日爐中煙色變,散成雲氣滿人間。

《全元詩》第 18 冊,87 頁

姑蘇臺

(元)王　旭

自古奢淫是禍胎,姑蘇何用起高臺。屬鏤才賜忠臣去,麋鹿便隨春草來。風雨尚餘遺跡在,山川空使後人哀。一杯略挽樵翁住,共話興亡坐石苔。

《全元詩》第 13 冊,95 頁

題何澄界畫三首·姑蘇臺

(元)程鉅夫

吳王大凱破越回,西施飛上層層臺。撞鍾樹羽臨四野,重江迭巘煙霞開。捐哀棄舊窮遊逸,不信佳人解傾國。春風楊柳鬥腰支,秋水芙蓉比顏色。珠歌翠舞儼成行,鳳朧熊蹯安足嘗。願天回光繼白日,願地注海供玉觴。君王宴樂無終極,伍子昌言空切激。焦勞嘗膽臥薪人,辛苦安知在仇敵。山自青青水自流,君王日日臺上頭。麋鹿未遊吳已沼,西施還上五湖舟。

《全元詩》第 15 冊,194 頁

姑蘇臺

(元)宋　无

妖豔分明拘禍胎,黃金環麗更危臺。笙歌夜倚東風醉,粉黛春從南國來。原草翠迷行輦跡,野花紅發舞衣灰。豪華肯信今為沼,煙水翻令後世哀。

《全元詩》第 19 冊,400 頁

題姑蘇臺一首　　　　　　　　　　　　（元）許　謙

姑蘇城上姑蘇臺,青山百里蛾眉開。平郊如掌思清遠,昔人樂極曾生哀。大讎未復敵不死,壯志消磨侈心起。會稽捷甲功自多,種、蠡深謀誠未已。不知佳冶能傾國,暮暮朝朝醉春色。勳臣抉眼視東門,越女還為越人得。只今興廢總成空,惟餘碧草搖淒風。可憐千古臺前水,不洗當年甬東恥。

《全元詩》第 23 冊,381 頁

姑蘇臺　　　　　　　　　　　　（元）李道坦

吳王宴罷歌臺晚,斜日清江映闌檻。臺上西施醉捧心,江邊東越愁嘗膽。鴟夷裹屍去不還,麋鹿散跡遊其間。秋深明月照高樹,驚烏啼落丹楓寒。功名獨羨陶朱子,一葉扁舟弄雲水。

《全元詩》第 24 冊,177 頁

越來溪　　　　　　　　　　　　（元）高文度

黃池盟會井蛙尊,同列諸侯氣已吞。忽報鄰兵搗空穴,已隨溪水入吳門。

《全元詩》第 24 冊,356 頁

姑蘇懷古　　　　　　　　　　　　（元）盧大雅

胥目懸門烏啄過,至今哀怨入吳歌。山河不為興亡改,城郭其如感慨何。廢苑春深芳草滿,荒臺秋盡夕陽多。醉來一覺扁舟夢,也勝豪華逐逝波。

《全元詩》第 24 冊,359 頁

姑蘇臺　　　　　　　　　　　　（元）劉　致

麋鹿應知易代頻,吳趨誰唱不堪聞。捧心臺暗梨花月,抉目門深薜荔雲。江閱水犀歐冶劍,氣騰金虎闔閭墳。計然已死夷逝,寂寞五湖西日曛。

《全元詩》第 29 冊,273 頁

余觀近時詩人，往往有以前代臺名為賦者，輒用效顰，以銷餘暇·姑蘇臺 （元）岑安卿

吳王築土山為址，俯視水雲三百里。臺中歌舞萃華麗，金碧巉屼眩珠翠。江花泛泛浮鴟夷，會稽思霸甘卑辭。千金不買西子笑，一舫竟逐陶朱歸。丹砌草深麋鹿臥，淒淒棘露沾人衣。闔廬丘墓虎為衛，至今鐘磬聞餘悲。遊人不悟國傾亡，松間援筆題真娘。

《全元詩》第 33 冊，215 頁

姑蘇臺 （元）張　雨

乘涼聊與老兵言，往事羞將霸業論。一自姑蘇麋鹿後，臺名移插廢城門。見孫仰曾壽松堂墨刻。

《全元詩》第 31 冊，433 頁

吳王廟 （元）嚴士貞

朝京門外楚山長，北望空多草樹蒼。寰宇幾回頒漢曆，邑人猶記祀吳王。構祠設像增新制，有土稱尊實後唐。却笑當年緣底事，又思制敕改宗陽。

《全元詩》第 35 冊，237 頁

《吳王納涼圖》 （元）甘　立

六月長洲水殿涼，酒酣揮袖倚新妝。芙蓉露冷秋雲薄，回首西風響屧廊。

《全元詩》第 36 冊，254 頁

姑蘇臺 （元）鄭元祐

城西高臺高百尺，傳是吳王舊遊跡。百花正開西子醉，明月芳洲照清夕。嬌顏如花醉王側，城上烏啼曉星白。歌鼓聲消醉未消，越王已將兵來朝。鏦金摝鼓殷天地，兵敗可復棲夫椒。吳人遺恨化潮汐，暮往朝來箭涇直。不然自可君甬東，何用蕭蕭馬嘶驛。

《全元詩》第 36 冊，281 頁

姑蘇臺　　　　　　　　　　　　　　　　　　　　（元）吳景奎

烏啄難忘石室囚,苧蘿西子入長洲。鴟夷若裹奸臣去,麋鹿安能此地遊。落月當門懸目恨,遠山顰黛捧心愁。後人俯仰悲陳跡,獨倚闌干對虎丘。

《全元詩》第 36 册,402 頁

過吳門　　　　　　　　　　　　　　　　　　　　（元）謝應芳

二千年外興亡事,試為吳儂問老天。西子矉眉真可醜,東門抉目竟何愆。荒臺走鹿岩花笑,殘膾成魚野史傳。買得綠尊堪晚酌,且將湖水煮湖鮮。

《全元詩》第 38 册,128 頁

十臺懷古并序·姑蘇臺　　　　　　　　　　　　　　（元）吳師道

友人自杭來,示及濟南王君《十臺懷古》詩,讀之感慨不已。夫江山故宮,歌舞遺跡,千載之上,英雄游焉;千載之下,狐兔行焉。俛仰廢興,孰能無情。而詩人尤甚。發為咏歌,詞雖不同,而意總合。若物之鳴,以類而應。余安得忘言哉!余生好游,嘗聞司馬子長、杜拾遺,覽觀四方山川之勝,以壯其文,心竊慕之。異時浮江淮,泝湘沅,上巴峽,過秦漢故都,歷燕趙齊魯之場,所見如十臺尚多,訪遺老,詢故實,足以發一時之興,快宿昔之願。歸而讀馬、杜之詩文,以證其所得焉耳。

百花洲上姑蘇臺,吳王宴時花正開。半空畫燭西子醉,三更鐵甲東門來。吳波渺渺吳山簇,不見嬌嚬倚闌曲。丹楓落月怨啼烏,碧草東風驚走鹿。闔閭丘墓相連處,應恨夫差迷不悟。斷指千年血未乾,遊魂夜哭臺前路。

《全元詩》第 32 册,24 頁

泊舟姑蘇臺下　　　　　　　　　　　　　　　　　（元）李孝光

霸主吞雄事莽然,空遺陳跡向千年。天寒笛起孤城裏,日暮舟行積水邊。萬里飛鴻如識路,故園黃菊不勝妍。吳王臺沼憐衰草,惟有西山出斷煙。

《全元詩》第 32 册,324 頁

泊舟姑蘇臺下　　　　　　　　　　　　　　　　　（元）李孝光

望遠升高憶慷慨,姑蘇臺下水泱泱。重湖日落波浪紫,大野風多草木黃。臺榭當時藏妓女,霸圖無乃失金湯。猶憐壯士收全楚,却誤君王舞袖長。

《全元詩》第 32 冊,348 頁

姑蘇臺 （元）李孝光

閶門楊柳自春風,水殿幽花泣露紅。飛絮年年滿城郭,行人不見館娃宮。

《全元詩》第 32 冊,386 頁

姑蘇臺,和權一齋用李太白韻 （元）李齊賢

苧蘿佳人二八時,玉質不勞朱粉施。吳宮歡笑幾時畢,正是越王嘗膽日。姑蘇城頭秋草多,姑蘇城下江自波,鴟夷一舸今在何。

《全元詩》第 33 冊,332 頁

姑蘇臺 （元）貢師泰

當時何事太情多,不悟危機出苧蘿。一夜月明天似水,吳王臺上越王歌。

《全元詩》第 40 冊,318 頁

蘇臺懷古 （元）周　南

高高起臺榭,下下深洿池。不日臺已成,今吳民已疲。柵楣巧雕鏤,金璧光陸離。詰盤路九曲,闌檻星斗垂。藏春貯歌舞,永夜甘荒嬉。望窮三百里,不見來禦兒。

《全元詩》第 42 冊,160 頁

吳門懷古 （元）張以寧

曾見吳王歌舞時,遺臺廢苑不勝悲。春風鴈嗁菰蒲葉,夜月烏啼楊柳枝。有客買舟尋范蠡,無人穿塚近要離。館娃宮外繁花發,遊女長歌《白紵詞》。

《全元詩》第 42 冊,242 頁

次韻《姑蘇錢塘懷古》六首(其一) （元）倪　瓚

西子承吳寵,餘蹤見古臺。空遺昔時月,無復昔人來。臺邊越兵路,幾見起兵埃。

《全元詩》第 43 冊,14 頁

東吳十詠·登姑胥山

(元)倪　瓚

吳王館娃西子，兩情斷送長流。麋鹿淚沾荒草，故人汗漫重遊。

《全元詩》第43冊，68頁

題《越國進西施圖》

(元)史致中

詩言：褒姒之滅周，蓋女子之能亡人國也。信矣夫。越之謀吳，臥薪嚐膽，百計以進，豈真一女子而已哉。特用女子，以中吳王之所慾耳。使吳王能聽伍子胥之謀，先越後齊，攻其心腹之疾，則女子之計將安行耶？非惟不聽其言，又信讒殺之，而吳遂以亡。雖然，吳固以女子亡，又孰知不用賢則亡也。由吳以來千有餘年，蹈覆轍之跡者不可以枚舉。此圖不知何人所作，而筆意精到。以余觀之，非但為展玩悅目之具，安知不為警世之規箴者歟！而微意亦可識矣。故予復詩之。辭曰：

蠻夷國如虎與狼，干戈吞噬相爭強。越憂吳滅危一髮，西施選進驚吳王。花顏照春日夜醉，伍相忠謀不暇計。姑蘇麋鹿殊可憐，江濤怒噴銀山勢。好德如色世已無，我今三歎觀斯圖。何人絕筆開癡愚，國亡家亡知幾吳。至正四年，歲次甲申冬十有一月廿三日。眉陽史致中書。

《全元詩》第45冊，300頁

姑蘇臺

(元)瞿榮智

高臺崔巍插天起，勢壓雄城三百里。雲窗霧閣迷烽煙，日日吳王醉西子。桂膏蘭燼燒春雲，錦絲瑤管空中聞。甲兵重來破歌舞，粲齒修眉散如雨。雙鉤帶血不敢飛，城荒草碧春風吹。祇今惟有臺前月，曾照吳宮花發時。忼慷悲歌歎陳跡，霜烏怨啼楓葉赤。明朝送客過鍾陵，西望茫茫五湖白。

《全元詩》第47冊，173頁

十臺懷古·姑蘇臺

(元)葉　懋

丹楓月落霜淒淒，姑蘇城頭烏夜啼。閶闔門深野鹿走，屬鏤劍古蒼龍嘶。荒臺嵯峨數千古，曾見吳王醉歌舞。長江波浪壓鯨鼉，敵國烽塵凜貔虎。雲旗獵獵風雨秋，長戈指日青天愁。五湖煙水渺不極，清風獨羨鴟夷舟。

《全元詩》第47冊，179頁

響屟廊

(元)顧 瑛

日日深宮醉不醒,美人嬌步踏花行。鑞鏤賜與忠臣後,葉落君王夢亦驚。

《全元詩》第 49 冊,85 頁

賦吳王城

(元)文 質

吳王城據東南雄,夫椒一戰成厥功。鑞鏤夜泣伍員死,黃池之會城池空。城池空,越師襲,宮前草露沾衣濕。煙花遺堞黯離愁,三江潮來若山立。君不見城上蒿,碧如染,兔穴狐蹤徧荒堰。漁歌落日破湖煙,鴟夷蕩舟迷瀲灩。前年送客閶門西,楊柳青青官馬嘶。今年送子出城去,接天芳樹春迷迷。霜臺故人俱豸首,尺簡誰能問山藪。簿書叢裏看崢嶸,歸來共醉吳中酒。

《全元詩》第 50 冊,51 頁

東吳十詠·登姑胥山

(元)陸頤納

克用道友作《東吳十詠》,句法深有孟浩然意度超邁,繩其武學者,未見達人之言,吾道友當悉此意否?

吳王館娃西子,兩情斷送長流。麋鹿淚沾荒草,故人汗漫重遊。

《全元詩》第 53 冊,102 頁

登越城故基

(元)王 逢

吳王臺對越王城,歲歲春風燕麥生。一片范家湖上月,照人心事獨分明。

《全元詩》第 59 冊,73 頁

和吳正傳五臺懷古韻·姑蘇臺

(元)金 涓

閶闔城畔姑蘇臺,百花洲上千花開。笙歌半空曉未絕,一聲落月啼烏來。蛾眉顰翠愁如簇,空捧春嬌在心曲。滄江羅網縱鯨鯢,碧瓦坵墟走麋鹿。悽煙慘日潮生處,怨滿鴟夷猶不悟。甬東東海不可棲,劍光夜冷吳山路。

《全元詩》第 60 冊,298 頁

蘇臺懷古 (元) 謝 肅

烏喙含羞還故國,蛾眉揚笑入深宮。龍舟夜醉天池月,仙樂秋傳桂苑風。錯料敵讎難遽復,那知霸業易成空。層樓景物如前日,麋鹿自遊春草豐。

《全元詩》第 63 册,420 頁

《越國進西施圖》 (元) 戴 順

阿嬌合貯黃金屋,雲想衣裳顏想玉。君王日日醉絲竹,不計燕安藏鴆毒。逆耳忠言誰敢瀆,鴟夷有賜浮江曲。會稽嘗膽味亦足,姑蘇臺荒走麋鹿。何人寫入丹青幅,似以後來監前覆。黃帽操舟詫神速,苧蘿山空溪水綠。

《全元詩》第 67 册,317 頁

詠史二十一首(其二十一) (明) 劉 基

夫差臥薪日,勾踐嘗膽時。人生各有志,況乃身踐之。寧知姑蘇鹿,已與西施期。空令千載下,痛恨於鴟夷。

《劉基集》卷二〇,317 頁

姑蘇臺 (明) 楊 基

姑蘇台下清江晚,斜日江心照闌檻。臺上西施醉捧心,江邊東越愁嘗膽。鴟夷裹屍去不還,麋鹿散跡遊其間。功成却羨陶朱子,一葉扁舟弄雲水。

《眉庵詩集》卷二,52 頁

姑蘇懷古 (明) 瞿 佑

歌舞娃宮跡久陳,經過誰解記前因。捧心方寵含顰女,抉目空勞進諫臣。城上棲烏啼落日,臺前遊鹿踐飛塵。齊雲樓下烽煙起,戰哭重聞萬鬼新。自注:謂張氏。

《東遊詩》,《樂全稿》,《瞿佑全集校注》上册,196 頁

蘇臺曲五首(其四) (明) 李東陽

國亡身亦虜,却載五湖槎。借問西施女,何如張麗華?

《南行稿》,《李東陽集》第一卷,648頁

靈巖懷古
（明）王鏊

夫差霸業今何在？香徑琴臺鹿自遊。天際青山還故國,夜深明月有荒丘。濤聲不盡英雄恨,草色猶含粉黛羞。莫為吳宮多悵望,今來古往總悠悠。

《震澤先生集》卷五,《王鏊集》,95頁

越來溪懷古
（明）王鏊

吳國江山亦壯哉！一朝誰信粵兵來？旌旗尚動春波影,歌舞翻成子夜哀。往事悠悠餘敗壘,傷心脈脈一登臺。姑蘇麋鹿何須恨,聞道阿房也劫灰。

《震澤先生集》卷五,《王鏊集》,105頁

遊治平寺,登吳王郊臺
（明）王鏊

朝發石湖潰,暮抵太湖岸。青山亦多情,供我船中玩。船行山亦行,一路青不斷。白雲渺渺山重重,不知何處昔是吳王宮？越來溪邊越城在,夫差受困云在茲山中。今朝扣禪關,訪古尋幽踪。僧言事往那能識,鐘鼓聲中度朝夕。郊臺漠漠麋鹿遊,茶磨團團蔓荊棘。不須吊古傷懷抱,且欲憑高縱吾眺。人家歷歷新郭裏,川瀆沄沄胥口道。吳江塔影崑山城,一覽因之發長嘯。天風萬里天際來,吳王郊祀昔日登斯臺。千乘萬騎湖上下,祇今安在？唯見山崔嵬。船來船去湖西畔,青山無言人自換。來來去去世無窮,莫學牛山獨興歎。

《震澤先生集》卷六,《王鏊集》,124頁

次韻郡守胡公閱城登姑蘇臺
（明）祝允明

六門車馬簇飛埃,小壘依稀說舊臺。暇日暫迂羊傅駕,他年便是峴山隈。勾吳於越千秋夢,范蠡西施一種才。麋鹿綺羅都不見,紫煙終古鎖荒苔。

《祝氏集略》卷七,《祝允明集》,上冊,136頁

拜郊臺
（明）王賓

橫山東北。《十道志》：橫山四面皆樓,一名踞湖,一名五島。

公公三讓辭天下,孫子緣何却借王。淫祀從來安有福,未幾遭遇越兵王。

《吳中古跡詩》,《四庫全書存目叢書》集部 28 冊,232 頁

姑蘇臺 （明）王　賓

姑蘇山上吳縣西三十三里,一名姑餘,一名姑胥。

鄰壤分明隔綺疏,西施歌舞有誰如。斜陽衰草遊麋鹿,掩面空羞見子胥。

《吳中古跡詩》,《四庫全書存目叢書》集部 28 冊,232 頁

梧桐園 （明）王　賓

故吳宮。吳王夫差園,一名琴川。古語云:梧宮秋,吳王愁。

七月交秋未變秋,輕輕一葉下枝頭。君王不在當時悟,直到凋殘後始愁。

《吳中古跡詩》,《四庫全書存目叢書》集部 28 冊,233 頁

酒　城 （明）王　賓

上壇,壇塘也。夫差投子胥屍江中,後臨江祭奠,同勸酒,名其城焉。

子胥身已逐鴟夷,向後吳王却悔思。芳草夕陽澆奠處,人多指點說他遲。

《吳中古跡詩》,《四庫全書存目叢書》集部 28 冊,233 頁

苦酒城 （明）王　賓

越來溪魚城西南,吳王築以釀酒,俗呼苦酒城。

只□酒漿勸飲少,那思版築害民多。為城恣釀人呼苦,伍子胥知沒奈何。

《吳中古跡詩》,《四庫全書存目叢書》集部 28 冊,233 頁

走狗塘 （明）王　賓

《舊志》:吳下夫差築。

差人來築費千金,縱狗奔騰快一心。偏惜子胥賜劍越,越王不死役謀深。

《吳中古跡詩》,《四庫全書存目叢書》集部 28 冊,234 頁

吳門懷古 （明）沈明臣

廢苑遺宮久寂寥,吳王舊恨已全消。城臨九陌要離墓,水落三江范蠡橋。衰草不憐

馳道毀，野花曾妬館娃嬌。未須過客悲搖落，臥聽寒塘生暮潮。

《豐對樓詩選》卷三六，《四庫全書存目叢書》集部 144 册，452 頁

姑蘇臺 （明）沈明臣

空山今日野花開，此地吳王舊有臺。何用高看三百里，祇應先睹越姬來。

《豐對樓詩選》卷四一，《四庫全書存目叢書》集部 144 册，671 頁

姑蘇臺 （明）高 啟

在橫山西北麓，夫差因越獻柵楣而起此臺。造九曲路以登，其高見三百里，越破吳，焚之。

金椎夜築西山土，催作高臺貯歌舞。文身澤國構王基，却笑先人獨何苦。銅溝玉檻盛繁華，幻出峰頭一片霞。望處直窮三百里，役時應廢幾千家。蟠空曲路迷仙仗，攀盡瑤梯才到上。外繞雕龍宛轉欄，中施繡鳳葳蕤帳。熏爐長爇鬱金香，共道千齡樂未央。茂苑月來冷佩泠，洞庭雨過夏絺涼。當牕眾妓如仙女，揚袂迎風欲輕舉。人從天上見經過，鳥向雲間驚笑語。日暮橫塘花盡開，卷簾臺上望王來。宴舟初自觀欲返，獵騎還從射鹿回。從登不用持鈹隊，縷切鸞刀供玉鱠。燭光遠落太湖波，驚起魚龍出沒多。城上烏啼河漢轉，此時誰問夜如何。管弦嘈嘈聒人耳，不聞兵來渡溪水。欲攜西子走登舟，醉倚畫筵嬌不起。瞑目無因到甫冬，可憐一炬綺羅空。獻楣竟墜仇人計，賜劍應辜諫士忠。客來試問遺宮路，物色荒涼總非故。褰裳始信不虛言，滿地荊榛見零露。當年爭奪苦勞機，却把江山付落暉。聞說越王臺殿上，如今亦有鷓鴣飛。

《高青丘集》卷九，上册，350 頁

十宮詞·吳宮 （明）高 啟

芙蓉水殿屨廊東，白苧秋來不耐風。教得君王長夜醉，月明歌舞在舟中。

《高青丘集》卷一七，下册，728 頁

姑蘇懷古 （明）劉 炳

城枕姑蘇笠澤西，垂虹橋接草煙迷。闔閭老墓騰金虎，西子殘池失水犀。抉目樹荒群鹿走，捧心臺廢亂鴉啼。館娃香徑歌遊處，響屧廊空落燕泥。

《劉彥昺集》卷六，影印文淵閣《四庫全書》1229 册，749 頁

和陳惟寅先生《姑蘇錢塘懷古》韻　　（明）沈　周

開國樂湖山，流觀起高臺。因有獻楣人，木甬自茲來。侈泰遂亡國，卷地驚風埃。孫勝有奇占，揚風骨亦無。他日秦餘杭，三匝不可呼。令人追往夢，鳥雀悲煙蕪。伯業不可久，閶閭行復墓。世換悲樹葉，人滅驚草露，吳、越互興亡。無足笑百步。右姑蘇。

《石田詩選》卷五，影印文淵閣《四庫全書》1249 冊，617 頁

賦得姑蘇臺　　（明）瞿榮智

高臺嵬嵬插天起，勢壓雄城三百里。雲窗霧閣迷絳煙，日日吳王醉西子。桂膏蘭爐燒春雲，錦絲瑤管空中聞。甲兵重來破歌舞，粲齒修眉散如雨。雙鉤帶血不敢飛，城荒草碧春風吹。祗今惟有臺前月，曾經吳宮花發時。慷慨悲歌歎陳跡，霜烏怨啼霜葉亦。明朝送客過鐘陵，西望茫茫五湖白。

《列朝詩集》甲集前編卷八，第一冊，537 頁

姑蘇、錢塘懷古詩，次韻六首(其一)　　（明）陳　汝

吊古上靈岩，日暮下琴臺。蕭蕭紅葉落，采香人不來。鴟夷稱得計，勾踐亦塵埃。

《列朝詩集》甲集前編卷一〇，第二冊，706 頁

虎　丘　　（明）錢子義

吳王闔閭葬於姑蘇長洲苑之海涌峰，殉以盤郢、魚腸之劍，七日，金氣上昇，化為白虎，蹲於冢上，因曰"虎丘"。

湛盧盤郢豈長存，神虎號風夜尚聞。一片生公講臺月，幾番圓缺照孤墳。

《續詠史詩》上，《種菊菴集》一，《三華集》卷七，影印文淵閣《四庫全書》1372 冊，89 頁

苧蘿山　　（明）錢子義

西施生于會稽之苧蘿山，山下溪水濱，西施浣紗石存焉。越王勾踐取西施進之吳王夫差，吳王築姑蘇臺、館娃宮，不恤國政，越因破之。

溪邊山色倚雲青，石上芙蓉照水明。見說蘇臺有麋鹿，始知哲婦解傾城。

《續詠史詩》上，《種菊菴集》一，《三華集》卷七，影印文淵閣《四庫全書》1372 冊，89 頁

琴　　臺　（明）錢子義

姑蘇靈岩山下有吳王館娃宮遺址，西子琴臺在焉。

吳苑春深花亂開，遊人攜酒上空臺。金徽玉軫無消息，野鹿山禽自往来。

《續詠史詩》上，《種菊菴集》一，《三華集》卷七，影印文淵閣《四庫全書》1372 冊，89 頁

蘇臺懷古　（明）王　賓

越王巧破夫差國，來獻黃金重雕刻。西施醉舞花豔傾，妒月嬌娥恣妖惑。姑蘇百尺曉鋪開，鏤楣盡化黃金臺。歌清管咽歡未極，又見吳宮霸西越。寂寞千山皆古墟，蕭條兩地空明月。靈岩香徑掩禪扉，秋草荒涼遍落暉。江浦回看鷗鳥浴，碧峰斜見鷺鷥飛。如今白髮星星換，孤躅迫躄悲秋館。吳鄉越國倦淹留，草樹煙霞昔遍遊。物外夢魂多感歎，不惟惆悵到長洲。

《吳都文粹續集》卷一一，影印文淵閣《四庫全書》1385 冊，280 頁

登樵李城懷古　（明）謝肇淛

吳王城闕已千秋，城上雲低江自流。亂後戰圖餘石馬，雨中王氣隱金牛。草埋秦徑香俱盡，潮到胥山咽未休。惟有鴛鴦湖畔柳，年年春色使人愁。

《小草齋詩集》卷一八，《小草齋集》下冊，1034 頁

姑蘇臺 吳宮　（明）冷士嵋

館娃樓閣但荒臺，越女如花安在哉。惟有東風去時燕，年年飛入舊宮來。

《江泠閣詩集》卷一一，《四庫全書存目叢書》集部 236 冊，422 頁

蘇臺覽古　（明）冷士嵋

吳王宮閣委荒丘，陳跡千齡覽客愁。姑蘇臺上遊麋鹿，台下惟聞江水流。

《江泠閣詩集》卷一一，《四庫全書存目叢書》集部 236 冊，427 頁

試劍石歌　　　　　　　　　　　　（明）許宗魯

干將初鑄利剸犀，吳王愛之親手提。道逢頑石試一擊，魑魅遁跡山精啼。山精啼，山鬼哭，火光迸發焚山麓。千巖萬壑無顏色，吳王意氣輕中國。苧蘿女兒嬌若花，越王貢入吳王家。館娃宮中夜歌舞，伍胥試劍心獨苦。千年寶劍池中藏，龜文漫理沈精光。閶闔興，夫差亡，姑蘇臺高春草芳。吁嗟乎，劍兮劍兮爾何怨，試劍之子須慎旃。

《少華山人前集》第四《宦游稿》，《陝西古代文獻集成》第 28 輯，279 頁

古蹟三首，爲岳給事賦有序·黃池　　　　（清）王士禎

同年岳鎮九給事初知封丘縣，頗以古循吏之治治其民。以唐高常侍嘗爲縣尉，祀典闕焉，乃創爲專祠。又春秋黃池、戰國青陵臺在縣境，皆碑其處。數百年廢墜之典釐然修舉。予嘉其事，因爲賦之。

餘皇既已徙，姑蘇亦已焚。黃池尚爭長，茶火矜三軍。肥胡名幡。不可見，四野空寒雲。大河隔淸江，至今悲伍員。

《漁洋續詩集》卷一六，《王士禎全集》第二冊，1029 頁

西施詠　　　　　　　　　　　　（清）張四科

西施未嫁日，本亦苧蘿姝。不省能存越，何云一錢輸。浣罷臨溪照，自驚花貌殊。

《寶閑堂集》卷二，《陝西古代文獻集成》第 20 輯，140 頁

姑蘇臺感懷　　　　　　　　　　　（清）朱鶴齡

荒臺碧血老秋光，西施行處寒煙邈。戰壘年年換綠苔，白雲不散吳宮草。西山月影弔麋踪，錦帆涇外濤聲小。花落烏啼黯斷魂，越臺榛蔓共黃昏。興亡長恨何時盡，霜葉飛飛帶淚痕。

《愚庵小集》卷三，影印《愚庵小集》上冊，111 頁

姑蘇臺　　　　　　　　　　　　（清）孫枝蔚

姑蘇臺上春可憐，姑蘇台下草芊芊。臺成借問自何日，請說吳王破越年。王歸却厭爲王苦，要向西山貯歌舞。漫愁力役萬人勞，可惜祖宗一塊土。祖宗讓德空嶙峋，樂事公然讓後人。洞庭恰與離宮對，茂苑初看別館新。離宮別館連雲起，此事早傳越王耳。苦

心物色范大夫,苧蘿珍重尋西子。西子傾國復傾城,不是高臺不肯行。却將溪上浣紗手,添出宮中裂帛聲。老臣獨立雕欄哭,不識君王何處宿。當窗眾妓笑人癡,那得此間有麋鹿。旌旗一片竟何來,只道吳王射獵回。鏡裏可憐粧未了,殿前誰悟死相催。越兵不愛印如斗,但守宮門恐王走。移時捉得西施至,問汝還識越王否。越王自起謝西施,安敢功成忘爾為。功非妾功罪非罪,吳亡却在臺成時。

《溉堂前集》卷三,影印《溉堂集》上冊,168頁

姑蘇懷古三首　　　　　　　　　　（清）王士禛

　　爭長黃池未濟師,餘皇舟已徙熊夷。山川終古迷商、魯,花草千年怨種蠡。故國魂銷吳苑水,行人腸斷越溪絲。竹枝聲裏春將盡,破楚門東暮雨時。

　　斜日停橈喚奈何,橫塘聲散采蓮歌。青山古道通閶闔,綠黛春風憶苧蘿。廢苑愔愔花欲暮,長洲森森水空波。千金枉鑄鴟夷像,鳥自高飛避網羅。

　　山徑何時葬玉鳧,興亡轉瞬日西徂。越人已自籌三策,秋祭當年竟五湖。雨過麋城空碧草,春深鶴市半青蕪。傷心更有南陽宰,不獨寒潮泣子胥。文種歎曰:"南陽之宰而為越王之禽。"

《漁洋詩集》卷九,《王士禛全集》第一冊,284頁

姑蘇懷古　　　　　　　　　　　　（清）王士禛

原二首,《漁洋詩集》載第二首。

　　煙波渺渺五湖西,吊古琴臺思欲迷。碧血空悲吳沼日,青山長繞越來溪。川原何處藏金鐸,組練如聞散水犀。莫聽哀音易腸斷,采蓮歌罷夜烏啼。

《漁洋集外詩》卷三,《王士禛全集》第一冊,607頁

姑　　蘇　　　　　　　　　　　　（清）劉大櫆

　　吳亡越霸幾經秋,范蠡平生善自謀。一與西施同載去,更無人作五湖遊。

《劉大櫆集》卷一五,544頁

蘇臺懷古　　　　　　　　　　　　（清）王鳴盛

　　荒臺悵望意無窮,吳苑山川入畫中。斷砌尚埋今古恨,寒煙舊是綺羅叢。鷓鴣飛後平蕪綠,麋鹿遊時野殿空。何以當年嘗膽客,會稽棲得五千雄。

《耕養集》,《西莊始存稿》卷一,《嘉定王鳴盛全集》一〇冊,7頁

蘇臺懷古　　　　　　　　　　　　　　（清）席佩蘭

浣紗溪水碧於湖,一勺晴波便沼吳。五夜深宮炊粟夢,十年敵國臥薪圖。捧心智自工狐媚,抉目危空捋虎鬚。至竟越王台下路,春風麋鹿似姑蘇。

《長真閣集》卷六,下冊,5頁

游靈巖雜咏六首（其一、二）　　　　　　（清）汪　琬

吳王井

金梵既已殘,碧闌復已無。宮中井猶爾,況此井上梧。寒泉咽不流,千年鑑亡吳。傳聞景陽宮,亦被胭脂污。

響屧廊

吳王敞畫棟,曾貯越谿女。想見笙歌中,蹋筵舞白紵。履綦竟安在,遺阯空煙雨。隱隱芒屨聲,樵翁自來去。

《鈍翁前後類稿》卷七,《汪琬全集箋校》第一冊,231頁

游姑蘇臺,臺之左一僧廬焉　　　　　　　（清）汪　琬

吳王在時高築臺,吳娃一笑相隨來。粉縣撲面脂拭口,共唱吳歈舞垂手。吳王一去臺已傾,酒城豨巷空從橫。土花泫露侵官道,胡蝶紛紛抱花老。千年社酒澆鴟夷,鼓聲不到夫差祠。君不見,臺前盡屬民家地,漸有山僧規作寺。

《鈍翁前後類稿》卷七,《汪琬全集箋校》第一冊,312頁

咏古八首（其一）　　　　　　　　　　　（清）汪　琬

蘇臺千尺與雲齊,玉管朱弦盡日迷。一曲吳歈猶未了,越人已在酒城西。

《鈍翁類稿別錄》卷一,《汪琬全集箋校》第四冊,2005頁

吳王故臺　　　　　　　　　　　　　　　（清）汪　琬

君不見姑蘇全盛日,吳王意氣生驕逸。甲騎爭隨射雉行,錦帆頻為觀魚出。日暮紅粧下鏡臺,每憑高處望王來。舞衣斜拂芳花度,歌扇遙臨壁月開。繁弦急管長相聚,又見

朝來喧笑語。俯檻還迷茂苑花，捲簾更指橫山雨。漫道三春樂未央，越兵西至忽蒼黃。舟中畫角喧秋水，壁上朱旗撐夕陽。餘杭散走誰相待，滿目繁華能幾載？綺筵寂寞酒城空，羅袖飄零香徑在。姑蘇煙樹淡模糊，過客褰衣問霸圖。歲歲年年芳艸發，舊時麋鹿亦應無。

《佚著》卷一，《汪琬全集箋校》第四冊，2193頁

館娃宮 （清）沈德潛

秋氣慘梧宮，宮中散歌舞。英雄與兒女，寂寞俱黃土。高臺歇鳴弦，香逕凋蘭杜。一聽山寺鐘，色相空千古。

《歸愚詩鈔》卷四，《沈德潛詩文集》第一冊，61頁

響屧廊 （清）沈德潛

吳王貯越女，結構起軒敞。白紵舞初停，布屧傳織響。離宮竟安在？蕭條但榛莽。空廊照斜月，樵叟獨還往。

《歸愚詩鈔》卷四，《沈德潛詩文集》第一冊，62頁

吳王井 （清）沈德潛

雙井分日月，淵涵在山頂。寒泉何泠泠？曾照宮娥影。山齋灌菜圃，時來下脩綆。千載鑒亡國，還思景陽井。

《歸愚詩鈔》卷四，《沈德潛詩文集》第一冊，63頁

吳山懷古 （清）沈德潛

大觀亭樹俯丹梯，千尺峰巔一杖藜。孤嶺界分城內外，曲江割破浙東西。潮頭如馬當空立，山勢猶龍入望低。吳越興亡總陳跡，伍胥英爽震群黎。

《歸愚詩鈔》卷一五，《沈德潛詩文集》第一冊，302頁

姑蘇懷古 （清）沈德潛

己辰門外吊荒基，空憶郊臺僭祀時。遺俗至今歌白紵，居人終古恨黃池。出亡有兆符占夢，破國無端為獻楣。至竟荊榛叢舊苑，野鳥啼斷伍胥祠。

《歸愚詩鈔》卷一五,《沈德潛詩文集》第一册,307頁

姑蘇懷古　　　　　　　　　　　　（清）沈德潛

霸業初成國旋亡,山川物態總淒涼。采香何處雲迷逕,步屟無人月滿廊。已見酒城繇杜若,更堪春殿種丁香。吳宮花草千年恨,寂寞荒臺倚夕陽。

《一一齋詩》卷九,《沈德潛詩文集》第二册,732頁

吊吳宮二首(其一)　　　　　　　　　（清）尤　侗

西山落日照蒿萊,吳、越春秋土一堆。結綺烟消餘舊井,朝雲夢冷獨荒臺。無情野鳥採香去,有恨霜楓凝血開。古寺幾時今半廢,況教宮館不塵埃?

《西堂秋夢錄》,《尤侗集》中册,504頁

西施曲　　　　　　　　　　　　　（清）易順鼎

西施未嫁誰云冶,春風不到蓬門下。若耶溪上浣紗人,諸暨村中賣薪者。朝從波底羨鴛鴦,暮入雲端棲鳳凰。一身偏受恩千百,萬口爭言艷寡雙。富貴居然一朝有,香名藉甚千秋後。故國飛殘茂苑花,行人憶殺蘇臺柳。從來貧賤幾人傳,寶劍沉埋珠棄捐。越溪尚有如花女,不遇吳王空自憐。

《琴志樓詩集》卷五,第一册,249頁

八臺詩辛卯·姑蘇臺　　　　　　　　（清）易順鼎

雄心銷盡為溫柔,端委開基霸業休。煙月東吳初粉本,湖山西子一妝樓。越兵來處花應落,伍相沉時水不流。天末琴臺何處所,蒼涼垂柳向人愁。

《琴志樓詩集》卷九,第二册,497頁

讀史樂府·吳宮樂　　　　　　　　　（清）趙紹祖

吳王老邁忘舊衅,苧蘿村中美女進。帳下新添歌舞人,立庭無復殺父問。美人倩粧來西苑,吳王沉醉吳宮鍵。明眸皓齒盼瓊筵,愁思隨秋入歌管。銀壺金箭曉漏長,東方漸高憎夜短。秋江夜夜漲寒潮,空使胥濤流恨滿。爾時長頸會稽王,含膽草中睡不穩。章犀臺曰:收筆含蓄入妙。

《琴士詩鈔》卷一,《清代詩文集彙編》432 册,644 頁

思退齋詠古詩(其一) （清）釋清恒

夫差失國美人知,鳥盡弓藏悟莫遲。羞與君王共安樂,如今不是臥薪時。

《借菴詩鈔》卷一,《清代詩文集彙編》452 册,105 頁

詠　　史(其十五) （清）宋　梿

不悔生前用嚭佞,翻慚死後見胥忠。夫差賦性原奇傲,降志何甘處甬東?

《雞膔百二稟》卷五,《清代詩文集彙編》475 册,40 頁

蘇臺懷古 （清）胡　瓊

可憐歌舞地,滿目盡蒿萊。誰使繁華歇,空教麋鹿來。鳥啼亡國恨,花發故宮哀。剩有吳山月,淒然照舊臺。

《國朝閨秀詩柳絮集校補》卷六,第一册,227 頁

登靈巖山 （清）張　襄

勝地甲三吳,風雲想霸圖。結羅西子徑,煙雨范公湖。故苑悲麋鹿,空林響鷓鴣。登臨無限意,落日下平蕪。

《國朝閨秀詩柳絮集校補》卷二一,第二册,939 頁

登吳山絶頂 （清）黄修娟

一上胥山路,疑登霄漢邊。江雲連越塞,斗宿畫吳天。潮帶千峰雨,城含萬井煙。居高堪縱目,覽古思悠然。

《國朝閨秀詩柳絮集校補》卷二七,第三册,1241 頁

吳王夫差 （清）吳　鎮

佩玉藻,臣則無。溺人笑,一箪珠。

《松花庵韻史》,《四庫未收書輯刊》拾輯 24 册,256 頁

香草閒吟·西施

（清）方玉潤

鷓鴣聲斷夕陽天，霸國烟銷粉黛前。倘使靈濤忠憤在，苧蘿山色冷嬋娟。

《鴻濛室詩鈔》卷四《俯仰集》四，《清代詩文集彙編》644 册，356 頁

西　子

（清）周孝壎

秋冷吳宮越騎飛，顰眉空自泣羅衣。一生都被鴟夷誤，歌舞原來有是非。

《還讀廬詩鈔》卷四，《清代詩文集彙編》472 册，629 頁

西　施

（清）鮑桂星

莫以傾城怨浣紗，吳宮本自有雙花。況兼佞嚭如簧在，更把忠胥一劍加。響屧豈能工誤國，扁舟何必果浮家。我詩爲洗紅顏恨，歌罷靈風滿若耶。

《覺生詠史詩鈔》卷一，《清代詩文集彙編》476 册，468 頁

詠菊花詩 有序

（清）徐楚雲

凌虚閣有佳菊十二種：其白質青心，瓣瘦神完，如玉美人者，名潔西施；其白映紅色，肥美媚態，名粉雲紅者，曰醉楊妃；花瓣素净，有白長毫若鳳毛戴髻上者，曰淡妙常；白色浮青，俗號西番蓮，如慈悲佛座下之托者，曰謫觀音；形如牡丹，色若紫霞，媚容癡倦，別有退思者，曰情麗娘；花開黃瓣，蕊抱緑心，婉轉鍾情，與金谷相爲終始者，曰憤緣珠。至若紅醉如桃，儇容瀟灑，若具特識向人者，曰俠紅拂；盃捧紫金，風流俊俏，狀似當壚賣酒者，曰謔文君；黃燦如金，連環似甲，若從軍而護領袖者，曰俏木蘭；花身傅粉，瓣口塗朱，媚笑流芳者，曰嫣樊素；態度輕盈，鬟鬆矯健，如飛來白鶴者，曰妝飛燕。又有紅妝啼淚，黲慘驚人，端服朝衣，不忘故主者，曰怨昭君。號爲金釵十二，命予紀之，予因按名詠七律十二首。

潔西施 名玉美人

西子前生菊是人，猶存丰韻作花神。風情試舞腰還瘦，雨意凝眸媚效颦。彭澤錯疑同蠡字，陶朱翻誤即潛身。秋波不忍爲吳沼，早自歸湖潔晚因。

《國朝閨秀詩柳絮集校補》卷四，第一册，159 頁

吊西子次家昆季韻

（清）張汝傳

響屧廊空偏地蕪，吳宫明月照啼烏。不知亡國千年恨，煙水孤篷逐五湖。

《國朝閨秀詩柳絮集校補》卷二〇，第二册，863 頁

西施山懷古　　　　　　　　　　（清）商景蘭

土城已作一荒邱,人去山存水自流。身事繁華終霸越,名垂史册不封侯。鬚眉多少羞巾幗,松柏參差對敵讎。憑吊芳魂傳往什,愁雲黯淡送歸舟。

《國朝閨秀詩柳絮集校補》卷二九,第三册,1315 頁

蘇臺懷古　　　　　　　　　　（清）金法筵

綺羅人散故宮蕪,送盡春風柳半枯。欲問西施舊時事,城頭惟有暮棲烏。

《國朝閨秀詩柳絮集校補》卷三四,第三册,1560 頁

西施曲　　　　　　　　　　（清）尹初榮

捧心溪女似洛神,一見夫差意自親。漫道美人能沼國,屬鏤君自賜忠臣。

《國朝閨秀詩柳絮集校補》卷三八,第三册,1776 頁

西　　施　　　　　　　　　　（清）萬夢丹

南越笙歌信絶倫,可憐吳苑遽成塵。天生尤物原非偶,却笑東家枉效顰。

《國朝閨秀詩柳絮集校補》卷四四,第四册,2080 頁

蘇隄懷古　　　　　　　　　　（清）郭　蕙

風過長隄颺綠楊,如絲如線媚春光。越王霸業今何在,剩得眉山惠澤長。

《國朝閨秀詩柳絮集校補》卷四七,第四册,2242 頁

西施遊湖　　　　　　　　　　（清）王欽止

報恩滅國本心無,誰識諸公日夜圖。已欲泛舟隨少伯,那堪回首憶姑蘇。綺羅隊裏今酬越,歌舞聲中暗沼吳。觸鬭蠻争何日了,館娃宮裏任荒蕪。

《癡生詩草》,《采山樓藏稀見清人別集叢刊》第二册,470 頁

詠吳臣

行經季子廟詩　　　　　　　　　　　　（南朝陳）張正見

延州高讓遠,傳芳世祀移。地絕遺金路,松悲懸劍枝。野藤侵沸井,山雨濕苔碑。別有觀風處,樂奏無人知。

《陳詩》卷三,《先秦漢魏晉南北朝詩》下冊,2491頁

季　　札　　　　　　　　　　　　　　　（唐）周　曇

吹毛霜刃過千金,生許徐君死掛林。寶劍徒稱無價寶,行心更貴不欺心。

《全唐詩》卷七二八,21冊,8344頁

季子掛劍歌　　　　　　　　　　　　　　（宋）唐　肅

季子讓一國,視之敝屣然。寧當寶一劍,不為徐君懸。徐君雖亡骨未朽,劍掛墳前白楊柳。君知不知不足悲,我心許君終不移。

《全宋詩》卷一一四,2冊,1309頁

季子廟　　　　　　　　　　　　　　　　（宋）梅堯臣

信如季子賢,自昔知能幾,依約有荒祠,寂寥無奠篚。壞梁生濕菌,古木憑山鬼,英靈豈顧茲,青史辭亹亹。

《全宋詩》卷二四五,5冊,2836頁

延陵季子廟　　　　　　　　　　　　　　（宋）呂　陶

戰國干戈禮義隳,延陵高節救周衰。當時若嗣諸侯統,後世誰傳十字碑。生死不欺留劍約,興亡都在審音知。名儒如欲修前史,列傳應須次伯夷。

《全宋詩》卷六七四,12冊,7858頁

季子廟 （宋）曹 確

人間不記吳王事,江上今存季子宮。壞壁亂飄青蘚雨,破簷時蕩白榆風。衣冠何處埋春草,雞酒長年任野翁。下馬一看思舊德,浮名應與暮雲空。

《全宋詩》卷六七八,12 冊,7893 頁

季子廟 （宋）袁 默

巢由高風不可及,後世家邦皆子襲。東周不競諸侯強,中原未許干戈戢。修盟歃血血未幹,稂草離離戰鬼泣。闔廬釋楚夫概奔,公子糾殺桓公入。兄弟之間寧固多,旦正衣冠暮成讎。前規舊轍不遠人,嗚呼季子其肯立。吳民猶有德吳心,廟貌相望在封邑。懷古令人憶慘淒,日落疏林風習習。

《全宋詩》卷七二五,12 冊,8388 頁

掛劍臺 （宋）張 耒

上國歸來歲月深,悲嗟脫劍掛高林。欲知不負徐君意,便是當年讓國心。

《全宋詩》卷一一七四,20 冊,13260 頁

題《掛劍圖》 （宋）張 鎡

當年許與有誰知,人忽邱陵我獨悲。遜國曩時猶易耳,不應留劍使心欺。

《全宋詩》卷二六八七,50 冊,31636 頁

季子廟 （宋）史彌之

千載江濱季子宮,聯鑣款謁驟西風。清名長逐秋潮壯,遺跡應隨夕照空。管領物華輸酒聖,平章古意屬詩翁。想君岸幘風塵表,笑我埋頭雁鶩中。

《全宋詩》卷三一〇三,59 冊,37034 頁

吳季子墓闕 （宋）周 密

百世人傳十字碑,春秋聖筆著褒辭。龜趺十丈知何用,徒使劉叉笑退之。

《全宋詩》卷三五五七,67 冊,42515 頁

季 札

(宋) 陳 普

鴛鴦無聲皇極差,消磨人物百千家。姑蘇無限騷人楚,不罪延陵罪浣沙。

《全宋詩》卷三六五〇,69 冊,43791 頁

題《季札掛劍圖》

(金) 王 寂

季札貴公子,軒軒氣淩雲。平生會心少,四海一徐君。相逢適所願,情話如蘭薰。徐君顧長劍,意欲口不云。季子心許之,誓將歸獻芹。駐節不容久,驪駒促輕分。言還訪舊隱,路人指新墳。干將掛高木,以示初意勤。知已九泉下,冥漠聞不聞。今人交勢利,輕薄徒紛紛。豈惟此道絕,反是為虛文。伯夷微仲尼,萬古埋清芬。

《金詩》,《全遼金詩》上冊,546 頁

過徐君墓

(元) 李 謙

瘠鹵豐菅茅,荒林翳荊棘。此地果何地,云有徐君域。當年吳公子,過此聘上國。心交固已許,一劍非所惜。豈期軺車還,君已掩窀穸。撫摩三尺鐵,欲效知無及。惟有掛劍樹,此恨容可釋。精誠達泉壤,千載未易息。至今地效靈,化為異草碧。采采不忍去,觀此歎今昔。今人交面顏,昔人示胸臆。胸臆久益艱,面顏徒外飾。我詩志其墓,非徒吊陳跡。百世聞高風,衰俗庶可激。

《全元詩》第 7 冊,401 頁

季札廟

(元) 周 馳

古人不可及,冥晦秉淳德。一動成功名,煥爛照無極。季子賢大夫,劍佩遊上國。微乎禮樂意,洞達有精識。迄今二千年,欲繼難再得。我行故城煙,寂寞吊遺跡。廟古丹腰漫,階空苔蘚積。翔禽集中溜,懸網掛虛壁。鄉人尚加敬,瞻仰自夙昔。四時休饋祀,塵土走巫覡。吾徒志為學,不肯競朝夕。景暮將何如?江海起涓滴。

《全元詩》第 12 冊,313 頁

吳季子墓

(元) 白 斑

聖人如日月,下照無黨私。藏珠與韞玉,所得自華滋。恭惟吳季子,夙稟明睿姿。近

取子臧節，遠紹泰伯基。兩以大國讓，廉風起蠻夷。觀樂意已燭，掛劍心如飴。時方尚詐力，子獨恪且祗。時方事寇攘，子獨甘棄遺。孔子不到吳，聞風重齋咨。佳城介申浦，采地亦在茲。特書寄餘哀，豈不遐邇思。惋惋龍蛇蠹，皎皎星日垂。禹世懷道義，取捨實繫之。寄言邦之人，無但峴首悲。

《全元詩》第 14 冊，156 頁

季子廟　　　　　　　　　　　　（元）薩都剌

公子不來春草綠，故宮禾黍亦離離。沸泉尚有千年井，古篆猶存十字碑。去國一身輕似葉，歸田兩鬢細如絲。李家兄弟一朝暮，羞是延陵季子祠。

《全元詩》30 冊，182 頁

兵後過季子祠　　　　　　　　　（元）謝應芳

延陵采地荒榛棘，延陵遺廟成瓦礫。延陵野老歸吊古，獨立斜陽長太息。塵埃野馬紛滿眼，城郭人民總非昔。恭惟泰伯吳鼻祖，三讓高風冠千古。周衰列國俱戰爭，卓爾雲礽踵遐武。法國躬耕江上田，曰附子臧非浪語。天倫義重情所鍾，屹立狂瀾見孤柱。此義孰可比，采薇西山孤竹子。此情知者誰，獲麟老筆十字碑。德音寥寥二十載，陵谷幾番經變改。江南近代淫祠多，梁公不作可奈何。於乎！祠堂之毀還可屋，禮讓風衰較難復。漢家兄弟歌布粟，唐家兄弟相屠戮。何當大化一轉轂，於變澆漓作淳俗，九州八荒春穆穆。泰伯、延陵斷弦續，芳也未死當刮目。

《全元詩》第 38 冊，240 頁

延陵道　　　　　　　　　　　　（元）倪　瓚

延陵道，去國千有餘里，民風質直。昔季子攸居義興，其屬邑過百里，而遠麗於南隅。民當西晉，有周處肆勇鬥狠於鄉閭，人皆以為患。父老揚言其非，一朝發憤易行忠孝俱。其歿已千載，民今仰而祠。我幸生居在鄰邑。春服始成，來遊而來娛。式逢劉公揚驪跼躅，酌山之泉，擎渚之蒲，相率奠拜，步趨襜如，歡詠而去。方舟載塗錫山之陽，其水舒舒，山氣磅礡而敷腴，上升為雲雨，彌滿乎九區。厥土沃若，君子於以田畝，公度中流，揚揚其旗，載抱載注。原茲古初，睠此平墟，泰伯所都，夫子所謂至德也已矣。吁嗟溯流百世下，聞其風者尚敦乎薄夫。

《全元詩》第 43 册,74 頁

季札墓

(元)王 冕

識君因讀《春秋傳》,今日墳前見斷碑。大義可令吳俗變,高風不獨魯人知。劍光注影生靈草,樹影懸空動羽旗。休問姑蘇舊風景,白煙青雨黍離離。

《全元詩》第 49 册,422 頁

掛劍臺行

(元)宋 禧

泗水日夜流,千古流不休。誰為掛劍臺,名聲聞九州。九州行人泗水過,北來南去瞻嵯峨。乃知掛劍一時事,劍與古人名不磨。古人重知己,九鼎何足比。況是三尺鐵,肯背生與死。徐君愛劍口無語,季子心中業相許。生死知心上國回,劍掛墳前淚如雨。墳前今有臺,季子不復來。當時寶劍安在哉,無乃一夜隨風雷。君不聞歌風臺上赤帝子,寶劍龍吟哭蛇鬼。神物變化從何來,整頓乾坤須仗爾。嗚呼!神物去就,上天所使,隱見不常,獲者有幾。吾知寶劍勳業多季子,徐君焉得而有此。沛縣臺高風大起,風起雲飛連泗水。守四方,得猛士。臺兮臺兮,可徒掛劍而已矣。

《全元詩》第 53 册,394 頁

吳季子琴操一首,聘魯作

(元)王 逢

白日晚兮浮雲滋,馬吾秩兮車吾脂。望岐周兮不見,念泰伯兮在茲。惟山有龜兮,惟水有沂。禮樂在魯兮,高深如斯。聖不我棄兮,吳其庶幾。

《全元詩》第 59 册,25 頁

過延陵

(元)方 行

延陵懷季子,遺跡古城東。異代丹青在,千年祭祀同。高情思掛劍,遠識紀觀風。欲問吳封處,蒼煙落照中。

《全元詩》第 62 册,477 頁

掛劍臺

(元)孫 蕡

我有白虹青霜之寶劍,舞時燁燁蓮花艷。去年北上東蒙峰,君眼如貓看不厭。今年匹馬歸江東,將期豁我抑鬱磊落之心胸。懷君不見淚如水,墳樹索索生秋風。歲華零落對杯酒,酒酣脫劍爲君壽。今爲君友君不知,墳前掛向桂樹枝。等死酬知心所許,劍有神靈劍應語。金環魚腹定足數,草平翁仲月荒涼,山鬼提攜學吾舞。

《全元詩》第 63 册,253 頁

季子掛劍冢,和黄子雍韻　　　(元)唐　肅

季子讓一國,視之敝屣然。寧當寶一劍,不爲徐君捐。徐君雖亡骨未朽,劍掛墳前向楊柳。君知不知不足悲,我心許君終不移。

《全元詩》第 64 册,41 頁

掛劍歌　　　(明)胡　奎

延陵季子珊瑚鉤,徐君見之心欲求。千金之重價莫酬,季子以心結綢繆。徐君在墓劍在腰,解劍掛樹風蕭蕭。人生知己古亦少,吁嗟延陵安可招。

《胡奎詩集》卷四,243 頁

《季札掛劍圖》　　　(明)胡　奎

寶劍千金直,英雄一寸心。徐君墓前樹,風雨作龍吟。

《胡奎詩集》卷六,441 頁

九日,過吴季子祠、徐君墓　　　(明)程文德

不識徐君墓,因過季子祠。松楸連古墓,苔蘚護殘碑。邂逅千年事,風流百世師。拜瞻增感慨,生恨不同時。

《程文德集》卷二六,424 頁

延陵季子祠　　　(明)王　賓

閶門太伯廟。

寧縱田野去躬耕,一節心終不改更。哭到墓前來複命,便回舊邑向西行。

《吴中古跡詩》,《四庫全書存目叢書》集部 28 册,236 頁

吴中怀古六首·延陵季子

(明) 宋仪望

玄风振寥廓,至德谅所钦。云何数百载,斯意邈能寻。永怀延陵子,愤世抗孤音。有国非吾节,躬耕明我心。观乐有遗训,素衷自此深。斯人怅已矣,咏歎发幽襟。

《华阳馆诗集》卷二,《四库全书存目丛书》集部 116 册,508 页

过挂剑台

(明) 姚舜牧

挂剑台,挂剑台,山景何悠哉。白日皎皎有光色,清风飒飒无尘埃。当日吴季子,仗剑访徐君。徐君爱此剑,而口并不云。季方佩此传,聘语无能解,心独许归来,徐君业已徂,此剑盟心肯不与。解挂墓树枝,絜酒跪奠之。奠罢置以去,千古令人思。今人亦知重然诺,死生立变不如昨。而况心许其谁知,一去不顾任漂泊。此剑非能值万金,万金难易死生心。死生不负见季子,季子信义何其深。此义重今古,为筑挂剑台。此义通神明,为生挂剑草。草味仓精灵,可以治心疾。要见昧心人,应须用药石。当时挂剑枝已枯,当时挂枝剑已徂。读此信义炳然在,昧心心死可若何。可若何,奈若何,欲采此草治此疾,请先听我挂剑歌。

《乐陶吟草》卷二,《四库全书存目丛书》集部 158 册,352 页

挂剑台

(明) 陈荐夫

吴干层次挂新坟,断碣年深卧白云。不为延陵遗迹在,更谁下马吊徐君。

《水明楼集》卷八,《四库全书存目丛书》集部 176 册,407 页

挂剑台

(明) 陈子壮

泗州,睢宁各有是迹,兹张秋草,成剑形特异,故赋之云尔。

如许豪门雀网新,交情况到死生嗔。千金宝剑零荒草,要识徐君是故人。

《陈文忠公遗集》卷八,107 页

挂剑台

(明) 李贽

丈夫未许轻然诺,何况中心已许之。一死一生交乃见,千金只得挂松枝。

《续焚书》卷五,《李贽文集》第一册,108 页

賦季子祠

(明)殷 奎

讓王開國江之左,尚父周王十三世。僭王一變變於夷,至德巍巍誰復繼。有美季子才且賢,歷聘上國何翩翩。東遊縱觀太師藥,王風帝德皆能言。周旋齊魯說諸子,無愧古人相警意。紵衣酬獻著交情,佩劍終懸見高誼。使車焞焞尚未還,魚中之刀機已先。去之寧附子臧節,不忍父子兄弟戕其天。世人譾言何足數,類云辭國兆亡土。不知自古皆有亡,曾有遺風振千古。《春秋》大義昭日星,特筆表墓幽光明。故國遺祠神庡止,吳民世世豐粢盛。周之孫子烏臺彥,烈日秋霜映顏面。閶闔城邊春水波,蕩漾蘭州過淮甸。高臺鳳舞大江東,孰作烏臺氣勢雄。明年臺前霜葉紅,歸陪驄馬觀吳風。觀吳風,歌至德,季子祠前照秋色。

《列朝詩集》甲集前編卷八,第一冊,537頁

掛劍曲

(明)李東陽

長劍許烈士,寸心報知己。死者豈必知,我心元不死。平生讓國心,耿耿方在此。

《擬古樂府》,《詩前稿》卷一,《李東陽集》第一卷,6頁

掛劍臺,和黃子邕

(明)楊 基

生諾諾尚淺,死諾諾更深。當時季子意,即是徐君心。嗟嗟徐君骨已朽,寶劍摩挲在吾手。正擬臨歧解贈君,不意掛君墳下柳。掛劍果何益?聊以明不欺。當時讓國心,肯使徐君疑?嗚呼!劍可折,臺可墮,死生之諾不可虧。

《眉庵詩集》卷一,1頁

徐君冢

(明)張九一

孤墳蕪沒劍光微,陵谷千秋有是非。共說江天風雨夜,空林時見一龍歸。

《綠波樓詩集》卷一四,《四庫全書存目叢書》集部128冊,701頁

由吳入越,舟中無營,偶思吳中名人,信筆為頌,為泰伯、季札、伍員、要離、梁鴻(其二)

(明)袁中道

吾愛吳季子,豐骨何僛僛。南面稱王位,視之獨夷然。拂衣大笑去,歸耕原上田。桂

以香自焚,膏以明自煎。富貴豈不樂,針氈安可眠。太上固有經,後身而身先。無以身為者,其身乃能全。眾人先其身,尊貴娛歲年。風起塵忽飛,殺身不可延。棲枝餘茂樹,滿腹剩長川。一丘足自適,餘皆可棄捐。安與危相伏,利與害相連。寄言董燎子,性命那得堅。

《珂雪齋集》卷一,上册,35 頁

詠史一百首(其十四)　　　　　　(明)謝肇淛

延陵聘上國,寶劍直千金。徐君有欲色,季子有諾心。兩心已相授,生死焉能侵?掛彼樹上劍,報此泉下人。泉下知不知,所貴大義伸。孤墳一壞土,俎豆長河濱。世人貧賤交,反掌隔風塵。感此千古誼,一為薄俗陳。

《小草齋詩集》卷六,《小草齋集》上册,707 頁

掛劍臺　　　　　　(明)謝肇淛

察君欲劍色,未諾心相許。生死良不渝,枯殺墳頭樹。只今遺廟枕孤墳,寸草青青帶劍文。過客秋風奠蘋藻,汶河西逝水連雲。

《小草齋詩集》卷一〇,《小草齋集》下册,833 頁

延陵墓　　　　　　(明)冷士嵋

讓國墳猶在,荒碑廢草多。更無懸劍客,空攬恨如何。

《江泠閣詩集》卷一〇,《四庫全書存目叢書》集部 236 册,414 頁

古意二首(其二)　　　　　　(明)張　原

延陵吳季子,掛劍墓上枝。徐君雖云没,久要貴不遺。吾心已自許,吾行安可疑?吾行疑尚可,吾心那忍欺?始終存義契,生死見衿期。嗟哉君子行,千載有餘師。

馬氏曰:"吾行疑尚可,吾心那忍欺?"真君子之言也。

《玉坡張先生黃花集》卷四,《陝西古代文獻集成》第 7 輯,第 344 頁

季子祠懷古　　　　　　(清)沈德潛

斜日延陵郡,秋風季子祠。荒庭飛野馬,老樹宿寒鴟。十字褒尼父,千秋並喜時。躬

耕兼待命，懷古不勝思。

《歸愚詩鈔》卷一一，《沈德潛詩文集》第一冊，243頁

挂劍臺　　（清）沈德潛

高臺空想象，古墓亦消沉。千金季子劍，千秋季子心。

《歸愚詩鈔》卷一九，《沈德潛詩文集》第一冊，379頁

恭和御製《姑蘇覽古雜興》元韻(其一)　　（清）沈德潛

子札延陵去，終身遠故鄉。如何禮讓俗，忽作鬥爭場？篡國身能蹈，稱雄志不忘。梧宮凋落後，香草恨茫茫。

《矢音集》卷三，《沈德潛詩文集》第二冊，1009頁

吳季子掛劍處　　（清）馬世俊

公子歸吳去，故人知此心。死生同白日，然諾豈黃金。一劍竟何往，高臺自古今。君看碑上字，苔蘚不能侵。

《清詩別裁集》卷六，上冊，104頁

吳季子廟下作　　（清）王士禛

我行延陵城，懷古心菀結。讓德邈已遠，流風緬曩哲。州來季當立，高懷寧訑屑？躬耕表遐志，亭哉子臧節。慕義永無窮，穹碑字難滅。所悲於潛役，國亂相更迭。伍胥進勇士，鱄諸踐王血。遜位固高義，復命忍臣列。《春秋》不名賢，書札理當晣。嗚呼三代後，斯風久淪絕！廉節起頑懦，尚論義常竊。縞紵思古人，空祠颯寒雪。

《漁洋詩集》卷八，《王士禛全集》第一冊，267頁

丹陽十字碑　　（清）王士禛

延陵風義著勾吳，十字千年映練湖。却去闔廬城畔望，可憐麋鹿滿姑蘇。

《漁洋詩集》卷八，《王士禛全集》第一冊，267頁

季札掛劍處　　　　　　　　　　　（清）田　雯

打麥場邊土一堆,輪囷老樹立荒臺。世多張耳、陳餘輩,不信延陵掛劍來。

《古歡堂集》卷一四,影印文淵閣《四庫全書》1324冊,161頁

題延陵季子廟碑後　　　　　　　　（清）錢名世

避位曾傳泰伯風,那言高義子臧同。史書未改仍公子,《人物》無憑只上中。地僻似村煙月白,廟閑如社野花紅。傷心窟室鈹交後,斷送亡王泣甬東。

《清詩別裁集》卷一九,下冊,339頁

掛劍臺　　　　　　　　　　　　　（清）宋　琬

在張秋鎮。

延陵季札賢公子,腰下芙蓉淬秋水。一片心期不忍寒,蕭蕭隴樹虹霓紫。歷聘諸侯未反命,魚腸剚刃王僚死。躬耕三讓宗家法,吳邦不受輕如屣。當時列辟尚權謀,劍客縱橫仁義否。君臣父子競相居,《谷風》之刺徒為耳。公子深憂在萬古,聊因死友扶人紀。縞紵非無肸與僑,千金獨向徐君委。竭來酹酒想遺風,荒臺半圮埋寒叢。麒麟寂寞一抔土,誰其樹之松柏桐。人言墓草似干將,轆轤鐔鼻將無同。三十年來不復甲,枯根或化為蛟龍。水湯湯兮風烈烈,篝火黃昏讀殘碣。金石有時銷,此誼長不滅。君不見、交態紛紛等阡陌,任昉門前無吊客。

《安雅堂未刻稿》卷二,《宋琬全集》,354頁

徐君墓　　　　　　　　　　　　　（清）鄭　燮

湛盧夜哭墳頭樹,天神百怪精靈聚。月射芙蓉冷露凝,霜寒驊騮銀蛇吐。殷殷時呼水底龍,熊熊欲化山頭虎。為表延陵萬古心,忍負徐君三尺土。世人投贈不及身,百千賕布空爾情。季子抱恨刻心骨,區區掛劍徒虛名。眼前眷戀情難厭,死後相思空寄念。席上摩挲便贈之,一條秋水橫棺殮。

《詩鈔》,《鄭板橋集》二,52頁

和宋翯若先生《橐餘集》中律體十八首·掛劍臺 (清)舒 位

曾向高臺發浩歌,飄零華屋與山阿。故人別去言猶在,公子歸來涕更多。一物留連天地老,千秋悵望死生訛。如何三尺匣中水,不向《春秋傳》裏磨。

《瓶水齋詩集》卷一三,下冊,521頁

季 札 (清)羅惇衍

吳公子,本封延陵,又封州來,世稱"延陵季子"。《左傳》作"延州來季子"。仕吳九十餘年。

樂奏賓筵慨夏聲,鳳岐遙想舊周京。弟兄辭讓師孤竹,家國興亡感竄荊。十字豐碑君子德,千金寶劍故人情。句吳從此開文教,知禮先兼博物名。

《集義軒詠史詩鈔校證》卷一,第一冊,3頁

季 札 (清)徐公修

遨遊上國令名馳,三讓家風泰伯追。縞帶聯歡交誼摯,簫韶觀樂賞音奇。九原慨掛徐君劍,十字留題孔子碑。憑弔延陵懷古跡,墓門荒草碧離離。

《史記百詠》卷一,《讀史千詠》,《史記研究文獻輯刊》13冊,435頁

嘆古吟八首,與陳太初修撰為連日談史而作(其四) (清)魏 源

寶劍逢烈士,心知當彼得。解環將見遺,旋有不與色。延陵讓劍時,一劍如一國。當時脫手贈,何須身後德。懸雨積半空,涸轍何時澤?

《魏源集》五言古詩,下冊,584頁

重過挂劍臺 (清)王 軒

心許即相贈,何能待挂枝。亦有腰下劍,茫茫把向誰?

《耨經廬詩集》卷六,《續尤西堂擬明史樂府》(外二種),187頁

五百名賢祠宴集,分題得吳季子 (清)易順鼎

悵望青雲不可追,風流高節是吾師。生前徐國千金劍,死後尼山十字碑。延瀨歌薪如昨日,荊蠻采藥不同時。吳門我亦同嬴博,聊借前賢一塞悲。

《琴志樓詩集》卷七，第二册，346 頁

季札掛劍 《史記》　　　　　　　　（清）田依渠

徐君不可見，猶踐當初念。生死故人心，短長遊子劍。

《茹古山房讀史餘吟》卷五，《清代詩文集彙編》639 册，661 頁

掛劍行 《史記》　　　　　　　　　（清）陳啟疇

吳季札聘魯，徐君好札劍。聘還，徐死，札繫劍塚樹而行。

公子帶劍游上國，徐君不言心欲得。公子再至徐君亡，腰間劍在心難忘。劍兮劍兮微物耳，勾吳讓地棄如屣。平生締結皆心知，墓前再拜從此辭。

《詠史擬古樂府》卷上，《清代詩文集彙編》450 册，151 頁

季　扎　　　　　　　　　　　　（清）鮑桂星

一讓開吳一沼吳，興亡時勢祖孫殊。似知天意生勾踐，不待神兵去湛廬。上國至今懷贈縞，故宮何處問棲鳥。當年麟筆題碑字，淚灑延陵樹幾株。

《覺生詠史詩鈔》卷一，《清代詩文集彙編》476 册，467 頁

季　札　　　　　　　　　　　　（清）吳　鎮

魚腸隱，湛盧飛。掛樹劍，有光輝。

《松花庵韻史》，《四庫未收書輯刊》拾輯 24 册，256 頁

宰　嚭　　　　　　　　　　　　（宋）王安石

謀臣本自繫安危，賤妾何能作禍基。但願君王誅宰嚭，不愁宮裏有西施。

《全宋詩》卷五七一，10 册，6739 頁

太宰嚭　　　　　　　　　　　　（宋）劉克莊

西子宴姑蘇，靈胥賜屬鏤。如何居上宰，忠越不忠吳。

《全宋詩》卷三〇四七，58 册，36341 頁

詞

浣溪沙 （五代）薛昭蘊

傾國傾城恨有餘。幾多紅淚泣姑蘇。倚風凝目弟雪肌膚。　　吳主山河空落日,越王宮殿半平完。藕花菱蔓滿重湖。

《全唐五代詞》卷五,五代詞,566頁

楊柳枝(之二) （五代）齊　己

館娃宮畔響廊前,依託吳王養翠煙。劍去國亡臺榭毀,卻隨紅樹噪秋蟬。

《全唐五代詞》卷六,五代詞,788頁

雙聲子 （宋）柳　永

晚天蕭索,斷蓬蹤跡,乘興蘭棹東遊。三吳風景,姑蘇臺榭,牢落暮靄初收。夫差舊國,香徑沒、徒有荒丘。繁華處,悄無睹,惟聞麋鹿呦呦。　　想當年、空運籌決戰,圖王取霸無休。江山如畫,雲濤煙浪,翻輸范蠡扁舟。驗前經舊史,嗟漫載、當日風流。斜陽暮草茫茫,盡成萬古遺愁。

《全宋詞》第一冊,28頁

薄媚・西子詞 （宋）董　穎

排遍第八

怒潮卷雪,巍岫布雲,越襟吳帶如斯。有客經遊,月伴風隨。值盛世。觀此江山美。合放懷、何事卻興悲。不為回頭,舊轂天涯。為想前君事。越王嫁禍獻西施。吳即中深機。　　闔廬死。有遺誓。勾踐必誅夷。吳未干戈出境,倉卒越兵,投怒夫差。鼎沸鯨鯢。越遭勁敵,可憐無計脫重圍。歸路茫然,城郭丘墟,飄泊稽山裏。旅魂暗逐戰塵飛。天日慘無輝。

排遍第九

自笑平生,英氣淩雲,涼然萬里宣威。那知此際。熊虎塗窮,來伴麋鹿卑棲。既甘臣妾,猶不許,何為計。爭若都燔寶器。盡誅吾妻子。徑將死戰決雄雌。天意恐憐之。

偶聞太宰,正擅權,貪賂市恩私。因將寶玩獻誠,雖脫霜戈,石室囚系。憂嗟又經時。恨不如巢燕自由歸。殘月朦朧,寒雨蕭蕭,有血都成淚。備嘗險厄返邦畿。冤憤刻肝脾。

第十攧

種陳謀,謂吳兵正熾。越勇難施。破吳策,唯妖姬。有傾城妙麗。名稱西子。歲方笄。算夫差惑此。須致顛危。范蠡微行,珠貝為香餌。苧蘿不釣釣深閨。吞餌果殊姿。

素肌纖弱,不勝羅綺。鸞鏡畔、粉面淡勻,梨花一朵瓊壺裏。嫣然意態嬌春,寸眸剪水。斜鬟松翠。人無雙、宜名動君王,繡履容易。來登玉陛。

入破第一

窣湘裙,搖漢佩。步步香風起。斂雙蛾,論時事。蘭心巧會君意。殊珍異寶,猶自朝臣未與。妾何人,被此隆恩,雖令效死。奉嚴旨。　　隱約龍姿怡悅。重把甘言說。辭俊雅,質娉婷,天教汝、眾美兼備。聞吳重色,憑汝和親,應為靖邊陲。將別金門,俄揮粉淚。靚妝洗。

第二虛催

飛雲駛。香車故國難回睇。芳心漸搖,迤邐吳都繁麗。忠臣子胥,預知道為邦祟。諫言先啟。願勿容其至。周亡褒姒。商傾妲己。　　吳王卻嫌胥逆耳。才經眼、便深恩愛。東風暗綻嬌蕊。彩鸞翻妒伊。得取次、於飛共戲。金屋看承,他宮盡廢。

第三袞遍

華宴夕,燈搖醉。粉菡萏,籠蟾桂。揚翠袖,含風舞,輕妙處,驚鴻態。分明是。瑤臺瓊榭,閬苑蓬壺,景盡移此地。花繞仙步,鶯隨管吹。　　寶暖留春,百和馥鬱融鴛被。銀漏永,楚雲濃,三竿日、猶褪霞衣。宿醒輕腕,嗅宮花,雙帶系。合同心時。波下比目,深憐到底。

第四催拍

耳盈絲竹,眼搖珠翠。迷樂事。宮闈內。爭知。漸國勢淩夷。奸臣獻佞,轉恣奢淫,天譴歲屢饑,從此萬姓離心解體。　　越遣使。陰窺虛實,蚤夜營邊備。兵未動,子胥存,雖堪伐、尚畏忠義。斯人既戮,又且嚴兵卷土,赴黃池觀釁,種蠡方云可矣。

第五袞遍

機有神,征鼙一鼓,萬馬襟喉地。庭喋血,誅留守,憐屈服,斂兵還,危如此。當除禍本,重結人心,爭奈竟荒迷。戰骨方埋,靈旗又指。　　勢連敗。柔荑攜泣。不忍相抛棄。身在兮,心先死。宵奔兮,兵已前圍。謀窮計盡,唳鶴啼猿,聞處分外悲。丹穴縱近,誰容再歸。

第六歇拍

哀誠屢吐,甬東分賜。垂暮日,置荒隅,心知愧。寶鍔紅委。鶯存鳳去,辜負恩憐,情不似虞姬。尚望論功,榮還故里。　　降令曰,吳亡赦汝,越與吳何異。吳正怨,越方疑。從公論、合去妖類。蛾眉宛轉,竟殞鮫綃,香骨委塵泥。渺渺姑蘇,荒蕪鹿戲。

第七煞衰

王公子。青春更才美。風流慕連理。耶溪一日,悠悠回首凝思。雲鬢煙鬢,玉珮霞裙,依約露妍姿。送目驚喜。俄迂玉趾。　　同仙騎。洞府歸去,簾櫳窈窕戲魚水。正一點犀通,遽別恨何已。媚魄千載,教人屬意。況當時。金殿裏。

《全宋詞》第二冊,1165 頁

又(沁園春)·吳門懷古　　(宋)陳人傑

草滿姑蘇,問訊夫差,今安在哉。望虎丘蒼莽,愁隨月上,蠡湖浩渺,興逐潮來。自古男兒,可人心事,惆悵要離招不回。離之後,似舞陽幾個,成甚人才。　　西風斜照徘徊。比舊日江南尤可哀。歎茫茫馬腹,黃塵如許,紛紛牛背,青眼難開。應物香銷,樂天句杳,無限風情成死灰。都休問,向客邊解後,只好拈杯。

《全宋詞》第五冊,3080 頁

又(酹江月)·姑蘇臺懷古　　(元)薩都剌

倚空臺榭,愛朱闌飛瞰,百花洲渚。雲嶺回廊香徑悄,爭似舊時庭戶。檻外遊絲,水邊垂柳,猶學宮腰舞。繁華如夢,登臨無限清古。　　果見荒臺落日,麋鹿來遊,漫爾繁榛莽。忠臣抉目東門上,可退越來兵伍。空鑄幹將,終為池沼,掩面歸何所。遺風千載,尚聽儂歌白苧。

《全金元詞》下冊,1091 頁

眉嫵·夫差女瓊姬墓　　(明)高啟

悵紅蘭采罷,白紵歌殘,魂斷舊宮路。長夜泉臺冷,再誰把,雲屏月帳遮護。鈿車不度。正館娃、荊棘多露。想還有,舊日吹簫侶,共來往煙霧。　　城郭江山如故。自國亡家破,今幾朝暮。水邊花下,黃昏後,誰逢環珮微步。恨多莫訴。任玉釵、雙燕埋土。待相約吳娃,寒食到此澆墓。

《全明詞》第一册,160 頁

水龍吟·登姑蘇臺　　　　　　　　　　　（明）姚綬

闔閭舊起高臺,金椎夜築橫山土。半天風月,萬層羅綺,一番歌舞。西子捧心,伍胥懸目,已成終古。卻付與、野草蒼藤,慨如今、走麋鹿,成何補。　　況有烏啼春雨。遊人到、野花無主。繁華消盡,江山如故,漁舟樵塢。金穀園荒,平泉客散,東山罷睹。采民風、問道諮詢事了,君持繡斧。

《全明詞》第一册,309 頁

金人捧露盤 姑蘇懷古,次曾純甫韻　　　　　　（明）呂希周

子胥門,專諸巷,覓遺蹤。總畫橋、流水溶溶。春濃閶闔,都人繡服跨華驄。夕陽簫鼓,更多少、萬紫千紅。　　燕鶯嬌,垂柳外,蜂蝶舞,百花中。竟不管、往事飄蓬。金鋪玉雉,任他零落館娃宮。兩岸數聲,漁笛起、明月清風。

《全明詞補編》上册,366 頁

柳梢青·詠西施,次趙忠定韻　　　　　　　（明）呂希周

越女春沙,吳宮歌舞,明月西斜。潢池飲罷,檇李兵來,飄薄名花。　　五湖煙水無涯。良弓藏、不管鳴鴉。臙脂匯上,洗足灘邊,雅稱移家。

《全明詞補編》上册,368 頁

前調（望海潮）·吳門懷古　　　　　　　　（清）余　懷

蘇臺麋鹿,吳宮花草,年年閒對殘陽。泰伯祠荒,要離墓冷,燕泥常落空梁。穀雨焙茶香。問劍池明月,幾見興亡。泛宅浮家,此心安處是吾鄉。　　暮雲寒笛悽涼。好醉眠甫里,嘯傲滄浪。茉莉船來,葡萄釀熟,旗亭月費千觴。風景果無雙。是誰為少伯,我思孟光。處處笙歌畫舫,垂柳復垂楊。

《全清詞》順康卷第二册,1271 頁

真珠簾·吳中懷古

(清)王屋

牆頭一片吳宮月。照羈人、寂寂寥寥時節。拂拭冰絃,彈作峽泉三疊。簷際孤雲飛不去,浸滿庭蕉陰桐葉。悽切。引溪煙環座,千回百折。　　記昔。夫差初滅。繞姑蘇,鹿走麋棲霜雪。故老哭荒臺,盡淚枯流血。過客低佪無限恨,況那日、人心摧咽。休說。但稽山唯有,鷓鴣來歇。

《全清詞》順康卷第四冊,2370頁

前調(念奴嬌)·懷古

(清)仲恒

遷岐塚子,竄荊蠻、肇造勾吳疆土。幾許英豪相繼後,纔得爭盟晉楚。創霸圖王,分封割據,何代無豪舉。江山依舊,從前勝蹟何處。　　數遍仕宦名臣,高賢逸士,奇跡堪千古。孤嶼段橋風月地,更有無窮幽譜。飲恨芳魂,抗懷貞烈,朝暮隨雲霧。累牋難盡,開襟自詠佳句。

《全清詞》順康卷第八冊,4933頁

前調(虞美人)·吳宮懷古

(清)趙吉士

蘇臺冷落荒煙斷。鹿走長洲苑。西風吹盡館娃宮。惟有藕花愁對,夕陽紅。　　胥門抉後空濤怒。山鷓聲聲苦。吳亡越霸不須哀。又見會稽一炬,楚人來。

《全清詞》順康卷第九冊,5065頁

似孃兒·吳宮漫興,同程梓園侍御賦

(清)趙吉士

懷古意如何。弔長洲、舊恨偏多。胥門抉後吳真沼,蘇臺劫盡,館娃香冷,何處銅駝。　　載酒共經過。泛湖天、無限煙波。幾多感憤都留與,真娘墓畔,虎丘石上,一曲清歌。

《全清詞》順康卷第九冊,5078頁

百字令·詠史

(清)曹貞吉

海門一點,駕素車白馬、怒潮來去。回首蘇臺金虎氣,斷送幾場歌舞。鄁鄂家門,荊蠻帶礪,兩地應難補。英魂猶在,空餘血淚凝注。　　五千甲楯行成,十年生聚,軋軋句章艫。吳越興亡關底事,都作寒江煙霧。入楚旌旗,盟齊歲月,寂寞渾無據。蘆中人杳,區區恩怨何苦。

《全清詞》順康卷第一一册,6497 頁

前調(風流子)·姑蘇懷古 　　(清)曹貞吉

胥門懸落日,東風軟、人立小斜廊。是越女靚妝,舞停歌罷、捧心無賴,展轉迴腸。難重問,錢江煙水白,檇李陣雲黃。歌吹海中,荒哉旦暮,溫柔鄉裏,老矣君王。　句章烽火急,兄姑蘇壹畔,長劍如霜。誰念鴟夷相國,目斷危檣。早輕裝一舸,浮家遠去,功成身退,磊落行藏。回首故宮花草,難遣茫茫。

《全清詞》順康卷第一一册,6511 頁

前調(賀新郎)·謁泰伯廟 　　(清)張玉穀

江左文明地。是古來、荆蠻僻壤,俗稱無禮。斷髮文身風會轉,轉在商家末裔。吳泰伯、先幾來避。欲順親心天下讓,又愁他、廢嫡傷親意。思恁策,迨余季。　仲雍幸是同心弟。竟相攜、託名採藥,遠尋梅裡。裸飾示無回國望,一任滄桑改遞。卻隱闕、南邦秀氣。試看巍峨存廟貌,勝周朝、九廟蒸嘗祭。真至德,莫思議。

《全清詞》雍乾卷第七册,4022 頁

謁金門·虎丘試劍石 　　(清)汪　灝

纖纖石。就裏春然分碧。出匣龍雷雨急。一聲山奪魄。　如此鏌鋣三尺。料道千秋無敵。何意姑蘇麋鹿泣。西施尤有力。

《全清詞》順康卷第一七册,9874 頁

陽臺夢·姑蘇臺 　　(清)吳　綺

在府城西,一名胥臺。吳王闔閭築,五年乃成。一説吳人築臺,吳王余祭曰:"其故以蘇吾民乎。"遂以爲名。則此臺非始於夫差也。祖宗以仁儉而有之,子孫以荒淫而失之者,豈獨吳哉。麋鹿未遊,繁華何在。作《陽臺夢》。

臨湖跨嶺層臺聳。薄雲霄有蜃樓湧。半天日午歌鐘動。把神仙醉捧。　歡多無晝夜,快煞香園翠擁。憑他麋鹿一春閒,未醒陽臺夢。

《全清詞》順康卷補編第一册,494 頁

虞美人·館娃宮

（清）吳　綺

在靈巖山上。勾踐獻西施於吳，吳王築此居之。文疏畫棟，金釭玉碾，極一時之麗。而蛾眉巧笑，乃至以吳爲沼。後之憑吊者，莫不以傾國爲慨然。人自傾之，西施亦安能傾人國哉。古詩云："西施若解亡吳國，越國亡來又是誰。"可謂知言矣。作《虞美人》一闋。

苧蘿溪上紅顏好，牧豎誰能曉。一朝寵冠後宮時。猶是婷婷嬝嬝、舊西施。　佳人自古稱難得。何暇愁傾國。黃金屋裏鬭雙蛾。便是鄭家小女、不如他。

《全清詞》順康卷補編第一冊，494 頁

杏花天·走狗塘

（清）吳　綺

走狗塘，相傳在姑蘇臺西北，吳王畜犬處也。韓信曰："狡兔死，走狗烹。"夫吳與越勢不並雄，當其欲報父仇，必得勾踐而甘心之。僅有子胥一人，可當厖吠，而鐲鏤之賜以至。越卒入吳，真所謂"狡兔未死而走狗先烹"者矣。詩曰："盧令令，其人美且仁"，何吳王之智，竟出其下乎。作《杏花天》

東門不少牽黃處。想豪氣、韓盧爭騖。疾畔可惜成辜負。血染鴟夷已誤。　問君王、如何弗悟。縱靈厖、不教守戶。此身未葬卑猶路。早作稽山狡兔。

《全清詞》順康卷補編第一冊，497 頁

金明池·虎丘覽古

（清）朱雲翔

海湧峰頭，山塘橋畔，不盡留連追憶。長霸業、銷沉已久，殘山水、多少陳跡。恣才情、題遍烏絲，恐浪語春風，還幸彩筆。笑書舫清波，年年簫管，吊古知誰傷臆。　落魄青衫長如客。便春鳥青蟲，也教淚滴，真孃墓、零碑斷雨，生公座、荒苔落日。縱丹黃、舊樣全非，只塔影巒光，昔時顏色。漫薄醉池亭，綵雲間渡，已自半湖將黑。

《全清詞》雍乾卷第六冊，3527 頁

沁園春·青山懷古

（清）殷圻

山在暨陽城西十里，有吳王鑄劍爐，近土人耕於此，山塌，猶見及之。

惟昔句吳，豕食鄰封，虎瞰神州。記龜文龍藻，器成幹莫，城珠河玉，價重風歐。引臂一麾，衆軍皆卻，白盡當年晉鄭頭。雄圖展，早廊開響屧，苑啟長洲。　湛盧此去難留。僅鑄劍爐藏土一丘。慨魚腸輕進，戕君骨肉，屬鏤旋賜，快爾仇讎。敗堞烏啼，荒臺鹿走，何必吳宮落葉愁。低徊處，賸溢塘野水，似劍鋒否。

《全清詞》雍乾卷第一四冊,7911頁

前調(清平樂)·覽古(之二) （清）毛先舒

姑蘇臺上。高宴紅燈亮。鬥轉參橫雞一唱。萬歲千秋無恙。　鳥喙嘗糞堪羞。可憐赦彼羈囚。醉倚玉牀無力,英雄更是風流。

《全清詞》順康卷第四冊,2174頁

真珠簾·吳中懷古 （清）王　屋

墻頭一片吳宮月。照羈人、寂寂寥寥時節。拂拭冰絃,彈作峽泉三疊。簷際孤雲飛不去,浸滿庭、蕉陰桐葉。淒切。溪煙環座,千迴百折。　記昔。夫差初滅。繞姑蘇,鹿走麋棲霜雪。故老哭荒臺,盡淚枯流血。過客低徊無限恨,況那日、人心摧咽。休說。但稽山惟有,鷓鴣來歇。

《全清詞》順康卷第四冊,2370頁

桂枝香·姑蘇懷古 （清）徐喈鳳

金風送暑,見十里花洲,荷殘漫渚。江水澄解一碧,落帆如羽。蘇臺勝蹟今何在,映斜暉、老楊三五。畫船歌歇,戍樓笳動,幾家砧杵。　問昔日、吳宮美女,歎香消西館,珠沉南浦。吳越興亡,豈盡天公為主。前吳更有後吳矣,剩荒臺、寒蛩相語。<small>張士誠府基多出蟋蟀。</small>獨憐秋月,年年似鏡,照人今古。

《全清詞》順康卷第五冊,3075頁

望江南·吳宮漫興十首(之一、二) （清）趙吉士

長洲苑,脂粉尚流香。響屧廊餘苔蘚綠,錦帆涇發菜花黃。底事憶吳王。
真如夢,勾踐破吳歸。纔見吳宮麋鹿走,又看越殿鷓鴣飛。一樣付歔欷。

《全清詞》順康卷第九冊,5037頁

采桑子·梧宮詠古 （清）朱彝尊

何年越客千絲網,網住西施。看殺吳兒。貯館娃宮得幾時。　離筵白紵歌纔罷,拋了西施。遠去黃池。冷笑夫差真箇癡。

《全清詞》順康卷第九冊,5253頁

滿宮花·登靈岩山,訪館娃宮地址　　（清）彭　桂

屧廊空,香徑廢。清磬一聲雲際。千年脂粉剩鉛華,費盡松風淘洗。　　山河恨,滄桑事。不獨東吳西子。夫差勾踐舊樓臺,都有鷓鴣飛起。

《全清詞》順康卷第一〇冊,6041頁

前調（百字令）·詠史　　（清）黃　垍

以下六首和曹升六舍人。

勾吳不祀,論於越功臣、誰先誰後。鳴鼓銜枚十萬甲,不及歌脣舞袖。響屧香風,採蓮新拍,的是傾城手。嫣然一笑,鐲鏤飛向人首。　　頓令年老夫差,甘心亡國,兩耳如充琇。舞罷姑蘇烽火起,夢斷吳宮花柳。一葉扁舟,五戶煙月,不愧鴟夷婦。功高越絕,千秋膾炙人口。

《全清詞》順康卷第一三冊,7470頁

浪淘沙·姑蘇懷古　　（清）倪　晉

把酒試評論。吳市煙昏。當年若個仗青蘋。記得胥臺初突兀,夜夜消魂。　　誰想苧蘿人。響屧生春。而今憑吊泣芳蓀。唯有鐲鏤光不滅,隱隱齊門。

《全清詞》順康卷第一七冊,9852頁

采桑子·吳宮　　（清）孔傳誌

當年只博西施笑,香徑春風。茂苑花紅。賺得君王去甬東。　　客來試說吳宮事,鹿走榛叢。鶴唳梧桐。葬罷西施一夢中。

《全清詞》順康卷補編第四冊,2130頁

滿江紅·姑蘇懷古　　（清）查　學

居士年來,也學個、肝腸鐵石。只一旦、撫今吊古,淚流未歇。著演胥臺何處是,誰憐興廢成今昔。更香溪、舊徑一時迷,煙空碧。　　真孃墓,渾相識。要離塚,猶相憶。算嫁人烈士,長留清跡。往事不知多少恨,空餘青草深三尺。看春風、吹斷古村墟,荒雞咽。

《全清詞》雍乾卷第二冊,756頁

浣溪沙·閶門夜泊　　　　　　　　(清)詹肇堂

鐘韻星星鼓疊催。橫塘人語尚喧閬。閶門燈火二更纔。　浦月不如西子白,夜潮猶似越兵來。豔雲奢雨吊蘇臺。

《全清詞》雍乾卷第四冊,1950頁

臨江仙·姑蘇懷古　　　　　　　　(清)李汝章

欲問吳王歌舞處,獨披荒草訪遺塵。屧廊香徑總沉淪。鳥棲悲舊曲,木落感蕭辰。　霸業已隨雲變滅,晚山還作碧嶙峋。撫今懷古欲沾巾。吹簫猶猶有客,許劍更無人。

《全清詞》雍乾卷第四冊,2155頁

念奴嬌·吳門懷古　　　　　　　　(清)顧光旭

吳波蕩槳,點春空海湧,山青雪掃。殘霸銷餘湖水白,讓與詞人吟眺。市上簫聲,池邊劍影,鹿過眠芳草。館娃煙冷,舊時明月來照。　誰唱一曲棲烏,良宵如此,又金壺催曉。范蠡舟中西子夢,夢落錦帆風峭。名士無多,美人何處,啼得宮鶯老。要離塚畔,有人蓑笠垂釣。

《全清詞》雍乾卷第九冊,4958頁

氐州第一　　　　　　　　(清)吳　鈞

<small>風大,泊舟吳大帝廟,因具瓣香進謁。</small>

無渡呼來,挨艣住了,閑尋竹裡祠宇。殿噪神鴉,廊嘶鬼馬,巫女沿江振鼓。牆角夭桃,尚髣髴、吳王宮樹。玉座金貂,雙開雉扇,紫髯如怒。　賸水殘山今變古。只英氣、難埋黃土。血翦衝舟,霜刀鏊案,想像奇男趣。慨當年、猶遺恨,是生放、曹瞞北去。讀罷殘碑,酹邨醪、靈旗降否。

<small>廟在德清縣界中,柱懸一聯云:"由孝廉而歷帝王之尊,最貴最壽;以中子而繼父兄之業,允武允文。"可謂工且切矣,並記。</small>

《全清詞》雍乾卷第九冊,5316頁

桃源憶故人·遊姑蘇臺
（清）王貞儀

館娃舊日沉歌舞。閶闔城邊鼙鼓。月冷宮梧幾許。夜夜啼烏苦。　　麋鹿可憐群走去。霸業銷磨何處。響屧空存舊語。草色侵廊廡。

《全清詞》雍乾卷第一五冊，8509 頁

又（滿江紅）·姑蘇懷古
（清）包榮翰

花草蘇臺，問底是、鷗鴰麋鹿。緣往日，江山歌舞，館娃新築。小擔苧蘿春夢杳，薰衣荳蔻香雲簇。正吳王，宮裡醉西施，人如玉。　　謀吳志，何其迫。沼吳禍，何其速。歎臥薪曾膽，此讐竟復。香徑春殘花有淚，屧廊人去苔空綠。聽浣紗，溪畔一聲歌，吳儂曲。

《倚盾鼻詞草》，《清詞珍本叢刊》第二〇冊，149 頁

念奴嬌·姑蘇
（清）朱駿聲

梧宮秋老，歎蕭條、說甚苧蘿西子。留得胥臺一片石，相對斷崖高寺。香徑煙迷，屧廊塵冷，往事隨流水、錦帆何處，漁燈隱隱沙際。　　遙想舞罷春風，館娃承寵，翠雲袍初賜。白苧新聲歌未竟，已報飛來誡監。一顧城傾，五湖人遠，轉眼繁華已。興亡漫語，松林明月還起。

《臨嘯閣詞》，《清詞珍本叢刊》第一二冊，813 頁

媚嫵·望延陵季子墓
（明）張名由

泛長江東去，綠雨丹崖，孤棹雲陽路。慨閟宮千載，斜陽裏、殘碣短埤雙戶。連都寶鋏。歸驂猶掛、彭城樹。想當年、聽列國陳風，總雨階幹羽。　　千里山川如故。枉渚鴻螢，荒臺鹿步。萋迷野草，愁凝碧，一抔黃土。春望秋來，一任戎麾遞興僕。沒世不忘，周德維新舊祚。

《全明詞補編》上冊，485 頁

喜遷鶯·延陵掛劍臺
（清）孫　濤

鶯花春暮。暫攬轡徐方，停橈河滸。蘚陣縈碑，苔紋侵碣，只有延陵風古。憶得往時心諾，敢道生前無語。看當日，向墓傍酬謝，劍懸芳樹。　　追敘。嘆此後、人情變易，肯

記曾相許。息壤成言,班荆道故,三物總無憑據。但是黃金贏滿,那識楚人季布。望臺上、見離離香草,凝煙愁雨。

《全清詞》順康卷第四冊,2485頁

祝英臺近·掛劍臺 　　（清）趙吉士

傍河幹,尋舊蹟,此地足千古。廟圮臺空,煞有繫人處。想伊卻聘歸來,青萍解贈,聊報與、故人黃土。　　覆深樹。樹底劍草叢生,精靈至今聚。愧殺庸庸,然諾竟虛語。賴他重義延陵,豐碑高揭,共說是、徐君之墓。

《全清詞》順康卷第九冊,5089頁

望江南 　　（清）方　炳

李西涯《樂府》,楊升庵《彈詞》,妙絕古今,心竊嚮往之。妄不自揣,擬作〔望江南〕百首,以附於兩先生之後,然學識既寡,忌諱滋多,今所存者,餘之餘耳。若云託始延陵,即世家之首《泰伯》;以遊仙終焉,即屈子之賦《遠遊》,則滋妄矣。

江南憶,縞紵美延陵。君自有聲通上國,我從何處見咸英。望古不勝情。

《全清詞》順康卷第一○冊,5780頁

望遠行·詠延陵季子劍 　　（清）曹貞吉

寒星黯淡,青銅色出匣驚飛風雨。龍鱗三尺,虎氣千年,彷彿精靈堪語。記得當時,曾帶故人荒隴,此道於今如土。挹神光重見,冠裳楚楚。　　賓旅。鳴佩中原歷聘,只解識、寸心相許。回首蘇臺,魚腸忽起,散亂長鈹無數。試吊要離墳草,鴟夷潮水,一樣英雄難訴。對州來君子,恩讎忘否。

《全清詞》順康卷第一一冊,6510頁

曲

〔雙調〕蟾宮曲·吳門懷古平江　　　（元）盧　摯

倚夕陽麋鹿荒臺。對平楚江空。老樹蒼崖。季子風高。閶門陳跡。撫事興懷。誰種下吳宮禍胎。苧蘿山華鳥飛來。伏節英才。傾國佳人。幾度塵埃。

《全元散曲》上冊，122 頁

〔雙調〕折桂令·登姑蘇臺　　　（元）喬　吉

百花洲上新臺。簷吻雲平。圖畫天開。鶻俯滄溟。蜃橫城市。鼇駕蓬萊。學捧心山顰翠色。悵懸頭土濕腥苔。悼古興懷。休近闌幹。萬丈塵埃。

《全元散曲》上冊，601 頁

〔黃鐘〕人月圓·會稽懷古　　　（元）張可久

林深藏卻雲門寺。回首若耶溪。苧蘿人去。蓬萊山在。老樹荒碑。神仙何處。燒丹傍井。試墨臨池。荷花十里。清風鑒水。明月天衣。

《全元散曲》上冊，757 頁

〔黃鐘〕人月圓·吳門懷古　　　（元）張可久

山藏白虎雲藏寺。池上老梅枝。洞庭歸興。香柑紅樹。鱸膾銀絲。白家池館。吳王花草。長似坡詩。可人憐處。啼烏夜月。猶怨西施。

《全元散曲》上冊，758 頁

〔雙調〕折桂令·姑蘇懷古　　　（元）張可久

小闌幹高入雲霞。不似當年。樂事豪華。老樹僧居。垂楊驛舍。亂葦漁家。看一片夕陽暮鴉。想三千宮女荷花。何處吳娃。我有新詞。說與夫差。

《全元散曲》上冊，959 頁

〔雙調〕蟾宮曲·姑蘇臺 (元)徐再思

荒臺誰喚姑蘇。兵渡西興。禍起東吳。切齒仇冤。捧心釣餌。嘗膽權謀。三千尺侵雲糞土。十萬家泣血膏腴。日月居諸。臺殿丘墟。何似靈岩,山色如初。

《全元散曲》下冊,1050 頁

〔雙調〕夜行船·吊古 (元)楊維楨

【夜行船】霸業艱危。歎吳王端為。苧羅西子。傾城處。妝出捧心嬌媚。奢侈。玉液金莖。寶鳳雕龍。銀魚絲鱠。遊戲。沉溺在翠紅鄉。忘卻臥薪滋味。

【前腔】乘機。勾踐雄徒。聚干戈要雪。會稽羞恥。懷奸計。越賂私通伯嚭。誰知。忠諫不從。劍賜鐲鏤。靈胥空死。兵起。不想道請行成。北面稱臣不許。

【黑蠊序】堪悲。身國俱亡。把煙花山水。等閒無主。歎高臺百尺。頓遭烈炬。休覷。珠翠總劫灰。繁華只廢基。惱人意。叵耐范蠡扁舟,一片太湖煙水。

【前腔】聽啟。檇李亭荒。更夫椒樹老。浣花池廢。問銅溝明白。美人何處。春去。楊柳水殿欹。芙蓉池館摧。惱人意。只見綠樹黃鸝。寂寂怨誰無語。

【錦衣香】館娃宮。荊榛蔽。響屧廊。莓苔翳。可惜剩水殘山。斷崖高寺。百花深處一僧歸。空留舊跡。走狗鬥雞。想當年僭祭。望郊臺淒涼雲樹。香水鴛鴦去。酒城傾墜。茫茫練瀆無邊秋水。

【漿水令】采蓮涇紅芳盡死。越來溪吳歌慘淒。宮中鹿走草萋萋。黍離故墟。過客傷悲。離宮廢。誰避暑。瓊姬墓冷蒼煙蔽。空原滴。空原滴。梧桐夜雨。臺城上。臺城上。夜烏啼。

【尾聲】越王得計吞吳地。歸去層臺高起。只今亦是鷓鴣啼處。

《全元散曲》下冊,1415 頁

〔雙調〕沉醉東風·姑蘇懷古 (元)湯 式

長洲苑花明劍戟。館娃宮柳岸旌旗。顰眉不甚嬌。嘗膽何為計。等閒間麋鹿賓士。留得荒臺臥臺斷碑。再不見黃金范蠡。

《全元散曲》下冊,1577 頁

〔南仙呂入雙調玉抱肚〕吳宮詞　　　（明）梁辰魚

雙雙蘭槳。采蓮歸重催晚妝。看西施舞罷纖腰。半含嬌笑倚東牀。芙蓉帳小夜添香。楊柳風多水殿涼。

《全明散曲》第二冊，2187頁

〔南南呂三學士〕吊古　　　（清）沈自晉

歌舞娃宮耽翠輦，奈風吹越國來舡。捧心方妒三千女，嘗膽誰知二十年！香冷雁廊人去遠，琴臺畔落照妍。

《全清散曲》上冊，25頁

蘇臺懷古　　　（清）吳綺

【南正宮錦纏道】好江山，留不住年年豔陽。乖柳暗金閶，問梧宮、當時舊夢難忘。百花洲，錦帆風，香波畫槳。鎮時時鬥雞陂，走狗橫塘。彩屧響紅廊，教六宮人把采蓮齊唱。東窗白玉床，渾不覺螳螂相傍，有多少水犀君子在三江。

【普天樂】捕蟬鷺，遊鹿上。借花殘，梧葉漾。館娃宮飛散鴛鴦，楓橋火盼咐漁郎。把歌筵舞場，一時兒任青山冷笑興亡。

【古輪臺】歎茫茫，無端霸業水雲荒。勾銷不盡英雄帳，千秋悲愴：話到漁樵，依舊是繁華一樣。燕語朱門，鶯啼繡幌，一般兒錦纜與牙檣又何曾停歌歇舞，向西風灑淚滄桑。只落得生公石上，要離塚畔，真娘墓下，慷慨賦詩章。更誰念，高臺白露欲沾裳。

【尾聲】鴟夷江上笙簫響，鎮年來遊人玩賞，我直要替桂子荷花計久長。

《全清散曲》上冊，345頁

〔北仙呂憶王孫〕吳中吊古（之一、二）　　　（清）呂洪烈

彩雲朝往暮還來，池畔芙蓉開又開，可有西施去複回。問胥臺，明月春宵幾劫灰。

鈿釵弄影百花洲，帶月穿花小鳳頭，那管梧桐報早秋。樂無休，何必吳王也解愁。

《全清散曲》下冊，2292頁

齊太公世家

詩

詠《齊太公世家》

齊太公系(世)家 　　　　　　　　　　　　(唐)司馬貞

太公佐周,寔秉陰謀。既表東海,乃居營丘。小白致霸,九合諸侯。及溺內寵,釁鍾蟲流。莊公失德,崔杼作仇。陳氏專政,原貨輕收。悼、簡遘禍,田、闞非儔。渢渢餘烈,一變何由?

《史記索隱》卷二九,465 頁

讀周《太公傳》 　　　　　　　　　　　　(唐)歐陽詹

論兵去商虐,講德興周道。屠沽未遇時,豈異茲川老。

《全唐詩》卷三四九,11 冊,3909 頁

讀《齊世家》 　　　　　　　　　　　　(宋)張方平

默坐磻溪素髮垂,商、周於此繫興衰。機深正似忘機者,應被沙鷗靜處窺。

《全宋詩》卷二〇六,6 冊,3838 頁

《齊世家》 　　　　　　　　　　　　(宋)李覯

莫以荒淫便責君,大都危亂為無臣。若教管仲身長在,何患夫人更六人!

《全宋詩》卷三四九,7册,4336頁

望齊山　　　　　　　　　　（明）瞿　佑

強藩表東海,況乃秉霸權。畜馬至千駟,有粟弗養賢。雖歸汶陽地,終薔尼谿田。爲富竟不仁,豈獨陽虎然？歲晚登牛山,揮淚徒連連。

《樂全詩集》,《瞿佑全集校注》上册,171頁

阿　上　　　　　　　　　　（清）王　軒

三載飛鳴起伯圖,偏從毁譽識爲都。齊城七十多阿、墨,豈獨當時兩大夫。

《耨經廬詩集》卷六,《續尤西堂擬明史樂府》（外二種）,191頁

列國宮詞·齊　　　　　　　（清）殷如梅

怪他小白太多情,負婦臨朝霸業成。徼幸如夫人有六,女三爲縶國曾傾。入自北輿擊馬陘,蕭桐叔子也應驚。房中一笑尋常事,壓境招來十萬兵。

《綠滿山房集》丙二,《清代詩文集彙編》438册,697頁

平灤詠古十首（其二）　　　（清）史夢蘭

北伐遺蹤塞草迷,春秋霸業溯青、齊。穴穿蟻子隙朋井,神見俞兒卑耳溪。無數峰巒連隴右,依然渤澥抱遼西。今逢中外一家日,三百餘年靜鼓鼙。

《爾爾書屋詩草》卷四,《清代詩文集彙編》654册,373頁

如夫人　　　　　　　　　　（清）皮錫瑞

褒與姐,一而足,如夫人,安可六。生爲創霸主,死乃蟲出戶。死者若有知,何面見仲父。趙武靈王亦英雄,死探雀鷇沙邱（丘）宮。

《師伏堂詠史》,《清代詩文集彙編》772册,306頁

君似鼠　　　　　　　　　　（清）皮錫瑞

君恃勇,伐盟主。君以爲雄,臣云似鼠。鼠盜人食鼠何貪,君盜人妻更何苦？有人射鼠中其股,碩鼠碩鼠將去女。

《師伏堂詠史》，《清代詩文集彙編》772冊，306頁

固聞之 (清)皮錫瑞

皆知之，晉驪姬。"固聞之"，宋左師。皆知"固聞"孰眞假，三字何由服天下？爲坎書者公已烹，曰"固聞"者宜何刑。

《師伏堂詠史》，《清代詩文集彙編》772冊，306頁

君之憂 (清)皮錫瑞

君之憂寡人之憂，寡人與君風馬牛。言之甘，誘我也。公之喜，何爲者。齊之陳、晉諸臣狐，赤烏黑，猶季孫。季孫有貨公無貨，人皆助臣不助君，幣錦二兩繫何人。

《師伏堂詠史》，《清代詩文集彙編》772冊，306頁

詠齊君 附君王后

渭　水　　　　　　　　　　　　　　　　　　　　（唐）權德輿

呂叟年八十，幡然持釣鉤。意在靜天下，豈唯食營丘。師臣有家法，小白猶尊周。日暮駐征策，愛茲清渭流。

《全唐詩》卷三二五，10 冊，3650 頁

詠　古　　　　　　　　　　　　　　　　　　　　（唐）李　涉

大智思濟物，道行心始休。垂綸自消息，歲月任春秋。紂虐武既賢，風雲固可求。順天行殺機，所向協良謀。況以丈人師，將濟安川流。何勞問枯骨，再取陰陽籌。霸國不務仁，兵戈恣相酬。空令渭水跡，千古獨悠悠。

《全唐詩》卷四七七，14 冊，5423 頁

太公廟　　　　　　　　　　　　　　　　　　　　（唐）高　駢

青山長在境長新，寂寞持竿一水濱。及得王師身已老，不知辛苦為何人。

《全唐詩》卷五九八，18 冊，6922 頁

太　公　　　　　　　　　　　　　　　　　　　　（唐）周　曇

昌獵關西紂獵東，紂憐崇虎棄非熊。危邦自謂多麟鳳，肯把王綱取釣翁。

《全唐詩》卷七二八，21 冊，8338 頁

再　吟　　　　　　　　　　　　　　　　　　　　（唐）周　曇

東鄰不事事西鄰，御物卑和萬物春。天下言知天下者，兆人無主屬賢人。

《全唐詩》卷七二八，21 冊，8339 頁

又 吟

(唐)周 曇

千妖萬態逞研姿,破國亡家更是誰。匡政必能出苟媚,去邪當斷勿狐疑。

《全唐詩》卷七二八,21冊,8339頁

磻 溪

(宋)釋保暹

不肯隨波自直鉤,一朝以道佐成周。後來亦有人於此,只把漁竿空白頭。

《全宋詩》卷一二五,3冊,1449頁

釣魚臺

(宋)袁 默

將相寧有種,屠狗飯牛皆可用。富貴出長年,勿謂暮塗吾倒行。先君太公望久矣,日老渭陽心以此。君臣相得漁獵間,廓清八表公名起。奠鼎扶周卜世長,洋洋齊封二千里。曹公黃相俱塵埃,至今猶有釣魚臺。苔侵石剝夕陽裏,滾滾寒江潮去來。

《全宋詩》卷七二五,12冊,8389頁

太 公

(宋)王十朋

隱跡蟠溪七十餘,釣灘清淺鬢蕭疏。滿懷韜略為香餌,只釣文王不釣魚。

《全宋詩》卷二○二四,36冊,22686頁

《呂望垂釣圖》

(宋)鄭思肖

八十翁翁心尚孩,渭濱癡坐弄徘徊。當初若是逃名者,誰要文王上釣來。

《全宋詩》卷三六二四,69冊,43387頁

道友邀遊磻溪太公廟,以詩辭之

(金)丘處機

自無狂興不追遊,識破諸餘萬事休。誰向磻溪消鬱悶,閑居巖壑且淹留。昔違海上三千里,曾涉途中二十州。看盡名山無限景,大都身外沒堪酬。

《金詩》,《全遼金詩》中冊,967頁

磻溪廟覓駝馬　　　　　　　　　（金）丘處機

聞說磻溪隱太公,岩高樹密壯祠雄。花朝石窟龍吟霧,月夜山門虎嘯風。萬載熊羆名不朽,三春駝馬獻無窮。將詩為覓千餘疋,染翰聊為度日功。

《金詩》,《全遼金詩》中冊,968 頁

寄題磻溪太公廟　　　　　　　　（金）丘處機

一景通高下,三峰鎮古今。路穿雲洞滑,祠隱釣溪深。出竇飛泉迸,參天古柏陰。快哉清絕地,堪暢野人心。

《金詩》,《全遼金詩》中冊,1007 頁

菊齋橫坡十二詠·太公釣周　　　　（元）李齊賢

混世浮沈匪苟安,得時經濟豈云難。君看八百年周業,只在磻溪一釣竿。

《全元詩》第 33 冊,353 頁

《太公遇文王圖》　　　　　　　　（元）宋褧

狂王喪心醉其上,老叟避世居渭濱。出獵初非取獸意,垂鉤豈是求魚人。千年茅土有終始,一時際遇無比倫。韓彭烏合成俎醢,三顧猶堪繼後塵。

《全元詩》第 37 冊,272 頁

《磻溪釣圖》二首　　　　　　　　（元）葉顒

渭水風生兩鬢秋,平生意在釣吞舟。如何八百封侯國,也逐鯨魚競上鉤。
白髮荒涼釣渭濱,宅心非是為金鱗。不知絲線長多少,牽掣江山八百春。

《全元詩》第 42 冊,127 頁

題《磻溪圖》　　　　　　　　　　（元）王毅

人間興廢奈伊何,千古傷心《麥秀歌》。惟問磻溪垂釣叟,暮年何苦執干戈。

《全元詩》第 44 冊,211 頁

題張淑厚畫三首·太公望　　　（元）宋　禧

白頭勳業正關心,短褐長竿倚石林。已有風雲生渭水,豈愁夕照接秋陰。

《全元詩》第 53 冊,459 頁

《子牙垂釣圖》　　　（元）甘　勉

白頭把釣竿,所志應在魚。魚腹藏素書,得之登王車。牝晨迄頹運,姬轍開一初。我觀千載圖,始信漁非漁。

《全元詩》第 65 冊,305 頁

磻溪釣臺　　　（元）梅　岩

人憐尚父遭逢晚,天為周文眷顧深。不遣渭川□□雪,豈勝牧野旅如林。功成黃鉞名猶在,臺枕清流跡未沉。東望首陽千里遠,釣魚心異采薇心。

《全元詩》第 66 冊,367 頁

渭濱操　　　（明）袁　凱

渭之岸盤盤兮,其流湯湯。我居其下兮,於今幾霜。朝飲其水兮,暮食其鯉與魴。我日斯邁兮,於余心以何傷?

《袁凱集編年校注》編年詩,93 頁

題《太公釣渭圖》　　　（明）劉　基

璇室群酣夜,璜溪獨釣時。浮雲看富貴,流水淡鬚眉。偶應非熊兆,尊為帝者師。軒裳如固有,千載起人思。

《劉基集》卷二二,421 頁

《呂望釣魚圖》　　　（明）胡　奎

磻谿手弄一絲秋,夢入非熊雪滿頭。釣得周家有何物,白魚躍入後王舟。

《胡奎詩集》卷五,366 頁

吕望釣魚　　　　　　　　　　　（明）胡　奎

白髮蕭蕭老渭川,非熊夢入九重天。安知一片溪邊石,釣得周家八百年。

《胡奎詩集》卷五,385 頁

題畫·《太公遇文王》　　　　（明）楊　溥

明良遭際,天拯斯民。岐周事業,渭水絲綸。

《楊文定公詩集》卷一,《續修四庫全書》集部 1326 册,464 頁

《太公釣渭圖》　　　　　　　　（明）商　輅

璇室群酣夜,璜溪獨釣時。浮雲看富貴,流水澹鬚眉。偶應非熊兆,尊為帝者師。軒裳如固有,千載起人思。

《商輅集》卷二一,下册,458 頁

五言古詩（其五）　　　　　　　（明）王世貞

太公有丹書,於道若卓爾。剪殷首駿勳,開齊垂世紀。陰謀實種種,安能塗人耳。信史未敢憑,吾聞諸夫子。變魯標深譏,觀樂示微旨。却美齊桓正,尊王固如此。

《弇州續稿》卷四,《弇州四部稿》第四册,影印《明人文集叢刊》,43 頁

太　公　　　　　　　　　　　　（明）李東陽

白首蒼生意未忘,起扶衰老為殘傷。也知戰伐非吾事,不殺軍中叩馬郎。

《詩前稿》卷一九,《李東陽集》第一卷,435 頁

子牙畫　　　　　　　　　　　　（明）朱誠泳

興周有兆信非熊,老奮鷹揚策上功。渭水無人能枉駕,鬢毛落盡釣絲風。

《小鳴稿》卷七,《陝西古代文獻集成》第 17 輯,178 頁

題《太公釣渭圖》　　　　　　　（明）馬　理

八十漁翁住渭川,可曾終日得鱗鮮。只因一夕非熊夢,釣得周家八百年。

《谿田文集》卷一〇,《陕西古代文献集成》第 17 辑,543 页

姜太公石室　　　　　　　　　　　　（明）王　宾

海隅山,旧传太公避纣居之。《续图经》：山东二里有石室,范氏志太公避纣居东海,滨常熟,去海近。或是。

苦被瑶台主害民,因来滨海觅藏身。砣砑里许堪终老,争奈周家善养人。

《吴中古迹诗》,《四库全书存目丛书》集部 28 册,232 页

《太公钓鱼图》　　　　　　　　　　（明）尹　襄

渭山苍苍渭水深,乔木千层散繁阴。垂纶此处应得所,白发萧然无冠簪。宁知岐邑凤鸣后,非罴非熊殆天授。轩车载入即礼罗,遂使勋名称九有。吁嗟此老真异人,信知儒为席上珍。后来一丝扶汉者,悠悠千载步芳尘。

《巽峰集》卷四,《四库全书存目丛书》集部 67 册,171 页

子牙祠二首　　　　　　　　　　　　（明）茅元仪

在静海县。

独入子牙台,英雄泪欲来。当时垂钓意,岂在一侯哉。

不羡兴周略,羡天多与年。如君凡几辈,泯泯钓台前。

《石民渝水集》卷六,《四库禁毁书丛刊》集部 110 册,133 页

题《太公钓渭图》　　　　　　　　　（明）亢思谦

渔钓甘高尚,鹰扬奋焕时。镐京垂拱治,千古仰昌期。

《慎修堂集》卷二,《四库未收书辑刊》伍辑 21 册,51 页

恩赐胜览录　　　　　　　　　　　　（明）朱诚泳

予登西山绝顶,既望武侯祠庙,而一吊矣。时侍臣有指渭水之阳而告者曰："此即太公磻溪也。"噫！昔人不作,风物如故,虽鹰扬事业,殆一浮云耳！亦作一诗以吊云

养老风闻自海滨,远依西伯寄闲身。梦残石室孤峰月,占断渔矶两岸春。玉珮钓来

文最古，鷹揚老去命維新。江湖多少垂綸者，徒仰餘光愧後塵。

《小鳴稿》卷一〇，《陝西古代文獻集成》第 17 輯，236 頁

齊祭器行　　　　　　　　　　（清）顧炎武

太公封齊廿八世，春禘秋嘗長有事。猶從三代識遺聲，每見九夷朝祭器。器歷商、周制度工，相傳丁、癸及桓公。花紋不似萊人物，法象仍疑兩敦同。牛山下涕河悲苦！歲久光華方出土。夏后璜偏入向魋，魯宮寶又歸陽虎。歷下秋風動夕螢，古來神物亦飄零。誰知柏寢千年器，異日還陳漢武庭。

《顧亭林詩集匯注》卷四，下冊，1044 頁

渭濱垂釣　　　　　　　　　　（清）褐　夫

渭濱老叟百年情，偃蹇姑同鷗鷺蒙。西伯一來平地起，釣魚未得釣功名。

《古史詩針》，《戴名世集》附錄二，436 頁

磻溪二首（其一）　　　　　　　（清）唐孫華

尚父精神老更遒，一竿唾手取神州。諸侯八百皆貪餌，只有夷、齊不上鉤。

《東江詩鈔》卷一，影印《東江詩鈔》，77 頁

題《太公釣渭圖》　　　　　　　（清）舒　位

舊勞在外殷高宗，傅巖之野識一傭。用人不次眾所忌，詭托魂夢天心通。殷人尚鬼設神道，投其所好而民從。大索天下曰惟肖，暮棄版築朝登庸。不然古未立畫史，誰歟彷佛摹其容。就令夢醒自刻劃，安得記憶如斯工。古人作事寓微意，傳神正在阿堵中。後來西伯善養老，卜者承旨占非熊。獵車載還鷹眼碧，釣竿擲去魚尾紅。陰謀所祖未足信，故智入夢將毋同。至今披圖尚矍鑠，與騎箕尾同成功。風雲嵎岈起屠釣，出身何論低英雄！

《瓶水齋詩集》卷九，上冊，347 頁

齊太公　　　　　　　　　　　（清）徐公修

渭濱晚歲際風雲，屠釣當年軼事聞。東海隱居避商紂，西岐養老就周文。求賢熊夢

占奇兆,戡亂鷹揚奏大勳。遣嫁邑姜奩贈外,丹書陳戒更殷勤。

《史記百詠》卷一,《讀史千詠》,《史記研究文獻輯刊》13 冊,424 頁

磻　溪 （清）李　柏

圓天為笠,方地為矶。明月為鉤,落霞為衣。魚不在水,熊亦能飛。伸手垂綸,而釣周歸。

《太白山人槲葉集》卷四中,《陝西古代文獻集成》第 30 輯,191 頁

磻　溪 （清）李　柏

野水長天一色秋,荒臺小徑穿蘆洲。明王一獵非熊夢,八百經綸出釣鉤。

屠牛老叟適西周,等是尋常把釣流。自古大人能虎變,漁翁談笑取封侯:

先生白髮且垂綸,蠖伏神龍潛隱身。牧野陳師七十萬,倒戈八十釣魚人。

一戰功成革有商,功名節義兩分行:夷齊諫罷登山去,死後何人問首陽。

《太白山人槲葉集》卷四下,《陝西古代文獻集成》第 30 輯,193 頁

呂望非熊 《宋書·符瑞志》 （清）田依渠

一入非熊夢,興王實佐周。回看垂釣處,渭水自東流。

《茹古山房讀史餘吟》卷一,《清代詩文集彙編》639 冊,640 頁

齊景駟千 見《論語》 （清）田依渠

可憐齊景公,徒有千駟馬。尚不如夷齊,餓死首陽下。

《茹古山房讀史餘吟》卷六,《清代詩文集彙編》639 冊,666 頁

齊襄王 （宋）王十朋

諸兒帷薄可曾修,敝笱詩包兩國羞。何事《春秋》尤諱惡,祇緣能報祖宗仇。

《全宋詩》卷二〇二四,36 冊,22689 頁

齊頃公 （宋）王十朋

敵國行人詎可輕，等閑戲笑禍胎成。胥閭竟日知何語，回首齊郊已被兵。

《全宋詩》卷二〇二四，36冊，22689頁

詠史二十一首(其九) （明）劉 基

景公返雀鷇，晏子稱其仁。鰥寡既有室，長年不負薪。焉知子玉節，遺禍逮天倫。推恩限目見，太息此君臣。

《劉基集》卷二〇，319頁

齊桓公 （唐）周 曇

三往何勞萬乘君，五來方見一微臣。微臣傲爵能輕主，霸主如何敢傲人。

《全唐詩》卷七二八，21冊，8348頁

齊威（桓）公 （宋）王十朋

諸侯九合霸圖成，晉宋江黃盡會盟。惟有召陵功最直，包茅不貢故來征。

《全宋詩》卷二〇二四，36冊，22687頁

齊桓公二首 （宋）陳 普

關雎澤竭自師陘，直到瓜丘燼六經。戶外流蟲爭掩鼻，當年已作鮑魚腥。

葵丘霸氣若虹霓，東略何緣遽不知。宰孔晉侯相遇處，齊桓已作在床屍。

《全宋詩》卷三六五〇，69冊，43791頁

述 古(其七、八) （元）張 雨

昔者齊桓公，往見小臣稷。一日凡三至，欲見且弗得。驁爵固輕主，驁霸亦輕士。夫子縱驁爵，驁霸吾敢爾。所以終見之，不為從者止。誰云內行缺，論霸亦可矣。

桓公遇寧戚，飯牛中夜起。賜之以衣冠，一說境內理。再說為天下，桓公以師事。衛與齊不遠，安用疑客子。不患有小惡，所患亡大美。且人固難全，用長當若此。

《全元詩》第31冊，287頁

雜言四十九首（其二十三）　　　　　　　　　（元）張　達

霸力見假仁,足云輔衰季。桓文世不爾,周道其久墜。恢功却荆楚,摟合振凋弊。明禁整頹綱,朝王興曠制。遂令橫潰時,猶復識名義。所嗟原本淺,詭遇由小器。功烈如彼卑,謀為終徇利。

《全元詩》第 50 冊,523 頁

齊桓公　　　　　　　　　（元）王　彝

召陵初帖荆,首止復寧周。瓜瓞既云茂,楚氛亦奚憂。偉哉一匡功,北杏至葵丘。胡為曾西子,興言貽彼羞。宣王有遺烈,江漢至今流。舍彼僭王罪,世遠及膠舟。孝子貴幾諫,忠臣納嘉猷。羽翼制君父,嗟茲乃詭謀。圖伯已如此,震矜何足尤。春秋不獲已,世降日滔滔。時無彼善者,桓公誰與侔。

《全元詩》第 62 冊,460 頁

郭氏墟　　　　　　　　　（明）錢子義

齊桓公過郭氏墟,問曰:"郭氏曷為墟?"野人對曰:"善善惡惡"。公曰:"善善惡惡,何以為墟?"曰:"善善而不能行,惡惡而不能去,是以為墟也。"

善必能行惡必除,優遊不斷此何如。興亡往事明於鑒,千古君看郭氏墟。

《續詠史詩》上,《種菊菴集》一,《三華集》卷七,影印文淵閣《四庫全書》1372 冊,88 頁

桓簡公廟　　　　　　　　　（明）商　輅

荒林慘淡中,石馬欲嘶風。功在山留碣,威存廟掛弓。飢鴉迎祭客,走鼠駭巫童。千載宣城道,人憐內史忠。

《商輅集》卷二一,下冊,464 頁

齊桓公　　　　　　　　　（清）徐公修

禮賢堂阜脫羈囚,小忿何嘗記射鉤。公子登庸來莒國,諸侯大會盛葵邱。苞茅責楚詞嚴正,孤竹平戎道阻修。開拓雄封表東海,一匡天下在尊周。

《史記百詠》卷一,《讀史千詠》,《史記研究文獻輯刊》13 冊,428 頁

齊襄公 　　　　　　　　　　　　　　　（清）吳　鎮

豕人立，踵雄狐。蔑車鬼，有靈無。

《松花庵韻史》，《四庫未收書輯刊》拾輯 24 冊, 255 頁

齊莊公 　　　　　　　　　　　　　　　（清）吳　鎮

拊楹歌，步遲遲。八勇士，殲一嫠。

《松花庵韻史》，《四庫未收書輯刊》拾輯 24 冊, 256 頁

王　后 　　　　　　　　　　　　　　　（唐）周　曇

連環要解解非難，忽碎瑤階一旦間。兩國相持兵不解，會應俱碎似連環。

《全唐詩》卷七二八, 21 冊, 8348 頁

齊后破環 　　　　　　　　　　　　　　（明）瞿　佑

《戰國策》：齊后太史氏子建立，后當國，事秦謹，與諸侯信，故四十餘年不受兵。始皇嘗遣使遺后玉連環，曰："齊多智，有能解此環否？"以示群臣，皆不知解，后以椎椎破之。謝奉使曰："謹已解矣。"

玉環椎碎只如無，四十餘年保故都。愛惜金甌終破壞，可憐同泰寺中奴。

《梁書》：武帝溺於佛法，捨身同泰寺為奴。群臣以錢億萬贖之，乃歸。後侯景叛東魏，以河南來歸，欲納其降。猶豫未決，曰："我國家如金甌，無一缺壞。今受景降，詎是事宜？脫致紛紜，悔之何及。"卒納景降。其後果叛，幽帝於淨居殿，臨死索密（蜜）不得，再曰"荷荷"而卒。

《香臺集》卷上，《瞿佑全集校注》，上冊, 38 頁

無鹽如漆《烈女傳》 　　　　　　　　　　（清）田依渠

齊王納為后，原不重皮膚。若謂西施美，當年已沼吳。

《茹古山房讀史餘吟》卷六，《清代詩文集彙編》639 冊, 669 頁

詠齊臣

《寧戚叩角圖》　　　　　　　　　　　　　　（元）王　惲

舜授堯傳老不逢，商歌愁絕國門東。小哉恨煞夷吾器，竟列齊桓五霸中。

《全元詩》第 5 冊，413 頁

《寧戚叩角圖》　　　　　　　　　　　　　　（元）王　惲

長夜漫漫志未伸，單衣雖弊霸圖新。一匡已在夷吾佐，激烈商歌惜自陳。

《全元詩》第 5 冊，549 頁

跋《寧戚扣角圖》　　　　　　　　　　　　　（元）劉雲震

老眼紛紛睨戰塵，十年無路覓通津。一聲白石功名奮，輸與齊東扣角人。

《全元詩》第 8 冊，158 頁

甯戚城 章丘　　　　　　　　　　　　　　　（清）王士禛

甯戚城邊春草多，南山白石高峨峨。鯉魚半尺出江水，誰憶當年扣角歌？

《蠶尾續詩集》卷一〇，《王士禛全集》第二冊，1427 頁

甯戚叩角《呂氏春秋》　　　　　　　　　　　（清）田依渠

至骭布衣單，夜半增惆悵。一度飯牛歌，將為齊國相。

《茹古山房讀史餘吟》卷三，《清代詩文集彙編》639 冊，654 頁

題《寧戚叩角圖》　　　　　　　　　　　　　（元）劉　鶚

月色夜轇轕，開門溪水明。天機閑始得，詩思靜還生。柳影臨流活，鐘聲傍夜清。頻醒塵土夢，飛步欲登瀛。

《全元詩》第 36 冊，106 頁

齊太史贊

(明)李夢陽

崔杼弑其君莊公,齊太史書曰:"崔杼弑其君。"崔杼殺之。其弟復書,崔杼復殺之。少弟復書,崔杼乃舍之。贊曰:

皇天厭德,逆徒干經。國既無人,亂是用丁。桓桓太史,抗言討兵。舍命不渝,蹈仁秉程。一門三烈,巖巖茂名。

《李夢陽集校箋》卷六〇,第五冊,1877 頁

讀《史記》四首·稷下生

(清)洪亮吉

淹中、稷下稱好儒,平原信陵稱好客。好儒好客費不貲,畢竟十中無一得。君不見,三千賓客誰有名,毛公、薛公亥與嬴。平原十九人皆拙,脫穎纔看一人出。齊宣王,好儒書,淹中、稷下招世儒。談天雕龍占齊稷,孟子去齊宿於晝。大儒不重重小儒,霸業所以先銷除。楚蘭陵令亦走死,黃歇舊稱能好士。

《更生齋詩續集》卷八,《洪亮吉集》第四冊,1649 頁

易牙淄、澠《呂氏春秋》

(清)田依渠

若以水投水,何人能辨之。淄、澠真氣味,只有易牙知。

《茹古山房讀史餘吟》卷六,《清代詩文集彙編》639 冊,669 頁

王 蠋

(元)宋 无

全齊拱手受燕兵,義士誰為國重輕。七十二城皆北面,一時發憤獨書生。

《通鑑》王氏論曰:燕伐齊,齊七十餘城皆為燕有,未聞忠義之士敢拒其師。王蠋義不北面於燕而死,然後齊之士大夫靡然從之,七十餘城復為齊有。蓋天下之人,豈無忠義之心,苟其艱難之際,有一人為之唱,則聞其風者孰不靡然從之哉!

《全元詩》第 19 冊,411 頁

王 蠋

(清)王龍文

拚將一死厲創殘,國恥可伸敵膽寒。甀室曷嘗輕節義,寥寥《蠋傳》尾《田單》。

《平養詩存》卷下,《清代詩文集彙編》790 冊,357 頁

王蠋吟《史記》　　　　　　　　　　　　（清）陳啟疇

燕樂毅伐齊，下七十餘城，聞畫邑人王蠋賢，戒軍中環畫三十里，勿以兵入，意欲得蠋。蠋不屈，自剄死。

昌國用兵，齊無堅城。七十二城，僅一書生。書生大名，昌國心傾。環三十里，戒勿兵爭。松柏青青，獨秀齊廷。國破君亡，義不忍生。田單駿烈，王蠋奇節。

《詠史擬古樂府》卷上，《清代詩文集彙編》450冊，152頁

思退齋詠古詩（其五）　　　　　　　　　　（清）釋清恒

誰爲守節抗燕軍，七十餘城風捲塵。賴有書生一王蠋，不然齊國竟無人。

《借菴詩鈔》卷一，《清代詩文集彙編》452冊，105頁

詞

又(木蘭花慢)·漁父詞　　　　　　　　(宋)劉克莊

海濱蓑笠叟,駝背曲,鶴形臞。定不是凡人,古來賢哲,多隱於漁。任公子,龍伯氏,思量來島大上鉤魚。又說巨鼇吞餌,牽翻員嶠方壺。　　磻溪老子雪眉須,肘後有丹書。被西伯載歸,營丘茅土,牧野檀車。世間久無是事,問苔磯、癡坐待誰歟。只怕先生渴睡,釣竿拂著珊瑚。

《全宋詞》第四冊,2608 頁

漁父·磻溪　　　　　　　　(清)王　庭

少壯逢時術已疏。臨淵徒羨直釣魚。身耄矣,夢何如。孰信還堪載後車。

《全清詞》順康卷第一冊,294 頁

曲

〔正宮〕鸚鵡曲·磻溪故事 (元)馮子振

非熊無夢淹留住。呂望八十釣魚父。白頭翁晚遇文王。閑煞磻溪蓑雨。【幺】運來時表海封齊。放下一鉤絲去。至今人想像筌簹。靠蘚石苔幾穩處。

《全元散曲》上冊，346 頁

〔中呂〕朝天曲 (元)薛昂夫

子牙。鬢華。才上非熊卦。爭些老死向天涯。只恁垂鉤罷。滿腹天機。天人齊發。武王任不差。用他。討罰。一怒安天下。

《全元散曲》上冊，705 頁

〔雙調〕蟾宮曲·懷古 (元)查德卿

問從來誰是英雄。一個農夫。一個漁翁。晦跡南陽。棲身東海。一舉成功。八陣圖名成臥龍。六韜書功在非熊。霸業成空。遺恨無窮。蜀道寒雲。渭水秋風。

《全元散曲》下冊，1161 頁

〔雙調〕折桂令·讀史有感 (元)王舉之

北邙山多少英雄。青史南柯。白骨西風。八陣圖成。六韜書在。百戰塵空。輔漢室功成臥龍。釣磻溪兆入飛熊。世事秋蓬。惟有漁樵。跳出樊籠。

《全元散曲》下冊，1321 頁

〔北中呂朝天子〕述古人 (明)無名氏

太公。受窮。有誰識真梁棟。安居久待歷數通。兆先入非熊夢。偶遇文王雲龍相從。便能為百代功。倘蒙。不逢。人與藝皆無用。

《全明散曲》第四冊，4778 頁

魯周公世家

詩

詠《魯周公世家》

魯周公系(世)家　　　　　　　　　　　　　(唐)司馬貞

武王既沒，成王幼孤。周公攝政，負扆據圖。及還臣列，北面躬如。元子封魯，少昊之墟。夾輔王室，系職不渝。降及孝公，穆仲致譽。隱能讓國，春秋之初。丘明執簡，褒貶備書。

《史記索隱》卷二九，466頁

《魯世家》　　　　　　　　　　　　　　　(元)宋　无

幼扶老涉尚斷斷，魯道衰微自泗濱。慶父、叔牙為亂首，豈無揖讓在君臣。

太史公曰：孔子曰：甚矣魯道之衰也！洙泗之間斷斷如也。觀慶父、叔牙、閔公之際，何其亂也。徐廣曰：斷，魚斤反，東州語也。斷斷，爭辭也。《漢·地理志》云：魯濱洙泗之間，其民涉渡，幼者扶老者而代其任，老幼相讓，故斷斷如也。舒子曰：本於讓而爭也。老少相讓，幾於爭矣。孔子知魯道之將微也，歎之。太史公觀慶父、叔牙、閔公之亂，魯以揖讓相尚而君臣之間至反戾若此，故亦歎之云。

《全元詩》第19冊，408頁

望魯城　　　　　　　　　　　　　　　　　(明)瞿　佑

維魯有國，伯禽肇封。依山負海，遂荒大東。仰瞻泰岱，旁挹龜蒙。諸侯之望，同姓所宗。儒書秉禮,不尚戰攻。篤生元聖,大闡儒風。一變至道,在俄頃中。功雖未試,教則無窮。巍巍闕裏,梶梶閟宮。喬林菰苫,佳氣鬱蔥。水程忽遽,拜謁莫從。敬修短句,用表深衷。

《樂全詩集》,《瞿佑全集校注》上册,171頁

列國宮詞·魯

(清)殷如梅

冶容豈獨誨齊襄,纔弒桓公又陷莊。聽取詩人歌《豈弟》,千秋醜行是文姜。

《緣滿山房集》丙二,《清代詩文集彙編》438册,698頁

詠魯君

怨歌行 （三國魏）曹　植

為君既不易，為臣良獨難。忠信事不顯，乃有見疑患。周公佐成王，《金縢》功不刊。推心輔王室，二叔反流言。待罪居東國，泣涕常流連。皇靈大動變，震雷風且寒。拔樹偃秋稼，天威不可干。素服開《金縢》，感悟求其端。公旦事既顯，成王乃哀歎。吾欲竟此曲，此曲悲且長。今日樂相樂，別後莫相忘。

《魏詩》卷六，《先秦漢魏晉南北朝詩》上冊，426頁

寓言三首（其一） （唐）李　白

周公負斧扆，成王何夔夔！武王昔不豫，剪爪投河湄。賢聖遇讒慝，不免人君疑。天風拔大木，禾黍咸傷萎。管、蔡扇蒼蠅，公賦《鴟鴞》詩。《金縢》若不啟，忠信誰明之？

《全唐詩》卷一八三，6冊，1865頁

周　公 （唐）周　曇

文武傳芳百代基，幾多賢哲守成規。仍聞吐握延儒素，猶恐民疵未盡知。

《全唐詩》卷七二八，21冊，8339頁

周　公 （宋）王十朋

明堂攝政朝群后，四海流言孺子疑。何事召公猶不說，丹心惟有鬼神知。

《全宋詩》卷二〇二四，36冊，22687頁

九誦·周公 （宋）鮮于侁

噫嗟兮文公，巋然兮秘宇。悵王室兮多難，獨勤勞兮左右。四國流言兮沖人不知，東征問罪兮悁悁不歸。大雷以風兮天威震驚，弁啟《金縢》兮袞衣有光。公之心兮大成文、武，公之子兮建侯啟土。山川兮附庸，奄龜繹兮龜蒙。萬子孫兮承祀，億兆人兮仰止。惟

天子之歎嗟兮,不復見于寤寐。何莽新之假攝兮,文奸言而欺一世。造作詭故而戕劉兮,亦亟殄宗而絕嗣。公之聖而德協天兮,何妄人之輒自擬。俾其顛而不終兮,天實表公衷而警後。肅進拜於廟堂兮,宜奉時之牲酒。鼓鐘兮在宮,琴瑟兮在堂。神之格兮樂享,民欣欣兮不忘。

《全宋詩》卷五一三,9冊,6228頁

周　公　　　　(宋)林　同

我避故云辟,東行是謂征。先王猶可告,豈為伐而刑。

《全宋詩》卷三四一八,65冊,40605頁

周　公　　　　(宋)陳　普

仲尼齒髮正強時,夜夜神交似故知。話到子孫郊禘處,幾回對榻共攢眉。

《全宋詩》卷三六五〇,69冊,43791頁

曲阜懷古·周廟　　　　(元)郝　經

中城繚危基,公宮盡禾黍。惟餘文憲廟,青松蔭寒礎。磚壇冷香火,誰復薦籩俎。厥初蒼姬王,世德繼湯、禹。一再幾遂微,管、蔡甚祿父。公旦述聖事,攝政輔幼主。皇皇赫東征,焰焰顯西土。下能開成、康,上能並文、武。禮崇七年制,樂備六代舞。更比夏、商文,不替羲、軒古。公薨葬畢郢,廟食乃在魯。宛與大成鄰,氣色成龍虎。誰知曲阜城,即是文章府。

《全元詩》第4冊,177頁

拜奠魯文憲王廟二十八韻　　　　(元)王　惲

丕承固云烈,嗣王幼而沖。嬉戲剪桐事,安知多難衝。公乎居斯時,岌岌遵渚鴻。外謗流四國,內疑叢一躬。負扆令百辟,天心昭懿忠。想當假寐際,貪亮天地工。陳誥開治源,奠遷營洛宮。南服靜海波,東征殄元兇。吐握下白屋,憲章矢淵衷。馨亶一德聖,思兼三王功。及夫就臣位,畏脊何恟恟。製作萬萬古,世道仍污隆。至今豐鎬間,凜有三代風。饗以宮懸樂,報之不為豐。宣父稱大哲,寤寐雲從龍。垂老無復夢,慨焉吾道窮。丹青見遺像,皜皜日在空。臣子知所止,仰之餘敬恭。悠悠蒼姬下,輔相業不同。論思機務

地,典調簿書叢。豈其世務棼,經權有違從。顧惟大臣體,一節貴始終。伊公狼狽間,不失體與容。幾幾兩赤舄,儼立如岱宗。我嘗集眾美,一言蔽其中。至公絕貪私,廓與天人通。作詩庶補袞,九章一華蟲。精誠有來格,寒雲動龜蒙。

《全元詩》第 5 冊,2 頁

謁周公廟　　　　　　　　　　（元）王　實

匡周居攝日,封魯位三臺。玉戚恩殊賜,《金縢》聖悟開。衣裳猶冠冕,宮殿已塵埃。聞昔先師歎,深慚奠酒杯。

《全元詩》第 12 冊,320 頁

感興二十一首(其十)　　　　　　（元）葉　懋

周公稱大聖,成王匪昏君。分雖君臣義,親實叔父尊。胡為伯仲間,四國競流言。三年歸東國,兀跪心不安。皇穹豈茫昧,大風播乾坤。苟無《金縢書》,精意竟莫宣。吾觀君臣際,會合良獨難。緬懷周公德,巍巍動天閽。

《全元詩》第 47 冊,187 頁

周　公　　　　　　　　　　　　（元）孫　蕡

帝子揮戈復故都,三監才略佐鴻圖。扶危不仗蒼髯老,誰奉新王六尺孤。

《全元詩》第 63 冊,360 頁

周公廟　　　　　　　　　　　　（元）張孔傑

先業亨於此,惟王政績優。召公既分陝,魯禮不忘周。道美成、康治,言傷管、蔡流。荒涼祠下土,麟鳳幾時遊。

《全元詩》第 66 冊,361 頁

周公廟　　　　　　　　　　　　（元）胡居佑

岐下周家舊帝京,空山遺廟暮雲生。股肱臣與麟鳳並,元首君如日月明。禮樂尚存忠厚德,興衰常兆此泉清。旱塵正雪黔黎苦,惟願為霖濟太平。

《全元詩》第 66 冊,364 頁

周公廟古楸行

(明)康　海

岐山西北周公殿,廻山揖岫紛如靛。殿前古木無數交,老楸鬱鬱當前面。根盤后土誰能測,柯動雲霄人共羨。風來掃拂剝山壁,雪重崔嵬若驚巇。此楸植此知幾年?十人聯臂圍難遍。皺皮怒起蛟龍甲,鳴葉酣同雷雨戰。群公觀視各嘆息,始知靈物非常見。秋空漠漠雙鶴來,岐山千疊雲錦開。覽時撫景雖多暇,昔日古人安在哉!方今群盜各艸竊,河南、河北俱愁絕。焚灼渾無片瓦存,參天那討孤標子。豈係朝延約束疏?由來長吏風聲缺。徐、李俱傳治郡豪,蘇生亦是郎官傑。保護須令盡細微,扶持未可辭襟禊。憶昔西周全盛時,越裳航海亦來儀。熙功隆效今猶赫,況在當年親見之。自從宬轉東周後,王室削弱如培塿。八百徒欽寶曆長,一綫誰憐延虎口。我茲憩此百感生,諸公各爾負時名。幸達天子憂勤日,好遣周公禮樂行。

《康對山先生集》卷九,160頁

越裳操

(明)王　達

《越裳操》,周公所作也。《古今樂錄》曰:越裳獻白雉,故周公作。敬迭相傳以為操。

匡夫君兮臣之職,澤及遠兮君之德。我祖孔勤兮懷保小民,海不揚波兮我君孔仁。嗚呼,始終弗渝兮澤既均,近者親兮遠者臣。

《翰林學士耐軒王先生天遊雜稿》卷一,《四庫全書存目叢書》集部27冊,106頁

讀《金縢》

(明)張　琦

幼君常子性,叔相睅人心。雷電不分曉,幾乎疑到今。

三叔流言日,居東忽二年。帝旁虛呂、召,不作《辨忠篇》。

《白齋先生詩集續》,《四庫全書存目叢書》集部52冊,127頁

珠江別意,送趙濚陽太史東歸

(明)霍與瑕

周公謂魯公,不過三十字。然而洛邑鼎,遂延八百祀。魯邦世先猷,慶譽亦靡墜。千古相臣規,此為第一義。自餘區區者,何足復深計。寄語遐征人,夙興時細味。右三。

姬公負宬時,流言固多有。東山久不歸,跋前且疐後。乃其吐握心,靡替彌永久。滄溟每納污,巨澤恒藏垢。所以福履綏,慶流如川阜。寄語遐征人,此義亦當剖。右四。

《霍勉齋集》卷四,影印《霍勉齋集》第一冊,195頁

岐山謁周公廟　　　　　　　　（清）王士禛

廟中有潤德泉。

元聖祠堂在,娑羅覆殿陰。砌旁二娑羅樹最古。岐周遺俗古,碑碣歲時深。故國千秋祀,《豳風·七月》心。靈泉聽不盡,三歎有餘音。

《蠶尾續詩集》卷四,《王士禛全集》第二冊,1255頁

謁周公廟　　　　　　　　（清）顧炎武

道化千年後,明禋一國中。禮猶先世守,制比百王崇。配食唯元子,烝嘗徧列公。祠田還割魯,氏系獨傳東。舊史書茅闕,新詩采《閟宮》。巋然遺殿在,不與漢侯同。

《顧亭林詩集匯注》卷三,上冊,569頁

吐哺握髮　　　　　　　　（清）褐　夫

常矜吐握得人心,菱月葵陽水向深。堪歎士林多軟骨,無依半晌即哀吟。

《古史詩針》,《戴名世集》附錄二,436頁

岐山謁周公廟　　　　　　　　（清）宋琬

元聖官牆枕鳳川,玄裳赤舃貌依然。《金縢》北面銘書日,袞繡東山破斧年。古柏蕭蕭留晚照,周原膴膴潤流泉。丹青半落還堪拂,猶繪《豳風·七月》篇。

《安雅堂詩》七言律,《宋琬全集》,285頁

讀史雜詠,呈藥地大師·周公　　　　　　　　（清）魏禧

辟如相馬,欲明其目。多才多藝,為天下腹。

《魏叔子詩集》卷一,《魏叔子文集》下冊,1210頁

周公旦　　　　　　　　（清）徐公修

《金縢》禱疾籲天誠,請代難兄不豫情。負扆七年坐南向,鈇鉞三載賦東征。洛都留後開王會,魯國封藩享令名。稼穡艱難規孺子,《豳風》《無逸》寫分明。

《史記百詠》卷一,《讀史千詠》,《史記研究文獻輯刊》13 冊,424 頁

周　　公　　　　　　　　　　　　　　（清）張　琛

多藝多材介弟親,流言亦可間君臣。綢繆陰雨居東日,三載何曾識聖人。

《日鋤齋詩集・缶音》,《清代詩文集彙編》483 冊,657 頁

周公提髮《史記》　　　　　　　　　　（清）田依渠

周公訓魯君,無以國驕人。吐握平生事,賢才是所親。

《茹古山房讀史餘吟》卷四,《清代詩文集彙編》639 冊,655 頁

周　　公　　　　　　　　　　　　　　（清）秦　焕

管、蔡何嘗助武庚,殷人傳弟誤周成。東征若是方、黃輩,斨斧都成清難兵。

《劍虹居詩集》卷下,《清代詩文集彙編》675 冊,196 頁

隱　　公　　　　　　　　　　　　　　（唐）周　曇

今古難堤是小人,苟希榮寵任相親。陳謀不信懷憂懼,反間須防却害身。

《全唐詩》卷七二八,21 冊,8340 頁

魯隱公　　　　　　　　　　　　　　　（宋）王十朋

唐堯授舜由天命,太伯奔吳避聖人。魯隱效顰端可笑,遜桓不正自亡身。

《全宋詩》卷二〇二四,36 冊,22678 頁

桓　　公　　　　　　　　　　　　　　（宋）王十朋

菟裘有意身將老,社圃無端釁已萌。篡魯由來因羽父,過齊爭奈遇彭生。

《全宋詩》卷二〇二四,36 冊,22688 頁

莊　　公　　　　　　　　　　　　　　（宋）王十朋

先君出會不生還,魯弱無由可報冤。禰廟豈宜姜氏見,莊同何忍與仇婚。

《全宋詩》卷二〇二四,36 冊,22688 頁

閔　公　　　　　　　　　　　　　　　(宋)王十朋

慶父哀姜產禍芽，斷斷魯道可勝嗟。武闈難起無人救，季子來歸未足嘉。

《全宋詩》卷二〇二四，36冊，22688頁

僖　公　　　　　　　　　　　　　　　(宋)王十朋

僖公能繼伯禽風，盛德揄揚《魯頌》中。惟有《春秋》用王法，不輕一字曲褒公。

《全宋詩》卷二〇二四，36冊，22688頁

文　公　　　　　　　　　　　　　　　(宋)王十朋

時無閏月那成年，廟有先君豈上賢。魯國從來秉《周禮》，文公何事獨無天。

《全宋詩》卷二〇二四，36冊，22688頁

宣　公　　　　　　　　　　　　　　　(宋)王十朋

東門無道敢欺天，過市哀姜語可憐。和氣致祥乖致異，如公自合大無年。

《全宋詩》卷二〇二四，36冊，22688頁

成　公　　　　　　　　　　　　　　　(宋)王十朋

周室孤危若旅人，諸侯誰復肯來臣。成公不是朝天子，假道京師會伐秦。

《全宋詩》卷二〇二四，36冊，22688頁

襄　公　　　　　　　　　　　　　　　(宋)王十朋

侯伯誰修二霸公，大夫專政自襄公。堂堂魯國車千乘，翻在三家掌握中。

《全宋詩》卷二〇二四，36冊，22688頁

昭　公　　　　　　　　　　　　　　　(宋)王十朋

昭公失國寓乾侯，方伯無人肯見憂。如晉適齊徒取辱，只緣不用子家謀。

《全宋詩》卷二〇二四，36冊，22688頁

定　公

(宋)王十朋

春秋疆場事紛然,齊、魯干戈幾載連。若使真儒長見用,來歸何止汶陽田。

《全宋詩》卷二〇二四,36 册,22689 頁

哀　公

(宋)王十朋

諸侯失政陪臣僭,中國無君左衽專。欲問哀公後來事,《春秋》書止獲麟年。

《全宋詩》卷二〇二四,36 册,22689 頁

讀史雜詠(其二)

(清)張寶森

耄學曾聞衛武公,淇泉綠竹想流風。何緣載入龍門史,却與州吁、五父同。

《悔庵詩存》卷上,《清代詩文集彙編》768 册,639 頁

哀姜至

(清)皮錫瑞

猗嗟昌兮,嗟魯莊兮,豈其娶妻必齊姜兮。與仇人狩,娶仇人女,丹楹刻桷,桓公其吐。君不見西子能沼吳,爾忘越王之殺爾父乎?

《師伏堂詠史》,《清代詩文集彙編》772 册,305 頁

慶父材

(清)皮錫瑞

慶父材,君立弟,般也存,君立子。一生一及君知矣。立弟立子何與爾?弒般成,愚至此,唐元吉,如是耳。

《師伏堂詠史》,《清代詩文集彙編》772 册,305 頁

夏父弗忌

(清)吳　鎮

新鬼大,故鬼小。焚汝棺,煙裊裊。弗忌爲宗伯而躋僖於閔上,後死,其棺中煙自出,天罰之也。

《松花庵韻史》,《四庫未收書輯刊》拾輯 24 册,255 頁

蛇　異　　　　　　　　　　　　　　　　（清）吴　鎮

十七蛇,出泉宫。數其數,如先公。

《松花庵韻史》,《四庫未收書輯刊》拾輯 24 册,255 頁

聲　伯　　　　　　　　　　　　　　　　（清）吴　鎮

涉洹水,食瓊瑰。夢而泣,珠盈懷。初,聲伯夢涉洹水,或與己瓊瑰食之,泣而爲瓊瑰盈其懷,懼不敢占也。後三年,言之而卒。

《松花庵韻史》,《四庫未收書輯刊》拾輯 24 册,256 頁

詞

東風齊着力·秋杪謁周公廟　　　　　　　　　　（清）俞士彪

市酒難醥，客衣長薄，天氣初寒。閒尋魯甸，城郭已荒殘。滿眼離離禾黍，聽不盡、暮鳥秋蟬。荒原外，靈光古殿，歷幾千年。　　木主幾淪湮。問公孫、赤舄治績誰傳。蕭條鐘鼓，松檜裊寒煙。費盡當年製作，誰堪靚、□□衣冠。傷情也，臨風勒馬，淚濺雕鞍。

《全清詞》順康卷第八冊，4412 頁

雪梅香·望父臺懷古　　　　　　　　　　（清）孔毓埏

堪悲咽，高臺縱目望長空。想慈烏反哺，孤兒情緒應同。灅水迢遙隔南北，渭川修阻西東。天高地迥望白雲，目斷征鴻。　　沖沖。慨賢侯，縱隔晨昏，易得相逢。薄命憐餘，徒吟陟岵悲恫。剩有風蒲飄怨綠，獨餘霜葉泣殘紅。血淚滴、洙源古道，馬鬣遺風。

《全清詞》順康卷第一五冊，8884 頁

雪梅香·登魯侯望父臺　　　　　　　　　　（清）顧　彩

曠千載，魯侯於此望西周。想晨昏念切，憑高處、幾度凝眸。當日雲山只如此，到今麋鹿不曾遊。聖蹤賢跡，且關人、吊古悲秋。　　悠悠。念隱桓以後蕭條，剩此荒壞，宿莽墟煙，合宮雲物都收。料殼岫、難遮遠目，指泗濱、空識歸舟。都付與，登臨倦客，落帽科頭。

《全清詞》順康卷第一五冊，9031 頁

雪梅香·望父臺懷古　　　　　　　　　　（清）孔傳鐸

荒臺上，儘堪長嘯俯晴空。記西周賜履，當時魯國新封。為感晨昏缺溫情，長從煙樹想儀容。非關寄，興在登臨，陟岵情濃。　　匆匆。慨千載，易逝韶華，剩此遺蹤。撮爾遺墟，經幾春雨秋風。雲物如今匪周道，山河終古屬堯封。無窮意，憑今吊古，黃菊丹楓。

《全清詞》順康卷補編第四冊，2010 頁

雪梅香·望父臺懷古

(清)孔傳誌

蕭條況,荒臺千古夕陽斜。想魯公西望,當年心事幽遐。萬里雲山寄清夢,無邊孺慕似離家。地長天遠,對殘煙、落木啼鴉。　　堪嗟。數千秋,影響徒存,是耶非耶。禾黍空村,止餘培塿些些。來往行人爭指點,古今野草自萌芽。低徊處,兩行征雁,又落平沙。

《全清詞》順康卷補編第四冊,2108頁

燕召公世家

詩

詠《燕召公世家》

燕召公系(世)家　　　　　　　　　　　　　　（唐）司馬貞

召伯作相,分陝而治。人惠其德,甘棠是思。莊送霸主,惠羅寵姬。文公從趙,蘇秦騁辭。易王初立,齊宣我欺。燕噲無道,禪位子之。昭王待士,思報臨菑。督亢不就,卒見芟夷。

《史記索隱》卷二九,466頁

讀《召公世家》　　　　　　　　　　　　　　（宋）洪　适

齊、晉瓜分四國王,嬴秦為呂芈為黃。六雄當日皆新主,獨有甘棠澤未亡。

《全宋詩》卷二〇七五,37冊,23419頁

燕　歌　　　　　　　　　　　　　　　　　　（明）鄭善夫

雲鴻下雀羅,越客變燕歌。燕歌聲激烈,越客悲奈何。長歌劍斫地,短歌髮直豎。朔風吹易水,四座俱隕淚。少年羞睢盱,壯士重意氣。拔劍殺仇家,生死無顧忌。猛虎欲攫人,不擇愚與賢。食膽中自知,豈避猛虎前。出門遠孤征,雄劍終夜鳴。竄身脫廬下,亡命入幽、并。幽并多豪俠,結交踰平生。杯酒接然諾,信義何分明。白日高漸離,筑聲愴以怦。田光為君起,片語謀立成,荊卿獨忼慨,舞陽乃輔行。上馬報仇去,土花照青冥。

秦庭事一就,千載揚令名。

《少谷集》卷二,影印文淵閣《四庫全書》1269 冊,28 頁

甘　棠　　　　　　　　　　（清）王士禎

今陝州。

弭節甘棠日未晡,玉釵金縷散青蕪。殽陵此去多風雨,不用尊前唱《鷓鴣》。許渾有《甘棠聞唱鷓鴣辭》詩。

《蠶尾續詩集》卷四,《王士禎全集》第二冊,1277 頁

燕臺懷古雜詠,方水部鐵船同作·碣石宮　　（清）蔣　詩

碣石宮開禮賢傑,燕昭請就弟子列。親師擢慧為先驅,得與共國國恥雪。十萬賒言大聖篇,消息陰陽迂怪術。赤縣神州天下名,八十一分居其一。要歸亦止乎仁義,君臣上下六親別。呫呫游談戰國多,駢、奭、到贅出一轍。

《榆西僊館初槀》卷二八,《清代詩文集彙編》488 冊,445 頁

燕臺懷古雜詠,方水部鐵船同作·易水　　（清）蔣　詩

召南之化陝以西,君奭之封燕北陲。督亢地沃圖傳後,地在北中南易湄。洎齊伐燕子噲死,平立築宮此延士。丹也送客白衣冠,悲風蕭蕭歌易水。

《榆西僊館初槀》卷二八,《清代詩文集彙編》488 冊,446 頁

讀史雜詠（其三）　　　　　　　（清）張寶森

黃楚、田齊與呂秦,瓜分三晉各稱尊。燕丹縱為荊卿死,猶是甘棠孝子孫。

《悔庵詩存》卷上,《清代詩文集彙編》768 冊,639 頁

詠燕君

至分陝 　　　　　　　　　　　　　　　　　　　　（唐）駱賓王

陝西開勝壤,召南分沃疇。列樹巢維鵲,平渚下睢鳩。憩棠疑勿剪,曳葛似攀樛。至今王化美,非獨在隆周。

《全唐詩》卷七七,3冊,830頁

召　公 　　　　　　　　　　　　　　　　　　　　（宋）王十朋

鼠牙雀角豈能欺,召伯聰明聽不疑。南國政成公已去,甘棠長結後人思。

《全宋詩》卷二〇二四,36冊,22687頁

召公奭 　　　　　　　　　　　　　　　　　　　　（清）徐公修

釋囚箕子沐恩光,同姓宗臣共破商。太保相都營洛邑,康公辟國定燕疆。卷阿從幸遊歌樂,聽政謳思茇舍長。王化巡行南國徧,千秋遺愛在甘棠。

《史記百詠》卷一,《讀史千詠》,《史記研究文獻輯刊》13冊,425頁

薊丘覽古贈盧居士藏用七首并序·燕昭王 　　　　　（唐）陳子昂

丁酉歲,吾北征,出自薊門,歷觀燕之舊都。其城池霸業,跡已蕪沒矣。乃慨然仰歎,憶昔樂生、鄒子,群賢之遊盛矣。因登薊丘,作七詩以志之。寄終南盧居士,亦有軒轅之遺跡也。

南登碣石阪,遙望黃金臺。丘陵盡喬木,昭王安在哉。霸圖悵已矣,驅馬復歸來。

《全唐詩》卷八三,3冊,896頁

行路難三首(其二) 　　　　　　　　　　　　　　　（唐）李　白

大道如青天,我獨不得出。羞逐長安社中兒,赤雞白狗賭梨栗。彈劍作歌奏苦聲,曳裾王門不稱情。淮陰市井笑韓信,漢朝公卿忌賈生。君不見昔時燕家重郭隗,擁篲折節無嫌猜。劇辛樂毅感恩分,輸肝剖膽效英才。昭王白骨縈爛草,誰人更掃黃金臺?行路

難,歸去來!

《全唐詩》卷一六二,5 冊,1684 頁

燕　臺　　　　　　（唐）汪　遵

禮士招賢萬古名,高臺依舊對燕城。如今寂寞無人上,春去秋來草自生。

《全唐詩》卷六○二,18 冊,6955 頁

燕臺二首　　　　　　（唐）聶夷中

燕臺累黃金,上欲招儒雅。貴得賢士來,更下於隗者。自然樂毅徒,趨風走天下。何必馳鳳書,旁求向林野。

燕臺高百尺,燕滅臺亦平。一種是亡國,猶得禮賢名。何似章華畔,空餘禾黍生。

《全唐詩》卷六三六,19 冊,7296 頁

黃金臺　　　　　　（唐）胡　曾

北乘羸馬到燕然,此地何人復禮賢。若問昭王無處所,黃金臺上草連天。

《全唐詩》卷六四七,19 冊,7420 頁

燕昭王墓　　　　　　（唐）羅　隱

戰國蒼茫難重尋,此中踪跡想知音。強停別騎山花曉,欲弔遺魂野草深。浮世近來輕駿骨,高臺何處有黃金?思量郭隗平生事,不殉昭王是負心。

《全唐詩》卷六六五,19 冊,7616 頁

燕臺歌　　　　　　（宋）司馬光

萬古蒼茫空盛衰,燕臺賢客姓名誰。君看碣石岩中草,寧似昭王擁篲時。黃金散盡餘基沒,易水蕭條烽火飛。

《全宋詩》卷四九八,9 冊,6011 頁

古燕感懷　　　　　　（元）劉秉忠

虎擲風拏感壯懷,英雄遺恨化塵埃。燕山依舊青如染,佇望黃金布隗臺。

《全元詩》第 3 冊,192 頁

入燕行

(元)郝 經

南風綠盡燕南草,一桁青山翠如掃。驪珠晝擘滄海門,王氣夜塞居庸道。魚龍萬里入都會,澒洞合沓何擾擾。黃金臺邊布衣客,拊髀激歎肝膽裂。塵埃滿面人不識,骯髒偃蹇虹蜺結。九原喚起燕太子,一樽快與澆明月。英雄豈以成敗論,千古志士推奇節。荊卿雖云事不就,氣壓咸陽與俱滅。何如石晉割燕、雲,呼人作父為人臣。偷生一時快一已,遂使王氣南北分。天王幾度作降虜,禍亂衰衰開其源。誰能倒挽析津水,與洗當時晉人恥。昆侖直上尋田疇,漠漠丹霄跨箕尾。

《全元詩》第 4 冊,247 頁

賢臺行

(元)郝 經

<small>古黃金臺也,土人稱為賢臺。</small>

高臺突兀燕山碧,黃金泥多土猶濕。曉日曈曨赤羽旗,燕王北面親前席。費盡黃金臺始成,一朝拜隗人盡驚。誰知平地幾層土,中有全齊七十城。禮賢復仇燕始霸,遂與諸侯雄並駕。七百年來不用兵,一戰轟然駭天下。二城未了昭王殂,火牛突出騎劫誅。臺上黃金少顏色,惠王空讀樂毅《書》。古來燕、趙多奇士,用舍中間定興廢。還聞趙括代廉頗,敗國亡家等兒戲。燕子城南知幾年?臺平樹老漫荒煙。莫言騏驥能千里,祇重黃金不重賢。

《全元詩》第 4 冊,230 頁

望黃金臺有感

(元)王 惲

樂生與郭隗,儗德非同儕。九九乃小數,正可訓提孩。樂生復國讎,強齊卷輕埃。燕昭師事隗,竟築黃金臺。我思賢王心,要眇初始懷。在昭固至德,贊襄誠眾哉。臥龍以力食,躬耕亦堪哀。昭烈昧三顧,孔明甘草萊。一語萬代響,正獨龐公開。鳳皇巢千仞,一舉出九垓。翱翔覽德下,千年能幾來。捄時不易得,況復管、樂才。毅然好賢心,無為古所咍。

《全元詩》第 5 冊,52 頁

望黃金臺歌 寄贈劉夢驥　　　　　　　　　　(元)王 惲

君不見孔子修《春秋》,二百四十有二年。燕人歃血纔一見,下逮戰國尤茫然。維南聲教恥不與,苦羨齊、魯多英賢。黃金不惜築此臺,當眼何限郭隗材。政緣市駿售其骨,雲煙轉盼龍媒來。古稱得士國無小,甘棠世業如天開。悲風蕭蕭易水暮,往事不復令人哀。昭王之名傳永世,黃金高臺安在哉。

《全元詩》第5冊,106頁

燕昭王　　　　　　　　　　(元)徐 鈞

嘗膽深思報復來,經綸須仗出群才。仇齊一掃如風葉,只為黃金早築臺。

《全元詩》第7冊,277頁

金　臺　　　　　　　　　　(元)尹廷高

招賢事往久淒涼,志氣何人為激昂。多少黃金化塵土,荒臺千古說昭王。

《全元詩》第14冊,15頁

黃金臺　　　　　　　　　　(元)劉 因

燕山不改色,易水無新聲。誰知數尺臺,中有萬古情。區區後世人,猶愛黃金名。黃金亦何物,能為賢重輕。德輝照九仞,鳳鳥才一鳴。伊誰腐鼠棄,坐見饑鳶爭。周道日東漸,二老皆西行。養民以致賢,王業自此成。黃金與山平,不捄兵縱橫。落日下荒臺,山水有餘清。

《全元詩》第15冊,3頁

黃金臺　　　　　　　　　　(元)林彥華

甘棠舊業寒於灰,燕平忿起招雄才。千金不惜購馬首,斯須遠致龍之媒。時來按劍雪前恥,七十齊城一朝圮。如何繼志惑巧言,坐使望諸成沒齒。抵蛙之金亦奉軻,傷心易水空寒歌。

《全元詩》第24冊,286頁

十臺懷古 並序·黃金臺　　　　　　　　（元）吳師道

友人自杭來，示及濟南王君《十臺懷古》詩，讀之感慨不已。夫江山故宮，歌舞遺跡，千載之上，英雄游焉；千載之下，狐兔行焉。俛仰廢興，孰能無情。而詩人尤甚。發為詠歌，詞雖不同，而意總合。若物之鳴，以類而應。余安得忘言哉！余生好游，嘗聞司馬子長、杜拾遺，覽觀四方山川之勝，以壯其文，心竊慕之。異時浮江淮，泝湘沅，上巴峽，過秦漢故都，歷燕趙齊魯之場，所見如十臺尚多，訪遺老，詢故實，足以發一時之興，快宿昔之願。歸而讀馬、杜之詩文，以證其所得焉耳。

昭王銳志移青社，築土懸金奉賢者。四方劍佩集強燕，千里風塵空駿馬。郭君自舉先群豪，樂生獨步超凡曹。酬恩一雪伯國恥，建功並倚雲天高。君臣意氣千年少，落日荒墟沒秋草。黃金買貴滿長安，惆悵英雄布衣老。

《全元詩》第 32 冊，25 頁

余觀近時詩人，往往有以前代臺名為賦者，輒用效顰，以銷餘暇·黃金臺　　　（元）岑安卿

雕牆峻宇無不亡，薊城築宮國乃昌。屈身延士禮優異，四方英俊如雲翔。郭生馬喻真良策，亟拜樂卿為上客。兵行旬日入臨淄，秦、楚諸君咸辟易。夙心已雪先王恥，七十齊城祇餘二。君王仙去主帥逃，歎息後人非繼志。巍臺悲慘朔風號，不知騎劫何時招。

《全元詩》第 33 冊，215 頁

金臺篇　　　　　　　　　　　　　　（元）楊維楨

高臺起朔方，金色照天光。上有七十二鳳凰，金鼎玉食高頡頏。王不居，志獨苦，拜師禮重心愈下。群賢起，南西東，國恥一洒黃金空，十年燕雌今日雄。君不見姑胥何用黃金屋，野鹿穿花豕銜蓐。

《全元詩》第 39 冊，8 頁

十臺懷古·黃金臺　　　　　　　　　（元）葉　懋

燕山古北秋嵯峨，西風易水生寒波。昭王國恥昔未雪，衝冠怒髮飄長戈。千金築臺從隗始，四海風雲龍虎起。鐵馬朝開七十城，檄書夕報三千里。新王御極讒夫興，火牛迸出如流星。燕齊反復恨不極，碣石際海煙蕪青。

《全元詩》第 47 冊,179 頁

感興二十一首(其十五)　　　　　　　(元)葉　懋

燕昭築金臺,欲致天下士。燕、齊不共天,一旦雪餘恥。我聞古聖王,修德本諸己。伊、皋賓夏、商,四岳佐堯治。鳳猶覽德輝,士肯為金起。遺風何寥寥,布衣甘老死。吁哉燕昭王,此意獨甚美。

《全元詩》第 47 冊,188 頁

南城詠古十六首有序·黃金臺　　　　　(元)乃　賢

至正十一年秋八月既望,太史宇文公、太常危公偕燕人梁處士九思、臨川黃君殷士、四明道士王虛齋、新進士朱夢炎與余凡七人,聯轡出遊燕城,覽故宮之遺跡。凡其城中塔廟樓觀、臺榭園亭,莫不裴徊瞻眺,拭其殘碑斷柱,為之一讀,指其廢興而論之。予七人者,以為人生出處聚散不可常也。解后一日之樂,有足惜者,豈獨感慨陳跡而已哉!各賦詩十有六首,以紀其事,庶來者有所徵焉。河朔外史乃賢序。

大悲閣東南,隗臺坊內。

落日燕城下,高臺草樹秋。千金何足惜,一士固難求。滄海誰青眼,空山盡白頭。還憐易河水,今古只東流。

《全元詩》第 48 冊,39 頁

黃金臺　　　　　　　　　　　　　　　(元)周　巽

邊風動,燕雲開。千金買俊骨,宛馬從東來。金臺百尺空中起,樂毅趨燕從隗始。高陵秦塞雲幾重,俯拓齊城地千里。昭王已矣賢士亡,黃金化土高臺荒。白虹貫日天蒼蒼,易水波寒沙草黃。

《全元詩》第 48 冊,416 頁

詠史三首(其一)　　　　　　　　　　(元)陳　基

百金購馬首,為計良已疏。如何不歲間,一至三馬俱。燕昭亦中主,謀國乃不愚。一聽郭隗言,虛心闡良圖。黃金築高臺,束帛走中區。瑤房間曲館,窈窕貯名姝。五鼎列珍饌,駟馬駕高車。今年迎樂毅,明年迓由余。秦恃百二險,六國日丘墟。燕小獨後亡,得士諒非虛。

《全元詩》第55冊，182頁

黃金臺　　　　　　　　　　　　　　　　　　（元）張　憲

　　黃金臺，高且堅，三十六層凌紫煙。上不貯妓女，下不列管弦。鳳簫鸞曲匪求偶，銅盤露掌非希仙。高城不築太師塢，黃屋肯飾吳王椽。但欲強兵富國來英賢，上雪父母仇，下洗黎庶冤。黃金萬斤光燭天，曰鄒曰劇相後先。樂生往兮重燕權，燕鼎復兮齊鼎遷，變雌冀兮為雄燕。嗚呼！火牛觸，燕師衄，樂生去兮燕土蹙。黃金臺荒狐兔伏，昭王地下精靈哭。

《全元詩》第57冊，1頁

和吳正傳五臺懷古韻·黃金臺　　　　　　　　（元）金　涓

　　昭王有志興宗社，厚幣卑辭禮賢者。郭君一語捐千金，國士爭趨駢駟馬。燕臺計議皆英豪，齊人蹴踏猶兒曹。三軍旗幟白日動，半空劍氣青雲高。樂生既去士亦少，回首春風長芳草。火牛遂復七十城，恨滿臺荒天地老。

《全元詩》第60冊，298頁

詠史二十一首（其六）　　　　　　　　　　　（明）劉　基

　　燕昭志報復，金台求俊賢。下齊如破竹，大恥雪九泉。六王死灰人，安可與比肩？奈何驕氣盈，妄想彼神仙！安期不可致，即墨火已然。煌煌召公業，委棄如浮煙。

《劉基集》卷二〇，318頁

金臺秋興　　　　　　　　　　　　　　　　（明）宣宗朱瞻基

　　一望高臺思渺然，黃金曾此重招賢。奇才已際風雲會，盛事猶看簡冊傳。遠樹蒼蒼含暝色，平蕪漠漠帶寒煙。四郊禾黍登場日，千里河山過雨天。自古聖朝揚側陋，為君至道賁丘園。同時俊傑皆登用，庶衍皇圖億萬年。

《大明宣宗皇帝御制集》卷三九，《四庫全書存目叢書》集部24冊，240頁

黃金臺　　　　　　　　　　　　　　　　　　（明）商　輅

　　興邦良有激，好賢輕千金。破齊如反掌，圖報一何深。二城乃不下，疇測平生心。白

璧易為毀,喟然傷古今。

《商輅集》卷一九,下冊,363頁

燕臺懷古　　　　　（明）岳　正

督亢陂荒蔓草生,廣陽宮廢故城平。秋風易水人何在,午夜盧溝月自明。召伯封疆經幾換,荊卿事業尚虛名。黃金不置高臺上,似怪年來士價輕。

《岳正詩文》卷二,《岳家詩》中篇,68頁

金　　臺　　　　　（明）祝允明

束南控瀛海,西北壓胡塵。召公上輔周,文侯方用秦。子丹養君子,不惜如花人。昭王禮郭生,崇臺懸黃金。齊方入驕衍,梁邦來劇辛。從來燕好士,強國尚功勳。

《祝氏集略》卷四,《祝允明集》上冊,79頁

黃金臺　　　　　（明）顧　潛

臺在定興西南三十里,殊欲一登,未暇也。院壁有題韻,甚奇險,試和之。

古來君臣際,良會固希闊。金臺何彰聞,青簡未訛脫。其人已千載,斯丘纔一撮。向非芳聲垂,應使遺阯剟。樂生昔摧齊,比績徂莒遏。及乎被譖去,足覘燕運末。我行一遐眺,秋懷付嗟咄。西山風雲來,黯淡如墨潑。匡時慨無術,憂愧劇焚割。況聞襄鄧間,群盜踵炎魃。是歲南陽襄陽大旱,既而盜起。隗乎今可作,雄辯忍囊括。志士慕鯤鯨,局促勺水鉢。何當大壑縱,不復憂胡跋。否泰常相尋,雅志終覬豁。乾坤誠浩蕩,欲往吾將曷。

《靜觀堂集》卷一,《四庫全書存目叢書》集部第48冊,441頁

賦得黃金臺送李郡丞　　　　　（明）范　欽

吁嗟黃金之臺高屬天,鉤陳太一相廻旋。易水西來吞瀚海,太行北走跨祈連。捫箕歷斗不易度,白日晴空流煙霧。詞客酬歌碣石宮,遊人來往軒轅賦。短歌長賦亦悠哉,攬勝還從臺上來。坐令五嶽煙峰出,立見中天日月廻。下視薊門渾漭蒼,白羊紫荊互低昂。五國連衡秦虎視,結搆毋乃燕昭王。千金不惜購駿骨,百戰猶思闢故疆。直將意氣感風雲,結軨釋屬何繽紛! 齷齪詎數劇辛輩,突兀却是昌國君。仗筞東指殺氣橫,青、齊倏下七十城。何人不羨酬主烈,何國不矜得士名。浮雲逝水不相待,淒涼此意今安在? 褐衣

埋沒半蓬蒿,冠劍摧頹幾鼎鼐。楊雄終歲疲戢廬,管寧竄跡投遼海。凌霄駕漢何時平,黃河俟清滄溟枯。可憐離離禾黍恨,可憐宛宛督亢圖。幾人能認荊軻里？何客猶尋燕國都？我欲從之未可從,四野蕭蕭但烈風。紫塞迢遙懸涿鹿,黃雲慘澹迷盧龍。以茲擊筑動燕歌,白虹貫日天爲摩。幸逢明主恢王略,寤寐豪賢設禮羅。亂世君臣那足問,清朝卿旅正須多。君行報政上長安,崚嶒氣概萬人看。即喜三天覃雨露,頃令九列綴鵷鷺。從來烈士恥塵埃,雲風蹙沓天地開。借問祇今駟馬客,何如重上黃金臺？

《天一閣集》卷四,《范欽集》上冊,26頁

金臺行　　　　　　　　　　(明)唐順之

君不見七雄割據勢相均,得士者富失士貧。燕昭信義明日月,不惜千金買駿骨。郭卿談笑吐深謀,海內賢豪競馳突。就中樂生尤絕奇,按劍魏朝人豈知。一朝遇主同心腹,親屈君王爲推轂。指麾燕兵百餘萬,蹴踏齊城七十六。于今六合無并吞,寂寞古臺空復存。少年未上麒麟閣,且學陸沉金馬門。

《唐順之集》卷一,上冊,24頁

旅甸懷古八首(其三)　　　　　(明)趙時春

白玉爲樓金作臺,昭王昔此聚群才。君臣磊落千年契,戰伐紛騰萬里開。黍谷潛移松桂晚,軒弓何處梓楸哀。英雄悵望空陳跡,日暮悲風向草萊。

《趙時春詩詞校注》卷一,118頁

黃金臺　　　　　　　　　　(明)王　寅

黃金臺,臺高與雲平,橫空氣色爛霞錦,昔乃昭王禮郭生。黃金臺,崩已久,臺名依然在人口。遺蹤境上莫能尋,牛羊散牧煙草深。驅車遊燕者,多負郭生志。臺望築黃金,胡爲不解事。列國割據爭陰謀,昭王夢寐報齊讐。信言致士先從隗,劇辛、樂毅懂相求。貢享朝宗四海一,治化成功賴經術。

聖世群才盡彀中,青霄失路終蓬蓽。吁嗟乎！古之士易貴,今之士易賤。明珠白璧合自藏,棄如敝帚徒矜衒。經術慚予雪盈首,紫塞貪遊辟甽畝。過燕不問黃金臺,掛錢惟醉壚頭酒。醉後拔劍仍自嗤,丈夫七尺墮地遲。若教同客昭王座,攘臂登臺知讓誰。

《十岳山人詩集》卷二,《四庫全書存目叢書》集部79冊,201頁

感懷十六首（其八）　　　　　　　　　　　　　　　　　　　　（明）王　格

北遊燕昭館，因登郭隗臺。高臺千載餘，落寞生蒼苔。噫昔燕昭日，詎論郭隗才。千金市馬骨，終致樂毅來。報讐青齊國，霸業何崔巍。功成賞不稱，感歎令人哀。

《少泉詩集》卷一上，《四庫全書存目叢書》集部 89 冊，171 頁

黃金臺一首　　　　　　　　　　　　　　　　　　　　　　　　（明）吳　節

峨峨黃金臺，遺址控都邑。宿昔燕昭王，於此禮賢哲。不吝千金資，所慕在經國。劇辛與樂毅，感分若雲集。提兵破齊城，舊恥遂清雪。如何功垂成，讒言一朝入。脫身謝羅綱，越境托樓息。作書表忠誠，所志竟不白。至今四方士，過此恒踟躕。黃金何足云，千載慨英烈。

《吳竹坡先生詩集》卷一，《四庫全書存目叢書》集部 23 冊，456 頁

黃金臺歌，寄大兄北試，兼懷孟以賢　　　　　　　　　　　（明）陳文燭

昭王當日築高臺，驊騮騕裊紛然來。宛丘西極不足推，駿尾蕭梢走海隈。千秋往事空蒿萊，于今明主方愛才。金馬之門仍正開，吾兄骨相本龍媒。一日千里何壯哉，故人意氣非塵埃，故人神駿非凡胎。登高四顧共徘徊。天風吹動秋霜鎧。

《二酉園詩集》卷三，《四庫全書存目叢書》集部 139 冊，261 頁

黃金臺懷古　　　　　　　　　　　　　　　　　　　　　　　（明）周如砥

燕王臺上雨初晴，滄海微茫悵獨撐。千里雄風生駿骨，百年王氣枕龍城。黃金夜色星辰動，碣石春煙草樹平。最是梟、虁羅聖代，由來樂、郭亦虛名。

《周季平先生青藜館集》卷一，《四庫全書存目叢書》集部 172 冊，170 頁

金臺行　　　　　　　　　　　　　　　　　　　　　　　　　（明）孔貞時

白仞層臺淩雲起，桂棟蘭枌未足擬。易水紆帶自瀠廻，西山崒嵂環相峙。遐哉築之燕昭王，而今猶聞駿骨香。不愛千金來汗血，追風逐電何可當。明王有意雪先恥，得士猶如隗者是。千載風雲自一時，樂、劇翩翩皆駃騠。英雄意氣本懸殊，七十餘城只一呼。黃金臺前有國士，臨淄城下任長驅。吁嗟帝里鬱靈氣，紛錯半是王侯第。雲房風樹盡玲瓏，

獨有金臺聲迢遞。金臺灼灼自非常，欲空冀北無留良。誰謂鳳凰不復返，誰謂麋鹿遊其旁。桑滄翻覆何常態，火牛絳衣並金鎧。鐵籠小兒未足奇，昭王之臺至今在。渥窪異種自天生，昂昂驤首向誰鳴。皎然白駒維空谷，天子應思王國楨。

《在魯齋文集》卷一，《四庫禁毀書叢刊》集部 16 冊，325 頁

黃金臺行 　　　　　　　　　　（明）茅元儀

寒臺古樹蒙茸老，秋煙一縷縈秋鳥。黃金千載變為塵，兩生名姓空了了。燕山未摧，易水未渺。梟胡坐臂啄心肝，不數元英蔓荒草。昭王自是小諸侯，不見群公歌天保。

《石民江村集》卷一三，《四庫禁毀書叢刊》集部 70 冊，476 頁

昭王墓 　　　　　　　　　　　（明）薛 蕙

燕昭無故國，薊野有空臺。寂寞黃金氣，淒涼滄海隈。腐儒終報主，亂世始憐才。回首征途上，年年此地來。

《列朝詩集》丙集卷一一，第七冊，3590 頁

易水上候劉刺史，良久未至，懷古感今，漫賦六絕（其二） 　（明）馮惟敏

燕昭愛士非真才，郭隗為逐黃金來。霸圖當日無消息，蔓草芳榛空復臺。

《馮惟敏全集》，122 頁

黃金臺 　　　　　　　　　　　（明）湯顯祖

昭王靈氣久疏蕪，今日登臺吊望諸。一自剸生流涕後，幾人曾讀《報燕書》。

《詩文》卷二一，《湯顯祖全集》中冊，921 頁

黃金臺 　　　　　　　　　　　（明）謝肇淛

高臺為平地，駿骨亦以朽。落日無人行，西風撲衰柳。英雄安在哉？立馬空搔首。

《小草齋詩集》卷五，《小草齋集》上冊，688 頁

賦得黃金臺　　　　　　　　　　　　　　　（明）謝肇淛

雁門疊嶂燕山紫，易水悲風動地起。高臺突兀倚層霄，云是昭王黃金之故址。黃金築後馬群空，雌雄角逐風塵中。可憐齊城七十二，一夜飛入元英宮。元英宮中罷歌舞，昔日高臺一坯土。當年虎踞成戰場，此日龍飛開天府。二月燕臺柳葉新，羨君此去正青春。不須伏櫪悲千里，自有黃金買駿人。

《小草齋詩集》卷一〇，《小草齋集》下册，808 頁

金　　臺　　　　　　　　　　　　　　　（明）袁中道

蕭條三戶冷炊煙，凍浦流水韻悄然。十載築臺親禮士，如何止得一人賢？

《珂雪齋集》卷八，上册，358 頁

燕臺懷古　　　　　　　　　　　　　　　（明）王　謳

燕昭昔下士，爲築黃金臺。人士樂爲用，衣冠輻輳來。樂生何磊落，伯業重瓊瑰。顧我弔遺迹，當時安在哉。淒淒西日落，杳杳游魂哀。長策委風雨，雄圖入草萊。古今惟戲劇，宮殿猶徘徊。故老憶疇昔，涕漣濕兩腮。英雄王伯始，破壞一朝灰。鳥雀暮何極，雲沙慘不開。乾坤日變置，陵谷還相催。立馬荆卿道，蕭蕭易水迴。

《王彭衙詩》二《己卯集》，《陝西古代文獻集成》第 7 輯，第 514 頁

燕臺歌　　　　　　　　　　　　　　　　（明）王　謳

燕昭昔作黃金臺，易水東流折北迴。駿骨茫茫已不見，徒留碧草隨氛埃。故宮過雨暮山淨，啼鳥猶歌壯士哀。車馬蕭蕭自今古，松楸處處空崔嵬。我行上國變年紀，豺虎喧囂長路隈。佳氣氤氲千百載，文皇撫世重相培。根基未論周秦始，冠盖何慚匡濟才。秋日秋風此登眺，誰能慷慨爲清嘯。雲沙遠塞接川原，烟霧寒湫臨海嶠。亂樹開蹊群鹿行，高天一影孤鴻叫。游子霑衣泣雨行，胡笳振谷開千竅。人生身後豈前知，生前不醉誰能少。

《王彭衙詩》二《己卯集》，《陝西古代文獻集成》第 7 輯，第 518 頁

登燕昭故臺騁望一首 (明)王謳

宣武門東春日昏,登臨病眼尚乾坤。廢臺芳草王孫賦,流水空山蜀帝魂。萬里風雲還北極,百年戰伐此中原。浮名今古堪垂淚,底事弦歌有故園。

《王彭衙詩》七《甲申集》,《陝西古代文獻集成》第7輯,688頁

讀古雜詩十首·燕昭王 (清)吳歷

不惜黃金築是臺,郭隗才小遇先推。於今霸歇昭王死,無復英雄北首來。

《三餘集》,《吳漁山集箋注》卷三,284頁

燕臺懷古二首(其一) (清)唐孫華

燕昭昔好士,高築黃金臺。樂毅偕劇辛,結轡連翩來。千金買駿骨,入廄皆龍媒。價高徠絕足,禮重招賢才。疾下七十城,勢若驅風雷。奈何後主闇,二城致嫌猜。當世無伯樂,騏驥委塵埃。鹽車困上馴,棗脯肥駕駘。食牛與牧豕,豈曰無英材。樂生固常有,昭王安在哉？欲吊望諸君,荒丘沒蒿萊。

《東江詩鈔》卷一,影印《東江詩鈔》,100頁

過燕昭王墓 (清)王攄

昭王好士築黃金,古墓荒涼不可尋。歲久鮮花碑字滅,人來榛草野田深。下齊恨有田單計,奔趙知非樂毅心。欲去停車頻太急,數聲牧笛夕陽沉。

《蘆中集》卷六,15頁

黃金臺 (清)申涵盼

昭王擁篲已塵埃,碣石宮前盡草萊。伏櫪有心防虎視,按圖何地索龍媒。空聞易水千金價,早見咸陽萬騎來。滿目霜笳悲馬角,黃雲落日照荒臺。

《晚晴簃詩匯》卷三一,第一冊,386頁

燕昭王墓 (清)張遠

落落高墳直到今,秋風惆悵獨登臨。燕山草落霜逾苦,碣石沙寒日易沉。逆旅祇憐

餘白首,荒臺不見有黃金。莫言近代無良馬,孤負當年一片心。

《晚晴簃詩匯》卷四七,第一冊,643頁

黃金臺　　　　　　　　　　　　(清)吳　鎮

驚風走急沙,孤臺鬱突兀。中有千古意,立馬不能發。燕昭昔下士,黃金堆日月。始隗卒收功,大道留殘碣。夕陽過客盡,崦嵫浮雲沒。把酒酹望諸,悲歌動林樾。茫茫紅塵內,駑蹇競超忽。生駿尚難求,何由別朽骨。

《晚晴簃詩匯》卷九四,第二冊,663頁

黃金臺　　　　　　　　　　　　(清)陳澤泰

買馬買駿骨,未必獲千里。求賢築高臺,未必得賢士。從來幹濟才,黃金所不齒。丹鳳翔九霄,德輝覽而止。禮賢失其方,何能救傾否。易水寒蕭蕭,歌聲雜流徵。酌酒餞荆卿,荆卿但能死。

《晚晴簃詩匯》卷一一一,第三冊,184頁

黃金臺　　　　　　　　　　　　(清)沈　濤

燕昭築高臺,禮士自隗始。結交須黃金,士也乃如此。劇辛樂毅攫金來,大風東海生塵埃。黃金用盡將印奪,紛紛北走邯鄲臺。阿孫馬角抱餘慘,思報深仇結神勇。可惜荆卿劍術疏,抵蛙空費盤金捧。易水蕭蕭督亢陂,頭顱萬里行關西。家風好士竟安用,但聞白頭老鴉臺上啼。

《晚晴簃詩匯》卷一二一,第三冊,348頁

黃金臺歌　　　　　　　　　　　　(清)楊光儀

士為知己用,豈為黃金來。隗也自薦吾不取,嗣王況復多疑猜。黃金臺,高崔嵬,畢竟豁達非庸才。隗也一言動人主,七十二城煙塵開。吁嗟昭王安在哉,駑馬驕鳴駿馬哀。渥洼之產不復至,天閑仗馬稱良材。細芻鑿粟供飽食,金羈玉勒生光輝。伏櫪老驥瘦且死,骨朽不識黃金臺。黃金臺,高崔嵬,夕陽憑吊迷蒿萊。

《晚晴簃詩匯》卷一五四,第四冊,48頁

黃金臺 　　　　　　　　　　　　　　　（清）沈德潛

霸業莽岑寂，千秋尚有臺。當年諸國士，豈為黃金來。日照薊門澹，雲飛碣石開。盛朝多稷契，誰數樂生才。

《歸愚詩鈔》卷一三，《沈德潛詩文集》第一冊，262 頁

燕臺懷古雜詠，方水部鐵船同作·黃金臺 　　　（清）蔣　詩

黃金臺高高搚崖，高臺峙接郭隗宮。昭王築延天下士，蕭蕭易水非悲風。王欲致士自隗始，以師事之禮日隆。聞風魏有樂毅至，齊衍、趙辛來則同。士爭赴燕國以富，命毅將兵齊可攻。遂取齊城七十二，誰與共國賢士功，國恥已雪臺永峙，嗟哉望諸離國終。

《榆西僊館初槀》卷二八，《清代詩文集彙編》488 冊，445 頁

金臺驛 　　　　　　　　　　　　　　　（清）朱方增

燕王築宮不築臺，厚幣亦足羅群才。金臺之名始騷客，以史掊詩徒喧豗。駿骨買罷戀鶴髓，排雲又望神仙來。靈氣倏盡昌國去，吞齊事業安在哉？落日黯黯下古道，宮乎臺乎皆蒿萊。

《求聞過齋詩集》卷二，《清代詩文集彙編》531 冊，20 頁

讀史雜詠·燕昭王 　　　　　　　　　　　（清）唐廷詔

禮賢下士請從隗，劇樂聞風接踵來。漢柏楚蘭何處所，千秋贏得黃金臺。

《飲月軒詩鈔》卷二，《清代詩文集彙編》592 冊，133 頁

詠　史（其十八） 　　　　　　　　　　　（清）宋　梽

全齊拱手盡來朝，反問俄將騎劫邀。死馬尚求生士棄，金臺只合哭燕昭。

《雞膇百二槀》卷五，《清代詩文集彙編》475 冊，40 頁

黃金臺 　　　　　　　　　　　　　　　（清）譚宗浚

築館當年禮上賓，平齊果見霸圖新。須知奇士多山澤，不羨黃金大有人。

《荔村草堂詩鈔》卷二《出門集》，《清代詩文集彙編》763 冊，18 頁

燕臺懷古　　　　　　　　　　　　　　　　　　　　　　　　（清）譚宗浚

遠連幽、薊控登萊，莽莽川原王氣開。形勝由來推重鎮，屠沽當日亦奇才。報書繾綣孤臣淚，擊筑淒涼壯士哀。我自飄零羞挾策，不曾市駿慕登臺。

《荔村草堂詩鈔》卷四《過庭集》下，《清代詩文集彙編》763 冊，42 頁

詠黃金臺　　　　　　　　　　　　　　　　　　　　　　　　（清）阮　焱

欲雪先人恥，賢才何處尋。縱然求駿骨，也要用黃金。霸業已消歇，荒台成古今。可憐易水上，遺恨一何深。

《誰園詩鈔》卷二，《清代詩文集彙編》767 冊，663 頁

別長安十首（其四）　　　　　　　　　　　　　　　　　　　（清）尤　侗

褐來吊古望高臺，臺上黃金真可哀。一代賢良《卜式傳》，千秋流涕賈生才。諸公袞袞何為者？壯士蕭蕭安在哉？燕市和歌今不見，吳門變姓且歸來。

《看雲草堂集》卷二，《尤侗集》中册，584 頁

都門詠古十二首·黃金臺　　　　　　　　　　　　　　　　　（清）尤　侗

賢王久不作，高臺空已矣。士為黃金來，古今類如此。落日一樽酒，萬里悲風起。

《于京集》卷二，《尤侗集》中册，711 頁

黃金臺行　　　　　　　　　　　　　　　　　　　　　　　　（清）王　軒

羊質虎皮曾不恥，乘時攘利請隗始。神師天降火牛軍，老卒相師祇如此。百尺高臺齊北斗，輸忠效力誰能後。不聞白屋勤吐握，但倚黃金事奔走。春風萬里閶闔開，蹴塵蹀躞驕龍媒。鵠立南宮八千士，清時一一辭嵩萊。長鳴引頸何自薄，到眼悠悠盡良樂。一聞招士為黃金，感此使人氣蕭索。

《耨經廬詩集》卷四，《續尤西堂擬明史樂府》（外二種），145 頁

恭和御製《燕昭王故城》元韻　　　　　　　　　　　　　　　（清）沈德潛

睥睨荒涼不可尋，汶篁移植緬寒林。至今感慨悲歌者，猶識千金市駿心。

《矢音集》卷二,《沈德潛詩文集》第二册,997 頁

燕昭築臺 《述異記》　　　　　　　　　　（清）田依渠

不問黃金價,招賢築此臺。燕昭真好士,郭隗亦多才。

《茹古山房讀史餘吟》卷一,《清代詩文集彙編》639 册,642 頁

黃金臺懷古　　　　　　　　　　　　（清）秋　瑾

薊州城築燕王臺,招士以財亦可哀！多少賢才成底事,黃金便可廣招徠?

《秋瑾集》,58 頁

詠燕臣

薊丘覽古贈盧居士藏用七首 并序 · 郭隗（末缺） （唐）陳子昂

丁酉歲，吾北征，出自薊門，歷觀燕之舊都。其城池霸業，跡已蕪沒矣。乃慨然仰歎，憶昔樂生、鄒子，群賢之遊盛矣。因登薊丘，作七詩以志之。寄終南盧居士，亦有軒轅之遺跡也。

逢時獨為貴，歷代非無才。隗君亦何幸，遂起黃金臺。

《全唐詩》卷八三，3冊，897頁

登郭隗臺 （唐）皇甫松

燕相謀在茲，積金黃巍巍。上者欲何顏，使我千載悲。

《全唐詩》卷三六九，11冊，4154頁

郭 隗 （元）徐 鈞

國主張羅網異材，一言隗始自為媒。他年能下齊城者，知自千金市骨來。

《全元詩》第7冊，280頁

隗 臺 （元）李延興

野老留人不肯住，半醉扶筇入山去。天風吹上黃金臺，放筆縱橫寫長句。

《全元詩》第64冊，204頁

遊黃金臺有感 （明）支大綸

振古誇傳郭隗臺，千金市骨致奇才。而今世治渾無用，盡向檻車縛軛來。

《支華平先生集》卷四，《四庫全書存目叢書》集部162冊，85頁

郭隗故里 （清）錢大昕

郭隗能陳義，燕昭自愛才。唯嫌枯朽骨，不稱住金臺。

《潛研堂詩續集》卷五,《嘉定錢大昕全集》第一〇冊,92頁

古　　意(其二)　　　　　　　　　　（清）張　坦

我登黃金臺,郭隗今何往。禮士在推心,千金等土壤。士也為利趨,襟懷亦可想。躄者奪所愛,高風群欽仰。臺以黃金名,宜乎委草莽。

《晚晴簃詩匯》卷五四,第二冊,38頁

郭隗里　　　　　　　　　　（清）蔣士銓

垂鞭倚羸驂,言尋郭公里。慨然獻其身,求賢自隗始。邈矣黃金臺,誰為薦奇士？朽骨苟可售,駿馬期速死。樂君用未竟,閑乘何足齒？俯仰傷予心,悲風颯然起。

《忠雅堂詩集》卷一一,《忠雅堂集校箋》第二冊,911頁

郭　　隗　　　　　　　　　　（清）羅惇衍

燕人。昭王往見請教,因築宮而師之。

應徵原不為黃金,但感宮前禮義深。師友一時稱盛事,群臣五判寓良箴。封鯨已瞑借讀去聲。先生目,沽駿能傾國士心。二十八年躬吐握,故應賢傑聚如林。

《集義軒詠史詩鈔校證》卷三,第一冊,72頁

詞

金山捧露盤·黃金臺懷古
（清）曹爾堪

薊門旁,風雪暮,掠烏鳶。莽平皋、衰柳凝煙。千金市駿,烏騅紫燕鐵連錢。功名汗馬,騁騏驥、萬里揚鞭。　緬遺蹤,如奔電,撫易水,吊幽燕。但鴉棲、鹿走狐穿。望諸已矣,昭王舊跡夕陽邊。興亡何限,荒臺畔、春草年年。

《全清詞》順康卷第三冊,1321 頁

桂枝香·黃金臺懷古
（清）魏學渠

煙寒草細。有古幹蕭疏,舊臺遺址。誰似昭王市駿,肯從隗始。高臺築得奇人至,望臨淄、宿仇先洗。鼎鐘移去,汶篁新植,薊立宮裏。　悵一帶、秋光似醉。正恁地愁人,故來相戲。草閣深深,就裏亂蟲如沸。孤燈對壁孤垂穗,探鑪煙、寒偏無底。征鴻嚦嚦,行行點點,只書人字。

《全清詞》順康卷第五冊,2634 頁

雙聲子·燕臺懷古
（清）釋大汕

暮天殘角,急鳴霜杵,歸騎塵起西山。黃金臺畔,悲歌風景,猶是往日人間。昭王舊國,荒隧上、碑碣空殘。招賢地,樂君後,幽燕覉客多閒。　試於今,尋狗屠在否,高離抱築闌珊。斜陽西去,煙迷沙汭,蕭蕭易水風寒。一行人送遠,稽往日、曾膰誰還。霜催白草,徒驚晚秋,老盡朱顏。

《全清詞》順康卷第一一冊,6450 頁

滿江紅·黃金臺
（清）陸次雲

土埠巍然,傳說是、金臺故址。登臨者、每因憑吊,重提青史。吹律頓回天地氣,下齊旋雪君臣恥。致奇才、端的自何來,從隗始。　歌且哭,行還止。昔如彼,今如此。問昭王安在,有孤墳耳。三尺斷碑湮古篆,千年伏弩餘殘矢。聽蕭蕭、牧馬亦悲鳴,涓人死。

《全清詞》順康卷第一二册,6878 頁

點絳唇·黃金臺

(清)韓　銓

買駿千金,渥窪三見來腰裹。燕昭智巧。臨幅涓人稿。　　今古才人,過此知多少。閑憑眺。悲歌清嘯。綣戀荒臺草。

《全清詞》順康卷第一二册,6878 頁

沁園春·燕臺懷古

(清)秦　濟

地人幽燕,叱馭停車,憂從中來。正黃沙滾滾,殘磚敗瓦,夕陽淡淡,亂草平堆。北倚居庸,南連趙魏,惹得行人嘆幾回。閒憑吊,見荒丘霧繞,舊跡苔埋。　　何年肇起金臺。嘆買骨昭王安在哉。況市中屠狗,英雄難覓,人間擊築,慷慨誰偕。樂毅亡時,荆軻去後,過客魂消淚滿腮。休歸去,且臨風沽酒,傾倒樽罍。

《全清詞》順康卷補編第三册,1462 頁

朝中措·黃金臺

(清)孔傳鐸

昭王宮榭有遺基。山色冷參差。何地曾埋駿骨,如今蔓草離離。　　樂生讒去,荆卿死刺,國士無遺。歲歲雪花如手,黃金臺上空飛。

《全清詞》順康卷補編第四册,1971 頁

帝臺春·黃金臺懷古

(清)蔣　基

聊隱幾。檢遺編、披舊史。卑禮屈身,特築高臺,燕昭餘址。車乘旁招巖穴士,當日便、契深魚水。笑同時、趙勝田文,但誇珠履。　　浮雲裏。駿綠耳。行萬里。群空矣。嘆牝牡驪黃,九方能相冀,野馬應焱起。神足共推八駿馭,高價定許千金幣。儻物色風塵,也先從隗始。

《全清詞》雍乾卷第一一册,6273 頁

曲

金臺懷古

(明)茅溱

【北中呂粉蝶兒】對酒悲歌。調空高有誰能和。歎英雄轉眼銷磨。好一似浪中漚。雲裏電隙駒馳過。不由人涕淚滂沱。謾揮毫賦成哀些。

【醉春風】想當時周季苦陵夷。燕昭當坎坷。報齊無計奈愁何。待覓個妥。妥。因此上擁篲而行。傍車而立。厝薪而臥。

【紅繡鞋】只見那郭隗臺黃金疊垛。碣石宮白壁嵯峨。招引得談天幻世俊英多。總無謀堪展土。空有口自懸河。羨樂毅雄才能獻可。

【普天樂】五國結同盟。百計加齊禍。猛可的星馳白羽。霎時間電舉丹河。耳聽閔王逃。眼見臨淄破。宗廟深宮成灰火。把珍寶都盡數收羅。真個是廟謨成那由神鬼。天意助那憑強弱。民心順那在干戈。

【石榴花】徇齊五載養天和。仁義暗漸摩。一心要興王立霸展山河。誰道信讒的少主陡起風波。宗臣遂棄為逋播。任田單盡力搓挪。可憐勳業成災禍。恨皇天不佑待如何。

【鬥鵪鶉】又有個俠義荊軻。端的是才情碌砢。猛然裏浪跡燕都。每常間沉酣道左。睥睨乾坤只醉歌。酒人們偏氣合。那屠狗的誼略形骸。那擊築的情忘爾我。

【上小樓】因此上田光死諾。燕丹忿弱。只見他每日殷勤。下氣趨承。著意摩挲。待要把秦王呵。雙手拖。等閒摧挫。他心兒方纔寧妥。

【麼篇】誰想到那秦王福分高。這舞陽神氣懦。壯士空來。匕首空投。易水空歌。正是個撲燈蛾。不量度。把燕城先墮。只落得美名兒古今傳播。

【滿庭芳】到後來五湖僭割。中原沸鼎。四海翻波。燕山從此腥膻涴。千載蹉跎。豪傑氣都成尾瑣。召南篇盡化胡歌。愁無那。澌除混濁。誰為挽天河。

【耍孩兒】蒼穹深厭強胡禍。喜聖主龍興江左。只見那氈裘驅淨起沉疴。錦繡樣一統山河。除凶雪恥千秋遠。定鼎占祥萬載多。百寮濟濟皆王佐。雖然是天生形勝。也須賴德溥民和。

【一煞】俺只見為卿相駟馬車。做公猴白玉珂。端的為才高福溱前緣大。堂堂俊乂居梁棟。落落寒酸混薜蘿。那裏有龍巾來試山人唾。難道是一心未死。早已見兩鬢先皤。

【尾聲】賢愚分不同。窮達命自合。須索要江湖廊廟隨時過。也省得禍到頭來無處躲。

《全明散曲》第三册，3422 頁

管蔡世家

詩

詠《管蔡世家》

管蔡系(世)家　　　　　　　　　　　（唐）司馬貞

武王之弟,管、蔡及霍。周公居相,流言是作。《狼跋》致艱,《鴟鴞》討惡。胡能改行,克復其爵。獻舞執楚,遇息禮薄。穆侯虜齊,蕩舟乖謔。曹共輕晉,負羈先覺。伯陽夢社,祚傾振鐸。

《史記索隱》卷二九,466 頁

列國宮詞·蔡　　　　　　　　　　　（清）殷如梅

一自扁舟搖蕩頻,匆匆南國返佳人。祗緣別後無消息,牽帥諸侯問水濱。

《緣滿山房集》丙二,《清代詩文集彙編》438 冊,698 頁

詠管、蔡君

管、蔡 （唐）周　曇

伊商胡越尚同圖,管蔡如何有異謨。不念祖宗危社稷,強于仁聖遣行誅。

《全唐詩》卷七二八,21 冊,8339 頁

東征管、蔡 （清）褐　夫

欲加之罪豈無名,骨肉相殘大動兵。未有董狐蘇管蔡,任憑姬旦賦東征。

《古史詩釬》,《戴名世集》附錄二,437 頁

曹伯陽 （清）吳　鎮

社宮夢,振鐸哀。姑少待,白雁來。

《松花庵韻史》,《四庫未收書輯刊》拾輯 24 冊,256 頁

陳杞世家

一 詩

詠《陳杞世家》

陳杞系(世)家　　　　　　　　　　（唐）司馬貞

　　盛德之祀,必及百世。舜、禹餘烈,陳、杞是繼。媯滿受封,東樓纂系。闕路篡逆,夏姬淫嬖。二國衰微,或興或替。前並後虜,皆亡楚惠。勾踐勃興,田和吞噬。蟬聯血食,豈其苗裔?

《史記索隱》卷二九,467 頁

列國宮詞·陳　　　　　　　　　　（清）殷如梅

　　占盡株林一段春,南冠袓服是何人。滿宮粉黛多顏色,誰似雞皮不老身。

《緣滿山房集》丙二,《清代詩文集彙編》438 冊,698 頁

詠陳君

陳、蔡君
(唐)周　曇

楚聘宣尼欲道光,是時陳、蔡畏鄰強。庸謀但解遮賢路,不解迎賢謀自昌。

《全唐詩》卷七二八,21 册,8341 頁

陳靈公
(唐)周　曇

誰與陳君嫁禍來,孔寧、行父、夏姬媒。靈公徒認徵舒面,至死何曾識禍胎。

《全唐詩》卷七二八,21 册,8341 頁

衛康叔世家

詩

詠《衛康叔世家》

衛康叔系(世)家 　　　　　　　　(唐)司馬貞

司寇受封，《梓材》有作。成錫厥器，夷加其爵。曁武能脩，從文始約。《詩》美歸燕，《傳》矜石碏。皮冠射鴻，乘軒使鶴。宣縱淫嬖，疊生伋、朔。蒯瞶得罪，出公行惡。衛祚日衰，失於君角。

《史記索隱》卷二九，467頁

列國宮詞·衛 　　　　　　　　(清)殷如梅

偕老何曾花月辜，如雲鬢髮雪肌膚。碩人也是齊侯子，說與宣姜慚愧無。

不比時君禮貌衰，深宮窣地錦幃垂。世人欲殺夫人敬，環佩璆然下拜時。

《緣滿山房集》丙二，《清代詩文集彙編》438冊，697頁

香草閒吟·莊姜 　　　　　　　　(清)方玉潤

巧笑居然絕妙詞，蛾眉螓首費相思。天公不斷香奩體，麟筆難刪豔冶詩。

《鴻濛室詩鈔》卷四《俯仰集》四，《清代詩文集彙編》644冊，356頁

香草閒吟·夏姬　　　　　　　　　　（清）方玉潤

王侯過眼似雲烟，三少何曾損媚妍。信是閨中長樂老，興朝歷相不知年。

《鴻濛室詩鈔》卷四《俯仰集》四，《清代詩文集彙編》644 冊，356 頁

二子哀　　　　　　　　　　　　　　（清）皮錫瑞

父命不可棄，子命不可逃。二子乘舟來河上，旌飄飄，壽與朔皆宣姜子，構兄者侯告者死，共太子，豈其倫，天下豈有無父國。斯言千載為酸辛，當時乃有楚商臣。

《師伏堂詠史》，《清代詩文集彙編》772 冊，305 頁

戰使鶴　　　　　　　　　　　　　　（清）皮錫瑞

鶴兮鶴兮，爾何不如死鬥之鷮兮。鶴實有祿位，使鶴胡能避爰居。鍾鼓悲魯門，鶴也安用乘軒尊。懿公之亡由使鶴，懿公遺禍實由朔。鵲彊彊，鶉奔奔，鶉鵲之子來為君。

《師伏堂詠史》，《清代詩文集彙編》772 冊，306 頁

詠衛君

衛靈公 　　　　　　　　　　　　　　　　　　　　(唐)周 曇

子魚無隱欲源清,死不忘忠感衛靈。伯玉既親知德潤,殘桃休吃悟蘭馨。

《全唐詩》卷七二八,21冊,8341頁

歸途覽詠古蹟,並追記白泉遊事(其六)　　　　(明)李夢陽

淇門不減越江頭,衛女寧論越女游。濮上春花如錦繡,桑中五月采蓮舟。

《李夢陽集校箋》卷三七,第四冊,1351頁

河　　上　　　　　　　　　　　　　　　　　(明)錢子義

衛宣公為其子伋娶於齊,而聞其美,欲自娶之,乃作新臺於河上而要之。遺址在澶州河上。國人惡之,作《新臺》之詩。後宣公納伋之妻,是為宣姜,生子壽及朔。朔與宣姜愬伋於公,公令伋之齊,使賊要之。壽知之,竊其節先往,賊殺之。及伋至,曰:"君命殺我,壽有何罪?"賊又殺之。國人傷之,作《二子乘舟》之詩。

衛君遺跡久塵埃,二子乘舟去不來。誰謂後王能蹈武,華清宮闕似新臺。唐玄宗奪其子壽王妃楊氏,寵之專房,作華清宮於溫泉。

《續詠史詩》上,《種菊菴集》一,《三華集》卷七,影印文淵閣《四庫全書》1372冊,88頁

前旌操　　　　　　　　　　　　　　　　　　　(明)王 達

舊說衛宣公納伋之妻,是為宣姜,生朔。朔與宣姜愬於公,公令伋之齊,使賊先待於隘而殺之。□□之,以告伋。伋曰:"君命也,不可以逃。"□□□□先往,賊殺□。□□至曰:"君命殺我,□□□□。"□□□□,又殺之。

□□□影單□□兮□寒,兄之去兮路曼曼,弟之心兮悲且酸,天昭昭兮理實難兄,兄弟死兮心所安。

《翰林學士耐軒王先生天遊雜稿》卷一,《四庫全書存目叢書》集部27冊,107頁

衛武公

(清)徐公修

修明美政承康叔,千載猶欽叡聖風。共伯早殂非弒主,幽王蒙難賴平戎。賓筵痛儆號呦戲,圭玷能磨抑戒功。炳燭餘光勤愛惜,耄而好學問誰同。

《史記百詠》卷一,《讀史千詠》,《史記研究文獻輯刊》13册,425頁

詠衛臣

石　碏　　　　　　　　　　　　　　　　（宋）王十朋

人情誰忍棄天倫，公獨能將義滅親。何惜一時誅賊子，不妨千古作純臣。

《全宋詩》卷二〇二四，36冊，22690頁

史魚黜殯《韓詩外傳》　　　　　　　　　　　（清）田依渠

尚論古之直，名標衛史鰌。試觀身後事，尸諫亦千秋。

《茹古山房讀史餘吟》卷六，《清代詩文集彙編》639冊，666頁

渾良夫　　　　　　　　　　　　　　　　（清）吳　鎮

昆吾虛，瓜綿綿。披髮鬼，亦可憐。

《松花庵韻史》，《四庫未收書輯刊》拾輯24冊，256頁

宋微子世家

詩

詠《宋微子世家》

宋微子系(世)家　　　　　　　　　　　(唐)司馬貞

殷有三仁,微、箕紂親。一囚一去,不顧其身。頌美有客,書稱作賓。卒傳塚嗣,或敍彝倫。微仲之後,世載忠勤。穆亦能讓,實爲知人。傷泓之役,有君無臣。偃號"桀宋",天之棄殷。

《史記索隱》卷二九,467頁

讀《微子篇》　　　　　　　　　　　(明)楊　爵

開卷悠悠憶昔賢,知將人事委蒼天。千年王子憂心在,老淚而今墮簡編。

《楊忠介公集》卷一二,《陝西古代文獻集成》第27輯,370頁

列國宮詞·宋　　　　　　　　　　　(清)殷如梅

爲政從來先正名,左師憒憒未分明。却因璧馬兼宮錦,博得君夫人一聲。

《緣滿山房集》丙二,《清代詩文集彙編》438冊,698頁

食指動　　　　　　　　　　　(清)皮錫瑞

臣指動,鼎可嘗。臣心動,君可戕。此謀先發逞所欲,彼視幼君猶老畜,殺一老畜之權何不足?

《師伏堂詠史》,《清代詩文集彙編》772冊,306頁

詠宋君

微子廟 （宋）張方平

西伯已招二大老,東鄰更棄三仁人。元龜遂訖商家命,白馬永為周室賓。抱器倖存天鳳祀,喪邦都為牝雞晨。可憐長發源流遠,舊國猶存廟樹春。

《全宋詩》卷三〇六,6冊,3836頁

微子廟 （宋）祖無擇

億兆夷人困獨夫,惟君先見得良圖。為仁始欲扶商祚,去國終能啟宋都。鈇鑕豈甘因諫死,髡鉗仍免作官奴。千年廟食應無愧,知退知亡即師徒。

《全宋詩》卷三五六,7冊,4415頁

九誦·微子 （宋）鮮于侁

肇公孫之璇源兮,玄鳥降而生商。並禹、稷之聖賢兮,實惟桓撥之王。歷娰姒之世數兮,道日躋于武湯,始伐罪於仇餉兮,人怨咨而徯來。顧寬仁之宜民兮,天俾式于九圍,諒除殘而代虐兮,猶云德之有慚。賴燕翼於孫謀兮,治克舉於三宗。老成不怨於不以兮,隱處不傷於厄窮。世四十有六而下衰兮,豈天命之將隳。寔遭家之不嗣兮,顧麗色之惟微。念社稷之顛傾兮,七廟無所憑依。帝眷在於有周兮,抱祭器而焉歸。雖白馬之見廟兮,聊血食於商丘。偉夫子一言兮,誠有取於三仁。

《全宋詩》卷五一三,9冊,6230頁

微 子 （宋）林同

豈計身封宋,只愁祀絕殷。不惟稱克孝,亦自首三仁。

《全宋詩》卷三四一八,65冊,40606頁

微子廟　　　　　　　　　　（金）王　寂

比干忠諫死如歸,箕子佯狂脫禍機。君厭殷辛高謝去,三仁誰是定誰非。

《全金詩》,《全遼金詩》上冊,589頁

謁微子祠　　　　　　　　　（明）王　翰

朝登微子嶺,上有微子祠。我來拜堂下,升堂瞻聖儀。三人儼相向,衣冠肖古時。嗟此崇黎地,何以知祀茲。好德本彝性,公議孰掩之。林木交蔭翳,岡巒互參差。泉脈且甘冽,周道通四馳。我欲告邑人,好刻銅盤詞。

《梁園寓稿》卷一,影印文淵閣《四庫全書》1233冊,279頁

三仁贊三首·微子　　　　　　（明）李夢陽

殷喪厥馭,奸宄師師。天乎下災,神罔攸依。國既顛越,我寧獨支。何其發慨,決于二師。三諫遂行,允哉睿思!

《李夢陽集校箋》卷六〇,第五冊,1877頁

微　子　　　　　　　　　　（清）徐公修

庶兄讓紂又何言,首列三仁案不翻。逆耳並偕箕子諫,剖心差免比干冤。奔周助祭攜宗器,存宋蒙恩錫故藩。試讀《尚書·微子》命,官箴靖獻詎容諼。

《史記百詠》卷一,《讀史千詠》,《史記研究文獻輯刊》13冊,421頁

微子嶺　　　　　　　　　　（清）王　軒

爲奴傷夷明,剖心悲鑿窾。老成日遜荒,父師空相召。惔矣殷王子,袍器去宗廟。想當餓飢時,心惕祖伊告。殷喪越至今,甸邦躬自悼。三亳失盧烝,八國逖羌髳。玉馬俄朝周,丑正遂不祧。誣哉《左氏》言,面縛重貽誚。推刃寧可忍,在弦豈同調。向微三仁歎,反側知幾冒。蹈海狗小節,覆宗遠誰紹。至今《麥黍》歌,空怨彼重狡。

《耨經廬詩集》卷二,《續尤西堂擬明史樂府》(外二種),114頁

宋襄公

(宋)王十朋

小國爭盟禍莫逃,托名仁義直徒勞。殺人祭鬼寧非忍,猶自臨戎惜二毛。

《全宋詩》卷二〇二四,36 册,22687 頁

宋中詩

(明)李夢陽

六鶂退而飛,乃向宋都過。四海一震蕩,青天白石墮。世人見此鳥,仰面忽大笑。誰知影不滅,千載落光耀。余方臥空山,聞此一長嘯。

《李夢陽集校箋》卷一六,第二册,401 頁

宋襄公

(清)徐公修

子魚忠諫幾番勞,國小爭雄五霸高。成列鑾兵甘受敗,主盟鹿上故堪豪。晉邦厚禮親重耳,泓水麈軍舍二毛。六鶂退飛星隕石,商丘災異一時遭。

《史記百詠》卷一,《讀史千詠》,《史記研究文獻輯刊》13 册,429 頁

詠宋臣

讀史述九章·箕子 　　　　　　　　　　（晉）陶淵明

余讀《史記》有所感而述之。

去鄉之感，猶有遲遲。矧伊代謝，觸物皆非。哀哀箕子，云胡能夷？狡童之歌，淒矣其悲。

《陶淵明集校箋》卷六，515頁

箕　子 　　　　　　　　　　（宋）王十朋

諫君不聽念君深，被髮佯狂自鼓琴。千古共傳《箕子操》，一時難悟狡童心。

《全宋詩》卷二〇二四，36冊，22686頁

九誦·箕子 　　　　　　　　　　（宋）鮮于侁

偉夫子之正諒兮，適遭世以離尤。悼祖宗之累積兮，大命顛而逢憂。忠良屏遠兮，讒諛寖昌。神龜在塗兮，虺蟒升堂。紫鷺笯置兮，鳩羽飛揚。騶虞潛遯兮，豺虎縱橫。江蘺鉏割兮，鉤吻日滋。芳荃不御兮，蔓草難圖。比干剖心兮，天子佯狂。蒙難以正兮，大明其傷。靈修不察兮，國以云亡。舊邦維新兮，武功以成。囚奴釋辱兮，作賓於王。九疇演繹兮，大法以彰。五事欽明兮，君道日隆。彝倫攸敘兮，庶政其凝。朝鮮分封兮，夷貊化行。傳國中山兮，蕃子以孫。廟貌有嚴兮，祀典攸存。歲時奉事兮，斯千萬年。

《全宋詩》卷五一三，9冊，6230頁

箕子廟 　　　　　　　　　　（元）王惲

廟在汲郡。

刳剔忠良詫肉林，當年愁絕父師心。道傳未害奴為辱，俗古方知化獨深。上念聖湯思自獻，下逢周武是知音。野煙無地尋遺廟，空詠芃芃麥秀吟。

《全元詩》第5冊，224頁

《箕子操》　　　　　　　　　　　　　　　　　　　　（明）王　達

《古今樂錄》曰：紂時，箕子佯狂，痛宗廟之爲（王墟），乃作此歌，後傳以爲操。

比干死，微子行。玉杯重，社稷輕。死不死兮生不生，嗟予至死將奚成。被髮佯狂全主名，嗟嗟宗廟兮吾淚以零。

《翰林學士耐軒王先生天遊雜稿》卷一，《四庫全書存目叢書》集部 27 册，106 頁

箕子臺　　　　　　　　　　　　　　　　　　　　　（明）孫　瑀

在西華，紂囚箕子在此。

君爲象箸尚華美，先生歎息良有以。窮奢極慾所由漸，終見鹿臺廣三里。宫中長夜荒酒池，不知天下人心離。比干諫死微子去，先生隱忍將何爲？意在君心一朝悟，我商尚得延來祚。挽回天意順人心，國無舊德誰相肋。嬖佞爲德忠爲讎，先生畢竟遭羈囚。自身困辱奚足惜，我君獨危深可憂。赤烏終應周家曆，虚心訪道建皇極。先生竟得存宗祀，遠向朝鮮就封國。時復思君心復悲，一心愛君君見疑。三仁平昔盡誠悃，君到焚時知不知。

《歲寒集》卷下，《四庫全書存目叢書》集部 31 册，39 頁

謁箕子廟　　　　　　　　　　　　　　　　　　　　（明）王　鶴

商運式微日，先生隱忍時。當年須有見，後世豈能知。教澤東人祖，書疇周武師。瞻依終萬古，駐馬薦清卮。

《周雅續》一〇，《陝西古代文獻集成》第 25 輯，373 頁

箕　子　　　　　　　　　　　　　　　　　　　　　（清）徐公修

佯狂被髮筮明夷，臣叔原來了不癡。《洪範》九疇皇建極，朝鮮萬古子開基。囚奴身釋封黄壤，暴主頭縣痛白旗。重過殷墟無限感，禾油麥秀寄哀思。

《史記百詠》卷一，《讀史千詠》，《史記研究文獻輯刊》13 册，421 頁

華　元　　　　　　　　　　　　　　　　　　　　　（唐）周　曇

未知軍法忌偏頗，徒解于思腹漫皤。昔日羊斟曾不預，今朝爲政事如何。

《全唐詩》卷七二八，21 册，8342 頁

華　元　　　　　　　　　　　　（清）徐公修

右師高位列三臺,華督曾孫望族推。饗士羊斟偏結憾,輔君鮑革獨懷才。斷炊析骨登床告,貽笑于思棄甲來。與晉欒書楚子重,善交大國會盟開。

《史記百詠》卷一,《讀史千詠》,《史記研究文獻輯刊》13 册,432 頁

孔　父　　　　　　　　　　　　（宋）王十朋

春秋死難止三人,皆欲求仁未得仁。節義可書惟孔父,勝如仇牧勝如荀。

《全宋詩》卷二〇二四,36 册,22690 頁

仇　牧　　　　　　　　　　　　（宋）王十朋

春秋死難止三人,皆欲求仁未得仁。仇牧捐軀為君父,不如孔氏勝如荀。

《全宋詩》卷二〇二四,36 册,22690 頁

宋芮司徒女　　　　　　　　　　（清）吳　鎮

赤毛女,來堤下。饋左師,有錦馬。左師向戌也。

《松花庵韻史》,《四庫未收書輯刊》拾輯 24 册,256 頁

晉世家

詩

詠《晉世家》

晉唐叔系（世）家　　　　　　　　　　（唐）司馬貞

天命叔虞，卒封於唐。桐珪既削，河、汾是荒。文侯雖嗣，曲沃日強。未知本末，祚傾桓莊。獻公昏惑，太子罹殃。重耳致霸，朝周河陽。靈既喪德，厲亦無防。四卿侵侮。晉祚遽亡。

《史記索隱》卷二九，467頁

三　晉　　　　　　　　　　　　　　　（元）徐　鈞

二百年除主夏盟，尊攘事巢古燕偷。若非剖一扁三梭，未必典圓盜入秦。

《全元詩》第7冊，276頁

晉　陽　　　　　　　　　　　　　　　（元）謝　肅

節彼懸甕山，晉水出其址。渟之湜方塘，注之盈畎畝。浩浩汾河流，東行何逶邐。叔虞受封地，汾晉環左右。維城屏宗周，貽謀至孫子。胡為封曲沃，自使絕人紀。兵戈日強大，創霸在重耳。悼公紹餘烈，王室暫寧止。區區隋家帝，宮宇極華侈。於焉啟唐祚，天運不可擬。我來遊冀方，斯境屢淹軌。慷慨懷古心，申章不能已。

《全元詩》第63冊，392頁

上黨雜詩 (清)王　軒

高臺三載曠民時，公室當年忽已卑。玉帛久空鐘□改，霸圖千古怨虒祁。
椒實公行有幾家？深山大澤更龍蛇。傷心舊日銅鞮水，自繞孤墳吊伯華。
西河行父猶拘舘，楚使宛春亦待囚。何事晉廷工執使，後來孫蒯又純留。

《樗經廬詩集》卷二，《續尤西堂擬明史樂府》（外二種），116頁

靈輒扶輪 《左傳》 (清)田依渠

倒戟公徒禦，翳桑屬餓人。即今看史傳，言不及扶輪。

《茹古山房讀史餘吟》卷二，《清代詩文集彙編》639冊，647頁

列國宮詞·晉 (清)殷如梅

銅鞮數里鎖春宮，牆外櫻桃樹樹紅。忘却國君漁色誡，遠耆德且比頑童。
一彈再鼓鶴堪招，夜靜虒祁破寂寥。惹得無端風雨至，笑渠清福也難消。

《緣滿山房集》丙二，《清代詩文集彙編》438冊，698頁

詠　史 (其十一) (清)宋　楳

僭王不責責包茅，伐楚如何兵不交。何似晉人才力大，戰贏城濮敗秦殽。

《雞膇百二稟》卷五，《清代詩文集彙編》475冊，40頁

助曲沃 (清)皮錫瑞

東遷夾輔惟文侯，秬鬯彤盧賚晉仇。文侯薨，翼侯弱，王不助翼助曲沃。獨不念定宜臼，殺余臣，義和當日稱元勳。歌無衣，賂寶器，王命從此弁髦棄，何論魏斯、趙籍、韓虔紛相繼。

《師伏堂詠史》，《清代詩文集彙編》772冊，305頁

桓莊族 (清)皮錫瑞

先殺族，後殺子，蒲屈終城聚始教。猱升木，由子興，置薪不慎獨何歟。蒍謀深，公手滑，宗子維城乃至言，桓莊之族何罪殺？士蒍為司空，城絳深其宮，狐裘狐裘方蒙茸。

《師伏堂詠史》,《清代詩文集彙編》772 冊,305 頁

請假道

(清)皮錫瑞

璧與馬,是吾寶。苟非吾寶,安得一再假虞道。始焉國君,俄焉媵臣。吾宗不親,吾神不神。糠不可舐,舐糠將及米;唇不可亡,亡唇乃寒齒。虞、虢輔車勢相倚,虢亡虞將不臘矣。公之馬不如臣之牛,食牛乃能霸諸侯。公獨不憶,出奔因玉。求胡爲牽馬,抱璧生不羞。

《師伏堂詠史》,《清代詩文集彙編》772 冊,306 頁

出狄師

(清)皮錫瑞

申借戎兵鎬京破,王豈忘之又興禍。鄭可討,帶可歸。出狄師,將奚爲?狄豺狼也豈可與,王乃更后豺狼女。借兵戎狄終渝盟,何況豺狼之女多無情。

《師伏堂詠史》,《清代詩文集彙編》772 冊,306 頁

殺叔武

(清)皮錫瑞

入者公,出者武。武捉髮,公枕股。公乎爾勿哭,君臣將爲獄。醫之毒,魯之玉,衛侯復,元咺戮,奪門乃殺于忠肅。

《師伏堂詠史》,《清代詩文集彙編》772 冊,306 頁

無公族

(清)皮錫瑞

桓莊偪,公子戮。驪姬亂,公子逐。雍樂仕秦、陳、趙、韓掌公族。獨不見魯三桓,鄭七穆,魯、鄭終後亡晉、齊,亡更速,歌杕杜,嗟行人,采莫者,何紛紛,公行公族異乎吾所聞,何啻謂他人父,他人昆。

《師伏堂詠史》,《清代詩文集彙編》772 冊,306 頁

聽於神

(清)皮錫瑞

神何爲者,乃降於莘,丹朱爽德甯憑身。神何爲者,乃襲於門,蓐收虎爪爲刑臣。國將亡,聽於神,神也正直常依人,禱祠享祀何紛紛。獨不聞童謠云:丙之晨,土田賜,虢公奔。

《師伏堂詠史》，《清代詩文集彙編》772冊，305頁

討趙氏

（清）皮錫瑞

鬼聲嗚嗚入寢戶，二豎膏肓相與語。趙氏之禍由莊姬，當時詎聞屠岸賈。報君仇，事有無！信如史公言，岸賈其忠乎？弒君之賊法必討，嬰、杵存孤何足道！

《師伏堂詠史》，《清代詩文集彙編》772冊，306頁

牛償豚

（清）皮錫瑞

晉如牛，魯如豚。牛將償，豚乃奔。有聲如牛作盟主，晉雖強大政多門。牛爲大畜故可分，豚不可分豚尚存。

《師伏堂詠史》，《清代詩文集彙編》772冊，306頁

晉殺秦諜

（清）吳　鎮

獲秦諜，尸絳市。六日蘇，亦異矣。

《松花庵韻史》，《四庫未收書輯刊》拾輯24冊，255頁

詠晉君 附驪姬

文 公　　　　　　　　　　　　（唐）周 曇

滅虢吞虞未息兵,柔秦敗楚霸威成。文公徒欲三強服,分晉元來是六卿。

《全唐詩》卷七二八,21 冊,8341 頁

晉文公　　　　　　　　　　　　（宋）王十朋

逆旅棲棲十九年,五蛇夾負遂升天。却慚不及齊桓正,卿相由無管仲賢。

《全宋詩》卷二○二四,36 冊,22687 頁

《公子重耳出奔圖》　　　　　　　（元）劉敏中

一馬先,五馬從,意似五虺從一龍。六人乘馬冠佩同,志趣不凡懼在容。前者回盼後者喁,適自何來太怱怱。落日更在風沙中,《春秋》見說晉重耳。逃難之時乃如此,千年得失屬畫史。

《全元詩》第 11 冊,280 頁

謁晉文公祠　　　　　　　　　　（元）和禮普化

當時五霸許桓、文,踐土同盟王室尊。千古蒲陽思往事,功勛猶祀晉亡人。

《全元詩》第 66 冊,330 頁

陪州尹杜公謁晉公祠　　　　　　（元）高 鴻

皇天既厭周德衰,諸侯吞噬王室危。齊桓已卒管仲歿,滔滔天下易者誰。驪姬譖起申生死,天意將興晉公子。險阻艱難十九載,民之情偽盡知矣。撫綏四方文教行,匡合群后來同盟。三誅晉罪人心服,一敗荊尸霸業成。古者英雄惠中國,今之藩鎮多涼德。安得威靈假後人,如君糾正君側惡。

《全元詩》第 66 冊,387 頁

謁晉文公祠　　　　　　　　　　　　　　（元）朱輿誠

公子間關走亂離，斬袪曾出避驪姬。申生死後諸昆逐，里克謀成二弟危。踐土尋盟王道熄，河陽出狩主恩虧。高唐留得祠名在，古瓦荒基跡已隳。

《全元詩》第 68 冊，179 頁

晉文公廟　　　　　　　　　　　　　　（明）馬　理

小白云亡諸姬傾，諸侯束手盡歸荊。當時天下無人在，王室誰存祭與名。

《谿田文集》卷一〇，《陝西古代文獻集成》第 17 輯，541 頁

太原懷古　　　　　　　　　　　　　　（明）文翔鳳

主盟世霸朝諸夏，蚤讀《春秋》想晉疆。爲折楚鋒收鄭伯，非要原地狩周王。雲中星枕天頭骨，太嶽虹垂地脊樑。代北未須誇紫鷟，請從謨典贊文章。

《皇極篇》卷一，《四庫禁毀書叢刊》集部 49 冊，248 頁

剪桐行　　　　　　　　　　　　　　（明）文翔鳳

維此汨灘野，丹山肇唐公。天何奪而付，周武夢中子。子並予封既，命為虞兼擇。地陶唐冀方，割河東此理。渺茫不可解，征伐者昌揖。遙窮大叔固，是提中物品。其唐叔位在，周公右明堂。王會阼階中，晉地山河原。表裏平陽堯，圖授孺童翔。皋作邑山如，翼坐據汾澮。列唐風其後，爭鄭侵曹衛。也恃黃河太，行難虞公舜。冑仍吞噬屈，馬棘壁誘成。功天下為家，遨皇矣弗使。唐、虞獲令終。

《南極篇》卷四，《四庫禁毀書叢刊》子部 11 冊，448 頁

退避三舍　　　　　　　　　　　　　　（清）褐　夫

三舍前言耿未忘，晉文履信殺人場。可堪世道江河下，詐雨騙風惡作狂。

《古史詩針》，《戴名世集》附錄二，437 頁

晉文公　　　　　　　　　　　　　　（清）徐公修

載詠《秦風》到渭陽，康公送舅倍情長。數千里外供奔走，十九年來痛出亡。老輩從

行推舅犯,英雌醉遣荷齊姜。介推苦受焚山慘,旌善綿田暗自傷。

《史記百詠》卷一,《讀史千詠》,《史記研究文獻輯刊》13 册,428 頁

晉文公　　　　　　　　　　（清）秦　煥

霸術雖從正譎分,若論尊攘邁齊君。後來莽、操群奸起,大半陰謀祖晉文。

《劍虹居詩集》卷下,《清代詩文集彙編》675 册,196 頁

晉文公　　　　　　　　　　（清）吳　鎮

柩出絳,聲如牛。西師淚,二陵秋。

《松花庵韻史》,《四庫未收書輯刊》拾輯 24 册,255 頁

景　公　　　　　　　　　　（唐）周　曇

覺病當宜早問師,病深難療恨難追。晉侯徒有秦醫緩,疾在膏肓救已遲。

《全唐詩》卷七二八,21 册,8341 頁

晉景公　　　　　　　　　　（清）吳　鎮

夢大厲,不食新。禮良醫,殉小臣。

《松花庵韻史》,《四庫未收書輯刊》拾輯 24 册,255 頁

晉獻公　　　　　　　　　　（宋）王十朋

齒髮衰殘志慮昏,讒興婦口可心寒。不知尤物能為禍,却為驪姬寢食安。

《全宋詩》卷二〇二四,36 册,22689 頁

驪姬墓下作　　　　　　　　（唐）岑　參

夷吾、重耳墓,隔河相去十三里。

驪姬北原上,閉骨已千秋。澮水日東注,惡名終不流。獻公恣耽惑,視子如仇讎。此事成蔓草,我來逢古丘。蛾眉山月苦,蟬鬢野雲愁。欲弔二公子,橫汾無輕舟。

《全唐詩》卷一九八,6 册,2042 頁

讀史雜詠·晉驪姬　　　　　　　　　　（清）唐廷詔

有子九人種愛偏,比臣二五弄機權。胙雖斃犬留三日,猶見占龜臭十年。

《飲月軒詩鈔》卷二,《清代詩文集彙編》592 冊,134 頁

申　　生　　　　　　　　　　（宋）劉克莊

君父如天地,雖逃安所之。可憐共世子,死不恨驪姬。

《全宋詩》卷三〇七六,58 冊,36324 頁

讀史樂府·申生怨　　　　　　　　　　（清）趙紹祖

驪姬夜半泣擁衾,太子搆禍禍將深。置宮六日肉有毒,君奚不察怒不禁。欲辭姬有罪,毋乃傷君心。欲行誰無父,蒙此殺父名。辭伯氏,縊新城,父命殺兒兒敢生。偏衣金玦兆已見,惜不早從狐突行。

《琴士詩鈔》卷一,《清代詩文集彙編》432 冊,644 頁

詠晉臣

靈輒　　　　　　　　　　　　　　　　　　（唐）周　曇

失水枯鱗得再生，翳桑無地謝深情。朱輪未染酬恩血，公子何由見赤誠。

《全唐詩》卷七二八，21 冊，8343 頁

叔　向　　　　　　　　　　　　　　　　　（唐）周　曇

重祿存家不敢言，小臣憂禍亦如然。明開諫諍能無罪，只此宜為理國先。

《全唐詩》卷七二八，21 冊，8346 頁

智　伯　　　　　　　　　　　　　　　　　（唐）周　曇

三國連兵敵就擒，晉陽城下碧波深。風濤撼處看沈趙，舟楫不從翻自沈。

《全唐詩》卷七二八，21 冊，8346 頁

再　吟　　　　　　　　　　　　　　　　　（唐）周　曇

攻城來下惜先分，一旦家邦屬四鄰。徒逞威強稱智伯，不知權變是愚人。

《全唐詩》卷七二八，21 冊，8346 頁

荀　息　　　　　　　　　　　　　　　　　（宋）王十朋

春秋死難止三人，皆欲求仁未得仁。荀息捐軀為私匿，也勝賊子與奸臣。

《全宋詩》卷二〇二四，36 冊，22690 頁

師曠墓　　　　　　　　　　　　　　　　　（元）儲企範

太師仕晉此為家，猶有鄉村近水涯。孤塚離離埋宿草，荒祠漠漠映殘霞。四時風雨嘶石馬，一部笙簧付垤蛙。正是不勝惆悵處，斜陽枯木噪寒鴉。

《全元詩》第 3 冊，80 頁

唐叔虞廟

(元)王 惲

巍然遺廟枕城崖,霸業桓桓自此開。刲地不銷昭伯血,瓜分何為出公哀。

《全元詩》第5冊,434頁

師曠廟

(元)王 旭

子野晉太師,知音古今善。胡為有遺祠,乃在魯東縣。問俗知其鄉,懷賢起欽戀。古樂久崩亡,新聲日惑眩。斯人不可作,雅鄭何由辨。客行無牲酒,歌詩代陳奠。感慨千古心,因之此中見。

《全元詩》第13冊,22頁

過祁縣,感祁奚事

(元)李齊賢

吾愛晉朝祁大夫,為君能舉午與□。乾坤自有公道在,肯以恩怨為賢愚。不教遺直困陸沈,拂袖一去雲無心。當時囁咕來相謝,叔向豈是真知音。嗟哉此道日已微,對面九疑多是非。臨歧吊古一長歎,吾非斯人誰與歸。

《全元詩》第33冊,324頁

師曠廟二首

(元)張守大

草綠東原霽景浮,杖藜閑步思悠悠。楊侯城外煙村古,師曠祠前野水流。遺俗不堪悲往事,新詩聊復記曾遊。當年冠蓋俱塵土,祇見殘陽下故丘。

衰草寒煙子野祠,升堂拂蘚讀殘碑。知音迥出師涓右,典樂常懷晉悼時。已辨哀吟傳濮水,還因規諷及祁奚。淫哇此日知誰正,悵望遺墟有所思。

《全元詩》第68冊,78頁

祁大夫

(清)王 軒

外舉不避仇,內舉不避親。石碏殺其子,乃亦稱純臣。大哉趙充國,且復及其身。

《橭經廬詩集》卷四,《續尤西堂擬明史樂府》(外二種),141頁

師　曠 　　　　　　　　　　　　　　　　　　（清）羅惇衍

字子野。晉樂工。平公時，為太師。

博識紛綸亞鄭僑，諫珂難比鳳翔霄。為援清角元雲起，并寄遐心白雪調。炳燭學明原不晚，撞琴志激太無聊。尚留一事人臣法，墨墨深憂萃本朝。

《集義軒詠史詩鈔校證》卷一，第一冊，4 頁

師曠聰耳 見《孟子》注　　　　　　　　　　　　　（清）田依渠

耳音誰最著，師曠異恒流。再有離婁日，聰明更寡待。

《茹古山房讀史餘吟》卷四，《清代詩文集彙編》639 冊，658 頁

趙　衰 　　　　　　　　　　　　　　　　　　（清）徐公修

賓筵雅賦黍苗詩，陰翊文公反國期。居翟叔隗佳耦配，去齊咎犯協謀資。五蛇為輔公才最，八駿周巡祖烈垂。冬日溫和遺愛被，守原應勒去思碑。

《史記百詠》卷一，《讀史千詠》，《史記研究文獻輯刊》13 冊，431 頁

寒　食 　　　　　　　　　　　　　　　　　　（唐）盧　象

子推言避世，山火遂焚身。四海同寒食，千秋為一人。深怨何有道，峻跡古無鄰。魂魄山河氣，風雷御宇神。光煙榆柳滅，怨曲龍蛇新。可歎文公霸，平生負此臣。

《全唐詩》卷一二二，4 冊，1221 頁

寒　食 　　　　　　　　　　　　　　　　　　（唐）孟雲卿

二月江南花滿枝，他鄉寒食遠堪悲。貧居往往無煙火，不獨明朝為子推。

《全唐詩》卷一五七，5 冊，1609 頁

綿　山 　　　　　　　　　　　　　　　　　　（唐）胡　曾

親在要君召不來，亂山重疊使空迴。如何堅執尤人意，甘向岩前作死灰。

《全唐詩》卷六四七，19 冊，7433 頁

題介公廟 并序　　　　　　　　　　　　　　　　（宋）張商英

介之推不忍舅犯之要君,攜母以去,求仁者也。世傳《龍蛇章》厚誣義士,故有詩以辨之。

十九年從晉重耳,艱棘憂危同踐履。田中乞食桑下謀,繭足周旋垂萬里。一心奉事不自欺,逆知天意開公子。及河忽聞舅犯言,如以朝衣蹈泥滓。鄙夫豈可與同行,攜母入山甘隱藏。公子歸來霸業強,築壇踐土尊天王。大夫卿士環佩鏘,斬袪寺人紛頡頏。念子昔者皆奔亡,舍我長逝情怛傷。大搜縱火焚山岡,烈焰不肯回剛腸。嗟乎義士不可量,何人謬作《龍蛇章》。

《全宋詩》卷九三四,16 冊,11006 頁

介子推　　　　　　　　　　　　　　　　　　　　（元）伍良臣

晉文公,賞從亡,介推獨忘紀。推言人匪功,君位天實畀。惟母義且賢,偕隱遂以死。祀祠綿上田,禾黍滋藿藦。譬彼矜伐徒,因之厲廉恥。《左傳》文公返國云云。推曰:君之位,天實畀之,二三子以為功,不亦誣乎云云。將隱而去,母曰:能如是,與之偕隱以死。文公求之。蓺,息委切,草木華。□不獲,以綿上為之田,以供祭焉。討春遊欒藿藦。

《全元詩》第 24 冊,271 頁

寒食,懷介推遺事三首　　　　　　　　　　　　　（元）葉顒

廉潔孤高類伯夷,入山避匿怕遲遲。晉文遺恨空千古,似愧當時不汝知。

子推高誼冠衰周,野老掀髯笑晉侯。設使位居狐偃右,宏規豈止霸功休。

清風凜凜古今奇,逃賞忠功絕代稀。火滅煙銷灰冷久,芳聲烜赫愈光輝。

《全元詩》第 42 冊,98 頁

清明吊古,懷介子推　　　　　　　　　　　　　　（元）葉顒

子推深入萬山雲,千載空令笑晉文。寂寞杏花村路雨,更無人為酹荒墳。

《全元詩》第 42 冊,109 頁

綿　山　　　　　　　　　　　　　　　　　　　　（元）趙次誠

介之推以晉侯焚山求之,哀其母死。

白石爍,迫之爵,君豈於我兮炮烙。白石灰,招之來,君豈遇余乎蒿萊。要君罪丘山,死義心日月。獨恨青青綿,不葬慈母骨。

《全元詩》第 66 冊,4 頁

綿山吊介之推二首　　　　　　　　　　（明）文翔鳳

陶狐求賞不終捐,何況龍虵十九年。祿必待言祿始及,賞亡始信是貪天。偕隱山幽焉用文,林中求客未須焚。居然薙氏甘行火,志過誰能綿上耘。

《皇極篇》卷一,《四庫禁毀書叢刊》集部 49 冊,249 頁

介子祠　　　　　　　　　　（明）張佳胤

荒祠展高揖,介子昔稱賢。從臣皆霸略,功賞一何偏。清風激夏木,靈波逝汾川。矯枉發孤憤,傷哉綿上田。

《居來先生集》卷二,《四庫全書存目補編》第 51 冊,91 頁

《介山操》　　　　　　　　　　（明）王　達

《琴操》有《龍蛇歌》,以為介子辭。僖公二十四年,晉文公反國,賞從者,介子推不言,祿亦弗及。推曰:"獻公之子九人,惟君在矣。惠、懷無親,內外棄之。天未絕晉,必將有在主晉祀者,非君而誰,天實置之。二三子以為己力,不亦誣乎。"遂亡去。之推之山,文公求之不得而焚山,不出而死。

蛇從龍兮理所宜,龍乘雲兮蛇所遺。龍蛇貴賤兮命有殊,蛇虺怨兮死所恰,火兮火兮枯我身而敢辭。

《翰林學士耐軒王先生天遊雜稿》卷一,《四庫全書存目叢書》集部 27 冊,106 頁

鄉賢十詠·介之推　　　　　　　　　　（明）何東序

公子非亡國,周旋廣樹風。霸圖自天啟,羈紲亦何功。滔滔五丈夫,蹇蹇在泥中。爵祿紛三出,四蛇競從龍。有母甘偕隱,無文祇固窮。剛腸摧烈熖,伊人未可逢。輇旋心自覆,內史第容容。不繹舡中語,虛勞縣上封。遺俗流寒食,環山火不紅。至今千載下,秋草怨王公。

《九愚山房詩集》卷二,《四庫全書存目叢書》集部 126 冊,635 頁

綿山懷古 　　　　　　　　　　　　　　　　　　　　（明）謝　榛

綿山憶介子,歿後幾年春。獨有英明主,終憐患難臣。斷霞餘古燒,悲鳥自荒榛。歲歲逢寒食,其如惆悵人。

《謝榛全集》卷五,166頁

介子推祠 　　　　　　　　　　　　　　　　　　　　（明）楊　巍

龍蛇寂寞一祠存,濁世誰知處士尊。漫向綿山空墮淚,火能燒骨不燒魂。

《存家詩稿》卷七,影印文淵閣《四庫全書》1285冊,534頁

綿　　上 　　　　　　　　　　　　　　　　　　　　（明）錢子義

晉文公將入國,至及河,子犯授以璧云云。公曰:"所不與舅氏同心者,有如白水。"投璧于河而濟。文公既入,賞從亡者,介之推不言祿,祿亦不及。遂隱而死。文公求之不得,以綿上爲之田,曰:"以志吾過,且旌善人。"

綿上田荒草滿畦,感時懷古不勝悲。及河授璧要君者,得賞終慚介子推。

《續詠史詩》上,《種菊菴集》一,《三華集》卷七,影印文淵閣《四庫全書》1372冊,88頁

讀史三首(其一) 　　　　　　　　　　　　　　　　　（明）沈明臣

晉侯老歸國,功成賞從亡。介子不言祿,祿亦無所將。奈何二三子,貪天為已功。叶。龍既處深淵,蛇各獲所藏。一蛇自乾死,毋亦願同行。非不榮爵祿,君難臣所當。異哉舟之僑,行歌激清商。嗟嗟綿上田,春風草茫茫。年年寒食節,《黃鳥》以悲傷。

《豐對樓詩選》卷三,《四庫全書存目叢書》集部144冊,180頁

介山懷古 　　　　　　　　　　　　　　　　　　　　（清）王士禎

驅車綿上聚,懷古綿上田。授璧事已遠,遺跡今虛傳。晉國昔多難,公子實大賢。五蛇爲之輔,一蛇獨耆乾。身隱竟焉文,狐趙羞比肩。逃榮誼固高,報德理亦然。徘徊望忌坂,落日無寒煙。何人貪天功,嗟哉南內年。

《漁洋續詩集》卷三,《王士禎全集》第一冊,728頁

介之推 (清)羅惇衍

晉人。

鳥飛寥廓不思遠,功戒貪天少汗顏。河有誓詞羞白水,田能旌善指青山。養施犬馬甘偕隱,賦就龍蛇許獨聞。留作千年寒食節,孤臣清氣永人寰。

《集義軒詠史詩鈔校證》卷一,第一冊,7頁

緜　田 (清)王軒

憂患交不渝,安樂義輕絕。實懷俄棄遺,傷哉一何決。赤松有孤蹤,五湖泛高節。豈不榮圭組,雨霰戒先雪。矯矯介子推,緜田見遺烈。崎嶇十九載,分寸羞自列。逃賞非云高,色舉遠危轍。白璧沉洪波,固寵務智黠。奈何君臣間,恩禮變要結。世士重功名,漏盡行未歇。睠言側吾情,頰波發心熱。遐迹入林長,清風厲彌潔。山木雖自焚,餘芳激來哲。媿彼患失徒,赤族終一跌。

《耨經廬詩集》卷二,《續尤西堂擬明史樂府》(外二種),104頁

蘧伯玉《春秋》 (清)孫珩

不經五十不知非,君子還疑只獨為。心事全從賢使寫,行藏偏得聖人時。敬君猶凜夜深行,法祖無慚年耄詩。俎豆千秋配尼父,交情那許晏嬰窺。

漢毛欽稱伯玉恥獨為君子,未知何據?然實道得聖賢心事。夫以伯玉之賢,季札知之,史魚知之,雖淫亂如南子亦知之,而靈昏不知。然則靈之所為用,當其才者,亦僅僅以免於喪耳。

《歸田藁》卷一,《清代詩文集彙編》534冊,455頁

介之推《春秋》 (清)孫珩

豈有廉仁似介推,忍偕慈母葬殘灰。堯都原自容巢父,華袞安能易老萊。狐趙功名真糞土,山河表裏亦塵埃。不如肥遯成高志,贏得旌田當鈞臺。

《歸田藁》卷一,《清代詩文集彙編》534冊,452頁

介子推 (清)秦焕

盟水要君事不同,逃名未免愧純忠。母甘偕隱偕非死,凄絕綿山一炬紅。

《劍虹居詩集》卷下，《清代詩文集彙編》675冊，196頁

綿山怨 《左傳》　　　　　　　　　　（清）陳啟疇

晉文公出亡，介之推從。反國，遍賞從者，而不及推。推死，文公以綿上田旌之。

公子出亡本赤手，僕人白晝竊藏走。割股孤臣幸生還，君今反國臣入山。山中寂歷何所有，不得事君得事母。伯常子呼可去矣，玉帛如山徵不起。白鴉一舉沖林煙，悲乎足下綿上田，貪天之功胡得焉。

《詠史擬古樂府》卷上，《清代詩文集彙編》450冊，151頁

綿上田　　　　　　　　　　（清）吳名鳳

身將隱，焉用文，兒能如是母亦欣，那更有書懸宮門。五蛇輔一蛇，怨亡入綿上，逐无悶焚山，不出身焦爛。吁嗟乎！志過旌善禮亦宜，被焚之言真無稽。司烜禁火《周官》垂，何人誤及介之推。

《竹庵詩鈔》卷上，《清代詩文集彙編》487冊，107頁

銅鞮伯華　　　　　　　　　　（清）羅惇衍

晉人，即羊舌赤。為銅鞮大夫。

三晉奇材天下定，淵泉時出席懷珍。能容默默言興國，有道謙謙老下人。舉並解狐光簡冊，德過鳴犢抱經綸。五君賢輔思隨會，祝史無慚亦感神。

《集義軒詠史詩鈔校證》卷一，第一冊，15頁

魏　顆　　　　　　　　　　（清）吳　鎮

死老人，能結草。蜃炭灰，又《黃鳥》。宋文公用人殉。

《松花庵韻史》，《四庫未收書輯刊》拾輯24冊，255頁

魏　絳　　　　　　　　　　（清）吳　鎮

虎豹皮，請和戎。金石樂，賞大功。

《松花庵韻史》，《四庫未收書輯刊》拾輯24冊，255頁

詞

前調(念奴嬌)·寒食吊介推　　　　　　　　(清)王　璐

遍村煙冷,是當年一火,燎成寒食。誰惜王家餘介子,歌斷龍蛇山澤。裂石灰騰,燻林炬焰,拊木空沾臆。曩時綿上,幾多鴉羽翻白。文公焚林以求介推,有白鴉繞煙而噪,火不能焚,晉人為立思煙臺,見《袖中記》。　今日微雨郊原,椒漿桂酒,何處澆魂魄。十九年來艱苦共,不保碎骸零骼。宿草淒迷,古煙消散,恨血銅花碧。悲哉足下,踏泥聊展雙屐。

《全清詞》雍乾卷第七冊,3813 頁

前調(清平樂)·翌日寒食重賦　　　　　　　(近代)陳去病

禁烟令節,處處鵑啼血。倦眼天涯愁欲絕,心事這番難說。　介推遺恨如何,晉重詎免譏訶。贏得雲龍風虎,紛如春草還多。

《病倩詞》,《浩歌堂詩鈔》,328 頁

楚世家

詩

詠《楚世家》

楚系(世)家 　　　　　　　　　　　　　　　　　(唐)司馬貞

鬻熊之嗣，周封於楚。僻在荊蠻，蓽路藍縷。及通而霸，僭號曰武。文既伐申，成亦赦許。子圍篡嫡，商臣殺父。天禍未悔，憑奸自怙。昭困奔亡，懷迫囚虜。傾襄、考烈，祚衰南土。

《史記索隱》卷二九，468 頁

《楚世家》 　　　　　　　　　　　　　　　　　(唐)唐彥謙

偏信由來惑是非，一言邪佞脫危機。張儀重入懷王手，駟馬安車却放歸。

《全唐詩》卷六七二，20 冊，7686 頁

楚國史 　　　　　　　　　　　　　　　　　(唐)徐　夤

六國商於恨最多，良弓休縕劍休磨。君王不剪如簧舌，再得張儀欲奈何。

《全唐詩》卷七一一，21 冊，8187 頁

讀《楚世家》 　　　　　　　　　　　　　　　　　(宋)張　嵲

喪歸荊楚痛遺民，修好行人繼入秦。不待金仙來震旦，君王已解等冤親。

《全宋詩》卷一八四五,32 册,20548 頁

哀郢二首　　　　　　　　　　　　（宋）陸　游

遠接商、周祚最長,北盟齊、晉勢爭強。章華歌舞終蕭瑟,雲夢風煙舊莽蒼。草合故宮惟雁起,盜穿荒冢有狐藏。《離騷》未盡靈均恨,志士千秋淚滿裳。

荆州十月早梅春,徂歲真同下阪輪。天地何心窮壯士,江湖從古著羈臣。淋漓痛飲長亭暮,慷慨悲歌白髮新。欲吊章華無處問,廢城霜露濕荆榛。

《全宋詩》卷二一五五,第 39 册,24282 頁

楚宮行　　　　　　　　　　　　　（宋）陸　游

漢水方城一何壯,大路并馳車百兩。軍書插羽擁修門,楚王正醉章華上。璇題藻井窮丹青,玉笙寶瑟聲冥冥。忽聞命駕遊七澤,萬騎動地如雷霆。清晨射獵至中夜,蒼兕玄熊紛可藉。國中壯士力已殫,秦寇東來遣誰射。

《全宋詩》卷二一七二,第 39 册,24691 頁

楚　宮　　　　　　　　　　　　　（明）韓邦靖

雲雨陽臺事已空,惟餘煙草舊時宮。請君看取黃金屋,莫道襄王是夢中。

《韓五泉詩》卷四,《韓五泉詩　韓安人遺詩》,《陝西古代文獻集成》第 7 輯,第 132 頁

雜詩六首（其四）　　　　　　　　（清）王龍文

滅吳抉眼愁爲沼,《哀郢》埋輪認故墟。是處蓬蒿翔斥鷃,有人鐘鼓饗鷓鴣。

《平養詩存》卷下,《清代詩文集彙編》790 册,365 頁

列國宮詞·楚　　　　　　　　　　（清）殷如梅

春來亡國恨偏深,閒對桃花淚滿襟。脈脈無言矜小節,笑渠開口又何心。

千仞章華接太虛,投龜詢罿意何如。盜雖有寵非當璧,莫怨區區不畀余。

《綠滿山房集》丙二,《清代詩文集彙編》438 册,698 頁

擬高青邱(丘)十宮詞·楚宮 (清)譚宗浚

侍宴章華酒未消,鐙前賭笑百嬌嬈。不知行雨陽臺女,比似宮人孰細腰。

《荔村草堂詩鈔》卷一《入塾集》,《清代詩文集彙編》763冊,5頁

楚中懷古 (清)譚宗浚

七澤三湘接混茫,何年篳路啓南疆。朱陵祕洞群仙窟,赤壁雄風百戰場。終古英皇餘涕淚,並時屈宋擅文章。倦遊憶過空舮峽,愁聽哀猿暮雨涼。

《荔村草堂詩鈔》卷四《過庭集》下,《清代詩文集彙編》763冊,42頁

詠楚君 附鄧侯

楚莊王　　　　　　　　　　　　　　　　　　　　（宋）王十朋

周衰夷狄最跳梁,楚入春秋勢更強。能用一言存滅國,賢哉猶有一莊王。

《全宋詩》卷二〇二四,36 冊,22687 頁

楚莊王　　　　　　　　　　　　　　　　　　　　（清）徐公修

鄭姬越女寵專房,即位三年政怠荒。武力折鉤矜楚國,雄心問鼎入周疆。叔敖持重參軍略,伍舉微言代諫章。敗晉復陳兼釋宋,蠻夷大長霸南方。

《史記百詠》卷一,《讀史千詠》,《史記研究文獻輯刊》13 冊,429 頁

古意二首（其二）　　　　　　　　　　　　　　　（唐）祖　詠

楚王竟何去,獨自留巫山。偏使世人見,迢迢江漢間。駐舟春溪裏,誓願拜靈顏。夢寐睹神女,金沙鳴佩環。閑豔絕世姿,令人氣力微。含笑默不語,化作朝雲飛。

《全唐詩》卷一一四,4 冊,1331 頁

細腰宮　　　　　　　　　　　　　　　　　　　　（唐）汪　遵

鼓聲連日燭連宵,貪向春風舞細腰。爭奈君王正沈醉,秦兵江上促征橈。

《全唐詩》卷六〇二,18 冊,6954 頁

章華臺　　　　　　　　　　　　　　　　　　　　（唐）胡　曾

茫茫衰草沒章華,因笑靈王昔好奢。臺土未乾簫管絕,可憐身死野人家。

《全唐詩》卷六四七,19 冊,7419 頁

細腰宮　　　　　　　　　　　　　　　　　　　　（唐）胡　曾

楚王辛苦戰無功,國破城荒霸業空。唯有青春花上露,至今猶泣細腰宮。

《全唐詩》卷六四七,19 冊,7419 頁

章華臺 （宋）劉 敞

楚子志方盛,築臺臨章華。度高累百尋,計產逾萬家。參差蔽日月,煥爛生煙霞。侍酒皆列侯,佐歡盡名娃。嬉遊未云樂,荊棘紛已芽。奈何竭民力,用此為盜誇。蔓草匿頹基,長風卷飛沙。廢興若糾纏,故老猶咨嗟。

《全宋詩》卷四七一,9 冊,5709 頁

楚靈王 （宋）王十朋

章華臺就國被繇,征會諸侯意氣驕。楚眾已離猶不悟,近臣徒為頌《祈招》。

《全宋詩》卷二〇二四,36 冊,22689 頁

細腰宮 （金）王 寂

玉粒宮娃滴滴嬌,君王沉湎醉春宵。不知天下歸長距,猶向樽前舞細腰。

《全金詩》,《全遼金詩》上冊,592 頁

章華臺 （元）林彥華

章華臺高逼南斗,七澤三江在窗牖。宮女爭回舞雪腰,郢人巧運成風手。子圍霸業良可羞,詬天簒國仇諸侯。一弓不忍賜弱魯,九鼎尚欲求宗周。羈魂不返乾溪路,臺上春深走狐兔。

《全元詩》第 24 冊,287 頁

十臺懷古並序·章華臺 （元）吳師道

友人自杭來,示及濟南王君《十臺懷古》詩,讀之感慨不已。夫江山故宮,歌舞遺跡,千載之上,英雄游焉;千載之下,狐兔行焉。俛仰廢興,孰能無情。而詩人尤甚。發為詠歌,詞雖不同,而意總合。若物之鳴,以類而應。余安得忘言哉!余生好游,嘗聞司馬子長、杜拾遺,覽觀四方山川之勝,以壯其文,心竊慕之。異時浮江淮,泝湘沅,上巴峽,過秦漢故都,歷燕趙齊魯之場,所見如十臺尚多,訪遺老,詢故實,足以發一時之興,快宿昔之願。歸而讀馬、杜之詩文,以證其所得焉耳。

靈王傾國崇臺宇,按劍章華睨中土。弁裳伏地走諸侯,鐘鼓凌空震三楚。驕驕不畏

伍子謀,落成乞與吳兵遊。孤舟竟走江上路,塊土獨枕山中愁。十年伯氣終蕭索,回首華容歸不得。饑魂漂泊啼秋煙,細腰却舞新王前。

《全元詩》第 32 册,25 頁

十臺懷古·章華臺　　　　　　　　　　(元)葉 懋

靈王築臺天下壯,金殿崔嵬九天上。咆哮問鼎出東郊,列國諸侯盡西向。荊南膏血□□空,雕簷百尺輝晴虹。十二珠簾卷秋色,三千玉貌歌春風。春風有恨愁無極,孤舟夢斷鄢城北。精靈夜逐蜀魂飛,回首花容瘴煙黑。

《全元詩》第 47 册,179 頁

和吳正傳五臺懷古韻·章華臺　　　　　　(元)金 涓

楚臺雲棟連天宇,伯氣憑陵橫九土。方會諸侯求鼎時,天下無周而有楚。一朝吳蔡兵合謀,孤舟江路誰從遊。宫花曉露細腰泣,空山落日餓鬼愁。春風過眼秋蕭瑟,餉人一飯那能得。道傍塊土棲草煙,夜寒夢落空臺前。

《全元詩》第 60 册,298 頁

十宫詞·楚宫　　　　　　　　　　　　(明)高 啟

雨去雲來十二峰,渚宫樓閣暮重重。細腰無限空相妒,不覺瑶姬夢裹逢。

《高青丘集》卷一七,下册,728 頁

乾　溪　　　　　　　　　　　　　　(明)錢子義

楚靈王奢縱,狩于州來,次乾溪。右尹子革夕見王,與之語云云。子革對曰:"昔穆王欲肆其心,周行天下,祭公謀父作《祈招》之詩,以止王心。為王誦之,曰:'祈招之愔,愔式昭德。音思我王,度式如玉。式如金形民之力,而無醉飽之心。'"王揖而入,不能自克,以及於難。

章華台下草蕭蕭,又向乾溪佇客橈。惆悵楚靈終不悟,謾勞子革誦《祈招》。

《續詠史詩》上,《種菊菴集》一,《三華集》卷七,影印文淵閣《四庫全書》1372 册,88 頁

渚　宫_{楚宫}　　　　　　　　　　　(明)冷士嵋

蛾眉爭學細腰工,顔色如花玉殿中。今日春風江路側,白蘋荒盡楚王宫。

715

《江泠閣詩集》卷一一,《四庫全書存目叢書》集部 236 冊,422 頁

細腰宮 　　　　　　　　　　　　　　（明）冷士嵋

巫山十二楚城西,雲雨高唐曉夢迷。舊苑有臺荒草沒,廢宮無主鷓鴣啼。

《江泠閣詩集》卷一一,《四庫全書存目叢書》集部 236 冊,423 頁

八臺詩辛卯·章華臺 　　　　　　　　（清）易順鼎

左史芬芳啓左徒,《祈招》誦後此臺孤。東吳西晉爭雄長,北夢南雲似畫圖。巫峽秋寒猿自嘯,渚宮花落鳥頻呼。乾谿一夕君王餓,抵得宮腰瘦損無。

《琴志樓詩集》卷九,第 2 冊,497 頁

登高唐觀 　　　　　　　　　　　　（清）王士禛

西上高唐觀,陽雲對舊臺。瑤姬何處所,望遠獨徘徊。怳忽荊王夢,芳華宋玉才。細腰宮畔柳,併作楚人哀。

《漁洋續詩集》卷六,《王士禛全集》第二冊,796 頁

神女廟 　　　　　　　　　　　　　（清）王士禛

箜篌山下路,遺廟問朝雲。冠古才難並,流波日易曛。玉顏空寂寞,山翠自氤氳。東望章華晚,含情尚爲君。

《漁洋續詩集》卷六,《王士禛全集》第二冊,796 頁

渡汝水,戲作襄城君曲 　　　　　　（清）王士禛

楚莊辛事,見《說苑》。

玉劍悲翠衣,光照清川口。不願楚執珪,願得執君手。

《漁洋續詩集》卷六,《王士禛全集》第二冊,814 頁

楚莊絕纓《說苑》 　　　　　　　　　（清）田依渠

夜飲宴群臣,牽衣事莫詢,冠纓都絕去,僥倖是何人。

《茹古山房讀史餘吟》卷四,《清代詩文集彙編》639 冊,659 頁

題楚昭王廟　　（唐）韓　愈

襄州宜城縣驛東北有井，傳是昭王井。井東北數十步，有昭王廟。

丘墳滿目衣冠盡，城闕連雲草樹荒。猶有國人懷舊德，一間茅屋祭昭王。

《全唐詩》卷三四三，10 冊，3839 頁

楚歌十首（其三）　　（唐）元　稹

江陵時作。

平王漸昏惑，無極轉承恩。子建猶相貳，伍奢安得存？生居宮雉闊，死葬寢園尊。豈料奔吳士，鞭屍郢市門。

《全唐詩》卷三九九，12 冊，4475 頁

漢　江　　（唐）胡　曾

漢江一帶碧長流，兩岸春風起綠楊。借問膠船何處沒，欲停欄棹祀昭王。

《全唐詩》卷六四七，19 冊，7421 頁

襄陽懷古·楚昭王廟　　（金）李俊民

一間茅屋暗塵埃，香火淒涼幾奠杯。故國到今如傳舍，後人復使後人哀。

《金詩》，《全遼金詩》，中冊，2014 頁

《楚昭王圖》　　（明）何　瑭

闔閭甲戈中宵起，雷鼓喧轟震千里，桔橰火照楚王宮，倉皇逃避浮江水。中流風起生白波，黿鼉出沒蛟龍多。小船重載懼沉溺，君王淚下雙滂沱。王弟王妃並王子，疏者下船誰可使？君王手扯介弟衣，儲宮相逐慈闈死。嗟嗟薄俗不堪陳，兄弟何如妻子親？忽見畫圖驚往事，小詩吟罷倍傷神。

《何瑭集》卷一一，323 頁

楚昭萍實《家語》　　（清）田依渠

萍實大如斗，斯為霸者祥。用將宣聖語，回報楚昭王。

《茹古山房讀史餘吟》卷六,《清代詩文集彙編》639 冊,669 頁

過懷王墓

(唐)張　說

咻嚘不可信,以此敗懷王。客死嶢關路,返葬岐江陽。啼狖抱山月,饑狐獵野霜。一聞懷沙事,千載盡悲涼。

《全唐詩》卷八七,3 冊,935 頁

楚懷王

(唐)崔道融

宮花一朵掌中開,緩急翻為敵國媒。六里江山天下笑,張儀容易去還來。

《全唐詩》卷七一四,21 冊,8209 頁

過楚懷王廟

(宋)劉子翬

割據銷殘運,併吞息戰塵。遺民猶憫楚,三戶欲亡秦。念昔懷王立,潛圖霸業新。降顏欣接士,薄伐屢窺鄰。慷慨心何壯,囏難勢未伸。干戈憐暴骨,玉帛更和親。末路人多詐,輕謀禍及身。單車行凜栗,伏甲變逡巡。鹿走章臺下,龍沉渭水濱。素棺歸慘澹,故老恨酸辛。歲月今何在,興亡跡已陳。愁陰生古廟,翠蔓鎖重闉。有客投清酹,臨江憶放臣。聽讒雖主惑,多難亦時屯。憤氣摩星斗,哀詞動鬼神。飄零瓊玉佩,寂寞蕙蘭春。毀譽千年定,窮通一死均。招魂嗟已矣,抱石想漂淪。戀戀空回首,行行欲問津。潸然憂國淚,今古獨醒人。

《全宋詩》卷一九一七,34 冊,21397 頁

楚懷王

(宋)王十朋

懷王誤與虎狼親,身死咸陽一旅人。見說國人懷舊德,楚雖三戶亦亡秦。

《全宋詩》卷二〇二四,36 冊,22690 頁

楚懷王

(宋)洪适

武關謀詐却稱臣,冤魄遊魂尚在秦。墓木蕭條塚猶濕,流聞其子作婚姻。

《全宋詩》卷二〇七五,37 冊,23419 頁

巫山高

(明)劉 基

巫山高哉欝崔嵬,下有江漢浮天回。深林日月照不到,洞谷闐闠生風雷。危峰半出赤道上,落日猿狖鳴聲哀。虎牙赤甲鬥雄壯,風氣以之而隔閡。楚王遺跡安在哉?但見麋鹿跳蒿萊。當時忠臣放澤畔,乃與靳尚相徘徊。山中妖狐老不死,化作婦女蓮花腮。潛形譎跡託夢寐,變幻涕淚成瓊瑰。神靈震怒不可禱,雲霧慘淡昏陽臺。猛風吹雨洗不盡,假手秦炬歆飛灰。精誠感應各以類,世間妖孽匪自來。君不見商王夢中得良弼,傅巖之美今安匹?巫山何事近楚宮,終古怨恨流無窮!

《劉基集》卷一七,218 頁

楚妃歎

(明)劉 基

江漢揚波六千里,上有巫山矗天起。錦衾一夕夢行雲,萬戶千門冷如水。聞道秦兵下武關,君王留連猶未還。山深不見章臺殿,汨羅冤淚空潺湲。尚憶前王好馳逐,宮中美人不食肉。回狂作哲須臾間,至今相業歸孫叔。楚宮無復如昔人,況有神女如花新。悲來恨新還憶故,誰能斷却巫山路?

《劉基集》卷一七,221 頁

讀史有感

(明)劉 基

千古《懷沙》恨逐臣,章臺遺事最酸辛。可憐日暮高唐夢,繞盡行雲不到秦。

《劉基集》卷二四,496 頁

楚懷王

(明)汪 循

張儀縱橫士,天下識其諼。強秦七國雄,虎狼視中原。楚時為次國,得齊勢益尊。輔車互相依,強敵何足論。一朝墮詭計,閉關絕齊援。陳軫有先見,箝口無復言。商於不入境,秦女肯為婚。徒激齊人怒,折節圖自存。屈匄驅重兵,責約貪狼殘。二城不足惜,八萬皆黎元。國祚日以促,覆水難復盆。秦當攻楚日,空國相周旋。使齊搗其虛,跋扈孤入藩。齊人抑何愚,唇齒相為冤。虞公貪璧馬,虢亡虞亦吞。儀鑒應不遠,齊、楚何其昏。陳子有後謀,亦非貽子孫。

《汪仁峰先生文集》卷二九,《四庫全書存目叢書》集部 47 冊,558 頁

楚懷王墓 　　　　　　　　　　　　　　　　　　　　（清）洪良品

沱水彎環齧墓門，嶢關歸魄夕陽昏。當年已雪商於恨，三戶亡秦尚有孫。

《晚晴簃詩匯》卷一六四，第四冊，194頁

楚懷王墓二首 　　　　　　　　　　　　　　　　　　（清）王士禛

當年遺恨割商於，故國秋風總廢墟。望裏丹陽抔土在，寒潮猶似哭三閭。

百里洲前望楚江，斜風吹雨暗逢窗。可憐雲夢三千里，弱繳誰加鳥六雙。

《漁洋續詩集》卷六，《王士禛全集》第二冊，805頁

神女行雲 　　　　　　　　　　　　　　　　　　　　（明）瞿佑

宋玉《高唐賦》：楚襄王與玉遊於雲夢，望高唐之上有雲氣。玉曰：昔先生（王）晝寢，夢一婦人，曰：妾，巫山之女也，朝行雲，暮行雨，朝朝暮暮，陽臺之下。

神物何嘗與世通？書生自欲諂王公。已將雲雨誣幽夢，更把雌雄誑大風。

宋玉《風賦》：楚襄王遊於蘭臺之宮，有風颯然而至。王曰：快哉此風！寡人與庶人共者也。玉曰：發明耳目，寧體便人，此大王之雄風。憞溷鬱邑，毆溫致濕，此庶人之雌風。

胡曾詩："何人更有襄王夢，寂寂巫山十二重。"

《香臺集》卷上，《瞿佑集校注》上冊，12頁

武　關 　　　　　　　　　　　　　　　　　　　　　（清）譚嗣同

橫空絕磴曉青蒼，楚水秦山古戰場。我亦湘中舊詞客，忍聽文老說懷王。

《蒼莽莽齋詩補遺》，《譚嗣同詩全編》，127頁

陽　臺 　　　　　　　　　　　　　　　　　　　　　（清）李柏

襄王神女會陽臺，夢裡相逢夢裡回。世上鴛鴦天上鵲，何人不是夢中來？

《太白山人檞葉集·南遊詩草》，《陝西古代文獻集成》第30輯，279頁

詠息夫人

息夫人　　　　　　　　　　　　　　　　（唐）宋之問

可憐楚破息，腸斷息夫人。仍為泉下骨，不作楚王嬪。楚王寵莫盛，息君情更親。情親怨生別，一朝俱殺身。

《全唐詩》卷五一，2冊，618頁

息夫人　　　　　　　　　　　　　　　　（唐）王　維

時年二十。

《本事詩》云：寧王宅左，有賣餅者妻，纖白明媚。王一見屬意，厚遺其夫，取之，寵惜逾等。歲餘，因問曰："汝復憶餅師否？"使見之，其妻注視，雙淚垂頰，若不勝情。王座客十餘人，皆當時文士，無不悽異。王命賦詩，維詩先成，座客無敢繼者。王乃歸餅師，以終其志。

莫以今時寵，難忘舊日恩。看花滿眼淚，不共楚王言。

《全唐詩》卷一二八，4冊，1299頁

經桃花夫人廟　　　　　　　　　　　　　（唐）施肩吾

誰能枉駕入荒榛，隨例形相土木身。不及連山種桃樹，花開猶得識夫人。

《全唐詩》卷四九四，15冊，5607頁

題桃花夫人即息夫人廟　　　　　　　　　（唐）杜　牧

細腰宮裏露桃新，脈脈無言度幾春？至竟息亡緣底事？可憐金谷墜樓人！

《全唐詩》卷五二三，16冊，5980頁

息夫人廟　　　　　　　　　　　　　　　（唐）羅　隱

百雉摧殘連野青，廟門猶見昔朝廷。一生雖抱楚王恨，千載終為息地靈。蟲網翠環終縹緲,風吹寶瑟助微冥。玉顏渾似羞來客,依舊無言照畫屏。

《全唐詩》卷六六三,19 冊,7600 頁

息夫人 （明）姚舜牧

問息何以亡,當時應即死。不與楚王言,那得生二子。

《樂陶吟草》卷一,《四庫全書存目叢書》集部 158 冊,331 頁

楚宮詞五首(其五) （明）陳子龍

因迷下蔡傾城春,不敢嫣然啟絳唇。一往含情俱脈脈,就中誰是息夫人?

《陳子龍詩集》卷一七,下冊,568 頁

詠古十首·息夫人 （清）朱鶴齡

不言真媿未亡身,却共匡床擅下陳。江漢芳蘭雙入夢,何須默默綺羅春。《傳》稱生堵敖及成王,猶未言。

《愚庵小集》卷六,影印《愚庵小集》上冊,121 頁

題桃花夫人廟 （清）舒　位

漢水鴨頭綠,東風吹落花。可憐好顏色,日暮傍誰家。強弩三年雉,靈旗一樹鴉。細腰宮在否? 腸斷楚江霞。

烽火傾城笑,香煙賽社春。掃眉長樂老,沒齒未亡人。橫草思前事,留花作後身。分明雲雨峽,朝暮冶遊神。

婦怨終無極,夫征亦有期。姨能迷下蔡,甥已盡諸姬。撲火翻燒野,違言感初師。中原牛耳血,淒絕敗莘時。

《瓶水齋詩集》卷八,上冊,310 頁

題息夫人廟 龔芝麓座上作 （清）鄧漢儀

楚宮慵婦黛眉新,只自無言對暮春。千古艱難惟一死,傷心豈獨息夫人。

《慎墨堂詩拾》下冊,58 頁

息夫人 　　　　　　　　　　　　　　　（清）周孝塤

玉體橫陳翠幰張，水晶枕伴露桃芳。如何一語能亡蔡，不向花前怨楚王。

《還讀廬詩鈔》卷四，《清代詩文集彙編》472 冊，629 頁

息 媯 　　　　　　　　　　　　　　　（清）鮑桂星

也知紅粉殺身難，其奈青蕪掩淚看。漢水不堪流恨去，桃花何惜向春殘。劇憐繡口長銜石，多事金閨屢夢蘭。畢竟墜樓人決絕，一枝香隕玉闌干。

《覺生詠史詩鈔》卷一，《清代詩文集彙編》476 冊，468 頁

息夫人《春秋》 　　　　　　　　　　　（清）孫 珩

滅蔡何曾報息冤，楚宮脈脈漫傷神。隨風柳絮原無力，帶雨桃花別有春。長抱玉門青塚恨，難拚金谷綠珠身。河梁送別千行淚，不愧鬚眉能幾人。李陵河梁別蘇武，淚數行下，是陵固未忘漢也。而以不死，與衛律同譏，死之難也。息媯之文夫人也，揚雄之文莽大夫也，李陵哉。

楚夫人而仍以息稱，見夫人之不忘息也。雖然息忘矣，而楚寵方新，不稱楚，抑所以愧之歟？

《歸田藁》卷一，《清代詩文集彙編》534 冊，453 頁

讀史雜詠·楚息媯 　　　　　　　　　　（清）唐廷詔

河山回望斷柔腸，雖作夫人稱未亡。低首蹙眉難一笑，章華為底侍君王。

《飲月軒詩鈔》卷二，《清代詩文集彙編》592 冊，134 頁

香草閒吟·息嬀 　　　　　　　　　　　（清）方玉潤

血淚何曾點絳紗，三年幽恨寄江花。憎他兒女依依處，笑指黃袍是阿爺。

《鴻濛室詩鈔》卷四《俯仰集》四，《清代詩文集彙編》644 冊，356 頁

詠古·息夫人 　　　　　　　　　　　　（清）潘永芳

一婦從來配一夫，愧伊適二不捐軀。縱然終世櫻桃閉，難免千秋笑柄無。

《藏春園初集》卷下，《清代詩文集彙編》732 冊，730 頁

王維《息夫人》 　　　　　　　　　　　　　　　（清）張寶森

故國人何在，承恩入楚宮。年年桃結子，無語對春風。

《悔庵詩存》卷下，《清代詩文集彙編》768 冊，649 頁

漸臺別《列女傳》 　　　　　　　　　　　　　　（清）陳啟疇

楚王出遊，留夫人貞姜於漸臺，江水至，使使召夫人。夫人因無王符，不敢行。水長臺傾，夫人遂死也。

使者來，妾漸臺，王符不至，不如不來。漸臺臺高水瀰瀰，君王遊觀樂未已。使來得面君王否，妾若獨生請先死。君不見伯姬火炎不下堂，傅姆不至姬命亡。

《詠史擬古樂府》卷上，《清代詩文集彙編》450 冊，151 頁

詠楚臣

楚歌十首（其六） （唐）元　稹

誰恃王深寵，誰為楚上卿？包胥心獨許，連夜哭秦兵。千乘徒虛爾，一夫安可輕？殷勤聘名士，莫但倚方城。

《全唐詩》卷三九九，12 册，4476 頁

秦　庭 （唐）胡　曾

楚國君臣草莽間，吳王戈甲未東還。包胥不動咸陽哭，爭得秦兵出武關。

《全唐詩》卷六四七，19 册，7427 頁

懷古二首（其一） （明）張煌言

我懷申大夫，哭秦卒復郢。人定能勝天，一言重九鼎。亦有張長史，唐室賴藩屏。當其語江中，籌畫先井井。古人秉忠貞，謀國無僥倖。操此左券言，勳名終彪炳。如何遘播臣，智勇不得騁。廢興寧有運？吾欲訟青冥。

《張蒼水集》第二編，60 頁

詠史十絕·伍員覆楚，申包胥存楚 （清）李　漁

員與包胥為友，員之亡也，謂包胥曰："吾必覆楚！"包胥曰："吾必存之！"後盡如其言。

申、伍當年事太奇，一存一覆志難移。却拚兩度楸枰壞，試出人間敵手棋。

《笠翁詩集》卷三，《李漁全集》第一册，365 頁

臨平謁申包胥廟 （清）全祖望

聘節當時過，祠宮奕世傳。應從沼吳日，重溯哭秦年。事擬巫臣後，居功范蠡前。遠交真上策，秘計失遺編。報復亦何定，仇讎竟忽焉。先王吐積憤，虜使壯歸驢。望裏皋亭樹，空中寶鼎煙。隔江越絕近，千里郢都懸。驃騎疑封爵，鹽官接廟壖。興王已百幻，恩

怨合平捐。若遇乘潮客,休提鞭墓愆。我來初夏節,新麥薦神絃。

《鮚埼亭詩集》卷四,《全祖望集匯校集注》下冊,2137 頁

申包胥　　　　　　　　　　　　　　（清）羅惇衍

楚大夫。《戰國策》作"棼冒勃蘇"。

功成復楚苦辭官,回首秦廷淚未乾。少主雲中強敵逼,故人日暮舊盟寒。殽函重跰聲悲壯,鄢郢鞭屍魄毀殘。別有深衷誰省識,義關君友兩難全。

《集義軒詠史詩鈔校證》卷一,第一冊,17 頁

申包胥　　　　　　　　　　　　　　（清）張　澍

古今善哭定推君,社稷重安第一勳。不食誰能逾七日,《無衣》賦得感三軍。山中亡去丹楓在,郢上回來《白雪》聞。逃賞衡雲湘水外,故人底事痛鞭墳。

《養素堂詩集》卷二五,《清代詩文集彙編》536 冊,269 頁

申包胥　　　　　　　　　　　　　　（清）王龍文

包胥頓首哭秦庭,雀立昕宵未絕聲。幾輩功成還受賞,為君始願不求榮。

《平養詩存》卷下,《清代詩文集彙編》790 冊,357 頁

雜詩六首(其六)　　　　　　　　　　（清）王龍文

共睹青絲羈白馬,漫將腐鼠嚇鵷鶵。閒來讀史愁開眼,怕見包胥與子胥。

《平養詩存》卷下,《清代詩文集彙編》790 冊,365 頁

申包胥　　　　　　　　　　　　　　（清）王廷紹

迴首雲中戰血飛,故人鞭墓尚餘威。二陵風送悲聲至,七日兵隨跰足歸。忍見豕蛇吞上國,徑看蒲虎決重圍。奇功卻避君王賞,楚水綿山共夕暉。

《澹香齋詩草》卷二,《清代詩文集彙編》472 冊,339 頁

申包胥　　　　　　　　　　　　　　（清）鮑桂星

蛾行雀轉到秦庭,七日哀號不忍聽。勉矣適吳成友孝,壯哉興楚賴君靈。《無衣》賦

罷戎車出，裂蹠歸來國步寧。為問執珪逃賞後，幾人含媿在泉扃。

《覺生詠史詩鈔》卷一，《清代詩文集彙編》476 冊，467 頁

葉公祠 （清）王士禎

蕭條醴水暮煙對，古殿青苔上廢鐘。地下于高應一笑，世間誰解好真龍。

《漁洋續詩集》卷六，《王士禎全集》第二冊，813 頁

卞和泣玉 《韓非子》 （清）田依渠

貞士以為誑，寶玉以為石。由來希世珍，往往無人識。

《茹古山房讀史餘吟》卷一，《清代詩文集彙編》639 冊，644 頁

子囊城郢 《左傳》 （清）田依渠

城郢幸無忘，遺言記子囊。死能安社稷，生不愧忠良。

《茹古山房讀史餘吟》卷六，《清代詩文集彙編》639 冊，666 頁

沈諸梁 （清）羅惇衍

字子高。楚葉縣尹，兼令尹、司馬二事。

瀟湘如在舞雩中，泗水尋源識折衷。亂定白公戈返日，慈懷赤子冑趨風。龍非真好鍾奇癖，羊果誰攘繪直躬。忍任尼谿終見沮，猗蘭一曲歎芳叢。

《集義軒詠史詩鈔校證》卷一，第一冊，18 頁

養由基 （清）羅惇衍

字叔。楚大夫。

百中垂楊一葉青，更傳左翼拂蜻蛉。弓調隔柱猨揮淚，石洞懸崖兕沒翎。王忌高才慚夢月，人鍾絕技挾飛星。紀昌觸矢心寒甚，取友應知辨渭涇。

《集義軒詠史詩鈔校證》卷二，第一冊，38 頁

成得臣 （清）吳　鎮

戰而戲，敗城濮。匪河神，愛瓊玉。

《松花庵韻史》，《四庫未收書輯刊》拾輯 24 冊，255 頁

詞

巫山一段雲

(五代)李　珣

有客經巫峽，停橈向水湄。楚王曾此夢瑤姬，一夢杳無期。　　塵暗珠簾卷，香銷翠幄垂。西風迴首不勝悲，暮雨灑空祠。

古廟依青嶂，行宮枕碧流。水聲山色鎖妝樓，往事思悠悠。　　雲雨朝還暮，煙花春復秋。啼猿何必近孤舟，行客自多愁。

《全唐五代詞》卷五，五代詞，640 頁

陽臺夢

(宋)解　昉

仙姿本寓。十二峰前住。千裏行雲行雨。偶因鶴馭過巫陽。邂逅他、楚襄王。無端宋玉誇才賦。誣誕人心素。至今狂客到陽臺。也有癡心，望妾入、夢中來。

《全宋詞》第一冊，169 頁

前調（瀟湘逢故人慢）

(明)彭孫貽

題余氏女子繡高唐神女圖，遙和程邨、阮亭諸公。

朝雲何處，從黛裏九疑，裙端湘水。飛下岷峨路。想十二峰頭，煙絲霧縷。繚繞君王，略回避、細腰宮女。暗追尋、帝子行蹤，三峽碧空中住。　　山靄蒼蒼欲暮。奈花落黃陵，如花人去。腸斷高唐賦。笑宋玉情多，楚襄夢錯。仿佛搴幃，癡絕到、繡床燈涴。倩才人、雲雨清詞，重向巫山題過。

《全清詞》順康卷第二冊，1095 頁

書《高唐賦》後

(明)沈　謙

新翻曲，上三句"晝夜樂"，下三句"春雲怨"，下二句"雨霖鈴"，後段同。

草香竹暗巫山曙。記宸遊、空凝竚。疏疏雨自何來，靄靄雲無處所。此日登臺，當年薦枕，聞道佳期在朝暮。怎想像夢裏、姚姬不管，深宮細腰苦。　　侍臣宋玉偏能賦。動淫思、牽愁緒。豈知惆悵中宵,贏得悲哀萬古。浪說神人,鳴鸞易返,又逢薄怒。今但有、杜宇啼紅,花落高唐路。

《全清詞》順康卷第四冊,2019 頁

高山流水·過楚宮感舊 （清）陸 浣

惟餘落照□簷牙。楚王宮、杏棟欹斜。飛繭老蛾眉,細腰更向誰誇。芳洲畔、水冷晴霞。埋香骨,墓長金篸嬌草,紅翠交加。息夫人幽怨,凝淚作桃花。　休嗟。生前一杯酒,抵多少、過去繁華。且放眼湘雲,巫雨醉即爲家。王孫芳草遍天涯。托琵琶,彈盡興亡舊恨,事事都差。亂鳴筘絲絲,衰柳泣寒鴉。

《全清詞》順康卷第八冊,4561 頁

前調（采桑子）·楚宮 （清）孔傳誌

徒然忍餓矜腰細,爭奈君王。夢在高唐。楚雨巫雲意渺茫。　三閭怨入湘靈瑟,七澤都荒。鄢郢云亡。宋玉悲秋淚幾行。

《全清詞》順康卷補編第四冊,2130 頁

前調（一萼紅）·桃花夫人廟 （清）史承謙

楚江邊。舊苔痕玉座,靈跡自何年。香冷虛壇,塵生寶靨,千秋難釋煩冤。指芳叢、飄殘清淚,爲一生、顏色誤嬋娟。恩怨前期,興亡閒夢,回首悽然。　似傷心能幾,嘆詩人一例,輕薄流傳。雨颯雲昏,無言有恨,憑闌罷鼓神絃。更休題、章臺何處,伴湘波花木暗啼鵑。惆悵明璫翠羽,斷礎荒煙。

《全清詞》雍乾卷第六冊,3310 頁

一斛珠·息夫人 （清）張 塤

美人婚媾。可憐破碎山河後。東風反舌能長久。土木形骸,也足君消受。　良夜三星低戶牖。丁香結子垂垂瘦。千年騎士如又何。出別扶風,涼武昭王后。

《全清詞》雍乾卷第九冊,4846 頁

滿江紅·武昌懷古·桃花夫人廟　　（清）劉錫嘏

老樹頹垣,彌望是、落紅千片。渾不似、細腰宮裏,當年人面。柳近章臺隨手折,草迷青塚和煙遠。恰五更、結子背東風,無勞怨。　　迴嬌睇,芳華苑。憐瘦影,芙蓉殿。惜佳人難再,但驚絕豔。薄命不如蒲柳脆,羞顏豈合櫻桃薦。憶馬嵬、佛舍吊棠梨,椒漿奠。

桃花夫人廟,即息媯也。

《全清詞》雍乾卷第一一冊,6335頁

金縷曲·讀汪劍潭助教息媯廟詞,愛其用韻甚精,次而和之　　（清）尤維熊

蝕月蝦蟇賴。使天邊、團圞桂魄,橫生障礙。命薄苦教顏色好,一笑能迷下蔡。早劍及、寢門之外。若箇張羅北山好,痛南山、有鳥先罹害。求大欲,楚王快。　　大歸無復詩歌戴。更誰憐、和鳴鏘鳳,於飛同派。豈是桃花貪結子,不比歲寒能耐。但兒女、成行休怪。滿眼常含看花淚,料樂昌、舊鏡圓難再。歎國破,山河在。

《全清詞》雍乾卷第一四冊,8103頁

永遇樂·桃花夫人廟　　（清）張祖同

靈氣留煙,沉陰怨日,漢濱祠宇。帳嫋燈斜,鬟低鈿仄,恍惚空壇步。桃花開後,玉容依約,春色年年來去。算芳華、猶存遺跡,故宮寂寂何處。　　無情江水,殘碑齾斷,只蕩鄂雲終古。儻學淩波,洛妃相見,定有傷心語。大別山頭,塵昏香冷,悵望明璫翠羽。迎神曲、三章奏罷,楚風更補。

《湘雨樓詞鈔》,《六家詞鈔》,68頁

曲

〔雙調〕蟾宮曲·巫娥　　　　　　　　（元）盧　摯

想巫山仙子風流。不念襄王。多病多愁。夢斷陽臺。冷清清玉殿珠樓。會暮雨燈昏綠牖。望朝雲簾卷金鉤。離恨悠悠。舊約新盟。往事難酬。

《全元散曲》上册,119頁

〔南呂〕四塊玉·巫山廟　　　　　　　　（元）馬致遠

暮雨迎。朝雲送。暮雨朝雲去無蹤。襄王謾說陽臺夢。雲來也是空。雨來也是空。怎捱十二峰。

《全元散曲》上册,236頁

〔中呂〕朝天曲　　　　　　　　（元）薛昂夫

卞和。抱璞。只合荆山坐。三朝不遇待如何。兩足先遭禍。傳國爭符。傷身行貨。誰教獻與他。切磋。琢磨。何似偷敲破。

《全元散曲》上册,705頁

越王勾踐世家

詩

詠《越王勾踐世家》

越勾踐系（世）家　　　　　　　　　　　（唐）司馬貞

越祖少庸，至於允常。其子始霸，與吳爭強。檇李之役，闔閭見傷。會稽之恥，勾踐欲當。種誘以利，蠡悉其良。折節下士，致膽思嘗。卒復讎寇，遂殄大邦。後不量力，滅於無彊。

《史記索隱》卷二九，468 頁

讀《勾踐傳》　　　　　　　　　　　　　（唐）呂　溫

丈夫可殺不可羞，如何送我海西頭。更生更聚終須報，二十年間死即休。

《全唐詩》卷三六九，11 冊，4175 頁

越　王　　　　　　　　　　　　　　　　（宋）秦　觀

越王念吳役，寢興常不安。有臣曰種、蠡，實與同難艱。終酬會稽恥，列國不敢干。智者見未兆，愚夫暗前觀。范公拂衣去，扁舟五湖間。清輝照四海，秋月耿雲端。種也竟不悟，處之若無難。屬鏤一朝至，身與名俱殘。兔走獵狗悲，鳥盡良弓閑。自古身不退，多為世所歎。

《全宋詩》卷一〇六七，18 冊，12127 頁

詠　　史(其二)　　　　　　　　　　　　　　　　　　　　（清）殷如梅

旋見誅文種，猶聞拜范蠡。千金空自鑄，一劍復何疑。

《緣滿山房集》丙二，《清代詩文集彙編》438 册，696 頁

越滅吳　　　　　　　　　　　　　　　　　　　　　　　　（清）皮錫瑞

夫椒之兵報檇李，越人悲愁吳人喜。會稽之恥姑蘇復，越人歡呼吳人哭。吳宮秋，吳王愁，伯嚭受賄王忘仇，東門目炯申胥頭。申胥固忠臣，吳兵霸天下。大夫請行成，勾踐親前馬。越亡何求而不得，美人金帛胡爲者？不爭江湖，乃通江淮。宮中生荆棘，麋鹿游荒臺。乃知賄可亡人國，水犀三千安在哉。

《師伏堂詠史》，《清代詩文集彙編》772 册，307 頁

詠越君

越中覽古　　　　　　　　　　　　　　　　　　　　（唐）李　白

越王勾踐破吳歸，義士還家盡錦衣。宮女如花滿春殿，只今惟有鷓鴣飛。

《全唐詩》卷一八一，6冊，1846頁

越王勾踐　　　　　　　　　　　　　　　　　　　　（宋）王十朋

機會由來貴速投，姑蘇事與會稽侔。謀臣不早麾兵進，嘗膽徒勞二十秋。

《全宋詩》卷二〇二四，36冊，22690頁

勾　踐　　　　　　　　　　　　　　　　　　　　　（宋）孫　因

昔勾踐兮思報吳，問國政兮五大夫。辟田野兮實倉府，訪疾苦兮字幼孤。抱冰兮握火，置膽兮坐臥。采葴兮與葛，側席兮閭左。觴酒豆肉兮必均其施，樂不盡聲兮食不致味。鷙鳥匿形兮踰一十祀，吳無稻蟹兮越有地利。一朝興師兮三戰得志，姑蘇既墟兮橫行淮泗。伯東諸侯兮賀貢畢致，赫然雋功兮又何可議。客曰，異哉兮彼長頸而烏喙。如其可與其樂兮，何鴟夷之遠避。

《全宋詩》卷三一六二，60冊，37945頁

越王勾踐墓　　　　　　　　　　　　　　　　　　　（宋）柴　望

秦望西頭自夕陽，傷心誰復賦淒涼。今人不見亡吳事，故墓猶傳霸越鄉。雨打亂花迷復路，鳥翻黃葉下宮牆。登臨莫向高臺望，煙雨中原正渺茫。

《全宋詩》卷三三四〇，64冊，39906頁

越王臺　　　　　　　　　　　　　　　　　　　　　（元）吳大有

越王陳跡尚巍然，留與英雄後世看。山勢東來青歷歷，海門西下白漫漫。鷓鴣泣雨江花暮，燕子低風野芷寒。莫指浣紗懷昨夢，空教行客淚闌干。

《全元詩》第8冊，167頁

越城橋

(元)高文度

古意猶堪吊,南湖不憚遙。闔閭開國地,勾踐進兵橋。城郭高低黍,英靈旦暮潮。蒼茫遺獨立,斜日下漁樵。

《全元詩》第 24 冊,356 頁

于　越

(元)黃鎮成

沃土連雲富稻粱,十年生聚信能強。扁舟不見鴟夷面,獨上高臺釣越王。

《全元詩》第 35 冊,90 頁

越王臺

(元)黃鎮成

臺枕荒丘古,蕭蕭草木秋。遺來輦輅跡,傳屬越王遊。

《全元詩》第 35 冊,102 頁

清明日,晚自東城門外歸,道經越王墓,慨然感懷

(元)葉　顒

越王墳上草萋萋,斷靄荒煙眼為迷。冷淡落花新霽雨,鷓鴣啼過夕陽西。

《全元詩》第 42 冊,109 頁

題越王廟

(元)葉　懋

會稽山北越王廟,石室半欹蒼蘚老。臥薪嚐膽竟何年,滿目風煙顏鬢槁。吳江白浪聲咆哮,素車不見秋乘濤。姑蘇一戰恥已雪,壯志自逐秦山高。獲麟却感《春秋》筆,氣壓秦齊倡中國。黃金已鑄范陶朱,清廟自愁吳泰伯。荒臺碧草秋離離,磷光夜走天無輝。故山臥龍不復起,海天化鶴何時歸。嗟哉風塵吾老矣,獨想英雄吊荒圮。鏌鋣龍劍如霜雪,一斬犾頭獻天子。

《全元詩》第 47 冊,193 頁

湖上懷古

(元)沈　貞

山蒼蒼兮水茫茫,大雷小雷湖中央。扁舟范蠡竊妻去,遙望姑蘇空斷腸。一朝吳兵

遠來越,胥門孤臣兩睛血。臥薪嚐膽銜冤人,杖擊當知冤可雪。五湖水,五湖山,五湖山水常人間。吳、越興亡總塵土,西施、范蠡傳千古。

《全元詩》第 51 冊,29 頁

懷古六詩,謹次韻錄上汝言呈(其一)　　　(元)潘　牧

弔古上靈岩,日暮下琴臺。蕭蕭紅葉落,采香人不來。鴟夷稱得計,勾踐亦塵埃。

《全元詩》第 53 冊,83 頁

越王臺(其一)　　　(元)李延興

越王臺前江水深,越王臺畔草森森。五湖明月青天上,照見鴟夷萬古心。

《全元詩》第 64 冊,203 頁

有感七首(其三)　　　(明)劉　基

甲楯孤棲死不疑,那將宗社換西施。想應嘗膽秋風夜,恰似無忘檇李時。

《劉基集》卷二四,512 頁

越來溪　　　(明)釋琦梵

不因兵革破強齊,那得山川屬會稽。往事已隨東去水,行人猶過越來溪。秋高岸柳不堪折,日晚沙禽相對啼。自古興亡非一姓,如今只有草萋萋。

《楚石大師北遊詩》,《明別集叢刊》第 1 輯,第二冊,36 頁

登越王臺　　　(明)祝允明

環城三面碧波圍,今古樓臺滿翠微。不見越王惟見佛,木綿花裏鷓鴣啼。

《祝氏集略》卷六,《祝允明集》上冊,115 頁

越城懷古　　　(明)倪宗正

越王江上雁鴻飛,秋色蕭條草樹稀。辛苦遺風今尚在,伯王謀主竟何歸。風雲冉冉自今古,陵谷依依半是非。試問傾吳紵蘿女,浣紗流水送斜暉。

《倪小野先生全集》卷六,《四庫全書存目叢書》集部 58 冊,623 頁

越州懷古　　　　　　　　　　　　　　　　　（明）張　琦

勾踐雄圖得計來,苧蘿山外築高臺。浮雲故堞何年盡,去國扁舟竟未回。郭索上田秋水暗,鸕鷀拂樹野亭開。傷心更有雲門寺,頭白殘僧掃清篇。

《白齋先生詩集》卷四,《四庫全書存目叢書》集部 52 册,89 頁

檇　李　　　　　　　　　　　　　　　　　　（清）吳　騫

異種傳吳地,佳名貴越中。檇李本吳地,其後,夫差以與勾踐,故又為越境。掐餘西子印,吹熟大王風。紫粉霑脣膩,頳膚著手融。試嘗烏喙看,膽味得無同。

《拜經樓詩集》卷五,《續修四庫全書》集部 1454 册,49 頁

越王臺　　　　　　　　　　　　　　　　　　（明）范　欽

蒼山臨古岸,上有千尺臺。臺下水自去,臺中人不來。

《天一閣集》卷一五,《范欽集》下册,277 頁

越王廟　　　　　　　　　　　　　　　　　　（明）沈明臣

東海波臣起大風,亡吳霸越獨稱雄。曾分玉帛諸侯會,猶有山川一畝宮。邪水月光連樹白,苧蘿春色借花紅。六千君子今何似,滿壁丹青惜未工。

《豐對樓詩選》卷三六,《四庫全書存目叢書》集部 144 册,462 頁

稽山古意　　　　　　　　　　　　　　　　　（明）沈明臣

盾甲五千棲會稽,雄心日日向吳馳。山中夜半謳聲起,越女開門采葛時。

《豐對樓詩選》卷三八,《四庫全書存目叢書》集部 144 册,615 頁

越　嶒　　　　　　　　　　　　　　　　　　（明）周汝登

越王成霸烈,嘗膽事何如。今日山前母,九熊課子書。

《周海門先生文錄》卷一二,《四庫全書存目叢書》集部 165 册,404 頁

越王臺懷古　　　　　　　　　　　　　　　　（明）陳蔭夫

八郡封疆世歲更，高臺尚有越王名。雲山不變古今色，江水但流嗚咽聲。逐鹿舊都無客在，釣龍荒井此時平。遺民秖用矜形勝，勝代萬年誰戰爭。

《水明樓集》卷五，《四庫全書存目叢書》集部 176 冊，367 頁

過越王臺　　　　　　　　　　　　　　　　　（明）陳蔭夫

山下荊榛沒斷碑，秋風空見黍離離。墳前馬鬣封秦土，藏裏龍髯墮漢時。田父年荒耔野麥，遺民歲晚薦江蘺。興亡不用空惆悵，三輔今無陵樹枝。

《水明樓集》卷五，《四庫全書存目叢書》集部 176 冊，367 頁

過越王故苑　　　　　　　　　　　　　　　　（明）李之世

廢苑鬱迢迢，霸圖尚未銷。落花如有恨，片片度谿橋。烏學歌聲澁，雲疑舞袖飄。誰將千古意，指點認前朝。

《鶴汀詩集》卷三，《四庫禁毀書叢刊》集部 80 冊，67 頁

復仇四首（其二）　　　　　　　　　　　　　　（明）劉　溥

勾踐昔滅吳，用心非一朝。種蠡若相忌，宿恨誰與銷。既切嘗膽苦，復甘即薪勞。大仇一云復，草木亦光昭。於今虜方殷，矧恃屢勝驕。苟能伺其隙，賊首必見梟。

《列朝詩集》乙集卷七，第五冊，2514 頁

登越王城懷古　　　　　　　　　　　　　　　　（明）程玄輔

霸業今何在，行成計亦深。秋風吹海水，寒日下山陰。野燎餘荒草，孤城帶遠林。吳仇終克復，不負臥薪心。

《列朝詩集》丙集卷一三，第七冊，3687 頁

固陵懷古　　　　　　　　　　　　　　　　　（清）朱彝尊

越王此地受重圍，置酒江亭感式微。想像諸臣紛涕淚，淒涼故國久暌違。天寒竹箭參差見，日暮烏鳶下上飛。猶羨當年沼吳日，六千君子錦衣歸。

《曝書亭集》卷三,上冊,28 頁

臥薪嚐膽　　　　　　　　　　　　　　（清）褐　夫

拔山不忍渡江東,長頸奴歸厚面雄。殺不殺人薪膽酷,大烏銜血沼吳宮。

《古史詩針》,《戴名世集》附錄二,438 頁

越勾踐　　　　　　　　　　　　　　　（清）徐公修

五千退保會稽區,生聚勤求教訓敷。采葛同心聯德配,臥薪嚐膽耐窮途。種、蠡戮力終興越,施、旦來嬪暗沼吳。兔死狗烹難共樂,江淮威震啟雄圖。

《史記百詠》卷一,《讀史千詠》,《史記研究文獻輯刊》13 冊,441 頁

勾踐投醪《呂氏春秋》　　　　　　　　　（清）田依渠

欲雪會稽恥,分甘到爾曹。自非同厚薄,胡為重投醪。

《茹古山房讀史餘吟》卷五,《清代詩文集彙編》639 冊,662 頁

越　州　　　　　　　　　　　　　　（清）鍾令嘉

保邦憑智術,存國仗陰謀。吳、越同歸盡,胥、蠡定孰優？川巖名郡別,淳樸古風留。可惜田疇少,都人貴遠游。

《國朝閨秀詩柳絮集校補》卷一,第一冊,24 頁

越城歌　　　　　　　　　　　　　　（清）吳　山

越王城邊春鳥吟,忽思美人歌舞心。一朝歌舞向吳國,水犀軍散劍池深。姑蘇臺下草連天,鴟夷一艇何茫然。

《國朝閨秀詩柳絮集校補》卷七,第一冊,268 頁

越臺吊古　　　　　　　　　　　　　（清）王瑤湘

越王久已矣,遺臺空嶙峋。苔蘚閟幽色,松檜含古春。遊人上臺址,落落酒一樽。昂首仙城上,潮聲歸虎門。生據百粵土,死後無荒墳。海上黑雲起,是否來英魂？

《國朝閨秀詩柳絮集校補》卷二四,第三冊,1078 頁

詠越臣

五 湖 （唐）汪遵

已立平吳霸越功,片帆高揚五湖風。不知戰國官榮者,誰似陶朱得始終。

《全唐詩》卷六○二,18 冊,6961 頁

范 蠡 （唐）陸龜蒙

平吳專越禍胎深,豈是功成有去心？勾踐不知嫌鳥喙,歸來猶自鑄良金。

《全唐詩》卷六二九,18 冊,7220 頁

五 湖 （唐）胡曾

東上高山望五湖,雪濤煙浪起天隅。不知范蠡乘舟後,更有功臣繼踵無。

《全唐詩》卷六四七,19 冊,7421 頁

經范蠡舊居 （唐）張蠙

一變姓名離百越,越城猶在范家無。他人不見扁舟意,却笑輕生泛五湖。

《全唐詩》卷七○二,20 冊,8085 頁

范 蠡 （唐）周曇

西子能令轉嫁吳,會稽知爾啄姑蘇。跡高塵外功成處,一葉翩翩在五湖。

《全唐詩》卷七二八,21 冊,8348 頁

續古二十九首(其十五) （唐）陳陶

范子相勾踐,滅吳成大勳。雖然五湖去,終愧磻溪雲。

《全唐詩》卷七四六,21 冊,8486 頁

覽古十四首(其五) （唐）吳筠

吾觀《采苓》什，復感《青蠅》詩。讒佞亂忠孝，古今同所悲。奸邪起狡猾，骨肉相殘夷。漢儲殞江充，晉嗣滅驪姬。天性猶可間，君臣固其宜。子胥烹吳鼎，文種斷越鈹。屈原沈湘流，厥戚咸自貽。何不若范蠡，扁舟無還期。

《全唐詩》卷八五三，24 冊，9645 頁

嘲范蠡 （宋）鄭獬

千重越甲夜成圍，宴罷君王醉不知。若論破吳功第一，黃金只合鑄西施。

《全宋詩》卷五八五，10 冊，6885 頁

三高祠詠古(其一) （宋）劉季孫

大湖際天碧，浩蕩浮萬象。中有洞庭山，天作蓬壺樣。蘆葦秋蕭蕭，時聞發漁唱。風順如可尋，月明迷所向。有人在扁舟，髮白意夷曠。扣舷了不顧，出沒信波浪。心已類水石，何由知得喪。遺民至如今，自古惟越相。初為吳都囚，君臣憂醯醬。忍恥人謂愚，祈生世知妄。尪癯脫萬死，歸國奇謀創。行師舞群姓，下令躍諸將。夜半覆姑蘇，夫差始悲愴。安惻寬暑刻，反掌成伯王。江山入會稽，功高誰與抗。寵利速禍敗，忠臣半誅放。遯去舉邦求，君王鑄形狀。寂寥數千年，相見霜縑上。

《全宋詩》卷七二三，12 冊，8370 頁

陶朱公廟 （宋）陳師道

千篇奏牘漫多知，百戰收功未出奇。名下難居身可辱，却將湖海換西施。

《全宋詩》卷一一一六，19 冊，12678 頁

范蠡塚 （宋）鄒浩

山棲嘗膽時，禍胎久已孕。欲令蘇臺傾，端俟天人應。夫子實奇才，大事力能勝。中分勾踐憂，內外各宜稱。一鼓雪前羞，功名在乘興。向非斷以獨，未必還千乘。荊棘梗寒宮，晨朝露常凝。可憐東門眼，至此不得瞪。鳥喙鮮克終，天道亦惡剩。脫身海上來，嘉言誰與贈。位高金更多，所向豈蹭蹬。況有絕代姿，提攜充妾媵。試看劍頭血，何如窮絕

磴。由來進退間，處之貴不懵。孤墳忽生疑，文獻良足證。吳人未忘情，高樓時一凭。

《全宋詩》卷一二三二，21 冊，13922 頁

謁陶朱公廟　　　　　　　　　　（宋）呂本中

悠悠千載五湖心，古廟無人鎖綠陰。為問功成肥遯後，不知何術累千金。

《全宋詩》卷一六〇五，26 冊，18039 頁

題會蠡亭　　　　　　　　　　（宋）王　洋

舊說范子曾經此山下，故以名亭。

禦兒南望越王城，相國勤勞幹國情。料得功成身去後，扁舟猶憶此經行。

昔人寄賞事何如，遠借高名信有無。試使當時未身遇，不知誰解別賢愚。

《全宋詩》卷一六九一，30 冊，19028 頁

覽夢得所藏李伯時畫《吳中三賢》像，因各書絕句·范蠡　　（宋）趙　楷

已將勳業等浮鷗，鳥盡弓藏見遠謀。越國江山留不住，五湖風月一扁舟。

《全宋詩》卷一九〇四，33 冊，21277 頁

范　蠡　　　　　　　　　　（宋）王十朋

久與君王共苦辛，功成身退肯逡巡。五湖渺渺煙波闊，誰是扁舟第二人。

《全宋詩》卷二〇二四，36 冊，22691 頁

題《范蠡五湖圖》　　　　　　　　（宋）李曾伯

色美示來鑒，功成思去謀。桂棹與蘭槳，羔袖而狐裘。夏姬宜去楚，妲己肯歸周。恤緯寸心在，鑄金千古求。

美婦天下有，忠臣古來稀。去國不潔名，避世良知幾。寧侶我舟楫，毋著君宮闈。平生萬事足，偕老五湖歸，

江湖存魏闕，翰墨寓規箴。君看龍眠畫，當識鴟夷心。

《全宋詩》卷三二五〇，62 冊，38717 頁

范蠡祠二首　　　　　　　　　　（宋）蕭立之

響屧廊空王氣銷,五湖煙雨送歸橈。鴟夷出自吳宮裏,卻載沉胥起怒潮。

載得蛾眉共五湖,風流應是阿甄如。越王不作曹瞞語,殺賊今年正為渠。

《全宋詩》卷三二八六,62冊,39166頁

范　蠡　　　　　　　　　　（宋）柴　望

五月菰蒲八月秋,年年清酒酹江頭。伍胥忿怒三閭怨,爭似鴟夷一釣舟。

《全宋詩》卷三三四〇,64冊,39913頁

《范蠡扁舟圖》　　　　　　　　　　（宋）鄭思肖

烏喙無情奈若何,功成只合理漁簑。躍身吳、越興亡外,一舸江湖風月多。

《全宋詩》卷三六二四,69冊,43389頁

越大夫贊　　　　　　　　　　（宋）王應麟

智哉大夫,鵬搴海瀕。淵謨石畫,為越良臣。處女脫兔,神機禽張。澡會稽恥,於禹有光。吁嗟烏喙,殲良忘功。室既顛躓,梓匠弗庸。彼脂韋者,自詭明哲。謂不如蠡,謀身之拙。工於謀國,匪曰為身。論士賢愚,不以死生。出者難將,處者易持。卓矣黃公,岩居茹芝。犧樽溝中,木雁兩失。鄞水泱泱,我思奇傑。

《全宋詩輯補》第六冊,2595頁

《范蠡遊五湖圖》贊　　　　　　　　　　（宋）陳世修

賢哉陶朱,霸越平吳。名遂身退,扁舟五湖。

《全宋詩輯補》第七冊,3059頁

詠五湖　　　　　　　　　　（金）王　寂

鴟夷歸去五湖秋,高謝人間萬戶侯。却笑功臣大夫種,不知鳥喙可同憂。

《全金詩》,《全遼金詩》上冊,627頁

跋《范蠡歸湖圖》　　　　　　　　　　　　（元）王　惲

霸越高勳土苴如,五湖歸隱號陶朱。扁舟共載西施去,却恐時人是厚誣。

《全元詩》第 5 冊,420 頁

《巢父洗耳》《范蠡歸湖圖》　　　　　　　（元）劉敏中

快濯清泠兩耳醒,勇辭軒冕一身輕。枝巢試共扁舟看,豈為千秋萬古名。

《全元詩》第 11 冊,403 頁

《范蠡歸湖圖》　　　　　　　　　　　　　（元）李溥光

功遂名成泛五湖,知幾千古擅良圖。向教勾踐堪同樂,不識先生肯退無。

《全元詩》第 12 冊,424 頁

題《范蠡五湖》《杜陵浣花》二首(其一)　　（元）趙孟頫

功名自古是危機,誰似先生早拂衣。好向五湖尋一舸,霜黃木葉雁初飛。

《全元詩》第 17 冊,268 頁

范　蠡　　　　　　　　　　　　　　　　　（元）宋　无

變姓浮齊去止陶,越王猶禮大夫朝。當時意重黃金鑄,鑄得黃金亦便銷。

《全元詩》第 19 冊,410 頁

范　蠡　　　　　　　　　　　　　　　　　（元）方　瀾

老懷獨周至,謀國更謀身。野鹿已遊□,山蜂將趁人。風恬萬馬地,天闊五湖春。後世空懸斷,誰憐伏劍臣。

《全元詩》第 20 冊,123 頁

范　蠡　　　　　　　　　　　　　　　　　（元）李齊賢

論功豈啻破強吳,最在扁舟泛五湖。不解載將西子去,越宮還有一姑蘇。

《全元詩》第 33 冊,350 頁

范蠡五湖　　　　　　　　　　（元）李齊賢

功成亦欲試良圖,月棹煙簑向五湖。卷却吳宮春色去,獨留秋草滿姑蘇。

《全元詩》第 33 册,354 頁

《范蠡圖》　　　　　　　　　　（元）許有壬

平日千金土不如,功成歸去固良圖。扁舟若更無西子,萬古清風滿五湖。

《全元詩》第 34 册,410 頁

題《扁舟五湖圖》　　　　　　　　（元）陳　旅

羑里人去蓼女來,帝辛飲酒沙丘臺。酒闌不但天智毀,小白旗竿血花紫。會稽凜凜吳日驕,少伯乃是師闕夭。姑蘇城下箭如雨,黷骨應成館娃土。五湖煙靄搖青春,小兒船尾中細語。吾王功成境土富,扁舟只載妻孥去。良工貌得千古心,寓形空爾糜黃金。

《全元詩》第 35 册,64 頁

范蠡宅　　　　　　　　　　　　（元）吳　萊

淡淡寒雲鸛影邊,荒山故宅忽千年。大夫已賜平吳劍,西子還隨去越船。白石撐空留罔象,青松落井化蜿蜒。徒憐此地無章甫,只解區區學計然。

《全元詩》第 40 册,90 頁

范蠡雲舟　　　　　　　　　　　（元）葉　顒

范蠡平吳後,秋風理釣船。情空青嶂下,夢落白鷗邊。

《全元詩》第 42 册,44 頁

越山懷古　　　　　　　　　　　（元）馬玉麟

越山亭畔草萋萋,此日登臨意轉迷。故國池臺馴鹿臥,壞陵風雨暮鴉啼。千岩春色連秦望,雙磵泉聲到剡溪。撫景令人思范蠡,五湖煙水事幽棲。

《全元詩》第 44 册,468 頁

題《范蠡圖》　　　　　　　　　　　　　　　　　　（元）王　璋

決策長驅已破吳，姓名何必變陶朱。扁舟若為成功退，不挾西施向五湖。

《全元詩》第 49 冊，489 頁

古風三首（其二）　　　　　　　　　　　　　　　　（元）李　曄

陳編撫遺事，尚憂鴟夷翁。摧吳破強敵，霸粵成奇功。功成宜受賞，輝赫凌煙虹。烏喙不可共，翩然駕孤篷。三江水茫茫，流譽誠無窮。云胡載尤物，竟與巫臣同。

《全元詩》第 56 冊，112 頁

范蠡廟　　　　　　　　　　　　　　　　　　　　（元）汪廣洋

越王去國將危日，范蠡歸心用計時。千古君臣難再遇，百年耆老尚興思。空簷暮雨巢乾雀，遺廟春風哭子規。惟有西施灘下水，浪聲東向不勝悲。

《全元詩》第 56 冊，175 頁

過越王臺（其四）　　　　　　　　　　　　　　　　（元）釋來復

范蠡五湖去，扁舟幾日還。至今閶闔月，不照苧羅山。

《全元詩》第 60 冊，93 頁

范　蠡　　　　　　　　　　　　　　　　　　　　　（元）孫　蕡

已作江湖物外仙，歸舟誰遣載嬋娟。登樓有客思傾國，幾度臨風夜不眠。

《全元詩》卷七，第 63 冊，360 頁

題白描人物四幀·又《范蠡》　　　　　　　　　　　（明）張　適

吳破越初安，扁舟賦考槃。鑄金雖肖似，未若畫圖看。

《江行集》卷五，《四庫全書存目叢書》集部 25 冊，336 頁

蠡　石　　　　　　　　　　　　　　　　　　　　　（明）王　賓

齊門北，范蠡去五湖，招大夫種處。樂圃先生云：俗傳吳亡，西子從蠡行。夫蠡智足以縣君保躬，必

不蹈高熲諸誅張麗華、曾謂蠡不如熲乎。

連年謀國甚勞神,一旦功成便脫身。從此更招同伴去,豈思全己又全人。

《吳中古跡詩》,《四庫全書存目叢書》集部 28 冊,233 頁

越相范少伯祠　　　　　　　　　　（明）沈明臣

相國祠堂與寺鄰,階臺雪重折蒼筠。泠然池上今明月,曾照當年霸越人。

《豐對樓詩選》卷四〇,《四庫全書存目叢書》集部 144 冊,655 頁

又題范少伯塑像　　　　　　　　　　（明）沈明臣

白髮蒼顏居士裾,手持一卷《計然書》。當時十策猶餘五,豈畜雞豚與種魚。

《豐對樓詩選》卷四〇,《四庫全書存目叢書》集部 144 冊,655 頁

三高祠三首·范蠡　　　　　　　　　　（明）高　啟

在吳江垂虹橋東,祀越范蠡、晉張翰、唐陸龜蒙也。

功成不戀上將軍,一舸歸遊笠澤雲。載去西施豈無意,恐留傾國更迷君。

《高青丘集》卷一八,下冊,803 頁

《范蠡載西施之五湖圖》　　　　　　　　（明）徐　渭

五湖一舸載誰搖,盡道西施伴蠡逃。老案一翻千古後,成都太史是皋陶。楊慎傳蠡載西施事,謬記。

《徐文長逸稿》卷八,《徐渭集》第三冊,854 頁

謁范蠡祠　　　　　　　　　　（明）朱察卿

讓政獨專兵甲事,行成偏使敵人親。六千君子能酬主,十五名姝自保身。祠宇總非吳、越地,渚蘋來薦古、今人。可憐三徙名成後,不見桐江一釣緡。

《朱邦憲集》卷四,《四庫全書存目叢書》集部 145 冊,631 頁

題《范蠡歸湖圖》　　　　　　　　　　（明）李騰芳

昔聞扁舟五湖事,今見扁舟五湖圖。飄然舉袂若可攬,煙波萬頃來虛無。牙檣錦纜

輕蕩漾,青山綠水相縈紆。霸圖何處海天闊,此意但與浮雲俱。依稀半幅看如此,千秋恍對鴟夷子。逸翩冥鴻未可攀,徒令坐慨功名士。細柳營邊月色孤,麒麟閣上雲偏紫。何當雪恥甬東山,可能行意陶朱市。吁嗟兩者總堪疑,歎息人間萬事錡。古來得意不相負,只今誰是會稽時。

《李宮保湘洲先生集》卷五,《四庫全書存目叢書》集部 173 冊,156 頁

《范蠡歸湖圖》 （明）汪廷訥

當年千騎破吳時,麟閣丹青更屬誰。妙在功成先一著,片帆煙雨挾西施。

《坐隱先生全集》卷五,《四庫全書存目叢書》集部 188 冊,741 頁

題《范蠡歸湖圖》 （明）史　謹

吳山崒嵂翠如洗,吳王宮殿空中起。鳳管鸞笙到處聞,共說繁華世無比。前溪一夜越兵來,銜枚競入姑蘇臺。西子含啼出宮掖,吳王抱恨埋蒿萊。一代奇勳歸范蠡,片時雪盡夫椒恥。位重名高不受封,入湖自號夷子。只緣鳥喙難容物,致使將軍就高潔。兩岸青山畫裏看,數行白鷺煙中沒。洞庭笠澤隨所之,慣聽漁笛鷗邊吹。却憐文種不料事,鳥喙之心終見疑。

《獨醉亭集》卷下,影印文淵閣《四庫全書》1233 冊,153 頁

懷古,和陳惟寅韻三首(其一、二) （明）張　憲

范蠡已霸越,功成淡若無。扁舟五湖上,鳥喙不敢呼。冥鴻在寥廓,燕雀不萊蕪。
兔走要離墳,狸啼闔閭墓。寶劍生土花,銀池浴秋露。迢迢郭門西,玉輦迷金步。

《列朝詩集》甲集前編卷一〇,第二冊,692 頁

《范蠡圖》,醉中題 （明）張　原

五湖煙水茫茫碧,一葉扁舟一簑笠。功成身退合自然,不是膏肓愛泉石。從來宦海非安流,忍將纓綏作官囚。狗烹兔死古如此,鳥喙與之焉可謀?君不見姑蘇臺上走麋鹿,亡國應貽萬年辱;又不見鴟夷橐成人謾哀,洞簫聲滿姑蘇臺。湖裏優游堪自老,世事浮雲一勺小。勾踐結網元不疏,自是先生見機早。馬氏曰:自然句! 自然句!

《玉坡張先生黃花集》卷七,《陝西古代文獻集成》第 7 輯,第 424 頁

陶山懷古 　　　　　　　　　　　　　　　　　　　　（明）王 謳

昔聞陶朱公，曾號鴟夷子。功成不受賞，獨舉恐身死。江湖遠歸來，隱居自茲始。今我訪遺墟，登山攬葛藟。林猿驚客號，伏兔草間起。風吹澗水寒，日割暮山紫。村居尚古風，桑柘猶駢美。白首和且歌，倚杖牧雞豕。相對久忘言，問舍當從爾。知幾世所稀，聞者顏無泚。

《王彭衙詩》五《壬午集》，《陝西古代文獻集成》第7輯，第616頁

讀古雜詩十首·范蠡 　　　　　　　　　　　　　　（清）吳 歷

國業謀成髯未絲，回看笠澤是歸期。獨能去倚扁舟櫂，不樂功勳上爵時。

《三餘集》，《吳漁山集箋注》卷三，287頁

謁范少伯祠 　　　　　　　　　　　　　　　　　（清）吳偉業

在金明寺中，有"陶朱公里"四字石碑。

艤棹滄江學釣魚，五湖何必《計然書》。山川禹穴思文種，烽火蘇臺吊伍胥。浪擲紅顏終是恨，拜辭烏喙待何如？却嗟愛子猶難免，霸越平吳事總虛。

《詩前集》五，《吳梅村全集》卷五，上册，146頁

古詩二十首（其七） 　　　　　　　　　　　　　　（清）趙 翼

范蠡既霸越，一舸笠澤中。手挾西施去，同泛煙濛濛。人謂謀身智，吾謂謀國忠。惟恐浣紗人，又入越王宫。荒醼再釀亂，覆轍蹈甬東。所以絕禍水，脂粉一掃空。賢士既致君，更慮鮮克終。徒以遠害論，猶未測其衷。

《甌北集》卷一，上册，2頁

古懷人詩五首·越大夫蠡 　　　　　　　　　　　　（清）舒 位

已進西家施，更拜南林女。陰謀采黃葛，奇貨歌白紵。忽唱梧宮秋，遂禱松陵雨。美人畫屧空，壯士錦衣舞。種樹不種陰，結交難結心。臣胥東門夢，臣種南陽禽。麋鹿怨復怨，波煙深更深。且應偷碧玉，安用鑄黃金？

《瓶水齋詩集》卷二，上册，78頁

月夜出西太湖作 （清）舒　位

忽憶鴟夷范大夫，竟將此水沼全吳。不知偷載西施去，也有今宵月子無？

《瓶水齋詩集》卷一一，下冊，454頁

范　蠡 （清）潘祖同

聽罷文臺一曲琴，功成宜退急投簪。當年烏喙能嘗膽，絕世蛾眉尚捧心。舊友縱緣三術誤，新恩還共五湖深。扁舟無復觚棱夢，虛牝君王座右金。

《晚晴簃詩匯》卷一五五，第四冊，62頁

范大夫祠 （清）蔣士銓

籌國謀真遠，知幾去獨先。自看湖水月，不受介山煙。姓字埋猶變，身軀鑄豈堅？功臣是何物，藏骨必祁連？

伏臘思遺澤，靈威走越巫。清風被湖渚，古廟立城隅。才大都無戀，功高不受誅，恐彰君父惡，豈但為全軀？

《忠雅堂詩集》卷一五，《忠雅堂集校箋》第二冊，1091頁

詠　史 （清）張裕釗

功名富貴盡危機，烹狗藏弓劇可悲。范蠡浮家子胥死，可憐吳越兩鴟夷。

《濂亭遺詩》卷一，《張裕釗詩文集》，314頁

范　蠡 （清）羅惇衍

字少伯，本楚宛三戶人。仕越，為上將軍。後適齊，為鴟夷子皮。之陶，為朱公。又復居梁，不知所終。

扁舟泛泛五湖春，千古知幾第一人。分散再三輕貨值，雄猜強半忌功臣。浮雲富貴黃金鑄，落日煙波白髮新。駭盡聽聞狺犬吠，何如服桂晦仙身。

《集義軒詠史詩鈔校證》卷二，第一冊，35頁

范　蠡　　　　　　　　　　　　　　　　（清）徐公修

豔色吳王嗜好投，苧蘿村內美人求。居陶業振工牟利，霸越功高早退休。兩國甘心拋相印，五湖浪跡泛扁舟。鑄金故主空摹象，鳳舉鴻冥不可留。

《史記百詠》卷一，《讀史千詠》，《史記研究文獻輯刊》13冊，441頁

蘇臺覽古　　　　　　　　　　　　　　（清）吳　騫

范蠡扁舟早入湖，夷光奚必下姑蘇。從來好事元如夢，未有佳人不受誣。草棘縱橫麋跡散，雲天寥落鳥飛孤。明明一片西江月，曾照當年越絕無。

《拜經樓詩集》卷一二，《續修四庫全書》集部1454冊，115頁

范　蠡　　　　　　　　　　　　　　　　（清）王廷紹

霸越功成不早朝，五湖煙水擊迢迢。錢刀計畫才猶賸，薪膽君王氣已驕。廢苑春生西子夢，大江風暗伍公潮。扁舟此日愁迴首，烈士紅顏總寂寥。

《澹香齋詩草》卷二，《清代詩文集彙編》472冊，339頁

詠　史（其十六）　　　　　　　　　　　（清）宋　㮰

鳥盡弓藏悔沼吳，蠡何其智種何愚。早知鳥喙難同樂，一舸應隨泛五湖。

《雞肋百二稟》卷五，《清代詩文集彙編》475冊，40頁

范　蠡　　　　　　　　　　　　　　　　（清）鮑桂星

二十年來臥枕戈，功成不去待如何。良金未寫人先老，寶玉從攜自覺多。薪膽君臣無皦日，雲煙富貴有滄波。他時悔煞南陽宰，不共湖邊著釣簑。

《覺生詠史詩鈔》卷一，《清代詩文集彙編》476冊，467頁

范　蠡　　　　　　　　　　　　　　　　（清）張　澍

逐得夫差到甬東，扁舟一去太悤悤。五湖盡有煙霞處，三戶都拋夢寐中。劍送濤聲吞赭谷，烏啼秋色滿梧宮。功成早退關天運，嘆息文禽竟未從。

《養素堂詩集》卷二五，《清代詩文集彙編》536冊，269頁

范蠡泛湖 《國語》

(清)田依渠

業已滅勾吳,乘舟泛五湖。越王雖忌刻,無計殺陶朱。

《茹古山房讀史餘吟》卷三,《清代詩文集彙編》639冊,654頁

詠史詩·范蠡

(清)史夢蘭

五湖煙水任孤篷,霸越平吳事已空。文種不來徒伏劍,西施相伴亦藏弓。千金未得全驕子,七策虛勞作富翁。鑄像猶煩烏喙拜,漫將貨殖薄朱公。

《爾爾書屋詩草》卷四,《清代詩文集彙編》654冊,367頁

文種墓

(宋)石延年

至忠惜甘死,越塞一墳孤。勾踐非王者,陶朱亦丈夫。碑經山燒斷,樹帶海潮枯。泉下伍員輩,相逢相吊無?

《全宋詩》卷一七六,3冊,2005頁

大夫種

(宋)王十朋

狩罷吳郊鳥兔空,果烹獵犬廢良弓。大夫自為知幾晚,豈是陶朱計不忠。

《全宋詩》卷二〇二四,36冊,22691頁

種　山

(宋)王十朋

決策平吳霸業成,青山長占大夫名。子胥忠義無生死,怒氣隨潮到越城。

《全宋詩》卷二〇二七,36冊,22717頁

同陳樞壽登臥龍山望海亭,却觀賈相故宅,或云越大夫種墓在山上

(元)吳萊

昨日新雨已,行登臥龍岡。征衣忽我薄,絕頂極寒涼。鑒湖水自涸,蓬島屹相望。神鴉弄落景,海蜃連扶桑。前朝尚未遠,列甸或稱疆。王孫只草綠,相府空蓮香。高明豈有瞰,土木竟為殃。興衰一以變,貴富何能常。山靈司霸轍,古隧閟兵防。毋寧甲楯棲,卒使良弓藏。哀哉大夫種,直不脫劍鋩。荒雲但墓穴,鳥喙却悲傷。功成偶不退,苦膽不思

嘗。炙手既可熱,重奎果何光。史文幸明白,忠死斯不亡。蕭然北風樹,為攪鐵石腸。

《全元詩》第 40 册,40 頁

文種墓 （清）舒 位

不出三江入五湖,黃泉碧落一抔無。山開後至防風氏,浪卷前潮伍大夫。術數有靈天亦忌,功名太盛勢尤孤。西施網得疏難漏,一劍南陽悔沼吳。

《瓶水齋詩集》卷一五,下册,642 頁

文　種 （清）羅惇衍

字子禽,楚人,事越王勾踐。先為南陽宰,繼為大夫,後為相國,伏劍而死,葬於國之西山。

智計原來召禍機,況工圖使世間希。一書竟促良朋算,九術何能故王依,恩大莫酬夷虎踞,功高易震篡鴻飛。鯨彭鼎鑊從茲濫,幾輩弓藏早識微。

《集義軒詠史詩鈔校證》卷二,第一册,37 頁

詞

水調歌頭　　　　　　　　　　　　　　　　　　（宋）賀　鑄

彼美吳姝唱，繁會闔閭邦。千坊萬井、斜橋曲水小軒窗。縹緲關山臺觀。羅綺雲煙相半。金石壓搖撞。癡信東歸虜，黑自死心降。　范夫子，高標韻，秀眉龐。功成長往、有人同載世無雙。物外聊從吾好。賴爾工顰妍笑。伴醉玉連缸。盡任扁舟路，風雨卷秋江。

《全宋詞》第一冊，532 頁

水調歌頭　　　　　　　　　　　　　　　　　　（宋）朱　熹

富貴有餘樂，貧賤不堪憂。誰知天路幽險，倚伏互相酬。請看東門黃犬，更聽華亭清唳，千古恨難收。何似鴟夷子，散髮弄扁舟。　鴟夷子，成霸業，有餘謀。致身千乘卿相，歸把釣漁鉤。春晝五湖煙浪，秋夜一天雲月，此外盡悠悠。永棄人間事，吾道付滄洲。

《全宋詞》第三冊，1674 頁

又（高陽臺）·過種山 即越文種墓　　　　　　　（宋）吳文英

帆落回潮，人歸故國，山椒感慨重遊。弓折霜寒，機心已墮沙鷗。燈前寶劍清風斷，正五湖、雨笠扁舟。最無情，岩上閑花，腥染春愁。　當時白石蒼松路，解勒回玉輦，霧掩山羞。木客歌闌，青春一夢荒丘。年年古苑西風到，雁怨啼、綠水葒秋。莫登臨，幾樹殘煙，西北高樓。

《全宋詞》第四冊，2923 頁

臨江仙·范大夫廟　　　　　　　　　　　　　　（明）李　培

甲楯三千隨肉袒，當年謀算何高。行成天誘霸圖牢。膽嘗因個甚，心捧為誰嬌。　越國未幾全楚並，英雄夙恨應消。殘魂不必嘯夫椒。空餘強弩在，無復淛江潮。

《全明詞補編》下冊，574 頁

內家嬌　　　　　　　　　　　　　　（清）楊在浦

嘉興范蠡湖上，有西施粧臺，時產異螺。風雨夜，能紆五色。念蠡施二人，爲國報仇，俠同隱同，是絕代心人，固宜風流未沫。詞以吊之。覺望煙波，呼之欲出。

水西楓驛冷，捲客棹、怳漾范湖秋。憶蓮艦傳歌，粧臺教舞，沼吳奇計，時間風流。卻傳道，嬌娜粉黛片，變幻彩螺浮。一國艷魂，千年珍怪，半溪香水，百代芳洲。　山川猶碁換，最難是、努報天仇。誰似君、憂嬌獻功奏豪遊。算苧溪尚俠，鴟夷英偉，一雙雙、飄灑戲弄輕舟。欲共取，沈深兩字，遙寄江郵。

《全清詞》順康卷第六冊，3576頁

望江南（其三）　　　　　　　　　　　（清）方　炳

江南憶，采葳葳山多。嘗膽未銷三載恨，臥薪猶枕十年戈。忠信涉風波。

《全清詞》順康卷第一〇冊，5780頁

石湖仙·金明寺范大夫祠　　　　　　　（清）錢芳標

城隅槐鄲，有臨水紅樓，留此靈瑣。恍惚錦衣危坐，蘇臺歸時一舸。明妝何處，怎不見、浣紗人過。無那。剩釣童、繫纜吹火。《楚詞》："欲少留此靈瑣兮。"　淒涼渚蘋誰薦，甕填填、承塵鼠墮。四合湖煙，地近越來溪左。白馬潮奔，黃金像裏。鴟夷分破，凍雨大，更深舴艋掀簸。

《全清詞》順康卷第一三冊，7666頁

東風第一枝·越王崢懷古同伯憩賦　　　（清）金　烺

半嶺低雲，孤峰厭日，越王崢上春到。鹿窠掛壁紅泉，鶴驚護門綠草。磬聲不散，帶細雨、花陰輕嫋。想當年、苦竹城邊，戰壘屯兵多少。　香積廚、尚疑軍竈。繡佛影、曾懸羽纛。三江烏喙人歸，五湖蛾眉船杳。霸圖王會，總博得、登臨長嘯。欲再問、幾度滄桑，又值午鐘初報。

《全清詞》順康卷第一四冊，8057頁

念奴嬌·五湖懷古

(清)范　纘

具區西望,見斜陽閃爍、水天相接。翠削芙蓉七十二,日月相隨出沒。龍吼雲騰,蜃噴虹現,濤卷千堆雪。荒祠伍相,仰瞻尚有餘烈。　遙想少伯當年,功成身退,急把風塵脫。小艇輕帆何處去,誰問興亡吳越。像鑄黃金,名遺青史,千古稱人物。風流已矣,湖光一片煙月。

《全清詞》順康卷第一四冊,8167 頁

漁父·越中懷古

(清)馬鳴鸞

謀深鳥喙用蛾眉。舞罷霓裳破水犀。鹿走蘇臺嘆黍離。不堪思。越伯江東又幾時。

《全清詞》順康卷第一五冊,8806 頁

浣溪沙·越來溪

(清)吳　綺

溪與石湖相接。在楞伽山東北。郡志雲:"越侵吳自此入。"故名。溪上有越成橋。夫越以二十年生聚教養,吳豈不矩之。乃弛備撤防,縱之使來,清溪一曲,流恨千秋。是當以來越名之。予流覽吳境,尤於此三致慨焉。作《浣溪沙》一闋,以示越之來,自浣紗女子始也。

有恨野雲遮綠樹。無情春水浸蒼苔。吳王當日好樓臺。　野鳥向人猶似怨,山花無諸一憑開。此溪誰喚越兵來。

《全清詞》順康卷補編第一冊,499 頁

滿江紅·吳江懷古

(清)俞　瑒

笠澤秋深,西風起、蘆洲如雪。想當日、扁舟范蠡,沼吳存越。載得西施歸去後,千金散盡稱豪傑。算人間、惟有利和名,難消歇。　興亡際,還休說。江山在,空爭奪。聽菱歌深港,數聲如咽。回首英雄無限事,而今只有江頭月。總輸他、釣叟一漁竿,煙波闊。

《全清詞》順康卷補編第三冊,1285 頁

采桑子·吳中詠古

(清)詹肇堂

六千君子吳宮沼,鳥喙難俱。功狗烹諸。不鑄黃金賜屬鏤。　弓藏有個人先去,狎苧蘿姝。著計然書。成就夫夫向五湖。

《全清詞》雍乾卷第四冊,1950 頁

踏莎行·越臺懷古　　　　　　　　（清）陶維垣

煙鎖蒼苔,香飄紅雨。杜鵑花外春光暮。荒臺冷落數峰青,雲樓月榭空歌舞。　霸業雖非,山河如故。遊人到處花成路。一尊清酒夕陽西,鷓鴣卻把春山訴。

《全清詞》雍乾卷第八冊,4476 頁

摸魚兒·九日從學灘顧夫子登快風閣　　　　　　　　（清）沈時棟

對長空、古今如海,楚臺宋玉安在。從游休落龍山帽,惹得醉魂無賴。聽欸乃,可便是、五湖歸去扁舟待。閑愁難解。看頰上三毫,虎頭健筆,寧向長門賣。　觀成敗,蟻穴淳于歌拜。腐史漫勞稱快。垂虹幾度笙歌月,不換雪灘吟籟。輕鼎鼐。還自有、筆牀茶竈供瀟灑。喜聆謦欬。果人境雙清,汪汪千頃,曠矚塵埃外。

王咸平先生曰:東陽奧雪灘本世誼,而兼姻戚,今成度以詩學淵源,教級門下,詎非接種前徽者耶。

《瘦吟樓詞》,《清詞珍本叢刊》第一二冊,132 頁

臺城路·春晚登越王臺　　　　　　　　（清）陳良玉

年年拚卻傷春眼,登臨送春歸去。近郭人家,倚山樓閣,一碧冥濛煙雨。閑愁幾許。看幾陣啼鵑,怎留春住。頓語東風,祇今慵賦斷腸句。　江鄉寒食過了,恨此度攜笻,風景非故。人事無憀,酒徒依舊,浣盡生衣塵土。荒涼輦路。問滿目山川,霸圖何處。開徧紅棉,日斜飛亂絮。

《荔香詞鈔》,《清詞珍本叢刊》第一四冊,93 頁

曲

〔南呂〕四塊玉·洞庭湖 （元）馬致遠

畫不成。西施女。他本傾城卻傾吳。高哉范蠡乘舟去。那裏是泛五湖。若綸竿不釣魚。便索他學楚大夫。

《全元散曲》上册,236 頁

〔雙調〕折桂令·丙子遊越懷古 （元）喬吉

蓬萊老樹蒼雲。禾黍高低。狐兔紛紆。半折殘碑。空餘故址。總是黃塵。東晉亡也再難尋個右軍。西施去也絕不見甚佳人。海氣長昏。啼鵑聲幹。天地無春。

《全元散曲》上册,602 頁

〔雙調〕清江引（之三） （元）鐘嗣成

五湖去來越范蠡。甘作煙波計。功成心自閑。名遂心先退。早尋個穩便處閑坐地。

《全元散曲》下册,1362 頁

〔越調〕柳營曲·范蠡 （元）無名氏

一葉舟。五湖遊。鬧垓垓不如歸去休。紅蓼灘頭。白鷺沙鷗。正值著明月洞庭秋。進西施一撚風流。起吳越兩處冤仇。趁西風閑袖手。重整理釣魚鉤。看。一江春水向東流。

《全元散曲》下册,1733 頁

〔雙調〕一錠銀（之七） （元）無名氏

范蠡歸湖識進退。見越主昏迷。一葉扁舟活計。無是非快活了便宜。

《全元散曲》下册,1767 頁

越王臺弔古

(明)王驥德

【南仙呂入雙調夜行船序】百尺荒臺。問當年勾踐。霸圖何在。憑欄處。教人謾嗟成敗。疑猜。故壘難尋。高陵如夢。物移星改。堪哀。屈指會稽巔。棲甲幾年無賴。

【前腔換頭】沉埋。巧倩金釵。藉苧蘿西子。兩彎眉黛。更宮中嘗膽。不辭寧耐。方纔。卷土長驅。揮戈遙問。閶闔城外。奇哉。指顧沼吳宮。一霎霸成東海。

【黑蔴序】興衰。造物安排。看桑田今日。幾更人代。算贏輸一局。可如博塞。傷懷。空山但紫苔。平湖又片埃。到間來。八百里丹青。一任鶴驚猿駭。

【前腔】吾儕，笑口慵開。恨古人不見，筆尖霏彩。乍臨風釃酒，一時稱快。難買。婷婷挾粉腮。纖纖挈繡罧。打些乖。怎學畫舸陶朱。一葉五湖嬌載。

【錦衣香】采蕺亭。朱扉壞。種蘭蹊。清流隘。只見野水寒雲。蝶營蜂塞。楸梧遠近隔花栽。離離禾黍。半翳翳音韋萬萊。想年時奏凱。等閒間漁歌欸乃。何用誇雄邁。豪華不再。桓文壇坫。韓彭薀酺。

【漿水令】鷓鴣飛。紅霞一帶。杜宇怨。明月幹匡。蘇臺猶自泣夫差。遺宮廢苑。兩處姻霾。來事。何須怪。新浦細柳難耽待。休回首，休回首。空勞感慨。閑饒舌。閑饒舌。盡費俳諧。

【尾聲】秦山禹廟春無奈。且澆取胸中壘塊。剪金類一曲新裁。

伯良自注云：李太白詩"越王勾踐破吳歸，義士還鄉盡錦衣。宮女如花滿春殿，只今唯有鷓鴣飛。"劉禹錫詩"紅霞映樹鷓鴣鳴"。

墨憨齋評云：入聲派平上去三韻，在北曲用三聲者則然，若南曲仍有四聲，自不得借北韻而廢入聲一韻也。如皆來韻，時曲每以"客""色"等字押上，"額""墨"等字押去，使周郎聽之，有不笑為兩頭蠻者乎？伯良此曲，絕不借北韻一字，可以為法。

《全明散曲》第三冊，3406頁

〔北中呂朝天子〕述古人

(明)無名氏

范蠡。相國。因主辱思良計。平吳事了復會稽。將三致千金費。臣有餘謀。君心長疑。不歸湖等甚的。自評。自議。君與臣皆賢智。

《全明散曲》第四冊，4778頁

〔南商調梧桐樹〕一舸 （清）吴錫麒

西風吹白紵,歌罷人何處？莫道功成,肯逐鴟夷去。算回頭只有煙波路。吴苑千秋,花也愁無主。越客千絲,網也兜難住。剩相思石上苔無數。

《全清散曲》中册,1133 頁

〔北雙調枳兒郎〕越城 （近代）盧　前

張天芳鳳考古金陵,過寒齋寺云:"於雨花台麓拾得碎片,可以證越王城故址也。"

越王城,越王城,百雉想崢嶸。雪恥曾陳勾踐兵。殘磚相證,二十年薪膽事終成。

《全清散曲》下册,2389 頁

鄭世家

一 詩

詠《鄭世家》

鄭系(世)家 (唐)司馬貞

厲王之子,得封於鄭。代職司徒,《緇衣》在詠。虢、鄶獻邑,祭祝專命。莊既犯王,厲亦奔命。居櫟克入,夢蘭毓慶。伯儵生囚,叔瞻屍政。釐、簡之後,公室不競。負黍雖還,韓哀日盛。

《史記索隱》卷二九,468頁

詠鄭君

鄭莊公

(宋)王十朋

天地深恩詎可忘,寤生忠孝兩俱亡。身從何出翻囚母,國是誰封敢射王。

《全宋詩》卷二〇二四,36冊,22689頁

鄭莊公

(元)宋 无

囚母幽陰罪已深,悔而思向隧中尋。更歌"其樂融融"句,不媿林間反哺禽。

《左傳》:鄭武公娶于申,曰武姜,生莊公及共叔段。莊公寤生,驚姜氏,故名曰寤生,遂惡之。愛共叔段,欲立之,請於武公,弗許。及莊公即位,請京,使居之,謂之京城大叔。祭仲曰:"都城過百雉,國之害也。先王之制,大都不過三國之一,中五之一,小九之一。今京不度,非制也,君將不堪。"公曰:"姜氏欲之,焉辟害?"對曰:"姜氏何厭之有!不如早為之所,無使滋蔓,蔓難圖也。蔓草猶不可除,況君之寵弟乎?"公曰:"多行不義必自斃!子姑待之。"既而大叔命西鄙北鄙貳於己,公子呂曰:"國不堪貳,君將若之何? 欲與大叔,臣請事之。若弗與,則請除之,無生民心。"公曰:"無庸,將自及。"大叔又收貳以為己邑,至於廩延。子封曰:"可矣,厚將得眾。"公曰:"不義不暱厚將崩。"大叔完聚,繕甲兵,具卒乘,將襲鄭,夫人將啟之。公聞其期,曰"可矣"。命子封率車二百乘以伐京。京叛大叔段,段入于鄢。公伐諸鄢,大叔出奔共。公遂寘姜氏於城潁,而誓之曰:"不及黃泉,無相見也。"既而悔之。潁考叔為潁谷封人,聞之,有獻於公。公賜之食,食舍肉。公問之,對曰:"小人有母,皆嘗小人之食矣,未嘗君之羹,請以遺之。"公曰:"爾有母遺,繄我獨無。"潁考叔曰:"敢問何謂也?"公語之故,且告之悔。對曰:"君何患焉。若闕地及泉,隧而相見,其誰曰不然?"公從之。公入而賦"大隧之中,其樂也融融",姜出而賦"大隧之外,其樂也洩洩"。遂為母子如初。舒子曰:莊公不孝,幽其母於城潁。微封人考叔之言,必死其母於窖中。聖人不取者,絕其惡而去之也。左氏與其悔而取之,隧中見母,當有愧死之心,何謂其樂融融哉?要知莊公之無忌憚也甚矣。

《全元詩》第19冊,409頁

鄭莊公墓

(元)李齊賢

先王樹懿親,故使庇本根。京叔固違道,鄭莊亦少恩。遂令群公子,繼亂殘斯民。革

面事三主,鄙哉蔡封人。

《全元詩》第 33 冊,344 頁

過鄭詩 （明）文翔鳳

杞子亦何苦,北門管授秦。誰收蹇叔淚,但助王孫嚬。千里師行密,百夫免胄馴。弦高不解事,退犒以疑人。

《皇極篇》卷二,《四庫禁毀書叢刊》集部 49 冊,260 頁

詠史·賦大隧 （明）李夢陽

賦大隧,兒賦隧中母隧外。母思啟段段已舉,不及黃泉是何語？潁人不來其奈汝。潁人不來猶之可,俎上分羹痛殺我。

《李夢陽集校箋》卷五,第一冊,104 頁

鄭莊公 （清）徐公修

大隧之中見母奇,"融融""洩洩"共歌詩。上侵周地禾橫取,陰縱京城蔓使滋。讓國不貪存許祀,將兵自救敗王師。鄧雍内寵多生子,爭立愁無弭亂期。

《史記百詠》卷一,《讀史千詠》,《史記研究文獻輯刊》13 冊,427 頁

詠鄭臣

祭　足　　　　　　　　　　　　　　　（唐）周　曇

吳、魯、燕、韓豈別宗，曾無外禦但相攻。當時周、鄭誰為相，交質將何服遠戎。

《全唐詩》卷七二八，21 冊，8340 頁

再　吟　　　　　　　　　　　　　　　（唐）周　曇

周室衰微不共匡，干戈終日互爭強。諸侯若解尊天子，列國何因次第亡。

《全唐詩》卷七二八，21 冊，8340 頁

子　產　　　　　　　　　　　　　　　（唐）周　曇

為政何門是化源，寬仁高下保安全。如嫌水德人多狎，拯溺宜將猛濟寬。

《全唐詩》卷七二八，21 冊，8347 頁

鄭子產廟　　　　　　　　　　　　　　（宋）宋　祁

不知東里叟，遺跡但堪尋。語愛東家淚，論交季子心。故墳猶有石，遺鼎遂無金。謬政為邦久，千秋謝所欽。

《全宋詩》卷二二五，4 冊，2367 頁

子產廟　　　　　　　　　　　　　　　（宋）黃庭堅

區區小鄭多君子，誰若公孫用意深？監巫執節誅腹誹，不除鄉校獨何心？

《全宋詩》卷一〇二一，17 冊，11676 頁

題子產廟　　　　　　　　　　　　　　（金）楊宏道

相鄭稱遺愛，云亡感聖人。養民殊夏日，出涕比祥麟。故國多喬木，虛唐若有神。褰裳病徒涉，歲暮客愁新。

《全金詩》,《全遼金詩》下冊,2315 頁

子產墓 （明）徐　問

在新鄭陘山。

遺愛從看信史真,陘山高指更思人。後來製錦誰能繼,莫使前賢絕後塵。

《山堂萃稿》卷六,《四庫全書存目叢書》集部 54 冊,224 頁

惠人津 （明）徐　問

即溱洧渡。

子產從來愛得名,愛人原自本心生。乘輿豈必□□用,是日杠梁恐未成。

《山堂萃稿》卷六,《四庫全書存目叢書》集部 54 冊,224 頁

新鄭謁子產祠 （清）張問陶

世亂全才少,君兼將相功。英雄無霸氣,博雅見儒風。東里文言遠,諸侯問難窮。馭民寬猛備,吾道幾人同。

戰鬥兼供億,誅求破膽寒。公卿且貪酷,民物久雕殘。有齒焚身易,成章製錦難。仲尼說遺愛,已作古人看。

《贏車集》,《船山詩草》卷九,上冊,225 頁

鄭子產祠 （清）譚宗浚

下邑荒城在,人傳國氏餘。治開《循吏傳》,名著素王書。野竹陰虛幌,饑禽下玉除。干戈殊未已,撫養策何如。

《荔村草堂詩鈔》卷二《出門集》,《清代詩文集彙編》763 冊,20 頁

子　產 （清）吳　鎮

老黃熊,求晉祀。洧淵龍,何不祭。

《松花庵韻史》,《四庫未收書輯刊》拾輯 24 冊,256 頁

潁考叔

(宋)王十朋

衣冠肉食謾紛紛，誰解杯羹感悟君。潁谷封人雖賤士，却能純孝至今聞。

《全宋詩》卷二〇二四,36 冊,22690 頁

潁考叔

(宋)林 同

茅焦甘伏質，考叔請留羹。大隧如初樂，咸陽虛左迎。

《全宋詩》卷三四一八,65 冊,40610 頁

潁谷封人廟

(金)元好問

泄泄潁谷雲，融融潁川水。封君去我久，水雲自清美。人言君善諫，微意得鄭子。特於悔悟時，一語發天理。大孝動天地，土苴及頑鄙。反身而未誠，善諫且敗矣。如何千載下，乃與茅焦比。我行潁川道，永念負甘旨。願作賴尾魴，因之日千里。

《金詩》《全遼金詩》下冊,2407 頁

潁封人廟

(元)王 惲

在宋樓鎮西三里古堤上。至元十三年夏四月考試河南，同陳節齋過其廟。陳為索賦，故有是作。

潁封遺廟枕高墉，窈窕丹青戶牖空。治道得人無國小，孝心錫類與天通。當年大隧融融樂，此日喬林凜凜風。總道茆焦賈餘勇，從容難似片言功。

《全元詩》第 5 冊,231 頁

潁考叔廟

(元)張按察

納約必自牖，投機易為力。一杯遺母羹，千載存廟食。

《全元詩》第 66 冊,152 頁

大隧賦

(明)文翔鳳

潁橋有潁考叔墓，塚巨甚，前有祠。

君賜之食食舍肉，小人有母止咽穀。君如感悔卽匍匐，大隧之中曲而曲。

《皇極篇》卷四,《四庫禁毀書叢刊》集部 49 冊,286 頁

臨 潁　　　　　　　　　　　　　　　　　　　　　　（明）錢子義

潁大夫廟在焉。鄭莊公置母武姜于城潁，誓不相見。後因潁考叔諫，遂為母子如初。君子曰：潁考叔純考也，愛其母，施及莊公。

野廟荒涼啼老烏，剩松殘栢困樵蘇。豐碑剝落難成誦，純孝人稱潁大夫。

《續詠史詩》上，《種菊菴集》一，《三華集》卷七，影印文淵閣《四庫全書》1372 冊，87 頁

潁考叔墓　　　　　　　　　　　　　　　　　　　　（清）張問陶

潁谷封人好，精誠絕代無。片言開大遂，鼓見其蜃弧。舍肉心千古，登陴勇萬夫。春秋天道滅，忠孝性情孤。

《船山詩草補遺》卷三，下冊，628 頁

潁考叔　　　　　　　　　　　　　　　　　　　　　（清）徐公修

千秋潁谷拜封人，忠孝兼全兩絕倫。入隧承歡回令主，遺羹潔養奉慈親。取旗瑕叔盈為繼，中矢公孫閼見嗔。有母尸饗能錫類，明良一德出君臣。

《史記百詠》卷一，《讀史千詠》，《史記研究文獻輯刊》13 冊，427 頁

潁考叔故里　　　　　　　　　　　　　　　　　　　（清）沈德潛

舍肉君能悟，登城身自危。如何純孝者，亦有挾輈時？

《歸愚詩鈔》卷一九，《沈德潛詩文集》第一冊，382 頁

潁考叔　　　　　　　　　　　　　　　　　　　　　（清）吳　鎮

爭車憾，注蜃弧。猰犬雞，詛子都。

《松花庵韻史》，《四庫未收書輯刊》拾輯 24 冊，255 頁

趙世家

詩

詠《趙世家》

趙系(世)家 　　　　　　　　　　　　（唐）司馬貞

趙氏之系，與秦同祖。周穆平徐，乃封造父。帶始事晉，夙初有土。岸霸矯誅，韓厥立武。寶符臨代，卒居伯魯。簡夢翟犬，靈歌處女。胡服雖強，建立非所。頗、牧不用，王遷囚虜。

《史記索隱》卷二九，469頁

趙 　　　　　　　　　　　　　　　（金）李俊民

欲憑從約抗強秦，完璧那能繫重輕。兩虎共圖全國計，豈無一術救長平。
紛紛列國事縱橫，誰似邯鄲得地形。會罷澠池方氣勝，不思嫁禍有馮亭。

《金詩》，《全遼金詩》中冊，1985頁

過邯鄲四絕(其一、二) 　　　　　　（金）元好問

富貴榮華一欷嗟，依然夢裏說韶華。千年幾度山河改，空指遺臺是趙家。
人事存亡不易知，及時娛樂恨君遲。後人共指叢臺笑，三尺堯階竟屬誰。

《金詩》，《全遼金詩》下冊，2668頁

詠史三首（其二、三） （元）陳 基

昔者智襄子，獨擅六晉強。一舉滅范氏，再舉圍晉陽。韓、魏為執讐，意氣何揚揚。以水灌人邑，自負力莫當。誰知躓踵間，身死國亦亡。恃力不務德，覆滅乃其常。

吾憐晉陽圍，沉灶且產鼃。不沒僅三板，民志卒無它。乃知繭絲利，不如保障多。邯鄲非不實，民膏鬱峨峨。走遠不趨近，君子意則那。先王有所屬，尹鐸與民和。智氏不好德，獨奈晉陽何。

《全元詩》第 55 冊，182 頁

晉 水 （明）李維楨

水可亡人國，那知國自傾。片言能樹敵，三版得完城。陳跡流波迅，高原戰壘平。田家春賽罷，萬畮種香秔。

《大泌山房集》卷二，《四庫全書存目叢書》集部 150 冊，346 頁

邯鄲行 （明）許宗魯

君不見邯鄲城，昔為名都偶七國。今日萋萋荒草平，叢臺佳麗漫冥漠，行人尚說叢臺樂。賓瑟歌沈夜月哀，绡衣舞罷回風落。臺上春光明錦繡，長平健卒填溝壑。秦興趙廢徒爾為，奇貨美姬相間作。咸陽宮闕久煨燼，邯鄲豪俠名亦寢。往事悠悠總消歇，仙翁笑臥青瓷枕。

《少華山人前集》第四《宦游稿》，《陝西古代文獻集成》第 28 輯，277 頁

中山行 （清）王 軒

疇昔之羊今日事，誰爲政者我與子。一羊幾致華元死，中山相國亦如此。翳桑之餓飽壺漿，甲中突出危身當。倒戈乃脫趙孟亡，中山二士尤堂堂。一恩一怨兩分明，不惟大小惟重輕。怨固傷心惠當厄，乃得二士亡一國。煦嫗之恩民弗孚，蜂蠆有毒將剝膚。堂廉高遠冠履殊，君臣爲謔非良圖。

《耨經廬詩集》卷四，《續尤西堂擬明史樂府》（外二種），142 頁

燕臺懷古雜詠,方水部(鐵船)同作‧沙邱(丘)宮　　（清）蔣　詩

趙武靈王洵英武,易服略地前無古。三九載忽立子何,令子主國號主父。將從雲中直襲秦,詐覲不懼秦狼虎。狀偉已覺非人臣,脫關更足驚秦人,大酺忽封安陽君,爭端已兆沙丘因。分王趙、代偏猶豫,探食爵鷇到十旬。嗚呼！殷受作臺已可鑒,祖龍輼涼如傳薪。

《榆西僊館初橐》卷二八,《清代詩文集彙編》488 冊,445 頁

叢　臺　　（清）朱方增

太息叢臺下,長林落日殷。業思全趙盛,地跨兩河間。炫服空成市,濃陰半礙山。徒然誇鼎士,能否敏函關。

《求聞過齋詩集》卷二,《清代詩文集彙編》531 冊,21 頁

思退齋詠古詩（其二）　　（清）釋清恒

輿地明增智伯貪,城雖不沒已難堪。信知水可亡人國,趙有謀臣張孟談。

《借菴詩鈔》卷一〇,《清代詩文集彙編》452 冊,105 頁

詠　史（其十三、十四）　　（清）宋　楏

鐵筆嚴於斧鉞誅,弒君趙盾豈無辜。一時幸免終貽憾,不畏鉏麑畏董狐。

捐生杵臼一身拌,匿後程嬰心力殫。它日事成仍下報,始知死易立孤難。

《雞腸百二橐》卷五,《清代詩文集彙編》475 冊,40 頁

詠趙君

趙簡子　　　　　　　　　　　　　　（唐）周　曇

簡子雄心蓄霸機，賢愚聊欲試諸兒。假言藏寶非真寶，不是生知焉得知。

《全唐詩》卷七二八，21冊，8348頁

再　吟　　　　　　　　　　　　　　（唐）周　曇

諤諤能昌唯唯亡，亦由匡正得賢良。一從忠讜無周舍，吾過何人為短長。

《全唐詩》卷七二八，21冊，8349頁

趙簡子渡河處　　　　　　　　　　　（清）王士禛

雞鳴問津吏，冰雪滿交河。日上迴風起，如聞河激歌。

《蠶尾續詩集》卷二，《王士禛全集》第二冊，1171頁

趙宣子　　　　　　　　　　　　　　（唐）周　曇

門人曾不有提彌，連喉呀呀孰敢支。臨難若教無苟免，亂朝爭那以獒為。

《全唐詩》卷七二八，21冊，8349頁

詠史詩和李咸齋有序（其二）　　　　　（清）魏　禧

李子咸齋作《詠史詩》，余讀而悅之，書置座間，以當九九礪礦。諷詠既多，意有各出也。

天心無專愛，人道有常經。趙田字其民，厥後可以興。天遠人道爾，聖人斥其名。

《魏叔子詩集》卷四，《魏叔子文集》下冊，1263頁

詠史詩（其二）　　　　　　　　　　（清）李咸齋

趙盾弒其君，《春秋》誅隱獄。何以得嬰、臼，為之植遺腹？韓厥工彌縫，七世食其福。田氏終為齊，天道恒不足。

《附咸齋詩》，《魏叔子詩集》卷四，《魏叔子文集》下冊，1266頁

房　　陵　　　　　　　　　　　　　　（唐）胡　曾

趙王一旦到房陵，國破家亡百恨增。魂斷叢臺歸不得，夜來明月為誰升。

《全唐詩》卷六四七，19冊，7434頁

沙丘行　　　　　　　　　　　　　　（元）郝　經

林胡遂出榆林塞，滿國騎射衣冠改。西遊直入咸陽宮，趙王使者秦王駭。玉鞭擊斷過函谷，夜飲叢臺翻酒海。生前傳位稱主父，一切都非三代故。座中誰意有潘崇，宮甲盡起商臣怒。熊蹯不來事益急，雀鷇雖探能幾日。一生英氣頓消散，胡服掩面空垂泣。祖龍亦向沙邱死，詐殺扶蘇書一紙。武皇父子戰京師，釁端也自開邊起。古來好殺多子禍，浮山堰壞臺城餓。至今金陵罵侯景，誰知亂本由臨賀。君不見，殷湯六百載，周武八百年，以殺止殺救民命。用兵雖人元自天，孝子慈孫相繼傳。

《全元詩》第4冊，249頁

鎮州懷古　　　　　　　　　　　　　（元）王　惲

趙武雄圖不可尋，風煙東接九門深。炎涼到此分南北，戰伐無情自古今。彈躍流風猶戰國，椎埋遺俗帶燕音。劍歌不遇平原客，落日滹沱動旅吟。

《全元詩》第5冊，218頁

沙丘宮　　　　　　　　　　　　　　（元）王　惲

齊、梁、霸、趙何雄壯，探鷇回鋒遽懦庸。千古興亡酷相似，武靈而後有莊宗。

《全元詩》第5冊，436頁

趙武靈王　　　　　　　　　　　　　（元）徐　鈞

宗周削弱列侯強，僭擬誰知有陛堂。獨有武靈知大節，稱君已足不稱王。

《全元詩》第7冊，276頁

邯鄲懷古　　　　　　　　　　　　　　　（元）陳　孚

數點寒峰擁翠嵐，叢臺落日見漳南。火枯襄子殘銅斗，土蝕平原舊玉簪。宮閉沙丘空有雀，兵吞函谷已如蠶。回仙逆旅今存否，世上黃粱夢正酣。

《全元詩》第 18 冊，369 頁

趙武靈王　　　　　　　　　　　　　　（清）徐公修

翦滅中山氣益驕，東宮傳位代臨朝。求賢相國尊肥義，應夢佳人寵孟姚。胡服改裝騎射便，秦關脫險路途遙。可憐餓死沙丘苑，主父威名一旦消。

《史記百詠》卷一，《讀史千詠》，《史記研究文獻輯刊》13 冊，450 頁

武靈王　　　　　　　　　　　　　　　（清）皮錫瑞

秦人虎踞殽函關，偉狀使者單騎還。鷄鶖貝帶中山破，秦人驚憂趙人賀。美人熒熒夢中來，禍門隱逐苕華開。舐犢老牛探觳死，趙人悲哀秦人喜。秦、趙仇國爭低昂，秦政、趙遷兩母倡。邯鄲姬來趙高出，亡秦何必武靈王。

《師伏堂詠史》，《清代詩文集彙編》772 冊，308 頁

趙主父　　　　　　　　　　　　　　　（清）吳　鎮

夢中人，顏如苕。叢臺月，照孟姚。

《松花庵韻史》，《四庫未收書輯刊》拾輯 24 冊，256 頁

詠代王夫人

摩笄山 　　　　　　　　　　　　　　　　（唐）胡　曾

春草綿綿岱日低，山邊立馬看摩笄。黃鶯也解追前事，來向夫人死處啼。

《全唐詩》卷六四七，19 册，7433 頁

摩笄怨 　　　　　　　　　　　　　　　　（明）方逢時

驅車桑乾陰，訪古心悠悠。遺墟代子國，離離禾黍秋。崇山名摩笄，白雲橫山頭。銅斗坐中發，談笑生戈矛。煢煢代夫人，慟哭天為愁。一死殉君身，怨血凝碧樓。哀哉骨肉親，一旦成仇讎。君看邯鄲城，千古同荒邱。

《大隱樓集》卷二，《四庫未收書輯刊》伍輯 19 册，681 頁

燕臺懷古雜詠，方水部_{鐵船}同作・摩笄山 　（清）蔣　詩

長山寶符熟先得，毋卹殘忍圖其戚。伯魯封子兄則報，复屋北登姊何惜。但令廚藏銅枓兵，可憐山有摩笄石。國亡自殺代夫人，陟岡瞻望歸貞鬼。

《榆西僊館初橐》，《清代詩文集彙編》488 册，445 頁

詠趙臣

智伯頭飲器歌　　　　　　　　　（元）唐　肅

飲伯頭,些伯鬼,伯死寧知頭作器。玉盤酒滴猩猩紅,血波倒浸泥丸宮。雷吼無聲電睛墜,伏犀骨斷漆花膩。老龍一吸銀海澀,飲闌擲梧怒髮立,英魂夜半不敢泣。君不見君漆頭,臣漆身,恨君藍臺爭諫臣。

《全元詩》第 64 冊,37 頁

程嬰墓　　　　　　　　　　　　（宋）劉子翬

停車莽蒼認孤墳,烈烈英標尚想存。已脫遺孤安趙氏,更輕一死報公孫。荒林雀噪風常急,古道人稀日自昏。惆悵九原如可作,欲憑楚些為招魂。

《全宋詩》卷一九一七,34 冊,21397 頁

嬰　臼　　　　　　　　　　　　（宋）劉克莊

賢矣兩家臣,存孤極苦辛。後來有曹馬,亦是受遺人。

《全宋詩》卷三〇四六,58 冊,36326 頁

嬰　臼　　　　　　　　　　　　（元）宋　无

十五年曾保趙兒,立孤與死兩皆危。後來漢璽當傳日,魏、晉殷勤亦受遺。

《全元詩》第 19 冊,411 頁

左師觸龍　　　　　　　　　　　（元）張養浩

水惟曲折海能通,指事直言未必功。嘗愛左師開趙后,雍容宮殿滿春風。

《全元詩》第 25 冊,74 頁

鄉賢十詠·公孫杵臼、程嬰

(明)何東序

猗四大夫屯有祠祀焉。

徐州賣卜年,六尺關存滅。瑕丘生潼日,孤兒從餔啜。佼佼庸眾中,載履明高節。誰知吾黨士,嗟哉行尤烈。下宮死非難,大業遺惟子。有懷宣孟恩,還期報同列。自古皆有死,草木同蕪沒。錚錚寸鐵心,昭昭揭日月。荒祠掛殘陽,村童掃茅蕝。斯人不可作,空向負粟說。

《九愚山房詩集》卷二,《四庫全書存目叢書》集部 126 冊,635 頁

九友詠·韓厥于趙盾

(明)茅元儀

趙盾舉韓厥,其僕乘車於行,厥執而戮之。宣子謂諸大夫曰:"二三子以賀我矣!吾舉厥也忠,吾乃今知免於罪矣。"

戮僕一時取義,立孤他日酬知。最是中山有獸,翻言韓厥吾師。

《石民橫塘集》卷九,《四庫禁毀書叢刊》集部 110 冊,271 頁

藏孤山

(清)王　軒

殺身容易存孤難,趙宗一綫危為安。白髮孤臣迸血淚,錦繃三尺懷中碎。咄哉嬰也真小人,乃以賣主取富貴。賣孤存孤救孤死,真孤乃在空山裏。假孤一死真孤全,匿迹銷聲年復年。謗峻息盡恩怨絕,死灰爭知當復然。老臣功成嗟死晚,地下杵臼應未遠。可憐生死兩相同,嗟爾苦心何委婉。吁嗟乎!存孤固難,殺身亦不易。一死殉君,身名又何計?腐儒日日誦詩書,幾見從容能就義。如嬰不死,無以謝杵臼,何事中道反自首。不然嬰也真小人,不惟負君兼負友。

《耨經廬詩集》卷二,《續尤西堂擬明史樂府》(外二種),105 頁

程　嬰

(清)羅惇衍

晉人,趙氏家客。

深山一綫肇鴻圖,烈士還兼智士謨。死並公孫先後判,功同韓厥易難殊。桃園猶被穿之孽,草澤誰存武也孤。異代蒼頭稱李善,南陽義與晉陽俱。

《集義軒詠史詩鈔校證》卷一,第一冊,12 頁

董安于 　　　　　　　　　　　　　　　　（清）羅惇衍

趙臣，為晉陽尹。智伯脅簡子使殺之，安于聞而請死，乃縊。趙氏既定，祀於廟，以旌忠。

不先備敵整戎行，遣客休期免晉陽。城守倉儲憑去就，矢材柱質繫存亡。千年寶璧三軍路，兩劑鈞金百仞牆。忠信敢誰弦佩似，保邦原勝保身良。

《集義軒詠史詩鈔校證》卷一，第一冊，28 頁

尹　　鐸 　　　　　　　　　　　　　　　　（清）羅惇衍

趙臣，事簡子，為晉陽尹。

繭絲難敵保障_{諸良切}才，壘培_{薄口切}。城增志不頹。思難怵心君作鑒，進規舉踵客登臺。種趨民事工停急，過質人中語釋猜。肝乞白騾刑遽請，關于阻善遜卿材。

《集義軒詠史詩鈔校證》卷一，第一冊，29 頁

周　　舍 　　　　　　　　　　　　　　　　（清）羅惇衍

趙人，為簡子諫臣。

唯唯思希諤諤難，千羊皮遜一狐單。正言匡救同任座，直諫遭逢勝比干。日記月成操牘近，竈沈巢處覆盂安。洪波臺上方酣酒，懷舊淒然淚未乾。

《集義軒詠史詩鈔校證》卷一，第一冊，31 頁

周舍諤諤《新序》 　　　　　　　　　　　　（清）田依渠

有客惟周舍，思為諤諤臣。非逢趙簡子，知己是誰人。

《茹古山房讀史餘吟》卷六，《清代詩文集彙編》639 冊，669 頁

鉏麑觸槐《左傳》 　　　　　　　　　　　　（清）田依渠

竟至觸槐死，原來非刺客。所言敬與忠，知是誰聽得。

《茹古山房讀史餘吟》卷四，《清代詩文集彙編》639 冊，657 頁

詞

束風齊着刀·邯鄲懷古　　　（清）丁　煒

馬首西風,邯鄲古道,落日寒鴉。摩挲倦眼,戰壘認烟遮。主父荒宮鹿走,廢興事、從古堪嗟。叢臺上,兔葵燕麥,爛熳橫斜。　　公子最堪誇。當年客、犀簪玉劍千家。名倡挾瑟,十日醉流霞。便自平原絲繡,也難買、昔日豪華。何須問,黃粱路近,美酒應賒。

《全清詞》順康卷第一一冊,6205頁

前調（柳梢青）·趙武靈王墓　　　（清）馮雲驤

石路寒花。趙王古墓,樹老雲斜。怪鳥吟風,蒼狐眠月,電走金蛇。　　塞垣一望無涯。野店響、樵歌暮笳。試問當年,英雄伯業,折戟沉沙。

《全清詞》順康卷第五冊,2763頁

前調（沁園春）·經邯鄲縣叢臺懷古　　　（清）陳維崧

匹馬短衣,竟上叢臺,慨當以慷。看誰家戰壘,寒鴉落照,何年古戍,亂草平岡。十月疏砧,一城冷雁,不許愁人不望鄉。徘徊久,只登高吊古,無限蒼茫。　　當年趙武靈王。正樹裏、河流掛濁漳。更佳人跕屣,妝臺對起,王孫袨服,舞袖相當。而我來遊,幾番曆徧,不見邯鄲挾瑟倡。何須問,便才人廝養,總付斜陽。

《全清詞》順康卷第七冊,4196頁

前調（臨江仙）·叢臺　　　（清）靳榮藩

全趙山川芳草路,都堪收入臺中。武靈遺跡付秋風。登臨思建武,臣主盡英雄。《後漢書》:光武與馬武登此。　　我到邯鄲城上望,茫茫煙樹雲封。幸瞻睿藻日瞳朧。億年留琬琰,千古聽鐘鏞。臺有御書詩刻。

《全清詞》雍乾卷第三冊,1579頁

解連環(之二)·趙王遷

(清)史 蟠

屯留回首。不多時又早,房陵去後。老餘生、白馬山前,已絕勝當年,摩笄銅枓。夢繞邯鄲,見歌舞、倡樓依舊。歘孤魂醒也,山木哀吟,夜半時候。　一着當初悔否。使兵符尚握,武安君手。怕不擁、十萬長驅,要碎踏函關,秦軍驚走。轉眼阿房,移一片、檀臺錦繡。望晉陽、何處家山,恨連天陡。

《全清詞》雍乾卷第一五冊,8483頁

魏世家

一 詩

詠《魏世家》

魏系（世）家 　　　　　　　　　　　　　（唐）司馬貞

畢公之苗，因國爲姓。大名始賞，盈數自正。胤裔繁昌，系載忠正。楊干就戮，智氏奔命。文始建侯，武實強盛。大梁東徙，長安北偵。卯既無功，卬亦外聘。王假削弱，虜於秦政。

《史記索隱》卷二九，469 頁

讀《魏世家》 　　　　　　　　　　　　　（宋）王安國

亹亹談先王，古今誰有得。施爲雖緒餘，要在情不匿。嗟彼三代後，淪胥入戰國。翟璜聞一言，俛傗慚李克。論材稱權衡，輕重無物惑。吾心能如此，乃可任人責。

《全宋詩》卷六三一，11 册，7536 頁

思退齋詠古詩（其三） 　　　　　　　　　（清）釋清恒

下車伏謁禮非常，學以驕人田子方。將學驕人猶有議，況無學更豈能狂。

《借菴詩鈔》卷一〇，《清代詩文集彙編》452 册，105 頁

詠魏君

魏文侯 　　　　　　　　　　　　　　　（唐）周　曇

冒雨如何固出畋，慮乖群約失乾乾。文侯不是貪禽者，示信將為教化先。

《全唐詩》卷七二八，21 冊，8349 頁

魏文侯城 　　　　　　　　　　　　　（宋）趙　瞻

曰自戰國爭雄來，何城不荒為壘培。治亂興廢詎足哀，矧無名號寒於灰。晉壤剖裂分家陪，魏至文侯功業恢。三師經術王跡開，五臣禦侮強敵摧。況有成子相君才，吳起將兵亦偉哉。內諧禮樂古典該，外強量旅騰風雷。足尊天子朝靈臺，烏用此城高崔嵬。城之峻矣維其頹，宮之廣矣今蒿萊。黍離興難悲遭回，如侯萬國徒塵埃。一時火熾俄爐煨，惟有陋俗知營財。

《全宋詩》卷五一四，9 冊，6245 頁

魏文侯 　　　　　　　　　　　　　　　（元）徐　鈞

固道西河久服從，陶成國治藹文風。政緣餘澤沾洙泗，比似群侯故不同。

《全元詩》第 7 冊，276 頁

中　山 　　　　　　　　　　　　　　（明）錢子義

樂羊為魏文侯將，圍中山，中山人烹其子，遺之羹，羊啜之盡。褚師贊曰："其子食之，其誰不食？"三年，拔中山歸，而文侯示之謗書盈篋然。雖賞其功，終疑其心。

滅親為國義何深，眾口由來解鑠金。盈篋謗書能不惑，賞功何必更疑心。

《續詠史詩》上，《種菊菴集》一，《三華集》卷七，影印文淵閣《四庫全書》1372 冊，89 頁

魏惠王 　　　　　　　　　　　　　　　（元）徐　鈞

鞅已歸秦臏入齊，有才不用孰持危。後來醫國非無藥，仁義良方惜不施。

《全元詩》第 7 冊，276 頁

詠魏臣

西城三絕句·段干木　　　　　　　　　　（宋）韓　維

由來為國必賢才,偃息端能弭禍災。千古風流誰嗣者,顧瞻遺廟獨徘徊。

《全宋詩》卷四二九,8册,5273頁

段干木　　　　　　　　　　　　　　　　（元）徐　鈞

逾垣走避見難通,閭式君侯禮謾隆。一點高風真可畏,解令敵國不興戎。

《全元詩》第7册,277頁

鄉賢十詠·段干木　　　　　　　　　　　（明）何東序

冥鴻未易招,神龍終自盤。志士抗高節,置身絕塵寰。吾觀踰垣子,傲祿未肯官。諸侯側足侍,上卿赧色看。遙遙沮、溺心,矯矯夷、巢翰。肉食豈不貴,溝壑非所安。車轝多顛覆,繩樞鮮憂患。貴途眠幽陋,轉盼異悲歡。奈何狗人者,豕獸畜無難。

《九愚山房詩集》卷二,《四庫全書存目叢書》集部126册,635頁

段干木　　　　　　　　　　　　　　　　（清）羅惇衍

魏隱士。

財勢何如德義尊,潔身行遯竟踰垣。西河遺範沿宗派,東郭微言並教源。大駔尋師辭度市,賢侯下士屢登門。名聞敵國雄兵却,偃息衡茅道足藩。

《集義軒詠史詩鈔校證》卷二,第一册,54頁

干木富義《呂氏春秋》　　　　　　　　　　（清）田依渠

交侯過而軾,知是段干廬。富義還光德,時賢如不如。

《茹古山房讀史餘吟》卷四,《清代詩文集彙編》639册,656頁

田子方　　　　　　　　　　　　（唐）周　曇

太子無嫌禮樂虧,願聽貧富與安危。賤貧驕物貧終在,富貴驕人貴必隳。

《全唐詩》卷七二八,19 冊,137 頁

田子方　　　　　　　　　　　　（元）徐　鈞

君侯坐問所從誰,極口惟談順子奇。可歎今人多不讓,始知無擇解稱師。

《全元詩》第 7 冊,277 頁

田子方　　　　　　　　　　　　（清）羅惇衍

名無擇,魏人。子夏弟子,為文侯師。

縱殊富貴輕家國,貧賤何言士也驕。太子下趨嫌獨坐,賢人齊禮在當朝。馬嗟罷敝途中贖,鳥視虛無廩外超。青白衣規童侍側,文侯兵革況曾銷。

《集義軒詠史詩鈔校證》卷二,第一冊,52 頁

讀《尉繚子》,寄陶山明府　　　　（清）吳　騫

王風委蔓草,六藉胥塵埃。縱橫百家流,異說馳紛綸。《陰符》祖穰苴,《鬼谷》傳儀、秦。七雄一龍戰,四海無逃鱗。伏尸兩蝸角,流血川為堙。威弧孰能弦,黎首聲徒吞。吾觀《尉繚子》,舌上馳風雲。抵掌惠王前,游說天宮陳。當其運獨智,謂可前鬼神。背水號絕紀,向坂則癈軍。百萬實我累,何由命令伸。苟能殺其半,薄海威斯振。斯言甚申、商,無乃慘不仁。後人循繆說,覆轍當誰任。所以秦、項輩,旋亦殞厥身。大梁昔開國,濟濟多賢賓。王者不嗜殺,敬以沃嗣君。卓哉孟子言,庶幾醇乎醇。

《拜經樓詩集》卷七,《續修四庫全書》集部 1454 冊,64 頁

魏　絳　　　　　　　　　　　　（清）徐公修

一德明良逢晉悼,魏犨令子播英風。亂行悍僕嚴軍法,多合諸侯建大功。默契九重榮賜樂,坐收五利善和戎。楊干君弟知懲儆,不敢懷私致廢公。

《史記百詠》卷一,《讀史千詠》,《史記研究文獻輯刊》13 冊,434 頁

魏顆結草 《左傳》　　　　　　　　　　　　（清）田依渠

從治不從亂，魏顆殊了了。何意敗秦師，有人為結草。

《茹古山房讀史餘吟》卷二，《清代詩文集彙編》639 冊，647 頁

翟璜直言 《呂氏春秋》　　　　　　　　　　（清）田依渠

君仁則臣直，一語動交侯。何事不封弟，徒貽任座羞。

《茹古山房讀史餘吟》卷二，《清代詩文集彙編》639 冊，649 頁

田方簡傲 《史記》　　　　　　　　　　　　（清）田依渠

賢如田子方，客氣未能了。貧賤可驕人，不驕當更好。

《茹古山房讀史餘吟》卷五，《清代詩文集彙編》639 冊，661 頁

趙倉唐　　　　　　　　　　　　　　　　（清）羅惇衍

仕魏文侯，時為太子擊舍人。

一讀《晨風》與《黍離》，君前太子寫時思。能勝裘帶長無偶，忽賜衣裳召有期。使者幸將梟犬命，吉人深美鳳凰詩。黃臺瓜語鄴侯誦，調護宮闈曠代師。

《集義軒詠史詩鈔校證》卷二，第一冊，56 頁

樂　羊　　　　　　　　　　　　　　　　（清）羅惇衍

魏將，封於靈壽。及卒，遂葬其地，子孫因家焉。

拙誠原不若秦西，疑到功臣未放麛。刎頸尚羞張耳鏨，忍心翻與易牙齊。一杯羹啜情終詐，兩篋書看氣竟低。賢子始膺賢父愛，同朝莊論匪無稽。

《集義軒詠史詩鈔校證》卷三，第一冊，69 頁

李　克　　　　　　　　　　　　　　　　（清）羅惇衍

魏人。子夏弟子。

雕文刻鏤恐傷農，刑罰源清法服恭。三事下人身免惡，五端求相國登庸。挽推轂擁群才進，廣狹門歸大度容。若識薦賢蒙上賞，翟璜何苦炫詞鋒。

《集義軒詠史詩鈔校證》卷三,第一册,77 頁

范　痤　　　　　　（清）羅惇衍

趙人,范氏之後。嘗為魏安釐王相。

已辭魏闕卧林邱,强趙無端逞譎謀。明哲保身公子德,英雄短氣大邦讐。騎危上屋開王聽,襲欲騰書切已憂。故相何為翻見忌,悔教不共賣漿游。

《集義軒詠史詩鈔校證》卷三,第一册,94 頁

唐　雎　　　　　　（清）羅惇衍

安陵人,嘗奉使於秦,始皇不能屈。

華顛飛辯若龍騰,氣抗强秦虐燄凌。聶政韓城驚白虹,要離吴殿擊蒼鷹。免冠搶地庸夫靡,拔劍衝天義俠矜。前與縮高同矢節,危邦有士最剛棱。

《集義軒詠史詩鈔校證》卷四,第一册,115 頁

韓世家

詩

詠《韓世家》

韓系(世)家

(唐)司馬貞

韓氏之先,實宗周武。事微國小,春秋無語。後裔事晉,韓原是處。趙孤克立,智伯可取。既徙平陽,又侵負黍。景趙俱侯,惠又僭主。秦敗脩魚,魏會區鼠。韓非雖使,不禁狼虎。

《史記索隱》卷二九,469 頁

詠韓君

韓惠王　　　　　　　　　　　　　　　　　　　　（唐）周　曇

韓惠開渠止暴秦，營田萬頃飽秦人。何殊般肉供嬴獸，獸壯安知不害身。

《全唐詩》卷七二八，21 册，8342 頁

韓昭侯　　　　　　　　　　　　　　　　　　　　（唐）周　曇

去年秦伐我宜陽，今歲天災旱且荒。對此不思人力困，樓門何可更高張。

《全唐詩》卷七二八，21 册，8349 頁

韓昭侯　　　　　　　　　　　　　　　　　　　　（元）徐　鈞

敝袴囊中猶惜予，高門旱後忽興工。如何奢儉初終異，一相存亡事不同。

《全元詩》第 7 册，267 頁

田敬仲完世家

詩

詠《田敬仲完世家》

田敬叔系(世)家　　　　　　　　　　　　　　(唐)司馬貞

田完避難,奔於大姜。始辭羈旅,終然鳳凰。物莫兩盛,代五其昌。二君比犯,三晉爭強。和始擅命,威遂稱王。祭急燕、趙,弟列康、莊。秦假東帝,莒立法章。王建失國,松柏蒼蒼。

《史記索隱》卷二九,470 頁

詠　　史(其二十三)　　　　　　　　　　　　(清)宋　桓

多受秦金聽客姦,削平五國逐降班。可憐四十年東帝,餓死蕭蕭松柏間。

《雞肋百二稟》卷五,《清代詩文集彙編》475 冊,41 頁

雜詠史四十二首(其一)　　　　　　　　　　(清)梁運昌

監止與宰予,同時兩子我。邱(丘)明敘齊事,洞灼若觀火。本自瞿墨徒,撟誣唇舌簸。作亂協田常,刑及三族夥。以此嗤孔徒,叛黨強相坐。却纂《家語》時,俗說採細脞。史遷傳群賢,沿緣舊證左。成子方得志,其徒誰能那。若云討逆敗,優算忠義可。闞子未可非,同名況嫁禍。

《秋竹齋詩存》卷五,《清代詩文集彙編》499 冊,34 頁

詠齊君 附王后

齊威王　　　　　　　　　　　　　　　　　　（元）徐　鈞

賞罰嚴明國富強，獨能仗義一朝王。周綱此日微如髮，獨有人心理未亡。

《全元詩》第 7 冊，276 頁

詠史·齊威王　　　　　　　　　　　　　　　（元）張養浩

君道從來本不難，令行唯在賞罰間。烹阿封墨須臾頃，便覺全齊重泰山。

《全元詩》第 25 冊，74 頁

詠　史　　　　　　　　　　　　　　　　　　（明）歸有光

昔在齊威王，選人以治氓。惟彼阿大夫，籍籍日有聲。唯此即墨宰，小人共讒傾。是非並顛倒，四境交侵兵。安得召左右，阿黨盡為烹？昔在楚莊王，三年不聽政。膝上置美女，飲酒不曾醒。有鳥止於阜，不蜚亦不鳴。安得任伍舉，一朝露名成？昔在帝武丁，三年不出令。恭默以思道，殷國未能寧。安得夢聖人，求之傅岩形？

《別集》卷一〇，《震川先生集》下冊，950 頁

懷　古（其一）　　　　　　　　　　　　　　（明）王　衡

東朝開明堂，郡牧紛走驅。力士提沸鼎，烹乃阿大夫。眾口嚵如流，瞪目不敢吁。即墨負謗篋，金璽耀路衢。伯王用威福，寧復循區區。弓膠附昔幹，豈必合罅疎。失時不足貴，智者笑淳于。過東阿

《緱山先生集》卷三，《四庫全書存目叢書》集部 178 冊，638 頁

齊宣王　　　　　　　　　　　　　　　　　　（元）徐　鈞

鼓鐘苑囿樂如何，貨色貪淫勇更多。伐國交鄰徒屢問，用賢曾不到鄒軻。

《全元詩》第 7 冊，277 頁

題自畫《齊后》卷   （明）唐　寅

百二關河狼虎秦，連環難解獻高臣。若非纖手抽刀斬，應笑山東後有人。

《唐伯虎全集》卷三，122 頁

齊女破環《戰國策》   （清）田依渠

欲索連環解，連環破不妨。椎之謝秦使，儘可報昭王。

《茹古山房讀史餘吟》卷二，《清代詩文集彙編》639 冊，646 頁

孔子世家

詩

詠《孔子世家》

孔子系(世)家　　　　　　　　　　（唐）司馬貞

孔子之胄，出于商國。弗父能讓，正考銘勒。防叔來奔，鄒人掎足。尼丘誕聖，闕里生德。七十升堂，四方取則。卯誅兩觀，攝相夾谷。歌鳳遽衰，泣麟何促！九流仰鏡，萬古欽躅。

《史記索隱》卷二九，470 頁

題尊信齋　　　　　　　　　　（宋）陸　游

吾友陳希真求序名其書齋，予告之曰：韓文公言"讀孟軻書，然後知孔子之道尊。晚得揚雄書，益尊信孟氏，因雄書而孟氏益尊。"予謂孔子豈待人而尊，孟子亦豈待人而信，韓之言則過矣。然尊信孔孟者，實學者之本務也。請以名君齋，且為詩以終吾意。

於虖孔、孟何其卓，如天日月地海嶽。正令聚世皆楊、墨，邪正豈復勞商榷。雖然此道久橫流，孰熱其誰不思濯。魯、鄒遺書世皆讀，要以"尊信"為善學。吾友希真蓋其人，不肯俯首為齷齪。羹藜飯豆欲老矣，功雖未竟志則慤。我居山陰子在閩，闃然不見千里邈。澤中久雨道路絕，叩戶忽聞聲剝啄。"尊信"二字子所知，妙質豈復須斤斲。伏生九十語已訛，失旦自慚猶喔喔。

《全宋詩》卷二二二五，41 冊，25526 頁

聖 門

(宋)陸　游

聖門妙處不容思,千古茫茫欲語誰。晞髮庭中新沐後,舞雩沂上詠歸時。研求豈足窺微指,博約何由遇碩師。小疾掃空身尚健,蓬窗更作數年期。

《全宋詩》卷二二三七,41冊,25702頁

九誦·孔子

(宋)鮮于侁

曲阜兮遺墟,先師兮闕里。神彷彿兮如在,涕潺湲兮不已。窮天地兮一人,揭日月而照臨。生無萬乘之位兮,三千之徒心服而四來。嗟愚陋之不明兮,乃商賜之為疑。羌紛紛其妄作兮,悖道違義而弗自知。顧六藝之折衷兮,取捨縱橫而協于道。后世苟輕肆於胸臆兮,必遽貽于詬病。三綱立而五教明兮,實治世之宏矩。履厚地而戴高天兮,胡一日之可捨。宜萬齡之廟貌兮,春秋不乏其時祀。合仁義以為冠兮,結忠信而為佩。集道德以為裳兮,服文章而為帶。列籩豆為左右兮,蘋藻牲牢而潔肥。酌玉醴以為酒兮,錯瓊瑤而為粱。升堂而北面兮,望冕旒之巍巍。惟神明之降鑒兮,洞精神其來歆。

《全宋詩》卷五一三,9冊,6229頁

拜奠宣聖林墓

(元)王　惲

庭訓墮渺茫,師授悖嚴誡。羌予不惑年,行已得夷隘。今歲客東魯,似為神所介。駕言逐秋風,得展闕里拜。遙遙魯甸餘,汶水走湍瀨。憑軾望雲林,鬱鬱佳氣靄。齊莊趨兩楹,奠獻成孤酹。巋然三聖封,仰止高泰岱。恨生千年後,今夕備掃灑。披雲覿天日,太極開一畫。彼蒼詎能言,諄諄聖為代。三綱與九法,範圍無內外。君臣以之定,乾坤以之泰。東周不可為,述作萬世賴。藐聆徇鐸音,元化雷雨解。敬想燕居容,金聲鏘玉佩。當時七十子,授受儼如待。鳳兮鳴幾時,諸子沸秋籟。一朱亂紅紫,百穀茂稊稗。愚者甘下達,誕者樂語怪。韞藏寶康瓠,幹棄清廟鼐。明倫得不泯,而有六經在。天高孰可階,一氣包厚載。茲道固難言,嘿契心有會。胸中九雲夢,吞納失蔕芥。循循善誘辭,師也書之帶。緬懷伯禽業,鬱鬱文獻最。三桓張公室,霸功熾而怢。一奢去無復,荒陵餘石獬。煌煌天乙孫,膚敏半冠蓋。德博慶自修,道大世能邁。金尼貫元精,泗波來遠派。汪濊一聖海,不隨梁木壞。歸侍金絲堂,攝齊聞謦欬。恍如到帝所,鈞天廣樂備。洗我兩耳聰,肉味忘一嘬。詠歸寫遺音,風雅變廊邠。一簞老東家,吾知其樂大。遲遲不忍去,寒日下

蒼檜。

《全元詩》第 5 册,3 頁

感興二十一首(其一)　　　　　　　(元)葉　懋

　　仲尼生而聖,天意固有在。周流困車轍,浩歎欲浮海。暮年歸魯邦,懿德垂紀載。遺經何粲然,星漢發光彩。赫赫文武功,巍哉唐堯治。百年遵憲章,萬世咸仰賴。微乎吾仲尼,於今世猶瞶。

《全元詩》第 47 册,186 頁

《尚書》　　　　　　　(元)宋　无

　　三代遺編重典謨,古文猶幸出秦餘。仲尼定後經元凱,《左氏》因何引《逸書》。

　《尚書》,孔子所定百篇。經秦火,劉向奏有七十一篇,漢儒疑之。杜氏以《春秋左氏》所引者皆曰《逸書》,蓋元凱未見古人《尚書》也。

《全元詩》第 19 册,421 頁

憶陳、蔡　　　　　　　(明)徐　問

　　陳、蔡相逢盡絕糧,誰家紅腐自盈倉。亢龍誰悔心常泰,嗟爾君臣亦何傷。

《山堂萃稿》卷六,《四庫全書存目叢書》集部 54 册,224 頁

詠孔子 附長沮、桀溺、子思等

和謁孔子廟詩　　　　　　　　　　　　　（隋）劉　斌

性與雖天縱，主世乃無由。何言泰山毀，空驚逝水流。及門思往烈，入室想前修。寂寞荒階暮，摧殘古木秋。遺風曖如此，聊以慰蒸求。

《隋詩》卷六，《先秦漢魏晉南北朝詩》下冊，2723 頁

經鄒、魯祭孔子而歎之　　　　　　　　（唐）玄宗李隆基

夫子何為者，棲棲一代中。地猶鄹氏邑，宅即魯王宮。歎鳳嗟身否，傷麟怨道窮。今看兩楹奠，當與夢時同。

《全唐詩》卷三，1 冊，30 頁

奉和聖製經孔子舊宅　　　　　　　　　　（唐）張九齡

孔門太山下，不見登封時。徒有先王法，今為明主思。恩加萬乘幸，禮致一牢祠。舊宅千年外，光華空在茲。

《全唐詩》卷四八，2 冊，579 頁

感遇詩三十八首（其三十八）　　　　　　（唐）陳子昂

仲尼探元化，幽鴻順陽和。大運自盈縮，春秋遞來過。盲飆忽號怒，萬物相紛剿。溟海皆震盪，孤鳳其如何。

《全唐詩》卷八三，3 冊，894 頁

奉和聖製經鄒、魯祭孔子應制　　　　　　（唐）張　說

孔聖家鄒、魯，儒風藹典墳。龍驂回舊宅，鳳德詠餘芬。入室神如在，升堂樂似聞。懸知一王法，今日待明君。

《全唐詩》卷八七，3 冊，943 頁

懷　魯　　　　　　　　　　　　　　　（唐）程彌綸

曲阜國,尼丘山。周公邈難問,夫子猶啟關。履風雩兮若見,遊夏興兮魯顏。天孫天孫,何為今兮學且難,負星明而東遊閑閑。

《全唐詩》卷二〇三,6 冊,2122 頁

池州夫子廟麟臺　　　　　　　　　（唐）韋表微

二儀既閉,三象乃乖。聖道埋鬱,人心不開。上無文武,下有定哀。吁嗟麟兮,孰為來哉。周雖不綱,孔實嗣聖。《詩》《書》既刪,《禮》《樂》大定。勸善懲惡,奸邪乃正。吁嗟麟兮,克昭符命。聖與時合,代行位尊。苟或乖戾,身窮道存。於昭魯邑,棲遲孔門。吁嗟麟兮,孰知其仁。運極數殘,德至時否。楚國浸廣,秦封益侈。牆仞迫厄,崎嶇闕里。吁嗟麟兮,靡有攸止。世治則麟,世亂則麋。出非其時,麋鹿同群。孔不自聖,麟不自祥。吁嗟麟兮,天何所亡。

《全唐詩》卷四七三,14 冊,5373 頁

懷　古　　　　　　　　　　　　　　（唐）李　涉

尼父未適魯,屢屢倦迷津。徒懷教化心,紆鬱不能伸。一遇知己言,萬方始喧喧。至今百王則,孰不挹其源。

《全唐詩》卷四七七,14 冊,5423 頁

經曲阜城　　　　　　　　　　　　　（唐）劉　滄

行經闕里自堪傷,曾歎東流逝水長。蘿蔓幾凋荒隴樹,莓苔多處古宮牆。三千弟子標青史,萬代先生號素王。蕭索風高洙、泗上,秋山明月夜蒼蒼。

《全唐詩》卷五八六,18 冊,6804 頁

謁文宣王廟　　　　　　　　　　　　（唐）羅　隱

晚來乘興謁先師,松柏淒淒人不知。九仞蕭牆堆瓦礫,三間茅殿走狐狸。雨淋狀似悲麟泣,露滴還同歎鳳悲。儻使小儒名稍立,豈教吾道受棲遲。

《全唐詩》卷六五七,19 冊,7551 頁

代文宣王答　　　　　　　　　　　　（唐）羅　隱

三教之中儒最尊,止戈為武武尊文。吾今尚自披蓑笠,你等何須讀典墳！釋氏寶樓侵碧漢,道家宮殿拂青雲。若教顏、閔英靈在,終不羞他李老君。

《全唐詩》卷六五七,19 冊,7551 頁

詠史二首(其一)　　　　　　　　　　　（宋）曾　鞏

仲尼一旅人,吳、楚據南面。不知千載下,究竟誰貴賤？

《全宋詩》卷四五六,8 冊,5539 頁

悲哉孔子沒　　　　　　　　　　　　（宋）王安石

悲哉孔子沒,千歲無麒麟。蚩蚩盡鉏商,此物誰能珍。漢武得一角,燔烹誣鬼神。更以黃金鑄,傳夸後世人。

《全宋詩》卷五四五,10 冊,6532 頁

孔　子　　　　　　　　　　　　　　（宋）王安石

聖人道大能亦博,學者所得皆秋毫。雖傳古未有孔子,蠛蠓何足知天高。桓魋武叔不量力,欲撓一草搖蟠桃。顏回已自不可測,至死鑽仰忘身勞。

《全宋詩》卷五四五,10 冊,6534 頁

孔子泣顏回　　　　　　　　　　　　（宋）曹　勳

噫嘻吁,天歟人歟,回也抑亦子之命歟,而其或者天實使之喪予。何仁者之不壽,而中道之棄兮。噫嘻吁,回歟回歟,其吾道之窮歟。

《全宋詩》卷一八七八,33 冊,21039 頁

孔子泣麟歌　　　　　　　　　　　　（宋）曹　勳

吁嗟乎麟兮麟兮,汝曷來之遲兮。唐虞不作兮湯武非,來者不可見兮而往者不可追。吁嗟乎麟兮,非吾之傷兮,而其誰汝為。

《全宋詩》卷一八七八,33 冊,21039 頁

文宣王及其弟子贊·孔丘　　　（宋）高宗趙構

大哉聖宣，斯文在茲。帝王之式，古今之師。志則《春秋》，道由忠恕。賢於堯舜，日月其譽。維時載雍，戡此武功。肅昭盛儀，海寓聿崇。

《全宋詩》卷一九八二，35 冊，22221 頁

六　經（其一）　　　（宋）陸　游

六經聖所傳，百代尊元龜。諄諄布方册，一字不汝欺。抱書入家塾，自汝兒童時。老乃幸不驗，愚哉死何悲。

《全宋詩》卷二一九四，40 冊，25046 頁

孔子舊宅　　　（宋）汪元量

奉出天家一瓣香，著鞭東魯謁靈光。堂堂聖像垂龍袞，濟濟賢生列雁行。屋壁《詩》《書》今絶響，衣冠人物只堪傷。可憐杏老空壇上，惟有寒鴉噪夕陽。

《全宋詩》卷三六六六，70 冊，44016 頁

孔　子　　　（宋）薛季宣

蕩蕩東家丘，百世人叵識。出類只誇辭，太極無合德。堯、舜未可過，遠賢真貨殖。我欲究遺編，言非是奇特。從之如有立，卓爾既吾力。大哉贊乾元，一語覓不得。

《全宋詩》卷二四七四，46 冊，28683 頁

感古十首（其二）　　　（宋）胡仲弓

管、蔡厄周公，陳、蔡厄夫子。聖人於此時，所俟唯一死。弦歌乃自如，赤舄何幾幾。未明周、孔心，道統安可恃？天苟喪斯文，墜地付不起。

《全宋詩》卷三三三五，63 冊，39741 頁

孔　子　　　（宋）林　同

事親良不易，戰戰復兢兢。學得如夫子，猶言丘未能。

《全宋詩》卷三四一八，65 冊，40605 頁

孔　子　　　　　　　　　　　　　　　　　　（宋）陳　普

絕糧之慍鮮知德，浮海之喜無取材。子思、孟軻緣底事，列之舜、禹與顏回。

《全宋詩》卷三六五〇，69冊，43791頁

孔子贊　　　　　　　　　　　　　　　　　　（宋）米　芾

孔子孔子，大哉孔子。孔子以前，未有孔子。孔子以后，更無孔子。孔子孔子，大哉孔子！

《全宋詩輯補》第三冊，1196頁

孔子寺　　　　　　　　　　　　　　　　　　（宋）羅　頌

共訪招提過水西，茫茫名實使人疑。天於中國生夫子，佛自西方作導師。正使混然同軌轍，不應如此剖藩籬。天寒日暮各歸去，吾道而今竟屬誰？

《全宋詩輯補》第五冊，2140頁

謁孔林一首　　　　　　　　　　　　　　　　（金）黨懷英

魯國遺蹤墮渺茫，獨餘林廟壓城荒。梅梁分曙霞棲影，松墉回春月駐光。老檜曾沾周雨露，斷碑猶是漢文章。不須更問傳家遠，泰岱參天汶、泗長。

《金詩》，《全遼金詩》上冊，477頁

謁　廟　　　　　　　　　　　　　　　　　　（元）楊　奐

會見春風入杏壇，奎文閣上獨憑欄。淵源自古尊洙、泗，祖述何人似孟、韓。竹簡不隨秦火冷，楷林空倚魯城寒。飄零蹤跡千年後，無復東西老一簞。

《全元詩》第1冊，111頁

賈非熊修夫子廟疏　　　　　　　　　　　　　（元）耶律楚材

天產宣尼降季周，血食千祀德難酬。重新庠序獨無力，試向滄溟下釣鉤。

《全元詩》第1冊，321頁

敬謁孔廟 　　　　　　　　　　　　　　　　　　　（元）謝彥實

乙未歲二月廿有二日，古兗謝彥實、遼海王萬慶來自任城，敬謁廟下。因賦詩一章，謹題於此。

聖道遺宗主，干戈隔歲年。相傳周禮樂，曾照魯山川。日月輝光實，乾坤氣象全。東家典刑在，喬木翠參天。

《全元詩》第 3 册，15 頁

庚子歲七月上旬，益津高詡敬謁聖師祠下，謹題二絕句，以志其來 　　　（元）高　詡

帝王而下幾興亡，銷盡繁華作戰場。獨有東家詩禮在，子孫萬古讀書堂。

六經不幸火於秦，日月何曾礙片雲。用舍從來關治亂，皇天本不喪斯文。

《全元詩》第 3 册，40 頁

拜謁至聖文宣王廟留題 　　　　　　　　　　　　（元）劉德淵

七十遑遑席靡安，周流列國始旋轅。發明天理見經旨，整頓人倫窒亂源。比德唐、虞賢更遠，齊仁覆載道彌尊。君王師範渾無報，世世榮封裕后昆。丙辰仲冬朔日，劉德淵題。

《全元詩》第 3 册，42 頁

寓　興（其六） 　　　　　　　　　　　　　　　　（元）郝　經

落日下西極，仲尼悲死麟。王澤久已熄，煽火焦斯人。中原一戰場，戈甲埋驚塵。驅車屢途窮，處處傷問津。歸來續草編，理窟搜鬼神。百流收一源，炳烺光日新。六經垂天地，一視萬世仁。

《全元詩》第 4 册，166 頁

曲阜懷古·孔林 　　　　　　　　　　　　　　　　（元）郝　經

泰山元不頹，永作聖人墓。嶽麓南面馳，崛屻勢蟠踞。一從仁瑞亡，梁木忽生蠹。遂成覆夏屋，三千各封樹。修竹與文楷，灌莽擁煙霧。森森十裏林，鬱鬱九原路。燕人遠來觀，子貢獨不去。秦火卷土焚，漢雨橫天注。本根萬丈深，枝葉四海布。斯民賴餘蔭，顛沛來比附。凡鳥寧敢巢，儀鳳見乃屢。緬懷掩袂時，重念絕筆句。摩挲石麒麟，可惜死

不遇。

《全元詩》第 4 冊,176 頁

曲阜懷古·杏壇
(元)郝 經

天地一生意,孔門盡春風。喜聞夫子道,歌詠各雍容。當時說春王,元化開無窮。杏壇仁義香,不見花白紅。庭中手植檜,霜干參青空。幾回比歲寒,亦指徂徠松。有席不暇暖,木鐸搖西東。桓魋怒拔樹,仗劍邀其窮。回車殺鳴犢,擇木視飛鴻。燕居都幾年,一世如斷蓬。誰知千萬世,遂為吾道宗。枝葉今尤多,春來花更濃。昨朝上丁罷,醉殺守祠翁。

《全元詩》第 4 冊,176 頁

曲阜懷古·奎文閣
(元)郝 經

新宮拜小寢,旋上奎文閣。欄蠹紫苔深,簷傾青瓦落。佇立思聖人,音容儼如昨。臨深敢為高,奔逸不可學。闕里泰山前,洙、泗墳林腳。道德並流峙,鳶魚各飛躍。靈光秋草沒,泮水清霜涸。返照入顏巷,無人有餘樂。舉手捫天星,絡繹光閃爍。何時五曜入,晃朗璧府廓。歸馬掃欃搶,勝殘沉貫索。忽聞金石聲,殷殷地中作。青天有太陽,莫漫螢火爝。

《全元詩》第 4 冊,178 頁

手植檜孔子像
(元)郝 經

稷降播種生百穀,封植積累鍾運木。東枝扶桑西昧谷,柯葉薈蔚盛文物。七百餘年開世卜,子欲代母彗東出。仲尼傷麟掩袂哭,手植庭檜鍾遺躅。三代脈絡拱把續,先王遺澤不滅沒。歲寒高隱闕里屋,忽遇秦火傷老、佛。榱崩棟折不可復,民莫芘蔭殃禍酷。千年餘根重儲蓄,孔庭家傳深韞匵。遺我尺許香馥鬱,手澤膏潤如紫玉。道德根株太極骨,神雖無方像髣髴。刻劃乾儀鏤坤軸,象環縈組殷士服。瀾翻海口與河目,突兀六經還在腹。梁木可仰天未祝,元氣不死生意足。不須金身駭泯俗,見者再拜重祇肅。文楷十里泰山麓,墓前舉是韋編竹。聖世不絕生民福,我欲載之告四隩。斥去偽邪信抑屈,矯矯更用擊蛇笏。並以楷木及墓竹緝神室,故云。

《全元詩》第 4 冊,251 頁

次楊紫陽謁聖廟韻　　　　　　　　（元）韓文獻

萋萋野草翳雩壇,回首尼山一憑欄。空想文風復鄒、魯,豈知俗學尚申、韓。虛堂晝寂禽聲雜,高閣春深檜影寒。樂道獨憐紫陽子,忘情軒冕羨瓢簞。

《全元詩》第 4 冊,393 頁

太公、孔子　　　　　　　　　　　（元）方　回

褧身涉世謾多憂,運去時來不自由。孔子三千難變魯,太公八十尚興周。星辰歲久常差度,江海潮生會倒流。萬有盈虧理如是,可須慳作醉鄉遊。

《全元詩》第 6 冊,40 頁

經西狩獲麟故址有感　　　　　　　（元）滕安上

不到周初《麟趾》篇,惡風吹入魯西畋。死逢尼父猶為幸,炳耀《春秋》二百年。

《全元詩》第 11 冊,46 頁

謁聖廟　　　　　　　　　　　　　（元）王　實

魯國成榛莽,惟餘闕里存。年深林愈茂,世遠道彌尊。地湧奎文閣,天開毓萃門。問今承繼數,六十代仍孫。

《全元詩》第 12 冊,320 頁

《周、孔傳道圖》　　　　　　　　　（元）王　旭

聖道如天冠古今,初無傳授可窺尋。要知闕里周公夢,只是三王四事心。

《全元詩》第 13 冊,103 頁

宣尼吟　　　　　　　　　　　　　（元）吳　澄

勸王一語嘗非孟,孰識宣尼更遠謀。才說在邦兼四代,有能用我即東周。楚惟令尹終難及,衛有封人見最優。适、賜與由俱解此,惜哉吾道竟悠悠。

《全元詩》第 14 冊,270 頁

謁聖林
(元)楊文郁

悠悠往古繼來今,天地無窮照孔林。兩到金絲堂下拜,此生無負百年心。

《全元詩》第 15 冊,323 頁

《獲麟圖》
(元)同 恕

靈物天開瑞聖符,手中有筆紹唐、虞。九原若對桓、文說,淚更多於反袂圖。

《全元詩》第 16 冊,312 頁

古風十首(其一)
(元)趙孟頫

《詩》亡《春秋》作,仲尼蓋苦心。空言恐難托,指事著以深。大義炳如日,萬古仰照臨。鳳鳥久不至,楚狂乃知音。愁來不得語,起坐彈吾琴。

《全元詩》第 17 冊,185 頁

偶 書(其二)
(元)黃 庚

鳳德嗟已衰,宣尼欲浮海。賴有載道經,神功補元宰。刪《詩》挽風變,繫《易》憂世駭。《春秋》筆削嚴,西秦書乃采。微義將繼周,逆悲大運改。悠悠千古心,後死文書在。

《全元詩》第 19 冊,119 頁

聞 韶
(元)宋 无

陳完逃難遂奔齊,《招樂》猶存大舜時。夫子奚須知肉味,不圖為樂至於斯。

《漢·禮樂志》曰:春秋時,陳公子完犇齊。陳,舜之后也,《招樂》存焉。故孔子適齊,聞奏《韶樂》,喜而聽之,歷三月之久而其聲不忘,雖食肉而不知其味。春秋去舜遠矣。舜之治,孔子思之而不可得。一旦得聞韶音,如在舜岩廊之下親見鳳儀獸舞之盛,其樂如此也。或者曰:齊之田氏,乃舜之子孫。舜以揖遜有天下,而田氏乃弒其君,故孔子聞韶音而歎曰:"不意《韶樂》盛德之後乃至於篡弒乎?"有所感也。

《全元詩》第 19 冊,408 頁

《孔子泣麟圖》
(元)胡 助

麟為聖人出,聖人為麟泣。見獲何不祥,《春秋》成絕筆。

《全元詩》第 29 冊,101 頁

題《泣麟圖》　　　　　　　　　　　（元）陳　旅

魯哀公十有四年春,西狩獲麟。公羊子曰:"孰狩之? 薪采者也。孔子曰:'孰為來哉? 孰為來哉?' 反袂拭面,涕沾袍。"余覽圖而有感焉,乃援琴而鼓,其辭曰:

有麕而角,角而戴肉。時無明王,不若靈囿之麈鹿。魯之野,関無人。彼采薪者,而遇夫麒麟。澤有兕,山有虎。馮陵食人,而使麟也,而獲于西野。

《全元詩》第 35 冊,19 頁

宣聖墓　　　　　　　　　　　（元）周伯琦

魯國遺蹤墮渺茫,獨遺林廟壓城荒。梅梁分曙霞棲影,松牖回春月駐光。古柏嘗沾周雨露,斷碑猶載漢文章。不須更問傳家事,泰岱參天汶、泗長。

《全元詩》第 40 冊,399 頁

《夫子去魯圖》　　　　　　　　　　　（元）陸　仁

遲遲兮去魯,居是邦兮爰念父與母。臨沂泗兮未濟,望龜山兮有濘其雨。津則有舟兮車則在道,先王軌轍兮孰履其武。道之不行兮命矣夫,周旋乎天下。

《全元詩》第 47 冊,114 頁

雜言四十九首（其四十七）　　　　　　　　　　　（元）張　達

魯叟昔成經,憲章垂萬世。聖人不得位,於是見微意。悄然事筆削,有志文武治。是非明天心,褒貶達王事。麟出豈非時,允為《春秋》至。

《全元詩》第 50 冊,526 頁

謁聖廟　　　　　　　　　　　（元）楊　惠

曲阜《謁聖廟》、《遊逵泉》二詩,奉寄襲封衍聖公璟夫賢契友,兼簡諸公同發一燦云。濟寧楊惠頓首。

分符適東魯,喜及聖人門。洙、泗流芳遠,龜蒙著望尊。過庭遺訓在,變道古風存。治代尤崇重,承家有孝孫。

《全元詩》第 52 冊,466 頁

孔子琴操四首
(元)王　逢

去魯作

汶泗交流兮,龜蒙相繆兮。鬱乎尼丘兮,禮樂賜自周兮。大夫好修兮,吾將返吾輈兮。

過匡作

文王徂兮,道在予兮。天蓋常時則渝兮,二三子毋徐徐兮,伊草露之濡兮。

去衛作

我行於衛,有洪湯湯。彼或知本,伊流則長。載僮載徊,禾黍芒芒。匪邶墉予傷,武公其亡。

厄陳作

天地塞兮,日月食兮,君子厄兮。周公云遠,心不知所底極兮。

《全元詩》第 59 冊,24 頁

過曲阜
(明)瞿　佑

大田過汶陽,古縣經曲阜。遙望聖師家,斜日照高柳。少日誦遺書,所學期不負。朽木憐散材,洪鐘失大扣。白首得歸來,誓當終保守。未獲拜門牆,徒然瞻仰久。

《樂全詩集》,《樂全稿》,《瞿佑全集校注》上冊,170 頁

懷古三首(其三)
(明)宣宗朱瞻基

仲尼出東魯,聖德何煌煌。《六經》賴刪述,斯文天未喪。有德乃無位,轍跡環四方。道不濟當時,萬世開綱常。無窮天地間,日月同耿光。

《大明宣宗皇帝御制集》卷一七,《四庫全書存目叢書》集部 24 冊,190-191 頁

猗蘭操
(明)王　達

昔孔子歷聘諸侯,一無所遇。自衛反魯,見隱谷之中香蘭獨茂,喟然歎曰:"當為王者香,今乃獨茂,與眾草為伍。"乃止車援琴而鼓之。

我遊四方,我心孔傷。我既不遇,當歸故鄉。懿被深谷,蘭其揚揚。眾卉翹翹,蘭奚

用芳。我身將老,我道不行。我觀我蘭,味此德馨。

《翰林學士耐軒王先生天遊雜稿》卷一,《四庫全書存目叢書》集部 27 冊,106 頁

《孔子泣麟圖》 （明）吳　節

麒麟之形何大奇,舊身牛尾而馬蹄,體生鱗甲耀光彩,頭頂一角高巍巍。堯舜之時遊郊藪,三王之時伏靈囿。自從六雄興戰爭,欲觀禎祥世稀有。天生大聖居東魯,德配兩儀冠今古。經成理備載《春秋》,忽報麒麟出西土。鳳鳥不至吾已衰,睹茲反袂空漣洏。自嗟有道恨無位,不得重見三皇時。人言獲麟乃絕筆,豈知吾道無窮極。正名定分扶綱常,宇宙當空懸日月。

《吳竹坡先生詩集》卷八,《四庫全書存目叢書》集部 23 冊,495 頁

謁文廟 （明）張　琦

稽首欲崩角,何以報陶成。怪殺共王耳,不聞金石聲。

《白齋先生詩集》卷一,《四庫全書存目叢書》集部 52 冊,30 頁

獲麟古渡 （明）徐　問

大道日已遠,王風委頹波。豺狼互吞噬,生民罹禍羅。憂時宣尼聖,利濟心則那。徘徊齊、魯郊,車轍屢經過。皋門女樂奏,狂譏貽楚歌。廻駕仍問津,魯史重編摩。獲麟絕筆後,古渡寒煙多。茫茫宇宙間,吾道將如何。

《山堂萃稿》卷一,《四庫全書存目叢書》集部 54 冊,175 頁

奉命分祀孔廟作 （明）唐順之

後聖禮先師,斯文今在茲。將陳百官富,詎止一牢祠。入室瞻遺器,圜橋展盛儀。樂堪三月聽,奠想兩楹時。執豆元公肅,捧璋髦士宜。鄙儒叨小相,端甫奉前規。

《唐順之集》卷一,上冊,17 頁

彭地官邀餞於厄臺,遂拜先師孔子,感而有作三首 （明）王　教

西風布微陰,南輈已朝駕。出城問厄臺,回報敬瞻迓。臺古廟重新,天開似圖畫。遐想有厄時,孰云無過化。厄其如予何,聖衷靡驚訝。鐸音發□聲,文德正夷憂。至今幾千

年,教澤享洪大。啟後賴先覺,肅襟拜門下。

舊聞厄臺名,今拜厄台下。臺上坐先師,暨彼同厄者。身厄道不窮,何心用若舍。祥鳳宜高岡,匪兕行曠野。道大世莫容,音古識自寡。所以聖賢心,癉瘵未輕假。淮陽秋氣深,蔡水日東瀉。世遠地仍昔,徘徊重駐馬。恍若見當時,琴瑟奏風雅。

下交交卿相,上交交王公。上下既鮮知,賢聖常困窮。所以道如天,未緣代天工。轍還多沮洳,舉世皆昏蒙。奚怗莫能興,從者亦惛惛。不容見君子,不濫達窮通。卓維子淵氏,乃茲契聖衷。賢哉歎瓢飲,庶乎歎嬰空。行藏安所遇,素與亦契同。

《中川遺稿》卷六,《四庫全書存目叢書》集部84冊,477頁

夢孔子

（明）王　格

吾衰亦久矣,胡為夢夫子。悠悠終永夜,欷欷侍文幾。宛蒙互鄉遇,不見取瑟鄙。玉體何頎然,德容仍莞爾。依稀領四教,髣髴聞五美。平生寡志意,□此良足喜。既匪蝴蝶妄,敢與周公掇。豈伊精奕烈,猶存樂育理。翩翩屈元聖,循循顧曲士。禮慚束脩上,身在門牆裏。參乎一貫訓,回也四勿旨。侯生雖不敏,請事泛茲始。

《少泉詩集》卷二,《四庫全書存目叢書》集部89冊,第187頁

宣聖闕里

（明）何東序

在衢世授博士,守宗祐。

泮水春常在,僖郎道未央。龍驂違魯宅,麟趾踐江鄉。廣德遺榮舊,韋賢恣息長。典墳傳世業,應不負歐陽。

《九愚山房詩集》卷九,《四庫全書存目叢書》集部126冊,704頁

謁闕里廟

（明）陳文燭

吾道流寰海,斯文在故鄉。千秋尋魯何,萬仞有宮牆。高閣奎文迥,尤山衍慶長。冕旒三代上,蘋藻兩楹傍。以我觀群後,何人等素王。和風檜猶好,時雨杏偏芳。開闢餘元氣,浮流藹瑞光。升堂誰更入,築室且千場。堯、舜□□遠,周公夢未亡。禮原看俎豆,樂實奏笙簧。歌鳳時難遇,獲麟教益彰。於今歌泗水,自古仰秋陽。

《二酉園詩集》卷七,《四庫全書存目叢書》集部139冊,320頁

古意，贈客謁孔林

（明）孫七政

狂歌不遇世，舉世皆塵紛。日日向瑤艸，芳思徒氤氳。采之盈懷袖，何以贈夫君，憂來人不知。瓊枝自繽紛，浩蕩千古意。寂寞清江濆，思彼魯中賢。怛怛懷辛勤，聞君過梁父。為我挹清芬，一朝蔽丹鳳，千秋空白雲。

《孫齊之先生松韻堂集》卷五，《四庫全書存目叢書》集部 142 冊，512 頁

曲阜謁孔廟

（明）張元忭

光嶽開靈秘，斯文良在茲。斷碑封古篆，老檜挺寒枝。世已非周代，身猶相魯時。當年窮輒跡，此日嚴容儀。俎豆仍千禋，綱常賴四維。宮墻瞻肅肅，邑裏尚照照。展謁增予媿，空談徒爾為。何當起洙、泗，趨步日追隨。

《張陽和先生不二齋文選》卷七，《四庫全書存目叢書》集部 154 冊，472 頁

孔林謁墓二首

（明）張佳胤

廟庭初拾菜，展墓出郊垌。楷木霜皮白，盧居草色青。天心扶萬世，地脈表貴靈。多少候王塚，雍門君試聽。

蔥蔥湃勝處，英爽見吾師。蓊育諸王樹，穹窿歷代碑。葬從昭穆序，水合泗、洙奇。聖澤同天地，斯文真在茲。

《居來先生集》卷九，《四庫全書存目補編》第 51 冊，170 頁

過葉懷古

（明）方揚

葉，故尼父問津處。《南征草》。

憶昔魯中叟，結轍遊四方。荊蠻固不薄，攬轡何皇皇。行行迷前津，欲濟川無梁。睠彼耦耕人，周爰以相將。小子信狂簡，茲遊豈披猖。吾道未全非，彼口增譸張。豈不倦行役，懷寶羞迷邦。所以吊無君，載贄而出彊。胡為謀其生，卒歲以倘佯。果哉末之難，其如墮王綱。君子遵大路，遠覽思周行。斯文倘在茲，亹勉以趨詳。

《方初庵先生集》卷三，《四庫全書存目叢書》集部 156 冊，465 頁

過兗州瞻仰孔林

(明)姚舜牧

自兗至孔林,不能四十里。每行弗克瞻,此心徒仰止。竊嘗究《五經》,私謂窺涯涘。恨未遊聖門,終難其為水。擬歸復三年,細訂聖賢旨。越若曲阜鄉,肅拜謁冠履。拱聽夫子呼,恍若曾子唯。平生疑盡開,豁然見心髓。是為悟聖真,是為循聖軌。怡然快我懷,可稱姚氏子。

《樂陶吟草》卷二,《四庫全書存目叢書》集部158冊,352頁

經孔子廟

(明)臧懋循

經過岱宗下,因識聖人門。廟貌丹青賁,儒風俎豆存。樂留遺壁古,禮致太牢尊。肅肅千秋祀,衣冠藹駿奔。

《臧懋循詩文輯佚》,《臧懋循集》,168頁

孔子贊

(明)李夢陽

鳳鳥不至,人莫我知。行廢嗟命,獲麟竟悲。已詘道信,萬世攸師。願學謂何?小子敬思。

《李夢陽集校箋》卷六〇,第五冊,1876頁

孔　廟

(明)鍾羽正

廟在曲阜,有書樓杏墻,廣殿巨龐,規模宏麗,陳禮器樂,懸瞻仰聖,客肅然神竦。

百級書樓俯列楹,軒窗迢遞敞虛明。崇林肅肅松風起,疑是當年弦誦聲。

《崇雅堂集》卷六,《四庫全書存目叢書》集部167冊,745頁

孔　林

(明)鍾羽正

林園六頃,萬木蓊鬱,以農垣表,以馳道水,多楷檜,不生荊棘,為亭殿,闕門氣象嚴整。有駐驛亭,蓋帝王謁祀處也。

橐泉武庫沒荒煙,橋濟蒼梧亦藐然。馬鬣高封松檟老,宜推千古仲尼賢。黃帝橋山,堯、舜濟陰。

《崇雅堂集》卷六,《四庫全書存目叢書》集部167冊,745頁

闕里謁先聖廟庭　　（明）文翔鳳

三十經十二，乾坤遞如貫。三萬六千元，未當數之半。宇宙良寥廓，誰能紀龍漢。洚流崇伯鞭，鳥跡羲皇篆。日甲想月子，第一洪荒判。孔父應天樞，主日葉昏旦。六經掌上權，千聖推而冠。謬哉余姚氏，謂鎰不滿萬。堂廡食邊登，毋乃顏終汗。老佛縱淫詖，百川正流濫。揭天以為宗，洙、泗心花現。

《南極篇》卷四，《四庫禁毀書叢刊》子部 11 冊，424 頁

杏　　壇　　（明）文翔鳳

即先□教授□。

數仞宮牆宗廟深，講壇香入杏花林。如何歲歲春風裏，沂水不聞詠去音。

《南極篇》卷四，《四庫禁毀書叢刊》子部 11 冊，425 頁

古泮宮　　（明）文翔鳳

泮水采芹菜月半泓，從公干邁魯諸生。靈臺鎬邑辟雝斷，尼父八埏總象璜。

《南極篇》卷四，《四庫禁毀書叢刊》子部 11 冊，425 頁

孔林行　　（明）文翔鳳

右盤輦路入洙橋，左偏楷木尚孤高。對列隧唐翁仲二，驪虞肉角馴於次。南面直揖泗水侯，邴公側縶臂垂修。先聖抱孫東攜子，折逕豐林踞石幾。一頃六抔別貯園，白在其隅求逮穿。子貢築場如迎曉，聖山瞻侍又三年。江漢秋陽颯見之，乍聞夢奠兩楹間。祥符有亭稱駐蹕，當逕而立手拱然。十里周繚牆四匝，雲來□城咸相環。後垣遶泗天驅玉，前砌橫深地界煙。會稽畢郢終遜謝，清都頻見葬神仙。

《南極篇》卷四，《四庫禁毀書叢刊》子部 11 冊，425 頁

先聖學堂　　（明）文翔鳳

絕筆絕編吾已矣，《六經》削處近洙橋。更無片地能當此，三尺茅階仰帝堯。平陽有帝堯土階址。

《南極篇》卷四，《四庫禁毀書叢刊》子部 11 冊，425 頁

孔登巖

(明)文翔鳳

共到絕峰看日輪,都稱五十二由旬。能知天下如何小,今古登山但一人。

《南極篇》卷四,《四庫禁毀書叢刊》子部 11 册,427 頁

《泣麟圖》

(明)陳 顥

《詩》亡《春秋》作,姬政日就隳。麟也本仁獸,出焉非所宜。夫子因感傷,臨風涕交頤。畫史載遺跡,千古興嗟咨。方今聖人出,端拱致無為。豈獨麟瑞世,鳳凰亦來儀。往事勿復論,作詩頌明時。

《明詩初集》六一,《石倉歷代詩選》卷三四一,影印文淵閣《四庫全書》1391 册,647 頁

恭謁闕里

(明)鍾 惺

聖道求斯在,人情敬所居。瞻依專有屬,登覽又其餘。夷、夏爭相效,賢愚恥自疏。面顏開嶽瀆,衣履示圖書。檜楷知何已?風霜想厥初。山頹翻更壽,宅壞竟難墟。帝力司呵護,神工職掃除。威儀王備物,請問素焉如。

《隱秀軒集》卷一二,192 頁

過魯歎

(明)湯顯祖

有言常不知,世智非所期。孔子亦何人,鳳兮真我師。弦歌悅匡邑,大樹惱桓魋。微服良已苦,塵炊旋復疑。豈不懷古歡,生今此一時。但見路如織,那得轡如絲!老子既西訪,盜跖亦東窺。居夷只如此,泛海欲何為!

《詩文》卷二〇,《湯顯祖全集》第二册,874 頁

沂 水

(明)錢子義

孔子謂弟子各言其志,曾點舍瑟而對曰:"暮春者,春服既成,冠者五六人,童子六七人,浴乎沂,風乎舞雩,詠而歸天。"夫子喟然嘆曰:"吾與點也。"

汀蒲獵獵岸花紅,一碧涵天玉鏡空。春服既成絃誦畢。杖藜来詠舞雩風。

《續詠史詩》上,《種菊菴集》一,《三華集》卷七,影印文淵閣《四庫全書》1372 册,89 頁

曲　阜　　　　　　　　　　　　　　　　　　　　（明）錢子義

孔子之喪，子貢曰："吾見封之，若堂者矣，若坊者矣，若覆夏屋者矣，若斧者矣。"從若斧者焉。馬鬣，封之謂也。

馬鬣封來今幾年，欝然喬木尚參天。斯文不逐秦灰冷，玉振金聲亘古傳。

《續詠史詩》上，《種菊菴集》一，《三華集》卷七，影印文淵閣《四庫全書》1372 冊，89 頁

謁聖廟　　　　　　　　　　　　　　　　　　　（明）謝肇淛

謂天蓋云高，璇璣無遺度。謂地豈不廣，八極亦可步。羲、文久代謝，吾道日淪斁。夫子復何為？棲棲振皇路。麟獲道焉如？鳳歌時已暮。獨揭日月行，萬古忽長曙。元始無全功，神行疇能悟？俎豆肅千秋，真王亦非素。遺檜枯且榮，疑有百靈護。精爽諒不渝，玄功難思慮。嗟余生不辰，希光景徒鶩。勝賞欣自今，儀刑儼如故。側身望宮牆，願為青雲附。

《小草齋詩集》卷五，《小草齋集》上冊，674 頁

訪宣聖中都講堂　　　　　　　　　　　　　　　（明）王　謳

中都故魯邑，卜訪來春朝。仲尼昔小試，遺迹今蕭條。聖澤尚不泯，父老猶歌謠。當時講禮處，管領與芻蕘。弦歌疑在耳，曳杖行逍遙。山川餘世變，花鳥弄芳饒。蒼苔碑篆剝，紅塵瓦礫消。百年已茫昧，過此焉可要。撫荒謹對樹，嘆息對漁樵。

《王彭衙詩》五《壬午集》，《陝西古代文獻集成》第 7 輯，第 611 頁

《問禮圖》　　　　　　　　　　　　　　　　　（明）朱誠泳

聃為柱下史，周禮在於斯。聖人不自聖，從聃一問之。學琴暨問官，所學何常師？

《小鳴稿》卷二，《陝西古代文獻集成》第 17 輯，88 頁

孺悲欲見孔子　　　　　　　　　　　　　　　　（清）馬　魯

幾番搔首仰宮牆，那敢飾非蹈故賞。泗水波平多濟涉，杏壇花暖靜聞香懸知木鐸將成教，豈似蒸豚必瞯亡。折簡憑君通委曲，莫令道岸卒茫茫。

《南苑一知》卷二，《陝西古代文獻集成》第 20 輯，332 頁

孔子辭以疾 （清）馬　魯

客來酌酒好盤桓，抱病南窗尚怯寒。有藥不嘗行未得，無神可禱臥方安。齊、陳自信周遊苦，幾席人扶再拜難。愛我多情銘肺腑，昌平門外夕陽殘。

《南苑一知》卷二，《陝西古代文獻集成》第20輯，332頁

子路從而後 （清）馬　魯

落後蘭蹤杳，揚塵悵轉蓬。雞冠愁自側，劍佩漫稱雄。未到晨門日，曾經野渡風。跂予望道遠，卒爾哭途窮。禾黍斜陽里，塒將牆密樹中。逢人誰指示，滿地一田翁。

《南苑一知》卷二，《陝西古代文獻集成》第20輯，347頁

謁先聖祠，瞻壁間石刻畫像 （明）王　圖

繄余啓蒙初，夙志宗洙、泗。披籍恣冥搜，尋章闇微義。茲應弓旌招，與窺玉堂邃。玉堂敞妖陰，聖祠深以閟。誰貌壁間容，皜皜秋陽貴。諸賢勤步趨，冠劍紛相侍。哲人去已邈，儀刑儼若對。我來謁祠前，芒芒發深喟。不有刪述功，長夜永成寐。所愧昏懦資，仰鑽莫由遂。願言藉遺休，精誠倘能值。

《周雅續》卷一四，《陝西古代文獻集成》第25輯，490頁

讀書偶作二首（其一） （清）徐　樾

孔子昔刪述，其壽如山河。游、夏親授受，文學居四科。訓詁尊師承，義理爭揣摩。漢、宋既殊途，後來交詆訶。文字日蕪穢，章句紛訂訛。或針左氏旨，或操康成戈。讀書苦不足，箸作良已多。豈知《六經》旨，至道平不頗。片言實居要，大義相包羅。陋哉門戶見，慎勿沿流波。

《遺園詩集校注》卷二，80頁

謁夫子廟 （清）顧炎武

道統三王大，功超二帝優。斯文垂《彖》《繫》，吾志在《春秋》。車服先公制，威儀弟子修。宅聞絲竹響，壁有簡編留。俎豆傳千葉，章逢被九州。獨全兵火代，不藉廟堂謀。老檜當庭發，清沫繞墓流。一來瞻闕里，如得與從遊！

《顧亭林詩集匯注》卷三，上册，560 頁

陳、蔡之厄　　　　　　　　　　　　　　　　（清）褐　夫

縱橫列國任周流，出入無憑亦自由。陳、蔡偶然遭小厄，何須發憤作《春秋》。

《古史詩針》，《戴名世集》附錄二，437 頁

孔　　子　　　　　　　　　　　　　　　　　（清）徐公修

麟書獻瑞毓昌平，終古尼山間氣生。小試中都降魯治，折衝夾谷與齊盟。世家一卷開奇格，至聖千秋集大成。七十二賢傳絕學，九流仰鏡史官評。

《史記百詠》卷一，《讀史千詠》，《史記研究文獻輯刊》13 册，436 頁

曲　　阜　　　　　　　　　　　　　　　　　（清）席佩蘭

杏壇教育至今長，禮讓雍容自一方。道氣尼山瞻藹藹，金聲泗水聽湯湯。冕旒貴且臨天子，巾幗卑難拜素王。他日歸家誇弟妹，也曾親到聖人鄉。

《國朝閨秀詩柳絮集校補》卷四九，第四册，第 2311 頁

過文廟　　　　　　　　　　　　　　　　　　（清）姜文球

道統生前任獨肩，功同日月德同天。廿篇《論語》留來世，撐住彼蒼萬古傳。

《怡真齋詩稿》，《采山樓藏稀見清人別集叢刊》，第一册，279 頁

自兗州過曲阜聖廟孔林四首（其二、三）　　　　（近代）陳去病

曲阜古魯國，少皞之遺墟。周公首封此，禮樂盛一隅。伯禽征淮徐，武功亦絕殊。胡爲隱桓間，骨肉爭璠璵。篡弒既相循，王道日以渝。卓哉孔聖人，章逢步天衢。一朝集大成，遂爲萬世儒。《春秋》素王業，今古復焉如。

巍峨孔子宅，依約魯王宮。宮牆高萬仞，循走偏吾躬。稍焉得門入，碑碣森穹窿。徘徊歷階墄，登堂拜聖容。聖容溫以和，藹然儒者風。循循知善誘，博越能折中。彬彬後君子，允哉吾其從。

《浩歌堂詩鈔》卷七，116 頁

子　　思　　　　　　　　　　　　　　　　　　　　（宋）林　同

如何方喟歎,乃爾復忻然。念汝祖無忝,知予道可傳。

《全宋詩》卷三四一八,65 冊,40606 頁

子　　思　　　　　　　　　　　　　　　　　　　　（宋）陳　普

徂豆迂疏仁義遲,上傳下授統如絲。薦才莫訝非家法,救世寧無爛額時。

《全宋詩》卷三六五〇,69 冊,43793 頁

接輿狂歌　　　　　　　　　　　　　　　　　　　（元）劉秉忠

唐、虞風化尚真純,天壤熙熙萬物春。三代盛時存此道,六經今日付何人。狂歌楚叟能知鳳,絕筆宣尼自感麟。滄海波光泰山色,謾勞平地起纖塵。

《全元詩》第 3 冊,142 頁

曲阜懷古·子思墓　　　　　　　　　　　　　　　（元）郝　經

王陵象尼山,窐皇擬天闕。白石六十四,方正相倚迭。卿雲繞龍隧,修竹生馬鬣。前却三代祖,宛與聖人列。乃是子思子,道貫祖孫一。顏夭曾始傳,心授相世及。《大學》宏綱舉,《中庸》性理切。浩氣有孟軻,《六經》復為七。向微三大賢,聖統幾廢絕。爾來一千年,晦沒無人說。韓、李端緒開,伊、洛本根揭。萬古唐、虞心,日月光目睫。不必揮金錘,拜墓即親炙。

《全元詩》第 4 冊,178 頁

讀諸子·《孔叢子》　　　　　　　　　　　　　　（元）吳　萊

子思言仁義,不愧素王孫。王風委戰國,賴有壁書存。

《全元詩》第 40 冊,75 頁

漢陰丈人　　　　　　　　　　　　　　　　　　　（明）李廷訓

應世誰能忘世機,機心多處道心微。丈人渾沌無機事,端木徒勞論是非。

《醴雞吟》卷一一,《陝西古代文獻集成》第 10 輯,442 頁

偶詠沮、溺 　　　　　　　　　　　　　　　（明）王　格

昔余覽古籍，沮溺最高蹤。心慕兩賢者，躬耕伍老農。魯何帝力有，幸與聖人逢。邂逅津頭語，垂名萬載濃。

《少泉詩集》卷五下，《四庫全書存目叢書》集部 89 冊，236 頁

過長沮、桀溺耦耕處 　　　　　　　　　（清）王士禛

曾讀《陶公傳》，寥寥沮溺心。耦耕餘故跡，流水抱寒岑。鳥下日將夕，雲歸山半陰。從來避世者，不厭入林深。

《漁洋續詩集》卷六，《王士禛全集》第二冊，813 頁

子思縕袍 《說苑》 　　　　　　　　　　　（清）田依渠

未忍為溝壑，吾身自縕袍。狐裘今不受，敢籍此鳴高。

《茹古山房讀史餘吟》卷四，《清代詩文集彙編》639 冊，655 頁

柳下惠 　　　　　　　　　　　　　　　（清）羅惇衍

姓展氏，名獲，字季禽，魯之公族。嘗為士師，食邑柳下。諡曰"惠"。

刲羊信誓解憑陵，贗鼎何堪語妄膺。弟縱無良難累逸，相甘竊位不同升。懷清霜懍三番黜，激薄風和百世興。祇有山妻能作誄，篇存中壼見規繩。

《集義軒詠史詩鈔校證》卷一，第一冊，10 頁

柳下直道 見《論語》 　　　　　　　　　（清）田依渠

三黜渾無事，高風憶展禽。知賢不與立，文仲是何心。

《茹古山房讀史餘吟》卷二，《清代詩文集彙編》639 冊，649 頁

陸　通 　　　　　　　　　　　　　　　（清）羅惇衍

楚人，即楚狂接輿。

魯郊西狩嗟麟也，楚國南遊詠鳳兮。拯溺無心成別調，却行衛足好幽棲。仙材桂聳

山千仞,人跡薇封水一溪。為愛峨嵋尋蜀道,高峰難覓姓名題。

《集義軒詠史詩鈔校證》卷一,第一册,19頁

孔 鮒　　　　　　　　(清)羅惇衍

一名鮒甲,字子魚。孔子裔孫,魏相子順之子。陳涉為楚王,嘗聘為博士。諫涉不聽,遂歸老於陳。卒,年五十九。

駿烈清芬讀《孔叢》,趨庭鯉訓有遺風。大王輕敵旗張楚,博士辭官轍隱嵩。書料燔秦延一脈,文高《詰墨》發群矇。内親外協規陳勝,詎獨行軍對不窮。

《集義軒詠史詩鈔校證》卷四,第一册,121頁

過柳下季墓　　　　　　(清)沈德潛

豐碑高峙嶧山東,柳下遺墟入望中。自昔枉朝行直道,到今寒月想和風。一言私諡妻能定,三黜遺賢相未公。隴畔采樵還禁否?春來草樹可蘢葱。

《歸愚詩鈔》卷一八,《沈德潛詩文集》第一册,366頁

有朋自遠方來　　　　　(清)尤 侗

雞鳴風雨閉門時,門外車聲千里遲。乍望楚山逢宋玉,正彈流水對鍾期。一梁落月添新夢,三徑停雲憶舊詞。共把高文醉樽酒,莫將姓氏問屠兒。

《論語詩》,《尤侗集》中册,532頁

賢賢易色　　　　　　　(清)尤 侗

願向西方思美人,不從北渚望夫君。韋編莫寫鴛鴦筆,縞帶寧輪翡翠裙?洗馬渡江原似玉,巫娥薦枕已為雲。祇應女史簪彤管,風月平收二十分。

《論語詩》,《尤侗集》中册,532頁

思無邪　　　　　　　　(清)尤 侗

長歌重疊短歌深,古意閒情初不禁。"習習谷風"塘上曲,"霏霏雨雪"隴頭吟。總饒香草山川色,豈礙梅花鐵石心?一自玉臺開豔體,可憐彩筆費題衿。

《論語詩》,《尤侗集》中册,532頁

《關雎》樂而不淫，哀而不傷　　　　　　　　（清）尤　侗

風流佳話起岐周，千古悲歡一筆收。并坐夜香浮錦瑟，相思春草滿芳洲。定情何必題紅葉？惜別誰教歎白頭。王建《宮詞》空絕調，昭陽眉黛半含羞。

《論語詩》，《尤侗集》中册，533 頁

曾子曰唯　　　　　　　　　　　　　　　　　（清）尤　侗

大道原非喚竹篦，尼山公案費拈提。回頭忽喪千年學，開口纔留一字題。冷暖自知魚飲水，精粗不著兔忘蹄。諸君莫向枯椿覓，再訪桃源路已迷。

《論語詩》，《尤侗集》中册，533 頁

子路聞之喜　　　　　　　　　　　　　　　　（清）尤　侗

車馬栖栖行路難，願從海外縱奇觀。秋風三島吹鳴劍，夜雨孤舟倚釣竿。且借蜃樓藏鳳羽，何妨鮫室舞鷄冠？英雄莫向蓬蒿老，不見扶餘有將壇。

《論語詩》，《尤侗集》中册，533 頁

歸與，歸與　　　　　　　　　　　　　　　　（清）尤　侗

曠野風吹斜照低，鷓鴣啼罷子規啼。浮雲出岫何時入，逝水東流幾日西。不爲蓴鱸愁老此，豈因松菊賦《歸兮》。宛丘行去尼丘接，一路花開桃李蹊。

《論語詩》，《尤侗集》中册，533 頁

子華使於齊　　　　　　　　　　　　　　　　（清）尤　侗

束帶翩翩文有餘，憑君遠連數行書。三春芳草隨行仗，千里寒星伴使車。仲父臺前人在否，晏嬰宅畔市何如？白雲飛處應回首，老母終朝獨倚閭。

《論語詩》，《尤侗集》中册，533 頁

回也，不改其樂　　　　　　　　　　　　　　（清）尤　侗

僻巷柴門苔草生，幽居時有玉琴鳴。此間禮樂如三代，滿座詩書騰百城。郭外清流常引汲，樹頭好鳥正催耕。悠然試會其中意，未必家貧便適情。

《論語詩》,《尤侗集》中冊,534 頁

子見南子 　　　　　　　　　　（清）尤　侗

紫袖昭容出戶迎,夫人妝罷拜先生。低鬟蟬影搖釵麗,捲幕花香入珮輕。何意草茅瞻絕世?却教閨閣慕高名。傍人莫笑婁豬定,曾聽轔轔過闕聲。

《論語詩》,《尤侗集》中冊,534 頁

久矣,吾不復夢見周公 　　　　　　（清）尤　侗

赤烏風流制作才,小臣信宿幸追陪。咨嗟四國思文、武,涕淚三家說定、哀。西狩忽驚麟角去,東征不見袞衣來。蕭騷白髮長無寐,《洛誥》《周官》讀幾回?

《論語詩》,《尤侗集》中冊,534 頁

子釣而不綱,弋不射宿 　　　　　　（清）尤　侗

飛躍無心道不違,殺中有禮即生機。丹鱗吹浪風初暖,烏鵲依枝星正稀。潮闊應迴漁父棹,雪深還解使君圍。試從濠上觀魚樂,目送歸鴻絃自揮。

《論語詩》,《尤侗集》中冊,534 頁

子與人歌而善,必使反之而後和之 　　（清）尤　侗

曳杖逍遙愁不過,吟風弄月且婆娑。馬迴陬邑聞槃操,鳳去瀟湘起楚歌。君唱《陽關》聲欲疊,我酬《白雪》和寧多。不堪顧曲增惆悵,望到龜山喚奈何!

《論語詩》,《尤侗集》中冊,534 頁

可以託六尺之孤 　　　　　　　　　（清）尤　侗

宮車晚出最蒼黃,遺詔親承血數行。中夜踌蹰憂少主,外廷涕泣說先王。劍門功業垂諸葛,麟閣形容繪霍光。可恨欺人新莽輩,《金縢》未發漢先亡。

《論語詩》,《尤侗集》中冊,535 頁

有婦人焉 　　　　　　　　　　　　（清）尤　侗

皇后稱臣才倍奇,龍韜豹略有家師。夫人城上單黃鉞,娘子軍前小白旗。久向河洲

儀聖母，請從瓊室斬妖姬。可憐二女黃陵廟，日暮湘江泣竹枝。

《論語詩》，《尤侗集》中冊，535頁

歲寒，然後知松柏之後凋也 （清）尤　侗

洞庭木落氣蕭森，百尺青條鬱上林。秦帝山頭封號古，武侯廟裏歲華深。三年化碧忠臣血，六月飛霜孝婦心。堪笑春風畫紅白，家家桃李聽鳴禽。

《論語詩》，《尤侗集》中冊，535頁

吉月，必朝服而朝 （清）尤　侗

荷衣久已賦歸田，還著宮袍覲九天。日近御牀瞻玉藻，風來仙仗動貂蟬。老臣劍履趨偏切，內府壺餐賜獨先。更向起居尋近注，《春秋》簿上記元年。

《論語詩》，《尤侗集》中冊，535頁

鄉人飲酒 （清）尤　侗

籬舍荒村樂事無，歲時伏臘且歡呼。賓筵秩秩歌三闋，夜飲厭厭酒百壺。白飯青芻隨土物，蒼髯黃髮盡吾徒。分明洛社香山會，只少龍眠作畫圖。

《論語詩》，《尤侗集》中冊，535頁

從我於陳、蔡者，皆不及門也 （清）尤　侗

追尋七日苦咨嗟，沐雨歸來有鬢華。玉樹生埋長地下，驪駒唉去各天涯。風寒泗水悲瑤瑟，日暮山壇落杏花。空把姓名題四壁，酒罏若個問東家？

《論語詩》，《尤侗集》中冊，536頁

子　樂 （清）尤　侗

諸生濟濟對吾師，百里賢人聚此時。四座春風圍杖履，一團和氣動琴詩。不關笑語天全得，纔解愁眉人已知。他日滿堂七十二，吹笙鼓瑟和塤篪。

《論語詩》，《尤侗集》中冊，536頁

浴乎沂，風乎舞雩 　　　　　　　　　　　　　（清）尤　侗

去去東山東復東，登臨賴有酒徒同。白鷗暖泛桃花水，紫燕輕搖楊柳風。洗耳自餘高士潔，披襟不讓大王雄。人生適志須行樂，懶束衣冠拜帝宮。

《論語詩》，《尤侗集》中册，536頁

樊遲請學稼 　　　　　　　　　　　　　（清）尤　侗

曾執干戈搴將旗，而今老大荷鎡基。門前綠野多閒地，隴上青蒲及好時。春雨欲來麥浪急，秋風初起稻香遲。先生若許耕還讀，請賦《田家雜興詩》。

《論語詩》，《尤侗集》中册，536頁

久要，不忘平生之言 　　　　　　　　　　（清）尤　侗

冠蓋相逢半酒樽，誰人日暮訪柴門？墓前挂劍空魂魄，市上吞炭有淚痕。不惜千金求力士，常留一飯進王孫。結交年少多輕薄，援筆頻將游俠論。

《論語詩》，《尤侗集》中册，536頁

行夏之時，乘殷之輅，服周之冕，樂則韶舞 　　　（清）尤　侗

玉曆初頒瑞靄飄，皇州春色滿重霄。朱旂鳴輅呵清道，紫殿垂旒賦早朝。鵷鵠觀前陳萬舞，鳳皇臺上聽蕭韶。明堂何必圖《王會》？收拾經綸貯一瓢。

《論語詩》，《尤侗集》中册，537頁

伯夷、叔齊餓於首陽之下 　　　　　　　　（清）尤　侗

乾坤日月事全非，兄弟相攜視死歸。黃土遠離牧馬地，青山長傲釣魚磯。祇看故國淪禾黍，豈忍孤臣戀蕨薇？千載高名成一餓，牛山何必淚沾衣？

《論語詩》，《尤侗集》中册，537頁

聞弦歌之聲 　　　　　　　　　　　　　（清）尤　侗

息馬孤城傍夕陽，驚聽四面起宮商。南山擊鼓迎貓虎，東閣吹簫引鳳皇。一路花香凝燕寢，半簾鳥語鬧公堂。輶軒若訪循良吏，續入《風詩》十六章。

《論語詩》，《尤侗集》中冊，537頁

予欲無言　　　　　　　　　　　　　　（清）尤　侗

終日斷斷繁有辭，嗒焉喪我隔籓籬。三千諸子空談老，二百餘年大筆疲。滿院犀香無隱處，閒庭草翠坐忘時。靈山説法拈花看，不是摩訶誰解頤？

《論語詩》，《尤侗集》中冊，537頁

長沮、桀溺耦而耕　　　　　　　　　　（清）尤　侗

蕭條古道暮雲孤，何處村農耘籽俱？名字尚留《同井志》，田園可畫《并耕圖》。相看負耒惟兄弟，遙想提壺有婦姑。十畝之間忘南北，不知人世哭窮塗。

《論語詩》，《尤侗集》中冊，537頁

止子路宿，殺雞爲黍而食之，見其二子焉　（清）尤　侗

日暮何之況子身，吾盧猶在可逡巡。隻雞斗米宜佳客，歷齒蓬頭亦主人。拜跪無文違世法，盤餐不備恕家貧。明朝分手空惆恨，莫遣漁翁重問津。

《論語詩》，《尤侗集》中冊，538頁

太師摯適齊，亞飯干適楚，三飯繚適蔡，四飯缺適秦，鼓方叔入於河，播鼗武入於漢，少師陽、擊磬襄入於海　（清）尤　侗

蔓草寒烟空魯庭，梨園子弟散如星。關前疋馬數行雁，天外孤帆幾點萍。巳抱琵琶辭故國，猶聞短笛咽離亭。相思獨有尼山老，一曲哀琴淚雨零。

《論語詩》，《尤侗集》中冊，538頁

郯子來朝　　　　　　　　　　　　　　（清）吳　鎮

見郯子，問官曰。孔聖人，二十七。杜《註》作"二十八"。

《松花庵韻史》，《四庫未收書輯刊》拾輯24冊，256頁

詞

沁園春·恭謁闕里

(清)俞士彪

東魯名區,昌平舊里,恭謁素王。看雲生古柱,蛟龍欲舞,苔封危碣,蝌蚪成行。日月儀容,堯湯宇度,有六藝羣賢列座傍。誰窺見,這百王禮樂,千仞宮墻。　　我來亦敢升堂。但仰止、高山愧未遑。羨彤墀塵净,玉麟宵卧,雕檐日暖,紫鳳朝翔。俎豆陳筵,絃歌在耳,想天地,纔能共久長。年年也有,杏花春雨,檜葉秋霜。

《全清詞》順康卷第八冊,4416頁

曲

〔雙調〕清江引(之四)　　　　　　　　　　　(元)鍾嗣成

楚狂接輿歌鳳兮。見人忙回避。固知勢利心。豈識高賢意。早尋個穩便處閑坐地。

《全元散曲》下冊,1362頁

〔南中呂駐雲飛〕(之五十)　　　　　　　　(清)俞　越

入境觀風,眾口為碑不待磨。聽取輿人誦,子曰吾從眾。嗏,歌詠遍兒童,原非南董。一曲麛裘,罵倒尼山孔,君不見輿論無憑總是空。

《全清散曲》中冊,1606頁

〔北黃鍾白鶴子〕葉縣詠古　　　　　　　　(近代)盧　前

問津逢沮桀,荷篠過尤潦。逃世此何時,俯首昆陽道。

《全清散曲》下冊,2281頁

孔子在陳　　　　　　　　　　　　　　　　(近代)盧　前

【北雙調新水令】幾家弟子背定了書囊,一輛破車兒請夫子先上。大家陳蔡去,今日離宗邦。看他每意氣高揚,都把那聖賢講。

【駐馬聽】經多少村莊,處處炊煙風動盪。牛羊相望,家家雞犬繞農桑。果然陳蔡似江鄉,人間一片昇平象。這其間神已往,到水邊更聽些秧歌唱。

【雁兒落】那夫子忽然想起接輿歌鳳兮,他出世多狂妄。又想起匡兒錯認人,為的是雞鳳原相像。

【得勝令】道自我畏於匡,久不曆風霜。陳蔡古殷地,先王道應昌。堪傷!隨處多魔障。慌張,誰知又絕糧!

【川撥棹】行李卸,受饑荒,眾門徒爭鬥攘。這個說我不知秋收冬藏,那個說我何曾計稻謀粱。一個歎誰料得少米無糠,一個問那裏討薄餅粗饢?霎地裏棲愴懊喪,怎安排入餓鄉。

【七弟兄】數起來這樁,那樁,總難忘,有短命顏回陋巷缺營養。有綻破蘆花閔子作衣裳,最原憲赤貧抖擻出窮形狀。

【梅花酒】這詩書沒用場,難抵餱糧,不變漿湯,怎禦災殃!聽仲尼長歎息,笑季路自稱強。一弄兒徒悵惘,眼巴巴誰救你那明王?誰睬你那豪商?空轆轆忍饑腸。

【收江南】這纔知世途原不要文章,孔仲尼悔向陳來走一場。只要你寡廉鮮恥肯無良,有膏粱自享,誰管什麼聖賢豪傑與虞唐!

右老招,偕延濤、士香夫婦、胡公石,遊採石磯。登太白樓小憩,廣濟寺青山在望,不得一展青蓮墓。歸後始成此作。

【北雙調新水令】我來磯下聽風濤,想當初青蓮曾到。放懷澆濁酒,側帽著宮袍。大月親撈,騎鯨背上天了。

【雁兒落】一抔土謫仙萬古豪,兩當軒有個人同調。千年後樓頭寄遠思,便揮毫海內騰光耀。

【得勝令】要題詩敢過鎖溪橋,肯班門弄斧博譏嘲。翻新樣且譜迎神曲,借幾疊清商獻短謠。風騷,徧眾口纔佳妙。才高,信唐詩跨六朝。

【清江引】我今日登樓先拜倒,樓外江聲鬧。廢寺避驕陽,詞意空縈繞,只搜盡枯腸完不了稿。

《全清散曲》下冊,2472頁

陳涉世家

一 詩

詠《陳涉世家》

陳涉系(世)家 （唐）司馬貞

天下匈匈，海內乏主，掎鹿爭捷，瞻烏爰處。陳勝首事，厥號張楚。鬼怪是憑，鴻鵠自許。葛嬰東下，周文西拒。始親朱房，又任胡武。夥頤見殺，腹心不與。莊賈何人，反噬城父！

《史記索隱》卷二九，470頁

詠史小樂府三十首 己未(其一) （清）沈家本

守冢高皇置，雲沈大澤鄉，中原爭逐鹿，首事"夥頤"王。

《枕碧樓偶存稿》卷七，《清代詩文集彙編》745冊，486頁

詠陳涉、吳廣

陳　涉　　　　　　　　　　　　　　　　（唐）周　曇

秦法煩苛霸業隳，一夫攘臂萬夫隨。王侯無種英雄志，燕雀喧喧安得知。

《全唐詩》卷七二九，21 冊，8352 頁

陳　勝　　　　　　　　　　　　　　　　（宋）劉　敞

夥涉矜豪欣據陳，力崇司過督群臣。欲將燕雀輕天下，自使侯王不復親。

《全宋詩》卷四八九，9 冊，5728 頁

過蘄澤　　　　　　　　　　　　　　　　（宋）張　耒

雄吞六國弱秦強，壯士逡巡野水傍。耕叟不知鴻鵠志，笑觀宮室忤陳王。

《全宋詩》卷一一七四，20 冊，13254 頁

陳　勝　　　　　　　　　　　　　　　　（宋）劉克莊

辛苦傭耕久，饑寒謫戍餘。竟令秦失鹿，首為漢驅魚。

《全宋詩》卷三〇四七，58 冊，36336 頁

陳勝、吳廣　　　　　　　　　　　　　　（宋）樂雷發

假號偷名只可憐，枉拋錢鎛弄戈鋋。隴頭燕雀應相笑，鴻鵠元來是項燕。

《全宋詩》卷三四七二，66 冊，41329 頁

陳　勝　　　　　　　　　　　　　　　　（元）李齊賢

甕牖繩樞去故園，魚書狐火起中原。只應燕雀譏鴻鵠，一去都忘壟上言。

《全元詩》第 33 冊，364 頁

詠史·陳涉 （元）李曄

甕牖繩樞一隴夫，棘矜談笑奮雄圖。始從閭左追秦鹿，更向祠中托楚狐。日者既來徒黨集，夥頤纔剸腹心孤。回看三尺風雲會，曾有朱房等輩無。

《全元詩》第56册，58頁

勝 廣 （元）張憲

秦帝掃關東，六王家業空。典墳俱毀滅，兵器盡銷鎔。勝、廣起田畝，一呼天下同。雖然不成事，亦足號英雄。

《全元詩》第57册，3頁

詠史二十一首（其三） （明）劉基

野馬不豢食，強受組與羈。低頭衡軛下，各自東西馳。秦人任法令，斬艾尊君師。六合始一家，恩愛已乖離。一旦山東客，揭竿以為旗。叫呼驪山徒，天下回應之。素車拜軹道，誰復為嗟咨！

《劉基集》卷二〇，317頁

讀《陳勝傳》 （清）屈大均

閭左稱雄日，漁陽謫戍人。王侯寧有種？竿木足亡秦。大義呼豪傑，先聲仗鬼神。驅除功第一，漢將可誰倫？

《翁山詩外》卷六，影印《續修四庫全書》1411册，411頁

篝火狐鳴 （清）褐夫

叢祠篝火難狐鳴，萬世王基一夕傾。鋒鏑枉銷城枉築，揭竿也不是儒生。

《古史詩針》，《戴名世集》附錄二，440頁

陳 涉 （清）謝啟昆

亡秦何用詐扶蘇，將相王侯起匹夫。鴻志安能逐飛雀，魚書聊復假鳴狐。從來首事成功少，都為興亡搆難驅。帳殿沈沈嗟夥涉，已忘陽夏藕耕吳。

《樹經堂詠史詩》卷一,影印《續修四庫全書》1458冊,496頁

陳　　勝　（清）羅惇衍

字涉,陽城人。秦末自立為將軍,攻城皆下,乃立為王。兵敗,其御莊賈殺以降秦。葬碭,諡曰"隱王"。

業祠篝火夜狐鳴,草澤功難首事成。蛇劍一揮終屬漢,魚書群奉竟亡嬴。暴秦岌岌竿旗起,夥涉沉沉帳殿驚。仁誼不施刑法峻,繩樞甕牖毀金城。

《集義軒詠史詩鈔校證》卷五,第一冊,140頁

秦漢樂府·大澤鄉　（清）張　誠

翾翾鴻鵠高翱翔,輟耕隴上心憂傷。吁嗟富貴無相忘,王侯將相寧有種。漁陽戍卒為楚王,當年崛興大澤鄉。大澤鄉,其事雖不成,功業何輝煌。項王、沛公皆後起,一夫作難秦遂亡。

《嬰山小園詩集》卷一五,《清代詩文集彙編》425冊,104頁

六月王《前漢書》　（清）陳啟疇

陳勝,字涉,秦二世元年,發閭左戍漁陽。涉與吳廣為屯長,道遇雨,度失期,法當斬。勝廣曰:"今亡亦死,舉大計亦死。"下陳,召三老豪傑計事,皆曰將軍功宜王。勝,凡王六月云。

隴上智略豈不偉,魚書狐鳴徵之鬼。中原逐鹿誇先聲。山東豪俊聚如蟻。雍崤負險走且僵,九鴻雲集旌旗揚。為王沉沉六月耳,丈夫舉計不惜死。噫吁戲,繩樞碌碌一編民,所置侯王將相竟亡秦,漢高成事亦因人。

《詠史擬古樂府》卷上,《清代詩文集彙編》450冊,153頁

詠史·楚王陳涉　（清）孫國楨

王侯將相原無種,草澤英雄此破荒。一代世家標史冊,勿輕唐突涉為王。

《愚軒詩鈔》卷下,《清代詩文集彙編》741冊,356頁

陳　　涉　（清）王龍文

沈沈顆涉竟為王,血食百年祀碭芒。篝火狐鳴成底事,史公撩亂任低昂。

《平養詩存》卷下,《清代詩文集彙編》790 册,360 頁

甯(寧)越 (清)羅惇衍

周人,或作衛人,又作中牟人。道術之士。

西周師範致威公,十五年來進學功。人卧人休無踵接,已千已百此心雄。駕追騏驥難中輟,觀惜鯨鯢善内攻。漫笑步遲輸矢速,布衣道術溯高風。

《集義軒詠史詩鈔校證》卷三,第一册,73 頁

外戚世家

詩

詠《外戚世家》

外戚系(世)家 (唐)司馬貞

禮貴夫婦,《易》叙乾坤。配陽成化,比月居尊。河洲降淑,天曜垂軒。德著任、姒,慶流娀、嫄。逮我炎曆,斯道克存。呂權大寶,竇喜玄言。自茲已降,立嬖以恩。內無常主,後嗣不繁。

《史記索隱》卷二九,470頁

續補兩漢詠史小詩四十章(其二、三、四、五、六、七、八、九、十) (清)梁運昌

育貴自有相,魏宗豈可浼。蒼龍一兆祥,開基四百載。

妾主竟同席,寵深無等級。猶能獎直言,黃金賜五十。

衽席恃君恩,何由入外言。早知須巨援,悔却主家婚。

規立先成算,虛占夢日符。無端見欺賣,暗笑大行愚。漢初有大行人官。

雖有《長門賦》,何嘗買用金。文人多善誕,誰見悟君心。

涕泣求出宮,歡合成子姓。微賤升至尊,盡焉寤有命。

猶有相傳匹,難居絕世奇。旁人渾不解,將謂妒蛾眉。

本以倡優進,承恩若等閒。惟工託兄弟,不擬望君顏。

何許閨中質,能令望氣知。新垣平故智,未必玉鉤奇。

《秋竹齋詩存》卷二,《清代詩文集彙編》499 冊,15 頁

雜詠史四十二首(其二十)　　　　　　　　　（清）梁運昌

　　高祖無遺誡,稱制自彼婦。三代何所承,七雄未足取。紛紛諸呂王,非種費鉏莠。母家論善惡,薄昭封帝舅。戒心竇長君,命懸此人手。何以馴鉤。趙兼。倫,亦綰通侯綬。延及建初來,故事漢家有。定策貪幼孺,戀柄欲其久。外戚及宦官,自此流毒厚。必若齊高言,勿復煩母后。

《秋竹齋詩存》卷五,《清代詩文集彙編》499 冊,36 頁

竇廣國　　　　　　　　　　　　　　　　　（清）羅惇衍

字少君,清河觀津人,竇太后弟。景帝時,封章武侯。逮事武帝,久之,方卒。

　　教嚴外戚見經猷,千古良規啟絳侯。微賤忽驚貂珥貴,詩書能解虎冠憂。岸崩難壓全昏夜,縣記無忘閱幾秋。終是保身由退讓,災興肺附鑑傾輈。

《集義軒詠史詩鈔校證》卷七,第一冊,206 頁

詠薄后

薄后廟　　　　　　　　　　　　　　　　　　（宋）劉 攽

馴家冠虎久騰聲,龍躍中都漢道興。人事能無輸織室,母儀終見葬南陵。蒼苔複閣連荒草,喬木參雲掛老藤。欲學靈均紀《天問》,古堂丹碧正嚴凝。

《全宋詩》卷六一一,11冊,7250頁

漢薄后　　　　　　　　　　　　　　　　　　（清）吳 鎮

美人笑,帝子憐。蒼龍種,四百年。

《松花庵韻史》,《四庫未收書輯刊》拾輯24冊,256頁

詠邢、尹

《漢武故事》 （明）湯顯祖

漢宮寵邢尹，隔別不相親。一朝尹自請，帝為飾他嬪。尹笑定非是，不足當人君。令邢獨身來，故衣無飾新。尹即低首啼，知是邢夫人。入宮皆言美，絕幸自有真。當由得意後，為是故殊倫。

《詩文》卷二〇，《湯顯祖全集》第二冊，866頁

香草閒吟·邢夫人 （清）方玉潤

故衣猶自覺情多，翠黛相看更若何。俛首自憐還自痛，天生儂豔莫生他。

《鴻濛室詩鈔》卷四《俯仰集》四，《清代詩文集彙編》644冊，357頁

詠竇后

燕臺懷古雜詠，方水部_{鐵船}同作·竇氏青山　（清）蔣　詩

高岸為谷深谷陵，山川之運原相乘。竇后父已墮淵死，填作邱（丘）壠山崢嶸。山崢嶸，昔也重淵但網繒。一旦女貴極掖廷，綠淵填作青山青，青山遂以竇氏稱。

《榆西僊館初稾》卷二八，《清代詩文集彙編》488 册，447 頁

主人翁　（清）皮錫瑞

金屋阿嬌閉長門，嫖主仍擁皇姑尊。賣珠小兒美如玉，出入主家承主恩。交遊王侯重董君，漢帝不名稱主人。君不見衛青平陽奴，乃為平陽夫。漢家貴主多淫亂，淫亂之漸變為篡。霍光輔昭蓋主叛，乃知臣朔能直諫。

《師伏堂詠史》，《清代詩文集彙編》772 册，312 頁

詠阿嬌

詠古二首，有所寄(其一) （唐）劉禹錫

車音想轔轔，不見騂下塵。可憐平陽第，歌舞嬌青春。金屋容色在，文園詞賦新。一朝復得幸，應知失意人。

《全唐詩》卷三五四，11 冊，3924 頁

長門怨 （宋）趙蕃

只看金屋貯，便有長門棄。始盛終當衰，人情亦天意。

《全宋詩》卷二六三三，49 冊，30754 頁

長門怨 （元）杜仁傑

天上神仙也別離，人間那得鎮相隨。不須貴買臨邛賦，只想君王未見時。

《全元詩》第 2 冊，311 頁

漫 賦 （元）侯克中

《長門》一賦黃金萬，寫盡深宮怨女心。莫怪長卿知底蘊，茂陵曾見《白頭吟》。

《全元詩》第 9 冊，72 頁

阿嬌怨 （元）孫蕡

妾昔初入昭陽時，橫雲學得內家眉。風鬟霧鬢在君側，長得娉婷不自持。侍宴前樓春爛熳，承歡別殿夜逶迤。西涼弦索龍香撥，北苑葡萄金屈卮。一從寵薄恩光歇，長門永巷宣呼絕。斗帳香銷荳蔻垂，舞裙寬襏丁香結。熏籠夕倚瑣窗雨，羅襪秋凌玉階月。淒迷夢醒心似灰，零亂憂來涕如雪。橫塘浦口大堤邊，女伴年年憶採蓮。雙飛翡翠渾如畫，並蒂芙蓉只似仙。傍舍誰吟《白華》曲，下堂長詠《綠衣》篇。君恩若許重相借，缺月清光應再圓。

《全元詩》第63冊,250頁

長門怨

(明)高 啟

憎寵一時心,塵生舊屋金。苔滋銷履跡,花遠度鑾音。暮雀重門迥,秋螢別殿陰。君明猶不察,妒極是情深。

《高青丘集》卷一,上冊,10頁

阿嬌金屋

(明)瞿 佑

《漢武故事》:帝年數歲,長公主抱問曰:"兒欲得婦否?"指女(曰)阿嬌好否?笑曰:"若得阿嬌,當以金屋貯之。"既長,主以歸帝,立為皇后。

咫尺長門有別離,君心寧記主家時?黃金作屋成何事,只辦相如買賦資。

《文選·長門賦序》:孝武陳皇后得幸頗妒,別在長門宮愁思。奉金百斤,為相如、文君取酒,因求解悲愁之辭。相如為文,悟上意,後得復幸。

王荊公《明妃曲》:"咫尺長門閉阿嬌,人生失意無南北。"

《香臺集》卷上,《瞿佑全集校注》上冊,28頁

長門怨

(明)王 格

君王愛妾如愛花,花開那得長芳華。一朝搖落容顏改,棄置長門空咄嗟。長門宮中何寂寞,青苔綠蘚縈幽閣。水晶簾下金屏冷,雲母窗前鴛被薄。春風秋月每相憐,不見君王是幾年。年年只羨昭陽殿,夜夜紅妝照管弦。管弦歡樂無窮已,綠衣自謂長如此。君王若肯一回春,却恐新人似舊人。

《少泉詩集》卷三,《四庫全書存目叢書》集部89冊,193頁

長門怨,和劉長卿

(明)邢 侗

長門閉清曉,漠漠繡簾垂。隔樹宮鶯囀,荒臺漏水遲。不將金買賦,徒有玉為枝。報導芳菲節,春風何處吹。

《來禽館集》卷一,《四庫全書存目叢書》集部161冊,366頁

長門怨　　　　　　　　　　　　　　　（明）陳薦夫

長門咫尺海沉沉，舊屋銷為買賦金。莫介文君屬司馬，賦工爭似《白頭吟》。

《水明樓集》卷八，《四庫全書存目叢書》集部 176 冊，405 頁

長門怨　　　　　　　　　　　　　　　（明）鄒　亮

寵極愛憐初，憎生妒忌餘。隔花聞鳳吹，卷幔望鸞輿。夜月閑金屋，秋塵暗綺疏。悲愁誰解賦，惟有馬相如。

《列朝詩集》乙集卷七，第五冊，2558 頁

秦漢樂府·長門賦　　　　　　　　　　（清）張　誠

文君猶寄《白頭吟》，相如漫作《長門賦》。《長門賦》，主上終不悟，覆水置地難再收。黃金屋貯懷前度，衛子夫已生儲皇，却悔當年空嫉妒。妾誠命薄不如子，願子自愛子毋怨。但望君恩較妾深，春風顏色漸非故，君不見北方佳人一再顧。

《嬰山小園詩集》卷一五，《清代詩文集彙編》425 冊，108 頁

阿　嬌　　　　　　　　　　　　　　　（清）周孝壎

相如未許獻長門，夢斷笙歌感舊恩。翠輦不來金屋閉，梨花明月伴黃昏。

《還讀廬詩鈔》卷四，《清代詩文集彙編》472 冊，630 頁

香草閒吟·陳后　　　　　　　　　　　（清）方玉潤

長門深鎖夜寥寥，金屋塵生冷阿嬌。不過相如工賣賦，郇能春夢轉花朝。

《鴻濛室詩鈔》卷四《俯仰集》四，《清代詩文集彙編》644 冊，357 頁

詠李夫人

李夫人　　　　　　　　　　　　　　　　　　（宋）徐　照

延年有妹顔如花，十四選入君王家。翡翠結簾玉鏤床，君王一時無暫忘。朝朝出入芙蓉殿，莫道妾身出微賤。妾生未久身入泉，上天何不與妾年。君王愛妾言不死，逐夜宮中喚方士。

《全宋詩》卷二六七二，50冊，31402頁

李夫人墓　　　　　　　　　　　　　　　　　　（金）趙秉文

夫人臨訣時，掩面羞人主。空愈餘魂香，默默不得語。千秋百歲後，粉黛化爲工。一笑不成妍，春風花自舞。

《金詩》，《全遼金詩》中冊，1326頁

題金城縣漢李夫人墓　　　　　　　　　　　　　（元）陳義高

延年歌發漢主惑，緣何傾城再傾國。爲言美人絕姿色，曠代不遇難再得。瑤臺金屋流春風，夫人綽約真天容。等閒承恩媚一笑，六宮爍伏花顏紅。寵深體弱忽寢疾，不願君王顧衰質。兒將有托即瞑目，死別那知恨無極。玉簫聲斷知何許，落日悲風愁萬古。一從香骨葬金城，芳草青連茂陵土。

《全元詩》第18冊，46頁

李夫人　　　　　　　　　　　　　　　　　　　（元）馬祖常

未央天子香醺骨，夫人不貯黃金屋。水銅無光澀秋月，留得當年舊蛾綠。瑤臺夜佩聲闌珊，沉雲叫雁沙泉寒。二十五弦彈鳳凰，玉釵小燕飛春山。

《全元詩》第29冊，303頁

女史詠十八首・李夫人　　　　　　　　　　　　　　（元）楊維楨

李延年歌《北方有佳人》事。

金屋君王獨有情，少翁魂魄夜張燈。可堪一死禍猶烈，身釁胡塵到李陵。

《全元詩》第39冊，90頁

李夫人歌　　　　　　　　　　　　　　（明）高　啟

延年罷歌少翁望，蘭芬淒淒銷復帳。臨歿最難忘，噓唏不相向。陳杯觴，列燈火，是耶非？幄中坐。新宮漏殘星欲墜。

《高青丘集》卷一，上冊，3頁

武帝悼李夫人　　　　　　　　　　　　　　（明）范　欽

鏡掩粧臺月，香銷舞殿風。何來窈窕影，絕似夢魂中。

《天一閣集》卷一五，《范欽集》下冊，283頁

李夫人歌　　　　　　　　　　　　　　（明）徐學謨

客安州，夜有凡夢，覺而淒然，擬李夫人歌：《落葉寒蟬曲》。

脩脩去兮何歸，翩翩來兮為誰，去不來兮令我心仄，來復去兮益我心悲，吁嗟來兮蹣跚遲。

《徐氏海隅集》卷一，《四庫全書存目叢書》集部124冊，257頁

李夫人歌　　　　　　　　　　　　　　（明）何東序

鴛鴦尾裂怯登臨，夜醮通靈葦草深。釵篋舊樣煙娥飲，雲曳新聲唳鶴沉。九華帳下驚愁夢，三千佳麗少知音。營陵拊皷含生氣，玲瓏隔幌見幽心。芙蓉露泣臙脂冷，妖飛艷化難重省。是邪非邪君自迷，咿啞藻井涕如綆。營陵道人能令生死相見。

《九愚山房詩集》卷一，《四庫全書存目叢書》集部126冊，601頁

李夫人冢　　　　　　　　　　　　　　（清）王士禛

在茂陵西北數步。

長門買賦草萋萋，冤魄雲陽杜宇啼。惟有佳人解傾國，茭陵長傍茂陵西。

《蠶尾續詩集》卷四，《王士禛全集》第二冊，1254 頁

李夫人 （清）謝啟昆

樂府新聲別恨濃，帳幃鐙燭望重重。疑非疑是不相見，傾國傾城難再逢。寤夢姍姍來妙舞，畫眉戀戀想真容。莫嫌命薄朝華謝，博得君王死後封。

《樹經堂詠史詩》卷一，影印《續修四庫全書》1458 冊，500 頁

李夫人 （清）周孝壎

玉墀羅袂暗芳塵，翠被蒙頭敢惜身。不分桃花紅似錦，惱人無計挽殘春。

《還讀廬詩鈔》卷四，《清代詩文集彙編》472 冊，630 頁

李夫人 （清）張 琛

臨死蒙頭媚轉工，君王一面竟難從。不知帳下姍姍影，是妾真容是病容。

《日鋤齋詩集·缶音》，《清代詩文集彙編》483 冊，661 頁

李夫人 （清）鮑桂星

佳人從古恃恩難，臥病誰憐貌毀殘。天子獨深情脈脈，少翁能致步姍姍。秋衾夢冷蘅蕪散，甲帳風迴霧露寒。一種雲陽好顏色，玉鉤曾得幾回看。

《覺生詠史詩鈔》卷一，《清代詩文集彙編》476 冊，469 頁

香草閒吟·李夫人 （清）方玉潤

風鬟雲珮影姍姍，紙帳招魂夢欲殘。死後猶回天子顧，堯門低首淚闌干。

《鴻濛室詩鈔》卷四《俯仰集》四，《清代詩文集彙編》644 冊，357 頁

咏古·李夫人 （清）潘永芳

延年唱出冠群歌，惹得君王選翠蛾。雨露宏恩常被澤，佳人自古本無多。

《藏春園初集》卷下，《清代詩文集彙編》732 冊，727 頁

詠鈎弋夫人

鈎弋夫人　　　　　　　　　　　　　　　　　（元）徐　鈞

名門堯母將傳嗣，取鑒呂皇預殺身。燕翼貽謀宜有道，如何知義不知仁。

《全元詩》第 7 册，284 頁

女史詠十八首·鈎弋夫人　　　　　　　　　（元）楊維楨

漢武帝宮人，生昭帝者。

健儀未換母儀尊，聞道君王已寡恩。太子宮中無木偶，可無鞠域到堯門。

《全元詩》第 39 册，90 頁

趙姬藏鈎　　　　　　　　　　　　　　　　（明）瞿　佑

《漢武故事》：帝巡狩阿（河）間，見女子在空室中，姿色殊絕，兩手皆拳。數百人擘之莫舒。上自披之即舒。納之，號拳夫人，即鈎弋也。宮中效之，因有藏鈎之戲。

堯母名門寵意稠，可憐藏禍似藏鈎。劉郎本是秋風客，斷送芳花一夜休。

《前漢書》：鈎弋夫人趙氏，生皇子弗陵，帝號其門為堯母門。戾太子死，帝欲立弗陵。恐其子少母幼，乃以微過譴責（譴責）夫人。夫人脫冠珥謝。帝曰："趣去，汝不得活。"送掖庭獄，遂死。弗陵立，是為昭帝，號其墓曰雲陵。

李長吉《金銅仙人辭漢歌》："茂陵劉郎秋風客，夜聞馬嘶曉無跡。"

《香臺集》卷上，《瞿佑全集校注》上册，38 頁

和沈石田鈎弋夫人歌　　　　　　　　　　　（清）王士禛

過河間作。

漢宮窈窕千蛾眉，春花未謝秋風吹。落葉哀蟬明怨惜，復道佳人葬桐柏。一朝望氣來河間，玉鈎乍啓迴天顔。朝侍宸遊陪豹尾，暮歸別舘幸甘泉。容華未老君恩歇，西弄迴頭成決絕。雲陽南去女陵旁，怨粉零香水嗚咽。漢家競説貳師功，衛霍勳名甲第同。青史祇今憐趙父，茂陵煙草亦連空。

《漁洋續詩集》卷八,《王士禛全集》第二冊,833頁

香草閒吟·鈎弋夫人　　　　　　　　　　（清）方玉潤

河間佳氣鬱無華,信有生見斧鋸加。堯母有靈應自誓,生生莫嫁帝王家。

《鴻濛室詩鈔》卷四《俯仰集》四,《清代詩文集彙編》644冊,357頁

咏古·鈎弋夫人　　　　　　　　　　（清）潘永芳

如何棄質侍君邊,想是前緣一綿牽。常握柔荑難欲展,不逢武帝不伸拳。

《藏春園初集》卷下,《清代詩文集彙編》732冊,729頁

死鈎戈　　　　　　　　　　（清）皮錫瑞

生長門,死鈎戈。哀哉堯母門,倚伏誰能測。殺其母,立其子,元魏法由漢武始,牝晨之禍安能止。漢家火德亡陰昌,娥姁以下言之長。

《師伏堂詠史》,《清代詩文集彙編》772冊,313頁

詞

念奴嬌·長門怨

（清）張塤

十年金屋。似秋風、未曾到過,殿西南角。好夢今宵誰導引,翠輦車驚花落。緩緩銅龍,明明玉兔,曲曲金魚鑰。君王何處,小黃門半開著。　醒來面目憔妍,神魂敞況,頻悔當時錯。寶釧羅衣渾不是,物亦因人而惡。巫術無靈,文章有鬼,須得相如作。合歡重種,又添何限紅萼。

《全清詞》雍乾卷第九冊,4785頁

楚元王世家

詩

詠《楚元王世家》

楚元王系(世)家
（唐）司馬貞

漢封同姓,楚有令名。既滅韓信,王失彭城。穆生置醴,韋、孟作程。王戊棄德,與吳連兵。太后命禮,爲楚罪輕。文襄繼立,世挺才英。如何趙遂,代殞厥聲！興亡之兆,所任宜明。

《史記索隱》卷二九,471頁

詠楚元王

楚元王交 （宋）陳普

荒蕪《新語》不堪聽，猛士淒淒北鄙聲。楚醴不延風雅客，《詩》《書》猶未脫秦坑。

《全宋詩》卷三六五〇，69册，43799頁

楚元置醴《漢書·楚元王傳》 （清）田依渠

醴為穆生設，無須治酒觴。一時敦舊好，難得楚元王。

《茹古山房讀史餘吟》卷五，《清代詩文集彙編》639册，665頁

荊燕世家

詩

詠《荊燕世家》

荊燕系(世)家

(唐)司馬貞

劉賈初從,首定三秦。既渡白馬,遂圍壽春。始迎黥布,絕間周殷。賞功胙土,與楚爲隣。營陵始爵,勳由擊陳。田生遊説,受賜千斤。權激諸呂,事發榮身。徙封傳嗣,亡於郢人。

《史記索隱》卷二九,471 頁

齊悼惠王世家

一 詩

詠《齊悼惠王世家》

齊悼惠系(世)家 （唐）司馬貞

漢矯秦制，樹屏自彊。表海大國，悉封齊王。呂后肆怒，乃獻城陽。哀王嗣立，其力不量。朱虛仕漢，功大策長。東牟受賞，稱亂貽殃。膠東、濟北、雄渠、辟光。齊雖七國，忠孝者昌。

《史記索隱》卷二九，471頁

秦漢樂府·軍法行酒 （清）張　誠

偉哉朱虛侯，臣本將種也。深耕豆苗疏，願鋤非種者。呂后令侯為酒吏，侯請軍法以從事。醉酒逃亡立斬之，古來無此飲酒例。自侯創始不為苛，此心欲質高皇帝。文帝不賞討賊功，私意終為聖德累。太尉勃，丞相平，諸君曾寒白馬盟。一日軍中昏左袒，僉頌安劉舉義兵。豈知一曲《耕田歌》，諸呂淫凶挫已多。

《嬰山小園詩集》卷一五，《清代詩文集彙編》425冊，106頁

詠　　史（其三十） （清）宋　楏

深耕概種立苗疏，非種還將產祿鋤。太尉一呼皆左袒，論功終不敵朱虛。

《雞牕百二稾》卷五，《清代詩文集彙編》475冊，41頁

魏　　勃　　　　　　　　　　　　　　　（清）羅惇衍

齊人。呂后時,為齊哀王內史,遷中尉,進將軍,用事重於齊相。

斬呂既須英傑士,教齊翻有妄庸人。情同失火眉燃切,令畏如山股戰頻。狙詐豈能成事業,鴻基終自屬寬仁。掃除門外干曹相,當日懷才亦足珍。

《集義軒詠史詩鈔校證》卷六,第一冊,175頁

魏勃掃門 《史記》　　　　　　　　　　　　　（清）田依渠

魏勃本庸妾,安知道德尊。曹參無自見,夜掃舍人門。

《茹古山房讀史餘吟》卷四,《清代詩文集彙編》639冊,656頁

詠朱虛侯

朱虛侯贊 　　　　　　　　　　　　　　　　　　（唐）李　白

嬴氏穢德，金精摧傷。秦鹿克獲，漢風飛揚。赤龍登天，白日升光。陰虹賊虐，諸呂擾攘。朱虛來歸，會酌高堂。雄劍奮擊，太后震惶。爰鋤產祿，大運乃昌。功冠帝室，於今不亡。

《李白集校注》卷二八，第四冊，1635 頁

朱　　虛 　　　　　　　　　　　　　　　　　　　（元）釋梵琦

朱虛新滅呂，易水不離燕。出攬飛龍轡，行鳴落雁弦。御溝紅葉下，方丈白雲邊。共賀更新主，重興甲子年。

《全元詩》第 38 冊，292 頁

朱虛侯行酒歌 　　　　　　　　　　　　　　　　　（元）張　憲

長樂宮中女天子，盛設賓筵歡戚里。百官侍坐莫敢違，諸呂喧闐笑聲起。御史中丞不糾儀，叔孫制作成虛禮。朱虛奉勅起行觴，手提三尺昆吾鋼。田歌聲振野雞伏，頸血光寒漢道昌。

《全元詩》第 57 冊，4 頁

朱虛侯章 　　　　　　　　　　　　　　　　　　　（清）羅惇衍

齊悼惠王次子，哀王弟。先封朱虛侯，後誅呂氏，以功封城陽王。卒，年二十餘，謚曰"景"。

酒行忽以軍行請，非種宜教將種鋤。拔劍奸如同莠去，《耕田歌》只望苗疏。竟除逆豎謀先決，欲立親兄事恐虛。賢遇孝文猶失職，城陽重過為停車。

《集義軒詠史詩鈔校證》卷六，第一冊，173 頁

蕭相國世家

詩

詠《蕭相國世家》

蕭相國系(世)家　　　　　　　　　　　　　　　（唐）司馬貞

蕭何爲吏，文而無害。及佐興王，舉宗從沛。關中既守，轉輸是賴。漢軍屢疲，秦兵必會。約法可久，收圖可大。指獸發蹤，其功實最。政稱畫一，居乃非泰。繼絕寵勤，式旌礪帶。

《史記索隱》卷二九，472 頁

讀《蕭何傳》有感　　　　　　　　　　　　　　　（宋）張　鎡

漢祖肇炎圖，三傑咸輔翼。功成及酬賞，相國獨第一。發蹤指示語，誰曰匪其實。焉知英主心，方謹操縱術。勳高疑益深，固異亭長日。守關忠弗念，置衛防百出。堂堂明且審，自計亦無失。護軍給餉饋，入秦收圖籍。用智既有餘，保身豈難必。遜封散宏財，非真召平力。污名起田宅，猶愈受斧鑕。終加恭謹辭，賢哉史臣筆。

《全宋詩》卷二六八二，50 冊，31540 頁

挾書律　　　　　　　　　　　　　　　　　　　　（清）皮錫瑞

先聖萬古心，祖龍一炬火。炬火尚猶可，挾書之律愁煞我。秦亡二世由無儒，此律易代胡不除？當時亟下謁者車，何至殘缺紛無餘。聖人術，愚人疾，豈惟秦、漢尊刀筆，趙宋

乃有作詩律。

《師伏堂詠史》,《清代詩文集彙編》772 冊,309 頁

讀《蕭相國世家》 （清）王欽止

平生明了莫能倫,早有胸懷不仕秦。莫怪行封居第一,誠難功狗比功人。

《癡生詩草》,《采山樓藏稀見清人別集叢刊》第二冊,451 頁

詠蕭何

閒居覽史　　　　　　　　　　　　　　（唐）秦　系

長策胸中不復論，荷衣藍縷閉柴門。當時漢祖無"三傑"，爭得咸陽與子孫。

《全唐詩》卷二六〇，8 冊，2900 頁

酇　侯　　　　　　　　　　　　　　（唐）周　曇

共怪酇侯第一功，咸稱得地合先封。韓生不是蕭君薦，獵犬何人為指蹤。

《全唐詩》卷七二九，21 冊，8353 頁

何、蕭二族　　　　　　　　　　　　（宋）黃庭堅

西漢功名相國多，南朝人物數諸何。向來富貴喧天地，亦有文章在澗阿。

《全宋詩》卷一〇〇七，17 冊，11514 頁

蕭　何　　　　　　　　　　　　　　（宋）張　耒

蕭公俯仰繫安危，功業君王心獨知。猶道邵平能緩頰，君臣從古固多疑。

《全宋詩》卷一一七三，20 冊，13246 頁

蕭　何　　　　　　　　　　　　　　（宋）馬永卿

詞氣縱橫亦壯夫，低回功業獨何如。可憐封禪遺忠意，魂魄應須愧史魚。

《全宋詩》卷一四三八，25 冊，16575 頁

題蕭相國廟　　　　　　　　　　　　（宋）許及之

古廟淒涼古鎮邊，酇陽戶口更淒然。封侯當日如今日，越使蕭公剩買田。

《全宋詩》卷二四五九，46 冊，28443 頁

蕭、張二首（其一） （宋）陳　普

漢高禮儀入陵夷,械到蕭何更有誰。惟有子房雲外客,不稱名字冠當時。

《全宋詩》卷三六五〇,69 冊,43797 頁

蕭　何 （宋）陳　普

三人斷盡楚關梁,一詘雄吞十七王。高帝功臣總功狗,漢家無爵賞蕭、張。

《全宋詩》卷三六五〇,69 冊,43798 頁

襄陽詠史·鄧城 （金）李俊民

誰是興劉第一功,我侯只合最先封。當時獵犬猶爭甚,得鹿權都在指蹤。

《金詩》,《全遼金詩》中冊,2014 頁

蕭相國廟 （元）王　惲

在下邑東南五十里,即鄧縣,廟在縣北門外。

下栗東南陸,鄧城井邑空。圖書秦府夢,簫鼓漢時宮。喬木秋煙慘,頹垣野燒紅。數鄉供野祭,歲歲不期同。

《全元詩》第 5 冊,187 頁

蕭相國廟 （元）王　惲

海寓清澄入帝圖,忍將牛渴飲泥污。不思世教從中降,得約秦苛意儘都。

《全元詩》第 5 冊,503 頁

蕭　何 （元）徐　鈞

相國人誇佐沛公,收圖運餉守關中。不知用蜀為根本,此是興王第一功。

《全元詩》第 7 冊,284 頁

蕭　何 （元）蔣民瞻

沛公諸將入關初,蕭相謀深總不如。秦府盡收圖籍去,不知博士有遺書。

《全元詩》第 8 冊,172 頁

發　蹤　　　　　　　　　　　　　　　（元）宋　无

汗馬勞多未議功,鄭侯何事獨先封。一朝走狗齊烹盡,迷却當年逐獸蹤。

《史記》高祖封蕭何為鄭侯,功臣皆曰:"何未有汗馬之勞,顧居臣等上,何也?"上曰:"諸君知獵乎?夫獵,追殺獸者狗也,發蹤指示獸處者人也。諸君徒能得走獸耳,至如何,發蹤指示功人也。"《漢書》班固改作"發縱"。師古曰:"發縱,謂解紲而放之也。縱,子用反,自有逐蹤之狗不待人發也。"觀師古說以解《漢書》,則善矣。《漢書》此語,乃是用《史記》語也。《史記》"發蹤"作"蹤跡"之"蹤"。發蹤者,獸之蹤跡所至,必指示其處,而狗即從之也。班固改發縱耳,師古不可因《漢書》而音"蹤"為"縱"也,宜各隨字為解可也。

《全元詩》第 19 冊,415 頁

蕭　何　　　　　　　　　　　　　　　（元）李齊賢

秦家圖籍漢山河,功比曹參百倍加。白首年來還見繫,只應羞殺邵平瓜。

《全元詩》第 33 冊,365 頁

題三傑·蕭何二首　　　　　　　　　　（元）葉　顒

匹馬追亡古道傍,便知韓信世無雙。築壇不用蕭侯語,垓下焉能滅楚王。
獨收相府舊圖書,形勢高低盡得知。鎮撫關中成帝業,沛公馬上豈能為。

《全元詩》第 42 冊,128 頁

蕭相國　　　　　　　　　　　　　　　（元）呂　浦

秦府圖書一旦收,關中運漕幾時休。獵夫功賞誠何貴,便自輕身作楚囚。

《全元詩》第 49 冊,288 頁

詠史·蕭何　　　　　　　　　　　　　（元）李　曄

刀筆區區起沛豐,經綸事業盡關中。撫民為有三章法,轉漕能先百戰功。漢祖難忘上林苑,韓侯誰使未央宮。可憐一代興王略,只與當時主吏同。

《全元詩》第 56 冊,58 頁

蕭何冢 (元)謝肅

靡靡衢路遙,行轅駐陽武。崇丘積蔓草,云葬蕭何所。念此人中傑,張、韓乃其伍。榮名不足矜,所貴忠事主。入關當王之,背約自西楚。勸王都漢中,視死誠孰愈。養民以致賢,立國誰敢侮。三秦良易定,三河不難取。薦信登將壇,滅羽向垓下。帝業一以成,元勳著千古。蕭蕭白楊風,日暮振天宇。悲吟畫一歌,欲去重延佇。

《全元詩》第63冊,394頁

漢傑士(其二) (明)楊基

蕭何刀筆吏,碌碌起沛中。初無一矢勞,胡乃第一功?發縱及指示,帝論亦未公。信亡追及之,此為萬世雄。漢卒賴信力,亡楚定四封。曹參彼何人,而欲與之同!

《眉庵詩集》卷一,4頁

蕭何 (清)吳偉業

蕭相營私第,他年畏勢家。豈知未央殿,壯麗只棲鴉。

《詩後集》十,《吳梅村全集》卷一八,上冊,489頁

蕭何 (清)羅惇衍

沛人,事高祖,歷官丞相,封鄭侯,卒諡文終。

《六經》焚盡籍猶新,收得圖書發縱神。日月光輝依上相,風雲感會挺宗臣。淮陰舉將能傾楚,泗水辭征不事秦。門客尚懷韜晦意,東陵瓜種伴閑身。

《集義軒詠史詩鈔校證》卷五,第一冊,142頁

詠古詩十四首·蕭何 (清)張之洞

手扶日月起泥塗,刀筆誰能薄吏胥?坐擁神皋建宗稷,先爭始計在圖書。璧璫零落生秋草,令甲叢殘化蠹魚。天監永元終受籙,規隨食報竟何如?

《張之洞詩文集》卷九,326頁

韓溝曉月

(明)朱誠泳

蕭相追韓處,遺蹤尚可攀。孥雲龍易失,出柙虎重還。曙色催飛騎,清光照壯顏。向來非國士,何意出秦關?

《小鳴稿》卷四,《陝西古代文獻集成》第 17 輯,126 頁

過未央宮

(清)李 柏

落落荒城積雪寒,晨煙牧火遍長安。笑他蕭相非王佐,狀麗徒迎漢帝歡。
漢家城闕狀關中,臺樹層層聳碧空。今日相逢惟塞雁,晚來飛入未央宮。

《太白山人槲葉集》卷四下,《陝西古代文獻集成》第 30 輯,194 頁

買田宅《前漢書》

(清)陳啟疇

蕭何佐高祖,屢任關中事,多所補益,帝論諸臣功,置何第一。初帝在外,屢使勞苦何,益封置衛。客說何曰:"上數問君,恐君傾動關中。今胡不多買田宅,以自污。"何從其計,上果說。

嬴氏一炬百家殘,刀筆小吏無奇觀。入關圖籍先撿拾,手挈神器安於磐。從龍宗室數十輩,發縱指示功無封。嘖啧韓、彭泣含冤,福澤誰能延子孫。豁達大度漢天子,多買田宅得不死。

《詠史擬古樂府》卷上,《清代詩文集彙編》450 冊,154 頁

漢臺詠史·蕭相國

(清)嚴如熤

五星東井煥天文,收得圖書不盡焚。奇節自能依日月,故人多幸際風雲。無雙國士知韓信,第一功臣待鄂君。懷古漫含鐘室恨,漢家廷尉繫元勳。

《樂園詩稿》卷三,《清代詩文集彙編》455 冊,164 頁

蕭 何

(清)王廷紹

《六經》早被祖龍焚,圖籍收來亦古文。丞相原非簪筆士,沛公豈是讀書君。崤關子弟修殘壘,渭水糧糈轉暮雲。莫把功人比功狗,幾多識字漢將軍。

《澹香齋詩草》卷二,《清代詩文集彙編》472 冊,341 頁

蕭　何　　　　　　　　　　　　　　　　（清）鮑桂星

刀筆居然宰相才，漢家風氣自君開。不緣任法收圖籍，何致遺經付劫灰。論爵固難功狗竝，藏弓誰為故人哀。可憐日暮營田宅，却被千秋藉口來。

《覺生詠史詩鈔》卷一，《清代詩文集彙編》476 冊，469 頁

補禹門兩漢詠史小詩(其七)　　　　　　　　　（清）梁運昌

相國詒淮陰，明知不得語。啞子喫黃連，難說心頭苦。

《秋竹齋詩存》卷二，《清代詩文集彙編》499 冊，13 頁

蕭　何 漢　　　　　　　　　　　　　　　（清）孫　玠

屠狗鶯鶯成雲雨，獨持管鑰定三秦。深沉智慮污田宅，信謹勳庸爛相臣。一介單寒知國士，兩朝經制付仇人。入關偏解收圖籍，不並《詩》《書》畀劫塵。

伏生，故秦博士，則知秦人燔《詩》《書》，特禁其行於民間者耳。若所謂王府則有者，固在也。隆準固不喜儒，蕭何入關，止收圖籍。而楚人一炬，遂盡灰燼。宰相須用讀書人，諒矣。

《歸田藁》卷一，《清代詩文集彙編》534 冊，455 頁

蕭　何　　　　　　　　　　　　　　　　（清）張　澍

禿筆書成虎闕新，羨君刀筆有誰倫。能收圖籍眞知體，欲請田園又效顰。天子忽然為桀、紂，老臣何以畫麒麟。由來丞相須將術，不在平生奇節人。

《養素堂詩集》卷二五，《清代詩文集彙編》536 冊，271 頁

蕭何定律《漢書》　　　　　　　　　　　　　（清）田依渠

約法三章備，剛除舊政苛。朝廷思書一，定律命蕭何。

《茹古山房讀史餘吟》卷一，《清代詩文集彙編》639 冊，643 頁

詠史詩·蕭何　　　　　　　　　　　　　　（清）史夢蘭

咸陽焚後盡凋殘，圖籍先收計獨完。第一功人惟轉餉，無雙國士快登壇。爲民請苑君猶忌，盡室從軍帝始安。不使東陵工畫策，幾何覆轍不彭韓。

《爾爾書屋詩草》卷四,《清代詩文集彙編》654 冊,367 頁

詠史·蕭何　　　　　　　　　　　　　（清）孫國楨

圖籍先從故府收,守關餽餉扼神州。人功發縱爭先著,早薦淮陰縛楚猴。

《愚軒詩鈔》卷下,《清代詩文集彙編》741 冊,357 頁

讀《漢書》小樂府·未央宮　　　　　　　（清）張寶森

蕩蕩長安街,峨峨未央宮。今日始知天子貴,叔孫朝儀將無同。歸來忽下丞相獄,第一功名被拘梏。前年韓信誅,今年彭越族。狡哉刀筆吏,以智免誅僇。隆準寡恩尚非酷,君不見大功坊裏賜鵝肉。

《悔庵詩存》卷上,《清代詩文集彙編》768 冊,630 頁

詠召平

詠懷八十二首(其六) （三國魏）阮　籍

昔聞東陵瓜，近在青門外。連畛距阡陌，子母相鉤帶。五色曜朝日，嘉賓四面會。膏火自煎熬，多財為患害。布衣可終身，寵祿豈足賴。

《魏詩》卷一〇，《先秦漢魏晉南北朝詩》上冊，497頁

青　門 （唐）胡　曾

漢皇提劍滅咸秦，亡國諸侯盡是臣。唯有東陵守高節，青門甘作種瓜人。

《全唐詩》卷六四七，19冊，7430頁

邵　平 （宋）王安石

天下紛紛未一家，販繒屠狗尚雄夸。東陵豈是無能者，獨傍青門手種瓜。

《全宋詩》卷五七六，10冊，6709頁

讀《蕭相國傳》，嘉召平出處之合義，作召平詩 （宋）陳長方

秦刑次骨政如虎，六合瓦分訪前主。龍蛇五年垓下定，尺地寸天皆漢土。青門抱甕等齊民，齋志肯教重屈身。採薇昔日首陽下，豈謂周武慚商辛。為臣委質貳乃辟，況我陪封存故國。不知荒虐但知君，可卷隨人心匪席。每開汗簡為潸然，出處真成不愧天。袖手叵堪餘伎癢，往弔鄧侯消未然。高皇漫道群雄祖，何似蕭王更英武。一相不能推赤心，終至遭君玩掌股。君不見臧文仲，厚祿知賢不能共。千古難辭竊位譏，我為鄧侯還忸怩。

《全宋詩》卷一九八四，35冊，22247頁

詠古二章(其一) （元）尹廷高

長安東陵瓜，五色光彩溢。風味自不同，此老真且實。誰謂秦無人，斯、高誠妬嫉。事往且勿道，抱甕了白日。右詠邵平

《全元詩》第 14 冊,45 頁

古蹟三首,爲岳給事賦 有序·青陵臺　　(清)王士禛

同年岳鎮九給事初知封丘縣,頗以古循吏之治治其民。以唐高常侍嘗爲縣尉,祀典闕焉,乃剙爲專祠。又春秋黄池、戰國青陵臺在縣境,皆碑其處。數百年廢墜之典聱然修舉。予嘉其事,因爲賦之。

東郭一曠望,尚見青陵臺。臺前兩梓樹,古冢何崔巍!下有鴛鴦宿,上有烏鵲哀。遒哉一女子,大義終不虧。

《漁洋續詩集》卷一六,《王士禛全集》第二册,1029 頁

讀《漢書》小樂府·東陵瓜　　(清)張寶森

秦家故侯漢逸民,種瓜乃在長安城,路人往往呼東陵。驪山葬畢阿房炬,眼中離宫盡禾黍。秦時明月尚在天,照見瓜田秋蟲語。猶勝丞相具五刑,上蔡東門歎逐兔。吁嗟乎!鄭侯計短東陵長,此亦當年一智囊。

《悔庵詩存》卷上,《清代詩文集彙編》768 冊,630 頁

東陵瓜　　(清)皮錫瑞

東陵侯,老種瓜,瓜期已過朝代改,布衣來遊丞相家。漢丞相,秦時吏,弔賀紛紛滿相門。何與先朝故侯事,天下逐鹿幾瓜分,胡不瓜田學隱淪。

《師伏堂詠史》,《清代詩文集彙編》772 冊,310 頁

召　平　　(清)王龍文

一例元勲付臨烹,漢家法令與誰成。鄭侯不效韓彭死,智免差欣有召平。

《平養詩存》卷下,《清代詩文集彙編》790 冊,356 頁

詞

桃源憶故人·題人物畫·蕭何 （明）朱彥汰

貌稜骨聳胸襟廣。孕秀昂星垂象。興漢大名無彊。勳績令人獎。　八千戶邑侯封長。籌策取功唾掌。定國隆恩懋賞。廊廟應圖像。

《全明詞》第 2 册,639 頁

蝶戀花·邵平種瓜 （宋）張　炎

秦地瓜分侯已故。不學淵明,種秫辭歸去。薄有田園還種取。養成碧玉甘如許。卜隱青門真得趣。蕙帳空閒,鶴怨來何暮。莫說蝸名催及戍。長安城下鋤煙雨。

《全宋詞》第五册,3507 頁

曲

〔中呂〕朝天曲　　　　　　　　　　　　　　　　（元）薛昂夫

邵平。不平。楚漢爭秦鼎。將軍便去作園丁。軟了英雄性。瓜苦瓜甜。秦衰秦盛。青門浪得名。此生。本輕。不是封侯命。

《全元散曲》上册，705頁

〔北黃鍾白鶴子〕邵平店　　　　　　　　　　　　（近代）盧　前

東陵何處也，不種故侯瓜。一老倚柴門，負手南山下。

《全清散曲》下册，2280頁

曹相國世家

詩

詠《曹相國世家》

曹相國系（世）家　　　　　　　　　　（唐）司馬貞

　　曹參初起，爲沛豪吏。始從中涓，先圍善置。執珪執帛，攻城掠地。衍氏既誅，昆陽失位。北禽夏説，東討田溉。剖符定封，功無與二。市獄勿擾，清淨不事。尚主平陽，代享其利。

《史記索隱》卷二九，472 頁

蓋　公　　　　　　　　　　（清）吴名鳳

　　曹參封侯功在戰，為相自應尚武健。那知厚幣請蓋公，頓改略地攻城面。蓋公善治黃老言，治貴清淨民自安。獄市勿擾容群姦，文吏必斥除貪殘。清净無為天地寬，簫曹遞相皆曰賢。吁嗟乎！漢世惠、文崇黃老，因時損益乃天道。暴秦苛法漢盡掃，武人亦解垂拱好，賈生有才空煩擾。

《竹庵詩鈔》卷五，《清代詩文集彙編》487 册，114 頁

讀《漢書》小樂府·飲醇酒　　　　　　　　　　（清）張寶森

　　朝飲醇酒，暮飲醇酒，蕭何之法曹參守，顢若畫一能持久。君不如赤帝子，臣不如文終侯。願得卒歲恒優游，癡兒幾誤乃公事。笞之三十趣入侍，賢哉賢哉刀筆吏。君不見正堂退舍事蓋公，治術乃在黃、老中。高陽酒徒但酩酊，請鑄分封六國印。

《悔庵詩存》卷上，《清代詩文集彙編》768 册，630 頁

詠曹參

曹　參　　　　　　　　　　　　　　　（宋）王安石

束髮河山百戰功，白頭富貴亦成空。華堂不著新歌舞，却要區區一老翁。

《全宋詩》卷五六九，10册，6725頁

曹參祠　　　　　　　　　　　　　　（宋）李　復

百戰皆收第一功，幾回旁歎泣良弓。白頭始識人間事，歸向東州問蓋公。

《全宋詩》卷一一○一，19册，12493頁

曹　參　　　　　　　　　　　　　　　（宋）陳　普

人虓風腥起兩宮，艾豭歌唱滿秦中。酒壺不但容齊獄，時事方宜用蓋公。

《全宋詩》卷三六五○，69册，43798頁

曹相國　　　　　　　　　　　　　　（明）黃淳耀

譏曹參也。參為相國，不能興禮立樂。

相君暇豫何吾吾，後園吏舍聞歌呼。咄嗟吏人相曉無，相君亦是高陽徒。戚姬舂，如意死，縣官宮中醉不起。老雉橫飛十步裏，君聖武，臣畫一，兩不如。酣歌弄白日，相君刀筆未有奇。膠西長老稱宗師，兩生堂堂牖下死，相君空爾為。

《擬古樂府》，《陶庵全集》卷九，影印文淵閣《四庫全書》1297册，752頁

曹　參　　　　　　　　　　　　　　　（清）路　德

功名仗韓信，法令踵蕭何。將相固如此，因人成事多。

《檉華館詩集》卷三，《路德全集》，《陝西古代文獻集成》第29輯，356頁

曹　參　(清)羅惇衍

字敬伯,沛人。事高祖,歷官齊國相,封平陽侯。惠帝時,代蕭何為相。相三載,卒,謚"文懿"。

百戰功成盡一歌,戰功爭比治功多。烽煙掃蕩朝清靜,醹酒經綸世太和。守得蕭規綿漢祚,寄將齊獄減秦苛。不叫弱主悲人彘,再相王陵事若何。

《集義軒詠史詩鈔校證》卷五,第一冊,143頁

讀史雜詩四首(其三)　(清)吳偉業

蕭何虛上坐,故侯城門東。曹參避正堂,屈己事蓋公。咄咄兩布衣,不仕隆準翁。其術總黃老,閱世浮沉中。所以輔兩人,俱以功名終。出處雖有異,道義將毋同。何必致兩生,彼哉叔孫通!

《詩前集》一,《吳梅村全集》卷一,上冊,5頁

曹　參　(清)王廷紹

七十創痕百戰餘,平陽侯第好安居。飲來齊國無愁酒,拋却秦家治獄書。黃、老術深非寂滅,兵戈氣老得消除。緣知必代蕭何相,絳、灌功高究不如。

《澹香齋詩草》卷一,《清代詩文集彙編》472冊,341頁

曹　參　(清)鮑桂星

漢室功臣孰頡頏,鄧侯之下有平陽。連城七十先傾蓋,蓋公。相國三年但舉膓。覆匿固應推長者,鞭笞何邃逮兒郎。干戈氣靜須黃、老,不獨良弓許善藏。

《覺生詠史詩鈔》卷一,《清代詩文集彙編》476冊,469頁

補禹門兩漢詠史小詩(其八、一六)　(清)梁運昌

公卿盡軍吏,舉朝輕儒風。齊相獨下士,所禮乃蓋公。

平陽曹窋佐太尉,奔走劇紀通。如何罷書吏,終無尊立功。

《秋竹齋詩存》卷二,《清代詩文集彙編》499冊,13頁、14頁

曹　參
（清）張　澍

隔墙常和醉歌呼，相國經綸有是夫。不尚精嚴崇法吏，好言清淨事通儒。廟堂回一蕭侯策，邊徼平安惠帝謨。兒子多言眞可怒，漢家黄老未應無。

《養素堂詩集》卷二五，《清代詩文集彙編》536 册，271 頁

曹參趣裝 《史記》
（清）田依渠

聞說蕭何卒，臨風便趣裝。一皆遵約束，豪吏亦賢良。

《茹古山房讀史餘吟》卷一，《清代詩文集彙編》639 册，644 頁

詠史·曹參
（清）孫國楨

醇醪酣飲當和羹，畫一規條謹奉行。三代遺文湮廢久，爭如官禮誤蒼生。

《愚軒詩鈔》卷下，《清代詩文集彙編》741 册，357 頁

留侯世家

詩

詠《留侯世家》

留侯系(世)家　　　　　　　　　　（唐）司馬貞

留侯倜儻，志懷憤惋。五代相韓，一朝歸漢。進履宜假，運籌神算。橫陽既立，申徒作扞。灞上扶危，固陵靜亂。人稱"三傑"，辯稱"八難"。赤松願遊，白駒難絆。嗟彼雄略，曾非魁岸。

《史記索隱》卷二九，472頁

讀《留侯傳》　　　　　　　　　　（唐）崔塗

覆楚讎韓勢有餘，男兒遭遇更難如。偶成漢室千年業，只讀圯橋一卷書。翻把壯心輕尺組，却煩商皓正皇儲。若能終始匡天子，何必□□□□。

《全唐詩》卷六七九，20冊，7782頁

讀《張子房傳》吟　　　　　　　　（宋）邵雍

漢室開基第一功，善哉能始又能終。直疑後日赤松子，便是當年黃石公。用捨隨時無分限，行藏在我有窮通。古人已死不復見，痛惜今人少此風。

《全宋詩》卷三七六，7冊，4623頁

讀《子房傳》

（宋）楊萬里

笑賭乾坤看兩龍，淮陰目動即雌雄。興王大計無尋處？却在先生一蹋中。

《全宋詩》卷二二九五，42 冊，26359 頁

讀　史

（宋）陳　宓

子房真男子，五世相韓國。父死未及仕，不受暴秦辱。家僮三百人，求客不顧族。持說說項梁，立成宗社復。梁亡羽不遣，事漢羽亦覆。眇然一身微，兩暴以足蹴。由來蚤學禮，大義滅私欲。俯仰既無愧，何須真辟穀。遂令萬世後，歎詠長不足。

《全宋詩》卷二八五二，54 冊，34003 頁

讀《張子房傳》

（宋）華　岳

英雄欲立異時名，四體難逃五鼎烹。何事秦車已虀粉，子房和客總全生。鐵鎚一擊忤強秦，賞令千金無處尋。若使董狐當直筆，又將誰作弒君人。

《全宋詩》卷二八八七，55 冊，34432 頁

和《讀〈張子房傳〉》

（宋）趙希逢

三傑留侯不敢名，肯隨走狗例醢烹。眼中早已無高粉，子擊何嘗有呂生。當年置兔視亡秦，一擊之餘果莫尋。堪笑乘輿森萬騎，也無一個眼開人。

《全宋詩》卷三二六六，62 冊，38946 頁

讀《張良傳》

（元）郝　經

顛嬴滅項復韓讎，便與赤松方外遊。丞相蕭何功第一，白頭不免漢家囚。

《全元詩》第 4 冊，318 頁

博浪椎

（清）皮錫瑞

秦滅六國無忠良，韓亡乃有張子房。百斤椎，萬金產，荊卿死，惟君敢求滄海從赤松。滅秦佐漢爲韓忠，狙擊豈與蘭池同。博浪書盜出史公，荊卿何尤朱晦翁？

《師伏堂詠史》，《清代詩文集彙編》772 冊，309 頁

詠張良

經張子房廟詩　　　（南朝宋）謝　瞻

王風哀以思，周道蕩無章。卜洛易隆替，興亂罔不亡。力政吞九鼎，苛慝暴三殤。息肩纏民思，靈鑒集朱光。伊人感代工，聿來扶興王。婉婉幕中畫，輝輝天業昌。鴻門銷薄蝕，垓下隕欃槍。爵仇建蕭宰，定都護儲皇。肇允契幽叟，翻飛指帝鄉。惠心奮千祀，清埃播無疆。神武睦三正，裁成被八荒。明兩燭河陰，慶霄薄汾陽。鑾旌歷頹寢，飾像薦嘉嘗。聖心豈徒甄，惟德在無忘。逝者如可作，揆子慕周行。濟濟屬車士，粲粲翰墨場。瞽夫違盛觀，竦踴企一方。四達雖平直，蹇步愧無良。餐和忘微遠，延首詠太康。

《宋詩》卷一，《先秦漢魏晉南北朝詩》中冊，322 頁

行經張子房廟詩　　　（南朝宋）鄭鮮之

七雄裂周紐，道盡鼎亦淪。長風晦昆溟，潛龍動泗濱。紫煙翼丹虯，靈媼悲素鱗。

《宋詩》卷一，《先秦漢魏晉南北朝詩》中冊，1243 頁

詩　　　（南朝宋）謝靈運

韓亡子房奮，秦帝魯連恥。本自江海人，忠義感君子。

《宋詩》卷三，《先秦漢魏晉南北朝詩》中冊，1185 頁

春夕，經行留侯墓詩　　　（隋）盧思道

少小期黃石，晚年遊赤松。應成羽人去，何忽掩高封？疏蕪枕絕野，邐迤帶斜峰。墳荒隧草沒，碑碎石苔濃。狙秦懷猛氣，師漢挺柔容。盛烈芳千祀，深泉閉九重。夕風吟宰樹，遲光落下春。遂令懷古客，揮淚獨無蹤。

《隋詩》卷一，《先秦漢魏晉南北朝詩》下冊，2635 頁

經下邳圯橋,懷張子房　　　（唐）李　白

子房未虎嘯,破產不為家。滄海得壯士,椎秦博浪沙。報韓雖不成,天地皆振動。潛匿遊下邳,豈曰非智勇？我來圯橋上,懷古欽英風。唯見碧流水,曾無黃石公。歎息此人去,蕭條徐泗空。

《全唐詩》卷一八一,6冊,1847頁

詠　史　　　（唐）徐九皋

亡國秦、韓代,榮身劉、項年。金槌擊政後,玉斗碎增前。聖主稱"三傑",明離保"四賢"。已申黃石祭,方慕赤松仙。

《全唐詩》卷二〇三,6冊,2120頁

簡同志　　　（唐）溫庭筠

開濟由來變盛衰,五車才得號鎡基。留侯功業何容易,一卷兵書作帝師。

《全唐詩》卷五八三,17冊,6762頁

漢　嗣　　　（唐）唐彥謙

漢嗣安危繫數君,高皇決意勢難分。張良口辨周昌吃,同建儲宮第一勳。

《全唐詩》卷六七二,20冊,7684頁

圯　橋　　　（唐）胡　曾

廟算張良獨有餘,少年逃難下邳初。逡巡不進泥中履,爭得先生一卷書。

《全唐詩》卷六四七,19冊,7422頁

博浪沙　　　（唐）胡　曾

嬴政鯨吞六合秋,削平天下虜諸侯。山東不是無公子,何事張良獨報仇。

《全唐詩》卷六四七,19冊,7428頁

擬　　古（其十五）　　　（宋）田　錫

赫赫英豪士，韓侯令子孫。千金募死士，博浪報君冤。國恥尚未雪，驥足俄驚奔。待搏如猛虎，未耀同朝暾。霸略師黃石，大計當鴻門。談笑定安危，功業遂隆尊。鸞皇不啄粟，麒麟不駕轅。將從赤松遊，高謝漢皇恩。一旦君臣中，奪宗物論喧。片詞為密勿，四皓如飛翻。進退存亡間，以智為身潘。

《全宋詩》卷四三，1 冊，476 頁

留侯廟下作　　　（宋）梅堯臣

貌如女子心如鐵，五世相韓韓已滅。家童三百不足使，倉海君初去相結。秦皇東從博浪過，力士袖椎同決烈。曉入沙中風正昏，誤擊副車搜迹絕。亡命下邳圯上游，老父墮履意未別，顧謂孺子下取之，心始不平終折節。舒足既受笑且去，行及里所還可說。可教後當五日來，三返其期付書閱。他日則為王者師，果輔高皇號奇傑。留國存祠汴水傍，逢逢簫鼓賽肥羊，赤松不見天地長，黃石共葬丘冢荒。

《全宋詩》卷二五七，5 冊，3190 頁

讀《素書》　　　（宋）張方平

孺子圯橋跪履年，七章德在穀城仙。所言道德帝王事，不比《盤盂》長短篇。晚欲出塵應有訣，初行遇漢豈非天。蕭、曹勳業皆勞力，寧似功成樽俎前。

《全宋詩》卷三〇六，6 冊，3837 頁

題留侯廟　　　（宋）邵　雍

滅項興劉如覆手，絕秦昌漢若更某。卷舒天下坐籌日，鍛鍊心源辟穀時。黃石公傳皆是用，赤松子伴更何為。如君才業求其比，今古相望不記誰。

《全宋詩》卷三六二，7 冊，4460 頁

子房廟　　　（宋）陳　薦

博浪沙頭觸副車，潛遊東夏識真符。風雲智略移秦鼎，星斗功名啟漢圖。商老已來寧少海，赤松還約訪仙都。雍容進退全天道，凜凜高風萬古無。

《全宋詩》卷四〇八,8冊,5023頁

留城子房廟　　　　　　　　　　　　　　（宋）劉敞

大風起豐、沛,海水群飛揚。逐鹿未有歸,飛熊猶道旁。一見契千載,立談開八荒。蛟龍不可羈,鴻鵠得新翔。昔為黃石師,智策無與雙。晚蹈赤松賞,功名忽如忘。由來神仙流,理與天地長。陵谷自有遷,若人豈復亡。我行覽遺跡,城邑空蒼蒼。感古追遠遊,白雲杳無鄉。

《全宋詩》卷四六六,9冊,5648頁

留　侯　　　　　　　　　　　　　　　　（宋）劉敞

張良韓孺子,夙昔志未伸。授書黃石公,問禮倉海君。契合見神助,濟時効經綸。指揮轉雷電,顧盻定楚、秦。以彼三寸舌,抗茲百萬軍。一為帝王師,晚就赤松賓。富貴心不屑,功名諒誰論。出處何昭昭,賢哉古之人。

《全宋詩》卷四六七,9冊,5668頁

張　良　　　　　　　　　　　　　　　　（宋）王安石

留侯美好如婦人,五世相韓韓入秦。傾家為主合壯士,博浪沙中擊秦帝。脫身下邳世不知,舉國大索何能為。素書一卷天與之,穀城黃石非吾師。固陵解鞍聊出口,捕取項羽如嬰兒。從來四皓招不得,為我立棄商山芝。洛陽賈誼才能薄,擾擾空令絳灌疑。

《全宋詩》卷五四一,10冊,6501頁

張　良　　　　　　　　　　　　　　　　（宋）王安石

漢業存亡俯仰中,留侯當此每從容。固陵始議韓彭地,復道方圖雍齒封。

《全宋詩》卷五六九,10冊,6725頁

留侯廟　　　　　　　　　　　　　　　　（宋）鄭獬

留侯仗奇策,十年藏下邳。徂擊秦始皇,獨袖紫金椎。茲為少年戲,聊夸遊俠兒。退學黃石書,始見事業奇。兩龍鬥不解,天地血淋漓。攝袖見高祖,成敗由指麾。重寶啗諸將,嶢關遂不支。斥去六國謀,輟食罵食其。卒言信布、越,可以為騎馳。餘策及太子,四老前致詞。立談天下事,坐作帝王師。功名竟糠粃,撥去曾亡遺。往從赤松遊,世網不能羈。韓、彭死鐵鉞,蕭、樊困囚縶。榮辱兩不及,孤翻愈難追。陳留本故封,道左空遺祠。兩鬼守其門,帳坐盤蛟螭。威靈動風雲,飄爽回旌旗。我來謁祠下,文章竟何為。長嘯詠高風,三日不知饑。

《全宋詩》卷五八〇,10 冊,6823 頁

讀史六首(其一) （宋）蘇 轍

留侯決成敗,面折愧周昌。垂老召商叟,鴻鵠自高翔。

《全宋詩》卷八六五,15 冊,10068 頁

次正夫《宿留侯廟》韻 （宋）彭汝礪

龍飛景雲從,林茂眾鳥息。真人翔灞上,多士生王國。留侯豪傑士,乃獨為所得。韓亡竟不去,漢興愈厲策。不見馬上功,奚多幕中畫。眇焉視嬰布,若數百與億。鴻鵠已高飛,翩然斂歸翼。堂堂高皇業,屹立如磐石。始卒如公者,是不慚廟食。載瞻水邊祠,老檜寒更碧。

《全宋詩》卷八九五,16 冊,10464 頁

歲暮福昌懷古四首·張子房 （宋）張 耒

謀臣何世不知名,誰與留侯敢抗衡。籌下興亡分楚、漢,幄中談笑走韓、彭。懼誅老將爭梟首,高臥成功更養生。戡亂直須希世哲,乘時兒女漫縱橫。

《全宋詩》卷一一七一,20 冊,13221 頁

讀《留侯傳》有感 （宋）李 綱

秦人失鹿解其紐,群雄競逐死誰手。天方注意隆準公,故使留侯作賓友。圯上老人親授書,言從志合豈其偶。捕取項籍如嬰兒,指麾諸將猶獵狗。運籌決勝帷幄中,楚、漢存亡良已久。誰言劉季田舍翁,只聽人言本無有。但能信用子房謀,何妨抱持戚姬日飲酒!

《全宋詩》卷一五五六,27 冊,17677 頁

張　良

（宋）朱淑真

功成名遂便歸休，天道分明不與留。果可人間戀駒隙，何心願學赤松遊。

《全宋詩》卷一五九八，28 冊，17994 頁

留　侯

（宋）呂本中

留侯下邳時，豪氣或未除。晚節欲輕舉，效在黃石書。其書本無言，一欸三嗚呼。彼公實天人，識此鵷鳳雛。良田有蕪穢，令子痛自鉏。萬事不得已，一身常晏如。袖手默無語，四方瞻步趨。不知隆準公，果能知子無。小兒荀彧董，下及崔浩徒。謂能明子心，此語亦已誣。不能處其知，正足殺其軀。所恨生已晚，聖門無坦途。學不盡其才，未免風俗驅。《詩》《書》在煨爐，子何不回車。試問禮之本，更觀心地初。

《全宋詩》卷一六一二，28 冊，18104 頁

過留侯廟

（宋）李彌遜

倚劍懸弓默運籌，終令敵國寢戈矛。八年楚業守歸漢，三萬齊封不愧留。壯歲早從黃石計，功成却伴赤松遊。當時不與人間棄，應有文風靜九州。

《全宋詩》卷一七一六，30 冊，19332 頁

張　良

（宋）胡　宏

六國億萬人，誰是報讎者。壯哉博浪沙，一擊震天下。

《全宋詩》卷一九七二，35 冊，22109 頁

張子房

（宋）陳長方

子房非漢臣，憫世為一起。借力用沛公，東西唯所指。注揩豈因黃石書，出處非由赤松子。博浪沙中擊祖龍，欲報君仇遑恤已。

《全宋詩》卷一九八四，35 冊，22246 頁

留侯廟

（宋）范成大

在陳留縣中。案王原叔諸家考，子房所封乃彭城留城，非陳留也。自宋武下教修復時，其失久矣。

功成輕舉信良謀,心與鴟夷共一舟。呂嫗區區無鳥喙,先生輕負赤松遊。

《全宋詩》卷二二五三,41 冊,25848 頁

留侯廟　　　　　　　　　　　　（宋）趙公豫

微茫祠宇著山中,曲徑懸崖杖履通。一調楚歌聲斷續,八千甲士散西東。良臣遠識存真隱,赤帝雄心賦大風。惟有彭城留皓月,春秋光照尚和同。

《全宋詩》卷二五〇二,46 冊,28944 頁

博浪壯士　　　　　　　　　　　　（宋）劉克莊

殿上俄流血,沙中竟脫身。乃知燕刺客,有媿漢謀臣。

《全宋詩》卷三〇四七,58 冊,36336 頁

留　　侯　　　　　　　　　　　　（宋）劉克莊

一槌復九世仇,編書封萬戶侯。指視紫芝翁出,身從赤松子遊。

《全宋詩》卷三〇七八,58 冊,36725 頁

博浪沙　　　　　　　　　　　　（宋）羅大經

不惜黃金募鐵椎,祖龍身在魄先飛。齊田、楚項紛紛起,輸與先生第一機。

《全宋詩》卷三一六一,60 冊,37920 頁

張子房　　　　　　　　　　　　（宋）王　柏

圯上相逢一老翁,誅秦鏖項笑談中。報韓偶得劉郎用,更有商山聽下風。

《全宋詩》卷三一七〇,60 冊,38064 頁

留　　侯　　　　　　　　　　　　（宋）衛宗武

狙擊豈良圖,命幾危博浪。既受黃石書,顛秦而蹶項。報韓志已酬,興漢畫仍贊。歷陳借箸計,潛消刻印患。定封謀遂寢,立嫡計莫尚。轉危以為安,其易猶反掌。萬鍾誰不懷,裂土人所望。何勃身亦繫,韓、彭國隨喪。駕言仙與遊,高風巢、許上。

《全宋詩》卷三三一〇,63 冊,39417 頁

圯上行 并序　　　　　　　　　　　　　　　　　　　　（宋）家鉉翁

張子房受書圯上，千古以為美談。余謂漢室之興，《六經》固未嘗與火俱燼，老師宿儒猶有存者，使子房得而佐漢，可以比隆三代，其事業豈止若是而已哉！舟過圯上，感而有作。

三代以還惟有漢，《六經》之外更無書。漢家自繼商、周統，經術當傳孔、孟餘。天生偉人元氣會，莘畝說岩乃其徒。掃除申、商斥儀、衍，混合宇宙需吾儒。便應平躋古王佐，小却亦稱大丈夫。云何赤帝應運起，乃以黃石為先驅。太公《六韜》豈不善，顛秦蹶項或所需。繄欲上嘉義、黃媲隆古，《詩》《書》《禮》《樂》不可一日無。惜哉子房遽世早，不及遺經細探討。使公得與齊、魯兩生遊，吾知漢道同商、周。自注：齊、魯兩生凜然有古大臣操，謂漢興無儒不可也。子房不能致兩生，乃以致四皓為功，此又千載之遺恨云。

《全宋詩》卷三三四三，64 册，39942 頁

子房二首　　　　　　　　　　　　　　　　　　　　　（宋）周　密

漢儲未定若垂旒，誰為君王借箸籌。堪笑商山采芝老，到頭却上子房鉤。

報韓興漢已封留，辟穀將為世外遊。四老已歸如意死，不堪人譏戚姬愁。

《全宋詩》卷三五五七，67 册，42512 頁

《張子房黃石公圖》　　　　　　　　　　　　　　　　（宋）鄭思肖

三度橋邊伺老仙，始將兵法盡相傳。不知躡足此一計，還出書中第幾篇。

《全宋詩》卷三六二四，69 册，43390 頁

張良四首　　　　　　　　　　　　　　　　　　　　　（宋）陳　普

乳口搖牙向白蛇，一朝電拂博浪沙。下邳不得編書讀，帷幄何妨佐漢家。

撩亂龍蛇掌上爭，罷來閒掉四先生。一棚兒女皆煙散，留得松風萬古清。

本是山東忠孝門，卯金社稷暫相煩。君王良會青雲意，長樂鐘中無一言。

太公行輩赤松流，伍叔孫通了不羞。好謝君王深體識，不將身後累留侯。

《全宋詩》卷三六五〇，69 册，43797 頁

子　房　　　　　　　　　　　（宋）于　石

韓亡誓欲報秦仇，秦滅還興伐楚謀。一念為韓非為漢，無功何必願封留。

《全宋詩》卷三六七六，70 冊，44153 頁

張　良　　　　　　　　　　　（宋）黎廷瑞

博浪揮椎處，惓惓報國仇。如何銷印事，獨不為韓謀。

《全宋詩》卷三七〇五，70 冊，44474 頁

張子房　　　　　　　　　　　（宋）黎廷瑞

早見滄海君，晚師黃石公。力士不得力，驅使芒碭龍。仁義以為椎，氣蓋百代雄。一擊函谷碎，再擊烏江空。從容一籌畢，全漢酬其功。何乃不自知，而以留見封。鄭侯辱械繫，淮陰歎藏弓。彼皆為人役，詎敢望此翁。辟穀豈其然，視世與穀同。可憐商山老，亦墮子術中。

《全宋詩》卷三七〇六，70 冊，44503 頁

留　侯　　　　　　　　　　　（金）完顏璹

辟穀輕身慕赤松，不知誰舉傅春宮。君方避溺猶居水，忍使餘波及四翁。

《金詩》，《全遼金詩》中冊，1853 頁

題留城留侯廟　　　　　　　　（元）郝　經

龍蛇繞亂出氛埃，隆準相逢帝業開。三世相韓攜劍起，一言平楚據鞍回。掃除亂略伊周輩，駕馭英雄管、樂才。崔浩、張賓是何者，敢將驥騄比駑駘。

《全元詩》第 4 冊，300 頁

圯上行　　　　　　　　　　　（元）王　惲

邳州道中作，十一月初四午刻書於宿遷馬驛。

楚兵東來殺為嬉，烈火西卷如飆馳。為棄驅爵恐過慘，天賜漢以興王師。憶初挑秦天下震，盛氣不折將徒為。泥中進履屈亦至，不爾安制重瞳兒。往年親祀濟北石，此日還

賦圯橋詩。神龍變化不復見,仿像鬼物來陰機。《素書》三卷不必怪,要本老氏持其雌。持守其雌也。

《全元詩》第 5 冊,141 頁

讀史五首(其四) （元）方　回

美哉張子房,剛柔濟其用。大索無所得,三辱不爲動。不有高深懷,安荷天下重？立韓願已酬,覆楚情更痛。辟穀從黃石,白雲深處弄。

《全元詩》第 6 冊,559 頁

下邳永豐橋,舟過其下有感 （元）汪夢斗

下邳,即下坯也。

博浪沙中擊副車,却來跪履受編書。欲從圯上尋黃石,今有何人孺子如。

《全元詩》第 7 冊,187 頁

張　良 （元）徐　鈞

博浪椎揮四海驚,虎狼雖暴已無秦。興劉滅項猶餘事,豈是蕭、韓行輩人。

《全元詩》第 7 冊,284 頁

張子房 （元）侯克中

眼空寧顧虎狼秦,博浪沙中義已伸。才大盡消韓國恥,功高不作漢廷臣。少從黃石能無我,老伴赤松知有身。獨坐掩書還悵怏,寥寥千古更何人。

欲雪韓仇快所思,自知舍漢復何之。百年身退天之道,三寸舌為帝者師。借箸前籌銷印日,坐沙偶語論封時。朝臣方訝歸休早,布、越俄聞繫有司。

《全元詩》第 9 冊,14 頁

下邳有感詩 （元）王　旭

圯橋千古舊名存,猶指留侯話本因。進履不逢秦父老,策封安得漢宗臣。壯懷鬱鬱重回首,世事悠悠一欠伸。三卷《素書》傳教了,不應豪傑便無人。

《全元詩》第 13 冊,89 頁

題留侯廟　　　　　　　　　　　　（元）王　旭

擬報韓仇散萬金,當時寄意亦何深。擊關本為亡秦事,燒棧初無佐漢心。黃石教來書不昧,赤松遊去跡難尋。行人再拜荒祠下,風義千年激素襟。

《全元詩》第 13 冊,82 頁

圯　橋　　　　　　　　　　　　　（元）馬　臻

昔人已伴赤松遊,橋下惟存漢水流。一卷《素書》何處在,數峰煙雨是邳州。

《全元詩》第 17 冊,55 頁

圯　橋　　　　　　　　　　　　　（元）陳　孚

履印青苔跡未消,一編徑佐聖明朝。祖龍流毒如洪水,濟盡生靈是此橋。

《全元詩》第 18 冊,356 頁

留侯廟　　　　　　　　　　　　　（元）陳　孚

子房王佐才,其風凜冰雪。天遣鶴髮翁,圯上授寶訣。博浪沙中千尺鐵,祖龍未死膽已裂。況此喑嗚扛鼎夫,不直秋風一劍血。談笑帷幄間,六合雄雌決。卯金四百年,只在三寸舌。但恨漢德非姚虞,不得身為古稷契。雍熙至治如可作,豈肯脫冠掛北闕。留城古祠今千載,碧蘚溜雨眼斷碣。我恐至人或不死,尚有笙鶴擁玉節。酌泉采菊往奠之,回首芒碭墮山月。

《全元詩》第 18 冊,359 頁

博浪沙　　　　　　　　　　　　　（元）陳　孚

一擊車中膽氣高,祖龍社稷已驚搖。如何十二金人外,猶有民間鐵未銷。

《全元詩》第 18 冊,370 頁

子　房　　　　　　　　　　　　　（元）方　瀾

雞鳴父先在,識汝帝王師。天下得無事,山中歸有期。道高不自伐,榮妙每臨危。四百年封建,餐霞尚恐遲。

《全元詩》第 20 冊,122 頁

詠史四首(其三)　　　　　　　　　　（元）袁　桷

留侯晚辟穀,端有避禍意。遠招商山翁,不復為漢計。平生老鋒鏑,帷幄乃真智。南宮論非諛,意冷終有忌。雍容視國本,孱子匪神器。此坐端可惜,欲言且深慮。代王豈不佳,語出禍立至。羽翼從汝成,矰繳幸我避。百年願已足,投老空立異。不見吹簫民,功成終械繫。

《全元詩》第 21 冊,125 頁

留城子房廟　　　　　　　　　　（元）王煉師

運籌帷幄漢功成,欲赤松遊策最明。廟食千年凜生氣,穀城山水接留城。

《全元詩》第 24 冊,83 頁

子　房　　　　　　　　　　（元）胡　助

一擊豪揮博浪中,韓讎未報氣如虹。運籌垓下烏騅逝,留謝鴻門玉斗空。取履早師黃石老,定儲晚致紫芝翁。功成却棄人間事,長使英雄仰素風。

《全元詩》第 29 冊,78 頁

進履橋　　　　　　　　　　（元）周　權

博浪沙頭恨未消,斃秦蹄項不終朝。漢家四百年宗社,開闢洪基在此橋。

《全元詩》第 30 冊,81 頁

留　侯　　　　　　　　　　（元）李孝光

感慨留侯事,曾來客下邳。手扶仁義主,身是帝王師。興漢功居最,存韓志可悲。如何劫高后,反使卯金危。

《全元詩》第 32 冊,317 頁

張　良　　　　　　　　　　（元）李齊賢

五世君恩未足酬,誓將心力快秦讎。韓王又作彭城土,借箸何辭轉一籌。

《全元詩》第 33 册，365 頁

圯　橋　　　　　　　　　　　　　　　（元）釋梵琦

子房三世相韓家，辛苦椎秦博浪沙。不上青天扶日月，便歸丹壑老煙霞。圯橋進履心長在，漢室封侯鬢已華。惟有當時書一卷，奈何人世事如麻。

《全元詩》第 38 册，287 頁

再過圯下懷子房　　　　　　　　　　（元）釋梵琦

袞衣有闕爾能縫，天遣勳勞刻鼎鐘。太子身令為國本，君王手自擇留封。橋邊老父存黃石，物外仙人號赤松。今夜孤舟載明月，不妨高臥想儀容。

《全元詩》第 38 册，326 頁

赤松詞 并序　　　　　　　　　　　　（元）楊維楨

余嘗論張良能為呂后定太子，而不能為高祖定呂后。良之智徒徒智於目前，而不能智於身後。吾不知良何以為去計耶？而況生子如辟疆，黨呂氏而危劉氏，可謂張氏不肖子。良於地下亦知之否耶？

滄海客，博浪椎，弟死不葬蕩家貲。走匿邳，句。圯上乃得帝王師。國恥既雪吾何之，黃石山頭會與赤松期。赤松子，不為漢家後日計安危。十三黃口利如錐，一語三狼入宮闈。赤松子，地下不殺辟疆兒。

《全元詩》第 39 册，166 頁

讀　史（其四、六、七）　　　　　　（元）吳　當

滅仇報主已成功，還定三秦眾策同。西楚能存韓社稷，赤松無跡到關中。
女禍幾令社稷危，安劉一語已先知。良平無術強根本，功在諸君左袒時。
蓋世功名意氣雄，楚齊國大勢難容。從容進退知天道，一邑封留事赤松。

《全元詩》第 40 册，177 頁

題三傑·張良　　　　　　　　　　　（元）葉　顒

一擊秦車水逆流，當年銳志復韓讎。偶因天地風雲合，扶立炎劉四百秋。

《全元詩》第 42 册，128 頁

擬古十首，次劉聞廷韻（其五） （元）吳臯

子房閔韓亡，捷足騁高志。修名列三傑，式佐運籌事。圯橋期屢失，詎謂偶相值。鍾姿良粹美，神降會元氣。明哲既保身，聲名照天地。漢、楚茲遼哉，邈矣隔淮、泗。飛鴻墮遺音，云有帛書字。

《全元詩》第 44 冊，380 頁

下邳懷留侯 （元）傅若金

豪傑關休運，乾坤屬遠猷。自須成漢業，豈獨報韓仇。黃石嗟長往，青山感昔遊。同時多草莽，事定覓王侯。

《全元詩》第 45 冊，52 頁

張子房詩 次前韻 （元）周砥

悠哉紫霞想，奕奕丹漢上。矯矯張子房，孤風肅瞻向。知幾自其神，辟穀非有相。翻飛帝鄉遠，羽翼皇興壯。下視炎海航，流飆颯驚浪。三尺既平定，九圍悉尊王。盈志決疑情，讒言間忠讜。竟毒彭仲醢，已失淮陰亮。果謂金石交，不啻螻蟻喪。仰觀雲物表，靈風委塵鞅。伊昔昌鴻業，造端孰可仗。崩迫戰鬥機，從容帷幄訪。剖論超神理，納約中權量。黃石一編書，清塵千古望。希聲杳莫作，異跡誰同揚。忽忽東洛榮，紛紛北邙葬。麟趾追已邈，鳳姿仰難忘。申章擅高議，疇能發其曠。吾知武侯略，方駕應宜讓。

《全元詩》第 54 冊，173 頁

詠史·張良 （元）李曄

博浪沙中亦浪謀，圯橋一變運機籌。豈因漢帝扶炎祚，正為韓王報世讎。儲嗣真憑紫芝曲，神仙假託赤松遊。孰知名就身還辱，故爾封侯只願留。

《全元詩》第 56 冊，58 頁

題《張子房歸隱圖》 （元）陳高

平生三寸舌，乃為帝者師。韓讎既已報，漢爵焉能縻。歸隱豈忘世，明哲諒知幾。獨

有鴟夷子,千載共幽期。

《全元詩》第 56 册,256 頁

滄海君　　　　　　　　　　　　（元）張　憲

漸離筑中鉛作水,荊卿臂落圖窮匕。鮑魚風起驚車腥,不待明年祖龍死。赤帝子,滄海君。劍三尺,椎百斤,千金胡為輕報秦。英雄不進圯橋履,亦作秦皇刀下鬼。

《全元詩》第 57 册,3 頁

《圯橋進履圖》　　　　　　　　　（元）張　憲

暴秦肆吞如盜刼,六雄繫頸甘婦妾。下邳少年真可憐,不保相韓先世業。千金買死博浪沙,豈謂大椎摧副車。遍搜十日幸脱網,蒲伏草中蹲怒蛙。穀城老翁老無恥,坐倚橋亭落雙履。英氣猶能壓後生,笑呼孺子為吾取。孺子容貌雖婦如,孺子心膽勇且麄。搏嬴搏項不必屈,乃肯屈身於老夫。翁知孺子已可教,一卷奇編投所好。不獨身榮帝者師,四百漢基由此造。保身末路異韓、彭,功在三宵冒曉行。後來廷尉號長者,猶待王生全令名。

《全元詩》第 57 册,100 頁

黄石磯　　　　　　　　　　　　（元）吴　會

黄石磯頭路,由來與問津。誰為取履子,不見授書人。

《全元詩》第 57 册,222 頁

張良詠　　　　　　　　　　　　（元）郭　鈺

韓成未死思報秦,漢燒棧道吾兵神。韓成已死思報楚,始知漢王乃天與。昨日相從赤松子,今日已見淮陰死。控御天下漢業崇,不受控御真英雄。

《全元詩》第 57 册,543 頁

題留侯小像　　　　　　　　　　（元）王　逢

漢高三尺劍,子房三寸舌。剛柔兩相濟,秦降楚隨滅。君不見,乾坤狡兔飛鳥秋,脱使子房無世仇,箕棲潁飲死即休。

《全元詩》第 59 冊,213 頁

張子房詩

(元)馬　治

周曆久已移,真人翔灞上。風雲一感變,靈鑒昭所向。從容帝者師,芳閥著韓相。學禮淮陽去,丹心日以壯。結客反君讎,神椎驚博浪。誰令奇功緩,天意興伯王。進履投玄契,會留獻忠讜。他人安足云,臣語君委亮。暴看西秦弭,勇指東城喪。弛擔息元元,推封安鞅鞅。都邑資評議,儲皇控依仗。有教實施行,無言不咨訪。觀山悟無競,涉海羞細量。混跡次蕭、曹,希蹤列伊、望。圖成不自貴,高步凌風揚。寓意赤松遊,齊身黃石葬。其人雖則已,懷德予可忘。英芬播萬紀,作者哀何曠。出處顯默間,孤風起廉讓。

《全元詩》第 62 冊,69 頁

圯　　上

(元)孫　蕡

草沒荒臺煙樹踈,艤舟凝眺久躊躇。凌波見說求仙履,博浪曾聞誤副車。勳業赤龍三尺劍,風雲黃石一編書。獨憐衣赭人如玉,《鴻鵠歌》殘怨有餘。

《全元詩》第 63 冊,334 頁

圯上有懷張子房

(元)謝　肅

沂、泗東悠悠,踟躕立圯上。固無黃石期,留侯詎能忘。留侯本韓人,五葉為輔相。國亡思報秦,購士椎博浪。力政雖不斃,意氣亦雄壯。歘來蟄龍蛇,舉世莫知鄉。授書何怪奇,任俠誠倜儻。少年日以聚,誓欲取金鏡。叶。邂逅隆準公,嘯咤役諸將。關中奄席卷,漢業知己創。歸還佐橫陽,以韓興霸王。惜哉成見殺,此意徒慨慷。方復從漢王,滅羽垓下帳。平生韓兩仇,反手咸掃蕩。深衷實在斯,寵祿非所望。遂挾松子遊,高風邈難伉。余生千載下,結想常入夢。叶。其貌若美人,偉略不可尚。

《全元詩》第 63 冊,389 頁

張良鐵槌歌

(元)唐　肅

河南富好禮作《張良能》一篇示余,以為博浪沙之事良非獨免,並免客,可謂能矣。予則謂非良之能,民苦秦無道,豈惟良欲擊之,天下莫不欲擊之也。故有為良隱者,不然,果何能而免哉?後世且疑良有蔽身之術,若左道所謂遁者,尤非所以論良。故作是歌以復之。

秦氏并六國，收兵鑄金人。金人十二臨長城，子房鐵椎何所得。力士一挾五百斤，博浪沙中旋風起。車中白蛇欲鮑腥，鐵槌一擊副車碎，白蛇未死魂先驚。偶語者棄市，步過六尺刑。黔首誰不讎狂秦，所以愛良與客不愛君。君惟務重法，法重乃不行，欂鉏又起山東兵。嗚呼！韓槌不殺始皇帝，楚刀終斬降王嬰。

《全元詩》第 64 册，37 頁

《子房進履圖》 （元）韓奕

博浪歸來匿下邳，不辭早晚去從師。韓成死後還從漢，此恨終身世少知。

《全元詩》第 64 册，262 頁

詠史二十一首（其四） （明）劉基

周昌勇庭諍，子房善奇謀。王陵抗高議，平、勃終安劉。經權兩不廢，道立知亦周。煌煌東都士，節義明清秋。孰知讒佞巧，舉足觸戈矛。顧此悲世運，泫然涕交流。

《劉基集》卷二〇，318 頁

題白描人物四幀·《子房》 （明）張適

出本為韓仇，翻能盡漢謀。功名身已遂，宜作赤松遊。

《江行集》卷五，《四庫全書存目叢書》集部 25 册，336 頁

題《張良還山圖》 （明）宣宗朱瞻基

志士固有為，達人乃知休。偉哉張子房，超卓孰與儔。來時際風雲，經畫多良籌。滅楚興帝業，誅秦報韓讎。功成拂衣去，願與赤松遊。名爵豈不貴，神仙安可求。矢心戒盈滿，托跡歸山丘。兩崖何蒼蒼，溪水清且流。束書載行車，逍遙復何憂。止足遠殆辱，超然智者謀。

《大明宣宗皇帝御制集》卷一七，《四庫全書存目叢書》集部 24 册，194 頁

子房墓 （明）孫瑀

在蘭陽。

不為封留為報仇，功成終與赤松遊。誰知超出三人傑，去後蕭、韓重有憂。

《歲寒集》卷下,《四庫全書存目叢書》集部 31 冊,61 頁

留城道中有張良祠　　(明)文徵明

古堤楊柳綠絲柔,盡日南風送客舟。百里青、徐平入望,千年汴、泗正交流。草荒霸業春過沛,月滿叢祠夜泊留。老去馬遷心尚在,不妨書劍事遨遊。

《甫田集》卷九,124 頁

張　良　　(明)倪宗正

我愛張子房,楚楚秦漢英。一逢黃石公,此道爽然明。指揮成事業,流浪視功名。但得神仙意,毋勞問死生。

《倪小野先生全集》卷三,《四庫全書存目叢書》集部 58 冊,518 頁

圯　橋　　(明)倪宗正

虞廷十六字,日月朗天衢。圯橋默授受,不識是何書。

《倪小野先生全集》卷八,《四庫全書存目叢書》集部 58 冊,685 頁

過穀城　　(明)姚舜牧

東國留侯少亦雄,雄豪飲盡始成功。功成却謝圯上老,老人石隱穀城東。

《樂陶吟草》卷二,《四庫全書存目叢書》集部 158 冊,352 頁

邳州懷古　　(明)姚舜牧

留侯早歲亦濛濛,邳下曾逢黃石翁。教取低眉成大事,丘憍自負豈英雄。

《樂陶吟草》卷二,《四庫全書存目叢書》集部 158 冊,353 頁

經圯上　　(明)李之世

丈人逢孺子,挾策此相邀。所以邳城下,今存墜履橋。靈奇傷往事,契合想前朝。濰水東流去,英雄恨未銷。

《鶴汀詩集》卷三,《四庫禁毀書叢刊》集部 80 冊,73 頁

讀史二十二首·張子房　　　　　　　　（明）高　啟

不握兵權只坐籌,苦辭萬戶乞封留。縱令不早尋仙去,天子終無賜酖謀。

《高青丘集》卷一七,下册,749頁

張子房　　　　　　　　　　　　　　　（明）李東陽

博浪椎車亦壯哉,圯橋納履太低回。當時不用黃公術,老去終為赤帝猜。

《詩前稿》卷一九,《李東陽集》第一卷,435頁

博浪沙　　　　　　　　　　　　　　　（明）李夢陽

博浪沙中掣椎走,鴻門帳前撞玉斗,誰謂張良貌如婦。赤帝子起鞭赤龍,臣也請歸從赤松。赤松子,在何許？君不見朝烹狗、暮縛虎。

《李夢陽集校箋》卷五,第一册,108頁

漢傑士(其三)　　　　　　　　　　　　（明）楊　基

子房本韓臣,志欲報韓仇。亡秦與蹶楚,初不為漢謀。功成不貪賞,而乃願封留。富貴非初心,竟從赤松遊。寥寥千載下,斯人誰與儔。

《眉庵詩集》卷一,4頁

徐州,同朱進士登子房山　　　　　　　（明）歸有光

入舟忽不樂,呼侶登崇丘。子房信高士,祠處亦清幽。俯視徐州城,黃河映帶流。青山如環抱,一髮懸孤州。河流日侵齧,森森洞庭秋。烏犬爭死人,岡隴多髑髏。使者沉白馬,守臣記黃樓。歎我亦何為,空爾生百憂。生民隨大運,孰能知其由。覷此名邦舊,懷古思悠悠。壹自徐偃王,獨有青山留。劉、項亦何在？子房空運籌。但從赤松子,不用待封侯。

《別集》卷一〇,《震川先生集》下册,943頁

留　城　　　　　　　　　　　　　　　（明）方逢時

未遂椎秦志,因成佐漢勳。術縱黃石授,身與赤松群。往事隨流水,荒城空暮雲。蒼

茫千古意,蕭颯不堪論。

《大隱樓集》卷四,《四庫未收書輯刊》伍輯 19 冊,696 頁

讀史十首·子房　　　　　　　(明)支大綸

伎癢英雄不自持,韓仇聊爾藉名資。快心三月咸陽火,何似虛投博浪椎。

《支華平先生集》卷四,《四庫全書存目叢書》集部 162 冊,76 頁

新豐過留侯、舞陽侯祠　　　　(明)王庭譔

新豐樹裡問行人,碧殿燋堯古漢臣。灞上誰分劉、項業,鴻門始識帝王真。連籌一定渾無事,擁盾寧知更有身？白日精忠元不沒,千秋遺像總如新。

《松門稿》卷八,《陝西古代文獻集成》第 10 輯,230 頁

吊張子房　　　　　　　　　　(明)文翔鳳

子房有墓,並趙氏□□。

夏服烏號射六王,金人收鑄遂稱皇。龍興莫問十劉季,虎嘯從他百子房。乍赭湘山童舜竹,旋驅海石眺扶桑。《太公兵法》能焚得,老父投篋在圯梁。

《南極篇》卷四,《四庫禁毀書叢刊》子部 11 冊,422 頁

張子房墓二首　　　　　　　　(明)文翔鳳

過隙誰能駐白駒,君今不食爲誰朘。却糧我亦曾三日,恐引輕身到帝都。

白雲空載碧琅玕,須問白雲何處餐。萬戶提卦今付主,回旌爲吊一抔乾。白雲山,子房隱處,無山。

《皇極篇》卷二,《四庫禁毀書叢刊》集部 49 冊,261 頁

讀史·張良　　　　　　　　　(明)童　軒

踣羽興劉計有餘,也應黃石一編書。淮陰、相國俱人傑,明哲看來太不如。

《清風亭稿》卷八,影印文淵閣《四庫全書》1247 冊,169 頁

經下邳圯上受書處 有序 　　　　　　　　　　(明)鍾 惺

未托素交,先呼孺子。以僕役而加國士,若子弟之應父兄。亦倨亦親,非真非戲。蓋語盡於投書之後者淺,意藏於受履之先者深。行徑頓殊,機鋒相逗。業已道存於目擊,豈惟氣折而心開。乃云強忍相從,初尚愕然欲毆。夫乃以市中年少之腹,而窺圯上英雄之心乎? 淺哉! 太史之言,未免文人之見。經途感事,懷人賦詩,用抒斯衷,兼訂昔惑云爾。"

警蹕秦皇帝,溪橋老禿翁。奮椎群力外,進履眾人中。智勇皆何往,天人有所通。英雄關運數,授受不相同。

《隱秀軒集》卷七,102頁

詠史十五首 并序·張留侯(其一) 　　　　　　　　(元)陶 安

風塵不息有年,生民肝腦塗地,弗見援而止息者。閉戶憂思,古之豪傑,自漢以下,張留侯等十五人,又莫知何在。慨歎之餘,爰按傳考實,每爲賦一絕,以寓思仰之忱,亦望梅止渴之意云爾。

佐漢成功又定儲,全身遠害類吾儒。也知豪傑天生世,未必黃公授《素書》。

《全元詩》第42冊,470頁

讀史述·張良 　　　　　　　　　　　　　　　　　(明)魏學洢

子房婦女容,冷致澹人意。鴻門撞玉斗,從容自遊戲。想其眉宇間,消盡浪沙氣。壯心未肯降,偶爾付劉季。萬戶亦何庸,賞功漢家事。穀城拾黃石,歸來好閑睡。

《茅簷集》卷三,影印文淵閣《四庫全書》1297冊,542頁

張 良 　　　　　　　　　　　　　　　　　　　(明)胡 奎

良貌若美婦,本圖報韓仇。擊秦博浪沙,隱跡下邳遊。既進黃石履,復運沛公籌。關中興漢業,天授非人謀。謝事從赤松,功成願封留。一掉三寸舌,名高萬戶侯。

《胡奎詩集》卷一,47頁

《圯橋進履圖》 　　　　　　　　　　　　　　　(明)胡 奎

出逢黃石公,歸從赤松子。漢家四百年,功在圯橋履。

《胡奎詩集》卷六,441 頁

赤松子橋
(明)吳　節

椿樹陰陰夾路岐,邳橋車馬日驅馳。留侯不遇赤松子,皇漢何因得國師。

《吳竹坡先生詩集》卷二五,《四庫全書存目叢書》集部 23 冊,579 頁

題《圯橋進履圖》
(明)高　棅

六王皆帝秦,良也獨懷恥。椎政計亦非,報韓心未已。隱身下坯遊,屈體跪翁履。孺子誠可教,天授豈徒爾。神機運《素書》,勳業光青史。千載翫幽圖,圯橋空逝水。

《高漫士木天清氣集》卷四,《四庫全書存目叢書》集部 32 冊,150 頁

圯　　上
(明)王　寅

蚤歲盡破產,報韓氣何雄。誤擊博浪沙,抱志幾不終。匿名來下邳,幸有圯上逢。一見識孺子,進履披褐翁。嬴秦快即滅,炎漢資成功。荒祠今尚在,九曲黃河東。寂寥訪往跡,感慨懷高風。

《十岳山人詩集》卷一,《四庫全書存目叢書》集部 79 冊,159 頁

經下邳作
(明)宋儀望

客行涉孟冬,言經下邳里。緬懷黃石蹤,事往跡已毀。淒涼野樹低,蕭颯寒風起。黃河塞下流,洪浸深瀰瀰。列郡莽蓁蕪,萬室鮮麻枲。既憖監門圖,徒歆長孺軌。守土豈不崇,肉食良足鄙。聊述觀風謠,倘冀諧斯理。

《華陽館詩集》卷二,《四庫全書存目叢書》集部 116 冊,511 頁

留侯墓
(明)吳廷翰

一種青山韓相村,漢朝祠墓閉黃昏。封侯未遂明王業,葬骨猶埋故國思。博浪功墮心轉苦,圯橋書在事難論。當時豪傑應無數,不似先生道獨尊。

《詩集》卷下,《吳廷翰集》,413 頁

謁黃石子房祠

（明）陳文燭

當年霸業已丘墟,留得高賢此址居。孺子勳名橋下履,老人心事篋中書。赤松遊去非遺世,白髮招來更定儲。堪笑黃河盟若帶,祠前流水漢家衿。

《二酉園詩集》卷一〇,《四庫全書存目叢書》集部 139 冊,370 頁

詠史四首(其三)

（明）王家屏

圯上何來一老翁,謾將三略授兒童。後來不是赤松子,當日元非黃石公。

《王文端公詩集》卷下,《四庫全書存目叢書》集部 149 冊,569 頁

謁留侯墓

（明）董嗣成

身抱神仙骨,書傳帝者師。空原荒草墓,古木白雲祠。萬戶輕如脫,千秋名在茲。波濤日夜響,猶恨副車時。

《青棠集》卷四,《四庫全書存目叢書》集部 169 冊,202 頁

穀　　城

（明）王　衡

出山逢老人,入山化黃石。千載石人前,紛紛拜行客。

《緱山先生集》卷二,《四庫全書存目叢書》集部 178 冊,611 頁

過留侯祠

（明）王　衡

祖龍布毒燄,六社墟為煙。手操報秦椎,乃此弱少年。一擊不中去東海,黃金散盡舌尚存。而今悔盡少年心,行授崤陽老子兵。終扶赤帝噓炎精,以漢報韓心自盟。杯底龍蛇楚、漢剖,箸前縱橫六國走。功成持我黃石書,以問赤松當是否。赤松、黃石不可知,豈其同茹商山芝。未央鍾室烹壯士,公方雲臥留之湄。生前不戀侯萬戶,身後寧貪一坏土。神仙不死俠骨香,月冷波清自今古。

《緱山先生集》卷三,《四庫全書存目叢書》集部 178 冊,630 頁

穀城山

（明）陳子壯

消息弓藏鳥盡餘,椎嬴籌漢等何如。穀城原在行塵裏,黃石還疑世外書。

《陳文忠公遺集》卷七,86頁

題張子房墓

（明）茅元儀

秦已分崩楚必殘,遭逢佐漢豈真難。功成終受封侯賞,辜負初心欲報韓。

《石民賞心集》卷一,《四庫禁毀書叢刊》集部110冊,289頁

子房祠三首

（明）茅元儀

何煩孤廟枉河陽,辟穀空山白晝長。垂老通侯愁呂雉,報韓却為漢家忙。

不為韓王送沛公,河南早已屬重瞳。莫誇黃石書三卷,到底終收一擊功。

從來策士口如雲,一擊當初是否君。圯上老人還殉葬,沙中壯士欲論勳。

《石民賞心集》卷八,《四庫禁毀書叢刊》集部110冊,350頁

圯　橋

（明）鄭　真

暮雨荒城二尺泥,山人騎馬過橋遲。山川風土元非昔,空憶留侯進履時。

歎息秦坑一燼空,誰知授受有兒翁。漢家三百年天下,都在殘編斷簡中。

《滎陽外史集》卷九八,影印文淵閣《四庫全書》1234冊,624頁

留　侯

（明）龔　詡

已聞赤帝收秦鹿,又見烏江刎楚猴。一點報韓心已遂,重輕宜不較封留。

《野古集》卷下,影印文淵閣《四庫全書》1236冊,308頁

舞陽、留侯廟二首

（明）李昌祺

信族豨夷越醢躬,太平無複用英雄。高皇却墮先生計,世上何曾有赤松。

人心變幻幾千般,帶礪盟深亦易寒。秦網逃來逃漢網,誰將此意語蕭、韓。

《運甓漫稿》卷六,影印文淵閣《四庫全書》1242冊,507頁

留侯廟和韻

（明）沈　周

博浪還非擊鹿秋,先生空作蠱生流。天將小挫宏開業,事到丕成細論讎。羽翼四人歸妙算,神仙一著是高遊。千年遺廟蘋花在,日暮相思楚水頭。

《石田詩選》卷三,影印文淵閣《四庫全書》1249 冊,597 頁

分題圯橋,送張公實參議　　　　　　（明）吳　寬

行經下邳城,試訪留侯事。遺跡今何存,臨流漫相指。侯也本韓人,天其畀劉氏。能擊沙中椎,顧取圯下履。何必魁梧人,中心始知恥。舉足直受之,匍匐更前跪。欲為帝者師,寧被老人使。嗟當嬴秦時,虐焰到經史。兵書尤所禁,搜索遍焚毀。一編出袖中,依然先秦字。乃知老人愚,遠勝始皇智。黃石聊托名,老人亦人耳。避世能全身,同時類黃綺。維古多斯人,過客勿疑此。去之千年餘,為侯究終始。始見滄海君,終從赤松子。

《家藏集》卷一三,影印文淵閣《四庫全書》1255 冊,95 頁

題《張良進履圖》　　　　　　（明）黃仲昭

天挺人豪遇下邳,留侯遂作帝王師。秦關百二山河破,應是胚胎進履時。

《未軒文集》卷一一,影印文淵閣《四庫全書》1254 冊,561 頁

謁留侯祠　　　　　　（明）鄭善夫

吾慕張子房,乃是紫霞客。志士有苦心,麟趾暫驅策。功隳博浪沙,折節下黃石。談笑用漢祖,畢志任所適。神山逝朱鳳,鷙鳥空累百。

《少谷集》卷一下,影印文淵閣《四庫全書》1269 冊,12 頁

再迭前韻,詠張良　　　　　　（明）李開先

運籌決勝中機宜,三寸舌為帝者師。為報韓讎長憤激,力扶漢業已昭垂。鴻門有會危能脫,博浪無成志不移。出水蛟龍淩碧漢,擇林鳥雀得高枝。偶逢黃石雖云早,相伴赤松亦未遲。天上彩雲容易散,眼前紅日又將卑。名高毀集誰能免？身退功成自不私。三傑齊名君獨最,史臣豈是飾虛詞。

《閒居集》卷四,《李開先全集》上冊,366 頁

詠古七首（其二）　　　　　　（明）王廷相

智士炳幾先,愚人守常調。存亡在須臾,事變徒悲悼。留侯人中英,頗亦識天道。知明守其暗,無欲觀其妙。儲危不可諍,悞主來四皓。辟穀從赤松,寂寞豈攸好？握此靈珠

光,消息合天造。淮陰吁昧矣,竟為百世誚!

《王氏家藏集》卷八,《王廷相集》第一冊,104頁

留侯墓　　　　　　　　　　　　　　　(明)皇甫汸

在喉音寺道傍。

古寺臨郊外,殘碑倚道周。赤松人已化,青塚世仍留。觀跡俱成幻,銘功本棄侯。還疑灞陵上,魂去奉冠遊。

《皇甫司勳集》卷一五,影印文淵閣《四庫全書》1275冊,588頁

過留侯墓　　　　　　　　　　　　　　(明)邱(丘)雲霄

西楚雄圖盡,南徐水自流。伯圖黃石恨,光節赤松遊。仗劍初投漢,孤忠豈為劉。古碑懸夜月,春草拜狐丘。

《北觀集》卷二,影印文淵閣《四庫全書》1277冊,232頁

留侯祠　　　　　　　　　　　　　　　(明)尹　臺

秦鹿突中原,六國分橫騖。韓觝族先殪,子房蓄仇怒。千金購死士,破產不為顧。東見滄海君,髣髴平生故。潛椎博浪沙,乃中副車誤。隱身仍俠遊,索黨呣窮捕。函谷氣先奪,沙丘魄隨仆。壯哉烈士謀,闊略馳雄步。搏秦雖云猝,智勇亦恢露。歸來圯上游,神父識英孺。尚公足下履,遺我懷中素。元韜秘密畫,一一潛指悟。出說隆準公,風雲燿景附。嬰降積念抒,成立屌宗祚。喑嗚扛鼎夫,六合恣殘蠹。憑陵拔山氣,噓吐阪泉霧。笑紆垓下籌,立詆滎陽箸。戰利三侯奔,業垂四海固。儲皇掛繒繳,一語開熒妒。昂藏四老人,羽翼奮匡護。赤鼎既云奠,願棄人間務。逃名托輕舉,往躡喬松屨。偉哉帝者師,逸矣人傑慕。古祠翳沙莽,雲日蕩回互。側思千載人,精靈儻此聚。劉、項跡已陳,黃綺逝安住。吾行悲所徂,呃吒徐、淮暮。

《洞麓堂集》卷七,影印文淵閣《四庫全書》1277冊,574頁

題《張良歸山圖》　　　　　　　　　　(明)王　恭

抽卻胡簪別漢家,赤松相侯在煙霞。如今悟得全身計,不似從前博浪沙。

《白雲樵唱集》卷四,影印文淵閣《四庫全書》1231冊,186頁

博浪沙歌　　　　　　　　　　　　　　（明）夏完淳

東海波翻白日動,秦仇慷慨天門慟。倉海先生矢報韓,博浪沙頭風雨闌。祖龍日觀登封還,金泥玉簡嵩高山。道遇沙中鼓椎者,副車決裂龍旗下。此時一呼乾坤震,大索十日神龍隱。秦亡朱組繫子嬰,三戶復死韓王成。芒碭五雲天子氣,遇留風雨蛟龍意。垓下烏騅楚霸王,鎬池白璧秦皇帝。嗟乎哉！大仇既報奇功收,拂衣願從赤松遊。英風颯爽滿天地,《素書》三卷在人世。

《夏完淳集箋校》卷四,172頁

讀史二首（其一）　　　　　　　　　　（明）張煌言

秦鹿橫飛六國殘,狐鳴篝火亦登壇。留侯若也歸張楚,更有何人解報韓？

《張蒼水集》第二編,113頁

圯　橋　　　　　　　　　　　　　　　（明）謝肇淛

圯橋跽進履,三與父老期。終回烈士心,作彼帝者師。此意久寂寥,千載空芳祠。

《小草齋詩集》卷五,《小草齋集》上冊,689頁

詠史一百首（其三十二）　　　　　　　（明）謝肇淛

祖龍奮其威,耽耽狡猊雄。五世相韓者,狙擊博浪中。君仇誼所棘,好勇忘其躬。圯橋有老人,云是黃石公。授以尺《素書》,遇合成雲龍。終襯重瞳魄,拂衣從赤松。韓、彭困葅醢,鳥盡悲良弓。達人識先幾,天地無成功。

《小草齋詩集》卷六,《小草齋集》上冊,710頁

下邳山上有黃石公廟　　　　　　　　　（明）謝肇淛

維舟黃河曲,寒城渺煙水。隔水見孤嶼,岹嶢面南汜。荒徑翳藤蘿,崇構仍輝峙。云是黃石公,春秋薦蘋芷。憶昔張子房,於茲跽進履。《素書》密授受,雲龍從此始。既尋穀城約,遂從赤松子。冥鴻杳莫即,圯橋留遺址。忍辱乃成功,明哲貴知止。吊古再三歎,日墜瞑鐘起。

《小草齋詩集》卷七,《小草齋集》下冊,738頁

望下邳作

(明)陳子龍

我今不樂魯、宋間,東望躑躅凋朱顏。眼中高山與大水,古來英雄幾人死?龍騰虎嘯勢莫當,誰知芒碭雲飛揚!君不見項王生長下邳者,黃石却授張子房。

《陳子龍詩集》卷八,上册,229頁

過黃石祠,懷留侯

(明)王　洪

神蛟脫秦網,孤鳳遊蒼冥。微服楚澤間,遂為圯上行。老翁彼何士,素髮垂華纓。當橋叱取履,箕踞若狂生。顧授一編書,奇文閟縱橫。片言斡神機,千秋啟炎精。孺子後見我,黃石濟北城。高山立遺廟,振古揚鴻名。慨彼井底蛙,自多安所成。

《毅齋集》卷三,影印文淵閣《四庫全書》1237册,446頁

《進履圖》

(明)朱誠泳

張良昔未遇,誓欲報韓仇。進履圯橋下,虛心將有謀。《素書》一授受,於焉相炎劉。蹙秦暨蹶項,默運帷幄籌。王業既大定,毅然乞封留。列侯豈不貴,而托赤松游。度彼良之心,報韓願已酬。區區黃石公,不知伊與周。《素書》視《典》《謨》,治道孰為優?

《小鳴稿》卷二,《陝西古代文獻集成》第17輯,88頁

恩賜勝覽錄

(明)朱誠泳

漢有天下,張良實謀臣也。逮大功既成,乃欲從赤松子游,豪傑欺人之言,豈可信哉?其墓一在咸陽,一在韓城,俱載郡志,未知孰是。予所過則咸陽者云

天生才傑起山東,肯學連衡與合從。四海風塵爭逐鹿,一編籌策竟從龍。殯宮已見埋青草,石室空傳伴赤松。明哲保身公獨有,尚疑人在躡仙踪。

《小鳴稿》卷一〇,《陝西古代文獻集成》第17輯,234頁

留城懷古

(明)許宗魯

哲士昔六達,龍伏於草萊。翻然憤鱗翼,出際風雲期。手握黃石符,身為赤帝師。智運秘神鬼,蕭韓那得知。四海歸皇圖,英雄多見疑。開國重始遇,乞留有餘機。河山奄舊

疆,珪組紛陸離。履滿戒知止,居崇慮蹈危。辟穀假高踪,赤松杳何之。冥冥九霄上,飛鴻振羽儀。寄謝工弋者,懸情一何為。此意商巖叟,庶幾達其微。

《少華山人前集》弟三《宦游稿》,《陝西古代文獻集成》第 28 輯,268 頁

張　良　　　　　　　　　　　　　　　(清)黃鵬揚

懷椎徂擊武陽陰,膽足包天識更沉。豈是少年誇伎倆,分明五世感恩深。

《讀史吟評》,《說鈴》後集一,4 頁

力士椎　　　　　　　　　　　　　　　(清)屈　復

力士誤椎人共惜,搜之無跡疑鬼伯。天地且震動,日月亦變色。祖龍不死安可得,輼涼車已先褫魄。

《清詩別裁集》卷二八,下册,504 頁

子房山　　　　　　　　　　　　　　　(清)方　文

子房韓公子,所痛在韓滅。助漢以誅秦,初非好功業。其志惟復讎,讎復志已愜。飄然從赤松,皎如松上雪。聞其少年時,吹簫此丘垤。因以公名山,廟祀永不絕。我來拜祠下,彷彿見風烈。亦有區區心,人前詎能說。

《嵞山集》卷二,影印《嵞山集》上册,113 頁

博浪椎秦　　　　　　　　　　　　　　(清)褐　夫

留侯曠世孰能留,博浪椎空姓氏收。帷幄運籌天下定,掉頭便逐赤松遊。

《古史詩針》,《戴名世集》附錄二,439 頁

讀史詩　　　　　　　　　　　　　　　(清)毛奇齡

張生本文孺,夜起受簡編。忽從遊俠行,破產思報韓。志意久不達,怫鬱何由宣。一朝風雲生,帷幄進讜言。持籌並握箸,所至無拘挺。當其家居時,遊戲商洛間。平交結耆舊,偉製裁衣冠。辟穀散暮氣,餌芝當晨餐。貧賤可肆志,富貴難久安。寧負平、勃交,勿棄園、綺歡。遐哉亦松遊,豈為求神仙。蘭成煙霞姿,倜儻超等倫。少小作鈔撰,落筆如散銀。並使嚼鸚鵡,同等摩麒麟。池臺紹河曲,鐘鼓宴洛濱。太平三十載,總是梁朝人。

豈知蒼鵝飛，頓令玉馬湮。朱桁撤單舠，青袍蔽長津。庶望下亭旅，重邁南郡春。如何走秦關，別館留孤臣。三戶既已盡，七葉誰見親。從此東海鳥，長作西都賓，陽春方遞代，去故當就新。寒暑有時盡，日月無返晨。臨都哭三晝，繞屋步百巡。豈不被顯爵，亦既叨殊恩。無如慕鄉井，惠好難重陳。生逢亂離世，老作異代身。江南草長時，回望情彌殷。枳橘豈秦產，夷、齊本商民。一吟思歸辭，淚下露衣巾。

《晚晴簃詩匯》卷四四，第一冊，594頁

留侯祠 （清）王　曇

子胥鞭楚楚不絕，留侯入秦秦即滅。英雄為報一家仇，何苦漂流萬人血。胥不得佐太子建，良不得佐韓王成。不為赤松走，幾為猛犬烹。功人功狗兩無益，徒受亭公謾罵名。張良不食穀，李泌不娶妻。早欲祠黃石，何如老白衣。君不見五湖范蠡載西施，一舸鴟夷去已遲。魯連不忍秦皇帝，密鑄亡秦一柄鎚。

《晚晴簃詩匯》卷一〇九，第三冊，148頁

讀《張良傳》三首 （清）田　雯

雷轟一擊動長安，辛苦先生欲報韓。女貌兼工神鬼術，不然十日索何難。
圯上尋來多詭異，從遊何處脫風塵。赤松、黃石無名姓，勾引留侯是一人。
商山不少采芝翁，埋伏它年羽翼功。一旦漢庭來四皓，其人久在《素書》中。

《古歡堂集》卷一四，影印文淵閣《四庫全書》1324冊，168頁

讀史雜詠，呈藥地大師·張留侯 （清）魏　禧

心長手短，父冤不報。報父父之，是謂達孝。

《魏叔子詩集》卷一，《魏叔子文集》下冊，1211頁

留侯祠 （清）王士禛

歲晏穀城頭，唯餘碧水流。何年紫芝侶，共訪赤松遊。暮雪寒山道，溪毛過客羞。崎嶇滄海意，不是為封留。

《蠶尾續詩集》卷二，《王士禛全集》第二冊，1173頁

紫栢山下，謁留侯祠 （清）王士禎

相傳是辟穀處，并祀黃石公、亦松子。

萬木蕭蕭風晝吹，深山忽見留侯祠。清流白石閱今古，雪栢霜筠無歲時。辟穀真從赤松隱，授書偶作帝王師。也知鳥喙逃勾踐，未屑鴟夷學子皮。

《蠶尾續詩集》卷四，《王士禎全集》第二册，1259 頁

彭、越道中詠古二首（其二） （清）朱彝尊

博浪飛椎後，圯橋進履年。無人知偶語，況有《素書》傳？

《騰笑集》卷三，影印《騰笑集》上册，89 頁

題畫五首，同吳賓賢、汪舟次作·《張良進履》 （清）孫枝蔚

公子慇慇跪老生，芒鞋憑墜不曾驚。莫言豪氣全收斂，無限恩仇氣未平。王阮亭曰：深。

《溉堂前集》卷九，影印《溉堂集》上册，454 頁

題《張良進履圖》 （清）吳嘉紀

大怒椎秦博浪中，壯心急遽笑英雄。人前雙履殷勤進，喜殺橋頭黃石公。

《吳嘉紀詩箋校》卷一，10 頁

子房山 （清）蘇 嵋

圯橋進履處，洪波沒碑顙。留得子房山，頹然立榛莽。可憐楚王峰，朝昏共俯仰。黃石與赤松，令人有餘想。當年秦皇鹿，得失如反掌。況乃韓、彭輩，身命付羅網。今古此浮名，誰能塞天壤。悲風起林末，謖謖發枯響。空瞻博浪墟，輪蹄自往來。

《晚晴簃詩匯》卷三一，第一册，392 頁

張子房祠 （清）錢孟鈿

狙擊早銷秦帝膽，借籌竟創漢家基。空疑狀貌同雌伏，始信功名見獵遲。帷幄總分黃石略，雲山不負赤松期。高蹤迴出韓彭外，紫栢千秋護舊祠。

《晚晴簃詩匯》卷一八五,第四册,605頁

和夫子《讀〈留侯傳〉》作　　　　　　　　　　(清)玉　并

早逢黃石公,暮訪赤松子。人比魯連豪,伍無樊噲恥。英雄富貴總成空,辟穀宜從進履始。少年便學長不死,永保貌如婦人美。

《晚晴簃詩匯》卷一九二,第四册,814頁

下邳懷古　　　　　　　　　　(清)王鳴盛

荒郊憑吊意踟躕,畫角孤城晚照餘。却笑秦坑燒未盡,圯橋猶剩一編書。

《非册集》,《西莊始存稿》卷二,《嘉定王鳴盛全集》一〇册,28頁

穀城山詠留侯　　　　　　　　　　(清)趙執信

秦皇殪六王,按劍坐虎視。收兵作金人,天下心俱死。子房貌婦女,起揮報韓椎。萬乘盡辟易,祖龍喪天威。却顧發難徒,狐鳴豈足道。智傾垓下雄,氣斂圯橋老。功成何淡蕩,濟北遠相尋。奇傑丈夫節,委蛇君子心。悲哉韓淮陰,胯下同一趣。終思蒯生言,不從赤松去。

《因園集》卷五,影印文淵閣《四庫全書》1325册,340頁

博浪城　　　　　　　　　　(清)袁　枚

真人采藥走蓬萊,博浪沙連望海臺。九鼎尚沉三戶起,六王才畢一椎來。黃金宮闕神仙遠,白璧光陰山鬼催。此日西風如力士,當車還擊布幃開。

《小倉山房詩集》卷一,《小倉山房詩文集》第一册,12頁

詠　史(其四)　　　　　　　　　　(清)袁　枚

子房非正士,可傳惟一椎。自見黃石公,陰險靡不為。為韓非其心,滅韓皆其計。不肯立六國,韓宗遂隕也。野雉幸辟陽,夫妻義已絕。立賢不立長,殷、周有成跡。胡為召四皓,為之張羽翼？老人見厚幣,來如飛鳥捷。龍木准強人,傷哉為所劫！長陵骨未寒,殺子及其妾。北門奪軍時,四皓骨已朽。借使木未拱,能安劉氏否？報韓既不成,報漢復何有？所以自辟疆,竟請諸呂王。誰能為此謀？貽謀自子房。

《小倉山房詩集》卷一,《小倉山房詩文集》第一册,80 頁

張子房祠
（清）趙翼

早師黃石公,晚從赤松子,斯人莫可見首尾。當其狙擊博浪椎,篝火狐鳴尚未起。猝發固見節俠才,輕舉猶少深沉理。胡為後此變化神,蟬蛻鴻冥益奇詭。得非圯橋進履時,書外別有密傳旨。不為世用乃用世,豈但全身葅醢裏。捐百鎰金一撮土,棄萬戶侯一敝屣。韓彭戮後吾無猜,此特餘智出囊底。君看佐漢滅楚、秦,借他人力雪己恥。一報韓國亡,一報韓王死。劉季英雄人,亦且為所使。何況四皓雖神仙,君直股掌玩之耳。我來祠下欽遺風,僂指人才罕其此。望古不見空躊躇,高雲在空月在水。

《甌北集》卷二,上册,31 頁

汪生彥和出元人畫二十幅,分賦其五·《留侯歸漢圖》
（清）洪亮吉

君不見,竹冠布衣位至尊,漢家丞相非高門。驪山罪徒滿闕下,黥面盜首王皆真。當時入關佐天子,三傑首數韓王孫。留侯儒者固益上,詎與刀筆同時論。秦凶竟從趙高匿,楚虐幸有項伯恩。英雄歸漢有本末,丹青照水顏疑神。平生折節黃石公,我懷獨有滄海君。咸陽原爭兩豎子,冥冥者鴻竟離群。始知高視出一世,四皓未免趨風塵。留侯功成即乞身,心所師者真其人,赤松黃石何足云。

《附鮚軒詩》卷二,《洪亮吉集》第五册,1927 頁

雜興八首（其二）
（清）劉大櫆

我愛張子房,貌如婦人耳。生年即多病,三寸舌詼詭。運策幃帳間,其中有妙理。韓仇既已復,好爵非所喜。始遇黃石公,終從赤松子。

《劉大櫆集》卷一二,417 頁

紫柏山謁留侯祠
（清）張問陶

數千年後訪遊蹤,知在雲山第幾重？世亂奇書能早讀,功成仙骨不爭封。恩仇報盡尋黃石,戎馬歸來慕赤松。看遍漢家諸將相,斯人出沒幻如龍。

封留隨意了前緣,冠佩臨風尚儼然。像貌不妨疑婦女,英雄原稱作神仙。一傳除國

君恩薄,兩漢開端相業全。幾卷《道經》三尺几,白雲終日在祠前。

《乞假還山集》上,《船山詩草》卷六,上冊,160頁

穀城山懷古 （清）舒　位

手出奇書圯上傳,英雄容易遇神仙。赤松子宅遊千仞,滄海君椎直一錢。此地青山橫作黛,向來黃石化何年？旁人漫擬《陰符》術,論定秦時避世賢。

《瓶水齋詩集》卷二,上冊,43頁

古懷人詩五首·漢留侯良 （清）舒　位

少懷家國怨,中運帷幄籌。千金結死客,萬戶封列侯。侯亦不可封,客亦不可結。誰明一片心,空掉三寸舌。迢迢鼎湖龍,啄啄未央雉。但聞烹蒯通,未信封雍齒。分難久相保,請學長不死。安知夏黃公,非即赤松子？

《瓶水齋詩集》卷二,上冊,79頁

留侯里詠古 （清）舒　位

已奉黃石教,且從赤松遊。報仇五世韓,辟穀萬戶留。辟穀之樂非封侯,封侯不過為報仇。仇既報,可已已。侯既封,聊爾爾。君不見亞夫肉食何其鄙,雖不辟穀亦餓死。

《瓶水齋詩集》卷一三,下冊,515頁

留侯廟 （清）曾國藩

小智徇聲榮,達人志江海。咄咄張子房,身名大自在。信美齊與梁,幾人飽鮐酷？留邑茲岩疆,亮無懷璧罪。國仇亦已償,不退當何待？鬱鬱紫柏山,英風渺千載。遺蹤今則無,仙者豈予紿！竭來瞻廟庭,萬山雪皠皠。赤日岩中生,照耀金銀彩。亦欲從之遊,惜哉吾懶怠。

《曾國藩詩集》卷二,《曾國藩詩文集》,38頁

子　房 （清）張裕釗

垓下歸來萬戶封,子房奇偉孰追蹤。少遊圯上逢黃石,晚棄人間慕赤松。堪歎韓、彭空走狗,可能潛見測神龍。功成不退徒遺恨,徙跣猶憐相國恭。

《濂亭遺詩》卷二，《張裕釗詩文集》，336 頁

張　　良　　　　　　　　　　（清）謝啟昆

一椎博浪客東遊，未遂歸韓更相劉。結友商山能定漢，受書黃石但封留。三分諸葛殊成敗，異代青田法運籌。為帝者師本忠孝，清風萬古穀城幽。

《樹經堂詠史詩》卷一，影印《續修四庫全書》1458 冊，506 頁

張　　良　　　　　　　　　　（清）羅惇衍

字子房，韓人。佐高祖定天下，為太子少傅，封留侯。卒，諡"文成"。

授書以後智非常，躡履機鋒納履藏。四皓聯翩恢帝略，一儒終始宅仙鄉。蛇蟠大澤龍能斷，雉峙深宮鳳自翔。心慕赤松身辟穀，穀城遺跡兩茫茫。

《集義軒詠史詩鈔校證》卷五，第一冊，144 頁

遊紫柏山留侯祠　　　　　　　　（清）張之洞

祠在驛路旁。

雲麓標隱居，喧喧臨孔道。成功辟穀人，胡不尋幽窔？稍有一塹秀，猶憾層巖少。森森庭柏竦，涓涓砌泉繞。劉、樊吾未能，弛擔暫亦好。可惜公強飯，牽連累四皓。如意類龍顏，羽翼何顛倒。徒拋紫芝香，終望赤松杳。

《張之洞詩文集》卷二，72 頁

詠古詩十四首·張良　　　　　　（清）張之洞

亂世英雄貴識幾，沛公天授幾人知？一椎已竭孤臣力，三略終成帝者師。崔浩機權微彷彿，右侯位業尚差池。人生快意功名遂，敝屣通侯獨往時。

《張之洞詩文集》卷九，326 頁

徐州子房山　　　　　　　　　　（清）汪　瑔

報仇初見祖龍灰，定策俄令綺皓來。最是石公非世隱，也將物色到塵埃。

《寸璧堂詩集》卷一，《附錄》八，《汪瑔全集箋校》第五冊，2600 頁

詠　　史(其二)　　　　　　　　　　　　　　(清)沈德潛

子房欲報韓，椎秦中副車。後人共惋惜，此見猶拘墟。當日祖龍死，神器歸扶蘇。劉項雖蹙秦，未易遽翦除。蒼蒼有深意，秦社應榛蕪。毋議狙擊者，而謂智術疏。

《歸愚詩鈔》卷四，《沈德潛詩文集》第一冊，66頁

詠　　史　　　　　　　　　　　　　　(清)沈德潛

夫人利刃漫投，博浪飛椎誤擊。兩人報復未成，已喪祖龍精魄。

《歸愚詩鈔餘集》卷九，《沈德潛詩文集》第二冊，602頁

穀城山　　　　　　　　　　　　　　(清)王　軒

穀城山色青童童，骨廢神寒千禿翁。當道驅車不敢觸，此中恐驚黃石公。澠池璧還祖龍死，千古桃源隔春水。何物老子欲蹟秦，袖將《三略》假孺子。得非商山老，無乃滄海君。不欲人間知姓字，遂令後代疑鬼神。三寸西來動真主，變化風雲作雷雨。幸逢龍戰天地清，寧識狙擊心意苦。黃冠草服辭金闕，謬向赤松問丹訣。負郭猶勤蕭相田，三分敢饒酈生舌。君不見烹狗藏弓禍已太，破產功成亟身退。哀求早識野雞晨，若見此文當斂拜。

《穉經廬詩集》卷六，《續尤西堂擬明史樂府》(外二種)，192頁

詠古詩六十首·同樊山作·張良　　　　　　(清)易順鼎

復韓事漢兩精忠，辟穀還餐異代楓。晚爲赤松辭赤帝，早因黃石慕黃公。冠看比玉爭平美，印趣銷金過信功。寫入《無雙圖》畫裏，神仙原與婦人同。

《琴志樓詩集》卷一二，第三冊，756頁

詠　　史(其七)　　　　　　　　　　　　　　(清)殷如梅

取履與躡足，聲色何不動。獨有博浪沙，危哉此智勇。翻青蓮句。

《緣滿山房集》丙二，《清代詩文集彙編》438冊，696頁

辟穀歎《前漢書》　　　　　　　　　　　（清）陳啟疇

張良先世累相韓，秦滅韓，良募力士，椎秦不中。後從高祖，運籌帷幄，屢立奇功，封留侯。然心中輕富貴，欲學道輕舉而辟穀也。

散金募士報仇切，大索不得嬴祚絕。鳥盡原是當藏弓，何因慷慨歌《大風》。功成帷幄求學仙，留侯知人兼知天。圯下傳書直妄耳，人間那有赤松子，辟穀但得正命死。

《詠史擬古樂府》卷上，《清代詩文集彙編》450 冊，154 頁

漢臺詠史·張子房　　　　　　　　　　　（清）嚴如熤

博浪沙中往事非，袖錐能損祖龍威。絕高淮、泗藏身智，早伏神仙避世機。名士經綸三寸舌，興王社稷一戎衣。漢儲已定韓讎報，紫柏山深掩石扉。

《樂園詩稿》卷三，《清代詩文集彙編》455 冊，163 頁

張　良　　　　　　　　　　　（清）王廷紹

學禮宜為帝者師，淮陽早歲執經時。橋邊知進先生履，海上能來力士椎。帷幄功成方善病，神仙事杳足消疑。布衣不受高皇罵，笑爾儒冠酈食其。

《澹香齋詩草》卷二，《清代詩文集彙編》472 冊，342 頁

張　良　　　　　　　　　　　（清）鮑桂星

博浪沙飛氣不降，天生奇傑佐劉邦。趣銷佩印黃金六，持獻軍門白璧雙。書致老人來甪里，謀成騅馬蹶烏江。赤松千載誰堪竝，只有鴟夷一釣艭。

《覺生詠史詩鈔》卷一，《清代詩文集彙編》476 冊，469 頁

補禹門兩漢詠史小詩（其十三、二十二）　　　　　　　　　　　（清）梁運昌

沙中坐偶語，未必即謀反。聊無戢上心，功臣得安穩。

辟疆十四五，身已侍帷幄。不為留立後，無乃文之薄。

《秋竹齋詩存》卷二，《清代詩文集彙編》499 冊，13 頁

讀《史記》作(其六)　　　　　　　　　　　　（清）盛大士

子房善導引,飄飄有僊骨。晚年棄人事,閉門以養疾。呂后強要之,商山招隱逸。得非學仙成,松喬與之匹。偶從群真遊,召之來帝室。特假四皓名,小試神仙術。不然商山叟,養高非一日。高祖重其名,不能一屈膝。何慕於太子,一呼而即出。

《蘊愫閣詩集》卷二,《清代詩文集彙編》501 冊,17 頁

張　　良 漢　　　　　　　　　　　　　　（清）孫　玚

破產亡家自枕戈,君仇未報淚滂沱。雄心直向沙中吐,低音能從圯下過。變化神龍驚好女,指揮功狗失蕭何。事成抛却封侯印,還作遺臣老澗阿。

逃生竟復滅強秦,縱不興韓志亦伸。帝業欲成應有輔,人謀到極轉疑神。兩雄勝負三章法,百戰追隨一病身。寂寞穀城山下路,韓、彭那許問前津。

子房博浪之椎不中副車,則從赤松子遊耳。佐漢滅秦,而又滅項,豈得已哉！君仇已報,托神仙去,為漢為韓,兩無所居。伊川以有儒者氣象,而漢史疑為鬼物,直癡人前不可說夢矣。

《歸田藁》卷二,《清代詩文集彙編》534 冊,471 頁

張　　良　　　　　　　　　　　　　　　　（清）張　澍

信是孤星下九天,運籌帷帳老人編。一椎擊後秦皇震,四皓招來太子全。狀貌無妨如婦女,情懷又復愛神仙。早知高帝同鳥喙,黃石城邊約其眠。

《養素堂詩集》卷二五,《清代詩文集彙編》536 冊,271 頁

詠古雜詩(其八)　　　　　　　　　　　　　（清）彭　湘

出報韓仇建大勳,一椎擊後客無聞。未應便逐冥鴻去,位次元功竟少君。

《適龕詩集》卷一三,《清代詩文集彙編》621 冊,580 頁

子房取履《史記》　　　　　　　　　　　　　（清）田依渠

老人方墮履,呼取倩張良。一語關心記,他年石認黃。

《茹古山房讀史餘吟》卷六,《清代詩文集彙編》639 冊,667 頁

張良燒棧 《史記》　　　　　　　　　　　　　　　（清）田依渠

行軍示不返,燒棧促戎裝。非有張良計,心難固項王。

《茹古山房讀史餘吟》卷六,《清代詩文集彙編》639 册,669 頁

張留侯　　　　　　　　　　　　　　　　　　　（清）秦　焕

留侯那肯學燕丹,王佐休同俠客看。六國議封誰諫止,始知忠漢不忠韓。

《劍虹居詩集》卷下,《清代詩文集彙編》675 册,196 頁

詠史·張良　　　　　　　　　　　　　　　　　（清）孫國楨

博浪一椎嚇祖龍,謀深帷幄贊成功。定儲已裕全身計,何事從遊訪赤松。

《愚軒詩鈔》卷下,《清代詩文集彙編》741 册,357 頁

讀《漢書》小樂府·博浪椎　　　　　　　　　　（清）張寶森

博浪一椎太草草,十日大索長安道。亡命入下邳,老人來何遲。讀此乃爲王者師,一編書,萬户封。昔見蒼海君,今遇黃石公,函關一入韓讎雪,三十六年了祖龍。吁嗟乎！匹夫之勇徒自辱,荆卿匕首漸離筑。

《悔庵詩存》卷上,《清代詩文集彙編》768 册,630 頁

雜詩六首（其五）　　　　　　　　　　　　　　（清）王龍文

不須飾設絶秦語,何用虛傳詛楚文。李靖上書華神廟,張良東見滄海君。

《平養詩存》卷下,《清代詩文集彙編》790 册,365 頁

讀　古（其一）　　　　　　　　　　　　　　　（清）楊鳳姝

大風蕩浮雲,中原紛逐鹿。雄飛一墜翼,不如終雌伏。卓哉張子房,終身遠恥辱。報韓秦皇驚,從漢項氏蹙。功名炳日星,襟期渺鴻鵠。赤松四皓間,來遊不待速。信死何亦囚,蒼黄多反覆。一爲飲食謀,神龍可以畜。

《國朝閨秀詩柳絮集校補》卷一八,第二册,第 809 頁

留　侯　　　　　　　　　　　　　　　　　　　　（清）張　氏

子房稱病藏機早，只待功成辭漢家。已復韓讐無所事，此心元自在煙霞。

《國朝閨秀詩柳絮集校補》卷二〇，第二冊，第 877 頁

詠　懷 庚子（其二）　　　　　　　　　　　　　　（近代）陳去病

王子去求仙，國相并學道。辟穀事赤松，吹笙入瑤島。古來卿相豪，鮮不逐幽討。而況秦、漢王，努力祈不老。而況周天子，八駿謁神媼。塵世多羶腥，習見動煩惱。肥甘豈獨饜。狂瀾奈奔倒。濁世誰與謀，去覓商山皓。奇服與危冠，翩翻集羽葆。庶幾偉術神，一洗中原獠。詎知王者師，得力在弘抱。圯橋一卷書，區區烏足寶。不然張子房，史曷紀枯槁。懿歟宣聖桴，不載安期棗。

《浩歌堂詩鈔》卷一，16 頁

讀史三首（其一）　　　　　　　　　　　　　　（近代）陳去病

秦皇昔馭宇，壓力恣暴亢。爰有張子房，發憤首與抗。搜求力士椎，長嘯赴博浪。一擊雖不中，心膽自沮喪。十日不可得，義聲益鼓蕩。鬨動自由奴，激起獨立狀。勝廣始發揚，劉、項益膨脹。奴隸終慷慨，獨夫卒流放。嗟哉驪山宮，一炬付炎煬。

《浩歌堂詩補鈔》，《浩歌堂詩鈔》，257 頁

詠黃石公

黃公廟
（元）元好問

羈客無恒居，六月走長路。清風黃公祠，地古欣所遇。劍飛素靈哭，龍躍雲雨赴。堂堂文成君，談笑取帝傅。功名要有命，陰相果何預。誰謂圯上人，異事驚竹素。河清不可俟，筋力疲世故。袖間一編書，塵埃歎遲暮。

《全元詩》第 2 冊，18 頁

陽穀道中有懷黃石公事，寄呈敬齋姚公
（元）王 惲

雪齋請益初心在，東郡趨庭宿願償。黃石有書開帝業，布衣無地著恩光。自慚國士思圖報，敢暴孤懷不自強。巾卷在庭循誘際，佩懷言行愈難忘。

《全元詩》第 5 冊，217 頁

黃石公祠雜詩
（元）王 惲

□□□□□□□，□□□□□□□。□□指說山頭□，□□□□□□□。

□□祠南翠阜重，□□□□□□□。□□□□□□□，都在先生指授中。

□邑彬彬富碩儒，山川英氣未嘗虛。□須苦泥□□□，夜半重來覓《素書》。_{東阿，前金自張萬公高子□清鄉侯莘卿已下，進士第者二□。}

此老當年一隱淪，後稱黃石怳疑神。野人莫詫山間事，洞穴無情草自春。_{謂黃山洞穴山巔折立石也。}

良授書來知益奇，一時籌策繫安危。楚人不逐哀歌散，白首空懷抱石悲。

千古陳言雜偽真，丹青難寫是精神。護軍史筆端如畫，北上風雲逐日新。

今古文章不自工，後人公論見清雄。壁間細閱題詩客，笑煞騰騰兀兀翁。_{黃石祠有詩云："天其既與赤帝子，我亦願師黃石公。"題曰"騰騰老"，後復曰"兀兀翁"。騰騰老，蓋楊紫陽也；兀兀翁，楊飛卿也。二公爭相為己詩者數年。遺山聞之曰："詩則非佳，爭之意甚。"可為一噱也。}

《全元詩》第 5 冊，483 頁

黃石公廟　　　　　　　　　　　　　　（元）陳　孚

在東阿縣穀城南。

穀城黃石廟,古木白雲深。黃石有存沒,《素書》無古今。老聃三世夢,孺子一生心。日落祠門掩,殘鴉又滿林。

《全元詩》第 18 冊,361 頁

過黃石公祠　　　　　　　　　　　　（元）孫　蕡

塵編寥落千秋事,野客停舟問隱居。煙月高盟興漢後,風雲遠略避秦餘。赤松仙子依丹室,黃石山精護《素書》。歲晚圯橋風物改,泥中履跡近何如。

《全元詩》第 63 冊,337 頁

題《圯橋老人圖》　　　　　　　　　（元）謝　肅

處處江山起戰塵,穀城猶可著閑身。還將天下安危計,都付橋邊進履人。

《全元詩》第 63 冊,463 頁

題黃公洞　　　　　　　　　　　　　（明）胡　奎

石磴古苔青,不見圯橋履。洞口有樵人,渾疑赤松子。

《胡奎詩集》卷六,415 頁

黃石公墓　　　　　　　　　　　　　（明）程文德

秦失鹿,四海逐。公出緒餘教孺子,坐令漢勝楚為僇。公不自為,乃教人為。今日群雄誰不滅,公猶儼嘿如當時。阿城東,黃石岡。祠荒荒,墓蒼蒼。公神自得我何傷,我與子房同不戀,穀城山下期相見。

《程文德集》卷二五,413 頁

黃石山　　　　　　　　　　　　　　（明）張九一

授書圯下本興劉,古廟蕭條漢壘秋。今日誰呼黃石起,他年吾作赤松遊。

《綠波樓詩集》卷一四,《四庫全書存目叢書》集部 128 冊,702 頁

黃石宮二首(其一)

(明)周如砥

黃石遺蹤海畔留,一宮深鎖亂山秋。松風時送波濤出,泉竅疑通河漢流。泉名天液。濟北天空煙漠漠,圯橋雲斷水悠悠。殷勤獨向高峰覓,應有藏書在上頭。

《周季平先生青藜館集》卷一,《四庫全書存目叢書》集部172冊,172頁

詠四皓

商洛山行懷古 （唐）張九齡

園、綺值秦末，嘉遁此山阿。陳迹向千古，荒途始一過。碩人久淪謝，喬木自森羅。故事昔嘗覽，遺風今豈訛。泌泉空活活，樵叟獨蹯蹯。是處清暉滿，從中幽興多。長懷赤松意，復憶《紫芝歌》。避世辭軒冕，逢時解薜蘿。盛明今在運，吾道竟如何？

《全唐詩》卷四九，2冊，606頁

贈崔公 （唐）張　說

我聞西漢日，四老南山幽。長歌紫芝秀，高臥白雲浮。朝野光塵絕，榛蕪年貌秋。一朝驅駟馬，連轡入龍樓。昔遁高皇去，今從太子遊。行藏惟聖節，福禍在人謀。卒能匡惠帝，豈不賴留侯。事隨年代遠，名與圖籍留。平生欽淳德，慷慨景前修。蚌蛤伺陰兔，蛟龍望斗牛。無嗟異飛伏，同氣幸相求。

《全唐詩》卷八七，3冊，928頁

詠史十一首（其五） （唐）李　華

秦滅漢帝興，南山有遺老。危冠揖萬乘，幸得厭征討。當君逐鹿時，臣等已枯槁。寧知市朝變，但覺林泉好。高臥三十年，相看成四皓。帝言翁甚善，見顧何不早。咸稱太子仁，重義亦尊道。側聞驪姬事，申生不自保。暫出商山雲，曷來趨灑掃。東宮成羽翼，楚舞傷懷抱。後代無其人，戾園滿秋草。

《全唐詩》卷一五三，5冊，1586頁

商山四皓 （唐）李　白

白髮四老人，昂藏南山側。偃臥松雲間，冥翳不可識。雲窗拂青靄，石壁橫翠色。龍虎方戰爭，於焉自休息。秦人失金鏡，漢祖升紫極。陰虹濁太陽，前星遂淪匿。一行佐明聖，儵起生羽翼。功成身不居，舒卷在胸臆。窅冥合元化，茫昧信難測。飛聲塞天衢，萬古仰遺則。

《全唐詩》卷一八一,6 冊,1846 頁

商山祠堂即事　　　　　　　　　　（唐）竇　常

奪嫡心萌事可憂,四賢西笑暫安劉。後王不敢論珪組,土偶人前枳樹秋。

《全唐詩》卷二七一,8 冊,3034 頁

四皓廟　　　　　　　　　　　　　（唐）元　稹

巢由昔避世,堯舜不得臣。伊呂雖急病,湯武乃可君。四賢胡為者?千載名氛氳。顯晦有遺跡,前後疑不倫。秦政虐天下,黷武窮生民。諸侯戰必死,壯士眉亦嚬。張良韓孺子,椎碎屬車輪。遂令英雄意,日夜思報秦。先生相將去,不復嬰世塵。雲卷在孤岫,龍潛為小鱗。秦皇轉無道,諫者鼎鑊親。茅焦脫衣諫,先生無一言。趙高殺二世,先生如不聞。劉項取天下,先生遊白雲。海內八年戰,先生全一身。漢業日已定,先生名亦振。不得為濟世,宜哉為隱淪。如何一朝起,屈作儲貳賓。安存孝惠帝,摧頏戚夫人。舍大以謀細,蚓盤而蠖伸。惠帝竟不嗣,呂氏禍有因。雖懷安劉志,未若周與陳。皆落子房術,先生道何屯。出處貴明白,故吾今有云。

《全唐詩》卷三九六,12 冊,4455 頁

和答詩十首并序·答四皓廟　　　　　（唐）白居易

五年春,微之從東臺來。不數日,又左轉為江陵士曹掾。詔下日,會予下內直歸,而微之已即路,邂逅相遇於街衢中。自永壽寺南,抵新昌里北,得馬上話別。語不過相勉,保方寸,外形骸而已,因不暇及他。是夕,足下次於山北寺,僕職役不得去,命季弟送行,且奉新詩一軸,致於執事,凡二十章,率有興比,淫文豔韻,無一字焉。意者,欲足下在途諷讀,且以遣日時,消憂懣,又有以張直氣而扶壯心也。及足下到江陵,寄在路所為詩十七章,凡五六千言。言有為,章有旨,追於宮律體裁,皆得作者風。發緘開卷,且喜且怪,僕思牛僧孺戒,不能示他人,惟與杓直、拒非及樊宗師輩三四人,時一吟讀,心甚貴重。然竊思之,豈僕所奉者二十章,遽能開足下聰明,使之然耶!抑又不知足下是行也,天將屈足下之道,激足下之心,使感時發憤而臻於此耶!若兩不然者,何立意措辭,與足下前時詩如此之相遠也。僕既羨足下詩,又憐足下心,盡欲引狂簡而和之,屬直宿拘牽,居無暇日,故不即時如意。旬月來,多乞病假,假中稍閑,且摘卷中尤者,繼成十章,亦不下三千言。其間所見同者,固不能自異;異者,亦不能強同。同者,謂之和;異者,謂之答。并別錄《和夢遊春》詩一章,各附於本篇之末。餘未和者,亦續致之。項者,在科試間,常

與足下同筆硯。每下筆時，輒相顧，共患其意太切而理太周。故理太周則辭繁，意太切則言激。然與足下為文，所長在於此，所病亦在於此。足下來序，果有詞犯文繁之說。今僕所和者，猶前病也。待與足下相見日，各引所作，稍刪其煩而晦其義焉。餘具書白。

天下有道見，無道卷懷之。此乃聖人語，吾聞諸仲尼。矯矯四先生，同稟希世資。隨時有顯晦，秉道無磷緇。秦皇肆暴虐，二世遭亂離。先生相隨去，商嶺采紫芝。君看秦獄中，戮辱者李斯。劉項爭天下，謀臣竟悅隨。先生如鸞鶴，去入冥冥飛。君看齊鼎中，焦爛者酈其。子房得沛公，自謂相遇遲。八難掉舌樞，三略役心機。辛苦十數年，晝夜形神疲。竟雜霸者道，徒稱帝者師。子房爾則能，此非吾所宜。漢高之季年，嬖寵鍾所私。塚嫡欲廢奪，骨肉相憂疑。豈無子房口？口舌無所施。亦有陳平心，心計將何為？皤皤四先生，高冠危映眉。從容下南山，顧盼入東闈。前瞻惠太子，左右生羽儀。却顧戚夫人，楚舞無光輝。心不畫一計，口不吐一詞。暗定天下本，遂安劉氏危。子房吾則能，此非爾所知。先生道既光，太子禮甚卑。安車留不住，功成棄如遺。如彼旱天雲，一雨百穀滋。澤則在天下，雲復歸希夷。勿高巢與由，勿尚呂與伊。巢由往不返，伊呂去不歸。豈如四先生，出處兩逶迤。何必長隱逸？何必長濟時？由來聖人道，無朕不可窺。卷之不盈握，舒之亙八陲。先生道甚明，夫子猶或非。願子辨其惑，為予吟此詩。

《全唐詩》卷四二五，13 冊，4683 頁

題四皓廟 （唐）白居易

臥逃秦亂起安劉，舒卷如雲得自由。若有精靈應笑我，不成一事謫江州。

《全唐詩》卷四三八，13 冊，4781 頁

詠　史 九年十一月作 （唐）白居易

秦磨利刀斬李斯，齊燒沸鼎烹酈其。可憐黃綺入商洛，閑臥白雲歌《紫芝》。彼為菹醢機上盡，此為鸞皇天外飛。去者逍遙來者死，乃知禍福非天為。

《全唐詩》卷四五三，14 冊，5129 頁

題商山四皓廟一絕 （唐）杜牧

呂氏強梁嗣子柔，我於天性豈恩讎！南軍不袒左邊袖，四老安劉是滅劉。

《全唐詩》卷五二二，16 冊，5987 頁

四皓廟　　　　　　　　　　　　　　　　（唐）李商隱

羽翼殊勳棄若遺，皇天有運我無時。廟前便接山門路，不長青松長紫芝。

《全唐詩》卷五四〇，16 冊，6191 頁

四皓廟　　　　　　　　　　　　　　　　（唐）李商隱

本為留侯慕赤松，漢庭方識紫芝翁。蕭何只解追韓信，豈得虛當第一功。

《全唐詩》卷五四一，16 冊，6225 頁

題四皓廟　　　　　　　　　　　　　　　（唐）許　渾

桂香松暖廟門開，獨瀉椒漿奠一杯。秦法欲興鴻已去，漢儲將廢鳳還來。紫芝翳翳多青草，白石蒼蒼半綠苔。山下驛塵南竄路，不知冠蓋幾人回。

《全唐詩》卷五三四，16 冊，6096 頁

題四老廟二首　　　　　　　　　　　　　（唐）許　渾

峨峨商嶺采芝人，雪頂霜髯虎豹茵。山酒一卮歌一曲，漢家天子忌功臣。
避秦安漢出藍關，松桂花陰滿舊山。自是無人有歸意，白雲常在水潺潺。

《全唐詩》卷五三八，16 冊，6137 頁

四　皓　　　　　　　　　　　　　　　　（唐）溫庭筠

商於甪里便成功，一寸沉機萬古同。但得戚姬甘定分，不應真有紫芝翁。

《全唐詩》卷五七九，17 冊，6731 頁

題四皓廟　　　　　　　　　　　　　　　（唐）劉　滄

石壁蒼苔翠靄濃，驅車商洛想遺蹤。天高猿叫向山月，露下鶴聲來廟松。葉墮陰岩疏薜荔，池經秋雨老芙蓉。雪髯仙侶何深隱，千古寂寥雲水重。

《全唐詩》卷五八六，18 冊，6799 頁

四皓廟　　　　　　　　　　　　　　　　　　（唐）羅　隱

漢惠秦皇事已聞，廟前高木眼前雲。楚王謾費閑心力，六里青山盡屬君。

《全唐詩》卷六五五，19 冊，7537 頁

漫書五首(其五)　　　　　　　　　　　　　　（唐）司空圖

四翁識勢保安閑，須為生靈暫出山。一種老人能算度，磻溪心跡愧商顏。

《全唐詩》卷六三四，19 冊，7274 頁

四老廟　　　　　　　　　　　　　　　　　　（唐）唐彥謙

西漢儲宮定不傾，可能園、綺勝良、平。舉朝公將無全策，借請閑人羽翼成。

《全唐詩》卷六七二，20 冊，7684 頁

四皓廟　　　　　　　　　　　　　　　　　　（唐）胡　曾

四皓忘機飲碧松，石岩雲殿隱高蹤。不知俱出龍樓後，多在商山第幾重。

《全唐詩》卷六四七，21 冊，7436 頁

《四皓圖》　　　　　　　　　　　　　　　　　（唐）貫　休

何人圖四皓，如語話嘮嘮。雙鬢雪相似，是誰年最高。溪苔連豹褥，仙酒污雲袍。想得忘秦日，伊余亦合逃。

《全唐詩》卷八二九，23 冊，9342 頁

高士詠·商山四皓　　　　　　　　　　　　　（唐）吳　筠

萬方厭秦德，戰伐何紛紛。四皓同無為，丘中臥白雲。自漢成帝業，一來翼儲君。知幾道可尚，隱括成元勳。

《全唐詩》卷八五三，24 冊，9658 頁

四皓廟　　　　　　　　　　　　　　　　　　（宋）王禹偁

秦皇焚舊典，漢祖溺儒冠。萬民在塗炭，四老方宴安。白雲且高臥，紫芝非素餐。南

山正優游,東朝忽艱難。高步揖萬乘,拂衣歸重巒。飛源自冥冥,束帛徒戔戔。古廟對山開,清風向人寒。更無隱遁士,空有賓客官。況我謫宦來,塵跡污祠壇。朝衣慚蕙帶,佩玉愧紉蘭。或依階下樹,陶暑解馬鞍。或借廟前水,乘秋把魚竿。吾道多齟齬,吾生利盤桓。登山殊未倦,飲水聊盡驩。精靈莫相笑,此意樂且盤。

小言望小利,載在禮經中。遂有鷹犬輩,拔劍各爭功。一出定萬乘,去若冥冥鴻。寂寂千古下,孰繼採芝翁。

《全宋詩》卷五九,2 冊,659 頁

遊四皓廟　　　　　　　　　　（宋）王禹偁

修篁瑟瑟石磷磷,去謁荒祠不厭頻。四皓古來無事客,貳車今世最閑人。紫芝欲采非仙骨,紅藥曾題是近臣。一奠村醪還獨酌,滿軒松雪照吟身。

《全宋詩》卷六四,2 冊,715 頁

問四皓　　　　　　　　　　（宋）王禹偁

四塚累累豈是仙,避秦安漢道空全。紫芝探處應辛苦,何似腰金食萬錢。

《全宋詩》卷七〇,2 冊,795 頁

四皓二首　　　　　　　　　　（宋）王安石

四皓秦漢時,招招莫能致。紫芝可以飽,粱肉非所嗜。谷廣水渙渙,山長雲泄泄。與其貴而拘,不若賤而肆。

秦驅九州逃,知力起經綸。重利誘眾策,頗知聚秦民。頹然此四老,上友千載魂。採芝商山中,一視漢與秦。靈珠在泥沙,光景不可昏。道德雖避世,餘風回至尊。嫡孽一朝正,留侯果知言。出處但有禮,廢興豈所存。

《全宋詩》卷五三九,10 冊,6483 頁

四　　皓　　　　　　　　　　（宋）郭祥正

彼美四賢老,高風萬古寒。去逃秦鼎鑊,歸識漢衣冠。翼翼羽翰就,堂堂宗社安。商山弊廬在,還入白雲端。

《全宋詩》卷七八六,13 冊,8903 頁

四皓吟　　　　　　　　　　　　（宋）釋智孜

忠義合時難,雲林共掩關。因秦生白髮,為漢出青山。不顧金章貴,終披白氅還。如今明聖代,高躅更難攀。

《全宋詩》卷七八一,13冊,9054頁

題馬遠作《四皓弈棋圖》橫卷　　　　（宋）米　芾

落落四皓翁,山林養其靜。羞為漢家臣,若辟秦苛政。商顏高峨峨,坐待天下定。欻起佐儲皇,上前啟名姓。堪憐羽翼成,難將口舌爭。無語及扶蘇,空歌《紫芝詠》。

《全宋詩》卷一〇七八,18冊,12284頁

四　皓　　　　　　　　　　　　　（宋）李　綱

皓髮龐眉四老翁,商山采盡紫芝叢。安劉畢竟成何事？空墮留侯巧計中。

《全宋詩》卷一五五〇,27冊,17607頁

遣興五首(其一)　　　　　　　　　（宋）范　浚

商山園、綺徒,雪髮映松露。山間謂終老,不踏市朝路。一朝前星匿,羽翼起調護。婆娑古衣冠,笑定國儲副。留侯計偶爾,曷遽動貞素。因知古今士,出處自冥數。功名苟不免,四老猶一助。寧庸巧馳驅,失爾邯鄲步。

《全宋詩》卷一九二四,34冊,21482頁

讀《四皓傳》　　　　　　　　　　（宋）黃大受

白雲茫茫歌紫芝,人間無路瞻龙眉。太子介使招忽往,高祖問省心先知。翁身商山名八極,此時不出漢事危。敢惜雙足惜漢鼎,非私劉氏私黔黎。欠呵千年橘中棋,華陰墮馿者為誰。

《全宋詩》卷三〇三〇,57冊,36088頁

四　皓　　　　　　　　　　　　　（宋）劉克莊

去避坑焚禍,來成羽翼功。留侯不自語,驅使紫芝翁。

《全宋詩》卷三〇四六,58 冊,36328 頁

四　　皓　　　　　　　　　　（宋）釋文珦

皓首四老人,獨見何明徹。恥為暴秦污,商山永歸潔。暫出正前星,遄回臥松雪。終令漢天子,不敢亂適孽。舒卷盡天機,非徒上名節。

《全宋詩》卷三三一八,63 冊,39554 頁

四皓像　　　　　　　　　　（宋）舒岳祥

商山深處養靈根,白髮昂藏滿面春。一出漢庭安漢嗣,頗疑傾得戚夫人。

《全宋詩》卷三四四二,65 冊,41010 頁

四　　皓　　　　　　　　　　（宋）周　密

避時不肯作秦民,采藥餐芝幾度春。一出可憐隨祿、產,商山松竹定疑人。

《全宋詩》卷三五五六,67 冊,42508 頁

四　　皓　　　　　　　　　　（宋）王　鎡

安罷儲宮便又回,商山高臥白雲堆。劉家大事雖能定,也墮留侯計出來。

《全宋詩》卷三六〇九,68 冊,43220 頁

《四皓圖》　　　　　　　　　　（宋）鄭思肖

曄曄紫芝岩石隈,避秦有地似蓬萊。可憐白髮坐不定,又被漢朝呼出來。

《全宋詩》卷三六二四,69 冊,43390 頁

四　　皓　　　　　　　　　　（宋）陳　普

長樂卮前露雪眉,岩花亂笑出山時。有人拍手瓜田裏,來往青門總不知。自注:邵平高於四皓。

《全宋詩》卷三六五一,69 冊,43799 頁

商山廟

(宋)汪元量

蹇柏枯松枕廟門,獨瞻遺像酹清尊。紫芝奕奕浮香氣,碧草纖纖沒燒痕。羽翼已成猶有說,腹心相視更何言。高歌一曲歸來隱,靜看山禽哺子孫。

《全宋詩》卷三六六六,70 冊,44012 頁

《四皓圖》

(宋)仇 遠

本為當時國本安,白雲滿袖出商顏。山中終是通人跡,不似圍棋在橘間。

《全宋詩》卷三六八三,70 冊,44226 頁

四 皓

(宋)謝 翱

冷却秦灰鬢已翁,《紫芝》歌罷落花風。若教一出無遺恨,莫入留侯準擬中。

《全宋詩》卷三六九二,70 冊,44330 頁

《四皓圖》

(金)元好問

身墮安車厚幣中,白頭塵土浣西風。當時且不山間老,羽翼區區有底功。

《金詩》,《全遼金詩》下冊,2656 頁

《四皓弈棋圖》

(金)李俊民

坐看咸陽王氣收,豈無人傑自安劉。都緣鴻鵠心猶在,一局閑棋不到頭。鴻鵠高就,一舉千里。羽翼已就,橫絕四海。

《金詩》,《全遼金詩》中冊,1999 頁

四皓廟

(金)楊宏道

綿蕝儀成上下和,玉觴為壽醉顏酡。寵姬愛子禍方甚,賢傅謀臣無奈何。商嶺白雲封舊隱,漢宮鴻鵠動悲歌。高墳兩兩臨遺廟,灌木陰森冒蔓羅。

《金詩》,《全遼金詩》下冊,2331 頁

題《商山四皓圖》　　　　　　　　　　　（元）李　庭

出商顏,定漢儲,高名千古與山俱。書生白首成何事,枉著狂言穢畫圖。

《全元詩》第 2 冊,402 頁

題《商山四皓圖》　　　　　　　　　　　（元）李　庭

鹿冠蓬鬢傲金貂,心與商顏夜月高。正厭鮑魚腥玉璽,更堪人彘污金刀。玄纁既至幡然改,羽翼才能惡此逃。回首岩花幾零落,功名一笑付兒曹。

《全元詩》第 2 冊,423 頁

《四皓圖》　　　　　　　　　　　　　　（元）王　惲

羽翼橫飛四皓鴻,楚歌悲絕趙王宮。高皇英睿商顏節,俱墮留侯計畫中。
萬古規摹一漢皇,保全母后舍僞王。商山邂逅招園、綺,出自留侯畏呂強。

《全元詩》第 5 冊,412 頁

《四皓圖》　　　　　　　　　　　　　　（元）王　惲

事定歸來舊隱深,皎然松雪映雲林。寥寥高誼千年後,似覺元之最賞音。
先生節義重丘山,冠佩遙瞻漢嗣安。莫以隱淪忘世論,一身歸潔果何難。
苦諫臣通已譟為,一書光動紫岩芝。後人只說安劉重,不道留侯策更奇。

《全元詩》第 5 冊,426 頁

《四皓圖》　　　　　　　　　　　　　　（元）王　惲

山中日月到華胥,澗飲芝餐樂自殊。苦被留侯容不得,須教人彘事相污。

《全元詩》第 5 冊,443 頁

《四皓圖》　　　　　　　　　　　　　　（元）王　惲

尺一招來四老翁,冥冥高興振孤風。少微不是門人像,調護前星最有功。
人欲橫流不易攻,留侯真是帝師雄。笑將二老歸周意,翻作商顏羽翼翁。
夜壑藏舟未厭深,皎然松雪映高林。閑雲終作從龍雨,唯有留侯識此心。

《全元詩》第 5 冊,543 頁

題《四皓圖》
(元)胡衹遹

漢高或罵儒,所遇非英偉。前星一蕩搖,良輩不能止。邂逅園綺徒,羽翼已成矣。始知高皇心,未嘗不重士。紛紛瑣屑材,一罵已汙齒。事定復還山,世塵豈能浼。彼哉魯兩生,固陋竟不起。遂令朝廷上,永絕二代禮。

《全元詩》第 7 冊,38 頁

題《四皓閒適圖》
(元)胡衹遹

挾書酷律未能除,母氏強梁嗣子迂。一飯紫芝歌一曲,且將閒適養微軀。
澤民致主不逢辰,肯著風波陷此身。飯飽日長無俗客,偷安輸與四閒人。

《全元詩》第 7 冊,155 頁

題舍館壁《四皓圖》
(元)胡衹遹

百歲高年四海名,漢廷風起紫芝馨。到今盛德令人慕,不動聲容帝業寧。

《全元詩》第 7 冊,156 頁

題《四皓圖》
(元)胡衹遹

才聽羣雄洗暴秦,溺冠又復得斯人。前星幸有仁柔色,難免長安陌上塵。
白髮蕭蕭脫亂亡,更誰將夢到黃粱。太平日月傷難遇,本亦無心薄趙王。
垂垂鶴髮下安車,漢業何煩口舌扶。驚喜再三調護語,高皇元不罵真儒。
子房高智陳平策,不及君王廢嫡心。足入漢庭儲嗣定,始知名節服人深。

《全元詩》第 7 冊,156 頁

《四皓圖》
(元)蕭斛

漢興四海悉來臣,所不能招獨四人。平昔若無高仰義,憑誰救得斁彝倫。

《全元詩》第 10 冊,228 頁

劉叔端所收何局長澄《四皓圖》　　　　　(元)滕安上

嬴舍扶蘇鼎已顛,漢高不戒覆車前。山中自有幡然意,聊假長安辟穀仙。
出處無心繫所遭,是非於我等秋毫。誰教盡棄人間事,方許商山萬仞高。

《全元詩》第 11 冊,43 頁

題《四皓圖》　　　　　(元)劉敏中

上山白雲間,下山紅塵裏。天意方祚漢,寧得辭一起。
干戈與賓客,其用等安劉。為問平、勃功,得似文成優。

《全元詩》第 11 冊,311 頁

四皓圍棋　　　　　(元)王　旭

羨殺商顏四老翁,退身高臥白雲中。誰知一著機心在,便與人間楚、漢同。

《全元詩》第 13 冊,105 頁

四　皓　　　　　(元)尹廷高

商山鬱嵯峨,高風襲人清。冥鴻竟長往,人間但聞名。乃從吾兒遊,忽使隆準驚。峨冠華岳聳,素髮秋霜明。恭敬豈足重,謾罵安能輕。紫芝了晨昏,焉用加璧迎。誤墮良術中,僅勝口舌爭。誰謂四老人,不如魯兩生。

《全元詩》第 14 冊,49 頁

題《四皓圖》　　　　　(元)吳　澄

皓首出山來,從容定儲宮。儲皇已御極,論賞將誰同。飄然拂衣去,詎敢貪天功。飽茹石上芝,坐蔭岩下松。商顏鬱嵯峨,千載餘清風。

《全元詩》第 14 冊,302 頁

四皓二首　　　　　(元)劉　因

智脫暴秦網,義動英主顏。鬢眉不得見,猶思見南山。每當西去鴻,目極天際還。馬遷歌《采薇》,托名夷、齊間。孰謂《紫芝曲》,能形此心閒。鄙哉山林槁,搏也或可班。安得六黃鵠,五老相追攀。一笑三千古,浩蕩觀人寰。

留侯在漢庭,四老在南山。不知高祖意,但欲太子安。一讀《鴻鵠歌》,令人心膽寒。高飛橫四海,牝雞生羽翰。孺子誠可教,從容濟時艱。平生無遺策,此舉良可歎。出處今誤我,惜哉不早還。何必赤松子,商洛非人間。

《全元詩》第 15 冊,16 頁

《四皓圖》　　　　　　　　　（元）劉　因

雖戀紫芝美,難忘帝力深。驅馳恨臣老,高尚豈初心。

《全元詩》第 15 冊,140 頁

題四畫·《四皓》　　　　　　（元）趙孟頫

白髮商岩四老翁,紫芝歌罷聽松風。半生不與人間事,亦墮留侯計術中。

《全元詩》第 17 冊,276 頁

題《四皓對弈》《瀹茶圖》各一絕　　（元）艾性夫

疊足支頤落子遲,松風冉冉動鬚眉。斷蛇失鹿渾閒事,不直雲根半局棋。
石乳雲腴撥不開,春風瀲灩碧磁杯。應無俗客煩敲臼,只恐東宮聘使來。

《全元詩》第 19 冊,163 頁

四　皓　　　　　　　　　　　（元）宋　无

四老本英雄,來成羽翼功。向令秦重士,未必隱山中。

《全元詩》第 19 冊,380 頁

四皓廟　　　　　　　　　　　（元）釋道惠

避秦寧守商山節,佐漢能回高廟心。多少功臣身受戮,先生白髮老雲林。

《全元詩》第 20 冊,374 頁

題《商山四皓圖》　　　　　　（元）明普彥

劉氏何如呂氏安,尺書便爾闖重關。空將鬢雪驚隆準,不道啼紅慘玉顏。鴻鵠聲寒悲曉殿,紫芝香冷怨秋山。千年猶昧深根術,又落巴童橘樹間。

《全元詩》第 24 冊,166 頁

題屏風畫《商山四老人》　　　　　　（元）楊　載

飛雪灑遙野,沖波蕩無垠。蟠蟠山谷間,居此四老人。下為民庶師,上作王家賓。清風眇何許,馳想寂寞濱。

《全元詩》第 25 冊,228 頁

題《四皓圖》　　　　　　（元）盧　亘

姬昌聖瑞胤厥祖,泰伯、仲雍逃荊蠻。坐令周曆過所卜,高風千古誰追攀。惠皇畏廢出奇計,四老昂藏趨殿陛。呂宗覆盡鼎再安,玉璽神光歸代丘。趙王枯冢生秋蓬,穀城黃石埋幽宮。空山不聞《紫芝曲》,白雲影沒南飛鴻。

《全元詩》第 27 冊,119 頁

《四皓圍棋圖》　　　　　　（元）黃　溍

當局沉吟只謾勞,區區勝敗直秋毫。顛嬴蹶項非君事,賴有安劉一着高。

《全元詩》第 28 冊,301 頁

《四皓圖》　　　　　　（元）釋善住

商嶺誰知遁跡時,紛紛古雪滿鬚眉。日長深谷無人到,臥石依松詠《紫芝》。

《全元詩》第 29 冊,240 頁

題《四皓圖》二首　　　　　　（元）馬祖常

不聽高皇召,還來太子宮。阿㜷人巘禍,吾恨紫芝翁。
《鴻鵠歌》雖壯,長門事可憂。間名紫芝客,終不似巢、由。

《全元詩》第 29 冊,357 頁

題《四皓圖》　　　　　　（元）張　雨

辟穀晚從赤松子,授書宓師黃石公。羽翼已成俱引去,四老相為之始終。用人家國有師法,後來路絕商嶺中。馴馬高蓋兒戲耳,為君留眼送飛鴻。

《全元詩》第 31 冊,345 頁

《商山四皓圖》 (元)李孝光

帝憂母主重廢嫡,人料子房宜與謀。盟詛不虞高后劫,卑辭翻為建成籌。腹心已去悲歌起,羽翼雖成女禍留。俱墮術中曾不悟,先生輕出後人羞。

《全元詩》第 32 冊,349 頁

題馬遠《四皓圖》 (元)釋覺岸

蒼姬九鼎移,世呼始龍祖。帝業鎖關河,竹帛爐煙土。伊、洛崇山青,芝肥香可茹。四皓夷、齊流,探雲構深處。洪運奮炎劉,混一定寰宇。秋風雲飛揚,皇儲貽聖慮。韙哉圯橋賢,又寧在指顧。卓犖采芝翁,春宮倚依怙。變遷歲月久,鉛槧金石固。景行日愈重,商山名益著。畫軸味珍玩,詠歌吐誠緒。機錦豔文華,珠玉聯章句。嗟吁林泉姿,儞俛光陰度。紛紛經幾秦,披圖謾延竚。浮玉山釋寶洲叟覺岸題。時年八十有五。

《全元詩》第 33 冊,321 頁

菊齋橫坡十二詠·四皓歸漢 (元)李齊賢

見說扶蘇孝且仁,胡令二世禍生民。逌翁不為卑辭屈,未忍劉家又似秦。

《全元詩》第 33 冊,353 頁

題《四皓商山圖》 (元)張翥

兵塵澒洞繞函關,不到商於六里間。赤幟頻傳秦、楚蹶,白雲自與綺園閑。龍蛇陸起嗟何在,鴻鵠冥飛竟不還。千載高風無復見,空餘芝草滿空山。

《全元詩》第 34 冊,101 頁

題《商山圖》 (元)黃玠

美宦少寧居,良田多賦率。曼膚白如瓠,仍防污鐵鑕。所以商山翁,深逃入堂密。蔽芾皆美樕,不覩長安日。揚揚大逢衣,鬋鬋小第室。門巷既荒寒,器具猶古質。渴即引井泉,饑或餐木實。微我異梟鸞,從人自鳧乙。平生《紫芝曲》,久不屈此膝。鬚眉各皓然,一為天下出。

《全元詩》第 35 冊,134 頁

四　皓　　　　　　　　　　　　（元）劉 鶚

　　漢高事嫚罵,恥以長策干。生平義不辱,遠隱商山間。軒冕多險巇,衣冠自高閑。芝草甘且腴,白髮明蒼顏。超然高物表,於世了不關。一朝詣闕下,漢室安如山。信有大力量,笑談回狂瀾。始知老英雄,未易淺近觀。藏器固有待,時至功無難。往往渭水濱,托興把釣竿。

《全元詩》第 36 冊,95 頁

《四皓圖》　　　　　　　　　　（元）謝應芳

　　天風吹斷《紫芝歌》,四皓幡然出薜蘿。不用勒兵呼左袒,安劉功比絳侯多。
　　飽汝山中紫玉芝,姓名誰徹九重知。濟時陰有回天力,震器安然不動移。

《全元詩》第 38 冊,169 頁

紫芝曲　　　　　　　　　　　　（元）楊維楨

　　商山巍巍,上有紫芝。采芝可療飢,何獨西山薇。西伯養老去古遠,而獨夫殺士,吾將疇依。卯金之子海內威,羅絡齮齕_{音蟻紇}。將奚為。平生不識下邳兒,肯隨漢邸同兒戲？祿里綺里無人知。

《全元詩》第 39 冊,7 頁

題宋馬遠《四皓圖》　　　　　　（元）陸居仁

<small>奉次仲弘翰林韻,共四首。</small>

　　清風漢羽翼,橫截四海垠。茹芝不食祿,千載高其人。展圖見龎眉,一笑忘主賓。邈矣藍田山,淒兮松水濱。

　　逶迤商山谷,雲深不知垠。中有采芝叟,名高種桃人。一出正漢綱,天子不得賓。却笑洗耳翁,空老箕之濱。

　　漢宮人作麀,雉雛驪山垠。誰能滅此禍,云是藍田人。義應璧帛招,計出帷幄賓。展卷三太息,清風起江濱。

秦徭猛於虎,避地猶有垠。今徭徧山澤,靡有遺孑人。世無魯仲連,東海誰吾賓。去去尋狎鷗,同住滄海濱。雲間陸居仁。

《全元詩》第 40 冊,209 頁

題馬遠畫《商山四皓圖》 （元）錢惟善

已剖巴陵橘,猶歌商嶺芝。避秦非避漢,一出繫安危。

《全元詩》第 41 冊,93 頁

《四皓出輔太子圖》 （元）葉　顒

四皓逃秦住翠微,坐觀松老鶴高飛。生平勁節如山重,輕聽張良一語移。
鶴髮虯髯四老翁,遠辭翠巘訪青宮。雖成立嫡安劉策,終乏誅奸滅呂功。

《全元詩》第 42 冊,110 頁

題馬遠《四皓弈棋圖》 （元）倪　瓚

白髮商山老,清風扇八垠。能安漢基業,賴此秦遺民。好爵非愛慕,長松相主賓。亦有種桃者,武陵溪水濱。追和楊別駕韻。辛亥三月,倪瓚。

《全元詩》第 43 冊,202 頁

《四皓圖》 （元）舒　頔

局面何曾肯放閒,看來着着是機關。當時汩沒知何限,幸爾圍棋不出山。

《全元詩》第 43 冊,310 頁

題《商山觀弈圖》 （元）張　昱

縱橫十九路,一著一回新。如此深山許,傍觀亦有人。

《全元詩》第 44 冊,79 頁

題馬遠《四皓弈棋圖》橫卷 （元）郝　經

谿翁裹圖舟雨泊,過我徵詩詠商雒。時危每憶藍田山,白首長吟向寥廓。秦中四老是耶非,風塵與歸如可作。史稱爾皓逸姓名,《采芝》曾歌山漠漠。巴園橘叟何誕幻,自云不減商山樂。象戲寧為黑白棋,畫手無稽傳迺錯。老夫逢人苦好弈,見畫應疑身有托。商隱、巴仙竟兩忘,姑遂平生一丘壑。賦詩獨也愧凡近,前楊後楊學能博。卷圖揖君往放舟,九峰無雲有鳴鶴。

<small>青黏翁載雨相過,出此卷,要予同賦。予不能詩,雖竭駑力,豈能追逸足之塵哉,愧亦甚矣。前楊、後楊,浦城、會稽二先生云。隴右郁經識。</small>

《全元詩》第 46 冊,267 頁

《四皓圖》歌　　　　　　　　　　（元）邵亨貞

長春道士身姓許,博雅好奇心獨苦。手持六尺《商山圖》,要我賦時原上古。展圖宛見四老人,秦、漢既遠誰識真。當年事蹟稍茫昧,舉世傳說徒紛紜。我聞前王建邦國,樹子由來戒無易。卯金欲貽四海憂,於此忍能忘羽翼。此行實為蒼生計,世變相仍豈天意。大綱一正四百年,孰謂斯人終避世。山中紫芝今有無,草木蒼莽埋丘墟。驚濤虐雪昏天衢,祖龍餘孽何由蘇,曷若繼爾為遠圖。

《全元詩》第 47 冊,405 頁

題《劉商觀弈圖》　　　　　　　　（元）顧　瑛

四老松根角兩棋,野人如鶴立多時。個中便是商山樂,世上剛傳石室奇。一劫尚教遲黑子,千年何用刻銀絲。老坡好事能題識,永配蘭亭玉枕碑。

《全元詩》第 49 冊,35 頁

題馬遠《四皓弈棋圖》　　　　　　（元）程　煜

千年憐四皓,不悟世如棋。既脫秦坑慘,那扶漢鼎危。冥鴻心已屈,牝雉禍難追。何似商巖下,長歌茹紫芝。<small>河南程煜。</small>

《全元詩》第 51 冊,192 頁

題宋馬遠《四皓圖》　　　　　　　（元）張守中

避秦耶,避漢耶？先生一不出,出則成羽翼。天下之志既形,此圖所以留遺跡。<small>張守中。</small>

《全元詩》第 51 冊,246 頁

山居雜詠二十首(其二)　　　　　　　　　　(元)王　份

黃綺由來是漢臣,商顏隱去紫芝新。誰知鴻鵠高飛日,羽翼先成屬此人。

《全元詩》第 52 冊,363 頁

《四皓圖》　　　　　　　　　　(元)陶　安

龍爭鹿走角功名,眼底浮雲悟世情。有地采芝身遠遯,無心執玉手平衡。衣冠誤落留侯計,帶礪愁聞漢祖盟。松下厖眉垂白雪,至今泉石被光榮。

《全元詩》第 56 冊,449 頁

《四皓弈圖》　　　　　　　　　　(元)陶　安

安劉事畢返林丘,當局機心老未休。松下樵夫應暗笑,先輸一着與留侯。

《全元詩》第 56 冊,464 頁

題馬遠《四皓圖》　　　　　　　　　　(元)陳　璧

四翁羽翼漫從遊,不識安劉是滅劉。解使初心回乃主,寧知善計左留侯。紫芝分合商山隱,黃鵠歌憐漢室憂。千載展圖增慷慨,西風一曲感庭秋。

《全元詩》第 53 冊,54 頁

題《商山對弈圖》　　　　　　　　　　(元)張　庸

祖龍才見移周鼎,逐鹿中原復是誰。回首紫芝生漢土,山河萬古一枰棋。

《全元詩》第 54 冊,138 頁

商山辭　　　　　　　　　　(元)彭　炳

紫田雲細玉芝香,龍蟄山潭草樹光。清夜嗚嗚弄明月,一簑華髮釣秋霜。

《全元詩》第 54 冊,162 頁

擬古九首(其七)　　　　　　　　　　(元)鄧　雅

四皓居商山,名聲滿天下。一出定漢儲,仍作肥遯者。谷中有芝草,門外無車馬。俯仰思古人,富貴視土苴。

《全元詩》第 54 冊,212 頁

《四皓對弈圖》　　　　　　　　　（元）鄧　雅

山中茹紫芝,石上弈殘棋。勝負本無意,行藏斯有時。高風惟見畫,白髮總成絲。撫卷懷千古,微公漢祚危。

《全元詩》第 54 冊,236 頁

題《四皓圖》　　　　　　　　　（元）盧　琦

鶴髮蒼顏太古心,采芝共入白雲深。只因誤到長安市,惹得人間說至今。

《全元詩》第 55 冊,165 頁

題《四皓圖》,凡二首　　　　　　　（元）王　逢

皓首厖眉四隱家,商顏山下遠秦蛇。未應羽翼高飛鵠,回愧東陵五色瓜。

萬古乾坤一局棋,五文雲采九莖芝。高皇自墮張良計,肯下山來進諫辭。

《全元詩》第 59 冊,39 頁

《四皓圖》　　　　　　　　　（元）孫　蕡

只合餐芝老萬山,誰教鶴髮動龍顏。蛾眉對酒歌《鴻鵠》,怨入商於紫翠間。

《全元詩》第 63 冊,356 頁

題《商皓圖》　　　　　　　　　（元）王　逢

紫芝膴膴,白石楚楚。風泉嵐霏,交寫互吐。於四老父,以延以佇。以歌以舞,爰宅幽阻。匪幽阻是宅,有誅偶語。青松渠渠,瑤草塗塗。簡出深居,巍麋鶴狙。於列仙癯,以燕以娛。以嘯以呼,爰友樵漁。匪樵漁是友,有適左閭。篤生於周,考終於劉。商不贏赭,斯豈人謀。匪人伊天,其德之酬。歲逾邁矣,霜雪孔稠。我心雲鴻,曷日云休。

《全元詩》第 59 冊,207 頁

詠　　史

(元)烏斯道

商顏避秦烈，何獨有園綺。如何隆準公，泗鼎不可起。謀猶信留侯，仁慈在儲嗣。安劉匪平、勃，誠由四翁耳。豈中煙霞疾，徒與麋鹿死。芝草長滿山，誰與繼修軌。嗟哉司馬公，一傳勒青史。排難何足云，乃傳魯連子。

《全元詩》第 60 冊，224 頁

題宋馬遠《四皓圖》卷

(元)錢　嘉

不挾狙擊博浪錘，不泛采藥蓬萊舸。儒坑無名免大索，商顏遠遯我自我。采薇亦可采紫芝，芒碭小兒不敢羈。秦亡漢興不三代，約法三章民庶幾。岩棲四皓喜亦譏，言不出口笑且嬉。九重一日禍戚姬，黃石弟子有捷機。假爾羽翼隨扶危，後來安劉亦已遲。先聲後實真絕奇，《黃鵠》之歌一時足以慰晨牝。老人不來天下之本幾凋嗉，商顏之想千載令人悲。前楊有清詩，後楊有樂府歌詞。嗟余末學，安敢捉筆為。吳興肅再釋。

《全元詩》第 60 冊，424 頁

《四皓對弈圖》

(元)劉　崧

危坐看枰棋，天寒白髮稀。如何忘世者，獨自角危機。

《全元詩》第 61 冊，482 頁

《四皓圖》

(元)凌雲翰

松下《紫芝曲》，宮中《鴻鵠歌》。誰知四皓力，還比鄧侯多。

《全元詩》第 62 冊，295 頁

題馬待詔《四皓弈棋圖》并序

(元)范公亮

虛白師出是圖索題品，敢獻笑大方之家，惶愧！惶愧！范公亮塞白。

長安宮中易樹子，谷口扶疏新賜死。良、平不言殷鑒遠，園、綺乃作商山起。漢之十年甲辰歲，太子卑辭將厚幣。明年乙巳上伐布，後年丙午方入侍。龐眉此日驚龍顏，紅粉明朝作人彘。至今厭聽《黃鵠歌》，望思臺前磷光紫。芒碭聖人亦衰矣，妻子之間乃如是。昌乎通耶直如矢，鑿鑿忠言在青史。優遊之說誠荒唐，孰謂考亭欺涑水。紛紛俗儒不明理,安得鉅擘提其耳。長春道人琴罷彈,琳宮夷猶狎清歡。放歌不知白日暮,再展此圖燈下看。怳然坐我壽隱上,洪濤出海生波瀾。不知何處有此山,一重一崦開岩巒。桃花萬樹迷遠洞,竹皮三寸裁為冠。鹿門無人共往還,政好結屋於其間。青精之米充渴飯,赤脈之石為棋盤。甪里綺里東西居,黃公時來坐席端。平分黑白見赢項,一子忽入咸陽關。眼中世事亦如是,底用感作悲人寰。松子自落窗風寒,床頭酒熟巴橘酸。陶然一醉天地寬,老死不復登長安。

《全元詩》第 64 冊,2 頁

商 山 (元)趙次誠

四皓羽翼漢太子,思歸采芝。

采芝高岡兮,曾不盈筐。豈不念饑兮,露濡我裳。之帝所兮,不可久翔。鹿之獲兮,以仁則昌。羽翼兮身之文章,摧於羅兮將誰歸殃。

《全元詩》第 66 冊,5 頁

題馬遠作《四皓弈棋圖》 (元)江 漸

白石蒼松歲月閑,紅塵飛不到青山。誤因一著爭先子,老使虛名滿世間。於越江漸。

《全元詩》第 67 冊,332 頁

題馬遠作《四皓弈棋圖》 (元)謝 儁

天下蒼生苦秦虐,高人多與許巢期。當時不墮留侯計,豈負山中詠《紫芝》。敬亭謝儁。

《全元詩》第 67 冊,335 頁

題宋馬遠《四皓圖》 (元)高 原

長歌富貴不如貧,屏跡茹芝避虐秦。借問商山千載後,清風若個繼斯人。渤海高原。

《全元詩》第 67 冊,421 頁

題宋馬遠《四皓圖》 (元)陳 迪

偉矣商山翁,聞歌未聞弈。《齊諧》錄奇誕,繪事從粉飾。矧惟達者言,肆志聊自適。弗偶唐、虞歸,韶聲遂沉匿。三老獻嘉謀,匪乏興王策。優孟為叔敖,無乃平城劇。代遠既茫昧,校讎病探賾。開圖詫群議,攄翰宣所臆。出處安危間,詎獨誇隱德。交涇陳迪。

《全元詩》第 67 冊,422 頁

題馬遠《四皓弈棋圖》　　　　（元）張　浚

安劉無上策,來倩避秦人。駭俗衣冠古,扶顛羽翼新。寵加龍目送,怨入翠眉顰。莫擬巴園橘,飛騰別有神。

《全元詩》第 68 冊,183 頁

題《四皓圖》　　　　（明）袁　凱

嬴氏肆其暴,黔首無寧居。五嶺已適戍,驪山方送徒。如何商巖中,遺此四老夫。紫芝當餱糧,青松為屋廬。悠悠木石間,其樂固有餘。姜叟在渭濱,伯夷居海隅。荷蓧有丈人,耦耕見長沮。夫子復此舉,異世自同符。我願從之遊,道遠不可逾。撫卷長太息,懷賢正躊躇。

《袁凱集編年校注》編年詩,219 頁

詠史二十一首(其八)　　　　（明）劉　基

平居觀群物,紛紛爭朵頤。口舌不能勝,兵戈遂相隨。古來豪傑士,於今安所之？大運一朝至,孰分賢與蚩！所以四老人,去采商山芝。清風扇六合,百世真吾師。

《劉基集》卷二〇,318 頁

有感七首(其二)　　　　（明）劉　基

焚書千古訝嬴秦,逃難茫茫走縉紳。尚憶商山近京、洛,白頭容得采芝人。

《劉基集》卷二四,512 頁

四　皓　　　　（明）楊　基

高帝如何太子盈,先生垂老入京城。當時四皓非黃綺,多是留侯指教成。

《眉庵集》卷一一,301 頁

甪里先生谷 （明）吴　节

甪里先生白氎巾,英姿瀟灑出風塵。當時暫屈張良計,不是終身作漢臣。

《吳竹坡先生詩集》卷二五,《四庫全書存目叢書》集部23冊,579頁

頭 （明）王　賓

洞庭山,又名祿里村。四皓甪里先生家焉。

先生未出去安劉,人世那知在此遊,西望商山行路遠,白雲來往自悠悠。

《吳中古跡詩》,《四庫全書存目叢書》集部28冊,233頁

題《四皓弈棋圖》 （明）孫　瑤

世有深識士,移家桃源居。四子達其機,去結商山廬。飢采紫芝飱,渴飲清泉渠。憂隔昏濁世,高情憐泰初。閒時對弈棋,有贏還有輸。贏得彼相斯,妄譏燔《詩》《書》。不嬰章甫羅,脫身秦坑餘。輸與留侯計,等閒就安車。皓首驚龍顏,數語安漢儲。鴻鵠起悲歌,溺愛空欷歔。牝晨弗自禍,繼嫡斯權輿。奚待左祖謀,羽翼功何如。

《歲寒集》卷下,《四庫全書存目叢書》集部31冊,42頁

題《四皓圖》 （明）高　棅

達生無不可,世外復人間。雲卷逃秦去,風期翼漢還。功名留碧簡,圖匣見蒼顏。千載商山下,松泉自掩開。

《高漫士木天清氣集》卷九,《四庫全書存目叢書》集部32冊,186頁

題《四皓圖》 （明）高　棅

漢室前星暗紫氛,商顏攜手謝松雲。片言羽翼成何事,傳得《芝歌》萬古聞。

《高漫士木天清氣集》卷一四,《四庫全書存目叢書》集部32冊,1210頁

《四皓圖》 （明）岳　正

漢高騎馬鞭群雄,駕馭不到商山中。山中潛龍惜鱗甲,肯與走狗同牢籠。野雞宮中顏色老,恩愛何人為最好。戚姬未斃惠統危,鶴書急走商山道。山中潛龍始一來,楚歌楚

舞雙徘徊。撫圖令人長歎息,歎息留侯真有才。

《岳正詩文》卷一,《岳家詩》中篇,60 頁

《四皓圖》
(明)岳　正

祖龍長策不知圖,空築長城遠備胡。四老朝廷安一老,當時誰得殺扶蘇。
惠統安危覆手間,都將鶴髮動龍顏。元功空佩通侯印,不及芒鞋一下山。
誰云盛德格天難,國本將危又復安。試按楚歌評漢祖,沛公元不溺儒冠。
避漢逃秦智慮周,誰知亦墮子房謀。可憐他日安劉囑,不及留侯及絳侯。

《岳正詩文》卷二,《岳家詩》中篇,102 頁

《四皓圍棋圖》
(明)張　琦

局面乾坤大,極權日月忙。中間藏一著,留待定儲皇。

《白齋先生詩集》卷一,《四庫全書存目叢書》集部 52 冊,23 頁

四　皓
(明)張　琦

風裏飛花未帖然,靜中棋子動機權。在山泉水青天色,流出人間不似前。

《白齋先生詩集》卷三,《四庫全書存目叢書》集部 52 冊,51 頁

四　皓
(明)倪宗正

商山白石爛如雪,中有紫芝花燁燁。采而食之豐骨清,白日羽化鴻飛冥。自謂風塵不入眼,五侯事業意何嬾。圯橋孺子道者流,招邀四皓如朋儔。君不見,草廬三顧屈英主,雲雷欻忽臥龍起。

《倪小野先生全集》卷四,《四庫全書存目叢書》集部 58 冊,572 頁

甪里村
(明)高　啟

原注:"在洞庭西山。四皓之一甪里先生之鄉也。"《姑蘇志》:"甪頭即甪里。"

高皇本壯士,提劍定四方。晚為兒女情,悲歌起彷徨。愛子欲建儲,寵姬方侍側。顧經四老人,謂已成羽翼。大臣豈不諫?孰能斡天機。彼翁何為者,足見人心歸。始潛避秦君,終出安漢嗣。世羅焉能羈,舒卷聊自肆。我來甪里村,如入商顏山。紫芝日已老,

鴻鵠何時還？斯人神仙徒，千載形不滅。猶想蒼岩中，白頭臥松雪。

《高青丘集》卷五，上冊，195頁

四　老　　　　　　　　　　　　　　　　　（明）王　翰

漢祖匿私愛，呂氏不寧處。大位垂轉易，禍福在反覆。諫口徒期期，不勝留侯術。四老高蹈士，斯出亦頗辱。安劉實滅劉，為趙速剪戮。周昌縱強相，何濟几上肉。激烈《鴻鵠歌》，不救身後毒。子房多廟算，此舉良不足。

《梁園寓稿》卷一，影印文淵閣《四庫全書》1233冊，277頁

漫興六首（其五）　　　　　　　　　　　　（明）李夢陽

種豆南山一頃，朝來豐草離離。豈若藍田種玉，何如商嶺餐芝。

《李夢陽集校箋》卷三七，第四冊，1377頁

題《四皓圖》　　　　　　　　　　　　　　（明）胡　奎

皓首龐眉本在山，紫芝歌斷白雲間。漢家可是無羅網，鴻鵠高飛自不還。

《胡奎詩集》卷五，368頁

題《采芝圖》　　　　　　　　　　　　　　（明）胡　奎

天上金雞放赦時，野人烏睹漢官儀。不知此老緣何事，猶向山中采紫芝。

《胡奎詩集》卷五，407頁

《商山圖》　　　　　　　　　　　　　　　（明）李東陽

行盡深山覓紫芝，不應名姓有人知。閑來共說人間事，楚、漢分明一局棋。

《詩後稿》卷一〇，《李東陽集》第一卷，616頁

《四皓圍棋圖》　　　　　　　　　　　　　（明）丁養浩

四君避世非忘世，終使皇儲羽翼成。按著殘棋細思索，豈於勝敗不關情。

《效唐集》卷八，《武林往哲遺著》第一冊，226頁

四皓圍棋便面　　　　　　　　　　（明）丁養浩

時當叔季甯歸隱,道際明良亦定儲。閑坐空山了殘局,未知勝算是何如。

《效唐集》卷八,《武林往哲遺著》第一冊,226 頁

四　　皓　　　　　　　　　　　　（明）殷士儋

商顏只在二陵東,磵草林花有路通。望盡咸陽三月火,烽煙不到紫芝翁。

讀書花嶼石床欄,竹杖松陰晝不冠。八十年來藏姓字,未央高闕路漫漫。

《金輿山房稿》卷二,《四庫全書存目叢書》集部 115 冊,670 頁

過商山,謁四皓廟四首　　　　　　（明）張九一

不隨逐鹿起槁萊,自擬冥鴻遷眾猜。寂寞漢陵無處覓,宛然荒塚並崔嵬。

窈窕雲蘿四望春,縱逢天子不稱臣。漢儲未定身還出,始信當時為避秦。

破秦滅楚沛公遷,太子安危出處閒。誰道功臣麟閣外,漢家別自有商山。四皓詩,作者如林,皆不能讀史溯源。竟將子房認真□和子易正弄高祖股掌,而高祖不覺也。

千家霜雲濾得陽,水盡山空古廟荒。不是□□翔萬里,那能羽翼漢儲皇。

《綠波樓詩集》卷一二,《四庫全書存目叢書》集部 128 冊,679 頁

再過商山 山形似"商"字　　　　　（明）張九一

孤峰學字抻高天,四塚依稀斷復連。三使四人皆半百,重來真媿《紫芝篇》。

《綠波樓詩集》卷一三,《四庫全書存目叢書》集部 128 冊,688 頁

四皓廟　　　　　　　　　　　　　（明）李維楨

本是朝飛雉,更名作野雞。四人成羽翼,慾憗向晨啼。

留侯刼使從,復致商山客。所幸人彘時,建成已寒魄。

《大泌山房集》卷五,《四庫全書存目叢書》集部 150 冊,412 頁

賦得西秦名勝十二事，為梁公壽　　（明）李維楨

高巖為屋穴為茵，種得靈芝十畝春。偶向漢宮遊戲去，兩朝天子不能臣。右南山綺皓。

《大泌山房集》卷六，《四庫全書存目叢書》集部150册，427頁

題《四皓圖》　　（明）陳　謨

臥聽松風行采芝，人間那記有秦時。安劉調笑高皇帝，何似山中一局棋。

《海桑集》卷二，影印文淵閣《四庫全書》1232册，565頁

商山行　　（明）臧懋循

漢興四遺老，聲名溢寰區。采芝以為食，高蹈商山隅。帝命屢不就，寧復顧苞苴。白鶴摩青雲，網羅安可圖。留侯畫秘計，遣使遺之書。衣冠趨闕庭，日與太子俱。嫚罵誠足辱，仁孝亦何須。雖有羽翼功，無乃非其初。丈夫重意氣，出處故不殊。片言定國本，召者而豈徒。請看良餌下，焉得無懸魚。

《負苞堂詩選》卷一，《臧懋循集》，1頁

詠史四首（其一）　　（明）周如砥

商翼聯翩下漢關，一時決策動龍顏。誰憐翠羽金丸忌，千古令人歔轉團。

《周季平先生青藜館集》卷一，《四庫全書存目叢書》集部172册，176頁

題《商山四皓》　　（明）陳思濟

引領盻層巔，遙見四老人。蒼顏映綠水，一一嚴衣巾。望之即再拜，重其古先民。或云黃與綺，於此避強秦。至德尚可想，遐蹤浩無鄰。翩然若儀鳳，覽德翔秋旻。亡國失大老，興邦得祥麟。威容動蕭宸，問荅何精神。明兩有餘慶，偏愛遂淪湮。至今仰遺烈，英氣猶振振。

《明詩初集》三二，《石倉歷代詩選》卷三一二，影印文淵閣《四庫全書》1391册，386頁

四　皓　　（明）梁　儲

已為留侯定漢儲，舊山松桂未蕭踈。如何復向他山去，應恐重勞使者車。

四賢心行可誰如,垂老猶堪定漢儲。從此班行絕蹤跡,史臣何事不重書。

《鬱洲遺稿》卷八,影印文淵閣《四庫全書》1256 冊,610 頁

題《四皓圖》
(明)王 鏊

蒲輪應召出商顏,漢嗣瀕危即日安。若使四翁終羽翼,肯教雌雉變凰鸞?

《震澤先生集》卷七,《王鏊集》,146 頁

商州四皓
(明)李廷訓

漢儲將廢鳳還來,皓髮能持翼主才。假使青宮終不定,商山應笑四公回。

《醴雞吟》卷一一,《陝西古代文獻集成》第 10 輯,441 頁

四 皓
(明)馬 理

一味煙霞是痼疾,到頭肯輕謁王侯。不知羽翼非真皓,枉被唐人笑滅劉。

《谿田文集》搜遺卷,《陝西古代文獻集成》第 17 輯,594 頁

四 皓
(明)張 銓

避秦結伴入商山,一局殘棊白日閑。千仞冥鳩那可致,不應蹤跡到人間。
高皇亦自解憐才,四老何新悞見情。只說終身不事漢,誰教却為漢儲來。
一出能狀羽翼功,從龍爭似作飛鴻。如何白首深山客,尚落留侯掌握中。
自逐紅塵向玉墀,啼猿怨雀久相疑。不知羽翼安劉後,何日歸山更采芝。

《張忠烈公存集》卷八,《四庫禁毀書叢刊》集部 77 冊,399 頁

題《商山四皓》
(明)王 教

聞道商巖起四公,山靈層疊樹蒼蔥。一從漢闕歸來後,總入人間圖畫中。

《中川遺稿》卷一三,《四庫全書存目叢書》集部 84 冊,543 頁

四 皓
(明)何東序

行行攬轡銜,鴻鵠閉商岩。安得離江石,清風挹柱杉。

《九愚山房詩集》卷一一,《四庫全書存目叢書》集部 126 冊,718 頁

題《商山四皓圖》　　　（明）蔡　清

鄒、魯儒生落秦火,諸公正在山中臥。咸陽宮殿三月紅,諸公洞裏自春風。馬上英雄饒善罵,罵聲不到商山下。獨憐帝子意來虔,一至漢廷力回天。君不見李斯、韓、彭皆葅醢,秦皇、漢帝亦安在。當年商山四老翁,至今人間往往想丰采。

《虛齋集》卷一,影印文淵閣《四庫全書》1257 冊,762 頁

四　皓　　　（明）顧　璘

高士遺世網,一往豈再招。飛鴻絕四海,弋者徒為勞。已輕高祖業,況顧惠儲邀。留侯一何詭,皓首忽來朝。物色果誰識,國本竟不搖。歎息《紫芝曲》,空令來者嘲。

《息園存稿詩》卷三,《顧華玉集》,影印文淵閣《四庫全書》1263 冊,359 頁

題四皓　　　（明）夏良勝

泥塗四老翁,伏臘商山側。不墮留侯機,安使漢庭識。天子驚且疑,夢寐見顏色。頹衰挾癡兒,隱禍頓銷息。一言繫炎鼎,表表人臣極。非無經國資,所志在逃匿。冥鴻奮高秋,習習快兩翼。豈知覬覦人,有恨填胸臆。神器匪私授,造化良可測。白雲方英英,紫芝窅無跡。

《東洲初稿》卷八,影印文淵閣《四庫全書》1269 冊,859 頁

詠四皓　　　（明）黃　佐

歌殘鴻鵠漢宮秋,四老曾隨鶴駕遊。采采瓊芝謝車馬,不知羅網是留侯。

《泰泉集》卷九,影印文淵閣《四庫全書》1273 冊,387 頁

題《四皓圖》　　　（明）周　瑛

秦氛暗六合,脫屣入商顏。山中無招呼,斜日照棋盤。昨夜望前星,疎雨襲輕寒。留侯有心計,戚姬涕汍瀾。事定計當返,名爵豈能攀。史家多闊略,公跡是非間。遂令詩家子,過廟譏潺湲。

《翠渠摘稿》卷六,影印文淵閣《四庫全書》1254 冊,836 頁

題《四皓圖》，為黃山人全之壽　　（明）佘　翔

秦威煽六合，四賢隱商山。紫芝何靄靄，采之駐紅顏。豈不懷唐虞，世遠不可攀。隆準既興劉，求之且閉關。嚼然義不辱，心與白雲閒。一朝入漢庭，侍燕偉衣冠。片言成羽翼，宗社賴以安。伊人韜至德，卷舒若轉丸。處世合如此，果哉何足難。黃公千載後，風流繼考盤。既探黃石略，亦煉紫金丹。逃名遵芳躅，肆志托飛翰。明時終抱璞，寧愧碩人寬。

《薜荔園詩集》卷一，影印文淵閣《四庫全書》1288冊，12頁

題《四皓圖》　　（明）張鳳翼

羽翼功成仗草萊，不教丹詔下輪臺。留侯自有安劉策，未必商山四皓來。

《御定歷代題畫詩類》卷三四，影印文淵閣《四庫全書》1435冊，433頁

題《四皓圖》　　（明）陳繼儒

鬚眉皓白好疏頑，何事相將入漢關。一片商山留不住，終輸圯上老人閒。

《御定歷代題畫詩類》卷三四，影印文淵閣《四庫全書》1435冊，433頁

詠史一百首（其三十八）　　（明）謝肇淛

秦璧歸澠池，漢劍起芒山。六合方雲擾，策士競龍攀。商山四老人，高枕松雲間。不知山河改，但覺日月閒。一朝玄纁來，躡履入藍關。衣冠偉黃髮，天子驚回顏。鶴駕借羽翼，青宮安如山。人彘卒啟禍，永巷空流殷。北軍不得入，炎祚何時還？笑殺淮陽老，搔首聽潺湲。

《小草齋詩集》卷六，《小草齋集》上冊，712頁

四皓廟　　（明）謝肇淛

鴻飛千載杳難攀，古廟碑殘落木寒。洞裏紫芝秦日月，殿前黃髮漢衣冠。秋風蘋藻啼山鬼，夜雨松花覆石壇。惟有白雲飛不盡，只應西去望長安。

《小草齋詩集》卷二二，《小草齋集》下冊，1147頁

詠史八首（其五） （明）陳子龍

黃綺既肥遁，梅生復遠遊。擾擾愚與賢，焉能同九州？安坐致卿相，立談說王侯。縱橫豈必用？阿世當見收。處子樂耿介，嘯傲無奇謀。風濤滄海夜，煙霧商山秋。

《陳子龍詩集》卷五，上册，124 頁

詠逸民六首（其三） （明）王　紳

嬴政逞兇毒，斲喪綱與常。志士共扼腕，疾走奔四方。赫赫隆準公，基漢由三章。奈何好慢士，溺冠裂其裳。商山四老翁，髪皓雙眉厖。非因國本重，安能趨帝傍。奇哉子房策，既以用其良。一言回主意，"期期"愧周昌。

《繼志齋集》卷上，《續金華叢書》，319 頁

四皓墓 （明）張　原

先生初計入商顏，何事輕身又出關？不似巢、由真箇隱，一生洗耳向箕山。

《玉坡張先生黃花集》卷六，《陝西古代文獻集成》第 7 輯，第 399 頁

《四皓圖》 （明）張　原

蠢蠢深山人不到，蘼蕪緑遍商顏道。蹈海不獨魯仲連，避辱亦有綺黃傲。
招呼一局競枯棋，林幽谷静日遲遲。秦顛項仆我何事？輸贏黑白吾當知。
鴻鵠高騫橫海翩，衣冠甚偉鬢眉白。偶感鶴書重入關，羽翼又作劉盈客。
空將姓字動高皇，雌雉鴝兮女主昌。鞠域有甗諸吕王，炎精黯黯頓無光。
役役嗟哉此四老，只好山中飽芝草。閑向人間管是非，又被高人看來小。
歸時誰爲謝殷勤，洞口春閑鎖白雲。猿悲怨兮鶴哀吟，山靈應亦有移文。

《玉坡張先生黃花集》卷七，《陝西古代文獻集成》第 7 輯，第 412 頁

《四皓圖》歌 （明）王九思

征夫血染長城地，諸生魂落咸陽市。博浪沙中客漫驚，商顏山下人先避。沐猴授首烏江底，汗馬論功未央裏。上皇生兒與仲多，戚姬有子真如意。鼎足搖搖誰與扶，"吃口期期"亦是愚。赤松、黃石有僊訣，具書奉幣奔山嵎。冥鴻徒侣雲間落，野雞母子宫中躍。

漢庭羅網竟何爲,商山芝草仍堪嚼。芝艸幾莖經幾春,商山此日無此人。楸枰散亂隨流水,松桂蕭條空白雲。高車駟馬憂方大,龍湫虎穴人爭坐。立志不從東海游,甘心況受西山餓。千古閑情笑我癡,四翁不見使人思。聊對畫圖歌一曲,疑聞風雨下長陂。

《渼陂集　渼陂續集》卷三,《陝西古代文獻集成》第9輯,第69頁

紀　夢　　　　　　　　　　（明）楊　爵

夜夢四老人,俱彷彿百餘歲,衣冠古朴,氣象莊重,皆天然不飾矯飾,同坐一木凳。予趨前長揖,四老人俱起答之,淵默無一言。覺,猶宛在目中,以詩記之。丁未正月初三日早間書。

或是商山四老翁,来吾夢裏一相逢。鳳凰千仞當年事,獨在平生癌瘵中。

《楊忠介公集》卷一三,《陝西古代文獻集成》第27輯,381頁

詠四皓　　　　　　　　　　（清）汪　琬

詩書付一苴,驪山鬼晝哭。獨有希世子,虎口幸免辱。賢哉四老人,相引入深谷。不知祖龍死,況復掎嬴鹿。晚節顧大謬,陰受留侯嗾。定儲何與女,毋乃蛇畫足。竟墮娥姁奸,幾危卯金族。若無北軍袒,炎火似殘燭。何如種桃人,但解守耕牧。年年武陵谿,桃花紅蔟蔟。

《鈍翁續稿》卷四,《汪琬全集箋校》第三冊,1206頁

讀　史（其三）　　　　　　　（清）汪　膺

四皓采芝去,落落空山寒。不為子房屈,寧邀哲后歡。漢庭徒耳食,山鶴題鵝鸞。儲皇假羽翼,優孟空衣冠。吾言豈無微,著之在稗官。赤松與黃石,其事尤難搏。

《寸璧堂詩集》卷二,《附錄》八,《汪琬全集箋校》第五冊,2636頁

四　皓　　　　　　　　　　（清）鄭　燮

雲掩商於萬仞山,漢庭一到即回還。靈芝不是凡夫采,荷得乾坤養得閑。

《詩鈔》,《鄭板橋集》二,73頁

雜詩八首（其一）　　　　　　（清）袁　枚

咸陽赤帝子,商山白髮翁。千秋俱有名,兩人道不同。當時頑鈍士,貪立尺丈功。發

縱為鷹犬,忍辱相追從。一旦大事定,鳥盡無遺弓。須知殺人機,即在嫚罵中。韓、彭終不悟,畢竟非英雄。旁有四老人,長嘯看青穹。黃金四萬斤,列爵封上公。箕踞以相奉,棄之如蒿蓬。有時為漢來,龍見未央宮。有時舍漢去,鶴飛大海空。炎漢有興衰,白雲無始終。

《小倉山房詩集》卷七,《小倉山房詩文集》第一冊,136頁

《商山圖》 （清）王鳴盛

嵩少仇池外,商顏好卜居。芝英真有味,橘叟得相如。几杖坑灰後,衣冠溲溺餘。老翁一著錯,強出定皇儲。

《書局集》,《西莊始存稿》卷一四,《嘉定王鳴盛全集》第一〇冊,272頁

四皓墓 （清）薩大年

雲白岩青好避秦,鬚眉翻作漢功臣。何因多事商山老,不及桃源洞裏人。

《晚晴簃詩匯》卷一五〇,第三冊,842頁

商山四皓墓 （清）范軾

在雒南小鎮路側。

漢祖當年歌《大風》,誰知衽席伏兵戎。蕭曹已老從龍業,絳、灌惟餘走狗雄。匕鬯不驚神色外,鬚眉如接笑談中。商顏依舊人千載,古木殘碑說殯宮。

高臥岩扃定幾秋,無端物色到留侯。唐家杌肉肥鸚鵡,晉室殘臍噬馬牛。漫說壺關先入蜀,莫須周勃始安劉。穀山老父傳書久,偉業何妨建白頭。

《晚晴簃詩匯》卷一八二,第四冊,509頁

詠　史（其二） （清）袁綬

四皓安劉非助呂,戚姬空自淚縱橫。若教如意為天子,未必能如孝惠明。

《晚晴簃詩匯》卷一八七,第四冊,676頁

商山四皓 （清）羅惇衍

東園公,姓唐,名秉,字宣明;綺里季,姓吳,名實,字子景;夏黃公,姓崔,名廣,字少通;甪里先生,姓

周,名術,字元道:是為"商山四皓"。年皆八十有餘,鬚眉皓白,衣冠甚偉。

雞鳴夜半愧來遲,圯上陶成帝者師。尤賴青宫援策祕,非徒黄石受書奇。鬚眉群覩神仙趣,羽翼重扶匕鬯基。莫謂有芝輕漢祖,殊勳鼎立棄如遺。

《集義軒詠史詩鈔校證》卷六,第一冊,163 頁

四皓墓 (清)易順鼎

避世同心卜隱居,直從楚、漢見黄、虞。紫芝蔥蒨青山好,底事當年不著書。
若對朱虚與絳侯,黄公、綺季合含羞。與人家國談何易,却爲安劉幾滅劉。

《琴志樓詩集》卷一二,第三冊,780 頁

漢臺詠史·商山四皓 (清)嚴如熤

攀鱗附翼走群材,抗節烟霞老不回。翔鳳遠離秦網去,賓鴻暫爲漢儲來。安劉周勃輸先着,引古孫通笑粗才。羽翼已成黄綺逝,靈芝茜翠長山隈。

《樂園詩稿》卷三,《清代詩文集彙編》455 册,164 頁

四皓墓 (清)張 琛

曒日何如四皓明,竟將一穴葬先生。九泉仍作同心鳥,還恐君王翼不成。

《日鋤齋詩集·缶音》,《清代詩文集彙編》483 册,660 頁

羽翼成 (清)吳名鳳

高帝崇真儒,所罵乃偽士。商山無四皓,誰為護太子。鬚髮皆皓白,衣冠何其偉。一一言姓名,高帝驚且喜。予曰東園公,予曰甪里,予曰綺里季,予夏黄公是。吁嗟乎!不奉詔者空"期期",格心不爭口舌裏。莫謂英主慢侮人,尊德樂道更無此。

《竹庵詩鈔》卷五,《清代詩文集彙編》487 册,111 頁

詠史·商山四皓 (清)孫國楨

黄鵠高騫六翮舒,出山形跡太模糊。采芝久已安貧賤。那得衣冠盡偉如。

《愚軒詩鈔》卷下,《清代詩文集彙編》741 册,357 頁

詠史小樂府三十首 己未（其十六） （清）沈家本

是豈干卿事，偏回洗耳心。批鱗多諫牘，誰識《紫芝吟》。

《枕碧樓偶存稿》卷七，《清代詩文集彙編》745 冊，486 頁

四　皓 （清）王龍文

沙丘廢立速秦亡。覆轍駸駸禍未央。漢統初傳天秩敘。苦持國本固苞桑。

《平養詩存》卷下，《清代詩文集彙編》790 冊，355 頁

詞

定風波

征戰僂儸未足多,儒士僂儸轉更加。三策張良非惡弱,謀略,漢興楚滅本由他。項羽翹據無路,酒後難消一曲歌。霸王虞姬皆自刎,當本,便知儒士定風波。

《全唐五代詞》卷七,敦煌詞,884 頁

桃源憶故人·題人物畫·張良　　　　　　　（明）朱彥汰

羨公三傑如公少。佐漢功勳成早。偶遇圯上一老。進履授其道。　運籌絕勝懷天寶。妙算神機奇抱。萬戶千鐘輕掃。同與赤松保。

《全明詞》第 2 冊,639 頁

前调(满江红)·咏古·博浪椎　　　　　　　（清）徐　籀

鹿逐中原,子房椎、早裓秦魄。豺虎性、鶻眸鶻眼,目无诸国。何事沙中轻一击,国中大索曾何得。想嬴龙、白帝毋空悲,终归赤。　风云会,蛟龙蛰。鸾凤过,鸢鸮嚇。只我生图报,为韩明白。夸说夷门朱亥计,圯桥一履终教拾。想异时、豪气尚须锄,逢黄石。

《全清詞》順康卷第一冊,198 頁

東風第一枝·途經圯橋偶作　　　　　　　（清）張綱孫

綠漲平川,青鋪淺草,長途到了西楚。馬頭斜日煙生,又過圯橋晚浦。沙村冷落,怪只有、餓狼相乳。問當時、拾履留侯,遇着老人何處。　橋上石苔痕漸古。橋下水波聲又注。千秋舊事關心,記起椎秦猶怒。南行北走,空博得、餐風吸露。但留取兩鬢歸來。鏡裏一堆純素。

《全清詞》順康卷第三冊,1587 頁

生查子·咏史(之二) （清）王夫之

沙中奮一椎，飛影不知處。知非賭命場，不下千金注。　蒲山電眼兒，約略知其趣。豪氣未能降，長揖關朗去。

《全清詞》順康卷第三冊，1649頁

水調歌頭·詠史 （清）黎景義

千古特馨烈，博浪一椎飛。祖龍驚碎魂魄，由是竟埋驪，人曰少年豪氣，吾曰英雄作用，中自有玄機。散步邳橋上，大索果何為。　三人傑，何獄繫，信宗夷。功成辟穀，輝德千仞望長離。諸葛能而不得，房杜可而不肯，此處獨難希。昔一陶朱耳，夫子更孤奇。

《全清詞》順康卷第四冊，2489頁

前調(滿江紅)·汴京懷古十首·博浪城 （清）陳維崧

鉛築無成，不信道、英雄竟死。猶有客、棄家破產，東求力士。太息已看秦帝矣，悲歌只念韓亡耳。道旁觀、誰道祖龍耶，妄男子。　狙擊處，悲風起。大索罷，浮雲逝。歎事雖不就，波騰海沸。嬴政關河空宿草，劉郎宮寢成荒壘。只千年、還響子房椎，奸雄悸。

《全清詞》順康卷第七冊，4022頁

水龍吟·謁張子房祠 （清）朱彝尊

當年博浪金椎，惜乎不中秦皇帝。咸陽大索，下邳亡命，全身非易。縱漢當興，使韓成在，肯臣劉季。算論功三傑，封留萬戶，都未是，平生意。　遺廟彭城舊里。有蒼苔、斷碑橫地。千盤驛路，滿山楓葉，一灣河水。滄海人歸，圯橋石杳，古墻空閉。悵蕭蕭白髮，經過寧涕，向斜陽裏。

《全清詞》順康卷第九冊，5285頁

前調(風流子)·博浪沙懷古 （清）黃　埙

祖龍吞并後，六王畢、城父泣孤臣，念為國破家，陰求死士，東遊陽武，狙擊強秦。風沙起，半天雷電響，空折輔車輪。十日大搜，四方震駭，一夫作難，萬乘宵奔。　潛身歸下邳，圯橋曾秘授，玉笈玄文。從此運籌帷幄，決策如神。看驅暴除殘，功成身退，丹書鐵券,燕子貽孫。名冠雲臺麟閣,曠古無倫。

《全清詞》順康卷第一三册,7448頁

滿江紅·謁黄石公祠 （清）孔毓埏

望盡空山,白雲掩、幾層翠嶂。想當日、子房際遇,圮橋之上。佐漢還從納履起,報韓只把陰符仗。待功成、還過谷城時,重相嚮。　　蒼顔貌,白髮狀。踐赤鳥,曳丹杖。更雕甍碧瓦,留人想望。昔日赤松今在否,當年黄石仍無恙。看千秋、暮雨繞靈旗,風飄揚。

《全清詞》順康卷第一五册,8850頁

洞天春·黄石公洞 （清）吴 綺

在萬羅山之腰。有洞有泉。世傳爲黄石公所鑿,溉田二頃。夫圮橋之履,穀城之祠,非石公顯現,赤帝子鼎將不然。初不意軒帝峰前,亦有此公遺蹟也。讀《漢書》者,過此能無慨然。爰系之以《洞天春》。

仙蹤今日何在。此處洞門深隘。一卷奇書問誰解。把留侯空待。　　中間別有世界。長鎖千里翠黛。桃水波情,芝田地僻,居然塵外。

《全清詞》順康卷補編第一册,485頁

南乡子·博浪沙 （清）王时翔

六合帝秦时。第一英雄博浪椎。心在报韩他未计,谁知。剩有寒沙罨眼飞。　　论古莫矜奇。苏子何言此击非。纵使副车成误中,依稀。豫让酬恩斩赵衣。

《全清詞》雍乾卷第一册,59頁

漢宮春·《圮橋進履圖》 （清）方學成

圮,音怡,楚人謂橋爲圮。

黄石山人,在穀城何處,塵外優遊。偏他有心用世,留意神州。茹芝人遠,向圮橋、物色兒儔。逢孺子、椎秦破產,報韓未遂潛遊。　　驀把芒鞋下墮,且驚呼履我,不顧含羞。爭知素書可教,得志封留。憑誰吊古,想英風、碧水長流。回首是、蕭條徐泗,此人去已千秋。李太白詩曰:"我來圮橋上,回首欽英風。惟見碧水流,曾無黄石公。"嘆息此人去,蕭條徐泗空。按圮橋字不宜復用,然太白有經過下邳圮橋詩,則相仍已久矣。

《全清詞》雍乾卷第五册,2729頁

念奴嬌·楊武道中過博浪沙　　（清）陳燮

景曦門外，見貞珉三尺，巍然高峙。博浪當年爭一擊，憑吊留侯遺事。滄海何人，金椎宛在，大索咸陽市。副車無恙，驚沙飛渡河水。　應笑亢督圖窮，荊卿匕見，疏脫真兒戲。夜半橋邊書一卷，亡命依然名士。間左狐鳴，江東虎嘯，瞥爾聞風起。銷磨豪氣，歸來從赤松子。

《全清詞》雍乾卷第一一冊，6000 頁

齊天樂·彭城懷古十二首·圯上　　（清）陳燮

素書一卷成王業，千秋幾人如此。六籍煙飛，群言電滅，留得秦灰故㞕。何來孺子。是倉海同流，韓原國士。授受橋邊，十三年事自茲始。　蕭條徐泗猶昔，問英姿曆落，有誰得似。運策當年，崇祠此日，狀貌猶傳青史。明明磊磊。笑漢碣秦碑，漫留遺址。過隙駒光，儘君遊戲耳。

《全清詞》雍乾卷第一一冊，6012 頁

將進酒·小梅花二首(之一)　　（宋）賀　鑄

城下路，淒風露，今人犁田古人墓。岸頭沙，帶蒹葭，漫漫昔時，流水今人家。黃埃赤日長安道，倦客無漿馬無草。開函關，掩函關，千古如何，不見一人閒？　六國擾，三秦掃，初謂商山遺四老。馳單車，致緘書，裂荷焚芰，接武曳長裾。高流端得酒中趣，深入醉鄉安穩處。生忘形，死忘名。誰論二豪，初不數劉伶？

《全宋詞》第一冊，509 頁

鳳凰臺上憶吹簫·商山四皓　　（清）朱萬錦

遠脫秦坑，疏離項咤，好侶共託商山。獨宣明早哲，子景高閒。潔許夏黃崔廣，元道孤幽邈難扳。畢竟非蒼毛鶴肬，便屬清班。　休頑。霞鬢易老，看青松作骨，紫芝比顏。乃公多嫚罵，未褻草菅。願比儲龍賓友，防維洩、隱裏危悭。最可幸，高皇度豁，密意旋刪。

《全清詞》順康卷第九冊，第 5424 頁

一絡索·甪里邨

(清)吳 綺

在洞庭山。甪里先生故居也。按先生姓周,名術,字元道,與綺里季、夏黃公、東園公名爲四皓,入商雒山,採芝而歌。呂后用張良計,徵出定儲。今其邨乃在洞庭,蓋其初隱之地也。邨中人多有周姓者,豈其苗裔耶。偶得《一絡索》一章。

巖下紫芝春老。作歌人杳。背人溪鳥尚驚飛,猿鶴怨、何時了。　　松菊翠埋空繞。荒蕪不少。至今赤社是誰家,尚記得、商山老。

《全清詞》順康卷補編第一冊,501 頁

八歸·白雲山

(清)王時翔

閑行彈鞚,鞭梢徐舉,遥指翠巘崒嵂。傳聞靄碧霞紅處,曾有帝師遺世,就中潛匿。鳥盡弓藏人不悟,漸漢法、與秦同密。好自保、一片蒼寒,携笻採芝術。　　從此高飛已矣,隙駒相喻,更入野鷄羅畢。赤鬆安在,引來商皓,凄斷戚姬鳴瑟。想山中定是,鶴怨猿驚怪重出。徘徊晚、半鈎殘月,隱隱星光,濃雲深似漆。

《全清詞》雍乾卷第一冊,59 頁

曲

〔正宮〕鸚鵡曲・四皓屏　　　　　　（元）馮子振

張良更姓圯橋住。夜待旦遇個師父。一編書不為封留。字字咸陽膏雨。【幺】借箸籌滅項興劉。到底學神仙去。待商山四皓還山。再不戀人間險處。

《全元散曲》上冊，352 頁

〔雙調〕一錠銀（之六）　　　　　　（元）無名氏

漢室張良有見識。早納了朝衣。深山埋名隱跡。無是非快活了便宜。

《全元散曲》下冊，1767 頁

〔雙調清江引〕再次前韻詠古　　　　　　（明）王九思

子弟八千霸王管。一夜笛吹散。扶劉本為韓。辟穀權辭飯。赤松嶺子房非是懶。

《全明散曲》第一冊，864 頁

〔北雙調沉醉東風〕詠張良　　　　　　（明）張南溟

博浪沙輪槌太早。鴻門會舞劍纔高。明將漢主扶。暗把韓仇報。浪功名丟與蕭曹。只為著嫚罵君主怎結交。因此上老先生遁了。

《全明散曲》第二冊，1880 頁

〔南商調黃鶯兒〕題張良　　　　　　（明）薛論道

開卷覽興亡。漢三傑說子房。興劉滅項乾坤蕩。誅了楚王。扶起漢邦。赤松先避韓彭障。識行藏。功成身退。不敢犯君王。

《全明散曲》第三冊，2774 頁

〔北中呂朝天子〕述古人　　　　　　　　　　　　（明）無名氏

子房。智量。考天道炎劉盼。韓彭滅了楚霸王。功蓋世辭卿相。馬啄無恩。親誅二王。想留侯好見長。廟堂。配享。播萬載高名望。

《全明散曲》第四册，4778 頁

〔北中呂四邊静〕廟臺子留侯辟穀处　　　　　　（近代）盧　前

崇墉留壩,庙祀留侯紫柏斜。谁说丹砂,且引退功成暇。秦家漢家,只博浪椎声大。

《全清散曲》下册，2328 頁

〔雙調清江引〕再次前韻詠古　　　　　　　　　（明）王九思

坑士焚書都不管。雲外冥鴻散。商顏可卜居。芝草堪充飯。四皓山中非是懶。

《全明散曲》第一册，864 頁

陳丞相世家

一 詩

詠《陳丞相世家》

陳丞相系(世)家　　　　　　　　　（唐）司馬貞

曲逆窮巷，門多長者。宰肉先均，佐喪後罷。魏、楚更用，腹心難假。棄印封金，刺船露倮。間行歸漢，委質麾下。滎陽計全，平城圍解。推陵讓勃，哀多益寡。應變合權，克定宗社。

《史記索隱》卷二九，472 頁

讀《陳平傳》　　　　　　　　　　（宋）晁沖之

劉郎白首尚多疑，百戰功臣跡轉危。致使文成謝封邑，未如還薦魏無知。

《全宋詩》卷一二二七，21 冊，13893 頁

讀《漢書》小樂府·分社肉　　　　　（清）張寶森

分社肉，美哉陳平如冠玉。社肉平分父老喜，宰天下當如此矣。他日曲逆侯，今日陳孺子，盜嫂之謗何足恥。君不見，六出奇計佐沛公，區區分肉亦英雄。俳優翻哂東方朔，歸遺細君何其樂。

《悔庵詩存》卷上，《清代詩文集彙編》768 冊，630 頁

詠陳平

曲逆侯　　　　　　　　　　　　　　　　　　（唐）周　曇

社肉分平未足奇,須觀大用展無私。一朝如得宰天下,必使還如宰社時。

《全唐詩》卷七二九,21 冊,8353 頁

擬　古（其六）　　　　　　　　　　　　　　　（宋）田　錫

曲逆漢功臣,少年嘗窘厄。巷館雖席門,軒車盡嘉客。事魏言不從,說楚謀無獲。來歸隆準公,罄伸圖霸策。絳、灌競生妒,讒非相見迫。封金欲拂衣,將舉驚皇翮。豁達英主心,信遇終無隔。小節不掩名,勳庸自輝赫。

《全宋詩》卷四三,1 冊,475 頁

和之美諷古（其一）　　　　　　　　　　　　　（宋）田　錫

曲逆從漢祖,出奇誰與讓。一朝寄天下,不及王陵戇。

《全宋詩》卷四九八,9 冊,6021 頁

陳　平　　　　　　　　　　　　　　　　　　（宋）胡　宏

陳平相業定何如,應對知君智有餘。不佐漢興三代業,區區心事六奇書。

《全宋詩》卷一九七二,35 冊,22105 頁

陳　平　　　　　　　　　　　　　　　　　　（宋）劉克莊

巧言愚冒頓,厚賂餌閼氏。秘計言之醜,剛云世莫知。

《全宋詩》卷三〇四七,58 冊,36338 頁

登完州城樓，州是古北平，又曰永平，即漢曲逆縣地故城，在今州東廿五里，即高祖云："余行天下，見戶口夥繁，獨此縣與洛陽爾。"故城西南有大埌，土俗相傳為陳平墓　　　　　（元）王 惲

土人稱墓曰埌。

漢家山東二百州，當時繁夥此為尤。朝來指顧城樓上，斜日荒煙草樹稠。

《全元詩》第 5 冊, 460 頁

陳　　平　　　　　（元）徐 鈞

生平多智足興劉，奇秘終貽正大羞。若使托孤權獨任，未知誅呂若為謀。

《全元詩》第 7 冊, 284 頁

陳　　平　　　　　（元）蔣民瞻

一雙白璧賕君過，四萬黃金買主疑。自是楚人愚易入，誰言漢計盡能奇。

《全元詩》第 8 冊, 172 頁

陳　　平　　　　　（元）宋 无

行詐黃金四萬斤，盡將離間楚君臣。有餘更作閼氏餌，秘計區區笑殺人。

《全元詩》第 19 冊, 416 頁

陳　　平　　　　　（元）李齊賢

呂氏應非項羽儔，何緣到此獨深憂。絳侯椎樸王陵戇，更欠高皇用我謀。

《全元詩》第 33 冊, 366 頁

古意二首（其一）　　　　　（元）貢師泰

黃金本何物，舉世相紛爭。賤者可以貴，死者可以生。既解平城圍，亦散六國衡。神用信莫測，萬寶孰敢嬰。

《全元詩》第 40 冊, 234 頁

詠史·陳平　　　　　　　　　　　　　　　　（元）李　曄

冠玉平生擅美姿,已於分肉見施為。聲名此日齊三傑,籌策當年用六奇。周勃固知才不逮,王陵仍有節難移。試看諸呂封王後,漢鼎端如一線危。

《全元詩》第56冊,58頁

漢傑士（其六）　　　　　　　　　　　　　　（明）楊　基

陳平素無行,終為漢相國。陰謀固可鄙,奇計凡六出。後來諸呂難,卒賴陸賈力。豈緣富且貴,臨事意反詘。智者猶若斯,請為愚者說。

《眉庵詩集》卷一,4頁

臣不知　　　　　　　　　　　　　　　　　　（明）李東陽

劉氏盟,呂氏爭,臣不如陵。呂氏獮,劉氏絕,臣不如勃。平乎平乎智有餘,胡為此甘此兩"不如"？茲言非智還非愚,平乎竟爾為身圖。

《詩前稿》卷一《擬古樂府》,《李東陽集》第一卷,21頁

左袒行　　　　　　　　　　　　　　　　　　（明）李夢陽

陵曰不可平曰可,安劉者誰勃與我。產不信,祿不入。軍右袒,計安出？

《李夢陽集校箋》卷五,第一冊,109頁

詠史四首（其二）　　　　　　　　　　　　　（明）王家屏

一統山河草創秋,漢庭刻印欲封侯。不緣借助帝前畫,六國紛紛既未休。

《王文端公詩集》卷下,《四庫全書存目叢書》集部149冊,569頁

曲逆詠古　　　　　　　　　　　　　　　　　（清）錢大昕

六奇孺子擅陰謀,曲逆名城萬戶酬。阿世取容終王呂,因人成事竟安劉。白登圍解輸奇繪,雲夢弓藏角偽遊。當日高皇數三傑,運籌元只說留侯。

《潛研堂詩集》卷四,《嘉定錢大昕全集》第一〇冊,104頁

陳　平　　　　　　　　　　　　　　　　（清）謝啟昆

翛然戶牖以閒身，食核何勞逐婦人。壯士受金非損潔，丈夫冠玉豈長貧。平生出計多行間，盡日憂讒但飲醇。太尉同心誅呂氏，陰謀終亦不如臣。

《樹經堂詠史詩》卷一，影印《續修四庫全書》1458冊，507頁

陳　平　　　　　　　　　　　　　　　　（清）羅惇衍

陽武戶牖鄉人。高祖時，歷官護軍中尉，封曲逆侯。惠帝末，進左丞相。卒，諡曰"獻"。

少年窮巷治生疏，門外何多長者車。冠玉顏非久貧賤，受金事恐損名譽。枌榆肉宰經綸顯，將相心調變故除。計出六奇殊祕密，平時好讀古人書。

《集義軒詠史詩鈔校證》卷六，第一冊，167頁

曲逆行　　　　　　　　　　　　　　　（清）王　軒

瓠白孺子餐穅覈，枵腹便便飽奇畫。惡草具進亞父疑，粗豪衹將欺項籍。重圍一角馬邑下，馬上閼氏妒深畫。陰謀獨幸世未聞，差免詛言萬口挂。漏陰流水如囘中，駐蹕分土酬前功。封侯有命坐無後，毋乃罪與殺降同。君不見安劉老臣背浹汗，口給從容面何靦。千秋相業兩不知，祖述三公問牛喘。

《樵經廬詩集》卷四，《續尤西堂擬明史樂府》（外二種），143頁

萬黃金《前漢書》　　　　　　　　　　（清）陳啟疇

陳平家貧無行，初從項羽為都尉，賜金厚。後封金與印，求見漢王，令護軍，多得金，人譖於王。王益親任之，以為護軍中尉，盡護諸將，莫敢言。屢出奇計，佐漢王定天下。

孺子豈是長貧者，宰肉便知宰天下。躶身入漢謀多陰，腰間常纏萬黃金。當時諸將悉箝口，卒使劉氏有九有。太尉北軍握重權，居中決事公能專。反覆亂臣毀銷骨，但不如陵不如勃。

《詠史擬古樂府》卷上，《清代詩文集彙編》450冊，154頁

陳　平　　　　　　　　　　　　　　　　（清）王廷紹

冠玉通侯早不貧，當年原是讀書人。偽游能舉先王典，反間真疎霸主臣。心服子房

曾辟穀,驪交太尉但呼醇(醇)。故鄉戶牖逢春社,尚記操刀客姓陳。

《澹香齋詩草》卷二,《清代詩文集彙編》472冊,342頁

陳　平　　　　　　　　　　　　　　　　　(清)鮑桂星

一杯醇酒美人斟,佳耦何嫌五委禽。丞相容顏宜冠玉,將軍計畫在多金。呂須漫逞翩幡舌,鄉老寧知宰割心。不分平生奇六出,子孫無地置衣簪。

《覺生詠史詩鈔》卷一,《清代詩文集彙編》476冊,469頁

補禹門兩漢詠史小詩(其十、十一)　　　　　　(清)梁運昌

曲逆讀書日,割肉意已遠。不與蕭、曹同,度經作吏損。

獨居自深念,丞相亦無計。聊先用下策,劫商而得寄。

《秋竹齋詩存》卷二,《清代詩文集彙編》499冊,13頁

雜詠史四十二首(其十三)　　　　　　　　　(清)梁運昌

何人識陳平,保全淮陰侯。知之信知之,反狀反覆求。再問帝弗悟,知其未肯休。兵臨必自救,深為漢室憂。欲為兩全計,遂設雲夢游。親使見不反,無過身得囚。功高諒不殺,當作宣平儔。不為楚封計,異王知難留。問胡不諫證,諫即通反謀。但看蕭相國,請死已被收。

《秋竹齋詩存》卷五,《清代詩文集彙編》499冊,35頁

讀《漢書》(其三)　　　　　　　　　　　　(清)吳存楷

面折廷諍,臣不如君。定劉氏後,君不如臣。胡為脫禍復懼觳,燕居私念憂如焚。人彘去,蒼犬來。孰主政者產與台。北軍馳入太尉勃,六出之計安在哉。

《硯壽堂詩鈔》卷二,《清代詩文集彙編》516冊,647頁

陳　平　　　　　　　　　　　　　　　　　(清)張澍

六奇未必果能奇,最忌陰謀也自知。分肉食糠貧賤事,美人醇酒毀讒時。平生多以金為策,狀貌居然玉是姿。慨想獨居深念日,蕭姬印手畀扶持。

《養素堂詩集》卷二五,《清代詩文集彙編》536冊,271頁

陳平多轍 《史記》 （清）田依渠

割肉渾閒事,門多長者車。賢哉陳孺子,窮巷讀《詩》《書》。

《茹古山房讀史餘吟》卷二,《清代詩文集彙編》639 册,648 頁

詠史·陳平 （清）孫國楨

台、產何人使典軍,為劉為呂那能分。齊王不倡宗盟義,安得江山屬孝文。

《愚軒詩鈔》卷下,《清代詩文集彙編》741 册,357 頁

詞

臺城路·過曲逆侯故里

(清)陳燮

如君豈合長貧賤,昂藏不因年少。匿跡重瞳,歸心隆準,疑謗幾番潦倒。論功非小。算六出矜奇,白登尤妙。馬邑龍堆,臙脂山下陳雲繞。　　至今里傳庫上,有殘碑當路,欹側碑帽。燕子來初,梨花開後,社肉幾人分到。冬冬鼓早。賽孺子英雄,千秋遺廟。斜日荒村,飢鴉翻樹杪。

《全清詞》雍乾卷第一一冊,6000頁

絳侯周勃世家

一、詩

詠《絳侯周勃世家》

絳侯系(世)家　　　　　　　　　　　　（唐）司馬貞

絳侯佐漢，質厚敦篤。始擊碭東，亦圍尸北。所攻必取，所討鹹克。陳豨伏誅，臧荼破國。事居送往，推功伏德。列侯還第，太尉下獄。繼相條侯，紹封平曲。惜哉賢將，父子代辱！

《史記索隱》卷二九，473頁

讀《周勃傳》　　　　　　　　　　　　（宋）潘倬

軍門一入仗天戈，便合麾軍作漢歌。太尉問頭幾失事，六軍右袒合如何？

《全宋詩輯補》第7冊，3455頁

燕臺懷古雜詠，方水部鐵船同作·細柳營　　　（清）蔣詩

安劉誅呂禍旋及，勝之國絕亞夫襲。誰偕劉禮徐厲將，天子勞軍但高揖。條侯亞夫軍令嚴，天子前驅不得入。軍中但聞將軍令，不聞有詔辭勿納。上使持節開軍門，介冑不拜驚君臣。棘門灞上皆兒戲，細柳用兵精如神，吁嗟亞夫真將軍。

《榆西僊館初櫜》卷二八，《清代詩文集彙編》488冊，447頁

補禹門兩漢詠史小詩(其十二)　　　　　（清）梁運昌

產、祿兩傭奴,一嚇已破膽。太尉果重厚,頌言誅未敢。

《秋竹齋詩存》卷二,《清代詩文集彙編》499 册,13 頁

雜詠史四十二首(其十二)　　　　　　　（清）梁運昌

三章除秦法,獄吏尚尊大。王恬開議族韓、彭而喜張釋之持議平,此不但承呂后恉亦爾,時獄吏之勢不得不爾也。故曰秦有十失,其一猶存。相國一失指,御史繫以械。絳侯初被收,簿責不知對。條侯反地下,侵侮語益悖。勿矜將百萬,豈能知若輩。終須行千金,貴買書牘背。周家父子勳,三朝所倚賴。向非冒絮提,得無黃犬悔。傷哉縱理文,卒應鳴雌噱。高祖封許負為鳴雌亭侯。豈但酷吏風,後來發深慨。

《秋竹齋詩存》卷五,《清代詩文集彙編》499 册,35 頁

反地下　　　　　　　　　　　　　　　（清）皮錫瑞

丞相當將百萬軍,丞相安知獄吏尊？千金與吏相不死,獄吏更殺丞相子。父生由薄昭,子死由王信。漢相生死在婦人,后族能制功臣命。葬器云反胡爲者,不反地上反地下。越誅文種亦如斯,震主身危淚同灑,三字何人辨真假。

《師伏堂詠史》,《清代詩文集彙編》772 册,311 頁

詠周勃

漢丞相條侯廟 （元）王惲

在蔣縣西三里。

遙遙漢蔣國，落落真將軍。至今有遺廟，突兀城西垠。維景四葉帝，恩濫椒房親。高帝白馬約，侯封乃忠勳。區區王氏子，何功復何人。丞相懲呂禍，安劉念先臣。所重社稷計，豈憚嬰其鱗。竭忠固臣節，返得怏怏嗔。大饗不設箸，薄責等上尊。瘐死何所慊，景皇似非君。

《全元詩》第 5 冊，28 頁

周　勃 （元）徐　鈞

功成無罪付廷平，借援東朝始得生。若使當時逢呂后，誅夷又是一韓、彭。

《全元詩》第 7 冊，285 頁

周　勃 （元）宋　无

吹簫豈為樂喪賓，簫給喪家為勃貧。今日墦間風俗異，管弦多是醉喪親。

《漢·周勃傳》：勃以吹簫給喪事。師古曰："吹簫以樂喪賓。"曰吹簫以送葬，猶之可也。若吹簫以樂喪賓，則不可也。今俗，喪家多動樂樂之，恐古亦然，故師古《注》如此也。

《全元詩》第 19 冊，417 頁

周　勃 （元）張養浩

兵子何堪總百官，陳平狡獪故多端。明知宰輔為難事，不肯傳人袖手看。

《全元詩》第 25 冊，75 頁

周　勃 （清）謝啟昆

大節能任獨倚君，吹簫織薄本無文。諸生說事趨東向，丞相行誅納北軍。不問錢刀羞喋喋,畏書牘背欲云云。絳侯續後宮中尉,細柳旌旗識舊勳。

《樹經堂詠史詩》卷一,影印《續修四庫全書》1458 冊,507 頁

周　勃　（清）羅惇衍

沛人,其先卷人。高帝時歷官太尉,封絳侯。嗣以列侯事惠帝,復為太尉。文帝即位,進右丞相。卒,諡曰"武"。

天授奇才將將工,若論擇相亦英雄。彌留預定鈞衡任,反正終收柱石功。師勒北軍成倉卒,令申左袒勵精忠。最憐披甲河東日,枉自生疑駭兩宮。

《集義軒詠史詩鈔校證》卷六,第一冊,177 頁

登陽和樓　（清）尤侗

撲面黃塵歎遠遊,披襟暫上此高樓。巖關百雉山河壯,戰壘千年草木秋。月黑狐狸緣屋角,日斜牛馬散城頭。登臨不盡興衰恨,漫剔殘碑看絳侯。樓有《周勃碑》

《看雲草堂集》卷五,《尤侗集》中冊,625 頁

秦漢樂府·真將軍　（清）張　誠

周亞夫,真將軍,軍中長揖對至尊。至尊心知非常人,鼎湖龍去日緩急。屬嗣君,嗣君誤聽智囊計。七國舉眾紛如雲,真將軍廼奉天討。吳、楚夜作狐兔奔,三十六將軍奏捷。眾謂將軍不世勳,將軍入為國輔相。守正無慚古大臣,上報先帝知遇恩。先帝遺言猶在耳,可憐將軍下獄死。

《嬰山小園詩集》,《清代詩文集彙編》425 冊,107 頁

獄吏貴《前漢書》　（清）陳啟疇

周勃佐高帝,定天下。帝嘗曰:"安劉氏者,必勃。"後誅諸呂,迎立文帝,功最高。有人告勃欲反,下廷尉,勃恐不知置辯,以千金與獄吏,吏書牘背示之。既得出,歎曰:"吾將百萬軍,安知獄吏之貴也。"

右袒何人左袒夥,南軍不得北軍可。太尉軍令急星火,手握帝璽我信我,木疆能將劉氏安。祿、產見之心膽寒,功高忽起新皇猜。營營青蠅風吹來,持兵披甲幾不直。牘背一示千金得,自言嘗將百萬軍,獄吏之貴今始識。吁嗟乎! 許嫗相人術最優,幸不獄中作餓囚。

《詠史擬古樂府》卷上，《清代詩文集彙編》450 冊，154 頁

讀《漢書》列傳雜詩·周勃 　　　（清）梁章鉅

無端牘背費千金，薄曲餘生獄吏侵。垂老猶煩提冒絮，北軍縮璽果何心。

《退菴詩存》卷四，《清代詩文集彙編》515 冊，57 頁

周勃織薄《史記》 　　　（清）田依渠

織薄當年事，曾傳周絳侯。經論非素裕，無計可安劉。

《茹古山房讀史餘吟》卷六，《清代詩文集彙編》639 冊，669 頁

詠史詩·周勃 　　　（清）史夢蘭

錢穀刑名庶職分，安劉獨策漢元勳。士皆左袒誠云幸，業起吹簫本少文。棘寺相知尊獄吏，柳營兒不愧將軍。洛陽年少偏遭嫉，痛哭三閒楚水濆。

《爾爾書屋詩草》卷四，《清代詩文集彙編》654 冊，367 頁

詠周亞夫

細柳驛 （唐）權德輿

細柳肅軍令,條侯信殊倫。棘門乃兒戲,從古多其人。神武今不殺,介夫如縉紳。息駕幸茲地,懷哉悚精神。

《全唐詩》卷三二五,10冊,3650頁

細柳營 （唐）胡曾

文帝鑾輿勞北征,條侯此地整嚴兵。轅門不峻將軍令,今日爭知細柳營。

《全唐詩》卷六四七,19冊,7427頁

條侯 （唐）周曇

上將風戈賞罰明,矛鋋嚴閉亞夫營。人君却稟將軍令,按轡垂鞭為緩行。

《全唐詩》卷七二九,21冊,8353頁

《周亞夫細柳營圖》 （宋）鄭思肖

細柳營中作略殊,寧容直入驟先驅。不因一見入門訣,文帝何曾識亞夫。

《全宋詩》卷三六二四,69冊,43390頁

周亞夫 （宋）陳普

西來三十六將軍,業業孤城勢欲焚。細柳不逢豪傑主,當時已驗口從文。

《全宋詩》卷三六五〇,69冊,43800頁

周亞夫 （元）徐鈞

削平吳楚大功成,一旦生疑觸怒霆。自是君王多任刻,非關許負相書靈。

《全元詩》第7冊,286頁

周亞夫廟　　　　　　　　　　　　　　　（元）宋　本

漢室深謀只似癡,楚王當事更無機。荒墳寶玦應從葬,宜有神光夜陸離。

《全元詩》第 31 冊,102 頁

細柳營_{應試}　　　　　　　　　　　　（元）董佐才

棘門霸上皆兒戲,只數條侯細柳營。天子徐行恩至重,將軍不拜禮非輕。渭城萬樹春陰合,漢室千年塞虜平。他日從知可堅臥,豈愁奔壁有吳兵。

《全元詩》第 47 冊,279 頁

詠史二十一首_(其七)　　　　　　　　（明）劉　基

天狗吠梁野,七雄扇妖氛。吳徒二十萬,猋若狼虎群。鼓行破棘壁,長驅似輕雲。漢將三十六,朱旗燿天垠。救梁不奉詔,太尉真將軍。遂令千載下,知人稱孝文。哀哉潼關戰,百萬徒紛紜。

《劉基集》卷二〇,318 頁

細　　柳　　　　　　　　　　　　　　　（明）釋琦梵

細柳軍營掩,長揚獵騎歸。觀書消白晝,論道坐黃扉。諫疏來何少,匡君事不違。夜闌瞻斧鉞,秋至減光輝。

《楚石大師北遊詩》,《明別集叢刊》第 1 輯第二冊,21 頁

恩賜勝覽錄　　　　　　　　　　　　　　（明）朱誠泳

細柳營,實漢文勞軍之地也。予讀漢史而追思其事,若亞夫者,可謂真將軍矣。彼棘門、灞上之軍,有如兒戲者,豈可同日而語哉！因成一絕,以吊亞夫云

漢盛胡衰久罷兵,將軍身後只空營。棘門、灞上俱塵土,青史何勞紀姓名！

《小鳴稿》卷一〇,《陝西古代文獻集成》第 17 輯,239 頁

周亞夫祠二首　　　　　　　　　　　　　　　　　　（清）錢大昕

棘門、霸上兩營分，細柳堂堂獨不群。大尉君王拊髀意，竟收頗、牧作將軍。

重厚堪為少主臣，顧成遺命記來真。如何吳、楚功成後，撤箸翻憎鞅鞅人。

《潛研堂詩集》卷八，《嘉定錢大昕全集》第一〇冊，141 頁

周亞夫墓　　　　　　　　　　　　　　　　　　　　（清）舒　位

蒯通相齊王，相背不得悟。許負相太尉，相口不得哺。三十六將軍，那得知其故。功成侯易封，事去吏亦怒。我過景州城，何處亞夫墓。不知細柳營，惟見白楊樹。

《瓶水齋詩集》卷四，上冊，149 頁

周亞夫　　　　　　　　　　　　　　　　　　　　　（清）羅惇衍

絳侯子，文帝時歷官中尉，封條侯，亦曰蓨侯。景帝即位，累遷至丞相，下廷尉，不食，死。

破吳鋤呂竭忠勤，父子安劉兩世勳。丞相死生由獄吏，先皇緩急屬將軍。式車漫喜膺心簡，取箸先嗟驗口文。許負不需誇相術，權尊容易間時君。

《集義軒詠史詩鈔校證》卷七，第一冊，196 頁

景州蓨侯廟　　　　　　　　　　　　　　　　　　　（清）王　軒

古廟寒雅噪晚飢，軍門猶自戲群兒。營荒細柳春風暗，路入蓨城夜雨悲。此日將軍從面許，他年少主積心疑。刑書白馬勞君憶，奈及他人富貴時。

《耨經廬詩集》卷六，《續尤西堂擬明史樂府》（外二種），190 頁

漢臺詠史·周條侯　　　　　　　　　　　　　　　　（清）嚴如熤

前驅細柳阻嚴營，傳詔雍容得禮成。按響軍中伸將令，鳴鐃天上下奇兵。已安劉氏誅晁錯，又貴田侯繫竇嬰。一體功臣漢恩薄，舊盟白馬苦多爭。

《樂園詩稿》卷三，《清代詩文集彙編》455 冊，164 頁

周亞夫　　　　　　　　　　　　　　　　　　　　　（清）王廷紹

細柳營空草自春，漢家餓死舊功臣。軍中天子容曾改，地下君侯反是真。買器獄成

廷尉虐,委梁讒入孝王親。立朝鞅鞅原非福,許負何嘗解相人。

《澹香齋詩草》卷二,《清代詩文集彙編》472冊,342頁

詠 史（其三十、三十一） （清）宋 楗

七國無端禍搆兵,智囊峭直自戕生。將軍不是從天下,來自當年細柳營。

將兵百萬功何偉,與吏千金罪即休。功罪豈殊文、景异,絳侯不死死條侯。

《雞牕百二槀》卷五,《清代詩文集彙編》475冊,41頁

周亞夫 （清）鮑桂星

漫從吳、楚論功勳,細柳營前日已曛。地下反應嘲掾吏,天邊下每說將軍。威聲本自殊兒戲,從理何堪驗口文。却怪絳侯名父子,死生偏向獄中分。

《覺生詠史詩鈔》卷一,《清代詩文集彙編》476冊,470頁

細柳營 （清）張 琛

一串風鈴探馬聲,傾城冠蓋出相迎。應知細柳將軍令,天子來時亦閉營。

《日鋤齋詩集·缶音》,《清代詩文集彙編》483冊,661頁

細柳軍 （清）吳名鳳

細柳營中真將軍,天子不得入軍門。軍中但聞將軍令,天子有詔誰敢聞。天子亦奉將軍約,按轡深戒馳驅樂。介冑不拜從軍禮,群臣觀者皆驚愕。君不見吳、楚七國三月平,亞夫果能任將兵。動則無前靜不驚,此乃無愧將軍稱,細柳營,真干城。

《竹庵詩鈔》卷五,《清代詩文集彙編》487冊,114頁

讀《漢書》列傳雜詩·周亞夫 （清）梁章鉅

細柳軍容動至尊,轉因偉烈釀煩冤。禁中大戚傷心日,縱理終符許負言。

《退菴詩存》卷四,《清代詩文集彙編》515冊,57頁

周亞夫 （清）張 澍

軍令如山不拜迎,文黃親按亞夫營。委梁何以銜深骨,買器居然反作名。初見功臣

逢餓死,徒知獄吏不求生。經過細柳聊停馬,想像當年整暇情。

《養素堂詩集》卷二五,《清代詩文集彙編》536冊,271頁

詠史·周亞夫

(清)孫國楨

節制曾伸細柳營,宗藩逆亂一時平。君王恨阻候王信,甘毀堅金萬里城。

《愚軒詩鈔》卷下,《清代詩文集彙編》741冊,358頁

梁孝王世家

一 詩

詠《梁孝王世家》

梁孝王系(世)家 （唐）司馬貞

文帝少子,徙封於梁。太后鍾愛,廣築睢陽。旌旂警蹕,勢擬天王。功扞吳、楚,計醜孫羊。竇嬰正議,袁盎劫傷。漢窮梁獄,冠蓋相望。禍成驕子,致此猖狂。雖分五國,卒亦不昌。

《史記索隱》卷二九,473 頁

詠梁王

題梁王舊園 　　　　　　　　　　　　　　　（宋）徐　鉉

梁王舊館枕潮溝，共引垂藤繫小舟。樹倚荒颱風淅淅，草埋攲石雨修修。門前不見鄒枚醉，池上時聞雁鶩愁。節士逢秋多感激，不須頻向此中遊。

《全宋詩》卷一〇，1 冊，116 頁

梁王吹臺 　　　　　　　　　　　　　　　　（宋）王安石

繁臺繁姓人，埋滅為蒿蓬。況乃漢驕子，魂遊誰肯逢。緬思當盛時，警蹕在虛空。蛾眉倚高寒，環佩吹玲瓏。大梁千萬家，回首雲濛濛。仰不見王處，雲間指青紅。賓客有司馬，鄒枚避其鋒。灑筆飛鳥上，為王賦雌雄。惜今此不傳，楚辭擅無窮。空餘一丘土，千載播悲風。

《全宋詩》卷五七六，10 冊，6774 頁

梁王春宴 　　　　　　　　　　　　　　　　（元）陳義高

碧草春光合，青雲羽衛屯。和風生帳殿，遲日轉轅門。樂緩新聲奏，歌長倚和喧。微吟動高興，未數漢梁園。

《全元詩》第 18 冊，49 頁

梁園懷古 　　　　　　　　　　　　　　　　（明）王　格

昔日梁王恃嬌寵，梁園奢麗甲諸侯。一朝漢代山川改，百尺高樓狐鼠遊。鶴鴈洲池無綠竹，鄒、枚文雅總青丘。行人繫馬垂楊道，秪見清清汴水流。

《少泉詩集》卷六，《四庫全書存目叢書》集部 89 冊，242 頁

梁苑歌三首（其一、二） 　　　　　　　　　（明）王廷相

君不見：梁王已破六國壘，苑中便起文園臺？黃金白玉架樓閣，綺榻延賓四向開。清泠池上三尺雪，相如新賦傾鄒、枚。臨邛美人鬥花朵，挑以琴心禮豈那？漢庭賣賦得千

金,白首遊梁計亦左。今人空作古人風,抱策為儒歎不逢。嗚呼!古來文士不檢豈足病,且覽詞彩如長虹。

梁苑東連孟諸野,舊國山高水彌下。黃金觸斗不作樂,徒使千年笑達者。君不見漢天子,愛弟侈賜空大盈,梁王受之不一驚?合沓金根車,宛轉玻瓈輧,突然馳道流日星;千乘萬騎敵鹵簿,貴熖豪華傾九瀛。百年之後君為誰?有酒莫惜千金揮。不信試看梁王苑,狐兔草馳鬼火吹!"

《王氏家藏集》卷一一,《王廷相集》第一冊,160頁

汴梁二首(其二) （清）吳偉業

城上黃河屈注來,千金堤帀一時開。梁園遺跡銷沉盡,誰與君王避吹臺?

《詩前集》八,《吳梅村全集》卷八,上冊,203頁

詠　史 （清）孫廷銓

田叔歸來竇后傷,蕭條梁苑下微霜。一時賓客多枚馬,不遣雄文悟孝王。

《清詩別裁集》卷二,上冊,28頁

讀《漢書》列傳雜詩·梁孝王 （清）梁章鉅

千秋萬歲願終違,多事輕言釀禍機。坐使睢陽稱警蹕,北山獵罷涕沾衣。

《退菴詩存》卷四,《清代詩文集彙編》515冊,58頁

梁孝牛禍《史記·梁孝王世家》 （清）田依渠

牛足生牛背,殊常定不祥。他人未須問,業已禍梁王。

《茹古山房讀史餘吟》卷五,《清代詩文集彙編》639冊,665頁

梁孝王 （清）皮錫瑞

太后宮中夜置酒,傳爾千秋萬歲後。從來天子無戲言,天子戲言乃禍首。將軍用公孫,梁王刺議臣。苟非田與韓,禍與淮南均。吁嗟乎!鶴汀鳧渚,平臺兔園,金錢鉅萬唱警蹕。何必天子方稱尊,怏怏而死真愚人。

《師伏堂詠史》,《清代詩文集彙編》772冊,312頁

詞

柳梢青·梁苑懷古　　　　　　　　　　　　　　　　（明）李　濂

　　落日平川。梁王廢苑，衰草寒煙。羅綺香銷，歌鍾聲散，臺殿春殘。　　當年賓客駢闐。賦雪地、空留麗篇。往事淒其，辭人亡矣，風景依然。

《全明詞補編》上冊，281 頁

惜餘春慢·梁苑　　　　　　　　　　　　　　　　　（清）王時翔

　　碾瓦成沙，填波架屋，無複昔王亭檻。疏煙淡抹，小雨微濛，野花向人低糝。休問枚叔鄒生，七發徒存，一書空感。便雪臺賦冷，鳴皋歌歇，盡增淒黯。　　還記起、西蜀才人，文園病客，曾也曳裾觀覽。淹留未遇，著就雄篇，忽動茂陵追念。　　而我來遊，自憐零落棲遲，蕭然琴劍。仗東風有力，吹斷青衫淚點。

《全清詞》雍乾卷第一冊，58 頁

曲

〔雙調〕蟾宮曲·夷門懷古·汴梁　　（元）盧　摯

想鄒枚千古才名。覺苑文辭，氣壓西京。汴水煙波，隋堤困柳，枉共春爭。恰鼓板聲中太平，鷓鴣啼驚破青城。河嶽丹青，臨眺枯榮，陶冶襟塵。

《全元散曲》上册，120頁

五宗世家

詩

詠《五宗世家》

五宗系（世）家　　　　　　　　　　　　　　　　　　　（唐）司馬貞

景十三子，五宗親睦。栗姬既廢，臨江折軸。閼于早薨，河間儒服。餘好宮苑，端事馳逐。江都有才，中山禔福。長沙地小，膠東造鏃。仁賢者代，悖亂者族。兒姁四王，分封爲六。

《史記索隱》卷二九，473頁

河間獻王德　　　　　　　　　　　　　　　　　　　　（清）羅惇衍

景帝子，立二十六年。卒，謚曰"獻"。

秦火纔銷楚火隨，誰尋六藝舊文辭。學能求是先徵信，本愛留真待質疑。造次禮容盟屋漏，雍和樂律獻階墀。淮南喜士多浮辯，雞犬人間笑靡遺。

《集義軒詠史詩鈔校證》卷七，第一冊，200頁

河間懷古三首·河間獻王　　　　　　　　　　　　　　　（清）王　軒

去籍先祖龍，夷甗久亡典。漢家馬上規，陋陋何足算。緜蕝與巴、渝，制徐務苟簡。賢孫四葉後，懷古情摯款。六職補事官，八音考濾琯。經師禮爲屈，文士坐常滿。被服準儒宗，惟求實事踐。鞠躬入承明，雅樂手親纂。藹藹日華宮，鏘鏘君子館。遂令千載下，

片甓抵玉盌。文學衍天潢，偃、商寧異撰。允宜升堂廡，俎豆歲時展。

《耨經廬詩集》卷六，《續尤西堂擬明史樂府》（外二種），189 頁

燕臺懷古雜詠，方水部_{鐵船}同作·日華宮　　（清）蔣　詩

河間獻王經術志，好儒學不離造次。從民得書留其真，寫與又加金帛賜。由是四方道術人，獻書不遠千里至。文學之士宮日華，好古求是征實事。山東儒者皆從遊，三雍朝對詔策試。周、秦古籍更搜羅，經義紛綸獨純粹。君不見《尚書》得古文，恭王壁驚絲竹異。地圓時則各垂訓，淮南王安訑深秘。

《榆西僊館初槀》卷二八，《清代詩文集彙編》488 冊，447 頁

朱宮傳_{石君}師出使示讀史詩，
分詠《漢書》三十七首·河間獻王德　　（清）蔣　詩

河間夙修學，求是唯好古。經傳紀說中，搜羅六藝舉。古文先秦遺，舊書焚後聚。呂政阸經儒，先聖積憤怒。重賴獻王賢，燼餘勤拾補。斯文得不墜，禮樂幸重覩。功偉已莫並，書多較漢愈。儒者從而遊，博士述訓故。大雅卓不羣，被服行踽踽。聰明自性生，睿知從學許。

《榆西僊館初槀》卷三一，《清代詩文集彙編》488 冊，461 頁

獻縣謁河間獻王墓　　（清）金衍宗

孔沒絕微言，異端乖大義。秦焚書坑儒，斯文痛掃地。漢開挾書律，煨燼存一二。博士立一經，實創孝文世。洎乎孝武朝，五學繼立四。維時河間王，其學舉六藝。周制十八篇，條對三十事。口述三雍宮，胸羅五經笥。被服儒術中，略不失造次。於《詩》取毛公，知古作者意。左氏於《春秋》，筆削承教思。二經最晚出，立學丞不替。惟王采擇精，得失獨先示。毛萇及貫公，經師並招致。李氏得《周官》，補以《考工記》。古經出淹中，威儀極瑣細。《禮記》成諸儒，百卅一篇計。惟王廣搜羅，獻為天祿秘。後來不其城，《三禮傳》絕詣。一一溯淵源，統惟王所異。《六經·樂》先亡，聲容久失墜。入佾獻自王，不與制氏異。惜哉樂元語，僅一見《漢志》。猶幸《樂記》存，十一篇可肄。同時淮南王，愛古亦云摯。道訓九師就，學術惜未粹。《鴻烈》內、外篇，神仙雜遊戲。何如王所藏，九經道攸寄。古文先秦書，千鈞一髮繫。論王著述功，春秋宜報祭。況復內行修，聰明兼睿智。

享國廿六年,身端而行治。五宗十三王,守禮見賢嗣。嘅自經術衰,是非多倒置。喪禮存儒悲,聖門反擯棄。中壘木純儒,排斥遭俗吏。高豎理學名,雨廡或濫廁。學行如我王,允協配享例。何當奉栗主,孔、鄭共陪侍。載拜墓門前,敢上從祀議。

《思詒堂詩橐》卷一,《清代詩文集彙編》533 冊,561 頁

河間獻王德_漢　　　　（清）孫 珩

遊田聲樂了居諸,那得工夫校魯魚。帝胄之中真好學,秦灰而後有全書。風流東魯追縫掖,文教西京啟石渠。我欲孔庭添一座,傳經略識箅籃初。

《歸田橐》卷二,《清代詩文集彙編》534 冊,470 頁

中山靖王勝　　　　（清）羅惇衍

景帝子,立四十三年。卒,諡曰"靖"。

誰道天潢學不超,樂聲緐欷寫無聊。四王公讌當三載,一對駢文啟六朝。屋鼠社鼹因寄託,聚螽執虎辨紛囂。祚延章武興西蜀,瓜瓞綿綿祖蔭遙。

《集義軒詠史詩鈔校證》卷七,第一冊,205 頁

臨江王榮　　　　（清）吳 鎮

臨江王,車軸折。燕銜土,人悲咽。

《松花庵韻史》,《四庫未收書輯刊》拾輯 24 冊,257 頁

江都易王建　　　　（清）吳 鎮

易王建,淫且虐。人畜交,以爲樂。

《松花庵韻史》,《四庫未收書輯刊》拾輯 24 冊,257 頁

三王世家

詩

詠《三王世家》

三王系(世)家

（唐）司馬貞

三王封系，舊史爛然。褚氏後補，册書存焉。去病建議，青翟上言。天子沖挹，志在急賢。太常具禮，請立齊、燕。閎國負海，且社惟玄。霄人不通，葷粥遠邊。明哉監戒，式防厥愆。

《史記索隱》卷二九，474頁

伯夷列傳

詩

詠《伯夷列傳》

伯夷列傳 （唐）司馬貞

天道平分,與善徒雲。賢而餓死,盜且聚群。吉凶倚伏,報施紜紛。子罕言命,得自前聞。嗟彼素士,不負青雲!

《史記索隱》卷三〇,475 頁

詠逸民六首（其一） （明）王　紳

唐虞世已遠,邈焉逮衰殷。戡黎啟周業,大統集厥勳。壺漿來士女,四海望陶甄。如何首陽下,獨有窮餓民。采采山中薇,大義將焉陳。頹波不可挽,卓行誰與倫。隘雖聖不由,求仁斯得仁。

《繼志齋集》卷上,《續金華叢書》,319 頁

《伯夷傳》 （元）侯克中

顏子知非肯復行,伯夷惡惡豈容情。服膺弗失終身樂,食蕨能全蓋世名。雖死不亡仁者壽,捨生取義聖之清。二賢閫域人誰到,只有宣尼集大成。

《全元詩》第 9 冊,13 頁

燕臺懷古雜詠，方水部_{鐵船}同作·孤竹城　　　（清）蔣　詩

天下已宗周天子，采薇之人餓且死。恥粟同入首陽山，遜國先逃孤竹址。孤竹高風振千古，不知有國知有父。巢、由洗耳且避堯，夷、齊扣馬還諫武。西山二子古賢人，忠臣但求孝子門。

《榆西僊館初稾》卷二八，《清代詩文集彙編》488冊，445頁

著雕攝提格·孤竹三冢歌　　　（清）蔣　詩

殷孤竹國地輿鞏，到今尚傳古三冢。長君伯夷雙子山，馬鞭山有叔齊壟。團子山中葬次君。鬱鬱佳城如鼎拱。浡湯三月丙寅日，對孤竹地山瀧崧。子朝立少少遜長，不立而逃父命重。伯也避紂北海濱，遙侶姜公海東涌。洎聞西岐善養老，夷、齊往歸復繼踵。兩君同為扣馬諫，首陽採薇同悾傯。恥粟不食偕有死，積仁潔行歸先隴。中子嗣位囯人立，邦君之逝民情擁。西山二子三冢傳，清圣古賢合孟、孔。

《榆西僊館初稾》卷三九，《清代詩文集彙編》488冊，506頁

詠夷、齊 附巢父、許由

讀史述九章·夷、齊　　　　　　　　　　（晉）陶淵明

余讀《史記》有所感而述之。

二子讓國，相將海隅。天人革命，絕景窮居。《采薇》高歌，慨想黃虞。貞風淩俗，爰感懦夫。

《陶淵明集校箋》卷六，512頁

登首陽山謁夷、齊廟　　　　　　　　　　（唐）李　頎

古人已不見，喬木竟誰過。寂寞首陽山，白雲空復多。蒼苔歸地骨，皓首《采薇歌》。畢命無怨色，成仁其若何。我來入遺廟，時候微清和。落日吊山鬼，回風吹女蘿。石崖向西豁，引領望黃河。千里一飛鳥，孤光東逝波。驅車層城路，惆悵此岩阿。

《全唐詩》卷一三二，4冊，1340頁

題伯夷廟　　　　　　　　　　　　　　　（唐）盧　綸

中條山下黃礓石，壘作夷、齊廟裏神。落葉滿階塵滿座，不知澆酒為何人。

《全唐詩》卷二七九，9冊，3169頁

首陽山　　　　　　　　　　　　　　　　（唐）胡　曾

孤竹夷、齊恥戰爭，望塵遮道請休兵。首陽山倒為平地，應始無人說姓名。

《全唐詩》卷六四七，19冊，7432頁

夷、齊　　　　　　　　　　　　　　　　（唐）周　曇

讓國由衷義亦乖，不知天命匹夫才。將除暴虐誠能阻，何異崎嶇助紂來。

《全唐詩》卷七二八，21冊，8339頁

高士詠·伯夷、叔齊　　　　　　　　　　（唐）吳　筠

夷、齊互崇讓，棄國從所欽。聿來及宗周，乃復非其心。世濁不可處，冰清首陽岑。采薇詠羲、農，高義越古今。

《全唐詩》卷八五三，24 冊，9653 頁

夷、齊廟　　　　　　　　　　（宋）釋智圓

曾聞叩馬犯君顏，萬古清風滿世間。若便干戈為揖讓，夷齊終不死空山。

《全宋詩》卷一三七，3 冊，1538 頁

首　陽　　　　　　　　　　（宋）石延年

夷、齊在孟津諫伐紂而死於首陽。其山在蒲，蒲乃舜都也。豈非二子之意，何古人之所不思哉？

遜國同來訪聖謨，適觀爭國誓師徒。恥生湯、武干戈日，寧死唐虞揖讓區。大義充身安是餓，清魂有所未應無。始終天地亡前後，名骨雖雙此行孤。

《全宋詩》卷一七六，3 冊，2003 頁

夷、齊　　　　　　　　　　（宋）司馬光

夷、齊雙骨已成塵，獨有清名日日新。餓死溝中人不識，可憐古今幾何人。

《全宋詩》卷五〇五，9 冊，6136 頁

伯夷詩　　　　　　　　　　（宋）強　至

昔紂為不道，毒心無生靈。四海如在鼎，誰能救將烹。周武從天人，戎衣舉仁兵。伯夷獨何為，乃諫不聽行。紂徒久厭主，一朝倒戈迎。天下既宗周，大冊書《武成》。夷義愈為恥，寧死弗苟生。周粟惡不食，雙目且餓瞑。紂無王者實，徒有王者名。雖曰臣伐君，紂德匹夫輕。吁夷豈不知，意在銷奸萌。

《全宋詩》卷五八七，10 冊，6903 頁

伯　夷　　　　　　　　　　（宋）王十朋

避紂窮居北海濱，歸來端為有仁人。武王不聽車前諫，餓死西山志亦伸。

《全宋詩》卷二〇二四,36 冊,22686 頁

夷、齊詠 （宋）陳耆卿

商道昔波蕩,周王網久圍。二子如冥鴻,翩然獨高飛。周粟固可恥,薇亦周之薇。云胡挾孤情,了不悟眾誹。天地有正氣,日月無斜輝。惜哉權一字,謬誤無已時。武德紂之虐,賢者誠知之。為欲扶此教,之死不願違。吁嗟臣道薄,千載常淒其。欲上西山望,草除露上晞。

《全宋詩》卷二九五四,56 冊,35196 頁

伯 夷 （宋）劉克莊

木主來西土,檀車濟孟津。只應千萬世,瞻仰首陽人。

《全宋詩》卷三〇七六,58 冊,36324 頁

伯 夷 （宋）舒岳祥

士如圭璋,自然廉隅。一日無恥,不可以居。上帝降衷,毀敗是虞。遷史作《傳》,爰首餓夫。

《全宋詩》卷三四三五,65 冊,40888 頁

伯 夷 （宋）舒岳祥

四海歸周莫不臣,首陽山下餓夫身。清風萬古何曾死,愧死當時食粟人。

《全宋詩》卷三四四三,65 冊,41015 頁

《夷、齊西山圖》 （宋）鄭思肖

扣馬癡心諫不休,既拚一死百無憂。因何留得首陽在,只說商家不說周。

《全宋詩》卷三六二四,69 冊,43386 頁

首陽山伯夷、叔齊墓 （金）王仲通

大名壓破首陽山,義抗白旄諫可還。扣馬不回天地在,采薇何怨死生間。半扉野日牛羊踐,四壁秋風几像閑。我為呼魂薦盤粒,莫疑周粟不開顏。

河中八詠·夷、齊墓 　　　　　　　　　（金）趙秉文

讓伐理難全,求仁豈怨天。乾坤吾道獨,宇宙此山傳。不肯食周粟,猶應飲舜泉。冥鴻饑欲死,落日唳昏煙。

《全金詩》,《全遼金詩》中冊,1294 頁

吊夷、齊詩 　　　　　　　　　　　　　（金）王文蔚

夷、齊古賢人,金石固所守。求仁而得仁,夫何怨之有。讓國去歸周,扣馬諫伐紂。采薇首陽下,竟為二餓叟。仁義忠且廉,於天誠不負。誰謂天無親,善人反罹咎。又如顏氏子,糟糠不厭口。盜蹠肝人肉,死終得其壽。報施果何如,冥冥莫非偶。然則烈丈夫,功名貴不朽。窮達弗易節,利害亦不苟。當時志未伸,譽必彰於後。我觀二賢像,清臞止此否。欲贊萬分一,閣筆愧大手。自有民稱之,與天地長久。

《金詩》,《全遼金詩》下冊,2102 頁

題二賢祠 　　　　　　　　　　　　　（金）楊奐

從經操懿狔孤兒,世事尤非扣馬時。若道後人真可誑,空山焉有二賢祠。

《金詩》,《全遼金詩》下冊,2248 頁

夷、齊墓 　　　　　　　　　　　　　（元）王惲

遠避東鄰虐,還遮北伐頻。與天重立極,叩馬死成仁。落日悲歌壯,東風紫蕨春。一饑雖可療,終媿是商臣。

《全元詩》第 5 冊,180 頁

夷、齊 　　　　　　　　　　　　　　（元）楊公遠

因請休兵諫不行,首陽遁跡似沽名。既言不食周家粟,薇蕨誰家土上生？

《全元詩》第 7 冊,244 頁

詠夷、齊二首 　　　　　　　　　　　（元）趙文昌

曰聖曰清不可污,真非真是未應誣。餘風流在千年後,猶有紛紛莽大夫。

嬴顛劉蹶厭干戈，納款稱臣世益多。無限春風薦薇蕨，更無人到首陽阿。

《全元詩》第 8 冊，218 頁

《采薇圖》　　　　　　　　（元）盧　摯

服藥求長年，孰與孤竹子。一食西山薇，萬古猶不死。

《全元詩》第 10 冊，36 頁

夷、齊　　　　　　　　（元）戴表元

夷、齊棄封國，虞、芮讓閑田。如何後世士，尺寸事爭喧。鄰居有愧恥，況復兄弟間。撐卷三歎息，古風何時還。

《全元詩》第 12 冊，127 頁

題《夷、齊圖》　　　　　　　　（元）李溥光

乾坤分得聖中清，一節能為萬世經。殷滅周衰幾今古，首陽山色愈青青。

《全元詩》第 12 冊，426 頁

夷、皓　　　　　　　　（元）劉　因

萬古人心自有堯，直教夷、皓怨難消。憑誰移去安歸歎，換作康衢《擊壤謠》。

《全元詩》第 15 冊，164 頁

題范文正公書《伯夷頌》後　　　　　　　　（元）胡長孺

名並日星真細事，義參天地在彝倫。寥寥千古空遺跡，薇滿西山意自春。
伯夷清節韓公《頌》，范老銀鉤韓子《傳》。屋壁遺書還孔氏，誰人得似使君賢？

《全元詩》第 15 冊，189 頁

《夷、齊首陽圖》　　　　　　　　（元）同　恕

畫裏依然見首陽，至今薇蕨滿山香。馬前不有磻溪老，西伯幾為後世王。

《全元詩》第 16 冊，313 頁

題范文正公書《伯夷頌》　　　　　（元）史孝祥

海濱二老本同歸，末路殊途孰是非。扣馬匆匆扶義士，憐渠未識首陽薇。

《全元詩》第 17 册，400 頁

《伯夷頌》　　　　　（元）鄧文原

心田垂世遠，手澤歷年殊。誰購山陰敘，真還合浦珠。身惟名不朽，書與道同符。諸老珍題在，猶堪立懦夫。

《全元詩》第 19 册，4 頁

謾　述（其八）　　　　　（元）黃　庚

楚江何忍沉清客，周粟安能活餓夫。慨想前修千古事，孤忠高義後來無。

《全元詩》第 19 册，82 頁

夷、齊　　　　　（元）宋　无

干戈爰及父君間，叩馬難令木主還。鄉使曾湌周粟活，千年誰說首陽山。

伯夷、叔齊，孤竹君之二子也。父欲立叔齊。及父卒，叔齊讓伯夷。伯夷曰："父命也。"遂逃去。叔齊亦逃，國人立其中子。伯夷、叔齊聞西伯善養老，盍往歸焉。及西伯卒，武王載文王木主東伐。伯夷、叔齊叩馬諫曰："父死不葬，爰及干戈，可謂孝乎？以臣弒君，可謂仁乎？"左右欲兵之。太公曰："義人也。"扶而去之。武王已平殷亂，伯夷、叔齊恥之，義不食周粟，隱於首陽山，采薇而食之。及餓且死，作歌曰："登彼西山兮，采其薇矣。以暴易暴兮，不知其非矣。神農虞夏忽焉沒兮，我安適歸矣。吁嗟徂兮，命之衰矣。"遂餓死於首陽山。

《全元詩》第 19 册，409 頁

夷、齊　　　　　（元）方　瀾

采山不食粟，相顧野薇春。民困思甘雨，時危見義人。雖嚴叩馬諫，已迫牝雞晨。不有扶賢老，先生志曷伸。

《全元詩》第 20 册，124 頁

《首陽山圖》 (元)范梈

山漠漠兮谷逶迤,中有二士形容饑,問之不答告者誰。在昔父死人致國,弟讓兄辭俱去之。一朝隱居北海北,去亂就治歸人師。遇世偶有戰伐事,叩馬垂血陳愧辭。君王知名臣義直,直不退聽將疑為。見兵不果事乃定,恥食其粟隱於斯。終然餓死茲山下,到今稱誦猶當時。白旄黃鉞不可追,功業甚盛德甚衰。救民水火事誠危,三綱一失誰扶持。是以聖人表其怨,謂彼仁者良由茲。首陽之墳高幾尺,自古富貴埋沒野草空累累。我欲酹北斗,薦以黃金卮。展圖涕漣洏,此意畫者宜不知。

《全元詩》第 26 冊,409 頁

首　陽 (元)周權

採擷芳甘豈療饑,首陽千古怨斜暉。至今山下冰霜冷,不見春風長蕨薇。

《全元詩》第 30 冊,54 頁

題《夷、齊采薇圖》 (元)錢惟善

海濱二老共歸周,扣馬鷹揚似不侔。寂寞西山采薇後,清風未許屬巢、由。

《全元詩》第 41 冊,21 頁

擬古十首,次劉聞廷韻(其四) (元)吳皋

夷、叔卓傑識,時議駭且驚。始也義形色,終焉心靡平。登山跡既邁,薇蕨豈可生。去余已千代,昭然無隱情。後賢昧厥旨,較若失萬程。何須重此文,修辭費將迎。

《全元詩》第 44 冊,380 頁

感興二十一首(其二) (元)葉懋

太公起東海,伯夷餓西山。殷祀既革命,武王乃誅殘。如何叩馬諫,英氣凜莫干。聖賢一出處,節義斯得完。俯仰百世下,懿德兩不刊。嗚呼振倫教,沉思良獨難。

《全元詩》第 47 冊,186 頁

雜　興(其三) (元)陳肅

驅車洛東北,遙望首陽山。昔有兩兄弟,采薇於其間。我願從之遊,孰云不可攀。躊

躊日將莫,感此空忘還。

《全元詩》第 49 冊,277 頁

雜詩四十七首(其四十三)   (元)笞祿與權

夷、齊志高潔,守經終不移。遯跡首陽阿,長吟薇蕨詞。清風起頑懦,百世同一時。君子貴中庸,試用此道推。

《全元詩》第 49 冊,477 頁

夷、齊   (元)曹 志

天倫父命兩難存,遜國逃亡孝義心。采蕨首陽完大節,清名留播到於今。

《全元詩》第 54 冊,45 頁

擬古九首(其二)   (元)鄧 雅

夷、齊聖之清,天地鍾間氣。仁哉讓國心,忠矣諫伐意。首陽雖餓死,萬古終無愧。俯仰懷高風,吁嗟勸來世。

《全元詩》第 54 冊,212 頁

奉謁伯夷廟   (元)謝 肅

在濰州昌樂縣孤山頂。

孤山起千仞,不與眾峰儷。飛甍冠其椒,中列夷齊位。爰從秦漢來,時節脩祀事。此鄉嘗過化,仰止宜不替。何必覯光儀,始覺頑懦厲。至哉聖之清,師表向百世。讓國播高風,諫伐明大義。餓死無所悔,於仁得深詣。精明一寸心,終古照天地。云胡孤竺城,雲暗遼水裔。矧乃首陽山,豺虎正相噬。三復《采薇歌》,凭危獨流涕。

《全元詩》第 63 冊,385 頁

首陽山   (元)趙次誠

夷齊不忍武王伐紂,采薇而食。

春能膏物,毋膏我薇。薇而或膏,食之忸怩。君與臣,天之常,胡不為堯禪而為桀亡?嗟哉予死兮,天常其明。

《全元詩》第 66 冊,4 頁

謁夷、齊廟

(元)王 肅

紂惡日益長,民怨同死亡。歸來奉天討,聖哲惟武王。夷、齊二賢人,扣馬迎路傍。諫說不能入,陟彼西山岡。恥食周世粟,忠義充饑腸。歸去賦長歌,邈兮思虞、唐。至今采薇處,白雲飛首陽。

《全元詩》第 66 冊,310 頁

夷、齊墓

(元)王 肅

衛君拒父據其國,絕滅綱常有慚德。唐宗謀立恣剪屠,背亂忿爭同一轍。予觀二士真天人,不降其志辱其身。獨行特立誠且確,高節遠過殷三仁。當時父命豈不義,弟遜兄兮兄遜弟。由來天理重人倫,曷若遁逃俱廢墜。帝辛無道穢德彰,刳割孕婦焚忠良。西周興師奉天討,萬國引領爭來王。世人何嘗有非議,胡為二賢死不避。扣馬一諫大分明,義氣昂昂塞天地。目觀殷滅如燎毛,絕粒甘死埋榛蒿。至今首陽兩丘土,直與泰華相爭高。清風凜凜激貪鄙,百世竦聞尚興起。世民衛輒彼亦人,遺臭無窮乃如是。孔、孟立教述文章,二士賢聖名愈光。區區黃謝肆臆說,日月之食庸何傷。山有薇兮塋有柏,我來再拜瞻遺跡。呦呦野鹿不復來,收淚成詩寫空壁。

《全元詩》第 66 冊,310 頁

《夷、齊扣馬圖》

(明)胡 奎

牧野興師日,商賢扣馬時。要將忠與孝,說向後人知。

《胡奎詩集》卷六,441 頁

題《夷、齊圖》

(明)楊 溥

青山峨峨隱空谷,白雲茫茫藏古木。高人一去千載餘,春來還如往時綠。鷹揚大老伊、周徒,渭川釣竹今已枯。不知地下相逢日,曾論當年出處無。

《楊文定公詩集》卷三,《續修四庫全書》集部 1326 冊,487 頁

夷、齊吟

（明）丁養浩

堯、舜久不作，人道多陸沉。干戈事征伐，以臣弒其君。我為首陽山，可以終我仁。采薇聊自樂，不願羅八珍。世道迭興廢，倏若秋與春。南面豈云樂，所貴在人倫。人倫失其道，馬牛而衣襟。高歌《采薇曲》，清調發天真。一唱再三歎，慷慨忘苦辛。噫嚱微二子，後世多亂臣。

《效唐集》卷二，《武林往哲遺著》第一冊，172頁

經夷、齊墓

（明）吳廷翰

周爰蒲阪間，適此首陽下。左覽翔中條，右瞻掖西華。盼睞古人跡，宛轉此中化。周粟豈不美，仁義甘如炙。窮餓萬世後，清風灑夷、夏。雙壠何縈然，宇宙乃凌跨。捫曆長松鳴，洗濯清泉瀉。日夕聞《采薇》，商歌未能罷。

《詩集》卷上，《吳廷翰集》，364頁

謁夷、齊廟二首

（明）唐順之

未訪箕山塚，來經孤竹墟。精光猶日月，冠冕肯泥塗？國合歸中子，心元避獨夫。千年北海轍，還見盍歸乎？

歸周仍避紂，渭叟況同襟。叩馬何饒舌，采薇還苦吟。當年諫武意，昔日事殷心。生死知音在，明夷用獨深。

叩馬之說不經見，而詳於太史氏。夫子止稱伯夷"求仁得仁"，而孟軻氏以為夷與太公同避紂歸周，而倡天下以從周，然則助成周之王業者，夷與太公也。太公鷹揚而夷諫，與夫既已身遠避之，而又諫伐之者，既已助成其王業，而又復諫止之，皆疑於不類。此王臨川輩所以據孟氏以征史遷之誣也。嘗思之而得其說：夷之歸周，歸文王也。文王終身事殷，伯夷叩馬而諫，然則始終與伯夷同心者，文王也。文、武父子一道，然夫子稱文王至德而未盡善，於武則微意亦可知矣。夷之歸周，不嫌於同其父而不同其子，其與太公亦不嫌於始同而終異也。遷之說，其亦未可以為誣哉！

《唐順之集》卷四，上冊，160頁

謁夷、齊廟

（明）唐順之

方道長遨遊。

爲仰風流百世希，長歌招隱坐漁磯。昔人何處群麋鹿，此地深秋尚蕨薇。征誅揖遜有今古，餓顯祿隱無是非。但使斯人皆可侶，不妨到處坐朝衣。

《唐順之集》卷四，上册，171 頁

過孤竹城，謁夷、齊廟　　（明）汪舜民

阿父遺言計已非，二難相讓却相宜。匹夫敢叩三軍馬，大義真為百世師。夜月空臨孤竹廟，春風還發首陽薇。當時若在邦君位，克復商都未可知。

《靜軒先生文集》卷三，《續修四庫全書集部》，1331 册，25 頁

詠　　史　　（明）孫　樓

扣馬歸來陰碧岑，首陽高節毋人欽。紫薇亦是周家草，室負當年恥食心。

《孫百川先生文集》卷一二，《四庫全書存目叢書》集部第 112 册，719 頁

鄉賢十詠·夷、齊　　（明）何東序

高山恒仰止，合遝自鴻蒙。誰識首陽遙，丹巘白雲封。二賢達千乘，碣石走河東。岵陽文既沒，埋一扇昏風。華陽脫扣馬，松陰縉鹿蹤。採薇□□足，遺竹籜空蒙。成周才卜曆，閭墓亟追崇。如何恩義士，八百訖終窮。不緣鄒、魯論，吾道悵無從。

《九愚山房詩集》卷二，《四庫全書存目叢書》集部 126 册，634 頁

首陽山　　（明）何東序

偕巽麾孤竹，長謠耋摘薇。猶疑淑媛語，白鹿共因依。

《九愚山房詩集》卷一一，《四庫全書存目叢書》集部 126 册，724 頁

離支國　　（明）何東序

即孤竹。成湯所封，弟憑嗣立。既死，棺浮流水。

墨臺仍故楊，遼水乍浮棺。若表兩山夢，還應賦急難。

《九愚山房詩集》卷一一，《四庫全書存目叢書》集部 126 册，724 頁

謁夷、齊廟,得"寒"字,同陳維揚錫太史賦 （明）陳文燭

捧衣來山麓,高岡何巇岉。中祀孤竹子,陸離箇家冠。當時扣馬諫,孟津水為寒。四海雖大賚,周粟胡忍餐。矯矯采薇日,恨不披心肝。神器已屢易,忠腸還不刊。何人識義士,千秋名竝看。再拜薦芳芷,乾坤賴羽翰。

《二酉園詩集》卷二,《四庫全書存目叢書》集部 139 冊,238 頁

謁夷、齊祠 （明）張佳胤

雙祠獨傍首陽河,灑酒千峰度薜蘿。人事忽驚新歲月,英靈不改舊山河。浮空仙掌秦關近,入暮春雲晉國多。夜半風聲吹萬樹,依稀如聽《采薇歌》。

《居來先生集》卷一三,《四庫存目補編》第 51 冊,208 頁

過首陽 （明）王　格

軍前和馬客,山上采薇人。黃屋歸新主,清風屬舊臣。嗟來焉可食,餓死不為貧。千載簪纓士,誰當繼往塵。

《少泉詩集》卷五上,《四庫全書存目叢書》集部 89 冊,225 頁

過首陽 （明）茅元儀

即孤竹,故俗傳為首陽山。

遼迥於今幾淚揮,驅車忍過首陽幾。悔遲一出存商祚,輸與如熊自采薇。

《石民渝水集》卷一,《四庫禁毀書叢刊》集部 110 冊,93 頁

入塞,謁夷、齊祠 （明）茅元儀

殷亂君猶死,時平我敢辭。未能空虜穴,猶得定明基。志士心還耿,元臣功豈虛。庶幾非懦者,慷慨拜君祠。

《石民渝水集》卷五,《四庫禁毀書叢刊》集部 110 冊,131 頁

詠史,雜成口號（其四） （明）夏完淳

遺恨殷郊太白旗,黃、虞千載更無依。當時尚有頑民在,何事西山獨采薇。

《夏完淳集箋校》卷七,341頁

謁夷、齊祠　　　　　　　　　　　　（明）楊　爵

孟津河下謁夷、齊,悽愴风霜盈陌衢。願借首陽方丈處,藏吾天地一残軀。
晨朝停馬拜荒祠,想見當年叩諫时。却笑史遷傳謬罔,武王安肯遽兵之。

《楊忠介公集》卷一二,《陝西古代文獻集成》第27輯,372頁

首陽山　　　　　　　　　　　　（清）王士禛

峨峨首陽山,迢迢屬雷首。遥揮巨靈掌,近對風陵口。蒼茫河上舟,搖落關門柳。一詠採薇歌,昔人復何有?

《漁洋續詩集》卷三,《王士禛全集》第一册,732頁

謁夷、齊廟　　　　　　　　　　　　（清）顧炎武

言登孤竹山,愾焉思古聖。荒祠寄山椒,過者生恭敬。百里亦足君,未肯滑吾性。遜國全天倫,遠行避虐政。甘餓首陽岑,不忍臣二姓。可為百世師,風操一何勁。悲哉尼父窮,每歷邦君聘。楚狂歌鳳衰,荷蕢譏擊磬。自非為斯人,棲棲無乃佞。我亦客諸侯,猶須善辭命。終懷耿階心,不踐脂韋徑。庶幾保平生,可以垂神聽。

《顧亭林詩集匯注》卷三,上册,627頁

首陽餓殍　　　　　　　　　　　　（清）褐　夫

暴暴相承所何歸,可憐餓死首陽薇。恨遣一去同微子,比諫箕奴事更非。

《古史詩針》,《戴名世集》附錄二,436頁

詠史詩和李咸齋有序(其三)　　　　　　（清）魏　禧

李子咸齋作《詠史詩》,余讀而悦之,書置座間,以當九九礪礪。諷詠既多,意有各出也。
夷、齊死商難,反以礪周貞。續不負李密,豈肯負新君?毋使天下士,相戒為忠臣。

《魏叔子詩集》卷四,《魏叔子文集》下册,1264頁

謁夷、齊廟，效易渭遠先生作　　　　　　　　（清）凌揚藻

節以同懷著，忠繇易代伸。地經孤竹國，祠仰采薇人。但識彝倫敘，那知革命新。餓夫無與偶，天子不能臣。歎息黃、虞沒，衰徂志行屯。正冠皆激義，脫屣為求仁。詣絕操疑隘，風高氣益振。西山無表石，東海幾揚塵。百世師如在，三宗歷久湮。頑廉徵後起，秩祀率先民。像蝕型模古，誠通罄咳親。閟青簷蔭柏，湘綠俎羞蘋。希聖談寧易，含貞事孔辛。永言思大老，莫漫愧明神。

《晚晴簃詩匯》卷一一二，第三冊，193 頁

望夷、齊廟　　　　　　　　（清）杜 塄

兩水：一灤水，一青龍河也。

連山西北鶩，兩水東南流。俯仰極千里，今古同一邱。悲歌及黃農，抗節懷商周。斯人顧遐逝，大道日沈浮。叢祠儼冠帶，萬禩輕王侯。豈無蘭鞠薦，尚恐薇蕨羞。念茲三歎息，天地良悠悠。

《晚晴簃詩匯》卷一一六，第三冊，253 頁

伯　夷　　　　　　　　（清）徐公修

錚錚叩馬諫東征，仁孝雙虧大義明。歌托《采薇》甘槁餓，祚拋孤竹薄浮榮。避居北海離君暴，偕隱西山挈弟行。讓國直追吳泰伯，千秋無愧聖之清。

《史記百詠》卷一，《讀史千詠》，《史記研究文獻輯刊》13 冊，421 頁

古　風（其五）　　　　　　　　（清）沈德潛

南國有遺老，志節師伯夷。武周本聖人，而敢傲睨之。薜荔煖吾寒，白石飽吾饑。時攜同志士，巖谷采紫芝。斯人既淪喪，山水無清輝。搔首懷古歡，清風有餘思。

《歸愚詩鈔》卷四，《沈德潛詩文集》第一冊，52 頁

登孤竹城，拜伯夷、叔齊祠堂　　　　　　　　（清）尤 侗

孤城鬱岧嶤，臨河激寒響。清風繚繞之，白雲翔其上。中有古賢人，端然肅遺像。社稷已丘墟，精神自天壤。金石永令名，俎豆芬將享。勁飈迴頹波，頑薄興慨慷。我來北海

濱，欣對西山爽。駐馬俯平疇，陟階掃荊莽。百年喬木堅，三春芳草長。高臺聞鳥啼，遠水明漁網。撫景迴幽瑟，披襟頓超朗。薄宦亦苦饑，懷古用自廣。行行歌《采薇》，寤寐佇遐想。

《右北平集》，《尤侗集》中冊，544頁

詠　　史(其五)　　　　　　　　　　（清）宋　楗

孤竹風清亘古稀，栖栖二子欲安歸。可憐渭水功成後，獨向西山賦《采薇》。

《雞肋百二稾》卷五，《清代詩文集彙編》475冊，40頁

平灤詠古十首(其一)　　　　　　　　　（清）史夢蘭

孤竹城高故墨台，音怡。清風臺下草離離。心悲坶野麾旄日，道契荊蠻采藥時。頑懦於今尚興起，蕨薇自古不充饑。浮棺遼水憐中子，團子山前墓已夷。

《爾爾書屋詩草》卷四，《清代詩文集彙編》654冊，373頁

《許由洗耳圖》　　　　　　　　　　　（明）高　棅

一勺山瓢隘九州，却未洗耳向清流。滄浪自有煩纓濯，何事先生不飲牛。

《高漫士木天清氣集》卷一四，《四庫全書存目叢書》集部32冊，214頁

夢入許、巢廟有感　　　　　　　　　　（明）楊　爵

許由、巢父皆唐堯時高士也，與後世身陷縲絏者相去不啻萬世。傳稱棄瓢飲犢事，皆未知有無。昨夜夢入共廟中，見二人像，欣然有感，題詩壁上，未就而覺，乃足成之。甲辰九月二十二日，書于獄中。

遭逢世道是昇平，高尚同將天下輕。樹上瓢捐風響定，耳邊污去水流清，山中不換冕旒色，犢口惟餐芝草英，恍惚蕭然祠宇在，塵顏羞見二先生。

《楊忠介公集》卷一〇，《陝西古代文獻集成》第27輯，358頁

《棄瓢圖》　　　　　　　　　　　　　（明）祝允明

少為一匊備，喧煩便累神。臨流休棄却，辛苦執籌人。

《枝山文集》卷三，《祝允明集》下冊，610頁

題《許由圖》　　　　　　　　　　　　　　（明）楊溥

箕山流水清如油,誰人洗耳當上流。寧知更有牽牛客,以爾污流不飲牛。牛可飲兮耳漫洗,聖賢出處非徒爾。當時稷契不在廷,二老寧忘堯、舜理。

《楊文定公詩集》卷三,《續修四庫全書》集部 1326 冊,487 頁

望箕山,懷許由　　　　　　　　　　　　（明）楊巍

箕山棲隐處,逸駕接崆峒。孤塚懸雲外,芳名落世中。聖朝猶不仕,潛德更何窮。余亦塵埃客,徒懷高士風。

《存家詩稿》卷二,影印文淵閣《四庫全書》1285 冊,491 頁

棄瓢池　　　　　　　　　　　　　　　　（清）王軒

山中有流泉,一鏡涵清碧。疏浚自何年?云是陶唐迹。許子輕軒冕,遺瓢曾此擲。後世仰流風,大書泐貞石。莊生本寓言,此事安足覈。陋儒愛吹求,往往施繩尺。豈知天地間,萬事貴自適。天下且脫屣,一瓢豈足惜。古人今不作,流泉馨似昔。峰前太古月,夜夜照池白。

《耨經廬詩集》卷一,《續尤西堂擬明史樂府》(外二種),93 頁

詠巢、許　　　　　　　　　　　　　　　（清）李柏

猗嗟巢許氏,而逢唐堯宰。日月出東方,爝火熄其彩。萬國親考妣,遁世終不悔。出亦匪我功,處亦匪我罪。土生蒼姬後,石隱真成怠。納我于清凉,置物于鼎鼐。賢哉忠武侯,不鄙從政殆。民物吾胞與,安忍膜外待。近古誰有情,寄懷知何在?天下古天下,四海今四海。

《太白山人槲葉集》卷四上,《陝西古代文獻集成》第 30 輯,166 頁

許由一瓢《逸士傳》　　　　　　　　　　（清）田依渠

不受堯天下,何心愛一瓢。依然捧水飲,萬慮此中消。

《茹古山房讀史餘吟》卷二,《清代詩文集彙編》639 冊,647 頁

詞

前調（清平樂）·覽古 　　　　　　　　　　　（清）毛先舒

登山大罵。餓死山之下。或笑微箕同姓者。翻肯洪疇白馬。　　車書一統聖君。受封作客非臣。君子大公應物，何妨與世同春。

《全清詞》順康卷第四册，2174 頁

賀新涼·清明日弔伯夷、叔齊，用尤展成重九韻 　（清）王金英

五度清明矣。歎年來、棲遲遼海、時光如水。爲問人生行樂地、酒盞詩籌餘幾。經過處、令人揮涕。漆水陽山孤竹國，那百花洲畔何如此。怎禁得，家家雨。　　先生事豈徒然耳。想常年、馬前一諫，咫尺千里。抱器歸周誰氏裔，乃是湯孫微子。爭比得、採薇而死。試看睢陽封土處，剩斜陽、只在蓬蒿裏。使志士，皇然起。

《全清詞》雍乾卷第二册，1139 頁

前調（慶千秋）·擬巢、許辭位表 　　　　　　（清）張　錦

巢父許由，誠恐誠惶，稽首冕旒。臣箕山野老，但知樵木，潁濱田叟，止解飲牛。豈有經綸，能參天地，蕩蕩巍巍樹遠猷。何堪辱，特徵書下賁，位巽林丘。　　平生枕石漱流。尚高隱忘情敢自休。為平山治水，匡時無術，明倫教稼，圖治寡籌。誤此蒼生，憂貽天下，斯事寧堪再易謀。謹奉表，容吾二臣者，耕鑿優遊。

《全清詞》雍乾卷第一〇册，5778 頁

滿江紅·首陽懷古 　　　　　　　　　　　　　（清）袁心武

食蕨當年，渾不見、而今亡矣。更惆恨，故墟衰草，正堪悲耳。世改幾經風雨惡，秋殘漫說山河易。聽啼鳥，回首又斜陽，孤城倚。　　愁無算，天雲逝。論陳迹，空譏刺。歎周封，周粟恥應箕子。麥秀徒哀殷室，昔夷齊、莫覘周王廢。共淒涼、千古黯長空，蒼蒼水。

《洹村詞》，《清詞珍本叢刊》第一五册，892 頁

曲

〔雙調〕清江引(之一)　　　　　　　　　（元）鍾嗣成

采薇首陽空忍饑。枉了爭閒氣。試問屈原醒。爭似淵明醉。早尋個穩便處閒坐地。

《全元散曲》下冊，1361頁

〔雙調清江引〕再次前韻詠古　　　　　　（明）王九思

商國山河周帝管。牧野干戈散。寧采首陽薇，不願岐周飯，餓死夷齊非是懶。

《全明散曲》第一冊，864頁

〔北中呂朝天子〕述古人　　　　　　　　（明）無名氏

伯夷。叔齊·喜虞舜傳堯位。武王伐紂惡戰敵。恥周粟湯仁義。死葬屍骸。清名難立。天喪身不喪德。願為。餓死。恨不遇羲皇世。

《全明散曲》第四冊，4778頁

〔北中呂朝天子〕《夷、齊圖》　　　　　　（明）無名氏

枉進言伯夷。空上策叔齊。周武王興兵世。言策不穗拂袖歸。仗節存名義。萬古千秋。清高不易。首陽山忍餓死。此時。采薇。誰解其中味。

《全明散曲》第四冊，4786頁

管晏列傳

一 詩

詠《管晏列傳》

管晏列傳　　　　　　　　　　　　　　　　　（唐）司馬貞

夷吾成霸，平仲稱賢。粟乃實廩，豆不掩肩。轉禍爲福，危言獲全。孔賴左袵，史忻執鞭。成禮而去，人望存焉。

《史記索隱》卷三〇，475頁

讀《管晏列傳》　　　　　　　　　　　　　　（近代）陳去病

遼東皁帽去猶龍，鋤地揮金肯爾從。知我何如鮑叔子，論交惟有郭林宗。

一襲狐裘三十年，宗臣清節至今傳。成都亦有閒閒者，八百株桑十畝田。

《浩歌堂詩鈔》卷四，71頁

詠管、鮑

讀史述九章·管、鮑　　　　　　　　　　(晉)陶淵明

余讀《史記》有所感而述之。

知人未易,相知實難。淡美初交,利乖歲寒。管生稱心,鮑叔必安。奇情雙亮,令名俱完。

《陶淵明集校箋》卷六,516頁

何當行　　　　　　　　　　　　　　　　(晉)傅　玄

同聲自相應,同心自相如。外和不有衷,雖固終必離。管、鮑不出世,結交安可為?

《晉詩》卷一,《先秦漢魏晉南北朝詩》上冊,561頁

管　仲　　　　　　　　　　　　　　　　(唐)周　曇

美酒濃馨客要沽,門深誰敢強提壺。苟非賢主詢賢士,肯信沽人畏子獹。

《全唐詩》卷七二八,21冊,8347頁

再　吟　　　　　　　　　　　　　　　　(唐)周　曇

社鼠穿牆巧庇身,何由攻灌若為燻。能知窟穴依形勢,不聽讒邪是聖君。

《全唐詩》卷七二八,21冊,8347頁

鮑　叔　　　　　　　　　　　　　　　　(唐)周　曇

忠臣祝壽吐嘉詞,鮑叔臨軒酒一巵。安不忘危臣所願,願思危困必無危。

《全唐詩》卷七二八,21冊,8345頁

和之美諷古(其二)　　　　　　　　　　　(宋)田　錫

海客久藏機,鷗知人未知。如何毫末利,管、鮑亦相欺。

《全宋詩》卷四九八,9冊,6021頁

管　仲　　　　　　　　　　　　　　　（宋）王十朋

小節區區豈足羞,功名未顯分縲囚。平生自有真知己,寧患威(桓)公怨射鉤。

《全宋詩》卷二〇二四,36冊,22691頁

管仲二首　　　　　　　　　　　　　　（宋）陳　造

棠潛俄正魯封圻,施伯安翔稛載歸。屍授夷吾寧復此,君臣應愧始謀非。
平生勳業載成書,脅制諸侯祇霸圖。盍繼車攻奏嘉頌,迄今璧帛篚東都。

《全宋詩》卷二四三八,45冊,28201頁

管　仲　　　　　　　　　　　　　　　（宋）林　同

曰:吾嘗三戰三走,鮑叔不以我爲怯,知我有老母也。

戰敗不羞走,誰為知我深。叔知我有母,亮我走時心。

《全宋詩》卷三四一八,65冊,40610頁

管、鮑　　　　　　　　　　　　　　　（宋）舒岳祥

為管則易,為鮑則難。相馬失瘦,相士失寒。管貧鮑富,坦然相安。於利不疚,於義斯完。

《全宋詩》卷三四三五,65冊,40888頁

管仲井　　　　　　　　　　　　　　　（元）陳　孚

在東阿縣。

畫野分民亂井田,百王禮樂散寒煙。平生一勺潢污水,不信東溟浪沃天。

《全元詩》第18冊,361頁

讀諸子·《管子》　　　　　　　　　　　（元）吳　萊

不忘中帶鉤,解縛堂阜下。徒知領一鄉,劍戟試狗馬。

《全元詩》第40冊,73頁

題《管、鮑分金》　　　　　　　　　　（明）胡　奎

同心之金可斷，仁者贈人以財。知我莫如鮑叔，管仲之器小哉？

《胡奎詩集》卷六，460 頁

題《管、鮑論交圖》　　　　　　　　　（明）王　翰

黃金是何物，能摧壯士心。有金交契厚，有金交意深。一朝金用盡，相看同路人。古人重交道，敬至義自伸。我觀管、鮑徒，交厚情最親。知心兩無猜，巽讓常欣欣。斯可愧薄俗，外物非所珍。子魚能一擲，幼安同浮塵。棄之同一道，中有偽與真。高風魯連子，千載名如新。

《梁園寓稿》卷一，影印文淵閣《四庫全書》1233 冊，276 頁

詠管、鮑　　　　　　　　　　　　　　（明）文翔鳳

翻雲覆雨纔稱手，航海梯山始是心。可笑天公容此輩，壎、篪吹罷又商、參。河西管公店，即分金處。

《南極篇》卷三，《四庫禁毀書叢刊》子部 11 冊，418 頁

詠史十絕·管仲與鮑叔分財，利多自與　　（清）李　漁

仲曰："吾償與鮑叔賈，分財，利多自與。鮑叔不以我為貪，知我貧也。"

貪賈分財每自頗，雖蒙友諒奈心何。此風倡後人爭效，鮑叔寥寥管仲多。

《笠翁詩集》卷三，《李漁全集》第一冊，365 頁

射鉤為相　　　　　　　　　　　　　　（清）褐　夫

射鉤相國兩殊倫，舊怨新恩在一身。不是霸魁雄膽略，豈容管氏展經綸。

《古史詩針》，《戴名世集》附錄二，437 頁

管、鮑之交　　　　　　　　　　　　　（清）褐　夫

鮑叔身為貴大夫，眼青偏落賤夷吾。門盈車馬終羅雀，勢力交情用有無。

《古史詩針》，《戴名世集》附錄二，437 頁

五賢詠·管仲　　　　　　　　　　（清）宣宗旻寧

齊桓正不譎,鮑叔薦士公。一言為知己,任用即聽從。射鉤置弗問,大度何沖沖。夷吾竭才力,五霸論稱雄。親暱不可棄,宴安患無窮。片言得其要,政治昭齊東。菁茅貢不至,成周祭不共。伐楚責大義,問罪宜興戎。修禮受方物,強弱國皆同。五命推盟主,贊襄德化充。平戎承寵命,執禮何其恭。賢哉管氏子,世祀酬勳庸。

《晚晴簃詩匯》卷三,第一冊,20頁

管　仲　　　　　　　　　　（清）田實發

檻車不數尺,乃容天下才。時無鮑叔牙,霸術終焉埋。射鉤棄舊怨,度量何遠哉。人生貴知遇,安用悲蒿萊。

《晚晴簃詩匯》卷六三,第二冊,196頁

管　仲　　　　　　　　　　（清）徐公修

軌里連鄉百貨通,魚鹽東海表雄風。苞茅責貢強鄰服,小穀營城采邑豐。知我一生推鮑叔,得君卅載遇桓公。女閭三千興商業,萬古平康祀典隆。

《史記百詠》卷一,《讀史千詠》,《史記研究文獻輯刊》13冊,430頁

管仲隨馬《韓非子》　　　　　　　　　　（清）田依渠

齊桓伐孤竹,恃有管夷吾。歸去人迷道,來時馬識途。

《茹古山房讀史餘吟》卷五,《清代詩文集彙編》639冊,661頁

鮑叔祠　　　　　　　　　　（清）黃景仁

誰道人心不可淳,此公祠廟至今新。能知有母真良友,若解分財已古人。倦客飽看翻覆手,短歌聊當送迎神。略嫌慷慨龍門筆,尚有恩仇氣未馴。

《兩當軒集》卷一五,367頁

詠晏子

晏　嬰　　　　　　　　　　　　　　　（唐）周　曇

正人徒以刃相危，貪利忘忠死不為。麋鹿命懸當有處，驅車何必用奔馳。

《全唐詩》卷七二八，21冊，8346頁

再　吟　　　　　　　　　　　　　　　（唐）周　曇

下澤逢蛇蓋是常，還如山上見豺狼。國中有怪非蛇獸，不用賢能是不祥。

《全唐詩》卷七二八，21冊，8346頁

又　吟　　　　　　　　　　　　　　　（唐）周　曇

馬斃廄人欲就刑，百年臨盡一言生。賴逢賢相能匡救，仍免吾君播惡聲。

《全唐詩》卷七二八，21冊，8346頁

晏　子　　　　　　　　　　　　　　　（宋）林　同

母家令足食，父族使安生。睦黨可謂孝，能之惟晏嬰。

《全宋詩》卷三四一八，65冊，40610頁

題晏子廟　　　　　　　　　　　　　　（元）郝采璘

荒城隱殘堞，老樹回清灣。東有齊相丘，累累處高寒。誰知千載人，此地遺巾冠。圖齊豈不雄，詐力唯偏安。四海兵縱橫，奈爾狐裘閑。不有莘野資，王業誠間關。當年矮矮軀，氣凌星斗間。存齊賴世鄉，枉道羞申韓。憂民力忠懇，激世揚清湍。才術終有餘，雅儉誰能班。所恨尼溪封，昧聖虧璧完。猶能百世下，廟食羅豚肩。英魂眇何許，慘澹風煙殘。繁華一清夢，變滅餘江山。寥寥今幾世，往轍何當還。懷賢感益深，高歌歷膠灘。

《全元詩》第14冊，185頁

晏　子

(元) 宋　无

願為晏子執鞭儔，太史公言蓋有繇。被罪自傷如石越，解驂誰是舊交遊。

太史公曰："假令晏子在，余為之執鞭所忻慕焉。"舒子曰：賢之也。賢之何以自卑之甚也？晏子為齊相，出，其御之妻從其門間而窺其夫。其為相御，擁大蓋，策駟馬，意氣揚揚，甚自得也。既而歸，其妻請去。夫問其故，妻曰："晏子長不滿六尺，身相齊國，名顯諸侯。今者妾觀其出，志念深矣，常有以自下者。今子長八尺，乃為人僕御，然子之意自以為足，是以求去也。"其後，夫自損抑。晏子聞之，薦以為大夫。此婦人乃羞其夫為之御，而太史公願為之執鞭，何哉？蓋太史公以李陵故被刑，漢法：腐刑許贖。而生平交遊故舊，無能如晏子解左驂以贖石越父者。自傷不遇斯人而身陷刑戮，故羨仰之而願為之執鞭耳。曾謂太史公不若彼婦哉？

《全元詩》第19冊，411頁

蕩陰里

(明) 錢子義

齊公孫接、田開疆、古冶子勇而無禮。晏子請景公饋之二桃，計功而食，皆自殺。諸葛武侯《梁甫吟》曰："步出城東門，遙望蕩陰里。里中有三墳，纍纍正相似。問是誰家墳，田疆、古冶子。一朝被讒言，二桃殺三士。誰能為此謀，相國齊晏子。"

晏子謀齊計已深，二桃殺士此何心。東城門外荒墳在，慷慨誰歌《梁甫吟》。

《續詠史詩》上，《種菊菴集》一，《三華集》卷七，影印文淵閣《四庫全書》1372冊，88頁

讀史二十二首·晏嬰

(明) 高　啟

一裘身著久經年，祿米分炊幾戶煙。盡說大夫能養士，却於尼叟惜封田。

《高青丘集》卷一七，下冊，746頁

詠史·晏嬰

(明) 童　軒

慎守封疆欲霸齊，故於宣聖惜尼溪。從來為國求賢意，笑殺當年擁蓋妻。

《清風亭稿》卷八，影印文淵閣《四庫全書》1247冊，168頁

宿晏城作

(清) 陸光祖

管晏勳名盛後先，千秋埰地尚流傳。德威難擬包茅貢，著述終輸乘馬篇。卅載一裘虛示儉，兩朝中立未為賢。却疑絕代龍門筆，何事殷勤願執鞭。

《萬里遊草》卷一,《沔陽叢書》,439 頁

晏　　嬰　　　　　　　　　　　　　　　　（清）徐公修

善交久敬尚和平,崔慶同朝異性情。桓子生兒能善述,景公拜相顯威名。解嘲狗竇終羞入,崇儉狐裘不忍更。我愛君家居近市,奚須爽塏代經營。

《史記百詠》卷一,《讀史千詠》,《史記研究文獻輯刊》13 冊,434 頁

晏嬰脫粟 《晏子》　　　　　　　　　　　　　（清）田依渠

五卵兼三弋,長供脫粟餐。狐裘亦珍重,卅載不知寒。

《茹古山房讀史餘吟》卷一,《清代詩文集彙編》639 冊,644 頁

晏御揚揚 《史記》　　　　　　　　　　　　　（清）田依渠

得與晏嬰御,難禁意氣揚。如何推薦後,姓字不曾彰。

《茹古山房讀史餘吟》卷三,《清代詩文集彙編》639 冊,654 頁

詞

哨 遍

(清)張塤

管仲、隰朋從於桓公而伐孤竹,春往冬反,迷惑失道。管仲曰:"老馬之智可用也。"乃放老馬而隨之,遂得道行。山中無水,隰朋曰:"蟻冬居山之陽,夏居山之陰。蟻壤一寸而仞有水。"乃掘地,遂得水。見《韓非子》七卷。燕人李季好遠出。其妻私有通於士,季突之,士在內中,妻患之。其室婦曰:"令公子裸而解髮,直出門,吾屬佯不見也。"於是公子從其計,疾走出門。季曰:"是何人也?"家室皆無有。季曰:"吾見鬼乎?"婦人曰:"然,為之奈何?"曰:"取五姓之矢浴之。"見《韓非子》十卷。嗚呼,何燕人之智不如老馬與蟻也?有感其說,乃演為《哨遍》。

天地蘧廬,達者寓言,十九非無理。問韓子,子是齊人兮。知隰朋、管仲而已。想老馬、十年銅聲瘦越,迷途能令主人喜。況冬山之陽,夏山之陰,攘攘乎有眾蟻。試掘井九仞一丸泥。夫尺有所短寸愈奇。詢之二蟲,二蟲不答,自然長技。　噫!誰是知幾。休嘆李季是與非。妻愛我者也,如卿言豈我欺。彼裸而髮垂,行庭不見此中乃以有真鬼。曰為之奈何,祓除掃淨,浴須五性之矢。看一時婦女顧而嘻。謂丈夫之智今亡矣。千百年,將毋傷涕。聖賢致知格物,明鏡窺秋水。可以人不如物,或使不出馬蟻下耳。請君收拾智囊時。免人間、馬蟻笑死。

《全清詞》雍乾卷第九冊,4946頁

曲

〔南北越調合套〕鮑叔悲

(清) 陸　楸

【北商調醋葫蘆】奕年德樹長,越朝真韻龕。旻蒼不憗殞斯男,奈悅愴舊知徒貌慘。自啼歸唅,幾回晨火廢朝參。

【幺篇】甚弓寧匿機,削輪已棄銜。新題青史問松杉,念驚虞幕翻從費揞。棘鉤還啗,和滋何野刈良苷。

【幺篇】存家靡礫區,遺名屬巷談。庭陰無復故人探,欸悠悠坴途渾醉喊。夙宵平勘,獨揣韋結系思三。

【幺篇】篠騎始慣隨,塾書尋互占。論交風雨並垂髦,遇屯窮漫於泥滓堪。竹筲瓶甀,相扶街井厭酸鹹。

【幺篇】寵夫啟禍門,群卿輔不咸。分飛翰影勒征驂,溯哲符謝餘空臆膽。春縈如纜,鴻霄仍省素絲憨。

【幺篇】躋新僚志諧,捐瑕君度含。執囚初被試師岩,計安匡同將宗社攙。漆墀聊站,曾宣盟策暨荊南。

【幺篇】伸威酬異恩,持成遏庶讒。經綸難了笑緣蠱,按前期益催情籟減。蕎亡人,煙蘿應悔緩投簪。

【幺篇】豐勞傳大蒸,閟言留副函。靈車懸槁禦兒酣,痛重泉百身增吊攬。暮辰暉淡,杜鵑聲為汝喚幽雱。

《全清散曲》上冊,474頁

老子韓非列傳

詩

詠《老子韓非列傳》

老子韓非列傳

（唐）司馬貞

伯陽立教，清淨無爲。道尊東魯，跡竄西垂。莊蒙栩栩，申害卑卑。"形名"有術，《說難》極知。悲彼周防，終亡李斯。

《史記索隱》卷三〇，476 頁

詠老子

至老子廟應詔詩　　　　　　　　　（北周）庾　信

虛無推馭辨，寥廓本乘蜺。三門臨苦縣，九井對靈溪。盛丹須竹節，量藥用刀圭。石似臨邛芋，芝如封禪泥。氄毛新鵠小，盤根古樹低。野戍孤煙起，春山百鳥啼。路有三千別，途經七聖迷。惟當別關吏，直向流沙西。

《北周詩》卷二，《先秦漢魏晉南北朝詩》下冊，2362頁

過老子廟　　　　　　　　　（唐）玄宗李隆基

仙居懷聖德，靈廟肅神心。草合人蹤斷，塵濃鳥跡深。流沙丹灶沒，關路紫煙沉。獨傷千載後，空餘松柏林。

《全唐詩》卷三，1冊，31頁

登玄元廟　　　　　　　　　（唐）皇甫冉

古廟川原迥，重門禁籞連。海童紛翠蓋，羽客事瓊筵。御路分疏柳，離宮出苑田。興新無向背，望久辨山川。物外將遺老，區中誓絕緣。函關若遠近，紫氣獨依然。

《全唐詩》卷二四九，8冊，2802頁

讀《老子》　　　　　　　　　（唐）白居易

言者不如知者默，此語吾聞於老君。若道老君是知者，緣何自著《五千文》？

《全唐詩》卷四五五，14冊，5150頁

讀《道德經》　　　　　　　　　（唐）白居易

玄遠皇帝著遺文，烏角先生仰後塵。金玉滿堂非己物，子孫委蛻是他人。世間盡不關吾事，天下無親於我身。只有一身宜愛護，少教冰炭逼心神。

《全唐詩》卷四六〇，14冊，5244頁

讀《老》《莊》　　　　　　　　（唐）張　祜

等閒緝綴閒言語，誇向時人喚作詩。昨日偶拈《莊》《老》讀，萬尋山上一毫釐。

《全唐詩》卷五一一，15 冊，5842 頁

流　沙　　　　　　　　（唐）胡　曾

七雄戈戟亂如麻，四海無人得坐家。老氏却思天竺住，便將徐甲去流沙。

《全唐詩》卷六四七，19 冊，7432 頁

覽古十四首（其十三）　　　　　　　　（唐）吳　筠

玄元明知止，大雅尚保躬。茂先洽聞者，幽賾咸該通。弱年賦《鵩鵀》，可謂達養蒙。晚節希鸞鵠，長飛庚曾穹。知進不知退，遂令其道窮。伊昔辨福初，胡為迷禍終。方驗嘉遁客，永貞天壤同。

《全唐詩》卷八五三，24 冊，9646 頁

老子畫像　　　　　　　　（宋）劉　摯

敝周儳於文，老子談大道。仁義已末流，體法固行潦。虛無抱玄珠，清淨為至寶。揞鬥息群競，死聖止大盜。謂可愚斯民，狂瀾復既倒。不知世大變，萬偽火就燥。欲以區區言，反俗入義昊。渾淪《五千言》，道德何浩浩。漢嘗求其說，施用未深造。衣食已有滋，煩苛以能掃。惜哉衰世士，學術失探討。流而為刑名，慘礉極枯槁。但見多申、韓，舉皆罪黃、老。聖人無常師，有善取輿皁。問禮固有然，誰謂孔徒小。遺貌知是非，君無論醜好。

《全宋詩》卷六九七，12 冊，7916 頁

讀《老子傳》　　　　　　　　（宋）陸　游

巍巍闕里與天崇，禮樂詩書萬世宗。但說周公曾入夢，寧於老氏嘆猶龍。

《全宋詩》卷二一八七，40 冊，24931 頁

讀《老子》　　　　　　　　　　　　　　　　　　（宋）陸　游

《道德》五千言，巍巍衆妙門。管窺那見豹，指染僅嘗黿。正爾分章句，誰歟達本源。蜀莊猶不死，過我得深論。自注：世傳莊君平不死，時在人間，猶讀《老子》。

《全宋詩》卷二一九四，40 册，25053 頁

讀《老子》　　　　　　　　　　　　　　　　　　（宋）陸　游

放翁晨興坐龜堂，古銅匜燒海南香。臨目接手精思床，身如槁木心如牆。《八十一章》獨置傍，徐起開讀聲琅琅。怳然親見古伯陽，袂屬關尹肩庚桑。孰能試之出毫芒，末俗可復躋羲、黄。《陰符》僞書實荒唐，稚川金丹空有方。人生忽如瓦上霜，勿恃強健輕年光。

《全宋詩》卷二一九七，40 册，25101 頁

讀《老子》，次前韵　　　　　　　　　　　　　　（宋）陸　游

平生好大忽瑣細，焚香讀書户常閉。少年曾預老聃役，晚歲欲挹浮丘袂。力探玄門窮衆妙，肯學陰謀畫奇計。言狂不獨人共排，志大仍憂後難繼。君看淡掃出蛾眉，豈比一尺春風髻。著書勿恤飽蠧魚，會有子雲生後世。

《全宋詩》卷二二一六，40 册，25399 頁

秋思十首（其十）　　　　　　　　　　　　　　　（宋）陸　游

存神止慮自長年，黄、老遺書漢尚傳。妙語雖傳人不省，却從丹竈覓神仙。自注：漢武帝賜平津侯詔曰："君其存精神，止念慮，輔助書樂以自持。"祁侯與楊王孫書曰："願存精神，省思慮，進近醫藥厚自持。"其語悉同，疑出於黃老遺書，至漢尚傳也。

《全宋詩》卷二二二五，41 册，25536 頁

讀《老子》有感　　　　　　　　　　　　　　　　（宋）陸　游

左史倚相讀《皇墳》，學者尚得窺全渾。孰爲《武成》二三策，寧取《道德》五千言。巢居結繩事益遠，澆淳散朴忍復論。安得深山老不死，坐待古俗還羲、軒。

《全宋詩》卷二二三一，41 册，25622 頁

老子像

(宋)張良臣

函谷關頭紫氣濃,獨教關尹喜相逢。如何《道德》五千字,不載周家藏室中。

《全宋詩》卷二四六一,46冊,28461頁

《老子度關圖》

(宋)鄭思肖

紫氣東來壓萬山,老聃吐舌笑開顏。青牛車外天風闊,搖動當年函谷關。

《全宋詩》卷三六二四,69冊,43386頁

老　子

(宋)陳　普

瓜葛非徒李世民,牽藤引蔓百千身。周時柱下霜眉客,今作書符呪水人。

《全宋詩》卷三六五〇,69冊,43791頁

樓　觀

(宋)石延年

早駕青牛說二篇,又聞白鹿禦三天。本期帝者能行道,豈為人問只學仙。鹿邇若來非偶爾,檜形如望共凝然。遲留永日空遺境,樓閣參差隱暮煙。

《全宋詩輯補》第二冊,495頁

再生柏

(宋)石延年

古柏死多日,再生因盛時。年光枯舊幹,春色復新枝。已朽仲尼骨,重興徐甲屍。如何造化意,向此獨難知。

《全宋詩輯補》第二冊,495頁

留題樓觀

(宋)薛　周

結草終南下,雲蘿一徑深。人窮文始跡,誰到伯陽心？古木含天理,清風快客襟。勞車行計促,空愧負長吟。

《全宋詩輯補》第二冊,582頁

玄帝贊　　　　　　　　　　　　　　　（宋）仁宗趙禎

萬物之祖，盛德可委。精貫玄天，靈光有煒。興益之宗，保合大同。香火瞻敬，五福攸從。

《全宋詩輯補》第二册，614頁

樓觀留題　　　　　　　　　　　　　　（宋）王　紳

伯陽遊歷到姬周，關令邀歸結草樓。先識東方橫紫氣，果然西上駕青牛。築臺講道《五千字》，鑿井燒丹幾百秋。開殿焚香思妙旨，南山疊嶂暮煙浮。

《全宋詩輯補》第二册，763頁

留題樓觀　　　　　　　　　　　　　　（宋）張舜民

參差樓觀拂層穹，猶想當年望氣雄。白鹿有蹤仙馭遠，青牛無跡夜壇空。霓旌影顯靈溪月，虯檜寒生玉宇風。欽想天家尚黄、老，翠華曾此奉琳宮。

《全宋詩輯補》第三册，1083頁

《老子過關圖》　　　　　　　　　　　（金）姬志真

皓首童顏幻化身，青牛薄羍踐黄塵。月歆天竺溪山曉，風度函關草木新。跨古騰今乘日馭，入無出有化飆輪。欲窮妙處非名相，不許丹青畫與人。

《金詩》，《全遼金詩》上册，1087頁

題老子廟　　　　　　　　　　　　　　（金）楊宏道

乾壕石壕過峻阪，骨煩筋怠思寬平。蒼崖小殿揭金榜，冷泉高樹夕陽明。流俗相傳禱靈藥，妄以沙土欺聾盲。但知經過記歲月，小字壁間題姓名。

《金詩》《全遼金詩》下册，2300頁

寓　興(其八)　　　　　　　　　　　　（元）郝　經

聖人無常師，師襄又郯子。無入不自得，豈惟柱下史。誇徒以藉口，妄誕為評訾。當時《五千言》，洞達窮妙理。大出六合外，遠探無極始。後人弗克承，削繩復破軌。流漫源以湮,枝披根以死。借問蓬壺仙,吾道誠爾爾。

《全元詩》第 4 册,166 頁

《老子過關圖》 （元）王 惲

韓蚵筆。

論道休將坐井觀,逢時為用見真筌。漢家注揩纔糟粕,嘉靖寰區近百年。

柱下潛輝跡已賖,青牛苦要渡流沙。料應紫氣浮關後,夢繞春風巨勝花。

《全元詩》第 5 册,526 頁

題《老子出關》像 （元）胡祗遹

哲人已欲居九夷,先生高駕還西之。二聖中原不留跡,却從圖畫憫當時。

《全元詩》第 7 册,179 頁

老 子 （元）侯克中

一讀遺書了大綱,好生毛羽惡生創。華、嵩不曰千陵主,江、海徒云百谷王。方訝儉慈求勇廣,更堪柔弱勝剛強。一編魯語無窮意,誰謂宣尼尚伯陽。

《全元詩》第 9 册,5 頁

《老子送西遊圖》 （元）張弘範

玄教淵源自廣成,《五千》文字總忘情。先生本是無為者,何苦青牛萬里行。

《全元詩》第 9 册,188 頁

老子像 （元）釋悟光

函谷關頭紫氣濃,獨教關尹喜相逢。如何《道德》五千字,不載周家藏室中。

《全元詩》第 36 册,435 頁

讀諸子·《老子》 （元）吳 萊

何年守藏吏,默默與道居。玄牝儻不死,青牛空著書。

《全元詩》第 40 册,73 頁

老子渡關

(元)錢宰

老子渡關,去周而西,將上崑崙山。飆車駕青牛,羽佩驂鳴鑾。聃耳大於掌,華項高巑岏。風骨脫略,如飛斯翰。擴其猶龍,芒乎女間。丹砂兩顴頳玉顔,白髮散落風珊珊。神票淵默宇泰定,逸思飛灑浮雲間。關喜拜車下,仰望不敢攀。請爲強著書,其頤莫我殫。《道德》五千言,是謂天地根。至神之妙合變化,元氣與之相控搏。軒轅騎飛龍,至道同不刊。周穆乘八駿,求仙竟空還。秦皇、漢武三泉下,慨彼誕妄空長歎。何如聃耳翁,玄妙窮冥觀。先天而生,後天長不老。神遊八極,上與造化相無端。

《全元詩》第41冊,194頁

《老子度關圖》

(元)金元素

紫氣氤氲滿太虛,青牛西去駕仙車。琅函蕊笈文如海,我欲尋師問緒餘。

《全元詩》第42冊,358頁

《老子騎青牛》像

(元)虞堪

孰知而傳,像帝之先。始生八十,終言《五千》。度關青牛,西邁不還。若有見者,乃猶龍然。

《全元詩》第60冊,380頁

雜體五十首(其三十四)

(明)宋濂

大道已將裂,伯陽騁荒辭。諄諄《五千言》,清靜學無爲。漆園有傲吏,投袂起從之。玄談雜天人,變化不可羈。末流喪繩檢,舉世尚清虛。家國遂陵遲,此咎將尤誰。

《蘿山詩集》二,《宋濂全集》卷一○○,第四冊,2366頁

題老君洞

(明)藍智

混沌始鑿開玉融,瑤臺隱映青芙蓉。下有洞穴如崆峒,玉樓十二高玲瓏。丹崖紫氣浮空蒙,何年玄元降其中。伐毛洗髓遊太空,遺形歲久重巖崇。元精變化不可窮,麗眉皓首成老翁。玉局儼坐神霄宮,獅子前道猿後從。幡幢飄飄羽蓋重,海月照見香爐峰。寶劍倒掛倉精龍,石梁懸瀑聲琮琮。我來飛雪當嚴冬,瑤草凝碧桃花紅。花間一笑雙舞童,

授以《素書》石髓封。道言《五千》方擊蒙,窅兮冥兮道之宗。無爲自然成汝功,谷神玄牝翕以通。壽命天地相始終,吁嗟小臣等蟻蠓。上帝有勅按疲癃,萬里馳驅雙鬢蓬。人間歲月苦匆匆,投簪未暇巢雲松。白鶴飛去天南東,長歌林谷來清風。

《藍澗集》卷二,影印文淵閣《四庫全書》1229 册,853 頁

題老君洞　　　　　　　　　　　　（明）藍　智

老君洞前瑤草春,桃花吹雨紅紛紛。千年白髮化黃石,半夜玉簫來紫雲。瓊林鸞鶴朝梵炁,丹井蛟龍護隱文。欲向峰頭掃明月,流霞招得武夷君。

《藍澗集》卷五,影印文淵閣《四庫全書》1229 册,872 頁

老　子　　　　　　　　　　　　　（明）梁　儲

主善爲師道正隆,宣尼此意正無窮。如何後代相師者,不及巫醫與百工。

《鬱洲遺稿》卷八,影印文淵閣《四庫全書》1256 册,610 頁

題老君廢廟　　　　　　　　　（明）太祖朱元璋

廟古鴉昏集,遙瞻起敬心。路幽人跡杳,碑偃草叢深。度關先紫氣,去後永沉淪。惟有庭前樹,多年茂作林。

《明太祖集》卷二〇,439 頁

函　關　　　　　　　　　　　　（明）錢子義

老子,名耳,字伯陽。嘗乘青牛,薄板車,渡函谷關。關吏尹喜望見紫氣而知之,云"子將隱,為我著書"。乃著《道德經》五千言而去。

函谷山高淩紫虛,青牛曾此度輕車。至人得道身將隱,不為求名更著書。

《續詠史詩》上,《種菊菴集》一,《三華集》卷七,影印文淵閣《四庫全書》1372 册,88 頁

《老子出函谷圖》,友人索題,壽其所好　　（明）徐　渭

柱史當年走函谷,倒跨青牛映山翠。關尹那為伏道迎,紫氣如虹映牛背。關門古樹白月昏,一授《道德》五千言。從此人間修渾淪,丹鑪鼓鑄皆傍門。徐翁八齡童子色,意者此術真傳得。試教清水起黃塵,還看桃花幾回碧。

《徐文長三集》卷五，《徐渭集》第一冊，125頁

《老子騎牛度關圖》　　　　　　　　（明）徐　渭

化人西來化穆滿，渠又西行化恁人。枉殺周廷閑柱史，肯如漢女嫁烏孫。

《徐文長逸稿》卷八，《徐渭集》第三冊，856頁

《老子出關圖》　　　　　　　　　　（明）張　琦

道大無傳受，騎牛西出關。剛留《五千字》，遺智滿人間。

《白齋先生詩集》卷一，《四庫全書存目叢書》集部52冊，17頁

總題《老子出關圖》　　　　　　　　（明）潘季馴

致柔若嬰兒，服膺周柱史。觀彼舌之□，因以□□菡。頭顱已如斯，雄心猶未已。願言守其□，□醨□□恥。咄咄騎牛人，悵悵何所抵。胡不歙其華，餘氣尚成紫。遂令函關尹，得挽真人軌。旨哉《五千言》，逗漏玄宗旨。

《留餘堂集》卷一，《四庫全書存目補編》第99冊，219頁

登老子閣　　　　　　　　　　　　　（明）張佳胤

飛閣登臨接暮煙，崤函紫氣繞秦川。河流轉地青尊外，華嶽垂天繡拱前。百二關分黃蒼阪，《五千》經注白雲篇。頻年車馬非吾事，欲謝風塵訪列仙。

《居來先生集》卷一三，《四庫全書存目補編》第51冊，207頁

恩賜勝覽録　　　　　　　　　　　　（明）朱誠泳

予聞秦始皇好神仙，于尹喜樓南立老子廟。晉惠更新，即今之樓觀也。厥後廢毀。勝國時，安西王乃大加修飾，而于今為盛，蓋天下第一福地也。有繫牛柏，相傳為周時故物，殆亦後人附會而補植之者。予緬懷青牛老人，第無自而聞其道德之言，姑成一詩，以寫勝概云

塵海仙家第一宮，崢嶸臺殿詫秦工。五千《道德》言猶在，百二河山勢自雄。煉藥爐寒虛夜月，繫牛柏老動秋風。穹碑屹立斜陽外，夜夜龍光貫彩虹。

《小鳴稿》卷一〇，《陝西古代文獻集成》第17輯，238頁

送王道士游說經臺　　　　　　　　（明）許宗魯

老子說經處，嵬然遺古臺。白雲滿巖壑，紫氣天邊來。道人有仙骨，登覽何奇哉。莫逐青牛駕，流沙去不回。

《少華山人後集》第一《歸田稿》，《陝西古代文獻集成》第 28 輯，439 頁

老子故宅　　　　　　　　　　　　（清）王士禛

北邙東望冢纍纍，上有玄元古廟基。莫以荒唐笑仙李，漢家先奉濯龍祠。

《蠶尾續詩集》卷四，《王士禛全集》第二冊，1276 頁

老　　子　　　　　　　　　　　　（清）汪元慎

五氣雲龍下泰清，杜光庭。可能朝市污高情。韓偓。青牛漫說函關去，無名氏。白髮從他繞鬢生。李嘉祐。莊叟著書真達者，趙嘏。韓非入傳濫齊名。李益。《五千言》裏教知足，白居易。此世榮枯豈足驚。劉得仁。

《晚晴簃詩匯》卷一三九，第三冊，661 頁

老　　聃　　　　　　　　　　　　（清）羅惇衍

楚苦縣厲鄉曲仁里人。姓李，名耳，字伯陽，諡曰"聃"。為周柱下史。修道養壽，蓋百有六十餘歲，或言二百餘歲。

一夜函關紫氣浮，東來奇跡跨青牛。宅心人壽持三寶，著眼天高隘九州。莊列異時方外士，申、韓同傳法家流。故應尼父知龍德，何事虛無辯不休。

《集義軒詠史詩鈔校證》卷一，第一冊，2 頁

李　　聃　　　　　　　　　　　　（清）徐公修

老子猶龍神不測，誕生指李似空桑。五千《道德》言猶在，數百年華壽頗長。渺渺成周為柱史，迢迢苦縣是家鄉。青牛函谷關前度，紫氣東來滿路光。

《史記百詠》卷一，《讀史千詠》，《史記研究文獻輯刊》13 冊，430 頁

夏日讀《老氏書》

(清)吴騫

元元曲仁產,指樹姓垂譜。職司守藏室,卓為青史祖。是時周已衰,深藏志良賈。間關問禮餘,猗惟我宣父。見首不見尾,猶龍乘風雨。掉頭西出關,身跨青犉牡。豈期關尹子,望氣已知處。盍留且著書,用以詔千古。終南一草樓,煙霞互吞吐。纚纚《五千言》,混沌見端緒。後此談元(玄)虛,決裂滋莽鹵。申、韓雜黃、老,出奴而入主。陵夷及暴秦,且欲蔑鄒、魯。金壺汁久瀝,孰為印心腑。吾道大路然,日月安可侮。咄哉堯母尊,擊毚將焉補。

吾觀《上》《下經》,其言達且醇。清瀞尚無為,淡泊嗤貪嗔。羲、文仰贊畫,軒誥資彌綸。大可苞宇宙,細不遺纖塵。無或搖爾精,慎勿擾而神。谷神苟不死,何分菌與椿。頗疑腐遷流,先老後獲麟。抑人亦有言,枝葉于本身。_{唐李約}。伊予老廢學,奧義何由信。汎覽《周王傳》,孰若《道德》真。涼颸天末至,逍遙北牕晨。賴有蜀莊流,《指歸》導迷津。_{嚴君平《道德指歸》,頃鈔得唐谷神子馮廓注本猶佳。}

《拜經樓詩集續編》卷四,《續修四庫全書》集部1454册,164頁

漢臺詠史·李耳

(清)嚴如熤

鸞鳳音留字《五千》,幾曾丹汞說昇天。猶龍道以周官重,指李人從苦縣傳。柱史文章師法律,關門歲月祖神仙。漆園蝴蝶都成幻,紫氣青牛亦偶然。

《樂園詩稿》卷三,《清代詩文集彙編》455册,162頁

詠尹喜

讀《關尹子》 　　　　　　　　　　　　　　（宋）林希逸

青牛車後抱關翁，師已西遊道却東。著論《九篇》今獨在，命名一字古無同。不知身老傳誰氏，可愛文奇似《考工》。博大真人莊所敬，寥寥千載想宗風。

《全宋詩》卷三一一八，59 冊，37244 頁

讀《關尹子》 　　　　　　　　　　　　　　（宋）林　泳

杏壇之外聖人徒，千載遺編喜卷舒。一字名篇原《易》卦，萬言論道廣聃書。《黃庭》丹學分苗裔，紫府仙經得緒餘。正為文章太奇崛，尋常眼目亦疵渠。

《全宋詩》卷三四六八，66 冊，41306 頁

題《關尹問道圖》 　　　　　　　　　　　　（元）張思濂

關門令尹苦紛紛，道德胡為問老君。柱史習知周制度，不詢殘缺補經文。

《全元詩》第 51 冊，401 頁

賦得西秦名勝十二事，為梁公壽 　　　　　　（明）李維楨

白首司存柱下書，流沙西去欲何如。《五千言》已留關令，誰御青牛薄板車。右關尹授經。

《大泌山房集》卷六，《四庫全書存目叢書》集部 150 冊，427 頁

尹　喜 　　　　　　　　　　　　　　　　　（清）羅惇衍

字公度，周大夫，為關門令尹。

猶龍物色現雲鱗，正得膠膠擾擾身。作者有書非著相，陶然無酒亦全神。函關清淨功開漢，華岳逍遙跡謝秦。一去流沙千載杳，碧桃何處訪真人。

《集義軒詠史詩鈔校證》卷一，第一冊，5 頁

詠老萊子

老萊子 　　　　　　　　　　　　　　　　　　　　（宋）蘇舜欽

常羨老萊子，七十親不衰。颯然雙白鬢，尚服五綵衣。戲遊日膝下，弄物心熙熙。或時暫仆跌，輒作嬰兒啼。清朝萬鐘祿，不肯賣片時。人生有此樂，何暇外慕為。伊余生不造，才壯蒼天虧。搏膺念之子，歉詠形諸詩。想像且三復，苦血下交頤。

《全宋詩》卷三一〇，6 冊，3501 頁

老萊子 　　　　　　　　　　　　　　　　　　　　（宋）林　同

七十已中壽，人生似此希。絕憐老萊子，猶自作兒嬉。

《全宋詩》卷三四一八，65 冊，40606 頁

老萊子 　　　　　　　　　　　　　　　　　　　　（元）郭居敬

戲舞學嬌癡，春風動綵衣。雙親開口笑，喜色滿庭闈。

老萊子至孝，奉二親，行年七十。著五綵斒斕衣為嬰兒戲，於親則養極甘，跪言不□孝。為親取食上堂，詐跌而偃，作小兒啼，以娛親。

《全元詩》第 24 冊，72 頁

《老萊子圖》 　　　　　　　　　　　　　　　　　　（元）金元素

綵衣綽綽鬢毿毿，七十猶能奉旨甘。多少世間遊蕩子，此圖一見得無慚。

《全元詩》第 42 冊，367 頁

老萊子 　　　　　　　　　　　　　　　　　　　　（清）羅惇衍

楚人。萊，其姓也。飲水食菽，墾山播種，守老子"舌柔常存"遺訓，著書十五篇，言道家之用。

何必書傳世外篇，蓬蒿為室兩三椽。舞衣終日斑斕慶，投耒高風伉儷賢。每語無尤身壽考，在貧能樂趣神仙。蒙陽耕耨江南隱，宣聖同時豈偶然。

《集義軒詠史詩鈔校證》卷一，第一冊，6 頁

老萊斑衣 《太平御覽》 （清）田依渠

父母年何似,兒今已古稀。能為堂上舞,特地著斑衣。

《茹古山房讀史餘吟》卷五,《清代詩文集彙編》639 冊,663 頁

河上公 （明）李夢陽

昔有河上公,結廬蓬蒿下。萬乘時一顧,旌旗蔽原野。手揮玉如意,顏貌何瀟灑。曳裾授道經,談天妙無窮。清光耀白日,四海高其風。言既忽不見,倏身躡星虹。鳳凰棲梧桐,鷃雀巢寒蓬。饑鳶嚇腐鼠,笑殺高飛鴻。物固有如此,何必較愚蒙。

《李夢陽集校箋》卷一六,第二冊,402 頁

河上公 （清）羅惇衍

文帝時人,莫知其姓字。高士。《傳》作"河上丈人"。

金人十二盡銷鋒,天挺韓椎鐵未鎔。更輯《素書》難火化,遂偕道籙閟雲封。瓊函親注精觀象,玉輅遙臨恍駕龍。再上高臺閒眺處,應由慈儉想音容。

《集義軒詠史詩鈔校證》卷七,第一冊,183 頁

田駢天口 《漢書·藝文志》 （清）田依渠

亦是談天口,書傳廿五篇。至今游稷下,人尚說田駢。

《茹古山房讀史餘吟》卷四,《清代詩文集彙編》639 冊,659 頁

伯成辭耕 《莊子》 （清）田依渠

不願作諸侯,農夫樂與儔。胸懷亦高尚,那是學巢、由。

《茹古山房讀史餘吟》卷六,《清代詩文集彙編》639 冊,668 頁

邾子投火 《左傳》 （清）田依渠

卞急何如此,甘心投火死。閽人若早知,敢沃廷前水?

《茹古山房讀史餘吟》卷六,《清代詩文集彙編》639 冊,669 頁

詠韓非子

讀史述九章·韓非　　　　　　　　　　　（晉）陶淵明

余讀《史記》有所感而述。

豐狐隱穴,以文自殘。君子失時,白首抱關。巧行居災,忮辯召患。哀矣韓生,竟死《說難》。

《陶淵明集校箋》卷六,383 頁

讀《韓非傳》　　　　　　　　　　　　　（宋）張　鎡

諫鼓招言事蔑聞,昧時自鬻更紛紛。胸中著許堤防策,不救危身肯濟君?

《全宋詩》卷二六八七,50 冊,31636 頁

讀《韓非子》　　　　　　　　　　　　　（宋）釋文珦

非本韓國諸公子,胡乃人形心蝮虺。身既入秦而媚秦,肆無忌憚浮商李。狂言著書三十篇,讀者能無污脣齒。且言仁義不足用,唯有嚴刑堪致治。斯言豈足稱人言,反悖經常滅天理。助秦為虐猶庶幾,名教不容良可恥。昔者韓虔嘗篡晉,遠遡其源固應爾。吾欲火書而人人,周、孔之道不如是。

《全宋詩》卷三三一九,63 冊,39562 頁

韓　非　　　　　　　　　　　　　　　　（元）徐　鈞

見書恨不見斯人,見後翻令自殺身。畢竟立心多慘刻,少恩莫怨虎狼秦。

《全元詩》第 7 冊,278 頁

讀諸子·《韓非子》　　　　　　　　　　　（元）吳　萊

羈臣用密策,身死不得保。意將取邯鄲,宗國已如掃。

《全元詩》第 40 冊,75 頁

韓非囚秦

（清）褐　夫

秦王死願與非遊，非入秦廷便作囚。書竟有功人有罪，逆鱗識破《說難》收。

《古史詩針》，《戴名世集》附錄二，438 頁

韓　　非

（清）羅惇衍

韓公子。秦求非，急攻韓，韓遣非使秦。為李斯、姚賈所讒，斯遺藥使自殺。

著書欲把憤全消，口吃人非愧立朝。學鶩功名心太躁，法嚴繩墨氣何驕。略同申子崇黃老，可惜秦君寵李、姚。終日《說難》難自脫，背韓不解禍機招。

《集義軒詠史詩鈔校證》卷四，第一冊，118 頁

韓子《孤憤》《史記》

（清）田依渠

韓王不能用，《孤憤》積成書。試與靈均比，《離騷》如不如。

《茹古山房讀史餘吟》卷五，《清代詩文集彙編》639 冊，664 頁

詠莊子

詠莊子　　　　　　　　　　　　　　　　　　　　　　（晉）孫　放

巨細同一馬，物化無常歸。脩鯤解長鱗，鵬起片雲飛。撫翼搏積風，仰凌垂天羣。

《晉詩》卷一三，《先秦漢魏晉南北朝詩》中冊，903 頁

宋中十首（其七）　　　　　　　　　　　　　　　　　　（唐）高　適

逍遙漆園吏，冥沒不知年，世事浮雲外，閑居大道邊。古來同一馬，今我亦忘筌。

《全唐詩》卷二一二，6 冊，2210 頁

讀《莊子》　　　　　　　　　　　　　　　　　　　　（唐）白居易

去國辭家謫異方，中心自怪少憂傷。為尋莊子知歸處，認得無何是本鄉。

《全唐詩》卷四三八，13 冊，4874 頁

讀《莊子》　　　　　　　　　　　　　　　　　　　　（唐）白居易

莊生《齊物》同歸一，我道同中有不同。遂性逍遙雖一致，鸞凰終校勝蛇蟲。

《全唐詩》卷四五五，14 冊，5150 頁

池上寓興二絕（其一）　　　　　　　　　　　　　　　　（唐）白居易

濠梁莊、惠謾相爭，未必人情知物情。獺捕魚來魚躍出，此非魚樂是魚驚。

《全唐詩》卷四五九，14 冊，5225 頁

狂題十八首（其四）　　　　　　　　　　　　　　　　　（唐）司空圖

《南華》落筆似荒唐，若肯經綸亦不狂。偶作客星侵帝座，却應虛薄是嚴光。

《全唐詩》卷六三四，19 冊，7273 頁

讀《莊子》三首 　　　　　　　　　　　　　　（宋）劉　敞

簫韶豈不美，爰居終自悲。俛仰魯城上，驚顧不能怡。伊昔舜廷內，鳴鳳為來儀。和聲詎中變，眾聽邈難齊。澆淳懸異代，聰昧未殊施。咄嗟播鼗武，永乏滄海歸。

漢陰灌園叟，抱甕力難任。規為一何拙，機事自傷心。賜也不受命，媿之汗沾襟。至言與世邈，幽操非俗尋。以此高宇宙，豈知倦山林。彼哉誇奪子，佩服爛朱金。

商丘有奇樹，厥生非一朝。修根走靈社，騰幹拏赤霄。拳局無大用，液樠不可雕。誰謂非世器，終焉托逍遙。致身適有遇，松桂寧免樵。

　　　　　　　　　　　　　　《全宋詩》卷四九〇，9 冊，5737 頁

觀魚臺 　　　　　　　　　　　　　　（宋）蘇　轍

莊子談空惠子聽，郢人斤斧棘忘形。莫嗟質喪無知者，對石何妨自說經。

　　　　　　　　　　　　　　《全宋詩》卷八七三，15 冊，9857 頁

讀《莊子》 　　　　　　　　　　　　　　（宋）孔平仲

損此以錙銖，益我以千金。豈足為輕重，徒能勞爾心。覆彼以狐貉，蒙此以絺紛。豈足為厚薄，徒能損卿德。南山有鷙鳥，睥睨天地秋。有意橫八極，固非守一丘。老鴟嚇腐鼠，安可施于此。鵷雛尚不屑，況非鵷雛比。

　　　　　　　　　　　　　　《全宋詩》卷九二四，16 冊，10831 頁

幾復讀《莊子》戲贈 治平三年作 　　　　　　（宋）黃庭堅

蜩化搶榆枋，鵬化搏扶搖。大椿萬歲壽，槿英不重朝。有待於無待，定非各逍遙。譬如宿舂糧，所詣豈得遼。漆園槁項翁，聞風獨參寥。物情本不齊，顯者桀與堯。烈風號萬竅，雜然吹籟簫。聲隨器形異，安可一律調。何嘗用吾私，總領使同條。惜哉向郭誤，斯文晚未昭。胡不棄影事，直以神理超。木資不才生，雁得不才死。投身死生中，未可優劣比。深藏無所用，一寓不得已。逍遙同我誰，歲暮於吾子。

　　　　　　　　　　　　　　《全宋詩》卷一〇一九，17 冊，11631 頁

過莊子祠堂 　　　　　　　　　　（宋）呂南公

客過蒙城日欲曛，更尋祠館拜遺真。文章昔已悲衰世，香火今誰望俗人。諸子異端爭土苴，千秋餘亂見緣因，秖應叔夜輕狂輩，未是先生入室賓。

《全宋詩》卷一〇三八，18 冊，11865 頁

讀《莊子》 　　　　　　　　　　（宋）鄒　浩

形影相隨向此居，柴門終日掩清虛。誰知盤礡高堂上，自與南華遊物初。萬物同為一體真，體真誰復見陳新。今吾故我強名耳，莫逆於心得此人。

《全宋詩》卷一二四三，21 冊，14029 頁

讀《莊子·人間世》 　　　　　　　（宋）鄒　浩

卮言吾久得《南華》，每一開編一歎嗟。塵表物從何處去，人間世自莫能加。不知養虎但生事，未始有回真作家。此意於今妙相契，却慚書讀謾盈車。

《全宋詩》卷一二四三，21 冊，14041 頁

讀《莊子·內篇》 　　　　　　　（宋）謝　薖

經春十日雨，却掃門無車。伏枕夢鳴轂，淙琤行流渠。端坐發深省，妙香浮素裾。盥濯披陳編，諷誦臨前除。陳編為何誰，漆園傲吏書。奇辭通諔詭，空語極虛無。得意榮辱境，脫身憂患餘。胸中灌頂句，身上如意珠。逍遙有妙處，領略歸一途，塵影閱千世，風波連九區。畏夏苦執熱，開軒除鬱蒸。簷前鳥雀喧，朝旭上朱甍。席間裁函丈，詩書浩縱橫。盤礡環堵間，幽獨懷友生。古人在黃卷，十載使我傾。出門窺物變，草木各鮮榮。青青牆東竹，見汝忽眼明。愛玩不能忘，筱根傍軒楹。俛仰與竹俱，定交見深情。不是無朋友，此君冰玉清。風吹萬籟響，寒梢韻竽笙。我獨哦其間，詩作秋蟲鳴。琅玕亦有實，期汝向秋成。鳳凰何時來，翙翙翔我庭。

《全宋詩》卷一三四八，24 冊，15781 頁

讀《莊子》六絕句 　　　　　　　（宋）李　綱

漆園仙吏已賓霄，浩蕩奇言久寂寥。鵬鷃何須迭相笑，斯遊安往不逍遙！

世間物論最難齊，有萬初從一氣吹。若會此心平等法，天淵元自絕高卑。
養生有主衛生經，神守全時豈廢形。遊刃有餘刀不挫，解牛須是學庖丁。
濠上觀魚適意時，從容魚樂獨心知。何須更問魚非我，能見魚遊復是誰？
寧作泥塗曳尾龜，難堪芻豢廟中犧。從來一臂重天下，肯以此身輕用為。
訛欺儒、墨每云云，芻狗《詩》《書》跡已陳。泯絕是非歸道妙，掃除糠粃見天真。

《全宋詩》卷一五六九，27 冊，17804 頁

至日，讀《莊子》 （宋）馮時行

世路頻時節，山城暗夕煙。酒先回暖律，梅自斷殘年。日月長江水，功名小井天。如何割幽抱，更與問虛玄。

《全宋詩》卷一九三四，34 冊，21628 頁

次韻萬先之《讀〈莊子〉》 （宋）王十朋

莊生蔽於天，先儒已能言。《六經》有真味，奚用食馬肝。王何佐其高，遺害今猶存。夫君高明士，寄趣名理間。恐蹈賢者過，因詩與君論。

《全宋詩》卷二〇一八，36 冊，22618 頁

讀《莊子》 （宋）陳藻

堯無是處桀無非，此語堪驚與道違。造物恩私多嵬瑣，始知《莊子》得真機。

《全宋詩》卷二六六八，50 冊，31294 頁

夜讀《莊子》，呈高紫微 （宋）岳珂

蒙園傲吏禦風仙，聊以卮言後世傳。小大升潛同此地，智愚工拙豈其天。眾途適正何勞問，一理觀心本自然。從此二經束高閣，為君終夕讀名篇。

《全宋詩》卷二九八一，56 冊，35333 頁

莊　子 （宋）劉克莊

誇大帝傳由，形容躧侮丘。僅饒聃、禦寇，共載一虛舟。

《全宋詩》卷三〇四七，58 冊，36337 頁

《莊子夢蝴蝶圖》　　　　　　　　　　　　（宋）鄭思肖

素來夢覺兩俱空，開眼還如閉眼同。蝶是莊周周是蝶，百花無口罵春風。

《全宋詩》卷三六二四，69冊，43388頁

題莊子祠堂　　　　　　　　　　　　　　（金）王　寂

蒙莊千古骨成塵，德業猶爭日月新。《說劍》似乎非聖作，鼓盆聊爾見天真。螳蜋恟恟人間世，蝴蝶悠悠夢裏身。才與不才俱是累，先生木鴈請書紳。

《金詩》，《全遼金詩》上冊，570頁

讀《莊子》　　　　　　　　　　　　　　（元）胡祗遹

蒙莊談自然，未必皆背道。靜中見天機，安肯同世好。紛紛知與才，私欲助貪躁。九敗博一成，暗墮山鬼笑。區區是非言，萬蟬同一噪。禍福定誰司，一一冀酬報。寓言豈無情，但恐傷名教。

《全元詩》第7冊，5頁

莊　子　　　　　　　　　　　　　　　　（元）侯克中

理屈詞強本不任，鄭聲猶恐亂韶音。雷同老、列才雖贍，波及蘇、張害更深。敬長愛親咸有分，絕仁棄義果何心。《六經》皎皎明於日，安用斯言玷古今。

莊生筆底似懸河，詞愈誇張理愈訛。作法必由名世者，亂倫無奈異端何。大椿必欲齊朝菌，尺水徒勞起丈波。一指苟存肩背失，豈知方寸有中和。

《全元詩》第9冊，455頁

讀《莊子》　　　　　　　　　　　　　　（元）蕭　斛

含哺而游鼓腹熙，斯言本只說無為。豈知引起無窮欲，直到肉林并酒池。

《全元詩》第10冊，223頁

《莊子觀泉圖》　　　　　　　　　　　　（元）許有壬

梯空鑿實寓真筌，汩汩真如水有源。不假尾閭常暗泄，世應無地著卮言。

《全元詩》第 34 冊,418 頁

讀諸子·《莊子》
(元)吳萊

其書雖瓌瑋,其言乃參差。自齒百家學,仲尼何可欺。

《全元詩》第 40 冊,74 頁

《莊子觀泉圖》
(元)凌雲翰

秋水成河灌百川,濠梁何必更觀泉。欲知無限逍遙意,總在《南華》第一篇。

《全元詩》第 62 冊,335 頁

宿濠梁
(明)孔貞時

風塵一路逐行車,纔憩濠梁慮覺舒。夜夢不知莊是蝶,臨流安見我非魚。勞勞誰個啾清源,吊古千年問漆園。會心是處凝濠上,濠上如何未可言。

《在魯齋文集》卷一,《四庫禁毀書叢刊》集部 16 冊,350 頁

題《莊子觀泉圖》
(明)高棅

漆園嘯傲振高風,却對飛泉興不窮。人世幾何蝴蝶夢,滄波千古自流東。

《高漫士木天清氣集》卷一四,《四庫全書存目叢書》集部 32 冊,214 頁

濠梁
(明)王寅

昔讀《南華篇》,濠梁結遐想。我來臨高隄,風塵暗蒼莽。黃潦無遊魚,莊、惠何以賞。獨觀迺據今,寓言徒信往。古人不可招,策馬一悽愴。

《十岳山人詩集》卷一,《四庫全書存目叢書》集部 79 冊,159 頁

題《莊子觀泉》
(明)王教

淑玉芳泉落遠山,晴空瀑布紫雲間。乾坤一脈從開闢,日月重光任性還。流徹古今人代謝,匯成湖海浪潺湲。莊生悟却源頭意,引睇遙觀心自閑。

《中川遺稿》卷一〇,《四庫全書存目叢書》集部 84 冊,510 頁

讀《莊子》　　　　　　　　　　　　　（明）徐　渭

莊周輕死生,曠達古無比,何為數論量,生死反大事？乃知無言者,莫得窺其際,身沒名不傳,此中有高士。

《徐文長三集》卷二,《徐渭集》第一冊,59 頁

古意二十首(其九)　　　　　　　　　　（明）袁　凱

莊周善著書,汪洋不可禁。時時詆仲尼,何況賜與參。南金鑄芻狗,隋珠彈微禽。自昔多橫議,言高罪彌深。

《袁凱集編年校注》編年詩,118 頁

題郡城附州縣圖十一首·東明　　　　　（明）穆文熙

莊生宰漆園,時時作吏隱。至今餘釣臺,高風不可盡。

《穆考功逍遙園集選》卷八,《四庫全書存目叢書》集部 137 冊,84 頁

月夜與□子談《莊子》(其一、二)　　　（明）張九一

山殘延海月,□爾說《南華》。驚鵲疑鵬徙,靈□逐桂斜。開軒浮□籟,酌醪過風花。斷笑漆園叟,猶稱吏隱家。

讀《莊子》,即用《莊子》語,尚未離莊也。然郭象注《莊子》,莊子註郭象,要無色相,方許具眼。

宇宙三江北,風烟二室南。玉笙歸子晉,白鶴化蘇耽。積素明秋水,流光變夕嵐。濠梁天鏡裏,幻出百花潭。

《綠波樓詩集》卷五,《四庫全書存目叢書》集部 128 冊,572 頁

濠　　上　　　　　　　　　　　　　　（明）王　衡

灑然古人心,落落山水餘。濠水不可梁,徘徊濠上魚。

《緱山先生集》卷三,《四庫全書存目叢書》集部 178 冊,634 頁

睢陽,禮莊子墓　　　　　　　　　　　（明）文翔鳳

駕氣裝雲謁上皇,《逍遙遊》去眼須長。誰將夫子私螻蟻,尚想《宗師》《應帝王》。好

斬椿枝供幾案，兼求鵬背實籩房。漆園傲吏如酬客，五石瓠尊代羽觴。

《南極篇》卷一，《四庫禁毀書叢刊》子部 11 冊，389 頁

濠梁登南華樓　　　（明）文翔鳳

即莊子觀魚臺。

古之博大真人哉，禦氣乘天放眼來。龜本曳塗休就卜，鴟非食鼠浪相猜。風雲且待黃繚問，蠻觸能禁戴晉哀。摧折五車收辯伯，運斤郢堊向誰裁。

《南極篇》卷一，《四庫禁毀書叢刊》子部 11 冊，390 頁

南華翁　　　（明）文翔鳳

再謁莊子墓，既然想見其人，因為詩解嘲。

世間有騶孟，不可無蒙莊。《六經》開眼耳，九流決陂塘。法象垂經緯，嬉罵本文章。匪此崢嶸論，孰鈎造化腸。日月重浴鏡，天地再開疆。俾知圜局外，別有春秋長。姑射含冰雪，堯舜鑄秕糠。鵬即摩天馭，椿為過海梁。屐痕留少廣，劍首映扶桑。厭世輕千歲，乘雲至帝鄉。遺此蟬蛻去，調笑俯八荒。

《南極篇》卷七，《四庫禁毀書叢刊》子部 11 冊，470 頁

濠　　上　　　（明）謝肇淛

朝發池河濱，莫見濠梁城。日落西山橫，蕭蕭淮水清。念昔莊蒙叟，逍遙觀物情。不知人與魚，尤樂誰為攖。運適感大化，勞役哀吾生。臨流再三歎，聊用濯塵纓。

《小草齋詩集》卷四，《小草齋集》上冊，663 頁

讀《莊子》　　　（明）楊　巍

富貴浮雲爾，死生一夢焉。此中誰解得，空誦《遠遊篇》。

《存家詩稿》卷六，影印文淵閣《四庫全書》1285 冊，528 頁

畫莊周　　　（明）張　原

千古人豪漆園吏，嘉遁終身不輕仕。平生著得《南華經》，十萬餘言皆寓意。閑時鼾睡夢蘧蘧，此身蝴蝶兩忘俱。我為蝴蝶蝶是我，優游物化無差殊。

蒙叟斯言亦非鑿，《秋水》《胠篋》還有作。乾坤芻狗理則然，太約令人要齊物。

自來達者夫復誰？大觀遠識獨稱伊。斯人已去凜高致，儀刑秩秩真吾師。

《玉坡張先生黃花集》卷三，《陝西古代文獻集成》第7輯，312頁

淡雲溪明府《漆園詠蝶圖》　　（清）路　德

漆園曾駐使君車，管領春風一縣花。仙吏襟懷真灑落，簿書叢裏讀《南華》。

一幅滕王蛺蝶圖，圖中金粉未模糊。不須更覓莊周夢，宦味清時夢亦無。

《樗華館詩集》卷一，《路德全集》，《陝西古代文獻集成》第29輯，324頁

讀《莊子·內篇》八首　　（清）查慎行

世人耳目隘，直與蜩鳩鄰。焉知天地間，乃有鵬與鯤。小窺大不盡，大視小不倫。吾遊非彼適，彼笑非吾聞。

彼此一是非，有一斯有萬。於中強分別，間不能以寸。齊之以不齊，兩俱置勿問。方將與物化，何有乎物論。

其意在詆儒，其說乃近仙。其源發乎老，其漸流為禪。養生徒養形，木寇膏自煎。是形無不盡，薪盡而火傳。

死生非二理，出入同一機。人皆有故鄉，弱喪昏不知。千載旦暮遇，淵明悟其微。南山舊宅在，逆旅終當歸。

生本玩世人，初未忘用世。觀其審出處，亦重君臣義。用世必以言，忠言或取戾。所以遁天刑，寧甘為世棄。

人人兩其足，恥與兀者徒。向非德內充，有足不啻無。外形而形全，內神而神腴。形神兩皆寓，是謂內外符。

讀書自得師，深淺隨所到。當其快領會，何異朝聞道。勞生佚以老，反復覺語妙。妙處老方知，毋輕示年少。

耆欲必有開，聰明出乎鑿。自從渾沌死，天下無純樸。帝王遞相嬗，秦氏不可作。世運日趨澆，滔滔繄誰覺。

《吾過集》，《敬業堂詩集》卷四五，下冊，1320頁

曹南渡河，望南華山 （清）王士禛

函關已弔玄元宅，鄭圃還過禦寇家。問渡漆園風雨裏，却臨秋水誦《南華》。

《蠶尾續詩集》卷四，《王士禛全集》第二冊，1284 頁

莊　周 （清）羅惇衍

或云字子休，蒙人。當為蒙漆園吏，與梁惠王、齊宣王同時。楚威王聞其賢，使使厚幣往迎之，許以為相，不受。

非非想入太初先，一覺蘧廬物外天。叔季可能還上古，逍遙應許等遊仙。言徵東魯曾宗聖，理闡《南華》不蹈禪。郭象何須潛竊《注》，七篇文字本蹖駁。

《集義軒詠史詩鈔校證》卷二，第一冊，55 頁

莊　周 （清）徐公修

經作《南華》雅自娛，漆園小吏亦仙乎。逃名鄙薄威王相，立說詆訾孔子徒。至樂觀魚參活潑，化機夢蜨入虛無。達觀一論高《齊物》，鼓缶而歌大丈夫。

《史記百詠》卷一，《讀史千詠》，《史記研究文獻輯刊》13 冊，448 頁

莊　周 （清）鮑桂星

御風人已去晴虛，更有蒙莊善著書。化國三年遊畏壘，浮生一笑在蘧廬。驚迴曉夢身猶蜨，悟到濠梁我亦魚。讀罷《南華》無解說，半簾香雨落花初。

《覺生詠史詩鈔》卷一，《清代詩文集彙編》476 冊，467 頁

莊周畏犧 《史記》 （清）田依渠

著述在《南華》，功名與相左。憑君告楚王，幸勿犧牛我。

《茹古山房讀史餘吟》卷一，《清代詩文集彙編》639 冊，642 頁

姑射若冰 《莊子》 （清）田依渠

姑射有仙人，肌膚若冰雪。天生綽約姿，獨與風塵絕。

《茹古山房讀史餘吟》卷六，《清代詩文集彙編》639 冊，669 頁

讀《莊子》　　　　　　　　　　　　　　　　　　　　（清）秦　煥

糟粕群經吐屬新，焚書莫盡怪嬴秦。若非絕妙《南華》筆，誰把清談禍晉人。

《劍虹居詩集》卷下，《清代詩文集彙編》675 冊，194 頁

曹南先賢詠·莊周　　　　　　　　　　　　　　　　（清）徐繼孺

《史記》：蒙人，嘗為蒙漆園吏。《寰宇記》：漆園城在冤句縣北五十里。《括地志》云：在冤句縣北七十里。考冤句縣故城在今荷澤縣西南四十里。《志》云：漆園城在故冤句縣北七十里，城北有釣臺。又云：莊子臺在縣北四十里。疑《括地志》十七里，或係七十里之誤。

粵稽漢蒙縣，在曹之南鄙。或謂漆園城，故蹟商邱是。我披古輿圖，經緯不容咫。蒙地近北亳，安知必屬彼。斯人本不亡，乘化詎擇里。萬物既芻狗，濁世亦糠粃。落日上濠梁，波光澹秋水。

《徐悔齋集》卷一四，《清代詩文集彙編》783 冊，568 頁

列禦寇　　　　　　　　　　　　　　　　　　　　　（清）羅惇衍

鄭人。與鄭穆公同時。

"沖虛"嘉號冊唐朝，八卷真經解識超。幻想開禪形化化，奇文創古氣飄飄。史公缺傳千秋略，莊叟齊名兩字標。行早御風霄漢去，相臣猶自賦弓招。

《集義軒詠史詩鈔校證》卷二，第一冊，57 頁

詠申不害

申不害 (元)徐　鈞

相國終身保治平，不同非、鞅死刑名。只緣用志能卑遜，縱曰傷殘亦覺輕。

《全元詩》，第 7 冊，278 頁

三千牘 讀《史記》作 (明)邵　寶

三千牘，二月讀。君何勞，臣何瀆。申公言，言不在多。止輒乙，今如何。右《呂獒》，左《無逸》，不如對此朝還夕。

《列朝詩集》丙集卷五，第六冊，2983 頁

申不害 (清)羅惇衍

京人。為韓昭侯相。

也衿學術主刑名，事異商、韓獨有聲。一相國中能見治，三符境內不聞兵。每窺主意因人試，笑請兄官廢法行。十五年來侵伐少，卑卑亦自勝縱橫。

《集義軒詠史詩鈔校證》卷四，第一冊，106 頁

詞

又（沁園春）（之十一） （元）無名氏

自古神仙，隱跡終南，萬代流傳。說經臺上，針活枯柏，煉丹爐下，化女石泉。四皓商山，十老古洞，尹喜親聞《道德篇》。結庵處，有青牛繫柏，白鹿昇天。　朔聖古跡依然。雪樣三朝畫得全。有元真文澗，松陰一夢，鐘離悟道，跨鶴金仙。二祖披氈，甘河引度，傳受重陽七朵蓮。全真教，洞天福地，象帝之先。

《全金元詞》下冊，1281頁

洞仙歌·函關獨步 （清）朱萬錦

官周柱史，典藏經石室。誰跨青驄關上出。望東來紫氣，尹喜奇逢，鉉派啓，可許伯陽面質。　號猶龍譽迴，聖受凡胎，八十一年驚仙佛。衍五千殊肯，羽化丹傳，金籙接、玉霏雲裔。開鉉譜、枝流自解州，偕黃石赤松、湘中口實。

《全清詞》順康卷第九冊，5423頁

絳都春·丙申正月回至成都，游青羊宮 （清）王昶

崢嶸金碧。是千古舊留、仙宮帝宅。臺樹如新，香火微消仍遺蹟。當時柱下人誰識。共瞻仰、猶龍風格。函關紫氣，經傳尹喜，常垂竹帛。　最憶。流沙西邁，便後裔、遂啓晉陽英傑。奕葉盤根，射雀銀屏符嘉錫。中有唐高祖、竇太后像。青羊鑄在苔階側。但不見、青牛舊式。更看旌斾飛揚，制同宗祐。

《全清詞》雍乾卷第二冊，1212頁

唐多令·函關吊古，題猶龍閣上 （清）蔣玉棱

風勁角弓遒，霜晴塞草柔。倚雄關、回望神州。東崎嵩高西太華，少一柱，砥中流。　鑄錯恨難收，丸泥志倘酬。莽塵沙、無地埋憂。我欲凌虛呼尹喜，隨老子，跨青牛。

《全清詞鈔》卷二五，下冊，1313頁

水調歌頭·濠州觀魚臺作 （宋）葉夢得

渺渺楚天闊,秋水去無窮。兩淮不辨牛馬,輕浪舞回風。獨倚高臺一笑,圉圉遊魚來往,還戲此波中。危檻對千裏,落日照澄空。　　子非我,安知我,意真同。鵬飛鯤化何有,滄海漫沖融。堪笑磻溪遺老,白首直鉤溪畔,歲晚忽衰翁。功業竟安在,徒自兆非熊。

《全宋詞》第二冊,765 頁

千秋歲·漆園 （清）王時翔

雨寒風峭。策馬蒙城道。穿革鞨,欹茸帽。雄心依火雪,生計無鉤釣。來往地,茫茫不值先生笑。　　自愛卑棲好。休把高飛校。九萬里、何須到。負天鵬背重,控地鳩身小。歸去也,南華一卷東窗傲。

《全清詞》雍乾卷第一冊,65 頁

行香子·讀《南華經》有感 （清）戴澂

百歲光陰。寒暑相侵。似窮途、逆旅車停。是惟無欲,玄妙推尋。況鏡中花,水中月,夢中人。　　翩翩蝶幻,羨彼莊生。歎癡愚、未悟前因。天成賦性,老去難更。卻帶些顛,帶些拙,帶些真。

《全清詞》雍乾卷第一三冊,7227 頁

曲

題鄭雨香少府《函關吏隱圖》　　　（清）王慶瀾

【南南呂香徧滿】訟庭無事，日手斜川一卷詩。全似那拜石衣冠人姓米，最清奇聊占好爵縻。惟將琴鶴隨，尚不脫儒生味。

【懶畫眉】漆園蝶夢想非非，真個辭尊愛處卑，雨香薦孝廉方正科不就。直說道抱關擊柝總相宜。這折腰不為陶公米，也只為看破虛名一局棋。

【二犯梧桐樹】關頭臥治時，例問人奚自。竹笠芒鞋，定遇著神仙李。只問你青牛西去真何意？那管你紫氣東來別弄奇。為說道聖明在上非周比，這柱史難卑，侍先生來矣。

【浣溪沙】殽函地，勝劫灰，幾何時山川盡非。這二陵風雨偏多事，那滿目沙場亦可悲。非無謂，只吊古情懷怕更提，襯斜陽一片迷離。

【劉潑帽】寫襟期共我友題冰柱，謂劉冊安借葉。算一樣飄零同在天涯，主客結詩圖作計未全非。卻愛你賣獃癡，沒一點烏紗氣。

【秋夜月】笑王維，尚守著窗兒紙。騁狂歌覰小人間世，借書空打破盤中謎。把間門緊閉，任間花滿地。

【東甌令】鶯簧碎，蝶粉肥，自有春愁自覺癡。風光往往消人意，鎮日價酣酣醉。只憸心有一個小楊枝，捲袖替烏絲。

【金蓮子】索留題，卻是個未經謀面真知己。打一套，巴人下裏詞。展開他畫圖兒，笑何妨吐盡八蠶絲。

【尾聲】想家山同在江南地，還要到俊蘇臺向你索新詩，只莫笑落拓夷門一布衣。

《全清散曲》中冊，938 頁

莊子歎骷髏　　　（明）呂景儒

【北般涉調哨遍】守道窮經度日。謝微官不受漆園吏。歸來靜裏用工夫。把南華參透玄機。戰國群雄搔擾。止不過趨名爭利。爭似俺樂比魚遊。笑談鵬化。夢逐蝶迷。青天為幕地為席。黃草為衣木為食。跳出樊籠。曆遍名山。常觀活水。

【耍孩兒】自從會得寰中意。清湛湛靈臺似洗。鼓盆之後再無妻。任逍遙南北東西。閑來時呼童添火燒黃篆。興到也與客攜壺上翠微。偶行過荒田地。見一個骷髏暴露。不由我感歎傷悲。

【二煞】向前來細細看。褪後來暗暗推。最可惜四肢五臟無蹤跡。饑鳥啄破天靈蓋。餓犬傷殘地合皮。這模樣真狼狽。映斜陽眼眶中精散。受陰風耳竅內聲寂。

【三煞】骷髏呵。你莫不是巴錢財灘故綁。你莫不是搗功名到這裏。你莫不是時乖運拙逢奸細。你莫不是盆毒魔魅無人救。你莫不是暑瘡風寒少藥醫。今日筒自作下誰來替。只落的麗穰穰朝攢著螞蟻。冷清清夜伴著狐狸。

【四煞】骷髏呵。你莫不是寄綱常的大丈夫。你莫不是贊經綸的賢宰職。你莫不是三傑八俊並七貴。你莫不是幹城舉鼎英雄將。你莫不是赴火投崖貞烈姬。你莫不是屠沽子刀筆吏。你莫是勝漆膠朋友。你莫不是跳神鬼巫覡。

【五煞】骷髏呵。你莫不是工商醫蔔人。你莫不是漁樵耕牧的。你莫不是飄蓬浪子煙花妓。你莫不是裁冰剪雪風流士。你莫不是剪徑剜牆放火賊。你莫不是僧輿道奴輿婢。你莫不是塞北過投降的胡虜。你莫不是粵南來進貢的蠻夷。

【六煞】骷髏呵。你也曾攜家遠避秦。你也曾籠車匡複齊。你也曾逞豪奢笑擎珊瑚碎。你也曾愛賢尊禮三千客。你也曾報國輸邊數萬石。你也曾出乎類撥乎萃。你也曾鴻門會怒撞玉斗。你也曾咸陽市酒換金龜。

【七煞】骷髏呵。你也曾解麥舟濟困窮。你也曾脫綈袍憐舊知。你也曾修橋鋪路施仁義。你也曾一飡拯救王孫難。你也曾數鬥哀矜孝子饑。你也曾助兒女成婚配。你也曾惡其死埋蛇當道。你也曾愛其生放雀高飛。

【八煞】你也曾仗錢財誘世人。你也曾搠番子違天理。你也曾匿名帖子言人罪。你也曾奴顏婢膝呈乖醜。你也曾狗盜雞鳴喬樣勢。不知你君子流兒曹輩。肯放寬前頭路子。先設下後日危基。

【九煞】骷髏呵。你也曾常懷著跋扈心。你也曾深藏著禍福機。你也曾蓄奸謀暗裏窺神器。你也曾抽戈迎輦將王刺。你也曾扯劍絕裾把母離。你也曾少公道多私意。你也曾聚歛上將無作有。你也曾刑法上以枉為直。

【十煞】骷髏呵。你也曾貧居陋巷中。你也曾病居草澤裏。你也曾種瓜磨鏡編雙履。你也曾寒齋獨守羲皇道。你也曾大樹深嗟黨錮危。你也曾止於信遊於藝。你也曾養高志筆牀茶竈。你也曾適閑情書畫琴碁。

【十一煞】骷髏呵。你也曾口雖言道誼交。你也曾心常將僥倖為。你也曾倚東風賣弄輕狂勢。你也曾走炎涼路上無休歇。你也曾戀雲雨鄉中不肯歸。你也曾撞太歲為活計。你也曾架空橋傷了德行。你也曾使暗箭損了陰隲。

【尾聲】骷髏呵。南山竹書不盡你那愚共賢。北海波蕩不盡你那是與非。我如今掘深坑埋你在黃泉內。教你做無滅無生自在鬼。

《全明散曲》第一册，847頁

〔**南中呂駐雲飛**〕（之二十二） （清）俞　越

騰躍環中，莊、列、申、韓迥不同。道德應推重，名法還兼綜。嗏，眾說苦難通，劉家三統。濂、洛、關、閩，道統收歸宋，君不見諸子爭鳴總是空。

《全清散曲》中册，1602頁

司馬穰苴列傳

詩

詠《司馬穰苴列傳》

司馬穰苴列傳 （唐）司馬貞

燕侵河上,齊師敗績。嬰薦穰苴,武能威敵。斬賈以徇,三軍驚惕。我卒既強,彼寇退壁。法行司馬,實賴宗戚。

《史記索隱》卷三〇,476頁

詠司馬穰苴

穰　苴　　　　　　　　　　　　　　　　　（清）徐公修

遙遙華胄本田完,甘苦能同士卒歡。薦自晏嬰蒙重用,法行莊賈不容寬。國、高族盛心懷忌,燕、晉師聞膽早寒。赫赫齊邦大司馬,景公倚任獲平安。

《史記百詠》卷一,《讀史千詠》,《史記研究文獻輯刊》13冊,435頁

田穰苴　　　　　　　　　　　　　　　　　（清）羅惇衍

齊公族,官大司馬。

敵威衆附將無慚,約束申明想再三。仆表營中車未駕,監軍席上酒猶酣。法尊司馬驚神駿,令肅前禽斬左驂。士卒拊循兵益奮,聞風為報靖燕南。

《集義軒詠史詩鈔校證》卷一,第一冊,24頁

《司馬兵法》　　　　　　　　　　　　　　（清）吳名鳳

將軍受命忘家門,臨軍約束忘其親。援枹鼓之忘其身,後期示威斬監軍。三軍股慄兵威振,行師井灶飲食均。問病醫藥自拊循,燕、晉聞之潛師遁。追亡逐北奏殊勳,君公郊迎名望尊。吁嗟乎！太公《陰符》书满箧,内政軍令成霸業。晏子薦賢寅恭協,穰苴能軍師克捷。號令嚴明敵情懾,兵將一體恩威洽。大風洋洋三齊甲,千古留傳《司馬法》。

《竹庵詩鈔》卷五,《清代詩文集彙編》487冊,108頁

孫子吳起列傳

詩

詠《孫子吳起列傳》

孫子吳起列傳　　　　　　　　　　（唐）司馬貞

《孫子兵法》，一十三篇。美人既斬，良將得焉。其孫臏腳，籌策龐涓。吳起相魏，西河稱賢。慘礉事楚，死後留權。

《史記索隱》卷三〇，476頁

馬陵嘆《史記》　　　　　　　　　　（清）陳啟疇

周顯王二十八年，魏伐韓，齊伐魏，以救韓，殺其將龐涓。蓋用孫臏計，誘涓追至馬陵，伏弩殺之。

魏將龐涓，速來送死。黃昏馬到，明白書此。減竈齊師，刖足孫子。誤疑其怯，甘受其恥。千軍弩發，一林火起。再學兵法，知己知彼。

《詠史擬古樂府》卷上，《清代詩文集彙編》450冊，152頁

《十三篇》　　　　　　　　　　（清）吳名鳳

《十三篇》，吾盡觀，可小試，教美媛。隊有長，令重申。左右手，心背分。填然鼓，粲然笑。斬以徇，無犯教。或步伐，或止齊。中規矩，肅艷姬。吁嗟乎！婦女猶使赴水火，練兵更覺氣駓駓。《孫子兵法》非欺我，仁智信勇嚴五者。將軍缺一即不可，舍正鑿奇神鬼鎖。背義依詐能致果，兵者詭道測誠叵，戰勝廟堂得算夥。

《竹庵詩鈔》卷五,《清代詩文集彙編》487 冊,108 頁

燕臺懷古雜詠,方水部_{鐵船}同作·馬陵道　　（清）蔣　詩

晉國天下原莫強,馬陵之敗胡披猖。計設萬弩伏樹下,臏以齊顯涓死梁。嗚呼！臏、涓之學惟窮兵,私挾所仇非公誠。不聞外黃徐子語,百勝有術誰其精。啜汁紛紛皆好戰,可知善戰服上刑。

《榆西僊館初稟》卷二八,《清代詩文集彙編》488 冊,445 頁

詠孫武 附孫臏、龐涓

吳宮教美人戰　　　　　　　　　　　（唐）顏粲

有客陳兵盡,功成欲霸吳。玉顏承將略,金鈿指軍符。轉佩風雲暗,鳴鼙錦繡趨。雪花頻落粉,香汗盡流珠。掩笑誰幹令,嚴刑必用誅。至今孫子術,猶可靜邊隅。

《全唐詩》卷三一九,10 冊,3590 頁

吳宮教戰　　　　　　　　　　　　　（唐）林藻

強吳矜霸略,講武在深宮。盡出嬌娥輩,先觀上將風。揮戈羅袖卷,擐甲汗裝紅。輕笑分旗下,含羞入隊中。鼓停行未整,刑舉令方崇。自可威鄰國,何勞騁戰功。

《全唐詩》卷四六九,10 冊,3596 頁

孫　武　　　　　　　　　　　　　　（唐）周曇

理國無難似理兵,兵家法令貴遵行。行刑不避君王寵,一笑隨刀八陣成。

《全唐詩》卷七二八,21 冊,8344 頁

讀《孫子》二首　　　　　　　　　　（宋）張方平

渾渾《十三篇》,兵謀與師律。匠巧雖自心,規矩寧可黜。腐儒知舞干,奔車暇擇虱。腠理與骨髓,所攻蓋異術。

伐謀自廟堂,長城在樽俎。下敵無智名,服叛非蕭斧。主尊而民安,茲宜國之輔。勿使有功臣,功大將騎虎。

《全宋詩》卷三〇八,第 6 冊,3874 頁

孫武篇　　　　　　　　　　　　　　（宋）蔡襄

入官無所解,因笑得君憐。豈知孫武子,自欲逞威權。

《全宋詩》卷三九一,7 冊,4821 頁

感　　古(其一)　　　　　　　　　　　　　　　　　　(元)周霆震

因讀《春秋傳》戎事不邇女器，有感吳、楚之亡，後之人以武略自負者，可不鑒哉。

吳宮隊長罷論兵，越女西施擅寵榮。百煉一朝成繞指，方知世上有傾城。

《全元詩》第 37 冊，49 頁

讀諸子·《孫子》　　　　　　　　　　　　　　　　　　(元)吳　萊

用兵捷如神，四國莫予侮。宮中斬愛姬，取勝在柏舉。

《全元詩》第 40 冊，74 頁

孫武廟　　　　　　　　　　　　　　　　　　　　　　(明)王　賓

盤門子胥廟，舊稱伍、孫雙廟。或指孫為孫聖。子胥、武子並事闔閭，其並廟宜也。或言神孫"武烈"是孫堅諡，或言神稱昌武大王，不知是何武孫，名武其是耶？

始破楚時謀入郢，民勞能退待他時。周知良將行師處，先在憐人善撫綏。

《吳中古跡詩》，《四庫全書存目叢書》集部 28 冊，236 頁

孫武墓　　　　　　　　　　　　　　　　　　　　　　(明)王　賓

城北，平門西北二里。

行兵無敵顯當年，有墓於今是野田。八十餘篇書在昔，流傳惟見十三篇。

《吳中古跡詩》，《四庫全書存目叢書》集部 28 冊，238 頁

孫　　武　　　　　　　　　　　　　　　　　　　　　(明)胡　奎

吾聞孫武子，教戰闔廬城。美人出後宮，百花媚春晴。三令復五申，約束何分明。一鼓玉顏笑，再鼓蛾眉傾。雷霆肅將令，頗覺君命輕。西來破楚疆，北滅齊晉兵。英姿渺千古，颯爽悲風生。

《胡奎詩集》卷一，44 頁

孫　　武　　　　　　　　　　　　　　　　　　　　　(清)羅惇衍

吳人，一云齊人。伍子胥與吳王論兵，屢薦之。闔廬既試其能，用為將，與子胥並。嘗作《兵法》一

十三篇。

美人一戰斬吳宮，亡國先知是女戎。豈急子胥親恥雪，遂過夫概將才雄。令申駭虎驚臺上，兵舉長蛇入郢中。糟粕《十三篇》尚在，民勞能恤有儒風。

《集義軒詠史詩鈔校證》卷一，第一冊，14頁

孫　武　　　　　　　　　（清）徐公修

《兵法》十三篇手撰，雄才深荷闔廬知。行軍閫外成名將，教戰宮中斬寵姬。力助東方吳國霸，長驅西破楚人師。馬陵後裔孫臏起，能策龐涓到死期。

《史記百詠》卷一，《讀史千詠》，《史記研究文獻輯刊》13冊，451頁

孫武子墓　　　　　　　　（清）吳　騫

孫武墓未見于《吳郡圖經》，近有傳在盤門外者。案：盤門乃吳之南門，考《越絕書》云："巫門外大冢，孫武之冢也。"劉昭《郡國志》補注吳本國下引《皇覽》云："縣東門外孫武冢。"又《吳地記》云："孫武墓在平門西北二里。"案：平門即巫門，實吳城北門而東則有婁、匠二門，似《吳地記》之言與《越絕》合，若盤門外則未嘗見。諸前載不審，果其遺壟否也？武進孫季逑觀察項校刊《孫子》十三篇，復得孫武銅印一，謂即武所佩者。漫成此詩以質之。

閶闔草沒巫門低，三泉下蝕荒埏題。一卷龍韜一方印，萬馬可蹈湯火飛。令威華表鶴歸悵，此墓千秋竟無恙。向使深宮隊長知，發邱（丘）得這中郎將。

《拜經樓詩集》卷一〇，《續修四庫全書》集部1454冊，101頁

孫　武　　　　　　　　　（清）王廷紹

徑辭即墨向姑蘇，早識東南啟霸圖。書自穰苴參必奧，將如伍子共馳驅。敢違君命非驕帥，能念民勞即碩儒。却使宮中揚殺氣，捧心人竟解亡吳。

《澹香齋詩草》卷二，《清代詩文集彙編》472冊，339頁

馬　陵　　　　　　　　　（唐）胡　曾

墜葉蕭蕭九月天，驅兵獨過馬陵前。路傍古木蟲書處，記得將軍破敵年。

《全唐詩》卷六四七，19冊，7425頁

孫　臏　　　　　　　　　　　　（唐）周　曇

曾嫌勝己害賢人，鑽火明知速自焚。斷足爾能行不足，逢君誰肯不酬君。

《全唐詩》卷七二八，21 冊，8343 頁

讀《戰國史》　　　　　　　　　（宋）洪　适

折足黥徒未易欺，簣中死士亦何為。魏齊斷首龐涓死，禍報由來不可知。

《全宋詩》卷二〇七五，37 冊，23419 頁

孫　臏　　　　　　　　　　　　（元）徐　鈞

百年家學妙兵機，知彼猶憐己未知。絕愛奇功成砍樹，何緣衛足不知葵。

《全元詩》第 7 冊，279 頁

過馬陵　　　　　　　　　　　　（元）王　輔

草滿平川齧馬蹄，樵童接引過前溪。兵機神運不逢險，未必龐涓一夜迷。

《全元詩》第 25 冊，363 頁

馬陵行　　　　　　　　　　　　（元）謝　肅

客行忽不樂，停車馬陵間。上有悲風古樹之蕭瑟，下有哀壑流水之潺湲。陰深壞道餘古雪，嶄岩兩壁堆積鐵。石面苔封勁箭痕，草頭露滴將軍血。青熒磷火黃昏明，呼號木魅啼山精。應羞刎頸償斷足，此氣千載真難平。西流沂東水滄海，勝敗孫龐兩安在。為提寶劍舞尊前，落日雲霞射光彩。馬陵本在漢之鄄城，今此在沂、海二州之交，土人以為孫、龐角勝負之地，因作此詩。然作詩必詩此，豈知詩者哉。

《全元詩》第 63 冊，402 頁

孫　臏　　　　　　　　　　　　（明）胡　奎

孫臏古名將，龐涓俱學兵。刖足見齊使，始識田將軍。指麾輜車中，號令若風霆。引兵走大梁，遂解邯鄲城。捄韓示怯戰，減灶功乃成。馬陵書大木，弩發如流星。跛鼈信千里，刑餘安可輕。

《胡奎詩集》卷一,45 頁

城東八詠·孫、龐山　　（明）文翔鳳

有撮者山具主客,曾經雄兔逐迷離。觸蠻豈解屯蝸角,也當中原萬里馳。

《皇極篇》卷二,《四庫禁毀書叢刊》集部 49 冊,265 頁

馬陵道懷古　　（清）程晉芳

馬陵月黑山無路,火照白晝看大樹。伏騎爭馳萬駑開,昔日龐涓死此處。豎子成名一代雄,減灶七萬垂奇功。誰言捭闔效鬼谷,《十三篇》本傳家風。當年共學交何篤,臏也雖賢涓也毒。遠召旋將黥刖施,智不如葵難衛足。忽逢齊使竊載歸,上中下駟參兵機。輜車坐計勝已決,強齊乃藉刑餘威。君不見張、陳刎頸原相倚,解印封王還切齒。假頭已見購常山,怒魄空憐墮泜水。石契蘭交起戰爭,古來恩怨繫功名。輸他鷗鷺忘機甚,汀月溪風共主盟。

《晚晴簃詩匯》卷九四,第二冊,674 頁

孫臏刖足　　（清）褐　夫

師承鬼谷禍胎萌,足刖書成禍更生。一卷禍書傳後世,蕭牆內外盡刀兵。

《古史詩針》,《戴名世集》附錄二,438 頁

孫　臏　　（清）羅惇衍

齊人,孫武之後。

獨臥輜車破敵兵,馬陵敢詡遂成名。但教此樹書留白,聊報當年法坐黥。駟競疾徐金作埒,灶神增減鐵為營。龐涓終竟才難及,陰計何能賊友生。

《集義軒詠史詩鈔校證》卷二,第一冊,53 頁

龐　涓　　（元）張養浩

縱橫才略一孫卿,底事將軍氣未平。只此便知優劣了,何勞樹下看輸贏。

《全元詩》第 25 冊,74 頁

過馬陵關，龐涓墓下作　　　　　　　　　　（明）宋　訥

救韓齊將出關門，魏國追兵勝負分。減竈一籌輸豎子，伏林萬弩待將軍。書名斫樹無遺跡，埋骨依山有舊墳。斷足不知勍敵在，謀身疎濶可憐君。

《西隱集》卷三，影印文淵閣《四庫全書》1225 冊，829 頁

龐涓井　　　　　　　　　　　　　　　　　（明）謝肇淛

沙埋白骨草沈碑，戍壘蕭蕭落日遲。鬥智爭雄渾似夢，西風七十二琉璃。

《小草齋詩集》卷二九，《小草齋集》下册，1311 頁

詠吳起

公　叔　　　　　　　　　　　　　　　　　　（唐）周　曇

吳起南奔魏國荒，必聽公叔失賢良。無謀縱欲離安邑，可免河溝徙大梁。

《全唐詩》卷七二八，21 冊，8342 頁

吳　起　　　　　　　　　　　　　　　　　　（元）徐　鈞

兵書司馬足齊名，盟母戕妻亦駭聞。主少國疑身不免，先知已自服田文。

《全元詩》第 7 冊，279 頁

讀諸子·《吳子》　　　　　　　　　　　　　　（元）吳　萊

儒服說兵機，愛兵如愛子。能勸魏侯德，終隨楚王死。

《全元詩》第 40 冊，74 頁

吳　起　　　　　　　　　　　　　　　　　　（明）胡　奎

吳起好用兵，嘗學曾子法。東出衛郭門，齧臂與母訣。魯君不見用，殺妻與齊絕。將軍自吮疽，士卒甘喋血。擊秦拔五城，魏侯尚功烈。在德不在險，舟中盡吳越。孰云猜忌人，千載名不滅。

《胡奎詩集》卷一，45 頁

吳　起　　　　　　　　　　　　　　　　　　（清）羅惇衍

衛人。初為魯將，後為魏將。久之，相楚，為宗室大臣所殺。

體痛便知親齧指，孝衰始出婦蒸梨。師門立教終非魯，弟子垂名不太齊。簽笈離鄉心棄母，韜鈐求將手殲妻。罪人已把綱常釋，《兵法》雖奇曷足稽。

《集義軒詠史詩鈔校證》卷二，第一冊，45 頁

吴　起

(清)徐公修

誓不成名死不休,殺妻求將世無儔。門離東郭拋慈母,郡守西河事武侯。北伐破齊兵法試,南來相楚戰勳收。天資刻薄心猜忍,枉向曾參執贄遊。

《史記百詠》卷一,《讀史千詠》,《史記研究文獻輯刊》13 册,449 頁

伍子胥列傳

詩

詠《伍子胥列傳》

伍員列傳 （唐）司馬貞

讒人罔極,交亂四國。嗟彼伍氏,被茲凶慝！員獨忍詬,志復冤毒。霸吳起師,伐楚遂北。鞭屍雪恥,抉眼棄德。

《史記索隱》卷三〇,476 頁

讀伍子胥史事 （宋）釋文珦

惆悵當年死屬鏤,到頭忠義竟何如？眼懸城郭空懷舊,魂寄江濤尚賈餘。向使君王從諫諍,未應宮闕便丘墟。唯應教得鴟夷子,萬里扁舟計不疏。

《全宋詩》卷三三二四,63 冊,39633 頁

題《伍子胥傳》後 （元）葉顒

子胥忠孝兩難偕,破楚鞭君謝父奢。何事危言強諫日,死無賢嗣撻夫差。

《全元詩》第 42 冊,128 頁

讀史雜詠（其一、二） （清）張寶森

伍牙山下草萋萋,鳥喚吳宮日又西。欲訪英雄生死跡,投金瀨與浣紗溪。
抉目東門路不平,濤聲直打越王城。一生父子君臣禍,愧爾秦庭痛哭人。

《悔庵詩存》卷上,《清代詩文集彙編》768 冊,624 頁

詠伍子胥 附伍尚

祠伍員廟詩　　　　　　　　　（南朝梁）簡文帝蕭綱

去國資孝本，循忠全令名。舟裏多奇計，蘆中復吐誠。偃月交吳艦，魚麗入楚營。光功摧妙算，載籍有餘聲。洪濤猶鼓怒，靈廟尚淒清。行潦承椒奠，按歌雜鳳笙。無勞晉后璧，詎用楚臣纓。密樹臨寒水，疏扉望遠城。窗寮野霧入，衣帳積苔生。惟有三青鳥，斂翅時逢迎。

《梁詩》卷二一，《先秦漢魏晉南北朝詩》下冊，1943 頁

伍子胥　　　　　　　　　　　（南朝梁）鮑幾

忠孝誠無報，感義本投身。日暮江波急，誰憐漁丈人。楚墓悲猶在，吳門恨未申。

《梁詩》卷二四，《先秦漢魏晉南北朝詩》下冊，2025 頁

祀伍相廟詩　　　　　　　　　（南朝梁）元帝蕭繹

石城寧足拒，金陣詎能追。楚關開六塞，吳兵入九圍。山水猶縈帶，城池失是非。空餘壽宮在，日暮舞靈衣。

《梁詩》卷二五，《先秦漢魏晉南北朝詩》下冊，2051 頁

夜渡吳松江懷古　　　　　　　（唐）宋之問

宿帆震澤口，曉渡松江濆。棹發魚龍氣，舟沖鴻雁群。寒潮頓覺滿，暗浦稍將分。氣出海生日，光清湖起雲。水鄉盡天衛，歎息為吳君。謀士伏劍死，至今悲所聞。

《全唐詩》卷五三，2 冊，652 頁

題伍員廟　　　　　　　　　　（唐）徐凝

千載空祠雲海頭，夫差亡國已千秋。浙波只有靈濤在，拜奠青山人不休。

《全唐詩》卷四七四，14 冊，5378 頁

吳　江　　　　　　　　　　　　　　　　　　　　（唐）胡　曾

子胥今日委東流，吳國明朝亦古丘。大笑夫差諸將相，更無人解守蘇州。

《全唐詩》卷六四七，19 冊，7422 頁

柏　舉　　　　　　　　　　　　　　　　　　　　（唐）胡　曾

野田極目草茫茫，吳楚交兵此路傍。誰料伍員入郢後，大開陵寢撻平王。

《全唐詩》卷六四七，19 冊，7434 頁

青山廟_{子胥廟}　　　　　　　　　　　　　　　　（唐）羅　隱

市簫聲咽跡崎嶇，雪恥酬恩此丈夫。霸主兩亡時亦異，不知魂魄更無歸？

《全唐詩》卷六六四，19 冊，7609 頁

伍子胥廟_{題據詩意補}　　　　　　　　　　　　　（宋）王禹偁

朝驅下越阪，夕飲當吳門。停車訪古蹟，靄靄林煙昏。青山海上來，勢若游龍奔。星臨斗牛卷，氣與東南吞。九折排怒濤，壯哉天地艮。落日見海色，長風卷浮雲。山椒戴遺祠，興廢今猶存。殘香吊木客，倒樹哀清猿。我來久沉抱，重此英烈魂。嗟吁屬鏤鋒，冥爾國士冤。峨峨姑蘇臺，榛棘晚露繁。深居麋鹿遊，此事誰能論。因之毛髮豎，落葉秋紛紛。

《全宋詩》卷七一，2 冊，807 頁

蘇州十詠・伍相廟　　　　　　　　　　　　　　（宋）范仲淹

胥也應無憾，至哉忠孝門。生能酬楚怨，死可報吳恩。直氣海濤在，片心江月存。悠悠當日者，千載祇慚魂。

《全宋詩》卷一六七，3 冊，1895 頁

伍員廟　　　　　　　　　　　　　　　　　　　（宋）楊　備

出境鞭屍報父讎，吳兵勇銳越兵憂。忠魂怨氣江雲在，日見爐香煙上浮。

《全宋詩》卷一二三，4 冊，1424 頁

題英烈王廟　　　　　　　　　　（宋）張方平

伍子胥祠在楚州。

固云志在修私怨,破郢其如不利吳。由此夫差心遂侈,鴟夷豈得謂非辜。

《全宋詩》卷三〇六,6 冊,3840 頁

題吳山伍子胥祠　　　　　　　　（宋）強　　至

江上胥山古木陰,祠堂氣象亦蕭森。江雲不散憂君色,山月猶明死國心。遷史簡編今斷缺,吳人牲酒日肥深。鄙懷異代悲忠烈,一拜威靈淚滿襟。

《全宋詩》卷五九六,10 冊,6967 頁

過伍子胥廟　　　　　　　　　　（宋）王　　令

西風騷客倦遊吳,吊古心懷此暫舒。鬼篆久應除佞譸,民思今果廟神胥。雖然邪正皆歸死,奈有忠讒各異書。回首舊江江水在,怒濤猶是不平初。

《全宋詩》卷七〇六,12 冊,8180 頁

伍子胥廟　　　　　　　　　　　（宋）李　　廌

烈士可廟食,么麽可悲夫。誓心報荊郢,忍恥適江吳。功成期牖下,旋聞賜屬鏤。楚邦乃怨耦,宿憤嚮已攄。濤江厭波神,魂魄遊故都。存亡兩陳跡,無用愧包胥。

《全宋詩》卷一二〇〇,20 冊,13564 頁

投金瀨有感　　　　　　　　　　（宋）李　　綱

楚王聽讒誅五卿,招呼二子同就烹。子胥彎弓見使者,義不戴天非惜生。操瓢乞食困江表,曷嘗一日忘郢城。溧水之陽遇真識,壺漿簞食欣相迎。當時追捕尚爾急,殺身滅口意豈輕。霸吳何止服勾踐,破楚遂以鞭荊平。倒行逆施道雖遠,復仇攄憤聖所稱。却來訪舊欲報德,歎息玉質隨流萍。投金淺瀨亦何有,聊以寓意通精誠。哀窮進食類漂母,解劍掛墓同延陵。古人已矣不可見,空有史筆垂聲名。

《全宋詩》卷一五五五,27 冊,17662 頁

伍員祠　　　　　　　　　　　　　　　　（宋）呂本中

伍員廟前一丈碑，上有野鶴雙來棲。水雲杳杳涼去遠，風雨冥冥秋到遲。江花相趁野花發，舊燕不隨新燕歸。大夫遺恨竟何許，楚、越勾吳今是非。

《全宋詩》卷一六〇八，28 冊，18062 頁

詠　　史　　　　　　　　　　　　　　　（宋）陸　游

入郢功成賜屬鏤，削吳計用載廚車。閉門種菜英雄事，莫笑衰翁日荷鉏。

《全宋詩》卷二一七五，39 冊，24747 頁

謁伍大夫廟　　　　　　　　　　　　　　（宋）趙公豫

策馬昭關道，投鞭吊昔賢。荒庭多鼠雀，古屋飽雲煙。覆楚勳勞淺，強吳智略全。英雄精爽在，瞻拜一淒然。

《全宋詩》卷二五〇二，46 冊，28951 頁

題子胥廟　　　　　　　　　　　　　　　（宋）陳　杰

吳以讓長國，讓亡吳亦隨。自注：公亦隨之亡。屬鏤天討賊，魚劍禍階誰。

《全宋詩》卷三四五三，65 冊，41146 頁

伍相公廟，丁亥被毀　　　　　　　　　　（宋）連文鳳

蘆中人，蘆中人，漁父相逢潯水津。一言慷慨辭寶劍，江空月白波粼粼。被髮佯狂乞吳市，狀貌不類流離民。博浪鐵椎袖入手，留侯切切志在秦。踰淮涉泗掃荊闕，死龍鞭笞無完鱗。日暮途窮快逆施，憤怒激烈忘君臣。堂堂廟食幾千禩，一夕化作風中塵。吳山落照秋風老，草木黮慘無餘春。天道茫茫忽今古，世事渺渺如雲輪。蘆中人，蘆中人，生為公相死為神，何時拔刀斫鱠痛飲松江醇。

《全宋詩》卷三六二〇，69 冊，43350 頁

伍子胥廟　　　　　　　　　　　　　　　（宋）鮑壽孫

百世子胥廟，猶存寂寞中。鞭屍生快怨，抉眼死遺忠。故國古今夢，怒濤朝夕風。登

臨一長嘯,斜日海門紅。

《全宋詩》卷三七〇四,70冊,44470頁

題伍員廟　　　　　　　　　　（金）王　寂

早年亡命入蘇州,破越興吳出坐籌。可惜捧心貽後患,遽令嘗膽雪前羞。忠臣竟受鯨鯢禍,故國空傷麋鹿遊。欲向波神問遺恨,胥山三月看潮頭。

《金詩》,《全遼金詩》上冊,572頁

胥　山　　　　　　　　　　（元）釋行海

子胥山上噪群烏,舊日英靈在此無。臣節已虧因撻楚,兵籌雖用奈亡吳。雲屯灌木疑烽戍,石列平城設陣圖。只可共憂難共樂,知君唯有一陶朱。

《全元詩》第4冊,355頁

沛城北有伍員廟碑,露立荒郊,有感　　（元）汪夢斗

吳若未亡齊未寒,辭人微意寓毫端。當時借為胥祠發,似誚諸人訃契丹。

《全元詩》第7冊,188頁

子胥廟　　　　　　　　　　（元）黃　庚

伍相祠前雲氣昏,奔吳心事與誰論。怒濤夜半翻江月,疑是忠臣一片魂。

《全元詩》第19冊,89頁

越來溪　　　　　　　　　　（元）高文度

黃池盟會井蛙尊,同列諸侯氣已吞。忽報鄰兵擣空穴,已隨溪水入吳門。

《全元詩》第24冊,356頁

伍王廟　　　　　　　　　　（元）廖　毅

浩浩凌雲志,巍巍報國心。忠魂與潮汐,萬古不消沈。

《錄鬼簿》:泰定三年丙寅春,因余友周仲彬與之會,即敘平生歡,時出一二舊作,皆不凡俗。天曆二年春,抱疾,喪於友人江漢卿家。公能書,善行文,不草率。題伍王廟壁有〔折桂令〕一曲,及有絕句云

云。其感慨激烈,徒增悵怏。噫!天之生物也,裁成輔相,以左右民,奈何如是之偏戾也!

《全元詩》第 29 冊,434 頁

覽　古　　　　　　　　　　　　　　（元）王沂（字師魯）

楚國憤奇士,伍奢真可憐。憸人費無忌,讒間平王前。讒奢未及止,思去二子賢。賢哉子胥智,乃出無忌先。弟兄永訣別,父子相棄捐。貫弓向中使,去就何翩翩。吹簫道中飯,脫劍江上船。艱關歷他境,慷慨張空拳。公子不可說,專諸能解懸。退畊伏中野,決策如轉圜。二國適多釁,五年方見宣。操兵遂入郢,殺氣如霏煙。不得費少傅,斬首謝厥愆。徒令楚舊主,乃辱吏士鞭。報楚既得志,謀越徒進言。屬鏤早受賜,鴟革往不還。忠因怨毒發,孝以忍詬全。樹檟志弗遂,夫差隨上仙。悲君讀《遷史》,今古慨悠然。

《全元詩》第 33 冊,16 頁

城門曲　　　　　　　　　　　　　　　　　（元）楊維楨

諜報越王兵,城門夜不扃。孤臣睛不死,門月照人青。

《全元詩》第 39 冊,69 頁

蘆中人　　　　　　　　　　　　　　　　　（元）楊維楨

蘆中人,江上來。江上丈人古剛烈,移橈濟君君莫猜。楚賞爵執珪,送君以死君行不可稽。蘆中人入吳,匕首進專諸。大吳國,嗣閭閒,王駕入郢郢為墟。薦荊社,鞭荊軀,秦庭七夜哭包胥。楚孝子,楚仇臣。少傅長舌舌殺人,孝子仇君不離臣。嗚呼孝子仇君不仇臣,倒行逆施白日曛。

《全元詩》第 39 冊,160 頁

子胥廟　　　　　　　　　　　　　　　　　（元）周　南

煢煢楚亡臣,用吳復父仇。倒行而逆施,道極將誰尤。為吳保先嗣,誓雪靈姑羞。嗟君嬖讒諂,合比孩童謀。員也請溢先,懸目東門樓。孤忠耿有光,實與天地侔。

《全元詩》第 42 冊,164 頁

《楚漁父渡伍胥辭劍圖》歌　　　（元）傅若金

江有阻兮路有峽，時將迫兮來何遲。子弗渡兮我心悲，既渡子兮我何以劍為。籲嗟行兮，子毋我疑。

《全元詩》第 45 冊，2 頁

胥　山　　　（元）黃魯德

百里平田擁翠堆，山人傳是伍胥來。劍痕猶帶英雄氣，白日雲深鎖綠苔。

《全元詩》第 52 冊，405 頁

子胥謝漁父　　　（元）胡天遊

江有水湯湯，我將濟兮無梁。窮途事迫兮心皇皇，微丈夫兮孰舟孰航。丈人之德兮非劍何償，胡為不顧兮乃鼓枻乎滄浪。噫！銜恩誓報兮，之死靡忘。

《全元詩》第 54 冊，347 頁

伍大夫祠官祭作　　　（元）陳基

惟孝可報親，惟忠可匡君。忠孝在天地，千古猶生存。故國有遺廟，血食吾吳民。椒漿肅致奠，恍覩貞烈魂。

《全元詩》第 55 冊，271 頁

伍員廟　　　（元）金涓

東出昭關日，倉皇去路遙。漁人憐贈劍，市吏識吹簫。楚郢鞭荒墓，吳江起怒潮。因思臣子節，千古一魂消。

《全元詩》第 60 冊，301 頁

登子胥廟，因觀錢塘江潮　　　（元）方行

吳、越中分兩岸開，怒濤千古響奔雷。子胥不作忠臣死，勾踐終非霸主材。歲月消磨人自老，江山壯麗我重來。鴟夷鐵箭俱安在，目斷洪波萬里回。

《全元詩》第 62 冊，478 頁

伍子胥　　　　　　　　　　　　　　　　（元）孫蕢

忠言極諫起君猜,嚭宰讒行劍賜來。從此強吳隨作沼,果然麋鹿走高臺。

《全元詩》第 63 冊,361 頁

題伍牙山子胥廟　　　　　　　　　　　（元）趙良慶

一氣如虹萬騎嘶,想君屯駐此山時。方酬楚塚鞭屍願,豈意吳門抉目悲。馬草未曾沉渳水,越兵先已到黃池。千年血食英雄恨,付與吳人寫廟碑。

《全元詩》第 68 冊,11 頁

感懷三十一首（二十九）　　　　　　　　（明）劉基

晨登吳山上,四望長歎嗟。借問胡歎嗟,狹路險且邪。子胥竭忠諫,抉目為夫差。宰嚭善逢迎,越刃復相加。守正累則多,從人禍亦奢。遭逢貴明良,不爾俱泥沙。

《劉基集》卷二〇,317 頁

子胥門　　　　　　　　　　　　　　　（明）倪宗正

落落懸門雙眼睛,注看東越夜來兵。臺前麋鹿今何在,江上波濤猶未平。世代荒涼空有恨,兒童指點亦知名。隔江誰唱烏棲曲,喚醒鐲鏤還自鳴。

《倪小野先生全集》卷六,《四庫全書存目叢書》集部 58 冊,624 頁

胥　溪　　　　　　　　　　　　　　　（明）張琦

伍相曾居此,何年出事吳。不知春水上,照見鐲鏤無。

《白齋先生詩集》卷一,《四庫全書存目叢書》集部 52 冊,21 頁

子胥廟　　　　　　　　　　　　　　　（明）沈明臣

江上濤聲日夜號,子胥遺怒未曾銷。千年吳、越今王土,祠廟青山對海高。

《豐對樓詩選》卷三八,《四庫全書存目叢書》集部 144 冊,615 頁

伍子胥廟

（明）鮑子壽

百世子胥廟，猶存寂寞中。鞭屍生快怨，抉眼死遺忠。故國古今夢，怒濤朝夕風。登臨一長嘯，斜日海門紅。

《新安文獻志》卷五三，影印文淵閣《四庫全書》1375 冊，701 頁

吊伍子胥辭

（明）高 啟

子胥廟在盤門內，余哀其志，作《吊伍胥辭》。

覽勾吳之故墟兮，灌莽鬱其蘢蔥。館娃廢而為沼兮，歸伍胥之遺宮。奚千祀而勿毀兮，繄若人之死忠！昔窮逋而渡江兮，奮孤跡於羈旅。既入郢而雪恥兮，又棲越而攘侮。使彼吳之強大兮，非夫子而孰為？何夫差之自喜兮，遽忽戒而荒娛。陳昌言之懇款兮，實不忍視國之阽危！眾以子為巨信兮，肆讒辭以職欺。夫豈不能全身遠適以自庇兮，顧先王之舊德。卒待隙而抗言兮，恨終不能悟君之嬖惑。載鴟夷兮浮游，魂縈縈兮在中流。江神念子兮哀憤，鼓洪濤於高秋。嗟君子之出輔兮，孰不願為伊皋？使言從而志行兮，致雍熙之陶陶。何齟齬而多患兮，惟重華之不可以屢遭。鄂侯諍而就醢兮，龍逢諫而見屠。蓋自古而有之兮，匪夫子獨罹乎此辜！身雖歿而義安兮，又舍是將焉適？彼循默而苟容兮，寧獲免乎泚顙！想子猶念夫故都兮，或乘雲而來歸。顧荊棘之多露兮，應攬涕而噓唏。餘亦何為而感慨兮，懼直道之墜也。聊陳詞而表烈兮，亦邦人之志也。

《高青丘集》卷二，上冊，100 頁

謁伍相祠

（明）高 啟

地老天荒伯業空，曾於青史見遺功。鞭屍楚墓生前孝，抉眼吳門死後忠。魂壓怒濤翻白浪，劍埋冤血起腥風。我來無限傷心事，盡在越山煙雨中。

《高青丘集》卷一五，下冊，655 頁

蘇臺懷古

（明）張 羽

荒台獨上故城西，輦路淒涼草木悲。荒塚已無金虎臥，壞牆時有夜烏啼。采香徑斷來麋鹿，響屧廊空變黍離。欲吊伍員何處所，淡煙斜日不堪題。

《吳都文粹續集》卷一一，影印文淵閣《四庫全書》1385 冊，279 頁

胥　山

(明) 王　賓

胥口。子胥亡後，吳人於上立廟，因名焉。

山色青臨湖水邊，山名尤記子胥賢。當時百姓來祠處，門揜松花又幾年。

《吳中古跡詩》，《四庫全書存目叢書》集部 28 冊，235 頁

蘇臺懷古

(明) 王　賓

鄰壤分明隔綺疏，西施歌舞有誰如。斜陽衰草遊麋鹿，掩面空羞見子胥。

《吳都文粹續集》卷一一，影印文淵閣《四庫全書》1385 冊，280 頁

子胥廟

(明) 王　賓

苦苦鞭平為父讎，常常愁越與君謀。江山如畫吳城郭，人到東門盡淚流。

《吳都文粹續集》卷一二，影印文淵閣《四庫全書》1385 冊，316 頁

子胥廟

(明) 周南老

煢煢楚亡臣，用吳復父仇。倒行而逆施，道極將誰尤。為吳保先嗣，誓雪靈姑羞。嗟君嬖讒嚭，合比孩童謀。員也請溢先，懸目東門樓。孤忠耿有光，實與天地侔。

《吳都文粹續集》卷一二，影印文淵閣《四庫全書》1385 冊，316 頁

射潮引

(明) 李夢陽

錢塘八月潮水來，蛟龍憤怒濤為雷。天旋地拆不可止，此中云有鴟夷子。何不張爾弓、執爾矢，射殺鴟夷潮可止。君不見，潮水年年八月來，萬弩射潮終不回。

《李夢陽集校箋》卷五，第一冊，106 頁

次韻石田《登姑蘇臺》

(明) 徐禎卿

墟城帶山色，感慨幾經遊。路暗牛羊夕，臺空草蔓秋。忠何辭佞死，國竟與恩休。忍說干戈事，魂銷萬古愁。

《徐禎卿全集編年校註》卷三未編年詩，582 頁

再詠四首 （明）徐禎卿

秋風古城曲，落日送清哀。吳越今如此，忠讒安在哉？江流背寒郭，山色吊荒臺。不見懸門眥，空餘血濺苔。

危樓何代譙？晚日倚岑寥。多病仍傷古，悲歌獨聽樵。恨緘花下骨，怒想月中潮。忠魂憑誰吊，臨風頌楚騷。

孤城猶突兀，往事已茫然。青草干戈後，荒祠鹿豕前。雲遮雙目恨，山接五湖船。零落爭蝸夢，興亡共可憐！

危機其在明？釀釀已深成。劍石真吳寇，娃宮有越兵。奢淫亡自取，孤憤死難平。愁殺城南樹，昏鴉未息爭。

《徐禎卿全集編年校註》卷三未編年詩，583 頁

子胥廟 （明）沈 周

忠臣有廟千秋祀，霸業無蹤一餉煙。入幕靈風猶颼颼，侵階細草自芊芊。存亡好在鴟夷內，慚愧當於瞑目前。倚壁題詩重惆悵，寒鴉飛散夕陽天。

城頭伍相祠堂好，眼見香爐生紫煙。吳沼已成花寂寂，楚靈何在草芊芊。一時遺事千年後，此日清談斗酒前。落魄布袍冠蓋末，悲歌亦得倚秋天。

《吳都文粹續集》卷一二，影印文淵閣《四庫全書》1385 冊，316 頁

胥山子胥廟 （明）陳 壽

一自將軍賜劍歸，夫差不覺墮讎機。天荒地老英魂泣，國破臺傾霸業違。吳郡舊愁明月在，越江遺恨怒濤飛。靈祠寂寂空山裏，老樹蒼藤掩夕暉。

《樵李詩繫》卷九，影印文淵閣《四庫全書》1475 冊，223 頁

胥 門 （明）邵 寶

臣奢無辜為君戮，臣胥敢怒不敢哭。朝辭楚疆暮吳國，還兵入郢亦太酷。憤憤心，還未足。楚何怨？吳何恩？豫讓死，王裒存。是耶非，不必論。一片鴟夷皮，裹骨難裹魂，北風莫遣向越奔。向越奔，無不可，只恐仇吳似仇楚。

《列朝詩集》丙集卷五，第六冊，2970 頁

題伍子胥廟壁　　　　　　　　　　　　（明）唐　寅

白馬曾騎踏海潮，由來吳地說前朝。眼前多少不平事，願與將軍借寶刀。

《唐伯虎全集》卷三，104頁

伍行人祠偶題　　　　　　　　　　　　（明）吳廷翰

萬古潮頭有怨聲，鴟夷一擲浪傳名。忠臣骨朽心猶在，忍向吳門看越兵。

《詩集》卷下，《吳廷翰集》，452頁

伍公祠　　　　　　　　　　　　　　　（明）徐　渭

吳山東畔伍公祠，野史評多無定時。舉族何辜同刈草，後人卻苦論鞭屍。退耕始覺投吳早，雪恨終嫌入郢遲。事到此公真不幸，鐲鏤依舊遇夫差。

《徐文長三集》卷七，《徐渭集》第一冊，285頁

夜夢伍相枉顧，言忠楚報吳甚悉，頷聯乃夢中句也　　　　　　　　　　　（明）支大綸

伍相英魂何處尋，伍唐隄畔柳陰陰。漁舟未解西江劍，一飯空投下瀨金。都郤故留忠楚計，無疆終殞報吳心。英雄幾掬恩讐淚，夜夜風濤自古今。

貰酒狂歌鼓枻遊，憑高縹緲躡層樓。耶溪尤物罵花老，石室遺逋日夜愁。入郢漫酬無忌恨，使齊番墮伯嚭謀。可憐隄右千株柳，猶帶寒鴉訴屬鏤。

一榻清風午夢賒，忠魂炯炯御飆車。耀兵魏水唐稱伍，試劍璋山石有椴。抉眼吳門真作沼，回頭宗國竟無家。颼飀素髮淩飛絮，日日溪頭卷莫沙。

《支華平先生集》卷二，《四庫全書存目叢書》集部162冊，52頁

詠史雜成口號（其一）　　　　　　　（明）夏完淳

亡楚奇功一旦收，蘆中人去水悠悠。昭關煙草荒茫外，千古何人解報仇！

《夏完淳集箋校》卷七，341頁

讀史述·伍員
(明)魏學洢

楚臣報楚怨,楚人心膽寒。但當收讒夫,葅醢流餘釁。斷棺笞故主,倒行劇無端。長蛇棲郢宮,舉國髮沖冠。秦庭七日哭,安得不悲酸。

《茅簷集》卷三,影印文淵閣《四庫全書》1297冊,541頁

伍相祠
(明)陳鳴鶴

黃池宴罷羽書催,骨葬鴟夷梓可材。西子已辭吳苑去,東門忍見越兵來。春風故國蘼蕪長,落日荒祠杜宇哀。千載忠魂何處問,滿城兒女弄潮回。

《列朝詩集》丁集卷一六,第一一冊,5889頁

由吳入越,舟中無營,偶思吳中名人,信筆為頌,為泰伯、季札、伍員、要離、梁鴻(其三)
(明)袁中道

伍員出昭關,吹簫向吳地。隱忍圖報讎,頗有丈夫氣。知子莫若父,太傅亦何智。剛毅而忍詢,斷盡終身事。

《珂雪齋集》卷一,上冊,35頁

十哀詩,挽王中丞叔文·伍大夫員
(明)梁辰魚

浩蕩君恩似海深,鴟夷飄泊任浮沉。波濤來往豈無意,欲洗孤臣不二心。

《鹿城詩集》卷二七,《梁辰魚集》,318頁

伍相祠
(明)冷士嵋

古廟荒江斷碣殘,千秋懷恨幾時聞。只今潭下深溪冷,何似當年淚眼寒。

《江泠閣詩集》卷一一,《四庫全書存目叢書》集部236冊,427頁

伍子胥
(清)王士禛

窅室陰謀釀禍基,轉諸才進又要離。亂吳覆楚平生事,賜劍東門却怨誰?

《蠶尾續詩集》卷九,《王士禛全集》第二冊,1404頁

伍　　員　　　　　　　　　　　　　　（清）黃鵬揚

只須覆楚休亡越，家恨消時莫管閑。蚤會買舟湘澤去，豈教毅骨泊胥山。

《讀史吟評》，《說鈴》後集一，1頁

伍相國祠　　　　　　　　　　　　　（清）沈清正

春秋吳、越不勝悲，最是傷心伍相祠。嘗膽忍人窺隙始，捧心尤物欲來時。冤飛腥血鴟夷去，怒激風濤白馬馳。抉目懸門何忍看，臺前鹿走草離離。

《晚晴簃詩匯》卷一九三，第四冊，819頁

胥王廟　　　　　　　　　　　　　　（清）吳偉業

伍相丹青像，鬚眉見老臣。三江籌楚、越，一劍答君親。雲壑埋忠憤，風濤訴苦辛。生平家國恨，偏遇故鄉人。

《詩後集》六，《吳梅村全集》卷一四，上冊，389頁

伍　　員　　　　　　　　　　　　　　（清）吳偉業

投金瀨畔敢安居？覆楚亡吳數上書。手把屬鏤思往事，九原歸去愧包胥。

《詩後集》十一，《吳梅村全集》卷一九，中冊，506頁

謁伍相國祠　　　　　　　　　　　　（清）王　擄

蕭條古堞樹棲烏，載拜祠門落日孤。報父有心終覆楚，殺身無計可存吳。英雄寂寞留陳跡，山水蒼涼失霸圖。回首荒臺麋鹿地，屬鏤遺恨滿姑蘇。

《蘆中集》卷一，3頁

伍員墓　　　　　　　　　　　　　　（清）袁　枚

一片巍峨土未平，鴟夷浮處有佳城。遠山雲外學華表，潮水壘前多怒聲。慷慨報仇衰世事，淒涼托子暮年情。只今廟貌丹青在，兩眼猶如盼越兵。

《小倉山房詩集》卷二六，《小倉山房詩文集》第二冊，655頁

胥門懷古　　　　　　　　　　　　　（清）舒　位

市上簫聲太等閒，鴟夷不悔屬鏤殷。歌詞惆悵烏棲曲，霸氣消沉虎踞山。一自抉睛看敵人，幾忘傷指喪師還。不堪楊柳東門路，潮打空城碧玉環。

《瓶水齋詩集》卷二，上冊，51頁

真州詠懷古跡詩十二首·胥浦　　　　（清）舒　位

蘆中人去已千秋，極浦傳疑水自流。覆楚巫臣矜故智，沼吳勾踐用陰謀。功名急處無飛鳥，恩怨消時有髑髏。却羨鴟夷子皮者，江湖滿地一扁舟。

《瓶水齋詩集》卷一六，下冊，676頁

伍　員　　　　　　　　　　　　　　（清）羅惇衍

字子胥，楚人奢子，尚弟。楚平王時，因父、兄見殺，奔吳，相吳王夫差。後賜死。

東門懸目憤難平，猶為君王拒敵兵。烏喙三年讎返國，娥眉一獻釁傾城。屧廊踏破繁華夢，蕭市歌餘激烈聲。莫向蘆中問漁夫，吳江潮落不勝情。

《集義軒詠史詩鈔校證》卷一，第一冊，16頁

伍　員　　　　　　　　　　　　　　（清）徐公修

逋臣去楚路迢迢，痛念平王恨未消。脫險昭關容載橐，謀生吳市苦吹簫。專諸刺客謀先見，無極讒人禍枉招。扶助闔廬成霸業，神靈沒後主江潮。

《史記百詠》卷一，《讀史千詠》，《史記研究文獻輯刊》13冊，435頁

投金瀨　　　　　　　　　　　　　　（清）吳　騫

漁翁歌解蘆中棹，浣女碑沉瀨上秋。若使個儂真望報，也應江水盡含羞。

《拜經樓詩集》卷六，《續修四庫全書》集部1454冊，51頁

伍子胥　　　　　　　　　　　　　　（清）沈德潛

胸懷怨毒走強鄰，破楚興吳志已伸。却使讓邦成篡奪，進鱄諸者是誰人？

《歸愚詩鈔餘集》卷一〇，《沈德潛詩文集》第二冊，612頁

胥江懷古　　　　　　　　　　　　　　（清）沈德潛

八月胥江浪起堆,忠魂千古有餘哀。築臺已兆吳城破,抉目還看越甲來。身逐鴟夷浮水去,歌傳小海弄潮回。卑猶誰吊公孫聖？落日荒原遍草萊。

《竹嘯軒詩鈔》卷一〇,《沈德潛詩文集》第二冊,804 頁

姑蘇懷古（其二）　　　　　　　　　　（清）易順鼎

沉江回首渡江時,生死英雄一劍知。東海冤濤驅後種,南朝禍水起先施。已辰城破吳爲沼,子午潮回越有祠。我亦市門行乞客,玉簫聲裏鬢如絲。

《琴志樓詩集》卷五,第一冊,248 頁

伍子胥吹簫　　　　　　　　　　　　（清）易順鼎

未卜新巢去舊巢,真將參肉付前茅。一簫以外知何物,珍重還將一劍包。

《琴志樓詩集》卷一三,第三冊,937 頁

伍　員　　　　　　　　　　　　　　　（清）王廷紹

鄢郢城空墓已鞭,大仇雪後不歸田。須知魚腹藏兵日,早卜鴟夷賜劍年。故國有人貪寵利,深宮無計出嬋娟。亡軀豈盡關勾踐,多事東門目欲懸。

《澹香齋詩草》卷二,《清代詩文集彙編》472 冊,339 頁

伍　員　　　　　　　　　　　　　　　（清）鮑桂星

白馬江頭氣不平,秋風怒捲夜濤聲。一身臣子兼忠孝,兩國興亡繫死生。抉目吳門終有恨,鞭尸楚墓太無情。三高祠裏何人像,等是鴟夷各姓名。

《覺生詠史詩鈔》卷一,《清代詩文集彙編》476 冊,467 頁

伍　員《春秋》　　　　　　　　　　　（清）孫　珩

移孝田來可作忠,忍教封豕躙王宮。秦庭空墜他年淚,吳市方興同室戎。却愧范蠡能遠識,更因孫武倖成功。可憐教授隱居叟,泣讀《蓼莪》篇未終。

<small>伍員報楚,壯矣。惜其血氣用事,而於君子之道未之聞也。君討臣,誰敢仇之。晉之王哀、宋之蔡沈</small>

皆終身不仕,且楚非員父母國乎？亂其宮,屠其民,鞭其君之尸,於員父、兄之靈安乎？夫員虧忠,全孝君子猶不以孝與！若巫臣以一夏姬而為此謀,又員之罪人也。

《歸田藁》卷一,《清代詩文集彙編》534 冊,453 頁

伍子胥　　　　　　　　　　　　　　　（清）張　澍

蘆中解劍渡船情,市上吹簫乞食聲。覆楚竟教雞次失,豢吳仍以虺摧爭。金抛深瀨媛應泣,目在鱘門夜亦明。白馬奔濤餘恨在,於今八月弄潮迎。

《養素堂詩集》卷二五,《清代詩文集彙編》536 冊,269 頁

讀史雜詠·伍相國　　　　　　　　　　（清）唐廷詔

自殲忠藎快強鄰,張目東門看越人。千古英靈江上水,雲中白馬迎潮神。

《飲月軒詩鈔》卷二,《清代詩文集彙編》592 冊,134 頁

詠　古　　　　　　　　　　　　　　　（清）施　坤

仗劍出昭關,投吳秉節鉞。一出敗荊師,再起覆全越。英風震五湖,霸圖日突兀。奈何長寇讎,忠言不能入。君王賜屬鏤,臣罪當誅滅。鴟夷江水寒,天地泣壯烈。轉眼問吳宮,繁華久歇絕。青青館娃柳,冷冷蘇臺月。長嘯海天空,凉飆振林樾。

《國朝閨秀詩柳絮集校補》卷二,第一冊,第 45 頁

伍相國祠　　　　　　　　　　　　　　（清）葉　氏

相國祠前憶枕戈,歲星在越奈天何。一從抉目英雄盡,不數行成智略多。碧血千年啼杜宇,銀濤萬頃壯江波。藏弓烹狗須臾事,欲把興亡問薜蘿。

《國朝閨秀詩柳絮集校補》卷四九,第四冊,第 2328 頁

詠　懷庚子(其五)　　　　　　　　　　（近代）陳去病

伍胥亡命徒,逼迫事奔走。落落韓淮陰,漁釣亦徒手。天下皆鄙夫,烏鵶覓殘糗。世無皋伯通,梁生終杵臼。何圖兩英雄,蠢蠢晤賢婦。腹鼓瀨水瀨,飯飽漂母缶。王孫自可哀,千金直堪醜。冰鑑出裙釵,斯恩實深厚。所以鼎鼎名,千秋俱不朽。緬彼創霸功,宜哉軼前後。

《浩歌堂詩鈔》卷一,18 頁

舟膠新河中,乞潮伍相國　　　　（近代）王　韜

繫舟樹下等潮開,再拜靈胥奠酒杯。江岸濤聲成險塹,吳宮草色上荒臺。千帆迎水烏檣集,一綫衝波白馬來。淹滯征途向誰告,急投詩句敢相催。

《蘅華館詩錄》卷一,《王韜詩集》,15 頁

過伍相國祠　　　　（近代）王　韜

伏劍竟身死,夫差豈霸才！恩仇何所見,忠孝半成灰。秋至潮聲壯,春深鳥語哀。胥江祗尺土,荒草上蘇臺。

《蘅華館詩錄》卷一,《王韜詩集》,18 頁

吊伍相國　　　　（近代）王　韜

老臣心事竟能成,贏得千秋忠孝名。却笑包胥非知己,豈關宰嚭誤平生。君恩故國三朝重,劍影孤江一月清。今日荻花洲畔路,漁舟還唱楚歌聲。

《蘅華館詩錄外編·畹香僊館遣愁編詩集》,《王韜詩集》,240 頁

伍　尚　　　　（宋）劉克莊

伍奢呼二子,一至一奔焉。逃父吾無取,仇君亦未然。

《全宋詩》卷三〇四六,58 冊,36325 頁

伍　尚　　　　（宋）林　同

此以父免召,彼如仁必來。員乎竟何益,尚也最堪哀。

《全宋詩》卷三四一八,65 冊,40611 頁

詞

酒泉子（之八） （宋）潘閬

長憶吳山，山上森森吳相廟。廟前江水怒為濤。千古恨猶高。　寒鴉日暮鳴還聚。時有陰雲籠殿宇。別來有負謁靈祠。遙奠酒盈卮。

《全宋詞》第一冊，6頁

滿江紅·姑蘇懷古 （明）吳易

斗大江山，經幾度、興亡事業。瞥眼處，稱王說霸，戰爭不息。香水錦帆歌舞罷，虎丘鶴市精靈歇。漫簡殘、吳越舊春秋，傷心切。　伍胥恥，荊城雪。申胥恨，秦庭咽。更比肩種、蠡，一時英傑。花月煙橫西子黛，魚龍水噴鴟夷血。到而今、薪膽向誰論，沖冠髮。

《全明詞》第六冊，2919頁

前調（滿江紅）·咏古·蘆中枻 （清）徐籛

荊七吳鴻，古神物、久沉淵底。蘆荻畔、月生芒眼，露侵寒齒。老盡英雄雙俊眼，只期一劍加盆水。論楚吳、兩下總何仇，非關己。　誰青髫，茲休矣。誰立談、茲久矣。看綠蓑衣底，有風波起。莫嗅垂綸公子餌，鯨鰲釣取從飛舉，便慨將、七尺付知音，非輕許。

《全清詞》順康卷第一冊，197頁

望海潮·吳山伍公廟作 （清）毛先舒

山川磅礴，激為俊物，作人須是英雄。戰國未成，春秋之末，江南特地生公。佳氣最高峰。看丹青別殿，香火行宮。北望蘇臺，杜鵑無血灑東風。　難平浩氣如虹。現銀濤白馬，馳驟江中。卻怪為誰，心驚鐵弩，潮頭忽爾迴東。不屑與爭鋒。但眼中豎子，付與奇功。千古興亡，且將孤嘯對冥鴻。

《全清詞》順康卷第四冊，2196頁

解連環 　　　　　　　　　　　　　　　　　　　　（清）楊在浦

胥口在儀真，爲伍子渡江解劍贈漁父處。計英雄相遇，千古爲難，若呼蘆授餐，解劍沈水，此漁父亦不多得。作詞以誌高風，尤願古道照人顏色耳。

斜陽斷渡。正蘆花欲吐，蘆人怕露。相遇誰識英雄，却舟移棹泛，酒携飯哺。解劍酬恩，怎翻寫、快腸道素。更波沈誓秘，可是俠丈，人難多數。　　料想雄眉偉步。報父仇心苦，空江欲訴。爲指白日藏身，取窮士低呼，有情非偶。古道飄零，笑今人、早盡棄土。對煙波、極目蒼葭，遙遙追泝。

《全清詞》順康卷第六冊，3575頁

青門引 　　　　　　　　　　　　　　　　　　　　（清）楊在浦

吳閶門樓，爲子胥剜目懸處。閩越兵入吳時，眼能吐光如電。然竟莫救吳亡，詞以示慨。

閶闔風光倩。猶認霸圖生面。采蓮舞罷烟花空，湛盧血濺，恨結西施釧。　　樓頭烟眼還如電。怎任宮麋踐。低徊興亡古事，傷心總付丹楓片。

《全清詞》順康卷第六冊，3576頁

桂枝香·胥江懷古 　　　　　　　　　　　　　　　（清）嚴繩孫

吳城東畔。早一抹秋容，驟雨初斂。試問忠魂何處，依稀未遠。六千君子凌波起，便江頭、水犀朝偃。傷心此際，驚濤濺血，臣言真踐。　　歎千古、興亡滿眼。更白馬從遊，此恨誰見。贏得神鴉社皷，麗譙荒甸。西風誰把英雄淚，灑東流、一時吹轉。始應消得，簫聲吳市，那些幽怨。

《全清詞》順康卷第六冊，3660頁

桂枝香·胥江懷古 　　　　　　　　　　　　　　　（清）秦保寅

一江秋水，繞半面吳城，流向東去。此際征帆未卸，采菱歸暮。館娃響屧斜陽外，問西風、有誰爲主。靈胥祠下，驚濤捲雪，尚留餘怒。　　歎何事、天教不遇。抱一片雄心，艱難吳楚。避得章華赤族，鐲鏤如故。越王臺榭君知否，一般兒、鷓鴣悲訴。贏他過客，年年此地，酹將椒醑。

《全清詞》順康卷第六冊，3677頁

前調（浣溪沙）·投金瀨懷古　　　　　　　　（清）陳維崧

格格沙禽拍野塘。離離苦竹上空牆。投金瀨在漾斜陽。　　擊絮人纔憐伍員，浣紗溪又產夷光。英雄生死繫紅妝。

《全清詞》順康卷第七冊，3892頁

前調（西江月）·過投金瀨懷古　　　　　　　　（清）陳維崧

有女江頭擊絮，何人道上吹篪。我來弔古悵空祠。曠望幾重雲水。　　覆楚爭誇伍相，沼吳又說西施。淮陰往事亦如斯。成敗皆由女子。

《全清詞》順康卷第七冊，3918頁

前調（望海潮）·胥門城樓，即伍相國祠，春日同雲臣展謁有作　　（清）陳維崧

鼉咶鯨吼，龍騰犀踏，胥江萬疊驚濤。沿水敗牆，臨風壞驛，千秋尚祀人豪。英爽未全凋。正綠昏畫幔，紅皺霞綃。太息承塵，我來還為拂蠨蛸。　　城樓徑矗層霄。悵蘇臺碧蘚，相望岩嶢。西子笑時，包胥哭後，霸吳入郢徒勞。颯沓響弓刀。算稽山越樹，今也蓬蒿。社鼓神弦，依稀疑和市中簫。

《全清詞》順康卷第七冊，4178頁

滿江紅·過昭關懷古　　　　　　　　　　　　（清）佟世南

百尺雄關，遙望處、勢分吳楚。臨斷岸、扁舟乍艤，獨來弔古。哀鴈吟霜孤月冷，陰風拂水江潮怒。正憑高、默默感予懷，誰堪訴。　　思昔日，孤忠苦。向此地，重關阻。嘆兵屯虎豹，欲飛難度。楚樹吳雲猶在眼，吹簫乞食歸何處。但如今、鐵限鎖寒烟，迷榛莽。

《全清詞》順康卷第八冊，4577頁

望江南·吳宮漫興十首（其六）　　　　　　　　（清）趙吉士

驚心目，霸業已煙銷。十萬水犀臨震澤，五千越士困夫椒。怒殺子胥濤。

《全清詞》順康卷第九冊，5038頁

前調（浣溪紗）·望夫椒山 　　　　　　　　　（清）趙吉士

霸越吞吳恨未消。湖天極目總蕭條。爲憐秋去一停橈。　　遠岫猶凝西子髻，朔風空捲伍胥濤。夕陽平處是夫椒。

《全清詞》順康卷第九冊，5046頁

驀山溪·登吳山吊伍子胥，和芝麓先生韻 　　　　　（清）梁允植

西風晚照，百感登臨意。一曲苧蘿春，隕姑蘇、千秋絕技。蛾眉甲盾，笑戰百花溪，麋鹿走，水犀亡，劍血孤臣淚。　　霸吳覆楚，百折干將器。勳業逼雲霄，輕生死、有如遊戲。吹簫倚市，玩世等飛塵，崇廟食，捲江濤，宵小空讒忌。

《全清詞》順康卷第一二冊，7060頁

漢宮春·胥王廟 　　　　　　　　　　　　　　　（清）錢芳標

越殿吳臺，恨飛來鷓鴣，踏殘麋鹿。鴟夷往矣，橘柚尚垂祠屋。蟲書玉佩，漸碑陰、土花難讀。旗影颭、銀濤萬頃，分明素車飈逐。　　東門漫悲懸目，問秦庭七日，爲誰痛哭。酬恩一劍炯炯，寸心方足。傳芭舞覡，薦香蘋、間閭絲竹。流恨處、胥江未盡，更吊汨羅魚腹。

《全清詞》順康卷第一三冊，7639頁

前調（賀新郎）·胥門懷古 　　　　　　　　　　（清）王　度

千古傷心處。極不平、伍員相國，屬鏤江滸。君父深恩皆未報，愁說強吳覆楚。尤自恨、雙眉如炬。響屧廊中人未醒，看水犀、十萬乘潮渡。西日下，罷歌舞。　　休誇扛鼎雄於虎。最難禁、包胥痴哭，夷光私語。越樹蘇臺俱寂寞，獨惜五湖載去。戍樓上、雲旗鼉鼓。無限孤臣亡國淚，打錢塘、八月濤聲怒。應配享，蘆中父。

《全清詞》順康卷第一三冊，7877頁

滿江紅·題伍相祠，次鄂王韻 　　　　　　　　　（清）鄭景會

一片長江，看滾滾、寒濤未歇。想當年、为家为国，轰轰烈烈。旧业凄凉风卷絮，荒台寂寞猿啼月，只鸱夷、终古恨难消，悲心切。　　平王怨，虽已雪，康王耻，应未灭。羡两

人忠孝，几曾亏缺。碧水流残千载泪，丹枫染偏三秋血。问吴亡、越霸那江山，谁宫阙。

《全清词》顺康卷第一五册，8650页

前調（滿江紅）·再題伍公廟　　（清）鄭景會

伍相祠前，渾不似、舊時風色。空伴着、荒涼亭院，蕭條松柏。玉露曉飛山桂緑，銀霜夜染江楓赤。看海門、高涌怒濤來，堆秋雪。　　人子孝，當年切。人臣恨，何時歇。更千秋不泯，丹心碧血。壯志巍巍橫北斗，英魂耿耿懸明月。倚長天、秋氣滿乾坤，忠懷烈。

《全清词》顺康卷第一五册，8651页

蘭陵王·吳山伍公祠　　（清）許尚質

海門黑。怒捲鴟夷白。撼江畔、千頃比盧，雜沓弓刀儼如昔。荒祠留故國。千尺。巑玩怪石。森然似、奇鬼搏人，乱络红藤欹仄。　　丹青满遗壁。写乞食投金，倚伏谁测。属镂转眼苦相逼。算破越臣员，沼吴臣种，俱输湖上泛舸出。有遗恨难述。风入。　　堕蟾魄。正露湿双铃，霜冷残镝。寒蛩叫做何时释。响一带杉影，恍疑颜色。迎潮船返，看晾网，共弄笛。祠在山半，昔名晾網山。

《全清词》顺康卷第一五册，8710页

水調歌頭·江上吊古　　（清）徐璣

雉堞吞吳會，山川壓楚宮。歎息子胥父子，忠直少從容。一厭城狐之口，一飽江魚之腹，顛倒仕途中。創霸男兒志，終愧渡頭翁。　　攀峰頂，尋舊事，眺江東。如此茫茫天塹，興廢古今同。才說荆吳齊越，轉眼孫劉曹馬，殺氣變長虹。影落寒濤里，奔沸起蛟龍。

《全清词》顺康卷第一七册，9679页

醉落魄·謁伍公廟　　（清）王錫

吳山高矗。荒祠野鳥啼叢竹。英雄無命乾坤蹙。一賜青萍，茂苑游麋鹿。　　乞食崎嶇才鼓腹。重教矢抉東門目。鴟夷浪把忠魂逐。万顷江涛，怒气摇陵谷。

《全清词》顺康卷第一九册，11073页

臨江仙·胥山

（清）吳　綺

在太湖口，吳王殺子胥於此，邑人立祠其上。子胥仕吳兩世，國而忘身，乃不能免屬鏤之賜。鴟夷淚沒，遺恨千秋。遠望三萬六千頃，驚濤駭浪中，有白馬乘波而至者，皆疑爲忠魂隱現，不獨在胥江之上也。作《臨江仙》。

破楚興吳多少事，無端老送鴟夷。平生忠孝是人知。書生鐵筆，埋沒好男兒。　一片青山殘照裏，荒祠只剩殘碑。東門抉目事堪奇。銀濤白馬，常向越江湄。

《全清詞》順康卷補編第一冊，500 頁

滿庭芳·過伍相祠

（清）魏荔彤

伍相祠宮，吳人俎豆，地僻常鎖雲煙。歲時巫覡，猶例薦醇鮮。客過邀公英爽，何恩怨、抵死糾纏。當年便，吞齊滅越，不及大名傳。　留連。我欲把，盈腔怨淚，陳灑階前。不平事，從東郡乞神憐。咄叱迂儒怯懦，須鑄就、肝膽剛堅。雙旗上，靈風猛起，肅退又茫然。

《全清詞》順康卷補編第三冊，1867 頁

烏夜啼·吊子胥

（清）楊士凝

蘆中人影秋風。泣途窮。不說姓名漁父、識英雄。　江樹遠。江月暗。冷吳宮。白馬素車遺恨、在江東。

《全清詞》順康卷補編第四冊，2259 頁

南柯子·伍廟

（清）查　涵

乞食來吳市，佯狂出楚關。雙眸抉後不知年。可憶姑蘇春雨、落花天。　古廟臨江水，空山泣杜鵑。苧蘿仙子去誰邊。只恐故宮荒草、又如煙。

《全清詞》順康卷補編第四冊，2496 頁

水龍吟·春日胥江懷古

（清）陳　沆

春濤湧出姑蘇，一帆飽射胥江水。具區三萬，六千餘頃，高峰七二。如此湖山，爭雄昔日，霸圖休矣。歎遙情脈脈，羈懷渺渺，多付與、春流駛。　慣說彼都佳麗。費招尋、

冶遊成隊。摧醪虎阜,探芳袁墓,笙歌頻沸。破楚門邊,館娃宮畔,日酣風醉。更何人,勝取鴟夷舊血,向波心酹。

《全清詞》雍乾卷第二册,615頁

滿江紅·吳山伍相國祠　　　　（清）張九鉞

鬱怒西風,半天裏、靈旗丹闕。俯一片、江山蒼莽,非吳非越。骨肉飄零魂斷處,君王歌舞荒時節。嘆平生、隱忍報讎心,何時歇。　　夷事,人空說。屬鏤恨,誰同結。任雞豚酒醋,神絃拉子。門外黑豚奔宿雨,江頭白馬翻晴雪。是寒潮、一片海門來,英雄血。

《全清詞》雍乾卷第七册,4085頁

水龍吟·吊浣紗女祠,在真州城西白沙江上　　（清）張九鉞

當時巾幗英雄,浣紗先有江頭女。追兵後躡,洪波前截,亡臣綫縷。復眼千秋,義聲俄頃,非關讐楚。嘆白沙滾雪,皓月年年,照不了、貞心苦。　　遺廟猶存舊浦。望酬恩、祀雞何取。榴花香裏,菖蒲風外,明璫翠羽。來搴芳芷,怳逢英魄,幾番簫鼓。通胥江一片、靈潮夜夜,拜鱄鮪去。

《揚州府志》載:子胥以雞祀女山下,今名祀雞山。子胥死後,越兵入吳,化鱄鮪阻越兵,祀之乃退。名其門曰鱄門,今訛爲葑。鱄鮪即江豚。

《全清詞》雍乾卷第七册,4113頁

金縷曲·登吳山第一峰　　　　（清）楊瑛昶

便欲升天陛。猛回頭、人聲天半,鳥飛足底。舉手直堪捫帝座,席地還傾玉體。笑我輩、何須設禮。萬里長風遙扇海,望西湖似鏡人同米。遠岸外,樹如薺。　　傷心最是鴟夷子。到只今、瓣香杯酒,潸然出涕。西子扁舟風乍送,笑煞旁觀宰嚭。抉吾目、東門相視。白馬素車乘潮坐,競相傳、來去吳江水。一片片,愁雲起。

《全清詞》雍乾卷第一三册,7278頁

水龍吟·伍相國祠　　　　（清）張一鳴

若教抉眼懸門,傷哉真見吳爲沼。追思報楚,麤宮鞭墓,縱非中道。越豢宜防,齊兵莫競,忠謀誠老。奈苧蘿人獻,椒華房貯,恒歌舞、長歡笑。　　已是君王昏髦。更讒邪、

如簧言巧。臣頭可斷,臣心無負,鴟夷浮了。試看錢塘,怒濤終古,冤魂旋繞。剩祠堂、永對吳山寂寞,儘英雄弔。

《全清詞》雍乾卷第一六冊,8709 頁

浪淘沙·胥山懷古 （清）查元偁

烟外渺螺鬟,一片荒巒。銀濤白馬杳難攀。却怪語兒亭下燕,飛近祠垣。　春老蘚痕班,劍氣猶寒。越宮賸有鷓鴣還。輸與英名常不滅,萬古青山。

《琲齋詩餘》,《清詞珍本叢刊》第一二冊,342 頁

滿庭芳·弔伍員 （清）陳榮昌

越不成墟,吳終為沼,九原遺恨難消。昔年鞭弭,都為父兄勞。只道親仇得報,感君遇、斷首奚逃。傷心處,天留敵禍,種蠡盡人豪。　君王。何不悟,中宮粉黛,外府瑤。湊成了、朝廷臣佞君驕。一霎西風振蕩,蘇台畔、滿地黃蒿。令千古,英雄灑淚,空弔海門濤。過變處,筆意不平。

《虛齋詞》,《清詞珍本叢刊》第一八冊,866 頁

臨江仙·錢塘觀潮 （近代）呂碧城

橫流滾滾吞吳越。風波誰定喧豗？畸人重見更無期。錦袍鐵弩,千古想英姿。《九辯》難招憐屈賈,幽魂空滯江湄。子胥終是不羈才。風雷激盪,天際自徘徊。

《呂碧城詞》卷一,《呂碧城集》上冊,43 頁。

曲

〔正宮〕鸚鵡曲・四皓屏　　　　　　　　　　（元）馮子振

逃吳辭夢無家住。解寶劍贈津父。十年間隸越鞭荆。怒卷秋江潮雨。　【幺】想空城組練三千。白馬素車回去。又逡巡月上波平。暮色在煙光紫處。

《全元散曲》上冊，352頁

〔中呂〕朝天曲　　　　　　　　　　（元）薛昂夫

伍員。報親。多了鞭君忿。可憐懸首在東門。不見包胥恨。半夜潮聲。千年孤憤。錢塘萬馬奔。駭人。怒魂。何似吹簫韻。

《全元散曲》上冊，705頁

〔南中呂駐馬聽〕吳山拜伍相廟　　　　　　　　　　（明）陳所聞

廟貌尊崇。獨佔吳山第一峰。不能勾鯨吞越國。翻教鹿走蘇臺。鷗泛江風怒濤出沒見神蹤。秋堂蕭瑟添人慟。一寸丹衷，挽狂瀾砥柱千秋重。

《全明散曲》第二冊，2500頁

〔北仙呂一半兒〕吳山伍公廟　　　　　　　　　　（清）厲鶚

青山遙對海門斜，時見靈旗濕浪花，夜夜夜潮驚萬家。閃棲雅，一半兒聲回一半兒打。

《全清散曲》上冊，778頁

仲尼弟子列傳

詩

詠《仲尼弟子列傳》

仲尼弟子列傳　　　　　　　　　　　　　（唐）司馬貞

教興闕裏,道在陬鄉。異能就列,秀士昇堂。依仁遊藝,合志同方。將師宮尹,俎豆琳琅。惜哉不霸,空臣素王!

《史記索隱》卷三〇,477頁

訓兒童八首·弟子　　　　　　　　　　　　（宋）陳　淳

洙、泗三千眾,何人得正傳。省身有曾子,克己獨顏淵。

《全宋詩》卷二七四七,52冊,32346頁

雜詩四十七首（其三十七）　　　　　　　　（元）答祿與權

商、偃遊洙、泗,文學固有餘。通道苟不篤,判然言論殊。及門三千士,訓誨無親疏。循循善誘人,孰令躐等趍。宣尼今尚存,《六經》語不虛。誦言能自勉,不愧君子儒。

《全元詩》第49冊,476頁

雜詩三十六首（其十一）　　　　　　　　　（元）胡　布

吾愛宓子賤,彈琴坐高堂。單父頌賢聲,四民沐春陽。垂拱開至化,軒轅儼衣裳。帝

力何有哉,順則歸陶唐。小大功不殊,一本葉萬疆。誰謂局州邑,牛刀安可量。

《全元詩》第 50 册,342 頁

擬古九首(其四)   (元)鄧 雅

顏回在陋巷,所樂非箪瓢。仲蔚守蓬蒿,素心甘寂寥。斯濫豈我志,固窮非一朝。懷哉松柏姿,歲寒終後凋。

《全元詩》第 54 册,212 頁

詠　古   (明)鍾羽正

原憲守窮巷,懸鶉不掩肌。賜也殖自營,華軒耀通逵。富者形自驕,貧者心自怡。匡坐撫朱弦,迫然見黃羲。一朝給微祿,欣欣複致詞。鄉黨義可周,君恩覃不私。清風激萬代,烈烈有餘師。

《崇雅堂集》卷一,《四庫全書存目叢書》集部 167 册,720 頁

七十二弟子   (清)顧炎武

亂國誰知爾,孤生且辟人。危情嘗過宋,困志亦從陳。蕭舞虞岸夕,弦歌闕里春。門人惟季次,未肯作家臣。

《顧亭林詩集匯注》卷三,上册,565 頁

子罕辭寶《左傳》   (清)田依渠

有人獻玉來,此意亦云好。那知賢大夫,以不貪為寶。

《茹古山房讀史餘吟》卷二,《清代詩文集彙編》639 册,648 頁

詠顏回

歎魯二首(其二) （唐）白居易

展禽胡為者？直道竟三黜。顏子何如人？屢空聊過日。皆懷王佐道，不踐陪臣秩。自古無奈何，命為時所屈。有如草木分，天各與其一。荔枝非名花，牡丹無甘實。

《全唐詩》卷四二五，13冊，4687頁

顏　回 （唐）周曇

陋巷簞瓢困有年，是時端木飫腥膻。宣尼行教何形跡，不肯分甘救子淵。

《全唐詩》卷七二八，21冊，8347頁

顏　子 （宋）彭汝礪

孔門弟子數三千，高弟惟稱七十賢。用舍行藏誰與比，當時獨許一顏淵。高才獨立聖人門，千載巍巍道愈尊。試讀塵編問遺事，終身不及百餘言。

《全宋詩》卷九〇四，16冊，10617頁

文宣王及其弟子贊·顏回 （宋）高宗趙構

德行首科，顯冠學徒。不遷不貳，樂道以居。食埃甚忠，在陋自如。宜稱賢哉，豈止不愚。

《全宋詩》卷一九八二，35冊，22221頁

書《顏子傳》後 （宋）薛季宣

幾庶都緣有若無，寧論努狗矧蘧蘆。要須非復周公夢，而亦何為子夏書。行葦至仁均草木，中孚大信洽豚魚。窮神至命知奚事，不遠周流意六虛。

《全宋詩》卷二四七五，46冊，28668頁

訓兒童八首·顏子　　　　　　　　　　　（宋）陳　淳

賢哉顏氏子，陋巷獨幽居。簞食與瓢飲，蕭然樂有餘。

《全宋詩》卷二七四七，52 冊，32346 頁

顏　　子　　　　　　　　　　　　　　　（宋）林　同

返必展墓入，去當哭墓行。誰知顏氏子，事死乃如生。

《全宋詩》卷三四一八，65 冊，40605 頁

曲阜懷古·顏巷　　　　　　　　　　　　（元）郝　經

顏巷無顏徒，荒煙亂榛梗。奚復辨崇陋，淒然想幽屏。應卜原思鄰，不與端木並。曲股盡餘樂，閉戶祇退省。自有正大域，直造高明境。不違獨得仁，無欲乃能靜。瓢飲忘萬鍾，簞食同五鼎。乃令子慟哭，天喪不敢請。顏夭未為短，蹠壽豈為永。不貳乃云命，柱生特徼倖。黃桑千年道，尚有門前井。誰來洗心齋，無人照止影。西風散禽鳥，老雨溷蛙黽。

《全元詩》第 4 冊，177 頁

詠貧士七首（其一）　　　　　　　　　　（元）郝　經

簞瓢豈顏樂，大聖德歸依。曠寂無過地，高朗有清暉。誇毗紆金朱，志意欲奮飛。徼幸行險途，跋疐終安歸。道義我素飽，勢利爾恒饑。缾空豈足恥，心死良可悲。

《全元詩》第 4 冊，226 頁

無　　題（其十一）　　　　　　　　　　（元）胡祇遹

顏淵問為邦，樊須請學稼。同在聖門中，人品自高下。執一不知人，玉石俱同價。所以三閭翁，寧死不回駕。

《全元詩》第 7 冊，42 頁

致敬顏子廟　　　　　　　　　　　　　　（元）王　實

周季生王佐，學能孔席親。一瓢惟樂道，三月不違仁。享已宣尼配，祠還文宣鄰。當

時稱不孝,萬古孰同倫。

《全元詩》第 12 冊,320 頁

謁顏廟詩　　　　　　　　　　　　　　　（元）汪澤民

祗命適東魯,晨征趨孔林。旋過亞聖廟,俯伏肅靈襟。陋巷覽遺址,稱賢到於今。一簞樂自足,千駟名空沉。鳳鳥時不至,驥尾胥附深。鶯邦問禮樂,用舍孰知音。愚生後百世,歲月徒侵尋。博約賴明訓,庶矣復初心。

《全元詩》第 27 冊,109 頁

洗心亭　　　　　　　　　　　　　　　　（元）沈　貞

顏子得一善,服膺知所擇。而有無垢翁,洗心守清白。乃知多岐中,各用歸真宅。何以造其微,床頭有周易。

《全元詩》第 51 冊,26 頁

顏子琴操一首,居陋巷作　　　　　　　　（元）王　逢

陋居我居,孰隘湫兮。薄田我田,孰嗇收兮。我順我安,親同休兮。仲尼聖也,道孰侔兮。孰愈予身,從其遊兮。

《全元詩》第 59 冊,24 頁

陋巷操　　　　　　　　　　　　　　　　（明）袁　凱

父之生我兮,斯為人類。師之教我兮,庶斯名之無愧。簞有食兮瓢有飲,人唯我憂兮我樂滋甚。

《袁凱集編年校注》編年詩,93 頁

謁顏廟　　　　　　　　　　　　　　　　（明）李東陽

至德不世出,所居必有鄰。依依闕里東,見此陋巷村。天資本純粹,況乃沾陶甄。禮樂以為邦,克復以為仁。當時七十子,此道鮮有聞。行藏亦時可,不到周公貧。傷哉宣尼慟,此涕複何人。公封與廟配,俎豆垂千春。古祠久荒敝,廢井尚未埋。洞酌代明祀,冷然洗心神。舊第入環堵,纓冠見雲孫。因之訪孟廟,鄒嶧東嶙峋。遙瞻孔林在,且薦清

溪蘋。

《東祀錄》,《李東陽集》第一卷,686 頁

謁顏子廟　　　　　　　　　　　　（明）梁辰魚

遌矣顏氏子,尼父稱庶幾。蕭蕭陋巷中,箪瓢常晏如。古井猶在門,蒼松來庭陰。徘徊兩楹間,清風生坐隅。經傳無遺言,名與天壤俱。至行感人遠,千載還如愚。嗟哉後世士,日夕空著書。

《鹿城詩集》卷七,《梁辰魚集》,109 頁

禮顏廟,觀陋巷井　　　　　　　　（明）文翔鳳

復聖門庭擬帝朝,三都兩觀付漁樵。井欄尚汲源頭水,妙在泠泠此一瓢。

《南極篇》卷四,《四庫禁毀書叢刊》子部 11 冊,425 頁

詠逸民六首（其四）　　　　　　　（明）王　紳

聖門三千徒,一一皆佳士。時君問其賢,獨屬屢空子。仰鑽及瞻忽,駸駸殊未止。惜哉天喪予,一慟回也死。遊目秦漢間,舉世難與比。孰知千載下,迺有牛醫嗣。汪汪千頃陂,渺漫無涯涘。不見鄗夯生,德馨照青史。

《繼志齋集》卷上,《續金華叢書》,319 頁

顏　回　　　　　　　　　　　　　（清）徐公修

同學賢才七十二,千秋附驥獨推顏。深窺聖意高堅象,卓冠師門德行班。至樂箪瓢甘陋巷,宏謨劍戟鑄農山。為邦一問安天下,時輅冕韶大局關。

《史記百詠》卷一,《讀史千詠》,《史記研究文獻輯刊》13 冊,437 頁

顏回箪瓢《論語》　　　　　　　　（清）田依渠

陋巷不為貧,箪瓢樂最真。明賢七十二,好學更何人。

《茹古山房讀史餘吟》卷五,《清代詩文集彙編》639 冊,662 頁

陋　巷

(近代)陳去病

憶昔顏子淵,樂道恒守貧。簞瓢處陋巷,其陋應無倫。疇知今不然,里閈俱一新。即投逆旅息,鷄黍紛焉陳。詎同石門宿,儼逢荷蓧人。所嗟末俗敝,婬葩允城闉。昔也弦歌地,今藏鶯花春。東魯尚如此,奚況天下民。_{逆旅主人酷嗜雅片,故及之。}

《浩歌堂詩鈔》卷七,117 頁

詠閔損

文宣王及其弟子贊·閔損　　　　（宋）高宗趙構

天經地義,孝哉閔騫。父母昆弟,莫間其言。污君不仕,志氣軒軒。復我汶上,出處休焉。

《全宋詩》卷一九八二,35 冊,22221 頁

閔　子　　　　（宋）林　同

參寧殺人者,三至尚踰垣。歎息子閔子,孝哉無閑言。

《全宋詩》卷三四一八,65 冊,40608 頁

閔子墓　　　　（元）王　惲

聖門媲德亞吾顏,季氏何知欲浼然。三釜恐貽親老恥,一廛歸臥汝陽田。山禽容與和聲裏,墟墓蕭條落葉邊。兩下潁濱碑下拜,滿杯秋菊薦寒泉。

《全元詩》第 5 冊,265 頁

題閔子祠碑陰　　　　（元）胡祗遹

聖門七十子,入道何殊形。善誘亦善學,各因其所明。柴愚與參魯,一唯豈徒膺。賢哉子閔子,以孝趨聖庭,直差顏子肩。竟以德見稱,孟氏具體賢,至論豈阿情。區區季氏宰,何物來纏縈。餘光千萬載,炳炳垂日星。我來拜祠下,豐碑刻新銘。烏、王二賢侯,為政知重輕。坐令此邦人,務本羞徑行。大哉堯、舜道,始於事父兄。

《全元詩》第 7 冊,24 頁

烏總管重修閔子廟　　　　（元）劉敏中

干戈擾擾孝與歸,當時豈見具體微。邇來千載騰餘輝,荒涼一丘此荊棘。芻兒牧豎空朝夕,吾道悠悠天亦惜。眼明祠宇麗朝暾,視聽一令邦民新,快哉聖門今有人。

《全元詩》第 11 冊,351 頁

閔　　損
（元）郭居敬

閔氏有賢郎,何曾怨晚娘。尊前留母在,三子免風霜。

閔損,字子騫。早喪母,父娶後妻,生二子。母嫉損,所生子衣以綿絮。冬日,令損御車,體寒失靷。父察之,欲遣後母。損啟父曰:"母在,一子寒;母去,三子單。"母聞之,悔改,遂成慈母。

《全元詩》第 24 冊,72 頁

望閔子廟
（明）商　輅

汶水入河流,遙環閔子丘。不緣辭使命,誰識勝由求。棟笶棲烏陌,蘆花落鴈洲。蕭瞻清廟近,征蓋一為收。

《商輅集》卷二一,上冊,460 頁

謁費公祠 祀閔子騫
（明）徐學謨

昔賢辭費宰,今見費公祠。半畈桃山宅,桃山,地名。千秋蘆絮悲。夕陽臨古道,過客儼餘思。留得丹青在,人間後母慈。

《春明稿》卷一,《四庫全書存目補編》第 97 冊,395 頁

過閔子墓
（明）張元忭

野樹荒郊遠暮雲,聊將溪藻奠孤墳。年來講道多藤葛,德行如君未有聞。

《張陽和先生不二齋文選》卷七,《四庫全書存目叢書》集部 154 冊,480 頁

過夾溝閔子鄉
（明）姚舜牧

驅車問到夾溝斜,孝義名鄉閔子家。挾纊禦寒猶道苦,教人痛見荻蘆花。

《樂陶吟草》卷二,《四庫全書存目叢書》集部 158 冊,350 頁

禮閔子墳
（明）文翔鳳

腐鼠何煩嚇乃翁,騫山 山名。閔里一拳宮。不應封國仍稱費,祀典誰將請汶公。

《南極篇》卷三,《四庫禁毀書叢刊》子部 11 冊,420 頁

閔　　損　　　　　　　　　　　　　　　　（清）徐公修

函丈春風侍側初，誾誾氣度有誰如。勞民隱諷為長府，感母單寒為御車。不仕季孫辭邑宰，擬從汶上覓鄉居。孔門大孝堪疇媲，子路而還又子輿。

《史記百詠》卷一，《讀史千詠》，《史記研究文獻輯刊》13 冊，437 頁

閔損衣單《說苑》　　　　　　　　　　　　　　　（清）田依渠

後母亦能賢，蘆花尚衣我。勿令三子單，一子寒猶可。

《茹古山房讀史餘吟》卷四，《清代詩文集彙編》639 冊，655 頁

曹南先賢詠·閔子　　　　　　　　　　　　　　（清）徐繼孺

《太平寰宇記》：乘氏縣閔損墓在葭密城內。按：漢葭密縣故城，在今菏澤縣西北二十五里葭密寨，墓已失。《闕里誌》云："閔子卒，葬驀山之陽，在鳳陽府宿州北七十里。"

聖門子閔子，伏處兼葭中。芻豢易菜色，儼形良亦工。載記傳遺墓，葭密漢城墉。近志何疏漏，荒渺迷樹封。汶上不可即，東顧激清風。塗炭視權門，去就何從容。頗怪千載後，追贈曰費公。

《徐悔齋集》卷一四，《清代詩文集彙編》783 冊，567 頁

詠冉求

文宣王及其弟子贊·冉求　　　　　　　　　（宋）高宗趙構

循良之要，在於有政。可使為宰，千室百乘。師門育材，治心扶性。退則進之，琢磨之柄。

《全宋詩》卷一九八二，35 冊，22222 頁

冉子祠　　　　　　　　　（明）程文德

德冠群賢選，才堪南面居。東平祠墓在，瞻拜意何如。

《程文德集》卷二九，511 頁

冉子祠　　　　　　　　　（明）申佳胤

煙火寥寥瓜井村，秋風落日伯牛墳。巋然老樹碑陰矗，嵐影波光拂壠雲。仰止斯人名不腐，科懸德行書懸譜。平原賓客氣如虹，沙草榛蕪何處土。半世車塵歷落中，九京贏得鄆侯封。一抔伏臘驚樵牧，靈雨春滋卉木穠。傳浴溫泉事恍忽，石青篆碧探殘碣。聞風興起古今情，何問衣冠何問骨。

《申忠湣詩集》卷二，影印文淵閣《四庫全書》1297 冊，476 頁

冉　求　　　　　　　　　（清）徐公修

卿大夫家治賦宜，三年報最足民期。具臣任職功名屈，君子懷謙禮樂辭。鳴鼓當攻阿季氏，用矛奮武破齊師。顓臾不救甘分過，多藝人才己首推。

《史記百詠》卷一，《讀史千詠》，《史記研究文獻輯刊》13 冊，438 頁

曹南先賢詠·冉子伯牛　　　　　　　　　（清）徐繼孺

《鄆城志》：先賢冉子祠在城東三十里冉村集，祀冉子伯牛，宋封鄆國公。按：冉子伯牛，唐贈鄆侯，宋封東平公，改鄆公。《山左金石志》云：東平州西北有冉子墓。《州志》載：冉子墓初在汶上西門外感化

橋側,宋時遷於州城西北二十里,舊有祠宇。元張瀚有記:今鄆城有祠,蓋因唐、宋舊封而墓在東平。東平,唐鄆州治也。

　　三冉峙孔門,兩入德行科。伯氏不永世,先師為歎嗟。顏子亦早卒,命也當如何。君子朝聞道,之死理則那。有不亡者存,得壽豈在多。

　　　　　　　　《徐悔齋集》卷一四,《清代詩文集彙編》783 册,567 頁

詠仲由

文宣王及其弟子贊·仲由　　　（宋）高宗趙構

升堂惟光，千乘惟權。陵暴知非，委質可賢。折獄言簡，結纓禮全。惡言不耳，仲尼賴焉。

《全宋詩》卷一九八二，35 冊，22222 頁

子　　路　　　（宋）林　同

食藜殊列鼎，負米異重茵。不待今朝養，傷哉昔日貧。

《全宋詩》卷三四一八，65 冊，40609 頁

《子路問津圖》　　　（元）王　惲

轍環天下老於行，二子相忘不輟耕。休為聖、賢分二致，本來出處不同情。

《全元詩》第 5 冊，561 頁

題《子路問津圖》　　　（元）劉敏中

木鐸天開萬古春，昭昭日月仰群倫。耦耕向有儀封鑒，肯著知津待聖人。

《全元詩》第 11 冊，323 頁

開州衛國公墓　　　（元）陸德方

即先賢子路墓也。見《仲子三墓誌》。

猗嗟大賢，仁勇天付。學誕升堂，才嫻治賦。三善遹聲，一死弗怖。蒲民思之，為封為樹。閱歷春秋，孤標霜露。道在人存，問諸行路。極目平蕪，野磷日暮。博浪飛椎，始皇疑墓。杳皆莫追，此何如故。螻蟻不侵，鳶烏勿污。河嶽為精，風雲若護。覆醢何傷，結纓非誤。快覩明興，草木咸昫。我愧逋臣，邂逅披素。從公末由，好爾無斁。化臺赫靈，願言予顧。

《全元詩》第 49 册，467 頁

題《子路負米》扇景　　（明）朱彌鉗

茅舍踈籬鎖碧苔，小橋流水野花開。昔年負來供親者，寫入齊紈啟後來。

《謙光堂詩集》卷六，《四庫全書存目叢書》集部 60 册，375 頁

題郡城附州縣圖十一首·長垣　　（明）穆文熙

仲由為宰日，尼父稱三善。千年想遺化，入境一浩歎。

《穆考功逍遙園集選》卷八，《四庫全書存目叢書》集部 137 册，84 頁

仲　　由　　（清）徐公修

有勇知方志不灰，雞冠豭佩壯丰裁。喜聞浮海乘桴去，難語升堂入室來。最是片言能折獄，可憐一死為爼臺。治蒲三善勳猷著，末路如何仕孔悝。

《史記百詠》卷一，《讀史千詠》，《史記研究文獻輯刊》13 册，438 頁

子路負米 《家語》　　（清）田依渠

南游至荊楚，子路不勝悲。鼎食千鍾粟，何如負米時。

《茹古山房讀史餘吟》卷一，《清代詩文集彙編》639 册，642 頁

曹南先賢詠·仲子　　（清）徐繼孺

觀城有仲子墓，范縣有子路隄，隄上有祠。按：衛遷帝邱（丘），在今濮州及直隸開州之間，與觀、范接壤，仲子卒於衛孔悝之難，故遺塚在此。

末世多詐虞，發言若泡幻。起滅頃刻間，那能別真贗。小邾不要盟，大信夙所羨。但知一諾貴，翻謂金石賤。生死真不渝，結纓殉衛難。英風懷冠佩，遺蹟溯范觀。後近慕文彩，我且師其諼。

《徐悔齋集》卷一四，《清代詩文集彙編》783 册，567 頁

詠言偃

文宣王及其弟子贊·言偃　　　（宋）高宗趙構

道義正己，文學擅科。為宰武城，聯以弦歌。割雞之試，牛刀謂何。前言戲爾，博約則多。

《全宋詩》卷一九八二，35冊，22222頁

子　遊　　　（宋）林　同

犬馬何以別，斯言似太深。深言為養者，可不敬於心。

《全宋詩》卷三四一八，65冊，40609頁

子遊遺趾　　　（元）吳　訥

勾吳昔要荒，俗鄙人不文。叔氏豪傑士，北學遊聖門。身通列四科，文學冠明倫。井堙宅已荒，橋巷名猶存。至今里中子，千載霑遺芬。

《全元詩》第64冊，69頁

子遊舊宅　　　（元）周霞賓

列國雄吞際，人材北學難。淒涼吳邑里，惆悵魯衣冠。舊宅歸蓬顆，新祠倚杏壇。一橋通夾巷，蔽井樹陰寒。

《全元詩》第67冊，78頁

子遊井　　　（明）王　賓

子遊巷。《續圖經》：井徑三尺，深十丈。

此井同誰更有名，吳中師表魯諸生。一千八百年來物，水似新開波轉清。

《吳中古跡詩》，《四庫全書存目叢書》集部28冊，232頁

子遊廟 　　　　　　　　　　　　　　　（明）王　賓

常熟。宋慶元三年知縣孫應時始為之,朱文公記焉。

獨遠將身事聖師,南方文學此先知。弦歌有道曾行到,何待《春秋》贊一辭。

《吳中古跡詩》,《四庫全書存目叢書》集部 28 冊,237 頁

子遊墓 　　　　　　　　　　　　　　　（明）王　賓

海隅山上。《史記·吳世家》注:仲雍塚並列。

有樹楷來不記春,卻依虞仲塚為鄰。山家相約休樵採,十哲人中第九人。

《吳中古跡詩》,《四庫全書存目叢書》集部 28 冊,238 頁

子遊宅 　　　　　　　　　　　　　　　（明）王　賓

在子遊巷。

武城邑裏有弦歌,舊宅門前客喜過。年代久長惟井在,古槐尤帶夕陽多。陳子平詩:"一橋通夾巷,有井底槐陰。"

《吳中古跡詩》,《四庫全書存目叢書》集部 28 冊,240 頁

子遊巷 　　　　　　　　　　　　　　　（明）王　賓

常熟治西北,一名文學巷,橋曰文學橋。

不是尋常一巷名,四科稱許甚非輕。有人題在橋梁上,行過低頭畏後生。

《吳中古跡詩》,《四庫全書存目叢書》集部 28 冊,244 頁

拜子遊墓 　　　　　　　　　　　　　　（明）沈明臣

肅拜空山秋,却立門墻外。松楸鬱崔嵬,雲霞動余慨。壯哉吳會區,山海相控帶。文學天性然,猗歟仰千代。

《豐對樓詩選》卷三,《四庫全書存目叢書》集部 144 冊,188 頁

子遊巷 　　　　　　　　　　　　　　　（明）沈明臣

墨井曾聞十丈深,子遊巷前不可尋。漫道弦歌催白日,武城何處起秋砧。

《豐對樓詩選》卷三九,《四庫全書存目叢書》集部 144 册,629 頁

謁子遊子祠　　　　　　　　　　　　　　　（明）姜　埰

儒風繼東魯,祀事儼清宵。肅肅絃歌地,溶溶文學橋。蛟龍陰雨閟,鶴鸛古杉饒。一自遊中國,荆蠻教化遙。

《敬亭集》卷三,128 頁

言　偃　　　　　　　　　　　　　　　　　（清）徐公修

裼裘不與襲裘同,卜子輪君習禮功。文學肇開吳郡祖,弦歌雅被武城風。割雞治邑才華試,相馬以輿德化通。我道南行期望副,虞山憑吊墓碑豐。

《史記百詠》卷一,《讀史千詠》,《史記研究文獻輯刊》13 册,439 頁

詠宰予

文宣王及其弟子贊·宰予　　　　　（宋）高宗趙構

辯以飾詐,言以致文。苟弗執禮,宜奠釋紛。朽木糞牆,置不足言。言語之科,粗然有聞。

《全宋詩》卷一九八二,35 册,22222 頁

詠子夏

子夏山 （宋）趙瞻

山因先師成令名,人心仰止懸青冥。文侯北面款山扃,石室至今猶南傾。直松萬林天籟聲,長材大東資連甍。溪泉四出照骨清,潤物功溥民罔爭。朝兮新雲澤根莖,暮兮和風發勾萌。山種氣稟天地英,民何知為夫子靈。魏最稱治由師經,晉俗自是多諸生。時尚辭華取未精,皓首學行徒修明。非無神降弼王庭,國朝當議平廣衡。斯文未喪吾道亨,商之傳授今可行。

《全宋詩》卷五一四,9 冊,6245 頁

文宣王及其弟子贊·卜商 （宋）高宗趙構

文學之目,名重一時。為君子儒,作魏侯師。不可後禮,始可言詩。假蓋小嫌,聖亦不疵。

《全宋詩》卷一九八二,35 冊,22222 頁

子 夏 （宋）林 同

為有心中事,琴音自不和。禮雖弗敢過,哀若未忘何。

《全宋詩》卷三四一八,65 冊,40609 頁

卜子夏 （元）徐 鈞

宣尼生不到西河,聖化難沾觖望多。商也天教生獨晚,為分一脈闡文科。

《全元詩》第 7 冊,277 頁

謁子夏祠 （明）吳廷翰

賤子慕文學,雅情眷道術。荒祠一展禮,始願今亦畢。恭惟聖門哲,秉文素超軼,早擅東魯場,晚入西河室。六籍皆振揚,曾不華卷帙。乃知學所宗,潛心在本實。昔者二三

子,日夕詠琴瑟。曷不觀四科?而其道乃一。所以失子志,竭力於刪述。茲學日云遠,澆風喪其質。俛仰懷古人,憫念後世失。聖者一以作,百家俱罷黜。

《詩集》卷上,《吳廷翰集》,365頁

卜　商　　　　　　　　　　　　　　　　　（清）徐公修

《三百篇》詩煩作序,起予商也性通靈。解圍南國先供使,受聘西河退授經。莒父宰官心矢赤,文侯師傅眼垂青。鶉衣百結貧何礙,金石歌聲出戶庭。

《史記百詠》卷一,《讀史千詠》,《史記研究文獻輯刊》13册,439頁

曹南先賢詠·卜子　　　　　　　　　　　　（清）徐繼孺

子夏墓在菏澤縣北十里卜堌都,墓前有祠,明崇禎間,兵備副使冒起宗有碑記。按:《史記》稱子夏,衛人。今菏澤北境,於春秋為衛地,故遺塚在此。《集解》引鄭氏說,以為溫國人。《索隱》謂溫國在河內溫縣,屬衛。今考溫縣,於春秋當為晉地,《索隱》非也。

末學矜創獲,蠹簡事校讎。穿穴窮幽眇,金石巖崖捴。豈知讀書者,意會非旁求。三豕訂譌脫,晉史元能鉤。啟予聖所歎,飣餖焉得儔。願言向卜堌,齋心溪毛羞。

《徐悔齋集》卷一,《清代詩文集彙編》783册,567頁

詠曾點

曾　點　　　　　　　　　　　　　　　　　　　（宋）呂大均

函丈從容問且酬,展才無不至諸侯。可憐曾點推鳴瑟,獨對春風詠不休。

《全宋詩》卷六八五,12 冊,8004 頁

文宣王及其弟子贊·曾點　　　　　　　　　　　（宋）高宗趙構

惟時義方,有子誠孝。怡怡聖域,俱膺是道。暮春舞雩,詠歌至教。師故與之,和悅宜召。

《全宋詩》卷一九八二,35 冊,22223 頁

曾點扇頭二首　　　　　　　　　　　　　　　　（元）劉　因

晉、楚英雄管、晏才,當時真眼尚誰開。狂生攜著魯兒子,獨向舞雩風下來。

獨向舞雩風下來,坐忘門外欲生苔。歸時過着顏家巷,說與城南華正開。

《全元詩》第 15 冊,163 頁

詠曾參

文宣王及其弟子贊·曾參　　（宋）高宗趙構

夫孝要道，周訓群生。以綱百行，以通神明。因數侍師，答問成經。事親之實，代為儀刑。

《全宋詩》卷一九八二，35 冊，22222 頁

三省二首　　（宋）朱　熹

曾子尚憂三者失，自言日致省身功。如何後學不深察，便欲傳心一惟中。
用功事上實根源，三省真傳入道門。理即是心隨事顯，事能盡理始心存。

《全宋詩》卷二三九四，44 冊，27675 頁

曾　子　　（宋）劉克莊

親劬何以報，子職貴乎勤。梨本非難熟，瓜殊未宜耘。

《全宋詩》卷三〇四六，58 冊，36325 頁

曾　子　　（宋）林　同

全歸有明訓，珍重恐傷膚。小子啟手足，吾今知免夫。

《全宋詩》卷三四一八，65 冊，40606 頁

曾　參　　（元）郭居敬

母指纔方嚙，兒心痛不禁。肩薪歸未晚，骨肉至情深。

曾子，名參，字子輿。其母一日有親友至，家貧無具。母齧其指，參採薪山中，忽心痛，即採薪以歸。跪母問其故，母乃云云。

《全元詩》第 24 冊，72 頁

殘形操

(明)王 達

昔曾子夢見一狸,不見其首,故作此操。夫以曾子聲道,安得有是夢哉!然予不較其有無,但假曾子之意而為之操焉。

夜沉沉兮月黑,夢邃邃兮心自憶。有身無首狸我側,事難異兮理可測。孔道不行兮仁義塞,居劉悴剛兮非我益。何必巫咸兮,吉凶繫乎余德。

《翰林學士耐軒王先生天遊雜稿》卷一,《四庫全書存目叢書》集部 27 冊,107 頁

曾 參

(清)徐公修

三省吾身日不遑,道傳一貫冠同堂。功深守約鄒賢喻,難避當前越寇狂。嗜棗登盤奚忍食,耘瓜受杖苦遭傷。齊家治國平天下,《大學》成書重十章。

《史記百詠》卷一,《讀史千詠》,《史記研究文獻輯刊》13 冊,437 頁

曾子避席

(清)吳名鳳

仲尼居,曾子侍。耳驚提,席謹避。孝為本,德其至。天之經,地之義。《十八篇》終始備,日經天,河行地。吁嗟乎!馬融絳帳皆女伶,摭拾忠語僭稱經,梁冀何人甘附腥。附梁冀,忠已棄。言雖華,行俱偽。輪轅空飾何足貴,曾子孝親能養志,傳心固不在文字。

《竹庵詩鈔》卷五,《清代詩文集彙編》487 冊,107 頁

詠子貢

子　貢　　　　　　　　　　　　　　　（唐）周　曇

救魯亡吳事可傷,誰令利口說田常。吳亡必定由端木,魯亦宜其運不長。

《全唐詩》卷七二八,21 冊,8347 頁

再　吟　　　　　　　　　　　　　　　（唐）周　曇

一言能使定安危,安已危人是所宜。仁義不思垂教化,背恩亡德豈儒為。

《全唐詩》卷七二八,21 冊,8347 頁

子　貢　　　　　　　　　　　　　　（宋）王安石

一來齊境助奸臣,去誤驕王亦苦辛。魯國存亡宜有命,區區翻覆亦何人。

《全宋詩》卷五七六,10 冊,6779 頁

賜　也　　　　　　　　　　　　　　（宋）王安石

賜也能言未識真,誤將心許漢陰人。桔槔俯仰妨何事,抱甕區區老此身。

《全宋詩》卷五六七,10 冊,6710 頁

文宣王及其弟子贊·端木賜　　　　　　（宋）高宗趙構

謙德知二,器實瑚璉。動必幾先,孰並其辯。一使存魯,五國有變。終相其主,譽處悠遠。

《全宋詩》卷一九八二,35 冊,22222 頁

子　貢　　　　　　　　　　　　　　　（宋）林　同

未須論大塊,以死息乎人。所願學賜也,姑惟息事親。

《全宋詩》卷三四一八,65 冊,40609 頁

襄陽詠史·漢陰臺　　　　　　　　　　（金）李俊民

怪來賜也多言甚,笑倒忘機老漢陰。巧拙大都歸一溉,寧教勞力莫勞心。

《金詩》,《全遼金詩》中冊,2020 頁

子貢廬墓處 在宣聖墓前　　　　　　　　（明）鍾羽正

梁壞山崩哭逝波,荒原三載臥煙蘿。鑄□未歇操戈入,世上陳相日更多。

《崇雅堂集》卷六,《四庫全書存目叢書》集部 167 冊,745 頁

端木賜　　　　　　　　　　　　　　　（清）徐公修

百里賢侯宰信陽,飫聞性道與文章。六年築室心喪寄,四國乘軺口辨忙。魯衛秉鈞分作相,齊吳聽計互爭強。廟堂宗器珍瑚璉,寧獨雄才貨殖長。

《史記百詠》卷一,《讀史千詠》,《史記研究文獻輯刊》13 冊,439 頁

端木辭金《家語》　　　　　　　　　　（清）田依渠

於此獨辭金,殊違宣聖心。贖人延舊例,曾已到而今。

《茹古山房讀史餘吟》卷五,《清代詩文集彙編》639 冊,661 頁

曹南先賢詠·端木子　　　　　　　　　（清）徐繼孺

《寰宇記》:子貢,衛之濮陽人。

夫子之文章,無一非性道。得聞不得聞,眾詣在所造。允矣端木子,之言鹽其腦。所惜拘墟士,觀天徒自小。講論落陳迹,筌蹄以為寶。買櫝而還珠,耳食安得飽。

《徐悔齋集》卷一四,《清代詩文集彙編》783 冊,567 頁

詠原憲

六言詩十章(其十) （三國魏）嵇　康

嗟古賢原憲,棄背膏粱朱顏,樂此屢空饑寒。形陋體逸心寬,得志一世無患。

《魏詩》卷九,《先秦漢魏晉南北朝詩》上册,490頁

高士詠·原憲 （唐）吳　筠

原生何淡漠,覩妙自怡性。蓬戶常晏如,弦歌樂天命。無財方是貧,有道固非病。木賜欽高風,退慚車馬盛。

《全唐詩》卷八五三,24册,9657頁

文宣王及其弟子贊·原憲 （宋）高宗趙構

軾彼窮閭,達士所實。邦無道穀,進退孰倫。敝衣非病,無財乃貧。賜雖不懌,清節照人。

《全宋詩》卷一九八二,35册,22223頁

古意二十首(其八) （明）袁　凱

茫茫古人中,我愛原子思。食粟豈云飽,衣裘豈應時。憔悴衡門下,彈琴唱《逸詩》。大夫適何來,駟馬行騑騑。入門即長歎,念子病何危。貧病固不同,發言忽若斯。誰爲同門生,白首不見知。

《袁凱集編年校註》編年詩,117頁

原憲桑樞《家語》 （清）田依渠

自識貧非病,桑樞樂有餘。故人誰見訪,端木已停車。

《茹古山房讀史餘吟》卷五,《清代詩文集彙編》639册,661頁

詠其他弟子

文宣王及其弟子贊·冉耕　　　（宋）高宗趙構

德以充性，行以澡身。二事在躬，日躋而新。並驅賢科，得顏與鄰。不幸斯疾，命也莫伸。

《全宋詩》卷一九八二，35冊，22221頁

文宣王及其弟子贊·冉雍　　　（宋）高宗趙構

懿德賢行，有一則尊。子也履之，成性存存。騂角有用，犁牛莫論。刑政之言，惠施元元。

《全宋詩》卷一九八二，35冊，22221頁

文宣王及其弟子贊·澹臺滅明　　　（宋）高宗趙構

惟子有道，天與異容。狀雖雲惡，德則其豐。南止江沱，學者雲從。取士自茲，貌或非公。

《全宋詩》卷一九八二，35冊，22222頁

澹臺滅明墓　　　（明）李夢陽

子游昔宰邑，邑有澹臺公。非公不見宰，不徑垂無窮。身歿埋豫章，豫章乃城中。長松何寥寥，石墓堅且崇。崩館晝常陰，古樹多悲風。丸丸擁基藤，垂垂網戶蟲。喧寂本異感，慨惋當何同。道伸固難滅，瞻睇搖晴虹。

《李夢陽集校箋》卷一二，第一冊，312頁

澹臺湖　　　（明）王　賓

寶帶橋西。《史記·弟子傳》：子羽南遊至江。《索隱》注：吳國東南澹臺湖，即其遺跡所在。

多因公事見言遊，來到江南有幾秋。風水連天樓泊處，並無斜逕在灘頭。

《吳中古跡詩》，《四庫全書存目叢書》集部 28 冊，236 頁

謁澹臺子羽墓 　　　　　　　　　　　（明）徐　問

代遠還遺墓，人今古意敦。簪紳時歇馬，香火或開門。短褐千年貴，豐碑十丈存。武城舊儒道，寂寞竟誰論。

《山堂萃稿》卷三，《四庫全書存目叢書》集部 54 冊，196 頁

著雝攝提格‧故城澹臺故居 　　　　　（清）蔣　詩

費澹臺山子羽家，故居胡在清河國？或者漢代澹臺恭，居此姓偕閭以式。子羽南游惟至江，三百從學弟子職。投璧璧躍遂毀之，延津斬蛟蛟浪息。非公不至不徑由，豈有里居在燕北？

《榆西僊館初橐》卷三九，《清代詩文集彙編》488 冊，505 頁

澹臺毀璧《水經注》 　　　　　　　　（清）田依渠

斬蛟愚尺劍，投璧向中流。躍出還三次，當前一毀休。

《茹古山房讀史餘吟》卷二，《清代詩文集彙編》639 冊，648 頁

文宣王及其弟子贊‧公冶長 　　　　　（宋）高宗趙構

子長宏度，高出倫輩。雖在縲絏，知非其罪。純德備行，夫子所采。以子妻之，尤知英概。

《全宋詩》卷一九八二，35 冊，22223 頁

文宣王及其弟子贊‧公西葳 　　　　　（宋）高宗趙構

猗爾子上，魯邦之望。以德則貴，惟道是唱。師聰師明，友直友諒。伯於祝阿，儒風斯暢。

《全宋詩》卷一九八二，35 冊，22223 頁

文宣王及其弟子贊‧有若 　　　　　　（宋）高宗趙構

人稟秀德，氣貌或同。而子儼然，溫溫其容。兩端發問，未答機鋒。以禮節和，斯言

可宗。

《全宋詩》卷一九八二，35 冊，22223 頁

文宣王及其弟子贊·巫馬施　　（宋）高宗趙構

天清日明，密雨曷有。師俞持蓋，子亦善扣。惟夫子博，三才允究。學者之樂，所得遂茂。

《全宋詩》卷一九八二，35 冊，22224 頁

曹南先賢詠·巫馬子　　（清）徐繼孺

先勞亦聖訓，撫字民所望。惟彼巫馬子，出入戴星光。任力與任人，異撰庸何傷。於今望循吏，雲霓待龔、黃。養尊而處優，猥曰不下堂。受牧不求芻，何以茁牛羊。

《徐悔齋集》卷一四，《清代詩文集彙編》783 冊，567 頁

文宣王及其弟子贊·公晳哀　　（宋）高宗趙構

周衰僞隆，政在群公。廉恥道微，家臣聿崇。不為屈節，撝默自容。子於是時，凜然清風。

《全宋詩》卷一九八二，35 冊，22224 頁

文宣王及其弟子贊·顓孫師　　（宋）高宗趙構

念昔顓孫，商德與鄰。學以幹祿，問以書紳。參前倚衡，忠信是遵。色取行違，作戒後人。

《全宋詩》卷一九八二，35 冊，22224 頁

文宣王及其弟子贊·高柴　　（宋）高宗趙構

婉彼子羔，受業先聖。宗廟之問，一出乎正。克篤於孝，非愚乃令。師知其生，有輝賢行。

《全宋詩》卷一九八二，35 冊，22224 頁

文宣王及其弟子贊·顏無繇　　（宋）高宗趙構

人誰無子,爾嗣標奇。行為世範,學為人師。請車誠非,顧匪其私。千載之下,足以示慈。

《全宋詩》卷一九八二,35 冊,22225 頁

文宣王及其弟子贊·南宫括　　（宋）高宗趙構

先覺既位,簪履並馳。尚德君子,爾乃兼之。羿奡可慚,禹稷可師。三複此道,載觀白圭。

《全宋詩》卷一九八二,35 冊,22227 頁

南宫括　　（清）徐公修

君子若人兼尚德,翩翩公子令名馳。冶長僚婿聯歡久,懿子難兄競爽推。箟室慈親彤管譽,葩經尚友白圭詩。漫嘲載寶而朝佽,甥館冰清拜孟皮。

《史記百詠》卷一,《讀史千詠》,《史記研究文獻輯刊》13 冊,440 頁

文宣王及其弟子贊·商瞿　　（宋）高宗趙構

易之為書,彌合天地。五十乃學,師則有是。子能受授,洗心傳世。知機其神,宜被厥祀。

《全宋詩》卷一九八二,35 冊,22227 頁

文宣王及其弟子贊·司馬耕　　（宋）高宗趙構

手足甚親,志異出處。雖將為亂,子乃脫去。在汙能絜,危而有慮。內省若斯,何憂何懼。

《全宋詩》卷一九八二,35 冊,22227 頁

文宣王及其弟子贊·公西赤　　（宋）高宗趙構

學者行道,黻絻亦稱。使齊光華,偶為肥輕。周急之言,君子所令。答問允嚴,理皆先經。

《全宋詩》卷一九八二,35 冊,22227 頁

文宣王及其弟子贊‧公伯僚 （宋）高宗趙構

人有賢否,道有廢興。子如命何,營營震驚。季孫雖惑,景伯莫平。師資一言,秩祀亦懲。

《全宋詩》卷一九八二,35 冊,22227 頁

文宣王及其弟子贊‧漆雕開 （宋）高宗趙構

仕進之道,要在究習。具臣而居,咎欲誰執。斯未能信,謙以有立。闕里說之,多士莫及。

《全宋詩》卷一九八二,35 冊,22228 頁

文宣王及其弟子贊‧宓不齊 （宋）高宗趙構

君子若人,單父之政。引肘寤君,放魚稟令。傅郭勿獲,遂能制命。百代理邑,用規觀聽。

《全宋詩》卷一九八二,35 冊,22228 頁

單父琴臺 （元）王 惲

武侯治蜀毋輕赦,宓子彈琴不下堂。風俗變移難復古,後人為政貴論量。

《全元詩》第 5 冊,519 頁

登鳴琴堂故基 （元）胡祗遹

吏以身化民,民自樂循理。善誘無惡言,風俗日淳美。春風和氣中,周旋樂與禮。不大聲以色,弦歌而已矣。宜乎聖師言,許與稱君子。我慚領郡符,學道不修已。區區終日間,喋喋費唇齒。民有不若德,未免以鞭捶。一時雖面革,中心頑無恥。循吏未可攀,聖域安敢跂。再拜登茲堂,沾衣汗如洗。

《全元詩》第 7 冊,21 頁

曹南先賢詠·宓子 　　　　　　　　　　（清）徐繼孺

琴臺在單南護城隄上，臺上有祠，祀宓子、巫馬子。

單父本魯邑，琴臺堅不圮。彎環映半月，曲折抱淶水。靈秀天所鍾，流連集高李。父事與兄事，當日賓主美。豈曰今無人，合契遲宓子。

《徐悔齋集》卷一四，《清代詩文集彙編》783 冊，567 頁

沈諸梁　　　　　　　　　　　　　（清）徐公修

望君如歲藹然親，免冑軍前慰國人。勝乞騈誅除惡盡，西期慘死替冤伸。羊攘證父難言直，龍好通神反怕真。近說遠來論政治，服膺聖訓善臨民。

《史記百詠》卷一，《讀史千詠》，《史記研究文獻輯刊》13 冊，440 頁

宓賤彈琴《呂氏春秋》　　　　　　　　（清）田依渠

子賤治單父，鳴琴不下堂。所由清靜吏，無復事張皇。

《茹古山房讀史餘吟》卷三，《清代詩文集彙編》639 冊，652 頁

曹南先賢詠·冉子仲弓　　　　　　　（清）徐繼孺

冉子仲弓墓在曹縣冉堌，有《冉子世系譜》可據。顧亭林《山東考古錄》謂：冉堌為魏冉之墓。非也。魏冉塚，世謂之安平陵，即今安陵。《水經注》：濟水又東，逕秦相魏冉墓西，又東北，逕定陶共王陵南。共王陵在左城，安陵在左城西，濟水自西來，由安陵抵左城，與《水經》合。而冉堌在左城之東，相距四五十里，亭林蓋未深考耳。

仲弓有遺塚，虔奉在曹南。其地名冉堌，婦孺所同諳。或云秦魏冉，《水經》注可參。豈知方位誤，東西未詳覘。魏塚在安陵，辨口自可箝。亭林號博雅，此論卻當芟。

《徐悔齋集》卷一四，《清代詩文集彙編》783 冊，567 頁

曹南先賢詠·冉子子有　　　　　　　（清）徐繼孺

冉子子有墓，在鄆城縣東三十五里冉村集金綫嶺，唐咸通六年立碑曰："冉子徐侯墓"。詳見《山左金石志》。

大道恆足財，多藝可治賦。末世乃患貧，苦無庚濟具。鄆城有冉里，云是子有墓。在唐封徐侯，石斷碑未仆。迢迢金綫嶺，蒼茫亙煙樹。

《徐悔齋集》卷一四,《清代詩文集彙編》783 冊,567 頁

曹南先賢詠·左邱(丘)子　　（清）徐繼孺

曹縣西北六十里左山有魯太史公左公墓,《通志》《府志》皆以為左邱(丘)明父墓,《一統志》則以為左邱(丘)明之王父。明萬曆舉人郭交英《左公廟碑記》云:州治之南四十餘里靈應湖迤南有土,隆然一邱(丘),號為左山,不知始於何代。《州志》則謂"左邱明(丘)之墓"。據此,則萬曆以前《州志》又以為左邱(丘)明墓,其廟則創始萬曆以上,祀左邱(丘)明,則當為左邱(丘)明墓也。而肥城亦有左邱(丘)明墓,俞理初《癸巳類稿》據宋陳師道《坡雲樓記》謂:左山為慎到之墓。其說甚辨,未知孰是。

孔子作《春秋》,口授漸失真。依經而作《傳》,翼道賴素臣。左城有遺塚,靈應湖之濱。曰父曰王父,異說久紛紜。或曰在肥城,真偽爭斷斷。在曹乃慎到,碑碣朱尚存。附會由左山,誤傳自明人。

《徐悔齋集》卷一四,《清代詩文集彙編》783 冊,568 頁

曹南先賢詠·蘧子　　（清）徐繼孺

衛人,今濮州。

信節於昭昭,墮行於冥冥。我敬蘧伯玉,闇昧亦兢兢。五十而知非,六十化可徵。年與學俱近,俎豆陪孔庭。日月忽已邁,沒世名不稱。引領望先賢,寡過真未能。

《徐悔齋集》卷一四,《清代詩文集彙編》783 冊,568 頁

曹南先賢詠·甯武子　　（清）徐繼孺

墓在荷澤縣西北二十里,《表忠集》有祠。《寰宇記》云:在冤句縣東十五里。宋冤句縣,即漢縣,今荷澤地。

世運日以降,愚亦判今古。吁嗟甯大夫,孤忠不再覯。興訟自元咺,基過始賤土。納饘躬已瘁,薄酖意尤苦。保身而濟君,天缺真可補。人皆曰尋智,前途尚自努。

《徐悔齋集》卷一四,《清代詩文集彙編》783 冊,568 頁

曹南先賢詠·史魚　　（清）徐繼孺

衛人。

子魚秉直道,聖贊曰如矢。擊奸去彌瑕,薦賢陟蘧子。高節凌董、狐,英風追龍、比。非曰能尸諫,斯人固不死。

《徐悔齋集》卷一四,《清代詩文集彙編》783 冊,568 頁

曹南先賢詠·曹公子子臧 （清）徐繼孺

曹公子欣時,字子臧。《曹縣志》云:墓在安陵。

夷、齊讓孤竹,首陽陳高義。泰伯與仲雍,采藥競逃避。亦越吳季札,流風杳難企。魯隱營菟裘,事乃違其志。遲回長奸邪,優柔成篡弒。達節聖所難,守節抑其次。矯矯曹公子,遺榮懼不蔇,展墓羞蘋蘩,頑懦愧叔季。

《徐悔齋集》卷一四,《清代詩文集彙編》783 冊,568 頁

莊　　蹻 （清）莫友芝

宛若銛鈶速若風,國分三四欲何終。浪爲椓杙開邊計,竟與持飴取牡同。楚盜聲名歸莫滌,滇王富貴坐堪雄。果然還報誰能阻,休信巫黔路不通。

《影山草堂學吟稿·郘亭外集》,《莫友芝詩文集》上冊,123 頁

詞

前調（金菊對芙蓉）·訪單縣琴臺　　（清）陳維崧

邑爲宓子賤、巫馬期舊治，臺有二賢祠。

古樹雲平，荒臺湍激，兩賢留下祠堂。見蛛絲網院，馬莧圍墻。承塵畫壁昏於夢，千年事、陳蹟蒼涼。江南游子，無聊側帽，有恨循廊。　　迤邐漸下牛羊。響落木西風，颭沓層岡。悵琴聲未杳，蘋藻誰將。擬尋北地韓陵石，呼來語、相伴他鄉。那堪斷碣，摩挲已徧，一笑斜陽。

《全清詞》順康卷第七冊，4085 頁

玉樓春·謁顏子廟感賦　　（清）俞士彪

人生壽夭原無着。我待我躬寧肯薄。固窮原是士之常，豈必簞瓢纔好學。　　千秋俎豆償藜藿。烈烈芳型垂渺邈。而今陋巷豈無人，誰箇肯尋顏子樂。

《全清詞》順康卷第八冊，4415 頁

商君列傳

詩

詠《商君列傳》

商君列傳　　　　　　　　　　　　（唐）司馬貞

衛鞅入秦，景監是因。王道不用，霸術見親。政必改革，禮豈因循。既欺魏將，亦怨秦人。如何作法，逆旅不賓！

《史記索隱》卷三〇，477 頁

讀《商君傳》　　　　　　　　　　　（宋）王　令

利害從來識所存，固難輕重與人論。趙良不自身為客，剛欲都君使灌園。

《全宋詩》卷七〇六，12 冊，8179 頁

讀《商君傳》二首　　　　　　　　　（宋）陳耆卿

大信之信本不約，至誠之誠乃如神。欲識唐、虞感通處，泊然無物自相親。

計事應須遠作程，快心多釀後災成。邇來關下無人舍，正為商君法太行。

《全宋詩》卷二九五四，56 冊，35200 頁

詠商鞅

商君吟　　　　　　　　　　　　　　　　　　（宋）邵　雍

商鞅得君持法處，趙良終日正言時。當其命令炎如火，車裂如何都不知。

《全宋詩》卷三七三，7 冊，4591 頁

商　鞅　　　　　　　　　　　　　　　　　　（宋）王安石

自古驅民在信誠，一言為重百金輕。今人未可非商鞅，商鞅能令政必行。

《全宋詩》卷五六九，10 冊，6724 頁

感古十首（其六）　　　　　　　　　　　　　（宋）胡仲弓

商君金徙木，趙高鹿為馬。徒欲取民信，疑心隨解瓦。罔民適自欺，何以行天下。四維已滅亡，命脈存已寡。焚書火咸陽，斯言信非假。

《全宋詩》卷三三三五，63 冊，39741 頁

商　鞅　　　　　　　　　　　　　　　　　　（宋）陳　普

此天此地此經文，學者何嘗溺所聞。盡道李斯焚典籍，不知吹火是商君。

《全宋詩》卷三六五〇，69 冊，43793 頁

衛　鞅　　　　　　　　　　　　　　　　　　（元）徐　鈞

心術刑名太刻殘，網深文峻眾心寒。倉忙客舍無歸處，始悔當年法欠寬。

《全元詩》第 7 冊，278 頁

大良造　　　　　　　　　　　　　　　　　　（元）楊維楨

大良造，三尺木，重千鈞。太子犯法僇傅臣，立信動物令如秋與春。如何食印盟，棄梁信，詐取三軍而諸侯弗順。駢脅日以鯠，左建日以峻，趙良諤諤桀耳啟虞舜。大良造，

誣王道,詭霸功,開塞耕戰強西戎。血渭水兮袄冀宮,欲與五羖相雌雄。五羖死,杵不相舂。大良造,逆旅不相容。

《全元詩》第 39 冊,161 頁

讀諸子·《商子》　　　　（元）吴　萊

小夫太多端,秦法日已變。咄哉文武都,在德不在戰。

《全元詩》第 40 冊,75 頁

古意二十首（其十六）　　　　（明）袁　凱

迢迢青雲上,自昔為亨衢。亨衢豈無極,下視乃泥塗。商君變法時,寧知裂其軀？貴賤更迭來,榮辱在須臾。願為雙白鷗,遊戲江與湖。

《袁凱集編年校注》編年詩,113 頁

讀　史　　　　（明）高　啟

周衰禮樂廢,大道成榛菅。嬴秦任商君,王制欲盡刪。原賦山澤空,亟戰原野殷。頽波自茲靡,千秋去無還。誰云重華駕,邈矣難仰攀。於焉誦其書,如造揖讓班。安得鳳凰鳥,飛下浮雲間。

《高青丘集》卷四,上冊,150 頁

讀史二十二首·商鞅　　　　（明）高　啟

徒誇闟戟衛華軒,渭水何能洗眾冤。想到出亡無舍日,應思不用趙良言。

《高青丘集》卷一七,下冊,746 頁

讀史四首（其四）　　　　（明）李騰芳

惠王不用鞅,公叔請為戮。先君乃後子,願子行必速。智士料未然,似指粲可掬。優遊歷秦廷,三說如轉轂。芥子果投針,放出彌天毒。寸心既已酬,七尺皆朽肉。悠悠千載人,尤議法不穀。

《李宫保湘洲先生集》卷五,《四庫全書存目叢書》集部 173 冊,156 頁

詠史·商鞅　　　　　　　　　　　　　　　　　　　　　（明）童　軒

謾勞苛法罔生民，遂使先王澤盡湮。豈但法行還自弊，山東兵起更亡秦。

《清風亭稿》卷八，影印文淵閣《四庫全書》1247 冊，169 頁

五言古詩(其十)　　　　　　　　　　　　　　　　　　（明）王世貞

商君挾強力，焉能使秦王。腧下亦已隃，華袞徒滋謗。如何群小謀，復樹中丞相。仲達策有走，燕公仇可忘。人巧一旦伸，天威疇能抗。萬事翻覆手，雖變理非誑。

《弇州續稿》卷四，《弇州四部稿》第四冊，影印《明人文集叢刊》，44 頁

詠史一百首(其十九)　　　　　　　　　　　　　　　　（明）謝肇淛

衛鞅賞徙木，立信終不移。一朝會兩君，伏甲襲魏師。小信竊國紀，大貪禍乃滋。周仁過其曆，秦暴促國基。淵鳥駭密罔，叢爵亂伏機。所以古聖人，執簡運無為。

《小草齋詩集》卷六，《小草齋集》上冊，708 頁

商鞅變法　　　　　　　　　　　　　　　　　　　　　（清）褐　夫

是誰變法促秦強，一統強秦二世亡。慘刻寡恩能久視，殺身禍不及商鞅。

《古史詩針》，《戴名世集》附錄二，439 頁

商　鞅　　　　　　　　　　　　　　　　　　　　　　（清）羅惇衍

姓公孫氏，衛之諸庶孽公子。仕魏，後仕秦。孝公封商於十五邑，號為商君。惠王立，車裂殺之。

不解需臣詎殺臣，遲遲去魏始干秦。帝王空挾浮游說，法術終成刻薄人。百姓從違三丈木，一書《開塞》十年鈞。持矛驂乘胡為者，朝露方危已嚮晨。

《集義軒詠史詩鈔校註》卷五，第一冊，124 頁

商　鞅　　　　　　　　　　　　　　　　　　　　　　（清）徐公修

名都十五就封商，去魏遊秦致富強。阡陌開通更夏甸，宮廷壯麗徙咸陽。刑名學術干公叔，隱逸奇謀拒趙良。變法功高因法斃，黽池末路恨偏長。

《史記百詠》卷一，《讀史千詠》，《史記研究文獻輯刊》13 冊，452 頁

思退齋詠古詩(其四) （清）釋清恒

商鞅徙木誘於先，立信方刑公子虔。不聽趙良身早退，尸分族滅更誰憐。

《借菴詩鈔》卷一，《清代詩文集彙編》452冊，105頁

漢臺詠史·商鞅、呂不韋 （清）嚴如熤

游詞書著《牧耕》篇，大賈籌兼子母錢。利擅奇贏存趙質，令行徙木握秦權。蒼生終古刑名害，白帝雄圖枕蓆捐。蜀道崎嶇空飲恨，商於車裂有誰憐。

《樂園詩稿》卷三，《清代詩文集彙編》455冊，163頁

詠史詩·商鞅 （清）史夢蘭

匆匆客舍亦堪傷，詎識申、韓作法涼。故相勤勞慚五羖，同朝維諾聚千羊。市門木徙群情愯，《耕戰》書成古制亡。異日稱君豪傑士，居然知己有王雱。

《爾爾書屋詩草》，《清代詩文集彙編》654冊，367頁

曲

〔南中呂駐雲飛〕（之八十） （清）俞　越

巧弄神通,各學商鞅鑽孝公。尋向前門擁,金向懷中奉。嗏,望火馬怱怱,仍歸無用。三日看山,枉企侯門踵,君不見萬種營求總是空。

《全清散曲》中册,1610 頁

蘇秦列傳

詩

詠《蘇秦列傳》

蘇秦列傳 （唐）司馬貞

季子周人，師事鬼谷。揣摩既就，《陰符》伏讀。合從離衡，佩印者六。天王除道，家人扶服。賢哉代、厲，繼榮黨族。

《史記索隱》卷三〇，477頁

讀《范、蘇二子傳》（其二） （元）胡祗遹

敝貂歲月苦毶毶，金印歸來日醉酣。空使後人哀六國，破家亡國買狂談。

《全元詩》第7冊，160頁

白頭吟 （明）沈明臣

白頭傭下空自惜，悔却虛將少年擲。讀書聊以記姓名，不學英雄萬人敵。沉浮閭里徒賤貧，一事無成嗟一身。遊說當遭妻嫂笑，骨肉不數兄弟親。奈何咄嗟間，世事如反掌，一言取相佩六印，不意自致青雲上。丈夫窮通固有時，富貴不來馬得奇，青山迢迢白雲長，閉戶且讀《書》與《詩》。君不見韓安國田甲辱，誰謂死灰終不然，內史從中起何連。又不見故將軍霸陵上，醉尉那堪呵李廣。

《豐對樓詩選》卷一一，《四庫全書存目叢書》集部144冊，294頁

讀《国策》　　　　　　　　　　　　　　　　（清）秦　煥

絶奇筆陣太鋒鋩,世界將成逐鹿場。今日夷疆高舌辯,良才我頗慕蘇、張。

《劍虹居詩集》卷下,《清代詩文集彙編》675 册,194 頁

讀史雜詠(其五)　　　　　　　　　　　　　　（清）張寶森

豈獨儀、秦舌辯精,嶧山鬼谷亦縱橫。空桑五就姜三就,却把瀛王誤一生。

《悔庵詩存》卷上,《清代詩文集彙編》768 册,639 頁

詠蘇秦

縱橫篇　　　　　　　　　　　　　　（晉）張　華

蘇秦始為交,同學鬼谷先生。辯說剖毫釐,變詐入無形。巧言惑正理,人主莫不傾聽。

《晉詩》卷三,《先秦漢魏晉南北朝詩》上冊,615頁

讀史五首（其五）　　　　　　　　　（唐）白居易

季子憔悴時,婦見不下機。買臣負薪日,妻亦棄如遺。一朝黃金多,佩印衣錦歸。去妻不敢視,婦嫂強依依。富貴家人重,貧賤妻子欺。奈何貧富間,可移親愛志。遂使中人心,汲汲求富貴。又令下人力,各競錐刀利。隨分歸舍來,一取妻孥意。

《全唐詩》卷四二五,13冊,4679頁

經蘇秦墓　　　　　　　　　　　　　（唐）賈　島

沙埋古篆折碑文,六國興亡事繫君。今日淒涼無處說,亂山秋盡有寒雲。

《全唐詩》卷五七四,17冊,6688頁

蘇　秦　　　　　　　　　　　　　　（宋）王安石

已分將身死勢權,惡名磨滅幾何年。想君魂魄千秋後,却悔初無二頃田。

《全宋詩》卷五六九,10冊,6724頁

蘇　秦　　　　　　　　　　　　　　（宋）劉克莊

常產常心論,平生不謂然。晚知蘇季子,佩印為無田。

《全宋詩》卷三〇四七,58冊,36338頁

天門引　　　　　　　　　　　　　　（金）元好問

秦王深居不得近,從破衡成欲誰信。白頭遊客困咸陽,憔悴黃金百斤盡。海中仙人

黃鵠舉,大笑人間爭腐鼠。丈夫何意作蘇秦,六印才堪警兒女。古來多為虛名老,不見阿房淨如掃。千年虎豹守天門,一日牛羊臥秋草。

《金詩》,《全遼金詩》下冊,2520 頁

蘇客卿秦　　　　　　　　　　　　（金）李　汾

遊說諸侯獲上卿,賈人唇舌事縱橫。可憐一世癡兒女,爭羨腰間六印榮。

《金詩》,《全遼金詩》下冊,2761 頁

蘇　秦　　　　　　　　　　　　（元）徐　鈞

本圖富貴快心期,謾借從親說便宜。五國攻秦齊不至,客卿正是在齊時。

《全元詩》第 7 冊,278 頁

古風三十一首(其十一)　　　　　　　　（元）王　旭

蘇秦古辯士,涉世亦棲遲。歸來無黃金,妻妾坐相欺。一旦相六君,志氣何葳蕤。高車擁飛蓋,六印腰間垂。丈夫四方志,伸屈自有時。悠悠市曹子,一笑爾何知。

《全元詩》第 13 冊,4 頁

題《蘇秦佩六國相印》手卷　　　　　　　（元）葉　顒

黑貂裘敝黃金盡,妻不歡迎嫂不炊。蓋世功名偶然爾,此心寧許婦人知。

《全元詩》第 42 冊,107 頁

題《蘇季子妻嫂歡迎圖》　　　　　　　　（元）葉　顒

說楚干秦策未良,賓士燕、趙客齊、梁。幸然得佩黃金印,便與家人較短長。

《全元詩》第 42 冊,107 頁

詠　史　　　　　　　　　　　　（元）胡　布

尺音有重根,腐新有餘輝。誰是悲鄉土,棄置草間啼。蘇季百金盡,還家恥嫂妻。一朝冀榮寵,出口保安危。富貴不役人,兒女自賓士。何言況草木,及時遂華滋。客子常畏人,途路有相知。

《全元詩》第 50 冊,362 頁

雜體五十首(其三十二) （明）宋　濂

季子在戰國,出入六雄間。利吻雖如刀,刺刺妾婦言。時危逢昏主,揣摩術方尊。佩以黃金印,行過洛陽原。妻嫂面掩地,瑟縮不敢前。豈知盜鋒利,已欲刺肺肝。車裂計雖得,辨舌能再存。海上魯連逃,允矣一世豪。

《蘿山詩集》二,《宋濂全集》卷一〇〇,第四冊,2366 頁

感懷三十一首(其九) （明）劉　基

蘇秦佩六印,竟從何縱橫。當時機中婦,倩笑遠相迎。黃金生意氣,蠶蠋見人情。豈無簞瓢士？今為時所輕。

《劉基集》卷二〇,314 頁

八客詠・說客 （明）孫　樓

長揖復通名,詞鋒四座驚。三軍聽前却,七國任縱橫。舌戰千人敵,胸屯百勝兵。轅門上瘠馬,縫掖一鮅生。

《孫百川先生文集》卷一一,《四庫全書存目叢書》集部第 112 冊,708 頁

詠　史(其一) （清）劉獻廷

朝橫而夕縱,志本在溫飽。弊裘先自愧,何論妻與嫂。

《清詩別裁集》卷六,上冊,110 頁

蘇　秦 （清）羅惇衍

字季子,東周雒陽人。為縱約長,並相六國,其後為齊人所殺。

函谷歸來黯自傷,窮途骨肉亦炎涼。黑貂裘敝心猶熱,白馬盟成氣太昂。得意千金分族黨,高談六國屈侯王。不知除道清宮日,果否良田置雒陽。

《集義軒詠史詩鈔校註》卷四,第一冊,99 頁

蘇　秦　　　　　　　　　　　　　　　　　　（清）徐公修

引錐刺股睡魔驚,簡練揣摹學術成。二頃良田無產業,六邦相印炫尊榮。趙、燕先博諸侯聽,代、厲兼高兩弟名。不有武安君毅力,合縱誰與定聯盟。

《史記百詠》卷一,《讀史千詠》,《史記研究文獻輯刊》13 冊,447 頁

武安雜詩（其三）　　　　　　　　　　　　　　（清）王　軒

相趙歸來氣未馴,道旁爭看拜車塵。金多衹合驕妻嫂,何事資儀西入秦。

《耨經廬詩集》卷二,《續尤西堂擬明史樂府》（外二種）,113 頁

詠　史　　　　　　　　　　　　　　　　　　（清）殷如梅

取金玉錦繡,縱橫術徒工。苟非錐刺始,何至車裂終。

《緣滿山房集》丙二,《清代詩文集彙編》438 冊,696 頁

蘇　秦　　　　　　　　　　　　　　　　　　（清）王廷紹

鬼谷先生亦老儒,授書豈僅是《陰符》。貪求金印心纔熱,悔敝貂裘貌已枯。富貴反教勞父母,貧窮原不愧妻孥。揣摩只在期年內,曾閱名山歲月無。

《澹香齋詩草》卷二,《清代詩文集彙編》472 冊,340 頁

蘇　秦　　　　　　　　　　　　　　　　　　（清）鮑桂星

手遏秦兵十五年,蘇家季子亦豪賢。如何洹水盟終敗,至竟陽城謂鬼谷。學不傳。六國印歸窮巷改,千金財散故人憐。初心未必關天下,恨少河南二頃田。

《覺生詠史詩鈔》卷一,《清代詩文集彙編》476 冊,467 頁

蘇　秦　　　　　　　　　　　　　　　　　　（清）張　澍

蠡卜行遊足給無,艱威閱盡得夷塗。嫂妻父母期年夢,富貴功名六國符。鬼谷書來偏告絕,駃騠烹後有誰誣。良金掘出銘仍在,可見多藏也是愚。

《養素堂詩集》卷二五,《清代詩文集彙編》536 冊,269 頁

詠鬼谷子

鬼谷子 （元）徐　鈞

倉頡書成能哭鬼，不知鬼谷事如何。儀秦尚學先生術，料得先生術更多。

《全元詩》第 7 册，278 頁

鬼谷子 （明）梁　儲

紛紛兵法漫相傳，鬼谷書成秪數篇。不見濟民兼利物，只聞孫氏蹙龐涓。

《鬱洲遺稿》卷八，影印文淵閣《四庫全書》1256 册，611 頁

城東八詠·鬼谷觀 （明）文翔鳳

誰建芳馨遍廡門，山椒有客茸蘿蓀。前溪自度荒涼月，書在人間秦、漢尊。

《皇極篇》卷二，《四庫禁毁書叢刊》集部 49 册，265 頁

鬼谷子 （清）羅惇衍

姓王氏，不知何許人。或以爲古之眞仙。

嵩、岱仙株萬歲青，奈耽捭闔失仙靈。先生猶陋儀、秦術，後世乃誇長短經。蠕動蜎飛文騁說，龍潛豹隱智全形。如何啜盡芝英後，一聽機鋒淚亦零。

《集義軒詠史詩鈔校證》卷三，第一册，67 頁

鬼谷子祠 （清）易順鼎

太白天童作書報與阿育王，稚川先生作書報與鬼谷子，爲言哭盫居士將蒞止。太白既傳餐，阿育復置醴。稚川甫傾蓋，鬼谷又倒屣。我既不詳鬼谷之姓名，我亦不詳鬼谷之住址。或言王詡或王禪，小説家言究誰是。郭璞詩云青溪千餘仞，中有一道士。我記青溪似在今宜昌，行篋無書難臆指。豈知鬼谷住址乃在此！玉座猶堪薦藻蘋，荒祠幸未生荊杞。宋鈃奇製華山冠，虞卿道服朝霞帔。巾拂風流尚儼然，神仙意態原瑰詭。昔時戰

國稱七雄,今日羣雄正相似。不知儀秦孫龐儔,復與何人相比擬。我生好古更好奇,聊借酒杯澆塊磊。不問今日英雄與豎子,但知古來仙佛與神鬼。噫吁嘻!前乎我者,《二十四史》;後乎我者,百千萬紀。不見來者吾不恨,不見古人可悲矣。我來滿眼是青山,古人盡在青山裏。莫言"前不見古人",眼底古人呼盡起。今我之生原非生,古人之死原非死,山水有靈鷩知己。何況同此眉目口鼻耳,何況人同此心同此理。即如今日山中四主人,正如天親無著皆兄弟。太白天童我雖不相識,然早相識太白李。稚川先生尤故人,近者甫向羅浮陪杖履。阿育鬼谷亦神交,今得造廬請謁聚首一堂真可喜。嗟嗟我生勿恨晚,今日我已縮天幾千年,縮地幾萬里。辛稼軒詞云:"不恨古人吾不見,恨古人不見吾狂耳。"我謂古人今日定復見我狂,既已萬古神交更請相與八極神游從此始。

《琴志樓詩集》卷一五,第三冊,1065頁

蘇 代

(清)羅惇衍

東周雒陽人,蘇秦之弟。與弟厲皆學遊說。至燕,與昭王謀伐齊,湣王出走。代、厲皆以壽死,名顯諸侯。

何事尋仙昧厥身,燕昭函谷策車輪。一書獨決存亡計,六國非無智識人。蠶食鯨吞防繫虜,雞尸牛從判經綸。世間莫怪三閭懟,苦止懷王入暴秦。

《集義軒詠史詩鈔校證》卷四,第一冊,105頁

犀 首

(清)羅惇衍

姓公孫,名衍,魏之陰晉人。始,事魏,為犀首將軍,人皆以其官稱之。後事秦,為大良造。見逐,復為魏將。張儀卒,犀首入相秦,佩五國之印,為約長。

犀首復官大良造,定縱不已再連橫。有謀差勝探囊取,無事翻因好酒名。關陝虎狼方熾焰,邊陲鷸蚌又興兵。廣居奚侈安居熄,一怒原難六國傾。

《集義軒詠史詩鈔校證》卷四,第一冊,110頁

詞

前調（沁園春）・席上看演蘇秦，座客有太息者，戲為賦之　　（明）王　屋

負郭無田，幹城有略，每懷壯遊。看百年令甲，俱拋東海，劉邦與奪，盡付西州。舉世滔滔，如狂若醉，孰為當時展一籌。沉吟久，問閨人脫珥，暫廢梳頭。　　飄然直抵嬴侯。奈車馬、風塵未便收。但尋常困乏，家貧猶可，他鄉失所，分外增憂。彈鋏歸來，滿堂歡笑，誰假溫言慰敝裘。機聲裏，歎縱橫失計，妻子堪羞。

《全明詞》第四冊，1616 頁

西江月・過蘇秦故里　　（清）董元愷

不是秦邦金盡，那能趙印功高。揣摩欲過洛陽橋。富貴徒欺妻嫂。　　篋裏陰符羞看，夜深刺股徒勞。青溪休說壽松喬。笑爾車中難保。

《全清詞》順康卷第六冊，3254 頁

前調（一斛珠）・讀史　　（清）仲　恒

吾舌尚在。張儀自負真瀟灑。若非季子將伊賣。縱有奇才，難免趑趄態。　　范雎折脅身如芥。三亭之南謁者待。入關永巷齊王拜。二子窮時，誰識英雄概。

《全清詞》順康卷第八冊，4851 頁

曲

〔南中呂駐雲飛〕(之六)   (清)俞 越

六國爭鋒,策士縱橫各建功。東帝齊增重,西帝秦爭奉。嗏,舌劍與唇鋒,暫時播弄。肖立傳訛,遺策無人誦,君不見才辯蘇、張總是空。

《全清散曲》中册,1600 頁

國家社科基金重大招標項目"中外《史記》文學研究資料整理與研究"結項成果
陝西師範大學中國語言文學"世界一流學科建設"成果
陝西師範大學優秀著作出版基金資助項目

《史記》詩詞曲通覽
（下）

編著 趙望秦 王 璐

陝西師範大學出版總社 西安

張儀列傳

詩

詠《張儀列傳》

張儀列傳　　　　　　　　　　　　　　　　　　（唐）司馬貞

儀未遭時，頻被困辱。及相秦惠，先韓後蜀。連衡齊魏，傾危詿惑。陳軫挾權，犀首騁欲。如何三晉，繼有斯德。

《史記索隱》卷三〇，477 頁

讀《儀、秦傳》　　　　　　　　　　　　　　　　（明）王　翰

強秦奮關中，六國環恣睢。西上望函谷，壯士不能踰。地開天府險，瀘仿申、韓餘。治道既出下，民性皆異趨。彼哉蘇、張徒，挾詐從橫書。捭闔中時議，三寸撓萬夫。韓、趙弗敢違，齊楚從其驅。車騎頗張惶，威焰烜赫如。最緩來踵跡，代衍還連茹。軻也論王道，妾婦明其狙。周綱既陵替，秦治非遠圖。土地何其貪，生民何其辜。兵甲日以縻，膏血日以塗。至今載簡册，莊士長不愉。斯人在三代，讒口伏顯誅。

《梁園寓稿》卷一，影印文淵閣《四庫全書》1233 册，277 頁

讀史二十二首‧儀、秦　　　　　　　　　　　　　（明）高　啟

二子全操七國權，朝談從合暮衡連。天如早為生民計，各與城南二頃田。

《高青丘集》卷一七，下册，746 頁

讀史·儀、秦 　　　　　　　　　　　　　　（明）童　軒

遊說當時最得名,從橫朝暮善談兵。自家不學全身計,却與諸侯致太平。

《清風亭稿》卷八,影印文淵閣《四庫全書》1247 册,168 頁

雜覽三首(其一) 　　　　　　　　　　　　　　（明）方于魯

時庚寅季冬,寓維揚作。

儀、秦乘六傳,揣摩騁辯口。從衡人主前,揖讓誰者後。赫赫抗若君,揚揚賣其友。咄嗟生榮華,反覆亦凋朽。傾亥抵掌間,功名復何有。

《方建元集》卷一,《四庫全書存目叢書》集部 146 册,420 頁

詠張儀

張儀樓 （唐）岑 參

傳是秦時樓，巍巍至今在。樓南兩江水，千古長不改。曾聞昔時人，歲月不相待。

《全唐詩》卷一九八，6冊，2043頁

張 儀 （唐）徐 夤

荊楚南來又北歸，分明舌在不應違。懷王本是無心者，籠得蒼蠅却放飛。

《全唐詩》卷七一一，21冊，8187頁

張 儀 （元）徐 鈞

再攻再相梁不悟，六百六里楚云何。蘇秦反覆何須道，反覆如君事更多。

《全元詩》第7冊，278頁

感興二十一首(其四) （元）葉 懋

張儀作秦相，變詐如狐狸。奸風長澆偽，仁義不足施。蘇秦復繼起，談辨誇雄詞。乾坤何擾擾，正氣有醇醨。頹波一氾濫，民生正堪悲。吁嗟鬼谷子，吾欲誅其魑。

《全元詩》第47冊，186頁

雜言二首(其二) （明）溫 儀

漢文求治道，賈誼流長沙。元帝購美色，明妃去天涯。叱咤楚重瞳，乾坤歸漢家。儀、秦巧弄舌，富貴閭里誇。老萊、原憲輩，往往棄荒遐。高明神所惡，此語良足嗟。

《紀堂遺稿》五言古詩，《陝西古代文獻集成》第20輯，27頁

張 儀 （清）羅惇衍

魏人。為秦相。及惠王薨，武王立，懼誅，乃使魏。又為魏相，一歲而卒。

群誣盜璧只因貧,酒後鞭笞婦亦瞋。《詛楚文》成翻詆楚,嚙秦計利在興秦。弱鄰易輔矜強敵,新主難欺走舊臣。獨歎絕齊終被侮,湘流千載憾靈均。

《集義軒詠史詩鈔校證》卷四,第一冊,111頁

張　儀　　　　　　　　　　　　　（清）徐公修

連衡六國辨才神,武信君封一偉人。早歲名師從鬼谷,平生知己是蘇秦。恫秦干道軍當塞,詆楚商於計絕倫。垂老榮歸為魏相,還鄉衣錦耀終身。

《史記百詠》卷一,《讀史千詠》,《史記研究文獻輯刊》13冊,447頁

張　儀　　　　　　　　　　　　　（清）王廷紹

荆山鑄鼎竹為薪,烹得斯人謝楚人。宮內一言迷鄭袖,江干千古恨靈均。身當笞後纔逃魏,舌尚存時也去秦。好是相君門下士,知他無行又家貧。

《澹香齋詩草》卷二,《清代詩文集彙編》472冊,340頁

張　儀　　　　　　　　　　　　　（清）張　澍

蜀國龜城堞尚新,論功亦復是能臣。何期璧失笞疑盜,乍見金來美似神。樹葉抄書師鬼谷,馬韀為席激蘇秦。看來妾婦常存舌,大丈夫稱笑景春。

《養素堂詩集》卷二五,《清代詩文集彙編》536冊,269頁

詠陳軫

陳　　軫　　　　　　　　　　　　　　　　　　　（清）羅惇衍

遊說之士。先事秦，折張儀之讒。未幾，為齊王使。後事楚，又為楚奉使於秦。

商於六百望徒奢，再敗藍田怒又加。不賀楚王先事燭，曾傾秦相辯才誇。失嗤畫地添蛇足，功許貪天挫虎牙。兩國一身翻覆甚，越吟重聽勝《皇華》。

《集義軒詠史詩鈔校證》卷四，第一冊，107 頁

司馬錯　　　　　　　　　　　　　　　　　　　　（清）羅惇衍

秦臣。惠王時，張儀欲攻韓，劫天子。錯力請伐蜀，遂滅之，秦益強。

豺狼倏爾入羊群，何待金牛給蜀君。名幸東周留一綫，利因西海振三軍。弩張兼仗邊氓勇，鼎鑄宜銘智將勳。尤羨李冰開沃野，環江萬頃稼如雲。

《集義軒詠史詩鈔校證》卷五，第一冊，125 頁

樗里子甘茂列傳

詩

詠《樗里子甘茂列傳》

樗里子甘茂列傳 （唐）司馬貞

嚴君名疾,厥號"智囊"。既親且重,稱兵外攘。甘茂竝相,初佐魏章。始推向壽,乃攻宜陽。甘羅妙歲,卒起張唐。

《史記索隱》卷三〇,477頁

詠樗里子

中臺五題·樗里子墓　　　　　　　　　　（唐）鄭　谷

賢人骨已銷,墓樹幾榮凋。正直魂如在,齋心願一招。

《全唐詩》卷六七四,20 冊,8226 頁

樗里子　　　　　　　　　　　　　　　　（宋）劉克莊

石馬殘陵下,金鳧出藏中。誰云樗里智,卜墓近秦宫。

《全宋詩》卷三〇四七,58 冊,36338 頁

樗里疾　　　　　　　　　　　　　　　　（清）羅惇衍

秦惠王弟,官丞相。

何愧秦人奉智囊,牢籠晁賈辯才長。首為丞相偕甘茂,身號嚴君助為章。上客入周矜士卒,逋臣激楚致參周。漢宫果夾墳前築,東過高臺半夕陽。

《集義軒詠史詩鈔校證》卷五,第一冊,131 頁

詠　　史　　　　　　　　　　　　　　　（清）殷如梅

智囊何代無,若箇如樗里。懸知天子宫,百年夾墓起。

《緣滿山房集》丙二,《清代詩文集彙編》438 冊,696 頁

樗里智囊《史記》　　　　　　　　　　　（清）田依渠

最是秦王子,才名重樗里。平生號"智囊",任用固其理。

《茹古山房讀史餘吟》卷三,《清代詩文集彙編》639 冊,651 頁

詠甘茂 附甘羅

甘　茂　　　　　　　　　　　　　　　　　（明）王　格

秦王昔圖霸,握劍有甘生。未及曾參孝,先為息壤盟。三軍無內制,一戰有高名。何以鷹揚將,班剉肺腑傾。

《少泉詩集》卷五上,《四庫全書存目叢書》集部 89 冊,222 頁

甘　茂　　　　　　　　　　　　　　　　　（清）羅惇衍

下蔡人。入秦,仕惠王為將。秦武王立,為左丞相。後因讒亡去,卒於魏。

息壤迎來誓約堅,終教投杼識臣賢。范蜎說楚甘騰喙,向壽尊秦莫比肩。績會燭光貧女借,謗盈書篋故人憐。監門史舉專門學,何至函關馬不前。

《集義軒詠史詩鈔校證》卷五,第一冊,126 頁

甘　羅　　　　　　　　　　　　　　　　　（宋）劉　摯

甘羅徒挾虎狼威,入趙安能策是非。大抵諸侯畏秦爾,一言輕得五城歸。

《全宋詩》卷六八四,12 冊,7995 頁

甘羅廟　　　　　　　　　　　　　　　　　（元）楊弘道

峻阪欲盡長坡迎,後山未斷前山橫。甘羅廟下四山合,太始鬼物成天城。道傍一峰立突兀,瘦木上下攢飛甍。此郎片紙附遷史,勳業不足煩題評。尚憐稚齒據高位,因使細人輕晚成。山間一笑為絕倒,多少豎子談功名。

《全元詩》第 1 冊,141 頁

甘　羅　　　　　　　　　　　　　　　　　（元）宋　无

函谷關中富列侯,黃童亦借上卿謀。此時園、綺猶年少,甘隱商山到白頭。

《全元詩》第 19 冊,412 頁

淮上詠古·甘羅

(清)田　雯

滿地斜陽瑟瑟波，人傳此地是甘羅。土牆留得空城在，十里寒蘆宿雁多。

《古歡堂集》卷一五，影印文淵閣《四庫全書》1324 册，188 頁

甘　　羅

(清)羅惇衍

下蔡人，茂孫，年僅十二為上卿。

法流策士伊胡底，直是髫年術更奇。能用張唐何叱我，尚慚項橐已為師。上卿宅賜歸秦日，強主城齋說趙時。終惜運謀徒尚詐，美才斯喪負初基。

《集義軒詠史詩鈔校證》卷五，第一册，132 頁

穰侯列傳

詩

詠《穰侯列傳》

穰侯列傳 (唐)司馬貞

穰侯智識,應變無方。內倚太后,外輔昭王。四登相位,再列封疆。推齊撓楚,破魏圍梁。一夫開説,憂憤而亡。

《史記索隱》卷三〇,478 頁

詠穰侯

感遇詩三十八首（其二十一） （唐）陳子昂

蜻蛉遊天地，與世本無患。飛飛未能止，黃雀來相干。穰侯富秦寵，金石比交歡。出入咸陽里，諸侯莫敢言。寧知山東客，激怒秦王肝。布衣取丞相，千載為辛酸。

《全唐詩》卷八三，3 冊，893 頁

穰　侯 （宋）洪　适

推轂曾聞薦武安，威伸三晉走荆蠻。廟中犬彘圖攘奪，猶道藏兵不出關。

《全宋詩》卷二〇七五，37 冊，23420 頁

穰　侯 （元）宋　无

趙、韓、齊、魏等陪臺，威振強秦一旦摧。嘗恐諸侯客子到，不知張祿入關東。

《全元詩》第 19 冊，412 頁

五言古詩（其七） （明）王世貞

穰侯太后弟，勳賢無與倫。握秉五十年，山東半為秦。唾手奪相印，呫呫一旅人。輜重東出關，黃金賤於薪。人生畏失職，所憂豈在貧。應侯功不多，況乃疏間親。解綬不待晚，翛然保其身。

《弇州續稿》卷四，《弇州四部稿》第四冊，影印《明人文集叢刊》，43 頁

魏　冉 （清）徐公修

保衛咸陽將略優，摧齊撓楚大功收。四登相位榮秦國，再列封疆拜穰侯。釋魏能容須賈說，就陶卒中范睢謀。出關輜重千餘乘，富邁王家世罕儔。

《史記百詠》卷一，《讀史千詠》，《史記研究文獻輯刊》13 冊，446 頁

魏　冉

(清) 羅惇衍

楚人,姓芈氏,秦昭王母宣太后弟。自惠王、武王時任職。昭王即位,為將軍。未幾,獨相二十八年。封於穰,復益封陶。後卒於陶。

臨朝(禕)[禕]翟自秦先,親舅興師走暴鳶。欲廣陶封營利遠,遂開齊隙指權專。四登相位狐憑虎,一入讒言爵避鸇。莫怪少恩嬴法刻,輜車千乘若流泉。

《集義軒詠史詩鈔校證》卷五,第一冊,129頁

白起王翦列傳

詩

詠《白起王翦列傳》

白起王翦列傳   （唐）司馬貞

白起、王翦,俱善用兵。遞爲秦將,拔齊破荆。趙任馬服,長平遂坑。楚陷李信,霸上卒行。賁、離繼出,三代無名。

《史記索隱》卷三〇,478頁

詠白起

過白起墓 　　　　　　　　　　　　　　　　（唐）曹 鄴

夷陵火焰滅,長平生氣低。將軍臨老病,賜劍咸陽西。

《全唐詩》卷五九三,18 冊,6877 頁

故宜城 　　　　　　　　　　　　　　　　　（唐）胡 曾

武安南伐勒秦兵,疏鑿功將夏禹並。誰謂長渠千載後,水流猶入故宜城。

《全唐詩》卷六四七,19 冊,7423 頁

杜 郵 　　　　　　　　　　　　　　　　　（唐）胡 曾

自古功成禍亦侵,武安冤向杜郵深。五湖煙月無窮水,何事遷延到陸沉。

《全唐詩》卷六四七,19 冊,7428 頁

白 起 　　　　　　　　　　　　　　　　　（宋）劉克莊

太息臣無罪,胡為伏劍铓。悲哉四十萬,寧不訴蒼蒼。

《全宋詩》卷三〇四六,58 冊,36330 頁

襄陽詠史・武安君廟 　　　　　　　　　　　（金）李俊民

歸去咸陽是老頭,如何此地肯重遊。分明祀典無交涉,只合英靈在杜郵。

《金詩》,《全遼金詩》中冊,2019 頁

白 起 　　　　　　　　　　　　　　　　　（元）徐 鈞

投降趙卒本求生,坑後誰人不死爭。三召三辭寧自刎,邯鄲料不再長平。

《全元詩》第 7 冊,282 頁

武安行　　　　　　　　　　　　　　　　　　　　（元）郭　昂

廉頗老,趙奢死,趙王得括愈自喜。括母諫王王不從,國事隨將趙括委。四十萬人驅掌中,落日旌旗渡汾水。長平瓦解天地驚,將軍頓覺降心生。擲戈解甲若羊犬,虎狼一啖何無情。西山萬古只衣舊,髑髏脛脡猶縱橫。趙鬼銜冤不可語,月里啾啾哭無主。趙卒子弟何太愚,殺降不念父兄苦。秋風年年濁酒香,白起祠前鬧簫鼓。

《全元詩》第 8 冊,38 頁

武安君廟　　　　　　　　　　　　　　　　　　　（元）大都閭

策馬行行過土門,特來祠下吊將軍。斷碑冷落埋秋草,遺址荒涼鎖暮雲。籍甚聲名天地久,凜然生氣古今存。歇鞍幾度傷懷抱,衰柳寒蟬噪夕曛。

《全元詩》第 52 冊,509 頁

長平戈頭歌,答烏繼善知縣　　　　　　　　　　　（元）張　庸

秦兵出奇趙鋒挫,趙人就坑秦吏賀。長平塵跡越千年,豈料戈頭餘一個。何人得之壞道傍,古色慘澹凌風霜。當日多因漬冤血,入夜有時生磷光。我為摩挲重歎息,戰國紛爭竟何益。為邦不解仁義王,侵漁但假兵車力。魯陽回日不足憑,長平鬼哭雲冥冥。白骨相撐尚未朽,至今城下流水腥。水流有聲鳴複咽,似訴冤氣無時絕。往事俱成一聚蚊,後世空悲尺餘鐵。清朝四海無甲兵,禮儀還征魯諸生。戈乎戈乎且置之,我將援筆歌泰平。

《全元詩》第 54 冊,104 頁

長平戈　　　　　　　　　　　　　　　　　　　　（元）袁　華

長平戈頭土花碧,長平城下坑降卒。將軍戰骨化黃埃,此物尚隨鉏钁出。識銘漫滅蛟龍形,猶帶征人磷血青。也知在德不在險,四海承平安用兵。

《全元詩》第 57 冊,312 頁

長平戈頭歌　　　　　　　　　　　　　　　　　　（元）陶　凱

長平野人鑿地得古戈,上有款識字,歲久俱滅磨。惜不能如豐城古劍射牛斗,吁嗟戈

乎奈爾何？但見青銅凝寒莫煙紫，月黑山深夜飛雨。恨血千年猶未消，荒郊夜夜啼冤鬼。當年趙括輕秦人，降卒秦坑化為土。嗟哉趙亡秦亦亡，落日荒城自今古。摩挲爾戈一問之，今人為爾生愁思。何不以爾為鍾鐻，何不以爾為鼎彝。吁嗟徒爾悲，爾今還當太平世，人間銷兵鑄農器。願壽吾皇千萬年，終古不用戈與鋌。

《全元詩》第58冊，360頁

長平戈頭歎

（元）烏斯道

降虜之戈輿入關，千年尚落泥沙間。腥鐵陰生紫花出，血痕半蝕朱砂斑。驚看故物為磨洗，似見風雲掌中起。風雲慘澹坑淡深，冤氣浮沈鐵光裏。當時揮戈期第一，一鼓能回魯陽日。誰知括母空上書，竟墮長陵銳頭術。遺鐵尺餘人共傳，四十萬人誰見憐。人骨煙消鐵無恙，流傳作鑒非皇天。天下茫茫仗真宰，格鬥何須血成海。長平道上有人行，百勝秦兵豈長在。

《全元詩》第60冊，254頁

過長平有感

（明）楊基

驛路石犖确，驅車邁荒村。川遠蒼煙涼，黃沙浩無痕。聞是古戰場，長平名尚存。有生四十萬，共此入厚坤。發軔暴虐秦，六國漸併吞。至今遺殺氣，草木葉盡髡。餘哀寄山嶽，尚有愁雲屯。控馬為追吊，白日慘欲昏。西風叫邊雁，淒然傷旅魂。

《眉庵詩集》卷一，51頁

長平箭頭歌

（明）胡奎

戰長平，四十萬人同日坑。古苔蝕血銅花青，千年金幹摧白翎。空遺黃金鏃，不射秦時鹿。西出咸陽門，哀哀鬼夜哭。

《胡奎詩集》卷四，253頁

梁父吟（其四）

（明）王廷相

長平已破趙，范相進邪言。忽賜杜郵劍，昭王何其昏！

《王氏家藏集》卷五，《王廷相集》第一冊，73頁

經武安祠
(明)徐學謨

祠有掇刀石,相傳武安屯軍於此祠下,土方二十里,黑如墨漬。

蒼岯玄壤接荆門,遺廟陰陰鳥雀喧。百戰關河曾駐馬,數家山郭鬱成村。揮戈未盡吞吳恨,掇石空留過楚痕。當日清龍猶夭矯,不堪沾濕望中原。

《徐氏海隅集》卷一三,《四庫全書存目叢書》集部 124 冊,326 頁

謁武安君廟
(明)楊　巍

嶺過飛狐春不到,峰當回雁雪仍殘。獨憐千古防邊處,廟貌森然祀武安。

《存家詩稿》卷七,影印文淵閣《四庫全書》1285 冊,538 頁

長平行
(明)馬汝驥

我來長平驛,天地無晶彩。傍有頭顱山,白骨千年在。吁嗟豎子武安君,談笑乘時破栝軍。降卒一坑四十萬,至今丹水血氳氳。趙王社稷幾傾仄,秦氏山河稍蠶食。杜郵一劍身首分,徒悔從前多罪慝。男兒立名筆硯中,慎勿草草思奇功。君不見,此驛常時聞鬼哭,最愁夜雨及淒風。

《西玄集》卷二,《陝西古代文獻集成》第 9 輯,第 411 頁

長　平
(明)韓邦奇

行人指點說秦軍,往事淒涼那忍聞。上黨誰更廉頗將,趙人錯怨武安君。

《周雅續》卷六,《陝西古代文獻集成》第 25 輯,232 頁

白　起
(清)羅惇衍

郿人。事秦昭王,為左更,遷國尉、大良造,號"武安君"。後免為士伍。遷之陰密,賜劍於杜郵,使自殺。

君臣張吻肆豺狼,尺短焉能有寸長。八十萬人抗略盡,五千眾卒壁爭強。魏穰薦將功俱沒,王齕連圍氣不揚。從古殺降陰禍重,寶雞秦祚自茲僵。

《集義軒詠史詩鈔校證》卷五,第一冊,127 頁

詠　　史(其一)　　　　　　　　　　　　　　　　　　(清)沈德潛

白起坑趙卒,身首亦分離。蒙恬制險塞。兄弟遭誅夷。王翦滅六國,三世禍隨之。此曹殉功名,斬刈無不為。功名雖倖成,天道詎可欺？積凶有餘殃,古聖秉良規。殺人實自殺,推刃復何悲。

《歸愚詩鈔》卷四,《沈德潛詩文集》第一冊,66頁

武安雜詩(其二)　　　　　　　　　　　　　　　　　　(清)王　軒

恨入清漳咽不流,青蟲夾道起寒愁。不須載酒重澆土,前日長平後杜郵。

《槲經廬詩集》卷二,《續尤西堂擬明史樂府》(外二種),113頁

白起墓　　　　　　　　　　　　　　　　　　(清)王　軒

在曲沃白塚邨。

要盟不可信,息壤禍已伏。坑卒非本懷,慮患由太熟。哀哀四十萬,駢首一朝戮。白骨橫千霜,誰收中野暴。當時幸苟活,痛定還反覆。不待大澤呼,始能亡秦族。智窮力亦索,本變心彌酷。善後良云難,無寧疏節目。杜郵劍未出,已肇國本蹙。務盡無留餘,誰遣計膚剝。武安尚有墓,秦社更無屋。留此一杯臭,可當亡嬴錄。

《槲經廬詩集》卷八,《續尤西堂擬明史樂府》(外二種),226頁

杜郵亭　　　　　　　　　　　　　　　　　　(清)張　琛

殺人百萬見遺文,豈獨長平坑趙軍。天道好生吾不信,兵權却付武安君。

《日鋤齋詩集·缶音》,《清代詩文集彙編》483冊,658頁

白起坑降《史記》　　　　　　　　　　　　　　　　　　(清)田依渠

慘極武安君,興師出自秦。長平坑趙卒,四十萬餘人。

《茹古山房讀史餘吟》卷六,《清代詩文集彙編》639冊,667頁

杜郵劍　　　　　　　　　　　　　　　　　　(清)皮錫瑞

銳頭豎子真梟雄,甯死不辱名將風。將軍一死獨死耳,四十萬人流血紅。杜郵毒,長

平伏,天道甚神明,將軍爾勿哭。戮人還自戮,族人還自族。善戰白起上刑服,蘇秦、商鞅死車轂。

《師伏堂詠史》,《清代詩文集彙編》772 册,308 頁

武安怨

(清)皮錫瑞

死病無良醫,亡國無良佐。豈必無良佐,長城自撞破。敗單于,却秦師,大廈傾,一柱支。嗟乎趙將亡,乃昵邯鄲倡。乃易樹子誅忠良,五月房陵遷趙王。秦爲笑,趙爲號。刀銜柱,地生毛。

《師伏堂詠史》,《清代詩文集彙編》772 册,308 頁

詠王翦

王　翦　　　　　　　　　　　　　　　（宋）李　復

少李輕兵去不回，荊人勝氣鼓如雷。將軍料敵元非怯，能使君王促駕來。

《全宋詩》卷一一〇一，19冊，12493頁

王　翦　　　　　　　　　　　　　　　（清）羅惇衍

<small>頻陽人，始皇時為將軍。</small>

將軍老作始皇師，鼙鼓聲中六國夷。牙爪有功臣助暴，田園多請主消疑。兵威狀許蒙恬垺，智略深難李信知。禍及子孫身不悟，九原為報虜王離。

《集義軒詠史詩鈔校證》卷五，第一冊，135頁

王　翦　　　　　　　　　　　　　　　（清）徐公修

肯放頻陽老病辭，始皇灞上送旌旄。行軍詎讓廉頗勇，伐將橫增李信師。翦滅四王夷郡縣，臨行五輩請園池。項燕死難蘄南地，大破荊兵奏凱時。

《史記百詠》卷一，《讀史千詠》，《史記研究文獻輯刊》13冊，453頁

頻陽公主宅　　　　　　　　　　　　　（清）張　琛

王翦南征甫賜婚，果然滅楚報殊恩。既然決勝無遺策，三戶如何剩禍根。

《日鋤齋詩集·缶音》，《清代詩文集彙編》483冊，658頁

孟子荀卿列傳

詩

詠《孟子荀卿列傳》

孟子荀卿列傳　　　　　　　　　　　（唐）司馬貞

六國之末，戰勝相雄。軻遊齊、魏，其説不通。退而著述，稱吾道窮。蘭陵事楚，鄒衍談空。康莊雖列，莫見收功。

《史記索隱》卷三〇，478 頁

讀《孟子》　　　　　　　　　　　　（宋）王　令

去梁無故又辭齊，弟子紛紛益不知。天下未平雖我事，己身已枉更何爲。後來誰是聞風者，當世何嘗不召師。士要自高無顧世，遺編今亦有人疑。

《全宋詩》卷七〇一，12 册，8151 頁

讀《孟子》　　　　　　　　　　　　（宋）彭汝礪

飽食無庸近素餐，低佪還恐似墻間。黃昏一讀遺編盡，夢寐清風亦厚顏。
洙泗三千弟子賢，行藏獨許一顏淵。先生出處俱天意，無怪公孫尚間然。

《全宋詩》卷九〇四，16 册，10620 頁

讀《孟子》　　　　　　　　　　　　　　　　　　　　　（清）秦　煥

七國干戈講義仁，秉鈞無望望傳薪。當時縱展匡王略，未必齊、梁定滅秦。

《劍虹居詩集》卷下，《清代詩文集彙編》675 册，194 頁

讀《孟子》　　　　　　　　　　　　　　　　　　　　　（元）侯克中

上下交征逐末流，力陳仁義說諸侯。衍儀巧構當時禍，楊、墨深貽後世憂。養氣每云無助長，放心惟恐不知求。吾儒尚有疑非論，所見皆偏恐未周。

《全元詩》第 9 册，3 頁

傷《孟篇》　　　　　　　　　　　　　　　　　　　　　（明）耿定向

癸巳初夏，與徐思中夜談，話及孟子，感而賦此。

我讀《孟子篇》，撫卷長嗟吁。嗟彼古賢聖，而胡恒處暌。俛仰惟異代，並世無心知。蘇、張騖從衡，孫、吳神兵機。"談天"炙轂徒，各以智舛馳。蒙莊與禦寇，虛誕而恣睢。何物許行子？陳相以為歸。張吻祖神農，丘旦亦姍譏。邪哆橫黃霧，行子惑故蹊。狂瀾倒徐、沛，堤防盡圮夷。仁義匪迂遠，舉世以為嗤。蓬蓬守常道，常道安所施？願學魯中叟，靡緣相因依。翹翹待後學，河清俟幾時？寥寥千載下，惟有一昌黎。昌黎偶天啓，道未闖藩籬。直云接孔傳，孔脈未曾窺。濂、洛後象山，稍稍識其微。疇信孔此學，展哉軼唐、虞。悠悠千古思，獨契含孤淒。多子抱琴來，靜言獲我私。理曲成商調，何方有鍾期？

《耿定向集》卷一，上册，6 頁

詠孟子

孟　　子　　　　　　　　　　　　　　　　　　（宋）王安石

沉魄浮魂不可招，遺編一讀想風標。何妨舉世嫌迂闊，古有斯人慰寂寥。

《全宋詩》卷五六九，10 冊，6724 頁

孟　　子　　　　　　　　　　　　　　　　　　（宋）王　　令

孟子不肯比伊尹，仲尼方可期文王，聖賢自得固厚重，庸俗始以己較量。微生喜以佞面訕，臧氏惡非禮所當。惜哉二子不自重，以人可否何不詳。

《全宋詩》卷七○一，12 冊，8143 頁

孟　　子　　　　　　　　　　　　　　　　　　（宋）林　　同

如何年稍長，汲汲子思師。知是為兒日，三遷感母慈。

《全宋詩》卷三四一八，65 冊，40605 頁

拜謁亞聖兗國公留題　　　　　　　　　　　　　（元）劉德淵

樂備簞瓢正妙年，當時德行冠三千。自慚魯鈍渾無作，枉著微名慕大賢。丙辰仲冬朔日題。

《全元詩》第 3 冊，42 頁

孟　　軻　　　　　　　　　　　　　　　　　　（元）徐　　鈞

戰國誰能識道真，故將性善覺生民。七篇切切言仁義，功利場中有此人。

《全元詩》第 7 冊，277 頁

鄒　　縣　　　　　　　　　　　　　　　　　　（元）王煉師

孟母三遷教，有子稱亞聖。遺俗尚弦歌，餘風化居敬。鄒縣雖小邑，因人道彌盛。大

哉浩然氣,性善稱堯、舜。道過文學宮,欲謁躬弇柄。仞牆入無門,比屋聚百姓。服膺《七篇書》,邪說庶幾正。願言親炙之,光焰日星映。

《全元詩》第 24 册,86 頁

詠　　史　　　　　　　　　　　　　　　（元）王　結

孟氏命世賢,抱道思經邦。將隆堯舜業,千里遊齊、梁。終老無遇合,遲遲尚彷徨。魯平何足云,讒夫有臧倉。燕石哂荆璧,魚目笑夜光。良寶竟棄捐,千載為悲傷。

《全元詩》第 28 册,57 頁

感興二十一首（其十七）　　　　　　　　（元）葉　懋

泰山何蒼蒼,雄鎮屹鄒、魯。層雲起膚寸,大澤滋九土。孟軻仁義儒,懿德垂萬古。高辭動君王,浩氣塞寰宇。人生天壤間,積厚施必溥。若為大鵬飛,九萬斯一舉。

《全元詩》第 47 册,188 頁

謁孟子廟二首 辛酉　　　　　　　　　　（明）顧　潛

郰南松栢翠參差,崛起門牆亞聖祠。靈秀尚看山水在,聲光長共日星垂。分明千載生賢地,辛苦三遷教子時。道德只今難浪述,且循階下讀穹碑。

《七篇》高論述先王,今古追尊道愈光。祠宇一新逢聖代,輶車三宿重公鄉。云仍不繼衣冠澤,梟繹猶含草木香。幸自髫年噉芳潤,載瞻遺像奠椒漿。

《静觀堂集》卷四,《四庫全書存目叢書》集部第 48 册,471 頁

過鄒,肅謁孟廟　　　　　　　　　　　　（明）王　教

斯文誰正統,王道見真儒。薰沐瞻新廟,徘徊訪故居。泰山猶氣象,時雨憶霑濡。五百年常過,三千士已殊。果然群聖後,獨此《七篇書》。世賴師模久,功收義利餘。有來忻慶覿,欲去復躊躇。

《中川遺稿》卷一三,《四庫全書存目叢書》集部 84 册,537 頁

《斷機圖》　　　　　　　　　　　　　　（明）李東陽

兒出歸亦樂,兒學成獨難。持刀向機杼,割愛傷肺肝。三遷尚可續,一端寧復完。由

來尺寸功,視此經緯端。千年命世才,母教永不刊。

《詩後稿》卷之二,《李東陽集》第一卷,476 頁

謁孟廟 　　　　　　　　　　(明)吳廷翰

同遊不及三千列,名世還期五百年。齊國愛牛傷赤子,魯君回駕任蒼天。兩間浩氣風雲塞,萬古人心日月懸。瞻仰泰山增寤歎,沂洄泗水識師傅。

《詩集》卷下,《吳廷翰集》,410 頁

鄒 嶧 　　　　　　　　　　(明)湯顯祖

亡麟止東周,有字行西國。悠悠交喪時,豈辨儒與墨？依希顏母山,孟母居其側。子輿幼希孔,俎豆嬉何飭。三遷豈忘報,閟宮尊鼎食。刻像墓門前,擁涕機中識。故無牛鼎意,近為馬遷惑。燕齊多迁怪,三鄒同伏軾。始知仁義人,浩然不可逼。幸哉有如此,丹青思維則。藹藹宮牆深,翳翳松柏直。玲瓏望嶧山,朝陽千古色。

《詩文》卷二〇,《湯顯祖全集》第二冊,875 頁

謁孟廟二首 　　　　　　　　(明)徐 渭

<small>廟有孟夫子石像,云祠墓旁掘得,意非秦漢時物也。廟栢極盛。</small>

祠廟遙將岱岳連,道宗嫡自一燈傳。師門已列三千上,名世真辜五百年。柏影連蜷穿漢出,石人苔蘚落周鐫。拜瞻豈少洋洋在,更向何方覓浩然。

妙手傳神少對真,道家炙聖豈須親。期功五世開千業,江漢雙流濯兩人。鄉筍飯餘將野薦,客驢日暮逐行塵。明朝轉入千山去,何地翻能寄采蘋。<small>時擬取所攜筍脯一薦以豪飯,因侶促而止。</small>

《徐文長三集》卷七,《徐渭集》第一冊,295 頁

謁孟廟 　　　　　　　　　　(明)徐學謨

遺廟黃雲合,殘碑古道傍。七篇存俎豆,千古儼宮墻。秀拱尼山近,風標岱嶽長。空林暗飛雪,何處覓椒漿。

《歸有園稿》卷一,《四庫全書存目叢書》集部 126 冊,75 頁

由滕入鄒　　　　　　　　　　　　（明）姚舜牧

過滕思文公,至鄒式孟子。井田形尚存,性善言猶耳。同是食粟人,均稱學古士。何不為聖賢,令人常仰止。

《樂陶吟草》卷二,《四庫全書存目叢書》集部 158 冊,350 頁

敬謁孟母廟　　　　　　　　　　　（明）姚舜牧

常想孟夫子,自幼即知效。是故賢哉毋,三遷以為教。假令蚩蚩悠悠爾,即母善教其何施。今讀《七篇》仁義語,喫緊二字在"有為"。有為亦若是,要以聖為歸。有為若掘井,要以泉為期。掘井不及泉,猶然為棄井。克念未及聖,猶然為棄人。示今有為者,工夫宜極深。不勵九仞及泉志,終負三遷教子心。

《樂陶吟草》卷二,《四庫全書存目叢書》集部 158 冊,350 頁

孟　廟　　　　　　　　　　　　　（明）瞿如稷

素王遊兩楹,闕里閉龍翰。輦生擾昏衢,三河無耆亂。彝常溺交喪,捭闔擅英邊。蒼黃指率棼,濩濮聽咸眩。橫目從含識,行會幾莫辨。夫子翔紫氣,西挽傾義旦。汲汲梁齊間,鳴鸞不遑宴。期纂舞於風,將綏錯轂戰。力剪揚、墨榛,斯析舜蹠限。

雀蚊反掌王,臺園枉尺見。微言振緇帷,沉濁清赤懸。爰今唐、虞心,萬古企如面。鉏鋙道逾光,僅佝教靡倦。備物樂佃永,乘時寵易珍。儀衍昔著雄,芻牧今指賤。德輝何共曦,宇宙挹流絢。我行窮燕吳,鄒嶧獨蔥蒨。停轄瞻遺祠,蕭拜軫遐睇。

垣衣蔓頹廡,綠錢繡虛殿。聖代茲休明,孤臣沐餘善。靈軌不可回,擎芳空復薦。隱檻睇雲昊,魯歔鬢欲變。

《瞿冏卿集》卷一,《四庫全書存目叢書》集部 187 冊,96 頁

謁孟廟　　　　　　　　　　　　　（明）文翔鳳

孔父時巡代帝行,却須孟叟護車旌。大因地載方成大,日為月從事繼明。既有素皇操正印,可無玄相贊宗盟。百年相去特教晚,正慮翟、朱跋扈生。

《南極篇》卷四,《四庫禁毀書叢刊》子部 11 冊,423 頁

謁孟母林，並求孟母故宅 　　（明）文翔鳳

孟林為東林，此為西林。

西林樹枌櫺，鄒興倚崇山。鄒興，縣名，曰鄒儒里。駐蓋匡襟入，蕭風仰聖賢。邾國袝宣獻，合防靡崩騫。充虞昔敦匠，五鼎踐房邊。諸孟歸相望，托之向千年。故宇詢田父，儒里佇迻遭。大慈良遠注，仁處竟三遷。族氏靡他係，本交互大幹。宜琢巖巖象，長跽隧堂前。

《南極篇》卷四，《四庫禁毀書叢刊》子部 11 冊，424 頁

禮孟子所自鐫像 　　（明）文翔鳳

氣象巖巖即泰山，天生夫子素臣班。何人立地賢堯、舜，真與偕呼向兩間。

《南極篇》卷四，《四庫禁毀書叢刊》子部 11 冊，424 頁

雪　宮 　　（明）錢子義

孟子見齊王處，在臨淄牛山之側。

戰國興亡感客情，雪宮遺址幾秋螢。賢愚王霸皆塵土，不廢牛山萬古青。

《續詠史詩》上，《種菊菴集》一，《三華集》卷七，影印文淵閣《四庫全書》1372 冊，89 頁

鄒縣謁孟子廟 　　（明）楊　巍

濟溺微言在，論功並禹堪。經過瞻廟貌，氣象尚巖巖。泗水宮墻北，嶧山城郭南。祇因能直養，萬木與天參。

《存家詩稿》卷三，影印文淵閣《四庫全書》1285 冊，506 頁

謁孟夫子祠 　　（清）沈德潛

夢寐懷鄒邑，今來亞聖堂。斯文天不喪。吾道日重光。古木森松檜，豐碑峙漢唐。薪傳應有俟，誰復數荀揚。

《歸愚詩鈔》卷一四，《沈德潛詩文集》第一冊，287 頁

謁孟廟

（清）李雯

吁嗟孟夫子，空抱王佐才。岩岩泰山像，肅肅松風回。篤生豈天意，哲士無良媒。齊、梁竟失志，懷古心悠哉。一朝車從沒，千秋俎豆來。要之豪傑人，視此如塵埃。余亦徒步士，下馬登殿臺。拂衣復再拜，三歎長徘徊。

《雲間三子新詩合稿》卷一，17頁

鄒縣謁孟子廟二首

（清）朱彝尊

井地連滕壤，詩書近孔門。世儒多橫議，夫子獨知言。楊、墨歸斯受，齊、梁道自尊。岩岩留氣象，千載肅心魂。

壞道殘碑臥，祠官異代虔。爵班公一位，里紀母三遷。叢木冬春冷，風燈卒史懸。空令布衣士，瞻拜獨淒然。

《曝書亭集》卷七，上冊，90頁

謁孟子廟

（清）顧炎武

古殿移邾邑，高山近孔林。遊從齊、梁老，功續禹、周深。孝弟先王業，耕桑海內心。期應過七百，運豈厄當今。辯說千秋奉，精靈故國歆。四基岡上柏，凝望轉森森。

《顧亭林詩集匯注》卷三，上冊，571頁

孟 廟

（清）黃子雲

歇馬餘殘照，循牆謁閟宮。冠裳王者並，俎豆聖人同。戰國風趨下，斯文日再中。低徊撫松柏，惆悵仰龜蒙。

《晚晴簃詩匯》卷七〇，第二冊，290頁

謁孟廟

（清）洪亮吉

落落非無志，囂囂亦有承。吾猶距楊、墨，真不遠齊、滕。小邑衣冠肅，崇祠俎豆增。摩挲讀碑字，應愧歷階升。

憶賃東西廡，曾傳《內》《外篇》。師承北堂上，勸學斷機前。幼賤同尼父，親喪愧少連。寢筵虔拜謁，心折為三遷。

《卷施閣詩》卷一,《洪亮吉集》第二冊,469 頁

謁孟廟 　　　　　　　　　　　　（清）曹　寅

沙溪縈百迭,山骨黝而清。殿陛肅喬木,爐煙開午楹。組圭群弟子,袞冕古先生。後代論私淑,綸言仰聖明。

《楝亭詩鈔》卷五,《楝亭集箋注》,227 頁

孟　軻 　　　　　　　　　　　　（清）徐公修

鄒嶧鍾靈聖學昌,驅車列國赴齊梁。從遊萬子兼咸子,抗禮宣王又惠王。八秩盈餘高壽算,《七篇》撰出大文章。至今亞聖千秋重,民貴君輕學說長。

《史記百詠》卷一,《讀史千詠》,《史記研究文獻輯刊》13 冊,442 頁

重謁孟廟 　　　　　　　　　　　（清）金衍宗

自昔成賢聖,都由母教先。嬉同陳俎日,學立斷機年。故里曾三徙,微言祇《七篇》。紛紛齊稷下,侈口共談天。

重來瞻廟貌,金碧煥楥題。一井寒泉冽,庭前天震井,因康熙十一年雷震陷出,故名。千章古栢齊。升堂惟樂正,配廡有昌黎。讀罷前朝碣,觚稜日漸西。

《思詒堂詩槀》,《清代詩文集彙編》533 冊,22 頁

孟某養素《孟子‧外書》 　　　　　　（清）田依渠

說到虎狼秦,門人亦守素。尼山況有王,願學非無故。

《茹古山房讀史餘吟》卷二,《清代詩文集彙編》639 冊,645 頁

孟親斷機《列女傳》 　　　　　　　（清）田依渠

勿謂聰明好,無須督責頻。當年孟夫子,尚有斷機人。

《茹古山房讀史餘吟》卷二,《清代詩文集彙編》639 冊,646 頁

詠三鄒子 附楊朱、離婁、墨翟

三鄒子 有序　　　　　　　　　　　　　　　　（元）楊維楨

太史公傳孟軻,以冠稷下諸儒。讀其書,為之掩書三嘆。秦、漢後,識軻者有人矣。予猶怪其論三鄒曰衍者,著書十萬言,皆宏大不經,而要其歸,必止乎仁義,為君臣上下六親之施始也。衍惡有此？斯言也,微軻誰屬哉！因賦三鄒篇。

三鄒子,相雌雄,忌奸國政曰琴工。衍引天外誣瞽聾,高談赤縣八十一分孰為中,擁篲襒席走王公。嗟我軻,貌不妄婦容,句。舌不連橫而合從。誰其引之碣石宮,雕龍炙輠言如蠢。

《全元詩》第 39 冊,161 頁

鄒衍霜降　　　　　　　　　　　　　　　　　（清）田依渠

江淹上建平王書。

有客讒鄒衍,幽囚痛入微。仰天爲一哭,嚴夏夜霜飛。

《茹古山房讀史餘吟》卷一,《清代詩文集彙編》639 冊,644 頁

騶　衍　　　　　　　　　　　　　　　　　　（清）羅惇衍

齊人,為燕昭王師。

青天高論獨千秋,赤縣環觀幾九州。海有大瀛如在目,人當中國更回頭。席尊趙地芳型溯,律轉燕郊暖氣留。五德六親仁義旨,莫因迂怪薄齊騶。

《集義軒詠史詩鈔校證》卷四,第一冊,100 頁

騶　忌　　　　　　　　　　　　　　　　　　（清）羅惇衍

齊人。威王用為相,封下邳侯。

君相溫廉大小絃,四時政令五音宣。鼓琴王善庸登日,炙輠人驚辯屈天。鏡朗貌羞賓客譽,臺高材聚國家賢。婉言諷諫皆忠讜,前後三騶足比肩。

《集義軒詠史詩鈔校證》卷二，第一冊，48頁

楊朱泣歧 《列子》　　　　　　　　（清）田依渠

世路原如此，歧中又有歧。亡羊追不得，應悔補牢遲。

《茹古山房讀史餘吟》卷一，《清代詩文集彙編》639冊，641頁

楊　　朱　　　　　　　　（清）羅惇衍

戰國時人。《莊子》作"楊子居"。注云：子居，或楊朱之字。

路已紛歧又有歧，亡羊何乃肆窮追。論人心厭三相反，為我身歸一自私。嗅好椒蘭香獨領，味甘菽粟癖交嗤。春來曝日宜暄負，曷不披誠向赤墀。

《集義軒詠史詩鈔校證》卷二，第一冊，51頁

楊　　朱　　　　　　　　（清）秦　焕

正人心術望歸儒，"兼愛"差同"爲我"愚。今日乾坤無墨翟，看來大概學楊朱。

《劍虹居詩集》卷下，《清代詩文集彙編》675冊，196頁

離婁明目 見《孟子》注　　　　　　　　（清）田依渠

五色何離辨，難從闇室求。古今論目力，原自數離婁。

《茹古山房讀史餘吟》卷四，《清代詩文集彙編》639冊，658頁

墨　　翟　　　　　　　　（清）羅惇衍

宋大夫。或曰與孔子同時，或曰在其後。

九攻九距智無雙，舟戰謀還制楚江。《貴義》只殊情愊置，《非儒》奚解語紛哤。笙吹一曲榮難絆，刃蹈千番志不降。道始愛親終愛物，未聞枯槁足經邦。

《集義軒詠史詩鈔校證》卷二，第一冊，43頁

墨　　翟　　　　　　　　（清）秦　焕

誼昧親疏世罕聞，敢言"無父"勝"無君"。笑渠那得成"兼愛"，博濟猶教病放勳。

《劍虹居詩集》卷下，《清代詩文集彙編》675冊，196頁

田　駢 　　　　　　　　　　　　　（清）羅惇衍

齊人。嘗為齊大夫。

　　天口驚人粲齒牙,名齊髡、奭自成家。生徒養得千鍾富,陶冶思周六合遐。手著新書關治亂,身居高第鬪聲華。精純果似鍾山玉,道德憑教稷下誇。

《集義軒詠史詩鈔校證》卷三,第一册,66頁

慎　到 　　　　　　　　　　　　　（清）羅惇衍

趙人。與楚環淵皆宗黃老。嘗仕於齊,著書稱《慎子》。

　　著倕齗指嫌傷巧,哲匠為門杜乃門。義立樞機輕爵祿,功踰耕織重根源。書篇漢史遺文覈,名器齊都夙望尊。可惜英君心好士,不師鄒嶧禮徒存。

《集義軒詠史詩鈔校證》卷三,第一册,68頁

詠荀子

荀　卿　　　　　　　　　　　　　　　　　　（宋）劉克莊

歷歷非諸子,駸駸及聖丘。乃知焚籍相,亦自有源流。

《全宋詩》卷三〇四六,58 冊,36329 頁

二十四大儒贊 并序·荀卿 封蘭陵伯　　　　　　（元）王　惲

堯舜之道,得孔子而後明;六經之旨,俟諸子而後發。逮秦火燔蕩,先王之迹一向熄滅,而天理之在人心者,何嘗有一息之間斷哉?漢興,諸儒挺出,如董生、劉向、孔安國、毛萇、楊雄,號稱鴻碩。斯皆摘奎之光,發輝孔壁;探聖之幾,取訂口傳。致興學立官,文風彬彬,可謂盛矣。然六經之旨,有師授而無傳著。東漢已來,師說並行,馬、鄭、賈、何,服虔、王肅之流囷羅衆說,正誤刊繁,流藻箋註,復使聖道粲然如大明當空,蔑不耿昭,以之斷國論,建民極,有不可斯須離者。至唐踵上代之衰,理弛文弊,道統益微,及韓愈氏出,以道濟自任,陿障末流,廓清義路,蓋皇皇如也。故大儒位置,終之以昌黎伯者,良以此歟!若夫貫通三才,彌綸元化,前世比同二十四氣乃疏爵圖像,列配神庭,□爲不刊之□宜矣。至元癸未冬十月,齊府廟宮兩廡繪事告成,□越明靈,儼然如在。爰作贊文,昭揭於上,庶幾乾端坤倪,軒豁呈露,聲齊人之敬,爲邦家之光也。

金聲絕響,詭辯縱橫。蘭陵著書,吐辭爲經。憤彼譎變,欺世迷民。性惡之說,有激而云。

《王惲全集彙校》卷六六,第 7 冊,2824 頁

荀　卿　　　　　　　　　　　　　　　　　　（元）徐　鈞

老廢蘭陵已可悲,著書強欲曉當時。一言"性惡"真成繆,讀者何云但小疵。

《全元詩》第 7 冊,277 頁

荀　子　　　　　　　　　　　　　　　　　　（元）侯克中

荀卿意欲祖宣尼,立論胡爲自背馳。雜伯純王如有見,議兵強國似無知。當時言性非鄒孟,繼世傳心是李斯。天理不明人事謬,更將何處較醇疵。

《全元詩》第9冊,6頁

讀諸子·《荀子》 （元）吳萊

稷下三祭酒,蘭陵陳詭詩。剛道人性惡,坑儒將自茲。

《全元詩》第40冊,75頁

感興二十一首（其十四） （元）葉懋

荀卿語"性惡",秦皇遂焚書。李斯悍而愎,竟不逃嚴誅。寒瓜熟坑土,機穽坑群儒。激水乃過顙,順流豈長趨。天下可立取,諸侯血相屠。舜、禹不足法,伊、皋真鄙夫。驪山骨未朽,咸陽已丘墟。惜哉蘭陵老,巍冠講唐、虞。萬古闕墳典,大妖豈其徒。片言有失謬,斂卷吾長吁。

《全元詩》第47冊,187頁

荀 卿 （清）蔣士銓

諸君尚遊談,荀卿頗聞道。言性雖未醇,緒論亦精奧。手訂禮樂書,漢儒藉編校。相秦逢君惡,豈盡出師教？世無子輿氏,誰復敢輕誚？紛紛攻異端,奚足與相較？

《忠雅堂詩集》卷一一,《忠雅堂集校箋》第二冊,920頁

荀 卿 （清）羅惇衍

名況,趙人。在齊為祭酒。後為楚蘭陵令。

孟、荀師範並雲驅,濁世波頹雙手扶。稷下三徵齊重士,蘭陵一謫楚輕儒。刑名誤啟秦丞相,學術終慚莽大夫。何況著書論"性惡",杯棬仁義蹈歧途。

《集義軒詠史詩鈔校證》卷四,第一冊,98頁

荀 況 （清）徐公修

遊齊五十未為遲,"性惡"千秋立論奇。開第康莊隆主眷,拜官祭酒重人師。分符縣令叨黃歇,著錄門生納李斯。憑吊蘭陵風未艾,墓前荒草碧離離。

《史記百詠》卷一,《讀史千詠》,《史記研究文獻輯刊》13冊,443頁

詞

朝中措·鄒嶧山

（明）方　鳳

在山東，孟子所居。奉使略府，因請孟廟答之。

眉尖遙望嶧山斜。中有大賢家。萬種松杉垂陰，不知多少年華。　　門牆數仞，碑銘四壁，煥爛雲霞。瞻謁還登山頂，令人仰止無涯。

《全明詞》第二冊，654 頁

孟嘗君列傳

詩

詠《孟嘗君列傳》

孟嘗君列傳　　　　　　　　　　　　　（唐）司馬貞

靖郭之子,威王之孫。既強其國,實高其門。好客喜士,見重平原。雞鳴狗盜,魏子、馮煖。如何承睫,薛縣徒存!

《史記索隱》卷三〇,478 頁

讀《孟嘗君傳》　　　　　　　　　　　　（元）孫煥文

上客居多日與親,如何容易質嬴秦。身危虎噬狼貪國,功出雞鳴狗盜人。食薛聲名雖烜赫,相齊事業更湮淪。雍門彈罷空成泣,自古豪華一聚塵。

《全元詩》第 51 冊,397 頁

四君詠·右孟嘗君　　　　　　　　　　　（清）張寶森

驅馬泰山東,遺墟訪薛公。盜裘皆上客,焚券即元功。泣泗雍琴後,飛揚賤孽中。妙開書記例,侍史隔层風。

《悔庵詩存》卷上,《清代詩文集彙編》768 冊,637 頁

孟嘗君

(清)皮錫瑞

孟嘗君，養雞狗。雞能秦關鳴，狗能秦宮走。豈惟雞狗稱俊物，更有彈鋏營兔窟。老兔既死小兔爭，三國各將三窟掘。客有三言海大魚，有齊用薛胡爲乎？雍門琴，空欷歔。

《師伏堂詠史》，《清代詩文集彙編》772 冊，308 頁

雜詠史四十二首(其三)

(清)梁運昌

昔時四公子，食客皆三千。養士獲其用，屈指一二間。孟嘗列三舍，終始唯馮諼。侯嬴顯信陵，毛遂重平原。上賓珠履散，何人殺李園。平時工作態，比飯燈影前。索取美人頭，持以謝槃散。無位則去汝，有勢還到門。不慚廉公客，應對多厚顏。史公傳狗盜，千載寄長欸。

《秋竹齋詩存》卷五，《清代詩文集彙編》499 冊，34 頁

詠孟嘗君 附馮諼

遊俠篇　　　　　　　　　　　　　　　（晉）張　華

翩翩四公子,濁世稱賢名。龍虎相交爭,七國並抗衡。食客三千餘,門下多豪英。遊說朝夕至,辯士自縱橫。孟嘗東出關,濟身由雞鳴。信陵西反魏,秦人不窺兵。趙勝南詛楚,乃與毛遂行。黃歇北適秦,太子還入荆。美哉遊俠士,何以尚四卿。我則異於是,好古師老彭。

《晉詩》卷三,《先秦漢魏晉南北朝詩》上册,611頁

聘齊,經孟嘗君墓詩　　　　　　　　（南朝梁）陳　昭

薛城觀舊跡,征馬屢徘徊。盛德今何在,唯餘長夜臺。蒼茫空壟路,憔悴古松栽。悲隨白楊起,淚想雍門來。泉戶無關走,雞鳴誰為開。

《陳詩》卷六,《先秦漢魏晉南北朝詩》下册,2541頁

過函谷關　　　　　　　　　　　　　　（唐）宋之問

二百四十載,海內何紛紛。六國兵同合,七雄勢未分。從成拒秦帝,策決問蘇君。雞鳴將狗盜,論德不論勳。

《全唐詩》卷五二,2册,636頁

函谷關　　　　　　　　　　　　　　　　（唐）汪　遵

脫禍東奔壯氣摧,馬如飛電轂如雷。當時若不聽彈鋏,那得關門半夜開。

《全唐詩》卷六〇二,18册,6961頁

函谷關　　　　　　　　　　　　　　　　（唐）胡　曾

寂寂函關鎖未開,田文車馬出秦來。朱門不養三千客,誰為雞鳴得放回。

《全唐詩》卷六四七,19册,7422頁

田　文　　　　　　　　　（唐）周　曇

下客常才不足珍，誰為狗盜脫強秦。秦關若待雞鳴出，笑殺臨淄土偶人。

《全唐詩》卷七二八，21 冊，8344 頁

再　吟　　　　　　　　　（唐）周　曇

門下三千各自矜，頻彈劍客獨無能。田文不厭無能客，三窟全身果有憑。

《全唐詩》卷七二八，21 冊，8344 頁

關　下　　　　　　　　　（唐）崔道融

百二山河壯帝畿，關門何事更開遲。應從漏却田文後，每度聞雞不免疑。

《全唐詩》卷七一四，21 冊，8206 頁

過田文墓　　　　　　　　（宋）陳　洎

當年聞奏雍門琴，話著池臺淚滿襟。何況今朝陵谷畔，池臺無跡可追尋。

《全宋詩》卷二二六，4 冊，2645 頁

孟嘗君歌　　　　　　　　（宋）司馬光

君不見薛公在齊當路時，三千豪士相追隨。邑封萬戶無自入，椎牛釃酒不為貲。門下紛紛如市人，雞鳴狗盜亦同塵。一朝失勢賓客落，唯有馮驩西入秦。

《全宋詩》卷四九八，9 冊，6008 頁

孟　嘗　　　　　　　　　（宋）司馬光

冠蓋盈門意氣豪，海魚兼雨未充庖。歸來散盡三千客，方悟時人市道交。

《全宋詩》卷五〇六，9 冊，6157 頁

詠　史　　　　　　　　　（宋）陸　佃

珠履三千兩，金椎四十斤。阿誰知狗盜，却解脫田文。

《全宋詩》卷九〇八，16 冊，10680 頁

孟嘗君　　　　　　　　　　　　　　　　　　　　　（宋）張　鎡

狗盜雞鳴却遇知,可憐真士不逢時。詩書若作空言看,鳳至鸞遊孰致之。

《全宋詩》卷二六八七,50 冊,31636 頁

諸侯客　　　　　　　　　　　　　　　　　　　　　（宋）劉克莊

犬吠雞鳴者,皆為席上珍。如何彈鋏客,亦有竊弓人。

《全宋詩》卷三〇八〇,58 冊,36744 頁

《孟嘗君度關圖》　　　　　　　　　　　　　　　　（宋）鄭思肖

狐白裘邊事若難,孟嘗門下亦何顏。若無意智翻身去,半夜焉能度此關。

《全宋詩》卷三六二四,69 冊,43388 頁

函谷關　　　　　　　　　　　　　　　　　　　　　（宋）汪元量

田文夜半至函關,雞未鳴時去路難。不是三千珠履客,如何秦地得生還。

《全宋詩》卷三六六九,70 冊,44049 頁

題青州孟嘗君故宅　　　　　　　　　　　　　　　　（宋）無名氏

千載遺蹤號鼓樓,不是誰是雍門周？區區此飯徒為爾,唯有鳴雞客可酬。

《全宋詩輯補》第一一冊,5448 頁

新市民家壁間畫·《孟嘗》　　　　　　　　　　　　（金）王　寂

碌碌齊王世不聞,佳名推重孟嘗君。三千賓客空鹽食,狗盜雞鳴却解紛。

《金詩》,《全遼金詩》上冊,625 頁

孟嘗君　　　　　　　　　　　　　　　　　　　　　（元）徐　鈞

誕當五月命於天,齊戶風謠恐未然。若使當時真不舉,吾門安得客三千。

《全元詩》第 7 冊,280 頁

過孟常君養士處 （明）孔貞時

可憐門下三千客，無奈關中百二城。國士恩深無可報，當時只得學雞鳴。不惜黃金交死士，幾人誓死報平生。孟常得度函關外，青史譏彈總不爭。

《在魯齋文集》卷一，《四庫禁毀書叢刊》集部 16 冊，336 頁

雜覽三首（其二） （明）方于魯

田嘗罹虎口，嬴姬重狐白。土梗偶相笑，函關詎可越。三千躡朱履，智者亦齲齼。眇小故稱雄，鳴盜居上客。權傾勢已矣，奸人皆去薛。走狗死一朝，狡兔存三穴。

《方建元集》卷一，《四庫全書存目叢書》集部 146 冊，420 頁

題孟嘗君養士處 （明）姚舜牧

大臣佐國重於山，何事身親使命艱。假令白裘無可竊，不知何以出函關。

《樂陶吟草》卷二，《四庫全書存目叢書》集部 158 冊，350 頁

臨城驛，謁題孟嘗養士處 （明）瞿如稷

踐土盟寒事併吞，客趨東海孟嘗尊。相齊擬兒成三窟，築薛稱魚罷一言。古木長堤留片碣，淡煙孤犢下高原。桑榆藹藹雞聲遠，函谷云封夜半聞。

《瞿冏卿集》卷四，《四庫全書存目叢書》集部 187 冊，145 頁

過孟嘗君食客處 （明）李之世

齊王昔全盛，公子擅豪華。三千食客今何在，此地空餘彈鋏嗟。猿啼露白自黃昏，月印蒼苔疑履痕。空山隱隱聞雞犬，猶是當年俠客魂。

《鶴汀詩集》卷二，《四庫禁毀書叢刊》集部 80 冊，47 頁

過孟嘗君墓 （明）謝肇淛

孟嘗稱四豪，食客多意氣。一朝失齊權，去之若掉臂。酅侯無餘音，雍門有遺淚。人今安在哉？悲風生荒隧。

《小草齋詩集》卷五，《小草齋集》上冊，677 頁

經薛故城　　　　　　　　　　　　　　（明）謝肇淛

柳堤風起欲斜曛,寂莫山丘枕暮雲。十載齫侯塵土客,只今誰是孟嘗君。

《小草齋詩集》卷二七,《小草齋集》下冊,1268 頁

古薛城,吊孟嘗君　　　　　　　　　（清）王士禛

田文千載後,怊悵雍門彈。薛水西流駛,空城日暮寒。臺池久蕪没,丘壠亦凋殘。在莒猶遺恨,如君豈足歎。

《蠶尾續詩集》卷二,《王士禛全集》第二冊,1176 頁

鳴狗盜　　　　　　　　　　　　　　（清）褐　夫

孟嘗門下士如雲,空抱經綸雞狗群。狗盜雞鳴能建樹,早知何必博斯文。

《古史詩針》,《戴名世集》附錄二,439 頁

孟嘗君　　　　　　　　　　　　　　（清）羅惇衍

姓田氏,名文,齊威王孫。

俠氣賢聲起薛郊,相齊齊重壓函崤。人謀殺我重關去,父忌生兒五日交。賓客三千羅異等,弟兄四十冠同胞。但觀一事知無後,伐破宗邦識見消。

《集義軒詠史詩鈔校證》卷三,第一冊,81 頁

田　文　　　　　　　　　　　　　　（清）徐公修

佳節天中誕降辰,諸昆壓倒卅餘人。遺書魏冉仇終去,彈鋏馮驩術本神。傳舍雜收雞狗客,出關倖脫虎狼秦。雄封萬戶豪何在,薛邑荒塋委棘榛。

《史記百詠》卷一,《讀史千詠》,《史記研究文獻輯刊》13 冊,443 頁

過函關,為薛君解嘲　　　　　　　　（清）樊增祥

臨川刻意薄田文,好士誰如相國真。君看馬關今日事,雞鳴狗盜亦無人。

《樊山續集》卷三,《樊樊山詩集》中冊,685 頁

孟嘗君

（清）王廷紹

坐看燕收七十城，幾曾一奮薛家兵。門前客散猶思唾，國內君亡轉不驚。三窟未營憐冤狡，重關偶度誤雞鳴。歸來長狹人何處，應悔當年市義聲。

《澹香齋詩草》卷二，《清代詩文集彙編》472 冊，340 頁

孟嘗君

（清）張澍

賴有雞鳴狗盜人，危身幸脫虎狼秦。責錢焚券民應樂，比飯張鐙客又瞋。不受象床聯楚好，為營兔窟弁齊親。田文祇是豪華輩，曲巷雍門便濕巾。

《養素堂詩集》卷二五，《清代詩文集彙編》536 冊，269 頁

田文比飯 《史記》

（清）田依渠

門下數千人，主賓無二膳。有時如見疑，盍比田文飯。

《茹古山房讀史餘吟》卷六，《清代詩文集彙編》639 冊，667 頁

五日吊古

（清）孫淑

田文五日生，屈原五日亡。吉凶同此日，理固難推詳。原與國休戚，一死分所當。漁父枻自鼓，詹尹龜宜藏。抱石投湘流，心與日月光。文從狡兔計，高枕樂未央。後合魏秦趙，伐齊何披猖。身死薛隨滅，高戶仍不祥。文生雞狗雄，原死荃蕙芳。世人何夢夢，悲屈羨孟嘗。我心獨不然，臨風慨以慷。撫時懷往事，聊進菖蒲觴。

《國朝閨秀詩柳絮集校補》卷一二，第二冊，第 522 頁

詠　史

（唐）皎　然

田氏門下客，馮公眾中賤。一朝市義還，百代名獨擅。始知下客不可輕，能使主人功業成。借問高車與珠履，何如卑賤一書生。

《全唐詩》卷八二〇，23 冊，9241 頁

馮　諼

（唐）周　曇

兔窟穿成主再興，輩流狐伏敢驕矜。馮諼不是無能者，要試君心欲展能。

《全唐詩》卷七二八,21冊,8344頁

狡兔窟 　　　　　　　　　　　　　　　　　(明)黃淳耀

長鋏歸來債畢收,一窟已鑿二窟留。長鋏歸來重結靷,齊王不寐君高枕。嗟汝窟成傷汝國,他年兔葬元無窟。君不見趙城有客賣漿徒,慷慨勸君歸舊都。古來狐死猶丘首,兔窟狺狺皆國狗。

《擬古樂府》,《陶庵全集》卷九,影印文淵閣《四庫全書》1297冊,751頁

詠史一百首(其十六) 　　　　　　　　　　　(明)謝肇淛

泗濱有奇石,求為清廟音。一作下宮碣,貴賤非所任。賓客聞之去,諸侯師來侵。馮煖不焚券,疲民無烈心。咄咄雞鳴徒,安能慮高深？得失眼中見,何必雍門琴？

《小草齋詩集》卷六,《小草齋集》上冊,707頁

八客詠·食客 　　　　　　　　　　　　　　(明)孫　樓

貧士不自飽,王門日曳裾。盜裘甘作狗,彈鋏歎無魚。一飯恩非薄,千人食自如。平原多上客,報主是誰歟。

《孫百川先生文集》卷一一,《四庫全書存目叢書》集部第112冊,708頁

過古薛城 　　　　　　　　　　　　　　　　(明)王　衡

原田莽無際,道是孟嘗門。秋風荒稗盡,鳥雀不知恩。

窈窕歌鍾起,參差幸舍開。已隨朝市散,尚逐曉關來。

《緱山先生集》卷二,《四庫全書存目叢書》集部178冊,611頁

詠　史(其一) 　　　　　　　　　　　　　　(清)龍　燮

自古牛刀恥割雞,匣中三尺氣如霓。馮生只為魚彈鋏,更比雞鳴狗盜低。

《晚晴簃詩匯》卷四二,第一冊,573頁

馮　驩 　　　　　　　　　　　　　　　　　(清)羅惇衍

驩,一作"諼",孟嘗君客。

落拓誰聆獨調彈,侯門倚柱發長歎。何須幾度魚車美,但見三營兔窟難。入薛券焚觚擬祝,返齊朝立枕能安。數千客不知毛遂,趙勝、田文總一般。

《集義軒詠史詩鈔校證》卷三,第一册,82 頁

馮驩折券《史記》　　　　　　　　　　（清）田依渠

底事來收債,時將舊券焚。此間能市義,歸遺孟嘗君。

《茹古山房讀史餘吟》卷六,《清代詩文集彙編》639 册,666 頁

詞

齊天樂·彭城懷古十二首·雍門邨 (清)陳燮

孟嘗食客三千耳,其中雍門琴最。不是高山,非關流水,美在宮商之外。悲歌慷慨。恁觸撥人情,仰揚天籟。萬古傷心,無端清淚向空灑。　驅車田氏故里,問丘山已矣,畢屋安在。　狗盜宮中,雞鳴谷口,贏得功名狡獪。何須驚駭。剩豎子嬰兒,任情樵採。若箇知音,撫桐成一解。

《全清詞》雍乾卷第一一冊,6012 頁

減字木蘭花·讀史 (清)陳維崧

無魚長歎。貧甚先生惟一劍。市義而歸。燒券椎牛亦自奇。　雞鳴狗盜。下坐相容原可笑。食客雖多。不出秦關奈若何。

《全清詞》順康卷第七冊,第 4304 頁

平原君虞卿列傳

詩

詠《平原君虞卿列傳》

平原君虞卿列傳　　　　　　　　　　（唐）司馬貞

翩翩公子,天下奇器。笑姬從戮,義士增氣。兵解李同,盟宅毛遂。虞卿躧蹻,受賞料事。及困魏齊,著書見意。

《史記索隱》卷三〇,478頁

四君詠·右平原君　　　　　　　　　　（清）張寶森

莽莽長平路,悲風滿井陘。壯心得毛遂,失計受馮亭。異代絲猶繡,知交涕孰零。平生豪舉在,一笑斬娉婷。

《悔庵詩存》卷上,《清代詩文集彙編》768冊,638頁

《平原君傳》書後　　　　　　　　　　（清）錢惠尊

公等碌碌皆因人,平原枉有三千賓。囊大曾無一錐貯,見遂不識來何許。邯鄲城門晝不開,此時局促真駑駘。不聞公子畫奇策,乃至以姊要人哉。吁嗟乎！美人一笑何大罪,特借卿頭為士賄。矯情待士士不取,有客飄然向東海。

《晚晴簃詩匯》卷一八六,第四冊,657頁

詠平原君

邯 鄲 （唐）胡 曾

曉入邯鄲十里春，東風吹下玉樓塵。青娥莫怪頻含笑，記得當年失步人。

《全唐詩》卷六四七，19冊，7426頁

雜詩三首(其一) （宋）劉 敞

大梁公子樂邯鄲，愛士能從市井間。雖詫平原傾食客，魯連猶蹈海濱還。

《全宋詩》卷四八九，9冊，5929頁

平原君 （宋）劉 摯

徒稱館舍三千客，豈捄長平百萬軍。焉在平原多得士，功名翻屬平原君。

《全宋詩》卷六八四，12冊，7995頁

新市民家壁間畫・《平原》 （金）王 寂

趙國苦圍力已殫，合縱於郢援邯鄲。當時不試囊錐穎，誰捧同盟歃血盤。

《金詩》《全遼金詩》上冊，625頁

平原君 （元）徐 鈞

謝躄雖云禮意恭，平生結客竟何功。不知他日邯鄲警，獨有捐軀一李同。

《全元詩》第7冊，280頁

讀史二十二首・平原君 （明）高 啟

朝歌長夜館娃春，總為妖姬戮諫臣。何事邯鄲貴公子，能因躄者殺佳人。

《高青丘集》卷一七，下冊，746頁

詠史四首（其二） （明）王偁

狐白僅一腋，勝彼千羊皮。壯士出片言，萬諾空奚為。毛生奉平原，自脫囊中錐。提攜十九人，咤彼猶嬰兒。一語定從盟，不待日昃時。英風被廣座，磊落誠可奇。知人豈不難，長鋏聲同悲。

《列朝詩集》乙集卷三，第四冊，2279 頁

恩縣 （明）姚舜牧

恩故平原地，平原君故豪。豪骨雖已朽，豪華尚未歿。

《樂陶吟草》卷二，《四庫全書存目叢書》集部 158 冊，352 頁

趙州 （清）路德

買絲爭繡佳公子，頗謂平原能好士。樓頭一笑紅顏摧，食客紛紛來復來。我言此事非人情，如何浪得憐才名。惡客一言九鼎重，美人一死鴻毛輕。君不見樂羊啜子甘如飴，功成反使文侯疑。又不見吳起殺妻為求將，母死不奔心早喪。公子天下寡恩人，可知好士情非真。賢者聞風定高蹈，公等碌碌安足論。吁嗟乎，躄者足，笑者頭，千秋恨事良悠悠。我今獨酌中山酒，不願將杯滴趙州。

《檉華館詩集》卷一，《路德全集》，《陝西古代文獻集成》第 29 輯，319 頁

平原君 （清）孫枝蔚

豐草猶能斃豫章，《庾開府集》：豫章七年，斃於豐草。高才多困眾人旁。平原亦是佳公子，毛遂三年未處囊。

《溉堂前集》卷八，影印《溉堂集》上冊，407 頁

平原 （清）高宗弘曆

驅車渡平原，因作平原行。平原公子喜賓客，一時豪士列坐盈。美人笑躄者，請頭太不情。造門自謝客復至，至今難論偽與誠。所幸毛遂一脫穎，頃刻辨論從約成。當時齊、楚、魏公子，皆云好士略可評。脫秦得濟於狗盜，亂楚不斷於朱英。如姬竊符奪晉鄙，危計密定亥與嬴。客不過如此，主亦奚足稱。嗚呼戰國尚譎詐，其真賢者惟應隱跡衡門耕。

《晚晴簃詩匯》卷二,第一冊,11頁

古　　意(其一) 　　　　　　　　　　(清)張　坦

孟嘗廣致客,鳴吠亦不辭。士為知己用,何者不可為。遂謂雞狗輩,生平盡於斯。尺蠖與虯龍,屈伸在一時。丈夫以身許,逃義奚所之。所以魯仲連,高蹈東海湄。

《晚晴簃詩匯》卷五四,第二冊,38頁

平原君祠 　　　　　　　　　　(清)鄧嘉緝

翩翩公子有遺祠,想像風流奠一卮。臣亦毛生思脫穎,不知可有處囊時。

《晚晴簃詩匯》卷一六六,第四冊,230頁

平原君 　　　　　　　　　　(清)羅惇衍

名勝。趙諸公子。

群公錄錄未須懷,濁世翩翩本自佳。捍國建侯封傳吏,倚樓慢士斬宮娃。囊中毛遂錐抽穎,劍下馮亭䦆析骸。有客買絲思繡汝,趙州澆酒與誰偕。

《集義軒詠史詩鈔校證》卷三,第一冊,84頁

趙　　勝 　　　　　　　　　　(清)徐公修

行汲盤跚一躄翁,美人買笑血流紅。合縱楚殿憑毛遂,赴敵秦軍仗李同。天下士多難復相,邯鄲圍解不居功。翩翩濁世佳公子,絲繡平原恐未工。

《史記百詠》卷一,《讀史千詠》,《史記研究文獻輯刊》13冊,443頁

趙勝謝躄 《史記·平原君傳》 　　　　　　(清)田依渠

也自悔登樓,空將躄者羞。紅顏真薄命,一笑竟無頭。

《茹古山房讀史餘吟》卷四,《清代詩文集彙編》639冊,659頁

漢臺詠史·平原君 　　　　　　　　(清)嚴如熤

倚樓一笑尋常事,豪舉當年絕不情。大抵奴才皆避客,更無奇計比侯生。三千士盡甘秦帝,十九人誰定楚盟。倘解謙恭似無忌,竊符紅粉亦功成。

《樂園詩稿》卷三,《清代詩文集彙編》455 冊,163 頁

平原君　　　　　　　　　　　　　（清）王廷紹

三千門客氣如雲,存得邯鄲走敵軍。公子名宜誇濁世,夫人弟亦是賢君。貌當繡處絲誰買,酒任澆來士不醺。可笑樓前行汲者,欲將一笑殺紅裙。

《澹香齋詩草》卷二,《清代詩文集彙編》472 冊,340 頁

平原君　　　　　　　　　　　　　（清）張　澍

欲買新絲緒作君,後人馳慕太殷勤。毛生錐欲囊中出,鱉者笑從樓上聞。雞血歃來邦迺重,李侯封後我無勳。如何又受馮亭說,落日邯鄲困敵軍。

《養素堂詩集》卷二五,《清代詩文集彙編》536 冊,270 頁

詠　古　　　　　　　　　　　　　（清）吳　綃

一作"詠史"。

公子翩翩信絕倫,擬將豪舉却狂秦。不知賓客成何事,枉向樓頭斬美人。

《國朝閨秀詩柳絮集校補》卷七,第一冊,第 282 頁

詠毛遂

毛　遂　　　　　　　　　　　　　（唐）周　曇

不識囊中穎脫錐,功成方信有英奇。平原門下三千客,得力何曾是素知。

《全唐詩》卷七二八,21 冊,8343 頁

再　吟　　　　　　　　　　　　　（唐）周　曇

定獲英奇不在多,然須設網遍山河。禽雖一目羅中得,豈可空張一目羅。

《全唐詩》卷七二八,21 冊,8343 頁

毛　遂　　　　　　　　　　　　　（宋）劉克莊

兩國爭衡際,諸君袖手觀。群然著珠履,誰肯捧銅盤。

《全宋詩》卷三〇四七,58 冊,36336 頁

《毛遂脫穎圖》　　　　　　　　　　（宋）鄭思肖

十九人中不數君,當機勇辯獨超群。若非末後脫穎出,多得英風潑楚雲。

《全宋詩》卷三六二四,69 冊,43389 頁

毛　遂　　　　　　　　　　　　　（元）徐　鈞

一立談間定合從,真能脫穎出囊中。當時若顧呈身恥,餘子紛紛亦罔功。

《全元詩》第 7 冊,280 頁

毛　遂　　　　　　　　　　　　　（元）宋　无

兩國從衡倚爭臣,遂為穎脫出囊珍。縱饒得與銅盤歃,十九人皆碌碌人。

《全元詩》第 19 冊,411 頁

題《毛遂執劍圖》　　　　　　　　（元）周　砥

七國爭雄勢若何,紛紛劍客口懸河。合從不作尊王計,遂也何煩用力多。

《全元詩》第 54 册,197 頁

毛遂墓　　　　　　　　　　　　　（明）王　衡

霧散翹材館,天高對策埤。悠悠天下士,何路薦毛錐。

《緱山先生集》卷二,《四庫全書存目叢書》集部 178 册,611 頁

後秋興八首·奇毛遂　　　　　　　（清）魏裔介

豫讓擊衣悲趙國,武靈探鷇餓沙丘。英雄事去同秋草,紅粉香銷付水流。武靈王寵吳娃也。大抵虞卿能任俠,誰知毛遂有奇謀。腐遷《史記》留陳跡,懷古高歌風滿樓。房子有懷古樓。

《兼濟堂文集》卷一九,下册,543 頁

毛先生　　　　　　　　　　　　　（清）羅惇衍

毛遂,平原君上客。

武安再戰毀夷陵,失援讀去聲。何由自振興。百萬師強秦等畏,五千里廣楚無能。捧盤殿上盟縱定,按劍階前攝級登。門下三年韜晦意,奇材勿遽露鋒棱。

《集義軒詠史詩鈔校證》卷三,第一册,86 頁

平原行　　　　　　　　　　　　　（清）王　軒

諸侯不能友,天子不得臣。豈有家僕伍,而能致斯人。翩翩濁世佳公子,巨擘尤推能好士。碌碌因人事不成,敦槃無色知誰恥。十九人,面相視。囊中錐,脫穎起。片言乃能令公喜,勝今不復相士矣。君不見莘野耕夫猶秉耒,渭濱漁叟長釣水。有足豈解曳珠履,不遇寧甘抱器死,誰能局促處囊裏。

《耨經廬詩集》卷四,《續尤西堂擬明史樂府》(外二種),146 頁

詠虞卿

虞　　卿　　　　　　　　　　　　　　　　（唐）周　曇

割地求和國必危，安知堅守絕來思。年年來伐年年割，割盡邯鄲所為之。

《全唐詩》卷七二八，21 冊，8343 頁

潘孟陽上書不報，歸里作五詠（其四）　　　　　（元）袁　桷

虞卿舌轉丸，揣事精微芒。事危見交態，窮愁名益光。黃金散逝水，白璧凝飛霜。丈夫有定志，得失非預防。

《全元詩》第 21 冊，101 頁

讀史三首（其二）　　　　　　　　　　　　　　（明）沈明臣

虞卿畫趙謀，豈後樓緩智，虞卿何如人，嗟嗟魏無忌，白璧敢不難，知人良不易，秋風厲函關，白日寒照地，相印猶可捐，窮交何可棄。間行亡大梁，誰憐善書意。

《豐對樓詩選》卷三，《四庫全書存目叢書》集部 144 冊，180 頁

虞　　卿　　　　　　　　　　　　　　　　（清）田實發

抵掌易高位，簦屩匪所恥。故友中夜來，趙相若敝屣。著書常閉門，窮愁乃可喜。曰卿何如人，惜哉魏公子。

《晚晴簃詩匯》卷六三，第二冊，196 頁

詠史十首（其七）　　　　　　　　　　　　　　（清）洪亮吉

燕丹欲圖秦，既殺樊于期。咄哉淮陰侯，不能活鍾離。求存反速亡，賣友仍貽譏。虞卿真丈夫，棄印隨魏齊。

《附鮚軒詩》卷六，《洪亮吉集》第五冊，2011 頁

虞　　卿　　　　　　　　　　　（清）羅惇衍

遊說之士。嘗相趙。食邑於虞，故號"虞卿"。

天朝下策仗和親，歲幣徒增百萬緡。何苦揣情工畫趙，極言制媾事歸秦。窮交伏劍逃封爵，戰國遺書續獲麟。人不易知規諷切，侯生兩語足書紳。

《集義軒詠史詩鈔校證》卷三，第一冊，86 頁

虞　　卿　　　　　　　　　　　（清）張　澍

救友能輕萬户侯，蕭蕭窮巷著《春秋》。信陵竟少侯嬴識，趙勝空為范雎留。白璧難銷羈客餱，黄金欲贖故人頭。八篇書就今仍失，微義能如鐸傳不。

《養素堂詩集》卷二五，《清代詩文集彙編》536 册，270 頁

虞卿擔簦《史記》　　　　　　　　（清）田依渠

畫策本非常，擔簦說趙王。窮愁亦無礙，終日著書忙。

《茹古山房讀史餘吟》卷四，《清代詩文集彙編》639 册，660 頁

虞　　卿　　　　　　　　　　　（清）王廷紹

名姓誰詢客裏身，獨將封爵作傳人。擔簦躑躅來華屋，白璧黄金黶上賓。秦、趙猶然嚴制媾，漢、唐何苦愛和親。游梁未短英雄氣，且著《春秋》續獲麟。

《澹香齋詩草》卷二，《清代詩文集彙編》472 册，340 頁

詞

又（水龍吟）·登邯鄲叢臺　　　　　　　　　　（元）王　惲

春風趙國臺荒,月明幾照苕華夢。縱亡橫破,西山留在,翠鬟煙擁。劍履三千,平原池館,誰家耕壠。甚千年事往,野花雙塔,依然是,騷人詠。　　還憶張陳繼起,信侯王、本來無種。乾坤萬里,中原自古,幾多麟鳳。一寸囊錐,初無銛穎,也沾時用。對殘釭影淡,黃粱飯了,聽征車動。

《全金元詞》下冊,653 頁

前調（清平樂）·讀史　　　　　　　　　　（清）仲　恒

遴才十九。毛子甘人後。不是當前隱忍就。枉却生平抱負。　　章華從約難成。片言立見勳名。輕薄紛紛鼠輩,祇堪碌碌因人。

《全清詞》順康卷第八冊,4794 頁

滿庭芳·叢臺　　　　　　　　　　（清）陸　棻

雉堞風高,叢臺霜老,當年寶瑟娉婷。丹樓粉榭,難染鬢雙青。惟見連山如堵,荒林外、滏水迴縈。頻惆悵,照眉沉碧,新月一鉤停。　　難聽。淒切調,斜陽砧杵,一派秋冥。想鈞天帝所,樂處曾經。多少平原門第,空回首、玳瑁飄零。邯鄲道,青駒倦矣,殘夢幾時醒。

《全清詞》順康卷第一〇冊,5748 頁

魏公子列傳

詩

詠《魏公子列傳》

魏公子列傳 （唐）司馬貞

信陵下士，鄰國相傾。以公子故，不敢加兵。頗知朱亥，盡禮侯嬴。遂却晉鄙，終辭趙城。毛、薛見重，萬古希聲。

《史記索隱》卷三〇，479頁

讀《信陵傳》 （宋）韓維

周綱亂無紀，群雄事吞爭。猶能假仁義，以勢相奪傾。是時賢公子，信陵最知名。招搖大梁市，攬轡御侯嬴。義勝下予色，恩重忘彼生。竊符連王姬，奮錘遺國兵。救趙意何切，於魏情已輕。賴有毛、薛在，終然臣節明。

《全宋詩》卷四一七，8冊，5115頁

信陵行 （明）王世貞

太史公傳四公子，吾獨取信陵君無忌焉。夫孟嘗、平原、春申皆以國重者也，信陵能重國者也。信陵在，魏不亡，亡信陵，而魏繼之，悲夫！三公子非真能下士也，所下亦非真士也。真下士者，一信陵君而已。其聲施後世，至高帝而猶為之置守冢，有以也夫。

侯嬴夷門監，朱亥豬狗屠。薛公賣漿者，毛公一博徒。公子枉見之，腰脊屈若無。上客氣未平,下客眼為枯。疇擊晉將軍,疇竊宮中符。疇能動公子,趣駕返魏都。一戰王齕走,再戰蒙驁逋。邯鄲復稱趙,大梁不為墟。五國所賓從,響應復景趨。秦閒一何親,令弟一何疏。秦王一何狡,魏王一何愚。少來不縱酒,亦不戀名姝。稱病不復朝,謝客日都盧。寧為汴郊鬼,勿作咸陽俘。英風感異代,天子酹其丘。可憐安釐王,不得麥一盂。客從咸陽來,幾作諸侯奴。亦言驪山足,久已窟妖狐。

《弇州續稿》卷二,《弇州四部稿》第四冊,影印《明人文集叢刊》,15頁

五言古詩(其八)　　　　　　　　　　(明)王世貞

翩翩原、嘗輩,散金買虛名。獨有魏公子,好義復知兵。取士識其真,肝腑為之傾。一戰邯鄲完,再戰大梁寧。五國從若風,強秦閉崤黽。積弱幸以強,昏主墮維城。身死社不木,異代感英聲。

《弇州續稿》卷四,《弇州四部稿》第四冊,影印《明人文集叢刊》,43頁

四君詠·右信陵君　　　　　　　　　　(清)張寶森

難得夷門事,傳神有史遷。侯生能報德,漢祖亦聞賢。憔悴大梁道,淒涼醇酒年。竊符公論在,祠廟鬱蒼煙。

《悔庵詩存》卷上,《清代詩文集彙編》768冊,638頁

信陵公子行　　　　　　　　　　　　　(元)王　惲

與西溪同遊。

春風獵獵吹輕裘,聯鑣來作夷門遊。令人遠憶魏公子,徑上吹臺臺上頭。却秦存趙震九土,誰意抱關老吏能此帷幄之良籌。饑腸自古出奇策,功成何害屠沽流。高皇布衣重公賢,大梁城邊幾遲留。一朝龍驤開漢業,舉功不復詢來由,豈非慕藺承餘休。嘗讀《太史公》,今日把酒酹墓周。當時朱門滿歌舞,此日野草荒山丘。醉歌信陵行,碧雲日暮寫我憂。英雄割據雖已矣,高義凜凜橫清秋。追攀逸駕那復得,落日倚劍看神州。

《全元詩》第5冊,104頁

詠魏無忌

偶詩五首（其三） （唐）司空圖

賢豪出處盡沉吟，白日高懸只照心。一掬信陵墳上土，便如碣石累千金。

《全唐詩》卷六四三，19 冊，7275 頁

公子無忌 （唐）周曇

按劍臨籠震咄呼，鶚甘梟戮伏鳩辜。能憐鈍拙誅豪俊，憫弱摧強真丈夫。

《全唐詩》卷七二八，21 冊，8351 頁

再　吟 （唐）周曇

趙解重圍魏再昌，信陵賢德日馨芳。昏蒙愚主聽讒說，公子云亡國亦亡。

《全唐詩》卷七二八，21 冊，8351 頁

大梁行 （唐）唐堯客

客有成都來，為我彈鳴琴。前彈《別鶴操》，後奏《大梁吟》。大梁傷客情，荒臺對古城。版築有陳跡，歌吹無遺聲。雄哉魏公子，疇日好羅英。秀士三千人，煌煌列眾星。金槌奪晉鄙，白刃刎侯嬴。邯鄲救趙北，函谷走秦兵。君子榮且昧，忠信莫之明。間諜忽來及，雄圖靡克成。千齡萬化盡，但見汴水清。舊國多孤壘，夷門荊棘生。蒼梧彩雲沒，湘浦綠池平。聞有東山去，蕭蕭班馬鳴。河洲搴宿莽，日夕淚沾纓。因之唁公子，慷慨此歌行。

《全唐詩》卷七七七，21 冊，8803 頁

古信陵行 （宋）劉敞

薛公藏賣漿，毛公藏博徒。侯嬴抱關叟，朱亥市井徒。我思信陵君，下此四丈夫。富貴胡為棄貧士，能令君存為君死。

《全宋詩》卷六〇四，11 冊，7142 頁

信陵君 （宋）劉 摯

客趙忘梁久不歸,先王宗社若巢危。歸來未久秦人入,魏國存亡亦可悲。

《全宋詩》卷六八四,12 冊,7995 頁

新市民家壁間畫·《信陵》 （金）王 寂

信陵豪貴氣凌雲,折節屠兒意已動。一挫雄兵四十萬,殺降絕勝武安君。

《金詩》,《全遼金詩》上冊,625 頁

信陵君 （元）徐 鈞

侯、朱決計全危趙,毛、薛謀歸保大梁。得士信知明效速,去留果是國存亡。

《全元詩》第 7 冊,280 頁

涼夜讀史,擬古數語,錄呈勝伯先生知己裁正 （元）董 在

友生董在拜手。

王靈靡東周,諸侯務兵爭。六國尚氣俠,劫制非本情。翩翩魏公子,南轅北邃輕。折節信得士,所慕匪尊榮。雖云正道媿,砥礪多義名。叔世駭莫見,渴心劇懸旌。丈夫一委質,便甘同死生。豈如江上漚,泛然逐春聲。廢書有餘歎,露下候蟲鳴。

《全元詩》第 53 冊,39 頁

結襪子 （明）劉 基

昔有信陵君。乃在大梁城。親為貴介弟,位冠諸侯卿。傾家待國士,倒屣延豪英。詣門謁朱亥,虛左上侯嬴。袖椎奪兵符,救趙蜚英聲。河外走蒙驁,宗社賴扶傾。於今不可見,寂寞傷人情。

《劉基集》卷一七,242 頁

雜詩四十一首(其二十一) （明）劉 基

在昔信陵君,謙勞實弘度。好士天下稀,賓客遠傾慕。救趙奪兵符,掃清邯鄲霧。歸來存大梁,秦甲聾東顧。魏王木偶人,朽心自成蠹。讒言一以入,危石不可據。日落西河

陰,歌鍾怨零露。

《劉基集》卷二〇,326頁

信陵亭懷古　　　　　　　　　　　　（明）于若瀛

信陵亭前風雨哀,魏王城闕盡蒿萊。驅馬蒼茫不可問,寒煙落日迷荒臺。臺高池曲誇豪貴,碧簟珠簾光照地。彈鋏翩翩賓客歡,開尊買醉歌鍾沸。夷門監者世所忽,屠肆曾聞鈹刀未。虛左為嬴衆客笑,禿髮老翁胡足畏。兵壓邯鄲殺氣屯,分符望出魏城門。逡巡不赴平原急,慷慨能酬國士恩。濺血臨風報公子,存趙更能存魏祠。晉鄙之客間復行,高樓大道徒飲耳。任俠千秋氣骨雄,時不再來門客空。艸色凄迷朱亥里,楊花飛入魏王宮。孤亭此日不知處,塵起漫漫大梁路。夾道荒涼十二衢,繁華凄繼三千戶。黯淡川原悵夕曛,連山波浪卷黃雲。揚州門外秋風起,一曲樵歌誰忍聞。信陵墳,在揚州門外。

《弗告堂集》卷五,《四庫禁毀書叢刊》集部46冊,54頁

過邯鄲縣　　　　　　　　　　　　（明）尹　耕

秦兵百萬氣連雲,屋瓦邯鄲震欲焚。千載尚留城市在,土人爭說信陵君。

《列朝詩集》丁集卷二,第七冊,4054頁

大梁懷古　　　　　　　　　　　　（明）謝　榛

策馬夷門道,高城帶暮雲。至今豪俠士,猶說信陵君。

《謝榛全集》卷一八,610頁

梁園懷古　　　　　　　　　　　　（明）劉　炳

紫炁紅光甲馬營,逶迤汴水繞神京。侯嬴曾執夷門轡,朱亥能移晉鄙兵。公子宴春珠結履,道君朝斗玉吹笙。鑾輿一去繁華改,秋雨荒畿磷火生。

《劉彥昺集》卷六,影印文淵閣《四庫全書》1229冊,748頁

雜懷五十首（其二十五）　　　　　　　（明）王廷相

陟彼燕山阿,南望大梁野。平沙浩漫漫,洪流日東瀉。昔時信陵君,賢豪動天下。門有三千客,珠履飛龍馬。如何竟帝秦,一誤不可假?故國已丘墟,豪華盡凋謝。不見公子

墳,徒見今人稼。大化從古然,何用淚盈把!

《王氏家藏集》卷七,《王廷相集》第一册,93頁

十詠·信陵君飲酒近婦人 (明)湯顯祖

魏國乃為累,萬古悲公子。世上無神僊,英雄如是死。

《詩文》卷二〇,《湯顯祖全集》第二册,911頁

詠史一百首(其十七) (明)謝肇淛

信陵命世才,非徒為意氣。濁世不見庸,昏主翻多忌。竊符却秦軍,萬死出奇計。牛刀聊一割,龍韜恨未試。猛虎卧大梁,函谷絕夜燧。功高身不容,沉湎用卒歲。逃盛匪有躬,埋名甘處晦。微軀安足謀?所悲宗祀墜。天步方艱難,霸功竟不遂。夷門有遺墟,朝華夕憔悴。

《小草齋詩集》卷六,《小草齋集》上册,708頁

寓言三首(其二) (明)溫 儀

古人敬愛士,無如四公子。華矣春申君,上客皆珠履。孟嘗置幸舍,雞鳴狗盜耳。買絲繡平原,斯言發妙旨。美人輕一笑,蹙者重如此。升高望悠悠,大梁亦已矣。夷門老抱關,飢寒困閭里。車騎虛左迎,上客為驚起。刎頸送王孫,侯嬴得其死。

《紀堂遺稿》五言古詩,《陝西古代文獻集成》第20輯,28頁

竊符救趙 (清)褐 夫

竊符救趙好如姬,國事親仇兩得之。出此小謀行此事,信陵嬴亥辱鬚眉。

《古史詩針》,《戴名世集》附錄二,439頁

詠史二十七首(其七) (清)王夫之

信陵飲酒近內,步兵泣路驅車。嬴得不知別苦,難忘聊復愁予。

《薑齋五十自定稿·薑齋詩集》,《王船山詩文集》上册,163頁

謁信陵君祠 （清）王士禛

趣救邯鄲却暴秦，十年留趙事酸辛。大梁歸後匆匆甚，日飲亡何近婦人。

《蠶尾續詩集》卷四，《王士禛全集》第二冊，1283頁

詠史詩(其十一) （清）李咸齋

好客成風尚，徒為豪舉資。三君門下士，勢利半狂馳。吾愛魏公子，與士真相知。秥齊遲一見，自到如斷虀。不畏秦王怒，而慚公子疑。祇今大梁道，過客拜其祠。

《附咸齋詩》，《魏叔子詩集》卷四，《魏叔子文集》下冊，1267頁

和大司馬梁玉立《趙郡風物雜詠》·信陵君祠 （清）魏裔介

功高五霸破嬴秦，故壘茫茫草色新。湯沐至今名尚在，不知誰是抱關人。

《兼濟堂文集》卷一七，下冊，446頁

後秋興八首·祀信陵 （清）魏裔介

平原用括難言智，公子封鄗亦暫閒。謂信陵君。五霸功勳存趙、魏，信陵客惟侯生奇偉，亦子犯、隰朋之儔。三千賓客老鄉關。勸歸毛、薛誼偏厚，自刎侯生事更艱。遠害全身甘飲酒，至今俎豆大梁間。

《兼濟堂文集》卷一九，下冊，542頁

邯　鄲 （清）宋　琬

趙王宮北古叢臺，歌舞當年翠輦來。白馬大梁公子過，黃金東海魯連回。三千珠履人何往？十五銀箏歌自哀。寂寞平原抔土在，麒麟荒缺臥蒼苔。

《安雅堂詩》七言律，《宋琬全集》，272頁

詠史八首(其四) （清）宋　琬

秦兵圍邯鄲，信陵抱深恥。一邀朱亥行，能使侯嬴死。談笑却狂氛，連城棄如屣。驅車返大梁，謝罪居田里。悲歌築糟邱（丘），壯心付床笫。英雄作達人，陋彼三公子。

《安雅堂未刻稿》卷一，《宋琬全集》，330頁

大梁弔信陵君

(清)袁　枚

魏王沉醉美人起，羅袖無聲符取矣。父仇已報國仇未，妾請將符授公子。翩翩公子玉手擎，深宮箭漏傳三更。侯生迎來指而笑，彼執椎者須同行。晉鄙嚄唶未張口，撲殺此獠如屠狗。壁上高懸救趙旗，精兵八萬邯鄲走。坐中忽失白頭人，淋漓血作送行酒。更有布衣魯仲連，謁來大笑平原君。一聲帝秦便蹈海，海水欲立奔秦軍。秦軍退避五十里，咸陽虎狼心欲死。美人壯士兼清流，一齊來與秦為仇。秦宮縱有鈞天樂，不如且歌秦女休。魏王醉眼終朦朧，至死不愛將軍功。醇酒婦人即東海，甘心一蹈真英雄。吁嗟乎！君不見，高皇赤龍只解罵，騎馬墳前悚然下；又不見，張耳滅秦封王聲赫赫，原是郎君門下客。

《小倉房詩集》卷一，《小倉山房詩文集》第一冊，11 頁

古懷人詩五首·魏公子無忌

(清)舒　位

夜發晉鄙符，詰朝肅車隊。侯嬴雖未從，朱亥可共載。祇此四十勒，已陋三千輩。當年過市中，今日出臥內。得士良足多，震主幸自愛。翩翩濁世姿，錄錄餘子態。三窟不可營，一杯聊復醉。忽忽近婦人，不進李園妹。

《瓶水齋詩集》卷二，上冊，78 頁

夷門懷古

(清)舒　位

市廛車騎兩情通，臥榻兵符半夜空。六國輸贏歸婦女，一關開閉老英雄。頭顱血有酬恩日，肝膽交無折節風。若鑄黃金買絲繡，西園公子此門中。

《瓶水齋詩集》卷六，上冊，218 頁

大梁城東南，弔信陵君墓

(清)張篤慶

邯鄲應與賦同袍，公子翩翩氣自豪。不少衣冠歸趙勝，誰將戈甲走蒙驁。大梁上客揮孤劍，臥內兵符勝《六韜》。今日九京良可作，愧無杯酒奠蓬蒿。

《清詩別裁集》卷一四，上冊，251 頁

詠　　古（其一） 　　　　　　　　　　　　　　　　　　　　　（清）沈紹姬

脫穎人成公子名，不然碌碌竟何稱。夷門虛己真知己，莫繡平原繡信陵。

《清詩別裁集》卷二一，下冊，363頁

信陵君 　　　　　　　　　　　　　　　　　　　　　　　　　　（清）羅惇衍

名無忌。魏昭王少子，安釐王異母弟。

邯鄲十載趣歸旗，飛檄能驅五國師。事急賢豪安社稷，讒工兄弟起猜疑。《豹韜》《兵法》書千卷，燕樂笙歌酒一卮。莫詫竹冠多謾罵，幾同下馬祭荒祠。

《集義軒詠史詩鈔校證》卷三，第一冊，91頁

魏無忌 　　　　　　　　　　　　　　　　　　　　　　　　　　（清）徐公修

禮賢從不炫尊榮，執轡夷門一市驚。力士奪軍椎晉鄙，老人奇計出侯嬴。居梁飽養三千客，救趙橫驅八萬兵。末路難消秦反間，婦人醇酒殉餘生。

《史記百詠》卷一，《讀史千詠》，《史記研究文獻輯刊》13冊，444頁

讀《信陵君傳》 　　　　　　　　　　　　　　　　　　　　　（清）沈德潛

七十侯生工計畫，竊符椎鄙立奇功。邯鄲圍解難歸國，毛、薛言危急返躬。入賀敵仇頻間謀，坐湛酒色老英雄。漢家祠祀兼守冢，異代還欽下士風。

《歸愚詩鈔餘集》卷九，《沈德潛詩文集》第二冊，600頁

讀史樂府·夷門行 　　　　　　　　　　　　　　　　　　　　（清）趙紹祖

信陵公子意氣豪，誰所從者薛與毛。夷門盛禮下侯嬴，河西一戰走蒙驁。或博徒，或商賈，虛心求英賢，下交無愧阻。空有門下三千人，平原、孟嘗徒豪舉。延上座，稱國士，受君恩，為君死，知己之感洵如此。不然"七十老翁豈無求，向風刎頸送公子"。

伯甄溪曰：收筆陡絕，即右丞語翻轉，別見一意。

《琴士詩鈔》卷一，《清代詩文集彙編》432冊，644頁

漢臺詠史·信陵君

（清）嚴如熤

將相庭前待譙開，逡巡屠肆御贏來。名姬魏榻盜符去，公子秦關破敵回。事去英雄耽酒色，時危兄弟起疑猜。傷心最是金隄路，滾滾長河濁浪堆。

《樂園詩稿》卷三，《清代詩文集彙編》455 冊，162 頁

信陵君

（清）王廷紹

豈意邯鄲十載留，大梁歸夢總悠悠。符偷卧內憐紅粉，劍伏門邊痛白頭。故邸尚餘醇酒在，新交且共賣漿游。蒙驁軍已臨河外，誰為君王奮壯謀。

《澹香齋詩草》卷二，《清代詩文集彙編》472 冊，340 頁

信陵君

（清）鮑桂星

麾戈再却虎狼秦，函谷關前唱凱新。趙、魏存亡繫公子，原、嘗意氣有斯人。棲遲異國仍求士，棄擲餘生漫飲醇。記得大梁城下路，秋風驅馬為沾巾。

《覺生詠史詩鈔》卷一，《清代詩文集彙編》476 冊，468 頁

信陵君

（清）張澍

竟將醇酒了餘生，十載邯鄲夢亦醒。猶憶符偷摧敵日，尚憐鳩苦報仇情。賣漿人去游蹤少，擊拆風寒客思盈。誰向荒墳鉏宿草，大梁城外路縱橫。

《養素堂詩集》卷二五，《清代詩文集彙編》536 冊，270 頁

詠侯嬴、朱亥

夷門歌　　　　　　　　　　　　　　　　（唐）王　維

七雄雄雌猶未分，攻城殺將何紛紛。秦兵益圍邯鄲急，魏王不救平原君。公子為嬴停駟馬，執轡愈恭意愈下。亥為屠肆鼓刀人，嬴乃夷門抱關者。非但慷慨獻良謀，意氣兼將身命酬。向風刎頸送公子，七十老翁何所求。

《全唐詩》卷一二五，4冊，1256頁

夷　門　　　　　　　　　　　　　　　　（唐）汪　遵

晉鄙兵回為重難，秦師收斾亦西還。今來不是無朱亥，誰降軒車問抱關。

《全唐詩》卷六〇二，18冊，6955頁

夷　門　　　　　　　　　　　　　　　　（唐）胡　曾

六龍冉冉驟朝昏，魏國賢才杳不存。唯有侯嬴在時月，夜來空自照夷門。

《全唐詩》卷六四七，21冊，7420頁

侯嬴、朱亥　　　　　　　　　　　　　　（唐）周　曇

屠肆監門一賤微，信陵交結國人非。當時不是二君計，匹馬那能解趙圍。

《全唐詩》卷七二八，21冊，8351頁

再　吟　　　　　　　　　　　　　　　　（唐）周　曇

走敵存亡義有餘，全由雄勇與英謨。但如公子能交結，朱亥侯嬴何代無。

《全唐詩》卷七二八，21冊，8351頁

侯、荊　　　　　　　　　　　　　　　　（宋）曾　鞏

侯嬴夷門白髮翁，荊軻易水奇節士。偶邀禮數車上足，暫飽腥羶館中侈。師回拔劍

不顧生,酒酣拂衣亦送死。磊落高賢勿笑今,豢養傾人久如此。

《全宋詩》卷四五四,8冊,5516頁

侯　　嬴　　　　　　　　　（宋）呂本中

遊士縱橫翻覆手,山東諸侯望關走。歷下邯鄲無使來,長城易水非燕有。大梁賓客舊如雲,夷門監者未有聞。謾將苦語送公子,市井屠兒虛見存。後來毫髮爭得喪,紛紛小兒跨跌宕。不知世有公子牟,一生放跡江海上。

《全宋詩》卷一六〇九,28冊,18078頁

侯　　嬴　　　　　　　　　（宋）劉克莊

白髮夷門老,能興晉鄙師。魏王備它盜,曾不備如姬。

《全宋詩》卷三〇四七,58冊,36337頁

夷　　門　　　　　　　　　（元）劉　祁

七國爭雄古戰場,千年遺跡已銷亡。信陵謾有空名在,壯士猶聞俠骨香。霜落大荒秋草白,風生遠道暮塵黃。停車且醉夷門酒,莫動悲歌易慨慷。

《全元詩》第3冊,14頁

續《夷門歌》　　　　　　　　（元）盧　亙

讀王維《夷門歌》,盡述侯嬴、朱亥之事。今春,侍大人官汴省,得以周覽城郭,而遺臺廢圃往往瓦礫山積。所謂夷門者,不可復識其處,而嬴、亥遺跡無知之者。千數百年於此矣。用其意作歌續其後。大德甲辰歲也。

憶昔詞客歌夷門,七雄爭戰紛如雲。信陵盜符侯嬴死,鐵鎚擊碎邯鄲軍。後來誰震關河響,五季相乘如返掌。當年意氣作飛煙,空餘朽骨埋黃壤。宋家九葉二百秋,仁涵義染還生羞。壽山穹窿九州哭,獨有遺民恨銷骨。易水南流汴水清,黃河不洗中原兵。天戈一指八紘舉,四海無波日月明。雄臺屹立天垣近,夔、皋繼出扶皇運。桑陰蔽日麥連雲,坐看龔、黃清列郡。我來喜遇春如海,瓦礫生煙變光彩。紅塵撲面人不知,獨過屠門弔朱亥。

《全元詩》第27冊,118頁

夷門子 　　　　　　　　　　　　　　　　　　　　（元）楊維楨

魏隱者侯嬴，年七十，家貧，為大梁夷門監者。或議嬴之行事，僅見於教公子救趙，內恩如姬以竊兵符，進客朱亥以椎晉鄙。其用智力以成功，亦無愈於薛中狗盜之輩。然嬴老於料事，決策而必於事成，事成而不有其功。逆數公子行日以代晉鄙，即北向自剄，以謝公子。則一時奇烈，異於下蔡之門監也遠矣。故予撫其事以歌之。

夷門子，抱關七十貧欲死。公子開筵客滿堂，虛左迎關驚一市。公子執轡遠復迂，折身委巷尋朱屠。市人皆罵抱關子，何以報之七尺軀。邯鄲危，旦暮圮，趙使者書來公姊。將軍出救留蕩陰，公子死決夷門子。斬仇進，如姬泣，公子虎符出中幃。公子抱符移主柄，老兵嗢喑不我聽。朱屠袖中四十斤，大魏主君三尺令。夜分兵過長城壕，秦軍散走如潰濤。趙王割城繳公子，平原不得稱人豪。報知己，北向自剄死。

《全元詩》第 39 冊，162 頁

刺客四詠·椎 　　　　　　　　　　　　　　　　　　（明）楊　基

公子終救趙，留侯徒中車。平生萬金客，不及圯橋書。

《眉庵集》卷一〇，263 頁

俠　客 　　　　　　　　　　　　　　　　　　　　　（明）徐　渭

結客少年場，意氣何揚揚，燕尾茨菰箭，柳葉梨花槍。為吊侯生墓，騎驢入大梁。

《徐文長三集》卷四，《徐渭集》第一冊，97 頁

侯　生 　　　　　　　　　　　　　　　　　　　　　（明）朱察卿

信陵救趙諸侯慄，舍却侯生計安爽。公子隨車執轡時，侯生北鄉捐軀日。曾聞公子鞏帥師，《春秋》直筆無將詞。竊符救鄙矯君令，忍將此事酬相知。豈若毛公隱市間，一言公子驅車還。魏王泣授上將印，直走秦軍函谷關。

《朱邦憲集》卷一，《四庫全書存目叢書》集部 145 冊，599 頁

大梁二首（其二） 　　　　　　　　　　　　　　　　（明）張佳胤

我本倦遊者，飄泊來梁園。遠峰見芒碭，洪流通崑崙。遐睇不滿意，悠哉傷心搴。謇

予秉微尚,中路轉荒榛。曾聞老監者,意氣薄秋旻。殞首報知己,死生何足論。此道久淪喪,雙淚揮夷門。

《居來先生集》卷二,《四庫存目補編》第51冊,82頁

夷門行二首 （明）程正誼

驅車東出夷門道,極目淒淒梁苑草。古廟荒涼離黍深,滿庭黃葉無人掃。何物伶俜七十翁,剖心激烈向秋風。紅妝義奪三秦魄,力士錘收五伯功。無策悟君能得士,全趙爭如延魏祀。驚世奇謀天佐之,英雄千古魏公子。公子祠前古樹陰,嬴宮魏闕總灰塵。只今惟有嵩山月,曾照當年國士心。

颯颯涼風吹野樹,魏王城闕皆禾黍。舊跡淒涼不可尋,但遺公子停驂處。龍虎相啗競七雄,雞鳴狗盜共輸忠。梁園賓客如雲集,誰識夷門一老翁。老翁暫借關為隱,不學偷生關令尹。捐軀可解邯鄲圍,慷慨又何難一刎。壯哉烈士血痕鮮,風蕭蕭兮汴水寒。義激三軍聲魏討,衡連六國破秦堅。古今俠客那能數,死不成名亦何補。誰似夷門潦倒翁,忠肝義氣凌千古。古邏蒼茫掩綠苔,汴流東去幾時回。伯圖銷歇金錘朽,落日空餘樵牧哀。

《程正誼集》卷一,12頁

讀史述·侯生 （明）魏學洢

翩翩信陵君,夷門拔奇士。白手搏強秦,緩急莫堪使。一策虎符飛,再策鐵錘起。殺氣入邯鄲,秦軍無堅壘。此時夷門客,長笑送公子。頭顱留謝人,事完身足死。

《茅簷集》卷三,影印文淵閣《四庫全書》1297冊,541頁

和楊禮曹刺客三詠·錐 （明）高啟

袖藏出屠市,一揮報公子。誰言上將雄,不異孤豚死。

《高青丘集》卷一六,下冊,673頁

詠史三首（其二、三） （明）李贄

夷門畫策却秦兵,公子奪符出魏城。上客功成心遂死,千秋萬歲有侯嬴。
晉鄙合符果自疑,揮錘運臂有屠兒。情知不是信陵客,刎頸迎風一送之。

《焚書》卷六,《李贄文集》第一册,233頁

夷門行 　　　　　　　　　　　　　　　　　　（明）謝肇淛

范臺美人夜行酒,大梁城外烏啼柳。紫衣一騎出宮門,帳前椎碎將軍首。君王臥內無人處,神龍睡醒明珠去。宮車晏起雷霆驚,衛士相看色如土。西邊羽檄催飛箭,十萬材宮前轉戰。公子笑却邯鄲圍,侯生甘飲龍泉劍。慷慨臨風恨有餘,三千賓客漫踟躕。不是蛾眉思報主,華堂虛左枉停車。

《小草齋詩集》卷八,《小草齋集》下册,757頁

俠客吟 　　　　　　　　　　　　　　　　　　（明）冷士嵋

大梁公子知抱關,大梁俠客屠肆間。感君遇我為國士,報之直欲同丘山。

《江泠閣詩集》卷一一,《四庫全書存目叢書》集部236册,429頁

侯　嬴 　　　　　　　　　　　　　　　　　　（清）黃鵬揚

虎符能令如姬竊,晉鄙旋交鄴上軍。盡道信陵多食客,却秦一個老監門。

《讀史吟評》,《說鈴》後集一,2頁

夷門行 　　　　　　　　　　　　　　　　　　（清）查慎行

秦師圍困邯鄲城,趙人乞援如乞盟。信陵重以姻婭故,坐視不救非人情。三千私客赴急難,致死一戰猶堪爭。今者無端傾國出,不以君命俄專征。宮中符竊嬖幸手,閫外力奪將軍兵。鐵椎碎首彼何罪,汝自徼幸貪功成。誰為此策大紕繆,公子幾陷無君名。生平下士頗折節,慚愧虛左親相迎。私恩不負負大義,二者較量孰重輕。先王正道日陵替,術士詭計方縱橫。不聞死事憫晉鄙,但見好客誇侯嬴。史遷本意喜任俠,公論久掩吾不平。千秋事往一感歎,吊古聊作夷門行。

《遊梁集》,《敬業堂詩集》卷二〇,中册,553頁

讀史偶感 　　　　　　　　　　　　　　　　　（清）郁　植

兵獫邯鄲氣欲吞,時危公子下監門。滿堂珠履三千客,朱亥從來未受恩。

《清詩別裁集》卷七,上册,130頁

侯　嬴　　　　　　　　　　　　　　　　　　　　　　（清）羅惇衍

魏隱士。年七十餘，終不肯仕，信陵君卑下之。

名卿執轡布衣尊，一舉能將兩國存。七十衰翁真獲所，三千上客枉銜恩。泰邦波靡憑陵氣，鄴壘風雄狹烈魂。曾過夷門城下路，信陵喜士感龍門。

《集義軒詠史詩鈔校證》卷三，第一冊，92頁

絕句五十五首 戊子夏日（其二十三）　　　　　　　　　　（清）易順鼎

意氣酬恩視所遭，夷門吊古客心勞。曾經埋過英雄地，馬渤牛溲分外高。初三日，過夷門書感。

《琴志樓詩集》卷八，第二冊，385頁

侯　嬴　　　　　　　　　　　　　　　　　　　　　　（清）王廷紹

逃名豈必住深山，七十年來老抱關。市上人惟識朱亥，宮中事早剌紅顏。魂遊鄴壁椎聲奮，風冷夷門柝韻閒。不是信陵能下士，魏軍爭得破秦還。

《澹香齋詩草》卷二，《清代詩文集彙編》472冊，341頁

侯　嬴　　　　　　　　　　　　　　　　　　　　　　（清）鮑桂星

三千客笑弊衣冠，七十翁求死所難。欲為將才憐嚄唶，應無奇策救邯鄲。軍馳鄴壘衝飆迅，血洒夷門落日寒。多少抱關人碌碌，阿誰堪作上賓看。

《覺生詠史詩鈔》卷一，《清代詩文集彙編》476冊，468頁

侯　嬴　　　　　　　　　　　　　　　　　　　　　　（清）張　澍

夷門擊柝歲清閒，垂老侯生尚抱關。下士不知公子貴，結交惟在市人間。竊來符節孤城在，刎去頭顱別夢還。朱亥錐藏何處隱，大梁風雨黯層山。

《養素堂詩集》卷二五，《清代詩文集彙編》536冊，270頁

廣王右丞《夷門歌》　　　　　　　　　　　　　　　　（清）阮　元

老翁七十監夷門，臥內幸姬思父恩。虎符擎出送公子，白首紅顏同日死。公子急走

邯鄲城,一椎擊退咸陽兵。平原夫人破顏笑,阿弟乃爾知侯嬴。侯嬴究竟為何死?刎頸原非報公子。蹈海仲連天下士,不肯帝秦同恥耳。

《四集詩》卷八,《揅經室集》下冊,878 頁

夷門歌　　　　　　　　　　　　　　（清）張紃英

侯生終古稱奇士,不逢知己率捐棄?七十夷門困抱關,頻年消盡如虹志。下士千秋推信陵,驅車執轡自相迎。獨承一顧恩何渥,四座都爲上客驚。當時七國紛馳逐,略地攻城恣殺戮。偏野干戈白草愁,連天烽火啼鵑哭。秦兵萬騎圍邯鄲,勢窮力竭何能全?魏王有意持觀望,公子無計空長歎。獨有侯生畫奇策,救趙全憑片言力。回首秦軍棄甲時,至今鄴下留遺跡。不是當年虛左恩,英雄那得便忘身?誰言成敗由前定,成事須知在得人。

《國朝閨秀詩柳絮集校補》卷二二,第二冊,第975 頁

城南五題・朱亥墓　　　　　　　　　（宋）穆　修

閑登朱亥遊俠墓,卻望梁王歌吹臺。臺上墓邊芳草綠,遊人心事立徘徊。

《全宋詩》卷一四五,3 冊,1614 頁

朱亥墓　　　　　　　　　　　　　　（宋）宋　祁

屠門遺舊隱,錘袖凜餘風。兵下邯鄲壁,軀捐嚄唶公。種祠群望亞,樵禁九原中。異世同樗墓,東西夾漢宮。

《全宋詩》卷二二四,4 冊,2587 頁

過朱亥墓　　　　　　　　　　　　　（宋）黃　庶

枯林寒草墓丘墟,等是當年一丈夫。地下若知應笑死,衣冠今日有屠沽。

《全宋詩》卷四五三,8 冊,5511 頁

朱亥墓　　　　　　　　　　　　　　（宋）蘇　軾

俗稱屠兒原。

昔日朱公子,雄豪不可追。今來遊故國,大塚屈稱兒。平日輕公相,千金棄若遺。梁

人不好事,名姓寄當時。魯史盜齊豹,求名誰復知。慎無怨世俗,猶不遭仲尼。

《全宋詩》卷二,14 冊,9103 頁

屠隱行　　　　　　　　　　　　　　(元)張　憲

聶屠隱,軹井里。朱屠隱,大梁市。軹井匕首尺有咫,白日殺人報知己。梁市金椎四十斤,捄趙功成耀青史。兩屠義勇勇不同,金椎匕首分雌雄。丈夫一死泰山重,匕首胡為成小用。丈夫一死鴻毛輕,聶屠之死,不若朱屠生。

《全元詩》第 57 冊,2 頁

如　姬　　　　　　　　　　　　　　(清)周孝壎

賓從徒勞載上乘,蕩蔭軍止趙難勝。虎符不向深宮盜,可要夷門背信陵。

《還讀廬詩鈔》卷四,《清代詩文集彙編》472 冊,629 頁

詞

臨江仙·夷門懷古
（明）李濂

落日夷門思往事，抱關白首侯嬴。信陵虛左自來迎。側身親執轡，賓客四筵驚。

臥內兵符初入手，鐵椎俠客功成。邯鄲圍解鼓鼙聲。卻秦馳救趙，五霸與齊名。

《全明詞補編》上冊，282頁

西江月·汴秋懷古二首
（明）李濂

公子祠前春草，屠兒墓上秋雲。偶來堤口坐斜曛。往事令人悲憤。　執轡高風如在，竊符奇策曾聞。抱關老叟信陵君。百世芳名不隕。

五代古城殘角，三山廢壘寒葩。南薰門外亂啼鴉，暝色秋林瀟灑。　艮嶽遺宮荊棘，繁臺斷塔雲霞。傷心二帝狩龍沙。落日平原駐馬。

《全明詞補編》上冊，282頁

前調（滿江紅）·秋日經信陵君祠
（清）陳維崧

席帽聊蕭，偶經過、信陵祠下。正滿目、荒臺敗葉，東京客舍。九月驚風將落帽，半廊細雨時飄瓦。柏初紅、偏向壞墻邊，離披打。　今古事，堪悲詫。身世恨，從牽惹。倘君而尚在，定憐余也。我詎不如毛薛輩，君寧甘與原嘗亞。歎侯嬴、老淚苦無多，如鉛瀉。

《全清詞》順康卷第七冊，4036頁

琵琶仙·題汴京大相國寺（其二）
（清）陳維崧

寺相傳魏信陵故宅，唐尉遲敬德監造。

近婦飲醇，恨失路、英雄暮年無忌，轉盼魏寢全荒，朱門換蕭寺。賺人是、宣和舊譜，惹恨有、夢華遺事。傳說東京，當初燈火，遙映南內。　休閑話、折戟沈沙，只此地曾經浪淘洗。剩得薑痕蟲篆、蝕尉遲碑字。正罷酒、憑闌時候，遇西風、落葉盈砌。多少落拓心情,飄零身世。

《全清詞》順康卷第七冊,4127 頁

望江南(其三) （清）周在浚

家鄉好,吊古志豪雄。無忌墓前澆濁酒,屠兒原上起悲風。浩氣吐長虹。

《全清詞》順康卷第一四冊,7918 頁

前調(散天花)·過信陵君祠 （清）陳轟恒

一片癡雲壓雁聲。荒祠牽蔓草,忒无情。妇人醇酒可怜生。千年遺恨在、满空城。敗壁題诗尽不平。阿谁今便是,古侯嬴。万株衰柳夕阳明。夷门东去路、几人行。

《全清詞》順康卷第一八冊,10420 頁

望海潮·懷古十首·大梁 （清）柯崇璞

停驂投宿,解鞍沽酒,揭來古寺登臨。嚴城一片,茅簷幾帶,周遭夏木陰陰。當暑暫披襟。歎昔年艮嶽,何處追尋。猶有夷門舊事,興感不忘今。　堪嗟決水交侵。奈千門萬户,浪捲波沉。園是玉津,臺名造字,可憐總就荒林。陳跡漫縈心。且細傾醽醁,閒撫徽琴。可奈迢迢清夜,夢斷聽疏砧砧。

《全清詞》順康卷補編第二冊,1120 頁

沁園春·邯鄲道上 （清）陶元藻

古陌蒼涼,往事回頭,憑吊傷懷。八萬旌旗,奪將晉鄙,三千粉黛,歌到叢臺。公子難歸,君王易逝,如許豪華盡劫灰。荒原上,惟銜泥社燕,飛去重來。　呂仙祠下徘徊。問枕上封侯安在哉。便炊熟黃粱,榮華有幾,夢長年短,樂極終哀。人盡盧生,沉迷罔覺,百二蚍蜉枉費推。真享用,只五湖蝦菜,布襪青鞋。

《全清詞》雍乾卷第二冊,842 頁

滿江紅·大梁吊古十三首·信陵君祠 （清）張九鉞

短鬢蕭蕭,重來拜、信陵祠下。驚心處、荒墳敗堞,頹牆破瓦。白草黃沙銷不盡,英風猶捲長河瀉。似丸泥、怒擲塞函關,弓梢打。　存趙魏,謀非詐。躭酒色,情寧假。有

忠肝義膽,鬼神悲吒。六國傳他兵法重,千秋似此雄豪寡。再修祠、作記是何人,茫茫者。

祠為前明京山李本寧尚書所建立,以侯嬴、朱亥配食,有碑記二道,文甚雄健,今無存。案《紫峴山人詩餘》本"雄健"作"雄偉"。

《全清詞》雍乾卷第七冊,4107頁

滿江紅·信陵君

（清）范來宗

英氣如君,好禮士、謙恭非詐。任當日、夷門高坐,市門竊罵。一客鐵錘來袖底,千軍瓦解離城下。更臨風、刎頸許酬恩,增悲詫。　　漿與博,藏身借。毛與薛,稱名亞。又聽言變色,引車趣駕。醇酒婦人娛末路,軍書兵法消閒話。護松楸、守冢五家存,寒煙化。

《全清詞》雍乾卷第九冊,5269頁

酷相思·過相國寺,寺為信陵君宅

（清）王　洲

此地當年公子住。絕不是、原嘗侶。看救趙、摧秦豪傑聚。符竊也,人何處。椎擊也,人何處。　　古寺滄桑經幾度。劫火盡、夷門路。算前代、春證銷宿霧。日上也,聲聲鼓。日落也,聲聲鼓。

《全清詞》雍乾卷第一三冊,7460頁

大酺·大梁懷古

（清）董元愷

一帶梁州,驅車過,遊子臨風鬱結。只須臾全盛,却樊樓霧銷,玉津烟滅。狐兔成群,牛羊上壠,誰問信陵賓客。極望莽蕭蕭,聽鷓鴣嘯雨,杜鵑啼血。歎人老夷門,魂歸艮嶽,不勝愁絕。　　嗟乎最慘切。是桃花、一夜金隄決。想當日、龍翔鳳翥,燕舞鶯歌,忽變作滿城魚鱉。地下水痕平,恰天上、樓臺重設。自古滄桑難別。我來憑吊,汴水聲聲嗚咽。東流依舊百折。

《全清詞》順康卷第六冊,3379頁

前調（滿江紅）·汴京懷古十首·夷門

（清）陳維崧

壞堞崩沙,人說道、古夷門也。我到日、一番憑吊,淚同鉛瀉。流水空祠牛弄笛,斜陽廢館風吹瓦。買道旁、濁酒酹先生,班荊話。　　攝衣坐,神閒暇。北向到,魂悲吒。行年七十矣,翁何求者。四十斤椎真可用,三千食客都堪罵。使非公、萬騎壓邯鄲,城幾下。

《全清詞》順康卷第七冊,4022 頁

望江南(其八) （清）周在浚

家鄉好,好士有遺風。嬴是夷門抱關者,亥為屠市鼓刀人。虛左肯相迎。

《全清詞》順康卷第一四冊,7919 頁

滿江紅·大梁吊古十三首·夷門 （清）張九鉞

倨大中原,甚珠履、徒繁賓客。居上座、監門老叟,獨騰精魄。擊柝早儲籌魏計,竊符直奮摧秦策。激義聲、遊博賣漿人,同酬德。　成敗事,原難測。深沉略,真無敵。樊將軍柱死,燕丹何益。氣誼盡傾當世士,英雄合配孤祠食。過夷山、一吊一長吁,河雲白。

《全清詞》雍乾卷第七冊,4107 頁

滿江紅·大梁吊古十三首·屠市 （清）張九鉞

四十斤椎,似急電、橫飛袖裏。嘐喈將、若論軍法,逗留應死。屠卒三千鋩氣銳,強師百萬驚魂褫。是天生、壯士助奇功,酬知己。　假遊俠、邯鄲里。真豪傑,屠兒市。想神威虎圈,鬚眉奮抵。猶聽靈絃喧櫟社,休嗟古墓荒荊杞。有沙中、狙擊副車人,聞風起。

《全清詞》雍乾卷第七冊,4107 頁

春申君列傳

詩

詠《春申君列傳》

春申君列傳　　　　　　　　　（唐）司馬貞

黃歇辯智，權略秦、楚。太子獲歸，身作宰輔。珠炫趙客，邑開吳土。烈王寡胤，李園獻女。無妄成災，朱英徒語。

《史記索隱》卷三〇，479頁

詠古雜詩　　　　　　　　　　（清）彭　湘

國祚潛移借女戎，不圖大賈出奸雄。葫蘆依樣誰能畫，楚有春深却未工。

《適盦詩集》卷一三，《清代詩文集彙編》621冊，580頁

四君詠·右春申君　　　　　　（清）張寶森

昨過春申浦，江聲嗚咽鳴。有心學陽翟，無意薦孫卿。異姓能專國，凡才亦主兵。三千珠履客，寥落一朱英。

《悔庵詩存》卷上，《清代詩文集彙編》768冊，638頁

春申歎　　　　　　　　　　　（清）皮錫瑞

藍天一敗楚不國，懷王魂歸關塞黑，羅江一沈楚無人。上書乃有春申君，外城吳，內

強楚,末途乃效陽翟賈,無望之禍獨何苦。言不聽汗明,計不用朱英。彼珠履者何營營,乃以百里疑荀卿。

《師伏堂詠史》,《清代詩文集彙編》772冊,308頁

詠春申君

春申君祠　　　　　　　　　　　　　　　　　　　（唐）張　繼

春申祠宇空山裏,古柏陰陰石泉水。日暮江南無主人,彌令過客思公子。蕭條寒景傍山村,寂寞誰知楚相尊。當時珠履三千客,趙使懷慚不敢言。

《全唐詩》卷二四二,8册,2724頁

感春申君　　　　　　　　　　　　　　　　　　　（唐）張　祜

薄俗何心議感恩,諂容卑跡賴君門。春申還道三千客,寂寞無人殺李園。

《全唐詩》卷五一一,15册,5849頁

春申君　　　　　　　　　　　　　　　　　　　　（唐）杜　牧

烈士思酬國士恩,春申誰與快冤魂？三千賓客總珠履,欲使何人殺李園？

《全唐詩》卷五二一,16册,5955頁

夷　陵　　　　　　　　　　　　　　　　　　　　（唐）胡　曾

夷陵城闕倚朝雲,戰敗秦師縱火焚。何事三千珠履客,不能西禦武安君。

《全唐詩》卷六四七,19册,7420頁

黃　歇　　　　　　　　　　　　　　　　　　　　（唐）周　曇

春申隨質若王圖,為主輕生人丈夫。女子異心安足聽,功成何更用陰謨。

《全唐詩》卷七二八,21册,8348頁

君　山　　　　　　　　　　　　　　　　　　　　（宋）袁　默

君不聞吹簫得仙雙帝子,宅門敕牌金書字。又不聞馬家堂宇色未昏,宅門題作奉誠園。古來將相多高第,今不為園即為寺。吾觀黃歇相楚時,豈意異時真似此。晚周諸國勢相傾,齊、趙信陵爭下士。何術能令楚復強,三千賓客多珠履。一旦不謀毋望人,身亡家破神朱英。嗟乎養士漫如許,得失何異一老兵。吳墟索莫故城在,庭殿但聞鐘磬聲。猿哀鶴怨松風裏,遺恨江流終未平。

《全宋詩》卷七二五,12 冊,8388 頁

春申君　　　　　　　　　　　　　　（宋）呂本中

少年談笑解秦兵,便欲連從却未成。莫謂江東可長保,暮年無意引朱英。

《全宋詩》卷一六一三,28 冊,18115 頁

詠春申君二首　　　　　　　　　　　（宋）葛立方

朱英在楚強黃歇,黃歇如何弱李園。一旦棘門奇禍作,自詒伊戚向誰論。
先秦豈謂嬴為呂,東晉那知馬作牛。不悟春申亦如許,敢憑宮掖妻邪謀。

《全宋詩》卷一九五五,34 冊,21826 頁

春申君　　　　　　　　　　　　　　（宋）洪　适

珠履三千盡在門,爭無國士解銜恩。棘門難作無遺類,死黨寧聞報李園。

《全宋詩》卷二〇七五,37 冊,23420 頁

楚黃相廟　　　　　　　　　　　　　（宋）韓　淲

開禧二年春,寂寂楚相廟。上書能說秦,將兵亦救趙。太子質不歸,變衣何其妙。因城吳故墟,宮室本照耀。寵辱一以驚,失計易貽笑。帳座神所嚴,香火忍興吊。但想荀蘭陵,朱英或同調。

《全宋詩》卷二七六八,52 冊,32409 頁

春申君　　　　　　　　　　　　　　（元）徐　鈞

輸忠世子得逃秦,二十餘年相國榮。固位但知迷孕女,防身惜不用朱英。

《全元詩》第 7 冊,280 頁

春申君廟　　　　　　　　　　　　　　（元）釋善住

古木鳴鴉集，遙山落日明。盡知崇廟食，不為祀朱英。

《全元詩》第29冊，224頁

次韻龔子敬先生《題春申君廟》　　　　（元）朱德潤

吳、楚兵銷澤國秋，誰營遺廟暮江頭。草深殿趾埋幢戟，塵暗宮牆畫冕旒。古像空遺人血食，忠魂應念國包羞。寄君千載聲名重，落日西風蘭杜洲。

《全元詩》第37冊，142頁

春申君　　　　　　　　　　　　　　　（元）楊維楨

春申君，見利重，見理蒙，保相印，封江東，李家女兒入楚宮。春申滅國并滅嗣，舍人入相遺腹子。

《全元詩》第39冊，9頁

春申君廟　　　　　　　　　　　　　　（元）周　南

築居故吳墟，封邑遂有吳。邑民嚴廟祀，高宮儼冠裾。說秦歸楚嗣，于時多智謨。相楚誇豪雄，得君良有初。胡為惑寵嬖，用計計益疏。彼謂毋望人，英也其置諸。

《全元詩》第42冊，166頁

賦春申君廟　　　　　　　　　　　　　（元）盧　昭

天綱一隳王室東，七雄虎視華夷空。春申辨智竟強楚，珠履颯遝來飛鴻。蒼茫棘門誰禦侮，當年悔失朱亥語。不知胤祚散飛煙，猶詫英靈食茲土。荒碑碧蘚春班班，遺廟深棲粉堞間。由來正直神所與，下馬褰衣殊厚顏。臨城懷古重送客，慷慨歌殘心為惻。鳥啼霜樹夜思家，醉倚鍾陵看山色。

《全元詩》第50冊，64頁

黃　歇　　　　　　　　　　　　　　　（元）孫　蕢

終古天心不可虧，陰謀只是得傾危。春申便使能成事，只似秦家呂不韋。

《全元詩》第 63 冊，361 頁

春申君　　　　　　　　　　　　　　　　　（元）李延興

歇也慆淫忍復論，指胎畫策市君恩。區區篡立成何事，翻與黃家辟禍門。

《全元詩》第 64 冊，204 頁

春申堂　　　　　　　　　　　　　　　　　（元）劉　巽

春申曾建讀書堂，父老訛傳奉甲鄉。千古幽魂誰共弔，牧之詩句尚馨香。

《全元詩》第 68 冊，21 頁

古意三首(其三)　　　　　　　　　　　　　（明）貝　瓊

六國多好士，堂上各三千。所親苟不慎，禍福恒相因。李園賊黃歇，馮驩復田文。種桃得秋實，蒺藜徒刺人。

《清江詩集》卷三，影印文淵閣《四庫全書》1228 冊，第 214 頁

春申君廟　　　　　　　　　　　　　　　　（明）高　啟

在子城內西南，即舊城隍神廟也。楚封春申君於吳，故祀之。

封吳開巨壤，相楚服強鄰。名重三公子，謀疏一婦人。畫幢留古像，珠履絕世塵。簫鼓時迎祭，還憐舊邑民。

《高青丘集》卷一三，下冊，530 頁

春日，過邢溪春申君祠　　　　　　　　　　（明）祝允明

邢溪古岸頭，日午泊行舟。兩樹李花發，一河春水流。英靈尚香火，豪傑不公侯。不盡古今恨，拂衣歸去休。

《枝山文集》卷三，《祝允明集》下冊，577 頁

下菰城　　　　　　　　　　　　　　　　　（明）姚舜牧

一名春申城。

菰城曷以名，春申曾一顧。春申曷以來，並越吳中戍。戍卒十萬來，不能暴霜露。下

令築城圍，土石倏焉聚。城高尋丈餘，門闑若棋布。萬灶此中屯，自然成規度。而卒非翱翔，而將非紈褲。春秋霎已過，屯聚渾如故。今日屯聚場，長松萬年樹。俠骨埋何方，俠氣猶充護。白日耀晶光，陰雲障煙霧。松濤時一鳴，尚作英雄怒。

《樂陶吟草》卷三，《四庫全書存目叢書》集部158冊，378頁

詠史一百首(其二十五)　　　　　(明)謝肇淛

黃歇侍質子，朝夕章臺宮。國君嬰寢疾，神器將他從。保傅義不卒，鄢郢行即戎。矢心儲萬乘，就義何從容？一朝脫虎口，委命刀俎中。匹夫不可奪，完璧敢論功。為德胡不卒？便嬖搆孽凶。朱英欺毋妄，珠履客安庸？

《小草齋詩集》卷六，《小草齋集》上冊，709頁

春申君墓　　　　　(清)王鳴盛

累累荒土古苔生，尚憶當年結客名。珠履三千皆上坐，悔教國士失朱英。

《西莊始存稿》卷一，《耕養集》，《嘉定王鳴盛全集》一〇冊，21頁

題春申硼　　　　　(清)王士禛

桃夏遺宮廢，章華蔓草生。但餘流水意，如聽女環琴。

《漁洋詩集》卷一〇，《王士禛全集》第一冊，294頁

春申硼上　　　　　(清)王士禛

望硼亭邊野望新，明流秀嶂碧粼粼。青山終古連秦塢，珠履何年問楚人。冰雪倒懸三峽水，風煙遙接五湖濱。李園已事成荒草，太息空祠一愴神。

《漁洋詩集》卷一〇，《王士禛全集》第一冊，294頁

春申君　　　　　(清)羅惇衍

姓黃，名歇，楚人。事頃襄王，奉使於秦。考烈王立，以為相，封春申君。後為李園所殺，盡滅其家。

書懸《呂覽》昧幾微，盜國空教襲不韋。十二金釵姬再獻，三千珠履客群歸。君臣豈易全恩眷，婦女偏能伏殺機。毋望福招毋望禍，此心原忌戀輕肥。

《集義軒詠史詩鈔校證》卷四，第一冊，106頁

黃　歇　　　　　　　　　　　　　　　　　　　　（清）徐公修

瑇簪珠履兩相形，羞殺平原幾使星。太子易裝歸楚國，羈臣請罪向秦廷。上書白起兵終止，避禍朱英計不聽。黃浦黃山留勝跡，江東千古炳英靈。

《史記百詠》卷一，《讀史千詠》，《史記研究文獻輯刊》13 冊，444 頁

春申君　　　　　　　　　　　　　　　　　　　　（清）王廷紹

秦雲遙接楚雲飛，也學邯鄲呂不韋。珠履竟誇黃氏客，金釵密獻李家妃。書陳函谷功難沒，浦冷吳江魄未歸。嫪毒事偏存傳末，史公援筆意深微。

《澹香齋詩草》卷二，《清代詩文集彙編》472 冊，341 頁

春申君　　　　　　　　　　　　　　　　　　　　（清）張　澍

月滿浦舟秋水涼，当季遺跡尚黃堂。深心方進李園妹，後嗣居然鄂諸王。白刃相圖分覬福，朱英有計辨興亡。可憐歸去蘭陵令，想到棘門情自傷。

《養素堂詩集》卷二五，《清代詩文集彙編》536 冊，270 頁

春申珠履《史記》　　　　　　　　　　　　　　　　（清）田依渠

春申門下客，珠履閧紛華。趙使一相見，羞將刀劍誇。

《茹古山房讀史餘吟》卷四，《清代詩文集彙編》639 冊，658 頁

詞

念奴嬌·春申澗懷古　　　　　　　　（清）余　懷

春渠脈脈，對西風、閑數夕陽歸燕。一道泉聲侵畫舫，幾曲綠楊溪澗。懷上登樓，問天呵壁，憔悴今重見。蒼茫吳楚，倚欄人在花縣。　　當日楚魏縱橫，賣漿屠狗，好客人爭羨。獨有春申謀國誤，誤中李園私劍。遺跡全荒，寒鴉飛去，只剩睢陽殿。雲深戰苦，丹青夜走雷電。

《全清詞》順康卷第二冊，1270 頁

前調（長相思）·登君山懷古　　　　　　　　（清）任繩隗

秋風平。秋江清。遙望賓沙小艇橫。雲唧日影沉。　　笑春申。哭春申。竊國騰那美女娠。嗤君忒甚真。

《全清詞》順康卷第五冊，2914 頁

前調（念奴嬌）·春申澗懷古　　　　　　　　（清）吳興祚

郊原一望，盡凋零、又早秋深時節。霜氣填空，雲慘淡，一雁驚寒聲怯。雲起樓前，天均堂外，興廢誰堪別。春申古澗，雲烟樵客能説。　　試問昔日英名，而今安在，空對蒼凉月。老樹扶疏盤澗底，落葉千層萬疊。徙倚斜陽，因風懷古，莫使雄心折。還應嘆惜，乾坤盡是華髮。

《全清詞》順康卷第一一冊，6248 頁

瀟湘逢故人慢·君山　　　　　　　　（清）陸次雲

春中舊址，有突兀蒼崖，臨江矗起。問近乾坤尾。見朝作桑田，暮成滄海。頻漲頻坍，一任彼、天吳移水。嘆登臨、小小峰巒，踏過三千朱履。　　問當年，何多士，并狗盜、雞鳴亦無驅使。若個為君死。枉戰國稱雄，側名公子。為語同游，且莫去、評論殘史。望崦嵫、落日如輪，染得暮山皆紫。

《全清詞》順康卷第一二册,6869頁

惜餘春慢·登春申墓 (清)曹鑑徵

浪涌長江,潮回申浦。一片君山荒土。寒烟寂寞,蔓草凄凉,落叶飘零无主。曾记公子华堂,珠履三千,美人歌舞。叹朱英去矣,宫第门兵起,壮心消阻心。　　空剩得、古树萧森,残碑沦落,往事那划顾。黄莺报晓,杜宇啼春,都是怨风愁雨。只道钟虞暗移,智尽身亡,遗羞千古。看延陵墓畔,還有椒漿桂醑。

《全清詞》順康卷第一五册,8899頁

念奴嬌·春申澗懷古 (清)王九齡

三千珠履,幾千年、留得王孫芳草。幽澗寒泉鳴澗底,石上苔花如掃。華屋山丘,英雄涕淚,種菜人空老。登臨極目,一塢白雲縹緲。　　漫說今古興亡,誰家臺榭,處處聞啼鳥。遙想棘門流血處,不聽朱英計早。日下牛羊,波翻鷗鷺,倚檻空憑吊。詩狂酒病,幾回搔首長嘯。

《全清詞》順康卷第一七册,9745頁

百字令·春申澗懷古 (清)顧景文

哀湍廢道,正殘陽捲菜,垂垂西下。碧樹紅亭當日是,編埒鋪錢飲馬。珠履迎門,玳簪邀客,意氣真閒雅。邊齊勝地,王孫隨處休假。　　猶憶帝子歸來,布衣懸相印,鼠狐城社。奇貨堪居秦楚簡,兩地潛移朝野。骨冷神銷,青山還似舊,風吹潮打。登臨纔罷,淚絲何事盈把。

《全清詞》順康卷補編第二册,974頁

百字令·春申君墓下作 (清)張九鉞

君山如舊,轉丹梯直上,清秋天半。路是春申遺墓碣,如雪蓼花撲澗。海豹啼雲,江豚拜雨,凄得斜陽斷。章華逝矣,可憐桃夏荒蔓。　　空有穿浦黃田,盈門珠履,一夜風飄散。坐上女環琴一曲,血向棘門飛濺。末路無成,婦人醇酒,銷去英雄慣。李園何物,君王養士徒歎。

《全清詞》雍乾卷第七册,4097頁

范雎蔡澤列傳

詩

詠《范雎蔡澤列傳》

范雎蔡澤列傳　　　　　　　　　　　（唐）司馬貞

應侯始困,託戴而西。說行計立,貴平寵稽。倚秦市趙,卒報魏齊。剛成辯智,范雎招攜。勢利傾奪,一言成蹊。

《史記索隱》卷三〇,479頁

范雎、蔡澤　　　　　　　　　　　（宋）陳　普

戰國諸公敝一言,磨喉礪舌亂乾坤。儀秦已作風霆過,范蔡方為河海翻。榮耀須臾空自喜,真淳毫髮了無存。但憐三代遺孩稚,流血成河暗本原。

《全宋詩》卷三六四七,69冊,43750頁

讀《范、蘇二子傳》（其一）　　　　　　（元）胡祗遹

范雎才入穰侯府,蔡澤辭家已膏車。得失明明相倚伏,彈冠接踵竟何如?

《全元詩》第7冊,160頁

詠范雎

詠　史　　　　　　　　　　　　　　（唐）高　適

尚有綈袍贈，應憐范叔寒。不知天下士，猶作布衣看！

《全唐詩》卷二四一，6 冊，2241 頁

范　雎　　　　　　　　　　　　　　（宋）王安石

范雎相秦傾九州，一言立斷魏齊頭。世間禍故不可忽，簀中死屍能報仇。

《全宋詩》卷五六九，10 冊，6725 頁

范　雎　　　　　　　　　　　　　　（宋）劉克莊

不待精神契，惟憑頰舌求。莫年薦燕客，差勝似穰侯。

《全宋詩》卷三〇四七，58 冊，36338 頁

范　雎　　　　　　　　　　　　　　（元）徐　鈞

綈袍戀戀亦何為，相國難忘簀卷屍。有怨必酬恩必報，憑君說與魏齊知。

《全元詩》第 7 冊，282 頁

范　雎　　　　　　　　　　　　　　（元）蔣民瞻

入秦已報魏齊仇，功縱無成合退休。豈是甘心延蔡澤，定應回首鑒穰侯。

《全元詩》第 8 冊，172 頁

須　賈　　　　　　　　　　　　　　（元）宋　无

魏使匆匆始客秦，遽逢范叔向猶貧。相君擢髮平生罪，卻賴綈袍是故人。

《全元詩》第 19 冊，412 頁

讀史二十二首·范雎 （明）高　啟

紛紛傾奪苦多謀，得勢還懷失勢憂。丞相不須嗔蔡澤，此時當問老穰侯。

《高青丘集》卷一七，下冊，746 頁

綈袍吟 （明）王　寅

魏齊殺范叔，遽信須賈疑。入秦逢張祿，正當報讐時。不識英雄人，寧暇憐一寒。綈袍意實賤，怒宜髮沖冠。七尺不足惜，廁溺難忘恥。反感綈袍贈，得縱以不死。馬食萁豆夾顉徒，堂下兒戲胡為乎。獨余笑此不平事，酒酣擊劍歌嗚嗚。

《十岳山人詩集》卷一，《四庫全書存目叢書》集部 79 冊，144 頁

讀高常侍《詠史》 （明）姚舜牧

綈袍贈貴人，肉眼不須責。却怪布衣交，綈袍猶戀惜。

《樂陶吟草》卷一，《四庫全書存目叢書》集部 158 冊，334 頁

讀　史 （明）張煌言

故人即非寒，使者殊不薄。交滿天地間，綈袍何落莫！

《張蒼水集》第二編，68 頁

詠史一百首（其十八） （明）謝肇淛

范雎誇辯博，出為齊國賓。魏齊信讒言，折脅與死憐。一朝鄭安平，結駟西入秦。天地有反復，枯株生陽春。寧知府中相，即是簀下人。綈袍憐范叔，卒獲保微身。神龍有變化，夭矯不可馴。男兒未遇時，俗眼勿相嗔。

《小草齋詩集》卷六，《小草齋集》上冊，708 頁

范　雎 （清）黃鵬揚

怨雪恩酬歸相印，回頭早處是知幾。請看貪却商於者，更有咸陽悔過遲。

《讀史吟評》，《說鈴》後集一，3 頁

范　睢

（清）羅惇衍

字叔，魏人。相秦，封應侯。

大梁直取魏齊頭，一旦君王與復讎。贈我綈袍還戀故，奪人相印便封侯。匿秦逼客車張錄，報趙降徒劍杜郵。辯士反能推辯士，嚴若謝病想優遊。

《集義軒詠史詩鈔校證》卷五，第一册，128 頁

范　睢

（清）徐公修

秦王利用客卿謀，游說功高拜應侯。死貸故人須賈命，生求讎敵魏齊頭。孤臣自晦更名日，四貴推翻得意秋。晚歲全身歸相印，虧教蔡澤代君籌。

《史記百詠》卷一，《讀史千詠》，《史記研究文獻輯刊》13 册，447 頁

范　睢

（清）王廷紹

醉筵夜半不曾收，已使秦邦得應侯。謁者早從車內載，故人還向廁中求。綈袍有贈憐須賈，寶劍無恩賜杜郵。尚喜十年操國柄，未將一旅滅東周。

《澹香齋詩草》卷二，《清代詩文集彙編》472 册，340 頁

范　睢

（清）張　澍

王稽載得穰侯猜，一見秦王四貴摧。生懼死賢中肯語，遠交近取識時才。致身方在青雲上，奪印誰防蔡澤來。賈子琴音意深切，成功者退莫悲哀。

《養素堂詩集》卷二五，《清代詩文集彙編》536 册，269 頁

詠須賈

須賈擢髮《史記》　　　　　　　　　　（清）田依渠

擢髮罪難數,何堪見范雎。魏齊須準備,將是報讎時。

《茹古山房讀史餘吟》卷六,《清代詩文集彙編》639冊,667頁

范　叔　　　　　　　　　　　　　　（清）鄭　棠

誰能戀戀故人前,風雪輕裘自灑然。范叔綈袍非不幸,一寒至此有人憐。

《鄭山人詩錄》,《采山樓藏稀見清人別集叢刊》第一册,154頁

詠蔡澤

蔡澤廟 （宋）李廌

從橫事捭闔,揣摩相抵巇。茲為富貴術,呫嗟乃自知。相形直誤人,俾無百年期。遂汝齒肥心,廟食飽牲犧。

《全宋詩》卷一二〇一,20 冊,13587 頁

蔡　澤 （清）羅惇衍

燕人。范睢薦於昭王,拜秦相,後謝病歸相印,號"綱成君"。逮事孝文王、莊襄王、始皇帝。

成功者去進良箴,燕客交情匪斷金。四序始終三寸舌,兩身前後一般心。亢龍苦自論恩怨,躍馬由來洞古今。日月移虧皆秒道,何期游說決幾沈。

《集義軒詠史詩鈔校證》卷五,第一冊,130 頁

樂毅列傳

詠《樂毅列傳》

樂毅列傳　　　　　　　　　　　　　　（唐）司馬貞

昌國忠讜，人臣所無。連兵五國，濟西爲墟。燕王受間，空聞報書。義士慷慨，明君軾閭。間、垂繼將，芳規不渝。

《史記索隱》卷三〇，479 頁

詠　　史　　　　　　　　　　　　　　（唐）柳宗元

燕有黃金臺，遠致望諸君。<small>樂毅爲望諸君。</small>嗛嗛事強怨，三歲有奇勳。悠哉闢疆理，東海漫浮雲。寧知世情異，嘉穀坐熇焚。致令委金石，誰顧蠢蠕<small>時兗切</small>。群。風波欻<small>許勿切</small>。潛構，遺恨意紛紜。豈不善圖後，交私非所聞。爲忠不顧內，晏子亦垂文。

《全唐詩》卷三五三，11 冊，3958 頁

雜詠史四十二首(其二)　　　　　　　　（清）梁運昌

樂毅二城事，議者蓋紛然。夏侯固高論，事勢終相懸。千年舊建國，盤互根株連。獨平作郡縣，秦勢猶難權。疲兵久在外，兵甲非精堅。田單復善守，孤城能保全。往來資彈壓，譬秦巡狩年。持之以歲月，齊地終入燕。將軍懋績著，去就又何賢。避世亦多士，豈必首魯連。<small>二"連"字異義。</small>

《秋竹齋詩存》卷五，《清代詩文集彙編》499 冊，34 頁

詠樂毅

薊丘覽古贈盧居士藏用七首·樂生　　（唐）陳子昂

丁酉歲,吾北征,出自薊門,歷觀燕之舊都。其城池霸業,跡已蕪沒矣。乃慨然仰歎,憶昔樂生、鄒子,群賢之遊盛矣。因登薊丘,作七詩以志之。寄終南盧居士,亦有軒轅之遺跡也。

王道已淪昧,戰國競貪兵。樂生何感激,仗義下齊城。雄圖竟中夭,遺歎寄阿衡。

《全唐詩》卷八三,3 冊,897 頁

樂毅吟　　（宋）邵　雍

樂毅事燕時,其心有深旨。破齊七十城,迎刃不遺矢。豈留即墨莒,却與燕有二。欲使燕遂王,天下自齊始。豈意志未申,昭王一旦死。惠王固不知,使人代其位。強燕自此衰,何復能振起。自古君與臣,濟會非容易。重惜千萬年,英雄為流涕。

《全宋詩》卷三七八,7 冊,4648 頁

樂　毅　　（宋）劉克莊

忿對及韓馭,荒唐入郢鞭。樂生端可拜,寧死不謀燕。

《全宋詩》卷三〇四六,58 冊,36324 頁

樂　毅　　（元）耶律鑄

一舉全齊縱二城,風雲慘澹五年兵。奈何不世興王業,事在垂成間已行。

《全元詩》第 4 冊,135 頁

樂　毅　　（元）徐　鈞

七十城收一笑間,當時氣勢擅強燕。區區莒墨何難下,自是君王不永年。

《全元詩》第 7 冊,279 頁

昔燕昭王築黃金臺以招賢，得樂毅，破齊有功，後以讒去，因覽地志，感而賦此　　（明）宣宗朱瞻基

黃金不惜置高臺，嘗見英豪結駟來。郭隗雖非高世士，樂生自是出群才。平齊功大終難遂，客趙身存竟未回。可恨讒言隳盛業，至今行者重徘徊。

《大明宣宗皇帝御制集》卷三三，《四庫全書存目叢書》集部 24 册，205 頁

昌國君　　（明）李東陽

齊城下，即墨守。燕將去聲。代，昌國走。卑辭累使去聲。招不歸，臣心止有先王知。先王知，心獨苦，義君臣，邦父母。當時誓死却齊封，更忍還兵向燕土！句各舉一事，而語意相承如此。終不似信要平聲。劉胥報楚。

《擬古樂府》，《詩前稿》卷一，《李東陽集》第一卷，11 頁

燕中懷古三首·黃金臺　　（明）王廷相

興邦良有激，好賢輕千金。破齊如反掌，圖報一何深！二城乃不下，疇測平生心？白璧易生毀，喟然傷古今。

《王氏家藏集》卷八，《王廷相集》第一册，118 頁

詠史一百首（其二十五）　　（明）謝肇淛

樂羊拔中山，謗書盈一篋。即墨久不下，燕將代騎刼。市虎成三言，眾口金可鑠。孤蹤不得前，蛾眉難自悅。息壤有遺盟，杜郵非遠轍。君門隔萬里，君心非日月。齊威一烹阿，霸圖歸明哲。

《小草齋詩集》卷六，《小草齋集》上册，709 頁

過昌國　　（清）吳偉業

樂生去國罷登壇，長念昭王知己難。流涕伐燕祠趙將，忍教老死在邯鄲？

《詩後集》十一，《吳梅村全集》卷一九，中册，495 頁

詠史詩十首·樂毅　　（清）高宗弘曆

君臣知遇甚分明，七十齊城智力勝。可惜惠王承父烈，却教名將避青蠅。

《御制樂善堂全集定本》卷二九，影印文淵閣《四庫全書》1300 册，526 頁

和大司馬梁玉立《趙郡風物雜詠》・望諸君墓 （清）魏裔介

齊城未破敢言歸，代將人來事已非。惟有報書垂史策，年年古木泣烏飛。

《兼濟堂文集》卷一七，下冊，445頁

樂　毅 （清）羅惇衍

中山靈壽人。為燕將，下齊七十餘城，封昌國君。後奔趙，封望諸君。卒於趙。

蕭蕭易水我重來，薦士今猶豔郭隗。一旦齊城傾虎旅，千金燕市失龍媒。天心未許成王業，敵國無端出將才。後有隆中前潁上，如君終始信堪哀。

《集義軒詠史詩鈔校證》卷三，第一冊，79頁

樂　毅 （清）徐公修

合縱破敵審軍情，奮跡燕邦任亞卿。佩印臨戎兼趙相，驅車下地徇齊城。樂閒濟美能承父，騎劫無謀代將兵。持謝惠王書上報，老臣恩義兩分明。

《史記百詠》卷一，《讀史千詠》，《史記研究文獻輯刊》13冊，445頁

漢臺詠史・昌國君 （清）嚴如熤

一戰收齊七十城，招賢果慰復仇情。前朝馬骨恩原重，午夜龍文恨又成。父子勳名悲異國，主臣遭遇痛平生。銀濤怕蹴胥江浪，少伯扁舟共此行。

《樂園詩稿》卷三，《清代詩文集彙編》455冊，162頁

樂　毅 （清）王廷紹

昌國城邊蔓草荒，望諸臺上月昏黃。忠臣去國名猶潔，駿馬辭鞍骨已傷。歸趙隙原生嗣主，破齊功足答先王。郭隗死後無知己，書報空城淚數行。

《滄香齋詩草》卷二，《清代詩文集彙編》472冊，339頁

樂　毅 （清）鮑桂星

金臺駿馬聚如雲，七十城收一日勳。始歡郭隗能薦士，誰教騎劫代將軍。鼎歸故室光芒發，書報他年涕泗紛。魚水君臣獨終始，武鄉寧比望諸君。

《覺生詠史詩鈔》卷一，《清代詩文集彙編》476冊，467頁

詞

前調（滿江紅）·金臺懷古　　（清）曹貞吉

落照蒼然，空掩映、荒臺數尺。憶當日、君臣之際，悲哉昌國，七十二城如解籜，功成翻削英雄色。讀先生、一紙報燕書，爲沾臆。　　碣石畔，風蕭瑟。即墨下，牛騰擲。笑安平奇計，兒童能識。騎劫庸才何足道，可憐戰血凝深碧。問千金、馬骨倩誰埋，邯鄲陌。

《全清詞》順康卷第一一册，6488 頁

清平樂·過樂毅故里　　（清）程　庭

古今同病。遇合渾難定。自謝微臣偏不佞。何以奉承王命。　　片言四國連兵。一時七十餘城。堪笑火攻下策，田單竟爾成名。

《全清詞》順康卷補編第四册，2323 頁

廉頗藺相如列傳

詩

詠《廉頗藺相如列傳》

廉頗藺相如列傳　　　　　　　　（唐）司馬貞

清飆凜凜,壯氣熊熊。各竭誠義,遞爲雌雄。和璧聘返,澠池好通。負荆知懼,屈節推工。安邊定策,頗、牧之功。

《史記索隱》卷三〇,479 頁

廉頗、藺相如　　　　　　　　　（宋）陳　普

常年霜骨白皚皚,廉藺羞顏似濕灰。白起殺心如未謝,二家隨璧獻章臺。

《全宋詩》卷三六五〇,69 冊,43793 頁

讀《藺相如傳》,贈李甥師藺　　　（宋）晁補之

蚩蚩六國共憂秦,獨有相如智不群。完璧東歸何足道,最賢能下怒將軍。

《全宋詩》卷一一四一,19 冊,12884 頁

兩虎鬥《史記》　　　　　　　　　（清）陳啟疇

周赧王三十六年,秦、趙會於澠池。藺相如從,秦不能有加於趙。趙王反國,以相如爲上卿,位在廉頗右。頗欲辱之,相如曰:"兩虎共鬥,勢不俱生。"因下之,頗亦愧謝焉。

趙王鼓瑟音未絕,秦王擊缶意不懾。五步之內頸濺血,從臣聞之皆撟舌。名在上卿旌厥功,廉頗老將難相容,眈眈突起爭雌雄。嗚呼！兩賢輔趙力如虎,於菟雙雙孰敢侮。幸勿效食牛甘鬥,而使卞莊奮其武。

《詠史擬古樂府》卷上,《清代詩文集彙編》450 册,152 頁

詠　　史(其十九)　　　　　　　　　　（清）宋　椊

老頗堅壁策無雙,狂括談兵最駭蠢。四十萬人何罪死,長平作俑始阬降。

《雞牕百二稟》卷二,《清代詩文集彙編》475 册,40 頁

詠廉頗 附郭開

廉　頗　　　　　　　　　　　　　　　　（元）徐　鈞

遺矢讒言棄老成，肉多飯健尚精神。可憐一點狐丘志，到死猶能用趙臣。

《全元詩》第 7 冊，279 頁

廉將軍廟二首　　　　　　　　　　　　（元）劉復亨

破鄗封君識將才，負荊遺怨亦賢哉。英魂千古猶歸趙，只恨當年聽郭開。
矯矯高名垂竹帛，堂堂偉像繪丹青。英魂未遂生平願，夜半風悲月滿庭。

《全元詩》第 36 冊，165 頁

廉　頗　　　　　　　　　　　　　　　　（明）胡　奎

相如拜上卿，豈畏廉將軍。兩虎若共鬥，其勢不俱生。秦兵不加趙，功歸吾二人。忠臣當殉國，志士當殉名。不有負荊謝，安知刎頸親。

《胡奎詩集》卷一，46 頁

題雜畫（其二）　　　　　　　　　　　　（明）鄭文康

題古今雜畫詩頗多，悉棄弗錄，獨於史事用己意寓勸懲者存之，得十八首。

自古含容解弭災，將軍從此負荊來。早知一飯三遺矢，悔不當初謝郭開。

《平橋稿》卷三，影印文淵閣《四庫全書》1246 冊，545 頁

廉頗塚　　　　　　　　　　　　　　　　（清）黃景仁

昔年流涕史遷文，抔土今來吊夕曛。復用趙人愁不免，一為楚將竟何勳？英雄論定三遺矢，市道交成再將軍。終古人情只如此，試將杯酒與澆君。

《兩當軒集》卷一一，271 頁

廉　頗　　　　　　　　　　　　　　　　（清）羅惇衍

趙將，仕趙。孝成王時，官至上卿。

門前寥落翟公羅,勢退曾無客一過。驊結名卿甘自屈,權爭庸將竟難和。破燕未幾功勳替,仕楚徒勞涕淚多。底事邯鄲圍急日,平原終不起廉頗。

《集義軒詠史詩鈔校證》卷三,第一冊,87頁

廉　頗　　　　　　（清）徐公修

壓到中原諸將帥,杜陵詩史肯虛推。禦秦強敵凌王齕,歸趙仇人尼郭開。賓席讒言遺矢進,相門請罪負荊來。壽春老瀝英雄淚,剩有荒塋委草萊。

《史記百詠》卷一,《讀史千詠》,《史記研究文獻輯刊》13冊,445頁

廉　頗　　　　　　（清）王廷紹

仕楚無功鬢已霜,迴思故國恨茫茫。長平未陷相如病,白起才來馬服亡。誰以千金行間諜,臣曾一飯告君王。荊裏士卒吾難用,不及餘生寄大梁。

《澹香齋詩草》卷二,《清代詩文集彙編》472冊,341頁

廉　頗　　　　　　（清）鮑桂星

據鞍躍馬意云何,太息平生反間多。貧似翟公辭上客,老如吳子泣西河。中原將帥空馳驟,旅舍盤餐強嘯歌。猶憶結歡深慕藺,故人鬢髮未曾皤。

《覺生詠史詩鈔》卷一,《清代詩文集彙編》476冊,468頁

廉　頗　　　　　　（清）張　澍

回首功名願已達,河山故國淚沾衣。每思趙將知為用,偶寓鄢都恨不飛。大敵行金氣得志,老臣能飯有餘威。可憐去就遭逢際,心緒茫茫恨落暉。

《養素堂詩集》卷二五,《清代詩文集彙編》536冊,270頁

廉頗負荊《史記》　　　　　　（清）田依渠

怕受廉頗辱,相如曲意包。負荊來謝罪,刎頸卒成交。

《茹古山房讀史餘吟》卷六,《清代詩文集彙編》639冊,667頁

郭　開　　　　　　（唐）周　曇

秦襲邯鄲歲月深,何人沽贈郭開金。廉頗還國李牧在,安得趙王為爾擒。

《全唐詩》卷七二八,21冊,8343頁

詠藺相如

覽古詩　　　　　　　　　　　　　　　　　　（晉）盧　諶

趙氏有和璧，天下無不傳。秦人來求市，厥價徒空言。與之將見賣，不與恐致患。簡才備行李，圖令國命全。藺生在下位，繆子稱其賢。奉辭馳出境，伏軾徑入關。秦王御殿坐，趙使擁節前。揮袂睨金柱，身玉要具捐。連城既偽往，荊玉亦真還。爰在澠池會，二主尅交歡。昭襄欲負力，相如折其端。眥血下霑襟，怒髮上衝冠。西缶終雙擊，東瑟不隻彈。舍生豈不易？處死誠獨難。稜威章臺顛，強禦亦不干。屈節邯鄲中，俛首忍回軒。廉公何為者？負荊謝厥愆。智勇蓋當世，弛張使我歎。

《晉詩》卷一二，《先秦漢魏晉南北朝詩》中冊，884 頁

澠　池　　　　　　　　　　　　　　　　　　（唐）汪　遵

西秦北趙各稱高，池上張筵列我曹。何事君王親擊缶，相如有劍可吹毛。

《全唐詩》卷六〇二，18 冊，6961 頁

澠　池　　　　　　　　　　　　　　　　　　（唐）胡　曾

日照荒城芳草新，相如曾此挫強秦。能令百二山河主，便作樽前擊缶人。

《全唐詩》卷六四七，19 冊，7429 頁

過澠池書事　　　　　　　　　　　　　　　　（唐）吳　融

澠池城郭半遺基，無限春愁掛落暉。柳渡風輕花浪綠，麥田煙暖錦雞飛。相如忠烈千秋斷，二主英雄一夢歸。莫道新亭人對泣，異鄉殊代也沾衣。

《全唐詩》卷六八七，20 冊，7895 頁

藺相如墓　　　　　　　　　　　　　　　　　（宋）范成大

在邯鄲縣南，趙故城之西。

玉節經行虜障深,馬頭醱酒奠疏林。茲行璧重身如葉,天日應臨慕藺心。

《全宋詩》卷一二,41 冊,25851 頁

感古十首(其四) （宋）胡仲弓

相如歸全璧,范增撞玉斗。為主心固同,逆順異所守。發怒具忘身,裂眥欲碎首。此完彼坫缺,盡在一舉手。萬形各有敝,斯名才不朽。

《全宋詩》卷三三三五,63 冊,39741 頁

題藺相如廟 （金）王　寂

應憐趙弱不能國,天贊此老裨時君。按劍不屈秦天子,回車豈畏廉將軍。區區太子徒見慕,奄奄諸輩復何云。名重泰山成底事,一科蓬底覓孤墳。

《金詩》,《全遼金詩》上冊,581 頁

澠池行 （金）趙秉文

豪斟巨炙排九楹,玉盤醍醐一再行。秦王高歌趙王瑟,屬車天遠邯鄲城。侍臣衝冠髮直指,秦庭虎賁劍鋒倚。咸陽山色如死灰,邯鄲霸氣清於水。引車還避將軍路,蕞爾那能持兩虎。

《金詩》《全遼金詩》中冊,1246 頁

藺相如 （元）宋　无

完璧歸來難已紓,請秦擊缶趙仍書。情知兩虎難相鬥,望見廉頗即引車。

《全元詩》第 19 冊,412 頁

澠　池 （元）李齊賢

強秦若翼虎,懦趙真首鼠。特會非同盟,安危在此舉。藺卿膽如斗,杖劍立左右。叱吒生風雷,萬乘自擊缶。桓桓百萬兵,一言有重輕。廉頗伏高義,犬子慕遺名。駕言池上游,去我今幾秋。餘威起毛髮,萬木寒颼颼。

《全元詩》第 33 冊,329 頁

後讀史(其五、六、七)　　　　　　　　　　　　　　　（元）錢宰

余讀史,擬蘇、李詩,餘暇復作詠史詩數章,題曰《後讀史》云。

趙得和氏璧,秦請易以城。予之恐見欺,弗予患秦兵。桓桓藺將軍,單車獻咸京。秦王坐章臺,嬉笑傳在廷。相如請指瑕,怒髮衝冠纓。頭璧與俱碎,奮將擊前楹。終焉完璧歸,千古垂令名。

秦為澠池會,使使請趙俱。趙王誰從行,言是藺相如。酒酣命趙瑟,返顧御史書。相如跪進缶,請王迭相娛。宣言五步內,頸血濺王裾。終焉缶一擊,趙史注如初。雄辭兩相抗,竟酒不得踰。

廉頗趙名將,勇氣聞諸侯。藺生素賤人,名位居上頭。我見必辱之,詎忍為吾羞。相如數稱病,畏匿如善柔。廉君信雄武,孰與秦王伴。往嘗廷叱秦,豈唯廉君尤。為臣先為國,安能顧私讎。終焉請負荊,刎頸托交游。

《全元詩》第41冊,175頁

刺客四詠·劍　　　　　　　　　　　　　　　（明）楊基

差差三尺光,氣奪萬乘貴。立成千載功,不出五步內。

《眉庵集》卷一〇,263頁

讀史二十二首·藺相如　　　　　　　　　　　　　　　（明）高啟

危計難成五步間,置君虎口幸全還。世人莫笑三閭懦,不勸懷王會武關。

《高青丘集》卷一七,下冊,747頁

藺相如歌,上楊水田太守　　　　　　　　　　　　　　　（明）周思兼

藺相如,手扶趙王會澠池,目視秦王如小兒。席上書生一叱吒,營中武士皆披靡。歸來拜相功最多,不畏秦王畏廉頗。廉頗一夫何足畏,獨念爭功更堪愧,眼底浮雲任有無,耳畔流鶯自來去。大臣所貴不在功,所貴却在能相容。引車驅避未未辱,芳名千載何時窮。君不見四十萬卒坑長平,當時猶薦廉將軍。

《周叔夜先生集》卷一,《四庫全書存目叢書》集部114冊,356頁

沔池會盟臺　　　　　　　　　　　　　　　　　　　　　（明）王　格

嬴秦虎狼國，三晉天下樞。邯鄲固伊邇，況乃握明珠。危哉沔池會，禮筵羅戟殳。狙詐既莫測，禍變在斯須。矯矯相如子，意氣椎萬夫。當庭騁高辨，視之目若無。東瑟雖云鼓，西缶亦與俱。兩主竟頡頏，終會不敢圖。

《少泉詩集》卷二，《四庫全書存目叢書》集部 89 册，183 頁

藺相如　　　　　　　　　　　　　　　　　　　　　　（明）童　軒

事大從來貴息爭，區區何用勝秦名。不知釀出長平禍，尤說當時擊缶聲。

《清風亭稿》卷八，影印文淵閣《四庫全書》1247 册，168 頁

讀史述·藺相如　　　　　　　　　　　　　　　　　　（明）魏學洢

秦王會澠池，邯鄲出孤注。帳下千熊羆，笙箏亂如雨。提瑟貌萬乘，耽耽視鳧兔。一夫瞋目呼，虓虎不敢怒。殘絲奏殺聲，雪鋒交五步。昔年柱前血，今日堪相汙。壯哉藺夫子，千載有餘慕。

《茅簷集》卷三，影印文淵閣《四庫全書》1297 册，541 頁

澠池會盟臺　　　　　　　　　　　　　　　　　　　　（明）趙貞吉

天弧夜射青麟死，天下諸侯慶牛耳。完璧城邊走趙人，擊缶臺畔聞秦聲。池中夜浸一片月，年年草綠春風發。猛將鞭腰取豹韜，牧童扣角來狐窟。

《列朝詩集》丁集卷一一，第九册，5110 頁

澠池道中（二首）　　　　　　　　　　　　　　　　　（明）楊　爵

西風落日滿塵埃，秦、趙功名餘草萊。廉弱藺張皆國事，自能羞卜會盟臺。
奮身秦館志難移，共羨相如智勇奇。四十萬人同日死，徒藏楚賓欲何爲。

《楊忠介公集》卷一二，《陝西古代文獻集成》第 27 輯，372 頁

吊藺相如　　　　　　　　　　　　　　　　　　　　　（明）許宗魯

干戈征戰日，社稷屬君身。誰識回車者，元為索缶人。斷霞荒野夕，芳草殯宮春。吊

古情何極,長吟一愴神。

《少華山人前集》第六《宦游稿》,《陝西古代文獻集成》第 28 輯,299 頁

藺相如   （清）黃鵬揚

氣轢強秦五步內,當車豈畏廉將軍。急公謀國臣心苦,不是逢人饒一分。

《讀史吟評》,《說鈴》後集一,1 頁

完璧歸趙   （清）褐夫

歸趙相如一璧完,誰知豺虎有心肝。咸陽廣殿容馳騁,賓禮從容更覺難。

《古史詩針》,《戴名世集》附錄二,439 頁

藺相如墓   （清）王錫九

全憑肝膽固金湯,豪氣真堪懾虎狼。完璧終教歸趙國,奉盆那肯屈秦王。威加函谷風雲壯,功在常山日月光。叱咤餘音聽未歇,河聲嗚咽送斜陽。

《晚晴簃詩匯》卷一三七,第三冊,617 頁

和大司馬梁玉立《趙郡風物雜詠》·藺相如   （清）魏裔介

氣壓秦廷失媚諧,回車避頗晉崇階。當年刎頸因家國,不為交遊挹雅懷。

《兼濟堂文集》卷一七,下冊,445 頁

藺相如   （清）高宗弘曆

和氏匣中一匣水,十五金城持易此。城不歸趙璧亦歸,狼虎強秦亦披靡。嗟乎人寶玉寶豈可同年語,相如自知趙二虎。秦廷齘藺趙如何,和璧雖歸藏外府。君不見鴻門玉斗應劍碎,子房依舊逡巡退。

《御制樂善堂全集定本》卷一七,影印文淵閣《四庫全書》1300 冊,431 頁

藺相如墓   （清）王士禛

智勇存危趙,相如第一人。特書王擊缶,間道璧亡秦。故國山河改,孤墳草木春。魯連終蹈海,千古共悲辛。

《蠶尾續詩集》卷四,《王士禛全集》第二冊,1241 頁

會盟臺二首 澠池　　　　　　　　　　　　　　（清）王士禛

秦聲趙瑟會西河,御史前書較孰多。臨訣數言關大計,論功終欲首廉頗。

不辭頸血濺秦王,進缶當筵氣慨慷。十五名城酬趙璧,何如談笑請咸陽。

《蠶尾續詩集》卷四,《王士禛全集》第二冊,1278 頁

藺相如　　　　　　　　　　　　　　　　（清）羅惇衍

趙人。官至上卿。

秦兵十萬壓長平,易將猶然力疾爭。太息君王聽敵間,坐教豎子誤家聲。賢登下位傳宮監,名襲他年話長卿。歸璧避車張弛合,深沉智勇本忠貞。

《集義軒詠史詩鈔校證》卷三,第一冊,90 頁

藺相如　　　　　　　　　　　　　　　　（清）徐公修

章臺請見入咸陽,怒髮衝冠勢激昂。間道璧完歸趙主,當筵缶擊辱秦王。行軍平邑師旋罷,好會澠池氣懾強。誓共廉頗交刎頸,聯驂將相固邊防。

《史記百詠》卷一,《讀史千詠》,《史記研究文獻輯刊》13 冊,445 頁

藺相如　　　　　　　　　　　　　　　　（清）王廷紹

襲名猶許賤凌雲,人在當年自不群。璧有連城歸趙氏,瓿曾一扣偪秦君。病中驚易廉頗將,死後應悲馬服軍。我愛繆賢能薦士,何無封爵答殊勳。

《澹香齋詩草》卷二,《清代詩文集彙編》472 冊,341 頁

藺相如墓　　　　　　　　　　　　　　　（清）張　琛

戲水西來綠滿灣,岸旁高塚石斑斑。相如不料來秦後,璧已還君身不還。

《日鋤齋詩集·缶音》,《清代詩文集彙編》483 冊,658 頁

漢臺詠史·藺相如　　　　　　　　　　　（清）嚴如熤

智勇當年有舍人,果然完璧服強秦。引車敬謝將軍客,擊缶慚書御史臣。頗、牧共資

全趙策,荆、高虛擲刼盟身。笑渠病渴文園者,名字東施也傚顰。

《樂園詩稿》卷三,《清代詩文集彙編》455 册,163 頁

藺相如

（清）張　澍

將軍何以得賢聲,肉袒廉公肯負荆。鬥虎郄須同負國,衝冠信足反連城。心知趙括將兵厥,氣使秦王擊缶鳴。異日邯鄲都解甲,九原應亦黯傷情。

《養素堂詩集》卷二五,《清代詩文集彙編》536 册,270 頁

詠趙奢、趙括

趙　奢　　　　　　　　　　　　　　（元）徐　鈞

北山據險最能兵，中外俱聞馬服名。滿謂將門還出將，不知有子誤長平。

《全元詩》第 7 冊，279 頁

趙　奢　　　　　　　　　　　　　　（清）羅惇衍

趙大將。嘗破秦軍於閼與，封馬服君。久之，卒。

兩鼠爭強鬭穴中，智謀於此決雌雄。秦軍後至威經挫，趙壘佯增敵沮攻。兒不象賢終誤國，將能下士故成功。世儒須戒談兵易，兵法何常視變通。

《集義軒詠史詩鈔校證》卷四，第一冊，102 頁

長　平　　　　　　　　　　　　　　（唐）胡　曾

長平瓦震武安初，趙卒俄成戲鼎魚。四十萬人俱下世，元戎何用讀兵書。

《全唐詩》卷六四七，19 冊，7422 頁

長　平　　　　　　　　　　　　　　（宋）杜　衍

衍禫符壬子歲出宰平陰，道由泫氏，嘗賦《長平》詩二韻。天聖己巳後忝移，用觀孫、朱二君留題，爰錄于此。天聖九年八月。

馮亭獻地豹言非，秦間廉頗又不疑。四十萬兵降死後，渾輸括母一先知。

《全宋詩》卷一四四，3 冊，1601 頁

長平懷古　　　　　　　　　　　　　（宋）孫　沖

邯鄲無策信馮亭，上黨須貪澤起兵。趙括母言猶不聽，當時誰肯計長平。

《全宋詩》卷一五二，3 冊，1734 頁

長平懷古　　　　　　　　　　　（宋）文彥博

此子徒能讀父書，兵降始信藺相如。却令後代承家者，每到長平戒覆車。

《全宋詩》卷二七三，6册，3482頁

長　　平　　　　　　　　　　　（宋）洪　适

一敗長平振古無，趙邦臣主亦何愚。當時已中馮亭計，猶自區區遣鄭朱。

《全宋詩》卷二〇七五，37册，23420頁

長平懷古　　　　　　　　　　　（金）李俊民

趙括雖能讀父書，長平一舉見規模。縱橫戰國俱陳跡，只有青山似畫圖。

《金詩》，《全遼金詩》中册，1983頁

趙　　括　　　　　　　　　　　（元）徐　鈞

少年輕銳喜談兵，父學雖傳術未精。一敗誰能逃母料，可憐四十萬蒼生。

《全元詩》第7册，279頁

長　　平　　　　　　　　　　　（元）謝　肅

引軛方上牛，參旗正南舉。行行埃路明，忽在長平聚。踟躕念衰韓，不得守茲土。嫁禍於趙國，移師與秦拒。趙卒一以坑，秦兵肆攻取。惜哉廉將軍，制敵中見沮。遂令銳頭兒，殘暴逾猛虎。善戰服上刑，賜劍非弱主。咨爾頭顱山，委命復何語。

《全元詩》第63册，393頁

長平戈頭歌　　　　　　　　　　（明）劉　基

長平戰骨煙塵飄，歲久遺戈金不銷。野人耕地初拾得，土花潰出珊瑚色。邯鄲小兒彊解事，枉使泥沙埋利器。四十萬人非少弱，勇怯賢愚一朝棄。陰坑血冷秋復春，朽壤食盡蒼蛇鱗。湮淪長愧杜郵劍，廢墜空憶椿喉人。故壘中宵鬼神入，雲愁月暗戈應泣。嗚呼！當時豈無牧與頗？戈乎不遇可奈何！

《劉基集》卷一八，296頁

屠兵來

(明)李東陽

兒勿啼,屠兵來,趙宗一線何危哉!千金買兒兒不死,真兒却在深山里,妾今有夫夫有子。死兵易,立孤難,九原下報無慚顏。《記·檀弓》注:"晉大夫墓地在九原。"趙家此客還此友,穿何故亡盾何走?誰言趙客非晉臣,當時嬰、杵為去聲。何人?

《擬古樂府》,《詩前稿》卷一,《李東陽集》第一卷,4頁

長平坑歌

(清)王士祿

虎狼之秦胡不仁,銳頭小兒服振振。劫灰更促括也將,一戰趙壘成埃塵。白骨嶽積四十萬,至今此地無青春。丹塢水繞發鳩麓,指點當年趙兵甽。土人往往坑旁耕,拾得殘戈或斷鏃。鏃頭長以寸,戈頭長以尺。持將磨向丹河沙,古血猶腥土花赤。省冤谷接武安臺,南來遺跡仍崔巍。應共骷髏山下月,夜深同對鬼磷哀。

《清詩別裁集》卷三,上冊,58頁

坑趙降卒

(清)褐　夫

趙卒降秦卅萬人,可憐一夜盡沉淪。長坑冤氣寧消散,白起到頭亦殺身。

《古史詩針》,《戴名世集》附錄二,439頁

過長平驛,感坑卒事有作

(清)高其倬

丹水橋邊落日明,頭顱山畔晚煙生。十年碧血無遺磷,幾簇黃沙有廢城。陰密復冤酬上黨,新安坑卒祖長平。紛紛豎子真兒戲,齒冷西來阮步兵。

《清詩別裁集》卷一八,下冊,314頁

長平箭頭行

(清)苗令琮

銳頭豎子勇如虎,長平穴中鬥群鼠。四十萬人灰燼飛,耕作髑髏山下土。狼牙三脊人血腥,青碧斑剝銅花生。冷光射我迫難視,吼作丹川嗚咽聲。波流赤血下殺谷,滿眼污泥鬼雄哭。寒風颯颯吹陰沙,斷鏃殘兵怨馬服。吁嗟乎爾曹自死平原君,趙括小子何足云,當時豈無廉將軍。昇平遺箭猶存在,留與耕人作銅賣。

《晚晴簃詩匯》卷九五,第二冊,686頁

讀《史記》四首·長平坑 （清）洪亮吉

新安卒,二十萬。長平卒,四十萬。當時民少兵何多,有田不耕皆荷戈。芟除卅萬二十萬,人踵仍接肩仍摩。千年坑谷無生氣,鬼亦多于螻與蟻。君不見,殺降人,百劫罪不除。法網有時漏,天譴雷霆誅。又不見,城狐殪,野牛死,背罾殺降人白起。

《更生齋詩續集》卷八,《洪亮吉集》第四冊,1649頁

名使括 （清）皮錫瑞

徒讀父書不可使,馬服君有馬服子。四十萬眾書中死,長平大阬血成水。兵凶安得易言之,父知母知敵國知,相如力諫猶憒憒。臨敵易將尤非時,畫地不可以爲餅,膠柱不可使鼓瑟。馬稷談兵言過實,君不見殷深源,房次律。

《師伏堂詠史》,《清代詩文集彙編》772冊,308頁

詠李牧

五哀詩·李牧　　　　　　　　　　　　　　　　　　（宋）司馬光

椎牛饗壯士,拔距養奇材。虜帳方驚避,秦金已闇來。旌旗移幕府,荊棘蔓叢臺。部曲依稀在,猶能話郭開。

《全宋詩》卷五〇二,9冊,6086頁

李　牧　　　　　　　　　　　　　　　　　　　　　（元）徐　鈞

良將身亡趙亦亡,百年遺恨一馮唐。當時不受讒臣間,呂政何由返故鄉。

《全元詩》第7冊,279頁

李　牧　　　　　　　　　　　　　　　　　　　　　（明）胡　奎

李牧守邊日,屯兵鴈門關。槌牛饗士卒,十年戎馬閑。黃雲覆沙漠,白雪漫天山。胡烽日以遠,胡弓不敢彎。後來防杖成,思之應靦顏。

《胡奎詩集》卷一,45頁

雁門關,吊李牧祠　　　　　　　　　　　　　　　　（明）謝　榛

祠前草樹已榛蕪,誰復憂心繫壯圖。風雨有靈天意遠,關山遺像月明孤。雲連絕塞寒逾慘,雁過荒城夜急呼。戰國千年成感慨,角聲吹徹小單于。

《謝榛全集》卷一三,429頁

李　牧　　　　　　　　　　　　　　　　　　　　　（清）羅惇衍

趙將。後將兵禦秦,為郭開所讒,以他將代之。牧不受命,趙王使人捕殺之。

浩浩黃塵幕府開,饗軍不戰怒如雷。怯方見勇奔胡寇,貨易生讒誤將才。舉國孰當王翦至,代君乃使趙蔥來。千城自棄亡無日,虜到潼關未足哀。

《集義軒詠史詩鈔校證》卷四,第一冊,119頁

武安雜詩(其一)

(清)王 軒

頗、牧齊名定不虛,將軍百戰老關於。如何身後留遺憾,有子空能讀父書。

《耨經廬詩集》卷二,《續尤西堂擬明史樂府》(外二種),113頁

詞

水調歌頭·過藺相如故里　　　　　　　　　　（清）毛際可

惆悵商於事,六里尚相欺。肯將十五城價,棄擲等沙泥。凜凜衝冠怒髮,却怪美人傳視,完璧計真奇。朝服九賓設,被褐一人歸。　　澠池會,催擊缶,酒闌時。階前十步,臣拚頸血濺王衣。左右披靡何意。豈爲趙兵強盛,直以氣吞之。故里我重過,剔蘚讀殘碑。

《全清詞》順康卷第一一冊,6408 頁

法曲獻仙音·白璧山　　　　　　　　　　（清）何承燕

相如完趙,卞和獻楚,誰料漫山如許。未必無瑕,安能為寶。盛名自來難副,還恐是人言誤,虛聲盜寰宇。　　我來此。是耶非、倚風延佇,扶謝屐。一踏一回憐汝。人在玉山行,到如今、纔信斯語。席上儒珍問沽、諸求價何處。休暗投人世,按劍被他輕侮。

《春巢詩餘》,《清詞珍本叢刊》第一二冊,606 頁

漁家傲·娑婆苦（其十一）　　　　　　　　　　（明）釋樊琦

聽說娑婆無量苦,凶兵解散還屯聚。昨日為齊今日楚,更奴擄,乾坤畢竟歸神武。
趙括才疏空自許,強秦用間欺其主。四十萬軍生入土,悲前古,至今鬼哭長平下。

《全明詞》第一冊,15 頁

生查子·詠史　　　　　　　　　　（清）王夫之

長平十萬人,一夜秦坑殺。魚死濁流中,不祭乘時獺。　　死坑未是愁,唯有生坑惡。眢井埋蟾蜍,欲跳只三腳。

《全清詞》順康卷第三冊,1649 頁

河滿子·李牧祠

(清)馮雲驤

祠在鴈門關上。

趙將英靈杳冥,空餘老木殘霞。過客登臺頻下馬,雨淍古壁槎牙。百尺鴈門高峻,秋聲彷彿鳴笳。　　爭戰七雄已矣,閒尋斷戟崩沙。松柏蛟皮如帶甲,營開千騎歸鴉。悵望戍煙縹緲,看碑憑吊無涯。

《全清詞》順康卷第五冊,2768 頁

曲

〔中呂〕山坡羊·澠池懷古 (元)張養浩

　　秦如狼虎。趙如豚鼠。秦強趙弱非虛語。笑相如。大麤疏。欲憑血氣為伊呂。萬一座間誅戮汝。君也。誰做主。民也。誰做主。

　　秦王強暴。趙王懦弱。相如何以為懷抱。不量度。剩麤豪。酒席間便欲伐無道。倘若祖龍心內惱。君。乾送了。民。乾送了。

《全元散曲》上冊，436頁

〔北雙調落梅風〕過澠池 (近代)盧　前

　　對澠池月，思秦趙盟，藺相如獨完君命。當時坐中賓主定，缶無聲瑟也休聽。

《全清散曲》下冊，2388頁

田單列傳

詩

詠《田單列傳》

田單列傳 (唐)司馬貞

軍法以正,實尚奇兵。斷軸自免,反間先行。群鳥或衆,五牛揚旌。卒破騎劫,皆復齊城。襄王嗣位,乃封安平。

《史記索隱》卷三〇,480頁

詠田單

聊　城　　　　　　　　　　　　　　　（唐）汪　遵

刃血攻城已越年,競憑儒術罷戈鋋。田單漫逞燒牛計,一箭終輸魯仲連。

《全唐詩》卷六〇二,18冊,6955頁

即　墨　　　　　　　　　　　　　　　（唐）胡　曾

即墨門開縱火牛,燕師營裏血波流。固存不得田單術,齊國尋成一土丘。

《全唐詩》卷六四七,19冊,7421頁

田　單　　　　　　　　　　　　　　　（宋）王安石

湣王萬乘齊,走死區區燕。田單一即墨,掃敵如風旋。舞鳥怪不測,騰牛怒無前。飄搖樂毅去,磊砢功名傳。掘葬與剠降,論乃愧儒先。深誠可奮土,王蠋豈非賢。

《全宋詩》卷五四六,10冊,6536頁

田　單　　　　　　　　　　　　　　　（宋）洪　适

齊主輕忘在莒時,解裘淄水遽相疑。若無貂勃明勳業,幾使功臣枉見夷。

《全宋詩》卷二〇七五,37冊,23420頁

田　單　　　　　　　　　　　　　　　（元）徐　鈞

鼓噪奔牛亦壯哉,一城力挽眾城回。誰知辟土明封賞,即墨曾經培養來。

《全元詩》第7冊,278頁

詠田單　　　　　　　　　　　　　　　（元）蔣民瞻

仁義寧容詐力欺,火牛計豈出神師。自緣騎劫來何晚,不是田單智較遲。

《全元詩》第8冊,172頁

次莒州，望即墨，感樂毅、田單作　　（元）謝 肅

單車背高密，一昔次城陽。城陽故莒國，俛仰懷興亡。莒國固微弱，與魯嘗爭強。城陽雖褊小，在漢亦封王。奈何保齊潘，見弒魂悲涼。焉知即墨捷，長驅還舊疆。望諸敵燕懍，師律豈不臧。安平為宗社，出奇誠莫當。咸能忠所事，功立名且揚。昔余好謨畫，撫劍游四方。時命顧弗偶，甘心唯括囊。茲焉吊陳跡，山川鬱蒼蒼。往者不可企，詠言徒慨慷。

《全元詩》第 63 冊，388 頁

田 單　　（明）胡 奎

田單破燕壁，神人為我師。鑿城出火牛，被以獸文衣。壯士五千人，銜枚突其圍。斬將敗騎劫，迎王入臨淄。齊城七十餘，一旦俱複之。雄風千載下，英名良不隳。

《胡奎詩集》卷一，46 頁

聊 城　　（明）陳子壯

東海名雄百萬軍，城頭一矢邈秋雯。為因輕掉從衡舌，十二諸侯待解紛。

《陳文忠公遺集》卷八，107 頁

讀史二首（其二）　　（明）張煌言

清秋蕭瑟井梧寒，在莒齊襄淚未乾。七十二城猶在望，却無舉火是田單。

《張蒼水集》第二編，113 頁

詠史一百首（其三十）　　（明）謝肇淛

神鳥下即墨，火牛殲燕師。鐵軸智不爽，鐘簴歸臨淄。黃金橫腰帶，大冠頍若箕。攻狄卒不克，翻為高士嗤。君側多讒言，九人為南箕。貂勃不疾言，國計將嬰兒。不聞望諸君，交絕前功隳。得失反掌間，請歌《青蠅》詩。

《小草齋詩集》卷六，《小草齋集》上冊，710 頁

田　單　　　　　　　　　　　　　　　（清）羅惇衍

<small>為齊將，敗燕師，迎法章於莒，入臨淄而聽政。既復齊國，封單安平君。</small>

用間誠工計復奇，只嫌掘墓慘焚屍。陰謀激怒群心奮，故鬼含冤萬骨悲。牛縱也因臨勁敵，鳥飛常苦拜神師。法章尚有中興略，莒邑區區掎角勢。

《集義軒詠史詩鈔校證》卷三，第一冊，80頁

田　單　　　　　　　　　　　　　　　（清）徐公修

綵畫龍文仗火牛，楚邦燧象襲遺謀。鐵籠創制宗人保，銅器鳴聲敵將愁。七十餘城全境複，五千壯士大功收。孟嘗君與安平較，同族奇勳迥不侔。

《史記百詠》卷一，《讀史千詠》，《史記研究文獻輯刊》13冊，446頁

田　單　　　　　　　　　　　　　　　（清）王廷紹

鐵籠裝車末足奇，獨將即墨抗燕師。墓無完骨生人憤，敵有功臣幼主疑。火裏牛奔思礪肉，陣前騎劫看橫屍。降城七十收何易，昌國西歸落日遲。

《澹香齋詩草》卷二，《清代詩文集彙編》472冊，340頁

田　單　　　　　　　　　　　　　　　（清）鮑桂星

一夕堅城奮鑿坏，三年織蕢苦低佪。鬼謀暗逐飛禽下，兵法奇從燧象來。修劍有神摧敵壘，兼金無客上高臺。不知七十城收日，走卒登壇拜幾回。

《覺生詠史詩鈔》卷一，《清代詩文集彙編》476冊，468頁

田單火牛 《史記》　　　　　　　　　　　（清）田依渠

火牛雄似虎，星夜入燕營。不有田單計，難歸七十城。

《茹古山房讀史餘吟》卷二，《清代詩文集彙編》639冊，648頁

王　蠋　　　　　　　　　　　　　　　（清）鮑桂星

破燕爭說火牛功，誰識孤臣畫邑中。一自布衣無北面，從教主器有東宮。樹枝掛後餘生氣，耕耜拋來作鬼雄。暮楚朝秦士風靡，賴君高義動羣公。

《覺生詠史詩鈔》卷一,《清代詩文集彙編》476 冊,467 頁

王 蠋

(清)羅惇衍

齊畫邑人。嘗諫湣王,不聽。退耕於野。燕入齊,死之。

兵出金臺萬馬臨,歸耕原早樂山林。燕軍難奪齊臣志,一士能堅二邑心。騎劫代師終挫衂,狐咺哭國並規箴。招降不屈從君始,烈氣英風冠古今。

《集義軒詠史詩鈔校證》卷三,第一冊,78 頁

魯仲連鄒陽列傳

詩

詠《魯仲連鄒陽列傳》

魯仲連鄒陽列傳　　　　　　　　　　（唐）司馬貞

魯連達士，高才遠致。釋難解紛，辭禄肆志。齊將挫辯，燕軍沮氣。鄒子過讒，見詆獄吏。慷慨獻説，時王所器。

《史記索隱》卷三〇，480頁

讀《漢書》有感·鄒陽　　　　　　　　　（清）吴翊寅

梁國上客數鄒陽，智略縱横氣慨慷。自惜入宫先見妒，獄中書幸悟賢王。

《曼陀羅花室詩》卷三，《清代詩文集彙編》776册，644頁

詠魯仲連

詠魯仲連詩　　　　　　　　　　　　　　　　　　（南朝陳）阮　卓

魯連有高趣,意氣本相求。笑罷秦軍却,書成燕將愁。聊棄南金賞,方從滄海遊。寄言人世客,非君能見留。

《陳詩》卷六,《先秦漢魏晉南北朝詩》下册,2561 頁

古風五十九首(其十)　　　　　　　　　　　　　　　（唐）李　白

齊有倜儻生,魯連特高妙。明月出海底,一朝開光曜。却秦振英聲,後世仰末照。意輕千金贈,顧向平原笑。吾亦澹蕩人,拂衣可同調。

《全唐詩》卷一六一,5 册,1670 頁

別魯頌　　　　　　　　　　　　　　　　　　　　　（唐）李　白

誰道泰山高,下却魯連節？誰云秦軍衆,摧却魯連舌？獨立天地間,清風灑蘭雪。夫子還倜儻,攻文繼前烈。錯落石上松,無為秋霜折。贈言鏤寶刀,千歲庶不滅。

《全唐詩》卷一七四,5 册,1779 頁

嘲魯連子　　　　　　　　　　　　　　　　　　　　（唐）韓　愈

齊田巴辯於徂丘,議於稷下,一日而服千人。有徐劫弟子,曰魯連,年十二,謂劫曰:臣願當田子,使不得復說。魯連往,見田巴。巴於是杜口易業,終身不談。

魯連細而黠,有似黃鷂子。田巴兀老蒼,憐汝矜爪觜。開端要驚人,雄跨吾厭矣。高拱禪鴻聲,苦輓一杯水。獨稱唐、虞賢,顧未知之耳。

《全唐詩》卷三四〇,10 册,3814 頁

詠史二首(其一)　　　　　　　　　　　　　　　　　（唐）張　祜

留名魯連去,於世絕遺音。盡愛聊城下,寧知滄海深。偶然飛一箭,無事在千金。回

望淩煙閣,何人是此心?

《全唐詩》卷五一〇,15 冊,5815 頁

魯仲連 （唐）周 曇

昔迸燒牛發戰機,夜奔驚火走燕師。今來躍馬懷驕惰,十萬如無一撮時。

《全唐詩》卷七二八,21 冊,8350 頁

高士詠·魯仲連 （唐）吳 筠

仲連秉奇節,釋難含道情。一言卻秦圍,片劄降聊城。辭金義何遠,讓祿心益清。處世功已立,拂衣蹈滄溟。

《全唐詩》卷八五三,24 冊,9656 頁

魯仲連辭趙歌 并序 （宋）王 令

司馬遷謂魯仲連不合於大道,以余考之,信然。要之一時,則連固壯士,而有所不為,此則余喜之。常壯其辭趙之意,惜其不廣也,因為之歌曰:

秋風起兮天寒,壯士醉酒兮歌解顏。螳螂何怒兮轍下,蟻何鬭兮穴間,紛擾擾兮誰者則賢。井方崩兮治隧,屋且壓兮雕椽。生則役兮弗繫念此,禍至而知悔兮,身忽焉其已死。陶唐虞夏兮,今則古矣。彼秦且帝兮,連有蹈東海而死耳。

《全宋詩》卷六九一,12 冊,8075 頁

魯仲連 （宋）劉克莊

六國鈞南面,甘為北面臣。向微生一叱,幾帝虎狼秦。

《全宋詩》卷三〇四六,58 冊,36326 頁

魯連不受賞 （元）劉秉忠

魯連談笑却三軍,玉璧冰壺不受塵。一葉扁舟滄海闊,千金留與市廛人。

《全元詩》第 3 冊,188 頁

讀史五首(其二) （元）方　回

魯連不帝秦,千古高其義。鄙哉趙平原,千金等兒戲。不知高士懷,肯受權虜使。反復折梁人,終欲伸其志。功成遂長往,不負天下士。

《全元詩》第 6 冊,559 頁

魯仲連 （元）徐　鈞

布衣不肯帝強秦,天下皆聞高士名。何事勸降輕守節,一書飛矢入聊城。

《全元詩》第 7 冊,281 頁

聊城魯仲連廟懷古 （元）滕安上

棋劫紛紜惜壯圖,區區儀衍果何如。相謀安用千金壽,解難聊揮一箭書。誰從乘桴浮海嶠,永慚舐痔銜秦車。我來吊古祠林下,黃鵠驚飛過故墟。

《全元詩》第 11 冊,22 頁

聊城縣 （元）陳　孚

七國兵戈若沸羹,詩書誰問魯諸生。君看一紙聊城箭,何似安平十萬兵。

《全元詩》第 18 冊,361 頁

潘孟陽上書不報,歸里作五詠(其五) （元）袁　桷

仲連匡世姿,揮手卻秦軍。掩袂停白日,登車抗浮雲。射書誠草草,孤城生死分。辭榮敦薄俗,矯抗離其群。

《全元詩》第 21 冊,101 頁

雜詩四十七首(其十八) （元）答祿與權

綺園成羽翼,采芝商山岑。魯連卻秦軍,長揖謝黃金。功成身亦退,不受名跡侵。寥寥千載後,誰識斯人心。

《全元詩》第 49 冊,474 頁

天下士 有序   （元）楊維楨

魯仲連高風遠致,千載一人,非戰國士也。平生大義,與日月爭光者,片言之激梁、趙不得帝秦也。太史公非其指意不合大義,吾不知太史指何為大義不大義耶？且俾與鄒陽同傳,太史詮人,何其不倫耶？太史之言,天下後世之言也。太史不知魯仲連,不為太史者又將何如？吾为《魯仲連高士論》,而又賦《魯先生天下士》。

齊與秦,爭雄尊,天下仗義信陵君。能殺蕩陰逗兵將,不能殺新垣客將軍。魯先生,稷下來。叶。見梁使,決趙疑。三晉大臣不如鄒魯兒。片言稱危醯安螯,九鼎重趙百里退秦師。魯先生,天下士。客將軍歸慶,安螯逃脯醯。叶喜。

《全元詩》第39冊,161頁

詠逸民六首（其二）   （明）王 紳

西郊獲奇獸,《魯史》終筆削。列國事紛爭,士習縱橫學。卓彼魯仲連,沖懷臨寥廓。緩頰秦師退,立談聊城拔。奇功不日收,世議酬高爵。孰知斯人志,飄飄在丘壑。翱翔東海上,遺蹤散冥漠。千載仰高風,於焉可敦薄。

《繼志齋集》卷上,《續金華叢書》,319頁

古意二十首（其七）   （明）袁 凱

秦師困邯鄲,趙氏旦夕危。魯連山中來,排難在重圍。折沖不復言,辭金忽焉歸。清風映東海,千載以為奇。我思鄒、孟氏,處世一何宜。被髮雖可救,閉戶終可為。斯言足明訓,賢獨未之思。

《袁凱集編年校注》編年詩,113頁

東 海   （明）錢子義

魏遣新垣衍說趙,請帝秦。魯仲連見衍曰:"彼肆然為帝,吾將蹈東海。"秦軍聞之,却五十里。

秋風策策破鴻蒙,起看榑桑曉日紅。可是魯連東去後,不知嬴政帝關中。

《續詠史詩》上,《種菊菴集》一,《三華集》卷七,影印文淵閣《四庫全書》1372冊,89頁

雜詩十一首(其九) （明）釋宗泐

魯連天下士，片言能解紛。千金博一笑，永絕平原君。高蹈東海上，卷舒若浮雲。清風散八表，繼者今誰聞。

《全室外集》卷三，影印文淵閣《四庫全書》1234 冊，801 頁

魯仲連 （明）錢子正

賢哉魯連子，解紛見高情。片言大義重，一笑黃金輕。名因折秦得，功為下聊成。胡為昌黎伯，卻有細兒稱。

《綠苔軒集》卷六，《三華集》卷六，影印文淵閣《四庫全書》1372 冊，78 頁

讀史三首(其三) （明）徐賁

魯連天下士，氣凌七國雄。能令一箭書，坐收聊城功。秦軍苟不却，高名亦成空。當時受黃金，遂與常人同。所以有志士，千古欽遺風。

《北郭集》卷一，影印文淵閣《四庫全書》1230 冊，556 頁

詠古四首(其三) （明）梁辰魚

伊呂創殷周，迢迢渺千載。功業一何赫，斯人竟安在？始知光景遒，歲月不相待。況復後來士，招尤致危殆。勛名鮮令終，倏忽浮雲改。不聞韓與彭，相將付葅醢。所以魯仲連，甘心蹈東海。

《鹿城詩集》卷五，《梁辰魚集》，91 頁

王季木告魯仲連墳所，因譃之 （明）文翔鳳

辯折田巴駒已神，談天稷下未須珍。安巢六鳥包誰係，却贈千金笑亦聽。王事合歸賢者誓，夏聲不避義夫嗔。可憐蹈海空求死，一二十年即帝秦。胡傳一王事責秦穆。

《東極篇》卷一，《四庫全書存目叢書》集部 184 冊，359 頁

經聊城，魯連射書處 （明）鍾惺

火牛難再出，嵎虎已垂窮。危矣強弓末，微哉一矢中。城亡終去殺，將死亦成忠。所

以為排難,非他策士同。

《隱秀軒集》卷七,99 頁

讀史述·魯仲連 (明)魏學洢

鄙夫爭一身,身外匪所計。有如魏帝秦,何與魯連事。先生獨倜儻,慷慨決大義。五嶽倒地輕,滄海連天沸。吐舌如吐刀,鋒鋒著人厲。白日走秦兵,先生天下士。

《茅簷集》卷三,影印文淵閣《四庫全書》1297 冊,541 頁

聊城懷古 (明)李 贄

十萬聊城一歲餘,魯生唯往數行書。誰言勝却百夫長,我道萬夫終不如。
千金若可當英賢,卿相亦當羈魯生。堪笑東西馳逐者,區區只為一文錢。

《續焚書》卷五,《李贄文集》第一冊,108 頁

詠史一百首(其十五) (明)謝肇淛

仲連千里駒,其志薄富貴。雄辯服田巴,翛然遠聲利。悠悠蹈海心,豈獨為秦帝?蒼天無二日,宗周伸大義。惜哉一矢書,枉殺燕烈士。至今高臺風,猶灑千秋淚。解紛吐微詞,輕世脫敝屣。寥寥古逸民,冥冥鴻鵠志。

《小草齋詩集》卷六,《小草齋集》上冊,707 頁

魯連臺懷古 (明)謝肇淛

即墨城中火牛出,七十齊城一夜復。大冠如箕卷甲來,殘兵半壁吞聲哭。先生慷慨吐奇謀,一矢射天天為愁。壯士泣血甘刎頸,排難解紛何所求?功成脫屣杳然去,海上浮桴幾煙霧?霸業雄圖安在哉?空餘昔日射書處。日落城西古壘荒,高臺野樹自蒼蒼。只今臺畔多秋草,猶帶當年戰血黃。

《小草齋詩集》卷九,《小草齋集》下冊,798 頁

東郡懷古二首(其一) (明)謝肇淛

魯連多意氣,一矢下堅城。千載雄圖盡,河流日夜聲。

《小草齋詩集》卷二五,《小草齋集》下冊,1226 頁

感　懷
（明）楊　爵

志士輕天下，不類世人情。由來守之固，出自見之明。時哉誠可尚，古今不易真。緬懷千載上，愧此魯連生。存趙片言重，却秦天下驚。腳跟高蹈處，無陂總是平。

《楊忠介公集》卷八，《陝西古代文獻集成》第 27 輯，328 頁

魯仲連
（清）黃鵬揚

新垣屈膝奴顏厚，季子貲多濁氣豪。不肯帝秦忠義重，千金却贈豈云高。

《讀史吟評》，《說鈴》後集一，2 頁

懷古詩三篇有序·魯仲連陂
（清）王士禛

懷古，思古人也，生不同時，曠世相感，千里而外，百代之下，猶同一室，矧生其里閈者乎。詩曰："維桑與梓，必恭敬止。"予爲是詩，猶雅人恭敬之意也。

七雄既龍鬭，陳寶歸嬴秦。師出函谷關，六國咸逡巡。邯鄲日夜急，咄嗟誰解紛。蕩陰師既頓，新衍謀豈倫！先生畫奇策，長揖平原君。僕妾愧萬乘，大義明君臣。縱橫數千言，顧却虎狼軍。功成不受賞，飄然歸海垠。蹈海既高義，肆志寧辱身。至今齊、趙士，倜儻希清塵。我來古陂上，遺祠蔓荒榛。甓道竄蒼鼠，天風吹白蘋。緬懷田巴語，景行跂千春。

《漁洋詩集》卷四，《王士禛全集》第一册，191 頁

魯連陂
（清）王士禛

不作平原客，終成蹈海名。至今天下士，猶說魯先生。

《漁洋詩集》卷五，《王士禛全集》第一册，218 頁

茌平懷古四首·魯仲連
（清）王士禛

經過射書處，猶識魯連村。桑柘靈祠裏，空瞻玉貌存。

《蠶尾續詩集》卷二，《王士禛全集》第二册，1172 頁

魯先生祠　　　　　　　　　　　　　　　　　　（清）王士禎

六王畢後竟何如？旋錮三泉葬鮑魚。玉貌亭亭照東海，狄城秋水魯連居。

《蠶尾續詩集》卷九，《王士禎全集》第二冊，1415頁

魯連臺　　　　　　　　　　　　　　　　　　　（清）屈大均

一笑無秦帝，飄然向海東。誰能排大難，不屑計奇功。古戍三秋雁，高臺萬木春。從來天下士，只在布衣中。

《清詩別裁集》卷八，上冊，135頁

聊城懷魯仲連　　　　　　　　　　　　　　　　（清）陳廷桂

六國無奇士，先生世所傾。雄談却秦帝，飛矢下聊城。玉貌千秋重，金章一笑輕。秖今東海水，浩浩有餘清。

《晚晴簃詩匯》卷一〇九，第三冊，152頁

魯連村　　　　　　　　　　　　　　　　　　　（清）王鳴盛

玉貌城中客，流風感至今。射書憑一箭，排難却千金。日落嘶征騎，寒煙動遠林。平生蹈海意，秖益鬢毛侵。

《非肕集》，《西莊始存稿》卷二，《嘉定王鳴盛全集》第一〇冊，33頁

魯仲連　　　　　　　　　　　　　　　　　　　（清）羅惇衍

齊高士。

千里神駒顧盼雄，少年奇偉氣如虹。抗秦忽奪將軍魄，扶趙誰知義士衷。九鼎存亡天北極，一書去就客西風。功成辭賞尋常事，人在青蓮醉眼中。

《集義軒詠史詩鈔校證》卷四，第一冊，98頁

詠史四絕句，和曉滄·魯仲連　　　　　　　　　（清）丘逢甲

六國不帝秦，賴有布衣在。懷古獨登臺，斜陽滿東海。

《嶺雲海日樓詩鈔》卷七，155頁

魯仲連　　　　　　　　　　　　　　　　　　　　（清）徐公修

折倒田巴雄辯伸，名駒馳譽綺年珍。千金致壽辭臣趙，萬乘爭強恥帝秦。排難貴為天下士，希榮羞殺世間人。邯鄲兵却聊城下，俶儻奇謀兩絕倫。

《史記百詠》卷一，《讀史千詠》，《史記研究文獻輯刊》13 册，448 頁

邯鄲雜詩（其一）　　　　　　　　　　　　　　　　（清）王　軒

七日孤城玉貌新，先生義不帝強秦。三千珠履成何事，枉把頭顱送美人。

《耨經廬詩集》卷二，《續尤西堂擬明史樂府》（外二種），103 頁

魯連村　　　　　　　　　　　　　　　　　　　　（清）王　軒

驅車先訪仲連邨，末照英聲映里門。蹈海詎云循小節，帝秦何事問新垣。千金敵却寧希賞，一箭功成肯市恩。今古滔滔奈皮相，羞將玉貌對平原。

《耨經廬詩集》卷六，《續尤西堂擬明史樂府》（外二種），191 頁

思退齋詠古詩（其六）　　　　　　　　　　　　　　（清）釋清恒

欲共尊秦魏最先，竊符救趙事堪憐。秦人不早作天子，只爲當時魯仲連。

《借菴詩鈔》卷一，《清代詩文集彙編》452 册，105 頁

漢臺詠史·魯仲連　　　　　　　　　　　　　　　　（清）嚴如熤

泰山難並節嶙峋，玉貌先生果絕倫。漫以射書疑策士，誰能蹈海做完人。千金擲去還存趙，一字爭來已却秦。堪笑蘇、張雄擺闔，曳裾空作丈夫身。

《樂園詩稿》卷三，《清代詩文集彙編》455 册，162 頁

魯仲連　　　　　　　　　　　　　　　　　　　　（清）王廷紹

玉貌亭亭入望驚，辛垣甯不愧先生。才誇倜儻非求富，辯勝蘇、張獨好名。東海濤聲傳義士，西秦王氣失圍城。酒酣誰獻千金壽，笑爾平原意太輕。

《澹香齋詩草》卷二，《清代詩文集彙編》472 册，340 頁

魯仲連   （清）鮑桂星

群雄俯首尊秦帝，只有先生蹈海潯。值以片言存九鼎，真堪一笑抵千金。平原但喜兵鋒解，垣衍空驚玉貌臨。不為邯鄲為天下，當時誰識魯連心。

《覺生詠史詩鈔》卷一，《清代詩文集彙編》476 冊，468 頁

魯仲連   （清）張　澍

不帝西秦氣獨豪，奮身東海寄波濤。先生果是名心化，公子何為重幣操。去矣新垣徒意敗。懷哉徐刼漫聲高。昔為飛兔今黃鵝，料想嘴中淡薄遭。

《養素堂詩集》卷二五，《清代詩文集彙編》536 冊，269 頁

仲連蹈海《史記》   （清）田依渠

痛責新垣衍，詞嚴義氣昂。吾身甘蹈海，不肯帝秦王。

《茹古山房讀史餘吟》卷三，《清代詩文集彙編》639 冊，654 頁

魯仲連   （清）王龍文

鶉首賜秦天既醉，狐鳴張楚火初然。無人憤死逃東海，猶憶當時魯仲連。

《平養詩存》卷下，《清代詩文集彙編》790 冊，360 頁

詠要離

要離墓   （元）周　南

細人膽氣雄，一坐挫壯士。臣吳許申胥，垂氣刺慶忌。兩勇苦相厄，多君囊底智。棄妻固非仁，殺身始全義。西出金閶亭，亭下幽扃閉。年年草自春，舉目山河異。

《全元詩》第 42 冊,175 頁

詠要離   （明）王　寅

予童歲讀《要離傳》，大壯其節，為從古稀，有復思讀之而忘所在矣。晝寢夢一人，呼予曰：君不讀《吳越春秋》久矣，何不再讀。驚起，開篋披而讀之，則要離前席予矣。噫！是固予之，精思自發而英雄之靈，其尚未滅而相感耶！

勇哉要離子，其軀稱細人。伍胥薦高義，吳王尊客卿。椒丘眾中辱，慶忌座上擒。詐罪出奔衛，傷哉妻子焚。殺讐笑何難，三惡自能悔。羞見天下士，言訖沈江水。左右救何為，張目伏劍死。薄鶯暮托鄰，泉下慰知己。

《十岳山人詩集》卷一,《四庫全書存目叢書》集部 79 冊,158 頁

要離墓   （明）王　賓

閶門，舊傳門外，金昌亭南。

當日要離投慶忌，甘從驅使計謀深。何如豫讓能明白，羞故人臣懷兩心。

《吳中古跡詩》,《四庫全書存目叢書》集部 28 冊,239 頁

吊要離墓   （明）沈明臣

要離墓近閶闔城，雄堞千年草色平。日落太湖秋萬頃，鳥啼茂苑月三更。山川幾下英雄淚，天地空垂壯士名。手挈玉壺澆朽骨，笑餘頭白一書生。

《豐對樓詩選》卷三六,《四庫全書存目叢書》集部 144 冊,457 頁

詠鄒陽 附枚乘

鄒　陽　　　　　　　　　　　　（清）羅惇衍

齊人。景帝時，為梁孝王客。

曾將隱語諭吳王，諫諍何期又困梁。下吏一朝銜佞口，上書千古鑒剛腸。長君計受先生教，賢主心虞母后傷。全國全身文辯著，後身蘇軾企才長。

《集義軒詠史詩鈔校證》卷七，第一冊，194頁

鄒陽長裾 鄒陽上《吳王書》　　　　（清）田依渠

願大王無忽，鄒陽此上書。侯門隨處有，未便曳長裾。

《茹古山房讀史餘吟》卷一，《清代詩文集彙編》639冊，642頁

讀《漢書》列傳雜詩·枚乘、枚皋　　（清）梁章鉅

吳宮花草竟淒然，始識淮陰策士賢。更有少孺衍家法，宮中長憶戒終篇。

《退菴詩存》卷四，《清代詩文集彙編》515冊，58頁

枚　乘　　　　　　　　　　　　（清）羅惇衍

字叔，淮陰人。景帝時，為吳王濞郎中，歷官宏（弘）農都尉，以病去官。復遊梁。武帝徵之，道卒。幼子皋，字少孺，少能文。

蒲輪下賁詔書徵，家有驪珠燕翼承。帝喜為文如雨疾，人思屬賦比雲淩。禍胎吳國占蓍燭，鉅手梁園麗藻騰。《七發》鴻篇當八月，《觀濤》筆陣讓誰能。

《集義軒詠史詩鈔校證》卷七，第一冊，201頁

枚乘蒲輪《漢書》　　　　　　　　（清）田依渠

漢武徵枚叔，蒲輪非所難。誰知中道死，不復至長安。

《茹古山房讀史餘吟》卷二，《清代詩文集彙編》639冊，646頁

讀《漢書》有感·枚乘

(清)吳翊寅

飛書走檄讓枚生,詞賦西京舊有名。祇恨少孺多且速,高文不及馬長卿。

《曼陀羅花室詩》卷三,《清代詩文集彙編》776冊,644頁

詞

又（太常引）·魯仲連 　　　　　　　　　　　（元）劉秉忠

當時六國怯強秦。使群策,日紛紛。談笑卻三軍。算自古、誰如此君。　　一心忠義,滿懷冰雪,功就便抽身。富貴若浮雲,本是箇、江湖散人。

《全金元詞》下冊,617 頁

點絳唇·聊城 　　　　　　　　　　　（清）周斯盛

城下殘碑,射書猶記齊人矢。仲連已矣。燕將何曾死。　　義不帝秦,却勸他人在。秋如此。晚煙橫起。落日澄流水。

《全清詞》順康卷第一二冊,6957 頁

減字木蘭花·茌平魯仲連故里 　　　　　　　　　　　（清）詹肇堂

雄談稷下。若個解紛排難者。高論驚人。蹈海甘心恥帝秦。　　千金立却。一笑飄然天外鶴。珠履華裾。欲睹先生玉貌無。

《全清詞》雍乾卷第四冊,1952 頁

洞仙歌·登要離臺 　　　　　　　　　　　（清）顧珵美

茫茫世路,誰是真知己。覆雨翻雲薄似紙。嘆恩仇大義、千古難明,君休矣,莫把壺漿牢記。　　看要離報主,俠士胸中,解感恩何惜妻子。憶當初也曾,庭辱菖丘,只不過、肝腸如矢。百年後、留荒塚空山,還動得高人、伯鸞心裡。

《全清詞》順康卷第四冊,2401 頁

歸自謠·要離塚 　　　　　　　　　　　（清）吳 綺

在閶門內。吳遣刺慶忌,離乃殺妻子奔衛。慶忌信之,遂與渡江,離投慶忌於水,即自毀,人葬之於此。後梁鴻死,皋伯通曰:要離烈士,梁鴻高人,故當使二塚相連。然鴻與離,其人品故有間矣。作《歸自謡》。

妻與子。殺却因人身相死。一坏今在寒榛裏。　　勾吳霸業同荒壘。何容易。五噫那及梁高士。

《全清詞》順康卷補編第一册,503頁

曲

〔雙調清江引〕再次前韻詠古　　（明）王九思

六國帝秦誰更管。賓客如雲散。羞為輦下塵。願棄人間飯。蹈海魯連非是懶。

《全明散曲》第一册,864頁

屈原賈生列傳

詩

詠《屈原賈生列傳》

屈原賈生列傳　　　　　　　　　　　　　（唐）司馬貞

屈平行正，以事懷王。瑾瑜比潔，日月爭光。忠而見放，讒者益章。賦《騷》見志，《懷沙》自傷。百年之後，空悲吊湘。

《史記索隱》卷三〇，480頁

五哀詩并序　　　　　　　　　　　　　　（宋）李　綱

湖湘間多古騷人逐客才士之所居，故其景物淒涼，氣俗感慨，有古之遺風。余來武昌，慨然懷古，作五詩以哀之。

楚三閭大夫屈原

楚懷聽秦詿，身作咸陽鬼。當時屈原爭，坐困椒蘭毀。襄王復不悟，遠作江南徙。行吟沅湘間，形槁顏色悴。著書稱《離騷》，風雅齊厥理。鴟鴞況小人，鸞鳳喻君子。眷眷不忘君，一篇三致意。紉蘭採杜若，冠佩空自偉。舉世混濁中，誰與同樂此。忠臣會遇難，千古共一軌。人情疏骾亮，物態便軟美。存亡反覆間，悔及良晚矣。嗟嗟屈子心，芳潔疇與比。日月可爭光，塵垢安能滓。聊從太史卜，肯逐漁夫醉。甘葬魚腹中，懷沙汨羅水。千秋身後名，芬馥同茝芷。夫豈椒蘭徒，據勢長不死。

漢梁王太傅賈誼

賈生公輔器，弱冠遊漢廷。高論帝王略，妙極理亂情。出意對詔令，驚倒諸老生。從容畫籌策,籍籍飛英聲。是時漢初定,頗雜秦霸稱。力還沿占制,物物與正名。改朔易服色,庶幾禮樂興。儀章悉草具,興議當公卿。豈知絳灌徒,譖毀如建瓴。天子疏不用,謫去長沙城。翩然渡湘水,投書吊屈平。棄鼎寶康瓠,鉛刀鈍青萍。微言豈悼屈,聊復以自評。長沙地卑濕,安得壽且寧。及觀《鵩鳥賦》,頗覺生死輕。晚奉宣室對,夜半前席聽。文帝豈易遇,所言略施行。雖不位卿相,儒者良已榮。梁王墜馬死,泣涕亦傷生。受任乃如此,孤忠本精誠。奈何君臣義,澆薄返不明。緬懷古人心,使我氣拂膺。

《全宋詩》卷一五五七,27 冊,17681 頁

讀《屈原傳》　　　　　　　　　(明)趙時春

楚王倒大阿,豺狼當鐵斧。傾危放宗臣,六月徂南土。微茫抱寸心,萬里一毛羽。哀哉汨羅江,滄浪淚千古。

《趙時春詩集》卷一,《趙時春詩詞校注》,10 頁

讀《賈誼傳》　　　　　　　　　(唐)李群玉

卑濕長沙地,空拋出世才。已齊生死理,鵩鳥莫為災。

《全唐詩》卷五七〇,17 冊,6607 頁

讀《賈誼傳》　　　　　　　　　(元)葉顒

洛陽年少計何遲,漢法焉能輒改移。遠謫長沙非不幸,清朝歎息欲奚為。

《全元詩》第 42 冊,89 頁

屈、賈二大夫祠　　　　　　　　(清)錢大昕

去國憂君志未伸,千秋廟食共湘濱。吉占枉向靈氛卜,痛哭誰憐年少人!呵壁問天空侘傺,沈書吊古寄酸辛。莫言宣室虛前席,也勝招魂七澤辰。

《潛研堂詩集》卷七,《嘉定錢大昕全集》一〇冊,121 頁

屈、賈祠　　　　　　　　　　　(清)黃景仁

雀窺虛幬草盈墀,日暮誰來吊古祠。楚國椒蘭猶自化,漢庭絳、灌更何知?千秋放逐同時命,一樣牢愁有盛衰。天譴蠻荒發文藻,人間何處不相思。

《兩當軒集》卷二,33頁

書《屈、賈列傳》　　　　　　　　　　（清）舒　位

夜讀《離騷》心惻惻,又觀賈生長太息。美人香草怨如何,斜日寒林看不得。左徒太傅自孤忠,一片丹心異代同。宣室鬼神虛半夜,洞庭木葉對西風。楚宮漢殿容明哲,寵任曾居大夫列。積薪且欲圖久安,樹蕙何曾傷萎絕。一自蛾眉謠諑來,賦成《鵩鳥》總堪哀。三年謫宦徒為爾,五日招魂安在哉。洛陽年少高陽裔,辭令何如《治安》計。怨深休恨楚懷王,恩薄猶憐漢文帝。君不見長風萬里大江橫,波浪兼天我舊經。屈子行吟賈子哭,千秋並作斷腸聲。

《瓶水齋詩集》卷四,上冊,135頁

荊州懷古　　　　　　　　　　（清）趙本歀

屈原祠廟枕江波,江草江花可奈何。北渚雲陰公子彎,西風露濕美人蘿。懷、襄舊恨餘三戶,師、弟深愁付《九歌》。遷客何須傷賈誼,才人歲月易蹉跎。

《晚晴簃詩匯》卷一二〇,第三冊,333頁

詠屈原 附漁父

讀史述九章·屈原　　　　　　　　　　（晉）陶淵明

余讀《史記》有所感而述之。

進德修業,將以及時。如彼稷、契,孰不願之?嗟乎二賢,逢世多疑。候詹寫志,感鵩獻辭。

《陶淵明集校箋》卷六,520 頁

謁三閭廟　　　　　　　　　　（唐）竇常

君非三諫寤,禮許一身逃。自樹終天戚,何裨事主勞。眾魚應餌骨,多士盡餔糟。有客椒漿奠,文衰不繼《騷》。

《全唐詩》卷二七一,8 冊,3032 頁

過三閭廟　　　　　　　　　　（唐）戴叔倫

沅、湘流不盡,屈、宋怨何深。日暮秋煙起,蕭蕭楓樹林。

《全唐詩》卷二七四,9 冊,3102 頁

旅次湘、沅,有懷靈均　　　　　　　　　　（唐）孟郊

分拙多感激,久遊遵長途。經過湘水源,懷古方踟躕。舊稱楚靈均,此處殞忠軀。側聆故老言,遂得旌賢愚。名參君子場,行為小人儒。《騷》文衒貞亮,體物情崎嶇。三黜有慍色,即非賢哲模。五十爵高秩,謬膺從大夫。胸襟積憂愁,容鬢復彫枯。死為不吊鬼,生作猜謗徒。吟澤潔其身,忠節寧見輸。懷沙滅其性,孝行焉能俱。且聞善稱君,一何善自殊。且聞過稱己,一何過不渝。悠哉風土人,角黍投川隅。相傳歷千祀,哀悼延八區。如今聖明朝,養育無羈孤。君臣逸雍熙,德化盈紛敷。巾車徇前侶,白日猶昆吾。寄君臣子心,戒此真良圖。

《全唐詩》卷三七七,12 冊,4226 頁

吊靈均　　　　　　　　　　　　（唐）王魯復

萬古汨羅深,騷人道不沉。明明唐日月,應見楚臣心。

《全唐詩》卷四七〇,14 冊,5343 頁

浙西李尚書奏毁淫昏廟　　　　　（唐）徐　凝

傳聞廢淫祀,萬里靜山陂。欲慰靈均恨,先燒靳尚祠。

《全唐詩》卷四七四,14 冊,5378 頁

汨　羅　　　　　　　　　　　　（唐）李德裕

遠謫南荒一病身,停舟暫吊汨羅人。都緣靳尚圖專國,豈是懷王厭直臣。萬里碧潭秋景靜,四時愁色野花新。不勞漁父重相問,自有招魂拭淚巾。

《全唐詩》卷四七五,14 冊,5415 頁

三閭大夫　　　　　　　　　　　（唐）劉　威

三閭一去湘山老,煙水悠悠痛古今。青史已書殷鑒在,詞人勞詠楚江深。竹移低影潛貞節,月入中流洗恨心。再引《離騷》見微旨,肯教漁父會升沈。

《全唐詩》卷五六二,17 冊,6527 頁

競渡,時在湖外,偶為成章　　　　（唐）李群玉

雷奔電逝三千兒,彩舟畫楫射初暉。喧江雷鼓鱗甲動,三十六龍銜浪飛。靈均昔日投湘死,千古沉魂在湘水。綠草斜煙日暮時,笛聲幽遠愁江鬼。

《全唐詩》卷五七〇,17 冊,6584 頁

《離騷》　　　　　　　　　　　（唐）陸龜蒙

《天問》復《招魂》,無因徹帝閽。豈知千麗句,不敵一讒言。

《全唐詩》卷六二七,18 冊,7201 頁

三閭廟　　　　　　　　　　　　　　　　（唐）汪　遵

為嫌朝野盡陶陶，不覺官高怨亦高。憔悴莫酬漁父笑，浪交千載詠《離騷》。

《全唐詩》卷六〇二，18 冊，6957 頁

招屈亭　　　　　　　　　　　　　　　　（唐）汪　遵

三閭溺處殺懷王，感得荊人盡縞裳。招屈亭邊兩重恨，遠天秋色暮蒼蒼。

《全唐詩》卷六〇二，18 冊，6958 頁

屈　祠　　　　　　　　　　　　　　　　（唐）汪　遵

不肯迂回入醉鄉，乍吞忠梗沒滄浪。至今祠畔猿啼月，了了猶疑恨楚王。

《全唐詩》卷六〇二，18 冊，6958 頁

汨　羅　　　　　　　　　　　　　　　　（唐）胡　曾

襄王不用直臣籌，放逐南來澤國秋。自向波間葬魚腹，楚人徒倚濟川舟。

《全唐詩》卷六四七，19 冊，7431 頁

屈原廟　　　　　　　　　　　　　　　　（唐）崔　塗

讒勝禍難防，沈冤信可傷。本圖安楚國，不是怨懷王。廟古碑無字，洲晴蕙有香。獨醒人尚笑，誰與奠椒漿。

《全唐詩》卷六七八，20 冊，7779 頁

屈　原　　　　　　　　　　　　　　　　（唐）周　曇

滿朝皆醉不容醒，眾濁如何擬獨清。江上流人真浪死，誰知浸潤誤深誠。

《全唐詩》卷七二八，21 冊，8348 頁

靈　均　　　　　　　　　　　　　　　　（唐）黃　滔

莫問靈均昔日遊，江蘺春盡岸楓秋。至今此事何人雪，月照楚山湘水流。

《全唐詩》卷七〇六，21 冊，8130 頁

題屈原祠　　　　　　　　　　　　　　　　　　（唐）洪州將軍

蒼藤古木幾經春，舊祀祠堂小水濱。行客謾陳三酹酒，大夫元是獨醒人。

《全唐詩》卷七八四，22 冊，8847 頁

吊靈均詞　　　　　　　　　　　　　　　　　　（唐）皎　然

昧天道兮有無，聽汨渚兮躊躇。期靈均兮若存，問神理兮何如。願君精兮為月，出孤影兮示予。天獨何兮有君，君在萬兮不群。既冰心兮皎潔，上問天兮胡不聞。天不聞，神莫睹，若雲冥冥兮雷霆怒，蕭條杳眇兮餘草莽。古山春兮為誰，今猿哀兮何思。風激烈兮楚竹死，國殤人悲兮雨颼颼。雨颼颼兮望君時，光芒蕩漾兮化為水，萬古忠貞兮徒爾為。

《全唐詩》卷八二〇，23 冊，9255 頁

吊屈原　　　　　　　　　　　　　　　　　　　（宋）張　詠

楚王不識聖人風，縱有英賢志少通。可惜靈均好才術，一身空死亂離中。

《全宋詩》卷五一，1 冊，547 頁

屈　原　　　　　　　　　　　　　　　　　　　（宋）宋　庠

蜜勺瓊漿薦羽巵，修門工祝儼相依。蛾眉雜遝無窮樂，澤上迷魂底不歸。司命湘君各有情，《九歌》愁苦薦新聲。如何不救沉江禍，枉解堂中許目成。

《全宋詩》卷二〇一，4 冊，2300 頁

屈原祠　　　　　　　　　　　　　　　　　　　（宋）宋　祁

楚江南望見修門，靈鼓聲沈蕙卷樽。五日長蛟虛望祭，九關雕虎枉招魂。蘭苕獵翠淒寒露，楓葉搖丹嘯暝猿。賈誼、揚生成感後，沉沙、投閣兩銜冤。

《全宋詩》卷二一三，4 冊，2453 頁

屈　原　　　　　　　　　　　　　　　　　　　（宋）李　覯

秋來張翰偶思鱸，滿筯鮮紅食有餘。何事靈均不知退，却將閑肉付江魚。

《全宋詩》卷三四九，7 冊，4338 頁

讀《離騷經》　　　　　　　　　　（宋）蔡　襄

莫怪靈均戀楚濱,可能臣子外君親。精心獨去珠無類,飛語潛來箭有神。宋玉《招魂》推意遠,揚雄流涕掩書頻。江邊自是修門路,嗟苦先生隕此身。

《全宋詩》卷三八八,7 冊,4785 頁

五哀詩·屈平　　　　　　　　　　（宋）司馬光

白玉徒為潔,幽蘭未謂芳。窮羞事令尹,疏不忘懷王。冤骨消寒渚,忠魂失舊鄉。空餘《楚辭》在,猶與日爭光。

《全宋詩》卷五〇二,9 冊,6088 頁

吊屈平并序　　　　　　　　　　（宋）徐　積

漢文帝時,賈生親吊屈平於湘江。其後,揚子復吊之,其書謂之《反離騷》,自岷山而投諸江。客有松滋令朱明府至幾赴官,故因其行,附而吊之以是詩也。

洞庭湖口君須過,為我回頭吊屈平。楚國誰曾憐直道,湘江依舊寄冤聲。《反騷》義命賢揚子,作賦譏傷陋賈生。若是獨醒無不可,荷蓑猶可釣而耕。

《全宋詩》卷六四七,11 冊,7648 頁

屈　平　　　　　　　　　　　　　（宋）沈　遼

屈平已放逐,行吟成《九歌》。孤心抱幽恨,君王將若何。才調固灑落,胡為情慮多。哀哀撫長鋏,軋軋感女蘿。彼已不我待,吾將懷彼那。空令汨羅水,予客泣清波。

《全宋詩》卷七一六,12 冊,8252 頁

屈　平　　　　　　　　　　　　（宋）孔平仲

進居卿相謀何拙,退臥林泉道未降。堪笑先生不知命,褊心一斥便沉江。

《全宋詩》卷九二八,16 冊,10935 頁

題屈原　　　　　　　　　　　　　（宋）劉　弇

直魄忠魂不復生,後來誰與繼英聲。只因一派瀟湘水,千古澄波伴獨清。

《全宋詩》卷一○五○,18 册,12042 頁

屈　　原　　　　　　　　　　（宋）張　耒

楚國茫茫盡醉人,獨醒惟有一靈均。餔糟更遣從流俗,漁父由來亦不仁。

《全宋詩》卷一一七五,20 册,13270 頁

弔屈原　　　　　　　　　　（宋）黃　熙

放逐臣之常,胡為乎汨江。不先於楚死,未免作秦降。

《全宋詩》卷一九七一,35 册,22086 頁

題屈原廟　　　　　　　　　（宋）王十朋

自古皆有死,先生死忠清。故宅秭歸江,前山熊繹城。眷言懷此都,不比異姓卿。《六經》變《離騷》,日月爭光明。

《全宋詩》卷二○三四,36 册,22817 頁

夔路十賢・屈大夫　　　　　（宋）王十朋

大夫楚忠臣,哀哉以讒逐。遺廟大江濆,醒清今古獨。

《全宋詩》卷二○三七,36 册,22861 頁

屈平廟　　　　　　　　　　（宋）陸　游

委命仇讎事可知,章華荊棘國人悲。恨公無壽如金石,不見秦嬰系頸時。

《全宋詩》卷二一六三,39 册,24461 頁

楚　　城　　　　　　　　　（宋）陸　游

江上荒城猿鳥悲,隔江便是屈原祠。一千五百年間事,只有灘聲似舊時。

《全宋詩》卷二一六三,39 册,24461 頁

汨　　羅　　　　　　　　　（宋）袁說友

《懷沙》元不為讒囂,要與江山作美謠。千載孤忠動神物,三湖今向汨羅朝。

《全宋詩》卷二五七九,48 冊,29986 頁

過湘,吊屈 　　　　　　　　　　(宋)曾　豐

彭蠡澤南地,祝融峰上天。其洪無擇物,所褊不容賢。湘水恨歸處,衡雲愁到邊。勇哉輸一死,死日勝生年。

《全宋詩》卷二六〇三,48 冊,30248 頁

屈　原 　　　　　　　　　　　(宋)劉克莊

芈姓且為虜,縶臣安所逃。不能抱祭器,聊復著《離騷》。

《全宋詩》卷三〇四六,58 冊,36324 頁

三閭大夫贊 　　　　　　　　　　(宋)王　柏

愛國憂民感慨深,沅湘浩浩魄沉沉。《懷沙》《哀郢》成何事,日月爭光只此心。

《全宋詩》卷三一六八,60 冊,38048 頁

和《夜讀〈離騷〉》 　　　　　　　　(宋)趙希逢

孤忠烈日與秋霜,千古英魂在水央。掩卷長吁悲往事,挑燈痛飲坐寒窗。始終與國當同戚,憤抑沉身亦近狂。《狼跋》等詩今可覆,怡然意味最深長。

《全宋詩》卷三二六六,62 冊,38946 頁

屈原《九歌》 　　　　　　　　　　(宋)鄭思肖

楚人念念愛清湘,苦憶《九歌》頻斷腸。只道此中皆楚國,還於何處拜東皇。

《全宋詩》卷三六二四,69 冊,43388 頁

屈　原 　　　　　　　　　　　(宋)陳　普

仲尼死後百年期,定把《離騷》繼《四詩》。占斷江南煙雨綠,歷山窮子與湘累。

《全宋詩》卷三六五〇,69 冊,43792 頁

屈大夫詩

（宋）關　中

秦地昔聞償六里，楚人今尚祀三閭。

《全宋詩輯補》第七册，3124 頁

吊屈原

（宋）彭　懷

玉壺清鎖寒江色，兩岸菇蒲風索索。白雲紅樹古今愁，青山遠水離騷國。瓣香來吊大夫魂，口不能言空噴噴。魂知生兮世莫容，骯髒一身天地窄。修門一去不復返，正坐椒蘭在君側。或乘玉鳳升重雲，或采芙蓉搴木末。綿心緒，謾多思，戀逐彭咸歸楚澤。魂之去兮二千載，凜凜照人霜月白。空令兒輩擷芳華，吟到大招呼不得。依然欸乃聽漁父，愁殺三閭孤憤客。當時黑白不可辨，今日丹青俱有赫。吳山煙鎖子胥祠，汨羅水繞三閭宅。

《全宋詩輯補》第八册，3869 頁

襄陽詠史·滄浪歌

（金）李俊民

江上揚揚一棹波，眾中清濁笑《懷沙》。不知歌後《滄浪曲》，却入騷人屈、宋衙。

《金詩》，《全遼金詩》中册，2020 頁

襄陽詠史·競渡

（金）李俊民

憔悴沉湘楚大夫，魂招魚腹肯來無。至今江上漁歌在，尚問何由得渡湖。

《金詩》，《全遼金詩》中册，2020 頁

《屈原卜居圖》

（元）王　惲

用舍行藏聖有餘，却從詹尹卜攸居。乾坤許大無容處，正在先生見道疏。
山林長往眇難攀，死不忘君世所難。邂逅去從詹尹卜，八方歷遍果何安。

《全元詩》第 5 册，536 頁

《〈離騷〉〈九歌〉圖》

（元）方　回

正則靈均皇揆余，屈子文章古所無。我嘗痛飲讀《□□》，□乃復覽《九歌圖》。《九歌》根源何所自，羲、文、周、孔《易》□□。□□坤馬中孚鶴，鼎虎革豹未濟狐。載鬼一車

豕負塗,先張之弧後說弧。奇奇怪怪浩以博,湘纍取以為範模。東皇太一九霄下,百靈護駕飛龍趨。雲中之君儼帝服,眇視四海翔天衢。堯女舜妃兩嬋娟,想見當年泣蒼梧。太少司命尾東君,倏來忽逝紛馳驅。河伯白黿弭英輔,山鬼赤□□□□。桂酒椒漿奠瑤玉,鼓迎簫送鸞鳳輿。佳人在望□□□□,□君不見心躊躇。采芳馨兮日將暮,有所思兮甘糜軀。吾王不寤娥眉嫉,知心惟有寡女嬃。一士葬魚亡楚國,而況他日秦坑儒。我詩頗似賈誼賦,敬吊先生空嗟吁。

《全元詩》第 6 冊,502 頁

屈 原　　　(元)徐 鈞

托興妃嬪疑褻嫚,幻言神怪似荒唐。若無一點精忠節,未必文爭日月光。

《全元詩》第 7 冊,278 頁

招屈亭　　　(元)劉一飛

勝地幾千載,凭高豁醉眸。沙寒枉渚月,樹老德山秋。遺恨從《天問》,孤忠寄《遠遊》。荒祠重回首,又聽《竹枝》愁。

《全元詩》第 8 冊,119 頁

吊屈原　　　(元)侯克中

懷襄為主子蘭卿,何必逢人話獨醒。長恨忠良多坎坷,頗傷辭語太丁寧。致君自合宗三代,作法誰能過《六經》。千載英魂招不得,楚江如練楚山青。

《全元詩》第 9 冊,13 頁

讀《楚詞》　　　(元)丘 葵

鵾鳩一聲天地閉,誰知風月有遺音。清醒已脫塵中蛻,枯槁何妨澤畔吟。漁父不來湘水闊,重華一去楚雲深。青鐙半夜書幃冷,照破三閭萬古心。

《全元詩》第 12 冊,270 頁

讀《離騷》　　　(元)王 旭

《詩》到東周《雅》《頌》亡,詞興南國自流芳。天門日暮靈修遠,瑤草春深佩服香。奸骨百年塵共朽,忠名千古日同光。呼兒掩卷還欹枕,風雨無邊夜正長。

《全元詩》第 13 冊,84 頁

約《離騷》

(元)吳　澄

靈宗嬋媽諜高陽,篳路藍縷啟南荒。祖瑕食屈奕葉光,蹇予初服雜眾芳。蕙纕蘭佩芙蓉裳,忍令遺棄官道傍。靈修收拾充帷囊,先後皇輿驟康莊。好婞佳麗蛾眉揚,眾妒謠諑言如簧。牛女中道成參商,所天不二何可忘?中腸踴躍如沸湯,抆淚哀吟寤後皇。下湅羿、澆、桀、紂亡,上述三后躋虞、唐。雲旗龍駕環四方,終然臨睨悲舊鄉。浮雲蔽日夜未央,終不見老天人狂。貞臣一變宗國疆,登天有夢魂無抗。國事顛倒衡人張,絕齊婚媾親虎狼。秦關月冷空彷徨,輿屍東歸涕泗滂。天未絕楚郢有王,寢苦枕戈膽可嘗。不幸言中臣罪當,天乎何辜竄江湘?君恩已矣無復望,繾綣側怛臣所臧。《九歌》《天問》繼《九章》,求仙問卜歌《滄浪》。讒人壅君恨不彰,臨絕之音轉琅琅。一經六傳相頡頏,至今光焰亙天長。為千萬世扶三綱,比經《風》《雅》伯仲行。九十四章三百七十有六句,言言壹為靈修故。後世不知原所懇,只把《離騷》等詞賦。模擬逼真誰得似,玄翁胸中富奇字。赫赫官稱亦大夫,大夫還反楚三閭。三閭當日沉湘意,臣僕於人不如死。魚腹清魂招不回,悠悠千古何人載!一死一生同一哀,晉士一篇《歸去來》。

《全元詩》第 14 冊,323 頁

《九歌圖》

(元)程鉅夫

瀟湘南下洞庭深,無力能援楚國沉。縱使《九歌》堪入畫,何人寫得放臣心。

《全元詩》第 15 冊,275 頁

屈　原

(元)方　瀾

才高得讒忌,從此事君難。《二雅》文章變,三湘蘭芷寒。心猶睠臣節,事孰整朝端。載拜先生像,風煙翳楚冠。

《全元詩》第 20 冊,122 頁

過湘陰,酹屈平祠

(元)汪　濟

已憐屈子醒無日,更恨懷王去不歸。小泊扁舟澆桂醑,西風寒落敗荷衣。

《全元詩》第20冊,148頁

汨羅水

(元)譚景星

楚山無限楚雲幽,楚水無塵綠似油。心出修門天地小,恨填滄海歲年流。思君故國六千里,遺世高風九萬秋。漁父不知當日事,煮魚燒火荻花洲。

《全元詩》第22冊,126頁

題《九歌圖》

(元)貢奎

九疑山高湘水冥,玄雲慘澹風泠泠。忠言去國今已矣,悲憤空復遺《騷經》。巫歌覡舞習楚俗,亦有肴桂浮微馨。白黿赤豹驂朱軒,樓殿髯鬚棲幽靈。寓情托寫豈真見,龍眠落筆無遁形。淒涼展翫重懷古,尺素自足超丹青。歌之招之九復九,嗚呼眾醉誰其醒。

《全元詩》第23冊,134頁

題《〈離騷〉〈九歌〉圖》

(元)柳貫

紫貝東皇席,青霓北斗旗。究觀神保意,皇恤放臣悲。有客傳芭舞,何人執籥吹。楚巫千載恨,憑向畫中窺。

《全元詩》第25冊,155頁

讀《騷》

(元)周權

靈均忠憤不能平,寫盡芳蘭杜若情。底事楚煙湘雨外,梅花不肯與《騷》盟。

《全元詩》第30冊,54頁

題《屈原、漁父圖》

(元)王沂(字師魯)

屈原水之仙,妙在《遠遊》賦。飡霞飲沆瀣,所述非虛語。孰云葬魚腹,聊以辭漁父。眷眷鄉國心,靳尚終莫悟。沅、湘流不極,鼓枻竟何處。日暮悲風多,蕭蕭滿楓樹。

《全元詩》第33冊,20頁

《九歌圖》

(元)王沂(字師魯)

霓旌羽蓋望繽紛,江水楓林思逐臣。莫道《九歌》空諷楚,那知三戶竟亡秦。

筆精吾愛李龍眠,滿紙蠶絲滑且圓。多少鄆中歌舞曲,風流還向畫圖傳。

《全元詩》第 33 冊,119 頁

端午日懷古　　　　　　　　　　　(元)謝應芳

五月五日追前賢,《九歌》《九章》鳴素弦。蛟人應泣魚腹葬,龍伯合贈龜毛氈。《招魂》《感舊》痛梁壞,《反騷》《美新》圖瓦全。楚天盡處臥遊去,艤舟酹月羅江邊。

《全元詩》第 38 冊,227 頁

重五日吊古　　　　　　　　　　　(元)釋大圭

楚國大夫去,彭咸從所居。秖今浮水馬,何處問江魚。異俗悲遺事,《離騷》讀舊書。一觴川上酒,斜日雨疏疏。

《全元詩》第 41 冊,353 頁

誦《離騷經》　　　　　　　　　　(元)沈嗣昌

叢蘭芳芷滿東皋,閑步春風讀《楚騷》。忽憶靈均發幽憤,墜厓幾折沈郎腰。

《全元詩》第 46 冊,180 頁

擬古九首(其五)　　　　　　　　　(元)鄧　雅

賢哉楚大夫,何事沉汨羅。懷王信讒佞,吾道成蹉跎。守義死亦足,偷生辱何多。湘流若有恨,千古作回波。

《全元詩》第 54 冊,212-213 頁

雜詩十首(其五)　　　　　　　　　(元)陳　高

死直仗清白,此道吾所敦。謇謇屈大夫,乃獨為其難。世方服蕭艾,誰復佩蘭荃。遠遊懷故都,抱石沉江湍。身隨流波逝,名與白日存。千年汨羅水,不愧首陽山。

《全元詩》第 56 冊,256 頁

經汨羅廟　　　　　　　　　　　　(明)楊　基

在湘陰縣北六十里。

三閭祠宇汨羅村,重午年年一掃門。莫道獨清當日事,至今湘水不曾渾。

《眉庵集》卷一一,321 頁

《屈原圖》　　　　　　　　　　　（明）孫　瑀

忠臣閔世嫌同濁,逸士隨機忌獨醒。自爲身謀誰爲國,楚君遮莫悟《騷經》。

《歲寒集》卷下,《四庫全書存目叢書》集部 31 冊,62 頁

《屈平圖》　　　　　　　　　　　（明）張　琦

熊譯曾孫不競秋,逐臣飛葉兩隨流。不知漁艇寬多少,好載先生出楚州。

《白齋先生詩集》卷三,《四庫全書存目叢書》集部 52 冊,42 頁

過屈原祠,用黎內翰淳韻　　　　　（明）王　格

澄江森森誰招魂,古樹陰森祠廟存。漁夫不知新沐浴,楚王何意霸乾坤。高名長共秋蘭馥,宗國已隨湘水奔。久向《離騷》仰芳駕,今朝此地謁龍門。

《少泉詩集》卷六,《四庫全書存目叢書》集部 89 冊,251 頁

三閭祠　　　　　　　　　　　　　（明）張九一

汨水東流古廟空,曉關西入霸廟窮。蘼蕪載滿堵前露,松柏寒吹壁上風。六國縱橫迷楚何,中層淪沒半秦宮。播遷不是君王意,留恨滄波處處同。

《綠波樓詩集》卷六,《四庫全書存目叢書》集部 128 冊,593 頁

汨羅江　　　　　　　　　　　　　（明）張元忭

去湘陰縣之歸義渡十里。

初入湘陰道,重悲澤畔哈。忠臣千古淚,騷客百年心。桂實蟲偏蠹,蘭芳蟻慣侵。泛來汨羅水,嗚咽到如今。

《張陽和先生不二齋文選》卷七,《四庫全書存目叢書》集部 154 冊,473 頁

過汨羅,吊三閭廟　　　　　　　　（明）李之世

昔聞楚子怨,今過漢江湄。山鬼搴蘿立,湘靈鼓瑟悲。菹蘭行客薦,時俗土人思。古

廟空山裏,陰風閃翠旗。

《鶴汀詩集》卷三,《四庫禁毀書叢刊》集部 80 册,73 頁

題雜畫(其一)　　　　　　　　　　　　(明)鄭文康

題古今雜畫詩頗多,悉棄弗錄,獨於史事用己意寓勸懲者存之,得十八首。

直道難容竟獨歸,《離騷》賦罷淚沾衣。魂靈不逐湘流逝,還向懷王殿上飛。

《平橋稿》卷三,影印文淵閣《四庫全書》1246 册,545 頁

屈　原　　　　　　　　　　　　(明)童　軒

貝錦生讒自古然,但將心事付蒼天。何須葬入江魚腹,湘水無情肯見憐。

《清風亭稿》卷八,影印文淵閣《四庫全書》1247 册,168 頁

漁父亭　　　　　　　　　　　　(明)錢子義

亭在滄浪水濱。楚屈原既放於江潭,漁父見之,曰云云。漁父莞爾而笑,鼓枻而去,乃歌曰:"滄浪之清兮,可以濯吾纓;滄浪之水濁兮,可以濯吾足。"遂去,不復與言。

空亭慘落倚江雲,濯足滄浪春水渾。漁父不來天欲暝。一樽歸酹獨醒魂。

《續詠史詩》上,《種菊菴集》一,《三華集》卷七,影印文淵閣《四庫全書》1372 册,88 頁

端陽有感　　　　　　　　　　　　(明)周　旋

思遠樓前小雨晴,楚歌聞處若為情。紛紛載酒遊觀客,誰信當年有獨醒。

楚歌聲裏雜漁歌,遙想當年感慨多。千載一辭成口實,滄浪清濁竟如何?

楚雲湘水兩悠悠,魚腹忠魂恨未休。若使當時言見納,於今安得有龍舟。

《畏庵集》卷六,112 頁

讀《離騷》　　　　　　　　　　　　(明)李開先

行藏隨所遇,不必著《離騷》。官大憂愁大,才高名望高。才高人所忌,官大禍難逃。但得一山長,何須首六曹!

《閒居集》卷二,《李開先全集》上册,111 頁

屈原廟　　　　　　　　　　　　　　　（明）徐學謨

湖陰作雨已霏霏，千載纍魂何處歸。猶羋荊人原信鬼，村村擊破賽三閭。

《徐氏海隅集》卷二二，《四庫全書存目叢書》集部124冊，378頁

過招屈祠　　　　　　　　　　　　　　（明）姚舜牧

楚江一望楚天遙，悲悼精忠意盡凋。身在汨羅心在主，英魂已返不須招。

《樂陶吟草》卷一，《四庫全書存目叢書》集部158冊，341頁

謁三閭祠　　　　　　　　　　　　　　（明）夏原吉

先生見放事何如，薪視椅桐梁棟樗。忍使清心蒙濁垢，寧將忠骨葬江魚。西風楚國情無限，落日滄浪恨有餘。我拜遺祠千古下，摩挲石刻倍欷歔。

《忠靖集》卷四，影印文淵閣《四庫全書》1240冊，511頁

屈原廟　　　　　　　　　　　　　　　（明）史　謹

江邊遺廟掩松筠，簷際雲霞互吐吞。地接武關龍去遠，梟臨阿閣鳳難存。湘蘭日老春風佩，楚些誰招月夜魂。留得生前諸製作，千年光焰燭乾坤。

《獨醉亭集》卷中，影印文淵閣《四庫全書》1233冊，125頁

屈　平　　　　　　　　　　　　　　　（明）謝　榛

初著《離騷》去國年，獨醒懷抱轉悽然。汨羅不作西流水，終古愁雲在楚天。

《謝榛全集》卷一九，640頁

屈　原　　　　　　　　　　　　　　　（明）謝　榛

放逐孤臣淚滿纓，《離騷》當日寄深情。汨羅江上愁雲起，萬古蛟龍氣不平。

《謝榛全集》卷二〇，665頁

屈原、漁父問答　　　　　　　　　　　（明）陳　顥

眾醉陶陶我獨醒，此心於世已忘情。老翁不識孤臣意，謾向滄浪歌濯纓。

《明詩初集》六一,《石倉歷代詩選》卷三四一,影印文淵閣《四庫全書》1391冊,657頁

舟過湘江,吊屈大夫　　　　　　　　　　(明)梁辰魚

江煙霏霏江草濕,楚山橫愁眉黛碧。武關一入悔何及,望君不歸空佇立。湘中十月多寒風,吳客西遊吊遺宮。蘭橈桂棹宛相似,龍堂貝闕空濛濛。芙蓉花開滿江渚,夜半江中有神語。生憎神女不迷秦,死恨張儀還相楚。沉沉忠魂徒喧豗,君王自入陽雲臺。女嬃之言竟何有?千秋萬歲令人哀。

《鹿城詩集》卷九,《梁辰魚集》,123頁

三閭大夫墓　　　　　　　　　　　　　　(明)梁辰魚

山木渚雲邊,春風哭杜鵑。澤蘭猶有奠,碑石已無年。世主空妨諫,孤臣不自賢。羈魂何處吊?空誦《大招》篇。

《鹿城詩集》卷一三,《梁辰魚集》,171頁

屈原廟　　　　　　　　　　　　　　　　(明)梁辰魚

寒雲掩映廟堂門,旅客秋水薦水蘩。山鬼暗吹青殿火,靈兒晝舞白霓旛。龍輿已逐烽頭夢,魚腹空埋水底魂。斑竹叢叢雜芳社,鷓鴣飛處欲黃昏。

《鹿城詩集》卷一九,《梁辰魚集》,239頁

十哀詩,挽王中丞叔文·屈大夫平　　　　(明)梁辰魚

九關欲叩更無由,澤畔行吟豈怨尤。千載沉魂終為楚,至今湘水向東流。

《鹿城詩集》卷二七,《梁辰魚集》,318頁

題龍別駕靖川諸障子八首·沅江　　　　　(明)梁辰魚

楚客秋深吊屈平,沅江流水夜無聲。忠魂縹緲向何處,蘭芷滿江空月明。

《鹿城詩集》卷二八,《梁辰魚集》,330頁

九述·投汨　　　　　　　　　　　　　　(明)王廷相

世澆濁而不可以處兮,余將訣此而求逝。雖未協於聖軌兮,彼頑鈍足以勵。生有重

於泰山兮,或亦鴻毛之可輕;使履之不叛於道兮,性雖滅而名榮。嗟湘流之湯湯兮,吾將與汝為徒。外滌吾之肌膚兮,心膽內瀹而靡污。江妃參余車兮,馮夷導吾馬;果角龍之有宮闕兮,憩焉稅吾駕。知者謂余憂社稷兮,不知者謂余輕生而殞身。余乃效屍諫以悟主兮,安取識於眾人?比干剖而成仁兮,余委命胡不可?申狄義而赴河兮,余懷沙夫奚過?生人之大慾兮,度百齡以為壽;後千載而視之兮,彭殤皆芻狗。讒何苦於憎嫉兮,貪何巧於媒祿?苟行臊而名滅兮,何如忠而葬於江魚之腹!嗟乎,已哉!余宗人不可以委去兮,何如死之安義?祈上帝之貞吾魄兮,誓不化而為厲。昭如日星兮,禆佐天光;流為江河兮,潤地無疆。如摯如旦兮,斯人之望;為麟為鸞兮,應世之昌。維帝眷余兮,從余所祈;雖百億化兮,余將順之。

《王氏家藏集》卷三,《王廷相集》第一冊,38 頁

梁父吟(其二)   (明)王廷相

三閭楚宗姓,謀國稱大賢。白璧遭毀蝕,懷沙一何冤!二解。

《王氏家藏集》卷五,《王廷相集》第一冊,72 頁

詠古七首(其四)   (明)王廷相

君子守貞一,進退惟其時。千變務正己,不逆邪見欺。所以工言子,每獲售其私。靈均楚宗裔,謀國協皋夔。獨立寡泛愛,同列番見疑。白璧點青蠅,昧者疇能知?一抱懷沙冤,千載令人悲。生命忽忽去,令名何窮期?人為賢者愴,我為讒夫嗤。

《王氏家藏集》卷八,《王廷相集》第一冊,105 頁

汨羅潭弔屈原   (明)王叔承

楚山迸斷楚水寒,靈均死作青琅玕。酒星西墮弔冤魄,白雲亂點秋江蘭。蘭花嬌掇湘夫人,竹枝細奏雲中君。吳鉤拂潭潭噴雪,碧空孤雁流斜曛。衡嶽為几,洞庭為杯。羞鵬釀酒,三酹楚材。霞開薜荔夢欲落,月出芙蓉魂忽來。鸞車翠旌颯如雨,星冠玉衣姣猶女。女嬃揚靈宋玉嘯,慘澹《離騷》映江渚。含悲投我辛夷簪,北斗回杓振南呂。蒼梧冥冥帝何許,鬼火青青髑髏語。上官子蘭生不人,荊王客死飄遊塵。孤臣荒冢是魚腹,明珠怒發驪龍鱗。逆鱗難批光易暈,七竅之心翻自殉。魑魅狐狸何代無,萬古蒼天不堪問。自君騷破瀟湘天,詞人哀怨無窮年。文章爛漫與寂寞,蠹魚螢火浮殘編。功名千態空言

久,二儀七曜更相壽。獄中易亦窮愁書,《六經》晚激東歸叟。楊雄賦《反騷》,徐卿復反反。是非靡定端,盡付葡萄盞。君也獨醒吾獨醉,遠遊且學神仙蛻。醉來一曲《滄浪歌》,天公其奈漁郎何。

《列朝詩集》丁集卷八,第九冊,4849頁

讀《離騷經》　　　　　　　　（明）張　昱

三閭楚同姓,怨生於所愛。讒人在君側,繩墨日偭背。虞茲宗社隕,繁辭冀收采。反復三致忠,九死猶未悔。靈修終不察,遂投汨羅內。斯文幸未喪,風雅接三代。豈惟南國士,汲汲仰沾溉。

《可閑老人集》卷一,影印文淵閣《四庫全書》1222冊,502頁

《屈原圖》　　　　　　　　（明）龔　詡

愛君惟欲悟君心,歌罷《離騷》抱石沉。忠義一心如許切,汨羅千丈不知深。

《野古集》卷下,影印文淵閣《四庫全書》1236冊,313頁

讀史述·屈平　　　　　　　　（明）魏學洢

洛陽雋年少,投文弔沉湘。潛纍埋鬱志,訊纍遠自藏。謠諑雖蔽明,美人安可忘。苟能歷九州,故都可徜徉。嘿嘿不忍去,抱此九回腸。騷人恨無限,千載為悲傷。

《茅簷集》卷三,影印文淵閣《四庫全書》1297冊,541頁

詠史八首(其三)　　　　　　　　（明）陳子龍

鬱鬱蕡與莢,幽幽蕙與蘭。惡草蔓中谷,馨香日以殘。佞人托肺腑,中正難久安。痛言傷人心,附會生波瀾。楚國亂無極,屈平困上官。會當遠權勢,為宦良獨難。

《陳子龍詩集》卷五,上冊,124頁

午日懷古　　　　　　　　（明）李廷訓

屈平沉水後,荊俗近何如。觀妓開筵盛,鬥龍奪錦餘。盡人樂午日,誰復弔三閭。把酒遙陳奠,靈均冀鑒予。

《醴雞吟》卷一一,《陝西古代文獻集成》第10輯,436頁

端午吊古 （明）李廷訓

天中端午日，遺事自靈均。落魄羅江水，招魂湘浦神。黍沉九子結，縷繫五絲新。縱有忘憂草，難忘憂國人。

《醴雞吟》卷一三，《陝西古代文獻集成》第10輯，463頁

和程奕先《長沙懷古》三首（其一） （清）王夫之

渺渺楓樹林，屈子悲《神弦》。雲中君不見，意志如孤煙。引聲動清歌，幽細咽湘川。六代徒髣髴，三唐空流連。君子掇其微，不取毛羽妍。悠悠江潭水，千載空昭鮮。長佩紆縹緲，蘭芷相周旋。

《薑齋詩編年稿》，《王船山詩文集》下冊，390頁

五更山行之屈沱，謁三閭大夫廟 （清）王士禛

斜月楚山外，寒江初上潮。左徒遺廟在，未惜馬蹄遙。國破憐《哀郢》，魂歸賦《大招》。雲旗空悵望，迴首木蘭橈。

《漁洋續詩集》卷六，《王士禛全集》第2冊，799頁

題三閭大夫廟四首 （清）王士禛

《懷沙》千古恨，弭楫吊靈均。眇眇思公子，依依問楚人。《招魂》龍貝闕，遺恨虎狼秦。愁絶涔陽浦，年年杜若春。

湘纍哀怨地，自昔有遺音。曉日空艅岸，孤帆楓樹林。數窮詹尹策，魂斷女嬃砧。欲問《離騷》意。巴東猿夜吟。

久客懷往路，還登江上祠。美人惜珍髦，衆女妬蛾眉。楚澤凋蘭葉，巴巫唱《竹枝》。《九歌》何處續，宋玉有微詞。

鶗鴂鳴何早，鳥飛思故鄉。如何懷郢路，終自棄沅、湘。三戶餘秋草，千山滿夕陽。武關嗚咽水，猶怨楚襄王。

《漁洋續詩集》卷六，《王士禛全集》第二冊，799頁

詠　　史 （清）吳兆騫

豈是騷人怨，難忘舊國恩。蕭條湘水上，誰吊楚臣魂？

《秋笳集》卷七,251頁

汨羅懷沙 　　　　　　　　　　　　　　（清）褐　夫

問天底事法彭咸,受寵如何又入讒。反顧郢都寧有補,《懷沙》賦草倩誰藏。

《古史詩針》,《戴名世集》附錄二,439頁

汨羅怨 　　　　　　　　　　　　　　　（清）顧紹敏

天意難重問,王孫不可留。未能捐楚珮,只自脫湘流。有美傷謠諑,無情怨蹇休。夫君終不悟,芳草寄離憂。

《清詩別裁集》卷二六,下冊,463頁

三閭祠 　　　　　　　　　　　　　　　（清）吳　鎮

三閭祠近楚王城,芳草年年繞砌生。雷雨若通山鬼路,丹青宜榜水仙名。西鄰狼虎原無信,南浦蛟龍豈有情。莫以獨醒看眾醉,一尊椒酒為君傾。

《晚晴簃詩匯》卷九四,第二冊,663頁

澤畔吟,吊屈左徒 　　　　　　　　　　（清）魏　瀚

君山黯碧秋雲濕,嗚陽群笑猩猩泣。靈風神雨橫江來,楚累遊魂亭亭立。貝宮骨冷魂不死,芳根迸斷湘蘭蕊。夢澤白茅與天齊,荃蕙菉葹辨誰是。盲瑩淚乾竹斑老,土花漠漠埋荒草。血痕瀹地黦劫灰,何處青磷凝瑪瑙。雲和澀調不忍彈,江月有聲瘦蛟寒。嬋媛慘澹遲北渚,怨魄空聞為余歎。馮夷傲睨不可訴,冤咸號咷靈胥怒。幽憤抗詞動紫皇,鬼巢翻傾元精鑄。《九章》懊儂復惱公,南國哀響中古風。輶軒折軸素王萎,來者矜能注魚蟲。我願洞庭水,化為巴陵酒。長虹為舌,南箕為口,噏吸嚨胡虯龍吼。涸澤紛拏黿鼉走,讀《騷》不須更問天,玉棺纍纍葬神仙。

《晚晴簃詩匯》卷一〇九,第三冊,155頁

題三閭大夫《離騷》後 　　　　　　　　（清）謝蘭生

瓦釜既用事,黃鐘故應棄。眾醉乃獨醒,尤為同列忌。主聽復不聰,孤臣數益窮。疏後旋見謫,誰能鑒其衷。《卜居》以明心,《離騷》以寄慨。終與汨羅沉,樸忠何由遂。至

今沅、湘間,悲風繞荒寺。

《晚晴簃詩匯》卷一五一,第四冊,10頁

讀《騷》
(清)沈縴

江水流不息,落日秋風勁。漁父誠知言,千載悲獨醒。瓊佩終不渝,芬芳自輝映。微詞莫能顯,感物托其性。《風》詩固一變,聲哀義彌正。願鼓湘靈瑟,高歌發清聽。

《晚晴簃詩匯》卷一八五,第四冊,609頁

三閭大夫廟
(清)宋琬

屈子湛身後,淒涼石屋存。青山環梓裏,白日暗湘、沅。悱惻彭咸意,殷勤漁父言。問天懷侘傺,哀郢棄煩冤。竟掩重華袂,難招萬古魂。《九歌》悲帝子,三秀憶王孫。《小雅》兼騷體,長江寫淚痕。切雲冠岌岌,絏馬轡翻翻。春雨蘭蓀長,秋原桂樹繁。有時乘赤豹,歸去滕文鼉。巫覡吹新籥,椒漿向故園。傳芭聞楚些,擊汰向夔門。終愧長沙傅,神其飲桂樽。

《安雅堂未刻稿·入蜀集》卷上,《宋琬全集》,747頁

三閭祠
(清)查慎行

平遠江山極目回,古祠漠漠背城開。莫嫌舉世無知己,未有庸人不忌才。放逐肯消忘國恨,歲時猶動楚人哀。湘蘭沅芷年年綠,想見吟魂自去來。

《慎旃集》中,《敬業堂詩集》卷二,上冊,33頁

詠史詩·屈原
(清)高宗弘曆

千秋遺恨楚江濱,宗社將傾敢惜身。何事承平漢文代,長沙偏欲學斯人。

《御制樂善堂全集定本》卷二九,影印文淵閣《四庫全書》1300冊,526頁

屈　原
(清)舒位

一部《離騷》即楚風,美人香草老詩翁。恨他生在春秋後,不得刪同鄭、衛中。十萬荊抬留宋玉,八千奇字畔楊雄。文詞何異人家國,傾倒龍門太史公。

《瓶水齋詩集》卷七,上冊,275頁

讀《騷》

（清）路 德

豔絕休誇宋玉解，騷人空自苦吟思。人家百萬荊臺下，閱盡秋風不解悲。

《檉華館詩集》卷二，《路德全集》，《陝西古代文獻集成》第 29 輯，340 頁

弔三閭大夫

（清）李 柏

廢生于忠良，讒生于文章。憤發于《騷經》，怨流于蒲湘。君不我感悟，互不我同行。皇天兮蒼蒼，后土兮茫茫。楚山兮崔嵬，汨水兮洋洋。

《太白山人槲葉集》卷四上《南遊草》，《陝西古代文獻集成》第 30 輯，163 頁

己巳五日，哭屈子

（清）李 柏

我恨屈三閭，有以生楚國。先生既生楚，墨守乃可則。枳棘克四郊，明哲宜默默。辭賦身之災，忠義反貽賊。吾為先生計，丹山潛鳳色。九州歷相君，焉往不黜直。毒哉上官氏，蓄意那可測。讒言傾國士，令我淚沾臆。遙拜汨羅江，秦止隔異域。手劍馘佞人，事往不可得。徒挹硯海水，泣灑雪山黑。

《太白山人槲葉集》卷四上《南遊草》，《陝西古代文獻集成》第 30 輯，173 頁

甲子端陽日，哭屈子

（清）李 柏

不喜田文生，但惜屈原死。原生楚有國，原死楚滅祀。秦王方按劍，楚子疏國士。楚人壤方誠，秦人渡漢水。

《太白山人槲葉集》卷四上《南遊草》，《陝西古代文獻集成》第 30 輯，175 頁

壬申五日，新遷漢上哭屈子

（清）李 柏

我在周南山居時，年年五日哭屈子。汨羅江上草芃芃，屈子此日死江水。鄭袖緩頰張儀欺，懷王還貪六百里。青山六里石巉巖，楚子走死武關裏。直臣底事是逐臣，空賦《離騷》怨楓芷。我在漢洋懷沅、湘，王孫芳草何茫茫。家貧靡獲楝葉米，掩淚長吟《招魂》章。

《太白山人槲葉集》卷四中《南遊草》，《陝西古代文獻集成》第 30 輯，187 頁

五日，哭屈子　　　　　　　　　　　　　　（清）李　柏

戊辰五日日辰時，菜根入口哭屈子。悽然落箸期下殯，南望汨羅哭不已，強秦在北吳在東，楚人放逐天下士。悲哉直道難為容，故往今來皆如此。

《太白山人檞葉集》卷四中《南遊草》，《陝西古代文獻集成》第30輯，188頁

長沙吊屈子　　　　　　　　　　　　　　（清）李　柏

李柏五日哭屈子，年年滴淚吊以詩。今日南至長沙地，高聲呼君君不知。呼君勸君君勿怨，吳國大江流鴟夷。越國范蠡不去越，應與先生共水湄。萬載汨羅江水寒，令我至今怨上官。

《太白山人檞葉集·南遊詩草》，《陝西古代文獻集成》第30輯，273頁

屈　原　　　　　　　　　　　　　　　　（清）羅惇衍

名平，又名正則，字原，又字靈均，楚之同姓。嘗為左徒，遷三閭大夫。後因讒見黜，自投汨羅江死。

天問茫茫局又新，落英滿地吊靈均。窮愁首創文人例，時命誰哀逐客身。太傅賦投同困楚，《離騷》書獲未焚秦。獨憐蘭芷群芳歇，鵙鳩先鳴草不春。

《集義軒詠史詩鈔校證》卷四，第一冊，101頁

屈　平　　　　　　　　　　　　　　　　（清）徐公修

哀感《離騷》帶頑豔，美人香草寄深情。枉將忠諫張儀逐，爭奈讒言靳尚行。立廟招魂終古祭，《懷沙》作賦不平鳴。三閭曠代誰憑吊，湘水投書有賈生。

《史記百詠》卷一，《讀史千詠》，《史記研究文獻輯刊》13冊，451頁

七思並序·屈大夫原　　　　　　　　　　（清）尤　侗

僕偃蹇邊關，淹留歲月。一官掣肘，十口捉衿。盛孝廉憂能傷人，楚公子愒謹謝客。窮魚堪賦，瘦馬獨吟。每值閒居，登高望遠。瞻京室之浮雲，睨舊鄉之芳樹，未嘗不悲歌徹座，涕淚沾衣。顧念生不百年，所懷萬緒。悒悒不樂，何以遣時？因追風人之言。一曰："我思古人，俾無訧兮。"再曰："我思古人，寔獲我心。"人生世上，逆境恆多，與時偕極，不自我始。怨者以之沉身，達者安焉肆志。今才不迨古，遇與之齊。樂天知命，雖或難之，亦惟反復往跡，差可自廣。作者七人，悠悠我思，各綴四言，述其本末云爾。

我思屈大夫,宛若芳蘭草。衆人目以茅,棄捐在中道。秋風江水深,馨香不自保。山鬼哭幽篁,湘君愁眇眇。

《右北平集》,《尤侗集》中册,560頁

詠懷湖北古跡九首·屈大夫祠 （清）張之洞

心憂三戶爲秦虜,身放江潭作楚囚。處處芳蘭開涕淚,年年寒橘落沙洲。嬋媛興歎終無濟,婞直危身亦有由。宋玉、景差無學術,僅傳詞賦麗千秋。

《張之洞詩文集》卷二,39頁

弔屈原 （清）秋 瑾

楚懷本孱王,乃同聾與瞽。謗多言難伸,蠹生木自腐。臣心一如豕,市語三成虎。君何喜諂佞?忠直反遭忤。傷哉九畹蘭!下與群草伍。臨風自芳媚,又被熏蕕妒。太息屈子原,胡不生於魯?

《秋瑾集》,74頁

湘中詠懷(其二) （清）易順鼎

蕙帶荷衣一逐臣,《離騷》哀怨迥無倫。江山靈氣鍾才子,忠孝深情託美人。湘水有聲哀賈傅,楚天無語答靈均。最憐虎噬狼吞後,三戶猶堪掃暴秦。

《琴志樓詩集》卷一,第一册,2頁

續寓臺詠懷六首(其六) （清）易順鼎

《哀郢》《懷沙》死拒秦,平生幽怨楚靈均。白麟奇木長纓客,紫鳳天吳短褐人。南北恍超風馬海,東西愁近殺牛鄰。卜居終在江魚腹,歲歲三閭占好春。

《琴志樓詩集》卷一〇,第二册,626頁

漢臺詠史·三閭大夫 （清）嚴如熤

楚宮衆女妬娥眉,顦顇江潭畫壁時。臣罪不嫌讒鄭袖,王明底事惑張儀。弔殤字挾宗邦恨,《哀郢》篇成《小雅》悲。興怨由來根至性,美人香草楚騷辭。

《樂園詩稿》卷三,《清代詩文集彙編》455册,162頁

屈 平 　　　　　　　　　　　　　　（清）王廷紹

水滿湘潭蕙草春,此間憔悴有靈均。宗臣再放經三載,謫宦千秋第一人。令尹官高能蠹楚,《離騷》書冷不焚秦。後來景、宋空詞賦,雲雨荒臺夢豈真。

《澹香齋詩草》卷二,《清代詩文集彙編》472 冊,339 頁

詠 史（其十七） 　　　　　　　　　　　（清）宋 梿

忠直疇能敵諂諛,鄭姬蠱與子蘭愚。美人香草皆爲難,愁煞多才屈左徒。

《雞膗百二稟》卷五,《清代詩文集彙編》475 冊,40 頁

屈 原 　　　　　　　　　　　　　　（清）鮑桂星

青天不下問巫咸,萬古《離騷》恨一函。自是蘭荃芬見忌,非關謠諑眾工讒。光爭日月生無忝,氣壓魚龍死不凡。《賦鵩》有人心更苦,尺書流涕滿征衫。

《覺生詠史詩鈔》卷一,《清代詩文集彙編》476 冊,467 頁

屈 原 戰國 　　　　　　　　　　　（清）孫 玨

莫瀉王孫萬斛愁,蘭芳蕙潔慘吟眸。文章千古無雙體,人物三湘第一流。難望《金縢》重啟匱,忍將玉馬去朝周。高才縱死神猶妒,勿用蛟龍唱不休。

《歸田藁》卷一,《清代詩文集彙編》534 冊,459 頁

屈 平 　　　　　　　　　　　　　　（清）張 澍

不見巫陽下九天,《懷沙》竟赴汨羅淵。《魂招》故國三千里,怨寫《離騷》廿五篇。尚怕蛟龍分角黍,空爭日月照香荃。女嬃詈後礄聲寂,宋玉景瑳賦又傳。

《養素堂詩集》卷二五,《清代詩文集彙編》536 冊,269 頁

論詩絕句（其二） 　　　　　　　　　（清）梅植之

太史輶軒久告勞,奇文鬱起在《離騷》。女羅香草孤臣淚,日月經天華岳高。

《嵇庵詩集》卷二,《清代詩文集彙編》585 冊,725 頁

屈原澤畔 《史記》　　　　　　　　　　　　　　　　　　（清）田依渠

不盡《離騷》意，都成澤畔吟。文章千古事，忠愛一生心。

《茹古山房讀史餘吟》卷四，《清代詩文集彙編》639 冊，656 頁

讀《離騷》　　　　　　　　　　　　　　　　　　　（清）秦　煥

纏綿悱惻此肝腸，潔比湘蘭吐異芳。試問忠貞誰克紹，《治安》三策有文章。

《劍虹居詩集》卷下，《清代詩文集彙編》675 冊，195 頁

汨羅哀　　　　　　　　　　　　　　　　　　　　（清）皮錫瑞

汨羅江，水湯湯。天茫茫。靈均歸來，堵敖不長。呵壁問天天爲開，懷石投江江倒回。君王獵火照江北，孤臣招魂楓林黑。扁舟競渡絲五色，投之蛟龍不敢食。章華渚宮楚王國，欲爲忠臣安可得。汨羅江，天墨墨。

《師伏堂詠史》，《清代詩文集彙編》772 冊，307 頁

競　　渡　　　　　　　　　　　　　　　　　　　（清）胡雲姬

鼉鼓聲聲江上催，输贏爭處怒如雷。不知獨吊屈原事，誰是中流勇退來。

《國朝閨秀詩柳絮集校補》卷六，第一冊，第 240 頁

午日，吊屈原　　　　　　　　　　　　　　　　　　（清）張　瑛

汨羅千古恨深深，此日靈均何處尋。角黍徒充饞鬼腹，蒲觴不醉怨臣心。洶騰海浪翻風雨，慘淡愁雲變古今。澤畔行吟人不見，《離騷》讀罷淚沾襟。

《國朝閨秀詩柳絮集校補》卷二〇，第二冊，第 882 頁

讀《離騷》書後　　　　　　　　　　　　　　　　　（清）汪韞玉

屈子當年悲放逐，滿腔心事寫離憂。美人香草關《風》《雅》，紙上都無一字愁。

《國朝閨秀詩柳絮集校補》卷二九，第三冊，第 1339 頁

端陽感賦　　　　　　　　　　　　　　　　　　　（清）林　瑱

屈《騷》讀罷讀《曹碑》，吊古心懷往事悲。難得千秋成案在，忠臣、孝女没同時。

《國朝閨秀詩柳絮集校補》卷三三，第三冊，第 1549 頁

屈　子　　　　　　　　　　　　　　　　　　　　（清）吴　鎮

楚天秋，半風雨。山鬼外，與誰語。

《松花庵韻史》，《四庫未收書輯刊》拾輯 24 冊，256 頁

汨　羅　　　　　　　　　　　　　　　　　　　　（清）劉　暉

汨水兼羅水，狂流入大江。《九歌》人不見，終古浪花撞。

《湘雲別業詩草》，《采山樓藏稀見清人別集叢刊》第二冊，41 頁

獨醒亭　　　　　　　　　　　　　　　　　　　　（清）劉　暉

除却亭中老，千秋醉客多。悠悠江畔水，爭奈獨醒何。

《湘雲別業詩草》，《采山樓藏稀見清人別集叢刊》第二冊，41 頁

灌纓橋　　　　　　　　　　　　　　　　　　　　（清）劉　暉

灌纓人不見，終古灌纓橋。渺渺湘波外，忠魂應未消。

《湘雲別業詩草》，《采山樓藏稀見清人別集叢刊》第二冊，41 頁

五月，吊三閭大夫　　　　　　　　　　　　　　　（清）范　杞

子蘭簧鼓誤懷王，一卷《騷經》幾斷腸。香草美人千古恨，至今幽怨滿瀟湘。

《忠恕堂詩草》，《采山樓藏稀見清人別集叢刊》第二冊，205 頁

漁　父　　　　　　　　　　　　　　　　　　　　（清）羅惇衍

楚人。《離騷》有與屈子問答篇，《文選注》以為當時隱士。

天生芳草為三閭，漁父蘭叢訂卜居。下瀨嬰勞傷野鵬，中流應憫葬江魚。一灣綠水垂綸際，萬點青山鼓枻餘。可向武陵尋伴侶，桃源長讀未燒書。

《集義軒詠史詩鈔校證》卷四，第一冊，104 頁

漁父江濱 《史記》　　　　　　　　　　　　　　（清）田依渠

果是三閭也，其如放棄何。吉凶憑爾卜，清濁為君歌。

《茹古山房讀史餘吟》卷四，《清代詩文集彙編》639 冊，656 頁

詠宋玉

蘭臺宮 （唐）胡 曾

遲遲春日滿長空，亡國離宮蔓草中。宋玉不憂人事變，從遊那賦大王風。

《全唐詩》卷六四七，19 冊，7426 頁

宋 玉 （唐）李商隱

何事荊臺百萬家，唯教宋玉擅才華。《楚辭》已不饒唐勒，《風賦》何曾讓景差！落日渚宮供觀閣，開年雲夢送煙花。可憐庾信尋荒徑，猶得三朝托後車。

《全唐詩》卷五四〇，16 冊，6207 頁

有 感 （唐）李商隱

非關宋玉有微辭，却是襄王夢覺遲。一自《高唐》賦成後，楚天雲雨盡堪疑。

《全唐詩》卷五四〇，16 冊，6194 頁

宋玉宅 （唐）吳 融

草白煙寒半野陂，臨江舊宅指遺基。已懷湘浦《招魂》事，更憶《高唐》說夢時。穿徑早曾聞客住，登牆豈復見人窺。今朝送別還經此，吟斷當年幾許悲。

《全唐詩》卷六八六，20 冊，7883 頁

宋 玉 （宋）錢惟演

章華清宴重遊陪，已有微詞更有才。神女夢靈因賦感，屈平魂怨待招迴。悲秋終古情難盡，障袂何時望可來。祇有大言君自許，景差無計上蘭臺。

《全宋詩》卷九四，2 冊，1062 頁

宋　　玉　　　　　　　　　　　　　　　　　　　　（宋）劉　筠

楚國驕荒日已深，山川朝暮劇登臨。曾傷積毀亡師道，祇托微辭蕩主心。江草東西多恨色，峽雲高下結層陰。潘郎千載聞遺韻，又說經秋思不任。

《全宋詩》卷一一一，2 冊，1273 頁

宋　　玉　　　　　　　　　　　　　　　　　　　　（宋）楊　億

蘭臺清吹拂冠緌，薙草新居對渺瀰。麗賦朝雲無處所，羈懷秋氣動齋咨。三年送目愁鄰媛，七澤迷魂怨《楚辭》。獨有《江南》哀句在，更傳餘恨到黃旗。

《全宋詩》卷一二〇，3 冊，1407 頁

宋　　玉　　　　　　　　　　　　　　　　　　　　（宋）李　覯

世間佳麗每專房，一顧多應萬事荒。夢裏若無真實處，不妨頻為賦《高唐》。

《全宋詩》卷三四九，7 冊，4338 頁

宋　　玉　　　　　　　　　　　　　　　　　　　　（宋）張　耒

雲雨朝朝峽裏興，可能無復夢中情。巫娥若問誰為賦，敢乞君王道宋生。

《全宋詩》卷一一七三，20 冊，13244 頁

襄陽詠史·宋玉宅　　　　　　　　　　　　　　　　（金）李俊民

《離騷》經裏見文章，水綠山青是楚鄉。往事一場巫峽夢，秋風搖落在東牆。

《金詩》，《全遼金詩》中冊，2014 頁

才　　子　　　　　　　　　　　　　　　　　　　　（明）徐　渭

佩筆不須長，高唐侍楚王。紅薝蔔邊出，《白雪》口中翔。殺青供不及，一夜白瀟湘。

《徐文長三集》卷四，《徐渭集》第一冊，98 頁

宋玉墓　　　　　　　　　　　　　　　　　　　　　（明）徐學謨

嶺度千盤下鄀都，孤墳寥落古城隅。陽臺神女無消息，殘碣猶書楚大夫。

《徐氏海隅集》卷二二,《四庫全書存目叢書》集部124册,373頁

病居遣興六十二首(其四十)　　　　　　　　　　（明）王　格

宋玉非賢者,作賦媚襄王。章華事已侈,乃復導之荒。傷哉《離騷》經,一變而《高唐》。宜城有古塚,不如漁腹藏。

《少泉詩集》卷一下,《四庫全書存目叢書》集部89册,178頁

宋玉宅　　　　　　　　　　（清）王士禎

登山臨水客將歸,及到歸鄉又落暉。宋玉宅邊秋水急,似聞《九辯》淚霑衣。_{歸州,古名歸鄉。}

《漁洋續詩集》卷六,《王士禎全集》第二册,798頁

宋　玉　　　　　　　　　　（清）汪元慎

孤客逢秋感此身,_{崔峒}。一篇佳句占陽春,_{段成式}。還同逐客紉蘭佩,_{鍾蕦}。自有《招魂》拭淚巾,_{李德裕}。萬古秖應留舊宅,_{雍陶}。此生無路訪東鄰,_{閻選詞}。蕭蕭暮雨荆王夢,_{張祐}。十二山高不見人。_{許渾}。

《晚晴簃詩匯》卷一三九,第三册,662頁

和宋蘦若先生《橐餘集》中律體十八首·宋玉塚　　（清）舒　位

路入荆臺十萬家,陽城下蔡渺天涯。文章飄泊無心緒,雲雨荒唐有鬢華。黃土半鉤封弄草,青琴一柱雪開花。相思欲唱《招魂》曲,早被驚才擅楚些。

《瓶水齋詩集》卷一三,下册,520頁

宋　玉　　　　　　　　　　（清）羅惇衍

_{楚人。屈原弟子。}

《高唐》《神女》諷辭耳,《白雪》《陽春》孰和之。臺上言能漓大小,宮中風亦辨雄雌。文窮七澤三湘變,世豈鯨魚鳳鳥知。譎諫奇才忠悃出,少陵悵望不同時。

《集義軒詠史詩鈔校證》卷四,第一册,103頁

詠古八首(其二) （清）汪琬

巫山十二影氤氲,玉殿無人夜欲分。夢裏不知成底事,枉教詞客賦行雲。

《鈍翁類稿別錄》卷一,《汪琬全集箋校》第四册,2005頁

古五君詠·楚宋玉 （清）尤侗

湘纍江上吟,江流日夜哭。何似夢行雲,解賦陽臺曲。至今東家子,招之不停目。有美自荆山,所以名爲玉。

《西堂剩稿》卷上,《尤侗集》中册,452頁

宋　玉 （清）吳翔寅

大言才調賦縱横,文采風流百代驚。夢雨荒唐原託諷,悲秋蕭瑟最關情。梁園詞客開枚叔,楚國騷人繼屈平。却憶誅茅依故宅,暮年搖落庾蘭成。

《曼陀羅花室詩》卷二,《清代詩文集彙編》776册,628頁

詠賈誼

吊賈誼詩　　　　　　　　　　　　　　　　　（晉）庾　闡

雖有惠音,莫過《韶濩》。雖有騰蛇,終僕一壑。

《晉詩》卷一二,《先秦漢魏晉南北朝詩》中冊,873 頁

長沙過賈誼宅　　　　　　　　　　　　　　　（唐）劉長卿

三年謫宦此棲遲,萬古惟留楚客悲。秋草獨尋人去後,寒林空見日斜時。漢文有道恩猶薄,湘水無情吊豈知。寂寂江山搖落處,憐君何事到天涯。

《全唐詩》卷一五一,5 冊,1566 頁

過賈誼宅　　　　　　　　　　　　　　　　　（唐）戴叔倫

一謫長沙地,三年歎逐臣。上書憂漢室,作賦吊靈均。舊宅秋荒草,西風客薦蘋。淒涼回首處,不見洛陽人。

《全唐詩》卷二七三,9 冊,3075 頁

過賈誼舊居　　　　　　　　　　　　　　　　（唐）戴叔倫

楚鄉卑濕歎殊方,《鵩賦》人非宅已荒。謾有長書憂漢室,空將哀些吊沅湘。雨餘古井生秋草,葉盡疏林見夕陽。過客不須頻太息,咸陽宮殿亦淒涼。

《全唐詩》卷二七三,9 冊,3094 頁

詠史二首(其二)　　　　　　　　　　　　　　（唐）劉禹錫

賈生明王道,衛綰工車戲。同遇漢文時,何人居貴位?

《全唐詩》卷三六四,11 冊,4106 頁

感諷五首(其二)   (唐)李 賀

奇俊無少年,日車何蹣蹣。我待紆雙綬,遺我星星髮。都門賈生墓,青蠅久斷絕。寒食搖揚天,憤景長肅殺。皇漢十二帝,惟帝稱睿哲。一夕信豎兒,文明永淪歇!

《全唐詩》卷三九一,12 冊,4410 頁

讀史五首(其一)   (唐)白居易

楚懷放靈均,國政亦荒淫。彷徨未忍決,繞澤行悲吟。漢文疑賈生,謫置湘之陰。是時刑方措,此去難為心。士生一代間,誰不有浮沉。良時真可惜,亂世何足欽?乃知汨羅恨,未抵長沙深。

《全唐詩》卷四二五,13 冊,4679 頁

賈 生   (唐)李商隱

宣室求賢訪逐臣,賈生才調更無倫。可憐夜半虛前席,不問蒼生問鬼神。

《全唐詩》卷五四〇,16 冊,6208 頁

長 沙   (唐)胡 曾

江上南風起白蘋,長沙城郭異咸秦。故鄉猶自嫌卑濕,何況當時賦鵩人。

《全唐詩》卷六四七,19 冊,7422 頁

讀賈誼《新書》   (宋)宋 庠

誰謂賈生學,兼之文帝朝。死憂王墜馬,生賦鵩如鴞。被召宣溫密,矜功絳、灌驕。勤勤論五餌,史筆未相饒。

《全宋詩》卷一九二,4 冊,2206 頁

宣 室   (宋)宋 祁

宣室崔嵬冠未央,殿帷深掩上書囊。賈生始得虛前席,董偃尋聞獻壽觴。

《全宋詩》卷二二一,4 冊,2554 頁

賈　　生　　　　　　　　　　　　　　　　　　　　（宋）王安石

漢有洛陽子，少年明是非。所論多感概，自信肯依違。死者若可作，今人誰與歸。應須蹈東海，不但涕沾衣。

《全宋詩》卷五五三，10 冊，6596 頁

賈　　生　　　　　　　　　　　　　　　　　　　　（宋）王安石

一時謀議略施行，誰道君王薄賈生。爵位自高言盡廢，古來何啻萬公卿。

《全宋詩》卷五六九，10 冊，6725 頁

賈　　誼　　　　　　　　　　　　　　　　　　　　（宋）孔平仲

措置由來有後先，運行無跡盍觀天。色黃數五疑非急，此事知君正少年。

《全宋詩》卷九二六，16 冊，10897 頁

賈太傅廟　　　　　　　　　　　　　　　　　　　　（宋）華　鎮

夫子生何代，漂流正所宜。長鳴那易賞，合抱固難施。碧蘚封遺井，丹楓落舊祠。日斜飛鵬過，依約賦成時。

《全宋詩》卷一〇八四，18 冊，12319 頁

賈　　誼　　　　　　　　　　　　　　　　　　　　（宋）張　耒

賈生未免孝文疑，自古功名歎數奇。逐得洛陽年少去，白頭絳、灌亦何為。

《全宋詩》卷一一七三，20 冊，13246 頁

賈　　生　　　　　　　　　　　　　　　　　　　　（宋）朱淑真

文帝為君固有餘，豈容流涕復長吁。單于可繫非無策，表餌陳來術已疏。

《全宋詩》卷一五九八，28 冊，17994 頁

賈　　誼　　　　　　　　　　　　　　　　　　　　（宋）呂本中

孔丘、墨翟並稱賢，始信先生學未專。何事退之傳此謬，亦將餘論點遺編。

《全宋詩》卷一六二三,28 冊,18216 頁

文帝議以賈誼任公卿,絳、灌、馮敬等害之,乃毀誼曰洛陽少年擅權,於是天子疏之,以誼為長沙王太傅　　（宋）袁說友

諸老讒言入,長沙遠地留。一聞天子議,眾嫉少年謀。自墮奸諛術,誰寬痛哭憂。至今言絳、灌,猶為孔門羞。

《全宋詩》卷二五七九,48 冊,29925 頁

賈　誼　　（宋）劉克莊

寄聲謝絳、灌,勿毀洛陽人。歲晚《治安策》,諄諄禮大臣。

《全宋詩》卷三〇四六,58 冊,36324 頁

題長沙鋪　　（宋）姚　勉

君向長沙驛舍來,驚心此路想遲回。漢庭賈傅曾還否,風撼空山葉欲堆。

《全宋詩》卷三三九九,64 冊,40440 頁

賈　誼　　（宋）林　同

諤言取箕帚,德色借櫌鋤。不是賈年少,還能痛哭無。

《全宋詩》卷三四一八,65 冊,40612 頁

賈生二首　　（宋）陳　普

衣綈英主首祠汾,他日燕、齊盡羨門。玉漏聲中聞底事,反將前席待新垣。

落日長沙被鵩驚,愁來強把死生輕。洛陽才子何多涕,太息沾襟過一生。

《全宋詩》卷三六五〇,69 冊,43801 頁

賈、董　　（宋）陳　普

賈、董聲名甲漢儒,到頭事業有差殊。五年大傅何飄忽,不告梁王肆夏趨。

《全宋詩》卷三六五〇,69 冊,43801 頁

無 題(其七) （元）胡祗遹

賈誼真英才,王道乃素學。孝文好無事,欲為還齷齪。公卿盡庸愚,厭己忌超卓。鵬鳥亦知天,飛飛入帷幕。不遇庸何傷,王道惜冥漠。

《全元詩》第7册,41頁

讀史有感 （元）胡祗遹

漢庭卿相自伊、周,年少新人枉任憂。鵩鳥入門聲未絶,可憐晁氏議安劉。

《全元詩》第7册,160頁

賈 誼 （元）徐 鈞

年少毋庸毀洛陽,才高慮遠策深長。如何宣室成虛問,才傅長沙又傅梁。

《全元詩》第7册,286頁

《過秦》 （元）宋 无

賈誼區區論《過秦》,庸材中佐復何陳。驪山役罷阿房築,形勢雖存那得人。

賈誼《過秦》曰:"藉使子嬰有庸主之材,僅得中佐,山東雖亂,秦之地可全有,宗廟之祀未當絶也。"司馬遷曰:"向使嬰有庸主之材,僅得中佐,山東雖亂,秦之地可全而有也。"《三史篹言》曰:秦之猜暴,天下土崩瓦解,雖有周呂之才,無所復陳其巧,而以責一日之孤,誤哉！方趙高之弑二世也,沛公兵已至武關。嬰殺趙高,即位才四十六日,而沛公至灞上矣。嬰於是時能誅弑君之賊,已足快矣。其不能保有全秦之計,則天理人事皆於是窮矣。誼以為關中之地秦以之興,保此猶足以自完。殊不知子嬰時關中已非昔日之關中,驪山阿房,苛賦橫斂,刑淫政酷,秦人被其毒,驅壯強屬之章邯,暴骨巨鹿,關中為虛,雖白起、商君復生,何以施其策哉！況中佐乎？誼以形勢而言,失在德之意矣。

《全元詩》第19册,413頁

賈 誼 （元）方 瀾

好學明治體,孤忠不自由。清時廣賢路,太傅獨南州。天闊湘潭望,秋高屈、宋愁。上方崇老氏,未暇問才猷。

《全元詩》第20册,124頁

潘孟陽上書不報，歸里作五詠(其一) （元）袁 桷

賈生蘊奇略，徒步西上書。昊天有正命，傷哉杞人愚。鵬翼垂雲來，魂氣與之俱。晁氏竟寂寂，主父復何如。

《全元詩》，第 21 冊，101 頁

賈傅祠堂二首 （元）宋 褧

絳、灌讒書汗馬功，《治安策》裏事無窮。漢家未有停年格，一歲超遷到大中。

天上銀河洗甲兵，八方風雨會咸京。洛陽年少偏多事，強說當時未太平。

《全元詩》第 37 冊，289 頁

謁賈傅廟 （元）陳秀民

昔讀《治安策》，今謁太傅祠。骨鯁有如此，英靈或在茲。吊原寧無感，賦鵩終有疑。直士多放斥，佞人每高馳。漢文稱令主，逆耳猶見遺。如逢昏與暴，殺人固其宜。湘江有流藻，可以薦明粢。褰帷拜遺像，流涕滿裳衣。

《全元詩》第 44 冊，199 頁

雜言四十九首(其二十四) （元）張 達

三季世下降，貪淫日漸寖。國風成僭差，侈靡斯莫禁。權奸務平奪，安宴懷毒酖。民情滋效尤，展轉益以甚。傷哉賈生涕，痛哭時連衽。

《全元詩》第 50 冊，523 頁

讀《賈誼》《王粲傳》 （元）李延興

白髮悲王粲，青春羨賈生。萬言詞慷慨，一賦氣崢嶸。吊屈心猶壯，依劉恨未平。懷賢坐長夜，斜月半窗明。

《全元詩》第 64 冊，179 頁

讀史二十二首·賈誼 （明）高 啟

凶吉何由鵩鳥知，才高暫謫未須悲。秋風不灑梁園淚，宣室寧無再見時。

《高青丘集》卷一七,下册,746頁

詠史四首(其四)　　　　　　　　　　　(明)王偁

賈生洛陽人,年少有遠識。當其痛哭時,漢祚如磐石。其言實非狂,四座為動色。抱火厝積薪,寢食方自得。長沙卑暑地,自古舞鯤窄。吞舟詎通容,驥足誠窘迫。吊湘見微志,感鵩成太息。浚恒古云吝,夫子亦何極。駑駘服上襄,駥駬棄道側。卓哉《治安書》,遺耀在簡册。

《列朝詩集》乙集卷三,4冊,2279頁

過長沙,吊賈太傅　　　　　　　　　　(明)楊　基

才高眾所妒,年少眾所輕。奈何文帝賢,而乃謫賈生?炎劉握乾運,寬大易暴嬴。涵濡三十年,孰不為政成。生言胡不祥,慟哭淚滿纓。外防夷狄奸,內謹七國爭。禮樂與風化,無一不可行。帝心既未遑,廷論乃拂膺。長沙卑濕地,落日鵩鳥鳴。臨湘歌短篇,哀痛吊屈平。雖承宣室問,前席何足榮!我來欲再拜,祠宇久已傾。荒苔剝斷碣,滿目皆枳荊。汨汨祠下水,尤聞太息聲。

《眉庵集》卷一,41頁

過賈誼故宅,用劉文房韻　　　　　　　(明)尹　襄

濯錦坊前馬去遲,賈生祠在最堪悲。愁多厝火積薪日,怨切臨湘作賦時。卑溼尚餘遷客恨,遺文空有後人知。高飛黃鵠圓方外,誰道忠魂滯一涯。

《巽峰集》卷五,《四庫全書存目叢書》集部67冊,186頁

賈傅祠　　　　　　　　　　　　　　　(明)徐學謨

一疏危明主,千秋怨未平。湘累如有待,宣室竟無成。夜雨湖南草,春風江上城。可憐卑濕地,還復祀先生。

《列朝詩集》丁集卷三,第八册,4174頁

出京口號十首(其三)　　　　　　　　(明)徐學謨

賈誼憂時意不群,轉令漢事日紛紛。中朝絳、灌原無恙,清淨於今說孝文。

《歸有園稿》卷一，《四庫全書存目叢書》集部 126 冊，74 頁

過賈誼宅　　　　　　　　　　　　　（明）姚舜牧

入楚何為悼屈平，汨羅心事正相迎。長沙故久留才子，人到如今吊賈生。

《樂陶吟草》卷一，《四庫全書存目叢書》集部 158 冊，340 頁

擬過長沙賈誼宅　　　　　　　　　　（明）陳薦夫

三載長安滯此身，至今遺宅在江濱。《治安》有策酬明主，京洛無家怨逐臣。却聽寒螿啼廢井，不聞野鶴上承塵。可憐絳灌銷沉盡，門外何人淚撐巾。

《水明樓集》卷五，《四庫全書存目叢書》集部 176 冊，368 頁

長沙歎　　　　　　　　　　　　　　（明）黃淳耀

譏絳侯也。絳侯讒賈誼，而信袁盎。

仕宦去無中人，不如車戲雜風塵。上書去無相憐，不如嗇夫立圈邊。男兒有才曜奇世，誰識公卿是軍吏。蒙君讒，救君死，君心乃在安陵子。噫吁嚱，古來樹人多樹棘，棗樹懷赤心獻君君不食。

《擬古樂府》，《陶庵全集》卷九，影印文淵閣《四庫全書》1297 冊，753 頁

宣　室　　　　　　　　　　　　　　（明）錢子義

賈誼，文帝時為博士，時年二十餘。上疏陳政事，名《治安策》。絳、灌之徒毀之，曰："洛陽年少，專欲擅權。"帝乃疏之，以誼為長沙王太傅。上思賈誼，因召之。入見，上方受釐宣室，因感鬼神之本。誼對所以然，夜半前席。上乃嘆曰："久不見賈生，自謂過之，今不及也。"

賈傅才高困舌端，君臣際會古來難。如何宣室求賢夜，不為蒼生問治安。

《續詠史詩》上，《種菊菴集》一，《三華集》卷七，影印文淵閣《四庫全書》1372 冊，90 頁

梁父吟（其五）　　　　　　　　　　（明）王廷相

洛陽經國才，不能事絳、灌。一歲空九遷，反作長沙竄。五解。

《王氏家藏集》卷五，《王廷相集》第一冊，73 頁

詠史一百首（其四十一） （明）謝肇淛

賈生負奇氣,才疏志固大。其上痛哭書,要言良可采。禮樂雖未遑,刑措端可待。絳、灌不好文,鄧通讒未解。宣室席方前,梁王馬遽墜。吊屈一何悲,賦鵩亦已殆。禍福歎倚伏,坱圠寧罪悔？至今湘沅流,搖落悲千載。

《小草齋詩集》卷六,《小草齋集》上冊,712頁

賈誼廟,次李憲副韻 （明）張　原

年少書生臘有謨,爲君痛哭建良圖。吳公獨許能知士,漢室何曾解用儒？萬里鵩來悲故國,千年鳳去吊蒼梧。可憐博學真才子,不似揚雄賦《兩都》。

《玉坡張先生黃花集》卷二,《陝西古代文獻集成》第7輯,第286頁

賈誼宅 （清）丁　煒

洛陽才子屈長沙,舊宅開殘橘柚花。天下治安猶痛哭,南方卑濕漫傷嗟。霜寒廢閣啼妖鵩,日落荒庭集暮鴉。千載懷湘同有恨,賦成騷客鬢應華。

《晚晴簃詩匯》卷三二,第一冊,401頁

賈傅故宅 （清）顧嗣立

《治安策》上眾狺狺,謫向長沙卑濕濱。生遇漢文猶痛哭,放同屈子竟亡身。洪爐久已為銅炭,宣室何勞問鬼神。絳、灌不知才子貴,漫輕年少洛陽人。

《清詩別裁集》卷二三,下冊,403頁

和程奕先《長沙懷古》三首（其二） （清）王夫之

賈生請長組,歷歷少年情。為傅一蹉跎,嗟哉念生平。橛銜無早戒,引罪深幽明。鳥意何足述,生如片羽輕。長策垂太息,俟之來世英。知己誠見察,空際回霓旌。

《薑齋詩編年稿》,《王船山詩文集》下冊,390頁

賈　誼 （清）孫枝蔚

絳、灌居然是大臣,誰愁七國禍方新。功勳爭及河南守,門下先收第一人。

《溉堂前集》卷八,影印《溉堂集》上冊,408 頁

長沙吊賈誼宅 (清)黃遵憲

寒林日薄井波平,人去猶聞太息聲。楚廟欲呼天再問,湘流空吊水無情。儒生首出通時務,年少群驚壓老成。百世為君猶灑淚,奇才何況並時生。

《人境廬詩草箋注》卷八,中冊,766 頁

夜半前席 (清)褐 夫

賈生夜半邀前席,驚龍忘形異姓家。遲識死生榮辱理,空留《鵩賦》在長沙。

《古史詩針》,《戴名世集》附錄二,440 頁

賈 誼 (清)吳 綺

謫去長沙更不回,賈生空負漢廷材。當時絳、灌多英略,何處容君慟哭來。

《亭皋詩集》卷二二,《林蕙堂全集》,影印文淵閣《四庫全書》1314 冊

讀《賈誼傳》 (清)田 雯

服鳥長鳴遇合難,洛陽年少興闌珊。平生心事堪流涕,何用區區策《治安》。
累牘連篇上策難,長沙一去淚空彈。書生可怪真多事,已治安云未治安。

《古歡堂集》卷一四,影印文淵閣《四庫全書》1324 冊,167 頁

賈太傅祠 (清)查嗣瑮

陳書痛比秦庭哭,作賦情同楚奏哀。已遣長沙憂不返,如何宣室召空回。身逢明主猶嗟命,天奪中年亦忌才。此日題詩還下拜,也如君吊屈原來。

《清詩別裁集》卷一九,下冊,333 頁

賈太傅宅 (清)錢大昕

石床柑樹跡云徂,故宅猶傳賈大夫。世已治安偏上策,賢如絳、灌尚嫌儒。洛陽太守封章薦,宣室君王禮數殊。如此遭逢良不薄,未應問鵩寄揶揄。

《潛研堂詩集》卷七,《嘉定錢大昕全集》第一〇冊,120 頁

賈　　誼　　　　　　　　　　　　　　　（清）王鳴盛

年少陳書策治安，紛紛絳、灌任譏彈。日斜對鵩心多恨，造物可勞一控搏。

《西沚居士集》卷二四，《嘉定王鳴盛全集》第一一冊，379 頁

長沙謁賈誼祠　　　　　　　　　　　　（清）袁　枚

江口瞻遺廟，長沙最少年。才雖王者佐，運是漢家天。屈子堪同調，相如敢比肩？虛無宣室問，卑濕楚江遷。道大功臣忌，心孤鵩鳥憐。三湘知數盡，七國悟機先。漂泊傷靈化，穠華委逝川。綠蘿蟠敗壁，饑鼠拱殘筵。神鬼真無狀，風雲合有緣。長懷夫子哲，轉憶孝文賢。遇合終如此，功名更惘然。我來剛弱冠，流涕返吳船。

《小倉山房詩集》卷一，《小倉山房詩文集》第一冊，4 頁

再題賈太傅祠　　　　　　　　　　　　（清）袁　枚

一別先生五十年，洛陽年少也華顛。自憐枉受吳公薦，白首重來意惘然。
盡把封章奏玉階，一時絳、灌口難開。經生漢代知多少，屈指誰為王佐才？
多情容易損年華，一哭梁王壽竟差。若把湘蘭比君子，春風只發二分花。
事定方知石畫高，徙薪端不動弓刀。如何七國連兵日，不祀長沙一少牢？
一篇《鵩賦》斷聲聞，看破浮生水上雲。只恐魂歸還痛哭，千秋幾個漢文君？

《小倉山房詩集》卷三〇，《小倉山房詩文集》第二冊，841 頁

賈太傅　　　　　　　　　　　　　　　（清）胡天游

曠代憐才子，經時賦旱雲。楚騷兼與恨，《秦過》竟誰聞。萬里乾坤眼，三年草木群。蒼生屬相借，高論豈徒殷。

《晚晴簃詩匯》卷七二，第二冊，326 頁

賈太傅祠　　　　　　　　　　　　　　（清）李鑾宣

清風水面拂徐徐，太傅祠堂返照餘。文帝本為恭儉主，漢廷誰識《治安書》。生逢盛世才仍厄，天奪中年志未舒。我爇瓣香來下拜，何如君昔弔三閭。

《晚晴簃詩匯》卷一〇七，第三冊，119 頁

賈太傅祠 　　　　　　　　　　（清）楊季鸞

一篇《鵩鳥》歎文章，濯錦坊前吊夕陽。聞道絳侯高塚上，於今秋草亦荒涼。

《晚晴簃詩匯》卷一四〇，第三冊，673頁

自河南入關，所經皆秦、漢舊跡，車中無事，因倣香山新樂府體，率成十章·賈誼墓 　（清）洪亮吉

西京執戟郎，綠鬢忽已皓。太宗愛老臣乃少，武皇愛少臣復老。坐令人惜賈洛陽，懷奇亦不值武皇。灌嬰、周勃、噲伍耳，是老禿翁何足詳！長沙西來對宣室，漢皇才高殊自失。固知尚鬼由楚人，因從楚來詢鬼神。鬼神之言亦陳戒，漢庭惟生識成敗。君不見，微吟賈生賦，車過洛陽界，墳荒無人碑已壞。紛紛何況里中兒，我亦少年先下拜。

《卷施閣詩》卷二，《洪亮吉集》2冊，503頁

汪生彥和出元人畫二十幅，分賦其五·《賈誼上書圖》 　（清）洪亮吉

洛陽少年真可喜，長沙上書思治安。致君堯、舜固盛事，不問宰相皆材官。霸陵思治讓復再，德薄何能四三代。此時一官次鄧通，憔悴日值甘泉宮。無端鸮鳳引作侶，坐使謫來南中。君不見，南中還留屈原宅，千古萬古傷卑濕。斜陽何必鵩鳥飛，吊古寧同楚囚泣。孝文重道不重儒，孝武重儒誰上書。可憐牧豕亦作相，殿上挾策羞吾徒。如公季命關世數，經術寧同太常錯。卷圖不忍見橫流，中有沉湘一篇賦。

《附鮚軒詩》卷二，《洪亮吉集》第五冊，1928頁

賈　　誼 　　　　　　　　　　（清）樊增祥

洛陽少年漢庭臣，早日吳公識鳳麟。未必絳侯忌王佐，只緣黃、老棄儒人。長沙一去憐師傅，宣室重來訪鬼神。鬱鬱大梁傷墮馬，欲搴香草伴靈均。

《二家詠古詩》，《樊樊山詩集》下冊，1570頁

賈　　誼 　　　　　　　　　　（清）謝啟昆

懷才不遇望君門，哭泣無端吊楚魂。年少高陳《治安策》，夜深虛溯鬼神原。固知絳、

灌相傾軋，未必伊、周可並論。庚子日斜傷服鳥，單于五餌托空言。

《樹經堂詠史詩》卷一，影印《續修四庫全書》1458冊，508頁

賈　誼　（清）羅惇衍

雒陽人。文帝時，官太中大夫，出為長沙王太傅，後拜梁懷王太傅。卒，年三十三。

《治安》字字足千秋，更為元良策遠謀。但使東宮嚴保傅，孰云西漢遜商、周。對傷鵩臆梁王恨，嫉困蛾眉屈子愁。却怪說岩遷帝夢，積薪空復夢黃頭。

《集義軒詠史詩鈔校證》卷七，第一冊，196頁

讀史絕句二十一首·賈誼　（清）張之洞

遭逢聖主落江湘，年少多才豈不祥？自古孤根難獨任，堪嗟同姓楚蘭芳。

《張之洞詩文集》卷四，186頁

詠古詩十四首·賈誼　（清）張之洞

坎坷休怨漢文皇，絳、灌、樊、酈暗中傷。十卷《新書》多涕淚，三年謫宦戀巖廊。承平王佐殊無用，少小奇才定不祥。可惜未聞坡老靜，青楓湛湛滿沅湘。

《張之洞詩文集》卷九，329頁

七思并序·賈太傅誼　（清）尤侗

僕偃蹇邊關，淹留歲月。一官掣肘，十口捉衿。盛孝廉憂能傷人，楚公子憊謹謝客。窮魚堪賦，瘦馬獨吟。每值閒居，登高望遠。瞻京室之浮雲，睨舊鄉之芳樹，未嘗不悲歌徹座，涕淚沾衣。顧念生不百年，所懷萬緒。悒悒不樂，何以遣時？因追風人之言。一曰："我思古人，俾無訧兮。"再曰："我思古人，寔獲我心。"人生世上，逆境恒多，與時偕極，不自我始。怨者以之沉身，達者安焉肆志。今才不逮古，遇與之齊。樂天知命，雖或難之，亦惟反復往跡，差可自廣。作者七人，悠悠我思，各綴四言，述其本末云爾。

我思賈太傅，洛陽一少年。睥睨公卿上，痛哭天子前。長沙卑濕地，傷生私自憐。帝命妖鳥至，哀鳴弔其賢。

《右北平集》，《尤侗集》中冊，560頁

讀　　史（其五）　　　　　　　　　　　　　　　　　　　　　（清）王　軒

長孺感激士，漢廷賈生倫。戁聲憎左右，天子爲冠巾。不解結主歡，何能媚近臣。長沙豈不遇，流涕懷莫伸。本乏夸毘骨，白頭分沈淪。老才終曲全，寧不天地仁。銳進任當世，終難一蹶振。淮陽老典郡，亦復傷積薪。

《㮣經廬詩集》卷一，《續尤西堂擬明史樂府》（外二種），89頁

擬左太沖《詠史》，用其韻（其四）　　　　　　　　　　　　（清）莫友芝

我夢插兩翼，上與雲霞居。俛仰萬餘里，燦燦黃金衢。無端不得住，歸去守敝廬。耳中洞庭樂，風水猶笙竽。閉門理三徑，荆棘不通輿。阡陌何蕭條，時時見廢墟。陶句。賈生陳事執，慼慼寧此如。杞憂詎能已，痛哭徒區區。

《郘亭遺詩》卷三，《莫友芝詩文集》上册，308頁

讀《漢書》二詠·賈生　　　　　　　　　　　　　　　　　　（清）易順鼎

禮樂何時興，王霸徒參半。賢君祇黃老，名臣皆絳、灌。賈生年二十，痛哭漢廷來。天子雖言善，公卿豈愛才。虛承宣室問，不補長沙恨。前席鳳覽輝，寒林鵩憎命。明良非遽獲，時會還相扼。漢家年少人，更有南陽客。

《琴志樓詩集》卷五，第一册，246頁

續寓臺詠懷六首（其三）　　　　　　　　　　　　　　　　　（清）易順鼎

賈誼長沙已自傷，長沙今更隔瀟湘。玄蜂赤蟻蒼梧野，紫蟹黃魚白葦莊。海水似牆遮北極，火雲如蓋覆南荒。炎方怪底無冰雪，都作羈人鬢上霜。

《琴志樓詩集》卷一〇，第二册，626頁

詠古詩六十首，同樊山作·賈誼　　　　　　　　　　　　　（清）易順鼎

洛陽才子氣如蘭，來向西京策《治安》。黃老學興儒術廢，蒼生對易鬼神難。《過秦論》早哀前代，弔屈書還恨上官。痛哭文章誰用汝，祇應留作淚痕看。

《琴志樓詩集》卷一二，第三册，756頁

謁屈三閭、賈太傅祠　　　　　　　　　　（清）李　柏

日月經天星斗森,三光並曜二臣心。千秋痛惜孤忠死,一死谁知生到今。

《太白山人槲葉集・南遊詩草》,《陝西古代文獻集成》第 30 輯,280 頁

秦漢樂府・宣室問　　　　　　　　　　　（清）張　誠

洛陽少年識不足,孝文時勢猶痛哭。上書策,《治安》云,欲移風俗易服色,改正朔,定官名,興禮樂,紛紛變更何太速。帝若用賈生,泥古政必多反覆。髖髀斧斤發大難,身臂指使誰肯服。眾建諸侯削地同,他年鼂錯身為戮。帝前敢說植遺腹,委裘豈是國家福。平生動引筦子言,孔、墨並稱非正學。長沙投書吊屈原,自傷失職哀賦鵩。嗚呼生豈王佐才,孝文前席思深哉。不問蒼生問鬼神,帝但取生博且該。

《嬰山小園詩集》卷一五,《清代詩文集彙編》425 册,107 頁

後詠史四十首・賈長沙　　　　　　　　　（清）師　範

是何年少洛陽來,嘆息聲多亦費才。吊罷屈原宜有淚,賦成《鵩鳥》自生哀。長沙地窄人難舞,湘水春寒雁易回。前席已虛終未遇,不關絳、灌可相摧。

《泛舟吟摘鈔》卷上,《清代詩文集彙編》429 册,610 頁

漢臺詠史・賈太傅　　　　　　　　　　　（清）嚴如熤

洛陽年少重朝端,棄舊圖新自古難。三策未興周禮樂,千秋徒襲漢衣冠。孝王功大吳峰挫,文帝恩深絳獄寬。如此書生多至計,東陽底事不交歡。

《樂園詩稿》卷三,《清代詩文集彙編》455 册,164 頁

賈　誼　　　　　　　　　　　　　　　　（清）王廷紹

絳、灌班高頌太平,中朝無地著儒生。三湘獨接《離騷》怨,四海咸聞痛哭聲。作傳尚難登壽考,投書原不到公卿。却思夜半虛前席,謫宦千秋感聖明。

《澹香齋詩草》卷二,《清代詩文集彙編》472 册,342 頁

賈　　誼　　　　　　　　　　　　（清）鮑桂星

長沙不比汨羅冤，司馬爭教合傳論。謫去藩王仍避席，徵還天子尚臨軒。何來鵩鳥為人禍，不葬江魚實主恩。應惜少年情太激，一封流涕上危言。

《覺生詠史詩鈔》卷一，《清代詩文集彙編》476 冊，470 頁

朱宮傳石君師出使示讀史詩，
分詠《漢書》三十七首·賈誼　　　　（清）蔣　詩

賈生應議詔，年方二十餘。諸老不能言，代對意各如。博士亟超擢，歲中已大夫。改朔易服色，更制見復摅。文帝謝未皇，毀由灌、絳徒。遂出傅長沙，傷謫日欷歔。為賦吊屈原，鵩鳥止坐隅。復征對鬼神，夜半前席虛。疏列長太息，流涕痛哭俱。謂天下治安，非諛則已愚。賈生伊、管才，進為灌、絳沮。泊勃等逮系，拳拳陳良謨。守道何恩怨，賢者用心殊。不壽恆自傷，無狀蕡志徂。出未為不過，術疏訾《班書》。

《榆西僊館初稾》卷三一，《清代詩文集彙編》488 冊，460 頁

賈　　誼漢　　　　　　　　　　　（清）孫　珩

抱火何曾慮積薪，枉將清淚灑楓宸。漢廷無地容公輔，宣室空勞問鬼神。壽不中年天亦妒，策行死後志還伸。早知絳、灌難為害，休向昏朝吊放臣。

賈生為文帝痛哭，當時，帝亦自覺得不如是急，又性憚更張，非專絳、灌罪也。夫以誼與文帝前席夜半，而猶痛哭以死。然則昏庸如楚懷，其使靈均沉汨羅也，又何怪乎！

《歸田藳》卷一，《清代詩文集彙編》534 冊，459 頁

賈　　誼　　　　　　　　　　　　（清）張　澍

秀才古秖賈長沙，痛哭陳書絳、灌謗。不料梁王逢墮馬，翻憐屈子吊從蝦。笻樓局脚床痕滿，鵩集承塵日影斜。道上少人新雨後，宋忠問卜好同車。

《養素堂詩集》卷二五，《清代詩文集彙編》536 冊，271 頁

賈　　誼　　　　　　　　　　　　（清）陳其錕

前席虛聞帝受釐，此生遇合竟難知。才高豈必為時用，年少何因歎數奇。自古治安

堪涕淚,幾人清晏抱憂危。九州歷相非吾土,一吊三閭各有思。

《循陔集》卷四,《陳禮部詩稿》《清代詩文集彙編》536 冊,559 頁

讀《漢魏六朝人文集詩》一百首·賈长沙 （清）黃爵滋

六經垂治法,長沙抉其旨。訊原傷傺羈,問服審逝止。雖復短列侯,終然屈天子。

《仙屏書屋初集詩錄》卷四,《清代詩文集彙編》580 冊,270 頁

賈誼忌鵬 《史記》 （清）田依渠

爲吊屈靈均,行吟過楚澤。無端鵩鳥來,愁絕長沙客。

《茹古山房讀史餘吟》卷一,《清代詩文集彙編》639 冊,641 頁

賈　生 （清）秦　煥

鼂錯機謀好變更,危言憤事總書生。漢文若納長沙策,痛哭先招七國兵。

《劍虹居詩集》卷下,《清代詩文集彙編》675 冊,196 頁

詠史·賈誼 （清）孫國楨

分土推恩遏亂萌,《治安》長策漸施行。奇才欲老非無術,何必遷官遠帝京。

《愚軒詩鈔》卷下,《清代詩文集彙編》741 冊,357 頁

雜詩六首（其二） （清）王龍文

杜園賈誼空相謔,熱熟顏回忍自謾。夷惠今朝誰可否,置身材與不材間。

《平養詩存》卷下,《清代詩文集彙編》790 冊,365 頁

賈太傅祠 （清）譚宗浚

復古希隆盛,憂時策治平。可憐三代下,獨此一儒生。轉徙投荒恨,凄涼吊屈情。搆讒無絳、灌,禮樂起西京。

《荔村草堂詩鈔》卷二《出門集》,《清代詩文集彙編》763 冊,22 頁

讀《漢書》有感·賈誼　　　（清）吳翊寅

絳、灌同朝盡失驦,長沙遷謫主恩寬。漢家當日方隆盛,痛哭還聞策《治安》。

《曼陀羅花室詩》卷三,《清代詩文集彙編》776 冊,644 頁

讀《賈誼傳》　　　（清）阮　焱

得君如漢文,得臣如賈生。知而不見任,求賢徒具名。觀夫《治安策》,卓識光日星。激烈則有之,忠直誰復能。使其言果用,消變於無形。惜因絳、灌輩,不得居公卿。出為長沙傅,意計良獨深。湘江吊屈原,遷謫傷前型。所以哭泣死,終懷憂世心。志大而量小,持論猶未平。

《誰園詩鈔》卷二,《清代詩文集彙編》767 冊,664 頁

賈傅祠　　　（清）王采蘋

誰采蘋蘩薦賈生,荒祠卑溼楚王城。日斜鵩鳥流年感,月冷湘江萬古情。慟哭無人知遠見,《治安》有策答昇平。席前夜半君恩渥,小謫何妨澤畔行。

《國朝閨秀詩柳絮集校補》卷二五,第三冊,第 1135 頁

詞

又（念奴嬌）（之二）　　　（宋）張榘

三閭何在，把《離騷》細讀，幾番擊節。蘺蕙椒蘭紛江渚，較以艾蕭終別。清濁同流，醉醒一夢，此恨誰能說。忠魂耿耿，只憑天辨優劣。　　須信千古湘流，彩絲纏黍，端為英雄設。堪笑兒童浮昌歜，悲憤翻為嬉悅。三歎靈均，竟罹讒網，我獨中情切。薰風窗戶，榴花知為誰裂。

《全宋詞》第四冊，2679頁

水調歌頭·隱括《楚詞》答朱實甫　　　（宋）馬廷鸞

把酒對湘浦，獨吊大夫醒。當年皇覽初度，飲露更餐英。服以高冠長佩，扈以江蘺薜芷，禦氣獨乘清。誰意椒蘭蕫，從奧武關盟。　　哭東門，哀郢路，悄無寧。人世紛紛起滅，遺臭與留馨。一笑遠遊輕舉，三歎道長世短，晦朔自秋春。洗眼看物變，朝菌共靈椿。

《全宋詞》第五冊，3140頁

水龍吟·胥江競渡　　　（明）沈憲英

薰風池館新簧，荼蘼香盡驚梅雨。紈扇初裁，羅衣乍試，又逢重午。萬戶千門，遊人如蟻，爭懸艾虎。看碧蒲縈恨，紅榴沾醉，似續離騷舊譜。　　惆悵韶華易換，最關心、畫船簫鼓。當年沉水，今朝競渡，依然荊楚。抉目城邊，捧心臺畔，恨垂千古。霎時間，惟有清江一曲，綠簑漁父。

《全明詞》第五冊，2393頁

滿庭芳·午日感述　　　（明）尹耕

艾虎駈兵，彩絲續命，人間共羨韶光。嗟予凝絕，長抱傾心忙。對此綠蒲青艾，喜辟□、屏跡芳塘。乾坤真難即料，頃刻噪斜陽。　　靈均當日事，遺傳角黍，恨殺懷王。歎武關何在，湘水湯湯。甚處天晴雲歛，叫蒼梧、一訴靈皇。算只有，古今寬憤，懸火激肝腸。

《全明詞補編》上冊,423頁

漁家傲·漁父　　　　　　　　　　（清）尤侗

天下滔滔皆是也,風波滿地江河假。鼓枻行歌君莫訝。誰知者,《離騷》《莊子》吾其亞。二書皆有《漁父》一篇。　　一尺蓬舟雙槳打,綠簑青笠人如畫。潑刺黃魚穿柳掛。收綸罷,提壺閒共樵夫話。

《百末詞》卷三,《尤侗集》中冊,927頁

三臺·五日,吊屈大夫　　　　　　（清）汪價

嘆屈原今朝死忌,却當孟嘗生日。楚大夫、不及一田文,真冤了、懷沙俊筆。寒波裏、香草時相憶。料角黍、投之何益。待要取、楝葉朱絲,直將這、蛟龍恐嚇。　　既靈均獨清獨醒,惟有落英堪摘。與墨胎、伯仲餓西山,焚死共、介推寒食。沉湘千百載,更何處、可收得,三閭殘骼。空整頓、雷鼓雲旗,争飛逐、採鳧仙鶴。　　想忠魂高陟絳闕,休尋蠡宮螭室。采蓮歌、渾似唱離騷,喧轟地、偏生悲泣。大都是、荒唐成故事。小説家、怪語無實。難道把、艾虎蒲人,也流傳、汨羅遺迹。

《全清詞》順康卷第一冊,488頁

望湘人·戊子五日,吊三閭　　　　（清）王岱

念行吟有故,被放無聊,一齊都付湘渚。世上難容,黃泉仍妒。幾被蛟龍搏黍。楚些哀多,湘靈騷在,到今還苦。看汨羅、競渡争先,尤勝九招如許。　　誰識江山未老,奈人生不永,楚懷非古。任賢士讒人,一瞬但存黃土。芳杜怎似,艾蕭榮吐。天意分明無主。當年持此悟三閭,應不似,隨波漁父。

《全清詞》順康卷第一冊,577頁

前調（踏莎行）·飲酒讀《騷圖》　　（清）孫枝蔚

太白風流,靈均著作。兩賢萬古雞群鶴。餘人碌碌恥相師,尋嘗自怪吾輕薄。　　手把《離騷》,口啣杯杓。何妨任意成哀樂。輕將此事讓吾兄,誰知小弟心中怍。

《全清詞》順康卷第四冊,2141頁

前調(清平樂)·覽古(之三) （清）毛先舒

招魂無極。競渡傳南國。魂欲歸兮歸不得。江草至今含碧。　公子徒自勞思。美人渺渺何之。不在哀湘吊屈,體中好佩江蘺。

《全清詞》順康卷第四冊,2174頁

前調(萬年歡)·五日,讀《離騷》 （清）何　采

天問何爲,悵離憂怨誹,終古誰雪。祇歎眾人皆醉,余懷難發。誤信靈氛卜吉,倚閶闔、豐隆叫絶。羌能學、時俗脂韋,蹇修應愛柔骨。　《九章》《九歌》未歇。看黄鐘瓦釜,徒費區別。蟻視當年,令尹上官何物。贏得招魂競渡,狎浪裏、鮫綃龍襪。輸漁父、閑詠滄浪,笠烟蓑雨鉤月。

《全清詞》順康卷第八冊,4682頁

小重山·端午 （清）紀映淮

閑窗獨坐病餘身。驚聞畫鼓鬧、在河津。始知節屆佩符辰。彩絲繫、輸與少年人。　一歲一番新。年光催短鬢、暗傷神。感時懷古欲沾巾。湘江渺、何處吊靈均。

《全清詞》順康卷第九冊,5004頁

前調(風流子)·汨羅江懷古 （清）黄　垍

汨羅秋水闊,颶濤險、何處吊三閭。歎飲露餐英,高風歇絶,問天呵壁,舊跡荒蕪。料應是,騎鯨遊貝闕,佩玉友天吳。我説於今,鶴歸華表,誰云當日,骨葬江魚。　後人緣底事,龍舟競渡處,鼓枻喧呼。但恐靈均翻笑,兒女蠢愚。吊吊屈文成,湘纍可作,《招魂》賦就,江水應枯。彷彿波心如見,蘭佩瓊琚。

《全清詞》順康卷第一三冊,7447頁

齊天樂·端午雨 （清）蔣景祁

連綿梅雨交重五,榴紅半含將吐。恨斷沉湘,風餘競渡,酒醒一篇懷古。靈均太苦,只悵望王孫,行吟漁父。試問而今,幾番不是舊荆楚。　空遺怨情難數。對眼前風物,似續《騷》譜。自古如斯·干卿何事？偏覺安排没處。且簪艾虎。聽鶯啼深柳,一天無

暑。莫遣愁來,賺人腸斷句。

《全清詞》順康卷第一五冊,8756 頁

賀新郎·端午 （清）秦　濟

小院無塵務。正堂前、晶簾初捲,剛剛端午。蒲劍青青懸户牖,喜得榴花遍吐。早又是、扇搖清暑。膝下兒孫歡笑處,戴朱符、更臂纏紅縷。驚節變,快如許。　　而今遺俗包菰黍。笑當時、何人作俑,流傳千古。休問三閭沉淵事,聊自滿傾醁醑。熟讀那、《離騷》一部。競渡不聞蘭鷁杳,枉教人、夢斷河之滸。且隨意,卧村墅。

《全清詞》順康卷補編第三冊,1456 頁

倦尋芳·讀《離騷》有感　（清）秦　濟

讀罷《離騷》,喟然興嘆,幾番不快。澤畔行吟,料是懷王疏棄。朝飲木蘭憂世濁,夕餐秋菊愁人醉。傷心處,任杜蘅荃蕙,翻爲野艾。　　想當日、色荒鄭袖,譖惑椒蘭,宮庭都壞。惟彼儀行芳潔,思君憔悴。一自沉湘沉沒後,靈均魂散難招致。嘆一時、表表英華,與波共逝。

《全清詞》順康卷補編第三冊,1471 頁

念奴嬌·吊屈原,用東坡"大江東去"韻　（清）孔傳誌

冤沉江底,葬埋了,日月爭光人物。一自三閭遭放後,霸氣凋殘半壁。壯矣《離騷》,悲哉《天問》,心事如冰雪。滔滔湘水,至今英氣猶傑。　　若使魂放鞋招,當年楚些,宋玉何因發。遺俗爭傳投角黍,戰鬬蛟龍明滅。望盡南雲,湘靈空想像,遠山如髮。千秋事往,鵂鶹啼殺明月。

《全清詞》順康卷補編第四冊,2146 頁

湘春夜月·吊三閭　（清）楊士凝

自變風變雅之亡,而屈氏有騷風。詩關世運,此天地自然之音,後之擬作者皆非也。宋蘭臺同時弟子,《九辨》《招魂》,議者且謂去騷天壤。歐陽子云唐勒、景差猶未入室,況餘子乎? 至朱子削諫、懷、思、歎,所謂如無所疾病而呻吟者,又其下焉者也。今人未讀楚詞,而輒多擬作,概稱騷體,文章流弊,乃至此耶! 新鄉殷夢五序余詩穦,謂子長善說騷,而子美善言玉,不惟知言,且知人矣。妙合老人附記。

洞庭波,楚魂飛入悲風。莫辨沅沚湘蘭,都算是香叢。北渚美人含睇笑,壁間饒舌,不答虛空。謝滿堂窈窕,愁予自苦,無限愚忠。　　横江極浦,蘭旌桂枻,飄緲西東。衆醉難醒,何又向、澤中漁父,訾呰低篷。風謠鼻祖,振古音、群響皆聾。有弟子、賦荒臺雲夢。風流絶調,追得騷蹤。

《全清詞》順康卷補編第四册,2272頁

滿江紅·詠史(之二) 　　(清)黃立世

醉讀《離騷》,眼看著、文章無主。已拚得、臣言不用,臣將何補。山鬼年年悲夜月,湘蘭處處驚秋雨。儘靈均、呵壁問青天,天不語。　　女嬃姊,申申訴。漁人棹,悠悠去。看玄黃天地,長歌當哭。漫道金臺懸馬市,且將奇字供魚腹。問先生、何事最關心,終是楚。

《全清詞》雍乾卷第四册,1898頁

滿江紅·端午前二日,郡城外觀競渡 　　(清)汪　棟

憑弔汨羅,想投黍、楚江當日。問勝事、誰人作俑,流傳二小畢。緑岸艤舟簫管聚,輕波飛槳旌旗赫。却向他、鉦鼓鬧聲中,尋英魄。　　賢太守,張筵席。觀如堵,盈阡陌。知與民同樂,手頻加額。莫視官場如傳舍,興情易見今猶昔。看孤忠、千載動人思,留陳迹。

《全清詞》雍乾卷第六册,3417頁

前調(金縷曲)·觀競渡弔屈,再用前韻 　　(清)王　璐

水面皂車過。看撈櫂、黃頭十萬,那能安妥。唆得人情轟水戲,鼓棹速於星火。空攪碎、蘋花朵朵。千載靈均泉下嘆,嘆今朝、競渡寧關我。應自返,龍堂坐。　　汨羅投賦誰賡和。倚詞垣、莫將糠粃,向風揚播。半世瓊琴知者少,擬把吟腸封鎖。却又被、酒潮衝破。聊爲湘魂歌一曲,打蘭槳、銅斗敲歸可。江酒盡,憒騰臥。

《全清詞》雍乾卷第七册,3816頁

女冠子·端午 　　(清)彭景休

午光明媚。端然一度佳節,一番天氣。盡虛空界,夏雲冉冉,奇峰横翠。正薰風過

處,荷蓋綠搖,榴花紅曳。相逢好把,角黍菖蒲,重評世味。　乍江邊、簫鼓聲聲厲。是何年少,扮弄龍舟故事。三閭安在,只見風波裏,衆人皆醉。想當年澤畔,重違漁夫,獨醒一世。至今水底長眠,那管這般遊戲。

《全清詞》雍乾卷第九冊,5062頁

前調(沁園春)·《離騷經》跋　　（清）張　錦

書讀離騷,如霧如雲,遍滿重霄。孰青天能見,不為迷眩,遂疑信筆,汩汩滔滔。端緒難尋,亂絲百結,悶煞奇才具眼高,吾則謂,霧雲中夭矯,恰有龍蛟。　彭咸樹定準標。是下筆所以根苗。故言之不足,長言於始,長言不足,咨嗟於要。遺則願依,將從所止,中紐終歸意自昭。原何怨,原唯憂國甚,以死為逃。

《全清詞》雍乾卷第一〇冊,5782頁

前調(鷓鴣天)·讀《離騷》有感　　（清）戴　漱

千載孤忠寄所思。離騷憔悴楚江湄。章臺歌舞真遺恨,雲夢風煙吊豈知。　世皆濁,釀其醨。拚飼江魚不屑為。黃鐘棄無匡術,貴策何由可卜之。

《全清詞》雍乾卷第一三冊,7226頁

散天花·湘陰吊三閭大夫　　（清）黄湘南

一帶湘流繞縣城。千秋遺廟在、碧苔生。當年抱石有深情。懷王終不悟、枉留名。　謾說冤魂恨未平。孤忠原自盡、笑盈盈。江頭漁父棹初停。大夫難再見、有誰醒。

《全清詞》雍乾卷第一四冊,7762頁

酹江月·括《漁父》　　（明）吳　奕

屈原既放,正行吟澤畔,形容憔悴。為語江潭漁父道,我醒衆人皆醉。泥溷波揚,糟餔醨歠,何不隨流世。深思高舉,自令放也奚罪。　聞道新沐彈冠,更新浴者,必翩翩振袂。寧赴湘流魚腹,葬世俗塵埃難洗。漁父聞之,翻然莞爾,歌滄浪之水。笑而不答,刺船鼓枻而逝。

《全明詞》第三冊,1326頁

摸魚子·至元六年二月望日，登安陸白雲樓，樓今為分憲公廨。城中有楚大夫宋玉故宅與池，其井名琉璃，井有蘭臺故基

（元）宋褧

屹危闌、郢都西北，滔滔漢水南去。蘭臺陳跡何從訪，廢宅芳池凝竚。愁絕處。空只有、琉璃瞽井蛙聲聚。千年遺緒。邈白雪宮商，雄風襟量，恍惚可神遇。　英靈在，應念諸孫莽鹵，斯文徼福如許。蕙肴蘭藉椒漿奠，屈景幽魂同赴。驚節序。卻邂逅春深，不識悲秋苦。撫今懷古。漫醉墨淋漓，狂歌淒惋，和者應無數。

《全金元詞》下冊，1057 頁

巫山一段雲·宋玉

（清）孫永祚

十二峰頭小，雲踪盡可憐。峰峰低度枕函邊。宋玉也難眠。　濕透高唐館，分題夢雨篇。山高雲重阿誰憐。朝暮說神仙。

《全清詞》順康卷第一冊，249 頁

春風嬝娜·讀宋玉賦

（清）孔傳誌

想巫山雲雨，總是荒唐。擕枕簟，就襄王。論人天遙隔，鍾情何處，夢魂牽惹，事亦微茫。有客南來，道經巫峽，片石亭亭號女郎。秋草叢殘，解珮處、寒煙凝鎖合歡牀。才子當年賦此，微言諷諫，原非是、誨作淫荒。搴繡幰，見容光。瞥然一睹，去矣無方。暮暮朝朝，陽臺之下，曉風殘月，安用思量。如何錯認，與幽期一例，年年珠淚，滴滿湘江。

《全清詞》順康卷補編第四冊，2124 頁

卜算子·秋晚集杜句，吊賈傅

（宋）楊冠卿

蒼生喘未蘇，賈筆論孤憤，文采風流今尚存，毫髮無遺恨。　淒惻近長沙，地僻秋將盡。長使英雄淚滿襟，天意高難問。

《全宋詞》第三冊，1861 頁

滿江紅·賈誼故宅

(清)陳鍾岳

灌錦坊前,鎮門掩、瀟湘寒碧。又幾度,空林日落,承塵風急。世事祇今餘痛哭,江山自昔悲陳迹。怪當年,古井照愁深,莓苔漬！　　興亡感,治安策。殆天事,非人力。算遭逢,有道如君猶惜。宣室但承神鬼問,漢廷還見匈奴入。抱一腔、忠憤向誰論,書投汨。

《聽楓詞》,《清詞珍本叢刊》第一七册,639頁

曲

〔雙調〕殿前歡(之二)　　　　　　　　　　　　　　　　（元）貫雲石

楚懷王。忠臣跳入汨羅江。《離騷》讀罷空惆悵。日月同光。傷心來笑一場。笑你個三閭強。為甚不身心放。滄浪汙你。你汙滄浪。

《全元散曲》上冊，373 頁

過湘江吊屈大夫　　　　　　　　　　　　　　　　　　（明）梁辰魚

餘仲蔚云：伯龍素有奇分，千里之遊如在足下。明日告我泛鄂渚，遇洞庭，訪懷、襄於高唐，吊屈、宋於澧浦，以為異於古之左遷，豈不快哉。雖然楚人多哀，值此秋晏，君其奈何。君歸必挾勝語以廣我異聞，坐我叢蘭芳杜問也。因感斯言，乃有是作。

【南越調小桃紅】星沙舊國。羅水空江。極目多風浪也。為吊孤忠魄。迢遞下瀟湘。攜桂酒。奠椒漿。試問放何時。黜何方。魚腹是何年葬也。歲月沉淪徒想像。看煙水微茫。玉殿鎖荒涼。

【下山虎】江蘺漠漠。山樹蒼蒼。廟閴精靈肅。殘碑半疊砌傍。神何在。月冷蘭橈。香消藥房。應是魂兮歸故鄉。佩環時來往。雲慘江昏徒倚望。遺範空追想。落月屋樑。贏得年年薦客觴。

【蠻牌令】江燕語。集危檣。神鴉舞。送征航。千載遊魂招不返。只落得淚彷徨。況淒淒鵑啼廟口。更青青竹映船窗。挹清風山高水長。碌碌浮生。甚愧行藏。

【尾聲】孤臣自分波心喪。襄王何事夢中忙。至今遺笑。雲雨高唐。

《全明散曲》第二冊，2208 頁

〔南商調黃鶯兒〕懷古　　　　　　　　　　　　　　　（明）薛論道

誰不待侍明君。侍明君得顯親。奈何人海魚龍混。熏蕕莫分。玉石並焚。那時不用匡時論。歎忠臣。不達時務。千古吊湘魂。

《全明散曲》第三冊，2762 頁

〔北中呂朝天子〕述古人

(明)無名氏

屈原。命舛。懷忠正讒臣謗。唐虞盛治不再傳。思王道無由見。舉世獨清。執中無權。反能為漁父篇。可憐。大賢。死不肯隨機變。

《全明散曲》第四冊,4779 頁

〔南中呂駐雲飛〕(之二十三)

(清)俞 越

撰述叢叢,仰屋研求苦用功。采輯無時空,編纂還能總。嗏,元草付飄蓬,誰家醬甕?一卷《離騷》,只換端陽粽,君不見著作諸家總是空。

《全清散曲》中冊,1602 頁

〔雙調〕蟾宮曲·江陵懷古

(元)盧 摯

古荊州

慨星槎兩度南遊。想神女朝雲。宋玉清秋。漢魏名流。臨風吹笛。作賦登樓。誰學下宮腰種柳。又添些眉黛新愁。漁父回舟。應笑湘累。不近糟丘。

《全元散曲》上冊,124 頁

〔雙調〕蟾宮曲·長沙懷古

(元)盧 摯

潭州

朝瀛洲暮艤湖濱。向衡麓尋詩。湘水尋春。澤國紉蘭。汀洲搴若。誰與招魂。空目斷蒼梧暮雲。黯黃陵寶瑟凝塵。世態紛紛。千古長沙。幾度詞臣。

《全元散曲》上冊,125 頁

〔北中呂朝天子〕述古人

(明)無名氏

賈誼。為國。獻長策驚天地。君臣之際有間隙。上不能從其計。時務和他。明知相逢。愁無人扶漢室。太息。痛泣。都滴盡傷時淚。

《全明散曲》第四冊,4779 頁

呂不韋列傳

詩

詠《呂不韋列傳》

呂不韋列傳

（唐）司馬貞

不韋釣奇，委質子楚。華陽立嗣，邯鄲獻女。及封河南，乃號仲父。徙蜀懲謗，懸金作語。籌策既成，富貴斯取。

《史記索隱》卷三〇,480頁

詠呂不韋

讀　史　　　　　　　　　　　　　　（宋）陳　宓

巧哉呂相國，千金買名姬。設計售子楚，自詫居貨奇。一死博富貴，大黠寧非癡。人力信莫及，天道吾不欺。

《全宋詩》卷二八五二，54 册，34002 頁

呂不韋　　　　　　　　　　　　　　（宋）劉克莊

豫建無長慮，旁窺有販心。絕嬴由呂相，繼馬乃牛金。

《全宋詩》卷三〇四七，58 册，36341 頁

呂不韋　　　　　　　　　　　　　　（元）徐　鈞

謀立儲君進孕姬，巨賈販鬻巧觀時。十年富貴隨輕覆，奇貨元來禍更奇。

《全元詩》第 7 册，282 頁

呂不韋　　　　　　　　　　　　　　（元）侯克中

七國紛紛走戰塵，是非顛倒亂天真。老商正欲居奇貨，太子適來求美人。穢德豈宜稱仲父，狡謀殊不鑒春申。利之為物誠何物，解買嬴秦作呂秦。

《全元詩》第 9 册，14 頁

文信侯　　　　　　　　　　　　　　（元）楊維楨

太史公議不韋，以孔子之所謂"聞"者，非所以議。不韋，翟大賈，以子楚奇貨，一鈞得國相，封侯食邑，而又進詐腐，以蓋己禍。事益露，而禍益甚。太后待死于雍，賴齊焦一言，丞返南宮。而仲父之狡終疑之，賜書詰責，逼死於蜀。嗚呼，鈞奇之禍，一至此哉！余為文信侯賦翟大賈詞。

翟大賈，貨阿楚，邯鄲女生子，十三繼阿楚。翟大賈，尊仲父。皇假父。匿子宮中躡其後。吋户。匹夫一語還子母，河陽邑封十萬户。呂母冢，邙之西，芷陽相接草萋萋，行人

尚點不韋妻。

《全元詩》第 39 冊,163 頁

邯鄲賈
(明)李東陽

邯鄲奇貨千金抵,陽翟賈兒雙睥睨。掌珠飛墜華陽宮,宮中老蚌氣如虹。關門不開玉符剖,秦人河山趙人手。邯鄲種玉玉不死,移向宮中生玉子。長安寶氣橫九州,賈兒身貴封為侯。匹夫懷玉尚不可,何怪貪兒死奇貨。

《擬古樂府》,《詩前稿》卷一,《李東陽集》第一冊,12 頁

讀史六十四首(其十三)
(清)洪亮吉

萬卷先從客舍儲,撰成《八覽》紀乘除。笑他只善居奇貨,也學虞卿強著書。

《更生齋詩》卷八,《洪亮吉集》第三冊,1395 頁

讀《史記》四首·居奇貨
(清)洪亮吉

善釣奇,釣一時,陶朱猗頓富不貲。不知善釣奇,亦可釣萬祀。生兒已作秦始皇,一世二世至萬世。又不見奇貨居,奇禍來,遷蜀萬口何累累!富欲貧,何可得,不如周赧王,避債臺中作安宅。

《更生齋詩續集》卷八,《洪亮吉集》第四冊,1648 頁

呂不韋
(清)徐公修

居為奇貨好生涯,進獻朱姬私望賒。陰納異人資計畫,號稱中父極榮華。相門富養三千客,食邑豪封十萬家。《呂氏春秋》裒大集,懸金一字莫刪加。

《史記百詠》卷一,《讀史千詠》,《史記研究文獻輯刊》13 冊,453 頁

邯鄲雜詩(其二)
(清)王 軒

荒烟路遶古叢臺,北里清歌趙瑟哀。千載賈人矜射利,蚌珠曾孕祖龍來。

《耨經廬詩集》卷二,《續尤西堂擬明史樂府》(外二種),103 頁

陽翟賈《史記》

（清）陳啟疇

秦呂不韋以千金贈異人，入秦，因說華陽夫人立異人爲嗣。

陽翟販夫世希有，獨載奇貨向西走。人間寶藏都不收，百二河山暗入手。甘言便已傾華陽，一擲千金本尋常。邯鄲買花花貌美，飛向秦宮花結子。柏翳之鬼先餒死，妙算遂令嬴祚移。李園女弟進春申，亡楚不如呂亡秦。

《詠史擬古樂府》卷上，《清代詩文集彙編》450冊，152頁

曲

〔雙調〕蟾宮曲·潁川懷古·潁州　　(元)盧摯

笑邯鄲奇貨難居。似幄幄功成,身退誰歟。潁水東流,嵩嶽西去,臨眺躊躇。記遊宦三川故都,盡龍門風物何如。吾愛吾廬,欲倩林泉,納下樵漁。

《全元散曲》上册,121 頁

刺客列傳

詩

詠《刺客列傳》

刺客列傳　　　　　　　　　　　　　　（唐）司馬貞

曹沫盟柯,返魯侵地。專諸進炙,定吳篡位。彰弟哭市,報主塗廁。刎頸申冤,操袖行事。暴秦奪魄,懦夫增氣。

《史記索隱》卷三〇,480 頁

結襪子　　　　　　　　　　　　　　　（唐）李　白

燕南壯士吳門豪,筑中置鉛魚隱刀。感君恩重許君命,太山一擲輕鴻毛。

《全唐詩》卷一六三,5 冊,1694 頁

刺　　客　　　　　　　　　　　　　　（宋）劉克莊

不了一毫事,空捐七尺軀。陶惜其人沒,雄纔以盜書。自注:《法言》,若荊軻,君子盜諸。

《全宋詩》卷三〇七九,58 冊,36740 頁

八客詠·刺客　　　　　　　　　　　　（明）孫　樓

罷酒束戎裝,追風鳥共同。九關嚴甲帳,一拊瑣胡床。芒刄血猶濕,英名骨亦香。歸來報知己,先獻髑髏裝。

《孫百川先生文集》卷一一,《四庫全書存目叢書》集部第 112 冊,708 頁

詠史一百首(其二十九) （明）謝肇淛

荆卿欲待客,太子中見疑。驅車不復顧,祖道已沾衣。咄彼秦舞陽,曾不如盲離。濡縷不即剚,生劫將何為?政鶩非桓仁,曹沫安所施?軻死自其分,丹亡寧足悲?柱死二壯士,田光、樊於期。烏白馬生角,此恨消何時?

《小草齋詩集》卷六,《小草齋集》上册,710 頁

刺客四詠 · 筑 （明）楊 基

朝擊無秦聲,暮擊皆死曲。誰知腹中鉛,矐却壯士目。

《眉庵集》卷一〇,263 頁

和楊禮曹刺客三詠 · 筑 （明）高 啟

主醉不知音,庭前殺聲起。勿輕無目人,能為有心鬼。

《高青丘集》卷一六,下册,673 頁

刺客四詠 · 匕首 （明）楊 基

秋啼聶政魂,寒漬荆軻血。報讐兼報恩,刺人還自殺。

《眉庵集》卷一〇,263 頁

和楊禮曹刺客三詠 · 匕首 （明）高 啟

購自徐夫人,欲揕秦皇帝。銅柱火光飛,奇鋒非不利。

《高青丘集》卷一六,下册,673 頁

詠史詩(其三) （清）李咸齋

智允叩馬諫,豫讓伏橋刺。明明殺我人,各各許以義。嚴遂報私怨,聶政墮其計。犧牛被文繡,弭耳就死地。

《附咸齋詩》,《魏叔子詩集》卷四,《魏叔子文集》下册,1266 頁

讀史六十四首(其十)   （清）洪亮吉

一椎一筑一匕首,三客果誰能策勳。滄海君來亦無用,先知獨讓澠池君。

《更生齋詩》卷八,《洪亮吉集》第三冊,1394 頁

詠史詩十二首(其四)   （清）洪亮吉

琴操聶政婦,史記豫讓妻。既得配烈士,名與日月齊。

《更生齋詩續集》卷六,《洪亮吉集》第四冊,1731 頁

讀《史記·刺客傳》   （清）康有為

封狼當道狐憑社,竟賣中原起沸波。遷史憤心尊聶政,泉明詩詠慕荊軻。要離有塚誰能近,博浪無椎可奈何！羞甚蒼生四百兆,豈聞一客劍橫磨。

《須彌香亭詩集》,《康南海先生詩集》卷六,228 頁

詠豫讓

預(豫)讓橋　　　　　　　　　　（唐）胡　曾

預(豫)讓酬恩歲已深，高名不朽到如今。年年橋上行人過，誰有當時國士心。

《全唐詩》卷六四七，19 册，7424 頁

豫　讓　　　　　　　　　　　（唐）吳　融

韓、魏同謀反復深，晉陽三板免成沉。趙衰當面何須恨，不把干將訪負心。

《全唐詩》卷六八五，20 册，7875 頁

豫　讓　　　　　　　　　　　（唐）周　曇

門客家臣義莫儔，漆身吞炭不能休。中行、智伯思何異，國士終期國士酬。

《全唐詩》卷七二八，21 册，8343 頁

豫　子　　　　　　　　　　　（宋）劉克莊

紛紛荆、聶輩，猶有利而為。智氏已無後，先生欲報誰。

《全宋詩》卷三〇四六，58 册，36327 頁

感古十首(其三)　　　　　　　　　（宋）胡仲弓

豫讓口吞碳，智伯頭已漆。報仇須及晨，安用詐行乞。飲器骨已枯，瘖啞特小術。壯士死於義，千古猶一日。棄主事仇人，萬死奚足恤。

《全宋詩》卷三三三五，63 册，39741 頁

豫讓四首　　　　　　　　　　　（宋）陳　普

義士忠臣不二君，漆身吞碳欲成仁。若謀委質求親幸，又抱奸心賊大倫。
幾多勵節與輕生，猶有絲毫在利名。青史千年惟豫子，誠心大義最分明。

荀息無裨晉獻公,豫生如許智宗空。古人才德難求備,大節初心要始終。

三晉崢嶸虎戰墟,中涓學語正坑儒。石家禮法從何出,甲乙諸郎盡鯉趨。原按:末一首似詠石奮。

《全宋詩》卷三六五〇,69 冊,43792 頁

題豫讓橋 　　　　　　　　(元)王　惲

死堅鐵石表孤忠,一水曾蟠萬丈虹。太史注書隨俠例,豈知風義本無同。

《全元詩》第 5 冊,420 頁

《豫讓邀襄子圖》 　　　　　(元)王　惲

智氏頭顱到溺旋,趙襄謹避墮空然。若圖伯也非常報,合有嘉謀在死前。
一言感激命為輕,九死酬恩不為名。千古晉陽橋下水,不應嗚咽恨無成。

《全元詩》第 5 冊,528 頁

豫　讓 　　　　　　　　　(元)徐　鈞

君侯待我異中行,宗祀何期遽覆亡。一死誰言無所為,主知深處自難忘。

《全元詩》第 7 冊,281 頁

豫　讓 　　　　　　　　　(元)宋　无

遇我從來國士希,報讎伏劍未為非。儻逢智伯重泉下,莫訴讎深但擊衣。

《全元詩》第 19 冊,411 頁

豫讓橋 　　　　　　　　　(元)李齊賢

一片荒橋石,誰留國士名。山含千載憤,日照九泉誠。不為恩難報,徒求事易成。此言真有激,邪佞合心驚。

《全元詩》第 33 冊,324 頁

豫讓橋 　　　　　　　　　(元)錢　宰

太行之西,古有豫讓橋。我昔過其地,馬嘶不敢驕。黃雲暗天雪欲飄,白日慘慘風蕭

蕭。薄寒中人思栗憭,烈氣黯黯莿晴霄。豈其鬼不死,精爽若可招。我思趙襄子,既滅智伯瑤。朝焉漆其頭,暮焉褻以溺。讓也憤知己,怵焉思報仇。千金買匕首,變姓為刑囚。入宮塗廁逞雄略,誓刺趙孟不得成其謀。脫身幾何時,忠義慨莫酬。鬚髮脫落癩以松,口吻吞炭聲啞嘔。變形行丐妻不識,仗劍伏匿橋之幽。一朝襄子駕車出,駟馬駭躍驚鑾鑣。於焉重歎息,豫子誠好修。智伯死無後,而子為復讎。我方義爾不爾尤,爾不我刺將何求。暗嗚叱吒索趙裘,拔劍三斫血為流。反手自刭委道周,下報智伯死即休。噫戲呼!豫橋黃草煙未消,中條積翠高嶕嶢。我思昔遊心搖搖,披圖為爾歌長謠。嗟哉！趙孟不再脫爾死,要使萬古貞烈齊中條。

《全元詩》第 41 冊,194 頁

雜詩十首(其七)　　　　　　　（元）陳　高

豫讓感智伯,報之以國士。吞炭思報讎,高誼照青史。丈夫千金軀,一死為知己。獨憐齊王橫,眾客寧同死。

《全元詩》第 56 冊,255 頁

豫讓橋　　　　　　　　　　　　（元）張　丁

豫讓橋邊楊柳樹,春至年年青一度。行人但見柳青青,不問當時豫讓名。斯人已往竟千載,遺事不隨塵世改。斷碑零落野苔深,誰識孤臣不二心。豫讓橋,路千里,橋下滔滔東水逝。看世上,二心人,過此多應羞愧死。

《全元詩》第 62 冊,452 頁

過豫橋　　　　　　　　　　　　（明）馬　理

客伴先驅不可招,北風凜凜路迢迢。衰楊枯木離人淚,匹馬登登過豫橋。

《谿田文集》卷一〇,《陝西古代文獻集成》第 17 輯,541 頁

豫讓橋懷古　　　　　　　　　　（明）于　謙

豫讓橋邊策馬過,當年意氣未消磨。人臣報主宜如此,死不成功可奈何。

《忠靖集》卷一一,影印文淵閣《四庫全書》1240 冊,379 頁

國士行 　　　　　　　　　　　　　　　　　　　　　　（明）李東陽

漆為癩,炭為啞,彼國士,何為者？趙家飲去声。器智伯頭,一日事作千年仇。報君仇,為去声。君死,斬仇之衣仇魄褫,褫,奪。臣身則亡心已矣。

《擬古樂府》,《詩前稿》卷一,《李東陽集》第一冊,9 頁

過豫讓橋 　　　　　　　　　　　　　　　　　　　　（明）張　銓

朔風燕丹滿邢關,烈士千秋去不還。料得復讎遺恨在,至今橋下水常寒。
臣主誰無國士知,捐軀寧必論恩私。可憐同是為君□,不死當年誰地時。

《張忠烈公存集》卷八,《四庫禁毀書叢刊》集部 77 冊,393 頁

豫讓橋 　　　　　　　　　　　　　　　　　　　　　（明）王　寅

北遊向燕冀,午過長河橋。橋聞賣瓜婦,振策驚回鑣。四顧意悽愴,炎天變瀟條。一刺不見縛,再刺報愈堅。雖受義士憐,誓死心斯安。馬亦識餘意,戀戀不肯前。系馬買濁酒,臨風莫一斗。環立道上人,長呼泉下友。豫讓名常存,智伯賴有後。

《十岳山人詩集》卷一,《四庫全書存目叢書》集部 79 冊,159 頁

鄉賢十詠·豫讓 　　　　　　　　　　　　　　　　（明）何東序

馬行信蹇蹶,日影緩轡陶。斷虹委夙莽,徘徊氣欲驕。停鞭問遺老,乃稱豫子橋。癩身土易蝕,瘖啞炭難銷。青玕尚殉友,赤膽可無熛。千秋如有待,悲風怒長號。荀息圭非擬,王燭樹不彫。異代行同轍,視死俱鴻毛。高車盛題柱,浮名佟世豪。倘沮伏橋節,丁公亦幸逃。

《九愚山房詩集》卷二,《四庫全書存目叢書》集部 126 冊,635 頁

豫讓橋 　　　　　　　　　　　　　　　　　　　　（明）袁中道

清流漸涸見蒲根,吞炭先生跡尚存。委質自然輕一死,何須國士始酬恩。

《珂雪齋集》卷八,上冊,376 頁

豫　讓 　　　　　　　　　　　　　　　　　　　　（明）李夢陽

士有氣相感,殺身酬所知。伯氏既謝世,族姓無孑遺。噬炭甘若飴,漆身亮何為？生

既荷君遇,没敢求君知。仇聞再三歎,攬淚惠新衣。玉劍四五動,左右神為摧。愴哉彼流水,迄今為鳴悲。行路佇歎息,芝蘭繞墳基。人生固有畢,節義誠難虧。

《李夢陽集校箋》卷九,第一冊,212頁

豫國士　　（明）呂　坤

身可漆,炭可吞。啞癩何足辭,難酬國士恩。君頭為飲器,安用我頭存。橋下廁中誰在此,義士甘心趙襄子。君不見東鄰再嫁妻,能為後死夫。

《列朝詩集》丁集卷一一,第九冊,5195頁

十二快·趙襄子殺智伯,漆其頭為酒器　　（明）茅元儀

翠旗豹幄夜光明,昨醉賓筵今作觥。瀝盡千巡心不滅,魏、韓酒畔自怦怦。

《石民橫塘集》卷二,《四庫禁毀書叢刊》集部110冊,208頁

詠史一百首(其二十一)　　（明）謝肇淛

烈士報知己,一死良不惜。蓋臣為國謀,救過防其賊。瑤也胡不仁,耽耽忘禍疾。智國弗見庸,綈疵空憂色。嗟彼國士知,四顧無長策。飲器已入趙,漆身終何益？地下可相從,此心洵不易。寄語范、中行,無為相王客。

《小草齋詩集》卷六,《小草齋集》上冊,708頁

雜詩十四首(其七)　　（明）王九思

豫生狗智伯,子房報韓仇。斬衣死趙襄,紆策植炎劉。成敗固有殊,雅志各能酬。青史垂嘉名,千秋耿未休。彎弓射其師,歎息逢蒙儔。

《渼陂集　渼陂續集》卷二,《陝西古代文獻集成》第9輯,第67頁

國士橋　　（清）王士禛

國士橋邊水,千年恨未窮。如聞柱厲叔,死報莒敖公。

《漁洋續詩集》卷三,《王士禛全集》第一冊,729頁

豫讓橋　　（清）查慎行

趙入宮,臣廁中。趙乘馬,臣橋下。區區欲報國士知,可憐一死何能為？君不見,博

浪一椎雖不中,置身事外非無用。

《遊梁集》,《敬業堂詩集》卷二〇,中冊,553頁

豫讓橋　　　　　　　　　　（清）計　東

秋盡蓬山慘不驕,流泉夾岸夕陽遙。傷心國士酬恩地,瘦馬單衫豫讓橋。

《晚晴簃詩匯》卷二七,第一冊,341頁

豫讓橋　　　　　　　　　　（清）李孚青

女為悅己容,士為知己死。壯哉一豫讓,乃能達斯旨。吞炭復漆身,忠烈忘妻子。國士與眾人,豈曰可方比。斬衣志未成,報智亦足矣。荒橋舊址空,流水只如此。至今太行雲,猶作劍鋒氣。

《晚晴簃詩匯》卷四七,第一冊,637頁

國士橋　　　　　　　　　　（清）李重華

南登國士橋,乃得豫子碑。豫子報智瑤,因難始見奇。身死匪立名,志各有所為。愧彼懷貳心,萬苦安足辭。佳哉趙襄子,意實終始之。劍擊號者三,壯士俱揚眉。精誠感冥默,衣血為淋漓。忠臣值賢主,名義兩不虧。吾嗤馬子長,刺客相等夷。斯人今則亡,事與曠日垂。酹酒欲憑吊,乘傳方飆馳。橋邊嗚咽水,千載流酸悲。

《晚晴簃詩匯》卷六六,第二冊,234頁

過豫讓橋　　　　　　　　　　（清）周天度

知己由來異感恩,此心難與眾人論。野橋嗚咽聞流水,疑有當年國士魂。

《晚晴簃詩匯》卷八一,第二冊,477頁

豫讓橋　　　　　　　　　　（清）龔景瀚

志士各有立,處死焉能同。當時百里奚,亦不殉虞公。況復晉君在,虛器擁宮中。智氏非其主,安得云效忠。士為知己死,朋友理尚通。榮枯不改節,此事固足風。若云君臣義,天地相始終。寧論知不知,報施說亦窮。厲叔雖忼慨,憤懟非靖共。一死良為難,惜哉言不衷。

《晚晴簃詩匯》卷九四,第二册,680頁

豫讓橋 （清）王錫九

一溪煙樹冷蕭蕭,殘魄憑誰唱《大招》。終古英雄無片壤,祇今國士有遺橋。生逢知己身何惜,死為酬恩淚不消。千載汾河嗚咽水,西風吹作越江潮。

《晚晴簃詩匯》卷一三七,第三册,617頁

豫　讓 （清）俞體瑩

知遇恩深一死輕,擊衣濺血足心驚。龍門取合《荆軻傳》,孤負千秋義士名。

《晚晴簃詩匯》卷一九四,第四册,827頁

豫　讓 （清）錢大昕

有死讎當報,無成志亦雄。誰能知國士,元在眾人中。

《潛研堂詩續集》卷二,《嘉定錢大昕全集》第一〇册,13頁

國士橋 （清）洪亮吉

智宗已滅誰報仇,趙人乃漆智伯頭。漆頭何為作飲器,臣亦漆身甘作厲。漆能變體炭變音,所不能變惟其心。咄哉劍術非不精,離橋數尺馬已驚。嗟嗟原過生,不若豫讓死。中都祠荒澤水泚,千載石橋名國士。

《卷施閣詩》卷六,《洪亮吉集》第二册,580頁

豫　讓 （清）羅惇衍

晉人。仕於智伯,後為其報讎,伏劍而死。

眾人國士論施報,智伯、中行自深淺。一死甘從知己死,二心將愧事君心。請衣如願身悲躍,吞炭成聲口苦瘖。雪憤莫稱頭漆快,古來橋廁有人尋。

《集義軒詠史詩鈔校證》卷二,第一册,49頁

預讓橋 （清）王　軒

主頭漆作器,臣身漆作厲。士各有志為其難,委曲焉能求事濟？何物女子能識音,吞

炭變音不變心。石氣棱棱腹中飽,剛腸化作百煉金。入廁心動橋驚馬,臣當再死君再赦。伏劍一死臣自甘,但惜主仇無報者。素衣朱宵來馬頭,國士見衣如見讎。一躍一擊一出血,墨車從此無再周。臣心已盡仇人服,故主重泉應閉目。五尺坐看血流紅,趙士聞之同日哭。荒橋流水空嗚咽,恩怨千載那能滅。征馬踟躕不敢過,壯士危冠怒指髮。吁嗟讓也真國士,戰國紛紛安有此?豈真駿骨重千金,未免鴻毛輕一死。乃知三晉多奇人,吳宮燕市皆非真。君不見五世相韓婦女貌,博浪一椎讐竟報。

《耨經廬詩集》卷二,《續尤西堂擬明史樂府》(外二種),106 頁

國士橋　　　　(清)王　軒

中行眾人遇國士,國士眾人報中行。智伯國士遇國士,國士曾不救智亡。萬古子臣有經義,區區何敢恩仇計。懷沙顑頷當泣歌,放野流離豈怨懟。惜哉國士未聞道,祇將一劍酬恩了。眼見車中肘踵接,前籌盡效孺子躡。不然讓特俠士流,晚蓋胡顏甘事仇。突鬢曼胡衣短後,指嗾豪門效雞狗。枯骨高高已築臺,之而冉冉丹青開。生馬真龍焉肯至,翩翩公子且相士。

《耨經廬詩集》卷四,《續尤西堂擬明史樂府》(外二種),139 頁

古義士橋　　　　(清)王　軒

主仇義當報,豈曰顧私恩。滿眼盡才俊,何能不眾人。

《耨經廬詩集》卷六,《續尤西堂擬明史樂府》(外二種),225 頁

詠　史(其三)　　　　(清)殷如梅

臣主以義屬,犬馬國人酬。豫讓明此意,猶能一報讎。

《緣滿山房集》丙二,《清代詩文集彙編》438 冊,696 頁

豫讓吞炭《戰國策》　　　　(清)田依渠

不殺趙襄子,於心終不甘。可憐仇未報,吞炭已難堪。

《茹古山房讀史餘吟》卷四,《清代詩文集彙編》639 冊,657 頁

詠聶政

聶 政　　　　　　　　　　　　　　　　　（元）徐　鈞

為母辭金義且仁，却甘為盜忍輕生。若非有姊揚風烈，千古誰知壯士名。

《全元詩》第 7 冊，281 頁

聶政篇　　　　　　　　　　　　　　　　（元）楊維楨

齊國壯士儕要離，念母與姊生慈悲，既而母死姊同屍。烏乎丈夫一死泰山重，胡為輕付市井兒。

《全元詩》第 39 冊，9 頁

聶 政　　　　　　　　　　　　　　　　　（明）朱察卿

殺人避仇事屠狗，軹里齊人恥曹耦。仲子知君心獨厚，上堂千金為毋壽。丈夫貧賤世所輕，有材卓詭難知名。一朝交結齊公卿，報恩誰不捐吾生。若令韓相為仲子，政亦能為韓相死。

《朱邦憲集》卷一，《四庫全書存目叢書》集部 145 冊，598 頁

聶政墓　　　　　　　　　　　　　　　　（明）謝　榛

軹里空餘鳥雀愁，依然落日對荒丘。丈夫一諾輕生死，浩歎風前萬木秋。

《謝榛全集》卷二〇，693 頁

聶政墓　　　　　　　　　　　　　　　　（清）田　雯

軹城南畔冢累累，中有韓庭刺客碑。小鳥亂啼流水過，數聲聽似聶嫈悲。

《古歡堂集》卷一四，影印文淵閣本《四庫全書》1324 冊，178 頁

聶　政　　　　　　　　　　　　　　　　　　　　　　　（清）羅惇衍

河内人，所居在軹深井里。為友嚴遂報讎而死。

狗屠何枉列卿車，百鎰黃金禮意加。仗劍可憐終有姊，鼓刀奚至歎無家。睢眥積忿新交締，齊、楚同聲壯士誇。從此韓邦傳勝概，祖龍褫魄博浪沙。

《集義軒詠史詩鈔校證》卷三，第一册，89頁

聶　政　　　　　　　　　　　　　　　　　　　　　　　（清）王廷紹

愁雲猶罨濮陽城，謝却車徒仗劍行。相國頭顱輕俠累，夫人匕首愧荆卿。家辭黃土思親淚，市有紅顔哭弟聲。贏得韓邦傳意氣，子房博浪亦奇名。

《澹香齋詩草》卷二，《清代詩文集彙編》472册，341頁

聶　政　　　　　　　　　　　　　　　　　　　　　　　（清）鮑桂星

刺客區區死殉名，就中憐爾最錚錚。此身有母千金重，他日無家一劒輕。抆血青娥呼軹里，垂虹白日貫韓城。不知嚴仲何睚眦，苦向天涯締友生。

《覺生詠史詩鈔》卷一，《清代詩文集彙編》476册，468頁

聶　政　　　　　　　　　　　　　　　　　　　　　　　（清）張　澍

廣庭直入刺韓傀，事比荆卿實伎哉。七載學琴良自苦，一朝皮面劇堪哀。驕陽虹貫天容變，曉市霜飛姊哭來。嚴仲此時應自慶，千金不費去嫌猜。

《養素堂詩集》卷二五，《清代詩文集彙編》536册，270頁

詠荊軻 附燕太子、田光、樊於期、秦武陽、高漸離

詠史詩二首（其二） （三國魏）阮 瑀

燕丹善勇士，荊軻為上賓。圖盡擢匕首，長驅西入秦。素車駕白馬，相送易水津。漸離擊筑歌，悲聲感路人。舉坐同咨嗟，歎氣若青雲。

《魏詩》卷三，《先秦漢魏晉南北朝詩》上冊，379頁

詩 （三國魏）王 粲

荊軻為燕使，送者盈水濱。縞素易水上，涕泣不可揮。

《魏詩》卷二，《先秦漢魏晉南北朝詩》上冊，366頁

詠荊軻詩 （晉）陶淵明

燕丹善養士，志在報強嬴。招集百夫良，歲暮得荊卿。君子死知己，提劍出燕京。素驥鳴廣陌，慷慨送我行。雄髮指危冠，猛氣沖長纓。飲餞易水上，四座列群英。漸離擊悲筑，宋意唱高聲。蕭蕭哀風逝，淡淡寒波生。商音更流涕，羽奏壯士驚。公知去不歸，且有後世名。登車何時顧，飛蓋入秦庭。凌厲越萬里，逶迤過千城。圖窮事自至，豪主正怔營。惜哉劍術疏，奇功遂不成。其人雖已沒，千載有餘情。

《晉詩》卷一六，《先秦漢魏晉南北朝詩》中冊，984頁

賦得荊軻詩 （南朝陳）周弘直

荊卿欲報燕。銜恩棄百年。市中傾別酒，水上擊離絃。匕首光凌日，長虹氣燭天。留言與宋意。悲歌非自憐。

《陳詩》卷二，《先秦漢魏晉南北朝詩》下冊，2466頁

賦得荊軻詩 （南朝陳）陽 縉

函關使不通。燕將重深功。長虹貫白日，易水急寒風。壯髮危冠下，匕首地圖中。

琴聲不可識。遺恨沒秦宮。

《陳詩》卷六,《先秦漢魏晉南北朝詩》下册,2558頁

于易水送人　　　　　　　　　　　　　　（唐）駱賓王

此地別燕丹,壯髮上沖冠。昔時人已沒,今日水猶寒。

《全唐詩》卷七九,3册,863頁

雜　興　　　　　　　　　　　　　　　　（唐）王昌齡

握中銅匕首,粉剉楚山鐵。義士頻報仇,殺人不曾缺。可悲燕丹事,終被狼虎滅。一舉無兩全,荆軻遂為血。誠知匹夫勇,何取萬人傑。無道吞諸侯,坐見九州裂。

《全唐詩》卷一四一,4册,1430頁

贈友人三首（其二）　　　　　　　　　　　（唐）李　白

袖中趙匕首,買自徐夫人。玉匣閉霜雪,經燕復歷秦。其事竟不捷,淪落歸沙塵。持此願投贈,與君同急難。荆卿一去後,壯士多摧殘。長號易水上,為我揚波瀾。鑿井當及泉,張帆當濟川。廉夫唯重義,駿馬不勞鞭。人生貴相知,何必金與錢?

《全唐詩》卷一七一,5册,1761頁

詠荆軻　　　　　　　　　　　　　　　　（唐）柳宗元

燕、秦不兩立,太子已為虞。千金奉短計,匕首荆卿趨。窮年徇所欲,兵勢且見屠。微言激幽憤,怒目辭燕都。朔風動易水,揮爵前長驅。函首致宿怨,獻田開版圖。炯然耀電光,掌握罔正夫。造端何其銳,臨事竟趑趄。長虹吐白日,倉卒反受誅。按劍赫憑怒,風雷助號呼。慈父斷子首,狂走無容軀。夷城芟七族,臺觀皆焚污。始期憂患弭,卒動災禍樞。秦皇本詐力,事與桓公殊。奈何效曹子,實謂勇且愚。世傳故多謬,太史徵無且。

《全唐詩》卷三五三,11册,3959頁

嘲荆卿　　　　　　　　　　　　　　　　（唐）劉　叉

白虹千里氣,血頸一劍義。報恩不到頭,徒作輕生士。

《全唐詩》卷三八七,11册,4446頁

易水懷古　　　　　　　　　　　　（唐）賈　島

荆卿重虛死,節烈書前史。我歎方寸心,誰論一時事。至今易水橋,寒風兮蕭蕭。易水流得盡,荆卿名不消。

《全唐詩》卷五七六,17 册,6621 頁

壯士吟　　　　　　　　　　　　　（唐）賈　島

壯士不曾悲,悲即無回期。如何易水上,未歌先淚垂。

《全唐詩》卷五七四,17 册,6692 頁

易　水　　　　　　　　　　　　　（唐）汪　遵

匕首空磨事不成,誤留龍袂待琴聲。斯須却作秦中鬼,青史徒標烈士名。

《全唐詩》卷六〇二,18 册,6957 頁

易　水　　　　　　　　　　　　　（唐）胡　曾

一旦秦皇馬角生,燕丹歸北送荆卿。行人欲識無窮恨,聽取東流易水聲。

《全唐詩》卷六四七,19 册,7421 頁

荆　軻　　　　　　　　　　　　　（唐）周　曇

反刃相酬是匹夫,安知突騎駕群胡。有心為報懷權略,可在於期與地圖。

《全唐詩》卷七二八,21 册,8345 頁

再　吟　　　　　　　　　　　　　（唐）周　曇

幾尺如霜利不群,恩仇未報反亡身。誠哉利器全由用,可惜吹毛不得人。

《全唐詩》卷七二八,21 册,8345 頁

荆　軻　　　　　　　　　　　　　（宋）張　耒

燕丹計盡問田生,易水悲歌壯士行。嗟爾有心雖苦拙,區區兩死一無成。

《全宋詩》卷一一七二,20 册,13237 頁

補《易水歌》

(宋)郭祥正

燕雲悲兮易水愁,壯士行兮專報仇。車轔轔兮馬蕭蕭,客送發兮酌蘭椒。擊筑兮暗咽,歌變徵兮思以絕。易水愁兮燕雲悲,四座傷兮皆素衣。歌復羽兮慷慨,髮上指兮淚交揮。又前爲歌曰:風蕭蕭兮易水寒,壯士一去兮不復還。

《全宋詩》卷七五六,13 冊,8807 頁

和陶詠荆軻

(宋)蘇 軾

秦如馬後牛,呂氏非復嬴。天欲厚其毒,假手李客卿。功成志自滿,積惡如陵京。滅身會有時,徐觀可安行。沙丘一狼狽,笑落冠與纓。太子不少忍,顧非萬人英。魏、韓裂智伯,肘足本無聲。胡爲棄成謀,託國此狂生。荆軻不足說,田子老可驚。燕、趙多奇士,惜哉亦虛名。殺父囚其母,此豈容天庭。亡秦只三戶,況我數十城。漸離雖不傷,陛戟加周營。至今天下人,憨燕欲其成。廢書一太息,可見千古情。

《全宋詩》卷八二三,14 冊,9528 頁

過荆軻塚四絕句

(宋)晁說之

過華踰河勢北傾,何人來此葬荆卿。千金匕首安知在,易水寒來尚有情。
太子當年計不疏,虎狼有劍斷頭顱。逡巡不血荆軻手,自要輼輬費鮑魚。
《刺客傳》中軻絕倫,後來尫怯寂無人。秦人更甚燕人恨,不葬燕臺留葬秦。
貫日白虹可奈何,書生容易笑荆軻。美新、伍黨臨遺塚,慚愧絕無狐兔過。

《全宋詩》卷一二〇九,21 冊,13743 頁

丙午十月十三夜,夢過一大冢,傍人爲余言,此荆軻墓也。按地志,荆軻墓,蓋在關中,感嘆賦詩

(宋)陸 游

采藥遊名山,物外富真賞。秋關策蹇驢,雪峽盪孤槳。還鄉忽十載,高興寄遐想。夢行河潼間,初日照仙掌。坡陀荆棘冢,狐兔伏蓁莽。悲歌易水寒,千古見精爽。國讎久不復,驚覺泚吾顙。何時真過茲,薄酹神所饗。

《全宋詩》卷二七一,39 冊,24659 頁

易　河

（宋）許及之

車轔轔逐馬蕭蕭，易水無聲瀉沉寥。只聽琴聲已蕭瑟，更行霜月更聞簫。

《全宋詩》卷二四五九，46 冊，28442 頁

讀《荊軻傳》

（宋）薛季宣

廟算嘗聞勝五侯，輕生終不是良謀。秦王未許論生刦，畢竟還同撩虎頭。

《全宋詩》卷二四七二，46 冊，28673 頁

讀《史記·荊軻列傳》

（宋）黃　榦

說與男兒莫愛身，簞瓢陋巷不為貧。古來亭士君知否，拚得頭顱斫與人。

《全宋詩》卷二六七八，50 冊，31473 頁

荊　軻

（宋）劉克莊

把袖謀幾售，開圖計忽窮。空遺千古恨，不中祖龍胸。

《全宋詩》卷三〇四七，58 冊，36336 頁

易水辭

（宋）白玉蟾

天為燕丹畜趙高，風鳴易水止荊軻。不令劉季身秦怨，却速吳、陳此水過。秦王環柱劍光急，尺八匕首手死執。伊獨徒木信市人，殿下鈴奴嬴得立。

《全宋詩》卷三一三六，60 冊，37514 頁

讀《荊軻傳》

（宋）高斯得

夜讀《荊軻傳》，掩卷喟然歎。結交天下士，賢哉太子丹。報秦一片心，秋蓮孤劍寒。介紹田先生，得結荊卿歡。太子一語疑，先生甘自殘。荊卿欲藉手，臨事敢開口。走見樊於期，願借將軍首。將軍搤臂言，念此固已久。得復平生讎，性命何足有。四雄英烈風，精誠凌白虹。函關初未入，氣已吞祖龍。其事雖不就，簡牘光無窮。奈何今之人，蹙縮如寒蟲。

《全宋詩》卷三二二九，61 冊，38562 頁

渡易水

(宋)周 密

丈夫一死已許人,高歌忼慨西入秦。一旦直欲揕呂政,何異只手批逆鱗。舞陽色變袞龍絕,環柱模糊八創血。督亢地圖秦已知,強燕反是速燕滅。壯志不就千古悲,易水蕭蕭雲垂垂。尺八匕首何足恃,當時枉殺樊於期。

《全宋詩》卷三五五六,67冊,42502頁

詠荊軻

(元)郝 經

燕國八百年,最為遠秦嬴。可作殷、周基,何乃事荊卿。癡兒強復讎,匕首揕咸京。徑刎於期首,更圖督亢行。倉皇事不就,狼籍斷冠纓。寒風死別歌,睥睨一世英。不若鱄設諸,飲恨復吞聲。縱使殺一秦,寧無一秦生。呂政方忘燕,忽作繞柱驚。併吞勢不已,舉兵復有名。掃平黃金臺,故鼎入秦庭。昔我渡易水,晚登燕子城。投文弔田疇,思賢重屏營。舉事本道義,不繫敗與成。為國恃刺客,夫豈英豪情。

《全元詩》第4冊,228頁

荊 軻

(元)徐 鈞

獨憾荊卿劍術疏,虎狼到手不能除。何如博浪揮椎者,遠擊猶能中副車。

《全元詩》第7冊,18頁

讀《荊軻傳》

(元)王 旭

燕弱秦強可奈何,區區徒倚一荊軻。雄心不了咸陽事,餘恨空留易水歌。立志本將賢自許,書名翻與盜同科。可憐豪傑千年下,猶撫遺編感慨多。欲報燕丹豢養恩,直將匕首入強秦。君王有變親環柱,壯士無功謾殺身。嫌此武陽非我客,愛他屠狗是何人。千年易水悲歌在,長使英雄恨若新。

《全元詩》第13冊,96頁

和《詠荊軻》

(元)劉 因

兩兒戲邯鄲,六國朝秦嬴。秦王鷙鳥姿,得飽肯顧卿。燕丹一何淺,結客報咸京。當時勢已危,奇謀不及行。政使無此舉,寧免係頸纓。如丹不足論,世豈無豪英。天方事除

掃,孰禦狂飆聲。我欲論成敗,高歌呼賈生。乾坤有大義,迅若雷霆驚。堂堂九國師,誰定討罪名。一戰固未晚,何為割邊庭。區區六屛王,山東但空城。孟、荀豈無術,乘時失經營。今雖聖者作,不捄亂已成。酒酣發羽奏,亂我懷古情。

《全元詩》第 15 冊,40 頁

登荊軻山

(元)劉　因

兩山巉巉補天色,中有萬斛江聲哀。人言此地荊軻館,尚餘廢壘山之隈。太子西來函關開,誰信生兒為禍胎。筆頭斷取江山去,已覺全燕如死灰。馬遷尚俠非史才,淵明憤世傷幽懷。《春秋》盜例久不舉,紫陽老筆生風雷。遺臺古樹空崔嵬,平蕪落日寒煙堆。紛紛此世亦良苦,今古燕、秦經幾回。憂來徑欲浮蓬萊,安得魯連同一杯。碣石東頭喚羨門,六鼇載我三山來。

《全元詩》第 15 冊,45 頁

易水懷古

(元)馬　臻

嚴霜薄廣野,天寒易水潯。游情念古昔,指物傷流陰。荊卿感至德,捐己重君臨。餞夕風蕭蕭,慷慨成悲吟。依依別故里,道路多崎嶔。神勇正色厲,客氣難頹侵。武陽斗筲器,觳觫喙如瘖。強秦福尚綏,誰使傳鳴琴。良籌竟不進,匕首將何任。扶光朗中悰,天道幽難諶。哀哉九原下,空負田、樊心。

《全元詩》第 17 冊,50 頁

易　州

(元)陳　孚

白雁飛殘水滿洲,驛亭疏雨古槐秋。平生最惡荊軻事,手障西風過易州。

《全元詩》第 18 冊,367 頁

補《易水歌》,效郭青山

(元)艾性夫

朝隨寒雲度陰山,暮指落月椎函關。函關牡鑰泥為丸,陰山俠客鐵作肝。秦如虎狼生羽翰,飛食六國俱創殘。生角雨粟憐吾丹,捨生取義我則安。古劍錯落黃金鐶,劍光苦短不足看。雕弓矢矯烏犀盤,弓弦易折不足彎。右攜地圖墨漫漫,左提髑髏血斑斑。祖龍見此生歡顏,便可快意須臾間。我以至易圖至難,聽我抵掌歌酒闌。歌曰"風蕭蕭兮易水寒,壯士一去兮不復還"。又進而歌曰"壯士一去兮不復還",不意咸陽殿上有柱尚可環。無且藥囊利鏌干,我志不遂節則完。

《全元詩》第 19 册,174 頁

荆 軻 (元)方 瀾

計出不可測,襟期相激昂。悲風寒易水,俠氣小咸陽。六國群謀失,三軍一匕當。英雄幸不幸,愁入代雲長。

《全元詩》第 20 册,123 頁

荆 軻 (元)釋善住

壯氣干牛斗,孤懷凜雪霜。只知酬太子,不道負田光。易水悲歌歇,秦庭俠骨香。千金求匕首,身後竟茫茫。

《全元詩》第 29 册,141 頁

易 水 (元)釋梵琦

把酒高歌易水寒,當時已料事成難。求賢未及周公旦,好客無如燕子丹。雪盡新春行草木,天清古戍集峰巒。圖窮匕見真奇偉,得作秦王分死看。

《全元詩》第 38 册,302 頁

易水歌 并引 (元)楊維楨

儒門五尺童羞談荆卿,以其刺客之靡也。然予觀魏王沈事,未嘗不廢卷三太息。沈之忍亡其主也,然後知卿之矢死報知己,較然為古義俠,不可少也。故君子追論燕俗之長,急人之義,本於卿之遺風。古今詞人多拙卿,而予猶以是取卿云。

風瀟瀟,易水波,高冠送客白峨峨。馬嘶燕都夜生角,壯士悲歌力拔削。叶。百金買匕尺八銛,函中目光射匕尖。樊於期首。先生老悖不足與,灰面小兒年十三。事大謬,無必取,先機一發中銅柱。後客不來知奈何,狗屠之交誰比數。太傅言議謀中奇,奇謀拙速寧工遲。可憐矐目舊時客,擊筑又死高漸離。鎬池君,璧在水,龍腥忽逐魚風起。滄海君猶祖遺筴,孰與千金買方士。烏乎荆卿荆卿雖俠才,俠節之死心無猜。君不見文籍先生賣君者,桐宮一泄曹作馬。

1365

《全元詩》第 39 冊,9 頁

後讀史(其二)

(元)錢 宰

余讀史,擬蘇、李詩,餘暇復作詠史詩數章,題曰《後讀史》云。

北風何蕭蕭,易水淒以寒。慷慨發悲歌,壯士不復還。手攜秦舞陽,夜度咸陽關。千金買匕首,置之懷袖間。惜哉時不遇,圖窮起長歎。長歎在報國,殺身何足患。

《全元詩》第 41 冊,175 頁

讀《荊軻傳》

(元)葉 顒

壯士西遊遂不還,英雄千古笑燕丹。至今幽薊秋風道,依舊蕭蕭易水寒。

《全元詩》第 42 冊,127 頁

易水渡

(元)劉 紹

朝發良鄉城,驅車經易水。沙鳴風飛揚,日晏雲四起。登臨吊荊卿,惻愴悼前軌。尚想擊筑情,捐軀報知己。畏天小事大,為國資道揆。曷展匹夫雄,居焉圖寸匕。燕丹事不成,秦帝當世恥。至今河流聲,鳴憤猶未已。我行慕英俠,悲嘯哭山鬼。死者不可生,嗟哉田光子。

《全元詩》第 50 冊,543 頁

擬賦荊軻館

(元)胡天遊

咸陽宮中頭白烏,燕丹掩面聲呱呱。函關得免豈天意,福禍倚伏如樗蒲。含羞忍恥丈夫事,一朝之忿非良圖。黃金未肯求郭隗,白刃顧乃希鱄諸。爾軻見之真不恨,樊也授首尤無辜。悲歌易水豎毛髮,胸次似欲無西都。男兒臨事貴敏速,胡乃把袖終踟躕。鴻毛性命效一擲,造物不肯成梟盧。悲哉秦人信虎狼,事勢固與齊桓殊。赤刀應有或僥倖,剚可生致編其鬚。武陽乳臭不足俱,旁觀駭汗一計無。長虹萬丈空貫日,恨血竟日灑他裾。全燕席捲果誰過,古今罪狀何紛如。子雲弄筆不少借,嗟子要亦非庸夫。悲風瀟瀟寒日孤,空山廢館荒平蕪。雄姿勁氣不可見,仰天拊缶呼嗚嗚。

《全元詩》第 54 冊,339 頁

雜詩十首(其六)　　　　　　　　　　(元)陳　高

荊卿適燕市,慷慨無人知。飲酒對屠狗,擊筑過漸離。如何田光子,進賢獨見推。匕首入咸陽,一去不復歸。縱使秦王死,寧扶燕國危。

《全元詩》第 56 冊,256 頁

荊卿歎　　　　　　　　　　(元)張　憲

白虹貫赤日,易水生淒風。燕人盡悲憤,相送冀城中。筑聲何慘慨,歌意哀無窮。豈不念即往,立揕嬴政胸。徘徊有所待,匪畏秦帝雄。自恨劍術疏,未易了君事。秣馬膏吾車,我客久不至。奈何遽相促,苦未知人意。丈夫重然諾,斷臂死不辭。但憐樊將軍,九泉終見疑。咄彼死灰兒,曷足同等夷。

《全元詩》第 57 冊,2 頁

荊軻詞　　　　　　　　　　(元)郭　鈺

燕山雪飛青宮閉,氍毹夜暖沉沉醉。北斗黃金何足多,一筯深恩美人臂。寒風蕭蕭度易水,匕首光芒泣神鬼。畢竟明年祖龍死,恨不報君為君喜。

《全元詩》第 57 冊,543 頁

易水行　　　　　　　　　　(元)汪復亨

召南遺愛存甘棠,金臺崇崇耿餘光。孫謀足以紹前烈,城池不必如金湯。胡為太子丹,棄厥祖典常。欲雪一朝憤,卷土歸秦疆。匕首寸鐵爾,王者誰能傷。鞠武失初謀,導之以披猖。喜也君父尊,不能慎周防。區區刺客匹夫勇,況荊卿輩非才良。智不如專諸刺吳僚,忠不若豫讓圖趙襄。劫盟無曹沫之勇,剖腹無聶政之剛。世言馬生角,譏爾不自量。朔風蕭蕭兮,易水湯湯。悲歌發祖道,慷慨淚沾裳。千里入秦庭,九賓肅皇皇。袞衣坐殿上,虎視雄四方。舞陽小豎子,膽落心悸慌。軻雖奉圖進,言貌已詭張。秦皇覽圖圖未竟,但見利匕睒睒凝秋霜。揕胸無及絕袖起,走環殿柱空踉蹡。籲嗟荊卿兮,兒戲傀儡場。秦兵赫斯怒,家國竟兩亡。籲嗟燕丹兮,上累七廟殃。悉發數其罪,授首豈足償。籲嗟爾丹兮,偷生竄遼海。薪可臥,膽可嘗。少須待天定,鋤蔓亦足除暴強。不從陳勝舉函谷,當與項籍屠咸陽。

《全元詩》第 65 冊,318 頁

古行路難

(元)張　崇

君不見古來行路難,只有荊卿報燕丹。感君恩厚爲君死,自知故國一去無生還。秋風易水無今古,中有恩情別時語。武陽飲酒荊卿歌,壯士相看面如土。泰山嶙峨秦關高,奮身西上騰驚猱。盡傾肝膽許知己,性命不啻輕鴻毛。秦圖再拜王心喜,圖窮匕首明秋水。劫王復地計全非,何處秦雲哭燕鬼。當時一語思匡國,精神動天虹貫日。狂謀肇禍鬼不祀,大業帝嬴天與力。虎鬚堪編尾堪履,倒捲天河恨難洗。臣身塗炭君莫論,萬死報君期世世。行路難,君當聞,丈夫莫忘沾人恩。殺身徇名信絕倫,可憐孤負樊將軍。

《全元詩》第 65 册,329 頁

過易水

(明)文　洪

馬頭沙草入秋枯,易水蕭蕭恨有餘。烈士聲名在天地,伯圖消歇有丘墟。千年呂政辜難逭,當日燕丹計亦疎。不盡書生懷古意,西風斜日倍唏噓。

《文洓水詩》,《四庫全書存目叢書》集部 39 册,202 頁

易水吟

(明)汪　循

易水送壯士,明是無歸期。壯士過易水,敢望生還茲。擊筑重擊筑,悲咽歌漸離。漸離歌不勝,感慨復和之。朔風正瀟瀟,寒日搖旌麾。豈無惡死心,一諾復何辭。古有慷慨士,殺身酬相知。成功豈逆覩,心素攄吾私。偷生夫何難,中途不易為。是非千載下,毋勞誇好詞。

《汪仁峰先生文集》卷二五,《四庫全書存目叢書》集部 47 册,499 頁

易水歌

(明)王　寅

天寒易水上,兩岸黃蘆多。昔時燕太子,置酒送荊軻。所俱不肯待,速發將如何。水鳴訝擊筑,風響疑揚歌。壯夫傷往事,忍向此中過。

《十岳山人詩集》卷一,《四庫全書存目叢書》集部 79 册,143 頁

詠荊軻

(明)高　啟

劫盟非義舉,曹沫已可羞。燕丹一何愚,區區祖遺謀。千金養荊卿,誓將報強讎。奉

圖使入關,心知絕回輈。賓客盡白衣,相送易水頭。酒酣涕難落,筑聲和悲謳。猛氣激蒼旻,長虹為西流。行行造秦庭,陛戟衛甚周。臨機失始圖,利鋒竟虛投。豪主一按劍,社稷倏已丘。先王禮樂生,破齊震諸侯。苟能得此賢,伯業猶可修。胡為任輕易,自趣滅亡憂。徒令後世人,歎惋餘千秋!

《高青丘集》卷四,上冊,165 頁

夢中詠荊卿 （明）祝允明

袖底流話玉,寒光一尺梭。秋風吹易水,惆悵不成歌。

《枝山文集》卷三,《祝允明集》下冊,577 頁

易水行 （明）李東陽

田光刎頭如拔毛,於期血射秦雲高。道旁淚灑沾白袍,易水日落風悲號。督亢圖窮見寶刀,秦王繞殿呼且逃。力脫虎口爭秋毫,荊卿倚柱笑不呺。身就斧鑕甘腴膏,報韓有客氣益豪。十日大索徒為勞,荊卿荊卿嗟爾曹。

《擬古樂府》,《詩前稿》卷一,《李東陽集》第一冊,14 頁

旅甸懷古八首（其四） （明）趙時春

爽氣蕭蕭易水寒,英雄已去幾時還。干戈無地覓陶、尚,社稷何人鬪翟、般。千尺蜺虹暈白日,三秋草木變衰顏。青囊繡柱留遺恨,朔雪愁雲殘故關。

《趙時春詩集》,《趙時春詩詞校注》卷一,118 頁

易　水 （明）王　教

易水東流客赴秦,燕南車馬望郊塵。可憐壯士無長策,不遇清時賤此身。劍術自來難用世,商歌此去太悲人。西山落日雲垂地,疑是荊卿却未真。

《中川遺稿》卷一〇,《四庫全書存目叢書》集部 84 冊,510 頁

督亢亭 （明）沈明臣

誰寫丹青督亢圖,風沙盡日是模糊。圖窮匕出須臾事,柳絮梨花三月飛。

《豐對樓詩選》卷四一,《四庫全書存目叢書》集部 144 冊,672 頁

詠荊軻 （明）孫樓

祖龍奴六王,剄爾燕太子。亡秦詎無謀,胡恃尺八七。七首未入函谷關,可憐光殺將軍樊。燕讎未滅秦讎滅,身後茫茫計何拙,易水西,歌已淒,刺客雙化嬴迷遲。遼水東,技已窮,父子恩深那從容。君不見黃金臺成樂共赴,七十齊城一朝破,吁嗟太子之謀一何誤。

《孫百川先生文集》卷一一,《四庫全書存目叢書》集部第112册,705頁

渡易水 （明）宋儀望

怒髮衝冠客,秋風易水歌。傷心人不見,遺恨滿空波。

《華陽館詩集》卷一二,《四庫全書存目叢書》集部116册,583頁

入燕三首（其二） （明）徐渭

荊卿本豪士,漸離亦高流。舞陽雖少小,殺人如芟苗。眇然三匹夫,挾燕與秦仇。悲歌酒後發,涕下不能收。猛氣驚俗膽,奇節招世尤。見者徒駭顧,那能諒其由？我生千載後,緬茲如有投。時違動自妄,忽作燕京遊。短褐入沽肆,酒至思若抽。念彼屠與販,零落歸山丘。皇皇盛明世,六轡控九州。匕首蝕野土,廣道鳴華輈。寸規不可越,安用軻之儔？我思遠及之,曠若林與鶩。鳳鳥不可得,蒼鷹以為求。

《徐文長三集》卷四,《徐渭集》第一册,70頁

易水歌 （明）霍與瑕

涉易水,北風涼,昔為戰國今虞黃,簪纓萬里總文章。總文章,邊塵起,烈士悲秋風,壯心猶未已。誰知己,為君死。

《霍勉齋集》卷三,影印《霍勉齋集》第一册,145頁

過涿,望督亢陂 （明）姚舜牧

督亢圖劂陂尚存,令人思起目猶瞋。當時世事雖無濟,亦禠強秦吞併棄。

《樂陶吟草》卷二,《四庫全書存目叢書》集部158册,352頁

過涿州華陽亭　　　　　　　　　　（明）姚舜牧

世於樊於期，素固不相識。偶聞與秦讎，亡身思逞弋。邀飲華陽亭，若無人在側。言合首即捐，共誅無道賊。事固未有成，威已震天黑。我行重徘徊，慘澹日無色。

《樂陶吟草》卷二，《四庫全書存目叢書》集部 158 冊，352 頁

懷　　古（其四）　　　　　　　　　（明）王　衡

矗矗壯士髮，黯黯賓朋淚。瀟瀟北風起，易水從此逝。一去不復還，去將復為冀。決策寸匕首，笑國若兒戲。當其和歌時，意氣太橫厲。士窮迫知己，崖然表其異。帷帳羅美人，無乃中貪餌。一旦被驅使，臨穽不得避。亦知成事艱，生死殉所為。知己良獨難，受知洵不易。渡易水。

《緱山先生集》卷三，《四庫全書存目叢書》集部 178 冊，638 頁

渡易水歌　　　　　　　　　　　　（明）王　衡

易水春激激，白沙鬱相蒙。我馬踟躕慘不進，腰間劍吼雙雌雄。憶昔荊卿從此去，送客如煙不回顧，大風立浪吹向人，人面稜稜髮為怒。當時漸離築聲正□，□舟跪捧金屈卮。手提將軍髑髏去，血鑄□□紅絲絲。可憐秦庭浪一擲，探鉛更笑盲公□。市中酒徒但醉死，枉我歌泣空相持。艱難壯士兩得意，性命真可鴻毛遺。今人報恩輕一飯，千金然諾等閒論。面前嚬笑總不真，對面青黃復何恨。世平俠氣都耗磨，里中童子嗤荊軻。如聞鬼泣易水上，珍重教公莫渡河。

《緱山先生集》卷三，《四庫全書存目叢書》集部 178 冊，638 頁

渡易水　　　　　　　　　　　　　（明）張　銓

蕭蕭易水靜無波，千載猶傳壯士歌。燕市從來多俠客，祇今誰復似荊軻。

《張忠烈公存集》卷八，《四庫禁毀書叢刊》集部 77 冊，396 頁

十詠·荊卿所待客不至　　　　　　（明）湯顯祖

所待要為誰，造次入重關。壯士有寒聲，心知不復還。

《詩文》卷二〇，《湯顯祖全集》第二冊，911 頁

九詠·荊卿所待客不至　　　　　（明）茅元儀

臨川湯若士倡十詠,其一曰:"魏國乃為累,萬古悲公子。世上無神仙,英雄如是死。"蓋詠信陵君飲酒近婦人也。余置此不復和,所謂"崔顥題詩在上頭"耳。

漸離既矐目,奮筑雪餘恥。久待何不來,是時心未死。

《石民江村集》卷三,《四庫禁毀書叢刊》集部 70 冊,391 頁

荊軻山歌　　　　　（明）茅元儀

荊軻不向秦庭死,終老玆丘一夫耳。美人名馬千黃金,感君意氣聊報恩。報恩何意為身謀,豈料雄名萬古留。蒙棘荒榛一片石,亦被光施人口說。燕丹為爾遠亡軀,却得英聲世莫逾。

《石民江村集》卷一三,《四庫禁毀書叢刊》集部 70 冊,476 頁

易水歌　　　　　（明）李攀龍

繚天兮白虹,蕭蕭兮北風。壯士怒兮易水飛,羽聲激兮雲不歸。

《滄溟先生集》卷一,3 頁

易水行　　　　　（明）何景明

寒風夕吹易水波,漸離擊筑荊卿歌。白衣灑淚當祖路,日落登車去不顧。秦王殿上開地圖,舞陽色沮那敢呼。手持匕首摘銅柱,事已不成空罵倨。吁嗟乎！燕丹寡謀當滅身,田光自刎何足云,惜哉枉殺樊將軍！

《明詩別裁集》卷五,54 頁

題雜畫(其六)　　　　　（明）鄭文康

題古今雜畫詩頗多,悉棄弗錄,獨於史事用己意寓勸懲者存之,得十八首。

壯士輕生易許人,圖謀未遂已亡身。明知一去無還理,底事狂歌竟入秦。

《平橋稿》卷三,影印文淵閣《四庫全書》1246 冊,545 頁

詠荊軻　　　　　　　　　　　　　　　　　　（明）李　賢

荊軻戰國士，志欲擯秦嬴。適逢燕太子，尊之位上卿。欲報強秦讎，慷慨赴咸京。藥淬匕首利，懷之乃西行。臨岐慘將別，清吹飄華纓。忽爾哀筑起，座上悲群英。涕下不可遏，乃復為羽聲。壯士志激烈，誓死不顧生。白虹忽貫日，見者心為驚。挾彼秦舞陽，同取蓋世名。函封督亢圖，拜獻秦王庭。利刃揕豪主，愁雲壓重城。惜哉事莫濟，徒然費經營。白茲速燕亡，咄嗟何所成。至今易水歌，徒傷千古情。

《古穰集》卷二四，影印文淵閣《四庫全書》1244 冊，741 頁

燕臺懷古　　　　　　　　　　　　　　　　　　（明）岳　正

督亢陂荒蔓草生，廣陽宮廢故城平。秋風易水人何在，午夜盧溝月自明。召伯對疆經幾換，荊卿事業尚虛名。黃金不置高臺上，似怪年來士價輕。

《岳正詩文》卷二，《岳家詩》中篇，68 頁

詠史三首（其一）　　　　　　　　　　　　　　　（明）李　贄

荊卿原不識燕丹，只為田光一死難。慷慨悲歌唯擊筑，蕭蕭易水至今寒。

《焚書》卷六，《李贄文集》第一冊，233 頁

荊　軻　　　　　　　　　　　　　　　　　　（明）孫　蕡

悲歌慷慨髮衝冠，上殿披圖却膽寒。生劫詛盟緣底事，錯將秦政比齊桓。

《全元詩》第 63 冊，361 頁

易水上候劉刺史，良久未至，懷古感今，漫賦六絕（其四）　　　　（明）馮惟敏

水聲山色自前朝，西望強秦萬里遙。一自荊卿從此去，秋風千載尚蕭蕭。

《馮惟敏全集》，122 頁

和《詠荊軻》　　　　　　　　　　　　　　　　（明）黃淳耀

六國本蚩蚩，弱姬而為嬴。前鋒指督亢，太子呼荊卿。雪泣視日影，戴頭入咸京。金

柱豈再擲,不待彼客行。秦強資盜馬,楚霸用絕纓。取士以度外,能屈四海英。憶昨燕市上,劍歌有雄聲。狗屠與漸離,皆足托死生。拈掇苦不廣,自致匕鬯驚。丹誠昧大計,軻亦負虛名。客中有此奇,寄在何門庭。早進黃金臺,當值數十城。在燕非一昔,臨發乃經營。豈惟劍術踈,好謀不好成。千秋博浪椎,一擊非凡情。

《擬古樂府》,《陶庵全集》卷一〇,影印文淵閣《四庫全書》1297 冊,763 頁

易水行　　　　　　　　　　　　　　　(明)黃淳耀

誚荊軻也。軻欲生劫秦王,得約契以報太子,謬矣。

函谷關開五國走,督亢圖中一匕首。樂生久去丹金臺,縱殺秦王誰與守。危冠壯發車中去,死灰之人見天意。劍光飛去白雲高,不敵咸陽祖龍氣。吁嗟乎,趙城楚地詐已多,餒虎反肉世有無。欲持約契歸燕都,惜哉豈止劍術疏。

《擬古樂府》,《陶庵全集》卷九,影印文淵閣《四庫全書》1297 冊,751 頁

詠　史　　　　　　　　　　　　　　　(明)程　嘉

易水長虹白,將軍首入秦。荊軻無劍術,不是報仇人。

《列朝詩集》丙集卷一一,第七冊,3540 頁

燕歌行　　　　　　　　　　　　　　　(明)皇甫冲

秦軍未解邯鄲圍,燕丹新自秦城歸。仰天叩心發長歎,燕山六月寒霜飛。質子當年苦拘迫,馬為生角烏頭白。歸來傾國思報仇,不知誰是橋邊客。忽聞燕市多俠徒,時相哭泣時歡呼。百金求得趙匕首,千里獻將燕地圖。慷慨於期頭在篋,落日征車猶未發。聲斷誰知筑裏心,歌殘試看冠中髮。荊卿一去不復還,至今易水流潺潺。黃沙迢迢照孤月,祇今行者凋心顏。

《列朝詩集》丁集卷四,第八冊,4226 頁

荊　軻　　　　　　　　　　　　　　　(明)朱察卿

匕首無功壯士醜,函封可惜將軍首。秦庭一死謝田光,社稷何曾計存否。不知秦王環柱時,舞陽在前何所為。當時太子不早遣,待客俱來應未知。

《列朝詩集》丁集卷八,第九冊,4917 頁

讀史述·荊軻 （明）魏學洢

蕭蕭易水波，日晏客未至。十三死灰兒，勉強共大計。坐中擊筑人，何不充秦使。田光死也餞，於期死也贄。空死一無酬，烈士喪英氣。願逐酒人遊，哭盡不平事。

《茅簷集》卷三，影印文淵閣《四庫全書》1297 冊，541 頁

燕中懷古三首·易水 （明）王廷相

王子逃秦質，黃金養俠士。胡然矜一劍，欲效屠龍技？十年期生聚，勾踐雪吳恥。謬圖乃滅社，豈獨誤田子？

《王氏家藏集》卷八，《王廷相集》第一冊，118 頁

過督亢 （明）袁中道

斷橋流分臥枯楊，千里飛沙草色黃。督亢如何稱勝地，荊卿持去釣秦王？

《珂雪齋集》卷八，上冊，357 頁

易　水 （明）袁中道

流水沸雪曉湯湯，古岸傾頹草樹僵。此水何緣逢俠客，至今兩字尚餘香。
葉聲纔寂雁聲哀，一道清泉去不回。遊客豈宜輕此水，曾經壯士洗塵來。

《珂雪齋集》卷八，上冊，357 頁

荊軻詩 （明）梁辰魚

燕丹慕豪雄，荊卿居上客。挾匕西入秦，意氣一何赫。送之易水陽，寒風起蕭索。歌聲上干雲，長虹為之白。誰云劍術精，空恃一人敵。奇功阻殿柱，哀哉罷鋒鏑。丈夫殉知己，茲言誠宿昔。殺身良不難，所愧無成績。昭王昔養士，籌畫自有策。強齊七十城，收功在朝夕。至今黃金臺，崔嵬猶輝爀。

《鹿城詩集》卷五，《梁辰魚詩集》，93 頁

易水行 （明）謝肇淛

天寒日落夕風起，壯士驅車渡易水。怒髮衝冠去不迴，徵聲淒淒角聲死。白衣祖道

淚沾臆,仰視長虹貫白日。雞鳴函谷叩開關,虎踞秦庭笑相揖。督亢圖窮匕首見,絕袖超屏繞空殿。殺人浪說秦舞陽,劍術未傳魯勾踐。七尺微軀安足云？山河破敗逐浮雲。不及黃金臺上骨,至今人說樂將軍。

《小草齋詩集》卷八,《小草齋集》下冊,759 頁

讀　　史　　　　　　　　　　　　　　　（明）謝肇淛

荊卿一劍客,擊築歌燕市。委身太子丹,歡然捐生死。驅車走刺萬乘君,單騎直入虎狼群。甲士交鈹光射日,舞陽震恐卿無聞。褰衣上殿秦王走,匕首貫柱寒牛斗。功不成時身不還,一時然諾重於山。君不見風蕭蕭易水寒,壯士骨已盡,千古髮沖冠。

《小草齋詩集》卷九,《小草齋集》下冊,795 頁

易水懷古　　　　　　　　　　　　　　　（明）謝肇淛

俠骨銷沉霸業殘,空餘遺恨髮沖冠。如今三輔烽煙息,楊柳東風水不寒。

《小草齋詩集》卷二八,《小草齋集》下冊,1292 頁

易水歌　　　　　　　　　　　　　　　　（明）陳子龍

趙北燕南之古道,水流湯湯渺浩浩。送君迢遞西入秦,天風蕭條吹百草。車騎衣冠滿路旁,《驪駒》一唱心茫茫。手持玉殤不能飲,羽聲颯遝飛輕霜。白虹照天光未滅,七尺屏風袖將絕。督亢圖中不殺人,咸陽殿上空流血。可憐六合掃一家,美人鐘鼓如雲霞。慶卿成塵漸離死,異日還逢博浪沙。

《陳子龍詩集》卷一〇,上冊,303 頁

督　　亢　　　　　　　　　　　　　　　（明）陳子龍

燕南趙北起秋風,亂後斜陽沒故宮。此地輿圖原不小,能藏匕首入關中。

《陳子龍詩集》卷一七,下冊,578 頁

渡易水　　　　　　　　　　　　　　　　（明）陳子龍

并刀昨夜匣中鳴,燕、趙悲歌最不平。易水潺潺雲草碧,可憐無處送荊卿！

《陳子龍詩集》卷一七,下冊,586 頁

易水歌

(明)夏完淳

白日蒼茫落易水,悲風動地蕭條起。荆卿入秦功不成,遺恨驪山暮煙紫。昔年此地別燕丹,哀歌變征風雨闌。白虹翕翕貫燕市,黃金台下陰雲寒。袖中寶刀霜華重,此事千秋竟成夢。十三殺人徒爾為,百二河山儼不動。嗚呼!荆卿磊落殊不倫,漸離慷慨得其真!長安無限屠刀肆,獨有吹簫擊筑人。

《夏完淳集箋校》卷四,171 頁

荆卿歌

(明)張鳳翔

秦王虎視思並吞,開關延敵摧連衡。諸侯養士務招集,燕丹獨得客荆卿。願將一劍報知己,素車白馬西出城。怒髮上指怒眥裂,漸離擊筑煩商聲。君臣祖餞易水上,蕭蕭風色寒波生。壯士一去不復返,長途萬里淩秦廷。秦王殿上坐如虎,羽衛劍珮何晶熒。柱下拔劍定睛視,咫尺不敢輕相嬰。豈亦天命有歸宿,眼前不使奇功成。一時劍術雖未講,烈心猛氣爭霜明。壯士一死不足惜,身後千載留雄名。

《張伎陵集》卷一,《陝西古代文獻集成》第 7 輯,第 18 頁

詠荆軻

(明)馬汝驥

周綱一紊散,嬴政四豪吞。燕丹志報讎,荆卿懷答恩。提劍出易水,飛光迴朔雲。千金謝奇謀,萬乘失威神。氣激風霆怒,眥裂天地昏。於期首既函,漸離筑不聞。素車集送客,羽歌淚沾巾。壯士知不還,慷慨西入秦。咸陽九賓設,地圖一旦陳。把袖羅縠絕,左右徒狂奔。銅柱火迸飛,藥囊終殺身。劍術豈不講,天運有風塵。奇功詘當年,義烈垂後人。世儒校成敗,流詠何紛紜。雄哉彭澤詞,千古冤憤伸。

《西玄集》卷一,《陝西古代文獻集成》第 9 輯,第 397 頁

渡易水

(明)許宗魯

騎吹凌晨發,關山入夜過。前行度易水,故事感荆軻。塞迥胡天白,沙明漠月多。蕭蕭風色裏,疑聽漸離歌。

《少華山人前集》第九《宦游稿》,《陝西古代文獻集成》第 28 輯,363 頁

過荊軻故里 （明）許宗魯

壯士長歌去，荒郊故宅存。燕圖空遠獻，秦術竟雄吞。里巷風雲變，山河塞日昏。經過問父老，立馬弔英魂。

《少華山人前集》第九《宦游稿》，《陝西古代文獻集成》第28輯，363頁

新城道中懷古 （清）王士禛

虎視群雄日，殉讐古獨難。與圖臨督亢，賓客憶燕丹。七尺屏難越，千秋水尚寒。未須論劍術，虹氣識衣冠。

《漁洋集外詩》卷二，《王士禛全集》第一冊，583頁

咸陽懷古 （清）王士禛

燕丹報秦仇，其志良已大。志士不謀身，豈必論成敗？一哭馬生角，天意若有在。交龍爲扶轝，機橋詎能害？奈何衍水匪，骨肉割深愛。帝醉顧飛廉，四海遂橫潰。徒惜劍術疎，千秋發長喟。

《蠶尾續詩集》卷四，《王士禛全集》第二冊，1253頁

荊軻 （清）黃鵬揚

三晉稱藩楚獻地，燕丹從此識荊卿。秦宮匕發空遺恨，也洩人間大不平。

《讀史吟評》，《說鈴》後集一，3頁

督亢 （清）顧炎武

此地猶天府，當年竟入秦。燕丹不可作，千載自悽神。野燒村中夕，枯桑壟上春。一歸屯占後，墟里少遺民。

《顧亭林詩集匯注》卷三，上冊，603頁

詠史詩和李咸齋 有序（其一） （清）魏禧

李子咸齋作《詠史詩》，余讀而悅之，書置座間，以當九九礪礪。諷詠既多，意有各出也。

縛虎不急縛，虎急必反噬。始皇何許人？把袖責以義。圖窮輒揕胸，銅柱安得避？

坫上劫齊桓,誤矣學曹劌。

《魏叔子詩集》卷四,《魏叔子文集》下册,1263 頁

詠史詩(其一) （清）李咸齋

荆卿遊酒人,獨與漸離親。汲汲燕太子,造次圖強秦。所期竟不待,手搏空紛紛。軻死漸離誅,忽得滄海君。紛紛揭竿起,因之資聖人。

《附咸齋詩》,《魏叔子詩集》卷四,《魏叔子文集》下册,1266 頁

易水送別 （清）褐 夫

不圖強本圖行險,抛卵應知擊石難。幾個義頭拼一刺,蕭蕭易水壯心寒。

《古史詩針》,《戴名世集》附錄二,439 頁

易水懷古 （清）陳夢雷

國士由來重報恩,當年成敗未須論。精回天地虹先貫,劍叱嬴秦氣已吞。燕市月明淒擊筑,金臺風急冷歸魂。河流嗚咽增憑弔,策蹇城西日欲昏。

《閑止書堂集鈔》卷二,影印《閑止書堂集鈔》,157 頁

詠 史(其一) （清）李 雯

昔日燕太子,仰首憂秦氛。願言出奇計,一往立國勳。太傅薦田光,乃以荆軻聞。匕首未深入,國士先驅分。惜哉秦武陽,枉殺樊將軍。

《雲間三子新詩合稿》卷二,43 頁

燕臺懷古二首(其二) （清）唐孫華

荆卿遊酒人,蹤跡溷燕市。歌哭本無端,誰能識所以。一朝遇燕丹,拊劍酬知己。長虹貫皎日,秋霜淬利匕。慷慨輕祖龍,謂若屠羊豕。恨無吾客俱,舞陽乃豎子。相送白衣冠,哀音激變徵。揕胸雖不就,秦皇怖欲死。材豈劣鱄諸,不成天意耳。如何魯勾踐,劍術輕訾毁。千載餘悲風,蕭蕭吹易水。

《東江詩鈔》卷一,影印《東江詩鈔》,101 頁

詠 史(其二) （清）劉獻廷

匕首西入秦,生死在眉睫。秦政非齊桓,如何欲生劫。

《清詩別裁集》卷六,上册,110 頁

荆卿故里 （清）馮廷櫆

一卷輿圖計已粗,單車竟入虎狼都。縱然意氣傾燕市,豈有功名到酒徒。空向夫人求匕首,誰令豎子把頭顧。南來曾過邯鄲道,試問人知劍術無。

《清詩別裁集》卷一三,上册,230 頁

易水行 （清）梁佩蘭

易水悲歌動天地,荆卿入秦為燕使。秦王尊禮設九賓,殿間顧笑旁無人。於期之頭奉上殿,血光直射秦王面。取持督亢色倉皇,咄哉年少秦武陽。圖窮不覺見匕首,秦王睆之環柱走。荆卿不得刺秦王,無且在殿提藥囊。為謀不成實天意,祖龍膽落荆卿死。一死可以報太子,君不見沙丘之椎亦如此。

《清詩別裁集》卷一六,上册,281 頁

易水歌 （清）劉 震

田光一死今古難,荆軻入秦髮沖冠。倉皇當日繞柱走,踞坐笑語神猶完。殘忍慘刻賈人子,以信服物非齊桓。奈何輕欲學曹沫,可憐易水千秋寒。高漸離,矐其目。人擊劍,我擊筑。報仇更比漆身苦,兩人後先得死所。血隨易水流不止,荆高至今猶未死。君不見鮑魚之臭不可聞,卒一叫,驪山焚。

《清詩別裁集》卷二六,下册,469 頁

荆卿墓 （清）塞爾赫

身入虎狼國,心空百二州。壯懷生死外,易水古今流。白日淡將夕,行人去不留。墓傍誰擊筑,寂寞野花秋。

《清詩別裁集》卷三〇,下册,543 頁

題荊軻山　　　　　　　　　　（清）顏　元

峰頂浮屠掛曉晴,當年匕首入強嬴。燕國未染秦王血,山色於今尚不平。

《晚晴簃詩匯》卷一二,第一冊,94 頁

詠　史　　　　　　　　　　（清）蔡衍鎤

燕丹得荊卿,名聲驚六國。已感燕丹恩,思報燕丹德。悠悠易水寒,颯颯風蕭瑟。壯士從此去,飄然入秦域。氣淩帝王尊,圖窮無變色。劍術雖云疏,誰不謂勇力。壯哉匹夫志,之死矢靡慝。

《晚晴簃詩匯》卷五三,第二冊,35 頁

金臺懷古　　　　　　　　　　（清）官　保

黃金一築後,七十餘城收。渤海通燕市,汶篁植薊邱(丘)。功成人已去,臺毀跡仍留。吊古殘陽下,蕭蕭易水秋。

《晚晴簃詩匯》卷六五,第二冊,226 頁

荊卿故里　　　　　　　　　　（清）何凌漢

天帝方醉秦,於燕復何有。遂令國士心,取亡由匕首。劍術豈云疏,生劫僅差後。報韓奮鐵錐,當年能中否。博浪尚可逃,繞柱那可走。得失論英雄,易水應悲吼。

《晚晴簃詩匯》卷一一七,第三冊,285 頁

督亢行　　　　　　　　　　（清）彭泰來

黃雲屯空如萬馬,督亢坡前馬不下。斷虹掉尾入古城,城頭浩浩烏鴉聲。昌國君亡郭隗死,鶂首賜秦天醉矣。刺秦不刺燕必亡,萬死一中當靈長。鐵椎鉛筑亦此策,只未先將澠池璧。不識荊卿一片心,當日躊躇待何客。蕭蕭易水光如刀,秋風刮地吹征袍。棧車轣轆天馬勞,黃金臺古生蓬蒿。

《晚晴簃詩匯》卷一二九,第三冊,478 頁

晚過易水，弔荊軻

(清) 鄂　恒

夕陽欲墮天茫茫，風狂振地驚沙黃。易水當前忽橫道，寒流嗚咽摧肝腸。憶昔荊軻自此去，悲歌見志慨以慷。誓不生還報太子，沖冠怒已傾秦皇。獻圖上殿舞陽怯，霜鋒陡閃虹霓光。祖龍繞柱駭且走，虎狼不得誇剛強。吾謀不就吾死耳，受恩敢以頭顱償。食人之食死人事，壯哉此語卿能當。或雲計則謬，劍術非其長。責人無難古所病，懦夫壯士誰低昂。六國謀臣盡踵此，豈待楚火焚咸陽。英雄報君只有死，利鈍成敗歸蒼蒼。此時月出寒於霜，欲持杯水酬國殤。冰澌凜冽手易傷，弔古不見空徬徨。北風復起號枯楊，恍聞擊筑聲悲涼，壯魂或來依我傍。

《晚晴簃詩匯》卷一三二，第三冊，521頁

渡易水懷古

(清) 符兆綸

黯黯日欲暮，蕭蕭風正寒。策馬渡此水，荒荒路行難。虎狼肆其虐，髮怒上指冠。吾志縱不遂，吾事則已完。劍術亦小技，負義非所安。悠悠論成敗，千載空波瀾。

《晚晴簃詩匯》卷一三七，第三冊，606頁

詠古三首，和陶·荊軻

(清) 蔣敦復

車騶不復顧，入此虎狼嬴。衣冠白如雪，千里送荊卿。酒杯澆熱血，努力在茲行。頭顱為公擲，仰天笑絕纓。平生重意氣，不爾胡豪英。擊筑動天地，志已無秦聲。田先生既死，樊將軍何生。肝膽舞陽裂，魂魄祖龍驚。劍術雖未講，烈士固狥名。美人惜菹醢，駿馬空前庭。時危任刺客，才豈當千城。咸陽楚人火，西風漢家營。天意固有在，人事奚由成。故交屠狗輩，痛飲難為情。

《晚晴簃詩匯》卷一五九，第四冊，124頁

易　水

(清) 鄭　燮

子房既有椎，漸離亦有筑，荊卿利匕首，三人徒碌碌。世濁無鳳麟，運否縱蛇蝮。雷霆避其威，人謀焉得速！蕭蕭易水寒，悄悄燕丹哭。事急履虎尾，僨轅終敗轅。酒酣市上情，一往不可復。

《詩鈔》，《鄭板橋集》二，36頁

易水懷古 　　　　　　　　　　　　　　　　　　　　　　（清）袁　枚

燕丹買匕首，欲揕秦王腰。仁義非不佳，急則治其標。一時田光輩，輕死如鴻毛。荆卿慷慨行，祖餞風蕭蕭。長虹貫日白，虎狼氣不驕。可惜咸陽宮，殺人先露刀。殷血空淋漓，祖龍竟脫逃。魂歸易水房，化作陰風號。至今白衣冠，慘慘時一遭。時來藥囊重，運去阿房焦。歎息諸英雄，不如一趙高。

《小倉山房詩集》卷一，《小倉山房詩文集》第一冊，14 頁

荆軻里 　　　　　　　　　　　　　　　　　　　　　　　（清）袁　枚

水邊歌罷酒千行，生戴吾頭入虎狼。力盡自刊酬太子，魂歸何忍見田光？英雄祖餞千年淚，過客衣冠此日霜。匕首無靈公莫笑，亂山鐘鼓刺咸陽。

《小倉山房詩集》卷一，《小倉山房詩文集》第一冊，17 頁

督亢陂 　　　　　　　　　　　　　　　　　　　　　　　（清）錢大昕

督亢膏腴跡已荒，攜圖當日入咸陽。千金枉購夫人劍，不及無且一藥囊。

《潛研堂詩集》卷六，《嘉定錢大昕全集》第一〇冊，103 頁

荆軻里 　　　　　　　　　　　　　　　　　　　　　　　（清）錢大昕

匕首懷中出，諸郎殿下看。燕丹心未死，趙政膽先寒。成敗論人易，從容捨命難。千秋猶灑淚，易水共汍瀾。

《潛研堂詩續集》卷五，《嘉定錢大昕全集》第一〇冊，92 頁

荆　軻 　　　　　　　　　　　　　　　　　　　　　　　（清）舒　位

機橋捧蛟龍，質子出險要。置酒華陽臺，募死翦秦暴。荆卿燕市來，說劍溷屠釣。本意藉手成，豈敢輕心掉？燕丹既多疑，舞陽復年少。日盡竟登車，誰能待同調？明知事顯終，送客白衣帽。琴女未撫弦，鄙人先改貌。匕首中銅柱，鹿盧飛玉鞘。區區尺寸心，即此可以報。但聞淵明吟，未許勾踐笑。成敗與利鈍，古人所不料。

《瓶水齋詩集》卷二，上冊，77 頁

荊軻故里 （清）黃景仁

一擲全燕失，悲哉壯士行！盜名原不諱，劍術本難精。市筑憐同伴，沙椎付後生。魂兮歸故里，易水尚風聲。

《兩當軒集》卷一六，381頁

督亢陂雜詠 （清）蔣士銓

沃羙曾勞寫地圖，樊將軍死亦何辜？謀臣義士同歸盡，存國嗟爾繭大夫。蔡澤功名目已瞑，蒯通雋永說誰聽。不知世有盧郎采，歸臥樓桑注《水經》。灼艾陰橫虎視眸，太原終老懼難留。一時父子同兒戲，竟割燕雲十六州。

《忠雅堂詩集》卷一一，《忠雅堂集校箋》第二冊，905頁

荊軻里 （清）蔣士銓

匹夫之勇一人敵，蓋聶心輕勾踐叱。博徒爭道亦何為？早識荊卿無劍術。燕丹力弱思報仇，滅亡禍伏智者憂。批鱗不聽鞠武諫，結客意與田光謀。高臺置酒美人舞，何以酬知心實苦。人頭匕首兩俱得，《易水歌》成聲激楚。秦王虎踞咸陽空，衛士不敢入殿中。擊之弗著意頗快，此時刺客心何雄！虎狼倉猝威亦奪，環柱誰能使驚愕？藥囊提擲客笑駕，殺身已負燕丹托。壯士不還奚足云，太子弗若衛成君。狗屠變姓且矐目，置鉛築內誰殷勤？噫嚱籲！博浪之椎難中彼，天意未終空復爾。華陰道上鬼遮人，才報明年祖龍死。

《忠雅堂詩集》卷一一，《忠雅堂集校箋》第二冊，909頁

讀史六十四首（其九） （清）洪亮吉

督亢先看具地圖，樊於期呼仰天呼。燕、齊海上多奇士，狗盜要難及狗屠。

《更生齋詩》卷八，《洪亮吉集》第三冊，1394頁

荊 卿 （清）羅惇衍

名軻，衛人。燕太子丹尊為上卿，奉使於秦。刺始皇不中，死之。

馬角歸來薦馬肝，歌聲變徵別燕丹。姬人曲奏琴心奮，督亢圖窮匕首寒。易水料應慚軹里，秦皇爭得似齊桓。漸離矐目於期刎，灑血淋漓碧未乾。

《集義軒詠史詩鈔校證》卷四,第一冊,116頁

荊　軻　　　　　　　　　　(清)徐公修

督亢輿圖挾以行,於期頭擲可憐輕。卒因振慴秦庭色,辜負悲歌易水情。提到藥囊酣格鬥,中來銅柱怒鏗聲。專諸成事荊軻否,劍術分明精不精。

《史記百詠》卷一,《讀史千詠》,《史記研究文獻輯刊》13冊,452頁

荊　軻　　　　　　　　　　(清)沈德潛

悲歌易水髮衝冠,匕首投時身已殘。壯士豈惟疏劍術,誤將嬴政比齊桓。

《歸愚詩鈔餘集》卷九,《沈德潛詩文集》第二冊,602頁

讀史樂府·易水行　　　　　　(清)趙紹祖

田光以死激荊卿,燕丹祖餞易水行。壯士手提三尺劍,去去不顧期功成。悲歌一聲聲變徵,髮盡衝冠皆奮起。出燕城兮入秦關,氣如虹兮心如矢。匕首中柱不中王,秦王不死荊卿死。嗚呼!漸籬筑,於期頭,後先死義真堪儔。武陽豎子何足尤,惜哉荊卿所欲與俱客,終古不聞來為燕報讐。

《琴士詩鈔》卷一,《清代詩文集彙編》432冊,645頁

詠　史(其六)　　　　　　　(清)殷如梅

死負樊將軍,生慚燕太子。莫言事不成,成亦徒為耳。

《緣滿山房集》丙二,《清代詩文集彙編》438冊,696頁

漢臺詠史·荊卿　　　　　　　(清)嚴如熤

日懾輸他蓋聶狂,侈談劍術亦荒唐。樊期雖死還堪用,麴武之謀詎救亡。當日白衣寒易水,至今碧血點咸陽。最傷生劫真非策,待客何緣數趣裝。

《樂園詩稿》卷三,《清代詩文集彙編》455冊,163頁

詠　史(其二十二)　　　　　(清)宋　楏

荊軻劍術抑何疏,生劫保能不悔無。兩事負燕千古恨,樊將軍首督亢圖。

《雞牕百二稟》卷五,《清代詩文集彙編》475 册,41 頁

荊軻墓

(清)張琛

荊軻尚築青青塚,真僞由他不用疑。豈比驪山天子墓,祝融早赴牧羊兒。

《日鋤齋詩集·缶音》,《清代詩文集彙編》483 册,658 頁

督亢坡懷古

(清)譚宗浚

雁門關外追兵入,絡繹軍符如火急。燕臺聘幣延將軍,殘祚伶俜竟何及。圖成督亢來西行,拔劍意已無秦正。酬恩一念自可取,豈計匕首還無成。回風蕭蕭吹易水,四座淋漓歌變徵。至今此地愁雲多,萬古悲涼獨如此。我來故里多荊榛,驅馬四顧驚黃塵。舊時豪士倘應在,莫漫輕他屠市人。

《荔村草堂詩鈔》卷二《出門集》,《清代詩文集彙編》763 册,19 頁

易水歌

(清)皮錫瑞

烏頭白後虹氣白,白衣冠來送刺客。金臺碣館虛無人,惜哉出此最下策。頭顱擲地鏗有聲,不憂一死憂無成。易水蕭蕭鬼風泣,田光于期送荊卿。妖雲夜墮咸陽殿,督亢圖窮匕首見。昔日屠狗今屠龍,環柱滿身飛白練,祖龍驚走鱗甲張,左股一廢全燕亡。生王死士爭低昂,奈何天不誅秦王。

《師伏堂詠史》,《清代詩文集彙編》772 册,308 頁

易水行

(清)王軒

六國并起燕無後,豈爲荊卿一匕首。遷怒再肆長平威,薊鄴烹戮盡雞狗。召公闢土嗟日蹙,可但督亢非我有。事秦亦亡報亦亡,田生老謀籌已久。傾都餞送壯士怒,變徵哀歌白衣走。惜哉劍疏計更疏,不待擲柱刃傷手。讀書太息功不成,異代人情見忠厚。強秦何恐燕何恩,惡暴人自願擊掊。蕭蕭白日風轉急,勒馬寒波釂杯酒。天荒地老烏白頭,此恨悠悠名不朽。

《槲經廬詩集》卷四,《續尤西堂擬明史樂府》(外二種),143 頁

荆　軻　　　　　　　　　　　　　　　　（清）秦　焕

一曲悲歌易水濱,西行同送白衣人。祖龍若死燕丹手,不是亡秦是王秦。

《劍虹居詩集》卷下,《清代詩文集彙編》675 册,196 頁

讀　史（其一）　　　　　　　　　　　　　（清）戴　珊

蕭蕭易水劍光寒,輕去荆卿返國難。可惜於期空一死,督亢陂上憾漫漫。

《國朝閨秀詩柳絮集校補》卷四三,第四册,2059 頁

讀史三首（其三）　　　　　　　　　　　（近代）陳去病

要離不可作,專諸今已矣。蒼涼國士橋,寥寞深井里。疇陳荆卿徒,莫挾夫人匕。擊筑不聞聲,袖椎渺難企。嗟哉老大邦,竟無俠烈士。安怪棼亂絲,千手不能理。專制心越雄,壓力譬牛豕。蒙難終酣嬉,黨禍日興起。舉首望中原,百非無一事。痛哭也徒然,狂焰燕丹子。

《浩歌堂詩補鈔》,《浩歌堂詩鈔》,257 頁

薊丘覽古贈盧居士藏用七首并序·燕太子　（唐）陳子昂

丁酉歲,吾北征,出自薊門,歷觀燕之舊都。其城池霸業,跡已蕪沒矣。乃慨然仰歎,憶昔樂生、鄒子,群賢之遊盛矣。因登薊丘,作七詩以志之。寄終南盧居士,亦有軒轅之遺跡也。

秦王日無道,太子怨亦深。一聞田光義,匕首贈千金。其事雖不立,千載為傷心。

《全唐詩》卷八三,3 册,897 頁

燕太子　　　　　　　　　　　　　　　　（宋）薛季宣

意氣寧知錯感人,姬丹祕計謾危親。亡燕拜送於期首,政使荆卿趣帝秦。

《全宋詩》卷二四七一,46 册,28666 頁

燕　丹　　　　　　　　　　　　　　　　（元）徐　鈞

急着無如救趙危,遠從楚、魏近從齊。田光老繆翻成錯,匕首咸陽策最低。

《全宋詩》第 7 册,18 頁

書無題後凡三首，偶感燕太子丹事 (明)許　友

火流南斗塞垣虛，芳草□□□愴如。淮潦浸天魚有帛，寒□連雪雁無書。不同趙武藏□褓，終異秦嬰祖素車。□女中心漫於邑，□民西望幾踟躕。

塞□霜木抱狷□，草□江南罷射麋。秦地舊歸燕質子，瀛封曾畀宋孤兒。愁邊返照窺牆榻，夢裏驚塵喪鞁鞴。莫識白翎終曲語，蛟龍雲雨發無時。元世祖能彈白翎□□□，何其曲終有淒怨之聲乎。

幾年薪膽泣孤嬰，一夕南風馬角生。似見流星離都□，謬傳靈武直咸京。九□□鳳沖霄翼，三匝慈烏□□□。縱少當時趙雲將，臥龍□始□□名。洪武七年，遺元幼子之主八剌北歸，此詩蓋記舊事，故有"舊歸質子"及"南風馬角"之句。太祖封買裏的八剌為崇禮侯，故曰："瀛封曾畀宋孤兒"也。

《箬繭室詩集》，《蓉城仙館叢書》，787頁

薊丘覽古贈盧居士藏用七首并序·田光先生 (唐)陳子昂

丁酉歲，吾北征，出自薊門，歷觀燕之舊都。其城池霸業，跡已蕪沒矣。乃慨然仰歎，憶昔樂生、鄒子，群賢之遊盛矣。因登薊丘，作七詩以志之。寄終南盧居士，亦有軒轅之遺跡也。

自古皆有死，徇義良獨稀。奈何燕太子，尚使田生疑。伏劍誠已矣，感我涕沾衣。

《全唐詩》卷八三，3冊，897頁

讀《田光傳》 (唐)李　遠

秦滅燕丹怨正深，古來豪客盡沾襟。荊卿不了真閒事，辜負田光一片心。

《全唐詩》卷五一九，15冊，5935頁

田　光 (宋)劉克莊

北面老先生，人間事飽更。不聞求樂氏，但見薦荊卿。

《全宋詩》卷三〇四七，58冊，36338頁

田光墓 (元)楊文郁

目已無西帝，心嘗痛六王。骨埋荒草裏，遺恨失秦皇。

《全元詩》第 15 冊,323 頁

田先生　　　　　　　　　　　　　　　　　　（明）朱察卿

先生好俠節,自刎鴻毛輕。一死誰云報太子,欲將此事堅荊卿。可憐匕首不得中,荊卿俱死功無成。功無成,心自明,一朝慷慨千年名,田先生。

《朱邦憲集》卷一,《四庫全書存目叢書》集部 145 冊,598 頁

樊將軍 并引　　　　　　　　　　　　　　　　（元）楊維楨

夷門監一死稱萬世,田光老詩誤人,一死不足憐,可憐者在丹與於期耳。

嬴刎刎得,永永成信陵君。光刎刎失,廢廢直游酒人。柯壇不得登沫,燕地不得反秦。壯士誤人死,誤死重痛樊將軍。

《全元詩》第 39 冊,164 頁

秦武陽　　　　　　　　　　　　　　　　　　（唐）周　曇

卯歲徒聞有壯名,及令為副誤荊卿。是時環柱能相副,誰謂燕囚事不成。

《全唐詩》卷七二八,21 冊,8349 頁

高漸離擊筑歌　　　　　　　　　　　　　　　（明）范　欽

變徵激悲風,酬知一身是。不願壯士生,但願壯士死。

《天一閣集》卷一五,《范欽集》下冊,282 頁

高漸離　　　　　　　　　　　　　　　　　　（清）羅惇衍

燕人,善擊筑。後為秦始皇所殺。

有意埋名潛宋子,無端奏技近秦皇。三生尚抱亡臣恨,一扑能爭壯士長。滄海椎還逃博浪,蘭池盜又免咸陽。鮑魚驂乘緣何晚,星墜疆分待石旁。

《集義軒詠史詩鈔校證》卷四,第一冊,117 頁

詞

前調（滿江紅）·咏古·高漸離筑　　（清）徐　籧

易木蕭蕭，風初起、波濤成雪。樽內酒、人分去住，此心無別。渺渺風塵誰與説，赤心欲剖知何日。亘千年、幾點不成灰，英雄血。　　嬴秦路，虎狼穴。蒙自將，梟猊杰。嘆王孫有恨，望烏頭白。誰悵於期當日首，却憐鉛筑空拋擲。怎奈渠、天定棄人謀，衝冠髪。

《全清詞》順康卷第一冊，198 頁

感恩多·專諸巷　　（清）吳　綺

在閶門內。闔閭欲刺王僚，得俠士專諸於此。遂爲窟室，迎王僚而讌焉，使專諸進魚，諸藏劍魚腹，抽而刺之，諸乃爲衛使所殺。夫闔閭之於王僚，兄弟也，一旦禍起閱牆，得而甘心焉。其於三讓之遺風不無霄壤，而諸知己之感，報王者則已至矣。作《感恩多》。

遺蹤留古巷。窟室謀偏壯。英雄休自傷。一魚腸。　　此日吳儂尚說，姓名香。姓名香。兄弟操戈，何如三讓王。

《全清詞》順康卷補編第一冊，502 頁

前調（望江怨）·豫讓橋　　（清）趙吉士

橋頭水。千載孤忠流血淚。嗚咽何時已。主仇未報身先死。酬國士。嘆惜古人風，煙樹斜陽裏。

《全清詞》順康卷第九冊，5041 頁

感恩多·豫讓橋　　（清）貢　琮

赤橋名豫讓，豫讓殺橋上。至今橋下頭。血還流。　　三躍斬衣而死，足千秋。足千秋。地覆天翻。報讎心未休。

《全清詞》順康卷第九冊，5405 頁

滿江紅·過國士橋　　　　　　　　　　　　　（清）潘　眉

國士之知,仇未報、何須復活。況此日,厠中心动,桥头马蹶。撼柱雪涛风卷泪,烧原霜树花成血。看赵家、坏土已成尘,君名烈双杵诉,声呜咽。　　千山锁,魂飘越。叹晋燕奔走,向谁弹铗。碣石宫前凉月满,太原城下寒云结。只众人、遇我尚茫然,空存舌。

《全清詞》順康卷第一四册,8332 頁

西江月·易水　　　　　　　　　　　　　（明）韓邦奇

西望遠山落日,南來暮柳繁煙。烏啼花發自年年,成敗興亡幾變？　　白水河邊壯士,黃金台下英賢。到頭惟有斬燕丹,千古令人哀歎。

《全明詞》第二册,621 頁

惜黃花慢·易水吊古　　　　　　　　　　　（明）屈大均

送送魂銷。正暮山淡淡,寒水蕭蕭。就車不顧,勸鵤未酹,悲歌變羽,怒髮沖飆。素冠賓客紛流涕,白虹貫、斜日光搖。怕過橋。馬驚豫子,魚怪王僚。　　夫人匕首橫腰。正撞鐘御殿,貢匣趨朝。大王環柱,美人鼓瑟,屏風奮越,衣斷單綃。未應豎子同生劫,漸離好、怎不相邀。況素要。毅魂費爾空招。

《全明詞》第六册,3153 頁

滿江紅·燕臺懷古　　　　　　　　　　　　（清）宋　琬

易水東流,與西去、荆卿長別。祖帳處、三千賓客,衣冠如雪。督亢圖中雷雷作,咸陽殿上襟裾絕。恨夫人、匕首竟何爲,同頑鐵。　　漸離築,笙歌咽。博浪鐵,車輪折。縱奇功未就,祖龍褫魄。一死翻令燕國蹙,九原悔與田光訣。嘆千年、寒水尚蕭蕭,虹霓滅。

《全清詞》順康卷第二册,889 頁

前調（綺羅香）·燕臺懷古　　　　　　　　（清）徐旭日

易水悲風,燕山淡月,千古傷心行客。鄒律回春,吹向五雲遺跡。琴未碎、泪盡驚秋,筑還擊、心懷報國。最堪憐、市駿金臺,空餘哀草韓陵石。

《全清詞》順康卷第三册,1877 頁

沁園春·荊卿　　　　　　　　　　（清）毛先舒

游於酒人，深沉好書，我愛荊卿。但泠泠高唱，翻成楚泣，烏烏倚和，不雜秦聲。燕市鶯花，酒壚風雨，只許三人結伴行。塵埃裏，把英雄老了，何用知名。　　陡然一諾相傾。便匕首、單提殺氣生。看渾河秋色，北來風緊，咸陽衰草，西望雲橫。劍客為虹，秦皇是日，真主從來不受驚。龍門筆，儘千秋萬古，憑吊多情。

《全清詞》順康卷第四冊，2197頁

憶秦娥·上谷懷古　　　　　　　　　（清）梁清標

濤聲咽，蕭蕭亭照金臺月。金臺月，千年易水，為誰寒熱。　　狗屠燕市風流絕，田荒督亢飛殘雪。飛殘雪。悲風落日，古今銷歇。

《全清詞》順康卷第四冊，2222頁

滿江紅·易水吊古　　　　　　　　　（清）米漢雯

擊筑遺墟，覓故壘、盡成陳迹。想當日、啣杯西發，壯懷辟易。慘淡徵聲歌已杳，潺湲易水寒猶昔。歎燕丹、豈樂蹈危機，他無策。　　於期頸，嗟函赤。夫人匕，徒虛擲。笑舞陽豎子，難襄茲役。仗節真堪毛髮豎，密謀何必衣冠白。更數年、誰料有同心，沙中客。

《全清詞》順康卷第六冊，3392頁

南鄉子·邢州道上作　　　　　　　　（清）陳維崧

秋色冷並刀，一派酸風捲怒濤。並馬三河年少客，粗豪，皂櫟林中醉射雕。　　殘酒憶荊高，燕趙悲歌事未消。憶昨車聲寒易水，今朝，慷慨還過豫讓橋。

《全清詞》順康卷第七冊，2936頁

白苧·過荊軻故居　　　　　　　　　（清）彭　桂

吊慶卿，訪故國，衛郊淇里。讀書擊劍，再辱邯鄲榆次。酒人遊、共擊筑悲歌燕市。容易。許田光，入強秦、輕言行刺。易水蕭蕭，過客徒教揮涕。想登車、白衣相送原無計。兒戲。匕首空堪，藥囊頻撲，笑罵箕踞而已。負匆頭於期，腐心切齒。烏頭能白，又天公何事，貫虹徵異。博浪也虛椎，鮑魚應到沙丘死。昨來河內，深井尤嗟軹。

《全清詞》順康卷第一○冊,6085頁

百字令·詠史(其二) （清）曹貞吉

田光老矣,笑燕丹賓客、都無人物。馬角烏頭千載恨,匕首匣中如雪。落日蒼涼,羽聲慷慨,壯士衝冠髮。咄哉孺子,武陽色怒而白。　　試問擊筑漸離,此時安在,何不同車發。負劍祖龍驚掣袖,六尺屏風堪越。貫口長虹,繞身銅柱,天意留秦劫。蕭蕭易水,至今猶爲嗚咽。

《全清詞》順康卷第一一冊,6497頁

風流子·易水懷古 （清）黃垍

以下六首和曹升六舍人。

田光真烈士。年垂老、刎頸別荆卿。記壯士悲歌,寒生易水,衝冠怒髮,直指秦廷。咸陽殿,襟裾空斷絕,七首總無靈。督亢圖窮,祖龍繞柱,白虹貫日,天道何憑。　　舞陽還乳臭,殺人能報怨,浪得虛名。可惜甘棠餘蔭,一旦飄零。任舉國奔號,難回震怒,東宮授首,無救頹傾。徒使英雄扼腕,千載吞聲。

《全清詞》順康卷第一三冊,7447頁

六州歌頭·易水懷古 （清）錢芳標

停車野廟,煙抑正中春。驚風起,蕭蕭裏。動青蘋。似秋晨。此地荆卿餞。白衣指,白虹貫。筵未半。調聲變,泣沾巾。擊築酒徒,意氣方雄岸,底用逡巡。仗霜痕七首,西入虎狼秦。眥裂空瞋。志難伸。　　想提囊士,彈琴子,謀用矣,豈無人。狙擊去,椎還誤,竟全身。祖龍真。那信沙丘路,鎬池語,玉衣塵。燕臺舘,阿房殿,總青燐。督亢畫圖何處,斜陽外、敗堞叢榛。只泉香釀洌,巫鼓唱迎神。行旅酸辛。

《全清詞》順康卷第一三冊,7579頁

浣溪沙·易水懷古 （清）張純修

柳下紅橋貼水橫。夕陽猶未罷征行,馬頭山色帶烟輕。　　昔別悲歌陣壯卜。来一水動秋声,悠悠千載几人情。

《全清詞》順康卷第一六冊,9613頁

前調（清平樂）·易水懷古
(清) 丁 介

燕臺駿馬，枯骨千金價。四海聞風傾倒也。指門秦城自下。　　沖飛怒翮扶搖。築聲誰和荊高。惟有行人來去，猶歌易水蕭蕭。

《全清詞》順康卷第一八冊，10340 頁

滿江紅·詠史(其一)
(清) 黃立世

丹也何為，最可恨、田光老矣。嘗說事，空勞鑄鐵，六雄之恥。客淚頻從離酒下，征塵還逐歌聲起。聽夜來、易水送寒流，秋風裹。　　荊卿劍，怒且喜。漸離築，生亦死。早英雄气盡，衝冠髮指。殿上曾聞圖已見，日邊忽訝虹將止。看秦庭、銅柱逐三周，徒然耳。

《全清詞》雍乾卷第四冊，1898 頁

滿江紅·過易水，步張杏村韵
(清) 沈起鳳

兵起山東，想燕祚、已存一息。又何苦、謀同兒女，竟批鱗逆。壯士行知不復返，尊前徒見衣冠白。却誰令、匕首共輿圖，秦關人。　　太傅計，誠虛擲。於期首，尤堪惜。嘆薊城拔後，難延十月。擊築悲歌何處也，於今易水空寒色。縱蕭蕭、猶是舊時風，仍無迹。

《全清詞》雍乾卷第四冊，2272 頁

柳梢青·易水懷古
(清) 陳 朗

日暮風吹晉《青溪小姑歌》，邊聲四起東漢蔡琰《胡笳十八拍》，音響相和晉傅玄《昔思君》。眇眇舟車北齊《祀明堂·文舞辭》，芒芒宇宙晉陸雲《大將軍宴會被命作詩》，抱恨如何晉陶淵明《停雲》。　　蕭蕭易水生波北周王褒《高句麗》。當如此魏曹操《氣出唱》、彈箏酒歌漢樂府《善哉行》。遙望秦川又《隴頭歌》，口存心想晉盧諶《贈劉琨》，終莫能磨晉劉琨《答盧諶》。

《全清詞》雍乾卷第八冊，4349 頁

望海潮·涿州懷古
(清) 何承燕

江南夢好，匆匆歸去，前宵初別京華。督亢亭空，樓桑村冷，西風吹落殘霞。吊古暫停車。正酒旗煙暝，天外欹斜。醉問行人，昔時屠狗是誰家。　　追思往事堪誇。有悲歌壯士，玉貌名娃。臺剩華陽，驛留涿鹿，重來我亦興嗟。古堞點棲鴉。只范陽流水，縈

帶蒼葭。無限離情并隨，征雁繞天涯。

《全清詞》雍乾卷第一〇册，5807 頁

過秦樓·懷柔道中　　（清）吳錫麟

撲面風尖，壓裝雲重，一騎鞭絲孤裊。笳悲塞苦，笛怨邊寒，白盡滿天沙草。爲問廢壘前朝，蒼莽空山，有誰憑弔。羡太平圖畫，橫騎牛背，牧兒閒好。　　休更數、敕勒歌豪，尉遲杯滿，無限古人懷抱。荊卿畫地，鄒子談天，都係者邊斜照。誰道今日可憐，城角黃昏，暝鴉吹到。且尋余宿處，前路犬聲如豹。

懷柔，燕之北境，太子丹使荊軻獻地圖即此。黍谷乃鄒衍吹律處。

《全清詞》雍乾卷第一二册，6612 頁

西河·金臺懷古　　（清）膚道人

神京路、秋色蒼然催起。滄波殘畫霸臺空，渾河寒水。十三陵樹夕陽多，觚稜翁仲斜倚。　　御溝際，搖萬葦。隱照天街坊里。昭陽日莫顏愁，亂鴉能記。鳳城樓閣五雲飛，西山無恙濃翠。　　對往迹、何限幽思，況鯨潮、東溟如沸。且引濁醪沈醉。灑新亭淚。盡雄圖誰是，俯仰千秋興亡事。

《石琴詞》，《清詞珍本叢刊》第二一册，192 頁

又（滿江紅）·燕中懷古　　（清）包榮翰

走馬交河，氣慘慘、陰陰瑟瑟。聞說到，金臺詔下，群誇駿骨。山擁居胥枯草折，風寒易水沈雲黑。真英雄，已死報讐心，陰淤積。　　於期血，刀環碧。漸離淚，衣冠白。問燕丹門下，誰為豪客。賸有臙脂消舊恨，更無鷹土埋幽魂。看天無，大野擊霜雕，弓弦耆。

《倚盾鼻詞草》，《清詞珍本叢刊》第二〇册，150 頁

曲

〔南越調浪淘沙〕慨世

(明) 王 問

易水去悠悠。風氣蕭颸。悲歌擊筑向秦州。不料得祖龍環柱走。著什麼來由。

《全明散曲》第二冊,1739頁

李斯列傳

一 詩

詠《李斯列傳》

李斯列傳 （唐）司馬貞

鼠在所居，人固擇地。斯效智力，功立名遂。置酒咸陽，人臣極位。一夫誑惑，變易神器。國喪身誅，本同末異。

《史記索隱》卷三〇，481 頁

題《李斯傳》 （唐）韋　莊

蜀魄湘魂萬古悲，未悲秦相死秦時。臨刑莫恨倉中鼠，上蔡東門去自遲。

《全唐詩》卷六九六，20 冊，8013 頁

讀《李斯傳》 （唐）曹　鄴

一車致三轂，本圖行地速。不知駕馭難，舉足成顛覆。欺暗尚不然，欺明當自戮。難將一人手，掩得天下目。不見三尺墳，雲陽草空綠。

《全唐詩》卷五九三，18 冊，6874 頁

讀《李斯傳》 （宋）薛季宣

上蔡遊公子，真情本自愚。五刑身具論，七罪法當誅。逐兔蹤牽狗，亡秦效擊胡。明

功與周、召,為問驪山徒。

《全宋詩》卷二四六七,46冊,28624頁

讀《李斯傳》

(元) 王 惲

常笑秦斯訴己忠,豈知身墮趙機中。沙丘不負先王托,雖死猶能保霸功。

《全元詩》第5冊,575頁

詠李斯

上　蔡　　　　　　　　　　　　　　　　　（唐）胡　曾

上蔡東門狡兔肥，李斯何事忘南歸。功成不解謀身退，直待雲陽血染衣。

《全唐詩》卷六四七，19 冊，7430 頁

李　斯　　　　　　　　　　　　　　　　　（宋）薛季宣

獵盡山東六暴強，修明律令起秦皇。還思稅駕知無地，逐兔應當爾許忙。
《詩》《書》灰燼便秦文，便得秦王却誤身。斯具五刑秦再世，《六經》還有表章人。
剛從荀卿學帝王，為羞貧賤速危亡。威嚴無復人居上，自處應慚廁鼠方。

《全宋詩》卷二四七一，46 冊，28666 頁

李　斯　　　　　　　　　　　　　　　　　（宋）劉克莊

焚餘寧有籍，坑後更無儒。不解愚劉、項，翻令二世愚。

《全宋詩》卷三〇四七，58 冊，36341 頁

李　斯　　　　　　　　　　　　　　　　　（宋）陳　普

太華、終南只磨青，渭流一日肯為涇。豺狼不食茅焦肉，水火安能熄《六經》。
拋却韓廬把虎騎，諸生莫訝正忙時。魚龍不隔蓬萊路，方有東門逐兔期。
李斯何敢妄坑儒，但作逢君固位圖。造物欲為儒報德，故教草草殺扶蘇。

《全宋詩》卷三六五〇，69 冊，43794 頁

李　斯　　　　　　　　　　　　　　　　　（元）徐　鈞

燃除六籍忍坑儒，本欲愚人卒自愚。若使當時甘被逐，東門牽犬歎應無。

《全元詩》第 7 冊，281 頁

讀史六首(其一) （元）陸文圭

逐鹿紛紛盡向秦，東門牽犬亦無人。月宮穩上青冥去，桂樹秋風老此身。

《全元詩》第 16 册，100 頁

上蔡縣驛(其一) （元）陳孚

上蔡城邊雉兔肥，滿川桑棗綠成圍。東門牽犬無窮樂，誰遣君侯不早歸。

《全元詩》第 18 册，371 頁

李斯、趙高 （元）張養浩

秦室斯高兩巨奸，崎嶇心計各求安。闔門到了歸誅滅，本欲謾君却自謾。

《全元詩》第 25 册，75 頁

廁中鼠 并序 （元）楊維楨

斯為小吏時，見廁中鼠，有人犬驚；入見倉中鼠，食粟無人犬憂。嘆曰："人之賢不肖，在所自處耳。"廼從荀卿學帝王術，而卒不免具五刑之僇。斯之自處可知矣。余嘗論柏翳氏之鬼不食者，非胡亥、趙高。殺蘇立亥，戮群公子而亡秦國者，懸於斯仰天一嘆、不能死之一言耳。高出亡國之言，斯誓一死以謝之，高能賜劍於恬與蘇，愚弄一鹿於亥乎？斯號六藝，其荒詩迷謬，乃荀卿之不肖弟子，始皇之畔臣，萬代儒者之罪人也。咸陽磔死，死有餘誅。太史不咎其大惡不道，而猶以周召功烈惜之，吾不知其何說也。斯舉師訓云："物禁太盛，物極則衰。吾上蔡布衣，今人臣位無居臣上者，富貴極矣。吾未知所稅駕矣。"此言可哀，勢已不得為廁鼠矣。吾為斯賦廁鼠辭，悼斯之為三公，曾廁鼠之不如，又此：其老詩從逆而陷於僇也。

君不見相國廁中鼠，食污善自驚。相國笑鼠不如太倉食粟飽且寧。豈自知相國寢火履冰，蒼鷹不揚，黃犬不鳴，祿鬵萬鍾，身具五刑。

重為些曰：

樓不二雄兮悅不再容，靈修懵懂兮誰西孰東。火吾書兮師吏以為儒，愚吾黔兮復以自愚。轀車共秘兮僞璽同欺，於乎秦鬼不食兮不食爾斯。

《全元詩》第 39 册，163 頁

觀秦丞相斯鄒嶧山刻石墨本碑

(元)吳萊

鄒嶧之山在何處，始皇立石改名號。史籀古文相斯變，蛟龍盤崛獨精到。自都咸陽制六合，曰救黔首烹強暴。鷙深擅更秦新法，繁縟盡剗週末造。掃除井田設斗角，盪滅封建廢圭瑁。收兵鑄鐻銷凶器，斥塞築城斲梟鷔。當時大開阿房殿，萬世永戴黃屋纛。胡亥矜慢不改轍，趙高指麀豈謂孝。四極巡遊何功德，群臣刻頌直羿昊。金虎渝亡竟不守，白蛇劍死徒驚譟。荀卿著書本性惡，弟子承學愈言耄。古今聖賢使閣束，五三載籍遭煨爆。越人鳥駭汝苦兵，蘄卒狐呼汝召盜。宜哉東市得具刑，矧痛吾儒有名教。太平真君一拽倒，枯筐野莽火就燥。篆家法妙尚鉤勒，棗木字肥略顏貌。陽冰石經欲轂乳，楚金蠟匭猶踏蹈。文章誳佞合鐫削，筆墨瓌絕強則效。小齋客至無寒具，明窗淨几急灑掃。後代續刊縱膚淺，先秦遺跡信堂奧。鵝鼻峰頭不可上，魑魅晝泣駭熊豹。會尋碣石探之罘，乘興去浮滄海棹。

《全元詩》第 40 册，8 頁

古意二十首(其十)

(明)袁凱

李斯遊洛陽，名遂身亦危。一人具五刑，於古豈有之。呼兒語黃犬，相顧涕交頤。斯時夏黃公，商山方採芝。

《袁凱集編年校註》編年詩，119 頁

泰山十四詠·丞相碑

(明)吳節

海內《詩》《書》已盡焚，只將片石勒功勳。青門薫犬知何處，尚有雕蟲學篆文。

《吳竹坡先生詩集》卷二五，《四庫全書存目叢書》集部 23 册，575 頁

詠史一百首(其三十)

(明)謝肇淛

李斯辭荀卿，其意羞貧賤。見鼠居倉中，喟然發深羨。布衣扣秦關，逐客卒召見。獲逐蠱食謀，乾坤成血戰。《詩》《書》即以燔，功德亦屢薦。宮車忽晚出，鶴駕中宵變。自詫浴日功，居然承天眷。履危患乃臨，殉榮神所譴。市頭歎黃犬，無乃迷先見。身名俱為戮，哀哀淚如霰。

《小草齋詩集》卷六，《小草齋集》上册，710 頁

焚書坑 （明）張　原

欲把《詩》《書》作世讎，李斯此畫豈忠謀？後來相向櫌鋤子，不是當時儒者流。

《玉坡張先生黃花集》卷六，《陝西古代文獻集成》第7輯，第399頁

有歎二首（其一） （清）顧炎武

少小事荀卿，佔畢更寒暑。慨然青雲志，一旦從羈旅。西遊到咸陽，上書寤英主。門庭正翕集，車騎來千數。復有金石辭，粲爛垂千古。如何壯士懷，但慕倉中鼠！

《顧亭林詩集匯注》卷四，下冊，1057頁

李斯泰山石刻題後 （清）孫星衍

穆書失政和，世傳周穆王吉日癸巳書原本，以政和取入內府，亂後失之，今惟有宋人摹本。獵鼓疑宇文。近時審定石鼓為宇文周時物，惟江卡漻布衣及予信之最堅。繼周數石刻，惟有斯篆存。嶧山、會稽書，摹勒非其真。茲碑立榛莽，缺畫鬼所捫。邇來碧霞宮，復遭野火燔。豈其坑儒魂，來報焚書冤。阿房三月灰，餘焰猶復然。我言嬴秦罪，在廢籀古文。改篆而篆亡，毀經而經尊。幾令周孔字，禁抑不得傳。非有叔重功，六義無淵原。堂堂李丞相，獨著《倉頡篇》。奉詔寫石旁，下筆整不偏。斥棄徒隸文，程邈詎敢干。法家尚刻削，此跡何真淳。試讀《逐客書》，後愚而前賢。觀其邁時屯，變本亦可憐。眇然訪遺本，落落區宇間。愛此匪恤私，持贈友意殷。人身不及紙，完好無百年。楚人得失弓，達者忘其人。題名儻留世，何必歸子孫。

《晚晴簃詩匯》卷一〇五，第三冊，77頁

雜感十一首（其九） （清）劉大櫆

李斯相秦皇，趙高特宦寺。威柄足誅高，而猥聽高計。徒憂蒙氏興，一旦居其次。哀哉患失心，千古若符契！牽犬出東門，回思成盛事。倉中雖便安，今日何如廁。

《劉大櫆集》卷一二，415頁

李　斯 （清）謝啟昆

鹿禽視肉鼠窺囷，挾策西行遂相秦。篆法千秋傳妙手，緯書一炬是功臣。沙邱（丘）

矯詔謀誰定，上蔡臨刑獄未申。太息仰天遭亂世，懷慚荀學布衣身。

《樹經堂詠史詩》卷一，影印《續修四庫全書》1458 冊，496 頁

李　　斯　　　　　　　　　　　　　　（清）羅惇衍

字通古，楚上蔡人。始皇時，官丞相，為二世所殺。

金泥玉檢泰山巔，尚有奇文秘不傳。欲掃典墳雄著作，更從封禪訪神仙。《六經》以上書皆燼，一統之初相獨先。蔑聖阿君秦祚斬，東門黃犬豈當憐。

《集義軒詠史詩鈔校證》卷五，第一冊，136 頁

李　　斯　　　　　　　　　　　　　　（清）徐公修

歷階廷尉升丞相，秦室聯姻極富豪。皇帝翊成功卓卓，客卿諫逐辨滔滔。少年受學從荀況，晚歲奇刑陁趙高。逐兔東門牽犬出，末途父子悔徒勞。

《史記百詠》卷一，《讀史千詠》，《史記研究文獻輯刊》13 冊，453 頁

放歌五首（其三）　　　　　　　　　　（清）尤　侗

君不見，李斯相秦并六國，之罘銘功碑百尺。一朝束縛咸陽市，牽犬東門豈可得？功名富貴本何常？癡兒圖據千年強。高軒大蓋驕鄉里，鹵簿驅人屏道旁。薰天勢燄有時盡，捕車忽至驚蒼黃。顧視妻孥但涕泣，面如土色無輝光。從前炙手竟安在？羞君意氣徒洋洋。何如野老茅廬下，仰天長嘯歌《滄浪》。

《看雲草堂集》卷三，《尤侗集》中冊，603 頁

秦漢樂府·牽黃犬　　　　　　　　　　（清）張　誠

牽黃犬，逐狡兔，上蔡東門舊遊處。可憐腰斬咸陽市，父子二人不相顧。李斯李斯，爾罪滔天。爾勿悲，自古帝王皆已往，《典墳》《邱（丘）索》神在茲。始皇本無焚書意，爾欲固寵實啓之。一火燒盡千聖心，延及百家文與詞。坐以縱火律，亦應三族夷。秦法固酷烈，施之李斯毋乃宜。

《嬰山小圃詩集》卷一五，《清代詩文集彙編》425 冊，104 頁

漢臺詠史·李斯

（清）嚴如熤

牽黃顧狡嗟何及,磨石鐫銘柱自勞。半世心情倉內鼠,一生勳業筆中刀。誰令世將誅蒙毅,至竟宮門困趙高。秦法寡恩終自斃,興朝寬大羨蕭、曹。

《樂園詩稿》卷三,《清代詩文集彙編》455 册,163 頁

雜詠史四十二首(其四)

（清）梁運昌

亡秦不獨胡,罪首在李斯。厥興自溷鼠,志操固已卑。無術當此舍,飾說輕辭師。阿諛致尊位,相業金石詞。下議問師古,反將聖教夷。責書問肆志,迺稱督責宜。沙邱(丘)訹邪說,先進蒙氏疑。殺高迎太子,富貴亦何之。戀權甘黨逆,終焉見賣欺。空貽黃犬悔,五刑將何辭。子嬰之誅趙高,如探囊取物,非如漢、唐宦官根株盤固者也。沙邱(丘)之事,寶恐蒙氏奪其權,高知其易動,故關口即以此說之。

《秋竹齋詩存》卷五,《清代詩文集彙編》499 册,34 頁

詞

華表鶴·詠史
（明）李　培

溷鼠何曾悟李斯。龍駒不勇折旌危。魂遊上蔡牽黃日，恨遶華亭鶴唳時。　　憐馬革，痛鴟夷。英雄千載去何之。生憎林谷懷臍鹿，浪笑泥塗曳尾龜。

《全明詞補編》下冊，573頁

蒙恬列傳

一 詩

詠《蒙恬列傳》

(唐)司馬貞

蒙氏秦將,內史忠賢。長城首築,萬里安邊。趙高矯制,扶蘇死焉。絕地何罪?勞人是懲。呼天欲訴,三代良然。

《史記索隱》卷三〇,481頁

詠蒙恬 附扶蘇

蒙 恬 （宋）陳 普

劈碎崤、潼坏太行，才通腥鮑到咸陽。地后山靈思報德，故教蒙毅去輴輬。自注：始皇、李斯、蒙恬之死，秦之死亡，皆天地鬼神所為，人事假手而已耳。

《全宋詩》卷三六五〇，69冊，43794頁

長城行 （明）方逢時

蒙恬築長城，亙絕萬里邊。單于遠逃遁，三陲長晏然。天既獻頑德，禍起踵未旋。宗廟成邱墟，遺跡千載傳。哀哀百萬人，膏血漬平川。至今風雨夜，鬼哭險崖巔。胡馬日縱橫，侵軼過趙、燕。薄伐思往烈，和親笑當年，欲收疆圉功，秦策可盡捐。

《大隱樓集》卷二，《四庫未收書輯刊》伍輯19冊，680頁

蒙 恬 （清）謝啟昆

內謀外事寵恩加，直道營成胥怨嗟。將帥窮兵多覆族，弟兄治獄自亡家。九原塹谷心先死，萬里長城骨似麻。公子被誣丞相殺，將軍焉得脫羅罝。

《樹經堂詠史詩》卷一，影印《續修四庫全書》1458冊，496頁

蒙恬製筆《博物志》 （清）田依渠

秦皇太多事，書籍不勝焚。筆是蒙恬造，將軍却好文。

《茹古山房讀史餘吟》卷四，《清代詩文集彙編》639冊，655頁

蒙 恬 （清）羅惇衍

其先齊人，為秦將軍。二世立，賜死。

沙邱偽詔殺扶蘇，心識亡秦果是胡。執法公朝憐阿弟，暴師上郡懾匈奴。一枝健筆山中穎，萬里長城塞外圖。地脈絕時民力盡，陽周使到不知辜。

《集義軒詠史詩鈔校證》卷五,第一冊,134頁

蒙　恬　　　　　　　　　　　（清）徐公修

蒙驁蒙武大功成,祖父秦邦世掌兵。控制三邊居上郡,延袤萬里築長城。氣吞齊國將軍績,威振匈奴內史名。終古毛錐尊鼻祖,翰林深荷主人情。

《史記百詠》卷一,《讀史千詠》,《史記研究文獻輯刊》13冊,454頁

經殺子谷　　　　　　　　　　（唐）陶　翰

扶蘇秦帝子,舉代稱其賢。百萬猶在握,可爭天下權。束身就一劍,壯志皆棄捐。塞下有遺跡,千齡人共傳。疏蕪盡荒草,寂歷空寒煙。到此盡垂淚,非我獨潸然。

《全唐詩》卷一四六,4冊,1475頁

殺子谷　　　　　　　　　　　（唐）胡　曾

舉國賢良盡淚垂,扶蘇屈死樹邊時。至今谷口泉鳴咽,猶似秦人恨李斯。

《全唐詩》卷六四七,19冊,7424頁

扶　蘇　　　　　　　　　　　（宋）孔平仲

天下精兵掌握間,便宜長嘯入秦關。奈何伏劍區區死,不辨書從趙、李奸。

《全宋詩》卷九二八,16冊,10935頁

扶　蘇　　　　　　　　　　　（宋）林　同

父賜子以死,君侯安所疑。忍哉指鹿相,無復祖龍知。

《全宋詩》卷三四一八,65冊,40612頁

詞

前調(慶千秋)・補秦皇帝封毛穎為管城子制　（清）張　錦

咨汝毛錐,汝在中山,采匿光埋。與霧豹為朋,不求聞見,潛龍作友,恥丐風雷。饒裕經綸,深沉幹濟,自是清時大用才。賢力薦,幸蒙恬不蔽,拔自草萊。　　能將造化天開。似倉頡前身今又來。變漆書之苦,鬼堪夜哭,蟲文之拙,法自心裁。治世能臣,太平補衮,官拜中書祿豈諧。晉五等,爵錫管城子,汝往欽哉。

《全清詞》雍乾卷第一○冊,5778頁

張耳陳餘列傳

詩

詠《張耳陳餘列傳》

張耳陳餘列傳　　　　　　　　　　　　（唐）司馬貞

張耳、陳餘，天下豪俊。忘年羈旅，刎頸相信。耳圍鉅鹿，餘兵不進。張既望深，陳乃去印。勢利傾奪，陳末成釁。

《史記索隱》卷三〇，481頁

關　中　　　　　　　　　　　　　　　（元）宋　无

星聚關中漢必王，沛公先入約三章。天時已預昭秦分，人事徒知是楚強。

《史·陳餘傳》：甘公曰："漢王之入關，五星聚東井。東井，秦分也，先至必王。楚雖強，後，必屬漢。"蓋五星聚秦分，沛公先至，必王天下。楚雖強，而其至後矣，此必屬於漢也。"後"字自為句。

《全元詩》第19冊，414頁

刎頸交　　　　　　　　　　　　　　　（明）黃淳耀

刎頸交生年，單賤稱雄豪。千金購老百金少，兩人心知各相笑。雲起龍驤愚者驚，為陳為趙皆縱橫。監門憂一死，河北怨一生。將印爾何物，千秋破人情。泜水義兵誠失策，兵敗猶令廣武惜。信都趙後襄國俘，生者獨慚廝養卒。

《擬古樂府》，《陶庵全集》卷九，影印文淵閣《四庫全書》1297冊，752頁

張　耳

（清）羅惇衍

大梁人。初封常山王，改封趙王。卒，諡曰"景"。

布衣賓客舊同遊，離合多緣失鹿秋。敢恃代王真刎頸，尚勞漢帝僞遺頭。激成宿怨常山破，斷送交情汦水流。此去丹書終帶礪，兩人器識果誰優。

《集義軒詠史詩鈔校證》卷六，第一冊，149 頁

井陘關，題成安君祠壁

（清）洪亮吉

輔楚滅，輔漢興，耳乎曾客魏信陵。項不臣，劉不屈，餘乎能死趙王歇。存忘不易心所安，亦如留侯志存韓。不然富貴易易耳，稍一屈節王無難。鬚眉英英面白皙，趙邦立祠名報德。世人漫說李左車，不存其計原非愚。君不見，英雄一誤殊堪死，刎頸交先有張耳。

《卷施閣詩》卷六，《洪亮吉集》第二冊，577 頁

陳　餘

（清）羅惇衍

大梁人。陳涉時，爲趙王武鉅校尉，進大將軍。項羽以南皮三縣封爲侯。趙王歇立，爲代王，號"成安君"。漢擊破之，被殺。

秦坑竟爾脫邱墟，留得窮儒好引書。甘避戰鋒櫻鉅鹿，憤拋將印釣遊魚。由來報復軀終喪，未有英雄量不虛。拔幟功旋成背水，假王兵略究誰知。

《集義軒詠史詩鈔校證》卷五，第一冊，140 頁

咏古七首（其三）

（清）汪琬

誰云頸可刎，餘耳竟凶終。得失僅毫末，揮戈起相從。始知市道交，千載將無同。所以阮步兵，哀哀泣途窮。

《鈍翁前後類稿》卷二，《汪琬全集箋校》第一冊，43 頁

行路難四首（其四）

（清）尤侗

馮驩不去孟嘗君，灌夫獨厚魏其侯。劉巴恥與兵子語，禰衡豈從屠酤游。英雄結交各有意，安能東西南北隨波流？犬吠驢鳴，不如對一片石；鳥集獸散，不如臥百尺樓。大

兒孔融,小兒楊修,餘子碌碌,非我同儔。何況人心險,酒食生戈矛。君看《張耳陳餘傳》,
刎頸之交成仇讐。

《西堂剩稿》卷上,《尤侗集》中冊,445頁

詠　　史(其八) 　　　　　　　　　　　　　　(清)殷如梅

求人類張耳,頭顱始無恙。何謂刎頸交,請看汦水上。

《緣滿山房集》丙二,《清代詩文集彙編》438冊,696頁

王不反《前漢書》 　　　　　　　　　　　　　(清)陳啟疇

漢七年,高祖從平成過趙,趙王敖執子婿禮甚卑,高祖慢之。趙相貫高等怒,欲殺高祖,敖力阻。高等相謂曰:"吾王長者,事成歸王;事敗,獨身坐耳。"後事覺,餘人爭自剄。高罵曰:"公等死,誰當白王不反者。"乃檻車與王詣長安,王得白。

漢中守,雲中守,同是張王門下友。赭衣髡鉗來長安,偷生忍辱顏之厚。壁廂深謀起蒼黃,事成歸王敗身當。言猶在耳豈遂忘,公等為之悔何晚,爭死誰白王不反。王不反,跡已伸,榜笞刺爇無完身。不為漢臣為趙臣,能立名義死不瞋,平生泄公知我真。

《詠史擬古樂府》卷上,《清代詩文集彙編》450冊,153頁

詠史小樂府三十首己未(其三) 　　　　　　　(清)沈家本

苦索常山首,而忘刎頸言。滔滔汦水去,誰與共招魂。

《枕碧樓偶存稿》卷七,《清代詩文集彙編》745冊,486頁

刎頸交 　　　　　　　　　　　　　　　　　(清)皮錫瑞

大梁名士信陵客,購耳千金餘五百。一時廝役皆名賢,將印一解王頭懸。刎頸交,斷頭死,耳不殺餘餘殺耳,勢利之交有如此。

《師伏堂詠史》,《清代詩文集彙編》772冊,310頁

詞

又（沁園春）（之八） （元）無名氏

　　自古賢愚，日月輪催，盡沉下泉。漢張、陳義，斷因名利，恣奢華後，破壞家園。墳廟江邊，漢陵原畔，勢盡還空皆亦然。英雄輩，盡道傍壞塚，衰草綿綿。　　嗚呼往事堪憐。染虛幻浮花逐逝川。又爭如省悟塵勞，愛趣貧閑。居素保煉丹田。越過輪回，超昇苦海，直上清涼般若船。逍遙岸，會玄妙雲路，同訪桃源。

《全金元詞》下冊，1281頁

前調（念奴嬌）·鉅鹿道中作 （清）陳維崧

　　雄關上郡，看城根削鐵、土花埋鏃。十月悲風如箭叫，此地曾稱鉅鹿。白浪轟豗，黃沙蒼莽，霜蝕田夫屋。車中新婦，任嘲髀裏生肉。　　太息張耳、陳餘，當年刎頸，末路相傾覆。長笑何須論舊事，泜水依然微綠。欲倩燕姬，低彈趙瑟，一醉生平足。井陘日暮，亂鴉啼入枯木。

《全清詞》順康卷第七冊，4099頁

魏豹彭越列傳

詩

詠《魏豹彭越列傳》

魏豹彭越列傳 　　　　　　　　　　　（唐）司馬貞

魏咎兄弟，因時而王。豹後屬楚，其國遂亡。仲起昌邑，歸漢外黃。往來聲援，再續軍糧。德之乃王，葅醢何傷。

《史記索隱》卷三〇，481頁

詠魏豹

魏豹故城 （元）王 惲

兵涉西河豹出迎，亡姬還作漢儀程。事機倚伏真相戲，一笑長驅過故城。

《全元詩》第 5 冊，417 頁

魏豹城 （明）曹于汴

野老溪邊說魏侯，荒原曾此樹瓊樓。秦王殿上珠光照，薄后宮中貴氣收。故壘惟聞殘鏃出，遺溝猶自淡煙浮。興亡千古堪憑弔，何事蜂衙喧未休。

《仰節堂集》卷一三，影印文淵閣《四庫全書》1294 冊，836 頁

詠彭越

長　安　　　　　　　　　　　　　　　　　　（唐）胡　曾

關東新破項王歸,赤幟悠揚日月旗。從此漢家無敵國,爭教彭越受誅夷。

《全唐詩》卷六四七,19冊,7435頁

彭　越　　　　　　　　　　　　　　　　　　（元）張養浩

乘危襲亂起蓬蒿,千古風雲有許遭。天下已平猶戀寵,誅夷休恨卯金刀。

《全元詩》第25冊,75頁

呂梁洪彭越廟　　　　　　　　　　　　　　　（元）張　憲

黃河東南奔,呂梁屹相向。蕭蕭彭王廟,淒然據其上。空山貌秋色,衰草蔚長望。荒煙薄殘陽,柔櫓破寒浪。彭王古莊士,志節素豪宕。徒成百戰功,不獲寸土葬。哀哉虎兕軀,竟作梧中醬。可憐黃金甲,彩繪泥土像。佇想忠壯魂,陰風幾悲悵。憂來不忍去,駐馬更悽愴。

《全元詩》第57冊,79頁

彭　越　　　　　　　　　　　　　　　　　　（清）羅惇衍

字仲,昌邑人。高祖初,為魏相國,後封梁王,被誅。

將略淮陰共頡頏,殺機先後出椒房。興劉豈盡天亡楚,徙蜀空教地定梁。萬騎縱橫原狗盜,兩龍戰鬥待鷹揚。徵兵遣使非謀逆,高后無端遇雒陽。

《集義軒詠史詩鈔校證》卷六,第一冊,168頁

詠古雜詩（其十）　　　　　　　　　　　　　（清）彭　湘

寄食南昌顏色低,銜冤鐘室重悽悽。死生貴賤尋常事,不合都逢亭長妻。

《適盦詩集》卷一三,《清代詩文集彙編》621冊,581頁

醢彭越

(清)皮錫瑞

去年殺韓信,今年醢彭越。王侯在刀俎,何處收枯骨。市中頭,欒布收。盤中醢,黥布愁。冤魂呼天肉化蠏,橫行天下今安在。

《師伏堂詠史》,《清代詩文集彙編》772 册,310 頁

黥布列傳

詩

詠《列傳》

列傳　　　　　　　　　　　　（唐）司馬貞

九江初筮,當刑而王。既免徒中,聚盜江上。再雄楚卒,頻破秦將。病爲羽疑,歸受漢杖。賁赫見毀,卒致無妄。

《史記索隱》卷三〇,481頁

詠英布

饒郡十詠‧英布城 （明）孫瑴

驪山初起擅威名,遠慕番君駐此城。粉蝶莫因秦氏壘,赤旗旋應漢家兵。不知下計身難保。可惜元功國易傾。竟死茲鄉何所恨,祇緣高后滅韓、彭。

《歲寒集》卷下,《四庫全書存目叢書》集部 31 冊,48 頁

英布墓 （清）黃景仁

奮跡驪山事已虛,一生刑生意何如？去留楚、漢興亡際,倔強韓、彭斧鑕餘。下計已教歸掌握,間行生悔為驅除。淮南尚有遺封在,寂寞誰為吊廢墟？

《兩當軒集》卷二,33 頁

英 布 （清）羅惇衍

六人。以將軍從擊秦,項羽立為九江王。後歸漢,封淮南王。十一年,舉兵反,高祖自將滅之。

亭長原來不讀書,黥徒無學佐驅除。隨何一說蟬能蛻,賁赫重誣爵枉疏。楚、漢去留操勝算,韓、彭菹醢到刑餘。祚全由德名言在,令甲稱忠保厥居。

《集義軒詠史詩鈔校證》卷六,第一冊,152 頁

黥布開關《史記》 （清）田依渠

間道赴西方,開關引項王。長驅莫回顧,前路是咸陽。

《茹古山房讀史餘吟》卷六,《清代詩文集彙編》639 冊,669 頁

詠史小樂府三十首 己未（其十一） （清）沈家本

尉虜敖前死,黥降究被誅。傷心奈何帝,吳芮尚分符。

《枕碧樓偶存稿》卷七,《清代詩文集彙編》745 冊,486 頁

淮陰侯列傳

詩

詠《淮陰侯列傳》

淮陰侯列傳　　　　　　　　　　　　　（唐）司馬貞

君臣一體,自古所難。相國深薦,策拜登壇。沉沙決水,拔幟傳飧。與漢漢重,歸楚楚安。三分不議,僞遊可歎。

《史記索隱》卷三〇,482頁

書《淮陰侯傳》　　　　　　　　　　　　（唐）羅　隱

寒燈挑盡見遺塵,試瀝椒漿合有神。莫恨高皇不終始,滅秦謀項是何人?

《全唐詩》卷六六四,19冊,7609頁

讀《淮陰傳》　　　　　　　　　　　　　（宋）周紫芝

淮陰一世豪,勳業滿天地。晚節不自全,遺恨在百世。君臣如父子,焉得置猜忌。功高良易疑,地大苦難制。折箠下燕、齊,群豪自風靡。豈有須假王,而可鎮齊僞。禍生固有胎,失在此舉爾。沛公窘滎陽,齊卒盡精銳。頡頏楚、漢間,事若反掌易。信豈不自王,何乃遣漢使。帝意自此疑,齊、楚終易位。噲等何足羞,鞅鞅遂失意。晚路說陳豨,咄嗟甚兒戲。呂姥何能為,公乃自失志。

《全宋詩》卷一四九九,26冊,17108頁

讀《淮陰侯傳》　　　　　　　　　（宋）陳　郁

必得真王乃鎮齊，假王雖有亦奚為。區區呂姥何能爾，自是將軍不三思。

《全宋詩》卷三〇〇七,57 冊,35816 頁

讀《韓信傳》　　　　　　　　　　（元）劉秉忠

將將將兵各有權，棋家一着要爭先。依平得路猶難保，弄險成功豈易全。破趙有謀都一日，假齊無分僅三年。良弓高鳥俱塵土，贏得英雄一惘然。

《全元詩》第 3 冊,157 頁

讀《韓信傳》　　　　　　　　　　（元）張弘範

一怒燕、齊、楚、趙收，將軍今古果誰儔？後來肯為陳豨計，先日何辭蒯徹謀。自是多年慚噲等，何能輕舉學留侯。可憐一片肝腸鐵，却使終遺萬古羞。

《全元詩》第 9 冊,187 頁

書《淮陰傳》後　　　　　　　　　（元）王儒珍

楚、漢爭雄日，乾坤殺氣昏。築壇需上將，決策拜王孫。百戰通侯爵，千金漂母恩。如何天下定，却憶蒯生言。

《全元詩》第 65 冊,208 頁

讀《淮陰傳》　　　　　　　　　　（明）徐　渭

展也大英雄，從龍起漢中。從容出胯下，談笑取山東。所短圖鍾離，何須悔蒯通。白圭蒙此玷，磨不問南容。

《徐文長逸稿》卷三,《徐渭集》第三冊,731 頁

讀《韓信傳》　　　　　　　　　　（明）王　翰

胡氏有功罪相准之說，其論甚平，《綱目》取之。

有功當記錄，有罪當準理。忘功治其罪，漢祖少恩耳。不忍一身誅，況及三族死。千載胡公言，為雪泉下恥。

《梁園寓稿》卷一,影印文淵閣《四庫全書》1233冊,277頁

讀《韓信傳》
(明)朱誠泳

鳥盡弓藏事可憂,英雄無術爲身謀。誰知逐鹿功成後,不及留侯與鄧侯。

《小鳴稿》卷七,《陝西古代文獻集成》第17輯,186頁

讀《淮陰侯傳》
(清)袁枚

滅楚身提百萬師,知公含笑了無奇。英雄第一開心事,撒手千金報德時。

《小倉山房詩集》卷二五,《小倉山房詩文集》第二冊,628頁

讀《淮陰侯列傳》
(清)蔣湘培

長樂倉皇壯士死,天下心悲漢皇喜。漢皇何喜民何悲,歡歌乃在深宮裏。呂公息女老葷毒,滅火禍胎真禍水。內蛇氣焰凶灼天,龍鼎彭亨思染指。庭中健者韓將軍,與噲等伍心尚恥。生存肯作呂氏臣,俯窺產、祿狐豚耳。鐘室幸爲兒女詐,梁王菹醢東都市。良弓走狗去幾盡,炎祚傾危竟何恃。發蒙振落真易與,天下大勢可知矣。長陵魂魄如有知,當時何爲斬壯士。

《晚晴簃詩匯》卷一〇九,第三冊,148頁

讀《淮陰侯傳》
(清)王欽止

未達具雄襟,甘承胯下侵。南昌誰識己,戲下莫知音。寶劍光難沒,英姿世不沈。千金酬漂母,足見一生心。

生來肝膽本精忠,說客終難信蒯通。不識臣勳高則殆,祇思漢德厚無窮。鄧侯爲國非知己,呂后臨朝見忍衷。狡兔獲時爲計晚,齊中貞節誤英雄。

《癡生詩草》,《采山樓藏稀見清人別集叢刊》第二冊,452頁

詠韓信

賦得韓信詩　　　　　　　　　　　　　（南朝陳）張正見

淮陰總漢兵，燕、齊擅遠聲。沈沙擁急水，拔幟上危城。野有千金報，朝稱三傑名。所悲雲夢澤，空傷狡兔情。

《陳詩》卷三，《先秦漢魏晉南北朝詩》下冊，2485頁

詠淮陰侯　　　　　　　　　　　　　　　（唐）王　珪

秦王日凶慝，豪傑爭共亡。信亦胡為者，劍歌從項梁。項羽不能用，脫身歸漢王。道契君臣合，時來名位彰。北討燕承命，東驅楚絕糧。斬龍堰濉水，擒豹燖夏陽。功成享天祿，建旗還南昌。千金答漂母，百錢酬下鄉。吉凶成糾纏，倚伏難預詳。弓藏狡兔盡，慷慨念心傷。

《全唐詩》卷三〇，2冊，429頁

贈新平少年　　　　　　　　　　　　　（唐）李　白

韓信在淮陰，少年相欺凌。屈體若無骨，壯心有所憑。一遭龍顏君，嘯咤從此興。千金答漂母，萬古共嗟稱。而我竟何為？寒苦坐相仍。長風入短袂，兩手如懷冰。故友不相恤，新交寧見矜？摧殘檻中虎，羈紲韝上鷹。何時騰風雲，搏擊申所能？

《全唐詩》卷一六八，5冊，1739頁

窮兵黷武而書簡之　　　　　　　　　　（唐）陳　羽

江上煙消漢水清，王師大破綠林兵。干戈用盡人成血，韓信空傳壯士名。

《全唐詩》卷三四八，11冊，3894頁

韓信廟　　　　　　　　　　　　　　　（唐）劉禹錫

將略兵機命世雄，蒼黃鐘室歎良弓。遂令後代登壇者，每一尋思怕立功。

《全唐詩》卷三六五，11冊，4118頁

却過淮陰,吊韓信廟　　　　　　　　　　（唐）李　紳

功高自棄漢元臣,遺廟陰森楚水濱。英主任賢增虎翼,假王徼福犯龍鱗。賤能忍恥卑狂少,貴乏懷忠近佞人。徒用千金酬一飯,不知明哲重防身。

《全唐詩》卷四八二,15 冊,5488 頁

韓信廟　　　　　　　　　　（唐）殷堯藩

長空鳥盡將軍死,無復中原入馬蹄。身向九泉還屬漢,功超諸將合封齊。荒涼古廟惟松柏,咫尺長陵又鹿麋。此日深憐蕭相國,竟無一語到金闈。

《全唐詩》卷四九二,15 冊,5570 頁

韓信廟　　　　　　　　　　（唐）許　渾

朝言雲夢暮南巡,已為功名少退身。盡握兵權猶不得,更將心計托何人。

《全唐詩》卷五三八,16 冊,6139 頁

淮　陰　　　　　　　　　　（唐）汪　遵

秦季賢愚混不分,只應漂母識王孫。歸榮便累千金贈,為報當時一飯恩。

《全唐詩》卷六〇二,18 冊,6957 頁

漢　中　　　　　　　　　　（唐）胡　曾

荊棘蒼蒼漢水湄,將壇煙草覆餘基。適來投石空江上,猶似龍顏納諫時。

《全唐詩》卷六四七,19 冊,7435 頁

汦　水　　　　　　　　　　（唐）胡　曾

韓信經營按鏌鋣,臨戎咤吒有誰加。猶疑轉戰逢勍敵,更向軍中問左車。

《全唐詩》卷六四七,19 冊,7435 頁

雲　夢　　　　　　　　　　（唐）胡　曾

漢祖聽讒不可防,偽遊韓信果罹殃。十年辛苦平天下,何事生擒入帝鄉。

《全唐詩》卷六四七,19冊,7435頁

韓信廟　　　　　　　　　（唐）羅　隱

剪項移秦勢自雄,布衣還是負深功。寡妻稚女俱堪恨,却把餘杯奠酈通。

《全唐詩》卷六六四,19冊,7608頁

題淮陰侯廟　　　　　　　（唐）韋　莊

滿把椒漿奠楚祠,碧幢黃鉞舊英威。能扶漢代成王業,忍見唐民陷戰機。雲夢去時高鳥盡,淮陰歸日故人稀。如何不借平齊策,空看長星落賊圍。

《全唐詩》卷六九七,20冊,8019頁

題孤雲絕頂淮陰祠　　　　（唐）王仁裕

一握寒天古木深,路人猶說漢淮陰。孤雲不掩興亡策,兩角曾懸去住心。不是冕旒輕布素,豈勞丞相遠追尋。當時若放還西楚,尺寸中華未可侵。

《全唐詩》卷七三六,21冊,8402頁

題淮陰侯廟　　　　　　　（宋）錢　昆

築臺拜日恩雖厚,躡足封時慮已深。隆準早知同鳥喙,將軍應起五湖心。

《全宋詩》卷一○四,2冊,1183頁

淮　　陰　　　　　　　　（宋）梅堯臣

天下滔滔久厭秦,英雄蛇鼠竄荊榛。少年豪橫知多少,不及沙頭一婦人。

《全宋詩》卷二五四,5冊,3090頁

淮陰侯廟　　　　　　　　（宋）梅堯臣

韓信未遇時,忍饑坐垂釣,歸來淮陰市,又復逢惡少。使之出胯下,一市皆大笑。龍蛇忽雲騰,蛭蟣豈能料。亡命乃為將,出奇還破趙。用兵不患多,所向孰敢摽。功名塞天地,翦刈等蒿藋。於今千百年,水上見孤廟。鷺銜葭下魚,相呼尚鳴叫。高皇四海平,有酒不共醮,古來稱英雄,去就可以照。

《全宋詩》卷二五四,5冊,3091頁

淮陰侯
(宋)梅堯臣

功既高天下,身何不自防。已能成漢業,無復假齊王。復恥噲為伍。安知呂所忘。空名流未竭,淮水共湯湯。

《全宋詩》卷二五七,5冊,3175頁

題韓溪詩四章
(宋)文彥博

韓信未遭英主顧,蕭何親至此中追。君王有意爭天下,不得斯人未可知。
平日漁樵皆病涉,當年將相盡成功。淮陰未濟鄭侯識,留得雄才歸漢中。
水濱山曲蹔盤桓,盛事臨風一據鞍。莫訝史君頻歎詠,古來君相受知難。
途中勝跡盡留題,獨有韓溪未有詩。直把蕪詞重迭詠,只圖流播路人知。

《全宋詩》卷二七三,6冊,3483頁

題淮陰侯廟十首
(宋)邵 雍

一身作亂宜從戮,三族全夷似少恩。漢道是時初雜霸,蕭何王佐殆非尊。
據立大功非不智,復貪王爵似專愚。造成四百年炎漢,才得安寧反受誅。
生身既得逢真主,立事何須作假王。誰謂禍階從此始,不宜回首怨高皇。
一時韓信為良犬,千古蕭何作霸臣。彼此並干名教罪,罪猶不逮謂斯人。
韓信事劉元不叛,蕭何惑漢竟生疑。當初若聽蒯通語,高祖功名未可知。
雖則有才兼有智,存亡進退處非真。五湖依舊煙波在,范蠡無人繼後塵。
若非韓信難除項,不得蕭何莫制韓。天下須知無一手,苟非高祖用蕭難。
漢家基定議功勳,異姓封王有五人。不似淮陰最雄傑,敢教根固又生秦。
韓信恃功前慮寡,漢皇負德尚權安。幽囚必欲擒來斬,固要加諸甚不難。
若履暴榮須暴辱,既經多喜必多憂。功成能讓封王印,世世長為列土侯。

《全宋詩》卷三六二,7冊,4460頁

韓信壇
(宋)張 俞

漢用亡臣策,登壇授鉞時。須知數仞土,曾立太平基。

《全宋詩》卷三八二,7冊,4716頁

題淮陰侯廟　　　　　　　　（宋）俞汝尚

當時謀戰不謀安,將眾多多是禍端。萬壘在前攻掠易,四方無事保全難。曉堂鍾鼓修淮祀,古壁旌旗擁漢官。天下息肩兵革定,一瞻祀宇一長歎。

《全宋詩》卷三九五,7冊,4853頁

韓　信　　　　　　　　　　（宋）王安石

韓信寄食常歉然,邂逅漂母能哀憐。當時噲等何由伍,但有淮陰惡少年。誰道蕭、曹刀筆吏,從容一語知人意。壇上平明大將旗,舉軍盡驚王不疑。捄兵半楚濰半涉,從初龍且聞信怯。鴻溝天下已橫分,談笑重來卷楚氛。但以怯名終得羽,誰為孔、費兩將軍。

《全宋詩》卷五六四,10冊,6535頁

韓　信　　　　　　　　　　（宋）王安石

貧賤侵凌富貴驕,功名無復在芻蕘。將軍北面師降虜,此事人間久寂寥。

《全宋詩》卷五六九,10冊,6725頁

題淮陰侯廟　　　　　　　　（宋）鄭　獬

漢高不得淮陰將,天下雌雄未可知。力勸君王回蜀道,便攜諸將破秦師。故人斬首誠非策,女子陰謀遂見欺。終使英雄鑒成敗,未圖功業自先疑。

《全宋詩》卷五八四,10冊,6864頁

題淮陰侯廟　　　　　　　　（宋）黃好謙

築壇拜日恩雖重,躡足封時慮已深。隆準早知同鳥喙,將軍應起五湖心。

《全宋詩》卷六二六,11冊,7481頁

淮陰侯廟　　　　　　　　　（宋）沈　遘

淮陰本自市人子,始定三齊便請王。明哲保身非所責,如何終欲比張良。

《全宋詩》卷六三〇,11冊,7523頁

登淮陰古城 并序

（宋）徐　積

蓋以傳考之，所謂甘羅城者非也，謂之淮陰故城可也。余登斯城，為之歎息久之。蓋韓侯天下之奇丈夫也，方其寄食婦人，受辱於市，其志固已大矣！及乎出自亡命，杖鉞而起，決策東嚮，項籍之輩已在掌中，而天下勝負定矣。其兵一出，遂虜魏王，禽夏說，斬成安，威震海內。戰勝而不驕，方且問謀於敗軍之將，西面而師事之，一何奇也！平齊之後，請為假王，行縣陳兵，藏匿亡命，此皆智者之所不為，一何謬也。然而雲夢之遊，蓋亦遽矣。此實高祖豁達大度，其弊入於不審，而果於用詐，遂令無罪無辜，身被囚繫，怏怏原作"快快"，據康熙本、四庫本、宣統本改。不能平，鬱鬱不可活，而至於此之極也。方此之時，以義處命，能平其心者是何人也？是其所養者已充，所充者已固，利害不能搖，死生不能變，姦人不得施其計，辯士不得措其辭，確乎不可拔者也。至如韓信者，其才雖奇，而所養實不與此，故可以處無憾，故能卻武涉，拒蒯通，知義利之所在也。即不可以處有豐，而況身被廢辱如此之甚，故其僥倖萬一，終之以敗死，支體分裂，骨肉糜爛，亡宗赤族，為萬世之笑，豈不哀哉！余既為詩，因序其事，其亦庶乎登高而賦，為功臣之警戒也。

此城不可名甘羅，淮陰侯國冤忿多。其氣鬱鬱而勃勃，遂令平地生嵯峨。

《全宋詩》卷六四五，11 冊，7640 頁

淮陰千金亭

（宋）楊　傑

良將未得用，幾人能賞音。恩難忘一飯，報肯惜千金。舊俗喜出胯，後時空愧心。至今重風義，廟食配淮陰。

《全宋詩》卷六七四，12 冊，7861 頁

韓　信

（宋）黃庭堅

為黃幾復作。原注：治平三年。

韓生高才跨一世，劉、項存亡翻手耳。終然不忍負沛公，頗似從容得天意。成皋日夜望救兵，取齊自重身已輕。躡足封王能早寤，豈恨淮陰食千戶。雖知天下有所歸，獨憐身與噲等齊。蒯通狂說不足撼，陳豨孺子胡能為。予嘗貰酒淮陰市，韓信廟前木十圍。千年事與浮雲去，想見留侯決是非。丈夫出身佐明主，用舍行藏可自知。功名邂逅軒天地，萬事當觀失意時。

《全宋詩》卷一○一九，17 冊，11635 頁

淮陰侯

（宋）黃庭堅

韓生沈鷙非悍勇，笑出胯下良自重。滕公不斬世未知，蕭相自追王始用。成安書生

自聖賢,左仁右聖兵在咽。萬人背水亦書意,獨驅市井收萬全。功成廣武坐東向,人言將軍真漢將。兔死狗烹姑置之,此事已足千年垂。君不見丞相商君用秦國,平生趙良頭雪白。原注:分甯本云,按嘗注載蜀本云:"韓生沈驚非悍勇,俛身跨下真自重。滕公不斬人未知,蕭相自追王始用。從來儒者溺所聞,奇兵果斬成安君。功成千金購降虜,東西置坐師廣武。軍前定策收萬全,燕、齊爭下如風旋。雖云晚計大疏略,此事已足垂千年。君不見秦丞相、衛公子,立法治秦薄如紙。法行投鼠不忌器,乃是天資少恩爾。白頭故人一趙良,忠言過耳棄路傍。吾固知功名成敗不足據,直觀古人用心處。"王直方立之云:"元豐初,山谷過下邳淮陰廟作以示,孫莘老言其太過,無含蓄。山谷然之,遂改今詩。"

《全宋詩》卷一〇一九,17冊,11635頁

韓　信　　　　　　　　　　　　　　　　（宋）張　耒

登壇一日冠群雄,鐘室倉皇念蒯通。能用能誅誰計策,嗟君終自愧蕭公。

《全宋詩》卷一一七三,20冊,13246頁

韓信祠 有序　　　　　　　　　　　　　　（宋）張　耒

史稱信之族誅,予嘗疑之。其謂陳豨曰:"三至,上必自將。予從中起。"夫使高帝將精兵于外,而信欲詐驅徒奴烏合之眾於京師,雖太公、穰苴不能以成事。此猶焂然於猛虎之穴,虎歸則無事矣。信謀無遺策,豈肯為計若是之疏哉!況蕭相國在長安,信獨不畏之耶?此殆以高帝出征,以信失職,畏其亂於內,亦若彭越使人告之而傳致其詞如此耳。不然,信不忘漂母一飯之恩,信遇高帝,恩亦厚矣,一旦背之,豈人情哉!

千金一飯恩猶報,南面稱孤豈劇忘。何待陳侯乃中起,不思蕭相在咸陽。

《全宋詩》卷一一七四,20冊,13259頁

題淮陰侯廟 有序　　　　　　　　　　　　（宋）張　耒

呂太后勸高祖誅彭越,使舍人告其反,而越固未嘗反也,特以為名耳。高祖將兵居外,而太后在長安,太子仁弱不知兵,而韓信方失職在京師,呂畏其乘時為亂而不可制,使人誣告其反,詐召而誅之耳。方是時,蕭相國居中,而信欲以烏合不教之兵欲從中起,以圖帝業,使雖甚愚,必知其無成。以信之雄才,謀無遺策,肯出此哉?太史公記陳豨反事,言豨居代,多致賓客,周昌畏其不軌而奏,召之不至,豨因自疑,而其後通曼丘臣、王黃,遂反。此司馬遷所謂邪人進說,遂陷不義者也。遷載豨反事,未嘗一言及信。吁!此遷欲見誅信之冤也。

雲夢何須偽出遊,遭讒猶得故鄉侯。平生蕭相真知己,何事還同女子謀。自注:何不為信辨其枉也。

《全宋詩》卷一一七四,20冊,13259頁

題韓溪 （宋）李　新

雲夢擒王終獵狗,芒碭龍子詎蟠泥。前知婦女磨英氣,亦率蕭公早過溪。

《全宋詩》卷一二六二,21冊,14232頁

韓信廟 （宋）盧　襄

登壇當日拜元戎,楚、漢都歸指掌中。王氣未消垓下敵,將星已落陣前功。高名紫宇千鈞重,冤血青蛇一縷紅。尚有鸞刀薦牲酒,斜陽煙樹泣秋風。

《全宋詩》卷一四〇八,24冊,16214頁

韓　信 （宋）周紫芝

韓信功高世共知,區區安用假王為。固應溅血長安日,已在滎陽躡足時。

《全宋詩》卷一五二五,26冊,17337頁

韓　信 （宋）朱淑真

男兒忍辱志長存,出胯曾無怨一言。漂母人亡石空在,不知還肯念王孫。

《全宋詩》卷一五九八,28冊,17994頁

張文潛作淮陰侯詩,有"平生蕭相真知己, 何事還同女子謀"句,因為蕭相代答一首 （宋）張　嵲

當日追亡如不及,豈於今日故相圖。身如累卵君知否,方買民田欲自污。

《全宋詩》卷一八四四,32冊,20541頁

淮陰廟 （宋）曹　勳

當年漢室已興隆,自是侯居太半功。火德正炎神預否,他時為造楚王宮。

《全宋詩》卷一八九三,33冊,21171頁

韓　　信　（宋）胡　宏

功成全仗漢家兵,真是英雄不藉人。禽了項王知退步,定騎箕尾上天津。

《全宋詩》卷一九七二,35 册,22106 頁

過淮陰縣,題韓信廟,前用唐律,後用進退格　（宋）楊萬里

來時月黑過淮陰,歸路天花舞故城。一劍光寒千古淚,三家市出萬人英。少年跨下安無忤,老父圯邊愕不平。人物若非觀歲暮,淮陰何必減宣成。

鴻溝祇道萬夫雄,雲夢何銷武士功。九死不分天下鼎,一生還負室前鐘。古來犬斃愁無蓋,此後禽空悔作弓。兵火荒餘非舊廟,三間破屋兩株松。

《全宋詩》卷二三〇一,42 册,26443 頁

題淮陰祠　（宋）張　栻

秦關昔先驅,南鄭豈淹久。夜中丞相歸,平明印垂肘。古來豪傑人,調度出窠臼。登壇一軍驚,六合已在手。從茲看廓清,指揮如運帚。時艱思奇才,廟古酹樽酒。出門望長淮,故國長稂莠。風雲正慘澹,人事極紛糾。拘攣儻無累,吾欲獻九九。

《全宋詩》卷二四一六,45 册,27884 頁

讀　　史　（宋）薛季宣

信乃噲等伍,宏與滔比肩。饗士未為過,出胯真能賢。物外體三極,環中無二天。傷哉千古恨,顰蹙翫陳編。

《全宋詩》卷二四七五,46 册,28631 頁

淮陰縣　（宋）許及之

甘羅古篆娑羅刻,豈但淮陰妙二羅。胯下橋邊有男子,追亡擬問漢蕭何。

《全宋詩》卷二四五九,46 册,28440 頁

韓侯釣臺　（宋）趙公豫

湖水盈盈歷古今,我來憑吊識淮陰。王孫自失三齊志,漂母誰憐一飯心。封拜不堪

仍赤族,交遊未可仗黃金。富春亦有垂綸者,獨引高風爽客襟。

《全宋詩》卷二五〇二,46 冊,28940 頁

和陸成父司戶《過淮陰縣》韻三首 （宋）袁說友

誰云追信屬鄧侯,政為高皇意欲留。歲晚不疑雲夢計,那知大業已興劉。

當年三傑共封侯,誰念淮陰為漢留。不是向來曾躡足,未容平、勃獨安劉。

論功久已冠群侯,更欲王齊願自留。從此朝家若懲創,王侯應得戒非劉。

《全宋詩》卷二五七九,48 冊,29992 頁

詠 史（其二） （宋）陳耆卿

赤族誠非漢道洪,違時賈禍亦緣公。最憐老却從陳狶,不道先曾闕蒯通。

《全宋詩》卷二九五四,56 冊,35201 頁

詠史六首·韓信 （宋）樂雷發

愁看鍾室劈良弓,何不當時殺蒯通。今日真王成底事,只應娥姁是英雄。

《全宋詩》卷三四七二,66 冊,41329 頁

淮陰侯廟三首 （宋）俞德鄰

鹿走沙丘二世亡,重瞳、隆準正奔忙。將軍果是無雙士,何用區區覓假王。

兔死從來狗亦烹,楚亡安得有韓、彭。封留便約赤松去,已愧當年魯兩生。

誅秦蹙項奠乾坤,三傑勳名萬古存。一笑淮陰年少客,不如漂母識王孫。

《全宋詩》卷三五四九,67 冊,42450 頁

韓 信 （宋）陳 普

良日登壇計策行,酸鹹甘苦共杯羹。不須握手師陳狶,修武高眠已合烹。

群龍共帝牧羊兒,縞素能開四百基。彭徹亦生天地裏,欲將口舌奪民彝。

喋血中原不用驕,論功何似禹乘撟。始終兩漢無留葛,誰與塵編慰寂寥。

《全宋詩》卷三六五〇,69 冊,43798 頁

題淮陰廟　　　　　　　　　　　　（宋）許周士

脫身仗劍歸明主,授鉞登壇是得人。千騎爭馳擒虎口,萬囊不斷堰龍津。拔旗破趙如摧朽,一鼓搶齊速若神。功業蓋世雖不賞,威名震主即危身。時來且佩三齊印,勢去翻輸一婦人。得意不思防後患,窮居何用結邊臣。名留青史成何事,血污西鐘幾掬塵。遂使後來征戰者,却愁他日似將軍。

《全宋詩輯補》第七册,3076 頁

井陘韓信廟　　　　　　　　　　　　（金）趙秉文

朝涉滹沱流,驅馬望太行。暮投井陘宿,僕痛馬玄黃。地瘠勒春色,山高易夕陽。暮天飛鳥盡,佇立向蒼茫。

《金詩》,《全遼金詩》中册,1250 頁

謁淮陰廟　　　　　　　　　　　　（金）趙秉文

勢險山危氣勢雄,將軍從此建奇功。興列業就人何在,破楚名存事已空。故壘帶煙餘殺氣,荒祠向晚動悲風。功名蓋世今如此,讀罷殘碑思不窮。

《金詩》,《全遼金詩》中册,1429 頁

過井陘　　　　　　　　　　　　（金）元好問

北山亭亭如驛堠,南山耽耽虎翹首。土門東頭望井陘,漢家風雲自奔走。市人豈識英雄材,金鼓一朝天上來。此山行人萬萬古,幾不磨滅隨蒿萊。白鹿祠前一杯水,蒼顏聊為洗塵埃。

《金詩》,《全遼金詩》下册,2479 頁

韓淮陰信　　　　　　　　　　　　（金）李　汾

仗劍淮陰去復還,舉頭西望識龍顏。堂堂竟握真王印,未害男兒辱胯間。

《金詩》,《全遼金詩》下册,2761 頁

讀史五首(其三)　　　　　　　　　　（元）方　回

淮陰落魄時，不免胯下辱。英雄大見解，不肯死碌碌。魚鱉侮蛟龍，鶯鳩笑鴻鵠。千古一蕭何，能知玉在璞。

《全元詩》第6冊，559頁

井陘淮陰侯廟二首　　　　　　　　　（元）劉　因

饑童羸馬倦重遊，萬將分兵坐此籌。滅項豈知秦尚在，奪齊便覺漢無憂。英、彭一體誰遺類，絳、灌諸孫自列侯。愛殺鹿泉泉下水，亂山百折只東流。

許身良犬笑君癡，怏怏難勝已自危。智數相催難免死，才名如此豈無疑。兩年藩鎮真猶假，十載君臣喜又悲。最恨當時蕭相國，直教三族到全夷。

《全元詩》第15冊，97頁

井陘淮陰侯廟　　　　　　　　　　　（元）劉　因

君臣尚詐日生疑，誰與乾坤息戰鼙。未論恃功羞伍噲，試看觀變要王齊。良能用漢氣無敵，蕭可制韓才自低。枉為虛名誤忠節，五陵煙樹亦淒迷。

《全元詩》第15冊，129頁

淮陰廟　　　　　　　　　　　　　　（元）陳　孚

漢家羅網政高張，誰有勳名紀太常。戲爾築壇呼大將，危乎操印立真王。煙中草木疑殘幟，沙上風濤憶故囊。鍾室千年君莫怨，未央宮殿已斜陽。

《全元詩》第18冊，355頁

讀史三首(其一)　　　　　　　　　　（元）何　中

恒恒韓將軍，當年誰寄目。豈無漂母食，亦有胯下辱。雄劍一朝飛，舉手拾秦鹿。風雷走倏爍，乾坤困馳逐。滎陽廣武間，楚、漢寄我足。王業四百年，尺封屢翻覆。賞厚豈勢搖，功成身乃戮。所貴英雄人，豈甘草中伏。誰為後來者？感此空碌碌。舉頭見青天，天邊有鴻鵠。

《全元詩》第20冊，214頁

淮陰古城

(元)何　中

土人云：城有韓信墓。蓋信母墓，非信也。土人誤云。

牛羊上荒城，茅茷深樵路。鍾室歎良弓，此有韓王墓。徇名本何成，早被酇侯誤。閑尋舊釣磯，杳渺蒼波暮。

《全元詩》第 20 冊，232 頁

詠史四首（其四）

(元)袁　桷

人言漢淮陰，晚歲何卑陬。英賢多混跡，豈復論恩讎。泊舟楚山川，緬懷意悠悠。責人斯無難，此意猶前修。近世輕薄兒，流落曾相投。饑來或乞食，寒至將索裘。一朝青雲上，泯默懷深羞。高視絕舊好，削跡同避仇。當年睚眥意，談笑能相酬。韓生固瑣瑣，終勝青雲流。斯人我非慕，微言儆群偷。

《全元詩》第 21 冊，125 頁

淮陰縣

(元)王煉師

韓信曾封此地侯，未知今有若人不。英雄一去空遺跡，極目孤煙落日愁。

《全元詩》第 24 冊，86 頁

金進士趙德新過淮陰侯廟詩

(元)趙叔英

英氣初從胯下生，蓋天勳業欻然成。何傷蜀錦將魚耀，所惜韓盧繼兔烹。漢鼎難忘誠盡節，齊城已下豈須兵。蒯通從有爭雄意，不道五湖煙景清。

攫吏無堪昧治生，登壇壹論漢基成。楚亡雖快魯公死，齊滅咸哀酈叟烹。病去獲安當勿藥，亂平得巳好休兵。何如願棄人間事，留得聲名萬古清。

《全元詩》第 24 冊，102 頁

秦、漢

(元)趙叔英

秦并諸侯二世顛，兵刑慘酷致之然。方知董價非迂闊，儒術經邦四百年。

《全元詩》第 24 冊，102 頁

吊淮陰故城　　　　　　　　　　　　　（元）胡　寬

此處王孫別釣磯，蕭何與語便相奇。封侯誤取真王印，開漢空煩大將旗。事去晚煙沉舊恨，潮來寒雨打荒碑。有懷倚棹空城外，日暮東風吹柳絲。

《全元詩》第 24 冊，163 頁

淮陰侯　　　　　　　　　　　　　　（元）釋善住

群雄逐鹿競紛紛，虎鬥龍爭孰未分。背楚棄官皆失義，下齊求國是要君。蒯通詭辯誠難信，陳狶上。奸謀豈易論。當日更無鍾室歎，豈勝竹帛載元勳。

《全元詩》第 29 冊，216 頁

題淮陰侯廟　　　　　　　　　　　（元）王沂（字師魯）

旌斾逶迤出井陘，何人掉舌下齊城。漢家攝足分封日，合把黃金鑄酈生。

《全元詩》第 33 冊，122 頁

井　陘　　　　　　　　　　　　　　（元）李齊賢

岡巒迴合井陘口，驅馬崎嶇登翠阜。英雄事去幾千載，尚有威名凜如在。却憶淮陰布衣時，風雲壯志無人知。一朝登壇輔真主，下視噲等如嬰兒。火旗焰焰驚趙壁，鯨鯢血污蓮花鍔。燕齊草木靡餘風，劉、項乾坤傾一諾。千金不購廣武君，萬全奇策誰當陳。乃知百戰戰必勝，不在多多益辦□，只在屈己能從人。

《全元詩》第 33 冊，324 頁

韓　信　　　　　　　　　　　　　　（元）李齊賢

出跨淮陰志頗奇，亦知王業匪人為。欲令螻蟻翻溟渤，晚計何殊乳臭兒。

《全元詩》第 33 冊，365 頁

題三傑‧韓信　　　　　　　　　　　（元）葉　顒

劉、項存亡指顧中，君臣未定各稱雄。早知鳥盡弓無用，未必殷勤謝蒯通。

《全元詩》第 42 冊，128 頁

垓下歌　　　　　　　　　　　　　　　　　　　　　（元）張　憲

淮陰侯勇略震人主,奇功蓋天下。持此求令終,全身古來寡。淮陰將之傑,用智如炙輠。不忍衣食恩,甘為轅下馬。重兵在掌握,茅土複求假。不悟齊巫言,終然三族赭。跳梁駒耍駕,覆錘金躍冶。既匪跛扈雄,大權宜蚤舍。忠逆無定見,身敗慘裂瓦。所以赤松遊,浮榮真土苴。

《全元詩》第 57 冊,4 頁

韓淮陰廟　　　　　　　　　　　　　　　　　　　　（元）傅若金

淮陰萬古英雄恨,楚樹荒荒夕照殘。水夾廢城春草合,雲昏遺廟野花寒。封齊安用真王印,興漢空餘大將壇。高帝旌旗俱寂寞,斷碑零落後人看。

《全元詩》第 45 冊,78 頁

故樂府十四首并序·淮陰詞(其十四)　　　　　　　　　　（元）葉懋

古騷人韻士身處亂離,未嘗不寓情於篇翰,以發其悲惋愁鬱之氣,情激於中不能自已,殆猶霜鐘候管,時至而聲氣自相鳴應者也。余嘗讀屈原《九歌》《懷沙》,阮籍《詠懷》諸詩,及杜少陵、李太白《秋風》《出塞》《遠別離》等作,千古令人墮淚。信乎!聲詩之好,其感於人心之深者如此。余生逢兵革,今漸老矣。適丁其時,顧思前賢,經心閱目,若合一契,因取古題作樂府一十四章歌之,以寄其意。或取其義於彼而發興於此,或感古以嗟今,或詠歌其事而慷慨憂傷有不能自已者,雖詞意工拙,不敢以擬古人,而其悲惋愁鬱之氣,則不以今昔之殊而有異也。輯而錄之,以識歲月云耳。鄱陽葉懋謹序。

君不見漢王之心何反覆,淮陰功成遭殺戮。淮陰之才天下奇,淮陰去漢蕭何追。登壇剖畫謀何壯,楚、漢存亡如指掌。權謀絕世難為忠,勳業震主難為功。陳平躡足計多詐,留侯附耳言非公。漢王之恩誠太薄,雲夢歸來遭束縛。蒯通力說心猶恪,噲等為儕心不足。淮陰之才非碌碌,漢業功成一何速。淮陰侯,不可復,天下蒼生自魚肉。

《全元詩》第 47 冊,185 頁

淮陰侯廟　　　　　　　　　　　　　　　　　　　　（元）陳　基

慷慨論兵笑沐猴,盡將生死付鄧侯。手提漢鼎歸真主,眼見黃旗出偽遊。此日王孫空故國,何年漂母葬荒丘。英雄自古多遺恨,腸斷秋風楚水流。

《全元詩》第 55 册,260 頁

詠史·韓信　　　　　　　（元）李　曄

蓐食相過識者稀,時因漂母念寒微。設壇拜將功雖稱,躡足封王禍已機。既以解衣辭武涉,如何挈手教陳豨。藏弓烹狗尋常事,青史千秋有是非。

《全元詩》第 56 册,93 頁

詠史詩十五首 并序·淮陰侯　　　　　（元）陶　安

風塵不息有年,生民肝腦塗地,弗見援而止息者。閉戶憂思,古之豪傑,自漢以下,張留侯等十五人,又莫知何在。慨歎之餘,爰按傳考實,每爲賦一絶,以寓思仰之忱,亦望梅止渴之意云爾。

算無遺策捷如神,規取燕、齊席捲秦。請看囊沙並背水,古今將帥孰堪倫。

《全元詩》第 56 册,470 頁

淮陰侯祠　　　　　　　（元）楊文選

鹿走中原到手難,一戈揮作漢江山。高皇有道恩猶薄,呂后無情計愈奸。殘幟壘荒雲漠漠,故囊沙決水潺潺。英雄有恨應知否,炎祚於今事已闌。

《全元詩》第 56 册,521 頁

淮海懷古　　　　　　　（元）謝　肅

淮陰訪韓信,海上吊田橫。相去四百里,青山接故城。風塵孤客淚,義、勇二豪名。倚劍哦前史,中陽太不情。

《全元詩》第 63 册,414 頁

韓信城　　　　　　　　（元）謝　肅

淮流浩蕩楚原平,歎息英雄不再生。天日可明歸漢志,風雲猶似下齊兵。千年城郭名空在,百戰山河姓幾更。還酹將軍一杯酒,黃鸝碧草不勝情。

《全元詩》第 63 册,421 頁

淮陰侯

(元)錢士龍

弓藏鳥死壯心摧,楚破齊平夢一回。自是假王先賈禍,非關真主不憐才。生嫌絳、灌為儕伍,死與英、彭化劫灰。惆悵無因見漂母,王孫還起後人哀。

《全元詩》第 65 册,285 頁

漢傑士

(明)楊 基

淮陰天下士,本是饑寒人。朝為女子憐,暮為惡少嗔。身無兼人勇,屈辱楚水濱。一朝拜大將,為漢伊、呂臣。王齊及王楚,初假後即真。男兒猶龍蛇,窮達乃屈伸。如何百世下,獨有黔婁貧。

《眉庵集》卷一,3 頁

淮陰祠

(明)楊 基

朝登歌風臺,暮入淮陰祠。祠荒屋瓦落,古木聲差差。當時握漢兵,劉、項相交持。舉足有輕重,不負高帝知。區區假王封,如何遽見疑。良、平一躡足,帝心即轉移。全齊七十城,寔為陷穿機。後來雲夢遊,此禍乃致之。盧綰且稱王,恥與絳、灌隨。居常獨快快,握手逢陳豨。事起倉卒間,不意咸誅夷。呂后固不仁,酇侯亦忍為。先王重報功,無乃此道虧。至今淮水南,落日啼鳥悲。津頭問漂母,一飯竟哀誰!

《眉庵集》卷一,26 頁

韓 信

(明)倪宗正

漢幟煌煌動赤光,英雄塵跡半微茫。登壇數語謀先定,略地三分勢欲張。釣遇真龍淮水舊,射空高鳥楚天長。功成不解全身策,回首雲山媿子房。

《倪小野先生全集》卷六,《四庫全書存目叢書》集部 58 册,632 頁

韓侯祠

(明)方于魯

尚憶王孫困,其如惡少輕。雄心付淮水,屈體臥沙城。報母哀韓裔,分侯定漢盟。高天蜚鳥盡,千載淚縱橫。

《方建元集》卷二,《四庫全書存目叢書》集部 146 册,449 頁

讀史十首·淮陰　　　　　　　　　　　　　　（明）支大綸

鴻溝血誓俄成幻,帶礪金盟倏已寒。躡足假王瑕釁啓,可憐感項是夷韓。

《支華平先生集》卷四,《四庫全書存目叢書》集部 162 冊,76 頁

過拜將臺懷古　　　　　　　　　　　　　　（明）王家屏

落日驅車四望遙,塞原風景倍蕭條。將臺百尺雄圖在,漢業千年戰氣銷。衰草寒煙迷舊堞,斷碑遺字識前朝。我來指顧登壇處,瑟瑟荆榛起暮飆。

《王文端公詩集》卷下,《四庫全書存目叢書》集部 149 冊,559 頁

淮上吊淮陰侯　　　　　　　　　　　　　　（明）董嗣成

黯黯淮河咽不流,事傳長樂古今秋。軍前誰不憐烹狗,垓下何人問沐猴。一飯有恩同逝水,萬家無邑總荒丘。王孫往跡隨芳草,壟上年年自恨秋。

《青棠集》卷五,《四庫全書存目叢書》集部 169 冊,225 頁

韓信城　　　　　　　　　　　　　　　　　（明）唐之淳

雉堞平來事已休,淡烟芳草一荒丘。蒯生不作忠君計,呂氏方為少主憂。烹犬有時應自喜,縛鷄無力豈長謀。泗河兩岸離離石,留與行人繫晚舟。

《唐愚士詩》卷一,影印文淵閣《四庫全書》,1236 冊,522 頁

過韓信塚　　　　　　　　　　　　　　　　（明）于　謙

躡足危機肇子房,將軍不解避鋒芒。成功自合歸真主,守土何須乞假王。漢祖規模應豁達,蒯生籌策豈忠良。荒墳埋骨山腰路,駐馬令人一歎傷。

《忠肅集》卷一一,影印文淵閣《四庫全書》,1244 冊,359 頁

古　　意(其十)　　　　　　　　　　　　　（明）袁　凱

白日生東海,倏忽墮崦嵫。皓月方滿盈,斯須亦已虧。淮陰有奇功,赫赫在一時。焉知束縛去,還為兒女欺。天道每如此,人事安足悲。獨羨鴟夷子,輕舟去江湄。

《袁凱集編年校註》編年詩,121 頁

淮陰歎　　　　　　　　　　　　　　　（明）李東陽

營門畫開齊大吠，以齊犬名通，奇甚。鬪生相去聲。人先相背。古來鳥盡良弓藏，近時刎頸陳與張。功成四海身無地，歸楚楚疑歸漢忌。極知猶豫成禍胎，時乎時乎不再來。君王恩深辯士走，淮陰胸中血一斗。婦人手執生殺機，赤族不待君王歸。君王歸，神為去聲。惻，獨不念秋毫皆信力。叶。舍人一嚃彭王殂，淮陰之辭真有無？噫吁戲！淮陰之辭真有無？

《擬古樂府》，《詩前稿》卷一，《李東陽集》第一冊，18頁

漢中拜將臺　　　　　　　　　　　　　（明）張　原

自是將軍不識時，鳥弓空解誦鴟夷。功成若學扁舟去，青舍焉能復致詞。

《玉坡張先生黃花集》卷七，《陝西古代文獻集成》第7輯，第444頁

題淮陰廟　　　　　　　　　　　　　　（明）馬　理

五載握兵四海同，回頭頸血濺袍紅。長陵月夜渾蕭索，自是人人說沛公。

《谿田文集》卷一〇，《陝西古代文獻集成》第17輯，542頁

賡張蘭軒次《韓魏公吊淮陰》詩韻　　　（明）馬　理

一噓炎爐五年成，回首將軍就鼎烹。辭鬪把來為證左，黨陳非實便分明。未央羨中雌鳴計，隆準難逃鳥喙名。秀句夜來翻不厭，燈前清淚落吟聲。

揚鞭指顧漢基成，逸鹿沐猴次第烹。渠受功勞忘大德，史無分曉冒污名。千年魏國是知己，再得蘭軒為辨明。地下英魂如有覺，冤聲應換作歡聲。

《谿田文集》卷一一，《陝西古代文獻集成》第17輯，549頁

淮陰懷古三首　　　　　　　　　　　　（明）徐禎卿

蒼生猶未起創瘢，帶礪山河誓已寒。忍乞杯羹忘父子，將軍身族若為完？

孤舟秋晚漾淮陰，慷慨迂生吊古心。今日何人似漂母，肯將白飯博黃金？

平生不喜說封侯，出處無心與世謀。辛苦功臣仍伏劍，商山高臥却安劉。

《徐禎卿全集編年校注》卷一，90頁

淮陰行，贈朱封君

(明) 范　欽

君不見，淮陰市上惡少年，鬭鷄屠狗名聲傳。探丸借客身不惜，叱詫按劍誰當前？又不見，淮陰城下有老母，年年漂絮不停手。豪門巨戶嬾經過，日得數錢僅糊口。往來車騎紛交馳，王孫落魄未足奇。少年跨下甘受侮，一飯何緣辱母知？人生變化豈可常，拜將登壇侯且王。千金報母義不負，區區少年奚較量？丈夫得時心情磊落有如此，齷齪豎儒胡足齒？君不見，朱公子，十六仗劍稱將軍，三十聲名海內聞。但言道家忌多殺，五十棄官等浮雲。入山已密水已深，憤時激烈猶寸心。莊光傲岸薄萬乘，季布然諾輕千金。五鹿不啻角堪折，一禽猶自戲難禁。行年八十神如虎，長君能文少能武。稱觴上壽朱紫紛，當年四豪詎能伍？即今聖主羅奇雄，渭濱先已應非熊。睥睨眼前誰得似，王孫千古揚英風。

《天一閣集》卷四，《范欽集》上冊，27頁

淮陰侯廟

(明) 歸有光

吾如淮陰祠，清槐蔭朱戶。當時長樂宮，千載有餘怒。五年戰龍虎，結束在肉俎。努力赴功名，功成良自苦。

《震川先生集》，《別集》卷一〇，942頁

北河雜詠十二首·淮陰廟

(明) 吳　節

鷲鳥高飛托羽翰，驊騮馳騁為雕鞍。淮陰不遇蕭丞相，安得超登大將壇。

《吳竹坡先生詩集》卷二六，《四庫全書存目叢書》集部23冊，589頁

集淮陰侯廟，分"朝"字

(明) 沈明臣

風吹淮海天蕭蕭，凍殺陽侯不敢驕。空城日暮閉白草，水涸冰堅不上潮。淮陰廟前月如午，太守燕客懽清霄。鳴鐘考鼓且為樂，忽轉哀音飄洞簫，裊裊似訴王孫怨，四座慘然顏色凋。拂衣起謁韓侯貌，黯黯空塵落絳綃。靈風吹蓬庭下走，戰酣鐵馬回鳴鑣。君不見秦人失鹿人共取，劉、項爭戰乾坤搖。山川陵谷變已久，知爾當年恩怨銷。即今豐、沛無原廟，此地人猶說漢朝。

《豐對樓詩選》卷九，《四庫全書存目叢書》集部144冊，260頁

過淮陰　　　　　　　　　　　　　　　（明）沈明臣

客問淮陰道，人過跨下橋。春風吹野樹，落日照寒潮。楚、漢山河改，君臣恩怨銷。唯應祠漂母，千載奠蘭椒。

《豐對樓詩選》卷一三，《四庫全書存目叢書》集部 144 冊，305 頁

過拜將臺懷古，和肩吾　　　　　　　（明）沈明臣

漢將初從此築臺，行人千載一徘徊。赤龍共詫風雲盛，青海徒聞帶礪開。芒碭山空人不到，淮陰水淺釣誰來。大風吹綠平原草，馬首茫茫萬里回。

《豐對樓詩選》卷三六，《四庫全書存目叢書》集部 144 冊，460 頁

淮　陰　　　　　　　　　　　　　　（明）方逢時

寂寂淮陰道，王孫舊此遊。觀時頻帶劍，混跡且垂釣。白馬山河誓，丹心天地秋。如何鐘室語，却憶蒯生謀。

《大隱樓集》卷四，《四庫未收書輯刊》伍輯 19 冊，697 頁

謁淮陰侯墓　　　　　　　　　　　　（明）張佳胤

漢業開天第一流，如何云夔罷諸侯。千秋壠月群狐嘯，百尺壇場狡兔愁。躡足難逢高帝在，全身不向赤松遊。汾川似竊英雄恨，祠下哀鳴日未休。

《居來先生集》卷一三，《四庫全書存目補編》第 51 冊，210 頁

謁淮陰侯墓祠　　　　　　　　　　　（明）文翔鳳

項羽如秦毒奈何，項誅民得洗其痾。眞王豈翅功成漢，鐵券明云帶若河。即欲兵權終釋酒，何妨王號亦投戈。問君底事遊雲夢，難說陳豨已有他。

《皇極篇》卷一，《四庫禁毀書叢刊》集部 49 冊，249 頁

題韓信廟　　　　　　　　　　　　　（明）駱用卿

逐鹿中原漢力微，登壇頻蹙楚軍威。足當躡後猶分土，心已猜時尚解衣。畢竟封侯符蒯徹，幾曾握手到陳豨？英雄漫灑荒山淚，秋草長陵久落暉。

《明詩綜》卷三三,3 冊,1656 頁

過韓信嶺

（明）常　倫

漢代推靈武,將軍第一人。禍奇緣躓足,功大不容身。帶礪山河在,丹青祠廟新。長陵一抔土,寂寞亦三秦。

《明詩別裁集》卷六,66 頁

韓信廟

（明）尹　耕

背水仍留陣,良弓早見收。無心來附耳,有面竟封侯。落日荒祠道,西風澗水秋。君臣終始義,為爾淚長流。

《列朝詩集》丁集卷二,第七冊,4051 頁

淮陰祠二首

（明）張如蘭

劍鍔模糊洗血痕,頹垣如見舊精魂。誰知廖廓無雙士,猶自徘徊一飯恩。咳唾河山歸赤帝,解推衣食誤王孫。吁嗟此意空千古,淮水淒涼白日昏。

天心草草用英雄,把釣應難比夢熊。宰肉有謀偏躓足,分羹可忍況藏弓。謀臣無計留高鳥,猛士空勞詠《大風》。蒯徹佯狂欒布少,何人哭向未央宮。

《列朝詩集》丁集卷一〇,第九冊,5051 頁

淮陰侯祠

（明）慧　秀

落日淮陰道,人傳漢將名。懸知三旅盡,安用一軍驚。赫奕飛龍佐,逡巡走狗烹。英雄空廟貌,千古恨難平。

《列朝詩集》閏集卷三,第一二冊,6460 頁

淮陰侯祠

（明）袁宏道

秋郊兔盡韓盧窘,三尺青蛇卷鋒穎。到手山河擲與人,却向雌雞納腰領。英雄桎足歸羅,辯士舌端空來往。本將衣飯畜王孫,未許肝腸敵亭長。一局殘棋了項、秦,五湖西子白綸巾。貪他一顆真王印,賣却淮陰胯下人。

《袁宏道集箋校》卷一三,中冊,571 頁

淮陰侯祠

(明) 徐　渭

荒祠幾樹垂枯棗，黃泥落盡朱旗纛。花桐漆粉綴鬚眉，猶是登壇人未老。半生作計在魚邊，才得河堤老婦憐。誰知一卷長竿去，唾取真王只五年。暗中朱碧知誰是，濁水渾魚每相似。當時密語向陳豨，更誰傳向他人耳。丈夫勳業何足有？為虜為王如反手，提取河山與別人，到頭一鑊悲烹狗。

《徐文長三集》卷五，《徐渭集》第一冊，133 頁

淮安懷古

(明) 劉　炳

淮陰城北水連空，漢將真成一夢中。古廟臥苔蝸觸角，故壇迷草鹿生茸。要君固有封齊貴，赤族當存定楚功。漂母孤墳何處是，欲將蘋藻薦西風。

《劉彥昺集》，卷六，影印文淵閣《四庫全書》1229 冊，748 頁

過韓廟

(明) 王　翰

紛紛天下逐秦鹿，白蛇中斷鬼夜哭。將軍晚從隆準公，仗劍登壇萬人服。西來鐵馬疾如風，魏豹就虜猶兒童。背水一戰趙壁破，飛書繳入燕城崩。叱吒素號萬人敵，龍生敗死猶骨栗。帳下悲歌雖不逝，霸業無成劍铓赤。將軍有功當封齊，假王一請君臣疑。鳥盡弓藏良可惜，拭淚更讀歸賜碑。

《梁園寓稿》卷二，影印文淵閣《四庫全書》1233 冊，280 頁

淮　陰

(明) 方孝孺

淮陰城頭落日黃，淮陰城下秋草荒。古城西繞淮水長，猶如背水陣堂堂。當時犬將功無雙，顛嬴蹙項勇莫當。丈夫何乃為假王，至今遺恨令人傷。漂母一飯千金償，解衣推食那敢忘。相君之背貴莫量，蒯生此語無忠良。慎弗出口遭吾撞，歌風帝子歸故鄉。思得勇士守四方，胡為鳥盡良弓藏。

《遜志齋集》卷二四，影印文淵閣《四庫全書》1235 冊，690 頁

淮陰祠

(明) 佘　翔

莫怪留侯慕赤松，後車雲夢縛相從。至今嗚咽淮陰水，空恨當年長樂鐘。

《薛荔園詩集》卷三,影印文淵閣《四庫全書》1288 冊,88 頁

韓信廟
(明)史　謹

長空鳥盡將軍死,無復中原入馬蹄。身向九泉還屬漢,功超諸將合封齊。荒涼古廟惟松栢,咫尺長陵又鹿麋。此日深憐蕭相國,竟無一語到金閨。

《獨醉亭集》卷中,影印文淵閣《四庫全書》1233 冊,130 頁

吊淮陰侯
(明)周永年

一市人皆笑,三軍眾盡驚。始知真國士,元不論群情。楚、漢關輕重,英雄出戰爭。何能避菹醢,垂釣足生平。

《明詩別裁集》卷一〇,112 頁

淮陰侯廟
(明)程敏政

楚王被誅,反狀未明,前人固有定論。予獨於其下齊烹酈食,其事有遺恨焉。

鐘室堪嗟走狗烹,反形千古未分明。史官獨為將軍惜,不念當時老酈生。

《篁墩文集》卷六八,影印文淵閣《四庫全書》1253 冊,471 頁

十哀詩挽王中丞叔文·韓淮陰信
(明)梁辰魚

大將壇高倚注深,始終還是一淮陰。偽遊縱出君王計,敢負當年推食心。

《鹿城詩集》卷二七,《梁辰魚集》,319 頁

淮陰侯
(明)梁辰魚

千載浮名此寄居,功成不上乞休書。誰知范蠡亡吳後,始泛扁舟學釣魚。

《鹿城詩集》卷二七,《梁辰魚集》,323 頁

五言古詩(其十二)
(明)王世貞

孫、吳工用整,起、翦工用強。神哉淮陰侯,變化乃無常。舉目盡烏合,出手成龍驤。百戰取中原,黥、彭那得方。精誠拒武涉,小謬請假王。高帝撫孤雛,魂魄憂未央。見謂高鳥盡,謂可良弓藏。遺恨在匈奴,冒頓驕大荒。

《弇州續稿》卷四,《弇州四部稿》第四冊,影印《明人文集叢刊》,44頁

淮陰侯祠　　　　　　　　　　　（明）茅元儀

應侯必報睚眥者,景略難忘細碎讐。只爾酬恩不酬怨,到頭鐘室欲誰尤。

《石民江村集》卷一八,《四庫禁毀書叢刊》集部70冊,523頁

淮　　陰　　　　　　　　　　　（明）謝肇淛

老嫗風塵中,乃能識王孫。烈士死知己,寧為一飯恩？楚水流不盡,廟貌空黃昏。

《小草齋詩集》卷五,《小草齋集》上冊,689頁

經淮陰,有懷韓王　　　　　　　（明）陳子龍

韓王徒步人,大志如風雷。當其不得意,求食甘塵埃。歷落城下釣,塞嘿南亭來。同時莫相誚,秦、項何人哉！一朝奮鱗翼,誰曰非奇才？感激侯王間,嘗以一飯推。生平死知己,漢王何用猜？我來淮陰城,日暮登荒臺。旌旗已寂寞,祀廟生蒼苔。吾輩尚貧賤,覩此有餘哀！當今少英傑,幾人來徘徊！

《陳子龍詩集》卷五,上冊,127頁

韓侯釣臺　　　　　　　　　　　（明）冷士嵋

落落英雄淮海頭,當年未出一緡鉤。誰知北地釣鼇日,正是中原逐鹿秋。赤羽帳前無國士,綠莎堤上有王侯。而今封列空何在,還在荒臺繞濁流。

《江泠閣詩集》卷八,《四庫全書存目叢書》集部236冊,402頁

過井陘淮陰侯祠　　　　　　　　（明）楊　巍

將軍破趙處,頹廟依荒山。伏臘幾人往,旌旗到死間。碑敷秋澗草,路入土門關。遇客空詞賦,干戈有愧顏。

《存家詩稿》卷三,影印文淵閣《四庫全書》1285冊,505頁

過淮陰侯廟,用壁韻　　　　　　（明）李廷訓

鳥盡弓藏恨未休,登壇功業竟蜉蝣。解推知不忘高帝,菹醢曾何戒列侯。常笑吳牛

先喘月,還憐社燕早歸秋。赤松一去高千古,底事傷心夢雲遊。

《醴雞吟》卷六,《陝西古代文獻集成》第 10 輯,391 頁

寓言三首(其三) （明）溫 儀

淮陰昔未遇,騏驥困塵中。俯首出胯下,不失為英雄。漢主且不識,安在責愚蒙。賢哉獨漂母,高義凌秋空。祇益鬚眉愧,難追巾幗風。淮水永無竭,千秋俎豆崇。

《紀堂遺稿》五言古詩,《陝西古代文獻集成》第 20 輯,28 頁

過淮陰祠 （明）楊 爵

落日蒼山道,淮陰祠下過。禍生齊境土,功在漢山河。野鳥啼新樹,殘烟帶薜蘿。英雄千古淚,汾水一添波。

《楊忠介公集》卷八,《陝西古代文獻集成》第 27 輯,339 頁

過淮陰祠 （明）楊 爵

遙憶當年拒蒯生,將軍心事自分明。可憐宇宙無窮恨,盡在中宵悲樹聲。

又

酈生終把蒯生□,□□君臣況可憂,分土融知羞绛、灌,全身何不效留侯。荒祠空洒英雄淚,青簡還多信史收。百戰功勞千古恨,淒風落葉暮山秋。

《楊忠介公集》卷八,《陝西古代文獻集成》第 27 輯,341 頁

自獲鹿至井陘道中雜詠四首(其二) （清）王士禛

少日紛多慨,龍門《太史書》。劫殘秦復趙,齒冷耳兼餘。豈謂無雙士,而師李左車。到頭鐘室恨,功狗竟何如?

《蠶尾續詩集》卷四,《王士禛全集》第二冊,1241 頁

韓侯嶺題壁 （清）王士禛

烏喙那堪共,良弓久自藏。一軍驚大將,千古痛真王。勢已歸諸呂,何勞守四方?世家誰載筆,讀史淚霑裳。

《蠶尾續詩集》卷四,《王士禛全集》第二冊,1244 頁

戊子，典試山西，獲鹿道中過漢淮陰侯祠四首 （清）魏裔介

望望行將夕，孤城起暮煙。沙深遲倦馬，野闊響孤蟬。鬼哭韓侯廟，雲崩背水川。明朝九曲路，叱馭莫逡遭。

大漢承天運，偉哉命世才。土門赤幟出，河朔陣雲開。相背豈君意，假王是禍胎。長樂鐘室血，憤懟有餘哀。

呫呫蒯通計，豈知烈士行。秘謀羞絳、灌，武略失良、平。漢世無茅土，中原幾戰爭。拜瞻遺像肅，古廟近荒城。

舍人書不載，告變豈無欺。赤族酬隆准，扁舟愧子皮。奇兵吞趙、魏，古屋泣熊羆。呂雉誠多詐，空令漂母悲。

《兼濟堂文集》卷一九，下冊，495 頁

韓　　信 （清）黃鵬揚

寧可山頭望廷尉，莫教廷尉望山頭。預知兔盡應烹狗，羨殺留侯辟穀謀。

《讀史吟評》，《說鈴》後集一，8 頁

韓信城 （清）沙張白

項氏猶全族，韓侯竟滅門。可憐帶礪誓，不及屬鏤恩。

《定峰樂府》卷四，上冊，9 頁

淮陰市 （清）沙張白

報辱猶官尉，酬恩忍見疑。區區酬報意，或冀漢王知。

《定峰樂府》卷四，上冊，9 頁

胯下橋 （清）沙張白

韓王孫，昔何懦！惡少年，能死我？勇拔山，新裂土，歸來報功次漂母。

《定峰樂府》卷四，上冊，10 頁

淮陰侯廟下作 （清）查慎行

滅楚還封楚,破齊曾王齊。英雄歸駕馭,股掌若孩提。失國嗟烹狗,縻身付牝雞。土人憐至骨,廟像儼公圭。

《計日集》,《敬業堂詩集》卷四二,下冊,1234頁

復過井陘口淮陰侯廟 （清）董文驥

背水千年廟,登壇百戰功。至今思赤幟,何處吊藏弓。春雨王孫草,靈風古木叢。淮陰少年子,終自笑英雄。

《清詩別裁集》卷三,上冊,48頁

韓侯釣臺 （清）郁植

王孫昔釣長淮流,釣竿一擲重瞳愁。赤龍得水上天去,鐘室酬功付刀鋸。漢家青史兩釣臺,千秋獨為韓侯哀。何如客星早歸釣,一別東都更不來。

《清詩別裁集》卷七,上冊,129頁

題韓王故里 （清）劉廷璣

釣魚城下餓王孫,一旦登壇九命尊。進飯不忘猶報德,解衣常念肯孤恩。仰天若挈陳豨臂,相背應聽蒯徹言。隆準也同鳥喙忌,功臣千古共銜冤。

《清詩別裁集》卷二七,下冊,492頁

韓信釣臺 （清）魯克恭

垂釣自嚴瀨,高風屬後來。假王空自大,真主豈無猜。走狗論功業,藏弓失將才。涕零淮上土,匪直為君哀。

《晚晴簃詩匯》卷六七,第二冊,247頁

淮陰侯廟 （清）包彬

鳥盡良弓勢必藏,千秋青史費評章。區區一飯猶圖報,爭肯為臣負漢王？

《晚晴簃詩匯》卷七五,第二冊,378頁

韓侯嶺 （清）何彤雲

漂母哀其生，呂后快其死。咄咄韓王孫，命繫兩女子。死生事則殊，同是真知己。項王一婦人，却不識國士。堂堂蕭酇侯，薦賢意良美。何哉鐘室死，一言不爲理。惟聞紿入時，禍因丞相起。酈寄賣友人，得毋君倡始。

《晚晴簃詩匯》卷一四五，第三册，746 頁

淮陰釣臺歌 （清）程鴻詔

漢家垂釣兩男子，鴻飛冥冥功狗死。同有高臺淩清泚，咄咄狂奴呼不起。漂母一飯酬金千，解推之恩寧輕捐。鐘室覆盆難見天，泗上亭長喜且憐。冢前萬人早矜詡，晚餘斯臺峙淮浦。不幸乃與噲等伍，胡弗一竿自終古。

《晚晴簃詩匯》卷一四九，第三册，820 頁

山陽城下弔淮陰侯 （清）趙廷愷

漂母哀而生，呂后誣以死。英雄自有命，何關兩女子。

《晚晴簃詩匯》卷一五三，第四册，37 頁

淮陰城下作 （清）李雯

憶昔淮陰侯，功名有所待。龍躍楚、漢間，七尺付時宰。饑餓生侯王，侯王生誅醢。藉令學道深，豈得履危殆。至今漂母祠，猶對川流在。一日識英雄，千秋動光彩。淮水祠下深，楚漿城上靉。我欲奠椒漿，自惜無芳芷。

《雲間三子新詩合稿》卷一，16 頁

題淮陰侯廟 （清）錢謙益

淮水城南寄食徒，真王大將在斯須。豈知隆準如長頸，終見鷹揚死雉姁。落日井陘旗尚赤，春風鐘室草先朱。東西塚墓今安在，好爲英雄奠一盂。信母墓爲東家，漂母墓爲西家。

《牧齋初學集》卷八，《錢牧齋全集》第一册，252 頁

韓淮陰侯釣臺二首　　　　　　　　（清）魏　禧

欲問韓侯垂釣處，荒臺遺碣在通都。能酬一飯真君子，不報睚眥大丈夫。坐待鳴鐘烹走狗，終教雌雉滅諸雛。淮流千載猶嗚咽，祇是將軍死不辜。

韓侯能貴子陵隱，兩漢爭傳兩釣臺。雲夢既因甘斧鑕，富春終去臥蒿萊。成功不處嫌疑地，長傲須知死禍階。何事舞陽迎道拜？狂言大笑出門來。

《魏叔子詩集》卷七，《魏叔子文集》下冊，1359 頁

過韓侯釣臺三首　　　　　　　　（清）王　攄

荒臺寂寂草空春，今古傷心淮水濱。試看千金酬一飯，漢家真是薄功臣。

豈因諸呂剪淮陰，機詐原來女子深。若道不由高帝意，君臣躡足是何心。

拔幟囊沙將略雄，哀哉雲夢歎藏弓。功成不早扁舟去，難免臨刑憶蒯通。

《蘆中集》卷三，16 頁

題淮陰侯祠　　　　　　　　（清）蔣　棨

長堤風塵昏，車馬日馳驟。上有古釣臺，片石當寒溜。雲昔淮陰侯，家貧志未就。於此獨垂綸，功名立宇宙。旁即漂母祠，基廢莫堂構。殘碑臥草間，半被泥沙覆。入城甲第多，冠蓋亦輻輳。中餘韓侯祠，開府署其右。早暮鼓吹喧，荒祠無俎豆，榱桷久崩頹。相尋成外廄，廄敗有時葺。此類文王囿，庭除浸渤富。未許蓬蒿茂，侯雖馬上來。雄略本天授，不忘一飯恩。千金以為壽，安得遇高賢。揮金用意厚，憑吊各經心，修明複厥舊。

廟貌漢冠裳，清高氣猶肅。言念垂綸時，女流亦刮目。仗劍起從軍，中原共逐鹿。騰公與蕭相，知人競推轂。漢高能將將，相視殊碌碌。功成齊、楚王，侯封僅淮瀆。鞅鞅輕絳灌，遂致夷三族。不聽蒯通言，何不甘雌伏。留侯從赤松，知幾早辟穀。經過一憑吊，斜暉下林麓。

《天涯詩鈔》卷三，影印《四庫未收書輯刊》捌輯 23 冊，619 頁

韓侯釣臺歌　　　　　　　　（清）王士禛

西風吹淮水倒流，落颿一吊淮陰侯。棘叢藤蔓斷碑蝕，三尺釣臺成古丘。嗟昔英雄悲蓐食，垂竿憔悴無顏色。壯懷不屑典連敖，形容安用時人識。一朝騰踔起風雲，登壇突

兀驚三軍。帝子晚能知大將，漂母早解哀王孫。雲蒸龍變陳倉道，京索滎陽疾於埽。已聞傳檄定三秦，拔幟還驚下全趙。丈夫生即爲真王，蒯通豈必謀非臧。食人之食死人事，不知鳥盡良弓藏。左右早能分楚、漢，雲夢之遊可三欺。全身惜不如文成，意氣殊羞伍絳、灌。千秋鐘室浪滂沱，乃公感激《大風歌》。夷諒醢越事已矣，縱有猛士當如何。雉雛宮中恨終古，白日蒼茫照淮楚。有酒但酹韓侯臺，不酒長陵一抔土！

《漁洋詩集》卷七，《王士禛全集》第一冊，253頁

雪泊韓侯臺下　　　（清）王士禛

漂母祠前雲欲垂，淮陰城外暮鐘時。寒林蕭瑟炊煙靜，野水蒼茫鸛鶴饑。亭長功名終古盡，假王事業幾人悲。荒臺雪下寒流急，國士傷心酹一巵。

《漁洋詩集》卷八，《王士禛全集》第一冊，264頁

漢　臺　　　（清）王士禛

絳、灌當時伍，黥、彭異代看。竟成隆準帝，不屑沐猴冠。磊落真王氣，蒼茫大將壇。風雲今寂寞，江漢自波瀾。

《漁洋續詩集》卷四，《王士禛全集》第二冊，753頁

韓淮陰祠　　　（清）宋琬

皇屋西來夢澤遊，王孫應是悔封侯。未央鐘室埋寒草，石馬無聲渭水流。

《安雅堂未刻稿》卷五，《宋琬全集》，569頁

淮陰侯　　　（清）沈紹姬

鼎足才堪角兩雄，當年應悔滅重瞳。分羹父子恩猶薄，推食君臣誼豈終？猶有千金酬漂母，曾無一語感滕公。名成自古身當退，沒齒休論戰伐功。

《清詩別裁集》卷二一，下冊，362頁

詠　古（其二）　　　（清）沈紹姬

為報韓仇奮一椎，副車雖誤亦雄哉。淮陰也是韓王後，何用當時躡足來。

《清詩別裁集》卷二一，下冊，363頁

濰水吊韓淮陰 (清)朱彝尊

淮陰師十萬,曾此擊龍且。廢壘人猶識,囊沙水漸淤。生慚諸將伍,史並列侯書。千載烏江廟,君臣反不如。

《曝書亭集》卷七,上冊,90 頁

淮陰侯二首 (清)屈大均

淮陰當未遇,一飯亦無才。天欲王孫餓,人慚漂母哀。釣魚城下去,帶劍市中來。笑謂晨炊者,英雄被爾催。

艱難惟一飯,天肯與王孫。草昧多如此,英雄不忍言。漢興因婦女,臣節在壺飧。誰分宮前草,離離是血痕。

《屈大均詩詞編年校箋》卷二《北遊初什》,第一冊,144 頁

淮陰侯釣臺 (清)徐昂發

木落荒原水氣昏,英雄漁釣跡猶存。蒯通不售三分策,漂母長留一飯恩。人歎老臣知國士,天哀女子殺王孫。藏弓烹狗由來事,只合終身淮上村。

《清詩別裁集》卷一九,下冊,332 頁

淮陰釣臺 (清)吳廷楨

惆悵王孫去不歸,功成無復理蓑衣。漢家只有桐江叟,長保秋風舊釣磯。

《晚晴簃詩匯》卷五六,第二冊,86 頁

淮陰侯 (清)李宗渭

飯信誰?淮陰母。殺信誰?漢宮后。飯惜英雄殺忌才,千古具眼此兩嫗。有賢不用斯亡身,重瞳區區真婦人。

《晚晴簃詩匯》卷五九,第二冊,134 頁

韓　信 (清)張廷珏

一說不從有武涉,再說不從有蒯徹。漢王始終遇我厚,此語鬼神應泣血。前年奪軍

在成皋,今年奪軍在定陶。主上猜嫌亦已甚,怡然就國無牢騷。豈知兔死烹功狗,假王真王總不久。掀天事業振中原,到頭不脫兒女手。越兮布兮同見夷,滅楚才過十載期。依然成敗兩俱盡,愧使重瞳地下知。

《晚晴簃詩匯》卷一一一,第三冊,190 頁

淮陰釣臺　　　　　　　　　　（清）沈　濤

古今落落三釣臺,釣名釣國臺上來。韓侯爾亦何為者,可憐王孫窮餓誰相哀。羊裘不著,鷹揚復開。竹竿嫋嫋揭旗起,赤幟一立邯鄲摧。臺邊學得背水陣,孫、吳死法寧中裁。噲等碌碌非吾儕,販繒屠狗兼椎埋。渭濱淮水兩千古,英風令我長徘徊。劉季鼻大多雄猜,單父野雞構禍胎。假王為餌死不悟,何如一星長客江之涯。蕭相非憐國士才,卻附呂后成其災。當時大將壇何在,但見荒臺突兀起草萊。

《晚晴簃詩匯》卷一二一,第三冊,348 頁

淮陰釣臺　　　　　　　　　　（清）錢寶琛

漢家機智馭英才,國士遭逢絕可哀。一劍孤依真主去,雙符虛擁假王來。庭中握手誣誰辨,臥內收兵氣早灰。他日歌《風》空太息,清淮、古沛兩荒臺。

《晚晴簃詩匯》卷一二八,第三冊,451 頁

淮陰釣臺　　　　　　　　　　（清）錢大昕

淮陰未遇日,遺跡此河干。泂有真王相,曾登大將壇。藏弓鐘室恨,捲雪釣臺寒。輸與嚴陵客,忘機把竹竿。

《潛研堂詩集》卷三,《嘉定錢大昕全集》第一〇冊,42 頁

題淮陰釣臺二首　　　　　　　　（清）錢大昕

試問真王貴,何如守釣磯？生慚噲等伍,那至結陳豨。
鐘室謀何亟,平城計已窮。暮年思猛士,太息擲良弓。

《潛研堂詩集》卷八,《嘉定錢大昕全集》第一〇冊,146 頁

淮陰侯釣臺　　　　　　　　　　　　（清）王鳴盛

蕭條泗水入淮處，高臺傾後餘平楚。為憶昌亭寄食時，王孫一飯意良苦。已致千金報母恩，弓藏鐘室劇悲辛。興劉蹙項渾閒事，只合終為把釣人。

《非肘集》，《西莊始存稿》卷二，《嘉定王鳴盛全集》第一〇冊，27頁

車中雜憶古人，作五六七言詩·韓信　　　　（清）袁　枚

舊雨鍾離昧，成功酈食其。兩人都可負，一飯報何為？

《小倉山房詩集》卷八，《小倉山房詩文集》第一冊，179頁

淮陰釣臺　　　　　　　　　　　　（清）趙　翼

遺跡長淮一釣臺，常令過客此低徊。蕭、曹內本無君坐，雲夢間遠謁帝來。與噲伍憐魚服困，假齊王伏狗烹災。千秋此獄難翻案，留作人間吊古哀。

胯下誰憐早不羣，布衣忽漫得風雲。登壇何減隆中對，背水寧同灞上軍。賤日流離艱一飯，時來功業陋三分。英雄也自論遭際，敢欺寒酸尚賣文。

《甌北集》卷二，上冊，29頁

淮陰釣臺懷古　　　　　　　　　　（清）舒　位

魚龍寂寞釣臺低，一去王孫草自萋。難遣狂奴歸大澤，終令尚父出磻溪。兵銷垓下烹功狗，釁起宮中啄野雞。莫唱煙波釣徒曲，竹竿嫋嫋水東西。

《瓶水齋詩集》卷二，上冊，48頁

詠　古　　　　　　　　　　　　　（清）周拱辰

謂憐王孫餓，詎是漂母慈。丈夫不自食，姑以飯愧之。果腹不知醜，俠士所誚惡。叱之出胯下，亦以整其怒。取履良有謂，辱胯寧無因。倨侮之狎至，幻出疑一人。吾欲鑄少年，黃石同配享。大恩與大讎，成我原無兩。淮水日湯湯，英風同一仰。

《橋李詩繫》卷一九，影印文淵閣《四庫全書》1475冊，458頁

韓　　侯　　　　　　　　　　　　　　　（清）高　鶚

仗劍來從隆準公,王孫意氣豈封侯。目應噲等難為伍,可解人間有赤松。

《高鶚詩文集》,48 頁

淮陰釣臺　　　　　　　　　　　　　　（清）姚　鼐

人傑乘時會,功成運已非。可憐高鳥盡,回憶釣魚磯。淮上春風起,高臺柳絮飛。王孫殊未返,惆悵落斜暉。

《惜抱軒詩集訓纂》卷六,292 頁

詠　　史（其一）　　　　　　　　　　（清）陳　重

淮陰大將才,智略超千古。臨壇一軍驚,絳、灌曷足數。積疑即為罪,乃與噲等伍。

《花著盦詩存》卷一,《明清遺書五種》,292 頁

韓　　信　　　　　　　　　　　　　　（清）謝啟昆

鞅鞅羞同噲為伍,多多未讓帝論兵。當時英傑遭猜忌,自古王侯戒盛盈。豈料娥姁難恕死,不如漂母尚哀生。我從胯下橋邊過,淮水潺潺作怨聲。

《樹經堂詠史詩》卷一,影印《續修四庫全書》1458 冊,506 頁

淮陰釣下作　　　　　　　　　　　　　（清）林昌彝

三齊王去釣臺存,兩岸垂楊落日昏。試問淮陰十萬戶,幾人一飯進王孫。

《林昌彝詩文集》卷四,87 頁

韓　　信　　　　　　　　　　　　　　（清）羅惇衍

淮陰人。初,為漢大將,封齊王,改封楚王。後降為淮陰侯。為呂后所殺,年三十二。

縛來雲夢也知幾,推解恩深未忍歸。奈抱雄才驚呂雉,遂誣私語屬陳豨。金酬漂母傷流水,筑擊君王感夕暉。鐘室冤沈應不悔,貴賤相背計終非。

《集義軒詠史詩鈔校證》卷六,第一冊,151 頁

詠古詩十四首·韓信　　　　　　　　　　　　　（清）張之洞

旗鼓堂堂下井陘,憐君智略獨知兵。登壇豈減隆中對,齒劍方思走狗烹。長樂殿前鐘未歇,南昌亭上月空明。江東道覆隋王頒,不獨傷心有蒯生。

《張之洞詩文集》卷九,327頁

韓侯釣臺詠古　　　　　　　　　　　　　　　　（清）易順鼎

生侯誰? 一漂母。殺侯誰? 一呂后。英雄生死不關天,都在區區婦人手。落魄韓江偶釣魚,成功鐘室還烹狗。君不見,一飯之恩尚不負,何況解推恩更厚。萬家之塚曾置守,足見生平不忘舊。故鄉未得歸去來,冤獄真同莫須有。萋萋芳草憶王孫,森森滄波傷彼婦。淮陰市上逢少年,落日荒喜一杯酒。

《琴志樓詩集》卷九,第二冊,493頁

邗溝淮陰道中詠懷古跡四首(其四)　　　　　　（清）易順鼎

一飯報恩忠可想,萬家置塚孝何如。竟同鵬舉死冤獄,無怪馬遷修謗書。隆準龍顏真鍥薄,重瞳猿臂共欷歔。英靈若在應知我,對哭韓江暮雨餘。

《琴志樓詩集》卷一〇,第二冊,581頁

淮陰侯墓　　　　　　　　　　　　　　　　　　（清）譚嗣同

得葬漢家土,於君已厚恩。黥、彭俱化醢,暴露莽秋原。

《蒼莽莽齋詩》卷一,《譚嗣同詩全編》,39頁

過淮陰故里書感　　　　　　　　　　　　　　　（清）汪筠

淮水流無極,英風千載存。不忘漂母惠,忍負漢王恩? 甚矣牝雞旦,哀哉走狗冤。寒煙銷赤帝,芳草憶王孫。故阯嘁烏在,荒臺落日昏。誰知千里客,懷古一停轅。

《汪伯子菁菴遺稿》一卷,《附錄》八,《汪琬全集箋校》第五冊,2684頁

淮陰侯　　　　　　　　　　　　　　　　　　　（清）沈德潛

淮陰貧賤時,甘受少年侮。如何既封侯,羞與噲等伍? 能忍功有成,滿假禍斯取。敦

器貴挹損，此事鑑諸古。

《歸愚詩鈔》卷五，《沈德潛詩文集》第 1 冊，81 頁

淮陰侯釣臺
（清）沈德潛

淮陰未遇日，投竿楚水湄。終日不得食，每遭市人嗤。時逢衆母漂，有母憐其饑。進食亦偶然，報施非所知。英雄感人惠，偏在艱難時。蓄此必報心，鐘室蹈禍機。吾來登釣臺，波流綠瀰瀰。陰風吹寒雲，疑有精靈歸。感念藏弓言，慷慨有餘悲。

《歸愚詩鈔》卷五，《沈德潛詩文集》第 1 冊，97 頁

吊韓淮陰
（清）沈德潛

自古功高不自酬，韓侯背畔竟何由。果然曾掣陳豨臂，胡弗先從蒯徹謀？推食解衣藏釣餌，封齊王楚伏酋矛。後人頻灑英雄淚，恨與長淮水共流。

《歸愚詩鈔餘集》卷五，《沈德潛詩文集》第二冊，515 頁

鐘室冤
（清）沈德潛

相君面，可遂封侯願；相君背，可極富與貴。蒯通三說信不從，解衣推食牢籠中。一朝定漢鼎，便欲除英雄。功高不賞賞刀俎，鐘室血濺遭凶終。婦人毒手三族赤，君王真喜假憐惜。區區功狗何足烹，翁烹分我一杯羹。

《歸愚詩鈔餘集》卷九，《沈德潛詩文集》第二冊，592 頁

韓信嶺
（清）王　軒

巨嶺摩天斷當路，路旁有祠祠後墓。至今過客哀王孫，下馬盤桓不能去。石碑磨滅知何年，西風獵獵靈旗寒。我坐踟躕重吊古，口讀壁詩心不然。夜半告變禍初起，鐘室深藏未央裏。祇應傳首行東垣，那有衣冠能葬此。君不聞漢有兩信俱裂土，一者王韓一王楚。王楚者誅韓者徙，太原列城啓新宇。一自降王走匈奴，漢邊年年常備胡。陳武兵下白登道，遂令萬里行頭顱。孤魂慘憺棲絕域，夜夜哀鳴望故國。山中父老思舊君，故向山頭作寒食。吁嗟乎！彼信非叛此真叛，奇禍淮陰空扼擘。弓高、龍額猶徹侯，一抔區區安足辨。

顧景範《方域紀要》：高壁鎮俗名韓信嶺。《通典》：靈石縣，東南有高壁嶺。不名韓信嶺也。□□句

極是。詩中以韓王信爲波瀾,亦極蒼堅,筆力猶勁。許宗衡註。

《耨經廬詩集》卷二,《續尤西堂擬明史樂府》(外二種),103頁

韓侯祠 （清）王　軒

謂君非叛君真叛,左證猶明腐儒勸。生平羞與噲等伍,眼底何曾識豨、綰。死悔不聽蒯生言,丈夫竟爲兒女算。君不自諱人自明,亦知加罪辭何患。豎子恨不用吾言,至今負臣相君面。一悔一恨情如見,曉曉冥俟後人辨。

《耨經廬詩集》卷四,《續尤西堂擬明史樂府》(外二種),140頁

井陘行 （清）王　軒

麾下未致兩將頭,將軍乃作坐上囚。奇兵三萬果相假,國士名十將焉籌。平明軍出井陘口,大將旗鼓水上走。絕流預試囊沙奇,潛渡猶師木罌後。死地市人歡更生,二千漢幟連趙營。諸君兵法猶不察,何怪儒者不知兵。耳頭仍戴餘走死,刎頸交親如此水。一檄千里傳幽燕,飽騰日待牛酒至。敗軍之將謀奇中,前愚後智惟所用。從來善將稱多多,詎識虛心固天縱。

《耨經廬詩集》卷四,《續尤西堂擬明史樂府》(外二種),142頁

未央宮朱草 （清）李　柏

呂雉陰圖諸呂安,誅劉大將必誅韓。天公欲白淮陰事,草色千年血尚丹。

《太白山人槲葉集》卷四下,《陝西古代文獻集成》第30輯,198頁

韓信塚 （清）李　柏

塚在長安東門外。戊午正月,訪青門遺址,因拜其下,黯然傷心,為書二絕。

良弓高鳥已堪愁,可惜將軍死女流。隆準子孫千載後,咸陽青草覆荒丘。

程嬰為趙趙孤留,信客抱兒史未收。南越尚餘韓半在,呂公一族問虛侯。

《太白山人槲葉集》卷四下,《陝西古代文獻集成》第30輯,198頁

拜將臺 （清）李　柏

無情風雨入荒臺,黯淡愁雲鎖不開。一統山河平上將,萬邦奠定忌雄才。天憐國士

存韓半,地顯丹心赤草萊。莫怪子房耽避穀,良弓高鳥正堪猜。

《太白山人檞葉集》卷五上,《陝西古代文獻集成》第 30 輯,210 頁

過陳倉道次韻吊韓淮陰 （清）李 柏

築壇漢水上,搆禍未央宮。天欲臣心白,地留草色紅。將軍九鼎重,呂雉一門空。猶幸兒三歲,曲成賴相公。

《太白山人檞葉集》卷五下,《陝西古代文獻集成》第 30 輯,233 頁

淮陰歎《前漢書》 （清）陳啟疇

漢十一年,陳豨反,韓信舍人弟告呂后,信與豨通謀欲反狀。後招蕭何計,何詐稱豨死,紿信入賀,斬之,夷三族。

薦淮陰,識獨精,誅淮陰,謀遂成。無雙國士,一生一死,片言鄭侯,可行可止。陳豨之事古今疑,舍人喋喋寧無欺,一族梁王頭顧危。呼!胡不效曲逆偽游雲夢計,執縛以待高皇歸。高皇歸,信有辭,連百萬之師戰勝攻取君心知。飛飛高鳥無盡時,兔死狗或惜烹之。咄嗟兒女子詐,便赤族。從赤松遊。莫予毒。

《詠史擬古樂府》,《清代詩文集彙編》450 冊,154 頁

思退齋詠古詩（其七） （清）釋清恒

空壁來爭水上軍,壁皆漢幟陣如雲。不教三萬奇兵出,國破應羞廣武君。

《借菴詩鈔》卷一,《清代詩文集彙編》452 冊,105 頁

漢臺詠史·韓淮陰侯 （清）嚴如熤

多多益辦詎尋常,一飽難謀劇可傷。勳業自來成戰伐,英雄原不盡膏粱。主恩貽恨懷推食,臣罪傷心伏假王。鳥盡弓藏千載怨,荒原酹酒吊斜陽。

《樂園詩稿》卷三,《清代詩文集彙編》455 冊,163 頁

韓 信 （清）王廷紹

雲夢遊歸已見禽,漢王終不殺淮陰。多多尚聽論兵語,鞅鞅知無叛主心。鐘室土殷埋碧血,歌臺風起散哀音。解推恩冠蕭、曹輩,國士由來感最深。

《澹香齋詩草》卷二,《清代詩文集彙編》472 冊,342 頁

韓　　信　　　　　　　　　（清）鮑桂星

長樂鐘聲入夜悲,韓侯此獄到今疑。已聞近侍人俱屏,那得中庭語共知。丞相倉皇囚繫日,君王慷慨浩歌時。試教弓鳥重廻首,應為淮陰一涕垂。

《覺生詠史詩鈔》卷一,《清代詩文集彙編》476 冊,470 頁

將　　臺　　　　　　　　　（清）張　琛

國士亡歸勢赫然,將臺高築漢江邊。將軍業就將軍死,回首功名僅十年。

《日鋤齋詩集·缶音》,《清代詩文集彙編》483 冊,660 頁

燕臺懷古雜詠,方水部_{鐵船}同作·泜水　　（清）蔣　詩

十則圍之倍則戰,用計雖奇怯已見。趙將儒者成安君,義兵原從兵法練。左車獻計殊卓詭,足下深溝堅高壘。不至十日二將禽,豈有二十萬眾喪泜水。夏陽軍渡木罌瓶,背水陳遂出井陘。立漢赤幟拔趙旗,王歇就虜趙已并。嗚呼淮陰生澤國,水上軍原資水力。廣武但可計略燕,不甕囊沙齊不得。

《榆西僊館初稾》卷二八,《清代詩文集彙編》488 冊,446 頁

雜詠史四十二首(其十一)　　　　（清）梁運昌

嗟嗟孤貧士,一身斷依倚。口腹不自謀,何況能立事。楚漢功名際,賢豪皆崛起。獨有韓王孫,落魄淮陰市。素無長者游,且忍少年恥。進乏一介紹,宦壓百僚底。推解惠幾何,籠羅心盡死。甘捨雲龍度,見《彭越傳論》。終尋弓狗軌。感恩即常人,背本非義士。平生不受憐,英雄竟是誰。

《秋竹齋詩存》卷五,《清代詩文集彙編》499 冊,35 頁

韓　　信　　　　　　　　　（清）張　澍

冤沈欒說古今哀,隆準何為忌此才。祇以真王招怨恨,非關國士起疑猜。蒯生再說佯狂去,漂母千金報稱來。携手空庭誰與證,蕭侯應悔負泉臺。

《養素堂詩集》卷二五,《清代詩文集彙編》536 冊,271 頁

韓信升壇 《史記》　　　　　　　　　　　　　　　　（清）田依渠

漢主登壇日，群懷大將心。若非蕭相國，誰計拜淮陰。

《茹古山房讀史餘吟》卷四，《清代詩文集彙編》639冊，655頁

淮陰侯　　　　　　　　　　　　　　　　　　　　　（清）秦　煥

漢鼎終思赤手扶，才如平、勃眼中無。長淮若駕扁舟去，巧宦羞同范大夫。

《劍虹居詩集》卷下，《清代詩文集彙編》675冊，196頁

詠史·韓信　　　　　　　　　　　　　　　　　　　（清）孫國楨

攻破降齊觀假王，英雄割據願微償。狗功那有純臣志，成敗蕭何妙主張。

《愚軒詩鈔》卷下，《清代詩文集彙編》741冊，357頁

詠史小樂府三十首 己未(其六)　　　　　　　　　　（清）沈家本

奇冤鍾室獄，漢祖且憐之。孰念遭烹者，高陽酈食其。

《枕碧樓偶存稿》卷七，《清代詩文集彙編》745冊，486頁

讀《漢書》小樂府·哀王孫　　　　　　　　　　　　（清）張寶森

哀王孫，王孫能誅無道秦，何物老嫗善知人。哀王孫，王孫能王三齊城，一飯之恩報千金。一飯恩大千金小，王孫報恩亦草草。斬蛇宮裏野雞飛，長樂鐘聲又催曉。招魂誰為王孫哀，有酒不澆淮陰道。

《悔庵詩存》卷上，《清代詩文集彙編》768冊，630頁

讀史雜詠(其七)　　　　　　　　　　　　　　　　（清）張寶森

大將英姿迥出群，能教漂母識王孫。書生那有封侯相，何怪人無一飯恩。

《悔庵詩存》卷上，《清代詩文集彙編》768冊，625頁

讀史六言絕句，效梅村體(其一)　　　　　　　　　（清）張寶森

相面不如相背，將將善於將兵。我哀王孫進食，天使豎子成名。

《悔庵詩存》卷上,《清代詩文集彙編》768冊,625頁

過韓侯祠
（清）劉舜儀

懋名空賸一臺存,漢世功臣少受恩。鍾室已教三族滅,墓門誰見萬家屯。蒼葭秋水魚驚餌,古渡斜陽鳥不喧。迴首嚴灘好煙月,行人終古惜王孫。按,王豫《江蘇詩徵》載《情陰筆記》云:淮上有女士題釣臺云:"一竿秋水王孫怨,半壁斜陽國士魂。"名句也。惜忘其全篇,因附錄於此。

《國朝閨秀詩柳絮集校補》卷三一,第三冊,第1448頁

韓侯釣臺
（清）魏鳳珍

韓侯臺上秋雲陰,韓侯臺下秋濤深。英雄不遇出胯下,感恩一飯酬千金。登壇一呼楚軍竄,山河萬里全歸漢。丈夫生不爲真王,欲借王名却疑叛。君不見,走兔死,獵狗烹,識時勢者全功名。功高不免殺身禍,何不垂釣終平生?

《國朝閨秀詩柳絮集校補》卷四二,第四冊,第2001頁

淮陰侯釣臺
（清）余笛

淮陰人中豪,勳業自古少。如何千秋臺,只爲傳一釣。可知將相名,不如釣翁好。豈獨傳名好,當時身可保。試看垂竿人,終日玩水鳥。得魚且沽酒,醉臥不知曉。長嘯到白頭,那有閒愁攪。高哉嚴子陵,深知此趣妙。惜哉淮陰侯,不抱釣竿老。

《南旋草》,《采山樓藏稀見清人別集叢刊》第一冊,558頁

邗上紀游 己巳夏（其十一、十三）
（近代）陳去病

胯下橋平水絕流,淮陰年少已休休。六奇三進渾閑事,忍辱終須出一頭。

濩落川原一釣臺,王孫當日信堪哀。蘆中亦有窮途客,賴有投金浣女來。漂母祠釣魚臺,本在淮陰,今故里亦有之。

《浩歌堂詩續鈔》,《浩歌堂詩鈔》,215頁

詠蒯通

蒯　通　（宋）劉克莊

酈生方橫死，蒯徹亦陽狂。設不逢劉季，同趨一鼎湯。

《全宋詩》卷三〇四七，58冊，36338頁

蒯　通　（元）李齊賢

嫉功樂禍亡三儁，肆辯邀名起兩臣。八立一言能免鑊，豈如緘口廟中人。

《全元詩》第33冊，366頁

蒯　通　（清）羅惇衍

范陽人。本名徹，避武帝諱，史家追書為通。後游於齊。故高祖曰"齊辯士"，召至，欲烹之，卒赦免。

白黑奚由定至尊，紛紛鹿逐向中原。重瞳有恨遺雙佐，三儁無端喪一言。韓䤋楚猴還受戮，堯容跖狗幸蒙恩。何人乞火猶推士，《雋永》名篇惜不存。

《集義軒詠史詩鈔校證》卷六，第一冊，156頁

著雖攝提格・蒯通墓　（清）蔣　詩

廣渠門外蒯通墓，滿眼棘荆漫道路。墓側明有邱（丘）瓚坟，坟亦傾圮蹟非故。其時《帝京景物》略，載有井距墓數步。白晝常見鬼出汲，云是通蒐所麗附。一自邱（丘）氏墳其側，此怪遂絕鬼竟去。蒯生至今二千年，流傳辯口懸河注。相君之背忽陽狂，詐謀未獲淮陰悟。嫉妒已致酈其烹，論說誰傳《雋永》句。東郭先生梁石君，乞火竟使曹參慕。尸腐猶爲塚外遊，要詢劉侗說何據。

《榆西僊館初槀》卷三九，《清代詩文集彙編》488冊，504頁

讀《漢書》列傳雜詩·蒯通　　　　　　（清）梁章鉅

阪丸早策范陽公,相背還希鼎足功。利口已徵三儁喪,縱饒雋永豈英雄。

《退菴詩存》卷四,《清代詩文集彙編》515 冊,58 頁

詠史小樂府三十首 己未（其十七）　　　　　（清）沈家本

傾危齊辨士,長短說何工,橫信雄圖歇,還聞赦蒯通。

《枕碧樓偶存稿》卷七,《清代詩文集彙編》745 冊,486 頁

廣武君李左車墓　　　　　　　　　　　（元）王惲

廣武籌兵見未形,規模盡敵漢威靈。天其不奪成安魄,赤幟何由下井陘。

《全元詩》第 5 冊,576 頁

詠史四首（其一）　　　　　　　　　（明）王家屏

井陘關下陣雲飛,廣武緣謀志已達。多少旌旗人不見,市井擒得趙王歸。

《王文端公詩集》卷下,《四庫全書存目叢書》集部 149 冊,569 頁

李左車　　　　　　　　　　　　　　（清）羅惇衍

先為陳餘客,號"廣武君"。後為淮陰侯客。

渡罌才略已超群,師購千金令在軍。市井一驅飛露布,燕、齊兩服懾風聞。奇兵難動儒生聽,善策旋增國士勳。可歎趙良頭雪白,禮賢無術遇商君。

《集義軒詠史詩鈔校證》卷六,第一冊,153 頁

詠漂母

經漂母墓　　　　　　　　　　　　　　　　　　　　（唐）劉長卿

昔賢懷一飯,茲事已千秋。古墓樵人識,前朝楚水流。渚蘋行客薦,山木杜鵑愁。春草茫茫綠,王孫舊此遊。

《全唐詩》卷一四七,5 冊,1501 頁

漂母塚　　　　　　　　　　　　　　　　　　　　　（唐）羅　隱

寂寂荒墳一水濱,蘆洲絕島自相親。青娥已落淮邊月,白骨甘為泉下塵。原上荻花飄素髮,道傍菰葉碎羅巾。雖然寂寞千秋魄,猶是韓侯舊主人。

《全唐詩》卷六六三,19 冊,7601 頁

千金答漂母行　　　　　　　　　　　　　　　　　　（宋）田　錫

止水明沉沉,鑒貌未鑒心。凡鳳舞蹌蹌,知聲未知音。楚王欲圖霸,不識韓淮陰。淮陰漂母家,獨得千黃金。

《全宋詩》卷四四,1 冊,478 頁

漂母祠　　　　　　　　　　　　　　　　　　　　　（宋）趙公豫

英雄未得志,落魄有誰憐。一飯尋常事,千秋頌母賢。

《全宋詩》卷二五〇二,46 冊,28948 頁

讀唐子西《漂母傳》　　　　　　　　　　　　　　　（宋）陳　郁

識得英雄為理貧,果能誅項滅三秦。老媍事去方撞斗,羞見沙頭澣絖人。

《全宋詩》卷三〇〇七,57 冊,35816 頁

漂母墓二首　　　　　　　　　　　　　　　　　　　（宋）俞德鄰

露冷蘆洲楚水平,荒墳三尺近甘城。當年不進王孫飯,千古誰知漂母名。自注:甘羅

城,在墓東。

胯下包羞氣未伸,寄身亭長更遭嗔。不圖他日千金報,漂母應非世俗人。

《全宋詩》卷三五五〇,67 冊,42450 頁

漂母墓　　　　　　　　　　　　　（宋）李思衍

登壇抛却釣魚竿,廟食難酬一飯恩。春老五陵佳氣歇,近來誰復念王孫。

《全宋詩》卷三六二三,69 冊,43381 頁

淮陰漂母墓　　　　　　　　　　　（元）吳　存

漂飯千金報尚輕,更緣推食許平生。區區報施何時了,一飽男兒好自營。

《全元詩》第 18 冊,136 頁

漂母塚　　　　　　　　　　　　　（元）陳　孚

英雄未遇亦堪羞,一飯區區不自謀。莫笑千金酬漂母,漢家更有頡羹侯。

《全元詩》第 18 冊,355 頁

題《漂母飯信圖》　　　　　　　　（元）黃　庚

國士無雙未肯臣,漢皇眼力欠精神。築壇直待追亡後,不及溪邊一婦人。
一飯豈能忘漂母,英雄未遇有誰知。可憐屏底丹青筆,不畫登壇拜將時。

《全元詩》第 19 冊,83 頁

淮陰漂母墓　　　　　　　　　　　（元）李齊賢

重士憐窮義自深,豈將一飯望千金。歸來却責南昌長,未必王孫識母心。
婦人猶解識英雄,一見殷勤慰困窮。自棄爪牙資敵國,項王無賴目重瞳。

《全元詩》第 33 冊,333 頁

漂母墓　　　　　　　　　　　　　（元）宋　褧

南昌亭長木蘭僧,進食英雄豈不能。擗絖家資消幾許,阿婆高冢碧崚嶒。

《全元詩》第 37 冊,284 頁

《漂母圖》 （元）貢性之

乞丐當年事不虛,丈夫窮達古誰無。題詩恨殺丹青手,不寫登壇拜將圖。

《全元詩》第 58 冊,307 頁

漂母吟 （元）劉崧

蛟龍失雲雨,或與鰕蠏儔。壯士偶窮困,寄食何足羞。淮河之水東北流,母心直為王孫憂。黃金無光劍失色,白日又落城西頭。請君置魚竿,進此盤中脯。丈夫性命未可輕,君獨胡為在塵土。咸陽王氣如雲馳,壟上亦有呼兵兒。風塵滿眼慎所之,但願王孫無饑時。

《全元詩》第 61 冊,4 頁

過漂母墓 （元）唐肅

昨日下,淮河船,河流滾滾不見天。逆風一日行十里,黃牛黑驢牽不前。今日過,韓信城,城邊草荒田不耕。人傳韓信此發跡,至今人留韓信名。常時乞食向漂母,母哀王孫心獨苦。一朝富貴報千金,不記淮陰少年侮。我來不吊韓將軍,悲歌獨吊漂母墳。英雄貧賤少知己,不在男兒在女子。

《全元詩》第 64 冊,38 頁

登韓信城,望漂母墓 （明）張羽

遶城春水綠含漪,遙憶沙頭澼絖時。若愛當時一杯飯,千年孤冢有誰知。

《靜居集》卷四,影印文淵閣《四庫全書》1230 冊,542 頁

漂母廟 （明）魏大中

偶然一飯在塵埃,誤却千年過客來。滿地江湖尋漂母,王孫如此更堪哀。

《橋李詩繫》卷一七,影印文淵閣《四庫全書》1475 冊,411 頁

漂母祠 （明）祝允明

子胥逢擊絮,遂為鞭屍人。淮陰遇漂母,終亦去亡秦。豪傑與嬋媛,萬年共一塵。清

淮映古廟,月明空沄沄。安能闤市上,復問哀王孫。

《祝氏集略》卷四,《祝允明集》上冊,80 頁

漂母祠二絕 （明）倪宗正

當時不有千金報,誰識漂母哀王孫。平生義分如此者,肯負登壇拜將恩。

相憐一飯亦何心,自是將軍報德深。當日千金未為重,長年祠宇寄淮陰。

《倪小野先生全集》卷八,《四庫全書存目叢書》集部 58 冊,695 頁

《韓信遺金漂母圖》 （明）張 琦

麗日黃金映水光,柴荊老婦不相當。漢家俎醢諸侯外,只有王孫報嫗長。

《白齋先生詩集》卷三,《四庫全書存目叢書》集部 52 冊,59 頁

漂母祠 （明）沈明臣

史上標芳譽,江干寄野祠。千金報易得,一飯遇難期。天曠雲開晚,水渾魚上遲。乾坤仍莽莽,獨立黯然思。

《豐對樓詩選》卷一六,《四庫全書存目叢書》集部 144 冊,350 頁

漂母祠 （明）沈明臣

海上淮陰罌,城邊漂母祠。極知非故土,亦自繫人思。想見垂綸處,猶疑進食時。英雄千古事,寂寞水雲知。

《豐對樓詩選》卷一七,《四庫全書存目叢書》集部 144 冊,363 頁

漂母祠,病夢中為詩鬼所索 （明）沈明臣

官牆尾落古城欹,聞是當時漂母祠。拜罷低徊春日晚,淮風吹水海雲垂。

《豐對樓詩選》卷四〇,《四庫全書存目叢書》集部 144 冊,666 頁

漂 母 （明）方逢時

遺廟清淮曲,蕭蕭秋意深。興懷資一飯,為報却千金。未必知人傑,祇緣盡此心。斯風已千載,聊爾寄長吟。

《大隱樓集》卷四,《四庫未收書輯刊》伍輯 19 册,697 頁

漂母祠
（明）張九一

風塵誰復解憐才,一飯千金亦可哀。國士人隨飛鳥盡,荒祠猶對野花開。

《綠波樓詩集》卷一四,《四庫全書存目叢書》集部 128 册,702 頁

漂母祠
（明）陳文燭

荒臺古廟偶經過,莫說淮陰俠少多。一自弓藏高鳥後,感恩寧復羨蕭何。

《二酉園詩集》卷一一,《四庫全書存目叢書》集部 139 册,388 頁

謁漂母祠
（明）莫是龍

王孫曾此泣吳鉤,宛見當年寄食遊。國士感恩纔一飯,土人崇祀已千秋。潮平古渡堪垂釣,月白清淮好放舟。賢達至今留慷慨,誰能貧賤老滄洲。

《石秀齋集》卷八,《四庫全書存目叢書》集部 188 册,467 頁

舟泊漂母祠
（明）陳薦夫

夜落孤帆淮水邊,曉來身在廟門前。應憐老嫗知豪傑,滿市悠悠空少年。

《水明樓集》卷八,《四庫全書存目叢書》集部 176 册,412 頁

漂母祠
（明）茅元儀

漢過塗高亦自摧,重瞳名姓豈成灰。止供悍後纔人快,何似當時餓死來。

《石民江村集》卷一八,《四庫禁毀書叢刊》集部 70 册,523 頁

漂母祠二首
（明）尹　耕

鹿指秦庭四走,蛇橫楚澤中分。何事老嫗具眼,一瓢獨飯將軍。

負劍豈無國士,行吟何處長安。惆悵城陰古廟,風吹淮水彌漫。

《列朝詩集》丁集卷二,第七册,4054 頁

漂母祠 　　　　　　　　　　　　　　　　　　　　（明）金鑾

古渡臨祠廟,長淮接市門。旌旗搖白日,風雨鎖黃昏。貧賤求知己,榮華少故恩。湖邊逢牧豎,猶自說王孫。

《列朝詩集》丁集卷七,第八冊,4551 頁

漂母祠 　　　　　　　　　　　　　　　　　　　　（明）金大車

王孫去不返,淮水亦東流。宿草封遺冢,行人說故侯。荒祠黃葉暗,寒渚白蘋秋。一飯猶懷德,空悲雲夢遊。

《列朝詩集》丁集卷七,第八冊,4597 頁

漂母祠 　　　　　　　　　　　　　　　　　　　　（明）潘緯

曾謂千金意,能酬一飯恩。往來人下拜,猶是為王孫。

《列朝詩集》丁集卷八,第九冊,4926 頁

經漂母廟 　　　　　　　　　　　　　　　　　　　（明）陳鳴鶴

淮陰春雨裏,杜宇不堪聞。十日王孫飯,千秋漂母墳。山吞灘水月,地接廣陵雲。感激懷知己,無言對夕曛。

《列朝詩集》丁集卷一六,第一一冊,5988 頁

漂母祠 　　　　　　　　　　　　　　　　　　　　（明）程敏政

一飯難忘老嫗恩,崇祠應出舊王孫。平生推食蒙知己,肯不捐軀答至尊。

《篁墩文集》卷六八,影印文淵閣《四庫全書》1253 冊,471 頁

經漂母墓 　　　　　　　　　　　　　　　　　　　（明）王恭

寂寞淮陰路,荒城接楚原。誰能懷漂母,曾此飯王孫。孤冢今猶在,千金不復論。身慚非國士,茲去向何門。

《白雲樵唱集》卷三,影印文淵閣《四庫全書》1231 冊,268 頁

韓信報金漂母　　　　　　　　　　　　　（明）王　恭

恩沾一飯尚知酬,義重綱常豈負劉。惆悵淮陰何事業,斷煙寒草不勝愁。

《草澤狂歌》卷五,影印文淵閣《四庫全書》1231 冊,154 頁

漂母非能知人,特一時能施於人耳,觀其對信數語可見,而古今論者胥失之。予過其祠,感而賦此　　　（明）徐　渭

男兒僵餓淮陰上,老嫠一飯來相餉。自言祇是哀王孫,誰云便識逢亭長。秦、項山河一手提,付將隆準作湯池。稱孤南面魂無主,萬古爭誇漂母祠。

《徐文長三集》卷五,《徐渭集》第一冊,136 頁

北河雜詠十二首·漂母墓　　　　　　　（明）吳　節

手擘蘋花育此身,一瓢曾用飯王孫。貞心已却生前報,何用金酬沒後恩。

《吳竹坡先生詩集》卷二六,《四庫全書存目叢書》集部 23 冊,589 頁

讀史十首·漂母　　　　　　　　　　　（明）支大綸

封侯推食渾閒事,何自翻為老媼哀。却報數言殊咄易,吾嫌一飯是嗟來。

《支華平先生集》卷四,《四庫全書存目叢書》集部 162 冊,75 頁

漂母祠　　　　　　　　　　　　　　　（明）姚舜牧

王孫未遇時,閑釣淮城下。老母漂絮來,進食能傾瀉。後代齊稱漂母賢,我謂王孫亦可憐。世多轉眼不相識,誰似拳拳五內鐫。

《樂陶吟草》卷二,《四庫全書存目叢書》集部 158 冊,353 頁

漂母祠　　　　　　　　　　　　　　　（明）王　衡

寂寞王孫路,名由一飯揚。悠悠男子足,未省報恩場。

《緱山先生集》卷三,《四庫全書存目叢書》集部 178 冊,630 頁

經漂母祠三首　　　　　　　　　　　　　　　　　（明）徐石麟

萬金散盡獨夫事，一飯常留千載名。不信秖今淮水上，高雲只共古祠平。
負羈里內負羈妻，漂母津頭漂母祠。可是婦人偏具眼，男兒何地著鬢須。
哀憐進食母常有，何獨母名留至今。應是淮陰報漂母，未關漂母識淮陰。

《可經堂集》卷五，《四庫禁毀書叢刊》集部 72 册，152 頁

漂母祠　　　　　　　　　　　　　　　　　　　　（明）梁辰魚

壯士拂鬱不勝悲，淮水來尋漂母祠。為漢養賢功第一，區區老婦勝男兒。

《鹿城詩集》卷二七，《梁辰魚集》，323 頁

漂母祠　　　　　　　　　　　　　　　　　　　　（明）袁宏道

劉宗火冷韓灰滅，浣衣墩上蘋花熱。一飯王孫直許錢，消得鸞刀幾回血。荒街日夜走黃塵，西風酸斷石麒麟。笑他白首女天子，不及沙頭愚婦人。

《袁宏道集箋校》卷一三，中册，570 頁

漂母祠　　　　　　　　　　　　　　　　　　　　（明）阮大鋮

繡箙襲黃閑，膏粱餒宋鵠。當其委頓際，纖波蕩鯤鱟。嗟哉鳥獸失飛走，鷹隼翻遭雉媒誘。大鼎饗人人不飧，一飯沾唇復合有？淮上釣魚長饑寒，釣而不得身亦安。雙瞳炯炯誰氏子，何者為猴何者冠。乃知哀哀食進口，徒養無雙好身手。王孫悔受婦人憐，亭長應澆老母酒。

《詠懷堂詩》卷三，《詠懷堂詩集》，64 頁

漂母墓　　　　　　　　　　　　　　　　　　　　（明）冷士嵋

曾聞漂母食韓侯，今日猶傳漢壠丘。豈料白衣纔一飧，直令青史到千秋。

《江泠閣詩集》卷一一，《四庫全書存目叢書》集部 236 册，428 頁

漂母祠二首　　　　　　　　　　　　　　　　　　（明）溫　儀

瑤階端肅拜秋波，具眼先于相國何。呂后不知憐猛士，千年猶恨《大風歌》。

王孫無食自堪哀,一飯何須望報來。若也成功不受賞,良弓高鳥豈相猜。

《紀堂遺稿》七言絕句,《陝西古代文獻集成》第 20 輯,53 頁

漂母祠　　　　　　　　　　　　　　　　（清）張四科

一飯情因國士深,至今祠宇照淮陰。王孫只解千金重,豈識初無望報心。

《寶閑堂集》卷五,《陝西古代文獻集成》第 20 輯,207

漂母祠　　　　　　　　　　　　　　　　（清）王士禛

一飯何年事,荒祠百代留。王孫不復見,楚水至今愁。寂寞淮陰市,淒涼雲夢遊。不勝懷古意,風雨釣臺秋。韓侯釣臺在祠旁。

《漁洋集外詩》卷三,《王士禛全集》第一冊,601 頁

詠古十首·漂母　　　　　　　　　　　　（清）朱鶴齡

一飯千金未覺多,功成汜水賞如何。只因望報慚漂母,鐘室冤沈恨不磨。

《愚庵小集》卷六,影印《愚庵小集》上冊,259 頁

漂母祠,寄葉外兄　　　　　　　　　　　（清）魏　禧

後有鄭侯前有母,王孫從此上青雲。伏兵忍滅無辜士,進食能留不死身。相國終須慚老婦,舊恩翻令感今人。閑中憶汝平生事,多少塵埃欲報君。

《魏叔子詩集》卷七,《魏叔子文集》下冊,1358 頁

漂母祠　　　　　　　　　　　　　　　　（清）查慎行

慚愧恩叨一飯深,當時果否識淮陰。後來不却千金賜,難說初無望報心。

《春帆集》,《敬業堂詩集》卷九,上冊,257 頁

淮上詠古·漂母　　　　　　　　　　　　（清）田　雯

野日荒祠跡已陳,棠梨涇口水粼粼。哀鴻亦灑王孫淚,洴澼何曾遇婦人。

《古歡堂集》卷一五,影印文淵閣本《四庫全書》1324 冊,188 頁

漂母廟　　　　　　　　　　　　　　　　（清）孫枝蔚

淒涼古廟映斜暉,壯士經過淚滿衣。既是千金酬一飯,如何漂母至今稀。

《溉堂前集》卷九,影印《溉堂集》上冊,448 頁

漂母祠二首　　　　　　　　　　　　　　（清）宋　琬

東臨蓐食倍傷心,旌節歸來感自深。無怪後人多望報,欲將涓滴博黃金。

楚媼祠邊薦白蘋,誰將卮酒酹王孫！千金一飯猶思報,肯負高皇吐哺恩！

《安雅堂未刻稿》卷五,《宋琬全集》,569 頁

過漂母祠　　　　　　　　　　　　　　　（清）秦文超

清淮水漲岸添痕,望裏長隄古廟存。一飯偶然憐餓者,千金何必重王孫。母能忘報真高誼,漢不酬功實寡恩。我亦江湖垂釣客,經過聊為薦芳蓀。

《清詩別裁集》卷一九,下冊,336 頁

漂母祠　　　　　　　　　　　　　　　　（清）黃之雋

少年欺帶劍,老母念垂竿。恩怨一時有,波濤千古寒。封侯金自易,乞食飯應難。最是窮途感,英雄淚不乾。

《清詩別裁集》卷二四,下冊,431 頁

漂　母　　　　　　　　　　　　　　　　（清）王鳴盛

一飯相知窮餓時,識同蕭相事尤奇。重瞳枉失無雙士,並與陳平作漢資。

《西沚居士集》卷二四,《嘉定王鳴盛全集》第一一冊,379 頁

漂母祠　　　　　　　　　　　　　　　　（清）錢大昕

一飯且知報,寧忘推食恩。少年輕國士,老母識王孫,惠比千金重,名將百代存。娥姁亦巾幗,鐘室淚空吞。

《潛研堂詩集》卷八,《嘉定錢大昕全集》第一〇冊,146 頁

漂母祠 　　　　　　　　　　　　　　　　　　　　　　　　（清）蔣士銓

婦人之仁偶然耳,不遇韓侯何足齒？鬼神默相飯王孫,齊王不死楚王死。千金之報直一錢,老母廟食今猶傳。丈夫簞豆形諸色,餓殍紛紛亦可憐。

《忠雅堂詩集》卷一二,《忠雅堂集校箋》第二冊,940 頁

漂母祠 　　　　　　　　　　　　　　　　　　　　　　　　（清）趙　翼

淮陰生平一知己,相國酇侯而已矣。用之則必盡其才,防之則必致其死。何物老嫗偏深沉,能於未遇相賞深。吾哀王孫豈望報,此語早激英雄心。布衣仗劍試軍職,寧但重瞳不相識？將壇未築宮連敖,劉季亦無此眼力。何況區區亭長妻,固宜蓐食私鹽虀。客來轢釜似邱嫂,飯後打鐘如闍黎。獨悲淮陰奇才古無偶,始終不脫婦女手。時來漂母憐釣魚,運去娥姁解烹狗。

《甌北集》卷三,上冊,63 頁

《漂母祠》和韻 　　　　　　　　　　　　　　　　　　　　（清）趙　翼

神祠因一飯,千載尚銘恩。月旦歸巾幗,烝嘗抵子孫。士窮來欲哭,女俠此長存。亭長妻何陋,盤餐太較論。

《甌北集》卷二六,上冊,554 頁

漂母祠 　　　　　　　　　　　　　　　　　　　　　　　　（清）舒　位

長樂開鐘室,淮陰失釣筒。先後兩女子,生死一英雄。知己自難得,封侯竟不終。至憐祠畔術,獵獵起雌風。

《瓶水齋詩集》卷四,上冊,154 頁

漂母祠 　　　　　　　　　　　　　　　　　　　　　　　　（清）郭　浚

淮陰不侯母不祀,一飯王孫千萬世。施不望報良獨難,能哀王孫詎云易。英雄落魄何代無,往者子胥亡入吳。瀨上之女還捐軀,邈然望古精魂俱。我來把櫂淩珠湖,天風渺渺吹菰蒲,嗚呼英雄落魄何代無！

《晚晴簃詩匯》卷七七,第二冊,415 頁

漂母祠　　　　　　　　　　　　　　　　　　　　（清）韓夢周

一灣流水碧，荒雪下祠門。不見王孫釣，空傳漂母恩。蒯通亦徒耳，相國更何言。未爽千金約，黥、彭莫並論。

《晚晴簃詩匯》卷八八，第二冊，578 頁

漂母祠　　　　　　　　　　　　　　　　　　　　（清）祝德麟

淮水湯湯拂柳絲，韓侯遺跡至今垂。平生未報人恩處，不敢輕過漂母祠。

《晚晴簃詩匯》卷九一，第二冊，623 頁

漂母祠　　　　　　　　　　　　　　　　　　　　（清）趙希璜

千金報漂母，百錢報南昌。等為酬一飯，恩怨難相忘。功成名亦立，悲哉未央執。為德何不卒，天下當已集。

《晚晴簃詩匯》卷一○一，第三冊，14 頁

漂母祠　　　　　　　　　　　　　　　　　　　　（清）唐仲冕

淮陰一生誤在報，謂我報人人報我。解衣推食當酬恩，鳥盡弓藏竟罹禍。王孫一飯母先哀，望報分明指禍胎。可憐觖望夷鐘室，何似全身返釣臺。張、韓以外功皆狗，張也辟穀韓授首。奇才感動兩神人，一黃石公一漂母。

《晚晴簃詩匯》卷一○八，第三冊，139 頁

漂母祠　　　　　　　　　　　　　　　　　　　　（清）蘇宗經

世俗薄寒士，那如一漂母。異眼看王孫，一飯亦不朽。太息淮陰子，才高數不偶。既報飲食恩，難事司晨后。有力同逐鹿，無智免烹狗。生死事太奇，都在婦人手。畢竟愛才者，食報自長久。祠廟小如拳，千金能買否？

《晚晴簃詩匯》卷一三○，第三冊，488 頁

漂母祠　　　　　　　　　　　　　　　　　　　　（清）李振鈞

儒坑兵銷長城築，天下苦秦几上肉。紛紛攘臂爭一呼，淮陰壯士甘窮途。布衣仗劍

來都市,亭長晨炊少年訾。誰知慷慨哀王孫,不在鬚眉在女子。斬蛇道中老嫗哀,垂釣城下漂母來。君臣遭遇皆奇絕,一知氣數一憐才。澼絖終日依淮浦,壺飧解勞風塵苦。物色已居滕公先,意氣終羞絳灌伍。一飯殷勤詎望酬,千秋廟貌臨清流。我來弔古重惆悵,雙雙翠羽鳴啾啾。君不見,鳥盡弓藏良將死,皓首功名同白起。長樂受縛誰為憐,呂后何如漂母賢。

《晚晴簃詩匯》卷一三五,第三冊,564 頁

漂母祠　　　　　　　　　　　　　(清)元 璟

漂母祠堂古尚存,萋萋衰草帶城根。漢家斗大黃金印,爭及當時一飯恩。

《晚晴簃詩匯》卷一九六,第四冊,847 頁

謁漂母祠　　　　　　　　　　　　(清)林昌彝

結客千金裘,翩翩少年場。遣以珊瑚鞭,贈以玳瑁裝。散盡千黃金,不識人衷腸。人生有緩急,跋涉呼巨襄。但覺熱如火,誰知冷如霜!我謁漂母祠,蘆花兩岸香。寄語并州兒,一飯不能忘。

《林昌彝詩文集》卷四,87 頁

漂母祠　　　　　　　　　　　　　(清)張裕釗

一飯淮陰市,千秋漂母祠。風塵餘邂逅,容易識英奇。屠釣原多異,艱生殊未涯。吁嗟市兒眼,尚不辨袁絲。

《濂亭遺詩》卷二,《張裕釗詩文集》,349 頁

漂母墓　　　　　　　　　　　　　(清)沈德潛

進食不求報,母言規市恩。韓侯違此意,鐘室竟沉冤。巾幗留祠廟,清淮照墓門。後來憑弔者,唯感飯王孫。

《歸愚詩鈔餘集》卷五,《沈德潛詩文集》第二冊,515 頁

思退齋詠古詩(其八)　　　　　　　(清)釋清恒

尋常一飯感王孫,母去千秋廟尚存。過客至今猶太息,高皇不及婦人恩。

《借葊詩鈔》卷一,《清代詩文集彙編》452 册,105 頁

漂母進食 《史記》 （清）田依渠

撒手千金報,王孫意氣真。鄭侯為薦主,漂母是恩人。

《茹古山房讀史餘吟》,《清代詩文集彙編》639 册,656 頁

詠史小樂府三十首 己未（其七） （清）沈家本

僖負餽盤飱,閫中有品論。江寒黿手苦,一飯進王孫。

《枕碧樓偶存稿》卷七,《清代詩文集彙編》745 册,486 頁

漂母行 （清）劉琴宰

區區一飯哀王孫,當時那知諸侯尊。崇祠名姓遂千古,豈獨黃金能報恩。眼識英雄曾有幾,妒才欲殺亦知己。淮陰城下未央宮,齊王生死兩女子。

《國朝閨秀詩柳絮集校補》卷三二,第三册,1467 頁

題《漂母圖》 一作"祠" （清）陸易遷

古今多少憐才客,誰似河干老婦心。一飯豈殊黃石履,淮陰只解報千金。

《國朝閨秀詩柳絮集校補》卷四六,第四册,2186 頁

漂母祠 （清）余 笛

一飯能全將相身,漢家漂母亦功臣。韓侯不惜千金報,愧殺當年烹狗人。

《南旋草》,《采山樓藏稀見清人別集叢刊》,第一册,558 頁

詞

又（酹江月）·過淮陰　　　　　　　　　　（元）薩都剌

短衣瘦馬,望楚天空闊,碧雲林杪。野水孤城斜日裏,猶憶那回曾到。古木鴉啼,紙灰風起,飛入淮陰廟。椎牛釃酒,英雄千古誰吊。　　何處漂母荒墳,清明落日,腸斷王孫草。鳥盡弓藏成底事,百事不如歸好。半夜鐘聲,五更雞唱,南北行人老。道傍楊柳,青青春又來了。

《全金元詞》下冊,1091 頁

踏莎行·韓信廟　　　　　　　　　　（明）韓邦奇

高嶺連雲,繁煙帶雨,長楊滿路悲風起。將軍墓上草蕭蕭,荒祠白日眠狐鼠。　　九里山前,未央宮裏,淒涼往事煩胸臆。烏江汾水兩悠悠,東流不盡英雄淚。

《全明詞》第二冊,620 頁

浣溪沙·釣臺　　　　　　　　　　（清）秦　篆

淮水蕭蕭落葉催。王孫舊迹長莓苔。煙迷雲夢易生哀。　　百戰英雄懷一飯,千秋陵寢讓孤臺。西風滿眼雁飛來。

《全清詞》順康卷第一冊,75 頁

踏莎行·過太原拜韓侯祠,和韓苑洛作　　　　　　　　　　（清）沈永令

虛閣留雲,斷峰掛雨。悲風瑟瑟清殘暑。影搖敗壁走龍蛇,草埋廢穴驕狐鼠。　　水上陳餘,江頭項羽。英雄總是歸塵土。久知鳥盡便弓藏,何須追悔封侯語。

《全清詞》順康卷第二冊,1048 頁

踏莎行·韓侯釣臺

（清）陸求可

落日高城，凄風寒水，當年垂釣應如此。溪頭漂母具盤飱，王孫不向窮途死。　雲夢城邊，未央宮裏，蒯通有計何由使。可憐漢室已銷亡，釣臺千古猶堪指。

《全清詞》順康卷第三冊，1421頁

大江西上曲·淮陰釣臺

（清）郭士璟

楚江西望，蹴浮埃、幾人王孫臺上。當日青竿煙雨竹，自謂蟠溪何讓。看水看山，憂晴憂雪，箬笠湖風颺。淮陰人物，楚兮漢兮何向。　一旦歌泣魚龍，東南望氣，落日愁（石亡）磄。今日殘磚無勝處，空恨砂錐博浪。但看鷗飛，只留草茸，誰識東齊王。且臨湖畔，依然白土無恙。

《全清詞》順康卷第四冊，2086頁

定風波·淮陰侯釣臺有感

（清）董元愷

當時國士總無雙。寂寂荒臺臥夕陽。逐鹿追猴真善鬬。奔走。山河提取送劉郎。　不及野雞烹國狗。低首。婦人謀定勝齊王。生死皆由女子手。誰咎。悔教一飯重相將。

《全清詞》順康卷第六冊，3281頁

女冠子

（清）楊在浦

夜宿淮安，曉由城西進發，遙指一橋，傳爲淮陰侯出袴下處。思老韓釣魚貧困，能憐王孫進食者，惟有漂母。後乃享答金亭，是足愧南昌長矣。然其哀非望報，又直爲假王下大痛針，豈亦同黃石教子房深旨乎。望古綴詞，歌以表之。

日荒煙裊。淮陰水、誰人更釣。跂昔代、英傑非少。豪華帶劍，也曾橋下捕魚、欠一飽。世盡南昌，鄙進餐、惟老漂。看雙亭相近，覺酬金趾，風高漢表。　猶力遜縛雞，污羞出袴，怎着王孫憐意，偏取不望報。相曉應知，慧識朂學，沈深旨更杳。屈算興王，有留侯、辭封真皎。曠眼悟助名，祇應同托，漁竿波渺。

《全清詞》順康卷第六冊，3579頁

花發沁園春·井陘道中，
同于扶九、程蒼孚、夏宛來　　（清）趙吉士

西控并州，北環燕代，井陘自古天險。羊腸削霧，鳥道攢雲，一派濁流雪捲。孤城俯瞰。宦遊客、馬疲人倦。悲四野風高水漲，戍樓殘角聲斷。　　回首淮陰征戰。正羣雄亡秦，斬蛇興漢。黃塵匝地，赤幟排空，共服將軍神算。憑高放眼。歎舊日、山河已換。祇剩有鬼哭青燐，至今中夜哀怨。

《全清詞》順康卷第九册，5115 頁

賀新郎·淮陰詞　　（清）董以寧

爲漢空奔走。嘆當年、追猴逐鹿，終烹功狗。留侯曲逆雖陰詐，呂雉之謀多有。算此際、高皇身後。平勃區區都易與，怕將軍、武悍還如舊。因中禍，君知否。　　國士無雙稱善鬭。奈英雄、漂母寄餐，未央授首。書生於此終疑詫，何事英風射斗。生死出、婦人之手。劉郎宮寢埋荒草，喜將軍、廟祀終難朽。君休信、蒯通口。

《全清詞》順康卷第九册，5221 頁

滿江紅·井陘　　（清）貴　琮

壁壘無存，止留下、河山歷歷。歎淮陰、用兵神變，古今誰匹。背水奇謀天欲笑，陳豨暗事人爲泣。論中間、功罪不無分，還該恤。　　定垓下，誰之力。遊雲夢，誰之失。既猜嫌滿肚，自然成隙。三楚移封恩已薄，諸侯俎醢心尤慼。縱當誅、亦自有王章，由巾幗。

《全清詞》順康卷第九册，5405 頁

銜街行·淮陰侯祠吊古　　（清）彭　桂

丈夫亦作真王耳。絳灌殊堪恥。相君之面只封侯，辜負蒯生奇計。歸來衣錦，償金授尉，已快平生志。　　何如布欲淮南帝。流矢傷劉季。當年呂雉橫相遭，悔逼虞兮身死。馬遷堪恨，淮陰立傳，千古通侯矣。

《全清詞》順康卷第一〇册，6060 頁

滿江紅·井陘懷古

(清)周斯盛

策馬春風,巉巖處、英雄堪憶。歎終古、山橫兩岸,澄流湜湜。背水謀成赤幟起,成安計誤全軍北。最傷心、廣武勇難言,黯然色。　　定蜀漢,功何赫。破齊項,威何極。不負淮河畔,哀王孫食。無奈沐猴方授首,可憐走狗旋遭殛。但道傍、遺蹟識殘碑,慇懃拭。

《全清詞》順康卷第一二冊,6940頁

金人捧玉盤·荊壁鋪,為漢淮陰侯講兵處

(清)蔣景祁

歷燕南,臨趙北,吊淮陰。感當年、荊壁猶名。傳將赤幟,邯鄲萬騎盡開營。歸來帳下椎牛會、脫甲論兵。　　痛英、彭,羞絳、灌,譏呂雉,恨陳平。歎偽遊,雲夢無憑藉。將軍血戰,縛身兒女一何輕。重瞳若在,英雄淚、定解憐卿。

《全清詞》順康卷第一五冊,8743頁

踏莎行·韓侯祠

(清)孔毓埏

威懾三齊,功存兩漢。儼然端坐封侯面。未央宮里事堪憐。弓藏鳥盡憑誰怨。　　胯下橋邊,淮陰城畔。歲時猶進王孫饌。当年若信蒯通言,冥中應負蕭公荐。

《全清詞》順康卷第一五冊,8854頁

烏夜啼·題薩天錫《淮陰釣臺圖》

(清)王岱

釣臺突兀凌空。大江東。自王王孫何在、少遺蹤。　　胯下辱,漂母飯,漢王封。一望夕陽衰草、起西風。

《全清詞》順康卷補編第一冊,219頁

賀新郎·淮陰懷古

(清)江皋

睥睨臨高閣。枕清淮、長堤曲岸,崩沙如削。千古英雄懷一飯,百尺荒臺蕭索。繫釣艇、酒家簾箔。楓夜蘆花煙際冷,嘆江山、楚漢空城郭。聽夜漏,催寒鐸。　　馮夷吹浪驚濤作。抵狂瀾、浮槎半沒,沉犀力薄。漂母祠前樓艦擁,吹起數聲清角。是何處、乘流青雀。天外哀鴻聲悄悄,儘飛鳴、亂向沙頭落。誰與覓,揚州鶴。

《全清詞》順康卷補編第二冊,1040頁

瑞鶴仙·過韓侯嶺 獨木橋體　　　（清）傅世垚

韓侯堪痛也。漫憑吊情深，淚沾膺也。漢家創基也。論收秦走楚，直侯功也。何其繼也。早血濺、未央殿也。縱當時、躡足留言，未可便輕聽也。　呀也。狗烹兔死，鳥盡弓藏，語誠是也。漢高忍也。后之計，且行也。看至今嶺上，愁雲密雨，猶有千秋恨也。算從來，最忌功高，不獨信也。

《全清詞》順康卷補編第四册，2313 頁

念奴嬌·淮陰侯釣臺，用東坡《赤壁懷古》韵　　　（清）陸　培

古臺極目，笑吹簫屠狗，都非英物。一夜三軍翻楚調，坐失重瞳堅壁。譽擅無雙，勳高不世，鐘室寃誰雪。野雞何處，千秋氣短豪杰。　爲訪擊絮高風，昌亭往事，忘了驚飆發。好片苔磯閑釣具，惟有沙鷗明滅。易下斜陽，無情逝水，對酒愁如發。扣舷歌罷，角聲吹上寒月。

《全清詞》雍乾卷第一册，141 頁

釣船笛·韓侯釣臺下作　　　（清）厲　鶚

清角起淮城，寒緊拍天風浪。底事不留英傑，笑乃公將將。枯荷野鴨小州前，却愛釣絲漾。何似客船吹笛，過南昌亭上。

《全清詞》雍乾卷第一册，278 頁

唐多令·淮陰懷古　　　（清）錢孫鐘

城下箭波黃。城邊酒肆香。倚空隄、漂母祠荒。乞食英雄今不見，嗟滿市，少年行。往事總茫茫。兵戈幾假王。釣臺高、閱盡興亡。一片青蕪生戰地，看帆影，往來忙。

《全清詞》雍乾卷第三册，1265 頁

水龍吟·淮陰釣臺　　　（清）詹肇堂

當年逐鹿良弓，惜乎縱卻高飛雉。收齊下趙，鼎分劉項，去稱車帝。三傑論功，一身許漢，平生心事。歎陳豨執手，蒯生相背，沉寃獄、同三字。　兩兩釣臺高峙。較奇才、客星難擬。足狂加腹，血殷凝碧，所遭殊耳。漂母如生，少年何處，古祠荒市。聽湯湯東

去,千秋猶怒,捲英雄氣。

《全清詞》雍乾卷第四冊,1951 頁

沁園春 · 韓侯釣臺 （清）高繼祖

　　識重蕭何,氣吞樊噲,有肩子房。但所爭者楚,楚隨秦滅,相持者項,項續嬴亡。韓善將兵,劉善將將,鳥盡良弓應早藏。怎還道,是多多益善,忒露鋒芒。　　千金一飯猶償。豈國士深知竟忍忘。奈僞遊夢,衷懷誰白,再囚鍾室,刻忌成殃。功業銷沉,釣臺仍在,取次登臨爲感傷。終歸盡,看漢家宮闕,幾度滄桑。

《全清詞》雍乾卷第六冊,3216 頁

八聲甘州 · 淮陰釣台 （清）朱雲翔

　　傍城阿突兀舊荒台,殘照剪青苔。想王孫未遇,持竿煙水,幾度猜疑。不信腰系寶劍,長此暗塵埋。醉喝鯨鯢去,抖擻安排。　　南鄭登壇指顧,擁旌旗十萬,驅策群才。看井徑燕趙,眨眼是蒿萊。好機關、弓藏鳥盡,台無恙、何事不歸來。香餌戀、反爲人釣,事身終乖。

《全清詞》雍乾卷第六冊,3531 頁

滿江紅 · 淮陰侯釣台 （清）陳　朗

　　我適淮陰,看指點、崇臺突兀。楚水外、王孫芳草,暮煙凝碧。異性真王誰似爾,無雙國士疇能埒。向千金、橋下遡英風,今猶烈。　　雲夢獵,兵符奪。戕鐘室,同彭越。恁斬龍擒豹,續隨灰滅。既識乃公天所授,又何悔不能從徹。若功成、重理舊絲綸,留侯匹。

《全清詞》雍乾卷第八冊,4332 頁

天門謠 · 井陘關 （清）沈振鷺

　　阻隘關門小。氣莽蒼、亂山青峭。臨澗道。見孤城銜照。　　正風外塵飛行客鞘。憶昔傳飧曾破趙。功略早。剩一片、殘碑埋草。_{縣城外有淮陰談兵處碑。}

《全清詞》雍乾卷第一〇冊,5695 頁

前調（滿江紅）· 淮陰釣台 （清）唐仲冕

　　蠖屈淮陰,漁洲上、閑弄風月。總被那、市橋出胯,英才激發。台壁坐來期拜將,綸竿把處思持節。到烏江、釣得大長鯨,真人傑。　　先投餌,蕭何說。後投餌,陳平躡。待吞鉤自斃,鳥藏弓絕。國士無雙空入網,王孫一飯誰能活。卻全輸、老子擁羊裘,寒江雪。

《全清詞》雍乾卷第一三冊,7313 頁

永遇樂·商調·過韓侯釣臺　　（清）凌廷堪

蒼莽長淮,王孫當日,曾此垂釣。帶劍何為,不慚袴下,俛首人盡笑。區區亭長,喁喁漂母,寧識英雄懷抱。算將軍、淮陰市上,可人只此年少。　　一朝遇合,登壇傳檄,指顧三秦全掃。相背成虛,臣心如水,鐘室誰與弔。嵯峨片石,蕭條野岸,尚有漁人來到。君知否、長陵坏土,共為茂草。

《全清詞》雍乾卷第一四冊,7807 頁

臺城路·淮陰城弔古,同宮秀機作　　（清）管　亶

枚皋舊宅城南著。劉伶荒臺同住。漂母墳前,塚在泗口南岸。甘羅郭外,甘羅故城在府西北。何限行人來去。春深延佇。獨古驛揚鞭,小亭縱步。跨下何人,雄才斷不凡庸伍。　　依山斜照未盡,早黃河堤畔,羈客爭渡。形勢已殊,英風如在,幾度銷磨今古。吟懷漫撫。祇水擁低城,煙籠高樹。一帶茫茫,王孫釣漁處。

《全清詞》雍乾卷第一五冊,8214 頁

滿江紅·淮陰侯釣臺　　（清）史　蟠

國士無雙,寧落魄、布衣終老。用我矣、登壇數語,收秦下趙。此日三齊王不假,當時一市人皆笑。問帳前、袴下孰英雄,諸年少。　　足一躡,危機兆。軍再奪,猜心早。歎見之何晚,良弓高鳥。已矣生甘樊噲伍,冤哉死待陳豨報。賸荒磯、一片冷斜陽,漁兄釣。

《全清詞》雍乾卷第一五冊,8485 頁

前調（酷相思）·淮陰侯廟　　（清）沈光裕

笑與淮陰為耳語。算前後、三漁父。兩人者、功名俱勝汝。呂子也、功成去。嚴子也、功成去。　　獨汝功名成死所。枉自箇、分茅土。論知己、存亡何足數。生汝也、英雄女。殺汝也、英雄女。

《全清詞》雍乾卷第一六冊,8812 頁

百字令·淮陰侯廟

(清)冷　昭

重瞳亡後,問當時人物,更誰堪敵。三傑論功虛語耳,噲等乃堪爲匹。趙壁晨趨,淮南僞獵,消盡英雄色。一編信史,難憑司馬遷筆。　　回首國士無雙,多多益善,何假豨兵力。一飯千金恩尚報,何況感深肝膈。把釣臺荒,迎神廟冷,功狗同誰說。夕陽影裏,江濤推湧如雪。

《全清詞》雍乾卷第一六册,8915頁

水龍吟·漂母祠

(明)劉　鐸

那時虎鬥龍爭,英雄崛起萬人表。蒼苔霧冷,寒潭月墮,釣竿輕眇。策馬窮追,登壇大拜,三軍絕倒。問澤中隆准,城邊老媼,問國士,誰分曉。　　義壓河山低小。想瓊瑤、千金還少。三齊富矣,算來無過,饑時一飽。鳥盡弓藏,桑移海變,血祠未了。看亭前依舊,茸茸雨裏,王孫芳草。

《全明詞》第三册,1391頁

霜葉飛·漂母祠

(明)朱一是

古祠寂寞洪河外,關情長歎何已。北來南往客停舟,聽長年閑語。道一飯、王孫可喜。母無姓氏傳青史。見環珮珊珊,又老屋、陰飆暗動,敝幛吹起。　　多少失路英雄,西風落日,惆悵難遇知己。王侯已逐暮煙空,獨祠臨流水。更可怪、淮陰遭際。憐才進食忌才死。他日重逢呂雉。成敗功名,婦人終始。

《全明詞》第五册,2805頁

臨江仙·淮上漂母墓

(清)蔣永修

漂母橋邊人去遠,淮壖空遶淮流。無花古樹小墳幽。王孫誰向是,雙淚落荒丘。　　亦復人間多女子,而今有此人不。南昌寄食未央收。兩家亭長婦,定欲殺韓侯。

《全清詞》順康卷第四册,2523頁

前調(賀新郎)·過淮陰侯釣魚臺,兼謁漂母祠

(清)俞士彪

秋客多蕭索,看船頭、西風淅瀝,暮雲寥廓。落日危亭荒草岸,一葉小舟初泊。倚雙

槳、清尊孤酌。欲酹王孫何處問,但湯湯、淮水流如昨。碑上字、半斑駁。　　無聊日把漁竿握。又誰知、渡罌背水,恁多揮霍。千古封侯人不少,大半風塵流落。嘆今世、人情更惡。若肯相逢哀一飯,便萬金爲報猶慚薄。吾與母,預相約。

《全清詞》順康卷第八冊,4411 頁

前調(采桑子)·泊舟淮陰城下　　(清)趙吉士

年來慣作淮南客,漂母祠前。懷古淒然。百尺荒岡夜泊船。　　醉餘獨自推篷望。月滿霜天。雁掠殘烟。一派濤聲起枕邊。

《全清詞》順康卷第九冊,5049 頁

望海潮·漂母祠,同嚴再彭、張虞山分賦　　(清)趙吉士

釣魚臺畔,淮陰城下,河聲萬馬爭嘶。古廟巋然,行人說是,當年漂母荒祠。風急捲靈旗。見苔封繡瓦,草没殘碑。艤棹堤邊,半規斜月夜烏啼。　　王孫舊日長饑。有千秋佳話,一飯曾施。劉季禮賢,蒯生善相,争如此媪尤奇。吊古漫留題。看低頭下拜,多少男兒。寄語神知,莫將巾幗换鬚眉。

《全清詞》順康卷第九冊,5117 頁

(蝶戀花)其五·漂母　　(清)周廷諤

浣罷江邊纖與縞。偶進王孫,一飯何須道。圖報千金恩不小。心奢畢竟輸貧媼。　　留得荒祠横落照。巾幗高風,只薦溪邊藻。淮水茫茫青不了。英雄飲恨知多少。

《全清詞》順康卷第二〇冊,11624 頁

釵頭鳳·漂母祠吊古　　(清)孫鼎煊

悲風起。英風已。淮陽舊伍齊人耳。籌之失。高之得。鹿逐中原,狗烹鍾室。惜。惜。惜。　　花垂髻。雲垂帔。東風歲歲吹蘭蕙。鷗非白。鴉非黑。牖下冠裳,座中巾幗。惑。惑。惑。

《全清詞》雍乾卷第五冊,2935 頁

木蘭花令·漂母祠　　　　　　　　　　　（清）何承燕

饑寒亦是英雄有。一飯何緣輸阿母。甘心拜賜婦人仁,畢竟死於兒女手。滔滔淮水悲風吼。落日行人重俯首。荒祠寂寞釣台空,國士王孫今在否。

《全清詞》雍乾卷第一〇冊,5804 頁

河瀆神·淮上謁漂母祠　　　　　　　　（清）楊　掄

一瓣水沉香。漫將心事平量。英雄兒女只尋常。感恩知己難忘。靈旗颯颯荒祠古。有誰還酹椒醑。三尺蘚碑如故。釣台長傍煙浦。

《全清詞》雍乾卷第一〇冊,5889 頁

減蘭(減字木蘭花)·漂母祠　　　　　　（清）陸　墣

王孫落魄,任爾奇才愁乞食。一飯千金,豈是當年漂母心。　高風未歇,對影釣臺淮水碧。夕照荒祠,賸有飢鴉啄樹枝。

《鐵簫詞》,《清詞珍本叢刊》第一三冊,706 頁

曲

〔中呂〕朝天曲　　　（元）薛昂夫

假王。氣昂。跨下羞都忘。提牌不過一中郎。漂母曾相餉。蒯徹名言。將軍將強。良弓不早藏。未央。法場。險似壇臺上。

《全元散曲》上冊，705頁

〔雙調〕慶東原·韓信　　　（元）薛昂夫

已掛了齊王印。不撐開范蠡船。子房公身退何曾纏。不思保全。不防未然。划地據位專權。豈不聞自古太平時。不許將軍見。

《全元散曲》上冊，715頁

〔北雙調蟾宮曲〕淮陰十詠·韓信荒城　　　（明）唐　復

鈞淮陰計拙無為。漂母能憐。惡少年平欺。拜將登壇。興劉滅楚。躡足封齊。高鳥盡良弓藏空勞歎息。牝雞鳴詐謀成甘受誅夷。功業成非。青史標題。落得座冷清清敗壘荒城。白茫茫衰草斜暉。

《全明散曲》第一冊，221頁

〔南商調黃鶯兒〕吊韓信　　　（明）薛論道

曲指數英雄。漢淮陰十大功。三秦席捲乾坤動。智縣兩龍。威震九重。時衰正遇遊雲夢。但持忠。一心無二。馬到未央宮。

《全明散曲》第三冊，2774頁

〔北仙呂寄生草〕勸世　　　（明）無名氏

當時韓元帥。真個是名將才。漢高皇捧轂推輪拜。九里山十座連雲寨。烏江岸霸主無舟載。打魚船釣叟賺龍車。將軍戰馬今何在。

說起韓元帥。曾登拜將臺。把田橫趕入東洋海。楚重瞳自刎傷殘害。呂太后定計鋪謀壞。想英雄都在土中埋。將軍戰馬今何在。

《全明散曲》第四冊,4680頁

〔北黃鍾白鶴子〕韓信將台下作　　　（近代）盧　前

點將何年事,高臺哭杜鵑！恁風雲望裏山河變,我書生亂世只文章賤,你淮陰當日受功名騙。若不是窮途漂母識英雄,也早隨浮漚一夢天涯遠。

《全清散曲》下冊,2284頁

〔北仙呂一半兒〕淮陰、漂母祠　　　（清）厲　鶚

淮流日夜走青蘆,老屋煙煤一飯餘,亭長有妻曾媿無。漢規模,一半兒韓侯一半兒母。

《全清散曲》上冊,779頁

田儋列傳

詩

詠《田儋列傳》

田儋列傳   （唐）司馬貞

秦、項之際,天下交兵。六國樹黨,自置豪英。田儋殞寇,立市相榮。楚封王假,齊破酈生。兄弟更王,海隅傳聲。

《史記索隱》卷三〇,482頁

詠田橫

田橫墓 　　　　　　　　　　　　　　　　　　（唐）胡　曾

古墓崔巍約路岐，歌傳《薤露》到今時。也知不去朝黃屋，只為曾烹酈食其。

《全唐詩》卷六四七，19冊，7430頁

田橫墓偃師西 　　　　　　　　　　　　　　　（宋）司馬光

昔時南面並稱孤，今日還為絳、灌徒。忍死祇能添屈辱，偷生不足愛須臾。一朝從殉傾群客，千古生風激懦夫。直使強顏臣漢帝，韓、彭未免同誅。

《全宋詩》卷五〇三，9冊，6102頁

過田橫墓二首 　　　　　　　　　　　　　　　（宋）唐　庚

成則為王敗則亡，英雄成敗本尋常。滄溟無際何妨死，却死東郊未耿光。
九江、梁、楚竟誅夷，自古才高必見疑。脫使酈生猶未死，將軍來此亦何為。

《全宋詩》卷一三二六，23冊，15044頁

田　橫 　　　　　　　　　　　　　　　　　　（宋）劉克莊

南面稱孤貴，西京謁帝卑。誰能如李密，更望一臺司。

《全宋詩》卷三〇四七，58冊，36337頁

田　橫 　　　　　　　　　　　　　　　　　　（宋）陳　普

宗族幾謂孔子焚，為秦未幾又為塵。田橫更欲橫河岳，不把英雄讓與人。

《全宋詩》卷三六五〇，69冊，43797頁

田橫墓歌辭 　　　　　　　　　　　　　　　　（元）王　惲

至元丙子夏六月，奉堂移，偕節齋陳公，以事東之偃師。過橫墓下，慨慕耿光，悲歌而去。歌曰：

秦以帝稱,魯連之所恥兮。漢以劍起,布衣之所極兮。橫王東海,意不充其覬兮。天命攸歸,吾將奚所適兮？死或當理,庶烈士之則兮。

《王惲全集匯校》卷六五,第 7 冊,2783 頁

詠田橫二首 （元）馬　臻

漢家天子詔遺臣,恰是恩多慮轉深。忠義自能輕一死,可憐門客盡同心。

海日荒荒海氣涼,一思前事一心傷。鯀來匪石終難轉,不是將軍畏酈商。

《全元詩》第 17 冊,94 頁

田　　橫 （元）李齊賢

隨何有口來黥布,魏豹無心聽酈生。壯士難教甘一辱,漢皇爭得見田橫。

《全元詩》第 33 冊,365 頁

田橫客 （元）楊維楨

黃鳥在楚,良死太苦。黃蛇穿土,良死其所。爾良栗栗,百七其人。我良忻忻,五百同身。君辱臣死,臣等弗疑。大王小侯,臣等弗知。

《全元詩》第 39 冊,165 頁

田橫墓 （元）陳　基

一門兄弟王齊中,恥與群臣事沛公。五百餘人同日死,也勝疋馬向江東。

《全元詩》第 55 冊,264 頁

田橫砦 （元）劉　崧

田橫砦,乃在北海之湄,蓬萊之陰。波濤下漱石齒齒,雲雨正軼天沉沉。田橫古強族,北海亦齊地。王侯富貴本自致,豢養於人豈良計。田橫不返北海頭,假王亦亡雲夢遊。剩基沙門高屹屹,五百義魂海中泣。丈夫一死百世雄,至今海市神憤切,褰旗躍馬行空中。

《全元詩》第 61 冊,365 頁

田橫固歌

(元) 謝 肅

在海州東海之郁洲。

田橫固在絕島上，出青天之冥冥，下臨滄海之浩浩。迴隔三齊絕兩淮，洪濤日夜碎層崖。蛟龍所窟猿狖宅，孰謂英雄堪遁匿。向來秦鹿走中原，揮戈共逐煙塵昏。漢家得之只三傑，五百賢士徒喧喧。便應入海長不返，猶冀王侯斯可哂。慨然決劍氣仍豪，何面長安見隆準。隆準功成百戰餘，鄧侯繫獄淮陰誅。子房不托赤松去，一落猜忌寧全軀。腹心爪牙今若此，敵國爭衡定何似。始知夫子識先機，萬古誰能無一死。香風壁壘樹參天，主客遊魂俱可憐。雖乏奇勳立當世，且將高義垂千年。

《全元詩》第 63 冊，401 頁

過田橫墓

(元) 劉 咸

望夷宮中秦失鹿，揮戈奮起相驅逐。真命已歸隆準翁，五百義士空碌碌。當時南面已稱孤，曾視群雄輕若無。使其得志成帝業，功比炎漢知何如。尺地寸天既有主，便合終身向海湄。如何猶自慕侯王，屑屑甘心效瑣尾。一朝乘傳之洛陽，西望長安增慨慷。就令高祖見優待，面對二客慚無光。以茲伏劍能就死，委骨城東三十里。幸蒙漢家寬大恩，下詔葬以時王禮。悠悠往事垂千年，主客遊魂俱可憐。作詩聊效感歌意，再拜墓道思淒然。

《全元詩》第 66 冊，409 頁

詠史二十一首(其十)

(明) 劉 基

田橫不事漢，刎頸送咸陽。二客既穿塚，島中皆自戕。雖非中庸道，要亦有耿光。英雄久淪沒，世俗但炎涼。嗟嗟翟廷尉，慷慨令人傷。

《劉基集》卷二〇，319 頁

田橫墓

(明) 謝 榛

一辭海上敢西行，壯士歸心共生死。遺恨至今烹醉客，亂山風雨作悲聲。

《謝榛全集》卷二〇，697 頁

過田橫墓 　　　　　　　　　　　　　　　（明）來　復

爽秋急雨震荒陂，為憶當年厩舍時。義重亦縈真主慮，數奇遺恨假王資。一身窮島風猶烈，萬里同心死不辭。歷下自昭歸漢智，須知頻抗楚人師。

《來陽伯詩集》卷一二，《陝西古代文獻集成》第 19 輯，241 頁

田橫客墓 　　　　　　　　　　　　　　　（清）王士禛

二墓俱在洛陽。

一劍縱橫百戰身，楚雖三戶竟亡秦。拔山力盡虞兮死，爭及田橫五百人。

《蠶尾續詩集》卷九，《王士禛全集》第二册，1418 頁

田橫寨詠古 　　　　　　　　　　　　　　（清）趙執信

骨換黃金赤驥趨，何煩絕海覓龍駑。但令和氏能知玉，謾道齊門總濫竽。舍客三千兩雞狗，島人五百一頭顱。憑誰寄問重瞳子，死到虞兮更有無。

《因園集》卷四，1325 册

田　橫 　　　　　　　　　　　　　　　　（清）羅惇衍

狄人。與兄榮及從兄儋相繼為齊王。漢定天下，召之未至，自殺。

王頭馳舉三十轉平聲，可讀為諶，見陸遊《老學庵筆記》。里，客島駢捐五百身。自古英雄能得士，於今推解遂無人。東齊地望歸兄弟，西漢天顏恥主臣。千載昌黎增感慨，墓文一讀一傷神。

《集義軒詠史詩鈔校證》卷四，第一册，120 頁

田橫島 　　　　　　　　　　　　　　　　（清）黃遵憲

生王頭，死士壟，一毛輕等丘山重。臣頭百里走見王，王自趨前頭不動。五百人頭共一丘，人人視頭問贅疣，背面事仇頭亦羞。橫來橫來大者王小者侯，臣戴頭來王勿憂。嗚呼死士壟，乃為生王頭！

《人境廬詩草箋注》卷二，上册，158 頁

五百人墓　　　　　　　　　　　　　　　　　（清）袁　枚

五百英雄骨，相傳葬此鄉。韓、彭雖列土，高冢在何方？

《小倉山房詩集》卷二八，《小倉山房詩文集》第二册，703頁

田橫島　　　　　　　　　　　　　　　　　　（清）魏　坤

蹈海誰能帝漢高，同時一死等鴻毛。只憐五百忠魂散，不及鴟夷有怒濤。

《清詩別裁集》卷一八，下册，325頁

詠史四絕句，和曉滄·田橫　　　　　　　　　（清）丘逢甲

有士五百人，島中猶可國。何事奉頭來？秋風洛陽陌。

《嶺雲海日樓詩鈔》卷七，155頁

讀史述懷，三疊前韻二首，柬魯川先生(其一)　　（清）王　軒

漢方求橫急，五百島上死。得士無賢愚，匹夫竟有此。滄波久橫流，世變日俶詭。不待匈奴滅，舍生衛妻子。賓攛方在館，牧圉何能已。群彥滿金閨，回翔資卧理。吻排惜饒舌，筆奮厭伸紙。哭者自人情，胡乃令公喜。河陽非外荒，狄泉遂專美。朱雲久不作，繡澀蒯緱裏。

《耨經廬詩集》續編卷五，《續尤西堂擬明史樂府》(外二種)，276頁

寓臺詠懷六首(其二)　　　　　　　　　　　　（清）易順鼎

田橫島上此臣民，不負天家二百春。中露微君黎望衛，下泉無伯檜思郇。誰忘被髮纓冠儀，各念茹毛踐土身。痛哭珠崖原漢地，大呼倉葛本王人。

《琴志樓詩集》卷一○，第二册，624頁

秦漢樂府·田橫島　　　　　　　　　　　　　（清）張　誠

黥布歸漢見漢王，漢王洗足方踞牀。田橫義不受漢辱，行詣洛陽橫自戕。橫自戕，客從亡，五百人皆飲劍鋩。君不見虜魏豹，禽夏說，斬陳餘，擊趙歇，梟秦欣，滅項籍，六國銷亡跡如掃，祇今惟數田橫島。

《嬰山小園詩集》卷一五,《清代詩文集彙編》425 册,105 頁

田橫感歌 《史記》 (清)田依渠

太息田橫死,為賡《薤露歌》。興亡今夕定,勝敗古來多。

《茹古山房讀史餘吟》卷一,《清代詩文集彙編》639 册,641 頁

詠史·齊王田橫 (清)孫國楨

逐鹿無成死便休,那堪北面博王侯。向風同濺一刀血,五百英雄何所求。

《愚軒詩鈔》卷下,《清代詩文集彙編》741 册,356 頁

田橫島 (清)皮錫瑞

漢天子,忘舊仇,欲以亡虜為王侯。橫不能為王侯能斷頭,橫也斷頭不足惜。刎頸相從有二客,人頭滾滾多于瓜,死士五百廿一擲。獨不見朝鮮之滿南粵佗,徐福三千王東倭。海外虬髯事業多,島人從死意云何。

《師伏堂詠史》,《清代詩文集彙編》772 册,309 頁

田　横 (清)吳　鎮

薤上露,何溥溥。五百人,欲畫難。

《松花庵韻史》,《四庫未收書輯刊》拾輯 24 册,257 頁

詞

前調(百字令)·詠史　　　　　　　　　　（清）黃　垍

　　泗濱亭長,提羸師一旅、群雄歸義。獨有田橫殉社稷,恥事漢家天子。慚愧稱臣,甘心傳首,堪墮英雄淚。偉哉漢帝,葬以王者之禮。　　可惜海島從亡,壯夫五百,個個皆奇士。聞道朱毛駔儈輩,能劫楚君留鄙。何故輕生,徒將俠骨,埋沒滄洲裏。丈夫不死,死當成大名耳。

《全清詞》順康卷第一三冊,7470 頁

韓信盧綰列傳

詩

詠《韓信盧綰列傳》

韓信盧綰列傳　　　　　　　　　　　（唐）司馬貞

韓襄遺孽,始從漢中。剖符南面,徙邑北通。頹當歸國,龍頟有功。盧綰親愛,群臣莫同。舊燕是王,東胡計窮。

《史記索隱》卷三〇,482頁

樊酈滕灌列傳

詩

詠《樊酈滕灌列傳》

樊酈滕灌列傳 (唐)司馬貞

聖賢影響,雲蒸龍變。屠狗販繒,攻城野戰。扶義西上,受封南面。酈況賣交,舞陽內援。滕 灌更王,奕葉繁衍。

《史記索隱》卷三〇,482頁

詠樊噲

樊將軍廟 （唐）汪遵

玉輦曾經陷楚營，漢皇心怯擬休兵。當時不得將軍力，日月須分一半明。

《全唐詩》卷六〇二，18冊，6960頁

題樊將軍廟 （宋）呂頤浩

排危盛氣冠英雄，逆耳忠言悟沛公。何事時人太求備，欲將瑕翳掩前功。

《全宋詩》卷一三四七，23冊，15389頁

樊噲戲石 （金）李俊民

丈夫氣慷慨，隱跡在東市。或逢逐鹿人，乃棄屠狗事。壯哉鼓刀勇，旁若舞劍地。遂摧拔山力，自歎時不利。至今空山石，傳是將軍戲。能興卯金運，頗與黃石類。不期兩都後，復有三國志。過客對春風，徒灑山陽淚。

《金詩》，《全遼金詩》中冊，1882頁

題舞陽侯廟 （金）楊宏道

薦誠何處仰威稜，遺像乾維柏影清。短砌南薰披草色，空庭西照碎禽聲。攀鱗雖邁風雲會，得鹿嘗寒帶礪盟。曲逆未迴聞顧命，將軍方免學韓、彭。

《金詩》，《全遼金詩》下冊，2326頁

樊噲 （元）徐鈞

后黨興戎釁已成，龍髯忽墮幸逃生。不於呂禍身先死，未必終能保令名。

《全元詩》第7冊，285頁

徐州寫望　　　　　　　　　　　　　　　　　　（元）馬　臻

舟人云：州有三百六十山，四時無草木，樊噲墓凡七處，莫知孰是。

三百六十徐州山，骨立天風不受寒。樊侯古冢七抔土，飛沙野蔓斜陽殘。舟人指點向余說，側望淹留寸心切。欲酹清樽吊古祠，袞袞長河流不歇。

《全元詩》第 17 册，43 頁

十二快·樊將軍嘗擁盾入鴻門，拔劍切啖生彘肩　（明）茅元儀

余與錢兩先觀察同謫閩中，謂雖慚獲上，猶可得朋，乃相去千里，僅寄鬚眉於筆墨致爾先見懷，有"窮途失友兒失乳"之句，亦可悲矣。爾先和余十六艷複倡為十二快，自謂雜英雄於兒女，余笑曰："分香賣履至死，猶得自埋其潁，而君咄咄不能忍，於此曰耶。"然千古之快，已萃於尺幅矣，是不可不和也。

功成戲下侯王伏，戰遂河南驂乘豪。勇怯寸心先自決，翠裘那得勝朝袍。

《石民橫塘集》卷二，《四庫禁毀書叢刊》集部 110 册，208 頁

鴻　　門　　　　　　　　　　　　　　　　　　（明）殷士儋

慘日悲風入酒筵，雙龍作劍舞當前。一夫擁盾君王詫，何似江東舊八千。

《金輿山房稿》卷二，《四庫全書存目叢書》集部 115 册，671 頁

予自草堂將歸，過古之樊川，亦有所感，而不能已於言也　（明）朱誠泳

斗城南畔杜陵邊，舊是將軍食邑田。屠狗亦匡劉季業，牝雞誰道呂嬃賢。當年壯志今安在，此日英風尚凜然。禾黍高低殘照裏，路人猶指是樊川。

《小鳴稿》卷一〇，《陝西古代文獻集成》第 17 輯，246 頁

樊噲墓　　　　　　　　　　　　　　　　　　　（清）王錫九

不讀兵書不學劍，狗屠別創英雄傳。如何耳食紛紛者，論功但說鴻門宴。憶昔沛公入關中，留居幾作富家翁。威加海內志乃爾，真人亦與項籍同。賢如蕭、曹皆噤口，孤忠獨奮批鱗手。炎劉得失爭毫釐，一言悟主功不朽。秦任趙高咸陽亡，臥枕宦者宜預防。

鹿馬之禍前車鑒,排闥直入何軒昂。留得河山四百載,將軍雖死今尚在。漢家本自薄功臣,全軀不共韓、彭醢。區區勇力安足論,祇有忠義能常存。至今汾上西風咽,猶是當年壯士魂。

《晚晴簃詩匯》卷一三七,第三冊,618頁

樊　噲　　　　　　　　　　　　　(清)羅惇衍

沛人。高祖時,歷官將軍,進左丞相,封舞陽侯。卒,諡曰"武"。

鴻門虎口乘親驂,裂眥擎卮慷慨談。楚壁披幃真壯士,漢宮排闥是奇男。狗屠莫笑操刀賤,彘唉曾分舞劍甘。肯附椒房負劉氏,老泉疑案試重參。

《集義軒詠史詩鈔校證》卷六,第一冊,162頁

樊　噲　　　　　　　　　　　　　(清)王廷紹

甲楯光寒玦舉三,楚營突入亦奇男。帳前裂眥擎卮坐,席上重瞳按劍談。隆準得生心尚悸,彘肩雖賜嚼難甘。他年侍疾仍排闥,愧煞平陽相國參。

《澹香齋詩草》卷二,《清代詩文集彙編》472冊,342頁

樊　噲　　　　　　　　　　　　　(清)鮑桂星

落日鴻門高宴張,將軍側盾勢蒼黃。一卮氣足吞雙劍,壯士詞能折大王。驂乘姓名驚楚幕,狗屠勳望重椒房。如何跪拜迎璽日,鞅鞅偏教薄舞陽。

《覺生詠史詩鈔》卷一,《清代詩文集彙編》476冊,470頁

樊　噲　　　　　　　　　　　　　(清)張　琛

將軍鹵莽安天下,排闥來宮計太粗。不為女嬃親姊妹,早同韓信一齊誅。

《日鋤齋詩集·缶音》,《清代詩文集彙編》483冊,660頁

補禹門兩漢詠史小詩(十四)　　　　　　(清)梁運昌

呂公壻屠狗,豈不識英賢。鴻門及咸陽,智勇差能全。

《秋竹齋詩存》卷二,《清代詩文集彙編》499冊,13頁

讀《漢書》列傳雜詩·樊噲　　　　　　　　　　（清）梁章鉅

鴻門氣概壓重瞳,排闥聲猶震禁中。若使陳平眞奉詔,後來帝籍孰銘功。

《退菴詩存》卷四,《清代詩文集彙編》515 册,57 頁

樊　　噲　　　　　　　　　　（清）張　澍

屠狗徽言諫入宮,劉郎不作富家翁。巂肩卮酒忠兼勇,呂后匈奴辜與功。排闥相隨聞哭笑,檻車難信保癡聲。鐙花雛噪尋常事,陸賈深知有吉凶。

《養素堂詩集》卷二五,《清代詩文集彙編》536 册,271 頁

樊噲排闥《史記》　　　　　　　　　　（清）田依渠

居然排闥入,義氣本粗豪。臣自稱樊噲,君須鑒趙高。

《茹古山房讀史餘吟》卷一,《清代詩文集彙編》639 册,643 頁

詠史詩·樊噲　　　　　　　　　　（清）史夢蘭

馬上君王逐鹿秋,舞陽功業亦無儔。鼓刀沛市興屠狗,擁盾鴻門折沐侯。韓信漫矜羞與伍,呂嬃何事并封侯。他年珠玉堂前散,帶礪勳名付水流。

《爾爾書屋詩草》卷四,《清代詩文集彙編》654 册,368 頁

詠史·樊噲　　　　　　　　　　（清）孫國楨

曾將奢麗鑒亡秦,諫昵中捐識絕倫。何事淮陰羞與伍,臨光夫壻是親臣。

《愚軒詩鈔》卷下,《清代詩文集彙編》741 册,357 頁

詠史小樂府三十首 己未（其十）　　　　　　　　　　（清）沈家本

奢麗亡秦物,名言發狗屠。淮陰羞與伍,翻作漢廷俘。

《枕碧樓偶存稿》卷七,《清代詩文集彙編》745 册,486 頁

詠酈寄

酈　　寄 　　　　　　　　　　　　（清）羅惇衍

字況，高陽人。嗣父商為侯。孝景時，為將軍，後以事免。

狐鼠憑依一瞬傾，出游竟釋北軍兵。承家不折興邦氣，紿友終輸翊主誠。太尉從茲安社稷，曲周何至損聲名。兩全交道原難事，誼迫君親識重輕。

《集義軒詠史詩鈔校證》卷六，第一冊，178 頁

酈寄賣友 《漢書》　　　　　　　　　　（清）田依渠

太尉誅諸呂，全資賣友人。當朝策勳伐，應是漢功臣。

《茹古山房讀史餘吟》卷四，《清代詩文集彙編》639 冊，660 頁

詠夏侯嬰

滕　公　　　　　　　　　　　　　　　　　　　　（元）徐　鈞

日奉車音語易親,朱奴立受再生恩。淮陰元是公全活,末着何妨更一言。

《全元詩》第 7 册,285 頁

夏侯嬰　　　　　　　　　　　　　　　　　　　　（元）李齊賢

劍下淮陰爲大將,車中季布作名臣。滕公鑒識真難及,最是高皇善用人。
攀龍附鳳豈無人,驂乘初終只一臣。擁樹兩兒誠不忍,帝心應念放麑仁。

《全元詩》第 33 册,366 頁

夏侯嬰　　　　　　　　　　　　　　　　　　　　（清）羅惇衍

沛人。高祖時,爲太僕,轉滕令,復爲太僕,封汝陰侯。惠帝、高后、文帝時,俱爲太僕。文帝八年卒,諡曰"文"。

廿年驂乘四朝依,驥尾蚊蝱絕跡飛。移日自宜留宴語,前星終使脱重圍。平城徐去還張弩,代邸先迎竟決機。豐、沛多才謀略奮,奉車常得傍鸞旂。

《集義軒詠史詩鈔校證》卷六,第一册,160 頁

滕公佳城《史記》　　　　　　　　　　　　　　　　（清）田依渠

鬱鬱有佳城,三千年見日。嗟哉石槨堅,用作滕公室。

《茹古山房讀史餘吟》卷三,《清代詩文集彙編》639 册,651 頁

詠灌嬰

潁陰侯　　　　　　　　　　　　　　　　　　　　（明）黃淳耀

美灌嬰也。嬰與齊襄王連兵於外，故產、祿之謀不成。

潁陰侯為呂亦為劉，榮陽一出仍逗遛。榮陽下為劉不為呂，南北兩軍同有主。呂家寶玉摧為屑，臣功得比清宮列。高廟神靈再悅康，九州未見炎精缺。數千年事屢膠轕，饑鷹在臂隨人掣。君不見關西男子稱雄傑，力掃義兵看國滅，唐亦有人誅敬業。

《擬古樂府》，《陶庵全集》卷九，影印文淵閣《四庫全書》1297 冊，752 頁

灌瓦研詩，為李少卿作　　　　　　　　　　　　　（清）魏　禧

劉、呂爭存亡，齊兵如雲擾。賢哉灌將軍，連和不中撓。將相幸機會，左袒殊草草。安劉第一功，平、勃那足道。因恨魏元忠，敬業反誅討。惡人及葺餘，愛人烏亦好。至今屋上瓦，君子以為寶。

《魏叔子詩集》卷四，《魏叔子文集》下冊，1293 頁

灌　嬰　　　　　　　　　　　　　　　　　　　　（清）羅惇衍

睢陽人。高祖初，為郎中，拜中謁者，累遷御史大夫，封潁陰侯。文帝時，為丞相。卒，諡曰"懿"。

藍田疾鬭逼咸秦，首從讀去聲。雍邱（丘）百戰身。濰水龍且戈甲岃，榮陽騎士鐲鐃振。烏江已破沿江靜，燕地旋平益地頻。僅一賈生容不得，不能無憾販繒人。

《集義軒詠史詩鈔校證》卷六，第一冊，158 頁

灌嬰販繒《史記》　　　　　　　　　　　　　　　（清）田依渠

未遂英雄志，睢陽自販繒。封侯他日事，為佐漢高興。

《茹古山房讀史餘吟》卷六，《清代詩文集彙編》639 冊，669 頁

張丞相列傳

詩

詠《張丞相列傳》

張丞相列傳 　　　　　　　　　　（唐）司馬貞

張蒼主計,天下作程。孫臣始絀,秦曆尚行。御史亞相,相國阿衡。申屠面折,周子廷爭。其佗媞媞,無所發明。

《史記索隱》卷三〇,482 頁

詠張蒼 _{附車千秋、魏相、邴吉、黃霸、韋玄成}

殿上戲　　　　　　　　　　　　　　　　　（明）李東陽

殿上戲，丞相嗔，丞相勿嗔吾弄臣。臣可弄，不可狎，節使去聲。不來臣已殺。君王有道臣職遂，細柳營中親按轡。

《擬古樂府》，《詩前稿》卷一，《李東陽集》第一卷，21頁

陽武詠懷陳平、張蒼，遂及博浪之事　　　（明）李夢陽

玉璽戒不力，金鏡淪無光。大人既龍興，烈夫亦鷹揚。伊人各乘時，矯若孤雲翔。韓椎豈在屨，秦氣日以喪。六奇佐揮戈，五運開靈昌。時來屠沽奮，跡往英雄傷。平生冀風期，況乃逾故疆。灑淚越修坰，含淒遡河梁。古墳密嶕嶢，春沙鬱茫茫。徒瞻松柏路，詎申椒蕙芳。遺榮竟何尤，任智終自戕。羨彼赤松遊，援筆即此章。

《李夢陽集校箋》卷一三，第一冊，324頁

汪生彥和出元人畫二十幅，分賦其五·《張蒼治曆圖》　　（清）洪亮吉

挈壺失官晦朔忙，閏位不復歸明堂。專家曆象棄灰燼，日角月齒憑荒唐。伊誰守官柱下史，兀兀不語悲張蒼。緣知滅水復不久，早奉定曆歸興王。批圖黍米繪極細，如滙六曆分低昂。百年星紀互得失，譚天口屈猶能張。扶風著書首《堯典》，裨畫益夜差五商。銅壺箭復滅高密，迫促日馭無輝光。我從《太初》引之長，稍減陰曆還歸陽。誰推北辰定天紀，復需南正司總章。天人當日理本一，古幾至德來鴻荒。君官柱下得幾載，聞見猶勝落下黃。何人更論五德定，漢興可以追軒皇。

《附鮚軒詩》卷二，《洪亮吉集》第五冊，1928頁

張　蒼　　　　　　　　　　　　　　　　　（清）羅惇衍

陽武人。高帝時，為常山守，轉代相，徙趙相，累官御史大夫。文帝時，為丞相，後謝病免。景帝五

年，卒，諡曰"文"。

園綺芝山應壽星，又聞計相百餘齡。圖書侍柱司秦殿，律歷（曆）專門重漢廷。此日老臣諳國典，當年美士逭軍刑。黃龍偶現傳成紀，漫說公孫術較靈。

《集義軒詠史詩鈔校證》卷六，第一冊，161頁

讀《漢書》列傳雜詩·張蒼 （清）梁章鉅

如瓠美士早銜恩，緒正偏歸計相尊。何事尚沿《顓頊曆》，大猷轉讓魯王孫。

《退菴詩存》，《清代詩文集彙編》515冊，57頁

車千秋 （清）羅惇衍

姓田氏，其先齊諸田，徙長陵。武帝時，為高寢郎，以上書立拜大鴻臚。數月，為丞相，封富民侯。昭帝末年卒，諡曰"定"。

泉鳩冤痛訟前星，子罪當笞動主聽。竟以寢郎開悔悟，何須高廟佚神靈。車乘紫禁先承寵，觸舉彤墀為緩刑。拜疏豈真憨輔相，惜殊賈、董策明廷。

《集義軒詠史詩鈔校證》卷八，第一冊，231頁

朱宮傅石君師出使示讀史詩，
分詠《漢書》三十七首·車千秋 （清）蔣 詩

急變人難言，夢見白頭翁。上乃自感悟，神靈實使公。公當為輔佐，何必伐閱功。封侯取宰相，一言位已崇。世所未嘗有，旬月富民封。自稱前後相，逾越足撫躬。輔導受遺詔，光碑三人同。無言光褒賞，百姓稍益充。吉祥多嘉應，乘車宮殿中。

《榆西僊館初橐》卷三一，《清代詩文集彙編》488冊，462頁

朱宮傅石君師出使示讀史詩，
分詠《漢書》三十七首·韋賢玄成 （清）蔣 詩

韋孟昔諷諫，又著在鄒詩。五世乃生賢，大儒世稱之。孝宣初即位，重以先帝師。为相侯扶阳，其时年已耆。致仕八十二，矯襲元成知。詐病詔引拜，侍祀愆于儀。黜媐附庸爵，復賦玷缺辭。恭顯頗興比，為相能無私。守正不及父，交采著一時。

《榆西僊館初橐》卷三一，《清代詩文集彙編》488冊，464頁

朱宮傳石君師出使示讀史詩，分詠《漢書》三十七首·魏相　　（清）蔣　詩

弱翁有怡行，朝廷已深知。宏羊詐客誅，禁暴懾姦邪。車命免官去，傅陸聲責辭。後以賊不辜，久係亦非私。胡報霍氏怨，致其一族夷。嚴毅非大度，峻刑乏仁慈。陰朘漢元氣，刑名法術滋。周易夏小正，引經爲設施。以之和陰陽，遇事陳便宜。漢相稱魏丙，吉豐相可希。

《榆西僊館初槀》卷三一，《清代詩文集彙編》488 册，464 頁

朱宮傳石君師出使示讀史詩，分詠《漢書》三十七首·丙吉　　（清）蔣　詩

太子无事宝，重哀皇会孙。不奉条系诏，郡邸狱闭门。无辜犹不可，郭穰还以闻。帝因赦天下，四海得生恩。以大议立后，掖庭迎為君。天欲彰吉功，则忽上书陈。旧恩终为言，士伍又有尊。诏称厥德茂，相业盛莫臻。牛喘时失节，驭醉污车茵。宽厚得大礼，要令风俗醇。

《榆西僊館初槀》卷三一，《清代詩文集彙編》488 册，464 頁

補禹門兩漢詠史小詩（其十五、二十一）　　（清）梁運昌

朝儀亦小小，何用張大為。叔孫不自鄙，宜蒙兩生嗤。

故安非通侯，蹶張作丞相。何如用陸生，才局張蒼上。

《秋竹齋詩存》卷二，《清代詩文集彙編》499 册，14 頁

讀《漢書》列傳雜詩·周昌　　（清）梁章鉅

可憐騎項尚批鱗，殿下期期氣未馴。早識隱王終一死，煩公枉作左遷人。

《退菴詩存》卷四，《清代詩文集彙編》515 册，57 頁

讀《漢書》列傳雜詩·田千秋　　（清）梁章鉅

一言寤意據通津，絕域都知笑富民。若使時無霍子孟，括囊未易遂容身。

《退菴詩存》卷四，《清代詩文集彙編》515 册，59 頁

讀《漢書》列傳雜詩·魏相　　　　　　　　　　（清）梁章鉅

疏抑三侯見最明，又防右地逞驕兵。陰陽人事原同貫，問喘應嗤丙少卿。

《退菴詩存》卷四，《清代詩文集彙編》515 冊，61 頁

秦漢樂府·獄門閉　　　　　　　　　　　　　（清）張　誠

長安獄中天子氣，天子詔使誅囚繫。詔下不得入獄門，是時丙吉為獄吏。臣聞王者哀無辜，何況帝息金枝貴。子盜父兵聊救難，臣知太子無他意。可憐妻子同銜冤，一線縣延乞帝貰。使者封詔還以聞，天子感悟赦書至。有蟲食柳柳成文，文曰"公孫病已立"五字。孝昭無祿昌邑昏，天將興之誰能廢。廢興存亡臣弗知，保全骨肉人臣義。紛紛定策論封侯，獄吏默不言前事。

《嬰山小圃詩集》卷一五，《清代詩文集彙編》425 冊，109 頁

後詠史四十首·丙吉　　　　　　　　　　　　（清）師　範

丞相翻輸獄吏豪，坐遵成憲柄親操。雨迎天子身先在，三護皇孫義獨高。污到車茵能得士，赦周郡邸敢施勞。他人不肯詢牛喘，一任鴻從四野嗷。

《泛舟吟摘鈔》上卷，《清代詩文集彙編》429 冊，609 頁

漢臺詠史·吉丞相　　　　　　　　　　　　　（清）嚴如熤

調和終是尚寬仁，丞相胸中益益春。能為曾孫持銘獄，何妨馭吏吐車茵。間閻俗美襲黃治，肺腑恩全許史親。神雀嘉禾祥瑞盛，漫迂問喘不經綸。

《樂園詩稿》卷三，《清代詩文集彙編》455 冊，165 頁

讀《漢書》列傳雜詩·丙吉　　　　　　　　　（清）梁章鉅

當年郡邸護曾孫，左證惟餘士伍尊。如此大功猶不伐，污茵那復市私恩。

《退菴詩存》卷四，《清代詩文集彙編》515 冊，61 頁

丙　吉漢　　　　　　　　　　　　　　　　　（清）孫　珩

有病當封竟得瘳，緣知功德遲金甌。酬恩翻藉宮廷婢，定策元先博陸侯。主自英明

持密綱,臣仍寬大漏吞舟。陰陽燮理還多事,問訊因何僅一牛。

《周禮》至以禍宋說者,謂無治人。然自周公迄今數千年,亦未有用之而效者。子言居上以寬,而朱子謂三代後誤在"寬"字,是知今古不同時。子產、武侯者皆三代後第一流人物,而其為治,乃與古反。故善學柳下惠者,魯男子也。若丙吉當漢宣刻覈之時,而能不以猛濟,抑又賢矣。

《歸田藳》卷一,《清代詩文集彙編》534 冊,458 頁

丙吉牛喘《漢書》　　　　（清）田依渠

牛行纔幾里,吐舌喘如此。宰相亦何為,陰陽資變理。

《茹古山房讀史餘吟》卷三,《清代詩文集彙編》639 冊,653 頁

漢臺詠史·黃潁川　　　　（清）嚴如熤

天子已嘉張敞議,近臣翻薦史高賢。碧雞金馬來巴蜀,靈雀神烏遍潁川。漢代循良終近古,秦人法律豈長年。三公晉秩承褒寵,到處桑麻雜管絃。

《樂園詩稿》卷三,《清代詩文集彙編》455 冊,165 頁

黃　霸　　　　（清）王廷紹

柄國宣成法命繁,次公能使獄無冤。郡民競說鳥銜肉,天子猶將鳳紀元。吏以廉名休患老,女雖巫產亦宜婚。入錢入穀尋常事,莫與貲郎藉口論。

《澹香齋詩草》卷二,《清代詩文集彙編》472 冊,344 頁

黃　霸　　　　（清）鮑桂星

文有相如吏次公,賢豪何必出身同。鳳凰指顧軒墀下,烏鳥然疑道路中。闕下賜金光進秩,車前高蓋迴生風。還朝莫謂聲名損,槐鼎原非郡國功。

《覺生詠史詩鈔》卷一,《清代詩文集彙編》476 冊,472 頁

黃　霸　　　　（清）張　琛

京兆黃堂日日開,莫將資格限賢才。《漢書》第一《循良傳》,黃霸曾經納粟來。

《日鋤齋詩集·缶音》,《清代詩文集彙編》483 冊,661 頁

黃　霸　　　　　　　　　　　　　　　　　　　　　（清）張　澍

潁川政術漢無儔，郡守忽為丞相謀。天下不聞敷治化，君王自是采歌謳。好言祥瑞譏張敞，欲學尚嚮從夏侯。猶幸次公廉吏最，入貲不與後來侔。

《養素堂詩集》卷二五，《清代詩文集彙編》536冊，273頁

黃霸政殊《漢書·循吏傳》　　　　　　　　　　　　　（清）田依渠

治積名天下，尋聲著潁川。翩翩鳳凰集，也識次公賢。

《茹古山房讀史餘吟》卷一，《清代詩文集彙編》639冊，641頁

詠史·魏相　　　　　　　　　　　　　　　　　　（清）孫國楨

霍家餘燄劇冬烘，密進封章曲效忠。災變上陳防顯武，安邊難沒相臣功。

《愚軒詩鈔》卷下，《清代詩文集彙編》741冊，358頁

詠史·丙吉　　　　　　　　　　　　　　　　　　（清）孫國楨

公府羞聞案吏名，相臣雅度尚寬平。於今蠹吏多於昔，也合潛防詐偽萌。

《愚軒詩鈔》卷下，《清代詩文集彙編》741冊，359頁

補遺·黃霸　　　　　　　　　　　　　　　　　　（清）孫國楨

昭令勤宣化俗澆，米鹽區畫二心焦。宰衡別有經綸業，何在斤斤問教條？

《愚軒詩鈔·補遺》卷下，《清代詩文集彙編》741冊，379頁

曹南先賢詠·魏相　　　　　　　　　　　　　　　（清）徐繼孺

漢濟陰定陶人，今定陶縣。字弱翁，諡憲侯。

憲侯善持重，守成推賢相。蕭、曹即規隨，魏丙亦頡頏。副封去壅蔽，災變輒奏上。大臣格君非，咨儆懼怠忘。奉行多故事，創作或謙讓。新進浮薄流，喜事騰訕謗。豈知休休心，天工欽時亮。古與今異制，變更戒孟浪，不見新莽世，改制邦以喪。

《徐悔齋集》卷一四，《清代詩文集彙編》783冊，568頁

讀《漢書》有感·車千秋 （清）吳翊寅

一言寤主取封矦,聞道單于爲漢羞。宰相受遺兼輔政,豈容緘默似千秋。

《曼陀羅花室詩》卷三,《清代詩文集彙編》776 册,645 頁

過匡衡墓 （明）王 謳

埋玉此山側,金聲動漢廷。貂蟬兼入相,風雅擅傳經。日暖花空落,年深草自青。獨来式故里,彷彿見儀形。

《王彭衙詩》五《壬午集》,《陝西古代文獻集成》第 7 輯,第 631 頁

詠申屠嘉

申屠嘉　　　　　　　　　　　　　　　　　　　　（明）李夢陽

鄧通小臣敢皇侮，錯也何人毀廟堵。臣欲戮通帝弗許，請收錯誅帝罔與，含血自殪報皇祖。

《李夢陽集校箋》卷五，第一册，110頁

讀史雜詠，呈藥地大師·申屠子龍　　　　　　　（清）魏　禧

乙酉間，師辟馬、阮之難，獨身入西粵，留處數年。

禍來無所，獨身棲樹。二女異心，不可同處。

《魏叔子詩集》卷一，《魏叔子文集》下册，1210頁

申屠嘉　　　　　　　　　　　　　　　　　　　　（清）羅惇衍

梁人。高帝時，為都尉。惠帝時，為淮陽太守。文帝即位，累遷丞相，封故安侯。卒，諡曰"節"。

乃高皇帝此朝廷，殿上何容戲慢形。天子難違丞相檄，使人為謝弄臣刑。私交路絕通侯第，肅範垣爭太廟庭。獎直售奸文景判，後來踽踽愧先型。

《集義軒詠史詩鈔校證》卷七，第一册，186頁

讀《漢書》列傳雜詩·申屠嘉　　　　　　　　　（清）梁章鉅

弄臣詣府易抽身，內史穿垣法未伸。嫉惡終貽無術誚，漫將歐血報丹宸。

《退菴詩存》卷四，《清代詩文集彙編》515册，57頁

申嘉私謁《漢書·申屠嘉傳》　　　　　　　　　　（清）田依渠

丞相門牆峻，從無私謁來。寄言奔競客，過此莫徘徊。

《茹古山房讀史餘吟》卷六，《清代詩文集彙編》639册，667頁

詠史·申屠嘉 (清)孫國楨

起自材官作相臣,不容寵倖戲楓宸。後來宰輔多經術,雅度優容善保身。

《愚軒詩鈔》卷下,《清代詩文集彙編》741 冊,358 頁

曹南先賢詠·申屠嘉 (清)徐繼孺

漢梁人。漢初,梁都定陶,今定陶縣。

漢文號恭儉,璧瑕戲鄧通。節侯能執法,巖巖坐府中。弄臣既伏罪,朝儀肅以崇。山甫補袞闕,三代留遺風。奄及鼂內史,抵隙挑強宗。城狐不可制,利口遂興戎。世無真宰相,更張徒懵懵。

《徐悔齋集》卷一四,《清代詩文集彙編》783 冊,568 頁

酈生陸賈列傳

詩

詠《酈生陸賈列傳》

酈生陸賈列傳　　　　　　　　　　（唐）司馬貞

廣野大度,始冠側注。踵門長揖,深器重遇。說齊歷下,趣鼎何懼。陸賈使越,尉他儸怖。相說國安,書成王悟。

《史記索隱》卷三〇,483 頁

讀《酈生傳》　　　　　　　　　　　（宋）沈　遼

秦人被塗炭,酈生自清狂。暴吏不得加,高懷信旁洋。山東赤龍長,興嘯取功名。馮軾下全齊,其身先就烹。古人不輕死,何嘗貴其生。顧己有所造,二途皆一征。有誰憐是翁,欲以身狥榮。未卒杯酒樂,蒼茫禍來嬰。所懷奄不救,焉如監門清。乃知繆厝置,視世已皆輕。死者良可歎,世俗方營營。至仁吾所師,但欲窮山耕。

《全宋詩》卷七一六,12 冊,8246 頁

雜詠史四十二首（其五）　　　　　　（清）梁運昌

勸立六國後,王、陳抵其巇。上策合時勢,耳、餘同一辭。游士功名想,豪宗故國思。先封我見德,不立彼自為。但觀儋咎事,夙並燕、趙規。賀幣聊復往,遣車盍先馳。首事固當令,互救亦何疑。樹黨楚益張,多備秦迺罷。惜哉謀弗用,坐失王霸基。膠柱而鼓

瑟,拙哉酈食其。

《秋竹齋詩存》卷五,《清代詩文集彙編》499 冊,34 頁

讀史雜感(其一) （清）盛大士

周京集多士,馴雉翔皇風。漢廷臣相如,貢道邛筰通。古來樽俎地,王會旌勳庸。文章行遠器,兵革潛消融。酈生三寸舌,萬矛摧敵鋒。華辯雖譎詭,尚勝汗馬功。豈無蘭臺令,掌故嫺禮容。宰相多讀書,德望中朝隆。外廷仰風采,駿業垂龐鴻。布被劇可惜,勳階列三公。

《蘊愫閣詩集》卷九,《清代詩文集彙編》501 冊,73 頁

讀《陸賈傳》 （清）田 雯

坑焚滲漏笑強秦,劉氏功憑馬上臣。掾吏武夫兩行隊,中間迂腐一詞人。

《古歡堂集》卷一四,影印文淵閣《四庫全書》1324 冊,172 頁

詠酈食其

高　陽　　　　　　　　　　　　　　（唐）胡　曾

路入高陽感酈生，逢時長揖便論兵。最憐伏軾東遊日，下盡齊王七十城。

《全唐詩》卷六四七，19冊，7436頁

覽古十四首（其八）　　　　　　　　（唐）吳　筠

食其昔未偶，落魄為狂生。一朝君臣契，雄辯何縱橫。運籌康漢業，憑軾下齊城。既以智所達，還為智所烹。豈若終貧賤，酣歌本無營。

《全唐詩》卷八五三，24冊，9645頁

酈生長揖　　　　　　　　　　　　　（宋）陳長方

輟洗高陽一酒徒，沛公雅意在雄圖。終煩前箸還銷印，王表知君淺丈夫。

《全宋詩》卷一九八四，35冊，22250頁

《酈生長揖圖》　　　　　　　　　　（宋）劉克莊

高陽狂生六十餘，入謁自通臣博徒。劉季嫚士如庸奴，對客濯足以兩姝。生云足下扶義初，奈何不禮長者乎？隆準一笑延坐隅，與隨何輩載後車。刻六國印識尤迂，向微留侯幾誤渠。胡雛聞人說《漢書》，千載而下猶揶揄。掉舌所得良區區，投身沸鼎何其愚。嗚呼！博徒果不賢腐儒。

《全宋詩》卷三〇六一，58冊，36514頁

酈食其　　　　　　　　　　　　　　（金）李俊民

多少中原逐鹿人，獨憑片舌下齊城。淮陰不喜書生事，能免他年獵犬烹。

《金詩》，《全遼金詩》中冊，1999頁

《沛公洗足見酈生圖》　　　　　　　　　　（元）王　惲

氣折狂豪一洗間，要令遊士吐嘉言。初從沛長咸陽帝，此術施來第幾番。

嗒然洗腆孰為賓，中隱炎劉四百春。一說便能延上客，君王肯效婦人仁。

包總綿區細故捐，未妨揮洗酈生前。一嚬一笑非無謂，不似高皇氣馭權。

落魄高陽一酒徒，略除邊幅展雄圖。桓門堅忍須臾去，長為東山出此模。

布褐昂藏七尺身，不容空老酒爐春。風雲慘澹龍蛇際，首識隆顏亦可人。

《全元詩》第 5 冊，578 頁

酈食其　　　　　　　　　　（元）徐　鈞

掉舌降齊七十城，休因掩襲恨遭烹。淮陰請假終基禍，得似高梁數世榮。

《全元詩》第 7 冊，284 頁

高陽酒徒　　　　　　　　　　（元）楊維楨

高陽子，佩長鋏，冠側注，平聲。讀書萬卷非豎儒。瞋目叱使者，使者走報曰壯士，沛公輟洗趨。面折沛公者，智與勇俱不我如。句。何以爭天下，定三秦，涉西河，叶。夜見陳倉令，一劍取血顱。食積粟，聚合烏。塞成皋，距飛狐。橫行天下，天下莫誰何。叶。齊稱東藩國，伏軾下城七十餘。淮陰賣辯舌，鼎鑊甘受屠。漢剖符，如何不剖陳留侯符，吊圍門者但云高陽酒徒。

《全元詩》第 39 冊，165 頁

題《濯足圖》　　　　　　　　　　（元）錢　宰

驅馬西略地，行至雍丘南。歇鞍踞床洗，龍顏氣何酣。傲岸濯秋水，兩姬手摻摻。酈生侵門入，長揖不下拜。高視挫其鋒，踞見吁可詫。幡然敬爾容，攝衣起言謝。顧惟雄武姿，慢罵空無人。於焉下狂士，屈若志不伸。高明藉柔克，四海歸堯仁。

《全元詩》第 41 冊，181 頁

詠史·酈食其　　　　　　　　　　（元）李　曄

皓首猶誇八尺軀，入門長揖豈豪麤。時人不識監門吏，英主偏知好酒徒。東下齊城從染鑊,西開漢國未分符。雖於青史慚前箸,曾是區區一豎儒。

《全元詩》第 56 冊,59 頁

《酈生長揖圖》二首　　　　　　　　　(元)張　憲

淮南黥王乃可傲,高陽酒徒何必輕。駕馭英雄斯有術,不宜如此見書生。
踞床洗足非為慢,長揖軍門也不多。大抵英雄皆坦率,子陽磬折竟如何。

《全元詩》第 57 冊,150 頁

《酈生長揖圖》　　　　　　　　　　　(明)蔣主孝

拔劍斬蛟神媼哭,蓋世英雄逐秦鹿。君本高陽一酒徒,乃敢庭前嗔濯足。五年帝業本天命,待君濯足何為辱。溺冠不罵老書生,猶有攻齊半分策。君不見子陽磬折竟何如,回首江山空磊磊。

《列朝詩集》乙集卷七,第五冊,2562 頁

酈食其　　　　　　　　　　　　　　(清)羅惇衍

陳留高陽人。以功封廣野君。後為漢說齊罷兵,韓信襲齊,齊王烹之。

軍門來謁自通名,側注崟崟氣不平。此客大言驚使者,當年落魄詡狂生。漢強籌據敖倉粟,齊附連紓歷下兵。馮軾功高誰誤爾,他時惜未蒯通烹。

《集義軒詠史詩鈔校證》卷五,第一冊,145 頁

酈生長揖《史記》　　　　　　　　　　(清)田依渠

長揖沛公見,西秦議戰爭。自稱為長者,人說是狂生。

《茹古山房讀史餘吟》卷四,《清代詩文集彙編》639 冊,657 頁

詠陸賈

陸　賈　　　　　　　　　　　　（宋）朱淑真

漢方擾擾襲秦風，勇士相高馬上功。惟有君侯守奇節，能將《新語》悟宸衷。

《全宋詩》卷一五九八，28冊，17994頁

題陸賈大夫廟　　　　　　　　　　（宋）梁竑

劉郎辛苦逐秦鹿，尚欲長鞭及馬腹。蠻夷大長夢不驚，海邊椎髻乘黃屋。江淮貔貅始閑暇，忍使驅令渡篁竹。陸生手持尺二組，喚起老子同分肉。詩書尚曉罵儒翁，豈憂桀驁難拘束。築壇再拜受王印，雄辯泠泠聽不足。當時未有北人輔，留寓年深染汙俗。乍聞高論耳目清，如掩笙簧奏冰玉。境中勝處應更履，更泝餘皇到山麓。大夫何獨粵人重，漢廷公卿俱辣服。陳平奇計須深念，張子全身甘辟穀。此外侯王希識字，帶礪功存半誅戮。惟君坐使將相歡，燕喜優遊劉氏福。年少終軍學高步，空有英稱命難續。乃知智者應世間，妙似庖丁奏刀熟。往事浮雲變滅盡，越水悠悠浸山綠。荒祠寂寞傍僧居，日暮饑鴉噪喬木。我來三歎重遲留，為酹寒泉薦秋菊。

《全宋詩》卷二五七三，48冊，29880頁

陸賈二首　　　　　　　　　　　　（宋）劉克莊

田橫死士今亡矣，陳豨從車安在哉。獨有尉佗尚黃屋，故應兩費陸生來。

酈烹未久蒯幾烹，陸子優遊享令名。南帝稱臣橐金返，更推餘智教陳平。

《全宋詩》卷三〇四四，58冊，36309頁

陸　賈　　　　　　　　　　　　　（元）徐　鈞

溺冠騎項不知儒，馬上功成習未除。《新語》見稱應有意，當時人未說《詩》《書》。

《全元詩》第7冊，285頁

陸　賈　　　　　　　　　　　　　　　　　　（元）李齊賢

將相同心業再昌，漢家聲教到南荒。擊鮮樂飲真良計，柱賈機關為辟陽。

《全元詩》第33冊，366頁

陸大中 并序　　　　　　　　　　　　　　　　（元）楊維楨

世以漢陸賈為智人辯士，余以其游公卿間，談笑取富貴，不以汗馬勞。家有五子，輪環奉養。安車駟馬，從歌舞，鼓琴瑟，侍者十人，優游晚景，以壽終，真亂世福人也。予嘗為陸客卿著《客隱論》，列東方生《朝隱論》云。

人生不願韓柱國，但願身為漢廷陸大中。著述稱仁義，大中辨口調異同。一說南越元黃屋，再說兩相交春風。橐裝用未盡，金錢賜重重。歌童傳食五子宮，一劍得失楚人弓。優游公卿同，家以上壽終。同鄉狂生廣野公，身膏鼎鑊豈如陸大中。

《全元詩》第39冊，165頁

陸賈祠　　　　　　　　　　　　　　　　　　（元）劉中孚

臨江佛嶺石巍巍，曾記當年衣錦時。五嶺雲開天使下，九重恩重老臣知。俎豆尚稽周典禮，衣冠復見漢威儀。如今何限囊金者，難買人間去後思。

《全元詩》第52冊，533頁

詠史·陸賈　　　　　　　　　　　　　　　　（元）李　曄

奉使南夷誰得雋，陸生雄辯口如瀾。直將冠帶回椎結，更倚《詩》《書》化溺冠。好時歸來初解橐，太中推薦未酬官。須知誅呂安劉計，正在深交將相歡。

《全元詩》第56冊，59頁

古意二十首（其十七）　　　　　　　　　　　（明）袁　凱

關中論功業，相國稱發蹤。一朝清苑地，廷尉忽相逢。免冠且徒跣，局促如兒童。陸生雖豎儒，進退頗從容。

《袁凱集編年校註》編年詩，122頁

陸　賈　　　　　　　　　　　　　　　　　（明）宣宗朱瞻基

陸生本楚人，初為沛公客。奉命使諸侯，口辯亦莫敵。尉佗據南海，箕踞傲中國。生從長安來,慷慨論順逆。英風振炎荒,勁氣奪金石。佗悅拜稽首,稱藩效臣職。歸朝說《詩》《書》,高帝固不懌。區區著《新語》,成敗亦何益。晚雖以病歸,中心存社稷。當時平、勃功,亦必賈預力。賢哉此陸生,名聲光簡冊。

《大明宣宗皇帝御制集》卷一八,《四庫全書存目叢書》集部 24 冊,195 頁

九詠·陸賈不欲數過諸子 (明)茅元儀

《新語》漢高驚,片言粵佗喜。乍可見帝王,常恐厭兒子。

《石民江村集》卷三,《四庫禁毀書叢刊》集部 70 冊,391 頁

十詠·陸賈不欲數過諸子 (明)湯顯祖

留侯世業外,長從赤松子。陸生頗經務,取適得如此。

《詩文》卷二〇,《湯顯祖全集》第二冊,912 頁

讀史偶述四十首(其十三) (清)吳偉業

《新語》初成左右驚,一言萬歲盡歡聲。多贏絳、灌交歡久,馬上先行薦陸生。

《詩後集》十一,《吳梅村全集》卷一九,中冊,500 頁

陸　　賈 (清)馬世俊

莫問尉佗裝,千金豈在眼。請看馬上公,何曾事生產。

《清詩別裁集》卷六,上冊,104 頁

七頌·陸賈 (清)劉體仁

至人由人情,功成無赳赳。龍鸞簸海力,威儀迥自如。陸生智絕倫,喜怒調群狙。用此佐漢業,大謀指顧舒。觀其語兒子,藏身其猶醵。懷古陋諸家,許君說《詩》《書》。

《七頌堂集》卷一,8 頁

詠　　史 (清)陸次雲

儒冠儒服委丘墟,文采風流化土苴。尚有陸生坑不盡,留他馬上說《詩》《書》。

《清詩別裁集》卷一五,上冊,264 頁

陸　賈　　　　　　　　　　　　　（清）謝啟昆

辯才不屈越王威，能使蠻夷悟昨非。魋結文衣皆背面，明珠翠羽自南歸。漢、秦得失《新書》妙，將相和同贊畫微。駟馬安車歌舞侍，橐中寶劍究誰依。

《樹經堂詠史詩》卷一，影印《續修四庫全書》1458 冊，508 頁

陸　賈　　　　　　　　　　　　　（清）羅惇衍

楚人。高祖時，官太中大夫，後以病免。文帝時，復為中大夫。以壽終。

西歸纔解橐中裝，又急星軺駐五羊。一卷《新書》動人主，百金寶劍賺兒郎。將心歡締陳丞相，友誼私全審辟陽。好時田園安樂甚，可無鄉夢憶瀟湘。

《集義軒詠史詩鈔校證》卷七，第一冊，187 頁

讀史絕句二十一首·陸賈　　　　　　（清）張之洞

調和將相賴良媒，寶劍黃金捆載來。從此海南誇寶玉，使車爭指越王臺。

《張之洞詩文集》卷四，187 頁

詠古詩十四首·陸賈　　　　　　　（清）張之洞

調和將相賴良媒，一語陰教呂氏衰。獨惜先營好時地，知君不是列侯才。明珠大貝充庭至，寶劍千金捆載來。搔首不勝懷古意，春風愁上越王臺。

《張之洞詩文集》卷九，327 頁

陸　賈　　　　　　　　　　　　　（清）王廷紹

縱橫口辯漢興初，南越纔迴奉使車。進酒兒郎窺寶劍，罵儒王者聽《新書》。家營好時喧歌鼓，夢到湘江認草廬。獨把交驩教曲逆，安劉奇計孰能如。

《澹香齋詩草》卷二，《清代詩文集彙編》472 冊，342 頁

陸　賈　　　　　　　　　　　　　（清）鮑桂星

陸生功在漢山河，舌上何如馬上多。朋酒驩交太尉勃，帝車說去老夫佗。金錢寶客時相遺，劍騎兒郎幾數過。辯士當年稱第一，漫教名姓亞隨何。

《覺生詠史詩鈔》卷一，《清代詩文集彙編》476 冊，470 頁

橐中裝　　　　　　　　　　　　　　　　　　（清）吴名鳳

天下安,注意相。天下危,注意將。將相協和士豫附,威權不分猷克壯。安劉氏者非平、勃,陸賈早運之掌上。陸生辨才深韜光,知幾知微尤知彰。呂非劉氏而封王,口舌難爭身宜藏。病免家居恣徜徉,自出橐中千金裝。分與諸子供酒漿,安車駟馬歌舞長。如從赤松遊上方,壽終亦同張子房。齫通相背謀非藏,佗去帝號大義昌。扶危定傾籌畫詳,功大不居慕老莊。十二篇書皆琳琅,稱曰《新語》媲虞颺。

《竹庵詩鈔》卷五,《清代詩文集彙編》487 册,113 頁

陸　賈　　　　　　　　　　　　　　　　　　（清）張　澍

南粵歸來接重裝,營家好時足襄羊。歌鐘時作生為樂,寶劍相留死不妨。賈誼有書聊亦作,隋何無武漫同行。諸郎莫笑翁疏放,奉勸陳平意自長。

《養素堂詩集》卷二五,《清代詩文集彙編》536 册,271 頁

陸賈分橐《史記》　　　　　　　　　　　　　　（清）田依渠

亦有宦囊金,憑教五子分。大堪供酒食,終日醉醺醺。

《茹古山房讀史餘吟》卷六,《清代詩文集彙編》639 册,668 頁

詠史·陸賈　　　　　　　　　　　　　　　　（清）孫國楨

九江百粵服炎劉,達大功名寸舌收。將相和衷咨大計,一編《新語》足嘉猷。

《愚軒詩鈔》卷下,《清代詩文集彙編》741 册,357 頁

詠史小樂府三十首 己未（其十八）　　　　　　　（清）沈家本

大義親猶滅,休騰賣友譏。公言殺諸呂,血濺漢臣衣。

《枕碧樓偶存稿》卷七,《清代詩文集彙編》745 册,486 頁

陸　賈　　　　　　　　　　　　　　　　　　（清）吴　鎮

使南越,乘斑騅。山覆錦,陸郎歸。

《松花庵韻史》,《四庫未收書輯刊》拾輯 24 册,257 頁

詞

看花回·濟南懷古 （清）彭　桂

　　東齊一大都會,歷山灤水。霸業於今安往,歃盟會兵爭,紛紛遊說。片言憑軾,七十二城同折箠。看幾許,鼓舌搖脣,鼎烹車裂縱橫死。　　更莫吊、興亡舊事。無處覓、當年朝市。識破勳名浮幻,有主父公孫,片時金紫。我來登眺,不注峰前留戰壘。封禪書,押闔土,何苦君如此。

《全清詞》順康卷第一〇冊,6073 頁

高陽臺·酈食其 （清）周斯盛

　　生長高陽,委蛇門吏,狂來六十餘年。吾本非狂,長貧落魄堪憐。儒衣曳地,酒徒瞋目,傲然隆準之前。片時言、手斬陳留,口下齊田。　　謀成扼要得其天,問何良贊畫,誰後誰先。飲酒方酣,霎時烈火黃泉。車將一爵貽兒疥,論報功、生也兼全。試旁觀、彭醢韓烹,苟信空捐。

《全清詞》順康卷第一二冊,6952 頁

滿江紅·題酈生祠 （清）周斯盛

　　白髮監門,酒杯裏、蹉跎偪側。縵撞著、踞牀嫚罵,傲然長揖。割却陳留頭一顆,降他稷下城七十。為乃公、先著據敖倉,民天得。　　原不踐,圯橋迹。煞強似,雲夢嚇。任鑊湯爐火,安排狂客。兒輩漫誇侯印大,豎儒只要功名立。看祠前、殘雪塚纍纍,風聲急。

《全清詞》順康卷第一二冊,7006 頁

惜餘春慢·羊城懷古 （清）朱茂晭

　　疊嶺埋雲,驚濤破峽,一道天開如畫。蠻夷大長,老夫臣佗,兩度曾來陸賈。談笑豪雄俯心,瀉橐風流,遨游瀟灑。問詩書安用,何如馬上,定安天下。　　建勳業、萬里封侯,伏波銅柱,寂寞暮潮空打。城營南武,苑築昌華,更有幾多閒話。惟見啼鴂自飛,舊日江山,當時臺榭。漫揮杯歌舞,岡頭露草,沾衣盈把。

《全清詞》順康卷第八册,4598 頁

卜算子·陸賈

(清)周斯盛

也不博封侯,也不愁烹狗。省却南征十萬師,新説時開口。　　數語大臣調,滿橐諸兒有。功在朝廷身不居,妙舞清歌壽。

《全清詞》順康卷第一二册,6952 頁

曲

〔北雙調撥不斷〕雜詠 　　　　　　　　　　（明）王克篤

讀史有感

識兵機。論安危。搖唇鼓舌把侯王說。自歎高陽悔已遲。雄心空逐油河沸。不如沉醉。

《全明散曲》第二冊，2460頁

傅靳蒯成列傳

詩

詠《傅靳蒯成列傳》

傅靳蒯成列傳 （唐）司馬貞

陽陵、信武，結髮從漢。動叶人謀，功實天贊。定齊破項，我軍常冠，蒯成委質，夷險不亂。主上稱忠，人臣扼腕。

《史記索隱》卷三〇，483頁

劉敬叔孫通列傳

詩

詠《劉敬叔孫通列傳》

劉敬叔孫通列傳　　　　　（唐）司馬貞

廈藉衆幹,裘非一狐。委輅獻說,緜蕞陳書。皇帝始貴,車駕西都。既安太子,又和匈奴。奉春、稷嗣,其功可圖。

《史記索隱》卷三〇,483 頁

詠　　史（其二十七）　　　　　（清）宋　楘

古禮與秦雜採成,朝儀新起度能行。叔孫通善逢君欲,倔強空餘魯兩生。

《雞勵百二槀》卷五,《清代詩文集彙編》475 冊,41 頁

雜詠史四十二首（其九）　　　　　（清）梁運昌

婁(劉)敬脫挽輅,決策說入關。及其論匈奴,二計蓋疎焉。和親收後効,歲遺康目前。終非餌戎術,徒啟千載端。平城雖撓折,兵合中國權。勢須圖大舉,一勝基百年。淮陰運玉帳,當陽馳兩鞭。馬邑橫挑衅,王恢造謀先。懸知韓長孺,智勇無雙全。何以議中策,李牧宜守邊。

《秋竹齋詩存》卷五,《清代詩文集彙編》499 冊,35 頁

讀《漢書》列傳雜詩·婁(劉)敬　　　　　　　　（清）梁章鉅

婁(劉)生脫輅際昌辰,四塞金城仗奉春。苦諫白登勤遠略,如何末議倡和親。

《退菴詩存》卷四,《清代詩文集彙編》515 冊,57 頁

讀《漢書》列傳雜詩·叔孫通　　　　　　　　（清）梁章鉅

短衣楚製託風雲,應愧芳名稷嗣君。世變巧從十主習,朝儀忍使兩生聞。

《退菴詩存》卷四,《清代詩文集彙編》515 冊,58 頁

詠劉敬

婁(劉)敬洞 　　　　　　　　　　　　　　　　　　　　（元）王　旭

蒼山誰鑿破,幽隱自婁公。地處秦坑外,人歸漢室中。一編青史在,千載白雲空。我欲觀遺跡,單衣怯冷風。

《全元詩》第 13 冊,39 頁

婁(劉)敬 　　　　　　　　　　　　　　　　　　　　　（元）宋　无

冒頓兵強以力威,和親公主嫁為妻。單于世世為孫壻,婁(劉)敬當年策最低。

婁敬設和親之謀,其言曰:"冒頓殺父代立,妻群母,以力為威,未可以仁義說,獨可以計久遠,子孫為臣耳。"及究其所以為臣之策,乃曰:"以漢適長公主妻單于,生子必為太子,代單于。冒頓在,固為子壻。壻死,外孫為單于。豈聞外孫敢與大父抗禮哉?"其言可資一笑。

《全元詩》第 19 冊,416 頁

劉　敬 　　　　　　　　　　　　　　　　　　　　　　（元）李齊賢

欲將漢主嫁昆夷,想見當初計畫時。千載明妃心語口,奉春君豈是男兒。

《全元詩》第 33 冊,366 頁

詠史一百首（其四十） 　　　　　　　　　　　　　　　　（明）謝肇淛

婁(劉)敬脫輓輅,一言定帝都。白登揣虜情,良勝十輩徒。廣武既脫繫,建信隨分符。先見計已殫,和親策何疏?冒頓妻父母。寧復子壻拘?犬羊本異類,羈縻誠良圖。胡割骨肉愛,遠媚天驕奴?作俑毒千古,嗤彼孱與愚。

《小草齋詩集》卷六,《小草齋集》上冊,712 頁

詠古詩十四首·劉敬 　　　　　　　　　　　　　　　　　（清）張之洞

四塞盤紆八水流,關中形制擬龍頭。無端開濟逢齊虜,遂使葳蕤啟雍州。高枕猶能

鞭七國,覆車何用詒東周。獨憐乾德英雄略,未有文成贊廟謀。

《張之洞詩文集》卷九,327 頁

婁(劉)敬　　　　　　　　　　　　　　（清）羅惇衍

齊人。以戍卒謁高祖,請都關中,拜為郎中,號"奉春君",賜姓劉。後封為建信侯。

一語咸陽勝雒陽,漢都西建固金湯。回思勁卒三千起,更徙豪家十萬強。齊虜得官羞口舌,蕃兒挾詐洞衷腸。和親首議歸公主,作俑琵琶恨未忘。

《集義軒詠史詩鈔校證》卷六,第一冊,155 頁

婁(劉)敬和親《史記》　　　　　　　　（清）田依渠

北國議和親,難禁戰伐頻。自來秦與晉,讐敵是婚姻。

《茹古山房讀史餘吟》卷六,《清代詩文集彙編》639 冊,667 頁

詠史小樂府三十首己未(其十五)　　　　（清）沈家本

慶鄭難逃死,田豐竟見收。白登兵罷日,建信遂封候。

《枕碧樓偶存稿》卷七,《清代詩文集彙編》745 冊,486 頁

詠叔孫通 附魯兩生

詠叔孫通　　　　　　　　　　　　　　　　（宋）宋　祁

馬上功成不喜文,叔孫綿蕝強經綸。諸君可笑貪君賜,便許當時作聖人。宋胡仔《苕溪漁隱叢話》後集卷二〇引《復齋漫錄》。

《全宋詩》卷二二五,4 册,2617 頁

叔孫通　　　　　　　　　　　　　　　　　（宋）王安石

先生秦博士,秦禮頗能熟。量主欲有為,兩生皆不欲。草具一王儀,群豪果知肅。黃金既遍賜,短衣亦已續。儒術自此凋,何為反初服。

《全宋詩》卷五四六,10 册,6535 頁

嘲叔孫通　　　　　　　　　　　　　　　　（宋）王安石

馬上功成不喜文,叔孫綿蕝共經綸。諸君可笑貪君賜,便許當時張本校:一作先生。作聖人。張本李璧注:或云此詩宋景文(宋祁)作。

《全宋詩》卷五七一,10 册,6738 頁

叔孫通　　　　　　　　　　　　　　　　　（宋）王　令

弟子從來學未純,異時得失亦頻頻。一官所買知多少,便議先生作聖人。

《全宋詩》卷七〇六,12 册,8180 頁

叔孫通　　　　　　　　　　　　　　　　　（宋）陳　普

劉項權將作狗偷,誰能撩虎又摩頭。漢王不是坑儒主,頸血依依是可羞。

《全宋詩》卷三六五〇,69 册,43799 頁

叔孫奉常通　　　　　　　　　　　　　　　（金）李　汾

秦時博士魯諸生,漏網驪山百丈坑。邂逅劉郎習綿蕝,便能彈壓漢公卿。

《金詩》,《全遼金詩》下冊,2761頁

叔孫通 (元)徐　鈞

秦府藏書熟見聞,三王遺意可追尋。如何綿蕞因秦陋,古禮淪亡恨到今。

《全元詩》第7冊,285頁

詠史·叔孫通 (元)李　曄

太常近侍龍頭日,博士初離虎口時。尚改短衣從楚製,能逃古禮雜秦儀。兩生不往誰為鄙,三代相因豈在為。賴有忠言爭易嗣,汗青傳載似期期。

《全元詩》第56冊,59頁

漢傑士(其五) (明)楊　基

禮樂治化本,百年然後興。奈何叔孫通,綿蕞為可行。布衣起山東,五載帝業成。瘡痍有未起,詎可謂治平。當時定朝儀,事正擊柱爭。遂令後賢王,禮樂終不明。漢道止於斯,俗儒良可輕。

《眉庵集》卷一,4頁

叔孫通演禮處 (明)王　衡

野外脫戎衣,干戈化冠履。至今思兩生,千秋豎儒耳。

《緱山先生集》卷二,《四庫全書存目叢書》集部178冊,611頁

雜懷五十首(其三十五) (明)王廷相

秦人忍坑儒,儒乃遁其踪。禮樂遂崩委,干戈日興戎。劉、項躍馬呼,《詩》《書》益途窮。少者既不聞,老者已朦聾。漢祖起朝儀,叔孫侈其逢。區區效綿蕝,古道如捕風。變此擊柱習,卑臣君愈崇。兩生志不屈,九師傳未洪。遂令希世兒,亢為儒者宗。

《王氏家藏集》卷七,《王廷相集》第一冊,96頁

詠史一百首(其三十九) (明)謝肇淛

草昧騖龍門,朝紀蕩丘墟。喧呶擊殿柱,詎可一朝居？叔孫誠陋豎,卑尊焉可渝？綿

蕝野中習,文具良勝無。兩生操特志,矯首不與俱。禮樂需百年,其言固已迂。聖王定制度,不遑下兵車。將相皆材官,馬上厭《詩》《書》。達人觀時變,補敝盈其虛。文帝卒謙讓,賈生將焉如?

《小草齋詩集》卷六,《小草齋集》上册,712 頁

叔孫通　　　　　　　　　　　　　　　　　　　　　(清)袁　枚

軍謀休注《漢官儀》,綿蕝荒郊事事非。三代以還皇帝貴,兩生之後腐儒稀。

《小倉山房詩集》卷八,《小倉山房詩文集》第一册,306 頁

叔孫通　　　　　　　　　　　　　　　　　　　　　(清)謝啟昆

初徵文學待咸京,虎口旋離入漢城。鼠竊狗偷諛二世,短衣楚服媚公卿。拜君博士猶秦士,污我諸生羨兩生。緜蕝野中朝禮雜,殿廷草草壽觴行。

《樹經堂詠史詩》卷一,影印《續修四庫全書》1458 册,508 頁

叔孫通　　　　　　　　　　　　　　　　　　　　　(清)羅惇衍

薛人。高祖時,歷官奉常,號"稷嗣君",徙太子太傅。惠帝立,復為奉常。

易儲一諫識綱常,此外多慚鄙陋彰。鼠竊阿諛恩睍睍,鴻臚草創壽稱觴。兩生偕隱全高志,三代忘遵失舊章。憶脫儒衣更楚製,酒徒酈生。視汝却堂堂。

《集義軒詠史詩鈔校證》卷六,第一册,165 頁

讀史絕句二十一首·叔孫通　　　　　　　　　　　　(清)張之洞

綿蕝恩恩帝改觀,兩生偏道百年難。不知禮樂扶開創,陋絕寒儒二寸冠。

《張之洞詩文集》卷四,187 頁

叔孫制禮 《漢書》　　　　　　　　　　　　　　　　(清)田依渠

野外為綿蕝,諸生演習工。乃知皇帝貴,全賴叔孫通。

《茹古山房讀史餘吟》卷一,《清代詩文集彙編》639 册,643 頁

詠史小樂府三十首己未(其十二、十三) （清）沈家本

緜蕞參秦法，朝儀起叔孫。兩生招不至，古制與誰論。

禮樂烝民重，烏能待百年。遂教三代制，歇絕賸遺編。

《枕碧樓偶存稿》卷七，《清代詩文集彙編》745冊，486頁

魯二儒 （宋）舒岳祥

叔孫事秦，以諛蔽愚。至於歸漢，薦進狡夫。滅我王道，甚於焚書。是以二儒，確乎其居。

《全宋詩》卷三四三五，65冊，40889頁

兩　生 （宋）陳　普

少年賈誼空多口，老大申公繆一行。曾識當年二君子，閉門不受叔孫生。

《全宋詩》卷三六五〇，69冊，43801頁

魯兩生 （元）方　求

絃歌纔可脫兵屠，召命俄聞博士車。二子不來公去矣，漢家禮樂竟何如？

《全元詩》第65冊，323頁

魯兩生 （清）羅惇衍

魯人。漢五年，高帝徵之，不至。

緣何龍性竟難馴，齊、魯泥蟠共隱淪。焚却《詩》《書》刑及士，懷茲禮樂德超倫。無須徐市童男女，并謝田橫舊主賓。儒有兩人阮不得，留歸漢室作高人。

《集義軒詠史詩鈔校證》卷六，第一冊，166頁

魯二生 （清）王龍文

百年禮樂渺難期，希世叔孫那得知。太史好奇誇稷嗣，忍將姓字付迷離。

《平養詩存》卷下，《清代詩文集彙編》790冊，357頁

曲

〔中呂〕朝天曲

(元) 薛昂夫

叔孫，討論。早定君臣分。禮成文武兩班分。舞蹈揚塵順。拔劍爭功，垂紳消忿，方知天子尊。武臣，勇人，也被書生困。

《全元散曲》上冊，705 頁

季布欒布列傳

詩

詠《季布欒布列傳》

季布欒布列傳　　　　　　　　　　（唐）司馬貞

季布、季心，有聲梁、楚。百金然諾，十萬致距。出守河東，股肱是與。欒公哭越，犯楚見虜。赴鼎非冤，誠知所處。

《史記索隱》卷三〇，483 頁

讀《季布欒布列傳》　　　　　　　　（清）裴　謙

梁、楚、燕、齊各播名，將軍義氣並縱橫。壯夫珍重千金諾，烈士從容五鼎烹。堪羨曹邱能揖客，可憐彭越為徵兵。髡鉗傭賃都非辱，有志從來事竟成。

《晚晴簃詩匯》卷九五，第二冊，693 頁

詠季布

詠史四首（其一） （唐）盧照鄰

季生昔未達,身辱功不成。髡鉗為臺隸,灌園變姓名。幸逢滕將軍,兼遇曹丘生。漢祖廣招納,一朝拜公卿。百金孰云重,一諾良匪輕。廷議斬樊噲,群公寂無聲。處身孤且直,遭時坦而平。丈夫當如此,唯唯何足榮。

《全唐詩》卷四,2冊,513頁

季布 （元）徐鈞

一諾千金漢重臣,平生恩力報何曾。朱家不德人傳美,殊愧張蒼父事陵。

《全元詩》第7冊,286頁

詠史·季布 （元）李曄

憶自髡鉗載柳車,魯、朱猶得解紛譁。平生任俠何須數,不死圖功正足誇。楚日將軍猶為主,漢庭御史必忘家。千秋雖重黃金諾,老守河東謾爾嗟。

《全元詩》第56冊,59頁

季布 （清）蔣楛

黃金輕一諾,烈士重平生。不有游揚客,誰傳梁、楚名。髡鉗非畏死,戎馬未忘情。無復鴻溝去,君王在穀城。

《天涯詩鈔》卷一,影印《四庫未收書輯刊》捌輯23冊,583頁

汪生彥和出元人畫二十幅,分賦其五·《季布任俠圖》 （清）洪亮吉

君不見,輼涼夜半離法宮,豪傑擾擾黃塵中。原、嘗、春陵有家法,殺人亂世非英雄。誰何要間佩兩龍,短裘駿馬羞雷同。報仇結客盡一世,末路顧與曹邱通。我懷噬此田舍

翁,兀兀一飲還千鐘。於虖!男兒不種東陵瓜,有酒亦澆劇孟家。勳名生在死即盡,姓氏肯使餘人誇。披圖憐君重然諾,廣柳車來容束縛。一生倖免兩頭蟲,令人千載悲丁公。

《附鮚軒詩》卷二,《洪亮吉集》第五冊,1928 頁

季　　布　（清）羅惇衍

楚人。嘗為項羽將。高祖時,拜為中郎將。惠帝即位,遷河東太守。文帝時卒官。

不北走胡南走越,且為奴僕魯朱家。賢徵異日慚留邸,俠賣當年笑置車。擊塞面謾臣請斬,懸河口辯士容誇。季心更許稱難弟,勇蓋關中孰敢加。

《集義軒詠史詩鈔校證》卷七,第一冊,184 頁

讀《漢書》列傳雜詩·季布　（清）梁章鉅

十萬邊兵一語休,大名何必藉曹邱(丘)。朱家、周氏俱知己,只惜丁公命不猶。

《退菴詩存》卷四,《清代詩文集彙編》515 冊,57 頁

季布一諾 《史記》　（清）田依渠

是亦鉗奴耳,何堪語士林。豈知矜氣節,一諾重千金。

《茹古山房讀史餘吟》卷二,《清代詩文集彙編》639 冊,645 頁

詠史·季布　（清）孫國楨

髠奴忍死拜恩榮,一諾千金負楚傖。《薤露》歌傳聲未寂,有人刎頸報田橫。

《愚軒詩鈔》卷下,《清代詩文集彙編》741 冊,357 頁

詠欒布 附丁公

欒　布　　　　　　　　　　　　　　　（清）羅惇衍

梁人。高帝時，為梁大夫，遷都尉。文帝時，為燕相，至將軍。景帝時，以功封鄃侯，復為燕相。景帝中五年，卒。

社立枌榆共號欒，燕騎遺澤眾臚歡。故君一旦驚梟首，義士千秋比納肝。忠貫闕廷甘鼎鑊，績思河濟痛摧殘。片言罪釋逢英主，晚歲封鄃力為殫。

《集義軒詠史詩鈔校證》卷六，第一冊，172 頁

詠　史（其三）　　　　　　　　　　　（宋）鄭　獬

漢家行賞盡論功，禍福於人豈易窮。解把舊恩酬項伯，獨將大義斬丁公。

《全宋詩》卷五八四，10 冊，6877 頁

丁　公　　　　　　　　　　　　　　（元）蔣民瞻

鴻門舞劍甘為虜，廣武杯羹脫若翁。為楚不忠如定罪，未應項伯後丁公。

《全元詩》第 8 冊，173 頁

詠史詩和李咸齋有序（其六）　　　　　（清）魏　禧

李子咸齋作《詠史詩》，余讀而悅之，書置座間以當九九礪礪。諷詠既多，意有各出也。

項伯何以封？丁公何以戮？兩賢相厄時，相對生恥辱。項伯受敵賞，無傷遭主誅。漏言不擇人，徒爾喪其軀。

《魏叔子詩集》卷四，《魏叔子文集》下冊，1264 頁

丁公遽戮《史記》　　　　　　　　　　（清）田依渠

未忍厄高帝，難言忠項王。好教臣子輩，從此識綱常。

《茹古山房讀史餘吟》卷二，《清代詩文集彙編》639 冊，645 頁

袁盎晁錯列傳

詩

詠《袁盎晁錯列傳》

袁盎朝錯列傳　　　　　　　　（唐）司馬貞

袁絲公直，亦多附會。攬轡見重，却席翳賴。朝錯建策，屢陳利害。尊主卑臣，家危國泰。悲彼二子，名立身敗！

《史記索隱》卷三〇，483頁

讀《晁錯傳》　　　　　　　　（宋）許　氏

匣劍未磨晁錯血，已聞刺客殺袁絲。到頭昧却人心處，便是欺他天道時。痛矣一言偷害正，戮之萬段始為宜。鄧公墳墓知何處，空對斯文有淚垂。

《全宋詩》卷五九九，10冊，7071頁

補禹門兩漢詠史小詩（其二十四、二十五）　　（清）梁運昌

晁子霸王策，頗復用空談。上繼《治安》遜，下視天人慙。
袁絲傾險徒，足以喪首領。猶得正議名，被刺非不幸。

《秋竹齋詩存》卷二，《清代詩文集彙編》499冊，14頁

讀《漢書》列傳雜詩·爰(袁)盎　　　　　　（清）梁章鉅

請室能迴周勃劍,乘輿竟奪趙談鞭。傾心劇孟終何益,低首梧生始可憐。

《退菴詩存》卷四,《清代詩文集彙編》515 冊,58 頁

讀《漢書》列傳雜詩·晁錯　　　　　　（清）梁章鉅

五技三章裕智囊,偏教秘語阻東廂。上書那得鄧中尉,避坐終輸爰太常。

《退菴詩存》卷四,《清代詩文集彙編》515 冊,58 頁

晁　錯　　　　　　（清）張　澍

智囊久矣善譚兵,出战應將七國平。先事未防袁入醬,諸軍都借錯為名。倉黃東市盈衣血,寂寞哀親仰藥聲。可惜安劉翻失計,窮經未免闇人情。

《養素堂詩集》卷二五,《清代詩文集彙編》536 冊,271 頁

詠袁盎

高陵袁盎 （明）李廷訓

宦者與驂天子乘,夫人並坐後宮裀。當時不有絲君諫,幾與高皇續後塵。

《醴雞吟》卷一一,《陕西古代文獻集成》第10輯,440頁

爰(袁)盎 （清）謝啟昆

公言曾下相臣車,日飲無何計豈疏。司馬解酬從吏德,鬥雞恒共博徒居。能令斬錯紓群怨,孰使誅袁有客狙。不忍刺君君已死,棓生占問竟何如。

《樹經堂詠史詩》卷一,影印《續修四庫全書》1458冊,509頁

爰(袁)盎 （清）羅惇衍

字絲。其父楚人,徙安陵。文帝時,為中郎將,調隴西都尉,遷齊相,改吳相。景帝時,歷官太常,後徙楚相。為梁王客刺死。

何堪直諫禁中趨,齊相方遷又相吳。蜀道檻車寬悔恨,霸陵峻阪沮馳驅。夫人坐敢將軍却,長者門來刺客呼。奕事兩賢苦相陷,私讎互失不貲軀。

《集義軒詠史詩鈔校證》卷七,第一冊,197頁

袁盎却座 《史記》 （清）田依渠

布策上林苑,難為宮妾陳。君王如見怒,盍念戚夫人。

《茹古山房讀史餘吟》卷一,《清代詩文集彙編》639冊,644頁

讀《漢書》有感·袁盎 （清）吳翊寅

日飲亡何口且箝,舌鋒更比劍芒銛。朝衣東市君知否?莫詣棓生所問占。

《曼陀羅花室詩》卷三,《清代詩文集彙編》776冊,644頁

詠晁錯

覽古十四首(其九) （唐）吳筠

晁錯抱遠策，為君納良規。削彼諸侯權，永用得所宜。奸臣負舊隙，乘釁謀相危。世主竟不辨，身戮宗且夷。漢景稱欽明，濫罰猶如斯。比干與龍逢，殘害何足悲。

《全唐詩》卷八五三，24冊，9645頁

過晁大夫廟 （宋）韓維

春草空庭綠，無人燕自飛。英魂傳廟食，遺像儼朝衣。弊大謀何卒，才高禍所歸。空令策畫士，千古鑒危機。

《全宋詩》卷四二三，8冊，5194頁

五哀詩·晁大夫 （宋）司馬光

人主恩猶盛，讒夫弄舌端。旋聞就斧質，不得解衣冠。反賊齒纔冷，謀臣心盡寒。晁宗噍類盡，漢室泰山安。

《全宋詩》卷五〇二，9冊，6088頁

晁錯 （宋）朱淑真

七國綿延蔓草圖，一言請削獨干誅。揚雄自負功名志，猶罪當時太失愚。

《全宋詩》卷一五九八，28冊，17995頁

晁錯 （宋）劉克莊

危晁知不免，削楚慮空長。東市哀朝服，西京號"智囊"。

《全宋詩》卷三〇四七，58冊，36339頁

晁　錯　　　　　　　　　　　　　　　　　　　　（宋）陳　普

誰人能奪伯氏邑，何德敢隳三子都。內史自侵漢家廟，未須削楚更衰吳。

《全宋詩》卷三六五〇，69 冊，43801 頁

題《晁錯授經圖》　　　　　　　　　　　　　　　（清）田　雯

女兒侍坐一翁旁，口授須臾二十章。疑有舛訛遺漏處，晁公杜撰兩三行。
鶯聲姹語模糊，九十衰翁記得無。留作後人辛苦事，聱牙讀得費工夫。
削地談兵負異才，不教遺籍沒秦灰。典謨訓誥傳經學，術數說從何處來。

《古歡堂集》卷一四，影印文淵閣《四庫全書》1324 冊，169 頁

晁　錯　　　　　　　　　　　　　　　　　　　　（清）謝啟昆

刻深學本出申、商，家令才多號"智囊"。兵事上言操國要，農田立法實邊疆。諸侯削地謀誠善，東市行刑義可傷。劉氏雖安晁氏滅，城陽中尉識忠良。

《樹經堂詠史詩》卷一，影印《續修四庫全書》1458 冊，509 頁

晁　錯　　　　　　　　　　　　　　　　　　　　（清）羅惇衍

潁川人。文帝時，歷官中大夫。景帝即位，遷御史大夫。吳、楚反，詔斬於東市。

一腔熱血灑朝衣，白首嚴親仰藥歸。將有條侯忘上薦，譖工吳相昧先幾。幸存謨典遺文在，惜學刑名擇術非。劉氏已安晁氏滅，九原父子重歔欷。

《集義軒詠史詩鈔校證》卷七，第一冊，195 頁

詠古詩十四首·晁錯　　　　　　　　　　　　　　（清）張之洞

少學申商強受經，鑿埳先使貴人嗔。匆匆東市蕤殘碧，衮衮關西臥積薪。□□□□□□□，□□□□□□□。公愚暗被揚雄笑，老向承明著《美新》。楊子《法言》："或問晁錯，曰愚。"

《張之洞詩文集》卷九，328 頁

晁氏危《前漢書》　　　　　　　　　　　　　　　　　　（清）陳啟疇

晁錯性刻深，為申、商刑名之學。景帝時，為御史大夫，請諸侯之罪過，削其支郡。錯父從潁川來，謂曰："劉氏安，晁氏危矣。"後吳、楚七國俱反，以誅晁錯為名。帝竟用袁盎言，斬錯東市。

劉氏安，晁氏危。君恩重，親心悲。七國反報同日起，天子無策謀臣死。智囊畢竟成禍胎，孫也鼠董原忌才。君不見列侯就國賈生策，長沙卑濕遠行役。

《詠史擬古樂府》卷上，《清代詩文集彙編》450冊，155頁

思退齋詠古詩（其九）　　　　　　　　　　　　　　　　（清）釋清恒

未曾削地身無殞，七國興兵罪不辭。地下倘教逢賈傅，又將痛哭淚如絲。

《借菴詩鈔》卷一，《清代詩文集彙編》452冊，105頁

晁　錯　　　　　　　　　　　　　　　　　　　　　　（清）王廷紹

血染朝衣失"智囊"，老親仰藥骨鑠涼。九原父子悲離合，七國兵戈正擾攘。天子豈宜居外闈，譖臣先使避東廂。申、商學術能招禍，何不窮經老太常。

《澹香齋詩草》卷二，《清代詩文集彙編》472冊，342頁

晁　錯　　　　　　　　　　　　　　　　　　　　　　（清）鮑桂星

乃父呼公世所無，白頭飲藥痛長徂。縱教法令能經國，畢竟申、商自殺軀。東市朝衣憾袁盎，南壖廟壁悔申屠。《尚書》一卷曾親受，何不弦歌學老儒。

《覺生詠史詩鈔》卷一，《清代詩文集彙編》476冊，470頁

晁　錯　　　　　　　　　　　　　　　　　　　　　　（清）張　琛

休將始禍罪書生，七國從今勢漸平。但得漢家根本固，殺身也是立功名。

《日鋤齋詩集·缶音》，《清代詩文集彙編》483冊，660頁

晁錯峭直《史記》　　　　　　　　　　　　　　　　　　（清）田依渠

徒留峭直名，意欲安劉氏。峭地不會行，朝衣斬東市。

《茹古山房讀史餘吟》卷五，《清代詩文集彙編》639冊，665頁

東市冤 (清)皮錫瑞

七國同反兵不止,"智囊"朝衣斬東市。"智囊"豈眞愚至此,破家安劉義當爾。禍輕禍重反則同,嗟君獨以身攖鋒。攖鋒而死臣死忠,乃爲七國誅三公。誅三公,吾亦憾,爲敵報仇臣報怨。報仇報怨君勿傷,象祖打殺韓師王。

《師伏堂詠史》,《清代詩文集彙編》772 册,311 頁

讀《漢書》有感·晁錯 (清)吳翊寅

慷慨言兵屢上章,臨軒高第擢賢良。安劉豈料危晁氏,家令應慙號"智囊"。

《曼陀羅花室詩》卷三,《清代詩文集彙編》776 册,644 頁

續詠史雜詩(其二) (清)張寶森

削奪宗藩策亦長,兵興七國轉倉皇。朝衣未解尸東市,晁錯何曾是"智囊"。

《悔庵詩存》卷上,《清代詩文集彙編》768 册,642 頁

張釋之馮唐列傳

詩

詠《張釋之馮唐列傳》

張釋之馮唐列傳 （唐）司馬貞

張季未偶，見識袁盎。太子懼法，嗇夫無狀。驚馬罰金，盜環悟上。馮公白首，昧哉論將。因對李齊，收功魏尚。

《史記索隱》卷三〇，484頁

詠張釋之

文帝登龍虎圈，問尉禽獸簿，不能對，虎圈嗇夫對甚悉，上拜嗇夫上林令。張釋之曰：今以口辨超遷，天下爭口辨無實，遂不拜　　　　　　（宋）袁說友

辨舌機鋒銳，言簧巧意傾。一聞賢者議，眾鄙嗇夫名。利口宜深戒，違顏願力爭。須知玄默化，帝已久躬行。

《全宋詩》卷二五七九，48冊，29925頁

張釋之三首　　　　　　（宋）陳　普

瓦器山陵刑措時，釋之而後固無之。公車不作他年計，聊使君王識教兒。
帝舜登天四海臣，可憐生殺不由身。持平第一張廷尉，更聽君王誤殺人。
塵編今古幾咿嚘，多少君王共御囚。自古君難臣不易，釋之片語誤千秋。

《全宋詩》卷三六五〇，69冊，43802頁

張釋之　　　　　　（元）蔣民瞻

盜環犯蹕得輕論，廷尉持平信不冤。誰為絳侯書牘背，此時何事竟無言？

《全元詩》第8冊，173頁

張釋之　　　　　　（清）羅惇衍

字季，南陽堵陽人。文帝時，以貲為騎郎，屢遷廷尉。景帝時，為淮南相。年老，病卒。

夫人遙指邯鄲道，太子同來司馬門。入殿宮車敢追止，錮山石槨獨前言。九重納諫臣能直，四海蒙庥獄不冤。大度豈徒征結襪，學師黃、老得真源。

《集義軒詠史詩鈔校證》卷七，第一冊，189頁

司馬門 《前漢書》　　　　　　　　　　　（清）陳啟疇

張釋之,文帝時為公車令。頃之,太子入朝,不下司馬門,釋之追止太子毋入殿門,以不下公門不敬劾之。帝免冠謝曰:"教兒子不謹"。後景帝即位,釋之恐,欲去。然用王生計,景帝不過也。

虞舜為君皋陶士,國有常刑民安止。輕重權不由天子,漢家持法廷尉尊。儲皇不下司馬門,天顏為謝天語溫。君王有道臣無闕,未央宮前變倉猝,已矣勉結王生韈。

《詠史擬古樂府》卷上,《清代詩文集彙編》450 冊,155 頁

讀《漢書》列傳雜詩·張釋之　　　　　　（清）梁章鉅

十載賫郎少宦情,一朝結韈重王生。玉環爭比一抔土,從此人知廷尉平。

《退菴詩存》卷四,《清代詩文集彙編》515 冊,58 頁

釋之結韈 《史記》　　　　　　　　　　　（清）田依渠

欲重張廷尉,王生亦自賢。故教親結韈,博得令名傳。

《茹古山房讀史餘吟》卷六,《清代詩文集彙編》639 冊,667 頁

讀《漢書》有感·張釋之　　　　　　　　（清）吳翊寅

久宦浮沈已十年,卑毋高論秩頻遷。群公推許終何益,結韈心知處士賢。

《曼陀羅花室詩》卷三,《清代詩文集彙編》776 冊,644 頁

詠馮唐

題梨嶺馮唐廟　　　　　　　　（宋）盧篆

五原塞外驕兒悍，萬死臺前女子多。聞道中郎知魏尚，不教天子憶廉頗。

《全宋詩》卷二五一八，47冊，29093頁

馮唐廟　　　　　　　　（宋）劉克莊

當饋而今渴將材，豈無梟俊尚沉埋。不曾薦得雲中守，也道身從省戶來。

《全宋詩》卷三〇四二，58冊，36283頁

題馮唐中郎廟　　　　　　　　（宋）胡仲弓

論將功中可策勳，至今香火密如雲。生時不遇孝文帝，定有何人肯薦君。

《全宋詩》卷三三三六，63冊，39834頁

馮　唐　　　　　　　　（宋）林同

知以孝行著，還應不問唐。可憐止輦問，何自得為郎。

《全宋詩》卷三四一八，65冊，40612頁

馮唐墓　　　　　　　　（宋）周密

自古英雄遇者稀，為郎未是不逢時。江湖亦有如公者，兩鬢蒼蒼理釣絲。

《全宋詩》卷三五五七，67冊，42514頁

中丘謁馮唐、郭巨祠　　　　　　　　（明）何東序

大道徘徊幾問津，兩賢祠屋德為鄰。星垂白髮寧知老，天賜丹書豈為貧。竊祿尚慚一日養，逢時須致百年身。平生所學惟忠孝，往事令人感慨新。

《九愚山房詩集》卷四，《四庫全書存目叢書》集部126冊，665頁

馮唐故里 （清）張問陶

意氣原須及壯酬，同時年少盡通侯。孝文皇帝承平久，畫省郎潛自白頭。

《出山小草》，《船山詩草》卷四，上冊，91頁

馮唐墓 （清）宋 琬

馮公昔未遇，執戟歎淹留。一薦雲中守，能寬漢主憂。古碑荒蘚合，高柳暮鴉秋。自笑為郎拙，蕭蕭欲白頭。

《安雅堂詩》五言律，《宋琬全集》，138頁

馮唐墓 （清）吳懷珍

漢代名臣墓，風前立馬看。殘碑荒蘚合，古木野雲寒。流滯年華促，明良際遇難。揮鞭行不得，回首望長安。

《晚晴簃詩匯》卷一五四，第四冊，49頁

馮唐墓 （清）蔣士銓

頗、牧不能用，豈必思鉅鹿？譎諫語實戇，魏尚於是復。賞罰失輕重，文吏且拘束，閫外智莫盡，李齊亦將僇。晚達為楚相，竊歎年命促。九十舉賢良，何以報推轂？

《忠雅堂詩集》卷一一，《忠雅堂集校箋》第二冊，920頁

馮 唐 （清）羅惇衍

趙人，徙代，復徙安陵。文帝時，拜車騎都尉。景帝初，遷楚相。卒，年九十餘。

閫外將軍內寡人，先王推轂後王尊。李齊若得為名將，魏尚空勞作帥臣。文吏按符朝法重，郎官侍輦主恩新。何須九十賢良舉，閱論賢賢已絕倫。

《集義軒詠史詩鈔校證》卷七，第一冊，185頁

馮 唐 （清）王廷紹

浮沈終是國家恩，白首還能面至尊。幾見郎官稱父老，却生令子號王孫。唐子遂，字王孫。君詢鉅鹿前朝戰，臣雪雲中故將冤。一舉賢良年九十，安陵風雨臥柴門。

《澹香齋詩草》卷二,《清代詩文集彙編》472 冊,343 頁

馮　　唐　　　　　　　　　　　　（清）張　澍

白首沉淪趙國賢,人情好尚幾經遷。君王駐輦偏承問,父老為郎亦可憐。鉅鹿廉頗酣戰日,雲中魏尚負冤年。勞臣赦出還符節,從此匈奴遠控弦。

《養素堂詩集》卷二五,《清代詩文集彙編》536 冊,272 頁

讀《漢書》有感·馮唐　　　　　　（清）吴翊寅

漢皇好武重邊功,白首為郎涸乃公。不遇馮唐論頗、牧,誰令魏尚起雲中。

《曼陀羅花室詩》卷三,《清代詩文集彙編》776 冊,644 頁

詞

前調（西江月）·過馮唐故里　　（清）陳維崧

酒罷燕歌竟歇，途窮趙瑟難求。滹沱水抱太行流，行過鄗南關口。　　匹馬霜天古蹟，三河玉勒長楸。翩翩過客半鳴騶，笑爾馮公白首。

《全清詞》順康卷第七冊，3918 頁

清平樂·過馮唐故里有感　　（清）毛際可

年光如許。遠道悲行旅。惟有馮唐堪共語。訴盡英雄遲暮。　　停車且自銜卮。衰顏仗酒維持。霜打絲絲敗柳，似余短髮梳時。

《全清詞》順康卷第一一冊，6408 頁

前調（卜算子）·過馮唐墓　　（清）周斯盛

陛下好少年，微臣齒已老。留得荒墳與故居，過客傷懷抱。　　懷抱不須傷，世事皆秋草。猶勝他人壯盛時，抑鬱風塵道。

《全清詞》順康卷第一二冊，6955 頁

萬石張叔列傳

詩

詠《萬石張叔列傳》

萬石張叔列傳　　　　　　　　　　　（唐）司馬貞

萬石謹孝，自家形國。郎中數馬，內史匍匐。綰無他腸，塞有陰德。刑名張歐，垂涕恤獄。敏行訥言，俱嗣芳躅。

《史記索隱》卷三〇，484 頁

朱宮傳_{石君}師出使示讀史詩，分詠《漢書》三十七首・萬石君　　（清）蔣　詩

孝謹聞郡國，溫縣"萬石君"。徙家長安里，受書為中涓。質行軼諸儒，子孫咸申申。持躬化臧獲，僮僕亦訢訢。郎中建為令，內史慶受官。會君尚無恙，五日歸謁親。建孝中群瀚，慶醉責讓頻。書馬尾是恐，數策敬彌真。奏事言極切，所陳人未聞。自慚不任職，為相偏深文。後嗣祿徒倍，莫繼家風醇。

《榆西僊館初橐》卷三一，《清代詩文集彙編》488 冊，460 頁

石　奮　　　　　　　　　　　　　　（明）宣宗朱瞻基

人臣之事君，恭敬乃其本。西漢隆盛時，能者推石奮。不言而躬行，子孫咸克慎。孝謹聞朝廷，豈直在鄉郡。吁嗟後來者，此道少能盡。驕蹇及僭踰，禮法浸乖紊。坐茲爵祿

貶,亦致家族償。賢哉萬石君,百世垂令問。

《大明宣宗皇帝御制集》卷一八,《四庫全書存目叢書》集部 24 冊,195 頁

萬石君 （清）羅惇衍

姓石,名奮,趙人。高祖時,為中涓。文帝時,歷官太子太傅。景帝初,遷九卿,徙諸侯相。奮及子四人皆二千石,故號"萬石君"。

有子四為二千石,特尊"萬石"重嚴君。一身帝眷恩施篤,五日兒歸澣滌勤。馬尾舛訛終懼譴,龍鱗攀附憶從軍。天生恭謹留家法,齊、魯諸儒且罕聞。

《集義軒詠史詩鈔校證》卷六,第一冊,169 頁

衛　綰 （清）羅惇衍

代大陵人。文帝時,官中郎將。景帝時,官中尉,封建陵侯,累遷御史大夫,進丞相。武帝時,以不任職免官。卒,諡曰"哀"。

匣藏六劍息龍吟,七賜依然眷顧深。召飲能違儲貳命,韜光不改小臣心。柏臺繩糾言差默,槐鼎經綸職枉任。醕(淳)謹無他終可倚,古來廉潔即官箴。

《集義軒詠史詩鈔校證》卷七,第一冊,202 頁

讀《漢書》列傳雜詩・衛綰 （清）梁章鉅

衛家長者戲車郎,六劍猶韜作作芒。吳、楚戰功在盟府,建陵何必有它腸。

《退菴詩存》卷四,《清代詩文集彙編》515 冊,58 頁

不疑誣金 《史記》 （清）田依渠

償金未見金,客去渺無音。此至歸還日,方知長者心。

《茹古山房讀史餘吟》卷一,《清代詩文集彙編》639 冊,644 頁

石　慶 （清）羅惇衍

萬石君奮第四子。武帝時,官內史,歷御史大夫,為丞相,封牧邱(丘)侯。卒,諡曰"恬"。

六馬天街策數知,平生篤慎不嫌癡。朱門有行家傳孝,黃閣無才國耗師。竟以凡庸消主忌,漫言災異匪人為。扶蘇妄引蘭階替,胄子存亡繫一詞。

《集義軒詠史詩鈔校證》卷九,第一册,239 頁

石慶數馬《史記》

(清)田依渠

數馬始相對,猶為簡易人。一家稱"萬石",都是漢名臣。

《茹古山房讀史餘吟》卷四,《清代詩文集彙編》639 册,658 頁

田叔列傳

詩

詠《田叔列傳》

田叔列傳　　　　　　　　　　　　　　　　（唐）司馬貞

田叔長者，重義輕生。張王既雪，漢中是榮。孟舍見廢，抗說相明。按梁以禮，相魯得情。子仁坐事，刺舉有聲。

《史記索隱》卷三〇，484頁

田　叔　　　　　　　　　　　　　　　　　（清）羅惇衍

趙陘城人，其先齊田氏。高祖時，拜漢中守。後，景帝用為魯相，卒於官。

孟舒聯轡死隨王，天下人誰長者方。梁事欲窮憂太后，漢臣難立悅先皇。煙銷疊化乖暌隙，露坐終休較獵場。骨肉善全還善輔，却金有子亦賢良。

《集義軒詠史詩鈔校證》卷六，第一冊，171頁

秦漢樂府·燒獄辭　　　　　　　　　　　　　（清）張　誠

周公誅管、蔡，常棣心惻惻。處人骨肉間，要使猜嫌釋。田叔悉燒梁獄辭，空手見帝真特識。奏稱上毋問梁事，梁王無恙勝詭賊。賊臣伏誅事已畢，愛憐少子婦人情。太后憂梁日夜泣，赦王弗問王請朝。帝與太后皆喜色，母子兄弟遂如初。天性油油泣沾臆，《春秋》克段譏鄭志。賢哉魯相調停力，君不見斗粟尺布不相容，文帝聞謠有慚德。

《嬰山小圃詩集》卷一五，《清代詩文集彙編》425冊，107頁

扁鵲倉公列傳

詩

詠《扁鵲倉公列傳》

詠　史　　　　　　　　　　　　　　　（漢）班　固

三王德彌薄,惟後用肉刑。太蒼令有罪,就遞長安城。自恨身無子,困急獨縈縈。小女痛父言,死者不可生。上書詣闕下,思古歌《雞鳴》。憂心摧折裂,《晨風》揚激生。聖漢孝文帝,惻然感至情。百男何憒憒,不如一緹縈。

《漢詩》卷五,《先秦漢魏晉南北朝詩》上冊,170頁

扁鵲倉公列傳　　　　　　　　　　　（唐）司馬貞

上池秘術,長桑所傳。始侯趙簡,知夢鈞天。言占虢嗣,屍蹶起焉。倉公贖罪,陽慶推賢。效驗多狀,式具於篇。

《史記索隱》卷三〇,484頁

讀《西漢書》　　　　　　　　　　　（元）鄭允端

予聞太史公,逮繫長安獄。生女不生男,緩急無以囑。少女痛所言,上書訟父辱。死者不復生,刑者不可屬。妾身沒入官,父罪或見贖。明明聖文王,哀憐脫狴毒。再使父子親,骨肉重相續。此事誼甚高,足以振頹俗。好事東觀臣,大書耀史錄。臨卷三歎之,清風滿林麓。

《全元詩》第63冊,103頁

詠扁鵲

扁鵲墓　　　　　　　　　　　　　　　　　　　　（宋）范成大

活人絕技古今無，名下從教世俗趨。墳土尚堪充藥餌，莫嗔醫者例多盧。在湯陰伏道路傍，相傳墓上土可療病，禱而求之，或得小圓如丹藥。

《全宋詩》卷二二五三，41 册，25850 頁

扁　鵲　　　　　　　　　　　　　　　　　　　　（宋）劉克莊

疾始於榮衛，哀哉不預謀。貪生諱聞死，天下幾桓侯。

《全宋詩》卷三○四七，58 册，36343 頁

扁鵲墓　　　　　　　　　　　　　　　　　　　　（元）王　盤

昔為社長時，方投未可錄。一遇長桑君，古今皆嘆服。天地為至仁，既死不能復。先生妙藥石，起死效何速。日月為至明，覆盆不能燭。先生具正眼，豪釐窺肺腑。誰知造物者，禍福相倚伏。平生活人手，反受庸醫辱。千年廟前水，猶學上池綠。再拜乞一杯，洗我胸中俗。

《全元詩》第 3 册，5 頁

扁　鵲　　　　　　　　　　　　　　　　　　　　（元）宋　无

疾居腠裏藥堪投，司命難令骨髓瘳。大抵貪生諱言死，人間何獨是桓侯。

《全元詩》第 19 册，413 頁

雜言四十九首（其三十一）　　　　　　　　　　　（元）張　達

扁鵲謂桓侯，君疾在腠理。於時用湯熨，所患猶可靡。桓侯不深信，諱疾忌言己。病至乃迎之，無能救其死。

《全元詩》第 50 册，524 頁

過扁鵲墓　　　　　　　　　　　　　　（明）來　復

虢地經秦客，淇原吊越人。玄池靈已寂，金匱授猶珍。臘毒狂淫俗，干戈疫癘民。有魂招不盡，鍼石恐難神。

《來陽伯詩集》卷九，《陝西古代文獻集成》第 19 輯，188 頁

扁鵲墓　　　　　　　　　　　　　　（清）沈德潛

蕩蕩蕩陰里，荒荒扁鵲塋。積此終古恨，草生不復青。當年活人多，到處留令名。活人轉見殺，忌者爭相傾。毋怪後世醫，庸庸保其生。

《歸愚詩鈔》卷六，《沈德潛詩文集》第一冊，116 頁

鄭州扁鵲故里　　　　　　　　　　　　（清）吳養原

奇緣水飲上池深，肺腑無勞按脈尋。垣一方人能洞見，不曾窺得李醯心。

《晚晴簃詩匯》卷一六七，第四冊，256 頁

扁鵲墓　　　　　　　　　　　　　　（清）袁　枚

不種青山藥滿林，那知國手葬湯陰！一掊尚起膏肓疾，九死難醫嫉妒心。玉劑丹砂環馬鬣，濕風寒雨病春禽。齊王莫怪仙機草，從古升平憂患深。

《小倉山房詩文集》卷八，《小倉山房詩集》第一冊，179 頁

扁　鵲　　　　　　　　　　　　　　（清）羅惇衍

姓秦氏，名越人，渤海鄚人。為醫，或在齊，或在趙。在趙，名"扁鵲"。

上池神水飲長桑，分得桐雷一瓣香。術到靈時通夢寐，病從微處燭膏肓。洞垣察隱真金鑒，隨地標奇古錦囊。技可生人翻死技，倉庚療妒竟無方。

《集義軒詠史詩鈔校證》卷二，第一冊，40 頁

行路難十三首（其六）　　　　　　　　　（清）魏　源

扁鵲見田侯，三見三歎息。初見腠理可針灸，再見腸胃可湯液。針灸苦膚藥苦口，攻泄恐傷元氣厚。何如勿藥得中醫，國老衣缽為君授。三見始入門，望氣先却走，藥石攻補

百不受,太乙雷公齊束手。娠童媚子環翇狗,堂上稱觴萬年壽。

《魏源集》下册,667頁

扁　　鵲　　　　　　　　　　　　　　　（清）徐公修

醫和醫緩並生秦,更有良醫秦越人。簡子賜田逾萬畝,長桑飲水歷三旬。疾淪骨髓功難及,論闡陰陽術本神。垣外一方能洞見,千秋方技信無倫。

《史記百詠》卷一,《讀史千詠》,《史記研究文獻輯刊》13册,451頁

扁　　鵲　　　　　　　　　　　　　　　（清）張　琛

造物都嫌技太神,豈容扁鵲入西秦。世間惟有庸醫好,保得身軀只殺人。

《日鋤齋詩集・缶音》,《清代詩文集彙編》483册,658頁

著雝攝提格・任邱(丘)扁鵲故宅　　　　（清）蔣　詩

渤海鄭州秦越人,禁方傳自長桑君。虢上池水三十日,垣方視見服通神。齊號盧醫趙扁鵲,簡子寐語遊鈞天。過虢便生死太子,不治乃逃齊侯桓。李醯不知伎不若,隨俗為變不喪秦。少時曾為人舍長,任邱(丘)故宅名猶存。

《榆西僊館初橐》卷三九,《清代詩文集彙編》488册,505頁

扁鵲起虢《史記》　　　　　　　　　　　（清）田依渠

此自能生者,非能生死人。斯言存至理,不但技如神。

《茹古山房讀史餘吟》卷五,《清代詩文集彙編》639册,664頁

詠淳于意 附緹縈

太倉公 （清）羅惇衍

姓湻(淳)于,名意,臨淄人。嘗為齊太倉長。

才高厭事竟招讒,孝女飛章氣不凡。終去肉刑歸愷悌,最精脈法闢機緘。公乘絕學疑仙術,臣意遺書附史函。一撮芫華蟯瘕却,良醫佐使本應嚴。

《集義軒詠史詩鈔校證》卷七,第一冊,192 頁

詠史一百首（其四十三） （明）謝肇淛

斷者不復續,死者詎可生？肉刑非古禮,惻怛廑皇情。籲嗟太倉令,齊中稱廉平。生女不生男,緩急難自明。尺書扣天閽,乃是少女縈。天子悲改色,下詔除肉刑。廷尉黯無語,義士皆震驚。寄言卓氏女,無為慕長卿。

《小草齋詩集》卷六,《小草齋集》上冊,713 頁

秦漢樂府·孝女緹縈 （清）張　誠

生女不生男,緩急無所恃。寧知生女勝生男,上書救父奏天子。聖朝寬大廷尉平,父罪當刑法如是。妾心妄希法外仁,願為官婢以沒齒。天子哀憐孝女情,肉刑之除自此始。

《嬰山小圓詩集》卷一五,《清代詩文集彙編》425 冊,107 頁

續詠史二十首·淳于女緹縈 （清）師　範

文帝因之廢肉刑,千秋人盡感娉婷。身甘代父心難轉,書到干天涕易零。即使生男無足恃,竟教諸姊共流馨。曹娥江上投江女,炯炯閨中兩孝星。

《泛舟吟摘鈔》上卷,《清代詩文集彙編》429 冊,609 頁

緹　縈 （清）秦　煥

不有裙釵一上書,漢廷詎見肉刑除。能消苛政培元氣,絳、灌勳名恐不如。

《劍虹居詩集》卷下,《清代詩文集彙編》675 冊,199 頁

吳王濞列傳

詩

詠《吳王濞列傳》

吳王濞列傳 （唐）司馬貞

吳、楚輕悍，王濞倍德。富因採山，豐成提局。憍矜貳志，連結七國。嬰命始監，錯誅未塞。天之悔禍，卒取奔北。

《史記索隱》卷三〇，485頁

詠吳王濞

悲吳王

(元)張　憲

悲吳王,悲吳王,後此五十年,亂起東南方。天下既一家,骨肉毋自傷。胡為鑄金幣,聚餱糧,招亡命,修甲兵,幾杖不復朝西京。博局之恨竟不置,反相之語奚獨忘。悲吾王,白髮種種心何長。既不能入武關,扼咸陽。又不能據武庫,食敖倉。淹纏梁、楚真自敗,縱死東越非天亡。君不見下密老人首生角,哀哉七王何不覺。

《全元詩》第57册,5頁

魏其武安侯列傳

詩

詠《魏其武安侯列傳》

魏其武安侯列傳　　　　　　　　　　　（唐）司馬貞

竇嬰、田蚡，勢利相雄。咸倚外戚，或恃軍功。灌夫自喜，引重其中。意氣杯酒，瞋睨兩宮。事竟不直，冤哉二公！

《史記索隱》卷三〇，485頁

讀《魏其侯傳》　　　　　　　　　　　（明）王世貞

魏其雖失勢，侯印尚纍然。立散千金賜，寧慳數頃田。當時籍福解，遠勝灌夫憐。尚識沾沾意，田郎跪起年。

《弇州續稿》卷一二，《弇州四部稿》第四冊，影印《明人文集叢刊》，150頁

詠史五首（其一）　　　　　　　　　　（明）來　復

浮世慕功名，奔突競赫燁。亨屯理自昭，榮辱判眉睫。頹陽無返響，結實寧重葉。炎炎魏其門，盈衢表巍閌。失勢委泥塗，堂空寡交接。昔為蚡也倚，今為蚡也驕。日中期不來，四座風沉寥。彼儈胡為乎，激怒事輕豪。不忍半膝席，強畢貴人醮。對簿東朝廷，持論徒嘈嘈。終然渭城市，相死聲勢交。

《來陽伯詩集》卷三，《陝西古代文獻集成》第19輯，94頁

读史有感(其一)　　　　　　　　　　　　　　　　　（清）袁　枚

禍福憑人各自為，塵心一動便難追。魏其屏跡南山下，知道田蚡是阿誰！

《小倉山房詩文集》卷三四，《小倉山房詩文集》第二冊，967頁

詠史·讀《史記》偶書　　　　　　　　　　　　　　（清）殷如梅

魏其勢既落，武安位益崇。天子讓除吏，座客爭趨風。行酒半膝席，彼何一禿翁。集菀不集枯，世態炎涼中。獨有灌仲孺，罵坐偏豪雄。

《緣滿山房集》丙二，《清代詩文集彙編》438冊，695頁

朱宮傅石君師出使示讀史詩，分詠《漢書》三十七首·竇嬰、田蚡　　（清）蔣　詩

天下方有急，王孫無可讓。乃拜大將軍，七國莫能抗。遂封魏其侯，士客爭仰望。武安未受封，曹郎侍家釀。尊等有讓名，微言諷使相。外戚亦好儒，綰、臧偏逐放。使酒灌仲孺，罵坐醉無狀。兩人孰謂是，汲鄭皆嬰嚮。惟有韓長孺，首鼠復欺誆。竇、灌不獨生，竟致飛語喪。無何謝罪謼，蚡為鬼笞掠。

《榆西僊館初橐》卷三一，《清代詩文集彙編》488冊，461頁

讀《漢書》列傳雜詩·竇嬰　　　　　　　　　　　　（清）梁章鉅

沾沾自喜竇王孫，太息藍田不杜門。誰遣尚書有疑案，終緣遺詔起煩冤。

《退菴詩存》卷四，《清代詩文集彙編》515冊，58頁

讀《漢書》列傳雜詩·田蚡　　　　　　　　　　　　（清）梁章鉅

丞相胡爲女豎爭武，武安肺附太驕盈。曲旃甲宅招新鬼，枉學《盤盂》負此生。

《退菴詩存》卷四，《清代詩文集彙編》515冊，58頁

讀《漢書》列傳雜詩·灌夫　　　　　　　　　　　　（清）梁章鉅

仲孺俠氣獨縱橫，肯爲炎涼棄竇嬰。可惜禍機生罵座，千年遺恨潁川清。

《退菴詩存》卷四，《清代詩文集彙編》515冊，58頁

讀《漢書》有感·竇嬰　　　　　　　　　　　　（清）吳翊寅

謝病藍田獨屏居,幸無賓客曳長裾。署門倘肯同廷尉,失勢何煩倚灌夫。

《曼陀羅花室詩》卷三,《清代詩文集彙編》776 冊,644 頁

讀《漢書》有感·田蚡　　　　　　　　　　　　（清）吳翊寅

戚里從游共結懽,當筵縛客太無端。受金豈止淮南事,更遣何人劾武安。

《曼陀羅花室詩》卷三,《清代詩文集彙編》776 冊,644 頁

讀《漢書》有感·灌夫　　　　　　　　　　　　（清）吳翊寅

潁川豪俠久橫行,灌氏居然殺竇嬰。杯酒嫌疑竟難釋,可憐權貴總相傾。

《曼陀羅花室詩》卷三,《清代詩文集彙編》776 冊,644 頁

詠竇嬰

冰山火突詞 （元）楊維楨

冰山不可倚,冰破割爾足。火突不可附,火燎爛爾肉。君不見魏其侯,門下客,獨厚灌太僕。太僕相引重,勢若繩合束。身服期功,更與結歡田相國。相國席上縛騎兵,首懸東市及支屬。魏其侯尸渭城東,朝有制,不可贖。

《全元詩》第39冊,98頁

五言古詩（其十九） （明）王世貞

魏其既罷相,武安客如雲。獨有灌太僕,捐身奉故君。長平事勢改,舍旃趨冠軍。誰如任司直,膠漆逾不分。寸心既無負,薄俗亦少敦。信史表其賢,異乎吾所聞。七尺人自有,安能老它門。

《弇州續稿》卷四,《弇州四部稿》第四冊,影印《明人文集叢刊》,45頁

竇 嬰 （清）羅惇衍

字王孫,觀津人。文帝時,為吳相。景帝即位,為詹事,拜大將軍,封魏其侯。武帝初,為丞相,以事免。後為田蚡所害。

兩賢一網酒方釃,籍福區區孰解紛。已覺好儒違太后,又因招士忤新君。尾駒轅莫遊行遂,首鼠繩難曲直分。若戀南山終豹隱,何從飛語惡言聞。

《集義軒詠史詩鈔校證》卷八,第一冊,214頁

詠田蚡

武安侯 　　　　　　　　　　　　　　　　　　　　（宋）宋　祁

貴甚宫中勢，軒然帝右趨。所貪惟狗馬，寧是學《盤盂》。驕取武庫地，氣凌轅下駒。淮南他日語，悔不共嚴誅。

《全宋詩》卷二〇九，4册，2398頁

武安雜詩（其四） 　　　　　　　　　　　　　　　　　（清）王　軒

魏其賓客去紛紛，一會靈山千載聞。不分灌夫能使酒，功名至竟到田蚡。

《耨經廬詩集》卷二，《續尤西堂擬明史樂府》（外二種），113頁

田　蚡 　　　　　　　　　　　　　　　　　　　　（清）王龍文

学得《槃盂孔甲銘》，初時跪起晚相傾。秃翁䖝語几何日，償死猶聞謝罪聲。

《平養詩存》卷下，《清代詩文集彙編》790册，358頁

詠灌夫

讀《灌夫傳》，呈傅初庵學士　　　（元）陳義高

堂堂灌將軍，非與侯者儔。挺身入吳壘，發憤報父讎。聲名震朝野，意氣淩斗牛。鴻毛視貴戚，加敬貧賤流。及其去官日，只結魏其侯。武安約無信，是啟怒所由。況於行酒間，一語輒不投。遂乃致奇禍，魏其甘與俱。朝臣兩可奏，太后魚肉憂。上書竟不辨，棄市渭城休。地下為鬼雄，怒目亟復讎。武安族已矣，一死俱荒丘。雖云冥漠事，亦是朝廷羞。

《全元詩》第 18 冊，42 頁

灌　夫　　　（元）宋　无

有詔田蚡宴列侯，灌夫罵坐却成仇。魏其獨遇將軍厚，筆力方知太史優。

灌夫，《史記》無傳，而見於《魏其武安傳》，云："灌將軍夫者，潁陰人也。"班固因之而為列傳，加以韓安國相附。蓋太史公《魏其傳》云："魏其失竇太后，益疏不用，無勢，諸客稍稍自引而怠傲，惟灌將軍獨不失故。魏其日默默不得志，而獨厚遇灌將軍。"其下乃云"灌將軍夫者，潁陰人也"。班氏因之而為列傳，又附以韓安國，似未知太史公之意也。

《全元詩》第 19 冊，418 頁

潁水濁　　　（明）李東陽

魏其侯家客醉舞，一語不回丞相怒。叶。相家貴人半膝席，斬首穴胸那復惜。籍郎按項項不俯，潁川諸豪同日捕。叶。魏其皆裂東朝東，首鼠不決轅駒窮。潁川水濁灌滅宗，誰令並殺老禿翁。相門白日嘯二鬼，越明年春武安死。誰言死速不如遲，幸未淮南語泄時。

《擬古樂府》，《詩前稿》卷一，《李東陽集》第一卷，23 頁

灌夫使酒　　　（明）沈　周

任俠復尚氣，平生無俛顏。貴戚相引重，聲名概世間。醉酒屢罵座，陷胸若無難。挺身執父仇，疋馬突圍還。豪猾傾潁中，納貨相結歡。終然使狂藥，禍發致生殘。不戒惡旨說，無術良可歎。

《石田詩選》卷五,影印文淵閣《四庫全書》1249冊,614頁

十二快‧灌將軍罵坐,坐客去魏其,事武安者,盡為失色

(明)茅元儀

臣門如市日中趨,蟻附蠅營不足驅。自是肝腸埋不得,何心愧殺此區區。

《石民橫塘集》卷二,《四庫禁毀書叢刊》集部110冊,209頁

冬日,偶然作八首(其六)

(清)王士禛

愛我灌仲孺,意氣薄雲天。長嘯入吳軍,指顧堅壁穿。長戟鬱龍蟠,怒騎如風旋。聲名冠諸侯,皆曰夫夫賢。魏其勢既落,田氏寵益專。朝請考工地,夕奪城南田。丞相故賓客,顧盼忽屢遷。笑罵顧四筵:"殊不值一錢。"當時膝席子,炭炭皆危冠。

《漁洋詩集》卷二,《王士禛全集》第一冊,174頁

灌　夫

(清)謝啟昆

願取王頭報父仇,馮陵氣概壓同儔。涓涓潁水歌清濁,墨墨王孫挾聘遊。罵坐不知長樂尉,造門慣辱武安侯。後來守殺傳瞻鬼,醉飽為災恨未休。

《樹經堂詠史詩》卷一,影印《續修四庫全書》1458冊,510頁

灌　夫

(清)羅惇衍

字仲孺,潁陰人。本姓張,父張孟為潁陰侯灌嬰舍人,遂冒灌氏。景帝時,為代相。武帝即位,遷淮陽太守,入為太僕。後為丞相田蚡所害,族之。

直搗吳軍壯士驚,父讎思報氣吞鯨。獨憐使酒人剛直,好與當權戚忿爭。燕相徙官恩已逮,竇侯失勢禍旋攖。一杯釁起全家覆,潁水何須問濁清。

《集義軒詠史詩鈔校證》卷七,第一冊,204頁

救灌夫

(清)皮錫瑞

漢家外戚新代故,王莽猶知避丁傅。權勢盛衰各有時,魏其沾沾胡不知。銳就灌夫忤丞相,東朝廷辨安能抗?兩端首鼠韓大夫,內史齷齪轅下駒。一老禿翁何足誅,指天畫地甯非誣。魏其死由武安軋,天子不誅鬼能殺。惜哉鬼殺太倉猝,胡不使待淮南獄。

《師伏堂詠史》,《清代詩文集彙編》772冊,312頁

曲

〔南越調浪淘沙〕慨世
(明)王　問

郭外古時丘。盡是王侯。白楊蕭瑟使人愁。田竇相傾不停手。著什麼來由。

《全明散曲》第二册，1739頁

韓長儒列傳

詩

詠《韓長儒列傳》

韓長孺列傳　　　　　　　　　　（唐）司馬貞

安國忠願，初爲梁將。因事坐法，免徒起相。死灰更燃，生虜失訪。推賢見重，賄金貽謗。雪泣悟主，臣節可亮。

《史記索隱》卷三〇，485頁

讀《韓長孺傳》　　　　　　　　　（宋）呂　陶

梁孝事平終結愛，王恢謀沮已和親。早知蹇甚難爲相，何必資金與貴人。

《全宋詩》卷六七〇，12册，7822頁

詠史小樂府三十首 己未（其二十二）　（清）沈家本

死灰然即溺，獄吏苦相欺。內史徒中起，還聞善遇之。

《枕碧樓偶存稿》卷七，《清代詩文集彙編》745册，487頁

讀《漢書》有感·韓安國　　　　　（清）吳翊寅

兩端首鼠問何爲？一障乘邊恨可知。縱使田蚡今尚在，死灰豈有復然時？

《曼陀羅花室詩》卷三，《清代詩文集彙編》776册，644頁

首鼠行 （明）黃淳耀

譏韓安國也。安國辨魏其、田蚡事，實陰左田蚡。

魏其是丞相否，壯士何須問杯酒。丞相是灌夫族，東朝正爾憐骨肉。當年鼠首何曾兩，丞相車中怒鞅鞅。五百遺金事已往，天下何人絕朋黨。

《擬古樂府》，《陶庵全集》卷九，影印文淵閣《四庫全書》1298冊，753頁

韓安國 （清）羅惇衍

字長孺，梁成安人，後徙睢陽。事梁孝王，為中大夫。武帝時，為御史大夫，徙衛尉。為匈奴所敗，病，歐血卒。

恢恢大度置前嫌，持重梁師備敵嚴。王感忠純去奸慝，郡安耕織惠閭閻。因時不若和親便，嗜利偏能舉士廉。國器褒難綸閣畀，漫同自喜笑沾沾。

《集義軒詠史詩鈔校證》卷八，第一冊，215頁

讀《漢書》列傳雜詩·韓安國 （清）梁章鉅

梁國功臣此冠魁，如何論不敵王恢。東屯早識終顛墜，悔不當年作死灰。

《退菴詩存》卷四，《清代詩文集彙編》515冊，59頁

詠史·韓安國 （清）孫國楨

百戰能支吳、楚軍，意回人主重周親。早知晚節遭顛墜，應悔兼金餽相臣。

《愚軒詩鈔》卷下，《清代詩文集彙編》741冊，358頁

壺臧 （元）宋無

處士藏身自古多，博徒能使信陵過。壺臧固自知名久，何處更能求郅他。

《史記·信陵君傳》："趙有處士毛公藏於博徒，薛公藏於賣漿家，公子閒步往從之遊。"《韓長孺傳》："於梁舉壺遂、臧固、郅他，皆天下名士。"《索隱》曰："郅，音質。他，徒何反。人姓名也。"《漢書》作"至他"。若"郅他"是人姓名，為天下名士，何不著見於史？《漢書》作"至他"，是也。至他者，壺臧之外至於他，有所舉皆名士也。此說為是。

《全元詩》第19冊，412頁

李將軍列傳

詩

詠《李將軍列傳》

李將軍列傳　　　　　　　　　　　　（唐）司馬貞

猨臂善射，實負其能。解鞍却敵，圓陣摧鋒。邊郡屢守，大軍再從。失道見斥，數奇不封。惜哉名將，天下無雙！

《史記索隱》卷三〇,485 頁

題《李將軍傳》　　　　　　　　　　　　（唐）崔道融

猿臂將軍去似飛，彎弓百步虜無遺。漢文自與封侯得，何必傷嗟不遇時。

《全唐詩》卷七一四,21 册,8209 頁

讀《李廣傳》　　　　　　　　　　　　（元）張弘範

弧矢威盈塞北屯，漢家飛將氣如神。但教千古英名在，不得封侯也快人。

《全元詩》第 9 册,188 頁

閱《李廣傳》三首　　　　　　　　　　　　（明）姚舜牧

男兒誰不忘凌雲，門重旅常勒大勳。但許貳師僥倖得，當時休怪廣將軍。
廣不封侯勿詫驚，數奇那得虜功成。當年若亦徼天幸，安復能留身後名。

結髮從戎莫怨嗟,將軍紀律定無差。被擒不得胡兒馬,奄忽沙場空自訝。

《樂陶吟草》卷一,《四庫全書存目叢書》集部 158 冊,331 頁

平灤詠古十首(其四) （清）史夢蘭

指點南山縱獵秋,漢家飛將跡長留。世多壯士誰猿臂,石有班痕尚虎頭。百戰何堪重對簿,數奇休怪不封侯。龍章軍使矜神勇,出守平州但射彪。事詳《唐書·裴旻傳》。

《爾爾書屋詩草》卷四,《清代詩文集彙編》654 冊,373 頁

讀《漢書》有感·李廣 （清）吳翊寅

射石還能沒羽不?白檀弭節正深秋。韓、彭葅醢黥英死,何用高皇萬戶矦。

《曼陀羅花室詩》卷三,《清代詩文集彙編》776 冊,644 頁

晨起讀《李廣傳》 （清）張寶森

結髮征匈奴,七十有餘戰。失道不對簿,羞仰刀筆面。佩刀引自刭,地下至今怨。桓桓大將軍,人奴本少賤。壯歲握虎符,貴幸自椒殿。麾下多庸駑,將軍績乃見。廣也漢名將,威聲隴西擅。將軍恥不如,有意加罪譴。引兵出東道,水草俱未便。此語廣先陳,後期非所願。奈何相困辱,糟醨若生奠。急責廣莫府,迫以軍國憲。將軍實忌才,殺之無稍戀。雖微軍失道,讒口亦將煽。冀群從此空,將軍益寵眷。嫖姚與齊名,漢廷無人先。我讀龍門史,三歎淚如線。

《悔庵詩存》卷上,《清代詩文集彙編》768 冊,643 頁

《李北平射虎圖》 （清）阮焱

猿臂挽弓弓十鈞,將軍射虎如射人。箭之所發輒沒羽,將軍射石如射虎。玉門關外雪花涼,天山嶺上月光黃。將軍出帳忽見物,疑是伏虎來前岡。疾取強弓扣勁箭,箭發星流竟不見。平明却在石稜中,能使一軍盡驚羨。吁嗟乎!生不能封萬戶侯,乃與簿錄同縶囚。寄言漢廷刀筆吏,不可辱身甯斷頭。

《誰園詩鈔》卷二,《清代詩文集彙編》767 冊,664 頁

詠李廣

灞橋待李將軍　　　　　　　　　（唐）長孫無忌

颯颯風葉下,遙遙煙景曛。霸陵無醉尉,誰滯李將軍。

《全唐詩》卷三〇,2冊,434頁

霸　陵　　　　　　　　　　　　（唐）胡　曾

原頭日落雪邊雲,猶放韓盧逐兔群。況是四方無事日,霸陵誰識舊將軍。

《全唐詩》卷六四七,19冊,7436頁

李　廣　　　　　　　　　　　　（宋）彭汝礪

非薄今人愛古人,今人祇說李將軍。英雄豈遂無如廣,歎息寥寥久不聞。

《全宋詩》卷九〇四,16冊,10616頁

李　廣　　　　　　　　　　　　（宋）張　耒

李廣才非衛、霍儔,孝文能鑒不能收。君王未是忘征戰,何待高皇萬戶侯。

《全宋詩》卷一一七三,20冊,13246頁

飛　將　　　　　　　　　　　　（宋）李　新

老翁望封竟無有,自是翁骨生來醜。猿臂懸知不入相,且有殺降聊藉口。翁今遠孫骨且瘦,不解射雕能飲酒。自漢至今何寂寥,何得遙遙紀華冑。尚方侯印只方寸,豈有鑄金大於斗。為翁力取置肘間,令翁千歲無恨顏。

《全宋詩》卷一二六三,21冊,14171頁

李　廣　　　　　　　　　　　　（宋）王十朋

李廣才名漢世稀,孝文猶自未深知。輟餐長歎無頗、牧,翻惜將軍不遇時。

隴右英豪真有種,將軍才氣更無雙。功高不得封侯賞,祇為當時殺已降。

《全宋詩》卷二〇二四,36 冊,22691 頁

《李廣射虎圖》 （宋）鄭思肖

怪石蹲身草芥中,錯疑猛虎噴腥風。何消重費將軍力,只在當頭一箭功。

《全宋詩》卷三六二四,69 冊,43390 頁

李廣、李陵二首 （宋）陳　普

茂陵無奈太倉陳,槐里家傳本助秦。萬落千村荊杞滿,隴西桃李亦成薪。
祈連天幸時難再,槐里封侯命已奇。文、景餘波涓滴盡,延居數出欲何資。

《全宋詩》卷三六五〇,69 冊,43800 頁

題《李廣犯夜圖》 （元）張養浩

犯法寧論故與新,無私方可見為臣。竟將尉死將軍手,誰道當年國有人？

《全元詩》第 25 冊,73 頁

李將軍行 （元）王沂（字師魯）

　　隴西將軍年少時,雕弓錦帶生光輝。捲旗夜斫樓蘭帳,赤鞍畫截雙雕飛。曾經百餘戰,屢出九重圍。橫行遼水上,殺敵榆關歸。戍樓霧暗烽火滅,沙場雪深救兵絕。人渴斧冰飲,馬寒抱鞍歇。漢月凍欲死,北風利如切。魚腸寶刀斷,燕尾蝥弧裂。歸來藍田空白首,鐵衣換飲新豐酒。酒酣射石沒金鏃,夢裏鳴笳雜刁斗。昔時偏裨皆奏功,侯印佩出甘泉宮。客來問著塞垣事,時時擫箭送飛鴻。西方太白光墮地,中夜悲歌增意氣。漢家定起李輕車,未用先誅灞陵尉。

《全元詩》第 33 冊,156 頁

李將軍歌 （元）黃鎮成

　　李將軍,少年意氣輕浮雲。青絲絡馬黃金勒,寶劍錯鏤交龍文。十二高樓連廣道,千金結客大梁門。昨日彎弓連白羽,射殺南山白額虎。歸來鄉土酒千鐘,自向青樓按歌舞。前年起兵從義旗,斬將陷陣身如飛。上功幕府久未報,有酒不樂當何為。

《全元詩》第 35 冊,115 頁

後讀史(其一) （元）錢宰

余讀史,擬蘇、李詩,餘暇復作詠史詩數章,題曰《後讀史》云。

隴西良家子,結髮蚤從戎。彎弓射猛虎,白石沒其鋒。朝馳雁門捷,夕奏雲中功。桓桓飛將軍,胡虜怖威風。歸來鼓餘勇,射獵南山中。如何霸陵尉,夜醉呵其雄。

《全元詩》第 41 冊,175 頁

題《李將軍關山圖》 （元）釋來復

天開華嶽翠摩空,秦隴西來地勢雄。山轉百盤無路入,波流九折有河通。征車曉渡駝鳴月,獵騎秋圍虎嘯風。別起飛樓連玉峽,夫容仙掌五雲紅。

《全元詩》第 60 冊,159 頁

李將軍歌 （元）吳訥

太倉積粟皆紅腐,群貓晝眠鼠變虎。前鋒不見李將軍,何人為發千鈞弩。去年我從昱嶺來,匹馬馳突三關開。北平未入衛青幕,郭隗獨上燕昭臺。近聞西府羅俊彥,人人自謂能酣戰。誰似當年背水軍,赤幟纔臨趙城變。英雄報國如等閒,馬革裹屍銅柱間。明朝按劍收中山,謗書慎勿回天顏。

《全元詩》第 64 冊,65 頁

李將軍歌 （明）貝瓊

漢家李廣舊無雙,年少提兵飛度江。黃石《素書》心已授,龍文赤鼎手能扛。不作諸生自辛苦,千金結客輕如土。朝呼野外黃頭鵲,夜殺山中雪毛虎。天子詔書開四誇,五年出塞事征西。三冬冰雪皺人肉,萬里關山碎馬蹄。今日相看鳳陽道,綉袍換酒情偏好。虎符金印來未遲,鋷硯毛錐吾已老。豪俠平生感慨多,尊前擊劍起高歌。定知班固文章在,為勒燕然示不磨。

《清江詩集》卷五,影印文淵閣《四庫全書》1228 冊,237 頁

詠史四首(其四) （明）周如砥

刁斗無聲朔帳移,閭山春草自離離。於今塞下聞飛將,李廣元來數不奇。

《周季平先生青藜館集》卷一,《四庫全書存目叢書》集部 172 冊,176 頁

李　　廣
(明)李夢陽

李廣昔未遇,射獵誰見稱？君主猶未識,他人寧不輕？日從田間飲,夜止灞上亭。醉尉前呼呵,小吏亦見凌。一朝剖郡符,飛蓋赴北平。憑軾覽百邑,樹羽寧千城。亭障不設燧,櫪馬躍頓縈。彎弓射虎歸,淡淡黃雲生。自從結髮戰,舍鏑無虛鳴。威慴五單于,胡人㾗瘯驚。孰知身運乖,數奇竟無成。壯顏逐年衰,白髮忽見嬰。寄言雄圖者,俟命莫吞聲。

《李夢陽集校箋》卷九,第一冊,211 頁

詠史一百首(其四十五)
(明)謝肇淛

吾憐李將軍,恂恂不出口。笑奪胡馬騎,生得射鵰手。匈奴避飛將,士卒罷刁斗。老死不封侯,始知長數奇。桃李雖不言,其下自成蹊。衛青有天幸,去病尤少恩。英雄在千載,成敗何足論？

《小草齋詩集》卷六,《小草齋集》上冊,713 頁

詠史十首·李廣
(清)高宗弘曆

平生義勇隴西聞,命蹇終難與策勳。回憶灞陵遭醉尉,那知渠是故將軍。

《御制樂善堂全集定本》卷二九,影印文淵閣《四庫全書》1300 冊,527 頁

李　　廣
(清)蔣棨

四十餘年馬上身,八千里外掃邊塵。平生一矢無前敵,效死三軍恥後人。不為部箋東道遠,爭教功擅外家親。數奇何用封侯及,終古雄豪憶老臣。

分道長驅度玉門,沙場日落未全屯。已知挫折皆天意,獨恨綢繆負主恩。太守威傾驕子氣,將軍功讓列侯尊。男兒七尺尋常死,幕府難招浩蕩魂。

《天涯詩鈔》卷一,影印《四庫未收書輯刊》捌輯,583 頁

李將軍射虎行
(清)梅文明

將軍射虎南山中,虎盡射石石火紅。歸來却遇灞陵尉,將軍失氣亭上睡。天驕犯塞

來胡虜,將軍視虜如視虎。詆欺偏遇主家奴,孤負腰間沒石羽。數奇失道上所聞,將軍死矣誰敢論。如今有虎射不得,碧盡將軍一腔血。噫嘻!碧盡將軍一腔血,將軍而生皆亦裂。

《晚晴簃詩匯》卷一七五,第四冊,381頁

車中雜憶古人作五六七言詩·李廣 　　(清)袁　枚

李廣射猛虎,周處斬長蛟。一日忤貴人,低頭盼毆力。

《小倉山房詩文集》卷八,《小倉山房詩文集》第一冊,179頁

感興十首(其十) 　　(清)姚　鼐

遠遊詫北鄙,結習喜從戎。腰間白羽劍,臂上騂角弓。披甲忽上馬,獵獵生輕風。中途逢李廣,鬱屈氣蟠胸。進聞衛、霍輩,天幸益增封。惟有舊飛將,白首無成功。霸陵偶被酒,廷尉不相容。

《惜抱軒詩集訓纂》卷九,527頁

詠　史(其二) 　　(清)陳　重

將軍隴西傑,猿臂善挽弓。身經七十載,所向皆有功。李蔡人下中,位乃登三公。

《花著龕詩存》卷一,《明清遺書五種》,292頁

李　廣 　　(清)謝啟昆

猿臂無雙意氣超,白檀彌節憚天驕。草中沒石驚飛虎,塞上持鞍看射雕。秦隴殺羌降鬼怨,霸陵誅尉醉魂銷。數奇恨少封侯相,絕幕風淒泣故僚。

《樹經堂詠史詩》卷一,影印《續修四庫全書》1458冊,510頁

李　廣 　　(清)羅惇衍

隴西成紀人。文帝末,為郎。景、武二帝時,歷官七郡太守,皆有能名。後以前將軍從衛青擊匈奴,失道,自殺。

北平射虎石空留,被酒歸來塞草秋。飛將投閑逢醉尉,中材得志躡通侯。生前強虜威名憚,身後塗人涕淚流。漢統雄才推孝武,那堪言數躓英猷。

《集義軒詠史詩鈔校證》卷七,第一冊,203頁

詠古詩十四首·李廣 　　　　　　　　　　　　　　（清）張之洞

大黃射却賊紛紛，□□□□始見君。身手能擒白馬將，姓名羞說故將軍。通侯無命非緣殺，天子憐才不錄勳。一語九京相慰藉，似聞日角是雲礽。

《張之洞詩文集》卷九，328 頁

老將行 　　　　　　　　　　　　　　　　　　（清）汪 琬

漁陽老將老逾健，手輓強弓觳長箭。脩髯垂白盡如虯，雙頷下豐猶似燕。自言少小學從戎，躍馬能超六郡雄。戰血千行頻污甲，瘢痕是處悉通中。誰料數奇終得謗，平生意氣俱凋喪。小吏翻為投筆人，人奴卻擅封侯相。薊門烽火晝紛紛，回憶雲臺舊建勳。閑殺南山射虎手，醉歸羞說故將軍。

《鈍翁前後類稿》卷三，《汪琬全集箋校》第一冊，88 頁

李廣射虎 限"魚蔬豬" 　　　　　　　　　　　（清）易順鼎

醉尉呵人鑰上魚，閉門何似種園蔬。英雄那有封侯分，輸與平津去牧豬。

《琴志樓詩集》卷一三，第三冊，936 頁

詠　　史（其十三） 　　　　　　　　　　　　（清）殷如梅

堂堂老飛將，猿臂數無功。欲議封侯者，為人居下中。

《緣滿山房集》丙二，《清代詩文集彙編》438 冊，696 頁

霸陵尉《前漢書》 　　　　　　　　　　　　　（清）陳啟疇

李廣爲漢名將，有罪，爲庶人。嘗夜從騎出田間飲，還至亭，霸陵尉醉呵止之。廣騎曰："故李將軍。"尉曰："今將軍尚不得也行，何故也。"

故將軍，敢呵止。今將軍，豈怕死。誰言數奇不當侯，將軍乃與醉尉讐。霸陵尉，尉耽酒。酒醒時，尉梟首。

《詠史擬古樂府》卷上，《清代詩文集彙編》450 冊，155 頁

漢臺詠史·李將軍 　　　　　　　　　　　　　（清）嚴如熤

丁年猿臂本天成，射虎將軍右北平。自古奇才多抑塞，幾人健鬥起聲名。論功懊恨封侯骨，迷道淒涼對薄情。結髮從軍經百戰，如何守法棄長城。

《樂園詩稿》卷三,《清代詩文集彙編》455 冊,164 頁

李　　廣　　　　　　　　　　（清）王廷紹

射虎歸來氣未消,北平城外草瀟瀟。鄙人_{太史公贊}不賤封侯命,飛將空生用武朝。刁斗聲中程不識,旌旗影裏霍票姚。酒酣尚自舒猿臂,欲擊單于過灞橋。

《澹香齋詩草》卷二,《清代詩文集彙編》472 冊,343 頁

李　　廣　　　　　　　　　　（清）鮑桂星

漢家飛將氣無前,猿臂骍弓力挽堅。塞上射雕兒竝墜,草間伏虎石能穿。生憐醉尉譏訶日,死意塗人涕泣年。不信無雙雙國士,一淪鐘室一關邊。

《覺生詠史詩鈔》卷一,《清代詩文集彙編》476 冊,470 頁

燕臺懷古雜詠,方水部_{鐵船}同作·射虎石　　（清）蔣　詩

北平太守射入神,天下無雙才夙聞。惜不生逢漢高世,世世受射飛將軍。將軍草間曾射虎,一發洞胸虎飲羽。視之則石石沒矢,石在當年射虎處。天性善射援臂形,有時射虎虎忽騰。捨矢在數十步內,虎騰殪之射益稱。胡為迷道老莊涕,數奇莫對刀筆吏。有石長垂射虎名,老不封侯空望氣。

《榆西僊館初槀》卷二八,《清代詩文集彙編》488 冊,447 頁

朱宮傅_{石君}師出使示讀史詩,
　　分詠《漢書》三十七首·李廣　　（清）蔣　詩

隴西飛將軍,生惜不逢時。世世受射法,爰臂形尤稀。無雙蓋天下,材氣公孫知。大小七十戰,無功由數奇。如青徙東道,迷失偕食其。上書報天子,糇醪徒相遺。誰對刀筆吏,一軍咸涕洟。要知故將軍,霸陵尉先悲。不獨殺已降,撫為望氣辭。

《榆西僊館初槀》卷三一,《清代詩文集彙編》488 冊,461 頁

讀《漢書》列傳雜詩·李廣　　（清）梁章鉅

功名莫望下中齊,遺恨當年守隴西。八百餘羌同日死,可憐桃李漫成蹊。

《退菴詩存》卷四,《清代詩文集彙編》515 冊,59 頁

李　廣　　　　　　　　　　　　　　　　　　　　（清）張　澍

不分將軍數不侯，南山射虎雨風秋。漫來醉尉輕相問，每遇匈奴轉失籌。桃李無言天下泣，穹廬曲膝後人羞。君看衛、霍尊榮甚，尚有爭譚往事不。

《養素堂詩集》卷二五，《清代詩文集彙編》536 冊，272 頁

李廣成蹊《史記》　　　　　　　　　　　　　　　　（清）田依渠

義勇三軍冠，封侯命不齊。無言人自喻，桃李故成蹊。

《茹古山房讀史餘吟》卷二，《清代詩文集彙編》639 冊，648 頁

李將軍　　　　　　　　　　　　　　　　　　　　（清）秦　煥

營前射虎其驚聞，百戰難追衛霍勳。關內羊頭千古痛，數奇豈獨李將軍。

《劍虹居詩集》卷下，《清代詩文集彙編》675 冊，196 頁

詠史·李廣　　　　　　　　　　　　　　　　　　（清）孫國楨

灞陵亭尉泣骷髏，故李將軍快意秋。認量如斯難御眾，莫疑英主靳封侯。

《愚軒詩鈔》卷下，《清代詩文集彙編》741 冊，358 頁

詠史小樂府三十首己未（其二十一）　　　　　　　（清）沈家本

北平飛將老，飲恨未封侯。灞水聲嗚咽，魂歸醉尉頭。

《枕碧樓偶存稿》卷七，《清代詩文集彙編》745 冊，486 頁

灞陵尉　　　　　　　　　　　　　　　　　　　　（清）皮錫瑞

將軍射獵藍田山，將軍夜飲灞陵還。灞陵還逢尉大醉，安知故李將軍貴。將軍更拜北平守，將軍欲得醉尉首。淮陰乃官胯下人，魚服豫且甯足嗔。將軍不侯量太窄，將軍況殺降八百。

《師伏堂詠史》，《清代詩文集彙編》772 冊，312 頁

詠李陵

李陵詠 時年十九　　　　　　　　　　（唐）王　維

漢家李將軍，三代將門子。結髮有奇策，少年成壯士。長驅塞上兒，深入單于壘。旌旗列相向，簫鼓悲何已。日暮沙漠陲，戰聲煙塵裏。將令驕虜滅，豈獨名王侍。既失大軍援，遂嬰穿盧恥。少小蒙漢恩，何堪坐思此。深衷欲有報，投軀未能死。引領望子卿，非君誰相理。

《全唐詩》卷一二五，4冊，1251頁

李陵臺　　　　　　　　　　（宋）汪元量

伊昔李少卿，築臺望漢月。月落淚縱橫，淒然腸斷裂。當時不受死，心懷歸漢闕。豈謂壯士身，中道有摧折。我行到寰州，悠然見突兀。下馬登斯臺，臺荒草如雪。妖氛靄冥濛，六合何恍惚。傷彼古豪雄，清淚泫不歇。吟君五言詩，朔風共鳴咽。

《全宋詩》卷三六六五，70冊，44008頁

李　陵　　　　　　　　　　（元）徐　鈞

名將生降負已知，喪師辱國死猶遲。河梁羞與子卿別，攜手空餘五字詩。

《全元詩》第7冊，286頁

《蘇、李泣別圖》　　　　　　　　　　（元）李　濟

我去君留可奈何，明朝煙雨隔關河。當年胡婦分攜處，想見中郎淚更多。

《全元詩》第8冊，383頁

題《蘇、李泣別圖》二首　　　　　　　　　　（元）戴表元

弓疲矢盡三千里，節弊衣穿十九年。流落天涯有離別，當時誰擬畫圖傳。

沙雲如雪雪如塵,握手相看語語真。多少世間無淚面,一生錯笑隴西人。

《全元詩》第 12 冊,165 頁

詠史·李陵

(元)方 夔

都尉出塞北,全軍戰浚稽。喊聲春霆震,殺氣陰雲低。單于不相識,借問將軍誰？將軍本將種,氏族派隴西。天明鼓音死,劍斬軍士妻。塵沙昏白日,道路東西迷。馬蹄去不返,邊草空萋萋。高堂視白髮,到死長悲啼。歸期日復日,老病天一涯。可憐龍門翁,空作無陰兒。

《全元詩》第 14 冊,68 頁

題《蘇、李泣別圖》

(元)吳 澄

節旄盡矣自須存,此日生還侍主恩。策杖謾循椎結泣,平陵有子廣無孫。

《全元詩》第 14 冊,324 頁

《蘇、李相別圖》

(元)程鉅夫

漠漠陰風吹草低,蕭蕭漢節對群羝。少卿心事元無異,家共長安萬里西。

《全元詩》第 15 冊,266 頁

李陵臺懷古

(元)馬 臻

在昔李將軍,提師奮威武。步卒五千人,縱橫盡貔虎。謀猷始欲成,管敢摧一語。漢恩既未報,肝膽日益苦。豈知萬里外,骨肉膏草莽。昭帝固任賢,義斷難復取。登臺望漢地,山川眇如許。北風吹不消,恨入臺下土。我行青山下,矯首一懷古。復笑秦家城,彎環列遺堵。惟有山上雲,淒迷送秋雨。

《全元詩》第 17 冊,47 頁

李陵臺

(元)陳義高

將軍少年真英雄,隴西家世淩邊鋒。奇材劍客五千士,自當一隊馳威風。浚稽山前突戎騎,被圍未蹈生擒計。強弓勁弩百萬兵,流血成丹皆戰驚。誰知管敢漏機密,遂使空拳冒鋒鏑。歸無面目見君王,將身未免降勍敵。繼曾殺李緒,尚欲謀歸去。蒙恩雖已深,實起懷鄉心。高陵築臺望鄉國,中郎去後空哀吟。累土高一尺,望天近一尺。誰為削平山,望見長安陌。望鄉不見春複秋,將軍一去臺空留。我家住在南海上,今日登臺重悽愴。遼天漠漠飛黃雲,草中但見牛羊群。家山不識在何處,教人空自憶將軍。

《全元詩》第 18 冊,47 頁

李陵臺,約應奉馮昂霄同賦 (元)陳 孚

落日悲笳鳴,陰風起千嶂。何處見長安,夜夜倚天望。臣家羽林中,三世漢飛將。尚想甘泉宮,虎賁擁仙仗。臣豈負朝廷,忠義夙所尚。橫天青茫茫,萬里隔亭障。可望不可到,血淚墮汪漾。空有臺上石,至今尚西向。

《全元詩》第 18 冊,411 頁

題黨久誠《李陵別蘇武圖》 (元)蒲道源

陵言臣罪上通天,握手相辭淚泫然。今日果於圖上看,丹青誰過子卿賢。

《全元詩》第 19 冊,329 頁

李陵臺 (元)宋 无

寒風揚塵走沙石,朔氣僵人馬辟易。五千步卒當數萬,空拳奮張爭無敵。單于趣降聲疾呼,道窮矢盡身為俘。歸無面目見天子,築臺何顏懷古都。義血不染戰場草,寧甘北首陰山老。空垂遠涕望漢天,難灑茂陵松柏邊。

《全元詩》第 19 冊,390 頁

李陵臺 (元)袁 桷

矢盡拳空計未疏,囊封朝奏似憐渠。漢家天子《春秋》責,從此降臣直筆書。
雪衰寒沙風衰灰,眼穿猶上望鄉臺。隴西可是無回雁,不寄平安一字來。

《全元詩》第 21 冊,311 頁

李陵臺,次韻李彥方應奉 (元)袁 桷

前坡聳頹基,云是望鄉臺。往事已歷歷,亂石何嵬嵬。想此二子別,袂結不能開。河梁白日速,朔風衰沙堆。漢法重失律,輕生表奇才。一跌不得返,欷歔壯心摧。形影胡、

越分,骨肉参、商乖。萬事已瓦解,誰能寫余哀。昂昂司馬生,義色興壯懷。子卿固偉節,屬國何低徊。褒功實謏淺,議刑良刻哉。坐令衛律輩,歲望邊城來。

《全元詩》第 21 冊,316 頁

題《李陵宴蘇武圖》二首　　（元）劉詵

居延山下馬成群,伎樂聲高夜入雲。初志消磨如衛律,殷勤致酒教蘇君。

屬國難酬白髮郎,延平誰與吊沙場？隴西使者如雲出,却要迎歸右校王。

《全元詩》第 22 冊,384 頁

宿李陵臺　　（元）周應極

曠野平蕪入壯懷,征鞍小駐李陵臺。關河萬里秋風晚,霜月一天鴻雁來。持節蘇卿真壯士,開邊漢武亦奇才。千年懷古無窮意,且向郵亭酌酒杯。

《全元詩》第 23 冊,8 頁

李陵臺　　（元）貢奎

赴死寧無勇,偷生政有為。事疑家已滅,身辱義何虧。漢網千年密,河梁五字悲。荒寒迷宿草,欲問竟誰知。

《全元詩》第 23 冊,157 頁

李陵臺,次韻暢學士　　（元）貢奎

青山繞驛客重來,十里羸驂首重回。今古李陵愁絕處,夕陽野牧下荒臺。

氈裘風雨據鞍來,應是吟腸日九回。太史山川今更遠,望鄉莫上最高臺。

深院故人時自來,午窗幽夢幾驚回。鈞天宴罷看歸馬,一曲簫聲落鳳臺。

《全元詩》第 23 冊,176 頁

李陵臺懷古　　（元）唐元

煌煌青史後人看,矮屋挑燈客夜殘。取女已知胡寵盛,歸朝寧望漢恩寬。直憐國士家聲落,誰念征人血燐寒。勇奮功名嗟不遂,從容就死古稱難。

《全元詩》第 23 冊,297 頁

望李陵臺

(元)柳　貫

平沙北流水,青山在其上。李陵思鄉臺,駐馬一西向。草根含餘淒,峰尖入寒望。俚言雖莫稽,陳跡尚可訪。想其深入初,步卒亦材壯。手張天子威,氣奪名王帳。覆車陷囚虜,此志乃大妄。一為情愛牽,皇恤身名喪。縷縷中郎書,挽使同跌踼。安知臣節恭,之死不易諒。河梁執別處,出語謾惆悵。家聲故燀赫,三世漢飛將。兵法有死生,人運迭休旺。忠回在信史,豈沒功罪狀。馬遷當腐刑,強欲雪其謗。土思豈能無,層雲塞亭障。千年麒麟圖,吾將執玄邕。

《全元詩》第 25 冊,99 頁

《李陵縣軍遇敵圖》,為秦孝先題

(元)陳　泰

壯哉射虎將軍孫,惜哉扼虎邊軍魂。旌旗半捲日光薄,風吹野水秋無言。生降孰與戰死樂,天子未負將軍恩。陣前八駿血為淚,仰面不見咸陽門。祁連山頭堆苜蓿,將軍多馬今何贖。

《全元詩》第 28 冊,33 頁

上京道中雜詩·李陵臺

(元)黃　溍

日暮官道邊,土室容小憩。漢將安在哉,荒臺猶髣髴。低徊為之久,懷古增歔欷。長風吹曠野,飛雨千里至。蕭條蒼山根,草木餘爽氣。常憐司馬公,予奪多深意。奏對實至情,論錄存大義。史臣司述作,遺則敢失墜。

《全元詩》第 28 冊,244 頁

《蘇、李泣別圖》

(元)陳　樵

祁連山下空卷折,啼鳥入夢頭如雪。胡、越相看十九年,今日輸心為君說。窮兵未必來遠人,居□謀□□可馴。天驕萬里來稱臣,他年陛下知臣心。

《全元詩》第 28 冊,332 頁

再賦李陵臺

(元)胡　助

李陵臺畔秋雲黃,沙平草軟肥牛羊。當時不是漢家地,全軀孥戮寧思鄉。塞垣西北逾萬里,此去中原良邈止。安得有臺灤水側,好事千古空相傳。可憐歸期典屬國,雪埋幽窖無人識。

《全元詩》第 29 冊,30 頁

李陵臺 （元）胡　助

西照荒臺遠,猶慚太史公。君恩如水覆,臣罪與天通。汗簡家聲墜,降旛士氣空。河梁他日別,淒斷牧羊風。

《全元詩》第 29 冊,55 頁

《蘇、李祖別圖》 （元）胡　助

持節生還海上身,酒酣泣盡別愁新。河梁分手天南北,千古長憐異域人。

《全元詩》第 29 冊,104 頁

李陵臺二首 （元）馬祖常

故國關河遠,高臺日月荒。頗聞蘇屬國,海上牧羝羊。
蹛林聞野祭,漢室議門誅。辛苦樓蘭將,淒涼《太史書》。

《全元詩》第 29 冊,359 頁

過李陵墓 （元）薩都剌

降入天驕愧將才,山頭空築望鄉臺。蘇郎有節毛皆落,漢主無恩使不來。青草戰場雕影沒,黃沙鼓角雁聲哀。那堪攜手河梁別,淚灑西風骨已灰。

《全元詩》第 30 冊,246 頁

過李陵臺 （元）張　翥

<small>分教上京。</small>

路出桓州山縵回,僕夫指是李陵臺。樹遮望眼仍相吊,雲結鄉愁尚未開。海上羝羊秋牧罷,陵頭石馬夜嘶哀。英雄不死非無意,空遣歸魂故國來。

《全元詩》第 34 冊,116 頁

題《蘇、李泣別圖》,和謝敬德韻二首　　(元)許有壬

死節吾已矣,生還又不如。天王非太忍,臣罪不勝誅。

親友生別去,子復棄遐荒。只道還家好,還家恨又長。

《全元詩》第 34 冊,396 頁

李陵臺　　(元)釋梵琦

男兒肝膽鑄黃金,擾擾遊塵不易侵。忍死難將蘇武節,偷生未解李陵心。氈裘影拂天山去,蘆管聲催漢月沉。借問高臺誰與築,南來客子倦登臨。

《全元詩》第 38 冊,303 頁

讀史,擬蘇、李(其二、四、五、六、七)　　(元)錢宰

漢五言始於蘇李,每欲擬之,為其音調古、興趣高,未易作也,因取史傳,詠而成章,縱音趣不古者,庶幾得其事實之似云。

胡兒在區脫,捕得雲中兒。傳聞漢天子,乘龍上天飛。臣民墮弓劍,被服素裳衣。降虜向我言,吞聲亦噓欷。嗟余使絕域,不得趨龍帷。八音在遏密,何以責遠夷。慎此朝夕臨,哀慟寓遐思。生當謁園陵,復命瞻光儀。死當汙竹帛,寄此萬古悲。

結髮仕漢廷,與之俱侍中。志意兩倜儻,相期事夷戎。君為騎都尉,侃侃有祖風。我為中郎將,勁氣亦已雄。如何使絕域,僅以全吾忠。遲子將兵來,亦復挫其鋒。事既兩大繆,慘戚無終窮。于焉獲生還,念子不得從。慷慨發悲歌,感泣訴爾衷。爾衷諒不忘,寄之南飛鴻。

我昔輕陷敵,失身在遠夷。自痛負漢恩,忽忽如狂癡。子今秉貞節,豈不愧我非。迢迢關塞隔,念子不得歸。人生如朝露,何久自苦為。當寧日已耄,法令無常施。無罪且夷滅,而子復為誰。願言聽陵計,無為久孤疑。飲此盈尊酒,皓首以為期。

置酒穹廬帳,歌吹臨長風。發子慷慨懷,撫膺愧吾衷。昨朝漢使至,邊馬一何雄。宣言嗣天子,羽獵上林中。射雁得帛書,精誠能上通。感子幽大澤,秉節懷孤忠。勳名播絕域,節義垂無窮。杕杜俟勞還,竹帛須銘功。嗟余重負國,無因躡其縱。

夙昔善騎射,守邊在酒泉。劍士力扼虎,將兵出居延。步卒五千人,遇敵輒應弦。孰云少敵眾,屈節虜廷前。豈不懷漢恩,冀以老母全。慨彼曹柯盟,可使追古先。負此平生

懷，恨恨不得宣。持杯悵永別，相望合一天。念子知我心，悲歌竟何言。

李陵臺　　　　　　　　　　　　（元）乃　賢

落日關塞黑，蒼茫路多歧。荒煙澹暮色，高台獨巍巍。嗚呼李將軍，力戰陷敵圍。豈不念鄉國，奮身或來歸。漢家少恩信，竟使臣節虧。所愧在一死，永為來者悲。千載撫遺跡，憑高起遐思。褰裳覽八極，茫茫白雲飛。

《蘇武、李陵泣別圖》　　　　　　（元）歐陽檢

祈連山前箭如雨，渤海海邊羝不乳。同是肝腸十九年，白髮君歸朝故主。臣心有血一斗許，亦欲隨君歸鼛鼓。五千健兒五千母，臣若獨歸魂魄苦。空將老淚寄君歸，歸拜茂陵墳上土。

題《李陵、蘇武泣別圖》　　　　　（元）顧　觀

一抔清淚人豈無，淚灑別離非丈夫。李陵長哀送蘇武，此別自與常人殊。關河萬里道，去住從此分。莫聽隴頭水，但看天上雲。飛雲悠悠不可扳，隨風亦得還故山。泉聲日夕空潺潺，東流入海何時還。白日在天光照下，幽陰只隔魚鱗瓦。君歸有路我無家，蠶室刑人知我者。畫圖千古見當時，攜手河梁更有詩。節義于人終莫掩，文章傳世果何為。

《蘇、李泣別圖》　　　　　　　　（元）平　顯

驚飆流磻亂如雨，孤臣百創向天語。一生萬死豈自憐，尚擬圖存報明主。漢恩能始不能終，太史徒陳國士風。白頭老母夢魂遠，悲臺黑霧朝迷蒙。居延澤中羝欲乳，一鳧南翔入雲去。同將血淚濕裳衣，歸灑清秋茂陵樹。微官典國何足償，青史於今垂耿光。掩圖為子三太息，落花白日春茫茫。

題《李陵泣別圖》　　　　　　　　　　　　　　　　（元）王　逢

節旄風動馬駍駍，塞日無光漢月輝。不謂家聲竟隕落，壯心曾待斬關歸。

《全元詩》第 59 冊，72 頁

《李陵泣別圖》　　　　　　　　　　　　　　　　　（元）江　垕

黃雲黯將莫，白日寒無暉。送客渡河梁，惆悵難別離。胡馬雖善行，按轡姑遲遲。初心執予察，後罪甘誅夷。君老既堪去，我乃無家歸。陽春滿皇都，長負平生期。

《全元詩》第 65 冊，314 頁

題《李陵泣別圖》　　　　　　　　　　　　　　　　（明）袁　凱

上林木落雁南飛，萬里蕭條時節歸。猶有交情兩行淚，西風吹上漢臣衣。

《袁凱集編年校注》未編年詩，329 頁

題《李陵泣別圖》　　　　　　　　　　　　　　　　（明）宋　濂

豪傑誰甘作虜臣，一時屈膝要求伸。茂陵不憖臨年母，未必將軍肯負人。

昔日呼爲兩侍中，今朝胡、漢各西東。潸然盡是思君淚，不爲離情灑曉風。

《蘿山詩集》四，《宋濂全集》卷一〇二，第四冊，2410 頁

題《李陵見蘇武圖》　　　　　　　　　　　　　　　（明）劉　基

中原無書羝不乳，狐裘蒙茸奈何許？老身漢節死生俱，地角天涯見明主。金鞍駿馬空故人，相看一笑增悲辛。悲來風沙吹上馬，河水東流日西下。

《劉基集》卷二一，416 頁

題《蘇、李泣別圖》　　　　　　　　　　　　　　　（明）胡　奎

孤臣一掬淚，歸拜漢庭前。白髮三千騎，丹心十九年。

《胡奎詩集》卷六，434 頁

題《蘇、李泣別圖》　　　　　　　　　　　（明）胡　奎

秋風吹節旄，淚濕舊時袍。玉壘胡沙遠，金城漢月高。

《胡奎詩集》卷六，449 頁

詠古七首（其三）　　　　　　　　　　　（明）王廷相

見道苟不至，為臣良獨難。況爾生死塗，大義安可干？隴西李將軍，惜哉勇不完！義士蹈白刃，烈夫喪其元。守死能善道，仲尼垂名言。得當縱報主，厥志亦已姦。匈奴有佳客，名王比左賢。行跡既可疑，有美焉足觀？

《王氏家藏集》卷八，《王廷相集》第一冊，104 頁

題《蘇武、李陵泣別圖》　　　　　　　　　（明）楊　溥

孤臣老雪窖，降將擁貂裘。穹廬徙漠北，茂林長松楸。失身世所棄，秉義天見酬。腥羶非樂土，誰能為去畱。馭夷古有道，黷武終貽羞。孤軍戒深入，輕敵非良謀。胡沙風獵獵，秦塞雪悠悠。把袂淚如雨，一別千古秋。

《楊文定公詩集》卷二，《續修四庫全書》集部 1326 冊，473 頁

題《蘇、李泣別圖》　　　　　　　　　　（明）沈明臣

十年臥起節毛稀，此日心隨白鴈飛。痛殺李陵空有淚，別時難染漢臣衣。

《豐對樓詩選》卷四一，《四庫全書存目叢書》集部 144 冊，673 頁

李　陵　　　　　　　　　　　　　　　（明）方逢時

桓桓李將軍，三世受國恩。結髮事戎行，英風馳五原。慷慨未央殿，雄略動至尊。步兵五千人，轉戰來昆侖。矢盡鼓聲死，壯士鳥獸奔。歎息中夜起，慘澹天宇昏。丈夫誓許國，屈身匪徒云。漢庭重邊功，法吏無與言。功壞族亦赤，萬里悲遊魂。靦顏辭故人，血淚沾雙韉。大節既已虧，意氣復何論。人生歸有盡，安用身長存。嗟哉太史公，今古增煩冤。

《大隱樓集》卷二，《四庫未收書輯刊》伍輯 19 冊，680 頁

十哀詩，挽王中丞叔文·李都尉少卿　　（明）梁辰魚

五千步卒度居胥，沒虜身存意有餘。今日孤忠竟難白，倩誰一答子卿書。

《鹿城詩集》卷二七，《梁辰魚集》，319 頁

詠史五首（其一）　　（明）江　瓘

隴西李都尉，驍勇稱將材。提師浚稽山，一鼓單于摧。步卒五千人，轉戰昏陰霾。道窮矢亦盡，惜哉勇弗裁。捐軀誠獨難，大義豈不乖。得當縱報漢，二心安可懷。迢迢五原關，思歸隔天涯。遂使鐵石心，化為土與埃。終然沒胡沙，竟為百世哀。

《列朝詩集》丁集卷一〇，第九冊，4968 頁

讀史述·李陵　　（明）魏學洢

李陵飛將雛，千弩應弦倒。萬里搏單于，匈奴不堪埽。箙中花箭盡，鼓死龍城道。名敗志不成，身與氈帷老。日落望鄉臺，酸風嘶荒草。子卿不相理，十年恨盈抱。

《茅簷集》卷三，影印文淵閣《四庫全書》1297 冊，542 頁

集蘇武、李陵二首　　（明）丁　奉

征服懷往路，恨恨不能辭。遠望悲風至，仰視浮雲馳。山海隔中州，相見未有期。願言長努力，莫忘安樂時。

行人難久留，陟彼南山隅。徘徊溪路側，離別在須臾。昔者常相見，今忽互相踰。努力崇明德，必欲榮薄軀。

《南湖先生文選》卷二，《四庫全書存目叢書》集部 65 冊，223 頁

涼州詞　　（明）冷士嵋

李陵臺上月徘徊，蘇武河邊鴈陣回。無限南人歸未得，城頭吹入暮笳來。

《江泠閣詩集》卷一一，《四庫全書存目叢書》集部 236 冊，424 頁

邊望懷古三首（其一）　　（明）許宗魯

事去英雄屈，悲來感慨新。青霄辭漢闕，白首陷胡塵。故壘雲霞夕，晴川草木春。遺

書不可讀,淒斷淚盈巾。右李少卿。

《少華山人前集》第七《宦游稿》,《陝西古代文獻集成》第28輯,314頁

李 陵 （清）黄鵬揚

賢者匪惟居一國,何須再入雁門關。浚稽血戰降胡後,漢將誰人到此山。

《讀史吟評》,《說鈴》後集一,10頁

詠史詩和李咸齋_{有序（其九）} （清）魏 禧

李子咸齋作《詠史詩》,余讀而悅之,書置座間以當九九礪礪。諷詠既多,意有各出也。

以武而視陵,如人視犬豕。讀其《別陵詩》,繾綣乃如此！華、夷各君臣,中外仍朋友。始信司馬遷,上書非阿比。

《魏叔子詩集》卷四,《魏叔子文集》下册,1264頁

詠史詩（其九） （清）李咸齋

陵乃廣之孫,武則建之子。武能蓋父愆,陵徒增祖恥。華夷各君臣,中外仍朋友。至今百世下,尚亦稱蘇、李。

《附咸齋詩》,《魏叔子詩集》卷四,《魏叔子文集》下册,1266頁

李少卿 （清）陳廷敬

少卿軍數急,貳師何逡巡。腐刑下遷史,終為李夫人。

《午亭文編》卷九,影印文淵閣《四庫全書》1316册,134頁

李 陵 （清）汪元慎

受降城外月如霜,李益。往事何時不系腸。吳融。一夜羽書催轉戰,翁綬。五千兵敗滯窮荒。胡曾。丹誠豈分埋幽壤,李玖。白首翻令憶建章。盧綸。可惜報恩無處所,雍陶。詩成吟詠轉淒涼。杜甫。

《晚晴簃詩匯》卷一三九,第三册,662頁

詠史詩十首・李陵　　　　　　　　　　（清）高宗弘曆

生降跡似負恩深,誰信區區報國心。他日王庭對蘇武,空教泣下數沾襟。

《御制樂善堂全集定本》卷二九,影印文淵閣《四庫全書》1300冊,527頁

李　　陵　　　　　　　　　　（清）謝啟昆

破奴故道出天山,劍客奇才簇一班。戰士聞鉦不聞鼓,將軍循髮更循環。萬行雨集飛金弩,一半冰持度玉關。遺恨少卿名誤我,不堪再辱漢廷還。

《樹經堂詠史詩》卷一,影印《續修四庫全書》1458冊,511頁

李　　陵　　　　　　　　　　（清）羅惇衍

字少卿,廣孫。武帝時,以騎都尉將兵擊匈奴,兵敗降虜,後立為右校王。

步卒五千遮虜障,胡軍十萬浚稽山。火威風猛葭蘆裏,兵氣雲沈樹木間。勁旅控弦猶力戰,健人引騎不知還。河梁贈別詩情在,又送蘇卿返玉關。

《集義軒詠史詩鈔校證》卷九,第一冊,245頁

《蘇、李泣別圖》　　　　　　　　　　（清）沈德潛

少卿相送子卿還,南望迢迢入漢關。賸有交情難忘却,涕零不是念家山。
旄節摧頹仍自持,塞垣客餞涕漣洏。漢臣亦有悽然處,此後從無會面時。
故友分飛類轉蓬,歸來皓首已稱翁。茂陵經過應垂淚,玉露金盤望裏空。

《歸愚詩鈔餘集》卷八,《沈德潛詩文集》第二冊,579頁

讀《漢書》列傳雜詩・李陵　　　　　　　　　　（清）梁章鉅

片冰升糒苦犁庭,太息曹柯語不經。死戰已慙韓校尉,生存空伴衛丁靈。

《退菴詩存》卷四,《清代詩文集彙編》515冊,59頁

論詩絕句（其五）　　　　　　　　　　（清）梅植之

河梁五字冠西京,聲律精嚴抵用兵。誤著戎衣行朔漠,枉教忠孝掩詩名。

《嵇庵詩集》卷二,《清代詩文集彙編》585冊,725頁

李陵別詩_{李陵與蘇武詩} （清）田依渠

遊子悵何之，河梁送別時。多年蘇武節，幾首李陵詩。

《茹古山房讀史餘吟》卷一，《清代詩文集彙編》639 冊，640 頁

詠史詩·李陵 （清）史夢蘭

辛苦居延百戰身，登臺異地倍傷神。龍門外已無知己，麟閣中猶有故人。飛將方期孫繼祖，穹廬偏使壻稱臣。隴西舊姓更元後，分主中原竟百春。

《爾爾書屋詩草》卷四，《清代詩文集彙編》654 冊，368 頁

李少卿 （清）秦 焕

許以忠臣語近阿，斥為降將論猶苛。較量功罪平情貴，一慟河梁別淚多。

《劍虹居詩集》卷下，《清代詩文集彙編》675 冊，197 頁

詠史小樂府三十首_{己未（其二十五）} （清）沈家本

漢使隆蘇武，蕃王寵李陵。河梁遺詠在，友誼至今稱。

《枕碧樓偶存稿》卷七，《清代詩文集彙編》745 冊，487 頁

讀《漢書》有感·李陵 （清）吳翊寅

矢盡弮空鼓不鳴，隴西竟墜舊家聲。龍沙萬里無歸路，泣下霑衿送子卿。

《曼陀羅花室詩》卷三，《清代詩文集彙編》776 冊，644 頁

詞

八聲甘州 　　　　　　　　　　　　　　　　　（宋）辛棄疾

夜讀《李廣傳》，不能寐。因念晁楚老、楊民瞻約同居山間，戲用李廣事賦以寄之。

故將軍、飲罷夜歸來，長亭解雕鞍。恨灞陵醉尉，匆匆未識，桃李無言。射虎山橫一騎，裂石響驚弦。落托封侯事，歲晚田間。誰向桑麻杜曲，要短衣匹馬，移住南山。看風流慷慨，談笑過殘年。漢開邊、功名萬里，甚當時、健者也曾閑。紗窗外、斜風細雨，一障輕寒。

《全宋詞》第三冊，1912 頁

又（卜算子）（之八） 　　　　　　　　　　　　（宋）辛棄疾

千古李將軍，奪得胡兒馬。李蔡為人在下中，卻是封侯者。　芸草去陳根，筧竹添新瓦。萬一朝家舉力田，舍我其誰也。

《全宋詞》第三冊，1946 頁

漁家傲·娑婆苦（之十） 　　　　　　　　　　　（明）釋樊琦

聽說娑婆無量苦，人當亂世投軍旅。寇至不分男與女，摧腰膂，鳴蟬竟斷螳螂斧。

縱有才能超卒伍，幾人衣錦還鄉土。燕頷虎頭封萬戶，虛相誤，奈何李廣逢奇數。

《全明詞》第一冊，15 頁

前調（沁園春）·北平過李將軍射虎石 　　　　　（清）趙吉士

漢右北平，有飛將焉，曰李隴西。記盧龍千里，威行大漠，祁連百戰，血裹瘡痍。衛霍人奴，紛紛萬戶，何獨將軍竟數奇。最堪惜，是長身猿臂。絕世男兒。　城隅古蹟留題。想射虎、神威尚在茲。有巉巖落照，草埋片石，原頭秋雨，蘚蝕殘碑。月慘陰山，風號叢薄，彷彿當年飲羽時。閒憑吊，只驚沙一片，滿目凄迷。

《全清詞》順康卷第九冊，5120 頁

百字令・詠史(之三)　　　　　　　　　　（清）曹貞吉

南山歸晚,遭相訶醉尉、灞亭秋暮。故李將軍猿臂在,射石猶能飲羽。虎鼠行藏,煙雲變態,若輩爭知否。霜寒草短,且尋田舍歸去。　　回首百戰功名,北平上郡,歷歷風沙苦。屈指封侯諸校尉,意氣寧堪儕伍。白髮宮娃,青衫羈客,老淚同今古。掀髯一笑,塵埃野馬看取。

《全清詞》順康卷第一一冊,6497頁

沁園春・讀《李廣將軍傳》　　　　　　　　（清）汪　灝

怒髮衝冠,屈殺英雄,呼天問之。笑人奴衛霍,窮封極賜,偏神高趙,勒鼎銘彝。百戰徒勞,一侯難得,底事將軍獨數奇。承空獎,謝君王知我,不肯扶持。　　便封萬戶何為。也聊免、霸陵亭長欺。外風號,燈前鬼哭,痛到窮盧刎頸時。休冤抑,看男兒運厄,自古如斯。

《全清詞》順康卷第一七冊,9889頁

滿江紅・詠史(之四)　　　　　　　　　　（清）黃立世

射虎歸來,醉亭尉,色聲都變。縱然是、將軍新李,有何恩怨。猿臂英雄纔駐馬,焉支烽火猶傳箭。幾何時、髀骨肉橫生,辭征戰。　　天山上,雪與霰。轅門外,刀與劍。看功名虎鼠,誰分榮賤。白髮宮人憔悴劇,青衫司馬啼痕遍。任卞和、抱璞哭荊山,何人見。

《全清詞》雍乾卷第四冊,1899頁

金縷曲・李將軍廣射虎處　　　　　　　　　（清）史　蟠

亂石陽山路。是當年、北平舊守,曾遊獵處。百戰單于生破膽,匹馬歸來射虎。醉尉罵、公乎無怒。圍急龍城城欲下,却田間、夜飲將軍故。空閒煞,大黃弩。　　思量結髮從戎苦。老餘年、那堪再辱,文書幕府。李蔡下中何足道,上賞居然萬戶。只猿臂、年年對簿。一死三軍齊慟哭,麾下人無數。誰與爾、並千古。

《全清詞》雍乾卷第一五冊,8485頁

賀新郎·讀《李陵傳》 （清）徐喈鳳

窗紙風鳴鞞。猛挑燈,愁看漢史,韓彭成鮓。讀至李陵出塞事,空有英雄氣射。何不死、單于臺下。上負君恩並負己,只身名、再辱男兒怕。妻與母,漫牽掛。　　子長意氣偏瀟灑。浪投章、希為排難,終成虛話。借問而今聲氣客,可似雲泥風馬。歎世事、誰真誰假。漢代諸臣功與罪,有幾人、不是含悲者。且掩卷,蒲團藉。

《全清詞》順康卷第五冊,3112頁

前調（賀新郎）·塞外尋李陵碑未得,因讀《漢書》本傳有感 （清）董元愷

塞外尋遺躅。沒殘碑、一編漢史,挑燈閒讀。以少擊多步敵騎,百戰輕身馳逐。萬矢盡鞬汗山谷。獨步出營還太息,看棄車、軍士徒持輻。恨管敢,遂傾覆。　　身名異域寧相辱。睨刀環、猶聞緒語,空勞握足。携手河梁滋別淚,千古清商一曲。羨俛仰、雙飛黃鵠。漢節全歸十九載,便男元、明歲仍遭戮。通國子,何須贖。

《全清詞》順康卷第六冊,3376頁

蘇武慢·本意,和詠史韻（之三） （清）陸楣

飛將傳家,壯年許國,夙昔齊名珂里。行輒聯鑣,居還接席,出入鵷鸞隊裏。詩號長城,材兼善射,誰比隴西才子。記行時,執手河梁,佳句翩何清綺。　　痛朝來、循發更衣,形容非昔,辜負半生國士。屈指封侯,人奴銜勒,多少紆朱曳履。我去奚榮,子留何辱,眼底難分憂喜。算千秋,若個知君,腐史一人而已。

《全清詞》順康卷第一五冊,8674頁

解連環·讀《恨賦》,分詠六闋,和家恒齋·李陵 （清）史蟠

是生降者。早龍城飛將,家聲墜也。擁錦隊、小臘燕支,記舊日南山,短衣匹馬。百戰歸來,剛贏得、藍田尉罵。況弮空箭盡,誰察陵心,罪小功大。　　敢說漢廷恩寡。奈全家已付,鯨鯢葅鮓。經幾度、拍遍刀鐶,歎日暮河梁,故人長謝。何處中原,但白雁、橫天南下。慘秋心、漢月三關,胡笳一夜。

《全清詞》雍乾卷第一五冊,8483頁

曲

〔南中呂駐雲飛〕（之二十七） （清）俞　越

束髮從戎,醉臥沙場膽氣雄。謀勇常兼用,甘苦還能共。嗏,百戰老英雄,太平無用。猿臂將軍,不是封侯種,君不見將略邊材總是空。

《全清散曲》中册,1603 頁

匈奴列傳

詩

詠《匈奴列傳》

匈奴列傳
(唐)司馬貞

獫狁、薰粥,居於北邊。既稱夏裔,式憬周篇。頗隨畜牧,屢擾塵煙。爰自冒頓,尤聚控弦。雖空帑藏,未盡中權。

《史記索隱》卷三〇,485頁

《匈奴傳》
(宋)李覯

漢家經武意如何,也信狼心欲偃戈。豈是虜庭佳麗少,自緣婚禮貨財多。女從宗室方掄擇,賦出齊民更刮摩。若向大臣求佽膝,當是誰肯議通和。

《全宋詩》卷三五〇,7冊,4348頁

讀《匈奴傳》
(明)王世貞

匈奴新得意,入塞即橫行。賤老長從俗,趨貪不顧名。抗衡非上策,避地且全生。和好終難恃,那曾念舅甥。

《弇州續稿》卷一二,《弇州四部稿》第四冊,影印《明人文集叢刊》,150頁

讀《漢書》有感·蘇武

(清)吳翊寅

冰天雪窖一孤臣,仗節還朝問幾人。屬國名高諸將相,畫圖纔得上麒麟。

《曼陀羅花室詩》卷三,《清代詩文集彙編》776 冊,644 頁

讀《漢書》雜詠

(清)張寶森

單于鼻祖涫(淳)維氏,云是南巢夏后苗。却勝朝歌舉兵反,被他麟趾喚鵂鶹。

北築長城萬里回,祖龍本是帝王才。沙邱(丘)一死蒙恬戮,胡馬長驅冒頓來。

項王刎頸韓、彭醢,藐視匈奴誘敵兵。若使高皇能將將,不教七日困平城。

封禪狼胥瀚海濱,武皇從此絕和親。漢家旄節人多少,不見單于作外臣。

受降城外莽山河,奈此旂裘跋扈何。都尉、貳師齊屈膝,可憐降將漢家多。以上五首讀《匈奴傳》。

《悔庵詩存》卷上,《清代詩文集彙編》768 冊,642 頁

詠蘇武 附郭吉

跋《蘇武持節圖》　　　　　　　　　　（元）王　惲

使華往返見交兵,老我何嘗繫重輕。已分橫身膏草野,茂陵松柏夢秋聲。
君臣義合以忠持,十九年間節可知。邂逅論詩幾侮玩,區區才得典諸夷。
兩行衰淚血霑襟,一節酬恩北海深。衛律有知慚即死,更來遊說此何心。

《全元詩》第 5 冊,408 頁

讀《蘇武傳》　　　　　　　　　　（元）陳　杰

伸腳踏沙磧,開口吃漢天。見天不見雪,況辨雪與氈。環觀不敢殺,謂是不死仙。漢庭方求不死訣,方士取露和玉屑,何如老臣氈夾雪。

《全元詩》第 12 冊,366 頁

詠史·蘇武　　　　　　　　　　（元）方　夔

中郎出玉門,蕩節照絕域。使指未分明,奇禍誰能測。劍鈍割不深,一朝來海北。霜風入氈毹,冰雪凍服匿。老羝石女兒,歲久無出息。遣來小居次,無何乳通國。古人凜垂戒,男女及飲食。多少英雄人,此心滅不得。萬里十九年,費盡一生力。歸來麒麟中,愁絕遠山色。

《全元詩》第 14 冊,68 頁

《子卿歸漢圖》　　　　　　　　　　（元）劉將孫

陰山陰,大澤北,雪花如席雲如墨。寒漫漫,野荒荒,漢天何遠塞天長。當年出關頭漆黑,節旄與髮各丈八。如今禿髮似斷旄,歸拜茂陵陵上柏。生妻去房兒僅存,官霍搆怨兒無孫。老孤通國訪消息,李陵當笑漢少恩。南使解鞍誇誚漢,戎傳歸鞍談轡緩。可憐萬死一生身,畫盡酸寒與君看。

《全元詩》第 18 冊,208 頁

《蘇武牧羊抱雛圖》　　　　　　　　　　　　　　　　　　（元）袁　桷

寒氈齧盡節旄稀,野曠風低短草肥。忽見嬋娟新月上,却疑身似夢中歸。

《全元詩》第 21 册,326 頁

《蘇武持節圖》　　　　　　　　　　　　　　　　　　　　（元）劉　詵

朔雪漫沙幾白氈,嚴風吹凍滿氈衣。少卿駞馬彌山谷,何似中郎一節歸。

《全元詩》第 22 册,385 頁

題《蘇武牧羊圖》　　　　　　　　　　　　　　　　　　　（元）唐　元

身逐群羝草色秋,手持漢節雪蒙頭。可憐屬國償勳薄,談笑紛紛盡列侯。
雪暗胡天少日光,咽氈那得飫中腸。誰言漢使心如鐵,也為胡姬一笑忙。

《全元詩》第 23 册,329 頁

和丁志道題蘇武廟　　　　　　　　　　　　　　　　　　（元）汪士深

漢使羈縻海澤幽,茂陵松柏已含愁。書傳塞雁幾千里,身牧羝羊十九秋。皎皎丹心依日月,堂堂直節邁公侯。歸來屬國慚微秩,合在麒麟最上頭。

《全元詩》第 24 册,214 頁

詠史·蘇武　　　　　　　　　　　　　　　　　　　　　（元）張養浩

為臣惟命敢辭難,脫遇艱難亦自安。試看子卿持節處,雪花如席不知寒。

《全元詩》第 25 册,76 頁

《蘇、李會合圖》　　　　　　　　　　　　　　　　　　　（元）范　梈

未識沙場苦,空曾捧使來。詎知羝羊約,不抵雁書回。漢節風霜古,胡笳旦暮哀。誰憐太史令,心為故人摧。

《全元詩》第 26 册,464 頁

牧羝行 　　　　　　　　　　　　　　　　　　　　　　（元）周　權

朔風吹沙浩漫漫,冷光射目愁雲昏。茫茫大漠亙萬里,何處有路通中原。群羝牧老草枯死,倚節自誓無生還。餐旃嚙雪氣自倍,婉孌兒女懷饑寒。夜長空望漢月白,幾度吊影憐羇單。已將傲兀壓憂患,獨仗大義排堅頑。此生自信羝不乳,豈意雁足傳間關。歸來屬國豈不厚,區區一飯皆君恩。

《全元詩》第 30 冊,40 頁

觀《蘇子卿牧羊圖》有感 　　　　　　　　　　　　　　　（元）張　澤

十九年來志不磨,暮雲遙隔漢山河。吞氈嚼雪腸猶熱,淚落愁添北海波。

《全元詩》第 33 冊,243 頁

《子卿持節圖》 　　　　　　　　　　　　　　　　　　　（元）劉　鶚

龍沙茫茫雪如雨,大窖雪寒羝不乳。孤臣持節十九年,忍死不降思報主。方今世事紛如雨,同安虎頭真忠臣。江州太守骨已朽,尚書却作洪都守。感時撫卷雪漫空,為吊忠魂酹尊酒。

《全元詩》第 36 冊,112 頁

《蘇武牧羊圖》 　　　　　　　　　　　　　　　　　　　（元）鄭元佑

飛鴻歷歷度天山,何處孤雲是漢關。不滴望思台下血,君王猶及見生還。

《全元詩》第 36 冊,356 頁

謾　成（其四） 　　　　　　　　　　　　　　　　　　　（元）吳　當

戰骨生塵塞草長,將軍已拜右賢王。節旄落盡蘇卿老,渤海沙飛尚牧羊。

《全元詩》第 40 冊,176 頁

讀史,擬蘇、李（其一、三） 　　　　　　　　　　　　　（元）錢　宰

漢五言始於蘇李,每欲擬之,為其音調古、興趣高,未易作也,因取史傳,詠而成章,縱音趣不古者,庶幾得其事實之似云。

牧羝北海上，羝乳乃得歸。日夕杖漢節，臥起恒自持。朔風何蕭蕭，白雪沾裳衣。朝來得鼠去，聊以慰我饑。幽囚在絕域，歸計未有期。自分膏野草，毋庸令人知。所愧辱君命，雖生複奚為。臨風一長歎，慷慨有餘悲。願因南飛鴻，寄此長相思。

杖節出塞垣，遠使來單于。詎意辱君命，絕域久囚居。故人從何來，而乃與我俱。空谷聞足音，跫然亦歡愉。何況同寮友，與子骨肉如。惜哉處勢異，邈爾漢與胡。感子故意長，置酒相與娛。君情豈不念，我志不可俞。蕭蕭悲風起，淚下沾裳裾。請畢今日歡，累子以賤軀。

《全元詩》第 41 册，174 頁

錢舜舉所作《蘇武牧羊圖》二首　　（元）葉顒

啖雪餐氈足履冰，腹雖饑餒氣淩淩。不知笑指言何事，應是揶揄笑李陵。

衰草連天接四垂，牧羊海上正憂饑。未應持節剛忠志，遽裂冠裳肯變夷。

《全元詩》第 42 册，97 頁

題《蘇武牧羊圖》　　（元）張 庸

胡天雪滿家何許，地椒根死羝不乳。蕭蕭漢節慘悲風，獨立乾坤竟誰語。有時飛夢繞函關，五色龍樓霄漢間。星殞旄頭即銷恨，丈夫何意望生還。

《全元詩》第 54 册，66 頁

詠史·蘇武　　（元）李 曄

憶昔看羊海上居，雪寒猶是囓氈餘。胡人但識羝無乳，漢使能令雁有書。屬國不嫌恩太少，中郎若屈義全疏。願將手內清風節，賊子奸臣一示渠。

《全元詩》第 56 册，59 頁

題《子卿牧羊圖》　　（元）李古淡

自是天工肯放回，回頭羞殺望鄉臺。漢風吹散羝羊隊，却入麒麟隊裏來。

《全元詩》第 65 册，28 頁

蘇武羝雪北海守節

(元)陳天霽

海上艱關十九年,孤臣凍死不呼天。忍將膝與羊俱跪,誓把心同節共堅。衰鬢霜飛甘臥窖,剛腸冰透只餐旃。當時不為求芻牧,千古高飛更凜然。

《全元詩》第 65 冊,118 頁

蘇、李泣別

(元)桂 衡

我生自恨不如死,君死誰知更得生。十九年前今日淚,都無一滴為功名。

《全元詩》第 67 冊,282 頁

題《蘇武牧羊圖》

(明)胡 奎

十九年中仗節旄,祁連山下夢勞勞。一行書寄邊鴻遠,萬里心懸漢月高。沙磧塵隨歸日騎,河梁淚灑別時袍。畫中偶識麒麟像,忍見秋霜點鬢毛。

《胡奎詩集》卷三,163 頁

題《蘇武還鄉圖》

(明)胡 奎

北風何烈烈,孤臣持漢節。蕭蕭匹馬鳴,灑淚河梁別。李陵臺北望關山,十九年中一日還。歸拜茂陵松柏下,鄉人驚見鬢毛斑。漢兵萬里窮沙漠,遣使和戎憖衛、霍。留得千年《太史書》,中郎將在麒麟閣。

《胡奎詩集》卷四,250 頁

《牧羊圖》

(明)商 輅

朔風捲地地欲裂,白草黃沙共蕭屑。中郎不肯下單于,辛苦甘持漢旌節。遠從海上牧群羝,羝羊不乳歸無期。丹心一片貫日月,直節萬丈排雲霓。君臣大義矢不缺,衛律無煩調佞舌。止渴時吞月窟泉,療飢還齧陰山雪。憑誰寫真歸畫圖,生氣凜凜胸垂鬍。麟閣他年表勳爵,李家豈子良非夫。

《商輅集》卷一九,下冊,390 頁

《子卿牧羊圖》　　　　　　　　　　　　（明）商　輅

一身飄泊寄胡塵，獨秉旌旄倚塞雲。白首歸來封爵在，麟臺不見李將軍。

《商輅集》卷二〇，下冊，430 頁

《牧羝圖》　　　　　　　　　　　　　　（明）李東陽

仗節驅羊不自憐，白頭歸國意茫然。陵亡律死須臾事，誰更能消十九年。

《詩前稿》卷二〇，《李東陽集》第一卷，441 頁

《子卿泣別圖》　　　　　　　　　　　　（明）康　海

廿年繫異國，感別會仍艱。置酒話夙昔，詎終千萬端。嘆息淚沾臆，徒令摧肺肝。昔爲雙飛龍，今爲孤翼鸞。丈夫恥微諒，況爾烈士顏。躍馬窖上別，欲歸中自難。徒切報主恨，安悔軍吏言。勝負有微數，奮勵心所安。所以君子人，不處嫌疑間。

《康對山先生集》卷五，66 頁

題雜畫（其十四）　　　　　　　　　　　（明）鄭文康

題古今雜畫詩頗多，悉棄弗錄，獨於史事用己意寓勸懲者存之，得十八首。

一入沙場與漢辭，節旄落盡鬢成絲。生降得似生還樂，腸斷《河梁》五字詩。

《平橋稿》卷三，影印文淵閣《四庫全書》1246 冊，546 頁

題《蘇武圖》　　　　　　　　　　　　　（明）李廷訓

漢閣圖麟後，胡山牧羝初。上林如許雁，不寄李陵書。

《醴雞吟》卷七，《陝西古代文獻集成》第 10 輯，397 頁

《蘇武牧羝圖》　　　　　　　　　　　　（明）馬　理

北海牧羝羝未羔，饑餐氈雪望神皋。律、陵說得黑頭白，臥起嘗持漢節牢。

《谿田文集》卷一〇，《陝西古代文獻集成》第 17 輯，543 頁

1617

題《蘇武牧羝圖》　　　　　　　　　　　　　　　　　　　　　（明）馬　理

中郎天漢使羶羯,十九年餘仗漢節。征鴈未傳上林書,牧羝齧盡北漠雪。玉山蓋已輕如毛,丹府殊能堅似鐵。誰道雙梟分首處,南翔惆悵淚成血。

　　　　　　　　　　　　　　　《谿田文集》卷一一,《陝西古代文獻集成》第 17 輯,550 頁

邊望懷古三首(其三)　　　　　　　　　　　　　　　　　　　（明）許宗魯

瀚海胡雲外,中郎出使臨。冰霜持節日,天地牧羝心。絕域還生死,荒城自古今,河梁有離咏,北望一长吟。右蘇子卿

　　　　　　《少華山人前集》第七《宦游稿》,《陝西古代文獻集成》第 28 輯,314 頁

蘇　武　　　　　　　　　　　　　　　　　　　　　　　　　（清）羅惇衍

字子卿,杜陵人。武帝末,以中郎將使匈奴,不屈,被留十九年。昭帝時,還為典屬國。宣帝立,賜爵關內侯。卒,年八十餘。

圖形何事殿麒麟,節抗龍庭第一人。欲以多才誇絕域,權虛末坐屈名臣。少卿決別風沙暮,副使偕歸雪窖春。不見封侯空告廟,離離宿草茂陵新。

　　　　　　　　　　　　　　　　　　《集義軒詠史詩鈔校證》卷八,第一冊,224 頁

秦漢樂府·羝乳歸　　　　　　　　　　　　　　　　　　　　　（清）張　誠

人生如朝露,子卿何自苦。仗節死不恨,事君如事父。吞旃嚙雪甘如飴,一十九年羝果乳。天子親射雁足書,單于乃許歸蘇武。節旄落盡節猶在,風霜臣節照千古。蘇武歸,李陵泣,置酒賀武情嗚咽。五字《河梁》賦贈別,當年負國罪通天。南望傷心涕霑臆,故鄉長此還無期。與君一別成永訣,還勞一語寄龍門,累汝極刑腸斷絕。

　　　　　　　　　　　　　　　《嬰山小園詩集》卷一五,《清代詩文集彙編》425 冊,109 頁

节旄落《前漢書》　　　　　　　　　　　　　　　　　　　　　（清）陳啟疇

蘇武使匈奴,屢說之降,不屈,乃徙武北海上,使牧羝。羝乳,乃得歸。武至海上,仗漢節牧羊,臥起操持,節旄盡落。

烏白頭,馬生角,日再中兮天雨粟。羝乳難將歸期卜,海上持節節旄落。旄盡落,心

彌堅,誓死不受匈奴憐。陵與衛律罪通天,夜雨淒風臥邊草。夢中猶記長安道,廿載生還君勿疑。麒麟圖畫舊鬚眉,小臣無家亦何悔,遺恨武皇先見背。

《詠史擬古樂府》卷上,《清代詩文集彙編》450 册,155 頁

漢臺詠史·蘇屬國 （清）嚴如熤

幾番雪窖只餐氈,抗節穹廬詎偶然。衰髯傷心羈甲帳,禿旌回首奉丁年。一朝麟閣丹青筆,五字《河梁》贈答篇。都尉幾時能報漢,浮雲飛鳥亦纏綿。

《樂園詩稿》卷三,《清代詩文集彙編》455 册,164 頁

蘇　武 （清）王廷紹

茂陵天遠望蒼茫,十九年來兩鬢霜。稚子悲風啼雪窖,故人落日上河梁。貴如衛、霍心應愧,畫到麒麟骨已涼。堪慟太牢修謁候,手持禿節拜先皇。

《澹香齋詩草》卷二,《清代詩文集彙編》472 册,343 頁

詠　史（其三十五） （清）宋　梿

蘇子卿爲典屬國,田千秋拜富民侯。一言寤主真僥幸,北海曾經十九秋。

《雞牕百二稟》卷五,《清代詩文集彙編》475 册,41 頁

蘇　武 （清）鮑桂星

牧羝何意畫麒麟,絕域終期返漢臣。窖雪不埋持節士,坐氈應割勸降人。八千里外心如石,十九年歸鬢似銀。胡地臙脂未妨買,古來忠孝是情真。

《覺生詠史詩鈔》卷一,《清代詩文集彙編》476 册,470 頁

蘇武祠 （清）張　琛

個個勳名照日新,霎時人往憶麒麟。荒村廟貌巋然在,十一人中最後人。

《日鋤齋詩集·缶音》,《清代詩文集彙編》483 册,661 頁

蘇武節 （清）吳名鳳

羝羊何時能得乳,持節不移惟蘇武。衛律、李陵皆降虜,賜號稱王何足數。引刀自刺

堅不降，氣絕復蘇恨滿腔。雪窖餐氈心存漢，肯助異域仇大邦。留困匈奴十九載，歸來衰顏鬢髮改。他年麟閣圖畫相，轉疑禿節旄安在。

《竹庵詩鈔》卷五，《清代詩文集彙編》487 冊，115 頁

朱宮傳石君師出使示讀史詩，
分詠《漢書》三十七首·蘇武

（清）蔣 詩

坎地置熅火，氣絕還復生。更幽大窖中，齧雪與旃并。乃徙北海上，困以牧羊令。廩食既不給，饑掘中與鼠。有友少卿至，置酒尋舊盟。畢驪請效死，忠義輸精誠。帛書繫雁足，持節返故程。萬里度沙幕，歲越二十更。岧嶤麒麟閣，圖形表蘇卿。

《榆西僊館初槀》卷三一，《清代詩文集彙編》488 冊，461 頁

讀《漢書》列傳雜詩·蘇武

（清）梁章鉅

雪氈齧盡主恩深，雁帛何緣到上林。終奉太牢茂陵苑，穹廬有客淚沾襟。

《退菴詩存》卷四，《清代詩文集彙編》515 冊，59 頁

蘇 武 漢

（清）孫 玕

落盡旌旄剩節竿，羝羊不乳雁聲酸。精忠早已終麟閣，風雅還能啟建安。九死長隨天不變，餘生惟有雪為餐。如何結髮恩偏絕，信是人間節烈難。

顯、禹罪不容誅，而光之勳不可以不祀。子卿出萬死以全使命，曾不敵李廣利一大宛馬。世嘗謂高祖薄命待功臣，如昭、宣者，乃亦尚有祖風。夫以光之威，能使天子俯首受廢，而不能制一弱女子。武妻亦竟去帷衽席之間，蓋難言矣。

《歸田蘽》卷一，《清代詩文集彙編》534 冊，458 頁

蘇 武

（清）張 澍

北海移來衛律謀，天低四野動羈愁。手持禿節羝鳴澤，壁挂角弓雁叫秋。去日麒麟郎識面，歸時霜雪已盈頭。茂陵荒草寒煙外，塞上孤兒繫念不。

《養素堂詩集》卷二五，《清代詩文集彙編》536 冊，272 頁

題《蘇武牧羊圖》　　　　　　　　　　（清）佘五孃

風嚴朔北雪漫天，漢節飄零十九年。白首歸來城廓在，茂陵松柏化蒼煙。

《國朝閨秀詩柳絮集校補》卷一八，第二冊，第777頁

蘇　武　　　　　　　　　　（清）吳　鎮

羝不乳，雁能飛。通國母，怨卿歸。

《松花庵韻史》，《四庫未收書輯刊》拾輯24冊，257頁

郭　吉　　　　　　　　　　（元）宋　无

南越王頭漢闕縣，風言天子自巡邊。單于小弱猶生奮，使者徒遭海上遷。

漢使郭吉告單于，吉卑體好言求見單于。及見，乃曰："南越王頭已縣於漢北闕下，今單于即能前與漢戰，天子自將兵待邊。即不能，亟南面而臣於漢。"語卒，單于立斬主客見者，而留郭吉，遷辱之海上。此非以誘說單于之道。夫激發人以言，雖豎子亦奮，況未至於束手就縛者乎？

《全元詩》第19冊，418頁

詞

前調(滿江紅)·咏古·蘇子卿節　　（清）徐　籀

寒圻霜崖,彤庭遠、雲霞堆裏。沙漠外、雪翎雁斷,黑山虬舞。紅粉今還留故塚,誰憐白骨埋黃土。念此心、千載照丹青,身蒙古。　　和親使,非戎伍。三尺節,非五羖。却牧羝青海,辱同臣虜。千叠關山寒霧鎖,十年故國音書阻。同上林、雁帛有誰書,臣蘇武。

《全清詞》順康卷第一册,198頁

前調(滿江紅)·詠雪叠韻八·塞外　　（清）陳維崧

萬里茫茫,穹廬畔、風狂雪惡。嘆當日、漢家蘇武,功高衛霍。迢遞南天鴻雁信,凄凉北海羝羊約。縱饑來、朔雪亦堪吞,無衣著。　　傳書犬,銜環雀。忠孝事,難忘卻。看詩誇同澤,史譏嘗藥。夢到龍樓飄瑞雪,六宮夜宴黃金鑰。正醒時、蘆笛起邊愁,風蕭索。

《全清詞》順康卷第七册,4015頁

蘇武慢·本意,和詠史韻（之一、二）　　（清）陸　楣

祖帳都門,拜恩闕下,慷慨言辭帝里。漠惊沙,明明汉月,回望五云堆裏。自將登台,平城雪耻,亘占英雄天子。笑书生,五饵空谈,岁岁输他金绮。　　正丁年、执戟鵷行,折冲虎穴,绝域名传壮士。何用长缨,聊凭寸舌,整頓天家冠履。只憶高堂,白頭無恙,愛日心懸懼喜。待他時,仗節規來,一笑承顏何已。

目斷南雲,心孤朔雁,不盡天涯萬里。回首君亲,恩深义隔,泪落悲笳声裏。马角何年,乌头难白,漫道羝羊生子。计春风,已到皂都,扑地莺花如绮纵孤臣、骨化冰天,魂消雪窖曰负累朝养士。何物丁零,珥貂被毳,旧蹑汉家朱履。腐鼠休夸,鵷鯠难吓,且莫沾沾自喜。哂人生,富贵何常,草露未曦尔已。

《全清詞》順康卷第一五册,8673頁

衛將軍驃騎列傳

詩

詠《衛將軍驃騎列傳》

衛將軍驃騎列傳　　　　　　（唐）司馬貞

君子豹變，貴賤何常。青本奴虜，忽升戎行。姊配皇極，身尚平陽。寵榮斯僭，取亂彝章。嫖姚繼踵，再靜邊方。

《史記索隱》卷三〇，485 頁

讀《衛青傳》　　　　　　（宋）劉宰

任俠行權世所誅，將軍尚借齒牙餘。古來名將勤招選，底事牢辭不敢居。

《全宋詩》卷二八〇八，53 冊，33350 頁

詠史小樂府三十首己未（其十九）　　　　　　（清）沈家本

志雪高皇恥，河南郡縣開。單于庭北徙，衛、霍信雄才。

《枕碧樓偶存稿》卷七，《清代詩文集彙編》745 冊，486 頁

讀《漢書》有感·衛青　　　　　　（清）吳翊寅

漢兵度漠竟輕留，瀚海風沙戰未休。恩寵椒房料先替，論功豈讓冠軍侯。

《曼陀羅花室詩》卷三，《清代詩文集彙編》776 冊，645 頁

讀《漢書》有感·霍去病

(清)吴翊寅

狼居胥遠獨登封,天幸能成大幕功。爭學票姚常蹋鞠,至今漢將憶遺風。

《曼陀羅花室詩》卷三,《清代詩文集彙編》776 冊,645 頁

詠衛青 _{附長平公主、公孫賀}

衛 青　　　　　　　　　　　　　　（宋）呂本中

將軍相繼出天山,漢主開邊意未闌。本自無心接賓客,故人猶有一任安。

《全宋詩》卷一六二六,28 冊,18113 頁

衛 青　　　　　　　　　　　　　　（宋）陳　普

丞相含沙作短狐,直言長揖黯何孤。相容幸有兩人在,帝與侯家老騎奴。

《全宋詩》卷三六五〇,69 冊,43804 頁

無 題(其六)　　　　　　　　　　　（元）胡祗遹

衛青、霍去病,起身自淫奴。所知勤皂隸,何者為孫、吳。一朝當帝意,總節持兵符。出塞三十萬,入塞三萬餘。無人問二子,方略果何如。李廣飛將軍,受制於庸愚。敗死不封侯,數奇良悲夫。

《全元詩》第 7 冊,41 頁

衛青玉印　　　　　　　　　　　　　（元）張　雨

公主家奴尚公主,刻玉姓名奚足多。為問任安門下女,大將軍印復如何。

《全元詩》第 31 冊,416 頁

衛將軍歌,聞有得漢衛青玉印者賦之　　（元）吳　萊

昔聞衛將軍,起自衛子夫。姊為皇后弟為奴,親提漢兵北擊胡,旌旗劍戟羅熊貙。指麾六郡良家子,輸給三邊幕府租。血流余吾斷斥候,魂駭老上燒穹廬。天子召見錫印符,鐃歌騎吹凱入都。椎牛釃酒啟鞠室,饗士論功懸箭箙。平陽故侯丈二殳,寡主忸怩膝走趨。兩兒佩綬光耀軀,外虩內煽絕代無。荊玉寸方溫且腴,古文繆篆姓名俱。螭尾壓紐巧盤拏,楯鼻磨墨急檄書。史傳數紙丘山如,王侯螻蟻但須臾,土花苔葉空模糊。何人手曾秉鈞樞。何人身已返隸孥。昔貧今富鼠作虎,昔富今貧鵠化鳬。感時撫舊歎以吁,淮

陰鐘室彭越葅,良弓猛狗諺不誣。衛青玉印千載餘,珍重漢皇宏遠摹。

《全元詩》第40册,45頁

衛將軍玉印歌　　　　　　　　　　　（元）泰不華

武皇雄略吞八荒,將軍分道出朔方。甘泉論功誰第一？將軍金印照白日。尚方寶玉將作匠,別刻姓名示殊賞。蟠螭交紐古篆文,太常鐘鼎旌奇勳。君不見祁連山下戰骨深,中原父老淚滿襟。衛后廢殂太子死,茂陵落日秋風起。天荒地老故物存,摩挲斷文吊英魂。

《全元詩》第45册,173頁

詠　史　　　　　　　　　　　（清）王士禎

鄭季有孽子,少小爲人奴。騎從平陽主,給事建章居。朝拜大將軍,封侯詫鉗奴。遂復還尚主,賜第耀通衢。隴西老飛將,猿臂雄萬夫。白首不得侯,心折幕府書。誰能對刀筆,臨風自捐軀。天道有如此,千古同欷歔。

《漁洋集外詩》卷四,《王士禎全集》第一册,639頁

平陽懷古戲作　　　　　　　　　　　（清）王士禎

漢宫貴主顏如花,何異婁豬求艾豭。漢家將帥亦無種,昔爲騎從今同車。鄭季長孺是何物？一朝門户生光華。生兒願得如衛、霍,悔不給事平陽家。

《蠶尾續詩集》卷四,《王士禎全集》第二册,1245頁

衛　青　　　　　　　　　　　（清）謝啟昆

人奴焉敢望封侯,百萬旌旗擁上游。相士先占騎從貴,公孫能解子夫仇。軍行不敗由天幸,兵法無師與古謀。去病同時功不逮,門庭冷落舊交留。

《樹經堂詠史詩》卷一,影印《續修四庫全書》1458册,512頁

衛　青　　　　　　　　　　　（清）羅惇衍

字仲卿,河東平陽人。本姓鄭,冒姓衛。武帝時,歷官大將軍,封長平侯。卒,謚曰"烈"。

七出雄師萬里遥,榆關西望草蕭蕭。能容長揖賢光國,不斬偏裨令稟朝。對簿將軍憐射虎,搴旗校尉壯票鷂。廣招賓客嗤田、竇,獨守謙謙智自超。

《集義軒詠史詩鈔校證》卷八,第一册,221頁

秦漢樂府·走千羊　　　（清）張　誠

王恢始召釁，卜式爭輸財。衛青功超諸將上，人奴生是封侯才。西域大宛天馬至，東甌南粵奔走來。匈奴獨斬山頭去，天子乃登單于臺。海內虛耗蒼生災，塞笳塢笛，山骸川血，驃騎獻媚，匈奴未滅。酒泉玉門亭障列，晚年輪臺行自傷。貳師將軍軍敗亡，失一狼走千羊。

《嬰山小圃詩集》卷一五，《清代詩文集彙編》425 冊，108 頁

漢臺詠史·衛大將軍　　　（清）嚴如熤

幢影高懸大漢壇，榆林紫塞劍光寒。一朝上將譚奴子，百戰威名震可汗。長揖可能容汲黯，敝裝終解識仁安。龍門右李譏恩幸，莫作南狐信史看。

《樂園詩稿》卷三，《清代詩文集彙編》455 冊，164 頁

衛　青　　　（清）王廷紹

廿四年中戰血殷，烈侯七度出邊關。票姚校尉搴旗去，射虎將軍洗箭還。功大無銘傳瀚海，位高有塚象廬山。牧羊人畫麒麟閣，欲比蘇卿鬢未斑。

《澹香齋詩草》卷二，《清代詩文集彙編》472 冊，343 頁

衛　青　　　（清）鮑桂星

西擊樓煩北窳渾，牙旗七出將權尊。纔聞都尉加龍額，又報單于入雁門。姊弟寵光真赫奕，人奴骨相漫評論。他年驃騎勝平。車騎，冢相祁連更荷恩。

《覺生詠史詩鈔》卷一，《清代詩文集彙編》476 冊，470 頁

補禹門兩漢詠史小詩（其三十四、三十五）　　　（清）梁運昌

衛、霍為大將，耀武侯外家。少年獨知恉，首功歲歲加。
武皇寵冠軍，亦是夸謾計。登封假靈祇，子侯一日斃。

《秋竹齋詩存》卷二，《清代詩文集彙編》499 冊，14 頁

讀《漢書》列傳雜詩·衛青　　　（清）梁章鉅

明威未肯狥周霸，招士終應鑒竇、田，不是益州任刺史，孰知廬朐坿祁連。

《退菴詩存》卷四,《清代詩文集彙編》515 冊,59 頁

衛　青

（清）張　澍

英雄不病出身微,直以人奴侍帝闈。屢向邊庭摧大敵,偏於涇廁接恩暉。霍光有幸軍能冠,李廣無功將自飛。獨令牧羊圖閣上,有兒叔馬亦驂騑。

《養素堂詩集》卷二五,《清代詩文集彙編》536 冊,272 頁

衛青拜幕 《史記》

（清）田依渠

匈奴正策勳,幕府拜將軍。其在牧羊日,封侯相已聞。

《茹古山房讀史餘吟》卷四,《清代詩文集彙編》639 冊,659 頁

長平公主歌

（明）王　樵

不相夢為奴與侯,時來不求富貴,富貴端相求。不相夢為奴與夫,身大將軍,姊為皇后。青非昔青,夫豈用奴。君不見,艾竇太主庖人偃,生霍將軍馮子都。

《方麓集》卷一四,影印文淵閣《四庫全書》1285 冊,384 頁

詠史·公孫賀

（元）張養浩

明知漢武慘無恩,相印悲持笑汝昏。故使一身攖恥辱,鼎砧未必到全門。

《全元詩》第 25 冊,75 頁

讀《漢書》有感·公孫賀 公孫敬聲

（清）吳翊寅

宰相兒皆位列卿,漢廷勳戚太驕盈。京師大俠朱安世,箝口何甘贖敬聲。

《曼陀羅花室詩》卷三,《清代詩文集彙編》776 冊,645 頁

讀《漢書》列傳雜詩·公孫賀

（清）梁章鉅

南窬深知止足箴,中年舐犢轉昏憒。禍機終激陽陵俠,翻使奇冤起掖庭。

《退菴詩存》卷四,《清代詩文集彙編》515 冊,60 頁

詠霍去病

賦得霍將軍辭第 （宋）徐　鉉

漢將承恩久，圖勳肯顧私。匈奴猶未滅，安用以家為。郢匠雖聞詔，衡門竟不移。寧煩張老頌，無待晏嬰辭。甲乙人徒費，親鄰我自持。悠悠千載下，長作帥臣師。

《全宋詩》卷一〇，1冊，73頁

霍去病 （宋）林　同

不早知此體，元來托大人。低頭拜縣吏，誰擬霍將軍。

《全宋詩》卷三四一八，65冊，40613頁

後讀史（其三、四） （元）錢　宰

余讀史，擬蘇、李詩，餘暇復作詠史詩數章，題曰《後讀史》云。

長平古名將，英勇際武皇。樂此風雲會，萬里開邊疆。奮威擊匈奴，戰馬如龍驤。去年出雲中，置郡定朔方。今年戰高闕，夜圍右賢王。還兵至塞上，使者日相望。拜為大將軍，金印何煌煌。

嫖姚年十八，猛氣何桓桓。飛騎出塞垣，角弓不虛彎。直先大將軍，捕得首虜還。戎車六出師，奮捷如飛翰。飲馬瀚海水，登封狼居山。賜第高入雲，豈不懷壯觀。匈奴苟未滅，無以家為安。

《全元詩》第41冊，175頁

狼居胥山 （明）錢子義

青海黃沙戰血紅，漢廷何苦重邊功。百靈上訴天應泣，未必崇山肯受封。

《續詠史詩集》上，《種菊庵集》一，《三華集》卷七，影印文淵閣《四庫全書》1372冊，91頁

霍去病　　（清）羅惇衍

<small>河東平陽人。武帝時，歷官票騎將軍，封冠軍侯。卒，諡曰"景桓"。</small>

倏歙<small>同歙</small>。烏鷔<small>山名</small>。涉狐奴，<small>水名</small>。氣懾天驕萬騎趨。纔見通侯辭第宅，不聞名將泥孫、吳。庭犁葷允頒溫詔，冢象祁連稱遠模。可惜丁年遺劍舄，麒麟但掛霍光圖。

《集義軒詠史詩鈔校證》卷八，第一冊，222 頁

讀《漢書》列傳雜詩·霍去病　　（清）梁章鉅

未平葷允敢言家，臨海封山事足誇。意薄孫、吳仗方略，不知省士亦徵瑕。

《退菴詩存》卷四，《清代詩文集彙編》515 冊，59 頁

去病辭第 《漢書》　　（清）田依渠

未滅匈奴國，將軍何以家。功名邊塞馬，居處戰場沙。

《茹古山房讀史餘吟》卷四，《清代詩文集彙編》639 冊，660 頁

霍去病　　（清）吳　鎮

驃騎冢，像祁連。李將軍，死誰憐。

《松花庵韻史》，《四庫未收書輯刊》拾輯 24 冊，257 頁

平津侯主父列傳

詩

詠《平津侯主父列傳》

平津侯主父列傳　　　　　　　　　　　（唐）司馬貞

平津巨儒，晚年始遇。外示寬儉，內懷嫉妒。備寵榮爵，身受肺腑。主父推恩，觀時設度。生食五鼎，死非時蠹。

《史記索隱》卷三〇，486頁

讀《公孫弘傳》　　　　　　　　　　　（金）李過庭

古來好客數平津，我道真龍未必真。一個仲舒容不得，不知開合為何人。

《金詩》，《全遼金詩》下冊，2766頁

讀《公孫弘傳》　　　　　　　　　　　（明）孫　樓

平津東閣日延賓，絕似姬公吐握頻。一箇戇夫容不得，紛紛閣上是何人。

《孫百川先生文集》卷一二，《四庫全書存目叢書》集部第112冊，721頁

燕臺懷古雜詠，方水部鐵船同作‧平津鄉　　（清）蔣　詩

牧羊海上吏圜土，食邑六百五十戶。再推賢良年六旬，擢置第一老遇主。阿世希時飾經術，布被脫粟曾何補。性忌陽與陰則報，徙董膠西殺主父。齊人多詐而無情，厥罪可

勝汲黯數。

《榆西僊館初櫜》卷二八,《清代詩文集彙編》488 冊,447 頁

朱宮傅_{石君}師出使示讀史詩,分詠《漢書》三十七首·徐樂

（清）蔣　詩

徐樂產燕郡,上書駁已露。天下患土崩,瓦解可毋慮。土崩二世亡,瓦解七國禦。篇後導射獵,游燕宏囿圃。金石絲竹聲,俳優朱儒具。陳善不閑邪,安、偃同詭遇。公何相見晚,逢君何足譽。

《榆西僊館初櫜》卷三一,《清代詩文集彙編》488 冊,462 頁

補禹門兩漢詠史小詩（其三十七）

（清）梁運昌

平津獄郭解,未必無文致。及其鬭助、軍,論正非意忌。

《秋竹齋詩存》卷二,《清代詩文集彙編》499 冊,14 頁

雜詠史四十二首（其十五）

（清）梁運昌

漢初置卿相,不必談《詩》《書》。故安無學術,剛毅猶足舉。平津始登用,曲學徒阿諛。縉紳姦利敗,馬、戴臟罪汙。匡、平、張、孔流,習與奸回居。溓沕無特操,所學皆大儒。精力敝詁訓,豈有經濟儲。況迺心術異,聖訓那得拘。紛紛南北郊,何關功業餘。丙、魏稱賢相,經義固已疎。

《秋竹齋詩存》卷五,《清代詩文集彙編》499 冊,35 頁

漢平津侯公孫宏（弘）印歌

（清）譚宗浚

嗚呼漢皇親策士,轅固、韓嬰不得意。却令東海一布衣,首掇巍科致高位。古來選舉自無憑,得失紛紛任兒戲。眼明見此三寸銅,細辨尚憶平津封。陰文旁列兩行細,苔色散點千年紅。當年遭遇承平世,肘後黃金已堪繫。署色曾裁卜式書,簽名或用張湯議。我思周、秦以來書,法繁凡將滂喜何。紛紛王君章草晚,兢出斯、邈遺製傷沈淪,邇來五銖亦偽製,輪廓半去形模存。何如此印得古意,細辨尚可求形真。想其落筆極幽僻,呼吸妙氣蒸元雲。漢甄出地今屢聞,銀盆銅洗皆足珍。況茲藏弄見手澤,論價足抵球琳珉。嗟余漂泊但南北,琴劍蕭閑空寂寂。招賢東閣更無人,牢落風塵誰物色。休言曲學但干時,愛

士如今并難覓。回首滄桑一喟然,柏臺承露盡荒烟。君不見茂陵玉盌今難問,寸紲區區却倖傳。

《荔村草堂詩鈔》卷三《過庭集》上,《清代詩文集彙編》763 冊,39 頁

讀《漢書》有感·主父偃 （清）吳翊寅

日暮何堪竟倒行,酈生學術本縱橫。爍金眾口尤堪畏,贏得富年五鼎烹。

《曼陀羅花室詩》卷三,《清代詩文集彙編》776 冊,645 頁

讀《漢書》有感·公孫宏(弘) （清）吳翊寅

平津東閣幾時開？吐握殷勤託愛才。同列尚難容汲黯,董江都況逼人來。

《曼陀羅花室詩》卷三,《清代詩文集彙編》776 冊,645 頁

平津閣 （清）皮錫瑞

平津侯,一老儒,外寬內刻深,司空城旦書。臣患不節儉,君患不廣大。脫粟與布被,齊人固多詐。平津相,東閣開。仲舒老棄汲黯廢,更從何處求賢材。平津死,東閣空,齷齪廉謹惟諸公,繼者李蔡人下中。

《師伏堂詠史》,《清代詩文集彙編》772 冊,312 頁

讀《公孫弘傳》 （清）龔自珍

三策天人禮數殊,公孫相業果何如？可憐秋雨文園客,身是貲郎有諫書。

《龔自珍全集》第九輯,540 頁

詠公孫弘

平津侯

(唐)周 曇

儒素逢時得自媒,忽從徒步列公臺。北辰如不延吾輩,東合何由遂汝開。

《全唐詩》卷七二九,21冊,8354頁

平津侯

(宋)孔平仲

待士聲名畫餅虛,天資多忌與人疏。未聞東閣升賢者,已見膠西置仲舒。

《全宋詩》卷九二八,16冊,10935頁

平津一首

(宋)蘇籀

布衣海上看群豕,金門晚躋作三吏。漢主功名氣薄雲,柄用儒術親且貴。曉通當世博前聞,自得《春秋》有餘地。臣節儉約君道廣,烜赫頎昂仍布被。蒼海西南罷遠征,懇棄朔方違詔旨。發策不如朱長史,庭論依違何委靡。議誅郭解沮卜式,山東鄙人殊不鄙。流輩紛紛稱職難,黃髮鬖影保終始。

《全宋詩》卷一七六三,31冊,19628頁

讀《公孫弘、卜式、兒寬傳》

(宋)劉宰

儒雅弘、寬世所宗,汗青仲介牧羊翁。史家有意君知否,未必文華勝樸忠。

《全宋詩》卷二八〇八,53冊,33350頁

公孫弘

(宋)劉克莊

極力排舒、黯,聯翩去不回。惟應刀筆吏,時得到翹材。

《全宋詩》卷三〇四七,58冊,36341頁

詠　　史(其七)　　　　　　　　　　(元)王　結

平津未遇時,牧豕東海壖。白首抱麟經,英名動菑川。王明揚側陋,台席冠群賢。未覩經邦業,齷齪徒備員。迎合天子意,首鼠持兩端。既棄仲舒才,寧顧汲黯言。居然刀筆吏,謬以儒術緣。阿諛負重任,千載有餘愆。自古寧一死,俯仰興長歎。

《全元詩》第 28 冊,57 頁

讀史·公孫弘　　　　　　　　　　(明)童　軒

豐儉從來貴兩兼,惡衣美㦤古無嫌。布衾自是吾儒事,史筆胡為紀詐廉。

《清風亭稿》卷八,影印文淵閣《四庫全書》1247 冊,169 頁

長安道　　　　　　　　　　　　　(明)薛　蕙

神州應東井,天府擅西秦。雙闕南山下,千門渭水濱。公卿畏主父,賓客慕平津。方朔何為者,虛稱避世人。

《列朝詩集》丙集卷一二,第七冊,3575 頁

詠　　史(其四)　　　　　　　　　　(清)陳　重

公孫老牧豕,翁子壯負薪。當其未遇時,落拓隨庸人。仰首看鴻鵠,豈久羈風塵。

《花著龕詩存》卷一,《明清遺書五種》,292 頁

公孫弘　　　　　　　　　　　　　(清)謝啟昆

牧豬海上起家貧,四十年來學道身。願罷朔方休物力,虛開東閣薦賢人。金門第一寧無愧,布被三公未必真。汲黯知心工面詰,何緣徒步得平津。

《樹經堂詠史詩》卷一,影印《續修四庫全書》1458 冊,514 頁

公孫宏(弘)　　　　　　　　　　　(清)羅惇衍

菑川薛人。武帝時,以賢良文學徵為博士,罷歸。後復為賢良文學對策第一,累官至丞相,封平津侯。卒,年八十。

年踰四十練《春秋》,六十賢良一舉休。文學再徵來詔主,布衣幾載遂封侯。直臣面

折中情詐,正士身罹外徙憂。朝有棟梁交臂失,虛開東閣進庸流。

《集義軒詠史詩鈔校證》卷八,第一冊,235 頁

詠史二首(其一)　　　　　　　　　　(清)尤 侗

公孫牧豕兒,偶然相天子。曲學以阿世,轅固見其裏。布被脫粟飯,故人不爲禮。故人尚如此,新交復何似？東閣招賢人,賢人不至矣。

《西堂小草》,《尤侗集》中冊,522 頁

詠　　史(其三十三)　　　　　　　　(清)宋　楗

公孫宏(弘)是曲學士,汲長孺真社稷臣。誰謂武皇涇渭判,棄淮陽郡用平津。

《雞牕百二稾》卷五,《清代詩文集彙編》475 冊,41 頁

讀《漢書》列傳雜詩·公孫宏(弘)　(清)梁章鉅

末路鴻漸志已伸,朔方十策漫因人。當時東閣希公旦,誰信膠西有逐臣。

《退菴詩存》卷四,《清代詩文集彙編》515 冊,60 頁

漢相東閣《漢書》　　　　　　　　　(清)田依渠

公孫素愛才,客館開東閣。來去盡賢人,謨猷共參酌。

《茹古山房讀史餘吟》卷五,《清代詩文集彙編》639 冊,665 頁

詠史·公孫宏(弘)　　　　　　　　(清)孫國楨

東閣綸扉鎮日開,那容汲直備卿材。妙將衣缽傳張、孔,讒詔皆從經術來。

《愚軒詩鈔》卷下,《清代詩文集彙編》741 冊,358 頁

詠主父偃

詠　史　　　　　　　　　　　　　　　　　　　　（宋）劉　敞

主父希世者,畫策妙縱橫。指麾一言用,震動諸侯驚。日暮臨遠塗,中道方倒行。不忍藜藿食,意從五鼎烹。寧知鹿門翁,白首長躬耕。天下非所保,功名安足營。

《全宋詩》卷四六九,9冊,5681頁

高廟災,董仲舒推說其意,稿未上,主父偃候仲舒私見嫉之,竊其書而奏焉,上召視諸儒,呂步舒以為大愚,下仲舒吏,當死,詔赦之　　（宋）袁說友

老學推占後,奸人娟嫉初。懷私真詭計,候見竊成書。猛欲擠賢轍,寧思戒覆車。那知一回首,身已斃誅鉏。

《全宋詩》卷二五七九,48冊,29925頁

主父偃　　　　　　　　　　　　　　　　　　　　（宋）陳　普

當年齊趙倚黃昏,曾欺蒙恬滅子孫。一日上天沾五鼎,依角蜚粟度龍門。

《全宋詩》卷三六五〇,69冊,43804頁

讀史有感（其三）　　　　　　　　　　　　　　　（元）胡祇遹

徙薪曲突豈無人,爛額焦頭反上賓。遠慮安能同近效,只宜主父曳朱輪。

《全元詩》第7冊,160頁

詠史·主父偃　　　　　　　　　　　　　　　　　（元）張養浩

鼎食渾能幾許甜,先生不避朵頤嫌。他時舉族皆夷滅,此味方知極苦嚴。

《全元詩》第25冊,76頁

主父偃 （清）羅惇衍

臨淄人。武帝時，上書言事，拜郎中，一歲四遷。歷官齊相。後族誅。

生死都因五鼎來，丈夫日暮語何哀。客遭排擯貧無賴，學雜縱橫小有才。不意趙王先發事，誰教齊相快饕財。朔方建置胡停伐，只此良言物力培。

《集義軒詠史詩鈔校證》卷八，第一冊，236頁

讀《漢書》列傳雜詩·主父偃 （清）梁章鉅

諫伐銷兵豈豎儒，分封弱國計非疎。如何日暮甘烹鼎，太息山邱（丘）一孔車。

《退菴詩存》卷四，《清代詩文集彙編》515冊，60頁

徐　樂 （清）羅惇衍

燕郡無終人。武帝時，上書，擢為郎中。

陳善奚為不閉邪，上書銜鬻長矜誇。土崩瓦解誠知本，禍結兵連已肇芽。思慎幾微無學術，躐登侍從有才華。英風大略招賢俊，一疏何曾益漢家。

《集義軒詠史詩鈔校證》卷九，第一冊，240頁

枚皋宅 （明）吳　節

漢武殷勤索後髦，殿前作賦得枚皋。淒涼舊宅無人問，空有荒蛙飲桔槔。

《吳竹坡先生詩集》卷二五，《四庫全書存目叢書》集部23冊，579頁

南越列傳

詩

詠《南越列傳》

南越列傳　　　　　　　　　　　　　　　　（唐）司馬貞

中原鹿走,群雄莫制。漢事西驅,越權南裔。陸賈騁說,尉他去帝。嫪后內朝,呂嘉狼戾。君臣不協,卒從剿棄。

《史記索隱》卷三〇,486 頁

出　關　　　　　　　　　　　　　　　　（明）來　復

峻嶺橫看與嶽參,輿圖東去尚崤、函。封丸霸業誰能貢,乘傳書生恐不堪。河浪逼春翻似雪,桃霞蒸暖吐如嵐。白頭幸免窮途淚,吊古高情寄一酣。

《來陽伯詩集》卷一四,《陝西古代文獻集成》第 19 輯,285 頁

終　軍　　　　　　　　　　　　　　　　（清）羅惇衍

字子雲,濟南人。武帝時,官謁者給事中。後以諫大夫使南越,被其相呂嘉所殺,年二十餘。世稱"終童"。

長纓羈越走星軺,使不生還恨未銷。美譽尚能儔賈誼,殊勳可惜遜班超。白麟奇木詞瑰麗,翠鳥文犀意寂寥。年少才高宜斂抑,休矜辯博屈群僚。

《集義軒詠史詩鈔校證》卷八,第一册,233 頁

讀《漢書》列傳雜詩·終軍 (清)梁章鉅

子雲弱冠氣縱橫,建節歸來復請纓。劇愛詰窮徐博士,棄繻生是老經生。

《退菴詩存》卷四,《清代詩文集彙編》515 冊,60 頁

終軍棄繻 《漢書》 (清)田依渠

要此繻何用,終軍自出關。功名眼前事,那不錦衣還。

《茹古山房讀史餘吟》卷五,《清代詩文集彙編》639 冊,661 頁

讀《漢書》有感·終軍 (清)吳翊寅

棄繻何日出關中,建節東征意氣雄。太息書生喜兵事,請纓至竟惜"終童"。

《曼陀羅花室詩》卷三,《清代詩文集彙編》776 冊,645 頁

讀《漢書》雜詠 (清)張寶森

帝號無端竊自娛,漢家數賜粵佗書。此公倔强還猶昔,遙謝天王是老夫。

樓船直下豫章濱,南海降幡已出城。不是邯鄲尤物至,呂嘉原是越忠臣。以上二首讀《南越傳》。

《悔庵詩存》卷上,《清代詩文集彙編》768 冊,642 頁

呂 嘉 (清)羅惇衍

粵人。為南粵王相,抗漢,亡入海,被獲,殺之。

十萬樓船震海隅,伏波仗鉞正天誅。西京印綬招營壘,南粵江山入版圖。五世簪裘傷殄滅,三王樞軸失匡扶。權臣跋扈終何益,耳目雖多禍剝膚。

《集義軒詠史詩鈔校證》卷八,第一冊,234 頁

詠南越王

朝漢臺　　　　　　　　　　　　　　　　　　（宋）蔣之奇

不終強屈蠻夷上，稍復低回禮義中。自昔一時成霸業，至今千載仰英風。

《全宋詩》卷六八七，12 冊，8726 頁

朝漢臺，寄呈蔣帥待制　　　　　　　　　　　（宋）郭祥正

鹿入望夷秦欲滅，真劍先流白蛇血。尉佗椎髻爾何為，漫占海隅蛟蜃穴。祝融之符天下歸，豈假陸生三寸舌。千金裝橐未為多，更上高臺拜堯闕。至今人說朝漢臺，不知此地藏蒿萊。使君好事一登賞，譬若古鏡初磨開。香爐煙生石門曉，三山翠擁浮丘來。風松自作笙簫響，暮霞却捲旌旗回。長空無礙鳥無跡，人事寧須問今昔。瓊漿且泛琉璃船，滿眼夕陽留不得。登臺何似登金門，爛吐文章侍君側。願公歸作老姚崇，莫學江東窮李白。

《全宋詩》卷七七九，13 冊，8784 頁

趙佗疑塚　　　　　　　　　　　　　　　　　（宋）方信孺

漫說曹瞞七十餘，老佗疑塚更模糊。不知禹葬會稽處，也有累累如許無。

《全宋詩》卷二九一四，55 冊，34750 頁

越　　臺　　　　　　　　　　　　　　　　　（宋）劉克莊

南帝當年此築臺，稱雄亦豈偶然哉。謾通異國求陽燧，不道偷兒飲漆杯。能使越人存舊跡，始知秦吏有奇才。祇今黃屋歸何處，但見牛羊夕下來。

《全宋詩》卷三〇四四，58 冊，36308 頁

越王臺　　　　　　　　　　　　　　　　　　（宋）文天祥

登臨我向亂離來，落落千年一越臺。春事暗隨流水去，潮聲空逐暮天回。煙橫古道

人行少,月墮荒村鬼哭哀。莫作楚囚愁絕看,舊家歌舞此銜杯。

《全宋詩》卷三五九八,68 冊,43029 頁

越王臺　　　　　　　　　　　　　　　（元）魏　初

春風青草越王臺,脚底連雲海舶回。萬國升平有今日,笑人陸賈奉書來。

《全元詩》第 7 冊,390 頁

越王臺　　　　　　　　　　　　　　　（元）郭　昂

以闕爲心拜未甘,事機元與陸生談。雄吞百粵三山北,勢壓諸蕃五嶺南。萬古霸基空草樹,千年瘴癘只煙嵐。斜陽誰問中原客,獨對秋風倚瘦驂。

《全元詩》第 8 冊,18 頁

粤王墓　　　　　　　　　　　　　　　（元）方　夔

何年遺此粵王墓,陳跡留傳自先故。累累三塚壓荒山,古木寒煙暗行路。憶昔祖父伯姑蘇,北連齊、楚陵強都。自從鴟夷載西子,子孫運盡償前逋。三軍散後東西走,窮無寄跡埋丘首。安全發掘不可知,故號至今喧眾口。丘山華屋何足言,死名死利分污尊。英雄自古無葬處,誰與遺臭留乾坤。

《全元詩》第 14 冊,97 頁

越王臺　　　　　　　　　　（元）王沂（字師魯,一字思魯）

崇臺遺構碧岩嶢,南越何年霸業銷。漢節早隨雲北去,禺山猶在海東潮。鷓鴣芳草王孫怨,鴻雁秋風荔子凋。能賦登高今老大,都將清興托漁樵。

《全元詩》第 33 冊,100 頁

登越臺　　　　　　　　　　　　　　　（元）許有壬

問俗來南海,休期上越臺。際天迷莽蒼,拔地出崔嵬。五管衣冠府,連城錦繡堆。勢吞蒲澗遠,氣壓海珠摧。嶺嶠橫卷石,滄溟瞰一杯。人驚塵世隘,鳥盡碧天回。霧列蕃中國,雲摩舶上桅。黑風鯨浪立,紅日蜃樓開。市貨煩重譯,蠻琛盡九垓。緬思雖結子,徒困島夷財。下瀨纔分節,雕甍又劫灰。秋郊獿狄泣,春草鷓鴣來。形勝渾如昔,興亡不暇

哀。我行求古跡,天遣度詩才。誰慰襟懷惡,多慚繡斧陪。薄寒收毒癘,微雨净浮埃。蒟醬宜椰肉,頻婆薦麝醅。簿書聊棄置,風景屬徘徊。長笑魚龍駭,遄歸鼓角催。壯遊心未已,東北是蓬萊。

《全元詩》第 34 册,307 頁

登粵王臺　　　　　　　　　（元）王沂(字子與,號竹亭)

崇臺遺構碧岩嶢,南越何年霸業銷。漢節早隨雲北去,禺山猶見海東潮。鷓鴣芳草王孫怨,鴻雁秋風荔子涸。能賦登高今老大,都將清興托漁樵。

《全元詩》第 58 册,188 頁

登粵王臺　　　　　　　　　（元）烏斯道

臺上離離碧草生,風雲盤礡倚孤城。天空百粵山光遠,地控諸番海氣清。萬里璽書曾落膽,千年鐵柱見銷兵。英雄一去知何在,幾處鷓鴣秋雨聲。

《全元詩》第 60 册,269 頁

粵王臺懷古　　　　　　　　　（元）呂　誠

神劍當時斬白蛇,華夷悉入卯金家。徒憐南海居蛙坎,未識中原制犬牙。獻璧稱藩真得計,橐金滿載已堪嗟。荆榛滿目荒臺下,獨倚東風聽晚笳。

《全元詩》第 60 册,434 頁

越王臺　　　　　　　　　（元）劉　崧

廣州城北越王臺,猶想旌旗此地來。井屋帆檣連莽蒼,荆榛煙雨上崔嵬。東南海水一杯瀉,西北雲山萬馬開。不盡登臨當日興,空遺歌舞後人哀。

《全元詩》第 61 册,183 頁

吊越王臺　　　　　　　　　（明）陳　謨

昔者虞翰林,盛制越臺碑。讀碑多勝槩,登臺但荒基。王昔乘黄屋,自雲帝蠻夷。迷途殊早復,臣節終無虧。陸賈信自賢,任嚚豈真癡。臺今廢興幾,終古名不移。海山萬景赴,豈殊隆漢時。乃知登覽勝,曷以臺觀爲。

《海桑集》卷一,影印文淵閣《四庫全書》1232 册,533 頁

過清遠縣，愛其山水，追賦趙佗、劉漢墓　　（明）陳謨

清遠佳山水，英雄多墓田。趙佗餘四世，劉漢幾何年。雲勢連衡嶽，江源起蜀川。海邦歸職貢，應更產時賢。

《海桑集》卷一，影印文淵閣《四庫全書》1232 冊，542 頁

粵王墓　　（明）方逢時

中原不遂秦皇鹿，絕域虛驕漢帝才。紫蓋黃旗成草莽，蒼山赤水尚樓臺。徒聞幾杖三朝錫，終見戈船萬里來。千古興亡君莫問，倩將花鳥醉蓬萊。

《大隱樓集》卷七，《四庫未收書輯刊》伍輯 19 冊，720 頁

粵中懷古　　（清）陸光祖

鹿逐龍爭莽戰場，趙劉乘釁啟雄疆。南分服嶺朝頒詔，北向群星夜墮芒。長樂臺脩更帝號，未央宮宴長降王。紛紛割據成何事，一樣銷殘霸業荒。

《萬里遊草》卷三，《沔陽叢書》，450 頁

越王臺　　（清）沈德潛

臥龍山巔越王臺，重重磴級躋崔嵬。人民城郭雙屐下，山光湖影千盤迴。當年沼吳憑越甲，忘却請臣與請妾。鴟夷遯逃文種誅，鳥喙祇堪共危急。無疆再世旋淪亡，春殿繁華惟一睫。我本姑蘇臺畔人，偶來於越踏煙雲。霸圖消歇名山在，倚杖峰頭吊夕曛。

《歸愚詩鈔》卷一一，《沈德潛詩文集》第一册，213 頁

南越王墓　　（清）陳培脈

天下亡秦日，乘時據粵中。自娛聊竊帝，大長竟稱雄。炎海風濤壯，孤墳草木空。千年餘霸氣，常繞尉佗宮。

《清詩別裁集》卷二五，下册，449 頁

趙佗先塚　　（清）魏裔介

龍川老吏霸群蠻，先冢蒙恩掩故山。識命早除黃屋制，贈金獨重大夫還。

《兼濟堂文集》卷一七，下册，446 頁

三君祠·尉佗

(清)趙 翼

乘時割據亦雄誇,竊得南荒萬里睽。不逐中原秦失鹿,肯為當道漢分蛇。朝儀舊記尊黃屋,廟貌今猶護碧紗。應笑同時老徐福,澶洲窮島國如蝸。

《甌北集》卷一七,上冊,350頁

南粵王

(清)羅惇衍

姓趙,名佗,真定人。初為秦龍川令,行南海尉事。秦滅,自為南粵武王。高祖立為南粵王。高后時,竊尊號為南粵武帝。文帝遣史諭之,復為南粵王。

詔書榮貺老夫佗,天子溫辭卒止戈。秦吏舊基雄嶺海,漢藩新屬界山河。一州主詑龍川重,五世疆開象郡多。剩有朝臺春草綠,夕陽憑眺感如何。

《集義軒詠史詩鈔校證》卷七,第一冊,180頁

真定南粵王佗故里

(清)易順鼎

龍川縣令作假尉,不過區區自全計。公然南海坐稱王,笑殺中原久無帝。四十九年黃屋居,一朝低首交皇書。生平不識漢天子,故舊還因陸大夫。君不見陰陵道,烏騅擒;鍾室門,走狗烹。當時蓋代奇男子,真王假王同一死。英雄福命那有此,傳國百年留漢史。不用黃頭戰艦軍,惟通翠羽明珠使。一事差輸隆準公,衣錦渠曾返鄉里。故里經過我欲愁,男兒嘍喈一官休。清時那有虯髯客,奇相猶堪燕頷侯。

《琴志樓詩集》卷四,第一冊,233頁

詠史四絕句,和曉滄·趙佗

(清)丘逢甲

終築朝漢臺,未預誅秦會。呂雉不能臣,偉哉南武帝。

《嶺雲海日樓詩鈔》卷七,155頁

題粵中遺跡畫四首·越王臺

(清)丘逢甲

南武城邊暮角哀,蠻夷大長剩孤臺。只應海日荒荒色,曾照當時坐纛來。

《嶺雲海日樓詩鈔》卷一三,319頁

秦漢樂府·故越吏　　　　　　　　　　　　　　　　（清）張　誠

皇帝謹問南粵王，昔藩北代道阻長。壅蔽久缺書數行，今嗣大統君四方。深仁厚澤溯高皇，諸呂變故擅更張。先朝舊臣盡忠良，漢業幸賴重光昌。昨王遺書何敢忘，新罷博陽疎周防。報王勿憂先塋荒，眞定昆弟皆安康。前聞王兵寇邊疆，長沙南郡罷擾攘。王國何獨無災殃，寡妻孤子多國殤。得一亡十朕哀傷，王又稱帝百越鄉。兩帝並立誰當陽，願王棄惡扶綱常。帝書卑遜心慈祥，蠻夷大長聞恐惶。昧死再拜上皇帝，老夫臣佗故越吏。

《嬰山小園詩集》卷一五，《清代詩文集彙編》425 册，106 頁

白璧雙　　　　　　　　　　　　　　　　　　　　（清）皮錫瑞

火雲當空燒蠻花，椰瓢綠酒迎使車。大瀛環天無兩帝，離結不尊黃屋制。紫泥天書霸氣降，貢珍因獻白璧雙。豈惟貢珍雙白璧，萬里南天屬中國。古來道路有通塞，漢棄珠崖甚非策。獨使至尊憂社稷，越裳翡翠無消息。

《師伏堂詠史》，《清代詩文集彙編》772 册，311 頁

任將軍廟　　　　　　　　　　　　　　　　　　　（清）汪兆鏞

《水經·溱水》注：瀧水西岸有任將軍城，南海尉任囂所築。東岸有任將軍廟。按：《漢書·南粵傳》：囂召佗，告以陳勝等作亂，恐盜兵侵此，欲興兵絕道自守。佗即移檄告橫浦陽山湟溪關。《韶州府志》謂：涅溪在今樂昌，隔河二里是。酈《注》與班書情事相合。余客樂昌，訪之，故城久圮，廟址亦無知者。偶過江洴土人所謂瑶埠廟，廊下有明萬曆二十六年邑人蕭逢春立碑云：舊祀任將軍。喜獲遺跡，因賦詩以表章之。

逐鹿中原烽火驚，東南一尉此知名。被書能識龍川令，絕道曾屯獸角城。篳路山林啓炎服，大江風雨想霓旌。我來認取殘碑字，醉酒荒苔百感生。

《琴志樓詩集》卷一六（附），第四册，1120 頁

粵臺殘瓦 戊辰　　　　　　　　　　　　　　　　（近代）陳去病

廣州粵王臺，漢趙佗所居之遺址也。友人潘致中曾得其殘瓦一片，特拓成數紙，要予題之，爲書一絕於後云。

黃屋當年事可哀，佗城回首付蒿萊。誰知一片東山土，尚有詞人掇拾來。

《浩歌堂詩補鈔》，《浩歌堂詩鈔》，308 頁

詞

番禺調笑·朝漢臺　　　　（宋）洪　适

尉佗怒臂帝番禺,遠屈王人陸大夫。只用一言回倔強,遂令魋結換襟裾。使歸已實千金橐,朝漢心傾比葵藿。高臺突兀切星辰,後代登臨奏音樂。

音樂,傳佳作,蓋海旌幢開觀閣。綺霞飛渡青油幕,好是登臨行樂。當時朝漢心傾藿,望斷長安城郭。

《全宋詞》第二冊,1369 頁

滿江紅·蒼梧懷古　　　　（清）徐長齡

梧江口有火山,相傳南越王埋劍處,夜間常起火光,土人建真武祠鎮之。

吊古悲歌,猛記省、當時英傑。談笑把蠻猺攝服,霸稱南越。五嶺空餘雲與霧,一江惟有煙和月。尚流傳、山內隱龍泉,光明滅。　　天涯路,身如葉。今古事,憑誰說。幾疏狂搔首,頓更毛髮。感慨不停杯內酒,徒教擊碎舟中楫。那堪聞、斷雁叫西風,聲嗚咽。

《全清詞》順康卷第九冊,5496 頁

雨中花慢·越王臺懷古　　　　（清）屈大均

雁翅三城,龍荒十郡,秋來不減邊沙。恨牛羊有地,雞犬無家。雖少諸軍浴鐵,還餘幾隊吹笳。胡臺試望,天似穹廬,直接京華。　　趙佗箕踞,南武稱雄,遺墟問取棲鴉。誰得似、斑騅漢使,才藻紛葩。湯沐千年錦石,文章五嶺梅花。綵絲女子,爭看旌節,色映朝霞。

《全清詞》順康卷第一〇冊,5688 頁

前調（雨中花慢）·越王臺懷古，桐君、翁山、學裴、又康同賦　　　　（清）宋　俊

險扼羊城,雄開象郡,奇謀早閉湟關。看峰廻五嶺,海占三山。秦鹿已懸魚帛,楚猴終讓龍顏。任老夫劇戲,閒乘黃屋,試擁朱轓。　　欣然逢漢使,帝制初刪。何須更遣樓

船。問當時、叢臺安在,輂道空傳。犀象盡歸中土,鷓鴣猶叫南天。堪憐更是,殘唐歌舞,亂葬花田。

《全清詞》順康卷第一〇冊,5968 頁

西河·粵秀山感興　　　　　　　　　　（清）俞星垣

天府地,千古仙靈窟宅。白雲流水長金芝,潤蒲繡碧。刺桐花發鳳雙飛,珊瑚紅挺千尺。　秦漢事,休嘖嘖。古今何異朝夕。蠻夷大長老夫佗,漢家勁敵。當時歌舞總成塵,素馨依舊凝雪。　揭來吊古里客。數興亡、無限陳跡。惟有山前松石。閱春東、不改青青色。海上歸來浮邱伯。

《全清詞》順康卷第一七冊,9897 頁

望海潮·懷古十首並序·嶺南　　　　　　（清）柯崇璞

余自垂髫,即隨先大夫官三湘,歷七澤。已而趨庭燕邸,遊學四方,凡冀、兗、青、徐、荊、豫之間,足跡殆遍。迄今癸亥夏,服闋入都,復經大梁,旋客豫章,遊嶺外,半載之中,驅馳萬餘里。冬時憩息羊城,旅窗無事,偶讀先外父顧庵學士《塵屑詞》。見懷古十調,音節悲壯,意指深遠,有感於中,不自揣量,追念曩遊,率爾奉和。但學士公以數目字入拈爲叶,余顧不爾,所愧韻劇思慳,勿妄效顰也。

韓彭羞擬,龍顏自況,尉佗亦自豪哉。蠻中久矣,安知漢大,須教陸賈重來。事往恨難裁。看嶺雲海浪,時笑時哀。惟有三更夜月,長照越王臺。　輕衫短幘芒鞵。喜炎方氣候,十月梅開。仙跡五羊,詞林鐵塔,幽尋白石蒼苔。憑眺且開懷。幾故侯華第,輝映蓬萊。還見春歸燕子,飛入更無猜。

《全清詞》順康卷補編第二冊,1119 頁

南鄉子·粵王臺　　　　　　　　　　　（清）查　涵

何處覓宮槐。埋沒英雄酒一杯。歌舞已隨王氣盡,天涯。春草無人花亂開。　我是富陽來。十月常看嶺外梅。雁翅城頭依舊是,心灰。江水年年去不回。

《全清詞》順康卷補編第四冊,2495 頁

東越列傳

詩

詠《東越列傳》

閩越列傳　　　　　　　　　　　　　　　　　（唐）司馬貞

勾踐之裔,是曰無諸。既席漢寵,寔因秦餘。騶、駱爲姓,閩中是居。王搖之立,爰處東隅。後嗣不道,自相誅鋤。

《史記索隱》卷三〇,486 頁

東甌王廟　　　　　　　　　　　　　　　　　（清）朱彝尊

九牧維揚外,三江霸越餘。入關從漢約,遵海裂秦墟。豪俊宜如此,艱難氣不除。策功居項籍,分壤接無諸。跡異尊黃屋,忠能奉簡書。長沙堪伯仲,百濮定何如。萬古開王會,孤城指帝車。靈旗存髣髴,過客盡欷歔。殿瓦年頻坼,霜林日漸疏。躘踵山鬼立,苔蘚石堂虛。側想風雲會,乘時草昧初。遠塗今日暮,下拜獨躊躇。

《曝書亭集》卷六,上冊,72 頁

讀《漢書》雜詠　　　　　　　　　　　　　　（清）張寶森

橫海將軍大合圍,封侯漢將盡如飛。王師神武平臺日,不數東甌凱唱歸。

民從江淮甌越廢,潢池不弄漢家兵。幅員廣大皇朝最,一寸山河一寸金。以上二首讀《東越傳》。

《悔庵詩存》卷上,《清代詩文集彙編》768 冊,643 頁

朝鮮列傳

一 詩

詠《朝鮮列傳》

朝鮮列傳
(唐)司馬貞

衛滿燕人,朝鮮是王。王險置都,路人作相。石渠首差,涉何誚上。兆禍自斯,狐疑二將。山、遂伏法,紛紜無狀。

《史記索隱》卷三〇,487 頁

讀《漢書》雜詠
(清)張寶森

故宮麥秀遺臣淚,遼海分封不計年。今日猶稱箕子國,却如中夏祖黃炎。

海外雄風數樂浪,能容管、邴作陽裹。孤臣願化遼東鶴,不共龍頭仕魏王。以上二首讀《朝鮮傳》。

《悔庵詩存》卷上,《清代詩文集彙編》768 冊,642 頁

西南夷列傳

詩

詠《西南夷列傳》

西南夷列傳　　　　　　　　　　　　　　　（唐）司馬貞

西南外徼,莊蹻首通。漢因大夏,乃命唐蒙。勞寑、靡莫,異俗殊風。夜郎最大,邛、莋稱雄。及置郡縣,萬代推功。

《史記索隱》卷三〇,487頁

讀《漢書》雜詠　　　　　　　　　　　　　（清）張寶森

西南之國滇爲大,楚蹻當年始啓疆。不解龍門書法意,莊王苗裔事成王。

唐蒙請關西南道,從此牂牁作外臣。難怪夜郎侯自大,爾時論蜀本無人。以上二首讀《西南夷傳》。

《悔庵詩存》卷二,《清代詩文集彙編》768册,642頁

司馬相如列傳

詩

詠《司馬相如列傳》

司馬相如列傳　　　　　　　　　　　　　（唐）司馬貞

相如縱誕，竊貲卓氏。其學無方，其才足倚。《子虛》過吒，《上林》非侈。四馬還邛，百金獻伎。惜哉《封禪》，遺文卓爾。

《史記索隱》卷三〇，487頁

讀《司馬相如傳》　　　　　　　　　　　　（清）田　雯

犢鼻褌寒四壁荒，風流犬子擅詞場。才人自古誰能料，好色翻成《諫獵章》。

《古歡堂集》卷一四，影印文淵閣《四庫全書》1324冊，169頁

讀《相如傳》　　　　　　　　　　　　　　（清）陳　葰

移病文園臥歲餘，同時真恨失相如。所忠枉遣求遺稿，不記當年《諫獵書》。

《清詩別裁集》卷一八，下冊，321頁

讀《司馬相如傳》　　　　　　　　　　　　（清）吳祖修

綺靡文傳是《子虛》，曲終雅奏竟何如。後人嗤點《淩雲賦》，曾讀當時《諫獵書》。

《清詩別裁集》卷二一，下冊，365頁

讀《司馬相如傳》 （清）張問陶

擊劍彈琴興有餘，蕭蕭風雨茂陵居。君王只取《淩雲賦》，不愛《長揚諫獵書》。

《船山詩草補遺》卷一，下册，592頁

又題《相如傳》三首 （清）王錫綸

四壁家徒逐令行，相如偏在未成名。閨中慧眼欽才子，絳、灌如何搆賈生。

弱冠溺後日如何，病免臨邛道上過。肯爲故人施宛轉，看他作用也殊科。

只有才人望若仙，鴻泥一過煥雲煙。不因此夜琴心度，程、卓何人也竟傳。

《怡青堂詩四刻》，《采山樓藏稀見清人別集叢刊》第一册，445頁

讀《長卿傳》有感 （近代）陳去病

牢落中年際，思量百不存。美人共遲暮，絮語欲銷魂。白日三春病，青衫四壁蹲。雄文徒自惜，何處賣《長門》。

未厭《子虛賦》，先懷消渴憂。梁園徒作客，生氣已成秋。中酒沉沉病，思君故故愁。休言楊狗監，空曲鸂鶒裘。

《浩歌堂詩補鈔》，《浩歌堂詩鈔》，284頁

詠司馬相如

贊四君詩四首·司馬相如　　　　　　（北魏）常　景

長卿有豔才,直至不群性。鬱若春煙舉,皎如秋月映。遊梁雖好人,仕漢常稱病。清貞非我性,窮達委天命。

《北魏詩》卷二,《先秦漢魏晉南北朝詩》下册,2219頁

賦得司馬相如詩　　　　　　（南朝陳）祖孫登

雍容文雅深,王吉共追尋。當壚應酤酒,托意且彈琴。《上林》能作賦,《長門》得賜金。唯當有漢主,知懷封禪心。

《陳詩》卷六,《先秦漢魏晉南北朝詩》下册,2545頁

相如琴臺　　　　　　（唐）盧照鄰

聞有雍容地,千年無四鄰。園院風煙古,池臺松檟春。雲疑作賦客,月似聽琴人。寂寂啼鶯處,空傷遊子神。

《全唐詩》卷四二,2册,524頁

司馬相如琴臺　　　　　　（唐）岑　參

相如琴臺古,人去臺亦空。臺上寒蕭條,至今多悲風。荒臺漢時月,色與舊時同。

《全唐詩》卷一九八,6册,2043頁

升仙橋　　　　　　（唐）岑　參

長橋題柱去,猶是未達時。及乘駟馬車,却從橋上歸。名共東流水,滔滔無盡期。

《全唐詩》卷一九八,6册,2043頁

琴　臺　　　　　　（唐）杜　甫

司馬相如宅在州西笮橋,北有琴臺。

茂陵多病後,尚愛卓文君。酒肆人間世,琴臺日暮雲。野花留寶靨,蔓草見羅裙。歸鳳求皇意,寥寥不復聞。

《全唐詩》卷二二六,7 冊,2442 頁

司馬長卿 （唐）黃滔

一自梁園失意回,無人知有挾天才。漢宮不鎖陳皇后,誰肯量金買賦來。

《全唐詩》卷七○六,21 冊,8129 頁

長　卿 （宋）胡宿

買賦金錢出後宮,長卿文采冠諸公。梁園末至時名大,蜀道前驅使節雄。已托焦桐傳密意,更因殘札寄遺忠。如何一諷神仙事,却得飄雲起賦中。

《全宋詩》卷一八五,4 冊,2100 頁

司馬相如琴臺 （宋）宋祁

故臺千古恨,猶對舊家山。半夜鸞凰去,他年駟馬還。死憂封禪晚,生愛茂陵閑。惟有飄飄氣,仍存天地間。

《全宋詩》卷二○八,4 冊,2385 頁

讀《子虛賦》 （宋）陳洎

聽辭深悵不同時,及到同時位大卑。爭似唐皇將頗、牧,禁中言下用無疑。

《全宋詩》卷二二六,4 冊,2646 頁

題司馬長卿畫像 （宋）晏幾道

犢鼻生涯一酒壚,當年嗤笑欲何如。窮通不屬兒曹意,自有真人愛《子虛》。

《全宋詩》卷六八五,12 冊,8000 頁

相　如 （宋）汪藻

詞氣縱橫亦壯夫,低回功業獨何如。可憐《封禪》遺忠意,魂魄應須愧史魚。

《全宋詩》卷一四二六,25 冊,16562 頁

題司馬相如琴臺

(宋)邵　博

長卿本豪傑,禮法安可處。手彈南風琴,心調東鄰女。雜身傭保中,初不忌笑侮。大者固已立,下此皆可補。三賦爭日星,一書起今古。其餘不自秘,輒為人所取。何當盡見之,真是文章祖。凜然千載下,英氣猶可睹。兒曹爾何知,杯酒那可污。故臺已丘墟,勝絕誰敢據。我來訪遺跡,低回不忍去。詩成欲叫君,雲車隔煙霧。

《全宋詩》卷一八七六,33冊,21025頁

相如二首

(宋)陳　造

中宵卒卒去臨邛,賣酒壚邊混儓傭。想見令君醒後意,向人深悔謬為恭。

逸德狂情賴補苴,文君端合壻相如。《白頭曲》裏殷勤意,不愧先生《諫獵書》。

《全宋詩》卷二四三八,45冊,28204頁

琴　臺

(宋)蘇　洞

朱弦牢落更誰聞,青草臺高鶴唳雲。尚有茂陵多病後,眼前相對卓文君。

《全宋詩》卷二八四八,54冊,33955頁

讀史六首·司馬相如

(宋)樂雷發

狗監無端薦薄情,鷫裘犢鼻帝鄉塵。當時最有文君恨,不識長門買賦人。

《全宋詩》卷三四七二,66冊,41329頁

《司馬相如題柱圖》

(宋)鄭思肖

初上升仙何慷慨,重來衣錦頗從容。男兒意氣當如此,透過禹門方是龍。

《全宋詩》卷三六二四,69冊,43391頁

題琴臺

(宋)王　素

長卿才調世間無,(拘)〔狗〕監君前奏《子虛》。自有賦詞能諷諫,不須更著《茂陵書》。

《全宋詩輯補》第二冊,594頁

白頭吟　　　　　　　　　　　　　　　　　　　　　（宋）杜　旟

長安春風萬楊柳,貧賤相從富貴移。《長門》作賦價千金,新人妖妍舊人醜。舊時犢鼻今存否,不知家有《白頭吟》。

《全宋詩輯補》第七冊,3327 頁

司馬相如　　　　　　　　　　　　　　　　　　　　（元）徐　鈞

賣賦名成賣酒餘,歸來駟馬擁高車。錦衣只欲湔前恥,不道開邊困里閭。

《全元詩》第 7 冊,286 頁

古風十首(其三)　　　　　　　　　　　　　　　　（元）趙孟頫

相如賦《大人》,出語頗奇怪。飄然凌雲意,過耳誠一快。誇言入無際,自覺塵俗隘。安知翻成勸,何用名為戒。

《全元詩》第 17 冊,185 頁

長　卿　　　　　　　　　　　　　　　　　　　　　（元）宋　无

一病文園渴思深,秖應惆悵為鳴琴。老來減盡凌雲氣,却賦《長門》易酒金。

《全元詩》第 19 冊,400 頁

閑　題　　　　　　　　　　　　　　　　　　　　　（明）袁　凱

相如真是小人儒,只解人前賦《子虛》。負却薄田三十畝,文君何用自當壚。

《袁凱集編年校注》未編年詩,331 頁

相如題橋　　　　　　　　　　　　　　　　　　　　（明）丁養浩

題橋復題橋,疲馬此淹駐。何日衣錦歸,驅車過橋去。

《效唐集》卷六,《武林往哲遺著》第一冊,186 頁

相如滌器　　　　　　　　　　　　　　　　　　　　（明）范　欽

揚揚犢鼻褌,滌器何嗟惜？夜擁如花姬,朝作臨邛客。

《天一閣集》卷一五,《范欽集》下册,283頁

戲題一首　　　　　　　　　　　　　(明)宋儀望

長門不買黃金賦,下里空傳《白雪》吟。却笑相如多薄幸,文君錯認是知音。

《華陽館詩集》卷一三,《四庫全書存目叢書》集部116册,594頁

感懷詩五十八首(其三十七)　　　　(明)袁中道

千古相如才,千古相如遇。當其不偶時,親着犢鼻袴。一朝見明主,視草承天顧。更有黃衣翁,催作《大人賦》。鬼神亦憐才,才高鬼神慕。餘芳襲後來,置之高士數。慢世未必然,文采為士附。

《珂雪齋集》卷五,上册,201頁

相如二首　　　　　　　　　　　　　(明)湯顯祖

相如美詞賦,氣俠殊繽紛。汶山鳳凰下,琴心誰獨聞？陽昌與成都,貴賤豈足分。《子虛》乃同時,飄然氣凌雲。臥托文園終,不受世訾氛。清輝緬難竟,遺書《封禪文》。知音偶一時,千載為欣欣。上有漢武皇,下有卓文君。

今君有嚴客,臨邛自清光。王孫爾何為？眾賓臨高堂。足可富蹲鴟,安知窮鳳凰。幸然有好女,琴心能見傷。峨嵋揚遠山,芙蓉留薄裝。一身猶可分,誰能羞夜亡？如何掛纓女,亦學橫在床。此心當語誰？此意難自忘。兩好不終棲,遺文來見將。但惜相如死,誰念文君狂！

《詩文》卷二〇,《湯顯祖全集》第二册,866頁

長　卿　　　　　　　　　　　　　　(明)陳子龍

豈止才情世已聞,當年節遇自紛紜。學仙欲就《凌雲賦》,好武初成下瀨軍。大略雄心漢天子,風流放誕卓文君。建元將相皆夷辱,曼倩、相如未可群。

《陳子龍詩集》卷一三,下册,421頁

司馬相如　　　　　　　　　　　　　(明)孫　緒

一拂冰弦萬古思,娉婷誰不願齊眉。可堪題柱榮歸後,不似臨邛初見時。

淋漓醉墨灑橋樑，意氣橫空組綬長。回顧文君通一笑，不將風韻學裴航。
臨風一曲鳳求凰，窗外時時膩粉香。風定月明人去後，孤囊今夕又藤床。

《沙溪集》卷二三，影印文淵閣《四庫全書》1264 冊，707 頁

題自畫《相如滌器圖》 （明）唐　寅

琴心挑取卓王孫，賣酒臨邛石凍春。狗監猶能薦才子，當時宰相是閒人。

《唐伯虎全集》卷三，123 頁

臨邛市 （明）錢子義

卓王孫女文君新寡，司馬相如以綠綺琴心挑之，與之私奔，居臨邛，家徒壁立。文君當壚賣酒，相如滌器。後楊得意薦之於武帝，因奉使至蜀，太守郊迎，縣令負弩前驅。

綠綺無聲冷素絃，家徒四壁正蕭然。縣公負弩前驅日，忘却當壚滌器年。

《續詠史詩》上，《種菊菴集》一，《三華集》卷七，影印文淵閣《四庫全書》1372 冊，91 頁

懷　　古 己亥二月 （明）溫　儀

相如遊臨邛，文君正新寡。高堂宴嘉賓，相窺珠簾下。一曲鳳求凰，脈脈兩心寫。月下赴幽期，天地有佳耦。鄙哉卓王孫，越禮恥其女。豈知酒鑪傍，風流曠千古。一朝賦《上林》，文章動明主。重過舊題橋，高車擁駟馬。才人落魄時，閨閣誰見許。歎息懷琴台，慷慨淚如雨。

《紀堂遺稿》五言古詩，《陝西古代文獻集成》第 20 輯，26 頁

錢宮聲編修示司馬相如小玉印 （清）王士禛

西京留妙製，刻玉作文章。尚憶文園令，遭逢漢武皇。何人知慕藺，應識倦遊梁。好伴《凌雲賦》，休同典鷫鸘。虞伯生題衛青玉印詩云："將軍騎從公主時，豈意刻玉為文章。"

《漁洋續詩集》卷一五，《王士禛全集》第二冊，1004 頁

成都懷古四首·司馬相如琴臺 （清）王士禛

長卿但好色，慢世亦何有？奈何滌器處，風流映身後。快意駟馬歸，王孫獻牛酒。

《蠶尾續詩集》卷四，《王士禛全集》第二冊，1270 頁

詠　　古(其二)　　　　　　　　　　　　　　　　　　（清）趙　翼

滌器空羈作賦才，《淩雲》一薦入蓬萊。遭逢莫怪臨邛幸，犬子原須狗監推。

《甌北集》卷三一，下冊，710頁

司馬相如　　　　　　　　　　　　　　　　　　　　（清）葉舒璐

挑得琴心正倦遊，壚邊尚典鷫鸘裘。長門解為他人賦，却惹閨中怨白頭。

《清詩別裁集》卷二七，下冊，497頁

泰安道中絕句(其一)　　　　　　　　　　　　　　（清）舒　位

遺稿誰求《封禪書》，千秋猶陋馬相如。如何袞袞咸平相，不及孤山處士逋？

《瓶水齋詩集》卷四，上冊，143頁

和宋蘁若先生《橐餘集》中律體十八首·
司馬長卿故里　　　　　　　　　　　　　　　　　（清）舒　位

成都四壁得歸遲，早有臨邛顯靈知。識曲佳人真絕代，愛才天子況同時。馬蹄空載高車蓋，犢鼻難遮舊酒卮。略似會稽朱太守，半酣來嚇里中兒。

《瓶水齋詩集》卷一三，下冊，517頁

詠　　史(其二)　　　　　　　　　　　　　　　　（清）舒　位

金虎忽忽《封禪書》，可憐消渴馬相如。三生明月迷圓澤，一夜流星誤謝敷。歇後詩成年未老，飾終禮重淚猶餘。分明四十三龍首，衣鉢黃扉數竟符。

《瓶水齋詩集》卷一四，下冊，621頁

詠　　史　　　　　　　　　　　　　　　　　　　　（清）劉體仁

長卿學擊劍，乃慕藺相如。倦遊空俍儅，臨邛學狂狙。酒爐衣犢鼻，狗監薦《子虛》。太守前負弩，高車驚蜀閭。晚歸文園卧，琴聲對芙蕖。消渴何足惜，猶留《封禪書》。

《七頌堂集》卷一，29頁

司馬相如　　　　　　　　　　　　　　　　　　　　　（清）吳　綺

一曲求凰向酒壚，世人爭薄馬相如。不知鬢影春風畔，肯上《長楊諫獵書》。

《亭皋詩集》，《林蕙堂全集》卷二二，影印文淵閣《四庫全書》1314 册，655 頁

司馬相如　　　　　　　　　　　　　　　　　　　　　（清）劉大櫆

馬卿才不羈，文與屈、宋競。入貲以爲郎，時時復稱病。梁園盛賓禮，聊復散情性。絕代得佳人，妃匹始宜稱。身著犢鼻褌，殊足聳觀聽。既分財與男，又邀牛酒敬。人生行樂耳，誰知狂與聖。

《劉大櫆集》卷一一，384 頁

詠　　史（其三）　　　　　　　　　　　　　　　　　（清）陳　重

梁園推賦手，孰知馬長卿。《子虛》兼《上林》，賦成天子驚。如何卓王孫，遽以貧賤輕。

《花著龕詩存》卷一，《明清遺書五種》，292 頁

司馬相如　　　　　　　　　　　　　　　　　　　　　（清）謝啟昆

千金一賦買《長門》，雲氣飄飄紙上屯。薦士未嫌楊得意，分財怡遇卓王孫。上方給劄生前祿，《封禪》求書死後存。《諫獵長楊》見忠悃，莫將文采議梁園。

《樹經堂詠史詩》卷一，影印《續修四庫全書》1458 册，513 頁

讀史絕句二十一首·司馬相如　　　　　　　　　　　　（清）張之洞

傳遞琴心作上賓，吹噓賦手藉閹人。餘辜留稿言《封禪》，誤到唐玄與宋真。

《張之洞詩文集》卷四，187 頁

詠古詩十四首·司馬相如　　　　　　　　　　　　　　（清）張之洞

西蜀開山兩漢宗，訾郎文采甚雍容。死慚和靖陳《封禪》，老羡張騫下筰邛。秋雨茂陵空黯黯，春波錦水自溶溶。孔桑豈識《凌雲賦》，狗監而今不易逢。

《張之洞詩文集》卷九，330 頁

司馬相如

(清)羅惇衍

字長卿,蜀郡成都人。先名犬子,慕藺相如之為人,更名相如。景帝時,以貲為郎,遷武騎常侍,以病免。武帝時,又以獻賦為郎。後拜孝文園陵令,復以病免,遂不復仕。

建節乘軺諭蜀回,題橋心事亦雄哉。神仙信挾陵雲筆,消渴難分賜露杯。天子憐才從古少,文人慢世自君開。書留《封禪》徒滋侈,何若《長楊諫獵》來。

《集義軒詠史詩鈔校證》卷八,第一冊,223頁

行路難四首(其三)

(清)尤侗

南鄰擊鐘磬,北里吹竽笙。我獨家徒四壁立,車騎雍容自彈琴。武帝能讀《子虛賦》,文君解歌《白頭吟》。犬子一朝逢狗監,淩雲之氣空公卿。王孫進獻臨卭酒,阿嬌私贈《長門》金。吁嗟!世間才子,不獨茂陵客,江南何處無佳人?作賦十年不一遇,鷫鸘裘老秋風深。

《西堂剩稿》卷上,《尤侗集》中冊,445頁

古五君詠·漢司馬相如

(清)尤侗

天子好文章,援筆賦《上林》。天子好武功,出車西南征。歸來茂陵臥,阿嬌貽黃金。佳婦如芙蓉,並坐調琴心。

《西堂剩稿》卷上,《尤侗集》中冊,452頁

詠史二首(其二)

(清)尤侗

相如貧困時,作客走臨邛。其令有王吉,乃謬為敬恭。車騎徒雜遝,卮酒且雍容。不聞千金贈,何取虛文隆?若非卓文君,豈免四壁空?

《西堂小草》,《尤侗集》中冊,522頁

別長安十首(其五)

(清)尤侗

相如貰酒鷫鸘裘,車騎雍容已倦游。作賦不逢楊意薦,著書寧待所忠求?予所著《西堂雜組》,為皇上特賞,故感及之。故人恭敬誰青眼?新婦淒涼早白頭。滌器當鑪渾未慣,秋風

好上五湖舟。

《看雲草堂集》卷二,《尤侗集》中冊,584頁

讀《漢書》二詠·司馬長卿 （清）易順鼎

長卿好詞賦,乃自訾郎來。虛給陵雲筆,誰分承露杯。武皇徒愛才,文君更知己。臥病茂陵園,還憶成都市。漢家元不薄,牧豕開東閣。言利進孔、桑,論功封衛、霍。獨有守園人,空傳《諫獵》文。仕漢非求達,游梁難自存。

《琴志樓詩集》卷五,第一冊,246頁

過駟馬橋題詩 （清）易順鼎

武皇好武不好文,人奴牧豎皆紛紛。當時上林無狗監,漢家詞賦誰陵雲。相如落魄求皇操,獨有文君賞才調。一別琴臺酒市壚,終持使節靈關道。意氣相知還慨慷,龍門史筆共軒昂。良禽擇木古來有,呂尚姦周尹就湯。文園異日俱遲暮,放誕風流恐非故。白頭悽斷茂陵人,黃金却憶《長門賦》。富貴區區安足論,文君情勝漢家恩。高車駟馬終何物,不及臨邛一犢褌。

《琴志樓詩集》卷六,第二冊,298頁

司馬相如 （清）易順鼎

賦筆徒聞冠兩京,朱絃纔識倦游情。梁園雪與文園雨,便爲相如送一生。

《琴志樓詩集》卷六,第二冊,298頁

絕句五十五首戊子夏日(其二十一) （清）易順鼎

病渴多時損玉顏,茂陵容易棄人間。相如欲覓金莖露,祇在芙蓉並巂山。五月朔日感文君事作。

《琴志樓詩集》卷八,第二冊,385頁

詠　史 （清）殷如梅

賦手驅古今,琴心解抑揚。不逢楊狗監,沒齒作賷郎。

《緣滿山房集》丙二,《清代詩文集彙編》438冊,696頁

思退齋詠古詩(其十四) （清）釋清恒

滌器人常賦《子虛》，一時寵遇勝嚴、徐。茂陵當日求遺草，我意猶多《封禪書》。

《借菴詩鈔》卷一，《清代詩文集彙編》452冊，105頁

司馬相如 （清）王廷紹

彈琴賣酒意縱橫，莫過臨邛笑長卿。薦自狗監平聲。原勝事，錫來犬子亦嘉名。書遺《封禪》神仙悅，獵諫《長楊》草木生。口吃大都能作賦，揚雄甯不愧先聲。

《澹香齋詩草》卷二，《清代詩文集彙編》472冊，343頁

司馬相如 （清）鮑桂星

《凌雲》奏罷意飄飄，一日聲名動漢朝。賈誼文難爭入室，唐蒙功不逮乘軺。英風馳驟三巴檄，藻翰縱橫十里橋。酤酒弄琴皆瑣細，龍門何事巷中標？

《覺生詠史詩鈔》卷一，《清代詩文集彙編》476冊，471頁

朱宮傅石君師出使示讀史詩，分詠《漢書》三十七首・司馬相如 （清）蔣 詩

相如好讀書，上下好詞賦。宦遊久不遂，貲郎棄之去。《子虛》得奏聞，薦由狗監故。上陳《諫獵書》，持節冉馳路。難父老以諷，賦哀秦不寤。形容擬大人，凌雲仙意寓。所忠往取書，遺言《封禪》舉。虛辭有要歸，拳拳節儉慕。

《榆西僊館初稟》卷三一，《清代詩文集彙編》488冊，461頁

讀《漢書》列傳雜詩・司馬相如 （清）梁章鉅

犬子西歸始不群，孤忠何但氣凌雲。《宜春賦》續《長楊疏》，耳食徒嗤《封禪》文。

《退菴詩存》卷四，《清代詩文集彙編》515冊，59頁

司馬相如 （清）張 澍

狗監同理又同時，天子欣然愛賦詞。螃蟹橫行明府夢，騶騶貰去美人卮。主文譎一公里諫騰巴檄，《封禪》遺書冀上知。可惜張寬遣遊學，未曾明道作經師。

《養素堂詩集》,《清代詩文集彙編》536 冊,272 頁

讀《漢魏六朝人文集詩》一百首·司馬文園 （清）黃爵滋

長卿筆凌雲,大旨入風諫。天子能友之,乃以狗監見。當世多公卿,斯才胡不薦。

《仙屏書屋初集·詩錄》卷四,《清代詩文集彙編》580 冊,270 頁

相如題柱《華陽國志》 （清）田依渠

前程一望遙,題柱志凌霄,駟馬高車返,纔堪過此橋。

《茹古山房讀史餘吟》卷五,《清代詩文集彙編》639 冊,661 頁

詠史詩·司馬相如 （清）史夢蘭

狗監功名賦《子虛》,生平枉慕藺相如。文章橫世蠐蟻夢,富貴驕人駟馬車。自昔《長楊》猶諫獵,何當《封禪》又遺書。文君老去吟頭白,自撫琴心恨有餘。

《爾爾書屋詩草》卷四,《清代詩文集彙編》654 冊,368 頁

詠史·司馬相如 （清）孫國楨

臨邛他日客重來,駟馬高車願未乖。一到賣金詞賦賤,生平文字盡俳優。

《愚軒詩鈔》卷下,《清代詩文集彙編》741 冊,358 頁

詠史小樂府三十首己未（其二十） （清）沈家本

載美臨邛返,風流一曲琴。不圖《高士傳》,慢世有知音。

《枕碧樓偶存稿》卷七,《清代詩文集彙編》745 冊,486 頁

讀《漢書》有感·司馬相如 （清）吳翊寅

巴蜀騷然議沸騰,夜郎通道苦軍興。漢家自是思封禪,遺稿何關奏茂陵。

《曼陀羅花室詩》卷三,《清代詩文集彙編》776 冊,645 頁

司馬長卿　　　　　　　　　　　　　（清）潘素心

一曲琴聲兩意投,當壚貰酒不知愁。相如空有《長門賦》,却使文君歎《白頭》。

《國朝閨秀詩柳絮集校補》卷一四,第二册,597 頁

讀　史(其三)　　　　　　　　　　　　（清）戴　珊

臨邛一曲鳳凰琴,賦就《長門》值萬金。女子憐才竟何事,茂陵猶作《白頭吟》。

《國朝閨秀詩柳絮集校補》卷四三,第四册,2059 頁

詠懷古跡·駟馬橋　　　　　　　　　（清）楊念昔

題橋一去賦《凌雲》,漢武憐才正好文。推轂不逢楊得意,當壚仍負卓文君。

《金澍詩草》,《采山樓藏稀見清人別集叢刊》第一册,187 頁

司馬相如　　　　　　　　　　　　　（清）吴　鎮

酒壚旁,人汎汎。王吉難,矧狗監。

慧女子,解琴心。《凌雲》賞,大知音。

《松花庵韻史》,《四庫未收書輯刊》拾輯 24 册,257 頁

詠卓文君

卓女怨 　　　　　　　　　　　　　　　　　　　　（唐）盧　仝

妾本懷春女，春愁不自任。迷魂隨鳳客，嬌思入琴心。托援交情重，當壚酌意深。誰家有夫婿，作賦得黃金。

《全唐詩》卷三八七，11 冊，4370 頁

臨邛怨 　　　　　　　　　　　　　　　　　　　　（唐）李　餘

藕花衫子柳花裙，多著沈香慢火熏。惆悵妝成君不見，空教綠綺伴文君。

《全唐詩》卷五〇八，15 冊，5772 頁

卓文君 　　　　　　　　　　　　　　　　　　　　（宋）趙　蕃

成都共逸為琴心，豈不嘗聞賦麗淫。重聘茂陵今已晚，不須多賦《白頭吟》。

《全宋詩》卷二六三五，49 冊，30789 頁

卓文君 　　　　　　　　　　　　　　　　　　　　（宋）周　南

《西京雜記》載：司馬相如將聘茂陵人以為妾，卓文君作《白頭吟》以自絕。因推其意，為文君怨。

曠代佳人十六七，膚如凝脂髮抹漆。芙蓉為臉玉為容，淡拂眉尖遠山色。夜梧月落秋夜長，孤鸞三迭傳高堂。瑣窗認得琴心怨，直恐韶華不得當。瑤環潛送殷懃意，只今猶記來時事。殺身不贖父兄羞，圖得歲寒成共蒂。陽昌市裏鸘䴆裘，鴛鴦相看未白頭。試拈玉軫攏金撥，新聲比似舊聲愁。世間恩愛何時盡，流水落花皆往恨。不愁歸避茂陵人，羞逢往日臨邛令。鴛鴦並翅雙飛宿，欲話衷腸歌不足。古來應有《白頭吟》，誰念妾身今再辱。

《全宋詩》卷二七四〇，52 冊，32253 頁

文　君 　　　　　　　　　　　　　　　　　　　　（元）徐　鈞

修眉橫映遠山青，却寄芳心一曲琴。可惜相如今病渴，薄情猶賦《白頭吟》。

《全元詩》第 7 冊，286 頁

卓文君
(明) 胡 奎

郎乘車，妾御馬，東郭門前綠楊下。郎乘馬，妾御車，長安道邊花滿株。馬翩翩，車軋軋，二月上林花正發。

《胡奎詩集》卷二，115 頁

文君當鱸
(明) 胡 奎

苦樂相從不厭貧，白頭甘守甕頭春。茂陵原上多姝子，未必新人勝故人。

《胡奎詩集》卷五，345 頁

詠美人八首·文君琴心
(明) 唐 寅

浮生難比草頭塵，常把千金視此身。若使琴心挑得動，不知匪石是何人？

《唐伯虎全集》卷三，114 頁

漫興三首(其三)
(明) 徐 渭

眉借春山臉暈紅，文君何必定臨卬？相如已老無情思，只聽彈琴綺席中。

《徐文長三集》卷一一，《徐渭集》第二冊，352 頁

成 都
(明) 徐 渭

成都美酒誰當爐？卓氏文君貌甚都。半面芙蓉嬌映客，青絲何日不提壺。

《徐文長三集》卷一一，《徐渭集》第二冊，369 頁

卓文君
(明) 張 琦

畫屏深處夜黃昏，孤鳳燈前欲斷魂。琴語求凰誰所得，獨分明是卓王孫。

《白齋先生詩集續》，《四庫全書存目叢書》集部 52 冊，138 頁

當鱸曲
(明) 邢 侗

卓女逐人間，藏身酒肆邊。擎桦露指筍，倚桁墮鬘鈿。百懸羞仍溢，千錢數若旋。家

本田僮富,今來殊可憐。

《來禽館集》卷一,《四庫全書存目叢書》集部 161 冊,366 頁

詠古十首·卓文君 (清)朱鶴齡

眉黛輕描遠翠侵,恩情早定七弦琴。如何白首猶移愛,羞殺長門賣賦金。

《愚庵小集》卷六,影印《愚庵小集》上冊,259 頁

讀史有感八首(其四) (清)吳偉業

茂陵芳草惜羅裙,青鳥殷勤入暮雲。從此相如羞薄幸,錦衾長守卓文君。

《詩後集》十二,《吳梅村全集》卷二〇,中冊,515 頁

戲題《士女圖》十二首·當壚 (清)吳偉業

四壁蕭條酒數升,錦江新釀玉壺冰。莫教詞賦逢人賣,愁把黃金聘茂陵。

《詩後集》十二,《吳梅村全集》卷二〇,中冊,521 頁

題《卓文君當壚圖》 (清)吳嘉紀

聽罷清琴傍綠樽,如花麗色照當門。臨邛日暮酒徒散,笑視夫君犢鼻褌。

《吳嘉紀詩箋校》卷一,10 頁

題畫五首,同吳賓賢、汪舟次作·《卓文君當壚》 (清)孫枝蔚

聽琴才罷却當壚,夫壻文章世上無。惱殺城中年少子,敢來調笑酒家(胡)。

《溉堂前集》卷九,影印《溉堂集》上冊,454 頁

文　君 (清)袁　枚

宵行事學君王后,識曲心同漢武皇。含淚自尋《封禪》草,遺書翻亂女兒箱。

《小倉山房詩集》卷二,《小倉山房詩文集》第一冊,32 頁

卓文君 (清)鮑桂星

金薇未必果無情,只為人間有長卿。賦裏飄雲隨字起,眉間遠色映山橫。由來兩美

難為合,那許千秋浪竊名。到底自媒還自棄,《白頭》君聽斷腸聲。

《覺生詠史詩鈔》卷一,《清代詩文集彙編》476冊,472頁

文君當爐《漢書》　　　　　　　　　　(清)田依渠

爐酒賣當門,相偕犢鼻褌。本來人所恥,難怪卓王孫。

《茹古山房讀史餘吟》卷三,《清代詩文集彙編》639冊,654頁

香草閒吟·文君　　　　　　　　　　(清)方玉潤

賣賦錢兼賣酒錢,美人名士總相憐。若非駟馬題橋志,難補當壚醉裡天。

《鴻濛室詩鈔》卷四《俯仰集》四,《清代詩文集彙編》644冊,357頁

咏古·卓文君　　　　　　　　　　(清)潘永芳

紅顏嬝娜配多情,一曲瑤琴觸感卿。漫笑私奔千古臭,姻緣月老早牽成。

《藏春園初集》卷上,《清代詩文集彙編》732冊,725頁

和吳梅邨十美圖·當壚　　　　　　　　　　(清)江峰青

眉蹙春山畫不如,文園醉後共看書。當時錦里繁華地,誰道攜琴學釣魚。

《國朝閨秀詩柳絮集校補》卷一,第一冊,33頁

詠菊花詩 有序　　　　　　　　　　(清)徐楚雲

凌虛閣有佳菊十二種:其白質青心,瓣瘦神完,如玉美人者,名"潔西施";其白映紅色,肥美媚態,名粉雲紅者,曰"醉楊妃";花瓣素淨,有白長毫若鳳毛戴髻上者,曰"淡妙常";白色浮青,俗號西番蓮,如慈悲佛座下之托者,曰"謫觀音";形如牡丹,色若紫霞,媚容癡倦,別有遐思者,曰"情麗娘";花開黃瓣,蕊抱綠心,婉轉鍾情,與金谷相為終始者,曰"憒緣珠"。至若紅醉如桃,儼容瀟灑,若具特識向人者,曰"俠紅拂";盃捧紫金,風流俊俏,狀似當壚賣酒者,曰"謔文君";黃燦如金,連環似甲,若從軍而護領袖者,曰"俏木蘭";花身傅粉,瓣口塗朱,媚笑流芳者,曰"嫣樊素";態度輕盈,鬢鬈鬆,矯健如飛來白鶴者,曰"妝飛燕"。又有紅妝啼淚,藍慘驚人,端服朝衣,不忘故主者,曰"怨昭君"。號為金釵十二,命予紀之,予因按名詠七律十二首。

謔文君 名紫金盃

風流杯菊話當壚,雅號文君謔未除。夢醒琴心霜染就,魂迷詩影月窺梳。葉垂袖斂

驚羞乍,花綻唇嫣破笑初。我見猶憐情不捨,東籬高客盡相如。

《國朝閨秀詩柳絮集校補》卷四,第一冊,161 頁

題仇十洲《文君聽琴圖》　　　　　(清)楊瓊華

傾城名士世間無,彈罷瑤琴酒漫沽。誤殺癡情小兒女,風流佳話學當壚。

《國朝閨秀詩柳絮集校補》卷一八,第二冊,801 頁

詠卓文君　　　　　(清)張　芬

錦江山色斂眉痕,棄擲由人早斷恩。何必《白頭吟》寄怨,夫君自解賦《長門》。

《國朝閨秀詩柳絮集校補》卷二一,第二冊,925 頁

文君怨　　　　　(清)黃瓊蘭

綠綺情深下鏡臺,臨邛曾訂百年來。知君此日長忘舊,恨妾當時苦愛才。春去碧蘭新漸淡,烏啼紅樹老相催。茂陵書在歸何日,懷抱於今尚未開。

《國朝閨秀詩柳絮集校補》卷二八,第三冊,1277 頁

反《白頭吟》并序　　　　　(近代)王　韜

媚人有草,療妒無羹。不聞中山狼噑,但聽河東獅吼。舉世靡靡,古今一轍。余非敢姍笑通人名士也,亦等諸《客嘲》《賓戲》之流耳。則以此詩爲相如解穢,并作討文君檄可也。

鶼鶼比翼飛,燕燕交頸宿。微物尚如此,人乃違所欲。文君昔日奔相如,得托蟄尾遂願初。相從中夜成都市,牛衣犢褌何足恥。曾不回首憶成皋,消渴又到茂陵子。琴心琴心何忽變,新人未來故人賤。自家剛作《長門賦》,反道新人勝於故。象床珊枕多恩愛,眉痕濃比巫山黛。茂陵女子那有此,相如是以能中止。不然《白頭吟》祇數十字,豈能倏忽回其意。或謂文君非薄情,一逢知己志不更。誓言儘托鴛鴦樹,移性祇求鸚鵡羹。啼紅泣綠嬌如許,性即奇妒容可取。古來媒母紛無數,何妨氣短胭脂虎。吾曰唯唯否不然,迴波栲栳徒相傳。奈教同抱文園病,無人參破美人禪。

《蘅華館詩錄》卷二,《王韜詩集》,44 頁

詞

水調歌頭 并序 　　　　　　　　　　　　　　　　　　　　（宋）京鏜

伏蒙都運都大判院以某新建駟馬樓落成有日，寵賜佳詞，為郡邑之光。輒勉繼嚴韻，以謝萬分。

百堞龜城北，江勢遠連空。杠梁濟涉，渾似溪澗飲長虹。覆以翬飛華宇，載以魚浮疊石，守護有神龍。好看發源水，滾滾盡流東。　　司馬氏，凌雲氣，蓋群公。當年題柱，從此奏賦動天容。果駕軺車使蜀，能致諸蠻臣漢，邛笮道仍通。寄語登橋者，努力繼前功。

《全宋詞》第三册，1845頁

滿江紅·相如駟馬橋 　　　　　　　　　　　　　　　　　　（元）李齊賢

漢代文章，誰獨步、上林詞客。遊曾倦、家徒四壁，氣吞七澤。華表留言朝禁闥，使星動彩歸鄉國。笑向來、父老到如今，知豪傑。　　人世事，真難測。君亦爾，將誰責。顧金多祿厚，頓忘疇昔。琴上早期心共赤，鏡中忍使頭先白。能不改、只有蜀江邊，青山色。

《全金元詞》下册，1027頁

玉樓春·臨邛 　　　　　　　　　　　　　　　　　　　　　（清）魏學渠

相如不到臨邛路。誤煞卓家新寡女。輕將雁柱寫鶯心，一擲紅顏等舞絮。　　今來重訪當壚處。翠鈿羅裙不似故。春山彷彿見蛾眉，烟鎖琴臺迷暮雨。

《全清詞》順康卷第五册，2564頁

瑞鶴仙·司馬相如私印 　　　　　　　　　　　　　　　　　（清）茹敦和

賦才傳畫繡。看井中小匣，漆痕仍黝。盤螭縮雙紐。恨戈波屈曲，未分蒼籀。燈前酒後。只猜他、文君自鏤。笑當年、犢鼻窮裩，曾配狗枷還有。　　知否。燕然山下，一片荒碑，摸殘枯手。封侯未久。橫吹入，論功又。問嫖姚、博得黃金斗大，幾輩雲礽消受。拚夜來、舊券都燒，不賒蜀酒。

《全清詞》雍乾卷第二册，1047頁

調笑轉踏（之三） （宋）鄭　僅

繡戶朱簾翠幕張。主人置酒宴華堂。相如年少多才調，消得文君暗斷腸。斷腸初認琴心挑。么絃暗寫相思調。從來萬曲不關心，此度傷心何草草。

草草。最年少。繡戶銀屏人窈窕。瑤琴暗寫相思調。一曲關心多少。臨邛客舍成都道。苦恨相逢不早。

《全宋詞》第一冊，444 頁

調笑集句·文君 （宋）無名氏

錦城絲管日紛紛。金釵半醉坐添春。相如正應居客右，當軒下馬入錦裯。斜倚綠窗鴛鑒女。琴彈秋思明心素。心有靈犀一點通，感君綢繆逐君去。

君去，逐鴛侶，斜倚綠窗鴛鑒女。琴彈秋思明心素，一寸還成千縷。錦城春色知何許，那似遠山眉嫵。

《全宋詞》第五冊，3648 頁

唐多令 （明）陳公庭

谿上遇瓊芳。文君心便狂。候相如、賦就求凰。數載傾頹嗟國運，艱合昌，好淒涼。西渡遣紅妝。丹心慰臥嘗。□□□、□□□□。案：原刻當脫一韻，依《詞譜》《詞律》補□。億萬蒼生全仗力，沼吳事，載縑緗。

《全明詞補編》下冊，1084 頁

蝶戀花·書《相如傳》後 （清）鄒祗謨

相如不過書生耳。爭似文君，贏透奇男子。卻自琴心通綠綺。飄飄賦就凌雲氣。不是題橋雄蜀水。財守王孫，埋沒文人矣。薄倖茂陵生兩意。《白頭吟》罷相如死。

《全清詞》順康卷第五冊，3002 頁

十六字令·題《仕女圖》，同吳梅村院長一舸·當壚 （清）何　采

沽。賦價還同酒價無。橋邊柱，記取市中壚。

《全清詞》順康卷第八冊，4605 頁

前調(調笑令)·卓文君

(清)姚之駰

王孫座客解弄琴。堂中美人知琴心。夜亡甘作當壚女,四壁能換千黃金。成都歸來宦遊倦。夫壻風流舊曾慣。求鳳還更逐鴛鴦,琴曲新翻白頭怨。

怨怨。郎情短。舊日瑤琴絃未斷。求鳳便把新鴦換。拚作白頭長嘆。白頭自識春光晚。却憶鸂鶒裘暖。

《全清詞》順康卷補編第三冊,1746頁

前調(調笑令)·卓文君

(清)姚 炳

臨邛貴客字相如。倦遊爲過王孫居。王孫有女解迎客,被服閒雅貌且都。轉側畫屏春思動。清風一曲瑤琴弄。孤鴦文彩本堪憐,琴心合作皇求鳳。

求鳳。聽新弄。手撥冰絃和目送。春情迸入鴛鴦綜。四壁蕭條空擁。當壚羞作歸鄉夢。悔被琴心挑動。

《全清詞》順康卷補編第三冊,1786頁

薄幸·白頭吟

(清)張 塤

同心松柏。問誰是、青青一色。也千古、英雄兒女,易起旁人偪仄。記年時、花下相逢,而今重掩羅衫泣。算一半冤誰,五分恩愛,織就龍鬚八尺。　　君不見、茂陵女,催痛了、文君肝膈。早知今日事,王孫門第,嬬娥聲賈千金直。我心非石。又何煩這種,琴聲抹弄朱弦七。哀哀非絕,妾守成都四壁。

《全清詞》雍乾卷第九冊,4785頁

高陽臺·卓文君小印

(清)許寶善

錦篆縈香,銅花綉碧,一方小印如錢。夢繞琴臺,芳名越樣生妍。風流放誕空回首,對蟠螭、疑睹眉山。漫同他、斷粉零脂,流落人間。　　茂陵詞客成辜負,想白頭吟罷,輕壓鸞箋。雨怨雲愁,一痕猶見斑斑。苔封土澀沉埋久,問今朝、掌上何緣。好收藏,錦襯葡萄,盒貯琅玕。

《全清詞》雍乾卷第九冊,5001頁

前調(玉樓春)·題畫册十二首·文君　　(清)倪象占

絲牽邛令,越禮憐才,白头一吟,足嘲薄倖。

桃花乱落如红雨。白鹿清酥夜半煮。鸦啼金井下疏桐,蜀国弦中双凤语。　　竿头酒旗换青苧。六街马蹄浩无主。荒沟古水光如刀,梦入家门上沙渚。

《全清詞》雍乾卷第一二册,7025 頁

曲

〔南呂〕四塊玉·臨邛市
(元)馬致遠

美貌才。名家子。自駕著個私奔坐車兒。漢相如便做文章士。愛他那一操兒琴。共他那兩句兒。也有改嫁時。

《全元散曲》上冊,236頁

〔南仙呂解三酲〕當壚
(清)吳錫麒

著犢鼻風生一闋,畫蛾眉翠隱雙峯。酒旗搖曳春星動,休誇是數錢工。賦成纔有千金賣,歸去依然四壁空。琴心送,只茂陵秋雨,累箇愁儂。

《全清散曲》中冊,1135頁

淮南衡山列傳

詩

詠《淮南衡山列傳》

淮南衡山王列傳　　　　　　　　　　（唐）司馬貞

　　淮南多橫，舉事非正。天子寬仁，其過不更。轞車致禍，斗粟成詠。王安好學，女陵作訕。兄弟不和，傾國殞命。

《史記索隱》卷三〇，487頁

詠淮南王

淮南王 （宋）胡　宿

貪鑄金錢盜寫符,何曾七國戒前車。長生不待爐中藥,《鴻寶》誰收篋裏書。碧井床空天影在,小山人去桂叢疏。雲中雞犬無消息,秀麥漸漸遍故墟。

《全宋詩》卷一八二,4冊,2099頁

默記淮南王事 （宋）宋　庠

室餌初嘗謁帝晨,宮中雞犬亦登真。可憐南面稱孤貴,纔作仙家守廟人。

班葛才華盡冠時,如何褒貶兩參差。八公並號翀霄客,誰作當年詣吏辭。自注：伍被即八公之一。

二山仙藻鬱紛綸,《鴻寶》於中《秘術》新。他日鑄金多不效,餘災翻及獻方人。

《全宋詩》卷二〇〇,4冊,2286頁

淮南王 （宋）晁說之

淮南王,解燒金,胡為黃葉落故林。神仙鼎氣覆千里,草木姿媚鐘磬音。誇誕之語恐難信,儻然安得我登臨。即今巨盜處處起,天子不貪淮南地。

《全宋詩》卷一二〇八,21冊,13715頁

題淮南王安廟 （宋）無名氏

淮南據險逆西京,仁贍輸忠保一城。今日鄉人聊合祭,未應同食便同情。《麈史》卷下：淮南王安廟,春、秋朝廷祀之。邑人思劉仁贍之功德,欲立廟,不可得也。遂共為劉令公像於淮南廟中,歲時享焉。傳舍有人為詩云云。《家世舊聞》卷下亦載,文有異："劉安據國叛西京,仁贍擔身保一城。今日鄉人聊合祭,不應同食便同情。"

《全宋詩輯補》第一一冊,5427頁

讀諸子·《淮南子》　　　　　　　　　　　　　（元）吳　萊

淮南招九流,好道不能一。空讀方士書,寧知左官律。

《全元詩》第 40 冊,75 頁

淮南王曲　　　　　　　　　　　　　　　　　（元）郭　翼

漢武好神仙,淮南去不還。徒令風雨客,感慨茂陵阡。

《全元詩》第 45 冊,445 頁

淮南王　　　　　　　　　　　　　　　　　　（明）劉　基

淮南王,好神仙。澄心鍊炁守自然,收拾真一歸中圓。化為五色黃金丸,乘風駕景飛上天。飛上天,逍遙遊。八鸞捧轂龍翼輈,虹霓繽紛夾彩斿,上窺九陽下六幽。回頭大笑武皇帝,柏梁桂舘空清秋。

《劉基集》卷一七,234 頁

淮　南　　　　　　　　　　　　　　　　　　（明）錢子義

漢劉安封淮南王,與八公等學仙,作《大》《小山招隱篇》。後丹成飛昇,雞犬舐丹鼎,亦得上天。世云:"雞鳴天上,犬吠雲間。"

寂寂劉安去不還,神仙往事有無間。雲中雞犬知何處,獨遣人傳《大》《小山》。

《續詠史詩》上,《種菊菴集》一,《三華集》卷七,影印文淵閣《四庫全書》1372 冊,91 頁

淮南王篇　　　　　　　　　　　　　　　　　（明）梁辰魚

淮南王,好丹書,八公之徒日與俱。丹宮霓裳雜珮環,上嬉雲霄下塵寰。下塵寰,登玉樓,玉樓十二棲浮丘,攀援桂枝當淹留。形骸倏忽生羽毛,俯視濁世忘其曹。忘其曹,歲月邁,飯靈草兮飲沆瀣。丹雞白犬放天外,人間榮華安足待。

《鹿城詩集》卷四,《梁辰魚集》,82 頁

登八公山　　　　　　　　　　　　　　　　　（明）陳文燭

《招隱》當年翰墨場,登臨極目送斜陽。江淮南北真多士,今古升沉憶漢王。詞賦似

懸巖岫雨,姓名還帶薜蘿香。尋遷我亦浮東海,欲向山靈乞秘方。

《二酉園詩集》卷九,《四庫全書存目叢書》集部 139 冊,357 頁

淮南王 （清）謝啟昆

反地奚堪少子居,傳呼警蹕意何如？粟春未免弟兄怨,棘露空憐父子除。《招隱》秋風山上桂,好奇《鴻寶》枕中書。金丹養士非長策,漢帝難辭教導疏。

《樹經堂詠史詩》卷一,影印《續修四庫全書》1458 冊,505 頁

淮南王安 （清）羅惇衍

淮南厲王長之子,高祖孫。文帝十六年,封為淮南王。武帝元朔六年,以謀反自殺。

諫救東甌識見超,奈銜霧露在先朝。粟春一斗賢兄悔,桂隱三秋處士招。《鴻烈》書同《鴻寶祕》,道邦友竟道機消。金丹方術終階禍,秦始蓬萊鑒匪遙。

《集義軒詠史詩鈔校證》卷八,第一冊,211 頁

淮南王 （清）皮錫瑞

淮南王,自言尊,自言服玉朝天門。可憐咸陽作事誤,直以兒戲謀并吞。伍被誅死雷被奔,此時八公何處存。金龜玉鶴未發敗,不如七國連兵屯。周穆駿馬覲王母,漢武青鳥來崑崙。雞犬皆仙如是耳,豈有見帝稱寡人。君不見河間大雅卓不群,被服儒者興古文。此真龍準賢子孫,《小山招隱》安足論。

《師伏堂詠史》,《清代詩文集彙編》772 冊,312 頁

伍　　被 （清）羅惇衍

楚人,或言伍子胥之後。為淮南王安中郎。武帝滅淮南,并誅之。

始純終駁債淮南,陰沮邪謀娓娓談。已識魚麗名將在,胡為狙詐叛王參。刑持酷吏原難恕,才動英君亦自慙。獨惜《枕中鴻寶》預,不將仙術肆幽探。

《集義軒詠史詩鈔校證》卷八,第一冊,229 頁

詞

雲仙引·淮南王篇
(清)張塤

真定無家,長陵見背,雍州幾度淒涼。遺孺子,尚為王。丹砂文字小技,食客三千應較量。葉落桂花,八公永別,誰鎖宮牆。　璽書圖籍淪亡。看中尉、紛紛臨九江。愛女情多,逐妃心很,此怨彷徨。雞犬雲中,鬼魂月下,莫但含辛呼辟陽。便歸華表,再摩銅狄,一段滄桑。

《全清詞》雍乾卷第九冊,4794頁

循吏列傳

詩

詠《循吏列傳》

循吏列傳

(唐)司馬貞

奉職循理,爲政之先。恤人體國,良所述焉。叔孫、鄭産,自昔稱賢。拔葵一利,赦父非恣。李離伏劍,爲法而然。

《史記索隱》卷三〇,488頁

詠循吏

詠古五首(其四) （清）姚鼐

循吏有兒寬,乃以負租黜。設吏為繭絲,何以責乾沒。念彼魏二臣,屬厭風饋畢。豈不愛吾君,懼以滋遺失。

《惜抱軒詩集訓纂》卷一,8頁

孫叔敖祠 （清）黃景仁

三時巫覡舞婆娑,四壁碑題罩蘚蘿。《循吏傳》開名領袖,寢丘封古廟嵯峨。生前遇合樊姬笑,死後悲歡優孟歌。借問貪廉何計得？芍陂千頃自澄波。

《兩當軒集》卷一一,272頁

孫叔敖 （清）徐公修

楚相虞丘卓見伸,薦賢自代出風塵。參謀元老臨軍次,大任蠻王舉海濱。顯爵在朝膺令尹,埋蛇早歲慰慈親。可憐廉吏難為後,家況蕭條子負薪。

《史記百詠》卷一,《讀史千詠》,《史記研究文獻輯刊》13冊,431頁

孫叔敖 （清）羅惇衍

名饒,又名艾獵,字叔敖,姓蔿氏,楚期思之鄙人。為莊王相。

埋蛇循吏本英豪,欲使車高在梱高。國是始教南旆返,軍行終建右轅勞。祚延九世廉長播,相守三言美善韜。優孟衣冠無乃拙,幾曾相士僅皮毛。

《集義軒詠史詩鈔校證》卷一,第一冊,9頁

叔敖陰德 《烈女傳》 （清）田依渠

舊稱孫叔敖,埋却兩頭蛇。以殺為陰德,何嘗報應差。

《茹古山房讀史餘吟》卷二,《清代詩文集彙編》639冊,648頁

子　　產 春秋　　　　　　　　　　　　　　　　（清）孫　珩

蛟龍未得雲雨蟠,僅許崢嶸頭角看。人本功名窺導學,治分周、召雜申、韓。春秋宰輔無雙品,諸葛經綸合併觀。倘遇齊桓假三冰,衣裳不說一匡難。

《歸田藁》卷一,《清代詩文集彙編》534 册,457 頁

公儀休　　　　　　　　　　　　　　　　　　　（明）李夢陽

園中豈無葵,相公奈何饞。相君即無衣,不愛室中機。相君千萬歲,請治相君棲。桓公霸諸侯,管氏有三歸。

《李夢陽集校箋》卷五,第一册,105 頁

公儀休　　　　　　　　　　　　　　　　　　　（清）羅惇衍

魯博士。後為穆公相。

閉心何事閉私門,茹棄機焚正本原。循吏五人周代盛,名賢一相魯邦尊。嗜魚恥受趨炎饋,畜馬應懲聚斂言。不與小民爭貨利,大臣風概至今存。

《集義軒詠史詩鈔校證》卷二,第一册,62 頁

曲

〔南中呂駐雲飛〕（之二十一） （清）俞　越

召父文翁，綽有西京循吏風。教化儒林動，生聚閭閻眾。嗏，宦轍逐西東，鶴琴誰共？後賈前張，換了輿人誦，君不見治譜循聲總是空。

《全清散曲》中册，1602 頁

汲鄭列傳

詩

詠《汲鄭列傳》

汲鄭列傳　　　　　　　　　（唐）司馬貞

河南矯制，自古稱賢。淮南臥理，天子伏焉。積薪興欲，抗直愈堅。鄭莊推士，天下翕然。交道勢利，翟公愴旃。

《史記索隱》卷三〇，488頁

讀《汲黯傳》　　　　　　　　（元）耶律鑄

多欲危言已動心，積薪餘論更駸駸。足令不得中郎位，枉被人譏淚染襟。

《全元詩》第4冊，135頁

讀《汲黯》《衛青傳》有感而作　　（元）胡祗遹

整冠見汲黯，踞廁呼衛青。敬侮固雲泥，用舍誰重輕。一死淮陽守，一握百萬兵。起塚象祁連，至今與雲平。嚴憚日疏遠，玩狎日尊榮。所以皁隸流，長作貴公卿。世無魯仲連，世無嚴子陵。天壤一蠅蟻，萬古爭膻腥。

《全元詩》第7冊，4頁

詠汲黯 附司馬安

汲 黯　　　　　　　　　　　　（宋）劉 摯

汲黯剛純社稷臣，張湯巧訐更平津。賢人所貴忠邪異，惜對君王論未伸。

《全宋詩》卷六八四，12冊，7995頁

汲 黯　　　　　　　　　　　　（宋）陳 普

東北民思黶主父，西南人欲粉唐蒙。漢家社稷何依倚，黯直粗疏一病翁。

《全宋詩》卷三六五〇，69冊，43803頁

詠史·汲黯　　　　　　　　　　（元）張養浩

大臣懼罪日驚惶，彊虜聞風亦退藏。底事茂陵如此氣，不冠不敢見淮揚。

《全元詩》第25冊，75頁

讀《漢書》　　　　　　　　　　（清）王士禛

豈少如鈎曲，金貂世業偏。不知汲長孺，何事直如弦。

《蠶尾續詩集》卷九，《王士禛全集》第二冊，1397頁

汲 黯　　　　　　　　　　　　（清）姚柬之

中朝讜論久無聞，一語猶能感聖君。可惜經生漢丞相，不如奴子衛將軍。崑崙使自窮青海，《封禪書》傳起白雲。下詔輪臺嗟又晚，眼前刀筆總深文。

《晚晴簃詩匯》卷一三〇，第三冊，495頁

汲 黯　　　　　　　　　　　　（清）黃鵬揚

不拜將軍氣岸殊，平看丞相直如無。胡為閑却深堅手，十載淮陽理簿書。

《讀史吟評》，《說鈴》後集一，9頁

汲　黯　　　　　　　　　　　　　　　　（清）羅惇衍

字長儒，濮陽人。景帝時，為太子洗馬。武帝時，歷官主爵都尉、右內史，後出為淮陽太守。十年，卒於官。

一官君竟老淮陽，戇直難容禁闥旁。昂首將門尊揖客，攖鱗帝闕怵驕王。宏（弘）、湯屢詰網維正，賁育能齊眷注良。歎息鼎湖圖負扆，封留馬鬣悵高岡。

《集義軒詠史詩鈔校證》卷八，第二冊，210 頁

秦漢樂府·汲黯戇　　　　　　　　　　（清）張　誠

踞廁視衛青，不冠接公孫。甚矣汲黯戇，嚴憚獨見尊。帝本雄才大略主，社稷之臣心所與。河內失火東粵兵，不及貧民水旱苦。此意漢廷無人知，又況諫諍獨近古。無端小人橫中傷，主爵都尉謫淮陽。拾遺補過微臣願，去國十年何敢怨。君王多欲相臣奸，從此更誰敢抗論。

《嬰山小圃詩集》卷一五，《清代詩文集彙編》425 冊，107 頁

後詠史四十首·汲長儒　　　　　　　　（清）師　範

強陳何曾畏逆鱗，大將軍肯重嘉賓。行修偶覓田園趣，性戇無慙社稷臣。臥閣花圍淮浦日，發倉雲散洛陽春。湯、弘早入公卿選，我亦為君怨積薪。

《泛舟吟摘鈔》上卷，《清代詩文集彙編》429 冊，611 頁

思退齋詠古詩（其十一）　　　　　　　（清）釋清恒

果然刀筆是張湯，面觸延爭直更彰。天子不冠從不見，十年臥治老淮陽。

《借菴詩鈔》卷一，《清代詩文集彙編》452 冊，105 頁

汲　黯　　　　　　　　　　　　　　　（清）王廷紹

未必淮陽薄一官，宏（弘）、湯寵盛立朝難。民饑幸遇公持節，臣戇何容主不冠。尚把擊奸期李息，曾聞直諫怵劉安。漢家薪積知多少，好作長沙厝火看。

《澹香齋詩草》卷二，《清代詩文集彙編》472 冊，343 頁

汲　　黯　　　　　　　　　　　　　　　　　　　　　（清）鮑桂星

驕主猶知社稷臣，叛王且憚直言人。忠能禦侮真賁育，戇不深文得吏民。黃、老學仍兼任俠，邊關議每主和親。漢廷賢士如薪積，誰及淮南臥病身。

《覺生詠史詩鈔》卷一，《清代詩文集彙編》476 冊，470 頁

朱宮傅石君師出使示讀史詩，分詠《漢書》三十七首·汲黯　　（清）蔣　詩

長孺以憨聞，人以嚴見憚。性倨不容過，犯顏尤敢諫。變色怒罷朝，社稷臣斯近。既異大將軍，踞廁不為慢。又異丞相宏，上可不冠見。武帳望見之，避帷不敢玩。人不可無學，曰甚鄙其諺。久不聞其言，妄發性所慣。頗奪淮南氣，數責宏（弘）、湯面。清淨不苛細，臥治淮陽郡。惓惓請中郎，未畢拾遺願。

《榆西僊館初稟》卷三一，《清代詩文集彙編》488 冊，460 頁

汲　　黯　　　　　　　　　　　　　　　　　　　　　（清）張　澍

一遇饑民便發倉，政聲清淨臥淮陽。愛身每慮朝廷辱，俗吏寧教宰相當。敹歷九卿嗤司馬，談征百貨陋宏（弘）羊。定隨傅柏爭亢直，又忕劉安息陸梁。

《養素堂詩集》卷二五，《清代詩文集彙編》536 冊，272 頁

汲黯開倉《史記》　　　　　　　　　　　　　　　　　（清）田依渠

饑民莫啼泣，長孺正開倉。矯制亦無罪，歸來報漢皇。

《茹古山房讀史餘吟》卷六，《清代詩文集彙編》639 冊，666 頁

詠史詩·汲黯　　　　　　　　　　　　　　　　　　　（清）史夢蘭

道破君王假義仁，一生戇直慣批鱗。將軍長揖有斯客，天子不冠猶避臣。臥閣淮陽三月病，發倉河內萬家春。後來公輔多刀筆，莫怪人材嘆積薪。

《爾爾書屋詩草》卷四，《清代詩文集彙編》654 冊，368 頁

詠史·汲黯
(清)孫國楨

稜稜風節冠朝紳,半世遭逢歎積薪。強畀壹麾違禁闥,漢廷補袞更無人。

《愚軒詩鈔》卷下,《清代詩文集彙編》741 冊,358 頁

曹南先賢詠·汲黯
(清)徐繼孺

漢濮陽人,今濮州。墓在城西南六十里。

濮陽汲長孺,抗禮大將軍。逆謀折淮南,古之社稷臣。奈何明天子,見憚不見親。十載臥淮陽,外遷遂沉淪。有才非桑、孔,固應歎積薪。

《徐悔齋集》卷一四,《清代詩文集彙編》783 冊,568 頁

讀《漢書》有感·汲黯
(清)吳翊寅

觖聖難禁喻積薪,一麾出守辱風塵。朝廷嚴憚誰如黯,豈獨弘湯是小臣。

《曼陀羅花室詩》卷三,《清代詩文集彙編》776 冊,644 頁

馬安四至 《史記》
(清)田依渠

如何司馬安,四至九卿班。巧與宦官結,深文是所嫻。

《茹古山房讀史餘吟》卷四,《清代詩文集彙編》639 冊,657 頁

詠鄭當時

轅下駒　　　　　　　　　　　　　　　（明）李夢陽

鄭當時,轅下駒。韓安國,兩首鼠。禿老翁,竟斬汝,廷臣不語淮陽語。君不見金家婦、王家女,一言殺兒還殺母,何況區區老禿且。

《李夢陽集校箋》卷五,第一册,110頁

鄭當時　　　　　　　　　　　　　　　（清）羅惇衍

字莊,陳人。景帝時,為太子舍人。武帝即位,累遷大司農,後出為汝南太守。卒於官。

故主無忘獨鄭君,生兒任俠又聲聞。門留知友常終日,驛給嘉賓勝似雲。長者賢皆推轂薦,司農俸想積財分。雀羅一樣翟廷尉,貴賤交情信有云。

《集義軒詠史詩鈔校證》卷八,第一册,212頁

讀《漢書》列傳雜詩・鄭當時　　　　　（清）梁章鉅

鄭莊驛騎逼郊原,推轂如聞有味言。眼底爵羅容易設,同聲一歎下邽門。

《退菴詩存》卷四,《清代詩文集彙編》515册,58頁

鄭莊置驛《史記》　　　　　　　　　　（清）田依渠

置驛長安道,雄豪四海知。至今賓客散,猶記鄭當時。

《茹古山房讀史餘吟》卷一,《清代詩文集彙編》639册,642頁

讀《漢書》有感・鄭當時　　　　　　　（清）吳翊寅

持節巡河請治裝,誰言千里不齎糧。長安賓客今猶在,置驛無人憶鄭莊。

《曼陀羅花室詩》卷三,《清代詩文集彙編》776册,644頁

渭南翟公　　　　　　　　　　　　　　（明）李廷訓

棘院飄飄廷尉去,雀門寂寂網羅開。自從勘得交情破,一任客來客不來。

《醴雞吟》卷一一,《陝西古代文獻集成》第10輯,440頁

詞

前調(賀新郎)·汲長孺墓
(清)季元峴

豕牧封侯了。恨漢庭、人無賢佞,宦惟拙巧。疊疊積薪燃欲盡,止有長材委道。歎砥柱、中流峰倒。遂使武皇無復忌,儘科頭、奴視朝中老。書不盡,輪臺詔。　　回頭往事千年杳。到今已、碑無人識,墓無人掃。鐵面石腸終古在,直氣猶浮華表。問狐兔、敢藏宿草。遙指茂陵紅日下,已荒原、無樹秋風悄。公孫閣,燼應早。

《全清詞》雍乾卷第七冊,3627頁

儒林列傳

詩

詠《儒林列傳》

儒林列傳　　　　　　　　　　　　　　（唐）司馬貞

孔氏之衰，經書緒亂。言諸六學，始自炎漢。著令立官，四方扼腕。曲臺壞壁，《書》《禮》之冠。傳《易》言《詩》，雲蒸霧散。興化致理，鴻猷克贊。

《史記索隱》卷三〇，488頁

讀《書》　　　　　　　　　　　　　　（宋）陸　游

力不扶微學，心猶守舊聞。壁間科斗字，秦火豈能焚。

《全宋詩》卷二二三三，41冊，25649頁

長安雜詩十首(其七)　　　　　　　　　　（明）王　禕

群經載聖道，昭揭如日星。秦火一何烈，燒燔滅其形。漢儒事掇拾，區區補殘零。雖然有遺闕，其功亦已宏。唐世尚文學，君臣益留情。琬琰刻文字，後先《十三經》。謂茲金石堅，不與竹帛並。自從東都後，此刻最為精。羅列黌舍內，奎壁映晶瑩。我言金與石，有時亦銷崩。有形必有弊，斯理詎難征。安知聖人道，所詫非所憑。天地其終始，猗歟罔能名。

《王忠文集》卷二，影印文淵閣《四庫全書》1226冊，36頁

懷　　古(其三)　　　　　　　　　　　　　　　　　　　　　　　　　　（明）王　衡

遺書始出壁,漢代重明經。安車而蒲輪,枉聘里先生。一代稟章句,帝耳知姓名。《齊詩》襲毛公,匡鼎猶遺稱。憶昔稷下士,談天恣縱橫。為膏自雜咎,玉石同灰坑。賤極反微貴,視此道傍塋。安知璞中玉,不為璚與珩。毛生墓。

《緱山先生集》卷三,《四庫全書存目叢書》集部178冊,638頁

讀　　史(其四)　　　　　　　　　　　　　　　　　　　　　　　　　　（清）王　軒

嬴政燔百家,聖經豈能滅。漢興除苛令,一一球圖列。破壁老生口,經星并日月。《易》《詩》終璧完,《禮》《樂》先《書》缺。匪必焚後亡,尼山焉拾掇。蛙聲混孤響,鄒嶧懼邪説。向使同陰霾,叛經禍尤烈。末由走康莊,充棟徒爲設。但恨非其人,私心利篡竊。安知聖人起,不在當屏絕。

《橰經廬詩集》卷一,《續尤西堂擬明史樂府》(外二種),89頁

雜詠史四十二首(其十六)　　　　　　　　　　　　　　　　　　　　　　（清）梁運昌

魯相公儀休,先時為博士。周末無此官,厥號見《秦紀》。漢初《百官表》,一本嬴趙制。國有大事疑,儒生必與議。放於古典章,折之以經義。公卿示不專,猶存先古意。從來坐論尊,不必才藝美。魯克及衛鮀,僅堪為祝史。學術雖自淹,道術不在是。況復取浮華,詞人操國紀。上、去通押,亦東坡詩例也。

《秋竹齋詩存》卷五,《清代詩文集彙編》499冊,35頁

詠　　史(其十一)　　　　　　　　　　　　　　　　　　　　　　　　　（清）殷如梅

不謀利計功,後世推醇儒。惟著書立説,當時笑下愚。

《緣滿山房集》丙二,《清代詩文集彙編》438冊,696頁

詠伏生

伏　生　　　　　　　　　　　　　　　　　　　　　　　　（宋）陳　普

撐腸拄肚總聱牙，漢室龍興髮乍華。掌故不來光景暮，《尚書》再火伏生家。
嬴蹶劉興齒舌存，《百篇》大義盡堪聞。孝文無意脩王制，古典重遭伏勝焚。

《全宋詩》卷三六五〇，69冊，43799頁

《伏生授書圖》　　　　　　　　　　　　　　　　　　　　（元）王　惲

遺書灰冷散飛煙，老喙重宣即粲然。《三策》竟從名數說，潁川方寸殆虛傳。

《全元詩》第5冊，504頁

二十四大儒贊并序·伏勝封乘氏伯　　　　　　　　　　　（元）王　惲

堯舜之道，得孔子而後明；六經之旨，俟諸子而後發。逮秦火燔蕩，先王之迹一向熄滅，而天理之在人心者，何嘗有一息之間斷哉？漢興，諸儒挺出，如董生、劉向、孔安國、毛萇、楊雄，號稱鴻碩。斯皆摘奎之光，發輝孔壁；探聖之幾，取訂口傳。致興學立官，文風彬彬，可謂盛矣。然六經之旨，有師授而無傳著。東漢已來，師說並行，馬、鄭、賈、何、服虔、王肅之流，罔羅衆說，正誤刊繁，流藻箋註，復使聖道粲然，如大明當空，蔑不耿昭。以之斷國論，建民極，有不可斯須離者。至唐踵上代之衰，理弛文弊，道統益微。及韓愈氏出，以道濟自任，隄障末流，廓清義路，蓋皇皇如也。故大儒位置，終之以昌黎伯者，良以此歟！若夫貫通三才，彌綸元化，前世比同二十四氣，乃疏爵圖像，列配神庭，□爲不刊之□宜矣。至元癸未冬十月，齊府廟宮兩廡繪事告成，□越明靈，儼然如在。爰作贊文，昭揭於上，庶幾乾端坤倪，軒豁呈露，聳齊人之敬，爲邦家之光也。

秦火驪坑，儒厄斯極。天不沒公，俾副孔壁。渾灝之義，垂範後王。賴公口授，帝道復光。照耀齊國，文奎煌煌。

《王惲全集彙校》卷六六，第七冊，2824頁

《伏生授書圖》　　　　　　　　　　　　　　　　　　　　（元）魏　初

心傳心學見都俞，秦火燒來一字無。若道漢儒無補益，如何留在《授書圖》。

《全元詩》第 7 冊，389 頁

《伏生授書圖》
(元)劉敏中

帝道天留在《典》《謨》，區區秦火可憐渠。須知伏叟傳經日，却似恭王壞宅初。

《全元詩》第 11 冊，323 頁

題《伏生授書圖》
(元)戴表元

白頭不死見時清，子女相依解授經。何用生男作鼌錯，乃翁一語不曾聽。

《全元詩》第 12 冊，167 頁

題《伏生授書圖》有跋
(元)吳 澄

先漢《今文》古，後晉《古文》今。若論伏氏功，遺像當鑄金。

嗚呼！天未泯絕帝王之制，故憖遺此老以至此時也。女子亦有功焉。《書》二十八，後析為三十三，奇侸難讀。或謂女子口授時，濟南、潁川語異，錯以己意屬讀，而失其真。嗚呼！奇侸，古書體也，錯何尤？晉、隋間，《古文》二十五篇出，從順如今人語，非若伏生書奇侸矣。識者議其功罪，於錯為何如哉？烏乎！是固未易為淺見寡聞道也，安得起吳材老、朱仲晦于九原！

《全元詩》第 14 冊，221 頁

題《伏生授書圖》
(元)吳 澄

後死寧非數，能言豈必男。如何掌故耳，未了異方談。篇簡僅四七，語音圓二三。可嗤千載下，《孔傳》苦研覃。

《全元詩》第 14 冊，249 頁

題趙仲遠《伏生授書圖》
(元)程鉅夫

予舊有此圖，嘗題四十字。今為仲遠書之。

龍鍾九十餘，猶及漢三葉。哀哉窮獨叟，有女幸傳業。授數纔四七，錯歸已德色。遂令讀書人，終古猜梅蹟。

《全元詩》第 15 冊，206 頁

題《伏生授書圖》　　　　　　　　　　　　　　（元）蒲道源

壽考天教作漢儒,口傳秦火不焚餘。晁生應命非心受,終被申、韓誤殺渠。

《全元詩》第 19 冊,317 頁

《伏生授經圖》　　　　　　　　　　　　　　（元）吳師道

老生抱《百篇》,藏壁避暴秦。漢興流亡定,取視半不存。二十有八篇,當時號《今文》。苟非著簡册,文字何由分。無端安國弘,倡說異前聞。並言本經失,口授熟以馴。承風競接響,誰復究其原。弘也尤厚誣,因圖略開陳。生老不能行,故遣錯至門。云何易其語,謂不能正言。諸生近齊、魯,傳言豈無人。奈何使女子,此事決非真。錯來止授册,豈復書所云。藉令書所云,審視生必親。唐儒更妄謬,謂目亦眊昏。痛哉百歲老,幽壤抱冤沉。昔初二子意,祇務孔壁尊。以彼口傳訛,非與吾《書》倫。焉知反自累,異說滋其根。詆誹忍廢古,悍戾恣紛紜。此輩不自量,按據為奇新。但知快攻擊,何曾精討論。試看錯脫簡,《今》《古文》所均。口熟豈應爾,完具未必焚。此理最易察,玩習嘗因循。考古貴求是,執要元不煩。請誦馬、班書,毋為浪啾喧。

《全元詩》第 32 冊,23 頁

《伏生授經圖》　　　　　　　　　　　　　　（元）鄭元祐

老無牙齒語音訛,斷簡殘編缺字多。不賴閨中賢弱息,帝王典則竟消磨。

《全元詩》第 36 冊,356 頁

雜言四十九首(其四十五)　　　　　　　　　　（元）張　達

《書》紀帝王道,遺編火於秦。嗟哉伏生傳,幸益孔壁文。六體備明訓,昭昭條彝倫。雖無《百篇》完,終見至治因。繼述有成憲,君行本諸身。

《全元詩》第 50 冊,526 頁

謁伏生祠　　　　　　　　　　　　　　　　　（元）謝　肅

在鄒平。

雞鳴起冠帶,驅馬出鄒邑。敬謁伏生祠,堂陛邈難及。上古帝王書,冥心事時習。惜哉乖世用,荏苒餘九十。孰知天慭遺,絕學賴之立。流傳廿八篇,奧義誠乃急。區區梅內史,所上何雜集。《古文》反平易,《今文》獨艱澀。冥茫千載疑,欲剖空汲汲。況復治道微,斷簡誰為緝。問生寂無言,再拜重忓悒。

《全元詩》第 63 冊,287 頁

至濟寧州　　　　　　　　　　（明）瞿　佑

極目大隉東,全齊一望中。前人開霸業,舊俗尚農功。機杼頻聞響,桑麻密作業。停橈延佇久,思訪授經翁。自註:伏生。

《樂全詩集》,《樂全稿》,《瞿佑全集校注》上冊,169 頁

歷下先生　　　　　　　　　　（明）邢　侗

一代詞章千古情,授經無分濟南生。樓成轉屬他家有,白雲吞聲恨未平。

《來禽館集》卷五,《四庫全書存目叢書》集部 161 冊,419 頁

伏生墓　　　　　　　　　　（明）文翔鳳

鄒平東郊。

真搜禹穴並人間,群玉西郵未可攀。天地有靈移策府,心胸如許貯名山。秦燎不到書生腹,孔壁重歸女史環。却笑安鰲汲上塚,殉書玉盌為誰關。

《東極篇》卷三,《四庫全書存目叢書》集部 184 冊,395 頁

伏生祠　　　　　　　　　　（清）王士禛

祖龍柱以吏為師,牽犬東門笑相斯。轉盼阿房化焦土,千秋人拜伏生祠。

《蠶尾續詩集》卷九,《王士禛全集》第二冊,1415 頁

伏生墓　　　　　　　　　　（清）黃　儀

九十傳《書》老博士,鄒侯故國有遺蹤。豐碑不復遭秦火,孤墓依然是漢封。麥秀平疇深雊雉,山空隔嶺遠鳴鐘。只今祠廟荒榛裏,丹壁輝煌照古松。

《晚晴簃詩匯》卷五二,第二冊,24 頁

伏　生
(清)羅惇衍

名勝,字子賤,濟南人。嘗為秦博士。孝文時卒,年九十餘。

《尚書》一脈失根源,闕下尋求博士存。晁錯訛沿空授女,兒寬詳說勝徵孫。《古》《今文》自秦坑異,齊、魯人同孔壁尊。太息年高行不得,解經疑義出多門。

《集義軒詠史詩鈔校證》卷七,第一冊,181 頁

《伏生授經圖》
(清)沈德潛

祖龍燒書經學廢,《典》《謨》《誓》《誥》墜於地。濟南博士抱遺經,一髮千鈞此身寄。帝遣太常往受學,二十八篇傳大義。有唐道子寫作圖,後人粉本工追摹。九十老翁牀上坐,客拜階下如生徒。齒危髮秀詞謇拙,女子傳述言非誣。"粵若稽古"堯、舜、禹,講畫豈必皆眉鬚?齊人潁川語齟齬,略通屬讀傳其麤。厥後張生、歐陽遞授受,夏侯大、小俱通儒。恭王欲壞孔子宅,科斗古文出孔壁。梅賾以後諸本興,汩作九工亂白黑。兩家真偽無定論,入主出奴互掎摭。但期不謬歷聖心,聚訟《古》《今》竟何益?披圖別有感慨增,惜哉家令枉受經。輔導胄子棄典樂,刻深峭直乖和平。謀削七國中奇禍,劉安毚危父已明。申、商之術害萬世,當年誤學張恢生。卷圖為語治經者,慎勿變易趨刑、名。嗚呼!慎勿變易趨刑、名。

《歸愚詩鈔》卷一一,《沈德潛詩文集》第一冊,204 頁

伏生女 漢
(清)孫　珩

更無白面談周、孔,自是紅羊劫典墳。誰識過庭偏有女,猶偕遺老守斯文。儒扃閫內坑難到,書在胸中火莫焚。虎觀倘教開此日,還應別席待釵裙。

《歸田藁》卷一,《清代詩文集彙編》534 冊,455 頁

詠轅固

轅　固
（清）羅惇衍

齊人。景帝時，為博士，以廉直歷清河太傅，疾免。武帝時，復以賢良徵，諸儒多嫉毀曰"固老"。罷歸。年九十餘。

知味群譏食馬肝，究明伐暴在勝殘。商、周統自因天定，秦、漢基應易地看。正學幾曾隨世轍，賢聲何意嫉儒冠。道書心忘神仙蘊，彘圈幾愁倖免難。

《集義軒詠史詩鈔校證》卷七，第一冊，199 頁

詠董仲舒

董仲舒　　　　　　　　　　（唐）羅　隱

災變儒生不合聞，謾將刀筆指乾坤。偶然留得陰陽術，閉却南門又北門。

《全唐詩》卷六六二，19 冊，7593 頁

窺　園　　　　　　　　　　（宋）王安石

杖策窺園日數巡，攀花弄草興常新。董生只被《公羊》惑，肯信捐書一語真。

《全宋詩》卷五六四，10 冊，6688 頁

董　生　　　　　　　　　　（宋）朱淑真

秦火經來道失真，下帷發憤每勞神。誰知異日為無得，只聽平津一老臣。

《全宋詩》卷一五九八，28 冊，17994 頁

董仲舒　　　　　　　　　　（宋）林　同

漢有孝廉舉，誰知發自舒。可憐《三策》罷，却去相江都。

《全宋詩》卷三四一八，65 冊，40613 頁

《董仲舒不窺園圖》　　　　　　（宋）鄭思肖

西漢諸儒君最醇，無人見面意應深。三年盡力窺經史，一旦看花了古今。

《全宋詩》卷三六二四，69 冊，43391 頁

董大夫廟　　　　　　　　　　（元）王　惲

在元州城北門內，有宋元祐間縣宰宋保國《壁記》，云：縣西南八十里有廣川店，隋避諱，改長河縣，今將陵縣是也。舊屬冀州。

吾觀漢家制，所法皆亡嬴。中間去取之，易苟稍寬平。何、參不足責，木是刀筆生。

文、景尚黃、老，申公負虛名。賢哉董大夫，《三策》冠漢庭。論說天人際，高吐三代英。仁義我所重，功利我所輕。紛紛弘、湯間，獨能尊聖經。所惜王者佐，竟老膠西卿。過薛得遺廟，再拜冠與纓。至今讀公書，片辭皆世型。浩浩廣川水，萬古朝滄溟。因之觀其瀾，吾道得少行。

《全元詩》第 5 冊，28 頁

董仲舒　　　　　　　　　　　　　　（元）徐　鈞

《三策》前陳語漫詳，外遷一再相驕王。惟餘"正誼"兼"明道"，此傳流傳萬古香。

《全元詩》第 7 冊，286 頁

董仲舒　　　　　　　　　　　　　　（元）侯克中

上方用武定羌夷，儒者宜為眾所擠。大匠謾持脩月斧，拙工先立倚天梯。身為當代斯文主，名與南山北斗齊。許大闕廷無著處，江都才了又膠西。

《全元詩》第 9 冊，14 頁

廣川大夫廟　　　　　　　　　　　　（元）陳　孚

在景州北門。

俯察人情仰憲天，素王心事《策三篇》。大夫不向江都死，換盡炎劉四百年。

義利從來界限殊，大夫一語破昏愚。平生最笑秋風客，只愛黃金灶鬼書。

《全元詩》第 18 冊，362 頁

董子廟　　　　　　　　　　　　　　（元）張以寧

董子天人策，寥寥四百年。臨風一懷古，此地昔生賢。白日明肝膽，青山閟簡編。公孫東閣客，今復幾人傳。

《全元詩》第 42 冊，215 頁

讀史二十二首・董仲舒　　　　　　　（明）高　啟

早奏文章直殿廬，茂陵還復訪遺書。寂寥猶抱《春秋傳》，誰問江都老仲舒。

《高青丘集》卷一七，下冊，750 頁

董子讀書臺　　　　　　　　　　　　（明）吳廷翰

正訝才名擬《過秦》,還嗟相業付平津。當時儒雅誰人似,兩漢文章萬古新。童子至今羞五伯,老師從此識三仁。讀書何處臺猶在,落日高丘半莽榛。

《詩集》卷下,《吳廷翰集》,411 頁

董子祠　　　　　　　　　　　　　　（明）沈明臣

落日城隅下,蕭條董相門。乾坤《三策》在,淮海一祠存。不遇當年賦,瞻依此日尊。庭前數株樹,烏鵲待黃昏。

《豐對樓詩選》卷一六,《四庫全書存目叢書》集部 144 冊,349 頁

江都謁董子祠　　　　　　　　　　　（明）陳文燭

當日成嚴譴,於今有特祠。園荒秋草蔓,山遠夕陽遲。遺像真先代,端居似下帷。肯同阿世者,那得到天涯。

《二酉園詩集》卷五,《四庫全書存目叢書》集部 139 冊,288 頁

過景州敬仰董子　　　　　　　　　　（明）姚舜牧

嘗讀《西漢書》,天人出董子。語語關性真,獨探洙泗髓。正誼明道心,其誰能及此。陋哉俗學流,謬與漢儒齒。上接孔、孟傳,下啓程、朱旨。當不屬他人,必歸仲舒氏。

《樂陶吟草》卷二,《四庫全書存目叢書》集部 158 冊,351 頁

暇覽丘生贈詩,訓次其韻,且期其來三首（其三）　　（明）姚舜牧

漢代醇儒推董生,天人《三策》見分明。寧唯文藻堪移鬥,直是躬行可率更。詎意廟廊乘物色,卻將經濟屬虛聲。膠西竟綰驊騮足,安問當年實與名。

《樂陶吟草》卷四,《四庫全書存目叢書》集部 158 冊,387 頁

懷　　古（其二）　　　　　　　　　（明）王　衡

廣川治《春秋》,三月不窺園。讀書味其醇,雅志非飽溫。抱策對公車,天子為臨軒。赫然賜第一,齊風變沄沄。際合豈不奇,終枉膠東藩。弟子笑其愚,減死為囚髡。腹背不

相喻,咳唾寧餘恩。撲學縱逢時,於世難久尊。況復千載下,嚅嚅誦遺言。過平原。

《緱山先生集》卷三,《四庫全書存目叢書》集部 178 册,638 頁

董公祠　　　　　　　　　　　　　　　　　　　（明）姜　埰

揚州城內董公祠,萬古千秋繫遠思。漢主明堂興禮樂,儒臣遺廟起威儀。春秋蚤上《三篇策》,吳、楚誰令七國悲。自是武皇能好士,晚年封禪欲何為。

《敬亭集》卷三,140 頁

詠史五首（其三）　　　　　　　　　　　　　　（明）來　復

江都居家時,推論高廟災。草奏未及陳,乃為主父窺。竊書獻天子,多言成禍胎。夏侯困囚執,眭孟亦誅夷。京生抗危言,罪孽不旋時。郎氏善陰陽,覬也承父遺。七事條便宜,有讐不能推。不見下邳趙,妖禁無靈奇。亦有汝南陳,局局老尩羸。俯仰嘆冥茫,蠹管欲何為。穆哉麟經筆,懿規良在茲。

《來陽伯詩集》卷三,《陝西古代文獻集成》第 19 輯,95 頁

謁董子祠墓　　　　　　　　　　　　　　　　　（明）許宗魯

漢代先賢墓,人傳下馬陵。追崇開寢廟,殷薦備嘗烝。策以天人著,文將孔、孟承,書香垂世遠,繼續有雲仍。

《少華山人後集》第五《歸田稿》,《陝西古代文獻集成》第 28 輯,482 頁

董公祠　　　　　　　　　　　　　　　　　　　（清）孫枝蔚

卜居初傍董公祠,日日經過再拜遲。自笑出門求米處,何如去位食貧時。仲舒去位家居,不問產業,惟以著書講學為事。著書曾舉群儒首,講學還稱百世師。草野無能存禮樂,空懷古道有同悲。

《溉堂前集》卷七,影印《溉堂集》上册,343 頁

董仲舒　　　　　　　　　　　　　　　　　　　（清）孫枝蔚

聖道初光《三策》中,平生耿介恥期通。董作《士不遇賦》有云:"以辯詐而期通兮,貞士耿介而自束。"著書不合令人見,竟與三臣罪狀同。劉向使人上變事書,以季布、兒寬、董仲舒、夏侯勝

為四臣。

《溉堂前集》卷八，影印《溉堂集》上冊，405 頁

董公祠　　　　　　　　　　　（清）王士禛

董公祠廟已荒涼，憑弔西京意倍傷。漫以園陵勞主父，祇將經術奉驕王。時逢明主身空老，志在《春秋》道正長。我自愛傳《繁露》學，玉杯曾問廣川鄉。

《漁洋詩集》卷一二，《王士禛全集》第一冊，337 頁

過廣川，弔董子　　　　　　　　（清）王士禛

十年蓨縣問遺書，五載江都傍舊居。太息此才逢主父，《天人三策》欲何如？

《漁洋詩集》卷一九，《王士禛全集》第一冊，442 頁

董子故里　　　　　　　　　　　（清）錢大昕

蒼茫長河古木疏，流傳董子下帷居。天人不愧賢良詔，"道誼"羞稱功利書。曲學公孫方貴幸，助邊卜式早遷除。空譚災異真何用，絕倒從遊呂步舒。

《潛研堂詩集》卷八，《嘉定錢大昕全集》第一〇冊，141 頁

董江都祠，和冰持前輩韻二首　　（清）錢大昕

漢代徵賢良，天子臨軒策。晁、董及公孫，舊史可尋繹。江都獨純粹，言必則古昔。六藝是表章，一使爝火息。嗟哉曲學徒，枉尋僅直尺。居然廁公卿，坐受小吏白。君看平津閣，何如廣川宅。休言宦不達，倖免故人責。

先儒專一經，白頭守師承。惟公業《春秋》，天人理可憑。人事或僭差，五行災異乘。貴近勿優容，天警見園陵。眭李譚機祥，所見判淄澠。讀書重有識，毋任剿說仍。膠西王雖倨，禮賢尚足稱。下馬拜遺祠，百世願振興。

《潛研堂詩集》卷八，《嘉定錢大昕全集》第一〇冊，146 頁

董子祠　　　　　　　　　　　　（清）王鳴盛

古木蒼煙董相祠，偶來剔蘚讀殘碑。《天人策》對才無敵，災異書成身更危。誰酹清泉羞杞菊，漫多塵網冒罘罳。最憐希世工談笑，輸與平津牧豕兒。

《非刖集》,《西莊始存稿》卷二,《嘉定王鳴盛全集》第一〇冊,32頁

董仲舒
(清)王鳴盛

轅生側目幾危顛,陷入江都又廣川。却勝自傷無狀死,同為王傅獲身全。

《西沚居士集》卷二四,《嘉定王鳴盛全集》第一一冊,380頁

讀《董仲舒傳》
(清)田雯

《公羊》一卷至今存,千古醇儒道自尊。《繁露》何緣傳異術,陰陽水火閉城門。

《古歡堂集》卷一四,影印文淵閣本《四庫全書》1324冊,171頁

詠史詩十首·董仲舒
(清)高宗弘曆

建章奏對策天人,帝眷名儒禮獨親。誰使江都終老去,千秋史論恨平津。

《御制樂善堂全集定本》卷二九,影印文淵閣《四庫全書》1300冊,526頁

董子故里
(清)尹嘉銓

雲寒樹老隱孤村,董子帷空故跡存。千載有人頻駐馬,三年茲地不窺園。

《晚晴簃詩匯》卷六八,第二冊,274頁

董子讀書臺
(清)黃景仁

廣川紹絕學,命世伊、呂儔。對策未竟用,說災行見收。遂令王佐才,老逐經生游。東海牧羊叟,乃是平津侯。方以曲學顯,亦曰治《春秋》。再遣相驕王,不異豺虎投。為問東閣門,磬折何所求?一上丞相書,未免經術羞。幸哉盛名下,猶得遂首丘,差勝洛陽賈,作賦沈湘流。經過下帷處,高臺列松楸。感激士不遇,此意良悠悠。

《兩當軒集》卷一五,362頁

董子祠
(清)張四科

漢代崇經術,膠西負令望。下帷精講誦,對冊冠賢良。博舉開州郡,攸司列序庠。臨軒資啟沃,佐治有輝光。小邑遺風在,叢祠大道旁。几筵昭象服,鐘鼓殷虛堂。始識儒林貴,彌嗟學殖荒。玉常由不瑑,弦弛合更張。至行疇能砥。空言罔克臧。求賢詔自切,造

士法宜詳。夫子乘時起，猶懷不遇傷。殷勤煩設醴，棄置等浮湘。王霸原相雜，天人固昧茫。致身雖寂寞，曠世尚烝嘗。一酌寒泉水，高吟《蕃露》章。寄聲縫掖輩，何以答明昌。

《寶閒堂集》卷三，《陝西古代文獻集成》第20輯，155頁

董仲舒 （清）謝啟昆

褎然舉首廣川來，帝佐無慚管、晏才。納諫驕王輕詐力，竊書主父挾嫌猜。天人《三策》懸金馬，祥異千秋說玉杯。摧角觸藩嗟不遇，公孫好士館虛開。

《樹經堂詠史詩》卷一，影印《續修四庫全書》1458冊，513頁

董仲舒 （清）羅惇衍

字寬夫，廣川人。武帝初，以賢良對策拜江都相，後徙膠西相，以病免。壽終於家。

歧路還歧典籍殘，可堪黃、老又申、韓。百家說黜宗洙、泗，《三策》文醇續《治安》。博士獲麟人絕學，公孫牧豕客高官。驕王兩相均知敬，莫與拘儒一例看。

《集義軒詠史詩鈔校證》卷八，第一冊，220頁

仲舒故里 （清）王　軒

董子王佐才，射策窮天人。學當鼂、賈伍，志豈匡劉倫。英主肇科目，文章爭致身。哀當百代首，大筆高嶙峋。布被方曲學，下帷獨求仁。蹉跎去京國，禮樂千載淪。烈士終不遇，猶蘄相賞真。賞真但利祿，有志同悲辛。隨計塵交目，窮年任征輪。安知蓬蓽下，興起今無鄰。

《檮經廬詩集》卷六，《續尤西堂擬明史樂府》（外二種），190頁

思退齋詠古詩（其十） （清）釋清恒

學貫天人一代儒，因何只使相江都。若能禮待如伊、呂，湯、武應當亦並驅。

《借菴詩鈔》卷一，《清代詩文集彙編》452冊，105頁

董仲舒 （清）王廷紹

秦火焚餘簡尚青，玉杯光滿夜鐙熒。游燕主父空懷稿，牧豕公孫漫執經。春色自教歸鬥帳，秘書不盡奏明廷。長沙太傅江都相，一在中年一弱齡。

《澹香齋詩草》卷二，《清代詩文集彙編》472 冊，343 頁

董仲舒 （清）鮑桂星

苔侵魯壁絕徵言，《繁露》書看一卷存。策封天人賢士首，道匡家國大儒尊。每因王霸鰓鰓辨，更為災祥侃侃論。當日孫宏(弘)擅經術，可能三載不窺園。

《覺生詠史詩鈔》卷一，《清代詩文集彙編》476 冊，471 頁

燕臺懷古雜詠，方水部鐵船同作·董家里 （清）蔣 詩

少治《春秋》為博士，下帷講誦傳弟子。授業以次莫見面，三年不窺園圃里。天人《三策》舉賢良，江都論死膠西徙。至今玉杯《繁露》傳，廣川尚說董家里。劉向稱為伊、呂才，歆考淵源遊、夏耳。洎後向之曾孫龔，謂歆之言為得旨。嗚呼！公孫之學在希世，主父儼且竊山視。偶談災異推陰陽，大儒迍邅有如此。

《榆西僊館初槀》卷二八，《清代詩文集彙編》488 冊，447 頁

朱宮傅石君師出使示讀史詩，分詠《漢書》三十七首·董仲舒 （清）蔣 詩

廣川治《春秋》，進退必以禮。士皆師尊之，學得孔、孟旨。性命究天人，《三策》有至理。正心正朝廷，一元萬物始。遠近一於正，粹精有如此。胡首參符命，次復災異啟。所由傅江都，推災遭饞毀。奧豈步舒測，學嫉公孫詭。大儒瀞心傳，洙、泗同一揆。

《榆西僊館初槀》卷三一，《清代詩文集彙編》488 冊，461 頁

董仲舒 （清）張 澍

雄、譚精悍遇韓嬰，夢里蛟龍《繁露》成。我到蝦蟆曾下馬，有無者舊說清明。

《養素堂詩集》卷五，《清代詩文集彙編》536 冊，51 頁

董仲舒 （清）張 澍

蛟龍突兀夢初回，《繁露》新成紀玉杯。竟忤平津王國去，誰教知雨老貍來。芳園跡已三年斷，寶甕書徒七璧開。符起何為遭放棄，廣川流水咽餘哀。

《養素堂詩集》卷二五，《清代詩文集彙編》536 冊，272 頁

董廣川 漢 　　　　　　　　　　　　　　　　　　　（清）孫 珩

五更向曉氣蒼茫，太白孤明照一方。學達天人羞霸佐，言稱道誼化驕王。尊經主漫誇求駿，調鼎臣還讓牧羊。異代春秋長俎豆，公孫空自仰門牆。

薪傳豈得數揚、劉，劉向《傳贊》，自孔子後，惟孟子、孫況、董仲舒、司馬遷、劉向、揚雄數公。只有江都繼魯、鄒。遙啟後儒原道秘，一空前古雜家流。素王經自日星炳，赤帝符還神異搜。那識遺書多贗作，昌黎何故苦吹求。昌黎不道廣川，當以談災異故。然廣川諸書，多贗作。

《歸田藁》卷一，《清代詩文集彙編》534 册，452 頁

董仲舒　　　　　　　　　　　　　　　　　　　　（清）陳其錕

膠西《三策》洞人天，曠古儒宗出廣川。百籍已灰秦火後，六經如日漢薪傳。書成園殿言終罪，殺啟淮南論亦偏。兩傅驕王非得已，公孫何事苦雕鐫。

《循陔集》卷四，《清代詩文集彙編》575 册，559 頁

讀《漢魏六朝人文集詩》一百首·董膠西　　　　（清）黃爵滋

董生治《春秋》，實抉陰陽奧。尊孔黜百家，厥功亦云劭。咄哉主父輩，衆口紛排娼。

《仙屏書屋初集·詩錄》卷四，《清代詩文集彙編》580 册，270 頁

詠史詩·董仲舒　　　　　　　　　　　　　　　　（清）史夢蘭

志在《春秋》學有源，下帷攻苦不窺園。六經再造承秦火，百子爭鳴護孔門。聖主舉賢《三策》重，驕王作相一儒尊。當年才俊推東馬，畜以俳優敢并論。

《爾爾書屋詩草》卷四，《清代詩文集彙編》654 册，368 頁

詠史·董江都　　　　　　　　　　　　　　　　　（清）孫國楨

《三策》煌煌炳日星，純儒學業本麟經。江都一去違天闕，從此宏（弘）、湯重漢廷。

《愚軒詩鈔》卷下，《清代詩文集彙編》741 册，358 頁

詠史小樂府三十首 己未（其二十三）　　　　　　（清）沈家本

寂寂江都相，《詩》《書》好自娛。未聞東閣客，推殺有名儒。

《枕碧樓偶存稿》卷七,《清代詩文集彙編》745 冊,487 頁

讀《漢書》有感·董仲舒　　　　　　　　　　（清）吳翊寅

策對天人洵大儒,《春秋》裁異説非誣。《玉杯》《繁露》書頻奏,較勝公孫喜導諛。

《曼陀羅花室詩》卷三,《清代詩文集彙編》776 冊,645 頁

詠夏侯勝

夏侯勝 （元）宋　无

夏侯篤實古人風，"禮服"明言太子宮。近世臨文拘諱忌，經筵久不講《檀弓》。

夏侯勝為太子太傅，以《論語》"禮服"授皇子。蕭望之從勝問《論語》"禮服"。師古曰："喪服也。雖至尊在上，不以喪服為諱也。"

《全元詩》第 19 册，420 頁

補遺·夏侯勝 （清）孫國楨

樸直無華是古人，同僚相字對楓辰。申公汲直前徽貌，猶有經生繼後塵。

《愚軒詩鈔》卷下，《清代詩文集彙編》741 册，379 頁

詠韓嬰

鄉先生漢韓太傅嬰墓 （元）劉　因

章句區區老益堅,百年軻死已無傳。《四詩》今併毛公廢,《三策》聊存董相賢。祀典曾聞鄉社在,荒墳重爲里人憐。絃歌燕、趙今誰見,高詠《周南》獨慨然。

《全元詩》第15册,109頁

河間懷古三首·韓太傅嬰 （清）王　軒

迹熄傷狩麟,斯文信天喪。秦灰豈能燌,洙、泗弦歌響。三百巋孤存,異流源可想。胡爲限畫一,束閣均覆盎。《毛傳》既孤行,《三家》日斷吭。吉光餘外傳,正義擯無兩。矻矻深寧翁,白頭施鐵網。形聲古韻證,句讀斷章仿。得幸藏名山,庶猶在天壤。十年爲周、召,後死滋惕惘。補葺資已勤,蒐羅得可儻。弆中有時出,旦夕拜經仰。

《耨經廬詩集》卷六,《續尤西堂擬明史樂府》(外二種),189頁

詠其他儒生

二十四大儒贊 并序

(元)王惲

左丘明

堯、舜之道,得孔子而後明;《六經》之旨,俟諸子而後發。逮秦火燔蕩,先王之迹,一向熄滅,而天理之在人心者,何嘗有一息之間斷哉？漢興,諸儒挺出,如董生、劉向、孔安國、毛萇、楊雄,號稱鴻碩。斯皆摘奎之光,發輝孔壁;探聖之幾,取訂口傳。致興學立官,文風彬彬,可謂盛矣。然《六經》之旨,有師授而無傳著。東漢已來,師說並行,馬、鄭、賈、何、服虔、王肅之流,罔羅衆說,正誤刊繁,流藻箋註,復使聖道粲然,如大明當空,蔑不耿昭。以之斷國論,建民極,有不可斯須離者。至唐,踵上代之衰,理弛文弊,道統益微。及韓愈氏出,以道濟自任,隄障末流,廓清義路,蓋皇皇如也。故大儒位置,終之以昌黎伯者,良以此歟！若夫貫通三才,彌綸元化,前世比同二十四氣,乃疏爵圖像,列配神庭,□爲不刊之□宜矣。至元癸未冬十月,齊府廟宮兩廡繪事告成,□越明靈,儼然如在。爰作贊文,昭揭於上,庶幾乾端坤倪,軒豁呈露,聳齊人之敬,爲邦家之光也。

麟經垂憲,百王是懲。素臣筆傳,日星益明。文開史統,世咀華英。儷景同翻,永播休聲。

穀梁赤 封襲丘伯

聖道羣用,見有深淺。赤也明經,辭清義婉。漢儒推轂,大開學館。繼我國政,論益光顯。

公羊高 封臨淄伯

麟出魯郊,筆終史削。公一再傳,若聆徇鐸。宜其資深,裁辯辭諤。折衷羣疑,匪斯孰托。

毛萇 封樂壽伯

風、雅《三百》,一歸"無邪"。絃歌音眇,孰爲傳耶？温温樂壽,漢初名家。"訓傳"首出,遂正而葩。敦厚之風,永煽幽遐。

高堂生 漢博士,封萊蕪伯

秦尚法制,禮喪無幾。離離堂生,當炎之始。議定官儀,國容有顒。會弁澤宮,赤舄几几。

孔安國 封曲阜伯

《書》出漢初，壁傳口授。古隸未分，詎免訛漏。天開聖孫，以傳以定。帝制復明，翼我國政。

戴勝 封楚丘伯

曲臺傳經，有千其儀。戴君發揮，其詳可知。履之則癸，悖焉來違。煌煌天序，相我民彝。

《王惲全集彙校》卷六六，第七冊，2825 頁

孔安國　　　　　　（清）羅惇衍

字子國，孔子十一世孫。武帝時，歷官諫議大夫，遷侍中，後為臨淮太守，以病免。卒，年六十六。

受《詩》曾向魯申培，《書序》人稱博達才。世際右文興漢室，名希左史覓秦灰。奈因蠱獄傳經熄，幸有龍門問業來。出守臨淮施政事，尚餘風範在烏臺。

《集義軒詠史詩鈔校證》卷八，第一冊，213 頁

申　公　　　　　　（清）羅惇衍

魯人。初，見高祖於魯南宮。及武帝時，嘗徵為太中大夫，以病免歸。數年，卒，年九十餘。

為治言來豈在多，力行難逮意云何。忠如汲黯詞常懇，詐愧張湯辯小苛。《三百》篇章非綺靡，九重好尚易偏頗。回思醴酒嘗忘設，不早知幾被譴訶。

《集義軒詠史詩鈔校證》卷八，第一冊，219 頁

詠史·申公　　　　　（清）孫國楨

直將曲學戒公孫，後世皆知儒術尊。莫誚暮年猶應聘，老成未謝典型存。

《愚軒詩鈔》卷下，《清代詩文集彙編》741 冊，358 頁

兒　寬　　　　　　（清）羅惇衍

千乘人。武帝時，由博士歷官御史大夫，居位九年，卒官。

鴻儀振玉復鏘金，東嶽親隨警蹕臨。萬壽觴飛登帝陛，一篇書講重儒林。曾聞賃作窮經苦，且喜輪將被澤深。符瑞躬陳開詔附，愧非《大寶》獻規箴。

《集義軒詠史詩鈔校證》卷八，第一冊，226 頁

朱宮傅石君師出使示讀史詩，分詠《漢書》三十七首·兒寬　　（清）蔣　詩

兒寬師歐孔，帶經都養鋤。休息輒誦讀，學成為名儒。見上語經學，擢為中大夫。治民勸農桑，奏開六輔渠。水令廣溉田，假貸取稅租。泰岱頌功德，羽翼司馬書。厲志逝九閎，漢歷（曆）定《太初》。褚大議封禪，退服良非虛。

《榆西僊館初槀》卷三一，《清代詩文集彙編》488冊，462頁

讀《漢書》列傳雜詩·兒寬　　（清）梁章鉅

不善催科化已滂，早聞奏讞懾張湯。此才合與編《循吏》，枉奉東封萬歲觴。

《退菴詩存》卷四，《清代詩文集彙編》515冊，59頁

讀《漢書》有感·兒寬　　（清）吳翊寅

作奏原非俗吏知，通經致用始為奇。太平潤色多慚德，玉檢登封自制儀。

《曼陀羅花室詩》卷三，《清代詩文集彙編》776冊，645頁

河間懷古三首·毛博士萇　　（清）王軒

不敢天下先，卮言寓名理。退身意有為，豈與傳經比。《詩》有齊、魯、韓，爭鳴各一子。亨、萇《傳》獨異，教授初鄉里。晚出未風行，代興乃其始。亦如傳《麟經》，派別本五氏。鄒、夾舊無文，赤、高廟存耳。卓然素臣功，歷久推良史。迹熄家人言，聲銷王子醴。雅南洩元音，興觀發微恉。炳蔚尼山筆，刪餘出真是。濟南九十翁，偉并兩博士。

《樗經廬詩集》卷六，《續尤堂擬明史樂府》（外二種），189頁

丁寬《易》東《漢書·儒林傳》　　（清）田依渠

受《易》還鄉後，東方學著多。淵源知有自，那不憶田何。

《茹古山房讀史餘吟》卷一，《清代詩文集彙編》639冊，640頁

詞

八聲甘州·過鄒平謁伏生祠　　（清）孔傳鐸

滿咸陽、烈炬正焚書，先生似冥鴻。抱黃農虞夏，叢殘簡冊，長嘯清風。楚漢縱橫過了，鶴髮已蒙茸。不向桃源隱，只在寰中。　　他日遺經口授，與吾家藏壁，字字相同。笑空疏陸賈，草創叔孫通。數千年、遺風綿渺，剩荒祠、落日斷垣紅。有多少、行人錯問，何代仙翁。

《全清詞》順康卷補編第四冊，1941 頁

桃花水·董井　　（清）吳綺

在大東門外，兩淮運司廳後，即漢董仲舒宅也。廣川先生爲漢大儒，使終所用，必有可觀，惜其見忌當軸，遠置江都，此地址幸，先生之不幸也。賦〔桃花水〕。

天人曾獻漢庭書。共羨是醇儒。名爭重，遇偏疏。留號董江都。　　古甃傍桐除。總堪噓。銀牀苔鎖冷泉枯。爲誰歟。

《全清詞》順康卷補編第一冊，438 頁

念奴嬌·董子讀書臺　　（清）田同之

天人三策，並江河星日，流光無息。學不窺園人不見，傳得麐經一脈。兩相驕王，書疏教令，足證《春秋》筆。廣川人物，問他異代誰匹。　　今日董子書臺，寒煙蔓草，極目無陳迹。百二篇章堪指數，總是當時經術。永濟渠邊，平原嶺下，五字遺殘石。明築德州學宮，土人掘地得石，鑴"董子讀書臺"五字。千秋仰止，碩儒西漢之一。

《全清詞》雍乾卷第一冊，97 頁

滿江紅·董子祠　　（清）趙文哲

鬥鴨池荒，問帝子、繁華何在。書生老、巋然廟貌，翻留千載。廢井深沉埋古蘚，虛帷寂寞栖輕塵。似蝦蟇、陵下草青青，人爭拜。　　天人策，才無對。灾异奏，身幾殆。嘆賦成不遇，古今同慨。世上功名歸豕牧，朝端議論同蟬喝。只經過、客淚爲公揮，西風外。

《全清詞》雍乾卷第三冊，1488 頁

曲

〔南中呂駐雲飛〕（其五十三） （清）俞　越

洙泗儒宗，從祀諸賢西復東。漢代傳經重，宋後傳心眾。嗏，俎豆忒通融，宏開道統。寮也登堂，來享蒸豚奉，君不見兩廡尊嚴總是空。

《全清散曲》中册，1606 頁

酷吏列傳

詩

詠《酷吏列傳》

酷吏列傳 （唐）司馬貞

太上失德，法令滋起。破觚爲圓，禁暴不止。奸僞斯熾，慘酷爰始。乳獸揚威，蒼鷹側視。舞文巧詆，懷生何恃！

《史記索隱》卷三〇，488頁

讀《酷吏傳》 （明）王世貞

薦士如張史，忠言有郅都。兼聞尚廉儉，不肯學貪污。遺橐千金累，同時五族誅。溫舒今眼底，能逹漢廷無。

《弇州續稿》卷一二，《弇州四部稿》4冊，影印《明人文集叢刊》，149頁

讀《漢書》（其六） （清）吳存楷

董賢柱衣錦，鄧通銅鑄山。漢家自有制，去之良獨難。賣珠兒，事公主。偷桃兒，諫天子。殿前請斬空言耳，眼看侏儒飽欲死。何如司馬拜司徒，兄子立封諫大夫。

《硯壽堂詩鈔》卷二，《清代詩文集彙編》516冊，648頁

郅都蒼鷹《史記·酷吏傳》　　　　　　　　　　　（清）田依渠

王侯皆側目，痛恨屬斯民。《酷吏》龍門傳，誰為第一人。

《茹古山房讀史餘吟》卷一，《清代詩文集彙編》639冊，640頁

甯成乳虎《史記·酷吏傳》　　　　　　　　　　　（清）田依渠

非徒性若鷹，已是威如虎。比至滅其家，緣何不自主。

《茹古山房讀史餘吟》卷一，《清代詩文集彙編》639冊，640頁

杜周深刻《史記·酷吏傳》　　　　　　　　　　　（清）田依渠

不循三尺法，牙爪一身兼。酷甚溫舒等，龍門史筆嚴。

《茹古山房讀史餘吟》卷二，《清代詩文集彙編》639冊，649頁

義縱攻剽《史記·酷吏傳》　　　　　　　　　　　（清）田依渠

甘為攻剽事，義縱真無義。雖自滅蒼鷹，同焉作酷吏。

《茹古山房讀史餘吟》卷五，《清代詩文集彙編》639冊，662頁

周陽暴虐《史記·酷吏傳》　　　　　　　　　　　（清）田依渠

似此二千石，其惟太不良。他時雖棄市，暴虐可能償。

《茹古山房讀史餘吟》卷五，《清代詩文集彙編》639冊，662頁

趙禹廉倨《史記·酷吏傳》　　　　　　　　　　　（清）田依渠

居心刻以深，廉倨終不變。相善只張湯，同歸《酷吏傳》。

《茹古山房讀史餘吟》卷五，《清代詩文集彙編》639冊，665頁

讀《漢書》有感·徐樂、嚴安　　　　　　　　　　（清）吳翊寅

徐樂嚴安競上書，諸公經濟竟何如。至尊相見休嫌晚，只恐文章屬子虛。

《曼陀羅花室詩》卷三，《清代詩文集彙編》776冊，645頁

張湯巧詆 《史記·酷吏傳》　　　　　　　　　　（清）田依渠

兒時斷鼠獄，便具舞交意。殘刻是初心，故應為酷吏。

《茹古山房讀史餘吟》卷二，《清代詩文集彙編》639冊，649頁

磔鼠獄　　　　　　　　　　　　　　　　　　（清）皮錫瑞

張家小兒善磔鼠，漢家臣民淚如雨。淮南雞犬皆鋤除，嚴助鼠輩何足誅。宥三殺三上下手，愚儒斷頭如鼠首。酷刑橫斂咸指湯，求雨何必烹宏（弘）羊？身夷人，身亦死。殺湯者，三長史。七葉珥貂盛無比，人之小人天君子，無種長孺甕言耳。

《師伏堂詠史》，《清代詩文集彙編》772冊，312頁

詠郅都

雁門太守行

(明)王世貞

　　太史公傳《酷吏》，吾獨取郅都。都公廉忠信，而不得免坐臨江王冤死耳。夫臨江王，故皇太子也。都以景帝多猜疑，其臣即予紙筆上書。而上切責以囚安得上書，誰與紙筆者？且及我在而貳其心，為異日地，故禁弗予。而王得之，魏其侯乃自殺矣。都亦不得為無罪，第不可遽坐之酷耳。至其面止上搏熊而救賈姬，揖丞相條侯，豈齷齪寧成、義縱伍。都為雁門太守，匈奴畏之不敢近邊者，終其身，至為偶人象都，縱騎馳射莫能中，其見憚如此。嗟嗟！豈易言哉！

　　太守未行屯，與敵共雁門。雁門得太守，始復為漢有。太守來匈奴，走碧眼番兒。射雕手目瞑，舌噤畏木偶。臨江死太守，生長信宮中。氣未平，太守死。單于喜，未央宮。中上拊髀，曷不早赦。臨江王孝子，忠臣兩無傷。

《弇州續稿》卷二，《弇州四部稿》第四冊，影印《明人文集叢刊》，17頁

詠張湯

張湯治獄,皆窮根本,上欲釋嚴助、伍被,
　湯曰:弗誅,後不可治。巧排大臣,
　益見尊任,後以懷詐面欺,上使使簿責湯,
　　湯為書謝,遂自殺　　　　　　　（宋）袁說友

最是慈祥日,為臣慘刻聞。彎弓屠善類,刺骨見深文。流毒嗟苛吏,傷恩負此君。不知慚簿責,一死尚何云。

《全宋詩》卷二五七九,48冊,29926頁

張湯、公孫弘（四首）　　　　　　　　（宋）陳　普

張湯絕似公孫子,一樣奴顏裏禍心。不賴汲生如日月,漢廷誰與破幽陰。
漢武、秦皇代有儔,奸人常緩釣魚鈎。公孫不但能牽縱,巧計猶工毒上流。
茂材異等竟無聞,教耨明耕却有人。能旱能風須記取,漢家元氣太宗仁。
漢朝獨有舒與黯,何物梟心欲食之。《六經》千載無生氣,斷自齊人作相時。

《全宋詩》卷三六五〇,69冊,43804頁

詠史舊題（其一）　　　　　　　　　（元）唐　元

西都酷吏虎而冠,厭世張湯僅有棺。縱許杜周家鉅萬,青編遙夜幾人看。

《全元詩》第23冊,325頁

結襪子　　　　　　　　　　　　　（明）梁　寅

侃侃張廷尉,正言驚縉紳。結襪重王生,謙恭忘怒嗔。嗟彼一庸士,何能佐經綸。徒沽下士名,焉分琳與瑤。所以魯連子,辭金寧賤貧。高論服卿相,奚論情相親。

《新喻梁石門先生集》卷四,692頁

車中雜憶古人，作五六七言詩·張湯　　（清）袁　枚

文深為太府，比例自宸衷。最是張湯輩，公廉有素風。

《小倉山房詩集》卷八，《小倉山房詩文集》第一冊，179頁

張　湯　　（清）謝啟昆

諸公造請譽殷勤，奏事君前日易曛。磔鼠爰書驚老吏，侵漁律法用深文。斬頭博士忠誰辨，摩足中丞詐易分。刀筆合謀三長史，子能幹蠱尚憐君。

《樹經堂詠史詩》卷一，影印《續修四庫全書》1458冊，514頁

張　湯　　（清）羅惇衍

杜陵人。武帝時，為茂陵尉，補侍御史，遷太中大夫，為廷尉，進御史大夫。七歲而敗。

武帝雄猜資定令，高皇約束務紛更。鹿皮上幣朝臣窘，鼠肉爰書獄吏驚。穿設自招三長史，障乘可惜一儒生。推賢揚善雖昌後，巧詆深文實敗名。

《集義軒詠史詩鈔校證》卷七，第一冊，207頁

讀《漢書》列傳雜詩·張湯　　（清）梁章鉅

旰食恩將巧詆酬，鄆間易斷狄山頭。故人已愧逢田甲，錯怨區區長史謀。

《退菴詩存》卷四，《清代詩文集彙編》515冊，59頁

讀《漢書》有感·張湯　　（清）吳翊寅

兒時磔鼠具爰書，老吏深文愧不如。聞說至尊忘旰食，豈容姦猾共侵漁。

《曼陀羅花室詩》卷三，《清代詩文集彙編》776冊，645頁

詠朱買臣

覽朱買臣卷　　　　　　　　　　　　　　　　　　（宋）胡　宿

烏巷名生卓不群，階庭相伴玉枝薰。天邊禁樹開龍鳳，筆下清才墜鳥雲。三級火雷何日化，一堂金竹此時聞。牛心割炙探來嚼，爭得英瑤去報君。

《全宋詩》卷一八五，4冊，2093頁

羞墓詩　　　　　　　　　　　　　　　　　　　　（宋）周　邠

當年一棄會稽侯，大墓煙蕪鎖別愁。惆悵不逢郎衣錦，至今粉骨尚含羞。

《全宋詩》卷七二六，12冊，8405頁

懷　古　　　　　　　　　　　　　　　　　　　　（宋）呂本中

買臣負薪行且歌，其妻羞縮悲蹉跎。季子歸佩六相印，骨肉歆羨緣金多。人生窮達等幻滅，貧賤何憂貴何悅。爭如饑采首陽薇，不慕皋、夔希稷、契。貪功徇名世莫嗤，拖金曳紫同兒嬉。一朝禍至幾發冢，却思衣布丹徒時。丹徒風月依然好，爾自升沈委荒草。草長木拱荒煙寒，此恨年年向誰道。

《全宋詩》卷一六二四，28冊，18231頁

朱買臣廟　　　　　　　　　　　　　　　　　　　（宋）劉克莊

翁子平生最苦貧，晚將丹頸博朱輪。老儒五十無章綬，歸去何妨且負薪。

《全宋詩》卷三〇四〇，58冊，36283頁

羞　墓　　　　　　　　　　　　　　　　　　　　（宋）林景熙

朱買臣妻墓也，在嘉興北七里。

遠望車塵汗雨流，自知覆水已難收。為君富貴妾羞死，富貴如君不自羞。

《全宋詩》卷三六三二，69冊，43505頁

朱買臣 　　　　　　　　　　　　　　　　　　　　　（元）徐　鈞

長歌負擔久栖栖，一旦高車守會稽。衣錦還鄉成底事，只將富貴耀前妻。

《全元詩》第 7 册，287 頁

詠朱買臣、嚴子陵(其一) 　　　　　　　　　　　　　（元）方　夔

郡人有朱買臣、嚴子陵。按史傳，買臣吴人，嘗出為會稽太守，名曰鄉郡。會稽，蓋今兩浙之地，吾郡特以去州二十里，曰朱池，為買臣昔居之地，難以考見其實。子陵晚耕於富春山中，則今釣臺是也。二公出處不同，心事亦異，姑以其同為郡人，各賦一首，使九原有作，不恨來者之不我知也。

魯不識仲尼，妄謂東家氏。知音古為難，而況諧俗耳。寒松翳遺貌，吊古獨倚徙。歌聲餘老樵，昔居竟誰是。當年翁子貧，賣薪沽酒市。一朝入漢庭，歘作青雲士。出領虎符貴，牛酒賀閭里。邸間綬若若，差排庭中吏。旁人自送迎，我亦附長史。片言負茂陵，奇禍竟博死。窮通有定分，何足計戚喜。豆羹輒動色，未可欺妻子。阿婦非棄翁，頗亦窺見此。後車且恥載，誰肯並廟祀。

《全元詩》第 14 册，60 頁

《買臣讀書圖》 　　　　　　　　　　　　　　　　　（元）謝應芳

噫予會稽守，素行何卓絶。采樵工或餘，誦讀聲不輟。青柴擔頭春，赤腳林下雪。富貴知有時，妻子從改節。高風一如此，後世誰可埒。吾將訪遺蹤，更得探禹穴。

《全元詩》第 38 册，230 頁

題《朱買臣負薪讀書圖》 　　　　　　　　　　　　　（元）陳　基

我樵于山，我負于路。讀書自娛，匪皀伊暮。靡咈爾心，重失我度。我印既纍，我綬斯若。爾毋我尤，我不爾怍。彼美宋女，亦邈以遬。

《全元詩》第 55 册，240 頁

《買臣負薪圖》 　　　　　　　　　　　　　　　　　（元）貢性之

負薪日日不辭勞，儋在肩頭斧在腰。十載歸來憐去婦，至今羞過覆盆橋。

《全元詩》第 58 册，293 頁

題《買臣負薪圖》　　　　　　　　　　　　　　　　　　（元）呂　誠

會稽太守貧賤時，負薪行歌妻哂之。百年未滿決絕去，斷絃破鏡離鸞飛。五馬金鞍照流水，富貴歸來動鄉里。莫怨故人無古心，却視新夫羞欲死。落花離離辭故枝，浮雲去去無回期。結交義薄有如此，《柏舟》三復共姜詩。

《全元詩》第 60 册，442 頁

《買臣負薪圖》　　　　　　　　　　　　　　　　　　　（元）韓　奕

讀書須要去修身，縱在貧時亦感人。何事賢妻含怒去，孟光相敬却如賓。

《全元詩》第 64 册，263 頁

詠朱買臣　　　　　　　　　　　　　　　　　　　　　（元）趙由𡊁

擔樵結食行歌書，不治產業貧哉儒。妻羞求去翁笑謂，五十富貴當須吾。妻怒謂翁餓死耳，翻然見棄翁從渠。視彼王章真有愧，乃知世間賢婦絕少紛紛愚。上書長安嚴子薦，帝悅拜為中大夫。一朝富貴妻愧死，高車駟馬還官吳。有恩皆報快志願，故人召見良歡娛。受詔將兵復奮武，擊破東越功尤殊。九卿列位顯已足，於斯時退何榮如。孳孳貪進且不已，直待華髮身遭誅。翁子預知富貴固亦異，胡不預卜全其軀。當時貧賤思富貴，富貴不履危機絕世無。

《全元詩》第 65 册，162 頁

《買臣負薪圖》　　　　　　　　　　　　　　　　　　（明）商　輅

長林薄暮蒼煙起，石磴縈紆二三里。野人獨自負薪來，一曲商歌情曷已？敝裘百結苦不完，蕭蕭短髮披兩肩。男兒半百猶未遇，如此辛勤良可憐。一朝忽拜會稽守，佩得金章大如斗。丈夫事業豈尋常，富貴功名我須有。

《商輅集》卷一九，下册，392 頁

死亭灣　　　　　　　　　　　　　　　　　　　　　　（明）王　賓

關門西七里。朱買臣領部，道逢去妻並其夫，養之。妻慚，縊死。

春風綠岸綠楊垂，翁子乘軒到郡時。逢著故妻加館待，不思他怒去求離。

《吳中古跡詩》,《四庫全書存目叢書》集部 28 冊,233 頁

吳中懷古六首·漢朱買臣   (明)宋儀望

峨峨穹窿山,上有讀書臺。買臣昔未遇,沉冥棄塵埃。一朝奏辭賦,脫跡登華階。天子賜顏色,公卿盡傾懷。歸來守會稽,親舊相驚猜。舉手謝少年,貧賤寧足哀。

《華陽館詩集》卷二,《四庫全書存目叢書》集部 116 冊,508 頁

題雜畫(其十三)   (明)鄭文康

題古今雜畫詩頗多,悉棄弗錄,獨於史事用己意寓勸懲者存之,得十八首。

負擔行歌過古墳,故妻猶是飯王孫。他年一見呼同載,不念前情念後恩。

《平橋稿》卷三,影印文淵閣《四庫全書》1246 冊,546 頁

買臣負薪   (明)童 軒

生計蕭條一束薪,擔頭書卷久忘貧。却憐晝錦還鄉日,道上清除有故人。

《清風亭稿》卷八,影印文淵閣《四庫全書》1247 冊,175 頁

《負薪圖》   (明)龔 詡

會稽愚婦厭夫貧,辭去何曾愧失身。富貴自期年五十,買臣亦是一常人。

《野古集》卷下,影印文淵閣《四庫全書》1236 冊,313 頁

又(題畫)   (明)錢子正

不廢行吟復負薪,可憐愚婦苦無貧。誰知駟馬重來日,便是當年朱買臣。

《綠苔軒集》三,《三華集》卷三,影印文淵閣《四庫全書》1372 冊,61 頁

會 稽   (明)錢子義

朱買臣家貧,採樵自給,好讀書,負薪行誦于市,其妻以為慚而去之。後擢為本郡太守。武帝謂之曰:"富貴不歸故鄉,如衣繡夜行。"

野老相從說買臣,歸來五馬繡衣新。負薪行誦慙妻妾,尤勝墦間乞食人。

《續詠史詩》上,《種菊菴集》一,《三華集》卷七,影印文淵閣《四庫全書》1372 冊,91 頁

朱買臣墓

(明)姜埰

銀章青綬璽書懸,對策公車待詔前。掾吏爭除乘駟馬,越王轉戰出樓船。俳優訕難群工日,封禪誅夷武帝年。慚愧行歌呼飯飲,飢寒猶乞故妻憐。

《敬亭集》卷第三,158頁

過朱買臣墓

(清)吳偉業

在嘉興東塔雷音閣後,即廣福講院。

翁子窮經自不貧,會稽連守拜為真。是非雖免三長史,富貴徒誇一婦人。小吏張湯看踞傲,故交莊助歎沉淪。行年五十功名晚,何似空山長負薪。

《詩前集》一,《吳梅村全集》卷一,上冊,171頁

題畫五首,同吳賓賢汪舟次作·《朱買臣負薪》

(清)孫枝蔚

樹滿前山未是貧,歌聲一路駭行人。書生不解閨中意,笑說今朝灶有薪。

《溉堂前集》卷九,影印《溉堂集》上冊,454頁

朱買臣

(清)袁枚

采薪歌罷雪花飄,五十登朝氣轉豪。殺得張湯刀筆吏,一行功已敵蕭、曹。

《小倉山房詩集》卷八,《小倉山房詩文集》第一冊,306頁

朱翁子藏書廟 并序

(清)汪琬

俗傳買臣妻投水死,與《漢書》小異。今此地有朱氏,自言為買臣後。按:買臣子山拊官至右扶風,豈即故妻所出耶?抑非也?朱氏亦無知之者矣。又有讀書臺,在穹窿之麓,距廟可二里。

讀書幸屬承平時,能說《春秋》言《楚辭》。嚴、徐、枚、馬略相等,何意聯翩白玉墀。向來落魄栖巖谷,束屬腰鐮取書讀。閨中少婦不知我,任采蘼蕪春草綠。丈夫變化搏長風,不用為蛇用則龍。金章紫綬成底物,徑須圖畫甘泉宮。此君讀書為何事,但作區區衣繡計。驚走俗吏驕故妻,五十之年直兒戲。

《鈍翁前後類稿》卷一二上,《汪琬全集箋校》第一冊,368頁

朱買臣　　　　　　　　　　　　　　　　　　　　　　　（清）羅惇衍

字翁子，吳人。武帝時，歷官會稽太守，後遷丞相長史。以陷張湯故，見誅。

四旬束擔尚栖栖，太守居然領會稽。艾綬影從懷裏露，樵歌聲憶市中低。功名未見酬明主，富貴空聞傲故妻。衣繡還鄉今莫羨，炎涼俗眼易沈迷。

《集義軒詠史詩鈔校證》卷九，第一冊，244頁

朱買臣　　　　　　　　　　　　　　　　　　　　　　　（清）王廷紹

書卷長隨束擔行，山妻不耐聽歌聲。四旬忽去途中耦，一飯甯忘塚上情。車騎氣豪樵子怪，炎涼態偪故人輕。負薪未必遭陵折，莫怨張湯面目更。

《澹香齋詩草》卷二，《清代詩文集彙編》472冊，344頁

朱買臣　　　　　　　　　　　　　　　　　　　　　　　（清）鮑桂星

待詔公然領會稽，爭迎馴馬浙東西。故鄉衣繡從來少，橫海登壇竟與齊。車上五旬新郡守，塚間一飯舊山妻。載歸園舍恩非薄，應悔歌聲激勃雞。

《覺生詠史詩鈔》卷一，《清代詩文集彙編》476冊，471頁

負薪歌　　　　　　　　　　　　　　　　　　　　　　　（清）吳名鳳

買臣負薪行且歌，妻堅求去羞若何。呼飯飲之情尚多，買臣歸鄉乃衣繡。印章寶為會稽守，故妻載歸仍念舊。吁嗟乎！貧不下機貴側目，髮妻尚如手反覆，世態炎涼夢誰覺。

《竹庵詩鈔》卷五，《清代詩文集彙編》487冊，115頁

讀《漢書》列傳雜詩·朱買臣　　　　　　　　　　　　（清）梁章鉅

遲暮功名不自疑，泉山徼得戰功奇。邸中見綬風斯下，況復甘心鷸蚌持。

《退菴詩存》卷四，《清代詩文集彙編》515冊，60頁

朱買臣　　　　　　　　　　　　　　　　　　　　　　　（清）張　澍

獨自行歌落日低，買臣無計戀山妻。錦衣偕郡園中餉，紈扇貽朋舊日題。恩怨交縈

水炭置,功名相軋鬼神迷。莫攖丞相機權甚,死後猶能陷會稽。

《養素堂詩集》卷二五,《清代詩文集彙編》536 冊,273 頁

買妻恥醮《漢書》　　　　　　　　　　（清）田依渠

覆水最難收,前妻死亦羞。負薪纔幾日,何事不能留。

《茹古山房讀史餘吟》卷三,《清代詩文集彙編》639 冊,651 頁

朱買臣　　　　　　　　　　　　　　（清）秦　煥

敝裘歸去笑蘇秦,嫂不為炊妻怒瞋。我道窮途能奮志,當時賴有下堂人。

《劍虹居詩集》卷下,《清代詩文集彙編》675 冊,197 頁

讀《漢書》有感·朱買臣　　　　　　　（清）吳翊寅

擔薪吳市聽行歌,郡邸驚看太守過。趨走莫輕刀筆吏,恩讎報復故人多。

《曼陀羅花室詩》卷三,《清代詩文集彙編》776 冊,645 頁

會稽二太守　　　　　　　　　　　　（清）吳　鎮

會稽守,朱與莊。晝錦遊,俱故鄉。

《松花庵韻史》,《四庫未收書輯刊》拾輯 24 冊,257 頁

詠嚴助

嚴　　助　　　　　　　　　　　　　　　　（清）袁　枚

嚴助當年上大夫，張湯小吏沒階趨。今朝湯貴看嚴拜，勉強人前手一扶。

《小倉山房詩集》卷一，《小倉山房詩文集》第一冊，86 頁

讀《漢書》列傳雜詩·嚴助　　　　　　　　（清）梁章鉅

淮南使者厭承明，鄉里恩讐太不平。鼠獄終遭廷尉刻，虎符空發會稽兵。

《退菴詩存》卷四，《清代詩文集彙編》515 冊，60 頁

讀《漢書》有感·嚴助　　　　　　　　　　（清）吳翊寅

久侍承明厭直廬，橐中尚有越裝無。淮南底事深相結，一例難寬伍被誅。

《曼陀羅花室詩》卷三，《清代詩文集彙編》776 冊，645 頁

讀史六言絕句，效梅村體(其二)　　　　　　（清）張寶森

買臣五十作守，伏生九袠窮經。薑桂性老愈辣，蒲柳望秋先零。

《悔庵詩存》卷上，《清代詩文集彙編》768 冊，625 頁

詞

前調（瑞鶴仙）·和赤豹吊朱買臣，墓在福城寺中 （清）曹　溶

問泉臺俊杰。曾掉下書囊，橫飛金闕。歸來便華髮。況歷殘唐宋，幾朝煙月。蒼鬆叠雪。是樵斤、留餘枝葉。踏荒丘、三五僧雛，又見晚鐘明滅。　　傷別。羅裙迎馬，玉鏡分鸞，那堪重説。陰風悽切。孤眠處，盡嗚咽。想當時艷説，還鄉富貴，不道浮榮易歇。只稽山、遠作豐碑，宛然漢物。

《全清詞》順康卷第二冊，834 頁

曲

〔正宮〕鸚鵡曲·《買臣負薪》手卷　　（元）馮子振

赭肩腰斧登山住。耐得苦是采薪父。亂雲升急澍飛來。拗青松遮風雨。【幺】記年時雪斷溪橋。脫度前灣歸去。買臣妻富貴休休。氣焰到寒灰舞處。

《全元散曲》上冊，349頁

〔北中呂朝天子〕《買臣圖》　　（明）無名氏

買臣在困窘。守虀鹽負薪。當日有誰愀問。斧頭擔上度年春。難出恓惶運。藜藿隨時。寧心甘分。由山妻別嫁人。五旬。面君。平地春雷信。

《全明散曲》第四冊，4785頁

大宛列傳

詩

詠《大宛列傳》

大宛列傳　　　　　　　　　　　　　　　　　（唐）司馬貞

大宛之跡，元因博望。始究河源，旋窺海上。條支西入，天馬內向。蔥嶺無塵，鹽池息浪。曠哉絕域，往往亭障。

《史記索隱》卷三〇，488頁

天　馬　　　　　　　　　　　　　　　　　　（明）李夢陽

天馬從西來，汗血何歷歷。天子顧之笑，置在黃金櫪。嗚呼神駿骨，草豆日蕭瑟。瘦骼突碑兀，銜轡挂在壁。白日涕至地，青雲志拋擲。朝望碣石津，夕盼流沙磧。猶能肆橫行，倘君賜鞭策。

《李夢陽集校箋》卷一五，第二冊，383頁

大宛馬《前漢書》　　　　　　　　　　　　　　（清）陳啟疇

李廣利女弟李夫人有寵，太初元年，以廣利為二師將軍，至二師城取善馬。後攻城不下，求罷兵，不許。因再圍宛城，宛困甚，因共殺王，而出善馬。軍還，封廣利海西侯。

匿善馬，王母寡，攫財物，殺使者。將軍攻城城不下，六萬軍士屯敦煌。夫別妻兮兒別孃，朔風吹血灑戰場。玉門但見千乘黃，賤人貴畜豈得已，紅顏一笑天顏喜。

《詠史擬古樂府》卷上,《清代詩文集彙編》450 冊,156 頁

讀《漢書》有感·張騫   （清）吴翊寅

徒聞鑿空向蠻夷,要領安能得月氏。西望玉門亭鄣遠,拓疆今又過滇池。

《曼陀羅花室詩》卷三,《清代詩文集彙編》776 冊,645 頁

讀《漢書》有感·李廣利   （清）吴翊寅

漢使遮留阻玉關,敦煌不見貳師還。大宛天馬今無種,苜蓿秋肥長滿山。

《曼陀羅花室詩》卷三,《清代詩文集彙編》776 冊,645 頁

詠張騫

入　關　　　　　　　　　　　　　（南朝梁）吳　均

羽檄起邊庭，烽火亂如螢。是時張博望，夜赴交河城。馬頭要落日，劍尾掣流星。君恩未得報，何論身命傾。

《梁詩》卷一〇，《先秦漢魏晉南北朝詩》中冊，1720 頁

覽《張騫傳》　　　　　　　　　　（唐）邵　謁

採藥不得根，尋河不得源。此時虛白首，徒感武皇恩。桑田未聞改，日月曾幾昏。仙骨若求得，壠頭無新墳。不見杜陵草，至今空自繁。

《全唐詩》卷六〇五，18 冊，6996 頁

博望侯墓　　　　　　　　　　　　（宋）張　俞

九譯使車通，君王悅戰鋒。爭殘四夷國，只在一枝筇。

《全宋詩》卷四四二，7 冊，4717 頁

張騫冢祠　　　　　　　　　　　　（宋）文　同

一日災冢。

中梁山麓漢水濱，路側有墓高嶙峋。叢祠蓊蔚蔽野霧，榜曰"博望侯之神"。當年寶幣走絕域，此日雞豚邀小民。君不見武帝甘心事遠略，靡壞財力由斯人。

《全宋詩》卷四四三，8 冊，5395 頁

張　騫　　　　　　　　　　　　　（宋）陳　普

風沙霜雪十三年，城郭山川萬二千。漢馬死亡宛馬到，萬人怨怒一人憐。

《全宋詩》卷三六五〇，69 冊，43804 頁

題《張騫乘槎圖》　　　　　　　　　　（元）胡祗遹

奉使西夷二十年，同行三百一身全。期君事遠無窮罪，又作茲行欲詆天。

《全元詩》第 7 冊，179 頁

《張騫乘槎圖》　　　　　　　　　　（元）戴表元

數尺枯槎底易騎，海風吹浪白瀰瀰。如今市上君平少，曾到天河也不知。

《全元詩》第 12 冊，162 頁

張騫乘槎　　　　　　　　　　（元）尹廷高

仙槎正落斗牛間，散髮中流意自閑。却被君平開口笑，水窮山盡不知還。

《全元詩》第 14 冊，9 頁

題《張騫乘槎圖》　　　　　　　　　　（元）陳義高

雪湧銀濤八月秋，風吹巾袂興悠悠。坐來蓬島千年樹，穩勝蓮花一葉舟。星照橫機問織女，月明清渚立牽牛。偶然得石歸來後，却厭金章萬戶侯。

《全元詩》第 18 冊，57 頁

《張騫乘槎圖》　　　　　　　　　　（元）許有壬

世言天河與海通，浮槎歲來秋適中。有人好奇贏糧從，源幾萬里吾其窮。城郭何地倏此逢，雲煙宮室相冥濛。見美而織雲鬢鬆，西有癡絕牽牛翁。問之蜀嚴能識儂，又言張騫昔使戎。乘此直泝崑侖東，得石歸可夸兒童。曼倩侮世如瞽聾，君平更躡虛無蹤。茂陵方急開邊功，抵蠣宜得博望封。昔躬所無後乃叢，豈非致此由鑿空。稗官之靡棟漫充，千年孰抑荒唐風。流傳幾時到畫工，鉦可喻日聲非容。酒多且旨殽且豐，萬事不用研初終，安得畢卓吾將同。

《全元詩》第 34 冊，233 頁

《張騫出使圖》　　　　　　　　　　（元）凌雲翰

漫從西域度流沙，八月虛回奉使槎。天上白榆那可摘，歸時只得帶榴花。

《全元詩》第 62 冊，336 頁

題白描人物四幀·又《張騫》　　　　　　　　　　（明）張　適

偶爾泛枯槎，直抵霄漢上。名姓著月氏，茲遊亦云壯。

《江行集》卷五，《四庫全書存目叢書》集部 25 册，336 頁

題《太乙張騫圖》　　　　　　　　　　（明）胡　奎

太乙真人坐蓮葉，大宛使者泛靈槎。偶向天河一相見，直到牽牛織女家。

《胡奎詩集》卷五，408 頁

城固張騫　　　　　　　　　　（明）李廷訓

靈槎萬里上天還，博望遨游牛斗間。堪笑虎頭班定遠，惟思生入玉門關。

《醴雞吟》卷一一，《陝西古代文獻集成》第 10 輯，442 頁

《張騫乘槎圖》　　　　　　　　　　（明）張　琦

槎木古苔青，禦風來翠溟。人間試借問，織女是何星。

《白齋先生詩集》卷一，《四庫全書存目叢書》集部 52 册，17 頁

題《泛槎圖》　　　　　　　　　　（明）楊　溥

銀河耿耿泛清秋，何人乘槎萬里遊。君平假卜談至理，肯謂客星犯斗牛。往事悠悠幾千載，東君雅趣雲霄外。高堂明月夜揚輝，彷彿神遊過瀛海。

《楊文定公詩集》卷三，《續修四庫全書》集部 1326 册，491 頁

題雜畫(其八)　　　　　　　　　　（明）鄭文康

題古今雜畫詩頗多，悉棄弗錄，獨於史事用己意寓勸懲者存之，得十八首。

史傳荒唐怪事多，乘槎那得上天河。不知織女支機石，遺落人間竟若何。

《平橋稿》卷三，影印文淵閣《四庫全書》1246 册，545 頁

讀《張騫傳》　　　　　　　　　　（明）鄭文康

漢家西域是誰開，博望功成事可哀。斷送壯夫知幾許，換將胡物過東來。

《平橋稿》卷三，影印文淵閣《四庫全書》1246 册，549 頁

張　騫　　　　　　　　　　　　　　　　　　　　　　（清）謝啟昆

博望初乘貫月槎，龍庭萬里欲為家。玉門以外安亭障，金馬從西致渥洼。鑿空安能得要領，開邊不異控褒斜。《輪臺詔》下陳哀痛，上苑猶栽苜蓿花。

《樹經堂詠史詩》卷一，影印《續修四庫全書》1458 冊，514 頁

張　騫　　　　　　　　　　　　　　　　　　　　　　（清）羅惇衍

漢中人。武帝時，歷官校尉，奉使西北國十三年，以功封博望侯。後免。復拜大行。

雲山鑿空客天涯，萬里星河八月槎。宛使城椎金馬去，貳師軍被玉門遮。身開邊禍應無後，婦娶殊方已有家。漢武君臣真好事，千秋白骨委龍沙。

《集義軒詠史詩鈔校證》卷八，第一冊，225 頁

張　騫　　　　　　　　　　　　　　　　　　　　　　（清）王廷紹

宛馬名高漢拓邊，單于偏困使臣騫。心枯博望墩前草，目斷祁連界外天。楊柳關開胡婦悴，葡萄酒熟健兒顛。後來麟閣曾無分，為比蘇卿少六年。

《澹香齋詩草》卷二，《清代詩文集彙編》472 冊，343 頁

張　騫　　　　　　　　　　　　　　　　　　　　　　（清）鮑桂星

昆侖西望接天高，萬里乘槎氣獨豪。金絡馬來隨苜宿，玉關人入醉葡萄。烏孫自倚和親策，漢使寧辭鑿空勞。須識河源今更遠，先皇曾為灑丹毫。

《覺生詠史詩鈔》卷一，《清代詩文集彙編》476 冊，471 頁

張　騫　　　　　　　　　　　　　　　　　　　　　　（清）張　澍

貫月沓回使者騫，輪臺萬里日開邊。塞鴻饑叫焉支領，胡馬驕嘶苜蓿天。筇竹攜來經大夏，葡萄飲醉度居延。出關尚作西方志，為問甘英幾輩旋。

《養素堂詩集》卷二五，《清代詩文集彙編》536 冊，272 頁

博望尋河　《漢書》　　　　　　　　　　　　　　　　　（清）田依渠

出使多年客，名傳博望侯。河源尋不到，再去問牽牛。

《茹古山房讀史餘吟》卷一，《清代詩文集彙編》639 冊，640 頁

詠李廣利

題《李廣利伐宛圖》　　　　　　　　　　　　（明）宋　濂

貳師城頭沙浩浩,貳師城下多白草。六千鐵騎隨將軍,風勁馬鳴高入雲。師行千里不畏苦,戰士難教食黃土。上書天子引兵還,使者持刀遮玉關。烏孫輪臺善窺伺,宛若不降輕漢使。璽書昨夜下敦煌,太白高高正吐芒。戍甲重徵十八萬,居延少年最翹健。殺氣漫漫日月昏,邊塵冉冉旌旗亂。水工決水未絕流,旂竿已揭宛王頭。執驅校尉青狐裘,牝牡三千聚若丘。惜哉五原白日晚,郅居水急遊魂返。

《蘿山詩集》五,《宋濂全集》卷一〇三,第四冊,2419頁

李廣利　　　　　　　　　　　　　　　　　（清）羅惇衍

中山人。武帝時,為貳師將軍,封海西侯。後兵敗,降匈奴,為單于所殺。

欲求善馬伐宛勞,忽湧飛泉刺佩刀。金塄群空隨苜蓿,玉門軍入醉葡萄。《輪臺》下詔還嫌晚,幕府論功強使高。既喜渥洼神駿出,何須西極擁征旄。

《集義軒詠史詩鈔校證》卷九,第一冊,241頁

詞

漁家傲·咏古
（清）傅占衡

蒲類海邊懸鼓纛。鷄鳴吏士銜枚了。葱嶺雪飛吹白草。傳密詔。馳刑義從冲晨到。誓使河西無寇盜。漢家萬里行亭徼。三十六人臣已老。聞有勞。射聲校尉陽關道。

《全清詞》順康卷第一冊，358 頁

八聲甘州·博望驛
（清）王時翔

記乘槎、有客建奇謀，一劍竟孤游。致葡萄天馬，來從萬裏，換取封侯。漢骨如霜山積，安用月支頭。直待輪臺詔，金甲初收。　博望舊城何處，只三間頹廨，改作官郵。笑郎當過客，懷古悵悠悠。步躊躇、空庭蕭寂，任哀蟬、吟占綠槐秋。摩雙眼、夕陽低處，忽入邊愁。

《全清詞》雍乾卷第一冊，61 頁

遊俠列傳

詩

詠《遊俠列傳》

遊俠列傳 （唐）司馬貞

遊俠豪倨，藉藉有聲。權行州里，力折公卿。朱家脫季，劇孟定傾。急人之難，免讎於更。偉哉翁伯，人貌榮名。

《史記索隱》卷三〇，489 頁

俠　客 （明）唐　寅

俠客重功名，西北請專征。慣戰弓刀捷，酬知性命輕。孟公好驚坐，郭能始橫行。將相李都尉，一夜出平城。

《唐伯虎全集》卷一，13 頁

八客詠·俠客 有序 （明）孫　樓

周之喪，天下之士出於客，而客之類又有八焉，律以古，悉敝民也，作《八客詠》。

玉勒紫騮嘶，青樓赴夜期。叵羅醉公子，絛脫賞妖姬。一語譥鬚根，千金諾不移。朱門輒馳入，七貴總新知。

《孫百川先生文集》卷一一，《四庫全書存目叢書》集部第 112 冊，708 頁

懷俠行

(明)王　寅

君不見平原、信陵兩公子,折節輕財能禮士。趙、魏封疆自此尊,秦、楚之強何足倚。又不見朱家、劇孟起閭間,聞名歸者如歸市。借軀重諾急孤窮,報讎讓德真遺屣。為俠孰易其孰難,公子寧當布衣比。予生本腐儒,抱氣多憤怒,世路胝不平,出門向誰訴,常懷古俠布衣人。匕首時逢夢裏親,牽衣一問當年事,覺後徒勞轉愴神。

《十岳山人詩集》卷一,《四庫全書存目叢書》集部79冊,146頁

咏古七首(其六)

(清)汪　琬

朱家活季布,名迹孰與儔?能令關東士,緩急皆見投。鄙哉樓君卿,僅推脣舌優。一承權門橛,行路視交游。執縛故人子,不待破柱搜。平生飾氣節,所志但封侯。攫名長安市,辟若雞狗媮。以此廁游俠,徒為鄉曲羞。

《鈍翁前後類稿》卷二,《汪琬全集箋校》第一冊,44頁

詠劇孟

逢俠者　　　　　　　　　　　　　　　　（唐）錢　起

燕、趙悲歌士,相逢劇孟家。寸心言不盡,前路日將斜。

《全唐詩》卷二三九,8 冊,2683 頁

劇　孟　　　　　　　　　　　　　　　　（宋）張方平

人物無重輕,廟朝有失得。世平徒匹夫,時搖一敵國。奸雄望風塵,冠劍動慚色。治庭不論功,聲名輝典策。

《全宋詩》卷三○六,6 冊,3838 頁

劇　孟　　　　　　　　　　　　　　　　（宋）劉克莊

向令從七國,是自列陪臣。太尉空稱賞,非知劇孟人。

《全宋詩》卷三○四七,58 冊,36337 頁

夢謁劇孟、平原君墓,覺後有感　　　　　　（明）朱察卿

英魂何處埋秋草,月白三更入夢來。最愛博徒能好客,誰知公子獨憐才。神交直訝人千古,俠氣空膽土□□。記得墓門長跪後,袖沾新碧汗莓苔。

《朱邦憲集》卷三,《四庫全書存目叢書》集部 145 冊,618 頁

手抄《西漢·十九傳》,示子登·劇孟　　　　（明）茅元儀

劇孟一博徒,獨掛條侯意。罔笑牧豬奴,中有吳、楚事。

《石民橫塘集》卷一○,《四庫禁毀書叢刊》集部 110 冊,280 頁

詠史八首（其六）　　　　　　　　　　　　（明）陳子龍

季心方任俠,意氣蓋關中。將軍得劇孟,宛若敵國空。匹夫尚奇節,可以驚王公。心

期苟相許,萬里安足窮?施人若負愧,解紛不稱功。儒生徒區區,慚此烈士風。

《陳子龍詩集》卷五,上冊,124 頁

劇 孟 (清)羅惇衍

洛陽人。景帝時,與薛況、寒孺皆以俠顯。

霹靂師行據上游,河南大俠喜新收。薛、寒氣儔人豪侶,吳、楚聲高敵國秋。會葬車饒千乘送,遺財金乏一囊留。少年好博非耽酒,驚座陳遵得似不。

《集義軒詠史詩鈔校證》卷七,第一冊,200 頁

劇孟一敵 《史記‧遊俠傳》 (清)田依渠

敵國爭先得,條侯喜不勝。為言吳、楚事,舍此總無憑。

《茹古山房讀史餘吟》卷一,《清代詩文集彙編》639 冊,641 頁

詠郭解

郭解　　　　　　　　　　　　　　　　　　　　（宋）王安石

藉交唯有不貲恩,漢法歸成棄市論。平日五陵多任俠,可能推刃報王孫。

《全宋詩》卷五七一,10冊,6739頁

覽古四十二首(其十一)　　　　　　　　　　　（元）楊維楨

郭解本大俠,睚眦殺人威。當其出邑屋,獨不殺倨夷。屬吏脫踐吏,卒感肉袒來。此事實近道,可以俠少之?

《全元詩》第39冊,65頁

手抄《西漢·十九傳》示子登·郭解　　　　　（明）茅元儀

漢武惡輕俠,衛、霍遂改節。猶向至尊前,為解一掉舌。

《石民橫塘集》卷一〇,《四庫禁毀書叢刊》集部110冊,280頁

郭解　　　　　　　　　　　　　　　　　　　　（清）羅惇衍

字翁伯,河內軹人。屢以俠犯法殺人。武帝用丞相公孫宏(弘)議,族之。

鑄錢掘冢縱忘軀,不報儒生豈濫誅。勢敵王侯出韋布,權行州里勝矛弧。籍翁身為藏亡累,楊掾頭憐舉徙無。盛世姦民衰世傑,龍門立傳幾嗟吁。

《集義軒詠史詩鈔校證》卷九,第一冊,243頁

郭解借交《史記·遊俠傳》　　　　　　　　　（清）田依渠

結客多亡命,長思報父仇。他年能折節,頗少舊交遊。

《茹古山房讀史餘吟》卷四,《清代詩文集彙編》639冊,657頁

詠朱家

魯朱家行 　　　　　　　　　　　　　　　　　　　　　(明)王世貞

太史公《遊俠傳》，其在戰國者，皆別見之所著，魯朱家以下不數人，而獨朱家最賢，其巧喻奇舉，善藏不伐，大指出魯仲連而卒能自保，臑下田仲、劇孟稍祖述之，郭解翁伯不盡得其意，而加以陰賊。行之平世，宜其及也。

朱家昔在漢，與高帝同世。為俠不沾沾，中心實自喜。藏活豪賢以百數，餘人不勝紀。斥買十鉗奴，中有季將軍。畫策謁滕公，上為赦其罪。得復拜郎中，將軍既尊貴。若遺忘故恩，朱家終身不相見，亦不復自言。將軍與弟心，共乃師其意。一勇一諾聞，諾者至死長負愧。俠兒有田孫有劇，任俠不已郭翁伯，嗟嗟臂斷族亦赤。

《弇州續稿》卷二，《弇州四部稿》第四冊，影印《明人文集叢刊》，16 頁

手抄《西漢‧十九傳》示子登‧朱家 　　　　　　　(明)茅元儀

魯人重儒教，孰肯乘軥牛。豪士活百人，季布安足遊。

《石民橫塘集》卷一〇，《四庫禁毀書叢刊》集部 110 冊，280 頁

朱家脫急 《史記‧遊俠傳》 　　　　　　　　　　　　(清)田依渠

能脫鉗奴厄，朱家自豪俠。關東客往來，那不願交結。

《茹古山房讀史餘吟》卷四，《清代詩文集彙編》639 冊，657 頁

曲

〔南中呂駐雲飛〕(之二十八)　　　　　　　　（清）俞　越

劍氣成虹，郭解、朱家蓋代雄。揮手千金共，杯酒頭顱送。嗏，松柏起悲風，平陵一慟。趙放張回，名姓無人誦，君不見遊俠之雄總是空。

《全清散曲》中冊，1603 頁

佞幸列傳

詩

詠《佞幸列傳》

佞倖列傳 （唐）司馬貞

《傳》稱令色,《詩》刺巧言。冠鵕入侍,傅粉承恩。黃頭賜蜀,宦者同軒。新聲都尉,挾彈王孫。泣魚竊駕,著自前論。

《史記索隱》卷三〇,489 頁

詠鄧通

鄧通銅山《史記·佞幸傳》　　　　　　　　　　（清）田依渠

不道賜銅山,仍當貧餓死。君王雖有權,其耐命如此。

《茹古山房讀史餘吟》卷三,《清代詩文集彙編》639 冊,652 頁

讀史樂府·鄧通錢　　　　　　　　　　（清）趙紹祖

黃頭兒郎衣後穿,手推天子上青天。銅山千里富獨專,銅山不窮雪山倒,至死不得名一錢。始知天子雖崇隆,不能救此餓死翁,縱欲造命無天工,君不見鄧通。

汪醒弇曰:"峭極"。

《琴士詩鈔》卷一,《清代詩文集彙編》432 冊,645 頁

殿上戲　　　　　　　　　　（清）吳名鳳

君愛臣,富貴之高帝朝廷,尊小臣,殿上戲為檄召通。通當斬,頓首幾無容身地。吾弄臣,君釋之,禮固尊朝廷。恩難割衽席,持節召通。通飲泣,轉謝丞相免譴責。

《竹庵詩鈔》卷五,《清代詩文集彙編》487 冊,114 頁

斬鄧通　　　　　　　　　　（清）皮錫瑞

漢皇夢上天,乃見黃頭郎。銅山高崔嵬,賞賜鉅萬強。貝帶鵕䴊居上傍,丞相奏事陳王章。高皇朝廷戲誰敢?通不來斬來亦斬。孔光稱儒先,出門拜董賢。材官丞相安能然,丞相不愛銅山錢。

《師伏堂詠史》,《清代詩文集彙編》772 冊,311 頁

詠李延年

李延年　　　　　　　　　　　　　　　　　　　（元）宋　无

《詩經》刪後漢千年，蘇、李《河梁》句始傳。傾國佳人難再得，當時更有李延年。

《全元詩》第 19 册，421 頁

詠韓嫣

韓　嫣
（元）宋　无

底事江都泣殿除，請歸其國衛乘輿。祇知天子威儀盛，不判韓嫣在副車。

《全元詩》第 19 册, 420 頁

滑稽列傳

詩

詠《滑稽列傳》

滑稽列傳　　　　　　　　　　　　　　　　（唐）司馬貞

滑稽鴟夷，如脂如韋。敏捷之變，學不失詞。淳于索紀，趙國興師。楚優拒相，寢丘獲祠。偉哉金朔，三章紀之。

《史記索隱》卷三〇，489頁

讀《東方朔傳》　　　　　　　　　　　　　　（宋）呂南公

武皇肆荒惑，公卿嗫忠齦。先生有直舌，談笑開吾君。董偃不敢怨，壽王誰與伸。堂堂補衰心，不厭犯怒頻。豈不顧仕養，崇卑位泥雲。恥同高論儒，瑟縮憂烹焚。賢人事昏主，獻替視所因。不爾朝野間，誰非愛其身。彼哉下世士，所見異吾聞。醜謬無不為，乃思謗遺塵。《國風》歌善戲，孔聖許狂人。何嫌班孟堅，區區記餘芬。

《全宋詩》卷一〇三五，18冊，11827頁

讀《滑稽傳》二首　　　　　　　　　　　　　（清）魏裔介

叔敖本賢臣，忠廉無與比。治楚楚為興，辟地幾千里。盡悴殉厥身，咨嗟在將死。托子於優孟，群臣良可恥。譚笑儼衣冠，山居歌非俚。寢丘四百戶，十世奉其祀。楚相不足為，婦言有妙理。

嬴季從淫荒,阿房窮塗墍。赭衣遍道塗,驪山工未置。元元迫湯火,鬼神亦悴悸。乃至欲漆城,黝然光可被。嘉哉旃侏儒,一言回狂恣。蕩蕩雖非難,蔭室未易植。斯、高據要津,而口竟為鼻。哀哉古鄙夫,胡不如優嬖。

《兼濟堂文集》卷一八,下冊,468 頁

優旃滑稽《史記》　　　　　　　　　　　（清）田依渠

諷諫秦皇帝,名堪腐史傳。滑稽能合道,千古此優旃。

《茹古山房讀史餘吟》卷四,《清代詩文集彙編》639 冊,658 頁

讀《漢書》有感‧東方朔　　　　　　　　（清）吳翊寅

陛戟空將董偃呵,滑稽奈厠郭倡何。詼啁總被先生誤,從此公卿狎客多。

《曼陀羅花室詩》卷三,《清代詩文集彙編》776 冊,645 頁

詠淳于髡

題淳于髡墓 （唐）劉禹錫

生為齊贅壻,死作楚先賢。應以客卿葬,故臨官道邊。寓言本多興,放意能合權。我有一石酒,置君墳樹前。

《全唐詩》卷三五八,11冊,4044頁

淳于髡 （唐）周曇

穰穰何禱手何齎,一呷村漿與只雞。以少求多誠可笑,還如輕幣欲全齊。

《全唐詩》卷七二八,21冊,8349頁

再吟 （唐）周曇

戲問將何對所耽,滑稽無骨是常譚。昔時王者皆通四,近見君王只好三。

《全唐詩》卷七二八,21冊,8350頁

再吟 （唐）周曇

曲突徙薪不謂賢,焦頭爛額饗盤筵。時人多是輕先見,不獨田家國亦然。

《全唐詩》卷七二八,21冊,8350頁

襄陽詠史·善謔驛 （金）李俊民

皆因盂酒與豚蹄,致使他鄉笑滑稽。無限驛亭來往客,獨言齊贅不歸齊。

《金詩》,《全遼金詩》中冊,2020頁

望淳于髡墓 （明）文翔鳳

在黃縣蔚陽里。

主人休待更留髡,但說羅襟已倒罇。行便手攜春一石,那能忽起醉清魂。

《東極篇》卷一,《四庫全書存目叢書》集部 184 冊,361 頁

臨淄詠古六首·淳于墓 （清）趙執信

昂藏贅壻走王門,斗石區區聊與論。一醉欲傾天下士,何人送客獨留髠。

《因園集》卷四,影印文淵閣《四庫全書》1325 冊,328 頁

茌平懷古四首·淳于髠 （清）王士禎

玉釵挂臣冠,滅燭聞薌澤。此際獨留髠,僕亦堪一石。

《蠶尾續詩集》卷二,《王士禎全集》第二冊,1172 頁

湻（淳）于髠 （清）羅惇衍

齊人,事宣王。

高談賓館論縱橫,匪敢詼諧傲客卿。援手也憂斯世溺,苦心難索解人明。冠纓遽絕狂非妄,斗石閑斟醉亦清。譎諫總關家國計,莫將㫋、孟滑稽輕。

《集義軒詠史詩鈔校證》卷二,第一冊,63 頁

淳于髠 （清）徐公修

主文譎諫救危亡,贅壻翩翩出輩行。獻鵠飾辭紿楚主,操豚祝歲諷齊王。飛鳴蓄勢三年久,薌澤微聞一石狂。終古滑稽誰似子,漢廷嗣響有東方。

《史記百詠》卷一,《讀史千詠》,《史記研究文獻輯刊》13 冊,449 頁

淳于髠 （清）鮑桂星

滑稽獨見古風存,楚孟、秦㫋敢並論。三歲不鳴知大鳥,千金為壽笑操豚。齊邦薦士收柴梗,魏國辭官返蓽門。日暮酒闌薌澤發,幾家堂上許留髠。

《覺生詠史詩鈔》卷一,《清代詩文集彙編》476 冊,467 頁

湻（淳）于炙輠《史記》 （清）田依渠

不盡湻（淳）于智,相宜炙輠如。餘膏足沾丐,未便飾虛車。

《茹古山房讀史餘吟》卷三,《清代詩文集彙編》639 冊,652 頁

詠西門豹

西門豹祠　　　　　　　　　　　　　　（元）王　惲

在豐樂鎮東南一里。

古人辦事笑談中,長愛西門禁暴功。邂逅馬遷稱善史,不應排比滑稽雄。

《全元詩》第 5 冊,465 頁

七愛詩,贈程鄉令趙君·右魏鄴令西門豹　（元）蒲壽宬

吾愛西門豹,其事深可效。波神豈荒淫,巫言亦機巧。大嫗去不來,小嫗足躑躅。豪長涕叩頭,從此識政教。

《全元詩》第 9 冊,270 頁

西門豹　　　　　　　　　　　　　　　（清）羅惇衍

仕魏,為鄴令。

河伯何曾娶婦來,女巫三老鳩為媒。早將惡俗袪民害,幾使深謀屈令才。引水溉田孳鄴下,操兵負粟鼓城隈。不須象白牛黃辨,韋佩遺風望未頽。

《集義軒詠史詩鈔校證》卷二,第一冊,58 頁

西門豹　　　　　　　　　　　　　　　（清）徐公修

河上齋宮設絳帷,馮夷娶婦值佳期。老巫投水捐生日,好女還家活命時。聚眾三千澆俗革,鑿渠十二灌田宜。佩韋素性知懲急,鄴下斯民不敢欺。

《史記百詠》卷一,《讀史千詠》,《史記研究文獻輯刊》13 冊,449 頁

西門投巫《史記·滑稽傳》　　　　　　　（清）田依渠

鄴令西門豹,投巫向濁流。年年河伯娶,到此故應休。

《茹古山房讀史餘吟》卷五,《清代詩文集彙編》639 冊,664 頁

詠東方朔

東方朔 　　　　　　　　　　　　　　（宋）張方平

不獨岩扃與市塵,金門亦可晦吾真。孤風大義人誰見,宣室聊曾抗倖臣。

《全宋詩》卷三〇六,6冊,3840頁

東方曼倩 　　　　　　　　　　　　　（宋）張耒

軒冕功名何足為,先生聊作易農資。漢庭誅死皆卿相,猶說才能勝滑稽。

《全宋詩》卷一一七三,20冊,13246頁

讀史六首·東方朔 　　　　　　　　　（宋）樂雷發

蜥蜴盆邊解滑稽,且分社肉飽蛾眉。劉郎最怕秋風冷,那聽君言換殿帷。

《全宋詩》卷三四七二,66冊,41329頁

過東方朔廟 　　　　　　　　　　　　（元）張養浩

先生高識絕書時,誰道偷桃舊小兒。揖讓不逢三代盛,滑稽聊免一身危。草荒漢構雲承宇,苔蝕顏書雨澀碑。我亦從來惡苛禮,斜陽遙望酹空卮。

《全元詩》第25冊,45頁

漢銅馬式 　　　　　　　　　　　　　（元）張雨

曾同避世東方朔,此馬見之金馬門。一自露盤辭漢去,銅駝荊棘幾消魂。

《全元詩》第31冊,416頁

東方朔祠 　　　　　　　　　　　　　（元）朱興誠

自薦書呈直禁廬,朝朝索米伴侏儒。金丹未換劉郎骨,青鳥空傳阿母書。待詔尋常陪玉輦,偷桃三度上天衢。那知此日行祠廢,衰草茫茫失故墟。

《全元詩》第68冊,179頁

題《醉曼倩圖》　　　　　　　　　　（明）唐　寅

盡將東海釀流霞，醉倒瑤池阿母家。却笑小童扶不起，月明踏碎碧桃花。

《唐伯虎全集》補輯卷四，467 頁

東方朔　　　　　　　　　　　　　　（明）倪宗正

我愛東方朔，大隱金馬門。沉潛抱眞意，談笑說英君。多聞幾不惑，至德可以群。今為天上星，清煇照白雲。

《倪小野先生全集》卷五，《四庫全書存目叢書》集部 58 冊，589 頁

《東方朔偷桃圖》　　　　　　　　　（明）倪宗正

放浪談鋒隱漢庭，蟠桃會裏試仙靈。畫圖留得先生影，夜夜茅堂掛歲星。

《倪小野先生全集》卷八，《四庫全書存目叢書》集部 58 冊，696 頁

《方朔偷桃圖》　　　　　　　　　　（明）趙時春

吾聞方朔玩世客，偷桃時向神仙宅。世間塵土不堪留，長生更覺天地窄。九重龍馭露盤清，一道鯨波弱水碧。長風萬里吹仙衣，飄飄征色悲行役。辛苦慇懃爲一桃，不搏長安二千石。丈夫凌雲氣自雄，輕身寧肯試一擲。天柱高蟠幾百重，飛流直渡三千尺。金母心胸宇宙寬，眼底偷兒恣充斥。寧知天上異人間，漢庭守衛虛僕射。偷生苟得非吾徒，祇令濁俗空相惜。圖象永傳侯湛文，經邦誰寫賈生席。世路紛紛假奪真，如此幻畫安足責。聊為先生洗此誣，換取有道書竹帛。

《趙時春詩集》卷四，《趙時春詩詞校注》，下冊，520 頁

漫興三首（其二）　　　　　　　　　（明）徐　渭

方朔慵多擁被眠，飛瓊盡日待芳筵。想應昨夜瑤池上，玉手持杯未便傳。

《徐文長三集》卷一一，《徐渭集》第二冊，352 頁

題《東方朔偷桃圖》長歌　　　　　　（明）亢思謙

我聞海上仙山名，度索王母種桃跨。巖壑根蟠九地榦，凌霄枝葉扶疎花。灼灼閱歲

六千實,始成服之輕舉遊。太清鄰家小兒東方朔,三熟三偷何太數。遨遊八極情未已,暫向人間侍天子。滑稽雄辨動宸旒,奇言詭行傾人耳。當時那識歲星精,大隱金門共泥滓。漢皇端拱承華殿,青鳥西來王母見。偷桃一語始流聞,迄今傳誦人猶羨。名家繹思揮彩毫,仙風倏爾中堂見。袖上煙霞影陸離,手中瓊玖光輝炫。眉宇翩翩喜氣揚,撫摩玩弄虹霓絢。君不見老子西遊饗碧實,飄搖雲軿總仙秩。又不見師門食苊道迺成,高丘殞醪脫塵泂。遐舉延年自昔聞,玉衡靈果瑞氤氳。臨圖恍若飛仙集,萬壽遙持獻聖君。

《慎修堂集》卷二,《四庫未收書輯刊》伍輯21冊,49頁

東方朔故里　　　　　　　　　(明)文翔鳳

朝廷避世細君憐,何礙金門作隱仙。可謂平原真故里,君家木緯是行天。

《南極篇》卷四,《四庫禁毀書叢刊》子部11冊,431頁

題《東方朔圖》　　　　　　　(明)謝　榛

曼倩有仙骨,棲遲金馬門。丹成猶混俗,道在不言尊。何事禽經著,難將人世論。君王時一笑,白首是殊恩。

《謝榛全集》卷五,182頁

雜懷五十首(其四十四)　　　　(明)王廷相

方朔玩世士,玩世複不恭。挾策金馬門,謔浪調九重。至尊既不疑,同列亦相容。大賢鄙其術,滑稽不可窮。竊桃西王母,假託驚愚蒙。持此效朝隱,無乃詭道雄?

《王氏家藏集》卷七,《王廷相集》第一冊,98頁

東方曼倩行　　　　　　　　　(明)王世貞

太史公傳《滑稽》,吾獨取東方生焉。所欲稱者,具夏侯孝若贊矣。隱括其事歌之。

孝武帝時有東方生,長九尺餘。月請一囊粟,不能並侏儒。用奇鈞上聞,待詔始離公車。射覆多巧中,往往解上頤。舌折郭舍人,戟止館陶兒。拔劍割伏肉,殿上或小遺。怪哉辨秦獄,騶牙表降夷,歌鄭必終雅。為諛不廢直,偶爾乞大官。無官意亦得,上賜頗不貲。梁肉金錢帛,悉送宛若家。相與行交接,海鷗一世主。兒戲諸王公,首陽呼為拙。柱下始云工,寧學公孫丞相脫粟不令舂。廚車載渭橋,巫蠱滿東宮。揮手謝世人,倏身白

雲中。

《弇州續稿》卷二,《弇州四部稿》第四冊,影印《明人文集叢刊》,17 頁

題方朔像   （明）姚舜牧

昔聞仙子竊蟠桃,今見擎桃方朔狀。健步若從西漢來,千年剩語其非誑。

《樂陶吟草》卷五,《四庫全書存目叢書》集部 158 冊,418 頁

詠史五首（其二）   （明）江 瓘

曼倩滑稽雄,閶闔能叫嘯。一言給侏儒,金門始待詔。懷肉雖不恭,九重翻一笑。倡優恣詼諧,諫苑中機要。庭議斬董君,宣室不得召。玩世依朝隱,贍詞亦微妙。高詠衛鰄篇,斯人可同調。

《列朝詩集》丁集卷一〇,第九冊,4968 頁

詠 史   （明）黃 輝

吾憐東方生,辟世金馬門。滑稽時若詭,委蛇體自真。猥以龍變姿,而偶郭舍人。竊酒戲萬乘,折簡調平津。繆巧固無端,諷諫難悉聞。壯哉割肉手,何有瑤池春。濯衣紫海遙,長嘯流清塵。歲星去幾時,青蠅遽來臻。太息巫蠱冤,何用千秋伸。

《列朝詩集》丁集卷一五,第一一冊,5813 頁

詠史一百首（其三十七）   （明）謝肇淛

文帝既好老,武皇復好少。顏駟尚為郎,白首不得調。薪積長孺悲,俸薄侏儒笑。升沉何足言？全身乃其要。富貴禍所伏,不如任耕釣。賢哉東方生,逃名亦埋照。

《小草齋詩集》卷六,《小草齋集》上冊,711 頁

詠史樂府十二章·辟戟諍   （清）程盛修

東方生,能直諫。守法度,黜靡曼。何物賣珠兒,敢容宣室宴。辟戟陳詞意氣雄,侃侃尚有先臣風。不見申屠嘉坐丞相府,執法猶能困鄧通。

《晚晴簃詩匯》卷六七,第二冊,251 頁

詠史十絕·東方朔索米長安　　　（清）李　漁

<small>朔謂武帝曰："侏儒長三尺餘,奉一囊粟,錢二百四十；臣朔長九尺餘,亦奉一囊粟,錢二百四十。侏儒飽欲死,臣朔饑欲死。"</small>

曼倩詼諧話足傳,具臣毋使有餘錢。濫施莫道無陰騭,飽殺侏儒實可憐。

《笠翁詩集》卷三,《李漁全集》第一卷,366頁

東方曼倩　　　（清）吳　雯

避世依金馬,浮沉豹尾中。借車心自壯,割肉氣何雄。學豈干時富,財因取婦空。堂堂責董偃,真有大臣風。

《清詩別裁集》卷一四,上册,255頁

詠　史（其一）　　　（清）李必恒

方朔仕漢廷,事道非玩世。時時一諷諫,彼自敬其事。叩頭誅董偃,凜凜直臣義。豈得以詼諧,目之曰遊戲。

《清詩別裁集》卷二一,下册,366頁

詠史詩十首·東方朔　　　（清）高宗弘曆

畢生玩世事詼諧,朝隱端知是逸才。却被何人入仙史,虛誇阿母宴蓬萊。

《御製樂善堂全集定本》卷二九,影印文淵閣《四庫全書》1300册,527頁

東方曼倩故里　　　（清）王士禛

據地曾聞隱漢庭,殘碑斜日樹冥冥。襌衣綠幘俱承寵,誰向金門問歲星？

《漁洋續詩集》卷八,《王士禛全集》第二册,834頁

東方朔大中祠三首<small>陵縣</small>　　　（清）王士禛

據地狂歌舊有名,誰從諫獵識先生。東風欲采香蘋薦,野水穠花厭次城。
庖人置酒亦奚爲？千載令人笑解頤。辟戟一言罷宣室,交門別引賣珠兒。
編貝懸珠九尺身,借車聊爾傲平津。同時亦有淮陽守,浪比詼嘲郭舍人。

《蠶尾續詩集》卷九,《王士禛全集》第二冊,1419頁

東方朔　　　　　　　　　　　　　　（清）吳　綺

豈有神仙骨絕群,阿嬌前事不堪聞。東方甘向金門餓,割肉猶然遺細君。

《亭臯詩集》,《林蕙堂全集》卷二二,影印文淵閣《四庫全書》1314冊,655頁

讀史絕句二十一首·東方朔　　　　　（清）張之洞

上林苑與主人翁,正諫難言譎諫從。不到韓公憂鬼怪,誰知曼倩果猶龍。

《張之洞詩文集》卷四,187頁

詠古詩六十首,同樊山作·東方朔　　　（清）易順鼎

金馬門前執戟枝,粟飢桃飽不同時。洲傳麟鳳《搜神記》,道在龍蛇《誡子詩》。文字尚沿窺玉派,神仙也動覷環思。細君宛若皆佳耦,割肉歸來欲遺誰。

《琴志樓詩集》卷一二,第三冊,756頁

東方朔　　　　　　　　　　　　　　（清）羅惇衍

字曼倩,平原厭次人。武帝時,累官太中大夫給事中。

一一官名列古人,目中無復漢廷臣。借車偶述交情舊,辟戟驚聞讜論新。帝以先生呼傲吏,君真大隱寄浮身。歲星何必歸天上,賣藥湖邊已絕塵。

《集義軒詠史詩鈔校證》卷八,第一冊,232頁

東方朔　　　　　　　　　　　　　　（清）鮑桂星

侏儒飽死笑吾曹,金馬門邊待詔勞。每以諧詞含譎諫,偏於客難見文豪。來來試卜君王棗,往往容偷阿母桃。他日建章重矯首,歲星依舊碧天高。

《覺生詠史詩鈔》卷一,《清代詩文集彙編》476冊,471頁

朱宮傳石君師出使示讀史詩,
　分詠《漢書》三十七首·東方朔　　　（清）蔣　詩

四十四萬言,不遜自稱譽。賜肉遺細君,飢死給侏儒。上林諫天變,願陳泰肯符。苑

如吾止奏,進太中大夫。帝哀昭平君,上壽萬歲呼。宣室劾董偃,辟戟陳良謨。侈靡慾化民,仁義道德供。察顏切直諫,不避斧鉞誅。著論《設客難》,不用恆欷歔。詼達既多端,附會言人殊。十洲與神異,仙蹟不絕書。

《榆西僊館初稟》卷三一,《清代詩文集彙編》488 冊,462 頁

東方朔 （清）張 澍

生值張夷老病秋,東方日出姓纔留。幼時能讀萬言過,饑後空嗟八尺修。四十棗來天子笑,三千桃被小兒偷。可憐吳市書師日,信是神仙識字流。

《養素堂詩集》卷二五,《清代詩文集彙編》536 冊,272 頁

东方朔 （清）陳其錕

金門大隱得安全,玩世何如柳惠賢。譎諫有方能悟主,辨才無礙却疑仙。臣饑索米侏儒飽,兒戲偷桃阿母憐。四十萬言空自負,滑稽留與史臣編。

《循陔集》卷四,《清代詩文集彙編》575 冊,559 頁

讀《漢魏六朝人文集詩》一百首·東方大中 （清）黃爵滋

四十四萬言,臣朔少已誦。浮沈智者徒,正譎乃互用。君看上林疏,實抱斯民痛。

《仙屏書屋初集·詩錄》卷四,《清代詩文集彙編》580 冊,270 頁

曼倩三冬《漢書》 （清）田依渠

好學東方朔,陳書達九重。自言年十二,文史足三冬。

《茹古山房讀史餘吟》卷六,《清代詩文集彙編》639 冊,670 頁

日者列傳

詩

詠《日者列傳》

日者列傳　　　　　　　　　　　　　　　（唐）司馬貞

　　日者之名，有自來矣。吉凶占候，著於《墨子》。齊、楚異法，書亡罕紀。後人斯繼，季主獨美。取免暴秦，此焉終否。

《史記索隱》卷三〇，489 頁

詠司馬季主

詠　史 庚寅（其一）　　　　　　　　　　　（清）方　文

季主楚大夫,義不臣漢皇。側身長安市,賣卜以自藏。宋、賈同車來,列坐弟子傍。俛首聽其言,驚顧不及詳。翻為長者笑,忸怩面無光。務華而絕根,他日終自傷。

《嵞山集》卷一,影印《嵞山集》上冊,55頁

司馬季主　　　　　　　　　　　　　　　　（清）羅惇衍

楚人。嘗為楚大夫。後居長安東市,以卜自隱。

飛騰騏驥異罷驢,高論能傾二大夫。天遣神僊宣氣數,人因德禮見廉隅。兩言莊、老尋源意,八卦羲、文演象圖。寄語經邦休問卜,一封書定漢規模。

《集義軒詠史詩鈔校證》卷七,第一冊,191頁

詠史·讀《史記》偶書（其三）　　　　　　（清）殷如梅

小隱在山林,大隱在城市。長安卜肆中,季主日者耳。何來二大夫,紆朱佩青紫。翩翩前致詞,誚其行卑鄙。聞言捧腹笑,不以彼易此。

《緣滿山房集》丙二,《清代詩文集彙編》438冊,695頁

龜策列傳

詩

詠《龜策列傳》

龜策列傳　　　　　　　　　　（唐）司馬貞

三王異龜,五帝殊卜。或長或短,若瓦若玉。其記已亡,其緐後續。江使觸網,見留宋國。神能託夢,不衛其足。

《史記索隱》卷三〇,490頁

龜　策　　　　　　　　　　　（元）宋　无

龜筮空稽太卜書,靈為江使亦遭漁。當時解入元王夢,盍不光謀避預且。

《全元詩》第19冊,413頁

貨殖列傳

詩

詠《貨殖列傳》

貨殖列傳　　　　　　　　　　　　　　　　　　　　（唐）司馬貞

貨殖之利，工商是營。廢居善積，倚市邪贏。白圭富國，計然強兵。倮參朝請，女築懷清。素封千戶，卓、鄭齊名。

《史記索隱》卷三〇，490頁

八客詠·估客　　　　　　　　　　　　　　　　　　　（明）孫　樓

奇貨居浮宅，錐刀競所之。牙籌困守盧，金穴誤癡兒。入息收三倍，操贏射一時。祇回生事大，不唱《鵾鴣詞》。

《孫百川先生文集》卷一一，《四庫全書存目叢書》集部第112冊，708頁

猗　氏　　　　　　　　　　　　　　　　　　　　　（明）張佳胤

刖首初行幰，人傳猗頓首。古封猶姓氏，舊業已丘墟。野曠風煙慘，家殘賦歛餘。誰將五牸計，沾灑遍寒閭。

《居來先生集》卷六，《四庫全書存目補編》第51冊，133頁

咏古七首（其五） （清）汪琬

漢家事威武，殫財營邊疆。縣官苦不支，析利窮秋芒。舟車各有算，告緡走殊方。冶鑄與牢盆，盡發山海藏。大農籠貨物，何異南陽商。誰為販鬻者，我欲烹弘羊。

《鈍翁前後類稿》卷二，《汪琬全集箋校》第一冊，44頁

宏(弘)羊心計《漢書》 （清）田依渠

洛下賈人子，心惟會計精。為君謀貨殖，也自效忠誠。

《茹古山房讀史餘吟》卷四，《清代詩文集彙編》639冊，659頁

計 倪 （清）羅惇衍

一名"然"，葵邱(丘)濮上人。或曰姓辛，名文子，其先晉國公子，遨遊海澤，亦號"漁父"。范蠡薦為大夫。按班固《答賓戲》云："研桑心計於無垠。"則"然"亦作"研"。又徐廣曰："計然者，范蠡之師也，名研，故諺曰'研桑心算'。"

日月五精皆道妙，參觀災異見陰陽。興師先在興農事，治國明於治歲方。儲稻嘉猷心善計，臥薪苦志膽同嘗。十年吳沼韜良策，雲水悠悠笠澤鄉。

《集義軒詠史詩鈔校證》卷二，第一冊，34頁

白 圭 （清）羅惇衍

名丹，周人。嘗仕魏文侯。至梁惠王時，尚存。

飄然振鬐氣凌雲，五盡名言決兩君。大鼎烹雞懲異論，少需似貉失同群。一陶原乏饔飧具，三士方成羽翼勳。終勝李悝窮地力，樂觀時變足耕耘。

《集義軒詠史詩鈔校證》卷三，第一冊，70頁

詠陶朱公

詩人詠鴟夷、西子之事多矣。按，越敗於魯哀公元年，想鴟夷五餌之策，必其時也。至哀公二十二年，越滅吳，西子復歸，計其年亦老矣。豈鴟夷如洛陽賈人，不能忘情於舊約耶　　　　（元）方　夔

去時苧蘿山，送我摶黍叫。歸時苧蘿山，迎我桃花笑。一別二十年，過眼如風燎。人生重後會，世事中前料。未驚馬齒長，猶喜雞皮少。功名志已酬，富貴頭終掉。傍君鴟夷槳，舞我烏棲調。撫景惜餘年，煙波老漁釣。

《全元詩》第14冊，65頁

鴟夷子行
（明）王世貞

太史公傳《貨殖》以十數，余獨取陶朱公。陶朱公者，鴟夷子皮也。夫其佐勾踐，滅夫差，為田常，礩子我，所至必成功，功成而棄之若遺。出策致賄數十年，而三散千金，尚能聽息於子孫，以致鉅萬。蓋先幾若蓍蔡，出沒變化若鬼神矣。度其後先，所更歷當且餘百歲。或云七雄滅，公變名姓，賣藥市中，蓋仙去不死也。

計然有七策，少伯五用之。芻粟如丘山，坐使會稽肥。滅吳既彊越，棄之忽若遺。扁舟適齊邦，自稱鴟夷子皮。為田儦子我，陰使齊社移。忽復謝所宗，以其重寶歸。陶適天下中，眾賄所化居。黃金直千萬，三致三復揮。少子誅，了不悲，老氏張翕吾所師。神龍變化那可羈，安用區區相印為。

《弇州續稿》卷二，《弇州四部稿》第四冊，影印《明人文集叢刊》，16頁

詠巴清

懷清臺

(明)錢子義

巴寡婦據丹穴擅利,以財自衛,人不敢犯,始皇以為貞婦而客之,為築懷清臺。河間婦始潔,終污,柳子有傳。

丹穴年深蔓草生,巴人指點說懷清。當時解勝河間婦,不負高臺萬古名。

《續詠史詩》上,《種菊菴集》一,《三華集》卷七,影印文淵閣《四庫全書》1372冊,90頁

詞

滿江紅·讀《貨殖傳》戲作

（清）汪懋麟

呫呫龍門，編貨殖、文章遊戲。商賈業、鹽鹽牛馬，錙銖皆備。寡婦牧兒多貴顯，販脂鬻粟留名字。笑世人、穰穰與熙熙，無非利。　　范蠡法，今須試。猗頓術，傳宜秘。便從今打點，執鞭之事。掘塚椎埋誠得策，舞文弄法皆良計。笑嚴居、奇士苦長貧，譚仁義。

《全清詞》順康卷第一三冊，7723頁

曲

〔南中呂駐雲飛〕（之三十九）   （清）俞 越

商旅流通，善賈争推販寶翁。積貯能兼綜，心計多奇中。嗏，湖海一飄蓬，命輕利重。不是陶朱，未許千金擁，君不見商販經營總是空。

《全清散曲》中册，1604 頁

太史公自序

詩

詠《太史公自序》

太史公自序傳　　　　　　　　　　　　　　　　（唐）司馬貞

太史良才,寔纂先德。周遊歷覽,東南西北。事覈詞簡,是稱實錄。報任投書,申李下獄。惜哉殘缺,非才妄續!

《史記索隱》卷三〇,490 頁

詠《史記》

讀《史記》列傳　　　　　　　　　　　　　　　　　　　（宋）王禹偁

西山薇蕨蜀山銅,可見夷、齊與鄧通。佞幸聖賢俱餓死,若無史筆等頭空。

《全宋詩》卷七一,2冊,723頁

讀　史　　　　　　　　　　　　　　　　　　　　　　（宋）釋智圓

我愛包胥哭,一哭救楚國。事君盡其忠,垂名千世則。我愛魯連笑,一笑却秦軍。折衝罇俎間,流芳至今聞。我愛伯夷仁,揖讓持其身。餓死首陽下,恥事干戈君。後世窺竊董,故非姬發倫。內藏篡弒謀,外躡武王塵。伯夷若不去,名教胡以伸。後人非三賢,細碎何足云。哭歎祿位卑,笑喜膏粱珍。山林亦寒餓,行怪非求仁。留心寡兼濟,所謀惟一身。撫書想三賢,清風千古振。

《全宋詩》卷一二九,3冊,1500頁

奉和御製讀《史記》詩　　　　　　　　　　　　　　　（宋）夏　竦

陶唐明歷象,茂氣與天通。舉正分星度,歸餘定歲功。孟陬名不殄,南正道彌隆。自此垂三代,循環協大中。

昭昭齊、魯事,千載著良箴。欲辨為邦體,先觀布政心。變民非遠略,從簡是徽音。北面無餘意,誠因惠物深。

漢武將從禪,須如巫釋兵。甘泉誠毖祀,喬嶽紀尊名。加禮崇休祉,修封蓋號榮。豈同承帝錄,肆覲正權衡。

《全宋詩》卷一五六,3冊,1770頁

詠　史　　　　　　　　　　　　　　　　　　　　　　（宋）劉　攽

原、嘗四公子,養徒各三千。金玉棄如沙,快意當目前。好士要盡心,安知悉英賢。雖非霸王資,豪氣故翩翩。生為戰國雄,死亦名千年。晉重未反國,曹、鄭方接連。靳惜糞土間,不能捐一錢。宗社幾不食,惡名高屬天。山樞刺昭公,死矣悲宛然。如何萬乘邦,徒為人所憐。

秦兵謀大梁,決河灌夷門。百萬皆為魚,閭里無一存。不用無忌謀,人人皆有言。天方縱秦毒,蕩滌乾與坤。雖得阿衡佐,誰能救崩奔。政先趣嬴禍,指鹿遂亡秦。翟義為漢謀,攝省因即真。為忠豈不難,殺身亦已仁。天道良悠悠,成敗難重陳。不見商山翁,采芝樂全真。羽翼安儲皇,天子不得臣。

《全宋詩》卷六〇一,11册,7099頁

讀《史記》　　　　　　　　　　（宋）薛季宣

公旦征淮難虆尾,仲尼去魯速吹毛。聖賢出處平生事,間不容針却中驚。

《全宋詩》卷二四七一,46册,28663頁

讀《漢史》閱《紀信》《韓信傳》　　　　　（宋）華　岳

漢將假帝為真帝,齊乞真王作假王。大抵紀、韓皆是信,不知誰短又誰長。

《全宋詩》卷二八八五,55册,34417頁

懷古六首（其一、二、六）　　　　　　（元）侯克中

磨不能磷涅不緇,心如灰冷鬢如絲。申、商徒取千年誚,夷、惠真成百世師。書契未興先有《易》,《春秋》方作已無《詩》。斯文一脈誰能繼,澤畔靈均賦《楚詞》。

聖賢垂訓貴知幾,末世縱橫好用奇。即墨三年憐樂毅,商於六里笑張儀。善無良報終為美,惡有餘殃預可期。禍福感通如影響,巧言令色欲誰欺。

呂秦焚典復坑儒,海內惟存煨燼餘。蕭相僅能收版籍,漢皇初不重詩書。隨時損益名雖異,終古綱常道不虛。萬世鮑魚遺臭在,至今人唾祖龍車。

《全元詩》第9册,98頁

夜坐評史·《史記》　　　　　　　　（元）方　夔

《遷史》馳驅縱復橫,不煩繩削自天成。後來縱欲修良史,法度森嚴敢變更。

《全元詩》第14册,147頁

雨坐讀《史記》,憶子中兄茅堂已開北渠, 賦此奉呈(其二)　　　　　　　　(元)劉 崧

雞犬蕭條少四鄰,孤村風雨自荊榛。愁來愛讀《平原傳》,濁世翩翩一偉人。

《全元詩》第 61 册,263 頁

歷代史贊・司馬遷《史記贊》二首　　　(明)丁 奉

贊者,古人褒美之詞。至東漢書贊,乃以韻語兼褒貶,而厥後史氏多因之。愚倣此例,作《歷代史贊》一十七首,蓋以《二十一史》難於遍閲,故集諸家議論作此,以便參考。若脱脱等《宋》《遼》《金》三史,則胡元所制,收錄太繁,裁斷未確,尚俟我聖朝删定,以伸夫尊夏攘夷之大旨,愚不敢擅贊云。

司馬談、遷,奕世太史。作述兹編,春秋是擬。天漢成終,軒轅托始。纂輯帝王,十二本紀。諸國十表,庶政八書。世家、列傳,百首煥如。採摭經史,搜訪寰區。實録貫穿,二千年餘。考厥是非,聞之班固。鄙劣《六經》,黄老是附。與進奸雄,退斥儒素。勢利則崇,賤貧斯惡。雄、向稱遷,善序事理。辨亦不華,質直弗俚。文皆直哉,事俱核矣。惡不隱情,美無君旨。惟此三賢,確論如遷。遷才命世,《左氏》匹肩。《春秋》以後,體制推先。毋狥群議,刻於求全。李陵累獄,仁者所憐。庸庸褚子,妄續殘篇。

《尚書》之體,南史之氣。統理三才,筆削五例。削以疑闕,筆從實記。附書擇書,各有深意。紀贊夏、商,表後荆、吳。尊王賤狄,孔氏正途。書末《平準》,傳尾《貨殖》。重義輕利,孟門遺則。孔、孟之徒,《六經》是攻。豈先黄、老,豈進奸雄。豈崇勢利,我鑒其衷。憤激漢事,寓言實忠。惜此宏才,叢生誹議。世系顛錯,文詞辨麗。借僞旁收,英賢漫棄。文人相嘲,何足盡計。予曰作史,自古才難。遷承父命,發憤研鑽。勸獎箴誡,萬世偉觀。恨非全稿,讀者永歎。

《南湖先生文選》卷四,《四庫全書存目叢書》集部 65 册,258 頁

哀　　哉　　　　　　　　　　　(明)黄宗會

微子治宋國,箕子雖不臣。而我終有疑,將恐是懟君。讀《書》呈《洪範》,歎息不敢去。慘慘亡國恨,不死焉用文。迂儒謂傳道,無乃昧彝倫。讓死能斃趙,良匱終亡秦。偉哉此螳臂,欲以倚崑崙。或持一匕鹽,欲以澄河渾。哀哀姜伯約,志士多苦辛。

《縮齋詩集》,《縮齋詩文集》,10 頁

失　題　　　　　　　　　　（明）張煌言

孤竹餐周粟，予懷胡不然。慚將吞炭恨，並作茹荼憐。半匕分氊雪，三杯酌乳泉。終南從辟穀，豈羨赤松仙。

《張蒼水集》第二編，148 頁

詠史·讀《史記》偶書（其一）　　　　（清）殷如梅

弱蔓依松枝，延緣百尺長。蒼蠅附驥尾，馳逐千里強。軼事無可考，嗟彼隨與光。

《緣滿山房集》丙二，《清代詩文集彙編》438 冊，695 頁

補禹門兩漢詠史小詩（其四十一、四十二）　　（清）梁運昌

《封禪》《平準書》，後作難為繼。獨詳漢時政，不起史家例。
《禮》《樂》篇非軼，龍門未作書。漢興將百載，此事竟全虛。

《秋竹齋詩存》卷二，《清代詩文集彙編》499 冊，14 頁

雜詠史四十二首（二十三）　　　　　（清）梁運昌

龍門自著書，不啻一代史。百家及九流，網羅富根柢。菁華二千載，採擷萃於此。蔚為千秋業，宏我一家軌。權衡周、秦作，森然凡例起。分派自春秋，遂為史祖禰。班氏作《漢書》，蹈襲不羞恥。妄希縝密勝，索瘢肆巧訾。古今文士習，攻訐從此始。或擬孤憤書，所見更凡鄙。

《秋竹齋詩存》卷二，《清代詩文集彙編》499 冊，36 頁

讀史隨作·《史記》　　　　　　　（清）何盛斯

邃初歸一瞚，開卷意無窮。揮霍從橫筆，敦龐渾噩風。從頭觀代謝，垂涕數英雄。日暮龍門遠，遐哉太史公。

《柳汁吟舫詩草》卷一，《清代詩文集彙編》621 冊，598 頁

詠　史　　　　　　　　　　　（清）王龍文

數語決劉、項，千秋一董公。堂堂天下計，犖犖大王風。高臥臨商皓，三分陋蒯通。興亡由反掌，誰復忌漁翁。

《平養詩存》卷上，《清代詩文集彙編》790 冊，344 頁

詠司馬遷

讀史五首（其二） （唐）白居易

禍患如夢絲，其來無端緒。馬遷下蠶室，嵇康就囹圄。抱冤志氣屈，忍恥形神沮。當彼戮辱時，奮飛無翅羽。商山有黃、綺，潁川有巢、許。何不從之遊，超然離網罟。山林少羈鞅，世路多艱阻。寄謝《伐檀》人，慎勿嗟窮處。

《全唐詩》卷四二五，13 冊，4679 頁

司馬遷墓 （唐）牟融

落落長才負不羈，中原回首益堪悲。英雄此日誰能薦，聲價當時眾所推。一代高風留異國，百年遺跡剩殘碑。經過詞客空惆悵，落日寒煙賦《黍離》。

《全唐詩》卷四六七，14 冊，5311 頁

狂題十八首（其三） （唐）司空圖

交疏自古戒言深，肝膽徒傾致鑠金。不是史遷書與說，誰知孤負李陵心。

《全唐詩》卷六三四，19 冊，7273 頁

讀 史 （宋）李覯

子長漢良史，筆鋒頗雄剛。惜哉聞道寡，氣志苦不常。心如蟲絲輕，隨風東西揚。一事若可喜，不顧道所長。公言絀原憲，俠賊乃為良。仁義謂足羞，貨殖比君王。黃、老先《六經》，斯言固倡狂。吁嗟夫子歿，兩觀無刑章。予懷班孟堅，駁議何洋洋。傳與後世人，慎思其否臧。

《全宋詩》卷三四八，7 冊，4303 頁

司馬遷 （宋）王安石

孔鸞負文章，不忍留枳棘。嗟子刀鋸間，悠然止而食。成書與後世，憤悱聊自釋。領

略非一家,高辭殆天得。雖微樊父明,不失孟子直。彼欺以自私,豈啻相十百。

《全宋詩》卷五四一,10 冊,6501 頁

司馬太史廟　　　　　　　　　　（宋）李　奎

生在龍門境,葬臨韓奕坡。荒祠鄰后土,孤塚壓黃河。濠水愁聲遠,梁山慘色多。一言遭顯戮,將奈漢君何。

著書雖已先《三史》,論道如何後《六經》。因雪李陵為國士,豈期武帝有宮刑。叢生荊棘迷墳塚,舊畫龍蛇照廟庭。為覽遺文來一奠,不知何在子長靈。

《全宋詩》卷七四八,13 冊,8710 頁

司馬遷_{分韻得"壑"字}　　　　　　　（宋）秦　觀

子長少不羈,發軔遍丘壑。晚遭李陵禍,憤悱思遠托。高辭振幽光,直筆誅隱惡。馳騁數千載,貫穿百家作。至今青簡上,文彩炳金艧。高才忽小疵,難用常情度。譬彼海運鵬,豈復顧繒繳。區區班叔皮,未易議疏略。

《全宋詩》卷一〇五三,18 冊,12065 頁

司馬遷　　　　　　　　　　　　（宋）林　同

悲哉執手泣,論著謹毋忘。豈識遷它日,能紬石室藏。

《全宋詩》卷三四一八,65 冊,40613 頁

感興七首（其六）　　　　　　　　（元）劉　因

斷簡殘編絕賞音,誰從百煉見真金。龍門千古遺歌後,更覺良工獨苦心。

《全元詩》第 15 冊,162 頁

司馬遷　　　　　　　　　　　　（元）宋　无

贖罪無財政坐貧,交親誰解一言紛。朱家脫急關東客,自是當時不識君。

《全元詩》第 19 冊,421 頁

司馬子長　　　　　　　　　　　　　　　　（元）方　瀾

才良世所惜，況是國權衡。覃思天人際，有書金石聲。《春秋》道未熄，今古眼俱明。筆力千鈞處，蒼茫太史情。

《全元詩》第 20 册，123 頁

雜體五十首（其二十六）　　　　　　　　　（明）宋　濂

馬遷職文史，挺然百代雄。搖毫奮迅間，海嶽爲之空。雜之卜祝間，僅與倡優同。云何能言士，文場競爭鋒。豈知七尺軀，可齊天地功。誰歟同歎息，目送天外鴻。

《蘿山詩集》二，《宋濂全集》卷一〇〇，第四册，2365 頁

病居遣興六十二首（其五十六）　　　　　（明）王　格

馬遷奉詔問，申救李將軍。片言不當意，腐爲掖庭人。膚體雖已缺，文章固有神。百卷當時史，法程千載新。

《少泉詩集》卷一下，《四庫全書存目叢書》集部 89 册，181 頁

過司馬子長墓　　　　　　　　　　　　　　（明）宋儀望

九月邊風吹落木，少梁山俯黃河曲。龍門司馬漢廷才，寂莫高墳枕空谷。吁嗟伊人昔好奇，南遊江淮入會稽。高探禹穴覽嶙峋，遠浮湘沅窺九疑。北涉汶、泗過齊、魯，講業遲廻返梁、楚。歸來著書追獲麟，班、楊、崔、蔡疇能伍。誰言漢武好文章，上書逮罪徒悲傷。腐刑已就骨已歿，古墓嵯峨臨路傍，客來下馬空徬徨。

《華陽館詩集》卷四，《四庫全書存目叢書》集部 116 册，528 頁

述　古（其四）　　　　　　　　　　　　　（明）胡　儼

馬遷述世業，博洽靡不通。爰遊燕、趙間，飄飄氣豪雄。發憤垂製作，獨見不相蒙。馳騁罙逸駕，淩厲六合中。豈不念筆削，斧袞齊化工。蠶室有餘悲，隱辭寓深衷。緬彼班、范流，藩籬守遺蹤。

《頤庵文選》卷下，影印文淵閣《四庫全書》1237 册，619 頁

詠史一百首(其四十六) （明）謝肇淛

龍門困跌宕,才氣良不偶。探奇上禹穴,觀禮入曲阜。其意羅海岱,豈獨謀升斗？封禪未獲從,留滯安足醜？盛言救李陵,傾身為交友。卒嬰蠶食僇,甘與草木朽。其書謬聖人,憤世每疾首。誰發名山藏？裁貂續以狗。蛟龍不可識,蛙黽相矜負。歎息摩遺編,悠哉牛馬走。

《小草齋詩集》卷六,《小草齋集》上冊,713頁

史遷受刑 （清）禇夫

癡心竟欲進忠言,失口鑄成萬古冤。仗義救人何所補,腐身蠶室待誰援。

《古史詩針》,《戴名世集》附錄二,441頁

讀《史》二首(其一) （清）錢大昕

子長史筆獨嶙峋,一字何曾獎暴秦？《月表》區區敲石火,祖龍豈異沐猴人！

《潛研堂詩續集》卷一〇,《嘉定錢大昕全集》第一〇冊,154頁

太史公墓 （清）張琛

蠶室非其罪,龍門寄此身。黃河坼地闊,青史比天尊。死後文章顯,生前寺宦論。大人都見屈,灑涕石留痕。

不憐降將意,竟上大夫刑。史例開三代,詞華重《六經》。冢高埋聖筆,河曲護文星。陵也真欺汝,居然仕二庭。

《晚晴簃詩匯》卷一〇八,第三冊,135頁

冬日,偶然作八首(其四) （清）王士禛

典午下蠶室,坎壇誰見知。發憤傳《貨殖》,千古同悲噫。郭縱出鑄冶,翁伯起販脂。灑削既鼎食,胃脯亦連騎。志士守蓬藋,不如交馬醫。索帶披敝裘,不如規魚陂。

《漁洋詩集》卷二,《王士禛全集》第一冊,174頁

司馬遷 （清）謝啟昆

龍門禹穴鬱心胸,世掌天官太史公。富貴不彰名易沒,是非乃定恨無窮。李陵禍起

悲臣志，一遂書來憶祖風。成一家言五十萬，千秋紀傳創元功。

《樹經堂詠史詩》卷一，影印《續修四庫全書》1458冊，515頁

讀　　史(其一)　　　　　　　　　　　　　（清）王　軒

史成一家言，源本自遷、固。異世秉圭臬，依然等鼻祖。箸書天刑，太史乃憤語。志大未聞道，抱奇忍終古。孟堅與蔚宗，安得相比數。史筆縱未操，駢誅亦自取。身名一瓦裂，文採究奚補。后史終不成，中郎豈史故。

《褥經廬詩集》卷一，《續尤西堂擬明史樂府》(外二種)，88頁

讀《史記》　　　　　　　　　　　　　（清）張裕釗

馬遷死去二千載，一史孤留天地間。萬古高文探日窟，幾人真面識廬山。茂陵松柏餘憂憤，湘水荃蓀共淚斑。曠代名山合專席，遺塵可許步班、揚。

《濂亭遺詩》卷一，《張裕釗詩文集》，309頁

太史公墓　　　　　　　　　　　　　（清）魏　源

在韓城縣龍門之南，見《水經注》。

河嶽高深氣，《離騷》鬱律膺。龍門神禹穴，馬鬣李陵朋。蕭瑟嵯峨地，牛羊樵牧登。茂陵雲樹接，同此夕陽憑。

《魏源集》下冊，768頁

詠古詩十四首·司馬遷　　　　　　　　　　　　　（清）張之洞

□□□□□□，□□□□□□。少讀群書親過海，晚瞻禮器獨登堂。擬經何幸逃攻擊，削札空勞弭謗傷。白髮清娛還送老，千秋人惜蔡中郎。

《張之洞詩文集》卷九，330頁

司馬遷　　　　　　　　　　　　　（清）羅惇衍

字子長，龍門人。武帝時，官太史令，以救李陵下腐刑。後為中書令。

生年二十賦南遊，萬里歸來逸氣遒。史蝕鴻裁成紀傳，編終麟止繼《春秋》。《六經》絕學崇東魯，千古奇才匹左邱(丘)。奚用名山藏副本，石渠金鐀早搜求。

《集義軒詠史詩鈔校證》卷八，第一冊，228 頁

絕句四首（其三）

（清）汪 琬

馬班未敢比《春秋》，聊取前聞次第修。歎息後來嚴筆削，直將書法接尼丘。

《鈍翁續稿》卷六，《汪琬全集箋校》第三冊，1277 頁

七思并序·司馬太史遷

（清）尤 侗

僕偃蹇邊關，淹留歲月。一官掣肘，十口捉衿。盛孝廉憂能傷人，楚公子憊謹謝客。窮魚堪賦，瘦馬獨吟。每值閒居，登高望遠。瞻京室之浮雲，睨舊鄉之芳樹，未嘗不悲歌徹座，涕淚沾衣。顧念生不百年，所懷萬緒。悒悒不樂，何以遣時？因追風人之言。一曰："我思古人，俾無訧兮。"再曰："我思古人，寔獲我心。"人生世上，逆境恒多，與時偕極，不自我始。怨者以之沉身，達者安焉肆志。今才不迨古，遇與之齊。樂天知命，雖或難之，亦惟反復往跡，差可自廣。作者七人，悠悠我思，各綴四言，述其本末云爾。

我思太史公，奇氣空乾坤。吞聲下蠶室，萬古稱煩冤。武帝至暴忼，漢廷無一言。至今龍門水，激怒排崑崙。

《右北平集》，《尤侗集》中冊，584 頁

司馬遷

（清）鮑桂星

遷也當時東馬儕，石渠金鐀手安排。無端蠶室銜冤下，秖為龍沙建議乖。史筆千年攀《左》《國》，方輿萬里泝江淮。平生幽憤兼奇氣，吐作濃香地不埋。

《覺生詠史詩鈔》卷一，《清代詩文集彙編》476 冊，471 頁

朱宮傳石君師出使示讀史詩，分詠《漢書》三十七首·司馬遷

（清）蔣 詩

太史襲舊職，遷繼談有聲。不自料卑賤，會召言李陵。謂方古名將，拳拳意孰明。懷陳未有路，越職罪已攖。財賂不足贖，交遊尤莫憑。陵既家聲隕，遷亦遭宮刑。尚幸十年前，壺遂與共評。石室金鐀書，論次未及成。上自陶唐來，卒述至漢興。記百三十篇，藏山副在京。俟後聖君子，作書報少卿。可為智者道，得垂千載名。

《榆西僊館初槀》卷三一，《清代詩文集彙編》488 冊，462 頁

司馬遷 漢 （清）孫 珩

直從蠶室攄幽憤，欲向麟經覓絕音。巷伯一生長灑淚，盲公千古是知心。首排函谷尊鄒嶧，更挾山高其水深。見說豬龍曾有喻，異同班、馬細搜尋。

《歸田藁》卷一，《清代詩文集彙編》534 冊，460 頁

司馬遷 （清）張 澍

太史文章振古奇，遊蹤萬里不知疲。江山入腹精靈嘯，朋友關心主上疑。蠶室獄冤書乃謗，龍門父老妾相隨。當年摯峻真知己，班固何勞作貶詞。

《養素堂詩集》卷二五，《清代詩文集彙編》536 冊，272 頁

讀《漢書》有感·太史公 （清）吳翊寅

云亭泰岱建東封，留滯周南恨未從。不是舊聞紬太史，蘭臺纂輯更誰宗。

《曼陀羅花室詩》卷三，《清代詩文集彙編》776 冊，645 頁

讀《漢書》有感·司馬遷 （清）吳翊寅

實錄名山幸勒成，尚餘蠶室痛難平。貳師出塞終降虜，發憤書還報少卿。

《曼陀羅花室詩》卷三，《清代詩文集彙編》776 冊，645 頁

詠古·司馬子長 （清）張寶森

子長著作爲窮愁，屈、賈而還殆寡儔。老友已拚降將辱，名山空憶少年遊。千秋蠶室才人慟，一代龍門正史留。剩有清娛碑石在，淒涼煙月古同州。

《悔庵詩存》卷上，《清代詩文集彙編》768 冊，629 頁

詞

又（沁園春）・讀《史記》有感　　　（宋）程珌

試課陽坡,春後添栽,多少杉松。正桃塢晝濃,雲溪風軟,從容延叩,太史丞公。底事越人,見垣一壁,比過秦關遽失瞳。江神吏,靈能脫罟,不發衛平蒙。　　休言唐舉無功。更休笑、丘軻自阨窮。算汨羅醒處,元來醉裏,真敖假孟,畢竟誰封。太史亡言,床頭釀熟,人在晴嵐杳靄中。新堤路,喜樛枝鱗角,夭矯蒼龍。

《全宋詞》第四冊,2293頁

踏莎行・盟臺　　　（明）韓邦奇

落日荒荒,停雲脈脈。行人共指盟臺說。相如曾此挫強秦,汗青萬古稱豪傑。韓信興劉,陶朱霸越,英雄自有謀王策。當時一怒顧長刀,將軍頸上空流血。

《全明詞》第四冊,619頁

前調（滿江紅）・讀史　　　（清）吳偉業

顧盼雄姿,數馬稍、當今誰比。論富貴,刀頭取辦,只應如此。十載詩書何所用,如吾老死溝中耳。願君侯、誓志掃秦關,如江水。　　烽火靜,淮泗壘。甲第起,長安裏。尚輕他絳、灌,何知程、李。揮麈休譚邊塞事,封侯拂、袖歸田里。待公卿、置酒上東門,功成矣。

《全清詞》順康卷第一冊,391頁

前調（滿江紅）・感舊　　　（清）吳偉業

詩酒溪山,足笑傲、終焉而已。回首處、亂雲殘葉,幾篇青史。昔日兒童俱老大,同時賓客今亡矣。看道傍、爭羨錦衣郎,曾如此。　　遭際盛,聲名起。跨燕、許,追蘇、李。苟不知一事,吾之深恥。年少即今何所得,孝廉聞一當知幾。論功名,消得許多才,偶然耳。

《全清詞》順康卷第一冊,391頁

水龍吟·過函關

(清)沈永令

由來天險成皋,忽看伊闕青霄矗。何來紫氣,縈回洭澗,當年函谷。鎖鑰雍西,燕齊諸國,提封曰蹙。看蕭蕭易水,歌殘壯士,空擊碎,高陽築。　一自秦人失鹿。走兒童、中原競逐。紛紛儀衍,連衡閫縱,終無成局。旅客淒涼,雞鳴侵曉,愁懷千斛。問泥丸何日,來封時候,拾荒原鏃。

《全清詞》順康卷第二冊,1051頁

前調(水龍吟)·秦溪弔古

(清)彭孫貽

東南日夜波濤,恨填海祖龍不了。英雄已矣,虞兮可奈,吳其為沼。無限興亡,水犀星散,鴟夷歸早。試憑高千裏,越山數點,時出沒隨鷗鳥。　滿目山河如此,止潮打、空城古道。江南江北,舊時燕去,故空人老。細數落花,亂飄飛絮,暗傷懷抱。且歸來收拾魚竿,扶醉去眠芳草。

《全清詞》順康卷第二冊,1090頁

蘇武慢·讀史

(清)樂莘

拓地雙弓,倚天長劍,耿耿胸藏萬里。燕市狂歌,高陽縱酒,消遣雄心就裏。千官鱗次,萬騎蜂從,安用毛錐之子。待何時、投筆成功,解甲攬持羅綺。　總教他、越女吳姬,呈觴顧曲,日夜娛賓饗士。約略十年,賜金用盡,便向赤松攝履。貧賤難居,榮華易聚,人世幾回悲喜。奈茫茫、底事相催,付之嘆息而已。

《全清詞》順康卷第四冊,2424頁

望海潮·鎮陽懷古

(清)梁清標

雄風河朔,燕南都會,名古城說中山。帶遶滹沱,屏開恒嶽,連營劍倚青天。主父故宮閑。霸圖嘆灰劫,鹿走邯鄲。璧返相如,墳高頗牧總荒烟。　軍聲成德當年,有北潭舞榭,趙苑歌絃。菡萏送香,菰菱映水,秋來依舊爭研。衰草冷平原,信陵立功後,結客空傳。戰壘烏啼笛吹,關戍夕陽寒。

《全清詞》順康卷第四冊,2213頁

卜算子·讀史感興,用稼軒韻 （清）張塤

莫問子非魚,權知我爲馬。二人豈葛天氏民與,十畝之間者。　　風散彩雲屏,雨碎琉璨瓦。再回頭是百年人,試看回頭也。

《全清詞》雍乾卷第九冊,4887頁

六州歌頭·詠史 （清）方成培

芙蓉匣裏,因甚砉然鳴。應識我,方寸地,黯消凝。詎能平。屈指千秋上,非與是,難遍舉,聊質取,三兩事,亦堪驚。洙泗之間,共仰絃歌地,自昔知名。看紛紛馳鶩,文學一朝更。邴氏家聲,笑非輕。　　念龍門史,不虛美,翻神往,築懷清。無奇行,長貧賤,即羞稱。此何情。結駟相先後,疑日月,藉燈明。揚曲叔,誇桓發,欲誰聽。致使餘風未泯,於今尚、攘攘難勝。慨狂生攬此,忽覺氣填膺。鬥酒俄傾。

《全清詞》雍乾卷第三冊,1839頁

曲

〔雙調〕蟾宮曲·歎世(之二) （元）馬致遠

咸陽百二山河。兩字功名。幾陣干戈。項廢東吳。劉興西蜀。夢說南柯。韓信功兀的般證果。蒯通言那裏是風魔。成也蕭何。敗也蕭何。醉了由他。

《全元散曲》上冊，243頁

〔中呂〕山坡羊·驪山懷古 （元）張養浩

驪山四顧。阿房一炬。當時奢侈今何處。只見草蕭疏。水縈紆。至今遺恨迷煙樹。列國周齊秦漢楚。贏。都變做了土。輸。都變做了土。

《全元散曲》上冊，435頁

〔仙呂〕寄生草·酒色財氣(之四) （元）范　康

形骸隨紅塵化。功名向青史標。七英雄事業真堪笑。六豪王蹤跡平如掃。兩下裏爭戰圖前鬧。一壁廂淡煙衰草霸王城。一壁廂西風落日高皇廟。

《全元散曲》上冊，1468頁

〔南呂〕四塊玉(之二) （元）劉時中

今日吳。明朝楚。吳楚交爭幾榮枯。試將歷代從頭數。忠孝臣。賢明主。泉下土。

《全元散曲》上冊，651頁

〔雙調〕沉醉東風·會稽懷古 （元）任　昱

愛望海秦山古色。探藏書禹穴重來。鑒水邊。雲門外。有誰人布襪青鞋。休問吳宮暗綠苔。越國在殘陽翠靄。

《全元散曲》上冊，1015頁

〔仙呂〕寄生草·感歎

(元)查德卿

姜太公賤賣了磻溪岸。韓元帥命博得拜將壇。羨傅說守可岩前版。歎靈輒吃了桑間飯。勸豫讓吐出喉中炭。如今凌煙閣一層一個鬼門關。長安道一步一個連雲棧。

《全元散曲》下冊,1156頁

〔雙調〕清江引(之七)

(元)鍾嗣成

古今盡成閑是非。翻覆興和廢。休誇韓信功。謾說陳平智。早尋個穩便處閑坐地。

《全元散曲》下冊,1362頁

〔中呂〕紅繡鞋六首(之十四、十五、十六)

(元)無名氏

楚霸王休誇勇烈。漢高皇莫說豪傑。一個舉鼎拔山一個斬白蛇。漢陵殘月照。楚廟暮雲遮。二英雄何處也。

搬興廢東生玉兔。識榮枯西墜金烏。富貴榮華待何如。斬白蛇高祖勝。舉鼎霸王輸。都做了北邙山下土。

韓信機謀枉用。項羽爭戰無功。一般瀟灑月明中。霸王刎烏江岸。韓侯斬未央宮。都做了北邙山下塚。

《全元散曲》下冊,1694頁

〔雙調〕胡十八

(元)無名氏

吹簫的楚伍員。乞食的漢韓信。待客的孟嘗君。蘇秦原是舊蘇秦。買臣也曾負薪。負薪的是買臣。你道我窮到老。我也有富時分。

《全元散曲》下冊,1768頁

〔北越調綿答絮〕咸陽懷古

(明)韓邦奇

滿堤衰柳暮蟬鳴。倚西風駐馬高崗。極目咸陽百感生。歎英雄霸業成空。望不盡寒莎煙荻。尋不著漢闕秦宮。只丟下些剩水殘山。雲物淒涼落照中。

《全明散曲》第二冊,1248頁

〔北中呂朱履曲〕子房從赤松子遊，托也

（明）韓邦奇

廷尉司蕭何械系。未央宮韓信誅夷。那英雄早已見先幾。赤松子人何在。黃石公數真奇。知情的只有箇越范蠡。

《全明散曲》第二冊，1253頁

楚狂歌

（明）朱應辰

青雲一夢落滄波。高鳳冥冥脫網羅。欲問英雄成底事。來聽一曲楚狂歌。

【南黃鐘畫眉序】一曲楚狂歌。笑對青銅鬢絲皤。恁投珠獻玉。歲月蹉跎。調不成商鼎鹽梅。補不上堯衣山火。半生枉自埋頭坐。有靈槎不泛天河。

【黃鶯兒】河漢典江沱。有凡魚不釣他。從來只說滄溟大。探驪珠的太阿。下珊瑚的網羅。把靈鼇掣起三山墮。這生活。只有姜牙老子。曾釣渭陽波。

【四時花】□□□□。□看□□□□□□□。□□。□□□□□□。□□幾何。成□□□□□。□□□□短歌。幾年一劍。霜鋒未磨。鬥間寶氣空自多。那張華曾說麼。這蘇秦曾佩著。想子路也曾好呵負呵。

【皂羅袍】屈指把先賢輪過。看五臣十亂事業難磨三且尼之後有鄒軻。夷齊泰伯清風播。老聃莊列。全真養和。申韓管晏。刑名慘苛。斯人同列九流科。忠臣怨楚汨羅。江潮曾漲子胥波。將軍鬭蕢牧頗。西暉曾挽魯陽戈。

【解三酲】那漢傑雖然是三個。抵多少四七雲臺將相羅。論文章班馬和崔蔡。更董賈豎前戈。且休題四皓三君八俊多。把三國英雄細數麼。都評過。總不如臥龍岡。輔漢諸葛。

【浣溪沙】阮籍狂。嵇康臥。每日在竹林酣歌。可憐嵇血濺衣羅。兀的不恨煞人也麼哥。對酒新亭空灑淚。灑不向陸沈山河。誰將舟楫誓江波。卻使劉琨夜枕戈。

【柰子花】看五胡六代爭奪。催趲起晉陽兵戈。把人文再洗腥涴涴。聽敲金戛玉詩歌。聲相和。更三朝相業巍峨。

【集賢賓】驢兒背上人笑呵。羨錦繡京洛。正坐在先生擊壤窩。聽門前虜騎奔波。忠臣奈何。盡哭倒崖山一座。叵運叵。騰湧出躍龍江左。

【琥珀貓兒墜】算今乘古往。日月似擅梭。數著殘棋已爛柯。果然一蘿是南柯。知麼。這千古興亡都在紙上消磨。

【啄木兒】那巢由的可笑他。把天下將來當甚麼。想鸞凰不入雞群。料神龍怎比蛟鼉。浮雲一點太虛過。耳輪兒不使虛名汙。怎推脫。因此在深山洞兒裏躲。

【玉交枝】這毛生輕薄。把檄書欣然捧著。想錦宮袍不與山人做。道不如綵服婆娑。五湖鰕菜能幾多。料應他不受西山餓。愛的呵沙鷗野鶴。愛的呵青蒲綠莎。

【憶多姣】香粳籭。霜嫩剖。村簾兒招飲甖甌瓦盞。縱一曲高歌。對萬頃滄波。風花數朶。便醉死了人呵。便醉死了人呵。道也似騎鯨快活。

【月上海棠】書覆瓿。子雲只在元亭坐。向名山大壑藏著。雖不如大隱的方朔。也無愧南州高臥。都窺破。便三征七辟如何。

【尾聲】從今撞入煙霞垛。埋水茫茫一釣簑。你便問淮海先生也不認得我。

《全明散曲》第二冊，1262頁

〔北雙調水仙子〕閱古　　　（明）張　錬

屈原沉墜汨羅江。尚父遭逢渭水陽。武侯出離龍岡上。為他們有伎倆。到如今那個高強。佐楚的多惆悵。扶劉的空鞅掌。興周的也有無常。

《全明散曲》第二冊，1654頁

〔南中呂駐雲飛〕吊古　　　（明）王　問

地割鴻溝。千古英雄項與劉。說士談天口。戰士屠龍手。嗏爭鬥幾時休。川原依舊。吊客悲傷。落日蒼山瘦。野草閑花滿地愁。

《全明散曲》第二冊，1738頁

〔南商調山坡羊〕吊古　　　（明）薛論道

今古陳摶一睡，萬事劉伶一醉。張良見早范蠡識回避。雖然天網恢。王家放過誰。蕭何下獄僅免一身罪。韓信一擒殃及九氏悲。狂為。接輿少是非。不為。許由洗耳歸。

《全明散曲》第三冊，1709頁

〔北雙調水仙子〕成敗　　　（明）薛論道

勸君名利少干涉。否泰迴圈物理別。貧窮富貴花開謝。知幾的休去惹。縱高車多少時節。楚霸王千鈞力。蘇季子三寸舌。到頭來誰是豪傑。

門前車馬鬧哄哄。一品當朝祿萬鐘。名揚四海山河重。列簪纓畫錦榮。都做了過耳春風。楚亞父千條計。漢淮陰十大功。到頭來誰是英雄。

開疆展土報明君。功狗功人事業新。良弓高鳥銷磨盡。滿乾坤日月昏。不認的相國將軍。贊蕭何能成漢。羨范雎善相秦。到頭來誰是賢臣。

世人只想位名高。不想功名易動搖。陰晴自古人難料。福雖多禍不少。位高的幾個能逃。歎李斯謀猷壯。咣晁錯智量高。到頭來誰是英豪。

《全明散曲》第三冊，2750 頁

〔南商調黃鶯兒〕懷古　　　　　　　　　　　　　（明）薛論道

誰不待侍君王。侍君王姓字香。奈何麟網不疏放。夷齊首陽。韓彭未央。不如早納風魔狀。紙半張。多成多敗。都是夢一場。

誰不待侍朝班。侍朝班心膽寒。奈何世事如冰炭。韓侯上壇。張良入山。誰能保的無憂患。省愁煩。無官無祿。一世得安閒。

《全明散曲》第三冊，2762 頁

山林慨古　　　　　　　　　　　　　　　　　　（明）周履清

【北仙呂點絳唇】兔走烏飛。流光過隙。深山裏。把往事傷悲。謾提起興和廢。

【混江龍】想巢由遁跡。遜國夷齊。共采首陽薇。幾曾去爭高競下。別是論非。那裏肯向轅門橫槊戟。趨殿陛立丹墀。也不願熊帳內把韜略展。也不顧麟閣上將姓名題。俺這里采山花供餐飯。汙牛口過前溪。抵多少趨權附勢使盡了千般計。怎似俺等閒看破一盤棋。每日間徜徉雲水。笑傲漁磯。

【油葫蘆】想著那利鎖名韁佐太微。攀驥尾附熊飛。整日間向紅塵紫陌潤束西。龍拏虎擲參天勢。雕牆峻宇連雲際。華名播四夷。世胄躡高位。這些兒愁添白鬢成拘系。畫餅功名似累卵危。

【天下樂】眼見那阿房宮狐兔棲。昭陽殿麋鹿匿。一霎時蘇臺改作釣鼇磯。俺待要誦周詩又傷著黍離。翫六朝悲舊事已非。幾曾見謝家寶樹做千年計。

【那吒令】俺不去向齊門抱瑟逞奇。俺不去效蘇張詆楚說齊。俺不去曳長裾十謁九違。只為那魏山河今已乖。漢簫皷空流水。因此上薄虛名甘效雲棲。

【鵲踏枝】頭戴著青笠兒。身披著綠蓑衣。誰羨那重裀鼎食。只愛那煮藿炊梨。樂陶陶一枕羲皇睡。醉醺醺誰辨路東西。

【賺尾】虛名如泡影。世事若朝曦。打破機關能有幾。俺不向榮途馳驟無時息。說什麼鵬舉鴻飛。圖甚麼勒名鼎彝。祇落得青白石娛朝夕。這的是田遊岩的風味。陶弘景的知幾。誰似俺清閒瀟灑。鼓腹謾遊嬉。

詩曰：試觀帝業幾興亡。自是山林日月長。閒看白雲歸遠岫。興追野叟共徜徉。

《全明散曲》第三冊，3117 頁

小十面凱歌

(明) 沈凌雲

【北黃鍾醉花陰】非是俺統三軍滅楚降秦的本事能。俺漢國中有幾個猛將謀臣・有一個蕭何老丞相。月下三更。追轉那國士無雙的韓信。當日個築高壇。拜做了大將軍。腰掛著三齊王金印。

【喜遷鶯】他將那囊沙策背水陣。十大功勞一樁樁一件件幹得驚人。又有那博浪沙打秦王的張子房。手搖著羽扇。頭戴著綸巾。他在俺漢陣裏做軍師。捧天書吹鐵笛。楚歌聲吹散了江東子弟八千人。

【側磚兒】便和那韓將軍設計施謀定在九裏山前。按著那九宮八卦擺下了一個十面埋伏陣。把一個拔山舉鼎的楚重瞳緊緊的困住在垓心。

【古水仙子】陣東上九江王英布。擺著一隊長槍手的兵。陣南上大梁王彭越。領著一隊明晃晃金甲銀盔的高頭駿馬軍。陣西上俺椒房親樊噲。他也曾鴻門宴上撞轅門。今日裏狠糾糾的把住了營。陣北上韓元帥手捧著令箭銅符。統率了大小三軍親自來押陣。

【刮地風】四下裏鐵洞一般的圍兵。殺得他八千人一個個無投無奔。閃得他疋馬單槍沒處存。欲待往前行。又遇著高山峻嶺。欲待要往後行。四下裏漢軍兵擂鼓篩鑼。搖旗吶喊。追得價緊。四下裏難行。這其間難前可也難進。

【竹枝兒】一直到烏江渡口。見一個年老漁翁。駕著一葉小舟兒刁刁頓頓。口兒裏絮叨叨。只說道渡人不渡馬。又說道渡馬不渡人。悔當初不聽范增。悔當初不用韓信。晦當初失算在鴻門。

【收尾】激得那氣昂昂八面威風的伯王。上自刎弦索辨訛撇下了千嬌百媚的虞姬。把青鋒寶劍在烏江上自刎。

《全明散曲》第四冊，4329 頁

〔北中呂朱履曲〕讀史　　　　　　　　　　　　（明）無名氏

一代英雄楚項。三章法律劉邦。山河依舊古咸陽。黃金新世界。青史淡文章。付漁樵閒話講。

樂毅腰金入相。蘇秦農錦還鄉。回頭人世雨荒荒。落花談論地。芳草戰爭場。付漁樵閒話講。

黃菊留情元亮。赤松慕道張良。拜辭象簡納金章。漢家俱渺絕。晉世已荒涼。付漁樵閒話講。

溪上垂釣呂望。灘頭把釣嚴光。一般都是討魚郎。興周八百載。辭漢兩三場。付漁樵閒話講。

造律蕭何拜相。破齊韓信封王。因君富貴為君王。功勞成十大。約法止三章。付漁樵閒話講。

《全明散曲》第四册,4730 頁

〔北中呂快活三帶過朝天子〕論世　　　　　　　（明）無名氏

想凌煙閣上人。歎蝴蝶夢中臣。貴無苗裔富無根。屈指從頭論。伊尹。耕莘。子牙曾釣渭濱。刖足的齊孫臏懷恨。吹簫楚伍員。乞食窮韓信。比及成名。都曾遭困。想榮華有甚定準。上至宰臣。下至庶民。好歹有十年運。

《全明散曲》第四册,4737 頁

〔北雙調沉醉東風〕悼古　　　　　　　　　　　（明）無名氏

想陳蕃高懸座榻。學邵平多種些瓜。東門黃犬思。回首青山下。歸湖人遠遁天涯。興漢韓彭空自嗟。可憐見功名見殺。

堪笑那奸雄老瞞。營身謀使盡機關。休言霸業成。到底歸虛幻。千萬年提起羞慚。太史書中載幾篇。無一句忠肝義膽。

是非場休爭人我。虎狼群早罷干戈。心機海樣深。膽氣天來大。惡名成難得消磨。巧是非場休爭人我。狡譎徒終無結果。

陽網疎漏而未報。陰網密終不能逃。種瓜得食瓜。巧造惡逢惡道。當權時莫逞權豪。惡貫相盈禍必遭。入甕法先生怎了。

寄身在黄尘燕市。心安在瓊島瑤池。入山尋子房。歸湖學范蠡。釣臺上嚴子清奇。石鼎烹茶煮石食。管甚麼珍羞百味。

好懶散心無拘累。會當家口不甘肥。粗粗短布袍。淡淡黃虀味。樂清貧快活便宜。歲月如流寒暑催。眼見過許多興廢。

安排下琴棋書畫。準備著筆硯生涯。相親道義人。說會知心話。汲新泉旋煮新茶。課對吟詩一任咱。受用得清閒幽雅。

擺脫了功名樣子。隱居在陋巷茅茨。富藏李白詩。貴玩羲之字。杖藜閑走遍山溪。這點良心不昧欺。一任教皇天付與。

《全明散曲》第四冊,4865 頁

〔南仙呂入雙調淘金令〕行孝四首(之一、二) （明）無名氏

人生在世。忠孝難全美。君臣父子。自古一般理。瞽瞍不慈。舜君號泣。王季有文王慈孝。日問三時。周公武王同孝義。陸績果稀奇。郯子苦自知。〔合唱〕歎我為人。未報親恩。昊天罔極。(風月錦囊)

天曹地府。盡把賢良記。今人孝義。後世亦如是。閔損推車。子路負米。江革途中供母。蔡順遭饑。田真紫荊復舊時。張孝救張禮,叔齊讓伯夷。〔合前〕(風月錦囊)

《全明散曲》第五冊《補遺》,6156 頁

檃括古事·宮怨二 （清）宋存標

【南南調二郎神】詩吟遍,道燕羽差池將遠。為暮雨淒風綿紛冷,柔荑嫩終風空扇。卻嗔煞戚姬新翎淺,把弱羽霜雛剪斷。將人醉,朱顏變靚,怎忍長陵回輦?

【前腔換頭】蘭畹,曾聞野史,彩池開宴。道漢武帝風流真帝子,傳買賦長門重見。鉤弋無緣難解怒,又誰勝邢妍尹善？笑李夫人顏謝頹床,那得回眸,重見君面！

【集賢賓】說昭陽娣姊芳□妍,奈爭擅新歡。金盒皇封偷自展,新喚起進輕羅斜睨簾前。無言緬覥,肯許讓今宵歡願。止求歸妹遠,任同夢漏沉金輦。

【前腔】歎班姬扇冷空棄捐,問執素誰妍？棄得終宵將席捲,聽寒蛩傳與寒蟬。重門晝掩,暗數盡落花千片。鶯漫囀,這愁緒杜鵑啼遍。

【集賢聽畫眉】想蘭臺騷客,愁生腹內難消遣,望夢澤霞寒。稱說高唐江上遠,散湘雲巫岫生煙。漫道傾城誤國,由女色引人迷戀。〔畫眉序〕五湖誰遣西施去？寧教苧蘿

村傴!

【集賢聽黃鶯】笑詩酒江東,庭花剪錦題數篇,竟輕送隋堅。三尺冰絲吟幾字,盡相推孅侍乘權。歎芙蓉焦苑,寫箋付佳人褒貶。[黃鶯兒]枉流連,鳴鐘不震,垂淚碧梧前。

【黃鶯學畫眉】青草鎖寒煙,惋明妃轅代輦,掛琵琶斷塚埋金鈿。謝君王那年,任烽塵暗旋,忙忙遠嫁新宮眷。[畫眉序]天這等將人賤,偏勞我代寫煩冤。

【琥珀貓兒墜】一天長恨,問玄皇鈿盒向誰傳?淚濕飛花簾漸暗,上陽宮內夢猶牽。迴旋,地隔天高,室親人遠。

【尾聲】漢宮人老秦宮變,誰解愁腸空緬覦?長守秋風碧月前!

<small>鸚鵡前頭,盡列哀鶯怨鶴,而珊瑚架上,咸留碎玉離珠。讀此雖具鐵石腸者,亦當泣數行下矣。弟尚木弇州論曲,謂宜顯事隱用,隱事顯用,此得之矣。弟轅文</small>

《全清散曲》上册,212 頁

〔北正宮叨叨令〕漁鼓詞 (清)嚴廷中

南河避了陽城避,征誅湯武君臣廢,桐宮開了權奸例,說甚麼項王不如高皇帝。誑煞人也麼哥,笑煞人也麼哥,沒公道欺人史鑒紛紛記。

《全清散曲》中册,1463 頁

〔南中呂駐雲飛〕(之四十九) (清)俞 越

貶佞褒忠,史筆由來秉至公。體例分而總,袞鉞權而用。嗏,列傳失韓通,歐公懵懂。有了南軒,魏國勳名重,君不見青史流傳總是空。

《全清散曲》中册,1606 頁

〔北中呂朝天子〕別長安 (近代)盧 前

阿房,未央,蹟在繁華往。對一壞黃土夢黃粱,闊付與盲翁。唱幾日流連,幾回迷惘,又征車向洛陽。建章,柏梁,只寫滿吟箋上。

《全清散曲》下册,2317 頁